Química Orgânica

4ª Edição

Paula Yurkanis Bruice

Química Orgânica

4ª Edição

Tradução técnica

Débora Omena Futuro
(coordenação)
Doutora em ciências (química orgânica) pela Universidade Federal do Rio de Janeiro – NPPN
Professora adjunta da Faculdade de Farmácia – UFF

Alessandra Leda Valverde
Doutora em ciências (química orgânica) pela Universidade Federal do Rio de Janeiro – NPPN
Professora da Faculdade de Farmácia da Universidade Estácio de Sá

Carlos Magno Rocha Ribeiro
Doutor em ciências (química orgânica) pela Universidade de São Paulo – São Paulo
Professor adjunto do Instituto de Química da UFF

Estela Maris Freitas Muri
Doutora em ciências (química orgânica) pela Universidade Federal do Rio de Janeiro – IQ
Professora adjunta da Faculdade de Farmácia – UFF

Maria Behrens
Doutora em ciências naturais (química orgânica) pela Universidade de Hanover – Alemanha
Farmacêutica responsável pela produção dos fitoterápicos *Phyto Brasil®* do Centro de Tecnologia Agroecológica de Pequenos Agricultores – AGROTEC

Thelma de Barros Machado
Doutora em ciências (química orgânica) pela Universidade Federal do Rio de Janeiro – NPPN
Professora adjunta da Faculdade de Farmácia – UFF

Supervisão e revisão

Débora Omena Futuro
Alessandra Leda Valverde
Carlos Magno Rocha Ribeiro

Pearson

Tradução autorizada da edição original em inglês Organic Chemistry, 4th de BRUICE, Paula Yurkanis, publicada pela Pearson Education Inc, sob o selo Prentice Hall.

Gerente editorial: Roger Trimer
Editora sênior: Sabrina Cairo
Editora de desenvolvimento: Marileide Gomes
Editora de texto: Sheila Fabre
Preparação: Alessandra Miranda de Sá e Andréa Vidal
Revisão: Ângela Maria Cruz, Rosely R. Tanus
Capa: Marcelo da Silva Françozo sobre o projeto original de Maureen Eide
Foto da capa: Vincent Van Gogh (1853–1890), *Garden in Autumm*, também conhecido como *The Public Park.* © 2006 by Giraudon/Art Resource, NY
Editoração Eletrônica: ERJ Composição Editorial e Artes Gráficas Ltda.

Dados Internacionais de Catalogação na Publicação (CIP)
(Câmara Brasileira do Livro, SP, Brasil)

Bruice, Paula Yurkanis
Química orgânica, quarta edição, volume 2 / Paula Yurkanis Bruice. — São Paulo : Pearson Prentice Hall, 2006.

Título original: Organic chemistry, fourth edition
Vários tradutores.
ISBN 85-7605-068-1

1. Química orgânica I. Título.

06-3032 CDD-547

Índices para catálogo sistemático:
1. Química orgânica 547

Direitos exclusivos cedidos à
Pearson Education do Brasil Ltda.,
uma empresa do grupo Pearson Education
Avenida Francisco Matarazzo, 1400
Torre Milano – 7o andar
CEP: 05033-070 -São Paulo-SP-Brasil
Telefone 19 3743-2155
pearsonuniversidades@pearson.com

Distribuição
Grupo A Educação
www.grupoa.com.br
Fone: 0800 703 3444

FSC
www.fsc.org
MISTO
Papel produzido a partir de fontes responsáveis
FSC® C128038

Sumário

27 Nucleosídeos, nucleotídeos e ácidos nucléicos 519

PARTE 8: Tópicos especiais em química orgânica 557

28 Polímeros sintéticos 524

29 Reações pericíclicas 587

30 Química orgânica das drogas — Descoberta e planejamento 618

Prefácio

O princípio norteador ao escrever este livro foi criar um texto cujo foco fosse o estudante, apresentando o assunto de maneira a incentivá-lo a pensar sobre o que já aprendeu, para que pudesse aplicar esse conhecimento em um novo contexto. Alguns estudantes toleram o curso de química orgânica simplesmente porque esta é uma das disciplinas de estudo. Outros podem ter a impressão de que aprender química orgânica é como aprender uma 'língua' estrangeira — uma coleção diversificada de moléculas e reações —, a língua de um país que nunca visitarão. Espero, contudo, que durante o aprendizado de química orgânica, os estudantes percebam que esse é um assunto que se desdobra e cresce, permitindo que usem o que aprenderam no começo do curso para prever o que virá depois. Desfazendo a impressão de que o estudo de química orgânica requer necessariamente a memorização de moléculas e reações, este livro fala a respeito de características comuns e conceitos unificantes, e enfatiza princípios que podem ser aplicados continuamente. Meu desejo é que os estudantes aprendam como aplicar, em um novo contexto, o que já foi assimilado, com base no raciocínio, a fim de determinar uma solução — mais do que memorizar uma miríade de fatos. Desejo também incentivar os estudantes a perceber que a química orgânica é parte integrante da biologia, bem como de nossa vida cotidiana.

Por mais que me alegre em ouvir do corpo docente que os estudantes vêm obtendo notas maiores que nunca nas provas, nada é mais gratificante do que ouvir isso dos próprios estudantes. Muitos deles generosamente têm atribuído a este livro o sucesso alcançado em química orgânica — desconsiderando o próprio esforço empenhado para atingir tal êxito. E sempre parecem surpresos quando se descobrem apaixonados pela disciplina. Também costumo ouvir dos meus estudantes de medicina que o livro lhes forneceu compreensão sobre o assunto a ponto de acharem a seção de química orgânica do Medical College Admission Test (MCAT) a parte mais fácil.

Uma vez que leciono para classes grandes, tenho genuíno interesse em prever confusões potenciais antes que elas ocorram. Neste livro uma variedade de problemas, apresentada ao longo dos capítulos ou ao final deles, ajudará os estudantes a dominar a química orgânica por meio da resolução de problemas. Há quadros explicativos, para mostrar aos estudantes a importância da química orgânica, além de notas adicionais à margem, para que os estudantes se lembrem de conceitos e princípios importantes.

Espero que esta obra seja ainda mais interessante para seus alunos. Como sempre, estou ansiosa para ouvir seus comentários — os positivos são mais agradáveis, porém os críticos são mais úteis.

Características do livro

A abordagem de grupo funcional com uma organização mecanística que une síntese e reatividade

Este livro é organizado de modo a desencorajar a memorização mecânica. A apresentação de grupos funcionais é organizada em torno de similaridades mecanísticas — adições eletrofílicas, substituições de radicais, substituições nucleofílicas, eliminações, substituições aromáticas eletrofílicas, substituições nucleofílicas de grupos acila e adições nucleofílicas. Essa organização permite que grande quantidade de material seja compreendida com base em princípios unificantes de reatividade.

Em vez de discutir a síntese de um grupo funcional quando a respectiva reatividade for discutida — reações que geralmente pouco têm a ver uma com a outra — discuto a síntese das substâncias que são formadas como resultado da reatividade do grupo funcional. No Capítulo 4[1], volume 1, por exemplo, os estudantes vão aprender as reações de alce-

[1] Este livro está dividido em dois volumes, o volume 1 compreende os capítulos 1 a 14 e o volume 2, os capítulos 15 a 30 (N. do E.).

nos, mas este ainda não é o momento para se deterem na síntese de alcenos. Em vez disso, estudam a síntese de haletos de alquila, alcoóis, éteres e alcanos — substâncias que se formam quando os alcenos reagem. Como os alcenos são sintetizados a partir de reações de haletos de alquila e alcoóis, a síntese de alcenos será analisada quando as reações de haletos de alquila e alcoóis forem discutidas. Unir reatividade de um grupo funcional à síntese de substâncias resultantes da reatividade do grupo funcional evita que o aluno tenha de memorizar listas de reações sem nenhuma relação com o tema. Essa abordagem resulta em certa economia de tempo na apresentação, o que permite que mais material seja visto.

Embora seja difícil para os estudantes memorizar diferentes modos de se preparar certo grupo funcional, além de talvez ser um tanto contraproducente para o aprendizado de química orgânica, é útil ter uma compilação de reações que permitam chegar a determinado grupo funcional para planejar uma síntese em várias etapas. Por essa razão, as diferentes reações que levam a um grupo funcional estão compiladas no Apêndice IV (disponível no site do livro). À medida que os estudantes aprendem como planejar sínteses, eles passam a apreciar a importância de reações que modificam o esqueleto carbônico de uma molécula. Essas reações estão compiladas no Apêndice V (disponível no site do livro).

Formato modular

Cada pessoa tem sua maneira de ensinar, por isso tentei fazer o livro tão modular quanto possível. Os capítulos de espectroscopia (capítulos 13 e 14, volume 1) foram organizados para que pudessem ser estudados a qualquer momento. Para os que preferem ensinar espectroscopia no início do curso — ou em um curso experimental à parte — há uma tabela dos grupos funcionais no início do Capítulo 13. Para os que preferem discutir primeiro a química do grupo carbonila no curso, a Parte 6 (substâncias carboniladas e aminas) pode ser estudada antes da Parte 5 (substâncias aromáticas). Acredito que a maioria dos professores abordará os primeiros 23 capítulos em um curso com duração de um ano e em seguida escolherão entre os capítulos restantes, dependendo da preferência pessoal e dos interesses dos estudantes matriculados. Aos estudantes cujos interesses estão centrados basicamente em ciências biológicas, os professores poderiam analisar o Capítulo 24 (Catálise), o Capítulo 25 (Os mecanismos orgânicos das coenzimas — metabolismo), o Capítulo 26 (Lipídios) e o Capítulo 27 (Nucleosídeos, nucleotídeos e ácidos nucléicos). Os professores que ministram cursos com ênfase em química ou engenharia podem optar por incluir o Capítulo 28 (Polímeros sintéticos) e o Capítulo 29 (Reações pericíclicas). Este volume termina com um capítulo sobre descoberta e planejamento de fármacos — tópico que, pela minha experiência, interessa aos estudantes o suficiente para que escolham lê-lo por conta própria, mesmo que o tema não seja tratado no curso.

Ênfase bioorgânica

Atualmente, muitos estudantes que aprendem química orgânica se interessam por ciências biológicas. E, por essa razão, a bioorgânica permeia todo o texto, para permitir que os estudantes vejam a química orgânica e a bioquímica não como assuntos separados, mas como partes de um conhecimento unificado. No momento em que os estudantes compreendem que coisas como deslocalização de elétrons, tendência a grupo de saída, eletrofilicidade e nucleofilicidade afetam as reações de substâncias orgânicas simples, eles podem também apreciar como esses mesmos fatores estão envolvidos nas reações de moléculas orgânicas mais complicadas, como enzimas, ácidos nucléicos e vitaminas. Descobri que o modo sucinto de apresentação empregado até o Capítulo 21 (como explicado anteriormente) tornou possível que mais tempo fosse dedicado aos tópicos bioorgânicos.

No volume 1, a bioorgânica é limitada essencialmente às últimas seções dos capítulos. Por conseqüência, o tema fica à disposição do estudante curioso, mas o professor não se sente obrigado a desenvolver tópicos bioorgânicos no curso. Depois da apresentação de estereoquímica de reações orgânicas, analisa-se, por exemplo, a estereosseletividade de reações enzimáticas. Após a discussão de haletos de alquila, abordam-se substâncias biológicas usadas para metilar substratos. Apresentam-se os métodos químicos usados para ativar ácidos carboxílicos e, posteriormente, explicam-se os métodos que as células usam para ativar esses ácidos. Isso também ocorre com os exemplos de reações biológicas de condensação, mostrados só depois de se discutirem as reações de condensação.

Os seis capítulos da Parte 7 (capítulos 22 a 27) destinam-se especificamente à química bioorgânica. Neles o conteúdo de química vai além do que se espera encontrar em um texto de bioquímica. O Capítulo 24, por exemplo, explica os vários modos de catálise que ocorrem em reações orgânicas para apresentar em seguida como eles são parecidos com os modos de catálise que ocorrem em reações enzimáticas. Tudo isso é apresentado de um modo que os estudantes possam compreender a rapidez, quase à velocidade da luz, em que ocorrem as reações enzimáticas. O Capítulo 25, sobre coenzimas, enfatiza o papel da vitamina B_1 como um deslocalizador de elétrons; da vitamina K como base forte; da vitamina B_{12} como iniciador de radicais; da biotina como substância que pode transferir um grupo carboxila e também como as variadas reações da vitamina B_6 são controladas pela sobreposição de orbitais *p*. O Capítulo 26, sobre lipídios, analisa os mecanismos de formação de prostaglandinas (o que permite aos estudantes compreender como funciona a aspirina), a degradação de gorduras e biossíntese de terpenos. O Capítulo 27, sobre ácidos nucléicos, explica mecanisticamente tópicos como a função química do ATP, cujo papel não é fornecer um pulso mágico de energia capaz de provocar uma reação endotérmica, e sim proporcionar um caminho em que o grupo de saída seja suficientemente bom para que a reação não ocorra por causa de um grupo de saída desfavorável. Os estudantes aprendem que o DNA contém timina em vez de uracila, devido à hidrólise da imina, e vêem como as cadeias de DNA são sintetizadas em laboratório. Esses capítulos, portanto, não repetem o que será tratado em um curso de bioquímica, pelo contrário, unem duas disciplinas de modo que os estudantes possam perceber que o conhecimento de química orgânica é fundamental para a compreensão de processos biológicos.

Com a convicção de que o ato de aprender deve ser algo divertido, os assuntos que se relacionam à biologia são apresentados em quadros ilustrativos com apartes curiosos: por exemplo, por que os dálmatas são os únicos mamíferos que excretam ácido úrico; por que a vida se baseia no carbono e não no silício; por que um microorganismo aprendeu a usar lixo industrial como fonte de carbono; e a química associada ao SAMe, um produto que recebe muito destaque em estabelecimentos que comercializa produtos alimentícios saudáveis.

Ênfase básica e consistente em síntese orgânica

Os estudantes são apresentados à química sintética e à análise retrossintética no volume 1 (capítulos 4 e 6, respectivamente) para poderem usar essa técnica durante o curso e planejar sínteses em várias etapas. Os dois volumes oferecem seções especiais sobre planejamento de sínteses, cada uma com enfoque diferente. Em uma seção, por exemplo, enfatiza-se a escolha apropriada de reagentes e condições de reação para maximizar o rendimento da molécula-alvo (Capítulo 11, volume 1), em outra seção discute-se como fazer novas ligações carbono–carbono (Capítulo 19) e um pouco mais adiante focaliza-se o controle da estereoquímica (Capítulo 20). O uso de métodos combinatórios em síntese orgânica é descrito no Capítulo 30, cujo tema é a descoberta e o planejamento de fármacos.

Agradecimentos

Tenho grande satisfação em agradecer os esforços dedicados de muitos amigos que tornaram este livro uma realidade. Sou especialmente grata pelos comentários e sugestões de Ron Magid da Universidade do Tennessee, cuja solicitude fez enorme diferença nesta edição. Foram mantidas as inúmeras contribuições de Ed Skibio, da Universidade do Estado de Arizona; Papadopoulos, da Universidade do Novo México; Ron Starkey, da Universidade de Wisconsin, Green Bay; e Francis Klein, da Universidade de Creighton. Agradecimentos em particular a David Yerzley, M.D., por sua assistência na seção sobre MRI; Warren Hehre, da Wavefunction, Inc., e Alan Shusterman, do Reed College, por seus conselhos em mapas de potencial elestrostático que aparecem no livro; John Perona, da Universidade da Califórnia, Santa Bárbara, que forneceu algumas das imagens moleculares usadas nesta edição; e a Jeremy Davis, que criou as ilustrações 23.11 e 24.4, que aparecem no volume 2. Outros, cuja contribuição foi importante para o desenvolvimento desta edição, são Heinz Roth, da Universidade de Rutgers, e Ron Kluger, da Universidade de Toronto. Também quero reconhecer o empenho de usuários de edições anteriores que generosamente cederam seu tempo para ajudar a elaborar um livro melhor. Meus agradecimentos especiais a Tom Petrus e Curt Anderson, da Universidade da Califórnia, Santa Bárbara; Bariey Hoddens e Perry Sheppard, da Universidade do Noroeste; Bárbara Schowen, da Universidade de Kansas; Jack Kirsch, da Universidade da Califórnia, Berkeley; Dim Lom, da Universidade do Oregon, Tom Tidwel, da Universidade de Toronto; Peter Wagner, da Universidade do Estado de Michigan; Paige Phillips, Instituto Politécnico da Virgínia e Universidade Estadual; Bárbara Meyer, da Universidade do Estado da Califórnia, Fresno; George Klemans, da Bowling Green State University; Tom Nali, da Universidade Estadual de Vinona; Vincent Spaziano, da Universidade de Saint Louis; Paul Kropt, da Universidade da Carolina do Norte, Chapel Hill; Stanley Kudzin, da Universidade do Estado de Nova York, New Paltz. Também sou muito grata a meus alunos que, trabalhando nos problemas e procurando por erros, apontaram as seções que precisavam de maior clareza. Os seguintes revisores tiveram papel de suma importância no desenvolvimento deste livro-texto.

Revisores do original da quarta edição (em inglês)
Merritt Andrus, *Brigham Young University*
Daniel Appella, *Northwestern University*
George Bandik, *University of Pittsburgh*
Daniel Blanchard, *Kutztown University*
Ron Blankespoor, *Calvin College*
Paul Buonora, *California State University, Long Beach*
Robert Chesnut, *Eastern Illinois University*
Michael Chong, *University of Watterloo*
Robert Coleman, *Ohio State University*
David Collard, *Georgia Institute of Technology*
Debbie Crans, *Colorado State University*
Malcolm Forbes, *University of North Carolina, Chapel Hill*
Deepa Godambe, *Harper College*
Fathi Halawish, *South Dakota State University*
Steve Hardinger, *University of California, Los Angeles*
Alvan Hengge, *Utah State University*
Steve Holmgren, *University of Montana*
Nichnole Jackson, *Odessa College*

Carl Kemnitz, *California State University, Bakersfield*
Keith Krumpe, *University of North Carolina, Asheville*
Michael Kurs, *Illinois State University*
Li, Yazhuo, *Clarkson University*
Janis Louie, *University of Utah*
Charles Lovelette, *Collumbus State University*
Ray Lutgring, *University of Evansville*
Janet Maxwell, *Angelo State University*
Mark McMills, *Ohio University*
Andrew Morehead, *University of Maryland*
John Olson, *Augustana University*
Brian Pagenkopf, *University of Texas, Austin*
Joanna Petridou, *Spokane Falls Community College*
Michael Rathke, *Michigan State University*
Christopher Roy, *Duke University*
Tomikazu Sasaki, *University of Washington*
David Soriano, *University of Pittsburgh*
Jon Stewart, *University of Florida*
John Taylor, *Rutgers University*
Carl Wamser, *Portland State University*
Marshall Werner, *Lake Superior State University*
Catherine Woytowicz, *George Washington University*
Zhaohui Sunny Zhou, *Washington State University*

Revisores críticos (da edição original em inglês)
Neil Allison, *University of Arkansas*
Joseph W. Bausch, *Villanova University*
Dana Chatellier, *University of Delaware*
Steven Fleming, *Brigham Young University*
Malcolm Forbes, *University of North Carolina, Chapel Hill*
Charlie Garner, *Baylor University*
Andrew Knight, *Loyola University*
Joe LeFevre, *State University of New York, Oswego*
Charles Liotta, *Georgia Institute of Technology*
Andrew Morehead, *University of Maryland*
Richard Pagni, *University of Tennessee*
Jimmy Rogers, *University of Texas, Arlington*
Richard Theis, *Oregon State University*
Peter J. Wagner, *Michigan State University*
John Williams, *Temple University*
Catherine Woytowicz, *George Washington University*

Revisores (da edição original em inglês)
Bruce Banks, *University of North Carolina, Greensboro*
Debra Bautista, *Eastern Kentucky University*
Vladimir Benin, *University of Dayton*
Linda Betz, *Widener University*
Anthony Bishop, *Amherst College*
Phil Brown, *Brigham Young University*
Sushama Dandekar, *University of North Texas*
S. Todd Deal, *Georgia Southern University*
Michael Detty, *University of Buffalo*
Matthew Dintzner, *DePaul University*
Nicholas Drapela, *Oregon State University*
Jeffrey Elbert, *University of Northern Iowa*
Mark Forman, *Sainte Joseph's University*
Joe Fox, *University of Delaware*
Anne Gaquere, *State University of West Georgia*
Charles Garner, *Baylor University*
Scott Goodman, *Buffalo State College*
Steve Grahan, *St. John's University*
Christian Hamann, *Albright College*
Cliff Harris, *Albion College*
Alfred Hortmannn, *Washington University*
Floyd Klavetter, *Indiana University of Pennsilvania*
Thomas Lectka, *Johns Hopkins University*
Len MacGillivray, *University of Iowa*
Jerry Manion, *University of Central Arkansas*
Przemyslaw Maslak, *Pennsilvania State University*
Michael MacKinney, *Marquette University*
Alex Nickon, *Johns Hopkins University*
Patrick O'Connor, *Rutgers University*
Kenneth Overly, *Providence College*
Cass Parker, *Clark Atlanta University*
Marchland Philip, *University of North Texas*
Christopher Roy, *Duke University*
Susan Schelble, *University of Colorado, Denver*
Chris Spilling, *University of Missouri*
Janeth Stepanek, *Colorado College*

Revisores do original da edição anterior (em inglês)
Mahamed Asgar Ali, *Howard University*
Shelby R. Anderson, *Trinity College*
John Barbas, *Valdosta State University*
Rick Bolesta, *Mt. Hood Community College*
Joyce C. Brockwell, *Northwestern University*
Thomas A. Bryson, *University of South Carolina*
Paul Buonora, *University of Scranton*
George B. Clemans, *Bowling Green State University*
Barry A. Coddens, *Northwestern University*
John Cullen, *Monroe Community College*
Mark R. DeCamp, *University of Michigan, Dearborn*
Michael R. Detty, *State University of New York, Buffalo*
John DiCesare, *University of Tulsa*
Veljko Dragojlovic, *Nova Southeastern University*
Jeffrey Elbert, *South Dakota State University*
Jan M. Fleischer, *Earlham College*
Warren P. Giering, *Boston University*
Michael M. Haley, *University of Oregon*
James E. Hanson, *Seton Hall University*
David Harpp, *McGill University*
John Isidor, *Montclair State University*
Richard Johnson, *University of New Hampshire*
Dennis Lehman, *Harold Washington College*
William Loffredo, *East Stroudsberg University*
James W. Long, *University of Oregon*
Jerry Manion, *University of Central Arkansas*
Amanda Martin-Esker, *Northwestern University*
John N. Marx, *Texas Tech University*

Anthony Masulaitis, *Jersey City State College*
Bárbara J. Mayer, *California State University, Fresno*
Robert McClelland, *University of Toronto*
Gary W. Morrow, *University of Dayton*
Thomas W. Nalli, *Winona State University*
Abby Parrill, *University of Memphis*
Lawrence Principe, *Johns Hopkins University*
Michael Rathke, *Michigan State University*
J. Ty Redd, *Southern Utah University*
Todd Richmond, *The Claremont Colleges*
Antony Sky, *Lawrence Technical University*
Homer A. Smith, Jr., *University of Richmond*
Andrew B. Turner, *Saint Vicent College*
T. K. Vinod, *Western Illinois University*
Maria Vogt, *Bloomfield College*

Agradecimentos especiais aos que proporcionaram um valioso feedback à autora e/ou à editora: Joseph Bausch, *Villanova University*; Josef Krause, *Niagara University*; Thomas Johnson, *Georgia University*.

Sou profundamente grata ao empenho de Nicole Folchetti, editora da edição em inglês deste livro. Seu talento criativo e apoio foram fundamentais na elaboração deste livro. Ela me ajudou a tornar os prazos mais flexíveis do que eu merecia e encontrou os revisores que contribuíram para fazer este livro tão bom quanto ele poderia ser. Também quero agradecer às pessoas talentosas e dedicadas da Prentice Hall pelo esforço e dedicação para que esta obra se tornasse realidade. Muito obrigada a Ray Mullaney, editor-chefe de desenvolvimento, que me guiou com muita paciência. Sou profundamente grata a Carol Pritchard-Martinez, editora de desenvolvimento, que verificou cada palavra e cada figura inseridas nesta edição. Ela foi capaz de corrigir qualquer tipo de problema que meu texto apresentasse. Agradeço também a Fran Daniele, que, apesar do cronograma apertado, manteve o bom humor para conduzir o processo de produção desta nova edição. Minha gratidão se estende também a Paul Draper, editor de mídia, cujo talento levou à criação do Companion Website. Finalmente, gostaria de agradecer a David Theisen, diretor nacional de vendas. Seus esforços incansáveis, aliados à compreensão perspicaz do livro, contribuíram para que a obra despertasse a atenção de grande parte da comunidade de química orgânica.

Quero agradecer em particular aos maravilhosos e talentosos estudantes que, ao longo dos anos, me ensinaram a lecionar. Também quero agradecer aos meus filhos, com os quais talvez eu mais tenha aprendido.

Para tornar esta obra o mais agradável possível, são bem-vindos todos os comentários que me ajudem a atingir esse objetivo em futuras edições. Se você encontrar seções que possam ser elucidadas ou mais bem elaboradas, ou mesmo exemplos para ser acrescentados, por favor me comunique.

Por fim, os erros tipográficos desta edição foram cuidadosamente revisados. Os que permanecem são de minha responsabilidade. Se você encontrar erros, por favor, envie um e-mail para clientes@pearsoned.com para que possam ser corrigidos em futuras reimpressões.

Paula Yurkanis Bruice
Universidade da Califórnia, Santa Bárbara
pybruice@chem.ucsb.edu

Agradecimentos dos editores brasileiros

Os editores da edição brasileira agradecem à professora Débora Omena futuro, responsável pela coordenação da revisão técnica do livro, e aos professores de sua equipe que colaboraram com uma cuidadosa tradução técnica: Alessandra Leda Valverde, Carlos Magno Rocha Ribeiro, Estela Maris Freitas Muri, Maria Behrens e Thelma de Barros Machado. A colaboração desses experientes profissionais foi imprescindível para a realização desta edição brasileira.

Destaques de *Química orgânica*

O aspecto inovador de *Química orgânica* é realçado por uma didática moderna, que oferece uma série de recursos, reforçando seu objetivo didático e incentivando os estudantes a compreender o porquê da química orgânica. Esses recursos são listados a seguir.

Ênfase na resolução de problemas

- **Problemas resolvidos** por todo o texto conduzem cuidadosamente os estudantes pelas etapas que envolvem a resolução de um tipo específico de problema.
- **Estratégia para resolução de problemas** em muitos capítulos ensinam os estudantes a abordar uma variedade de problemas, a organizar suas idéias e aprimorar as habilidades para resolvê-los. Toda estratégia é seguida de um exercício que permite aos estudantes pôr em prática a estratégia recém-discutida.
- **Problemas ao final dos capítulos**, entre os quais, muitos deles focalizam princípios gerais e conceitos que são especialmente difíceis para os estudantes.

CAPÍTULO 6 Reações de alcinos • Introdução à síntese em várias etapas 249

PROBLEMA 16◆

Qualquer base cujo ácido conjugado tem um pK_a maior que ________ pode remover um próton de um alcino terminal para formar um íon acetileto (em uma reação que favorece a formação dos produtos).

PROBLEMA 17◆

Qual o carbocátion mais estável em cada um dos seguintes pares?

a. $CH_3\overset{+}{C}H_2$ ou $H_2C \quad \overset{+}{C}H$ b. $H_2C \quad \overset{+}{C}H$ ou $HC \quad \overset{+}{C}$

PROBLEMA 18◆

Explique por que o amideto de sódio não pode ser usado para formar um carbânion a partir de um alcano em uma reação que favorece a formação dos produtos.

PROBLEMA — ESTRATÉGIA PARA RESOLUÇÃO

a. Liste as seguintes moléculas em ordem decrescente de acidez:

$$CH_3CH_2\overset{+}{N}H_3 \qquad CH_3CH \quad \overset{+}{N}H_2 \qquad CH_3C \quad \overset{+}{N}H$$

Para comparar a acidez de um grupo de moléculas, primeiro note em que elas diferem. Essas três moléculas diferem na hibridização do nitrogênio ao qual o hidrogênio ácido está ligado. Agora relembre o que você sabe sobre hibridização e acidez. Você sabe que a hibridização de um átomo afeta sua eletronegatividade (*sp* é mais eletronegativo que sp^2, que é mais eletronegativo que sp^3) e sabe também que quanto mais eletronegativo for o átomo ao qual o hidrogênio está ligado, mais ácido é o hidrogênio. Agora você pode responder à questão.

acidez relativa $CH_3C{\equiv}\overset{+}{N}H > CH_3CH{=}\overset{+}{N}H_2 > CH_3CH_2\overset{+}{N}H_3$

b. Desenhe as bases conjugadas e liste-as em ordem decrescente de basicidade.
Primeiro remova um próton de cada ácido para obter as estruturas das bases conjugadas; em seguida relembre-se de que quanto mais forte o ácido, mais fraca é sua base conjugada.

basicidades relativas $CH_3CH_2NH_2 > CH_3CH{=}NH > CH_3C{\equiv}N$

Agora passe para o Problema 19.

PROBLEMA 19◆

Liste as seguintes espécies em ordem decrescente de basicidade:

a. $CH_3CH_2CH{=}\bar{C}H \qquad CH_3CH_2C{\equiv}C^- \qquad CH_3CH_2CH_2\bar{C}H_2$

b. $CH_3CH_2O^- \qquad F^- \qquad CH_3C{\equiv}C^- \qquad {}^-NH_2$

6.10 Síntese usando íons acetilídeos

Reações que formam ligações carbono–carbono são importantes na síntese de substâncias orgânicas, pois, sem tais reações, não seria possível transformar moléculas com esqueletos pequenos de carbono em cadeias carbônicas maiores. Em vez disso, o produto de uma reação teria sempre o mesmo número de carbonos que o material de partida.

Uma reação que forma uma ligação carbono–carbono é a reação de um íon acetileto com um haleto de alquila. Somente haletos de alquila primários ou haletos de metila devem ser usados nessas reações.

Recursos didáticos

- **Biografias** oferecem aos estudantes um panorama da história da química e das pessoas que contribuíram para a construção dessa história.

Elias James Corey *inventou o termo "análise retrossintética". Ele nasceu em Massachusetts em 1928 e é professor de química da Universidade de Harvard. Recebeu o Prêmio Nobel de química em 1990 por sua contribuição para a química orgânica sintética.*

- **Quadros interessantes** por todo o texto tratam de bioorgânica e outros tópicos aplicados com o propósito de estimular o interesse pelo assunto que está sendo discutido.

- Seções de **planejamento de síntese** aparecem por todo o texto e ajudam os estudantes a aprender como planejar eficientemente sínteses em várias etapas. Muitos problemas em diversas etapas incluem a síntese de substâncias que os estudantes reconhecem, como novocaína®, valium® e cetoprofeno.

- **Notas à margem**, enfatizam idéias centrais e lembram os estudantes de princípios importantes que os ajudam a entender conceitos no texto.

- **Balões explicativos**, esclarecem aos estudantes os aspectos importantes de uma reação ou de um gráfico.

- Seções que contêm **resumo de reações** listam reações analisadas no capítulo de revisão. Referências relacionadas ao tema facilitam a localização das seções que discutem tipos específicos de reações.

- **Resumos ao final dos capítulos** revisam os conceitos principais em um formato narrativo, porém conciso.

- **Palavras-chave.** Uma lista de termos importantes é apresentada ao final de cada capítulo e funciona como uma referência adequada.

- **Arte gráfica rica com estruturas tridimensionais geradas em computador**. São apresentadas estruturas tridimensionais, com a energia minimizada ao longo do texto para que os estudantes possam apreciar as formas tridimensionais de moléculas orgânicas. Além disso, há um caderno colorido no início, para o entendimento de algumas figuras em que a cor se faz necessária.

Luz ultravioleta e protetores solares

A exposição à luz ultravioleta estimula células especializadas na pele a produzir um pigmento negro conhecido como melanina, o que deixa a pele com aparência bronzeada. A melanina absorve luz UV, portanto ela nos protege dos efeitos prejudiciais do sol. Se mais luz UV do que a melanina é capaz de absorver incidir sobre a pele, essa luz irá queimá-la e poderá provocar reações fotoquímicas que resultarão em câncer de pele (Seção 29.6). A UV-A é a luz UV de menor energia (315 a 400 nm) e provoca os menores danos biológicos. Felizmente, a maior parte dos raios mais perigosos, luz UV de maior energia, a UV-B (290 a 315 nm) e a UV-C (180 a 290 nm), é filtrada pela camada de ozônio na estratosfera. Daí o porquê da grande preocupação sobre a aparente diminuição da camada de ozônio (Seção 9.9).

Aplicar um protetor solar pode proteger a pele contra a luz UV. Alguns protetores solares contêm um componente inorgânico, como o óxido de zinco, que reflete a luz quando ela atinge a pele. Outros contêm uma substância que absorve a luz UV. O PABA foi o primeiro protetor solar de absorção de UV disponível comercialmente. O PABA absorve a luz UV-B, mas não é muito solúvel em loções dermatológicas oleosas. Substâncias menos polares, como o Padimato O, são agora mais comumente utilizadas. Uma pesquisa recente mostrou que os protetores solares que absorvem apenas a luz UV-B não dão proteção adequada à pele contra o câncer; tanto a proteção contra UV-A quanto UV-B são necessárias. Giv Tan F absorve luz UV-B e luz UV-A, de modo que fornece melhor proteção.

A quantidade de proteção fornecida por um protetor solar em particular é indicada por seu FPS (Fator de Proteção Solar). Quanto maior o FPS, maior é a proteção.

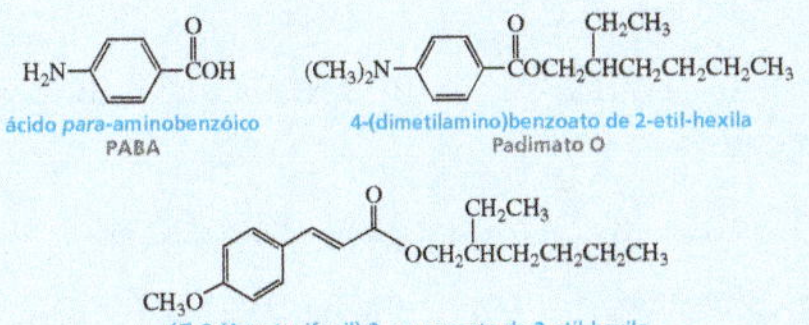

6.11 Planejando uma síntese I: Introdução à síntese em várias etapas

Para cada reação que estudamos até agora, vimos *por que* a reação ocorre, *como* ela ocorre e os produtos que são formados. Uma boa maneira de revisar essas reações é planejar sínteses, pois assim você será capaz de relembrar muitas reações que foram aprendidas.

Os químicos sintéticos consideram tempo, custo e rendimento no planejamento de sínteses. Uma síntese bem planejada deve ter o menor número possível de etapas (reações seqüenciais), e cada etapa deve envolver reações de fácil realização. Se dois químicos de uma companhia farmacêutica foram designados para preparar uma nova droga, e um deles sintetizou-a em três simples etapas, enquanto o outro usou 20 etapas difíceis, qual químico não receberia uma promoção? Além disso, cada passo da síntese deve fornecer o melhor rendimento possível do produto desejado e o custo dos materiais de partida deve ser considerado. Quanto mais substratos forem necessários para sintetizar um grama do produto, mais cara será sua produção. Às vezes é preferível planejar uma síntese que envolva várias etapas se o material de partida não for caro, as reações forem fáceis e houver altos rendimentos em cada etapa. Isso seria melhor que planejar uma síntese com poucas etapas que requer materiais de partida caros e reações mais difíceis ou com baixos rendi-

Se o mesmo número for obtido em ambas as direções, a cadeia é numerada na direção que fornece à ligação dupla o menor número.

Se ocorrer empate entre uma ligação dupla e uma ligação tripla, a ligação dupla adquire o menor número.

$\overset{1}{C}H_3\overset{2}{C}H{=}\overset{3}{C}H\overset{4}{C}{\equiv}\overset{5}{C}\overset{6}{C}H_3$
2-hexen-4-ino
não 4-hexen-2-ino

$H\overset{6}{C}{\equiv}\overset{5}{C}\overset{4}{C}H_2\overset{3}{C}H_2\overset{2}{C}H{=}\overset{1}{C}H_2$
1-hexen-5-ino
não 5-hexen-1-ino

As prioridades relativas aos sufixos dos grupamentos funcionais estão apresentadas na Tabela 8.1. Se o sufixo do segundo grupamento funcional possuir uma prioridade maior do que o alceno, a cadeia é numerada na direção que estabelece o menor número possível ao grupamento funcional de maior prioridade.

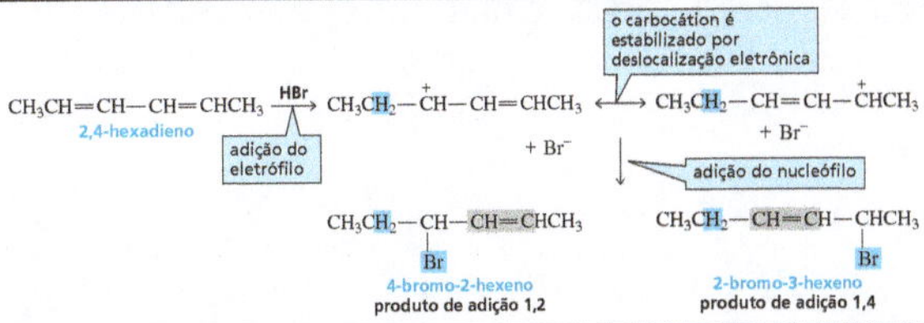

Resumo

Os **dienos** são hidrocarbonetos com duas ligações duplas. As **ligações duplas conjugadas** são separadas por uma ligação simples. As **ligações duplas isoladas** são separadas por mais de uma ligação simples. As **ligações duplas acumuladas** são adjacentes umas às outras. Um dieno conjugado é mais estável do que um **dieno isolado**, o qual é mais estável que um dieno acumulado. O alqueno menos estável possui o maior valor de $-\Delta H^\circ$. Um dieno pode ter um total de quatro isômeros configuracionais: *E-E*, *Z-Z*, *E-Z* e *Z-E*.

for processada sob condições brandas, sendo dessa forma irreversível, o produto principal será o produto cinético; se a reação for processada sob condições vigorosas, sendo dessa forma reversível, o produto principal será o produto termodinâmico. Quando a reação está sob **controle cinético**, as quantidades relativas dos produtos dependem das velocidades nas quais eles são formados; quando uma reação está sob **controle termodinâmico**, as quantidades relativas dos produtos dependem de suas estabilidades. Um **intermediário comum** é um intermediário que ambos

Palavras-chave

carbono alílico (p. 275)
carbono benzílico (p. 275)
cargas separadas (p. 270)
cátion alílico (p. 275)
cátion benzílico (p. 275)
combinação linear de orbitais atômicos (CLOA) (p. 283)
contribuinte de ressonância (p. 264)
deslocalização de elétrons (p. 272)
elétrons deslocalizados (p. 260)
elétrons localizados (p. 260)
energia de deslocalização (p. 272)
energia de ressonância (p. 272)
estrutura contribuinte de ressonância (p. 264)
estrutura de ressonância (p. 264)
híbrido de ressonância (p. 264)
orbital molecular antiligante (p. 282)
orbital molecular desocupado de menor energia (LUMO) (p. 285)
orbital molecular ligante (p. 282)
orbital molecular não-ligante (p. 285)
orbital molecular ocupado de menor energia (HOMO) (p. 285)
orbital molecular simétrico (p. 284)

Material de apoio do livro

No site www.grupoa.com.br professores e alunos podem acessar os seguintes materiais adicionais:

Para os professores:

- Transparências em PowerPoint: há dois itens, um conjunto de transparências traduzidas com conteúdo de aula e outro com imagens de moléculas em 3-D e animações de reações orgânicas em inglês.
- Exercícios de múltipla escolha (com respostas curtas ou dissertativas) em inglês.
- Manual de soluções em inglês que contém explicações completas e detalhadas das soluções para os problemas no texto.

Para os alunos:

- Exercícios práticos em inglês: uma variedade de exercícios para que os estudantes possam testar sua compreensão do conteúdo.
- Exercícios de múltipla escolha em português: uma grande quantidade de exercícios que complementam a didática.
- Links em inglês: são uma fonte valiosa de informação suplementar e também podem ser usados para projetos de pesquisa on-line.
- Recursos visuais em inglês: animações que destacam conceitos centrais em cada capítulo e ilustram conceitos-chave (representados no texto pelo ícone WWW).
- Guia de estudo em inglês: pode ser usado para consulta prévia ou revisão do conteúdo.

Esse material é de uso exclusivo para professores e está protegido por senha. Para ter acesso a ele, os professores que adotam o livro devem entrar em contato através do e-mail divulgacao@grupoa.com.br.

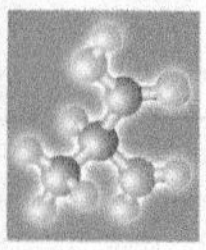

WWW

Ao longo do livro, os ícones WWW identificam recursos visuais disponíveis no site do livro, como moléculas 3-D e animações interativas. Esses itens são pertinentes ao material que está sendo discutido. Disponíveis em inglês.

- **Tutorial Gallery** (galeria tutorial): contém tutoriais altamente interativos com feedback, ajuda os estudantes a aprender sobre mecanismos de reações e outros tópicos importantes em química orgânica.
- **Animation Gallery** (galeria de animação): destaca conceitos centrais em cada capítulo e ilustra mecanismos-chave e reações.
- **Molecule Gallery** (galeria de moléculas): apresenta centenas de modelos moleculares 3-D de substâncias que se encontram no capítulo.

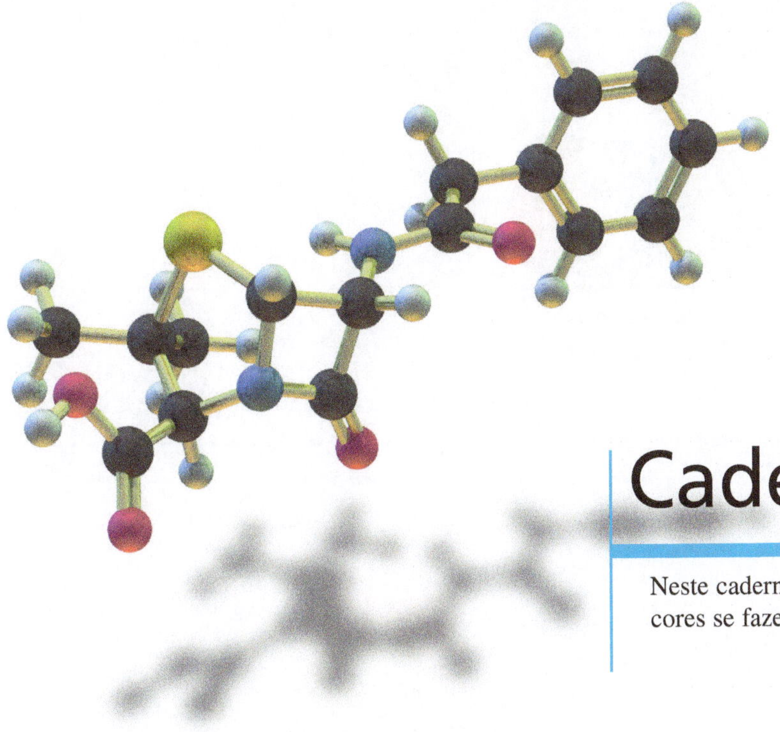

Caderno colorido

Neste caderno você encontrará algumas figuras em que as cores se fazem necessárias para a compreensão e o aprendizado do assunto exposto ao longo do livro.

Capítulo 15

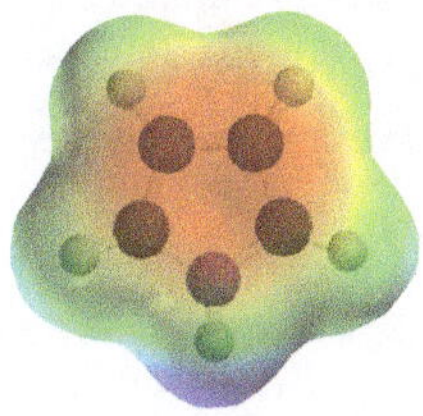

pirrol

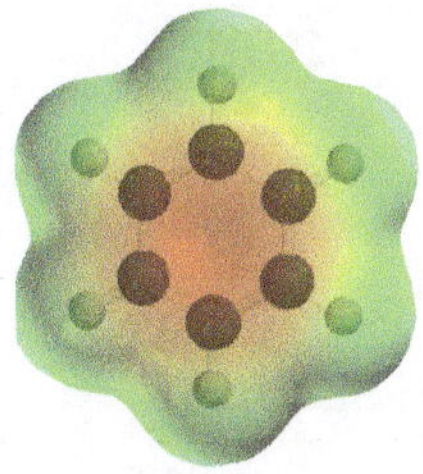

benzeno

p. 2

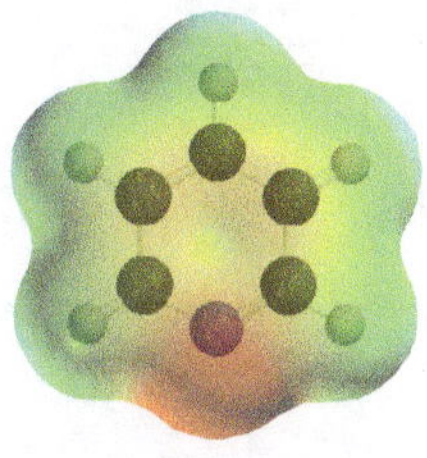

piridina

p. 2

Figura 15.1
(c) O mapa de potencial eletrostático para o benzeno mostra que todas as ligações carbono–carbono têm a mesma densidade eletrônica.

p. 3

íon nitrônio

p. 18

Capítulo 16

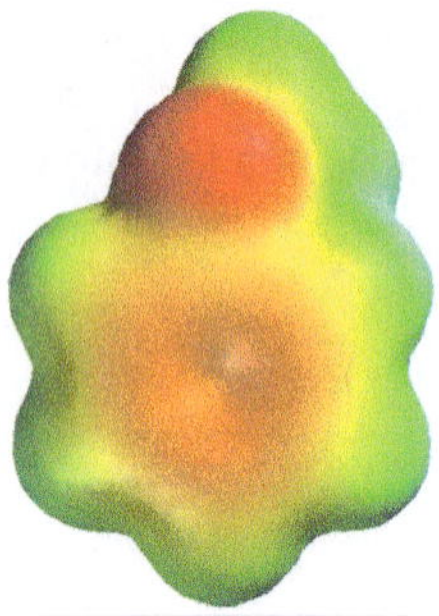

anisol

p. 39 e 43

nitrobenzeno

p. 40 e 43

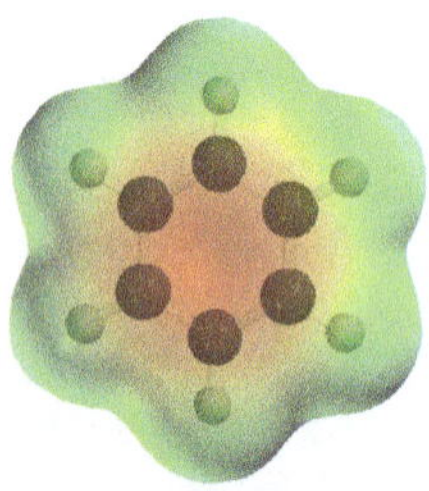

benzeno

p. 43

Capítulo 18

formaldeído

acetaldeído

p. 148

p. 148

▲ **Figura 18.3**
Os diagramas de potencial eletrostático mostram que o carbono carbonílico dos aldeídos protonados são mais suscetíveis a ataques nucleofílicos (azul mais intenso) do que o carbono carbonílico de um aldeído não protonado.

p. 166

Capítulo 19

p. 201

Capítulo 20

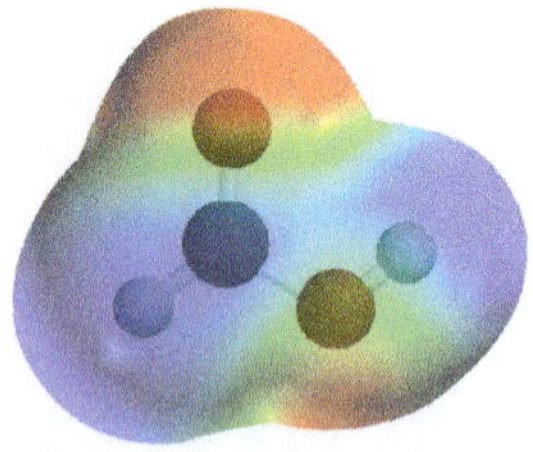

p. 255

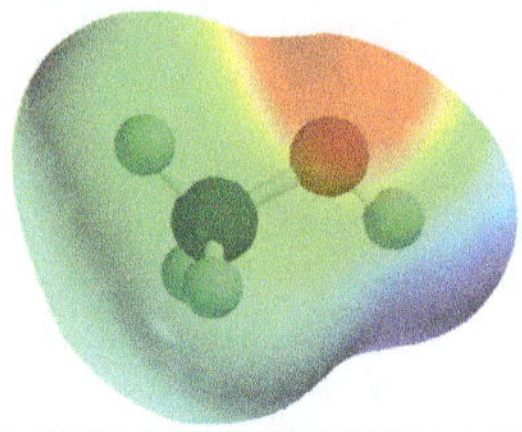

p. 255

Capítulo 21

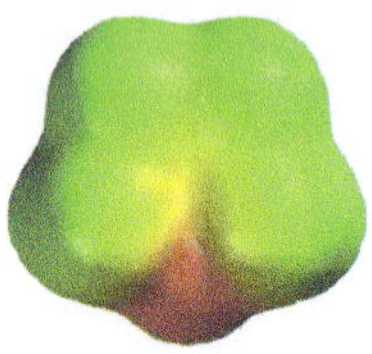

pirrolidina

p. 297 e 311

pirrol

p. 297, 311 e 312

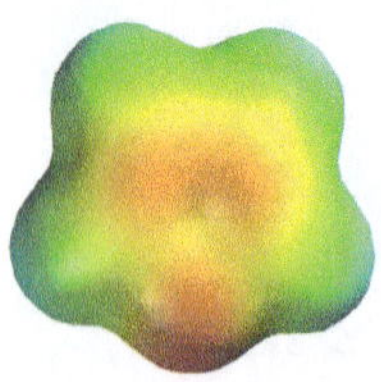

furano

tiofeno

p. 297 e 312

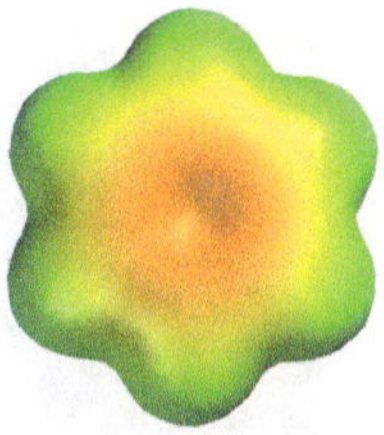

benzeno

p. 315

Capítulo 23

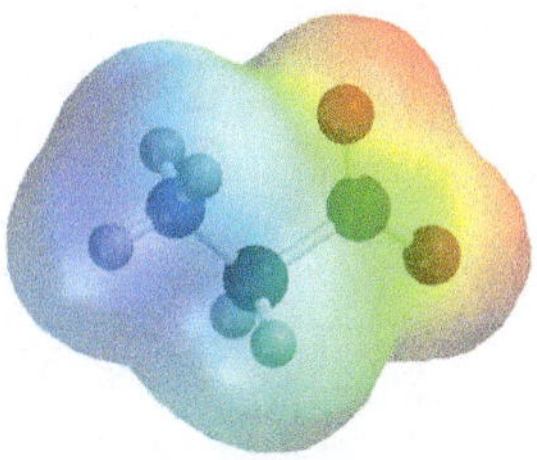

glicina

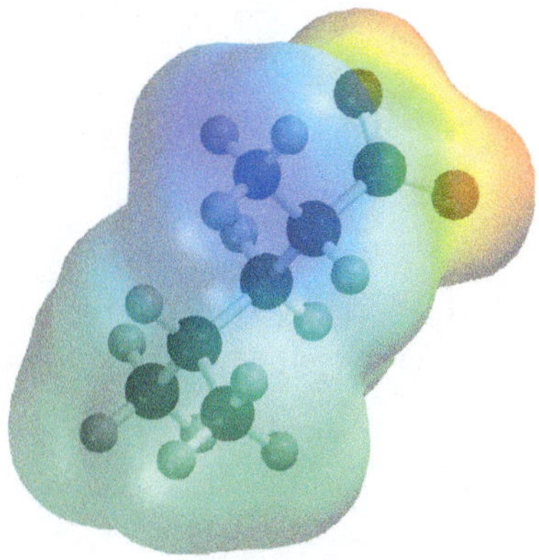

leucina

p. 376

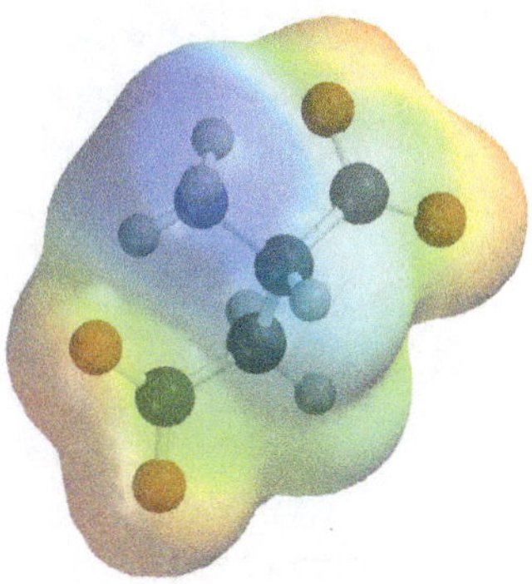

aspartato

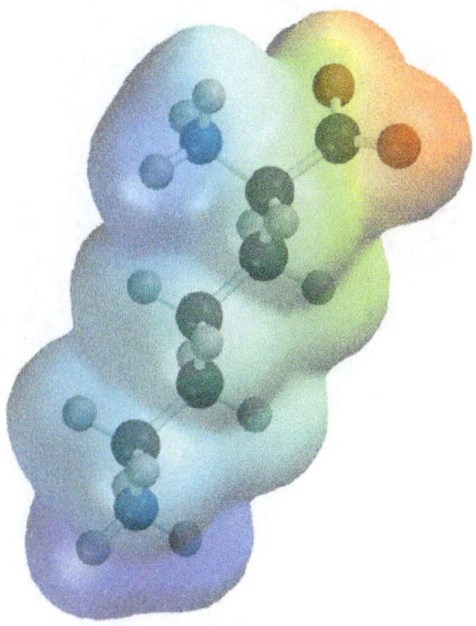

lisina

p. 377

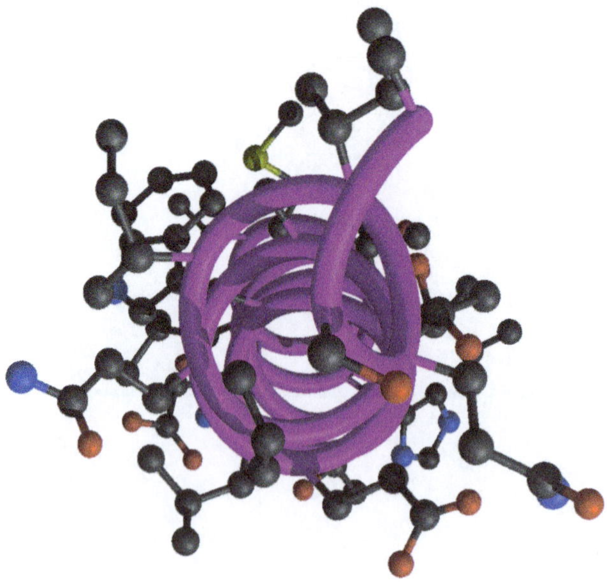

▲ **Figura 23.8**
Observação de topo do eixo longitudinal de uma hélice α.

p. 403

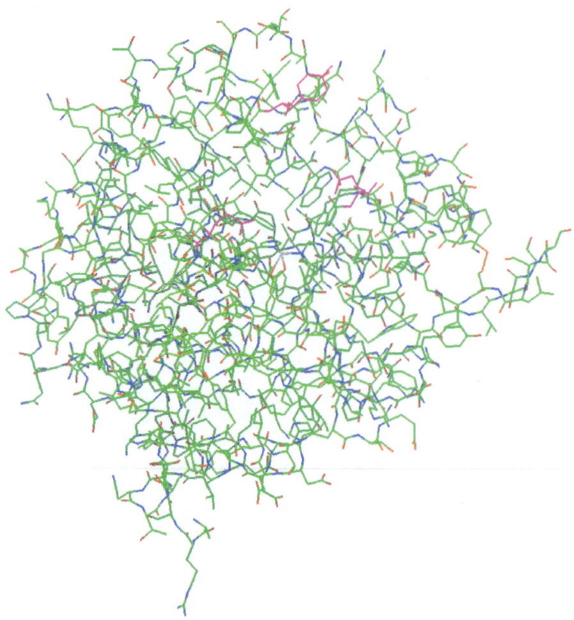

▲ **Figura 23.12**

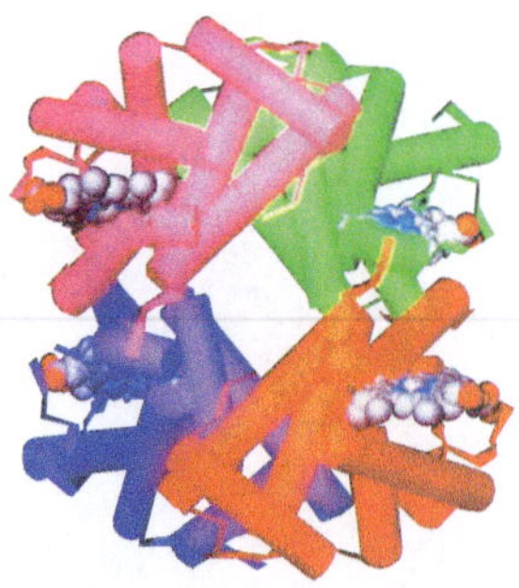

▲ **Figura 23.13**

p. 406

Capítulo 24

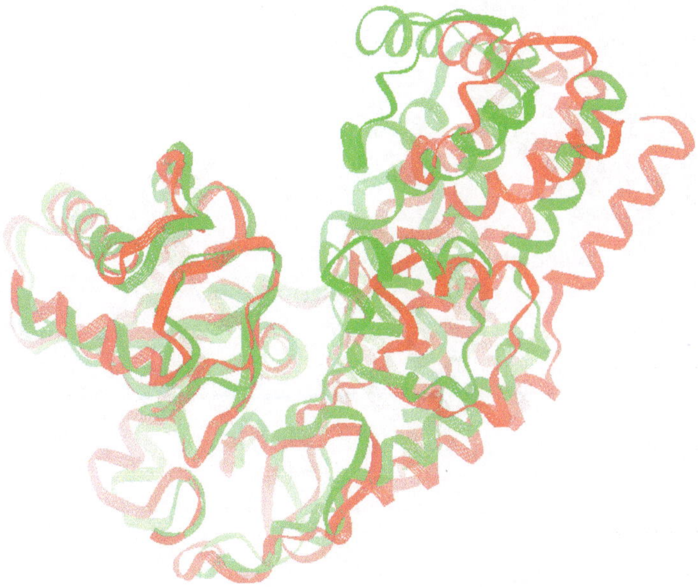

◀ **Figura 24.4**
A estrutura da hexoquinase antes de se ligar ao seu substrato é mostrada em vermelho. A estrutura da hexoquinase após se ligar ao seu substrato é mostrada em verde.

p. 430

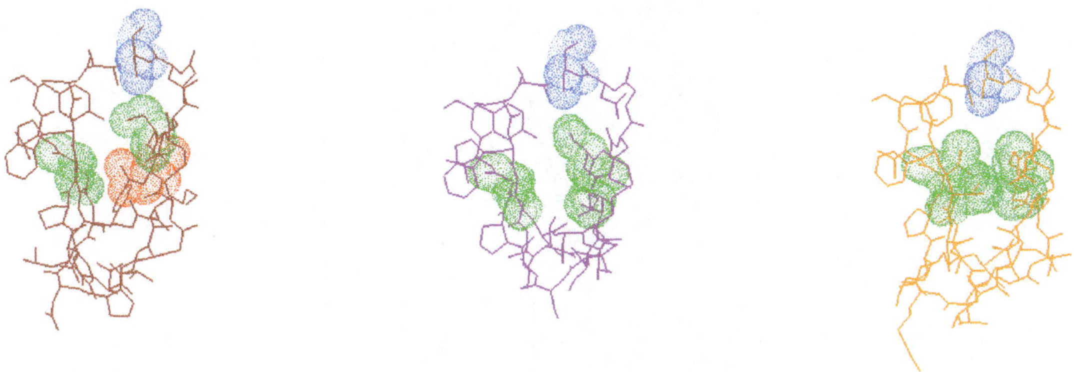

▲ **Figura 24.6**
As cavidades de ligação na tripsina, na quimotripsina e na elastase. O aspartato carregado negativamente é mostrado em vermelho, e os aminoácidos relativamente apolares são mostrados em verde. As estruturas das cavidades de ligação explicam por que a tripsina se liga a aminoácidos de cadeia longa carregada positivamente; a quimotripsina se liga a aminoácidos planos e apolares; e a elastase se liga apenas a aminoácidos pequenos.

p. 433

Capítulo 26

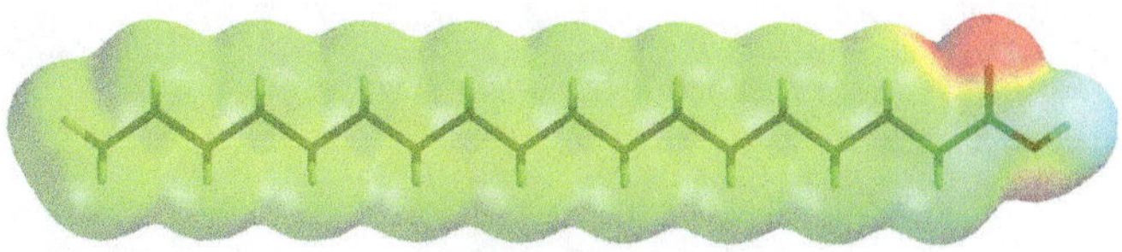

ácido esteárico

p. 487

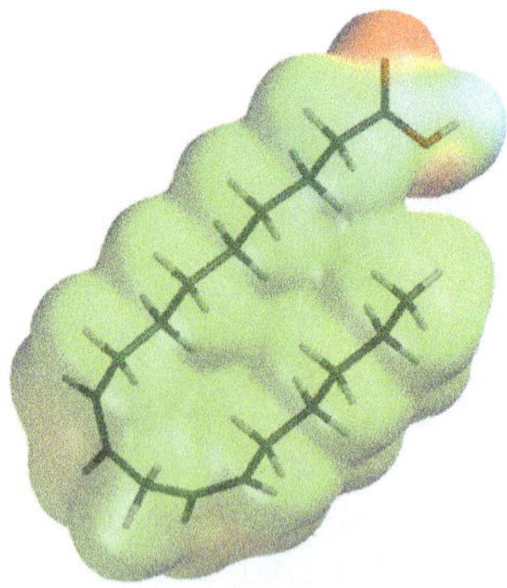

ácido linoleico

p. 487

Capítulo 27

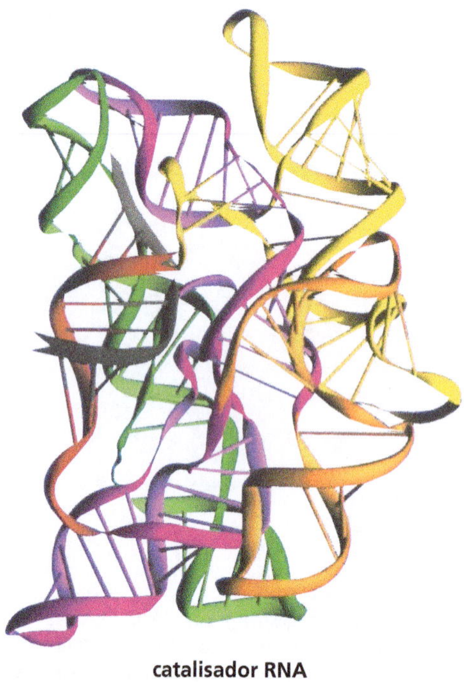

catalisador RNA

p. 519

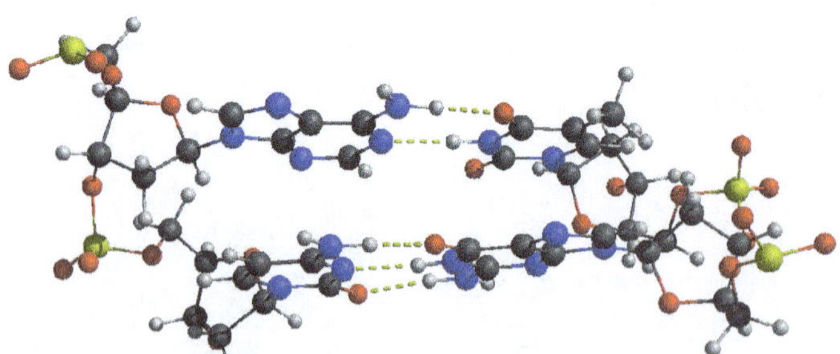

Figura 27.6 ▶
O esqueleto açúcar–fosfato do DNA está na parte externa e as bases estão na parte interna, com as A emparelhadas com as T e as G emparelhadas com as C. As duas cadeias são antiparalelas, ou seja, correm em direções opostas.

p. 533

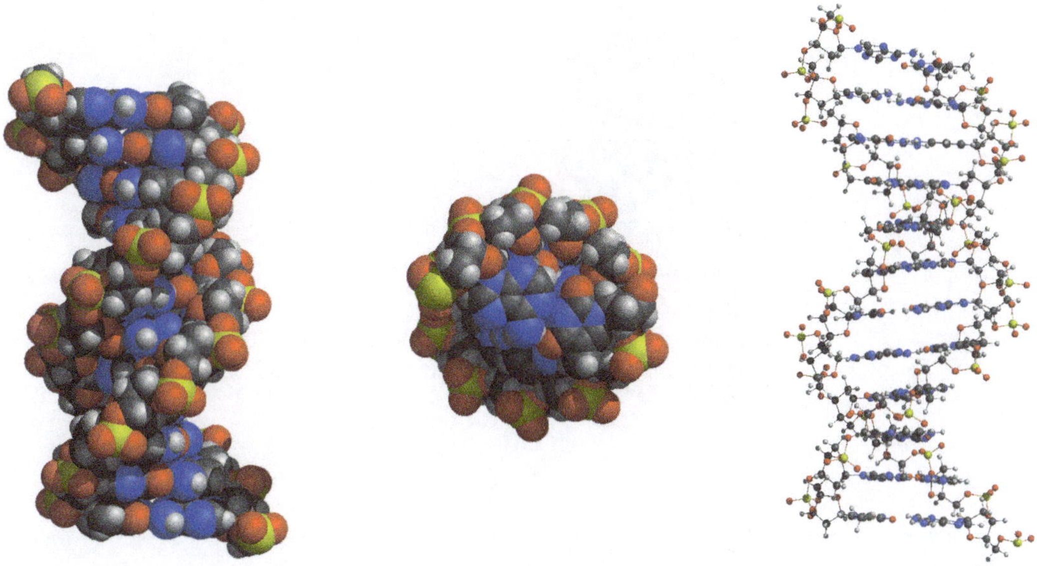

▲ **Figura 27.7**
(a) Dupla hélice do DNA. (b) Vista de baixo do longo eixo da hélice. (c) As bases são planares e paralelas na parte interna da hélice.

p. 533

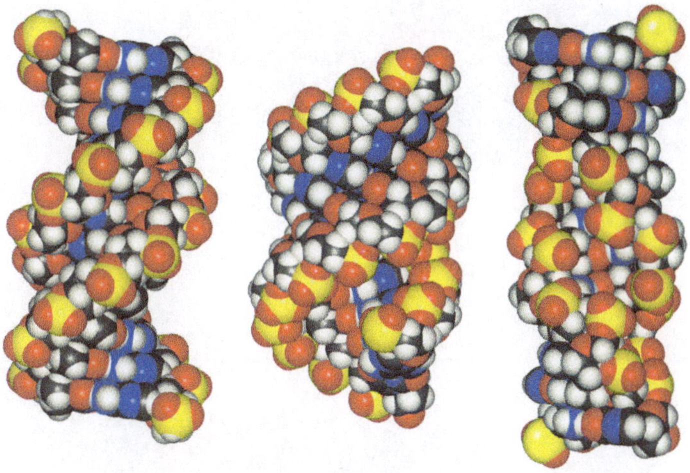

hélice B hélice A hélice Z

◀ **Figura 27.9**
Três formas helicoidais do DNA.

p. 535

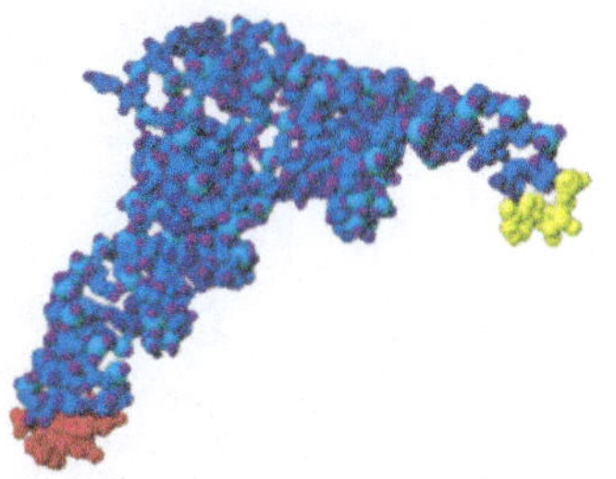

Figura 27.13 ▶
$tRNA^{Ser}$: o anticódon é mostrado em vermelho; o sítio de ligação da serina é mostrado em amarelo.

p. 539

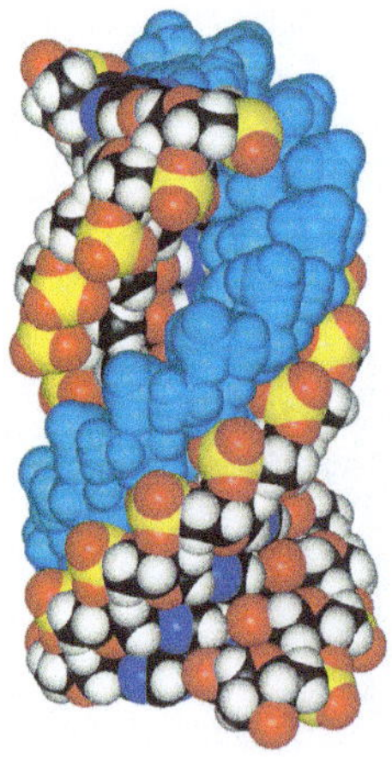

◄ **Figura 27.19**
Hélice tripla. Uma cadeia sintética de oligonucleotídeos é enrolada em torno do sulco principal do DNA de cadeia dupla.

p. 554

Capítulo 28

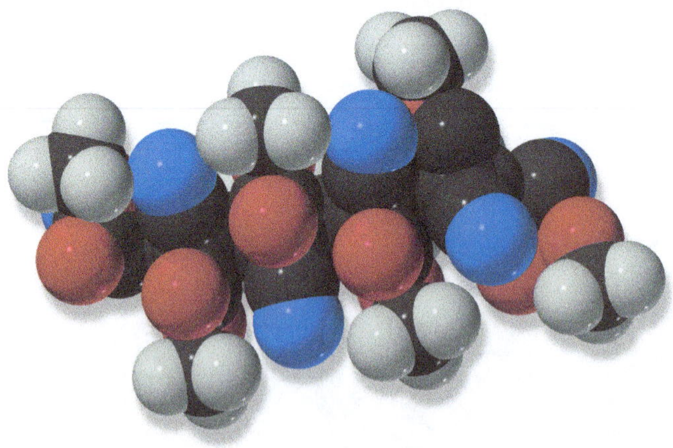

Supercola

p. 560

Rótulos de reciclagem

p. 562

Capítulo 29

Vitamina D

p. 589

Capítulo 30

Valium®

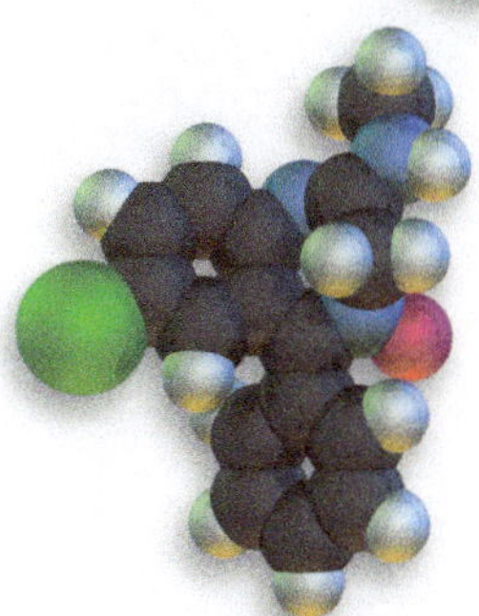

Librium®

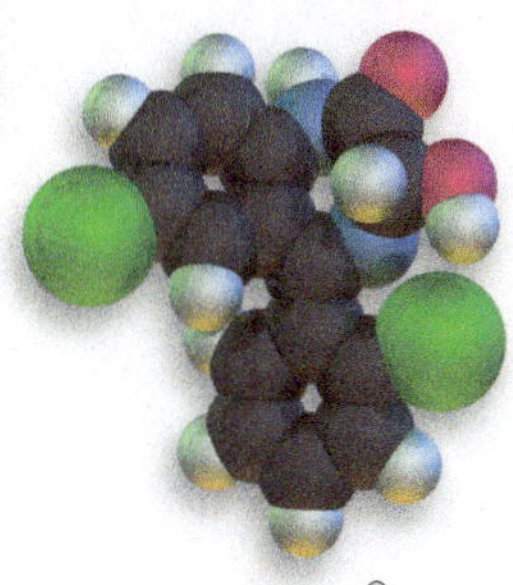

Ativan®

p. 618

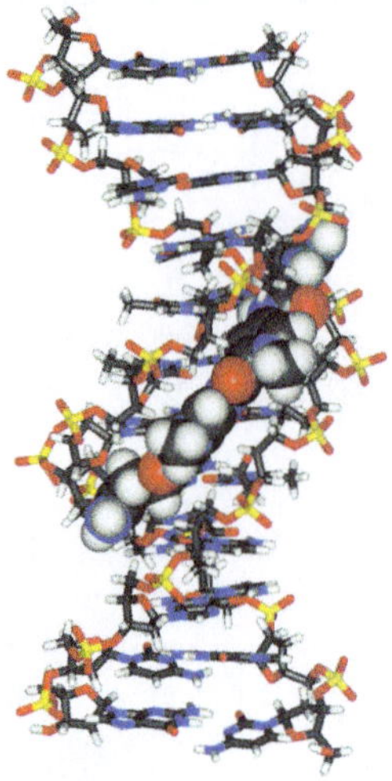

Antibiótico netropsina ligado a uma fenda pequena do DNA.

p. 636

Grupos funcionais comuns

Alcano	RCH_3
Alceno	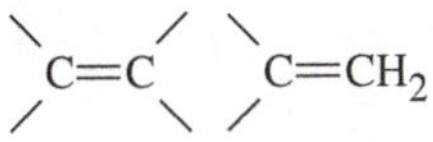 internal terminal
Alcino	$RC{\equiv}CR$ (internal) $RC{\equiv}CH$ (terminal)
Nitrila	$RC{\equiv}N$
Éterr	R—O—R
Tiol	RCH_2—SH
Sulfeto	R—S—R
Dissulfeto	R—S—S—R
Epóxido	

Anilina	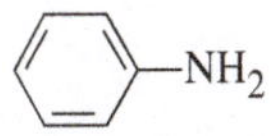
Fenol	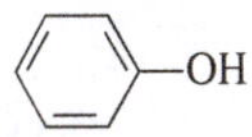
Ácido carboxílico	R—C(=O)—OH
Cloreto de acila	R—C(=O)—Cl
Anidrido ácido	R—C(=O)—O—C(=O)—R
Éster	R—C(=O)—OR
Amida	R—C(=O)—NH_2 —NHR —NR_2
Aldeído	R—C(=O)—H
Cetona	R—C(=O)—R

	primário	secundário	terciário
Halogeneto de alquila	R—CH_2—X X = F, Cl, Br, or I	R_2CH—X	R_3C—X
Álcool	R—CH_2—OH	R_2CH—OH	R_3C—OH
Amina	R—NH_2	R_2NH	R_3N

Valores aproximados de p*K*a
(veja Apêndice II para informações mais detalhadas)

Composto	Estrutura	p*K*a
grupos carbonil protonados	$RC(=\overset{+}{O}H)OH$	< 0
alcoóis protonados	$R\overset{+}{O}H_2$	< 0
água protonada	$H\overset{+}{O}H_2$	< 0
ácidos carboxílicos	$RC(=O)OH$	~5
anilina protonada	$Ar\overset{+}{N}H_3$	~5
aminas protonadas	$R\overset{+}{N}H_3$	~10
fenol	ArOH	~10
alcoóis	ROH	~15
água	H_2O	~15
carbono α (aldeído)	$RCH(H)C(=O)H$	~20
carbono α (cetona)	$RCH(H)C(=O)R$	~20
carbono α (éster)	$RCH(H)C(=O)OR$	~25
carbono α (amida)	$RCH(H)C(=O)N(CH_3)_2$	~30
aminas	RNH_2	~40
alcanos	RCH_3	~50

Símbolos e abreviaturas

Å	Unidade Angstrom (10^{-8}cm)
Ar	Grupo fenil ou grupo fenil substituído
$[\alpha]$	Rotação ótica específica
B_0	Campo magnético aplicado
CMR	Ressonância magnética ^{13}C
D	Debye; uma medida de momento dipolo
DCC	Diciclo-hexil-carbodiimida
δ	Parcial
Δ	Calor
$\Delta G°$	Variação de energia livre padrão de Gibbs
$\Delta H°$	Variação de entalpia
$\Delta S°$	Variação de entropia
DH°	Energia de dissociação de ligação
DMF	Dimetil-formamida
DMSO	Dimetil-sufóxido
E	Entgegen (lados opostos na nomenclatura *E, Z*)
E_a	Energia de ativação
Et	Etil
Et_20	Dietil éter
eu	Unidade de entropia (cal $deg^{-1}mol^{-1}$)
H_2CrO_4	Ácido crômico
HOMO	Orbital molecular ocupado mais elevado
IR	Infravermelho
k	Constante de velocidade
K_a	Constante de dissociação de ácido
K_{eq}	Constante de equilíbrio
$KMnO_4$	Permanganato de potássio
LDA	Di-isopropilamida de lítio
LUMO	Orbital molecular não-ocupado mais baixo
Me	Metil
μ	Momento dipolo
$Na_2Cr_2O_7$	Dicromato de sódio
NBS	*N*-bromo-succinamida
NMR	Ressonância Magnética Nuclear
PCC	Cloro-cromato de piridina
pH	Medida de acidez de uma solução ($=-\log [H+]$)
p*K*a	Medida da força de um ácido ($=-\log Ka$)
R	Grupo alquil; grupo derivado de um hidrocarboneto
R,S	Configuração de um centro quiral
THF	Tetra-hidrofurano
TMS	Tetrametil-silano $(CH_3)_4Si$
Ts	Grupo tosila (p-$CH_3C_6H_5SO_2$–)
UV/Vis	Ultravioleta/visível
X	Átomo de halogênio
Z	Zusammen (mesmo lado na nomenclatura E,Z)

Tabela periódica dos elementos

	Grupos principais		Metais de transição										Grupos principais					
	1A[a] 1	2A 2	3B 3	4B 4	5B 5	6B 6	7B 7	8B 8	8B 9	8B 10	1B 11	2B 12	3A 13	4A 14	5A 15	6A 16	7A 17	8A 18
1	1 **H** 1.00794																	2 **He** 4.002602
2	3 **Li** 6.941	4 **Be** 9.012182											5 **B** 10.811	6 **C** 12.0107	7 **N** 14.0067	8 **O** 15.9994	9 **F** 18.998403	10 **Ne** 20.1797
3	11 **Na** 22.989770	12 **Mg** 24.3050											13 **Al** 26.981538	14 **Si** 28.0855	15 **P** 30.973761	16 **S** 32.065	17 **Cl** 35.453	18 **Ar** 39.948
4	19 **K** 39.0983	20 **Ca** 40.078	21 **Sc** 44.955910	22 **Ti** 47.867	23 **V** 50.9415	24 **Cr** 51.9961	25 **Mn** 54.938049	26 **Fe** 55.845	27 **Co** 58.933200	28 **Ni** 58.6934	29 **Cu** 63.546	30 **Zn** 65.39	31 **Ga** 69.723	32 **Ge** 72.64	33 **As** 74.92160	34 **Se** 78.96	35 **Br** 79.904	36 **Kr** 83.80
5	37 **Rb** 85.4678	38 **Sr** 87.62	39 **Y** 88.90585	40 **Zr** 91.224	41 **Nb** 92.90638	42 **Mo** 95.94	43 **Tc** [98]	44 **Ru** 101.07	45 **Rh** 102.90550	46 **Pd** 106.42	47 **Ag** 107.8682	48 **Cd** 112.411	49 **In** 114.818	50 **Sn** 118.710	51 **Sb** 121.760	52 **Te** 127.60	53 **I** 126.90447	54 **Xe** 131.293
6	55 **Cs** 132.90545	56 **Ba** 137.327	71 **Lu** 174.967	72 **Hf** 178.49	73 **Ta** 180.9479	74 **W** 183.84	75 **Re** 186.207	76 **Os** 190.23	77 **Ir** 192.217	78 **Pt** 195.078	79 **Au** 196.96655	80 **Hg** 200.59	81 **Tl** 204.3833	82 **Pb** 207.2	83 **Bi** 208.98038	84 **Po** [208.98]	85 **At** [209.99]	86 **Rn** [222.02]
7	87 **Fr** [223.02]	88 **Ra** [226.03]	103 **Lr** [262.11]	104 **Rf** [261.11]	105 **Db** [262.11]	106 **Sg** [266.12]	107 **Bh** [264.12]	108 **Hs** [269.13]	109 **Mt** [268.14]	110 [271.15]	111 [272.15]	112 [277]		114 [285]		116 [289]		

*Série dos Lantanídeos	57 ***La** 138.9055	58 **Ce** 140.116	59 **Pr** 140.90765	60 **Nd** 144.24	61 **Pm** [145]	62 **Sm** 150.36	63 **Eu** 151.964	64 **Gd** 157.25	65 **Tb** 158.92534	66 **Dy** 162.50	67 **Ho** 164.93032	68 **Er** 167.259	69 **Tm** 168.93421	70 **Yb** 173.04
†Série dos Actinídeos	89 **†Ac** [227.03]	90 **Th** 232.0381	91 **Pa** 231.03588	92 **U** 238.02891	93 **Np** [237.05]	94 **Pu** [244.06]	95 **Am** [243.06]	96 **Cm** [247.07]	97 **Bk** [247.07]	98 **Cf** [251.08]	99 **Es** [252.08]	100 **Fm** [257.10]	101 **Md** [258.10]	102 **No** [259.10]

[a] Os letreiros superiores (1A, 2ª etc.) são de uso comum. Os letreiros inferiores (1, 2 etc.) são os recomendados pela IUPAC.

Os nomes e os símbolos para os elementos 110 e posteriores não foram decididos ainda.

Pesos atômicos em colchetes são massas de isótopos com a vida mais longa ou os mais importantes de elementos radioativos.

Informações adicionais são encontradas em http://www.shef.ac.uk/chemistry/web-elements/

A produção do elemento 116 foi noticiada em maio de 1999 por cientistas do Lawrence Berkeley National Laboratory.

PARTE CINCO

Substâncias aromáticas

Os dois capítulos que compõem a Parte Cinco tratam da aromaticidade e das reações de substâncias aromáticas. A aromaticidade foi apresentada no Capítulo 7, no qual foi visto que o benzeno, substância com energia de ressonância extraordinariamente alta, é uma substância aromática. Veremos agora os critérios que uma substância deve atender para ser classificada como aromática. Então examinaremos os tipos de reações pelas quais passam as substâncias aromáticas. No Capítulo 21, retomaremos o assunto ao estudarmos as reações de substâncias aromáticas nas quais um dos átomos do anel é um átomo diferente do carbono.

No **Capítulo 15**, examinaremos as características estruturais que tornam uma substância aromática. Também veremos as características que a tornam antiaromática. Em seguida, examinaremos as reações pelas quais o benzeno passa. Veremos que, embora o benzeno e os alcenos e dienos sejam todos nucleófilos (pelo fato de todos terem ligações carbono–carbono do tipo π), a aromaticidade do benzeno causa reações bem diferentes das reações pelas quais passam alcenos e dienos.

No **Capítulo 16**, veremos as reações de benzenos substituídos. Primeiro estudaremos as reações que modificam a natureza do substituinte no anel benzênico e também veremos como a natureza do substituinte afeta tanto a reatividade do anel quanto a posição de qualquer substituinte adicional. Em seguida, examinaremos os três tipos de reações que podem ser empregadas para sintetizar benzenos substituídos diferentes daqueles discutidos no Capítulo 15 — reações de sais de arenodiazônio, reações de substituição nucleofílica em aromáticos e reações que envolvam intermediários benzinos. Teremos então a oportunidade de planejar sínteses de substâncias que contenham anéis benzênicos.

15 Aromaticidade — Reações do benzeno

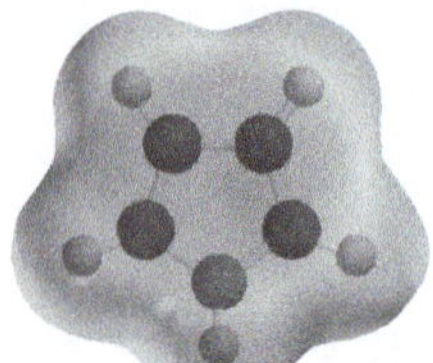

pirrol

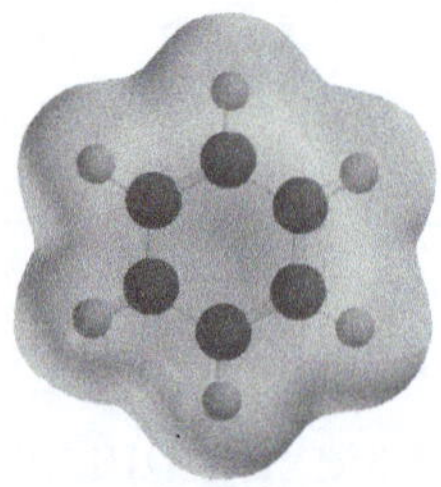

benzeno

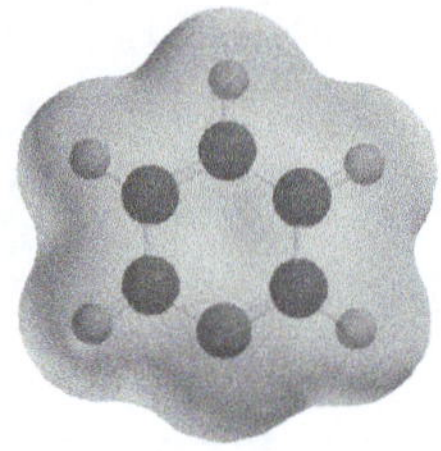

piridina

A substância que conhecemos como benzeno foi isolada primeiro em 1825 por Michael Faraday, que a extraiu de um resíduo líquido obtido após o aquecimento do óleo de baleia com a finalidade de produzir gás para iluminação de edifícios em Londres. Em virtude de sua origem, os químicos sugeriram que ela deveria chamar "feno", do grego *phainein* ('brilhar').

Michael Faraday (1791–1867), *filho de um ferreiro, nasceu na Inglaterra. Com 14 anos, foi aprendiz de encadernador e sua educação teve por base os livros que encadernava. Tornou-se assistente de Sir Humphry Davy em 1812 e aprendeu química. Em 1825, tornou-se diretor de laboratório na Royal Institution e, em 1833, professor de química na mesma instituição. É mais conhecido por seus trabalhos em eletricidade e magnetismo.*

Eilhardt Mitscherlich (1794–1863) *nasceu na Alemanha. Estudou línguas orientais na Universidade de Heidelberg e na Sorbonne, onde se concentrou em Farsi, esperando que Napoleão o incluísse na delegação que pretendia enviar à Pérsia. Essa aspiração terminou com a derrota de Napoleão. Mitscherlich retornou à Alemanha para estudar ciências, ao mesmo tempo que se doutorou em estudos persas. Foi professor de química na Universidade de Berlim.*

Em 1834, Eilhardt Mitscherlich determinou corretamente a fórmula molecular do benzeno (C_6H_6) e decidiu denominá-lo benzina em razão da sua relação com o ácido benzóico, uma conhecida forma da substância. Posteriormente seu nome foi modificado para benzeno. (Veja a figura em cores no caderno colorido.)

Substâncias como o benzeno, as quais têm relativamente poucos hidrogênios em relação ao número de carbonos, são tipicamente encontradas em óleos produzidos por árvores e outras plantas. Os primeiros químicos denominaram tais substâncias **aromáticas** em razão de seu aroma agradável. Desse modo, elas foram diferenciadas das substâncias **alifáticas**, que contêm relação hidrogênio/carbono mais alta e que eram obtidas da degradação química de gorduras. O significado químico da palavra aromático hoje diz respeito a certos tipos de estruturas químicas. Examinaremos a seguir os critérios que uma substância deve preencher para ser classificada como aromática.

15.1 Critérios para aromaticidade

No Capítulo 7, volume 1, vimos que o benzeno é uma substância cíclica, planar, com uma nuvem cíclica de elétrons deslocalizados acima e abaixo do plano do anel (Figura 15.1). Por ter seus elétrons π deslocalizados, todas as ligações C—C têm o mesmo comprimento — algo entre o comprimento de uma ligação simples típica e uma ligação dupla típica. Vimos também que o benzeno é uma substância particularmente estável em virtude de sua energia de ressonância extraordinariamente alta (36 kcal/mol ou 151 kJ/mol). A maioria das substâncias com elétrons deslocalizados tem energias de ressonância muito menores. Tais substâncias, como o benzeno, que apresentam energias de ressonância extraordinariamente altas, são denominadas substâncias aromáticas. Como podemos afirmar que uma substância é aromática examinando sua estrutura? Em outras palavras, quais as características estruturais que as substâncias aromáticas têm em comum?

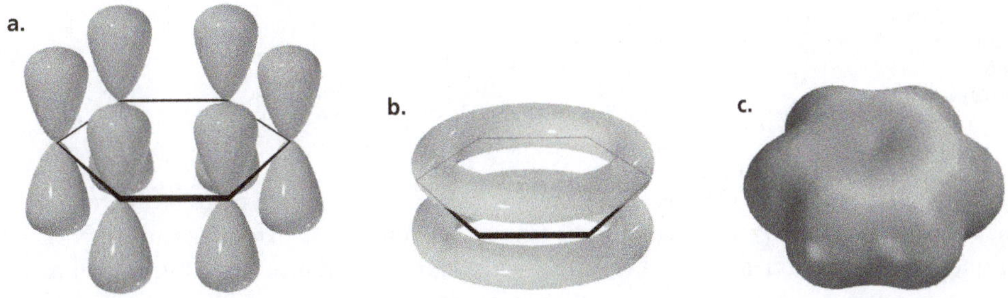

▲ **Figura 15.1**
(a) Cada carbono do benzeno tem um orbital *p*. (b) A sobreposição dos orbitais *p* forma uma nuvem de elétrons π acima e abaixo do plano do anel benzênico.
(c) O mapa de potencial eletrostático para o benzeno mostra que todas as ligações carbono–carbono têm a mesma densidade eletrônica (Veja a figura em cores no caderno colorido).

Para ser classificada como aromática, uma substância deve atender aos seguintes critérios:

Substâncias aromáticas são particularmente estáveis.

1. *Ela deve ter uma nuvem cíclica e ininterrupta de elétrons* π (também chamada de nuvem π) *acima e abaixo do plano da molécula*. Vejamos mais de perto o que isso significa:
   Para a nuvem π ser cíclica, *a molécula dever ser cíclica*.
   Para a nuvem π ser ininterrupta, *todo átomo do anel deve ter um orbital* p.
   Para se formar a nuvem π, cada orbital *p* deve sobrepor-se aos orbitais *p* de cada lado da nuvem. Portanto, *a molécula deve ser planar*.
2. *A nuvem* π *deve conter um número ímpar de pares de elétrons* π.

O benzeno é uma substância aromática porque é cíclico e planar; cada carbono no anel tem um orbital *p* e a nuvem π contém três pares de elétrons π.

Para uma substância ser aromática, ela deve ser cíclica, planar e ter uma nuvem ininterrupta de elétrons π. A nuvem π deve conter um número ímpar de pares de elétrons π.

O químico alemão Erich Hückel foi o primeiro a reconhecer que uma substância aromática deve ter um número ímpar de pares de elétrons π. Em 1931, ele descreveu essa condição que se tornou conhecida como **regra de Hückel**, ou a **regra 4*n* + 2**. A regra determina que, para uma substância cíclica planar ser aromática, sua nuvem π ininterrupta deve conter $(4n + 2)$ elétrons π, onde *n* é um número inteiro qualquer. De acordo com a regra de Hückel, uma substância aromática deve ter 2 ($n = 0$), 6 ($n = 1$), 10 ($n = 2$), 14 ($n = 3$), 18 ($n = 4$) etc. elétrons π. Devido ao fato de haver dois elétrons em um par, a regra de Hückel determina que uma substância aromática deve ter 1, 3, 5, 7, 9 etc. pares de elétrons π. Assim, a regra de Hückel é apenas um modo matemático de dizer que uma substância aromática deve ter um número ímpar de pares de elétrons π.

Erich Hückel (1896–1980) *nasceu na Alemanha. Lecionou química na Universidade de Stuttgart e na Universidade de Marburg.*

PROBLEMA 1◆

a. Qual o valor de *n* na regra de Hückel se uma substância tiver nove pares de elétrons π?
b. Essa é uma substância aromática?

15.2 Hidrocarbonetos aromáticos

Hidrocarbonetos monocíclicos com ligações simples e duplas alternadas são denominados **anulenos**. O número entre colchetes indica o número de carbonos no anel. Ciclobutadieno, benzeno e ciclo-octatetraeno são exemplos de anulenos.

Molecule Gallery: Ciclobutadieno; benzeno; ciclo-octatetraeno
WWW

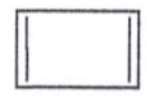
ciclobutadieno
[4]-anuleno

benzeno
[6]-anuleno

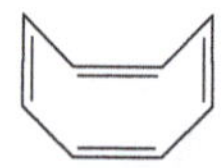
ciclooctatetraeno
[8]-anuleno

O ciclobutadieno tem dois pares de elétrons π e o ciclo-octatetraeno tem quatro pares de elétrons π. Diferentemente do benzeno, essas substâncias não são aromáticas porque têm um número par de pares de elétrons π. Há uma outra razão para explicar por que o ciclo-octatetraeno não é aromático — ele não é planar, mas tem a forma de uma banheira. Vimos anteriormente que, para um anel de 8 membros ser planar, ele deve ter ângulos de ligação de 135° (veja volume 1, Capítulo 2, Problema 28), e sabemos que carbonos sp^2 têm ângulos de ligação de 120°. Portanto, se o ciclo-octatetraeno fosse planar, ele teria um ângulo de tensão considerável. Devido ao fato de o ciclobutadieno e o ciclo-octatetraeno não serem aromáticos, eles não têm a extraordinária estabilidade das substâncias aromáticas.

Examinemos agora outras substâncias para determinar se elas são aromáticas. O ciclopropeno não é aromático porque não tem um anel ininterrupto de átomos que contenham orbitais *p*. Um dos átomos do anel tem hibridização sp^3, e somente carbonos hibridizados sp^2 e *sp* têm orbitais *p*. Portanto, o ciclopropeno não atende ao primeiro critério da aromaticidade.

ciclopropeno

cátion
ciclopropenila

ânion
ciclopropenila

Tutorial Gallery: Aromaticidade
WWW

O cátion ciclopropenila é aromático porque tem um anel ininterrupto de átomos que contêm orbitais *p*, e a nuvem π contém *um* (número ímpar) par de elétrons π deslocalizados. O ânion ciclopropenila não é aromático porque, embora tenha um anel ininterrupto de átomos que contenham orbitais *p*, sua nuvem π tem *dois* (número par) pares de elétrons π.

Quando desenhar estruturas de ressonância, lembre-se de que somente os elétrons se movem, átomos nunca o fazem.

contribuintes de ressonância do cátion ciclopropenila

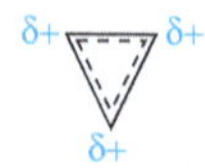

híbrido de ressonância

O ciclo-heptatrieno não é aromático. Embora tenha um número correto de pares de elétrons π para ser aromático (três), ele não tem um anel ininterrupto de átomos que contenham orbitais *p* porque um dos átomos do anel é hibridizado sp^3. O ciclopentadieno também não é aromático: ele tem um número par de pares de elétrons π (dois pares) e não tem um anel ininterrupto de átomos que contenham orbitais *p*. Como o ciclo-heptatrieno, o ciclopentadieno tem um carbono hibridizado sp^3.

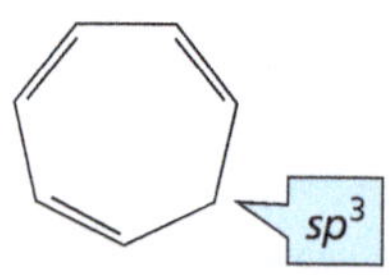

ciclo-heptatrieno

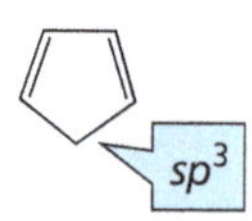

ciclopentadieno

Molecule Gallery: Fenantreno; naftaleno
WWW

Os critérios que determinam se um hidrocarboneto monocíclico é ou não aromático podem também ser usados para o hidrocarboneto policíclico. Naftaleno (cinco pares de elétrons π), fenantreno (sete pares de elétrons π) e criseno (nove pares de elétrons π) são aromáticos.

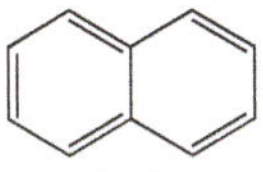
naftaleno

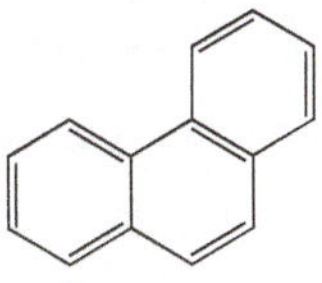
fenantreno

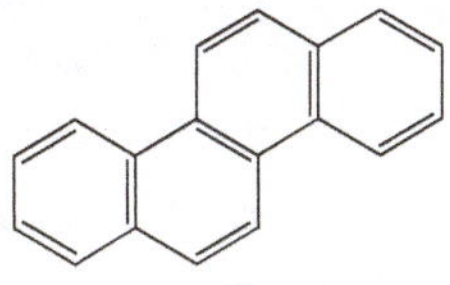
criseno

Buckyballs e Aids

Além do diamante e do grafite (Seção 1.1, volume 1), uma terceira forma de carbono puro foi descoberta enquanto cientistas estavam conduzindo experimentos planejados para estudar como moléculas de cadeia longa são formadas no espaço cósmico. R. E. Smalley, R. F. Curl Jr. e H. W. Kroto, os descobridores dessa nova forma de carbono, partilharam em 1996 o Prêmio Nobel de química pela descoberta. Eles denominaram essa nova forma Buckminster-fulereno (freqüentemente abreviado fulereno) devido à semelhança com uma bola geodésica popularizada por R. Buckminster Fuller, um arquiteto e filósofo americano. A substância foi apelidada de 'buckyball'. Consistindo em um conglomerado oco de 60 carbonos, o fulereno é a maior molécula simétrica conhecida. Como o grafite, o fulereno tem somente carbonos hibridizados sp^2, mas, em vez de estarem dispostos em camadas, os carbonos estão arranjados em anéis, formando um conglomerado oco de 60 carbonos, o qual se mantém unido como se fosse a costura de uma bola de futebol de salão. Cada molécula tem 32 anéis intercalados (20 hexágonos e 12 pentágonos). À primeira vista, o fulereno parece ser aromático em virtude de seus anéis semelhantes ao benzeno. Contudo, ele não sofre reações de substituição, mas de adição, como um alceno. A ausência de aromaticidade do fulereno se deve aparentemente à curvatura da bola, que impede a molécula de atender ao primeiro critério da aromaticidade — a molécula deve ser planar.

Buckyballs têm propriedades químicas e físicas. Eles são extremamente coesos e capazes de resistir a temperaturas extremas do espaço cósmico. Por se tratar essencialmente de gaiolas ocas, podem ser manipulados para produzir materiais até então desconhecidos. Por exemplo, quando um buckyball é 'dopado' pela inserção de potássio ou césio em sua cavidade, ele se torna um supercondutor orgânico. Atualmente essas moléculas estão sendo estudadas para serem utilizadas em muitas outras aplicações, tais como novos polímeros e catalisadores, além de sistemas de liberação de novas drogas. A descoberta dos buckyballs é uma forte evidência dos avanços tecnológicos que podem ser obtidos como resultado da pesquisa básica.

Os cientistas chegaram até a voltar a atenção para os buckyballs na busca da cura da Aids. Uma enzima necessária à reprodução do HIV exibe uma cavidade apolar em sua estrutura tridimensional. Se essa cavidade for bloqueada, a produção do vírus cessa. Uma vez que os buckyballs são apolares e apresentam aproximadamente o mesmo diâmetro da cavidade da enzima, eles têm sido considerados bloqueadores potenciais. O primeiro passo para testar essa possibilidade foi equipar o buckyball com cadeias laterais polares para torná-lo solúvel em água, de modo que pudesse passar pela corrente sangüínea. Os cientistas em seguida modificaram as cadeias laterais, a fim de ligá-las à enzima. Mas ainda há um longo caminho até a cura da Aids. De qualquer modo, isso representa um exemplo das muitas e variadas abordagens das quais os cientistas estão lançando mão para chegar à cura dessa doença.

Cúpula geodésica

PROBLEMA 2◆

Quais das seguintes substâncias são aromáticas?

a. 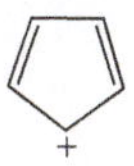

b. 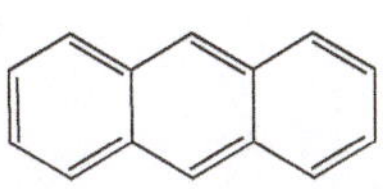

c. cátion ciclo-heptatrienila

d. 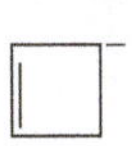

e. 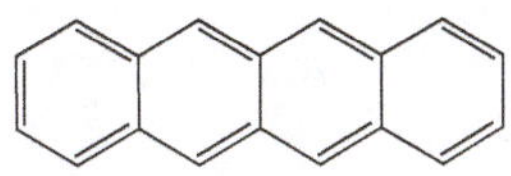

f. 

g. ânion ciclononatetraenila

h. $CH_2{=}CHCH{=}CHCH{=}CH_2$

Richard E. Smalley *nasceu em 1943 em Akron, Ohio, Estados Unidos. Graduou-se em ciências pela Universidade de Michigan e tornou-se PhD pela Universidade de Princeton. É professor de química da Universidade de Rice.*

Robert F. Curl Jr. *nasceu no Texas, em 1933. Formou-se em artes pela Universidade de Rice e tornou-se PhD pela Universidade da Califórnia, Berkeley. É professor de química da Universidade de Rice.*

Sir Harold W. Kroto *nasceu em 1939 na Inglaterra. Leciona química na Universidade de Sussex.*

Molecule Gallery: 1-cloronaftaleno; 2-cloronaftaleno

WWW

PROBLEMA 3 RESOLVIDO

a. Quantos monobromonaftalenos há?

b. Quantos monobromofenantrenos há?

RESOLUÇÃO PARA 3a Há dois monobromonaftalenos. A substituição não pode ocorrer em nenhum dos carbonos partilhados por ambos os anéis porque esses carbonos não estão ligados a um hidrogênio. O naftaleno é uma molécula plana, de modo que a substituição por um hidrogênio em qualquer dos outros carbonos resultará em uma das substâncias mostradas a seguir:

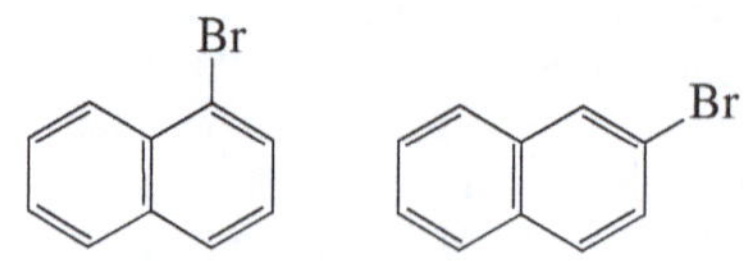

PROBLEMA 4

O [10]-anuleno e o [12]-anuleno foram sintetizados e nenhum se mostrou aromático. Explique.

15.3 Substâncias heterocíclicas aromáticas

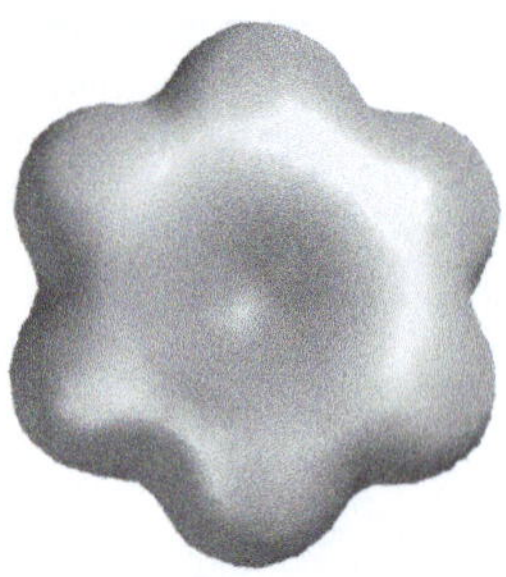

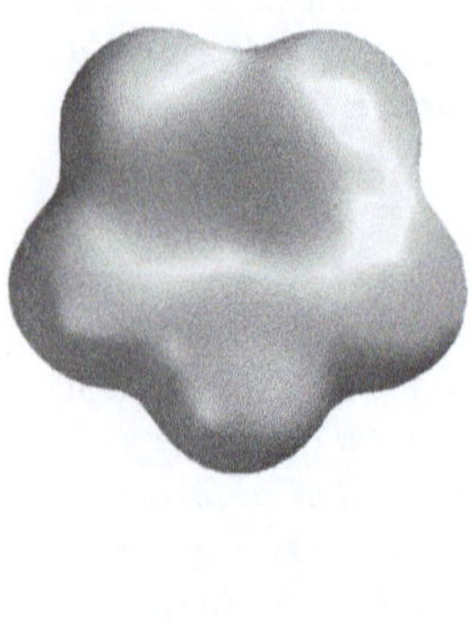

Uma substância não precisa ser um hidrocarboneto para ser aromática. Muitas substâncias heterocíclicas são aromáticas. Uma **substância heterocíclica** é uma substância cíclica na qual pelo menos um dos átomos do anel é um átomo diferente do carbono. Um átomo do anel que não seja carbono é denominado **heteroátomo**. O nome vem da palavra grega *heteros*, que significa 'diferente'. Os heteroátomos mais comuns encontrados em substâncias heterocíclicas são N, O e S. (Veja as figuras ao lado em cores no caderno colorido.)

substâncias heterocíclicas

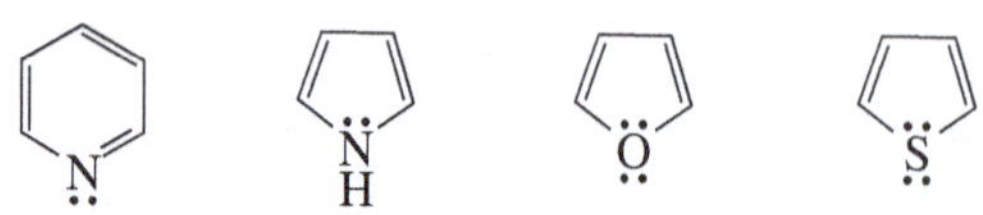

piridina pirrol furano tiofeno

A piridina é uma substância heterocíclica aromática. Cada um dos seis átomos do anel da piridina é hibridizado sp^2, o que significa que cada um tem um orbital p, e a molécula contém três pares de elétrons π. Não se deixe confundir pelo par de elétrons isolados do nitrogênio. Eles não são elétrons π. Uma vez que o nitrogênio é hibridizado sp^2, ele tem três orbitais sp^2 e um orbital p. O orbital p é usado para formar a ligação π. Dois dos orbitais do nitrogênio se sobrepõem aos orbitais do sp^2 dos átomos de carbono adjacentes, e o terceiro orbital sp^2 do nitrogênio contém o par isolado.

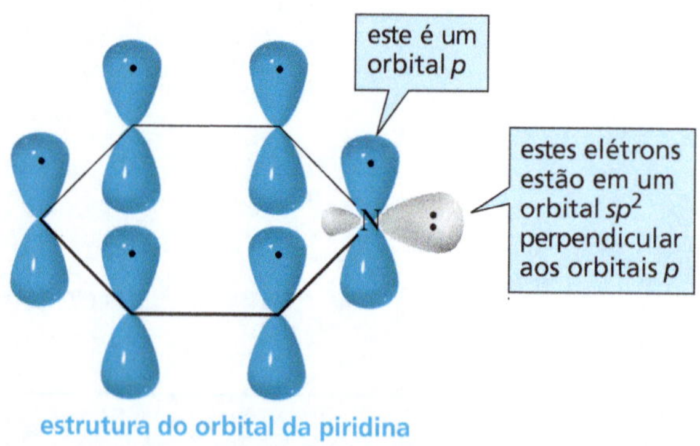

estrutura do orbital da piridina

Não se percebe imediatamente que os elétrons representados como par isolado de elétrons no átomo de nitrogênio do pirrol são elétrons π. Os contribuintes de ressonância, contudo, mostram que o átomo de nitrogênio é hibridizado sp^2 e usa os seus três orbitais sp^2 para se ligar a dois carbonos e a um hidrogênio. O par isolado de elétrons está em um orbital p que se sobrepõe aos orbitais p dos carbonos adjacentes, formando uma ligação π — assim, eles são elétrons π. Portanto, o pirrol tem três pares de elétrons π e é aromático.

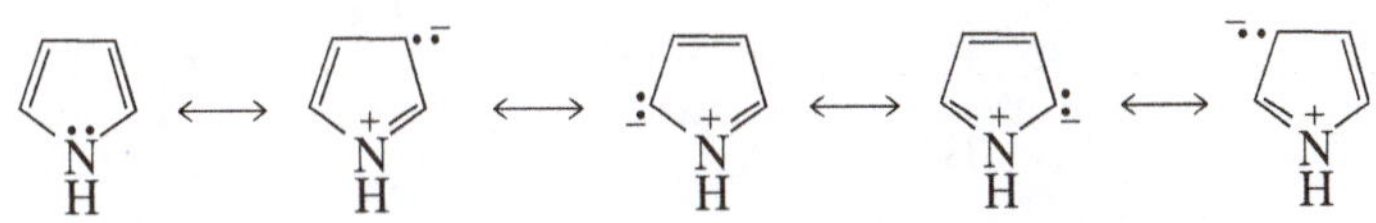

contribuintes de ressonância do pirrol

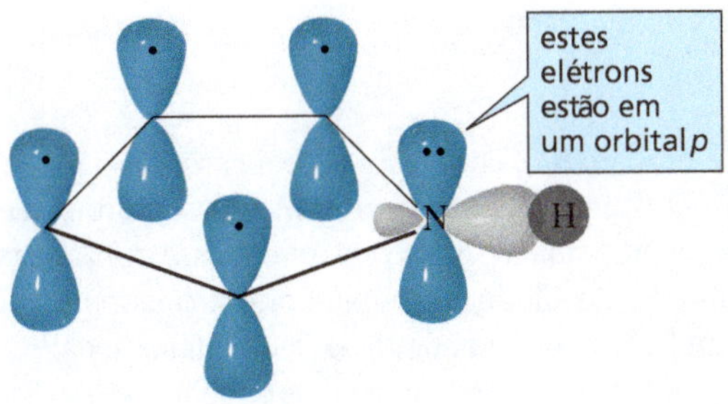

estrutura do orbital do pirrol

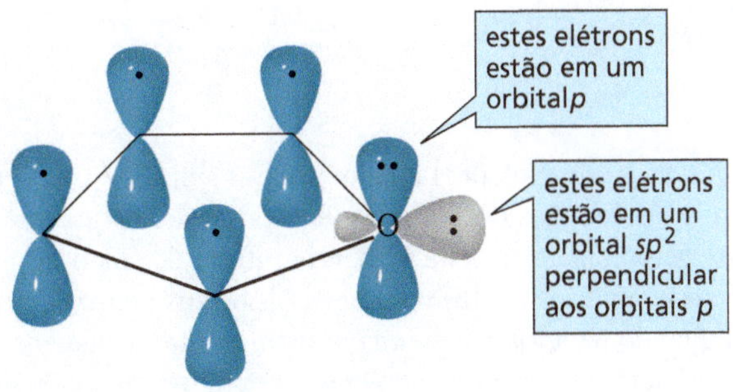

estrutura do orbital do furano

Do mesmo modo, furano e tiofeno são substâncias aromáticas estáveis. Tanto o oxigênio do primeiro quanto o enxofre do segundo são hibridizados sp^2 e têm um par isolado em um orbital sp^2. O segundo par isolado está em um orbital p que se sobrepõe a orbitais p de carbonos adjacentes, formando uma ligação π. Assim, eles são elétrons π.

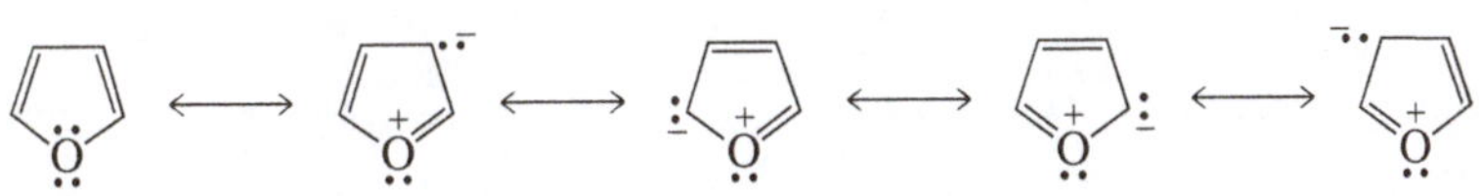

contribuintes de ressonância do furano

Quinolina, indol, imidazol, purina e pirimidina são outros exemplos de substâncias heterocíclicas aromáticas. As substâncias heterocíclicas discutidas nesta seção serão examinadas mais detalhadamente no Capítulo 21.

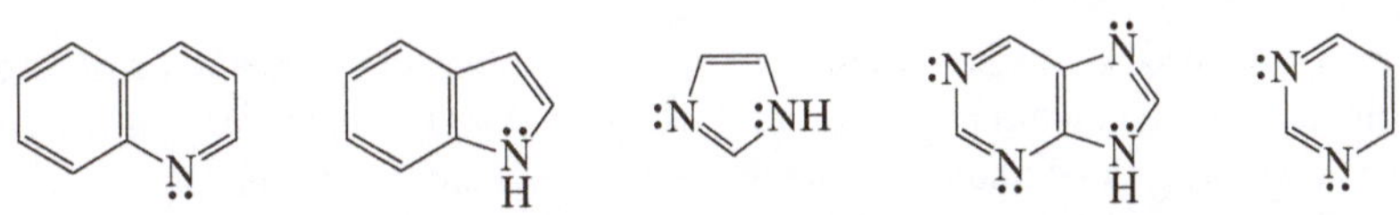

quinolina indol imidazol purina pirimidina

PROBLEMA 5◆

Em quais orbitais os elétrons estão representados como pares isolados quando se desenham as estruturas de quinolina, indol, imidazol, purina e pirimidina?

PROBLEMA 6

Responda às seguintes questões, examinando os mapas de potencial eletrostático da página 6 (veja encarte colorido):

a. Por que a região inferior do mapa de potencial eletrostático do pirrol é azul?

b. Por que a região inferior do mapa de potencial eletrostático da piridina é vermelha?

c. Por que o centro do mapa de potencial eletrostático do benzeno é mais vermelho do que o centro do mapa de potencial eletrostático da piridina?

15.4 Algumas conseqüências químicas da aromaticidade

O pK_a do ciclopentadieno é 15, o que é extraordinariamente ácido para um hidrogênio que está ligado a um carbono hibridizado sp^3. O etano, por exemplo, tem um pK_a de 50.

Tutorial Gallery: Aromaticidade e acidez

WWW

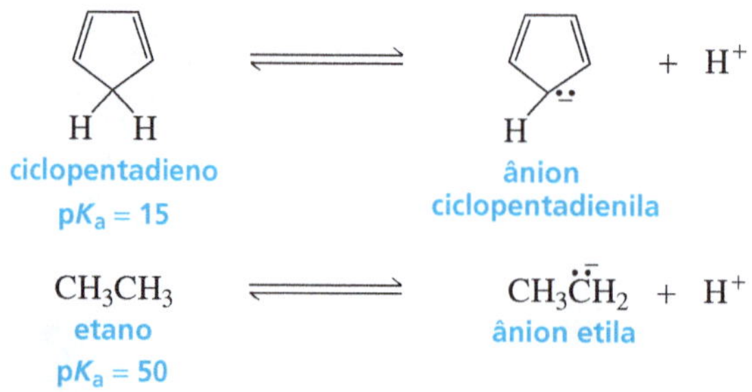

Por que o pK_a do ciclopentadieno é muito mais baixo do que o do etano? Para responder a essa questão, devemos examinar as estabilidades dos ânions que são formados quando as substâncias perdem um próton. (Lembre-se de que a força de um ácido é determinada pela estabilidade de sua base conjugada: quanto mais estável é a base conjugada, mais forte é o ácido; ver Seção 1.18, volume 1.) Todos os elétrons do ânion etila são localizados. Por outro lado, o ânion que é formado quando o ciclopentadieno perde um próton atende às condições de aromaticidade: ele é planar e cíclico, cada átomo do anel tem um orbital *p* e a nuvem π tem três pares de elétrons π deslocalizados. O carbono negativamente carregado no ânion ciclopentadienila é hibridizado sp^2, porque, se fosse hibridizado sp^3, o íon não seria aromático. O híbrido de ressonância mostra que todos os carbonos no ânion ciclopentadienila são equivalentes. Cada carbono tem exatamente um quinto da carga negativa associada ao ânion.

contribuintes de ressonância do ânion ciclopentadienila

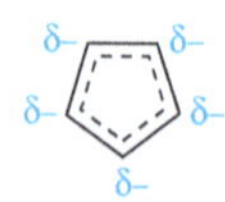

híbrido de ressonância

Como conseqüência da sua aromaticidade, o ânion ciclopentadienila é um carbânion extraordinariamente estável. Isso explica por que o ciclopentadieno tem um pK_a extraordinariamente baixo. Em outras palavras, é a estabilidade transmitida pela aromaticidade do ânion ciclopentadienila que torna o hidrogênio muito mais ácido do que os hidrogênios ligados a outros carbonos sp^3.

PROBLEMA 7◆

Presuma os valores relativos de pK_a do ciclopentadieno e do ciclo-heptatrieno.

PROBLEMA 8

a. Desenhe setas para mostrar o movimento dos elétrons indo de uma estrutura de ressonância para a seguinte no:
   1. ânion ciclopentadienila
   2. pirrol

b. Quantos átomos do anel partilham a carga negativa no:
   1. ânion ciclopentadienila?
   2. pirrol?

Outro exemplo da influência da aromaticidade na reatividade química é o comportamento incomum exibido pelo brometo de ciclo-heptatrienila. Lembremos (Seção 2.9, volume 1) que os haletos de alquila tendem a ser substâncias covalentes relativamente apolares — elas são solúveis em solventes apolares e insolúveis em água. O brometo de ciclo-heptatrienila, contudo, é um haleto de alquila que se comporta como uma substância iônica — ele é insolúvel em solventes apolares, mas facilmente solúvel em água.

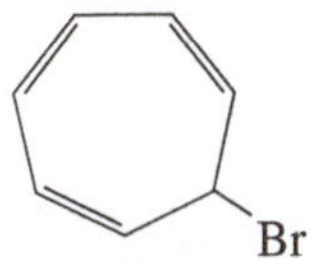

covalente
brometo de ciclo-heptatrienila

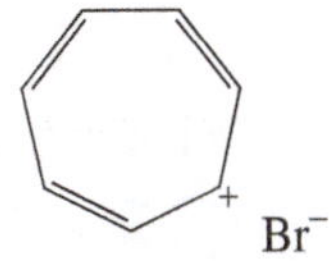

iônico
brometo de ciclo-heptatrienila
brometo tropílio

O brometo de ciclo-heptatrienila é uma substância iônica porque seu cátion é aromático. O haleto de alquila *não* é aromático na forma covalente porque tem um carbono hibridizado sp^3, de modo que *não* tem um anel ininterrupto de átomos que contenham orbitais *p*. Na forma iônica, entretanto, o cátion ciclo-heptatrienila (também conhecido como cátion tropílio) é aromático porque é um íon cíclico planar, todos os átomos do anel são hibridizados sp^2 (o que significa que cada átomo do anel tem um orbital *p*) e ele tem três pares de elétrons π deslocalizados. A estabilidade associada ao cátion aromático faz com que o haleto de alquila exista na forma iônica.

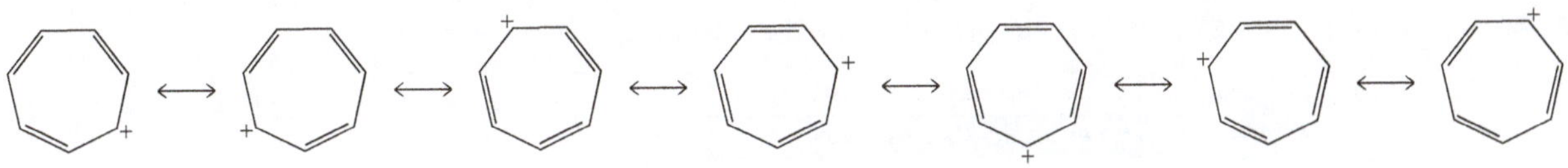

contribuintes de ressonância do cátion ciclo-heptatrienila

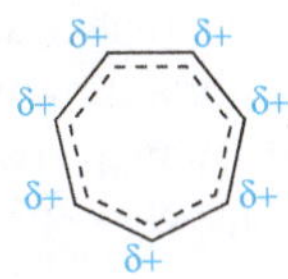

híbrido de ressonância

PROBLEMA — ESTRATÉGIA PARA RESOLUÇÃO

Quais das seguintes substâncias têm o maior momento dipolar?

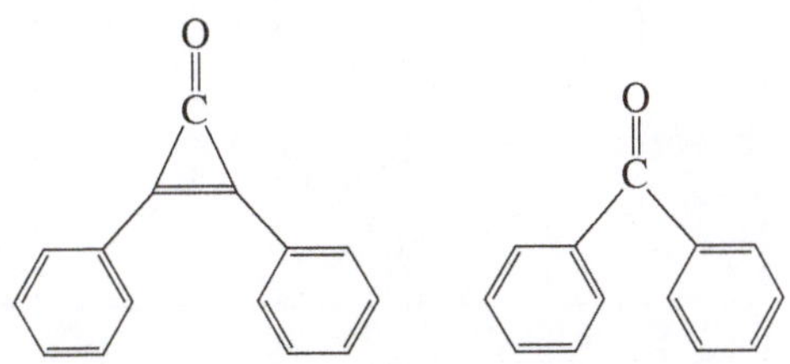

Antes de tentar responder a esse tipo de questão, assegure-se de que você sabe exatamente o que a questão está pedindo. Você sabe que o momento dipolar dessas substâncias resulta de um compartilhamento desigual de elétrons entre o carbono e o oxigênio. Portanto, quanto mais desigual for o compartilhamento, maior é o momento dipolar. Assim, a questão agora é: qual substância tem a maior carga negativa em seu átomo de oxigênio? Desenhe as estruturas com cargas separadas e determine suas estabilidades relativas. No caso da substância à esquerda, o anel de três membros torna-se aromático quando as cargas estão separadas. No caso da substância à direita, a estrutura com cargas separadas não é aromática. Uma vez que a aromaticidade torna a substância mais estável, a substância à esquerda tem um momento dipolar maior.

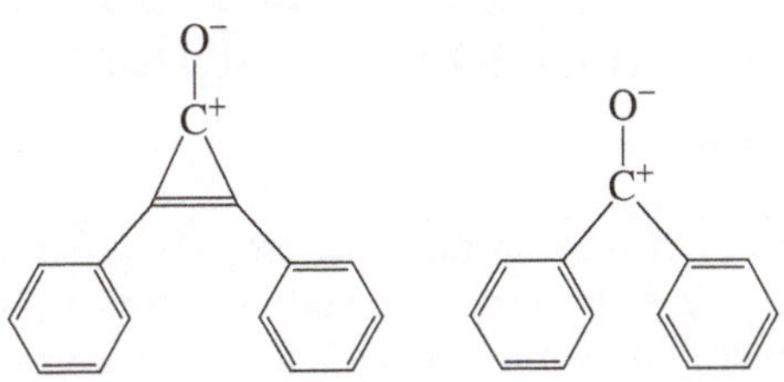

PROBLEMA 9

Desenhe as formas de ressonância do diânion ciclo-octatrienila.

a. Qual das formas de ressonância é a menos estável?

b. Qual das formas de ressonância contribui menos para o híbrido?

15.5 Antiaromaticidade

Substâncias antiaromáticas são altamente instáveis.

Uma substância aromática é *mais estável* do que uma substância cíclica análoga com elétrons localizados. Por outro lado, uma substância **antiaromática** é *menos estável* do que uma substância cíclica análoga com elétrons localizados. *A aromaticidade é caracterizada pela estabilidade, ao passo que a antiaromaticidade é caracterizada pela instabilidade.*

estabilidades relativas

substância aromática > substância cíclica com elétrons localizados > substância antiaromática

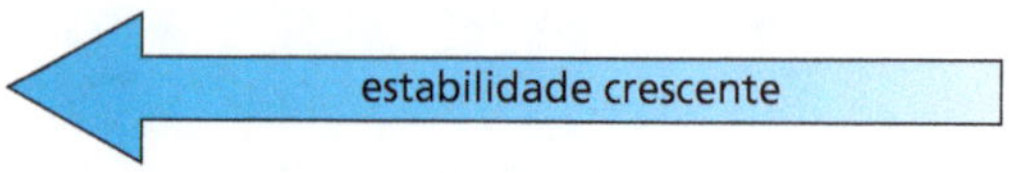

Uma substância é classificada como antiaromática se atender ao primeiro critério da aromaticidade, mas não atender ao segundo critério. Em outras palavras, ela deve ser uma substância cíclica planar com um anel ininterrupto de átomos que contêm orbitais *p*, e a nuvem π deve conter um número par de pares de elétrons π. Hückel diria que a nuvem π deve conter $4n$ elétrons π, onde n é qualquer número inteiro — um modo matemático de dizer que a nuvem deve conter um número *par* de pares de elétrons π.

O ciclobutadieno é uma molécula cíclica, planar, com dois pares de elétrons π. Portanto, espera-se que seja antiaromática e altamente instável. De fato, ela é instável demais para ser isolada, embora tenha sido fechada a temperaturas muito baixas. O cátion ciclopentadienila também tem dois pares de elétrons π, por isso podemos concluir que ele é antiaromático e instável.

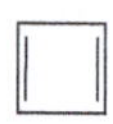

ciclobutadieno

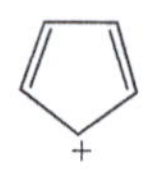

cátion ciclopentadienila

PROBLEMA 10◆

a. Preveja os valores relativos de pK_a do ciclopropeno e do ciclopropano.

b. Qual é mais solúvel em água, o 3-bromociclopropeno ou o bromociclopropano?

PROBLEMA 11◆

Quais das substâncias no Problema 2 são antiaromáticas?

15.6 Uma descrição de aromaticidade e antiaromaticidade pela teoria do orbital molecular

Por que moléculas planares com nuvens cíclicas ininterruptas de elétrons π são altamente estáveis (aromáticas) se elas têm um número ímpar de pares de elétrons π e altamente instáveis (antiaromáticas) se elas têm um número par de pares de elétrons π? Para responder a esta questão, devemos retomar a teoria do orbital molecular.

As energias relativas dos orbitais moleculares π de uma molécula planar com uma nuvem cíclica ininterrupta de elétrons π podem ser determinadas — sem precisar lançar mão da matemática — inicialmente ao se desenhar a substância cíclica com um de seus vértices apontados para baixo. As energias relativas dos orbitais moleculares π correspondem aos níveis relativos dos vértices (Figura 15.2). Os orbitais moleculares abaixo do ponto médio são orbitais moleculares não ligantes. Esse esquema é às vezes denominado artifício de Frost (ou um círculo de Frost) em homenagem a Arthur A. Frost, cientista norte-americano inventor desse método simples. Note que o número de orbitais moleculares π é o mesmo que o número de átomos no anel, porque cada átomo do anel contribui com um orbital *p*. (Lembre-se de que orbitais são conservados; Seção 7.11, volume 1.)

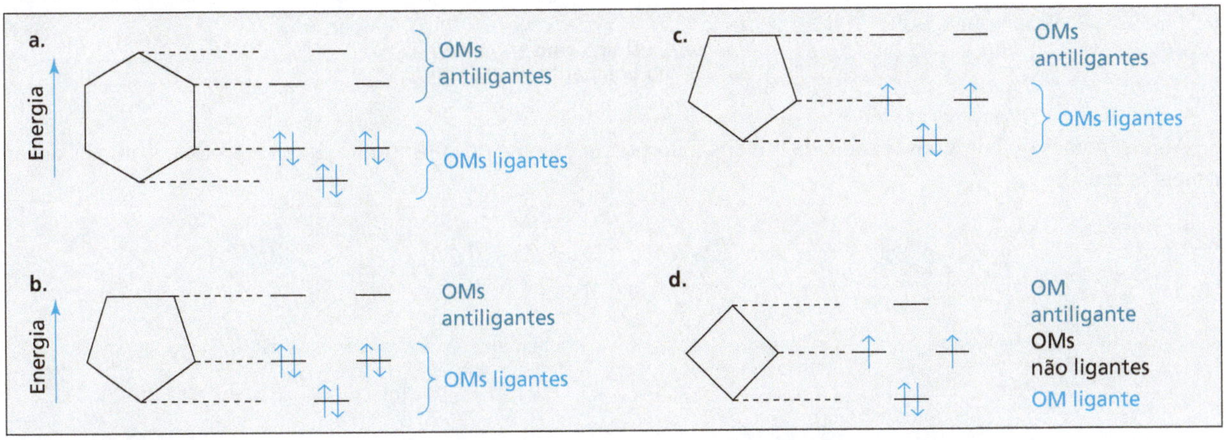

Figura 15.2
Distribuição de elétrons nos orbitais moleculares π de (a) benzeno, (b) ânion ciclopentadienila, (c) cátion ciclopentadienila e (d) ciclobutadieno. As energias relativas dos orbitais moleculares π em uma substância cíclica correspondem aos níveis relativos dos vértices. Orbitais moleculares abaixo do ponto médio da estrutura cíclica são ligantes, os que estão acima do ponto médio são antiligantes e aqueles no ponto médio são não ligantes.

Os seis elétrons π do benzeno ocupam seus três orbitais moleculares π ligantes, e os seis elétrons π do ânion ciclopentadienila ocupam seus três orbitais moleculares π ligantes. Note que há sempre um número ímpar de orbitais ligantes porque um corresponde ao vértice mais baixo e os outros entram em pares degenerados. Isso significa que substâncias aromáticas — tais como o benzeno e o ânion ciclopentadienila — com um número ímpar de pares de elétrons π têm orbitais ligantes completamente preenchidos e nenhum elétron em orbitais não ligantes ou antiligantes. Isso é o que dá estabilidade às moléculas aromáticas. (Uma descrição mais aprofundada dos orbitais moleculares no benzeno você encontra na Seção 7.11, volume 1.)

Tutorial Gallery: Descrição de aromaticidade pela teoria do orbital molecular
WWW

Substâncias aromáticas são estáveis porque preencheram os orbitais moleculares π ligantes.

Substâncias antiaromáticas têm um número par de pares de elétrons π. Portanto, ou elas são instáveis para preencher seus orbitais ligantes (cátion ciclopentadienila) ou elas têm um par de elétrons π sobrando após o preenchimento dos orbitais ligantes (ciclobutadieno). A regra de Hund determina que esses dois elétrons ocupem dois orbitais degenerados (Seção 1.2, volume 1.). Os elétrons não emparelhados são responsáveis pela instabilidade de moléculas antiaromáticas.

PROBLEMA 12◆

Quantos orbitais moleculares π ligantes, não ligantes e antiligantes têm o ciclobutadieno? Em quais orbitais moleculares estão os elétrons π?

PROBLEMA 13◆

Um radical pode ser aromático?

PROBLEMA 14

Seguindo as instruções para desenhar os níveis de energia do orbital molecular π das substâncias mostradas na Figura 15.2, desenhe os níveis de energia do orbital molecular π para o cátion ciclo-heptatrienila, o ânion ciclo-heptatrienila e o cátion ciclopropenila. Para cada substância, mostre a distribuição dos elétrons π. Quais das substâncias são aromáticas? Quais são antiaromáticas?

15.7 Nomenclatura de benzenos monossubstituídos

Alguns benzenos monossubstituídos são designados simplesmente ao se colocar o nome do substituinte seguido da palavra 'benzeno'.

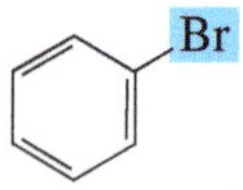
bromobenzeno

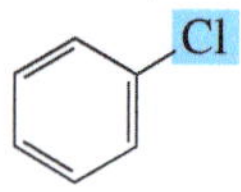
clorobenzeno

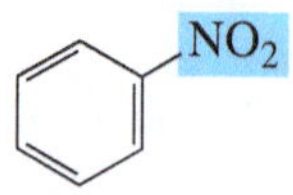
nitrobenzeno
usado como solvente no polimento de sapatos

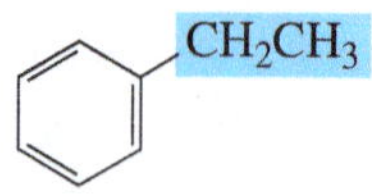
etilbenzeno

Alguns nomes de benzenos monossubstituídos incorporam o nome do substituinte. Infelizmente, tais nomes devem ser memorizados.

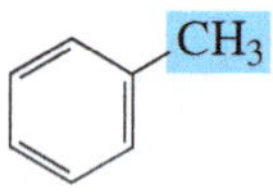
tolueno

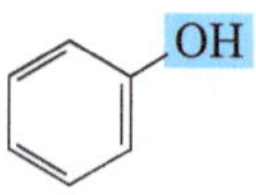
fenol

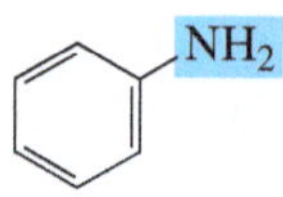
anilina

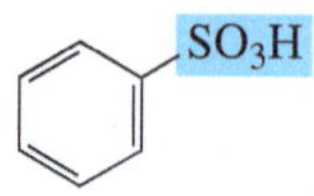
ácido benzenossulfônico

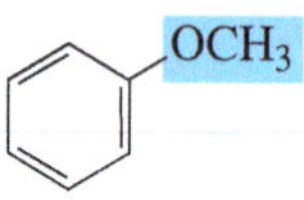
anisol

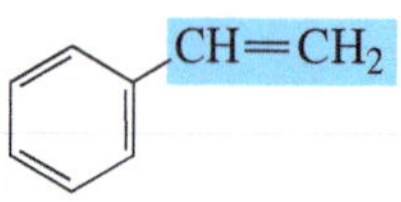
estireno

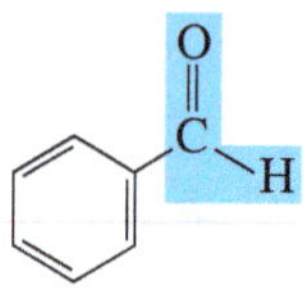
benzaldeído

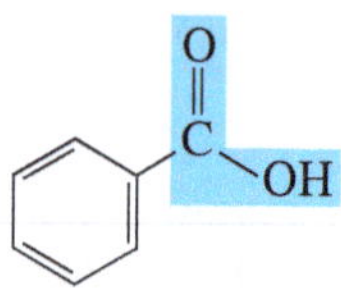
ácido benzóico

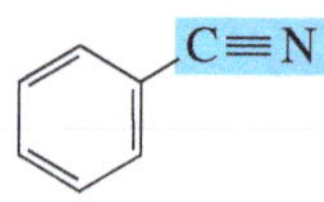
benzonitrila

Com exceção do tolueno, anéis benzênicos com um substituinte alquila são denominados benzenos alquilsubstituídos ou alcanos fenilsubstituídos.

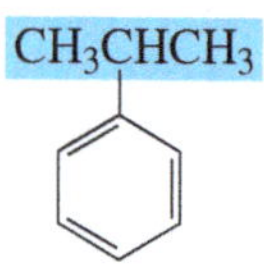
isopropilbenzeno
cumeno

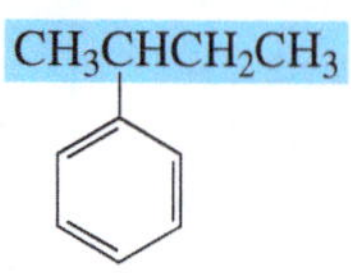
sec-butilbenzeno

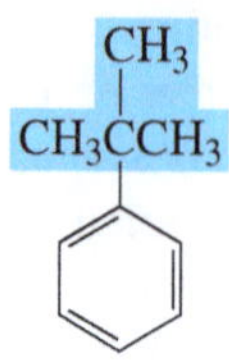
terc-butilbenzeno

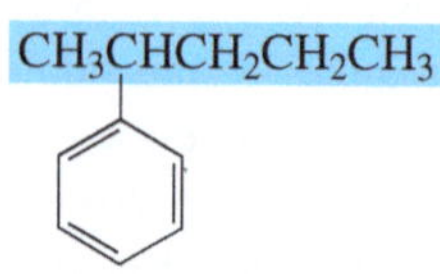
2-fenilpentano

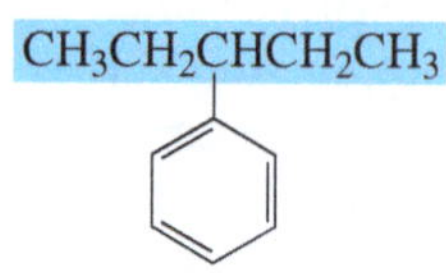
3-fenilpentano

Quando um anel benzênico é um substituinte, ele é denominado **grupo fenila**. Um anel benzênico com um grupo metileno é denominado **grupo benzila**. O grupo fenila recebeu o nome derivado da palavra 'feno', que foi rejeitado para o benzeno (Seção 15.0).

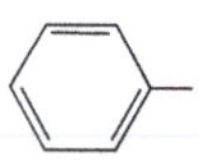
grupo fenila

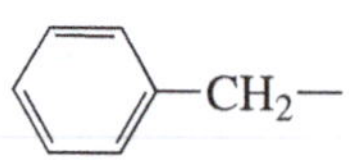
grupo benzila

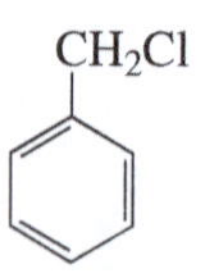
cloro-metilbenzeno
cloreto de benzila

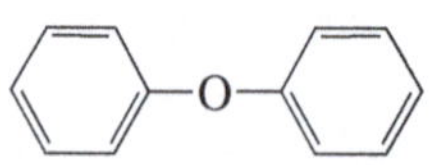
éter difenílico

éter dibenzílico

Um grupo arila (Ar) é o termo geral usado tanto para um grupo fenila quanto para um grupo fenila substituído, assim como um grupo alquila (R) é o termo geral usado para um grupo derivado de um alcano. Em outras palavras, ArOH poderia ser usado para designar quaisquer dos seguintes fenóis:

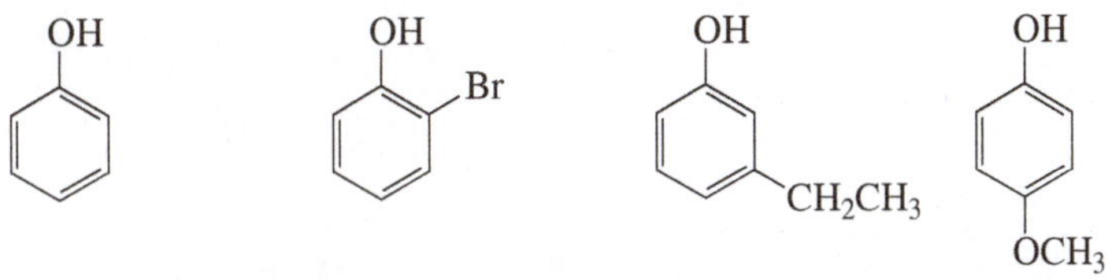

Toxicidade do benzeno

Embora o benzeno tenha sido amplamente empregado em síntese química e tenha sido com freqüência usado como solvente, ele é tóxico. Seu maior efeito tóxico recai no sistema nervoso central e na medula óssea. A exposição crônica ao benzeno causa leucemia e anemia aplástica. Uma incidência acima da média de leucemia foi detectada em trabalhadores industriais que se expuseram durante longo tempo ao benzeno, ainda que a uma concentração de 1 ppm de benzeno na atmosfera. O tolueno tem substituído o benzeno como solvente porque, embora cause depressão do sistema nervoso central como o benzeno, ele não provoca leucemia nem anemia aplástica. Pessoas viciadas em cheirar cola sofrem os efeitos narcóticos de solventes, como o tolueno, no sistema nervoso central. Isso pode ser altamente perigoso.

PROBLEMA 15◆

Desenhe a estrutura de cada uma das seguintes substâncias:

a. 2-fenil-hexano
b. álcool benzílico
c. 3-benzilpentano
d. bromo-metilbenzeno

15.8 Como o benzeno reage

Como conseqüência da presença de elétrons π acima e abaixo do plano do anel, o benzeno é um nucleófilo. Portanto, ele vai reagir com um eletrófilo (Y^+). Quando um eletrófilo se liga a um anel benzênico, é formado um carbocátion intermediário.

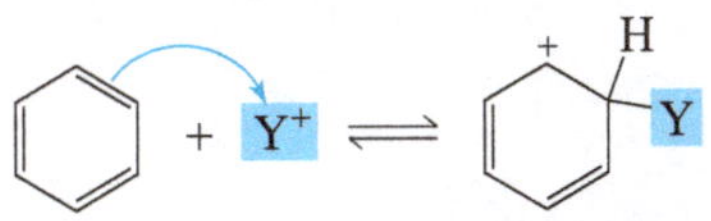

Isso deveria lembrar-lhe da primeira etapa em uma reação de adição eletrofílica de um alceno: um alceno nucleofílico reage com um eletrófilo, formando assim um carbocátion intermediário (Seção 3.6, volume 1). Na segunda etapa de uma reação de adição eletrofílica, o carbocátion reage com um nucleófilo (Z^-) para formar um produto de adição.

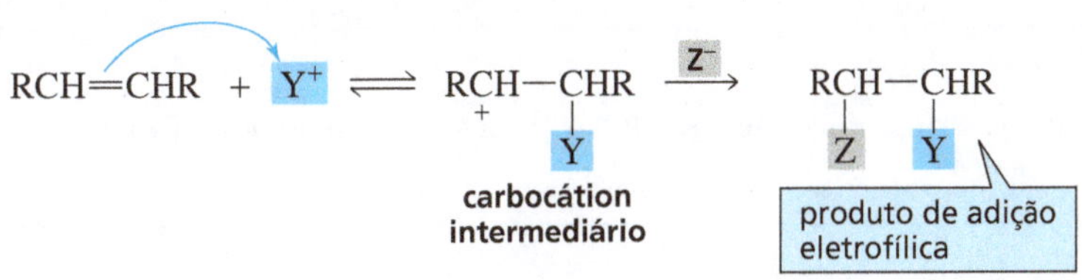

Se o carbocátion intermediário formado a partir da reação do benzeno com um eletrófilo tivesse de reagir de modo semelhante com um nucleófilo (representado no evento *b* da Figura 15.3), o produto de adição não seria aromático. Se, contudo, o carbocátion perde um próton do sítio de ataque eletrofílico (representado no evento *a* da Figura 15.3), a aromaticidade do anel benzênico é recuperada. Uma vez que o produto aromático é muito mais estável que o produto de adição não aromático, a reação global é uma reação de substituição eletrofílica, e não uma reação de adição eletrofílica. Na reação de substituição, um eletrófilo substitui um dos hidrogênios ligados ao anel benzênico.

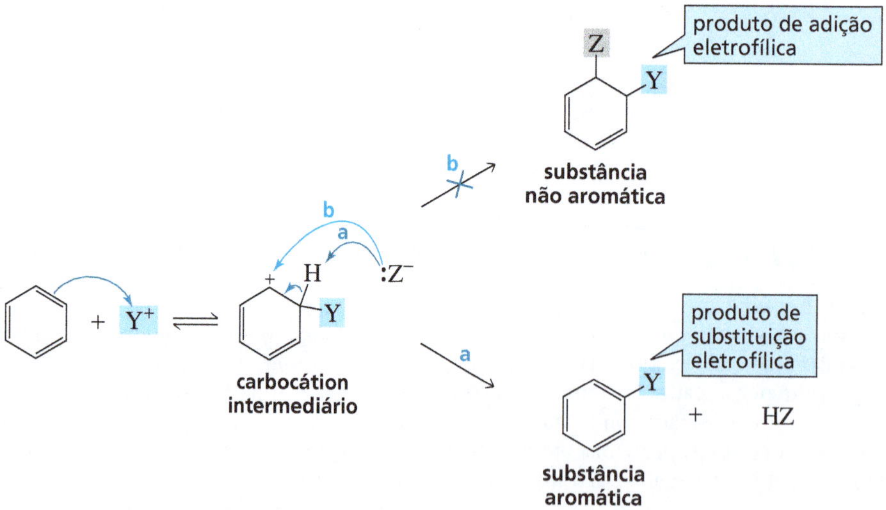

▲ **Figura 15.3** Reação do benzeno com um eletrófilo. Uma vez que o produto aromático é mais estável, a reação se dá como (a) uma reação de substituição eletrofílica, e não como (b) uma reação de adição eletrofílica.

O diagrama da coordenada de reação da Figura 15.4 mostra que a reação do *benzeno* para formar um *benzeno substituído* tem um $\Delta G°$ próximo de zero. A reação do *benzeno* para formar um *produto de adição não aromático* muito menos estável teria sido uma reação altamente endergônica. Conseqüentemente, o benzeno sofre *reações de substituição eletrofílicas* que preservam a aromaticidade, e não *reações de adição eletrofílicas* (as reações características dos alcenos), que destruiriam a aromaticidade.

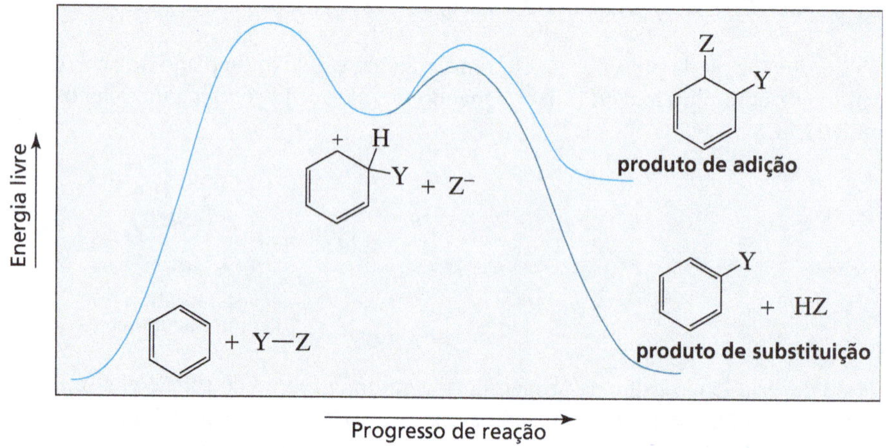

Figura 15.4 ▶ Diagramas da coordenada de reação para substituição eletrofílica no benzeno e adição eletrofílica no benzeno.

PROBLEMA 16

Se a adição eletrofílica para o benzeno é uma reação global endergônica, como pode a adição eletrofílica para um alceno ser uma reação global exergônica?

15.9 Mecanismo geral para reações de substituição aromática eletrofílica

Uma vez que a substituição eletrofílica no benzeno envolve a reação de um eletrófilo com uma substância aromática, ela é denominada mais precisamente reação de substituição aromática eletrofílica. Em uma **reação de substituição aromática eletrofílica**, um eletrófilo substitui um hidrogênio de uma substância aromática.

reação de substituição aromática eletrofílica

As cinco reações mais comuns de substituição aromática eletrofílicas são mostradas a seguir:

1. **Halogenação:** um bromo (Br), um cloro (Cl) ou um iodo (I) substituem um hidrogênio.
2. **Nitração:** um grupo nitro (NO_2) substitui um hidrogênio.
3. **Sulfonação:** um grupo ácido sulfônico (SO_3H) substitui um hidrogênio.
4. **Acilação de Friedel–Crafts:** um grupo acila (RC═O) substitui um hidrogênio.
5. **Alquilação de Friedel–Crafts:** um grupo alquila (R) substitui um hidrogênio.

Todas essas reações de substituição aromática eletrofílicas ocorrem pelo mesmo tipo de mecanismo em duas etapas. Na primeira etapa, o benzeno reage com um eletrófilo (Y^+), formando um carbocátion intermediário. A estrutura do carbocátion intermediário pode assemelhar-se a três estruturas de ressonância. Na segunda etapa da reação, uma base retira um próton do carbocátion intermediário, e os elétrons que prendiam o próton migram para dentro do anel para restabelecer sua aromaticidade. Note que *o próton é sempre removido do carbono que formou a nova ligação com o eletrófilo.*

Em uma reação de substituição aromática eletrofílica, um eletrófilo (Y^+) é colocado em um anel carbônico e o H^+ sai do mesmo anel carbônico.

mecanismo geral para reações de substituição aromática eletrofílica

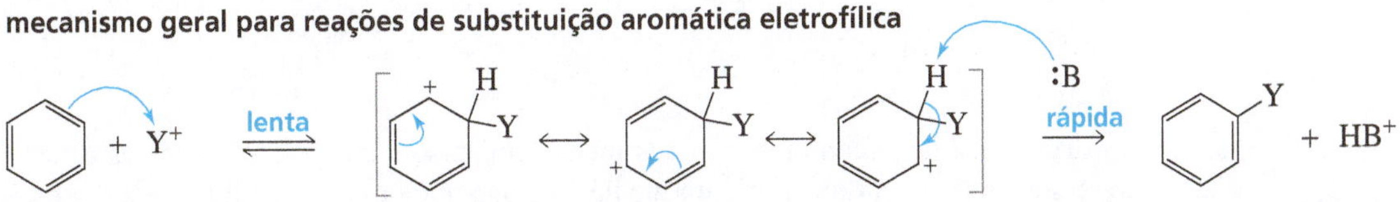

A primeira etapa é relativamente lenta e endergônica porque uma substância aromática está sendo convertida em um intermediário não aromático muito menos estável (Figura 15.4). A segunda etapa é rápida e fortemente exergônica, porque recupera a aromaticidade, aumentando a estabilidade.

Tutorial Gallery: Substituição aromática eletrofílica

WWW

Examinaremos agora cada uma dessas cinco reações de substituição aromática eletrofílica individualmente. Ao estudá-las, note que elas diferem somente no modo como o eletrófilo (Y^+) necessário para iniciar a reação é gerado. Uma vez que o eletrófilo é formado, todas as cinco reações seguem o mesmo mecanismo em duas etapas para a substituição aromática eletrofílica.

PROBLEMA 17◆

Qual substância vai sofrer uma reação de substituição aromática eletrofílica mais rapidamente: o benzeno ou o hexadeutério-benzeno?

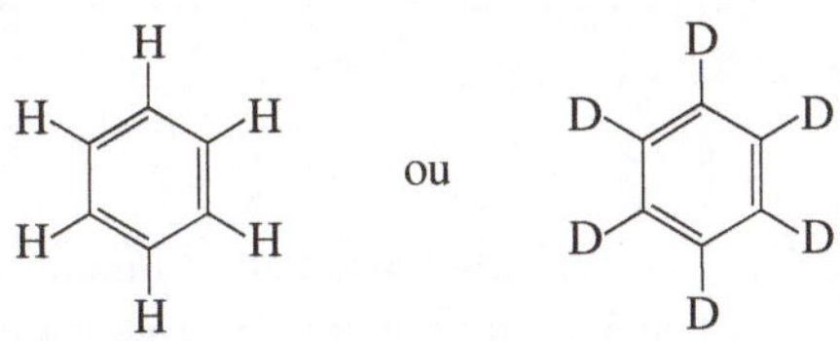

15.10 Halogenação do benzeno

A bromação ou a cloração do benzeno requer um ácido de Lewis, como o brometo férrico ou o cloreto férrico. Lembre-se de que um *ácido de Lewis* é uma substância que aceita compartilhar um par de elétrons (Seção 1.21, volume 1).

bromação

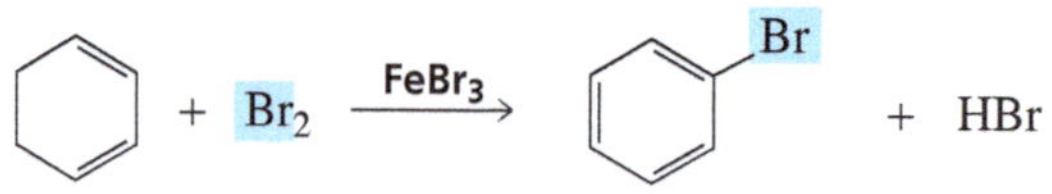

bromobenzeno

cloração

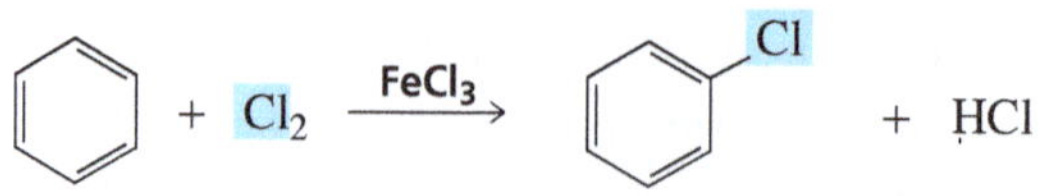

clorobenzeno

Na primeira etapa de reação de bromação, o bromo doa um par de elétrons livre ao ácido de Lewis. Isso enfraquece a ligação Br—Br, fornecendo assim o eletrófilo necessário para a substituição aromática eletrofílica.

mecanismo de bromação

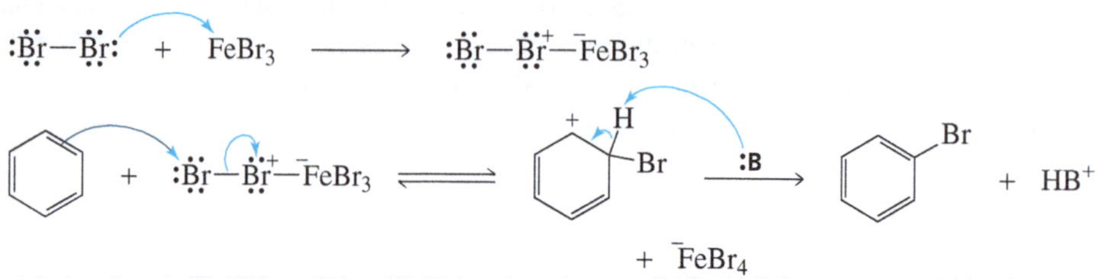

Animation Gallery: Bromação do benzeno
WWW

Para facilitar a compreensão dos mecanismos, somente uma das três estruturas de ressonância do carbocátion intermediário é mostrada aqui e nas ilustrações subseqüentes. Tenha em mente, contudo, que cada carbocátion intermediário tem na realidade as três estruturas de ressonância mostradas na Seção 15.9. Na última etapa de reação, uma base (:B) da mistura reacional retira um próton do carbocátion intermediário. A seguinte equação mostra que o catalisador é regenerado:

$$^{-}FeBr_4 + HB^+ \longrightarrow HBr + FeBr_3 + :B$$

A cloração do benzeno ocorre pelo mesmo mecanismo da bromação.

mecanismo de cloração

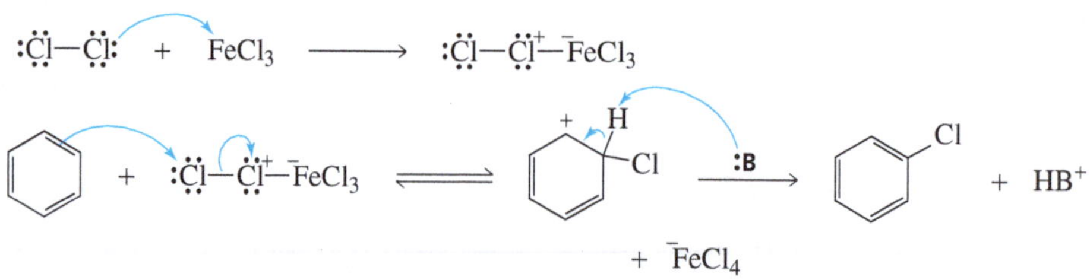

O brometo férrico e o cloreto férrico reagem com a umidade do ar durante a manipulação, o que os inativa como catalisadores. Portanto, em vez de usar o sal em si, o cloreto ou o brometo férrico é gerado *in situ* (na mistura reacional) pela adição de bromo ou cloro e limalhas de ferro à mistura reacional. Assim, o halogênio no ácido de Lewis é o mesmo que o halogênio reagente.

$$2\,Fe + 3\,Br_2 \longrightarrow 2\,FeBr_3$$

$$2\,Fe + 3\,Cl_2 \longrightarrow 2\,FeCl_3$$

Ao contrário da reação do benzeno com Br_2 ou Cl_2, a reação de um alceno com Br_2 ou Cl_2 não requer um ácido de Lewis (Seção 4.7, volume 1). Um alceno é mais reativo que o benzeno porque um alceno tem menor energia de ativação, uma vez que a formação do carbocátion não é acompanhada por uma perda de aromaticidade. Como resultado, a ligação Br—Br ou Cl—Cl não precisa ser enfraquecida para formar um eletrófilo melhor.

PROBLEMA 18

Por que a hidratação inativa o $FeBr_3$?

O iodo eletrofílico (I^+) é obtido pelo tratamento do I_2 com um agente oxidante como o ácido nítrico.

iodação

$$I_2 \xrightarrow{\text{agente oxidante}} 2\,I^+$$

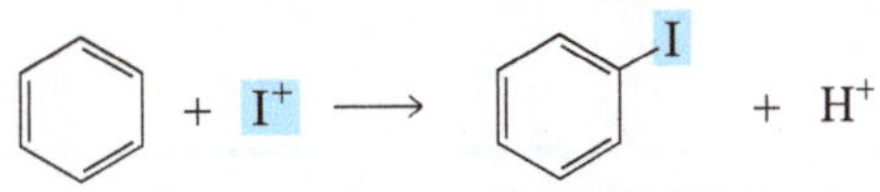

iodobenzeno

Uma vez que o eletrófilo é formado, a iodação do benzeno ocorre pelo mesmo mecanismo que a bromação e a cloração.

mecanismo de iodação

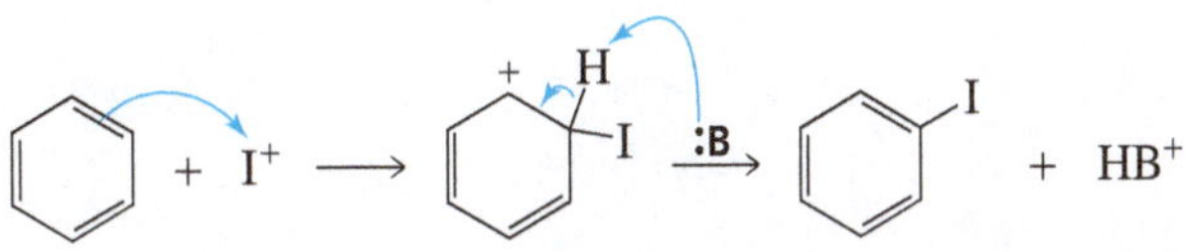

Tiroxina

A tiroxina é um hormônio que regula a taxa metabólica, causando aumento na velocidade com a qual gorduras, carboidratos e proteínas são metabolizados. Os humanos obtêm tiroxina da tirosina (um aminoácido) e do iodo. Basicamente, obtemos iodo a partir do sal iodado em nossa dieta. Uma enzima chamada iodoperoxidase converte o I^- que ingerimos em I^+, o eletrófilo necessário para pôr um iodo substituinte no anel benzênico. Baixos níveis de tiroxina podem ser corrigidos com hormônios suplementares. Níveis cronicamente baixos de tiroxina causam aumento da glândula tireóide, doença conhecida como bócio.

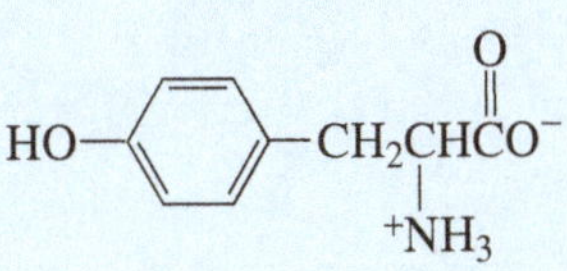

tirosina

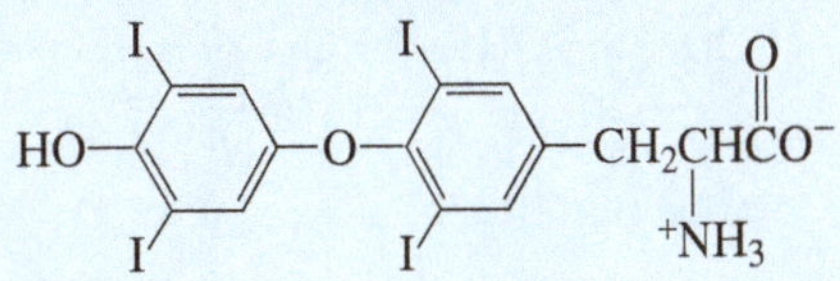

tiroxina

15.11 Nitração do benzeno

A nitração do benzeno com ácido nítrico requer ácido sulfúrico como catalisador.

nitração

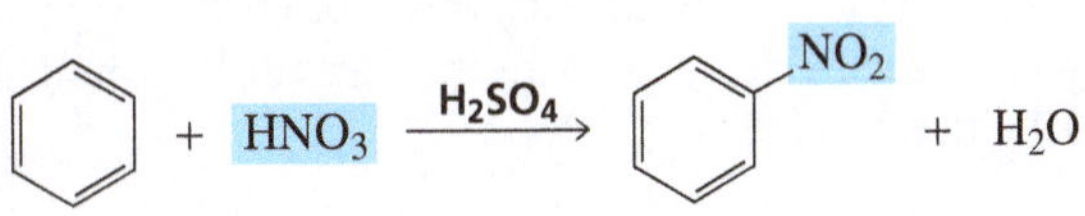

nitrobenzeno

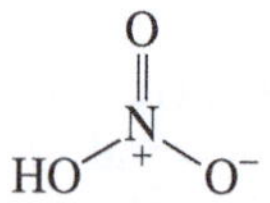

ácido nítrico

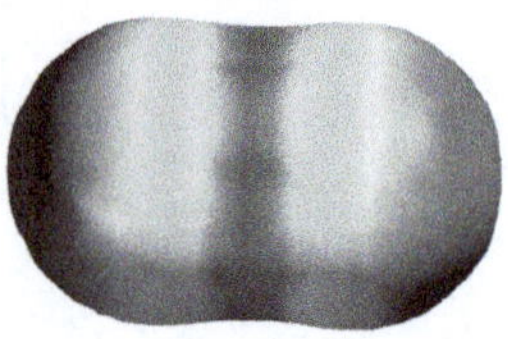

$O{=}\overset{+}{N}{=}O$

íon nitrônio

Para gerar o eletrófilo necessário, o ácido sulfúrico protona o ácido nítrico. A perda de água pelo ácido nítrico protonado forma um íon nitrônio, o eletrófilo necessário para a nitração. Lembre-se de que qualquer base (:B) presente na mistura reacional (H_2O, HSO_4^-, solvente) pode remover o próton na segunda etapa de reação de substituição aromática. (Veja a figura ao lado em cores no caderno colorido.)

mecanismo de nitração

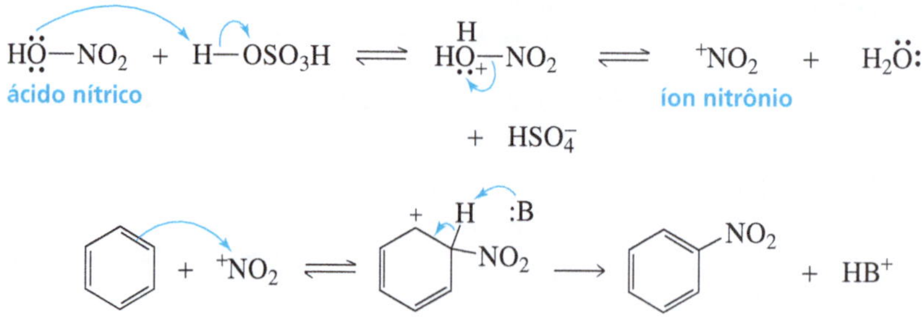

15.12 Sulfonação do benzeno

O ácido sulfúrico fumegante (uma solução de SO_3 em ácido sulfúrico) ou o ácido sulfúrico concentrado é usado para sulfonar anéis aromáticos.

sulfonação

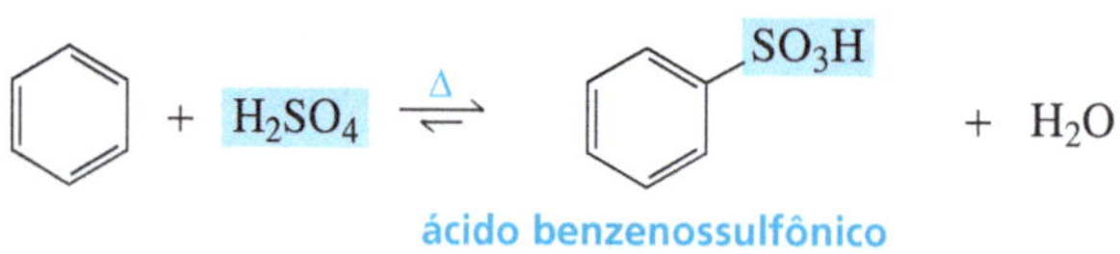

Como mostra o mecanismo seguinte, uma quantidade substancial de trióxido sulfúrico (SO_3) eletrofílico é gerada quando o ácido sulfúrico concentrado é aquecido, como resultado da perda de um próton pelo eletrófilo $^+SO_3H$. Observe a semelhança nos mecanismos de formação do eletrófilo $^+SO_3H$ para sulfonação e do eletrófilo $^+NO_2$ para a nitração.

mecanismo de sulfonação

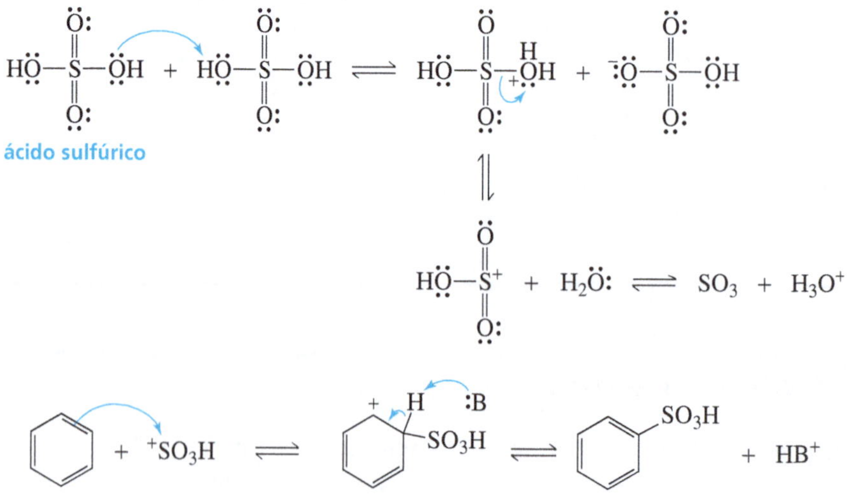

Um ácido sulfônico é um ácido forte em virtude dos três átomos de oxigênio retiradores de elétrons e da estabilidade de sua base conjugada — os elétrons deixados para trás quando o próton se perde são compartilhados pelos três átomos de oxigênio (Seção 1.19, volume 1).

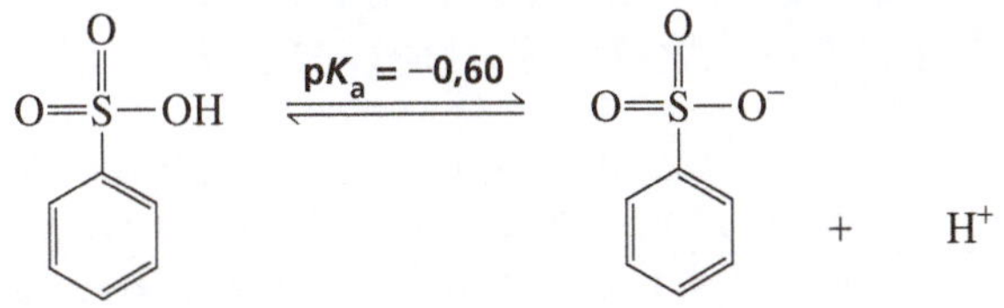

ácido benzenossulfônico íon benzenossulfonato

A sulfonação do benzeno é uma reação reversível. Se o ácido benzenossulfônico for aquecido em ácido diluído, a reação se dá no sentido contrário.

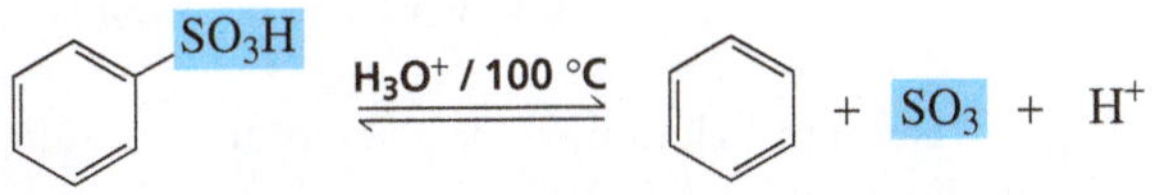

O **princípio da reversibilidade microscópica** se aplica a todas as reações. Ele estabelece que o mecanismo de uma reação no sentido contrário deve refazer, em detalhe microscópico, cada etapa do mecanismo no sentido avançado. Isso significa que as reações no sentido avançado ou inverso devem ter os mesmos intermediários, e que a barreira energética determinante da velocidade deve ser a mesma em ambos os sentidos. Por exemplo, a sulfonação é descrita pelo diagrama da coordenada de reação na Figura 15.5 indo da esquerda para a direita. Portanto, a dessulfonação é descrita pelo mesmo diagrama da coordenada de reação indo da direita para a esquerda. Na sulfonação, a etapa determinante da velocidade é o ataque nucleofílico do benzeno ao íon $^+SO_3H$. Na dessulfonação, a etapa limitante da velocidade é a perda do íon $^+SO_3H$ pelo anel benzênico. Um exemplo da utilidade da dessulfonação para os químicos sintéticos é dado no Capítulo 16, Problema 19.

mecanismo de dessulfonação

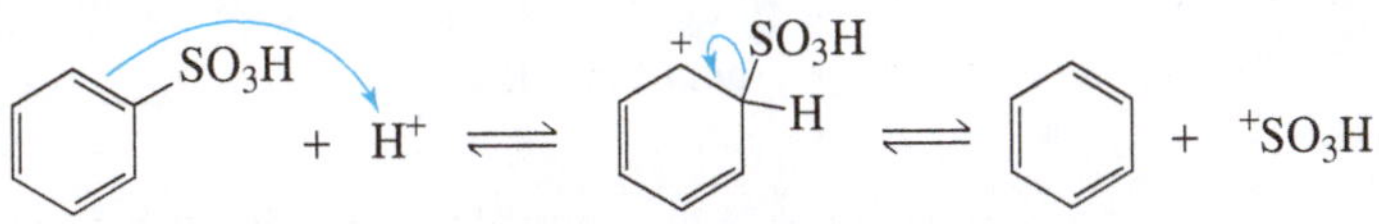

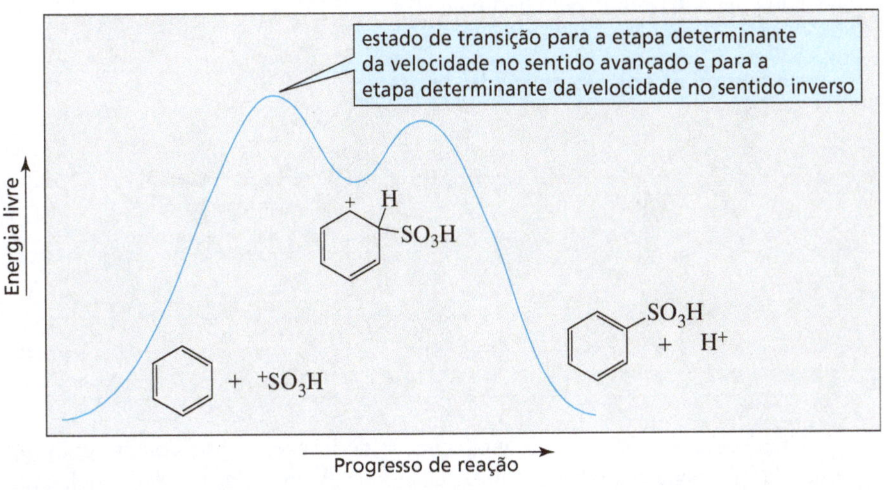

Figura 15.5 Diagrama da coordenada de reação para a sulfonação do benzeno (da esquerda para a direita) e dessulfonação do ácido benzenossulfônico (da direita para a esquerda).

PROBLEMA 19

O diagrama da coordenada de reação na Figura 15.5 mostra que a etapa determinante da velocidade para a sulfonação é a mais lenta das duas etapas, ao passo que a etapa determinante da velocidade para a dessulfonação é a mais rápida das duas etapas. Explique como a etapa mais rápida pode ser a etapa determinante da velocidade.

15.13 Acilação de Friedel–Crafts do benzeno

Charles Friedel (1832–1899) *nasceu em Estrasburgo, França. Foi professor de química e diretor de pesquisa na Sorbonne. A certa altura, seu interesse em mineralogia o levou a tentar produzir diamantes sintéticos. Conheceu James Crafts quando ambos faziam pesquisa na Escola de Medicina em Paris. Trabalharam juntos durante boa parte da vida e descobriram as reações de Friedel–Crafts no laboratório de Friedel em 1877.*

James Mason Crafts (1839–1917), *filho de um fabricante de artigos de lã, nasceu em Boston. Graduou-se em Harvard em 1858 e foi professor de química na Universidade de Cornell e no Instituto de Tecnologia de Massachusetts (MIT). Presidiu o MIT de 1897 a 1900, quando foi obrigado a se aposentar em decorrência de um problema crônico de saúde.*

Duas reações de substituição eletrofílica trazem os nomes dos químicos Charles Friedel e James Crafts. A *acilação de Friedel–Crafts* coloca um grupo acila no anel benzênico e a *alquilação de Friedel–Crafts* coloca um grupo alquila no anel benzênico.

grupo acila **grupo alquila**

Tanto um haleto de acila quanto um anidrido ácido podem ser usados para a acilação de Friedel–Crafts.

acilação de Friedel–Crafts

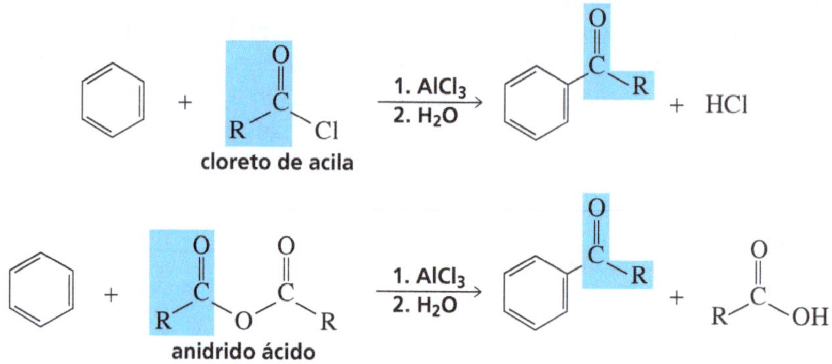

Um íon acílio é o eletrófilo necessário para uma reação de acilação de Friedel–Crafts. Este íon é formado pela reação de um cloreto de acila ou um anidrido ácido com $AlCl_3$, um ácido de Lewis.

mecanismo da acilação de Friedel–Crafts

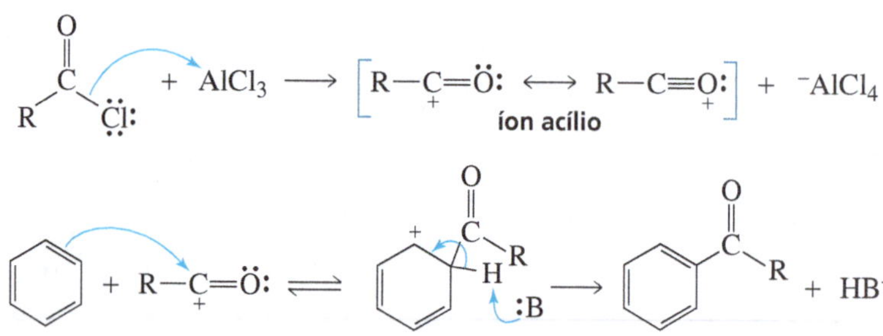

Uma vez que o produto de uma acilação de Friedel–Crafts contém um grupo carbonila que pode complexar com $AlCl_3$, reações de acilação de Friedel–Crafts devem ser conduzidas com mais de um equivalente de $AlCl_3$. Quando a reação termina, é adicionado água à mistura reacional para liberar o produto do complexo.

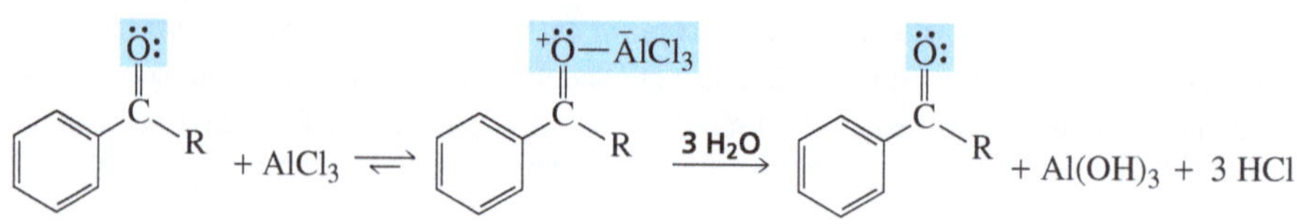

PROBLEMA 20

Mostre o mecanismo para geração do íon acílio se um anidrido ácido for usado no lugar de um cloreto de acila em uma reação de acilação de Friedel–Crafts.

PROBLEMA 21

Proponha um mecanismo para a seguinte reação:

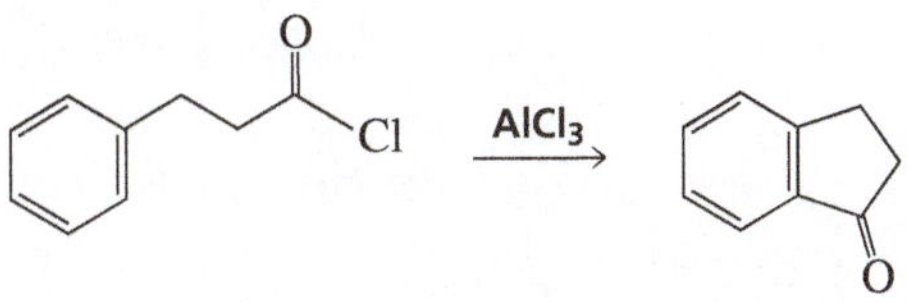

A síntese do benzaldeído a partir do benzeno apresenta um problema, uma vez que o cloreto de formila, o haleto de acila necessário à reação, é instável e não pode ser adquirido. O cloreto de formila pode ser preparado, contudo, através da **reação** de formilação de **Gatterman–Koch**. Essa reação utiliza uma mistura em alta pressão de monóxido de carbono e HCl para gerar o cloreto de formila, junto com um catalisador de cloreto de alumínio/cloreto cuproso para realizar a reação de acilação.

15.14 Alquilação de Friedel–Crafts do benzeno

A reação de alquilação de Friedel–Crafts substitui um hidrogênio por um grupo alquila.

alquilação de Friedel–Crafts

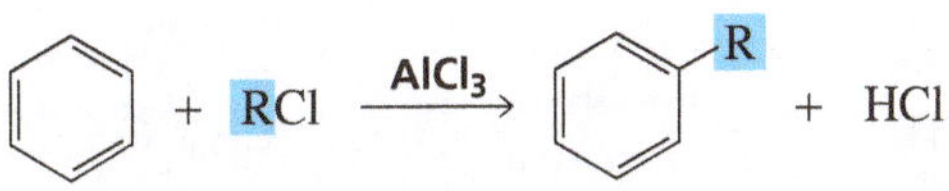

Na primeira etapa da reação, um carbocátion é formado a partir da reação de um haleto de alquila com $AlCl_3$. Fluoretos de alquila, cloretos de alquila, brometos de alquila e iodetos de alquila podem ser utilizados. Haletos de vinila e haletos de arila não podem ser empregados, porque seus carbocátions são instáveis demais para se formar (Seção 10.8, volume 1).

mecanismo da alquilação de Friedel–Crafts

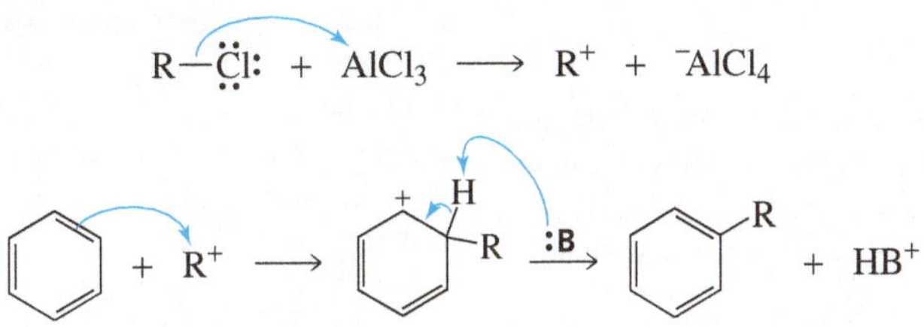

Na Seção 16.3 veremos que um benzeno alquilsubstituído é mais reativo do que o próprio benzeno. Portanto, para evitar nova alquilação no benzeno alquilsubstituído, um grande excesso de benzeno é usado nas reações de alquilação de Friedel–Crafts. Essa abordagem assegura maior probabilidade de o eletrófilo encontrar uma molécula de benzeno do que uma molécula de benzeno alquilsubstituído.

Lembre-se de que um carbocátion sofrerá rearranjo se o rearranjo o tornar um carbocátion mais estável (Seção 4.6, volume 1). Quando um carbocátion pode rearranjar-se durante uma reação de alquilação de Friedel–Crafts, o produto principal será aquele com o grupo alquila rearranjado no anel benzênico. As quantidades relativas de produto rearranjado e não rearranjado dependem do aumento da estabilidade do carbocátion obtida após o rearranjo. Por exemplo, quando o benzeno reage com o 1-clorobutano, o carbocátion primário sofre rearranjo para um carbocátion secundário, e 60% a 80% do produto (a porcentagem real depende das condições da reação) será o produto rearranjado.

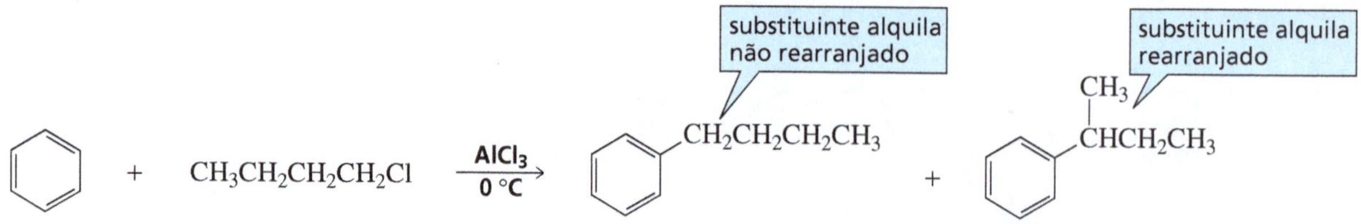

1-clorobutano — 1-fenilbutano 35% — 2-fenilbutano 65%

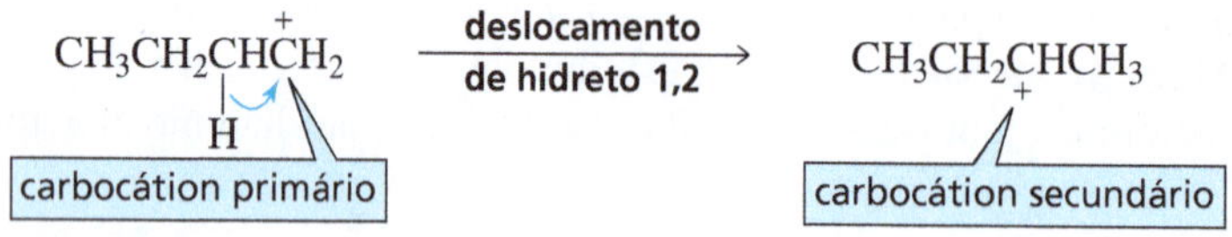

Quando o benzeno reage com o 1-cloro-2,2-dimetilpropano, um carbocátion primário rearranja-se para um carbocátion terciário. Assim há um grande aumento na estabilidade do carbocátion e, portanto, maior quantidade de produto rearranjado — cem por cento do produto (sob todas as condições reacionais) tem o substituinte alquila rearranjado.

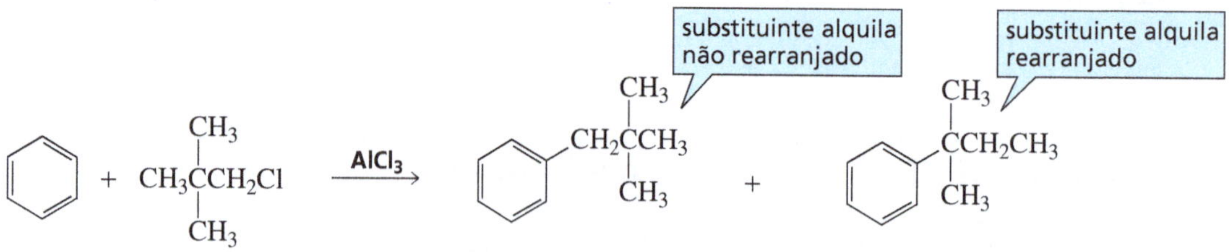

1-cloro-2,2-dimetilpropano — 2,2-dimetil-1-fenilpropano 0% — 2-metil-2-fenilbutano 100%

Carbocátions primários incipientes

Para facilitar, mostramos a formação de um carbocátion primário nas duas reações precedentes. Contudo, como vimos na Seção 10.5, volume 1, carbocátions primários são muito instáveis para ser formados em solução. O fato é que um carbocátion primárioverdadeiro nunca é formado na reação de alquilação de Friedel–Crafts. Em vez disso, o carbocátion permanece complexado com o ácido de Lewis — sendo denominado um carbocátion incipiente. O rearranjo do carbocátion ocorre porque o carbocátion tem um caráter de carbocátion suficiente para permitir o rearranjo.

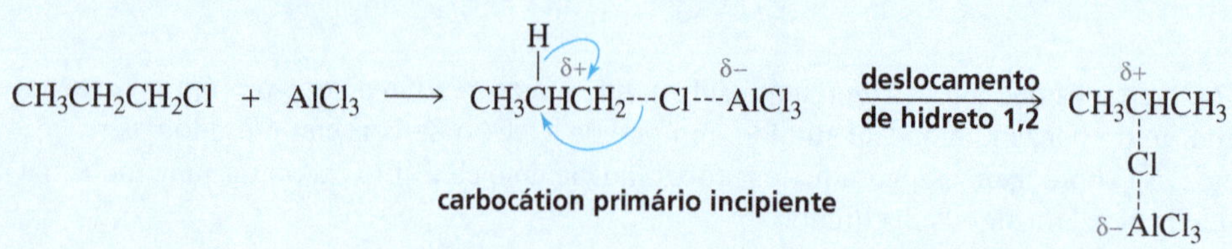

Além de reagir com carbocátions gerados a partir de haletos de alquila, o benzeno pode reagir com carbocátions gerados a partir da reação de um alceno (Seção 4.1) ou de um álcool (Seção 12.1, volume 1) com um ácido.

alquilação do benzeno por um alceno

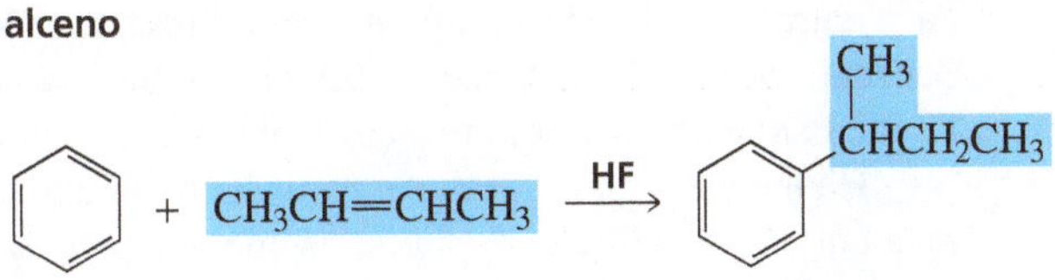

sec-butilbenzeno

alquilação do benzeno por um álcool

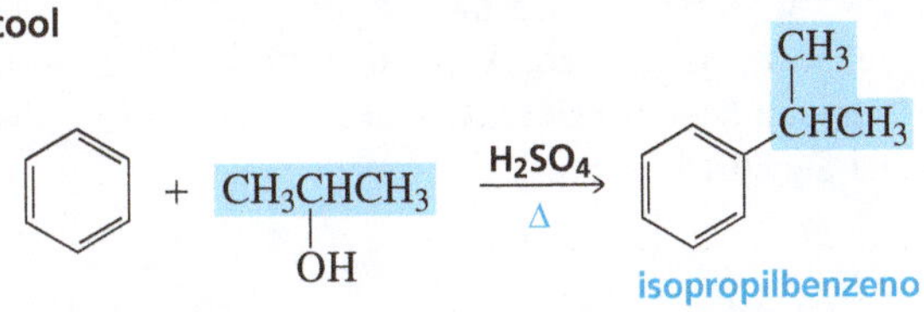

isopropilbenzeno
cumeno

PROBLEMA 22

Mostre o mecanismo para a alquilação do benzeno por um alceno.

PROBLEMA 23◆

Qual seria o produto principal de uma reação de alquilação de Friedel–Crafts usando os seguintes haletos de alquila?

a. CH_3CH_2Cl
b. $CH_3CH_2CH_2Cl$
c. $CH_3CH_2CH(Cl)CH_3$
d. $(CH_3)_3CCH_2Cl$
e. $(CH_3)_2CHCH_2Cl$
f. $CH_2{=}CHCH_2Cl$

15.15 Alquilação do benzeno por acilação–redução

Não é possível se obter um bom rendimento de um alquilbenzeno que contém um grupo alquila de cadeia linear por meio de uma reação de alquilação de Friedel–Crafts, já que o carbocátion primário incipiente sofrerá rearranjo para um carbocátion mais estável.

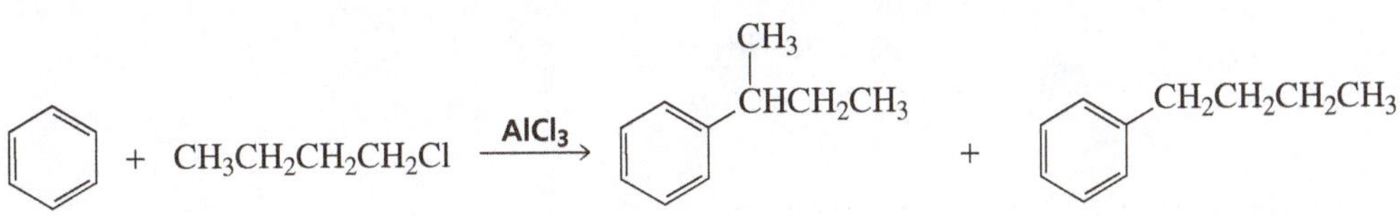

produto principal — produto secundário

Os íons acílio, entretanto, não sofrem rearranjo. Conseqüentemente, um grupo alquila de cadeia linear pode ser colocado em um anel benzênico por meio da reação de acilação de Friedel–Crafts, seguida de redução do grupo carbonila para um grupo metileno. Isso é denominado reação de redução, porque as duas ligações C—O são substituídas por duas ligações C—H (Seção 4.8, volume 1). Somente um grupo carbonila de cetona que é adjacente a um anel benzênico pode ser reduzido a um grupo metileno por hidrogenação catalítica (H_2/Pd).

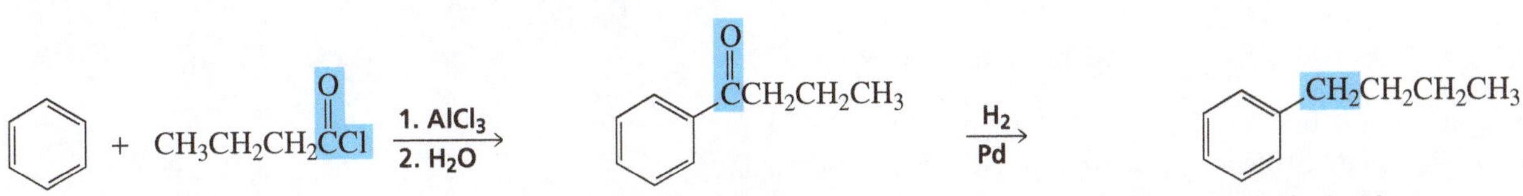

benzeno acilsubstituído — benzeno alquilsubstituído

E. C. Clemmensen (1876–1941) *nasceu na Dinamarca e tornou-se PhD pela Universidade de Copenhague. Foi cientista na Clemmensen Corp. em Newark, Nova York.*

Ludwig Wolff (1857–1919) *nasceu na Alemanha. Tornou-se PhD pela Universidade de Estrasburgo. Foi professor da Universidade de Jena, na Alemanha.*

N. M. Kishner (1867–1935) *nasceu em Moscou. Tornou-se PhD pela Universidade de Moscou sob a orientação de Markovnikov. Foi professor da Universidade de Tomsk e posteriormente da Universidade de Moscou.*

Além de evitar rearranjos do carbocátion, outra vantagem da preparação de benzenos alquilsubstituídos pela reação de acilação/redução e não da alquilação direta está no fato de que o excesso de benzeno não precisa ser usado (Seção 15.14). Ao contrário de benzenos alquilsubstituídos, que são mais reativos que o próprio benzeno (Seção 16.3), benzenos acilsubstituídos são menos reativos que o benzeno, de modo que não sofrerão reações adicionais de Friedel–Crafts.

Há métodos mais gerais disponíveis para reduzir um grupo carbonila de cetona a um grupo metileno — métodos que reduzem todos os grupos carbonila de cetonas, não apenas aqueles que são adjacentes aos anéis benzênicos. Dois dos mais efetivos são a redução de Clemmensen e a redução de Wolff–Kishner. A **redução de Clemmensen** usa uma solução ácida de zinco dissolvida em mercúrio como reagente de redução. A **redução de Wolff–Kishner** emprega hidrazina (H_2NNH_2) sob condições básicas. O mecanismo da redução de Wolff–Kishner será mostrado na Seção 18.6.

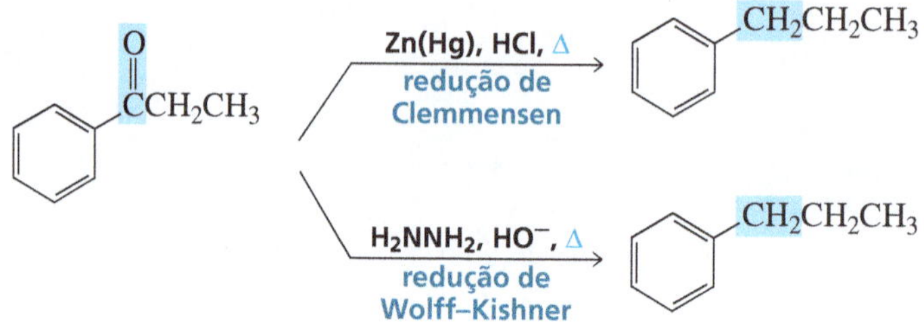

A essa altura, você deverá estar se perguntando por que é necessário mais de um modo para preparar a mesma reação. Métodos alternativos são úteis quando há outros grupos funcionais na molécula que poderiam reagir com os reagentes que você está usando para realizar a reação desejada. Por exemplo, aquecer a seguinte substância com HCl (como prescreve a redução de Clemmensen) faz o álcool sofrer substituição (Seção 11.1, volume 1). No entanto, sob as condições básicas da redução de Wolff–Kishner, o grupo álcool permaneceria inalterado.

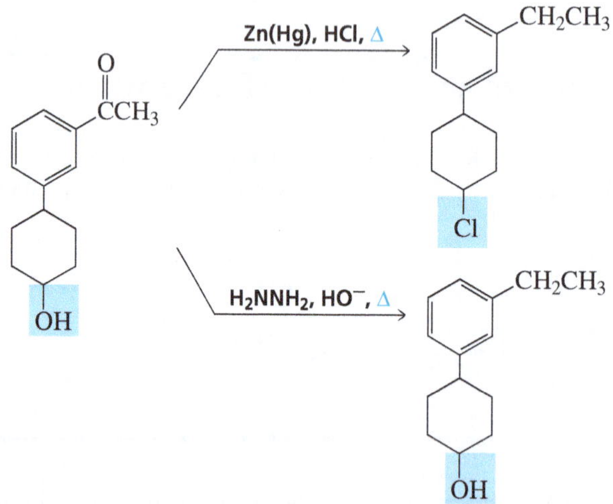

Alquilbenzenos com grupos alquila de cadeia linear também podem ser preparados por meio de reações de acoplamento vistas na Seção 12.12, volume 1. Um dos grupos alquila de um reagente de Gilman pode substituir o halogênio de um haleto de arila.

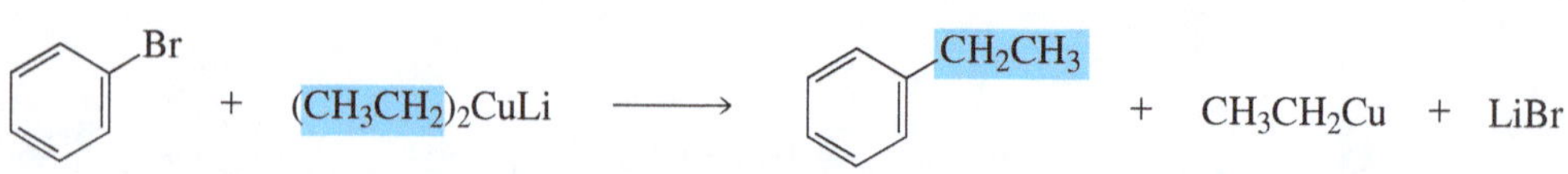

A **reação de Stille** acopla um haleto de arila a um estanano.

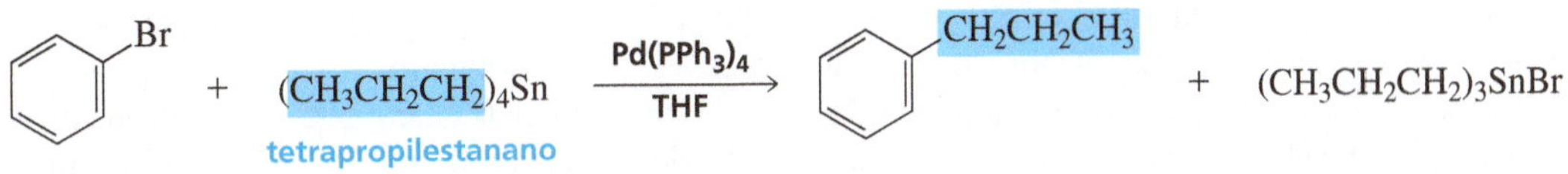

A **reação de Suzuki** acopla um haleto de arila a uma organoborana.

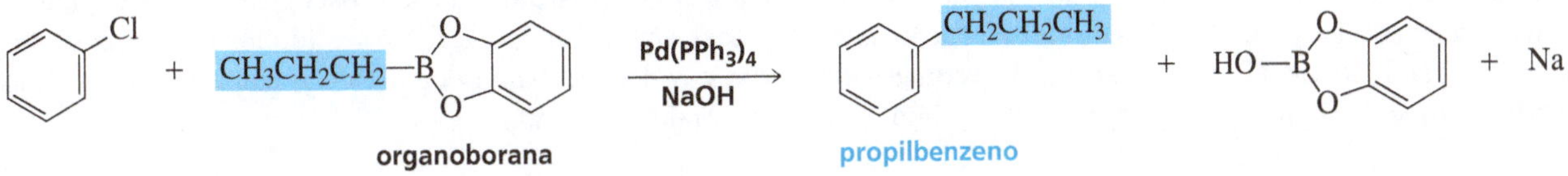

A organoborana necessária é obtida pela reação de um alceno com catecolborana. Uma vez que alcenos ficam facilmente disponíveis, esse método pode ser usado para preparar uma ampla variedade de alquilbenzenos.

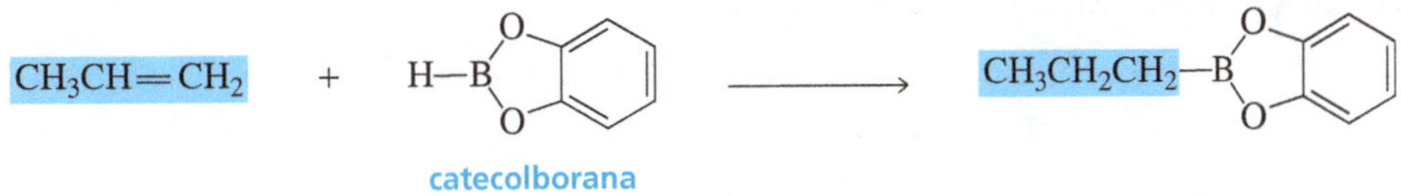

PROBLEMA 24

Descreva como as seguintes substâncias poderiam ser preparadas a partir do benzeno:

a. 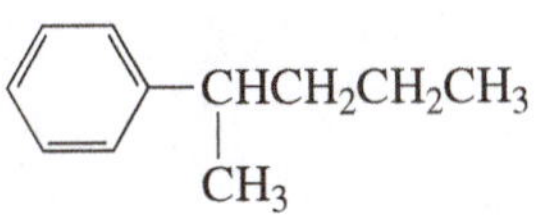

b. 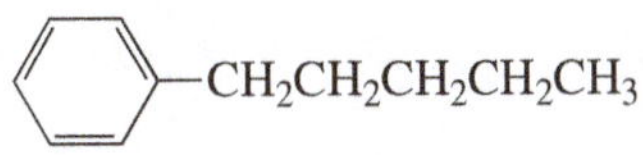

Resumo

Para ser classificada como **aromática**, uma substância deve ter uma nuvem cíclica e ininterrupta de elétrons π que contenha um *número ímpar de pares de elétrons* π. Uma substância **antiaromática** tem uma nuvem cíclica ininterrupta de elétrons π com um *número par de pares de elétrons* π. A teoria do orbital molecular mostra que substâncias aromáticas são estáveis porque seus orbitais ligantes estão completamente preenchidos, sem elétrons nos orbitais não-ligantes ou nos antiligantes. Por outro lado, substâncias antiaromáticas são instáveis porque são incapazes de preencher seus orbitais ligantes ou porque têm um par de elétrons π sobrando após o preenchimento dos orbitais ligantes. Como conseqüência de sua aromaticidade, o ânion ciclopentadienila e o cátion ciclo-heptatrienila são extraordinariamente estáveis.

Um **anuleno** é um hidrocarboneto monocíclico com ligações simples e duplas alternadas. Uma **substância heterocíclica** é uma substância cíclica na qual um ou mais átomos do anel é um **heteroátomo** — um átomo diferente do carbono. Piridina, pirrol, furano e tiofeno são exemplos de substâncias heterocíclicas aromáticas.

A aromaticidade do benzeno faz com que ele sofra **reações de substituição aromática eletrofílica**. As reações de adição eletrofílica, características dos alcenos e dienos, levariam a produtos de adição não aromáticos muito menos estáveis. As reações de substituição aromática eletrofílica mais comuns são halogenação, nitração, sulfonação e acilação e alquilação de Friedel–Crafts. Uma vez que o eletrófilo é gerado, todas as reações de substituição aromática eletrofílica ocorrem pelo mesmo mecanismo em duas etapas: (1) a substância aromática reage com um eletrófilo, formando um carbocátion intermediário; (2) a base retira um próton do carbono que formou a ligação com o eletrófilo. A primeira etapa é relativamente lenta e endergônica porque uma substância aromática está sendo convertida em um intermediário não aromático muito menos estável. A segunda etapa é rápida e fortemente exergônica porque a aromaticidade, que aumenta a estabilidade, está sendo restaurada.

Alguns benzenos monossubstituídos são denominados benzenos substituídos (por exemplo, bromobenzeno, nitrobenzeno), há outros que incorporam o nome do substituinte (por exemplo, tolueno, fenol, anilina). A bromação ou a cloração requer um ácido de Lewis como catalisador. A iodação requer um agente oxidante. A **nitração** com ácido nítrico requer ácido sulfúrico como catalisador. Tanto um haleto de acila quanto um anidrido ácido podem ser usados para a **acilação de Friedel–Crafts**, uma reação que coloca um grupo acila em um anel benzênico. Se o carbocátion formado a partir de um haleto de alquila usado em uma reação de **alquilação de Friedel–Crafts** puder se rearranjar, o produto principal será o produto com o grupo alquila rearranjado. Um grupo alquila de cadeia linear pode ser colocado em um anel benzênico por meio de uma reação de acilação de Friedel–Crafts seguida de redução do grupo carbonila por hidrogenação catalítica, de **redução de Clemmensen** ou de **redução de Wolff–Kishner**. Alquilbenzenos com grupos alquila de cadeia linear também podem ser preparados por meio de reações de acoplamento.

Um anel benzênico pode ser sulfonado com ácido sulfúrico concentrado ou fumegante. A **sulfonação** é uma reação reversível; o aquecimento do ácido benzenossulfônico em ácido diluído remove o grupo sulfônico. O **princípio da reversibilidade microscópica** estabelece que o mecanismo de uma reação no sentido inverso deverá refazer, em detalhe microscópico, cada etapa do mecanismo no sentido avançado.

Resumo das reações

1. Reações de substituição aromática eletrofílica:

a. Halogenação (Seção 15.10)

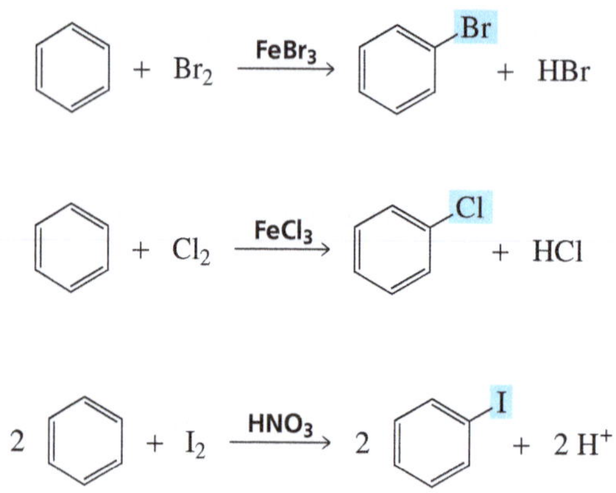

b. Nitração, sulfonação e dessulfonação (seções 15.11 e 15.12)

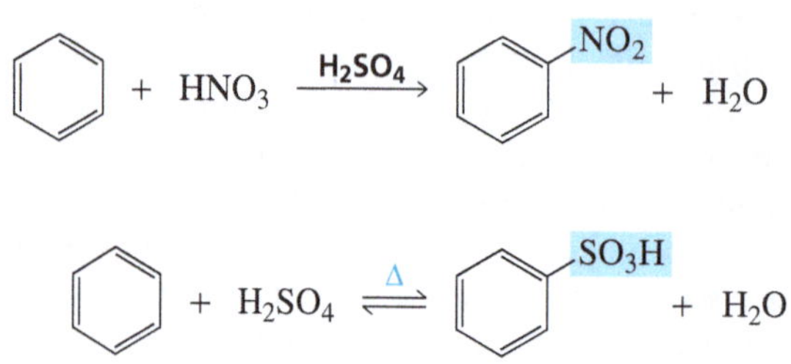

c. Acilação e alquilação de Friedel–Crafts (seções 15.13 e 15.14)

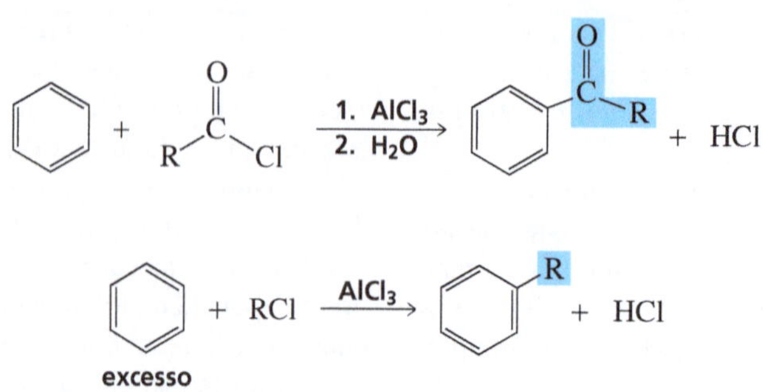

d. Formação de benzaldeído pela reação de Gatterman–Koch (Seção 15.13)

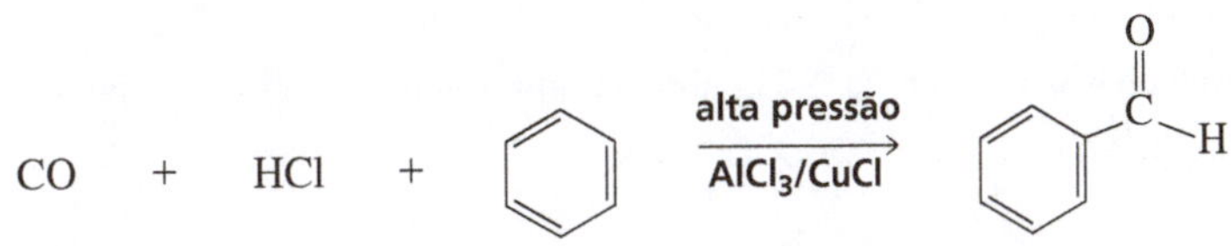

e. Alquilação com um reagente de Gilman (Seção 15.15)

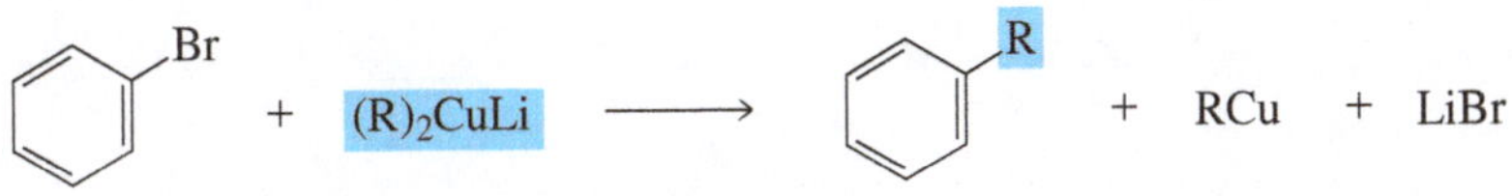

f. Alquilação por meio da reação de Stille (Seção 15.15)

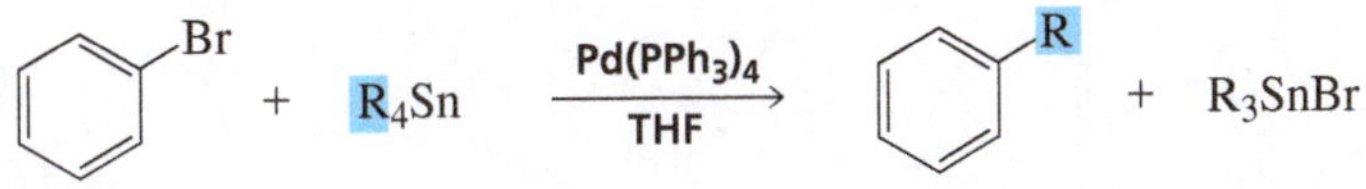

g. Alquilação por meio da reação de Suzuki (Seção 15.15)

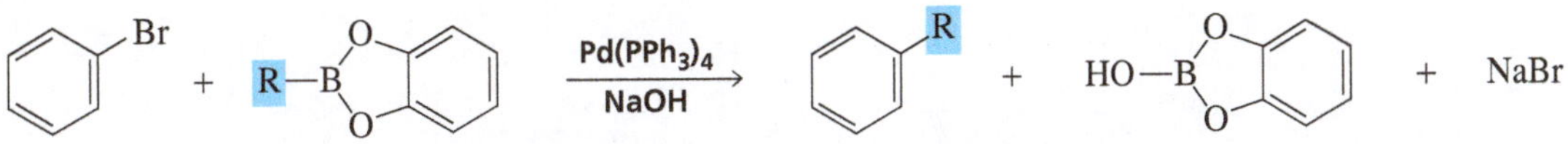

2. Redução de Clemmensen e redução de Wolff–Kishner (Seção 15.15)

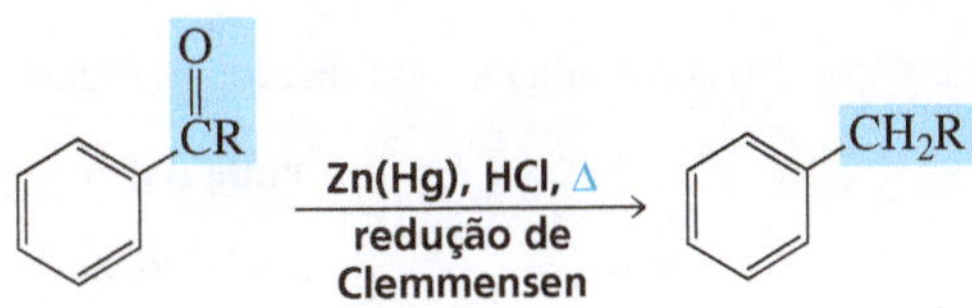

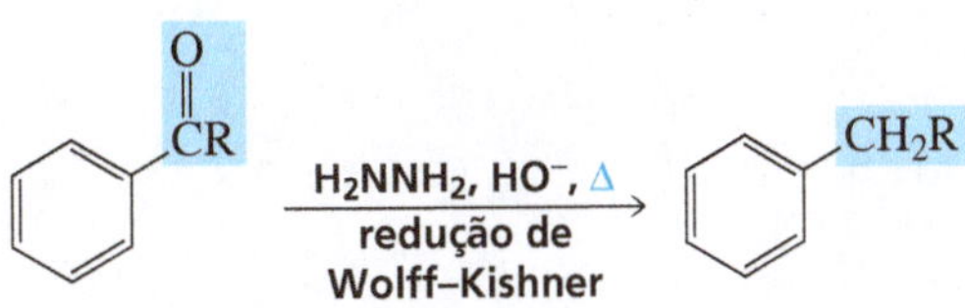

Palavras-chave

acilação de Friedel–Crafts (p. 15)
alifático (p. 12)
alquilação de Friedel–Crafts (p. 15)
antiaromático (p. 10)
anuleno (p. 6)
aromático (p. 2)
grupo benzila (p. 12)
grupo fenila (p. 12)
halogenação (p. 15)
heteroátomo (p. 6)
nitração (p. 15)
princípio da reversibilidade microscópica (p. 19)
reação de Gatterman–Koch (p. 27)
reação de Stille (p. 24)
reação de substituição aromática eletrofílica (p. 14)
reação de Suzuki (p. 25)
redução de Clemmensen (p. 24)
redução de Wolff–Kishner (p. 24)
regra de Hückel ou regra $4n + 2$ (p. 3)
substância heterocíclica (p. 6)
sulfonação (p. 15)

Problemas

25. Quais das seguintes substâncias são aromáticas? Há alguma antiaromática? (*Dica*: se possível, um anel será não planar para evitar que seja antiaromático.)

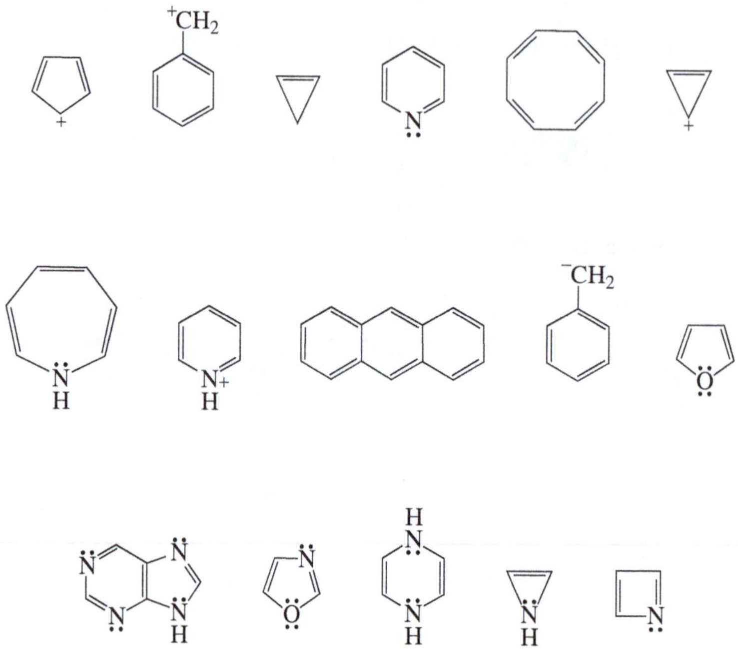

26. Dê o produto de reação de benzeno em excesso com cada um dos seguintes reagentes:

a. cloreto de isobutila + $AlCl_3$

b. propeno + HF

c. cloreto de neopentila + $AlCl_3$

d. diclorometano + $AlCl_3$

27. Qual íon em cada um dos seguintes pares é mais estável?

a. 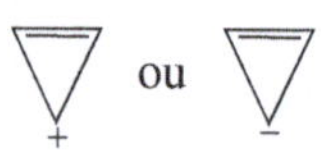

b. 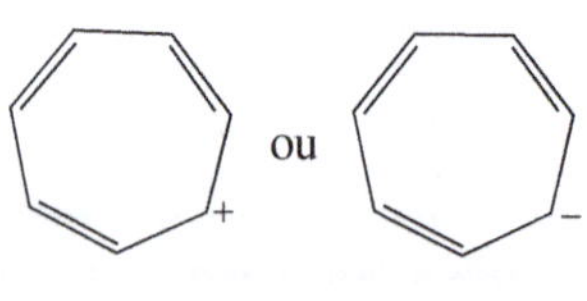

c. 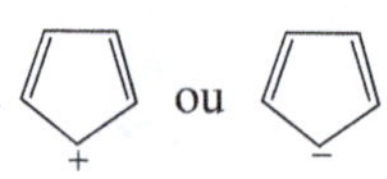

d. 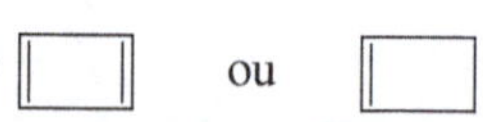

28. Qual poderá perder um próton mais facilmente: um grupo metila ligado ao ciclo-hexano ou um grupo metila ligado ao benzeno?

29. Como você prepararia as seguintes substâncias usando benzeno como um dos materiais de partida?

a.

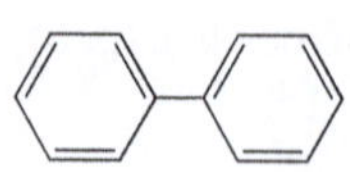

b.

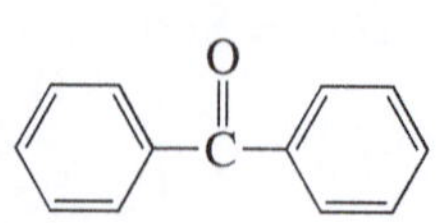

30. O benzeno sofre uma reação de acilação de Friedel–Crafts seguida por uma redução de Clemmensen. O produto tem o seguinte espectro de RMN [1]H. Qual cloreto de acila foi usado na reação de acilação de Friedel–Crafts?

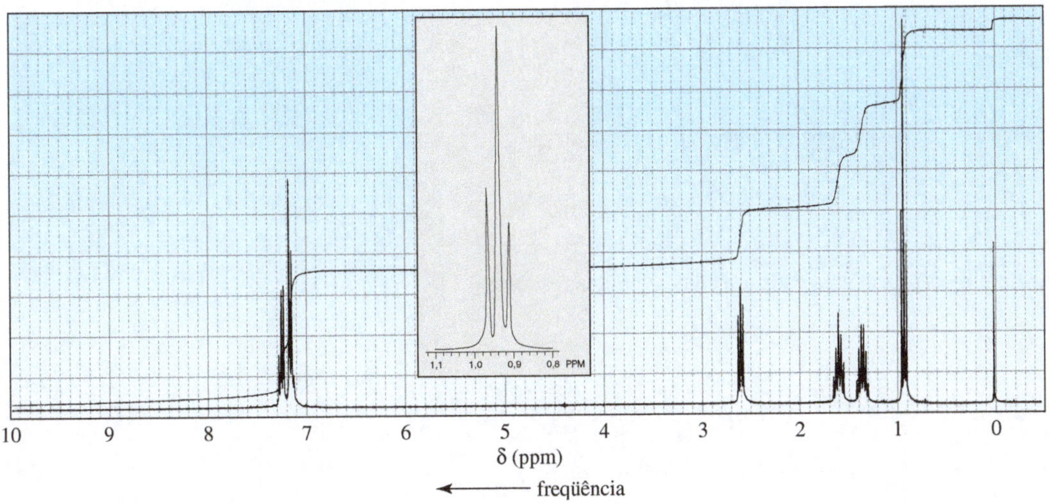

31. Dê os produtos das seguintes reações:

a. 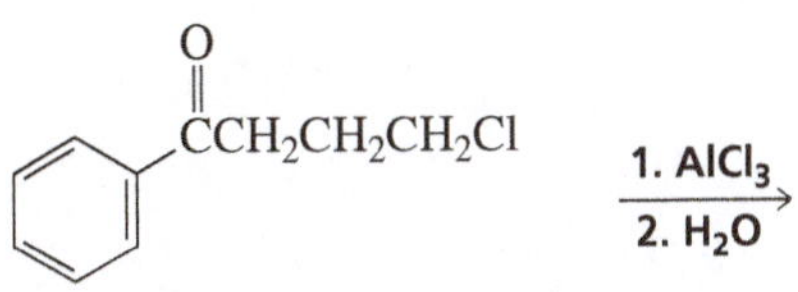

c. 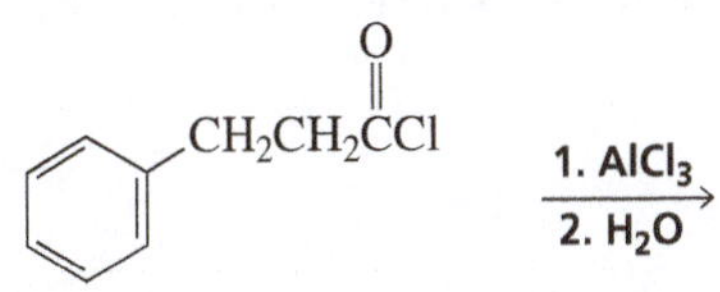

b. 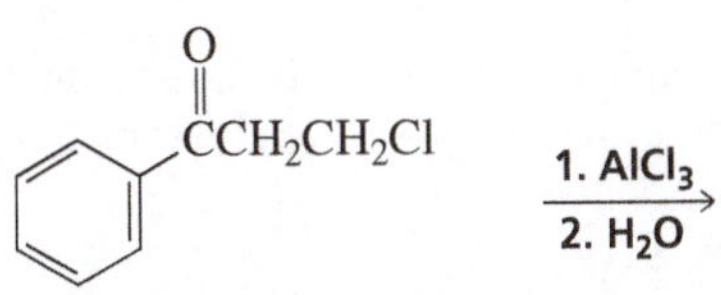

d. 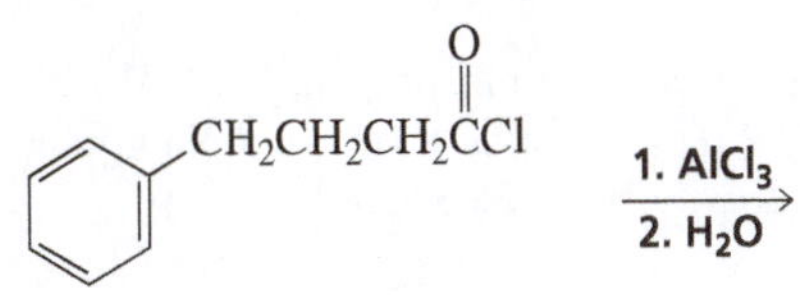

32. Qual das substâncias em cada um dos seguintes pares é uma base mais forte? Por quê?

a. 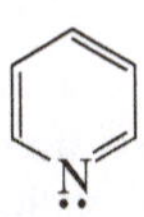 ou 

b. $CH_3CH(NH_2)CH_3$ ou $CH_3C(=NH)NH_2$

33. a. Em qual direção é o momento de dipolo no fulveno? Explique.
    b. Em qual direção é o momento de dipolo no caliceno? Explique.

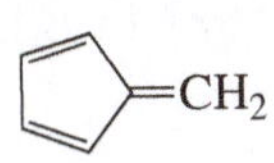

fulveno

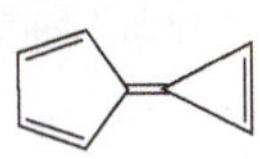

caliceno

34. A purina é uma substância heterocíclica com quatro átomos de nitrogênio.
    a. Qual nitrogênio é mais apto a ser protonado?
    b. Qual nitrogênio é menos apto a ser protonado?

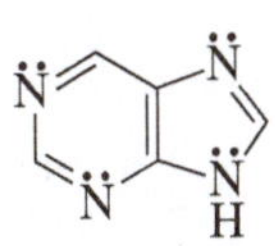

purina

35. Dê o produto de cada uma das seguintes reações:

a. 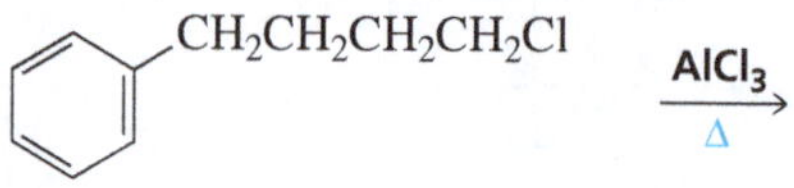

b. 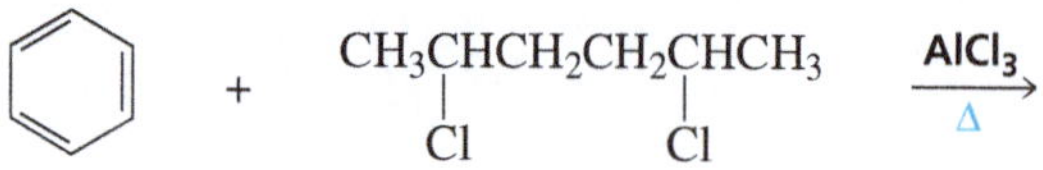

36. Proponha um mecanismo para cada uma das seguintes reações:

a. 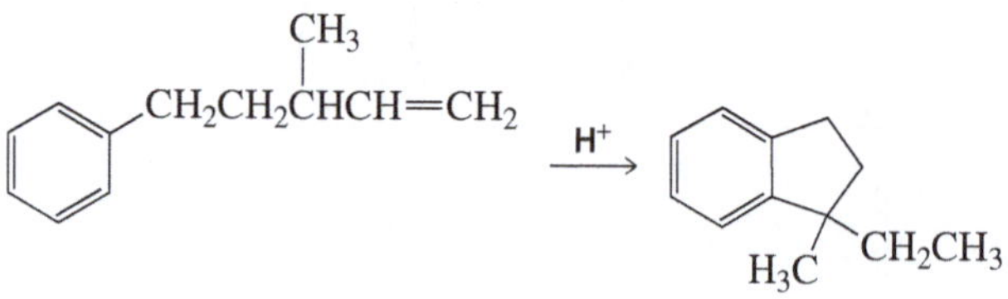

b. 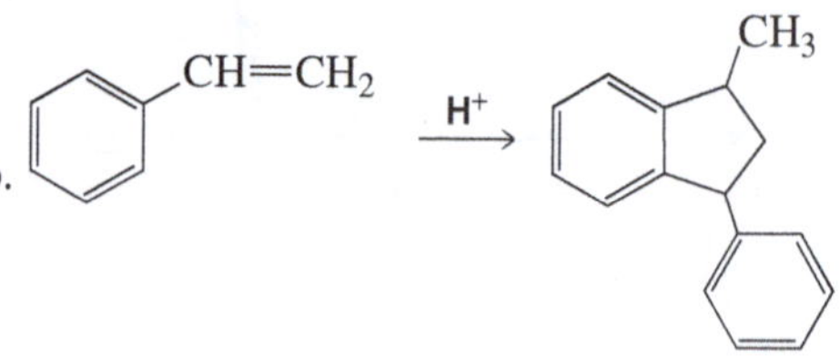

37. Mostre dois modos pelos quais a seguinte substância poderia ser sintetizada:

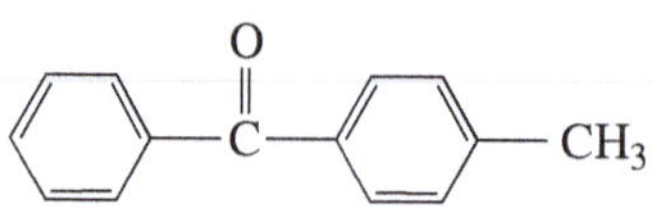

38. Em uma reação denominada redução de Birch, o benzeno pode ser parcialmente reduzido ao 1,4-ciclo-hexadieno por um metal alcalino (Na, Li ou K) em amônia líquida e um álcool de baixo peso molecular. Proponha um mecanismo para essa reação. (*Dica*: ver Seção 6.8, volume 1.)

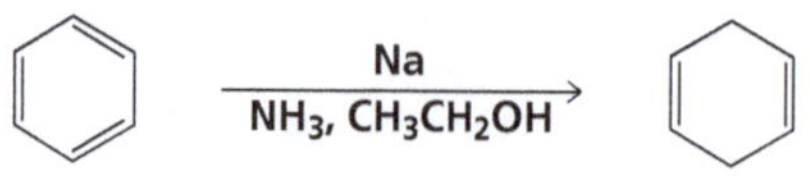

1,4-ciclo-hexadieno

39. O *princípio do menor movimento*, que estabelece que a reação que envolve a menor mudança nas posições dos átomos ou na configuração eletrônica (porém todas as restantes sendo iguais) será favorecida, tem sido sugerido para explicar por que a redução de Birch forma somente o 1,4-hexadieno. Como isso contribui para a observação de que nenhum 1,3-ciclo-hexadieno é obtido a partir de uma redução de Birch?

40. A investigação tem mostrado que o ciclobutadieno é na verdade uma molécula retangular, e não uma molécula quadrada. Além disso, foi estabelecido que há dois diferentes 1,2-dideutério-1,3-ciclobutadienos. Explique a razão para essas observações surpreendentes.

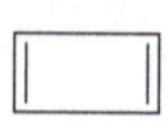

ciclobutadieno

16 Reações de benzenos substituídos

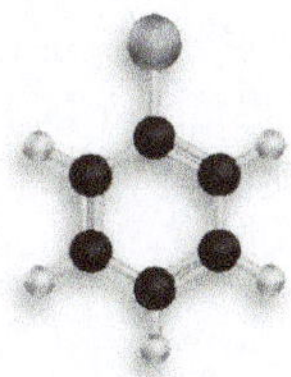

clorobenzeno

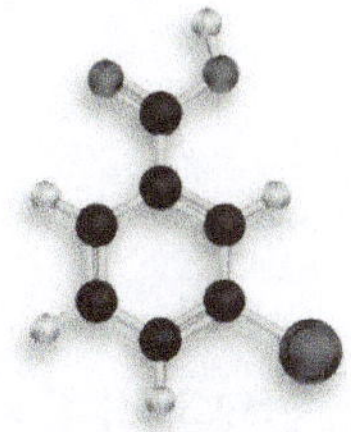

ácido *meta*-bromobenzóico

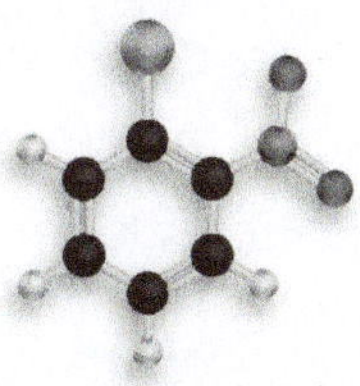

orto-cloronitrobenzeno

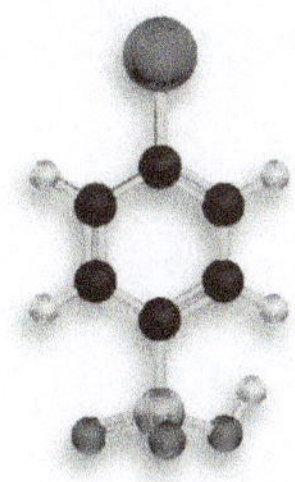

ácido *para*-iodobenzenossulfônico

Muitos benzenos substituídos são encontrados na natureza. Alguns deles têm atividades fisiológicas, como adrenalina, melanina, efedrina, cloranfenicol e mescalina.

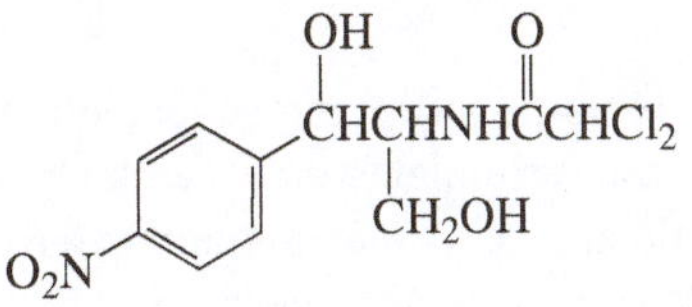

cloranfenicol
antibiótico particularmente efetivo contra a febre tifóide

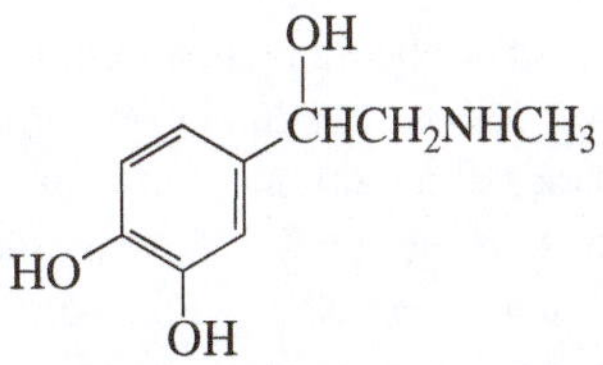

adrenalina
epinefrina

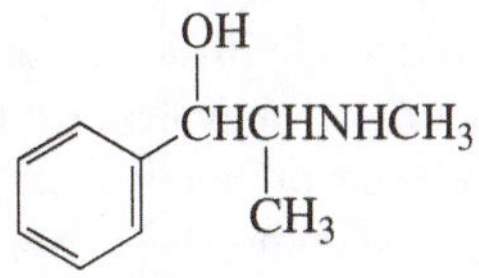

efedrina
broncodilatador

Cultos do peiote

Durante vários séculos, houve o culto ao peiote entre os astecas no México, e posteriormente isso se difundiu por muitas tribos nativas da América do Norte. Por volta de 1880, uma religião que combinava crenças cristãs com o uso do peiote pelos nativos americanos desenvolveu-se no sudoeste dos Estados Unidos, a princípio entre os nativos americanos. Os seguidores dessa religião acreditam que o cacto é divinamente dotado para moldar a vida de cada pessoa. No momento, as únicas pessoas nos Estados Unidos que têm permissão legal para usar o peiote são os membros da Igreja Nativa Americana — e somente nos ritos religiosos.

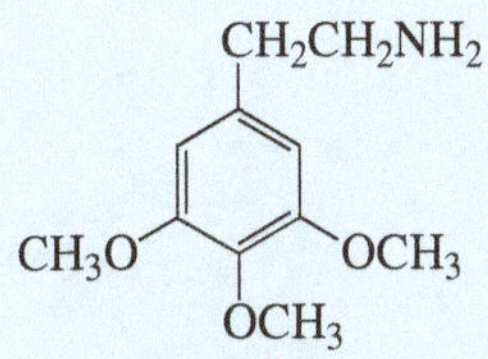

mescalina
princípio ativo do cacto peiote

Avaliação da toxicidade

A toxicidade de uma substância é indicada pelo valor da DL_{50} — a quantidade necessária para matar 50% das cobaias expostas à substância. A dioxina, com uma DL_{50} de 0,0006 mg/kg para cobaias, é uma substância extremamente tóxica. Compare esse valor com os valores de DL_{50} de 0,96 mg/kg para estricnina e de 15 mg/kg para cianeto de sódio — substância muito menos tóxica. A toxina botulínica é uma das substâncias mais tóxicas conhecidas, com um valor de DL_{50} de aproximadamente 1×10^{-8} mg/kg.

Muitos benzenos substituídos fisiologicamente ativos não são encontrados na natureza, mas existem porque os químicos os têm sintetizado. A droga "fen-fen", agora banida, é uma mistura de dois benzenos substituídos sintéticos: fenfluramina e fentermina. O agente laranja, um desfolhante amplamente empregado nos anos 1960 durante a Guerra do Vietnã, é também uma mistura de dois benzenos sintéticos substituídos: 2,4-D e 2,4,5-T. A substância TCDD (conhecida como dioxina) é um contaminante que se forma durante a fabricação do agente laranja. O TCDD foi considerado o agente causador de vários sintomas apresentados pelos que foram expostos ao agente laranja durante a guerra.

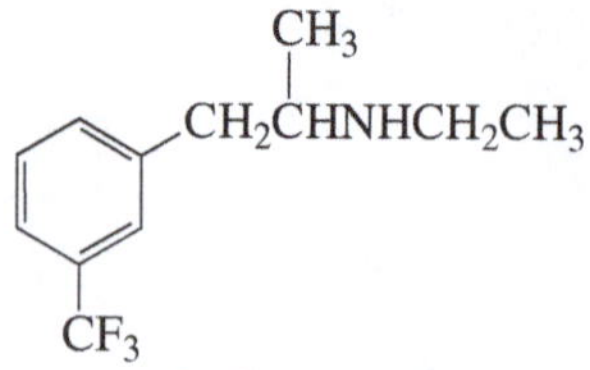

fenfluramina

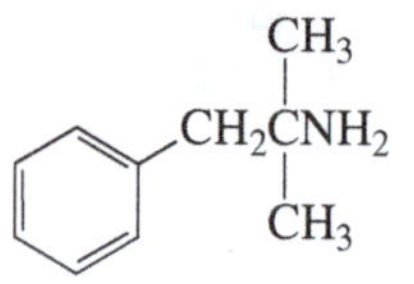

fentermina

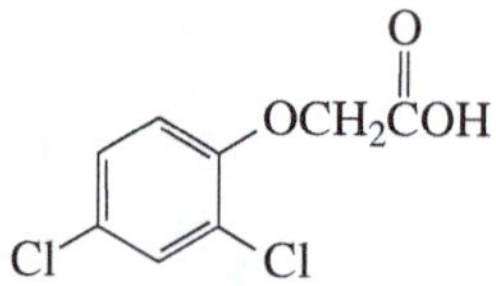

ácido 2,4-dicloro-fenoxiacético
(2,4-D)

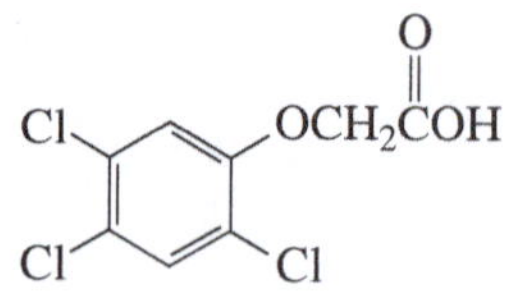

ácido 2,4,5-tricloro-fenoxiacético
(2,4,5-T)

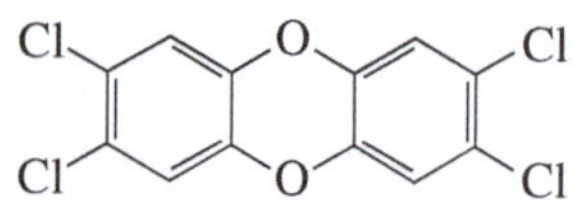

2,3,7,8-tetraclorodibenzo[*b*,e][1,4]dioxina
(TCDD)

Em virtude das atividades fisiológicas conhecidas da adrenalina e da mescalina, os químicos têm sintetizado substâncias com estruturas semelhantes. Uma dessas substâncias é a anfetamina, um estimulante do sistema nervoso central. A anfetamina e a metanfetamina são usadas clinicamente como supressores do apetite. A metanfetamina é a droga popularmente conhecida como *speed,* porque seus efeitos fisiológicos são rápidos e intensos. Dois outros benzenos substituídos sintéticos, BHA e BHT, são conservantes (ver Seção 9.8, volume 1) encontrados em ampla variedade de alimentos industrializados. Essas substâncias representam apenas alguns dos muitos benzenos substituídos que têm sido sintetizados para uso comercial por indústrias químicas e farmacêuticas.

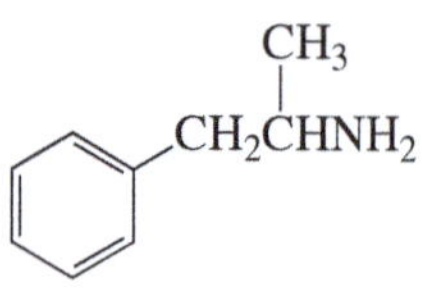

anfetamina

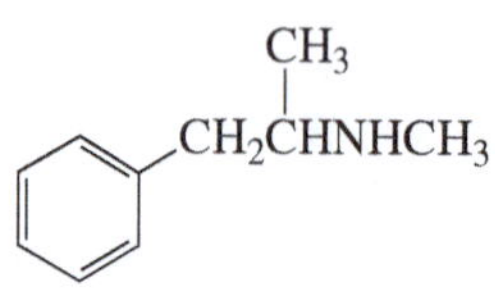

metanfetamina
speed

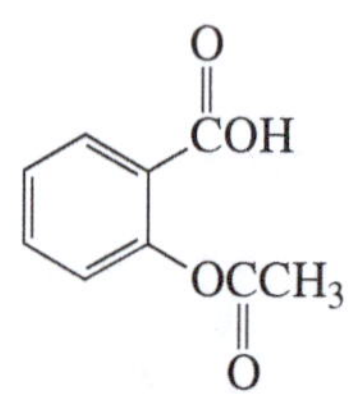

ácido acetilsalicílico
aspirina

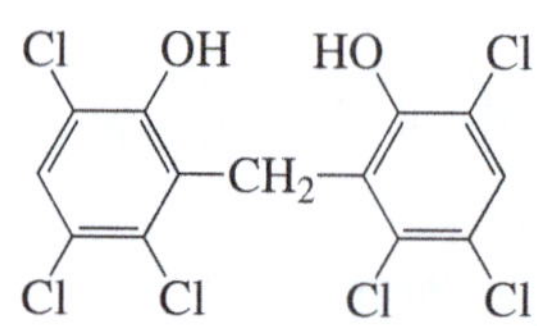

hexaclorofeno
desinfetante

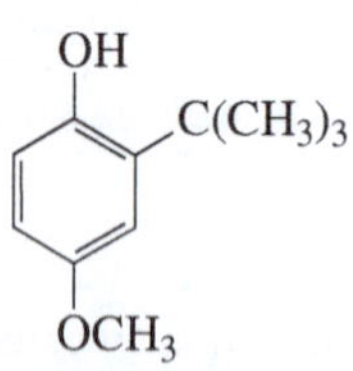

hidroxianizol butilado
BHA
antioxidante de alimentos

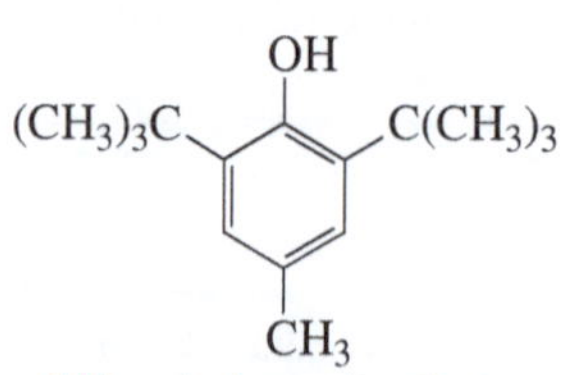

hidroxitolueno butilado
BHT
antioxidante de alimentos

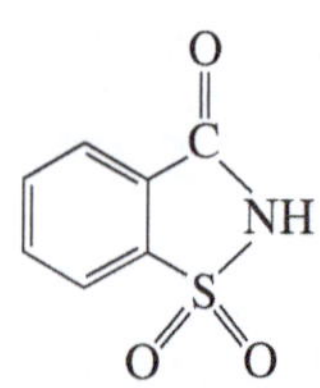

sacarina

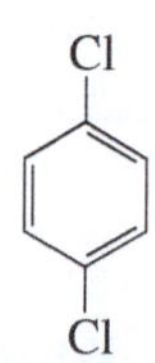

p-diclorobenzeno
purificador de ar e naftalina

No Capítulo 15 vimos as reações que o benzeno sofre e como benzenos monossubstituídos são denominados. Agora veremos como benzenos dissubstituídos e polissubstituídos são denominados e como são as reações de *benzenos substituídos*. As propriedades físicas de vários benzenos substituídos são apresentadas no Apêndice 1 (disponível no site do livro: www.prenhall.com/bruice_br).

16.1 Nomenclatura de benzenos dissubstituídos e polissubstituídos

Benzenos polissubstituídos

As posições relativas de dois substituintes em um anel benzênico podem ser indicadas tanto por números quanto pelos prefixos *orto, meta* e *para*. Substituintes adjacentes são denominados *orto*, substituintes separados por um carbono são denominados *meta* e substituintes localizados em oposição um ao outro são designados *para*. Freqüentemente, somente suas abreviaturas (*o*, *m*, *p*) são empregadas para designar as substâncias.

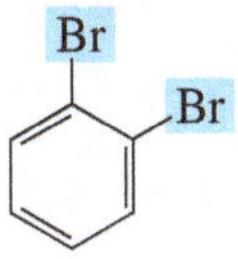

1,2-dibromobenzeno
orto-dibromobenzeno
o-dibromobenzeno

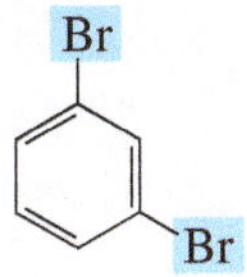

1,3-dibromobenzeno
meta-dibromobenzeno
m-dibromobenzeno

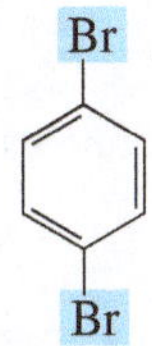

1,4-dibromobenzeno
para-dibromobenzeno
p-dibromobenzeno

Se os dois substituintes são diferentes, eles são indicados em ordem alfabética. Ao primeiro substituinte citado é dada a posição 1 e o anel é numerado na direção que dá ao segundo substituinte o número mais baixo possível.

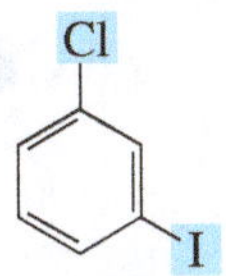

1-cloro-3-iodobenzeno
meta-cloro-iodobenzeno
e não
1-iodo-3-clorobenzeno ou
***meta*-iodo-clorobenzeno**

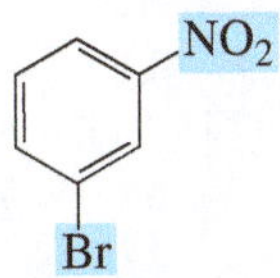

1-bromo-3-nitrobenzeno
meta-bromo-nitrobenzeno

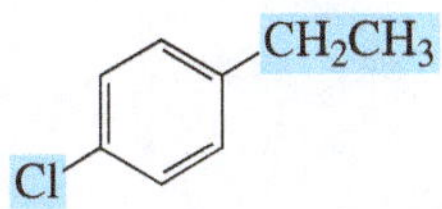

1-cloro-4-etilbenzeno
para-cloro-etilbenzeno

Se um dos substituintes pode ser incorporado a um nome (Seção 15.7), esse nome é usado e ao substituinte incorporado é dada a posição 1.

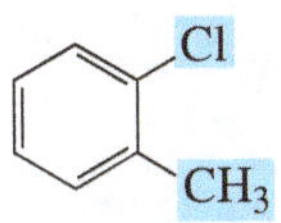

2-clorotolueno
orto-clorotolueno
e não
***orto*-cloro-metilbenzeno**

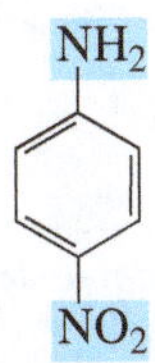

4-nitroanilina
para-nitroanilina
e não
***para*-amino-nitrobenzeno**

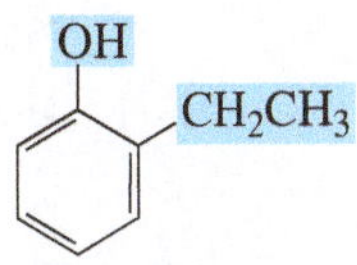

2-etilfenol
orto-etilfenol
e não
***orto*-etil-hidroxibenzeno**

Alguns benzenos dissubstituídos incorporam em seu nome ambos os substituintes.

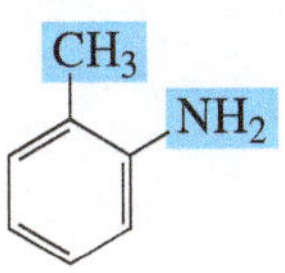

orto-toluidina

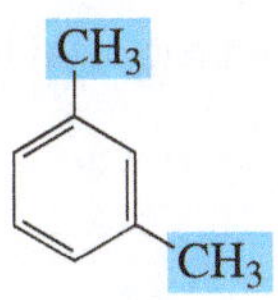

meta-xileno

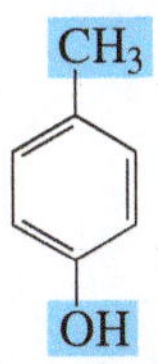

para-cresol
usado como conservante de madeira até ser proibido por razões ambientais

WWW
Molecule Gallery: *orto*-toluidina; *meta*-xileno; *para*-cresol

PROBLEMA 1◆

Nomeie as seguintes substâncias:

a. 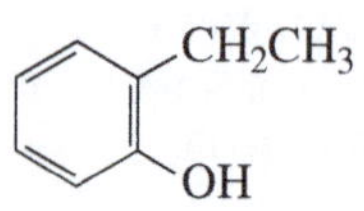 b. 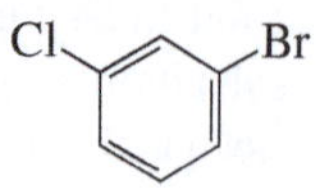 c. 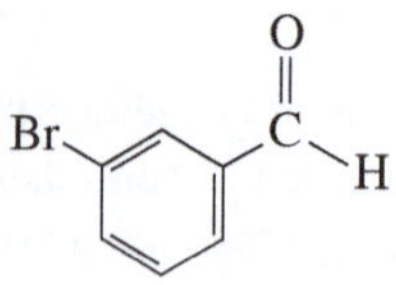 d. 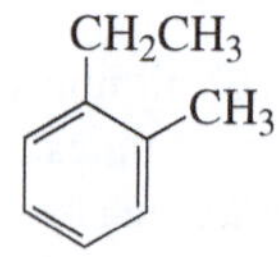

PROBLEMA 2◆

Desenhe as estruturas das seguintes substâncias:

a. *para*-toluidina

b. *meta*-cresol

c. *para*-xileno

d. ácido *orto*-clorobenzenossulfônico

Benzenos polissubstituídos

Se o anel benzênico tem mais de dois substituintes, os substituintes são numerados de modo que sejam usados os números mais baixos possíveis. Os substituintes são indicados em ordem alfabética com os seus números apropriados.

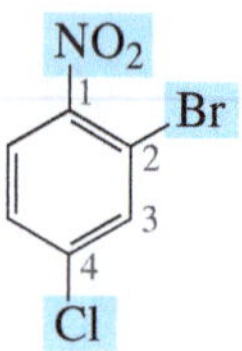
2-bromo-4-cloro-1-nitrobenzeno

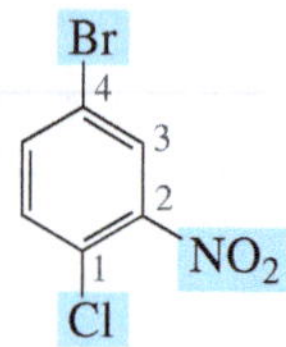
4-bromo-1-cloro-2-nitrobenzeno

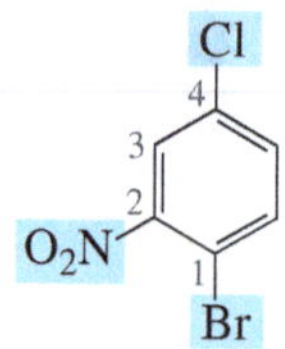
1-bromo-4-cloro-2-nitrobenzeno

Assim como em benzenos dissubstituídos, se um dos substituintes pode ser incorporado a um nome, esse nome é usado e ao substituinte incorporado é dada a posição 1. O anel é numerado em um sentido que resulta nos números mais baixos possíveis no nome da substância.

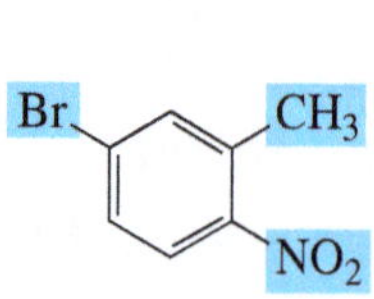
5-bromo-2-nitrotolueno

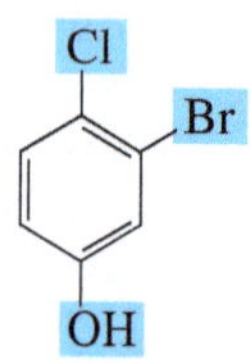
3-bromo-4-clorofenol

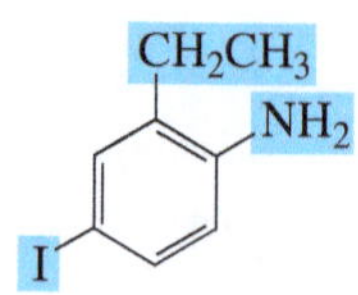
2-etil-4-iodoanilina

PROBLEMA 3◆

Desenhe a estrutura de cada uma das seguintes substâncias:

a. *m*-clorotolueno

b. *p*-bromofenol

c. *o*-nitroanilina

d. *m*-clorobenzonitrila

e. 2-bromo-4-iodofenol

f. *m*-diclorobenzeno

g. 2,5-dinitrobenzaldeído

h. *o*-xileno

PROBLEMA 4◆

Corrija os seguintes nomes incorretos:

a. 2,4,6-tribromobenzeno

b. 3-hidroxinitrobenzeno

c. *para*-metil-bromobenzeno

d. 1,6-diclorobenzeno

16.2 Reações de substituintes no benzeno

No Capítulo 15, vimos como preparar anéis benzênicos com substituintes alquila, acila, ácido sulfônico, halo e nitro.

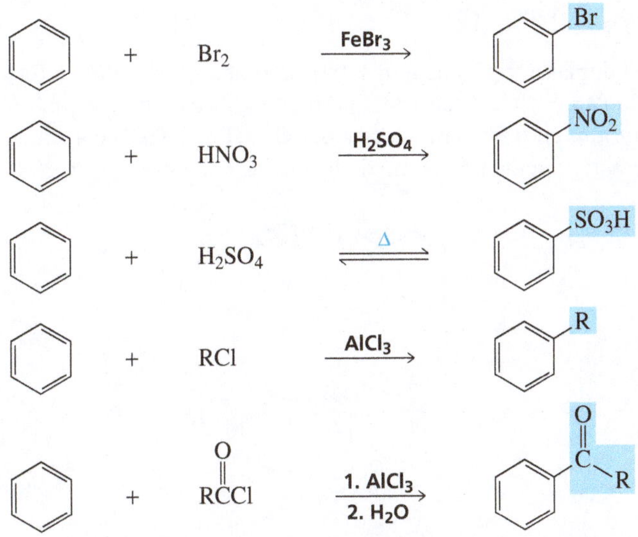

Anéis benzênicos com outros substituintes podem ser preparados sintetizando primeiro um desses benzenos substituídos e depois modificando quimicamente o substituinte. Várias dessas reações deveriam ser familiares.

Reações de substituintes alquila

Vimos que um bromo vai substituir seletivamente um hidrogênio benzílico em uma reação de substituição radicalar. (NBS representa a *N*-bromossuccinimida; Seção 9.5, volume 1.)

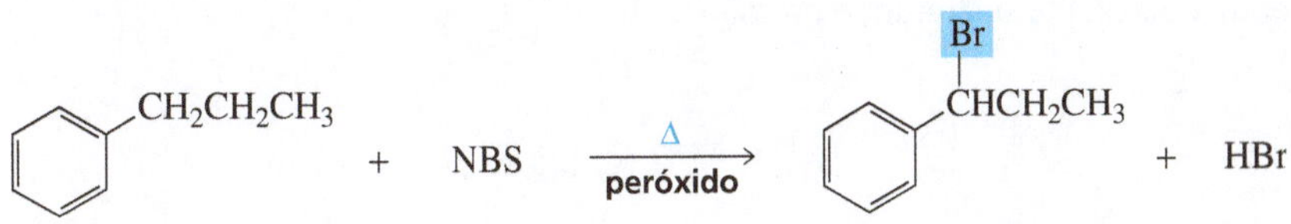

propilbenzeno 1-bromo-1-fenilpropano

Uma vez que um halogênio foi colocado na posição benzílica, ele pode ser substituído por um nucleófilo por meio de uma reação S_N2 ou S_N1 (Seção 10.8, volume 1). Uma ampla variedade de benzenos substituídos pode ser preparada desse modo.

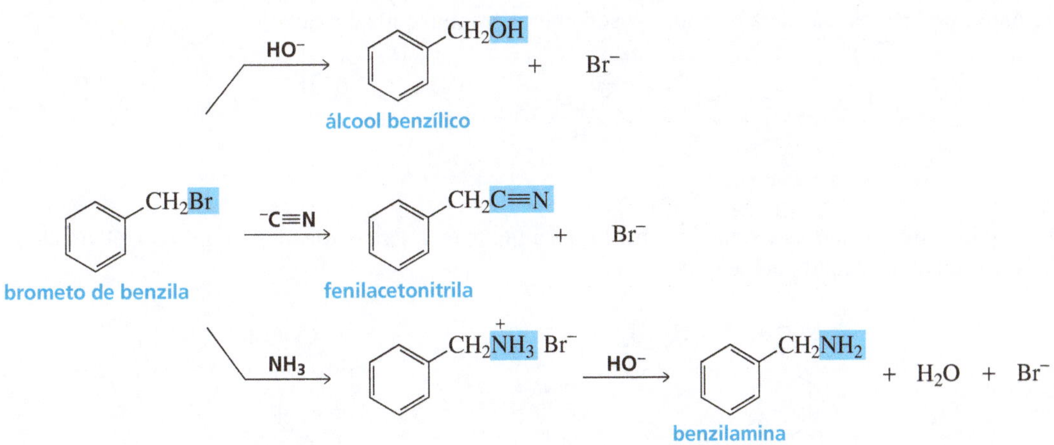

Lembre-se de que grupos alquila halossubstituídos também podem sofrer reações E2 e E1 (Seção 11.8, volume 1). Note que uma base volumosa (*tert*-BuO$^-$) é usada para favorecer a eliminação após a substituição.

1-bromo-1-feniletano — estireno

Substituintes com ligações duplas e triplas podem sofrer hidrogenação catalítica (Seção 4.11, volume 1). A adição de hidrogênio a uma ligação dupla ou tripla é um exemplo de uma reação de redução (Seção 4.8, volume 1). Quando uma substância orgânica é *reduzida*, ou o número de ligações C—H na substância aumenta, ou o número de ligações C—O, C—N ou C—X (onde X representa um átomo de halogênio) diminui (Seção 20.0).

Molecule Gallery: Brometo de benzila; estireno; benzonitrila; benzaldeído
WWW

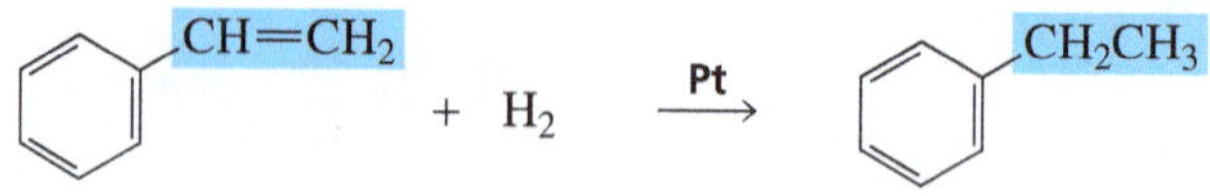

estireno — etilbenzeno

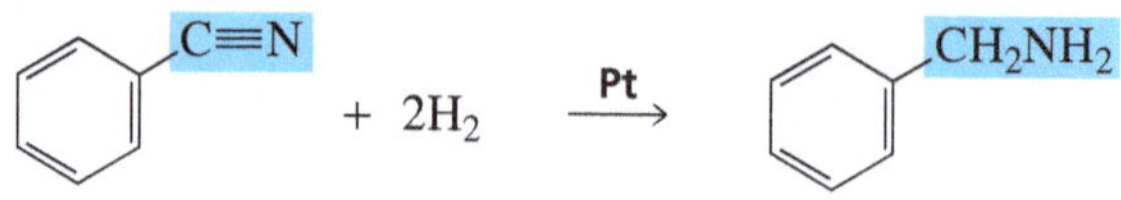

benzonitrila — benzilamina

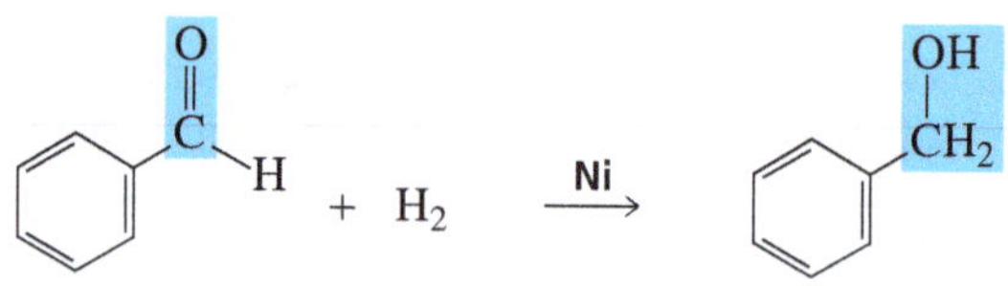

benzaldeído — álcool benzílico

Lembre-se de que o benzeno é uma substância extraordinariamente estável (Seção 7.11, volume 1). Portanto, ele somente pode ser reduzido a alta temperatura e pressão.

benzeno — ciclo-hexano

Um grupo alquila ligado a um anel benzênico pode ser oxidado a um grupo carboxila. Quando uma substância orgânica é *oxidada*, ou o número de ligações C—O, C—N ou C—X (onde X representa um átomo de halogênio) aumenta, ou o número de ligações C—H na substância diminui (Seção 20.0). Agentes oxidantes comumente empregados são o permanganato de potássio ($KMnO_4$) ou as soluções ácidas de dicromato de sódio (H^+, $Na_2Cr_2O_7$). Uma vez que o anel benzênico é muito estável, ele não será oxidado — somente o grupo alquila é oxidado.

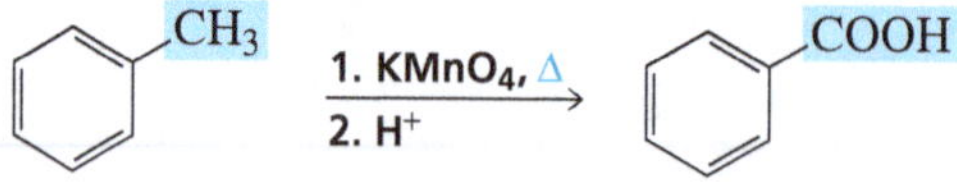

tolueno — ácido benzóico

A despeito do comprimento da cadeia do substituinte alquila, este será oxidado a um grupo COOH, desde que um hidrogênio esteja ligado a um carbono benzílico.

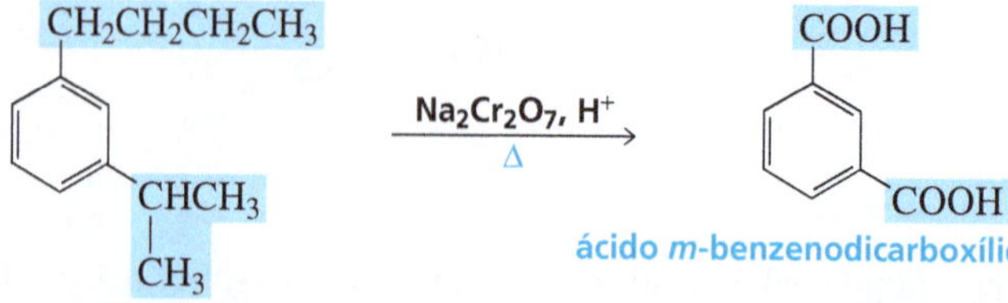

m-butil-isopropilbenzeno — ácido *m*-benzenodicarboxílico

Se o grupo alquila não tem um hidrogênio benzílico, a reação de oxidação não ocorrerá, já que a primeira etapa da reação de oxidação é a remoção de um hidrogênio do carbono benzílico.

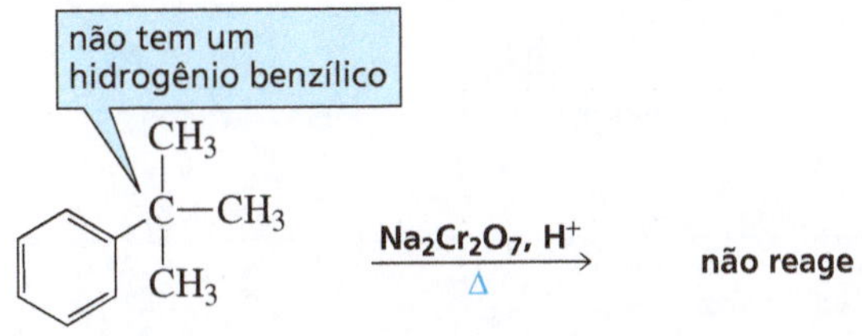

terc-butilbenzeno

Os mesmos reagentes que oxidam substituintes alquila vão oxidar alcoóis benzílicos a ácido benzóico.

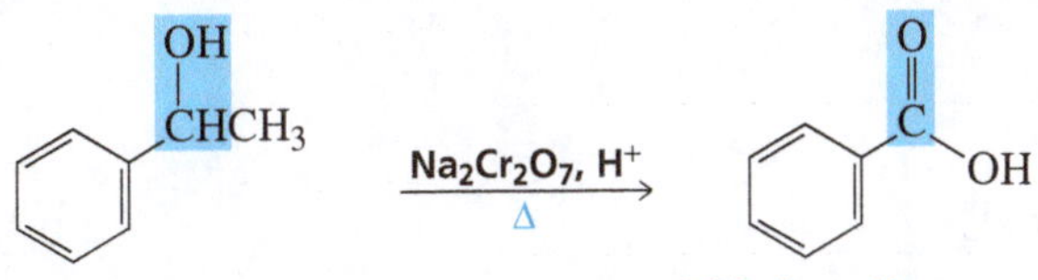

1-feniletanol   ácido benzóico

Se, contudo, um agente oxidante brando, como MnO_2, for usado, alcoóis benzílicos são oxidados a aldeídos ou cetonas.

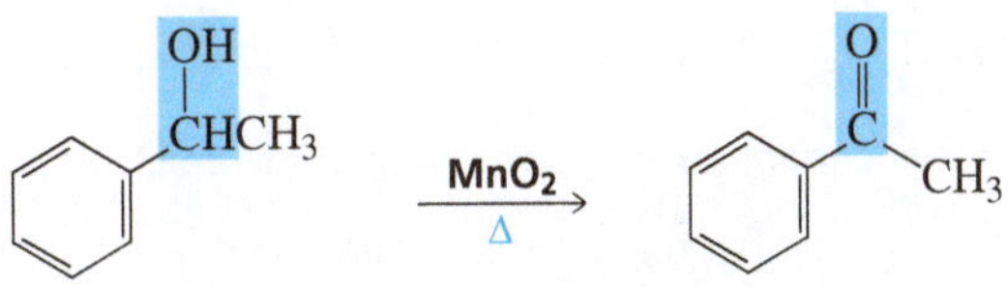

1-feniletanol   acetofenona

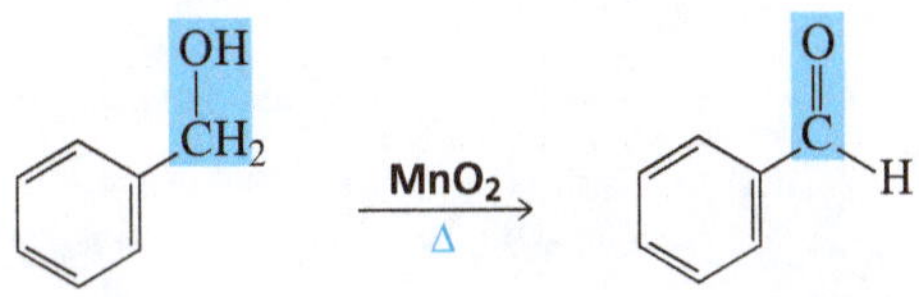

fenilmetanol
álcool benzílico   benzaldeído

Redução de um substituinte nitro

Um substituinte nitro pode ser reduzido a um substituinte amino. Tanto um metal (estanho, ferro ou zinco) e um ácido (HCl) quanto a hidrogenação catalítica podem ser usados para realizar a redução. Lembre-se de que se condições ácidas forem empregadas, o produto estará em sua forma ácida (ânion anilínio) (Seção 1.20, volume 1). Quando a reação termina, uma base pode ser adicionada para converter o produto em sua forma básica (anilina).

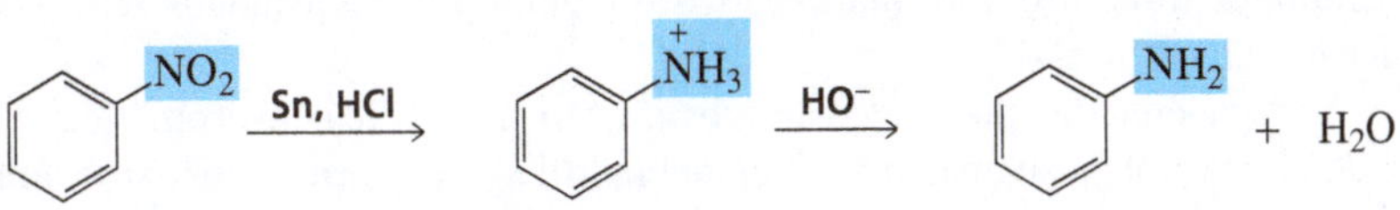

nitrobenzeno   anilina protonada
íon anilínio   anilina

Molecule Gallery: Nitro-benzeno
www

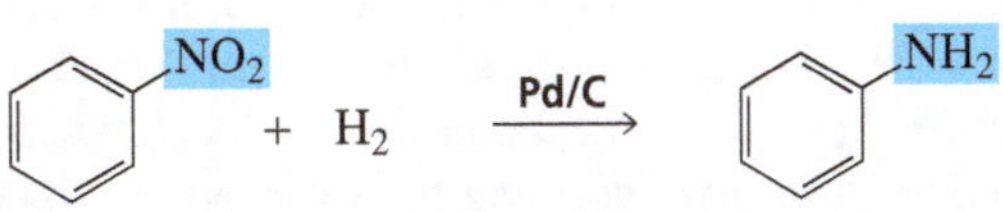

É possível reduzir seletivamente apenas um dos dois grupos nitro.

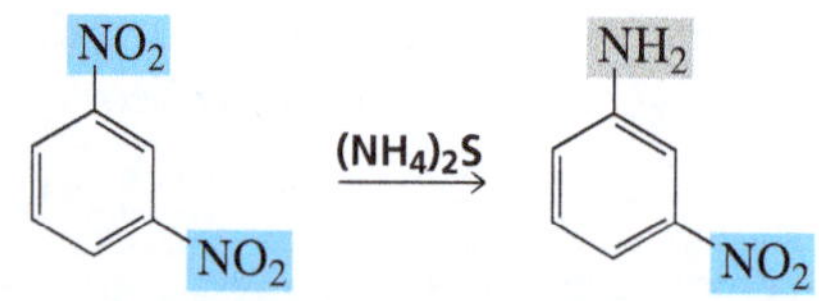

meta-nitrobenzeno   *meta*-nitroanilina

PROBLEMA 5◆

Dê o produto de cada uma das seguintes reações:

a. 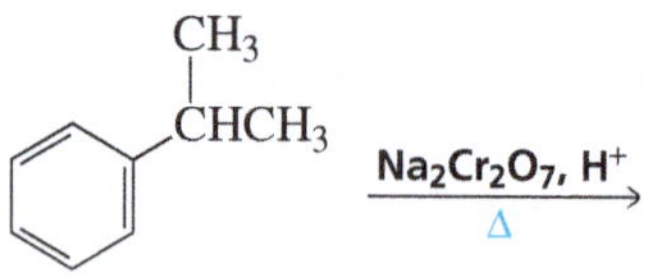

b. 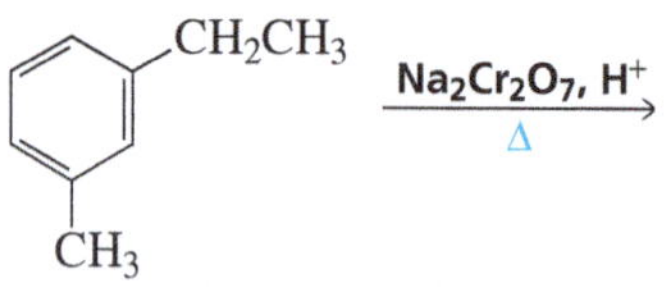

c. 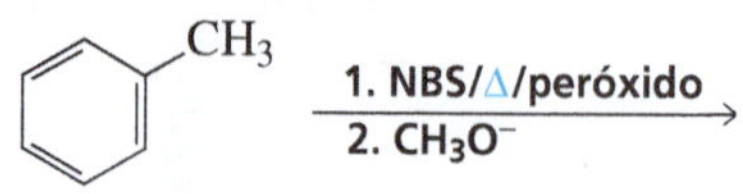

d. 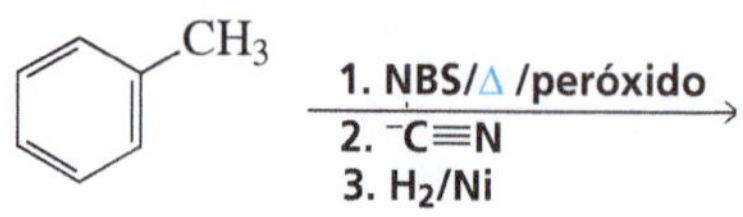

PROBLEMA 6 **RESOLVIDO**

Mostre como as seguintes substâncias poderiam ser preparadas a partir do benzeno:

a. benzaldeído
b. estireno
c. 1-bromo-2-feniletano
d. 2-fenil-1-etanol
e. anilina
f. ácido benzóico

RESOLUÇÃO PARA 6a

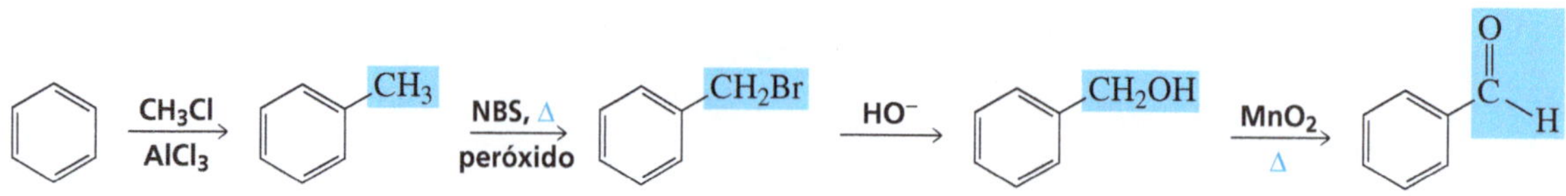

16.3 Efeito dos substituintes na reatividade

Do mesmo modo que o benzeno, os benzenos substituídos sofrem os cinco tipos de reações de substituição eletrofílica em aromáticos discutidos no Capítulo 15 e indicados na Seção 16.2: halogenação, nitração, sulfonação, alquilação e acilação. Precisamos descobrir então se um benzeno substituído é mais ou menos reativo que o próprio benzeno. A resposta depende do substituinte. Alguns substituintes tornam o anel mais reativo e alguns o tornam menos reativo que o benzeno diante da substituição eletrofílica em aromáticos.

Substituintes que doam elétrons aumentam a reatividade do anel benzênico diante da substituição eletrofílica em aromáticos.

Substituintes que retiram elétrons diminuem a reatividade do anel benzênico diante da substituição eletrofílica em aromáticos.

A etapa lenta de uma reação de substituição eletrofílica em aromáticos é a adição de um eletrófilo ao anel aromático nucleofílico para formar um carbocátion intermediário (Seção 15.9). *Substituintes que são capazes de doar elétrons ao anel benzênico vão estabilizar tanto o carbocátion intermediário quanto o estado de transição que leva à sua formação* (Seção 4.3, volume 1), *aumentando assim a velocidade da substituição eletrofílica em aromáticos. Por outro lado, substituintes que retiram elétrons do anel benzênico vão desestabilizar o carbocátion intermediário e o estado de transição que leva à sua formação, diminuindo assim a velocidade da substituição eletrofílica em aromáticos* (Seção 16.4). Antes de ver como o carbocátion intermediário é estabilizado por doação de elétrons e desestabilizado pela retirada de elétrons, veremos os modos pelos quais um substituinte pode doar ou retirar elétrons.

velocidades relativas de substituição eletrofílica

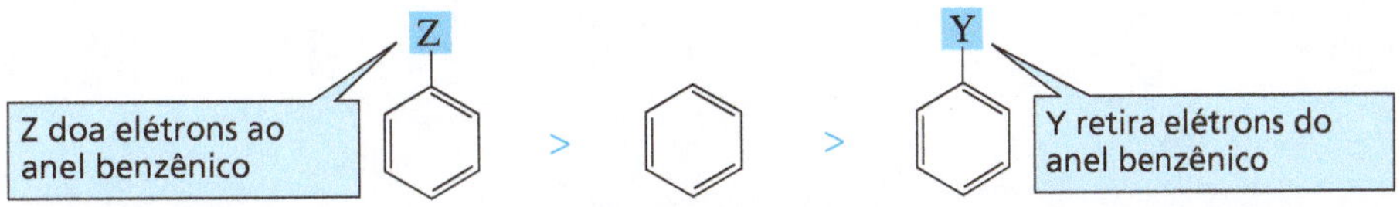

Há dois modos pelos quais os substituintes podem doar elétrons: por doação *indutiva* de elétrons e por *ressonância*. Há também dois modos pelos quais os substituintes podem retirar elétrons: retirada *indutiva* de elétrons e retirada de elétrons por *ressonância*.

Doação e retirada indutiva de elétrons

Se um substituinte que está ligado a um anel benzênico é *um retirador de elétrons mais fraco do que um hidrogênio*, os elétrons da ligação σ que ligam o substituinte ao anel benzênico migrarão mais facilmente através do anel do que aqueles da ligação σ que ligam o hidrogênio ao anel. Tal substituinte, comparado com o hidrogênio, doa elétrons indutivamente. A doação de elétrons através de uma ligação σ é denominada **doação indutiva de elétrons** (Seção 1.18, volume 1). Substituintes alquila (como CH_3) doam elétrons indutivamente, quando comparados com o hidrogênio.

Note que a habilidade de doar elétrons de um grupo alquila — e não a habilidade de doar elétrons de um átomo de carbono — é comparada com a do hidrogênio. O carbono é, na realidade, ligeiramente menos doador de elétrons que o hidrogênio (porque o carbono é mais eletronegativo que o hidrogênio) (ver Tabela 1.3, volume 1). Mas um grupo alquila é mais doador de elétrons do que o hidrogênio devido à hiperconjugação (Seção 4.2, volume 1).

Se um substituinte é melhor *retirador de elétrons do que o hidrogênio*, ele vai retirar os elétrons σ para fora do anel benzênico mais fortemente do que um hidrogênio o faria. A retirada de elétrons através de uma ligação σ é denominada **retirada indutiva de elétrons**. O grupo $^{+}NH_3$ é um substituinte que retira elétrons indutivamente porque é mais eletronegativo do que um hidrogênio.

Doação e retirada de elétrons por ressonância

Se um substituinte tem um par isolado no átomo que está diretamente ligado ao anel benzênico, o par isolado pode ser deslocalizado para dentro do anel. Diz-se então que tais substituintes **doam elétrons por ressonância**. Substituintes como NH_2, OH, OR e Cl doam elétrons por ressonância. Esses substituintes também retiram elétrons indutivamente, porque o átomo ligado ao anel benzênico é mais eletronegativo que um hidrogênio.

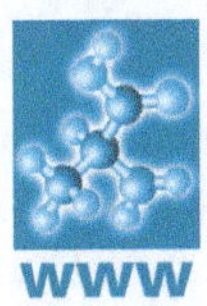

Tutorial Gallery: Doação de elétrons a um anel benzênico

doação de elétrons a um anel benzênico por ressonância

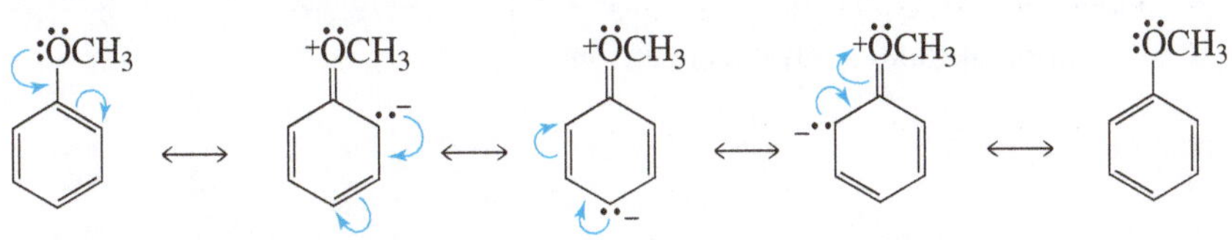

Se um substituinte está ligado ao anel benzênico por um átomo que é dupla ou triplamente ligado a um átomo mais eletronegativo, os elétrons π do anel podem ser deslocalizados em direção ao substituinte. Diz-se então que tais substituintes **retiram elétrons por ressonância**. Substituintes como C=O, C≡N e NO_2 retiram elétrons por ressonância. Esses substituintes também retiram elétrons indutivamente, porque o átomo ligado ao anel benzênico tem uma carga plena ou parcial positiva e, portanto, é mais eletronegativo do que um hidrogênio. (Veja a figura ao lado em cores no caderno colorido.)

anisol

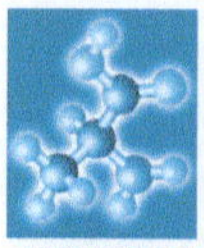

Tutorial Gallery:
Retirada de elétrons
de um anel
benzênico
WWW

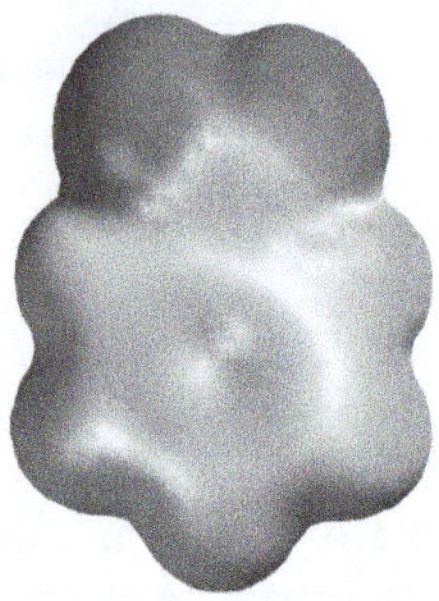

nitrobenzeno

(Veja a figura acima em cores no caderno colorido.)

retirada de elétrons de um anel benzênico por ressonância

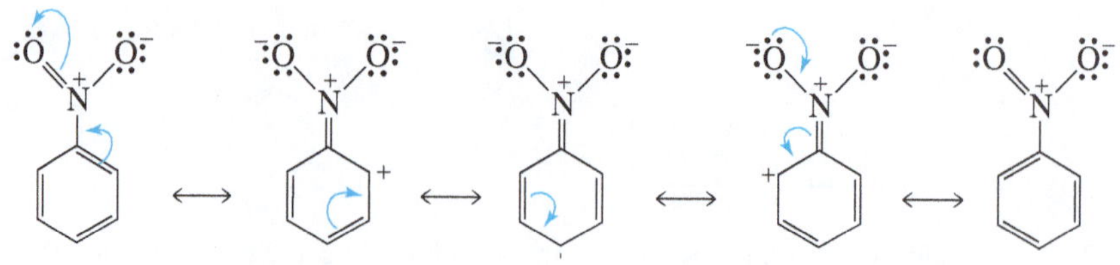

PROBLEMA 7◆

Para cada um dos seguintes substituintes, indique se ele doa elétrons indutivamente, retira elétrons indutivamente, doa elétrons por ressonância ou retira elétrons por ressonância (efeitos indutivos devem ser comparados com um hidrogênio; lembre-se de que muitos substituintes podem ser caracterizados de diversos modos):

a. Br
b. CH_2CH_3
c. $\overset{\displaystyle O}{\overset{\|}{C}}CH_3$
d. $NHCH_3$
e. OCH_3
f. $\overset{+}{N}(CH_3)_3$

Reatividade relativa de benzenos substituídos

Os substituintes mostrados na Tabela 16.1 são listados de acordo com o modo como afetam a reatividade do anel benzênico diante da substituição eletrofílica em aromáticos, quando comparados com o benzeno — no qual o substituinte é um hidrogênio. *Os* **substituintes ativantes** *tornam o anel benzênico mais reativo diante da substituição eletrofílica. Os* **substituintes desativantes** *tornam o anel benzênico menos reativo diante da substituição eletrofílica.* Lembre-se de que substituintes ativantes doam elétrons ao anel por ressonância e retiram elétrons do anel indutivamente.

Todos os *substituintes fortemente ativantes* doam elétrons ao anel por ressonância e retiram elétrons do anel indutivamente. O fato de que experimentalmente eles mostraram ser ativadores fortes indica que a doação de elétrons ao anel por ressonância é mais significativa que a retirada indutiva de elétrons do anel.

substituintes fortemente ativantes

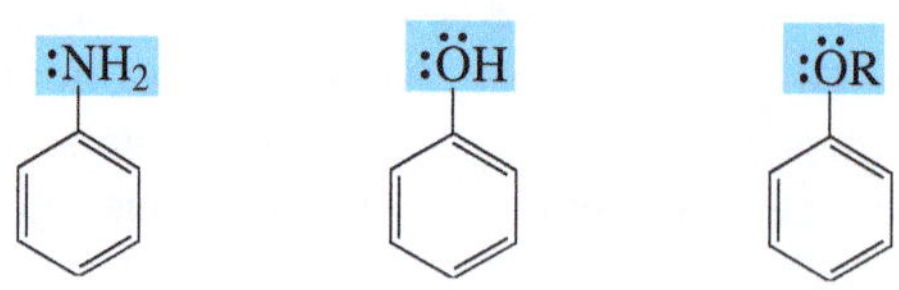

Os *substituintes moderadamente ativantes* também doam elétrons ao anel por ressonância e retiram elétrons do anel indutivamente. Pelo fato de serem sempre moderadamente ativantes, sabemos que eles doam elétrons ao anel por ressonância de maneira menos efetiva do que o fazem substituintes fortemente ativantes.

substituintes moderadamente ativantes

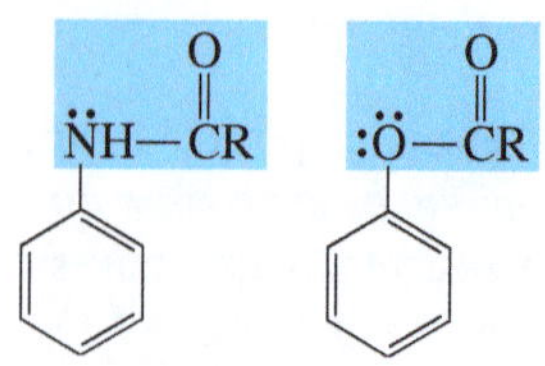

Tabela 16.1 Efeitos de substituintes na reatividade de um anel benzênico diante da substituição eletrofílica

	Substituinte	Efeito	Orientação
Substituintes ativantes (↓)	**Mais ativantes**		
	$—NH_2$	**Fortemente ativantes**	**Orientador** ***orto–para***
	$—NHR$		
	$—NR_2$		
	$—OH$		
	$—OR$		
	$—NHC(=O)R$	**Moderadamente ativantes**	
	$—OC(=O)R$		
	$—R$	**Fracamente ativantes**	
	$—Ar$		
	$—CH{=}CHR$		
Padrão para comparação →	$—H$		
Substituintes desativantes (↓)	$—F$	**Fracamente desativantes**	
	$—Cl$		
	$—Br$		
	$—I$		
	$—C(=O)H$	**Moderadamente desativantes**	**Orientador** ***meta***
	$—C(=O)R$		
	$—C(=O)OR$		
	$—C(=O)OH$		
	$—C(=O)Cl$		
	$—C{\equiv}N$	**Fortemente desativantes**	
	$—SO_3H$		
$—\overset{+}{N}H_3$	$—\overset{+}{N}H_2R$		
$—\overset{+}{N}HR_2$	$—\overset{+}{N}R_3$		
	$—NO_2$		
	Mais desativantes		

Esses substituintes são menos efetivos na doação de elétrons ao anel por ressonância porque, ao contrário dos substituintes fortemente ativantes que doam elétrons por ressonância somente *para dentro* do anel, os substituintes moderadamente ativantes podem doar elétrons por ressonância em duas direções competitivas: *para dentro* do anel e *para fora* do anel. O fato de que esses substituintes são ativantes indica que, apesar de uma reduzida doação de elétrons ao anel, de modo geral eles doam elétrons por ressonância mais fortemente do que retiram elétrons indutivamente.

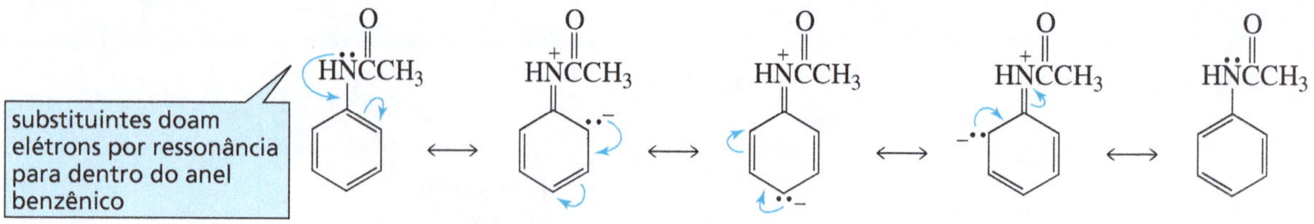

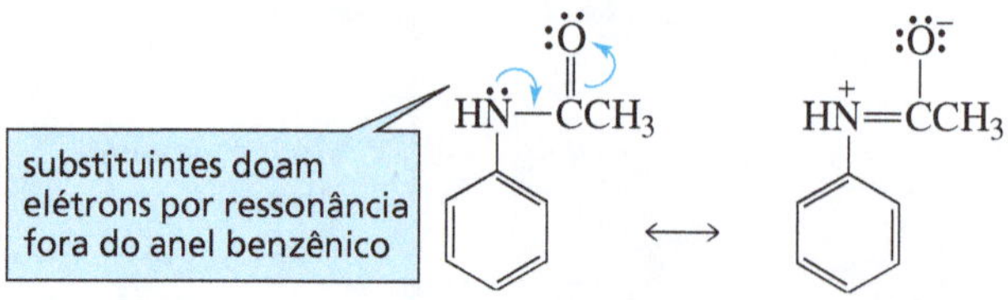

Grupos alquila, arila e CH═CHR são *substituintes fracamente ativantes*. Vimos que um substituinte alquila, comparado com um hidrogênio, doa elétrons indutivamente. Grupos arila e CH═CHR podem doar elétrons ao anel por ressonância e podem retirar elétrons do anel por ressonância. O fato de eles serem ativadores fracos indica que são ligeiramente mais doadores de elétrons do que retiradores de elétrons.

substituintes fracamente ativantes

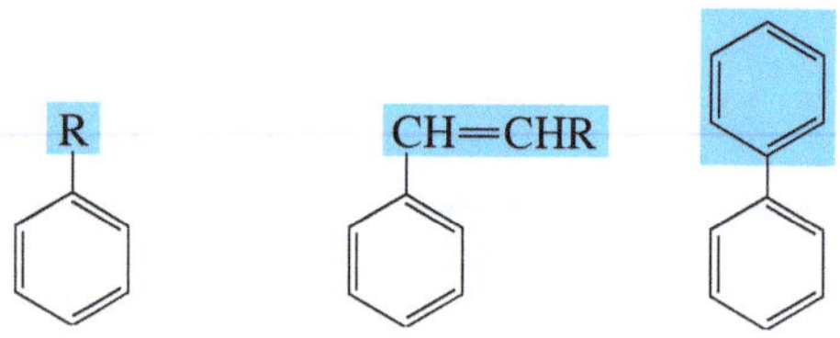

Os halogênios são *substituintes fracamente desativantes*. Eles doam elétrons ao anel por ressonância e retiram elétrons do anel indutivamente. Uma vez que os halogênios mostraram experimentalmente ser bons desativantes, podemos concluir que eles retiram elétrons por indução mais fortemente do que doam elétrons por ressonância.

substituintes fracamente desativantes

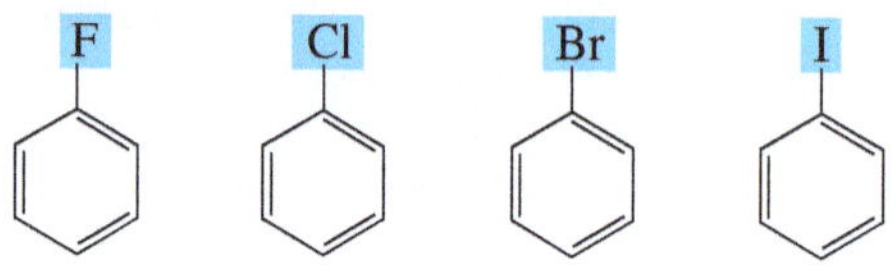

Todos os *substituintes moderadamente desativantes* têm grupos carbonila diretamente ligados ao anel benzênico. Grupos carbonila retiram elétrons tanto indutivamente quanto por ressonância.

substituintes moderadamente desativantes

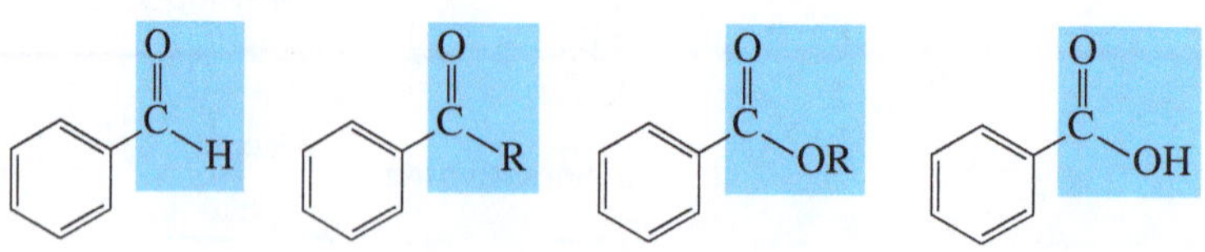

Os *substituintes fortemente desativantes* são poderosos retiradores de elétrons. Com exceção dos íons amônio ($^+NH_3$, $^+NH_2R$, $^+NHR_2$ e $^+NR_3$), esses substituintes retiram elétrons tanto indutivamente quanto por ressonância. Os íons amônio não têm efeito de ressonância, mas a carga positiva no átomo de nitrogênio os torna fortes retiradores de elétrons indutivamente.

substituintes fortemente desativantes

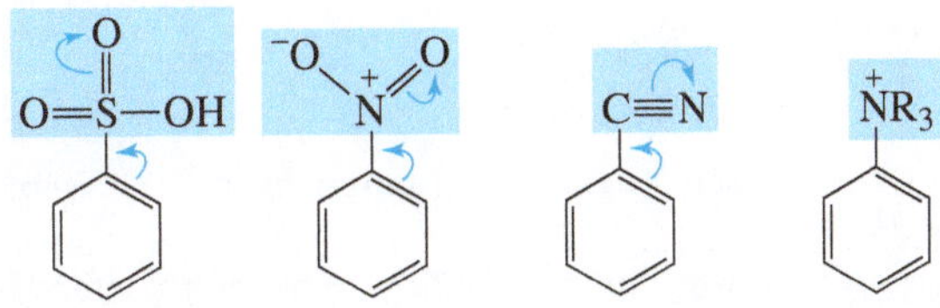

Reserve um minuto para comparar os mapas de potencial eletrostático para anisol, benzeno e nitrobenzeno (veja caderno colorido). Note que um substituinte doador de elétrons (OCH_3) torna o anel mais vermelho (mais negativo), ao passo que um substituinte retirador de elétrons (NO_2) torna o anel menos vermelho (menos negativo).

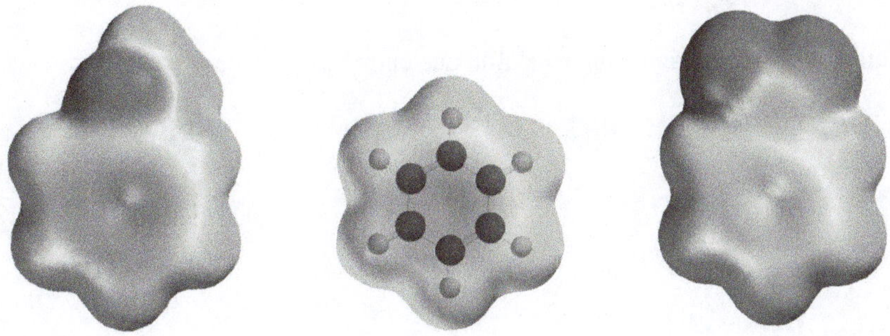

PROBLEMA 8◆

Liste os membros dos seguintes conjuntos de substâncias em ordem decrescente de reatividade diante de uma substituição eletrofílica em aromáticos:

a. benzeno, fenol, tolueno, nitrobenzeno, bromobenzeno

b. dicloro-metilbenzeno, difluoro-metilbenzeno, tolueno, cloro-metilbenzeno

PROBLEMA 9 RESOLVIDO

Explique por que os benzenos halossubstituídos têm as reatividades relativas mostradas na Tabela 16.1.

RESOLUÇÃO A Tabela 16.1 mostra que o flúor é o menos desativante dos halogênios substituintes e o iodo é o mais desativante. Sabemos que o flúor é o mais eletronegativo dos halogênios, o que significa que é o melhor retirador de elétrons indutivamente. O flúor é também o melhor doador de elétrons por ressonância, porque o seu orbital 2*p* — comparado com o orbital 3*p* do cloro, com o orbital 4*p* do bromo ou com o orbital 5*p* do iodo — pode sobrepor-se melhor com o orbital 2*p* do carbono. Assim, o flúor como substituinte é melhor tanto na doação de elétrons por ressonância quanto na retirada indutiva de elétrons. Uma vez que a tabela mostra que o flúor é o desativador mais fraco entre os halogênios, podemos concluir que a doação de elétrons por ressonância é o fator mais importante na determinação das reatividades relativas de benzenos halossubstituídos.

16.4 Efeito de substituintes na orientação

Quando um benzeno substituído sofre uma reação de substituição eletrofílica, onde se liga o novo substituinte? O produto de reação será um isômero *orto*, um isômero *meta* ou um isômero *para*?

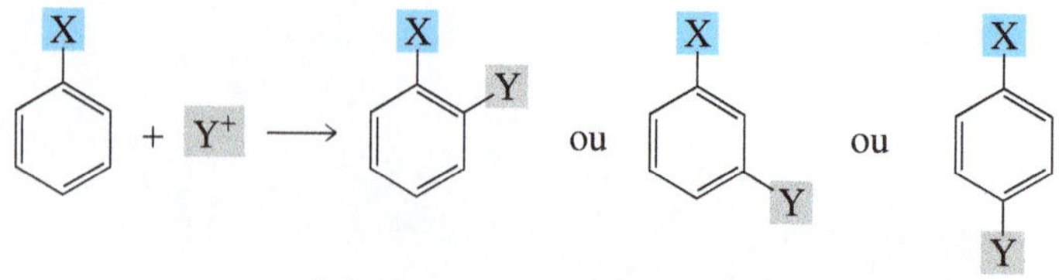

isômero *orto* isômero *meta* isômero *para*

Molecule Gallery: Tolueno; bromobenzeno

WWW

Os substituintes já ligados ao benzeno determinam a posição do novo substituinte. Há duas possibilidades: um substituinte orientará o substituinte que entra tanto para as posições *orto* quanto *para*, ou orientará o substituinte que entra para a posição *meta*. Todos os substituintes ativantes e os halogênios fracamente desativantes são **orientadores *orto–para***, e todos os substituintes que são mais desativantes que os halogênios são **orientadores *meta***. Assim, os substituintes podem ser divididos em três grupos:

1. Todos os substituintes ativantes dirigem um eletrófilo que entra nas posições ***orto*** e ***para***.

Todos os substituintes ativantes são orientadores *orto–para*.

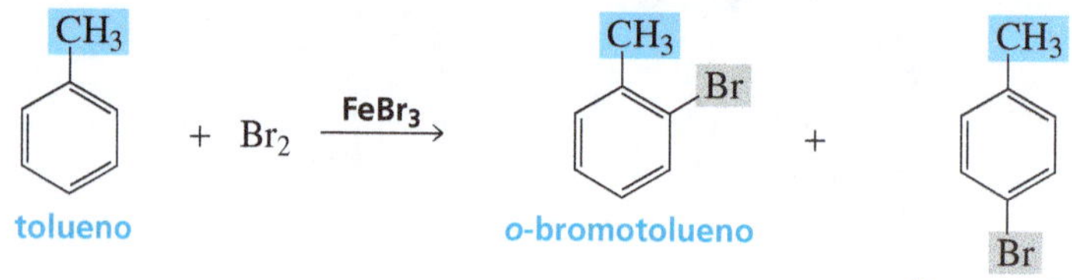

tolueno o-bromotolueno *p*-bromotolueno

2. Os halogênios fracamente desativantes também dirigem um eletrófilo que entra nas posições *orto* e *para*.

Todos os halogênios fracamente desativantes são orientadores *orto–para*.

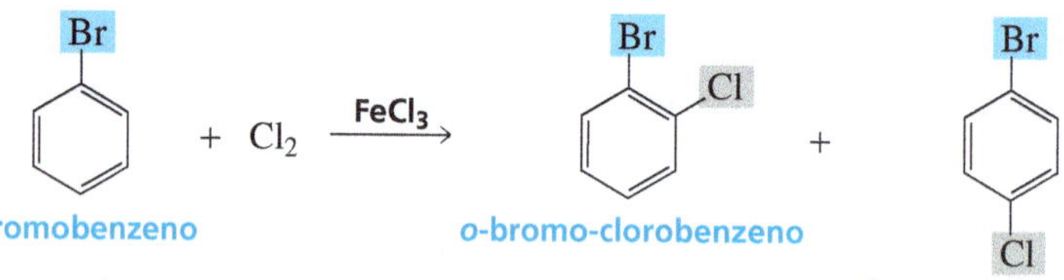

bromobenzeno *o*-bromo-clorobenzeno *p*-bromo-clorobenzeno

3. Todos os substituintes moderadamente desativantes e fortemente desativantes dirigem um eletrófilo que entra na posição *meta*.

Todos os substituintes desativantes (exceto os halogênios) são orientadores *meta*.

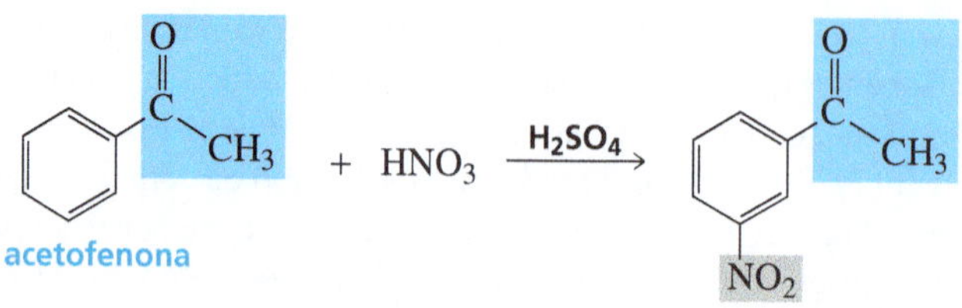

acetofenona *m*-nitro-acetofenona

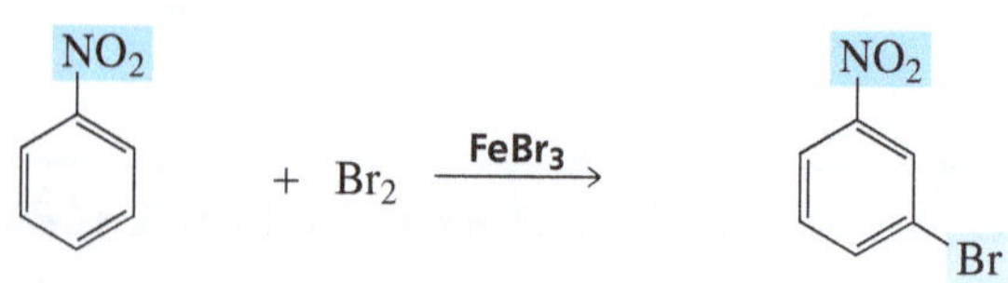

nitrobenzeno *m*-bromo-nitrobenzeno

Molecule Gallery: Acetofenona; nitrobenzeno

WWW

Para compreender por que um substituinte direciona um eletrófilo que entra para certa posição, devemos examinar a estabilidade do carbocátion intermediário formado na etapa determinante da velocidade. Quando um benzeno substituído sofre uma reação de substituição eletrofílica, três carbocátions intermediários diferentes podem ser formados: um carbocátion *orto*-substituído, um carbocátion *meta*-substituído e um carbocátion *para*-substituído (Esquema 16.1). As estabilidades relativas dos três carbocátions nos permitem determinar o caminho de reação preferencial, uma vez que, quanto mais estável o carbocátion, menor a energia necessária para gerá-lo e maior a probabilidade de que seja o intermediário formado (Seção 4.3, volume 1).

Se um substituinte doa elétrons *indutivamente* — um grupo metila, por exem-plo —, as estruturas de ressonância indicadas na Figura 16.1 são as mais estáveis. O substituinte é ligado diretamente ao carbono carregado positivamente, cujo substituinte pode estabilizar por doação indutiva de elétron. Essas estruturas de ressonância relativamente estáveis são obtidas somente quando o grupo que entra é dirigido a uma posição *orto* ou *para*. Portanto, o carbocátion mais estável é obtido pela orientação do grupo que entra para as posições *orto* e *para*. Assim, *qualquer substituinte que doe elétrons indutivamente é um orientador* orto–para.

Molecule Gallery: Anisol

WWW

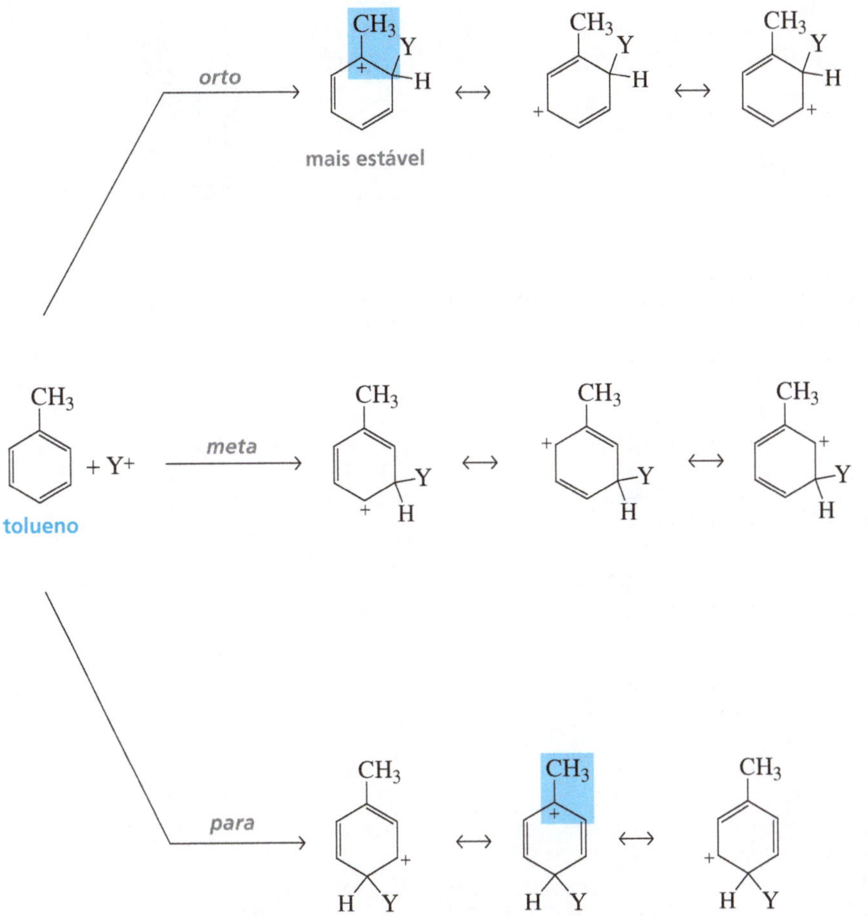

◀ **Figura 16.1**
Estruturas dos carbocátions intermediários formados a partir da reação de um eletrófilo com tolueno nas posições *orto*, *meta* e *para*.

Se um substituinte doa elétrons por *ressonância*, os carbocátions formados pela substituição do eletrófilo que entra nas posições *orto* e *para* têm uma quarta forma de ressonância (Esquema 16.2). Essa é uma forma de ressonância especialmente estável, porque é a única em que todos os átomos (exceto hidrogênios) têm octetos completos. Portanto, *todos os substituintes que doam elétrons por ressonância são orientadores* orto–para.

Tutorial Gallery: Intermediários na substituição eletrofílica em aromáticos

WWW

Substituintes com uma carga positiva ou uma carga parcial positiva no átomo ligado ao anel benzênico retiram elétrons indutivamente do anel benzênico e além disso retiram elétrons por ressonância. Para todos esses substituintes, as estruturas de ressonância indicadas na Figura 16.3 são as menos estáveis, porque elas têm uma carga positiva em cada um dos dois átomos adjacentes, de modo que o carbocátion mais estável é formado quando o eletrófilo que entra é dirigido à posição *meta*. Assim, *todos os substituintes que retiram elétrons (exceto os halogênios, que são orientadores* orto–para, *uma vez que doam elétrons por ressonância) são orientadores* meta.

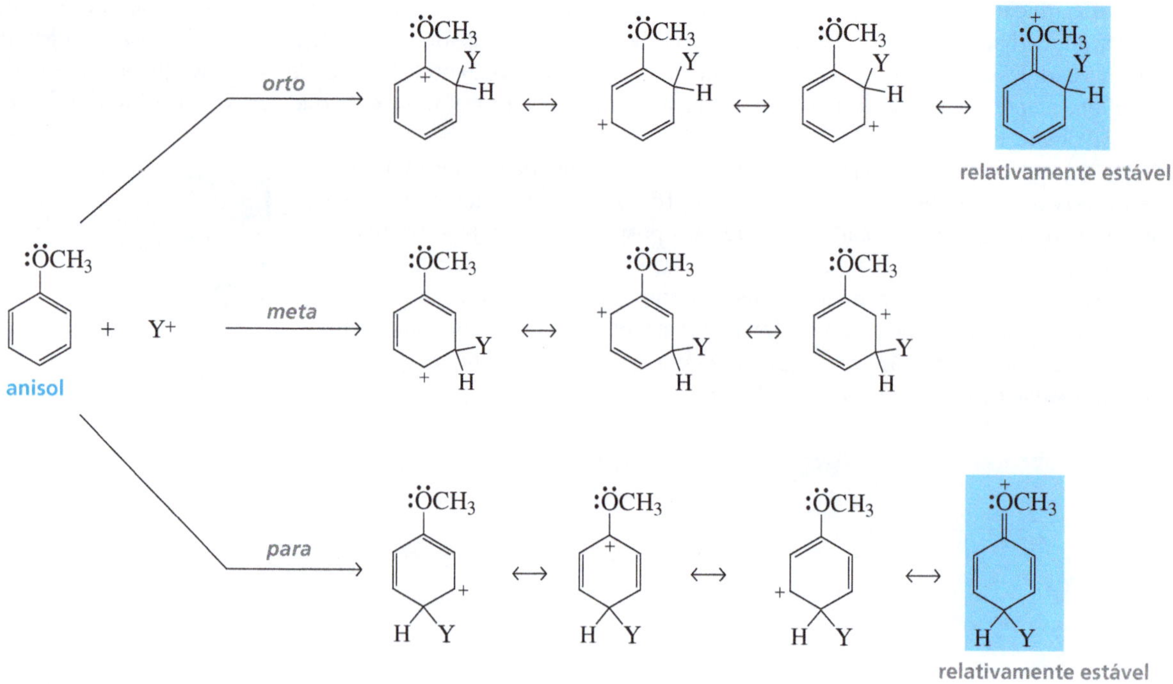

▲ **Figura 16.2**
Estruturas dos carbocátions intermediários formados a partir da reação de um eletrófilo com o anisol nas posições *orto*, *meta* e *para*.

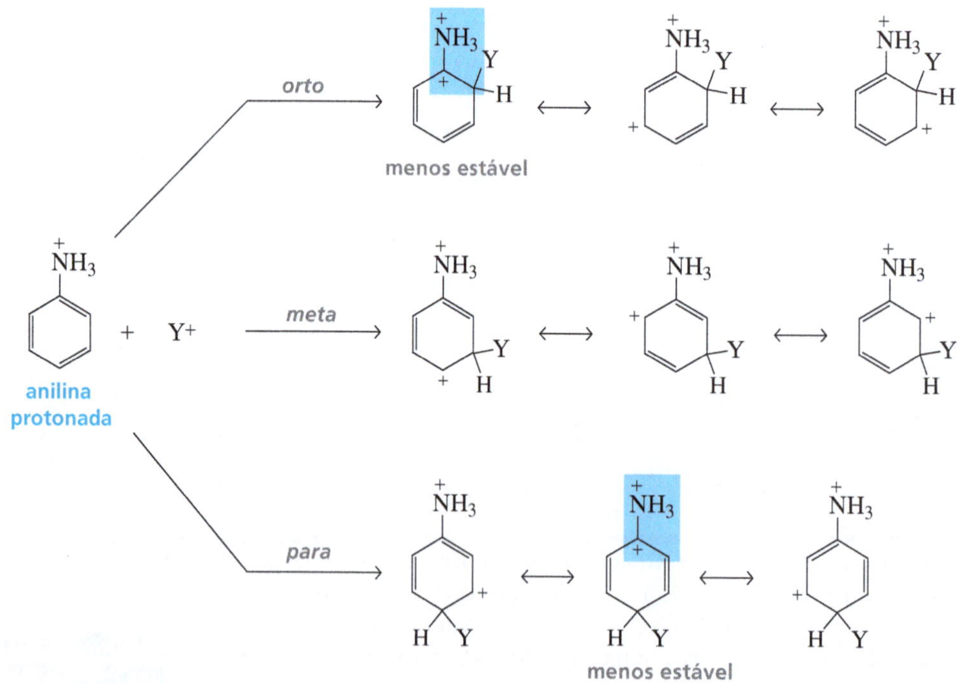

▲ **Figura 16.3**
Estruturas dos carbocátions intermediários formados a partir da reação de um eletrófilo com a anilina protonada nas posições *orto*, *meta* e *para*.

Note que os três carbocátions intermediários possíveis nos esquemas 16.1 e 16.3 são os mesmos, com exceção do substituinte. A natureza do substituinte determina se as estruturas de ressonância com o substituinte diretamente ligado ao carbono carregado positivamente são as mais estáveis (substituintes doadores de elétrons) ou as menos estáveis (substituintes retiradores de elétrons).

Os únicos substituintes desativantes que são orientadores *orto–para* são os halogênios, que constituem desativantes mais fracos. Vimos que estes são desativantes porque, indutivamente, retiram elétrons do anel de modo mais forte do que doam elétrons por ressonância. Os halogênios, no entanto, são orientadores *orto–para* em virtude de sua habilidade de doar elétrons por ressonância. Eles podem estabilizar, por doação de elétrons por ressonância, os estados de transição que levam à reação nas posições *orto* e *para* (Esquema 16.2).

Todos os substituintes que doam elétrons ao anel, indutivamente ou por ressonância, são orientadores *orto–para*.

Todos os substituintes que não podem doar elétrons ao anel, indutivamente ou por ressonância, são orientadores *meta*.

Em resumo, como mostrado na Tabela 16.1, os halogênios e todos os substituintes ativantes são orientadores *orto–para*. Todos os substituintes mais desativantes que os halogênios são orientadores *meta*. Em outras palavras, *todos os substituintes que doam elétrons ao anel indutivamente ou por ressonância são orientadores* orto–para, *e todos os substituintes que não podem doar elétrons ao anel, indutivamente ou por ressonância, são orientadores* meta.

Você não precisa recorrer à memorização para determinar se um substituinte é orientador *orto–para* ou orientador *meta*. É fácil prever: todos os orientadores *orto–para*, exceto alquila, arila e grupos CH═CHR, têm pelo menos um par isolado no átomo diretamente ligado ao anel; todos os orientadores *meta* têm uma carga positiva ou uma carga parcial positiva no átomo ligado ao anel. Dedique alguns minutos para examinar os substituintes listados na Tabela 16.1 e convencer-se de que isso é verdadeiro.

PROBLEMA 10

a. Desenhe as estruturas de ressonância do nitrobenzeno.
b. Desenhe as estruturas de ressonância do clorobenzeno.

PROBLEMA 11◆

Que produto(s) resultaria(m) da nitração de cada uma das seguintes substâncias?

a. propilbenzeno
b. bromobenzeno
c. benzaldeído
d. ácido benzenossulfônico
e. ciclo-hexilbenzeno
f. benzonitrila

PROBLEMA 12◆

Os seguintes substituintes são orientadores *orto–para* ou orientadores *meta*?

a. CH═CHC≡N
b. NO_2
c. CH_2OH
d. COOH
e. CF_3
f. N═O

16.5 O efeito de substituintes no pK_a

Vimos que os substituintes retiradores de elétrons aumentam a acidez de uma substância (seções 1.18 e 7.10, volume 1). Portanto, quando um substituinte retira elétrons do anel benzênico ou doa elétrons ao anel benzênico, os valores de pK_a de derivados substituídos de fenóis, ácidos benzóicos e anilinas protonadas vão refletir essa doação ou retirada. Por exemplo, o pK_a do fenol em água a 25 °C é de 9,95. O pK_a do *para*-nitrofenol é mais baixo (7,14) porque o substituinte nitro retira elétrons do anel, enquanto o pK_a do *para*-metilfenol é mais alto (10,19) porque o substituinte metila doa elétrons ao anel.

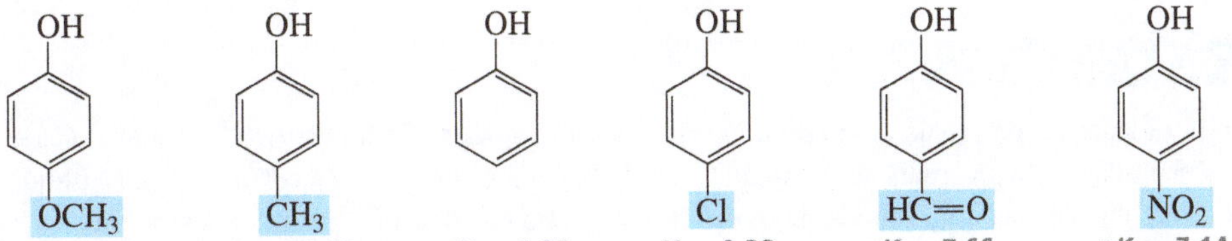

pK_a = 10,20 pK_a = 10,19 pK_a = 9,95 (fenol) pK_a = 9,38 pK_a = 7,66 pK_a = 7,14

Tutorial Gallery: Efeito de substituintes no pK_a
WWW

Quanto mais desativante (retirador de elétrons) é o substituinte, mais ele aumenta a acidez de um grupo COOH, OH ou $^{+}NH_3$ ligado a um anel benzênico.

Reserve um minuto para comparar a influência que um substituinte tem na reatividade de um anel benzênico diante da substituição eletrofílica com o seu efeito no pK_a do fenol. Note que, quanto mais fortemente desativante é o substituinte, tanto mais baixo é o pK_a do fenol. E que, quanto mais fortemente ativante é o substituinte, tanto mais alto é o pK_a do fenol. Em outras palavras, *retirar elétrons diminui a reatividade diante da substituição eletrofílica e aumenta a acidez, ao passo que doar elétrons aumenta a reatividade diante da substituição eletrofílica e diminui a acidez.*

Um efeito semelhante de substituinte no pK_a é observado para ácidos benzóicos substituídos e anilinas protonadas substituídas.

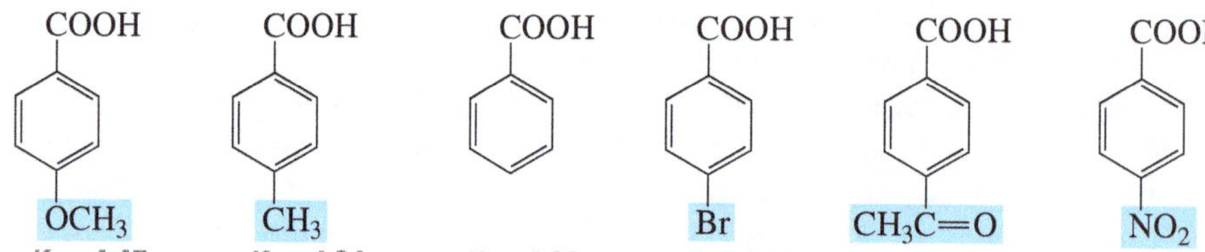

pK_a = 4,47 pK_a = 4,34 pK_a = 4,20 pK_a = 4,00 pK_a = 3,70 pK_a = 3,44

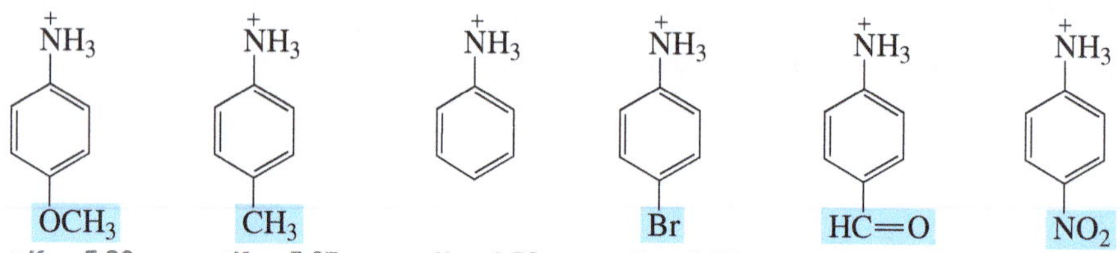

pK_a = 5,29 pK_a = 5,07 pK_a = 4,58 pK_a = 3,91 pK_a = 1,76 pK_a = 0,98

PROBLEMA 13◆

Qual das substâncias em cada um dos seguintes pares é mais ácida?

a. $\mathrm{CH_3\overset{\overset{O}{\|}}{C}OH}$ ou $\mathrm{ClCH_2\overset{\overset{O}{\|}}{C}OH}$

b. $\mathrm{O_2NCH_2\overset{\overset{O}{\|}}{C}OH}$ ou $\mathrm{O_2NCH_2CH_2\overset{\overset{O}{\|}}{C}OH}$

c. $\mathrm{CH_3CH_2\overset{\overset{O}{\|}}{C}OH}$ ou $\mathrm{H_3\overset{+}{N}CH_2\overset{\overset{O}{\|}}{C}OH}$

d. 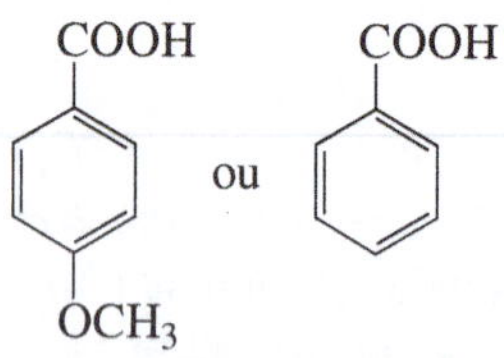

e. $\mathrm{HO\overset{\overset{O}{\|}}{C}CH_2\overset{\overset{O}{\|}}{C}OH}$ ou $\mathrm{^{-}O\overset{\overset{O}{\|}}{C}CH_2\overset{\overset{O}{\|}}{C}OH}$

f. $\mathrm{H\overset{\overset{O}{\|}}{C}OH}$ ou $\mathrm{CH_3\overset{\overset{O}{\|}}{C}OH}$

g. $\mathrm{FCH_2\overset{\overset{O}{\|}}{C}OH}$ ou $\mathrm{ClCH_2\overset{\overset{O}{\|}}{C}OH}$

h. 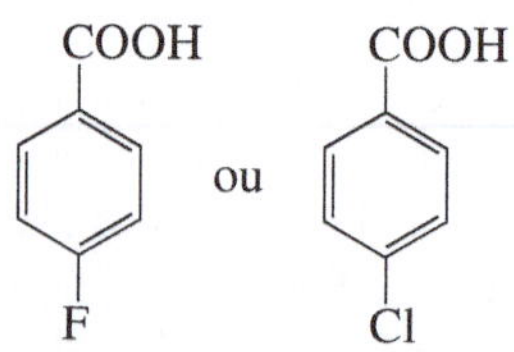

PROBLEMA — ESTRATÉGIA PARA RESOLUÇÃO

O íon *para*-nitroanilínio é 3,60 unidades de pK_a mais ácido do que o íon anilínio (pK_a = 0,98 *versus* 4,58); mas o ácido *para*-nitrobenzóico é apenas 0,76 unidades de pK_a mais ácido do que o ácido benzóico (pK_a = 3,44 *versus* 4,20). Explique por que, em um caso, o substituinte nitro causa uma grande mudança no pK_a e, no outro, uma leve mudança no pK_a.

Não espere resolver esse tipo de problema simplesmente por meio da leitura. Em primeiro lugar, você precisa se lembrar de que a acidez de uma substância depende da estabilidade de sua base conjugada (seções 1.18 e 7.10, volume 1). Depois, desenhe as estruturas das bases conjugadas em questão e compare suas estabilidades.

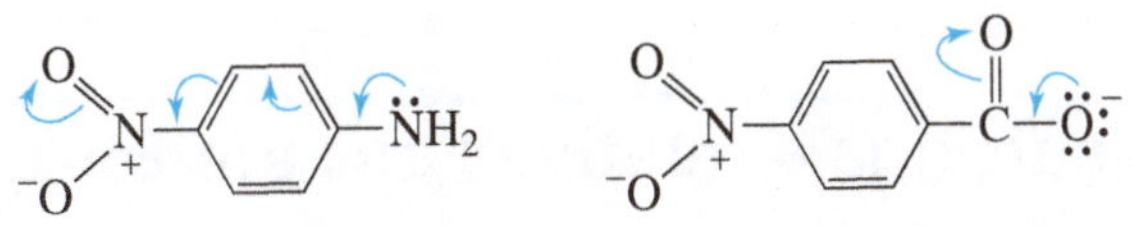

Quando o íon *para*-nitroanilínio perde um próton, os elétrons que são deixados para trás são compartilhados por cinco átomos. (Desenhe estruturas de ressonância se quiser ver quais átomos compartilham os elétrons.) Quando o ácido *para*-nitrobenzóico perde um próton, os elétrons que são deixados para trás são compartilhados por dois átomos. Em outras palavras, a perda de um próton provoca maior deslocalização de elétrons em uma base do que na outra. Uma vez que a deslocalização de elétrons estabiliza uma substância, sabemos agora por que a adição de um substituinte nitro tem maior efeito na acidez de um íon anilínio que no ácido benzóico. Agora resolva o Problema 14.

PROBLEMA 14

O *para*-nitrofenol tem um pK_a de 7,14, ao passo que o pK_a do *meta*-nitrofenol é 8,39. Explique.

16.6 Razão *orto–para*

Quando um anel benzênico com um substituinte orientador *orto–para* sofre uma reação de substituição eletrofílica em aromáticos, que porcentagem do produto é o isômero *orto* e que porcentagem é o isômero *para*? Com base apenas em probabilidade, seria possível esperar mais do produto *orto* porque há duas posições *orto* disponíveis para o eletrófilo que entra e apenas uma posição *para*. A posição *orto*, contudo, é estericamente impedida, enquanto a posição *para* não. Conseqüentemente, o isômero *para* será formado preferencialmente se o substituinte no anel ou o eletrófilo que entrar for grande. As seguintes reações de nitração ilustram o decréscimo na razão *orto–para* em virtude do aumento no tamanho do substituinte alquila:

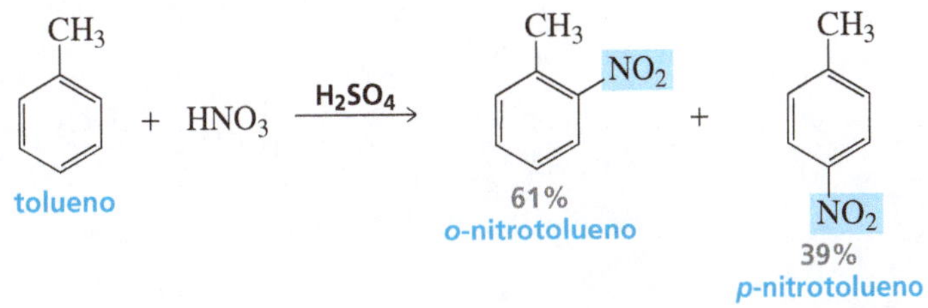

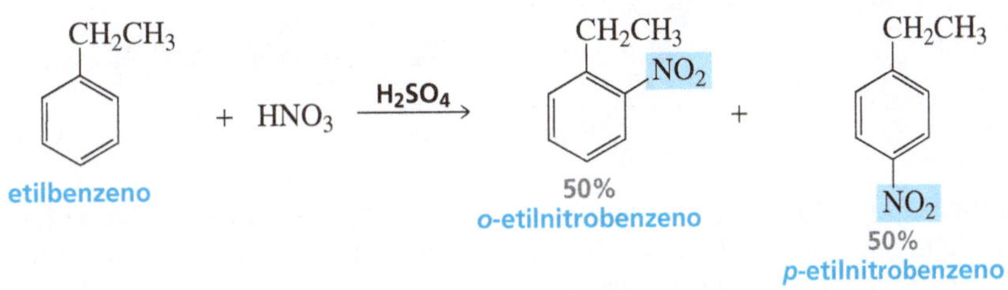

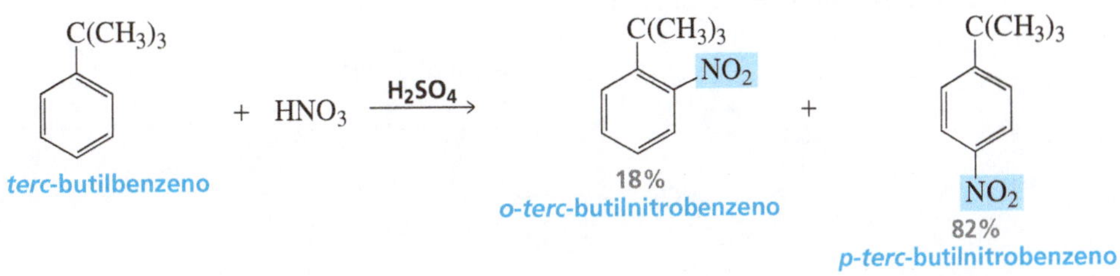

Felizmente, a diferença nas propriedades físicas dos isômeros substituídos em *orto* e *para* é suficiente para permitir que eles sejam facilmente separados. Conseqüentemente, reações de substituição eletrofílica em aromáticos que levam a ambos os isômeros *orto* e *para* são úteis nos esquemas sintéticos, uma vez que o produto desejado pode ser facilmente separado da mistura reacional.

16.7 Considerações adicionais relativas aos efeitos de substituintes

É importante saber se um substituinte é ativante ou desativante sob determinadas condições necessárias para realizar uma reação. Por exemplo, substituintes metoxi e hidroxi são tão fortemente ativantes, que a halogenação ocorre sem o ácido de Lewis ($FeBr_3$ ou $FeCl_3$) como catalisador.

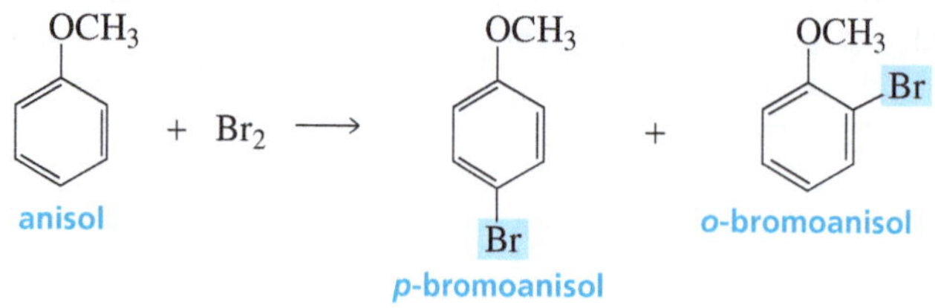

Se o ácido de Lewis e excesso de bromo forem usados, será obtido o tribrometo.

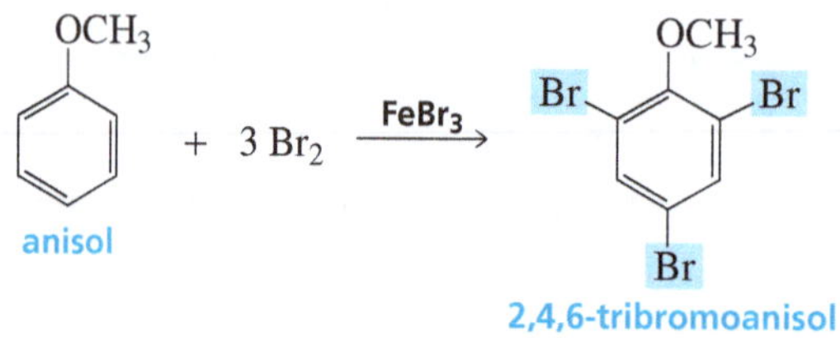

O benzeno com um substituinte orientador *meta* não pode sofrer reação de Friedel–Crafts.

Todas as reações de Friedel–Crafts precisam do ácido de Lewis como catalisador. No entanto, se há um orientador *meta* no anel (lembre-se de que todos os orientadores *meta* são desativantes fortes ou moderados), o anel será não reativo para sofrer acilação de Friedel–Crafts ou alquilação de Friedel–Crafts.

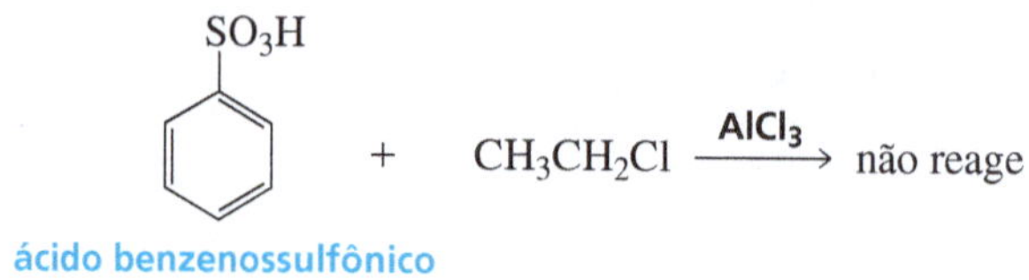

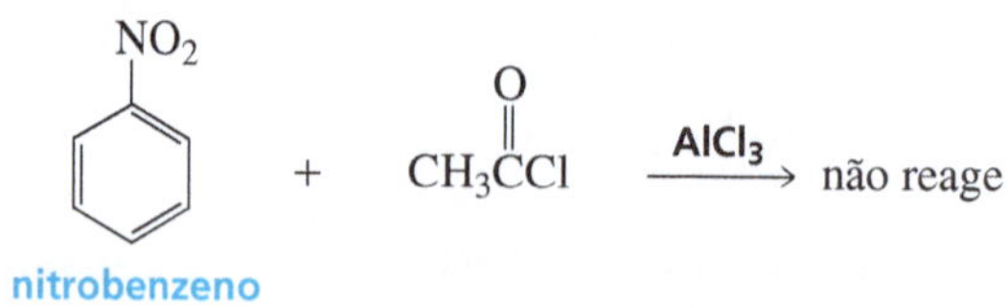

A anilina e as anilinas *N*-substituídas também não sofrem reações de Friedel–Crafts. O par de elétrons livre do grupo amino vai complexar com o ácido de Lewis ($AlCl_3$), necessário para que a reação ocorra, convertendo o substituinte NH_2 em um orientador *meta* desativante. Como acabamos de ver, reações de Friedel–Crafts não ocorrem com anéis benzênicos que contenham substituintes orientadores *meta*.

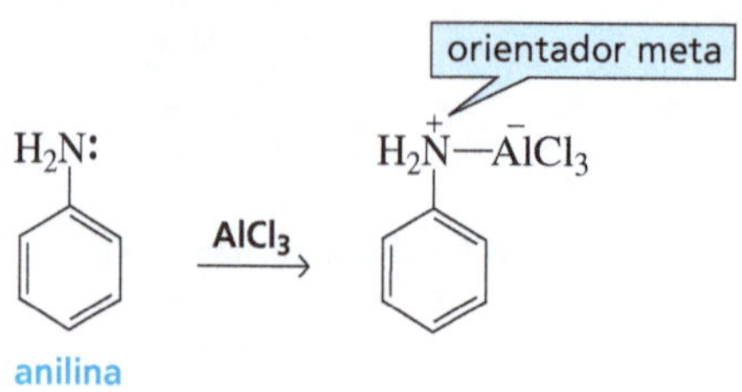

Fenol e anisol podem sofrer reações de Friedel–Crafts — orientando *orto* e *para* —, uma vez que o oxigênio, sendo uma base mais fraca do que o nitrogênio, não complexa com o ácido de Lewis.

A anilina também não pode ser nitrada, porque o ácido nítrico é um agente oxidante, e aminas primárias são facilmente oxidadas. (O ácido nítrico e a anilina podem ser uma combinação explosiva.) Aminas aromáticas terciárias, no entanto, podem ser nitradas. Uma vez que o grupo amino terciário é um ativador forte, a nitração é realizada com ácido nítrico em ácido acético, uma combinação mais branda do que o ácido nítrico em ácido sulfúrico. Forma-se cerca de duas vezes mais do isômero se em comparação com o isômero *orto*.

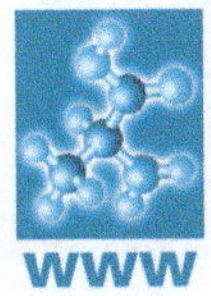

Molecule Gallery: ***N,N*-dimetilanilina; *o*-nitro-*N*, *N*-dimetilanilina**

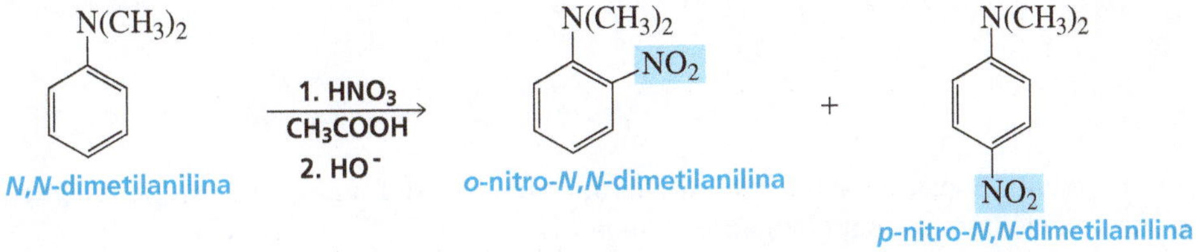

PROBLEMA 15◆

Dê os produtos, se formados, de cada uma das seguintes reações:

a. benzonitrila + cloreto de metila + $AlCl_3$
b. anilina + 3 Br_2
c. ácido benzóico + CH_3CH_2Cl + $AlCl_3$
d. benzeno + 2 CH_3Cl + $AlCl_3$

PROBLEMA 16

Quando a *N,N*-dimetilanilina é nitrada, é formado um pouco de *meta*-nitro-*N,N*-dimetilanilina. Por que o isômero *meta* é formado? (*Dica*: o pK_a da *N,N*-dimetilanilina é 5,07, e mais isômero *meta* será formado se a reação for realizada em pH = 3,5 do que se for realizada em pH = 4,5.)

16.8 Planejando uma síntese III: Síntese de benzenos mono e dissubstituídos

Como o número de reações com as quais estamos familiarizados aumenta, temos mais reações a escolher quando planejamos uma síntese. Por exemplo, podemos agora planejar duas rotas bem diferentes para sintetizar o 2-feniletanol a partir do benzeno.

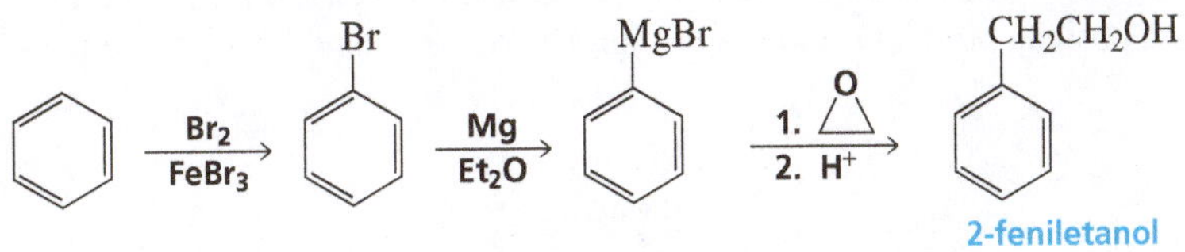

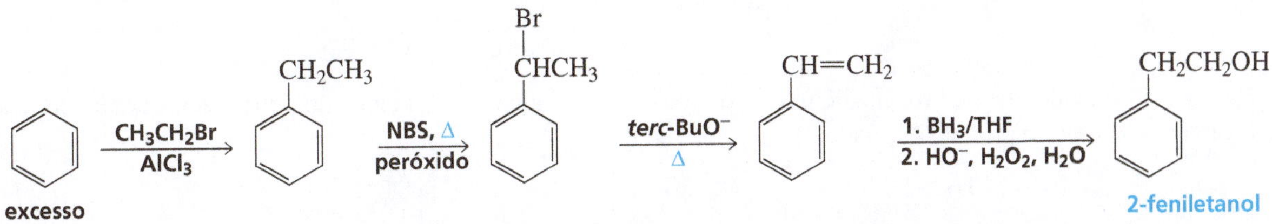

A rota que vamos escolher depende do nível de facilidade com que se realizarão tais reações e também do rendimento esperado da molécula-alvo (o produto desejado). Por exemplo, a primeira rota apresentada para a síntese de 2-feniletanol é o melhor procedimento. A segunda rota tem mais etapas; requer excesso de benzeno para impedir a polialquilação; utiliza uma

Tutorial Gallery: Síntese em várias etapas de benzenos dissubstituídos
WWW

reação radicalar que pode gerar produtos secundários indesejados; o rendimento da reação de eliminação não é alto (porque um pouco do produto de substituição é formado também); e a reação de hidroboração–oxidação não é fácil de realizar.

Ao planejar a síntese de benzenos, devemos considerar cuidadosamente a ordem na qual os substituintes serão colocados no anel. Por exemplo, se quisermos sintetizar o ácido *meta*-bromobenzenossulfônico, o grupo ácido sulfônico terá de ser colocado no anel primeiro porque o grupo vai dirigir o substituinte bromo à posição *meta* desejada.

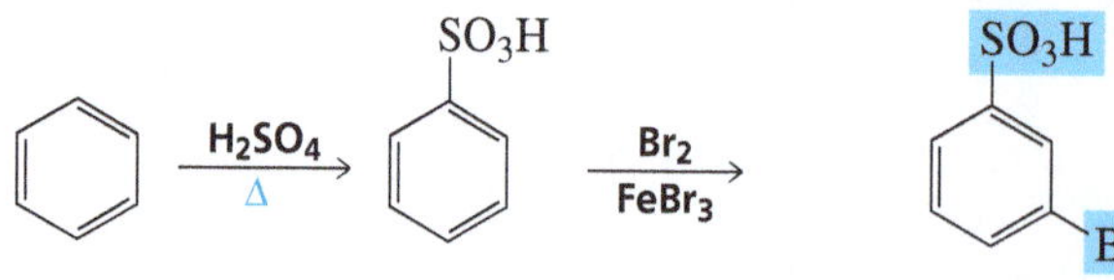

ácido *m*-bromobenzenossulfônico

No entanto, se o produto desejado for o ácido *para*-bromobenzenossulfônico, a ordem de duas reações deve ser invertida porque o substituinte bromo é um orientador *orto–para*.

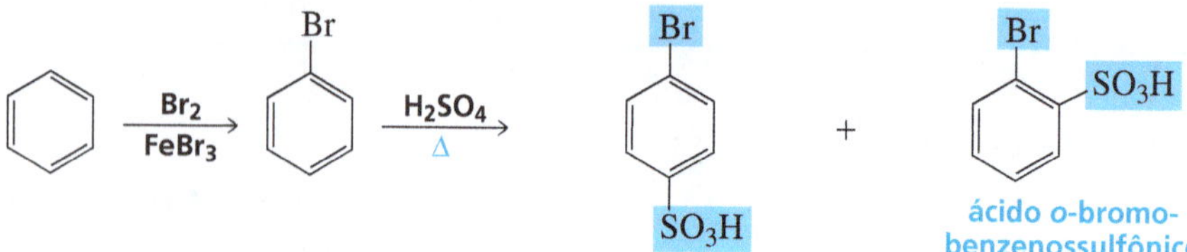

ácido *p*-bromobenzenossulfônico   ácido *o*-bromobenzenossulfônico

Ambos os substituintes da *meta*-nitroacetofenona são diretores *meta*. Contudo, a reação de acilação de Friedel–Crafts deve ser realizada primeiro porque o anel benzênico do nitrobenzeno está desativado demais para sofrer uma reação de Friedel–Crafts (Seção 16.7).

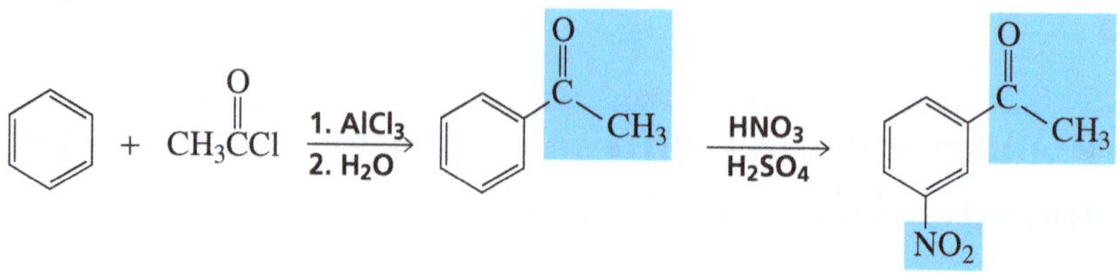

m-nitroacetofenona

É também importante determinar em que ponto de uma seqüência reacional um substituinte deveria ser quimicamente modificado. Na síntese do ácido *para*-clorobenzóico a partir do tolueno, o grupo metila é oxidado depois que ele dirige o substituinte cloro à posição *para*. (O ácido *orto*-clorobenzóico é também formado nessa reação.)

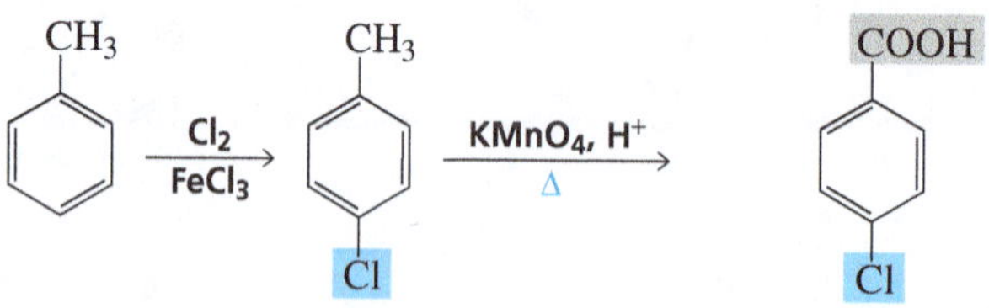

ácido *para*-clorobenzóico

Na síntese do ácido *meta*-clorobenzóico, o grupo metila é oxidado antes da cloração porque um orientador *meta* é necessário para se obter o produto desejado.

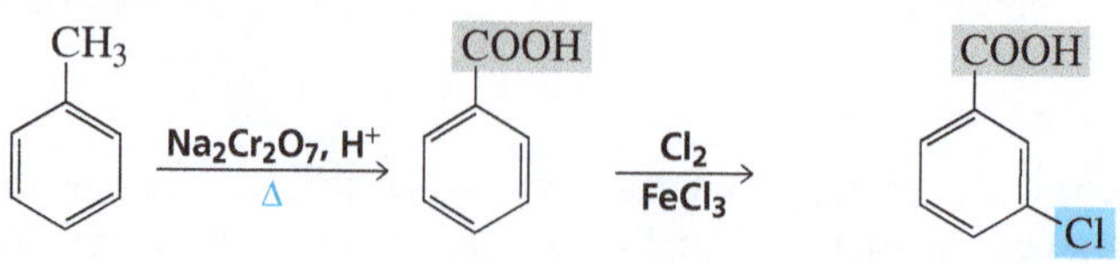

ácido *meta*-clorobenzóico

Na síntese seguinte do ácido *para*-propilbenzenossulfônico, o tipo de reação empregada, a ordem na qual os substituintes são colocados no anel benzênico e o ponto no qual um substituinte é quimicamente modificado devem ser todos considerados: o substituinte propila de cadeia linear deve ser colocado no anel por uma reação de acilação de Friedel–Crafts devido ao rearranjo do carbocátion que ocorreria com a reação de alquilação de Friedel–Crafts. A acilação de Friedel–Crafts deve ser realizada antes da sulfonação porque a acilação não poderia ser conduzida em um anel com um substituinte ácido sulfônico fortemente desativante, e o grupo ácido sulfônico é um orientador *meta*. Finalmente, o grupo ácido sulfônico deve ser colocado no anel depois que o grupo carbonila foi reduzido a um grupo metileno, de modo que o grupo ácido sulfônico seja direcionado à posição *para* pelo grupo alquila.

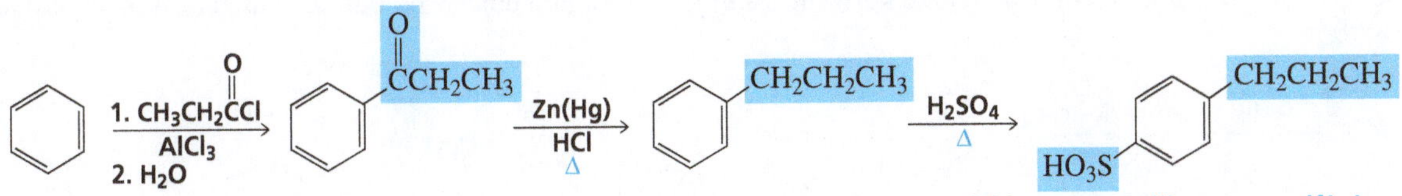

ácido *para*-propilbenzenossulfônico

PROBLEMA 17

Mostre como cada uma das seguintes substâncias pode ser sintetizada a partir do benzeno:

a. *p*-cloroanilina
b. *m*-cloroanilina
c. ácido *p*-nitrobenzóico
d. ácido *m*-nitrobenzóico
e. *m*-bromo-propilbenzeno
f. *o*-bromo-propilbenzeno
g. 1-fenil-2-propanol
h. 2-fenilpropreno

16.9 Síntese de benzenos trissubstituídos

Quando um benzeno dissubstituído sofre uma reação de substituição eletrofílica em aromáticos, o efeito dirigente de ambos os substituintes precisa ser considerado. Se ambos os substituintes dirigem o substituinte que entra na mesma posição, o produto de reação é facilmente previsto.

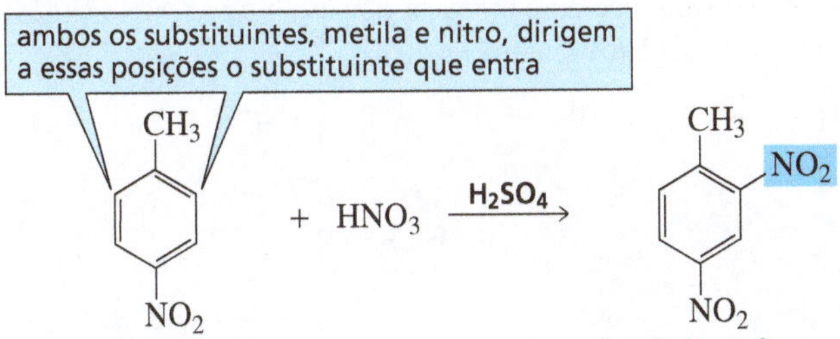

p-nitrotolueno 2,4-dinitrotolueno

Molecule Gallery: *p*-nitrotolueno; *m*-clorotolueno; *p*-metilfenol; *p*-clorotolueno
WWW

Observe que três posições são ativadas na seguinte reação, mas o novo substituinte entra em somente duas das três posições. O impedimento estérico torna a posição entre os substituintes menos acessível.

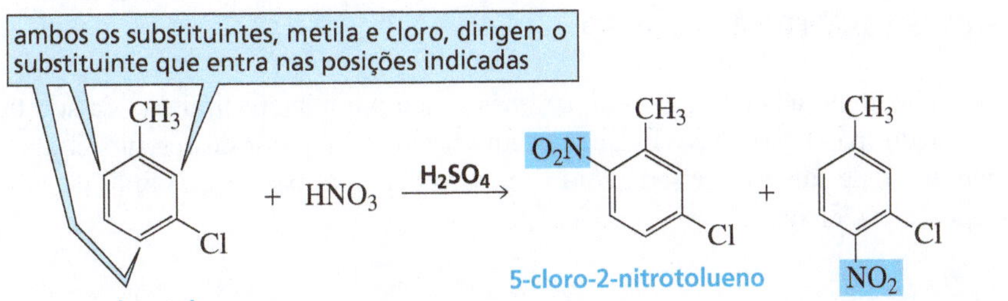

m-clorotolueno 5-cloro-2-nitrotolueno 3-cloro-4-nitrotolueno

Se os dois substituintes dirigem um novo substituinte a posições diferentes, um substituinte fortemente ativante prevalecerá sobre um substituinte fracamente ativante ou um substituinte desativante.

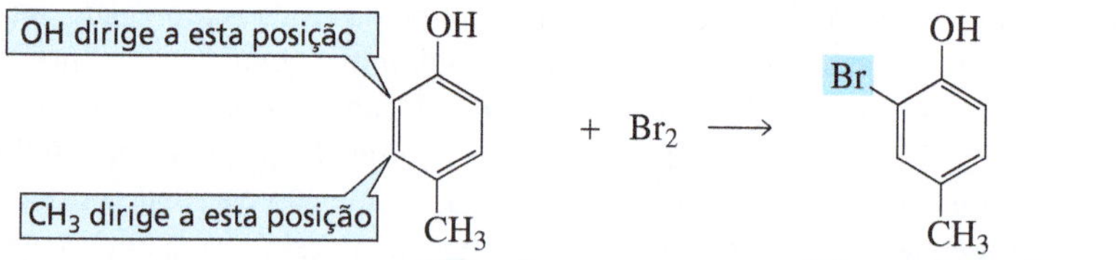

p-metilfenol

2-bromo-4-metilfenol
produto principal

Se os dois substituintes têm propriedades ativantes similares, nenhum deles vai dominar e uma mistura de produtos será obtida.

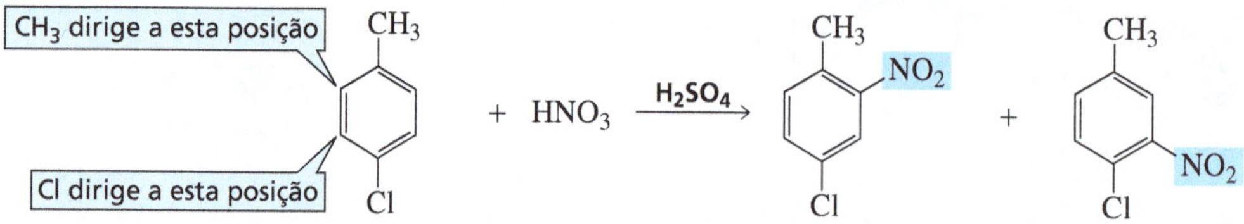

p-clorotolueno

4-cloro-2-nitrotolueno

4-cloro-3-nitrotolueno

PROBLEMA 18◆

Dê o(s) produto(s) principal(ais) de cada uma das seguintes reações:

a. nitração do *p*-fluoroanisol
b. cloração do ácido *o*-benzenodicarboxílico
c. bromação do ácido *p*-clorobenzóico

PROBLEMA 19 **RESOLVIDO**

Quando o fenol é tratado com Br_2, é obtida uma mistura de monobromo, dibromo e tribromofenóis. Planeje uma síntese que converteria o fenol principalmente ao *orto*-bromofenol.

RESOLUÇÃO O grupo ácido sulfônico volumoso será adicionado preferencialmente na posição *para*. Tanto o grupo OH quanto o grupo SO_3H dirigirão o bromo à posição *orto* ao grupo OH. O aquecimento em ácido diluído remove o grupo ácido sulfônico (Seção 15.12). O uso de um grupo ácido sulfônico para bloquear a posição *para* é um método comumente empregado na síntese de substâncias *orto*-substituídas com altos rendimentos.

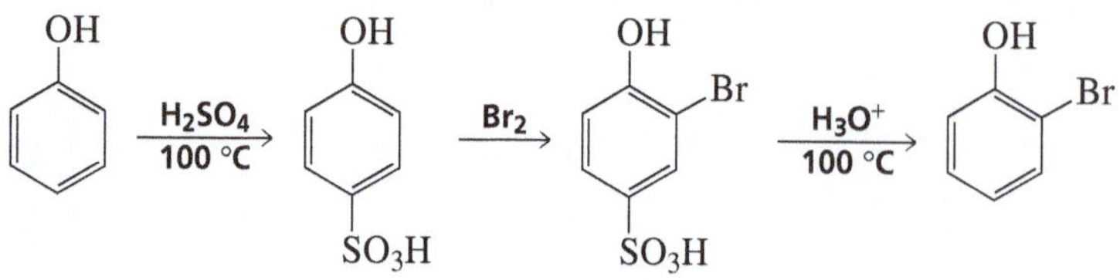

16.10 Síntese de benzenos substituídos com o uso de sais de arenodiazônio

Até agora temos aprendido como adicionar em um anel benzênico um número limitado de substituintes diferentes — aqueles substituintes listados na Seção 16.2 e os que podem ser obtidos a partir desses substituintes por conversão química. No entanto, com o uso de **sais de arenodiazônio** é possível ampliar bastante os tipos de substituintes que podem ser adicionados em anéis benzênicos.

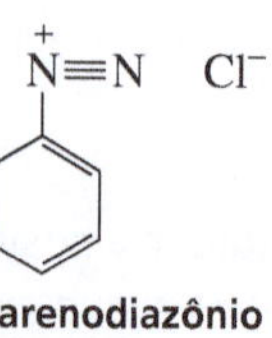

sal de arenodiazônio

O caminho para formar uma molécula de gás nitrogênio (N_2) estável faz com que o grupo de saída de um íon diazônio seja facilmente deslocado por uma ampla variedade de nucleófilos. O mecanismo pelo qual um nucleófilo desloca o grupo diazônio depende do nucleófilo. Alguns deslocamentos envolvem cátions fenila, outros envolvem radicais.

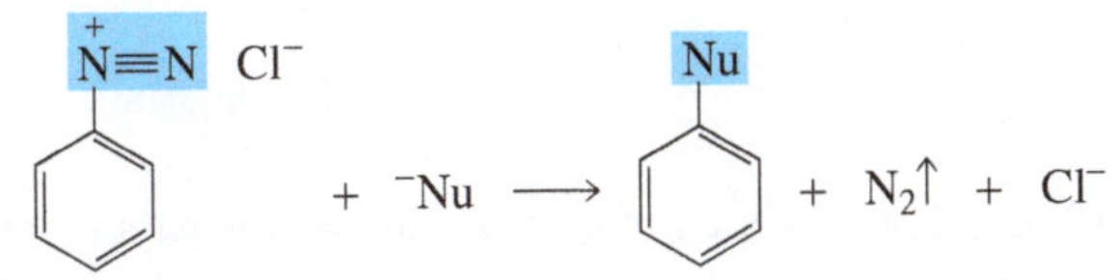

cloreto de benzenodiazônio

Molecule Gallery: cloreto de benzeno-diazônio
WWW

Uma amina primária pode ser convertida em sal de diazônio pelo tratamento com ácido nitroso (HNO_2). Por ser instável, o ácido nitroso é gerado *in situ*, usando-se uma solução aquosa de nitrito de sódio e HCl ou HBr. De fato, N_2 é um grupo de saída tão bom que o sal de diazônio é sintetizado a 0 °C e usado imediatamente sem isolamento. (O mecanismo para conversão de um grupo amino primário [NH_2] a um grupo diazônio [$^{+}N{\equiv}N$] é mostrado na Seção 16.12.)

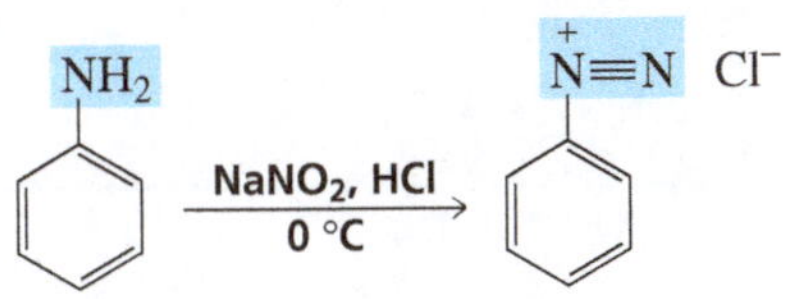

Nucleófilos como $^{-}C{\equiv}N$, Cl^- e Br^- vão substituir o grupo diazônio se o sal cuproso apropriado for adicionado à solução que contém o sal de arenodiazônio. A reação de um sal de arenodiazônio com um sal cuproso é conhecida como **reação de Sandmeyer**.

Traugott Sandmeyer (1854–1922) *nasceu na Suíça. Tornou-se PhD pela Universidade de Heidelberg e descobriu, em 1884, a reação que leva o seu nome. Foi cientista da Geigy Co. na Basiléia, Suíça.*

reações de Sandmeyer

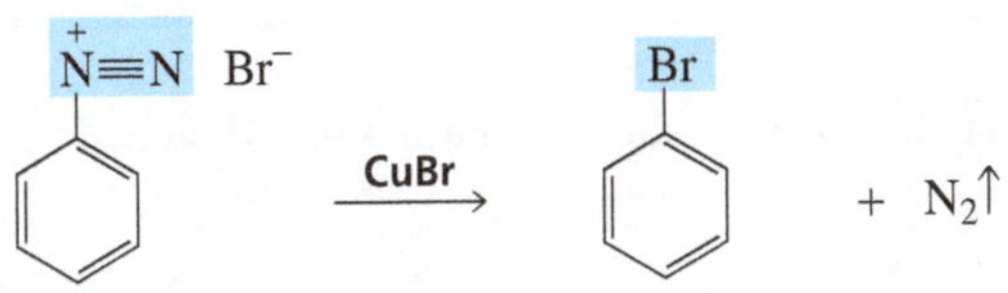

brometo de benzenodiazônio — bromobenzeno

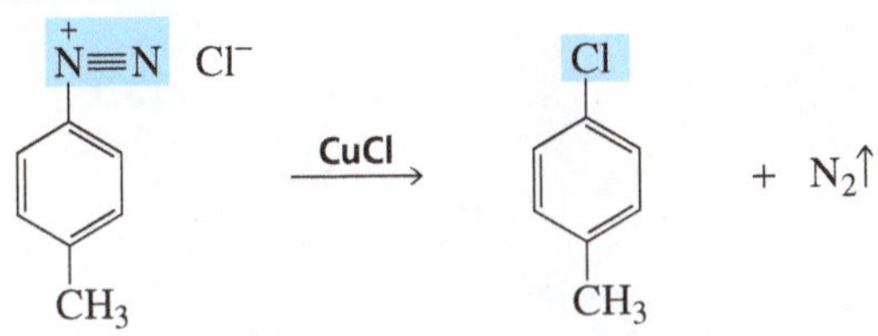

cloreto de *p*-toluenodiazônio — *p*-clorotolueno

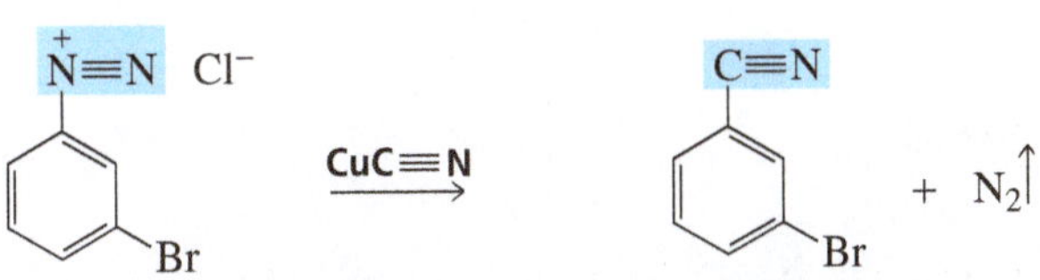

cloreto de *m*-bromobenzenodiazônio — *m*-bromobenzenonitrila

KCl e KBr não podem ser usados no lugar de CuCl e CuBr nas reações de Sandmeyer. Os sais cuprosos são necessários. Isso indica que o íon cuproso está envolvido na reação, servindo, muito provavelmente, como um iniciador de radicais (Seção 4.10, volume 1).

Embora os substituintes cloro e bromo possam ser adicionados diretamente em um anel benzênico por halogenação, a reação de Sandmeyer pode ser uma alternativa útil. Por exemplo, se quisermos sintetizar *para*-cloro-etilbenzeno, a cloração do etilbenzeno levaria a uma mistura dos isômeros *orto* e *para*.

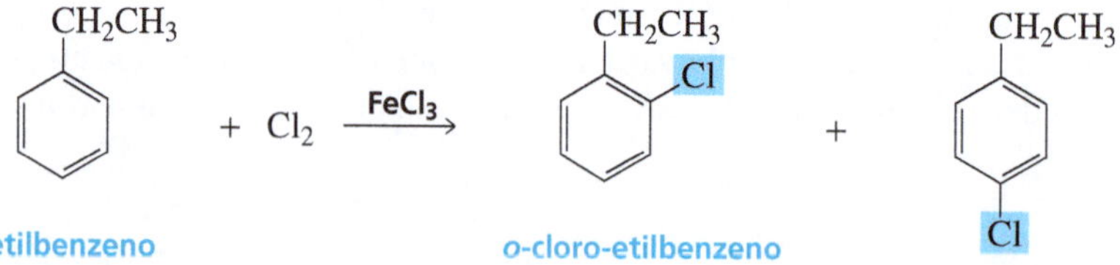

etilbenzeno

o-cloro-etilbenzeno

p-cloro-etilbenzeno

No entanto, se começarmos com *para*-etilanilina e usarmos uma reação de Sandmeyer para cloração, somente o produto *para* desejado será formado.

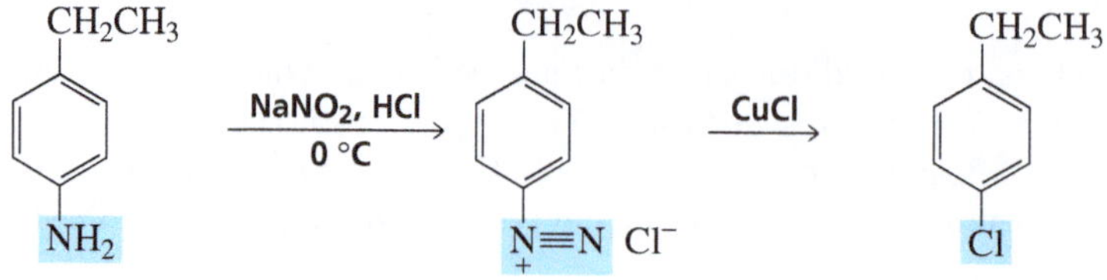

p-etilanilina

p-cloro-etilbenzeno

PROBLEMA 20

Explique por que um grupo diazônio em um anel benzênico não pode ser usado para dirigir à posição *meta* um grupo que entra.

PROBLEMA 21

Explique por que HBr deveria ser usado para gerar o sal de benzenodiazônio se o bromobenzeno fosse o produto desejado da reação de Sandmeyer, e por que HCl deveria ser usado se o clorobenzeno fosse o produto desejado.

Um substituinte iodo vai substituir o grupo diazônio se o iodeto de potássio for adicionado à solução que contém o íon diazônio.

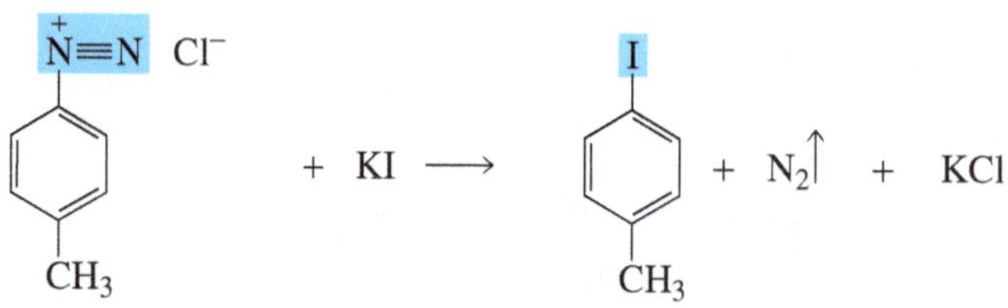

cloreto de *p*-toluenodiazônio

p-iodotolueno

A substituição por flúor ocorre se o sal de arenodiazônio for aquecido com ácido fluorobórico (HBF_4). Essa reação é conhecida como **reação de Schiemann**.

Günther Schiemann (1899–1969) *nasceu na Alemanha. Lecionou química na Technologische Hochschule em Hannover, Alemanha.*

reação de Schiemann

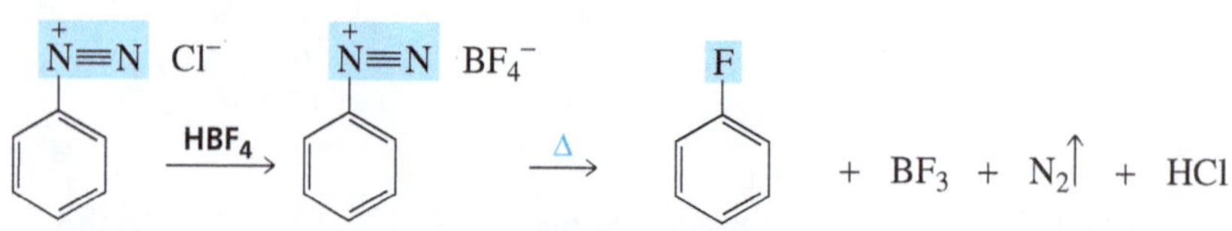

fluorobenzeno

Se a solução aquosa na qual o sal de diazônio foi sintetizado for acidificada e aquecida, um grupo OH vai substituir o grupo diazônio. (H_2O é o nucleófilo.) Esse é um modo conveniente de sintetizar um fenol.

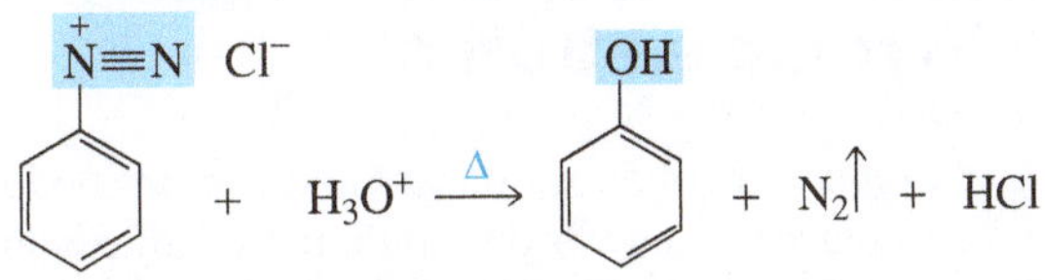

fenol

Fenóis podem ser preparados à temperatura ambiente usando-se óxido cuproso e nitrato cúprico aquoso.

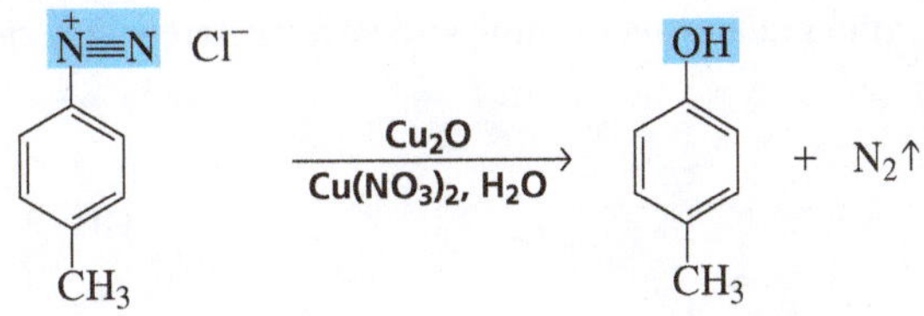

p-cresol

Um hidrogênio vai substituir um grupo diazônio se o sal de diazônio for tratado com ácido hipofosforoso (H_3PO_2). Essa é uma reação útil se um grupo amino ou um grupo nitro for necessário para fins orientadores e se subseqüentemente tiver de ser removido. Seria difícil vislumbrar como o 1,3,5-tribromobenzeno poderia ser sintetizado sem tal reação.

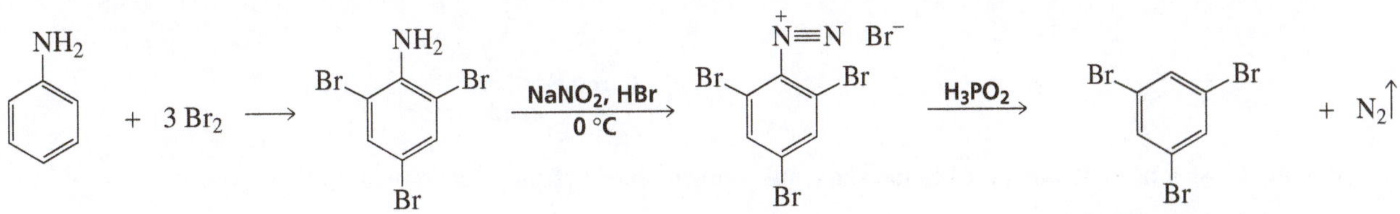

1,3,5-tribromobenzeno

PROBLEMA 22

Escreva a seqüência de etapas envolvida na conversão do benzeno em cloreto de benzenodiazônio.

PROBLEMA 23 RESOLVIDO

Mostre como as seguintes substâncias poderiam ser sintetizadas a partir do benzeno:

a. *m*-dibromobenzeno
b. *m*-bromofenol
c. *o*-clorofenol
d. *m*-nitrotolueno
e. *p*-metilbenzonitrila
f. *m*-clorobenzaldeído

RESOLUÇÃO PARA 23a Um substituinte bromo é um orientador *orto–para*, de modo que a halogenação não pode ser usada para introduzir ambos os substituintes bromo do *m*-dibromobenzeno. Sabendo-se que um substituinte bromo pode ser adicionado em um anel benzênico com uma reação de Sandmeyer, e que o substituinte bromo em uma reação de Sandmeyer desloca o que originalmente foi um substituinte nitro orientador *meta*, temos uma rota para síntese da substância-alvo.

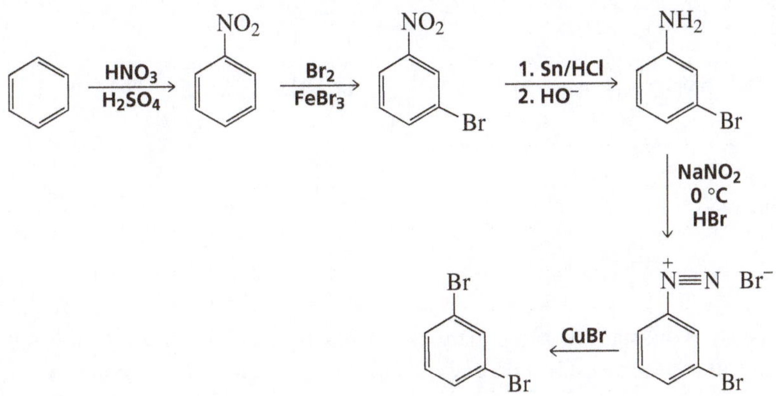

16.11 Íon arenodiazônio como eletrófilo

Além de serem usados para sintetizar benzenos substituídos, íons arenodiazônios podem ser usados como eletrófilos em reações de substituição eletrofílica em aromáticos. Uma vez que um íon arenodiazônio é instável à temperatura ambiente, ele pode ser usado como eletrófilo somente em reações de substituição eletrofílica em aromáticos, ou seja, em reações que podem ser conduzidas bem abaixo da temperatura ambiente. Em outras palavras, somente anéis benzênicos altamente ativados (fenóis, anilinas e *N*-alquilanilinas) podem sofrer reações de substituição eletrofílica em aromáticos com eletrófilos do íon arenodiazônio. O produto de reação é uma *substância azo*. A ligação N=N é denominada **ligação azo**. Pelo fato de o eletrófilo ser tão grande, a substituição ocorre preferencialmente na posição *para* estericamente menos impedida.

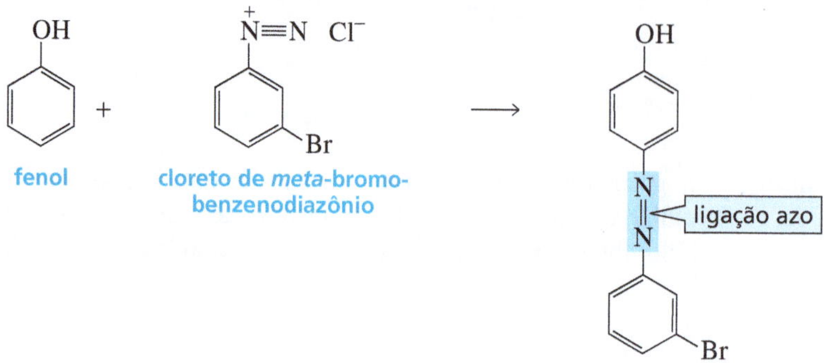

fenol

cloreto de *meta*-bromobenzenodiazônio

3-bromo-4'-hidroxiazobenzeno
azoderivado

No entanto, se a posição *para* for bloqueada, a substituição ocorrerá na posição *orto*.

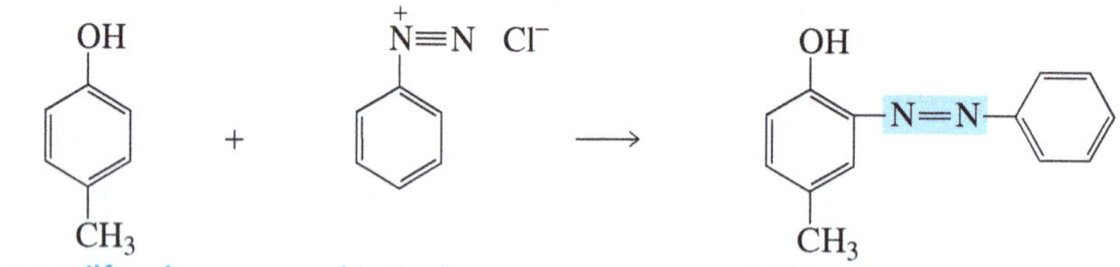

p-metilfenol

cloreto de benzenodiazônio

2-hidroxi-5-metilazobenzeno

O mecanismo para a substituição eletrofílica em aromáticos com um íon arenodiazônio como eletrófilo é o mesmo que para a substituição eletrofílica em aromáticos com qualquer outro eletrófilo.

mecanismo para substituição eletrofílica em aromáticos com um íon arenodiazônio como eletrófilo

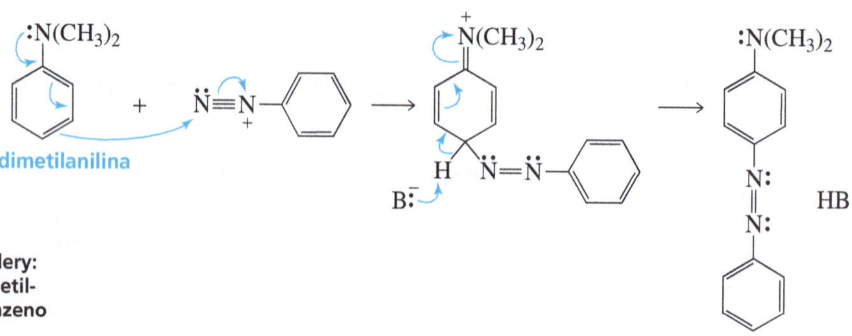

N,N-dimetilanilina

p-N,N-dimetilaminoazobenzeno

Molecule Gallery: *para-N,N*-dimetilaminoazobenzeno

WWW

Assim como os alcenos, as substâncias azo podem existir nas formas cis e trans. Em virtude da tensão estérica, o isômero trans é consideravelmente mais estável do que o isômero cis (Seção 4.11, volume 1).

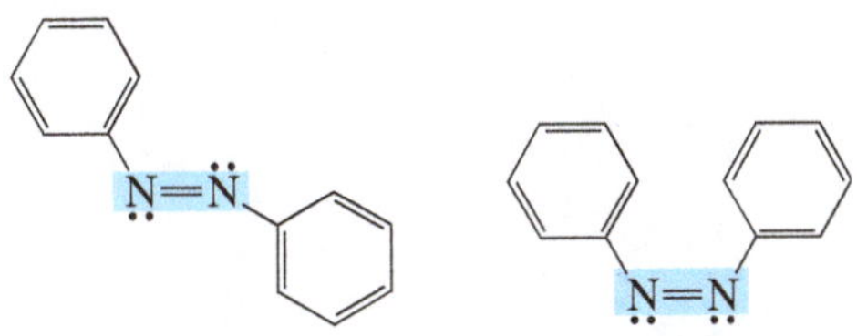

trans-azobenzeno　　　　*cis*-azobenzeno

Vimos que os azobenzenos são substâncias coloridas em virtude de sua conjugação estendida; comercialmente são utilizados como corantes (Seção 8.12, volume 1).

PROBLEMA 24

No mecanismo para substituição eletrofílica em aromáticos com um íon diazônio como eletrófilo, por que o ataque eletrofílico ocorre no átomo de nitrogênio terminal do íon diazônio, e não no átomo de nitrogênio ligado ao anel benzênico?

PROBLEMA 25

Dê a estrutura do anel benzênico ativado e o íon diazônio empregado na síntese das seguintes substâncias:

a. amarelo-manteiga

b. alaranjado de metila

(As estruturas dessas substâncias podem ser encontradas na Seção 8.12, volume 1.)

16.12 Mecanismo para a reação de aminas com ácido nitroso

Vimos que a reação de uma amina primária com ácido nitroso produz um sal de diazônio. Tanto as arilaminas quanto as alquilaminas sofrem essa reação, e ambas seguem o mesmo mecanismo.

$$\text{aril}{-}NH_2 \xrightarrow[0\,°C]{NaNO_2,\ HCl} \text{aril}{-}\overset{+}{N}{\equiv}N\ \ Cl^-$$

$$\text{alquil}{-}NH_2 \xrightarrow[0\,°C]{NaNO_2,\ HCl} \text{alquil}{-}\overset{+}{N}{\equiv}N\ \ Cl^-$$

A conversão de um grupo amino *primário* a um grupo diazônio requer um íon nitrosônio, que é formado quando água é eliminada do ácido nitroso protonado.

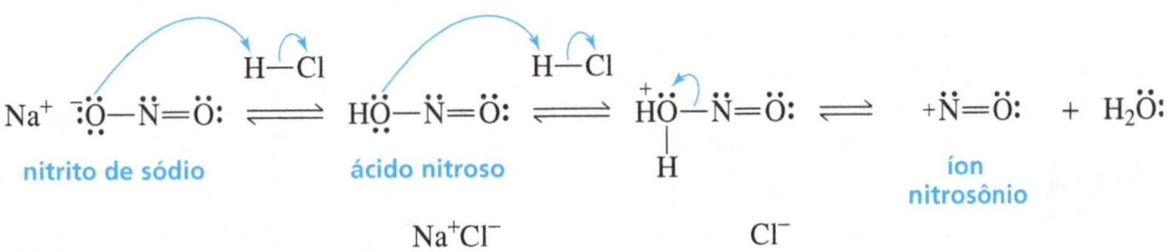

O íon nitrosônio aceita compartilhar um par de elétrons livre do nitrogênio amino. A perda de um próton do nitrogênio forma uma **nitrosamina** (também denominada **derivado *N*-nitroso** porque um substituinte nitroso está ligado a um nitrogênio). A deslocalização do par isolado do nitrogênio e a protonação de oxigênio formam um derivado *N*-hidroxiazo protonado. Essa substância está em equilíbrio com a forma não protonada, que pode ser reprotonada no nitrogênio (reação inversa) ou protonada no oxigênio (reação no sentido avançado). A eliminação de água forma o íon diazônio.

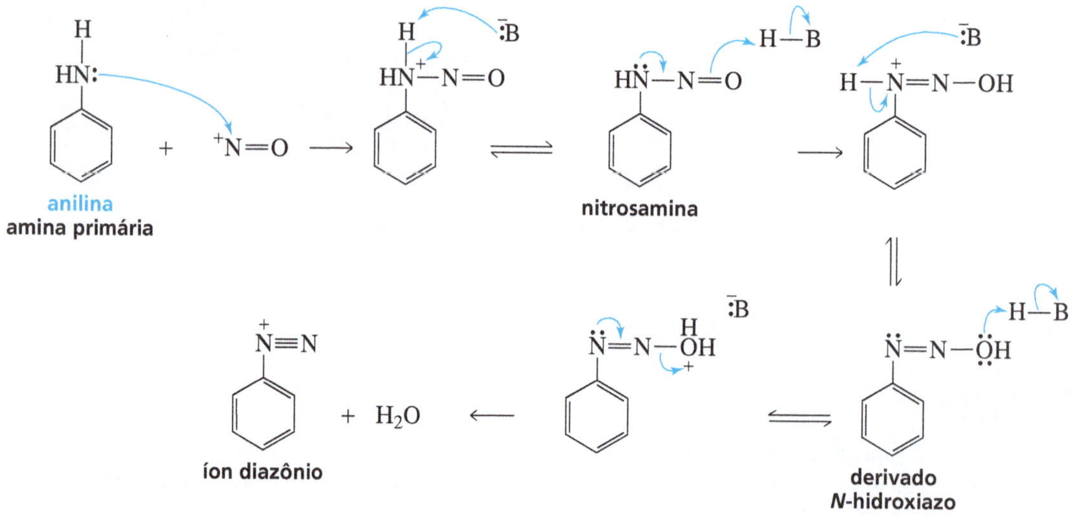

Lembre-se de que reações em que íons arenodiazônios estão envolvidos devem ser realizadas a 0 °C porque são instáveis a temperaturas mais altas. Íons alcanodiazônios são ainda menos estáveis. Eles perdem N_2 molecular — mesmo a 0 °C — tão logo formados, reagindo com quaisquer nucleófilos presentes na mistura reacional tanto pelo mecanismo S_N1/E1 quanto pelo mecanismo S_N2/E2. Íons alcanodiazônios são de uso sintético limitado em razão da mistura de produtos obtida.

PROBLEMA 26◆

Que produtos seriam formados a partir da reação de isopropilamina com nitrito de sódio e HCl aquoso?

PROBLEMA 27

O diazometano pode ser usado para converter um ácido carboxílico em um éster metílico. Proponha um mecanismo para essa reação.

$$\underset{\text{ácido carboxílico}}{RC(=O)OH} + \underset{\text{diazometano}}{CH_2N_2} \longrightarrow \underset{\text{éster metílico}}{RC(=O)OCH_3} + N_2\uparrow$$

Alquilaminas e arilaminas *secundárias* reagem com um íon nitrosônio para formar nitrosaminas em vez de íons diazônio. O mecanismo da reação é similar àquele para a reação de uma amina primária com um íon nitrosônio, com exceção do fato de que a reação pára no estágio nitrosamina. A reação pára porque uma amina secundária, diferentemente de uma amina primária, não tem o segundo próton que deve ser perdido a fim de gerar o íon diazônio.

Molecule Gallery: *N*-metil-*N*-nitroso-anilina
WWW

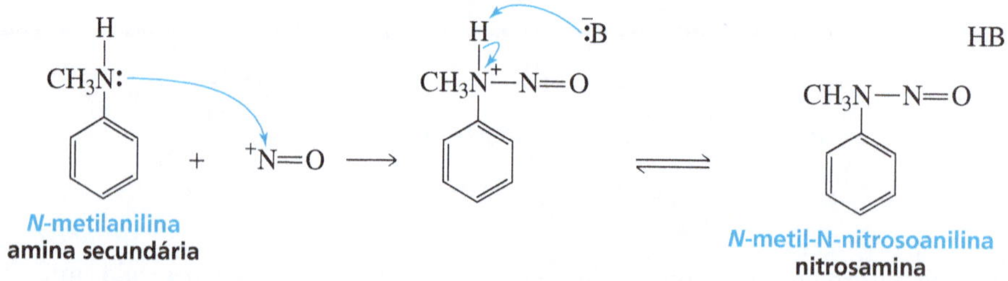

O produto formado quando o nitrogênio de uma amina *terciária* compartilha seu par isolado com um íon nitrosônio não pode ser estabilizado pela perda de um próton. Portanto, uma arilamina terciária pode sofrer uma reação de substituição eletrofílica em aromáticos com um íon nitrosônio. O produto de reação é basicamente o isômero *para*, porque o grupo dialquilamino volumoso impede a aproximação do íon nitrosônio na posição *orto*.

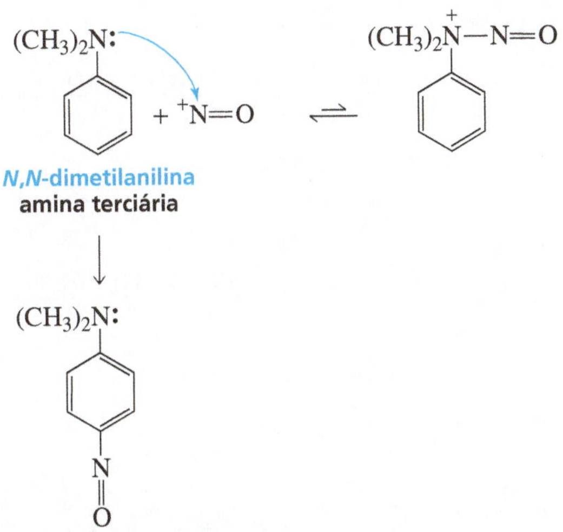

N,N-dimetilanilina
amina terciária

para-nitroso-*N,N*-dimetilanilina
85%

Molecule Gallery: *para*-nitroso-*NN*-dimetilanilina
WWW

Nitrosaminas e câncer

Um surto de intoxicação alimentar em ovelhas na Noruega, em 1962, foi causado pela ingestão de ração de peixe tratada com nitrito. Esse incidente imediatamente levantou questões sobre o consumo de alimentos tratados com nitrito por seres humanos, já que o nitrito de sódio é um conservante de alimentos comumente usado. Ele pode reagir com aminas secundárias de ocorrência natural, presentes nos alimentos, produzindo nitrosaminas, conhecidas por sua carcinogenicidade. Peixe defumado, carnes curadas e cerveja contêm nitrosaminas. Nitrosaminas são também encontradas em queijos, o que não é surpreendente, porque alguns queijos são conservados com nitrito, e queijos são ricos em aminas secundárias. Nos Estados Unidos, consumidores pediram à Food and Drug Administration (FDA), a agência norte-americana de controle de medicamentos e alimentos, que banisse o uso de nitrito de sódio como conservante. A indústria de carne industrializada opôs-se fortemente a essa solicitação. Apesar de intensas investigações, não foi determinado se as pequenas quantidades de nitrosaminas presentes nos alimentos prejudicam a saúde. Até essa questão ser esclarecida, será difícil evitar o nitrito de sódio em nossa dieta. No entanto, é preocupante o fato de o Japão ser o país que apresenta um dos mais altos índices de câncer de estômago — e ter a média mais alta de ingestão de nitrito de sódio. Uma boa notícia é que a concentração de nitrosaminas presentes no toucinho foi consideravelmente reduzida nos últimos anos pela adição de ácido ascórbico — um inibidor de nitrosamina — à mistura defumante. Além disso, o aprimoramento do processo de maltagem tem reduzido o nível de nitrosaminas na cerveja. Contudo, o nitrito de sódio presente na dieta tem uma característica redentora — há alguma evidência de que ele protege contra o botulismo (tipo de intoxicação alimentar grave).

16.13 Reações de substituição nucleofílica em aromáticos

Vimos que haletos de arila não reagem com nucleófilos sob condições reacionais padrão, porque a nuvem de elétrons π repele a aproximação de um nucleófilo (Seção 10.8, volume 1).

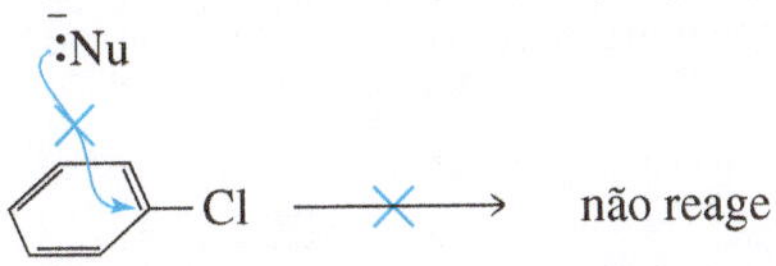

Se, contudo, o haleto de arila tem um ou mais substituintes que retiram fortemente elétrons do anel por ressonância, reações de substituição nucleofílica em aromáticos podem ocorrer sem o uso de condições drásticas. Os grupos retiradores de elétrons devem ser posicionados em *orto* ou *para* em relação ao halogênio. Quanto maior o número de substituintes retiradores de elétrons, mais fácil é realizar a reação de substituição nucleofílica em aromáticos. Observe as diferentes condições sob as quais as seguintes reações ocorrem:

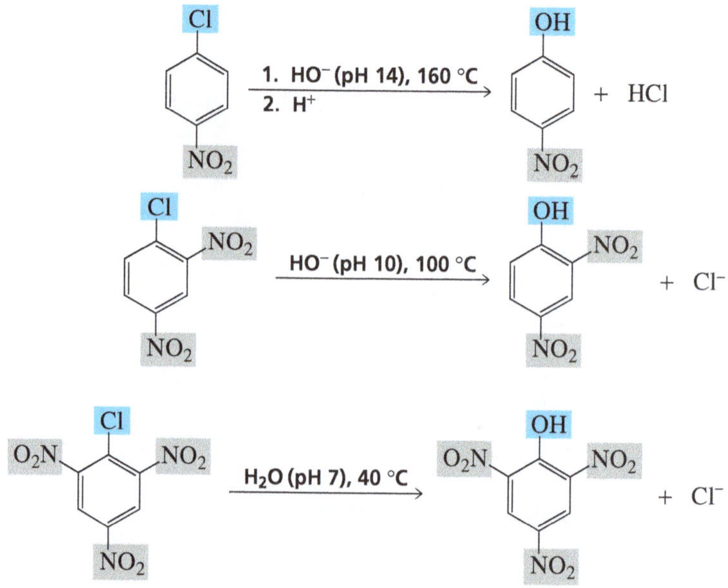

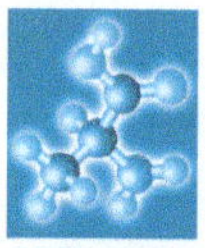

Molecule Gallery: 1-cloro-2,4,6-trinitro-benzeno

WWW

Substituintes retiradores de elétrons aumentam a reatividade do anel benzênico perante as reações de substituição nucleofílica em aromáticos e diminuem a reatividade do anel benzênico perante a substituição eletrofílica.

Observe também que substituintes fortemente retiradores de elétrons que ativam o anel benzênico perante as reações de *substituição nucleofílica em aromáticos* são os mesmos substituintes que desativam o anel perante a substituição eletrofílica em aromáticos. Em outras palavras, deixar o anel menos rico em elétrons torna a aproximação do anel mais fácil para um nucleófilo, mas dificulta para um eletrófilo. Assim, qualquer substituinte que desative o anel benzênico perante a substituição eletrofílica ativa-o perante a substituição nucleofílica. E vice-versa.

A substituição nucleofílica em aromáticos ocorre por uma reação em duas etapas, conhecida como **reação S_NAr** (substituição nucleofílica em aromáticos). Na primeira etapa, o nucleófilo ataca o carbono ligado ao grupo de saída a partir de uma trajetória que é quase perpendicular ao anel aromático. (Lembre-se de que os grupos de saída não podem ser deslocados de átomos de carbono sp^2 pelo lado de trás do ataque; Seção 10.8, volume 1.) O ataque nucleofílico forma um intermediário carbânion estabilizado por ressonância, denominado *complexo de Meisenheimer*, segundo Jakob Meisenheimer (1876–1934). Na segunda etapa de reação, o grupo de saída abandona o anel, restabelecendo a aromaticidade deste.

mecanismo geral para a substituição nucleofílica em aromáticos

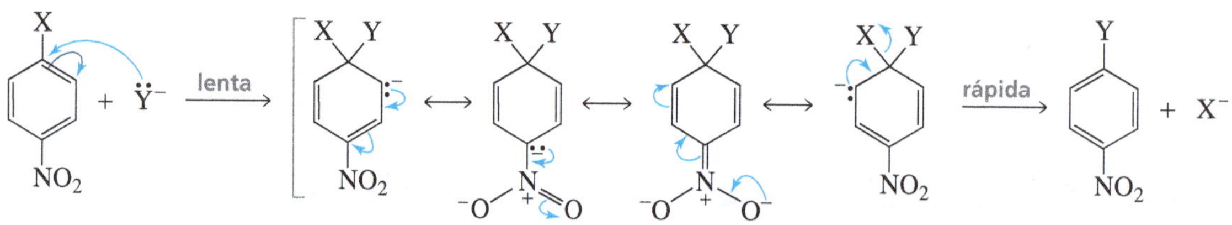

Em uma reação de substituição nucleofílica em aromáticos, o nucleófilo que entra deve ser uma base mais forte do que o substituinte que está sendo deslocado, uma vez que a mais fraca das duas bases será eliminada a partir do intermediário.

O substituinte retirador de elétrons deve estar em *orto* ou *para* em relação ao sítio de ataque nucleofílico, uma vez que os elétrons do nucleófilo atacante podem ser deslocalizados em direção ao substituinte somente se o substituinte estiver em uma daquelas posições.

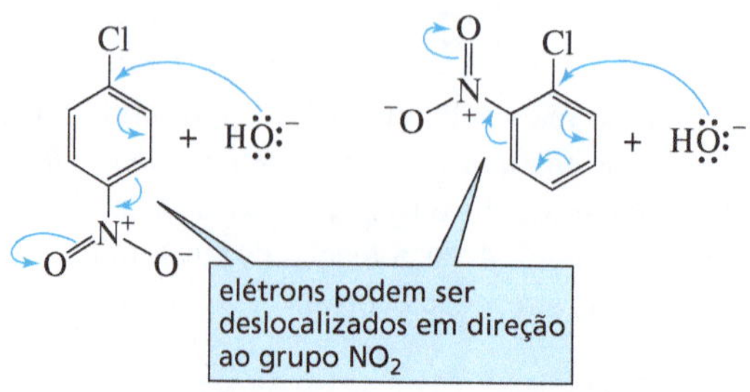

Uma variedade de substituintes pode ser adicionada em um anel benzênico por meio de reações de substituição nucleofílica em aromáticos. A única condição é que o grupo de entrada seja uma base mais forte do que o grupo que está sendo substituído.

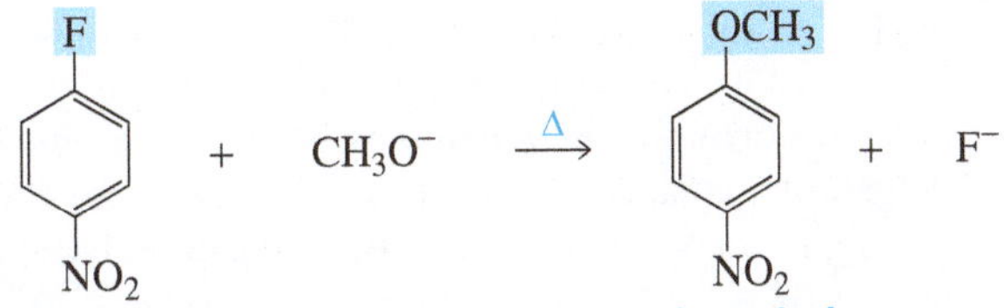

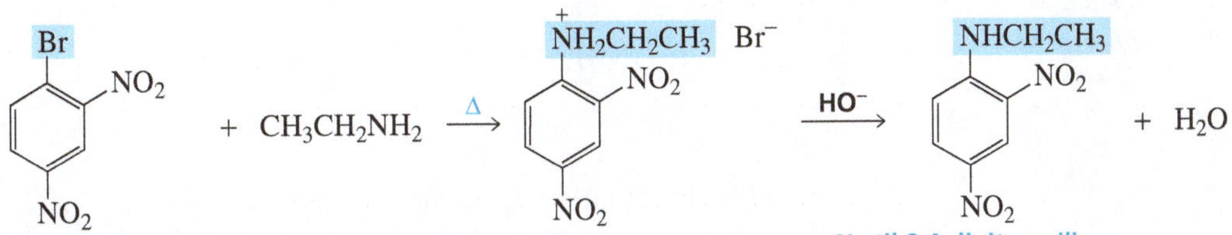

PROBLEMA 28

Desenhe as formas de ressonância para o carbânion que seriam formadas se o *meta*-cloro-nitrobenzeno pudesse reagir com o hidróxido. Por que não reage?

PROBLEMA 29◆

a. Liste as seguintes substâncias em ordem de reatividade decrescente perante a substituição nucleofílica em aromáticos:

clorobenzeno 1-cloro-2,4-dinitrobenzeno *p*-cloro-nitrobenzeno

b. Liste as mesmas substâncias em ordem de reatividade decrescente perante a substituição eletrofílica em aromáticos.

PROBLEMA 30

Mostre como cada uma das seguintes substâncias poderia ser sintetizada a partir do benzeno:

a. *o*-nitrofenol b. *p*-nitroanilina c. *p*-bromoanisol

16.14 Benzino

Um haleto de arila como o clorobenzeno pode sofrer uma reação de substituição nucleofílica na presença de uma base muito forte como $^-NH_2$. Há duas características surpreendentes acerca dessa reação: o haleto de arila não precisa possuir um grupo retirador de elétrons, e o substituinte que entra nem sempre se liga ao carbono que continha o grupo de saída. Por exemplo, quando o clorobenzeno — com o carbono ao qual o cloro está ligado, isotopicamente marcado com ^{14}C — é tratado com o íon amida em amônia líquida, a anilina é obtida como produto. Metade do produto tem o grupo amino ligado ao carbono isotopicamente marcado (assinalado com o asterisco) como esperado, mas a outra metade tem o grupo amino ligado ao carbono adjacente ao carbono marcado.

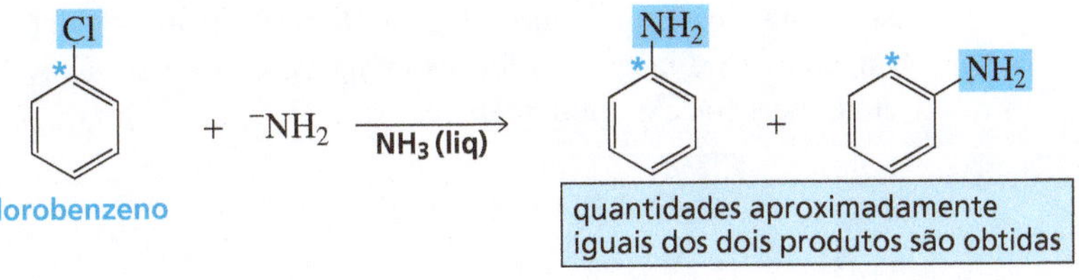

Martin D. Kamen (1913–2002) *nasceu em Toronto. Foi o primeiro a isolar* ^{14}C*, que imediatamente se tornou o mais útil de todos os isótopos na pesquisa química e bioquímica. Formou-se em ciências e obteve seu PhD pela Universidade de Chicago. Tornou-se cidadão norte-americano em 1938. Foi professor na Universidade da Califórnia, Berkeley; na Universidade de Washington, St. Louis; e na Universidade de Brandeis. Foi um dos professores fundadores da Universidade da Califórnia, em San Diego. Nos últimos anos, tornou-se membro da faculdade na Universidade do Sul da Califórnia. Recebeu a medalha Fermi em 1996.*

A experiência de marcação foi realizada por **John D. Roberts**, *nascido em Los Angeles, em 1918. Graduou-se e tornou-se PhD pela Universidade da Califórnia. Chegou ao Instituto de Tecnologia da Califórnia em 1952, como membro da Guggenheim, e leciona na instituição desde 1953.*

Estes são os únicos produtos formados. Não são formadas anilinas com o grupo amino localizado a uma distância de dois ou três carbonos do carbono marcado.

O fato de os dois produtos serem formados em quantidades aproximadamente iguais indica que a reação ocorre por um mecanismo que forma um intermediário no qual os dois carbonos, aos quais o grupo amina é ligado no produto, são equivalentes. O mecanismo que explica as observações experimentais envolve a formação de um **intermediário benzino**. O benzino tem uma ligação tripla entre dois átomos de carbono adjacentes do benzeno. Na primeira etapa do mecanismo, a base forte ($^-NH_2$) retira um próton da posição *orto* em relação ao halogênio. O ânion resultante expulsa o íon haleto, formando assim o benzino.

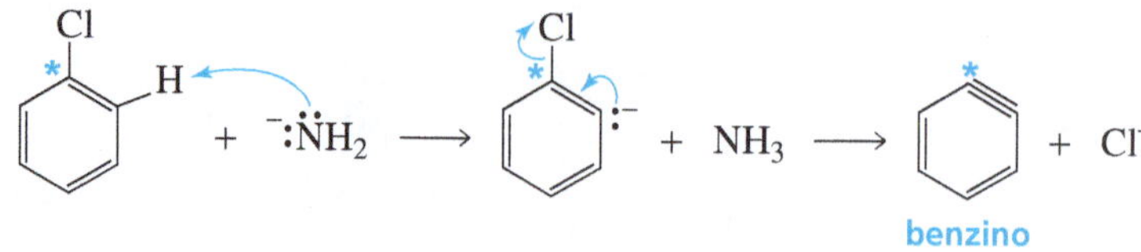

O nucleófilo de entrada pode atacar ambos os carbonos da 'ligação tripla' do benzino. A protonação do ânion resultante forma o produto de substituição. A reação global é uma reação de eliminação–adição: o benzino é formado em uma reação de eliminação e imediatamente sofre uma reação de adição.

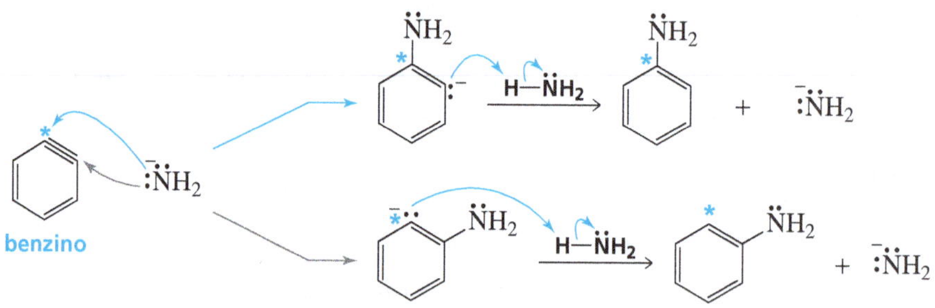

A substituição no carbono que estava ligado ao grupo de saída é denominada **substituição direta**. A substituição no carbono adjacente é denominada **substituição cine** (cine vem da palavra grega *kinesis*, que significa 'movimento'). Na seguinte reação, *o*-toluidina é o produto de substituição direta; *m*-toluidina é o produto de substituição cine.

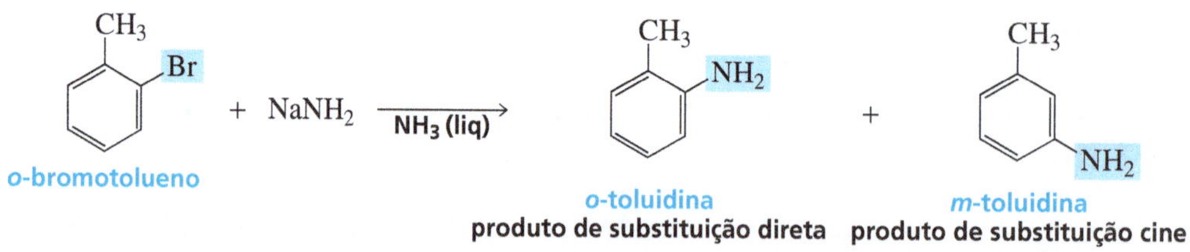

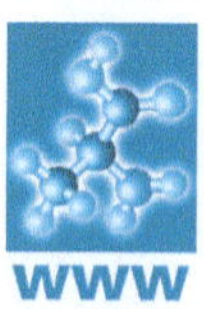

Molecule Gallery: Benzino

O benzino é uma espécie extremamente reativa. Na Seção 6.3, volume 1, vimos que, em uma molécula com uma ligação tripla, os dois carbonos hibridizados *sp* e os átomos ligados a esses carbonos (C—C≡C—C) são lineares, porque os ângulos de ligação são de 180°. Quatro átomos lineares não podem ser incorporados em um anel de seis membros, de modo que o sistema C—C≡C—C no benzino é distorcido: a ligação π original é inalterada, mas os orbitais sp^2 que formam a nova ligação não estão paralelos um ao outro (Figura 16.4). Portanto, eles não podem se sobrepor tão bem com os orbitais p que formam uma ligação π normal, resultando em uma ligação muito mais fraca e muito mais reativa.

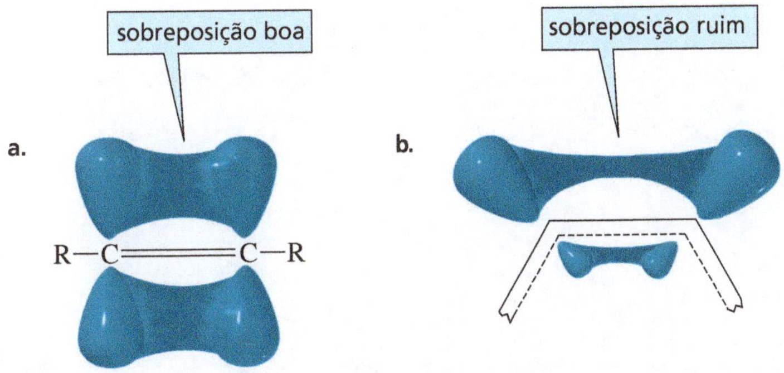

Figura 16.4 Ilustrações dos orbitais da ligação formada (a) pela sobreposição de orbitais *p* numa ligação tripla normal e (b) pela sobreposição de orbitais sp^2 numa ligação tripla distorcida no benzino.

Embora o benzino seja instável demais para ser isolado, uma evidência de que ele é formado pode ser obtida em uma experiência de captura. Quando o furano é adicionado a uma reação que forma um intermediário benzino, o furano captura o intermediário benzino reagindo com ele por uma reação de Diels–Alder (Seção 8.8, volume 1). O produto de reação de Diels–Alder pode ser isolado.

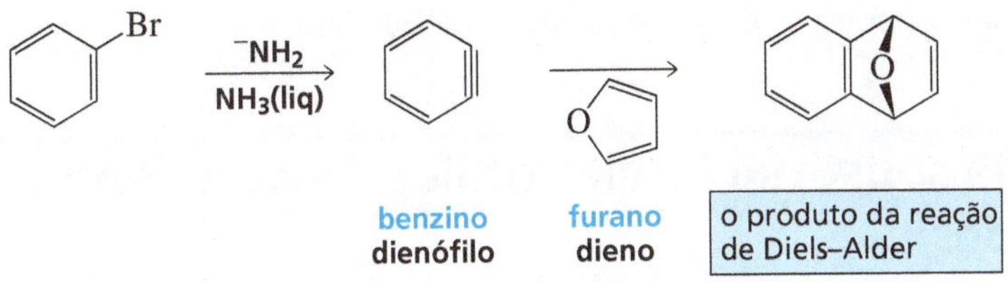

Uma síntese que emprega um intermediário benzino é um bom modo de se preparar aril-éteres *meta*-aminossubstituídos (ver Problema 16.31). O íon amida ataca preferencialmente a posição *meta* porque há menos impedimento estérico nessa posição e a carga negativa resultante pode ser estabilizada pelo átomo de oxigênio adjacente retirador de elétrons.

PROBLEMA 31

Mostre como o *meta*-aminoanisol poderia ser preparado, a partir do benzeno, por uma síntese que

a. envolve um intermediário benzino

b. não envolve um intermediário benzino

PROBLEMA 32

Dê os produtos que seriam obtidos a partir da reação das seguintes substâncias com a amida de sódio em amônia líquida:

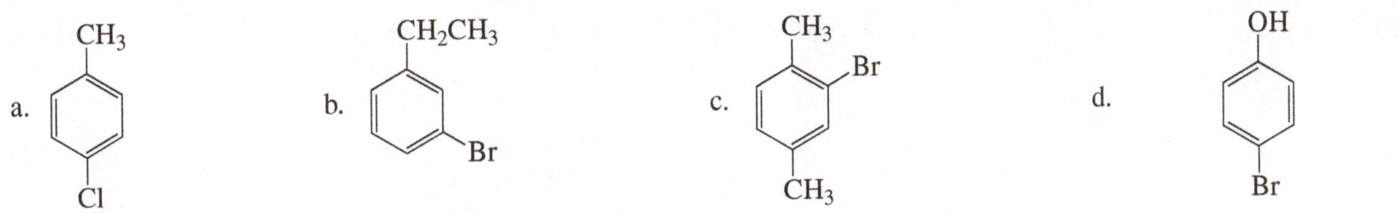

16.15 Hidrocarbonetos policíclicos benzenoídicos

Hidrocarbonetos policíclicos benzenoídicos são substâncias que contêm dois ou mais anéis benzênicos fundidos. **Anéis fundidos** compartilham dois carbonos adjacentes — o naftaleno tem dois anéis fundidos; o antraceno e o fenantreno têm três anéis fundidos; o tetraceno, trifenileno, pireno e criseno têm quatro anéis fundidos. Há muitos hidrocarbonetos policíclicos benzenoídicos com mais de quatro anéis fundidos.

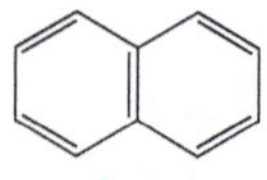
naftaleno

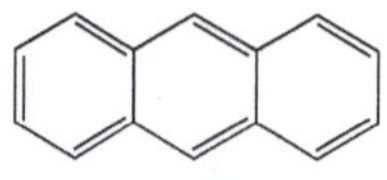
antraceno

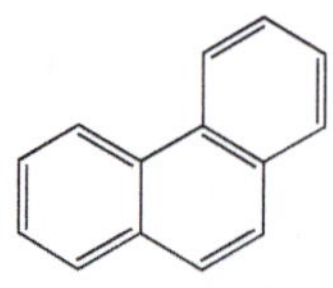
fenantreno

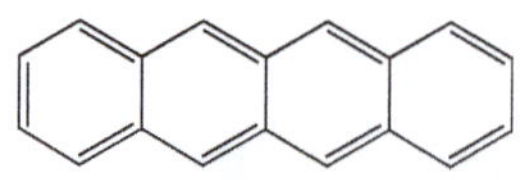
tetraceno

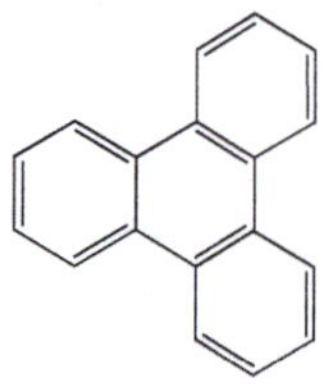
trifenileno

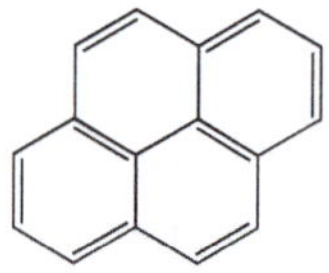
pireno

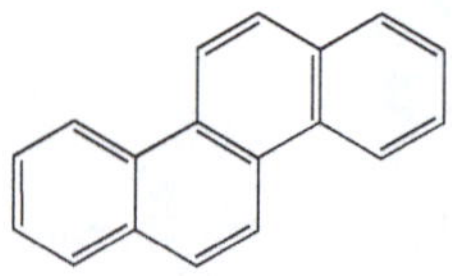
criseno

Como o benzeno, todos os maiores hidrocarbonetos policíclicos benzenoídicos sofrem reações de substituição eletrofílicas. Algumas dessas substâncias são agentes cancerígenos bem conhecidos. Na Seção 12.8, volume 1, foi discutido quais as reações químicas cancerígenas e como é possível conhecê-las.

16.16 Reações de substituição eletrofílica do naftaleno e de naftalenos substituídos

Como o benzeno, o naftaleno é um hidrocarboneto aromático. O naftaleno tem três estruturas de ressonância contribuintes.

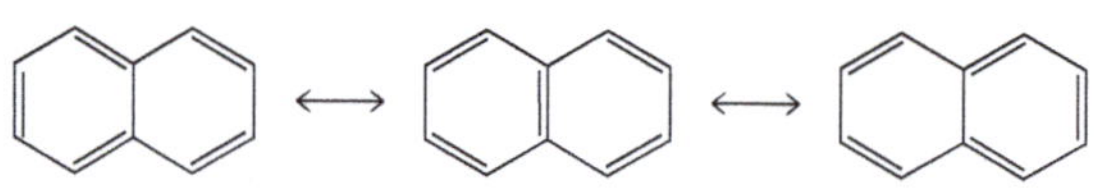
contribuintes de ressonância do naftaleno

Do mesmo modo que o benzeno, o naftaleno sofre reações de substituição eletrofílica em aromáticos. A substituição ocorre preferencialmente na posição 1. Na nomenclatura vulgar, a posição 1 é denominada posição α e a posição 2 é denominada posição β.

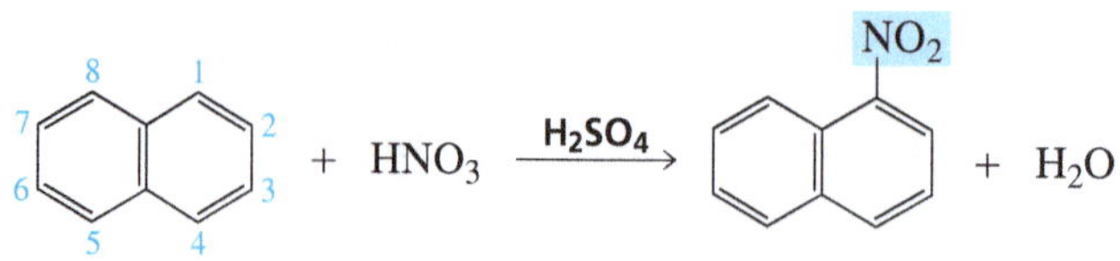

1-nitronaftaleno
α-nitronaftaleno

Molecule Gallery: Naftaleno
WWW

O naftaleno é mais reativo do que o benzeno perante a substituição eletrofílica porque o carbocátion intermediário é mais estável e, portanto, mais fácil de se formar do que o carbocátion intermediário análogo formado a partir do benzeno. Em virtude da maior reatividade do naftaleno, não é necessário um ácido de Lewis para a bromação ou cloração.

1-bromonaftaleno

PROBLEMA 33

Use as formas de ressonância do naftaleno para prever se todas as ligações carbono–carbono têm o mesmo comprimento, como no benzeno.

PROBLEMA 34

Desenhe as formas de ressonância para os intermediários carbocátions obtidos a partir da substituição eletrofílica em aromáticos na posição 1 e na posição 2 do naftaleno. Use as formas de ressonância para explicar por que a substituição na posição 1 é preferencial.

A sulfonação do naftaleno nem sempre leva à substituição na posição 1. Se a reação é realizada sob condições que a tornem irreversível (80 ºC), a substituição ocorre na posição 1.

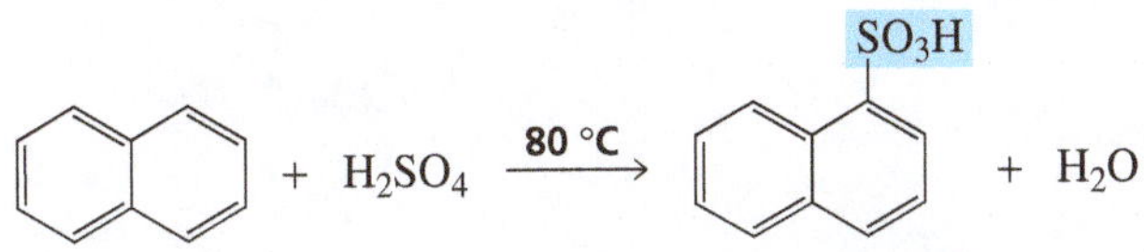

ácido naftaleno-1-sulfônico

No entanto, se a reação é realizada sob condições que a tornem reversível (160 ºC), a substituição ocorre predominantemente na posição 2.

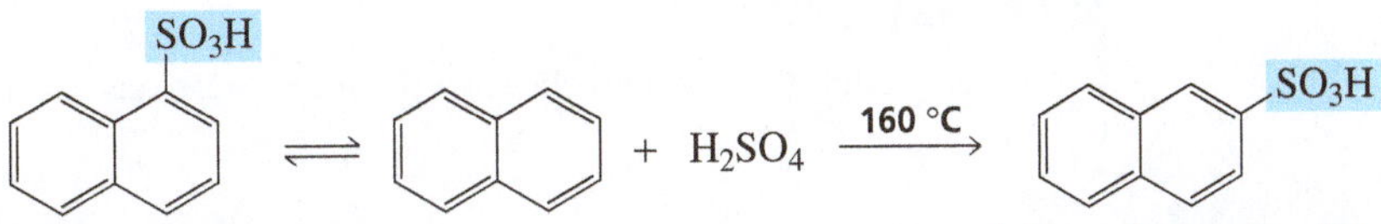

ácido naftaleno-1-sulfônico
produto cinético

ácido naftaleno-2-sulfônico
produto termodinâmico

Este é um outro exemplo de uma reação na qual a composição do produto depende das condições usadas na experiência, tornando a reação irreversível (sob controle cinético) ou reversível (sob controle termodinâmico) (ver Seção 8.7, volume 1). O produto substituído na posição 1 é o produto cinético, porque é mais fácil de ser formado. É o produto predominante, portanto, quando a reação é realizada sob condições que a tornem irreversível (condições brandas de reação). O produto substituído na posição 2 é o produto termodinâmico, porque é mais estável. É o produto predominante quando a reação é realizada sob condições que a tornem reversível (temperaturas mais altas).

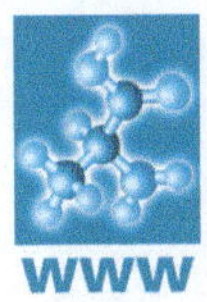

Molecule Gallery: Ácido naftaleno-1-sulfônico; ácido naftaleno-2-sulfônico

Naftalenos substituídos na posição 1 são mais fáceis de se formar; naftalenos substituídos na posição 2 são mais estáveis.

O produto substituído na posição 1 é mais fácil de se formar porque o carbocátion que leva à sua formação é mais estável. O produto substituído na posição 2 é mais estável porque há mais espaço na posição 2 para o grupo ácido sulfônico volumoso. No produto substituído na posição 1, o grupo ácido sulfônico está muito próximo do hidrogênio na posição 8.

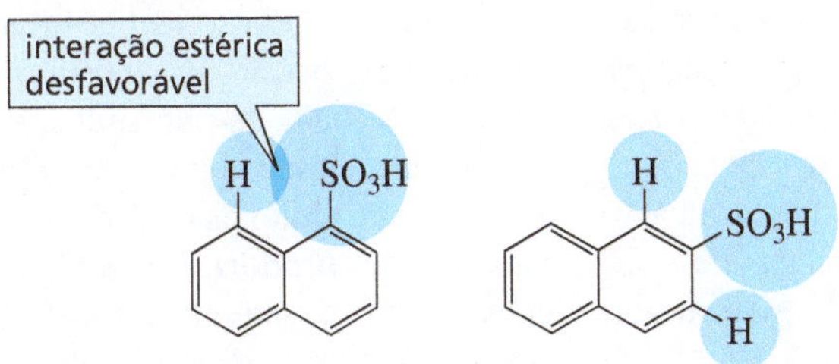

No caso de naftalenos substituídos, a natureza do substituinte determina qual anel sofrerá a substituição eletrofílica. Se o substituinte é desativante, o eletrófilo vai atacar na posição 1 do anel que não tem o substituinte desativante, uma vez que esse anel é mais reativo do que o anel que contém o substituinte desativante.

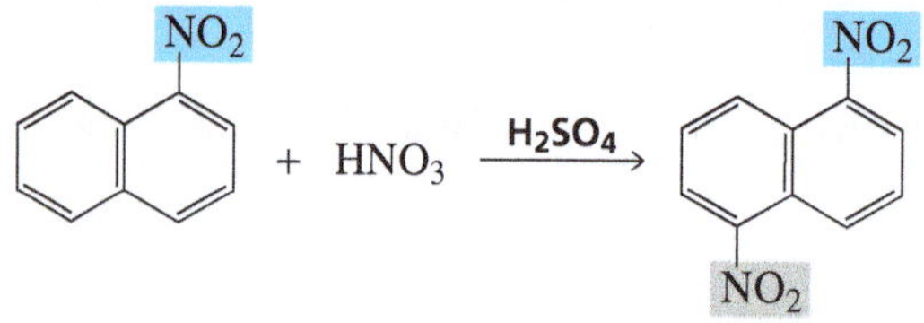

Se o substituinte é ativante, o eletrófilo vai atacar o anel que contém o substituinte. O eletrófilo que entra será dirigido à posição 1, que é *orto* ou *para* em relação ao substituinte, uma vez que todos os substituintes ativantes são orientadores *orto–para* (Seção 16.4).

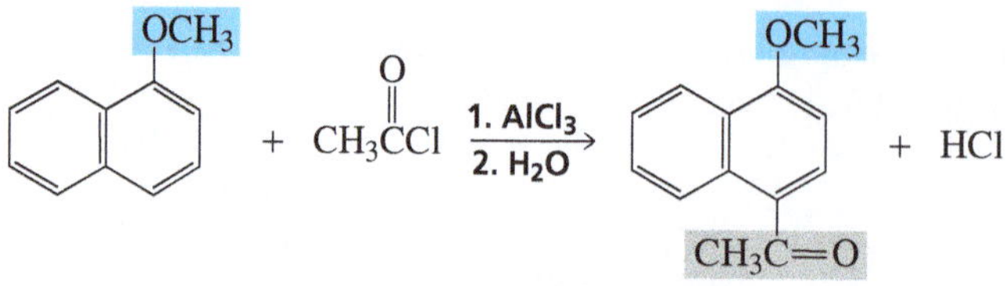

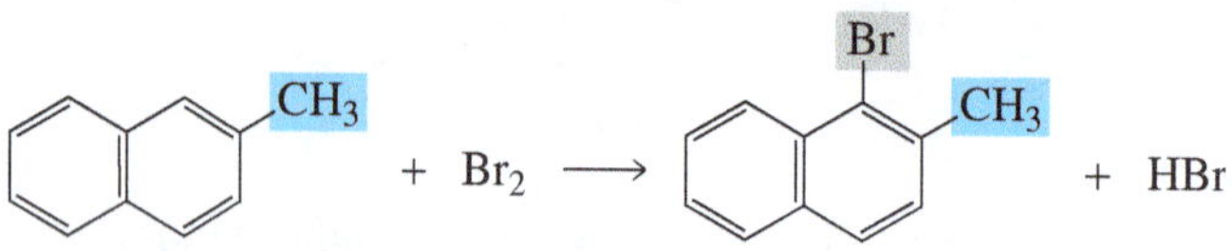

Tutorial Gallery:
Termos para as reações de benzenos substituídos
WWW

PROBLEMA 35

Dê os produtos que seriam obtidos a partir da reação das seguintes substâncias com Cl_2:

a. 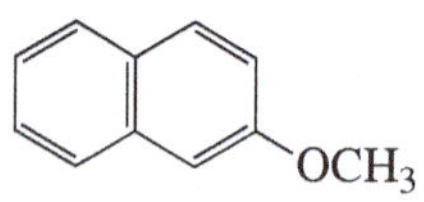

c. 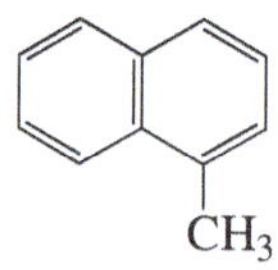

b. 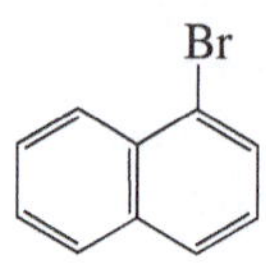

d. 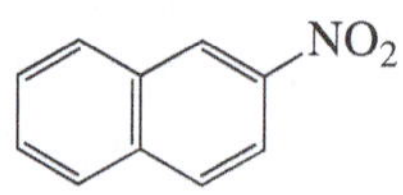

Resumo

Anéis benzênicos com substituintes, que não sejam alquila, acila, ácido sulfônico, halo e nitro, podem ser preparados inicialmente sintetizando-se um desses benzenos substituídos e modificando-se então quimicamente o substituinte. Os tipos de substituintes que podem ser colocados nos anéis benzênicos são ampliados, em grande parte, pelas reações de sais de arenodiazônio, reações de substituição nucleofílica em aromáticos e reações que envolvem um intermediário benzino. As posições relativas de dois substituintes em um anel benzênico são indicadas ou por números ou pelos prefixos *orto*, *meta* e *para*.

A natureza do substituinte afeta tanto a reatividade do anel benzênico quanto a posição de um substituinte que entra: a velocidade de substituição eletrofílica em aromáticos é aumentada por substituintes doadores de elétrons e diminuída por substituintes retiradores de elétrons. Os substituintes podem doar ou retirar elétrons **indutivamente** ou por **ressonância**.

A estabilidade do carbocátion intermediário determina em qual posição um substituinte dirige um eletrófilo que entra. Todos os substituintes ativantes e halogênios fracamente desativantes são **orientadores *orto–para***. Todos os substituintes mais desativantes do que os halogênios são **orientadores *meta***. Orientadores *orto–para* — com exceção de alquila, arila e CH═CHR — têm um par isolado no átomo ligado ao anel; orientadores *meta* têm uma carga positiva ou parcial positiva no átomo ligado ao anel. Substituintes orientadores *orto–para* formam preferencialmente o isômero *para* se o substituinte ou eletrófilo que entrar for grande.

Na síntese de benzenos dissubstituídos, a ordem na qual os substituintes são colocados no anel e o ponto, em uma seqüência reacional, no qual um substituinte é quimicamente modificado são considerações importantes. Quando um benzeno dissubstituído sofre uma reação de substituição eletrofílica em aromáticos, o efeito dirigente de ambos os substituintes precisa ser considerado.

Benzenos RO e HO substituídos são halogenados sem o ácido de Lewis. Anéis benzênicos com substituintes orientadores *meta* não podem sofrer reações de Friedel–Crafts. Anilina e anilinas *N*-substituídas não podem sofrer reações de Friedel–Crafts.

Anilina e anilinas substituídas reagem com o ácido nitroso formando **sais de arenodiazônio**. Um grupo diazônio pode ser deslocado por um nucleófilo. Íons arenodiazônios podem ser usados como eletrófilos com anéis benzênicos altamente ativados formando **azoderivados** que podem existir nas formas cis e trans. Aminas secundárias reagem com o ácido nitroso para formar **nitrosaminas**.

Um haleto de arila com um ou mais substituintes, em *orto* ou *para* em relação ao grupo de saída, que retiram elétrons por ressonância, sofre uma reação de **substituição nucleofílica em aromáticos** (S_NAr): o nucleófilo forma um intermediário carbânion estabilizado por ressonância e então o grupo de saída deixa o anel, restabelecendo a aromaticidade deste. O nucleófilo que entra deve ser uma base mais forte do que o substituinte que está sendo deslocado. Um substituinte que desative um anel benzênico perante a substituição eletrofílica ativa-o perante a substituição nucleofílica.

Na presença de uma base forte, um haleto de arila sofre uma reação de substituição nucleofílica através de um **intermediário benzino**. Depois que um haleto de hidrogênio é eliminado, o nucleófilo pode atacar ambos os carbonos da ligação tripla distorcida no benzino. **Substituição direta** é a substituição no carbono que está ligado ao grupo de saída; **substituição cine** é a substituição no carbono adjacente.

A habilidade de um substituinte de retirar elétrons do anel benzênico ou de doar elétrons ao anel benzênico está refletida nos valores de pK_a de fenóis substituídos, ácidos benzóicos e anilinas protonadas: a retirada de elétrons aumenta a acidez; a doação de elétrons diminui a acidez.

Hidrocarbonetos policíclicos benzenoídicos contêm dois ou mais anéis benzênicos fundidos. **Anéis fundidos** compartilham dois carbonos adjacentes. Hidrocarbonetos policíclicos benzenoídicos sofrem reações de substituição eletrofílica em aromáticos. O naftaleno sofre substituição irreversível predominantemente na posição 1 e substituição reversível predominantemente na posição 2. A natureza do substituinte determina qual anel, de um naftaleno substituído, sofre substituição eletrofílica.

Resumo das reações

1. Reações de substituintes no anel benzênico (Seção 16.2)

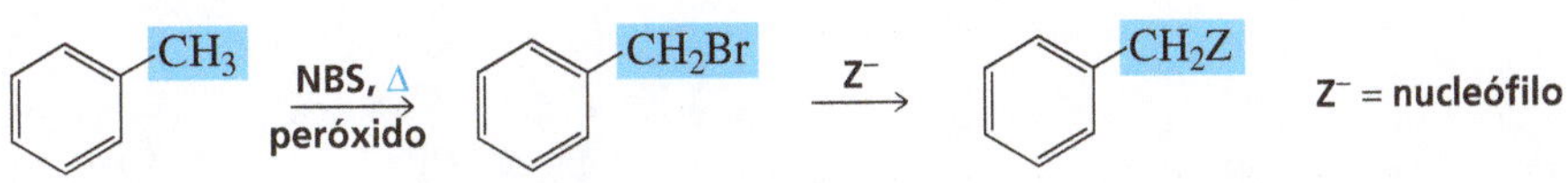

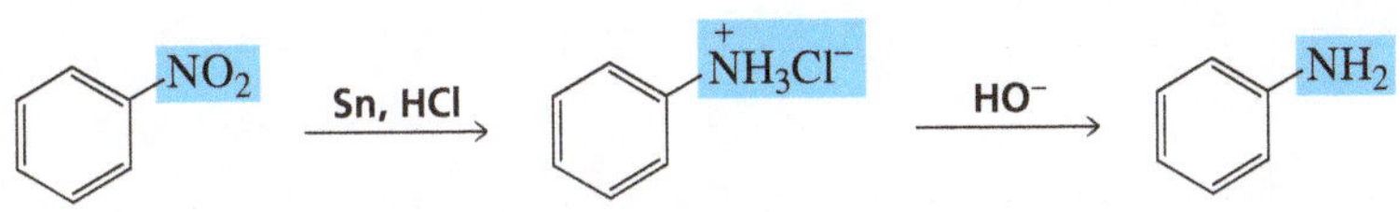

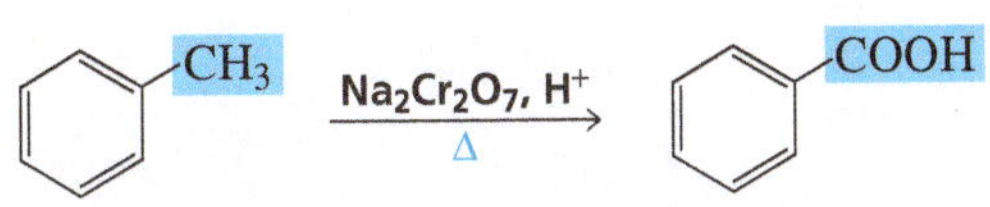

2. Reações de aminas com o ácido nitroso (Seção 16.12)

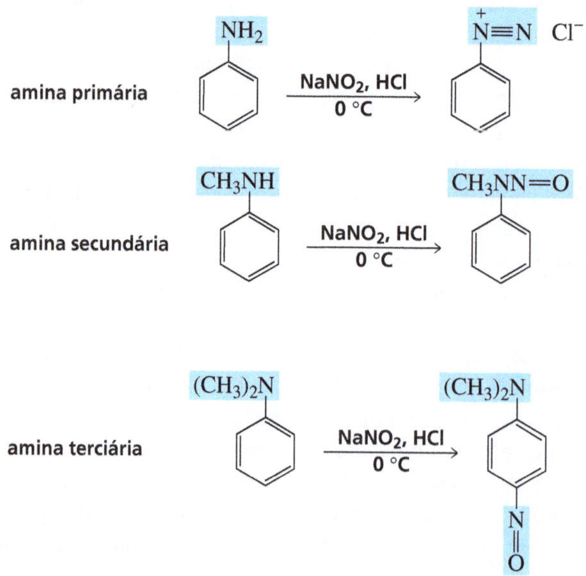

3. Substituição de um grupo diazônio (Seção 16.10)

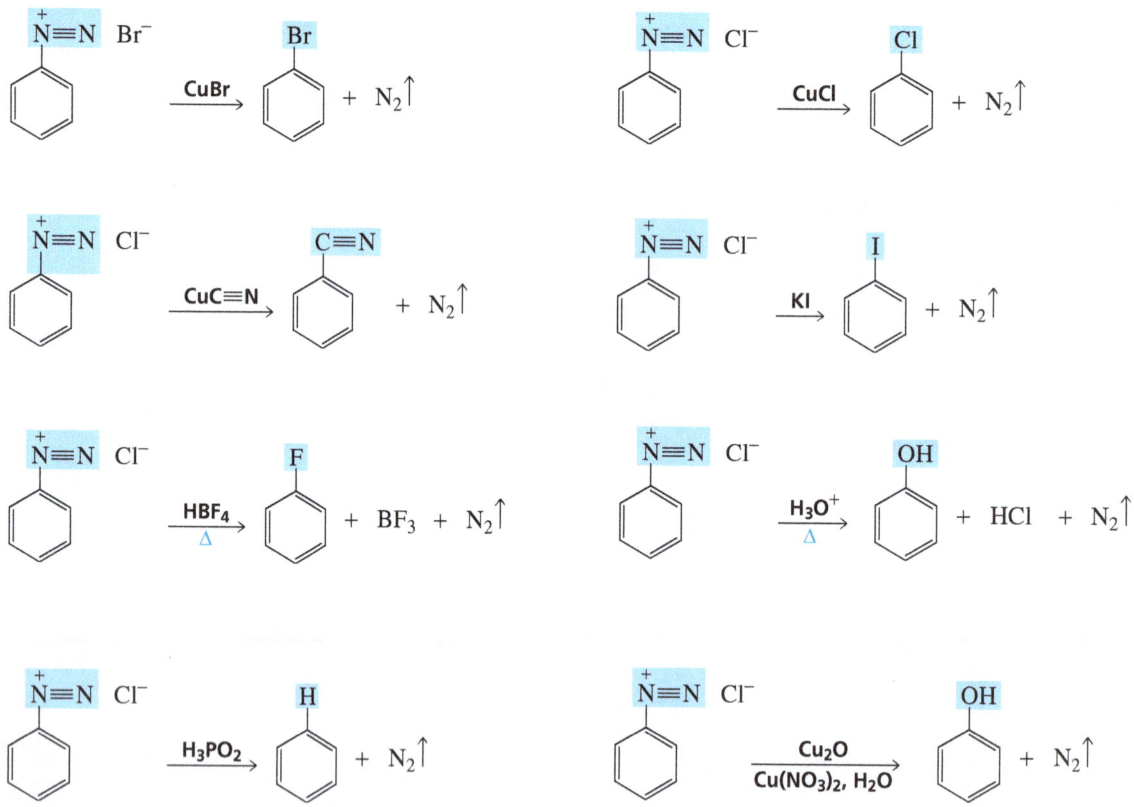

4. Formação de um azoderivado (Seção 16.11)

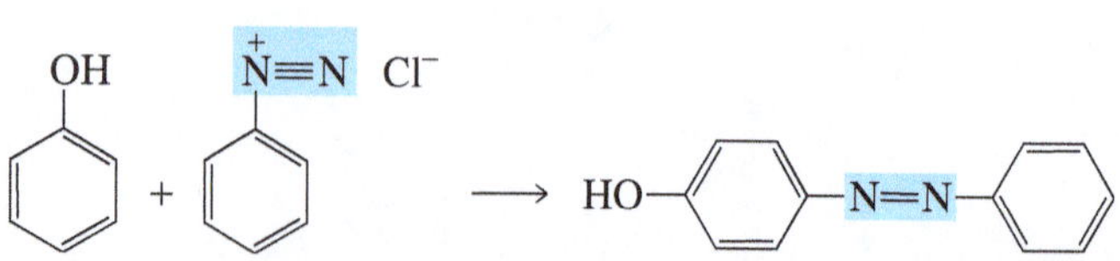

5. Reações de substituição nucleofílica em aromáticos (Seção 16.13)

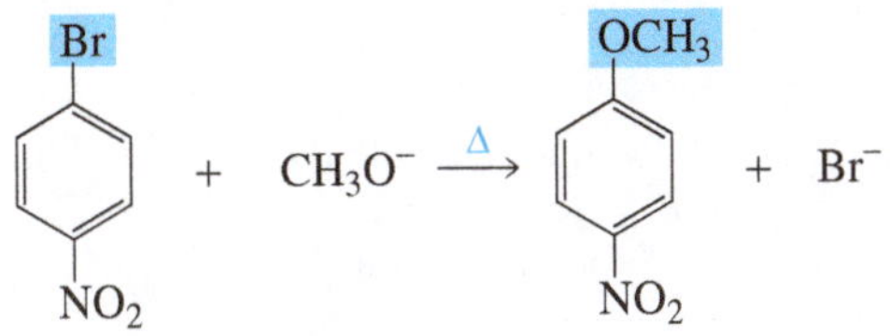

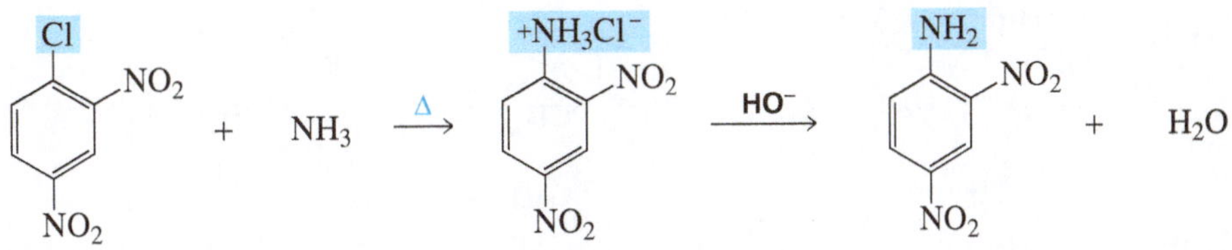

6. Substituição nucleofílica através de um intermediário benzino (Seção 16.14)

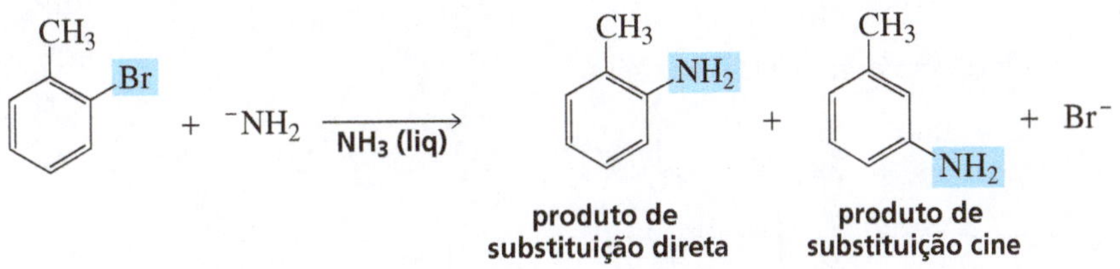

7. Reações de substituição eletrofílica em aromáticos de naftalenos (Seção 16.16)

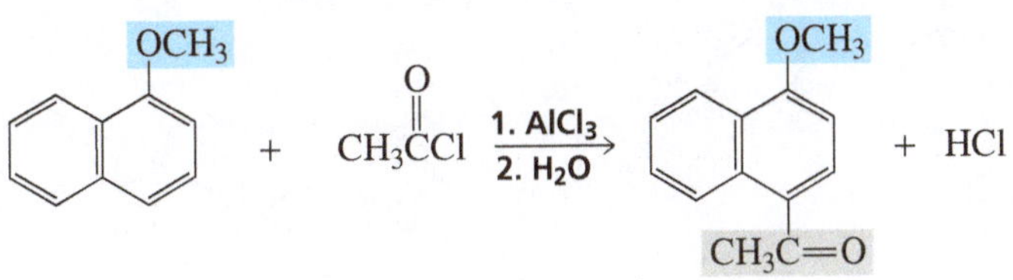

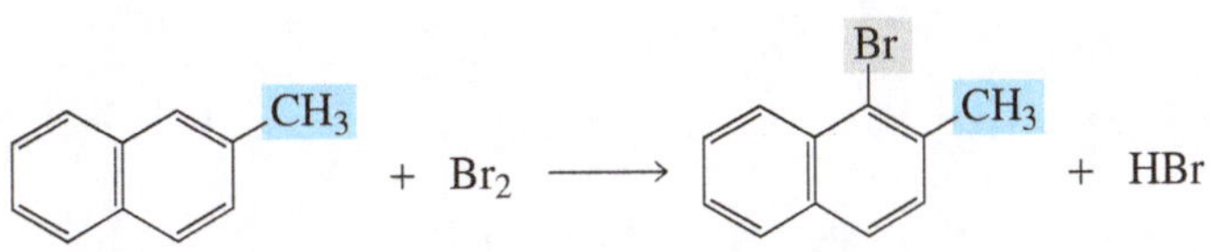

Palavras-chave

anéis fundidos (p. 65)
doação de elétrons por ressonância (p. 43)
doação de elétrons por ressonância (p. 43)
doação indutiva de elétrons (p. 39)
intermediário benzino (p. 64)
ligação azo (p. 58)
nitrosamina (p. 59)
orientador *meta* (p. 47)
orientador *orto–para* (p. 45)
reação de Sandmeyer (p. 55)
reação de Schiemann (p. 56)
reação S_NAr (p. 62)
retirada de elétrons por ressonância (p. 39)
retirada de elétrons por ressonância (p. 39)
retirada indutiva de elétrons (p. 39)
sal de arenodiazônio (p. 55)
substituição cine (p. 64)
substituição direta (p. 64)
substituinte ativante (p. 40)
substituinte desativante (p. 53)

Problemas

36. Desenhe a estrutura de cada uma das seguintes substâncias:
    a. *m*-etilfenol
    b. ácido *p*-nitrobenzenossulfônico
    c. (*E*)-2-fenil-2-penteno
    d. *o*-bromoanilina
    e. 2-cloroantraceno
    f. *m*-cloroestireno
    g. *o*-nitroanisol
    h. 2,4-diclorotolueno

37. Dê o nome das seguintes substâncias:

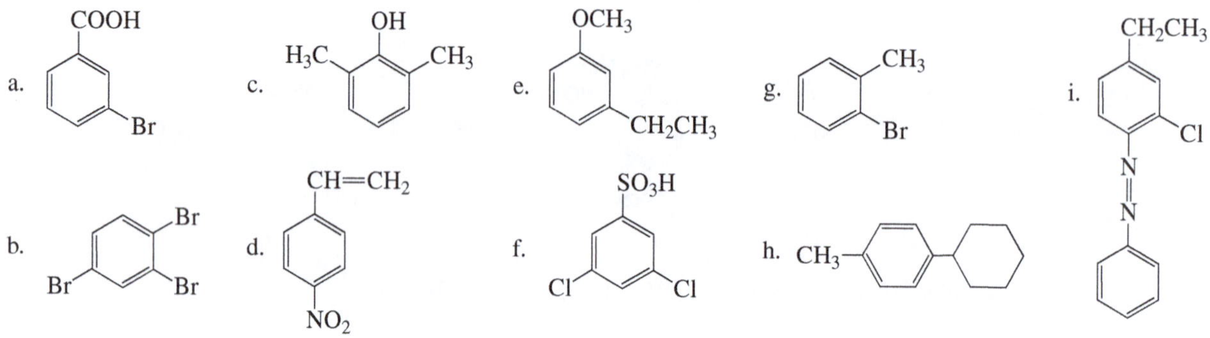

38. Preencha, próximo às setas, com os reagentes necessários:

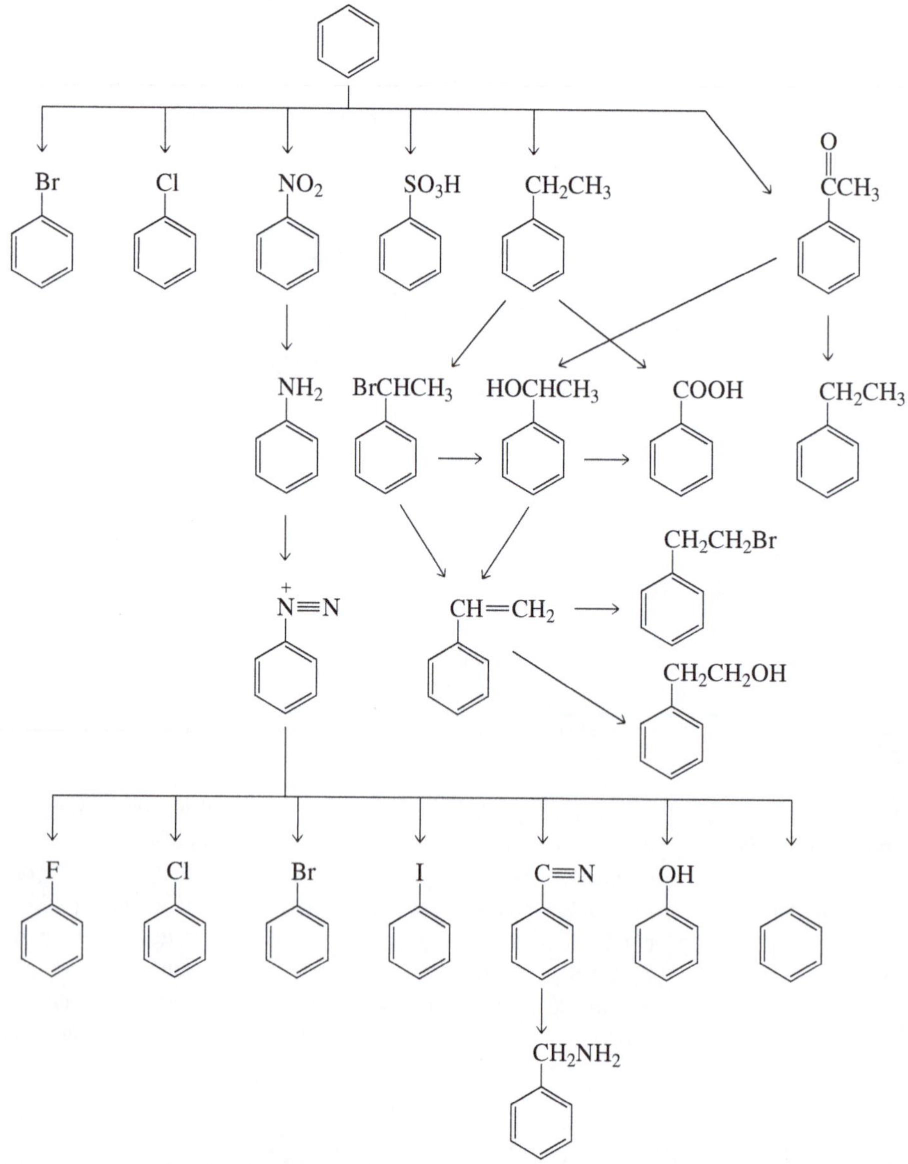

39. Os valores de pK_a de alguns ácidos benzóicos *orto*, *meta* e *para*-substituídos são mostrados aqui.

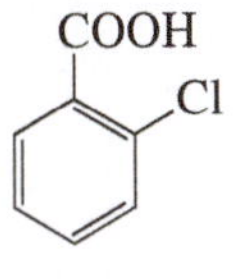
pK_a = 2,94

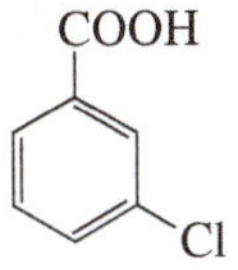
pK_a = 3,83

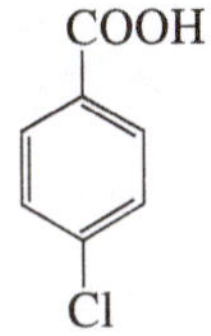
pK_a = 3,99

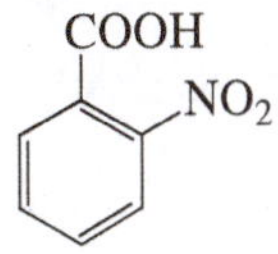
pK_a = 2,17

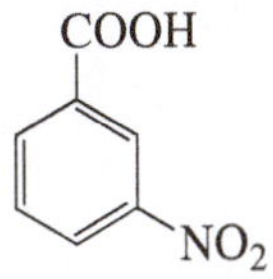
pK_a = 3,49

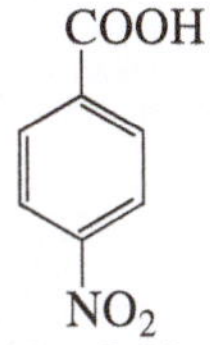
pK_a = 3,44

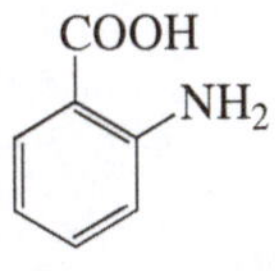
pK_a = 4,95

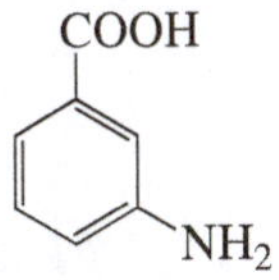
pK_a = 4,73

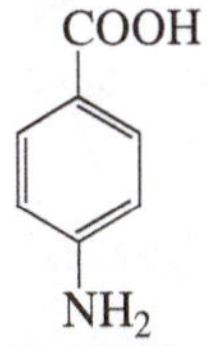
pK_a = 4,89

Os valores relativos de pK_a dependem do substituinte. Para ácidos benzóicos clorossubstituídos, o isômero *orto* é o mais ácido e o isômero *para* é o menos ácido. E para ácidos benzóicos aminossubstituídos, o isômero *meta* é o mais ácido e o isômero *orto* é o menos ácido. Explique esses valores de acidez relativa.

Cl: *orto* > *meta* > *para* NO_2: *orto* > *para* > *meta* NH_2: *meta* > *para* > *orto*

40. Dê o(s) produto(s) de cada uma das seguintes reações:

a. ácido benzóico + HNO_3/H_2SO_4
b. isopropilbenzeno + ciclo-hexeno + HF
c. naftaleno + cloreto de acetila + $AlCl_3$ seguido de H_2O
d. *o*-metilanilina + cloreto de benzenodiazônio
e. éter ciclo-hexilfenílico + $Br_2/FeBr_3$
f. fenol + H_2SO_4 + Δ
g. etilbenzeno + $Br_2/FeBr_3$
h. *m*-xileno + $Na_2Cr_2O_7$ + H^+ + Δ

41. Coloque os seguintes ânions em ordem decrescente de basicidade:

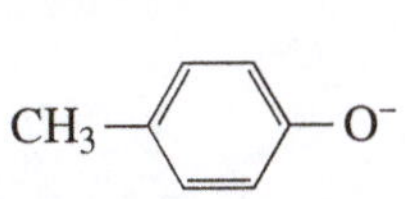
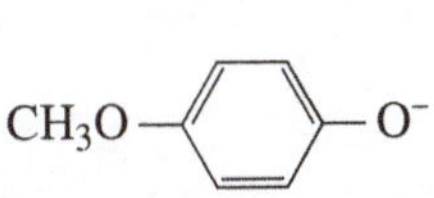
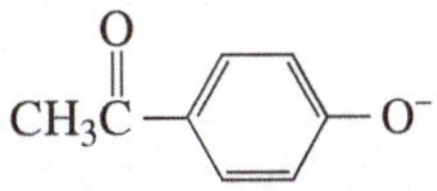
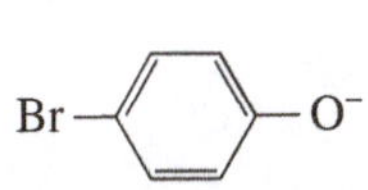

42. A substância com o seguinte espectro de RMN ^{1}H é conhecida por ser altamente reativa perante a substituição eletrofílica em aromáticos. Identifique a substância.

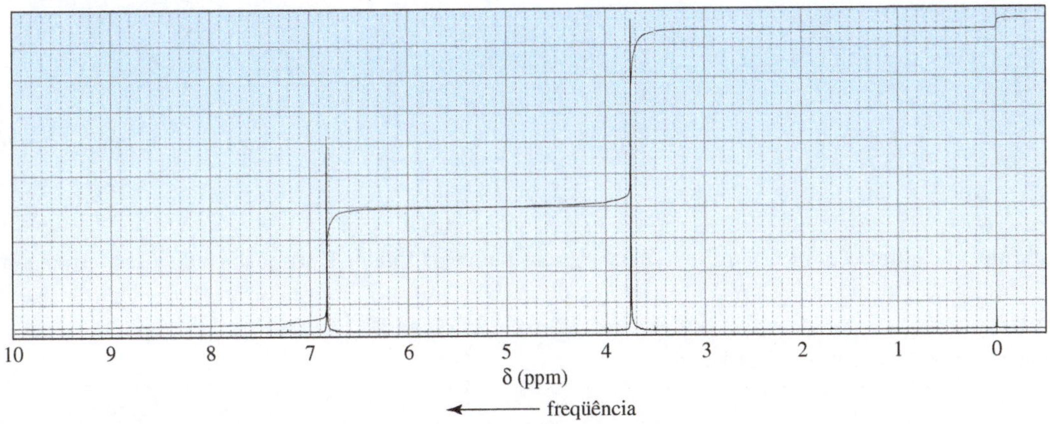

43. Mostre como as seguintes substâncias poderiam ser sintetizadas a partir do benzeno:

a. ácido *m*-clorobenzenossulfônico
b. *m*-cloroetilbenzeno
c. álcool benzílico
d. *m*-bromobenzonitrila
e. 1-fenilpentano
f. ácido *m*-hidroxibenzóico
g. ácido *m*-bromobenzóico
h. *p*-cresol

44. Para cada um dos grupos de benzenos substituídos, indique:

a. aquele que seria o mais reativo em uma reação de substituição eletrofílica em aromáticos
b. aquele que seria o menos reativo em uma reação de substituição eletrofílica em aromáticos

c. aquele que teria a mais alta porcentagem de rendimento de produto *meta*

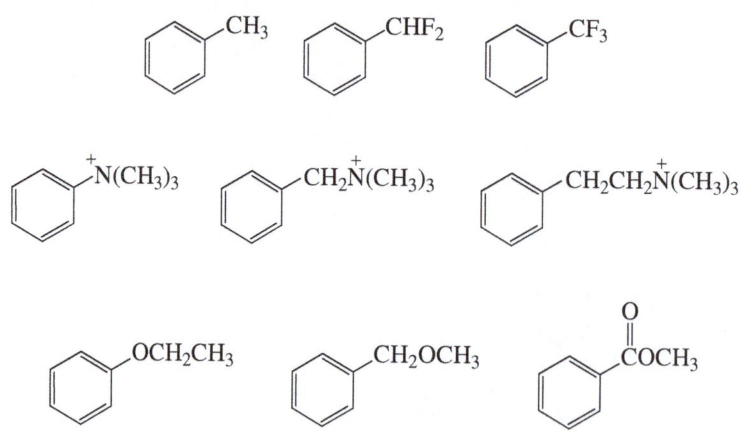

45. Coloque os seguintes grupos de substâncias em ordem decrescente de reatividade perante a substituição eletrofílica em aromáticos:

a. benzeno, etilbenzeno, clorobenzeno, nitrobenzeno, anisol
b. 1-cloro-2,4-dinitrobenzeno, 2,4-dinitrofenol, 2,4-dinitrotolueno
c. tolueno, *p*-cresol, benzeno, *p*-xileno
d. benzeno, ácido benzóico, fenol, propilbenzeno
e. *p*-nitrotolueno, 2-cloro-4-nitrotolueno, 2,4-dinitrotolueno, *p*-clorotolueno
f. bromobenzeno, clorobenzeno, fluorobenzeno, iodobenzeno

46. Dê os produtos das seguintes reações:

a. 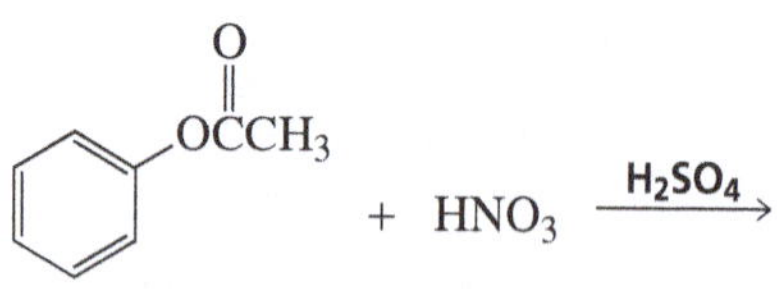

c. 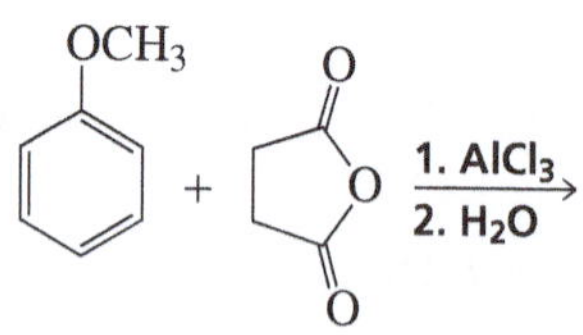

e. 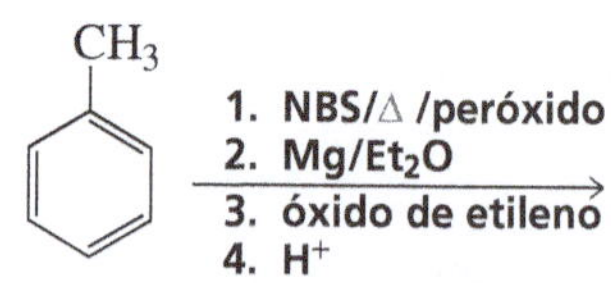

b. 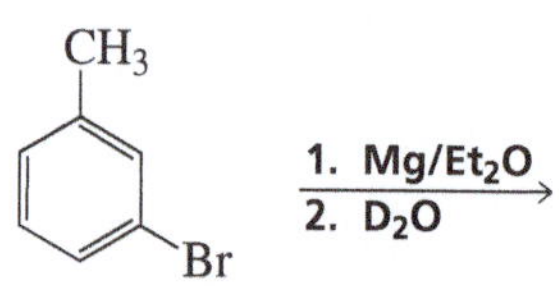

d. 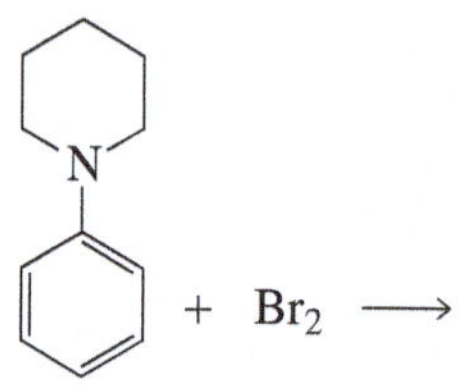

f. 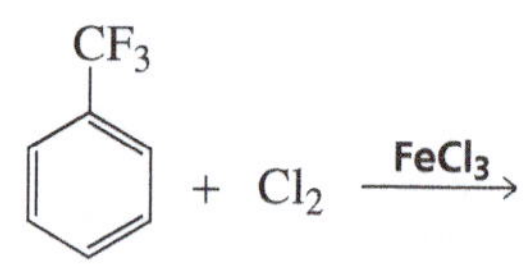

47. Para cada uma das afirmações na Coluna I, escolha um substituinte da Coluna II adequado à descrição para a substância à direita:

Coluna I

a. Z doa elétrons indutivamente, mas não doa ou retira elétrons por ressonância.
b. Z retira elétrons indutivamente e retira elétrons por ressonância.
c. Z desativa o anel e orienta *orto–para*.
d. Z retira elétrons indutivamente, doa elétrons por ressonância e ativa o anel.
e. Z retira elétrons indutivamente, mas não doa ou retira elétrons por ressonância.

Coluna II

OH
Br
$^{+}NH_3$
CH_2CH_3
NO_2

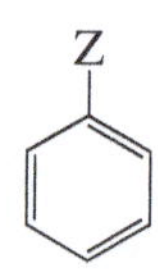

48. Para cada uma das seguintes substâncias, indique o carbono do anel que seria nitrado se a substância fosse tratada com HNO_3/H_2SO_4:

a. 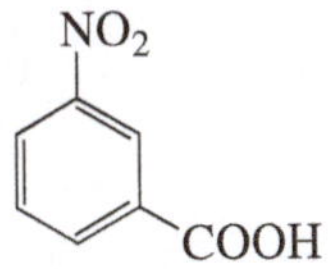
d. 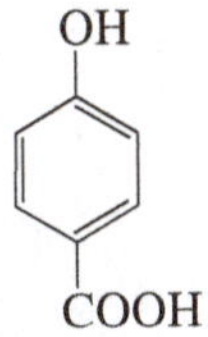
g. 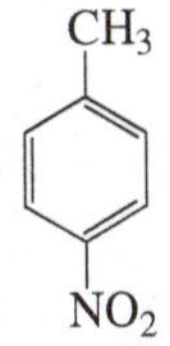
j. 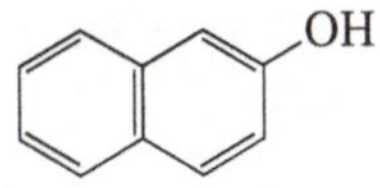

b. 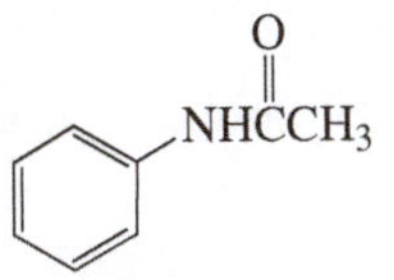
e. 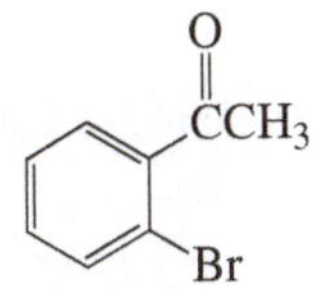
h. 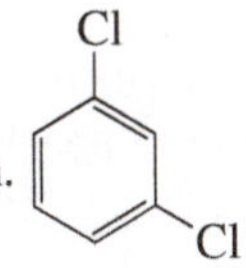
l. 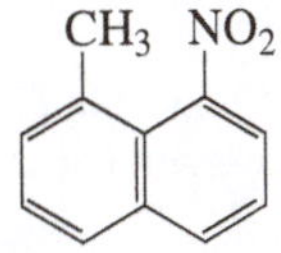

c. 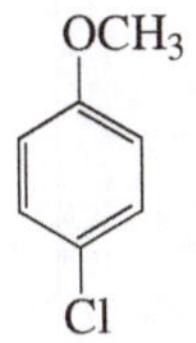
f. 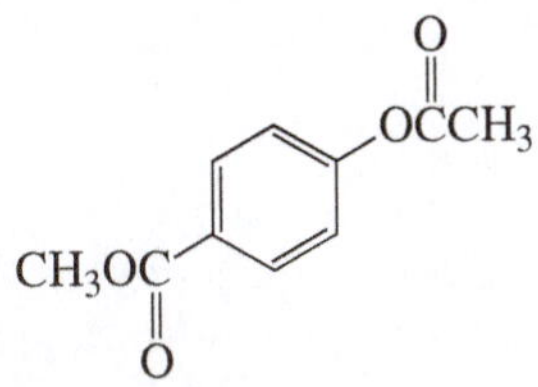
i. 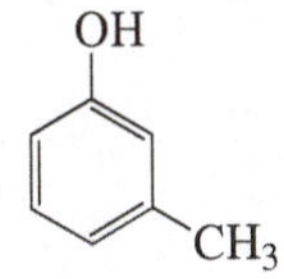
m. 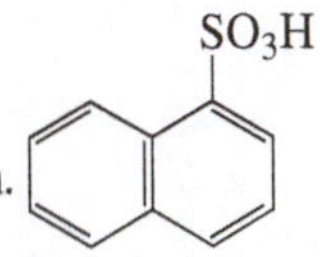

49. Mostre como as seguintes substâncias poderiam ser sintetizadas a partir do benzeno:

a. iodeto de *N,N,N*-trimetilanilínio
b. éter benzilmetílico
c. *p*-benzilclorobenzeno
d. 2-metil-4-nitrofenol
e. *p*-nitroanilina
f. *m*-bromoiodobenzeno
g. *p*-dideutério-benzeno
h. *p*-nitro-*N*-metilanilina

50. Qual das seguintes substâncias reagirá mais rapidamente com HBr?

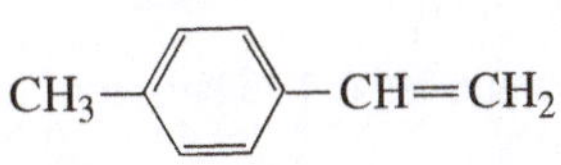 ou 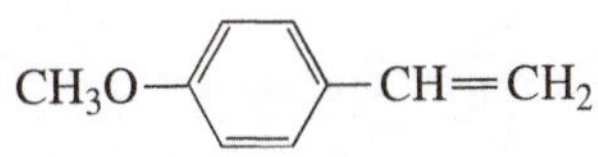

51. Dê o(s) produto(s) obtido(s) da reação de cada uma das seguintes substâncias com $Br_2/FeBr_3$:

a. 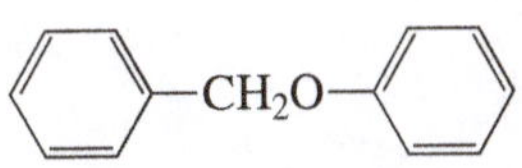
c. 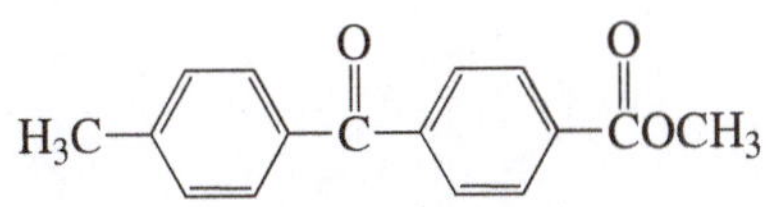
b. 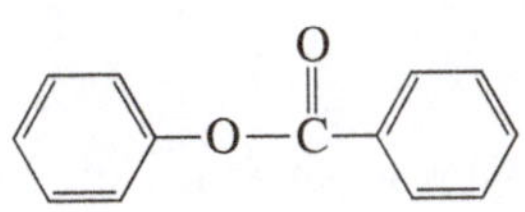
d. 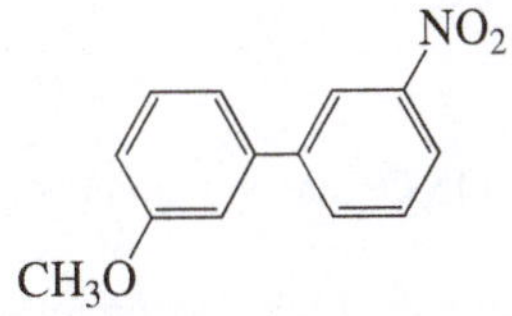

52. Qual reagiria mais rapidamente com $Cl_2 + FeCl_3$, *m*-xileno ou *p*-xileno? Explique.

53. Que produtos seriam obtidos da reação das seguintes substâncias com $Na_2Cr_2O_7 + H^+ + \Delta$?

a. 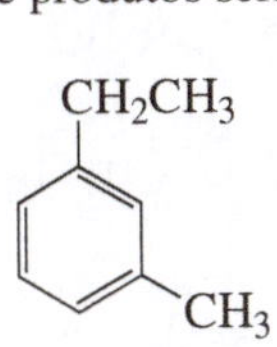
b. 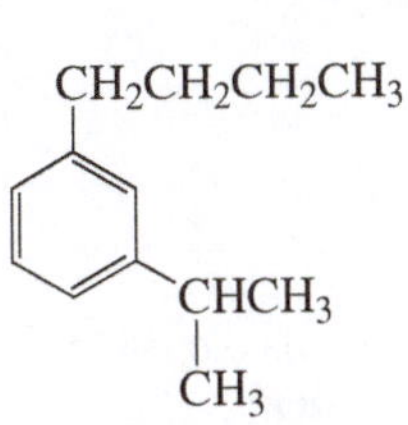
c. 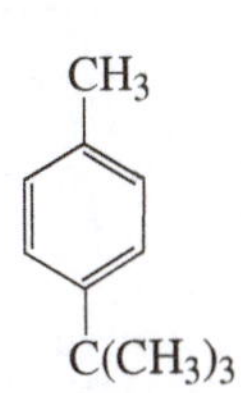

54. Um estudante preparou três benzaldeídos etilsubstituídos, mas se esqueceu de rotulá-los. O estudante da bancada ao lado disse que os benzaldeídos poderiam ser identificados pela bromação de uma amostra de cada e pela determinação de quantos produtos bromossubstituídos seriam formados. O conselho do colega está correto?

55. Explique, usando formas de ressonância para o carbocátion intermediário, por que um grupo fenila é um orientador *orto–para.*

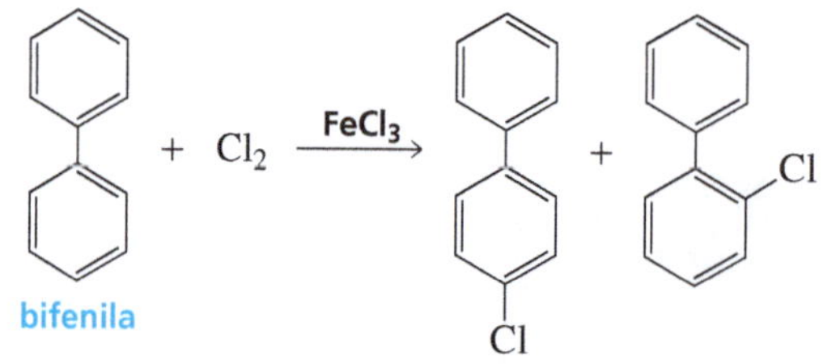

56. Quando aquecida com uma solução ácida de dicromato de sódio, a substância A forma o ácido benzóico. Identifique a substância A a partir de seu espectro de RMN ^1H.

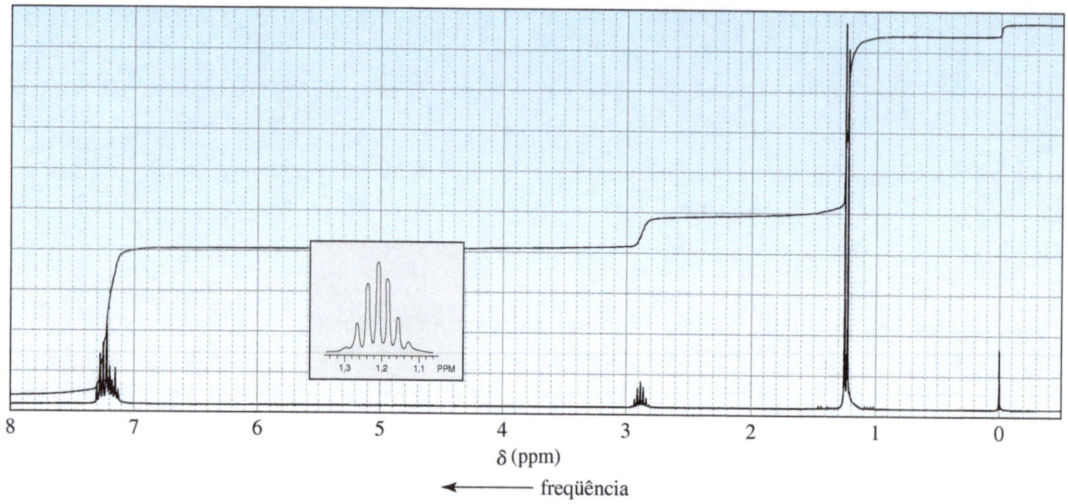

57. Descreva duas rotas sintéticas para a preparação de *p*-metoxianilina empregando o benzeno como material de partida.

58. Qual é o intermediário mais estável?

a. 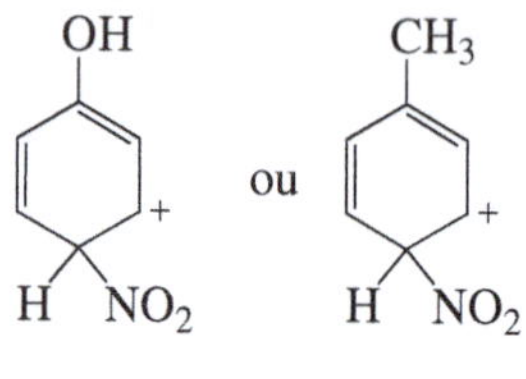

b. 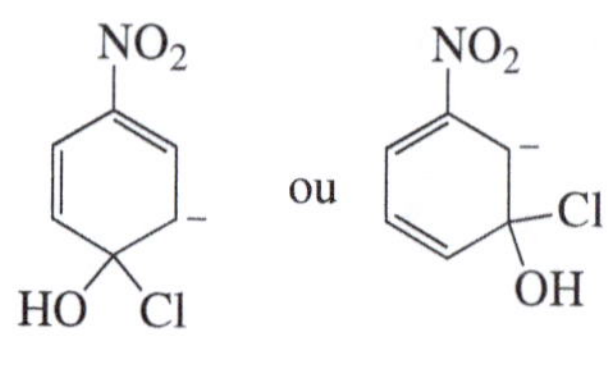

59. Se o fenol é colocado em D_2O, que contém uma pequena quantidade de D_2SO_4, que produtos seriam formados?

60. Mostre como as seguintes substâncias poderiam ser preparadas a partir do benzeno:

a. 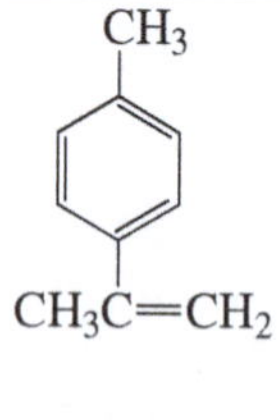

b. 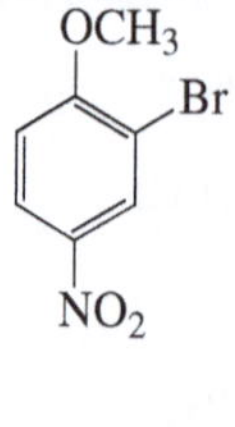

c. 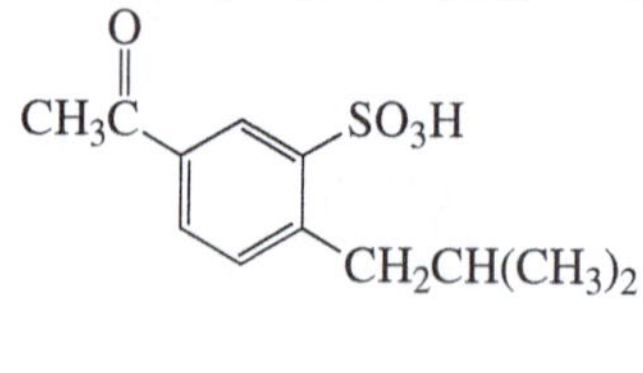

61. Uma substância desconhecida reage com o cloreto de etila e o tricloreto de alumínio formando uma substância que tem o seguinte espectro de RMN ^1H. Dê a estrutura da substância.

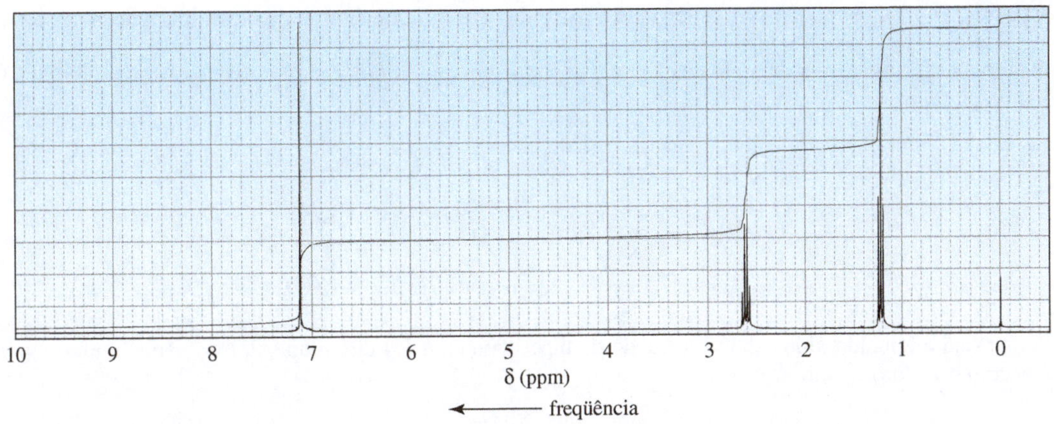

62. Como você poderia distinguir entre as seguintes substâncias, usando:
   a. seus espectros de infravermelho?
   b. seus espectros de RMN ^{1}H?

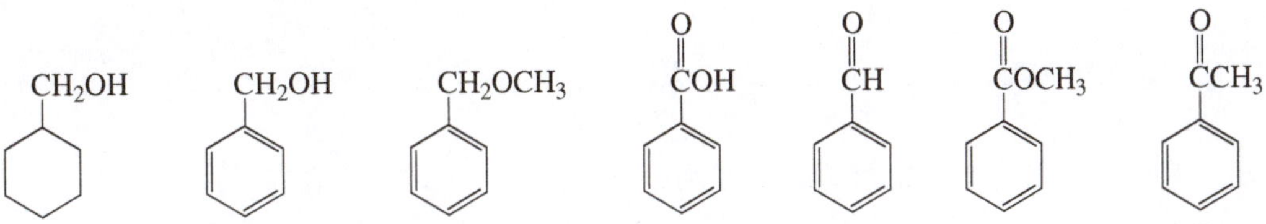

A B C D E F G

63. Os seguintes brometos de alquila terciários sofrem reação S_N1 em acetona aquosa formando os alcoóis terciários correspondentes. Liste os brometos de alquila em ordem decrescente de reatividade.

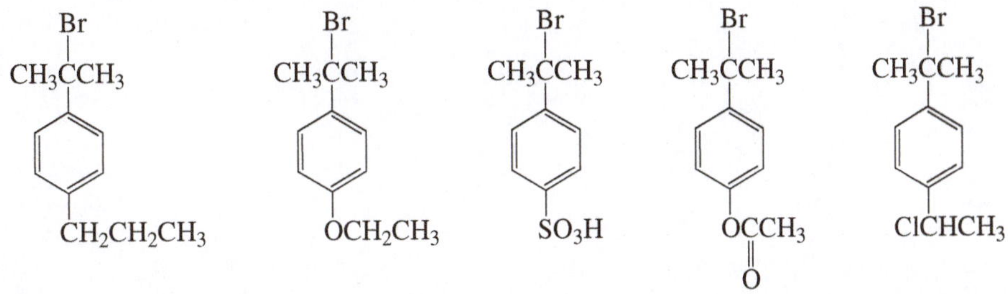

A B C D E

64. O *p*-fluoronitrobenzeno é mais reativo do que o *p*-cloronitrobenzeno perante o íon hidróxido. O que você diria acerca da etapa determinante da velocidade de uma substituição aromática nucleofílica?

65. a. Explique por que a seguinte reação leva aos produtos mostrados:

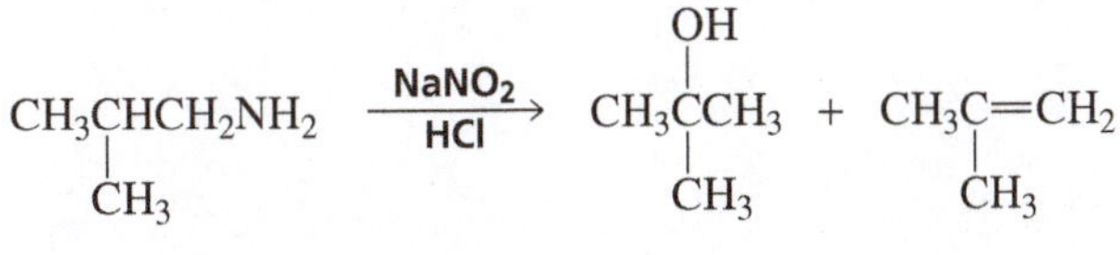

   b. Que produto seria obtido a partir da seguinte reação?

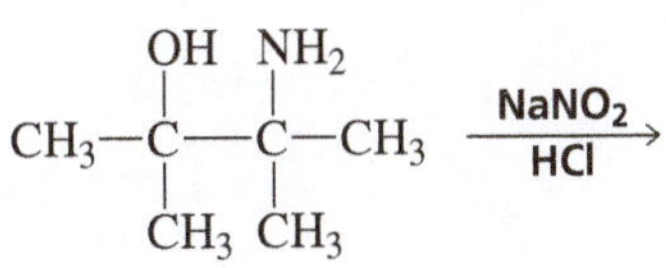

66. Descreva como a mescalina poderia ser sintetizada a partir do benzeno. A estrutura da mescalina é dada na p. 31.

67. Proponha um mecanismo para a seguinte reação, que explique por que a configuração do carbono assimétrico no reagente é mantida no produto:

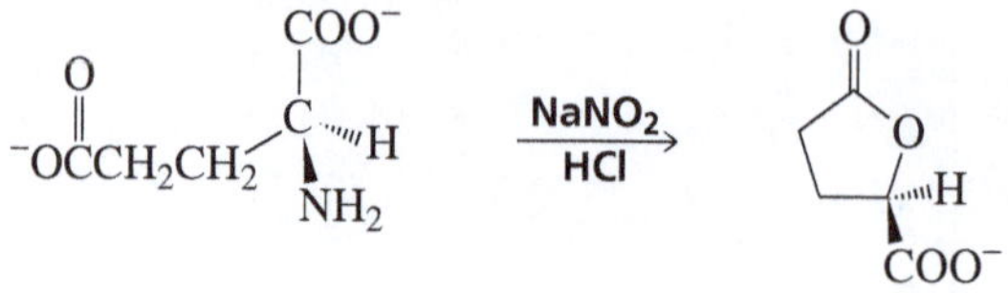

68. Explique por que o íon hidróxido catalisa a reação de piperidina com 2,4-dinitroanisol, mas não tem efeito na reação de piperidina com o 1-cloro-2,4-dinitrobenzeno.

piperidina

PARTE SEIS

Substâncias carboniladas e aminas

Os cinco capítulos da parte seis enfocam as reações de substâncias que contêm o grupo carbonila. As substâncias carboniladas podem pertencer a uma das duas classes: alquelas que contêm grupos que podem ser substituídos por outro grupo (classe I) e aquelas que não possuem grupos que possam ser substituídos por outro grupo (classe II).

A classe I das substâncias carboniladas sofre reações de substituição de grupos acila. Essas reações são discutidas no **Capítulo 17**, onde você verá que toda a classe I de substâncias carboniladas reage com nucleófilos da mesma maneira — eles formam um intermediário tetraédrico instável que se desfaz eliminando a base mais fraca. Assim, tudo o que você precisa saber para determinar o produto de reação — ou até mesmo se a reação ocorrerá — é a basicidade relativa dos grupos que se encontram no intermediário tetraédrico.

A primeira parte do **Capítulo 18** compara as substâncias carboniladas da classe I e da classe II, analisando suas reações com bons nucleófilos — carbonos nucleofílicos e íons hidreto. Você verá que enquanto as substâncias carbonílicas da Classe I sofrem substituição nucleofílica acílica com esses nucleófilos, as substâncias carboniladas da classe II sofrem reações de adição nucleofílica acílica. O capítulo vai discutir as reações das substâncias carboniladas da classe II com nucleófilos fracos — nitrogênio e oxigênio nucleofílicos. Você verá que as substâncias carboniladas da classe II sofrem reações de adição nucleofílica-eliminação com esses nucleófilos, formando intermediários tertraédricos instáveis que preferencialmente eliminam a base fraca. Em outras palavras, o que você aprenderá sobre a quebra dos intermediários tetraédricos formados pelas substâncias carboniladas da classe I será revisado com as substâncias carboniladas da classe II. As reações das substâncias carbonílicas α,β-insaturadas da classe I e da classe II também serão discutidas.

Muitas substâncias carboniladas possuem dois sítios de reatividade: o grupo carbonílico e o carbono α. Os capítulos 17 e 18 analisam as reações das substâncias carboniladas que ocorrem no grupo carbonila. O **Capítulo 19** examina as reações das substâncias carboniladas que ocorrem no carbono α.

Você conheceu uma variedade de reações de redox nos capítulos anteriores. O **Capítulo 20** apresenta mais reações redox. O **Capítulo 21** estende a discussão sobre aminas, já iniciada nos capítulos anteriores, e discute também a química das substâncias heterocíclicas.

17 Substâncias carboniladas I

Substituição nucleofílica acílica

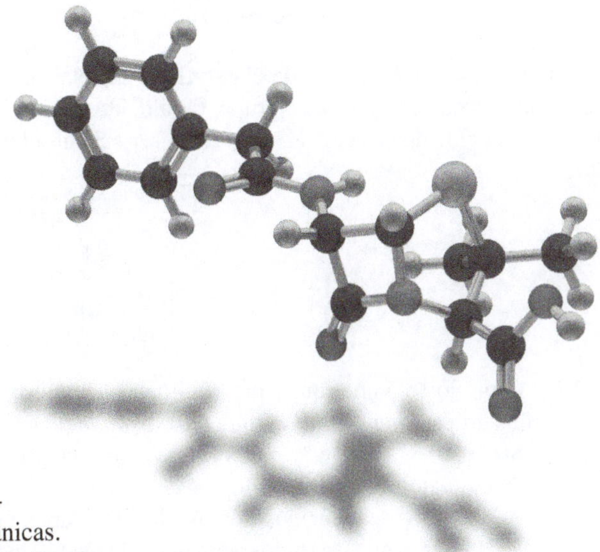

penicilina G

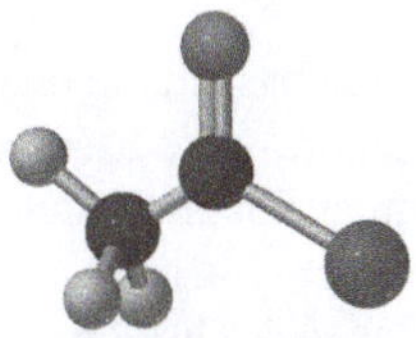

cloreto de acila

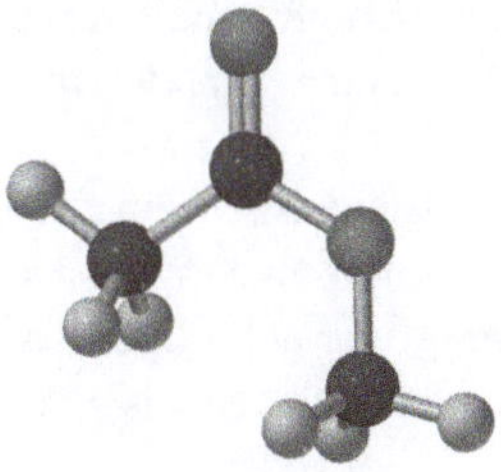

éster

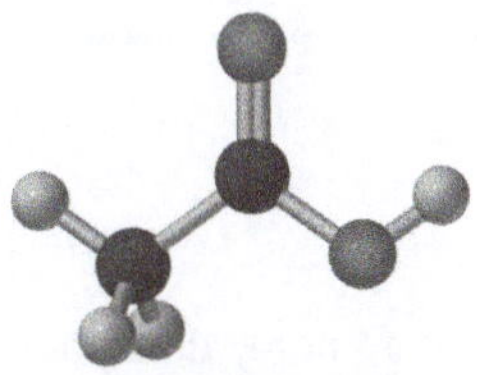

ácido carboxílico

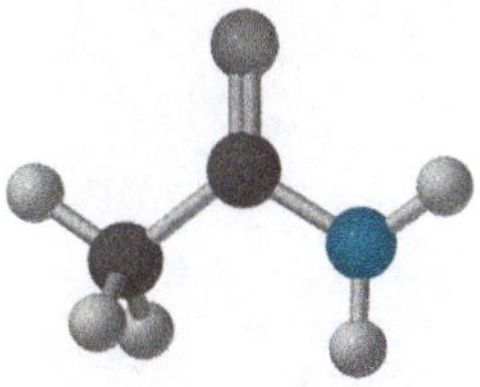

amida

O **grupo carbonila** — uma ligação dupla ligada ao oxigênio — é provavelmente o grupo funcional mais importante encontrado nas substâncias orgânicas. Substâncias que contêm o grupo carbonila — chamadas **substâncias carboniladas** — são abundantes na natureza. Muitas desempenham um importante papel nos processos biológicos. Hormônios, vitaminas, aminoácidos, drogas e flavonóides são apenas alguns exemplos de substâncias carboniladas que nos afetam diariamente. Um **grupo acila** consiste em um grupo carbonila ligado a um grupo alquila ou arila.

grupo carbonila

grupos acila

Os substituintes fortemente ligados ao grupo acila afetam a reatividade das substâncias carboniladas. Essas substâncias podem ser divididas em duas classes. As substâncias carboniladas da classe I são aquelas em que o grupo acila está ligado a um átomo ou grupo de átomos que *podem* ser substituídos por outro grupo. Os ácidos carboxílicos, haletos de acila, anidridos de ácido, ésteres e amidas fazem parte dessa classe. Todas essas substâncias contêm um grupo (—OH, —Cl, —Br, —O(CO)R, —OR, $—NH_2$, —NHR ou $—NR_2$) que pode ser substituído por um nucleófilo. Os haletos de acila, anidridos de ácido, ésteres e amidas são todos chamados **derivados de ácido carboxílico** porque diferem de um ácido carboxílico somente na natureza do grupo que substitui o grupo OH do ácido carboxílico.

substâncias com grupos que podem ser substituídos por um nucleófilo

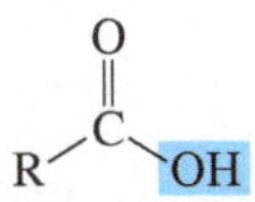

ácido carboxílico

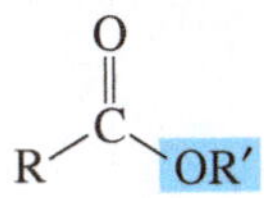

éster

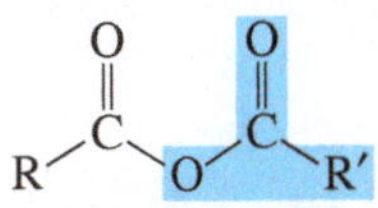

anidrido de ácido

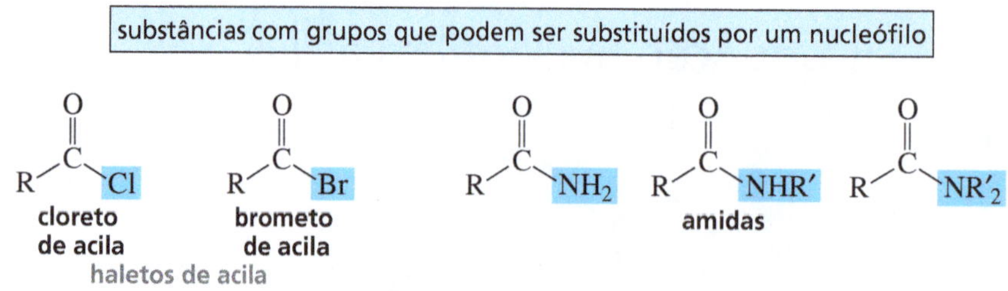

Substâncias carboniladas da classe II são aquelas nas quais o grupo acila está ligado a um grupo que *não pode* ser facilmente substituído por outro grupo. Os aldeídos e cetonas estão nesta classe. O —H e os grupos alquila ou arila (—R ou —Ar) de aldeídos e cetonas não podem ser substituídos por um nucleófilo.

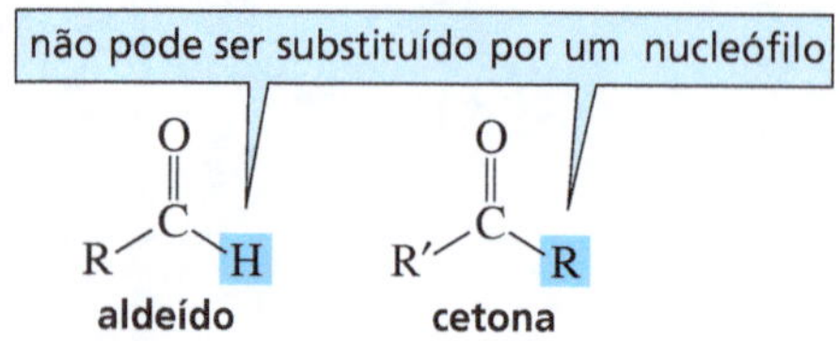

No Capítulo 10, vimos que a probabilidade de um grupo ser substituído por outro grupo depende da basicidade relativa de dois grupos: *quanto mais fraca a basicidade de um grupo, melhor sua habilidade de sair.* Lembre-se do assunto visto na Seção 10.3, volume 1: bases fracas são bons grupos de saída porque bases fracas não compartilham seus elétrons tão bem quanto bases fortes.

Os valores de pK_a de ácidos conjugados de grupos de saída de várias substâncias carboniladas estão listados na Tabela 17.1. Observe que os grupos acila das substâncias carboniladas da classe I são ligados a bases mais fracas se comparados aos grupos acila das substâncias carboniladas da classe II (lembre-se de que quanto menor for o pK_a, mais forte é o ácido e mais fraco é sua base conjugada). O —H de um grupo aldeído e o grupo alquil e aril (—R ou —Ar) de uma cetona são muito básicos para serem substituídos por um nucleófilo.

Este capítulo discute as reações das substâncias carboniladas da classe I. Veremos que essas substâncias sofrem reações de substituição porque possuem um grupo acila ligado a um grupo que pode ser substituído por um nucleófilo. As reações de aldeídos e cetonas serão estudadas no Capítulo 18. Como os aldeídos e cetonas têm um grupo acila ligado a um grupo que *não pode* ser substituído por um nucleófilo, podemos prever corretamente que essas substâncias *não* sofrem reações de substituição.

17.1 Nomenclatura

Ácidos carboxílicos

Na nomenclatura sistemática, um **ácido carboxílico** é nomeado pela substituição da terminação 'o' no nome do alcano pelo termo 'óico', colocando-se a palavra 'ácido' no início do nome. Por exemplo, o alcano com um carbono é o metano, assim o ácido carboxílico com um carbono será *ácido* metan*óico*.

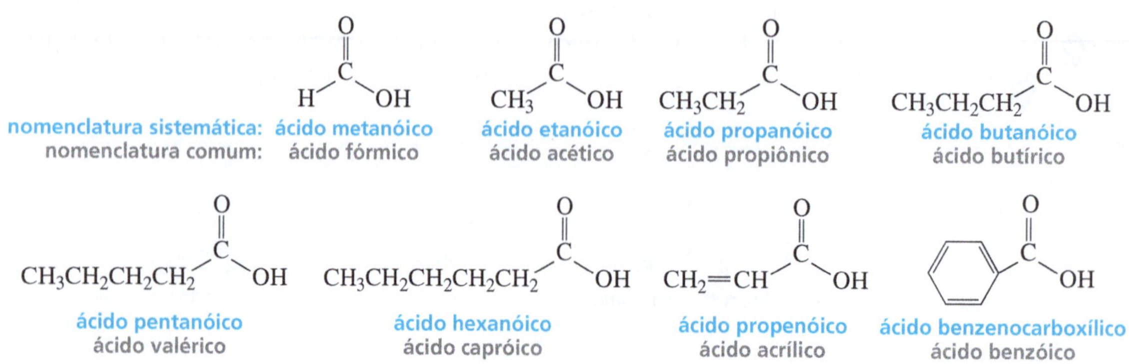

Tabela 17.1 Valores de pK_a dos ácidos conjugados dos grupos de saída de substâncias carboniladas

Substâncias carboniladas	Grupos de saída	Ácido conjugado do grupo de saída	pK_a
Classe I			
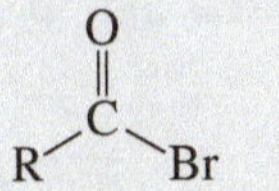	Br^-	HBr	–9
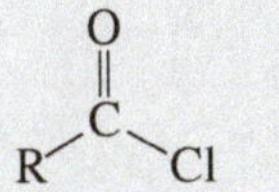	Cl^-	HCl	–7
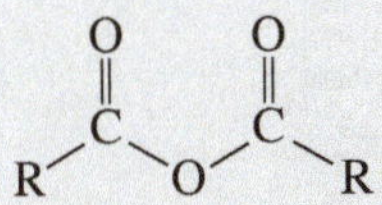	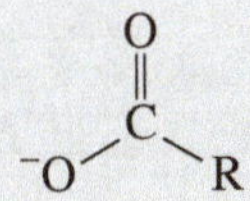	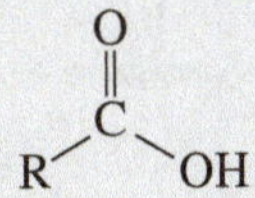	~3–5
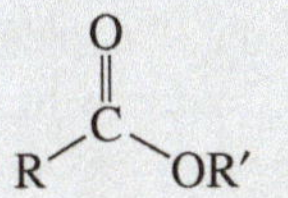	$^-OR'$	R′OH	~15–16
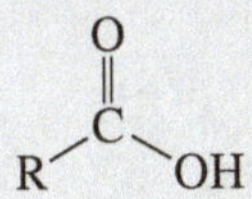	^-OH	H_2O	15,7
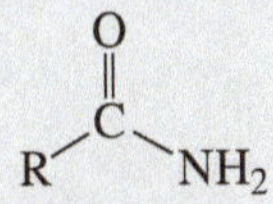	$^-NH_2$	NH_3	36
Classe II			
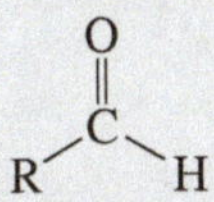	H^-	H_2	~40
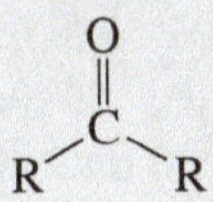	R^-	RH	~50

Os ácidos carboxílicos que contêm seis carbonos ou menos são freqüentemente nomeados pelos seus nomes comuns. Esses nomes foram escolhidos pelos químicos antigos para descrever alguma característica da substância, normalmente sua origem. Por exemplo, o ácido fórmico é encontrado nas formigas, abelhas e outros insetos que picam; o nome se origina de *formica*, que significa 'formiga', em latim. O ácido acético — contido no vinagre — foi assim designado por derivar de *acetum*, palavra latina para 'vinagre'. O ácido propiônico é o menor ácido a apresentar algumas das características dos ácidos graxos maiores; o nome deriva das palavras gregas *pro* ('o primeiro') e *pion* ('gordura'). O ácido butírico é encontrado em manteigas rançosas e origina-se da palavra *butyrum*, do latim, que quer dizer 'manteiga'. O ácido capróico é encontrado no leite de cabra, e se você tiver oportunidade de sentir o cheiro de cabra e do ácido capróico, perceberá que eles têm o mesmo odor. *Caper* é a palavra em latim para 'cabra'.

Na nomenclatura sistemática, a posição do substituinte é designada por um número. O carbono carbonílico de um ácido carboxílico é sempre o carbono C-1. Na nomenclatura comum, a posição do substituinte é designada por uma letra do alfabeto grego, e o carbono carbonílico não tem designação. O carbono adjacente ao carbono carbonílico é o **carbono α**, o carbono adjacente ao carbono α é o carbono β, e assim por diante.

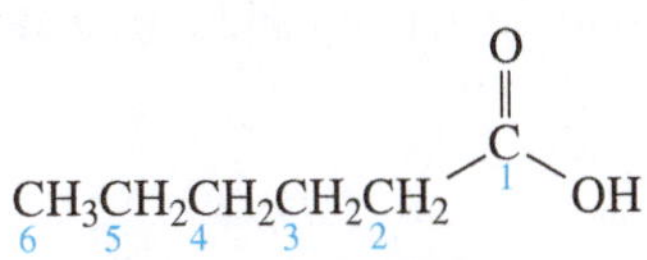

nomenclatura sistemática

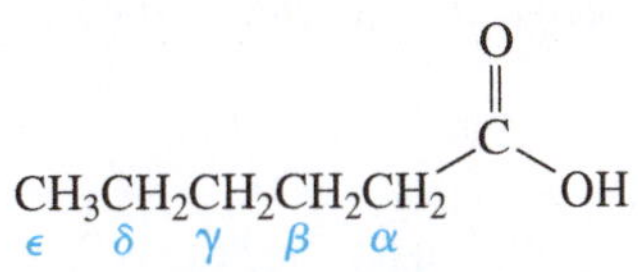

nomenclatura comum

Observe cuidadosamente os seguintes exemplos para ter certeza de que entendeu a diferença entre a nomenclatura sistemática (Iupac) e a nomenclatura comum.

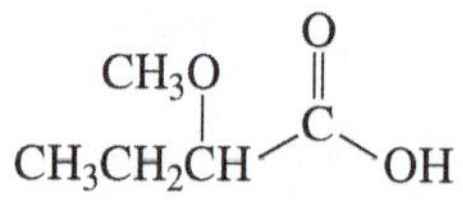
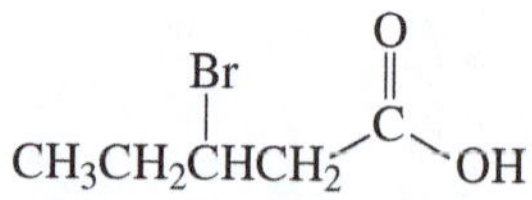
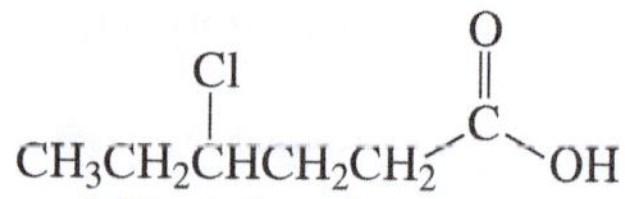

nomenclatura sistemática:	ácido 2-metoxibutanóico	ácido 3-bromopentanóico	ácido 4-cloro-hexanóico
nomenclatura comum:	ácido α-metoxibutírico	ácido β-bromovalérico	ácido γ-clorocapróico

O grupo funcional do ácido carboxílico é chamado **grupo carboxila**.

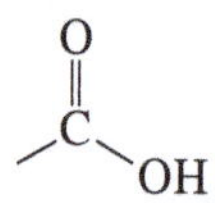
grupo carboxila

—COOH —CO_2H

grupos carboxila são freqüentemente representados em formas abreviadas

Os ácidos carboxílicos nos quais o grupo carboxila está ligado a um anel são nomeados pela adição das palavras 'ácido' antes do nome do cicloalcano correspondente e da palavra 'carboxílico' após o nome do respectivo cicloalcano.

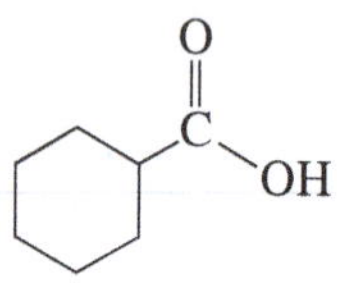
ácido ciclo-hexanocarboxílico

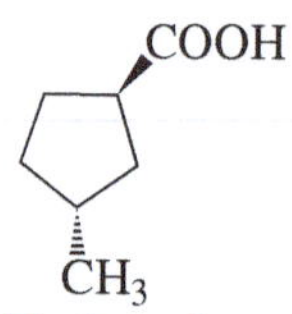
ácido *trans*-3-metil-ciclopentanocarboxílico

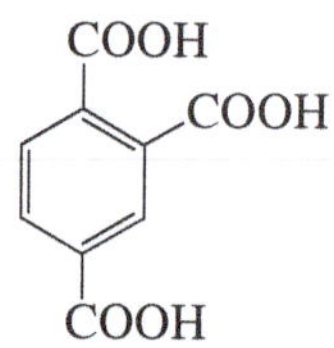
ácido 1,2,4-benzenotricarboxílico

Haletos de acila

Os **haletos de acila** são substâncias que têm um átomo de halogênio no lugar do grupo —OH de um ácido carboxílico. Os haletos de acila mais comuns são os cloretos de acila e os brometos de acila. Os cloretos de acila são nomeados substituindo-se a palavra 'ácido', do ácido carboxílico correspondente, pelas palavras 'cloreto de', e a terminação 'óico' por 'oila'. Os brometos de acila são designados substituindo-se a palavra 'ácido', do ácido carboxílico correspondente, pelas palavras 'brometo de', e a terminação 'óico' por 'oila'. Para os ácidos designados pela terminação 'carboxílico', a palavra ácido deve ser substituída pela palavra 'haleto' (cloreto ou brometo).

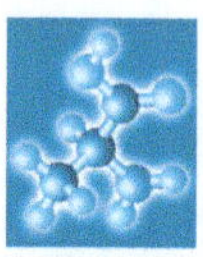
Molecule Gallery: Ácido *trans*-3-metil-ciclopentanocarboxílico; anidrido acético
WWW

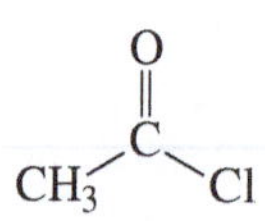
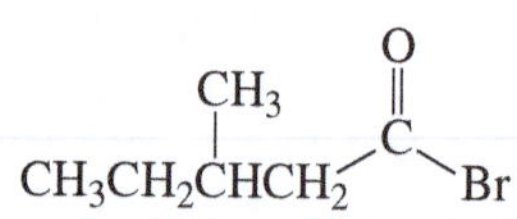
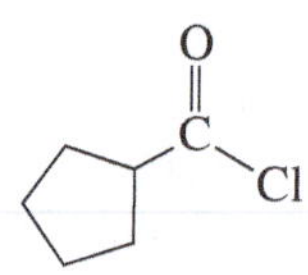

nomenclatura sistemática:	cloreto de etanoíla	brometo de 3-metilpentanoíla	cloreto de ciclopentanocarbonila
nomenclatura comum:	cloreto de acetila	brometo de β-metilvalérico	

Anidridos de ácido

A perda de água de duas moléculas de um ácido carboxílico resulta em um **anidrido de ácido**. 'Anidrido' significa 'sem água'.

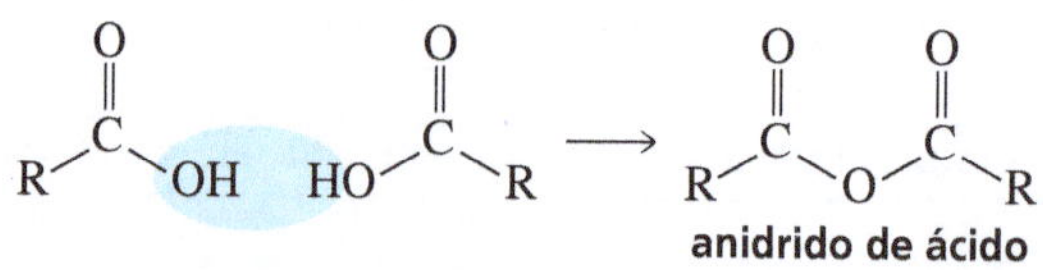
anidrido de ácido

Se as duas moléculas de ácido carboxílico que formam o anidrido de ácido forem iguais, o anidrido é chamado **anidrido simétrico**. Se as duas moléculas de ácido carboxílico forem diferentes , o anidrido é chamado **anidrido misto**. Os anidridos simétricos são designados pelo nome do ácido carboxílico correspondente, substituindo-se a palavra 'ácido' por 'anidrido'. Os anidridos mistos são nomeados ao se manter os mesmos nomes dos ácidos carboxílicos correspondentes em ordem alfabética, substituindo-se a palavra 'ácido' por 'anidrido'.

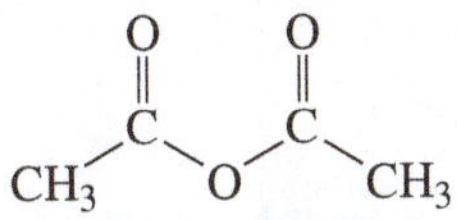

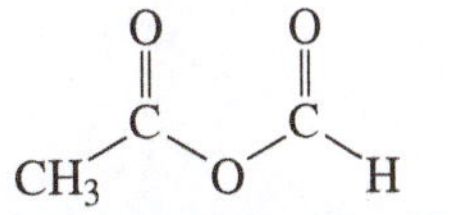

nomenclatura sistemática:	anidrido etanóico	anidrido etanóico metanóico
nomenclatura comum:	anidrido acético	anidrido acético fórmico
	anidrido simétrico	**anidrido misto**

Ésteres

Um **éster** é uma substância que tem um grupo OR′ no lugar do grupo OH do ácido carboxílico. Ao nomear um éster, retira-se a palavra ácido do nome ácido carboxílico. A seguir, a terminação 'ico' do nome do ácido carboxílico é substituída por 'ato', acrescenta-se a palavra 'de' e, finalmente, coloca-se o nome do grupo (R) ligado ao oxigênio da carboxila descrito como radical alquila.

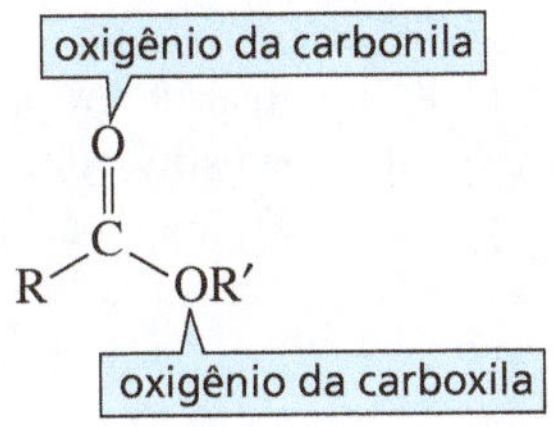

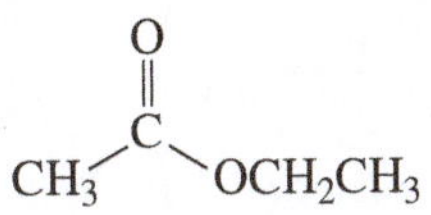

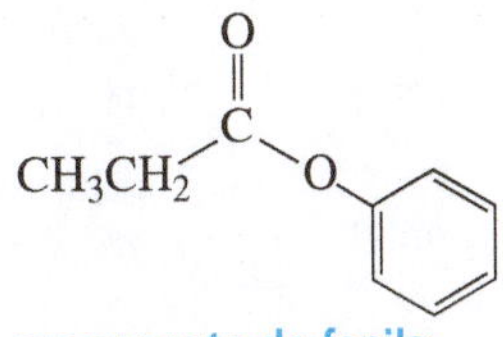

nomenclatura sistemática:	etanoato de etila	propanoato de fenila
nomenclatura comum:	acetato de etila	propionato de fenila

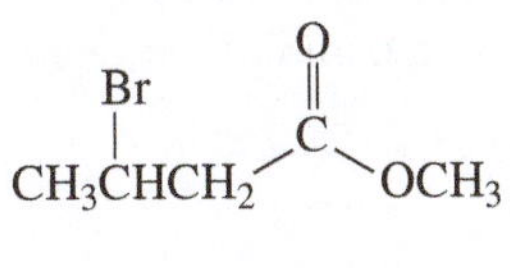

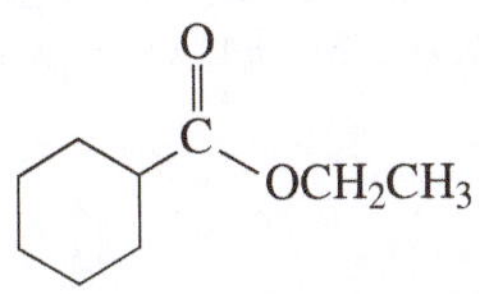

3-bromobutanoato de metila	ciclo-hexanocarboxilato de etila
β-bromobutirato de metila	

Os sais dos ácidos carboxílicos são nomeados da mesma maneira. A palavra 'ácido' do ácido carboxílico é retirada, e escreve-se o nome do ácido substituindo-se a terminação 'óico' por 'ato', seguido pela palavra 'de' e pelo nome do cátion.

Tutorial Gallery: Nomenclatura de ácidos carboxílicos e seus derivados

WWW

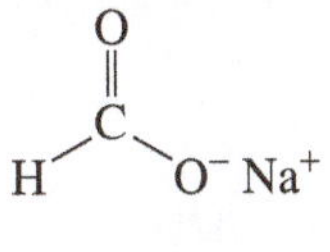

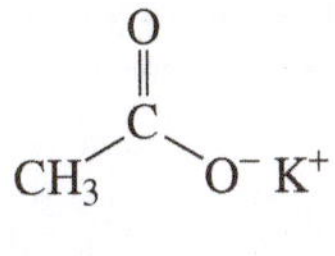

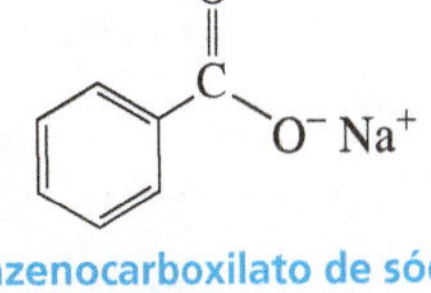

nomenclatura sistemática:	metanoato de sódio	etanoato de potássio	benzenocarboxilato de sódio
nomenclatura comum:	formato de sódio	aceto de potássio	benzoato de sódio

Os ésteres cíclicos são chamados **lactonas**. Na nomenclatura sistemática, são nomeados como '2-oxacicloalcanonas'. Os nomes comuns são derivados dos nomes comuns dos ácidos carboxílicos, os quais designam o tamanho da cadeia carbônica, e a letra grega para indicar o carbono no qual o oxigênio estiver ligado. Assim, lactonas com um ciclo de quatro membros são β-lactonas (o oxigênio da carboxila está no carbono β), lactonas com um ciclo de cinco membros são γ lactonas, e com ciclos de seis membros são δ-lactonas.

Molecule Gallery: δ-caprolactona; *cis*-2-etilciclo-hexano-carboxamida
WWW

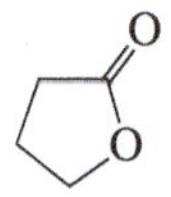

2-oxa-ciclopentanona
γ-butirolactona

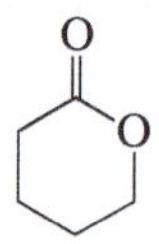

2-oxa-ciclo-hexanona
δ-valerolactona

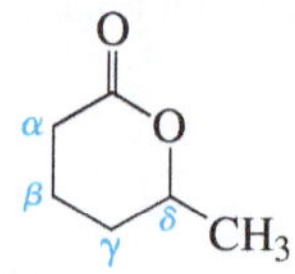

3-metil-2-oxaciclo-hexanona
δ-caprolactona

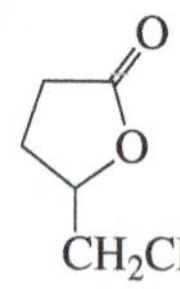

3-etil-2-oxaciclopentanona
γ-caprolactona

PROBLEMA 1

A palavra 'lactona' tem sua origem no ácido lático, um ácido carboxílico com três carbonos com um grupo OH no carbono α. Ironicamente, o ácido lático não pode formar uma lactona. Por quê?

Amidas

Uma amida tem um grupo NH_2, NHR ou NR_2 no lugar do grupo OH de um ácido carboxílico. Amidas são nomeadas usando-se o nome do ácido sem a palavra 'ácido' e substituindo-se a terminação 'óico' por 'amida'. As terminações 'carboxílico' e 'ico' também são substituídas por 'amida' para os ácidos com essas terminações.

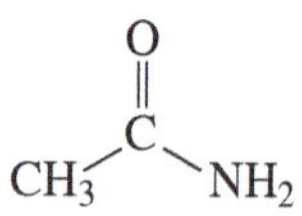

nomenclatura sistemática: etanamida
nomenclatura comum: acetamida

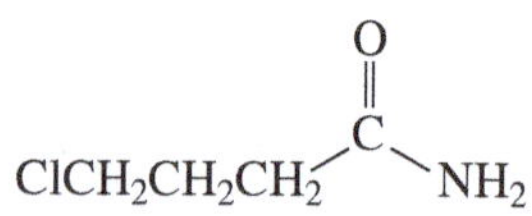

4-clorobutanamida
γ-clorobutiramida

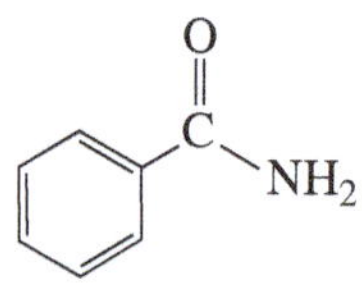

benzenocarboxamida
benzamida

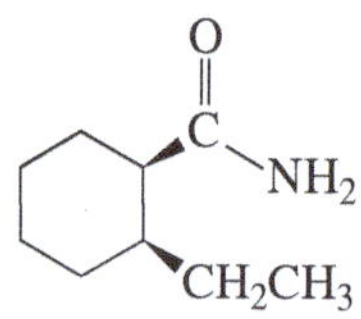

cis-2-etilciclo-hexanocarboxamida

Se um substituinte estiver ligado ao nitrogênio, o nome do substituinte é descrito inicialmente (se houver mais de um substituinte ligado ao nitrogênio, eles são descritos no início e em ordem alfabética), seguido pelo nome da amida. O nome de cada substituinte é precedido pela letra *N* em maiúsculo para indicar que o substituinte está ligado ao nitrogênio.

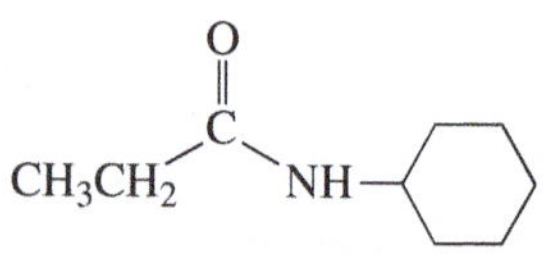

N-ciclo-hexilpropanamida

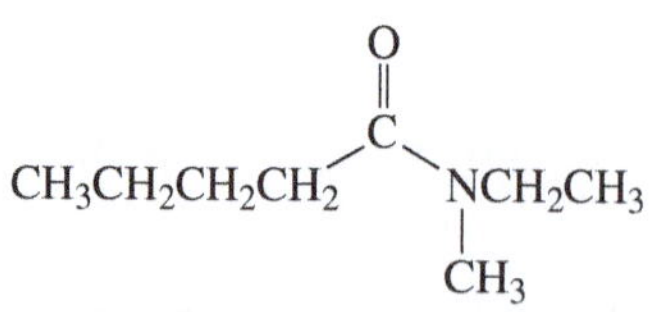

N-etil-*N*-metilpentanamida

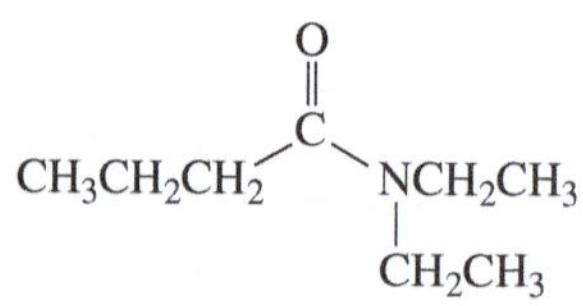

N,*N*-dietilbutanamida

As amidas cíclicas são chamadas **lactamas**. Sua nomenclatura é similar à das lactonas. As lactamas são chamadas '2-azacicloalcanonas' na nomenclatura sistemática (o termo 'aza' é usado para designar o átomo de nitrogênio). Em sua nomenclatura comum, o comprimento da cadeia carbônica é indicado pelo nome comum do ácido carboxílico, e uma letra grega indica o carbono ao qual o nitrogênio está ligado.

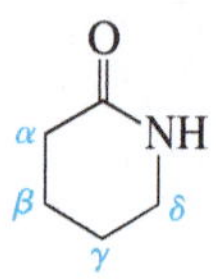

2-azaciclo-hexanona
δ-valerolactama

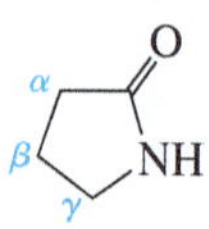

2-azaciclopentanona
γ-butirolactama

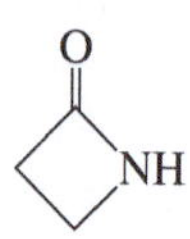

2-azaciclobutanona
β-propriolactama

Nitrilas

As **nitrilas** são substâncias que contêm o grupo funcional C≡N. As nitrilas são consideradas derivados dos ácidos carboxílicos porque, como todas as substâncias carboniladas da classe I, elas reagem com água para formar ácidos carboxílicos (Seção 17.18). Na nomenclatura sistemática, nitrilas são nomeadas com a adição da palavra 'nitrila' ao nome do correspondente alcano. Observe que a ligação tripla do grupo nitrila está contida no número de carbonos da cadeia contínua mais longa. Na nomenclatura comum, as nitrilas são nomeadas retirando-se a palavra 'ácido' do ácido carboxílico correspondente e substituindo-se a terminação 'ico' do nome do ácido por 'nitrila'. As nitrilas também podem ser nomeadas como alquilcianetos, usando o nome do grupo alquil que estiver ligado ao grupo C≡N.

Molecule Gallery: Acetonitrila
WWW

	$CH_3C{\equiv}N$	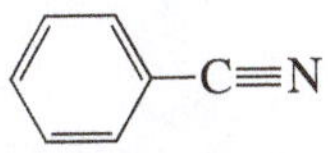	$CH_3\overset{CH_3}{\overset{\vert}{C}}HCH_2CH_2CH_2C{\equiv}N$	$CH_2{=}CHC{\equiv}N$
nomenclatura sistemática:	etanonitrila	benzenocarbonitrila	5-metil-hexanonitrila	propenonitrila
nomenclatura comum:	acetonitrila	benzonitrila	δ-metilcapronitrila	acrilonitrila
	metilcianeto	fenilcianeto	iso-hexilcianeto	

PROBLEMA 2◆

Dê o nome para as seguintes substâncias:

a. $CH_3CH_2CH_2C{\equiv}N$

b. $CH_3CH_2\overset{O}{\overset{\|}{C}}O\overset{O}{\overset{\|}{C}}CH_3$

c. $CH_3CH_2CH_2\overset{O}{\overset{\|}{C}}O^- \ K^+$

d. $CH_3CH_2CH_2CH_2\overset{O}{\overset{\|}{C}}Cl$

e. $CH_3CH_2CH_2\overset{O}{\overset{\|}{C}}OCH_2\overset{CH_3}{\overset{\vert}{C}}HCH_3$

f. $CH_3CH_2CH_2CH_2CH_2\overset{O}{\overset{\|}{C}}N(CH_3)_2$

g. 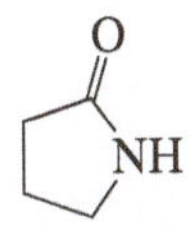

h. 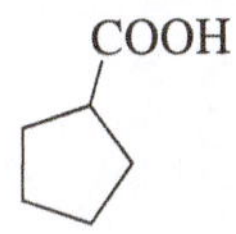

i. 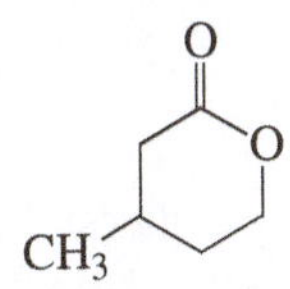

PROBLEMA 3

Escreva as estruturas para cada uma das seguintes substâncias:

a. fenilacetato
b. γ-caprolactama
c. butanonitrila
d. *N*-benziletanamida
e. ácido γ-metilcapróico
f. 2-cloropentanoato de etila
g. β-bromobutiramida
h. anidrido propanóico
i. cloreto de ciclo-hexanocarbonila

17.2 Estrutura dos ácidos carboxílicos e seus derivados

O **carbono carbonílico** nos ácidos carboxílicos e nos derivados dos ácidos carboxílicos apresenta hibridização sp^2. Esse carbono usa seus três orbitais sp^2 para formar ligações σ com o oxigênio carbonílico, com o carbono α e o substituinte (Y). Os três átomos ligados ao carbono carbonílico estão no mesmo plano, e seus ângulos de ligação são de 120° aproximadamente.

Molecule Gallery: Cloreto de acetila; acetato de metila; ácido acético; acetamida
WWW

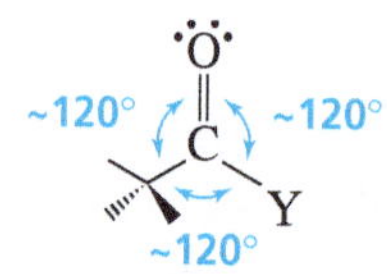

O **oxigênio carbonílico** também tem hibridização sp^2. Um de seus orbitais sp^2 forma uma ligação σ com o carbono carbonílico, e cada um dos dois orbitais sp^2 contém um par de elétrons livre. O orbital p restante do oxigênio carbonílico se sobrepõe ao orbital p restante do carbono carbonílico para formar uma ligação π (Figura 17.1).

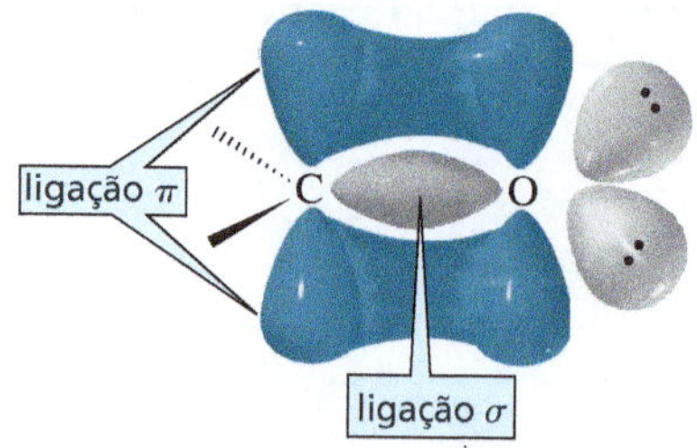

Figura 17.1 Ligações no grupo carbonila. A ligação π é formada pela sobreposição lado a lado do orbital p do carbono com o orbital p do oxigênio.

Os ésteres, os ácidos carboxílicos e as amidas têm duas estruturas que contribuem majoritariamente com a ressonância. A segunda estrutura que contribui para a ressonância dos cloretos de acila e anidridos de ácido tem menor importância.

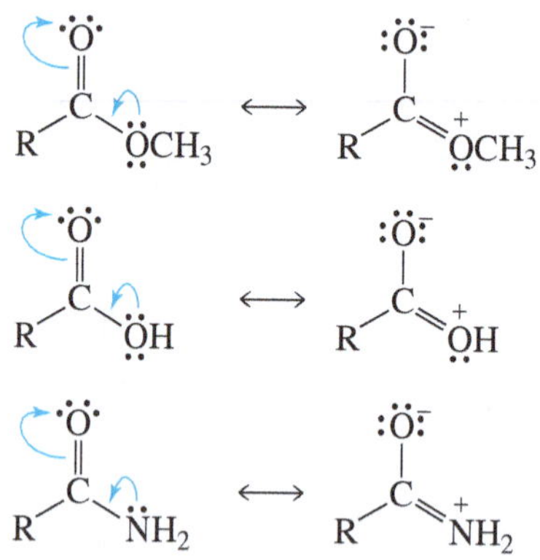

A segunda estrutura (a da direita) é mais importante para as amidas do que para os ésteres ou ácidos carboxílicos porque o nitrogênio compartilha melhor seus elétrons do que o oxigênio. O nitrogênio é menos eletronegativo do que o oxigênio e, portanto, tem mais capacidade de acomodar a carga positiva.

PROBLEMA 4◆

Qual ligação é mais longa, a ligação simples carbono-oxigênio no ácido carboxílico ou a ligação carbono-oxigênio no álcool? Por quê?

PROBLEMA 5◆

Existem três ligações carbono–oxigênio no acetato de metila.

a. Quais são suas forças relativas?
b. Qual é a freqüência de estiramento relativa do infravermelho (IV) dessas ligações?

PROBLEMA 6

Combine as substâncias com as bandas de absorção de IV das carbonilas apropriadas:

cloreto de acila	~ 1.800 e 1.750 cm^{-1}
anidrido de ácido	~ 1.640 cm^{-1}
éster	~ 1.730 cm^{-1}
amida	~ 1.800 cm^{-1}

17.3 Propriedades físicas de substâncias carboniladas

As propriedades ácidas dos ácidos carboxílicos foram discutidas previamente (seções 1.18 e 7.10, volume 1). Relembre que os ácidos carboxílicos têm valores aproximados de pK_a de 3–5 (Apêndice II: veja também no Guia de Estudos, Special Topic I, ambos disponíveis em inglês no site do livro). As propriedades ácidas dos ácidos dicarboxilados serão discutidas na Seção 17.21. Os pontos de ebulição e outras propriedades físicas das substâncias carboniladas estão listados no Apêndice I (disponível no site do livro). As substâncias carboxiladas apresentam os seguintes pontos de ebulição relativos:

pontos de ebulição relativos

amida > ácido carboxílico > nitrila >> éster ~ cloreto de acila ~ aldeído ~ cetona

Os pontos de ebulição de ésteres, cloretos de acila, cetonas e aldeídos são menores do que os pontos de ebulição de um álcool com os pesos moleculares equivalentes porque as moléculas dessas substâncias carbonílicas são incapazes de formar ligações de hidrogênio uma com a outra. Os pontos de ebulição das substâncias carboniladas são maiores do que os pontos de ebulição dos ésteres devido à polaridade do grupo carbonila.

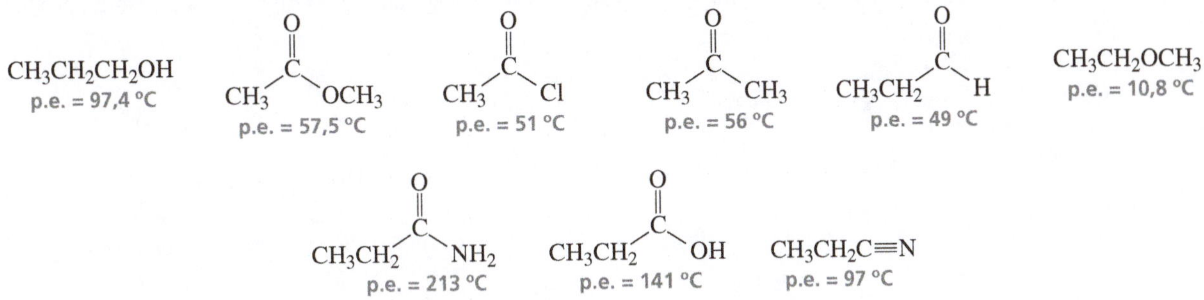

Os ácidos carboxílicos têm pontos de ebulição relativamente altos porque formam ligações de hidrogênio intermoleculares, dando a eles pesos moleculares efetivos maiores.

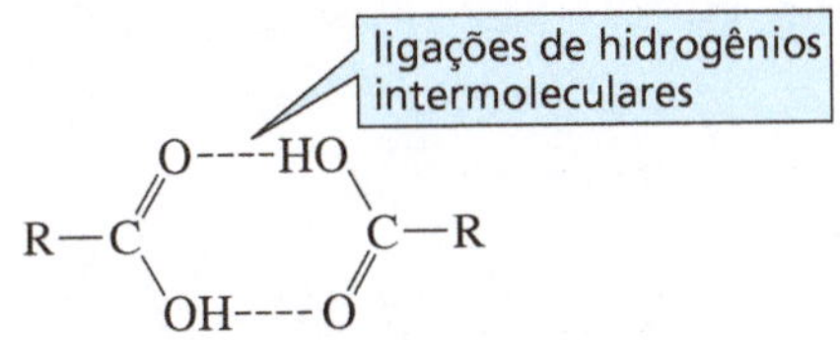

As amidas apresentam os pontos de ebulição mais altos porque têm fortes interações dipolo–dipolo uma vez que a estrutura contribuinte na ressonância com as cargas separadas contribui de maneira significativa com a estrutura total da substância (Seção 17.2). Se o nitrogênio de uma amida estiver ligado a um hidrogênio haverá a formação de ligação de hidrogênio entre as moléculas. O ponto de ebulição de uma nitrila é similar ao de um álcool porque a nitrila tem forte interação de dipolo–dipolo (Seção 2.9, volume 1).

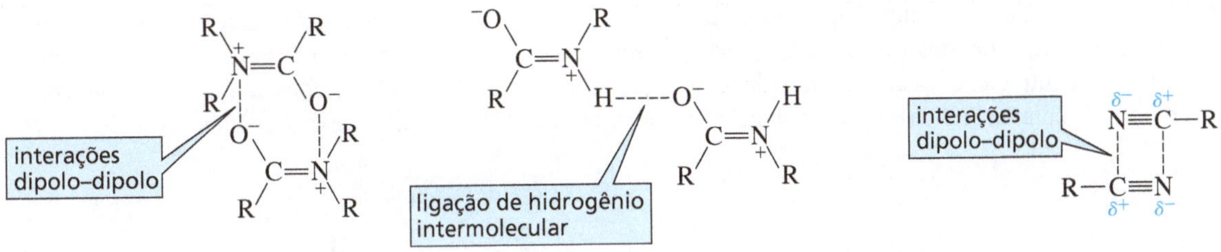

Os derivados de ácidos carboxílicos são solúveis em solventes como éteres, alcanos clorados e hidrocarbonetos aromáticos. Assim como os alcoóis e éteres, as substâncias carboniladas com menos de quatro carbonos são solúveis em água.

Os ésteres, as amidas *N,N*-dissubstituídas e as nitrilas são freqüentemente usados como solventes porque são polares, mas não apresentam grupos hidroxila ou amino reativos. Temos visto que a dimetilformamida (DMF) é um solvente polar aprótico comum (Seção 10.3, volume 1).

17.4 Ocorrência natural dos ácidos carboxílicos e seus derivados

Os haletos de acila e os anidridos de ácido são mais reativos do que os ácidos carboxílicos e ésteres, os quais, por sua vez, são mais reativos do que as amidas. Veremos as razões para essa diferença de reatividade na Seção 17.5.

Devido a sua alta reatividade, haletos de acila e anidridos de ácido não são encontrados na natureza. Os ácidos carboxílicos, por sua vez, são menos reativos e *são* amplamente encontrados na natureza. Por exemplo, a glicose é metabolizada em ácido pirúvico. O ácido (*S*)-(+)-lático é a substância responsável pela sensação de queimação sentida nos músculos durante os exercícios anaeróbicos e também é encontrado no leite azedo.

O espinafre e outros vegetais de folhas verdes são ricos em ácido oxálico. O ácido succínico e o ácido cítrico são importantes intermediários no ciclo do ácido cítrico (Seção 25.1), uma série de reações que oxidam a acetil-CoA a CO_2 em sistemas biológicos. As frutas cítricas são ricas em ácido cítrico: a concentração é grande no limão, menor na grapefruit e ainda menor nas laranjas. O ácido (*S*)-(−)-málico é responsável pelo gosto característico de maçãs verdes e peras. À medida que as frutas amadurecem, a quantidade de ácido málico diminui nas frutas e a quantidade de açúcar aumenta. A relação inversa entre os graus de ácido málico e açúcar são importantes para a propagação das plantas: os animais não comem frutas até elas se tornarem maduras — momento em que as sementes estão suficientemente maduras para germinarem quando são espalhadas. As prostaglandinas são hormônios de ação local que apresentam diversas funções fisiológicas diferentes (seções 17.10 e 26.5), como estimulante de inflamação, causando hipertensão, além de produzir dor e inchaço.

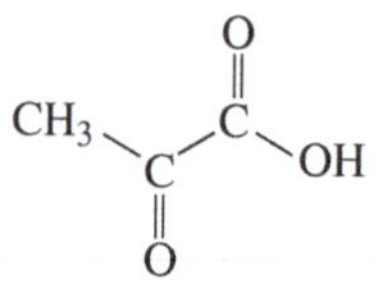
ácido pirúvico

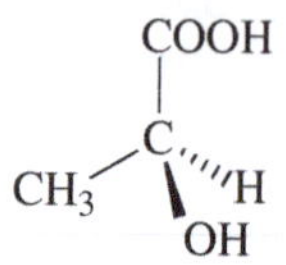
ácido (*S*)-(+)-lático

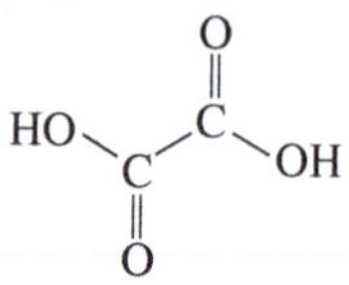
ácido oxálico

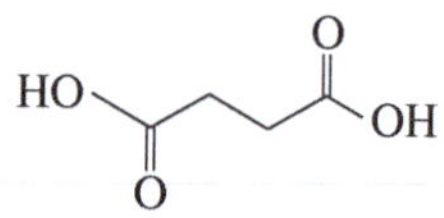
ácido succínico

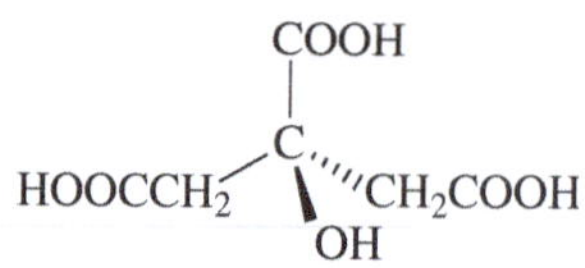
ácido cítrico

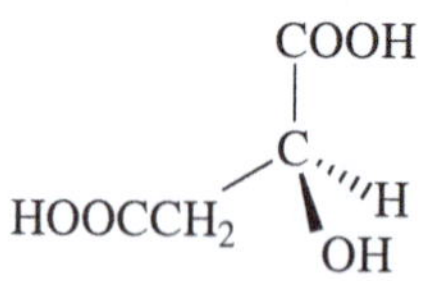
ácido (*S*)-(−)-málico

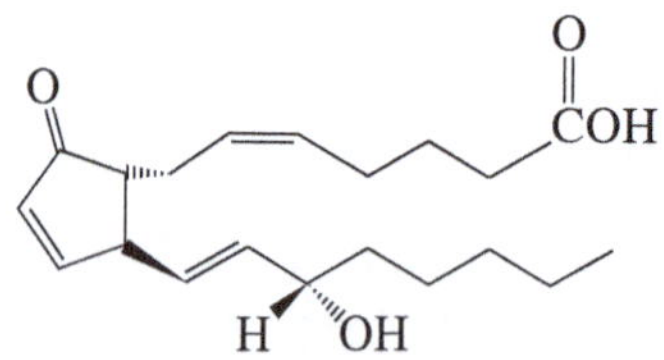
prostaglandina A_2

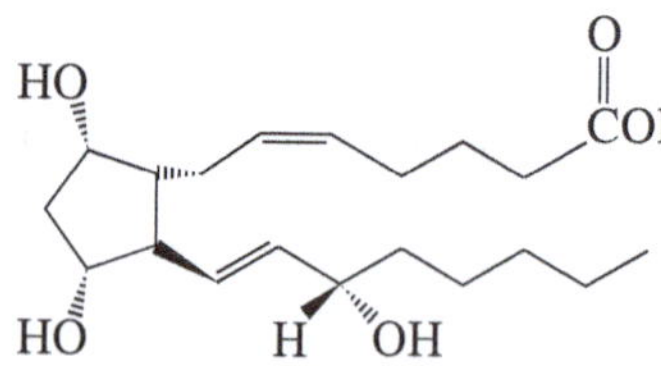
prostaglandina $F_{2\alpha}$

Os ésteres também são freqüentemente encontrados na natureza. Muitas das fragrâncias das flores e frutas devem-se aos ésteres (veja Problema 27).

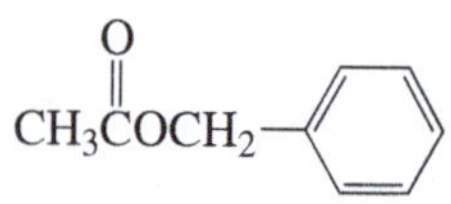
acetato de benzila
jasmim

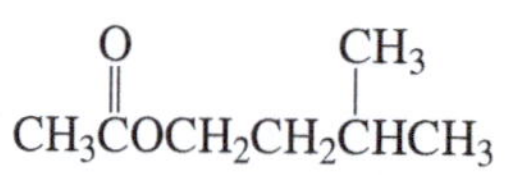
acetato de isopentila
banana

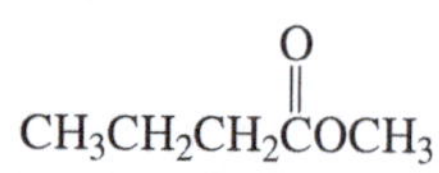
butirato de metila
maçã

Os ácidos carboxílicos com um grupo amino no carbono α são comumente chamados **aminoácidos**. Os aminoácidos são ligados pelas ligações das amidas para formar peptídeos e proteínas (Seção 23.7). A cafeína, outra amida de ocorrência natural, é encontrada no cacau e no grão de café. A penicilina G, uma substância com duas ligações de amida (uma das quais é uma β-lactama cíclica), foi isolada pela primeira vez em 1928 por Sir Alexander Fleming.

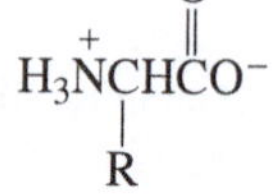
aminoácido

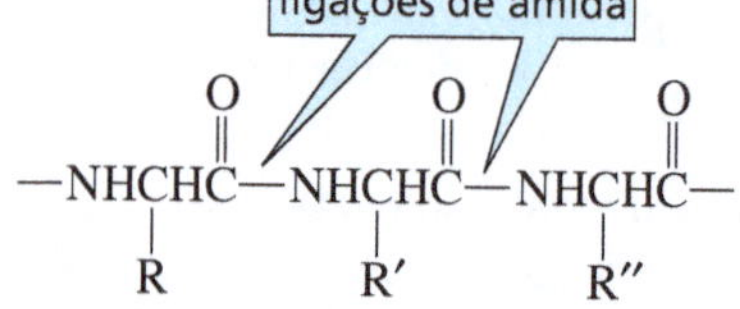

estrutura geral para um peptídeo ou uma proteína

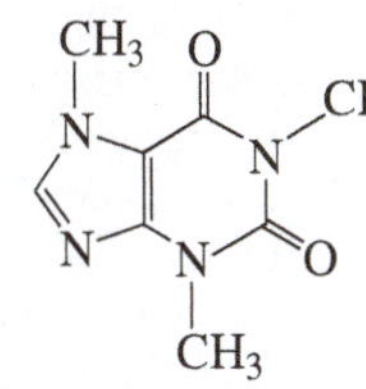

cafeína

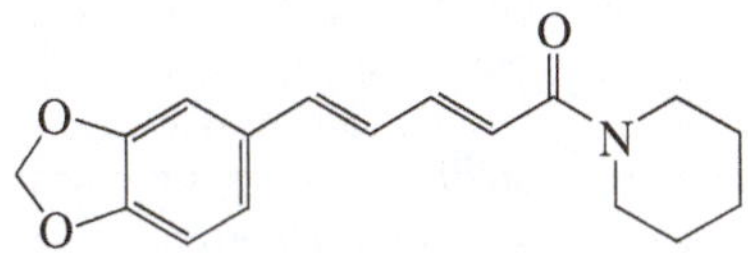

piperina
maior componente da pimenta-do-reino

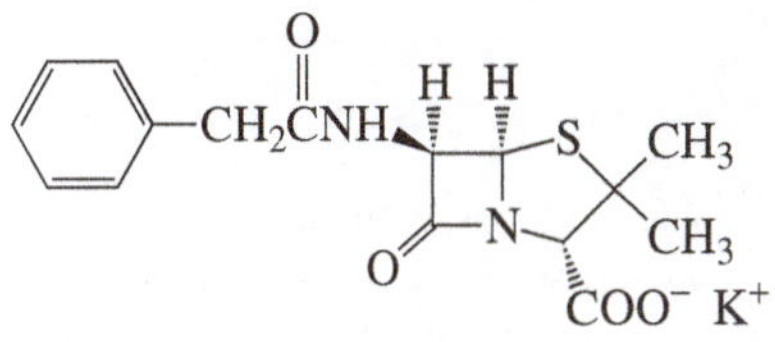

penicilina G

A descoberta da penicilina

Sir Alexander Fleming (1881–1955) nasceu na Escócia. Foi professor de bactereologia na Universidade de College, em Londres. Dizem que um dia Fleming, no momento de desfazer-se de uma cultura de uma bactéria estafilocócica, verificou que tinha sido contaminada por uma rara espécie de mofo *Penicillium notatum*. Ele observou que a bactéria havia desaparecido onde havia uma partícula do mofo. Esse fato sugeriu a ele que o mofo deveria produzir uma substância bactericida. Dez anos mais tarde, Howard Florey e Ernest Chain isolaram o princípio ativo — a penicilina G (Seção 17.16) —, mas tal demora permitiu que as drogas à base de sulfa se tornassem os primeiros antibióticos. Depois que se descobriu que a penicilina G curava infecções bacterianas em macacos, ela foi usada com sucesso em nove casos de infecções bacterianas humanas. Por volta de 1943, a penicilina G começou a ser produzida para os militares e foi inicialmente usada em feridos de guerra na Sicília e na Tunísia. A droga tornou-se disponível para a população civil em 1944. A pressão causada pela guerra fez com que a determinação estrutural da penicilina G se tornasse prioritária e, uma vez que a estrutura foi elucidada, grandes quantidades da droga puderam ser produzidas.

Fleming, Florey e Chain receberam o prêmio Nobel em fisiologia ou medicina. Chain descobriu também a penicilinase, a enzima que degrada a penicilina (Seção 17.16). Embora Fleming geralmente receba os créditos pela descoberta da penicilina, há uma clara evidência de que a atividade germicida do mofo foi observada no século XIX por Lord Joseph Lister (1827–1912), um médico inglês que se tornou renomado pela introdução da cirurgia asséptica.

Sir Alexander Fleming (1881–1955) *nasceu na Escócia, sendo sétimo de oito filhos de um fazendeiro. Em 1902, recebeu herança de um tio que, junto com uma bolsa de estudos, lhe deu condições para estudar medicina na Universidade de Londres. Em 1928 tornou-se professor de bacteriologia na mesma Universidade. Tornou-se cavaleiro em 1944.*

Sir Howard W. Florey (1898–1968) *nasceu na Austrália e recebeu o diploma de médico pela Universidade de Adelaide. Foi para a Inglaterra como Rhodes Scolar e estudou nas universidades de Oxford e Cambridge. Tornou-se professor de patologia na Universidade de Sheffield, em 1931, e em Oxford, em 1935. Tornou-se cavaleiro em 1944, e recebeu o título de Barão Florey de Adelaide.*

Ernest B. Chain (1906–1979) *nasceu na Alemanha e tornou-se PhD pela Universidade Friedrich-Wilhelm em Berlim. Em 1933 deixou a Alemanha em virtude da ascensão de Hitler. Estudou em Cambridge e em 1935 foi convidado por Florey para ir a Oxford. Em 1948 tornou-se diretor de um instituto em Roma, mas retornou à Inglaterra em 1961 para lecionar na Universidade de Londres.*

17.5 Como reagem as substâncias carboniladas da classe I

A reatividade das substâncias carboniladas reside na polaridade do grupo carbonila; o oxigênio é mais eletronegativo do que o carbono. O carbono carbonílico, portanto, é um eletrófilo e por essa razão podemos seguramente prever que será atacado por um nucleófilo.

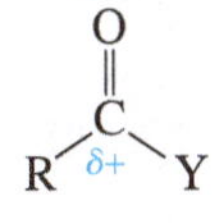

Dálmatas: não tente brincar com a mãe natureza

Quando os aminoácidos são metabolizados, o excesso de nitrogênio é concentrado no ácido úrico, uma substância com cinco ligações de amidas. Uma série de reações catalisadas por enzimas degrada o ácido úrico em íon amônio. A extensão da degradação do ácido úrico nos animais varia de espécie para espécie. Os pássaros, répteis e insetos excretam o excesso de nitrogênio como ácido úrico. Os mamíferos excretam o excesso de nitrogênio como alantoína. O excesso de nitrogênio em animais aquáticos é excretado como ácido alantóico, uréia ou sais de amônio.

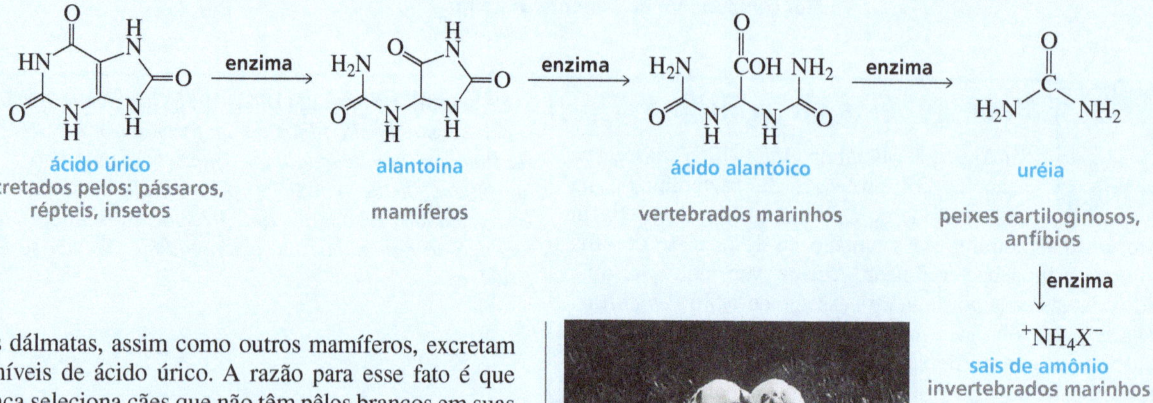

Os dálmatas, assim como outros mamíferos, excretam altos níveis de ácido úrico. A razão para esse fato é que essa raça seleciona cães que não têm pêlos brancos em suas manchas pretas, e o gene que causa os pêlos brancos está ligado ao gene que causa a conversão do ácido úrico em alantoína. Os dálmatas, portanto, estão suscetíveis à gota (depósitos dolorosos de ácido úrico nas juntas).

Quando um nucleófilo ataca o carbono carbonílico de um derivado de ácido carboxílico, a ligação π carbono–oxigênio quebra e um intermediário é formado. O intermediário é chamado **intermediário tetraédrico** porque o carbono trigonal (sp^2) nos reagentes se torna um carbono tetraédrico (sp^3) no intermediário. De modo geral, uma substância que tem um carbono sp^3 ligado a um átomo de oxigênio será instável se o carbono sp^3 estiver ligado a outro átomo eletronegativo. O intermediário tetraédrico, portanto, é instável porque Y e Z são átomos eletronegativos. Um par de elétrons livres no oxigênio refaz a ligação π, e tanto Y^- (k_2) ou Z^- (k_{-1}) é eliminado com seus elétrons da ligação.

Uma substância que tem um carbono sp^3 ligado a um átomo de oxigênio geralmente será instável se o carbono sp^3 estiver ligado a outro átomo eletronegativo.

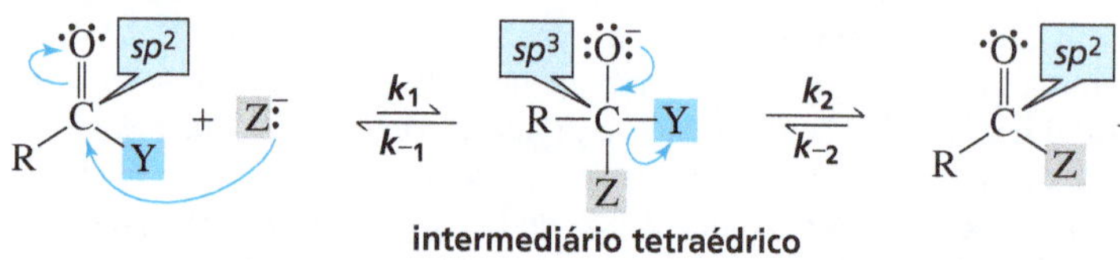

A eliminação de Y^- ou Z^- depende de suas basicidades relativas. A base mais fraca é preferencialmente eliminada, tornando este caso mais um exemplo do primeiro princípio que expusemos na Seção 10.3 do volume 1: *quanto mais fraca for a base, melhor será como grupo de saída.* Como uma base não compartilha seus elétrons tão bem quanto uma base forte, uma base fraca forma uma ligação fraca — uma ligação mais fácil de se romper. Se Z^- for uma base muito mais fraca do que Y^-, Z^- será eliminada. Sendo assim, $k_{-1} \gg k_2$, e a reação pode ser escrita da seguinte maneira:

Quanto mais fraca for a base, melhor será como grupo de saída.

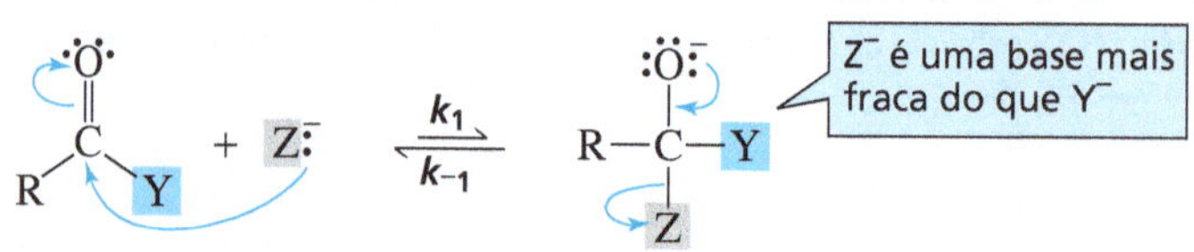

Nesse caso, não são formados novos produtos. O nucleófilo ataca o carbono carbonílico, mas o intermediário tetraédrico elimina esse nucleófilo e retorna ao reagente.

Por outro lado, se Y^- for uma base muito mais fraca do que Z^-, Y^- será eliminada e um novo produto será formado. Nesse caso, $k_2 \gg k_{-1}$, e a reação pode ser escrita da seguinte maneira:

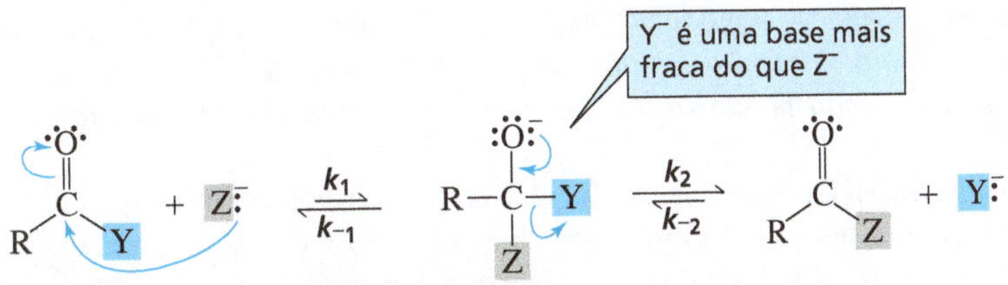

Essa reação é chamada **reação de substituição nucleofílica acílica** porque um nucleófilo (Z^-) troca o substituinte (Y^-) que estava ligado ao grupo acila no reagente. Ela também é conhecida como **reação de transferência acílica** porque um grupo acil foi transferido de um grupo (Y^-) para outro (Z^-).

Se a basicidade de Y^- e Z^- forem similares, os valores de k_{-1} e k_2 serão similares. Portanto, algumas moléculas intermediárias tetraédricas eliminarão Y^-, enquanto outras eliminarão Z^-. Quando a reação terminar, os reagentes e produtos estarão presentes no meio reacional. As quantidades relativas de cada um dependerão das basicidades relativas de Y^- e Z^- — que são os valores relativos de k_2 e k_{-1} —, assim como as nucleofilicidades relativas de Y^- e Z^- — que são os valores relativos de k_1 e k_{-2}.

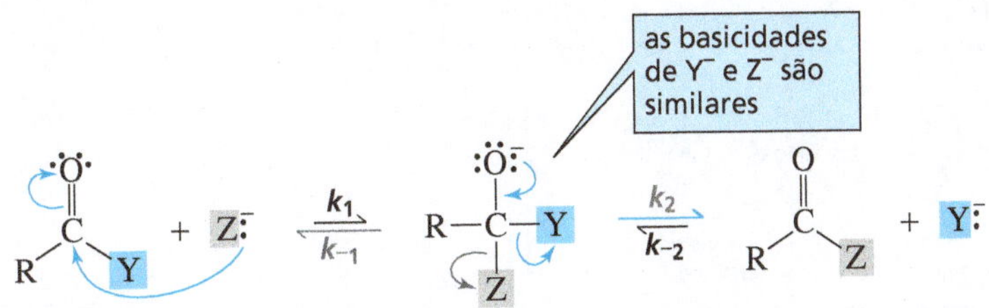

Esses três casos estão ilustrados no diagrama de coordenada de reação mostrado na Figura 17.2.

1. Se o novo grupo no intermediário tetraédrico for uma base mais fraca do que o grupo que estava ligado no grupo acila no reagente, o caminho mais fácil — a menor barreira energética — será o intermediário tetraédrico (IT) eliminar o grupo mais novo adicionado e restaurar o reagente, portanto a reação não ocorre (Figura 17.2a).
2. Se o novo grupo no intermediário tetraédrico for uma base mais forte do que o grupo que estava ligado no grupo acila no reagente, o caminho mais fácil será o intermediário tetraédrico (IT) eliminar o grupo que já estava ligado ao grupo acila no reagente e formar o produto de substituição (Figura 17.2b).
3. Se os dois grupos no intermediário tetraédrico tiverem basicidades similares, o intermediário tetraédrico poderá eliminar qualquer um dos grupos. Assim, será formada uma mistura de reagente e produto de substituição (Figura 17.2c).

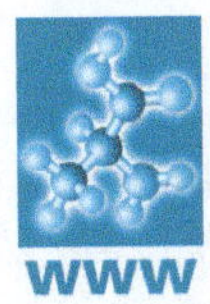

Tutorial Gallery: Diagrama de energia livre para reações de substituição nucleofílica acílica

Para que um derivado de ácido carboxílico sofra uma reação de substituição nucleofílica acílica, o nucleófilo que atacar não deve ser uma base muito mais fraca do que o grupo que será substituído.

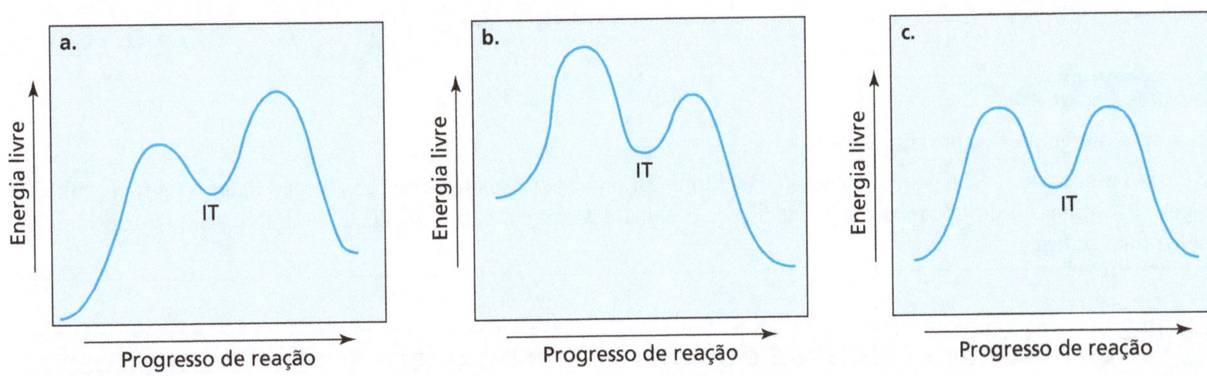

▲ **Figura 17.2**
Diagrama de coordenada de reação para reações de substituição nucleofílica acílica em que (a) o nucleófilo apresenta uma base mais fraca do que o grupo ligado ao grupo acila no reagente; (b) o nucleófilo apresenta uma base mais forte do que o grupo ligado ao grupo acila no reagente; e (c) o nucleófilo e o grupo ligado ao grupo acila no reagente têm basicidades similares. IT é o intermediário tetraédrico.

Podemos fazer a seguinte afirmação genérica a respeito das reações dos derivados de ácido carboxílico: *um derivado de ácido carboxílico sofrerá uma reação de substituição de ácido nucleofílico desde que o novo grupo acrescentado no intermediário tetraédrico não tenha uma base muito mais fraca do que o grupo que está ligado ao grupo acílico no reagente.*

Agora vamos observar a descrição do orbital molecular para sabermos como reagem as substâncias carboniladas. No volume 1, Seção 1.6, na qual a teoria do orbital molecular foi apresentada, você viu que, como o oxigênio é mais eletronegativo do que o carbono, o orbital $2p$ do oxigênio contribui mais para o orbital molecular ligante π — mais próximo em energia — e o orbital $2p$ do carbono contribui mais para o orbital molecular antiligante π^* (veja volume 1, Figura 1.8). Isso significa que o orbital π^* antiligante é maior no átomo de carbono, e por isso é onde o orbital não ligante do nucleófilo sobrepõe-se, pois é aí que se encontra o par de elétrons livre. Isso permite maior quantidade de sobreposição orbitalar, e uma maior sobreposição significa estabilidade. Quando um orbital preenchido e um vazio se sobrepõem, o resultado é um orbital molecular — que é mais estável que qualquer outra sobreposição orbitalar (Figura 17.3).

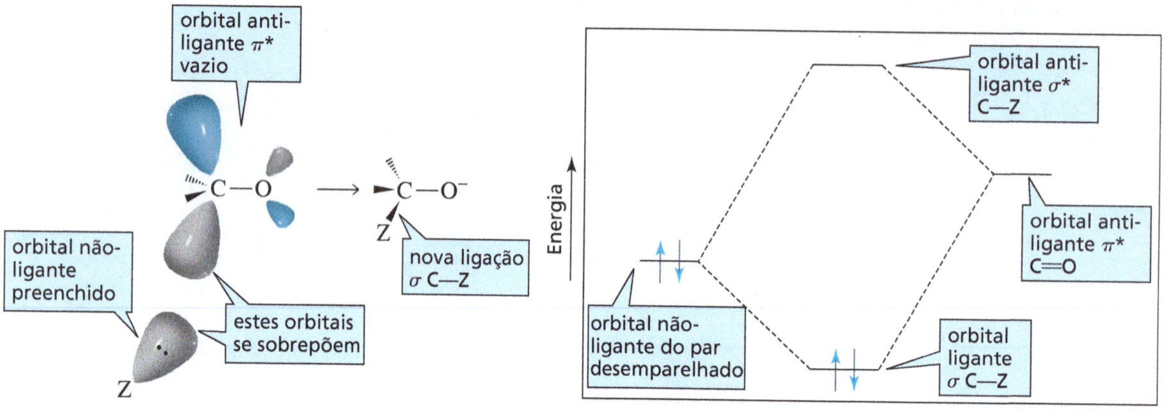

▲ **Figura 17.3**
O orbital não-ligante cheio que contém o par de elétrons livre do nucleófilo se sobrepõe ao orbital molecular antiligante π^* vazio do grupo carbonila, formando uma nova ligação σ no intermediário tetraédrico.

PROBLEMA 7◆

Usando os valores de pK_a da Tabela 17.1, presuma as substâncias esperadas para as seguintes reações:

a. 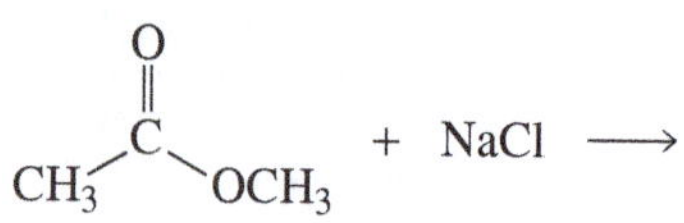

b. 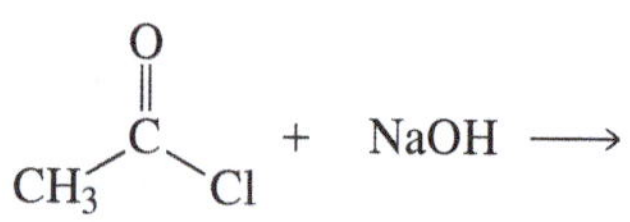

c. 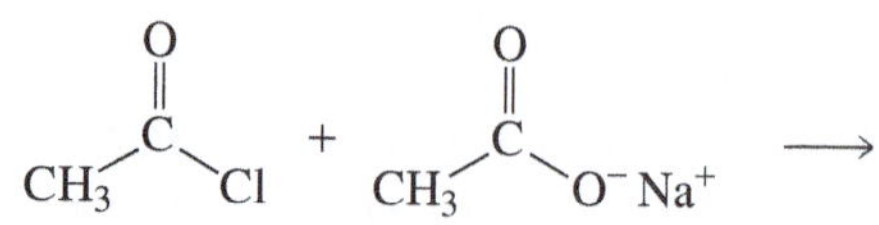

d. 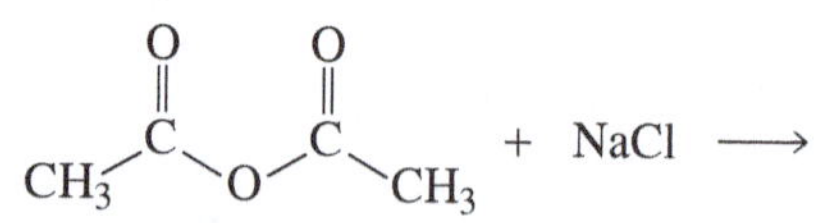

PROBLEMA 8◆

A afirmação seguinte é verdadeira ou falsa?

Se o novo grupo adicionado no intermediário tetraédrico for uma base mais forte do que o grupo ligado ao grupo acila do reagente, a formação do intermediário tetraédrico é a etapa determinante da velocidade de uma reação de substituição nucleofílica acílica.

17.6 Reatividades relativas dos ácidos carboxílicos e seus derivados

Vimos que existem somente duas etapas em uma reação de substituição nucleofílica acílica: formação e colapso do intermediário tetraédrico. Quanto mais fraca for uma base ligada ao grupo acila, mais facilmente ocorrem as *duas etapas* das reações. Em outras palavras, a reatividade do derivado de ácido carboxílico depende da basicidade do substituinte ligado ao grupo acila. Quanto menor a basicidade do substituinte, maior a reatividade do derivado de ácido carboxílico.

basicidade relativa dos grupos de saída

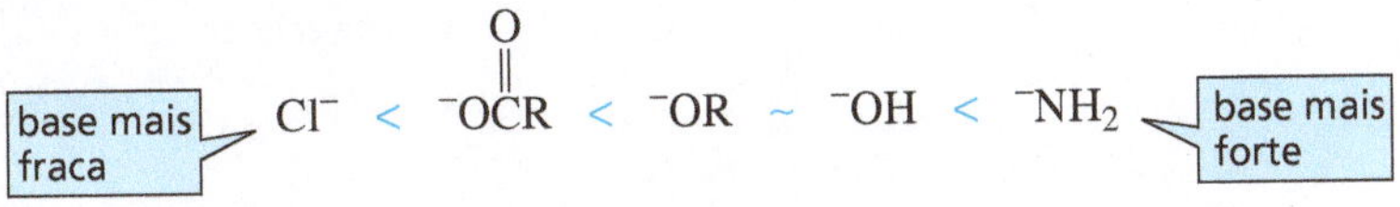

reatividades relativas dos derivados de ácido carboxílico

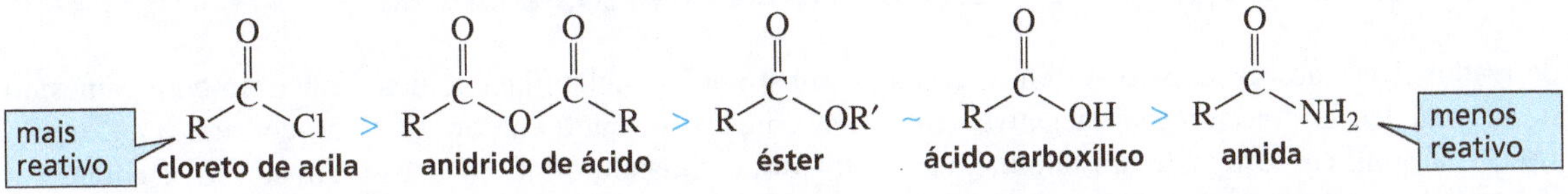

Como fazer para que ocorra mais facilmente a *primeira* etapa de reação de substituição nucleofílica em um grupo acila que tenha ligado a ele uma base fraca? Primeiro, uma base mais fraca é a base mais eletronegativa; logo, tem mais capacidade de acomodar sua carga negativa (Seção 1.18, volume 1). Assim, bases fracas são melhores grupos indutivamente retiradores de elétrons do carbono carbonílico (Seção 1.18, volume 1); grupos retiradores de elétrons aumentam a suscetibilidade a ataques nucleofílicos em carbonos carbonílicos.

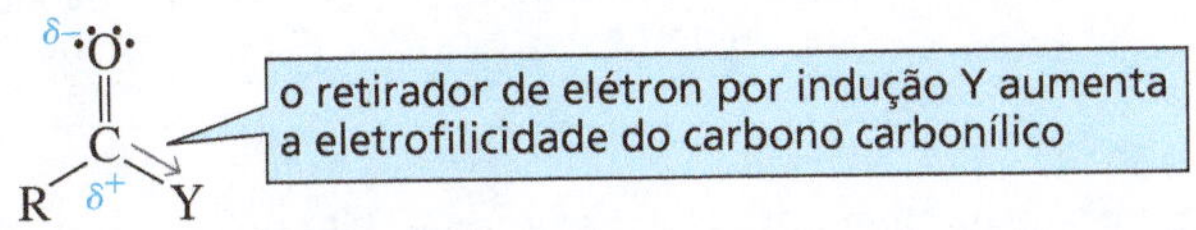

Segundo, quanto mais fraca for a basicidade de Y, menor será sua contribuição na ressonância ao híbrido de ressonância com carga positiva em Y (Seção 17.2); quanto menos estabilizado for o ácido carboxílico pela deslocalização dos elétrons, mais reativo ele será.

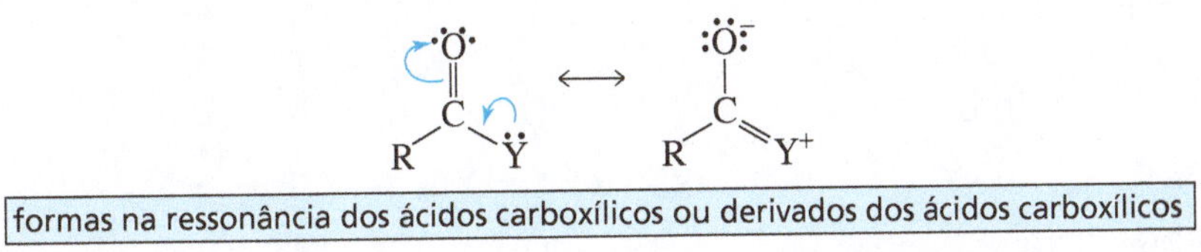

Uma base fraca ligada ao grupo acila também fará com que a *segunda* etapa de reação de substituição nucleofílica ao grupo acila seja mais fácil porque bases mais fracas são bases mais fáceis de serem eliminadas quando o intermediário tetraédrico colapsa.

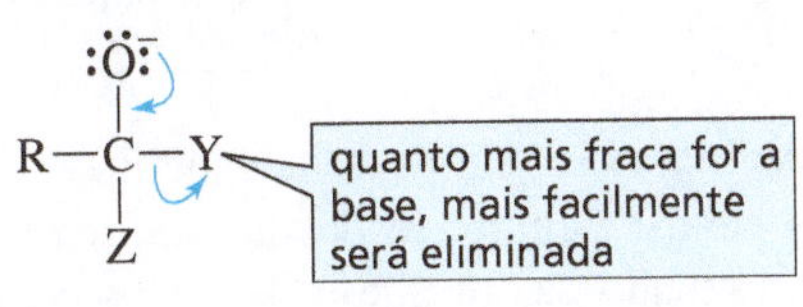

Na Seção 17.4 vimos que, em uma reação de substituição nucleofílica ao grupo acila, o nucleófilo que forma o intermediário tetraédrico deve ser uma base mais forte do que a base que estava presente no grupo acila. Isso significa que um derivado de ácido carboxílico pode ser convertido em um derivado de ácido carboxílico menos reativo, mas não em outro mais reativo. Por exemplo, um cloreto de acila pode ser convertido em um anidrido porque um íon carboxilato é uma base mais forte do que um íon cloreto.

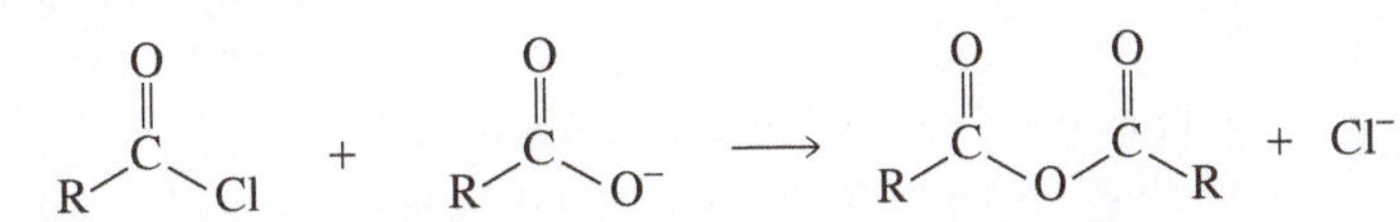

Um derivado de ácido carboxílico sofre uma reação de substituição nucleofílica acílica desde que o novo grupo adicionado para formar o intermediário tetraédrico não seja uma base mais fraca do que o grupo ligado ao grupo acila no reagente.

Um anidrido, portanto, não pode ser convertido em um cloreto de acila porque um íon cloreto é uma base mais fraca do que um íon carboxilato.

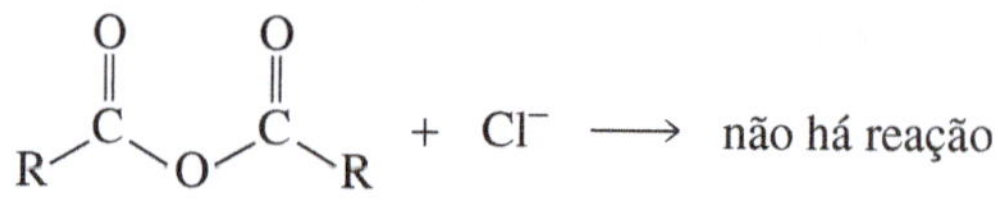

anidrido

17.7 Mecanismo geral para reações nucleofílicas acílicas

Todos os derivados de ácido carboxílico sofrem reações de substituição nucleofílica acílica de acordo com o mesmo mecanismo. Se o nucleófilo for carregado negativamente, o mecanismo discutido na Seção 17.5 ocorrerá: o nucleófilo ataca o carbono carbonílico, formando um intermediário tetraédrico. Quando o intermediário tetraédrico se colapsa, a base mais fraca é eliminada.

Todos os derivados de ácidos carboxílicos reagem de acordo com o mesmo mecanismo.

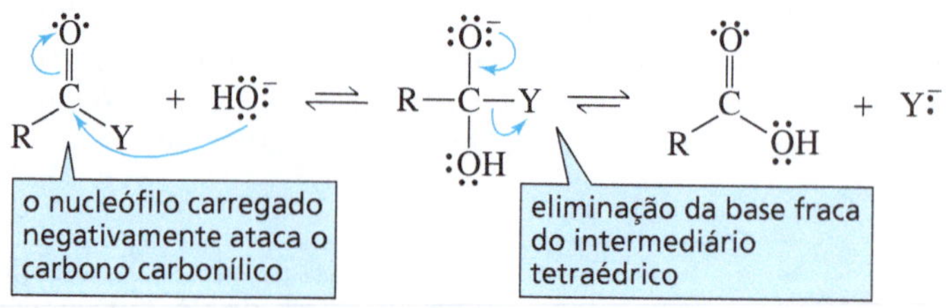

Se o nucleófilo for neutro, o mecanismo tem uma etapa adicional. Um próton se perde do intermediário tetraédrico formado na primeira etapa, resultando em um intermediário tetraédrico equivalente ao formado pelos nucleófilos carregados negativamente. Esse intermediário tetraédrico elimina, das duas bases, aquela que for mais fraca — o novo grupo adicionado após a perda de um próton ou o grupo que estava ligado ao grupo acila no reagente. (HB^+ representa algumas espécies em solução que são capazes de doar um próton, e :B representa algumas espécies em solução que são capazes de remover um próton.)

Animation Gallery: Substituição nucleofílica acílica

www

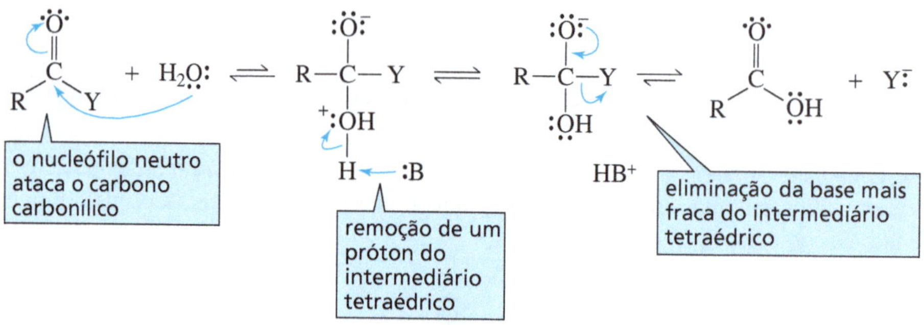

O intermediário tetraédrico elimina a base mais fraca.

As seções seguintes deste capítulo abordam exemplos específicos desses princípios gerais. Lembre-se de que *todas as reações seguem o mesmo mecanismo.* Portanto, você pode sempre determinar o resultado das reações dos ácidos carboxílicos e seus derivados apresentados neste capítulo examinando o intermediário tetraédrico e lembrando que uma base mais fraca é preferencialmente eliminada (Seção 17.5).

PROBLEMA 9◆

Qual será o produto de uma reação de substituição nucleofílica acílica — um novo derivado de ácido carboxílico, uma mistura de dois derivados de ácido carboxílico ou nenhuma reação — se o novo grupo no intermediário tetraédrico for o seguinte?

a. uma base mais forte do que o grupo que já estava presente no reagente
b. uma base mais fraca do que o grupo que já estava presente no reagente
c. basicidade similar ao grupo que já estava presente no reagente

17.8 Reações de haletos de acila

Haletos de acila reagem com íons carboxilatos para formar anidridos, com alcoóis para formar ésteres, com água para formar ácidos carboxílicos e com aminas para formar amidas, porque em cada caso o nucleófilo que se aproxima é uma base mais forte do que o íon haleto que sai (Tabela 17.1). Note que os dois, alcoóis e fenóis, podem ser usados para preparar ésteres.

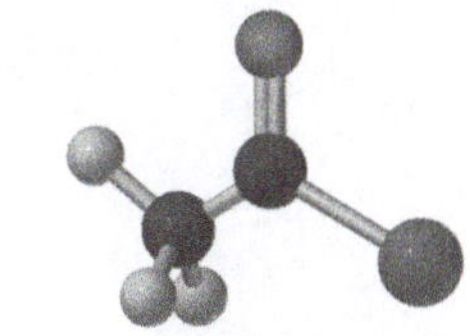
cloreto de acila

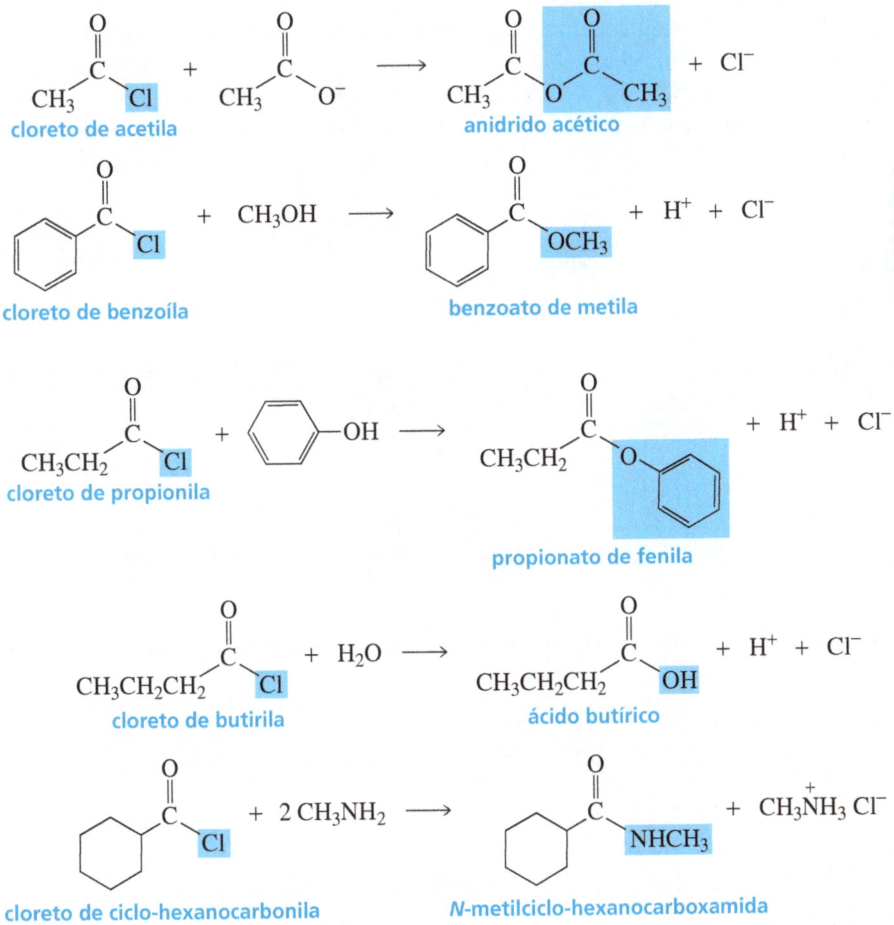

Molecule Gallery: Cloreto de benzoíla
WWW

Todas as reações seguem o mecanismo geral descrito na Seção 17.7. Na conversão de um cloreto de acila em um anidrido de ácido, o íon carboxilato nucleofílico ataca o carbono carbonílico do cloreto de acila. Como o intermediário tetraédrico resultante é instável, a ligação dupla é restabelecida imediatamente, eliminando o íon cloreto, que é uma base mais fraca do que o íon carboxilato. O produto final é um anidrido.

mecanismo para a conversão de um cloreto de acila em um anidrido de ácido

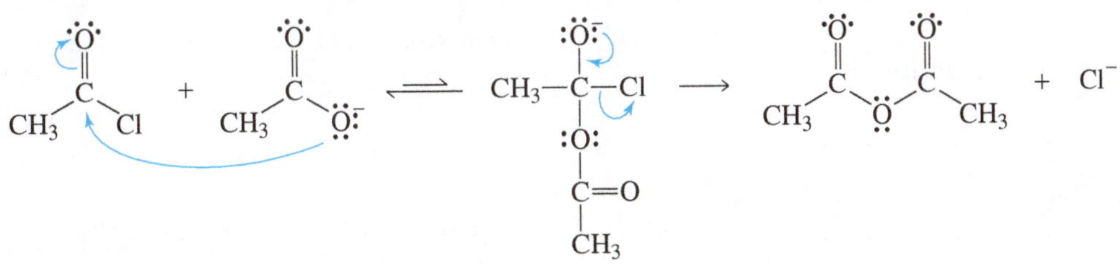

Na conversão de um cloreto de acila em um éster, o álcool nucleofílico ataca o carbono carbonílico do cloreto de acila. Como o grupo éter protonado é um ácido forte (Seção 1.17, volume 1), o intermediário tetraédrico perde um próton. O íon cloreto é eliminado do intermediário tetraédrico protonado porque o íon cloreto é uma base mais fraca que o íon alcóxido.

mecanismo para a conversão de um cloreto de acila em um éster

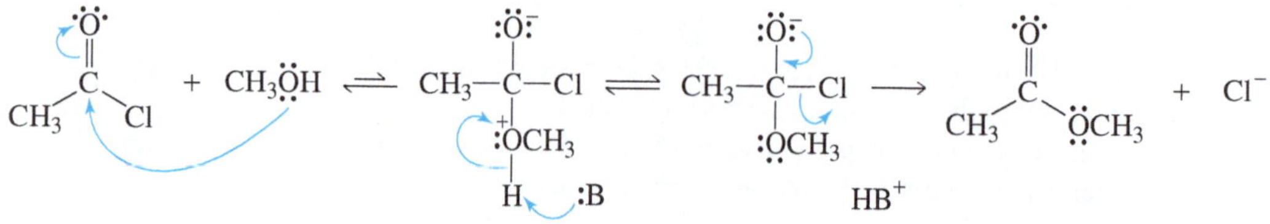

A reação de um cloreto de acila com amônia ou com amina primária ou secundária forma amida e HCl. O ácido gerado na reação protonará a amônia ou a amina que ainda não reagiu; uma vez que elas não são nucleofílicas, as aminas protonadas não podem reagir com o cloreto de acila. A reação, portanto, deve ser realizada com duas vezes mais amônia ou amina do que cloreto de acila para que haja amina suficiente para reagir com o haleto de acila.

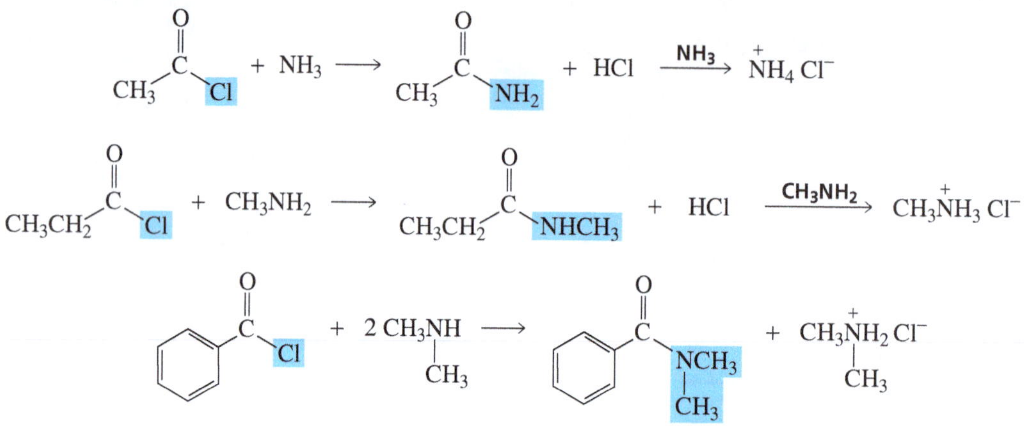

Como aminas terciárias não podem formar amidas, um equivalente de amina terciária tal como a trietilamina ou piridina pode ser usada no lugar do excesso de amina.

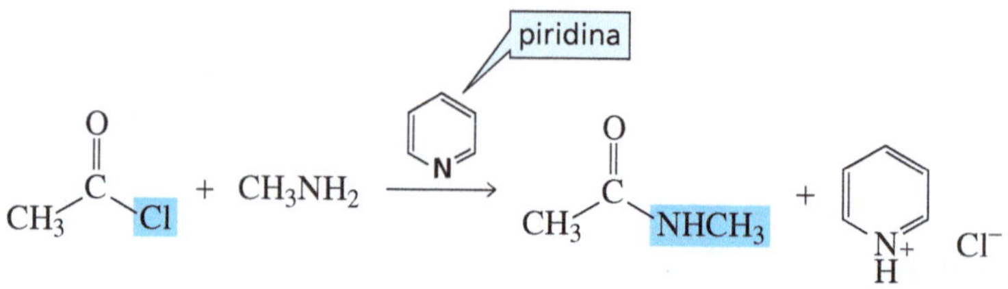

PROBLEMA 10 RESOLVIDO

a. Duas aminas são obtidas a partir da reação de cloreto de acetila com uma mistura de etilamina e propilamina. Identifique as amidas obtidas.

b. Somente uma amida é obtida da reação de cloreto de acetila com uma mistura de etilamina e piridina. Por que apenas uma amida é obtida?

RESOLUÇÃO PARA 10a Qualquer uma das duas aminas pode reagir com o cloreto de acetila, por isso tanto *N*-etilacetamida como *N*-propilacetamida são formadas.

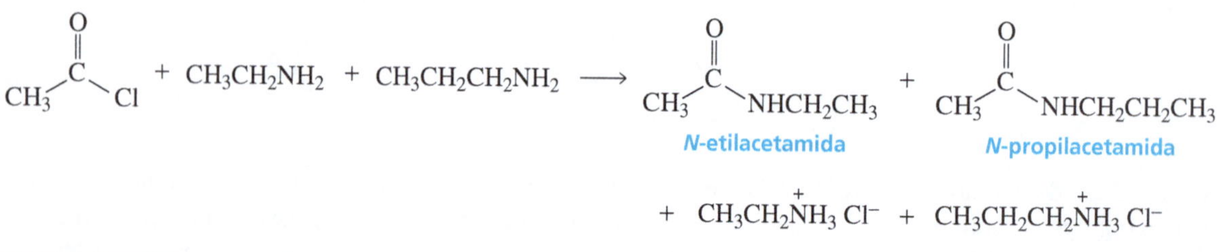

RESOLUÇÃO PARA 10b Inicialmente duas amidas são formadas. No entanto, a amida formada a partir da piridina (uma amina terciária) é muito mais reativa porque tem um átomo de nitrogênio carregado positivamente, o que o torna um excelente grupo de saída. Por essa razão, reagirá imediatamente com a etilamina que ainda não reagiu, originando, assim, a *N*-etilacetamida, única amida formada na reação.

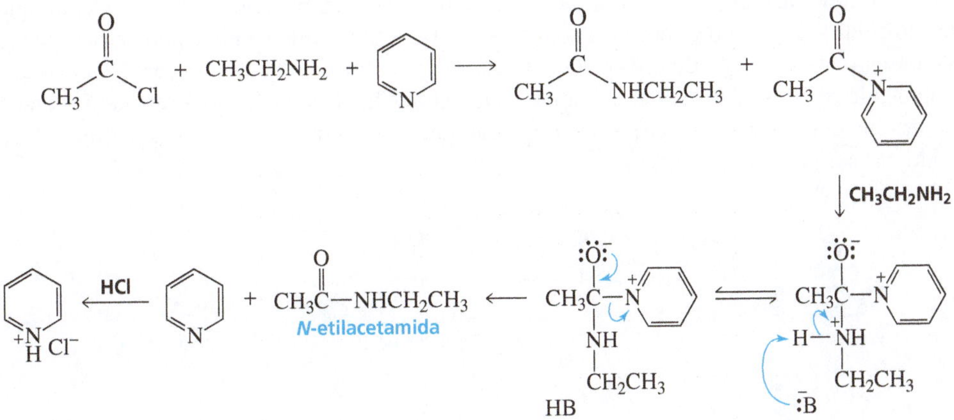

PROBLEMA 11

Ainda que um excesso de amina seja necessário na reação de cloreto de acetila com uma amina, explique por que não é necessário usar excesso de álcool na reação de um cloreto de acila com um álcool.

PROBLEMA 12

Escreva o mecanismo para cada uma das seguintes reações:

a. reação de cloreto de acetila com água para formar ácido acético
b. reação de brometo de acetila com metilamina para formar *N*-metilacetamida

PROBLEMA 13◆

Partindo do cloreto de acetila, qual nucleófilo deverá ser usado para preparar cada uma das seguintes substâncias?

a. $CH_3\overset{O}{\overset{\|}{C}}OCH_2CH_2CH_3$

b. $CH_3\overset{O}{\overset{\|}{C}}NHCH_2CH_3$

c. $CH_3\overset{O}{\overset{\|}{C}}N(CH_3)_2$

d. $CH_3\overset{O}{\overset{\|}{C}}OH$

e. $CH_3\overset{O}{\overset{\|}{C}}O\overset{O}{\overset{\|}{C}}CH_3$

f. 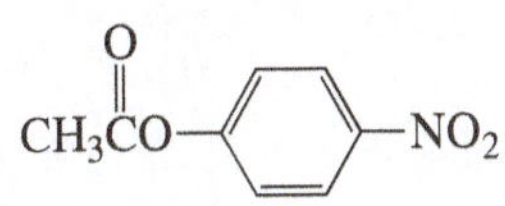

17.9 Reações de anidridos de ácido

Os anidridos de ácido não reagem com cloreto de sódio ou brometo de sódio porque o íon haleto que entra é uma base mais fraca do que o íon carboxilato que sai (Tabela 17.1).

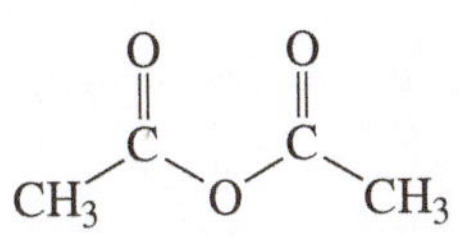 $+ \ Cl^- \longrightarrow$ não há reação

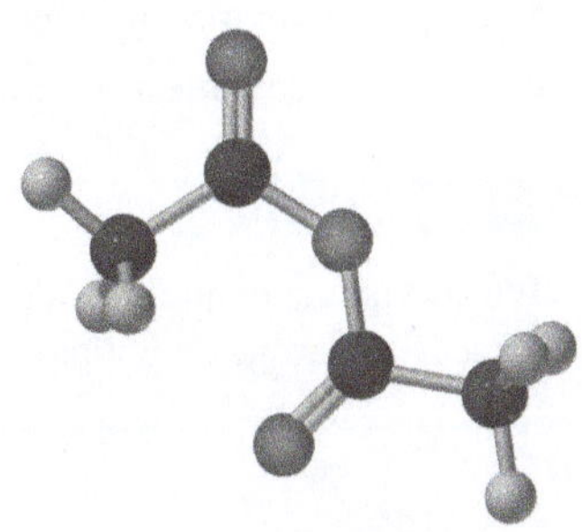
anidrido acético

Como o íon haleto recebido é a base mais fraca, ele será expulso do intermediário tetraédrico.

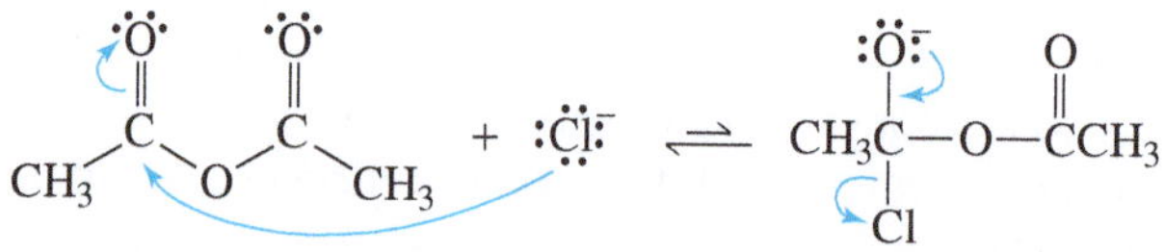

Um anidrido de ácido reage com um álcool para formar um éster e um ácido carboxílico, com água para formar dois equivalentes do ácido carboxílico e com uma amina para formar uma amida e um ácido carboxílico. Em cada caso, o nucleófilo que entra — após a perda do próton — é uma base mais forte do que o íon carboxilato que sai. Na reação de uma amina com anidrido, dois equivalentes de amina ou um equivalente de amina mais um equivalente de uma amina terciária como a piridina devem ser usados de modo que quantidade suficiente de amina esteja presente para reagir com o próton produzido na reação.

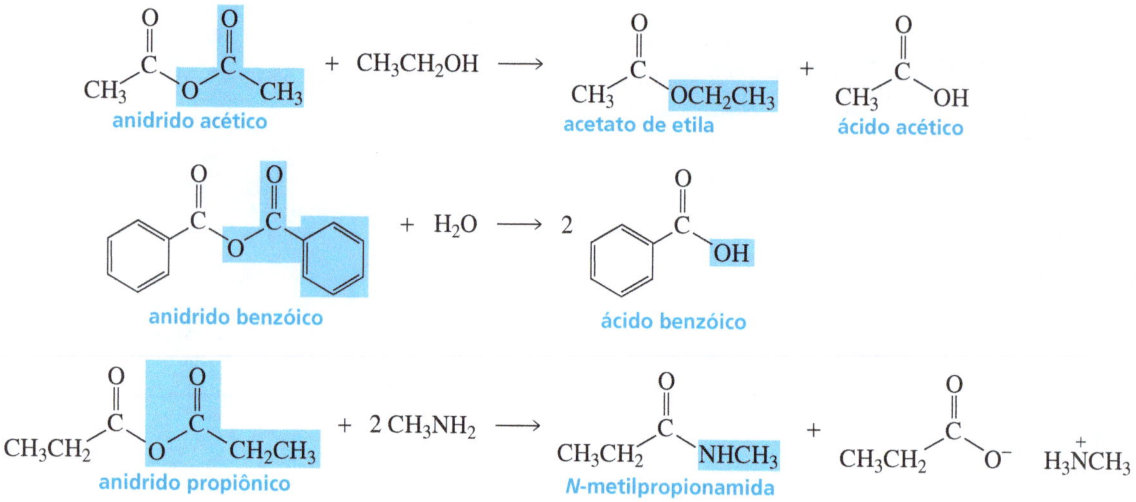

Todas as reações seguem o mecanismo geral descrito na Seção 17.7. Por exemplo, compare o seguinte mecanismo para a conversão de um anidrido de ácido em um éster com o mecanismo para a conversão de um cloreto de acila em um éster apresentado na página 98.

mecanismo para a conversão de um anidrido de ácido em um éster (e em um ácido carboxílico)

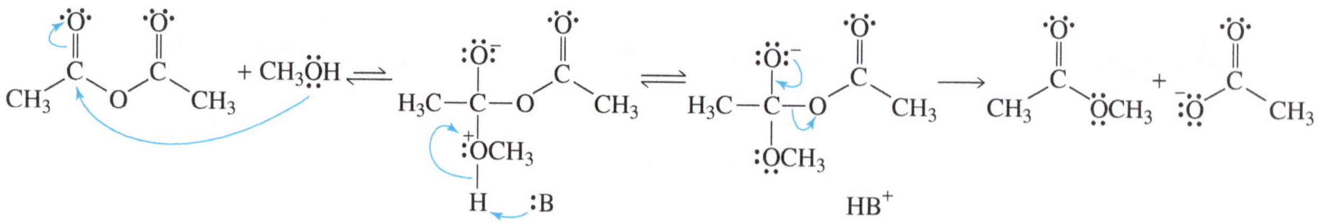

PROBLEMA 14

a. Proponha um mecanismo para a reação de um anidrido de ácido com água.

b. O que faz com que esse mecanismo seja diferente do mecanismo para a reação do anidrido acético com um álcool?

PROBLEMA 15

Temos visto que anidridos de ácido reagem com alcoóis, água e aminas. Em quais dessas três reações o intermediário tetraédrico não perde um próton antes de eliminar o íon carboxilato? Explique.

17.10 Reações de ésteres

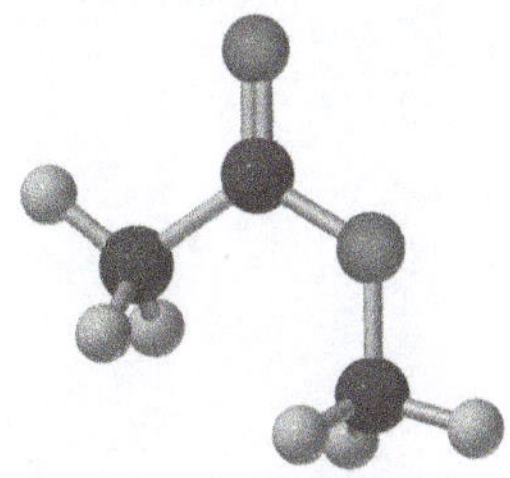
acetato de metila

Ésteres não reagem com íons de haleto ou íons carboxilato porque esses nucleófilos são bases muito mais fracas do que o grupo de saída RO^- do éster (Tabela 17.1).

Um éster reage com água para formar um ácido carboxílico e um álcool. Esse é um exemplo de uma reação de **hidrólise** — uma reação com água que converte uma substância em duas (*lysis* é um termo grego que significa 'quebrar').

reação de hidrólise

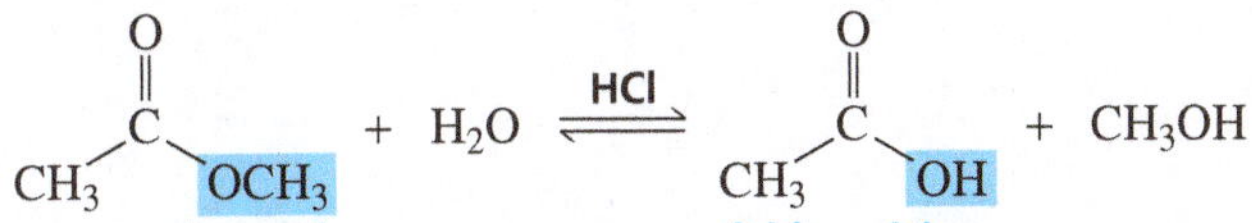

acetato de metila · ácido acético

Um éster reage com um álcool para formar um novo éster e um novo álcool. Esse é um exemplo de uma reação de **alcoólise**. Essa reação de alcoólise em particular também é chamada **reação de transesterificação** porque um éster é convertido em outro éster.

reação de transesterificação

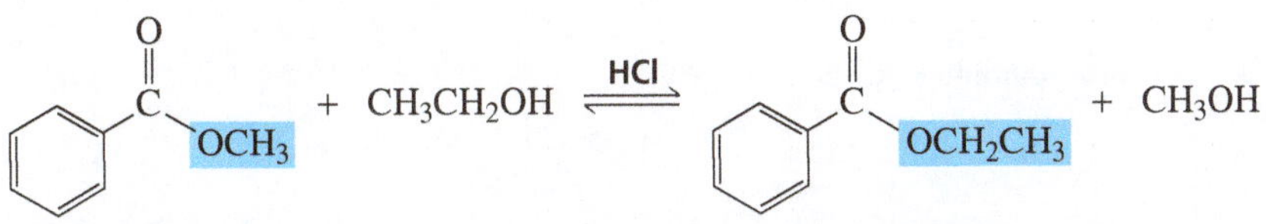

benzoato de metila · benzoato de etila

As reações de hidrólise e alcoólises de um éster são reações muito lentas porque água e alcoóis são nucleófilos fracos, e ésteres têm grupos de saída muito básicos. Essas reações, portanto, são sempre catalisadas quando realizadas em laboratório. As hidrólises e alcoólises de um éster podem ser catalisadas por ácidos (veja Seção 17.11). A velocidade de hidrólise também pode ser aumentada pelo íon hidróxido, e a velocidade da alcoólise pode ser aumentada pela base conjugada (RO^-) do reagente álcool (Seção 17.12).

Os ésteres também reagem com aminas para formar amidas. A **aminólise** é uma reação com uma amina na qual uma substância é convertida em duas. Observe que as aminólises de um éster requerem apenas um equivalente de amina, ao contrário de uma aminólise de um cloreto de acila ou de um anidrido de ácido, que requerem dois equivalentes (seções 17.8 e 17.9). Isso ocorre porque o grupo de saída de um éster (RO^-) é mais básico do que a amina, portanto o íon hidróxido — assim com a amina que não reagiu — reage com o próton gerado na reação.

reação de aminólise

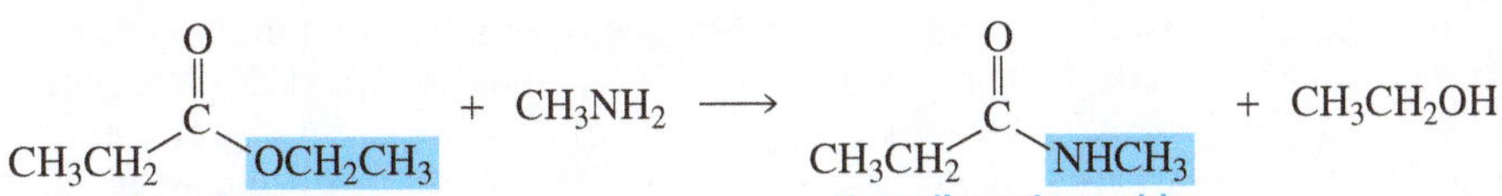
propionato de etila · *N*-metilpropionamida

A reação de um éster com uma amina não é tão lenta quanto uma reação de um éster com água e um álcool, porque uma amina é um nucleófilo melhor. Isso é bom, porque a velocidade de reação de um éster com uma amina não pode ser aumentada pelo ácido ou pelo HO^- ou RO^- (Problema 20). A aminólise de um éster pode ser concluída usando-se um excesso de amina ou pela destilação do álcool formado.

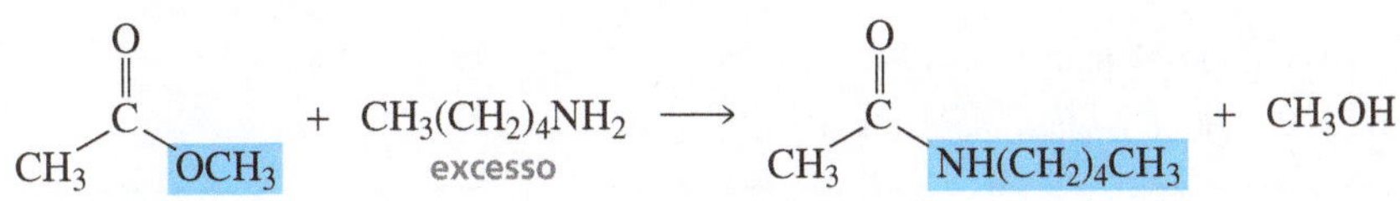

Molecule Gallery: Acetato de fenila

WWW

No volume 1, Seção 7.10, vimos que os fenóis são ácidos mais fortes do que os outros alcoóis. Portanto, os íons fenóxido (ArO^-) são bases mais fracas do que os íons alcóxido (RO^-), o que significa que ésteres fenílicos são mais reativos do que ésteres alquílicos.

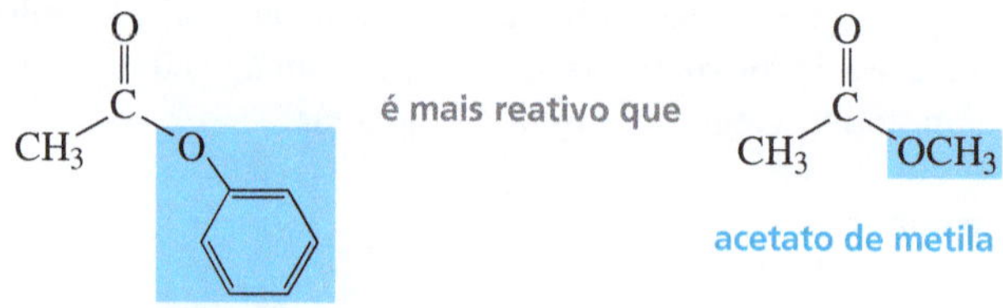

acetato de fenila

acetato de metila

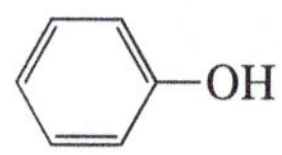

$pK_a = 10,0$

CH_3OH

$pK_a = 15,5$

Aspirina

A reação de transesterificação que bloqueia a síntese de prostaglandinas é responsável pela atividade da aspirina como agente antiinflamatório. As prostaglandinas apresentam diversas funções biológicas e uma delas é estimular a inflamação. A enzima prostaglandina sintase catalisa a conversão do ácido aracdônico em PGH_2, um precursor de prostaglandinas e dos correspondentes tromboxanos (Seção 26.5).

ácido aracdônico —**prostaglandina sintase**→ PGH_2 → prostaglandinas; → tromboxanos

As prostaglandinas sintase são compostas de duas enzimas. Uma delas — ciclooxigenase — tem um grupo CH_2OH (chamado grupo hidroxilado da serina porque faz parte do aminoácido chamado serina) que é necessário para a atividade da enzima. O grupo CH_2OH reage com a aspirina (ácido acetilsalicílico) em uma reação de transesterificação e ela se torna acetilada. Esse fato causa a inativação da enzima. A prostaglandina, portanto, não pode ser sintetizada, e a inflamação cessa.

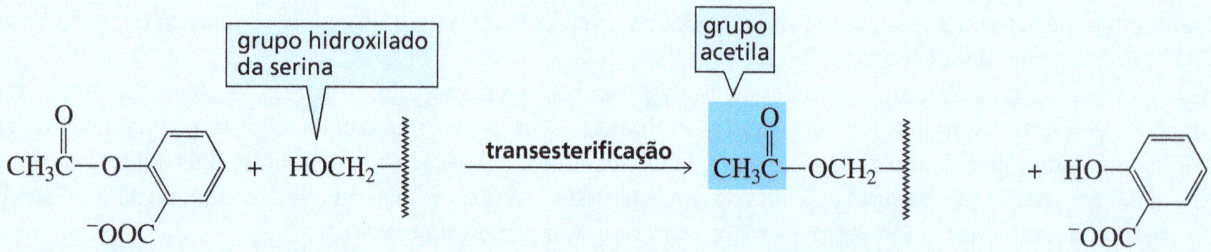

acetilsalicilato aspirina — enzima ativa — enzima acetilada inativa — salicilato

Os tromboxanos estimulam a agregação plaquetária. Como a aspirina inibe a formação da PGH_2, inibe a produção de tromboxano e, portanto, a agregação plaquetária. Presumivelmente, essa é a razão por que foi relatado que baixos níveis de aspirina reduzem a incidência de derrames e ataques cardíacos, que são resultado da formação de coágulos sangüíneos. Em virtude da atividade da aspirina como anticoagulante, os médicos pedem a pacientes que vão se submeter à cirurgia que não a utilizem alguns dias antes da operação.

PROBLEMA 16

Escreva um mecanismo para as seguintes reações:

a. hidrólise não catalisada do propionato de metila
b. aminólise do formiato de fenila, usando metilamina

PROBLEMA 17◆

a. Estabeleça três fatores que contribuam para o fato de a hidrólise não catalisada de um éster ser uma reação lenta.

b. Qual reação é mais rápida, a hidrólise de um éster ou uma aminólise do mesmo éster?

PROBLEMA 18 RESOLVIDO

a. Liste os ésteres a seguir em ordem decrescente de reatividade em reações de hidrólise:

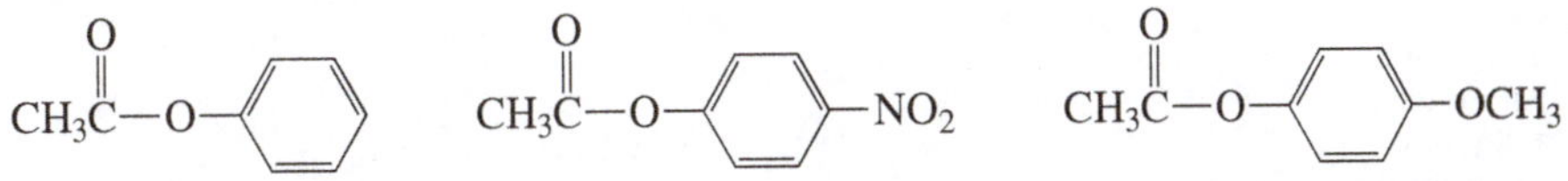

b. Qual seria a velocidade de reação do éster *p*-metilfenílico comparada com a velocidade de hidrólise dos três ésteres vistos anteriormente?

RESOLUÇÃO PARA 18a Uma vez que o grupo nitro retira elétrons do anel benzênico e o grupo metoxi doa elétrons para o anel benzênico, o éster substituído com o grupo nitro será mais sucetível e o éster substituído com o grupo metoxi será o menos suscetível ao ataque nucleofílico. Sabemos que um retirador de elétrons aumenta a acidez e um doador de elétrons diminui, por isso o *para*-nitrofenol é um ácido mais forte do que o fenol, que é um ácido mais forte do que o *para*-metoxifenol. Portanto, o íon *para*-nitrofenóxido é a base mais fraca e o melhor grupo de saída dos três, ao passo que o íon *para*-metoxifenóxido é uma base mais forte e o pior grupo de saída. Portanto, as duas etapas lentas das reações de hidrólise são mais rápidas para o éster com o substituinte nitro (retirador de elétrons) e mais lentas para o éster com o substituinte metoxi (doador de elétrons).

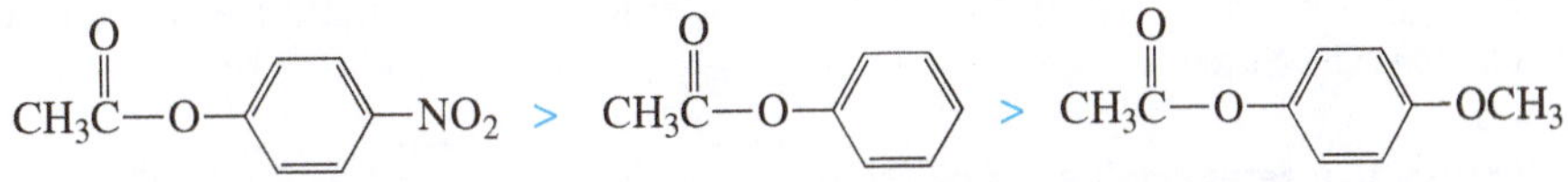

RESOLUÇÃO PARA 18b O substituinte metil é um doador de elétrons indutivo para o anel benzeno, mas doa elétrons em uma extensão menor do que o substituinte metoxi, doador de elétrons via ressonância. Portanto, a velocidade de hidrólise do éster metílico substituído é mais lenta do que a velocidade de hidrólise de um éster não substituído, porém é mais rápida em relação à hidrólise do éster metoxílico substituído.

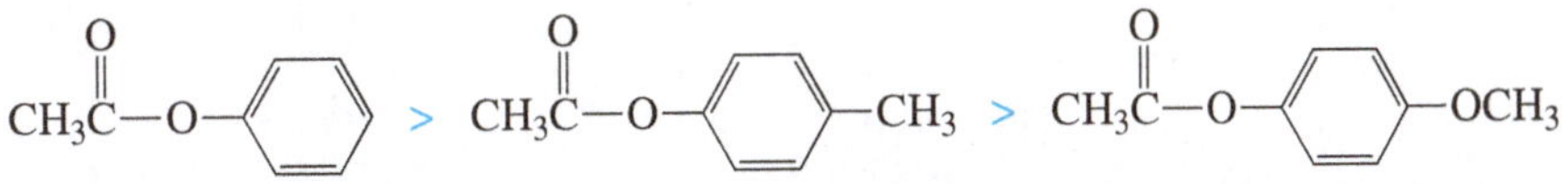

17.11 Hidrólise de éster catalisada por ácido

Vimos que o éster se hidrolisa lentamente porque a água é um nucleófilo fraco e o éster tem um grupo de saída muito básico. A velocidade de reação pode ser aumentada pela adição de ácido ou de HO^-. Quando você examinar os seguintes mecanismos, observe os fatores que são válidos para todas as reações orgânicas:

1. Em uma reação catalisada por ácidos, todos os intermediários orgânicos e produtos são carregados positivamente ou neutros; *intermediários orgânicos e produtos carregados negativamente não são formados em soluções ácidas.*
2. Em uma reação em que HO^- é usado para aumentar a velocidade de reação, todos os intermediários orgânicos e produtos são carregados negativamente ou neutros; *intermediários orgânicos e produtos carregados positivamente não são formados em soluções básicas.*

Hidrólise de éster comum

A primeira etapa do mecanismo para a hidrólise de um éster catalisada por ácido é a protonação do oxigênio carbonílico pelo ácido. Relembre que HB^+ representa alguma espécie na solução que é capaz de doar um próton, e :B representa alguma espécie na solução que é capaz de remover um próton.

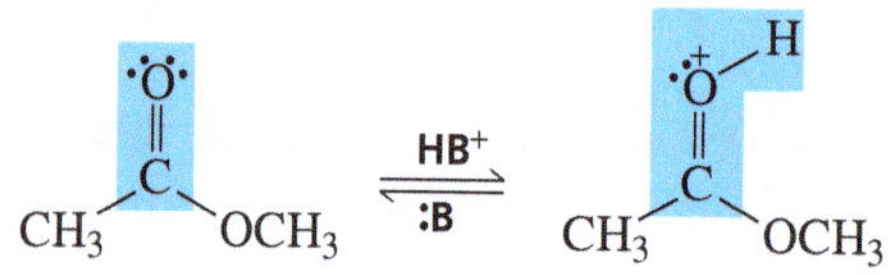

O oxigênio carbonílico é protonado porque é o átomo com maior densidade eletrônica, como mostrado pelas formas na ressonância.

HB⁺ representa alguma espécie na solução que é capaz de doar um próton, e :B representa alguma espécie na solução que é capaz de remover um próton.

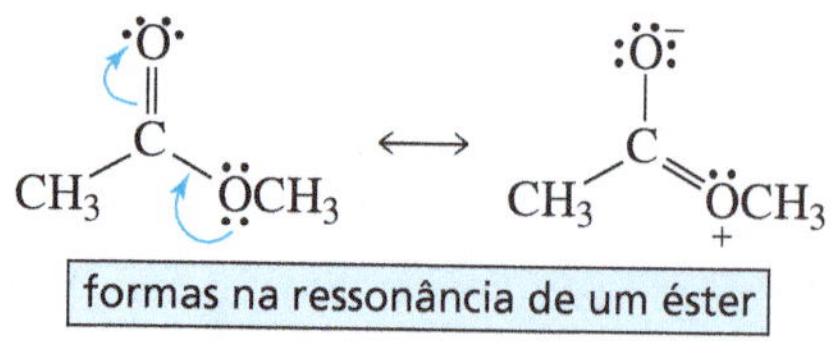

Na segunda etapa do mecanismo, o nucleófilo (H_2O) ataca o grupo carbonílico protonado. O intermediário protonado resultante (intermediário tetraédrico I) está em equilíbrio com a forma não protonada (intermediário tetraédrico II). Tanto o grupo OH ou OR do intermediário tetraédrico II (no caso, OR = OCH_3) pode ser protonado. Como os grupos OH e OR têm as mesmas basicidades, os dois intermediários tetraédricos I (OH é protonado) e o intermediário tetraédrico III (OR é protonado) são formados. (No volume 1, Seção 1.20, vimos que as quantidades relativas dos três intermediários tetraédricos dependem do pH da solução e dos valores de pK_a dos intermediários protonados.) Quando o intermediário tetraédrico I colapsa, é eliminado H_2O preferencialmente a CH_3O^- porque H_2O é uma base mais fraca, de modo a reformar o éster. Quando o intermediário tatraídrico III colapsa, CH_3OH é eliminado mais facilmente que HO^- porque CH_3OH é uma base mais fraca, formando, assim, o ácido carboxílico. (O intermediário tetraédrico II tem menor probabilidade de hidrolisar porque tanto HO^- quanto CH_3O^- são bases fortes.) A hidrólise de éster catalisada por ácido será analisada detalhadamente na Seção 24.3.

mecanismo para hidrólise de ésteres catalisada por ácido

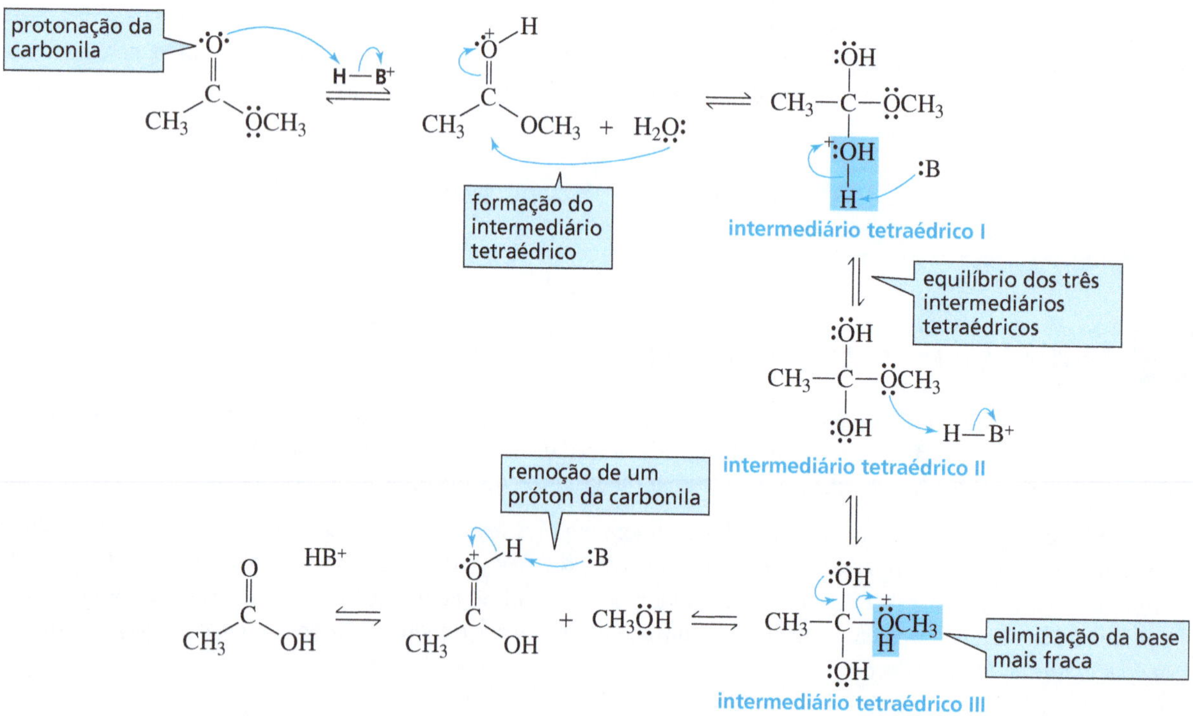

Como H_2O e CH_3OH têm aproximadamente a mesma basicidade, será provável que tanto o intermediário tetraédrico I colapsa para formar o éster quanto o intermediário tetraédrico III colapsa para formar o ácido carboxílico. Conseqüentemente, quando a reação atingir o equilíbrio, o éster e o ácido carboxílico estarão presentes em quantidades equivalentes.

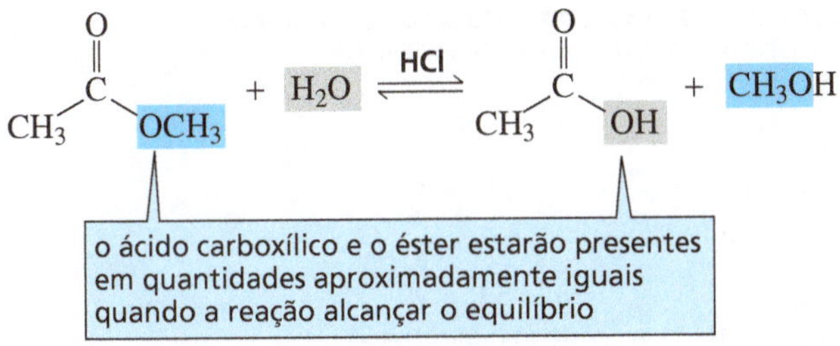

Tutorial Gallery: Manipulando o equilíbrio

WWW

O excesso de água forçará o equilíbrio para a direita (princípio de Le Châtelier; volume 1, Seção 10.4). Ou, se o ponto de ebulição do álcool produzido for significantemente menor do que o ponto de ebulição dos outros componentes da reação, a reação pode ser direcionada para a direita destilando-se o álcool produzido quando for formado.

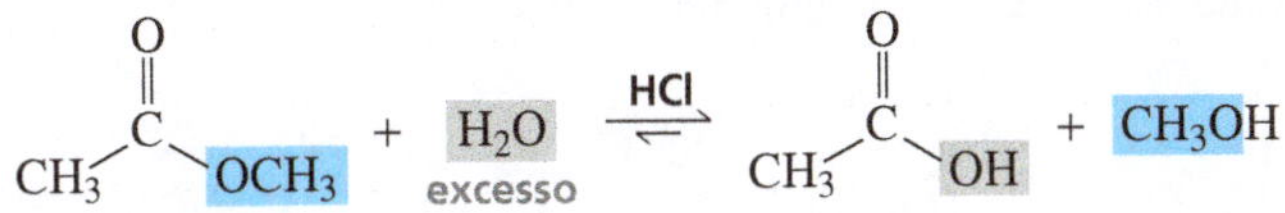

O mecanismo para a reação catalisada por ácido do ácido carboxílico e um álcool para formar um éster e água é exatamente o mecanismo no sentido contrário para a hidrólise catalisada por ácido de um éster para formar um ácido carboxílico e um álcool. Se o éster for o produto desejado, a reação deve ser realizada em condições que direcione o equilíbrio para a esquerda — usando excesso de álcool ou removendo água quando formada (Seção 17.14).

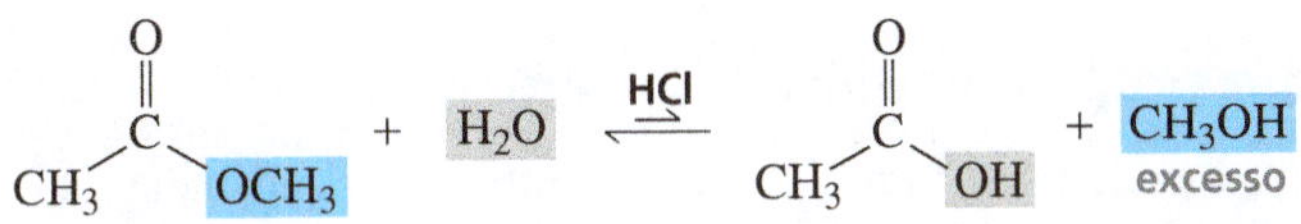

PROBLEMA 19◆

Tendo como base o mecanismo de hidrólise do acetato de metila catalisada por ácido, responda:

a. Qual espécie poderia ser representada por HB^+?
b. Qual espécie poderia ser representada por :B?
c. Qual espécie é a mais provável de ser HB^+ na reação de hidrólise?
d. Qual espécie é a mais provável de ser HB^+ na reação de hidrólise reversa?

PROBLEMA 20

Tendo como base o mecanismo de hidrólise do acetato de metila catalisada por ácido, escreva seu mecanismo — mostrando todas as setas curvas — para as reações catalisadas por ácido do ácido acético e do metanol para formar o acetato de metila. Use HB^+ e :B para representar as espécies doadoras do próton e retiradoras do próton, respectivamente.

Agora vejamos como o ácido aumenta a velocidade de hidrólise do éster. O ácido é o catalisador. Relembre que **catalisador** é a substância que aumenta a velocidade de reação sem ser consumida ou trocada ao longo da reação (Seção 4.5, volume 1). Para um catalisador aumentar a velocidade de uma reação, ele deve aumentar a velocidade da etapa mais lenta da reação. Quatro das seis etapas no mecanismo para a hidrólise do éster catalisada por ácido são etapas de transferência de prótons. A transferência do próton para ou de um átomo eletronegativo como o oxigênio ou o nitrogênio é a etapa mais rápida. Assim, existem duas etapas relativamente mais lentas no mecanismo: formação do intermediário tetraédrico e colapso do intermediário tetraédrico. O ácido aumenta a velocidade de ambas as etapas.

O ácido aumenta a velocidade de formação do intermediário tetraédrico pela protonação do oxigênio da carbonila. No que diz respeito a ataques nucleofílicos, os grupos carbonílicos protonados são mais suscetíveis a eles do que os grupos carbonílicos não protonados porque o oxigênio carregado positivamente é mais retirador de elétrons do que um oxigênio neutro. Uma vez que o oxigênio aumenta a retirada de elétrons, aumenta a deficiência de elétrons do carbono carbonílico, o qual aumenta sua atração por nucleófilos.

protonação do oxigênio carbonílico aumenta a suscetibílidade do carbono carbonílico a ataques nucleofílicos

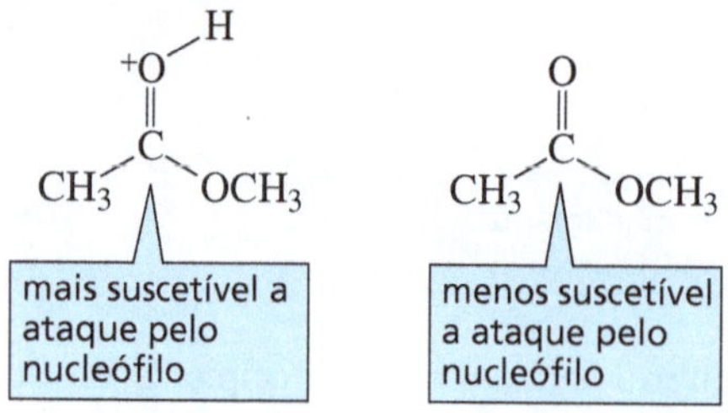

O ácido aumenta a velocidade do colapso do intermediário tetraédrico pela diminuição da basicidade do grupo de saída, o que o torna mais fácil de ser eliminado. Na hidrólise do éster catalisada por ácido, o grupo de saída é ROH, uma base mais fraca do que o grupo de saída (RO^-) em uma reação não catalisada.

O catalisador ácido aumenta a eletrofilicidade do átomo de carbono da carbonila e diminui a basicidade do grupo de saída.

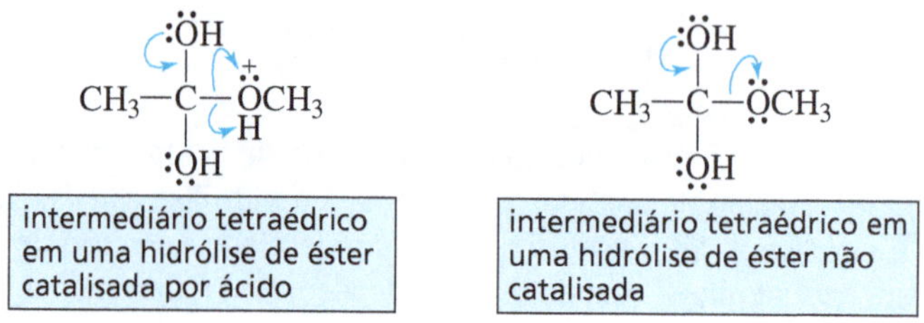

Hidrólise de ésteres com grupos alquílicos terciários

Os ésteres com grupos alquílicos terciários sofrem hidrólises muito mais rapidamente do que outros ésteres porque se hidrolisam por um mecanismo completamente diferente — que não envolve a formação de um intermediário tetraédrico. A hidrólise de um éster com um grupo alquílico terciário é uma reação S_N1 porque no momento em que o ácido carboxílico sai, deixa para trás um carbocátion terciário relativamente estável.

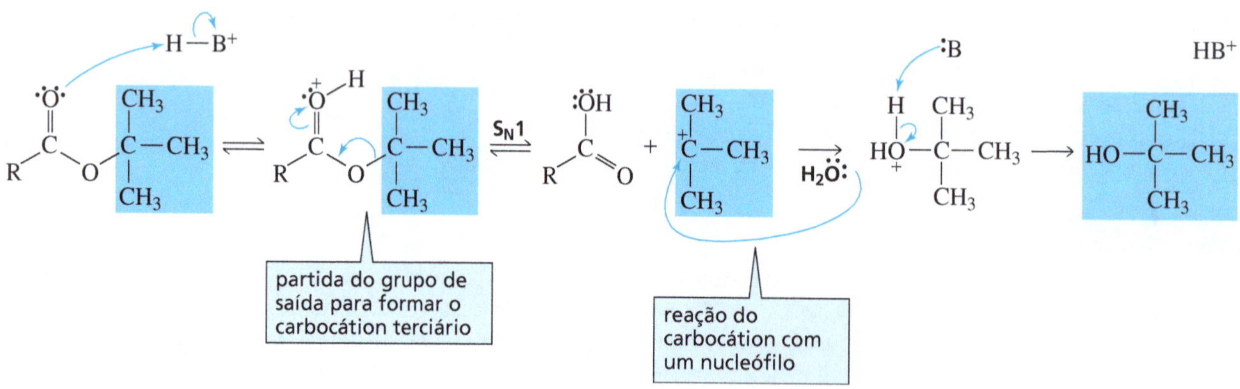

Transesterificação

A transesterificação — reação de um éster com um álcool — é também catalisada por um ácido. O mecanismo para a transesterificação é idêntico ao mecanismo para a hidrólise comum de éster, a menos que o nucleófilo seja ROH em vez de H_2O. Tal qual em uma hidrólise, o grupo de saída no intermediário tetraédrico formado na transesterificação tem aproximadamente a mesma basicidade. Conseqüentemente, o excesso do reagente álcool deve ser usado para produzir quantidade maior do produto desejado.

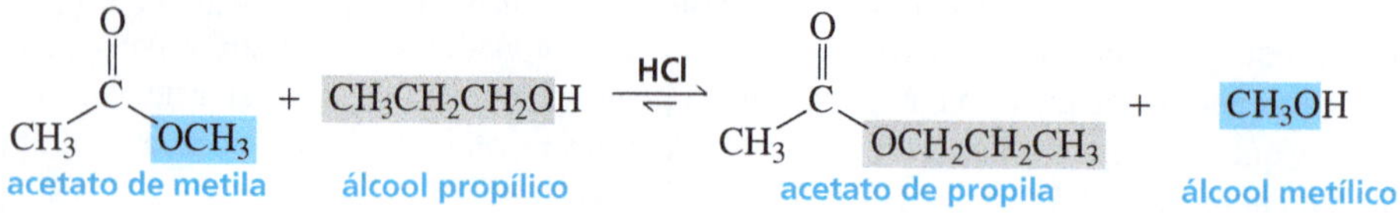

PROBLEMA 21

Escreva o mecanismo para a reação de transesterificação catalisada por ácido do acetato de metila com etanol.

17.12 Hidrólise de éster promovida pelo íon hidróxido

A velocidade de hidrólise de um éster pode ser aumentada ao realizar a reação em uma solução básica. Como um ácido, o íon hidróxido aumenta a velocidade das duas etapas lentas de reação.

O íon hidróxido aumenta a velocidade da formação do intermediário tetraédrico porque HO^- é um nucleófilo melhor do que H_2O, assim HO^- ataca mais rapidamente o carbono carbonílico. O íon hidróxido aumenta a velocidade de colapso do intermediário tetraédrico porque uma pequena fração do intermediário tetraédrico carregado negativamente se torna protonada em solução básica. Um oxigênio carregado negativamente pode eliminar mais facilmente o grupo de saída muito básico (RO^-) porque o oxigênio não desenvolve uma carga parcial positiva no estado de transição.

O íon hidróxido é um nucleófilo melhor do que a água.

mecanismo para uma hidrólise de éster promovida por íon hidróxido

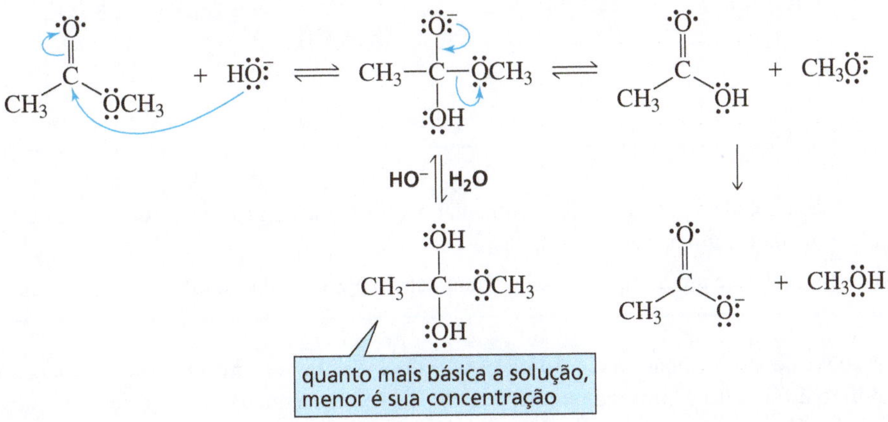

Observe que quando CH_3O^- é eliminado, os produtos finais não são o ácido carboxílico nem o íon metóxido porque, se apenas uma espécie for protonada, ela será a mais ácida. Os produtos finais são o íon carboxilato e o metanol porque CH_3O^- é mais básico que CH_3COO^-. Desde que os íons carboxilato sejam carregados negativamente, eles não são atacados por nucleófilos.

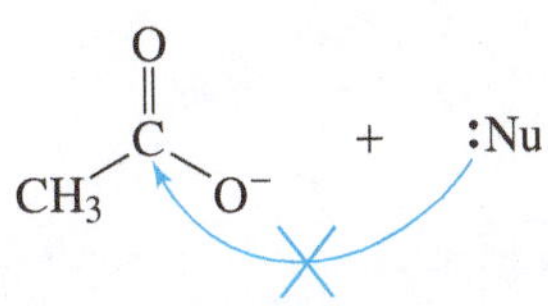

Portanto, a hidrólise de um éster promovida pelo íon hidróxido, assim como a hidrólise catalisada por ácido, *não* é uma reação reversível.

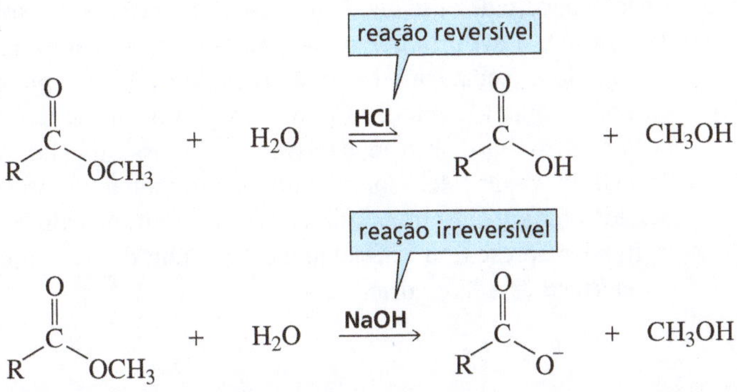

Essa reação é chamada reação promovida pelo íon hidróxido e não reação catalisada por base porque o íon hidróxido aumenta a velocidade da primeira etapa de reação por ser um nucleófilo melhor do que a água — não por ser uma base mais forte do que a água — e porque o íon hidróxido é consumido no término da reação. Para ser um catalisador, uma substância não deve ser alterada ou consumida em uma reação (Seção 17.11). Assim um íon hidróxido é realmente um reagente, e não um catalisador. Portanto, é mais exato denominá-lo reação *promovida* por íon hidróxido que reação *catalisada* por íon hidróxido.

O íon hidróxido promove somente reações de hidrólise, e não reações de transesterificação ou reações de aminólises. O íon hidróxido não pode promover reações de derivados de ácidos carboxílicos com alcoóis ou aminas porque uma das funções do íon hidróxido é fornecer um nucleófilo forte para a primeira etapa de reação. Assim, quando o nucleófilo é supostamente um álcool ou uma amina, um ataque nucleofílico pelo íon hidróxido formaria um produto diferente do que aquele que seria formado pelo ataque nucleofílico de um álcool ou amina. O hidróxido pode ser usado para promover uma reação de hidrólise porque o mesmo produto é formado, independentemente de o ataque nucleofílico ser H_2O ou HO^-.

A reação nas quais o nucleófilo é um álcool pode ser promovida pela base conjugada do álcool. A função do íon alcóxido é fornecer um nucleófilo forte para a reação, portanto somente reações nas quais o nucleófilo é um álcool podem ser promovidas pela sua base conjugada.

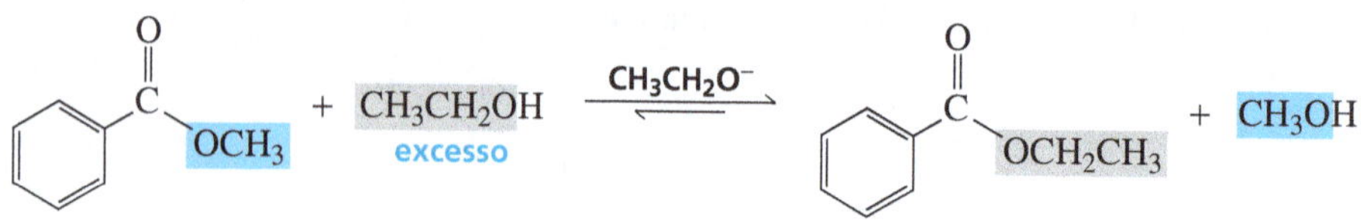

PROBLEMA 22◆

a. Quais outras espécies, além de um ácido, podem ser usadas para aumentar a velocidade de reação de uma transesterificação que converte um acetato de metila em um acetato de propila?

b. Explique por que a velocidade de aminólise de um éster não pode ser aumentada por H^+, HO^- ou RO^-.

Você tem observado que as reações de substituição nucleofílica para grupos acila ocorrem segundo um mecanismo no qual o intermediário tetraédrico é formado e subseqüentemente colapsa. O intermediário tetraédrico, no entanto, também é instável para ser isolado. Como, então, sabemos que ele é formado? Como sabemos que a reação não ocorre em uma etapa de deslocamento direto no mecanismo (similar a uma reação de substituição S_N2) no qual o nucleófilo que chega ataca o carbono carbonílico e desloca o grupo de saída — um mecanismo que não formasse um intermediário tetraédrico?

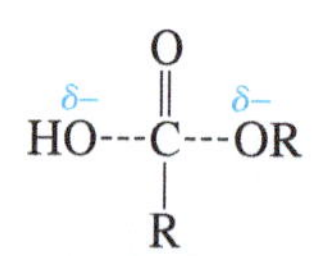

estado de transição para um mecanismo hipotético de uma etapa com deslocamento direto

Para responder a essa questão, Myron Bender investigou a hidrólise promovida pelo íon hidróxido do benzoato de etila com o oxigênio carbonílico do benzoato de etila marcado com ^{18}O. Quando ele isolou o benzoato de etila formado de uma mistura de reação incompleta, descobriu que nem todo o éster teria sido marcado. Se a reação tivesse seguido o mecanismo de uma etapa de deslocamento direto, todo o éster isolado teria se mantido marcado porque o grupo carbonílico não participaria da reação. Por outro lado, se o mecanismo envolvesse um intermediário tetraédrico, certa quantidade de éster isolado não estaria marcado porque algumas moléculas marcadas teriam sido transferidas para o íon hidróxido. Por meio dessa experiência, Bender apresentou uma evidência no que diz respeito à formação reversível do intermediário tetraédrico.

Myron L. Bender (1924–1988) *nasceu em St. Louis. Foi professor de química no Instituto de Tecnologia de Illinois e na Universidade de Northwestern.*

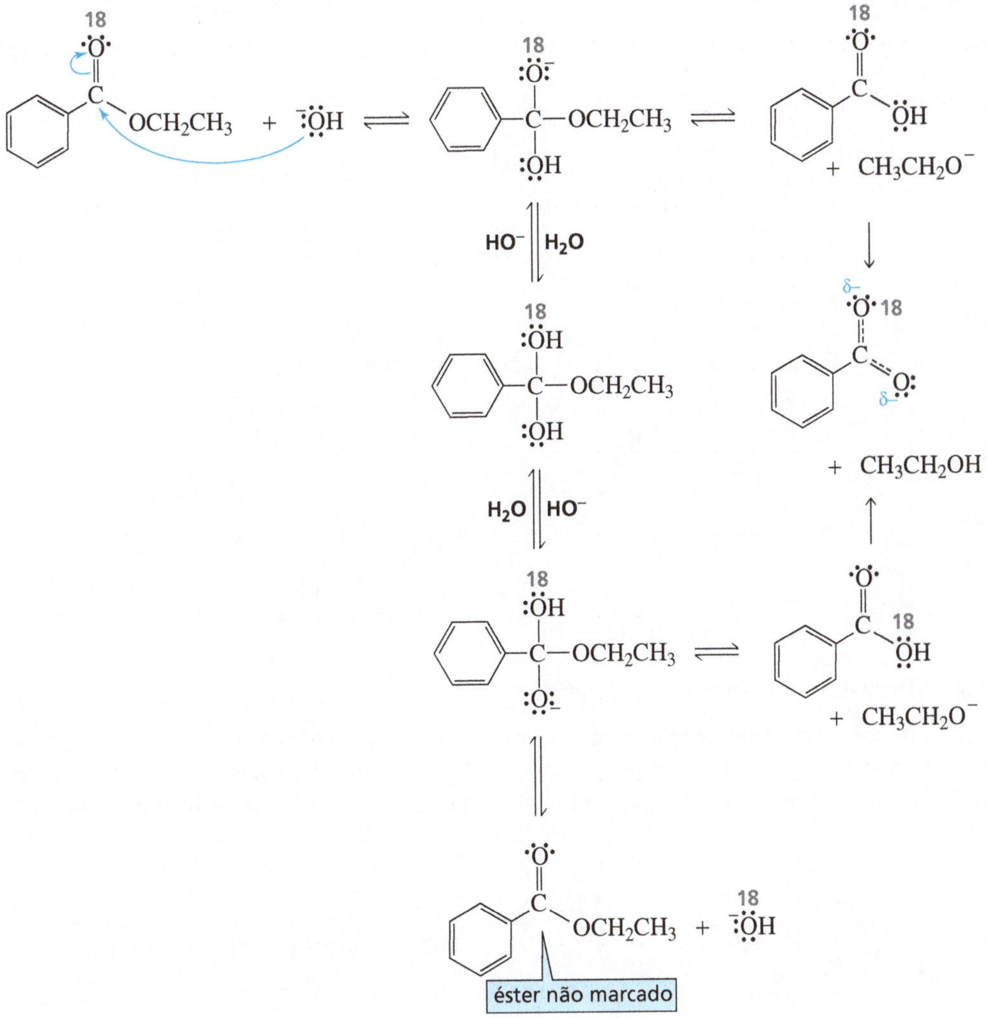

PROBLEMA 23◆

Se o ácido butanóico e o metanol marcado com ^{18}O são colocados para reagir sob condições ácidas, quais as substâncias que estariam marcadas quando a reação atingisse o equilíbrio?

PROBLEMA 24◆

D. N. Kursanov, químico russo, provou que a ligação quebrada na hidrólise promovida pelo íon hidróxido de um éster é uma ligação acílica C—O em vez de uma ligação alquílica C—O por meio do estudo da reação do éster mostrada a seguir com HO^-/H_2O:

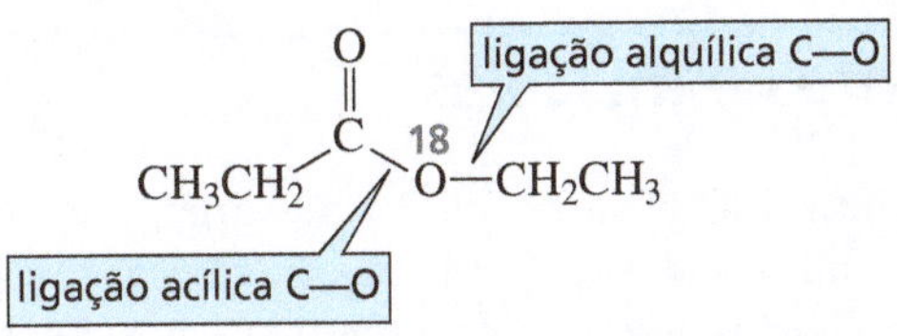

a. Qual dos produtos apresenta o ^{18}O marcado?

b. Qual produto teria o ^{18}O marcado se a ligação alquílica C—O fosse quebrada?

PROBLEMA 25 RESOLVIDO

Os químicos antigos podiam prever vários mecanismos possíveis para a hidrólise de éster promovida pelo íon hidróxido:

1. reação de substituição nucleofílica acílica

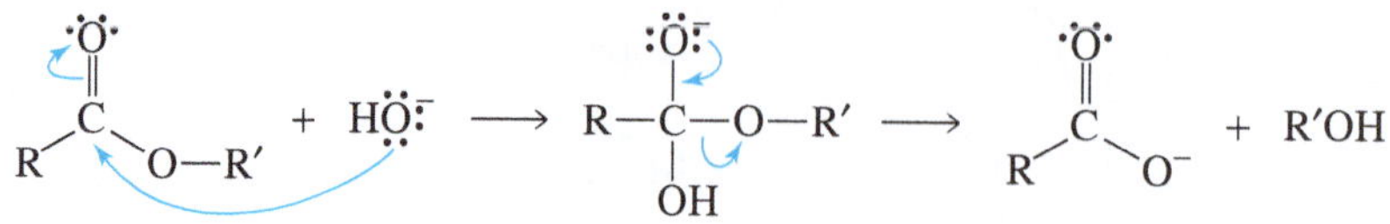

2. reação S_N2

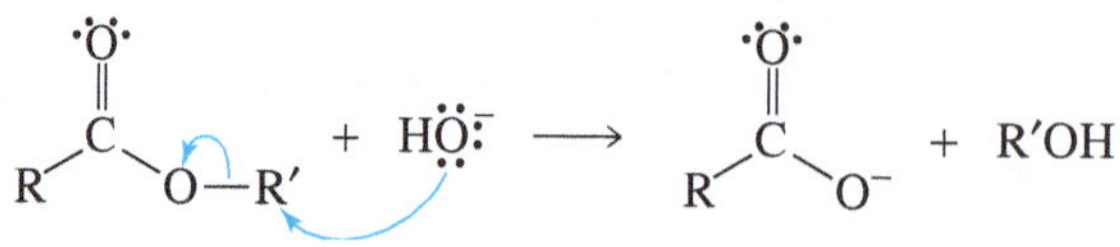

3. reação S_N1

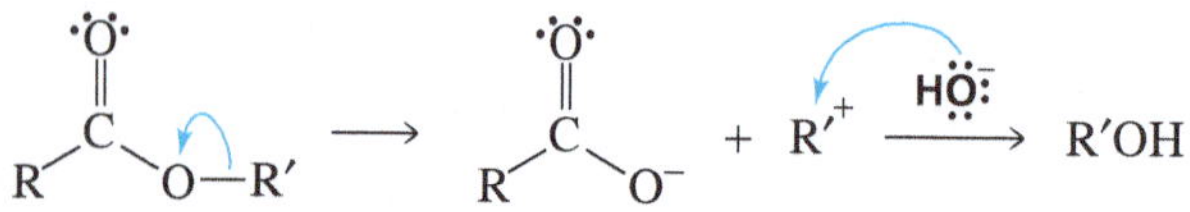

Proponha um experimento que diferencie esses três mecanismos.

RESOLUÇÃO Comece com um estereoisômero simples de um álcool no qual o grupo OH seja ligado a um carbono assimétrico e determine a rotação específica do álcool. Depois converta o álcool em éster, usando um método que não rompa nenhuma ligação do carbono assimétrico. A seguir, hidrolise o éster, isole o álcool obtido da hidrólise e determine sua rotação ótica.

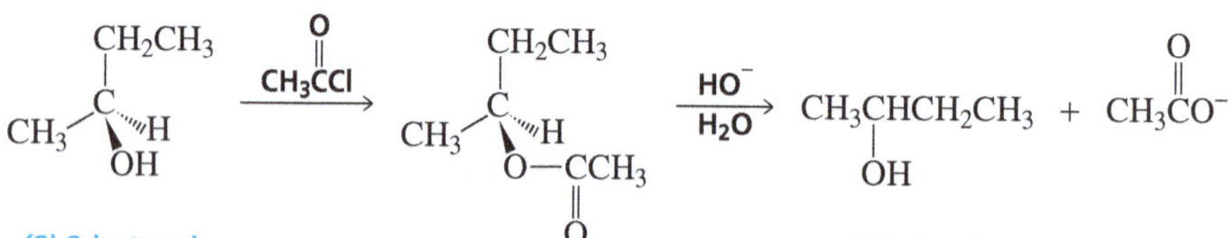

(*S*)-2-butanol

2-butanol

acetato de (*S*)-2-butila

Se a reação for uma reação de substituição nucleofílica acílica, o álcool produzido terá a mesma rotação específica do reagente álcool porque nenhuma ligação do carbono assimétrico foi quebrada (Seção 5.12, volume 1).

Se a reação for uma reação S_N2, o álcool produzido e o álcool que é o reagente terão rotações específicas opostas porque o mecanismo requer o ataque pelo lado oposto no carbono assimétrico (Seção 10.2, volume 1).

Se a reação for uma reação S_N1, o álcool produzido terá uma pequena (ou zero) rotação específica porque o mecanismo requer a formação de carbocátion, o qual leva a uma racemização do álcool (Seção 10.7, volume 1).

17.13 Sabões, detergentes e miscelas

Gorduras e **óleos** são triésteres do glicerol. O glicerol contém três grupos álcool e, portanto, pode formar três grupos éster. Quando os grupos éster são hidrolisados em uma solução básica, são formados o glicerol e o íon carboxilato. Os ácidos carboxílicos que estão ligados ao glicerol na gordura e nos óleos apresentam grupos R longos e não ramificados. Como eles são obtidos de gorduras, os ácidos carboxílicos de cadeias longas não ramificadas são denominados **ácidos graxos**. Na Seção 26.3, veremos que a diferença entre uma gordura e um óleo está na estrutura do ácido graxo.

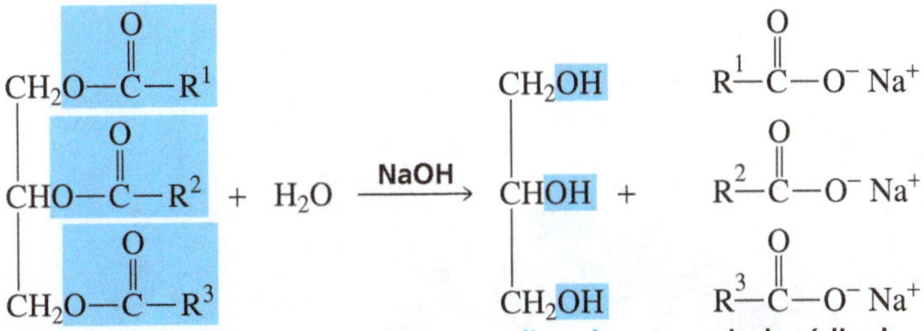

gordura ou óleo — glicerol — sais de sódio de ácidos graxos (sabão)

Os **sabões** são sais de sódio ou potássio de ácidos graxos. Assim, os sabões são obtidos quando gorduras ou óleos são hidrolisados em condições básicas. A hidrólise de um éster em uma solução básica é chamada **saponificação** — a tradução latina de 'sabão' é *sapo*. As substâncias a seguir constituem três dos sabões mais comuns:

$CH_3(CH_2)_{16}COO^- Na^+$
estearato de sódio

$CH_3(CH_2)_7CH{=}CH(CH_2)_7COO^- Na^+$
oleato de sódio

$CH_3(CH_2)_4CH{=}CHCH_2CH{=}CH(CH_2)_7COO^- Na^+$
linoleato de sódio

WWW Molecule Gallery: Estearato de sódio; oleato de sódio; linoleato de sódio

PROBLEMA 26 RESOLVIDO

Em um óleo obtido do amendoim não é comum que todos os três componentes do ácido graxo sejam idênticos. A fórmula molecular do óleo é $C_{45}H_{86}O_6$. Qual é a fórmula molecular do íon carboxilato obtido quando o óleo é saponificado?

RESOLUÇÃO Quando o óleo é saponificado, formam-se glicerol e três equivalentes do íon carboxilato. Ao perder glicerol, a gordura perde três carbonos e cinco hidrogênios. Então, os três equivalentes do íon carboxilato têm uma fórmula molecular combinada de $C_{42}H_{81}O_6$. Se for dividida por três fornece uma fórmula molecular de $C_{14}H_{27}O_2$ para o íon carboxilato.

Os íons carboxilatos de cadeia longa não existem como íons individuais na solução aquosa. Em vez disso, eles se arranjam em grupos esféricos denominados **miscelas**, como mostrado na Figura 17.4. Cada miscela contém de 50 a 100 íons carboxilatos de cadeia longa. Uma miscela lembra uma grande bola, cuja a cabeça polar de cada íon carboxilato e seu contra-íon ficam no lado externo da bola porque são atraídos pela água e a cauda fica enterrada no interior da bola a fim de minimizar seu contato com a água. As forças atrativas entre as cadeias hidrocarbônicas em água são chamadas **interações hidrofóbicas** (Seção 23.14). O sabão tem capacidade de limpeza porque moléculas apolares do óleo, que carregam a sujeira, se dissolvem no interior apolar da miscela e são carregadas com o sabão durante a lavagem.

Como as superfícies das miscelas são carregadas negativamente, as miscelas individuais se repelem umas às outras e acabam aglomerando-se para formar grandes agregados. Como em um rio as águas circulam em torno das pedras, as miscelas se ligam em torno dos íons de cálcio e de magnésio. As concentrações de íons de cálcio e magnésio na água são descritas pela sua 'dureza'. A água dura contém altas concentrações desses íons; a água mole contém poucos, ou nenhum, íons de cálcio e magnésio. Enquanto miscelas com cátions de sódio e potássio são dispersas em água, miscelas com cátions cálcio e magnésio formam agregados. Em águas duras, portanto, os sabões formam um precipitado que conhecemos como 'bolhas de sabão' ou 'espuma de sabão'.

A formação de espuma de sabão em água dura provocou uma busca de materiais sintéticos que tivessem propriedades de limpeza, como os sabões. Os sabões 'sintéticos' que foram desenvolvidos, conhecidos como **detergentes**, são sais de ácidos benzenossulfônicos. Sais de sulfonato de cálcio e magnésio não formam agregados. A palavra 'detergente' deriva do latim *detergere*, que significa 'remover esfregando'. Após a introdução de detergentes no mercado, descobriu-se que detergentes com grupos alquílicos de cadeias simples são biodegradáveis, já os que contêm grupos alquílicos de cadeia ramificada não são. Para prevenir que detergentes não biodegradáveis poluam rios e lagos, eles devem apresentar grupos alquílicos de cadeia simples.

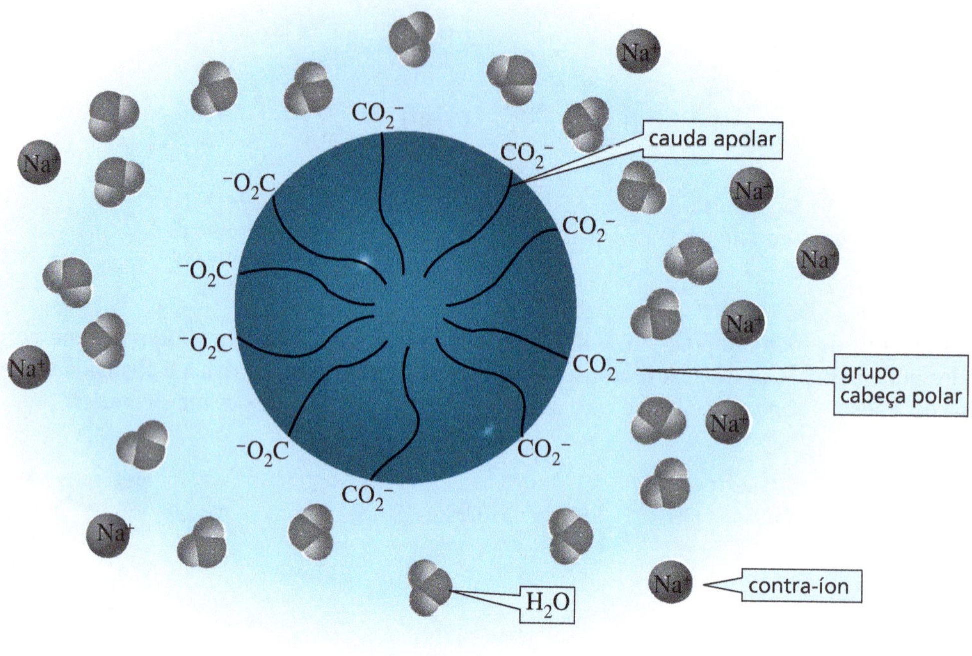

▲ **Figura 17.4**
Em solução aquosa, o sabão forma miscelas, com a cabeça polar (grupos carboxilato) na superfície e a cauda apolar (grupos R do ácido graxo) no interior.

Fabricando sabão

Por milhares de anos, o sabão foi preparado aquecendo-se gordura animal com cinzas vegetais. As cinzas vegetais contêm carbonato de potássio, o que torna a solução básica. Os métodos comerciais modernos de fabricação de sabão envolvem aquecimento de gordura e óleo em solução aquosa de hidróxido de sódio e adição de cloreto de sódio para precipitar o sabão, que depois de seco é prensado em barras. O perfume pode ser adicionado para aromatizar o sabão, os corantes podem ser adicionados para dar-lhe cor, pode ser acrescentado areia para poli-lo e o ar pode ser introduzido no sabão para que eles flutuem em água.

Fabricando sabão

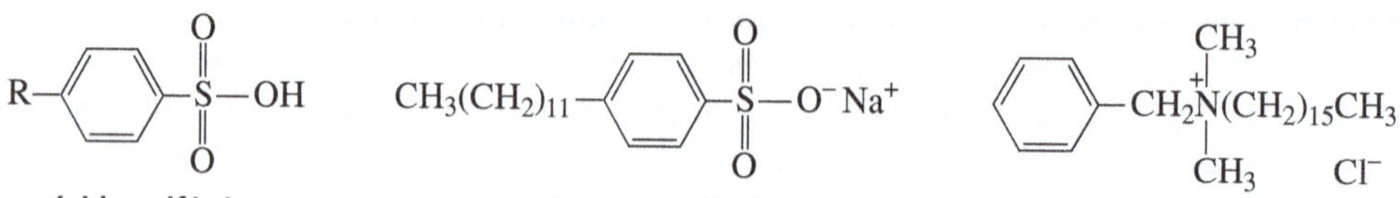

ácido sulfônico — **surfactante aniônico** detergente — **surfactante catiônico** germicida

As substâncias que abaixam a tensão da superfície da água são denominadas *surfactantes*. Os surfactantes têm um grupo cabeça polar e uma cauda de cadeia longa apolar. Os sabões e os detergentes são surfactantes — por isso as soluções de sabões e detergentes parecem escorregadias. Ao baixar a tensão superficial os sabões e detergentes ficam capacitados a penetrar nas fibras de tecidos, melhorando assim sua capacidade de limpeza. Em razão de a cabeça polar de um sabão ou detergente ser carregada negativamente, ele é chamado surfactante *aniônico*. Os surfactantes catiônicos são bastante usados como amaciante de tecidos e em condicionadores de cabelos.

17.14 Reações de ácidos carboxílicos

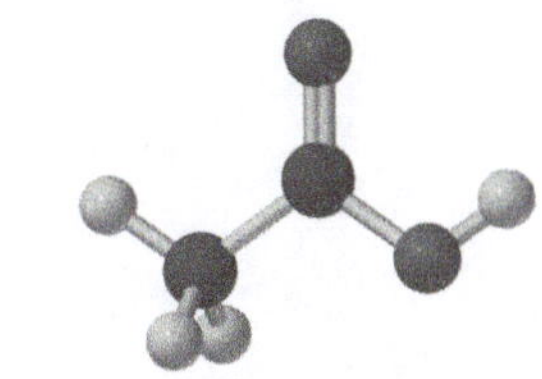

ácido acético

Os ácidos carboxílicos podem sofrer reações de substituição nucleofílica acílica somente quando estão em sua forma ácida. A forma básica de um ácido carboxílico não sofre reação de substituição acílica nucleofílica porque o íon carboxilato carregado negativamente é resistente a ataques nucleofílicos (Seção 17.12). Assim, os íons carboxilatos são sempre menos reativos perante reações de substituição acílicas nucleofílicas do que as amidas.

reatividades relativas para substituição nucleofílica acílica

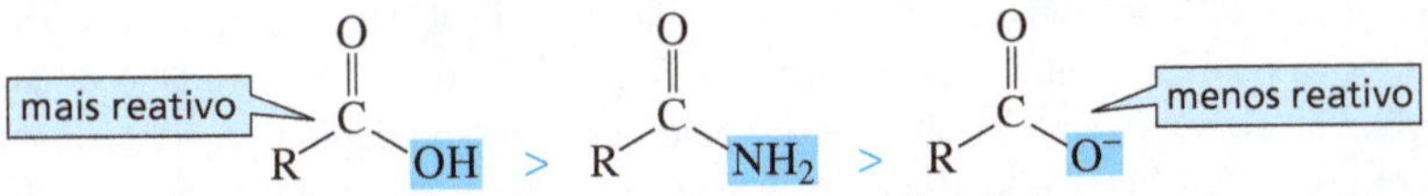

Os ácidos carboxílicos têm aproximadamente as mesmas reatividades dos ésteres — o grupo de saída HO^- de um ácido carboxílico tem aproximadamente a mesma basicidade que o grupo de saída RO^- de um éster. Portanto, assim como os ésteres, os ácidos carboxílicos não reagem com íons haleto ou com íons carboxilato.

Os ácidos carboxílicos reagem com alcoóis para formar ésteres. A reação deve ser efetuada em solução ácida, não somente para catalisar a reação mas também para manter o ácido carboxílico em sua forma ácida para que, desse modo, ele reaja com um nucleófilo. Como o intermediário tetraédrico formado na reação tem dois grupos de saída potenciais com aproximadamente as mesmas basicidades, a reação deve ser realizada com excesso de álcool para direcioná-la na direção dos produtos. Emil Fischer (Seção 5.5, volume 1) foi o primeiro a descobrir que um éster poderia ser preparado tratando um ácido carboxílico com excesso de álcool na presença de um catalisador ácido, por isso a reação é denominada **esterificação de Fischer**.

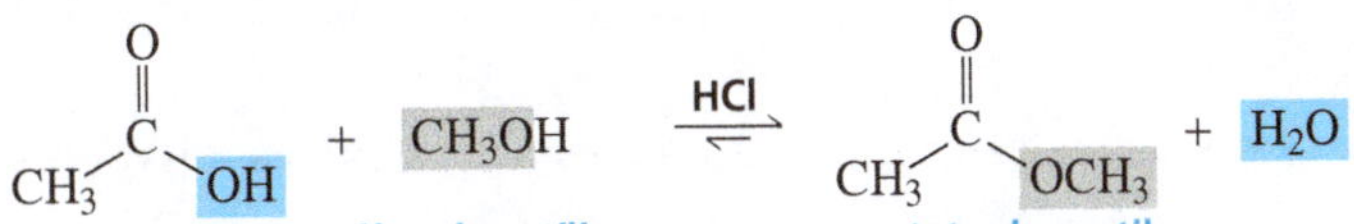

ácido acético — álcool metílico (excesso) — acetato de metila

Os ácidos carboxílicos não sofrem reações de substituição nucleofílica acílica com aminas. Como o ácido carboxílico tem um pK_a mais baixo do que a amina, o ácido carboxílico doa imediatamente um próton para a amina quando as duas substâncias são misturadas. O sal carboxilato de amônio é o produto final de reação; o íon carboxilato não é reativo e a amina protonada não é um nucleófilo.

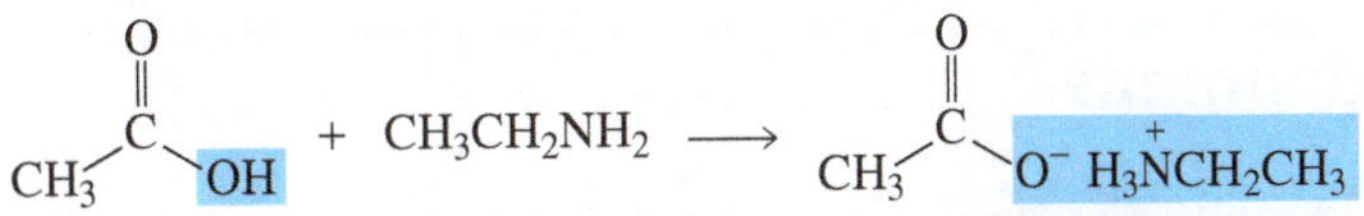

sal carboxilato de amônio

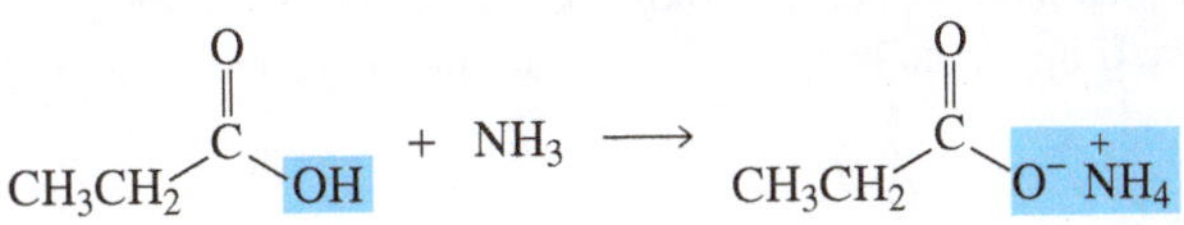

PROBLEMA 27

Mostre dois caminhos para a preparação de cada éster apresentado a seguir usando um álcool para um método e um haleto de alquila para outro:

a. butirato de metila (odor de maçãs)
b. acetato de propila (odor de peras)
c. butirato de etila (odor de abacaxi)
d. acetato de octila (odor de laranja)
e. acetato de isopentila (odor de banana)
f. feniletanoato de metila (odor adocicado)

PROBLEMA — ESTRATÉGIA PARA RESOLUÇÃO

Proponha um mecanismo para a seguinte reação:

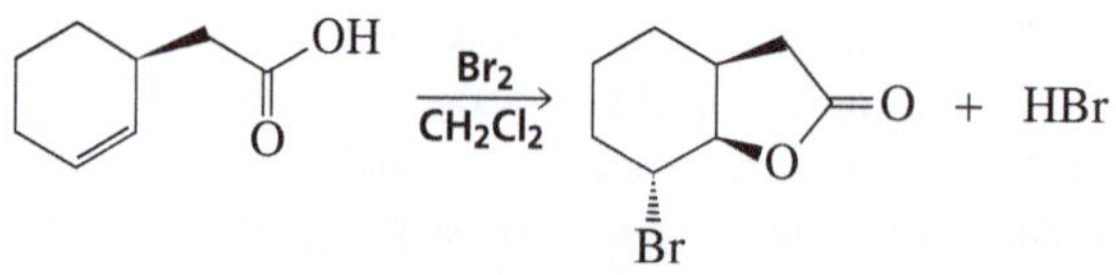

Quando lhe pedirem que proponha um mecanismo, observe cuidadosamente os reagentes para determinar a primeira etapa do mecanismo. Um dos reagentes tem dois grupos funcionais: um grupo carboxila e uma ligação dupla carbono–carbono. O outro reagente, Br_2, não reage com ácidos carboxílicos, mas sim com alcenos (Seção 4.7, volume 1). Um lado do alceno é impedido estericamente pelo grupo carboxila. Portanto, Br_2 será adicionado pelo outro lado da dupla ligação, formando um íon bromônio. Dos dois nucleófilos presentes, o oxigênio carbonílico está posicionado para atacar do lado oposto do íon bromônio, resultando em uma substância com a configuração observada. A perda de um próton leva ao produto final de reação.

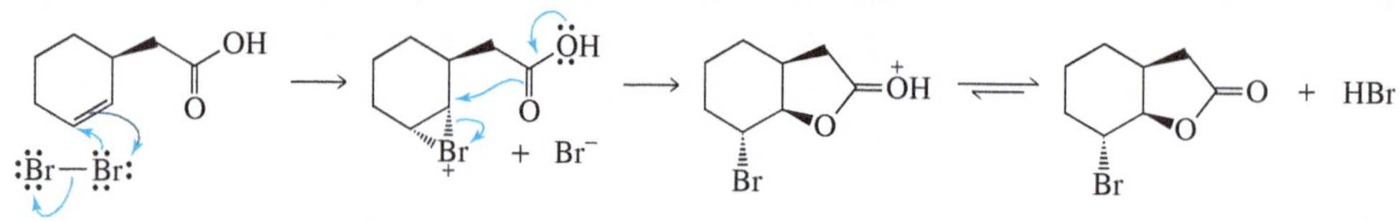

Agora resolva o Problema 28.

PROBLEMA 28

Proponha um mecanismo para a reação mostrada a seguir. (*Dica*: numere os carbonos, isso o ajudará a perceber onde eles se encontraram no produto.)

17.15 Reações de amidas

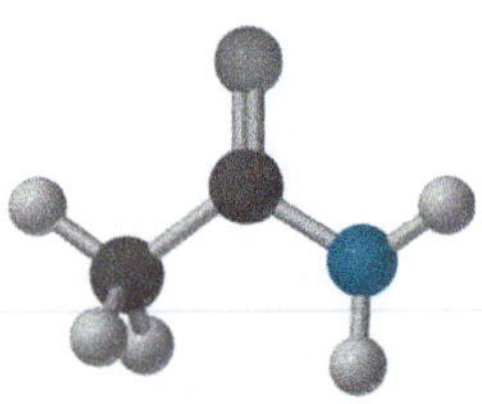

acetamida

As amidas são substâncias bem pouco reativas, o que é animador, uma vez que proteínas são compostas de aminoácidos ligados por ligações amida (Seção 23.11). As amidas não reagem com íons haleto, íons carboxilato, alcoóis ou água porque, em cada caso, o nucleófilo que se aproxima é uma base mais fraca do que o grupo de saída que é a amida (Tabela 17.1).

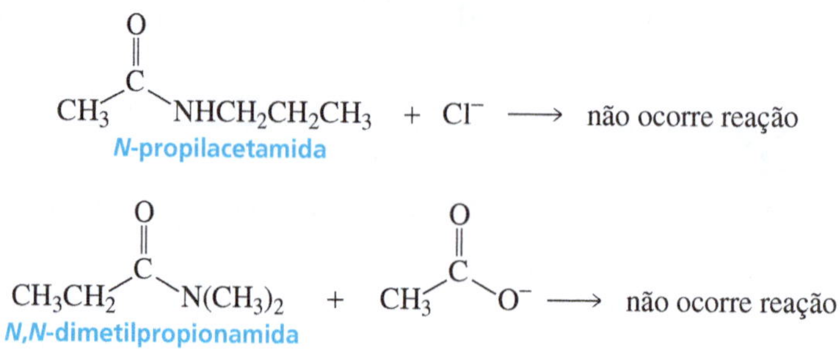

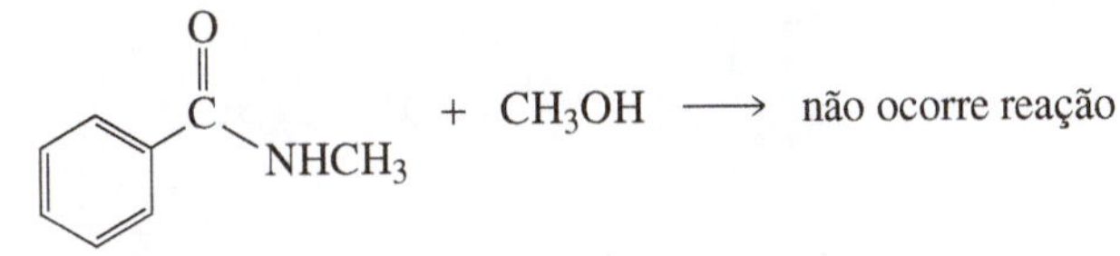

N-metilbenzamida

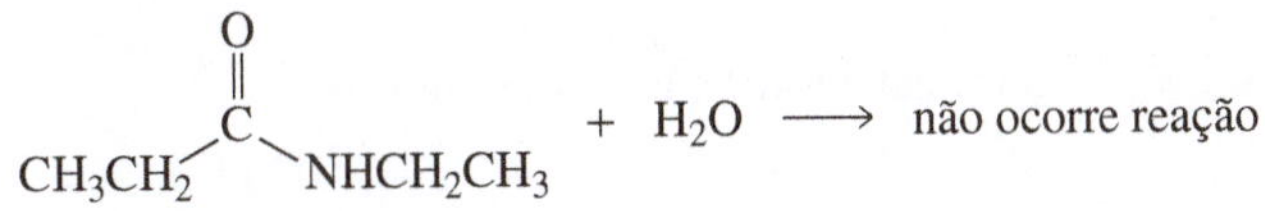

N-etilpropanamida

As amidas, no entanto, reagem com água e alcoóis se a mistura reacional for aquecida na presença de ácidos. A razão para esse fato será explicada na Seção 17.16.

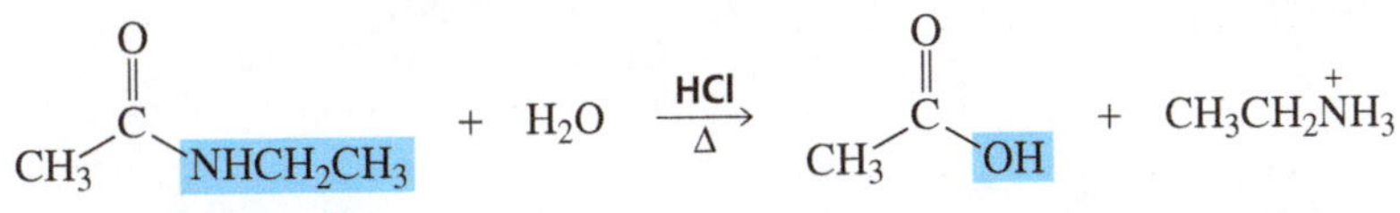

N-etilacetamida

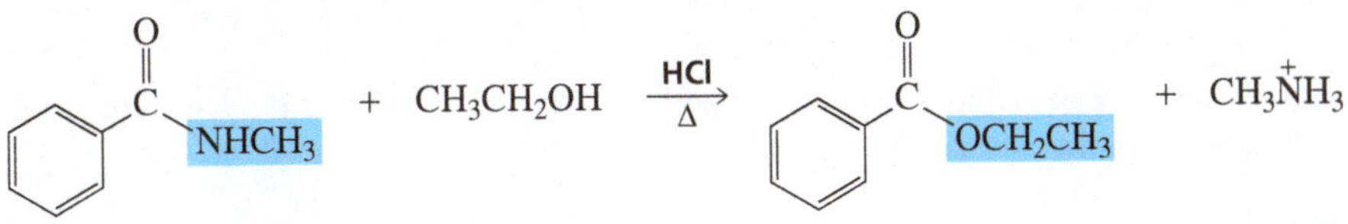

N-metilbenzamida

A teoria de orbital molecular pode explicar por que amidas são pouco reativas. Na Seção 17.3 vimos que as amidas possuem uma importante forma de ressonância na qual o nitrogênio compartilha seus pares de elétrons livres com o carbono carbonílico — o orbital que contém par de elétrons livres se sobrepõe ao orbital compartilhado π^* do grupo carbonílico (Figura 17.3). Essa sobreposição diminui a energia do par de elétrons livre — ele não é nem básico nem nucleofílico — e aumenta a energia do orbital π^* do grupo carbonílico, tornando-o menos reativo a ataques de nucleófilos (Figura 17.5).

Molecule Gallery: *N*-metilbenzamida

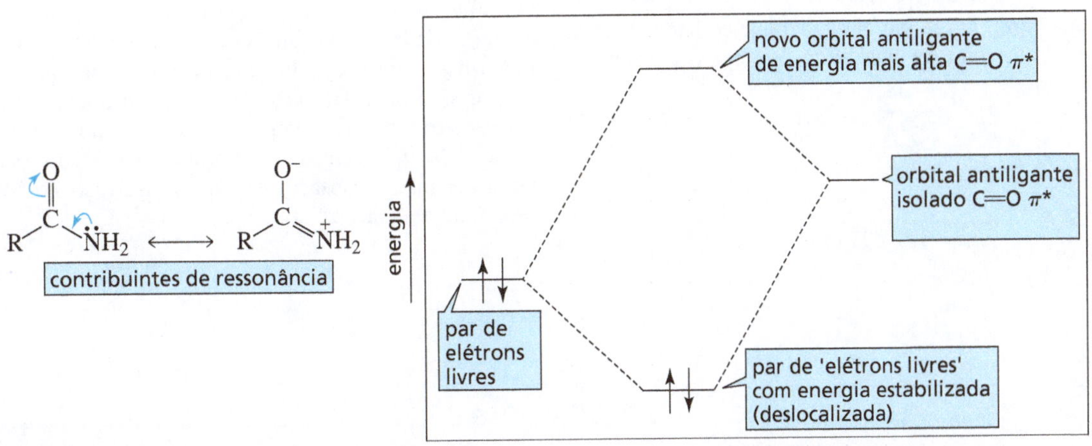

▲ **Figura 17.5**
O orbital não-ligante cheio que contém um par de elétrons livres do nitrogênio se sobrepõe ao orbital molecular antiligante π^* do grupo carbonílico. Esse fato estabiliza o par de elétrons livres, tornando-o menos reativo, e aumenta a energia do orbital π^* do grupo carbonílico, tornando-o menos apto a reagir com nucleófilos.

Uma amida com o grupo NH_2 pode ser desidratada a uma nitrila. Os agentes desidratantes normalmente empregados para essa finalidade são P_2O_5, $POCl_3$ e $SOCl_2$.

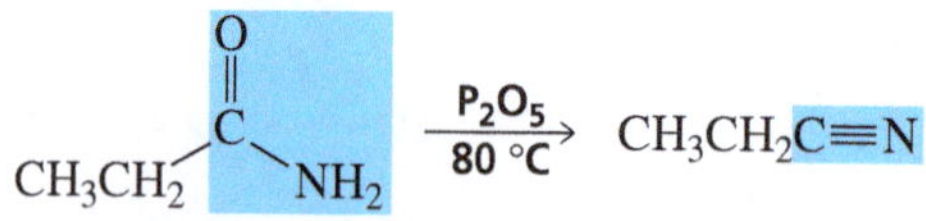

PROBLEMA 29

a. Quais das reações mostradas a seguir levariam à formação de uma amida?

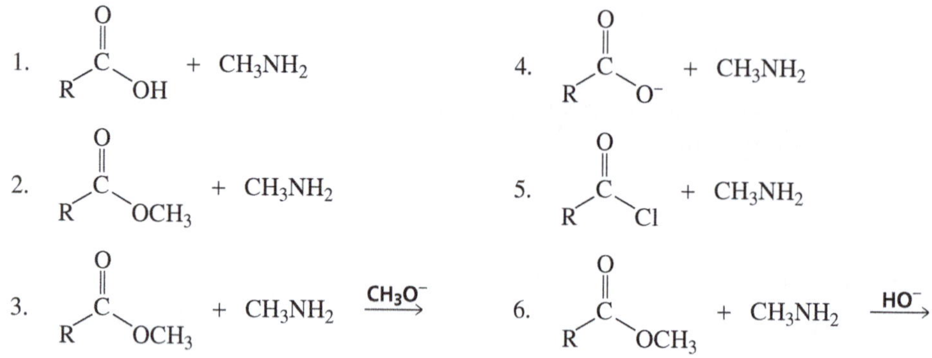

b. Em relação às reações que formam amidas, o que você poderia fazer para melhorar tanto a velocidade de formação da amida quanto o rendimento da amida formada?

PROBLEMA 30

Proponha um mecanismo para a reação da amida com cloreto de tionila para formar nitrila. (*Dica*: na primeira etapa de reação, a amida é o nucleófilo e o cloreto de tionila é o eletrófilo.)

Pílula natural do sono

A melatonina, uma amida de ocorrência natural, é um hormônio sintetizado a partir do aminoácido triptofano pela glândula pineal. A melatonina regula o relógio biológico que comanda coisas como o ciclo de sono, a temperatura do corpo e a produção de hormônio.

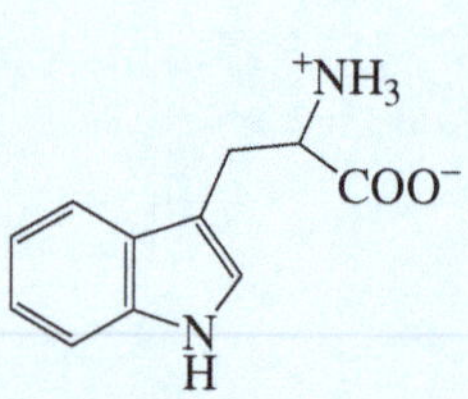

triptofano
aminoácido

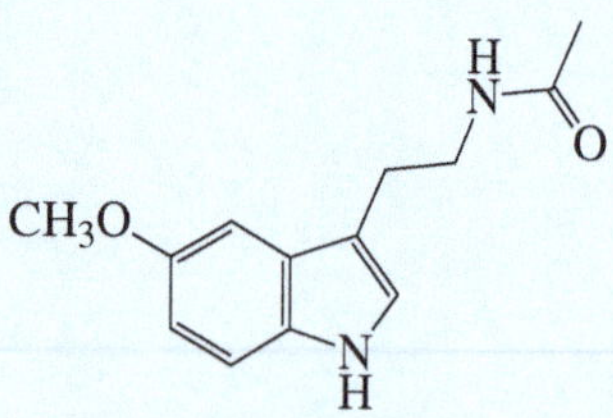

melatonina

O nível de melatonina vai aumentando do período da manhã até a noite e diminui até o amanhecer. As pessoas com alto nível de melatonina dormem mais e profundamente do que as que têm níveis mais baixos. A concentração do hormônio no sangue varia com a idade — crianças com seis anos de idade apresentam uma concentração cinco vezes maior desse hormônio do que as pessoas com oitenta anos — e essa é uma das razões que explica por que os mais jovens têm menos problema com o sono do que os mais velhos. Os suplementos de melatonina são usados para tratar a insônia, o cansaço em virtude do fuso horário e a desordem afetiva sazonal.

17.16 Hidrólise de amidas catalisada por ácido

Quando uma amida é hidrolisada sob condições ácidas, o ácido protona o oxigênio carbonílico, aumentando a suscetibilidade do carbono carbonílico a ataques nucleofílicos. O ataque nucleofílico pela água no carbono carbonílico leva ao intermediário tetraédrico I, o qual está em equilíbrio com a forma não protonada, intermediário tetraédrico II. A reprotonação pode ocorrer tanto no oxigênio, para restaurar o intermediário tetraédrico I, quanto no nitrogênio, para formar o intermediário tetraédrico III. A protonação no nitrogênio é favorecida porque o grupo NH_2 é uma base mais forte do que o grupo OH. Dos dois possíveis grupos de saída no intermediário tetraédrico III (HO^- e NH_3), NH_3 é a base mais fraca, portanto ele é eliminado, sendo formado o ácido carboxílico como produto final. Uma vez que a reação é realizada em solução ácida, NH_3 será protonado após sua saída do intermediário tetraédrico. Esse fato previne a ocorrência da reação reversa.

Um catalisador ácido aumenta a reatividade do grupo carbonila.

Um catalisador ácido pode tornar um grupo em um melhor grupo de saída.

mecanismo para a hidrólise de uma amida catalisada por ácido

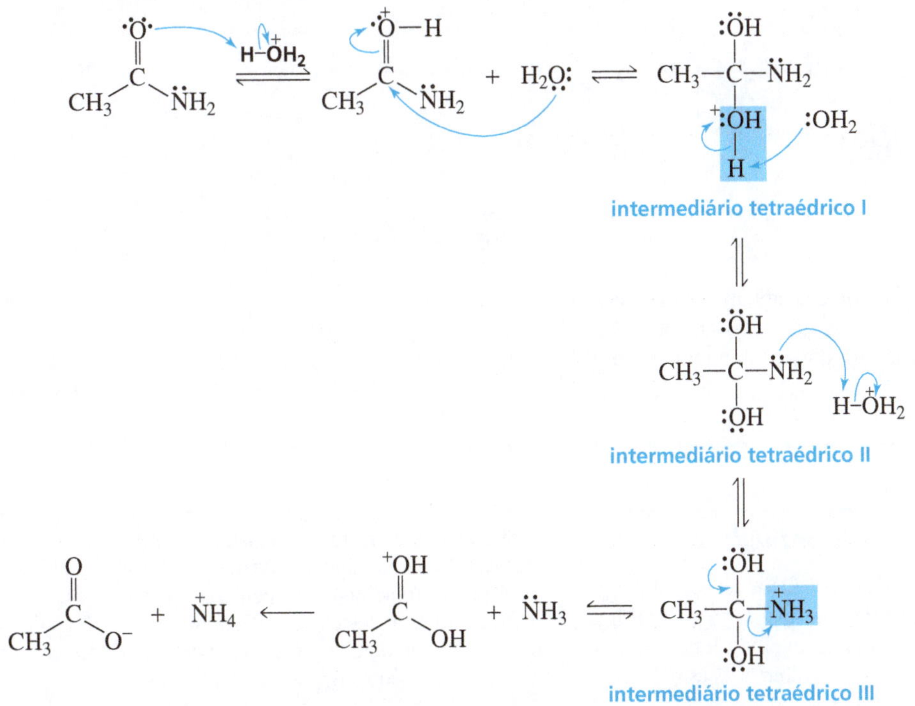

Vamos refletir um pouco sobre o porquê de uma amida não se hidrolisar sem um catalisador. Em uma reação sem catalisador, a amida não é protonada. Portanto, a água, um nucleófilo muito fraco, deve atacar uma amida neutra que é muito menos suscetível a ataques nucleofílicos do que uma amida protonada pode ser. Além disso, o grupo NH_2 do intermediário tetraédrico não está protonado na reação não catalisada. Portanto, HO^- é o grupo eliminado do intermediário tetraédrico — porque HO^- é uma base mais fraca do que $^-NH_2$ —, o que restaura a amida.

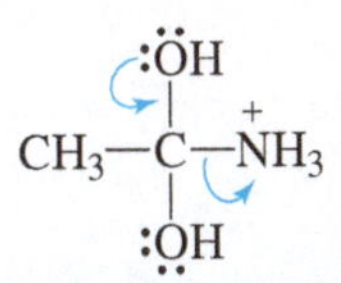

intermediário tetraédrico em uma hidrólise de amida catalisada por ácido

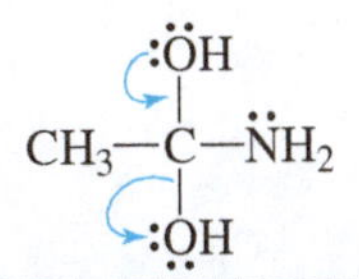

intermediário tetraédrico em uma hidrólise não catalisada

Tutorial Gallery: Conversão entre derivados de ácido carboxílico

WWW

Uma amida reage com um álcool na presença de ácido pela mesma razão que reage com água na presença de ácido.

PROBLEMA 31◆

Liste as seguintes amidas em ordem reatividade decrescente no que diz respeito à hidrólise catalisada por ácido:

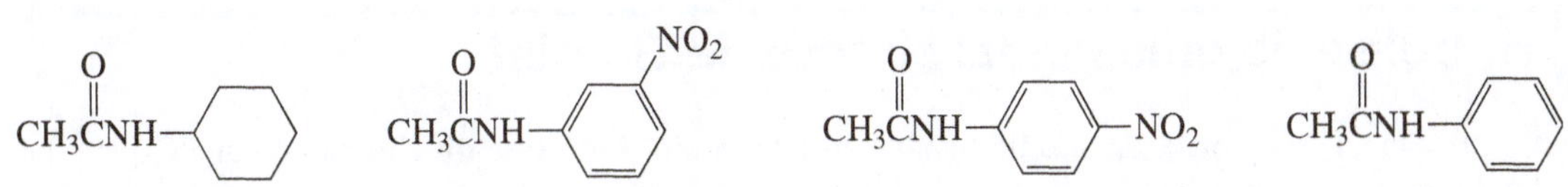

A B C D

Penicilina e resistência a drogas

A penicilina contém um anel β-lactâmico tensionado. A tensão em anéis de quatro membros aumenta a reatividade da amida. É de esperar que a atividade antibiótica da penicilina seja resultado da habilidade de acilar (colocar o grupo acil em) um grupo CH_2OH de uma enzima que está envolvida na síntese de parede celular de bactérias. A acilação inativa a enzima e, diminuindo o crescimento, a bactéria morre porque é incapaz de produzir a parede celular. A penicilina não tem efeito sobre as células dos mamíferos porque as células dos mamíferos não estão envolvidas por uma parede celular. Para minimizar a hidrólise do anel β-lactâmico durante a estocagem, as penicilinas são mantidas refrigeradas.

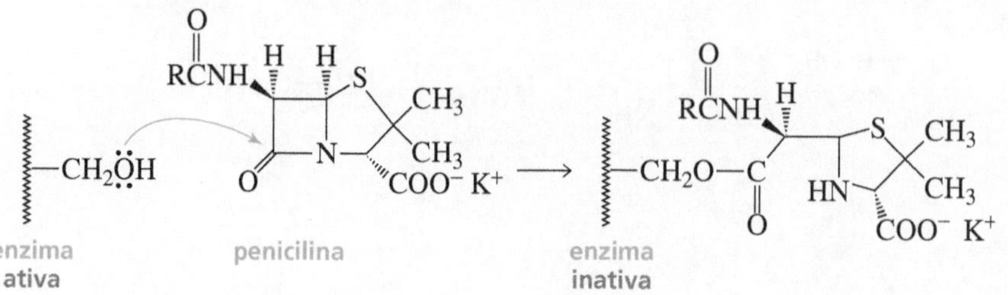

As bactérias resistentes à penicilina secretam penicilinase, uma enzima que catalisa a hidrólise do anel β-lactâmico da penicilina. O produto da abertura do anel não tem atividade antibactericida.

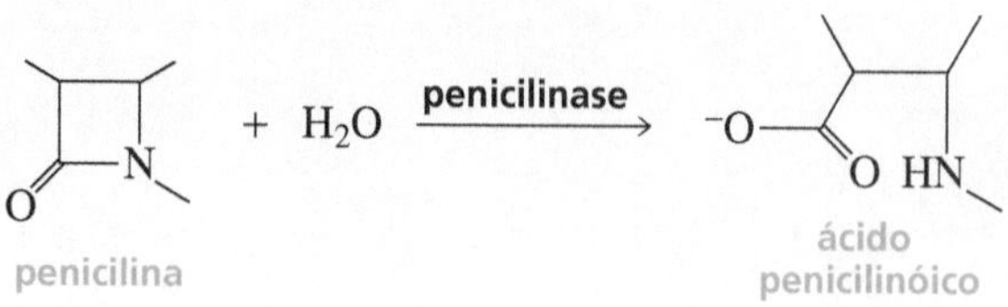

Uso clínico da penicilina

Mais de dez penicilinas diferentes são utilizadas atualmente. Elas diferem apenas no grupo R ligado ao grupo carbonila. Algumas dessas penicilinas são mostradas aqui. Além de suas diferenças estruturais, as penicilinas diferem nos organismos contra os quais são mais efetivas. Também diferem na resistência à penicilinase. Por exemplo, a ampicilina, uma penicilina sintética, é clinicamente efetiva contra as bactérias que são resistentes à penicilina G, uma penicilina de ocorrência natural. Aproximadamente 19% dos humanos são alérgicos à penicilina G.

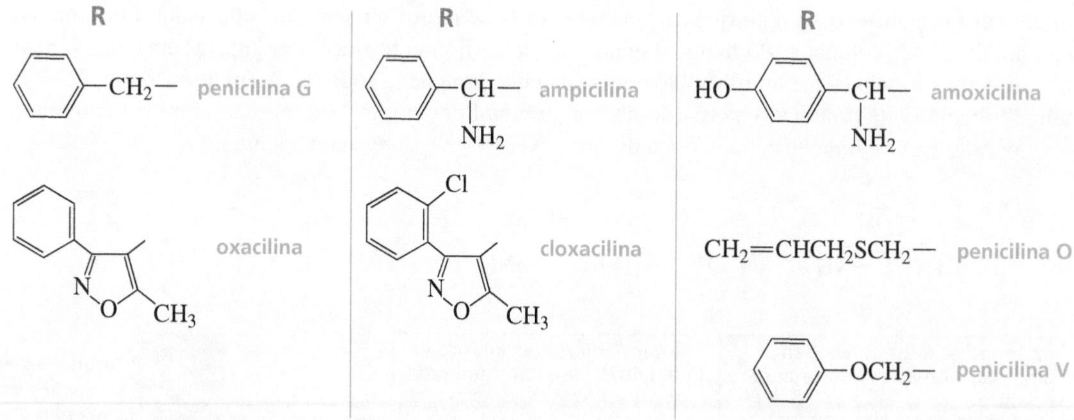

A penicilina V é uma penicilina semi-sintética em uso clínico. Não é uma penicilina de ocorrência natural nem é verdadeiramente uma penicilina sintética porque os químicos não a sintetizaram. O fungo *Penicillium* a sintetiza após o mofo ter sido colocado em contato com o 2-fenoxietanol, substância necessária para a cadeia lateral na penicilina V.

17.17 Hidrólise de uma imida: síntese de Gabriel

Imida é uma substância com dois grupos acila ligados ao nitrogênio. A **síntese de Gabriel** é aquela que converte um haleto de alquila em aminas primárias e envolve a hidrólise de uma imida.

$$RCH_2Br \xrightarrow{\text{síntese de Gabriel}} RCH_2NH_2$$

Na primeira etapa de reação, uma base remove um próton do nitrogênio da ftalimida. O nucleófilo resultante reage com um haleto de alquila. Como esta é uma reação S_N2, funciona melhor em haletos de alquila primários (Seção 10.2, volume 1). A hidrólise da ftalimida *N*-substituída é catalisada por ácidos. Em virtude da acidez da solução, os produtos finais são íons de amônio de alquila primário e ácido ftálico. A neutralização do íon de amônio com uma base forma a amina primária. Observe que o grupo alquila da amina primária é idêntico ao grupo alquila do haleto de alquila.

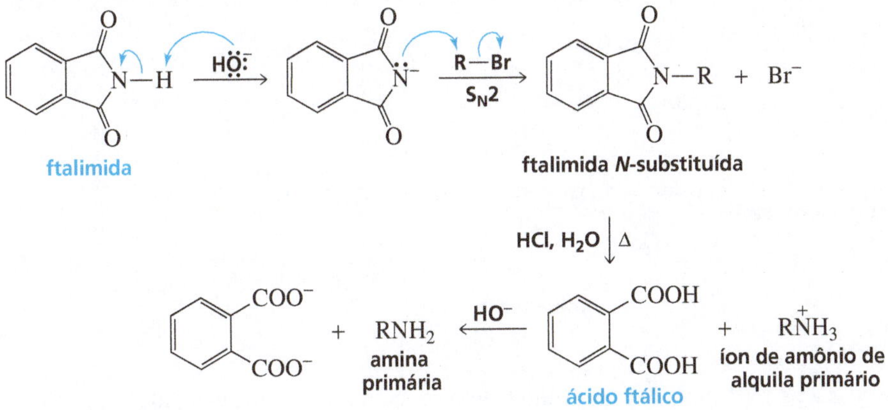

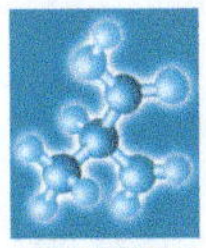

Molecule Gallery: Ftalimida

WWW

Somente um grupo alquila pode ser adicionado ao nitrogênio porque existe somente uma ligação de hidrogênio ligado ao nitrogênio da ftalimida. Isso significa que a síntese de Gabriel pode ser usada apenas para aminas primárias.

PROBLEMA 32◆

Qual brometo de alquila você usaria na síntese de Gabriel para sintetizar cada uma das seguintes aminas?

a. pentilamina
b. iso-hexilamina
c. benzilamina
d. ciclo-hexilamina

PROBLEMA 33

Aminas primárias também podem ser preparadas por meio de uma reação de um haleto de alquila com o íon azida, seguida pela hidrogenação catalítica. Qual a vantagem deste método e da síntese de Gabriel em relação ao uso de amônia e haleto de alquila na preparação de aminas primárias?

$$CH_3CH_2CH_2Br \xrightarrow{^-N_3} CH_3CH_2CH_2N{=}\overset{+}{N}{=}\overset{-}{N} \xrightarrow[Pt]{H_2} CH_3CH_2CH_2NH_2 + N_2$$

17.18 Hidrólise de nitrilas

As nitrilas são tão difíceis de hidrolisar quanto as amidas. As nitrilas são hidrolisadas lentamente a ácidos carboxílicos quando aquecidas com água e um ácido.

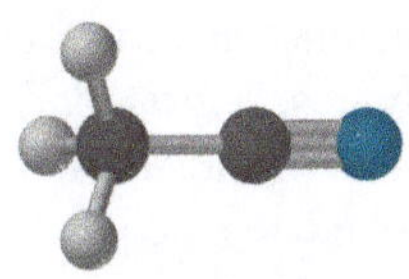

acetonitrila

$$CH_3CH_2C{\equiv}N + H_2O \xrightarrow[\Delta]{HCl} CH_3CH_2\overset{O}{\overset{\|}{C}}OH + \overset{+}{N}H_4$$

Na primeira etapa da hidrólise catalisada por ácido de uma nitrila, o ácido protona o nitrogênio do grupo ciano, fazendo a água atacar mais facilmente o carbono do grupo ciano na etapa seguinte. O ataque da água no grupo ciano é análogo ao ataque ao grupo carbonila pela água. Como o nitrogênio é uma base mais forte do que o oxigênio, o oxigênio perde um próton e o nitrogênio ganha um próton, resultando em um produto que é uma amida protonada (cujas duas formas de ressonância são mostradas). A amida é hidrolisada imediatamente a ácido carboxílico — porque uma amida é mais fácil de hidrolisar do que uma nitrila — seguindo o mecanismo catalisado por ácido mostrado na Seção 17.15.

mecanismo para a hidrólise de nitrila catalisada por ácido

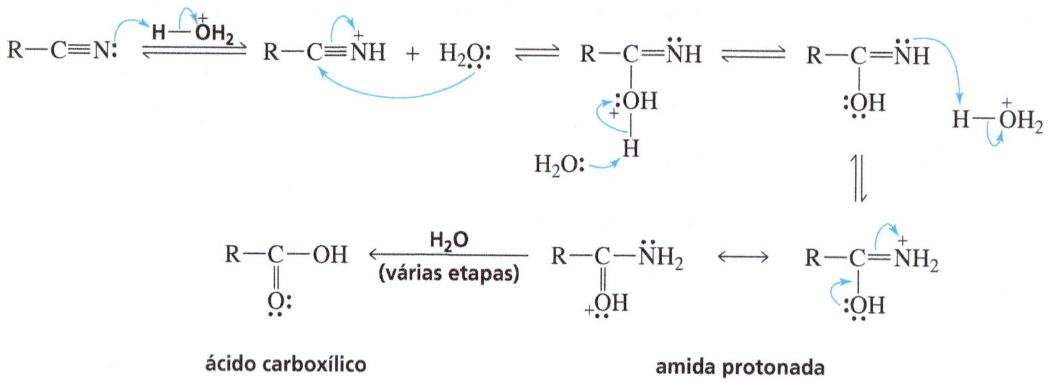

Já que nitrilas podem ser preparadas a partir de uma reação de um haleto de alquila com o íon cianeto (Seção 10.4), você agora sabe como converter um haleto de alquila em ácido carboxílico. Observe que o ácido carboxílico tem um carbono a mais que o haleto de alquila.

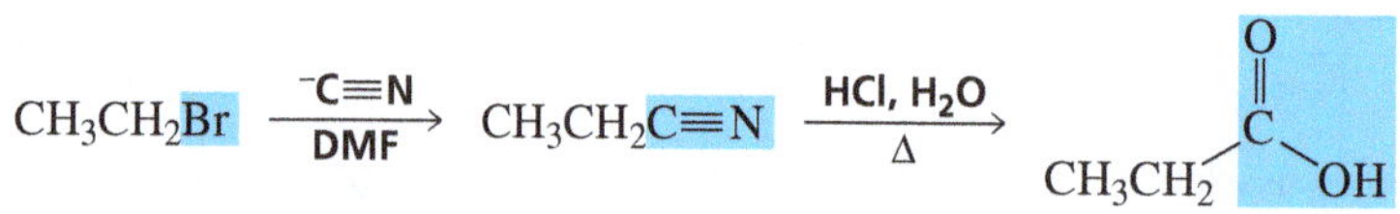

PROBLEMA 34◆

Quais haletos de alquila formam os seguintes ácidos carboxílicos após reagirem com cianeto de sódio? E se o produto dessa reação for aquecido em solução ácida aquosa?

a. ácido butírico

b. ácido isovalérico

c. ácido ciclo-hexanocarboxílico

17.19 Planejando uma síntese IV: A síntese de substâncias cíclicas

Muitas das reações que temos estudado são reações intermoleculares: os dois grupos reagentes estão em moléculas diferentes. *Substâncias cíclicas são formadas por reações intramoleculares*: os dois grupos reagentes estão presentes na mesma molécula. Vimos que uma reação intramolecular é particularmente favorável se a reação formar substâncias com anéis de cinco ou seis membros (Seção 11.11, volume 1).

No planejamento de síntese de uma substância cíclica, devemos examinar a molécula-alvo para determinar quais tipos de grupos reativos serão necessários para o sucesso da síntese. Por exemplo, sabemos que um éster é formado a partir de uma reação catalisada por ácido de um ácido carboxílico e um álcool. Portanto, um éster cíclico (uma lactona) pode ser preparado a partir de um reagente que tem tanto o grupo ácido carboxílico quanto o grupo álcool na mesma molécula. O tamanho do anel lactônico será determinado pelo número de átomos de carbono entre o grupo ácido carboxílico e o grupo álcool.

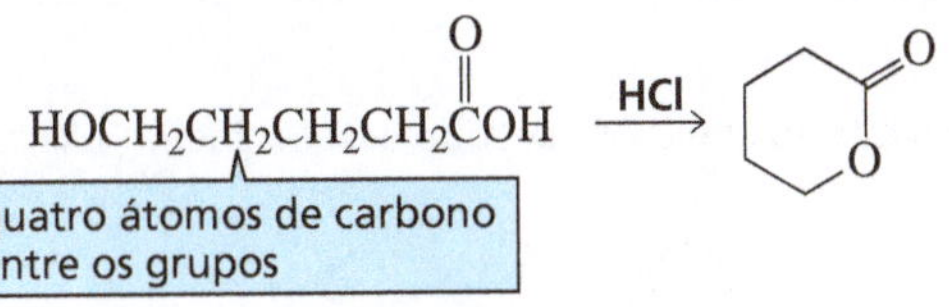

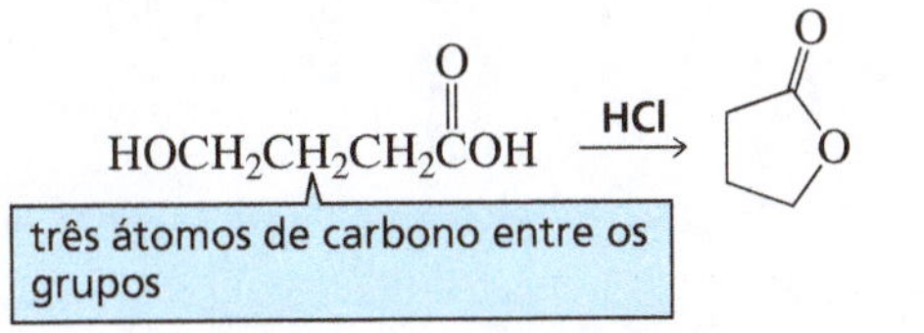

Uma substância com um grupo cetona ligado ao anel benzênico pode ser preparada usando uma reação de acilação de Friedel–Crafts (Seção 15.13). Desse modo, uma cetona cíclica será formada se um ácido de Lewis ($AlCl_3$) for adicionado a uma substância que contenha tanto o anel benzênico quanto um grupo cloreto de acila separados pelo número adequado de átomos de carbono.

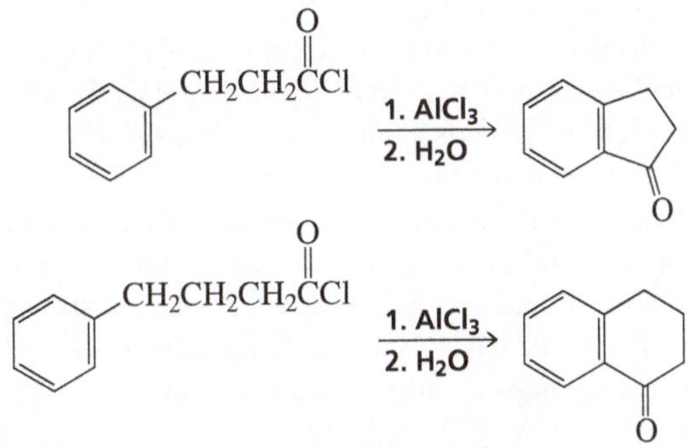

Um éter cíclico pode ser preparado pela síntese intramolecular de éter de Williamson (Seção 11.9, volume 1).

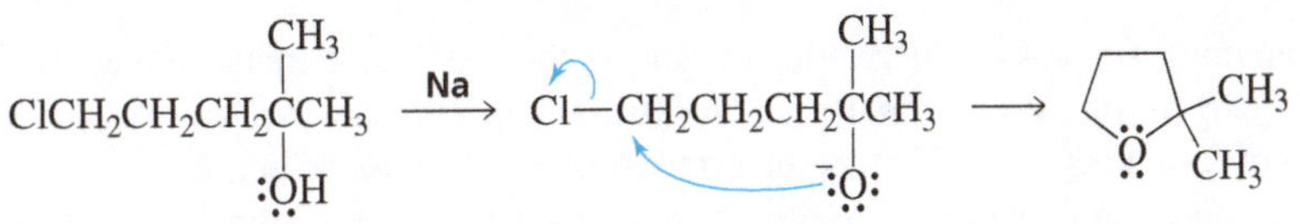

Um éter cíclico também pode ser preparado por uma reação de adição eletrofílica intramolecular.

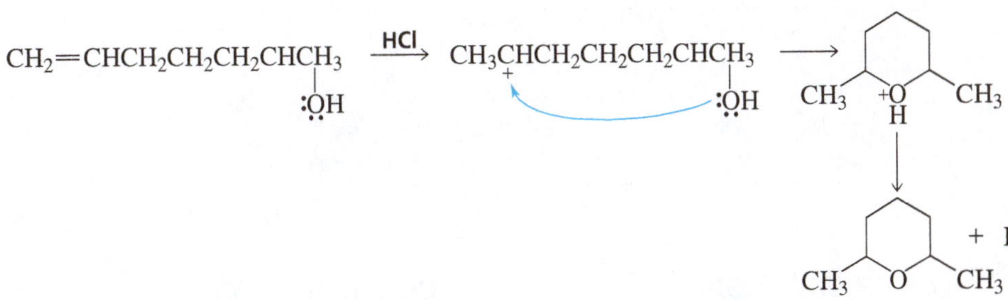

O produto obtido da reação intramolecular pode sofrer novas reações permitindo a síntese de muitas substâncias diferentes. Por exemplo, o brometo de alquila pode sofrer uma reação de eliminação, pode sofrer uma substituição com uma grande variedade de nucleófilos ou pode ser convertido em regente de Grignard, que pode reagir com diferentes tipos de eletrófilos.

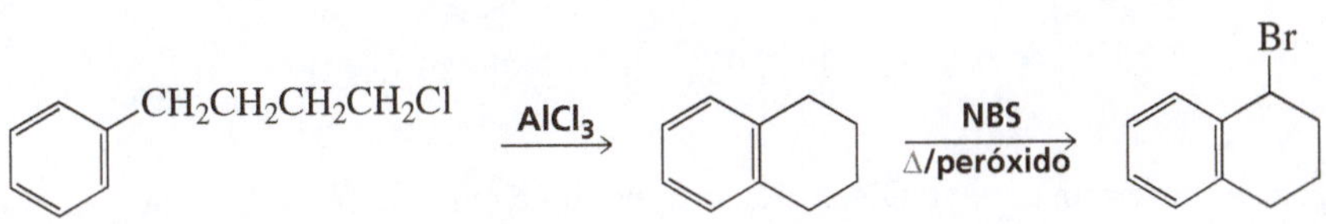

PROBLEMA 35

Faça o planejamento de uma síntese para cada uma das seguintes substâncias, usando uma reação intramolecular:

a. 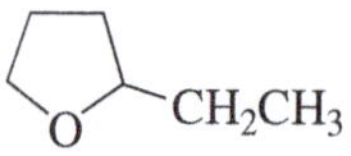

b. 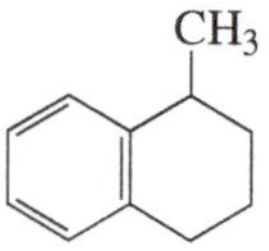

c. 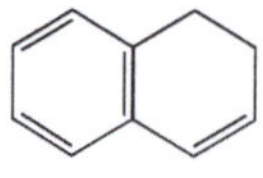

d. 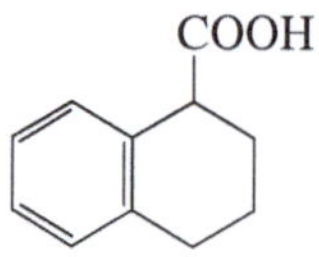

e. 

f. 

17.20 Síntese de derivados de ácido carboxílico

Das várias classes de substâncias carboniladas discutidas neste capítulo — haletos de acila, anidridos de ácido, ésteres, ácidos carboxílicos e amidas —, os ácidos carboxílicos são os reagentes mais freqüentemente disponibilizados em laboratório e em sistemas biológicos. Isso significa que os ácidos carboxílicos são os reagentes mais provavelmente acessíveis quando os químicos ou uma célula precisam sintetizar um derivado de ácido carboxílico. No entanto, vimos que ácidos carboxílicos são relativamente pouco reativos em reações de substituição nucleofílica acílica porque o grupo OH do ácido carboxílico é uma base forte e, portanto, um grupo de saída ruim. Em soluções neutras (solução fisiológica pH = 7,3), um ácido carboxílico é igualmente mais resistente a reações de substituição nucleofílica ao grupo acila porque ele existe predominantemente em sua forma básica, carregada negativamente, e pouco reativa (seções 1.20, volume 1, e 17.14). Portanto, tanto os químicos orgânicos quanto as células precisam de um modo para ativar os ácidos carboxílicos para que possam sofrer reações de substituição nucleofílica acílica mais facilmente.

Ativação de ácidos carboxílicos para reações de substituição nucleofílica acílica em laboratório

Já que haletos de acila são mais reativos que derivados de ácidos carboxílicos, a maneira mais fácil para sintetizar algum outro derivado de ácido carboxílico é adicionar o nucleófilo apropriado ao haleto de acila. Conseqüentemente, os químicos orgânicos ativam os ácidos carboxílicos convertendo-os em haletos de acila.

Um ácido carboxílico pode ser convertido em um cloreto de acila pelo seu aquecimento tanto com cloreto de tionila ($SOCl_2$) quanto com tricloreto de fósforo (PCl_3). Os brometos de acila podem ser sintetizados usando-se tribrometo de fósforo (PBr_3).

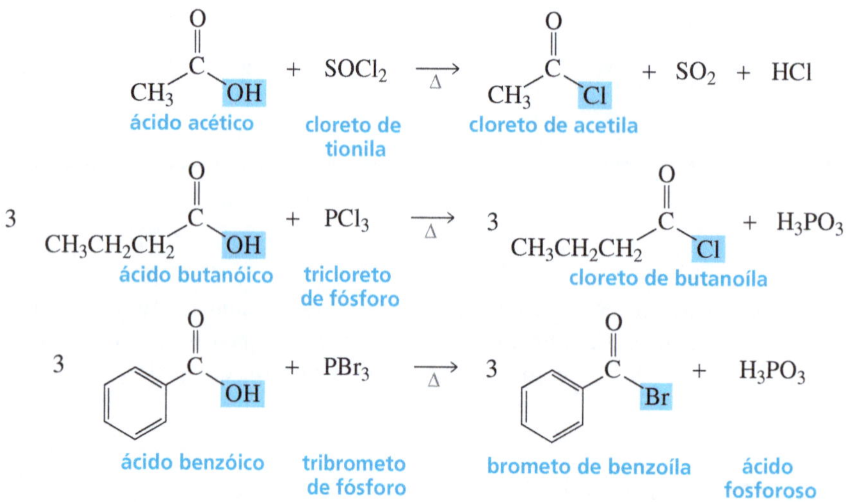

Todos esses reagentes convertem o grupo OH do ácido carboxílico em um grupo de saída melhor do que o íon haleto.

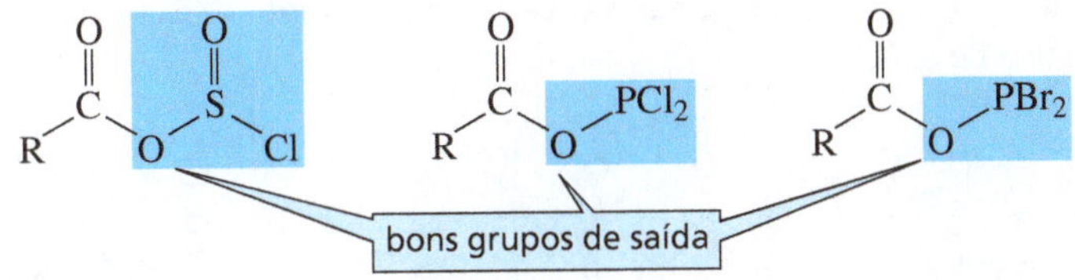

Portanto, quando um íon haleto ataca subseqüentemente o carbono carbonílico e forma o intermediário tetraédrico, o íon haleto *não* é o grupo eliminado.

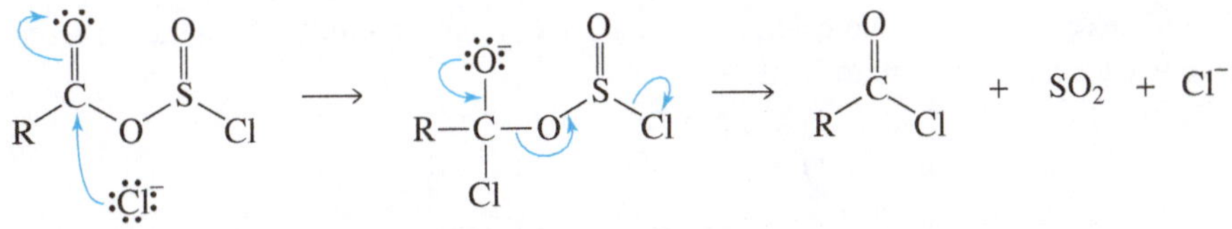

Observe que os reagentes que causam a troca do grupo OH do grupo ácido carboxílico pelo halogênio são os mesmos reagentes que causam a troca do grupo OH de um álcool pelo halogênio (Seção 12.3, volume 1).

Uma vez que o haleto de acila foi preparado, uma grande variedade de derivados de ácidos carboxílicos pode ser sintetizada pela adição do nucleófilo apropriado (Seção 17.8).

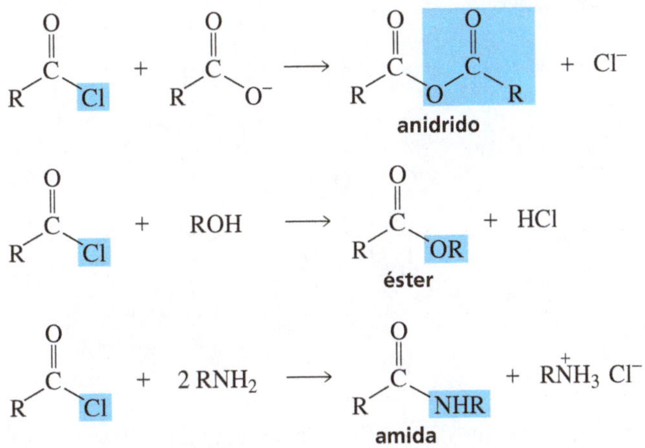

Os ácidos carboxílicos podem também ser ativados para uma reação de substituição nucleofílica acílica ao serem convertidos em anidridos. Os anidridos são produzidos ao se tratar os ácidos carboxílicos com agentes desidratantes fortes, como P_2O_5.

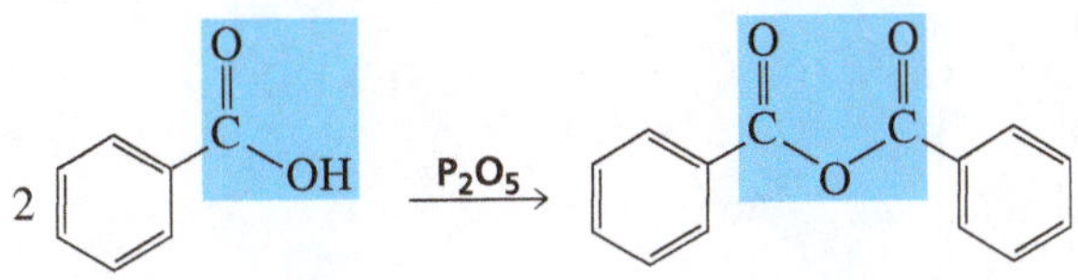

Os ácidos carboxílicos e derivados de ácidos carboxílicos também podem ser preparados por outros métodos que não sejam reações de substituição nucleofílica acílica. Um resumo dos métodos usados para sintetizar essas substâncias será apresentado no Apêndice IV (disponível no site do livro).

Ativação dos íons carboxilato para reações de substituição nucleofílica acílica em sistemas biológicos

A síntese de substâncias pelos organismos biológicos é chamada **biossíntese**. Haletos de acila e anidridos de ácido são muito reativos para serem usados em sistemas biológicos. As células vivem em meios predominantemente aquosos, e haletos de acila e anidridos de ácido são rapidamente hidrolisados em água. Assim, organismos vivos devem ativar o ácido carboxílico de maneira diferente.

Um caminho que os organismos vivos usam para ativar os ácidos carboxílicos é convertendo-os em fosfatos de acila, pirofosfatos de acila e adenilatos de acila.

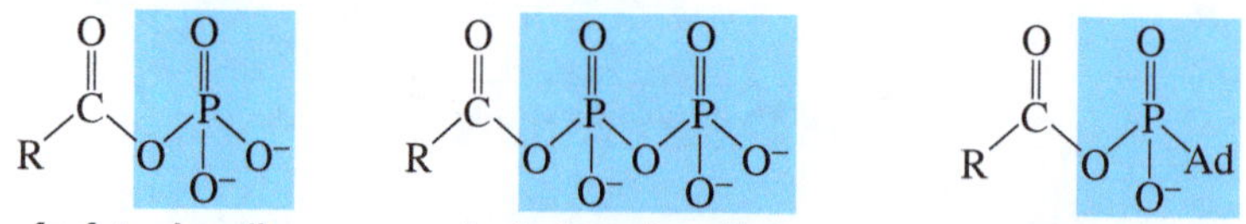

fosfato de acila · pirofosfato de acila · adenilato de acila

Um **fosfato de acila** é uma mistura de anidrido de ácido carboxílico e ácido fosfórico; um **pirofosfato de acila** é uma mistura de anidrido de ácido carboxílico e ácido pirofosfórico; e um **adenilato de acila** é uma mistura de anidrido de ácido carboxílico e adenosina monofosfato (AMP).

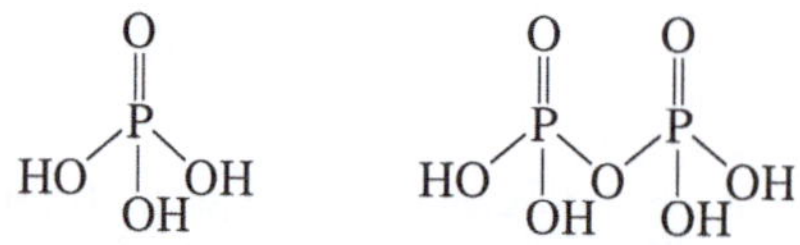

ácido fosfórico · ácido pirofosfórico

A estrutura da adenosina trifosfato (ATP) é mostrada a seguir com 'Ad' no lugar do grupo adenosil; a monofosfato adenosina tem dois pequenos grupos fosfato.

Molecule Gallery: Adenosina trifosfato

WWW

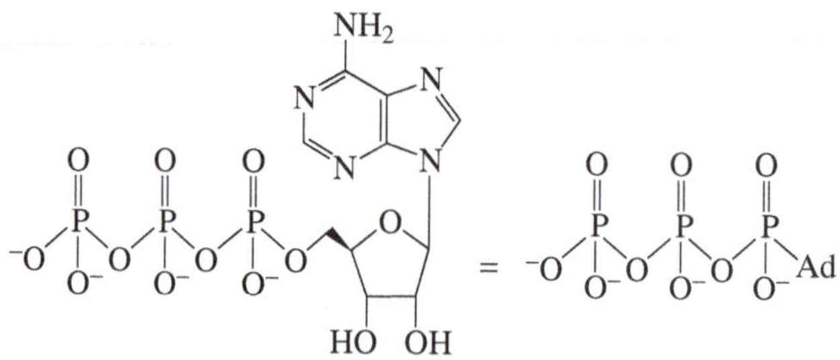

adenosina trifosfato
ATP

Fosfatos de acila são formados pelo ataque nucleofílico de um íon carboxílato no fósforo γ (o fósforo terminal) do ATP. O ataque de um nucleófilo no grupo P═O rompe uma **ligação fosforoanidrido** (e não a ligação π), por isso não é formado um intermediário. Essencialmente, é uma reação S_N2 com uma adenosina pirofosfato como grupo de saída. Essa reação e as seguintes serão discutidas mais detallhadamente nas seções 27.3 e 27.4.

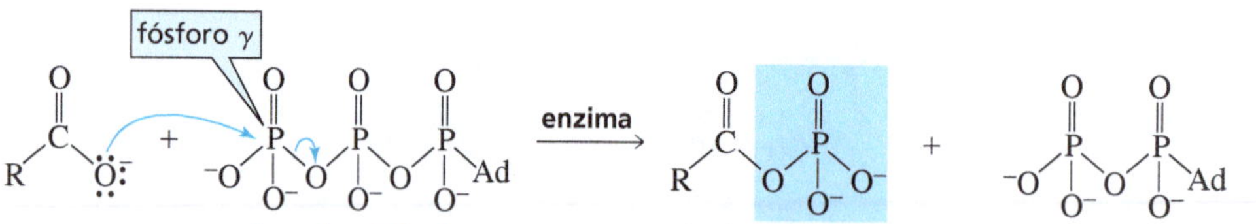

adenosina trifosfato ATP · fosfato de acila · adenosina difosfato ADP

Os pirofosfatos de acila são formados pelo ataque nucleofílico de um íon carboxilato no fósforo β do ATP.

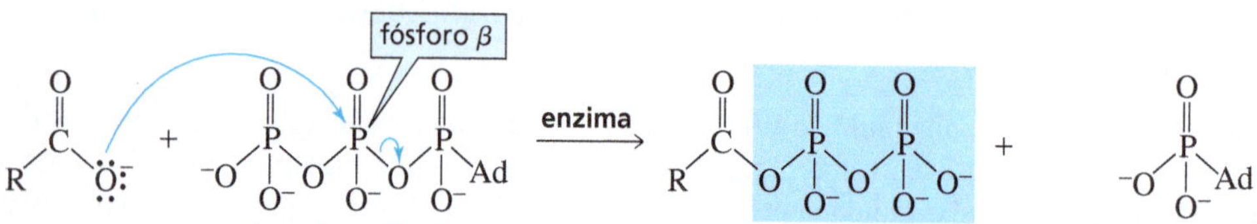

adenosina trifosfato ATP · pirofosfato de acila · adenosina monofosfato AMP

Os adenilatos de acila são formados pelo ataque nucleofílico de um íon carboxilato no fósforo α do ATP.

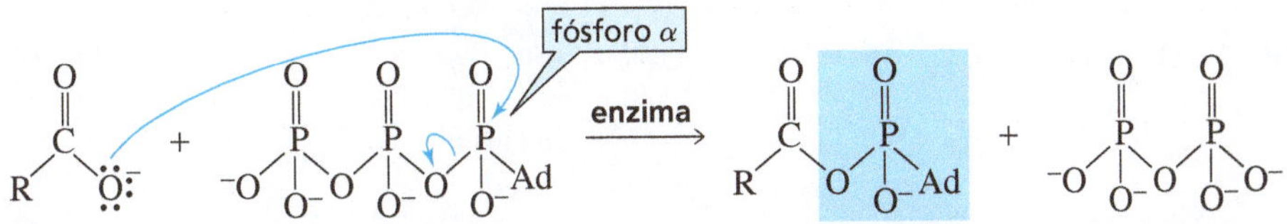

adenosina trifosfato
ATP

adenilato de acila

pirofosfato

Já que esses anidridos mistos são carregados negativamente, eles não se aproximam facilmente dos nucleófilos. Portanto, são usados somente nas reações catalisadas por enzimas. Uma das funções das enzimas que catalisam as substituições nucleofílicas acílicas em sistemas biológicos é a de neutralizar a carga negativa do anidrido misto (Seção 27.5). Outra função da enzima é a de excluir a água do sítio de reação. Caso contrário, a hidrólise do anidrido misto competirá com a reação de substituição nucleofílica acílica desejada.

Um **tioéster** é um éster com um átomo de enxofre no lugar do átomo de oxigênio entre o grupo acila e o alquila.

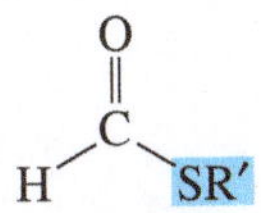

tioéster

Os tioésteres são as formas mais comuns de ativação de ácidos carboxílicos em uma célula. Apesar de os tioésteres hidrolisarem aproximadamente na mesma velocidade que os ésteres oxigenados, eles apresentam uma reatividade muito maior do que os ésteres oxigenados no que diz respeito a ataques por parte de nitrogênios e carbonos nucleofílicos. Isso permite a um tioéster permanecer no meio aquoso de uma célula — sem ser hidrolisado — aguardando se tornar um substrato em uma reação de substituição nucleofílica de grupos acila.

O carbono carbonílico de um tioéster é mais suscetível a um ataque nucleofílico do que o carbono carbonílico de um éster oxigenado porque existe menor deslocalização do oxigênio da carbonila quando Y é S do que quando Y é O. Existe menor deslocalização de elétrons porque ocorre menor sobreposição entre o orbital $3p$ do enxofre e o orbital $2p$ do carbono, comparado com a quantidade de sobreposição entre o orbital $2p$ do oxigênio e o orbital $2p$ do carbono (Seção 17.2). Além disso, o íon tiolato é uma base mais fraca e, portanto, é um grupo de saída melhor do que o íon hidróxido.

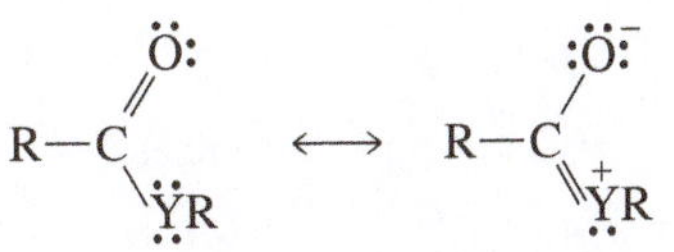

CH_3CH_2SH $pK_a = 10{,}5$ CH_3CH_2OH $pK_a = 15{,}9$

O tiol usado em sistemas biológicos para a formação de tioéster é a coenzima-A. A substância é escrita como 'CoASH' para enfatizar que o grupo tiol é a parte mais reativa da molécula.

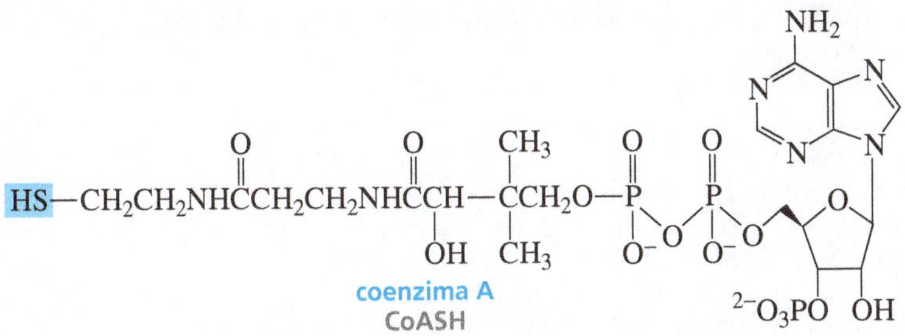

coenzima A
CoASH

*A coezima A foi descoberta por **Frits A. Lipmann (1899–1986).** Ele também foi o primeiro a reconhecer sua importância no metabolismo intermediário. Lipmann nasceu na Alemanha. Para fugir do nazismo, mudou para a Dinamarca em 1932 e para os Estados Unidos em 1939, tornando-se cidadão americano em 1944. Pelo seu trabalho sobre coenzima A, recebeu o Prêmio Nobel em fisiologia ou medicina em 1953, com Hans Krebs.*

A primeira etapa da conversão de um ácido carboxílico em um tioéster é a conversão do ácido carboxílico em um adenilato de acila. O adenilato de acila reage com a CoASH para formar o tioéster. O acetil-CoA é o tioéster mais comum em células.

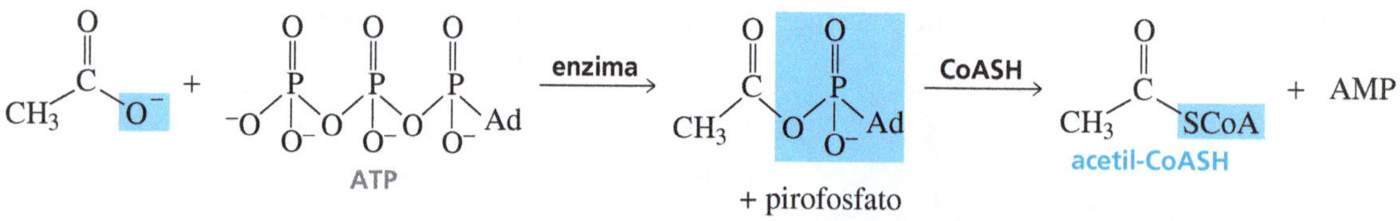

A acetilcolina, um éster, é um exemplo de um derivado de ácido carboxílico que as células sintetizam usando a acetil-CoA. A acetilcolina é um neurotransmissor — uma substância que transmite impulsos nervosos através das sinapses entre as células nervosas.

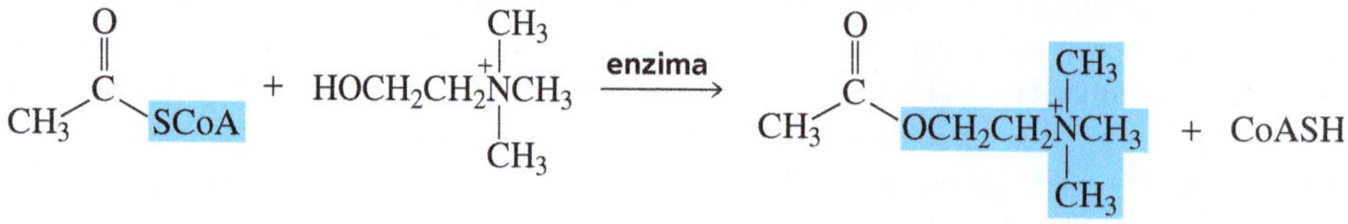

acetil-CoA colina acetilcolina

Impulsos nervosos, paralisia e inseticidas

Após um impulso nervoso ser transmitido entre as células, a acetilcolina deve ser rapidamente hidrolisada, possibilitando ao receptor celular receber outro impulso.

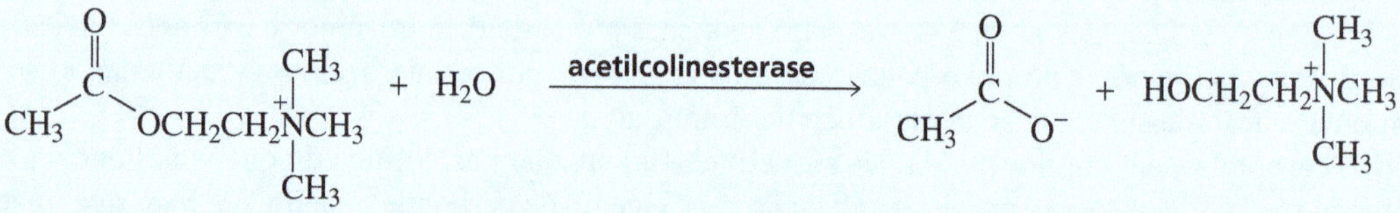

A acetilcolinesterase, enzima que catalisa essa hidrólise, tem um grupo CH_2OH que é necessário para sua atividade catalítica. O diisopropil fluorofosfato (DFP), um gás de guerra irritante, inibe a acetilcolinesterase pela reação do grupo CH_2OH. Quando a enzima é inibida, ocorre uma paralisia porque os impulsos nervosos não são transmitidos adequadamente. O DFP é extremamente tóxico: seu LD_{50} (dose letal para 50% dos testes em animais) é somente 0,5 mg/kg do peso do corpo.

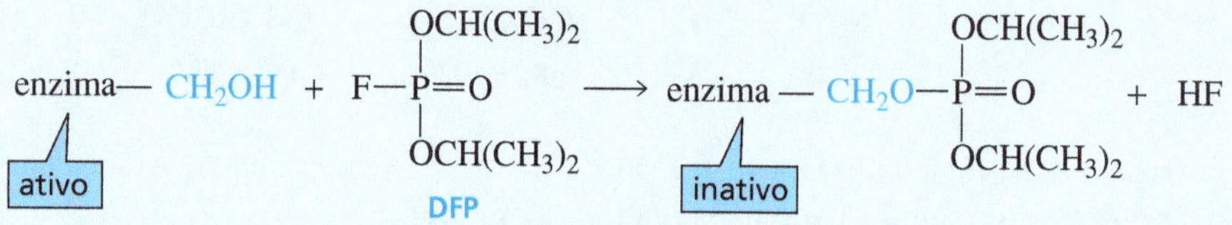

O malation e o paration, substâncias relacionadas ao DFP, são usados como inseticidas. O LD_{50} do malation é 2.800 mg/kg. O paration é mais tóxico, com um LD_{50} de 2 mg/kg.

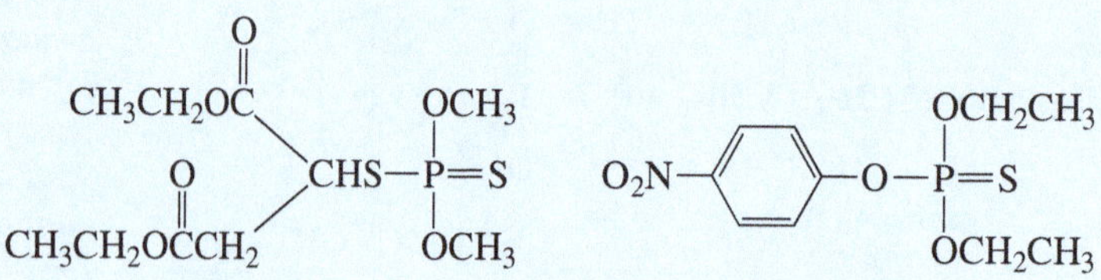

malation paration

Acredita-se que uma maneira de os genes serem ativados consiste na formação de uma amida entre a acetil-CoA e uma lisina residual (uma amina) da ligação de proteína do DNA.

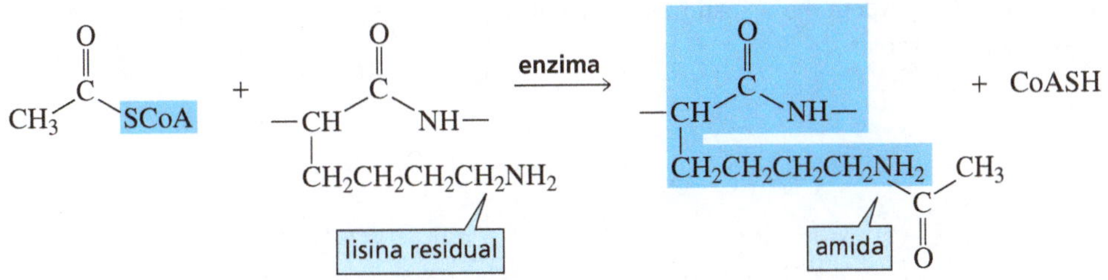

17.21 Ácidos dicarboxílicos e seus derivados

As estruturas de alguns ácidos dicarboxílicos comuns e seus valores de pK_a estão na Tabela 17.2.

Embora os dois grupos carboxila do ácido dicarboxílico sejam idênticos, os dois valores de pK_a são diferentes porque os prótons são perdidos um de cada vez, saindo, assim, de espécies diferentes. O primeiro próton se perde de uma molécula neutra, ao passo que o segundo próton se perde do íon carregado negativamente.

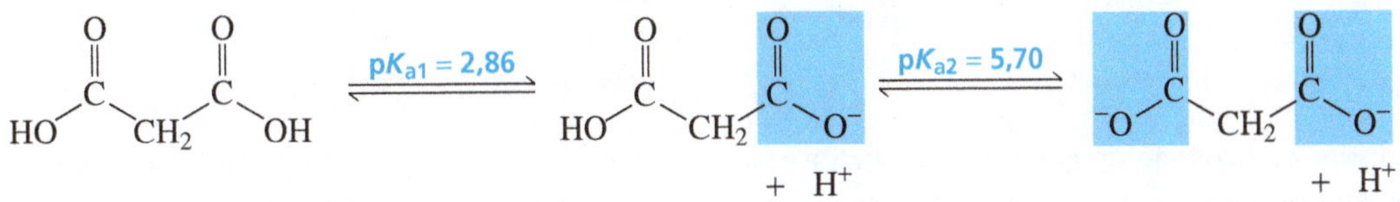

O grupo COOH retira elétrons (mais fortemente que um H) e, portanto, aumenta a estabilidade da base conjugada que é formada quando o primeiro grupo COOH perde um próton — aumentando assim sua acidez. Os valores de pK_a dos ácidos carboxílicos mostram que o efeito da força do ácido do grupo COOH decresce com o aumento da separação entre os dois grupos carboxila.

Tabela 17.2 Estruturas, nomes e valores de pK_a de alguns ácidos dicarboxílicos comuns

Ácido dicarboxílico	Nome comum	pK_{a1}	pK_{a2}
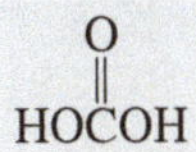	ácido carbônico	3,58	6,35
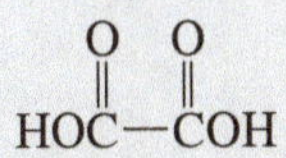	ácido oxálico	1,27	4,27
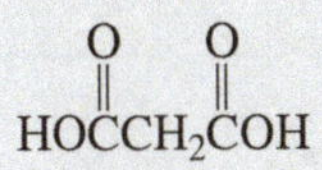	ácido malônico	2,86	5,70
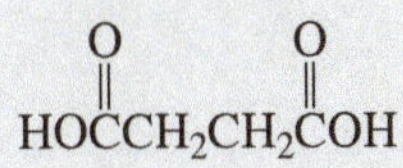	ácido succínico	4,21	5,64
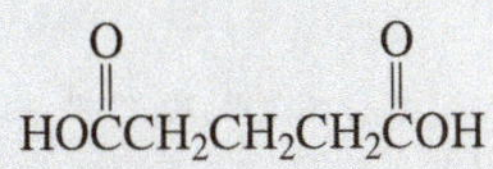	ácido glutárico	4,34	5,27
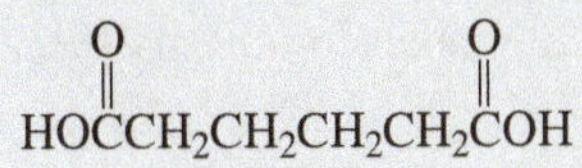	ácido adípico	4,41	5,28
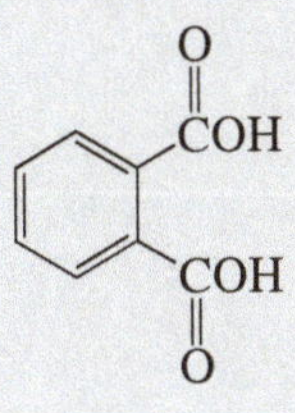	ácido ftálico	2,95	5,41

Os ácidos dicarboxílicos perdem água facilmente quando aquecidos se puderem formar um anidrido cíclico com um anel de cinco ou seis membros.

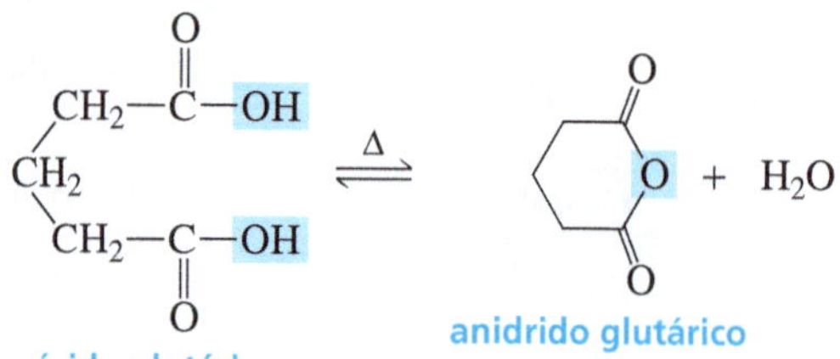

ácido glutárico — anidrido glutárico

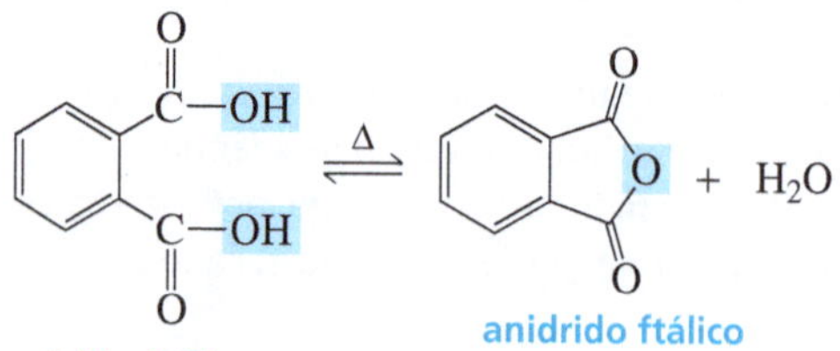

ácido ftálico — anidrido ftálico

Os anidridos cíclicos são preparados mais facilmente se o ácido dicarboxílico for aquecido na presença de cloreto de acetila ou anidrido acético, ou se for tratado com um agente desidratante forte como P_2O_5.

Molecule Gallery: Ácido succínico; anidrido succínico
WWW

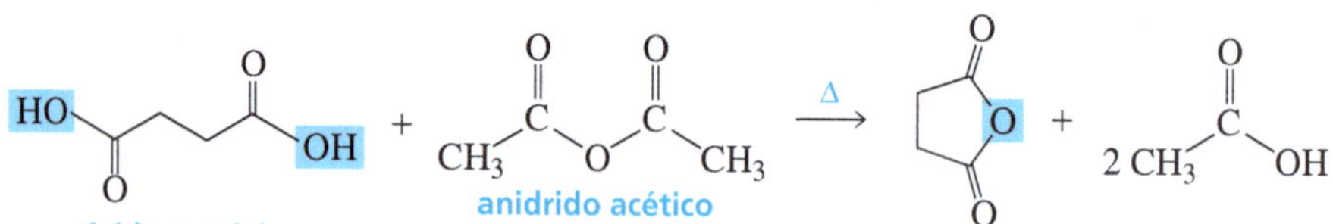

ácido succínico — anidrido acético — anidrido succínico

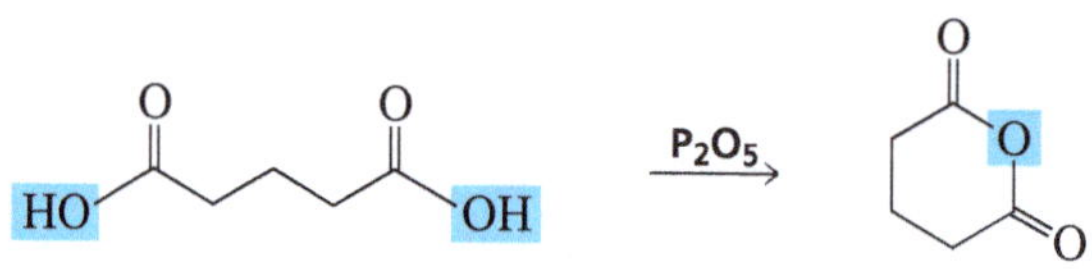

anidrido glutárico

PROBLEMA 36

a. Proponha um mecanismo para a formação do anidrido succínico na presença de anidrido acético.

b. Como o anidrido acético ajuda na formação do anidrido succínico?

Tutorial Gallery: Termos comuns relativos a ácidos carboxílicos e seus derivados
WWW

O ácido carbônico — uma substância com dois grupos OH ligados ao carbono carbonílico — é instável e se quebra facilmente em CO_2 e H_2O. A reação é reversível, de modo que o ácido carbônico é formado quando CO_2 é bombeado na água (Seção 1.20, volume 1).

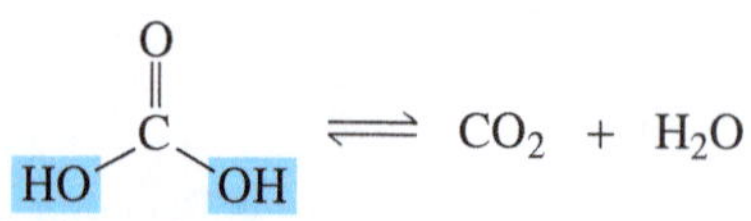

ácido carbônico

Polímeros sintéticos

Os polímeros sintéticos desempenham um importante papel em nossa vida diária. Os polímeros são substâncias fabricadas pela ligação de inúmeras moléculas pequenas denominadas monômeros. Em muitos polímeros sintéticos, os monômeros são mantidos unidos pelas ligações éster e amida. Por exemplo, o Dacron® é um poliéster e o náilon é uma poliamida.

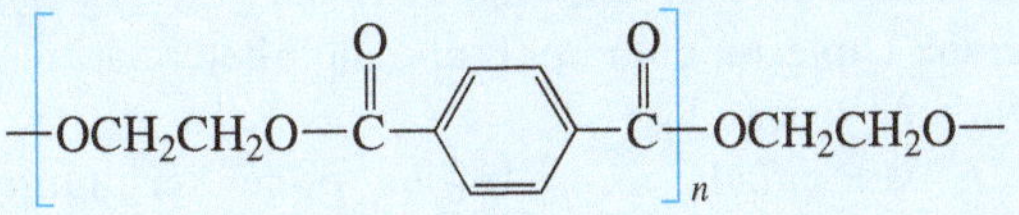

Dacron®

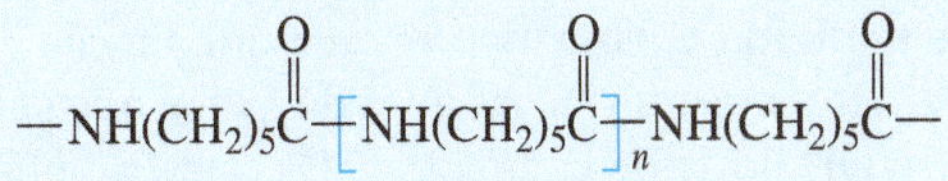

náilon 6

Os polímeros sintéticos têm substituído os metais, tecidos, vidros, cerâmicas, madeira e papel, oferecendo-nos uma grande variedade e quantidade de materiais que só a natureza poderia nos fornecer. Novos polímeros são continuamente projetados para ajudar nas necessidades humanas. Por exemplo, Kevlar® apresenta uma resistência à tensão maior que o aço. É usado em esquis de alta performance e vestimentas à prova de bala. O Lexan® é um polímero resistente e transparente, usado em muitos materiais, como, por exemplo, lentes luminosas e CD.

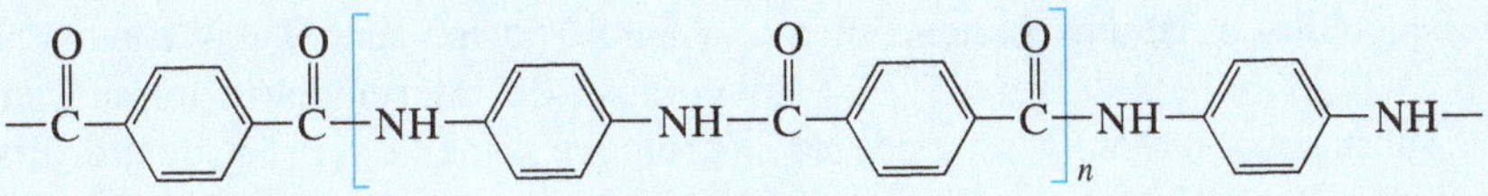

Kevlar®

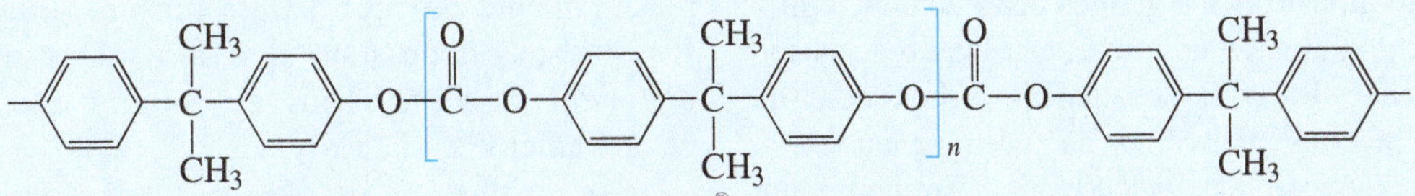

Lexan®

Estes e outros polímeros sintéticos serão discutidos detalhadamente no Capítulo 28.

Vimos que o grupo OH de um ácido carboxílico pode ser substituído para oferecer maior variedade de derivados de ácidos carboxílicos. Do mesmo modo, o grupo OH do ácido carboxílico pode ser substituído por outros grupos.

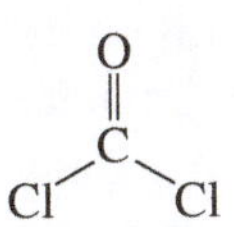

fosgênio

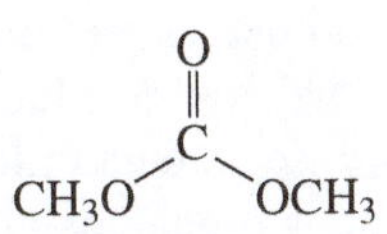

carbonato de dimetila

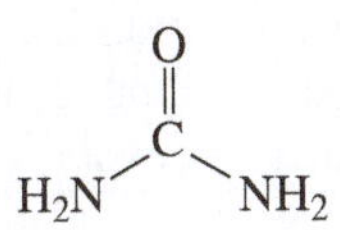

uréia

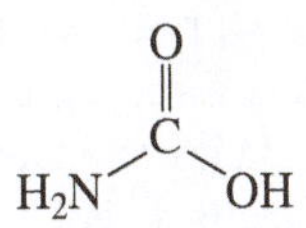

ácido carbâmico

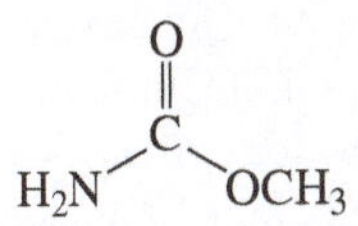

carbamato de metila

PROBLEMA 37◆

Que produtos você esperaria obter nas seguintes reações:

a. fosgênio + excesso de dietilamina

b. ácido malônico + 2 cloreto de acetila

c. carbamato de metila + metilamina

d. uréia + água

e. uréia + água + H^+

f. ácido β-etilglutárico + cloreto de acetila + Δ

Resumo

Um **grupo carbonila** é um carbono ligado duplamente a um oxigênio; um **grupo acila** é um grupo carbonila ligado a um grupo alquila ou arila. **Haletos de acila**, **anidridos de ácido**, **ésteres** e **amidas** são denominados **derivados de ácido carboxílico** porque diferem de ácidos carboxílicos somente na natureza do grupo que substitui o grupo OH do ácido carboxílico. Os ésteres cíclicos são chamados **lactonas**; as amidas cíclicas são denominadas **lactamas**. Existem **anidridos simétricos** e **anidridos mistos**.

Substâncias carboniladas podem pertencer a uma de duas classes. As substâncias carboniladas da classe I contêm um grupo que pode ser substituído por outro grupo; ácidos carboxílicos e derivados de ácidos carboxílicos pertencem a esta classe. As substâncias carboniladas da classe II não contêm um grupo que possa ser substituído por outro; aldeídos e cetonas pertencem a esta classe.

A reatividade das substâncias carboniladas reside na polaridade do grupo carbonílico; o carbono carbonílico tem uma carga parcial positiva que é atraída por nucleófilos. As substâncias carboniladas da classe I sofrem **reações de substituição nucleofílica a grupos acila**: um nucleófilo entra no lugar do substituinte que estava ligado ao grupo acila no reagente. Todas as substâncias carboniladas da classe I reagem com nucleófilos da mesma maneira: o nucleófilo ataca o carbono da carbonila, formando um **intermediário tetraédrico** instável (geralmente uma substância com um carbono sp^3 ligado a um oxigênio é instável se o carbono sp^3 estiver ligado a outro átomo eletronegativo). O intermediário tetraédrico restaura a substância carbonilada eliminando a base mais fraca.

Um derivado de ácido carboxílico sofrerá uma reação de substituição nucleofílica acílica desde que o grupo mais novo adicionado ao intermediário tetraédrico não seja uma base mais fraca que o grupo que estiver ligado ao grupo acila no reagente. Quanto mais fraca for a base ligada ao grupo acila, mais facilmente ocorrerá a reação de substituição nucleofílica acílica. As reatividades relativas para as reações de substituição nucleofílica acílica são: haletos de acila > anidridos de ácido > ésteres e ácidos carboxílicos > amidas > íons carboxilato.

As **hidrólises**, as **alcoólises** e as **aminólises** são reações nas quais água, alcoóis e aminas, respectivamente, convertem uma substância em duas. Uma **reação de transesterificação** converte um éster em outro éster. O tratamento de um ácido carboxílico com excesso de álcool e um catalisador ácido é denominado **esterificação de Fischer**. Um éster com um grupo alquila terciário hidrolisa via uma reação S_N1.

A velocidade da hidrólise pode ser aumentada tanto pelo ácido como pelo HO^-; a velocidade da alcoólise pode ser aumentada pelo ácido ou pelo RO^-. Um ácido aumenta a velocidade de formação do intermediário tetraédrico pela protonação do oxigênio, o qual aumenta a eletronegatividade do grupo carbonila, e pelo decréscimo da basicidade do grupo de saída, tornando-o mais fácil de eliminar. O íon hidróxido (ou alcóxido) aumenta a velocidade de formação do intermediário tetraédrico — é um nucleófilo melhor do que a água (ou um álcool) — e aumenta a velocidade de colapso do intermediário tetraédrico. O íon hidróxido promove somente reações de hidrólise: os íons alcóxido promovem apenas as reações de alcoólise. Em uma reação catalisada por um ácido, todos os reagentes orgânicos, intermediários e produtos são carregados positivamente ou neutros; em reações promovidas por íons hidróxido ou íons alcóxido, todos os reagentes orgânicos, intermediários e produtos são carregados negativamente ou neutros.

As **gorduras** e os **óleos** são triésteres do glicerol. Hidrolisando o grupo éster em uma solução básica (**saponificação**) ocorre a formação de glicerol e sais de ácidos graxos (sabão). Os íons carboxilato de cadeia longa se arranjam em grupamentos ('clusters') denominados **miscelas**. As forças atrativas entre as cadeias de hidrocarbonetos em água são chamadas **interações hidrofóbicas**.

As amidas são substâncias pouco reativas, mas reagem com água e alcoóis se o meio reacional for aquecido na presença de ácido. As nitrilas são mais difíceis de se hidrolisarem do que as amidas. A **síntese de Gabriel**, a qual converte haletos de alquila em aminas primárias, envolve a hidrólise de uma **imida**.

Os químicos orgânicos ativam os ácidos carboxílicos convertendo-os em haletos de acila ou em anidridos de ácido. As células ativam os ácidos carboxílicos convertendo-os em **fosfatos de acila**, **pirofosfatos de acila**, **adenilatos de acila** e **tioésteres**.

Resumo das reações

1. Reações de haletos de acila (Seção 17.8)

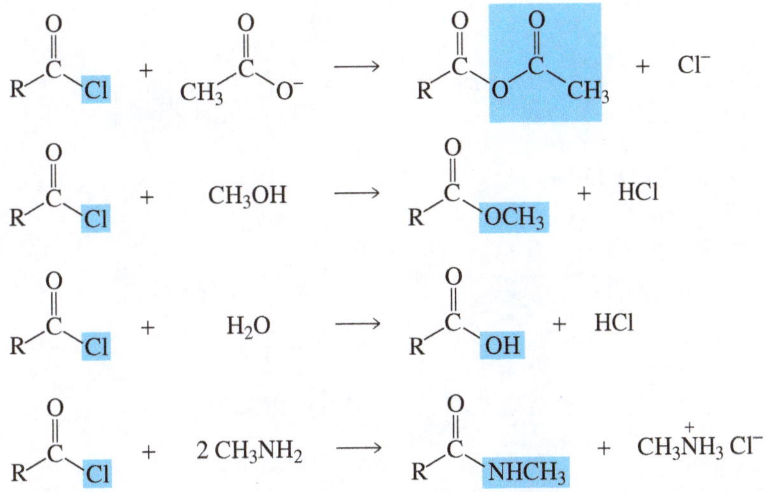

2. Reações de anidridos de ácido (Seção 17.9)

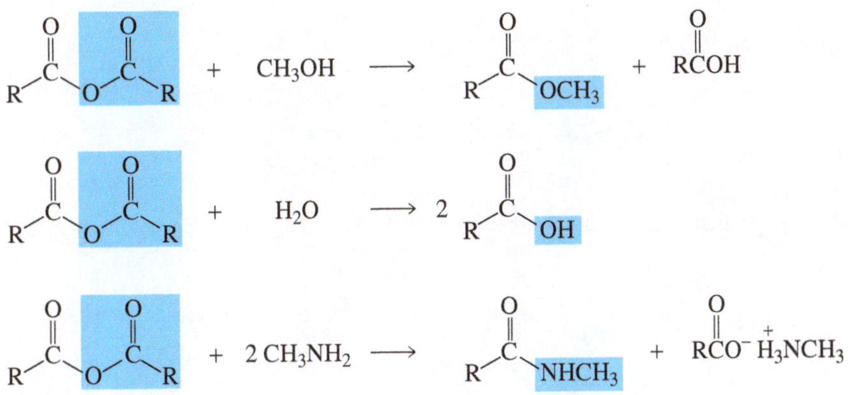

3. Reações de ésteres (seções 17.10 – 17.13)

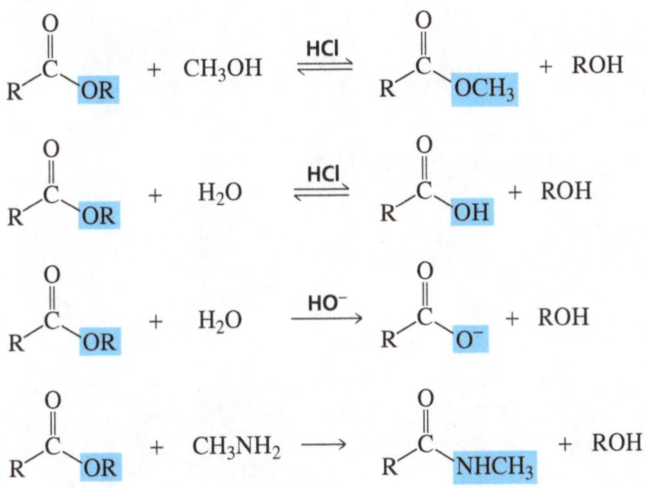

4. Reações de ácidos carboxílicos (Seção 17.14)

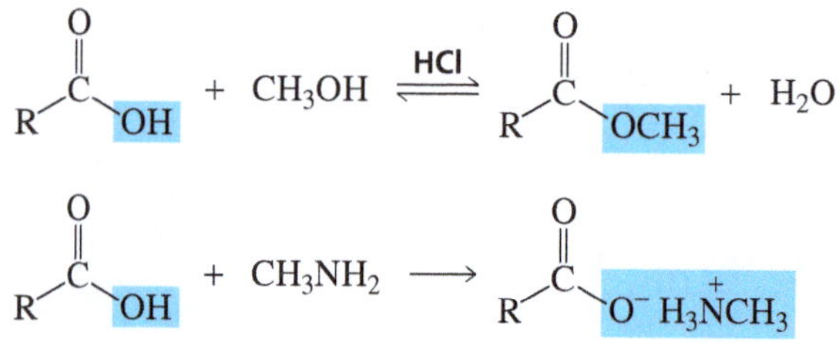

5. Reações de amidas (seções 17.15 e 17.16)

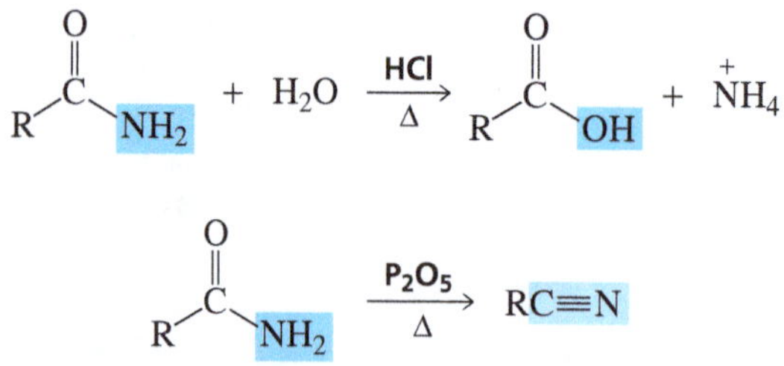

6. Síntese de Gabriel de aminas primárias (Seção 17.17)

$$RCH_2Br \xrightarrow[\text{2. HCl, } H_2O,\ \Delta \quad \text{3. } HO^-]{\text{1. ftalimida, } HO^-} RCH_2NH_2$$

7. Hidrólise de nitrilas (Seção 17.18)

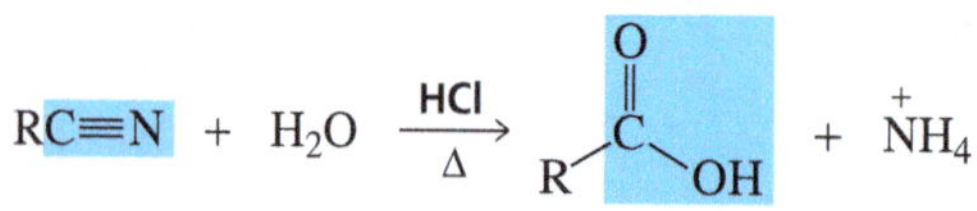

8. Ativação de ácidos carboxílicos pelos químicos (Seção 17.20)

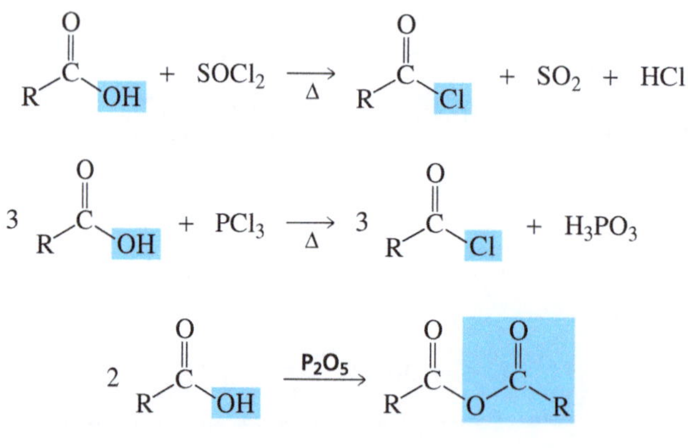

9. Ativação de ácidos carboxílicos pelas células (Seção 17.20)

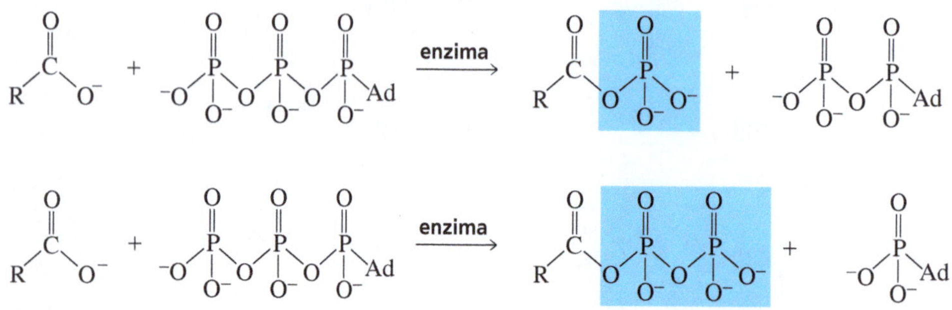

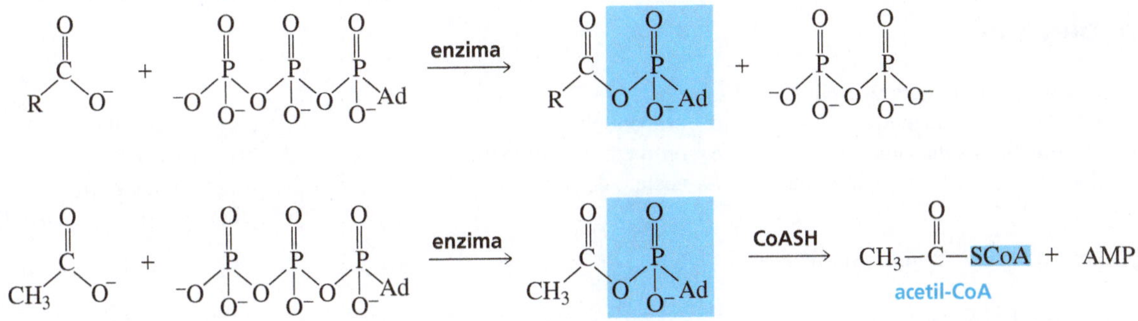

10. Desidratação de ácidos dicarboxílicos (Seção 17.21)

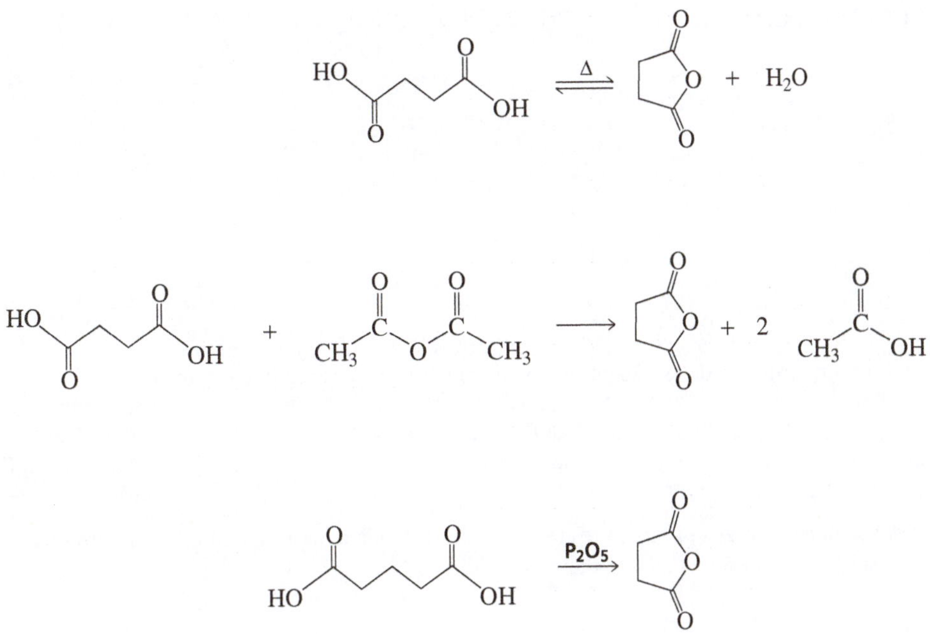

Palavras-chave

ácido carboxílico (p. 81)
ácido graxo (p. 110)
adenilato de acila (p. 124)
alcoólise (p. 101)
amida (p. 86)
aminoácido (p. 81)
aminólise (p. 101)
anidrido acético (p. 100)
anidrido misto (p. 85)
anidrido simétrico (p. 85)
biossíntese (p. 123)
carbono α (p. 80)
carbono carbonílico (p. 83)
catalisador (p. 105)
derivado de ácido carboxílico (p. 92)
detergente (p. 111)
éster (p. 85)
esterificação de Fischer (p. 113)
fosfato de acila (p. 124)
gordura (p. 83)
grupo acila (p. 81)
grupo carbonila (p. 79)
grupo carboxila (p. 84)
haleto de acila (p. 98)
hidrólise (p. 101)
imida (p. 118)
interações hidrofóbicas (p. 111)
intermediário tetraédrico (p. 79)
lactama (p. 86)
lactona (p. 86)
miscela (p. 111)
neurotransmissor (p. 126)
nitrilas (p. 87)
óleos (p. 110)
oxigênio carbonílico (p. 87)
pirofosfato de acila (p. 91)
reação de substituição nucleofílica acílica (p. 93)
reação de transesterificação (p. 101)
sabão (p. 111)
saponificação (p. 111)
síntese de Gabriel (p. 118)
substância carbonilada (p.130)

Problemas

38. Escreva as estruturas para as seguintes substâncias:
   a. *N,N*-dimetil-hexanamida
   b. 3,3-dimetil-hexanamida
   c. cloreto de ciclo-hexanocarbonila
   d. propanonitrila
   e. brometo de propionila
   f. acetato de sódio
   g. anidrido benzóico
   h. β-valerolactona
   i. 3-metilbutanonitrila
   j. ácido ciclo-heptanocarboxílico

39. Dê o nome para as seguintes substâncias:

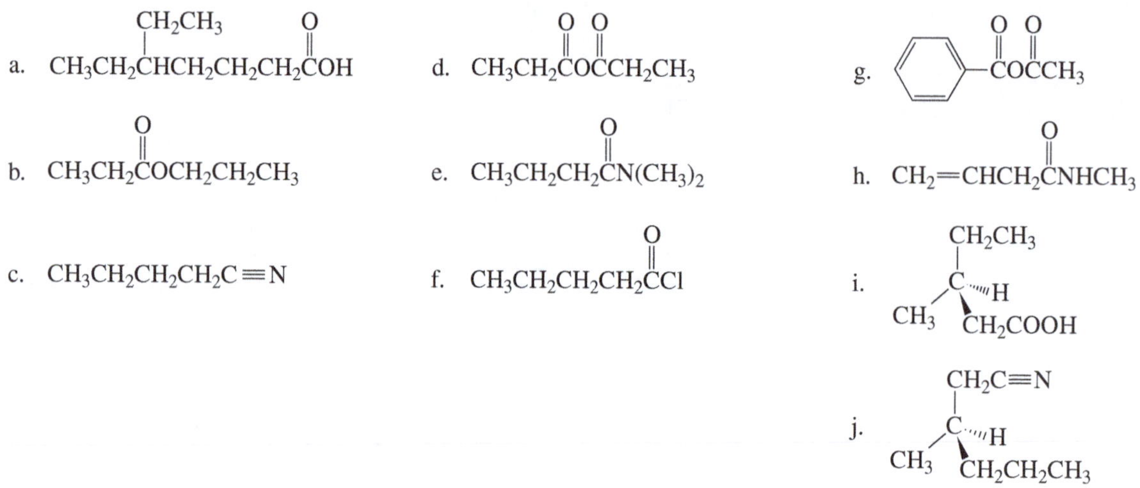

40. Quais produtos seriam formados da reação entre cloreto de benzoíla e os seguintes reagentes?
   a. acetato de sódio
   b. água
   c. dimetilamina
   d. HCl aquoso
   e. NaOH aquosa
   f. ciclo-hexanol
   g. benzilamina
   h. 4-clorofenol
   i. álcool isopropílico
   j. anilina

41. a. Coloque os seguintes ésteres em ordem decrescente de reatividade na primeira etapa de uma reação de substituição nucleofílica acílica (formação do intermediário tetraédrico):

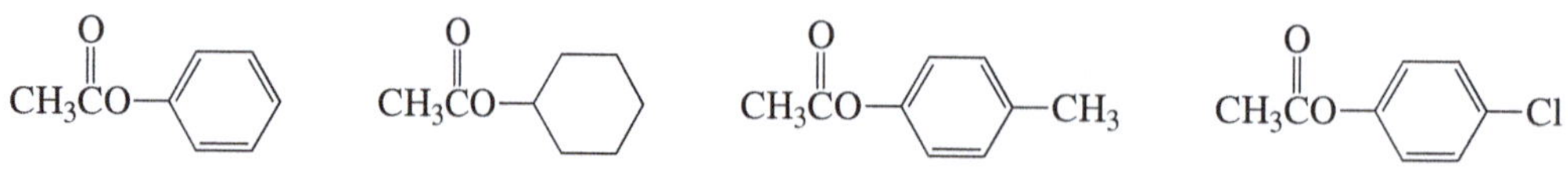

A B C D

   b. Coloque os mesmos ésteres em ordem decrescente de reatividade na segunda etapa de uma reação de substituição nucleofílica acílica (colapso do intermediário tetraédrico).

42. a. Qual substância você acha que teria um momento de dipolo maior: o acetato de metila ou a butanona?

acetato de metila butanona

   b. Qual dos dois você acha que teria um ponto de ebulição maior?

43. Como você usaria a espectroscopia de RMN de ^1H para distinguir entre os seguintes ésteres?

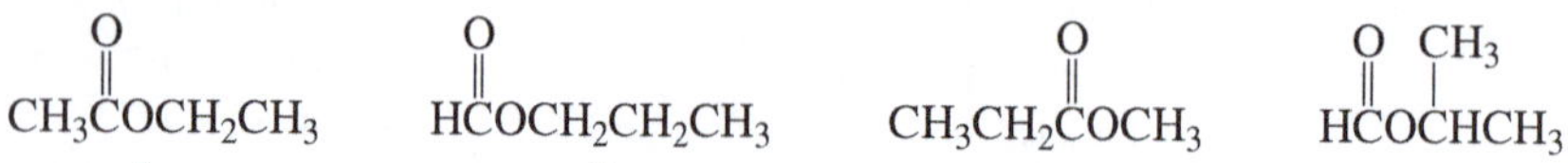

A B C D

44. Se for adicionado cloreto de propionila a um equivalente de metilamina, obtém-se somente *N*-metilpropanamida em 50% de rendimento. Se, no entanto, o cloreto de acila for adicionado a dois equivalentes de metilamina, o rendimento de *N*-metilpropanamida é de 100%. Explique essas observações.

45. a. Quando um ácido carboxílico é dissolvido em água marcada isotopicamente ($H_2{}^{18}O$), o átomo marcado se incorpora nos dois oxigênios do ácido. Proponha um mecanismo para explicar esse fato.

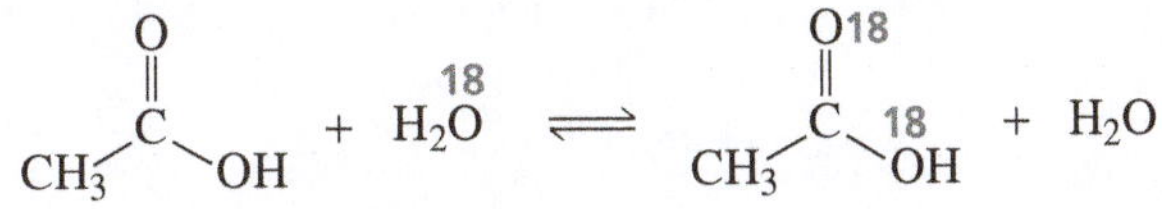

b. Se um ácido carboxílico for dissolvido em metanol marcado isotopicamente ($CH_3{}^{18}OH$) e um catalisador ácido for adicionado, onde o átomo marcado estará no produto?

46. Qual reagente você usaria para converter propanoato de metila nas seguintes substâncias?

a. propanoato de isopropila
b. propanoato de sódio
c. *N*-etilpropanamida
d. ácido propanóico

47. Uma substância com fórmula molecular $C_5H_{10}O_2$ fornece o seguinte espectro de IV. Quando esse substrato sofre uma hidrólise catalisada por ácido, é formada uma substância com o espectro de RMN de ^1H seguinte. Identifique as substâncias.

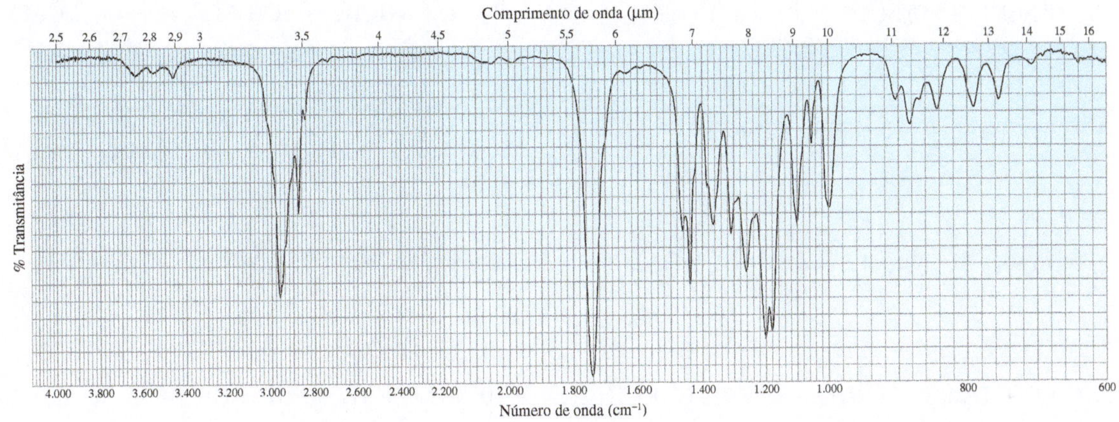

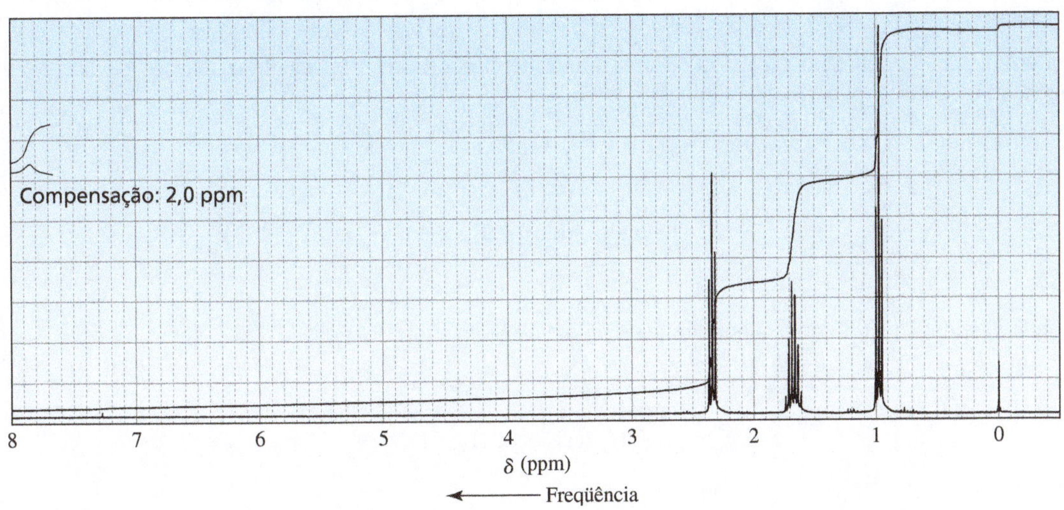

48. O aspartame, um adoçante usado como produto comercial NutraSweet® e Equal®, é 160 vezes mais doce que a sacarose. Quais os produtos que poderiam ser obtidos se o aspartame fosse hidrolisado completamente em solução aquosa de HCl?

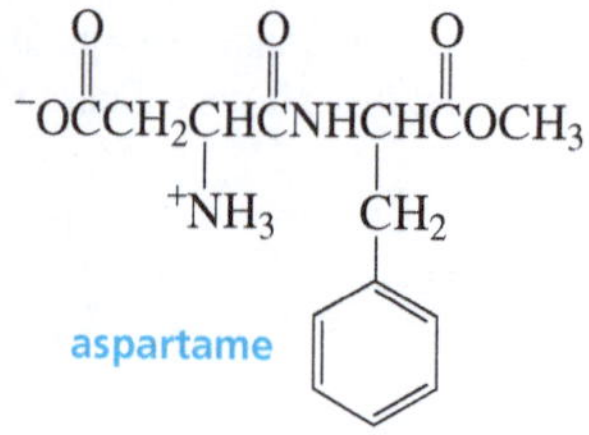

aspartame

49. a. Quais das seguintes reações não forneceriam o produto carbonílico mostrado?

1. $CH_3\overset{O}{\overset{\|}{C}}OH + CH_3\overset{O}{\overset{\|}{C}}O^- \longrightarrow CH_3\overset{O}{\overset{\|}{C}}O\overset{O}{\overset{\|}{C}}CH_3$

2. $CH_3\overset{O}{\overset{\|}{C}}Cl + CH_3\overset{O}{\overset{\|}{C}}O^- \longrightarrow CH_3\overset{O}{\overset{\|}{C}}O\overset{O}{\overset{\|}{C}}CH_3$

3. $CH_3\overset{O}{\overset{\|}{C}}NH_2 + Cl^- \longrightarrow CH_3\overset{O}{\overset{\|}{C}}Cl$

4. $CH_3\overset{O}{\overset{\|}{C}}OH + CH_3NH_2 \longrightarrow CH_3\overset{O}{\overset{\|}{C}}NHCH_3$

5. $CH_3\overset{O}{\overset{\|}{C}}OCH_3 + CH_3NH_2 \longrightarrow CH_3\overset{O}{\overset{\|}{C}}NHCH_3$

6. $CH_3\overset{O}{\overset{\|}{C}}OCH_3 + Cl^- \longrightarrow CH_3\overset{O}{\overset{\|}{C}}Cl$

7. $CH_3\overset{O}{\overset{\|}{C}}NHCH_3 + CH_3\overset{O}{\overset{\|}{C}}O^- \longrightarrow CH_3\overset{O}{\overset{\|}{C}}O\overset{O}{\overset{\|}{C}}CH_3$

8. $CH_3\overset{O}{\overset{\|}{C}}Cl + H_2O \longrightarrow CH_3\overset{O}{\overset{\|}{C}}OH$

9. $CH_3\overset{O}{\overset{\|}{C}}NHCH_3 + H_2O \longrightarrow CH_3\overset{O}{\overset{\|}{C}}OH$

10. $CH_3\overset{O}{\overset{\|}{C}}O\overset{O}{\overset{\|}{C}}CH_3 + CH_3OH \longrightarrow CH_3\overset{O}{\overset{\|}{C}}OCH_3$

b. Quais das seguintes reações não ocorrem, mas poderiam ocorrer se um catalisador ácido fosse adicionado ao meio reacional?

50. O 1,4-diazabiciclo[2,2,2]octano (DABCO) é uma amina terciária usada para catalisar reações de transesterificação. Proponha um mecanismo para mostrar como isso ocorre.

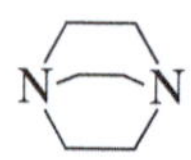

1,4-diazabiciclo[2,2,2]octano
DABCO

51. Identifique o produto majoritário e minoritário da seguinte reação:

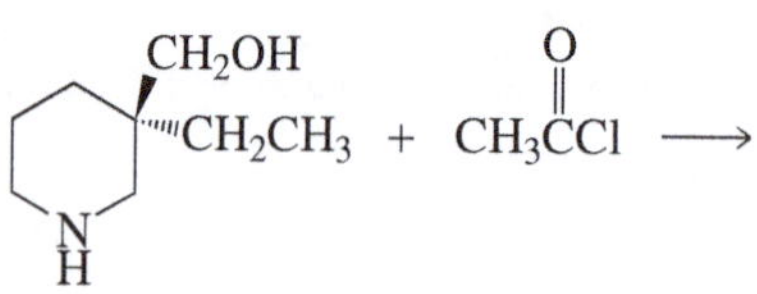

52. Dois produtos, A e B, são obtidos da reação do 1-bromo-butano com NH_3. A substância A reage com cloreto de acetila para formar C, e B reage com cloreto de acetila para formar D. O espectro de IV de C e D são mostrados a seguir. Identifique A, B, C, e D.

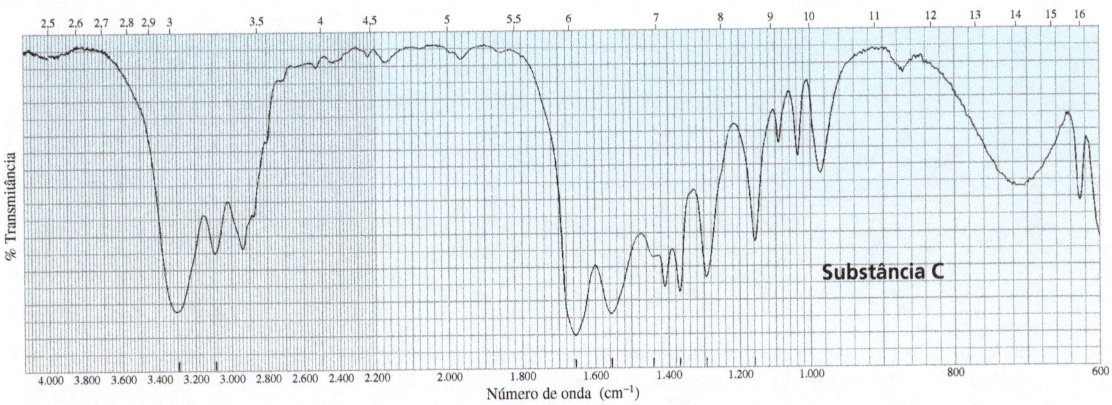

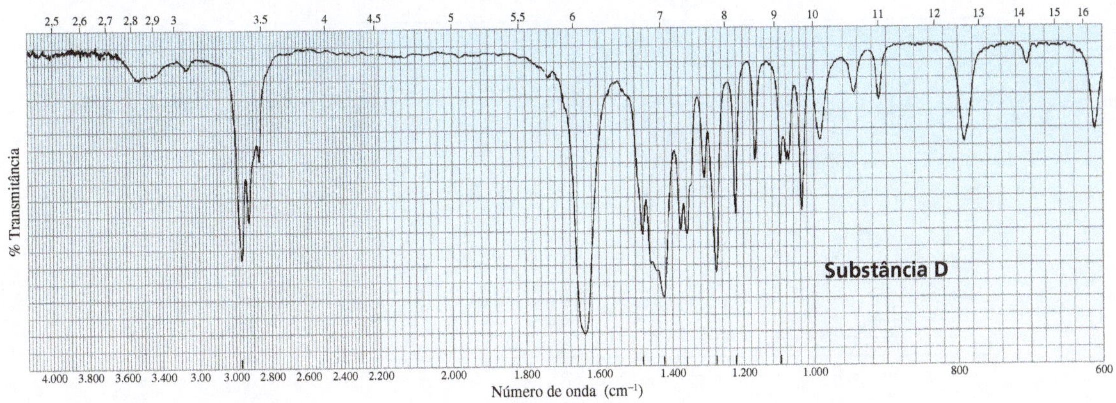

53. O fosgênio ($COCl_2$) foi usado como gás venenoso na Primeira Guerra Mundial. Dê os produtos que seriam formados da reação do fosgênio com cada um dos seguintes reagentes:
   1. um equivalente de metanol
   2. excesso de metanol
   3. excesso de propilamina
   4. um equivalente de etanol seguido por um equivalente de metilamina

54. Quando Ester Etila tratou ácido butenodióico com cloreto de tionila, ela ficou surpresa de perceber que o produto obtido foi um anidrido, em vez de um cloreto de acila. Proponha um mecanismo para explicar por que ela obteve o anidrido

55. Dê os produtos das seguintes reações:

a. $CH_3\overset{O}{\overset{\|}{C}}Cl + KF \longrightarrow$

b. 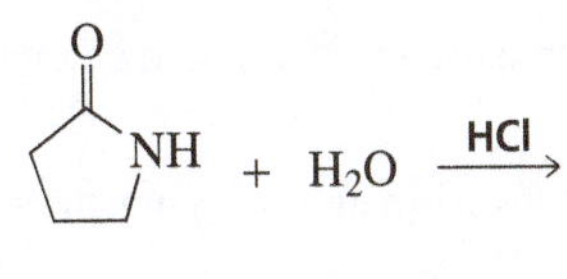

c. 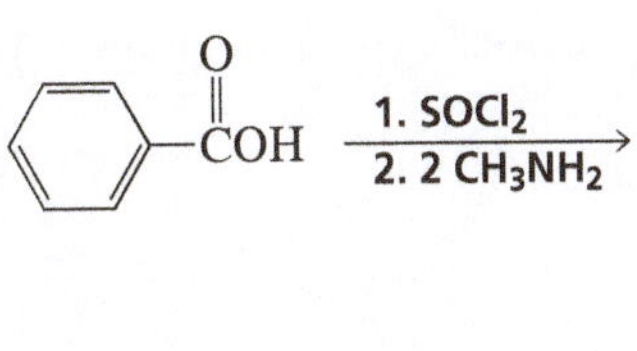

d. 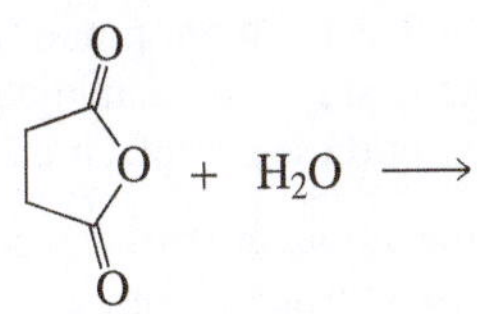

e. 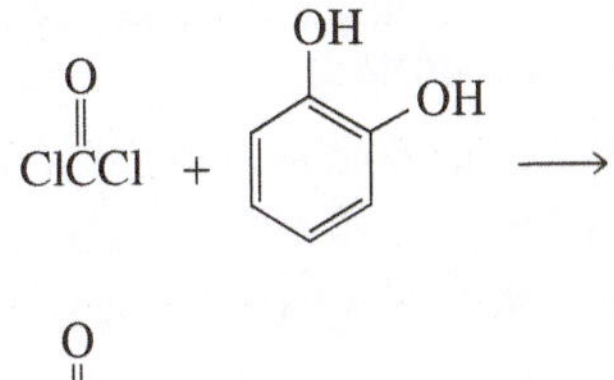

f. 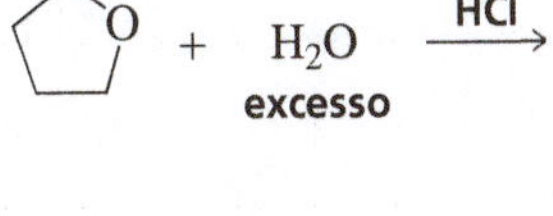

g. $CH_3C(=O)CH_2OC(=O)CH_3$ + CH_3OH (excesso) $\xrightarrow{CH_3O^-}$

h. 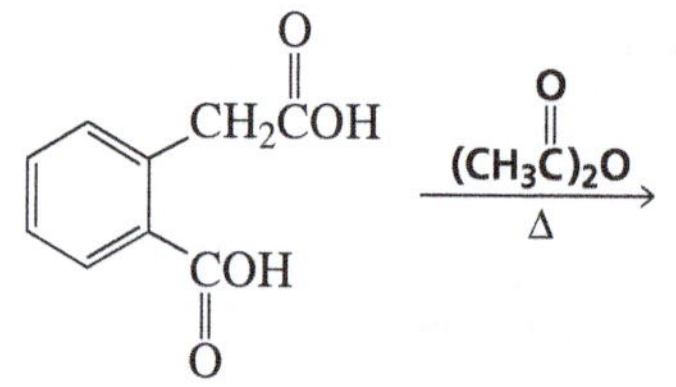

i. 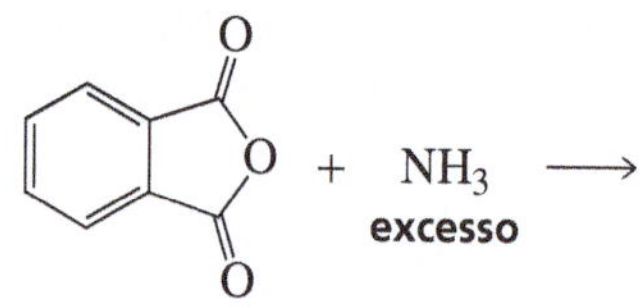

j. 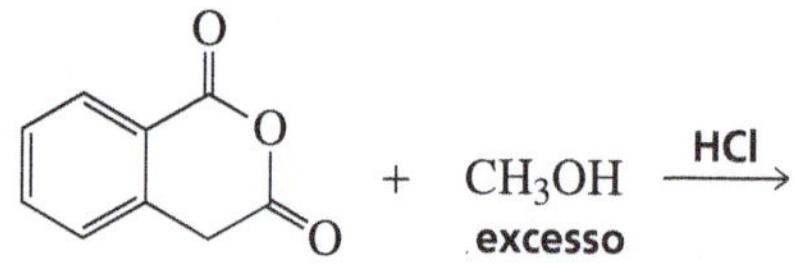

56. A substância A, com fórmula molecular $C_4H_6Cl_2O$, quando tratada com um equivalente de metanol, forma a substância cujo espectro de RMN ^1H é mostrado a seguir. Identifique a substância A.

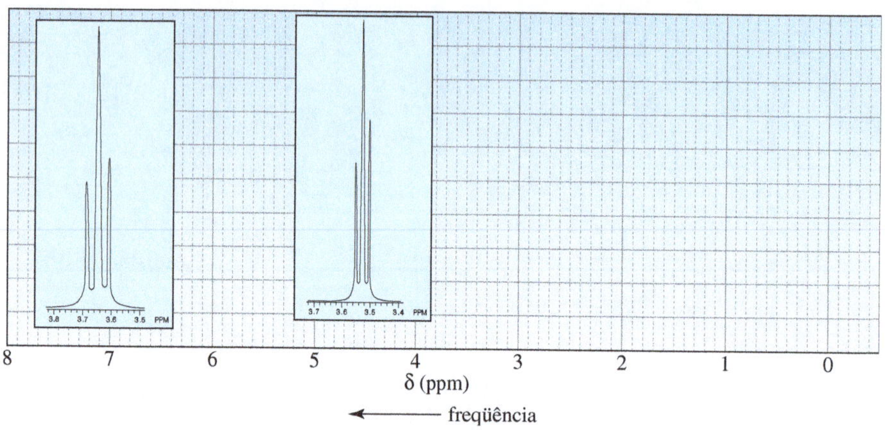

57. a. Identifique os dois produtos obtidos da seguinte reação:

$$CH_3C(=O)OC(=O)CH_3 \text{ (excesso)} + CH_3CH(NH_2)CH_2CH_2OH \longrightarrow$$

b. Eddie Amina realizou a reação anterior, mas a interrompeu antes da metade do tempo, depois disso ele isolou o produto majoritário. Ele ficou surpreso quando descobriu que o produto que isolou não era nenhum dos produtos obtidos quando a reação foi permitida se completar até o fim. Qual foi o produto que ele isolou?

58. Uma solução aquosa de uma amina primária ou secundária reage com cloreto de acila para formar uma amida como produto majoritário. No entanto, se a amina for terciária, não é formada uma amida. Qual *é* o produto formado? Explique.

59. a. Ann Hidreto não obteve um éster quando ela adicionou ácido 2,4,6-trimetil-benzóico a uma solução ácida de metanol. Por quê? (Dica: use modelos.)

b. Ann poderia ter encontrado o mesmo problema se ela tivesse tentado sintetizar da mesma maneira o éster metílico do ácido *p*-metil-benzóico?

c. Como ela poderia preparar o éster metílico do ácido 2,4,6-trimetil-benzóico? (*Dica*: veja a Seção 16.12.)

60. Quando uma substância com a fórmula molecular $C_{11}H_{14}O_2$ sofre uma hidrólise catalisada por ácido, um dos produtos isolados fornece o seguinte espectro de RMN ^1H. Identifique a substância.

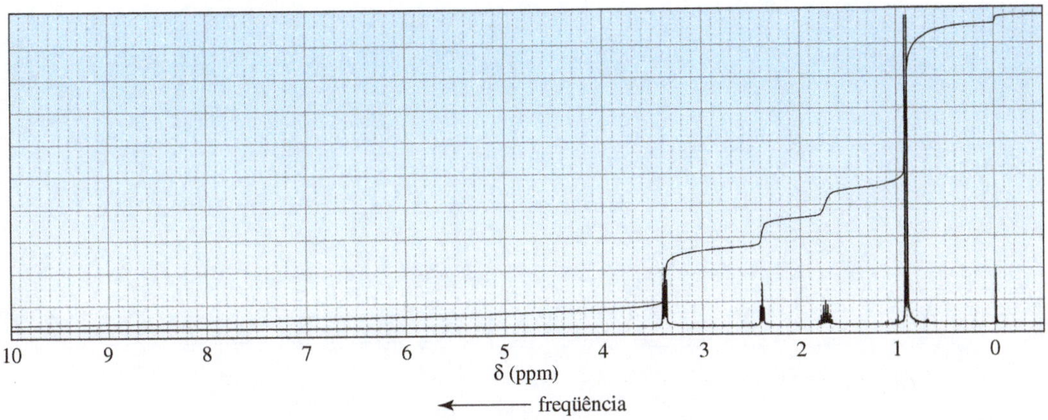

61. Coloque as seguintes substâncias em ordem decrescente de freqüência de estiramento da ligação dupla carbono–oxigênio:

$CH_3C(=O)OCH_3$ $\quad$ $CH_3C(=O)Cl$ $\quad$ $CH_3C(=O)H$ $\quad$ $CH_3C(=O)NH_2$

62. a. Se a constante de equilíbrio para a reação do ácido acético e etanol para formar acetato de etila é 4,02, qual será a concentração do acetato de etila no equilíbrio se a reação for efetuada em quantidades iguais de ácido acético e etanol?

    b. Qual será a concentração de acetato de etila no equilíbrio se a reação for realizada com uma quantidade 10 vezes maior de etanol do que ácido acético? *Dica*: lembre-se da equação quadrática: para $ax^2 + bx + c = 0$,

$$x = \frac{-b \pm (b^2 - 4ac)^{1/2}}{2a}$$

    c. Qual será a concentração de acetato de etila no equilíbrio se a reação for realizada com uma quantidade 100 vezes maior de etanol do que ácido acético?

63. O espectro de RMN ^1H para dois ésteres de fórmula molecular $C_8H_8O_2$ estão mostrados abaixo. Se cada um dos ésteres for adicionado a uma solução aquosa de pH 10, qual dos ésteres seria hidrolisado em maior quantidade quando a reação de hidrólise atingisse o equilíbrio?

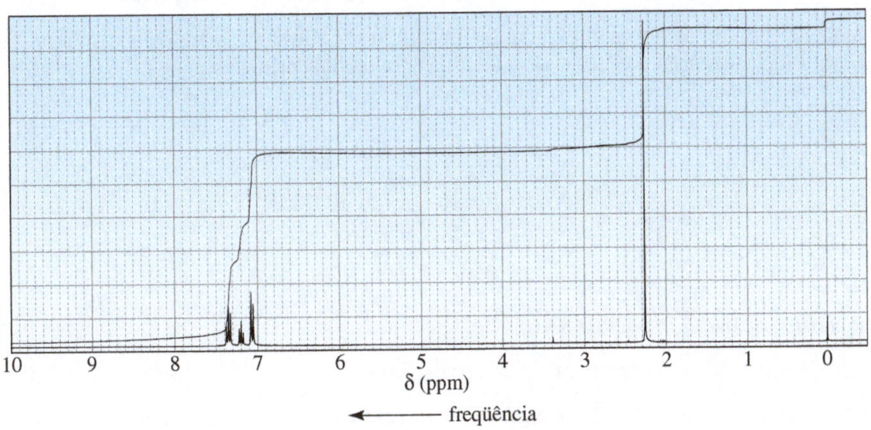

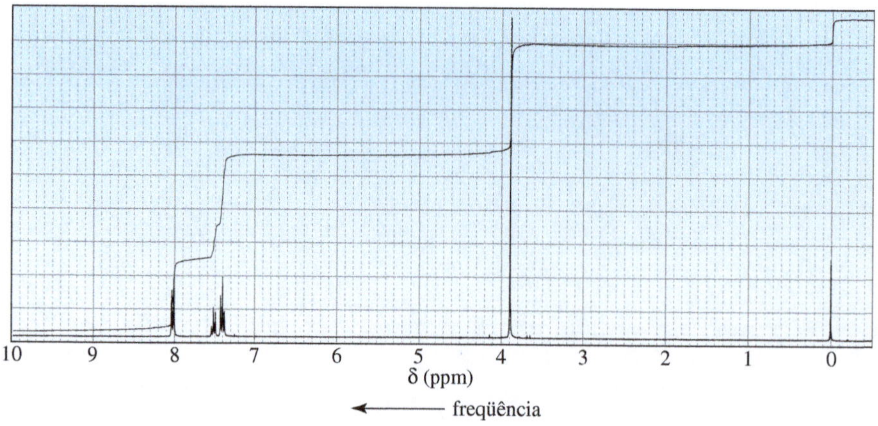

64. Mostre como as seguintes substâncias poderiam ser preparadas a partir dos substratos indicados. Você pode usar qualquer reagente orgânico e inorgânico necessário para a síntese.

a. $CH_3CH_2CNH_2$ (C=O) $\longrightarrow$ CH_3CH_2CCl (C=O)

b. $CH_3CH_2CH_2CH_2OH \longrightarrow CH_3CH_2CH_2CH_2COH$ (C=O)

c. 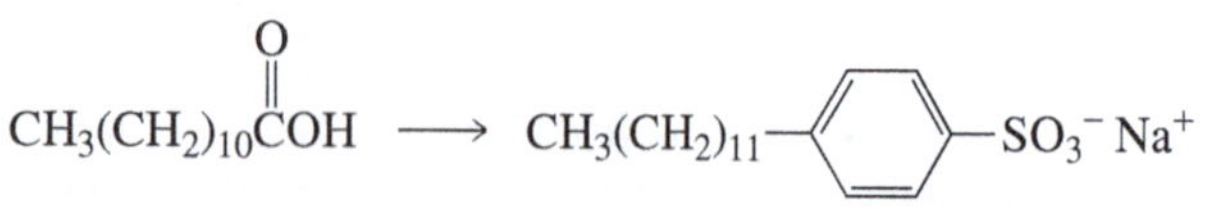

um detergente

d. 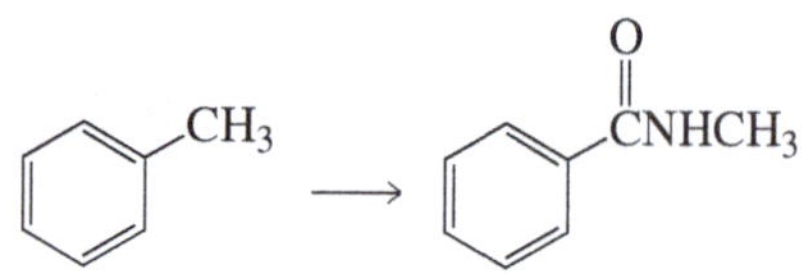

e. 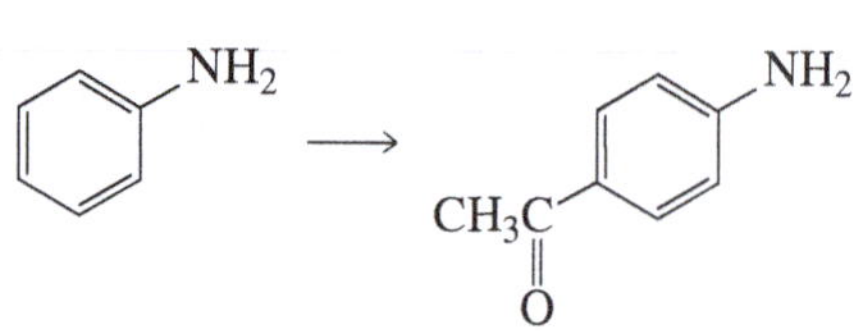

f. 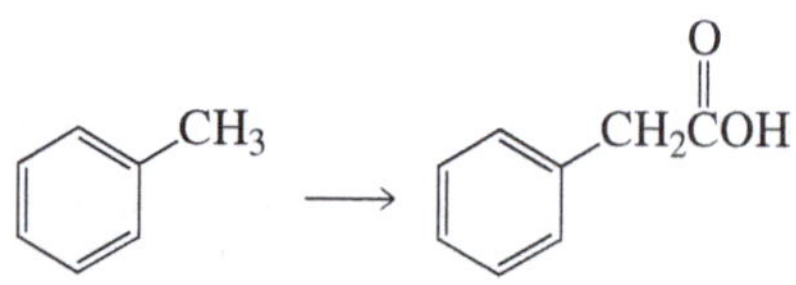

65. A hidrólise da amida catalisada por ácido é uma reação reversível ou irreversível? Explique.

66. A reação de uma nitrila com um álcool na presença de um ácido forte forma uma amida secundária. Essa reação é conhecida como *reação de Ritter*. A reação de Ritter não funciona com alcoóis primários.

$$RC{\equiv}N + R'OH \xrightarrow{H^+} R\overset{O}{\overset{\|}{C}}NHR'$$

Reação de Ritter

a. Proponha um mecanismo para a reação de Ritter.

b. Por que a reação de Ritter não funciona para alcoóis primários?

c. Em que a reação de Ritter difere da hidrólise catalisada por ácido de uma nitrila para formar uma amida primária?

67. O intermediário mostrado aqui é formado durante a hidrólise promovida pelo íon hidróxido do grupo éster. Proponha um mecanismo para a reação.

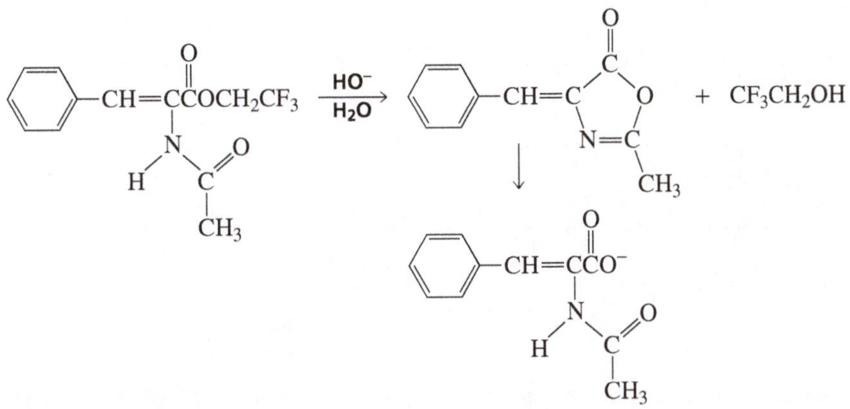

68. Qual seria o produto que se esperaria obter em cada uma das seguintes reações:

a.  b. 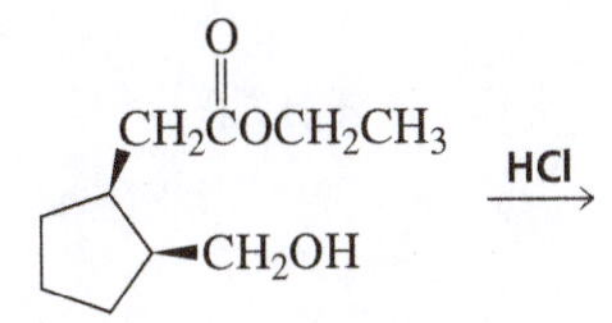 c. 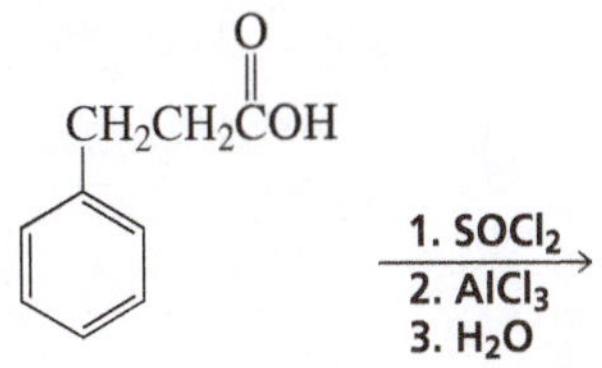

69. As sulfonamidas, os primeiros antibióticos desenvolvidos, foram introduzidas clinicamente em 1934 (Seções 25.8 e 30.4). Mostre como uma sulfonamida pode ser preparada a partir do benzeno.

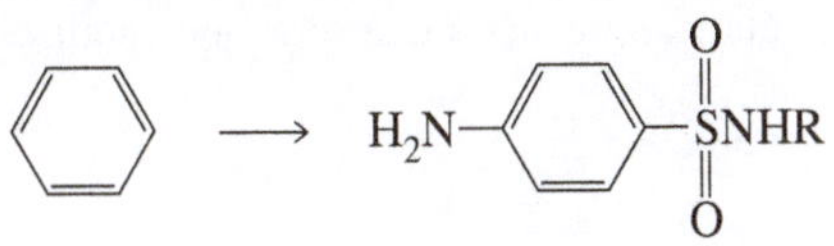

sulfonamida

70. a. Como a aspirina poderia ser sintetizada partindo-se do benzeno?
    b. O ibuprofeno é o ingrediente ativo usado para aliviar a dor, como o Advil®, Motrin® e Nuprin®. Como o ibuprofeno seria sintetizado a partir do benzeno?

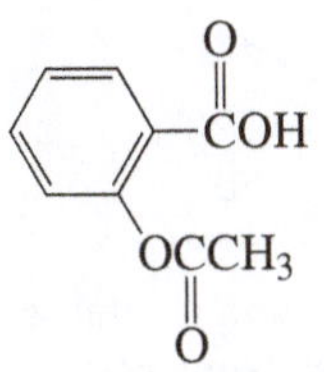

aspirina

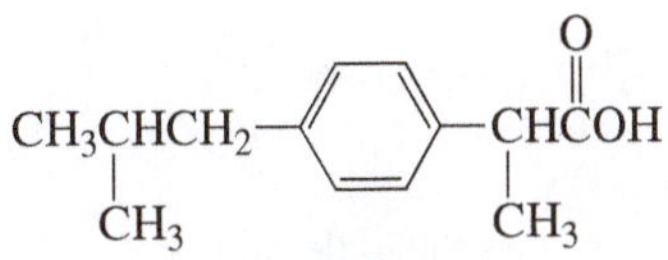

ibuprofeno

71. Acredita-se que a seguinte substância seja um inibidor de penicilinase. A enzima pode ser reativada pela hidroxilamina (NH_2OH). Proponha um mecanismo para justificar a inibição e a reativação.

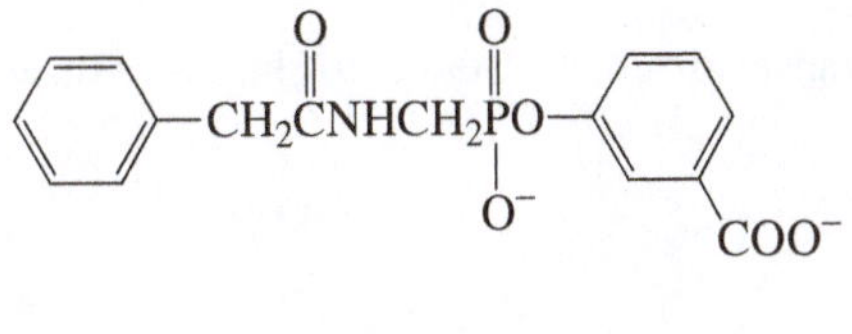

72. Para cada uma das seguintes reações, proponha um mecanismo que justificaria a formação do produto:

a. 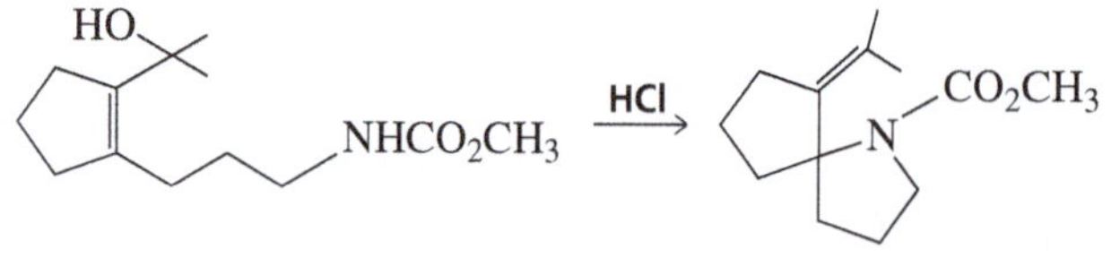

b. 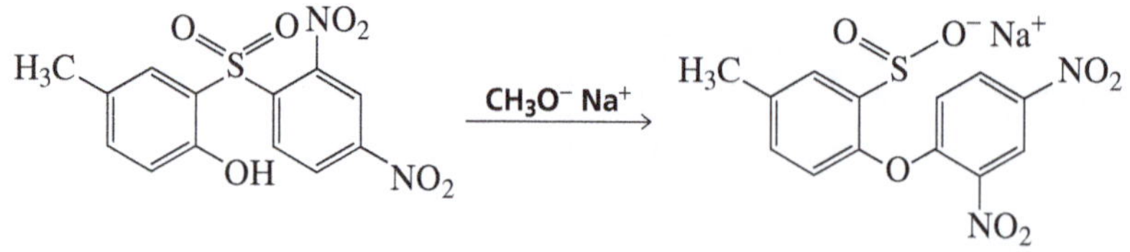

73. Mostre como a Novocaína®, um analgésico freqüentemente usado pelos dentistas (Seção 30.3), pode ser preparada a partir do benzeno.

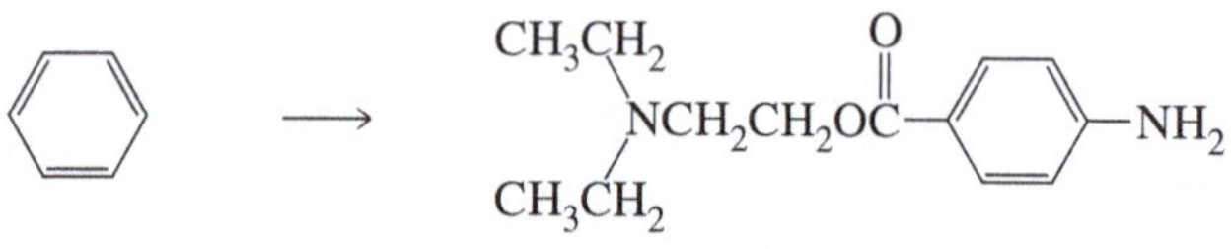

Novocaína®

74. Catalisadores de anticorpos catalisam as reações ligando-se ao estado de transição, estabilizando-o por meio disso. Como resultado, a energia de ativação é diminuída e a reação ocorre rapidamente. A síntese do anticorpo é realizada na presença de um análogo do estado de transição — uma molécula que lembra estruturalmente o estado de transição. Desse modo será gerado um anticorpo que reconhecerá uma ligação no estado de transição. Por exemplo, o seguinte análogo do estado de transição tem sido usado para gerar catalisadores de anticorpos que catalisam a hidrólise de uma estrutura similar ao éster:

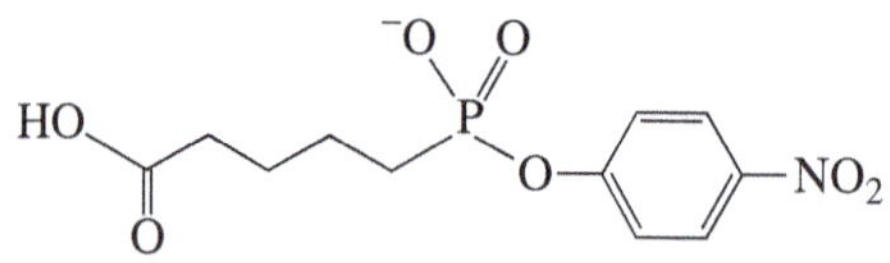

análogo do estado de transição

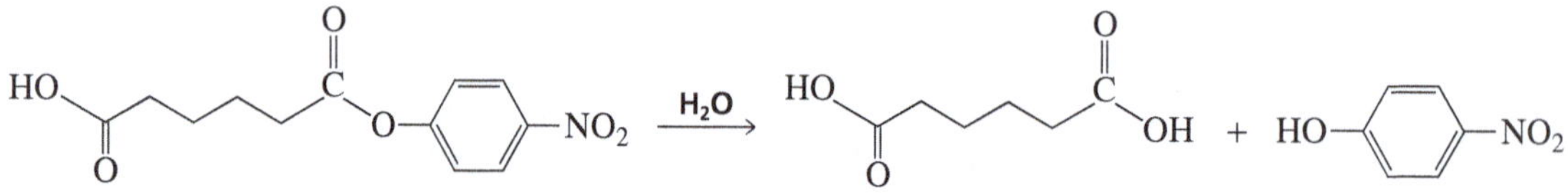

a. Desenhe o estado de transição para a reação de hidrólise.
b. O seguinte análogo do estado de transição é usado para gerar um anticorpo catalisador para catalisar hidrólises de ésteres. Dê a estrutura de um éster cuja velocidade de hidrólise poderia ser aumentada por esse catalisador de anticorpo.

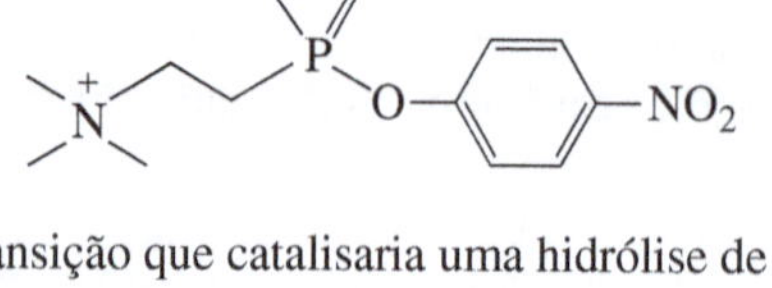

c. Planeje um análogo de estado de transição que catalisaria uma hidrólise de amida no grupo amida indicado.

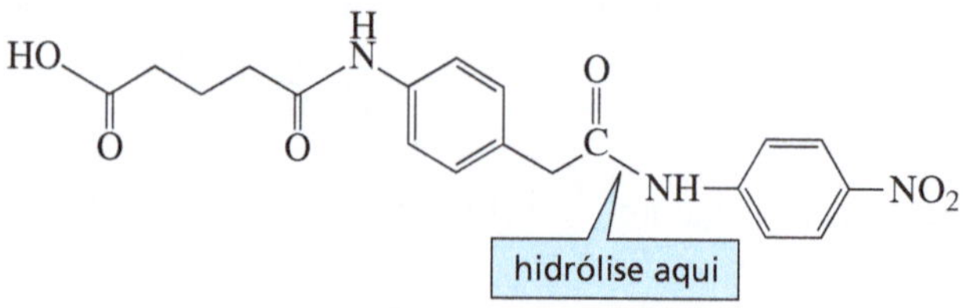

75. A sacarina, um adoçante artificial, é cerca de 300 vezes mais doce do que a sacarose. Descreva como a sacarina poderia ser preparada usando benzeno como material de partida.

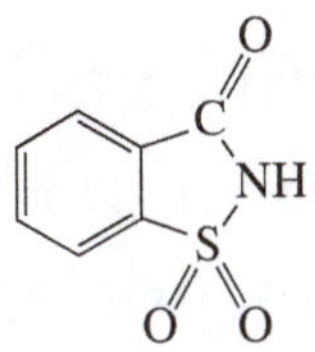

sacarina

76. A informação sobre o mecanismo de reação de uma série de benzenos substituídos pode ser obtida plotando o logaritmo da constante de velocidade observada a um determinado pH contra a constante de Hammet (σ) do substituinte para um determinado substituinte. O valor de σ para o hidrogênio é 0. Os substituintes doadores de elétrons têm valores negativos de σ; substituintes retiradores[puxadores] de elétrons têm valores positivos de σ. Quanto mais forte for o substituinte doador de elétrons, mais negativo será seu valor de σ; quanto mais retirador[puxador] de elétrons for o substituinte, mais positivo será o seu valor de σ. A inclinação da curva do logaritmo da constante de velocidade *versus* σ é chamada valor ρ (rho). O valor ρ da hidrólise promovida pelo íon hidróxido de uma série de meta- e para- benzoatos de etila substituídos é $+2{,}46$; o valor ρ para uma reação de formação de amida de uma série de meta- e para anilinas substituídas com cloreto de benzila é 2,78.
   a. Por que uma série de experimentos fornece um valor positivo de ρ enquanto a outra série de experimentos fornece um valor negativo de ρ?
   b. Por que você acha que as substâncias orto-substituídas não foram incluídas no experimento?
   c. Você poderia prever qual seria o sinal do valor de ρ para a ionização de uma série de ácidos benzóicos meta- e para-substituídos?

18 Substâncias carboniladas II

Adição nucleofílica acílica, substituição nucleofílica acílica e adição–eliminação nucleofílica • Reações de substâncias carboniladas α,β-insaturadas

formaldeído acetaldeído acetona

Na Seção 17.0, vimos que as substâncias carboniladas — substâncias que possuem um grupo carbonila (C=O) — podem ser divididas em duas classes: as substâncias carboniladas da classe I, as quais têm um grupo que pode ser substituído por um nucleófilo, e as substâncias carboniladas da classe II, em que estão compreendidos aldeídos e cetonas. Diferentemente das substâncias carboniladas da classe I, as substâncias carboniladas da classe II não possuem um grupo que possa ser substituído por um nucleófilo.

O carbono carbonílico do aldeído mais simples, o formaldeído, está ligado a dois hidrogênios. O carbono carbonílico em todos os outros **aldeídos** está ligado a um hidrogênio e a um grupo alquila (ou arila). O carbono carbonílico de uma **cetona** está ligado a dois grupos alquila (ou arila). Os aldeídos e as cetonas *não possuem* um grupo que possa ser substituído por outro grupo, porque os íons hidreto (H^-) e carbânions (R^-) também são muito básicos para serem deslocados por nucleófilos em condições normais.

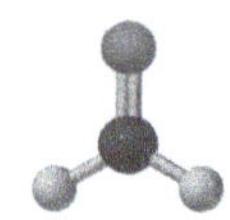

formaldeído

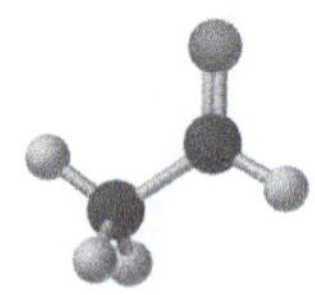

acetaldeído

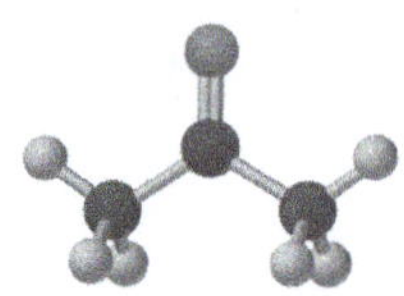

acetona

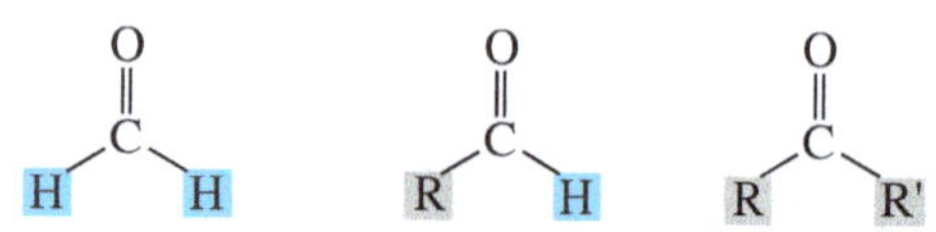

formaldeído aldeído cetona

As propriedades físicas de aldeídos e cetonas foram analisadas na Seção 17.3 (veja Apêndice I), e os métodos usados para preparar aldeídos e cetonas estão resumidos no Apêndice IV (veja site do livro).

Muitas das substâncias encontradas na natureza apresentam os grupos funcionais aldeído e cetona em sua estrutura. Os aldeídos possuem odor acre, enquanto as cetonas tendem a ter odor doce. A vanilina e o cinamaldeído são exemplos de aldeídos de ocorrência natural. O cheiro do extrato de baunilha nos permite apreciar o odor acre de baunilha. As cetonas carvona e cânfora são responsáveis pelos odores adocicados das folhas de hortelã, das sementes de cominho e da árvore de cânfora.

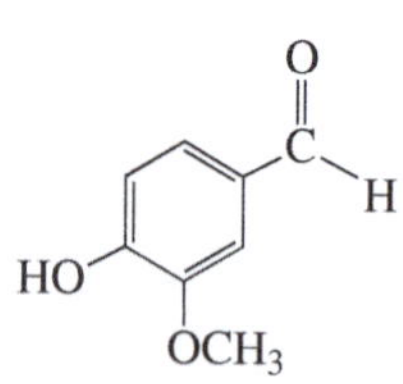

vanilina
aroma de baunilha

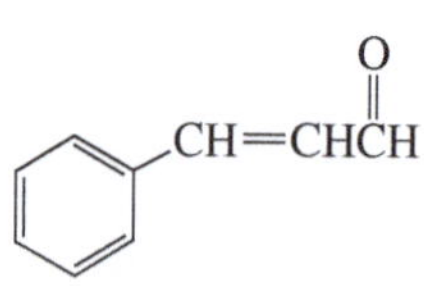

cinamaldeído
aroma de canela

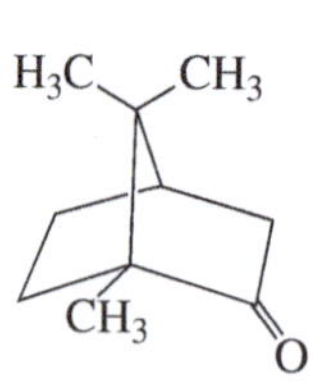

cânfora

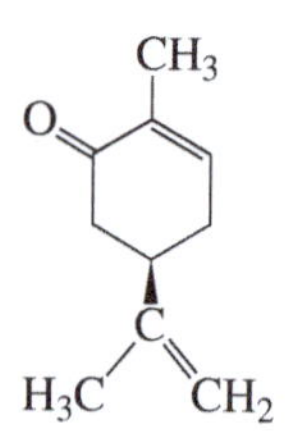

(*R*)-(−)-carvona
óleo de hortelã

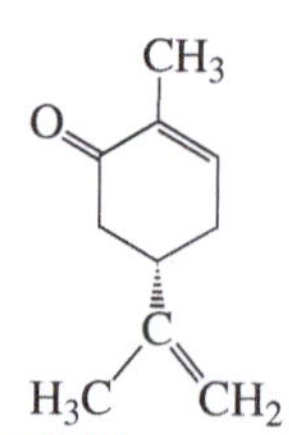

(*S*)-(+)-carvona
óleo de semente de cominho

Durante a cetose, uma condição patológica que pode ocorrer em pessoas com diabetes, o corpo produz mais acetoacetato do que pode ser metabolizado. O excesso de acetoacetato se quebra em acetona — uma cetona — e CO_2. A cetose pode ser reconhecida pelo odor de acetona na respiração de uma pessoa.

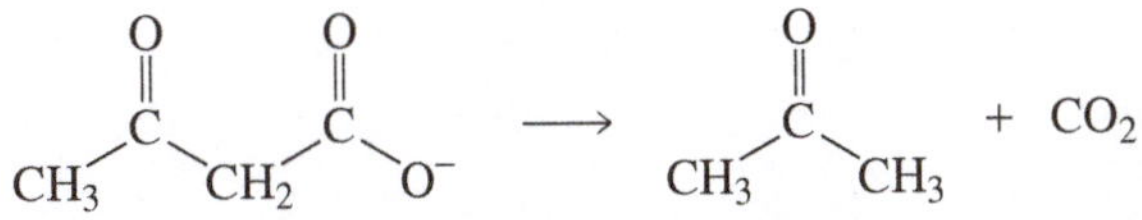

acetoacetato — acetona

As duas cetonas que têm importância biológica ilustram como uma pequena diferença na estrutura pode ser responsável por uma grande diferença na atividade biológica: a progesterona é um hormônio sexual feminino sintetizado inicialmente nos ovários, enquanto a testosterona é um hormônio sexual masculino sintetizado inicialmente nos testículos.

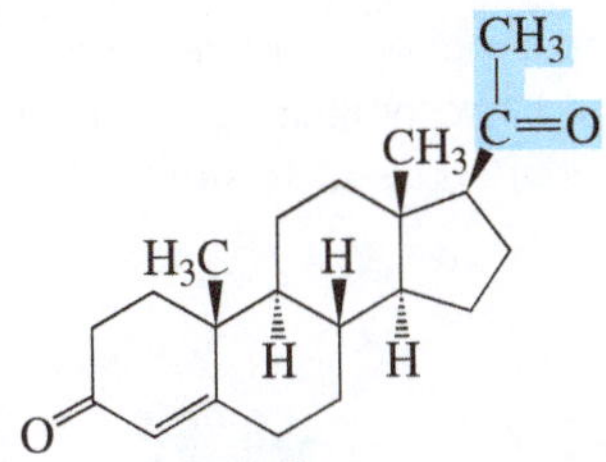

progesterona
hormônio sexual feminino

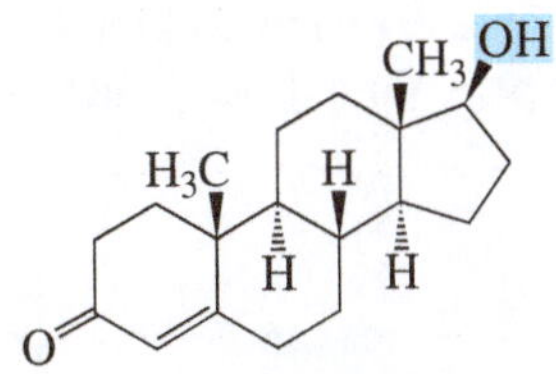

testosterona
hormônio sexual masculino

18.1 Nomenclatura

Aldeídos

A nomenclatura sistemática de um aldeído é obtida pela substituição da terminação 'ano' do nome do hidrocarboneto correspondente por 'al'. Por exemplo, um aldeído com um carbono é denominado metan*al*; um aldeído com dois carbonos é etanal. A posição do carbono carbonílico não foi designada porque ele está sempre no final do correspondente hidrocarbono e, portanto, sempre na posição 1.

O nome comum de um aldeído é o mesmo nome comum do correspondente ácido carboxílico (Seção 17.1), exceto pelo fato de a palavra 'aldeído' ser substituída por 'ico', além de se retirar a palavra 'ácido'. Quando o nome comum é usado, a posição do substituinte é designada pela letra grega minúscula. O carbono carbonílico não é designado o carbono adjacente ao carbono carbonílico é o carbono α.

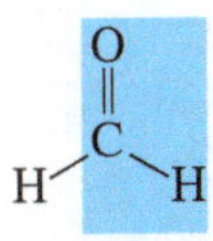

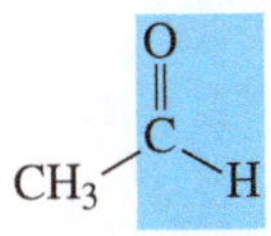

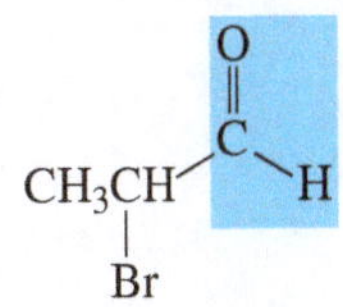

nomenclatura sistemática: metanal; etanal; 2-bromopropanal
nomenclatura comum: formaldeído; acetaldeído; α-bromopropionaldeído

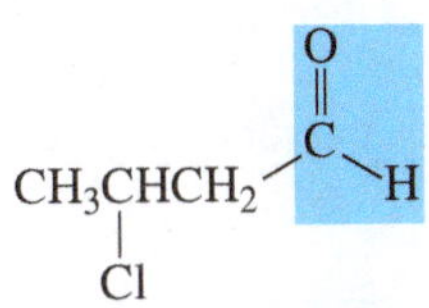

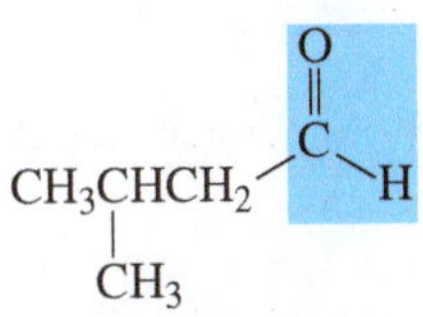

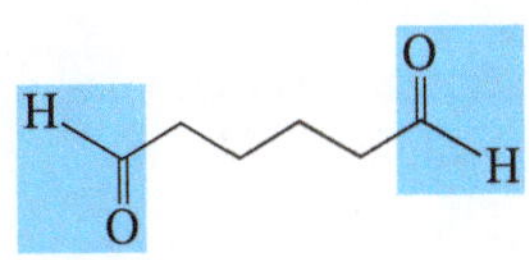

nomenclatura sistemática: 3-clorobutanal; 3-metilbutanal; hexanodial
nomenclatura comum: β-clorobutiraldeído; isovaleraldeído

Observe que a terminação 'ano' não é retirada no hexanodial.

Se o grupo aldeído estiver ligado ao anel, o aldeído é nomeado pela adição de 'carbaldeído' ao nome da substância cíclica.

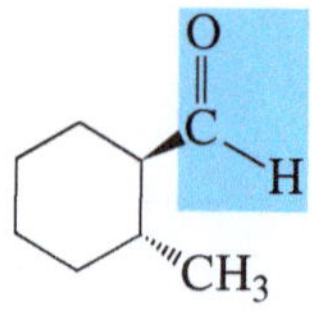

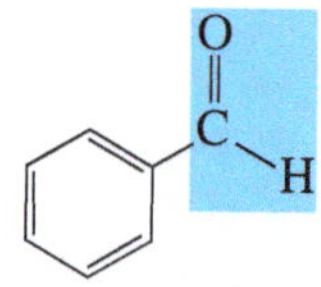

nomenclatura sistemática: *trans*-2-metilciclo-hexanocarbaldeído — benzenocarbaldeído
nomenclatura comum: — benzaldeído

Na Seção 8.1, volume 1, vimos que o grupo carbonílico tem maior prioridade do que um grupo álcool ou amina. Contudo, as substâncias carboniladas não têm a mesma prioridade. As prioridades de vários grupos carbonílicos na nomenclatura estão mostradas na Tabela 18.1.

Se uma substância tiver dois grupos funcionais, aquele com a menor prioridade é indicado pelo seu prefixo. O prefixo de um oxigênio de aldeído que é a parte do hidrocarboneto correspondente é 'oxo'. O prefixo do carbono número 1 do grupo aldeído que não faz parte do hidrocarboneto correspondente é a 'formila'

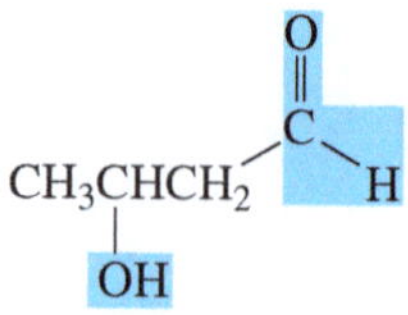
3-hidroxibutanal

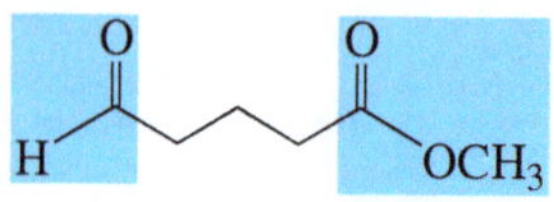
5-oxopentanoato de metila

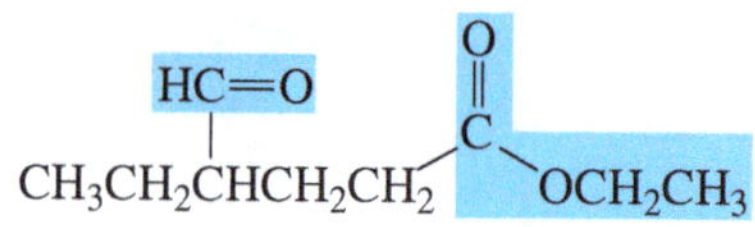
4-formil-hexanoato de etila

Tabela 18.1 Sumário da nomenclatura do grupo funcional

	Classes	Sufixo do nome	Prefixo do nome
↑ aumento de prioridade	Ácido carboxílico	–óico (ácido no início)	Carboxi
	Éster	–oato	Alcoxicarbonila
	Amida	–amida	Amido
	Nitrila	–nitrila	Ciano
	Aldeído	–al	Oxo (=O)
	Aldeído	–al	Formil (—CH=O)
	Cetona	–ona	Oxo (=O)
	Álcool	–ol	Hidroxi
	Amina	–amina	Amino
	Alceno	–eno	Alquenila
	Alcino	–ino	Alquinila
	Alcano	–ano	Alquila
	Éter	—	Alcoxi
	Haleto de alquila	—	Halo

Se uma substância tiver tanto o grupo funcional alceno como um aldeído, o alceno é citado primeiro, com a terminação 'o' substituída por 'al'.

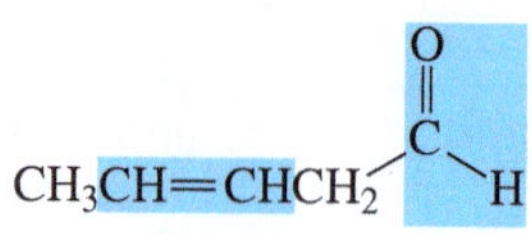
3-pentenal

Cetonas

A nomenclatura sistemática de uma cetona é obtida adicionando-se à terminação 'ano' do alcano correspondente a terminação 'na'. A cadeia é numerada na direção que fornecer o menor número de carbonos que possua a função cetona. No caso de cetonas cíclicas, o número que representa a posição da função não é necessário porque supõe-se que o carbono carbonílico ocupe a posição 1. Freqüentemente, os nomes derivados são usados para as cetonas — os substituintes ligados ao carbono carbonílico são citados em ordem alfabética, seguidos da palavra 'cetona'.

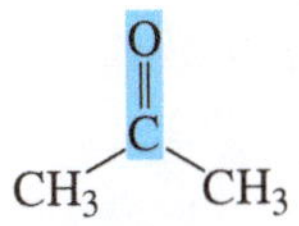
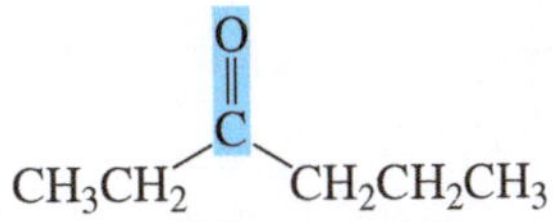
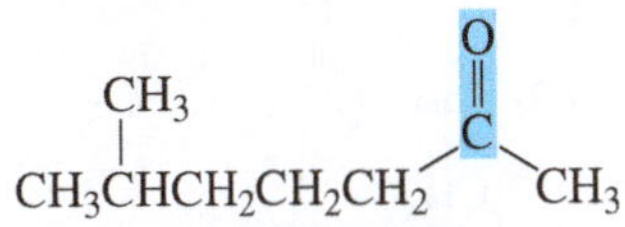

nomenclatura sistemática:	propanona	3-hexanona	6-metil-2-heptanona
nomenclatura comum:	acetona		
nomenclatura derivada:	**dimetilcetona**	**etilpropilcetona**	**iso-hexilmetilcetona**

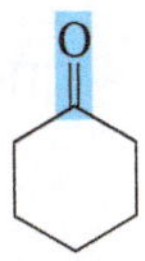
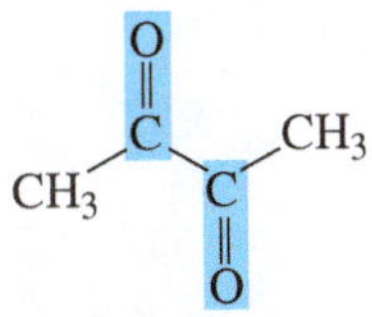
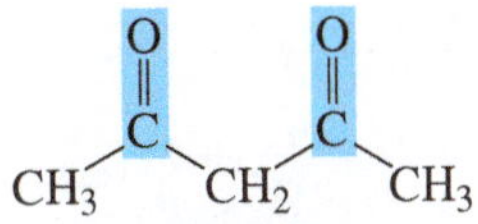
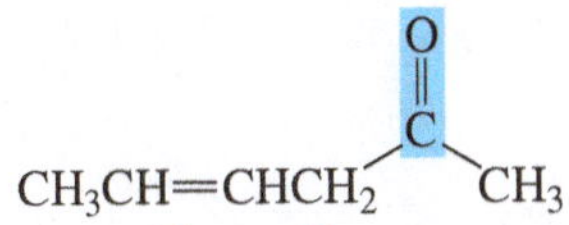

nomenclatura sistemática:	ciclo-hexanona	butanodiona	2,4-pentanodiona	4-hexen-2-ona
nomenclatura comum:			acetilacetona	

Apenas algumas cetonas apresentam nomenclaturas comuns. A menor cetona, a propanona, normalmente é referida pelo seu nome comum, acetona. A acetona é um solvente comum em laboratório. A nomenclatura comum também é usada por algumas cetonas fenílicas substituídas; o número de carbonos (os outros além do grupo fenila) é indicado pelo nome comum do ácido carboxílico substituindo-se a terminação 'ico' pela terminação 'ofenona', lembrando que nos ácidos carboxílicos a palavra ácido vem antes do nome.

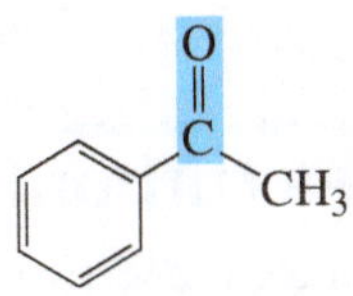
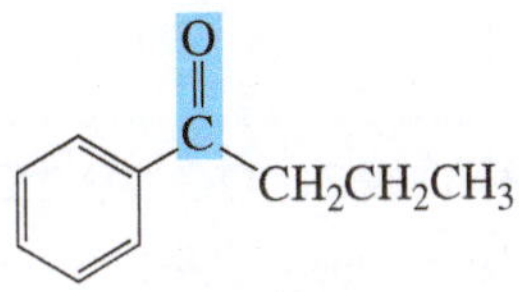
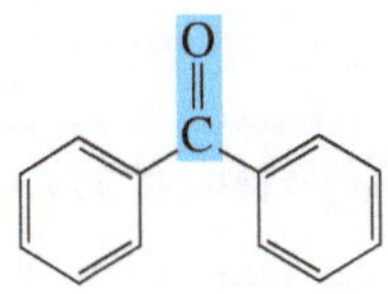

nomenclatura comum:	acetofenona	butirofenona	benzofenona
nomenclatura derivada:	**fenilmetilcetona**	**fenilpropilcetona**	**difenilcetona**

Se a cetona apresentar um segundo grupo funcional de maior prioridade no nome, o oxigênio da cetona será indicado pelo prefixo 'oxo'.

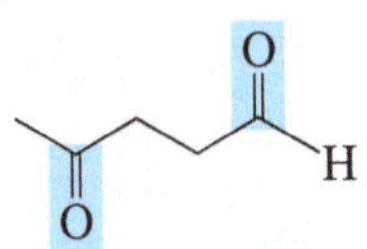
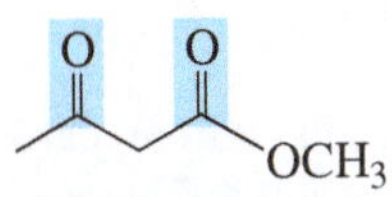
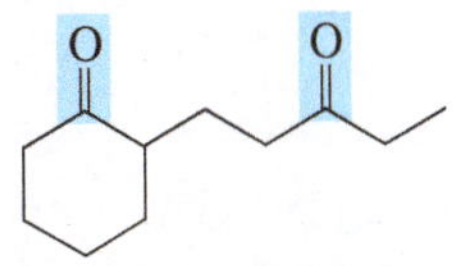

nomenclatura sistemática:	4-oxopentanal	metil-3-oxo-butanoato de metila	2-(3-oxopentila)-ciclo-hexanona

Tutorial Gallery: Nomenclatura de aldeídos e cetonas

WWW

Butanodiona: uma substância desagradável

O início da transpiração não tem cheiro. A bactéria que está sempre presente em nossa pele produz ácido lático, criando, assim, um meio ácido que permite à bactéria quebrar os componentes da transpiração, produzindo substâncias com odores desagradáveis associados às axilas e ao suor dos pés. Uma das substâncias é a butanodiona.

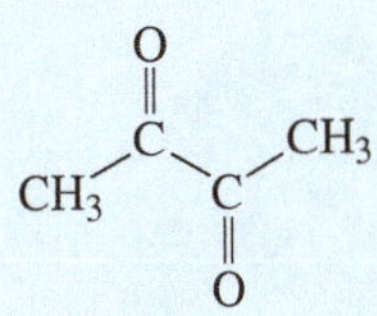

butanodiona

PROBLEMA 1

Por que os números não são usados para designar a posição do grupo funcional na propanona e na butanodiona?

PROBLEMA 2◆

Dê dois nomes para cada uma das seguintes substâncias:

PROBLEMA 3◆

Dê o nome para as seguintes substâncias:

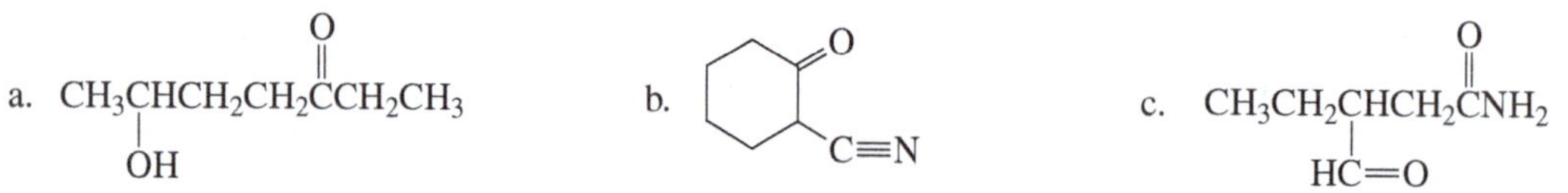

18.2 Reatividades relativas de substâncias carboniladas

Vimos que o grupo carbonila é polar porque o oxigênio, sendo mais eletronegativo do que o carbono, tem maior participação nos elétrons da ligação dupla (Seção 17.5). A carga parcial positiva do carbono da carbonila favorece os ataques nucleofílicos às substâncias carboniladas. A deficiência de elétrons do carbono da carbonila está indicada pelas áreas em azul nos esquemas de potenciais eletrostáticos.

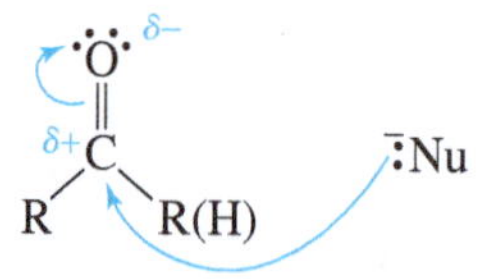

Um aldeído apresenta maior carga parcial positiva em seu carbono carbonílico do que a cetona porque um hidrogênio é um retirador de elétrons se comparado com um grupo alquila (Seção 4.2, volume 1). Um aldeído, portanto, é menos estável do que uma cetona, o que o torna mais reativo perante ataques nucleofílicos. (Veja as figuras abaixo em cores no caderno colorido.)

formaldeído **acetaldeído** **acetona**

reatividades relativas

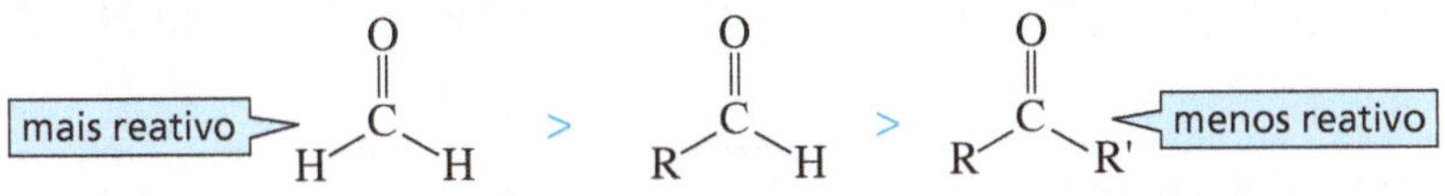

formaldeído aldeído cetona

Molecule Gallery: Formaldeído; acetaldeído; acetona
WWW

Os fatores estéricos contribuem para aumentar a reatividade de um aldeído. O carbono carbonílico de um aldeído está mais acessível ao nucleófilo do que o carbono carbonílico de uma cetona porque o hidrogênio ligado ao carbono carbonílico de um aldeído é menor do que o grupo alquila ligado ao carbono carbonílico de uma cetona. Os fatores estéricos também se tornam importantes no estado de transição tetraédrico porque os ângulos de ligação estão a 109,5°, por isso os grupos alquílicos estão mais próximos uns dos outros do que estão no carbono carbonílico, que apresenta um ângulo de 120°. As cetonas têm maiores interações estéricas no estado de transição, por esse motivo possuem estados de transição menos estáveis do que os aldeídos.

Pela mesma razão, as cetonas ligadas a grupos menores no carbono da carbonila são mais reativas do que as cetonas com grupos alquila maiores.

reatividades relativas

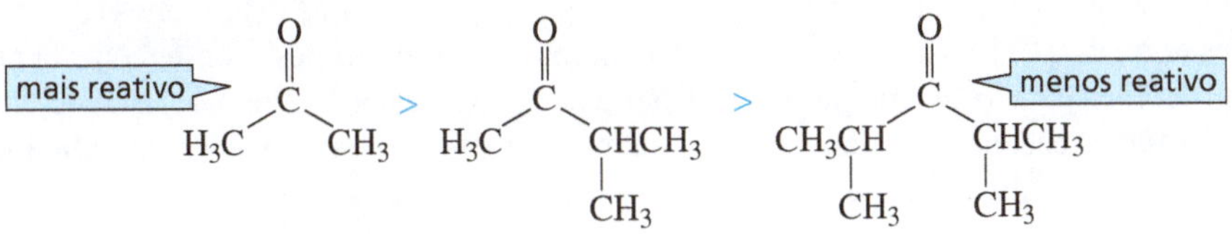

Molecule Gallery: 3-metil-2-butanona; 2,4-dimetil-3-pentanona
WWW

PROBLEMA 4◆

Qual cetona é mais reativa?

a. 2-heptanona ou 4-heptanona

b. *p*-metoxiacetofenona ou *p*-nitroacetofenona

Qual é a reatividade de aldeídos ou cetonas perante nucleófilos comparada com a reatividade das substâncias carboniladas cujas reações você estudou no Capítulo 17? Os aldeídos e as cetonas estão exatamente no meio — menos reativos do que os haletos de acila e anidridos de ácido, porém mais reativos do que os ésteres, os ácidos carboxílicos e as amidas.

Aldeídos e cetonas são menos reativos que cloretos de acila e anidridos de ácido, mais são mais reativos do que ésteres e amidas.

reatividades relativas de substâncias carboniladas diante de nucleófilos

haleto de acila > anidrido de ácido > aldeído > cetona > éster ~ ácido carboxílico > amida > íon carboxilato

(haleto de acila: mais reativo; íon carboxilato: menos reativo)

As substâncias carboniladas discutidas no Capítulo 17 têm um par de elétrons livres em um átomo ligado ao grupo carbonílico que pode ser compartilhado com esse grupo por meio da ressonância, tornando o carbono da carbonila menos deficiente em elétrons. Vimos que a reatividade dessas substâncias carboniladas está relacionada com a basicidade de Y^- (Seção 17.5). Quanto mais fraca for a basicidade de Y^-, mais reativo é o grupo carbonílico, porque bases mais fracas são menos capazes de doar elétrons por ressonância ao carbono carbonílico e são mais capazes de retirar elétrons indutivamente do carbono carbonílico.

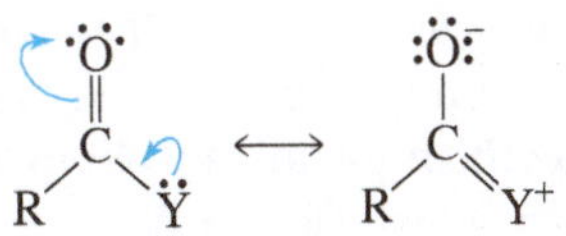

Conseqüentemente, os aldeídos e as cetonas não são tão reativos quanto as substâncias carboniladas cujo Y^- é uma base mais fraca (haletos de acila e anidridos de ácido), porém são mais reativos do que as substâncias carboniladas nas quais Y^- é uma base relativamente forte (ácidos carboxílicos, ésteres e amidas). A teoria de orbitais moleculares que explica por que a doação de elétrons na ressonância diminui a reatividade do grupo carbonílico foi apresentada na Seção 17.15.

18.3 Como reagem aldeídos e cetonas

Na Seção 17.5, vimos que o grupo carbonílico de um ácido carboxílico ou um derivado de ácido está ligado a um grupo que pode ser substituído por outro grupamento. Essas substâncias, portanto, reagem com nucleófilos para formar produtos de substituição.

Os derivados de ácido carboxílico sofrem reações de substituição nucleofílica com nucleófilos.

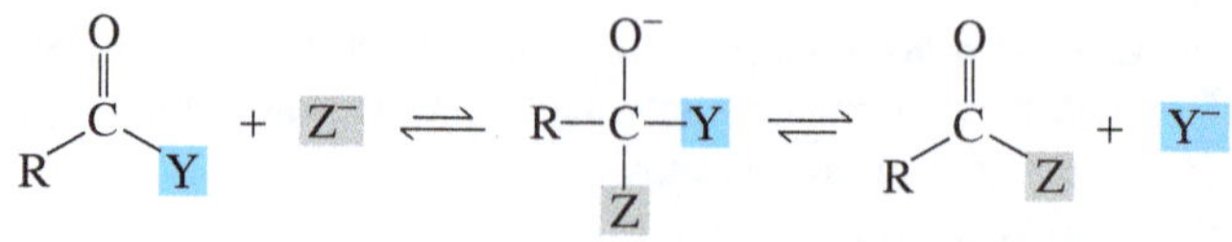

produto de substituição nucleofílica

Em contraste, o grupo carbonílico de um aldeído ou cetona está ligado a grupos que são bases muito fortes (H^- ou R^-) para serem eliminados em condições normais, por isso não podem ser substituídos por outros grupos. Conseqüentemente, os aldeídos e as cetonas reagem com nucleófilos para formar produtos de adição, e não de substituição. Portanto, aldeídos e cetonas sofrem reações de **adição nucleofílica**, enquanto os derivados de ácido carboxílico sofrem reações de **substituição nucleofílica acílica**.

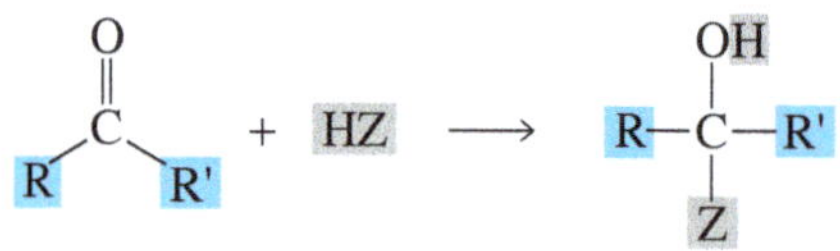

produto de adição nucleofílica

Quando se adiciona um nucleófilo a um grupo carbonílico, a hibridização do carbono da carbonila muda de sp^2 na substância carbonilada para sp^3 no produto de adição. Na Seção 17.5, vimos que uma substância que tem um carbono sp^3 ligado a um átomo de oxigênio geralmente será instável se o carbono sp^3 também estiver ligado a outro átomo eletronegativo. Portanto, se o nucleófilo que se adiciona ao aldeído ou à cetona *não for* eletronegativo, grupo representado por Z (Z é um H ou um C nucleofílico), o produto tetraédrico da adição será estável. Ele será um íon alcóxido que pode ser protonado tanto pelo solvente quanto pelo ácido adicionado (HB^+ são espécies que doam um próton; :B são espécies que removem um próton).

Os aldeídos e cetonas sofrem reações de adição nucleofílica com íons hidreto e com carbonos nucleofílicos.

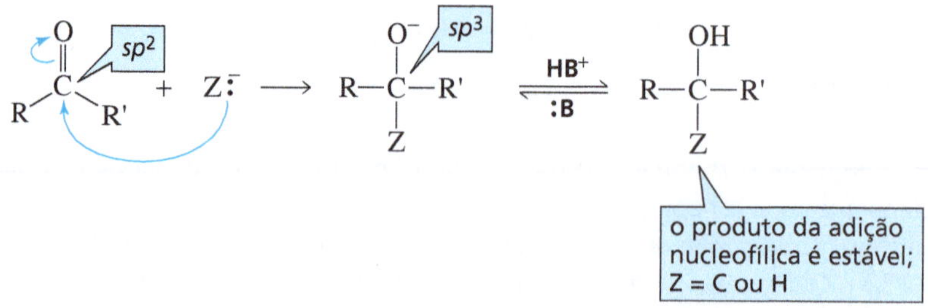

Aldeídos e cetonas sofrem reações de adição–eliminação nucleofílica com oxigênio e nitrogênio nucleofílicos.

Se, por outro lado, o nucleófilo que se adiciona ao aldeído ou à cetona for aquele no qual Z *é* eletronegativo (Z é um O ou um N nucleofílico), o produto tetraédrico da adição *não* será estável. A água será eliminada do produto de adição. Isso é denominado **reação nucleofílica de adição–eliminação**. Veremos que a desidratação do produto vai depender da identidade de Z.

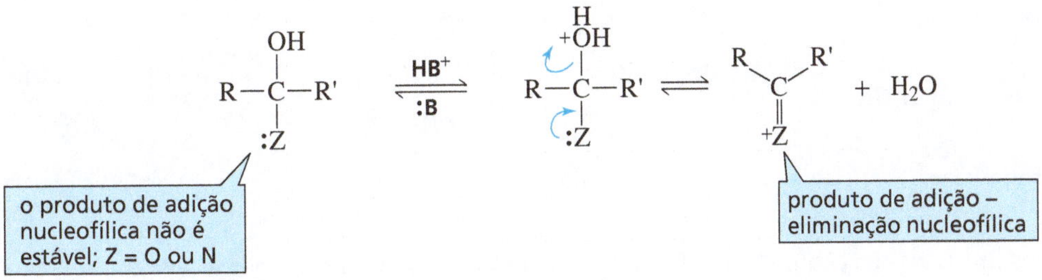

18.4 Reações de substâncias carboniladas com carbonos nucleofílicos

Poucas reações em química orgânica resultam na formação de novas ligações C—C. Conseqüentemente, essas reações são muito importantes para os químicos orgânicos sintéticos quando precisam sintetizar moléculas orgânicas maiores a partir de moléculas menores. A adição de nucleófilos às substâncias carboniladas é um exemplo de uma reação que forma uma nova ligação C—C e, portanto, forma um produto com mais átomos de carbono do que o material de partida.

Reações com reagentes de Grignard

A adição de um reagente de Grignard a uma substância carbonilada é uma reação versátil que leva à formação de uma variedade de estruturas, pois tanto a estrutura da substância carbonilada quanto a estrutura do reagente de Grignard podem variar. Na Seção 12.11, volume 1, vimos que um reagente de Grignard pode ser preparado com a adição de um haleto de alquila ao magnésio em aparas em éter etílico. Também vimos que um reagente de Grignard reage como se fosse um carbânion.

$$CH_3CH_2Br \xrightarrow[Et_2O]{Mg} CH_3CH_2MgBr$$

$$CH_3CH_2MgBr \text{ reage como se fosse } CH_3\ddot{C}H_2^{-} \quad \overset{+}{Mg}Br$$

O ataque do reagente de Grignard no carbono da carbonila forma um íon alcóxido que é interligado com o íon de magnésio. A adição de água ou ácido diluído destrói o complexo. Quando o reagente de Grignard reage com formaldeído, o produto de adição será um álcool primário.

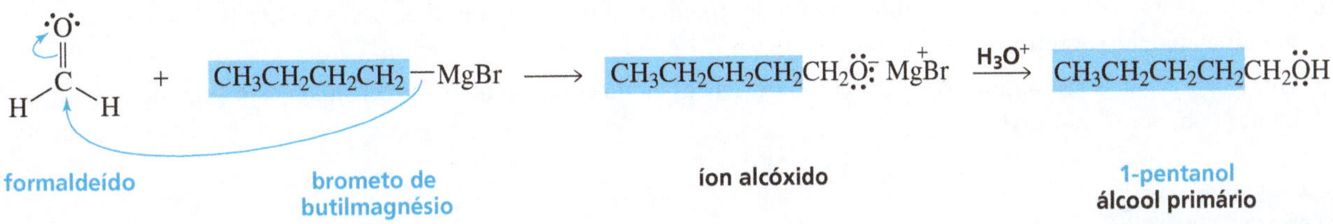

Quando o reagente de Grignard reage com um aldeído diferente do formaldeído, o produto de adição será um álcool secundário.

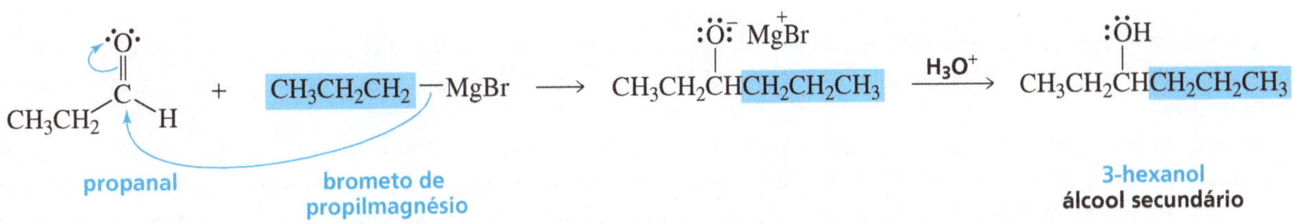

Quando um reagente de Grignard reage com uma cetona, o produto de adição será um álcool terciário.

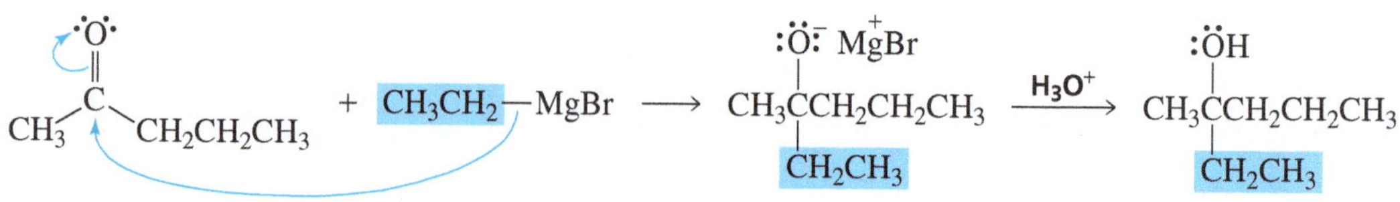

2-pentanona — brometo de etilmagnésio — 3-metil-3-hexanol **álcool terciário**

Nas reações mostradas a seguir, são usados números com os reagentes para indicar que o ácido não é adicionado até que a reação com o reagente de Grignard tenha sido completada:

Animation Gallery: Reações de reagentes de Grignard com cetonas
WWW

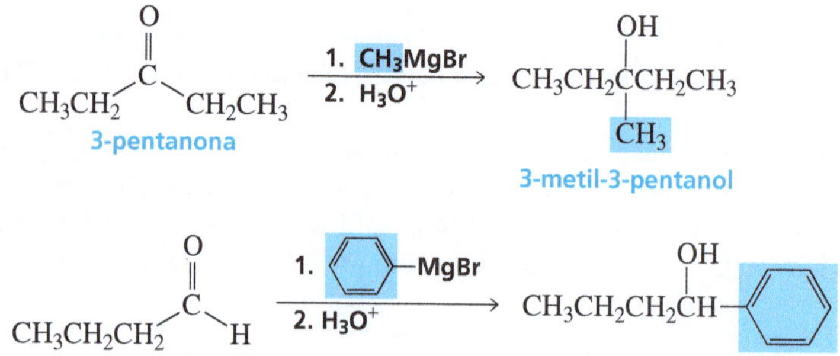

3-pentanona — 3-metil-3-pentanol

butanal — 1-fenil-1-butanol

Um reagente de Grignard também pode reagir com dióxido de carbono. O produto da reação será um ácido carboxílico com um átomo de carbono a mais do que o reagente de Grignard.

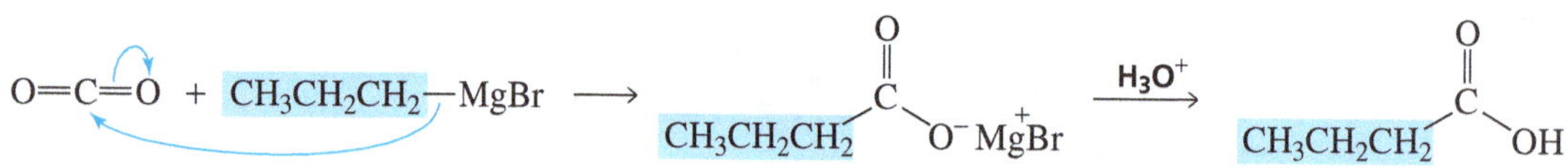

dióxido de carbono — brometo de propilmagnésio — ácido butanóico

PROBLEMA 5◆

a. Quantos isômeros são obtidos de uma reação de 2-pentanona com brometo de etilmagnésio seguido pelo tratamento com ácido aquoso?
b. Quantos isômeros são obtidos de uma reação de 2-pentanona com brometo de metilmagnésio seguido pelo tratamento com ácido aquoso?

PROBLEMA 6◆

Vimos que o 3-metil-3-hexanol pode ser sintetizado na reação de 2-pentanona com brometo de etilmagnésio. Quais são as outras duas combinações de cetona e reagente de Grignard que podem ser usadas para preparar o mesmo álcool terciário?

Além de reagirem com aldeídos e cetonas — substâncias carboniladas da classe II —, os reagentes de Grignard reagem com as substâncias carboniladas da classe I — substâncias carboniladas que têm grupos que podem ser substituídos por outros.

As substâncias carboniladas da classe I sofrem duas reações sucessivas com o reagente de Grignard. Por exemplo, quando um éster reage com um reagente de Grignard, a primeira reação é uma *reação de substituição nucleofílica acílica,* uma vez que um éster, diferentemente de um aldeído ou uma cetona, tem um grupo que pode ser substituído pelo reagente de Grignard. O produto de reação é uma cetona. A reação não pára no estágio da cetona, porque as cetonas são mais reativas que os ésteres perante ataques nucleofílicos (Seção 18.2). A reação da cetona com uma segunda molécula do reagente de Grignard forma um álcool terciário. Como o álcool terciário é formado como resultado de duas reações sucessivas com o reagente de Grignard, o álcool tem dois grupos idênticos ligados ao carbono terciário.

mecanismo para a reação de um éster com um reagente de Grignard

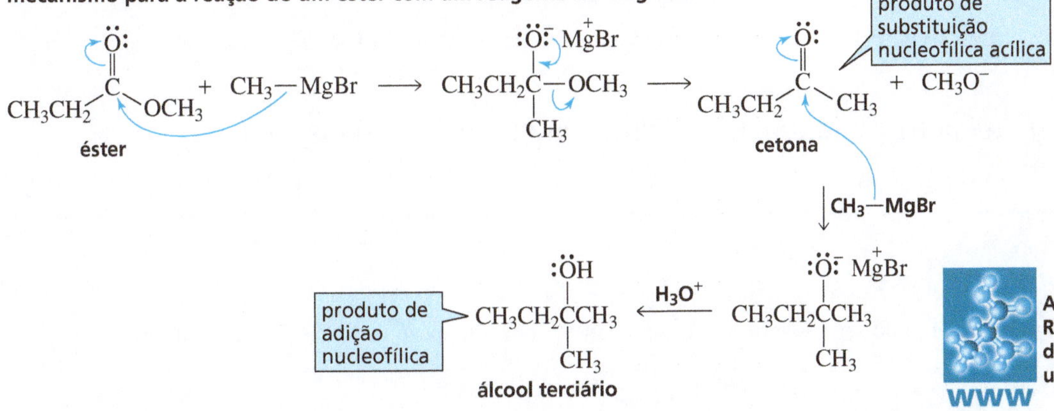

Animation Gallery: Reação de reagente de Grignard com um éster
WWW

Os alcoóis terciários também são formados pela reação de dois equivalentes de reagente de Grignard com um haleto de acila.

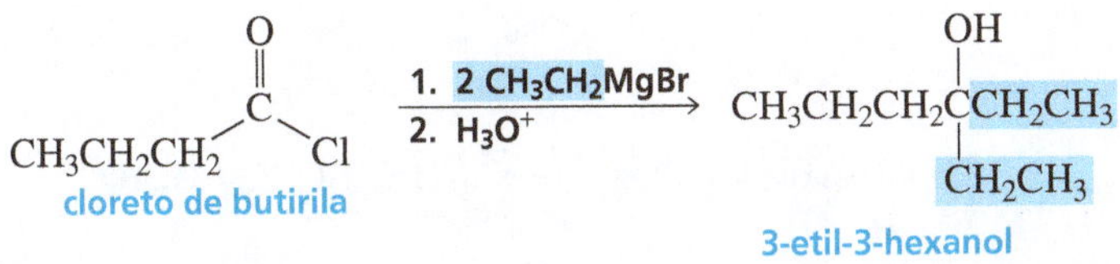

Tutorial Gallery: Reagentes de Grignard em síntese
WWW

Teoricamente, poderíamos deter a reação no estágio da cetona porque uma cetona é menos reativa que um haleto de acila. No entanto, o reagente de Grignard é muito reativo, mas tal reação com uma cetona pode ser impedida em condições reacionais muito bem controladas. Existem caminhos melhores para sintetizar uma cetona (veja Apêndice IV no site do livro).

PROBLEMA 7◆

Qual produto seria obtido da reação de um equivalente de ácido carboxílico com um equivalente de reagente de Grignard?

PROBLEMA 8 RESOLVIDO

a. Quais dos seguintes alcoóis terciários não podem ser preparados a partir de uma reação de um éster com excesso de reagente de Grignard?

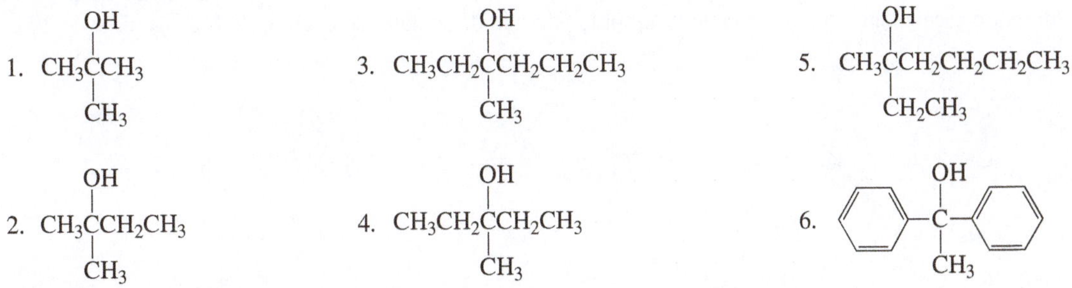

b. Para os alcoóis que podem ser preparados pela reação de um éster com excesso de reagente de Grignard, qual éster e qual reagente de Grignard deveriam ser usados?

RESOLUÇÃO PARA 8a Um álcool terciário é obtido de uma reação de um éster com dois equivalentes de reagente de Grignard. Portanto, os alcoóis terciários preparados dessa maneira devem ter dois substituintes idênticos no carbono, onde OH está ligado, porque os dois substituintes vêm do reagente de Grignard. Os alcoóis (3) e (5) não podem ser preparados desse modo porque não apresentam dois substituintes idênticos.

RESOLUÇÃO PARA 8b(2) O propanoato de metila e o excesso de brometo de metilmagnésio.

PROBLEMA 9◆

Quais dos seguintes alcoóis secundários podem ser preparados a partir da reação de formato de metila com excesso de reagente de Grignard?

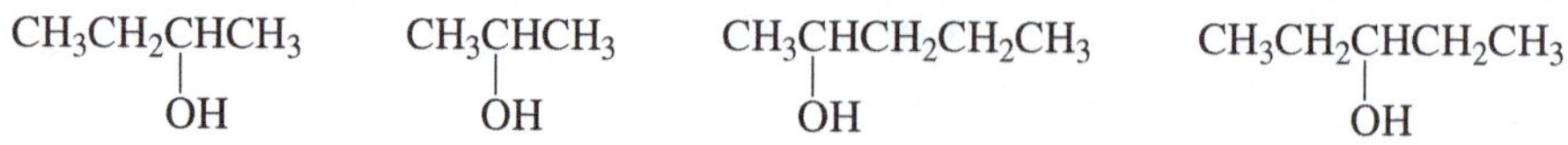

Reações com íons acetileto

Vimos que um alcino terminal pode ser convertido em íon acetileto por uma base forte (Seção 6.9, volume 1).

$$CH_3C{\equiv}CH \xrightarrow[NH_3]{NaNH_2} CH_3C{\equiv}C{:}^-$$

Um íon acetileto é outro exemplo de um carbono nucleofílico que reage com substâncias carboniladas. Quando a reação é finalizada, um ácido fraco (que não reagiria com a ligação tripla, como o íon piridinium) é adicionado ao meio reacional para protonar o íon alcóxido.

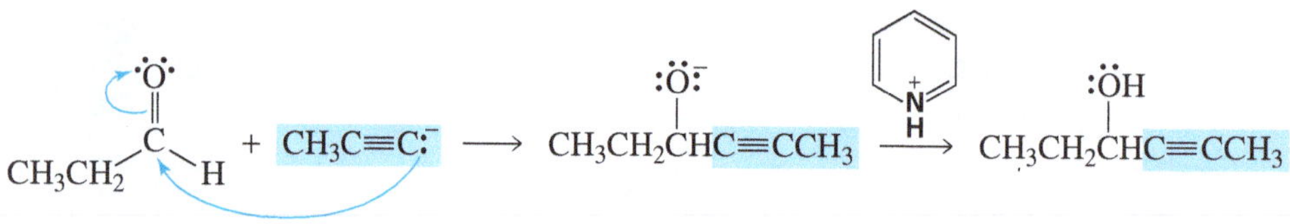

PROBLEMA 10

Mostre como as seguintes substâncias podem ser preparadas usando-se etino como um dos materiais de partida. Explique por que o etino deve ser alquilado antes, em vez de depois, da adição do nucleófilo.

a. 1-pentin-3-ol
b. 1-fenil-2-butin-1-ol
c. 2-metil-3-hexin-2-ol

Reação com cianeto de hidrogênio

O cianeto de hidrogênio se adiciona aos aldeídos e às cetonas para formar **cianoidrinas**. Essa reação forma um produto com um átomo de carbono a mais do que o reagente. Na primeira etapa de reação, o íon cianeto ataca o carbono carbonílico. O íon alcóxido recebe então um próton de uma molécula não dissociada de cianeto de hidrogênio.

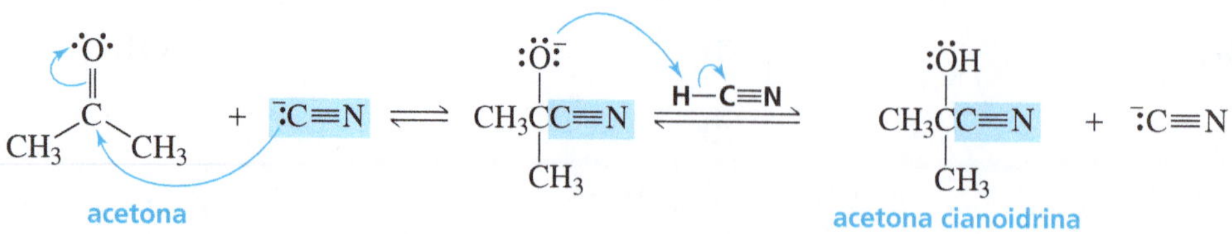

Como o cianeto de hidrogênio é um gás tóxico, a melhor maneira de realizar essa reação é gerar o cianeto de hidrogênio durante a reação pela adição de HCl à mistura de aldeído ou cetona e excesso de cianeto de sódio. O excesso de cianeto de sódio é usado para garantir que algum íon cianeto formado reaja como um nucleófilo.

Comparado com outros carbonos nucleofílicos, o íon cianeto é uma base relativamente fraca (o pK_a de HC≡N é 9,14, o pK_a de HC≡CH é 25, e o pK_a de CH_3CH_3 é 50), o que significa que o grupo ciano é o mais facilmente eliminado do carbono nucleofílico do produto de adição. As cianoidrinas, no entanto, são estáveis porque o grupo OH não eliminará o grupo ciano; o estado de transição para a reação de eliminação seria relativamente instável uma vez que o átomo de oxigênio portaria uma carga parcial positiva. Contudo, se o grupo OH perder seu próton, o grupo ciano poderia ser eliminado porque o átomo de oxigênio teria uma carga parcial negativa no lugar de uma carga parcial positiva no estado de transição da reação de eliminação. Portanto, em soluções básicas, uma cianoidrina é convertida novamente à substância carbonilada.

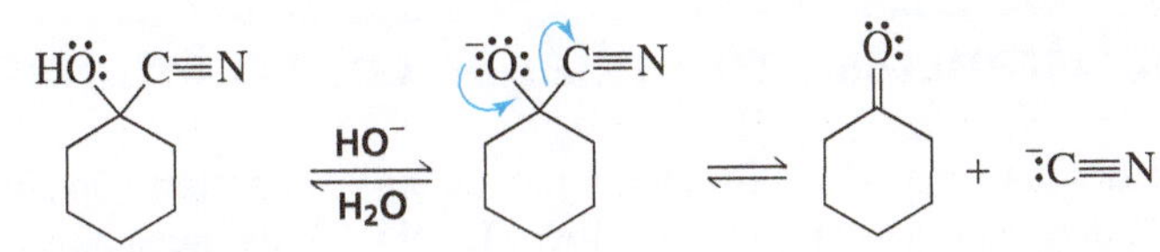

ciclo-hexanona cianoidrina

O íon cianeto não reage com ésteres porque o íon cianeto é uma base mais fraca que um íon alcóxido, portanto o íon cianeto seria eliminado do intermediário tetraédrico.

A adição de um cianeto de hidrogênio a aldeídos e cetonas é uma reação sinteticamente útil em virtude das reações posteriores que podem ser realizadas na cianoidrina. Por exemplo, as hidrólises catalisadas por ácido da cianidrina formam um ácido α-hidroxicarboxílico (Seção 17.18).

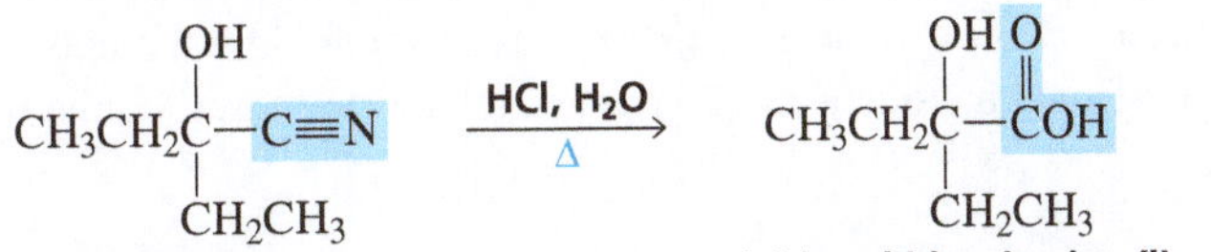

cianoidrina **ácido α-hidroxicarboxílico**

A adição catalítica de hidrogênio a uma cianoidrina produz uma amina primária com um grupo OH no carbono β.

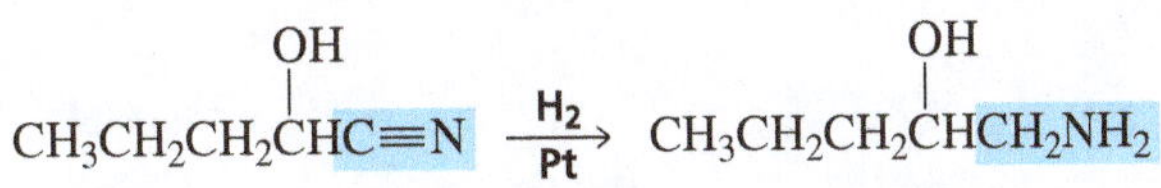

PROBLEMA 11

Uma cianoidrina pode ser preparada pelo tratamento de uma cetona com cianeto de sódio?

PROBLEMA 12

Explique por que os aldeídos e as cetonas reagem com ácidos fracos como o cianeto de hidrogênio na presença de $^{-}C{\equiv}N$, mas não reagem com ácidos fortes como HCl ou H_2SO_4 na presença de Cl^- ou HSO_4^-.

PROBLEMA 13 RESOLVIDO

Como as seguintes substâncias podem ser preparadas partindo-se de uma substância carbonilada com um carbono a menos do que o produto desejado?

a. $HOCH_2CH_2NH_2$

b. 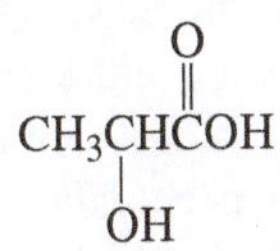

RESOLUÇÃO PARA 13a O material de partida para a síntese de uma substância de dois carbonos deve ser o formaldeído. A adição de cianeto de hidrogênio seguida pela adição de H_2 à ligação tripla da cianoidrina forma a substância desejada.

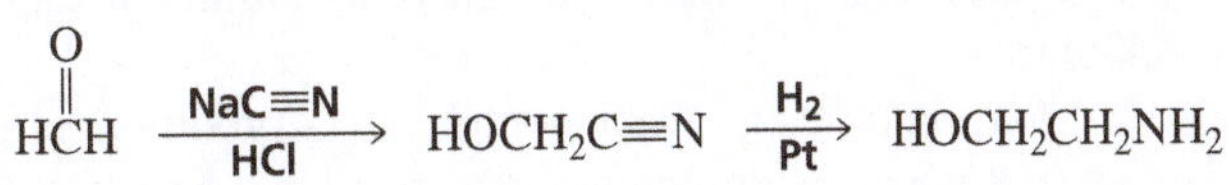

RESOLUÇÃO PARA 13b O material de partida para a síntese do ácido carboxílico α-hidroxilado com três carbonos deve ser o etanal. A adição de cianeto de hidrogênio, seguida pela hidrólise da cianoidrina, forma a molécula-alvo.

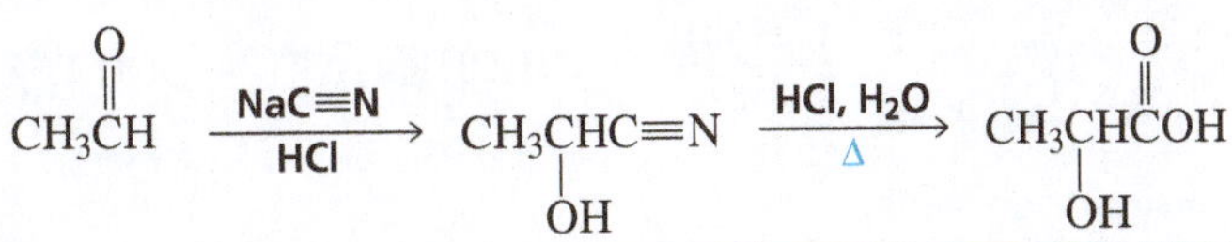

18.5 Reação de substâncias carboniladas com o íon hidreto

A adição de hidreto a um aldeído ou a uma cetona forma um íon alcóxido. A protonação subseqüente por um ácido produz um álcool. A reação total adiciona H_2 ao grupo carbonílico. Lembre-se de que a adição de hidrogênio a uma substância carbonilada é uma **reação de redução** (Seção 4.8, volume 1).

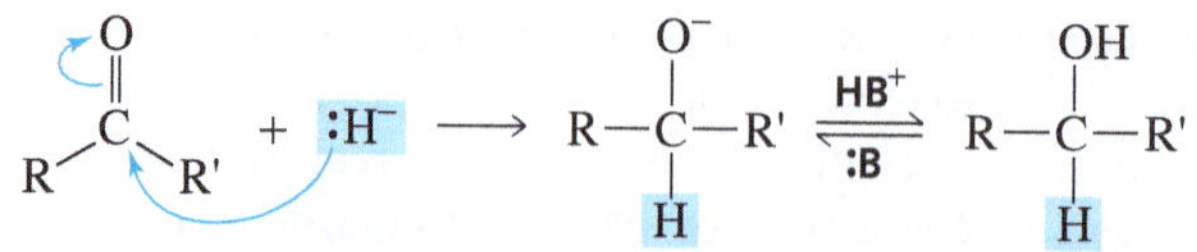

Os aldeídos e as cetonas são geralmente reduzidos usando-se boro-hidreto de sódio ($NaBH_4$) como fonte de íons hidreto. Os aldeídos são reduzidos a alcoóis primários, e as cetonas são reduzidas a alcoóis secundários. Observe que o ácido não é adicionado ao meio reacional até que a reação com o doador de hidreto tenha finalizado.

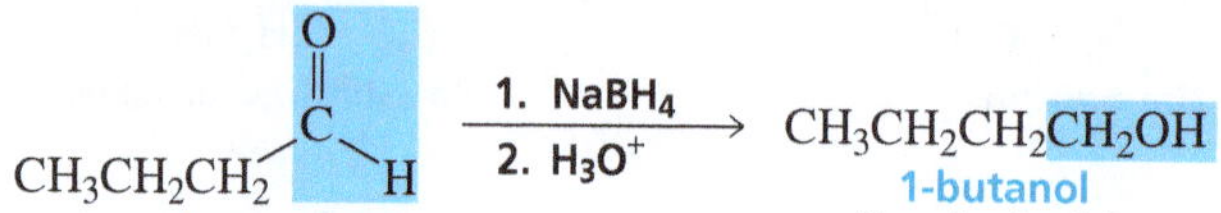

butanal
aldeído

1-butanol
álcool primário

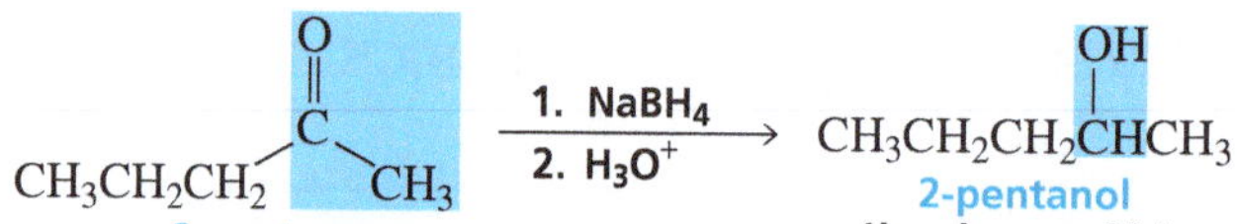

2-pentanona
cetona

2-pentanol
álcool secundário

PROBLEMA 14◆

Quais alcoóis são obtidos da redução das seguintes substâncias com boro-hidreto de sódio?

a. 2-metilpropanal
b. ciclo-hexanona
c. benzaldeído
d. acetofenona

A reação das substâncias carboniladas da classe I (isto é, das substâncias carboniladas com um grupo que pode ser substituído por outro grupo) com íon hidreto envolve duas reações sucessivas com o nucleófilo. (Lembre-se de que as substâncias carboniladas da classe I também sofrem duas reações sucessivas com o reagente de Grignard; veja Seção 18.4). O boro-hidreto de sódio ($NaBH_4$) não é um doador de hidreto suficientemente forte para reagir com os ésteres menos reativos (comparados com aldeídos e cetonas), ácidos carboxílicos e amidas, por isso ésteres, ácidos carboxílicos e amidas devem ser reduzidos com hidreto de lítio e alumínio ($LiAlH_4$), um doador de hidreto mais forte.

Os ésteres sofrem duas reações sucessivas com o íon hidreto e com os reagentes de Grignard.

Molecule Gallery: Propanoato de metila
WWW

Como o hidreto de lítio e alumínio é mais reativo que o boro-hidreto de sódio, ele não é mais seguro ou mais fácil de se usar. Uma vez que reage violentamente com solventes próticos, o hidreto de lítio e alumínio deve ser usado em solventes apróticos e anidros.

A reação de um éster com $LiAlH_4$ produz dois alcoóis, um correspondente à parte acílica do éster e outro correspondente à parte alquílica.

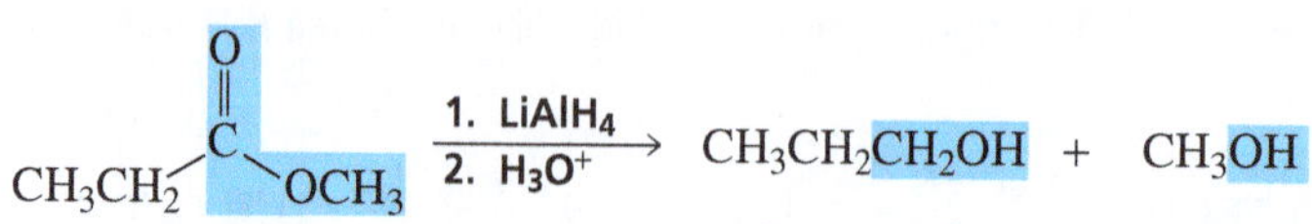

1-propanol

metanol

propanoato de metila
éster

Quando um éster reage com um íon hidreto, a primeira reação é uma reação de substituição nucleofílica acílica porque um éster tem um grupo que pode ser substituído pelo íon hidreto. O produto dessa reação é um aldeído. O aldeído, assim, sofre uma reação de adição nucleofílica com o segundo equivalente de íon hidreto, formando um íon alcóxido que, quando protonado, fornece o álcool primário. A reação não pode ser interrompida no estágio do aldeído porque um aldeído é mais reativo do que um éster no caso de ataques nucleofílicos.

mecanismo para a reação de um éster com o íon hidreto

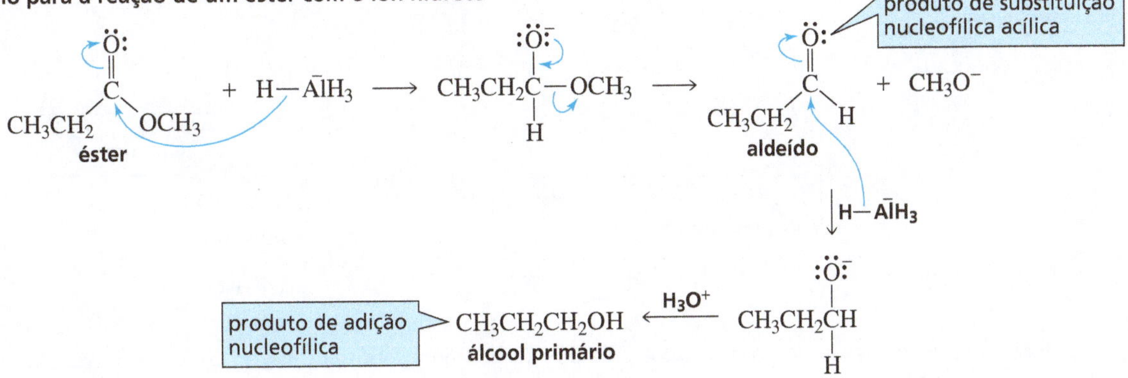

Os químicos descobriram que se o hidreto de diisobutilalumínio (DIBALH) for usado como um doador de hidretos a baixa temperatura, a reação pode ser interrompida depois da adição de um equivalente de hidreto. Esse reagente, portanto, torna possível a conversão de ésteres em aldeídos, o que é uma surpresa inicialmente, uma vez que aldeídos são mais reativos do que ésteres diante de íons hidreto.

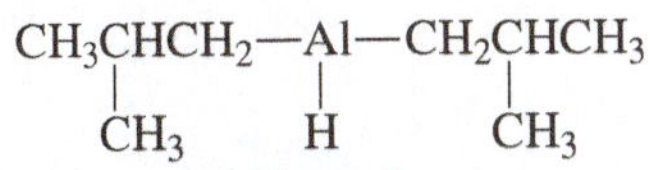

hidreto de diisobutilalumínio
DIBALH

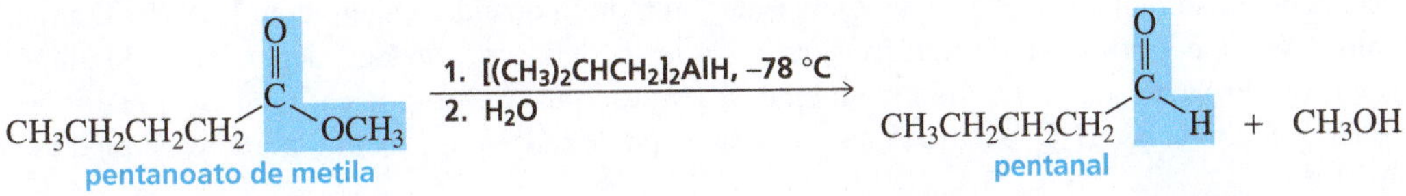

A reação é efetuada a −78 °C (a temperatura do banho de gelo seco com acetona). Nessa temperatura fria, o intermediário tetraédrico formado inicialmente é estável, por isso não elimina o íon alcóxido. Todos os doadores de hidretos que não reagiram são removidos da solução antes de a solução aquecer. Portanto, quando o intermediário tetraédrico eliminar o íon alcóxido, já não existirá mais reagente redutor para reagir com o aldeído. Se, no entanto, a reação for realizada à temperatura ambiente, um álcool primário será obtido — o mesmo produto obtido quando um éster reage com $LiAlH_4$.

Molecule Gallery: Hidreto de diisobutilalumínio
WWW

A reação de um ácido carboxílico com $LiAlH_4$ forma apenas um álcool primário.

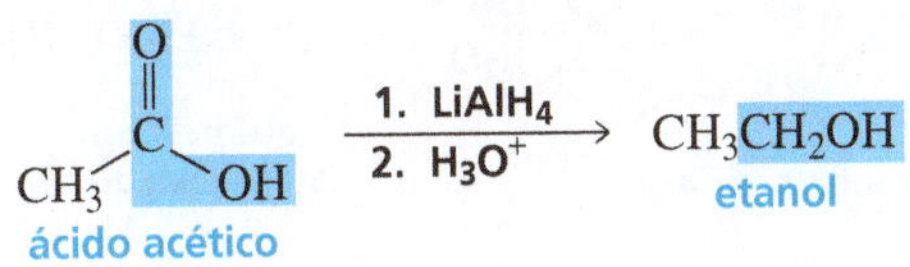

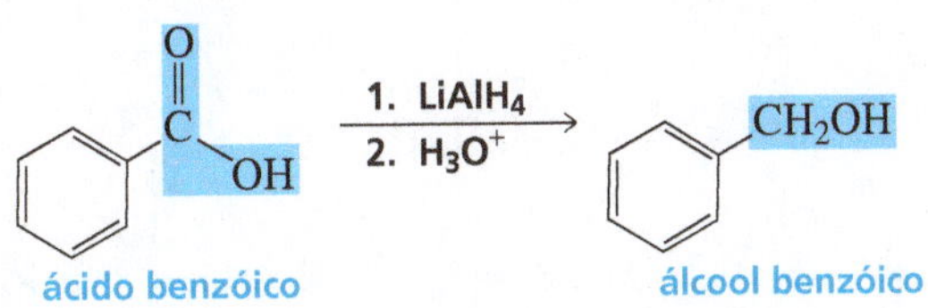

Na primeira etapa de reação, um íon hidreto reage com o hidrogênio ácido do ácido carboxílico, formando H_2 e íon carboxilato. Já vimos que os nucleófilos não reagem com íons carboxilato porque eles têm uma carga negativa. Contudo, nesse caso, está presente um eletrófilo (AlH_3) que aceita o par de elétrons do íon carboxilato e forma um novo doador de hidretos. Portanto, analogamente à redução de um éster por $LiAlH_4$, duas adições sucessivas de hidreto ocorrem, e um aldeído é formado como intermediário no lugar do álcool primário.

mecanismo para a reação de um ácido carboxílico com o íon hidreto

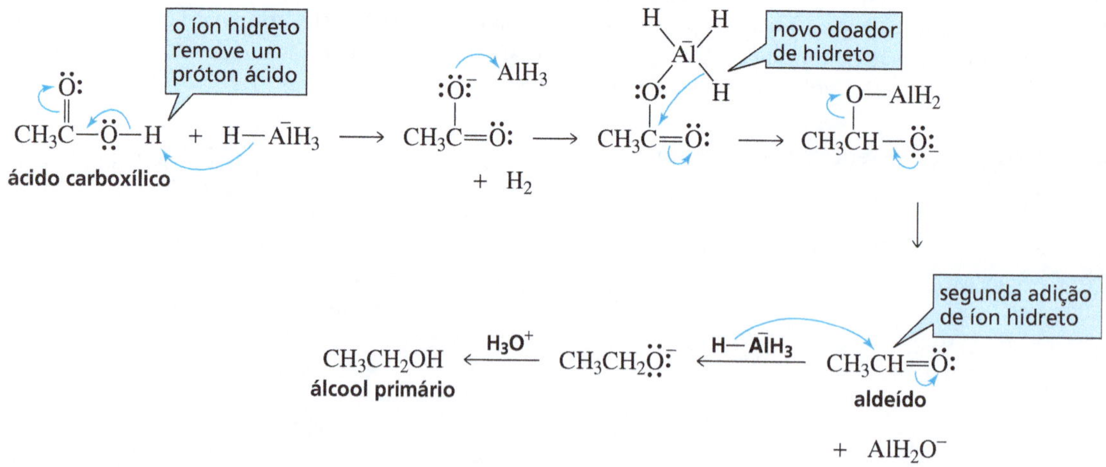

Os cloretos de acila, assim como os ésteres e ácidos carboxílicos, sofrem duas adições sucessivas de íon hidreto quando tratados com $LiAlH_4$.

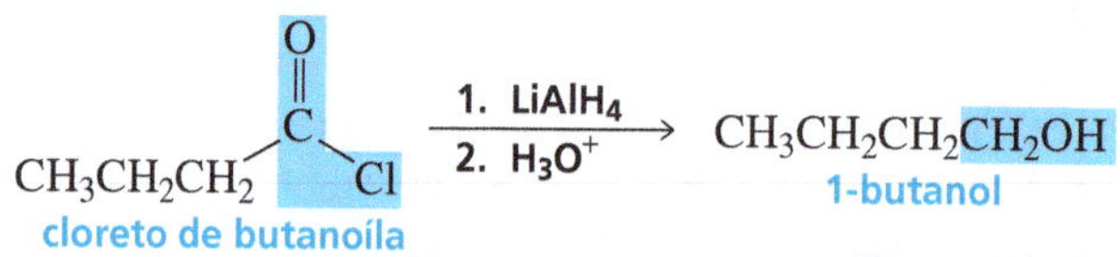

As amidas também sofrem duas adições sucessivas de íon hidreto quando reagem com $LiAlH_4$. O produto de reação é uma amina. As aminas primárias, secundárias ou terciárias podem ser formadas, dependendo do número de substituintes ligados ao nitrogênio da amida. Normalmente, a reação converte grupos carbonílicos em grupos metileno. (Observe que H_2O, assim como H_3O^+, é usado na segunda etapa de reação; o produto, portanto, é uma amina em vez de um íon amônio.)

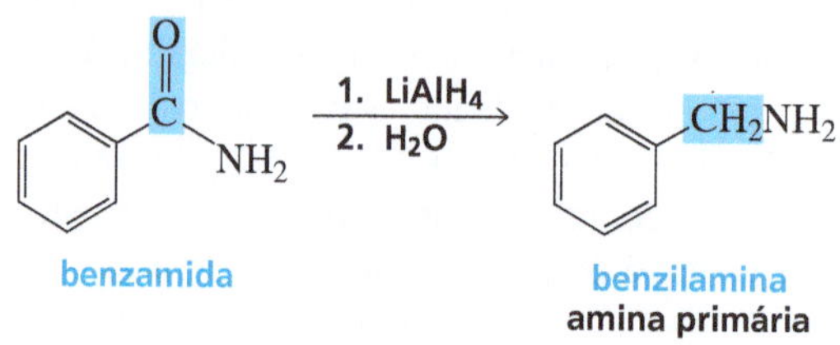

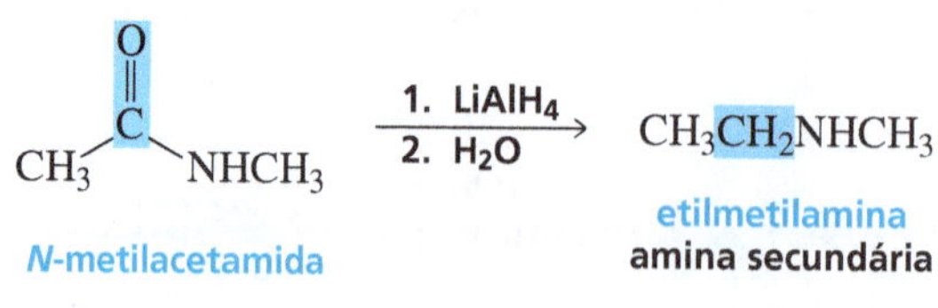

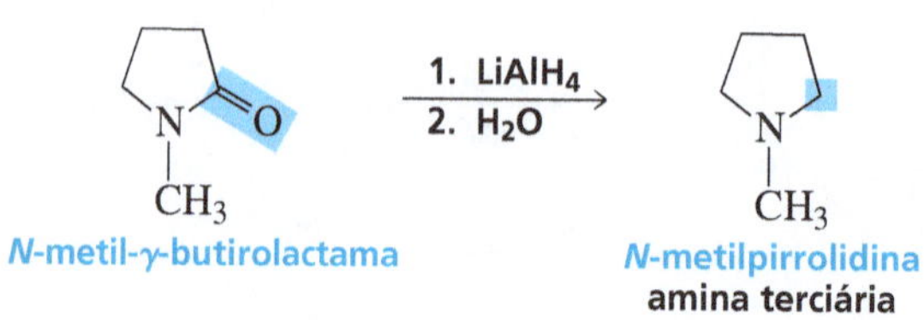

O mecanismo da reação mostra por qual motivo o produto de reação é uma amina. Pense um pouco e perceba que existem semelhanças entre o mecanismo para a reação do íon hidreto com aminas *N*-substituídas e com um ácido carboxílico.

mecanismo para a reação de uma amida *N*-substituída com um íon hidróxido

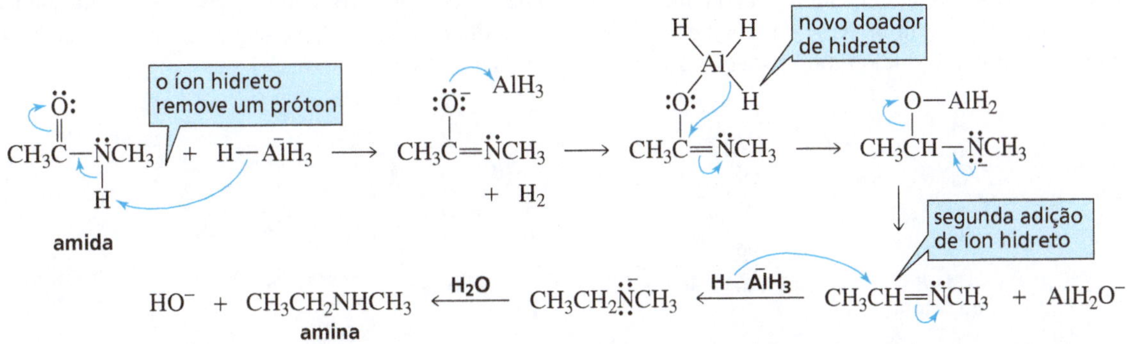

O mecanismo para a reação de $LiAlH_4$ com aminas não substituídas e aminas *N,N*-dissubstituídas é um pouco diferente, mas leva ao mesmo resultado: a conversão de um grupo carbonila em um grupo metileno.

PROBLEMA 15◆

Quais amidas você trataria com $LiAlH_4$ com o objetivo de preparar as seguintes aminas?

a. benzilmetilamina
b. etilamina
c. dietilamina
d. trietilamina

PROBLEMA 16

Partindo da *N*-benzilbenzamida, como você poderia preparar as seguintes substâncias?

a. dibenzilamina
b. ácido benzóico
c. benzaldeído
d. álcool benzílico

18.6 Reações de aldeídos e cetonas com nitrogênio nucleofílico

Os aldeídos e as cetonas reagem com uma amina *primária* (RNH_2) para formar uma imina. **Imina** é uma substância com uma ligação dupla carbono–nitrogênio. A imina obtida de uma reação entre uma substância carbonilada e uma amina primária é freqüentemente denominada **base de Schiff**.

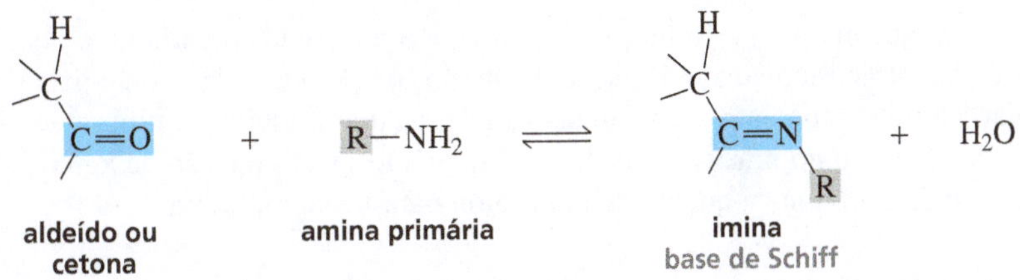

O modelo orbitalar do grupo C═N (Figura 18.1) é similar ao modelo orbitalar do grupo C═O (Figura 17.1 na p. 88). O nitrogênio da imina tem hibridização sp^2. Um de seus orbitais sp^2 forma uma ligação σ com o carbono da imina, outro forma uma ligação σ com um substituinte e o terceiro contém um par de elétrons não compartilhados. O orbital *p* do carbono se sobrepõe para formar uma ligação π.

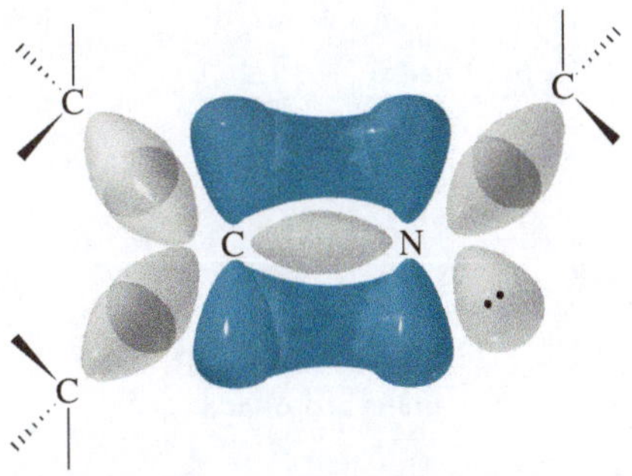

Figura 18.1
Ligações na imina

Os aldeídos e as cetonas reagem com uma amina *secundária* para formar uma enamina. Uma **enamina** é uma amina terciária α,β-insaturada — uma amina terciária com uma ligação dupla na posição α,β relativa ao átomo de nitrogênio. Observe que a ligação dupla está na parte da molécula que se originou do aldeído ou da cetona. O nome 'enamina' se origina de 'eno' + 'amina'; o 'o' é omitido para evitar o encontro de duas vogais sucessivas.

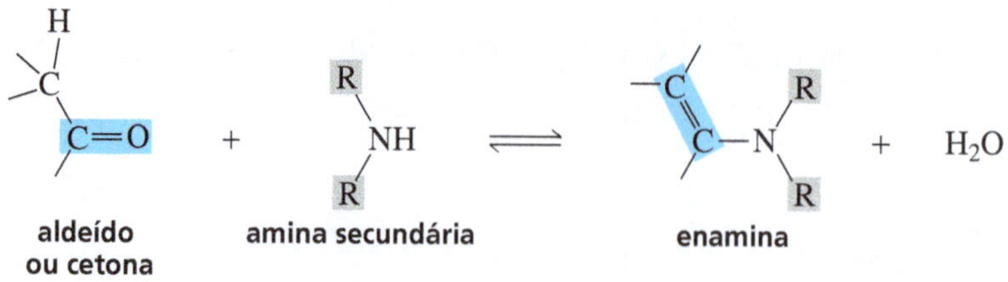

Quando você olha pela primeira vez para os produtos da formação de enaminas e iminas, eles podem parecer um pouco diferentes. No entanto, quando você observa os mecanismos de reação, é possível notar que os mecanismos são exatamente os mesmos, exceto no sítio do qual um próton é perdido na última etapa de reação.

Adição de aminas primárias

Aldeídos e cetonas reagem com aminas primárias para formar iminas. A reação requer uma quantidade (pequena) de catalisador ácido — veremos que o pH do meio reacional deve ser cuidadosamente controlado.

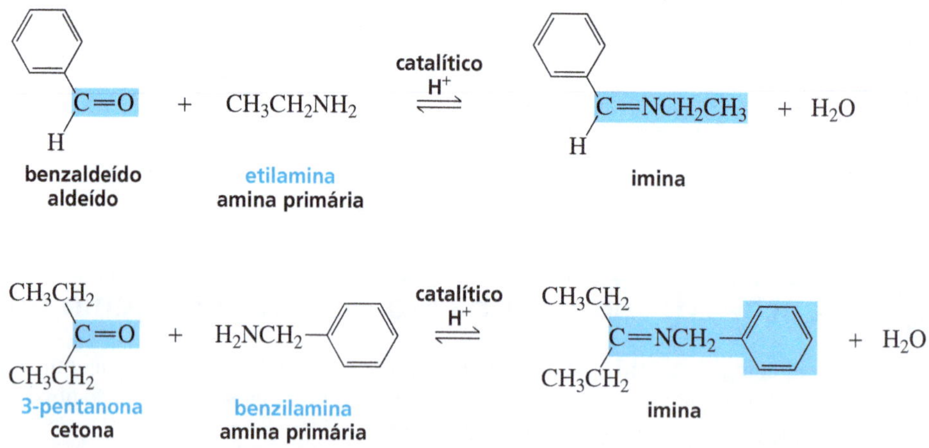

Na primeira etapa do mecanismo para a formação da imina, a amina ataca o carbono carbonílico. Ocorre então a formação de um intermediário tetraédrico pela introdução de um próton pelo íon alcóxido e pela perda de um próton do íon amônio. O intermediário tetraédrico neutro, denominado *carbinolamina*, está no equilíbrio em duas formas protonadas. A protonação pode ocorrer tanto no nitrogênio quanto no oxigênio. A eliminação de água do intermediário oxigenado protonado forma uma imina protonada que perde um próton para formar a imina.

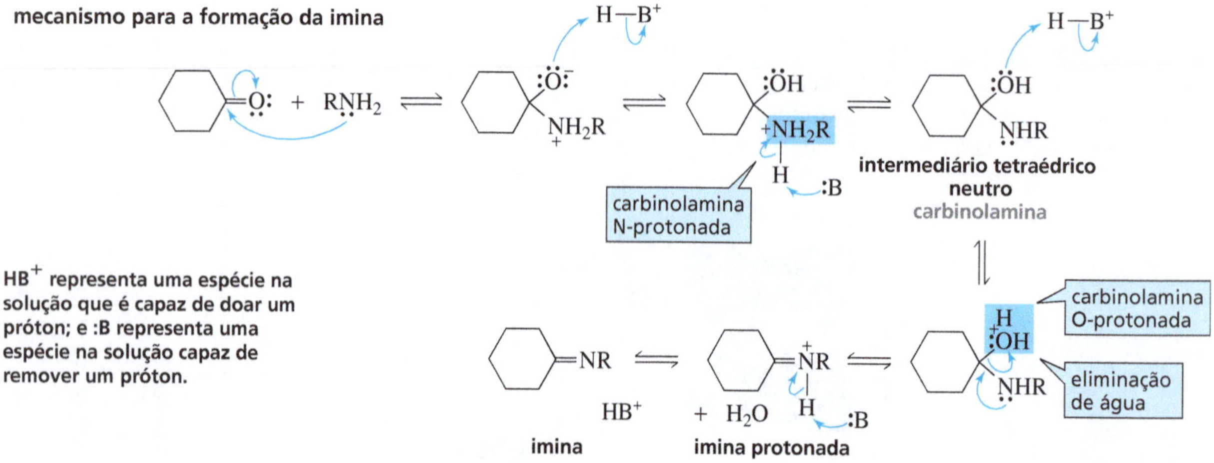

O equilíbrio favorece o intermediário tetraédrico com o nitrogênio protonado porque o nitrogênio é mais básico do que o oxigênio. O equilíbrio pode ser forçado na direção da imina com a remoção da água formada ou pela precipitação da imina desejada.

Geralmente, a adição do nitrogênio nucleofílico a um aldeído ou a uma cetona é uma *reação nucleofílica de adição–eliminação*: adição nucleofílica de uma amina para formar um intermediário tetraédrico instável, seguida pela eliminação de água. Os intermediários tetraédricos são instáveis porque os novos carbonos sp^3 estão ligados a um átomo de nitrogênio ou oxigênio — outro átomo eletronegativo. A águaé eliminada, e a perda de um próton da imina protonada resultante forma a imina estável.

A substância com um carbono sp^3 ligado ao oxigênio e a outro átomo eletronegativo é instável

Ao contrário, a reação de um aldeído ou uma cetona com um hidrogênio nucleofílico forma uma substância tetraédrica estável porque o novo carbono sp^3 *não* está ligado a um segundo átomo eletronegativo. Assim, aldeídos e cetonas sofrem *reações de adição nucleofílica* com carbonos e hidrogênios nucleofílicos, ao passo que sofrem *reações nucleofílicas de adição–eliminação* com nucleófilos nitrogenados.

O pH no qual é conduzida a formação da imina deve ser cuidadosamente controlado. Deve haver ácido suficiente para protonar o intermediário tetraédrico para que saia a água em vez do grupo de saída mais básico HO^-. No entanto, se houver muito ácido presente, ele vai protonar todos os reagentes aminados. As aminas protonadas não são nucleofílicas, assim não podem reagir com o grupo carbonila. Portanto, ao contrário das reações catalisadas por ácido, conforme vimos anteriormente (Seção 17.11), não há ácido suficiente presente para protonar o grupo carbonila na primeira etapa de reação (veja Problema 17).

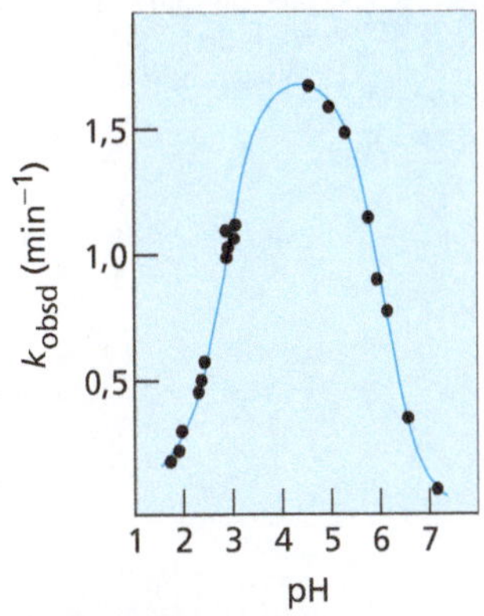

▲ **Figura 18.2**
Dependência da velocidade de reação da acetona com hidroxilamina pelo pH do meio reacional.

A curva da constante de velocidade observada para a reação da acetona com a hidroxiamina em função do pH do meio reacional está mostrada na Figura 18.2. Esse tipo de gráfico é denominado **perfil de pH-velocidade**. O perfil de pH-velocidade na figura é uma curva com forma de sino cuja velocidade máxima ocorre em um pH aproximado de 4,5, um valor de pH 1,5 abaixo do pK_a da hidroxiamina (pK_a = 6,0). Como a acidez aumenta sob pH 4,5, a velocidade de reação diminui porque cada vez mais a amina se torna protonada. Como resultado, cada vez menos amina está presente na forma nucleofílica não protonada. Como a acidez decresce acima do pH 4,5, a velocidade de reação diminui porque cada vez menos intermediário tetraédrico está presente na forma reativa protonada.

A formação da imina é reversível: em soluções aquosas, as iminas são hidrolisadas e retornam à substância carbonilada e à amina.

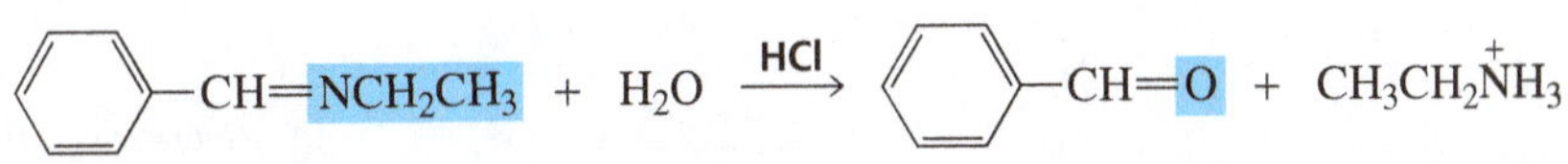

Em solução ácida, a amina é protonada e, portanto, incapaz de reagir com a substância carbonilada para formar a imina.

A formação da imina e a hidrólise são reações importantes em sistemas biológicos (seções 19.21, 24.9 e 25.6). A hidrólise da imina é a razão para o DNA conter nucleotídeos A, G, C e T, enquanto o RNA contém nucleotídeos A, G, C e U (Seção 27.14).

PROBLEMA 17◆

O pK_a da acetona protonada gira em torno de 27,5 e o p*K*a da hidroxilamina protonada é 6,0.

a. Em sua reação com a hidroxilamina e a um pH = 1,5 (Figura 18.2), qual fração de acetona estará presente nessa acidez de forma protonada? (*Dica*: veja Seção 1.20.)

b. Em sua reação com a hidroxilamina e a um pH = 1,5, qual fração da acetona estará presente nessa acidez de forma protonada?

c. Em sua reação com a acetona e a um pH = 1,5 (Figura 18.2), qual fração de hidroxilamina estará presente na forma reativa básica?

Os aldeídos e cetonas reagem com aminas primárias para formar iminas.

Uma imina sofre hidrólises catalisadas por ácido para formar substâncias carboniladas e uma amina primária.

PROBLEMA 18

Uma cetona pode ser preparada a partir da reação de uma nitrila com o reagente de Grignard. Descreva o intermediário que é formado nessa reação e explique como ele se converte em uma cetona.

Adição de aminas secundárias

Os aldeídos e as cetonas reagem com aminas secundárias para formar enaminas. Assim como a formação de iminas, a reação requer traços de um catalisador ácido.

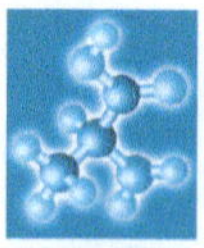

Molecule Gallery: *N,N*-dietil-1-ciclopentenamina

www

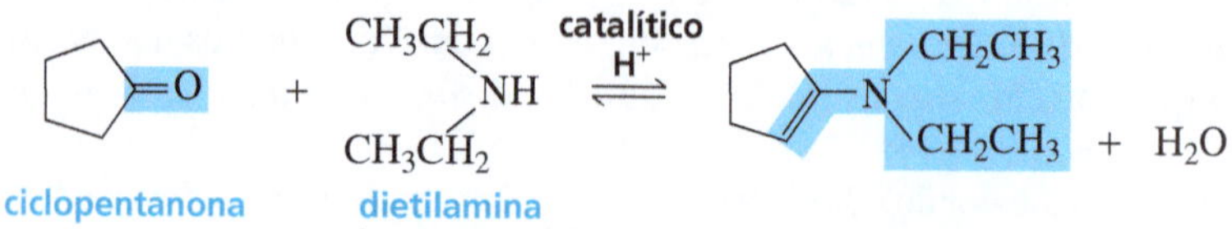

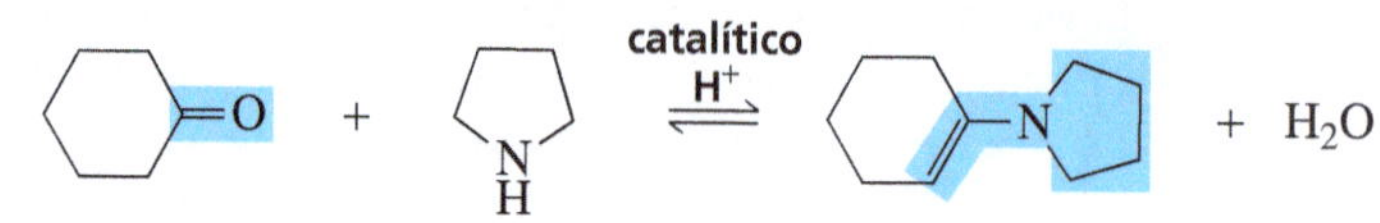

O mecanismo para a formação de enamina é exatamente o mesmo para a formação de iminas até a última etapa de reação. Quando uma amina primária reage com um aldeído ou uma cetona, a imina protonada perde um próton do nitrogênio na última etapa de reação, formando uma imina neutra. No entanto, quando uma amina é secundária, o nitrogênio carregado positivamente não está ligado a um hidrogênio. Uma molécula neutra é obtida pela remoção de um próton no carbono α da substância derivada do substrato carbonilado. O resultado é uma enamina.

mecanismo para a formação de uma enamina

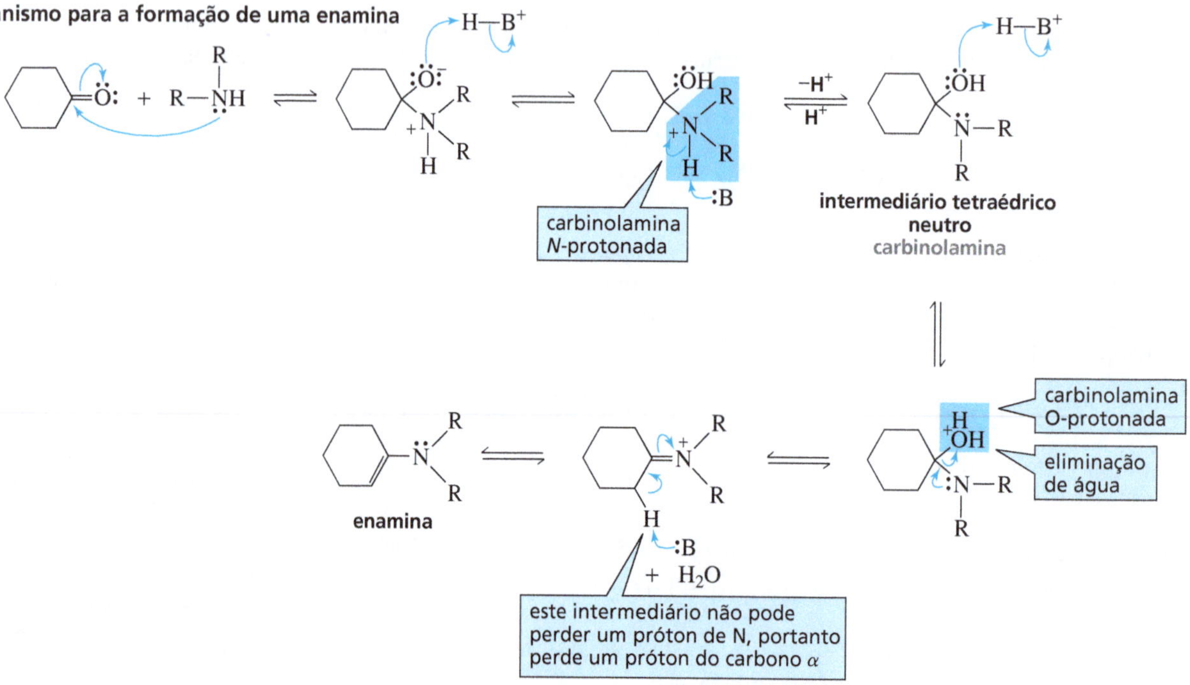

Em soluções aquosas ácidas, uma enamina é hidrolisada de volta à substância carbonilada e à amina secundária, uma reação similar à hidrólise catalisada por ácido de uma imina de volta à substância carbonilada e a uma amina primária.

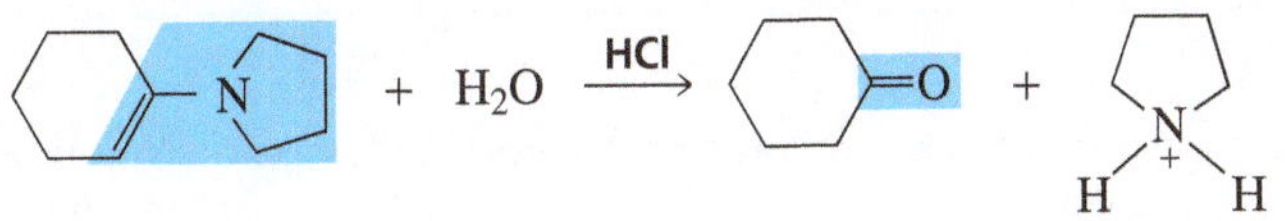

PROBLEMA 19

a. Escreva o mecanismo para as seguintes reações:

1. hidrólise catalisada por ácido de uma imina a uma substância carbonilada e a uma amina primária.
2. hidrólise catalisada por ácido de uma enamina a uma substância carbonilada e a uma amina secundária.

b. Em que diferem esses mecanismos?

PROBLEMA 20◆

Dê os produtos das seguintes reações (uma quantidade catalítica de ácido está presente em cada reação).

a. ciclopentanona + etilamina
b. ciclopentanona + dietilamina
c. acetofenona + hexilamina
d. acetofenona + ciclo-hexilamina

Formação de derivados de imina

Substâncias como a hidroxilamina (NH_2OH), a hidrazina (NH_2NH_2) e a semicarbazida ($NH_2NHCONH_2$) são similares a aminas primárias, uma vez que elas também apresentam o grupo NH_2. Portanto, como as aminas primárias, elas reagem com aldeídos e cetonas para formar iminas — freqüentemente denominados *derivados de imina* porque o substituinte ligado ao nitrogênio da imina não é um grupo R. A imina obtida da reação com hidroxilamina é denominada **oxima**; a imina resultante da reação com hidrazina é chamada **hidrazona** e a imina obtida a partir de uma reação com a semicarbazida é chamada **semicarbazona**.

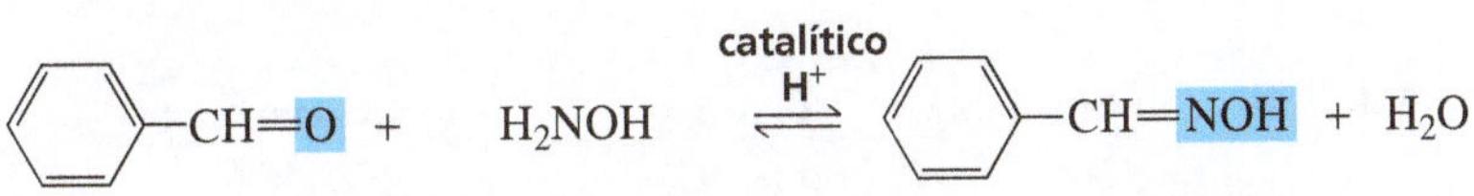

hidroxilamina — oxima

Molecule Gallery: *N*-metilimina da *acetona*; oxima da *acetona*; hidrazona da acetona; semicarbazona da acetona

WWW

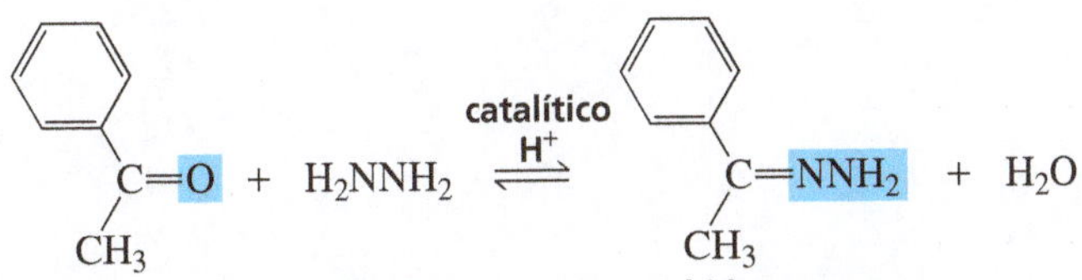

hidrazina — hidrazona

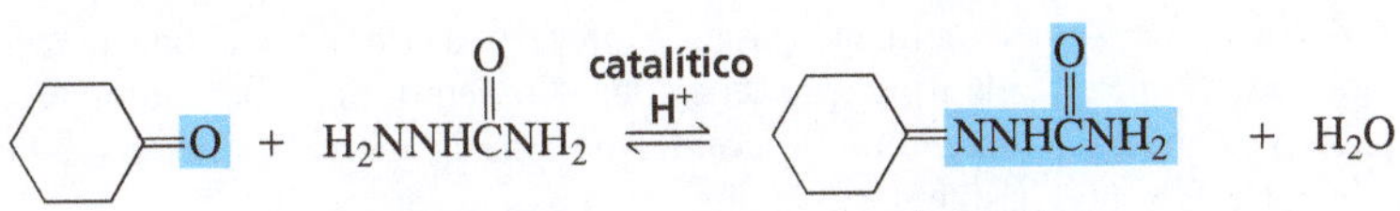

semicarbazida — semicarbazona

Tutorial Gallery: Formação de imina e oxima

WWW

As hidrazinas fenil-substituídas reagem com aldeídos e cetonas para formar **fenil-hidrazonas**.

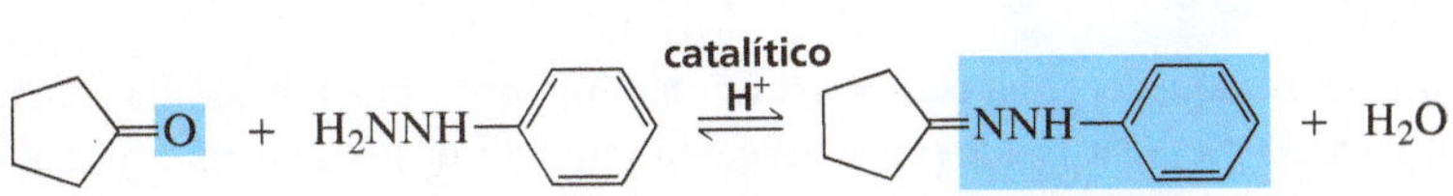

fenil-hidrazina — fenil-hidrazona

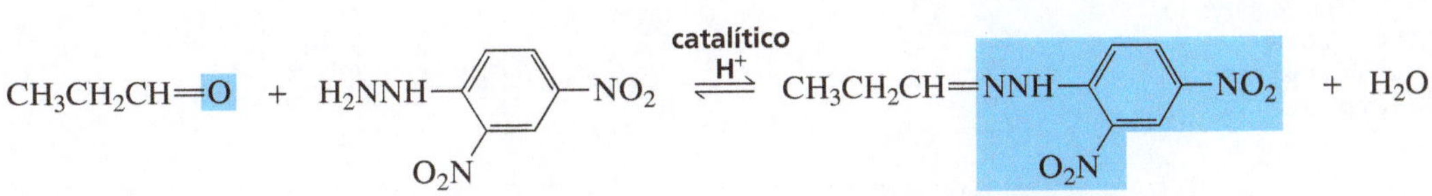

2,4-dinitrofenil-hidrazina — 2,4-dinitrofenil-hidrazona

PROBLEMA 21

As iminas existem como estereoisômeros. Os isômeros são denominados pelo sistema *E,Z* de nomenclatura (o par de elétrons livre tem menor prioridade).

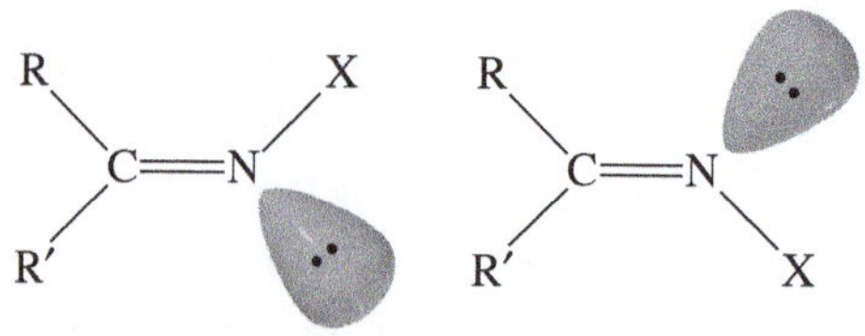

Desenhe a estrutura de cada uma das seguintes substâncias:

a. (*E*)-benzaldeído semicarbazona
b. (*Z*)-propiofenona oxima
c. ciclo-hexanona 2,4-dinitrofenil-hidrazona

PROBLEMA 22

A semicarbazida tem dois grupos NH_2. Explique por que somente um deles forma uma imina.

Identificação não espectrométrica de aldeídos e cetonas

Antes das técnicas espectrométricas estarem disponíveis, aldeídos e cetonas desconhecidos eram identificados ao se preparar derivados imina. Por exemplo, suponha que você tenha uma cetona desconhecida que apresenta um ponto de ebulição que você determinou ser de 140 °C. Isso lhe permite limitar as possibilidades nas cinco cetonas (A a E) listadas na tabela mostrada a seguir, com base em seus pontos de ebulição (pontos de ebulição de cetonas a 139 °C e 141 °C não podem ser excluídas, a menos que seu termômetro tenha sido calibrado perfeitamente e sua técnica laboratorial seja sensacional).

		2,4-dinitroenil-hidrazona	Oxima	Semicarbazona
Cetona	**p.e. (°C)**	**p.f. (°C)**	**p.f. (°C)**	**p.f. (°C)**
A	140	94	57	98
B	140	102	68	123
C	139	121	79	121
D	140	101	69	112
E	141	90	61	101

A adição de 2,4-dinitrofenil-hidrazina a uma amostra da cetona desconhecida produz cristais de 2,4-dinitrofenil-hidrazona que se fundem a 102 °C. Você agora pode limitar a escolha em duas cetonas: B e D. Ao se preparar a oxima da cetona desconhecida não é possível distinguir entre B e D porque as oximas de B e D apresentam pontos de fusão semelhantes, mas o preparo da semicarbazona permitirá a identificação da cetona. Ao determinar que a semicarbazona da cetona desconhecida tem um ponto de fusão de 112 °C, estabelece-se que a cetona desconhecida é D.

A redução de Wolff–Kishner

Na Seção 15.15 vimos que ao se aquecer uma cetona ou um aldeído em uma solução básica de hidrazina, o grupo carbonila é convertido em um grupo metileno. Esse processo é denominado **desoxigenação** porque um oxigênio é removido do reagente. A reação é conhecida como *redução de Wolff–Kishner*.

Tutorial Gallery: redução de Wolff–Kishner em síntese
WWW

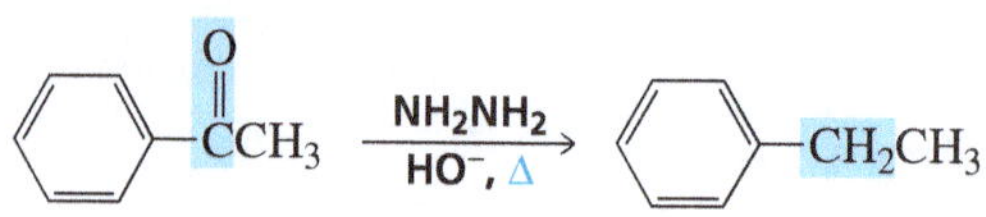

O íon hidróxido e o calor diferenciam a redução de Wolff–Kishner da formação comum de hidrazonas. Inicialmente, a cetona reage com a hidrazina para formar hidrazona. Após a formação da hidrazona, o íon hidróxido remove um próton do grupo NH_2. O calor é necessário porque esse próton não é removido facilmente. A carga negativa pode ser deslocalizada pelo carbono, o qual subtrai um próton da água. As duas últimas etapas são repetidas para formar o produto desoxigenado e o gás nitrogênio.

mecanismo para a redução de Wolff–Kishner

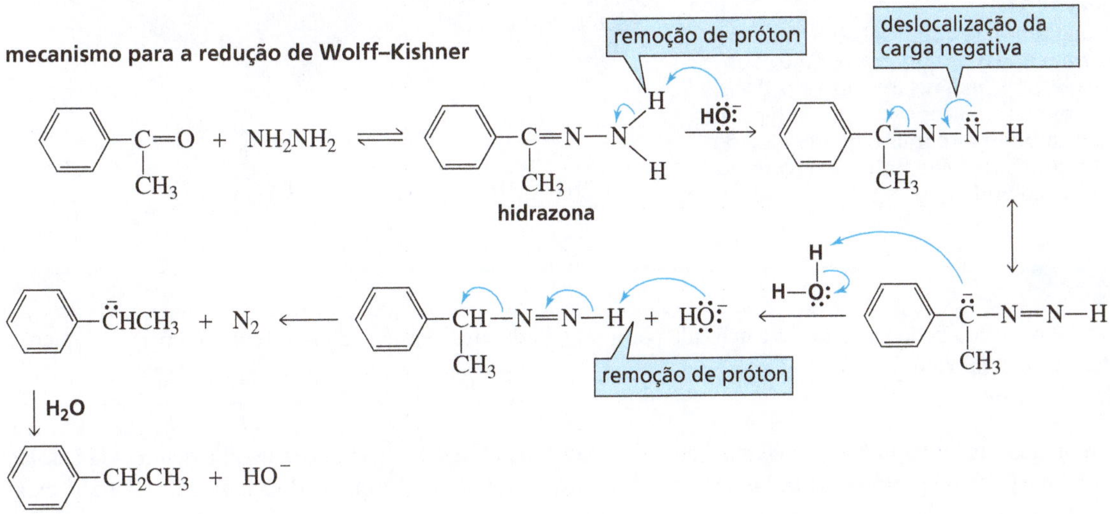

18.7 Reações de aldeídos e cetonas com oxigênios nucleofílicos

Adição de água

A água é adicionada a um aldeído ou a uma cetona para formar *hidratos*. Um **hidrato** é uma molécula com dois grupos OH no mesmo carbono. Os hidratos são também denominados **dióis geminais** (*gem* deriva do termo latino *geminus*, que significa 'gêmeos'). Os hidratos de aldeídos e cetonas são geralmente muito instáveis para serem isolados porque o carbono tetraédrico está ligado a dois átomos de oxigênio.

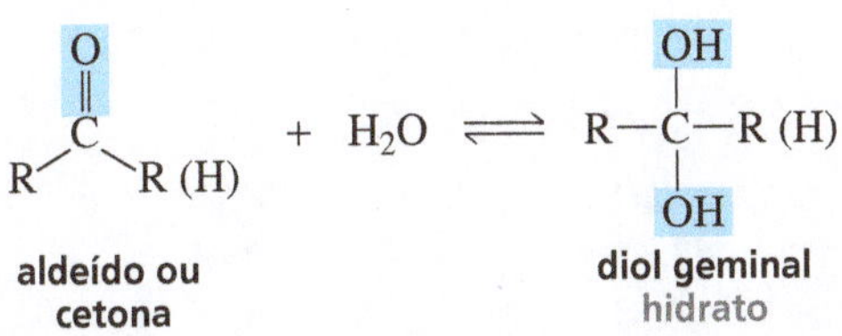

A maioria dos hidratos são muito instáveis para serem isolados.

A água é um nucleófilo fraco e, portanto, adiciona-se lentamente ao grupo carbonila. A velocidade de reação pode ser aumentada por um catalisador ácido (Figura 18.3). Lembre-se de que um catalisador não tem efeito sobre a posição do equilíbrio. Um catalisador afeta a *velocidade* na qual o equilíbrio é alcançado. Em outras palavras, o catalisador afeta a velocidade na qual um aldeído ou uma cetona é convertida em um hidrato; não tem efeito na *quantidade* de aldeído ou cetona convertido em hidrato (Seção 24.0).

mecanismo para a formação de hidrato catalisada por ácido

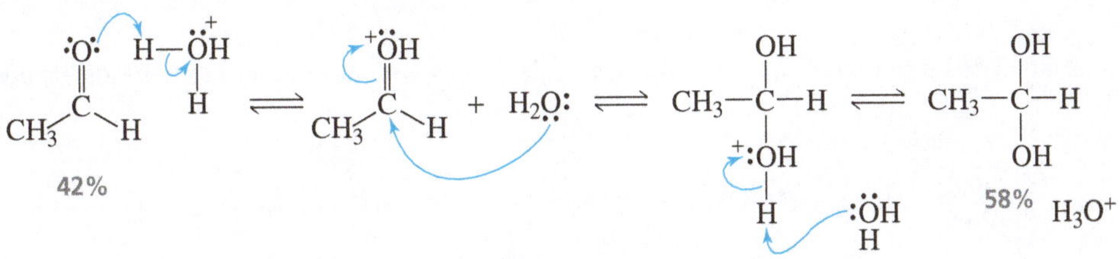

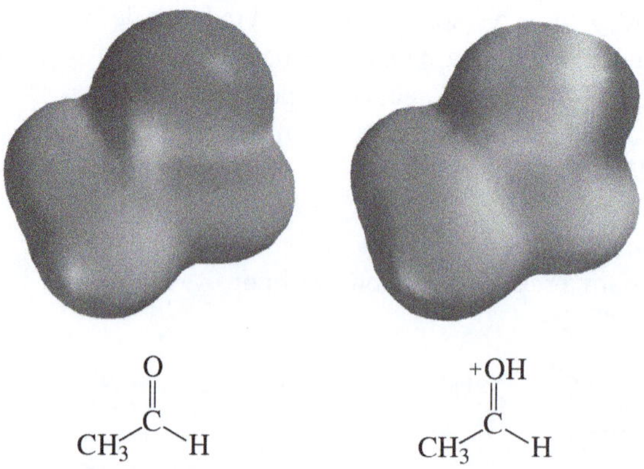

Figura 18.3 ▶
Os diagramas de potencial eletrostático mostram que o carbono carbonílico dos aldeídos protonados são mais suscetíveis a ataques nucleofílicos (azul mais intenso) do que o carbono carbonílico de um aldeído não protonado. (Veja figura em cores no caderno colorido.)

PROBLEMA 23

A hidratação de um aldeído pode também ser catalisada por um íon hidróxido. Proponha um mecanismo para a hidratação catalisada por íon hidróxido.

A extensão na qual um aldeído ou uma cetona são hidratados em solução aquosa depende do aldeído e da cetona. Por exemplo, somente 0,2% de acetona são hidratadas no equilíbrio, mas 99% do formaldeído é hidratado. Por que existe essa diferença?

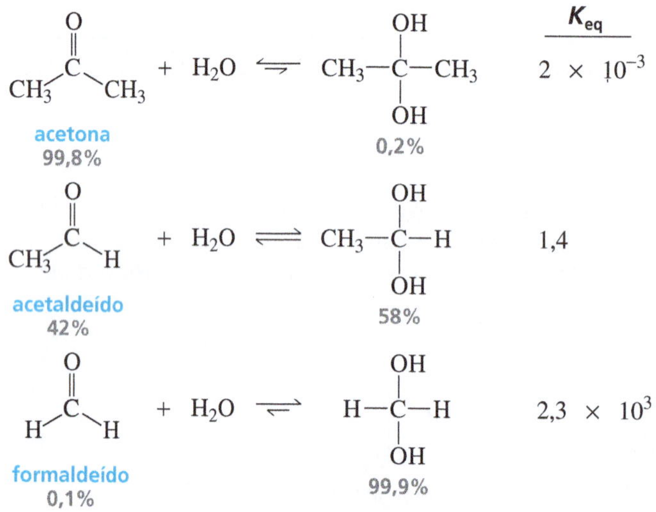

A constante de equilíbrio para a reação depende da estabilidade relativa de reagentes e produtos. A constante de equilíbrio para a formação do hidrato, portanto, depende das estabilidades relativas da substância carbonilada e do hidrato. Vimos que um grupo alquil doador de elétron torna uma substância carbonilada *mais estável* (menos reativa) (Seção 18.2).

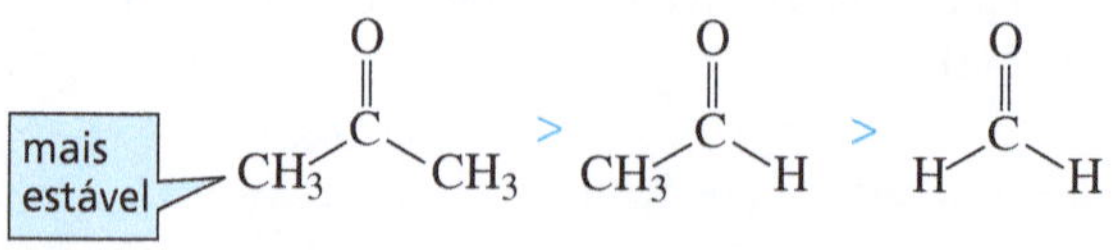

Ao contrário, grupos alquílicos tornam o hidrato *menos estável* devido às interações estéricas entre os grupos alquila.

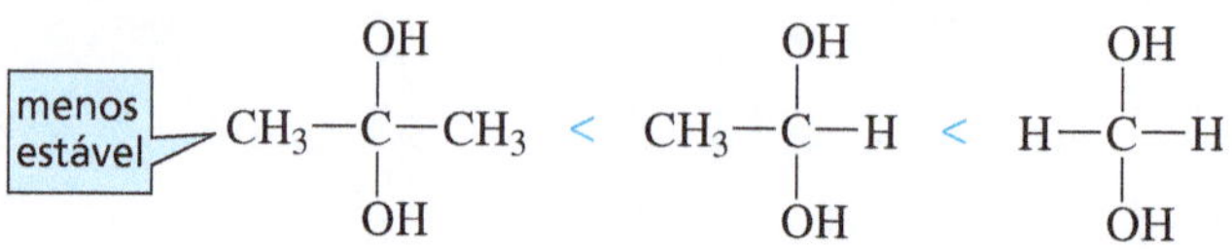

As nuvens de elétrons dos substituintes alquílicos não interferem, entre si, na substância carbonilada porque os ângulos de ligação são de 120°. No entanto, os ângulos de ligação no hidrato tetraédrico são de 109,5°, por isso os grupos alquílicos estão mais próximos uns dos outros.

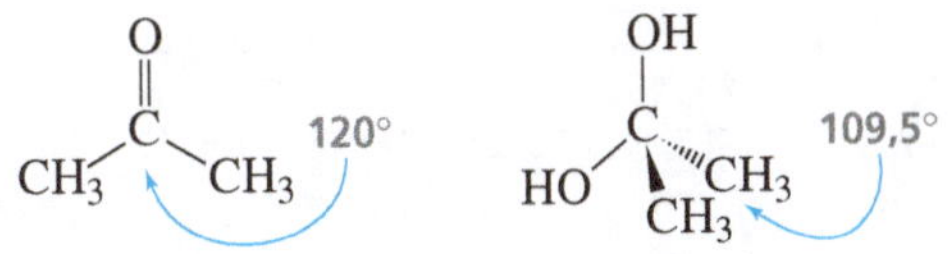

Molecule Gallery: Acetona; hidrato da acetona

WWW

Os grupos alquílicos, portanto, deslocam o equilíbrio para a esquerda — no sentido dos reagentes — porque esses grupos estabilizam a substância carbonilada e desestabilizam o hidrato. Como resultado, menos acetona do que aldeído fica na forma hidrato no equilíbrio.

Como conclusão, a porcentagem de hidrato presente em solução no equilíbrio depende tanto de efeitos estéricos quanto eletrônicos. Os substituintes doadores de elétrons e os volumosos *diminuem* a porcentagem de hidrato presente no equilíbrio, enquanto os substituintes retiradores de elétrons e os pequenos *aumentam*.

Preservando espécies biológicas

Uma solução aquosa de 37% de formaldeído é conhecida como *formalina* — usada com freqüência antigamente para preservar espécimes biológicos. Como o formaldeído irrita os olhos e a pele, ele tem sido substituído na maioria dos laboratórios biológicos por outros conservantes. Um conservante normalmente usado é uma solução de 2 a 5% de fenol em etanol com a adição de agentes antimicrobianos.

Se a quantidade de hidrato formado da reação de água com uma cetona for muito pequena para ser detectada, como vamos saber se a reação já ocorreu? Podemos provar que ela ocorre adicionando a cetona à água marcada com ^{18}O e isolando a cetona depois do equilíbrio ter sido atingido. Descobrir que o marcador foi incorporado na cetona também é uma indicação de que a reação ocorreu.

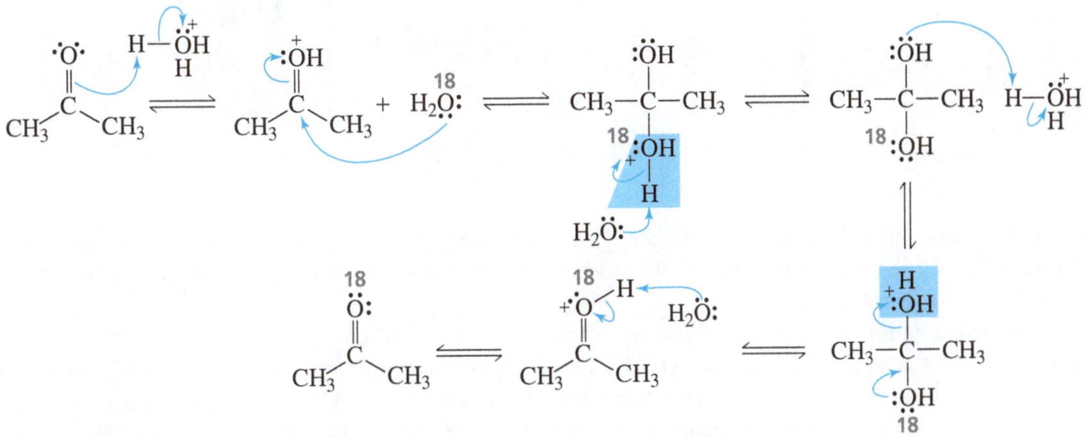

PROBLEMA 24

O tricloroacetaldeído tem uma constante de equilíbrio tão grande para a sua reação com água que a reação é essencialmente irreversível. Portanto, hidrato de cloral é um sedativo que pode ser letal. Um coquetel preparado com ele é comumente conhecido — pelo menos em filmes policiais — como 'Mickey Finn'. Explique a constante de equilíbrio favorável ao produto.

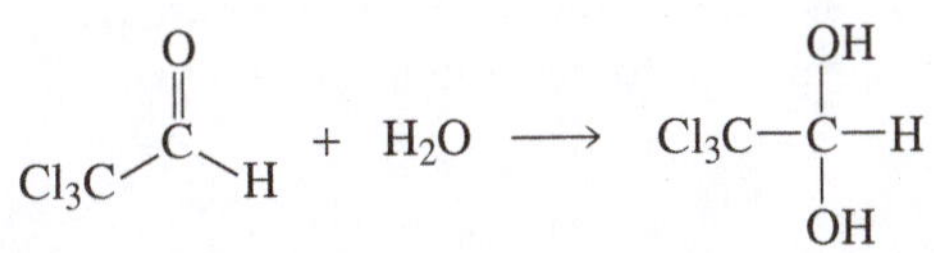

tricloroacetaldeído — hidrato de cloral

PROBLEMA 25◆

Qual das seguintes cetonas tem as constantes de equilíbrio maiores para a adição de água?

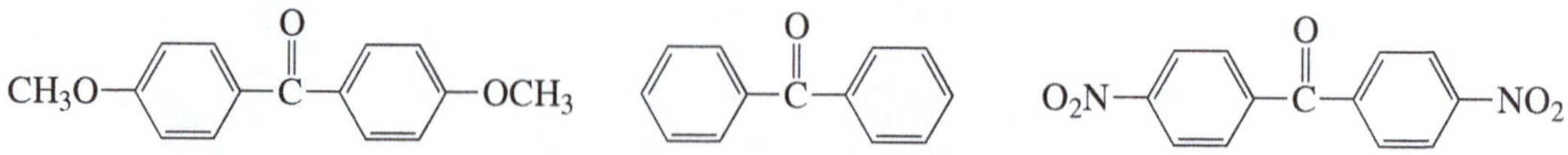

Adição de álcool

O produto formado quando um equivalente de um álcool é adicionado a um *aldeído* é chamado **hemiacetal**. O produto formado quando um segundo equivalente de álcool é adicionado é denominado **acetal**. Assim como a água, o álcool é um nucleófilo fraco, portanto é necessário um catalisador ácido para a reação ocorrer a uma velocidade razoável.

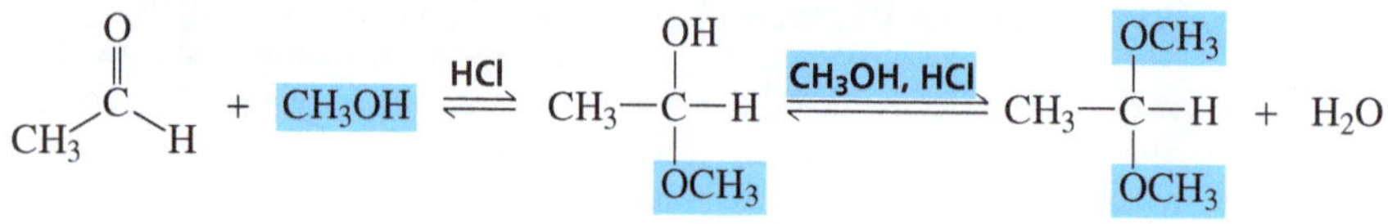

aldeído **hemiacetal** **acetal**

Quando a substância carbonilada for uma cetona em vez de um aldeído, os produtos de adição são chamados **hemicetal** e **cetal**, respectivamente.

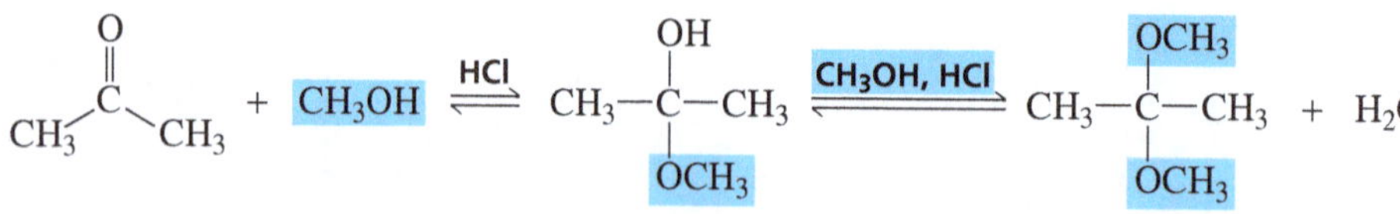

cetona **hemicetal** **cetal**

Hemi é uma palavra grega que significa 'metade'. Quando um equivalente de álcool é adicionado a um aldeído ou cetona, a substância está na metade do caminho do produto final, acetal ou cetal, os quais contêm grupos provenientes de dois equivalentes do álcool.

Na primeira etapa da formação do acetal (cetal), o ácido protona o oxigênio carbonílico, tornando o carbono carbonílico mais suscetível ao ataque do nucleófilo (Figura 18.3). A perda de um próton do intermediário tetraédrico protonado fornece o hemiacetal (ou hemicetal). Como a reação é realizada em solução ácida, o hemiacetal (ou hemicetal) está em equilíbrio com a sua forma protonada. Os dois átomos de oxigênio do hemiacetal (ou hemicetal) são igualmente básicos, assim, tanto um quanto o outro pode ser protonado. A perda de água do intermediário tetraédrico com um grupo OH protonado forma uma substância muito reativa em virtude de seu carbono deficiente de elétrons. O ataque nucleofílico nessa substância por uma segunda molécula de álcool, seguida pela perda de um próton, forma o acetal (ou cetal).

Tutorial Gallery: Adição a substâncias carboniladas
WWW

Apesar de o carbono tetraédrico de um acetal ou de um cetal estar ligado a dois átomos de oxigênio, levando-nos a supor que um acetal ou um cetal não são estáveis, o acetal ou o cetal podem ser isolados se a água eliminada do hemiacetal (ou do hemicetal) for removida da mistura reacional. Isso ocorre porque, se a água não estiver disponível, as únicas substâncias que os acetais ou os cetais podem formar são as carboniladas O-metiladas, que são menos estáveis do que o acetal ou o cetal.

mecanismo para a formação do acetal ou cetal catalizada por ácido

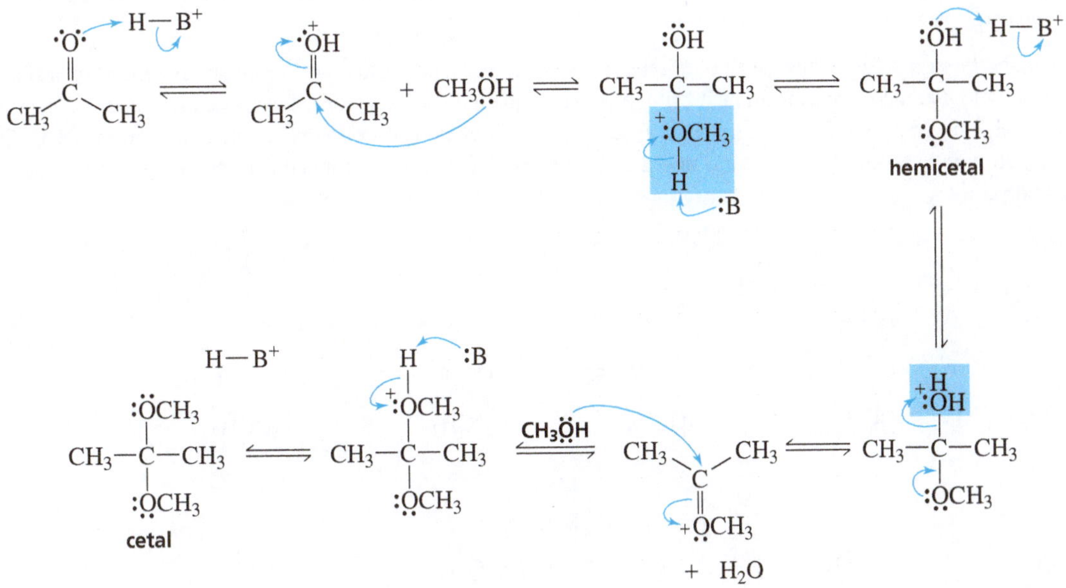

O acetal ou o cetal podem ser convertidos novamente em aldeídos ou cetonas em solução aquosa ácida.

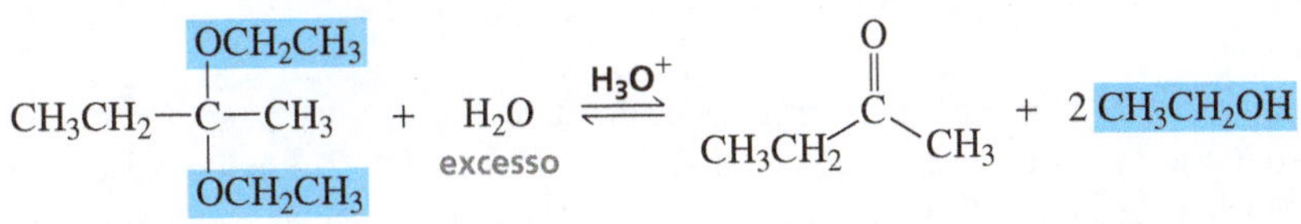

PROBLEMA 26

Mostre o mecanismo para a hidrólise catalisada por ácido de um acetal.

PROBLEMA 27

Explique por meio de um mecanismo por que um acetal ou cetal pode ser isolado, embora a maioria dos hidratos não permita isso.

Observe que os mecanismos para formação de iminas, enaminas, hidratos e acetais (cetais) são similares. Após o nucleófilo (uma amina primária no caso de formação de imina, uma amina secundária no caso de formação de enamina, água no caso de formação de hidrato e um álcool no caso de formação de acetais ou cetais) ter sido adicionado a um grupo carbonila, a água é eliminada do intermediário tetraédrico protonado, formando um intermediário carregado positivamente. Na formação da imina e do hidrato, um produto neutro é alcançado pela perda de um próton do nitrogênio e um oxigênio, respectivamente. Na formação da enamina, um produto neutro é formado pela perda de um próton em um carbono α. Na formação de acetais, uma substância neutra é obtida pela adição de um segundo equivalente de álcool. Observe também que, uma vez que o nucleófilo na formação do hidrato é água, a eliminação de água leva novamente ao aldeído e cetonas originais.

Tutorial Gallery: Termos comuns, adição de nucleófilos a substâncias carboniladas

WWW

PROBLEMA — ESTRATÉGIA PARA RESOLUÇÃO

Explique por que acetais e cetais são novamente hidrolisados para aldeídos e cetonas originais em soluções aquosas ácidas, mas são estáveis em soluções aquosas básicas.

A melhor maneira para solucionar esse tipo de questão é escrever as estruturas e o mecanismo que descreva o que está sendo questionado. Quando o mecanismo é escrito, é possível que a resposta se torne aparente. Em solução ácida, o ácido protona um oxigênio do acetal. Isso cria uma base fraca (CH_3OH) que pode ser eliminada pelo outro grupo CH_3O. Quando esse grupo é eliminado, a água pode atacar o intermediário reativo, e assim se retoma o caminho para a formação da cetona (ou aldeído).

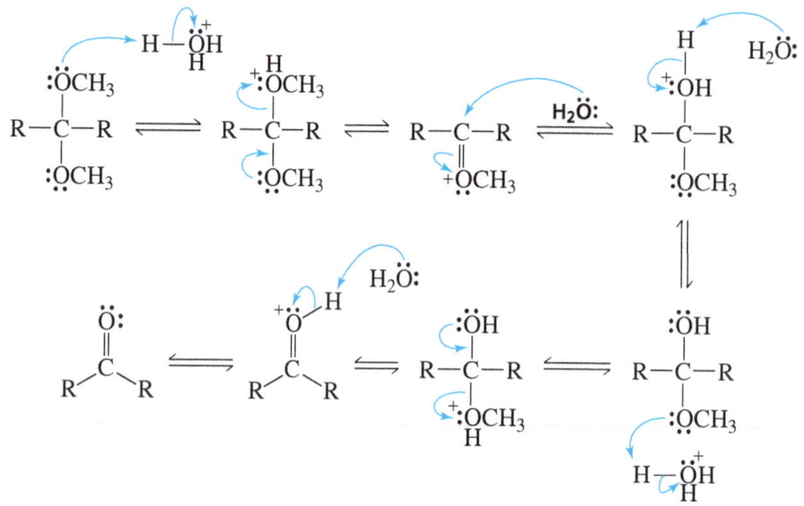

Em soluções básicas, o grupo CH_3O não pode ser protonado. Portanto, o grupo que poderia ser eliminado para restaurar a cetona (ou aldeído) deveria ser o grupo mais básico CH_3O^-. Um grupo CH_3O^- é muito básico para ser eliminado por outro grupo CH_3O, que tem pouca força de deslocamento em virtude da carga positiva, que poderia aparecer nos seus átomos de oxigênio caso ocorresse a eliminação.

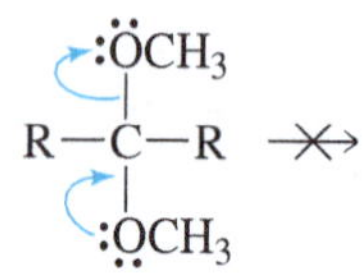

Agora resolva o Problema 28.

PROBLEMA 28

a. Você espera que hemiacetais sejam estáveis em soluções aquosas? Explique sua resposta.

b. A formação de acetal deve ser catalisada por um ácido. Explique por que a reação não pode ser catalisada por CH_3O^-.

c. A velocidade de formação do hidrato pode ser aumentada pelo íon hidróxido e pelo ácido? Explique.

18.8 Grupos de proteção

As cetonas (ou aldeídos) reagem com 1,2-dióis para formar cetais cíclicos de cinco membros (ou acetais) e 1,3-dióis para formar cetais cíclicos de seis membros (ou acetais). Relembre-se de que anéis de cinco e seis membros são formados com relativa facilidade (Seção 11.11, volume 1). O mecanismo é o mesmo que foi mostrado na Seção 18.7 para a formação de acetais, exceto que no lugar de reagir com duas moléculas de álcool separadas, a substância carbonilada reage com dois grupos álcool que se encontram em apenas uma molécula de um diol.

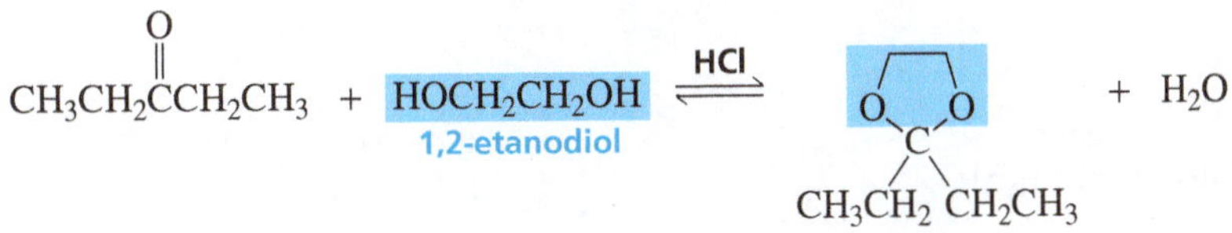

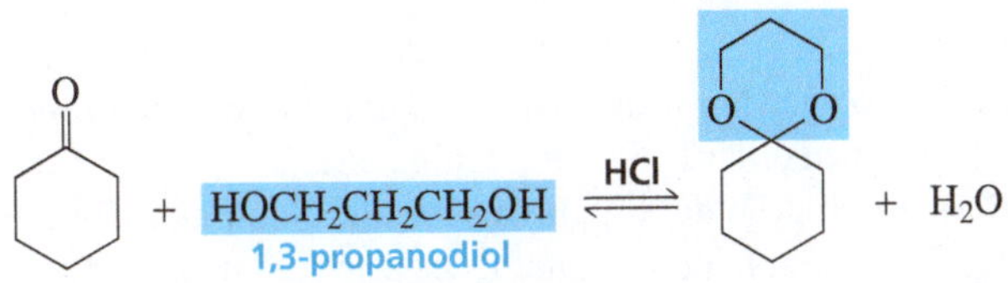

Se um reagente tiver dois grupos funcionais que reagiriam com determinado reagente e você quer que somente um deles reaja, é necessário proteger o outro grupo funcional do reagente. Um grupo que protege um outro grupo funcional de uma operação sintética que não sobreviveria de outra maneira é chamado **grupo de proteção**.

Se um dia você usou tinta spray para pintar uma sala, você deve ter pintado algumas coisas sem querer, como rodapés e molduras de janelas. De modo similar, dióis 1,2 e 1,3 são usados para proteger um grupo carbonílico de aldeídos e cetonas. O diol é como uma coberta. Por exemplo, na síntese da seguinte hidroxicetona a partir do cetoéster, $LiAlH_4$ pode reduzir os dois grupos funcionais do cetoéster, e aquele que você não quer que reaja — o grupo ceto — é o mais reativo dos dois.

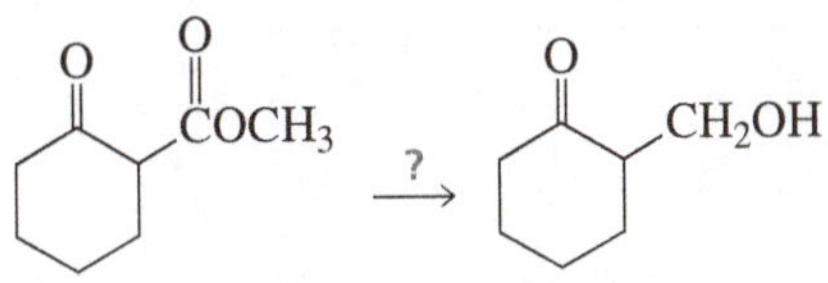

Se um grupo ceto for convertido em um cetal, somente o grupo éster reagirá com $LiAlH_4$. O grupo de proteção pode ser removido por uma hidrólise catalisada por ácido após a redução do éster. É de fundamental importância que a condição usada para remover o grupo de proteção não afete os outros grupos na molécula. Os acetais e cetais são bons grupos de proteção porque, sendo éteres, não reagem com bases, agentes redutores ou agentes oxidantes.

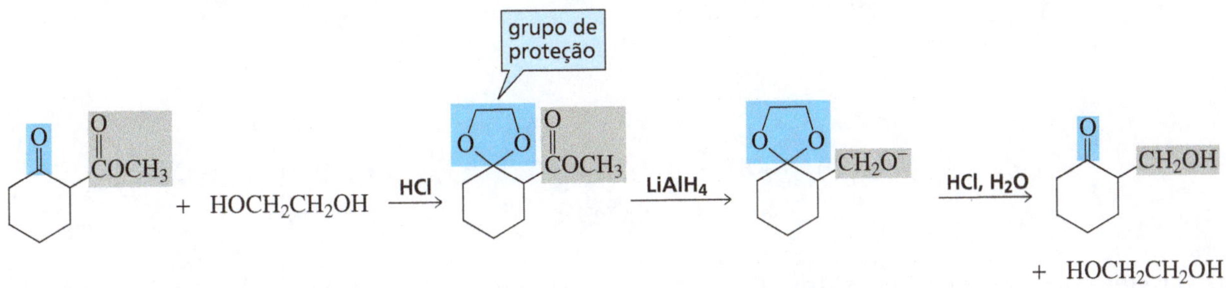

PROBLEMA 29◆

a. Qual deveria ser o produto de reação para a reação anterior com $LiAlH_4$ se o grupo ceto não tivesse sido protegido?

b. Qual reagente poderia ser usado para reduzir somente o grupo ceto?

PROBLEMA 30

Por que acetais não reagem com nucleófilos?

Na reação seguinte, o aldeído reage com o diol porque os aldeídos são mais reativos que as cetonas. O reagente de Grignard reagiria agora somente com o grupo ceto. O grupo protetor pode ser removido pela hidrólise catalisada por ácidos.

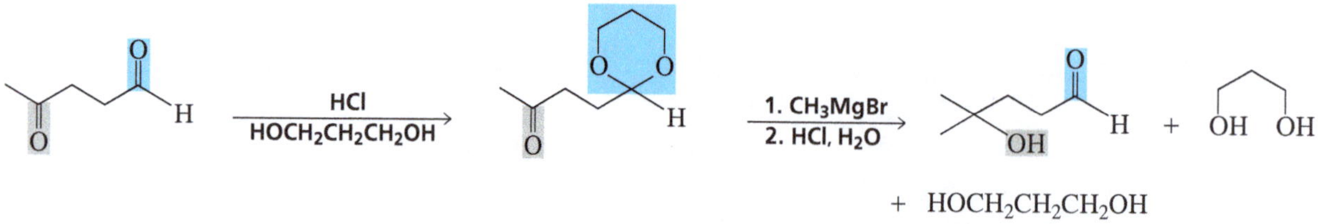

Uma das melhores maneiras de proteger um grupo OH de um álcool é convertê-lo em um trimetilsililéter (TMS) pelo tratamento de um álcool com clorotrimetilsilano e uma amina terciária. O éter é formado pela reação S_N2. Apesar de o haleto de alquila terciário não sofrer reação de S_N2, uma substância com um silil terciário reage porque as ligações Si—C são maiores que as ligações C—C, reduzindo as interações estéricas no sítio de ataque nucleofílico. A amina previne que a solução se torne ácida ao reagir com HCl gerado na reação. O éter TMS, que é estável em soluções neutras e básicas, pode ser removido com solução aquosa ácida sob condições brandas.

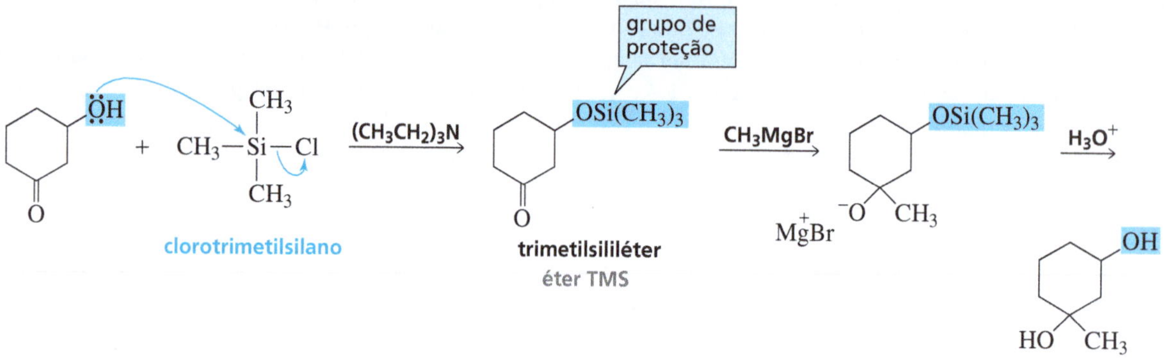

O grupo OH de um ácido carboxílico pode ser protegido pela conversão de um ácido carboxílico em um éster.

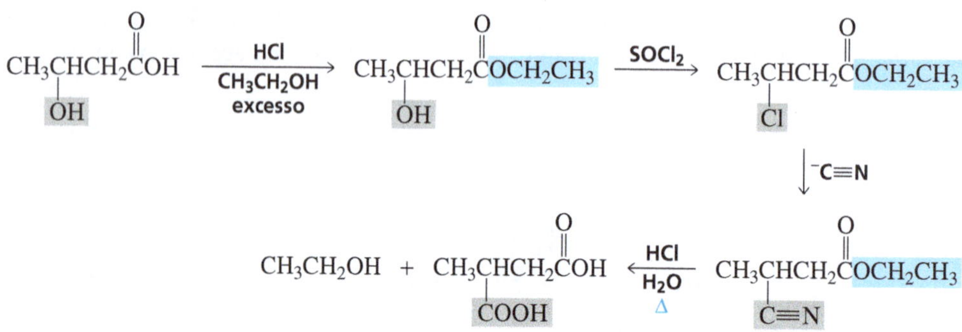

Um grupo amino pode ser protegido se for convertido em uma amida (Seção 17.8). O grupo acetil pode subseqüentemente ser removido por uma hidrólise catalisada por ácido.

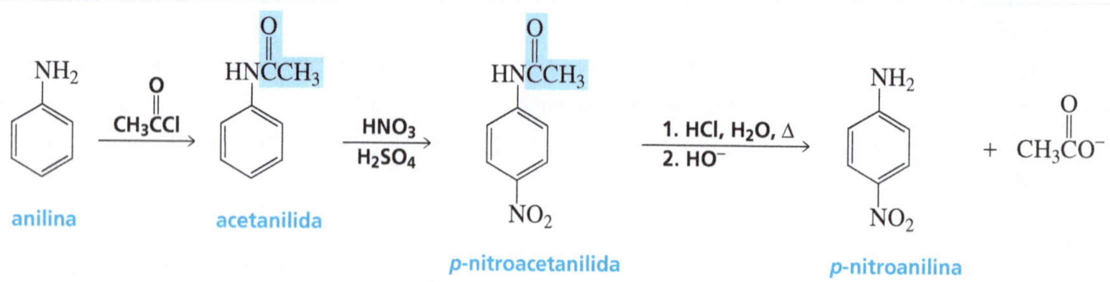

Os grupos protetores devem ser usados somente quando for absolutamente necessário, porque cada vez que um grupo protetor é usado, ele deve ser ligado e depois retirado. Isso causa uma adição de duas etapas na síntese, causando um decréscimo no rendimento médio do produto-alvo (produto desejado).

PROBLEMA 31

Quais produtos seriam formados na reação anterior se o grupo amino da anilina não fosse protegido?

PROBLEMA 32◆

a. Na síntese de seis etapas, qual seria o rendimento da substância-alvo se cada uma das etapas empregadas fornecesse um rendimento de 80%? (Um rendimento de 80% é um rendimento em laboratório relativamente alto.)

b. Qual seria o rendimento caso mais duas etapas fossem adicionadas na síntese?

PROBLEMA 33

Mostre como cada uma das seguintes substâncias poderiam ser preparadas a partir do substrato indicado. Você precisaria usar um grupo protetor para cada caso?

a. $HOCH_2CH_2CH_2Br \longrightarrow HOCH_2CH_2CH_2CH(OH)CH_3$

b. 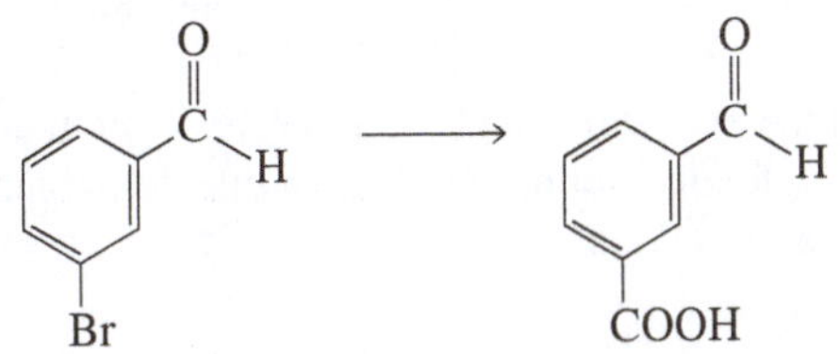

18.9 Adição de enxofre nucleofílico

Aldeídos e cetonas reagem com tióis para formar tioacetais e tiocetais. O mecanismo para a adição de um tiol é o mesmo usado para a adição de alcoóis. Lembre-se de que tióis são análogos ao enxofre dos alcoóis (Seção 12.10, volume 1).

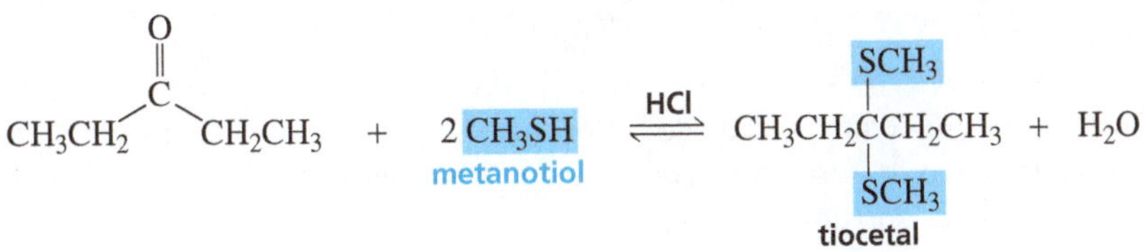

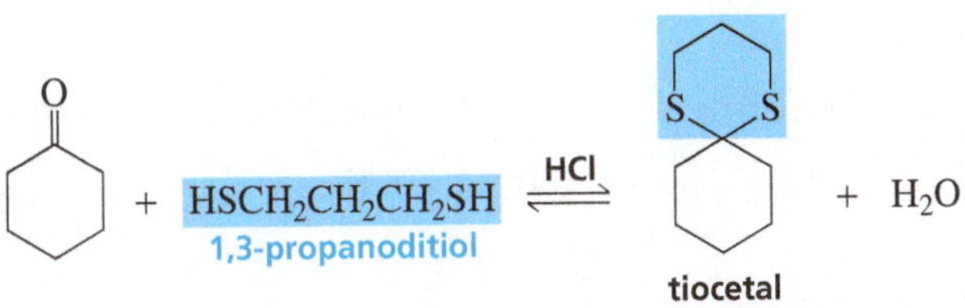

A formação de tioacetal (ou tiocetal) é uma reação sinteticamente útil porque um tioacetal (ou tiocetal) é dessulfurado quando reage com H_2 e com níquel de Raney. A dessulfuração substitui as ligações C—S pelas ligações C—H.

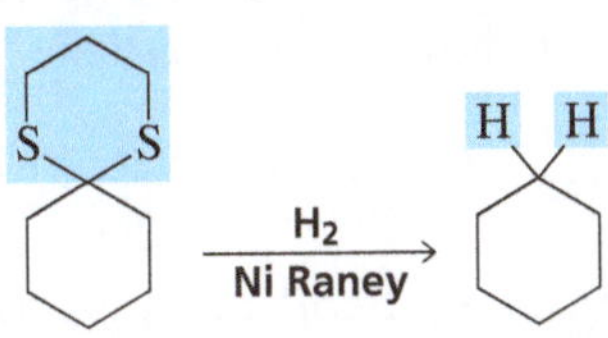

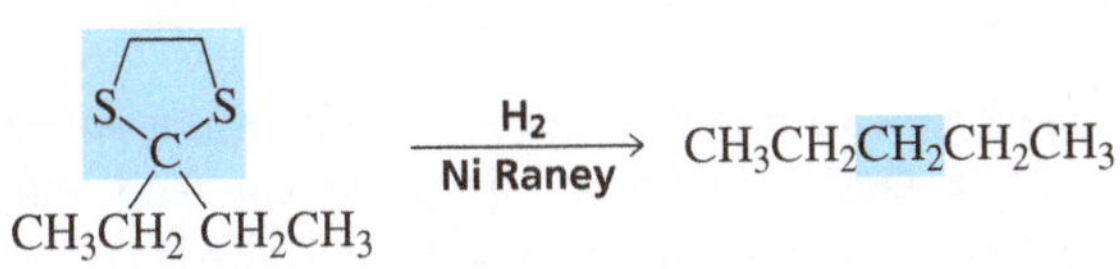

George Friedrich Karl Wittig (1897–1987) *nasceu na Alemanha. Tornou-se PhD pela Universidade de Marburg em 1926. Foi professor de química na Universidade de Braunschweig, Freiberg, Tübingen e Heidelberg, onde estudou substâncias orgânicas que continham fósforo. Recebeu o Prêmio Nobel de química em 1979, em parceria com H. C. Brown (Seção 4.9, volume 1).*

A formação de tioacetal seguida pela dessulfuração nos apresenta um terceiro método que pode ser usado para converter um grupo carbonila de uma cetona em um grupo metileno. Já vimos outros dois métodos — a redução de Clemmensen e a redução de Wolff–Kishner (Seções 15.15 e 18.6).

18.10 A reação de Wittig

Um aldeído ou uma cetona reagem com ilidas de fósforo para formar um alceno. A **ilida** é uma substância que tem cargas opostas em átomos adjacentes ligados por ligações covalentes com octetos completos. A ilida também pode ser escrita na forma que permite uma ligação dupla porque o fósforo pode ter mais do que oito elétrons na sua camada de valência.

$$(C_6H_5)_3\overset{+}{P}-\overset{-}{C}H_2 \longleftrightarrow (C_6H_5)_3P{=}CH_2$$

ilida de fósforo

A reação de um aldeído ou uma cetona com um ilida de fósforo para formar um alceno é chamada **reação de Wittig**. A reação global combina a ligação dupla do oxigênio da substância carbonilada e o grupo que tem um carbono com ligação dupla da ilida de fósforo.

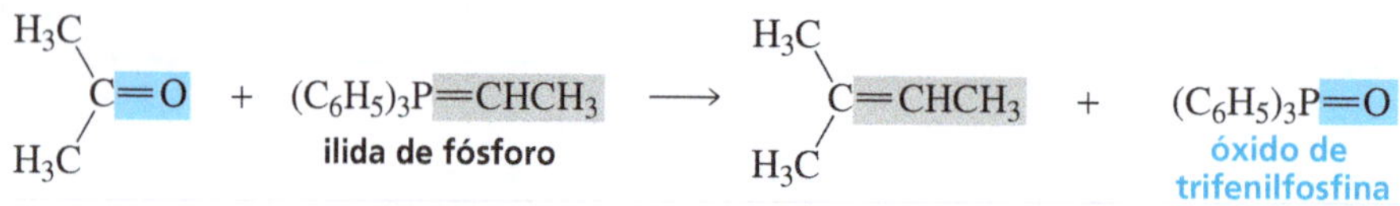

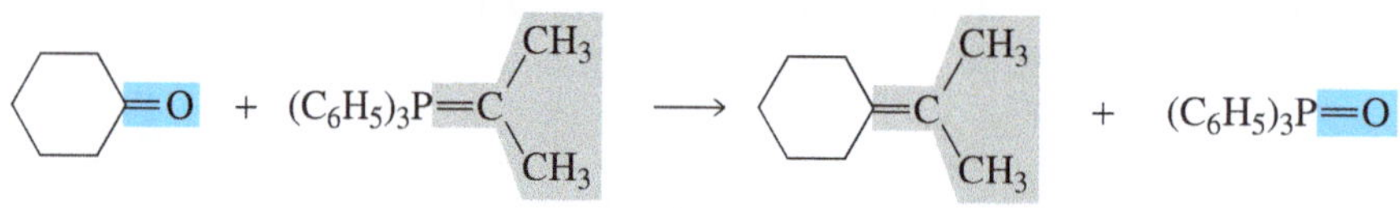

Acumulam-se evidências de que a reação de Wittig é uma reação de cicloadição concertada [2 + 2], na qual o carbono nucleofílico da ilida ataca o carbono eletrofílico da substância carbonilada. Essa reação é chamada cicloadição [2 + 2] porque, dos quatro elétrons π envolvidos no estado de transição cíclico, dois derivam do grupo carbonila e dois da ilida (Seção 29.4). A eliminação do óxido de trifenilfosfina forma o alceno como produto.

Tutorial Gallery: Reação de Wittig; síntese
WWW

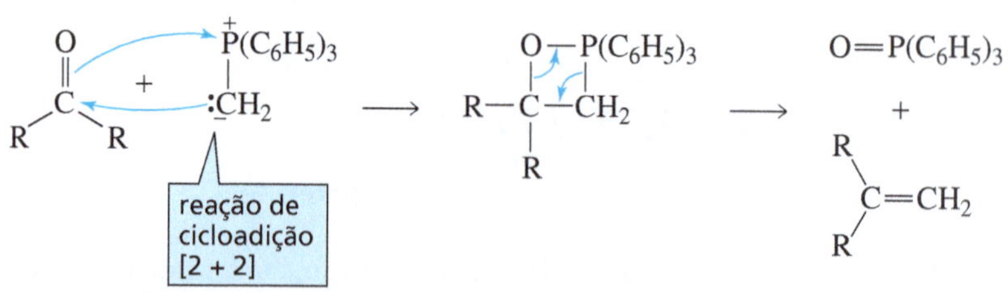

A ilida de fósforo necessária para uma síntese específica é obtida por uma reação S_N2 entre trifenilfosfina e um haleto de alquila com número apropriado de átomos de carbono. Um próton do carbono adjacente ao fósforo carregado positivamente é suficientemente ácido ($pK_a = 35$) para ser removido por uma base forte como o butil-lítio (Seção 12.11, volume 1).

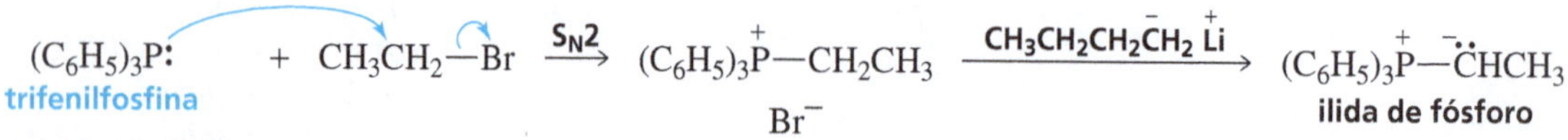

Se dois conjuntos de reagentes estiverem disponíveis para a síntese do alceno, é melhor usar aquele que requer o haleto de alquila com menor interação estérica para a síntese da ilida. Lembre-se de que quanto mais impedido estericamente for um haleto de alquila, menos reativa será sua reação de S_N2 (Seção 10.2, volume 1). Por exemplo, é melhor usar um haleto de alquila com três carbonos e uma substância carbonilada com cinco carbonos do que um haleto de alquila com cinco carbonos e uma substância carbonilada com três carbonos para a síntese do 3-etil-3-hexeno porque seria mais fácil formar uma ilida a partir do 1-bromopropano do que do 3-bromopentano.

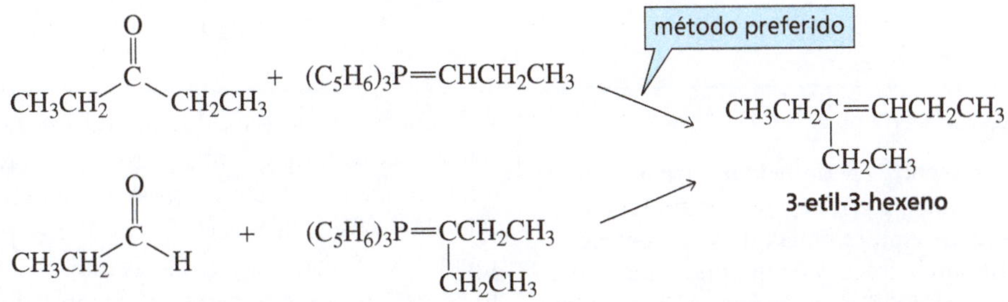

3-etil-3-hexeno

A reação de Wittig é um caminho poderoso para se prepararem alcenos porque a reação é completamente regiosseletiva — a ligação dupla estará em apenas uma posição.

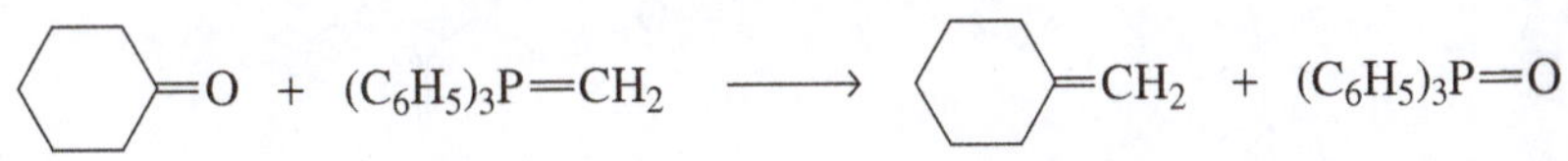

metilenociclo-hexano

A reação de Wittig também é o melhor caminho para preparar um alceno terminal como o metilenociclo-hexano porque os outros métodos formariam um alceno terminal como produto minoritário, caso algum se formasse.

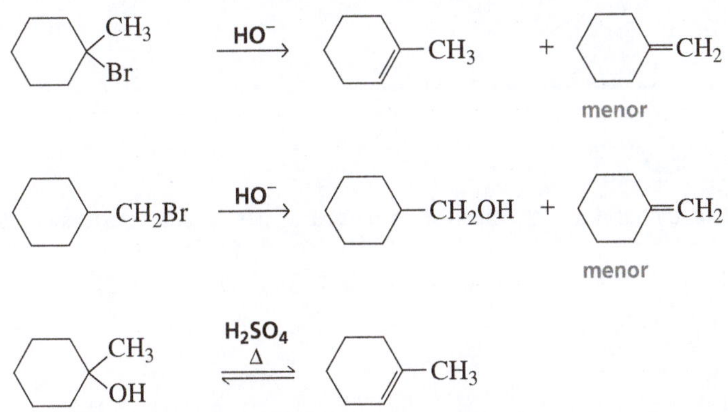

A estereosseletividade da reação de Wittig depende da estrutura da ilida. As ilidas podem ser divididas em dois tipos: *ilidas estabilizadas* têm um grupo, como o grupo carbonila, que pode compartilhar a carga negativa do carbono; e *ilidas não estabilizadas*, que não possuem grupos.

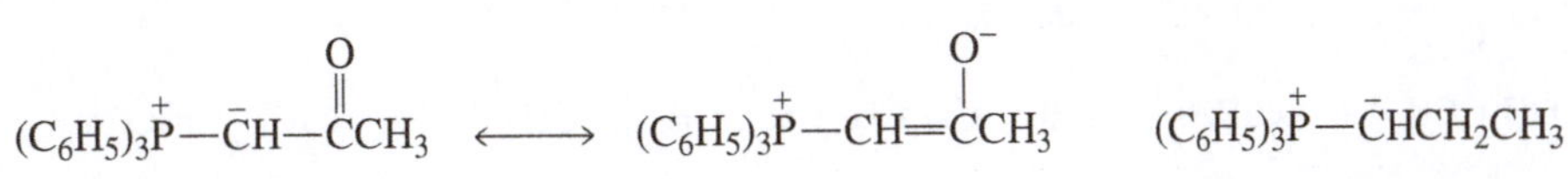

ilida estabilizada **ilida não estabilizada**

As ilidas estabilizadas formam principalmente isômeros *E*, e as ilidas não estabilizadas formam principalmente isômeros *Z*.

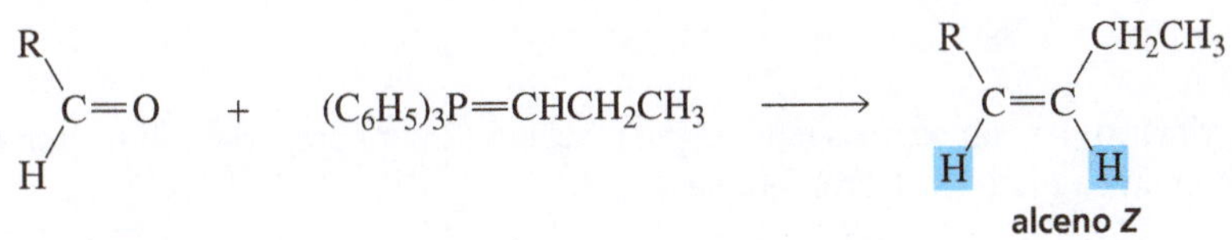

alceno *Z*

alceno *Z*

β-caroteno

O β-caroteno é encontrado nas frutas amarelas e laranja, e em vegetais como damasco, manga, cenoura e batata-doce. A síntese do β-caroteno a partir da vitamina A é um importante exemplo do uso da reação de Wittig na indústria. Observe que a ilida é uma ilida estabilizada e o produto tem configuração *E* no sítio de reação.

O β-caroteno é usado na indústria alimentícia para dar cor à margarina. Muitas pessoas ingerem β-caroteno em dietas suplementares porque há alguma evidência de que altos níveis de β-caroteno estão associados a menor incidência de câncer. Evidências mais recentes, no entanto, sugerem que o β-caroteno encontrado em forma de pílula não previne contra o câncer como o β-caroteno obtido de vegetais.

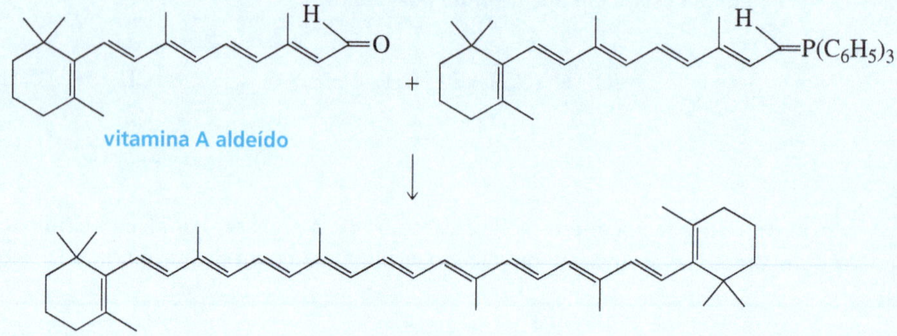

PROBLEMA 34 RESOLVIDO

a. Qual substância carbonilada e qual ilida de fósforo são necessárias para a síntese dos seguintes alcenos?

1. $CH_3CH_2CH_2CH{=}C(CH_3)CH_3$

3. $(C_6H_5)_2C{=}CHCH_3$

2. 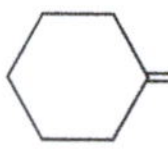 $=CHCH_2CH_3$

4. 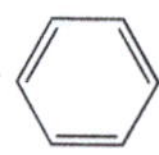 $-CH{=}CH_2$

b. Qual haleto de alquila é necessário para preparar cada uma das ilidas de fósforo?

RESOLUÇÃO PARA 34a (1) Os átomos de cada lado da ligação dupla podem vir da substância carbonilada, por isso existem dois pares de substâncias que podem ser usadas.

$$CH_3\overset{O}{\overset{\|}{C}}CH_3 + (C_6H_5)_3P{=}CHCH_2CH_2CH_3 \quad \textbf{ou} \quad CH_3CH_2CH_2\overset{O}{\overset{\|}{C}}H + (C_6H_5)_3P{=}\underset{\underset{CH_3}{|}}{C}CH_3$$

RESOLUÇÃO PARA 34b (1) Os haletos de alquila necessários dependem de quais ilidas de fósforo são usadas; poderia ser tanto o 1-bromobutano quanto o 2-bromobutano.

$$CH_3CH_2CH_2CH_2Br \quad \textbf{ou} \quad CH_3\underset{\underset{Br}{|}}{C}HCH_3$$

Os haletos de alquila primários seriam os mais reativos na reação S_N2 para preparar a ilida, portanto o melhor método seria utilizar a ilida obtida a partir do 1-bromobutano.

18.11 Estereoquímica das reações de adição nucleofílica: faces *Re* e *Si*

Um carbono carbonílico ligado a dois substituintes diferentes é um **carbono carbonílico pró-quiral** porque ele se tornará um centro quiral (carbono assimétrico) se for adicionado um grupo diferente daqueles aos quais ele já está ligado. A adição do produto será um par de enantiômeros.

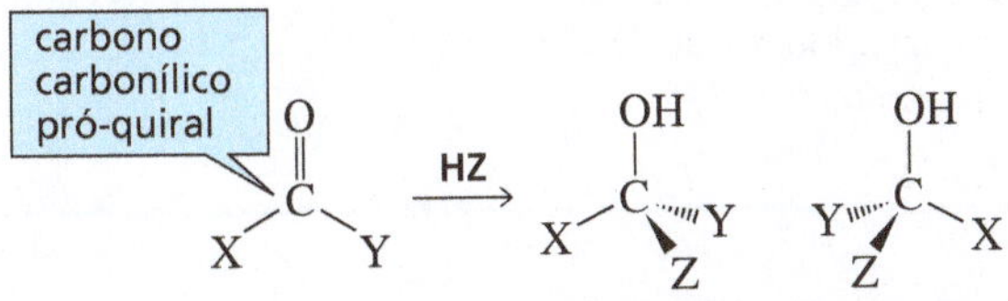

O carbono carbonílico e os três átomos ligados a ele definem um plano. O nucleófilo pode se aproximar de qualquer lado do plano. Um lado da substância carbonilada é chamado face *Re*, e o outro lado do plano é chamado face *Si*; *Re* vem de *rectus* e *Si*, de *sinister* — similar a *R* e a *S*. Para distinguir entre as **faces *Re* e *Si***, os três grupos ligados ao carbono carbonílico são assinalados prioridades por meio do uso do sistema de prioridades de Cahn–Ingold–Prelog, usado na nomenclatura *E,Z* e *R,S* (seções 3.5 e 5.6, volume 1, respectivamente). A face *Re* é a face voltada para o observador quando as prioridades decrescem (1 > 2 > 3) no sentido horário, e a face *Si* é a face oposta — aquela próxima do observador quando as prioridades decrescem no sentido anti-horário.

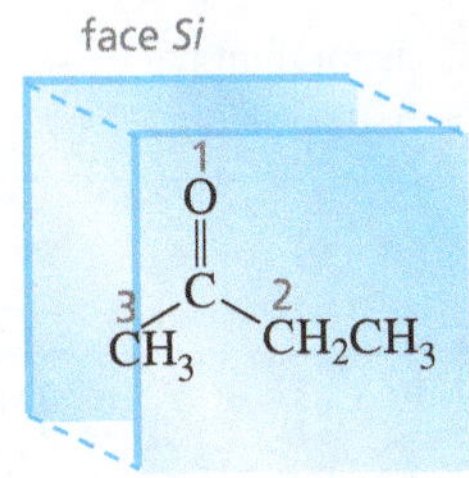

O ataque pelo nucleófilo na face *Re* forma um enantiômero, ao passo que o ataque na face *Si* forma outro enantiômero. Por exemplo, o ataque do íon hidreto pela face *Re* da butanona forma (*S*)-2-butanol, e o ataque pela face *Si* forma (*R*)-2-butanol.

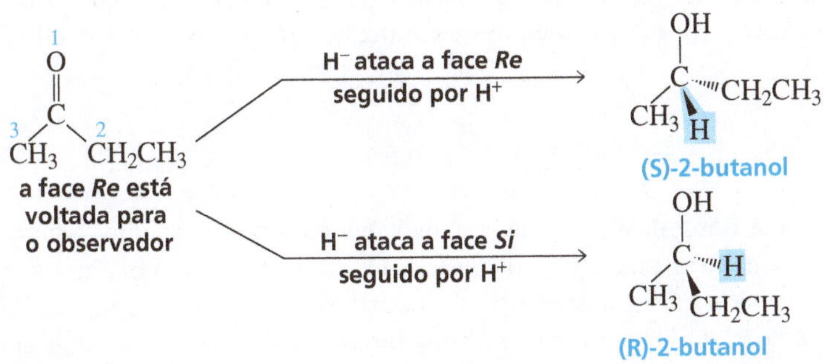

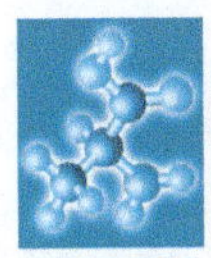

Molecule Gallery:
2-butanona;
(*S*)-2-butanol;
(*R*)-2-butanol

WWW

O ataque pela face *Re* forma o enantiômero *R* ou *S* dependendo da prioridade do ataque do nucleófilo relativo às prioridades dos grupos ligados ao carbono carbonílico. Por exemplo, vimos que o ataque do íon hidreto pela face *Re* da butanona forma (*S*)-2-butanol, mas o ataque do reagente de Grignard metílico pela face *Re* do propanal forma (*R*)-2-butanol.

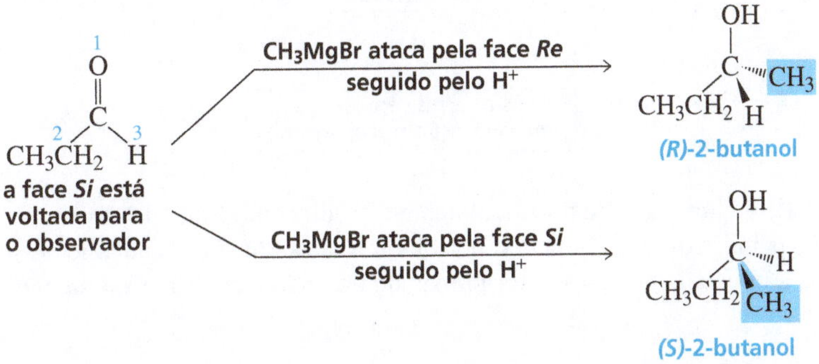

Como o carbono carbonílico e os três átomos ligados a ele definem um plano, as faces *Re* e *Si* têm probabilidades iguais de serem atacadas. Conseqüentemente, uma reação de adição forma quantidades iguais dos dois enantiômeros.

Adições a carbonilas catalisadas por enzimas

Em uma adição catalisada por enzima a uma substância carbonilada, somente um dos enantiômeros é formado. A enzima pode bloquear uma das faces da substância carbonilada e, assim, esse lado não ser atacado, ou a enzima pode posicionar o nucleófilo para que ele consiga atacar o grupo carbonílico apenas por uma das faces.

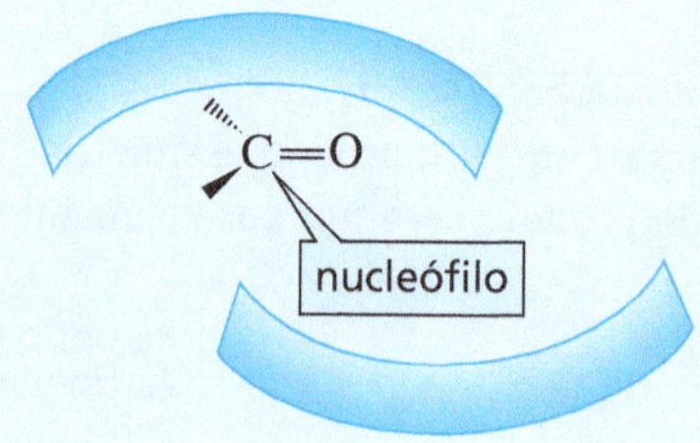

PROBLEMA 35◆

Qual enantiômero é formado quando o reagente de Grignard metílico ataca pela face *Re* de cada uma das substâncias carbonílicas a seguir?

a. propiofenona
b. benzaldeído
c. 2-pentanona
d. 3-hexanona

18.12 Planejando a síntese V: Desconexão, sintons e equivalente sintético

A síntese de uma molécula mais complexa a partir de um material de partida mais simples não é sempre óbvia. Vimos que é mais fácil, na maioria das vezes, trabalhar do fim para o início, ou seja, do produto desejado para os materiais de partida disponíveis — um processo denominado *análise retrossintética* (Seção 6.11, volume 1). Em uma análise retrossintética, um químico disseca uma molécula em partes cada vez menores até atingir os materiais de partida disponíveis.

análise retrossintética

molécula-alvo ⟹ Y ⟹ X ⟹ W ⟹ materiais de partida

Uma etapa útil na análise retrossintética é a **desconexão** — quebrar ligações para produzir dois fragmentos. De modo geral, um fragmento é carregado positivamente e outro, negativamente. Os fragmentos de uma desconexão são denominados **sintons**. Os sintons na sua maioria não são substâncias reais — podem ser espécies imaginárias. Por exemplo, se considerarmos a análise retrossintética do ciclo-hexanol, veremos que uma desconexão fornece dois sintons — um α-hidroxicarbocátion e um íon hidreto.

análise retrossintética

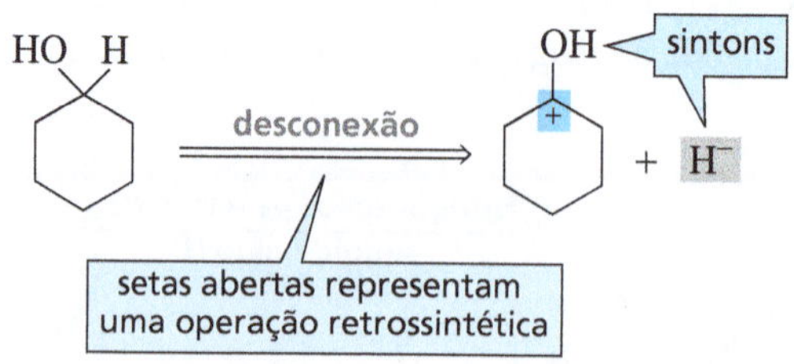

Um **equivalente sintético** é um reagente que atualmente é usado como fonte de um sinton. A ciclo-hexanona é um equivalente sintético para o α-hidroxicarbocátion, e o boro-hidreto de sódio é um equivalente sintético para o íon hidreto. Assim, o ciclo-hexanol, a molécula-alvo, pode ser preparada tratando a ciclo-hexanona com boro-hidreto de sódio.

síntese

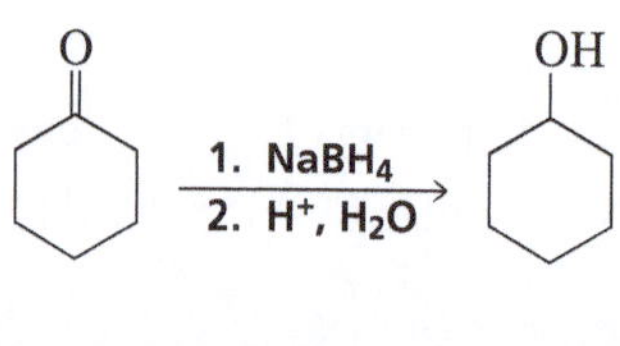

Quando uma desconexão é realizada, você deve decidir, depois de romper a ligação, qual fragmento fica com a carga positiva e qual fica com a carga negativa. Na análise retrossintética do ciclo-hexanol, poderíamos ter dado a carga positiva para o hidrogênio, e muitos ácidos (HCl, HBr etc.) poderiam ser usados como equivalente sintético para H^+. No entanto, ficaríamos perdidos se tentássemos encontrar um equivalente sintético para um α-hidroxicarbânio. Assim, quando realizamos uma desconexão, assinalamos uma carga positiva no carbono e uma carga negativa no hidrogênio.

O ciclo-hexanol também pode ser desconectado se a ligação C—O for rompida no lugar da ligação C—H, formando um carbocátion e um íon hidróxido.

análise retrossintética

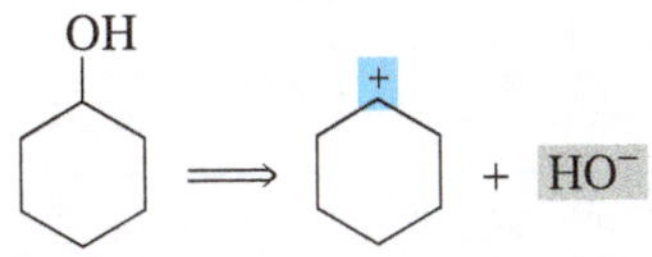

O problema agora é começar a escolher um equivalente sintético para o carbocátion. Um equivalente sintético para um sinton carregado positivamente precisa de um grupo retirador de elétrons no mesmo lugar. O brometo de ciclo-hexila, com um bromo retirador de elétrons, é um equivalente sintético para o carbocátion da ciclo-hexila. O ciclo-hexanol, portanto, pode ser preparado pelo tratamento do brometo de ciclo-hexila com o íon hidróxido. Esse método, contudo, não é tão bom quanto a primeira síntese que propusemos — a redução da ciclo-hexanona — porque uma parte do haleto de alquila é convertida em alceno e o rendimento global da substância-alvo torna-se baixo.

síntese

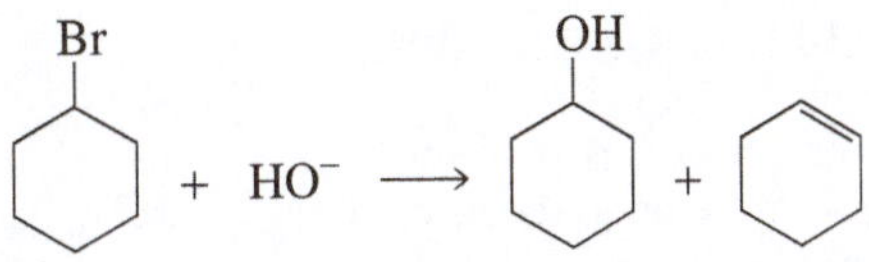

A análise retrossintética mostra que o 1-metilciclo-hexanol pode ser formado da reação da ciclo-hexanona, o equivalente sintético para o α-hidroxicarbocátion, e brometo de metilmagnésio, o equivalente sintético para um ânion metílico (Seção 18.4).

análise retrossintética

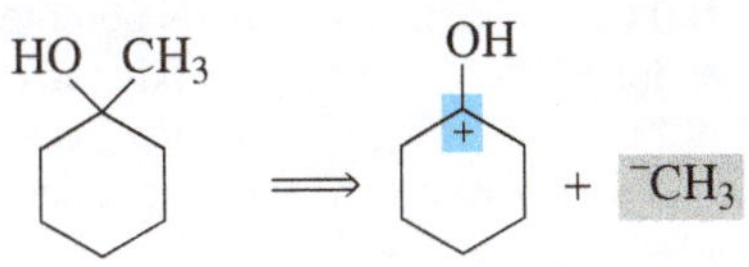

síntese

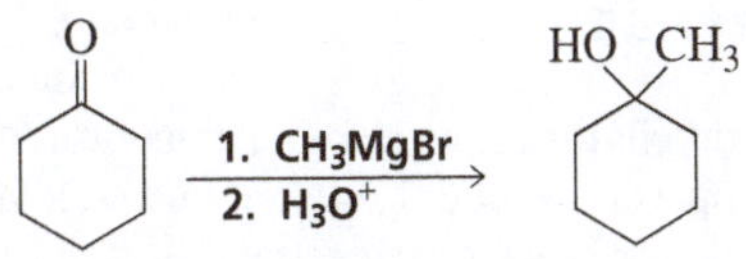

Outras desconexões do 1-metilciclo-hexanol são possíveis porque algumas ligações do carbono servem como um sítio de desconexão. Por exemplo, uma das ligações C—C do anel pode ser rompida. No entanto, essa não é uma desconexão útil, porque os equivalentes sintéticos dos sintons que eles produzem não são facilmente preparados. Uma etapa retrossintética deve levar a materiais de partida que sejam fáceis de serem obtidos.

análise retrossintética

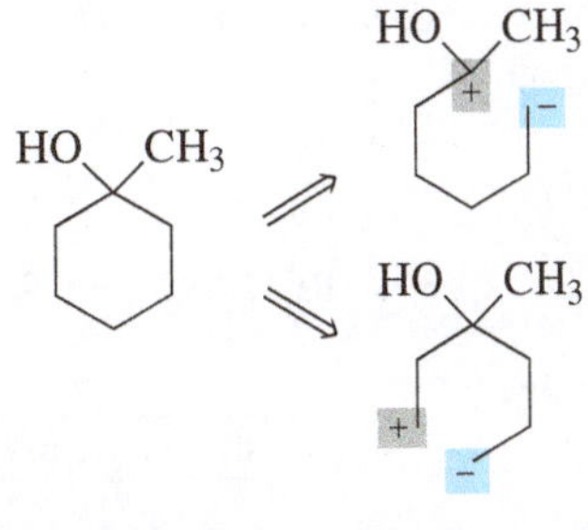

PROBLEMA 36

Usando o bromociclo-hexano como material de partida, como você poderia obter as seguintes substâncias?

a. 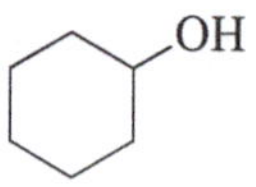

b. 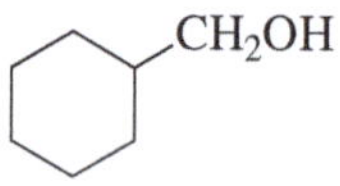

c. 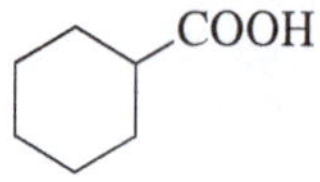

d. 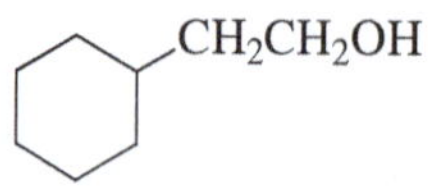

e. 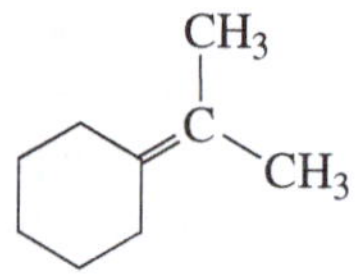

f. 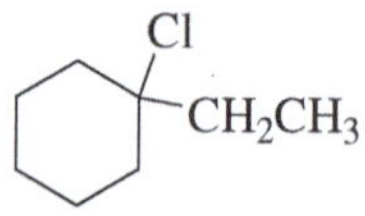

Sintetizando substâncias orgânicas

Os químicos orgânicos sintetizam substâncias por diversas razões: para estudar suas propriedades ou para responder a uma variedade de questões químicas, ou porque elas apresentam formas incomuns ou outros fatores estruturais incomuns ou propriedades úteis. Uma razão para que os químicos sintetizem produtos naturais é o de nos fornecer grande variedade dessas substâncias que a natureza produz. Por exemplo, o Taxol® — uma substância que tem sido aplicada com sucesso no tratamento de câncer de ovário e seio — é extraído da casca de Taxus, árvores de teixo encontradas no nordeste do Pacífico. O fornecimento do Taxol® natural é limitado porque as árvores de teixo são pouco comuns, crescem muito lentamente e a retirada das cascas mata a árvore. Além disso, as florestas de Taxus servem como hábitat natural para as corujas malhadas, uma espécie em extinção, por isso o corte de árvores aceleraria o desaparecimento das corujas. Mais uma vez os químicos foram bem-sucedidos ao determinar a estrutura do Taxol® e esforços devem ser empreendidos para sintetizá-lo a fim de que seja mais amplamente disponível como uma droga anticâncer.

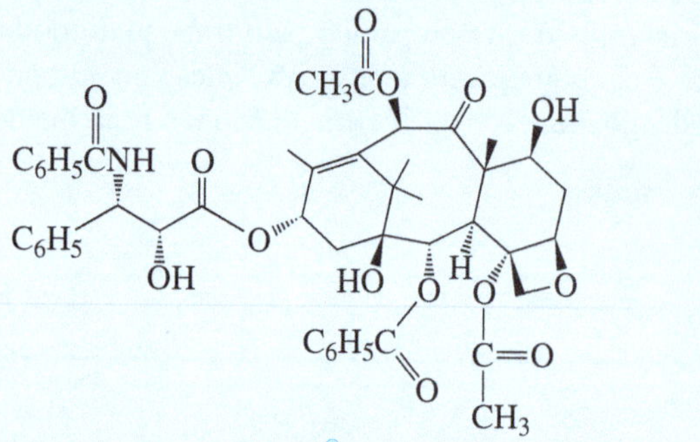

Taxol®

Uma vez sintetizada a substância, os químicos podem estudar suas propriedades para compreender como ela age; depois podem planejar uma síntese mais segura ou análogos mais potentes. Os químicos, por exemplo, descobriram que a atividade do Taxol® é substancialmente diminuída se seus quatro grupos éster forem hidrolisados. Esse fato fornece uma pequena pista de como as moléculas agem.

Drogas semi-sintéticas

O Taxol® é uma molécula difícil de se sintetizar porque sua estrutura é complexa. Os químicos têm realizado sínteses cada vez mais simples permitindo que as árvores de teixo realizem a primeira parte da síntese. Os químicos extraem o precursor da droga dos espinhos da árvore e o precursor é convertido em Taxol® no laboratório. Assim, o precursor é isolado de fontes renováveis, enquanto a droga pura pode ser obtida somente com a morte das árvores. Desse modo, os químicos têm aprendido a sintetizar substâncias em conjunto com a natureza.

18.13 Adição nucleofílica a aldeídos e cetonas α,β-insaturadas

As formas da ressonância em uma substância carbonilada α,β-insaturada mostram que as moléculas têm dois sítios eletrofílicos: o carbono da carbonila e o carbono β.

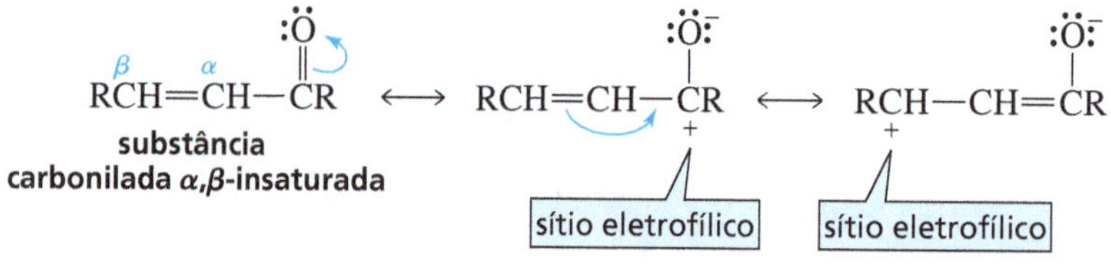

Isso significa que se um aldeído ou uma cetona tiver uma ligação dupla na posição α,β, um nucleófilo pode adicionar-se tanto ao carbono da carbonila quanto ao carbono β.

A adição nucleofílica a um carbono carbonílico é denominada **adição direta** ou adição 1,2.

adição direta

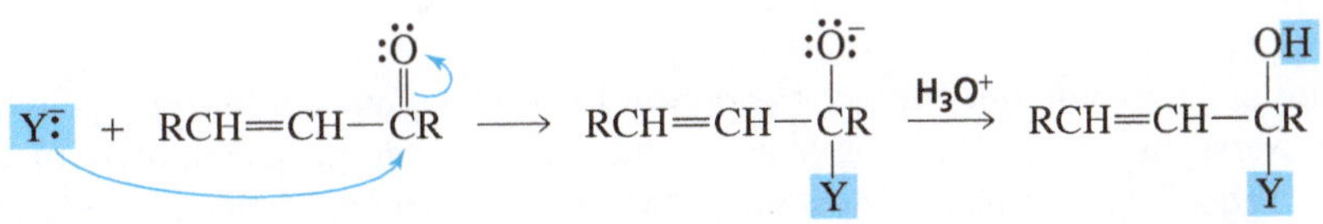

A adição nucleofílica a um carbono β é denominada **adição conjugada** ou adição 1,4, porque a adição ocorre nas posições 1 e 4 (ao longo do sistema conjugado). Depois que a adição 1,4 ocorrer, o produto — um enol — tautomeriza a uma cetona (ou a um aldeído; Seção 6.6, volume 1). Portanto a reação global promove a adição à ligação dupla carbono–carbono, com o nucleófilo adicionando-se ao carbono β e um próton do meio reacional ligando-se ao carbono α. Compare essas reações com as reações de adição 1,2 e 1,4 que você estudou na Seção 8.7, volume 1.

adição conjugada

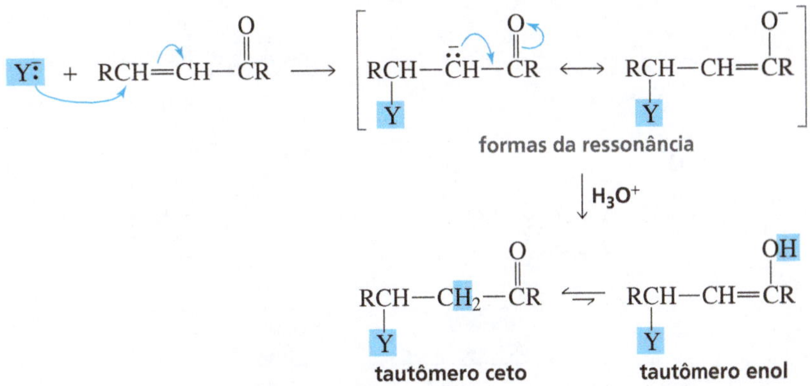

Se o produto obtido de uma adição nucleofílica a um aldeído ou cetona α,β-insaturada é o produto de adição direta ou o produto de adição conjugada, depende da natureza do nucleófilo, da estrutura de uma substância carbonilada e das condições na qual a reação é realizada.

Os nucleófilos que formam *produtos de adição instáveis* — isto é, nucleófilos que são bases fracas permitem que a adição direta seja reversível — formam produtos de adição conjugada porque a adição conjugada *não* é reversível, e o produto de adição conjugada é mais estável. Os nucleófilos deste grupo incluem os íons haleto, o íon cianeto, tióis, alcoóis e aminas.

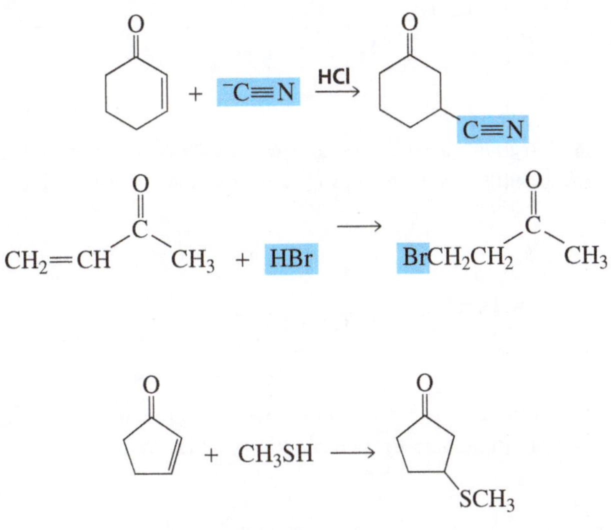

Tutorial Gallery: Adições 1,2 *versus* adições 1,4 em substâncias carboniladas α,β-insaturadas

WWW

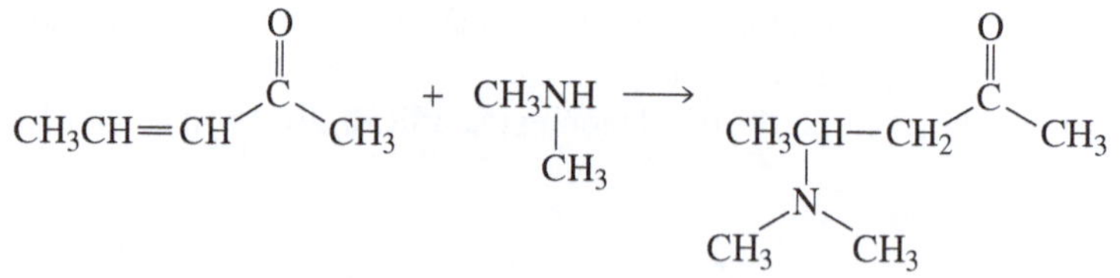

Os nucleófilos que formam *produtos de adição estáveis* — como nucleófilos que são bases fortes, e por isso fazem adições diretas irreversíveis — podem formar tanto produto de adição direta quanto produto de adição conjugada. A reação que prevalece é aquela que for mais rápida, portanto o produto formado dependerá da reatividade do grupo carbonila. As substâncias com grupos carbonílicos reativos formam produtos de adição direta porque, para *aquelas* substâncias, a adição conjugada é mais rápida. Os aldeídos, por exemplo, têm grupos carbonílicos mais reativos do que as cetonas, por isso boro-hidretos de sódio formam inicialmente produtos de adição direta com aldeídos. Comparado com aldeídos, as cetonas formam menos produtos de adição direta e mais produtos de adição conjugada.

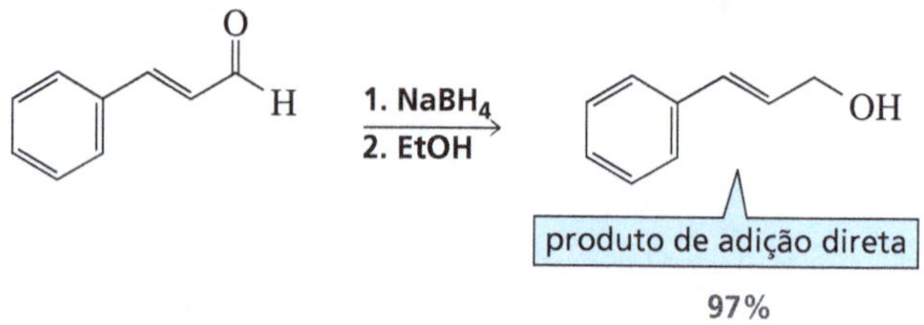

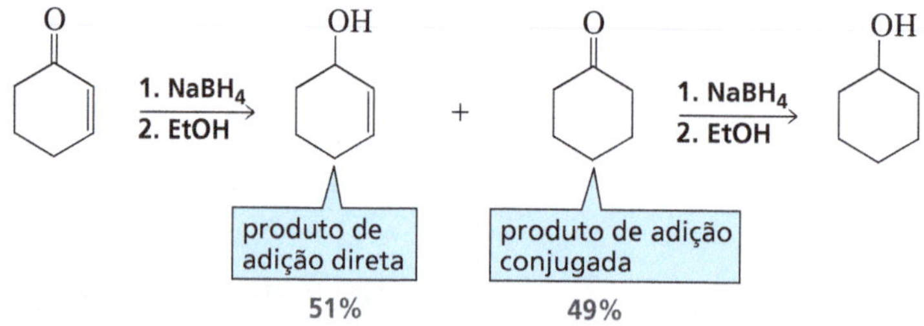

Observe que o álcool saturado é o produto final da adição conjugada na reação anterior porque o grupo carbonila da cetona reagirá com o segundo equivalente do íon hidreto.

Se a adição direta for o resultado desejado de adição de hidreto, ela pode ser alcançada ao se realizar a reação na presença de cloreto de cério, um ácido de Lewis que ativa o grupo carbonila perante ataques nucleofílicos pela composição com o oxigênio carbonílico.

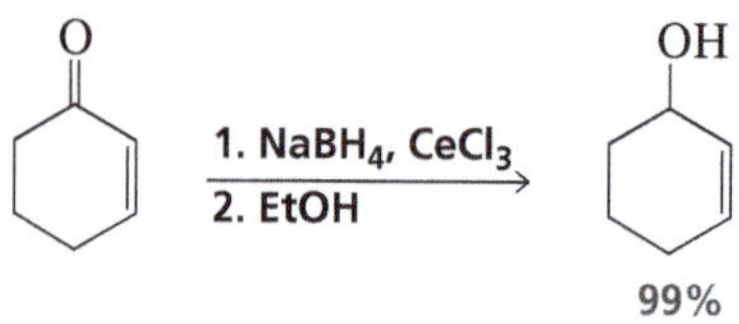

Assim como os íons hidreto, os reagentes de Grignard se adicionam irreversivelmente a grupos carbonílicos. Portanto, os reagentes de Grignard com aldeídos α,β-insaturados e cetonas α,β-insaturadas desimpedidas formam produtos de adição direta.

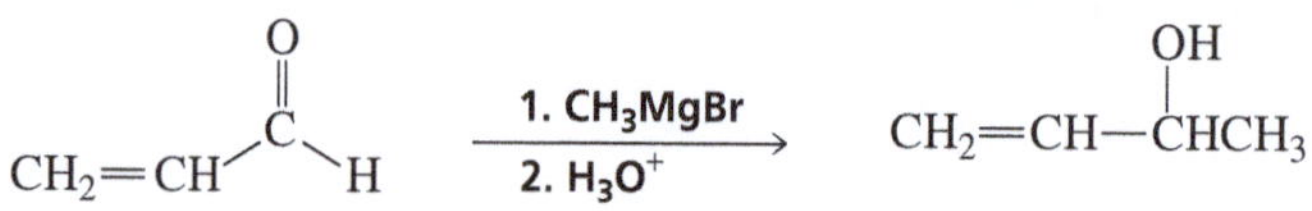

Se, no entanto, a velocidade da adição direta for diminuída por fatores estéricos, um reagente de Grignard vai formar um produto de adição conjugada porque a adição conjugada se torna a reação mais rápida.

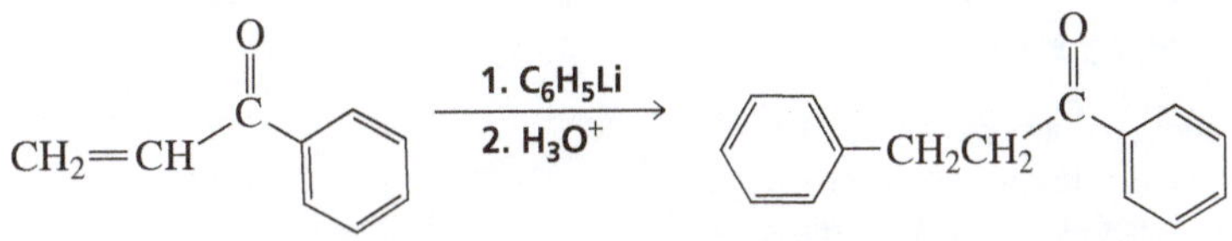

As adições conjugadas ocorrem somente quando os reagentes de Gilman (dialquilcupratos de lítio; Seção 12.12, volume 1) reagem com aldeídos e cetonas α,β-insaturadas. Portanto, os reagentes de Grignard devem ser usados quando se quiser adicionar um grupo alquílico ao carbono da carbonila, ao passo que os reagentes de Gilman devem ser usados quando se quiser adicionar um grupo alquílico ao carbono β.

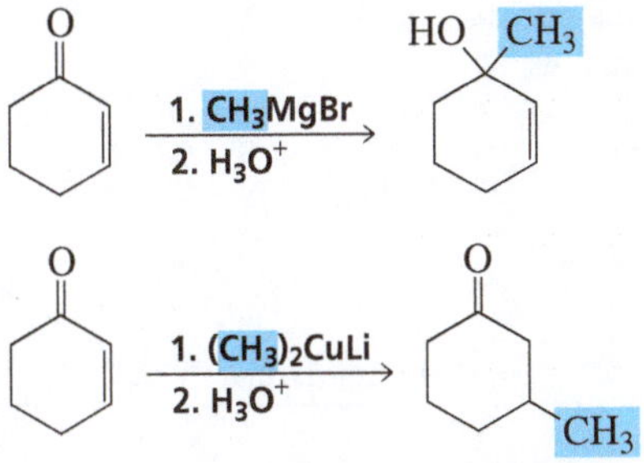

Os eletrófilos e os nucleófilos podem ser classificados como *duros* ou *moles*. Os eletrófilos e os nucleófilos duros são mais polarizados que os moles. Nucleófilos duros preferem reagir com eletrófilos duros, e nucleófilos moles preferem reagir com eletrófilos moles. Portanto, um reagente de Grignard com uma ligação C—Mg altamente polarizada prefere reagir com a ligação dura C=O, enquanto um reagente de Gilman com uma ligação C—Cu muito menos polarizada prefere reagir com a ligação mole C=C.

PROBLEMA 37

Dê o produto majoritário para cada uma das seguintes reações:

a. 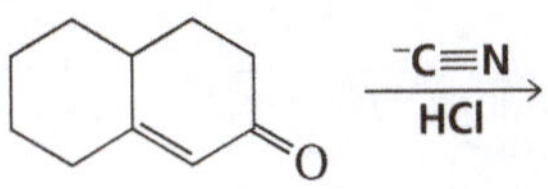

b. 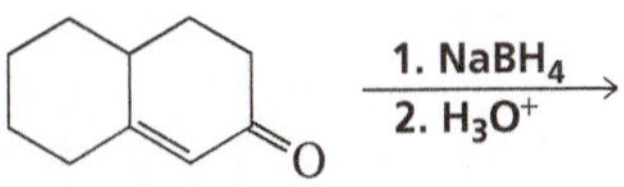

c. 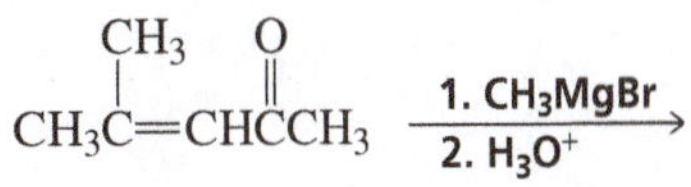

d. 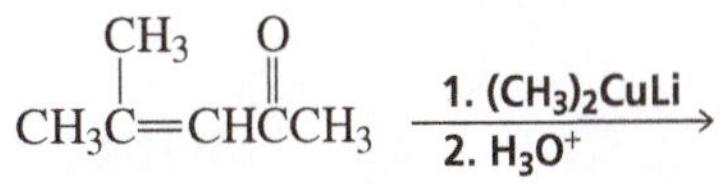

PROBLEMA 38♦

Qual forneceria um rendimento maior de um álcool insaturado quando tratado com um boro-hidreto de sódio: uma cetona impedida estericamente ou uma cetona não impedida estericamente?

18.14 Adição nucleofílica a derivados de ácidos carboxílicos α,β-insaturados

Os derivados de ácidos carboxílicos α,β insaturados, como os aldeídos e cetonas α,β-insaturados, têm dois sítios eletrofílicos para ataques nucleofílicos. Os derivados podem sofrer *adição conjugada* ou *substituição nucleofílica acílica.* Observe que eles sofrem *substituição nucleofílica acílica* mais facilmente do que *adição direta* porque as substâncias carboniladas α,β-insaturadas têm um grupo que pode ser substituído pelo nucleófilo. Em outras palavras, assim como com substâncias carboniladas não conjugadas, a adição nucleofílica acílica se torna uma substituição nucleofílica acílica se o grupo carbonila estiver ligado a um grupo que puder ser substituído por outro grupo (Seção 18.3).

Quimioterapia do câncer

As duas substâncias — a vernolepina e a helenalina — devem suas eficácias como drogas anticancerígenas às reações de adição conjugadas.

As células cancerígenas são células que perderam a habilidade de controlar o próprio crescimento; portanto, elas proliferam rapidamente. A DNA polimerase é uma enzima de que uma célula precisa para fazer uma cópia de seu DNA para uma nova célula. A DNA polimerase tem um grupo SH e cada uma dessas drogas tem dois grupos carbonílicos α,β-insaturados. A adição conjugada irreversível de uma enzima a um grupo carbonílico α,β-insaturado inativa a enzima.

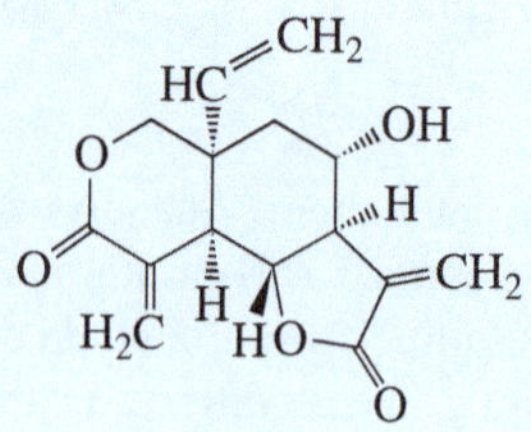

vernolepina

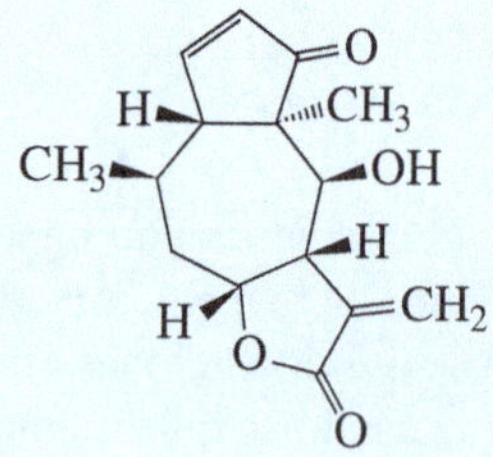

helenalina

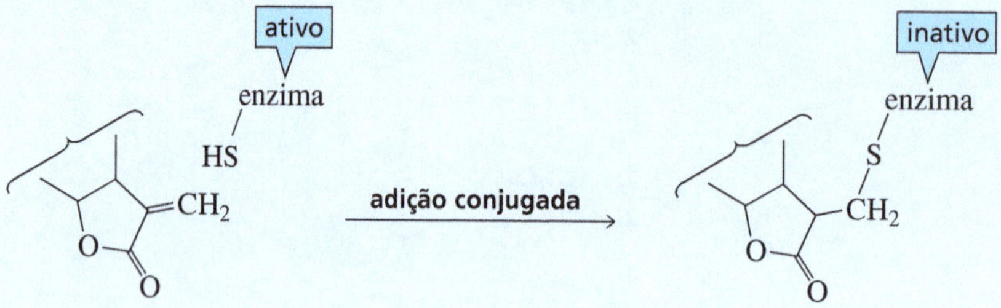

Os nucleófilos reagem com derivados de ácidos carboxílicos α,β-insaturados com grupos carbonílicos reativos, como os cloretos de acila, para formar produtos de substituição nucleofílica acílica. Os produtos de adição conjugada são formados a partir da reação de nucleófilos com grupos carbonílicos menos reativos, como os ésteres e as amidas.

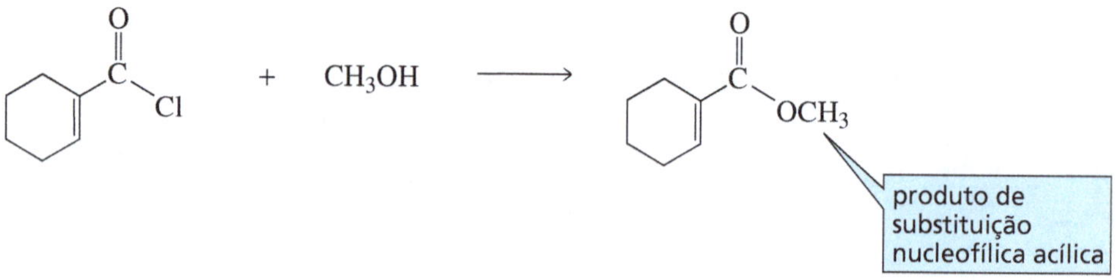

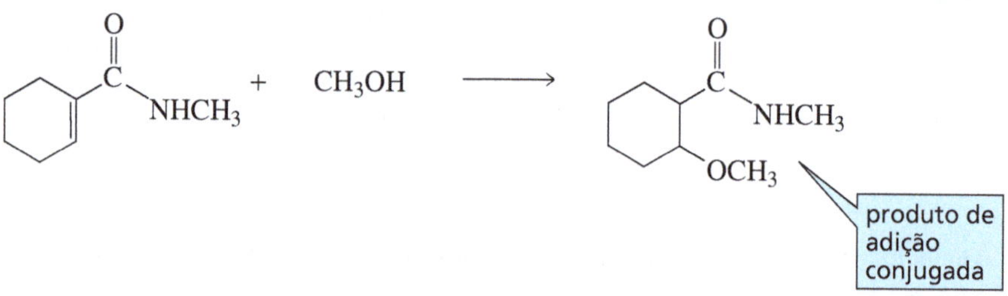

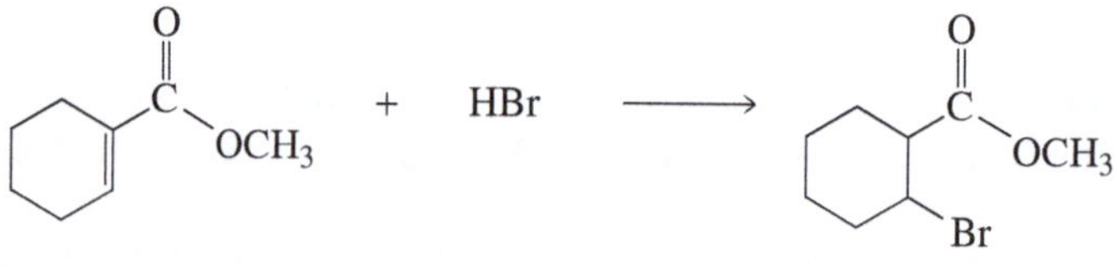

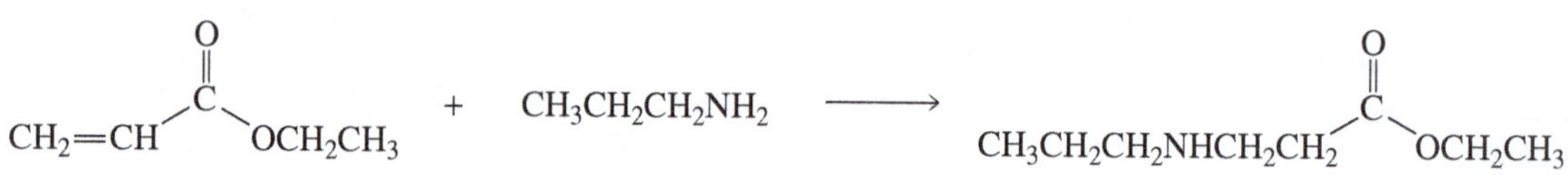

PROBLEMA 39

Dê os produtos majoritários de cada uma das seguintes reações:

a. 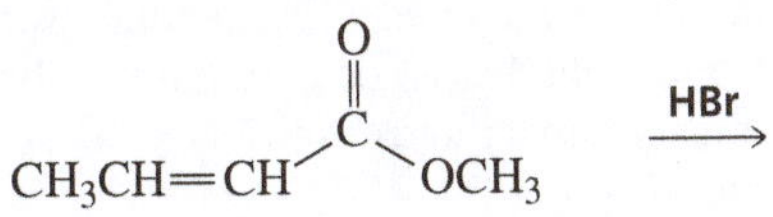

c. 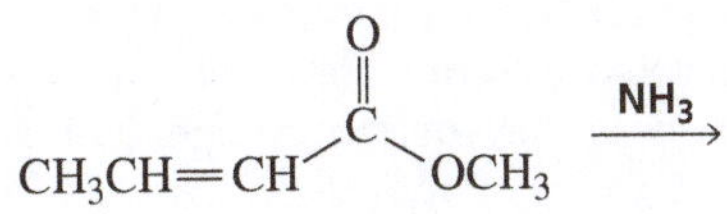

b. 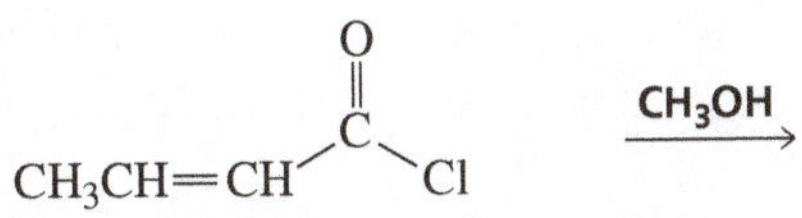

d. 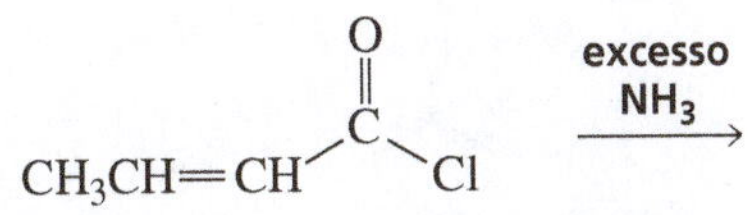

18.15 Adições catalisadas por enzimas a substâncias carboniladas α,β-insaturadas

Diversas reações em sistemas biológicos envolvem a adição a substâncias carboniladas α,β-insaturadas. A seguir serão apresentados exemplos de reações de adição conjugada que ocorrem em sistemas biológicos. Observe que os grupos carbonílicos são não reativos (COO^-) e também têm baixa reatividade (o éster da CoA) perante nucleófilos, portanto a adição conjugada ocorre em cada caso. A última reação é uma etapa importante na biossíntese de ácidos graxos (Seção 19.21).

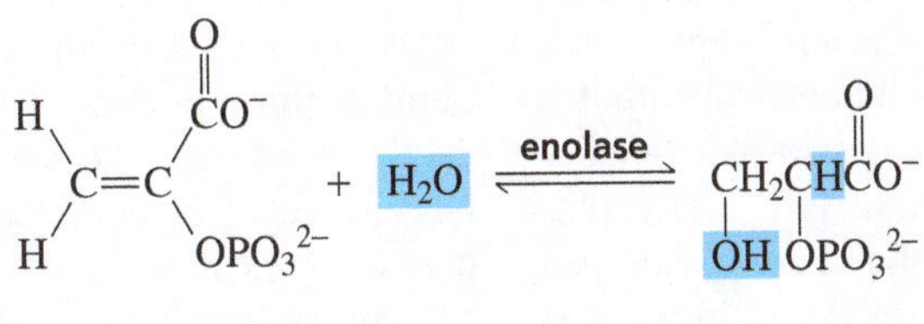

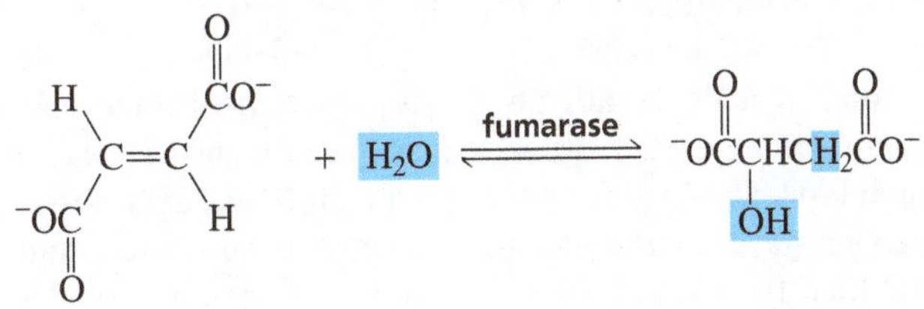

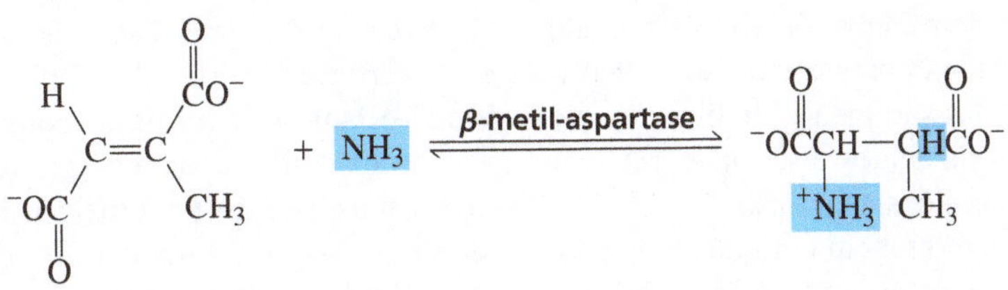

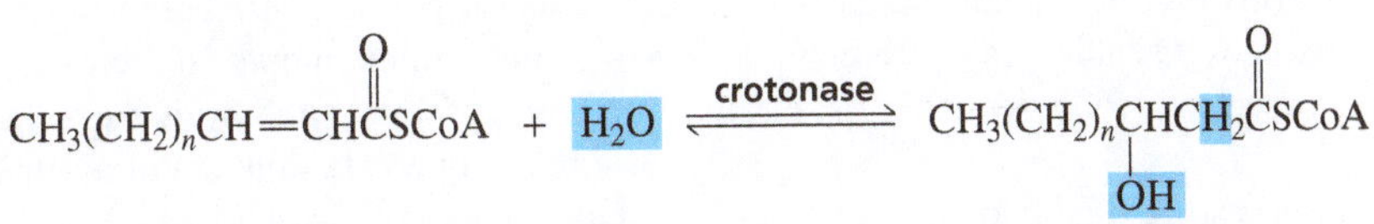

Interconversão cis-trans catalisada por enzima

As enzimas que catalisam a interconversão de isômeros cis e trans são denominadas isomerases cis–trans. Essas isomerases são conhecidas por conterem grupos tiol (SH). Os tióis são bases fracas e, portanto, adicionam-se a carbonos β de uma substância carbonilada α,β-insaturada (adição conjugada). A ligação simples carbono–carbono resultante gira antes de o enol ser capaz de tautomerizar com a cetona. Quando a tautomerização ocorrer, o tiol é eliminado. A rotação resulta em uma interconversão cis–trans.

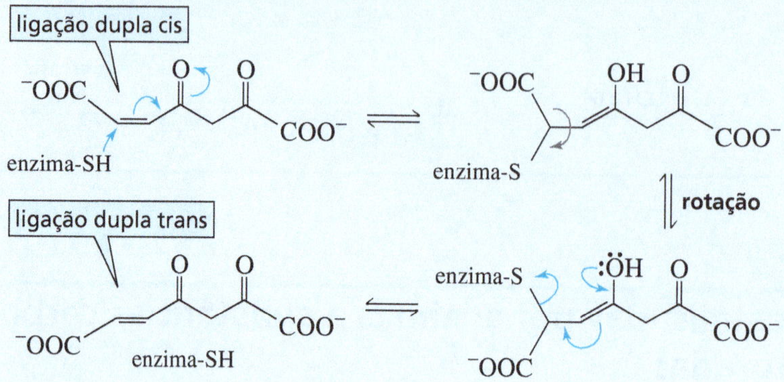

Resumo

Aldeídos e **cetonas** são substâncias carboniladas da classe I; apresentam um grupo acila ligado a um grupo (—H, —R ou —Ar) que não podem ser facilmente substituídos por outro grupo. Os aldeídos e as cetonas sofrem **reações de adição nucleofílica** com nucleófilos de C e H e **reações de adição–eliminação nucleofílica** com nucleófilos de O e N. Com exceção das amidas, os derivados de ácidos carboxílicos (substâncias carboniladas da classe I) sofrem reações de **substituição nucleofílica acílica** com nucleófilos de C e H para formar uma substância carbonilada da classe II, que depois sofre reação de **adição nucleofílica** com um segundo equivalente de nucleófilos de C ou H. Observe que o intermediário tetraédrico formado pelo ataque de um nucleófilo na substância carbonilada é estável se o novo carbono tetraédrico formado não estiver ligado a um segundo átomo ou grupo eletronegativo e, caso esteja, geralmente é instável.

Os fatores estéricos e eletrônicos tornam um aldeído mais reativo do que uma cetona perante ataques nucleofílicos. Os aldeídos e as cetonas são menos reativos do que haletos de acila e anidridos de ácidos e são mais reativos do que ésteres, ácidos carboxílicos e amidas.

Os reagentes de Grignard reagem com aldeídos para formar alcoóis secundários, com cetonas e haletos de acila para formar alcoóis terciários e com dióxido de carbono para formar ácidos carboxílicos. Os aldeídos são reduzidos a alcoóis primários; as cetonas, a alcoóis secundários; e as amidas, a aminas.

Os aldeídos e as cetonas sofrem adição de água catalisada por ácidos para formar hidratos. A doação de elétrons e os substituintes volumosos decrescem a porcentagem de hidratos presentes no equilíbrio. A maioria dos hidratos também é instável para serem isolados. A adição de álcool catalisada por ácidos a aldeídos forma **hemiacetais** e **acetais**, e as cetonas formam **hemicetais** e **cetais**. A formação de acetais e cetais é reversível. Os acetais e os cetais cíclicos servem como **grupos de proteção** para os grupos funcionais aldeídos e cetonas. Os aldeídos e as cetonas reagem com tióis para formar tioacetais e tiocetais; a dessulfuração substitui as ligações C—S por ligações C—H.

Os aldeídos e as cetonas reagem com aminas primárias para formar **iminas** e com aminas secundárias para formar **enaminas**. Os mecanismos são os mesmos, exceto para o sítio do qual o próton é perdido na última etapa da reação. A formação de imina e de enamina é reversível: as iminas e as enaminas são hidrolisadas sob condições ácidas ao retornar a substâncias carboniladas e aminas. O **perfil de pH-velocidade** é uma curva da constante de velocidade observada como uma função do pH do meio reacional. O íon hidróxido e o calor diferenciam a **redução de Wolff–Kishner** da formação comum de **hidrazona**.

Um aldeído ou uma cetona reage com ilida de fósforo em uma **reação de Wittig** para formar alcenos. Uma reação de Wittig é uma reação de cicloadição concertada [2 + 2] que é completamente regiosseletiva. As ilidas estabilizadas formam inicialmente isômeros *E*; as ilidas instáveis formam inicialmente isômeros *Z*.

Um **carbono carbonílico pró-quiral** é um carbono carbonílico que está ligado a dois substituintes diferentes. A face *Re* é a face voltada para o observador quando as prioridades decrescem no sentido horário; a face *Si* é a face oposta. O ataque de um nucleófilo tanto na face *Re* como na face *Si* forma um par de enantiômeros.

Uma etapa útil na retrossíntese é a **desconexão** — quebra de ligações para produzir dois fragmentos. Os **sintons** são fragmentos da desconexão. Um **equivalente sintético** é o reagente usado como fonte de sintons.

A adição nucleofílica a carbonos carbonílicos de uma substância carbonilada α,β-insaturada da classe II é chamada **adição direta**; a adição ao carbono β é denominada **adição conjugada**. A ocorrência da adição direta ou conjugada depende da natureza do nucleófilo, da estrutura da substância carbonilada e das condições reacionais. Os nucleófilos que formam produtos instáveis de adição direta — íons haleto, íon cianeto, tióis, alcoóis e aminas — formam produtos de adição conjugada. Os nucleófilos que formam produtos estáveis de adição — íon hidreto e carbânions — formam produtos de adição com grupos carbonílicos reativos e produtos de adição conjugada com grupos carbonílicos menos reativos. Um reagente de Grignard com uma ligação C—Mg altamente polarizada reage com ligações C═O duras; um reagente de Gilman com uma ligação C—Cu menos polarizada reage com a ligação C═C mole.

Os nucleófilos formam produtos de substituição nucleofílica acílica com substâncias carboniladas α,β-insaturadas da classe I, que tem grupos carbonílicos reativos e produtos de adição conjugada com substâncias com grupos carbonílicos menos reativos.

Resumo das reações

1. Reação de *substâncias carboniladas* com carbonos nucleofílicos (Seção 18.4).

   a. Reação do *formaldeído* com o reagente de Grignard forma um álcool primário:

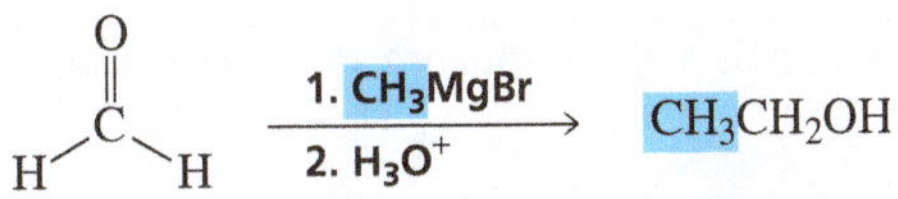

   b. Reação de um *aldeído* (diferente do formaldeído) com um reagente de Grignard forma um álcool secundário:

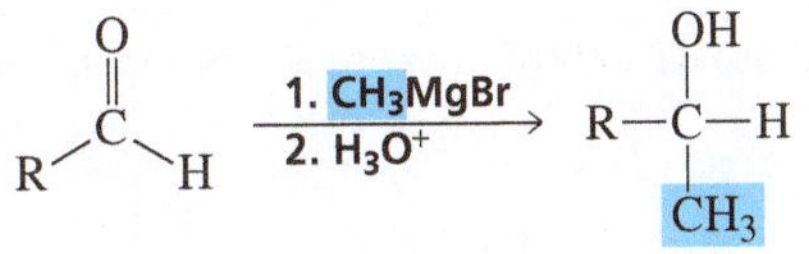

   c. Reação de uma *cetona* com reagente de Grignard forma um álcool terciário:

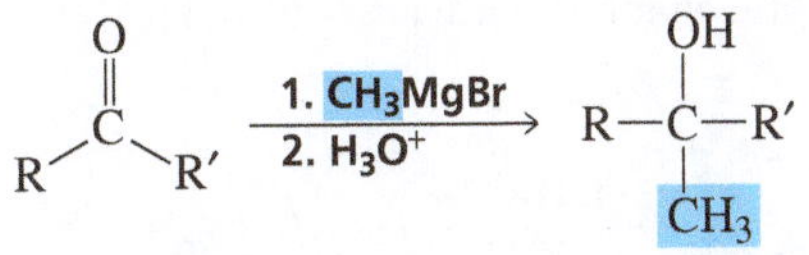

   d. Reação de um *éster* com um reagente de Grignard forma um álcool terciário com dois substituintes idênticos:

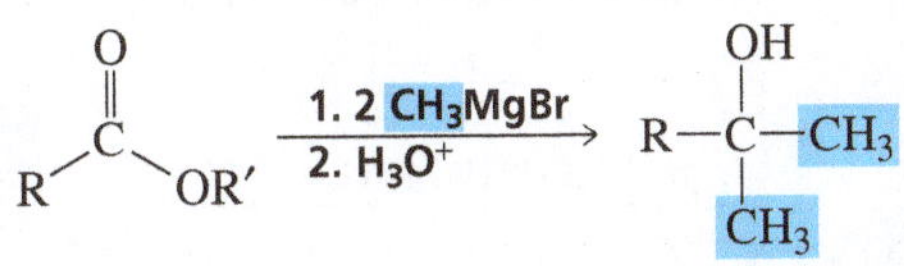

   e. Reação de um *cloreto de acila* com um reagente de Grignard forma um álcool terciário com dois substituintes idênticos:

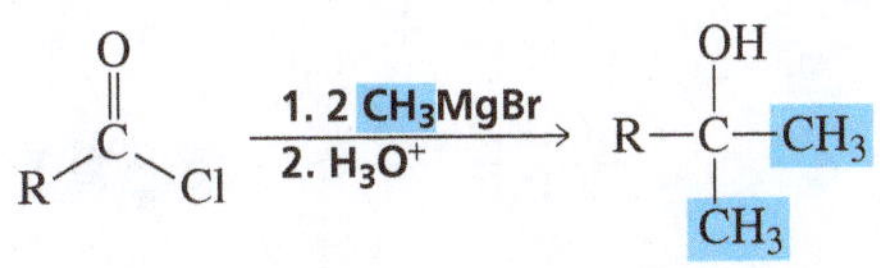

f. Reação de CO_2 com reagente de Grignard forma um ácido carboxílico:

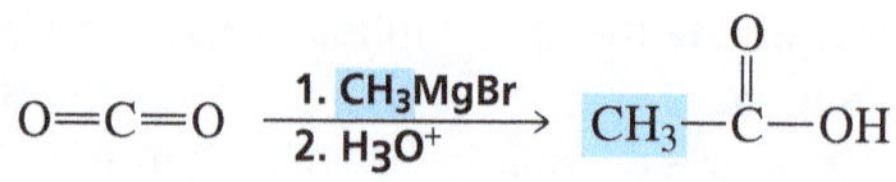

g. Reação com íons acetileto:

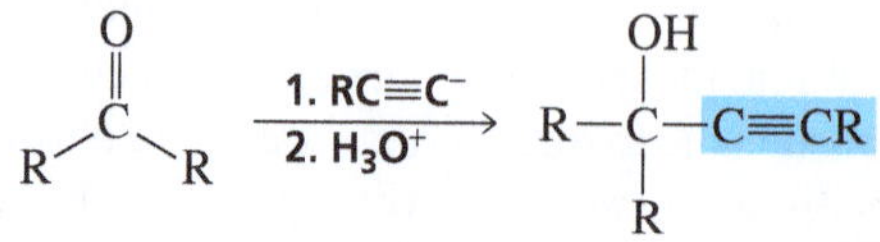

h. Reação com íon cianeto:

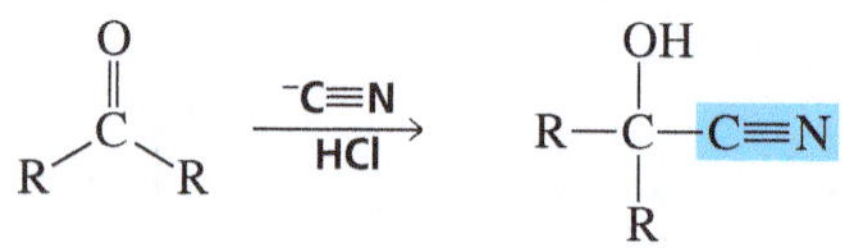

2. Reações de *substâncias carboniladas* com íons doadores de hidreto (Seção 18.5).

a. Reação de um *aldeído* com boro-hidreto de sódio forma um álcool primário:

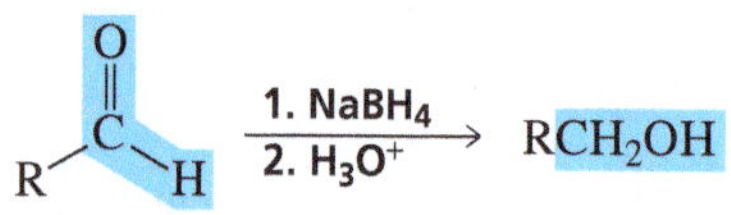

b. Reação de uma *cetona* com boro-hidreto de sódio forma um álcool secundário:

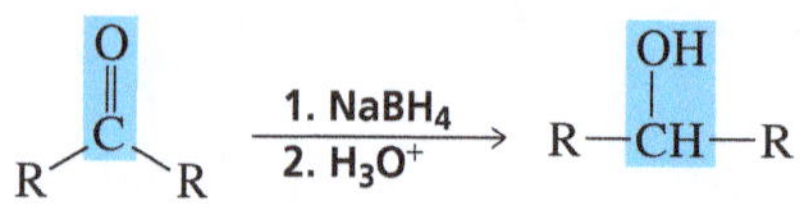

c. Reação de um *éster* com hidreto de lítio alumínio forma dois alcoóis:

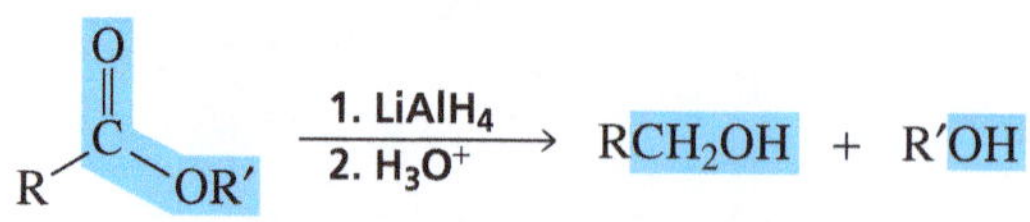

d. Reação de um *éster* com hidreto de diisobutilalumínio forma um aldeído:

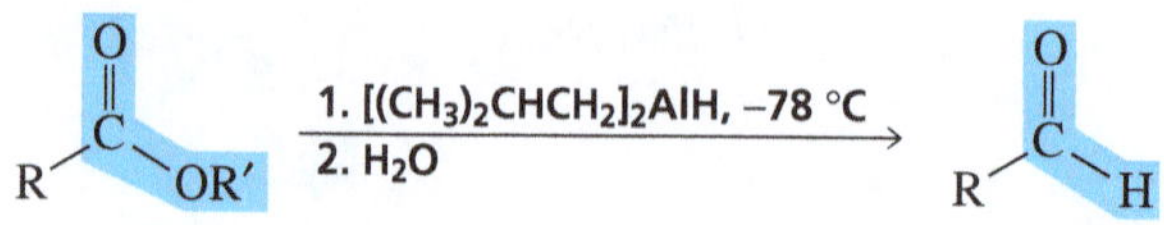

e. Reação de um *ácido carboxílico* com hidreto de lítio e alumínio forma um álcool primário:

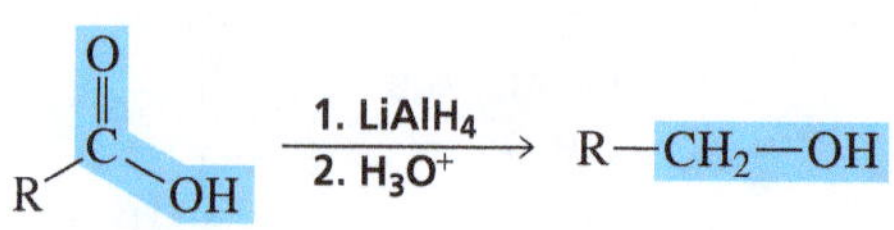

f. Reação de um *cloreto de acila* com hidreto de lítio e alumíno forma um álcool primário:

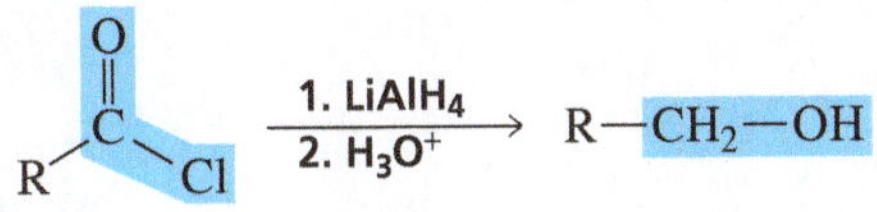

g. Reação de uma *amida* com hidreto de lítio e alumínio forma uma amina:

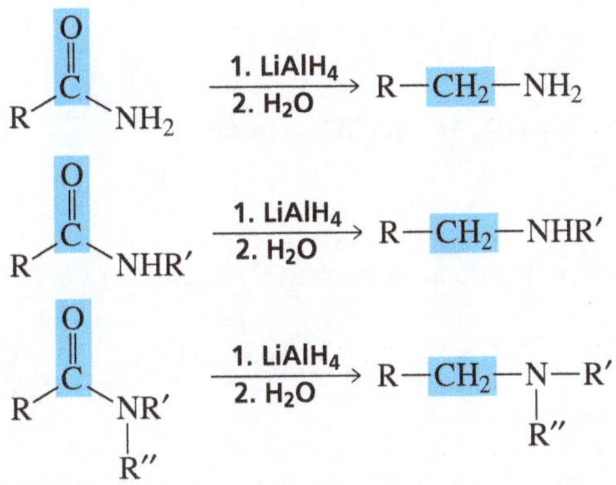

3. Reações de *aldeídos* e *cetonas* com aminas (Seção 18.6).

a. Reação com uma *amina primária* forma uma imina:

quando Z = R, o produto é uma base de Schiff; Z pode também ser OH, NH_2, NHC_6H_5, $NHC_6H_3(NO_2)_2$ ou $NHCONH_2$.

b. Reação com uma *amina secundária* forma uma enamina:

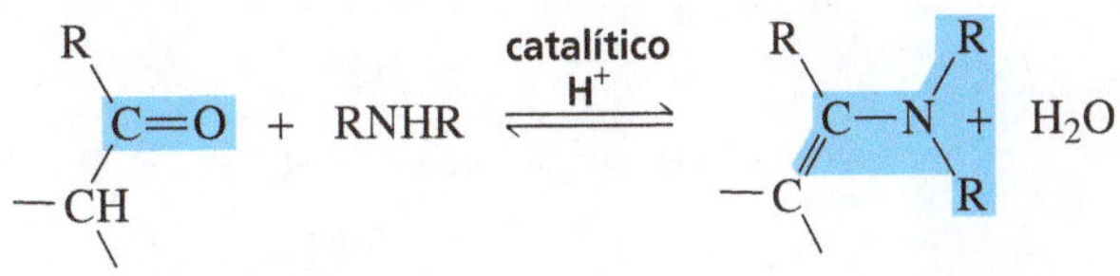

c. A redução de Wolff–Kishner converte um grupo carbonílico a um grupo metileno:

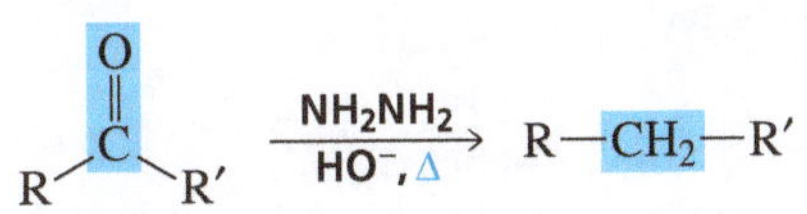

4. Reações de um *aldeído* ou uma *cetona* com oxigênio nucleofílico.

a. Reação de um *aldeído* ou uma *cetona* com água forma um hidrato (Seção 18.7):

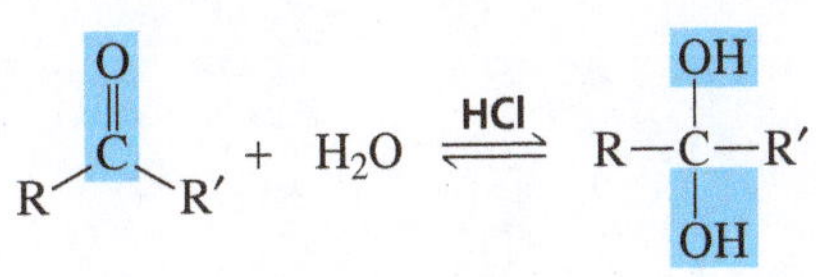

b. Reação de um *aldeído* ou uma *cetona* com excesso de álcool forma um acetal ou um cetal (Seção 18.8):

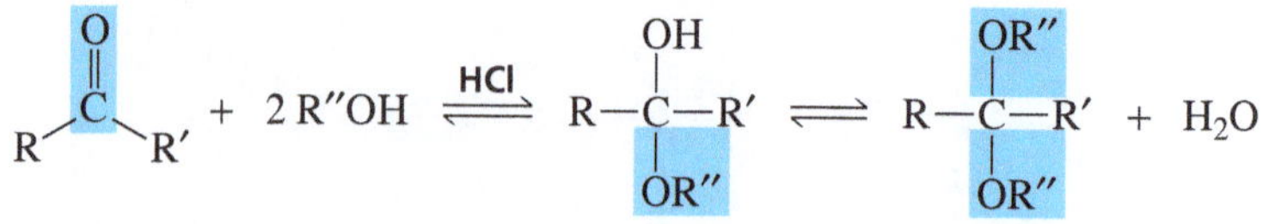

5. Grupos de proteção (Seção 18.8).

a. *Aldeídos* e *cetonas* podem ser protegidos ao se converter em acetais:

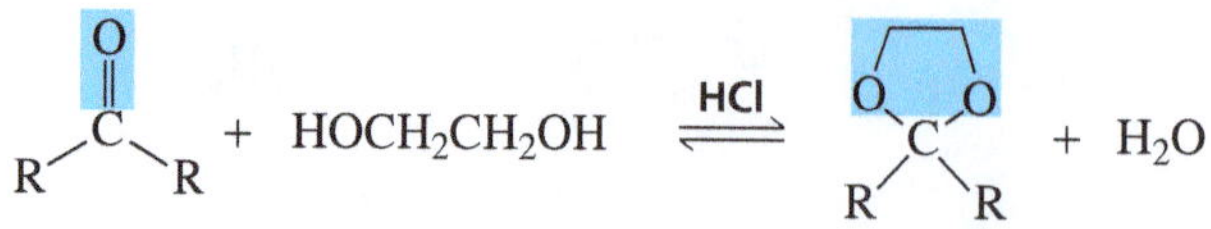

b. O grupo OH de um *álcool* pode ser protegido ao se converter em um éter de TMS:

$$R{-}OH + (CH_3)_3SiCl \xrightarrow{(CH_3CH_2)_3N} R{-}OSi(CH_3)_3$$

c. O grupo OH de um *ácido carboxílico* pode ser protegido ao se converter um éster:

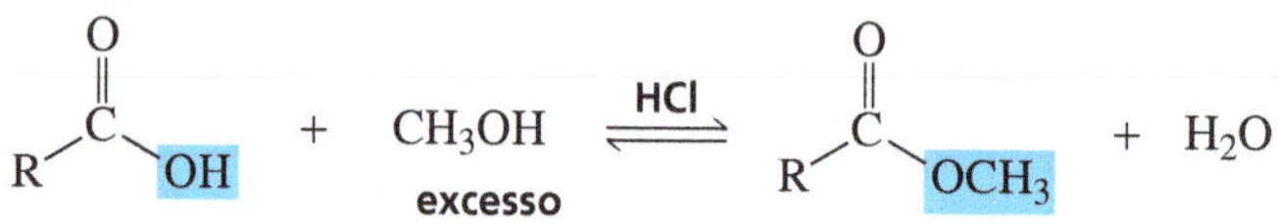

d. Um *grupo amino* pode ser protegido ao se converter em uma amida:

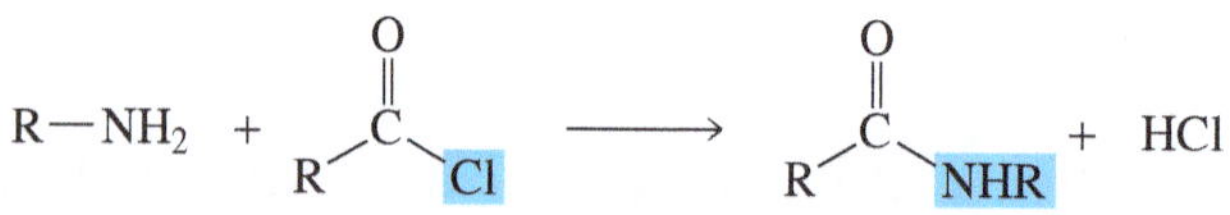

6. Reação de um *aldeído* ou uma *cetona* com tiol forma tioacetal ou tiocetal (Seção 18.9):

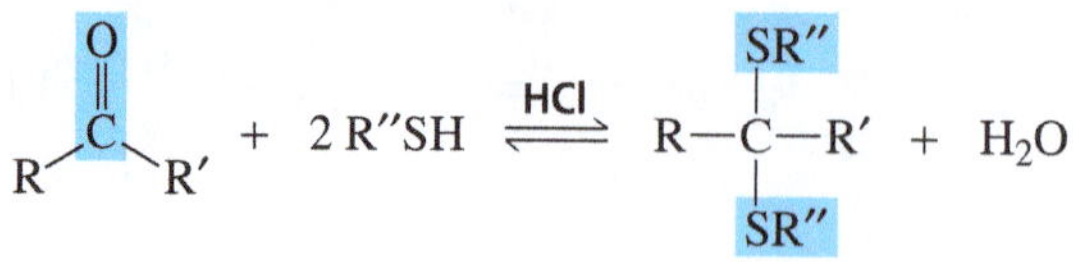

7. Dessulfuração de *tioacetais* e *[tiocetais]* formam alcanos (Seção 18.9):

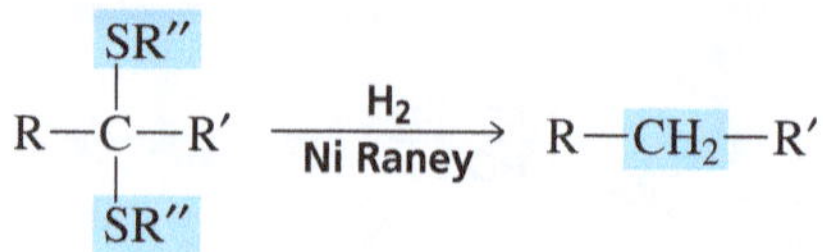

8. Reação de um *aldeído* ou uma *cetona* com uma ilida de fósforo (uma reação de Wittig) forma um alceno (Seção 18.10):

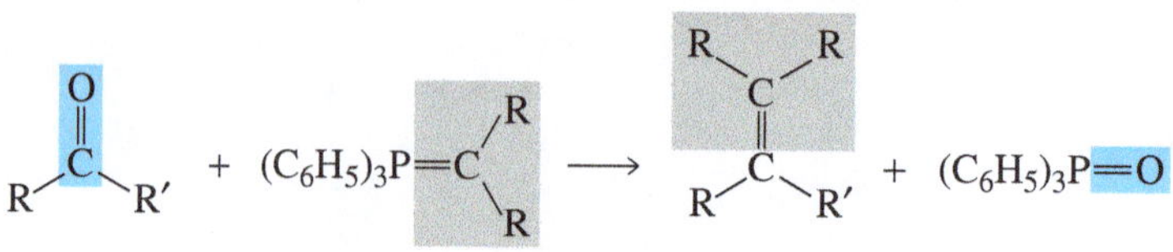

9. Reações de *aldeídos* ou *cetonas* α,β-*insaturados* com nucleófilos (Seção 18.13):

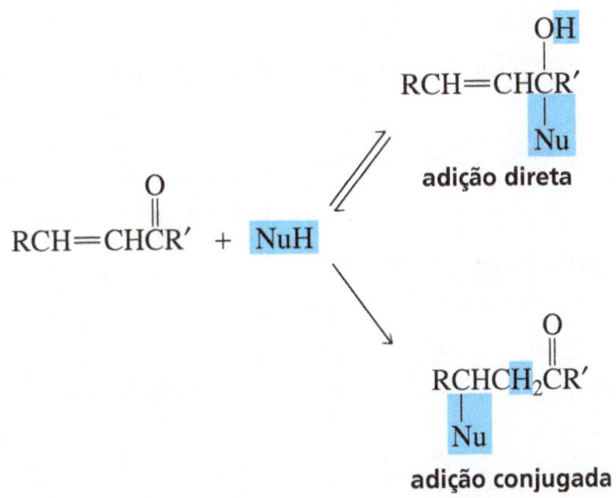

Nucleólilos que são bases fracas ($^-$CN, RSH, RNH_2, Br^-) e R_2CuLi formam produtos de adição conjugada. Nucleófilos que são bases fortes (RLi, RMgBr e H^-) formam produtos de adição direta com grupos carbonila reativos e produtos de adição conjugada com grupos carbonila menos reativos.

10. Reações de *derivados de ácidos carboxílicos* α,β-*insaturados* com nucleófilos (Seção 18.14):

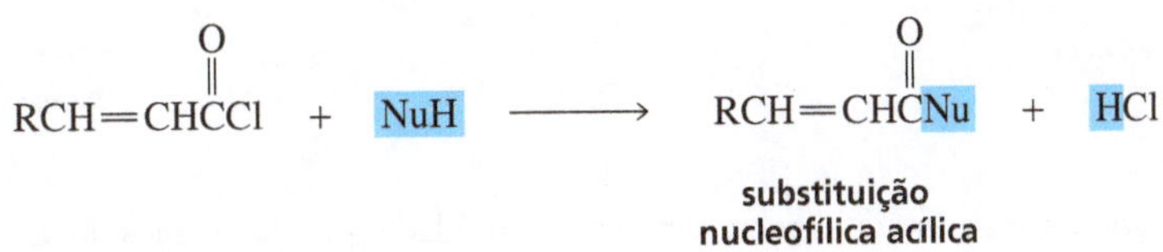

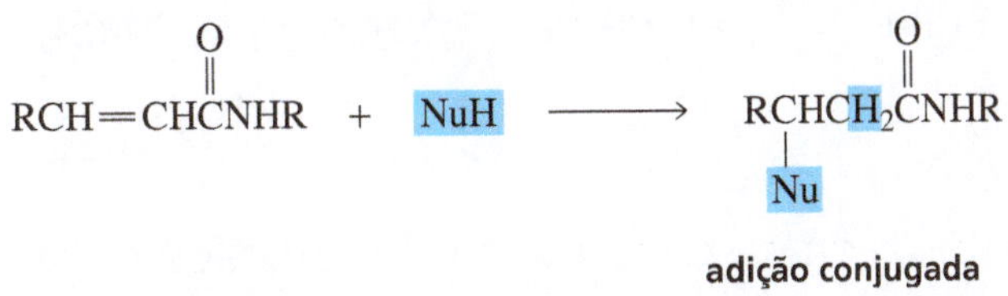

Os nucleófilos formam produtos de substituição nucleofílica acílica com grupos carbonílicos conjugados reativos e produtos de adição conjugada com grupos carbonílicos menos reativos.

Palavras-chave

acetal (p.168)
adição conjugada (p. 181)
adição direta (p. 181)
adição nucleofílica (p. 150)
aldeído (p. 150)
base de Schiff (p. 159)
cetal (p. 168)
cetona (p. 144)
cianoidrina (p. 154)
desconexão (p. 178)
desoxigenação (p. 164)
enamina (p. 160)
equivalente sintético (p. 178)
faces *Re* e *Si* (p. 177)
fenil-hidrazona (p. 163)
grupo de proteção (p. 171)
hemiacetal (p. 168)
hemicetal (p. 168)
hidrato (p. 165)
hidrazona (p. 163)
ilida (p. 174)
imina (p. 159)
oxima (p. 163)
reação de redução (p. 156)
reação de Wittig (p. 174)
reação nucleofílica de adição–eliminação (p. 150)
semicarbazona (p. 163)
sinton (p. 178)
substituição nucleofílica acílica (p. 150)

Problemas

40. Desenhe a estrutura para cada uma das seguintes substâncias:

   a. isobutiraldeído
   b. 4-hexanal
   c. diisopentilcetona
   d. 3-metilciclo-hexanona
   e. 2,4-pentanodiona
   f. 4-bromo-3-heptanona
   g. γ-bromocaproaldeído
   h. 2-etil-ciclopentanocarbaldeído
   i. 4-metil-5-oxo-hexanal
   j. benzeno-1,3-dicarbaldeído

41. Dê os produtos para cada uma das seguintes reações:

   a. $CH_3CH_2\overset{O}{\overset{\|}{C}}H + \underset{\textbf{excesso}}{CH_3CH_2OH} \xrightarrow{HCl}$

   b. 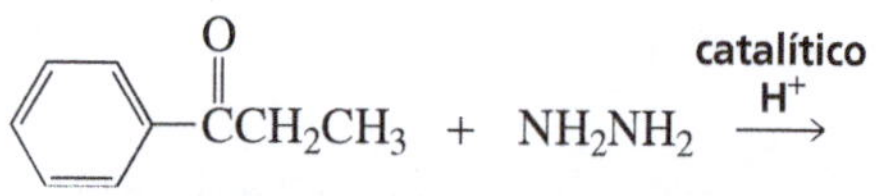

   c. 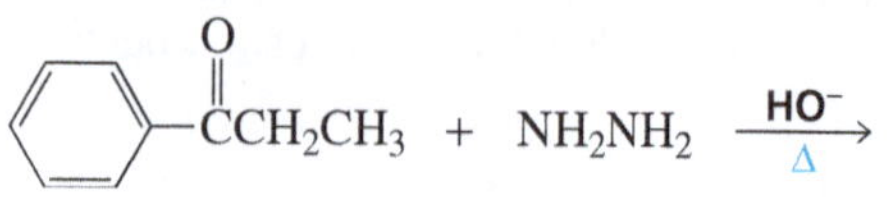

   d. $CH_3CH_2\overset{O}{\overset{\|}{C}}CH_3 \xrightarrow[\text{2. } H_3O^+]{\text{1. } NaBH_4}$

   e. $CH_3CH_2\overset{O}{\overset{\|}{C}}CH_2CH_3 + \underset{\textbf{excesso}}{NaC{\equiv}N} \xrightarrow{HCl}$

   f. $CH_3CH_2CH_2\overset{O}{\overset{\|}{C}}OCH_2CH_3 \xrightarrow[\text{2. } H_3O^+]{\text{1. } LiAlH_4}$

   g. $CH_3CH_2CH_2\overset{O}{\overset{\|}{C}}CH_3 + HOCH_2CH_2OH \xrightarrow{HCl}$

   h. 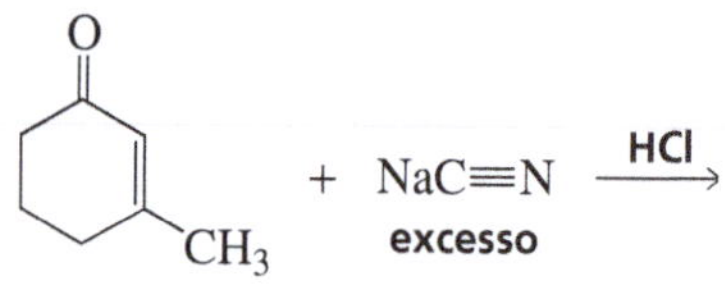

42. Coloque as seguintes substâncias em ordem decrescente de reatividade perante ataques nucleofílicos:

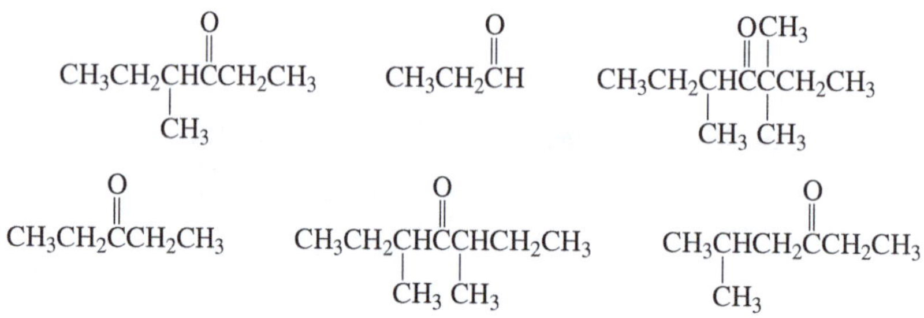

43. a. Mostre os reagentes necessários para formar o álcool primário.

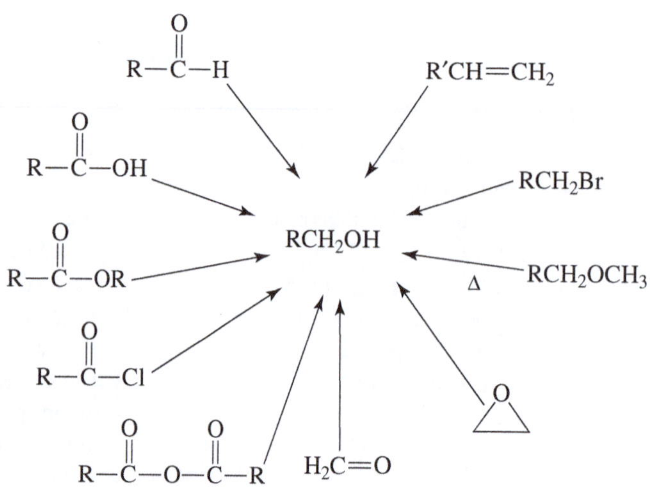

b. Qual das reações não pode ser usada para a síntese do álcool isobutílico?

c. Qual das reações alteram o esqueleto carbônico do material de partida?

44. Usando a ciclo-hexanona como material de partida, descreva como cada uma das seguintes substâncias pode ser sintetizada:

a. 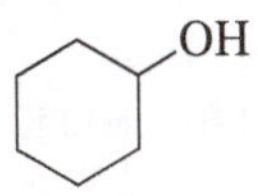

d. 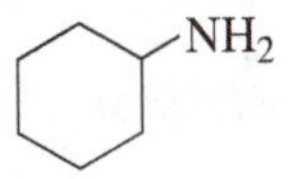

g. 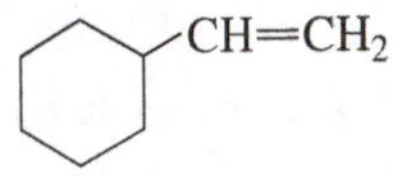

b. 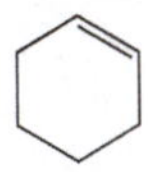

e. 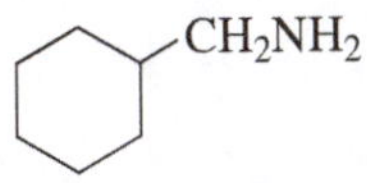

h. 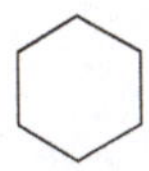 (mostre dois métodos)

c. 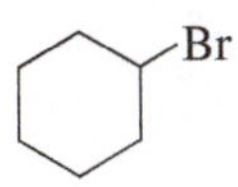

f. 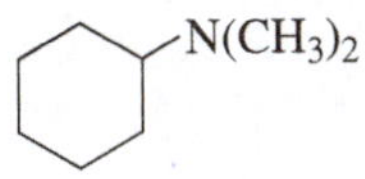

i. 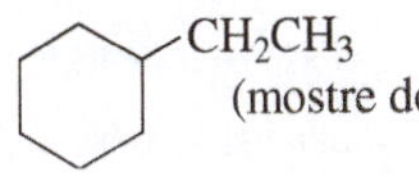 (mostre dois métodos)

45. Proponha um mecanismo para a seguinte reação:

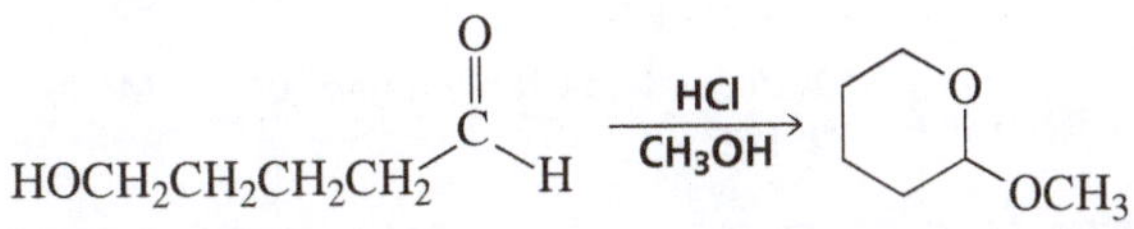

46. Coloque as seguintes substâncias em ordem decrescente de K_{eq} para a formação do hidrato:

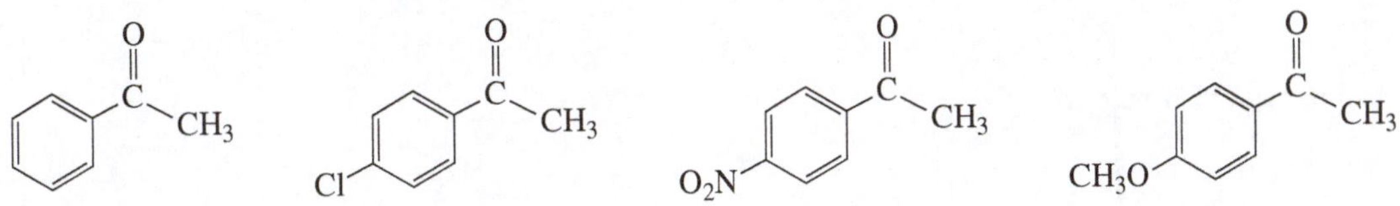

47. Preencha os quadros:

a. $CH_3OH \xrightarrow{\square} CH_3Br \xrightarrow[\square]{\square} \square \xrightarrow[2.\ \square]{1.\ \square} CH_3CH_2OH$

b. $CH_4 \xrightarrow{\square} CH_3Br \xrightarrow[\square]{\square} \square \xrightarrow[2.\ \square]{1.\ \square} CH_3CH_2CH_2OH$

48. Dê os produtos de cada uma das seguintes reações:

a. 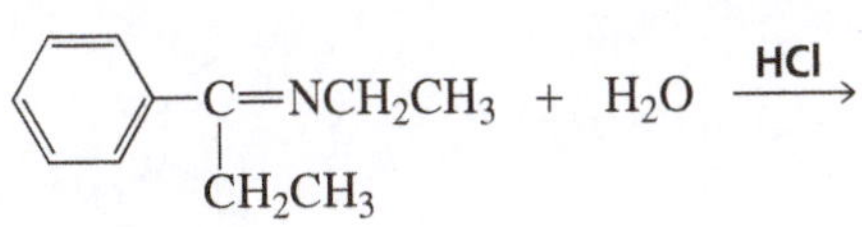

e. 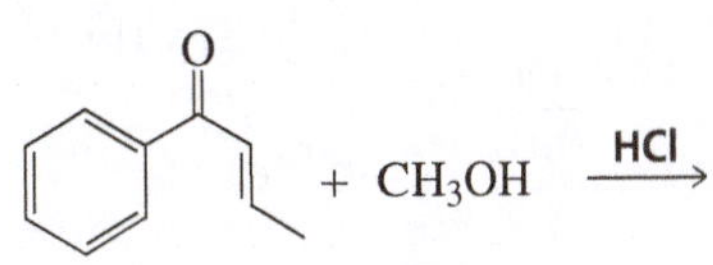

b. 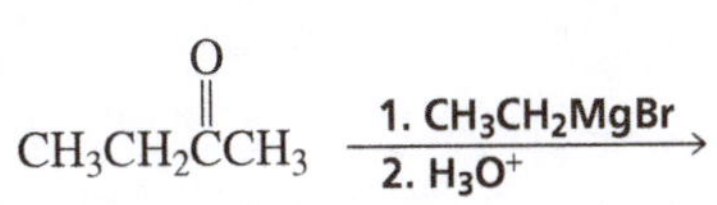

f. 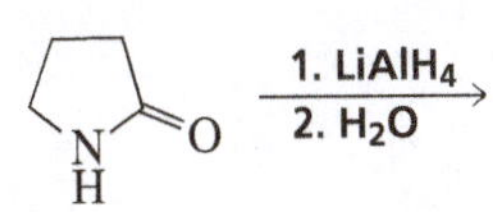

c. 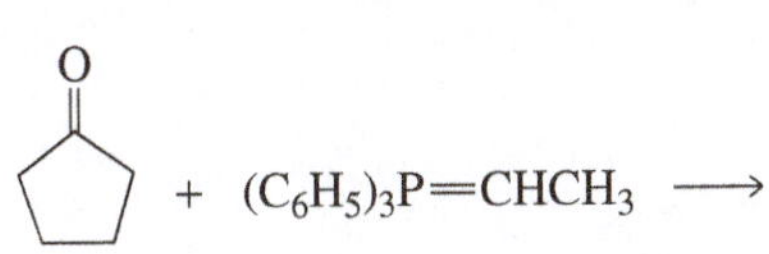

g. 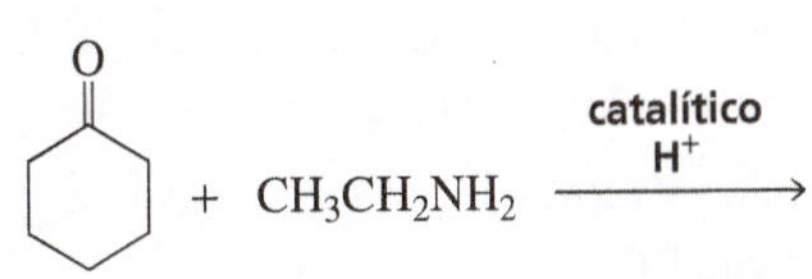

d. 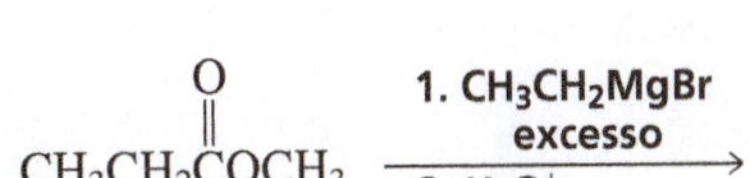

h. 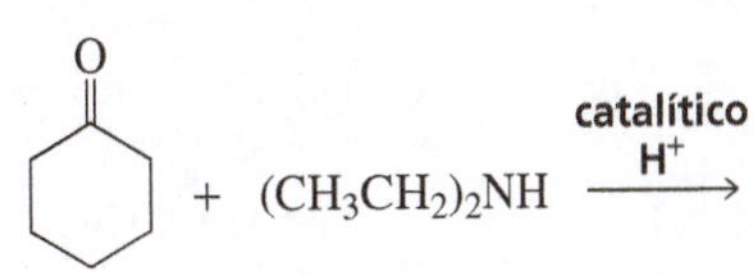

i. $CH_3C(CH_3)=CHC(=O)CH_3 + HBr \longrightarrow$

j. $2\ CH_2=CH-C(=O)OCH_3 + CH_3NH_2 \longrightarrow$

49. Os tióis podem ser preparados da reação de tiouréia com um haleto de alquila, seguido pela hidrólise promovida pelo íon hidróxido.

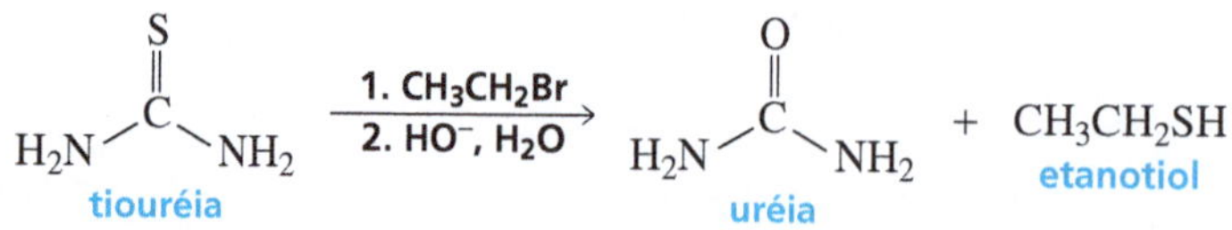

a. Proponha um mecanismo para esta reação.

b. Qual tiol seria formado se o haleto de alquila empregado fosse o brometo de pentila?

50. A única substância orgânica obtida quando a substância Z sofre a seguinte seqüência de reações fornece o espectro de ^1H RMN mostrado. Identifique a substância Z.

$$\text{Substância Z} \xrightarrow[\text{2. } H_3O^+]{\text{1. brometo de fenilmagnésio}} \xrightarrow[\Delta]{MnO_2}$$

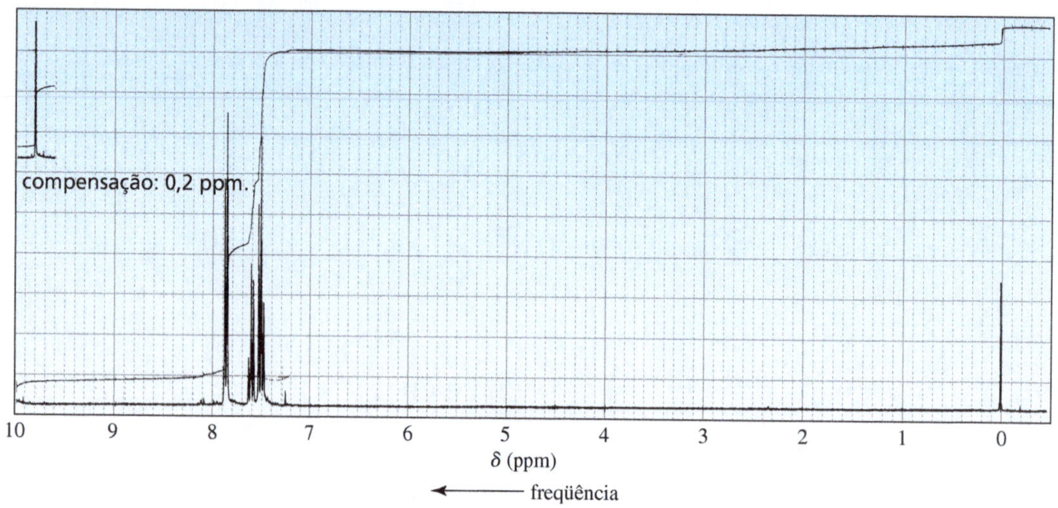

51. Proponha um mecanismo para cada uma das seguintes reações:

a. 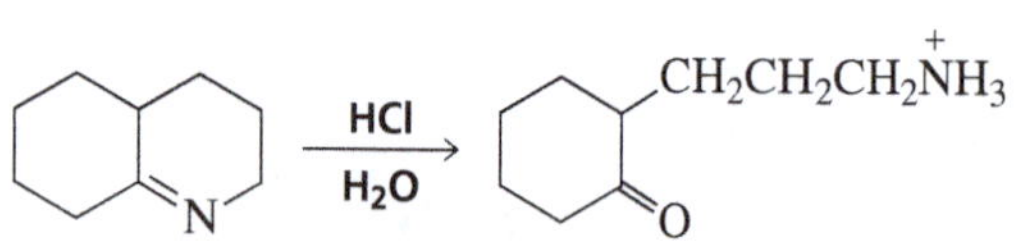

c. 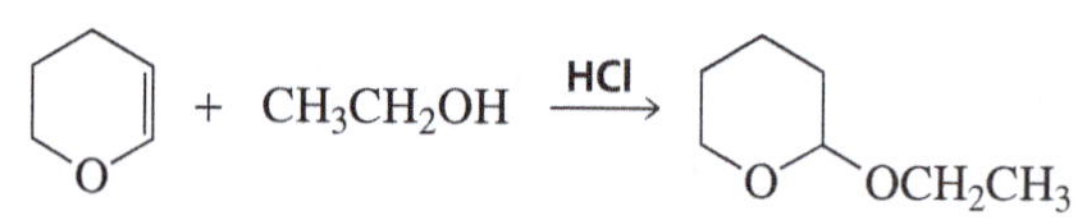

b. 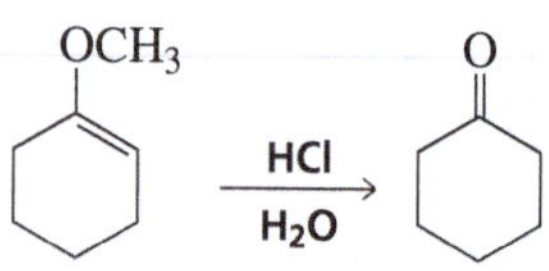

52. Quantos sinais o produto da seguinte reação teria nestes espectros:

a. espectro de ^1H RMN

b. espectro de ^{13}C RMN

$$CH_3C(=O)CH_2CH_2C(=O)OCH_3 \xrightarrow[\text{2. } H_3O^+]{\text{1. excesso } CH_3MgBr}$$

53. Dê os produtos das seguintes reações. Mostre todos os isômeros que são formados.

a. 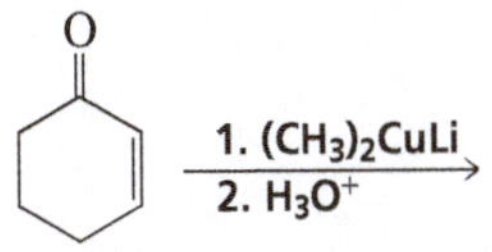

c. 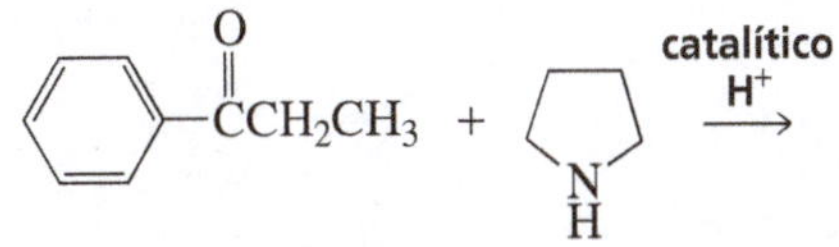

b. 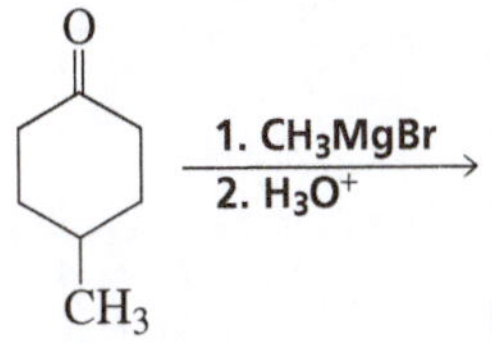

d. $CH_3CH_2\overset{O}{\overset{\|}{C}}CH_2CH_2CH_2CH_3 \xrightarrow[2.\ H_3O^+]{1.\ LiAlH_4}$

54. Liste três diferentes conjuntos de reagentes (uma substância carbonilada e um reagente de Grignard) que poderiam ser usados para preparar cada um dos seguintes alcoóis terciários:

a. 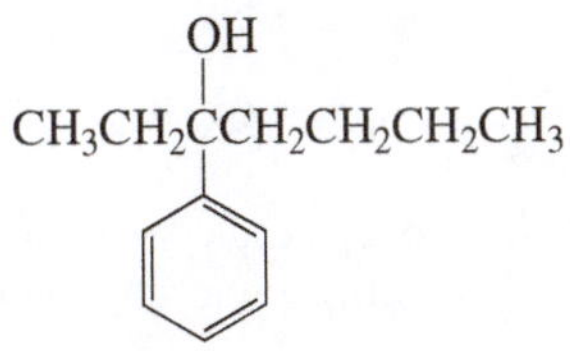

b. 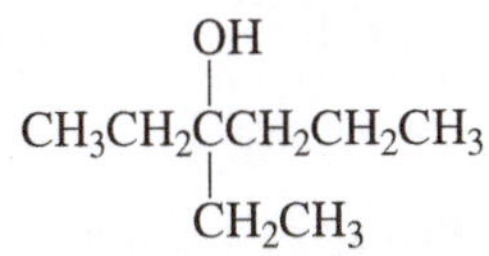

55. Dê os produtos de reação do 3-metil-2-ciclo-hexenona com cada um dos seguintes reagentes:

a. CH_3MgBr seguido de H_3O^+

b. excesso de NaCN, HCl

c. H_2, Pd

d. HBr

e. $(CH_3CH_2)_2CuLi$ seguido por H_3O^+

f. CH_3CH_2SH

56. Norlutin® e Enovid® são cetonas que suprimem a ovulação. Conseqüentemente, têm sido usados clinicamente como contraceptivos. Para qual dessas substâncias você esperaria uma absorção de carbonila (C=O) no infravermelho com freqüência mais alta? Explique.

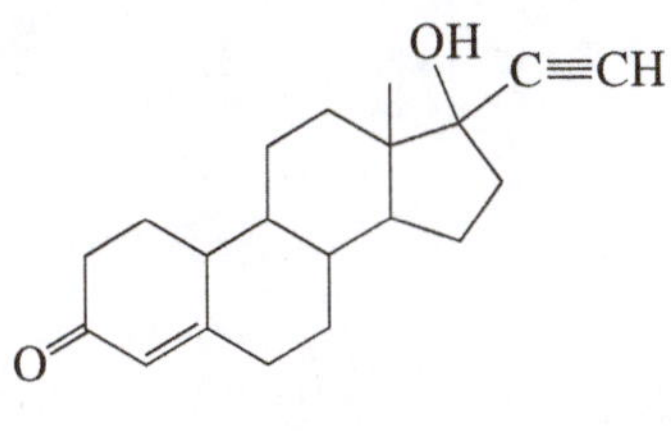

Norlutin®

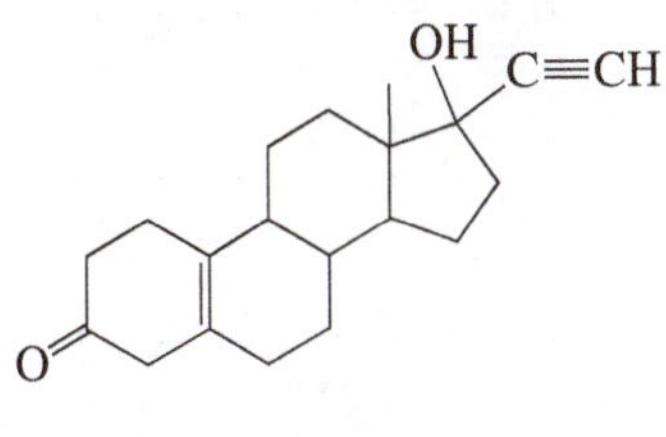

Enovid®

57. Uma substância fornece o seguinte espectro de IV. Após a reação com boro-hidreto de sódio seguido pela acidificação, é formado o produto com o seguinte espectro de ^{1}H RMN. Identifique as substâncias.

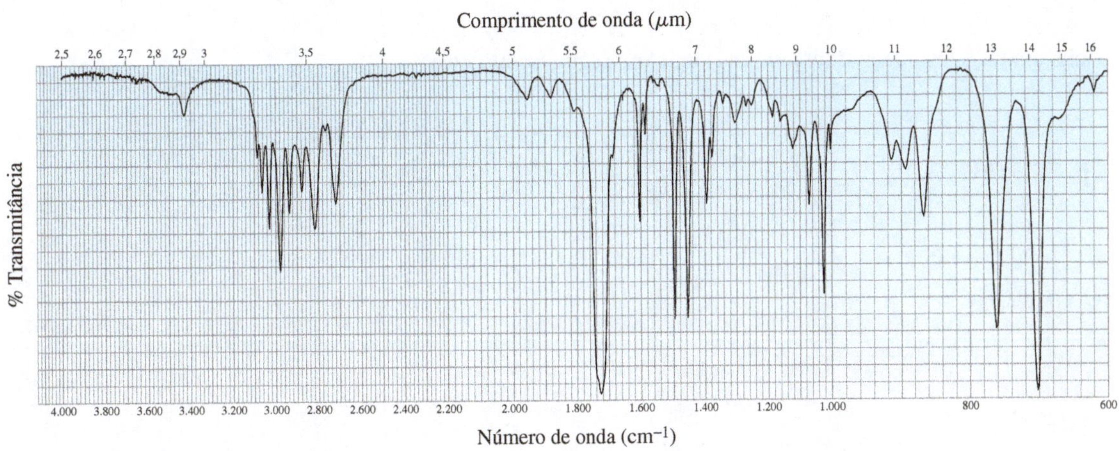

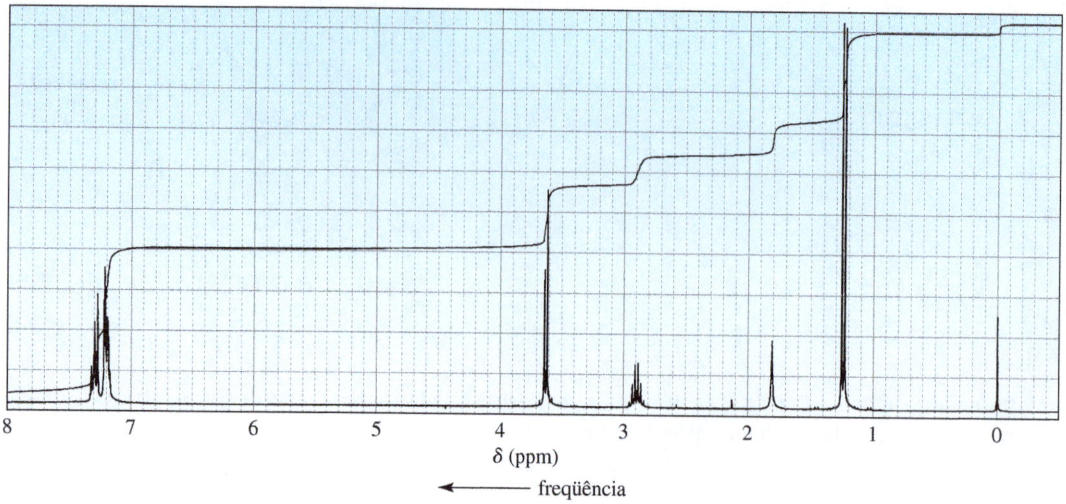

58. Assim como a ilida de fósforo, que reage com um aldeído ou uma cetona para formar um alceno, a ilida de enxofre reage com um aldeído ou uma cetona para formar um epóxido. Explique por que uma das ilidas forma um alceno enquanto a outra forma um epóxido.

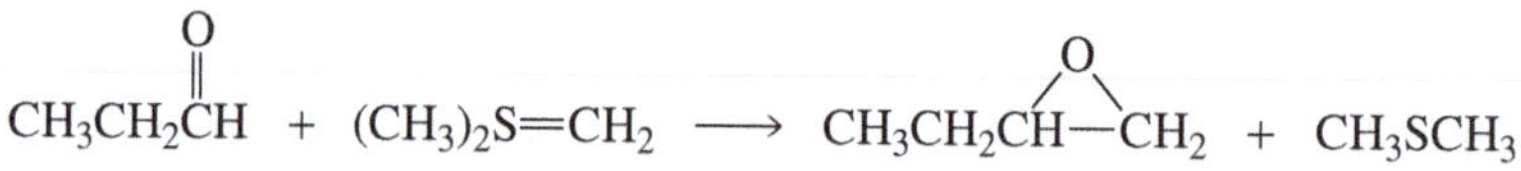

59. Indique como as seguintes substâncias podem ser preparadas a partir dos materiais de partida fornecidos:

a. 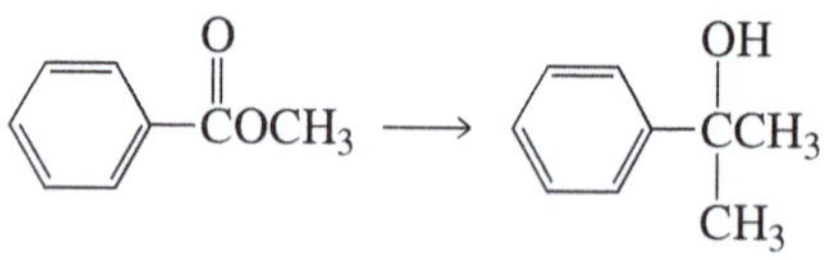

d. 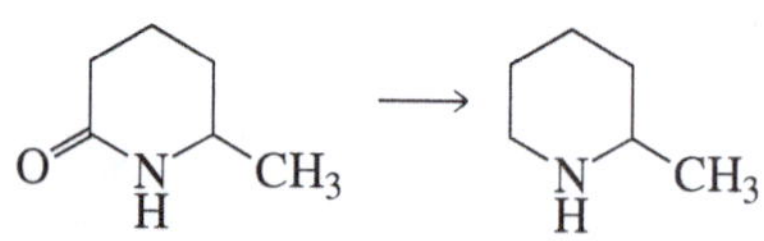

b. 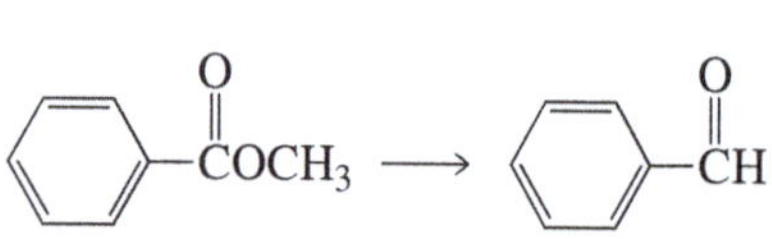

e. 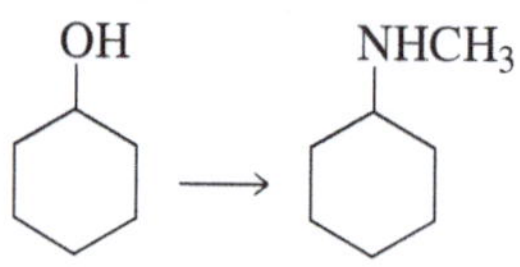

c. 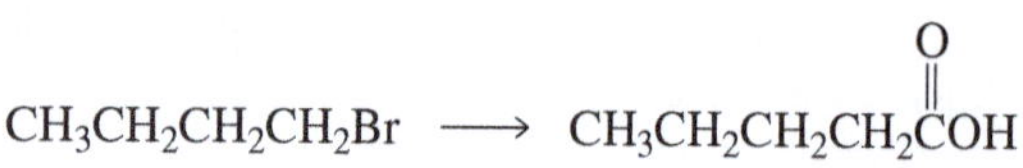

60. Proponha um mecanismo razoável para cada uma das seguintes reações:

a. 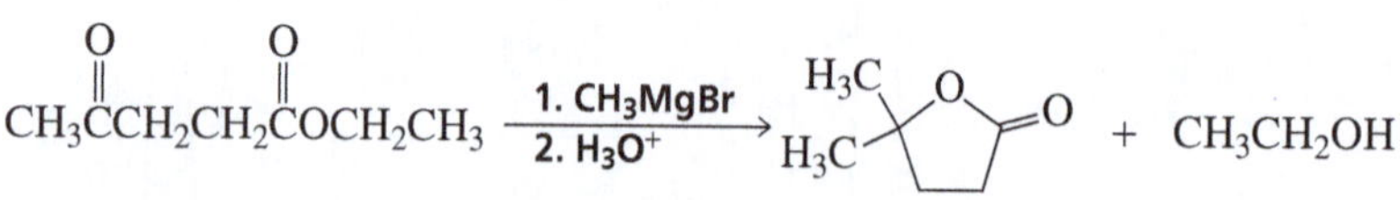

b. 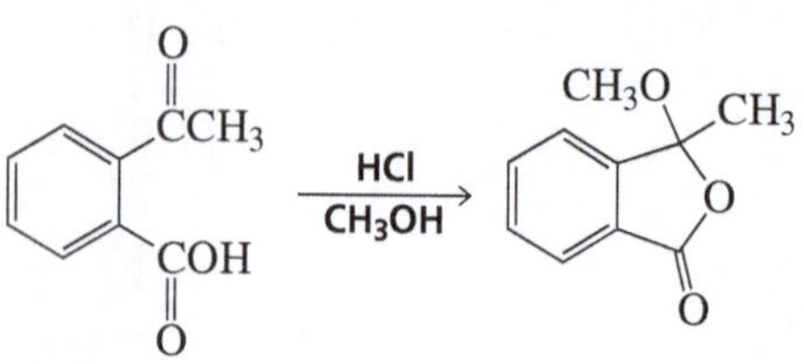

61. a. Em uma solução aquosa, D-glicose existe em equilíbrio com duas substâncias cíclicas com seis membros. Desenhe as estruturas dessas substâncias.

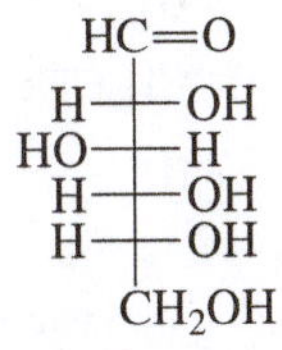

D-glucose

b. Qual das substâncias cíclicas com seis membros estará presente em maior quantidade?

62. O espectro de ^{1}H RMN do brometo de alquila usado para preparar a ilida para formar uma substância com a fórmula molecular $C_{11}H_{14}$ é mostrado a seguir. Qual o produto obtido de uma reação de Wittig?

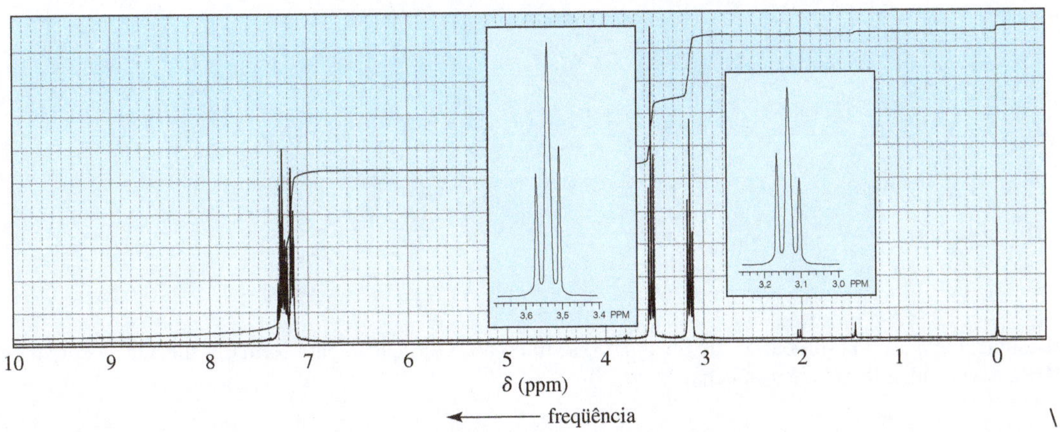

63. Na presença de um catalisador ácido, o acetaldeído forma um trímero conhecido como paraldeído. Como ele induz o sono quando é administrado em animais em grandes doses, o paraldeído é usado como sedativo ou hipnótico. Proponha um mecanismo para a formação do paraldeído.

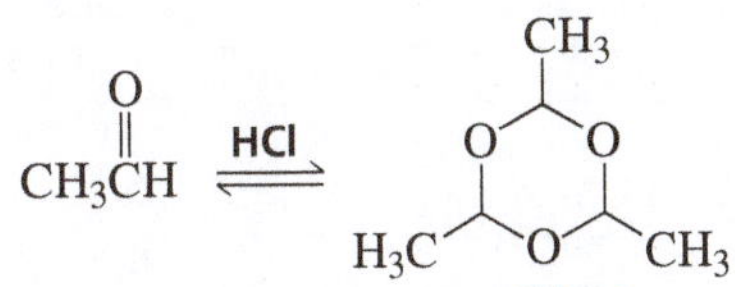

paraldeído

64. A adição de cianeto de hidrogênio com benzaldeído forma uma substância chamada mandelonitrila. A (*R*)-mandelonitrila é formada pela hidrólise da amigdalina, uma substância encontrada nos caroços de pêssegos e damascos. A amigdalina é o principal constituinte da laetrila, uma substância que foi muito usada no tratamento de câncer. A droga foi considerada ineficaz mais tarde. A (*R*)-mandelonitrila é formada pelo ataque do íon cianeto pela face *Re* ou pela face *Si* do benzaldeído?

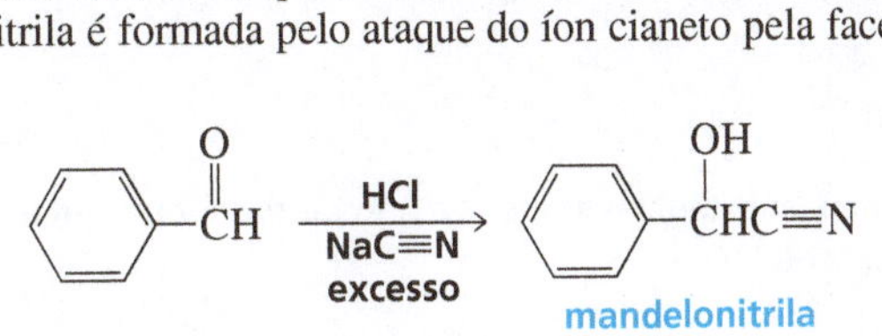

mandelonitrila

65. Quais as substâncias carboniladas e qual a ilida de fósforo necessárias para formar as seguintes substâncias?

a. 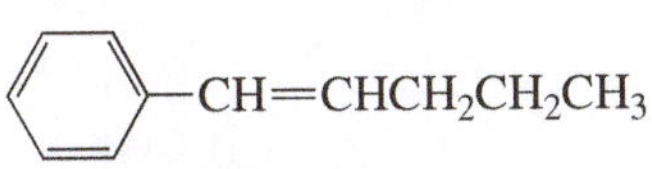

c. 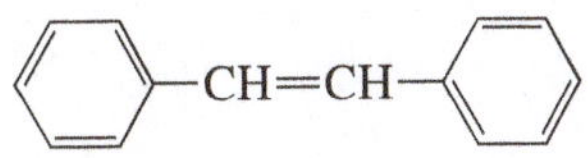

b. 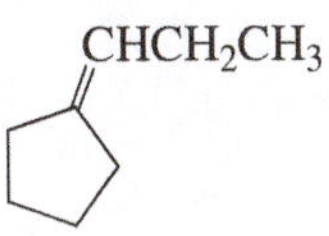

d. 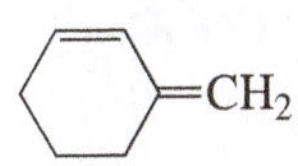

66. Identifique as substâncias A e B:

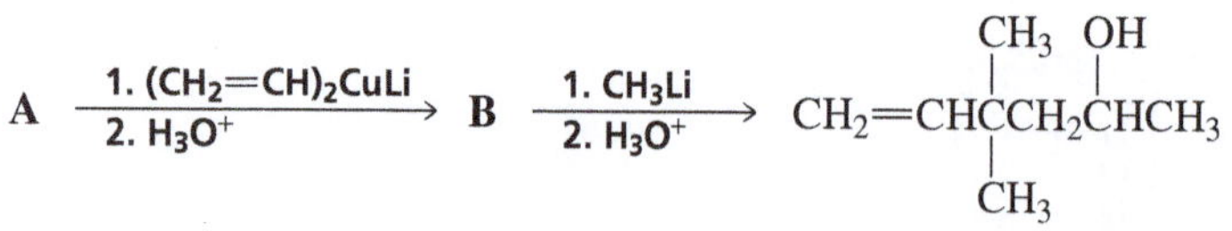

67. Proponha um mecanismo razoável para cada uma das seguintes reações:

a.

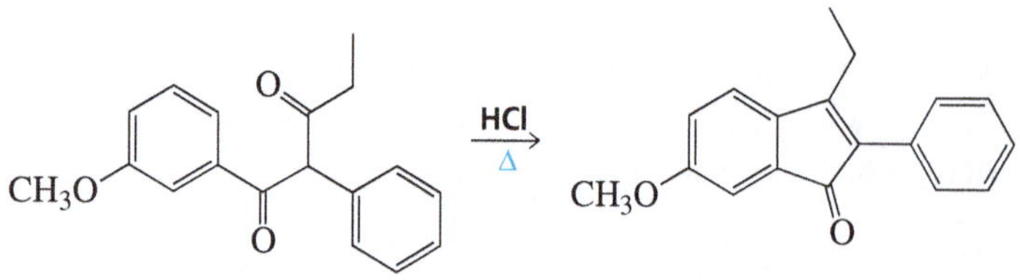

b.

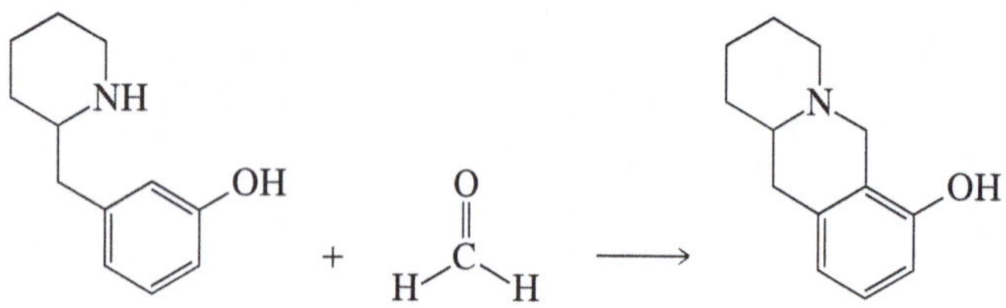

68. Uma substância reage com brometo de metilmagnésio seguido de acidificação para formar a substância com o espectro de ^{1}H RMN a seguir. Identifique a substância.

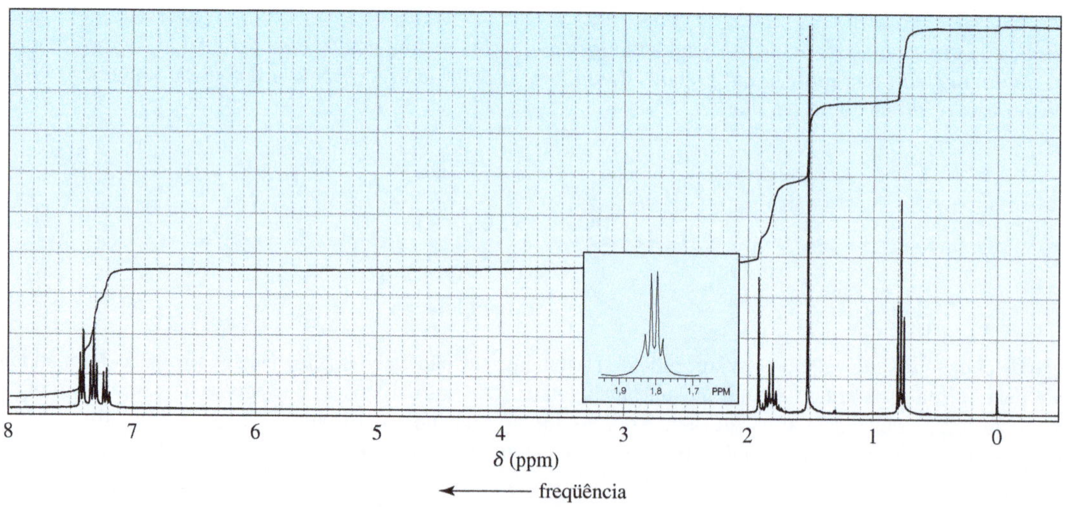

69. Mostre como cada uma das seguintes substâncias pode ser preparada com os materiais de partida fornecidos. Em cada caso, você precisará usar um grupo protetor.

a.

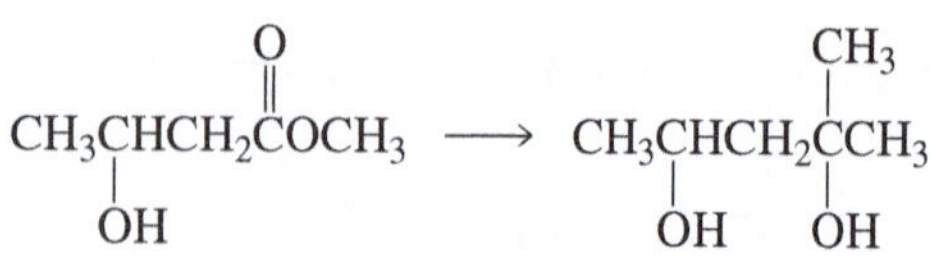

b.

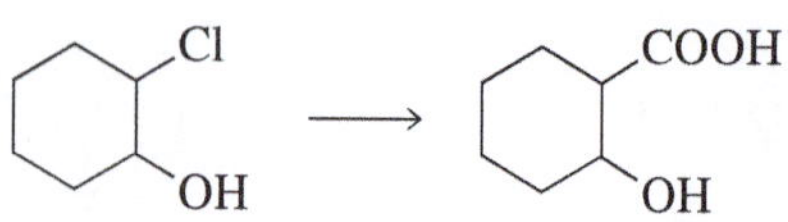

c.

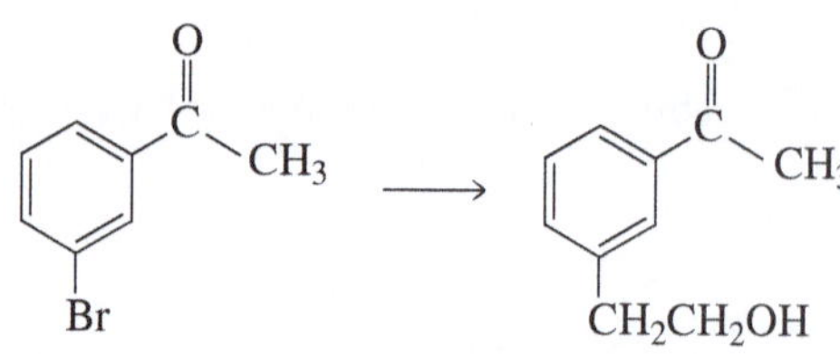

70. Quando uma cetona cíclica reage com diazometano, é formada a cetona cíclica maior. Essa reação é chamada expansão de anel. Forneça um mecanismo para esta reação.

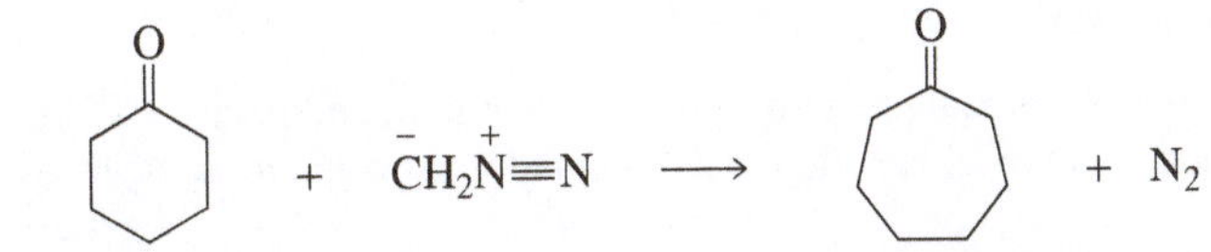

ciclo-hexanona diazometano ciclo-heptanona

71. Os valores de pK_a do ácido oxaloacético são 2,22 e 3,98.

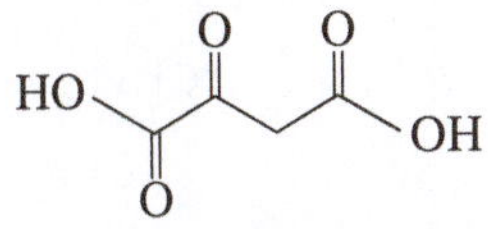

ácido oxaloacético

a. Qual grupo carbonílico é mais ácido?

b. A quantidade de hidrato presente em solução aquosa de oxaloacético depende do pH da solução: 95% a um pH = 0; 81% a um pH = 1,3; 35% a um pH = 3,1; 13% a um pH = 4,7; 6% a um pH = 6,7; e 6% a um pH = 12,7. Explique essa dependência do pH.

72. A *modificação de Horner–Emmons* é uma variação da reação de Wittig na qual um carbânio de fosfonato estável é usado no lugar da ilida de fósforo.

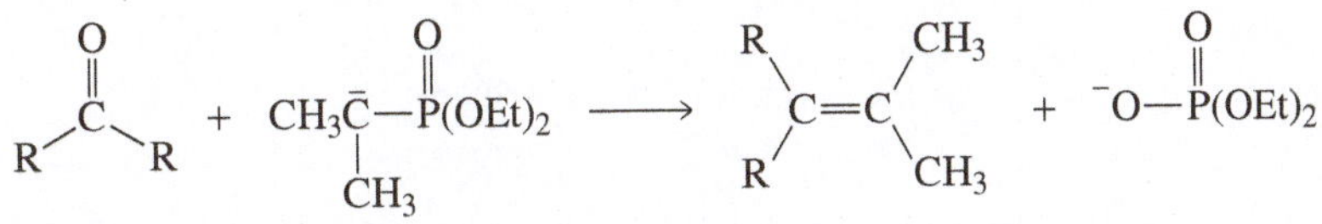

Et = CH_3CH_2

O carbânio fosfonato estabilizado é preparado de um haleto de alquila apropriado. Isso é chamado *reação de Arbuzov*.

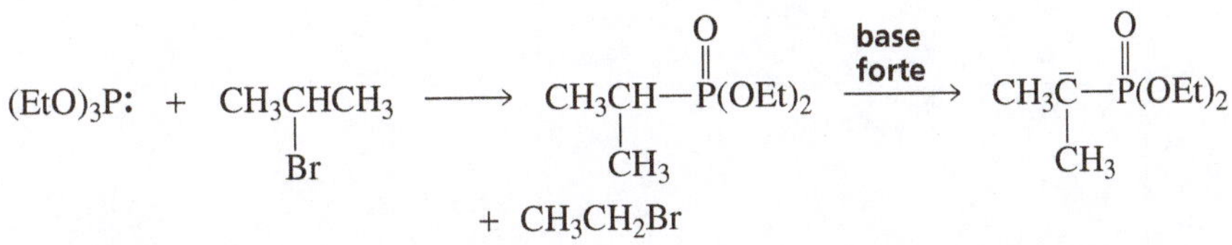

Como a reação de Arbuzov pode ser executada com uma α-bromocetona ou um α-bromoéster (nesse caso é chamado *reação de Perkow*), ela proporciona um meio para sintetizar cetonas e ésteres α,β-insaturados.

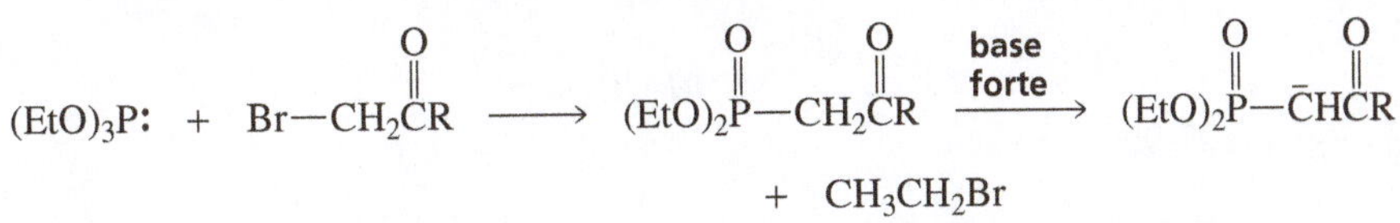

a. Proponha um mecanismo para a reação de Arbuzov.
b. Proponha um mecanismo para a modificação de Horner–Emmons.
c. Mostre como as seguintes substâncias podem ser preparadas a partir dos materiais de partida dados:

1. 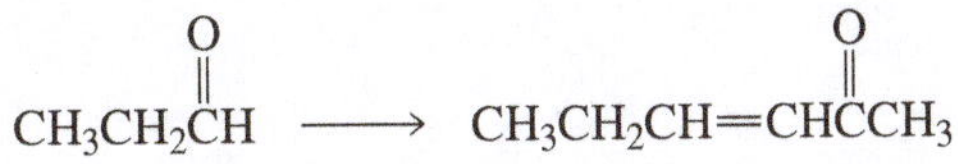

2. 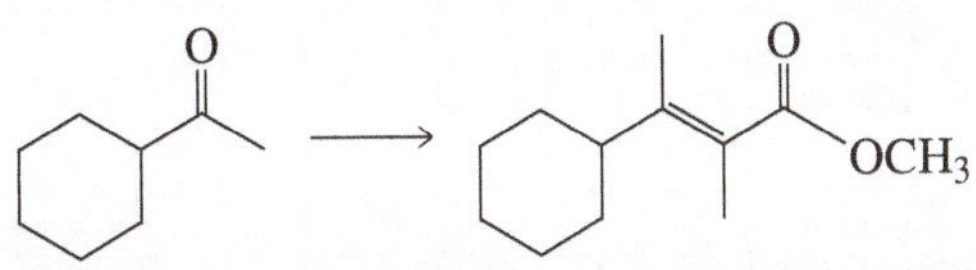

73. Para resolver este problema, você deve ler a descrição do tratamento σ, ρ de Hammet dado no Capítulo 17, Problema 76. Quando a constante de velocidade para a hidrólise de várias enaminas propiofenonas *p*-substituídas da morfolina são determinadas a um pH = 4,7, os valores de ρ são positivos; no entanto, quando as velocidades de hidrólise são determinadas a um pH = 10,4, o valor de ρ é negativo.

a. Qual é a etapa determinante da velocidade de reação da hidrólise quando ela é realizada na solução básica?
b. Qual é a etapa determinante da velocidade de reação quando é realizada na solução ácida?

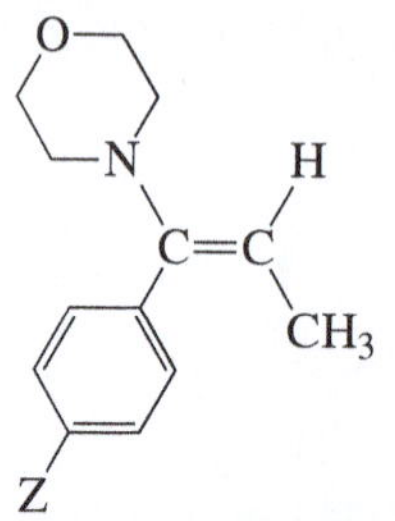

enaminas propiofenonas *p*-substituídas da morfolina

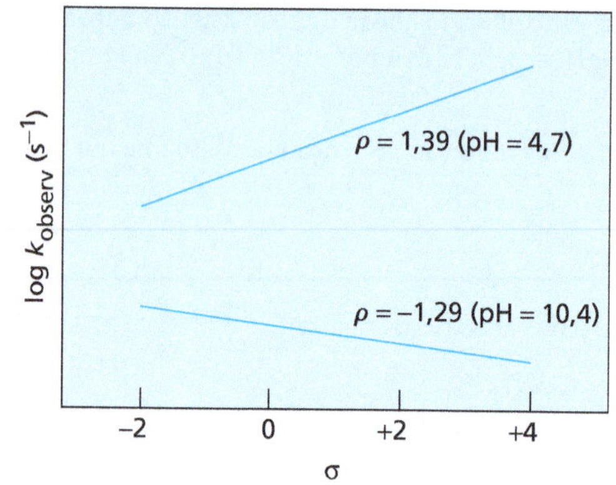

74. Proponha um mecanismo para cada uma das seguintes reações:

a. 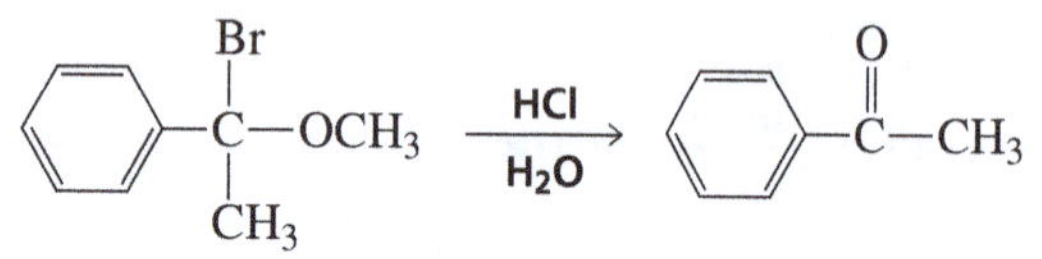

b. 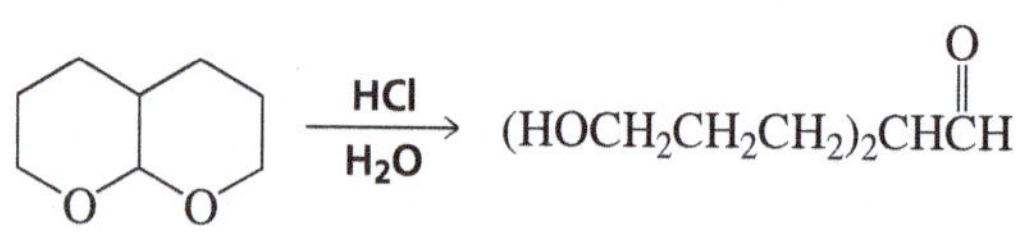

c. 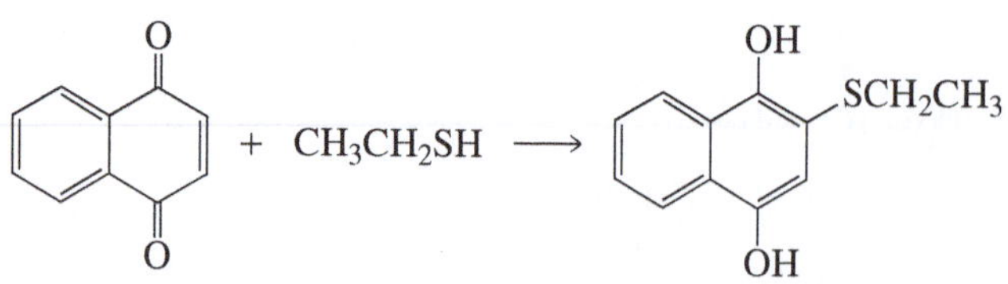

d. 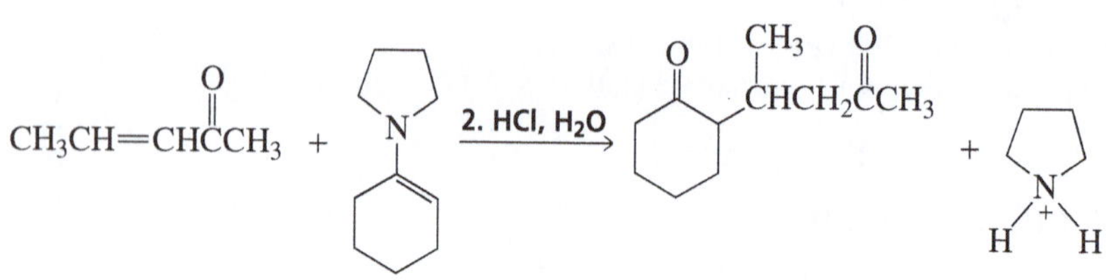

19 Substâncias carboniladas III

Reações no carbono α

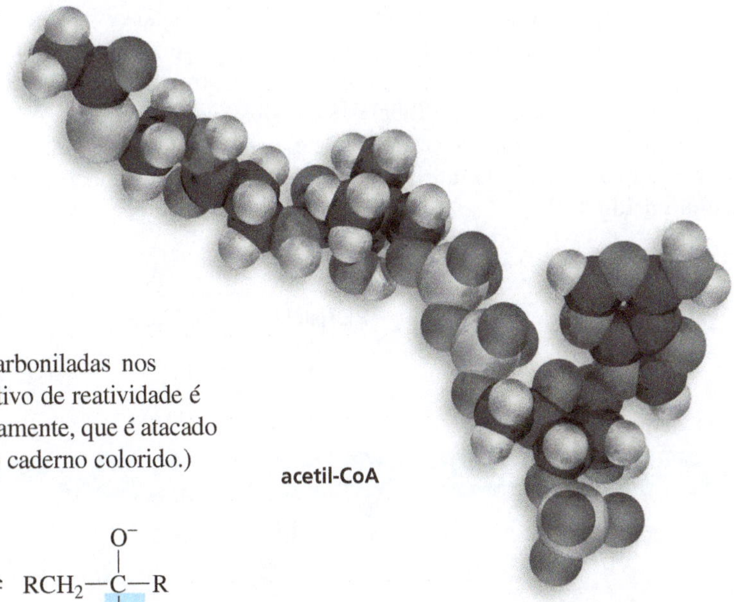

acetil-CoA

Ao estudar as reações das substâncias carboniladas nos capítulos 17 e 18, você viu que o sítio ativo de reatividade é o carbono da carbonila carregado positivamente, que é atacado pelo nucleófilo. (Veja figura ao lado em cores no caderno colorido.)

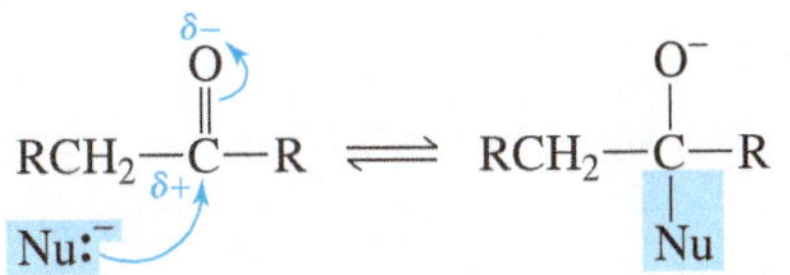

Aldeídos, cetonas, ésteres e amidas *N,N*-dissubstituídas possuem um segundo sítio de reatividade. Um hidrogênio ligado a um *carbono adjacente ao carbono da carbonila* é suficientemente ácido para ser removido por uma base forte. O carbono adjacente ao carbono carbonílico é denominado **carbono α**. Um hidrogênio ligado ao carbono α é denominado **hidrogênio α**.

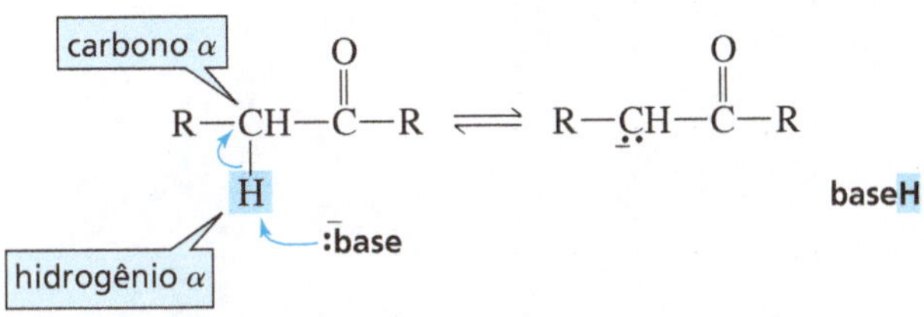

Na Seção 19.1, você descobrirá por que um hidrogênio ligado a um carbono adjacente, e deste a um carbono carbonílico, é mais ácido que os hidrogênios ligados a um carbono com hibridização sp^3, e verá algumas reações que resultam dessa acidez. No final do capítulo, você perceberá que o próton não é o único substituinte que pode ser removido do carbono α: um grupo carbonílico ligado a um carbono α pode ser removido como CO_2. Finalmente, conhecerá alguns esquemas sintéticos que dependem da capacidade de remoção de prótons e grupos carbonílicos dos carbonos α.

19.1 Acidez do hidrogênio α

O hidrogênio e o carbono apresentam eletronegatividades similares, o que significa que os elétrons que os mantêm juntos são igualmente compartilhados pelos dois átomos. Conseqüentemente, de modo geral, um hidrogênio ligado a um carbono não é ácido. Esse fato é comprovadamente verdadeiro nos hidrogênios ligados a carbonos com hibridização sp^3, porque tais carbonos são, em sua maioria, parecidos com o hidrogênio na eletronegatividade (Seção 6.9, volume 1). O alto valor de pK_a do etano é uma evidência da baixa acidez do hidrogênio ligado ao carbono com hibridização sp^3.

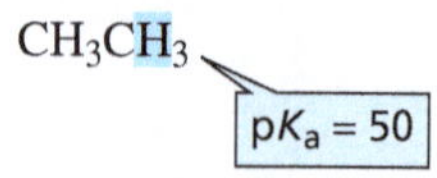

Um hidrogênio ligado a um carbono com hibridização sp^3 adjacente a um carbono carbonílico é muito mais ácido que os hidrogênios ligados a outros carbonos com hibridização sp^3. Por exemplo, o pK_a para a dissociação de um hidrogênio α de um aldeído ou de uma cetona está em torno de 16 a 20, e o pK_a para a dissociação de um hidrogênio α de um éster fica por volta de 25 (Tabela 19.1). Observe que, embora o hidrogênio α seja mais ácido que a maioria dos outros hidrogênios ligados ao carbono, ele é menos ácido que o hidrogênio da água (pK_a = 15,7). Um carbono em uma substância que contém um hidrogênio relativamente ácido ligado a um carbono com hibridização sp^3 é denominado **carbono ácido**.

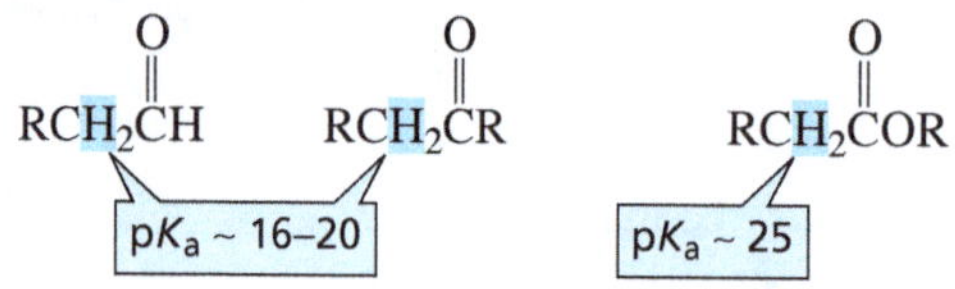

Tabela 19.1 Valores de pK_a de alguns carbonos ácidos

	pK_a		pK_a
$\underset{H}{CH_2}\overset{O}{\overset{\|}{C}}N(CH_3)_2$	30	$N{\equiv}C\underset{H}{C}HC{\equiv}N$	11,8
$\underset{H}{CH_2}\overset{O}{\overset{\|}{C}}OCH_2CH_3$	25	$CH_3\overset{O}{\overset{\|}{C}}\underset{H}{CH}\overset{O}{\overset{\|}{C}}OCH_2CH_3$	10,7
$\underset{H}{CH_2}C{\equiv}N$	25	$C_6H_5\overset{O}{\overset{\|}{C}}\underset{H}{CH}\overset{O}{\overset{\|}{C}}CH_3$	9,4
$\underset{H}{CH_2}\overset{O}{\overset{\|}{C}}CH_3$	20	$CH_3\overset{O}{\overset{\|}{C}}\underset{H}{CH}\overset{O}{\overset{\|}{C}}CH_3$	8,9
$\underset{H}{CH_2}\overset{O}{\overset{\|}{C}}H$	17	$CH_3\overset{O}{\overset{\|}{C}}\underset{H}{CH}\overset{O}{\overset{\|}{C}}H$	5,9
$CH_3\underset{H}{C}HNO_2$	8,6	$O_2N\underset{H}{C}HNO_2$	3,6

Por que um hidrogênio ligado a um carbono com hibridização sp^3 adjacente ao carbono carbonílico é muito mais ácido do que os hidrogênios ligados a outros carbonos com hibridização sp^3? Um hidrogênio α é mais ácido porque a base formada quando o próton é removido do carbono α é mais estável do que a base formada quando um próton é removido de outros carbonos com hibridização sp^3, e a força do ácido é determinada pela estabilidade da base conjugada que se forma quando o ácido doa um próton (Seção 1.17, volume 1).

Por que a base é mais estável? Quando um próton é removido do etano, os elétrons que permaneceram estão unicamente em um átomo de carbono. Como o carbono não é muito eletronegativo, um carbânion é relativamente instável e, portanto, difícil de formar. Como resultado, o pK_a de seu ácido conjugado é muito alto.

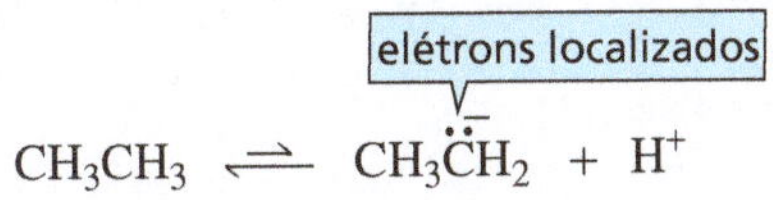

Quando um próton é removido de um carbono adjacente a um carbono carbonílico, dois fatores se combinam para aumentar a estabilidade da base que se forma. Primeiro, os elétrons que permaneceram quando o próton é removido são deslocalizados, e a deslocalização de elétrons aumenta a estabilidade da substância (Seção 7.6, volume 1). Mais importante: os elétrons são deslocalizados no oxigênio, um dos átomos que melhor acomodam os elétrons porque é mais eletronegativo do que o carbono.

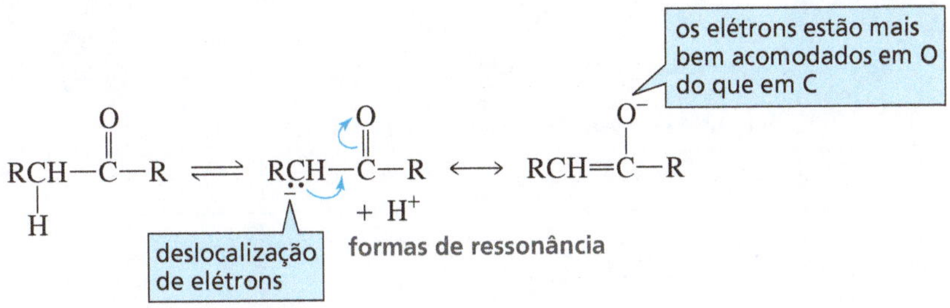

PROBLEMA 1

O pK_a do propeno é 42, que é maior do que os pK_a dos carbonos ácidos mostrados na Tabela 19.1, porém menor do que o pK_a do alcano. Explique.

Agora podemos compreender por que aldeídos e cetonas (pK_a = 16−20) são mais ácidos do que ésteres (pK_a = 25). Os elétrons que permaneceram quando um hidrogênio α é removido de um éster não são rapidamente deslocalizados pelo oxigênio da carbonila, como são os elétrons que permaneceram quando um hidrogênio α é removido de um aldeído ou cetona. Uma vez que um par de elétrons livre no oxigênio do grupo OR de um éster também pode ser deslocalizado pelo oxigênio da carbonila, os dois pares de elétrons competem pela deslocalização do oxigênio.

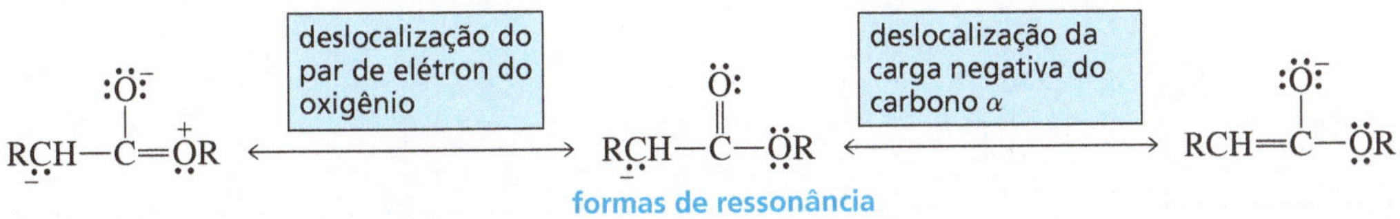

Os nitroalcanos, as nitrilas e as amidas *N,N*-dissubstituídas também apresentam hidrogênios α relativamente ácidos (Tabela 19.1) porque em cada caso os elétrons que permaneceram quando o próton é removido podem ser deslocalizado pelos átomos que são mais eletronegativos do que o carbono.

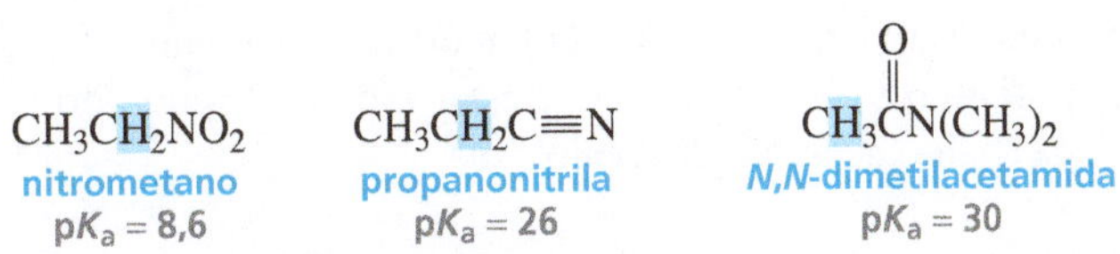

Se o carbono α estiver *entre* dois grupos carbonílicos, a acidez do hidrogênio α é ainda maior (Tabela 19.1). Por exemplo, o hidrogênio α do 3-oxobutirato de etila, uma substância com um carbono α entre um grupo carbonílico de uma cetona e um grupo carbonílico de um éster, tem um pK_a de 10,7. Um hidrogênio α da 2,4-pentanodiona, substância com um carbono α entre dois grupos carbonílicos da cetona, tem um pK_a de 8,9. O 3-oxobutirato de etila é classificado como um ***β*-cetoéster** porque o éster tem um grupo carbonílico na posição β. A 2,4-pentanodiona é uma ***β*-dicetona**.

2,4-pentanodiona

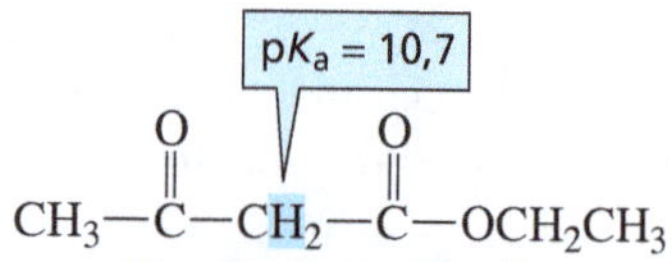

3-oxobutirato de etila
acetoacetato de etila
β-cetoéster

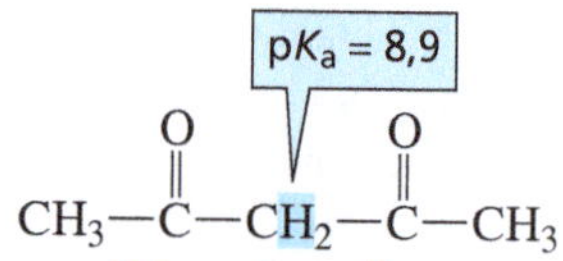

2,4-pentanodiona
acetilacetona
β-dicetona

A acidez dos hidrogênios α ligados a carbonos rodeados por dois grupos carbonílicos aumenta porque os elétrons que permanecem quando um próton é removido podem ser deslocalizados pelos *dois* átomos de oxigênio. As β-dicetonas têm valores de pK_a menores do que o dos β-ceto ésteres porque os elétrons são mais facilmente deslocalizados pelos grupos carbonílicos da cetona do que pelos grupos carbonílicos dos ésteres.

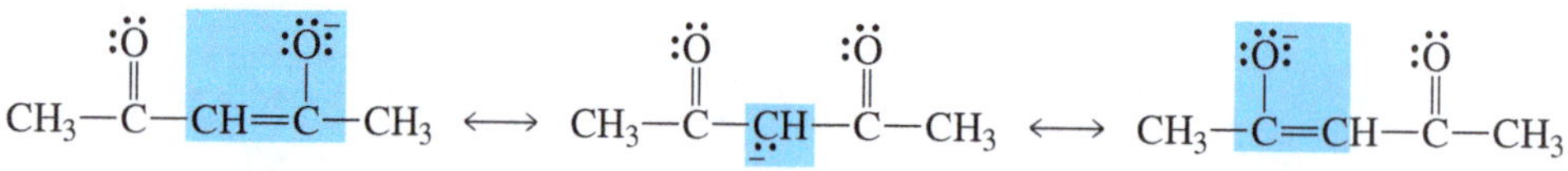

formas de ressonância para o ânion 2,4-pentanodiona

PROBLEMA 2◆

Dê um exemplo de

a. uma β-cetonitrila b. um β-diéster

PROBLEMA 3◆

Coloque as substâncias de cada grupo mostrado a seguir em ordem decrescente de acidez:

a. $CH_2{=}CH_2$ CH_3CH_3 CH_3CHO ($CH_3\overset{O}{\overset{\|}{C}}H$) $HC{\equiv}CH$

b. $CH_3\overset{O}{\overset{\|}{C}}CH_2\overset{O}{\overset{\|}{C}}CH_3$ $CH_3O\overset{O}{\overset{\|}{C}}CH_2\overset{O}{\overset{\|}{C}}OCH_3$ $CH_3\overset{O}{\overset{\|}{C}}CH_2\overset{O}{\overset{\|}{C}}OCH_3$ $CH_3\overset{O}{\overset{\|}{C}}CH_3$

c. 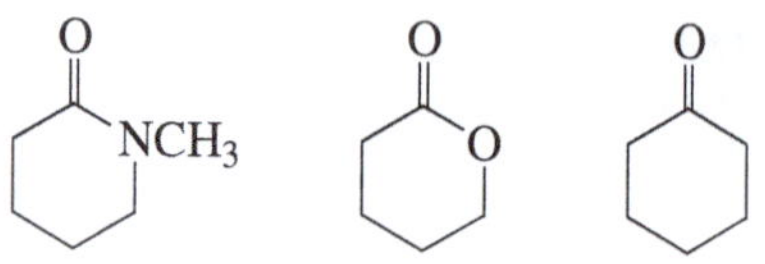

19.2 Tautomerismo ceto-enol

Uma cetona existe em equilíbrio com seu tautômero enol. O tautomerismo foi um assunto abordado na Seção 6.6 do volume 1. Lembre-se de que os **tautômeros** são isômeros que estão em rápido equilíbrio. Os tautômeros ceto-enólicos diferem na localização de uma ligação dupla e um hidrogênio.

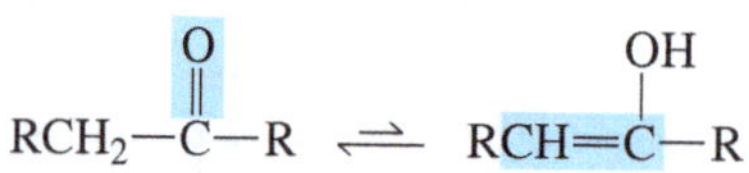

tautômero ceto **tautômero enol**

Para a maioria das cetonas, o tautômero enol é muito menos estável do que o tautômero ceto. Por exemplo, uma solução aquosa da cetona existe como uma mistura em equilíbrio de mais de 99,9% do tautômero ceto e menos que 0,1% do tautômero enol.

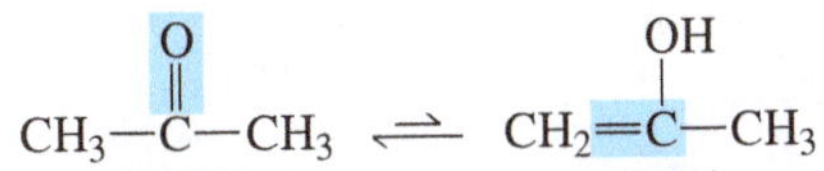

> 99,9% tautômero ceto   < 0,1% tautômero enol

A fração de um tautômero enol em uma solução aquosa é consideravelmente maior para uma β-dicetona porque o tautômero enol é estabilizado pela ligação de hidrogênio intramolecular e pela conjugação da ligação dupla carbono–carbono com o segundo grupo carbonílico.

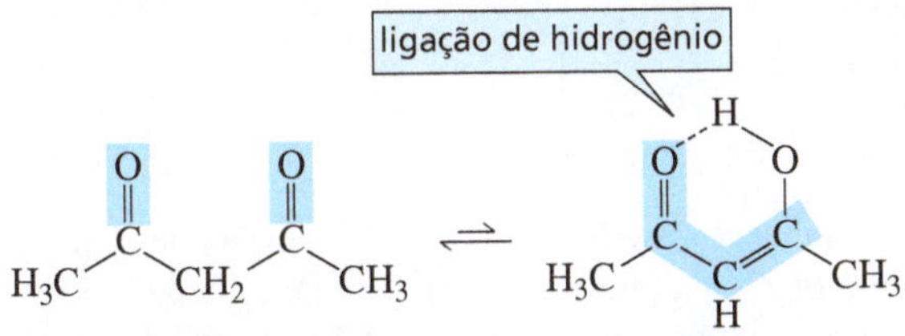

85% tautômero ceto   15% tautômero enol

O fenol é incomum de modo que seu tautômero enol é *mais* estável do que o seu tautômero ceto porque a forma enol é aromática, mas o seu tautômero ceto não.

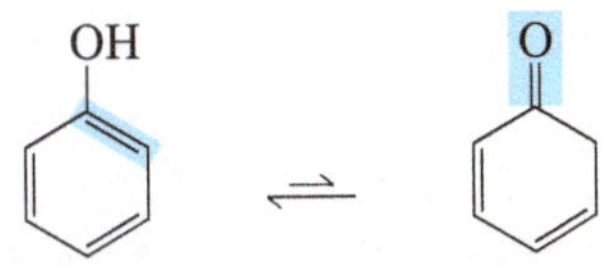

tautômero enol   tautômero ceto

PROBLEMA 4

Somente 15% da 2,4-pentanodiona existe como tautômero enol em água, mas 92% existe como tautômero enol no hexano. Explique o porquê disso.

Agora que sabemos que um hidrogênio no carbono adjacente a um carbono carbonílico possui certa acidez, podemos entender por que os tautômeros ceto e enol se interconvertem, como foi visto inicialmente no Capítulo 6. A **interconversão ceto–enol** é também chamada **tautomerização ceto–enol** ou **enolização**. A interconversão de tautômeros pode ser catalisada tanto por ácidos quanto por bases.

Em solução básica, o íon hidróxido remove um próton de um carbono α do tautômero ceto. O ânion formado apresenta dois modos de ressonância: um íon carbânion e um enolato. O íon enolato contribui mais para o híbrido de ressonância porque a carga negativa é mais bem acomodada pelo oxigênio do que pelo carbono. A protonação do oxigênio forma o tautômero enol, enquanto a protonação no carbono α restaura o tautômero ceto.

interconversão ceto–enol catalisada por base

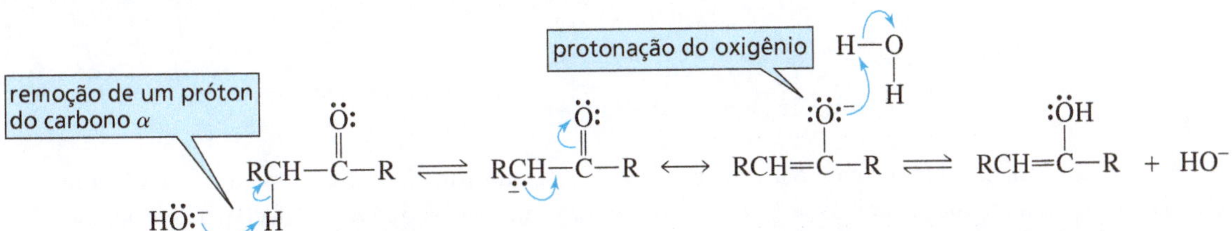

tautômero ceto   íon enolato   tautômero enol

Em uma solução ácida, o oxigênio carbonílico do tautômero ceto é protonado e a água remove um próton do carbono α, formando o enol.

interconversão ceto-enol catalisada por ácido

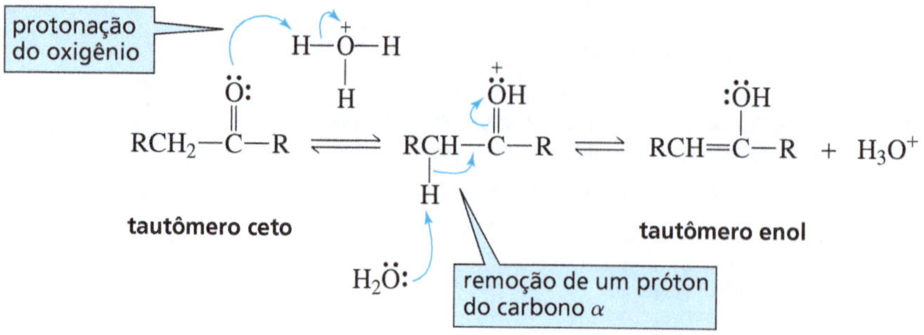

Observe que as etapas são inversas nas reações catalisadas por base e ácido. Na reação catalisada por base, a base remove o próton α na primeira etapa e o oxigênio é protonado na segunda etapa. Na reação catalisada por ácido, o ácido protona o oxigênio na primeira etapa e o próton α é removido na segunda etapa. Observe também como o catalisador é regenerado nos dois mecanismos catalisados pelo ácido e pela base.

PROBLEMA 5◆

Desenhe os tautômeros enol para cada uma das seguintes substâncias. Para aquelas substâncias que têm mais de um tautômero enol, indique qual seria o mais estável.

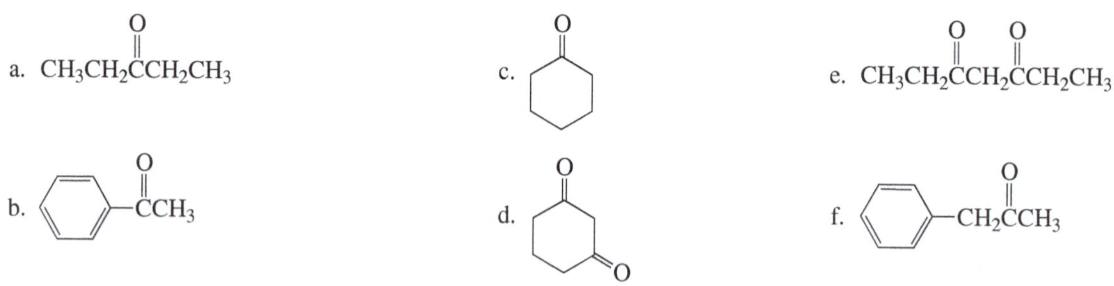

19.3 Como reagem enóis e íons enolatos

A ligação dupla carbono–carbono de um enol sugere que ele seja um nucleófilo — como um alceno. Um enol é mais rico em elétrons do que um alceno porque o átomo de oxigênio doa elétrons por ressonância. Um enol, portanto, é um nucleófilo melhor do que um alceno.

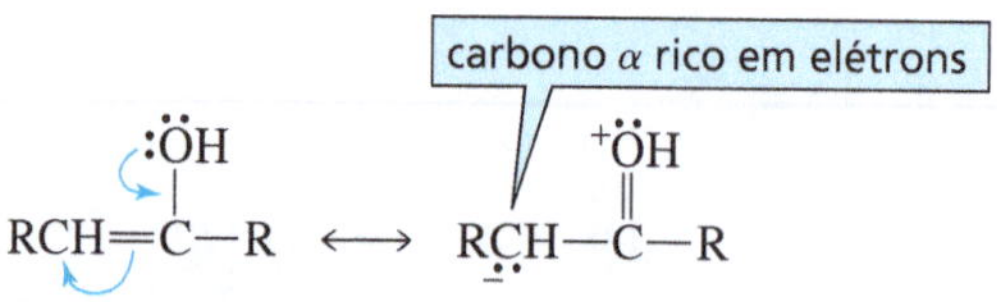

formas de ressonância de um enol

As substâncias carboniladas que formam enóis sofrem reações de substituição no carbono α. Quando uma reação de substituição α ocorre em condições ácidas, a água remove um próton do carbono α da substância carbonílica protonada. O enol nucleofílico formado reage então com o eletrófilo. A reação global é uma **reação de substituição α** — um eletrófilo (E^+) é substituído por outro (H^+).

reação de substituição catalisada por ácido

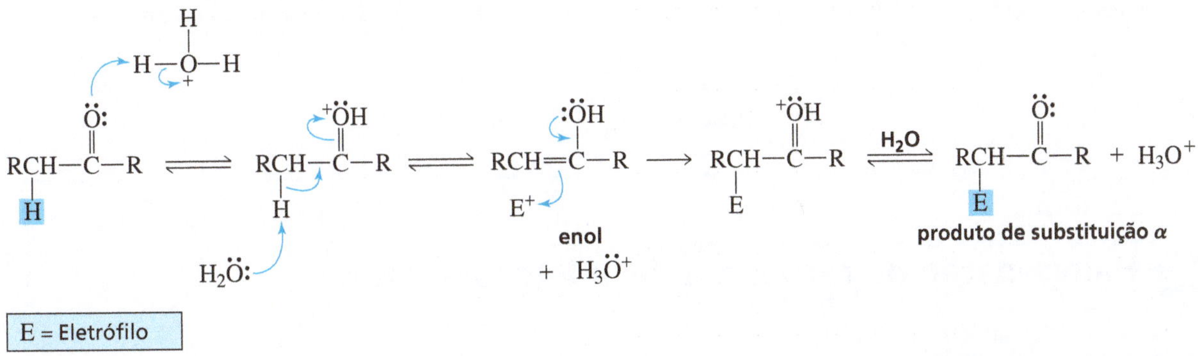

Quando uma reação de substituição α ocorre em condições básicas, uma base remove um próton do carbono α e o íon enolato nucleofílico reage então com um eletrófilo. Os íons enolato são nucleófilos muito melhores do que os enóis porque são carregados negativamente.

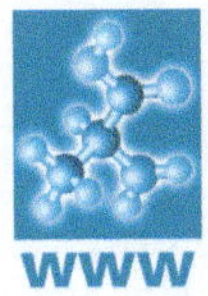

Molecule Gallery: Enolato de acetona

reação de substituição α catalisada por base

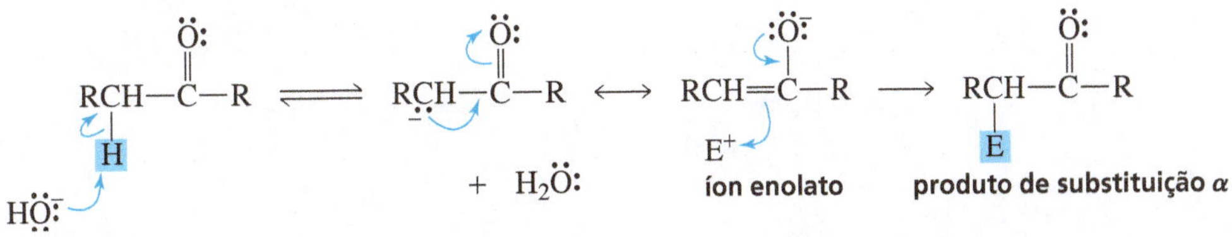

As formas de ressonância do íon enolato mostram que ele tem dois sítios ricos em elétrons: o carbono α e o oxigênio. O íon enolato é um exemplo de *nucleófilo ambidentado* (*ambi* é uma palavra derivada do latim cujo significado é 'ambos'; *dent* também deriva do latim e quer dizer 'dente'). Um **nucleófilo ambidentado** é um nucleófilo com dois sítios nucleofílicos ('dois dentes').

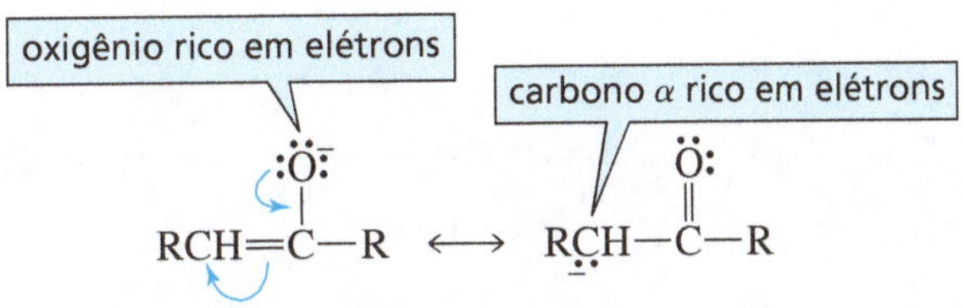

formas de ressonância de um íon enolato

O sítio nucleofílico (C ou O) que reage com o eletrófilo depende do eletrófilo e das condições reacionais. A protonação ocorre preferencialmente no oxigênio devido a maior concentração de carga negativa no átomo de oxigênio mais eletronegativo. No entanto, quando o eletrófilo é outro que não um próton, o carbono é provavelmente o nucleófilo porque o carbono é um nucleófilo melhor do que o oxigênio.

Observe que existe uma similaridade entre a interconversão ceto-enol e a substituição α. Atualmente, a interconversão ceto-enol uma reação de substituição α na qual o hidrogênio serve tanto como o eletrófilo que é removido do carbono α quanto o eletrófilo que é adicionado ao carbono α (quando o enol ou enolato retorna ao tautômero ceto).

Como neste capítulo são discutidas diversas reações de substituição α, observe que elas seguem basicamente os mesmos mecanismos: uma base remove um próton de um carbono α e o enol ou enolato resultantes reagem com o eletrófilo. As reações diferem apenas na natureza da base e do eletrófilo — e no caso de serem realizadas em condições ácidas ou básicas.

PROBLEMA 6

Explique por que o hidrogênio aldeídico (o que está ligado ao carbono carbonílico) não é intercambiado com o deutério.

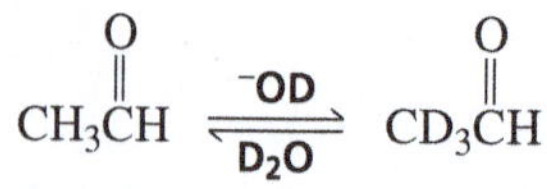

19.4 Halogenação do carbono α de aldeídos e cetonas

Halogenação catalisada por ácido

Quando Br_2, Cl_2 ou I_2 é adicionado a uma solução *ácida* de um aldeído ou uma cetona, um halogênio substitui *um* dos hidrogênios α da substância carbonilada.

Sob condições ácidas, um hidrogênio α é substituído por um halogênio.

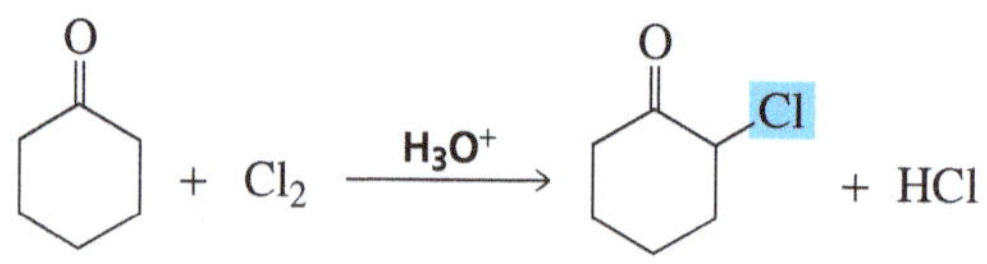

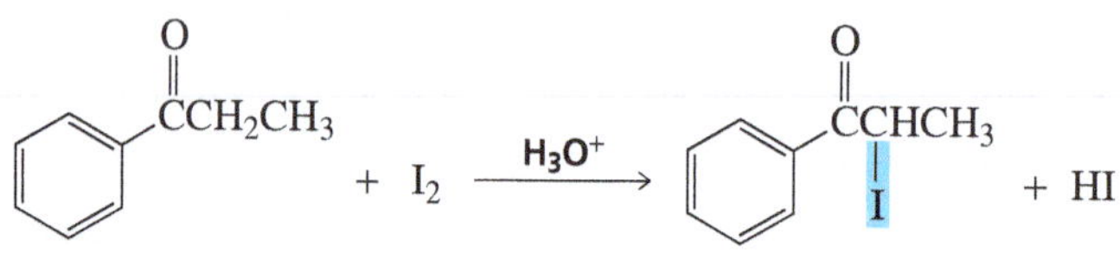

Na primeira etapa da reação catalisada por ácido, o oxigênio carbonílico é protonado. A água é a base que remove um próton do carbono α, formando um enol que reage com um halogênio eletrofílico.

halogenação catalisada por ácido

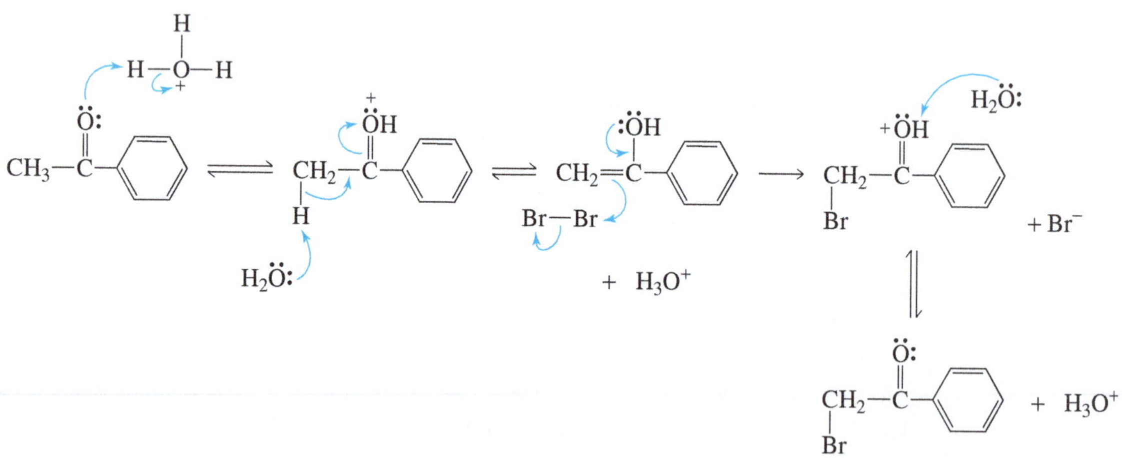

Halogenação promovida por base

Molecule Gallery: α-bromoacetona

WWW

Quando excesso de Br_2, Cl_2 ou I_2 é adicionado a uma solução *básica* de um aldeído ou uma cetona, o halogênio substitui *todos* os hidrogênios α.

Sob condições básicas, todos os hidrogênios α são substituídos por halogênios.

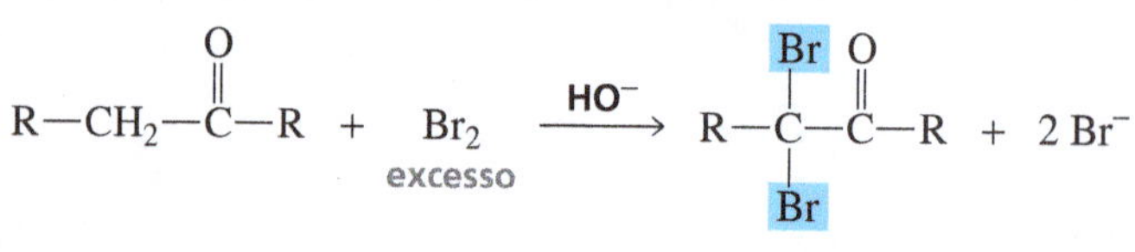

Na primeira etapa dessa reação promovida por base, o íon hidróxido remove um próton do carbono α. O íon enolato então reage com o bromo eletrofílico. Essas duas etapas são repetidas até que todos os hidrogênios α sejam substituídos pelo bromo.

halogenação promovida por base

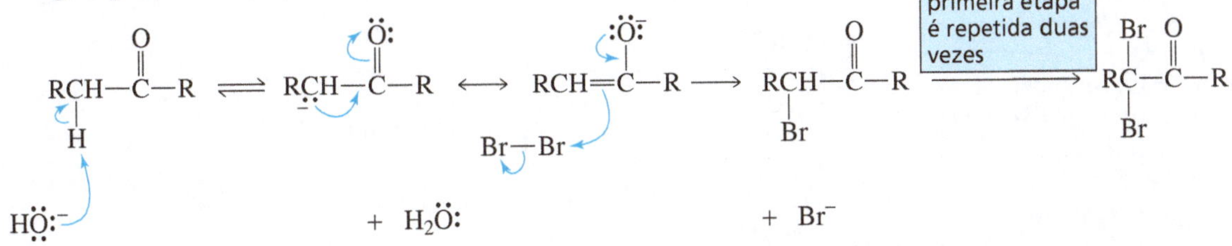

Cada halogenação sucessiva é *mais rápida* do que a anterior porque o bromo, um retirador de elétrons, aumenta a acidez dos hidrogênios α restantes. Essa é a razão por que *todos* os hidrogênios α são substituídos por bromo. Por outro lado, em condições ácidas, cada halogenação sucessiva é mais *lenta* que a anterior porque o bromo, que é um retirador de elétrons, diminui a basicidade do oxigênio carbonílico, tornando por isso a protonação do oxigênio carbonílico menos favorável.

Reação de halofórmio

Na presença de excesso de base e excesso de halogênio, uma metilcetona é primeiro convertida em uma cetona tri-halossubstituída. A seguir, o íon hidróxido ataca o carbono carbonílico da cetona tri-halossubstituída. Como o íon tri-halometílico é uma base mais fraca do que o íon hidróxido (o pK_a de CHI_3 é 14; o pK_a de H_2O é 15,7), o íon tri-halometílico é o grupo eliminado mais facilmente do intermediário tetraédrico, portanto o produto final é um ácido carboxílico. A conversão de uma metilcetona em um ácido carboxílico é denominada **reação de halofórmio** porque um dos produtos é o halofórmio — $CHCl_3$ (clorofórmio), $CHBr_3$ (bromofórmio) ou CHI_3 (iodofórmio). Antes da espectroscopia se tornar uma ferramenta analítica de rotina, a reação de halofórmio servia como teste para metilcetonas. A presença de uma metilcetona era indicada pela formação de iodofórmio, uma substância amarelo-clara.

reação de halofórmio

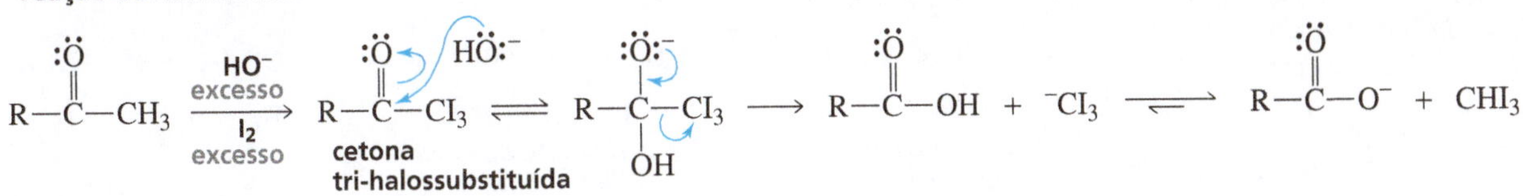

PROBLEMA 7

Por que somente metilcetonas sofrem as reações de halofórmio?

PROBLEMA 8◆

Uma cetona sofre bromação catalisada por ácido, cloração catalisada por ácido e uma troca de deutério catalisada por ácido no carbono α, todas na mesma velocidade. O que isso quer dizer sobre o mecanismo das reações?

19.5 Halogenação do carbono α de ácidos carboxílicos: reação de Hell–Volhard–Zelinski

Os ácidos carboxílicos não sofrem reações de substituição no carbono α porque uma base removerá um próton do grupo OH mais facilmente do que do carbono α, uma vez que o grupo OH é mais ácido. Se, no entanto, um ácido carboxílico for tratado com PBr_3 e Br_2, o carbono α pode ser bromado (o fósforo vermelho pode ser usado no lugar de

PBr_3 desde que P e o excesso de Br_2 reajam para formar PBr_3). Essa reação de halogenação é denominada **reação de Hell–Volhard–Zelinski** ou, simplesmente, **reação HVZ**. Você verá, quando examinar o mecanismo de reação HVZ, que a substituição α ocorre porque um brometo de acila, e não um ácido carboxílico, é a substância que sofre a substituição α.

reação HVZ

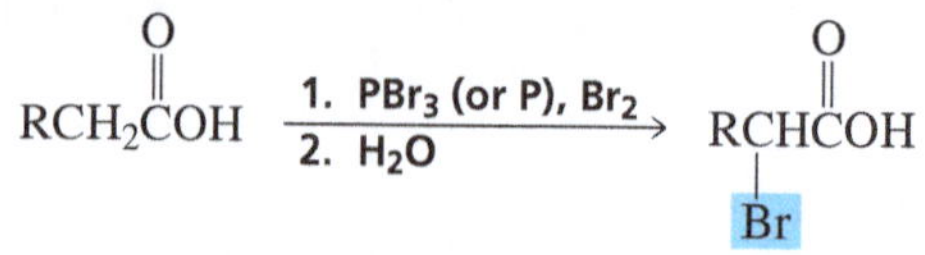

Na primeira etapa de reação HVZ, o PBr_3 converte o ácido carboxílico em um brometo de acila por um mecanismo similar àquele em que PBr_3 converte um álcool em um brometo de alquila (Seção 12.3, volume 1). (Observe que em ambas as reações PBr_3 substitui um OH com um Br.) O brometo de acila está em equilíbrio com seu enol. A bromação do enol forma o brometo de acila α bromado, que é hidrolisado a um ácido carboxílico α-bromado.

mecanismo para a reação de Hell–Volhard–Zelinski

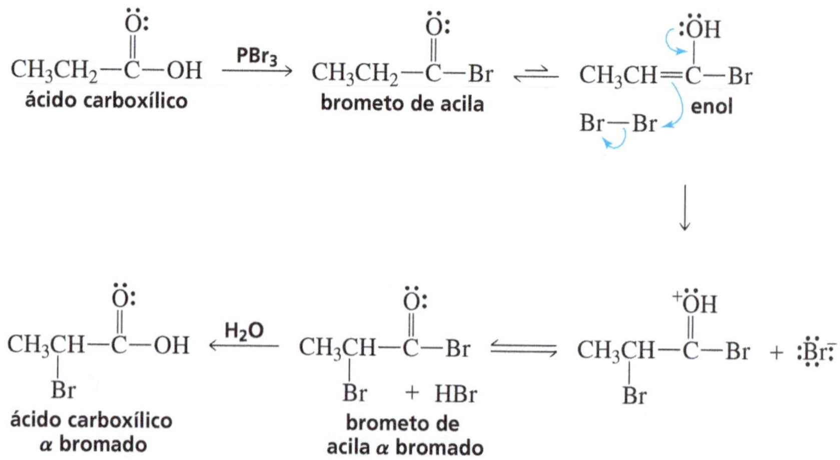

19.6 Substâncias carboniladas α-halogenadas em síntese

Você viu que quando uma base remove um próton de um carbono α de um aldeído ou cetona (Seção 19.2), o carbono α se torna *nucleofílico* — reage com eletrófilos.

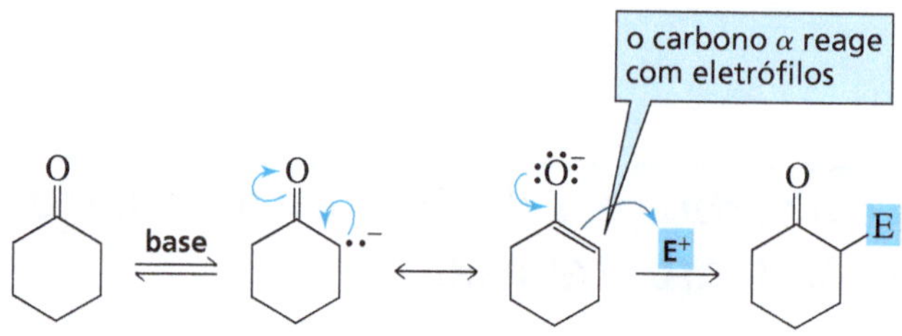

No entanto, quando a posição α é halogenada, o carbono α se torna *eletrofílico* — reage com nucleófilos. Portanto, tanto os eletrófilos quanto os nucleófilos podem ser colocados no carbono α.

Carl Magnus von Hell (1849–1926) *nasceu na Alemanha. Estudou com Hermann von Fehling na Universidade de Stuttgart e com Richard Erlenmeyer (1825–1909) na Universidade de Munique. Von Hell descreveu a reação de HVZ em 1881, confirmada em 1887 por Volhard e Zelinski, separadamente.*

Jacob Volhard (1834–1910) *nasceu também na Alemanha. Brilhante, mas carecendo de orientação, ele foi enviado para a Inglaterra pelos seus pais para ficar com August von Hofmann (Seção 21.5), um amigo da família. Após trabalhar com Hofmann, Volhard tornou-se professor de química, lecionando inicialmente na Universidade de Munique e depois na Universidade de Erlangen; mais tarde, na Universidade de Halle. Foi o primeiro a sintetizar a sarcosina e a creatina.*

Nikolai Dimitrievich Zelinski (1861–1953) *nasceu na Moldávia. Lecionou química na Universidade de Moscou. Em 1911, abandonou a universidade para protestar contra a demissão de toda a administração pelo Ministério da Educação. Foi a São Petesburgo, onde dirigiu o laboratório do Ministério das Finanças. Em 1917, após a Revolução Russa, retornou à Universidade de Moscou.*

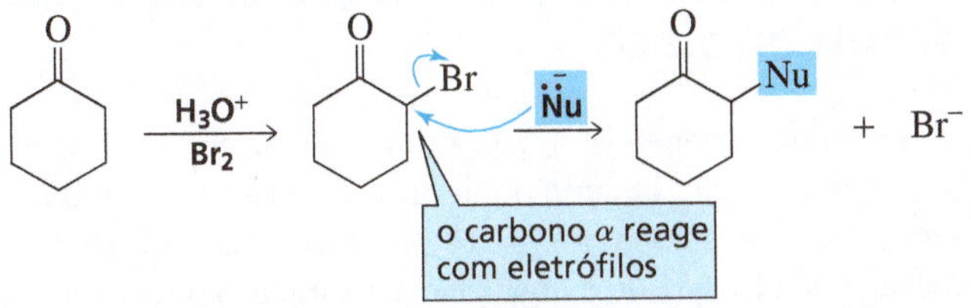

Tutorial Gallery: Substâncias carboniladas α-halogenadas em síntese

WWW

As substâncias carboniladas α-bromadas também são úteis aos químicos sintéticos, pois uma vez introduzido o bromo na posição α da substância carbonilada, uma substância carbonilada α,β-insaturada pode ser preparada por meio de uma reação de eliminação E_2, com a utilização de uma base forte e volumosa para favorecer a eliminação em vez da substituição (Seção 11.8, volume 1).

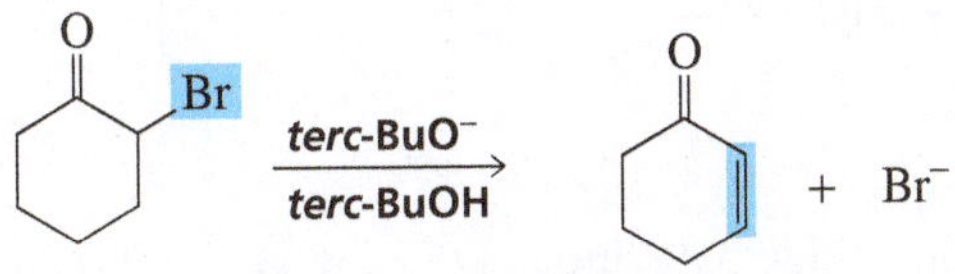

substância carbonilada α,β-insaturada

PROBLEMA 9

Como você prepararia as seguintes substâncias a partir dos materiais de partida fornecidos?

a. 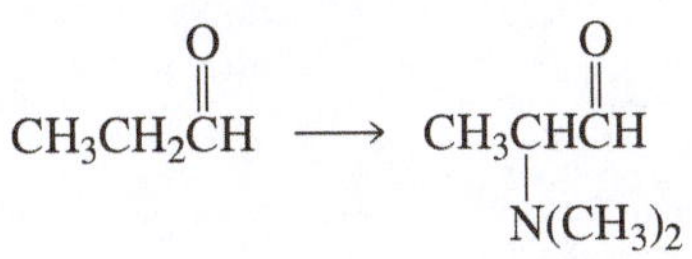

b. 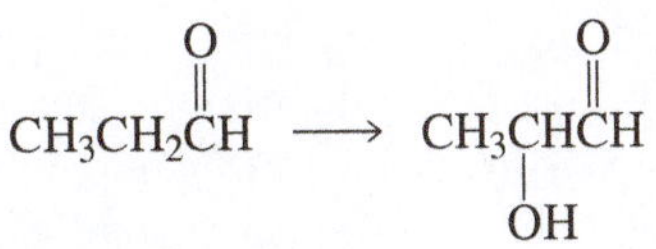

c. 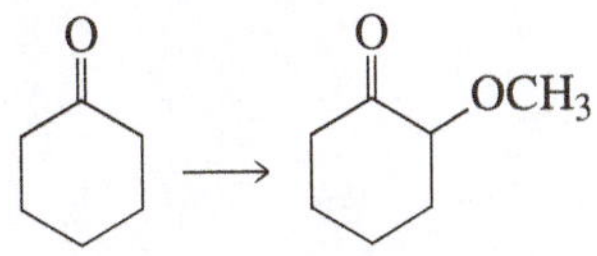

d. 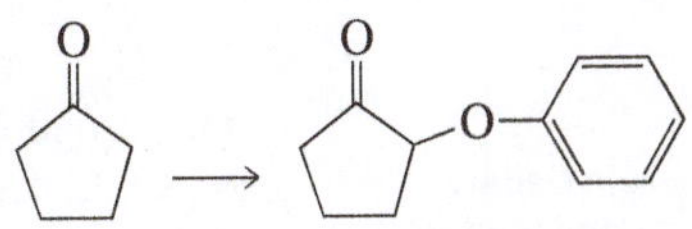

PROBLEMA 10

Como as seguintes substâncias poderiam ser preparadas a partir de substâncias carboniladas sem ligações duplas carbono–carbono?

a. 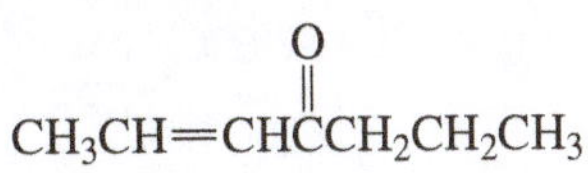

b. 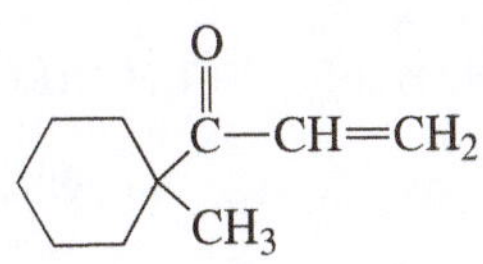

PROBLEMA 11

Como as seguintes substâncias poderiam ser preparadas a partir da ciclo-hexanona?

a. 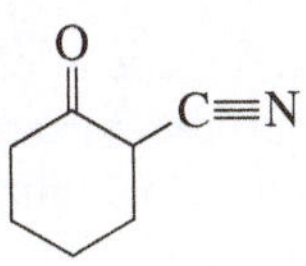

b. 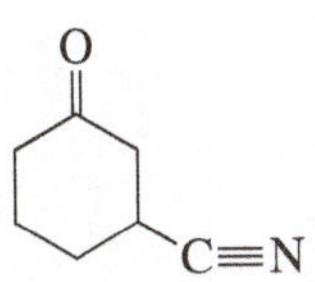

c. 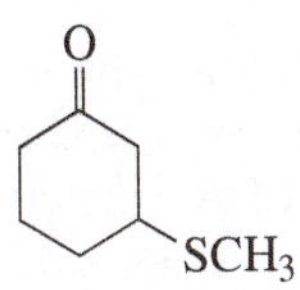

d. 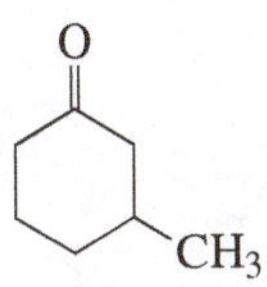

19.7 Usando LDA para formar um enolato

A quantidade de substância carbonilada convertida em enolato depende do pK_a da substância carbonilada e de uma base particularmente usada para remover o hidrogênio α. Por exemplo, quando o íon hidróxido (o pK_a de seu ácido conjugado é 15,7) é usado para remover um hidrogênio α da ciclo-hexanona (pK_a = 17), somente uma pequena quantidade da substância carbonilada é convertida em enolato porque o íon hidróxido é uma base mais fraca do que a base que se forma (lembre-se de que o equilíbrio de uma reação ácido–base favorece a reação do ácido forte e a formação do ácido mais fraco; Seção 1.17, volume 1).

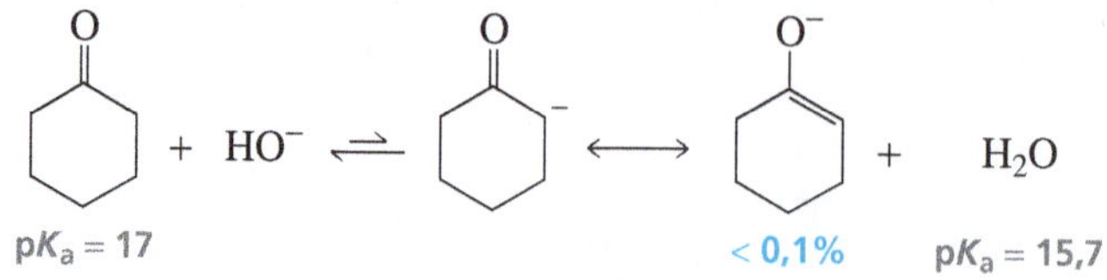

Em comparação, quando diisopropilamideto de lítio (LDA) é usado para remover o próton α (o pK_a do ácido conjugado de LDA é aproximadamente 35), todos os carbonos carbonílicos são convertidos a enolatos porque o LDA é uma base muito mais forte que a base que se forma (Seção 1.17, volume 1). Por isso, o LDA é a base escolhida para essas reações que requerem que as substâncias carboniladas sejam completamente convertidas a enolatos antes de reagirem com um eletrófilo.

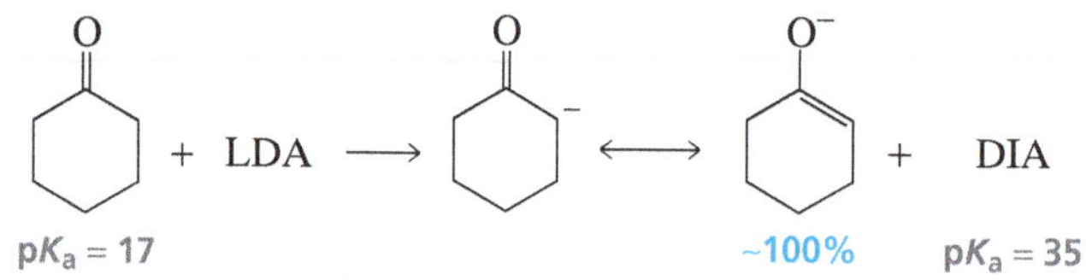

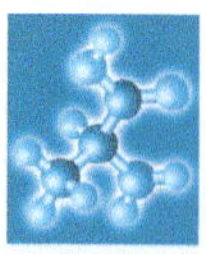

Molecule Gallery: Diisopropilamideto de lítio (LDA)

WWW

Usar um nitrogênio básico para formar um enolato pode ser um problema porque um nitrogênio básico pode reagir como um nucleófilo e atacar o carbono da carbonila (Seção 18.6). No entanto, os dois grupos volumosos ligados ao nitrogênio do LDA dificultam o ataque do nitrogênio ao carbono carbonílico. Conseqüentemente, o LDA é uma base forte, embora seja um nucleófilo fraco, portanto remove um hidrogênio α muito mais rápido do que ataca um carbono carbonílico. O LDA é facilmente preparado pela adição de butil-lítio à diisopropilamina (DIA) em THF a — 78 °C.

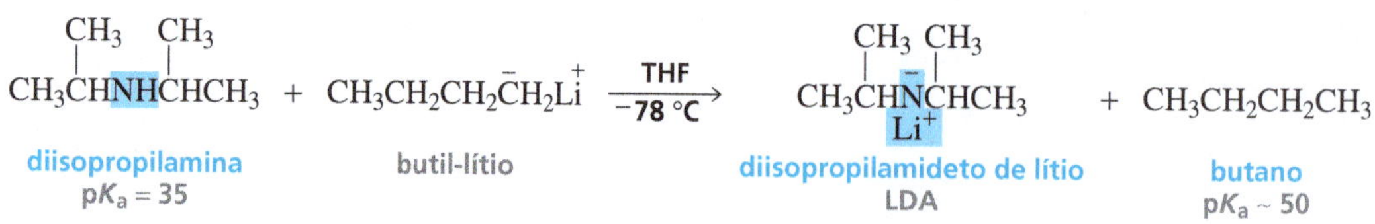

19.8 Alquilação de substâncias carbonílicas no carbono α

A alquilação de carbono α de uma substância carbonilada é uma reação muito importante porque nos fornece um outro caminho para formar ligações carbono–carbono. A alquilação é realizada pela remoção inicial de um próton do carbono α com uma base forte como LDA e depois é adicionado o haleto de alquila apropriado. Como a alquilação é uma reação S_N2, ela ocorre melhor com haletos de metila e haletos de alquila primários (Seção 10.2, volume 1).

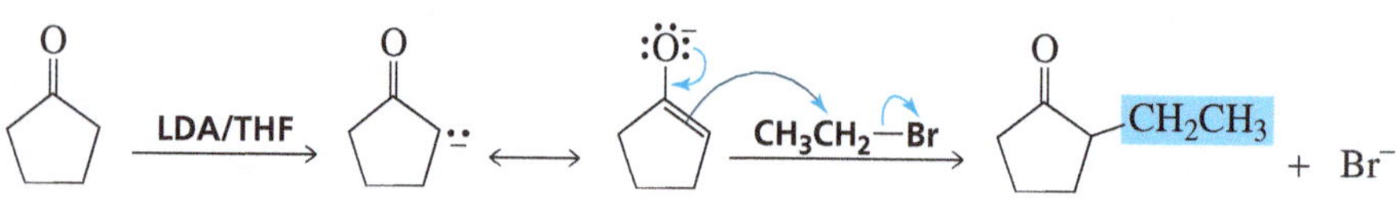

As cetonas, os ésteres e as nitrilas podem ser alquiladas no carbono α da mesma maneira. Os aldeídos, no entanto, fornecem baixos rendimentos de produtos α alquilados (Seção 19.11).

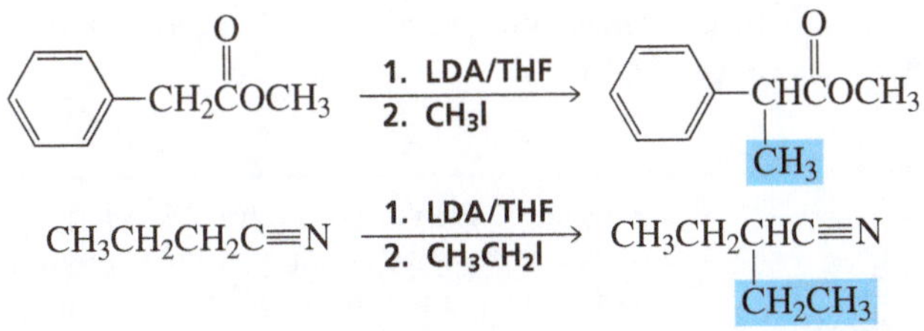

Dois produtos diferentes podem ser formados quando a cetona não é simétrica, porque cada carbono α pode ser alquilado. Por exemplo, a metilação da 2-metilciclo-hexanona com um equivalente de iodeto de metila forma tanto 2,6-dimetilciclo-hexanona quanto 2,2-dimetilciclo-hexanona. As quantidades relativas dos dois produtos dependem das condições reacionais.

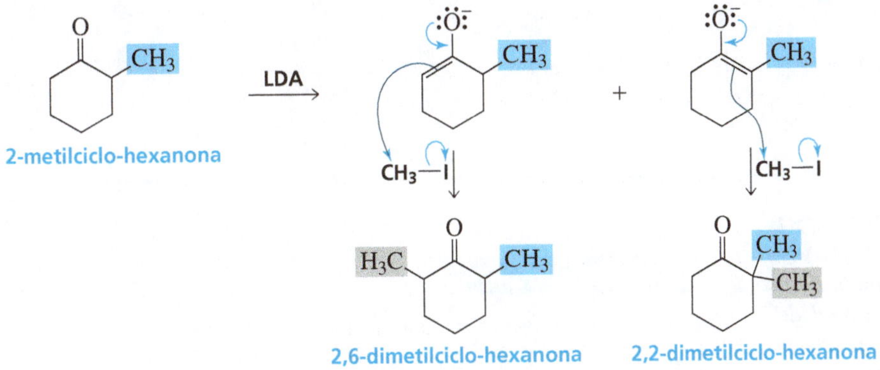

O enolato que leva à formação da 2,6-dimetilciclo-hexanona é um enolato *cinético* porque o hidrogênio α que é removido para formar esse enolato está mais acessível (particularmente se uma base impedida como a LDA for usada) e levemente mais ácido. Assim, a 2,6-dimetilciclo-hexanona é formada mais rapidamente e é o produto majoritário se a reação for realizada a −78 ºC.

O enolato que leva à formação da 2,2-dimetilciclo-hexanona é um enolato *termodinâmico* porque tem uma ligação dupla mais substituída, tornando-o mais estável (a substituição alquílica aumenta a estabilidade do enolato pela mesma razão que um substituinte alquílico aumenta a estabilidade do alceno; Seção 4.11, volume 1). Portanto, a 2,2-dimetilciclo-hexanona é o produto majoritário se a reação for realizada em condições reacionais, que favorecem a reversibilidade do enoleto, caso a base usada seja menos impedida (KH).

O carbono α menos substituído pode ser alquilado — sem a necessidade de controlar as condições reacionais para que não se tornem reversíveis — ao se preparar inicialmente a *N,N*-dimetil-hidrazona da cetona.

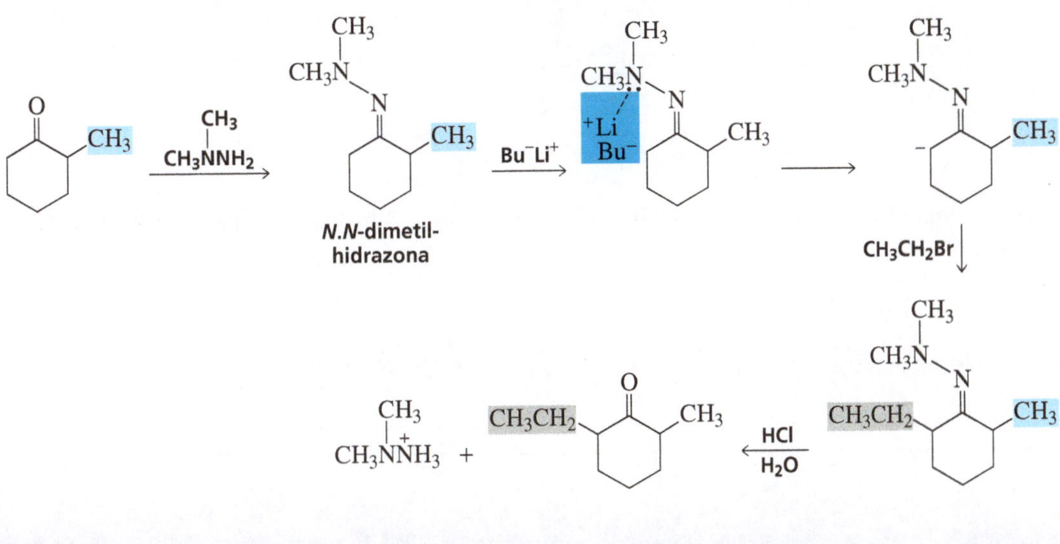

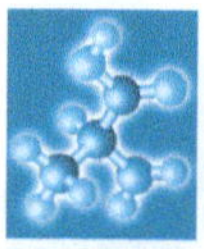

Molecule Gallery: ***N,N*-dimetil-hidrazona da 2-metilciclo-hexanona**

WWW

A *N,N*-dimetil-hidrazona se formará de tal modo que o grupo dimetilamino se posicionará longe do carbono α mais substituído. O nitrogênio do grupo dimetilamino dirige a base ao carbono menos substituído, coordenando-se com o íon lítio do butil-lítio ($Bu^{-}Li^{+}$), base geralmente empregada nessa reação. A hidrólise da hidrazona restaura a cetona (Seção 18.6).

A síntese da aspirina

A primeira etapa da síntese industrial da aspirina é conhecida como **reação de carboxilação de Kolbe–Schmitt**. O íon fenolato reage com dióxido de carbono sob pressão para formar o ácido *o*-hidroxibenzóico, também conhecido como ácido salicílico. A acetilação do ácido salicílico com ácido acético forma o ácido acetilsalicílico (aspirina).

Durante a Primeira Guerra Mundial, a subsidiária americana da Bayer Company comprou muita quantidade de fenol do mercado internacional, sabendo que eventualmente todo fenol poderia ser convertido em aspirina. Isso diminuiu muito a quantidade de fenol disponível para a compra de outros países, cuja finalidade era a síntese do 2,4,6-trinitrofenol (TNT), um explosivo comum.

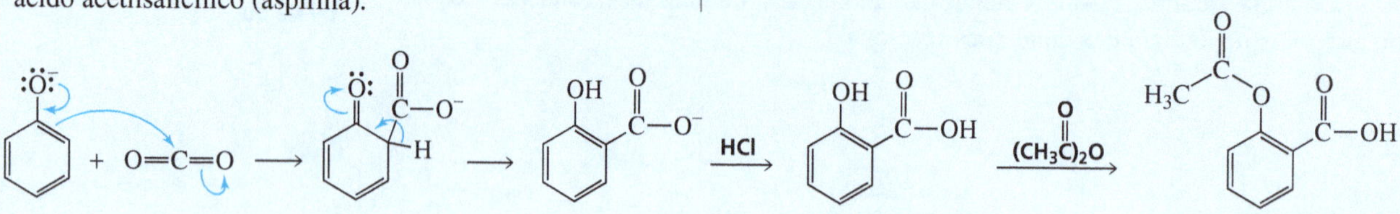

ácido salicílico
ácido *o*-hidroxibenzóico

ácido acetilsalicílico
aspirina

Hermann Kolbe (1818–1884) *e* **Rudolph Schmitt (1830–1898)** *nasceram na Alemanha. Kolbe foi professor na Universidade de Marburg e Leipzig. Schmitt tornou-se PhD pela Universidade de Marburg e lecionou na Universidade de Dresden. Kolbe descobriu como preparar aspirina em 1859. Schmitt modificou a síntese em 1885, tornando a aspirina disponível em grandes quantidades e a preço baixo.*

PROBLEMA 12◆

Qual é a substância formada quando a ciclo-hexanona é misturada por várias horas com NaOD em D_2O?

PROBLEMA 13

Explique por que a alquilação de um carbono α fornece melhores resultados se o haleto de alquila usado na reação for um haleto alquila primário e por que não se obtêm bons resultados com haletos de alquila terciários.

PROBLEMA — ESTRATÉGIA PARA RESOLUÇÃO

Como você poderia preparar a 4-metil-3-hexanona a partir de uma cetona que contivesse mais do que seis carbonos?

$$CH_3CH_2\overset{O}{\overset{\|}{C}}\underset{\underset{CH_3}{|}}{C}HCH_2CH_3$$

4-metil-3-hexanona

Dois grupos de cetona e haleto de alquila podem ser usados para a síntese: 3-hexanona e haleto de metila ou 3-pentanona e haleto de etila.

$$\underset{\text{3-hexanona}}{CH_3CH_2\overset{O}{\overset{\|}{C}}CH_2CH_2CH_3} + CH_3Br \quad \text{ou} \quad \underset{\text{3-pentanona}}{CH_3CH_2\overset{O}{\overset{\|}{C}}CH_2CH_3} + CH_3CH_2Br$$

▶

A 3-pentanona e o haleto de etila são os materiais de partida preferenciais. Como a 3-pentanona é simétrica, somente uma cetona α-substituída será formada. Em comparação, a 3-hexanona pode formar dois enolatos diferentes, assim podem ser preparadas duas cetonas α substituídas.

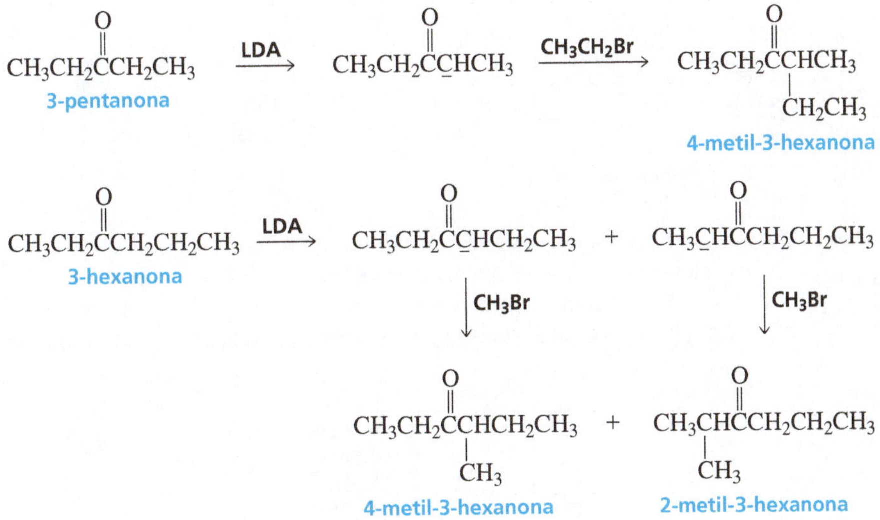

Agora resolva o Problema 14.

PROBLEMA 14

Como cada uma das seguintes substâncias poderia ser preparada a partir de uma cetona e um haleto de alquila?

a. 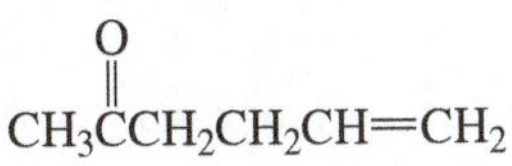

b. 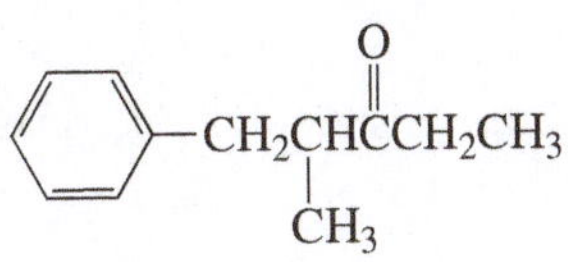

19.9 Alquilação e acilação de carbonos α via intermediário de enamina

Vimos que uma enamina é formada quando um aldeído ou uma cetona reage com uma amina secundária (Seção 18.6).

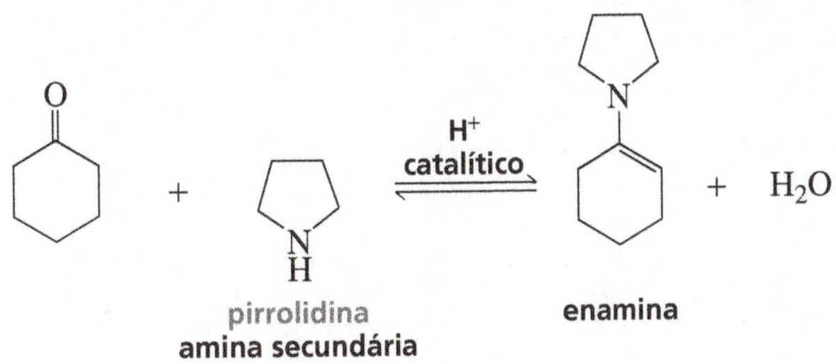

As enaminas reagem com eletrófilos da mesma maneira que os enolatos.

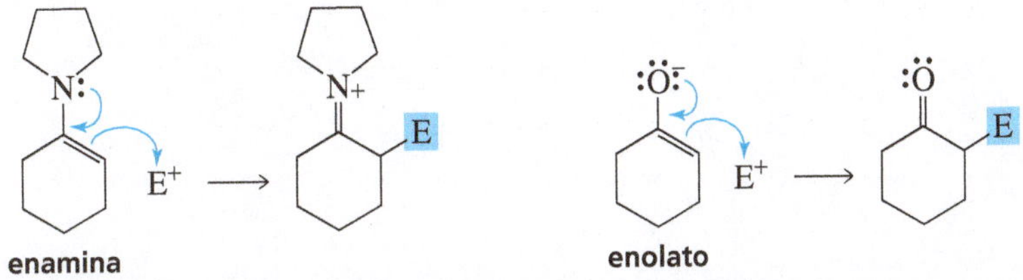

Isso significa que os eletrófilos podem ser adicionados ao carbono α de um aldeído ou de uma cetona primeiro pela conversão de uma substância carbonilada em uma enamina (pelo tratamento da substância carbonilada com a amina secundária), com a adição do eletrófilo, depois hidrolisando a imina novamente em cetona.

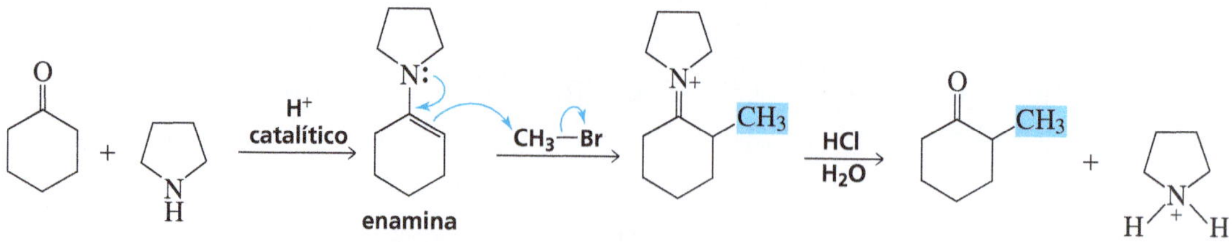

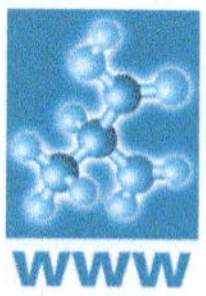

Molecule Gallery: Enamina pirrolidínica da ciclo-hexanona

Como a etapa de alquilação é uma reação de S_N2, somente haletos primários e haletos de metila devem ser usados (Seção 10.2, volume 1).

Uma vantagem em usar uma enamina como intermediário para alquilar um aldeído ou uma cetona está no fato de ser formado apenas o produto monoalquilado.

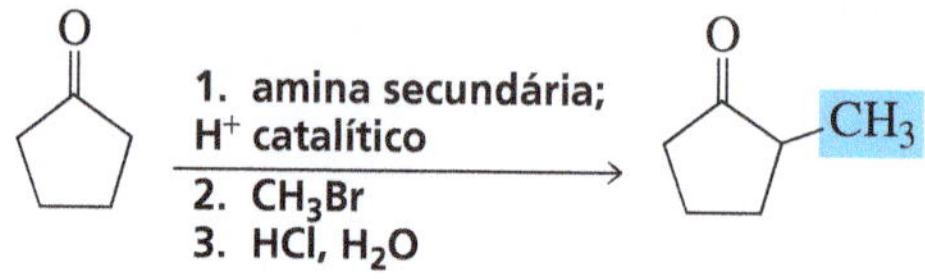

Em comparação, quando uma substância carbonilada é alquilada diretamente, podem também ser formados produtos dialquilados e O-alquilados.

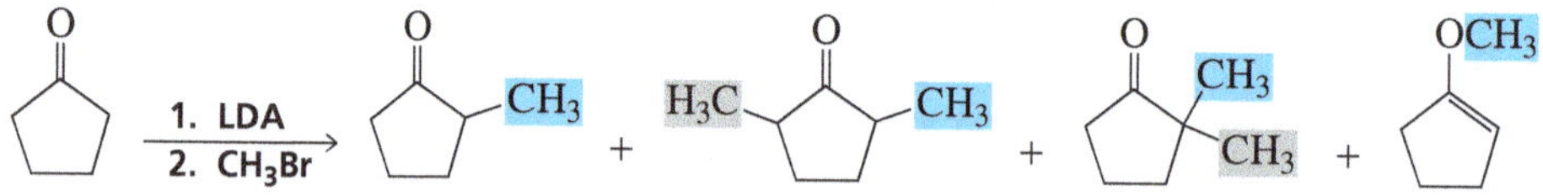

Além de serem capazes de ser alquilados, aldeídos e cetonas também podem ser acilados via uma enamina intermediária.

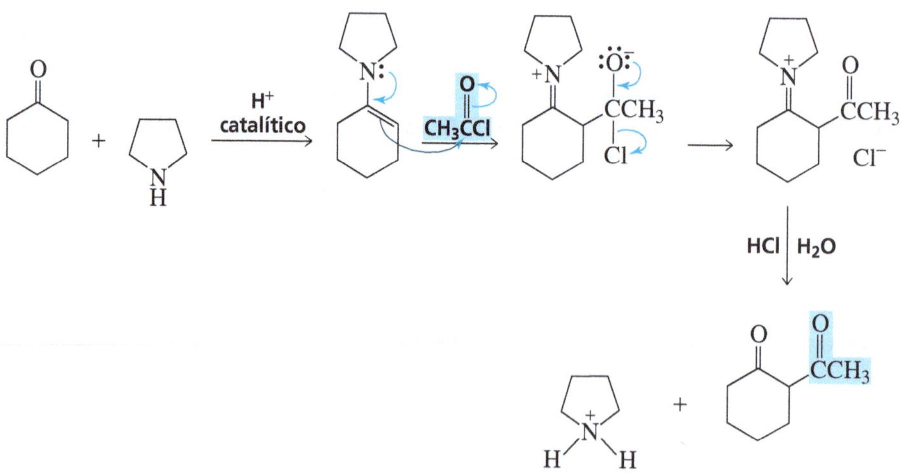

Observe que um carbono α de um aldeído ou de uma cetona pode reagir com um *eletrófilo* primeiro pelo tratamento da substância carbonilada com LDA ou pela conversão da substância carbonilada em uma enamina.

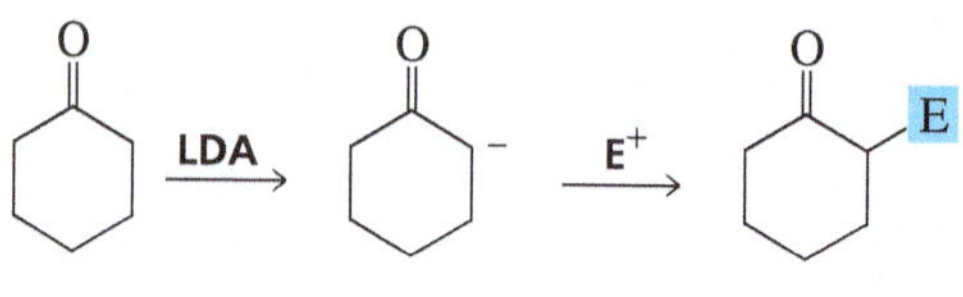

Alternativamente, o carbono α de um aldeído ou de uma cetona pode reagir com um *nucleófilo* primeiro com a bromação da posição α da substância carbonilada.

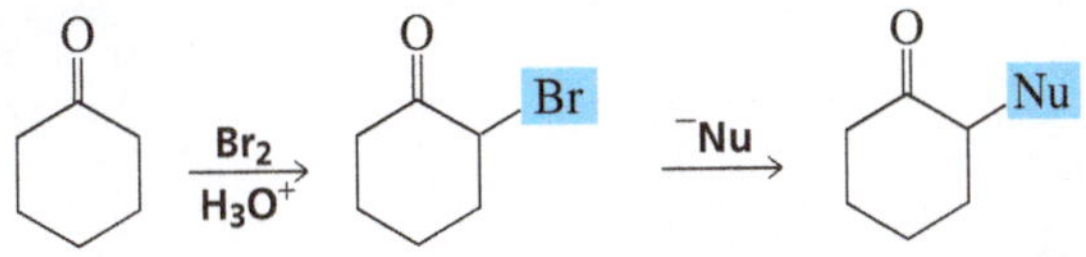

PROBLEMA 15

Descreva como as seguintes substâncias poderiam ser preparadas usando uma enamina como intermediário.

a. 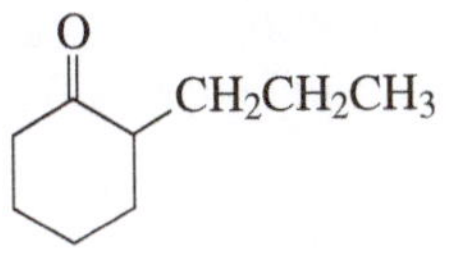

b. 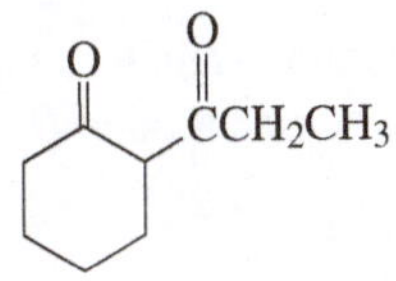

19.10 Alquilação do carbono β: a reação de Michael

Na Seção 18.13, vimos que os nucleófilos reagem com aldeídos e cetonas α,β-insaturados, formando produtos de adição direta ou conjugada; na Seção 18.14, vimos que os nucleófilos reagem com derivados de ácido carboxílico α,β-insaturados, formando produtos de substituição nucleofílica acílica ou produtos de adição conjugada.

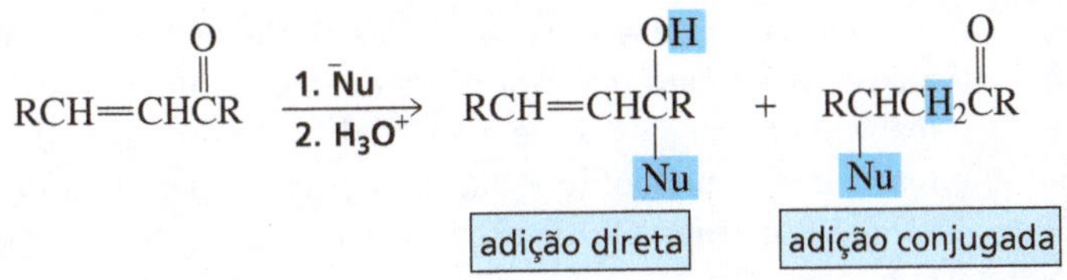

Quando o nucleófilo é um enolato, a reação de adição tem um nome especial — é conhecida como **reação de Michael**. Os enolatos que fornecem os melhores resultados nas reações de Michael são aqueles rodeados por dois grupos retiradores de elétrons: enolatos de β-dicetonas, β-diésteres, β-cetoésteres e β-cetonitrilas. Como os enolatos são bases relativamente fracas, a adição ocorre no carbono β de aldeídos e de cetonas α,β-insaturados. Os enolatos também se adicionam ao carbono β de ésteres e de amidas α,β-insaturados devido à baixa reatividade do grupo carbonila. Observe que a reação de Michael forma substâncias 1,5-dicarbonílicas — se um carbono carbonílico estiver na posição 1, o outro carbono carbonílico está na posição 5.

A reação de Michael forma substâncias 1,5-dicarbonílicas

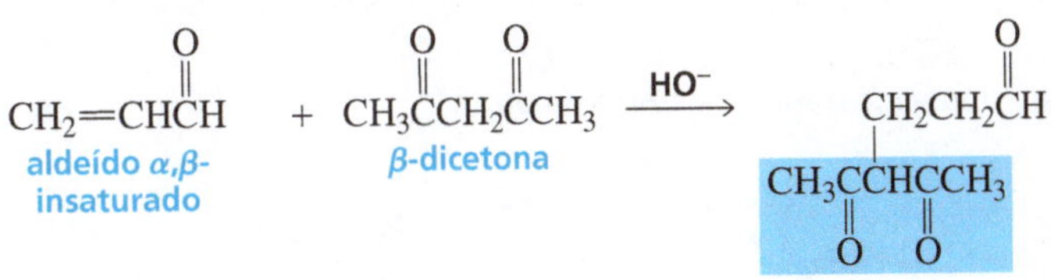

Arthur Michael (1853–1942) *nasceu em Buffalo, Nova York. Estudou na Universidade de Heildelberg, na Universidade de Berlim e na Escola de Medicina de Paris. Lecionou química nas universidades de Tuft e Harvard. Aposentou-se em Harvard com 83 anos.*

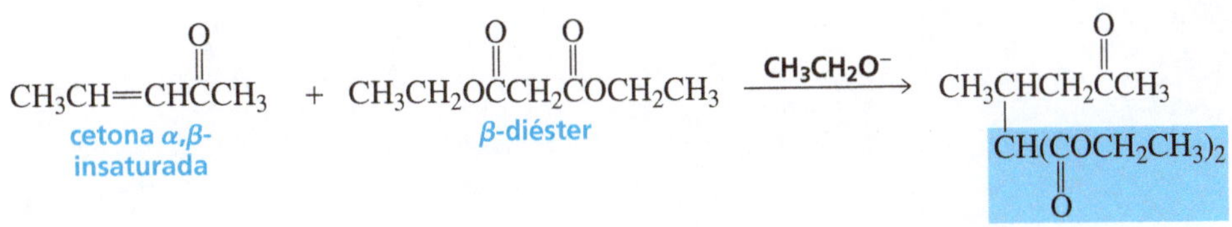

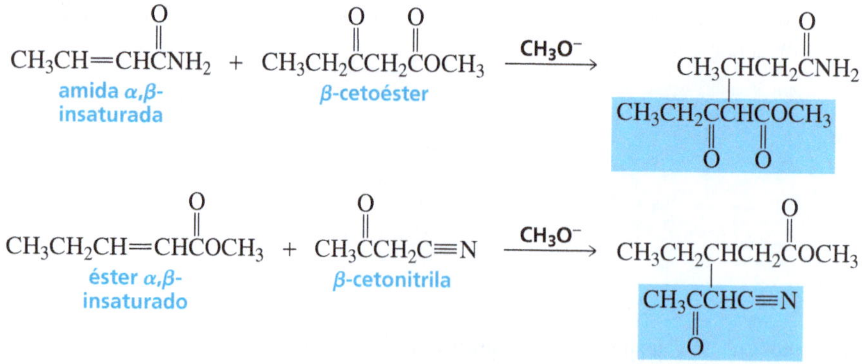

Todas essas reações ocorrem segundo o mesmo mecanismo: uma base remove um próton do carbono α do carbono ácido, o enolato é adicionado no carbono β de uma substância carbonilada α,β-insaturada, e o carbono α captura um próton do solvente.

mecanismo de reação de Michael

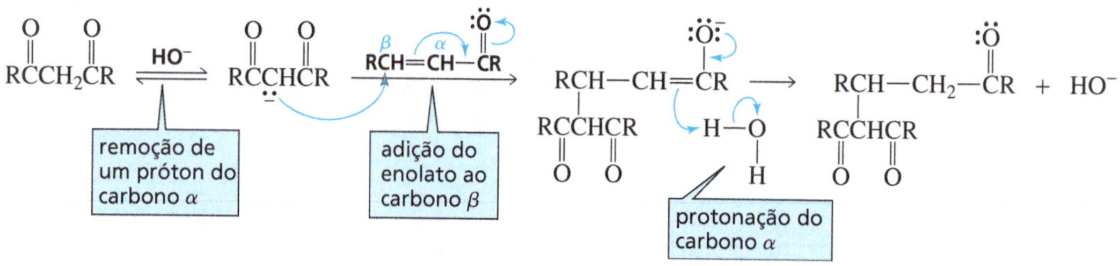

Gilbert Stork *nasceu na Bélgica em 1921. Formou-se pela Universidade da Flórida e tornou-se PhD pela Universidade de Wisconsin. Foi professor de química na Universidade de Harvard e desde 1953 leciona na Universidade de Colúmbia. É responsável pelo desenvolvimento de muitos procedimentos sintéticos novos, sendo que um deles recebeu seu nome.*

Observe que se os reagentes na reação de Michael também têm um grupo éster, a base usada para remover o próton α é igual ao grupo de saída do éster. Assim é realizada a reação porque a base, além de ser capaz de remover o próton α, pode reagir como nucleófilo e atacar o grupo carbonílico do éster. Se o nucleófilo for idêntico ao grupo OR do éster, o ataque nucleofílico no grupo carbonílico não altera o reagente.

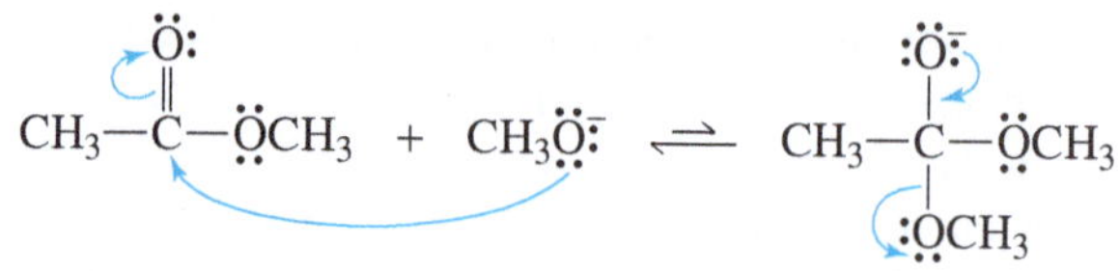

As enaminas podem substituir enolatos nas reações de Michael. Quando uma enamina é usada como nucleófilo na reação de Michael, a reação é conhecida como **reação de enamina de Stork**.

mecanismo de reação de enamina de Stork

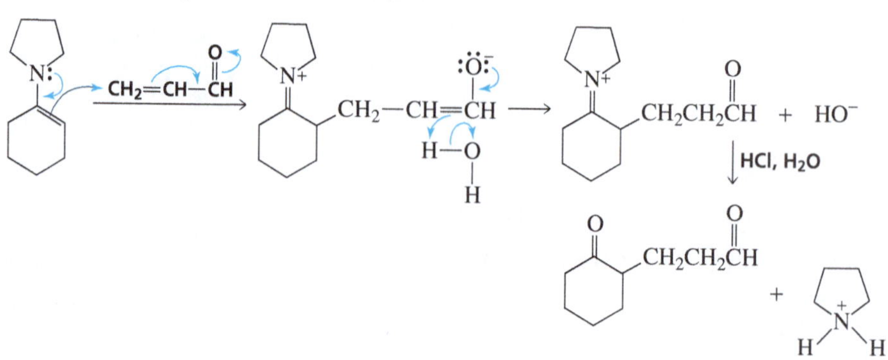

PROBLEMA 16

Quais reagentes você usaria para preparar as seguintes substâncias?

a. 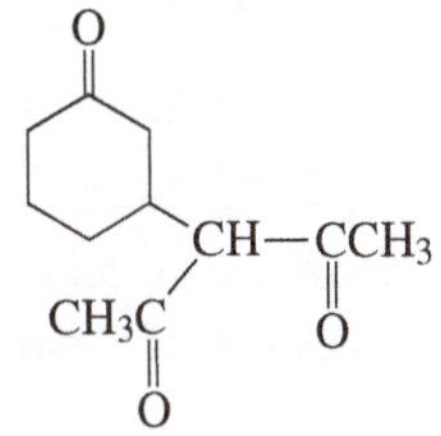

b. 

19.11 Adição aldólica

No Capítulo 18, vimos que os aldeídos e as cetonas são eletrófilos e, portanto, reagem com nucleófilos. Nas seções que antecederam este capítulo, vimos que, quando um próton é removido de um carbono α de um aldeído ou de uma cetona, o ânion resultante é um nucleófilo e, portanto, reage com um eletrófilo. Uma **adição aldólica** é uma reação na qual essas *duas* atividades são observadas: uma molécula de uma substância carbonilada — após a remoção de um próton do carbono α — reage como um *nucleófilo* e ataca o carbono carbonílico *eletrofílico* da segunda molécula da substância carbonilada.

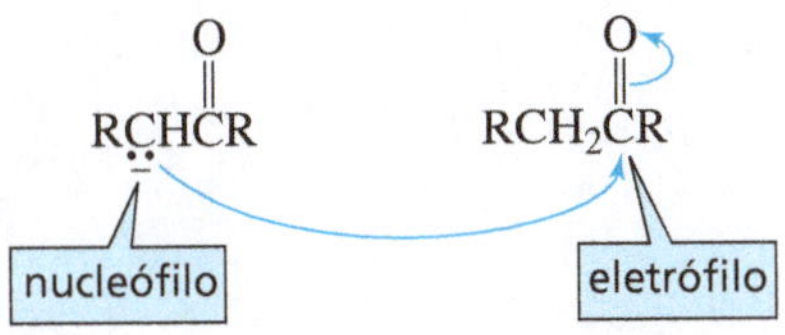

Uma adição aldólica é uma reação entre duas moléculas de um *aldeído* ou duas moléculas de uma *cetona*. Quando o reagente é um aldeído, o produto de adição é um β-hidroxialdeído, por esse motivo a reação é denominada adição aldólica ('ald' para aldeído, 'ol' para álcool). Quando o reagente é uma cetona, o produto de adição é uma β-hidroxicetona. Como a reação de adição é reversível, bons rendimentos do produto de adição são obtidos somente se ele for removido da solução na qual é formado.

Molecule Gallery: β-hidroxialdeído; β-hidroxicetona

WWW

adições aldólicas

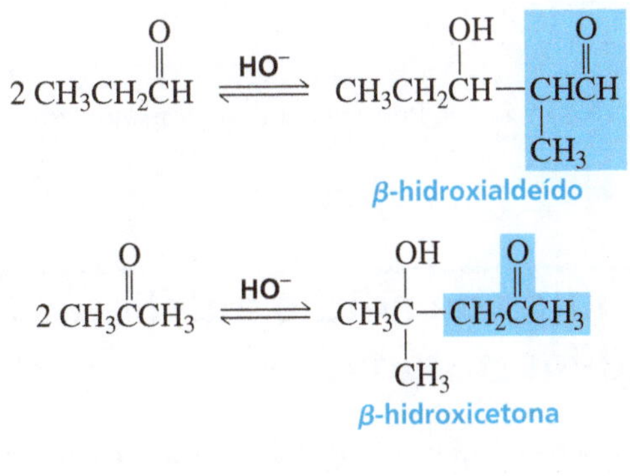

Na primeira etapa da adição aldólica, uma base remove um próton α de uma substância carbonilada, criando um enolato. O enolato se adiciona ao carbono carbonílico da segunda molécula da substância carbonilada, e o oxigênio resultante, carregado negativamente, é protonado pelo solvente.

A nova ligação C—C formada na adição aldólica está entre o carbono α de uma molécula e o carbono que antes era o carbono carbonílico da outra molécula.

mecanismo de adição aldólica

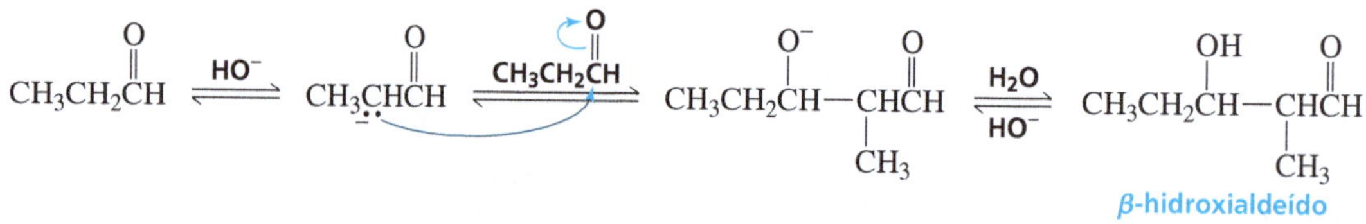

As cetonas são menos suscetíveis a ataques nucleofílicos do que os aldeídos (Seção 18.2), por isso a adição aldólica ocorre mais lentamente em cetonas. A alta reatividade relativa dos aldeídos em reações de adição aldólica competitivas é a responsável pelos baixos rendimentos dos produtos de α-alquilação (Seção 19.8).

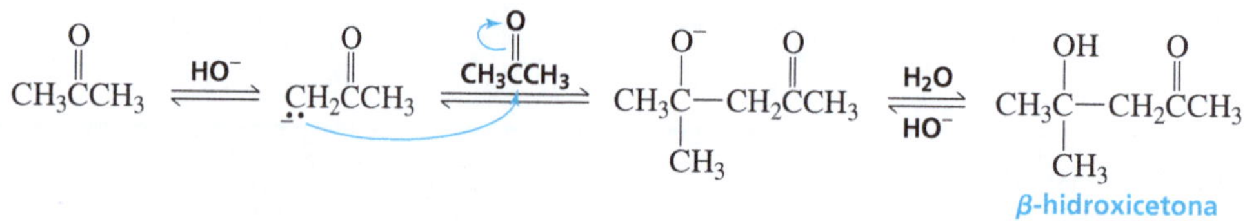

Como a reação de adição aldólica ocorre entre duas moléculas de uma mesma substância carbonilada, o produto tem o dobro do número de carbonos do reagente aldeído ou cetona.

PROBLEMA 17

Mostre os produtos de adição aldólica que você formaria com cada uma das seguintes substâncias:

a. 

b. 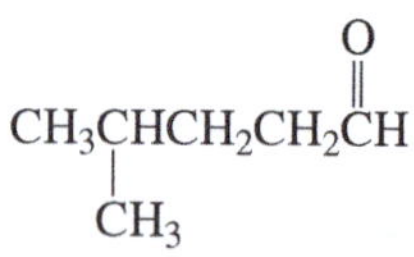

c. 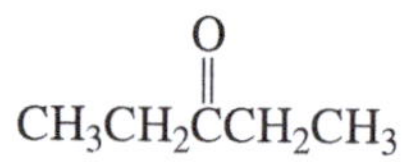

d. 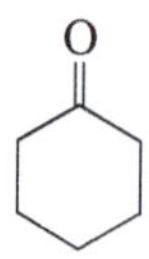

PROBLEMA 18◆

Para cada uma das seguintes substâncias, indique o aldeído ou a cetona de onde se formaram os produtos de adição aldólica a seguir:

a. 2-etil-3-hidroxi-hexanal
b. 4-hidróxi-4-metil-2-pentanona
c. 2,4-diciclo-hexil-3-hidroxibutanal
d. 5-etil-5-hidróxi-4-metil-3-heptanona

PROBLEMA 19

Uma adição aldólica pode ser catalisada por ácidos ou bases. Proponha um mecanismo para a adição aldólica do propanal catalisada por ácido.

19.12 Desidratação dos produtos de adição aldólica: formação de aldeídos e cetonas α,β-insaturados

Aprendemos que alcoóis se desidratam quando são aquecidos com ácidos (Seção 12.5, volume 1). Os produtos de reação de adição aldólica, o β-hidroxialdeído e a β-hidroxicetona, são mais facilmente desidratados do que muitos alcoóis porque a ligação dupla formada como resultado da desidratação está conjugada à carbonila. A conjugação aumenta a estabilidade do produto (Seção 8.3, volume 1) e, portanto, torna-o mais fácil de ser formado. Se o produto de uma adição aldólica for desidratado, a reação global é denominada **condensação aldólica.** A **reação de condensação** é uma reação que combina duas moléculas enquanto remove uma molécula pequena (geralmente água ou álcool).

O produto de adição aldólica perde água para formar o produto de condensação aldólica.

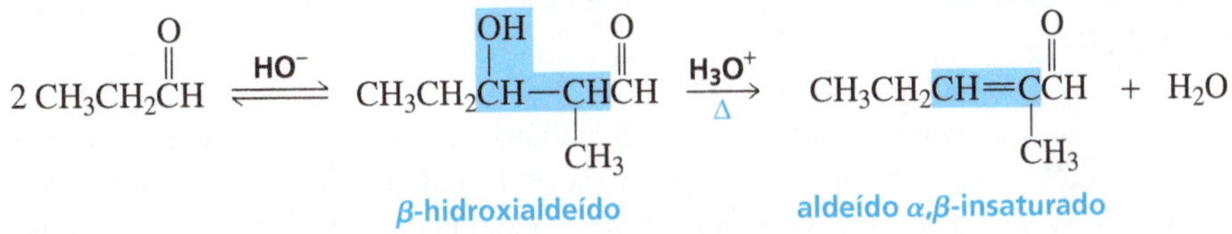

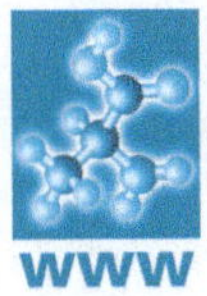

Molecule Gallery: 2-metil-2-pentenal (um aldeído α,β-insaturado)

Os β-hidroxialdeídos e as β-hidroxicetonas também podem ser desidratados em condições básicas, assim, ocorre a desidratação ao aquecer o produto de aldol tanto em ácido quanto em base. O produto de desidratação é denominado enona — 'eno' para a ligação dupla e 'ona' para o grupo carbonílico.

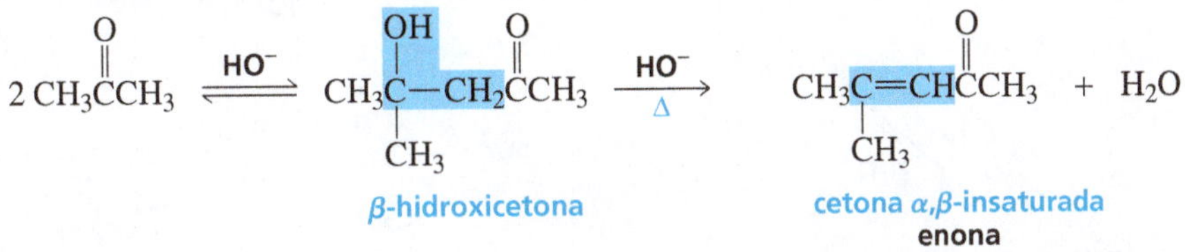

A desidratação algumas vezes ocorre em condições nas quais a adição aldólica é realizada sem aquecimento adicional. Em casos assim, a substância β-hidroxicarbonilada funciona como um intermediário, e a enona, como o produto final de reação. Por exemplo, a β-hidroxicetona formada da adição aldólica da acetofenona perde água logo que é formada porque a ligação dupla resultante da perda de água é conjugada não apenas com o grupo carbonílico, mas também com o anel benzênico. A conjugação estabiliza o produto de desidratação e por isso o torna mais fácil de ser formado.

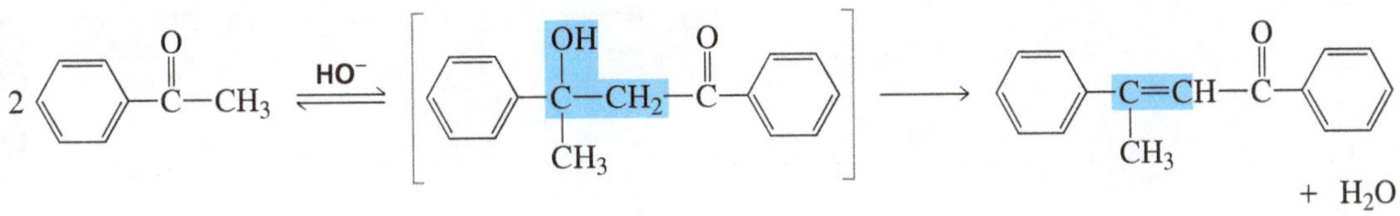

PROBLEMA 20 **RESOLVIDO**

Como você poderia preparar as seguintes substâncias usando um material de partida com até três átomos de carbono?

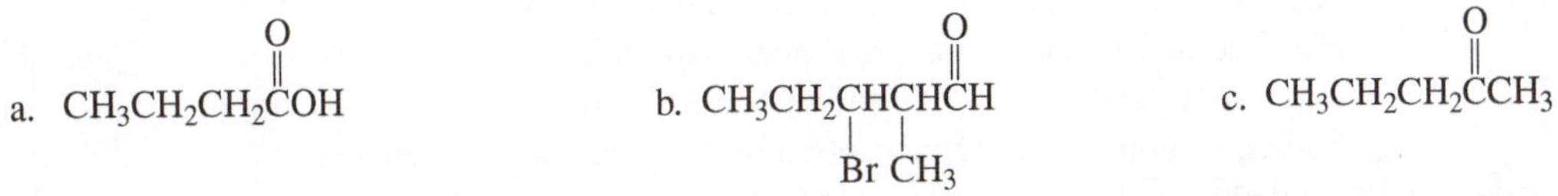

RESOLUÇÃO PARA 20a Uma substância com o esqueleto carbônico adequado pode ser obtida se um aldeído com dois carbonos sofrer uma adição aldólica. A desidratação do produto de adição forma um aldeído α,β-insaturado. A hidrogenação catalítica forma um aldeído. Alguns aldeídos α,β-insaturados podem ser reduzidos a um álcool, mas não há problema porque tanto o aldeído quanto o álcool formados podem ser oxidados por uma solução de CrO_3 para a molécula-alvo (Seção 20.2).

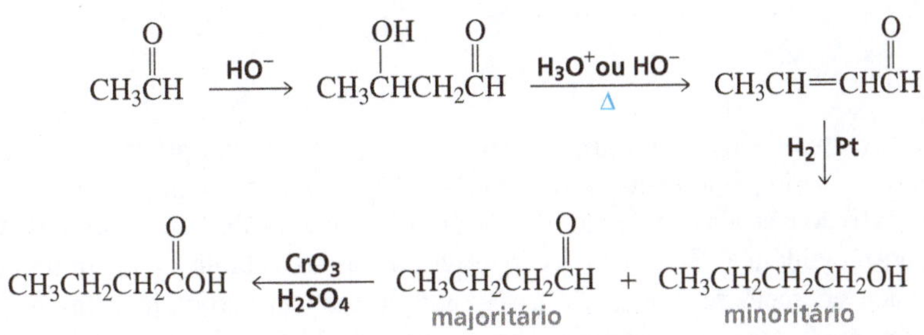

19.13 Adição aldólica mista

Se duas substâncias carboniladas diferentes são usadas para uma adição aldólica, quatro produtos podem ser formados porque cada enolato pode reagir com outra molécula da substância carbonilada da qual o enolato foi formado e com outra substância carbonilada. No exemplo a seguir, as substâncias carboniladas A e B podem perder um próton de um carbono α para formar os enolatos A^- e B^-; A^- pode reagir com A ou B, e B^- pode reagir com A ou B:

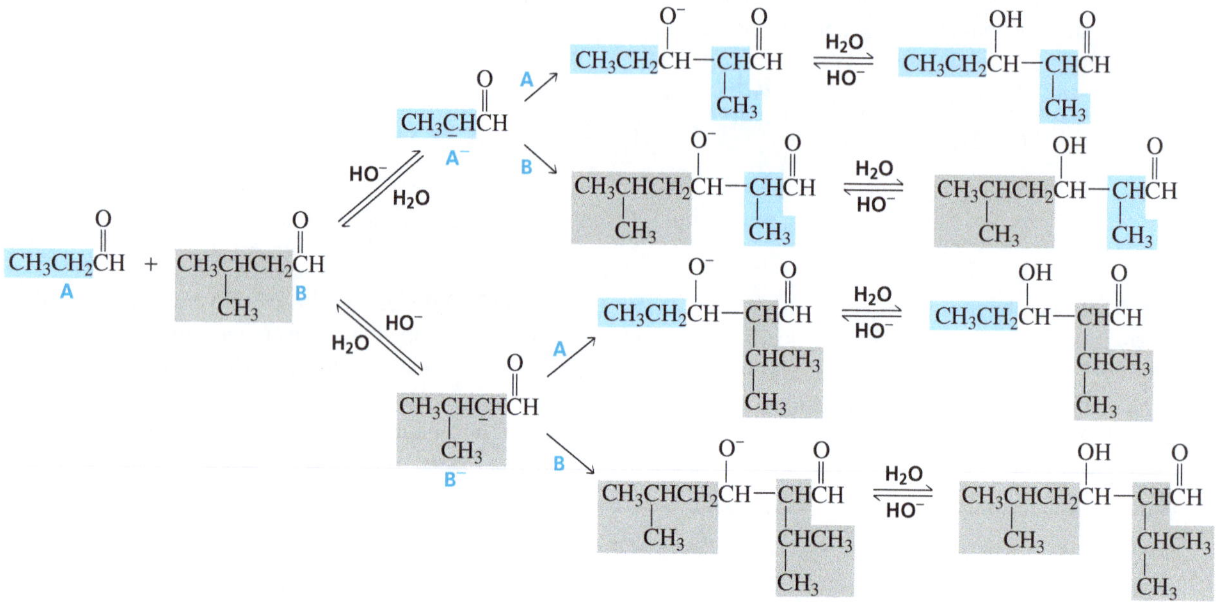

A reação anterior é denominada **adição aldólica mista** ou **adição aldólica cruzada**. Os quatro produtos possuem propriedades físicas similares, o que dificulta a separação. Conseqüentemente, uma adição aldólica mista que leva à formação de quatro produtos não é uma reação sintética útil.

Tutorial Gallery: Reação aldólica–síntese
WWW

Em certas condições reacionais, uma adição aldólica mista pode levar inicialmente a um produto. Se uma das substâncias carboniladas não tem um hidrogênio α, não é possível formar o enolato. Dessa maneira, o número de produtos possíveis se reduz de quatro para dois. Uma quantidade maior de um dos dois produtos será formada se a substância *sem* o hidrogênio α estiver sempre presente em excesso. Isso porque o enolato estará mais apto a reagir com o aldeído em excesso em vez de com a outra molécula da substância carbonilada do qual o enolato foi formado, caso haja mais da substância sem hidrogênios α na solução. Portanto, a substância com hidrogênios α deve ser adicionada lentamente a uma solução básica da substância sem os hidrogênios α.

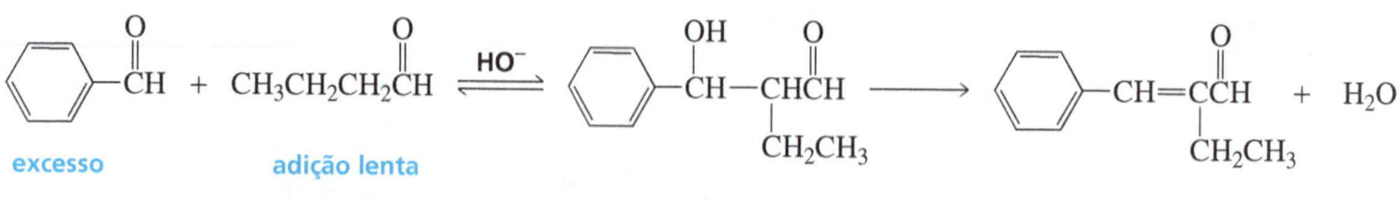

Se as duas substâncias carboniladas tiverem hidrogênios α, inicialmente um produto aldólico pode ser obtido se o LDA for usado para remover o hidrogênio α que gera o enolato. Como o LDA é uma base forte (Seção 19.7), todas as substâncias carboniladas serão convertidas em enolatos, e assim não haverá substância carbonilada com a qual o enolato poderá reagir em uma adição aldólica. Não é possível ocorrer uma adição aldólica enquanto a segunda substância carbonilada não for adicionada ao meio reacional. Se a segunda substância carbonilada for adicionada lentamente, a possibilidade de que ela forme um enolato e depois reaja com outra molécula igual será minimizada.

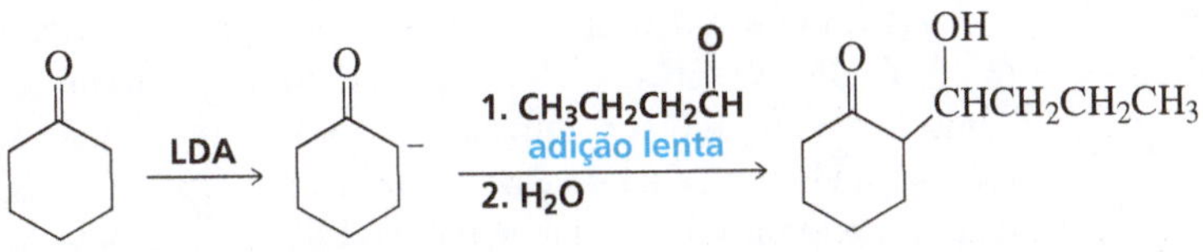

PROBLEMA 21

Dê os produtos obtidos em uma adição aldólica mista das seguintes substâncias:

a. 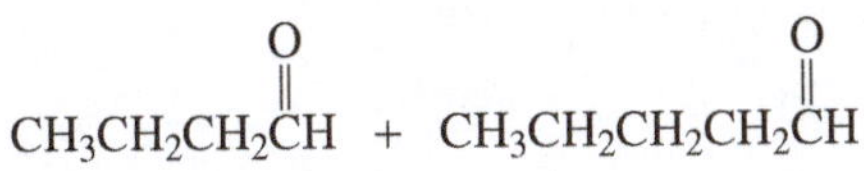

b. 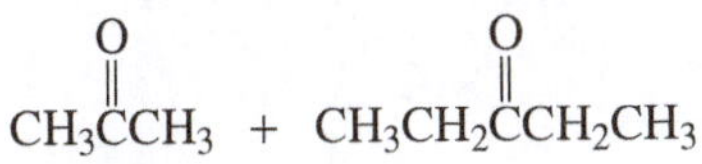

c. 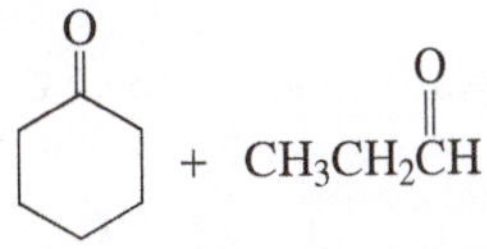

d. 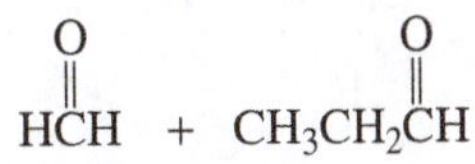
excesso

PROBLEMA 22

Descreva como as seguintes substâncias podem ser preparadas usando uma adição aldólica na primeira etapa de síntese:

a. 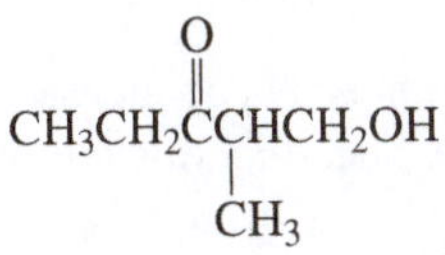

b. 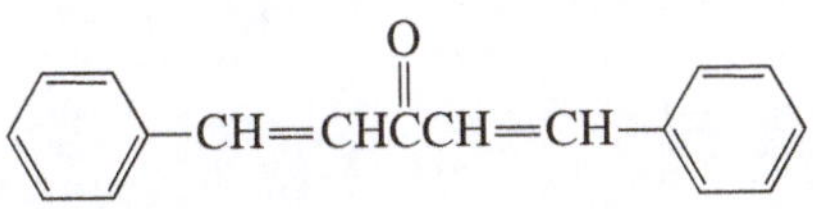

c. 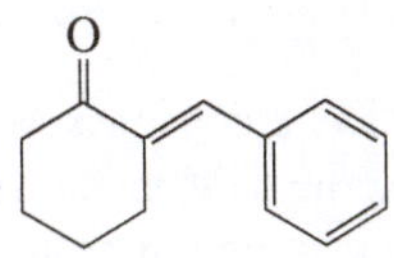

PROBLEMA 23

Proponha um mecanismo para a seguinte reação:

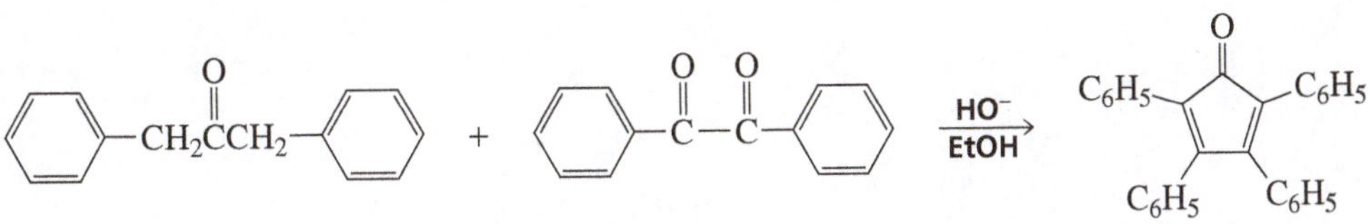

19.14 Condensação de Claisen

Quando duas moléculas de um *éster* sofrem uma reação de condensação, a reação é denominada **condensação de Claisen**. O produto da condensação de Claisen é um β-cetoéster.

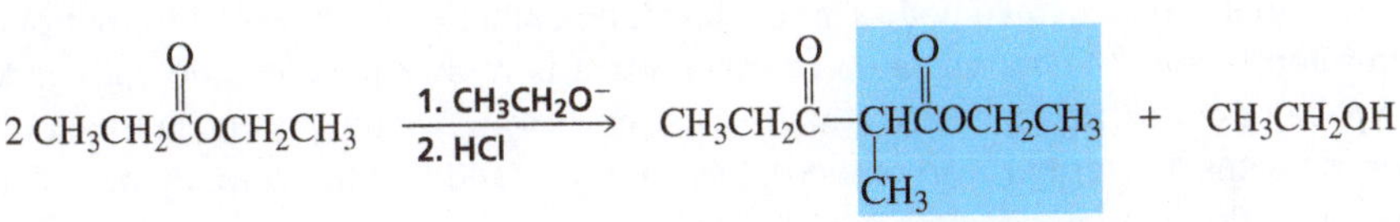

β-cetoéster

Molecule Gallery: β-cetoéster

WWW

Ludwig Claisen (1851–1930) *nasceu na Alemanha e tornou-se PhD pela Universidade de Berlim, tendo estudando com Kekulé. Lecionou química nas universidades de Bonn, Owens College (Manchester, Inglaterra), de Munique, na Universidade de Aachen, de Kiel e de Berlim.*

Assim como em uma adição aldólica, em uma condensação de Claisen uma molécula da substância carbonilada é convertida em um enolato quando um hidrogênio α é removido por uma base forte. O enolato ataca o carbono carbonílico de uma segunda molécula do éster. A base empregada corresponde ao grupo de saída de éster, portanto o reagente não é modificado se a base agir como um nucleófilo e atacar o grupo carbonílico (Seção 19.10).

mecanismo para condensação de Claisen

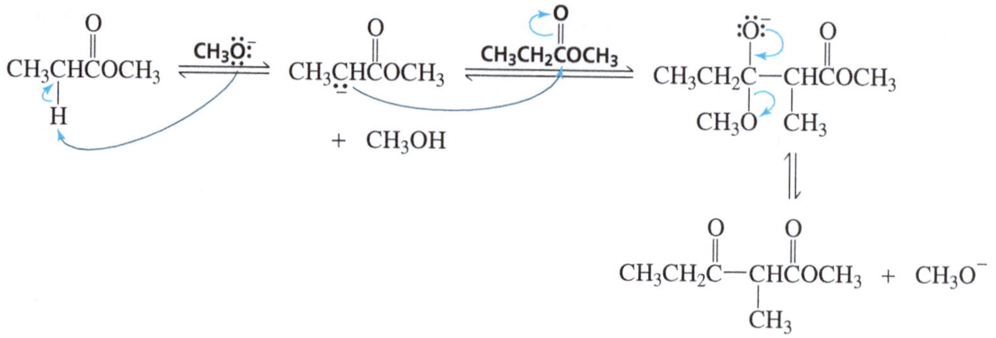

Após o ataque nucleofílico, a condensação de Claisen e a adição aldólica tornam-se diferentes. Na condensação de Claisen, o oxigênio carregado negativamente restaura a ligação π e elimina o grupo $^-$OR. Na adição aldólica, o oxigênio carregado negativamente captura um próton do solvente.

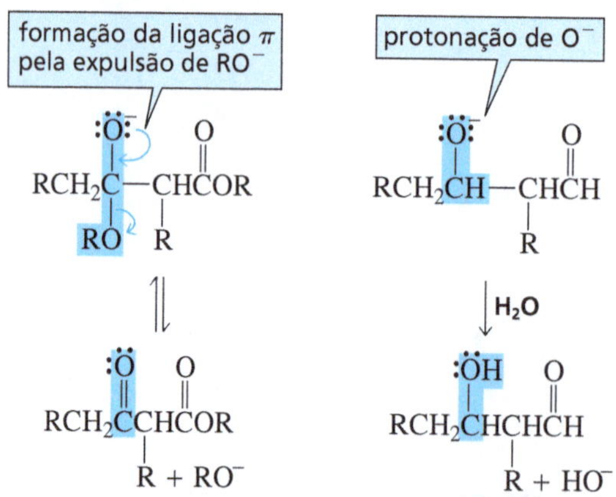

A diferença entre a última etapa na condensação de Claisen e a última etapa da adição aldólica deriva da diferença entre ésteres e aldeídos ou cetonas. Com os ésteres, o carbono onde está ligado o oxigênio carregado negativamente também se liga a um grupo que pode ser expulso. Com os aldeídos ou cetonas, o carbono onde está ligado o oxigênio carregado negativamente não está ligado a um grupo que possa ser expulso. Assim, a condensação de Claisen é uma reação de substituição, enquanto a adição aldólica é uma reação, como a própria palavra diz, de adição.

A expulsão de um íon alcóxido é reversível porque o íon alcóxido pode rapidamente formar um intermediário tetraédrico pela reação com o β-cetoéster. A reação de condensação pode ser concluída, no entanto, se um próton for removido do β-cetoéster. A remoção de um próton previne a ocorrência de reação reversa porque o íon alcóxido carregado negativamente não reagirá com o ânion β-cetoéster carregado negativamente. É simples remover um próton do β-cetoéster porque seu carbono central está rodeado pelos dois grupos carbonílicos, tornando seus hidrogênios α muito mais ácidos que os hidrogênios α do éster, que foi usado como material de partida.

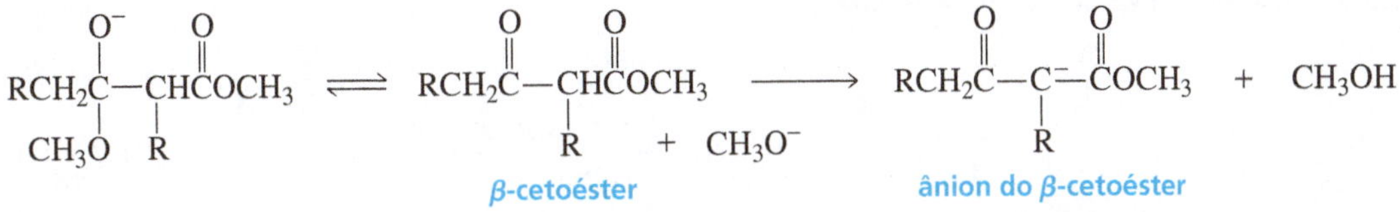

Como conseqüência, uma condensação de Claisen bem-sucedida precisa de um éster com dois hidrogênios α e uma quantidade equivalente de base maior do que a quantidade catalítica de base. Quando a reação é concluída, a adição de ácido no meio reacional reprotona o ânion β-cetoéster. Qualquer alcóxido restante que poderia causar a reação reversa também será protonado.

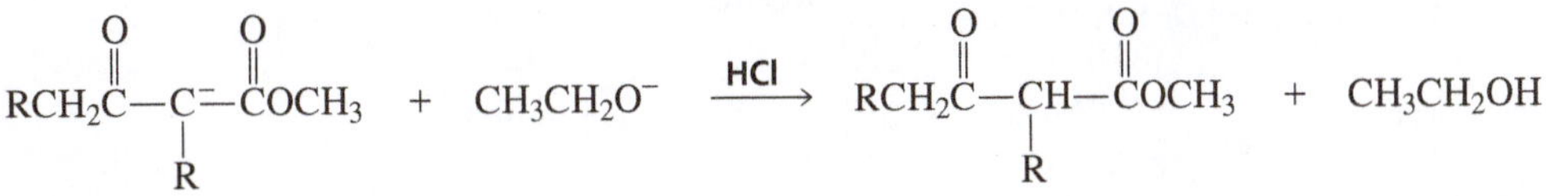

PROBLEMA 24◆

Dê os produtos das seguintes reações:

a. 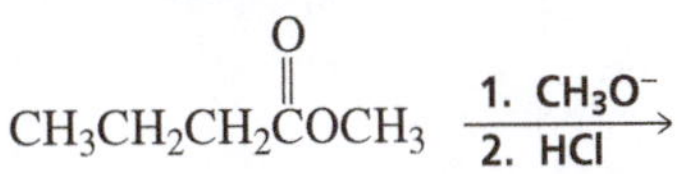

b. 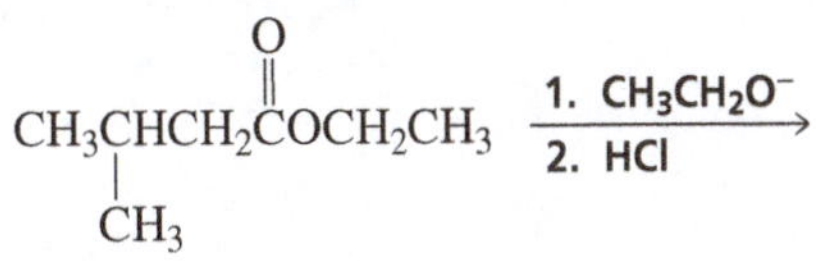

PROBLEMA 25

Explique por que um produto de condensação de Claisen não é obtido a partir de ésteres como o benzoato de etila e o 2-metilbutanoato de etila.

19.15 Condensação mista de Claisen

A **condensação mista de Claisen** é uma reação de condensação entre dois ésteres diferentes. Assim como uma adição aldólica mista, uma condensação de Claisen mista é uma reação útil somente se for realizada sob condições que promovam a formação de um produto principal. Caso contrário, uma mistura de produtos que sejam difíceis de separar seria formada. Será formado um produto principal se um dos ésteres não tiver um hidrogênio α (e, portanto, não puder formar o enolato) e se o outro éster for adicionado lentamente de modo que o éster sem hidrogênios α fique sempre em excesso.

condensação mista de Claisen

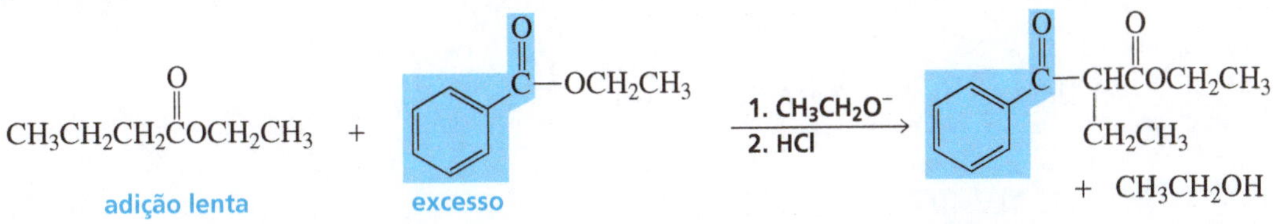

Uma reação similar à reação de condensação de Claisen é a condensação entre uma cetona e um éster. Como os hidrogênios α de uma cetona são mais ácidos que os de um éster, é formado um produto principal se a cetona e a base forem adicionadas lentamente ao éster. O produto é uma β-dicetona. Devido à diferença de acidez dos hidrogênios α, o produto de condensação principal também será obtido se os dois reagentes tiverem hidrogênios α.

condensação de um éster e de uma cetona

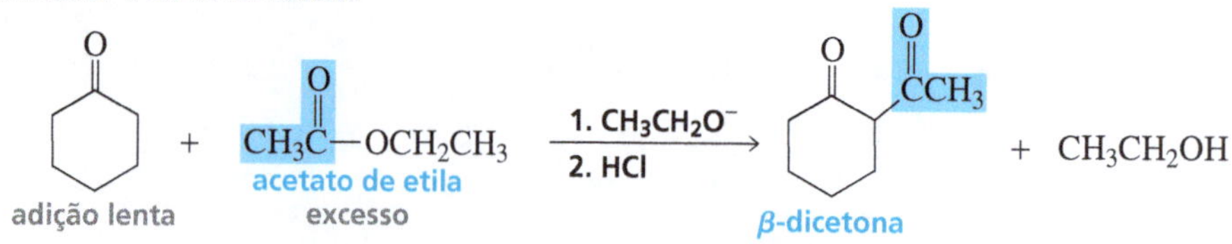

O β-cetoaldeído é formado quando uma cetona se condensa com um éster fórmico.

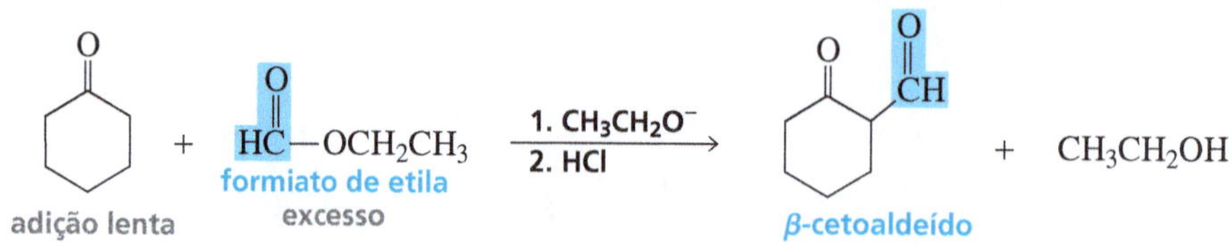

O β-cetoéster é formado quando uma cetona se condensa com um carbonato de dietila.

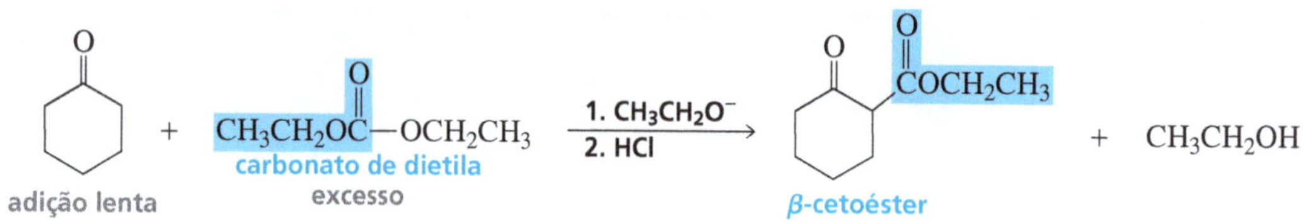

PROBLEMA 26

Dê o produto de cada uma das seguintes reações:

a. 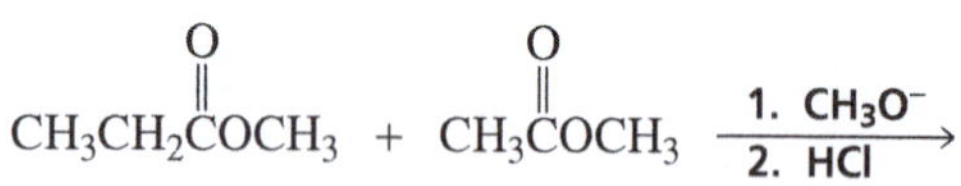

b. 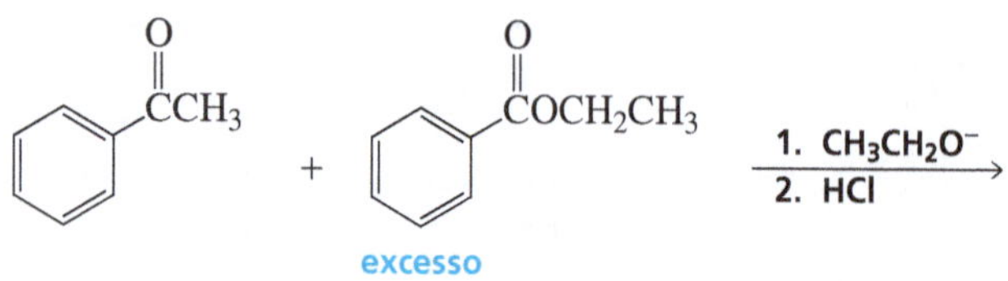

c. 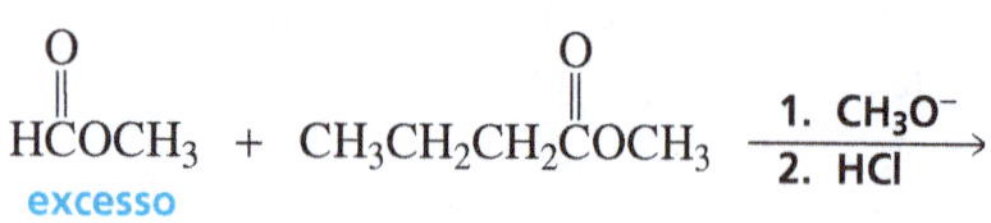

d. 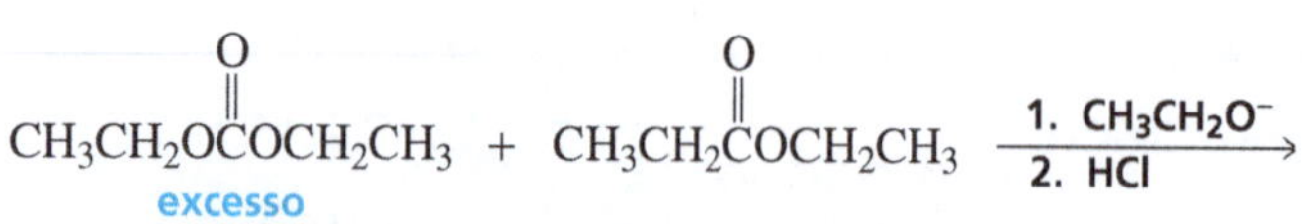

PROBLEMA 27 **RESOLVIDO**

Mostre como as seguintes substâncias poderiam ser preparadas, partindo-se da 3-cianociclo-hexanona:

a. 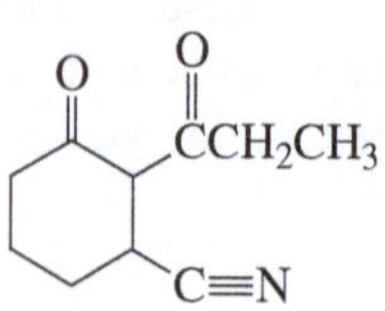

b. 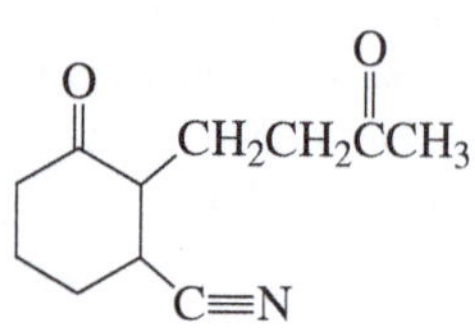

RESOLUÇÃO PARA 27a Como a substância desejada é uma substância 1,3-dicarbonilada, ela pode ser preparada tratando-se um enolato com um éster.

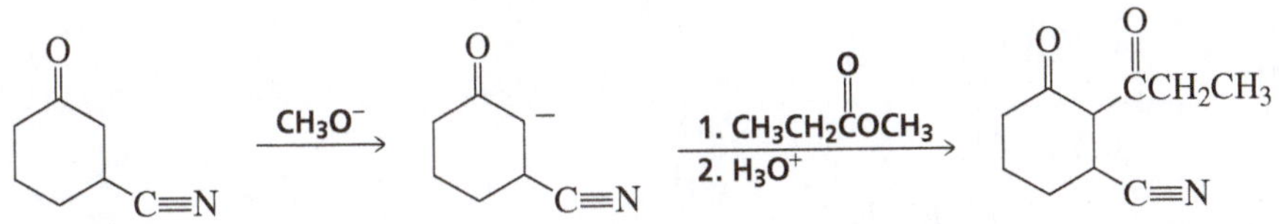

RESOLUÇÃO PARA 27b Como a substância desejada é uma substância 1,5-dicarbonilada, ela pode ser preparada pela reação de Michael — tratando o enolato com uma substância carbonilada α,β-insaturada.

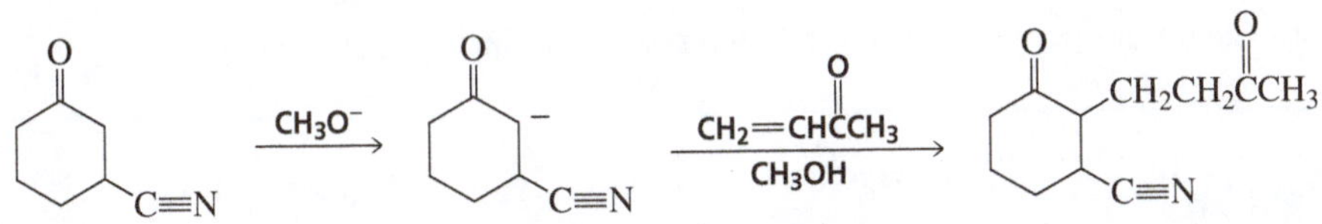

Tutorial Gallery: Reações de Claisen–síntese

WWW

19.16 Condensação intramolecular e reações de adição

Vimos que se uma substância tiver dois grupos funcionais que podem reagir um com o outro, uma reação intramolecular pode ocorrer facilmente se a reação conduzir à formação de anéis de cinco e seis membros (Seção 11.11, volume 1). Conseqüentemente, se a base for adicionada a uma substância que contenha dois grupos carbonílicos, uma reação intramolecular ocorre se um produto com um anel de cinco ou seis membros puder ser formado. Assim, uma substância com dois grupos éster sofre uma condensação de Claisen intramolecular, e uma substância com dois grupos aldeído ou cetona sofre adição aldólica intramolecular.

Condensação aldólica intramolecular

A adição de base a um 1,6-diéster faz esse diéster sofrer uma condensação de Claisen intramolecular; desse modo é formado um β-cetoéster cíclico de cinco membros. Uma condensação de Claisen intramolecular é denominada **condensação de Dieckmann**.

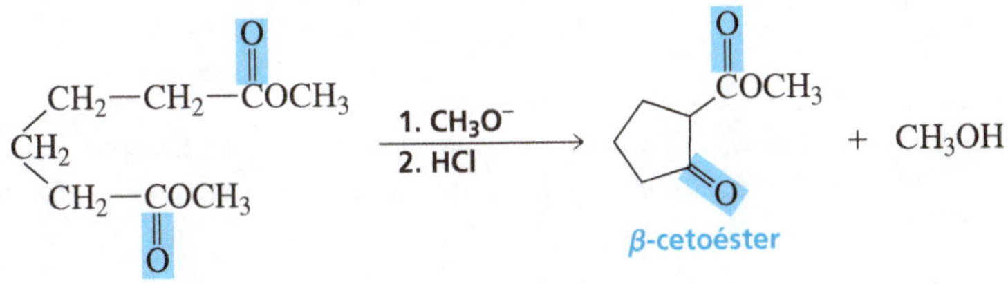

1,6-diéster β-cetoéster

Walter Dieckmann (1869–1925) *nasceu na Alemanha. Tornou-se PhD pela Universidade de Munique, onde passou a lecionar química.*

Um β-cetoéster cíclico de seis membros é formado a partir de uma condensação de Dieckmann de um 1,7-diéster.

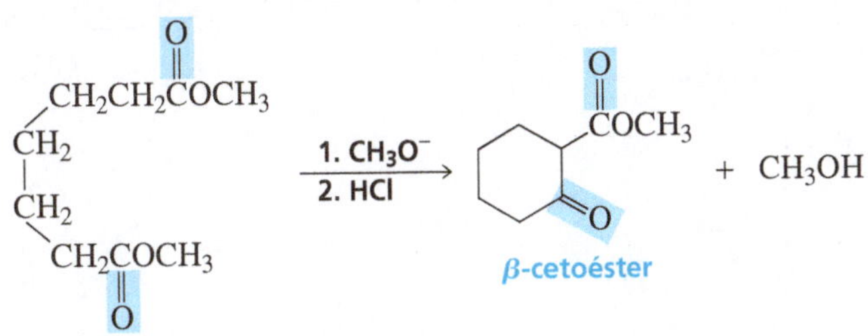

1,7-diéster β-cetoéster

O mecanismo de condensação de Dieckmann é o mesmo mecanismo de condensação de Claisen. A única diferença entre as duas reações é que o enolato e o grupo carbonílico que sofre o ataque nucleofílico estão em diferentes moléculas na condensação de Claisen, mas estão na mesma molécula na condensação de Dieckmann. A condensação de Dieckmann, assim como a condensação de Claisen, é conduzida ao fim pela realização da reação com base suficiente para remover um próton do carbono α do produto β-cetoéster.

mecanismo para condensação de Dieckmann

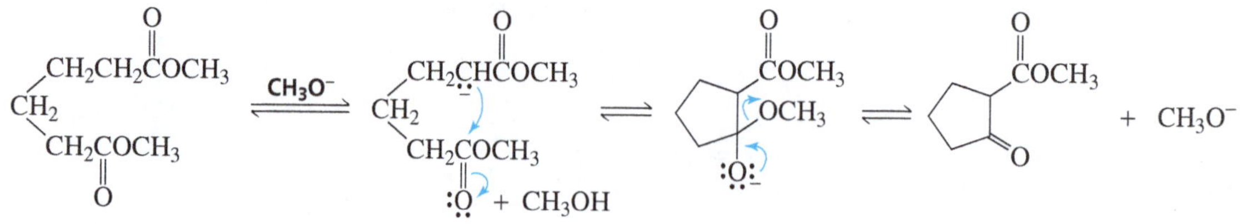

> **PROBLEMA 28**
>
> Escreva o mecanismo para a formação de um β-cetoéster cíclico catalisado por base a partir do 1,7-diéster.

Adições aldólicas intramoleculares

Em virtude de uma 1,4-cetona possuir dois grupos diferentes de hidrogênios α, dois produtos de adição intramolecular diferentes podem ser potencialmente formados — um com um anel de cinco membros e outro com um anel de três membros. A maior estabilidade dos anéis de cinco e seis membros favorece-lhes a formação preferencial (Seção 2.11, volume 1). Na realidade, o produto cíclico de cinco membros é o único produto formado de uma adição aldólica intramolecular de uma 1,4-dicetona.

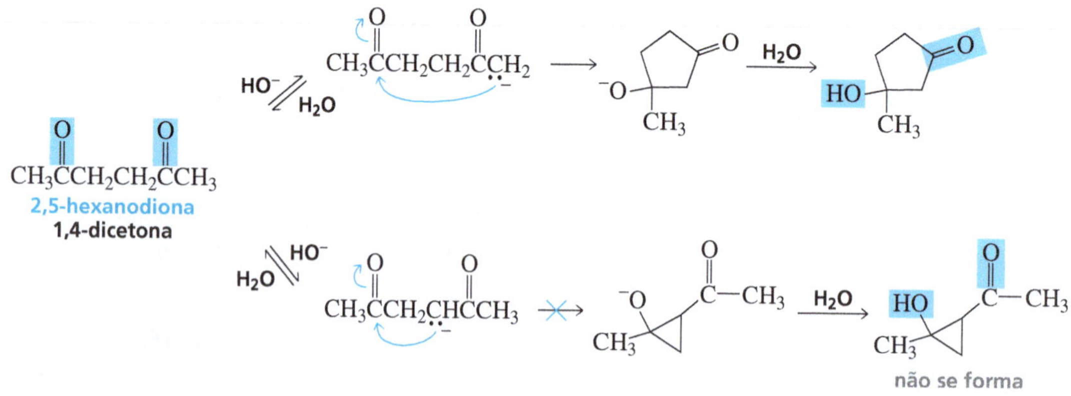

A adição aldólica intramolecular de 1,6-dicetona leva potencialmente à formação de produtos cíclicos com sete ou cinco membros. Novamente, o produto mais estável — o que apresenta um ciclo com cinco membros — é o único produto de reação.

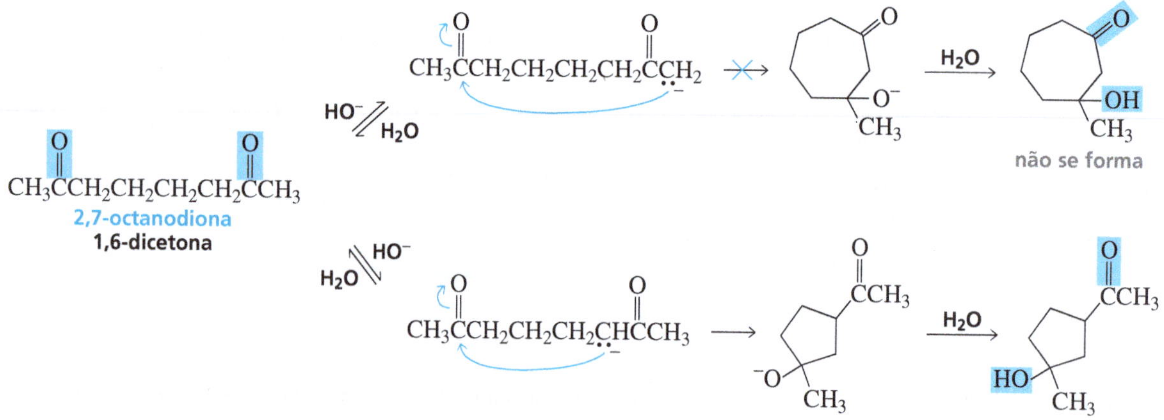

As 1,5-dicetonas e as 1,7-dicetonas sofrem adição aldólicas intramoleculares para formar produtos cíclicos de seis membros.

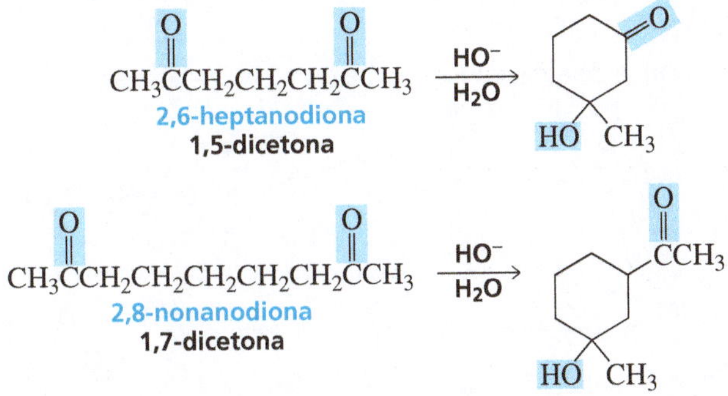

PROBLEMA 29◆

Se a preferência para a formação de anéis de seis membros não fosse tão grande, qual outro produto cíclico poderia ser formado da adição aldólica intramolecular da

a. 2,6-heptanodiona?

b. 2,8-nonanodiona?

PROBLEMA 30

A 2,4-pentanodiona pode sofrer adição aldólica intramolecular? Em caso positivo, por quê? Em caso negativo, por que não?

PROBLEMA 31 RESOLVIDO

Quais produtos podem ser obtidos se o seguinte cetoaldeído for tratado com uma base? Qual produto você esperaria ser o majoritário?

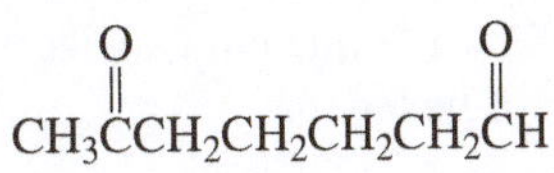

RESOLUÇÃO Três produtos são possíveis porque existem três diferentes grupos de hidrogênios α. Uma quantidade maior de B e C é formada em relação a A porque um anel de cinco membros é formado preferencialmente ao anel de sete membros. O produto majoritário depende das condições reacionais. A substância B é o produto termodinâmico porque é formado de um enolato mais estável. A substância C é o produto cinético porque o hidrogênio α do aldeído é mais ácido do que o hidrogênio α da cetona (Tabela 19.1).

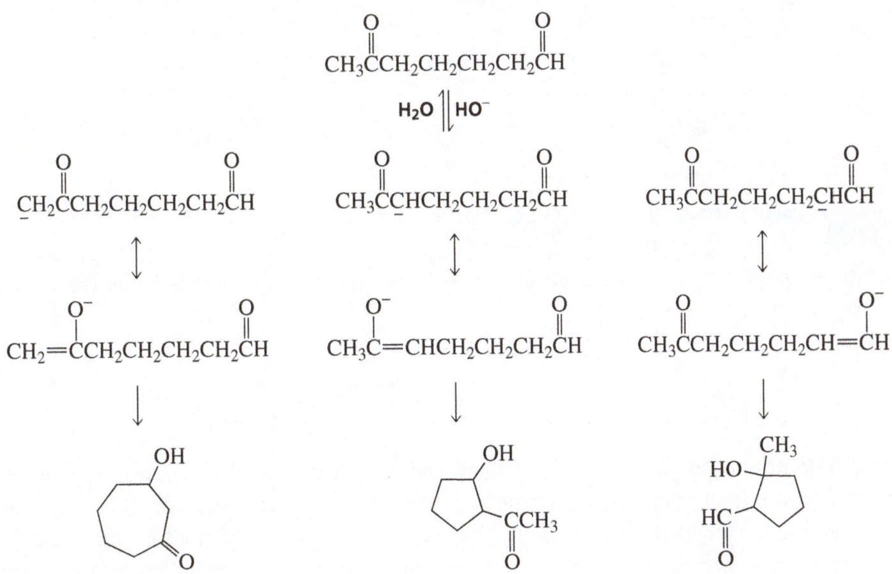

A B C

PROBLEMA 32◆

Dê os produtos de reação para cada uma das seguintes substâncias ao reagi-las com base:

a. 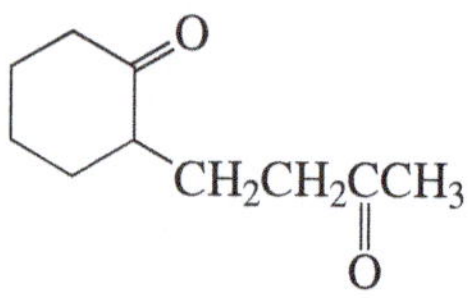

c. 

b. 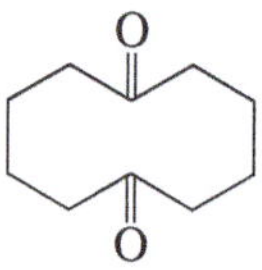

d. 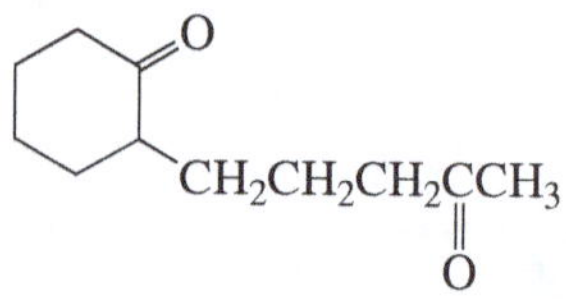

Sir Robert Robinson (1886–1975), *filho de um operário, nasceu na Inglaterra. Após tornar-se PhD pela Universidade de Manchester, trabalhou na faculdade da Universidade de Sidney, na Autrália. Retornou para a Inglaterra três anos depois e em 1929 passou a lecionar química em Oxford. Robinson foi um talentoso alpinista. Foi condecorado com o título de cavaleiro em 1939 e recebeu o Prêmio Nobel de química pelo trabalho sobre alcalóides.*

Anelação de Robinson

As reações que formam a ligação carbono–carbono são muito importantes para os químicos sintéticos. Sem tais reações, uma grande quantidade de moléculas orgânicas não poderia ser preparada a partir de outras menores. Vimos que a reação de Michael e as adições aldólicas formam ligações carbono–carbono. A **anelação de Robinson** é uma reação que une esses dois métodos de formação de ligação carbono–carbono em uma mesma reação, fornecendo uma rota para a síntese de muitas moléculas orgânicas complexas. 'Anelação' deriva de *annulus*, termo latino para 'anel'. Portanto, uma **reação de anelação** é uma reação de formação de anel.

O primeiro estágio na anelação de Robinson é uma reação de Michael, que forma a 1,5-dicetona. Você acabou de ver que a 1,5-dicetona sofre adição aldólica intramolecular quando tratada com base — esse é o segundo estágio da anelação de Robinson. Observe que uma anelação de Robinson resulta em um produto que tem o anel 2-ciclo-hexenona.

anelação de Robinson

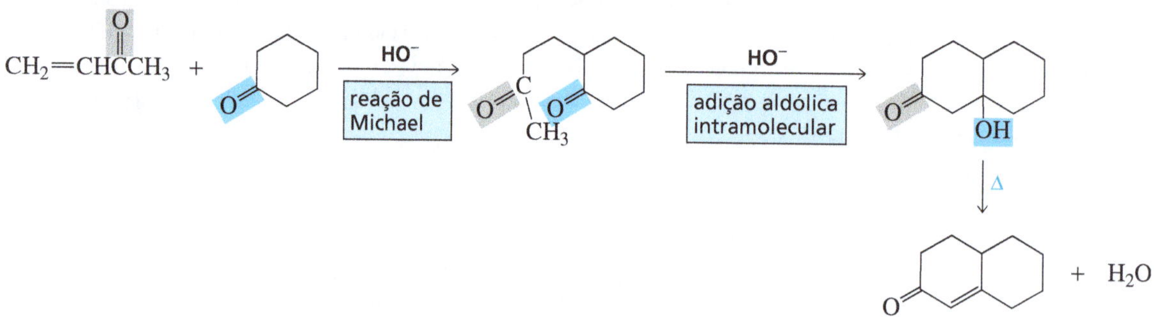

PROBLEMA — ESTRATÉGIA PARA RESOLUÇÃO

Proponha uma síntese para cada uma das seguintes substâncias usando uma anelação de Robinson:

a. 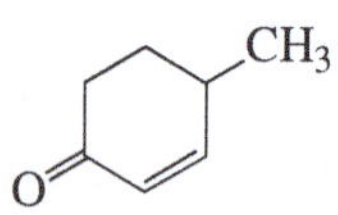

b. 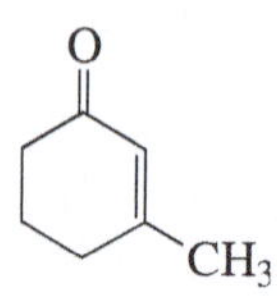

Analisando a anelação de Robinson, poderemos determinar quais partes das moléculas são provenientes dos reagentes. Com isso, nos é permitido escolher os reagentes apropriados para qualquer outra anelação de Robinson. A análise nos mostra que o grupo ceto da ciclo-hexanona se origina da substância carbonilada α,β-insaturada e a ligação dupla se origina do ataque de um enolato de uma substância carbonilada α,β-insaturada em um grupo carbonila do outro reagente. Assim, podemos chegar aos reagentes apropriados cortando ao meio a ligação dupla e cortando entre os carbonos β e γ do outro lado do grupo carbonílico.

Tutorial Gallery: Anelação de Robinson – síntese

WWW

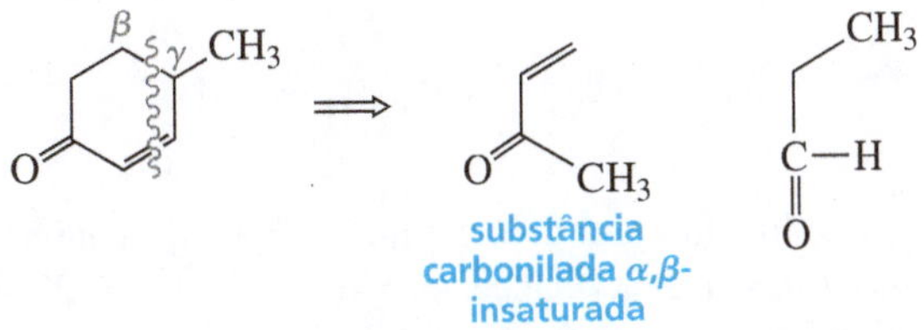

Portanto, os reagentes necessários para (a) são:

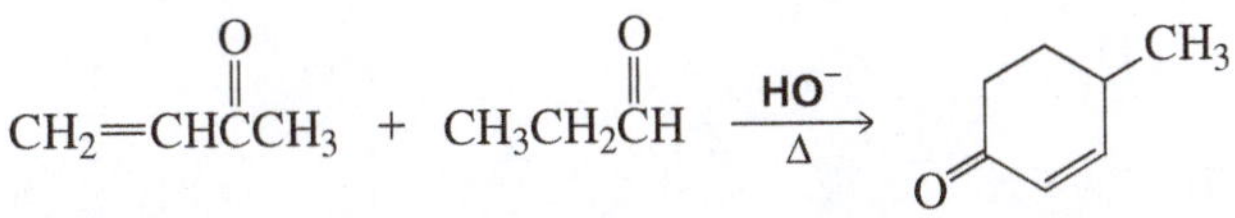

Cortando (b) ao meio, podemos determinar os reagentes necessários para a sua síntese:

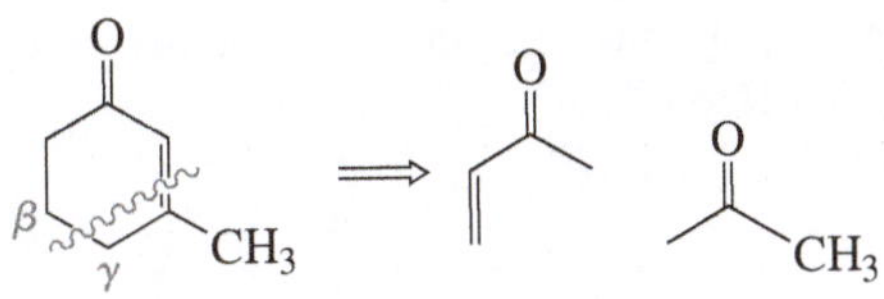

Portanto, os reagentes necessários para (b) são:

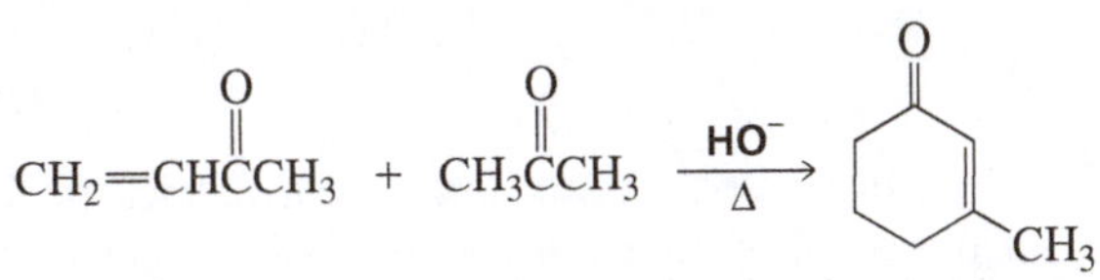

Agora resolva o Problema 33.

PROBLEMA 33

Proponha uma síntese para cada uma das seguintes substâncias, usando a anelação de Robinson:

a. 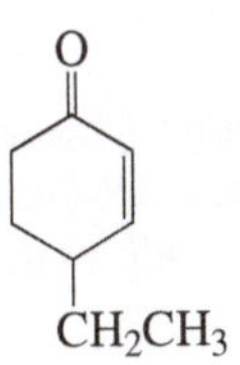

c. 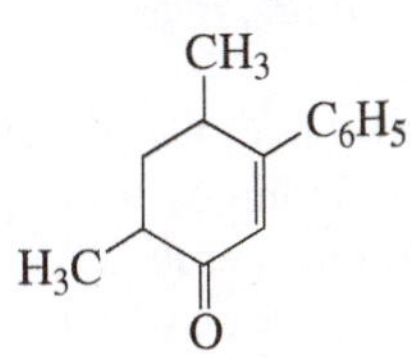

b. 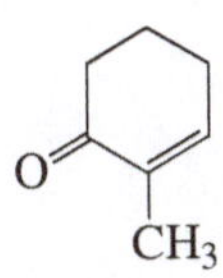

d. 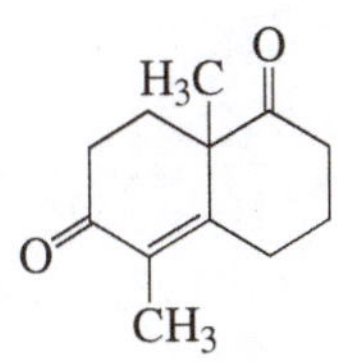

19.17 Descarboxilação de ácidos 3-oxocarboxílicos

Os íons carboxilato não perdem CO_2 pela mesma razão que alcanos como o etano não perdem um próton — porque o grupo de saída seria um carbânion. Os carbânions são bases muito fortes e, portanto, são grupos de saída muito ruins.

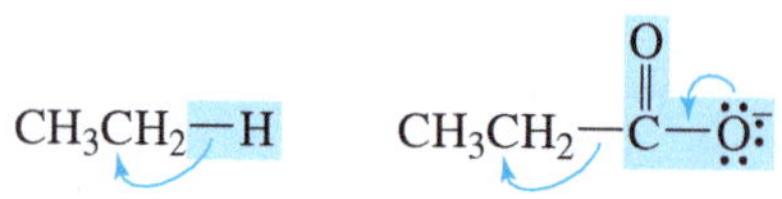

Se, no entanto, o grupo CO_2 estiver ligado a um carbono que esteja adjacente a um carbono carbonílico, o grupo CO_2 pode ser removido porque os elétrons que permanecem podem ser deslocalizados pelo oxigênio da carbonila. Conseqüentemente, os íons 3-oxocarboxilato (íons carboxilato com um grupo ceto na posição 3) perdem CO_2 ao serem aquecidos. A perda de CO_2 de uma molécula é chamada **descarboxilação**.

remoção de CO_2 de um carbono α

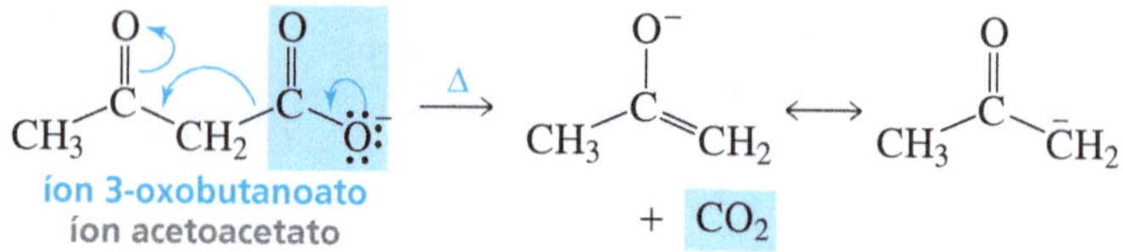

Observe a similaridade entre a remoção de CO_2 do íon 3-oxocarboxilato e a remoção de um próton de um carbono α. Em ambas as reações, um substituinte — CO_2 em um caso e H^+ em outro — é removido de um carbono α e seus elétrons ligantes estão deslocalizados pelo oxigênio.

remoção de um próton do carbono α

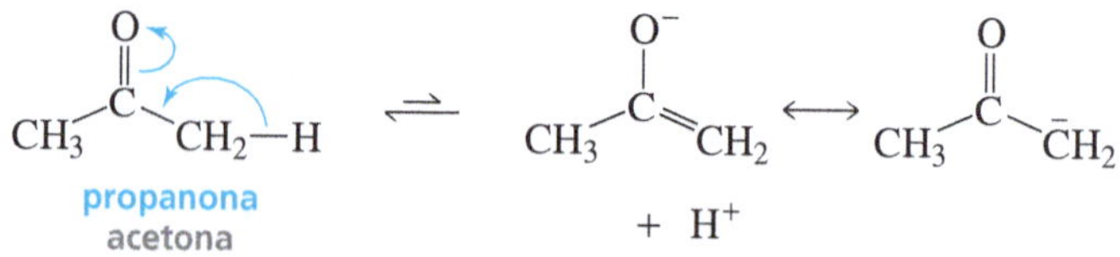

Ácidos 3-oxocarboxílicos descarboxilam quando aquecidos.

A descarboxilação se torna cada vez mais fácil se a reação for efetuada em condições ácidas porque a reação é catalisada pela transferência intramolecular de um próton do grupo carbonílico para o oxigênio carbonílico. O enol que se forma é imediatamente tautomerizado para uma cetona.

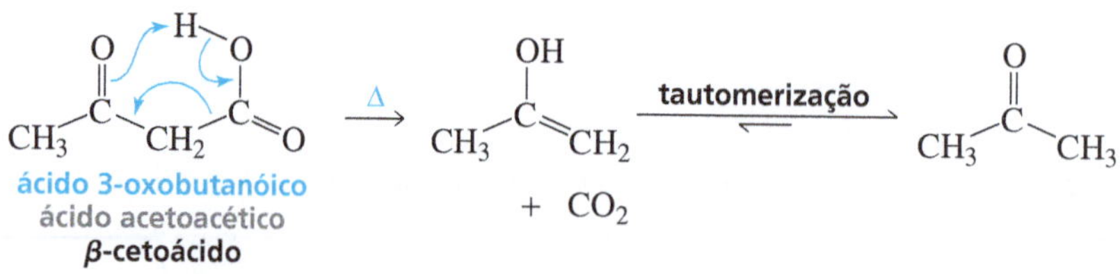

Vimos na Seção 19.1 que é mais difícil remover um próton de um carbono α se os elétrons forem deslocalizados por um grupo carbonílico de um éster do que se forem deslocalizados por um grupo carbonílico de uma cetona. Pela mesma razão, é necessário temperatura mais alta para descarboxilar um ácido β-dicarboxílico como o ácido malônico do que para descarboxilar um β-cetoéster.

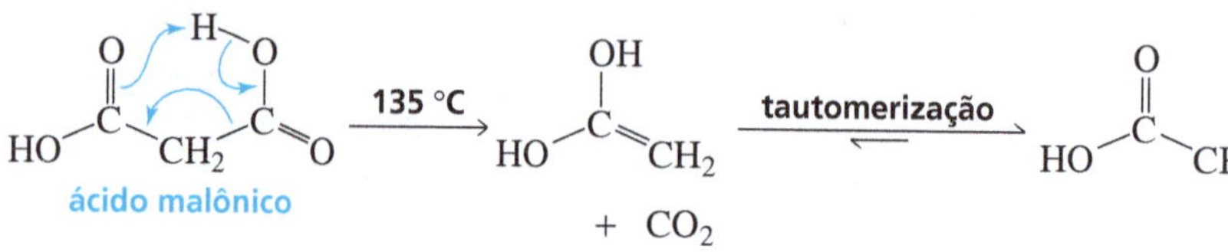

Resumindo, ácidos carboxílicos com grupo carbonílico na posição 3 (tanto ácidos β-cetocarboxílicos quanto ácidos β-dicarboxílicos) perdem CO_2 ao serem aquecidos.

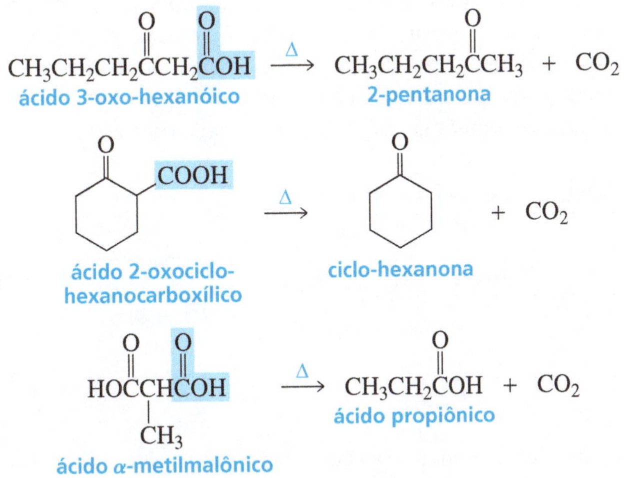

Reação de Hunsdiecker

Heinz e Clare Hunsdiecker descobriram que o ácido carboxílico pode ser descarboxilado se um sal de metal pesado de um ácido carboxílico for aquecido com bromo ou iodo. O produto é um haleto de alquila com um átomo de carbono a menos do que o ácido carboxílico de partida. O metal pesado pode ser íon prata, íon mercúrio ou chumbo (IV). A reação é conhecida como **reação de Hunsdiecker**.

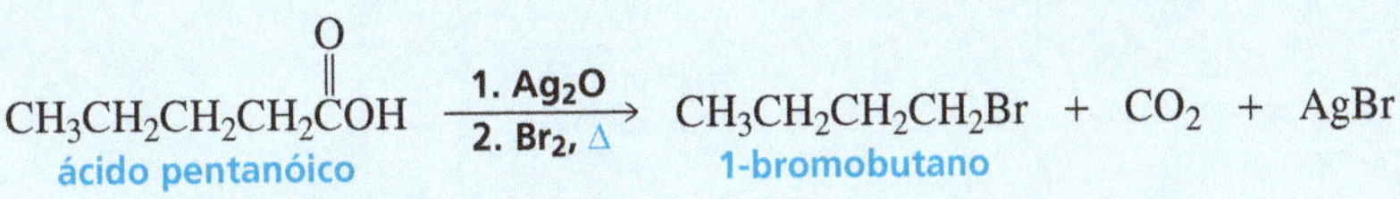

A reação envolve a formação de um hipobromito como resultado da precipitação de AgBr. Uma reação radicalar é iniciada pela clivagem homolítica da ligação O—Br do hipobromito. O radical carboxila perde CO_2, e o radical alquila assim formado subtrai um radical bromo do hipobromito para propagar a reação.

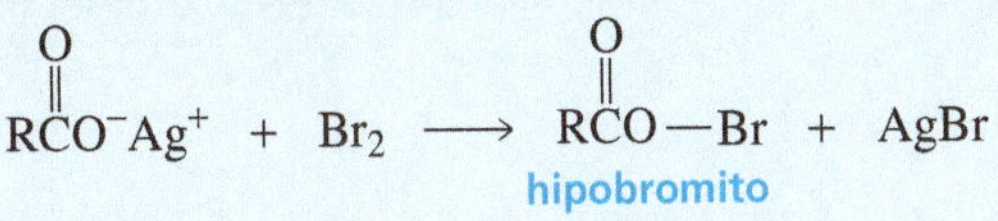

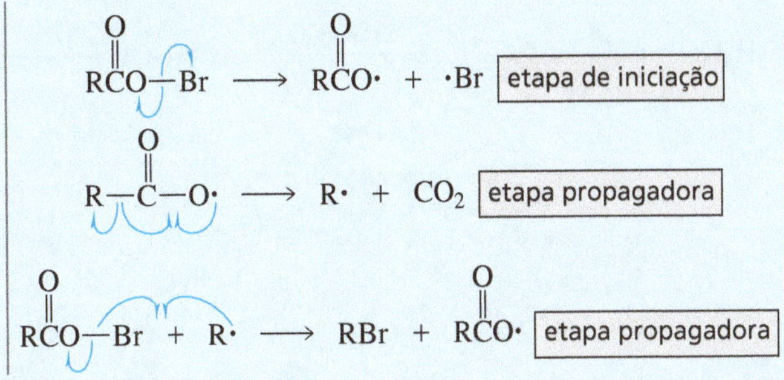

PROBLEMA 34◆

Quais das seguintes substâncias se descarboxilariam quando aquecidas?

a. 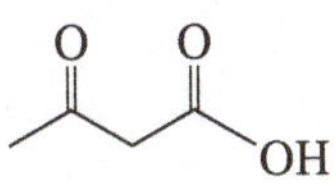

c. 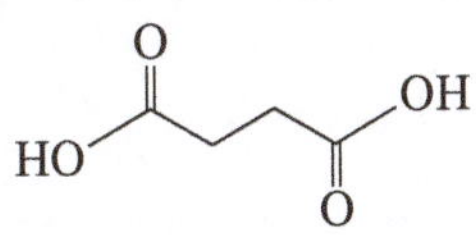

b. 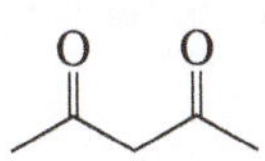

d. 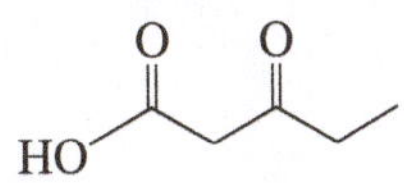

Heinz (1904–1981) *e* **Clare (1903–1995) Hunsdiecker** *nasceram na Alemanha. Heinz em Colônia e Claire em Kiel. Ambos tornaram-se PhD pela Universidade de Colônia, onde desenvolveram a carreira trabalhando em laboratório particular.*

19.18 Síntese do éster malônico: síntese de ácidos carboxílicos

Uma combinação de duas das reações discutidas neste capítulo — alquilação de carbono α e descarboxilação de um ácido β-dicarboxílico — pode ser usada para preparar ácidos carboxílicos de cadeia de qualquer comprimento desejado. O procedimento é denominado **síntese do éster malônico** porque o material de partida para a síntese é o éster dietílico do ácido malônico. Os dois primeiros carbonos do ácido carboxílico se originam do éster malônico e o restante do ácido carboxílico tem como origem o haleto de alquila usado na segunda etapa de reação.

A síntese do éster malônico forma um ácido carboxílico com dois átomos de carbono a mais do que o haleto de alquila.

síntese do éster malônico

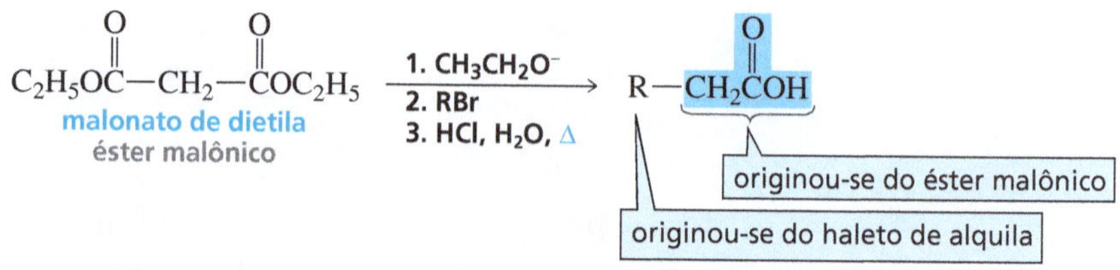

Na primeira parte da síntese do éster malônico, o carbono α do diéster é alquilado (Seção 19.8). Um próton é facilmente removido do carbono α porque é rodeado por dois grupos éster ($pK_a = 13$). O carbânion α resultante reage com um haleto de alquila, formando o éster malônico α-substituído. Como a alquilação é uma reação de S_N2, essas reações fornecem melhores resultados quando se utilizam haletos de metila e haletos de alquila primários (Seção 10.2, volume 1). O éster malônico α-substituído, quando aquecido em soluções aquosas ácidas, é hidrolisado em um ácido malônico α-substituído que, se mais aquecido, perde CO_2, formando um ácido carboxílico com dois ou mais carbonos que o haleto de alquila.

Tutorial Gallery: Síntese do éster malônico

WWW

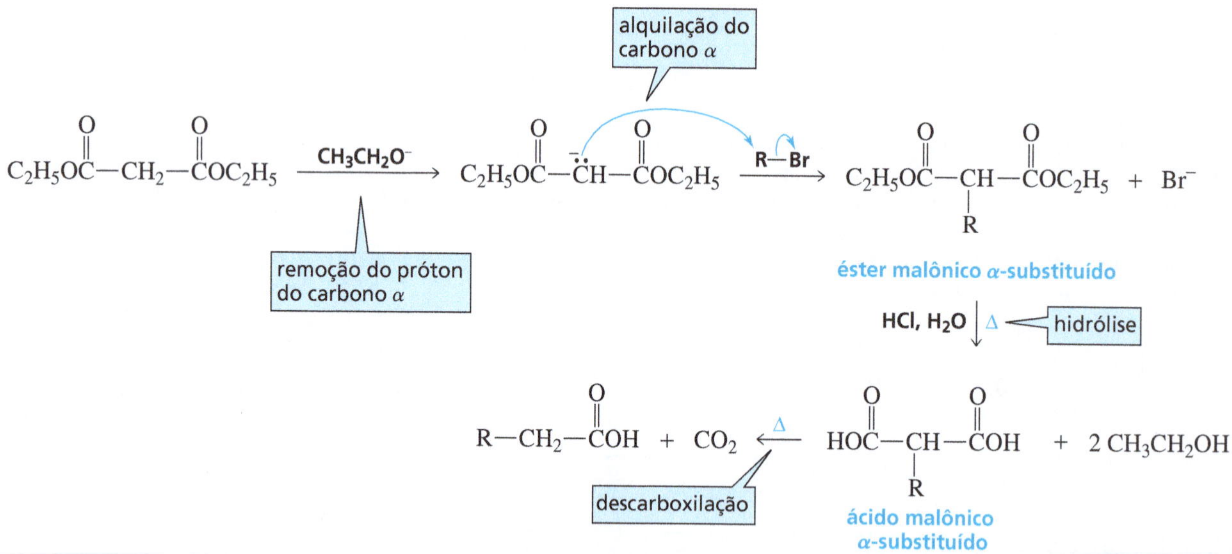

PROBLEMA 35◆

Qual brometo(s) de alquila deve ser usado na síntese do éster malônico de cada um dos seguintes ácidos carboxílicos?

a. ácido propanóico
b. ácido 2-metilpropanóico
c. ácido 3-fenilpentanóico
d. ácido 4-metilpentanóico

Os ácidos carboxílicos com dois substituintes ligados a um carbono α podem ser preparados ao se efetuarem duas alquilações consecutivas no carbono α.

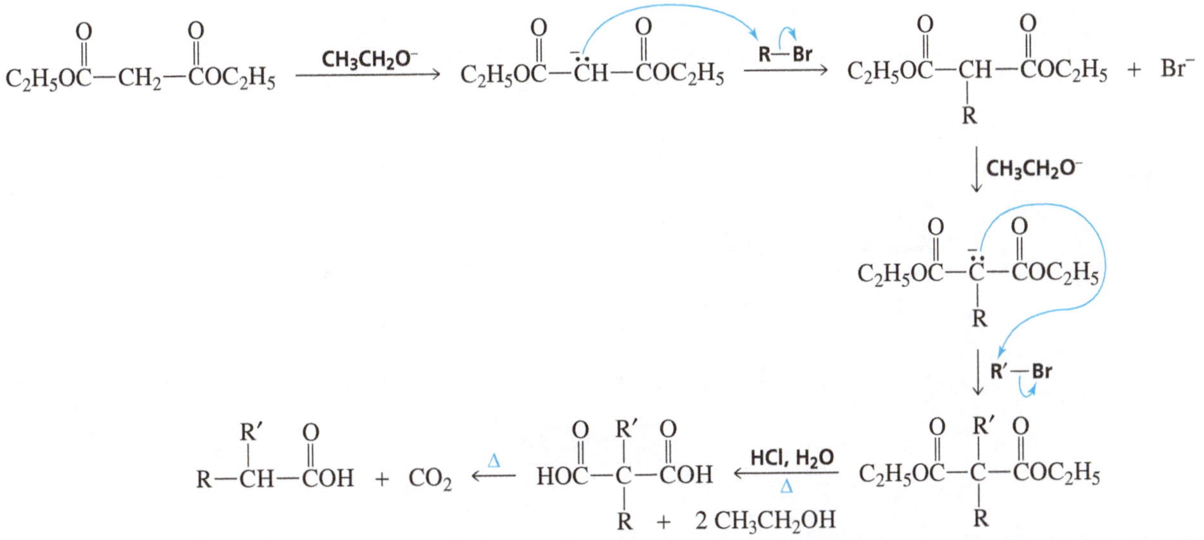

PROBLEMA 36

Explique por que os seguintes ácidos carboxílicos não podem ser preparados pela síntese do éster malônico:

a. 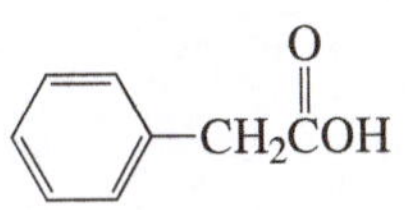

c. 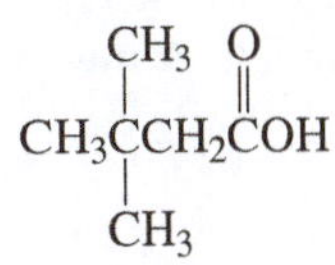

b. 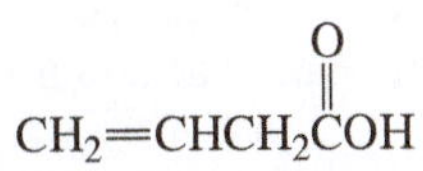

19.19 Síntese do éster acetoacético: síntese de metilcetonas

A única diferença entre a síntese do éster acetoacético e a síntese do éster malônico é o uso do éster acetoacético em vez do éster malônico como material de partida. A diferença no material de partida fornece uma *metilcetona* como produto de reação da **síntese do éster acetoacético** em vez do *ácido carboxílico.* O grupo carbonílico da metilcetona e os átomos de carbono dos dois lados se originam do éster acetoacético, e o resto da cadeia carbônica da cetona tem como origem o haleto de alquila na segunda etapa de reação.

síntese do éster acetoacético

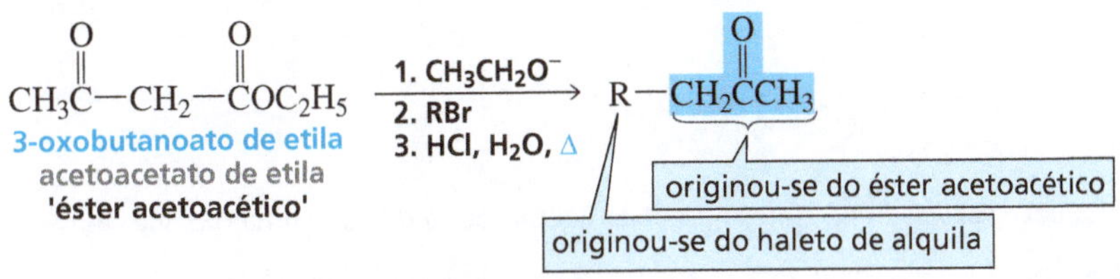

O mecanismo para a síntese do éster acetoacético e a síntese do éster malônico são similares. A última etapa na síntese do éster acetoacético é a descarboxilação do ácido acetoacético mais substituído que um ácido malônico substituído.

Tutorial Gallery: Síntese do éster acetoacético

WWW

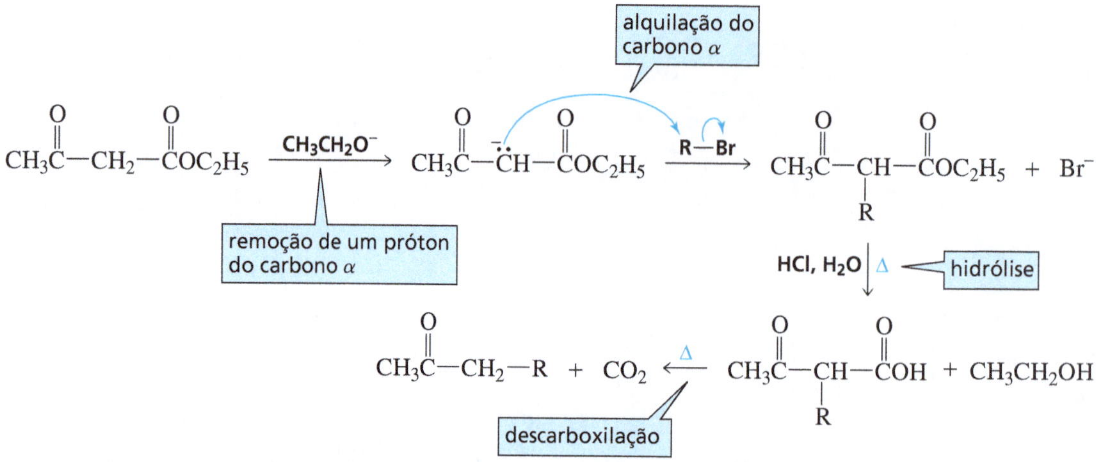

PROBLEMA 37 RESOLVIDO

Partindo-se do propanoato de metila, como você poderia preparar a 4-metil-3-heptanona?

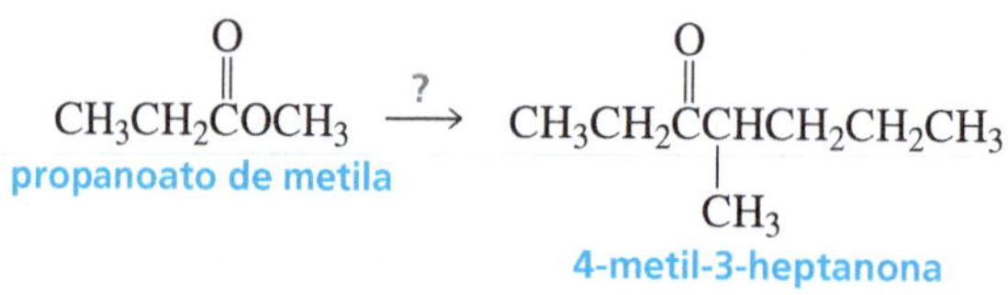

Como a molécula-alvo tem vários átomos de carbono a mais do que o material de partida, uma condensação de Claisen parece ser um bom caminho para se iniciar essa síntese. A condensação de Claisen forma um β-cetoéster que pode ser alquilado no carbono desejado porque está rodeado por dois grupos carbonílicos. A hidrólise catalisada por ácido formará o ácido 3-oxocarboxílico, que se descarboxila quando aquecido.

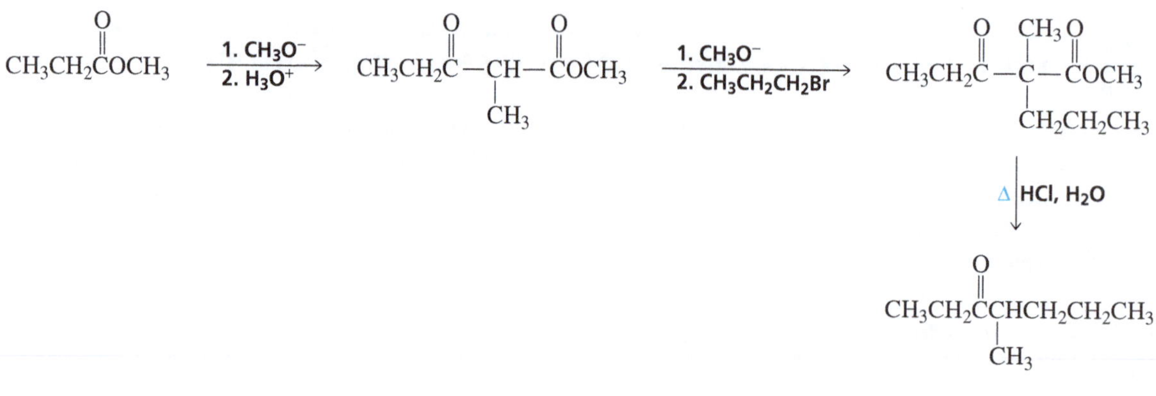

PROBLEMA 38◆

Qual brometo de alquila deve ser usado na síntese do éster acetoacético de cada uma das seguintes metilcetonas?

a. 2-pentanona
b. 2-octanona
c. 4-fenil-2-butanona

19.20 Planejando uma síntese VI: Construindo novas ligações carbono–carbono

Quando você estiver planejando uma síntese de uma substância que necessite da formação de novas ligações carbono–carbono, primeiro localize a ligação que deve ser preparada. Por exemplo, na síntese da β-dicetona seguinte, a nova ligação é aquela que gera o segundo anel de cinco membros.

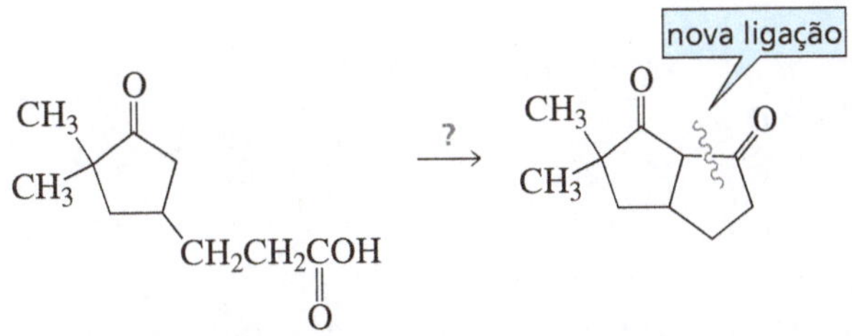

A seguir, determine qual dos átomos que formam a ligação seria um nucleófilo e em qual deveria estar o eletrófilo. Nesse caso, é fácil escolher as duas possibilidades porque você sabe que um carbono carbonílico é um eletrófilo.

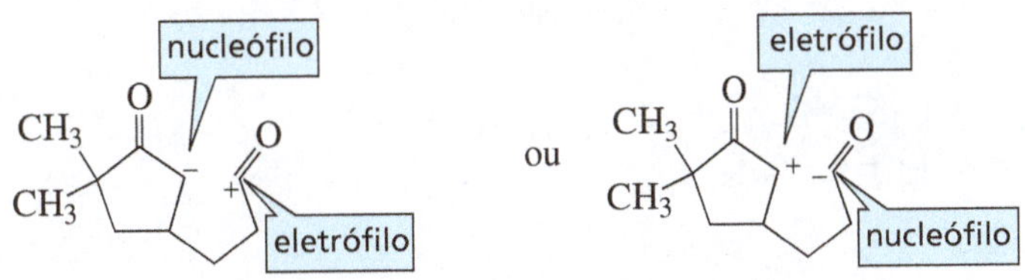

Agora você precisa determinar qual substância poderia ser usada e que forneceria o eletrófilo desejado e o sítio nucleofílico. Se o material de partida estiver indicado, use-o como ferramenta para chegar até o produto desejado. Por exemplo, um grupo carbonílico de éster poderia ser um bom eletrófilo para essa síntese porque tem um grupo que poderia ser eliminado. Além disso, os hidrogênios α da cetona são mais ácidos do que os hidrogênios α do éster, portanto seria fácil de se obter o nucleófilo desejado. O éster pode ser facilmente preparado a partir do ácido carboxílico como material de partida.

Tutorial Gallery: Retrossíntese
WWW

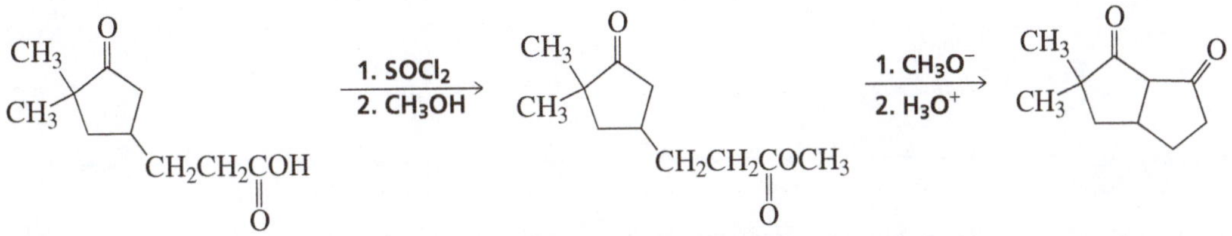

Na próxima síntese, duas novas ligações carbono–carbono devem ser formadas.

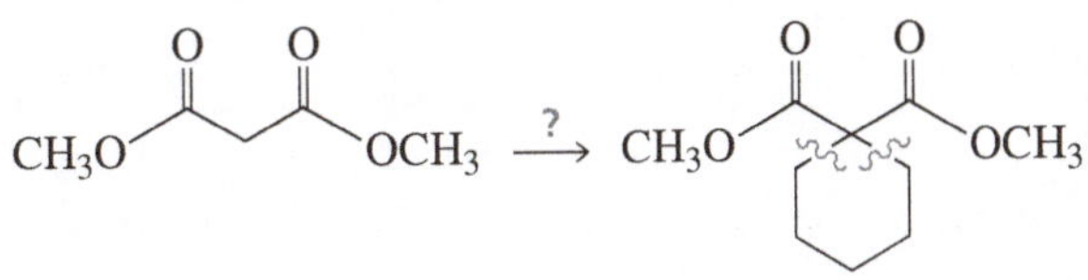

Após a determinação do eletrófilo e do sítio nucleofílico, você pode verificar que as duas alquilações sucessivas do diéster do ácido malônico, com a utilização do 1,5-dibromopentano como haleto de alquila, levariam ao produto desejado.

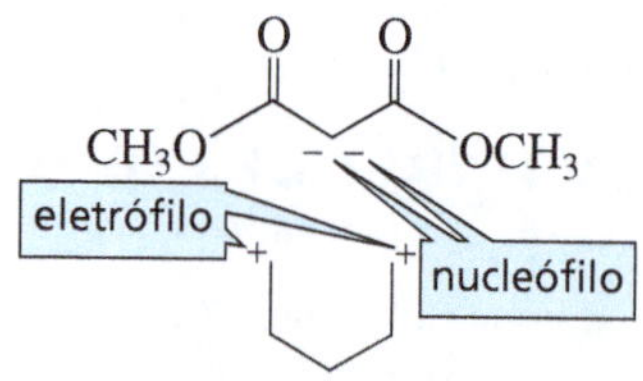

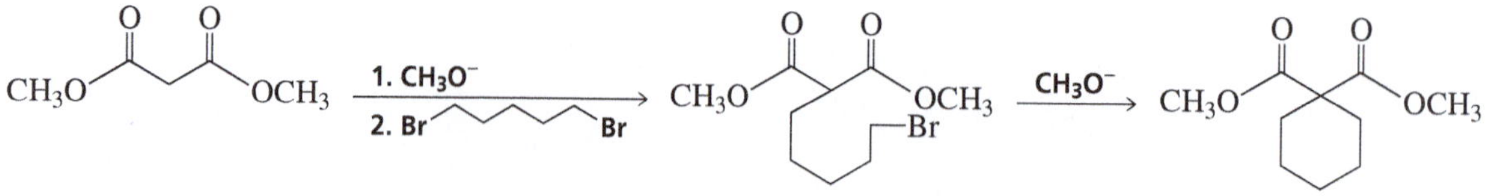

Ao planejar as seguintes sínteses, o diéster, que é o material de partida fornecido, sugere que você deveria aplicar a condensação de Dieckmann para obter a substância cíclica:

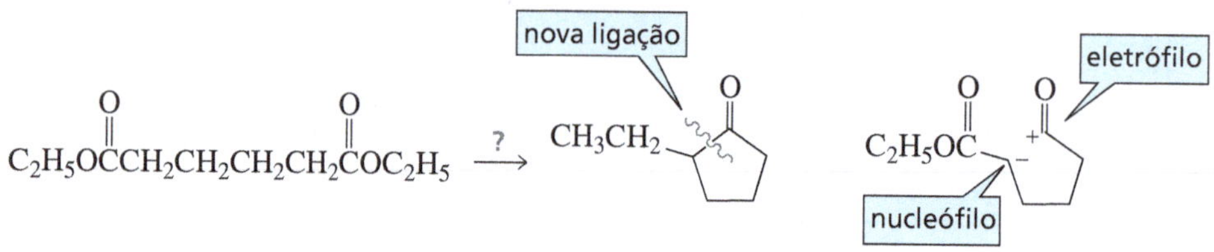

Após a formação do anel ciclopentanona do material de partida a partir da condensação de Dieckmann, a alquilação do carbono α, seguida pela hidrólise do α-cetoéster e da descarboxilação, forma a descarboxilação.

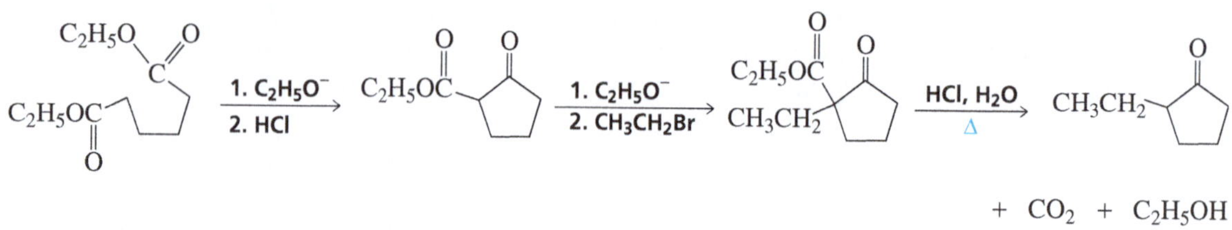

PROBLEMA 39

Planeje a síntese de cada uma das seguintes substâncias usando o material de partida sugerido:

a. 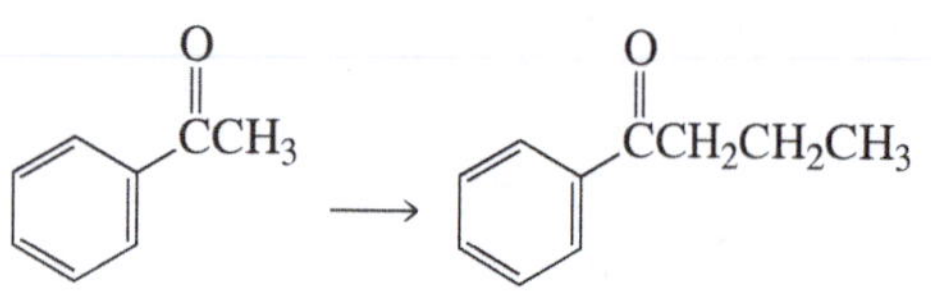

c. 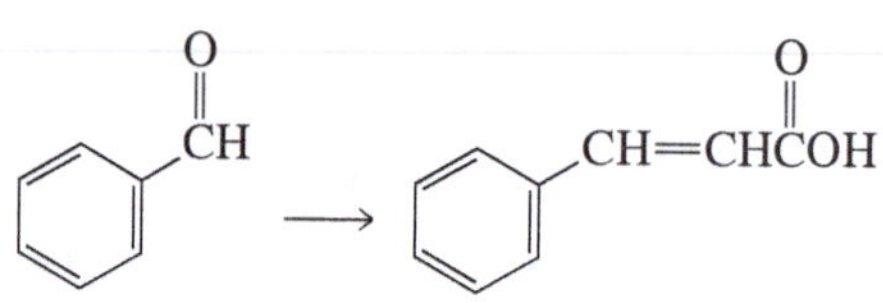

b. 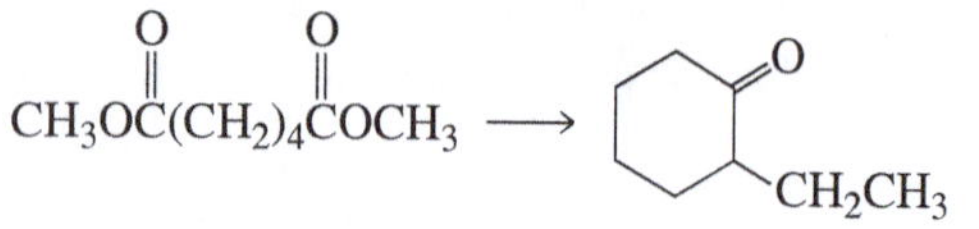

d. 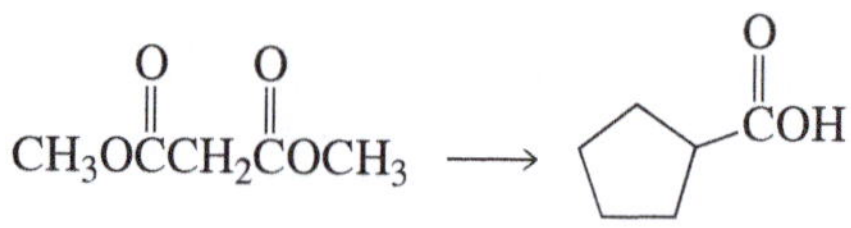

19.21 Reação no carbono α em sistemas biológicos

Muitas das reações que ocorrem em sistemas biológicos envolvem reações no carbono α — os tipos de reação vistos neste capítulo. Agora discutiremos alguns exemplos.

Adição aldólica em sistemas biológicos

A D-glicose, o açúcar mais abundante encontrado na natureza, é sintetizado por sistemas biológicos a partir de duas moléculas de piruvato. A série de reações que converte as duas moléculas de piruvato em D-glicose é chamada **gliconeogênese**. O processo inverso — a quebra da D-glicose em duas moléculas de piruvato — é chamado **glicólise** (Seção 25.1).

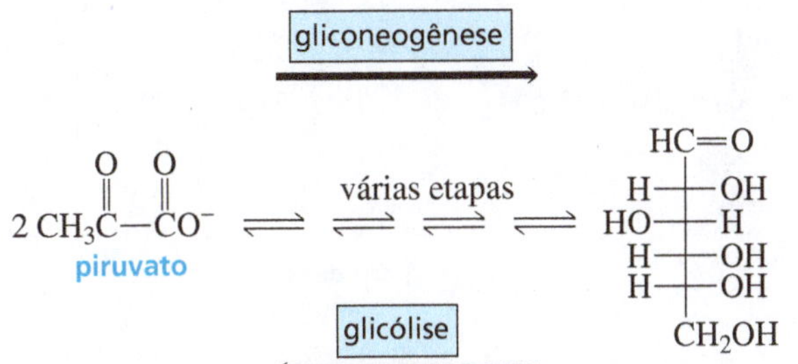

piruvato

D-glicose

Como a D-glicose tem duas vezes mais carbonos que o piruvato, não deveria surpreender que uma das etapas na biossíntese da D-glicose consista em adição aldólica. A enzima chamada aldolase catalisa uma adição aldólica entre o fosfato da di-hidroxiacetona e o D-glicoraldeído-3-fosfato. O produto é a D-frutose-1,6-difosfato, que é convertida subseqüentemente em D-glicose. O mecanismo de reação será discutido na Seção 24.9.

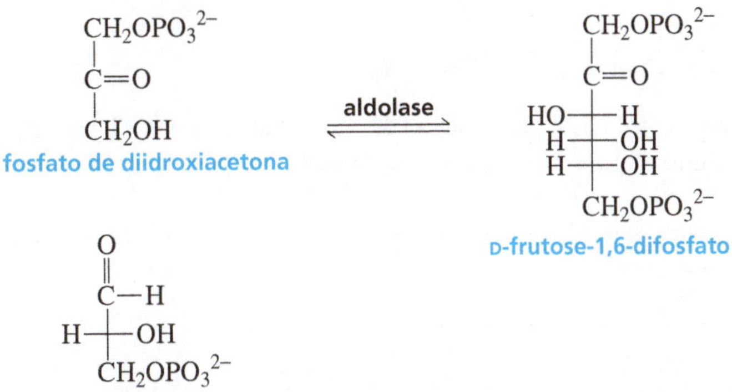

fosfato de diidroxiacetona

D-gliceraldeído-3-fosfato

D-frutose-1,6-difosfato

PROBLEMA 40

Proponha um mecanismo para a formação da D-frutose-1,6-difosfato a partir do fosfato da diidroxiacetona e do D-gliceraldeído-3-fosfato usando HO^- como catalisador.

Condensação aldólica em sistemas biológicos

O colágeno é a proteína mais abundante nos mamíferos, totalizando aproximadamente um quarto do total de proteínas. É o maior componente fibroso dos ossos, dentes, pele, cartilagens e tendões. É também responsável por manter unidos os grupos das células em unidades distintas. As moléculas individuais de colágeno — chamadas tropocolágeno — somente podem ser isoladas de tecidos de animais jovens. Quando os animais estão velhos, as moléculas individuais se conectam por meio de ligações cruzadas e por esse motivo a carne de animais mais velhos é mais dura do que a carne de animais mais novos. A ligação cruzada do colágeno é um exemplo de condensação aldólica.

Como as moléculas do colágeno podem se ligar de forma cruzada, os grupos amino residuais primários da lisina do colágeno devem ser convertidos em grupos aldeído. A enzima que catalisa essa reação é chamada lisil oxidase. Uma condensação aldólica entre dois aldeídos residuais resulta em uma proteína ligada de forma cruzada.

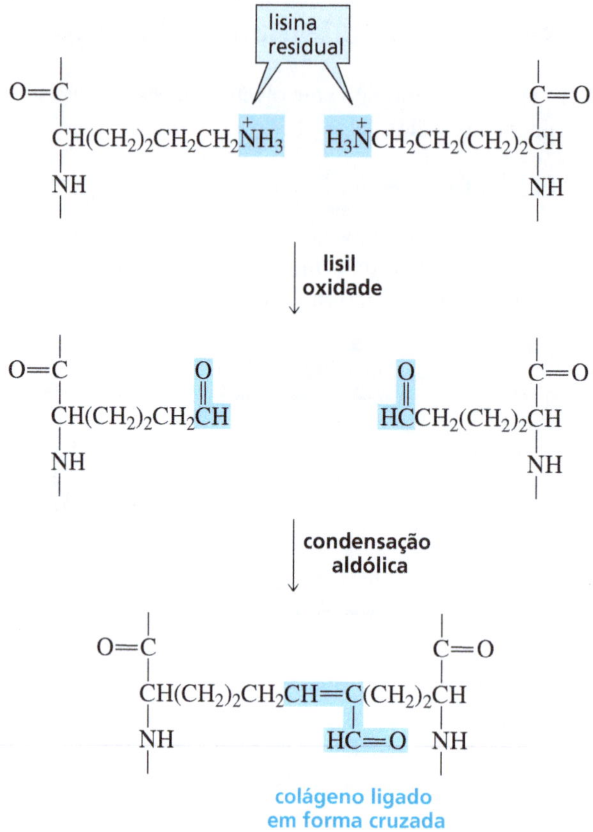

Condensação aldólica em sistemas biológicos

Os ácidos graxos são ácidos carboxílicos de cadeia longa não ramificada (seções 17.13 e 26.1, volume 2). A maioria dos ácidos graxos de ocorrência natural contém um número par de carbonos porque são sintetizados a partir do acetato, que tem dois átomos de carbono.

Na Seção 17.20, você viu que os ácidos carboxílicos podem ser ativados em sistemas biológicos pela conversão deles em tioésteres da coenzima A.

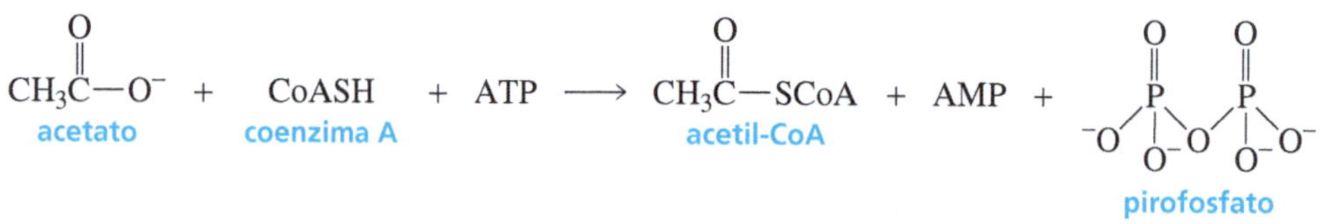

Um dos reagentes necessários para a síntese dos ácidos graxos é o malonil-CoA, que é obtido pela carboxilação do acetil-CoA. O mecanismo para essa reação será discutido na Seção 25.5.

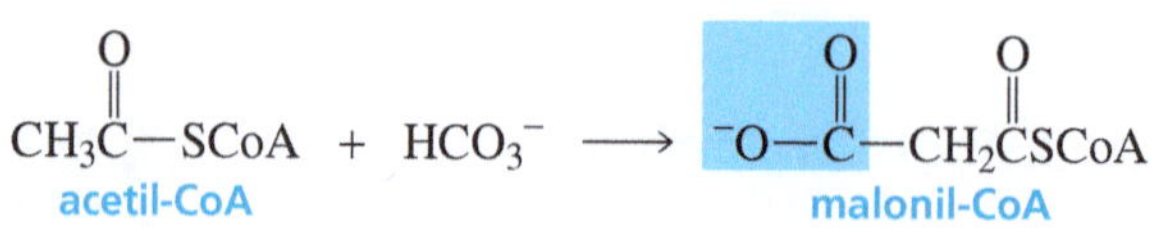

Antes de ocorrer a síntese do ácido graxo, no entanto, os grupos acila do acetil-CoA e do malonil-CoA são transferidos para outros tióis por meio da reação de transesterificação.

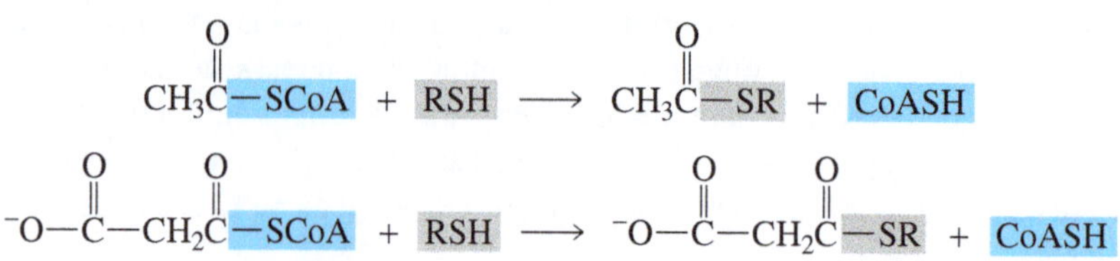

A primeira etapa da biossíntese de ácidos graxos é uma condensação de Claisen entre uma molécula de acetiltioéster e maloniltioéster. Vimos que em laboratório o nucleófilo necessário para uma condensação de Claisen é obtido com o uso de uma base forte para remover um hidrogênio α. As bases fortes não estão disponíveis para reações biológicas porque ocorrem em pH neutro. Dessa maneira, o nucleófilo necessário é gerado pela remoção de CO_2 — em vez do próton — de um carbono α do maloniltioéster. (Lembre-se de que os ácidos 3-oxocarboxílicos são facilmente descarboxilados; veja Seção 19.17.) A perda de CO_2 serve para conduzir a reação ao fim. O produto de reação da condensação sofre redução, desidratação e uma segunda redução para fornecer o tioéster com quatro carbonos.

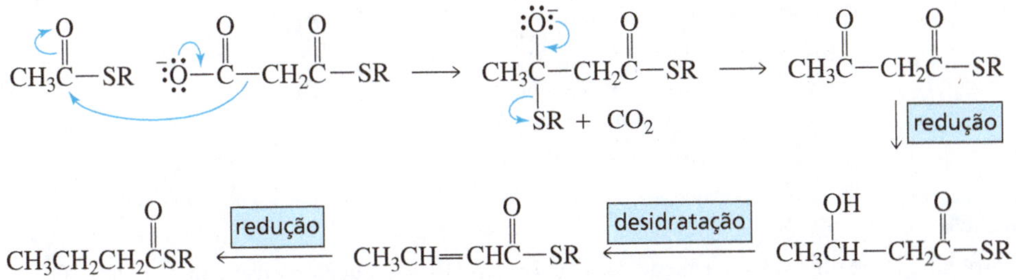

O tioéster de quatro carbonos sofre uma condensação de Claisen com outra molécula do maloniltioéster. Novamente, o produto de reação da condensação sofre redução, desidratação e uma segunda redução, nesse caso para formar um tioéster de seis carbonos. A seqüência de reações é repetida, e a cada seqüência dois carbonos são adicionados à cadeia. Esse mecanismo explica por que os ácidos graxos de ocorrência natural não são ramificados e por que geralmente contêm números pares de carbono.

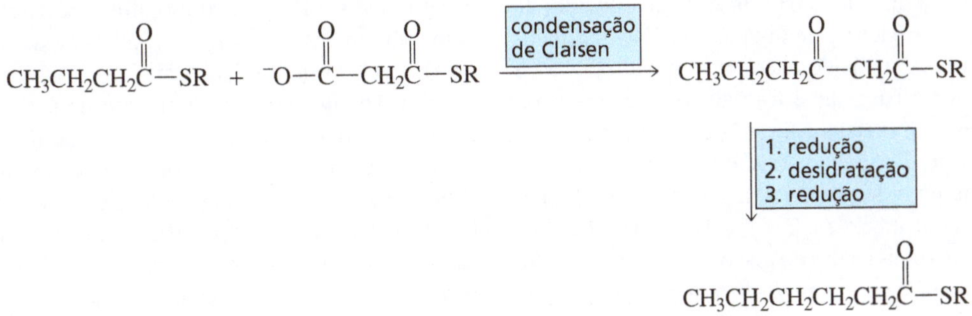

Mais uma vez um tioéster com um número apropriado de carbonos é obtido; ele sofre uma reação de transesterificação com glicerol com a finalidade de formar gorduras, óleos e fosfolídeos (seções 26.3 e 26.4).

PROBLEMA 41◆

O ácido palmítico (ácido hexadecanóico) é um ácido graxo saturado de 16 carbonos. Quantos mols de malonil-CoA são necessários para a síntese de um mol de ácido palmítico?

PROBLEMA 42◆

a. Se a biossíntese do ácido palmítico fosse realizada com CD_3COSR e maloniltioéster não deuterado, quantos deutérios estariam incorporados no ácido palmítico?

b. Se a biossíntese do ácido palmítico fosse realizada com $^{-}OOCCD_2COSR$ e acetil tioéster não deuterado, quantos deutérios estariam incorporados no ácido palmítico?

Descarboxilação em sistemas biológicos

Um exemplo da descarboxilação que ocorre em sistemas biológicos é a descarboxilação de acetoacetato. A acetoacetato descarboxilase, enzima que catalisa a reação, inicialmente forma uma imina com o acetoacetato. A imina é protonada em condições fisiológicas e, portanto, aceita facilmente o par de elétrons que permaneceu quando o substrato perdeu CO_2. A descarboxilação forma uma enamina. A hidrólise da enamina resulta no produto de descarboxilação (acetona) e regenera a enzima (Seção 18.6).

Tutorial Gallery:
Termos comuns:
reações no carbono α
WWW

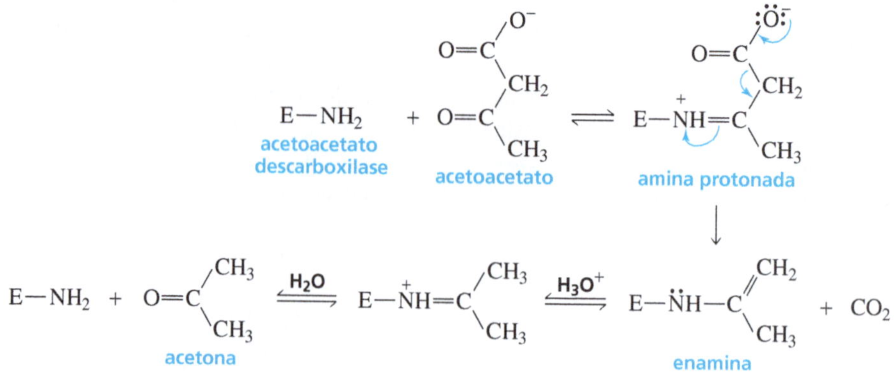

PROBLEMA 43

Quando a descarboxilação enzimática do acetoacetato ocorre em $H_2{}^{18}O$, a acetona formada contém ^{18}O. O que esse fato indica sobre o mecanismo de reação?

Resumo

Um hidrogênio ligado a um **carbono α** de um aldeído, de uma cetona, de um éster ou de uma amida *N,N*-dissubstituída é suficientemente ácido para ser removido por uma base forte porque a base que é formada quando o próton é removido é estabilizada pela deslocalização de sua carga negativa pelo oxigênio. O **carbono ácido** é uma substância com um hidrogênio relativamente ácido ligado a um carbono com hibridização sp^3. Aldeídos e cetonas ($pK_a \sim 16–20$) são mais ácidos do que os ésteres ($pK_a \sim 25$). As **β-dicetonas** ($pK_a \sim 9$) e os **β-cetoésteres** ($pK_a \sim 11$) são cada vez mais ácidos.

A **interconversão ceto–enol** pode ser catalisada por ácidos e bases. Geralmente, o **tautômero ceto** é mais estável. Quando uma **reação de substituição em α** ocorre em condições ácidas, um enol reage com o eletrófilo; quando a reação ocorre em condições básicas, um íon enolato reage com o eletrófilo. C ou O vai reagir com o eletrófilo dependendo do eletrófilo e da condição reacional.

Os aldeídos e as cetonas reagem com Br_2, Cl_2 ou I_2: sob condições ácidas, um halogênio substitui um hidrogênio α de uma substância carbonilada; sob condições básicas, os halogênios substituem todos os hidrogênios α. A reação **HVZ** broma o carbono α do ácido carboxílico. Quando a posição α é halogenada, o carbono α reage com nucleófilos.

O LDA é usado para formar um enolato em reações nas quais há necessidade de que o carbono carbonílico seja completamente convertido em enolato antes de reagir com um eletrófilo. Se o eletrófilo for um haleto de alquila, o enolato é alquilado. O carbono α menos substituído é alquilado quando a reação é realizada sob controle cinético; o carbono α mais substituído é alquilado quando a reação está sob controle termodinâmico. Os aldeídos e as cetonas podem ser alquilados ou acilados por uma **enamina intermediária**. Os enolatos de β-dicetonas, β-diésteres, β-cetoésteres e β-cetonitrilas sofrem **reações de Michael** com substâncias carbonílicas α,β-insaturadas. As reações de Michael formam substâncias 1,5-dicarbonílicas.

Na **adição aldólica**, o enolato de um aldeído ou de uma cetona reage com um carbono carbonílico da segunda molécula de um aldeído ou de uma cetona, formando um β-hidroxialdeído ou uma β-hidroxicetona. A nova ligação C—C se forma entre um carbono α de uma molécula e o carbono que anteriormente estava no carbono carbonílico de outra molécula. O produto de adição aldólica pode ser desidratado fornecendo um produto de **condensação aldólica**. Na **condensação de Claisen**, o enolato de um éster reage com uma segunda molécula de éster, eliminando um grupo $^-$OR para formar um β-cetoéster. A **condensação de Dieckmann** é uma condensação de Claisen intramolecular. A **anelação de Robinson** é uma reação de formação de ciclos em que uma reação de Michael e uma adição aldólica intramolecular ocorrem seqüencialmente.

Os ácidos carboxílicos com um grupo carbonílico na posição 3 **descarboxilam** quando aquecidos. Os ácidos carboxílicos podem ser preparados pela **síntese do éster malônico**; o carbono α do diéster é alquilado, e o éster malônico α substituído sofre hidrólise catalisada por ácido e descarboxilação; o ácido carboxílico formado tem dois carbonos a mais do que o haleto de alquila. De modo similar, as metilcetonas podem ser preparadas pela **síntese do éster acetoacético**; o grupo carbonílico e os átomos de carbono de cada lado se originam do éster acetoacético, e o restante da metilcetona se origina do haleto de alquila.

Ao planejar uma síntese de uma substância que requer a formação de uma nova ligação carbono–carbono, inicialmente localize a nova ligação que deve ser formada e depois determine quais dos átomos que formam a ligação deveria ser o nucleófilo e qual deveria ser o eletrófilo.

Resumo das reações

1. Halogenação do carbono α de aldeídos e cetonas (Seção 19.4).

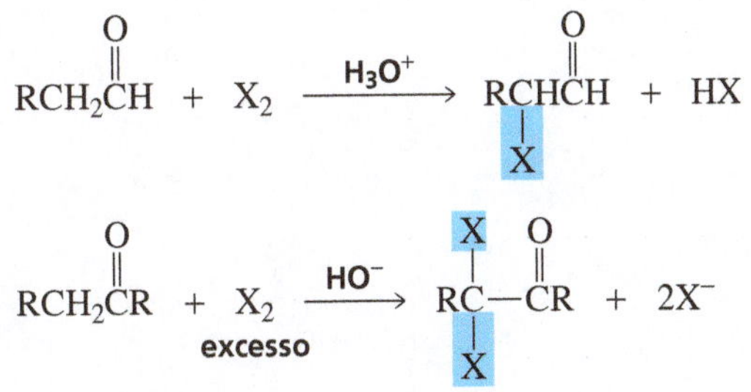

$X_2 = Cl_2, Br_2, \text{or } I_2$

2. Halogenação do carbono α de ácidos carboxílicos: reação de Hell–Volhard–Zelinski (Seção 19.5).

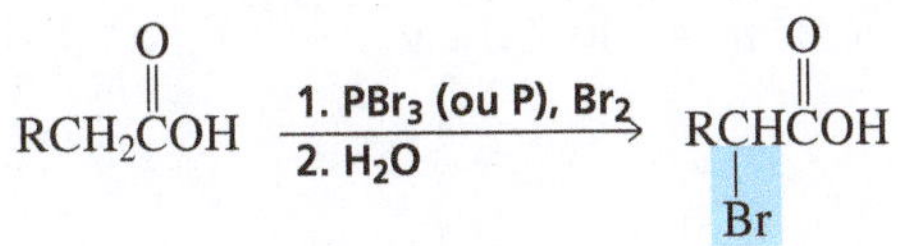

3. O carbono α age como nucleófilo e reage com eletrófilo (Seção 19.6).

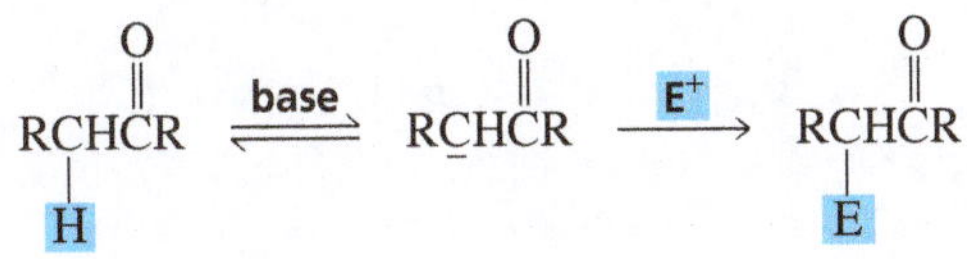

4. O carbono α age como eletrófilo e reage com nucleófilo (Seção 19.6).

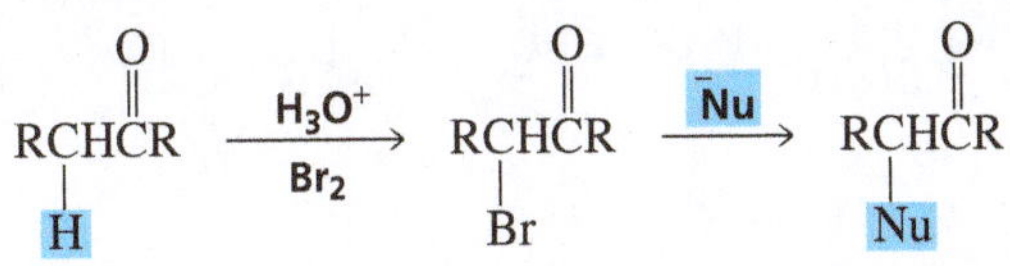

5. Substâncias halogenadas em carbono α podem formar substâncias carboniladas α,β-insaturadas (Seção 19.6).

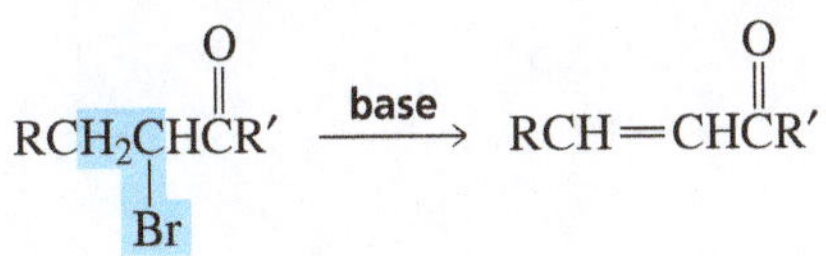

6. Alquilação do carbono α de substâncias carboniladas (Seção 19.8).

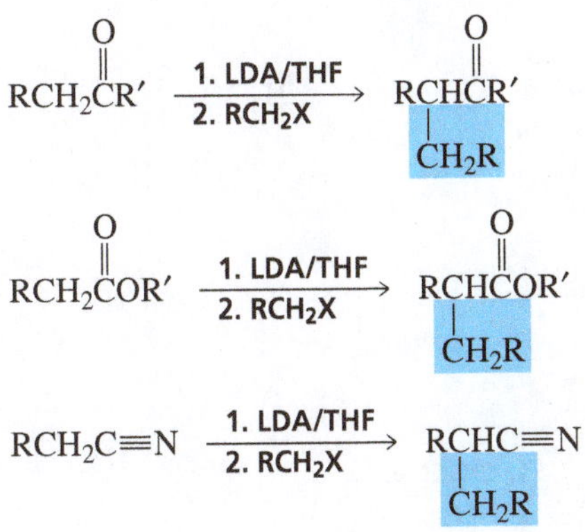

X = halogênio

7. Alquilação e acilação de carbonos α de aldeídos e cetonas através de uma enamina intermediária (seções 19.9 e 19.10).

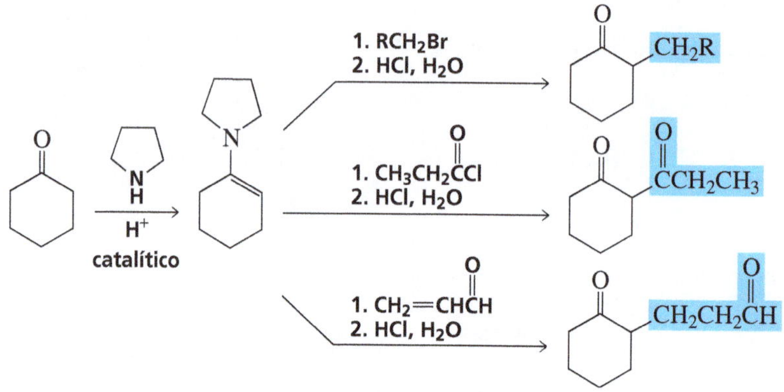

8. Reação de Michael: ataque de um enolato em uma substância carbonilada α,β-insaturada (Seção 19.10).

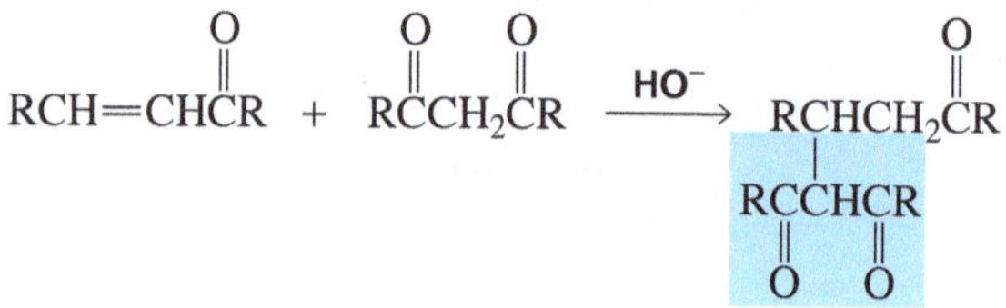

9. Adição aldólica de dois aldeídos, duas cetonas, ou um aldeído e uma cetona (seções 19.11 e 19.13).

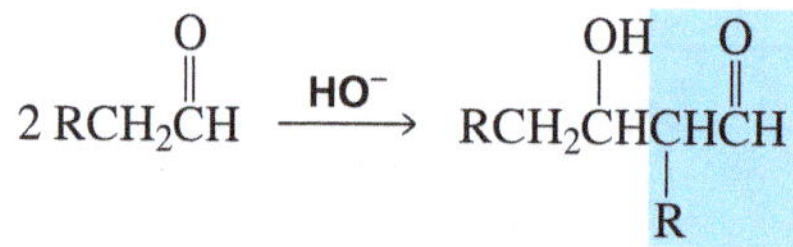

10. Condensação aldólica: desidratação de produtos de uma adição aldólica (Seção 19.12).

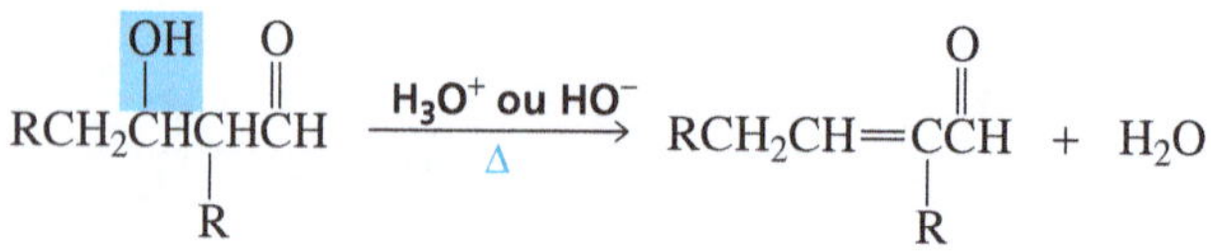

11. Condensação de Claisen de dois ésteres (seções 19.14 e 19.15).

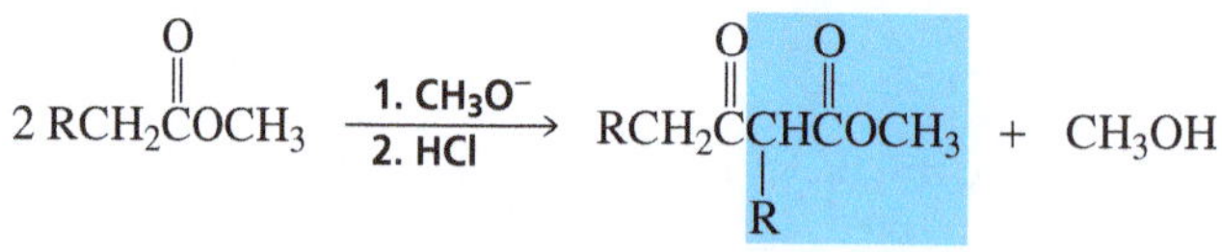

12. Condensação de uma cetona e um éster (Seção 19.15).

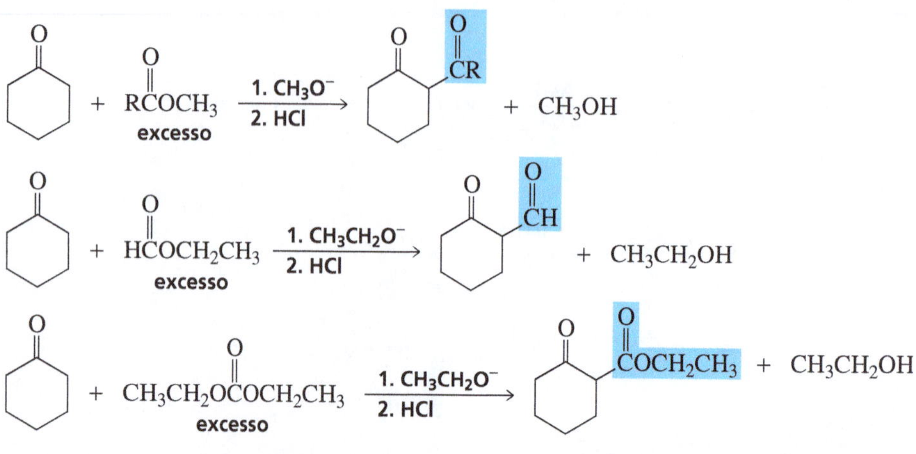

13. Anelação de Robinson (Seção 19.16).

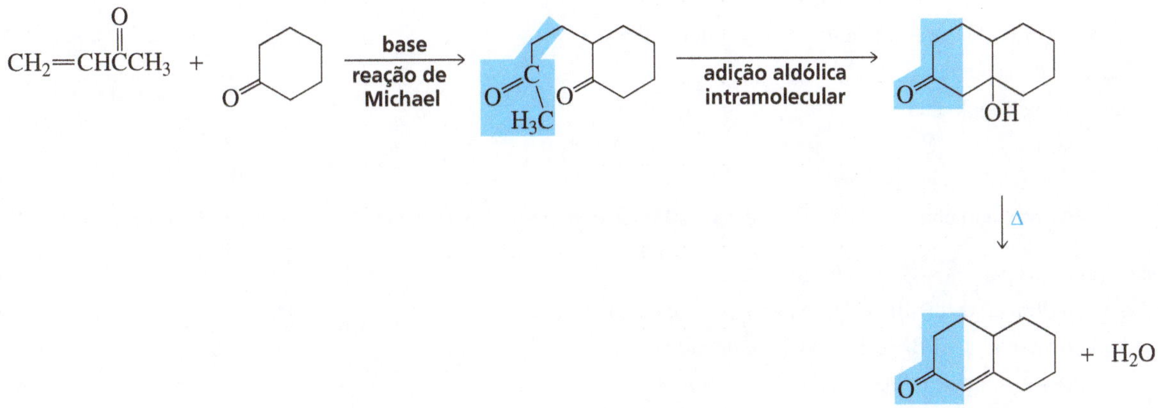

14. Descarboxilação de ácidos 3-oxocarboxílicos (Seção 19.17).

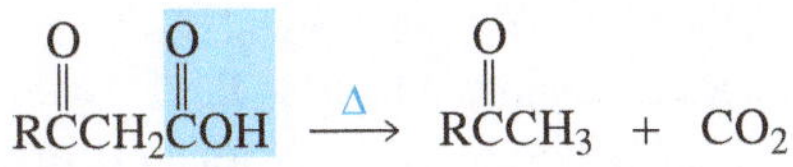

15. Síntese do éster malônico: preparação de ácidos carboxílicos (Seção 19.18).

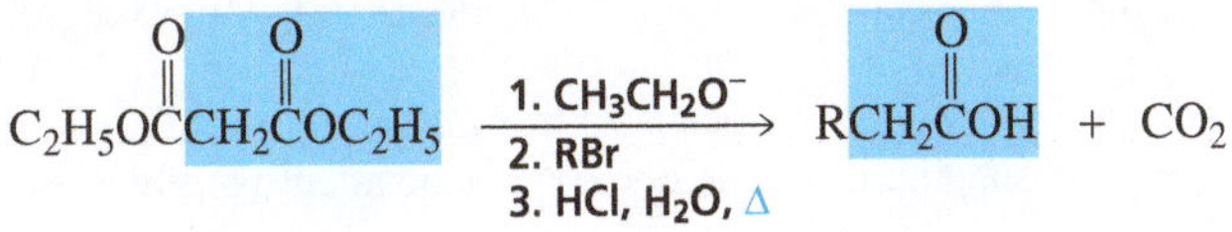

16. Síntese do éster acetoacético: preparação de metilcetonas (Seção 19.19).

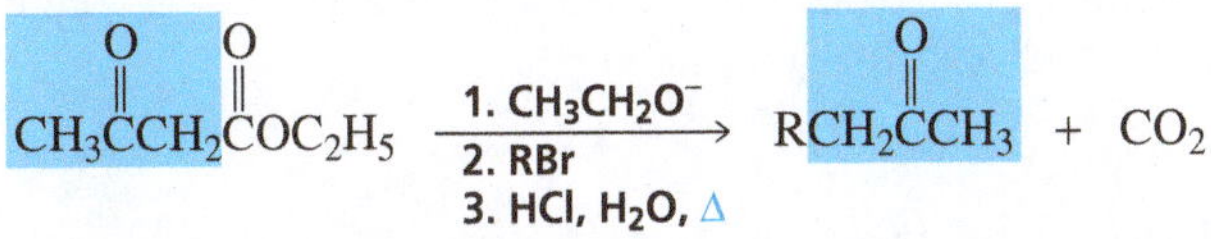

Palavras-chave

adição aldólica (p. 219)
adição aldólica cruzada (p. 222)
adição aldólica mista (p. 222)
anelação de Robinson (p. 230)
β-cetoéster (p. 203)
β-dicetona (p. 203)
carbono α (p. 201)
carbono ácido (p. 202)
condensação aldólica (p. 220)
condensação de Claisen (p. 223)
condensação mista de Claisen (p. 225)
condensação de Dieckmann (p. 227)
descarboxilação (p. 232)
enolização (p. 205)
glicólise (p. 239)
gliconeogênese (p. 239)
hidrogênio α (p. 201)
interconversão ceto–enol (p. 205)
nucleófilo ambidentado (p. 207)
reação de anelação (p. 230)
reação de carboxilação de Kolbe–Schmitt (p. 214)
reação de condensação (p. 220)
reação de enamina de Stork (p. 218)
reação de halofórmio (p. 209)
reação de Hell–Volhard–Zelinski (p. 210)
reação de Hunsdiecker (p. 233)
reação de Michael (p. 217)
reação de substituição α (p. 206)
síntese do éster acetoacético (p. 235)
síntese do éster malônico (p. 234)
tautomerização ceto–enol (p. 205)
tautômeros (p. 204)

Problemas

44. Escreva as estruturas para cada uma das seguintes substâncias:
    a. acetoacetato de etila
    b. ácido α-metilmalônico
    c. β-cetoéster
    d. tautômero enol da ciclopentanona
    e. ácido carboxílico obtido da síntese do éster malônico quando o haleto de alquila é o brometo de isopropila

45. Dê os produtos para as seguintes reações:
    a. heptanodionato de dietila: (1) etóxido de sódio; (2) HCl
    b. ácido pentanóico + PBr_3 + Br_2, seguido de hidrólise
    c. acetona + acetato de etila: (1) etóxido de sódio; (2) HCl
    d. 2-etil-hexanodionato de dietila: (1) etóxido de sódio; (2) HCl
    e. malonato de dietila: (1) etóxido de sódio; (2) brometo de isobutila; (3) HCl, H_2O + Δ
    f. acetofenona + carbonato de dietila: (1) etóxido de sódio; (2) HCl
    g. 1,3-ciclo-hexanodiona + brometo de alila + hidróxido de sódio
    h. dibenzilcetona + metilvinilcetona + excesso de hidróxido de sódio
    i. ciclopentanona: (1) pirrolidina + H^+ catalítico; (2) brometo de etila; (3) HCl, H_2O
    j. γ-butirolactona + LDA em THF seguido pelo iodeto de metila
    l. 2,7-octanodiona + hidróxido de sódio
    m. ciclo-hexanona + NaOD em D_2O
    n. 1,2-benzenodicarboxilato de dietila + acetato de etila: (1) etóxido de sódio em excesso; (2) HCl

46. Os deslocamentos químicos do nitrometano, dinitrometano e trinitrometano são de δ 6,10; δ 4,33 e δ 7,52. Correlacione cada deslocamento químico com a substância. Explique como o deslocamento químico se correlaciona com o pK_a.

47. a. Explique por que uma mistura racêmica de 2-metil-1-fenil-1-butanona é formada quando (*R*)-2-metil-1-fenil-1-butanona é dissolvida em solução ácida aquosa ou básica.
    b. Dê um exemplo de outra cetona que poderia sofrer uma racemização catalisada por ácido ou base.

48. Identifique A-L. (*Dica*: A apresenta três singletos em seu espectro de RMN de ^1H com a relação integral 3:2:3 e fornece um teste de iodofórmio positivo; veja Seção 19.4.)

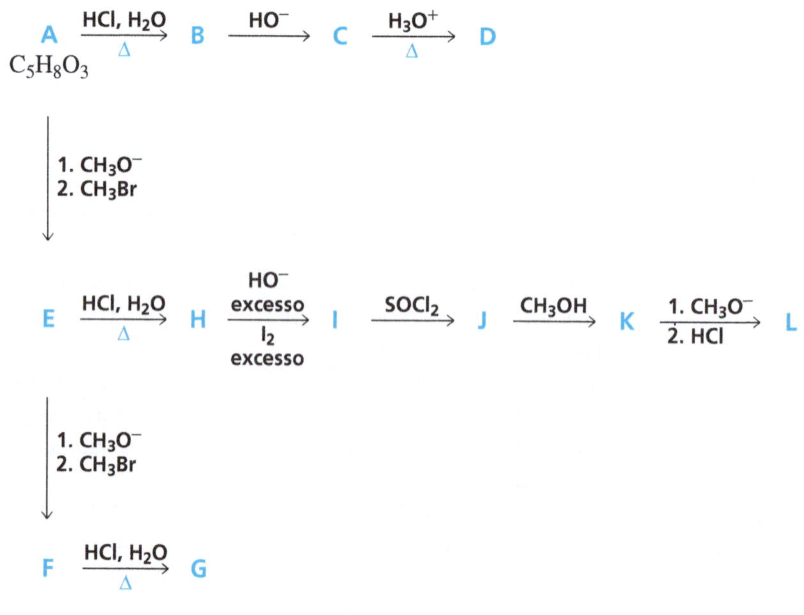

49. Mostre como cada uma das seguintes substâncias poderia ser preparada a partir da ciclo-hexanona:

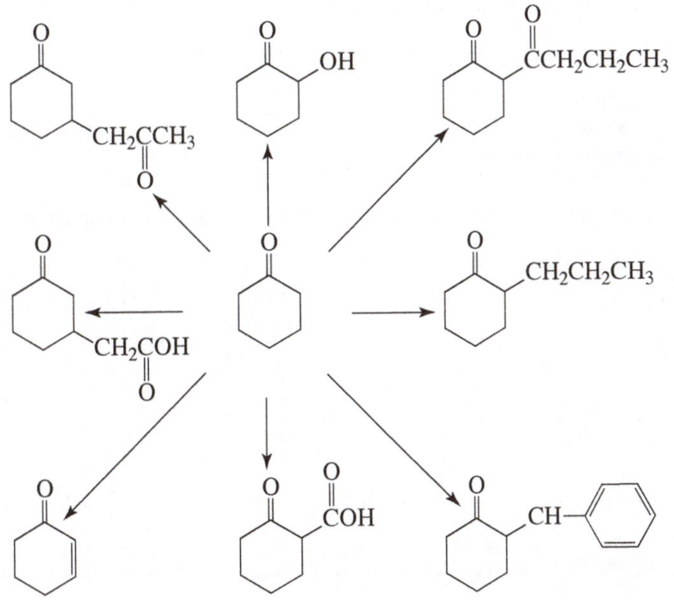

50. Uma substância carbonilada β,γ-insaturada rearranja para uma substância conjugada α,β-insaturada mais estável na presença de ácido ou de base.
  a. Proponha um mecanismo para o rearranjo catalisado por base.
  b. Proponha um mecanismo para o rearranjo catalisado por ácido.

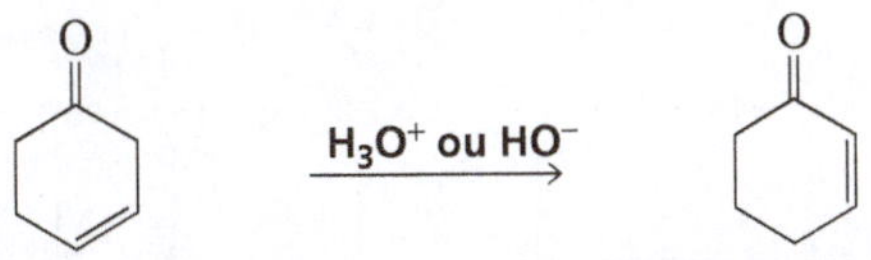

substância carbonilada β,γ-insaturada $\xrightarrow{H_3O^+ \text{ ou } HO^-}$ **substância carbonilada α,β-insaturada**

51. Existem outras reações de condensação similares à condensação aldólica e à de Claisen:
  a. A *condensação de Perkin* é a condensação de um aldeído aromático e um anidrido acético. Dê o produto obtido da seguinte condensação de Perkin:

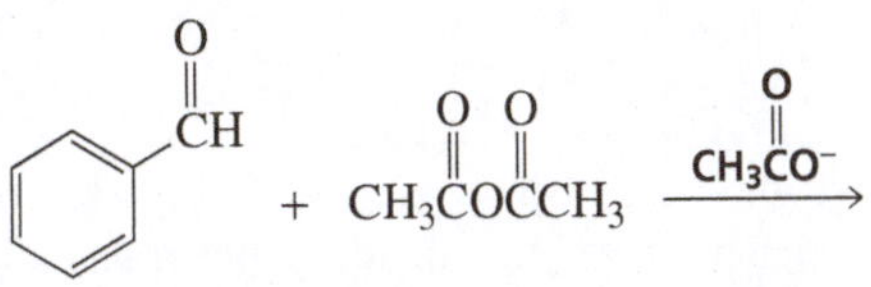

  b. Qual substância resultaria se a água fosse adicionada ao produto de condensação de Perkin?
  c. A *condensação de Knoevenagel* é a condensação de um aldeído ou uma cetona que não tem hidrogênios α e uma substância, como o malonato de dietila, que tem um carbono α rodeado por dois grupos retiradores de elétrons. Dê o produto obtido da seguinte condensação de Knoevenagel:

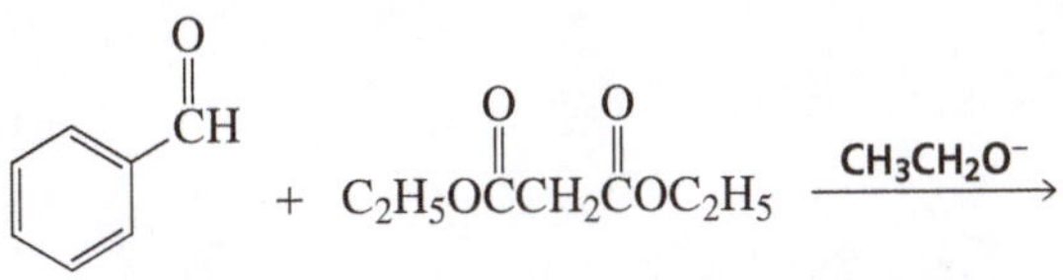

  d. Qual produto seria obtido se o produto de condensação de Knoevenagel fosse aquecido em solução aquosa ácida?

52. A *reação de Reformatsky* é uma reação de adição na qual é usado um reagente de organozinco no lugar do reagente de Grignard para atacar o grupo carbonila de um aldeído ou cetona. Como o reagente de organozinco é menos reativo do que o reagente de Grignard, não ocorre a adição nucleofílica a um grupo éster. O reagente de organozinco é preparado pelo aquecimento de um éster α-bromo com zinco.

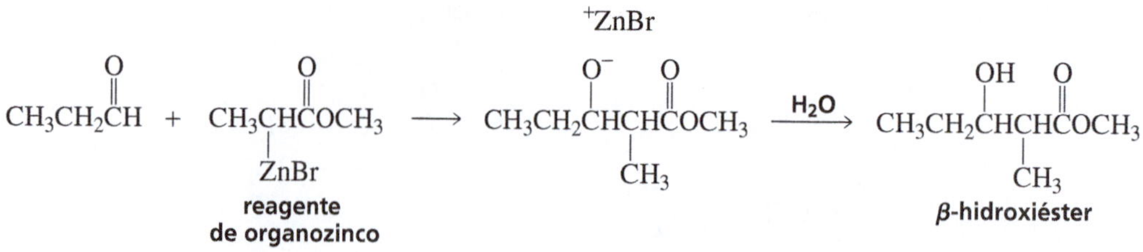

Descreva como cada uma das seguintes substâncias poderia ser preparada com o uso da reação de Reformatsky:

a. 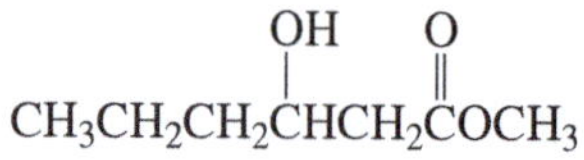

c. 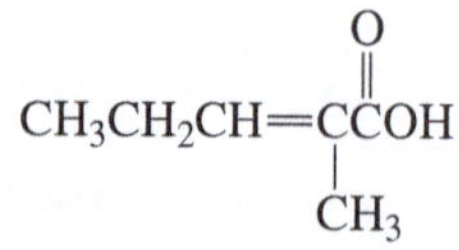

b. 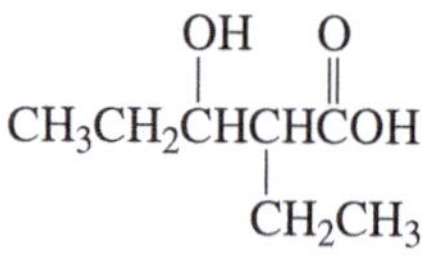

d. 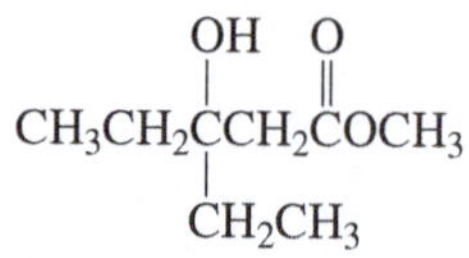

53. A cetona cujo espectro de RMN de [1]H é mostrado aqui foi obtida como produto de uma síntese do éster acetoacético. Qual haleto de alquila foi usado na síntese?

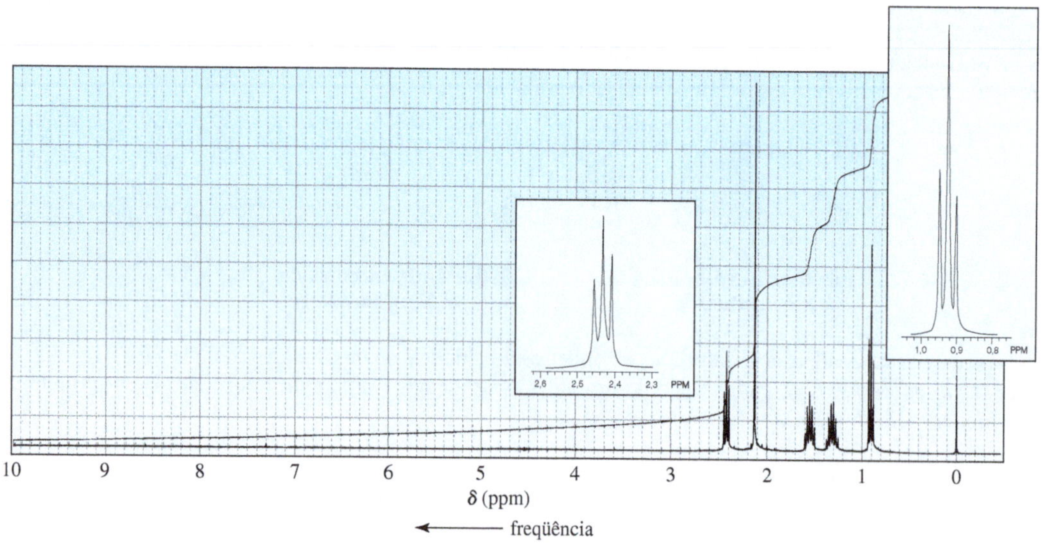

54. Indique como as seguintes substâncias poderiam ser sintetizadas a partir da ciclo-hexanona e de qualquer outro reagente necessário:

a. 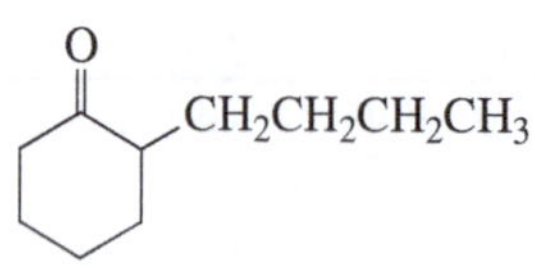

c. 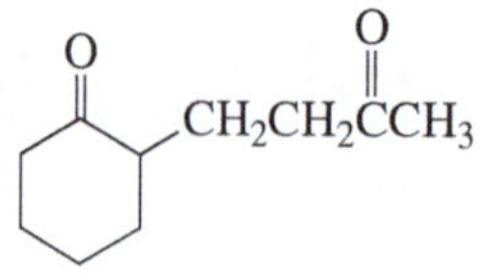

e. 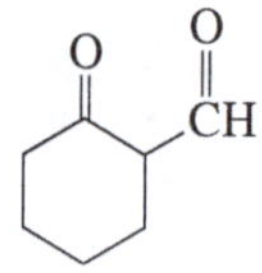

b. 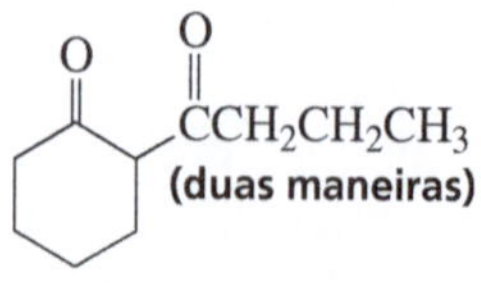

d. 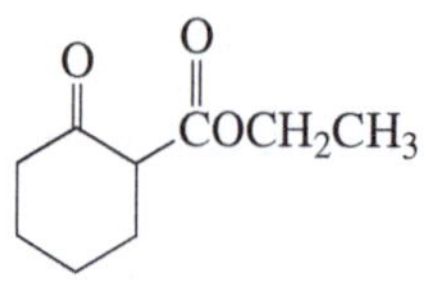

f. 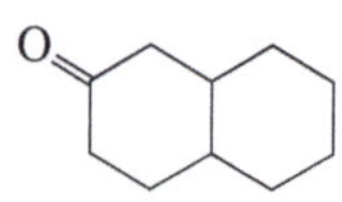

55. A substância A com fórmula molecular C_6H_{10} apresenta dois sinais em seu espectro RMN de ^{1}H, ambos como singletos (com relação 9:1). A substância A reage com uma solução aquosa de ácido que contém sulfato mercúrico para formar a substância B, que fornece um teste positivo de iodofórmio (Seção 19.4) e apresenta um espectro de RMN de ^{1}H, que contém dois singletos (com relação 3:1). Identifique A e B.

56. Indique como cada uma das seguintes substâncias poderia ser sintetizada a partir dos reagentes fornecidos como material de partida e de qualquer outro reagente necessário:

a. 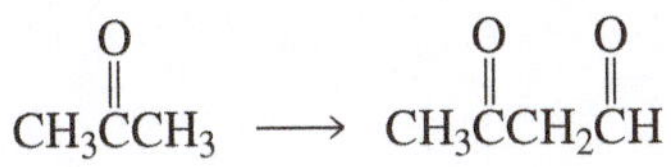

b. 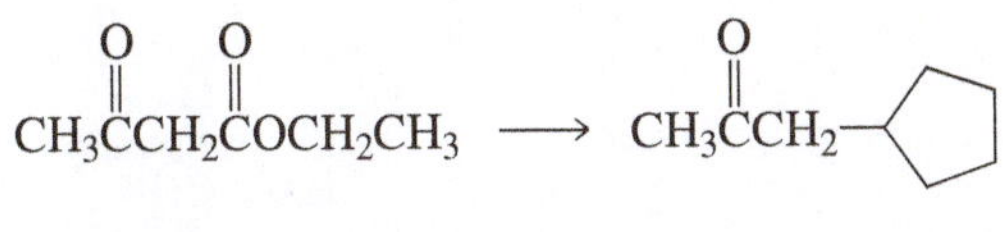

c. 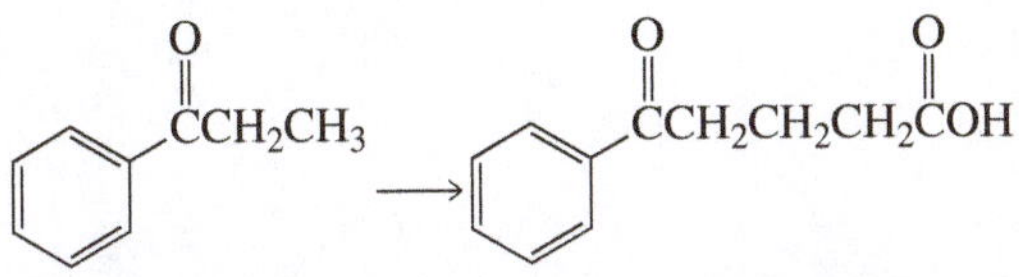

d. 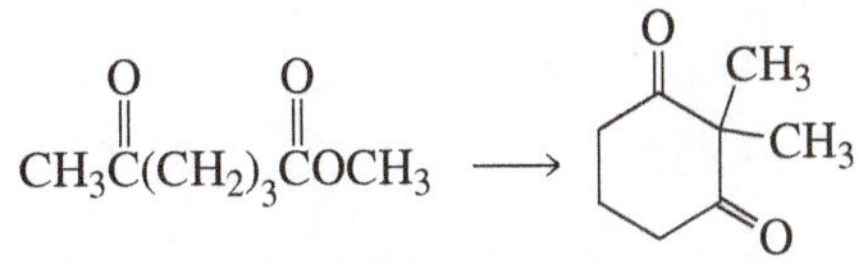

e. 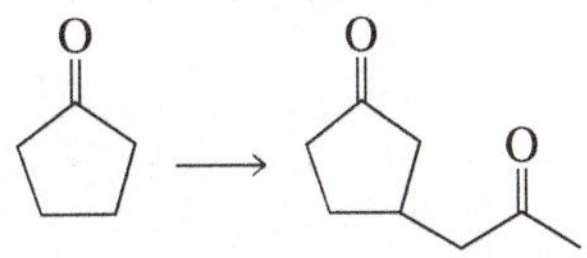

f. 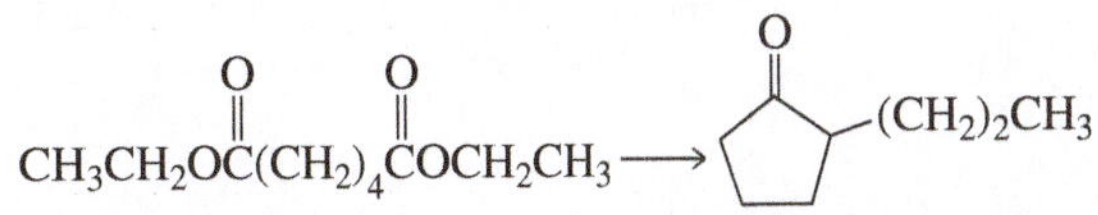

57. Hidrocloreto de bupropiona é um antidepressivo comercial registrado como Wellbutrin®. Proponha uma síntese de hidrocloreto de bupropiona, tendo como material de partida o benzeno.

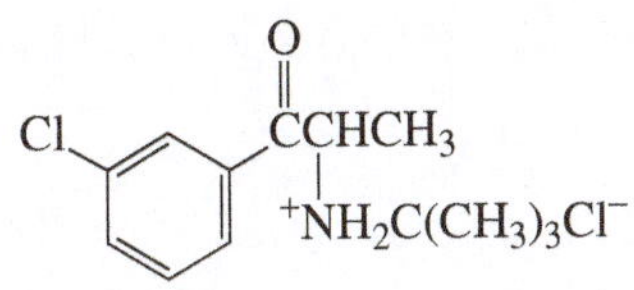

hidrocloreto de bupropiona

58. Quais reagentes seriam necessários para efetuar as seguintes transformações?

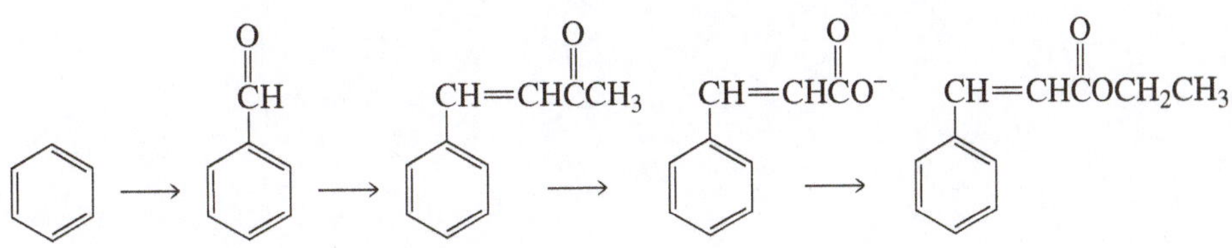

59. Dê os produtos das seguintes reações:

a. 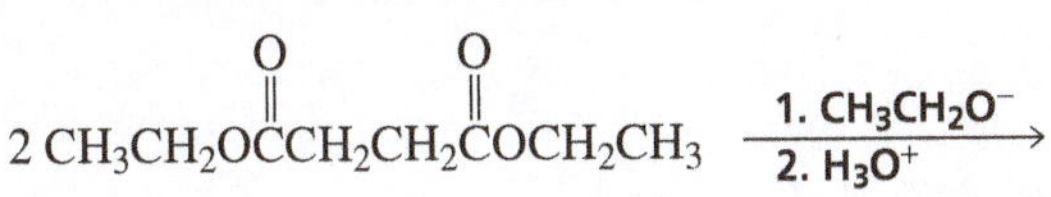

b. 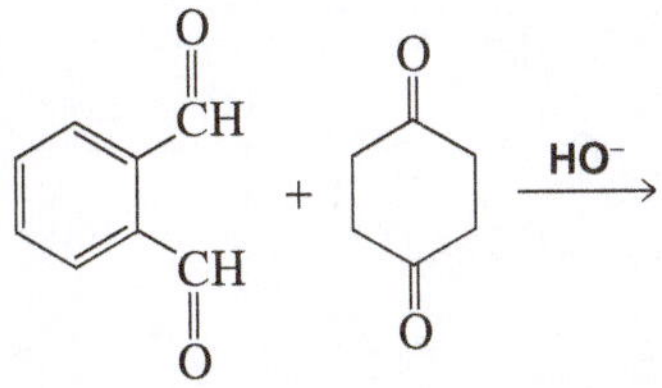

60. a. Mostre como o aminoácido alanina pode ser sintetizado a partir do ácido propanóico.
b. Mostre como o aminoácido glicina pode ser sintetizado a partir da ftalimida e do 2-bromomalonato de dietila.

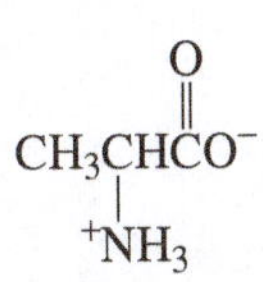

alanina

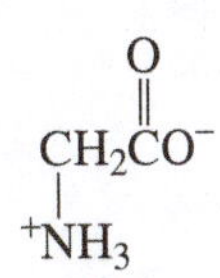

glicina

61. Cindy Synthon tentou preparar as seguintes substâncias usando uma condensação aldólica. Qual destas substâncias levou a uma síntese bem-sucedida? Explique por que as outras sínteses não foram bem-sucedidas.

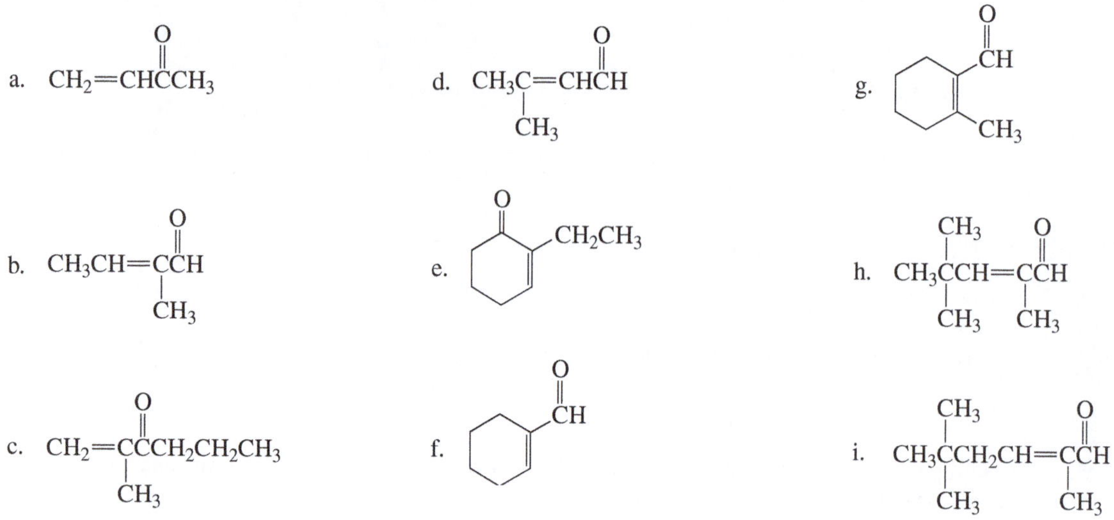

62. Explique por que a seguinte bromocetona forma diferentes substâncias bicíclicas em diferentes condições reacionais:

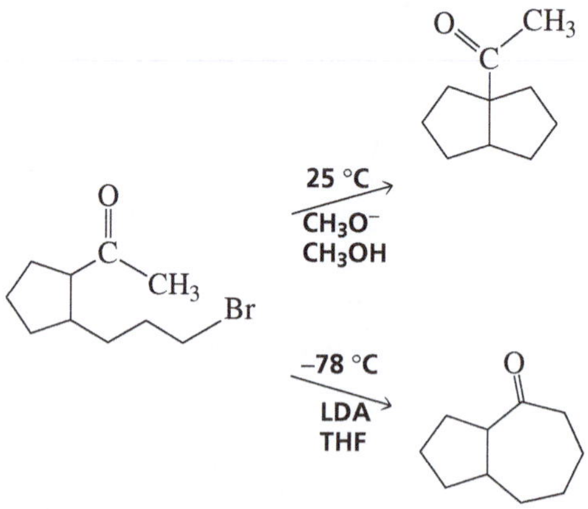

63. Explique por que o produto obtido nas seguintes reações depende do número de equivalentes de base usados na reação:

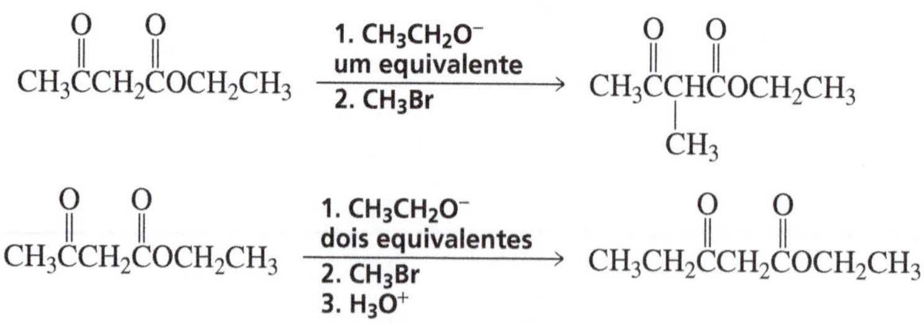

64. Uma *reação de Mannich* adiciona um grupo $\rangle NCH_2-$ ao carbono α de um carbono ácido. Proponha um mecanismo para essa reação.

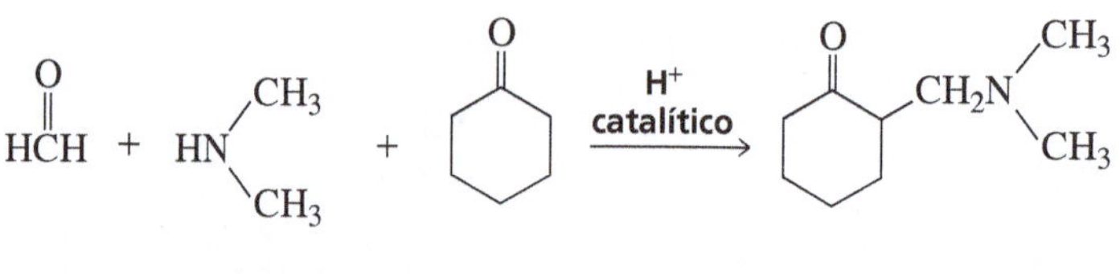

65. Quais substâncias carboniladas são necessárias para preparar uma substância com a fórmula molecular $C_{10}H_{10}O$ cujo espectro de RMN de ^1H é mostrado a seguir?

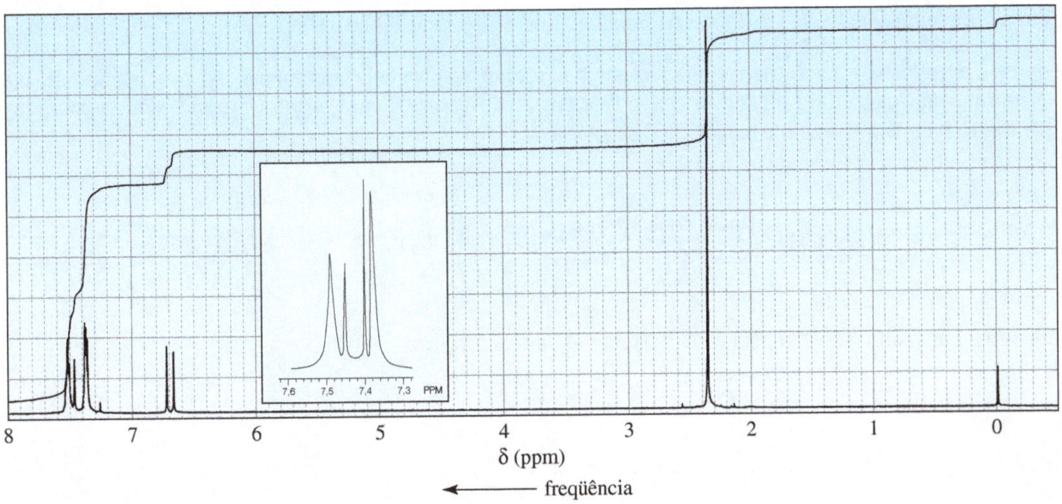

66. A ninhidrina reage com um aminoácido para formar uma substância de cor púrpura. Proponha um mecanismo para explicar a formação da substância colorida.

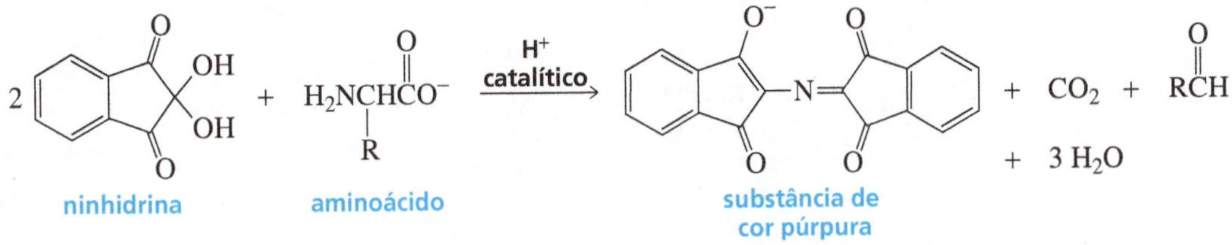

67. O ácido carboxílico é formado quando uma α-halocetona reage com o íon hidróxido. Essa reação é chamada *reação de Favorskii*. Proponha um mecanismo para a seguinte reação de Favorskii. (*Dica*: na primeira etapa, HO^- remove um próton do carbono α que não está ligado a Br; um anel de três membros é formado na segunda etapa; e HO^- é o nucleófilo na terceira etapa.)

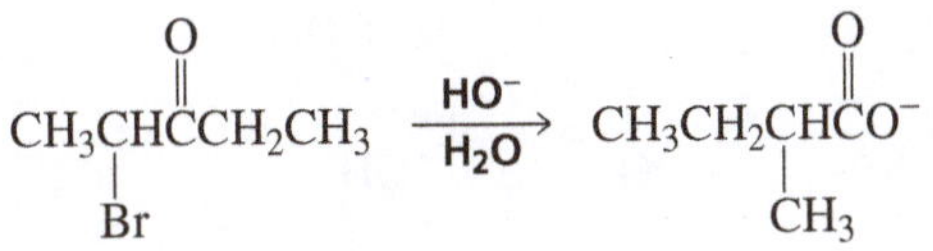

68. Dê os produtos das seguintes reações. (*Dica*: veja o Problema 67.)

a. 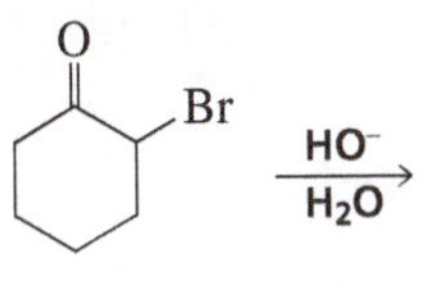

b. 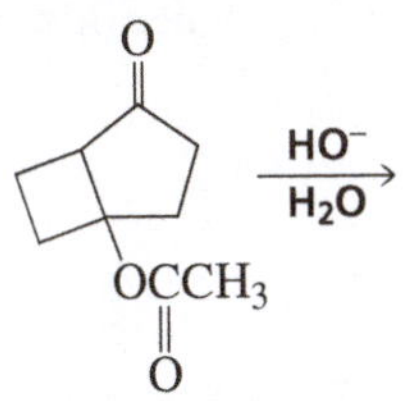

69. Uma substância carbonílica α,β-insaturada pode ser preparada pela reação conhecida como reação de selenilação–oxidação. Um selenóxido é formado como intermediário. Proponha um mecanismo para a reação.

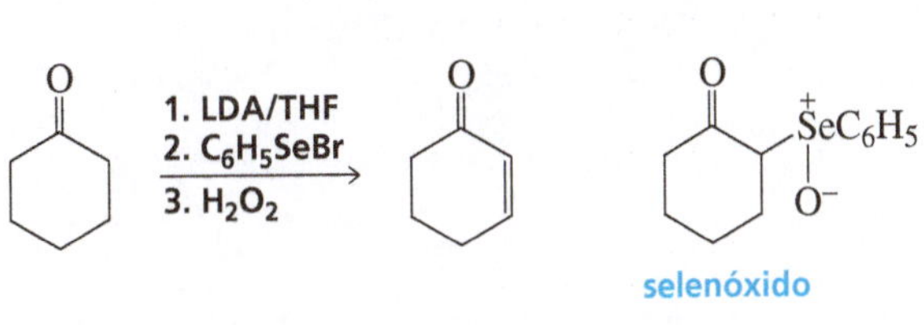

70. a. Qual ácido carboxílico seria formado se a síntese do éster malônico fosse realizada com um equivalente de éster malônico, um equivalente do 1,5-dibromopentano e dois equivalentes de base?

b. Qual ácido carboxílico seria formado se a síntese do éster malônico fosse realizada com dois equivalentes de éster malônico, um equivalente do 1,5-dibromopentano e dois equivalentes de base?

71. A *reação de Canizzaro* é a reação de um aldeído que não tem um hidrogênio α com solução concentrada de hidróxido de sódio. Nessa reação, metade do aldeído é convertida em ácido carboxílico e a outra metade, em álcool. Proponha um mecanismo razoável para a seguinte reação de Canizzaro:

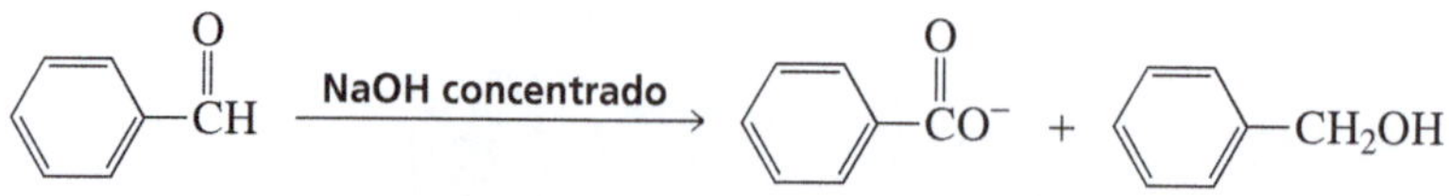

72. Proponha um mecanismo razoável para cada uma das seguintes reações:

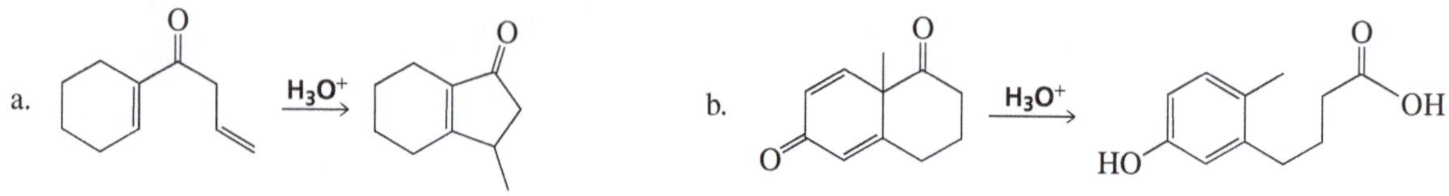

73. A seguinte reação é conhecida como *condensação de benzoína*. A reação não ocorre se o hidróxido de sódio for usado no lugar do cianeto de sódio. Proponha um mecanismo para essa reação.

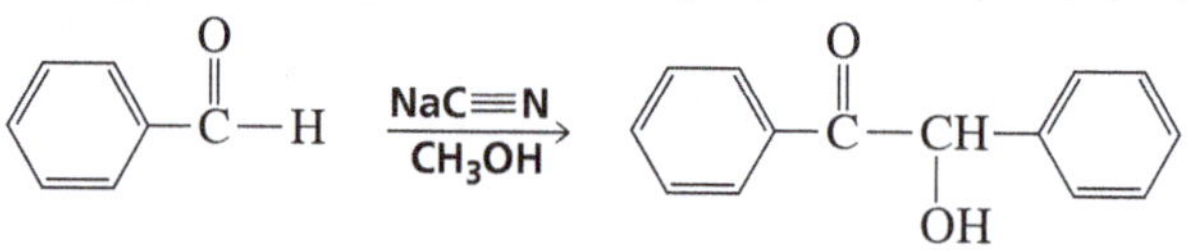

benzoína

74. O ácido orselínico, constituinte comum em liquens, é sintetizado em uma condensação de acetil tioéster e tioéster malônico. Se um líquen se desenvolver em meio que contenha acetato que foi marcado com ^{14}C radiativo no carbono carbonílico, quais carbonos estariam marcados no ácido orselínico?

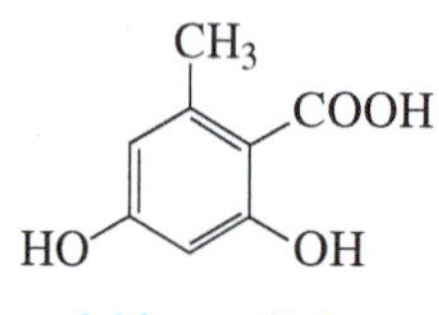

ácido orselínico

75. Uma substância conhecida como *éster de Hagemann* pode ser preparada ao se tratar inicialmente uma mistura de formaldeído e acetoacetato de etila com base e depois com calor e aquecimento. Escreva a estrutura para o produto de cada etapa.

a. A primeira etapa é uma condensação aldólica.
b. A segunda etapa é uma adição de Michael.
c. A terceira etapa é uma condensação aldólica intramolecular.
d. A quarta etapa é uma hidrólise seguida por uma descarboxilação.

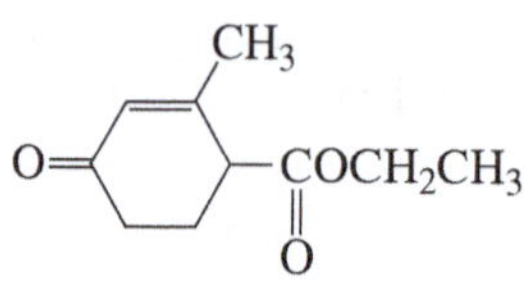

éster de Hagemann

76. Amobarbital é um sedativo comercial registrado como Amytal®. Proponha uma síntese para o amobarbital usando malonato de dietila e uréia como dois dos materiais de partida.

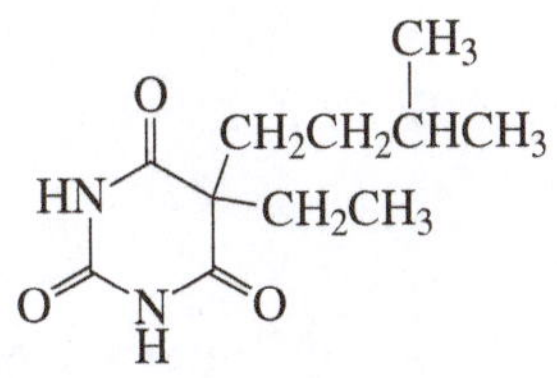

Amytal®

77. Proponha um mecanismo razoável para cada uma das seguintes reações:

a. 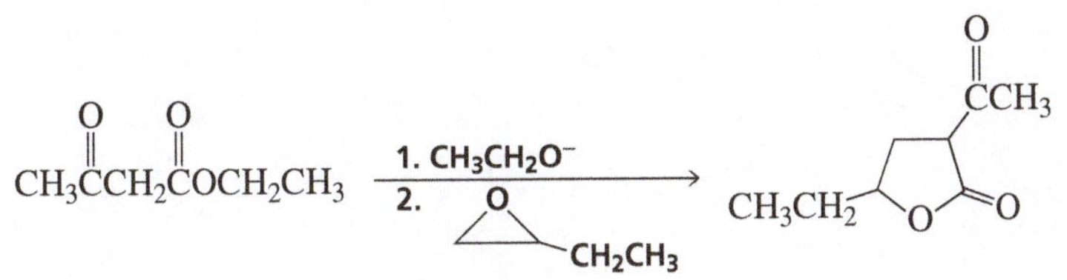

b. 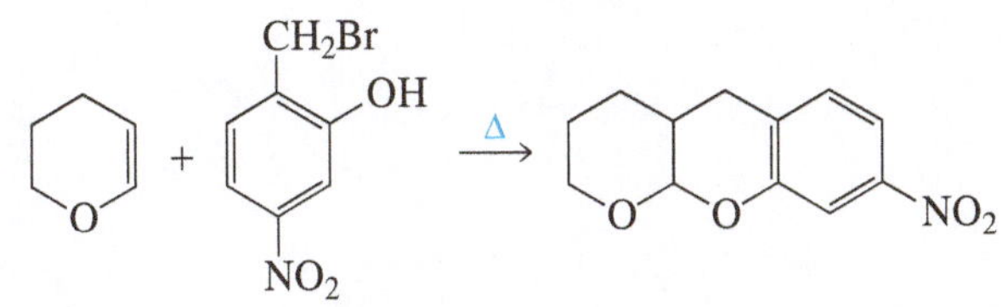

78. A tiramina é um alcalóide encontrado no visco, queijo velho e em tecidos de animal em putrefação. A dopamina é um neurotransmissor envolvido na regulação do sistema nervoso central.

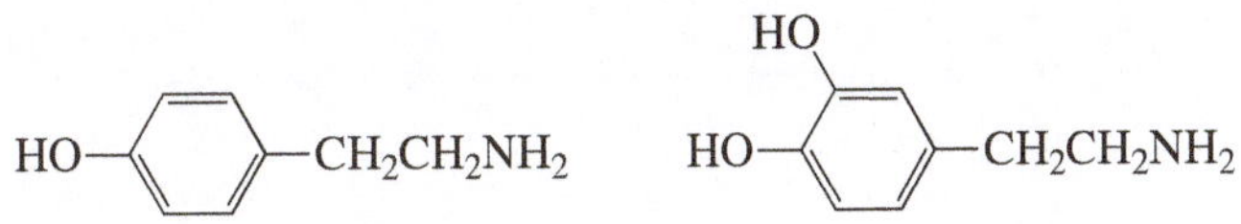

tiramina dopamina

a. Dê duas maneiras para preparar a β-feniletilamina a partir do cloreto de β-feniletila.
b. Como a β-feniletilamina pode ser preparada a partir do cloreto de benzila?
c. Como a β-feniletilamina pode ser preparada a partir do benzaldeído?
d. Como a tiramina pode ser preparada a partir da β-feniletilamina?
e. Como a dopamina pode ser preparada a partir da tiramina?

79. Mostre como a estrona, um esteróide hormonal, pode ser preparada a partir dos materiais de partida indicados. (*Dica*: inicie com uma anelação de Robinson.)

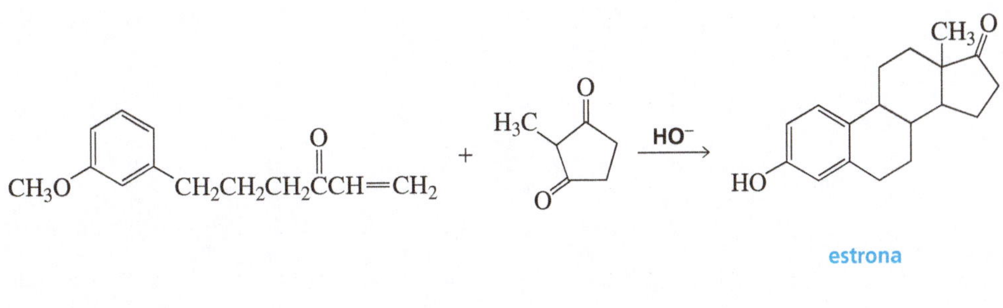

estrona

80. a. Cetoprofeno, assim como ibuprofeno, é um analgésico antiinflamatório. Como o cetoprofeno poderia ser sintetizado a partir dos materiais de partida indicados?

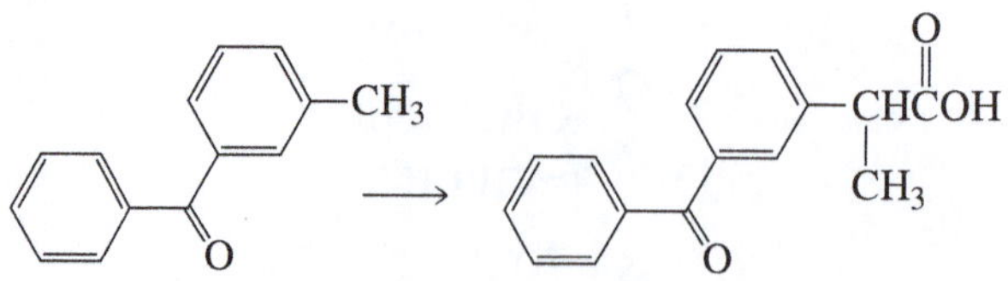

cetoprofeno

b. O cetoprofen e o ibuprofen têm um ácido propanóico como substituinte (veja Problema 70, Capítulo 17). Explique por que as subunidades idênticas são sintetizadas em caminhos diferentes.

20 Mais informações sobre reações de oxidação–redução

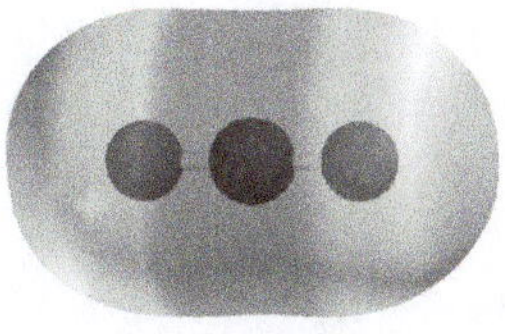

O=C=O

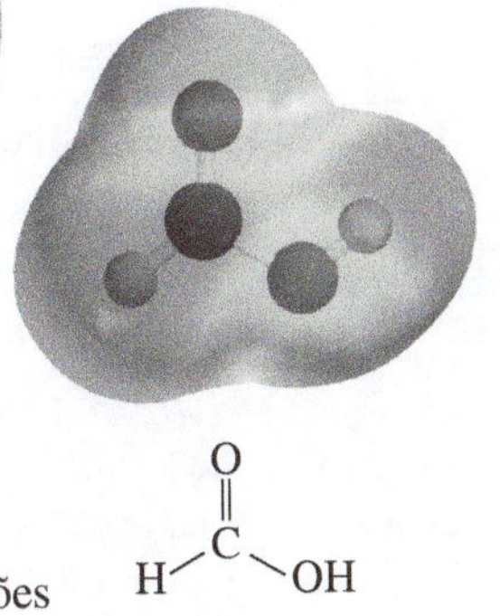

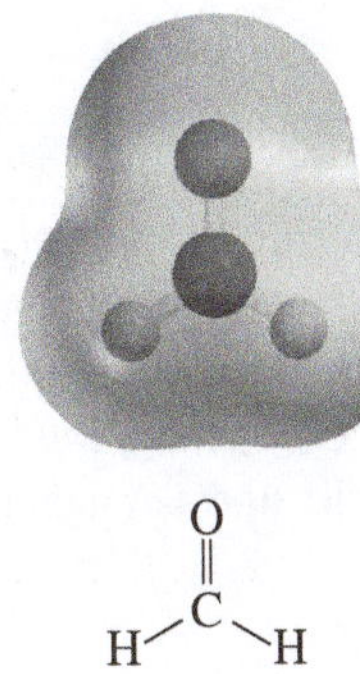

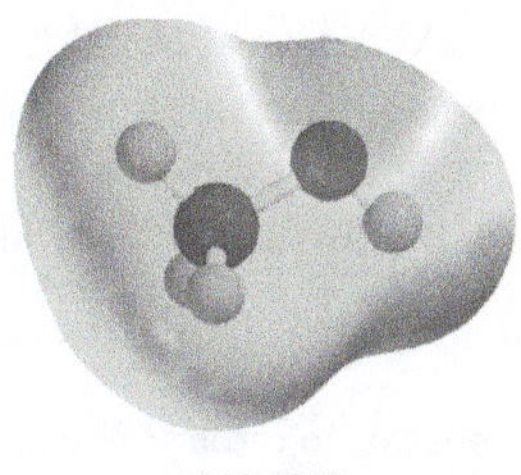

CH_3OH

As reações que envolvem a transferência de elétrons de uma molécula para outra fazem parte de um importante grupo de reações orgânicas. Os químicos orgânicos usam essas reações — denominadas **reações de oxidação–redução** ou **reações de redox** — para sintetizar uma grande variedade de substâncias. As reações de redox também são importantes em sistemas biológicos, porque muitas delas produzem energia. Você observou várias reações de oxidação e de redução nos demais capítulos, mas discutir a respeito delas em grupo lhe dará a oportunidade de compará-las (veja figuras em cores no caderno colorido).

Em uma reação de oxidação–redução, uma substância perde elétrons e a outra recebe elétrons. A substância que perde elétrons é oxidada, e a que recebe elétrons é reduzida. Uma maneira de lembrar a diferença entre oxidação e redução é decorando a frase "PEO, o leão, diz GER": *Perda de elétrons é oxidação; ganho de elétrons é redução.*

A equação a seguir é um exemplo de uma reação de oxidação–redução que envolve reagentes inorgânicos:

$$Cu^{+} + Fe^{3+} \longrightarrow Cu^{2+} + Fe^{2+}$$

Nessa reação, o Cu^{+} perde elétrons, portanto é oxidado. O Fe^{3+} ganha elétrons, portanto é reduzido. Essa reação demonstra dois importantes pontos sobre as reações de oxidação–redução: (1) *a oxidação está sempre acoplada a uma redução*. Ou seja, uma substância não pode ganhar elétrons (ser reduzida) a menos que, simultaneamente, a outra substância envolvida na reação perca elétrons (se oxide); (2) a substância oxidada (Cu^{+}) é denominada **agente redutor**, porque perde os elétrons usados para reduzir a outra substância (Fe^{3+}). A substância reduzida (Fe^{3+}), por sua vez, é denominada **agente oxidante**, porque ganha os elétrons liberados pela outra substância (Cu^{+}) quando é oxidada.

Tutorial Gallery: Alterações no estado de oxidação
WWW

É possível perceber se uma substância orgânica se oxidou ou se reduziu apenas observando a mudança estrutural por ela sofrida. Verifiquemos de início as reações que ocorrem no carbono ao sofrer **oxidação** ou **redução**: se a reação aumenta o número de ligações C—H ou diminui o número de ligações C—O, C—N ou C—X (onde X representa um halogênio), a substância foi reduzida. Se a reação diminui o número de ligações C—H ou aumenta o número de ligações C—O, C—N ou C—X, a substância se oxidou. Observe que o **estado de oxidação** de um átomo de carbono é igual ao número total de suas ligações C—O, C—N ou C—X.

ESTADO DE OXIDAÇÃO
número de ligações C—Z
(Z = O, N, ou halogênio)

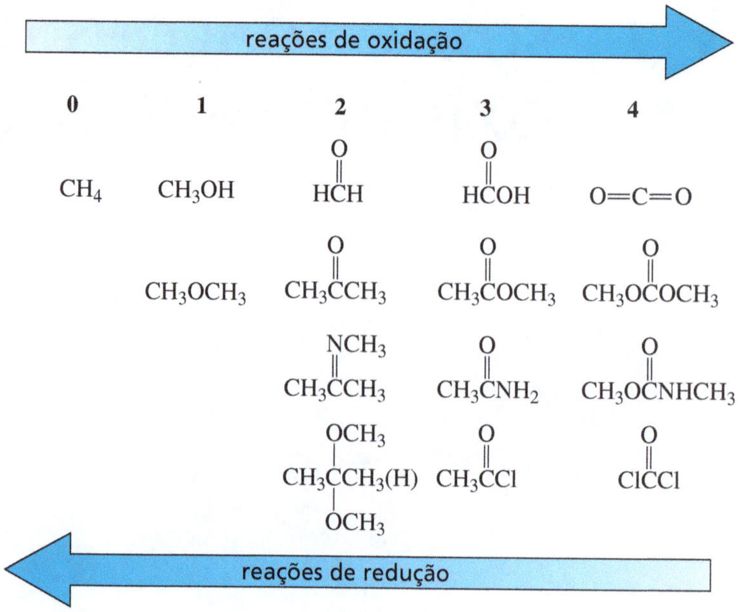

Veremos agora alguns exemplos de reações de oxidação–redução que ocorrem no carbono e que você já estudou nos capítulos anteriores. Observe que, em cada uma das reações a seguir, os produtos têm mais ligações C—H do que os reagentes: portanto, os alcenos, os aldeídos e as cetonas estão sendo reduzidos (Seções 4.11, 18.5 e 15.5). O hidrogênio, o boro-hidreto de sódio e a hidrazina são agentes de redução.

A redução no carbono aumenta o número de ligações C—H ou diminui o número de ligações C—O, C—N ou C—X.

A oxidação no carbono diminui o número de ligações C—H ou aumenta o número de ligações C—O, C—N ou C—X.

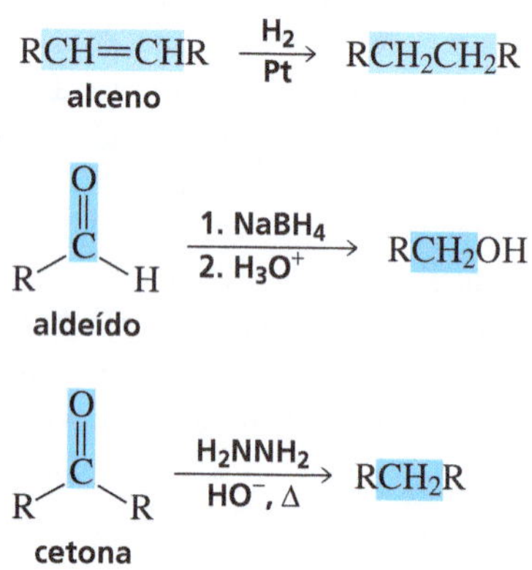

No próximo grupo de reações, o número de ligações C—Br aumenta na primeira reação. Na segunda e terceira reações, o número de ligações C—H diminui e o número de ligações C—O aumenta. Isso quer dizer que o alceno, o aldeído e o álcool estão sendo oxidados. O bromo e o ácido crômico (H_2CrO_4) são os agentes oxidantes. Observe que o aumento no número de ligações C—O na terceira reação resulta de uma ligação simples carbono–oxigênio que se torna uma ligação dupla carbono–oxigênio.

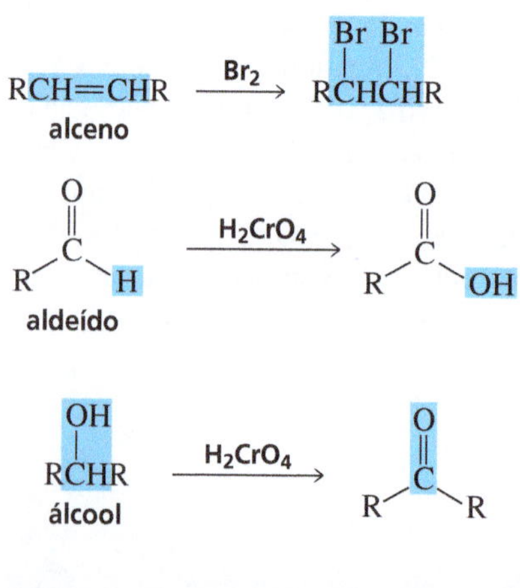

Quando se adiciona água a um alceno, o produto passa a ter uma ligação C—H a mais do que o reagente, além de uma ligação C—O extra. Nessa reação, um carbono é reduzido e o outro é oxidado. Os dois processos se anulam quando a molécula final é preparada, portanto a reação final não é nem uma oxidação nem uma redução.

$$\text{RCH}{=}\text{CHR} \xrightarrow[\text{H}_2\text{O}]{\text{H}^+} \text{RCH}_2\underset{\text{OH}}{\underset{|}{\text{C}}}\text{HR}$$

As reações de oxidação–redução que ocorrem no nitrogênio ou no enxofre apresentam mudanças estruturais semelhantes. O número de ligações N—H ou S—H diminui nas reações de redução, e o número de ligações N—O ou S—O aumenta nas reações de oxidação. Nas reações a seguir, o nitrobenzeno e o dissulfeto estão sendo reduzidos (Seções 16.2 e 23.7), e o tiol está sendo oxidado a ácido sulfônico:

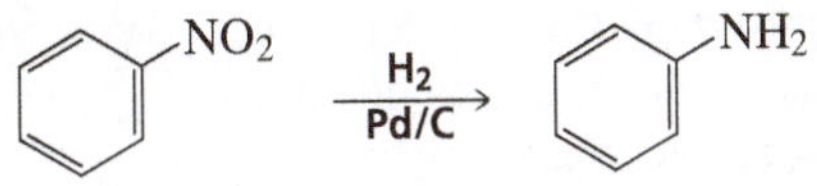

nitrobenzeno

$$\underset{\textbf{dissulfeto}}{\text{CH}_3\text{CH}_2\text{S}{-}\text{SCH}_2\text{CH}_3} \xrightarrow[\text{Zn}]{\text{HCl}} 2\ \underset{\textbf{tiol}}{\text{CH}_3\text{CH}_2\text{SH}}$$

$$\underset{\textbf{tiol}}{\text{CH}_3\text{CH}_2\text{SH}} \xrightarrow{\text{HNO}_3} \underset{\textbf{ácido sulfônico}}{\text{CH}_3\text{CH}_2\text{SO}_3\text{H}}$$

Os químicos orgânicos têm à sua disposição muitos reagentes oxidantes e muitos reagentes redutores. Este capítulo destaca apenas uma pequena quantidade deles. Os reagentes aqui apresentados são apenas alguns dos que costumam ilustrar os tipos de transformação causados pela oxidação e pela redução.

PROBLEMA 1◆

Identifique se cada uma das reações a seguir é de oxidação, de redução ou nenhuma das duas.

a. 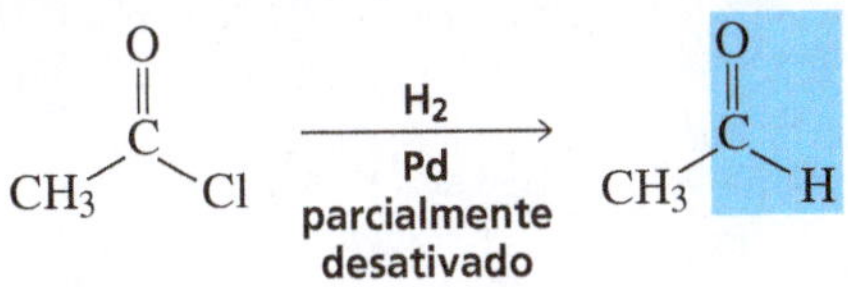

b. $\text{RCH}{=}\text{CHR} \xrightarrow{\text{HBr}} \text{RCH}_2\overset{\text{Br}}{\overset{|}{\text{C}}}\text{HR}$

c. 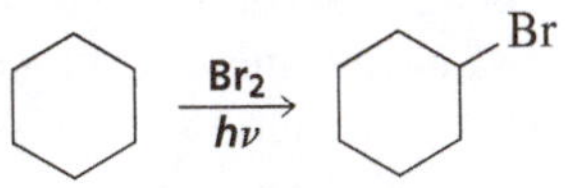

d. 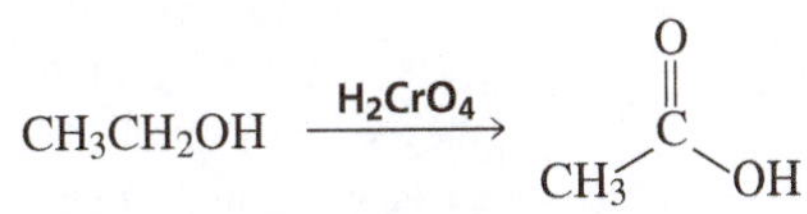

e. $\text{CH}_3\text{C}{\equiv}\text{N} \xrightarrow[\text{Pt}]{\text{H}_2} \text{CH}_3\text{CH}_2\text{NH}_2$

f. $\text{CH}_3\text{CH}_2\text{CH}_2\text{Br} \xrightarrow{\text{HO}^-} \text{CH}_3\text{CH}_2\text{CH}_2\text{OH}$

20.1 Reações de redução

Uma substância orgânica é reduzida quando sofre adição de hidrogênio (H_2). Uma molécula de H_2 pode ser pensada como sendo composta de (1) dois átomos de hidrogênio, (2) de dois elétrons e dois prótons, ou (3) de um íon hidreto e um próton. Nas seções seguintes você verá que essas três maneiras de descrever o H_2 correspondem a três mecanismos de adição de H_2 a uma substância orgânica.

componentes do H:H

H· ·H	·⁻ H⁺ ·⁻ H⁺	H:⁻ H⁺
dois átomos de hidrogênio	dois elétrons e dois prótons	um íon hidreto e um próton

Redução pela adição de dois átomos de hidrogênio

Você já aprendeu que o hidrogênio pode ser adicionado a ligações duplas e triplas de carbono–carbono na presença de um metal catalisador (Seções 4.11 e 6.8, volume 1). Essas reações, denominadas **hidrogenações catalíticas**, são reações de redução porque existem mais ligações C—H nos produtos do que nos reagentes. Os alcenos e os alcinos são reduzidos a alcanos.

$$\underset{\text{1-buteno}}{CH_3CH_2CH{=}CH_2} + H_2 \xrightarrow{\text{Pt, Pd, or Ni}} \underset{\text{butano}}{CH_3CH_2CH_2CH_3}$$

$$\underset{\text{1-pentino}}{CH_3CH_2CH_2C{\equiv}CH} + 2\,H_2 \xrightarrow{\text{Pt, Pd, or Ni}} \underset{\text{pentano}}{CH_3CH_2CH_2CH_2CH_3}$$

Na hidrogenação catalítica, a ligação H—H se rompe homoliticamente (Seção 4.11). Isso significa que a reação de redução envolve a adição de dois átomos de hidrogênio à molécula orgânica.

Vimos anteriormente que a hidrogenação catalítica de um alcino pode ser interrompida no alceno cis se um catalisador parcialmente desativado for usado (Seção 6.8).

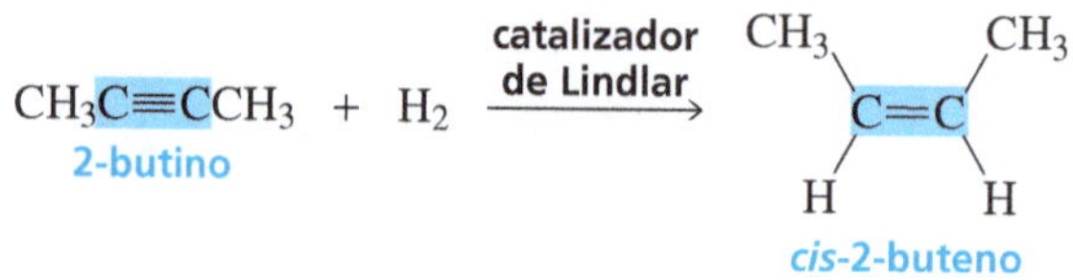

Molecule Gallery: Estireno; etil benzeno
WWW

Na reação a seguir, somente o substituinte alceno é reduzido. O anel benzênico, altamente estável, só pode ser reduzido em condições muito especiais.

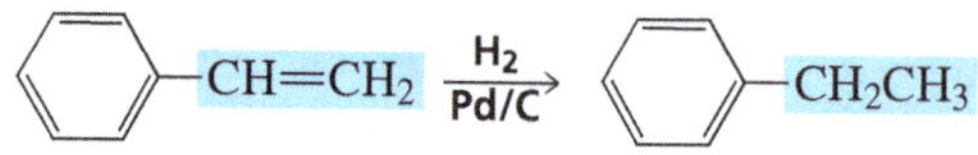

A hidrogenação catalítica também pode ser usada para reduzir as ligações duplas e triplas carbono–nitrogênio. Os produtos da reação são aminas.

$$CH_3CH_2CH{=}NCH_3 + H_2 \xrightarrow{\text{Pd/C}} \underset{\text{metilpropilamina}}{CH_3CH_2CH_2NHCH_3}$$

$$CH_3CH_2CH_2C{\equiv}N + 2\,H_2 \xrightarrow{\text{Pd/C}} \underset{\text{butilamina}}{CH_3CH_2CH_2CH_2NH_2}$$

Murray Raney (1885–1966) *nasceu em Kentucky. Bacharelou-se pela Universidade de Kentucky em 1909 e, em 1951, a universidade concedeu-lhe o título de doutor honorário em ciências. Trabalhou na Gilman Paint and Varnish Co., em Chattanooga, Tennessee, onde patenteou vários processos químicos e metalúrgicos. Em 1963, a empresa foi vendida e recebeu o nome de W. R. Grace & Co., Divisão de Catalisador de Raney.*

O grupo carbonílico de aldeídos e de cetonas pode ser reduzido pela hidrogenação catalítica, usando níquel de Raney como catalisador metálico. (O níquel de Raney é um níquel finamente dividido com hidrogênio adsorvido, por isso não é necessária uma fonte externa de H_2.) Os aldeídos são reduzidos a alcoóis primários, e as cetonas são reduzidas a alcoóis secundários.

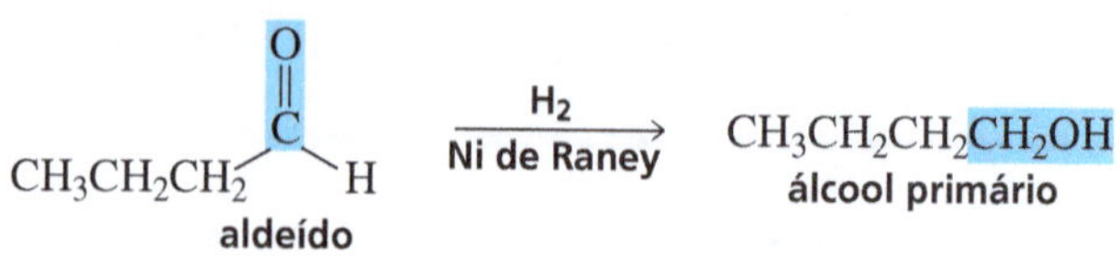

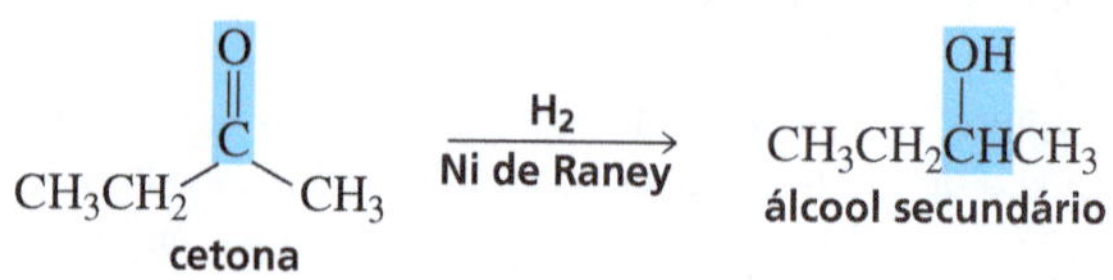

Karl W. Rosenmund (1884–1964) *nasceu em Berlim. Foi professor de química na Universidade de Kiel.*

A redução de um cloreto de acila pode ser interrompida em um aldeído se um catalisador parcialmente desativado for usado. Essa reação é conhecida como **redução de Rosenmund**. O catalisador usado na redução de Rosenmund é similar ao catalisador de paládio parcialmente desativado e utilizado na redução de um alcino a um alceno cis (Seção 6.8, volume 1).

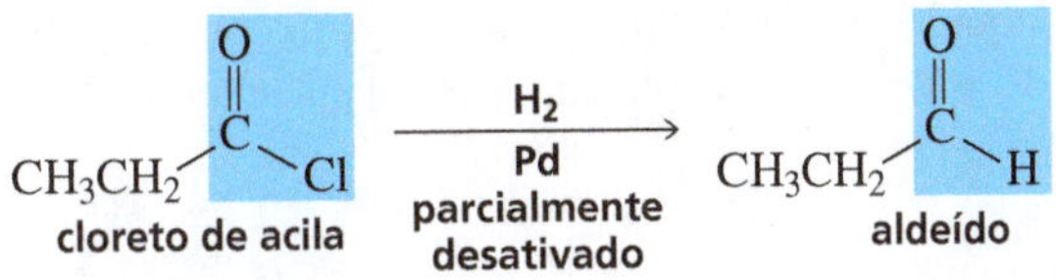

Os grupos carbonila de ácidos carboxílicos, ésteres e amidas são menos reativos, por isso são mais difíceis de reduzir do que os grupos carbonila de aldeídos e cetonas (Seção 18.5). Eles não podem ser reduzidos por hidrogenação catalítica (exceto em condições extremas), mas podem ser reduzidos por um método que discutiremos em outros tópicos desta seção.

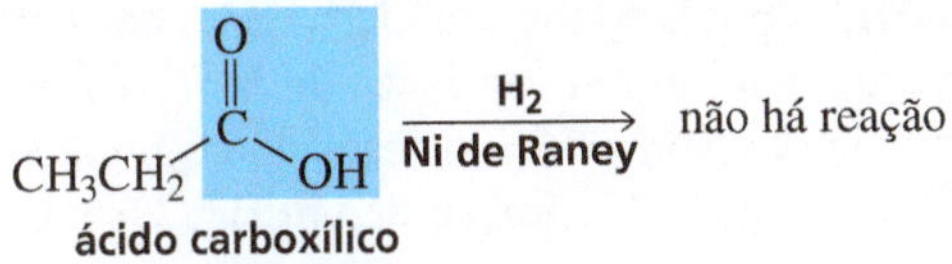

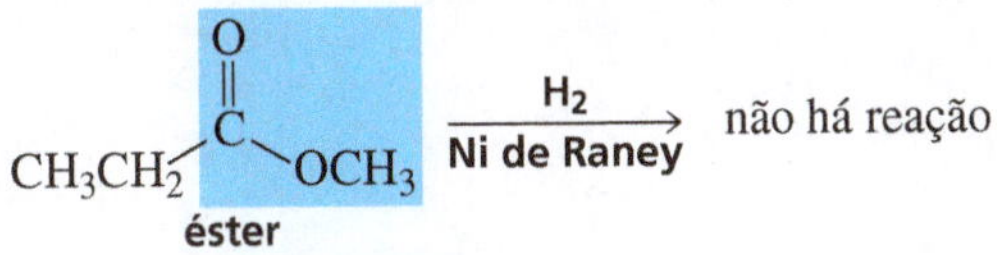

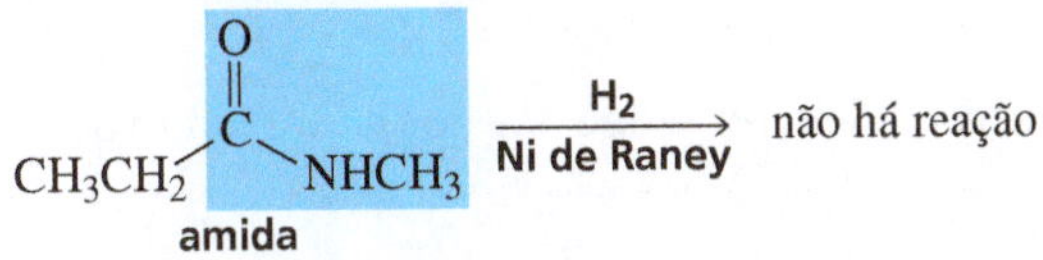

PROBLEMA 2◆

Dê os produtos das seguintes reações:

a. $CH_3CH_2CH_2CH_2CH(=O)$ $\xrightarrow[\text{Ni de Raney}]{H_2}$

b. $CH_3CH_2CH_2C{\equiv}N$ $\xrightarrow[\text{Pd/C}]{H_2}$

c. $CH_3CH_2CH_2C{\equiv}CCH_3$ $\xrightarrow[\text{catalisador de Lindlar}]{H_2}$

d. $CH_3C(=O)OCH_3$ $\xrightarrow[\text{Ni de Raney}]{H_2}$

e. $CH_3C(=O)Cl$ $\xrightarrow[\text{Pd parcialmente desativado}]{H_2}$

f. $CH_3C(=O)Cl$ $\xrightarrow[\text{Ni de Raney}]{H_2}$

g. 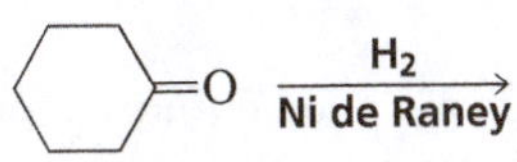

h. 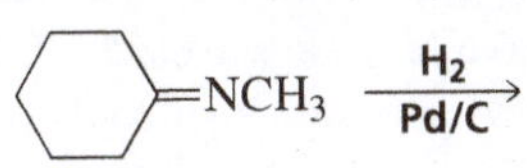

Redução pela adição de um elétron, um próton, um elétron e um próton

Quando uma substância é reduzida com uso de sódio em amônia líquida, o sódio doa um elétron e a amônia doa um próton para essa substância. Então essa seqüência é repetida, de modo que a reação final adiciona dois elétrons e dois prótons à substância. Tal reação é conhecida como **redução dissolutiva de metal**.

Na Seção 6.8 (volume 1) você conheceu um mecanismo para a redução dissolutiva de metal que converte um alcino em um alceno trans.

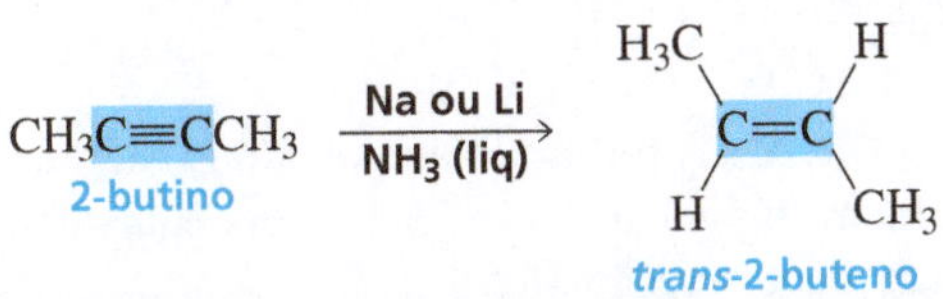

O sódio (ou lítio) em amônia líquida não pode reduzir uma ligação dupla carbono–carbono. Essa característica o torna um reagente útil na redução de uma ligação tripla em uma substância que também contém uma ligação dupla.

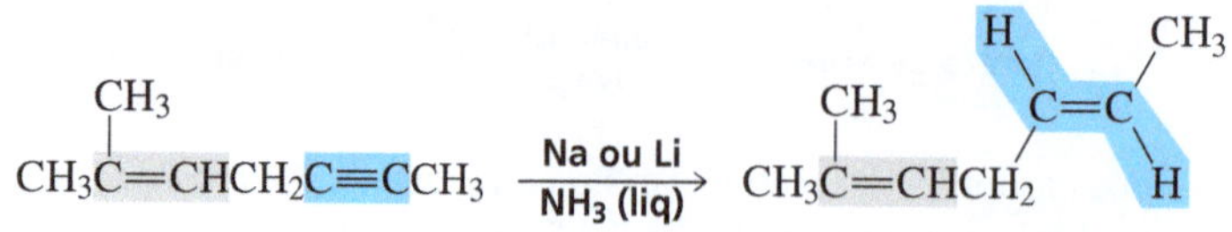

Redução pela adição de um íon hidreto e um próton

Os grupos carbonila são facilmente reduzidos por hidretos metálicos como boro-hidreto de sódio ($NaBH_4$) ou hidreto de alumínio e lítio. Na realidade, o agente de redução em **reduções de hidretos metálicos** é um íon hidreto (H^-). O íon hidreto se adiciona a carbonos carbonílicos, e o íon alcóxido formado é protonado logo em seguida. Ou seja, o grupo carbonila é reduzido pela adição de um H^- seguida da adição de um H^+. Os mecanismos para redução por esses reagentes é discutido na Seção 18.5.

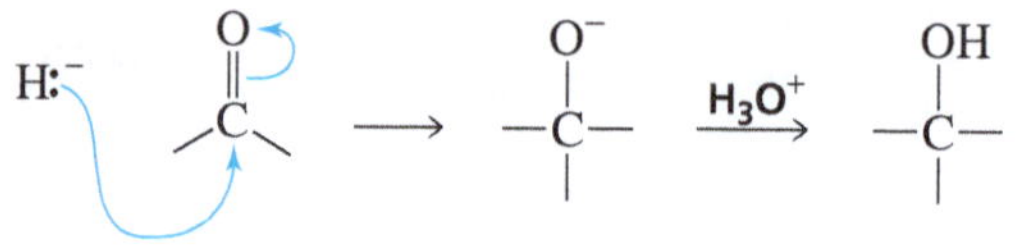

Aldeídos, cetonas e haletos de acila podem ser reduzidos por boro-hidreto de sódio.

Lembre-se: os números na frente dos reagentes, acima ou abaixo de uma seta de reação, indicam que o segundo reagente não é adicionado enquanto a reação com o primeiro reagente não tiver terminado.

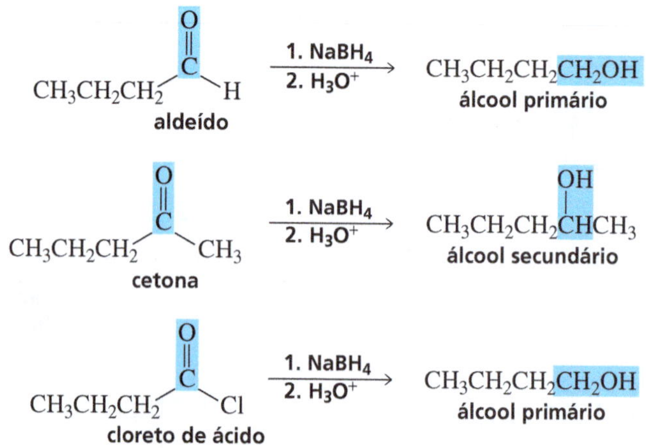

As ligações metal–hidrogênio no hidreto de alumínio e lítio são mais polares que as ligações metal–hidrogênio no boro-hidreto de sódio. Como resultado, o $LiAlH_4$ é um agente redutor mais forte do que o $NaBH_4$. Em conseqüência, tanto o $LiAlH_4$ quanto o $NaBH_4$ reduzem aldeídos, cetonas e haletos de acila, mas o $LiAlH_4$ geralmente não é usado para essa finalidade, uma vez que o $NaBH_4$ é mais seguro e fácil de ser usado. Geralmente, o $LiAlH_4$ é usado apenas para reduzir substâncias — como ácidos carboxílicos, ésteres e amidas — que não podem ser reduzidas por reagentes mais brandos.

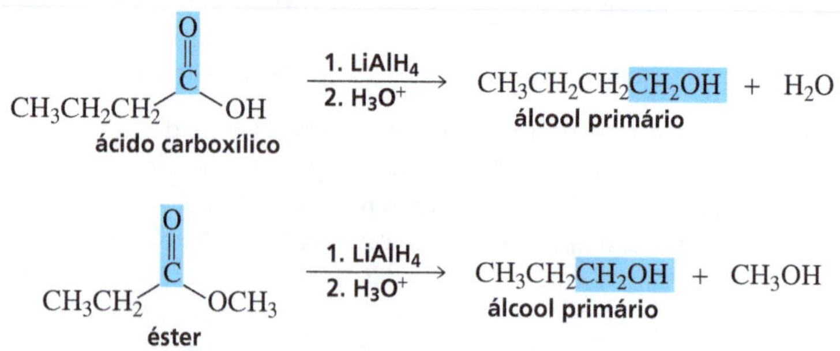

Se o hidreto de diisobutilalumínio (DIBALH) for usado em vez do $LiAlH_4$ como doador de hidreto a baixa temperatura, a redução de um éster pode ser interrompida após a adição de um equivalente do íon hidreto. Portanto, os produtos de reação finais são um aldeído e um álcool (Seção 18.5).

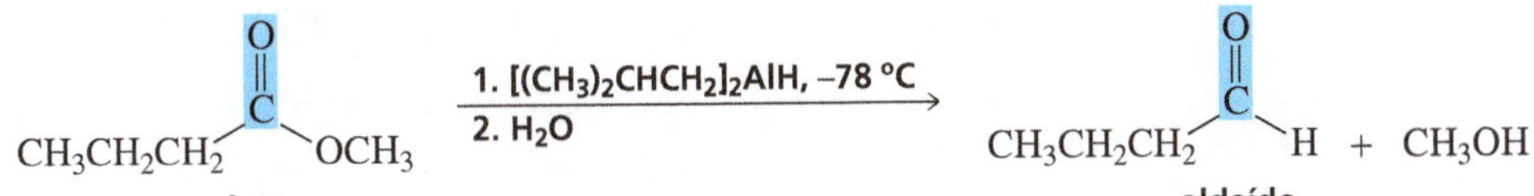

éster — aldeído

Substituindo-se alguns hidrogênios do $LiAlH_4$ por grupos OR, diminui-se a reatividade do hidreto metálico. O hidreto de lítio tri-*terc*-butoxi-alumínio, por exemplo, reduz um cloreto de acila a um aldeído, enquanto o $LiAlH_4$ reduz o cloreto de acila completamente a um álcool.

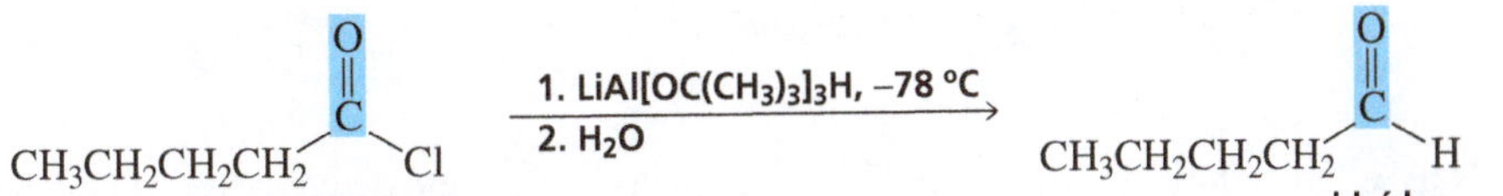

cloreto de acila — aldeído

O grupo carbonila de uma amida é reduzido a um grupo metileno (CH_2) pelo hidreto de alumínio e lítio (Seção 18.5). Aminas primárias, secundárias e terciárias são formadas, dependendo do número de substituintes ligados ao nitrogênio da amida. Para obter a amina em sua forma neutra comum, não se usa ácido na segunda etapa da reação.

Tutorial Gallery: Reduções

WWW

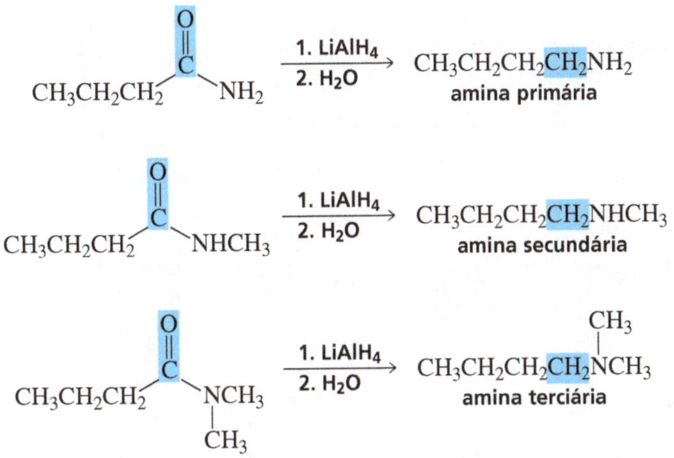

amina primária

amina secundária

amina terciária

Pelo fato de o boro-hidreto de sódio não reduzir um éster, uma amida ou um ácido carboxílico, ele pode ser usado seletivamente para reduzir um grupo aldeído ou uma cetona em uma substância que contiver um grupo menos reativo. O ácido não é usado na segunda etapa da reação mostrada a seguir para que não ocorra hidrólise do éster:

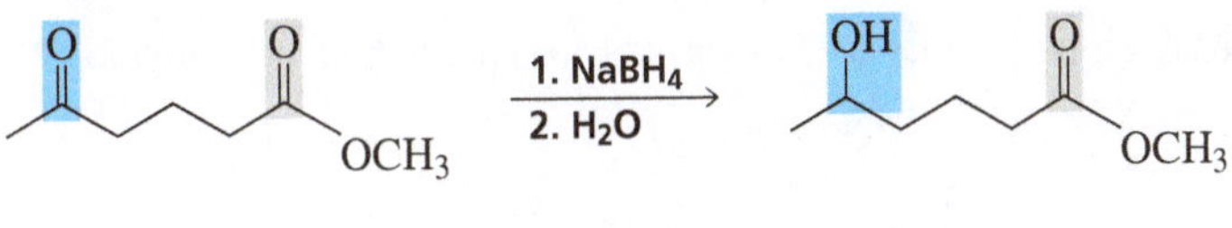

Os átomos de carbono com ligações múltiplas de alcenos e alcinos não possuem uma carga parcial positiva e, portanto, não reagem com reagentes que reduzem substâncias que doam hidretos.

$$CH_3CH_2CH{=}CH_2 \xrightarrow{NaBH_4} \text{não há reação de redução}$$

$$CH_3CH_2C{\equiv}CH \xrightarrow{NaBH_4} \text{não há reação de redução}$$

Como o boro-hidreto de sódio não pode reduzir ligações duplas carbono–carbono, um grupo carbonila em uma substância que também tem um grupo funcional alceno pode ser reduzido seletivamente, caso as ligações duplas não estejam conjugadas (Seção 18.13). O ácido não é usado na segunda etapa da reação, para que não haja uma reação de adição à ligação dupla.

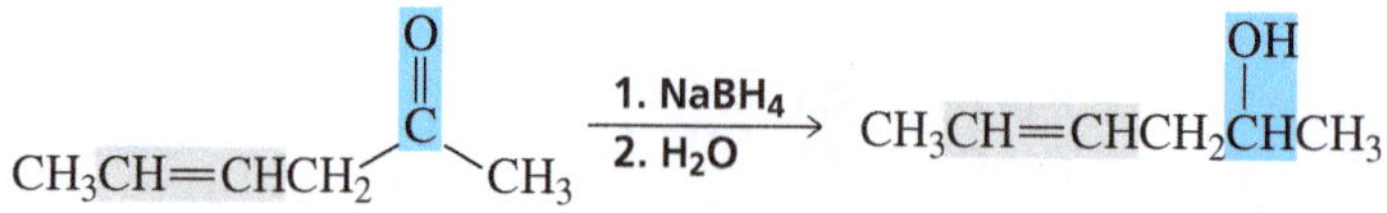

A **reação quimiosseletiva** é uma reação na qual os reagentes reagem com determinado grupo funcional e não com o outro. Por exemplo, $NaBH_4$ em álcool isopropílico reduz aldeídos mais rapidamente do que cetonas.

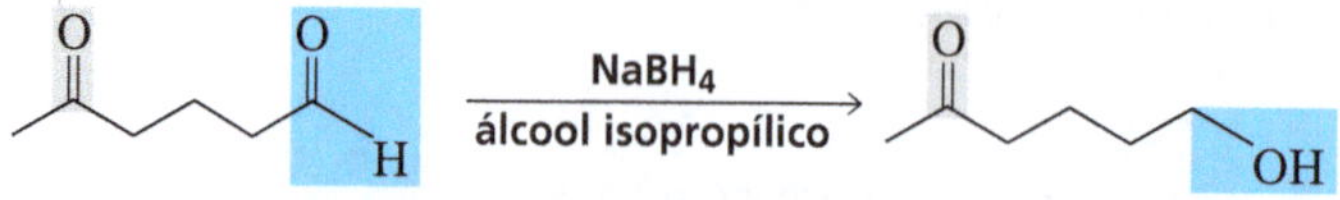

Ao contrário, $NaBH_4$ em etanol aquoso a -15 °C, na presença de tricloreto de cério, reduz cetonas mais rapidamente do que aldeídos. Existem muitos reagentes redutores disponíveis ao químico sintético, e seu uso envolve certas condições. Neste capítulo podemos abarcar apenas alguns desses redutores.

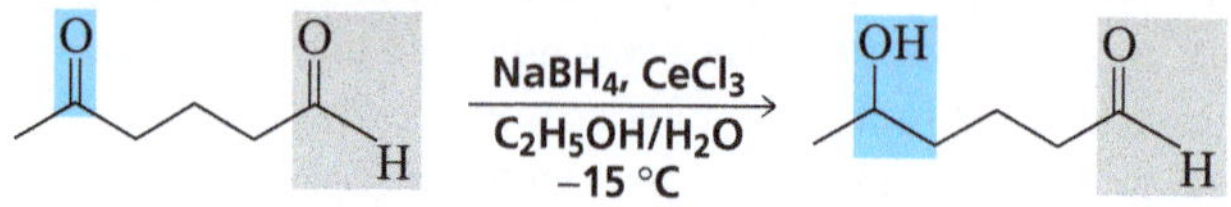

PROBLEMA 3

Explique por que alcinos terminais não podem ser reduzidos por Na em amônia líquida.

PROBLEMA 4◆

Dê os produtos das seguintes reações:

a. 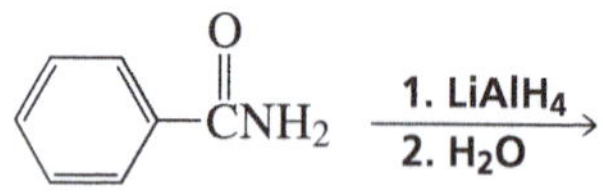

b. 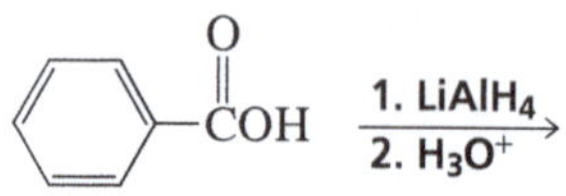

c. $CH_3CH_2\overset{O}{\overset{\|}{C}}CH_2CH_3 \xrightarrow[2.\ H_3O^+]{1.\ NaBH_4}$

d. 

e. $CH_3CH_2\overset{O}{\overset{\|}{C}}NHCH_2CH_3 \xrightarrow[2.\ H_2O]{1.\ LiAlH_4}$

f. $CH_3CH_2CH_2\overset{O}{\overset{\|}{C}}OH \xrightarrow[2.\ H_3O^+]{1.\ LiAlH_4}$

PROBLEMA 5

As ligações carbono–nitrogênio duplas e triplas podem ser reduzidas por hidreto de alumínio e lítio? Justifique sua resposta.

PROBLEMA 6

Dê os produtos das seguintes reações (presuma que seja usado agente redutor em excesso):

a. 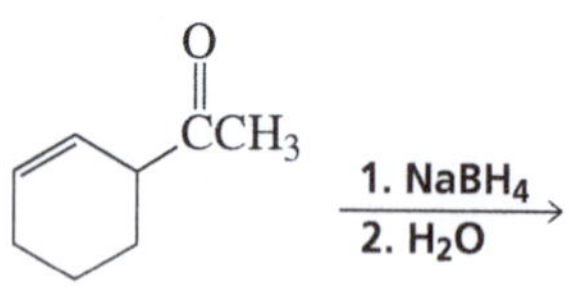

b. 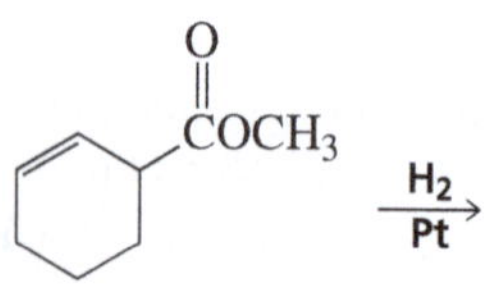

c. 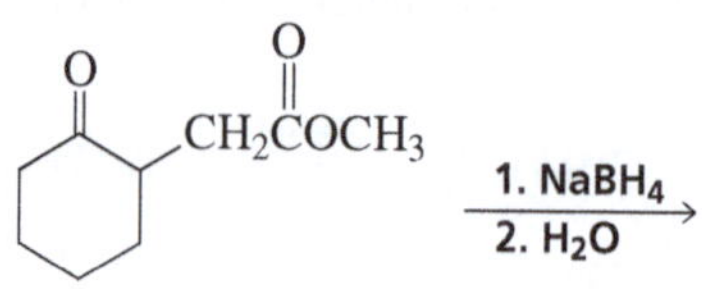

d. 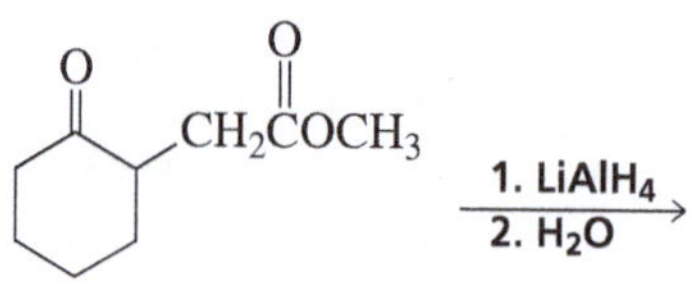

PROBLEMA 7 **RESOLVIDO**

Como você poderia sintetizar as substâncias a seguir a partir de materiais de partida com no máximo quatro carbonos?

a. b.

RESOLUÇÃO PARA 7A O anel com seis membros indica que a substância pode ser sintetizada por meio da reação de Diels–Alder.

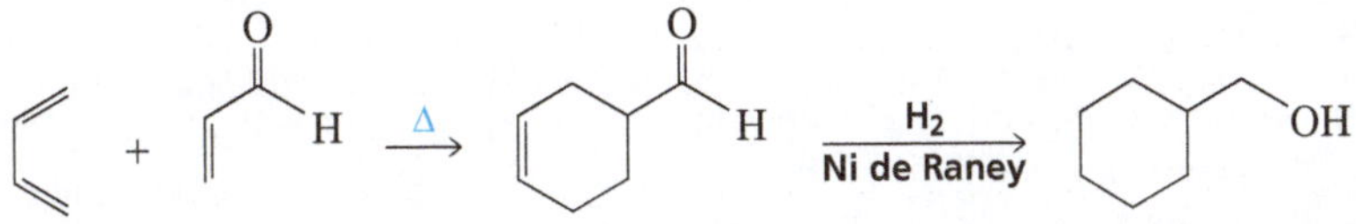

20.2 Oxidação de alcoóis

A oxidação é uma reação inversa à redução. Suponha, por exemplo, que uma cetona seja *reduzida* a um álcool; sua reação inversa é a *oxidação* de um álcool secundário a uma cetona.

$$\text{cetona} \underset{\text{oxidação}}{\overset{\text{redução}}{\rightleftharpoons}} \text{álcool secundário}$$

Um reagente freqüentemente usado para oxidar alcoóis é o ácido crômico (H_2CrO_4), que é formado quando trióxido de cromo (CrO_3) ou dicromato de sódio ($Na_2Cr_2O_7$) é dissolvido em solução aquosa de ácido. Essas reações são facilmente reconhecidas como oxidações porque o número de ligações C—H no reagente diminui e o número de ligações C—O aumenta.

Molecule Gallery: Ácido crômico; Trióxido crômico; Dicromato de sódio
WWW

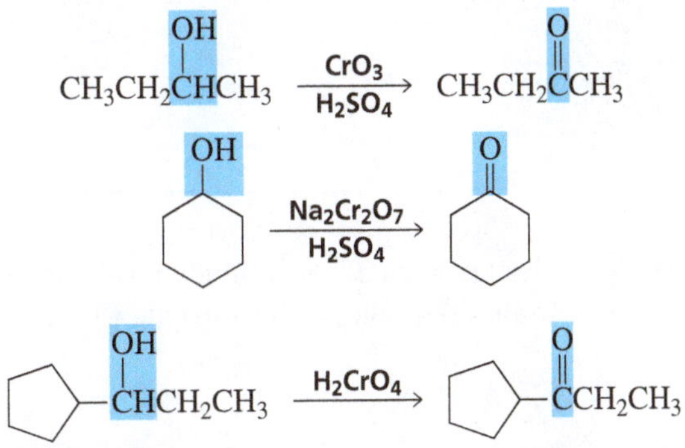

alcoóis secundários **cetonas**

Os alcoóis primários são inicialmente oxidados a aldeídos por esses reagentes. A reação, entretanto, não pára no aldeído. Em seguida, o aldeído é novamente oxidado, dessa vez a ácido carboxílico.

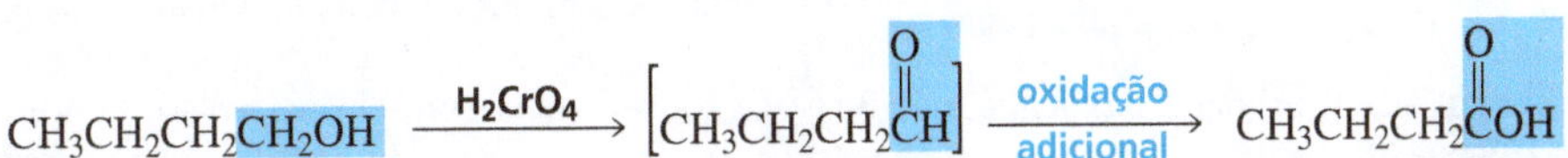

álcool primário **aldeído** **ácido carboxílico**

Observe que a oxidação de um álcool primário ou secundário envolve a remoção de um hidrogênio do carbono ao qual o OH estiver ligado. O carbono que contém o grupo OH em um álcool terciário não está ligado a um hidrogênio, por isso o grupo OH não pode ser oxidado a um grupo carbonila.

O ácido crômico e outros reagentes oxidantes que contêm cromo oxidam um álcool primeiramente formando um éster cromato. A substância carbonilada é formada quando o éster cromato sofre uma eliminação E2 (Seção 11.1, volume 1).

mecanismo para a oxidação de álcool pelo ácido crômico

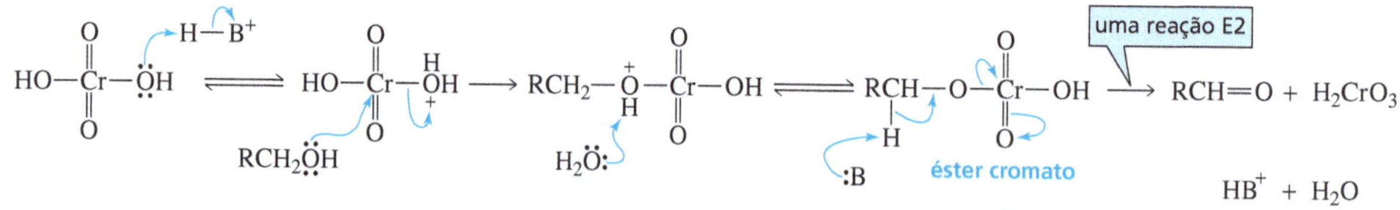

O álcool contido no sangue

Como o sangue circula pelas artérias dos pulmões, é estabelecido um equilíbrio entre o álcool contido no sangue e o álcool contido no hálito de um indivíduo. Assim se a concentração de um for conhecida, a do outro poderá ser estimada. O teste do nível de álcool realizado por lei tem como base a oxidação do álcool contido no hálito por dicromato. O teste é realizado com um tubo selado que contém o agente oxidante impregnado em um material inerte. A extremidade do tubo é perfurada e acoplada a um bocal; a outra extremidade é conectada a um balão semelhante a um saco. O indivíduo testado deve soprar no bocal até que o balão fique cheio de ar.

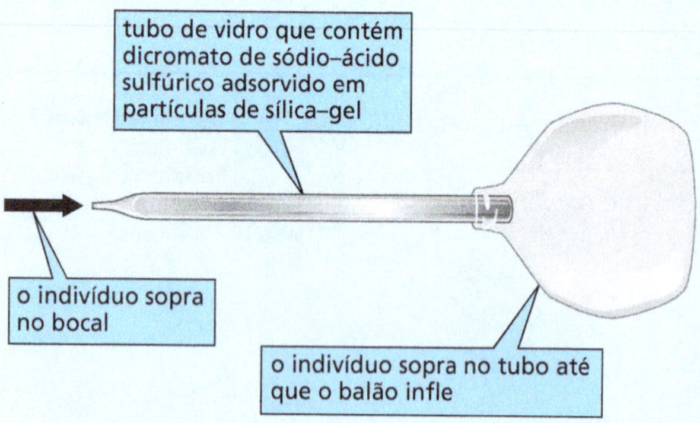

Qualquer quantidade de etanol contido no hálito do indivíduo é oxidado à medida que ele passa pelo tubo. Quando o etanol é oxidado, o agente oxidante vermelho-alaranjado ($Cr_2O_7^{-2}$) é reduzido ao íon crômico verde. Quanto maior a concentração de álcool no hálito, mais escuro fica tom de verde ao longo do tubo.

$$CH_3CH_2OH + \underset{\text{vermelho-alaranjado}}{Cr_2O_7^{2-}} \xrightarrow{H^+} CH_3\overset{\overset{\large O}{\|}}{C}OH + \underset{\text{verde}}{Cr^{3+}}$$

Se um indivíduo é reprovado no teste — cujo resultado é determinado pela extensão do filete verde dentro do tubo —, é realizado um teste mais preciso — o Breathalyser®. O teste Breathalyser® também depende da oxidação do etanol do hálito do indivíduo pelo dicromato de sódio, mas fornece um resultado mais preciso porque é quantitativo. No teste, certa quantidade de hálito (ar) passa por uma solução ácida de dicromato de sódio e a concentração do íon crômico é medida com maior precisão por um espectrômetro.

A oxidação de um álcool primário pode ser facilmente interrompida no aldeído se clorocromato de piridina (PCC) for usado como agente de oxidação, e a reação for realizada em um solvente anidro como o diclorometano, como explicado no quadro a seguir:

$$\underset{\text{álcool primário}}{CH_3CH_2CH_2CH_2OH} \xrightarrow[CH_2Cl_2]{PCC} \underset{\text{aldeído}}{CH_3CH_2CH_2\overset{\overset{\large O}{\|}}{C}H}$$

O papel de hidratos na oxidação de alcoóis primários

Quando um álcool primário é oxidado a ácido carboxílico, é inicialmente oxidado a um aldeído, que está em equilíbrio com seu hidrato (Seção 18.7). Em seguida, o hidrato é oxidado a ácido carboxílico.

A reação de oxidação pode ser interrompida no aldeído se for realizada com clorocromato de piridina (PCC), porque o PCC é usado em um solvente anidro. Se a água não estiver presente, o hidrato não poderá ser formado.

$$CH_3CH_2OH \xrightarrow{H_2CrO_4} CH_3\overset{\overset{\large O}{\|}}{C}H \underset{}{\overset{H^+}{\underset{H_2O}{\rightleftharpoons}}} CH_3\overset{OH}{\underset{OH}{C}}H \xrightarrow{H_2CrO_4} CH_3\overset{\overset{\large O}{\|}}{C}OH$$

Por causa da toxidez de reagentes de cromo, têm sido desenvolvidos outros métodos para a oxidação de alcoóis. Um dos métodos mais freqüentemente empregados, denominado **oxidação de Swern**, utiliza dimetil-sulfóxido [$(CH_3)_2SO$], cloreto de oxalila [$(COCl)_2$] e trietilamina. Desde que a reação *não* seja realizada em uma solução aquosa, a oxidação de alcoóis primários (como a oxidação com PCC) é interrompida no aldeído. Os alcoóis secundários são oxidados a cetonas.

Molecule Gallery: Clorocromato de piridina (PCC); Dimetilsulfóxido; Cloreto de oxalila

WWW

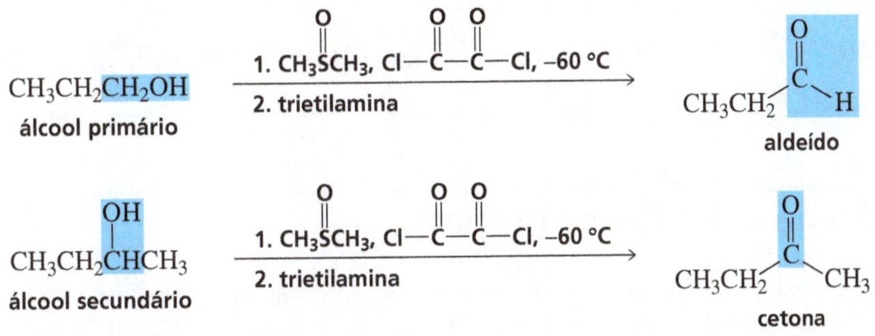

Na realidade, o agente oxidante usado na oxidação de Swern é o íon dimetil-cloro-sulfônio, formado pela reação de dimetilsulfóxido e cloreto de oxalila. Assim como a oxidação com ácido crômico, a oxidação de Swern usa uma reação E2 para formar um aldeído ou uma cetona.

mecanismo de oxidação de Swern

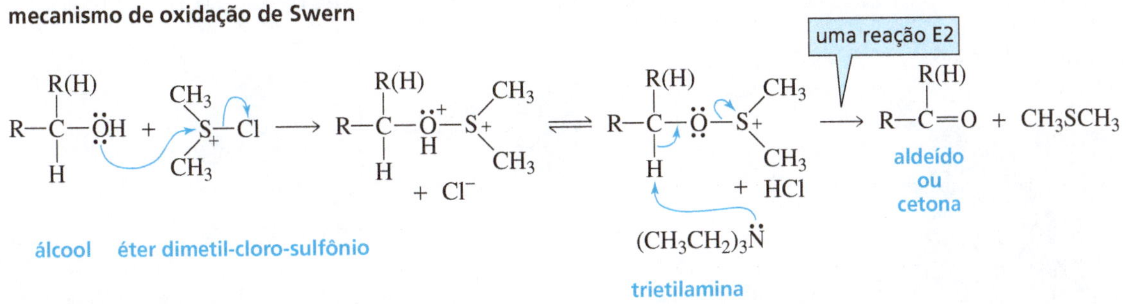

Para compreender como o dimetilsulfóxido e o cloreto de oxalila reagem para formar o íon dimetil-cloro-sulfônio, veja o Problema 64.

PROBLEMA 8◆

Dê o produto formado a partir da reação de cada um dos seguintes alcoóis com:

a. uma solução ácida de dicromato de sódio;
b. o reagente requerido para a oxidação de Swern.

1. 3-pentanol
2. 1-pentanol
3. 2-metil-2-pentanol
4. 2,4-hexanodiol
5. ciclo-hexanol
6. 1,4-butanodiol

PROBLEMA 9

Proponha um mecanismo para a oxidação com ácido crômico de 1-propanol a propanal.

PROBLEMA 10 RESOLVIDO

Como a butanona pode ser preparada a partir do butano?

$$\underset{\text{butano}}{CH_3CH_2CH_2CH_3} \xrightarrow{?} \underset{\text{butanona}}{CH_3\overset{\overset{O}{\|}}{C}CH_2CH_3}$$

RESOLUÇÃO Sabemos que a primeira reação deve ser uma halogenação radicalar, porque essa é a única reação que ocorre no alcano. A bromação levará a maior rendimento do 2-halo substituído desejado, que será uma bromação radicalar em vez de uma cloração radicalar, porque o radical bromo é mais seletivo do que o radical cloro. Para maximizar o rendimento do produto de substituição (Seção 11.8), o brometo de alquila é tratado com o íon acetato e o éster é então hidrolisado a álcool, formando a substância-alvo quando é oxidado.

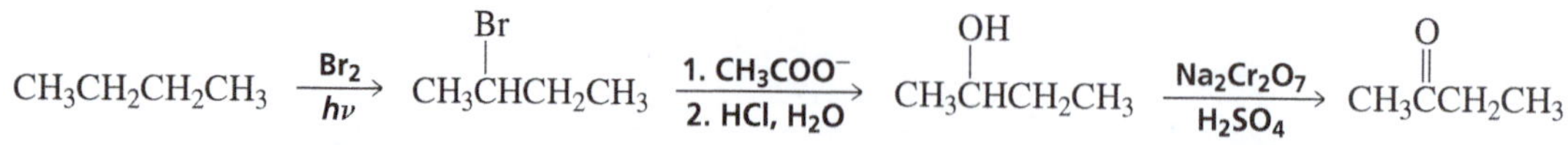

20.3 Oxidação de aldeídos e cetonas

Os aldeídos são oxidados a ácidos carboxílicos. Como os aldeídos são geralmente mais fáceis de serem oxidados do que alcoóis primários, alguns reagentes descritos na seção anterior que são usados na oxidação de alcoóis primários a ácidos carboxílicos podem ser usados para oxidar aldeídos a ácidos carboxílicos.

Bernhard Tollens (1841-1918) *nasceu na Alemanha. Foi professor de química na Universidade de Göttingen, a mesma universidade pela qual tornou-se PhD.*

Johann Friedrich Wilhelm Adolf von Baeyer (1835-1917) *iniciou seus estudos de química com Bunsen e Kekulé na Universidade de Heidelberg e tornou-se PhD pela Universidade de Berlim, tendo sido discípulo de Hoffmann. (Veja também a Seção 2.11, volume 1)*

Victor Villiger (1868-1934) *foi discípulo de Baeyer. Os dois publicaram o primeiro trabalho sobre a oxidação de Baeyer–Villiger no periódico Chemische Berichte em 1899.*

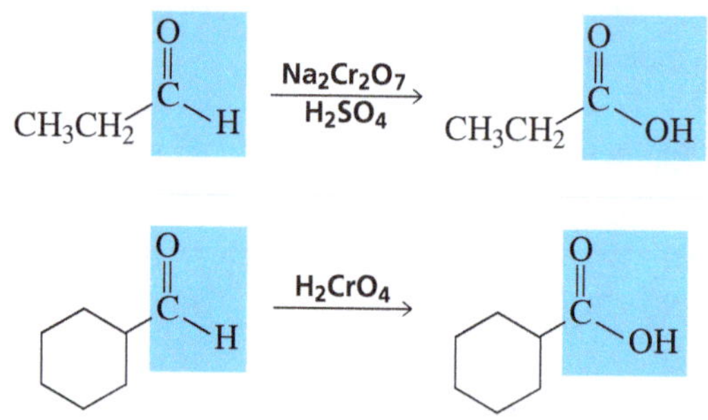

aldeídos **ácidos carboxílicos**

O óxido de prata é um agente redutor brando. Uma solução de óxido de prata diluída em amônia aquosa (*reagente de Tollens*) oxida um aldeído, mas é muito fraco para oxidar alcoóis ou outros grupos funcionais. Uma vantagem de usar o reagente de Tollens para oxidar aldeídos é que a reação ocorre em condições básicas. Portanto, você não terá de se preocupar com nenhum dano em outro grupo funcional da molécula, que poderia sofrer uma reação em meio ácido.

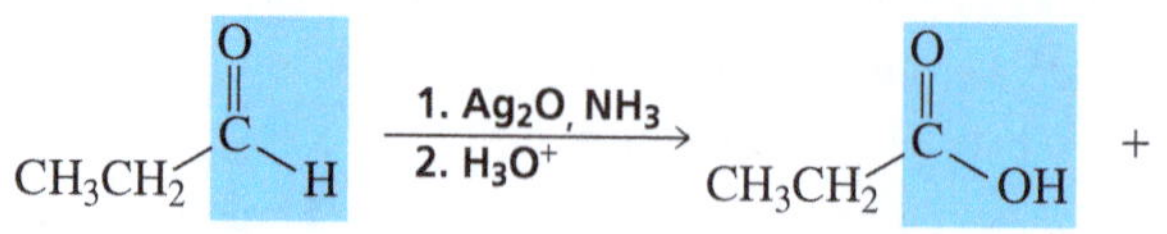

O agente oxidante no reagente de Tollens é a Ag^+, que é reduzida à prata metálica. O **teste de Tollens** é baseado nessa reação: se o reagente de Tollens for adicionado a uma pequena quantidade de aldeído em um tubo de ensaio, a parte interna do tubo apresentará uma camada espelhada de prata metálica. Conseqüentemente, se não se formar um espelho quando o reagente de Tollens for adicionado à substância, pode-se concluir que essa substância não contém o grupo funcional aldeído.

As cetonas não reagem com a maioria dos reagentes usados para oxidar aldeídos. Entretanto, tanto aldeídos quanto cetonas podem ser oxidados por um perácido. Os aldeídos são oxidados a ácidos carboxílicos e as cetonas são oxidadas a ésteres. O **perácido** (também chamado de ácido percarboxílico ou de hidroperóxido) contém uma molécula de oxigênio a mais que um ácido carboxílico, e é esse o oxigênio inserido entre o carbono carbonílico e o H de um aldeído ou o R de uma cetona. A reação é denominada **oxidação de Baeyer–Villiger**.

Oxidações de Baeyer–Villiger

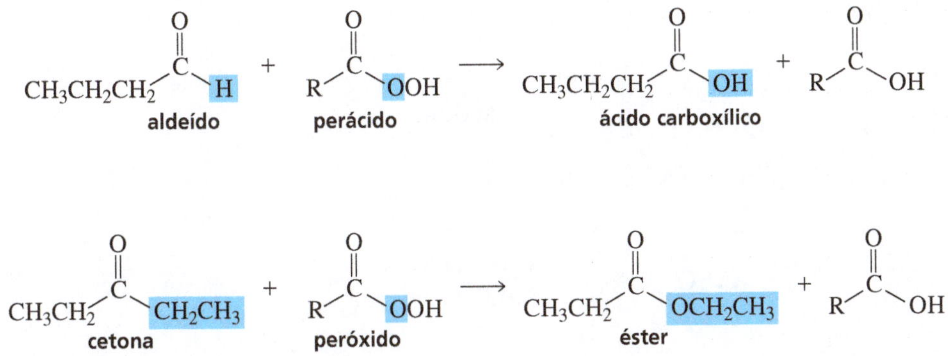

Se os dois substituintes alquila ligados ao grupo carbonílico da cetona não forem os mesmos, em qual lado da carbonila será inserido o oxigênio? Fazendo-se, por exemplo, a oxidação da ciclo-hexilmetilcetona forma-se o ciclo-hexanocarboxilato de metila ou o acetato de ciclo-hexila?

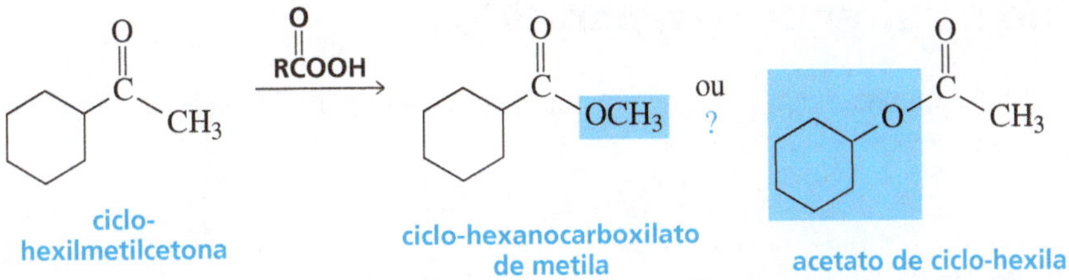

Para responder a essas questões, devemos observar o mecanismo da reação. A cetona e o perácido reagem para formar um intermediário tetraédrico instável com uma ligação O—O muito fraca. Como a ligação O—O se rompe heteroliticamente, um dos grupos alquila migra para um oxigênio. Esse rearranjo é similar ao deslocamento 1,2 que ocorre quando um carbocátion se rearranja (Seção 4.6, volume 1).

mecanismo da oxidação de Baeyer–Villiger

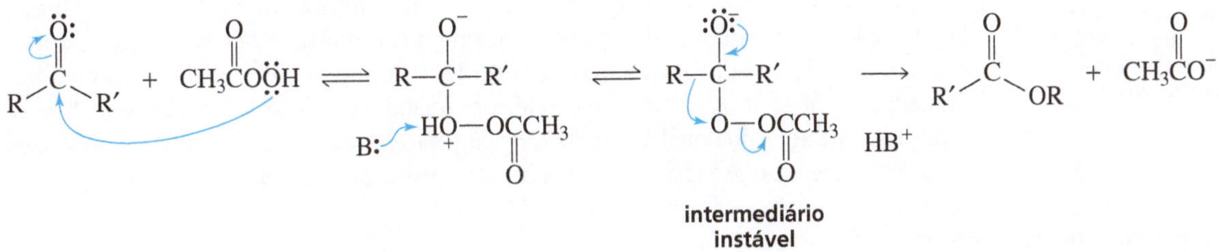

Vários estudos estabeleceram a seguinte ordem de tendências migratórias grupais:

Tendências migratórias relativas

mais propenso a migrar — H > *terc*-alquila > *sec*-alquila = fenila > alquila primário > metila — menos propenso a migrar

Portanto, o produto da oxidação de Baeyer–Villiger da ciclo-hexilmetilcetona será o acetato de ciclo-hexila, porque o grupo alquila secundário (o grupo ciclo-hexila) está mais propenso a migrar do que o grupo metila. Os aldeídos são sempre oxidados a ácidos carboxílicos, já que o H tem maior tendência a migrar.

PROBLEMA 11

Dê os produtos das seguintes reações:

a. 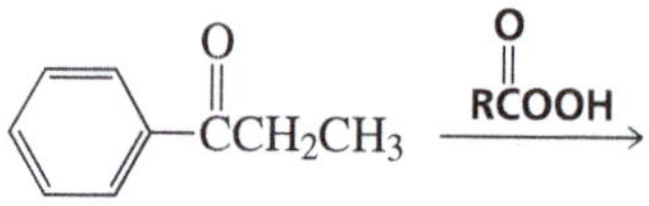

d. 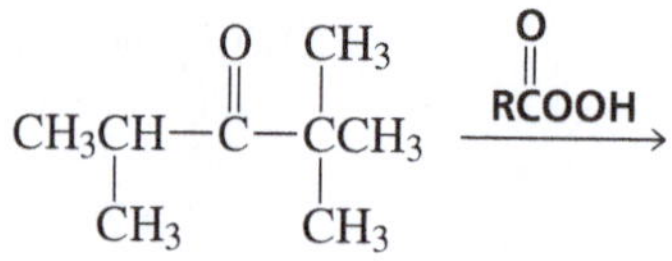

b. 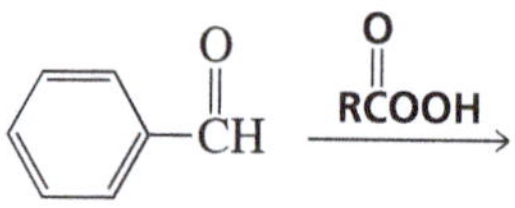

e. 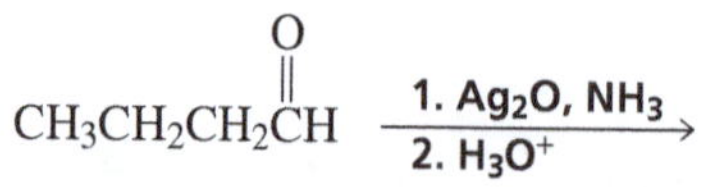

c. 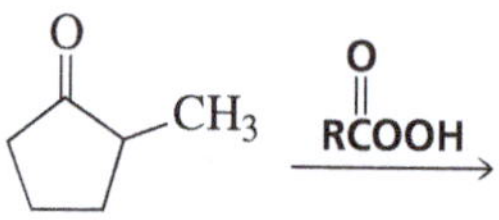

f. 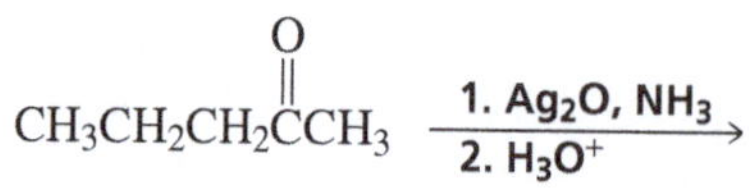

20.4 Oxidação de alcenos com perácidos

Um alceno pode ser oxidado a um epóxido por um perácido. Na reação final há transferência de um átomo de oxigênio de um perácido para um alceno.

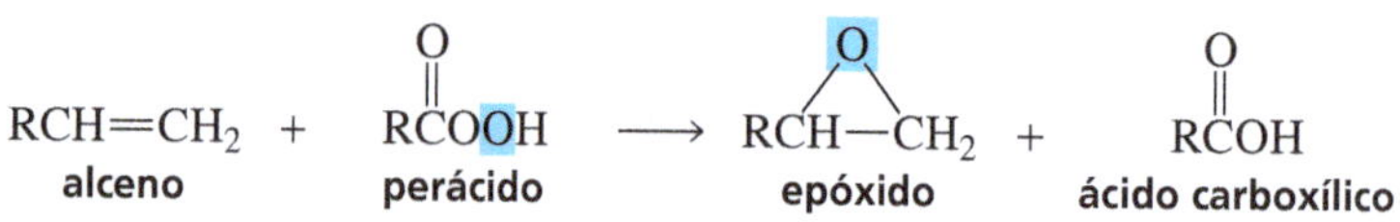

Lembre-se de que uma ligação O—O é fraca e facilmente rompível (Seção 20.3).

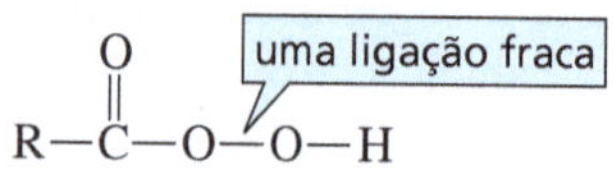

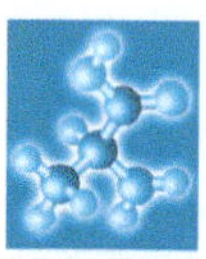

Molecule Gallery: Ácido peracético; Ácido *m*-cloro-perbenzóico

WWW

O átomo de oxigênio do grupo OH do perácido aceita um par de elétrons da ligação π do alceno, provocando a quebra heterolítica da ligação fraca O—O. Os elétrons da ligação O—O estão deslocalizados no grupo carbonílico. Os elétrons que permanecem no oxigênio quando as ligações O—H são rompidas se adicionam ao carbono do alceno, que se torna deficiente de elétrons quando a ligação π é quebrada. Observe que a **epoxidação** de um alceno é uma reação concertada: todas as ligações que se formam e se quebram no processo ocorrem em apenas uma etapa.

mecanismo da epoxidação de um alceno

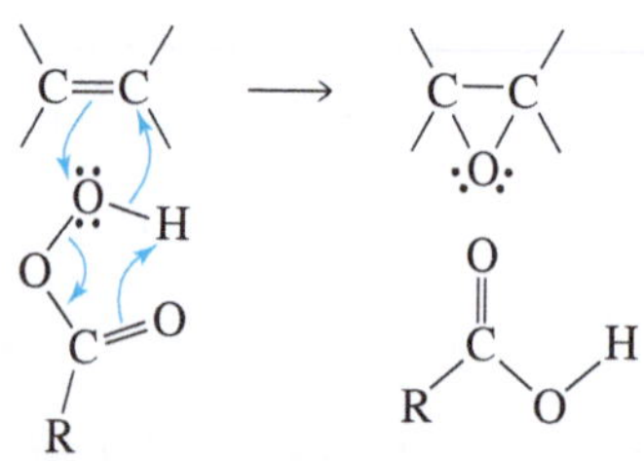

O mecanismo para a adição de oxigênio a uma ligação dupla com a finalidade de formar um epóxido é análogo ao mecanismo para a adição de bromo a uma ligação dupla com a finalidade de formar um íon bromônio, descrito na Seção 4.7, volume 1. Em um caso, o eletrófilo é o oxigênio; no outro é o bromo. Portanto, a reação de um alceno com um perácido, como a reação de um alceno com o Br_2, é uma reação de adição eletrofílica.

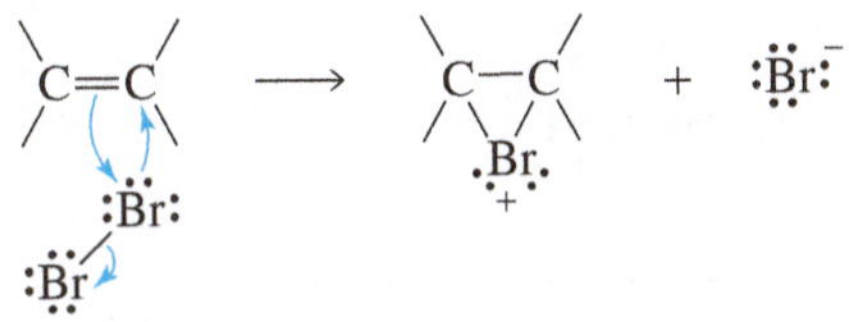

A adição de oxigênio a um alceno é uma reação estereoespecífica. Como a reação é concertada, a ligação C—C não pode girar, por isso não há possibilidade de as posições relativas dos grupos ligados aos carbonos sp^2 aos alcenos mudarem. Assim, um alceno cis forma um epóxido cis. Do mesmo modo, um alceno trans forma um epóxido trans.

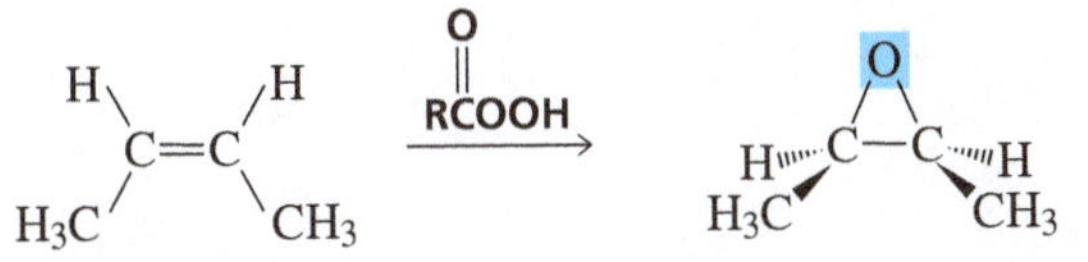

cis-2-buteno — *cis*-2,3-dimetiloxirano

Molecule Gallery: *cis*-2,3-Dimetiloxirano; *trans*-2,3-Dimetiloxirano

WWW

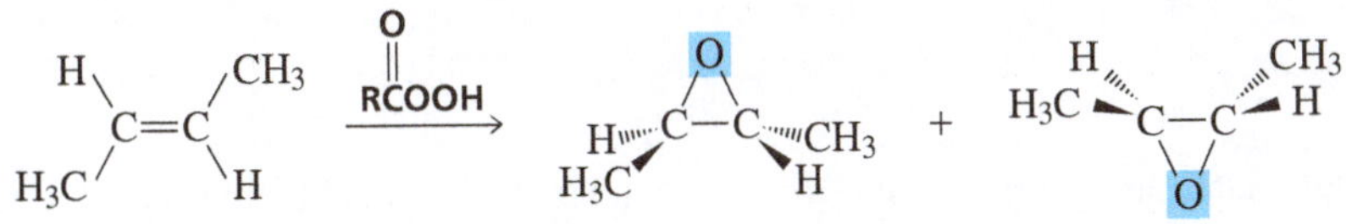

trans-2-buteno — *trans*-2,3-dimetiloxirano

Como o oxigênio pode se adicionar a um lado ou ao outro do plano que contém a ligação dupla, o *trans*-2-buteno forma um par de enantiômeros; e o *cis*-2-buteno forma uma substância meso — a substância e sua imagem especular são idênticas (Seção 5.10, volume 1).

Aumentando a densidade eletrônica da ligação dupla aumenta-se a velocidade de epoxidação, porque essa característica faz com que a ligação dupla seja mais nucleofílica. Os substituintes alquila aumentam a densidade eletrônica das ligações duplas. Portanto, se um dieno for tratado com uma quantidade de perácido suficiente apenas para reagir com uma ligação dupla, apenas a ligação dupla mais substituída será epoxidada.

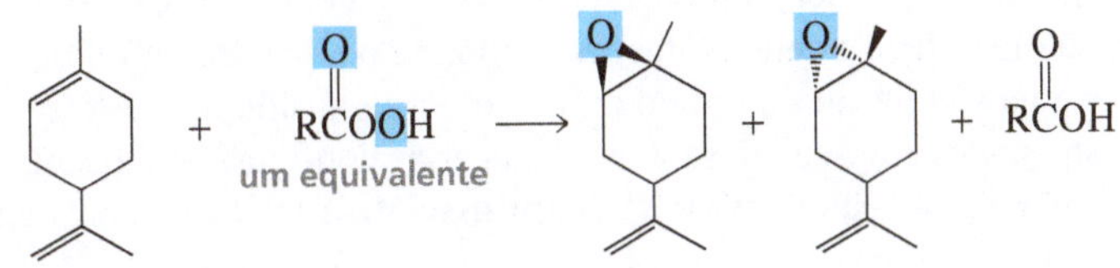

limoneno

PROBLEMA 12◆

Qual alceno você trataria com um perácido para obter cada um dos epóxidos a seguir?

a. 

b. 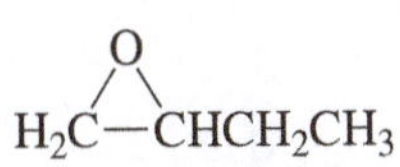

c. 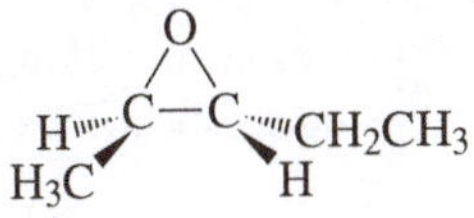

d. 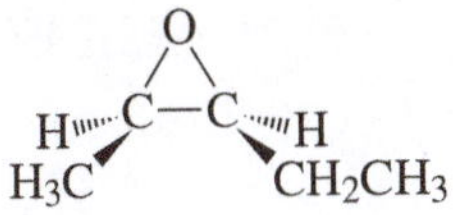

PROBLEMA 13

Dê o principal produto da reação de cada uma das substâncias abaixo com um equivalente de perácido. Indique a configuração do produto.

a. 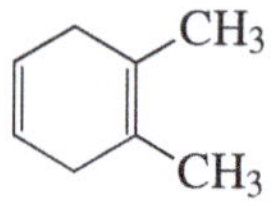

b. 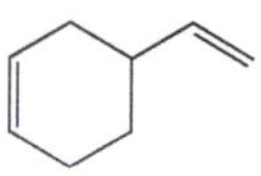

c. 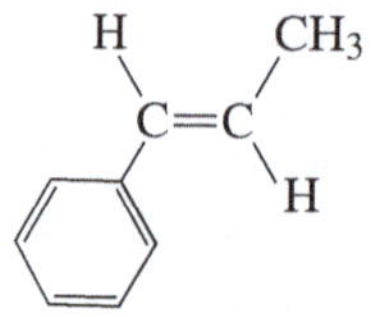

d. $CH_2{=}CH\underset{|}{C}{=}CH_2$
CH_3

PROBLEMA 14

Demonstre como as moléculas-alvo a seguir podem ser sintetizadas a partir do propeno.

a. 1-metóxi-2-propanol
b. 2-butanol
c. 2-butanona

PROBLEMA 15

Explique por que um epóxido é um produto relativamente estável, enquanto um íon bromônio é um intermediário reativo.

20.5 Planejando uma síntese VII: Controlando a estereoquímica

A molécula-alvo de uma síntese pode ser uma entre vários estereoisômeros. O número real de estereoisômeros depende do número de ligações duplas e carbonos assimétricos na molécula, porque cada ligação dupla pode ter uma configuração *E* ou *Z* (Seção 3.5, volume 1) e cada carbono assimétrico pode ter uma configuração *R* ou *S* (Seção 5.6, volume 1). Além disso, se a molécula-alvo tiver um anel com uma ligação simples, os anéis podem estar fundidos em cis ou em trans (Seção 2.15, volume 1). No planejamento de uma síntese, deve-se procurar garantir que cada ligação dupla, cada carbono assimétrico e cada fusão de anel na molécula-alvo tenha a configuração apropriada. Se a estereoquímica da reação não for controlada, a mistura de estereoisômeros resultante poderá ser difícil ou praticamente impossível de separar. Portanto, ao planejar uma síntese, um químico orgânico deve considerar a estereoquímica resultante de todas as reações e usar reações altamente estereosseletivas para alcançar as configurações desejadas. Algumas reações estereosseletivas também são *enantiosseletivas*; uma **reação enantiosseletiva** forma maior quantidade de um enantiômero em relação ao outro.

Vimos que uma molécula-alvo enantiomericamente pura pode ser preparada se uma enzima for usada para catalisar a reação que forma essa molécula-alvo. As reações catalisadas por enzimas resultam na formação exclusiva de um enantiômero, já que tais enzimas são quirais (Seção 5.20, volume 1). As cetonas, por exemplo, são reduzidas enzimaticamente a alcoóis por enzimas denominadas alcoóis desidrogenases. Se a formação de um enantiômero *R* ou o *S* depender de uma álcool desidrogenase específica a ser usada: a álcool desidrogenase da bactéria *Lactobacillus kefir* forma alcoóis *R*, enquanto a álcool desidrogenase da levedura, do fígado do cavalo e da bactéria *Thermoanaerobium brocki* formam os alcoóis *S*. As álcoois desidrogenases usam o NADPH para que ocorra a redução (Seção 25.2). Usar uma reação catalisada por enzima para controlar a configuração da molécula-alvo não é um método de grande utilidade, porque as enzimas requerem substratos de forma e tamanho bastante específicos (Seção 24.8).

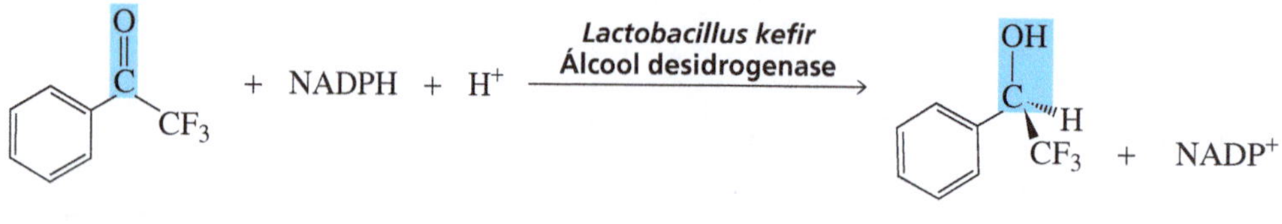

(*R*)-2,2,2-trifluoro-metil
1-fenil-1-etanol

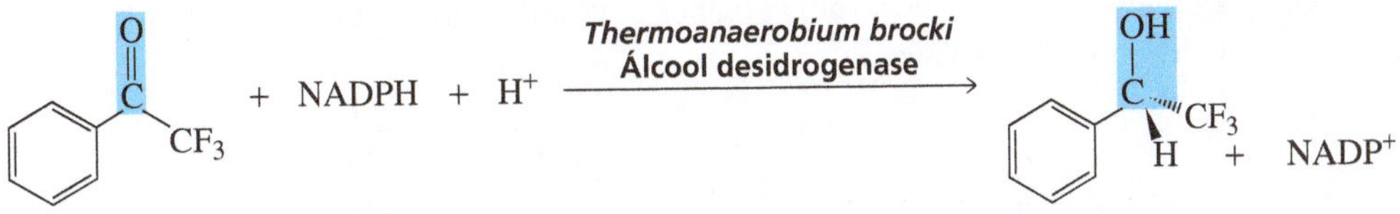

(S)-2,2,2-trifluoro-metil 1-fenil-1-etanol

Como alternativa, um catalisador enantiomericamente puro que não seja uma enzima pode ser usado para obter uma molécula-alvo enantiomericamente pura. Por exemplo, o epóxido enantiomericamente puro de um álcool alílico pode ser preparado tratando-se o álcool com hidroperóxido de *terc*-butila, isopropóxido de titânio e tartarato de dietila (DET) enantiomericamente puro. A estrutura do epóxido depende do enantiômero do tartarato de dietila usado.

K. Barry Sharpless *nasceu na Filadélfia em 1941. Graduou-se pela B. A. de Dartmouth em 1963 e tornou-se PhD pela Universidade de Stanford em 1968. Trabalhou como professor no MIT e em Stanford. Atualmente está no Scripps Resaerch Institute em La Jolla, na Califórnia. Recebeu o Prêmio Nobel de Química em 2001 por seu trabalho sobre reações de oxidação catalisadas quiralmente. (Veja também a Seção 24.3.)*

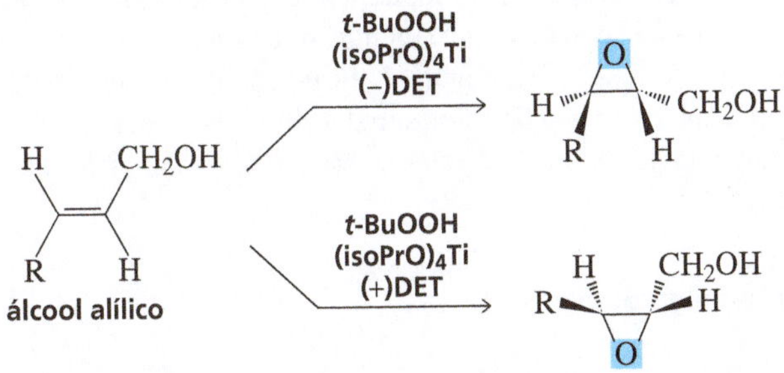

álcool alílico

Esse método, desenvolvido em 1990 por Barry Sharpless, tem sido muito útil na síntese de uma grande variedade de substâncias enantiomericamente puras, porque um epóxido pode ser facilmente convertido em uma substância com dois carbonos assimétricos, uma vez que epóxidos são muito suscetíveis a ataques nucleofílicos. No exemplo a seguir, um álcool alílico é convertido em um epóxido enantiomericamente puro, que, por sua vez, é usado para formar um diol enantiomericamente puro.

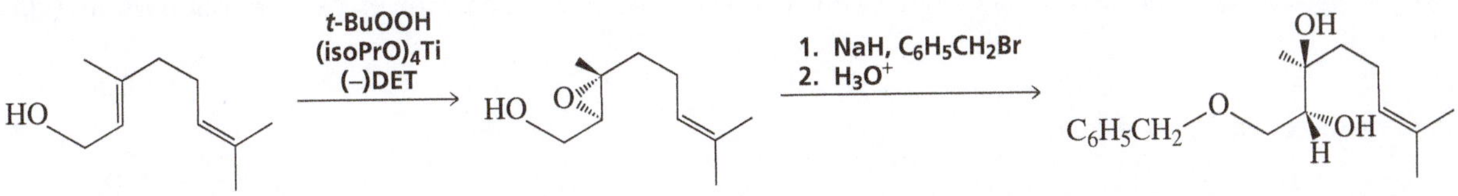

PROBLEMA 16

Qual é o produto da reação do brometo de metilmagnésio com cada um dos epóxidos enantiomericamente puros que pode ser preparado a partir do (*E*)-3-metil-2-penteno pelo método mostrado anteriormente? Atribua a configuração *R* ou *S* para os carbonos assimétricos de cada produto.

PROBLEMA 17◆

A adição de Br_2 a um alceno como o *trans*-2-penteno é uma reação estereosseletiva? É uma reação estereoespecífica? É uma reação enantiosseletiva?

20.6 Hidroxilação de alcenos

Um alceno pode ser oxidado a 1,2-diol por permanganato de potássio ($KMnO_4$) em uma solução fria de base ou por tetróxido de ósmio (OsO_4). A solução de permanganato de potássio deve ser básica, e a oxidação deve ocorrer a uma temperatura ambiente ou mais baixa. Se a solução for aquecida ou ácida, o diol será ainda mais oxidado (Seção 20.8). Um diol também é chamado de **glicol**. Os grupos OH estão em carbonos adjacentes em 1,2-dióis, portanto 1,2-dióis também são conhecidos como **dióis vicinais** ou **glicóis vicinais**.

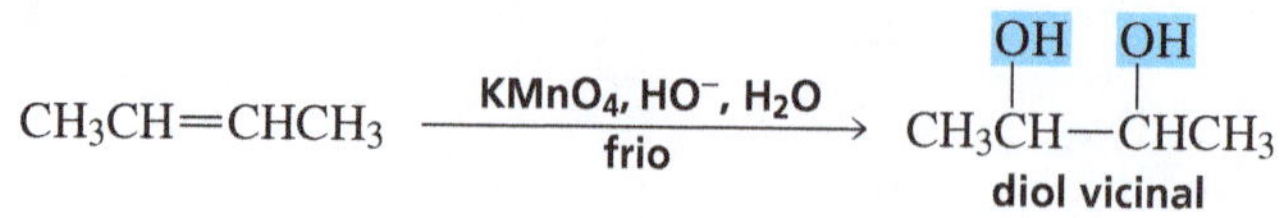

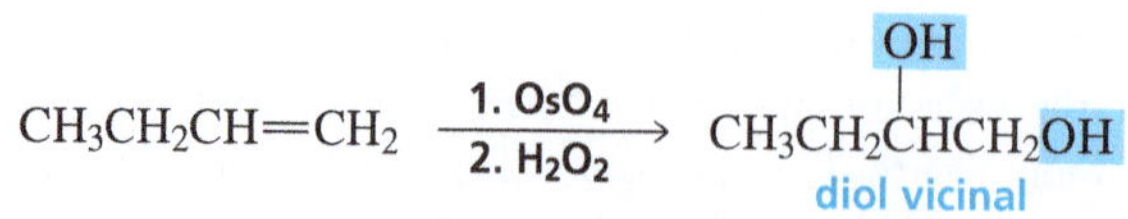

Tutorial Gallery: Reações de hidroxilação–síntese
WWW

Tanto o $KMnO_4$ quanto o OsO_4 formam um intermediário cíclico quando reagem com um alceno. As reações ocorrem porque o manganês e o ósmio estão em um estado de oxidação positivo elevado e, portanto, atraem elétrons (como o estado de oxidação é dado pelo número de ligações ao oxigênio, o magnésio e o ósmio têm estados de oxidação de +7 e +8, respectivamente). A formação de um intermediário cíclico é uma adição sin, porque os dois oxigênios são distribuídos ao mesmo lado da ligação dupla. Portanto, a reação de oxidação é estereoespecífica — um cicloalceno cis forma somente um diol cis.

Molecule Gallery: Permanganato de potássio ($KMnO_4$); Tetróxido de ósmio (OsO_4)
WWW

mecanismo de formação do glicol cis

O intermediário de osmiato cíclico é hidrolisado com peróxido de hidrogênio, que reoxida o ósmio a tetróxido de ósmio.

mecanismo de formação do glicol cis

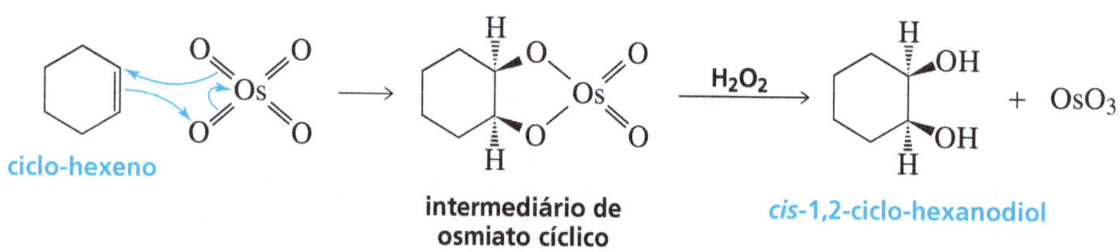

Altos rendimentos de dióis são obtidos com tetróxido de ósmio porque é menos provável que o intermediário de osmiato cíclico sofra reações laterais.

PROBLEMA 18◆

Dê os produtos que podem ser formados a partir de cada uma das reações dos alcenos abaixo com OsO_4, seguida da adição de H_2O_2 aquoso.

a. $CH_3C(CH_3)=CHCH_2CH_3$

b. 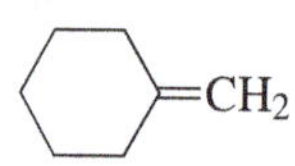

PROBLEMA 19

Quais estereoisômeros podem ser formados a partir da reação de cada um dos alcenos abaixo com OsO_4, seguida da adição de H_2O_2?

a. *trans*-2-buteno
b. *cis*-2-buteno
c. *cis*-2-penteno
d. *trans*-2-penteno

20.7 Clivagem oxidativa de 1,2-dióis

Os 1,2-dióis são oxidados a cetonas e/ou a aldeídos pelo ácido periódico (HIO_4). O ácido periódico reage com o diol para formar um intermediário cíclico. A reação ocorre porque o iodo está em um estado de oxidação alto (+7), por isso rapidamente aceita elétrons. Quando o intermediário se rompe, a ligação entre os dois carbonos ligados ao grupo OH se quebra. Se o carbono que estiver ligado ao grupo OH também estiver ligado a dois grupos R, o produto será uma cetona. Se o carbono estiver ligado a um grupo R e a um grupo H, o produto será um aldeído. Como essa reação de oxidação divide o reagente em duas partes, ela é denominada **clivagem oxidativa**.

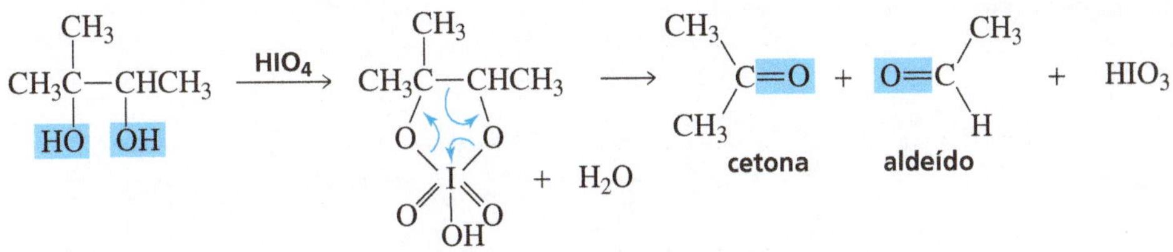

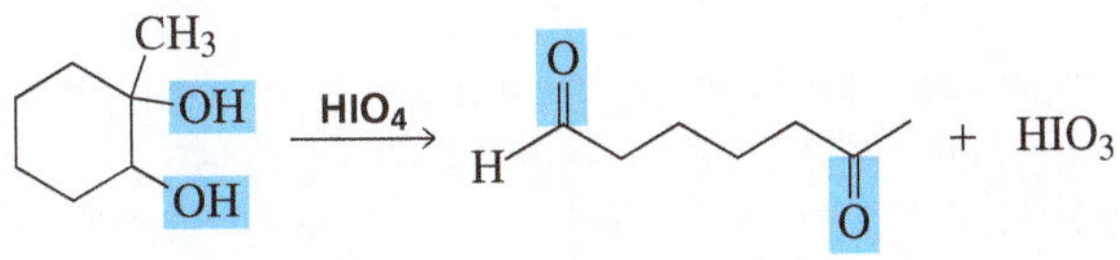

PROBLEMA 20◆

Um alceno é tratado com OsO_4 seguido de H_2O_2. Quando o diol resultante é tratado com HIO_4, o único produto obtido é uma cetona cíclica não substituída com a fórmula molecular $C_6H_{10}O$. Qual é a estrutura do alceno?

PROBLEMA — ESTRATÉGIA PARA RESOLUÇÃO

Considerando as cinco substâncias a seguir, explique por que somente a substância **D** não pode ser clivada pelo ácido periódico.

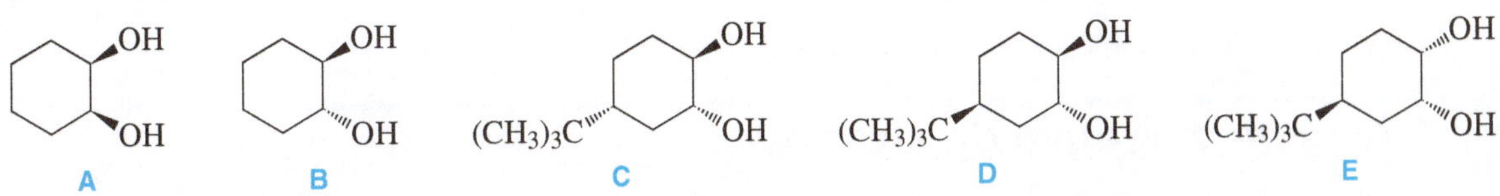

Para compreender por que uma das substâncias de uma série não é reativa, primeiramente precisamos considerar quais tipos de substâncias sofrem a reação e quais são os requerimentos estereoquímicos dessa reação. Sabemos que o ácido periódico cliva 1,2-dióis. Como a reação forma um intermediário cíclico, os dois grupos OH do diol devem estar posicionados adequadamente para formar o intermediário cíclico.

Os dois grupos OH de um 1,2-ciclo-hexanodiol podem estar nas posições equatoriais ou nas posições axiais, ou então um pode estar na posição axial e o outro na equatorial.

os dois estão na posição equatorial
trans

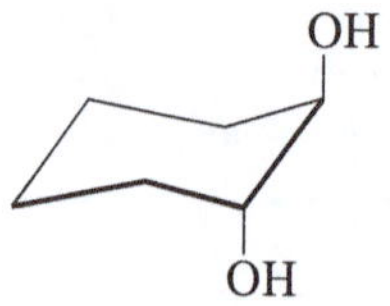

os dois estão na posição axial
trans

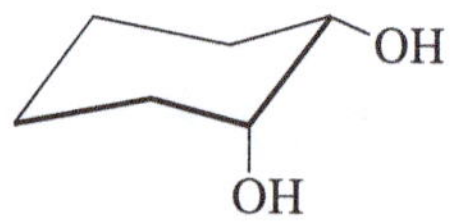

um está na posição equatorial, outro na axial
cis

Em um *cis*-1,2-ciclo-hexanodiol, um OH está na posição equatorial e o outro na posição axial. Como os dois cis 1,2-dióis (**A** e **E**) são clivados, sabemos que o intermediário cíclico pode ser formado quando os grupos OH estiverem nessas posições. Em um trans 1,2-diol, os grupos OH estão na posição equatorial *ou* na posição axial (Seção 2.14). Dois dos trans 1,2-dióis podem ser clivados (**B** e **C**), e um não (**D**). Podemos concluir que naquele que não pode ser clivado os dois grupos OH devem estar na posição axial, porque eles estariam muito distantes um do outro para formar um intermediário cíclico. Agora precisamos desenhar os confôrmeros mais estáveis de **B**, **C** e **D** para verificar por que somente **D** tem os dois grupos OH nas posições axiais.

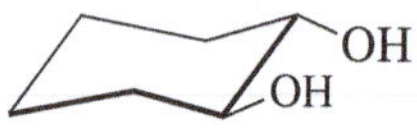

B

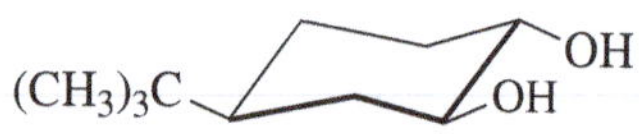

C

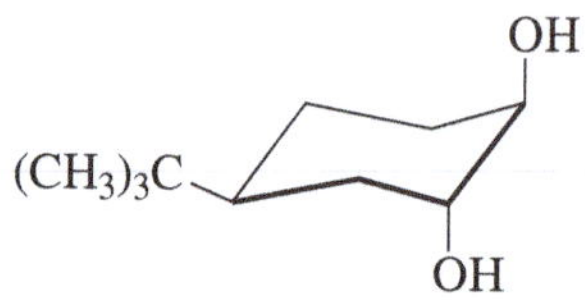

D

O confôrmero mais estável de **B** é o único que apresenta os dois grupos nas posições equatoriais. Os requerimentos estéricos do grupo volumoso *terc*-butila os força para a posição equatorial, na qual há mais espaço para cada grupo volumoso. Isso faz com que na substância **C** os grupos OH fiquem na posição equatorial e com que na substância **D** os dois grupos OH fiquem na posição axial. Portanto, **C** pode ser clivado pelo ácido periódico, mas **D** não.

Agora resolva o Problema 21.

PROBLEMA 21◆

Qual dos seguintes pares de diol é clivado mais rapidamente pelo ácido periódico?

a. 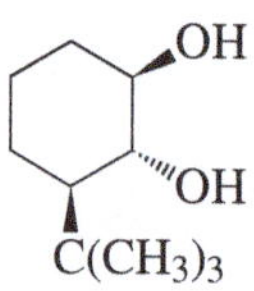 ou 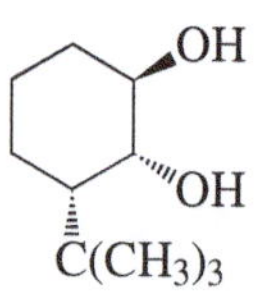

b. 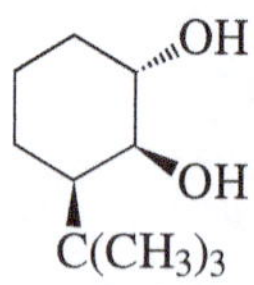 ou 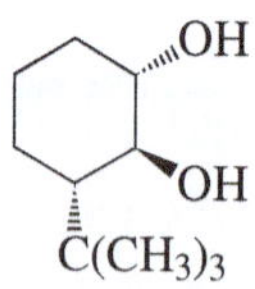

20.8 Clivagem oxidativa de alcenos

Ozonólise

Vimos que os alcenos podem ser oxidados a 1,2-dióis e que 1,2-dióis, por sua vez, podem ser oxidados a aldeídos e cetonas (Seções 20.6 e 20.7, respectivamente). Alternativamente, alcenos podem ser oxidados diretamente a aldeídos e cetonas pelo ozônio (O_3). Quando um alceno é tratado com ozônio a baixas temperaturas, a ligação dupla se rompe e, após a reação, os carbonos que estão duplamente ligados um ao outro se encontram duplamente ligados com o oxigênio. Essa reação é conhecida como **ozonólise**.

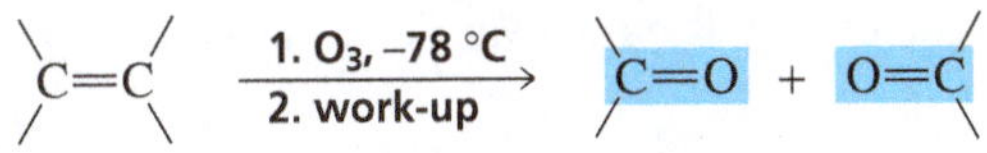

O ozônio é produzido pela passagem do oxigênio por uma descarga elétrica. A estrutura do ozônio pode ser representada pelas seguintes contribuintes de ressonância:

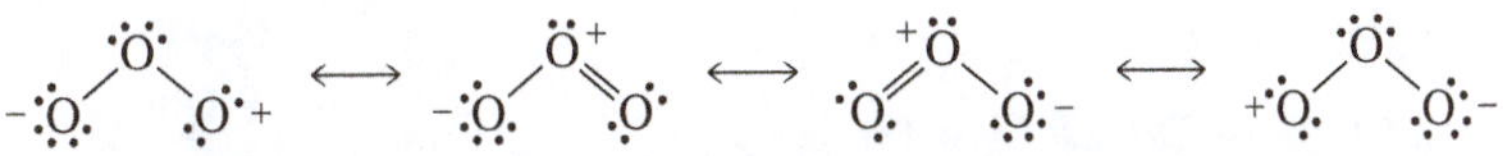

contribuintes de ressonância do ozônio

O ozônio e o alceno sofrem reações concertadas de cicloadição — os átomos de oxigênio se adicionam a dois carbonos sp^2 em uma única etapa. A adição de ozônio ao alceno deve lembrá-lo das reações de adição eletrofílicas a alcenos discutidas no Capítulo 4. Um eletrófilo se adiciona a um dos carbonos sp^2, e um nucleófilo se adiciona ao outro. O eletrófilo é o oxigênio no final da molécula de ozônio, e o nucleófilo é o oxigênio que está na outra ponta da molécula. O produto da adição de ozônio a um alceno é um **molozonídeo** (o nome "molozonídeo" indica que um mol de ozônio se adicionou a um alceno). O molozonídeo é instável porque tem duas ligações O—O; em nível intermediário se rearranja a um **ozonídeo** mais estável.

mecanismo de formação do ozonídeo

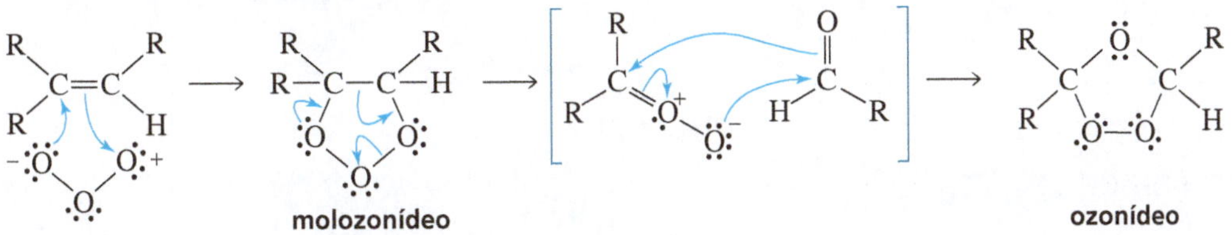

Os ozonídeos são explosivos, por isso raramente são isolados. Em solução, são facilmente clivados a substâncias carbonílicas. Se o ozonídeo for clivado na presença de um agente redutor como o zinco ou o dimetil sulfeto, os produtos serão cetonas e/ou aldeídos (o produto será uma cetona se o carbono sp^2 do alceno estiver ligado a dois substituintes carbonilados; o produto será um aldeído se pelo menos um dos grupos ligados ao carbono sp^2 for um hidrogênio). O agente redutor impede os aldeídos de se oxidarem a ácidos carboxílicos. A clivagem do ozonídeo na presença de zinco ou sulfeto de dimetila é chamada de "tratamento do ozonídeo sob condições redutoras".

Molecule Gallery: Ozônio; Molozonídeo; Ozonídeo
WWW

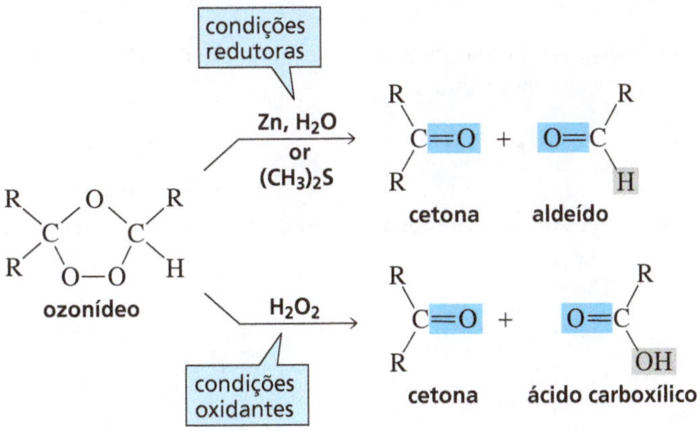

Se o ozonídeo for clivado na presença de um agente oxidante como o peróxido de hidrogênio (H_2O_2), os produtos serão cetonas e/ou ácidos carboxílicos. Os ácidos carboxílicos são formados no lugar de aldeídos porque um aldeído formado de início será imediatamente oxidado a ácido carboxílico pelo peróxido de hidrogênio. A clivagem na presença de H_2O_2 é denominada "tratamento do ozonídeo sobre condições oxidantes".

Para determinar o produto da ozonólise, substitua C═C por C═O O═C. Se o tratamento da reação for realizado em condições oxidantes, os aldeídos serão convertidos a ácidos carboxílicos.

As reações a seguir são exemplos de clivagens oxidativas de alcenos através de ozonólises:

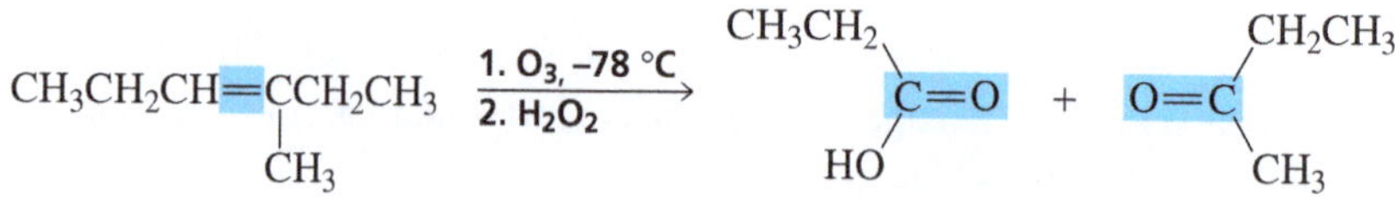

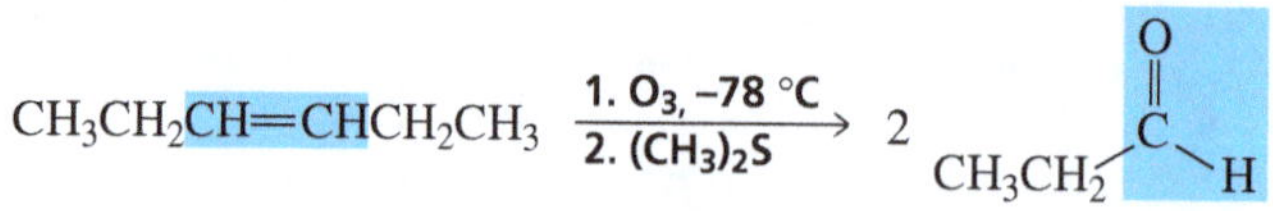

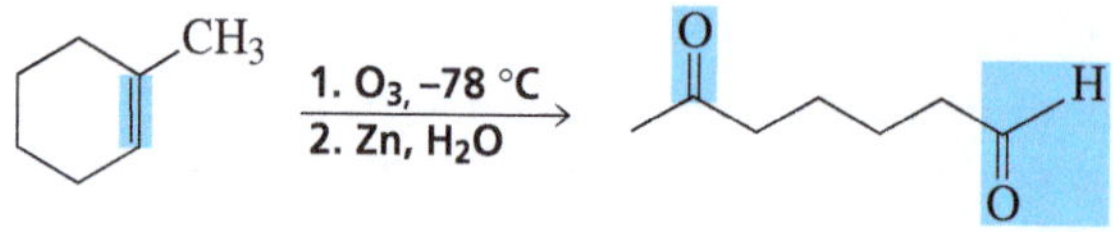

O fragmento com um carbono obtido a partir da reação de alcenos terminais com ozônio será oxidado a formaldeído se o tratamento do ozonídeo ocorrer sob condições redutoras, e será oxidado a ácido carboxílico se o tratamento do ozonídeo for realizado sob condições oxidantes.

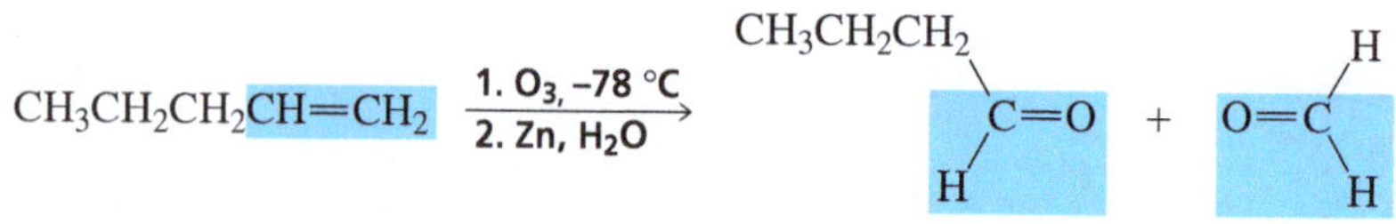

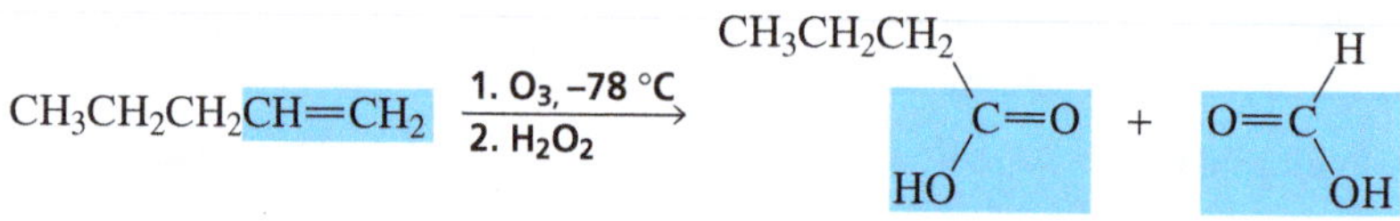

Na reação a seguir, somente a ligação dupla da cadeia lateral será oxidada, porque o anel benzênico estável só é oxidado sob exposição prolongada ao ozônio.

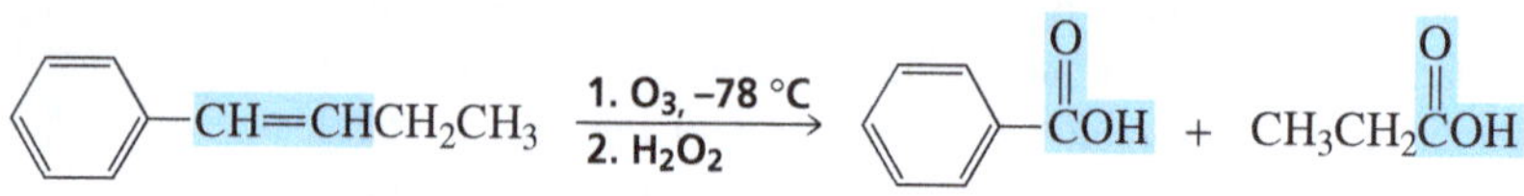

PROBLEMA 22

Dê um exemplo de um alceno que consegue formar os mesmos produtos de ozonólise, apesar de o ozonídeo ser tratado sob condições redutoras (Zn, H_2O) ou oxidantes (H_2O_2).

PROBLEMA 23

Dê os produtos que você esperaria obter considerando que as substâncias a seguir fossem tratadas com ozônio e depois com:

a. Zn, H_2O:

b. H_2O_2:

1. 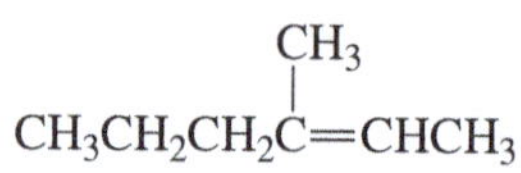

4. 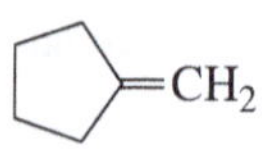

2. $CH_2{=}CHCH_2CH_2CH_2CH_3$

5. $CH_3CH_2CH_2CH{=}CHCH_2CH_2CH_3$

3. 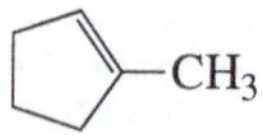

6. 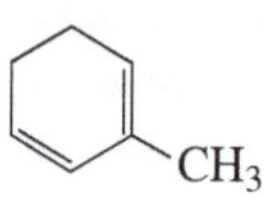

A ozonólise pode ser usada para determinar a estrutura de um alceno desconhecido. Se você sabe quais substâncias carboniladas são formadas por ozonólise, pode efetuar, mentalmente, uma retroanálise para deduzir a estrutura do alceno. Por exemplo, se a ozonólise de um alceno, seguida do tratamento em condições redutoras, forma acetona e butanal como produtos, você pode concluir que o alceno era 2-metil-2-hexeno.

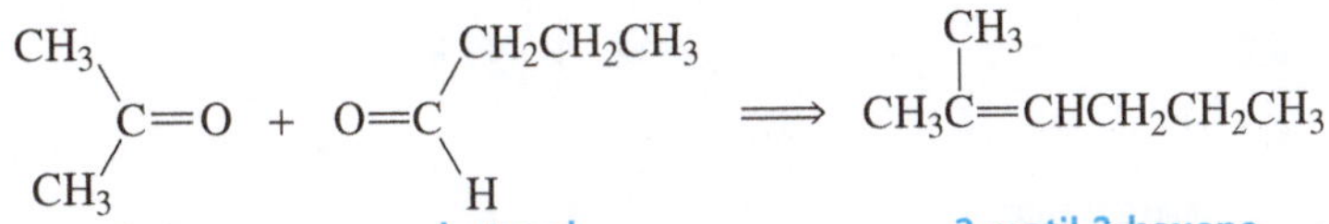

acetona butanal — produtos de ozonólise

2-metil-2-hexeno — alceno que sofreu a ozonólise

Tutorial Gallery: Reações de ozonólise–síntese
WWW

PROBLEMA 24◆

a. Qual alceno teria como produto de ozonólise somente a acetona?

b. Qual alceno teria como produto de ozonólise somente o butanal?

PROBLEMA 25 RESOLVIDO

As substâncias abaixo foram obtidas a partir da ozonólise de um dieno, seguida de um tratamento sob condições redutoras. Dê a estrutura do dieno.

$$\mathrm{H\overset{O}{\overset{\|}{C}}CH_2CH_2CH_2\overset{O}{\overset{\|}{C}}H} \quad + \quad \mathrm{H\overset{O}{\overset{\|}{C}}H} \quad + \quad \mathrm{CH_3CH_2\overset{O}{\overset{\|}{C}}H}$$

RESOLUÇÃO A substância dicarbonilada com cinco carbonos indica que o dieno deve conter cinco carbonos ladeados por ligações duplas.

$$\mathrm{H\overset{O}{\overset{\|}{C}}CH_2CH_2CH_2\overset{O}{\overset{\|}{C}}H} \quad \Longrightarrow \quad \mathrm{{=}CHCH_2CH_2CH_2CH{=}}$$

Uma das substâncias carboniladas obtidas a partir da ozonólise possui um átomo de carbono, e a outra tem três átomos de carbono. Portanto, um carbono deve ser adicionado a uma ponta do dieno, e a cadeia com três carbonos deve ser adicionada à outra ponta.

$$\mathrm{CH_2{=}CHCH_2CH_2CH_2CH{=}CHCH_2CH_3}$$

PROBLEMA 26◆

Qual aspecto da estrutura de um alceno (que sofre uma ozonólise) não foi dita a você?

Clivagem com permanganato

Vimos que os alcenos são oxidados a 1,2-dióis por uma solução básica de permanganato de potássio em temperatura ambiente ou mais baixa, e, em seguida, os 1,2-dióis podem ser clivados pelo ácido periódico para formar aldeídos e/ou cetonas (Seções 20.6 e 20.7). Se, entretanto, a solução básica de permanganato de potássio for aquecida ou se a solução for ácida, a reação não é interrompida no diol. Em vez disso, o alceno será clivado, e os produtos de reação serão cetonas e ácidos carboxílicos. Se a reação for realizada em condições básicas, o ácido carboxílico obtido estará na sua forma básica ($RCOO^-$); se a reação for efetuada em condições ácidas, o ácido carboxílico obtido estará na forma ácida (RCOOH) (Seção 1.20, volume 1). Os alcenos terminais formam CO_2 como produto.

Um perácido, o OsO_4 e o $KMnO_4$ (frio e básico) quebram apenas a ligação π do alceno. O ozônio e o $KMnO_4$ (ácido ou básico e quente) quebram tanto a ligação π como a ligação σ.

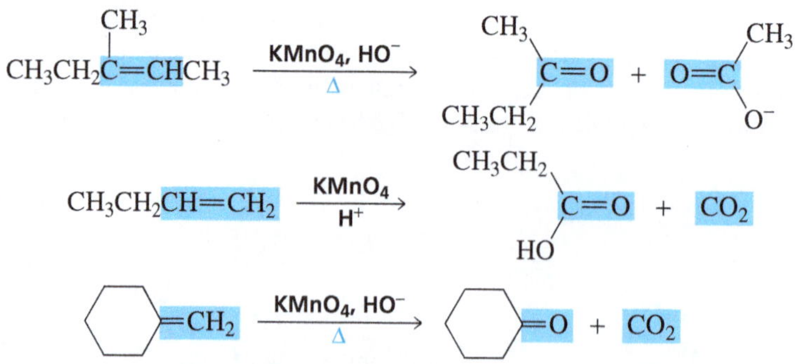

Os diversos métodos usados para oxidar um alceno são apresentados na Tabela 20.1.

Tabela 20.1 Resumo dos métodos usados para oxidar um alceno

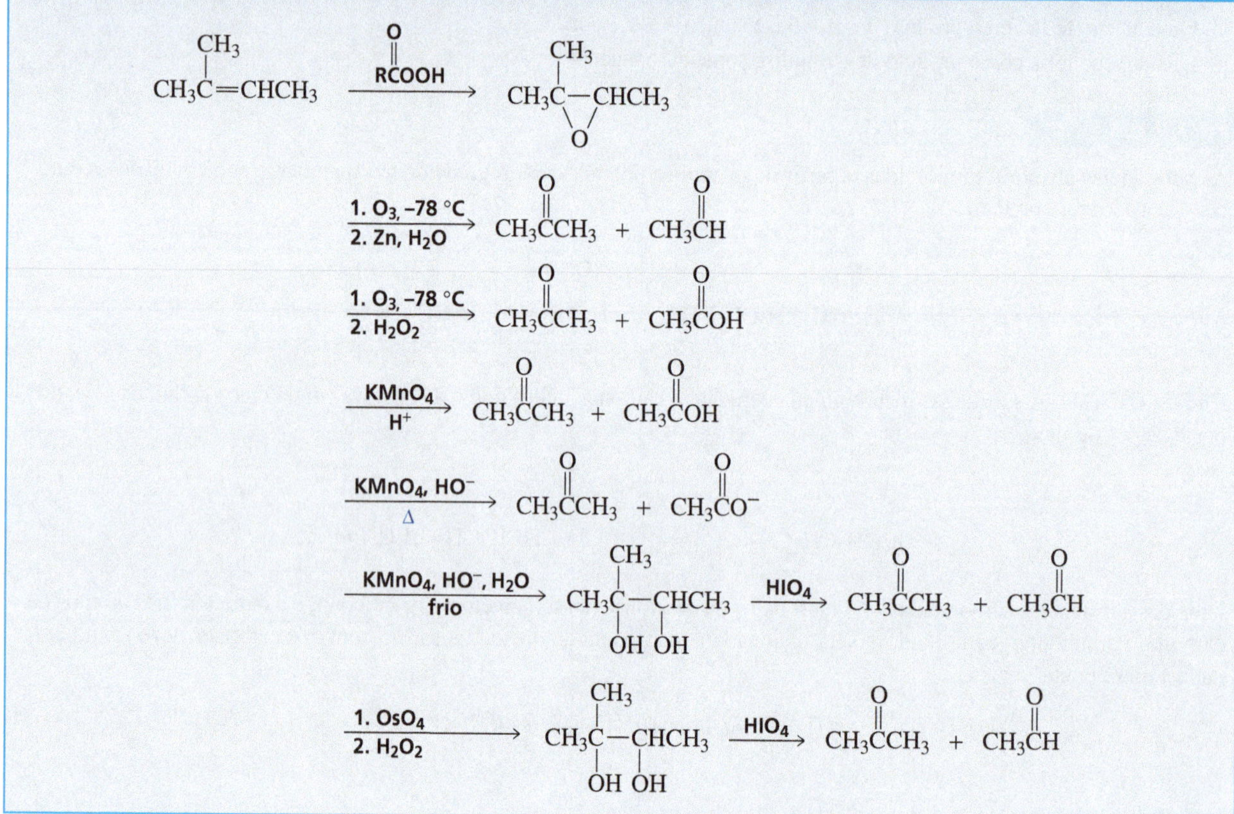

PROBLEMA 27 RESOLVIDO

Usando o material de partida, descreva como as substâncias a seguir podem ser preparadas (faça uma análise retrossintética para tentar encontrar a resposta).

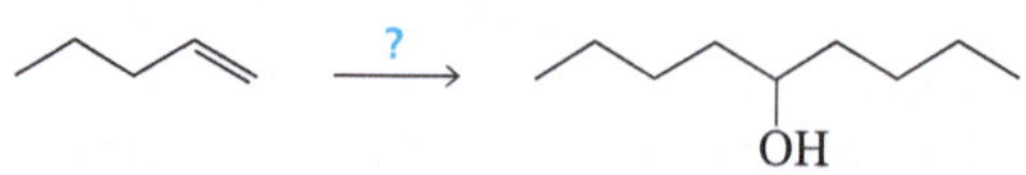

RESOLUÇÃO A análise retrossintética mostra que a molécula-alvo pode ser desconectada e fornecer um fragmento de cinco carbonos carregado positivamente e um fragmento com quatro carbonos carregado negativamente (Seção 18.12). O pentanal e o brometo de butil magnésio são os equivalentes sintéticos para os dois fragmentos. O material de partida com cinco carbonos pode ser convertido à substância com quatro carbonos requerida através de uma ozonólise.

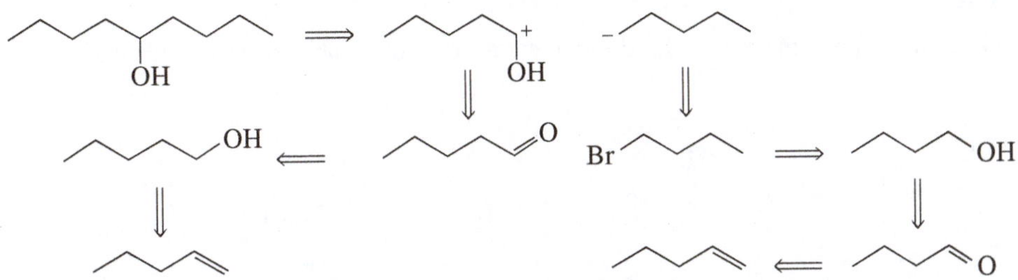

Agora a síntese do pentanal e do brometo de butil magnésio a partir do material de partida fornecido pode ser escrito na direção da síntese, incluindo os reagentes necessários para as transformações.

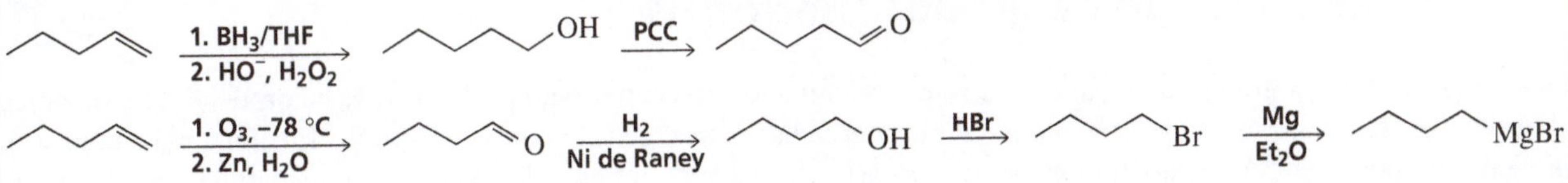

A reação do pentanal com brometo de butil magnésio forma a molécula-alvo.

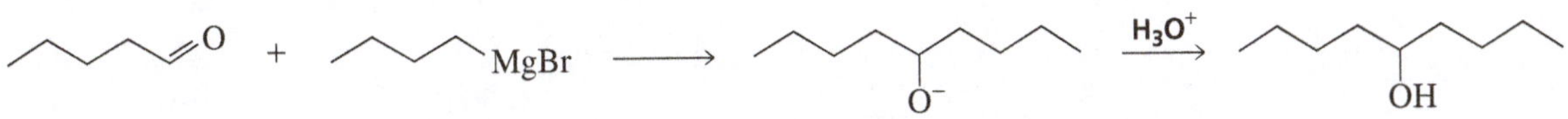

PROBLEMA 28

a. Como você poderia sintetizar a substância a seguir tendo como materiais de partida substâncias com no máximo quatro carbonos? (*Dica*: uma 1,6-dicetona pode ser sintetizada pela clivagem oxidativa de um ciclo-hexeno 1,2-dissubstituído).

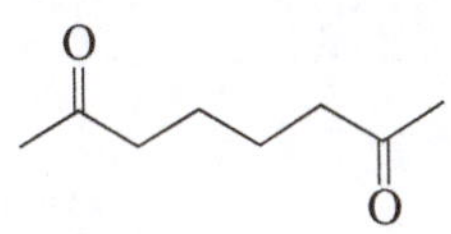

b. Como você poderia sintetizar a mesma substância em duas etapas iniciando com materiais de partida que contêm no máximo seis carbonos?

20.9 Clivagem oxidativa de alcinos

Os mesmos reagentes que oxidam os alcenos também oxidam os alcinos. Os alcinos são oxidados a dicetonas através de uma solução básica de $KMnO_4$, em temperatura ambiente, e são clivados pela ozonólise a ácidos carboxílicos. A ozonólise não requer tratamento sob condições oxidativas nem sob condições redutoras — é seguida apenas de uma hidrólise. O dióxido de carbono é obtido a partir do grupo CH do alcino terminal.

$$\underset{\text{2-pentino}}{CH_3C{\equiv}CCH_2CH_3} \xrightarrow[HO^-]{KMnO_4} CH_3\overset{O}{\overset{\|}{C}}-\overset{O}{\overset{\|}{C}}CH_2CH_3$$

$$\underset{\text{2-pentino}}{CH_3C{\equiv}CCH_2CH_3} \xrightarrow[\text{2. } H_2O]{\text{1. } O_3,\ -78\ °C} CH_3\overset{O}{\overset{\|}{C}}OH + CH_3CH_2\overset{O}{\overset{\|}{C}}OH$$

$$\underset{\text{1-pentino}}{CH_3CH_2CH_2C{\equiv}CH} \xrightarrow[\text{2. } H_2O]{\text{1. } O_3,\ -78\ °C} CH_3CH_2CH_2\overset{O}{\overset{\|}{C}}OH + CO_2$$

PROBLEMA 29◆

Qual é a estrutura do alcino que fornece cada um dos conjuntos de produtos abaixo através de uma ozonólise seguida de uma hidrólise?

a. 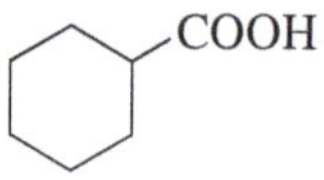 + CO_2

b. 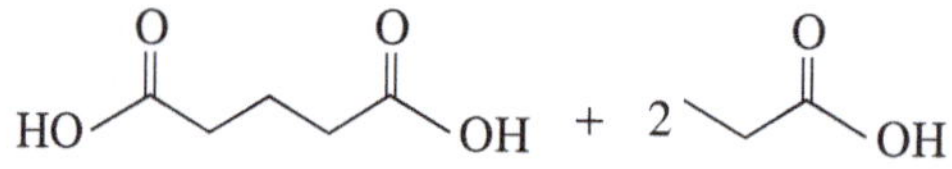

20.10 Planejando uma síntese VIII: Interconversão de grupos funcionais

O ato de converter um grupo funcional em outro é denominado **interconversão de grupos funcionais**. O que sabemos sobre reações de oxidação–redução aumentou muito nossa habilidade de interconverter grupos funcionais. Um aldeído, por exemplo, pode ser convertido em um álcool primário, um alceno, um álcool secundário, uma cetona, um ácido carboxílico, um cloreto de ácido, um éster, uma amida ou uma amina.

Tutorial Gallery: Síntese em múltiplas etapas
WWW

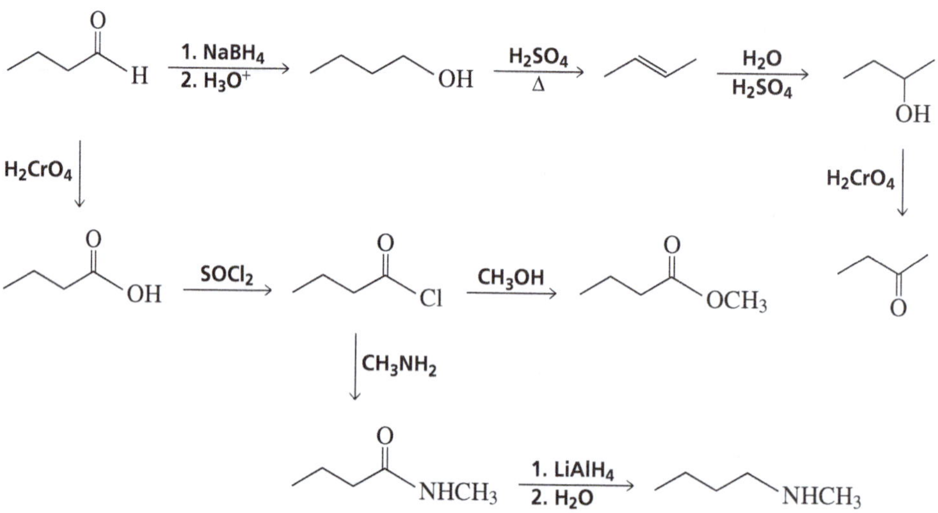

Uma cetona pode ser convertida em um éster ou em um álcool?

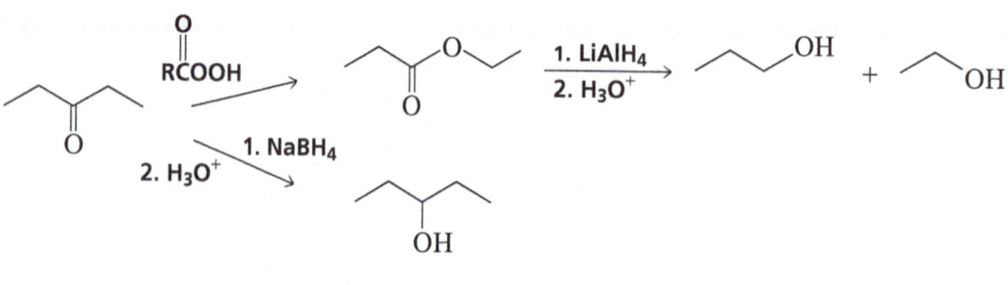

Tutorial Gallery: Termos comuns: reações de oxidação–redução
WWW

À medida que o número de reações que você conhece aumentar, também aumentará o número de interconversões de grupos funcionais que pode realizar. Você também perceberá, ao planejar uma síntese, que dispõe de mais de uma rota possível. A rota que você escolher dependerá da disponibilidade e do custo dos materiais de partida, assim como da facilidade com que as reações do caminho sintético puderem ser efetuadas.

PROBLEMA 30

Escreva os reagentes necessários sobre as setas das reações.

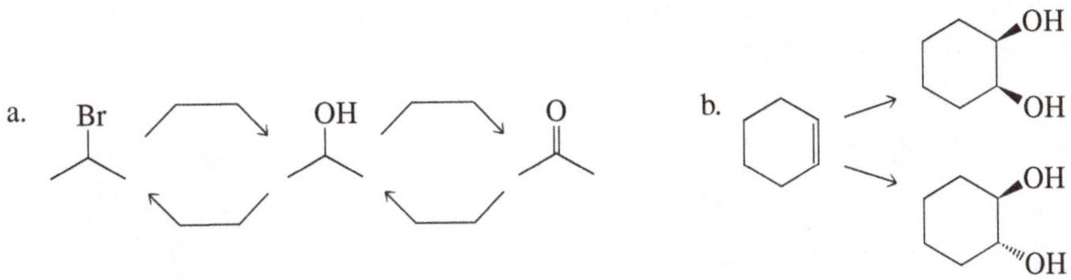

PROBLEMA 31

a. Mostre dois caminhos para converter um haleto de alquila em um álcool que contenha um átomo de carbono adicional.
b. Mostre como um haleto de alquila primário pode ser convertido em uma amina que contenha um átomo de carbono adicional.
c. Mostre como um haleto de alquila primário pode ser convertido em uma amina que contenha um átomo de carbono a menos.

PROBLEMA 32

Mostre como cada uma das substâncias a seguir pode ser sintetizada a partir do material de partida fornecido.

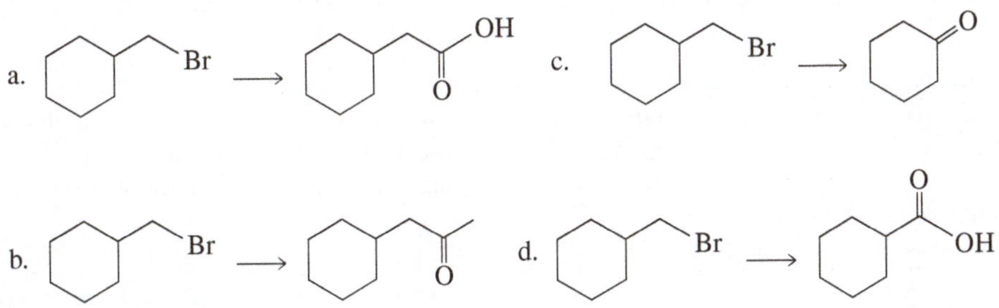

PROBLEMA 33

Quantos grupos funcionais diferentes você pode usar para sintetizar um álcool primário?

20.11 Reações biológicas de oxidação–redução

As reações de oxidação e redução são importantes nos sistemas vivos. Um exemplo de reação de oxidação que ocorre nas células animais é a oxidação do álcool a acetaldeído, reação catalisada pela enzima álcool desidrogenase. A ingestão de quantidades moderadas de álcool diminui a inibição e causa uma sensação de calor, mas os efeitos fisiológicos do acetaldeído não são agradáveis. O acetaldeído é o responsável pela sensação conhecida como ressaca (na Seção 25.4, veremos como a vitamina B_1 pode ajudar a curar a ressaca).

$$\underset{\text{etanol}}{CH_3CH_2OH} + NAD^+ \xrightarrow{\text{álcool desidrogenase}} \underset{\text{acetaldeído}}{CH_3\overset{O}{\overset{\|}{C}}H} + NADH + H^+$$

A enzima não pode oxidar o etanol a acetaldeído, a menos que um agente oxidante esteja presente. Os agentes oxidantes usados pelos químicos orgânicos, como os sais de cromato e de permanganato, não estão presentes em sistemas vivos. O NAD^+ (nicotinamida adenina dinucleotídeo), o agente oxidante mais comumente disponível em sistemas vivos, é usado pelas células para oxidar alcoóis a acetaldeído (Seção 25.2). Observe que o NAD^+ é escrito com uma carga positiva para refletir a carga positiva do átomo de nitrogênio do anel piridínico.

O NAD^+ é reduzido a NADH quando oxida uma substância. O NADH é usado pela célula como agente redutor. Quando o NADH reduz uma substância, ele volta a se oxidar a NAD^+, que pode então ser usado para outra oxidação. Apesar de o NAD^+ e o NADH parecerem moléculas complicadas, a mudança estrutural que ocorre quando eles agem como agentes oxidantes e redutores se passa em uma parte relativamente pequena da molécula. A parte restante é usada para ligar o NAD^+ ou o NADH ao sítio apropriado da enzima que catalisa a reação.

Molecule Gallery: NAD^+; NADH

www

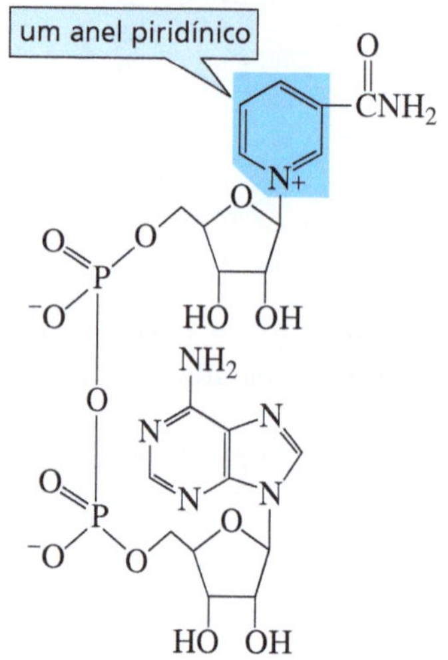

nicotinamida adenina dinucleotídeo
NAD^+

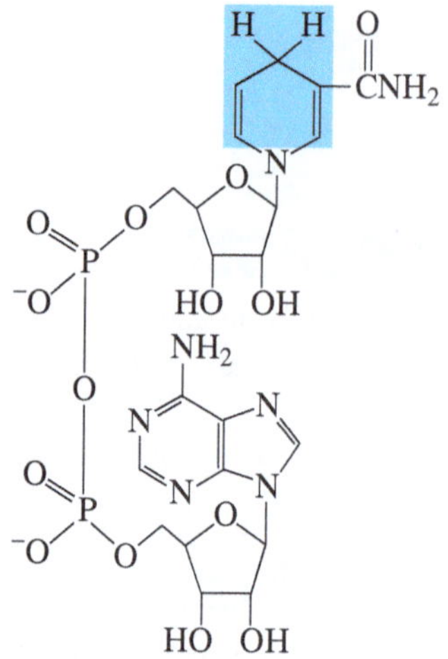

nicotinamida adenina dinucleotídeo reduzida
NADH

Tratando alcoólicos com antabuse

O Disulfiram, mais conhecido por uma de suas marcas registradas, Antabuse®, é usado no tratamento de alcoólicos. A droga causa efeitos bastante desagradáveis quando o etanol é consumido, mesmo que isso ocorra um ou dois dias após o uso do Antabuse®.

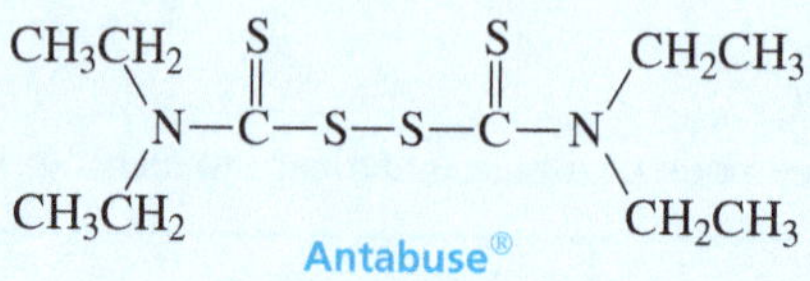

Antabuse®

O Antabuse® inibe a aldeído desidrogenase, enzima responsável pela oxidação do acetaldeído a ácido acético, resultando em um acúmulo de acetaldeído. O acetaldeído causa um efeito fisiológico desagradável de intoxicação: rubor intenso, náusea, tontura, suores excessivos, forte dor de cabeça, queda da pressão arterial, e, por fim, choque. Em razão disso, o Antabuse® só deve ser usado sob prescrição médica. Em alguns indivíduos, a aldeído desidrogenase não age de modo apropriado. Os sintomas por ele causados em resposta à ingestão de álcool são similares aos dos indivíduos medicados com Antabuse®.

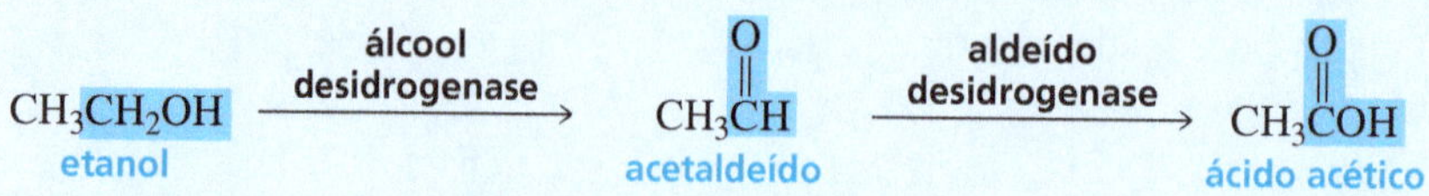

O NAD^+ oxida uma substância aceitando dela um íon de hidreto. Desse modo, o número de ligações carbono–hidrogênio na substância diminui (a substância é oxidada) e o número de ligações carbono–hidrogênio no NAD^+ aumenta (o NAD^+ é reduzido). O NAD^+ pode aceitar um íon hidreto na posição 4 do anel piridínico, porque os elétrons podem ser deslocalizados pelo átomo de carbono carregado positivamente. Embora o NAD^+ também possa aceitar um íon de hidreto na posição 2, o íon hidreto é sempre distribuído na posição 4 nas reações catalisadas pela enzima.

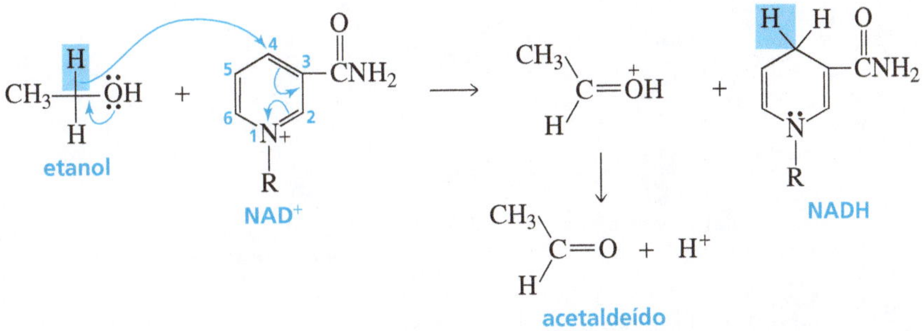

O NADH reduz uma substância doando um íon hidreto da posição 4 do anel de seis membros. Então, o NADH, o $NaBH_4$, e o $LiAlH_4$ agem como agentes redutores da mesma maneira — eles doam íon hidreto.

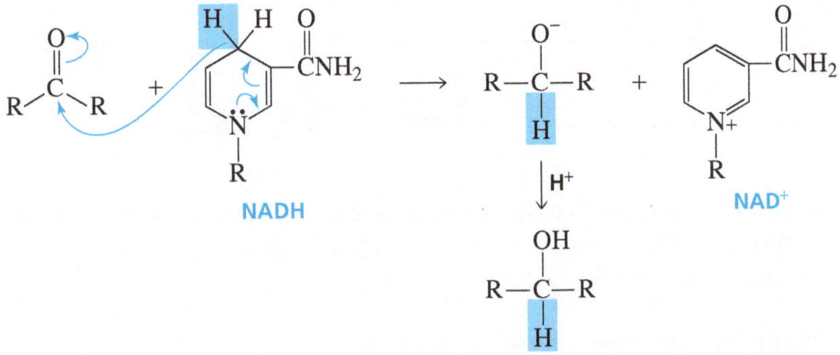

Um antídoto não usual

A álcool desidrogenase, enzima que catalisa a oxidação de álcool a acetaldeído, também catalisa a oxidação de outros alcoóis. Ela catalisa, por exemplo, a oxidação do metanol a formaldeído.

O metanol, por si só, não é perigoso, mas sua ingestão pode ser fatal, pois o formaldeído é extremamente tóxico. O tratamento para a ingestão de metanol consiste em medicar o paciente com injeções intravenosas de etanol. A álcool desidrogenase tem 25 vezes mais afinidade pelo etanol do que pelo metanol. Portanto, se a enzima puder ser carregada com etanol, o metanol será eliminado antes que tenha oportunidade de ser oxidado.

$$\underset{\text{metanol}}{CH_3OH} + NAD^+ \xrightarrow{\text{álcool desidrogenase}} \underset{\text{formaldeído}}{HCH{=}O} + NADH + H^+$$

Síndrome fetal do álcool

O dano causado ao feto humano quando a mãe ingere álcool durante a gravidez é conhecido como *síndrome fetal do álcool*. Tem-se demonstrado que o efeito perigoso — retardo no crescimento, atividade cerebral reduzida e anormalidades faciais e nos membros — é atribuído ao acetaldeído formado a partir da oxidação do etanol, que atravessa a placenta e acumula-se no fígado do feto.

20.12 Oxidação de hidroquinonas e redução de quinonas

A hidroquinona, um *para*-benzenodiol, é facilmente oxidada a *para*-benzoquinona. Embora uma grande variedade de agentes oxidantes possa ser usada, o sal de Fremy (nitro-sódio-sulfato dipotássico) é o agente oxidante preferido. A quinona pode facilmente ser novamente reduzida a hidroquinona.

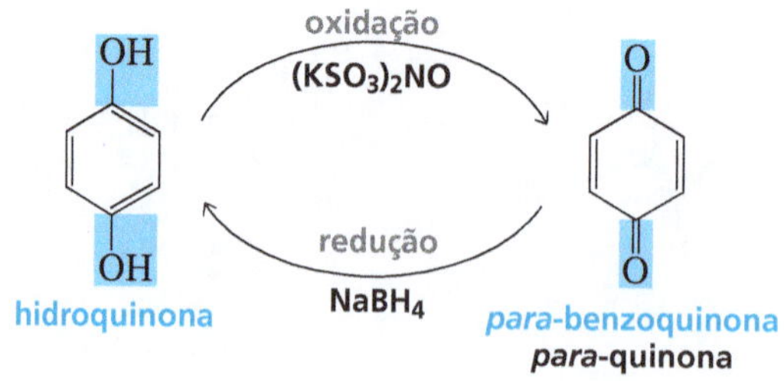

Do mesmo modo, os *orto*-benzenodióis são oxidados a *orto*-quinonas.

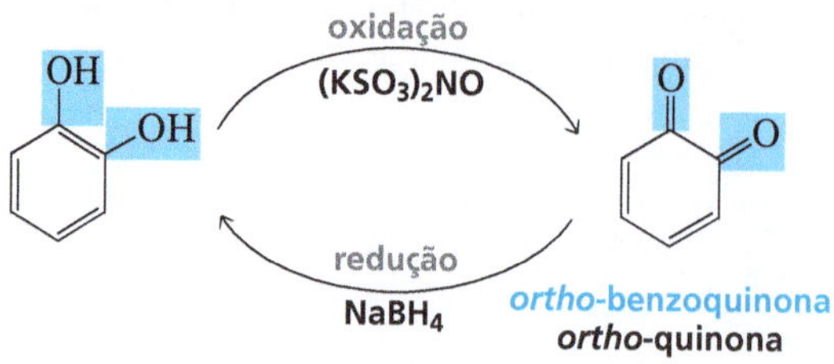

Na totalidade, a reação de oxidação envolve a perda de dois átomos de hidrogênio e a reação de redução envolve o ganho de dois átomos de hidrogênio. Na Seção 9.8, vimos que os fenóis são usados como inibidores radicalares, por sua habilidade de perder um átomo de hidrogênio.

mecanismo para a oxidação de hidroquinona/redução de quinona

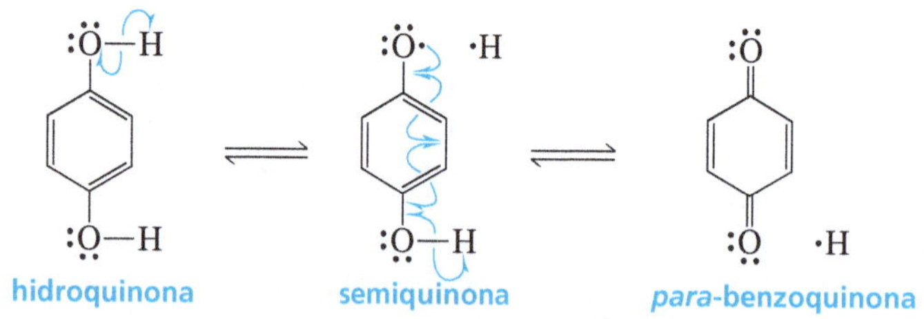

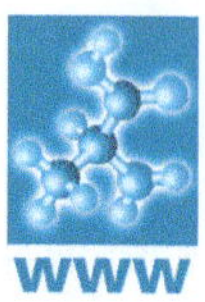

Molecule Gallery: Coenzima *Q* (forma oxidada); Coenzima *Q* (forma reduzida)

WWW

A coenzima Q (CoQ) é uma quinona encontrada nas células dos organismos aeróbicos. A CoQ também é chamada de ubiquinona, porque é ambígua (encontrada em todo lugar) na natureza. Sua função é carregar elétrons na cadeia de transporte de elétrons. A forma oxidada do CoQ aceita um par de elétrons de um agente biológico redutor como o NADH e por fim os transfere ao O_2.

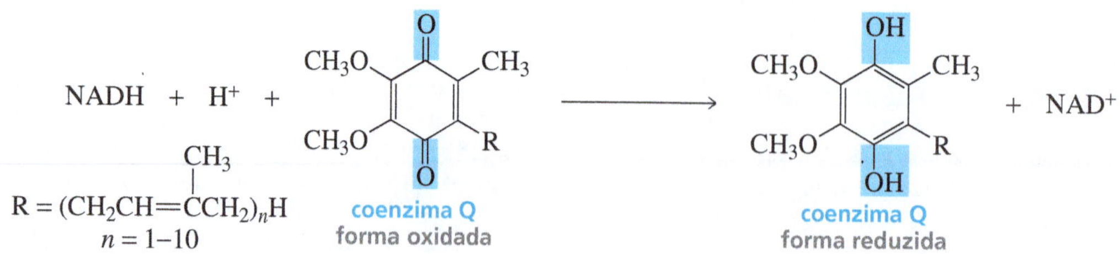

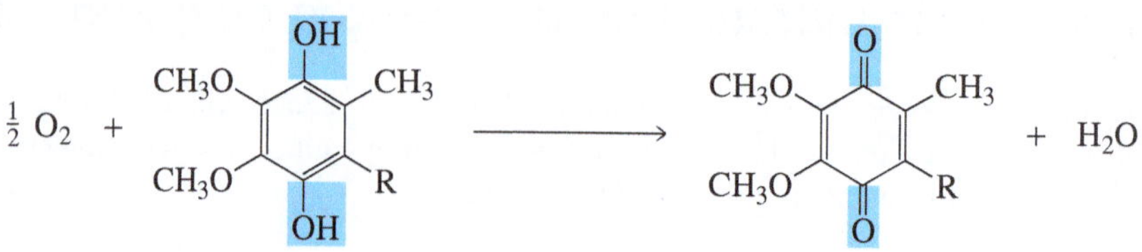

Dessa maneira, os agentes biológicos oxidantes são reciclados: o NAD^+ oxida uma substância, formando NADH, que é oxidada novamente a NAD^+ pelo oxigênio, via coenzima Q, que, por sua vez, é inalterada na reação total. Os reagentes redox biológicos e sua reciclagem serão discutidos nas seções 25.2 e 25.3.

$$NAD^+ + \text{Substrato}_{\text{reduzido}} \longrightarrow \text{Substrato}_{\text{oxidado}} + NADH + H^+$$

$$NADH + H^+ + \tfrac{1}{2}\,O_2 \longrightarrow NAD^+ + H_2O$$

A química da fotografia

A fotografia em preto e branco depende do fato de a hidroquinona ser facilmente oxidada. O filme fotográfico é coberto por uma emulsão de brometo de prata. Quando a luz incide sobre o filme, o brometo de prata é sensibilizado, consistindo em um agente oxidante melhor do que o brometo de prata que não foi exposto à luz. Quando o filme exposto é colocado em uma solução de hidroquinona (um revelador fotográfico comum), a hidroquinona é oxidada a quinona pelo íon brometo sensibilizado, e o íon de prata é reduzido a prata metálica, que permanece na emulsão. O filme exposto é "fixado" através de nova lavagem em brometo de prata não sensibilizado com $Na_2S_2O_3/H_2O$. Certas quantidades de prata negra se depositam sobre a porção do filme atingida pela luz. Trata-se do preto, parte opaca do negativo do filme fotográfico.

Resumo

A oxidação é acompanhada da redução: um **agente redutor** é oxidado e um **agente oxidante** é reduzido. Para as reações nas quais a oxidação e a redução ocorrem no carbono, se a reação aumentar o número de ligações C—H ou diminuir o número de ligações C—O, C—N ou C—X (onde X representa um halogênio), a substância será reduzida; se a reação diminuir o número de ligações C—H e aumentar o número de ligações C—O, C—N ou C—X, a substância será oxidada. Do mesmo modo, o número de ligações N—H ou S—H aumenta nas reações de redução, e o número de ligações N—O ou S—O aumenta nas reações de oxidação. O **estado de oxidação** do átomo de carbono é igual ao número total de suas ligações C—O, C—N ou C—X.

Uma substância orgânica é reduzida pela adição de H_2 por um dos três mecanismos: a **hidrogenação catalítica** adiciona dois átomos de hidrogênio, a **redução dissolutiva metal** adiciona dois elétrons e dois prótons, e a **redução com hidretos metálicos** envolve a adição de um íon hidreto seguido de um próton. As ligações múltiplas carbono–carbono, carbono–nitrogênio e algumas ligações carbono–oxigênio podem ser reduzidas por hidrogenação catalítica. Um alcino é reduzido pelo sódio e amônia líquida a um alceno trans. O $LiAlH_4$ é um agente redutor mais forte do que o $NaBH_4$. O $NaBH_4$ é usado para reduzir aldeídos, cetonas e haletos de acila. O $LiAlH_4$ é usado para reduzir ácidos carboxílicos, ésteres e amidas. Substituir alguns hidrogênios do $LiAlH_4$ por grupos OR diminui a reatividade do hidreto metálico. Átomos de carbonos com múltiplas ligações não podem ser reduzidos por hidretos metálicos.

Os alcoóis primários são oxidados a ácidos carboxílicos por reagentes que contêm cromo e a aldeídos por PCC ou pela **oxidação de Swern**. Os alcoóis secundários são oxidados a cetonas. O reagente de Tollens pode oxidar apenas aldeídos. Um **perácido** oxida um aldeído a ácido carboxílico, uma cetona a um éster (em uma **oxidação de Baeyer–Villiger**), um alceno a um epóxido. Os alcenos são oxidados a 1,2-dióis pelo permanganato de potássio ($KMnO_4$) em uma solução básica fria ou pelo tetróxido de ósmio (OsO_4).

Os 1,2-dióis são **clivados oxidativamente** a cetonas e/ou a aldeídos pelo ácido periódico (HIO_4). A ozonólise cliva oxidativamente alcenos a cetonas e/ou a aldeídos quando tratados sob condições redutoras, e a cetonas e/ou a ácidos carboxílicos quando tratados sob condições oxidantes. As soluções ácidas e as soluções básicas quentes de permanganato de potássio também clivam oxidativamente os alcenos a cetonas e/ou a ácidos carboxílicos.

A **reação quimiosseletiva** é uma reação na qual um reagente reage com um grupo funcional em vez de outro. Uma **reação enantiosseletiva** forma maior quantidade de um enantiômero do que de outro. O processo de converter um grupo funcional em outro é chamado de **interconversão do grupo funcional**.

O NAD^+ e o NADH são os reagentes redox mais comumente usados em sistemas vivos. O NAD^+ oxida uma substância aceitando dela um íon hidreto; o NADH reduz uma substância doando a ela um íon hidreto.

Resumo das reações

1. Hidrogenação catalítica de ligações duplas e triplas (Seção 20.1).

a.

$$\mathrm{RCH{=}CHR + H_2 \xrightarrow{\text{Pt, Pd, ou Ni}} RCH_2CH_2R}$$

$$\mathrm{RC{\equiv}CR + 2\,H_2 \xrightarrow{\text{Pt, Pd, ou Ni}} RCH_2CH_2R}$$

$$\mathrm{RCH{=}NR + H_2 \xrightarrow{\text{Pt, Pd, ou Ni}} RCH_2NHR}$$

$$\mathrm{RC{\equiv}N + 2\,H_2 \xrightarrow{\text{Pt, Pd, ou Ni}} RCH_2NH_2}$$

b.

$$\mathrm{R\overset{O}{\overset{\|}{C}}H + H_2 \xrightarrow{\text{Ni de Raney}} RCH_2OH}$$

$$\mathrm{R\overset{O}{\overset{\|}{C}}R + H_2 \xrightarrow{\text{Ni de Raney}} R\overset{OH}{\overset{|}{C}}HR}$$

c.

$$\mathrm{R\overset{O}{\overset{\|}{C}}Cl + H_2 \xrightarrow[\text{desativado}]{\text{Pd parcialmente}} R\overset{O}{\overset{\|}{C}}H}$$

2. Redução de alcinos e alcenos (Seção 20.1).

$$\mathrm{RC{\equiv}CR \xrightarrow[\text{catalisador de Lindlar}]{H_2} \text{(cis) } (H)(R)C{=}C(H)(R)}$$

$$\mathrm{RC{\equiv}CR \xrightarrow[NH_3\,(liq)]{\text{Na ou Li}} \text{(trans) } (H)(R)C{=}C(R)(H)}$$

3. Redução de substâncias carboniladas com reagentes que doam íons hidreto (Seção 20.1).

a. $\mathrm{R\overset{O}{\overset{\|}{C}}H \xrightarrow[2.\ H_3O^+]{1.\ NaBH_4} RCH_2OH}$

b. $\mathrm{R\overset{O}{\overset{\|}{C}}R \xrightarrow[2.\ H_3O^+]{1.\ NaBH_4} R\overset{OH}{\overset{|}{C}}HR}$

c. $\mathrm{R\overset{O}{\overset{\|}{C}}Cl \xrightarrow[2.\ H_3O^+]{1.\ NaBH_4} RCH_2OH}$

d. $\mathrm{R\overset{O}{\overset{\|}{C}}OR' \xrightarrow[2.\ H_2O]{1.\ [(CH_3)_2CHCH_2]_2AlH,\ -78\ °C} R\overset{O}{\overset{\|}{C}}H + R'OH}$

e. $\mathrm{R\overset{O}{\overset{\|}{C}}OH \xrightarrow[2.\ H_3O^+]{1.\ LiAlH_4} RCH_2OH}$

f. $\mathrm{R\overset{O}{\overset{\|}{C}}OR' \xrightarrow[2.\ H_3O^+]{1.\ LiAlH_4} RCH_2OH + R'OH}$

g. $\mathrm{R\overset{O}{\overset{\|}{C}}NHR' \xrightarrow[2.\ H_2O]{1.\ LiAlH_4} RCH_2NHR'}$

h. $\mathrm{R\overset{O}{\overset{\|}{C}}Cl \xrightarrow[2.\ H_2O]{1.\ LiAl[OC(CH_3)_3]_3H,\ -78\ °C} R\overset{O}{\overset{\|}{C}}H}$

4. Oxidação de alcoóis (Seção 20.2).

alcoóis primários

$$\mathrm{RCH_2OH \xrightarrow{H_2CrO_4} \left[R\overset{O}{\overset{\|}{C}}H\right] \xrightarrow[\text{adicionais}]{\text{oxidações}} R\overset{O}{\overset{\|}{C}}OH}$$

$$\mathrm{RCH_2OH \xrightarrow[CH_2Cl_2]{PCC} R\overset{O}{\overset{\|}{C}}H}$$

$$\mathrm{RCH_2OH \xrightarrow[2.\ \text{trietilamina}]{1.\ CH_3\overset{O}{\overset{\|}{S}}CH_3,\ Cl\overset{O}{\overset{\|}{C}}{-}\overset{O}{\overset{\|}{C}}Cl,\ -60\ °C} R\overset{O}{\overset{\|}{C}}H}$$

alcoóis secundários 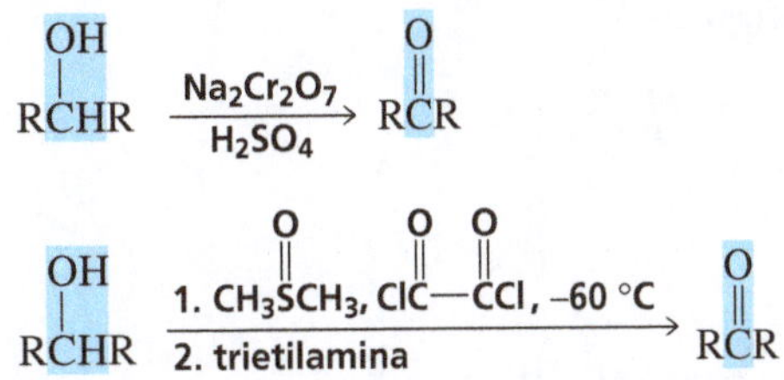

5. Oxidação de aldeídos e cetonas (Seção 20.3).

a. aldeídos 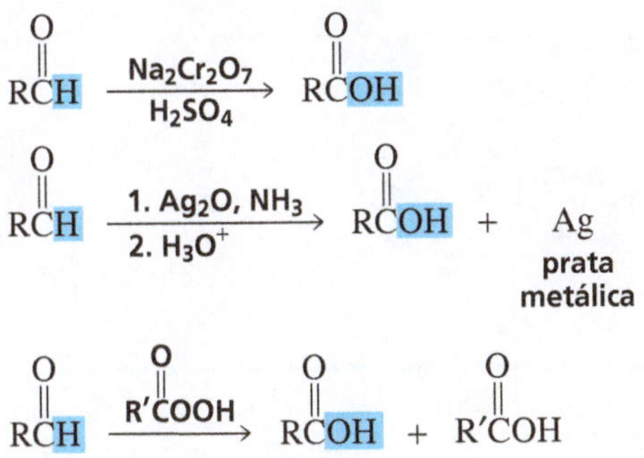

b. cetonas 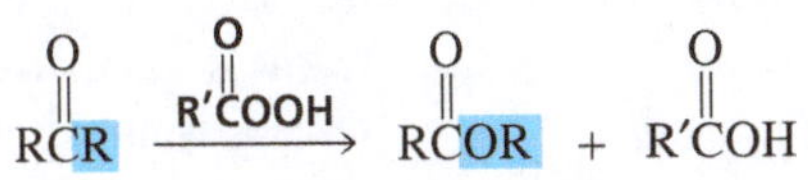

6. Oxidação de alcenos (Seções 20.4, 20.6 e 20.8).

a. 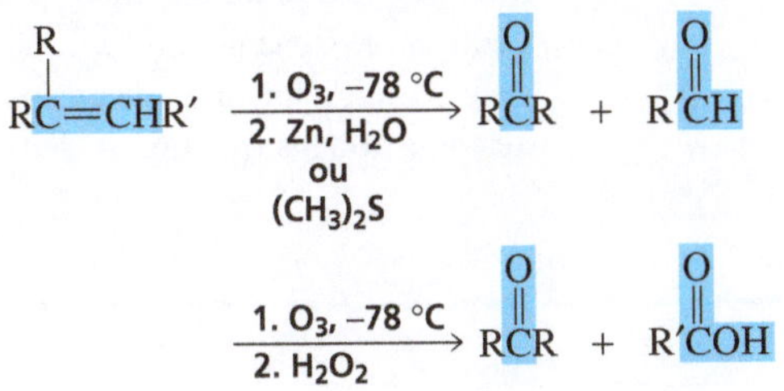

b. 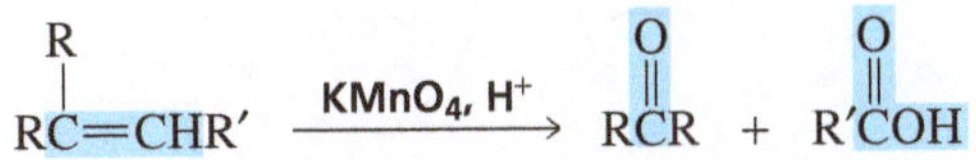

c. 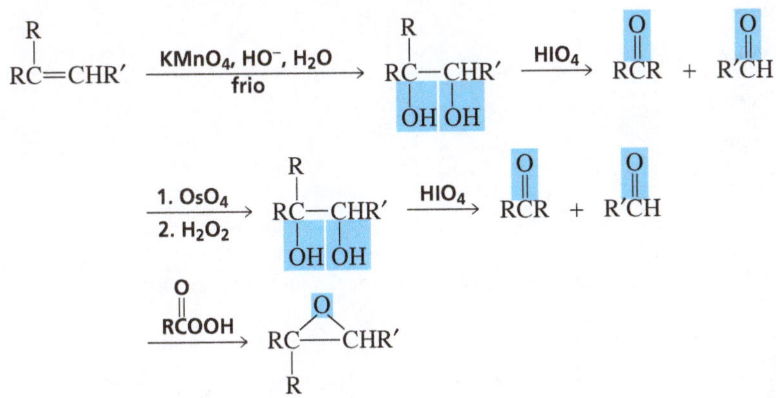

7. Oxidação de 1,2-dióis (Seção 20.7).

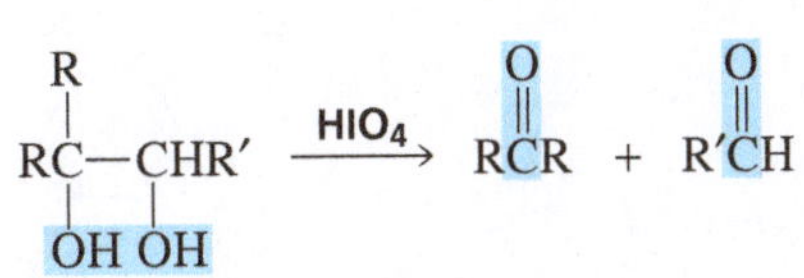

8. Oxidação de alcinos (Seção 20.9).

a. $RC\equiv CR' \xrightarrow[HO^-]{KMnO_4} R\overset{O}{\overset{\|}{C}}-\overset{O}{\overset{\|}{C}}R'$

b. $RC\equiv CR' \xrightarrow[2.\ H_2O]{1.\ O_3,\ -78\ °C} R\overset{O}{\overset{\|}{C}}OH + R'\overset{O}{\overset{\|}{C}}OH$

c. $RC\equiv CH \xrightarrow[2.\ H_2O]{1.\ O_3,\ -78\ °C} R\overset{O}{\overset{\|}{C}}OH + CO_2$

9. Oxidação de hidroquinonas e redução de quinonas (Seção 20.12).

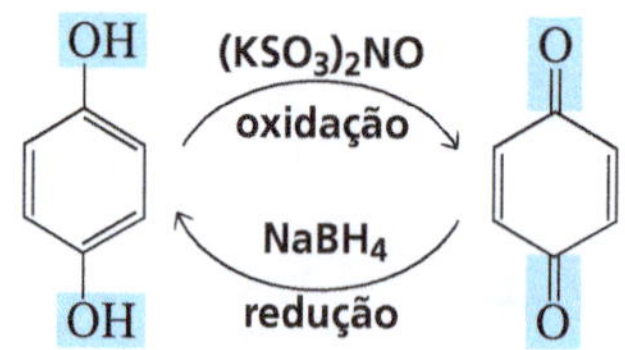

Palavras-chave

Problemas

34. Preencha as lacunas com 'oxidados' ou 'reduzidos'.
    a. Alcoóis secundários são _____ a cetonas.
    b. Haletos de acila são _____ a aldeídos.
    c. Aldeídos são _____ a alcoóis primários.
    d. Alcenos são _____ a aldeídos e/ou cetonas.
    e. Aldeídos são _____ a ácidos carboxílicos.
    f. Alcenos são _____ a 1,2-diόis.
    g. Alcenos são _____ a alcanos.

35. Dê os produtos das reações a seguir. Depois, indique se cada reação é uma oxidação ou uma redução:

a. $CH_3CH_2CH_2CH_2CH_2OH \xrightarrow[H_2SO_4]{Na_2Cr_2O_7}$

b. 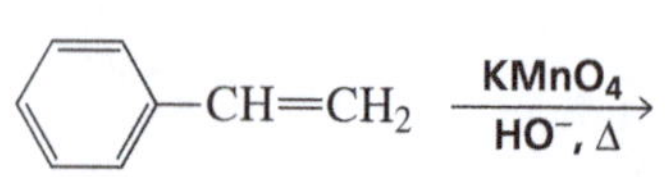

c. $CH_3CH_2CH_2\overset{O}{\overset{\|}{C}}NHCH_3 \xrightarrow[2.\ H_2O]{1.\ LiAlH_4}$

d. 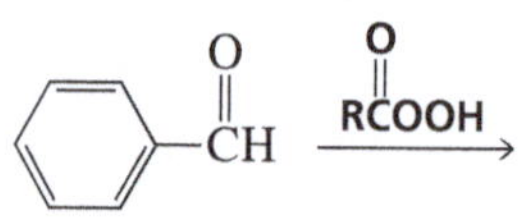

e. $CH_3CH_2CH_2\overset{O}{\overset{\|}{C}}Cl \xrightarrow[\text{Pd parcialmente desativado}]{H_2}$

f. $CH_3CH_2C{\equiv}CH \xrightarrow[\text{3. LiAlH}_4\text{ 4. H}_3\text{O}^+]{\text{1. disiamilborano 2. H}_2\text{O}_2\text{, HO}^-\text{, H}_2\text{O}}$

g. $CH_3CH_2CH{=}CHCH_2CH_3 \xrightarrow[\text{2. Zn, H}_2\text{O}]{\text{1. O}_3\text{, –78 °C}}$

h. $CH_3CH_2CH_2C{\equiv}CCH_3 \xrightarrow[\text{NH}_3\text{ (liq)}]{\text{Na}}$

i. $CH_3CH_2CH_2C{\equiv}CCH_3 \xrightarrow[\text{2. H}_2\text{O}]{\text{1. O}_3\text{, –78 °C}}$

j. 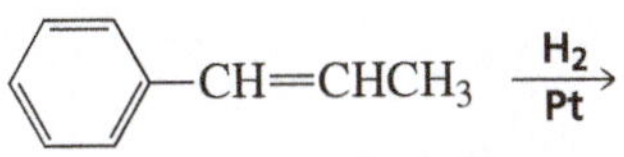

l. 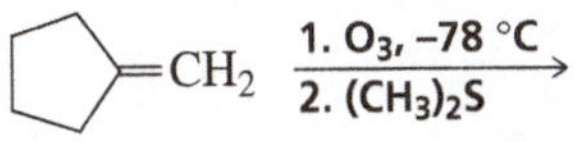

m. 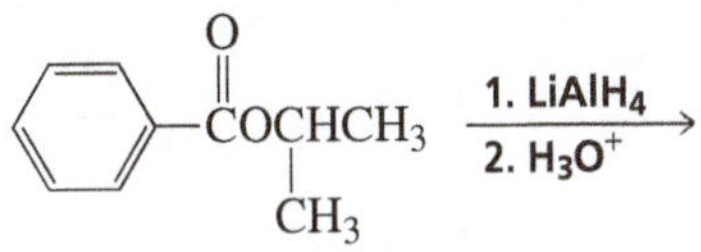

n. 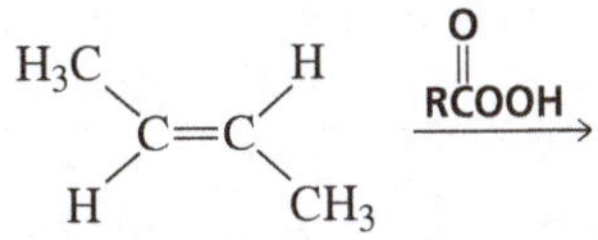

o. 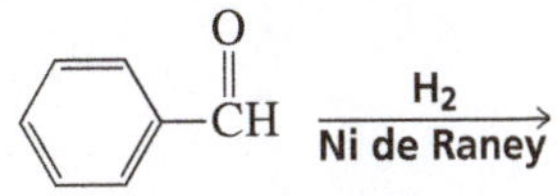

p. 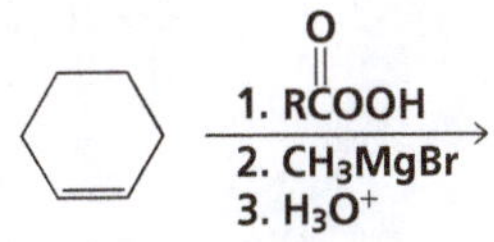

q. 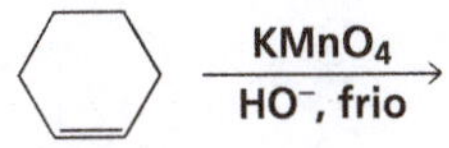

r. 

s. 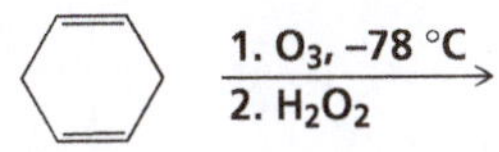

36. Como cada uma das substâncias a seguir pode ser convertida a $CH_3CH_2CH_2\overset{O}{\overset{\|}{C}}OH$?

a. $CH_3CH_2CH_2\overset{O}{\overset{\|}{C}}H$

b. $CH_3CH_2CH_2CH_2OH$

c. $CH_3CH_2CH_2CH_2Br$

d. $CH_3CH_2CH{=}CH_2$

37. Identifique A–G:

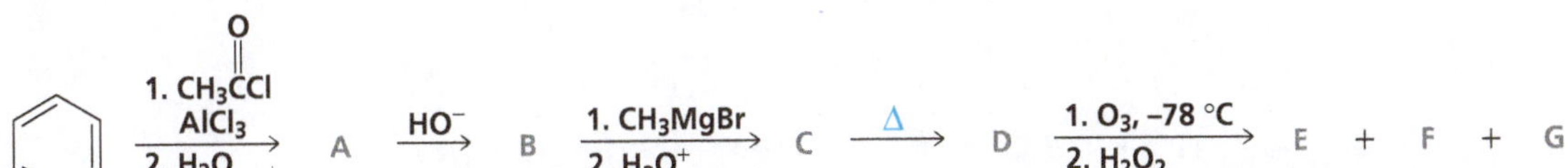

38. Identifique o alceno que forneceria cada um dos produtos abaixo em uma ozonólise seguida do tratamento com peróxido de hidrogênio.

a. $CH_3CH_2CH_2\overset{O}{\overset{\|}{C}}OH + CH_3\overset{O}{\overset{\|}{C}}CH_3$

b. $CH_3\overset{O}{\overset{\|}{C}}CH_2CH_2CH_2CH_2\overset{O}{\overset{\|}{C}}CH_2CH_3$

c. 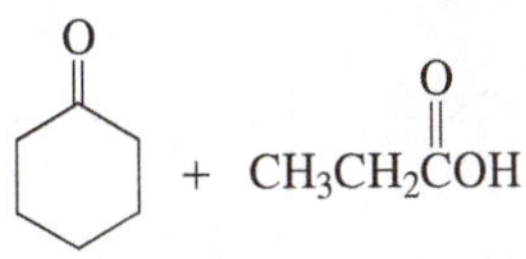

d. 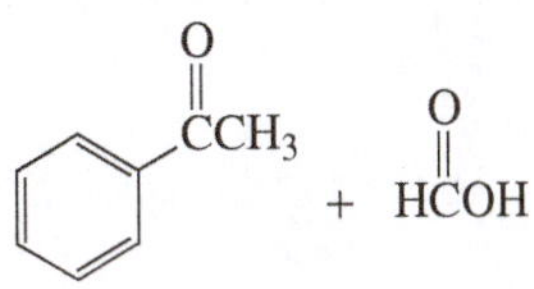

e. 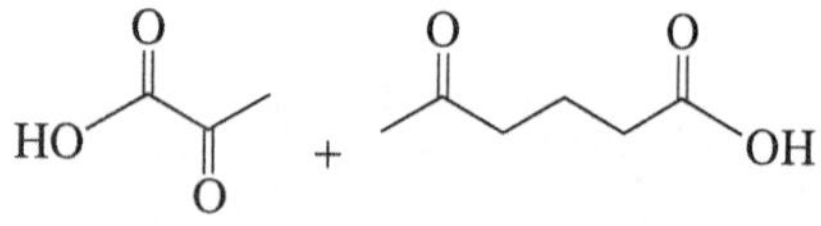

f. 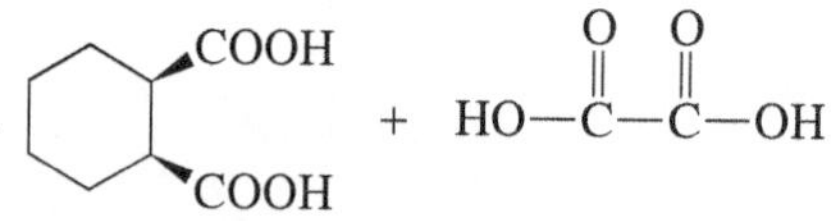

39. Preencha cada quadradinho com o reagente correto.

a. 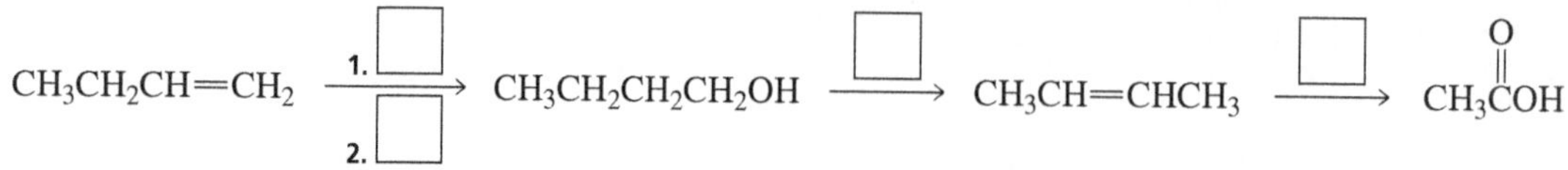

b. 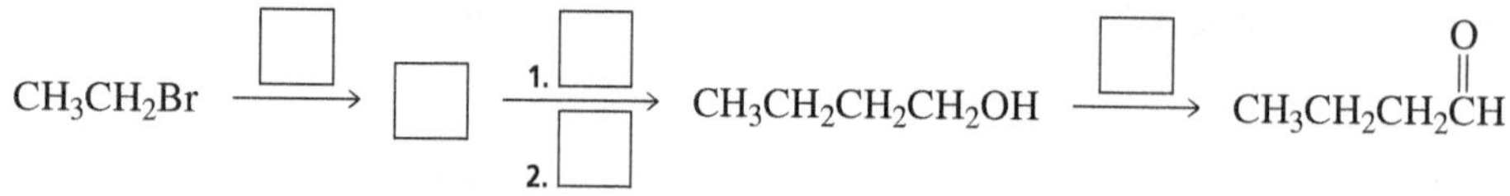

c. 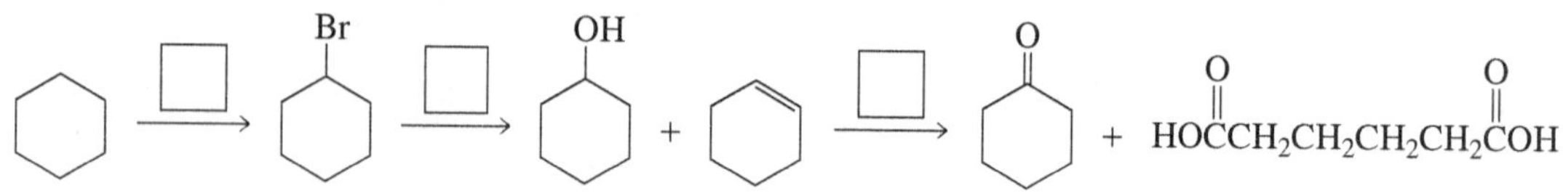

40. Descreva como o 1-butino pode ser convertido em cada uma das substâncias a seguir.

a. 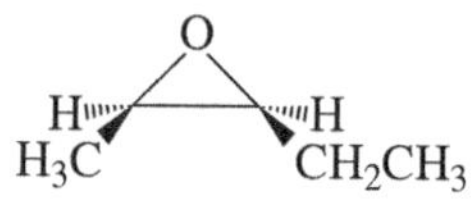

b. 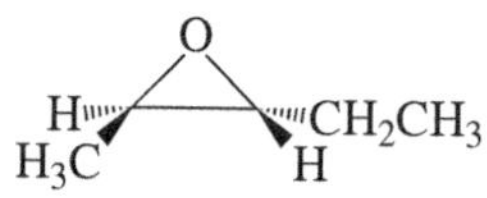

41. a. Dê os produtos obtidos a partir da ozonólise de cada uma destas substâncias abaixo, seguida de tratamento sob condições oxidantes:

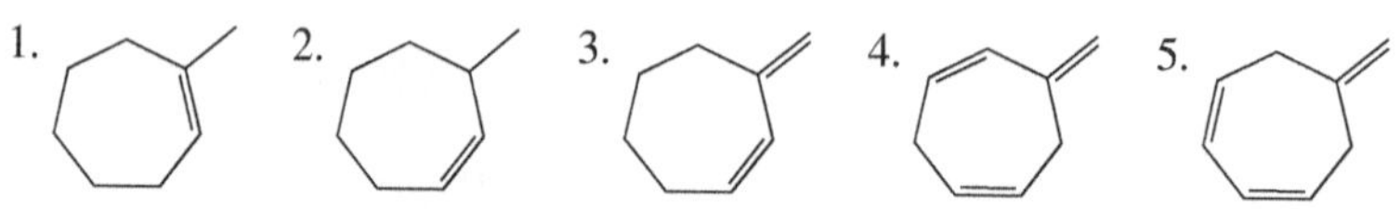

b. Qual substância formaria os produtos abaixo em uma reação com ozônio, seguida do tratamento sob condições básicas?

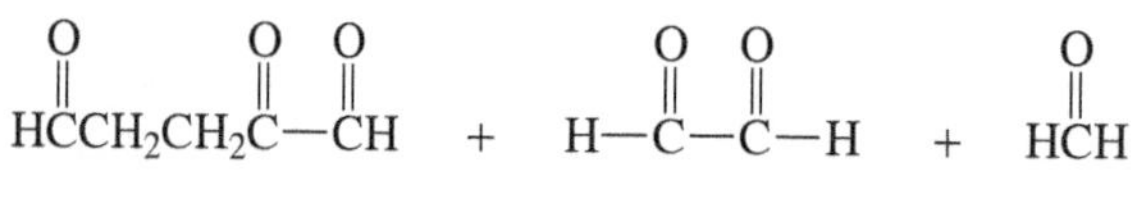

42. Mostre como cada uma destas substâncias poderia ser preparada a partir do ciclo-hexeno:

a. 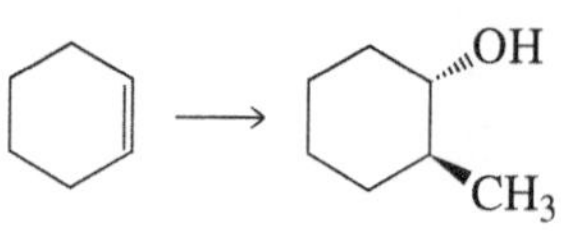

c. 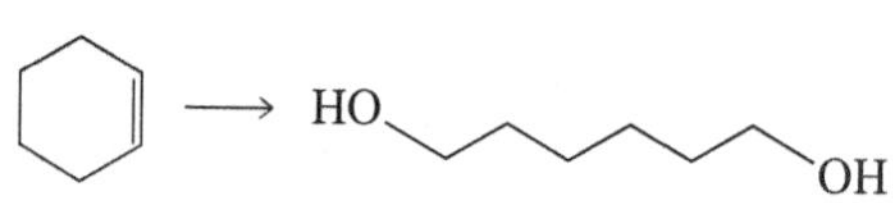

b. 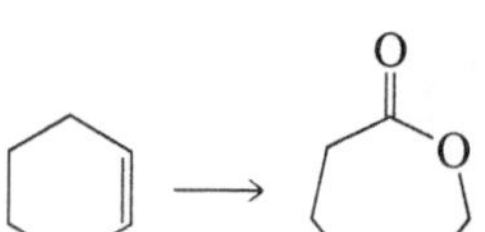

d. 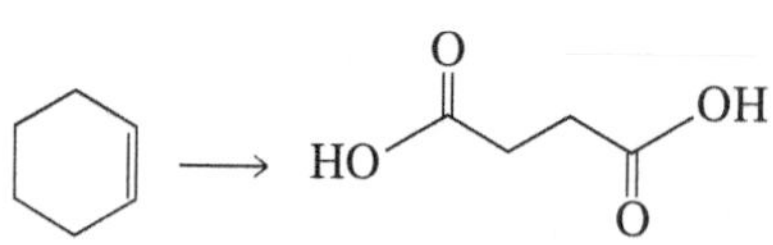

43. Representamos a seguir o espectro de RMN de ^{1}H do produto obtido quando um alceno desconhecido reage com ozônio e o produto da ozonólise é tratado sob condições oxidantes. Identifique o alceno.

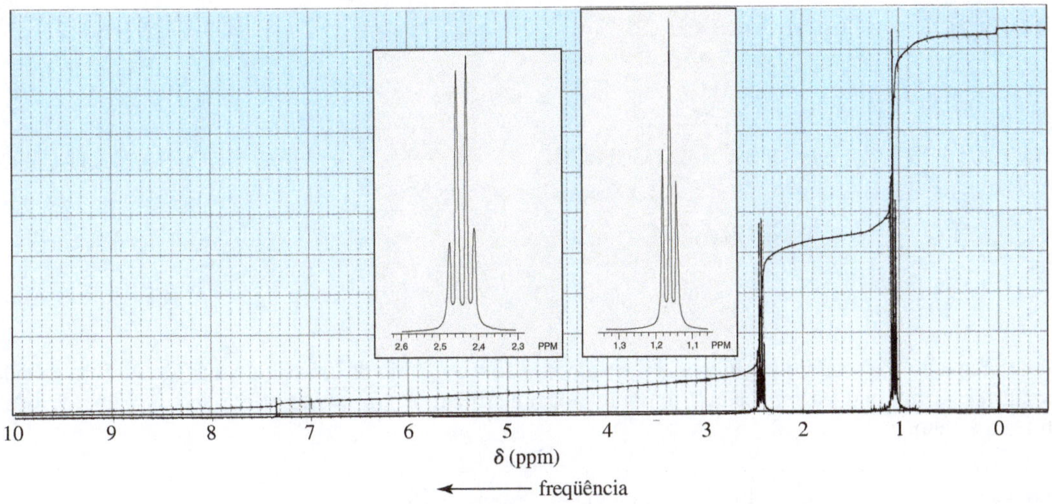

44. Identifique A–N:

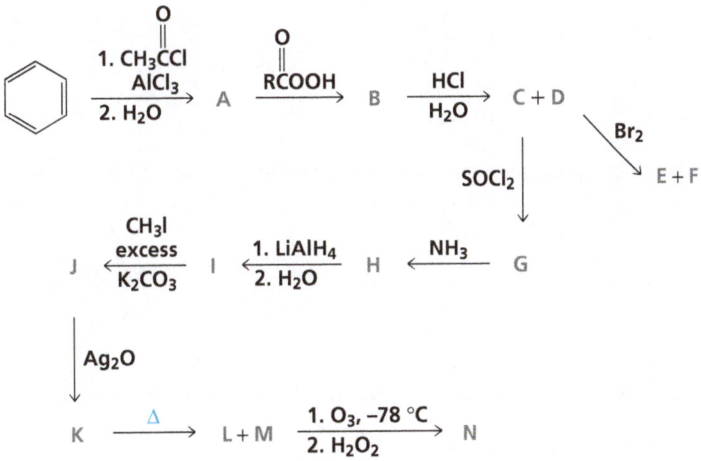

45. O ácido crômico oxida o 2-propanol seis vezes mais rápido do que oxida o 2-deutério-2-propanol. Explique (*dica*: veja a Seção 11.7, volume 1).

46. Preencha cada quadradinho com o reagente correto.

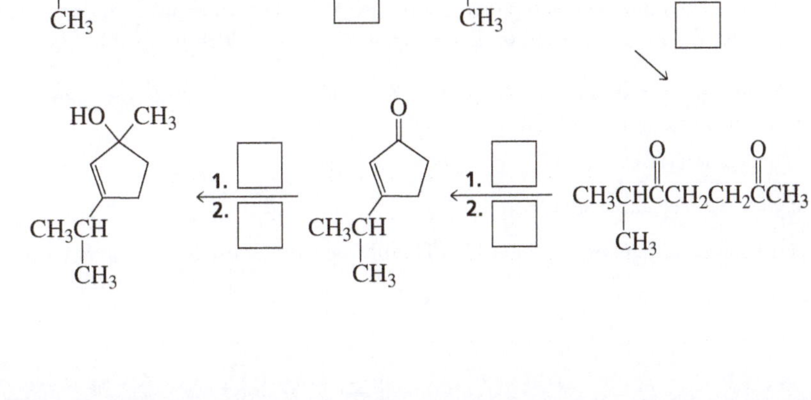

47. Usando o material de partida fornecido, mostre como cada uma das substâncias seguintes pode ser preparada.

a. $CH_3CH_2\overset{O}{\overset{\|}{C}}H \longrightarrow CH_3CH_2\overset{O}{\overset{\|}{C}}OCH_2CH_2CH_3$

b. $CH_3CH_2CH_2CH_2OH \longrightarrow CH_3CH_2CH_2\overset{O}{\overset{\|}{C}}CH_2CH_3$

c. 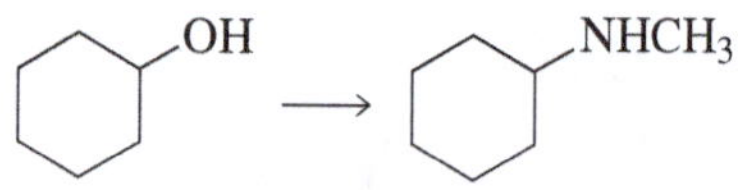

d. 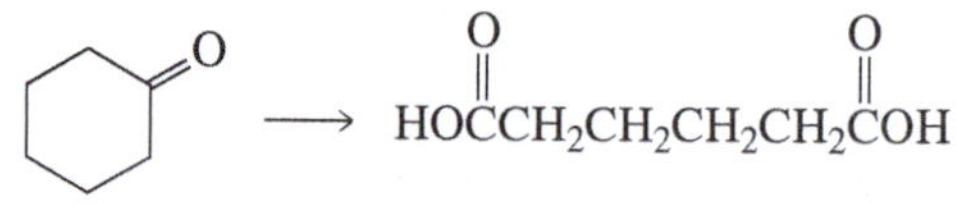

e. 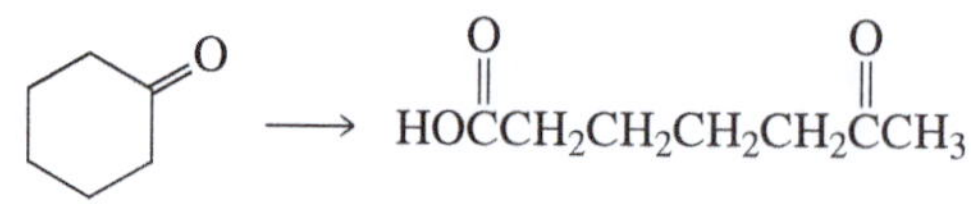

48. Após um tratamento com ozônio seguido de um tratamento com peróxido de hidrogênio, um alceno forma ácido fórmico e uma substância que mostra três sinais (um singleto, um tripleto e um quarteto) em seu espectro de RMN de ^1H. Identifique o alceno.

49. Qual das substâncias a seguir seria clivada mais rapidamente pelo HIO_4?

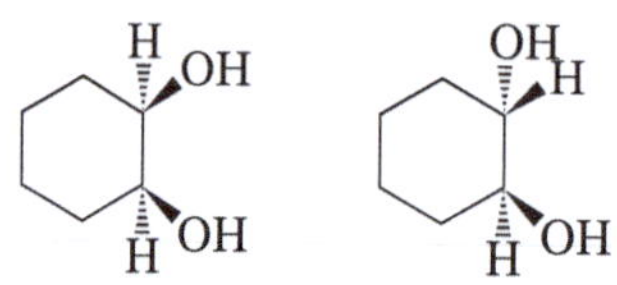

A B

50. Mostre como o ciclo-hexilacetileno pode ser convertido em cada uma das substâncias abaixo.

a. 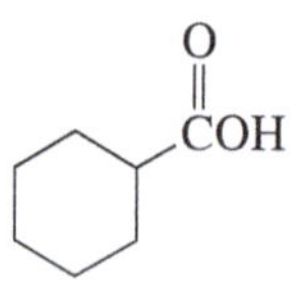

b. 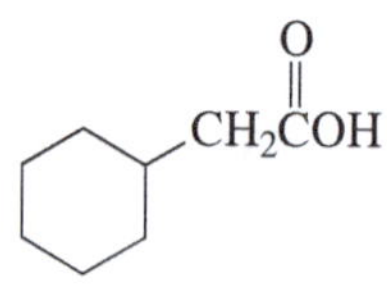

51. Mostre como as substâncias a seguir poderiam ser sintetizadas. É dado o único reagente que contém carbono disponível para cada síntese.

a. $CH_3CH_2CH_2OH \longrightarrow CH_3CH_2CH_2\underset{CH_3}{\underset{|}{C}}HCH_2OH$

b. $CH_3\underset{CH_3}{\underset{|}{C}}HOH \longrightarrow CH_3\underset{CH_3}{\underset{|}{C}}HCH_2CH_2CH_3$

c. 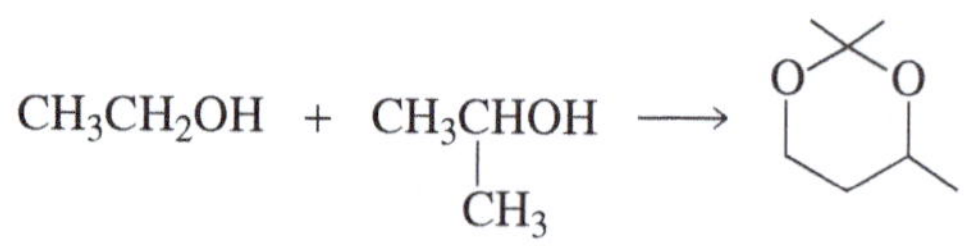

52. A hidrogenação catalítica de 0,5 g de um hidrocarboneto a 25° C consome cerca de 200 ml de H_2 sob uma atmosfera de (1 atm) de pressão. A reação do hidrocarboneto com o ozônio, seguida do tratamento com peróxido de hidrogênio, fornece um produto, que se acredita ser um ácido carboxílico de quatro carbonos. Identifique o hidrocarboneto.

53. Solicitou-se a Tom Thumbs que preparasse as substâncias abaixo a partir dos materiais de partida fornecidos. São dados os reagentes que ele escolheu usar em cada síntese.

a. Qual(is) de suas sínteses terá(ão) sucesso?

b. Quais produtos ele obteve nas outras sínteses?

c. Em suas sínteses malsucedidas, quais reagentes Tom Thumbs deveria ter usado para obter o produto desejado?

1. 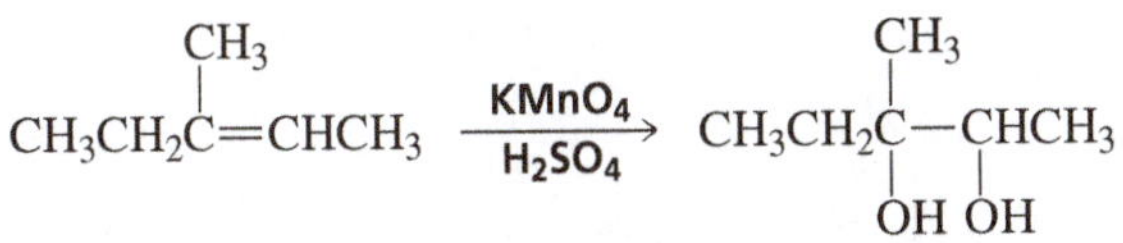

2. $$CH_3CH_2\overset{\overset{\displaystyle O}{\|}}{C}OCH_3 \xrightarrow[2.\ H_3O^+]{1.\ NaBH_4} CH_3CH_2CH_2OH + CH_3OH$$

3. 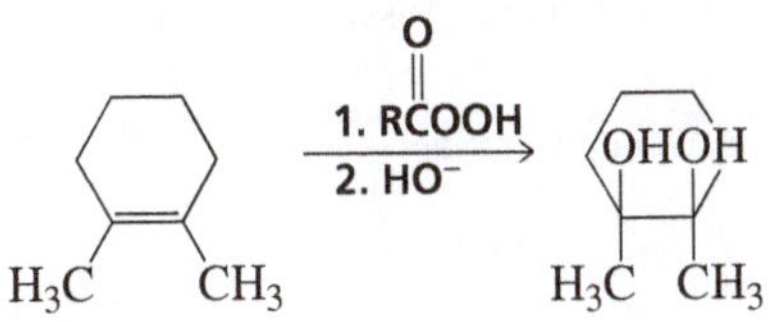

54. A hidrogenação catalítica da substância A formou a substância B. São dados o espectro de IV da substância A e o espectro de RMN de ^{1}H da substância B. Identifique as substâncias.

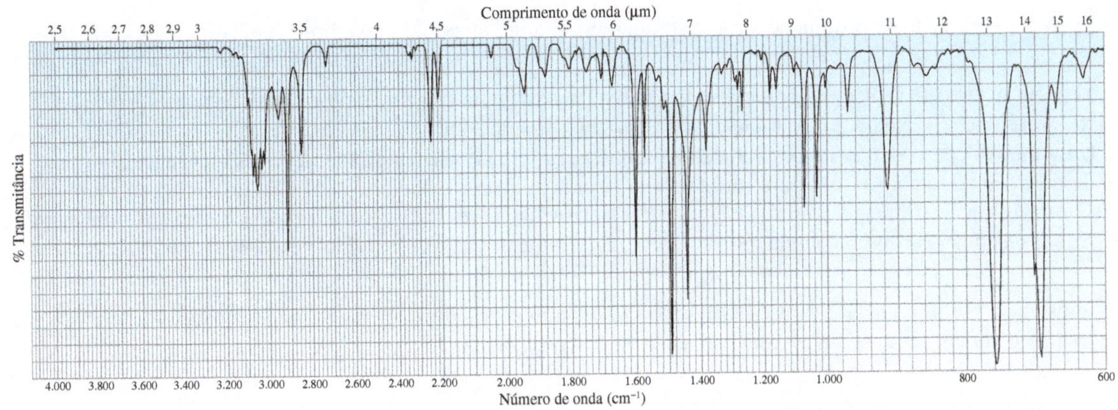

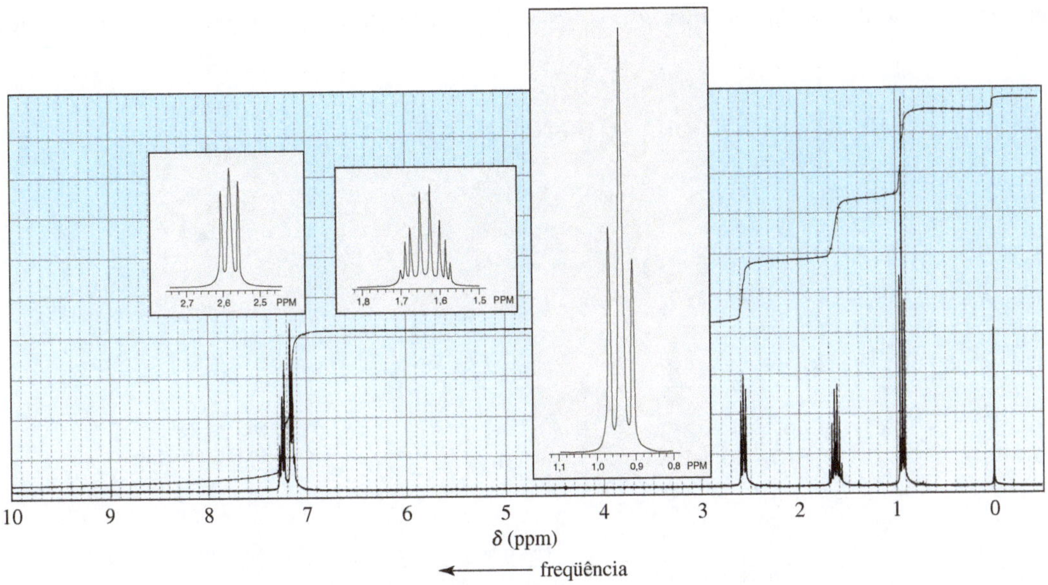

55. Diane Diol trabalhou vários dias para preparar as substâncias seguintes:

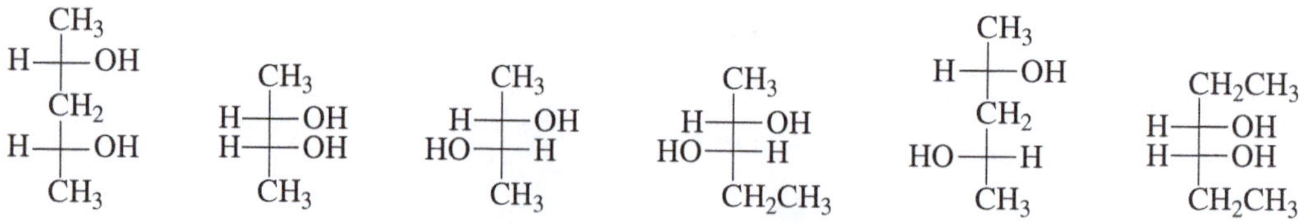

Ela etiquetou cuidadosamente cada substância e foi almoçar. Quando retornou, ela percebeu, apavorada, que as etiquetas tinham descolado dos frascos e caído no chão. Gladys Glycol, a estudante da bancada ao lado, disse a Diane que os dióis poderiam ser facilmente distinguidos através de dois experimentos. Tudo o que Diane precisaria fazer seria determinar quais eram opticamente ativos e quantos produtos poderiam ser obtidos quando cada um fosse tratado com ácido periódico. Diane fez o que Gladys sugeriu e descobriu o seguinte:

1. As substâncias A, E e F são opticamente ativas, e B, C e D são opticamente inativas.
2. Um produto é obtido da reação de A, B e D com ácido periódico.
3. Dois produtos são obtidos da reação de F com ácido periódico.
4. C e E não reagem com ácido periódico.

Diane seria capaz de distinguir entre os seis dióis e etiquetá-los de A a F tendo como base as informações acima? Etiquete as estruturas.

56. Mostre como propionato de propila poderia ser preparado, usando álcool alílico como a única fonte de carbono.

57. A substância A tem uma fórmula molecular de $C_5H_{12}O$ e é oxidada por uma solução ácida de dicromato de sódio para resultar a substância B, cuja fórmula molecular é $C_5H_{10}O$. Quando a substância A é aquecida com H_2SO_4, C e D são obtidos. Uma quantidade considerável maior de D é obtida em relação à quantidade de C. A substância C reage com O_3, seguida do tratamento com H_2O_2, para resultar dois produtos: ácido fórmico e a substância E, cuja fórmula molecular é C_4H_8O. A substância D reage com O_3, seguida do tratamento com H_2O_2, para fornecer F, cuja fórmula molecular é C_3H_6O, e a substância G, cuja fórmula molecular é $C_2H_4O_2$. Quais são as estruturas das substâncias A a G?

58. Uma substância forma o *cis*-1,2-dimetil-ciclopropano quando é tratado com H_2 e Pd/C. O espectro de RMN de ^1H da substância mostra apenas dois singletos. Qual a estrutura da substância?

59. Mostre como você poderia converter:
   a. ácido maleico a ácido (2*R*, 3*S*)-tartárico;
   b. ácido fumárico a ácido (2*R*, 3*S*)-tartárico;
   c. ácido maleico a ácido (2*R*, 3*R*)- e (2*S*, 3*S*)-tartárico;
   d. ácido fumárico a ácido (2*R*, 3*R*)- e (2*S*, 3*S*)- tartárico.

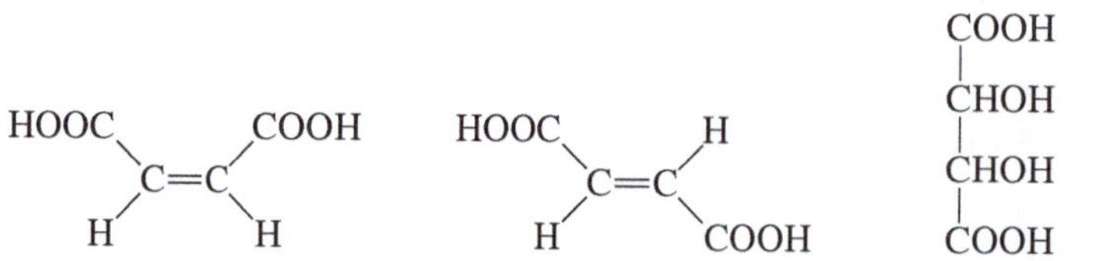

ácido maleico — ácido fumárico — ácido tartárico

60. Identifique A a O:

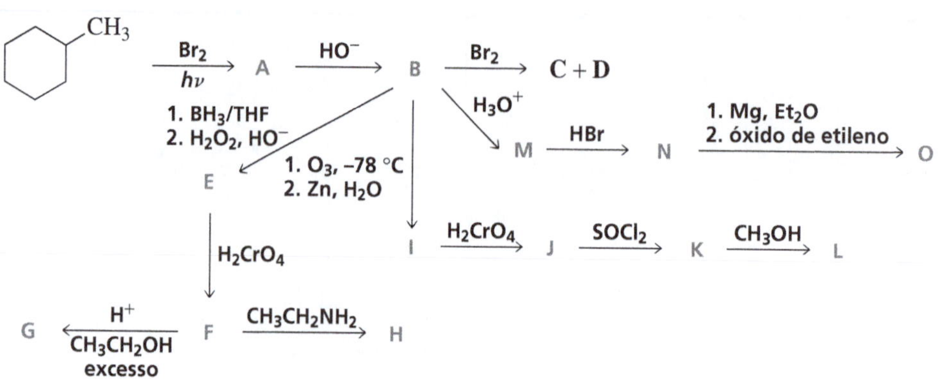

61. Mostre como cada uma das substâncias a seguir poderia ser preparada, usando apenas os materiais de partidas indicados como fonte de carbono:

a. 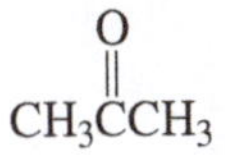 a partir de 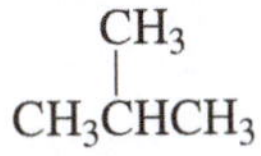

b. 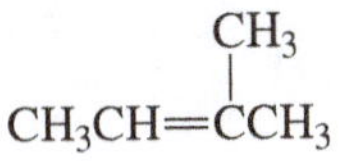 usando propano como a única fonte de carbono

c. 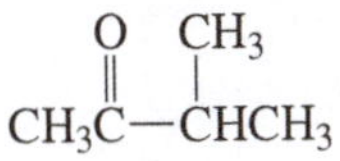 a partir de propano e qualquer molécula com dois átomos de carbono

d.  a partir de duas moléculas de etano

62. Um álcool primário pode ser oxidado apenas ao estágio do aldeído se o álcool for primeiramente tratado com cloreto de tosila (TsCl) e o tosilato resultante for colocado para reagir com dimetil-sulfóxido (DMSO). Proponha um mecanismo para essa reação (*Dica:* veja a Seção 20.2).

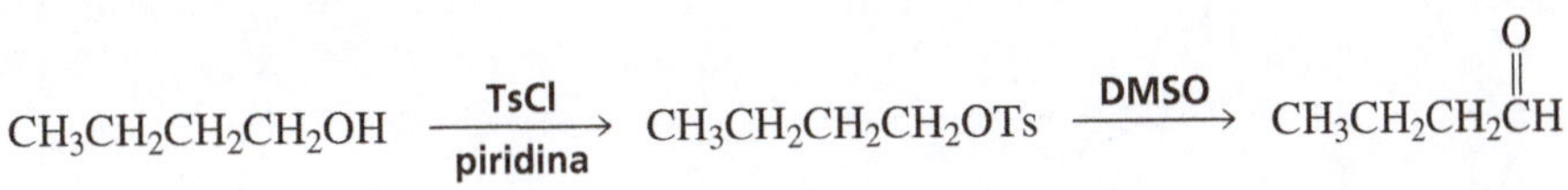

63. Identifique o alceno que fornece cada um dos produtos seguintes sobre ozonólise, seguido do tratamento com dimetil-sulfóxido:

a. 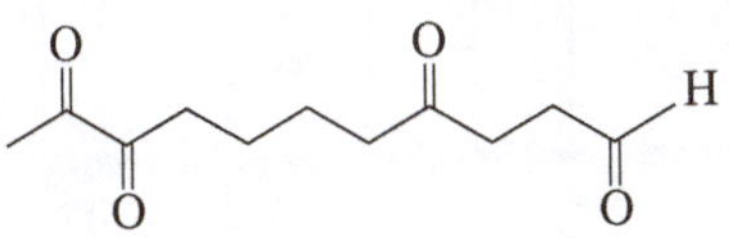

b. 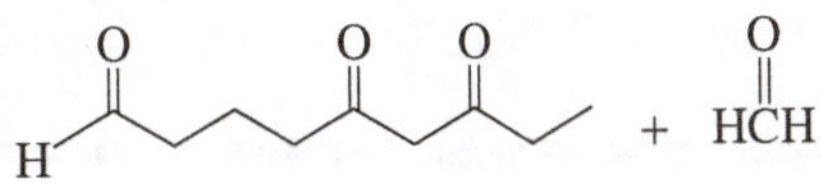

64. Proponha um mecanismo para explicar como o dimetil-sulfóxido e o cloreto de oxalila reagem para formar o íon dimetil-cloro-sulfônio usado como agente oxidante na oxidação de Swern.

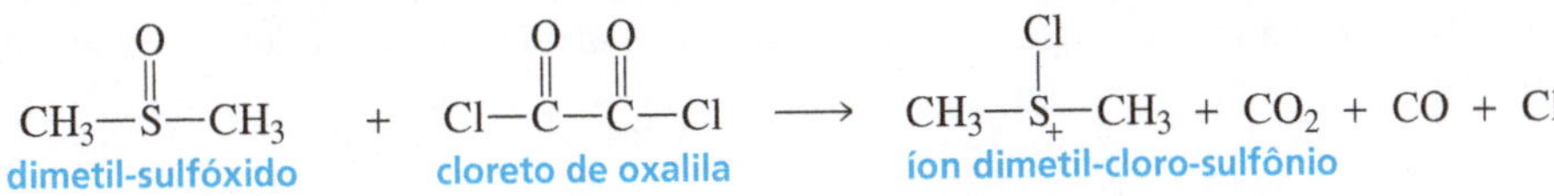

65. Mostre como as substâncias a seguir poderiam ser preparadas, usando apenas o material de partida indicado como fonte de carbono.

a. 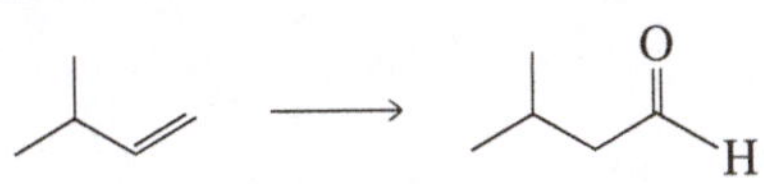

d. 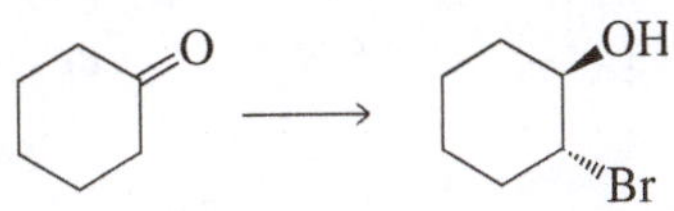

b. 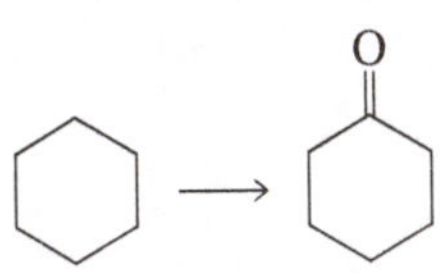

e. 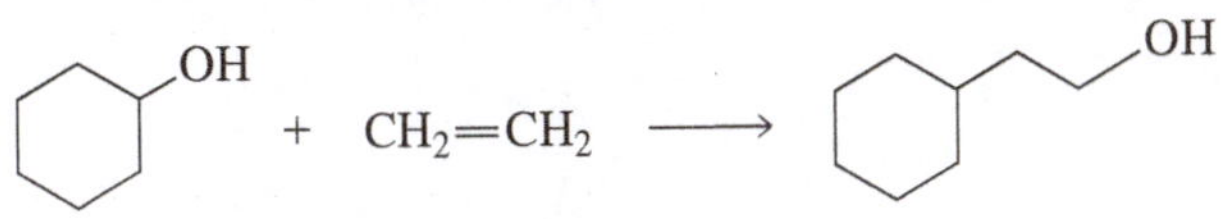

c. 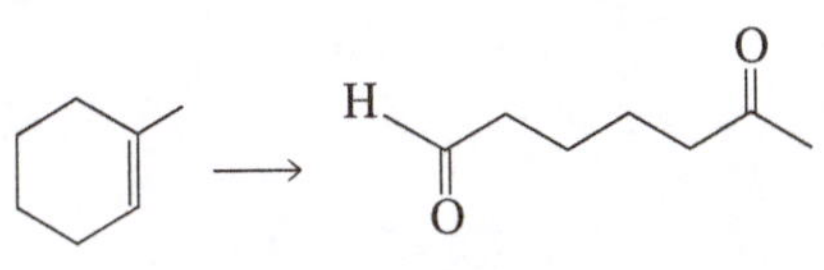

f. 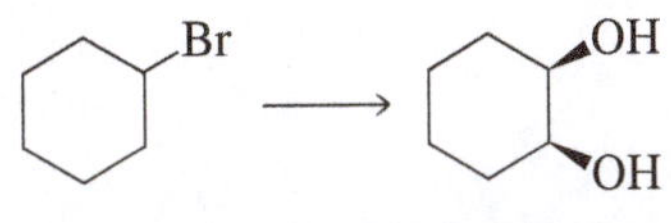

66. O terpineol ($C_{10}H_{18}O$) é uma substância opticamente ativa com um carbono assimétrico. Ele é usado como anti-séptico. A reação do terpineol com H_2/Pt forma uma substância opticamente inativa ($C_{10}H_{20}O$). O aquecimento da substância reduzida em ácido, seguido de ozonólise e de tratamento sob condições redutoras, produz acetona e uma substância cujo RMN de ^{1}H e ^{13}C é mostrado. Qual é a estrutura do terpineol?

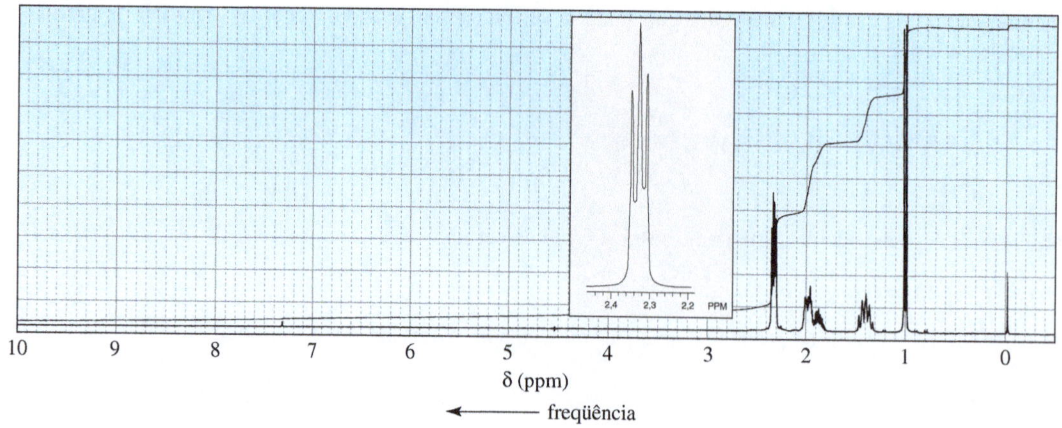

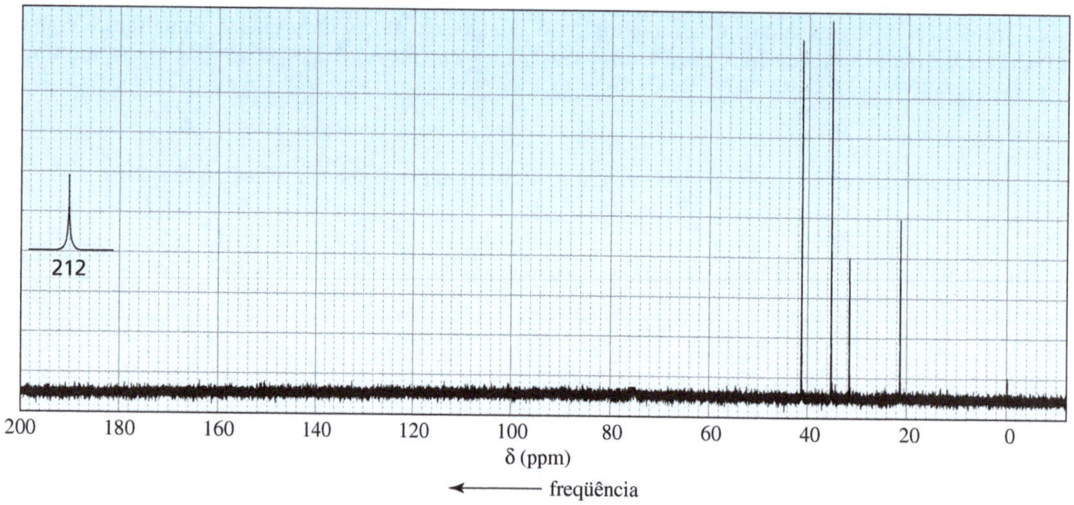

67. Proponha um mecanismo para a reação catalisada com enzima, a seguir (*Dica*: observe que o Br está ligado ao carbono mais substituído).

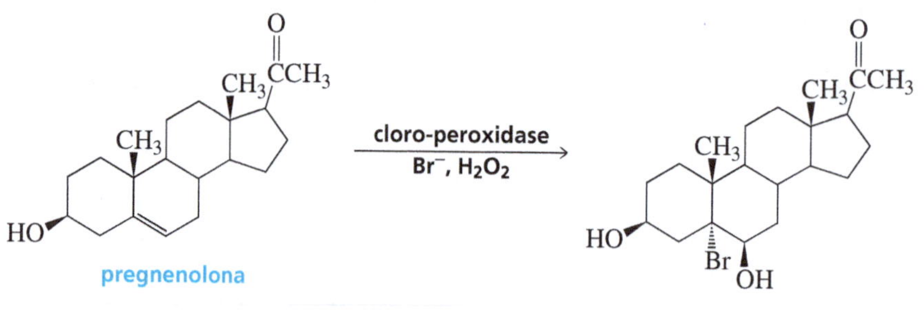

21 Mais informações sobre aminas • Substâncias heterocíclicas

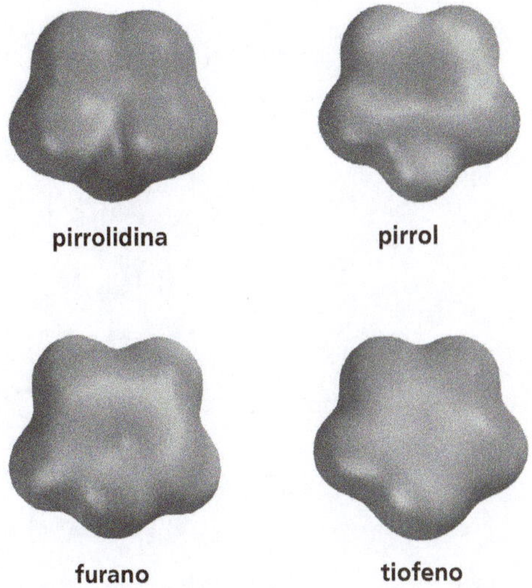

As **aminas** são substâncias em que um ou mais hidrogênios da amônia (NH_3) foram substituídos por um grupo alquila. As aminas estão entre algumas das substâncias mais abundantes no universo biológico. Vamos compreender sua importância no Capítulo 23, quando observarmos as propriedades dos aminoácidos e das proteínas; no Capítulo 24, quando estudarmos como as enzimas catalisam reações químicas; no Capítulo 25, quando investigarmos as maneiras como as coenzimas — substâncias derivadas das vitaminas — ajudam as enzimas a catalisar as reações químicas; no Capítulo 27, quando estudarmos os ácidos nucléicos (DNA e RNA); e no Capítulo 30, quando estudarmos como as drogas são descobertas e produzidas.

uma amina é uma base:

$$R-\ddot{N}H_2 + H-Br \longrightarrow H-\overset{+}{N}H_3 + Br^-$$

uma amina é um nucleófilo:

$$R-\ddot{N}H_2 + CH_3-Br \longrightarrow R-\overset{+}{N}H_2-CH_3 + Br^-$$

As aminas também são substâncias muito importantes para os químicos orgânicos — importantes demais para serem deixadas para o final de um curso de química orgânica. Contudo, já estudamos diversos aspectos das aminas e de sua química. Vimos, por exemplo, que nas aminas o nitrogênio está localizado em um orbital híbrido sp^3 e que o par de elétrons livres reside em um orbital sp^3 vazio (Seção 2.8). Além disso, examinamos as propriedades físicas das aminas — sua capacidade de formar ligações de hidrogênio, pontos de ebulição e solubilidades (Seção 2.9, volume 1). Na Seção 2.7 do volume 1 aprendemos como as aminas são nomeadas. Vimos, sobretudo, que o par de elétrons livres no átomo de nitrogênio faz com que as aminas reajam como bases, compartilhando seu par de elétrons livres com um próton, e reajam como nucleófilos, compartilhando seu par de elétrons com outro átomo que não o hidrogênio.

Neste capítulo vamos rever alguns desses tópicos e observar certos aspectos das aminas e de sua química que ainda não foram considerados.

Algumas aminas são **substâncias heterocíclicas** (ou **heterociclos**) — substâncias cíclicas cujo anel apresenta um ou mais heteroátomos. **Heteroátomo** é um átomo que não o carbono. Esse nome tem origem na palavra grega *heteros*, que significa 'diferente'. Uma grande variedade de átomos, como N, O, S, Se, P, Si, B e As, pode ser incorporada à estrutura dos anéis.

Os heterociclos são uma classe de substâncias de enorme importância, abrangendo mais da metade das substâncias conhecidas. Entre todas as substâncias que conhecemos como drogas, a maioria das vitaminas e muitos outros produtos naturais são heterociclos. Neste capítulo vamos considerar a grande maioria das substâncias heterocíclicas — aquelas que contêm o heteroátomo N, O e S.

Um **produto natural** é uma substância sintetizada por uma planta ou um animal. Os **alcalóides** são produtos naturais que contêm um ou mais heteroátomos de nitrogênio e são encontrados nas folhas, cascas, raízes e sementes das plantas. Entre eles estão a cafeína (encontrada nas folhas de chá, no grão do café e na noz de cola) e a nicotina (encontrada nas folhas de tabaco). A morfina é um alcalóide obtido do ópio, suco extraído de algumas espécies de papoula. Como analgésico, a morfina é cinqüenta vezes mais forte do que a aspirina, mas vicia e é um supressor respiratório. A heroína é uma substância sintética preparada pela acetilação da morfina (Seção 30.3).

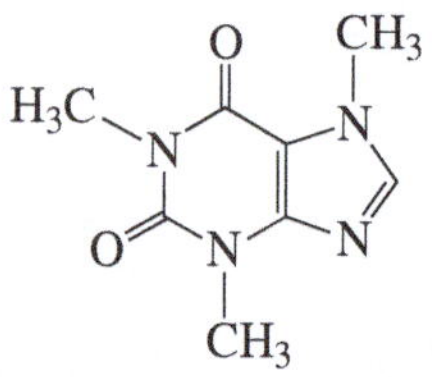
cafeína

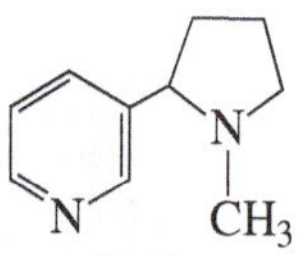
nicotina

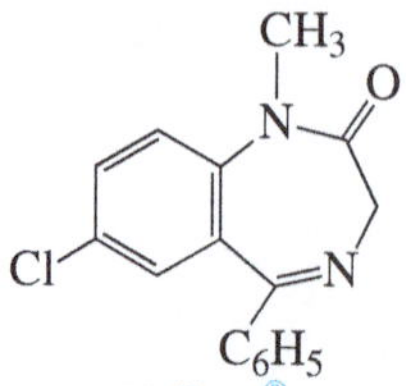
Valium®

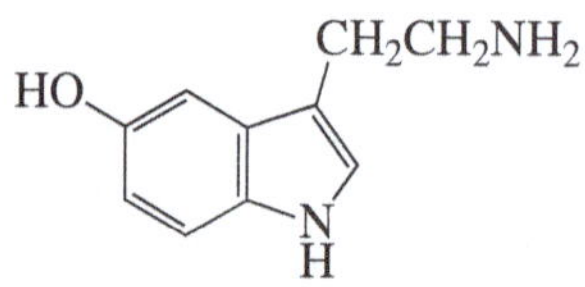
serotonina

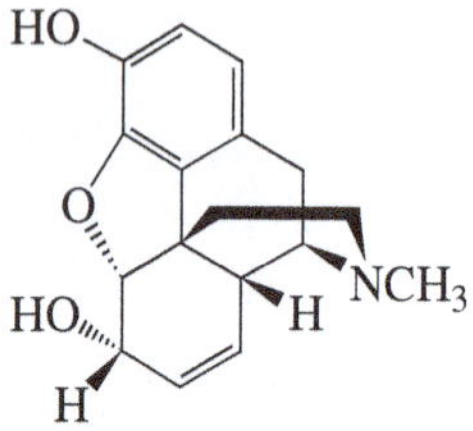
morfina

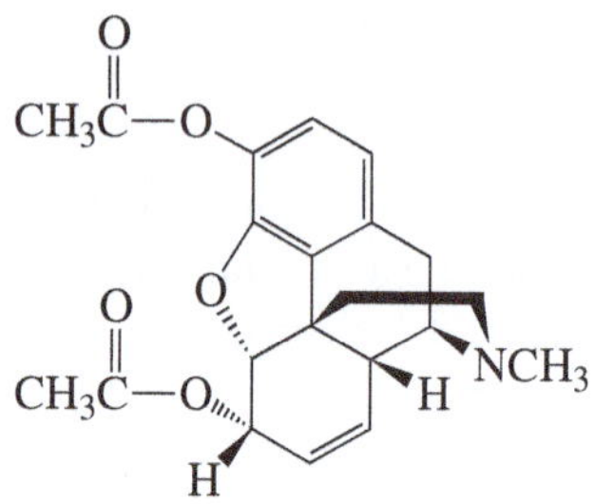
heroína

Dois outros heterociclos são o Valium®, tranqüilizante sintético, e a serotonina, neurotransmissor. A serotonina é responsável, entre outras coisas, pela sensação de ausência de fome. Quando o alimento é ingerido, os neurônios cerebrais recebem uma ordem para liberar serotonina. Uma droga que já foi largamente usada em regimes (na verdade uma combinação de duas drogas, a fenfluramina e a fentermina), popularmente conhecida como fen-fen, estimula os a liberar serotonina adicional (Capítulo 16, p. 622). Depois de constatar que muitos dos pacientes que usaram fenfluramina apresentaram um ecocardiograma anormal em decorrência de problemas na válvula mitral, o Food and Drug Administration determinou que seus fabricantes deveriam retirá-la do mercado. Há evidências de que a falta de serotonina no metabolismo leva à desordem bipolar afetiva.

21.1 Mais informações sobre nomenclatura

Na Seção 2.7 (volume 1) vimos que as aminas são classificadas em primárias, secundárias ou terciárias; isso depende de um, dois ou três hidrogênios da amônia, respectivamente, terem sido substituídos por um grupo alquila. Também vimos que as aminas têm nomes comuns e sistemáticos. Os nomes comuns são obtidos a partir do nome dos substituintes alquílicos (em ordem alfabética) que substituíram os hidrogênios da amônia. Os nomes sistemáticos empregam "amina" como sufixo do grupo funcional.

	$CH_3CH_2CH_2CH_2CH_2NH_2$	$CH_3CH_2CH_2CH_2NHCH_2CH_3$	$CH_3CH_2CH_2N(CH_3)CH_2CH_3$
	amina primária	**amina secundária**	**amina terciária**
nomenclatura comum:	pentilamina	butiletilamina	etilmetilpropilamina
nomenclatura sistemática:	1-pentanamina	*N*-etil-1-butanamina	*N*-etil-*N*-metil-1-propanamina

A amina cíclica saturada — que não tem nenhuma ligação dupla — pode ser nomeada como um cicloalcano usando-se o prefixo"aza" para indicar o átomo de nitrogênio. Há, no entanto, outros nomes aceitáveis. Algum dos mais freqüentemente utilizados são apresentados aqui. Observe que os anéis heterocíclicos são numerados de modo que o heteroátomo tenha o menor número possível.

azaciclopropano
aziridina

azaciclobutano
azetidina

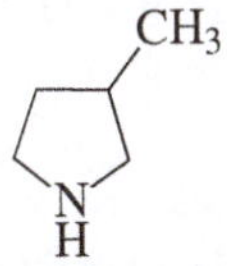

3-metilazaciclopentano
3-metilpirrolidina

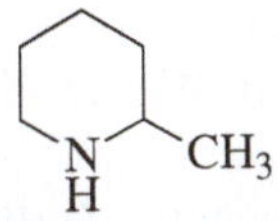

2-metilazaciclo-hexano
2-metilpiperidina

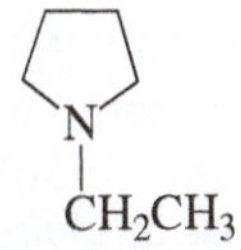

***N*-etilazaciclopentano**
N-etilpirrolidina

Os heterociclos com heteroátomos de oxigênio e enxofre são nomeados do mesmo modo. O prefixo para o oxigênio é 'oxa', e para o enxofre é 'tio'.

oxaciclopropano
oxirano
óxido de etileno

tiociclopropano
tiirano

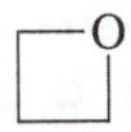

oxaciclobutano
oxetano

oxaciclopentano
tetra-hidrofurano

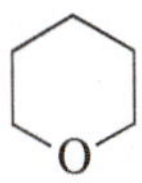

tetraidropirano

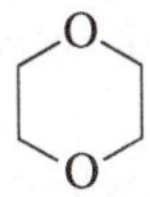

1,4-dioxano

PROBLEMA 1◆

Nomeie as substâncias a seguir:

a. 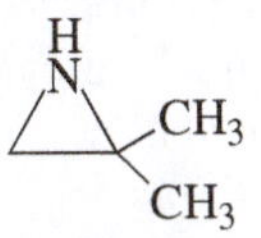

b. 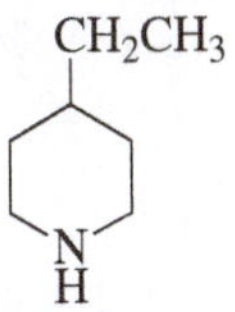

c. 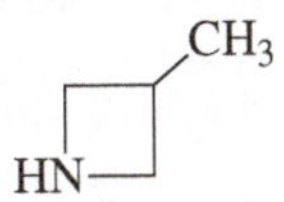

d. 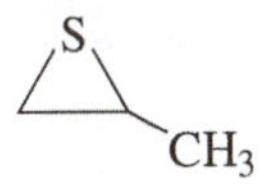

e. 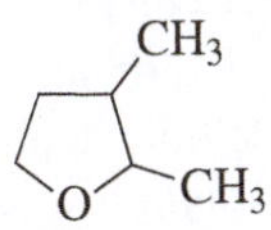

f. 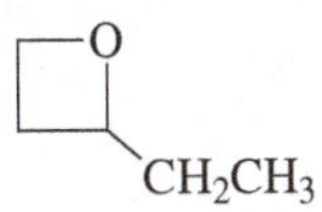

21.2 Inversão de amina

O par de elétrons livres localizado no nitrogênio permite que uma amina vire "do avesso" rapidamente à temperatura ambiente. Isso é chamado **inversão de amina**. Uma boa maneira de representar a inversão de amina é compará-la a um guarda-chuva que abre do avesso por causa da ventania.

inversão de amina

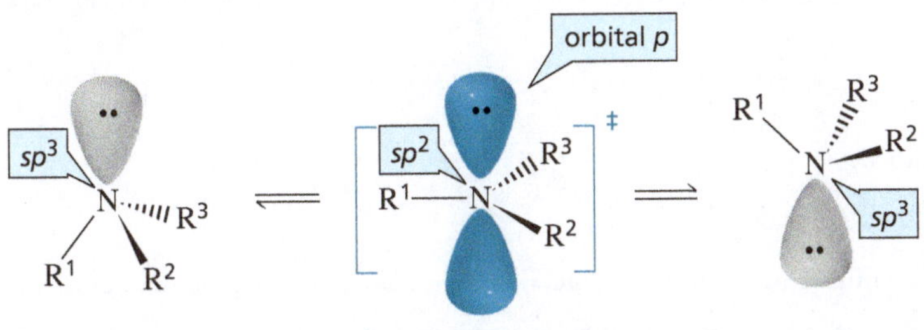

estado de transição

O par de elétrons livres é necessário para a inversão: os íons de amônio quaternários — íons com quatro ligações no nitrogênio e sem um par de elétrons livres — não invertem.

Observe que a inversão da amina ocorre com um estado de transição no qual um nitrogênio sp^3 se torna um nitrogênio sp^2. Os três grupos ligados ao nitrogênio sp^3 estão coplanares no estado de transição, com ângulos de ligação de 120º, e o par de elétrons livres está em um orbital *p*. As moléculas de amina "invertida" e "não invertida" são enantiômeros, mas não podem ser separadas porque a inversão da amina é rápida. A energia necessária para a inversão da amina é de aproximadamente 6 kcal/mol (ou 25 kJ/mol), cerca do dobro da quantidade de energia necessária para a rotação em torno da ligação simples carbono–carbono, mas baixa o bastante para permitir que os enantiômeros se interconvertam rapidamente à temperatura ambiente.

21.3 Mais informações sobre a propriedade ácido–base das aminas

As aminas são as bases orgânicas mais comuns. Vimos que os íons de amônio têm valores de pK_a em torno de 11 (Seção 1.17, volume 1) e que os íons de anilínio têm valores de pK_a de cerca de 5 (Seções 7.10 e 16.5). A maior acidez de íons de anilínio, em comparação com íons de amônio, se deve à grande estabilidade das bases conjugadas dos íons de anilínio resultante da deslocalização dos elétrons. As aminas têm valores altos de pK_a; o pK_a da metilamina, por exemplo, é 40.

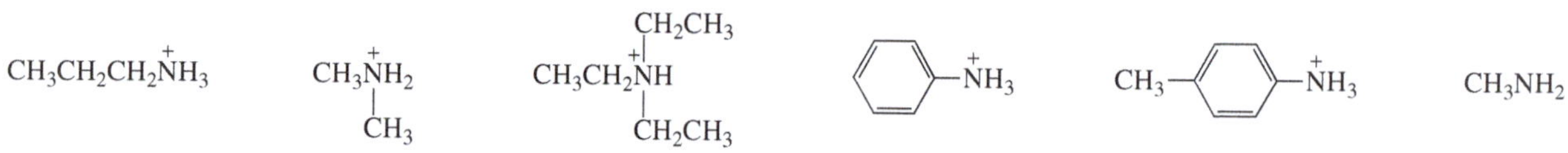

pK_a = 10,8 pK_a = 10,9 pK_a = 11,1 pK_a = 4,58 pK_a = 5,07 pK_a = 40

Molecule Gallery: Íon aziridíneo; Pirrolidina; Piperidina; Morfolina
WWW

Os heterociclos saturados que contêm cinco ou mais átomos têm propriedades físicas e químicas típicas de substâncias acíclicas que contêm o mesmo heteroátomo. Por exemplo, a pirrolidina, a piperidina e a morfolina são aminas secundárias típicas, e a *N*-metilpirrolidina e a quinuclidina são aminas terciárias típicas. Os ácidos conjugados dessas aminas têm valores de pK_a esperados para os íons de amônio. Vimos que a basicidade das aminas lhes permite ser facilmente separadas das outras substâncias orgânicas (Capítulo 1, Problemas 70 e 71, volume 1).

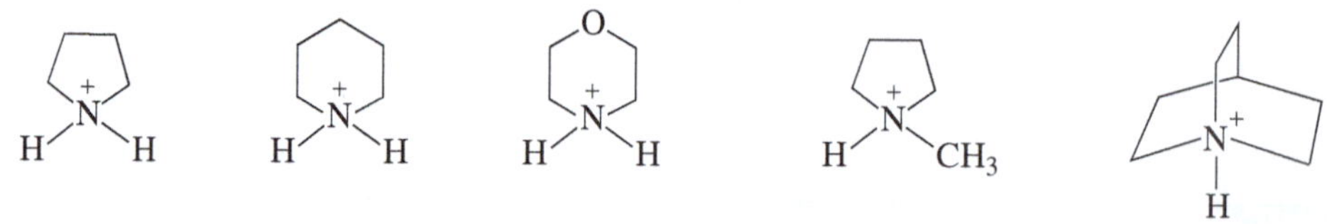

os íons de amônio de: pirrolidina pK_a = 11,27; piperidina pK_a = 11,12; morfolina pK_a = 9,28; *N*-metilpirrolidina pK_a = 10,32; quinuclidina pK_a = 11,38

PROBLEMA 2◆

Por que o pK_a do ácido conjugado da morfolina é significativamente menor do que o pK_a do ácido conjugado da piperidina?

PROBLEMA 3◆

a. Desenhe a estrutura da 3-quinuclidinona.

b. Qual é o pK_a aproximado de seu ácido conjugado?

c. Qual ácido tem menor pK_a: o ácido conjugado da 3-bromo-quinuclidina ou o ácido conjugado da 3-cloroquinuclidina?

21.4 Reações das aminas

O par de elétrons livres no nitrogênio da amina lhe permite ser um nucleófilo e, ao mesmo tempo, uma base. Estudamos que as aminas agem como nucleófilos em diferentes tipos de reações: em reações de substituição nucleofílica —reações que *alquilam* as aminas (Seção 10.4, volume 1), como

$$CH_3CH_2Br + \underset{\text{metilamina}}{CH_3NH_2} \longrightarrow \underset{Br^-}{CH_3CH_2\overset{+}{N}H_2CH_3} \rightleftharpoons \underset{\text{etilmetilamina}}{CH_3CH_2NHCH_3} + HBr$$

em reações de substituição nucleofílica acílica — reações que *acilam* a amina (Seções 17.8, 17.9 e 17.10) — como, por exemplo,

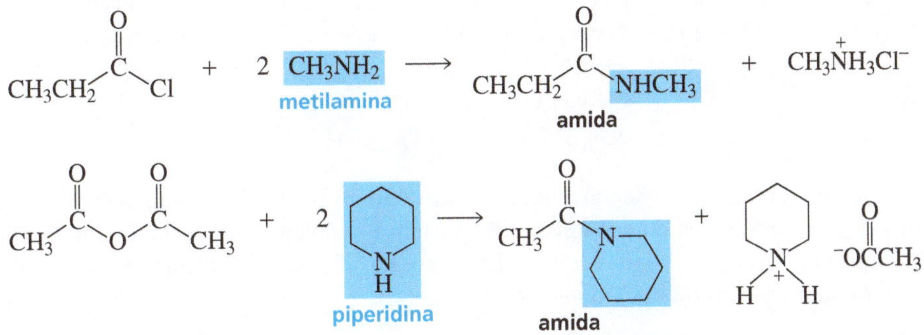

nas reações de adição–eliminação nucleofílicas —as reações de aldeídos e cetonas com aminas primárias para formar iminas, e com aminas secundárias para formar enaminas (Seção 18.6), tais como:

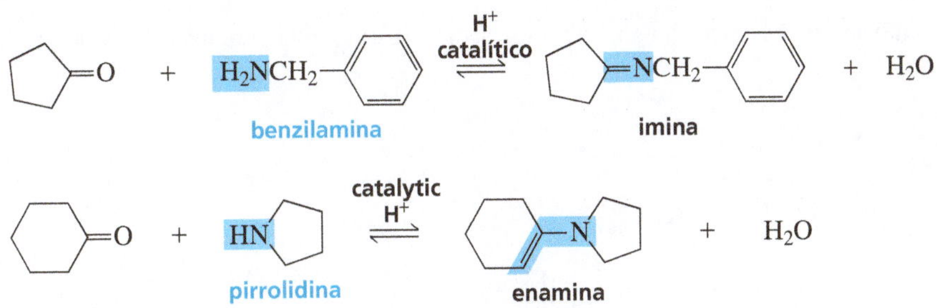

e na reação de adição conjugada (Seção 18.13), como, por exemplo,

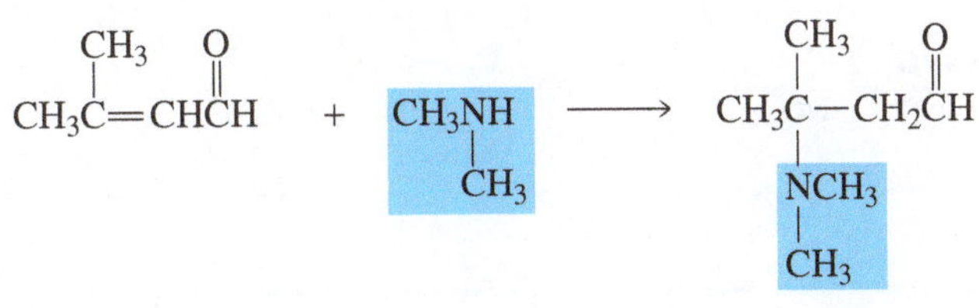

Observamos que as arilaminas primárias reagem com ácido nitroso para formar sais de arenodiazônio estáveis (Seção 16.12). Os sais de arenodiazônio são úteis para os químicos sintéticos porque o grupo diazônio pode ser substituído por uma grande variedade de nucleófilos. Essa reação permite a preparação de uma ampla variedade de benzenos substituídos, que não poderiam ser obtidos por meio de uma simples reação de substituição aromática eletrofílica.

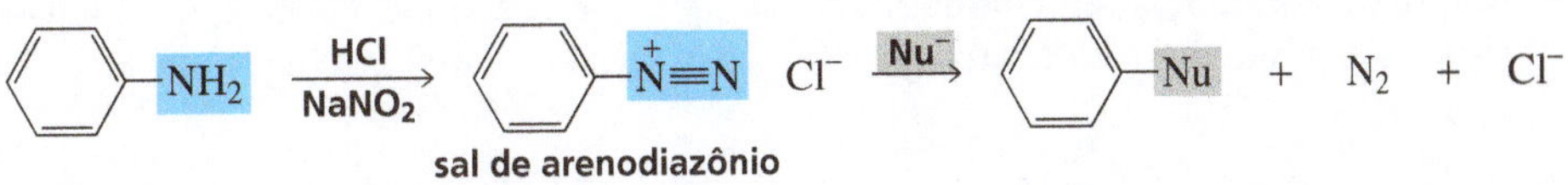

As aminas são muito menos reativas do que outras substâncias com grupos retiradores de elétrons ligados a carbonos sp^3, como os haletos de alquila, os alcoóis e os éteres. As reatividades relativas de um fluoreto de alquila (o menos reativo

dos haletos de alquila), um álcool, um éter e uma amina podem ser compreendidas comparando-se os valores de pK_a dos ácidos conjugados de seus grupos de saída. Para isso, deve-se recordar que, quanto mais fraco for o ácido conjugado, mais forte será sua base conjugada, e que uma base fraca é um bom grupo de saída. O grupo de saída da amina ($^{-}NH_2$) é uma base tão forte que as aminas não podem sofrer reações de substituição ou eliminação como os haletos de alquila.

reatividades relativas

mais reativos → RCH_2F > RCH_2OH ~ RCH_2OCH_3 > RCH_2NH_2 ← menos reativos

ácido mais forte, base conjugada mais fraca → HF (pK_a = 3,2) | H_2O (pK_a = 15,7) | RCH_2OH (pK_a = 15,5) | NH_3 (pK_a = 36) ← ácido mais fraco, base conjugada mais forte

A protonação do grupo amino torna-o uma base mais fraca e, portanto, um grupo de saída melhor, mas não tão bom quanto um álcool protonado. Lembre que o etanol protonado é 13 unidades de pK_a mais ácido do que a etilamina.

$$CH_3CH_2\overset{+}{O}H_2 \quad pK_a = -2,4 \qquad CH_3CH_2\overset{+}{N}H_3 \quad pK_a = 11,2$$

Assim, ao contrário do grupo de saída de um álcool protonado, o grupo de saída de uma amina protonada não pode se dissociar para formar um carbocátion ou ser substituído por um íon haleto. O grupo amino protonado também não pode ser deslocado por nucleófilos básicos fortes como o HO^-, porque a base poderia reagir imediatamente com o hidrogênio ácido, e a protonação o converteria em um nucleófilo fraco.

$$CH_3CH_2\overset{+}{N}H_3 + HO^- \rightleftharpoons CH_3CH_2NH_2 + H_2O$$

PROBLEMA 4

Por que um haleto como um íon Br^- pode reagir com um álcool primário protonado, mas não pode reagir com uma amina primária protonada?

PROBLEMA 5

Dê o produto de cada uma das reações a seguir:

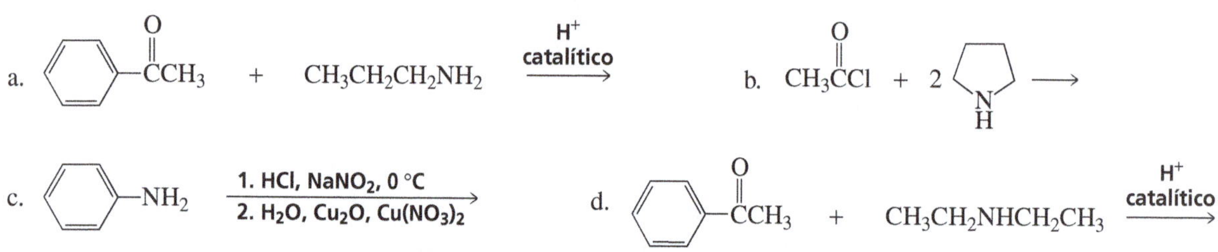

21.5 Reações de hidróxidos de amônio quaternário

O grupo de saída de um **íon de amônio quaternário** tem quase a mesma tendência de saída que um grupo amino protonado, mas não tem um hidrogênio ácido que possa protonar um reagente básico. Um íon de amônio quaternário, no entanto, pode sofrer uma reação com uma base forte. A reação de um íon de amônio quaternário com um íon hidróxido é conhecida como **reação de eliminação de Hofmann**. Nesse tipo de reação, o grupo de saída é uma amina terciária. Como a amina terciária é um grupo de saída relativamente fraco, a reação necessita de aquecimento.

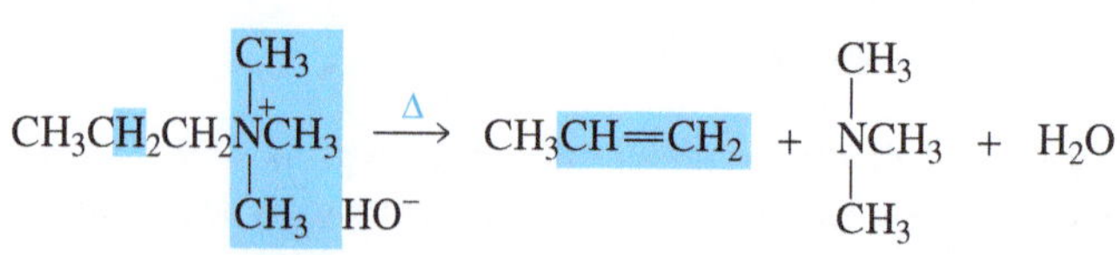

A reação de eliminação de Hofmann é uma reação E2. Lembre que uma reação E2 é uma reação concertada de uma etapa — o próton e a amina terciária são removidos na mesma etapa (Seção 11.1, volume 1). O produto substituído é formado em pequena quantidade.

August Wilhelm von Hofmann (1818–1892) *nasceu na Alemanha. Começou a estudar direito e depois resolveu mudar para o curso de química. Fundou a Sociedade Química Alemã. Hofmann lecionou por 20 anos no Royal College of Chemistry, em Londres, e então retornou à Alemanha para lecionar na Universidade de Berlim. Foi um dos fundadores da indústria de pigmentos alemã. Casou-se quatro vezes, das quais enviuvou três vezes, e teve onze filhos.*

mecanismo da eliminação de Hofmann

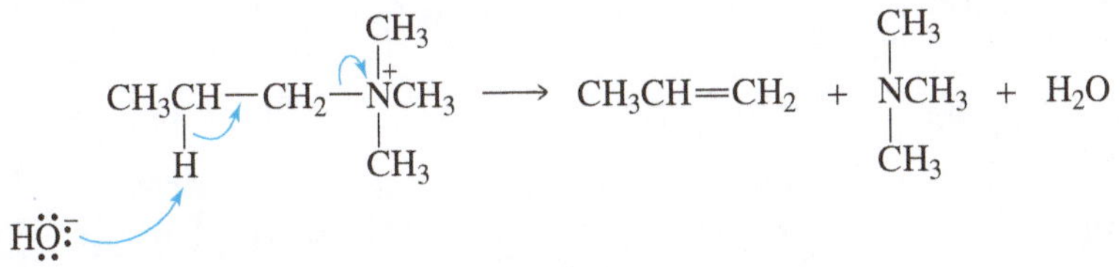

PROBLEMA 6

Qual é a diferença entre a reação que ocorre quando um hidróxido de isopropiltrimetil-amônio é aquecido e a reação que ocorre quando 2-bromopropano é tratado com íon hidróxido?

O carbono ao qual a amina terciária está ligada é designado como carbono α; logo, o carbono adjacente, do qual o próton é removido, é chamado de carbono β (lembre que a reação E2 também pode ser chamada de reação de eliminação β, desde que a eliminação seja iniciada pela remoção de um próton do carbono β (Seção 11.1, volume 1). Se um íon de amônio quaternário tiver mais de um carbono β, o alceno majoritário formado será aquele obtido pela remoção de um próton do carbono β ligado ao maior número de hidrogênios. Na reação mostrada a seguir, o alceno majoritário formado é obtido pela remoção de um hidrogênio do carbono β ligado a três hidrogênios, e o alceno minoritário formado resulta da remoção de um hidrogênio do carbono β ligado a dois hidrogênios.

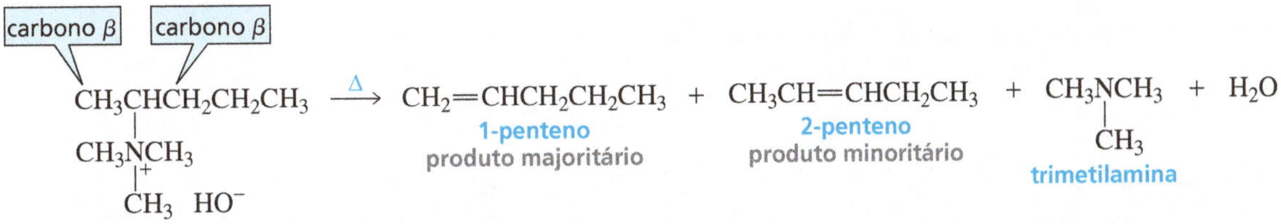

Na reação a seguir, o alceno majoritário formado se origina da remoção de um hidrogênio do carbono β ligado a dois hidrogênios, porque o outro carbono β está ligado a apenas um hidrogênio.

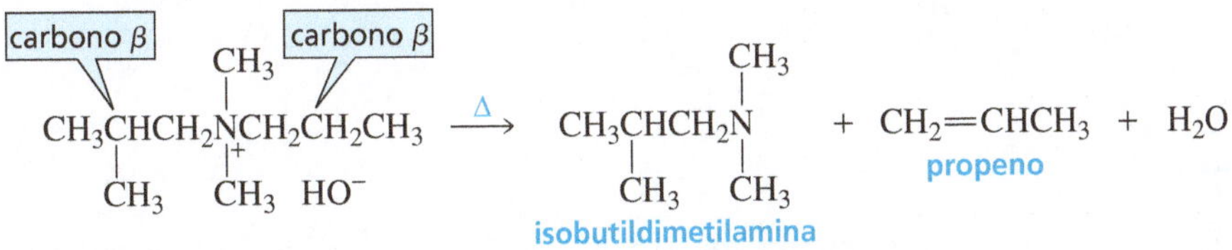

Em uma reação de eliminação de Hofmann, o hidrogênio é removido do carbono β ligado ao maior número de hidrogênios.

PROBLEMA 7◆

Quais são os produtos minoritários nas reações de eliminação de Hofmann anteriores?

Vimos que, na reação E2 de um cloreto de alquila, brometo de alila ou iodeto de alila, um hidrogênio é removido do carbono β ligado ao *menor número* de hidrogênios (*regra de Zaitsev*; Seção 11.2, volume 1). Agora vimos que na reação E2 de um íon de amônio quaternário, o hidrogênio é removido do carbono β ligado ao *maior número* de hidrogênios (*eliminação anti-Zaitsev*).

Por que os haletos de alquila seguem a regra de Zaitsev, enquanto as aminas quaternárias violam essa regra? Quando o íon hidróxido inicia a remoção de um próton de um brometo de alquila, o íon brometo começa a sair imediatamente, resultando em um estado de transição com uma estrutura semelhante ao alceno (*alceno-like*). O próton é removido do carbono β ligado ao menor número de hidrogênios, de modo a obter o estado de transição alceno-like mais estável.

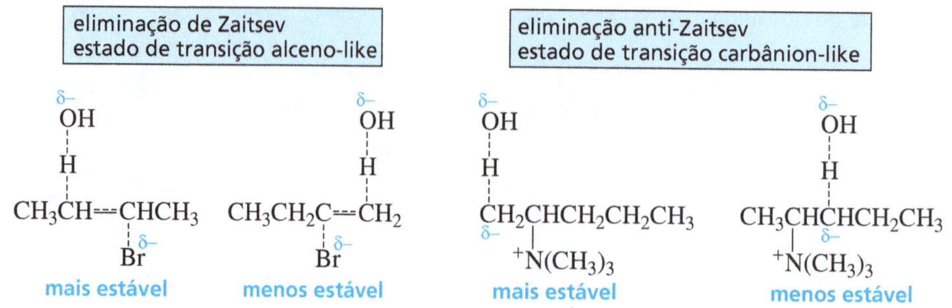

No entanto, quando o íon hidróxido inicia a retirada de um próton de um íon de amônio quaternário, o grupo de saída não começa a sair imediatamente, porque a amina terciária não é um grupo de saída tão bom quanto o Cl^-, o Br^- ou o I^-. Em conseqüência disso, uma carga negativa parcial começa a se formar no carbono do qual o próton está sendo removido. Isso leva a um estado de transição com estrutura mais parecida com um carbânion (*carbânion-like*) do que com um alceno-like. Removendo-se um próton do carbono β ligado ao maior número de hidrogênios, atinge-se o estado de transição carbânion-like mais estável. (Lembre-se da Seção 11.2, volume 1, que os carbânions primários são mais estáveis do que os carbânions secundários, que, por sua vez, são mais estáveis do que os carbânions terciários.) Os fatores estéricos na reação de Hofmann também favorecem a eliminação anti-Zaitsev.

Já que a reação de eliminação de Hofmann ocorre como uma anti-Zaitsev, a eliminação anti-Zaitsev também se refere a uma eliminação de Hofmann. Vimos que ocorre uma eliminação anti-Zaitsev nas reações E2 de fluoretos de alquila, uma vez que o íon fluoreto é um grupo de saída pior do que os íons de cloreto, brometo ou iodeto. Como em uma reação de eliminação de Hofmann, grupos de saída ruins resultam em um estado de transição carbânion-like mais rapidamente do que um estado de transição alceno-like (Seção 11.2, volume 1).

PROBLEMA 8◆

Dê os produtos majoritários de cada uma das reações a seguir:

a. 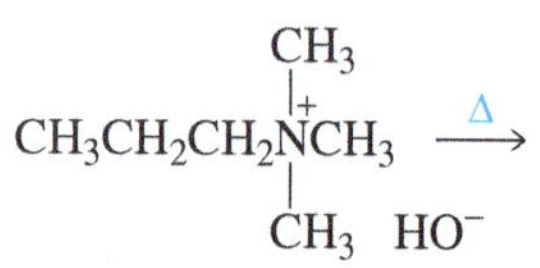

c. 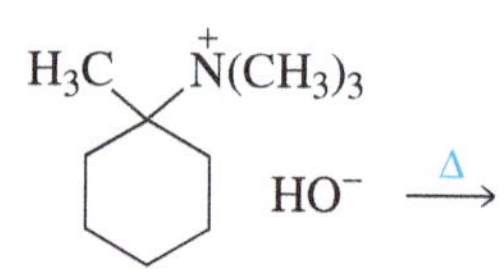

b. 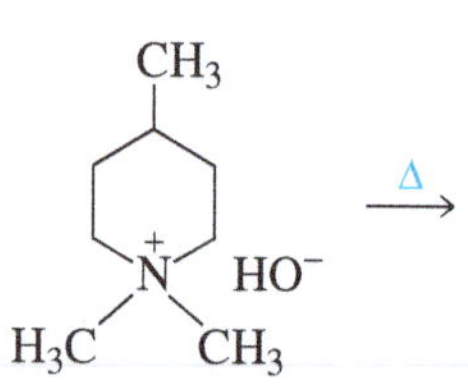

d. 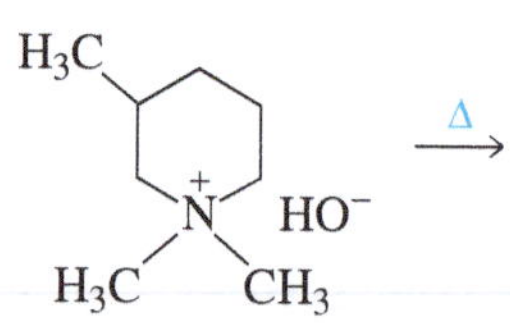

Para um íon de amônio quaternário sofrer uma reação de eliminação, o contra-íon deve ser um íon hidróxido, porque é necessária uma base forte para iniciar a reação e remover um próton do carbono β. Como os íons haleto são bases fracas, os *haletos* de amônio quaternários não podem sofrer reações de eliminação de Hofmann. No entanto, um *haleto* de amônio quaternário pode ser convertido em um *hidróxido* de amônio quaternário através de um tratamento com óxido de prata e água. O haleto de prata precipita, e o íon haleto é substituído pelo íon hidróxido. Agora a substância pode sofrer uma reação de eliminação.

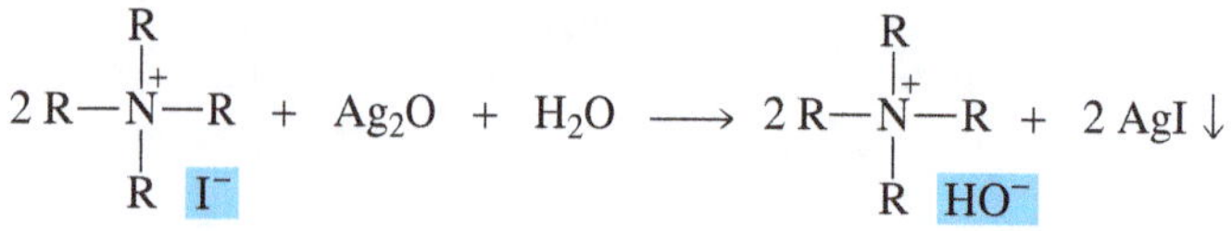

A reação de uma amina com iodeto de metila suficiente para convertê-la em um iodeto de amônio quaternário é denominada **metilação exaustiva** (veja, no volume 1, Capítulo 10, Problema 8). A reação ocorre em soluções básicas de carbonato de potássio; por isso as aminas intermediárias formadas terão predominantemente forma básica.

metilação exaustiva

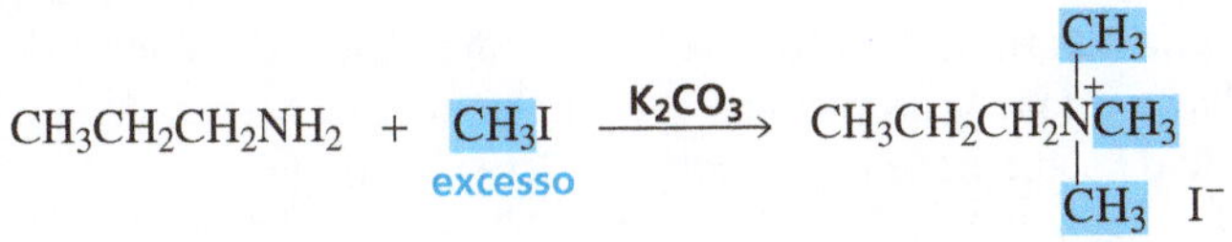

A reação de eliminação de Hofmann foi usada pelos primeiros químicos orgânicos na última etapa de um processo conhecido como degradação de Hofmann — método usado para identificar aminas. Na *degradação de Hofmann*, uma amina é exaustivamente metilada com iodeto de metila, tratada com óxido de prata para converter iodeto de amônio quaternário em hidróxido de amônio quaternário e, então, aquecido para que sofram uma reação de eliminação. Depois que os alcenos são identificados, podemos deduzir qual é a estrutura da amina.

Uma substância útil de gosto ruim

Diversas aplicações práticas foram encontradas para o sal de amônio quaternário Bitrex®, uma das substâncias não-tóxicas com gosto mais amargo conhecida. O Bitrex® é usado em iscas para estimular os alces a procurar comida em outros lugares; passado no lombo dos animais para que não mordam uns aos outros; colocado nas unhas das crianças para fazê-las parar de chupar os dedos ou roer as unhas; adicionado a substâncias tóxicas para evitar que sejam ingeridas acidentalmente.

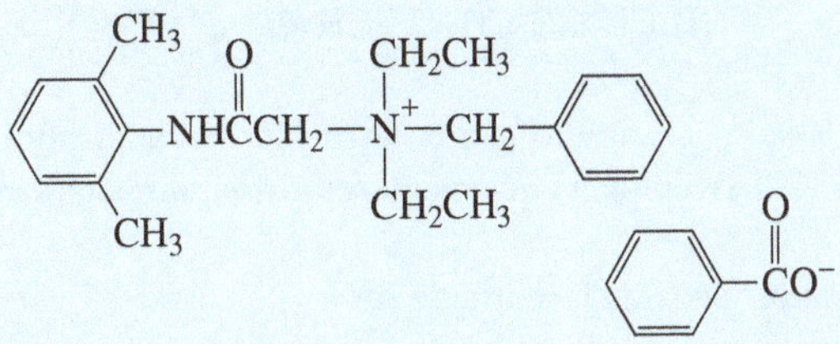

Bitrex®

PROBLEMA 9

Identifique a amina em cada caso.

a. 4-metil-2-penteno é obtido na degradação de Hofmann de aminas primárias.

b. 2-metil-1-3-butadieno é obtido em duas degradações de Hofmann sucessivas de uma amina secundária.

PROBLEMA 10 RESOLVIDO

Descreva uma síntese para cada uma das substâncias a seguir, usando os materiais de partida fornecidos e os reagentes necessários:

a. $CH_3CH_2CH_2CH_2NH_2 \longrightarrow CH_3CH_2CH{=}CH_2$

b. $CH_3CH_2CH_2\underset{\displaystyle Br}{\underset{|}{C}}HCH_3 \longrightarrow CH_3CH_2CH_2CH{=}CH_2$

c.  $\longrightarrow CH_2{=}CH{-}CH{=}CH_2$

RESOLUÇÃO PARA 10a Apesar de a amina não sofrer reações de eliminação, isso pode ocorrer com um hidróxido de amônio quaternário. Portanto, a amina deve ser primeiramente convertida em um hidróxido de amônio quaternário. A reação com excesso de iodeto de metila converte a amina em iodeto de amônio quaternário, e seu tratamento com óxido de prata aquoso forma o hidróxido de amônio quaternário. O aquecimento é necessário para a reação de eliminação.

$$CH_3CH_2CH_2CH_2NH_2 \xrightarrow[K_2CO_3]{CH_3I \text{ excesso de}} \underset{I^-}{CH_3CH_2CH_2CH_2\overset{+}{N}(CH_3)_3} \xrightarrow[H_2O]{Ag_2O} \underset{HO^-}{CH_3CH_2CH_2CH_2\overset{+}{N}(CH_3)_3} \xrightarrow{\Delta} CH_3CH_2CH{=}CH_2 + H_2O$$

21.6 Catálise em transferência de fase

Um dos problemas que os químicos orgânicos enfrentam no laboratório é encontrar um solvente que dissolva todos os regentes necessários para determinada reação. Por exemplo, se quisermos que um íon cianeto reaja com o 1-bromo-hexano, teremos um problema: o cianeto de sódio é uma substância aniônica solúvel apenas em água, ao passo que o haleto de alquila é insolúvel nesse meio. Portanto, se misturarmos uma solução aquosa de cianeto de sódio com uma solução de 1-bromo-hexano em um solvente apolar, haverá duas fases distintas — uma aquosa e outra orgânica —, porque as soluções são imiscíveis. Como, então, o cianeto de sódio pode reagir com o haleto de alquila?

$$\underset{\text{1-bromo-hexano}}{CH_3CH_2CH_2CH_2CH_2CH_2Br} + {}^{-}C{\equiv}N \xrightarrow{?} CH_3CH_2CH_2CH_2CH_2CH_2C{\equiv}N + Br^-$$

As duas substâncias poderão reagir entre si se determinada quantidade de um **catalisador de transferência de fase** for adicionada à mistura reacional.

catalisador de transferência de fase

$$CH_3CH_2CH_2CH_2CH_2CH_2Br + {}^{-}C{\equiv}N \xrightarrow{R_4\overset{+}{N}\ HSO_4^-} CH_3CH_2CH_2CH_2CH_2CH_2C{\equiv}N + Br^-$$

Os sais de amônio quaternário são os catalisadores de transferência de fase mais comuns. No entanto, vimos na Seção 12.9 (volume 1) que os éteres coroa também são usados como catalisadores de transferência de fase.

catalisador de transferência de fase

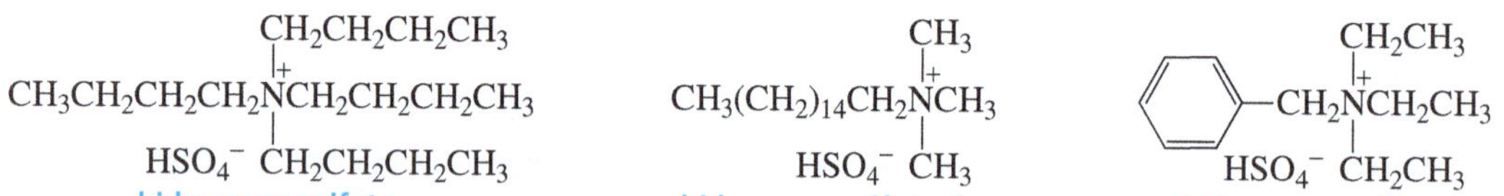

hidrogenossulfato de tetrabutilamônio — hidrogenossulfato de hexadeciltrimetilamônio — hidrogenossulfato de benziltrietilamônio

Como a adição de um catalisador de transferência de fase permite a reação do íon cianeto com 1-bromo-hexano? Por causa de seus grupos apolares, o sal de amônio quaternário é solúvel em solventes apolares, mas, em razão de suas cargas, também é solúvel em água. Isso significa que o sal de amônio quaternário pode agir como mediador entre as duas fases imiscíveis. Quando um catalisador de transferência de fase como o hidrogenossulfato de tetrabutilamônio passa pelo apolar, fase orgânica, deve carregar consigo um contra-íon para balancear sua carga positiva. O contra-íon pode estar tanto no íon original (hidrogenossulfato) quanto em outro íon presente na solução (na reação em questão, será o íon cianeto). Como na fase aquosa existe mais íon cianeto do que íon hidrogenossulfato, o íon cianeto será o íon acompanhante. Uma vez na fase orgânica, o íon cianeto poderá reagir com o haleto de alquila (quando o hidrogenossulfato for transportado para a fase orgânica, não será reativo, porque é ao mesmo tempo uma base fraca e um nucleófilo ruim). O íon de amônio quaternário retornará à fase aquosa carregando consigo o hidrogenossulfato ou o íon brometo como contra-íon. A reação continua com o catalisador de transferência de fase movendo-se em vaivém entre as duas fases. O **catalisador de transferência de fase** tem sido usado com sucesso em várias reações orgânicas.

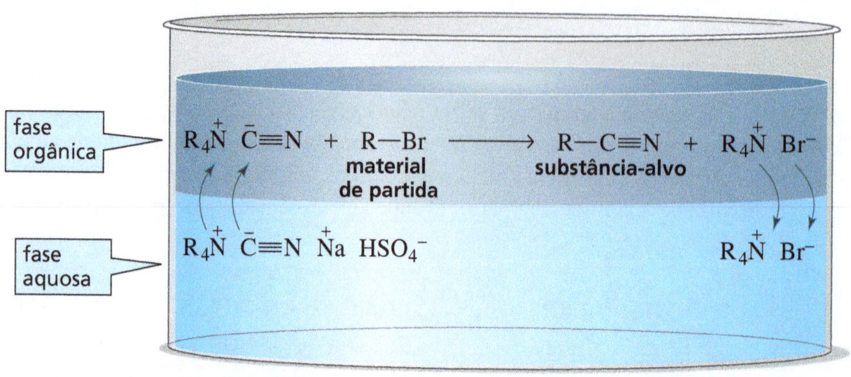

21.7 Oxidação de aminas; reação de eliminação de Cope

As aminas são facilmente oxidadas, algumas vezes apenas pela exposição ao ar. As aminas, portanto, são estocadas como sal (por exemplo, como os hidrocloretos de aminas), e drogas que contêm grupos aminas são freqüentemente vendidas como sais.

As aminas primárias são oxidadas a hidroxilaminas, que por sua vez são oxidadas a substâncias com o grupo nitroso, o qual é oxidado ao grupo nitro. O peróxido de hidrogênio, os perácidos e outros agentes oxidantes comuns são usados para oxidar aminas. As reações de oxidação geralmente ocorrem por meio de mecanismos que envolvem radicais, por isso não são bem caracterizadas.

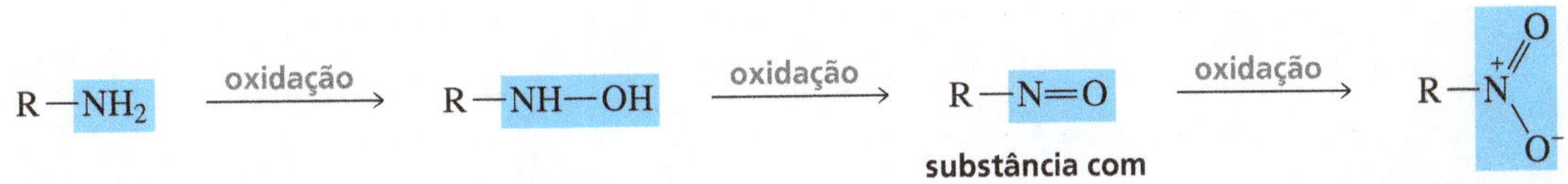

amina primária **hidroxilamina** **substância com grupo nitroso** **substância com grupo nitro**

As aminas secundárias são oxidadas a hidroxilaminas secundárias, e aminas terciárias são oxidadas a óxidos de aminas terciárias.

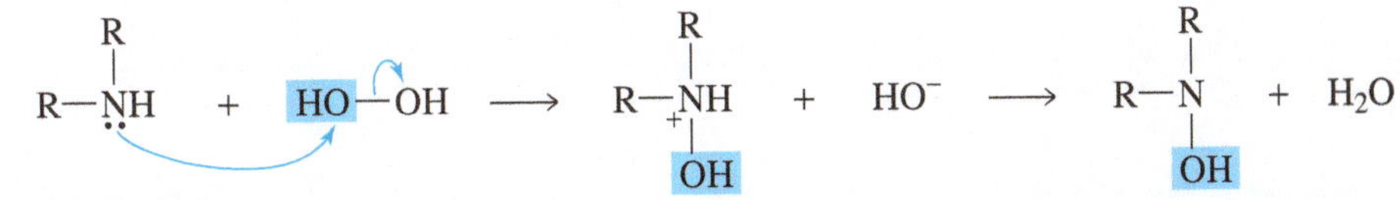

amina secundária **hidroxilamina secundária**

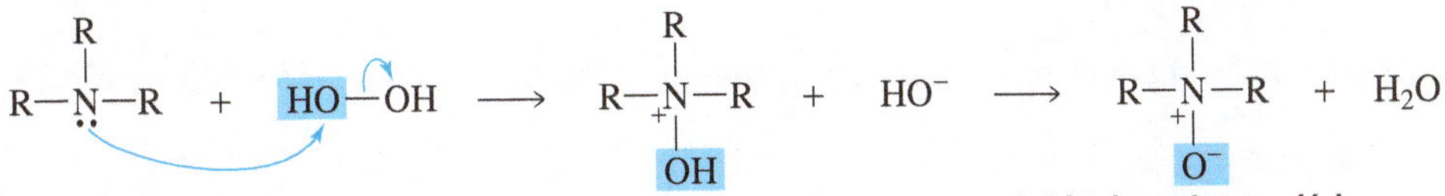

amina terciária **óxido de amina terciária**

Os óxidos de aminas terciárias sofrem reações similares à reação de eliminação de Hofmann, denominada *reação de eliminação de Cope*. Em uma **reação de eliminação de Cope**, um óxido de amina terciária, assim como um íon de amônio quaternário, sofre eliminação. A reação de eliminação de Cope, assim como as reações de eliminação de Hofmann, ocorre sob condições brandas.

Arthur C. Cope (1909–1966) *nasceu em Indiana. Tornou-se PhD pela Universidade de Wisconsin e foi professor de química no Bryn Mawr College, na Universidade de Columbia e no MIT.*

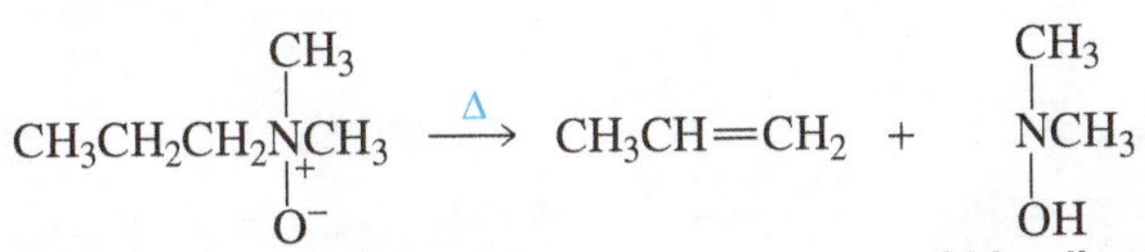

óxido de amina terciária **hidroxilamina**

Não é necessária uma base forte para a eliminação de Cope, porque o óxido de amina age como sua própria base. A eliminação de Cope, portanto, é uma reação E2 intramolecular e envolve uma eliminação sin.

mecanismo da reação de eliminação de Cope

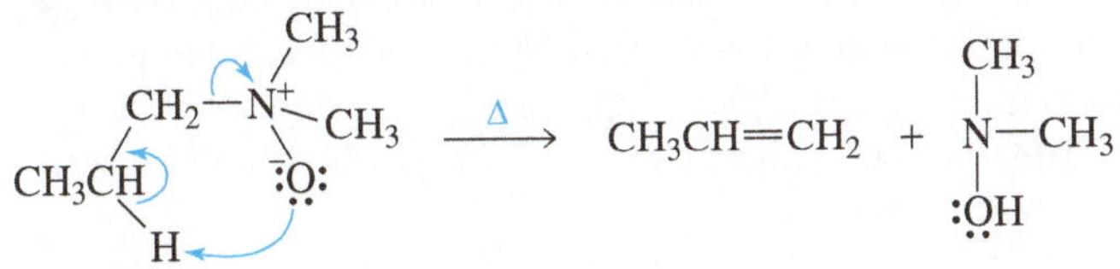

O produto majoritário da eliminação de Cope, assim como da eliminação de Hofmann, é aquele obtido a partir da remoção de um hidrogênio do carbono β ligado ao maior número de hidrogênios.

Em uma eliminação de Cope, os hidrogênios são removidos do carbono β ligado ao maior número de hidrogênios.

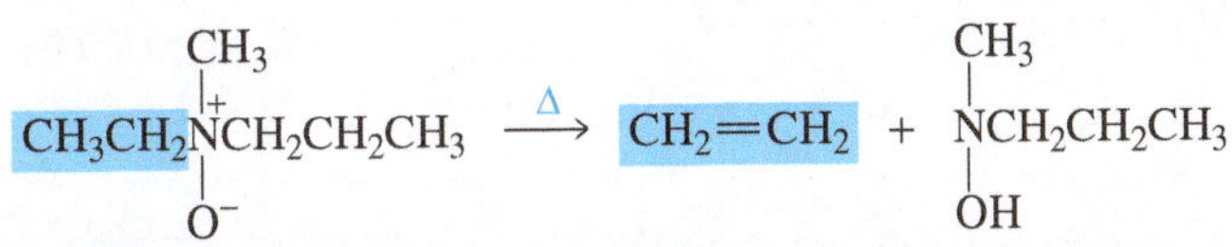

PROBLEMA 11◆

A eliminação de Cope tem um estado de transição alceno-like ou um estado de transição carbânion-like?

PROBLEMA 12◆

Dê os produtos que seriam obtidos a partir do tratamento das aminas terciárias abaixo com peróxido de hidrogênio seguido de aquecimento:

a. 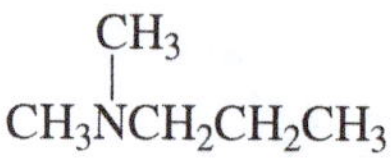

c. 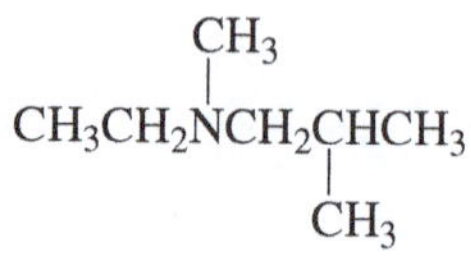

b. 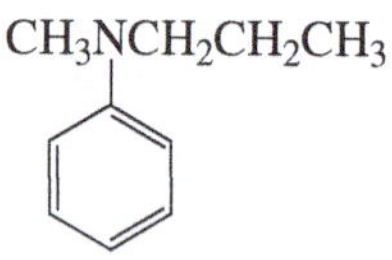

d. 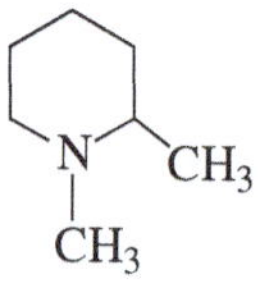

21.8 Síntese de aminas

Como a amônia e as aminas são bons nucleófilos, elas sofrem reações de S_N2 com haletos de alquila. (X representa um halogênio.)

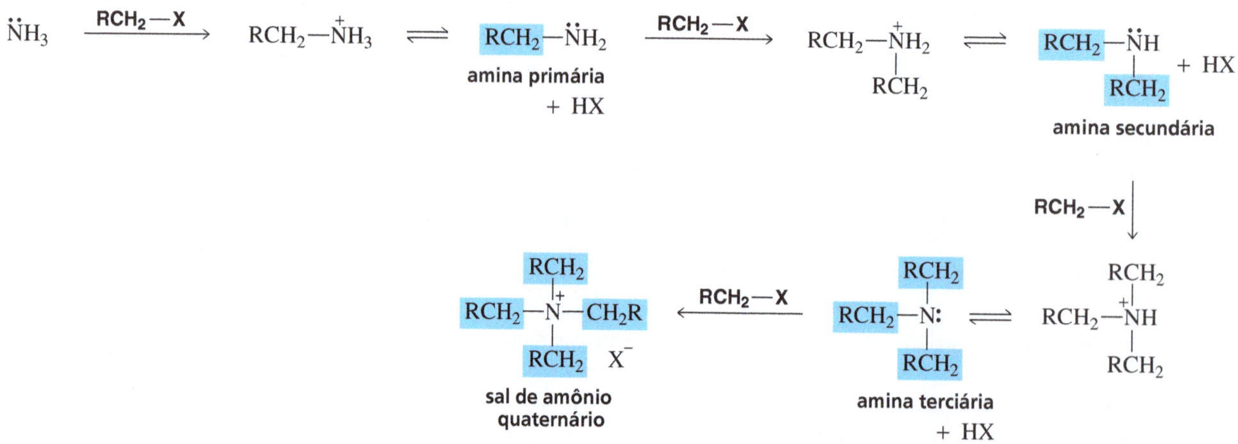

Apesar de essas reações de S_N2 poderem ser usadas para sintetizar aminas, seus rendimentos químicos são ruins, porque é difícil interromper a reação quando o número desejado de substituintes alquílicos é substituído no nitrogênio, uma vez que a amônia e as aminas primárias, secundárias e terciárias apresentam reatividades semelhantes.

Um modo muito melhor de preparar uma amina primária é pela síntese de Gabriel (Seção 17.17). Essa reação implica uma alquilação da ftalimida e hidrólise da ftalimida *N*-substituída.

Síntese de Gabriel

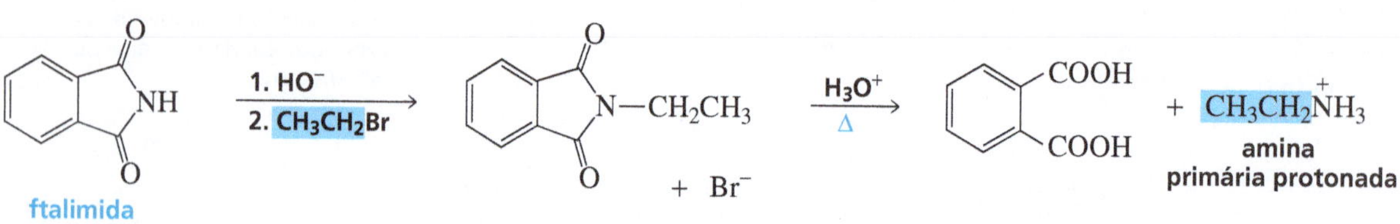

As aminas primárias também podem ser preparadas com bons rendimentos se o íon azida ($^-N_3$) for usado como nucleófilo em uma reação S_N2. O produto da reação é uma alquil azida, que pode ser reduzida a aminas primárias (veja no volume 1, Capítulo 10, Problema 9).

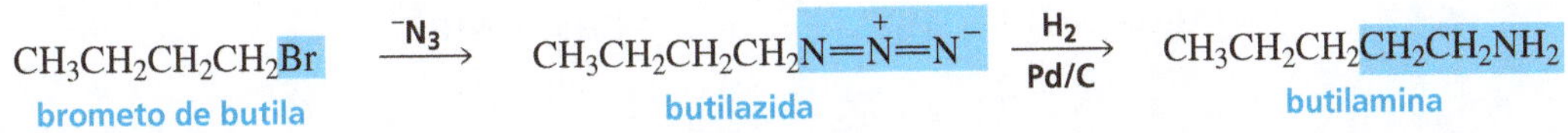

Outras reações de redução também resultam na formação de aminas primárias. Uma redução catalítica de uma nitrila, por exemplo, forma uma amina primária. (Lembre que uma nitrila pode ser obtida a partir de uma reação do íon cianeto com um haleto de alquila.)

As aminas são obtidas a partir das reduções de amidas com $LiAlH_4$ (Seções 18.5 e 20.1). Esse método pode ser usado para sintetizar aminas primárias, secundárias e terciárias. A classe das aminas obtidas depende do número de substituintes no átomo de nitrogênio da amida.

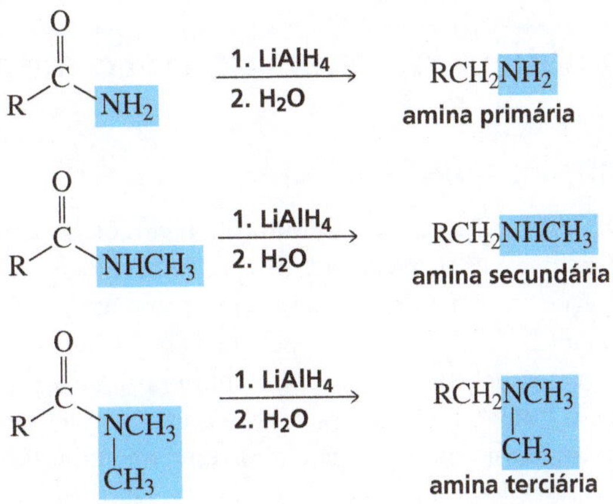

Uma amina primária pode ser obtida a partir da reação de um aldeído ou de uma cetona com excesso de amônia na presença de H_2 e níquel de Raney. Como a imina não tem um substituinte além de um hidrogênio ligado ao nitrogênio, é relativamente instável; por isso, a amina é obtida pela adição de H_2 à ligação C=N quando formada. Isso é chamado **aminação redutiva**.

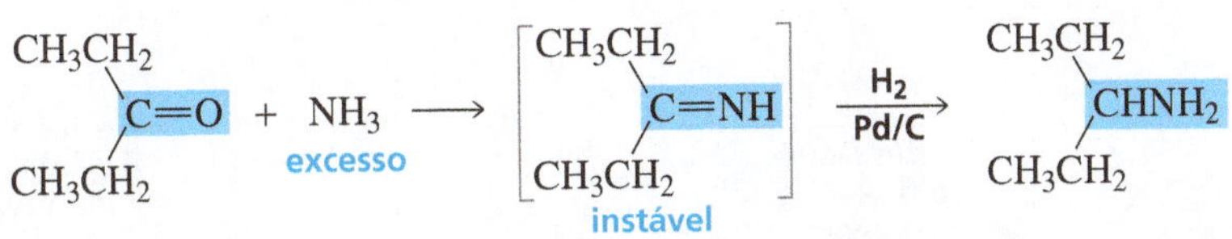

As aminas secundárias e terciárias podem ser preparadas a partir de iminas e enaminas pela redução de iminas ou de enaminas. Geralmente, o triacetoxiboro-hidreto de sódio é o agente redutor usado nessa reação.

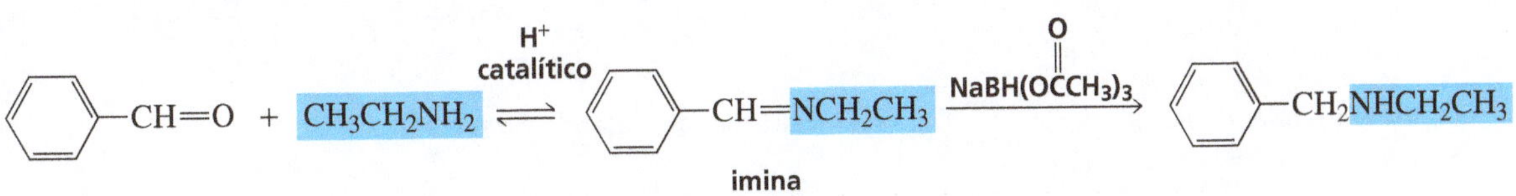

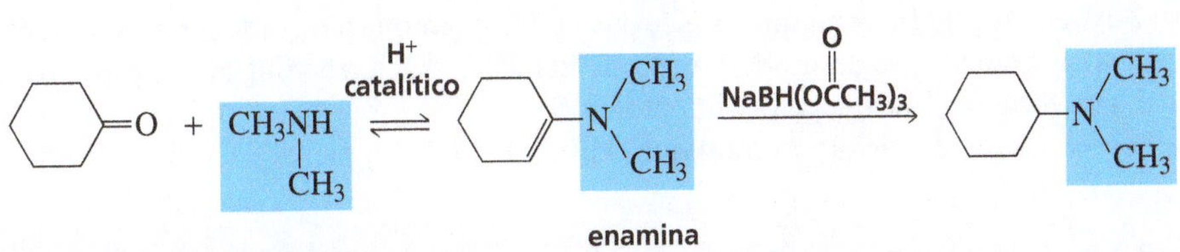

Uma amina primária é obtida de uma redução de um nitroalcano, e uma arilamina é obtida de uma redução de nitrobenzeno.

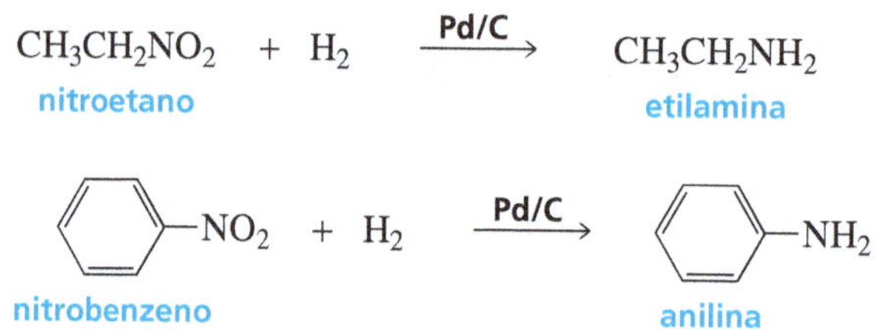

PROBLEMA 13◆

O excesso de amônia deve ser usado quando uma amina primária é sintetizada por aminação redutiva. Qual produto seria obtido se a reação fosse realizada com excesso de substância carbonilada?

21.9 Heterociclos aromáticos de anéis de cinco membros

Pirrol, furano e tiofeno

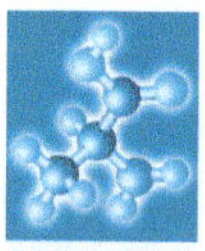

Molecule Gallery: Pirrol; Furano; Tiofeno
WWW

O **pirrol**, o **furano** e o **tiofeno** são heterociclos de anéis de cinco membros. Cada um apresenta três pares de elétrons π deslocalizados. Dois dos pares são mostrados como ligações π, e o outro é apresentado como um par de elétrons livres no heteroátomo. O furano e o tiofeno têm um par de elétrons livres que não fazem parte dos elétrons da nuvem π. Esses elétrons estão em um orbital sp^2 perpendicular aos orbitais p. O pirrol, o furano e o tiofeno são aromáticos porque são cíclicos e planares; cada carbono do anel tem um orbital p, e a nuvem π contém *três* pares de elétrons π (Seções 15.1 e 15.3, volume 1).

pirrol furano tiofeno

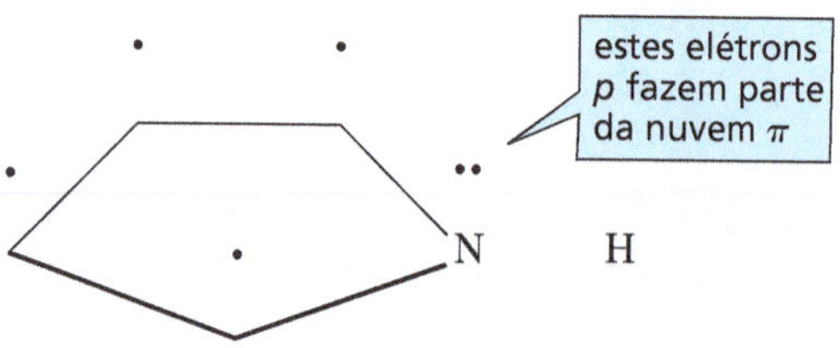

estrutura orbitalar do pirrol

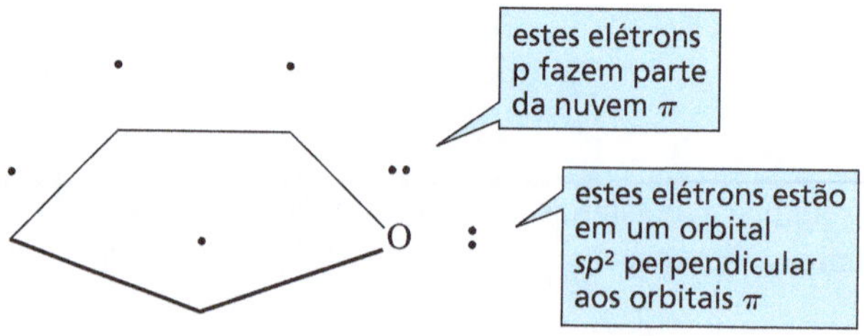

estrutura orbitalar do furano

O pirrol é uma base extremamente fraca porque os elétrons no nitrogênio fazem parte da nuvem π. Portanto, quando o pirrol é protonado, sua aromaticidade é destruída. Conseqüentemente, o ácido conjugado do pirrol é um ácido muito forte (pK_a = -3,8), isto é, tem forte tendência a perder um próton.

Os contribuintes da ressonância do pirrol mostram que o nitrogênio doa o par de elétrons livres para os anéis de cinco membros.

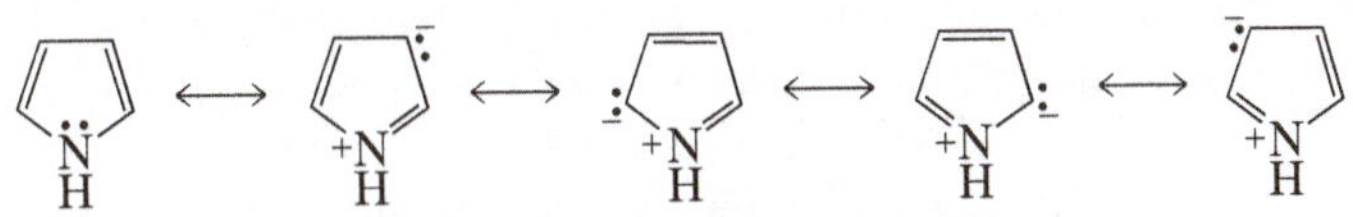

contribuintes de ressonância do pirrol

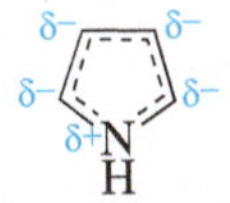

híbrido de ressonância

A pirrolidina — uma amina heterocíclica com anel de cinco membros — tem um momento dipolar de 1,57 D, porque o átomo de nitrogênio é um retirador de elétrons. O pirrol — uma amina heterocíclica insaturada com anel de cinco membros — tem um momento dipolar levemente maior (1,80 D), mas, como vimos no mapa de potencial eletrostático, os dois momentos dipolares apresentam direções opostas (as áreas vermelhas estão em lados opostos nas duas moléculas). Aparentemente, a habilidade do nitrogênio do pirrol de doar elétrons para o anel por ressonância compensa sua retirada de elétrons de forma indutiva (Seção 16.3). (Veja figuras abaixo no caderno colorido.)

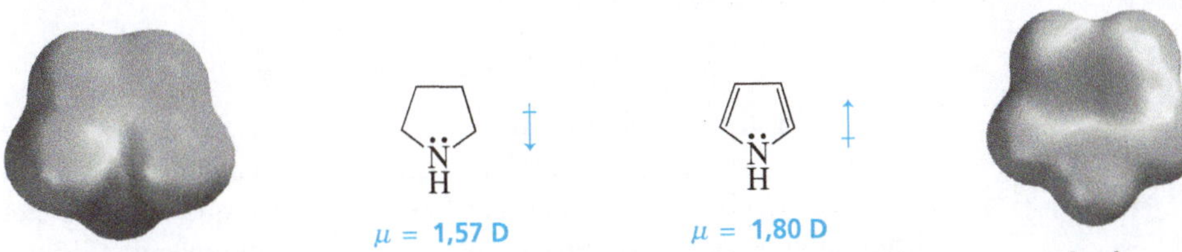

μ = 1,57 D μ = 1,80 D

pirrolidina   pirrol

Na Seção 7.6 do volume 1 vimos que, quanto mais estáveis e mais próximos à equivalência estiverem os contribuintes de ressonância, maior será a energia de ressonância. As energias de ressonância do pirrol, do furano e do tiofeno não são maiores do que a energia do benzeno e do ânion ciclopentadienila, substâncias cujos contribuintes de ressonância são todos equivalentes. Desses heterociclos de cinco membros, o tiofeno, com o heteroátomo menos eletronegativo, é aquele que tem a maior energia de ressonância; o furano, com o heteroátomo mais eletronegativo, é aquele que tem a menor energia de ressonância.

energias de ressonância relativas de algumas substâncias aromáticas

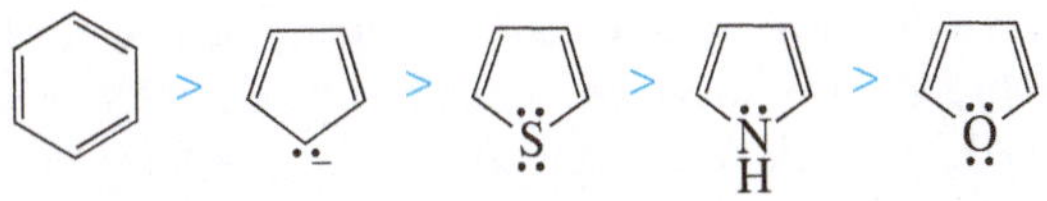

Como o pirrol, o furano e o tiofeno são aromáticos, eles sofrem reações de substituição aromáticas eletrofílicas.

O pirrol, o furano e o tiofeno sofrem substituição eletrofílica preferencialmente no C-2.

mecanismo para a substituição aromática eletrofílica

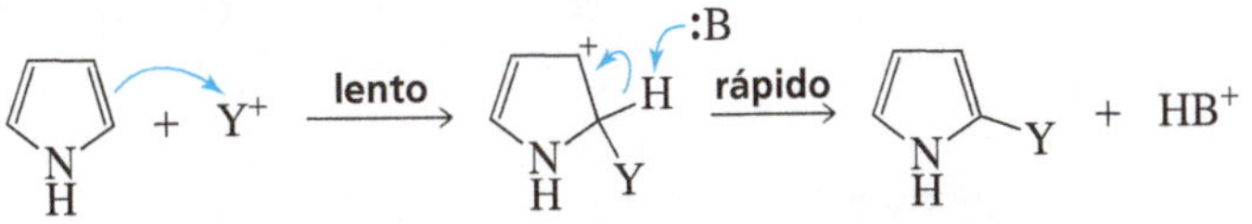

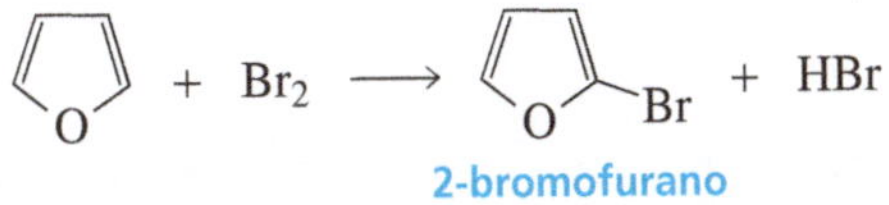

2-bromofurano

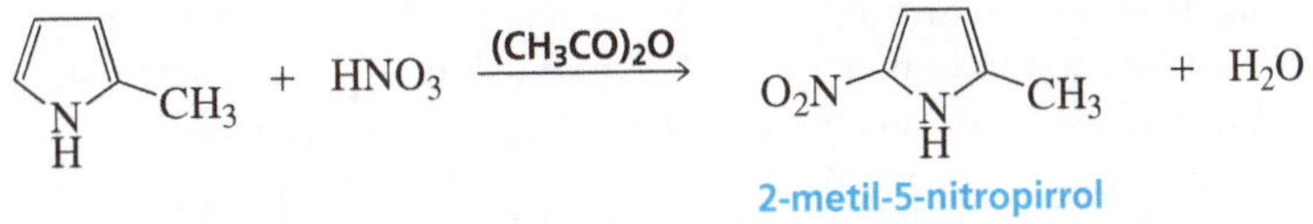

2-metil-5-nitropirrol

O pirrol, o furano e o tiofeno são mais reativos do que o benzeno diante da substituição aromática eletrofílica.

pirrol

furano

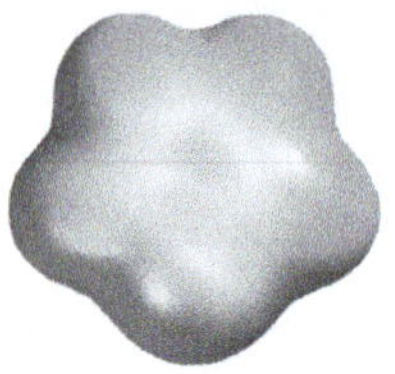

tiofeno

As substituições ocorrem preferencialmente no C-2, porque o intermediário obtido pelo ataque de um substituinte nessa posição é mais estável do que o intermediário obtido pelo ataque de um substituinte na posição C-3 (Figura 21.1). Os dois intermediários têm um contribuinte de ressonância relativamente estável, no qual todos os átomos (exceto o H) têm octeto completo. O intermediário resultante da substituição C-2 do pirrol tem *dois* contribuintes de ressonância a mais, cada qual com uma carga positiva no carbono *alílico secundário*. No entanto, o intermediário resultante da substituição no C-3 tem apenas *um* contribuinte de ressonância adicional, que tem uma carga positiva no carbono *secundário*. Esse contribuinte de ressonância é, além disso, desestabilizado, por estar adjacente ao átomo de nitrogênio retirador de elétrons. Se as duas posições adjacentes ao heteroátomo estiverem ocupadas, a substituição eletrofílica ocorrerá na posição C-3. (Veja figuras ao lado no caderno colorido.)

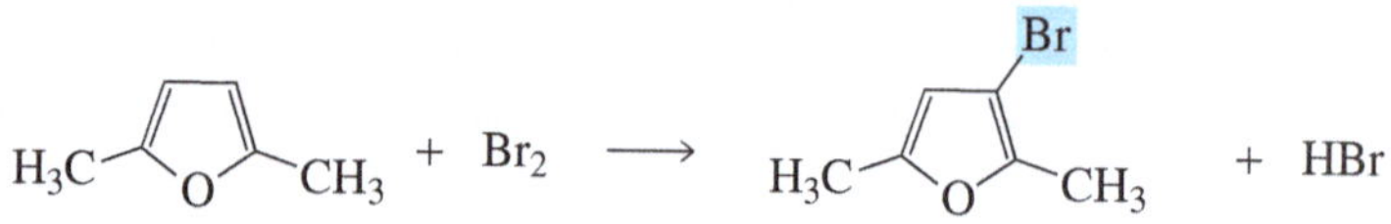

3-bromo-2,5-dimetilfurano

O pirrol, o furano e o tiofeno são mais reativos do que o benzeno diante da substituição aromática eletrofílica porque têm maior capacidade de estabilizar a carga positiva no carbocátion intermediário, desde que o par de elétrons livres no heteroátomo possa doar elétrons para o anel por ressonância (Figura 21.1).

reatividade relativa diante da substituição aromática eletrofílica

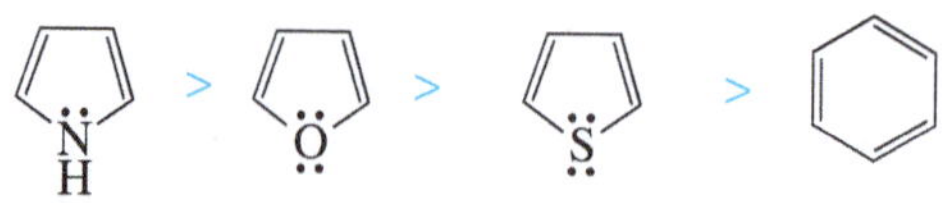

pirrol furano tiofeno benzeno

O furano não é mais reativo do que o pirrol em reações de substituição aromáticas eletrofílicas. O oxigênio do furano é mais eletronegativo do que o nitrogênio do pirrol, por isso o oxigênio não é tão efetivo quanto o nitrogênio na estabilização do carbocátion. O tiofeno é menos reativo do que o furano diante da substituição eletrofílica porque os elétrons π do enxofre estão em um orbital $3p$, onde se sobrepõem de maneira menos efetiva do que o orbital $2p$ do nitrogênio ou oxigênio com o orbital $2p$ do carbono. Os mapas de potencial eletrostático ilustram a diferença de densidade de elétrons dos três anéis.

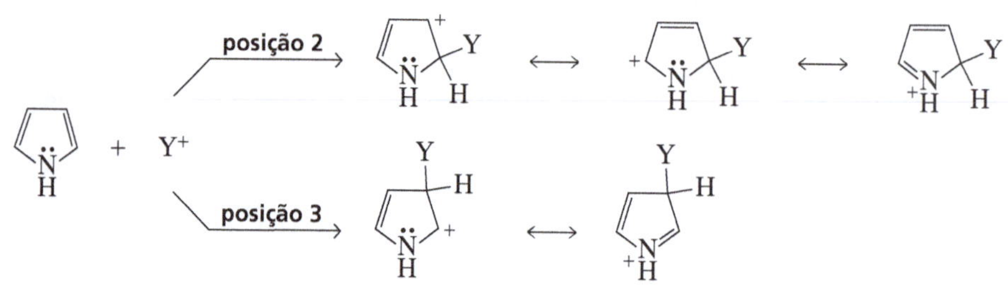

Figura 21.1 ▶ Estruturas dos intermediários que podem ser formados a partir da reação de um eletrófilo com o pirrol nas posições C-2 e C-3.

As reatividades relativas dos anéis heterociclos de cinco membros se refletem no ácido de Lewis, necessário para a catálise das reações de acilação de Friedel–Crafts (Seção 15.13). O benzeno precisa do $AlCl_3$, um ácido de Lewis relativamente forte. O tiofeno é mais reativo do que o benzeno, por isso pode sofrer uma reação de Friedel–Crafts usando $SnCl_4$, um ácido de Lewis fraco. Até mesmo um ácido de Lewis fraco, o BF_3, pode ser usado quando o substrato for o furano. O pirrol é tão reativo que se usa anidrido em vez de um cloreto de acila mais reativo, e o uso de catalisador não é necessário.

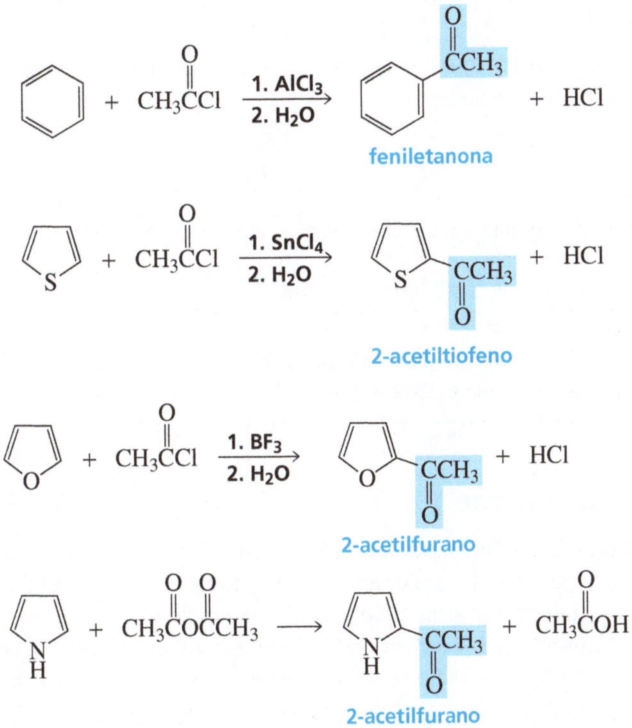

O híbrido de ressonância do pirrol indica que existe uma carga parcial positiva no nitrogênio. Portanto, o pirrol é mais bem protonado no C-2 do que no nitrogênio. Lembre que um próton é um eletrófilo e, como outros eletrófilos, liga-se na posição C-2 do pirrol.

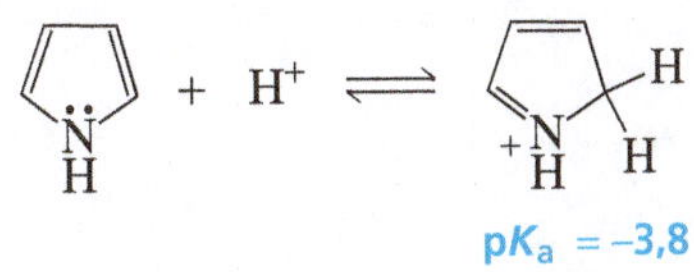

O pirrol é instável em soluções de ácidos fortes porque, uma vez protonado, pode se polimerizar rapidamente.

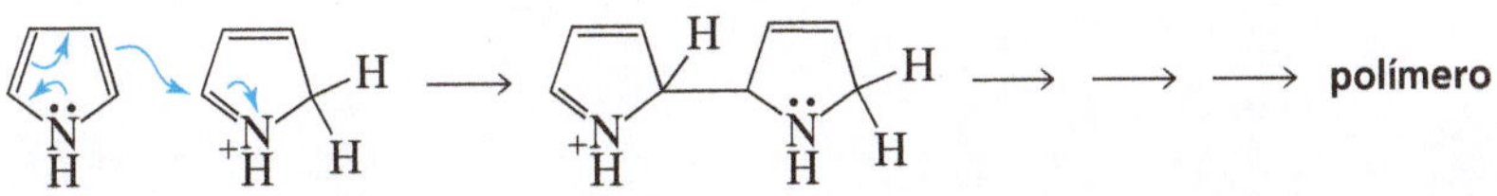

O pirrol é mais ácido (pK_a = ~17) do que as aminas saturadas análogas (pK_a = ~36), porque no pirrol o nitrogênio tem hibridização sp^2, portanto, é mais eletronegativo do que o nitrogênio sp^3 da amina saturada (Tabela 21.1). A acidez do pirrol também é aumentada em conseqüência da estabilização de sua base conjugada pela deslocalização dos elétrons. (Lembre que, quanto mais estável é a base, mais forte é seu ácido conjugado; Seção 1.17, volume 1.)

TABELA 21.1 Valores de pK_a de diversos heterociclos nitrogenados

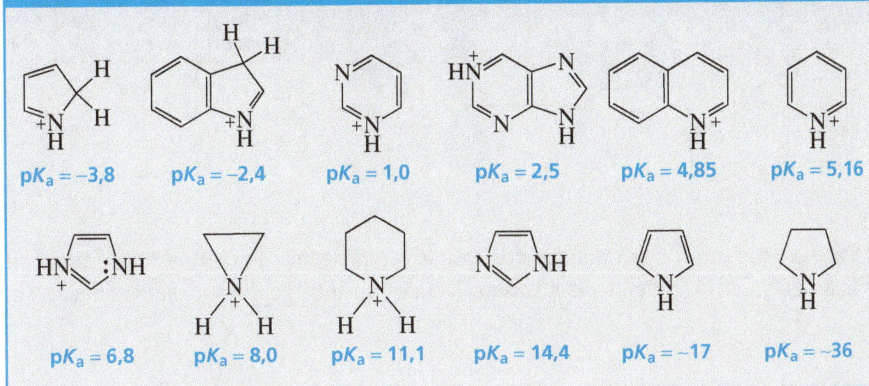

Tutorial Gallery: Sítios básicos dos heterociclos nitrogenados

WWW

PROBLEMA 14

Quando o pirrol é adicionado a uma solução diluída de D_2SO_4 em D_2O, forma-se o 2-deuteriopirrol. Proponha um mecanismo para explicar a formação dessa substância.

PROBLEMA 15

Use contribuintes de ressonância para explicar por que o pirrol é mais bem protonado no C-2 do que no nitrogênio.

PROBLEMA 16

Explique por que o pirrol (pK_a = ~17) é menos ácido do que o ciclopentadieno (pK_a = 15), apesar de o nitrogênio ser consideravelmente mais eletronegativo do que o carbono.

Indol, benzofurano e benzotiofeno

O indol, o benzofurano e o benzotiofeno contêm um anel aromático de seis membros fundidos a um anel benzênico. Os anéis são numerados de modo a fornecer ao heteroátomo o menor número possível. O indol, o benzofurano e o benzotiofeno são aromáticos porque são cíclicos e planares, cada carbono do anel tem um orbital *p* e a nuvem π de cada substância possui *cinco* pares de elétrons π (Seção 15.1). Observe que os elétrons mostrados como o par livre do nitrogênio no indol faz parte da nuvem π; portanto, o ácido conjugado do indol, assim como o ácido conjugado do pirrol, é um ácido forte (pK_a = −2,4).

Molecule Gallery: indol, benzofurano, benzotiofeno
WWW

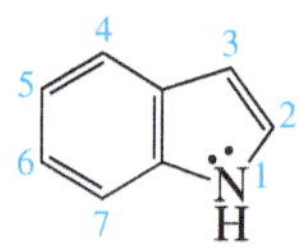
indol

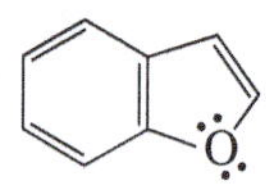
benzofurano

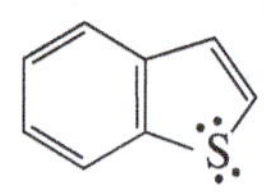
benzotiofeno

21.10 Heterociclos aromáticos de anéis de seis membros

Piridina

Quando um dos carbonos do anel benzênico é substituído por um nitrogênio, a substância resultante é chamada de **piridina**.

Molecule Gallery: Piridina
WWW

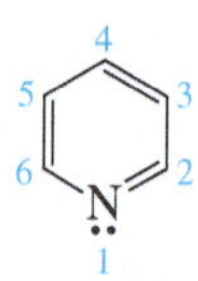
piridina

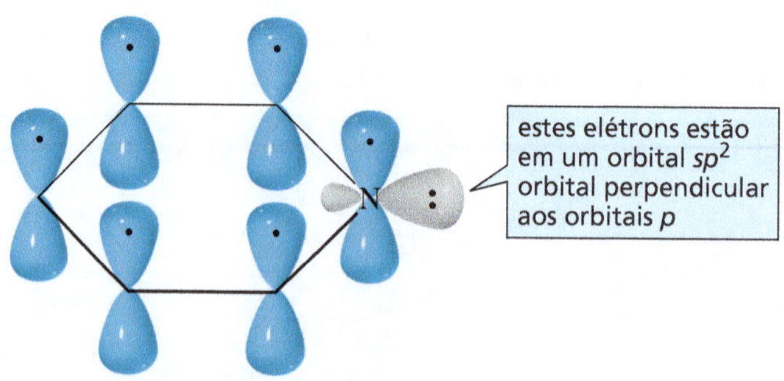

estrutura orbitalar da piridina

O íon piridino é um ácido mais forte do que um íon amônio típico, porque o hidrogênio ácido do íon piridino está ligado a um nitrogênio com hibridização sp^2, que é mais eletronegativo do que um nitrogênio com hibridização sp^3 (Seção 6.9, volume 1).

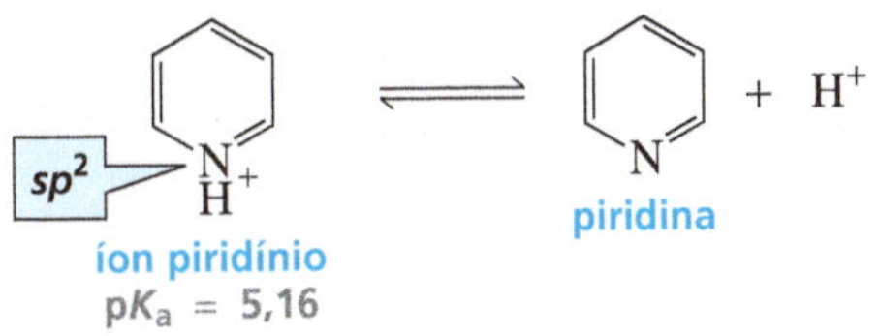

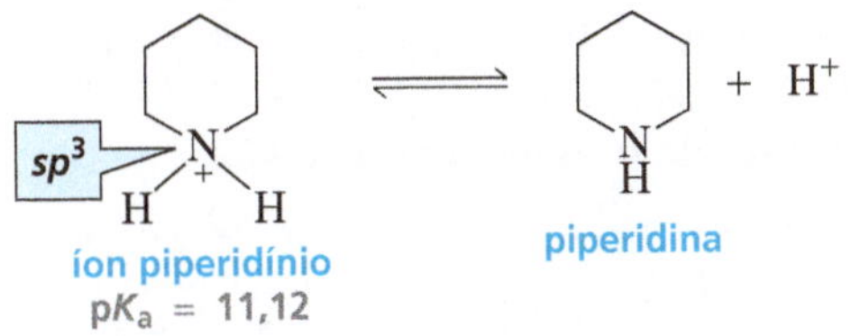

Tutorial Gallery: Par de elétrons livres no nitrogênio de heterociclos
WWW

A piridina é uma amina terciária, por isso sofre reações características de aminas terciárias. Ela sofre, por exemplo, reações de S_N2 com haletos de alquila (Seção 10.4, volume 1) e reage com peróxidos de hidrogênio para formar *N*-óxido (Seção 21.7).

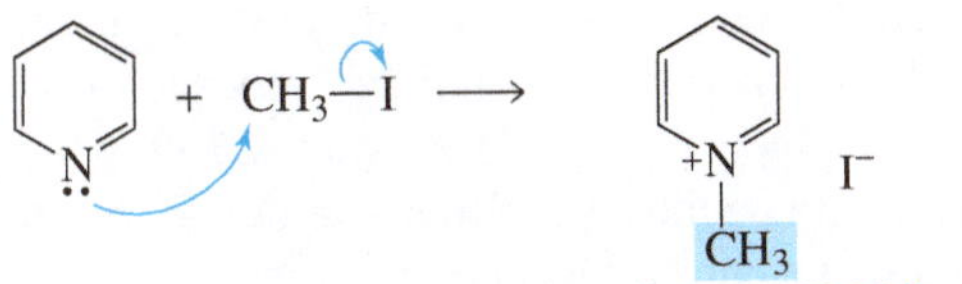
iodeto de *N*-metilpiridina

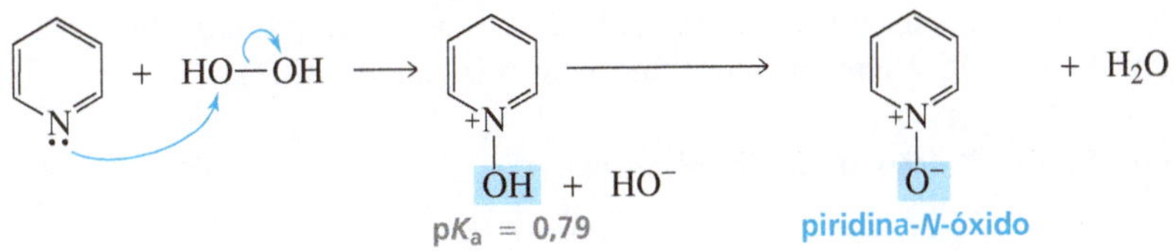

PROBLEMA 17 RESOLVIDO

Uma amida pode ser formada a partir da reação de um cloreto de acila com uma solução aquosa de piridina? Explique sua resposta.

RESOLUÇÃO Uma amida *não* pode ser formada, porque o nitrogênio carregado positivamente faz com que a piridina seja um excelente grupo de saída. Portanto, o produto final da reação será um ácido carboxílico. (Se o pH final da solução for maior do que o pKa do ácido carboxílico, o ácido carboxílico estará predominantemente em sua forma básica.)

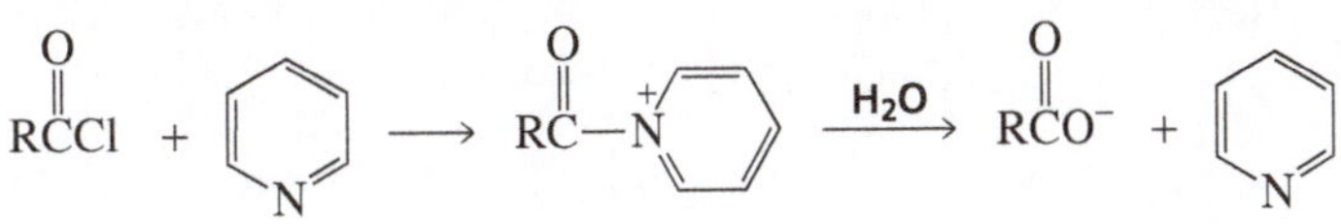

A piridina é aromática. Assim como o benzeno, ela apresenta dois contribuintes de ressonância sem carga. Como o nitrogênio é retirador de elétrons, a piridina tem três contribuintes de ressonância carregadas que o benzeno não tem. (Veja figuras em cores no caderno colorido.)

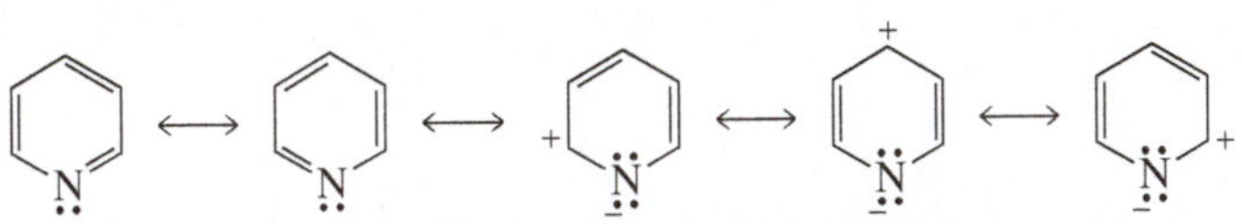
contribuintes de ressonância da piridina

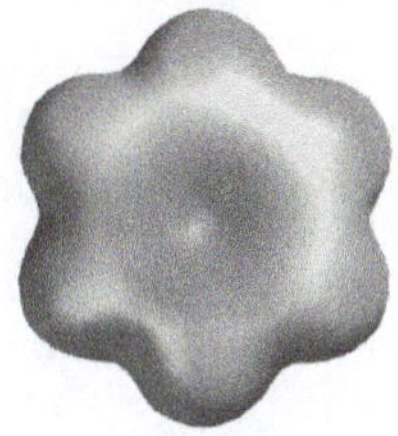
benzeno

O momento dipolar da piridina é 1,57 D. Assim como indicado pelos contribuintes de ressonância e o mapa do potencial eletrostático, o nitrogênio retirador de elétrons está na parte final negativa do dipolo.

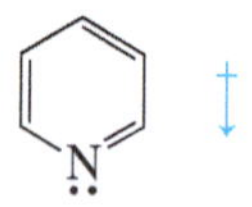

μ = 1,57 D

piridina

Por ser aromática, a piridina (assim como o benzeno) sofre reações de substituição aromáticas eletrofílicas (:B é uma base na solução).

mecanismo para a substituição aromática eletrofílica

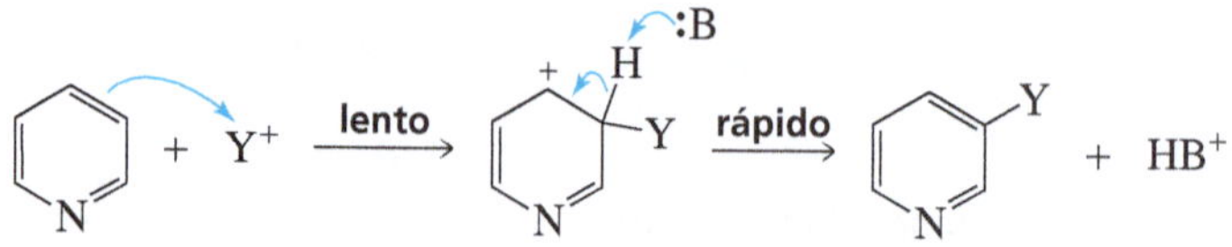

A piridina sofre substituição aromática eletrofílica no C-3.

A substituição aromática eletrofílica da piridina ocorre no C-3 porque o intermediário mais estável é obtido pela troca de um substituinte eletrofílico naquela posição (Figura 21.2). Quando o substituinte é trocado no C-2 ou no C-4, um dos contribuintes de ressonância é particularmente instável, pois seu átomo de nitrogênio tem um octeto incompleto *e* uma carga positiva. O átomo de nitrogênio retirador de elétrons faz com que o intermediário obtido de uma substituição aromática eletrofílica seja menos estável do que o carbocátion intermediário obtido de uma substituição aromática eletrofílica do benzeno. Portanto, a piridina é menos reativa do que o benzeno. Aliás, também é menos estável do que o nitrobenzeno. (Lembre-se da Seção 16.3, em que um grupo nitro-retirador de elétrons desativa fortemente um anel benzênico diante da substituição aromática eletrofílica.)

reatividade relativa diante da substituição aromática eletrofílica

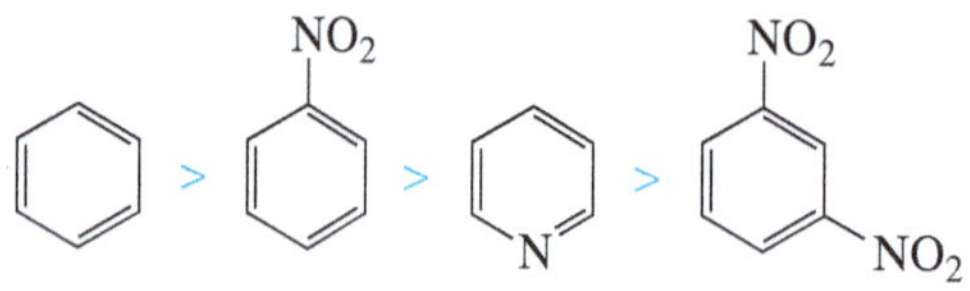

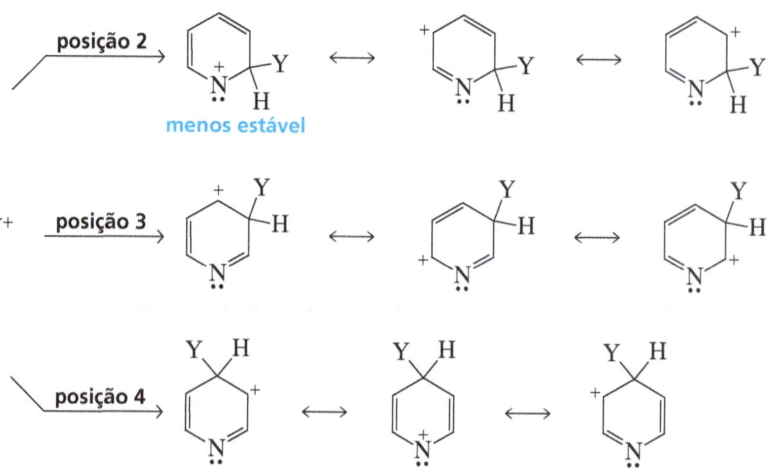

Figura 21.2 ▶
Estruturas dos intermediários que podem ser formados a partir da reação de um eletrófilo com a piridina.

A piridina, portanto, sofre reações de substituição aromática eletrofílica somente sob condições drásticas e freqüentemente os rendimentos dessas reações são muito baixos. Se o nitrogênio for protonado sob condições reacionais, a reatividade diminuirá muito, porque o nitrogênio carregado positivamente levará a um carbocátion intermediário muito menos estável.

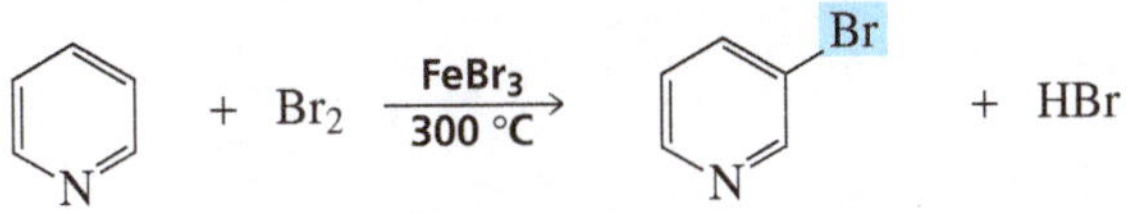

3-bromopiridina
30%

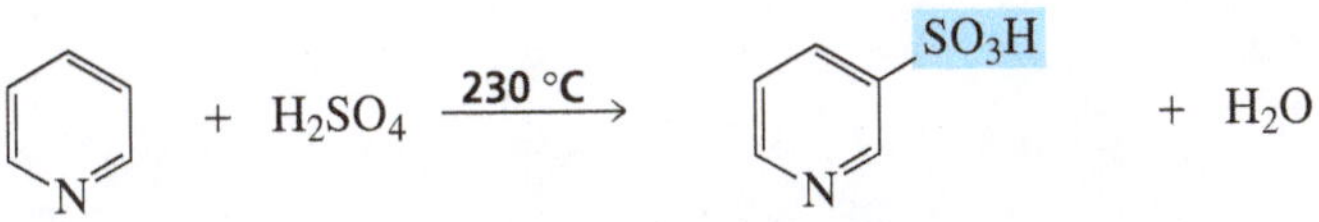

ácido piridino-3-sulfônico
71%

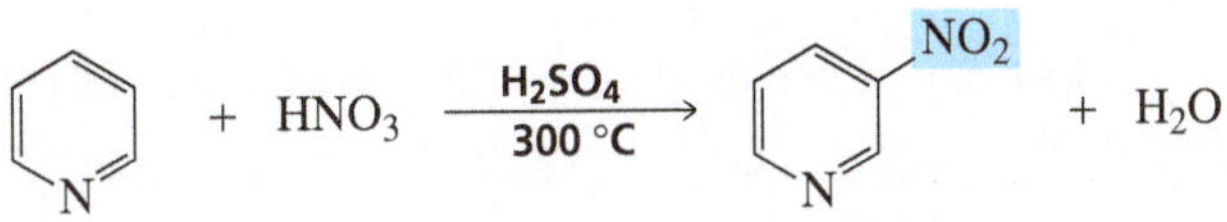

3-nitropiridina
22%

Estudamos que o anel benzênico altamente desativado não sofre reações de alquilação e acilação de Friedel–Crafts. Portanto, a piridina, cuja reatividade é similar à do benzeno altamente desativado, não sofre essas reações.

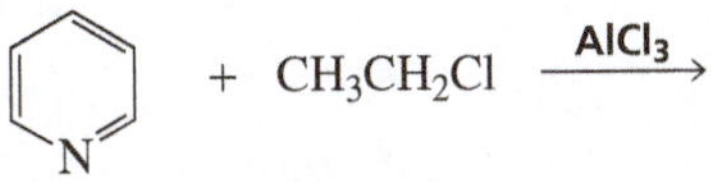

não ocorre reação de substituição aromática eletrofílica

PROBLEMA 18

Dê os produtos da reação a seguir:

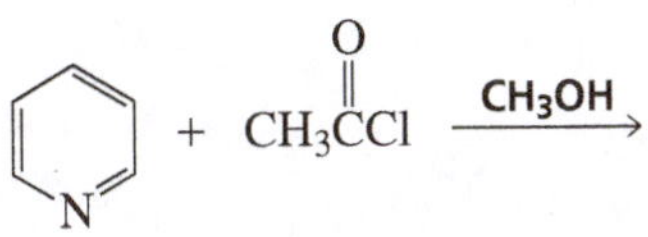

Como a piridina é *menos* reativa do que o benzeno diante da substituição aromática *eletrofílica*, não surpreende o fato de a piridina ser *mais* reativa do que o benzeno diante de reações de substituição aromáticas *nucleofílicas*. O átomo de nitrogênio retirador de elétrons que desestabiliza o intermediário na substituição aromática eletrofílica estabiliza-o nas reações de substituição aromática nucleofílica.

mecanismo da substituição aromática nucleofílica

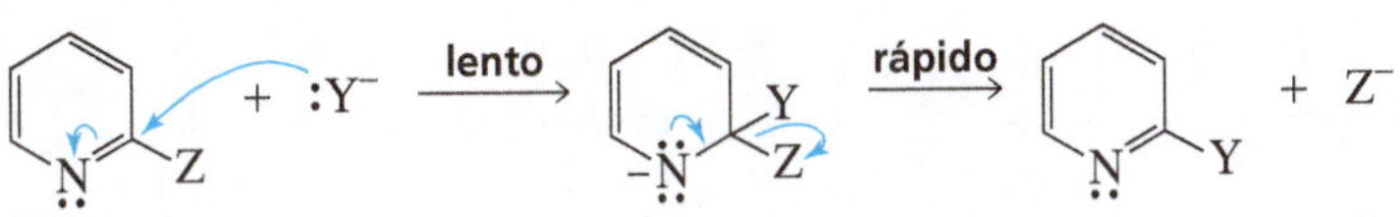

A piridina sofre uma substituição aromática nucleofílica no C-2 e no C-4.

A substituição aromática nucleofílica da piridina ocorre no C-2 e no C-4 porque o ataque nessas posições leva aos intermediários mais estáveis. Somente quando o ataque nucleofílico ocorre em tais posições é obtido um contribuinte de ressonância que tem a maior densidade eletrônica no nitrogênio, o átomo mais eletronegativo dos átomos do anel (Figura 21.3).

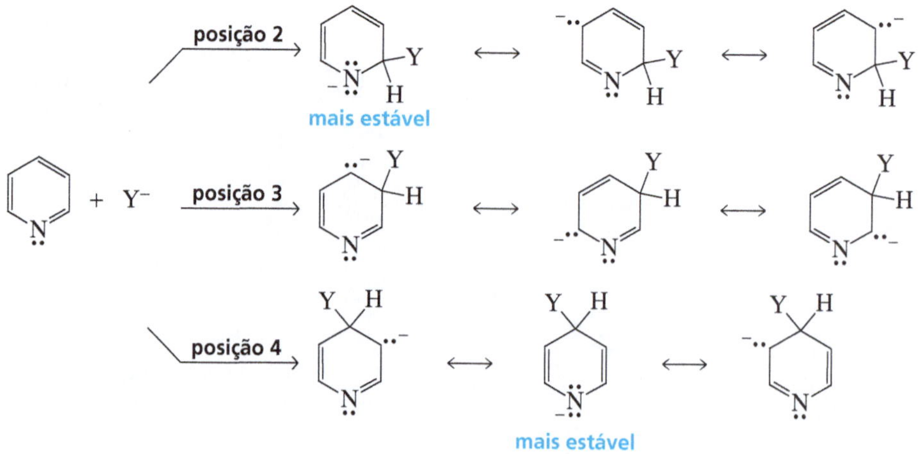

Figura 21.3 ▶ Estruturas de intermediários que podem ser formados da reação de um nucleófilo com a piridina.

Se os grupos de saída no C-2 e no C-4 são diferentes, o nucleófilo que se aproxima substituirá preferencialmente a base mais fraca (o melhor grupo de saída).

A piridina é *menos* reativa do que o benzeno diante da substituição aromática eletrofílica e *mais* reativa do que o benzeno diante da substituição aromática nucleofílica.

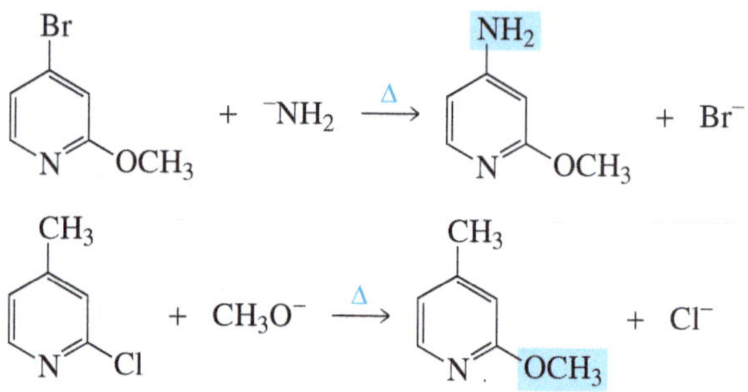

PROBLEMA 19

Compare o mecanismo das reações a seguir:

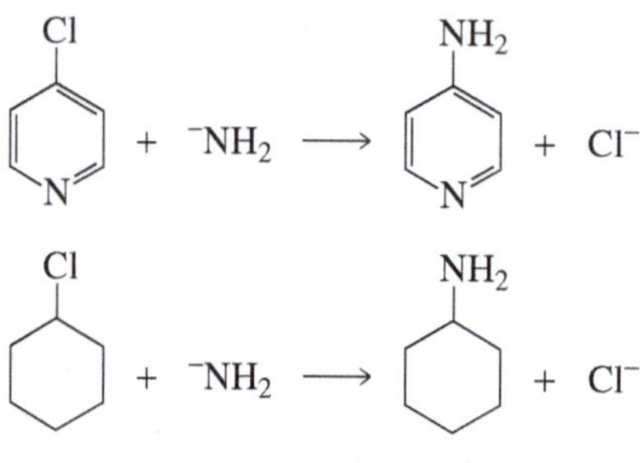

PROBLEMA 20

a. Proponha um mecanismo para a seguinte reação:

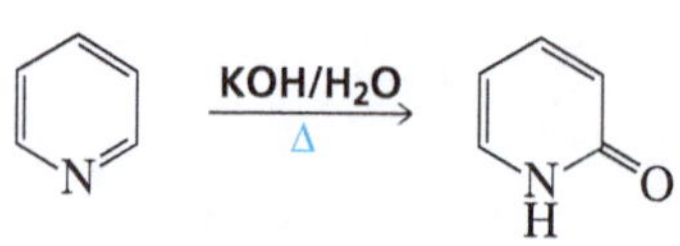

b. Qual é o outro produto formado?

As piridinas substituídas sofrem muitas das reações nas cadeias laterais sofridas pelos benzenos substituídos. Piridinas alquil-substituídas, por exemplo, podem ser bromadas e oxidadas.

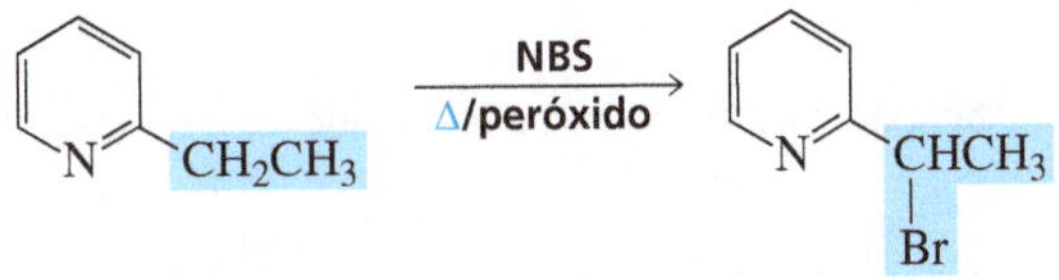

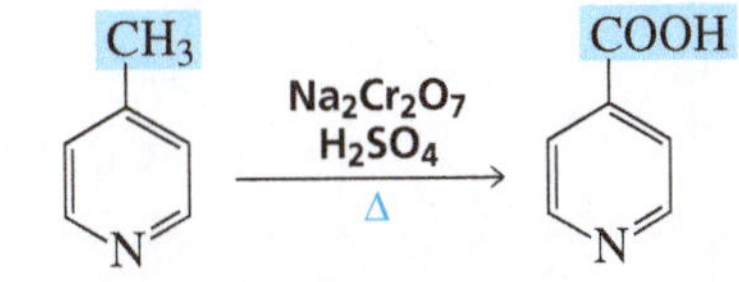

Quando 2-aminopiridina ou 4-aminopiridina é diazotada, forma-se a α-piridona ou a γ-piridona. Os sais de diazônio parecem reagir imediatamente com a água para formar uma hidroxipiridina (Seção 16.10). O produto da reação é uma piridona, porque a forma ceto de uma hidroxipiridina é mais estável do que a forma enol. (O mecanismo para a conversão de um grupo amino em um grupo diazônio foi apresentado na Seção 16.12.)

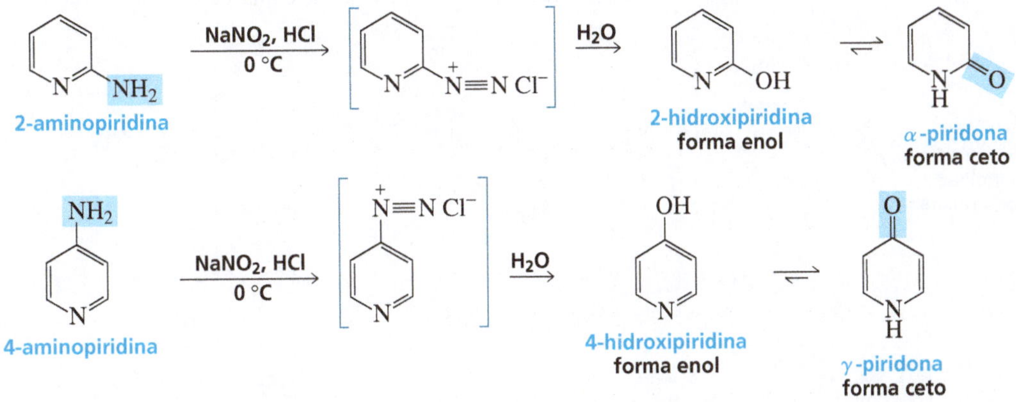

O nitrogênio retirador de elétrons faz com que os hidrogênios α dos grupos alquila ligados nas posições 2 e 4 do anel piridínico tenham aproximadamente a mesma acidez dos hidrogênios α das cetonas (Seção 19.1).

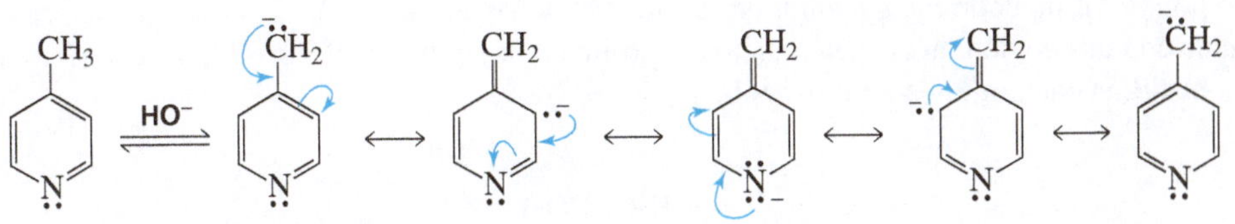

Conseqüentemente, os hidrogênios α dos substituintes alquílicos podem ser removidos por uma base, e os carbânions resultantes podem reagir como nucleófilos.

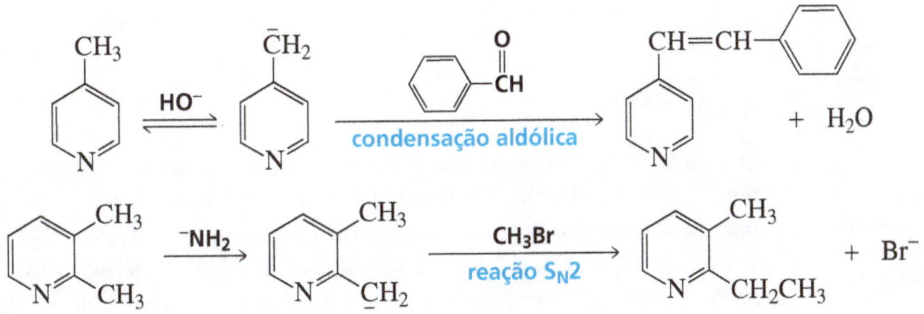

PROBLEMA 21◆

Coloque em ordem decrescente as substâncias a seguir quanto à facilidade de remoção de um próton de um grupo metílico:

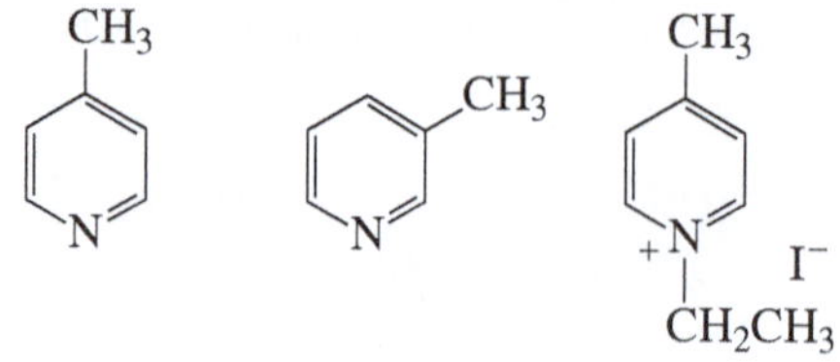

Quinolina e isoquinolina

A quinolina e a isoquinolina são conhecidas como *benzopiridinas* porque as duas têm um anel benzênico e um anel piridínico. Assim como o benzeno e a piridina, são substâncias aromáticas. Os valores de pK_a de seus ácidos conjugados são similares aos pK_a do ácido conjugado da piridina. (Para que os carbonos na quinolina e na isoquinolina tenham o mesmo número de carbonos, na isoquinolina o nitrogênio é designado com a posição 2, e não com o menor número possível.)

Molecule Gallery: Quinolina; Isoquinolina

WWW

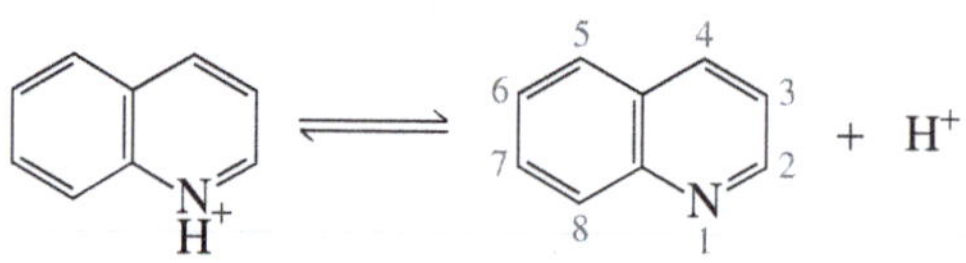

pK_a = 4,85 — quinolina

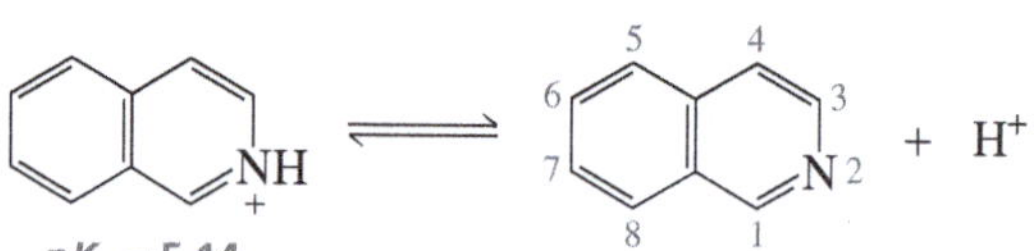

pK_a = 5,14 — isoquinolina

21.11 Heterociclos biologicamente importantes

As proteínas são polímeros de ocorrência natural de α-aminoácidos (Capítulo 23). Três dos vinte aminoácidos de ocorrência natural mais comuns contêm anéis heterociclos: a prolina contém um anel pirrolidínico, o triptofano contém um anel indólico e a histidina contém um anel imidazólico.

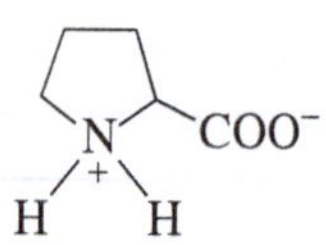

prolina

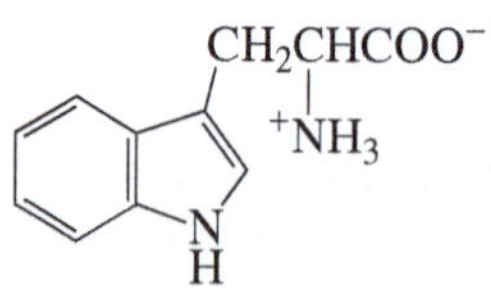

triptofano

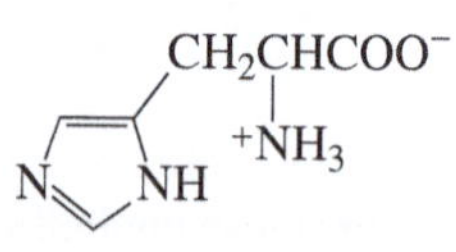

histidina

Imidazol

Tutorial Gallery: Reconhecendo anéis heterociclos comuns em moléculas complexas

WWW

O **imidazol**, anel heterociclo da histidina, é a primeira substância heterocíclica que tem dois heteroátomos. Trata-se de uma substância aromática porque é cíclica e planar; cada carbono do anel tem um orbital *p*, e a nuvem π contém *três* pares de elétrons π (Seção 15.1). Os elétrons desenhados como pares de elétrons não compartilhados no N-1 (veja p. 321) fazem parte da nuvem π, porque estão em um orbital sp^2, perpendicular aos orbitais *p*.

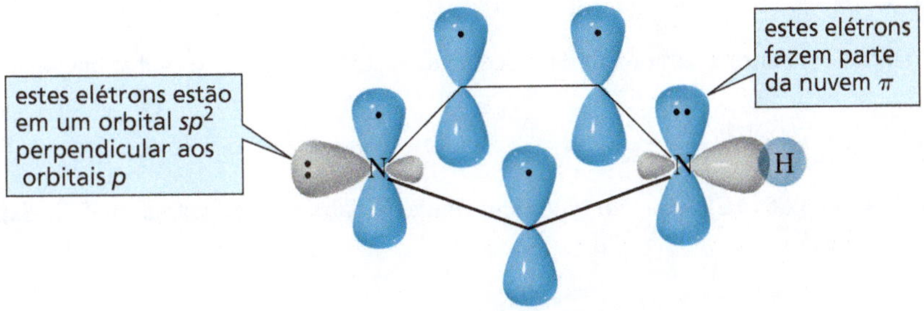

estrutura orbitalar do imidazol

A energia de ressonância do imidazol é de 14 kcal/mol (59 kJ/mol), significativamente menor do que a energia de ressonância do benzeno (36 kcal/mol ou 151 kJ/mol).

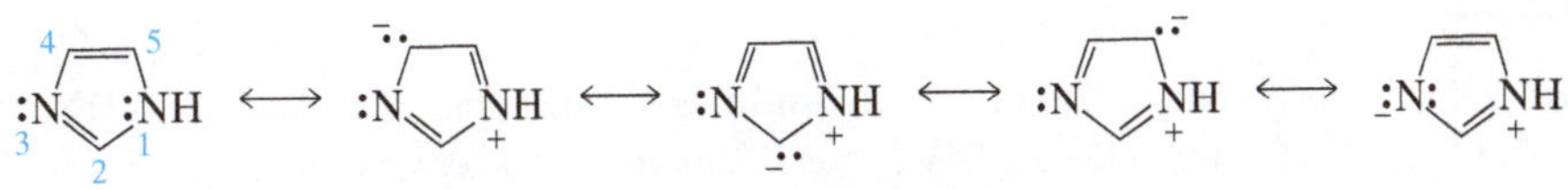

contribuintes de ressonância do imidazol

Assim como o pirrol, o imidazol é protonado em soluções ácidas porque o par de elétrons livres no orbital sp^2 não faz parte da nuvem π. Como o ácido conjugado do imidazol tem um pK_a de 6,8, o imidazol se encontra tanto na forma protonada quanto na forma não protonada no pH fisiológico (7,3). Essa é uma das razões para que a histidina, um aminoácido que contém o imidazol, seja um importante componente catalítico de muitas enzimas (Seção 24.9).

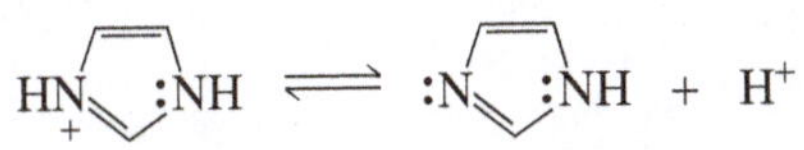

pK_a = 6,8

O imidazol neutro é um ácido mais forte (pK_a = 14,4) do que o pirrol neutro (pK_a ~17), em razão do segundo nitrogênio do anel.

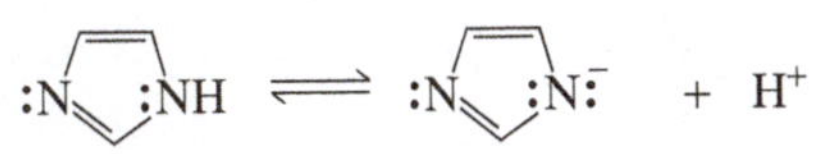

pK_a = 14,4

Observe que tanto o imidazol protonado quanto o ânion do imidazol têm dois contribuintes de ressonância. Isso significa que os dois nitrogênios se tornam equivalentes quando o imidazol está ou não na forma protonada.

imidazol protonado **ânion do imidazol**

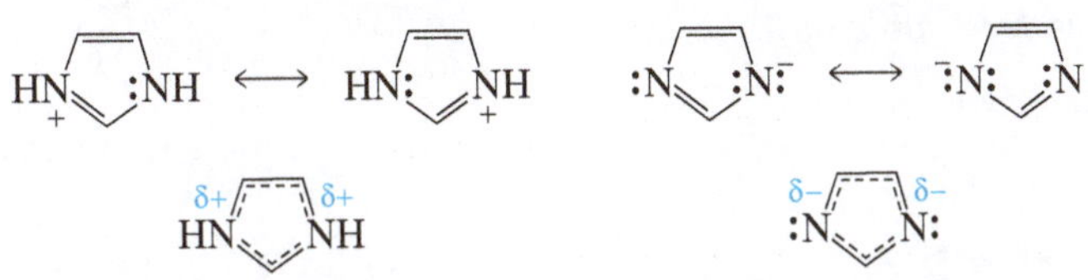

híbrido de ressonância híbrido de ressonância

PROBLEMA 22◆

Dê o produto majoritário da reação abaixo:

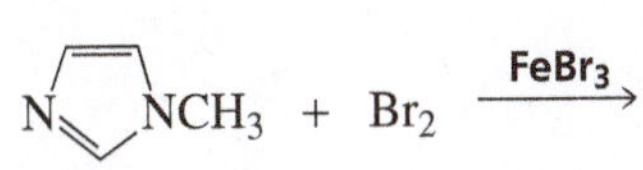

PROBLEMA 23◆

Coloque o imidazol, o pirrol e o benzeno em ordem decrescente de reatividade diante da substituição aromática eletrofílica.

PROBLEMA 24◆

O imidazol entra em ebulição a 257º C, enquanto o *N*-metil-imidazol entra em ebulição a 199º C. Explique essa diferença quanto aos pontos de ebulição.

PROBLEMA 25◆

Qual porcentagem de imidazol será protonada no pH fisiológico (7,3)?

Purina e pirimidina

Os ácidos nucléicos (DNA e RNA) contêm **purinas** e **pirimidinas** substituídas (Seção 27.1); o DNA contém A, G, C e T, e o RNA contém A, G, C e U (o motivo de o DNA conter T em vez de U será explicado na Seção 27.14). As purinas e as pirimidinas não substituídas não são encontradas na natureza. Observe que as hidroxipurinas e as hidroxipirimidinas são mais estáveis na sua forma ceto. Veremos que a preferência pela forma ceto é crucial para os próprios pares de bases no DNA (Seção 27.7).

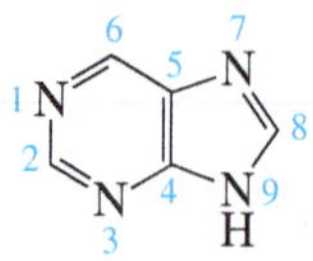

purina

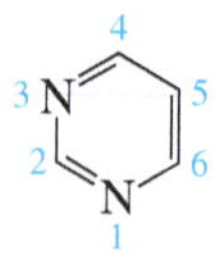

pirimidina

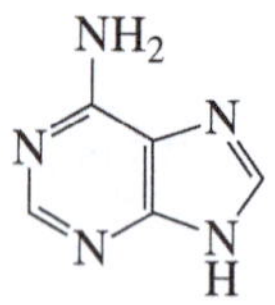

adenina

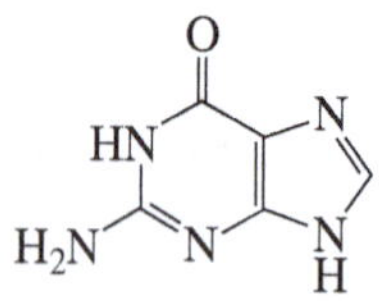

guanina

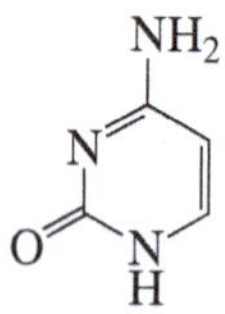

citosina

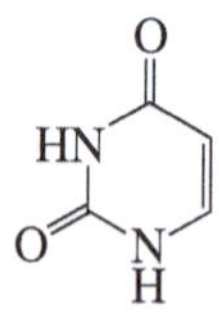

uracila

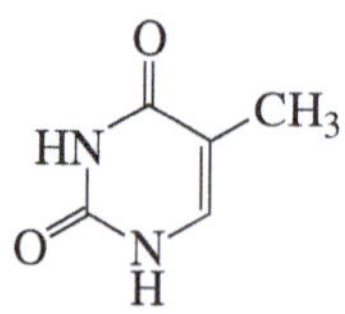

timina

Porfirina

As *porfirinas* substituídas são importantes substâncias de ocorrência natural. Um **sistema anelar de porfirina** consiste de quatro anéis pirrólicos unidos por uma ponte de carbono. Heme, que é encontrada na hemoglobina e na mioglobina, contém um íon ferro (Fe^{2+}) ligado por quatro nitrogênios do sistema anelar porfirínico. A **ligação** se dá entre os elétrons livres e o íon metálico. O sistema anelar porfirínico do heme é conhecido como **protoporfirina IX**; o sistema anelar mais o átomo de ferro é denominado *ferro protoporfirina IX*.

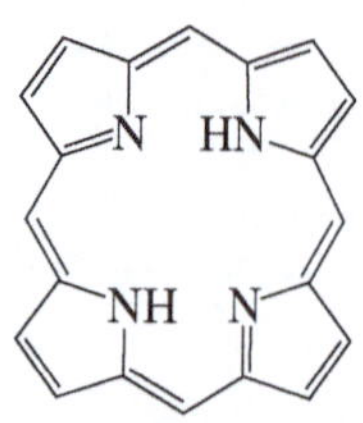

sistema anelar porfirínico

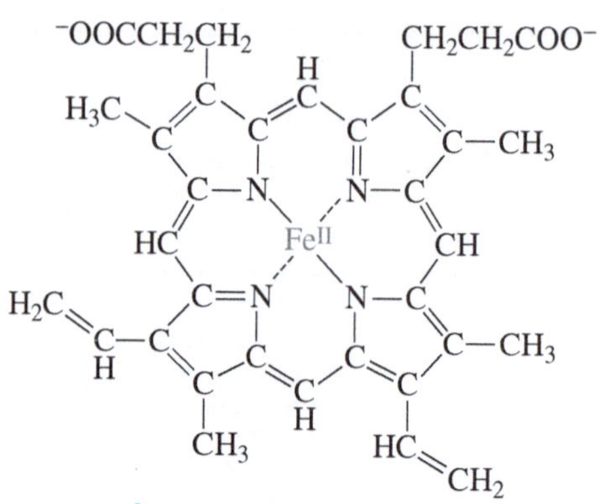

ferro protoporfirina IX
heme

A hemoglobina é responsável pelo transporte de oxigênio para as células e pela retirada de dióxido de carbono das células, e a mioglobina é responsável pelo armazenamento do oxigênio nas células. A hemoglobina tem quatro cadeias polipeptídicas e quatro grupos heme; a mioglobina tem uma cadeia polipeptídica e um grupo heme. Os átomos de ferro na hemoglobina e na mioglobina, além de serem ligados a quatro nitrogênios do anel porfirínico, também estão ligados à histidina do componente proteínico (globina), e o sexto ligante é o oxigênio ou dióxido de carbono. O monóxido de carbono tem aproximadamente o mesmo tamanho e a mesma forma do O_2, mas o CO se liga mais firmemente ao Fe^{2+} do que o O_2. Conseqüentemente, o dióxido de carbono pode ser fatal para a respiração, porque impede o transporte do oxigênio pela corrente sanguínea.

Molecule Gallery: Heme

WWW

O longo sistema conjugado da porfirina confere ao sangue sua cor vermelha característica. Sua alta absorvidade molar (cerca de 160.000) permite que concentrações extremamente baixas, como 1×10^{-8} M, sejam detectadas pelo espectroscópio de UV (Seção 8.10, volume 2).

mecanismo para a biossíntese da porfirina

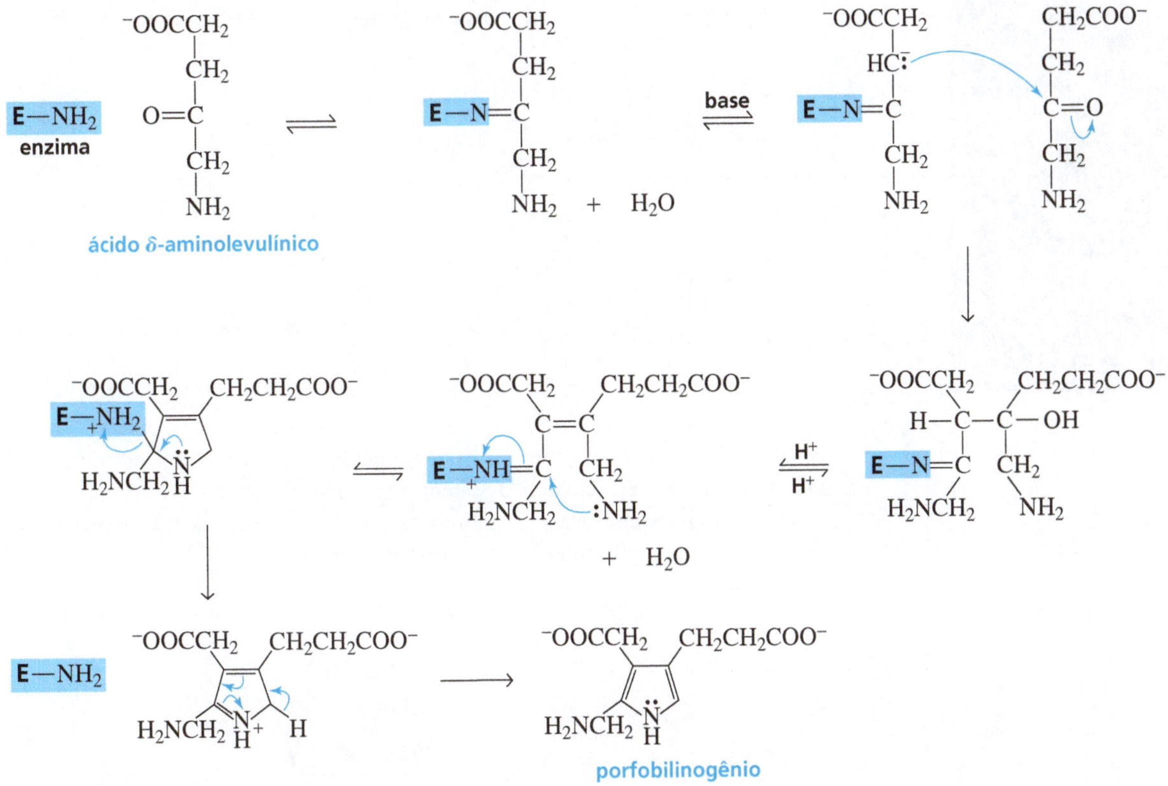

Quatro moléculas de porfobilinogênio reagem para formar a porfirina.

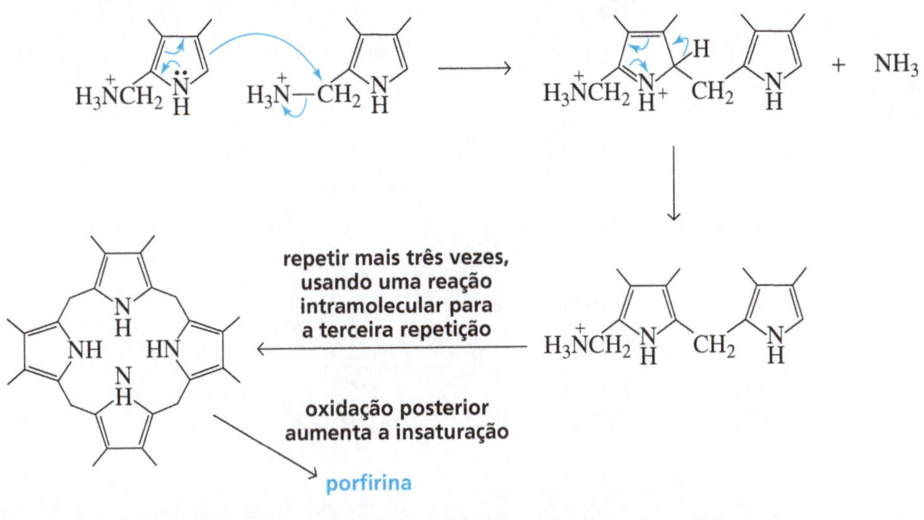

Molecule Gallery: Clorofila *a*
WWW

A biossíntese da porfirina envolve a formação de porfobilinogênio de duas moléculas do ácido δ-aminolevulínico. O mecanismo preciso para a biossíntese ainda é desconhecido. Um possível mecanismo se inicia com a formação de uma imina entre a enzima que catalisa a reação e uma das moléculas do ácido δ-aminolevulínico. O ataque nucleofílico pelo grupo amino na imina fecha o anel. As enzimas são então eliminadas, e a remoção de um próton cria um anel aromático.

O sistema anelar na clorofila *a*, substância responsável pela cor verde das plantas, é similar à porfirina, mas contém um anel ciclopentanona, e um de seus anéis pirrólicos é parcialmente reduzido. O átomo metálico na clorofila *a* é o magnésio (Mg^{2+}).

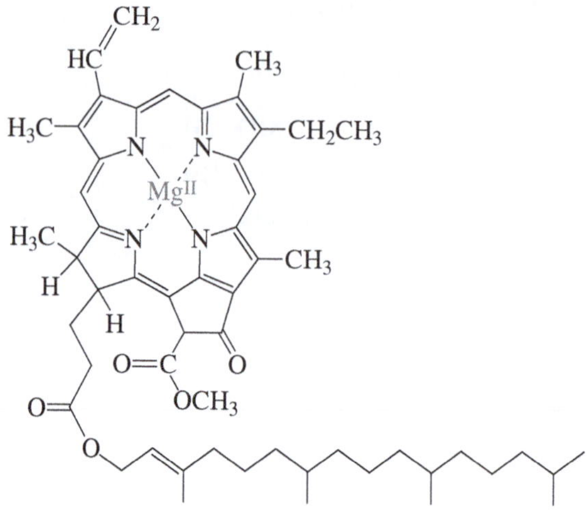

Clorofila *a*

A vitamina B_{12} também tem um sistema anelar similar à porfirina, mas uma das pontes metínicas não existe. O sistema anelar da vitamina B_{12} é conhecido como um sistema anelar longo. O átomo metálico na vitamina B_{12} é o cobalto (CO^{3+}). A química da vitamina B_{12} será discutida na Seção 25.7.

Molecule Gallery: Vitamina B_{12}
WWW

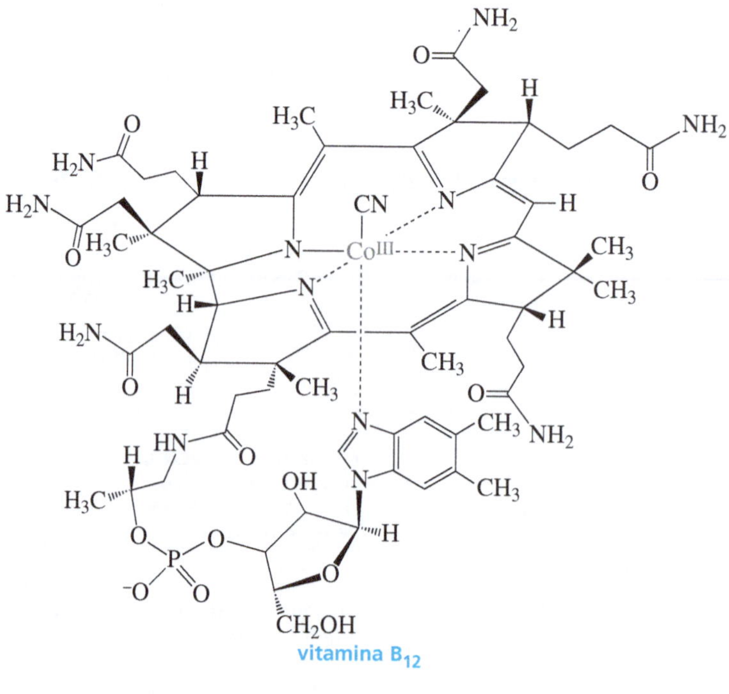

vitamina B_{12}

PROBLEMA 26◆

A porfirina é aromática?

PROBLEMA 27

Demonstre como as duas últimas moléculas são incorporadas ao anel porfirínico.

Porfirina, bilirrubina e icterícia

A média humana de hemoglobina produzida gira em torno de 6 gramas por dia. As porções de proteína (globina) e ferro são reutilizadas, mas o anel porfirínico é quebrado. Inicialmente é reduzido a biliverdina, uma substância verde, que por sua vez é reduzida a bilirrubina, uma substância amarela. Se for formada mais bilirrubina do que aquela que pode ser excretada pelo fígado, o execsso se acumula no sangue. Quando a concentração de bilirrubina no sangue atinge certo nível, a bilirrubina se espalha pelos tecidos, fazendo com que se tornem amarelos. Esse quadro é conhecido como icterícia.

Resumo

As aminas são substâncias nas quais um ou mais hidrogênios da amônia são substituídos por grupos R. As aminas são classificadas como aminas primárias, secundárias ou terciárias, conforme um, dois ou três hidrogênios da amônia tenham sido substituídos. As aminas sofrem **inversão de amina**, passando por um estado de transição no qual o nitrogênio sp^3 se transforma em um nitrogênio sp^2.

Algumas aminas são **substâncias cíclicas** — substâncias em que um ou mais átomos do anel não são carbono. Os anéis heterociclos são numerados de maneira que o **heteroátomo** tenha o menor número possível. Um **produto natural** é uma substância sintetizada por uma planta ou um animal. Os **alcalóides** são produtos naturais que contêm um ou mais nitrogênios como heteroátomos e que são encontrados nas folhas, cascas, raízes ou sementes das plantas.

Em razão do par de elétrons livres do nitrogênio, as aminas são tanto bases quanto nucleófilos. As aminas reagem como nucleófilos em reações de substituição nucleofílicas, em reações de substituição nucleofílica acílica, em reações de adição–eliminação e em reações de adição conjugada.

As aminas não podem sofrer reações de eliminação ou substituição como os haletos de alquila, porque o grupo de saída das aminas também são básicos. Da mesma maneira, as aminas protonadas não podem sofrer reações idênticas às sofridas pelos alcoóis e éteres protonados. As aminas são facilmente oxidadas. Os heterociclos saturados que contêm cinco ou mais átomos apresentam propriedades físicas e químicas típicas das substâncias acíclicas que contêm o mesmo heteroátomo.

Os hidróxidos de amônio quaternário e os óxidos de amina sofrem reações de eliminação E2 conhecidas como reação de eliminação de Hofmann e reação de eliminação de Cope. Em ambas, é removido o próton do carbono β ligado ao maior número de hidrogênios. Os sais de amônio quaternário são os **catalisadores de transferência de fase** mais comuns.

As aminas primárias podem ser sintetizadas pela síntese de Gabriel, pela redução de uma azida alquílica ou uma nitrila, pela **aminação redutiva** e pela redução de uma amida.

O **pirrol**, o **furano** e o **tiofeno** são substâncias aromáticas que sofrem reações de substituição aromática eletrofílica preferencialmente no C-2. Essas substâncias são mais reativas do que o benzeno diante da substituição aromática eletrofílica. Quando o pirrol é protonado, sua aromaticidade é destruída. Ele polimeriza em soluções de ácido forte. O indol, o benzofurano e o benzotiofeno são substâncias aromáticas que contêm um anel aromático de cinco membros fundido a um anel benzênico.

Com a substituição de um dos carbonos do benzeno por um nitrogênio forma-se a **piridina**, substância aromática que sofre reações de substituição aromática eletrofílica no C-3 e reações de substituição aromáticas nucleofílicas no C-2 e no C-4. A piridina é menos reativa do que o benzeno diante da substituição aromática eletrofílica e mais reativa diante da substituição aromática nucleofílica. A quinolina e a isoquinolina são substâncias aromáticas que contêm um anel benzeno e um anel piridina.

O **imidazol** é um anel heterociclo do aminoácido histidina. O ácido conjugado do imidazol tem um pK_a de 6,8, que lhe permite existir tanto na forma protonada como na forma não protonada no pH fisiológico (pH = 7,3). Os ácidos nucléicos (DNA e RNA) contêm **purinas** substituídas e **pirimidinas** substituídas. As hidroxipurinas e as hidroxipirimidinas são mais estáveis na forma ceto. O **sistema anelar porfirínico** consiste de quatro anéis pirrol ligados por um carbono como ponte. Na hemoglobina e na mioglobina, os quatro átomos de nitrogênio estão ligados ao Fe^{2+}. O átomo de metal na clorofila *a* é o Mg^{2+}, e o átomo de metal na vitamina B_{12} é o Co^{2+}.

Resumo das reações

1. Reação de aminas como nucleófilos (Seção 21.4).

   a. Em reações de alquilação:

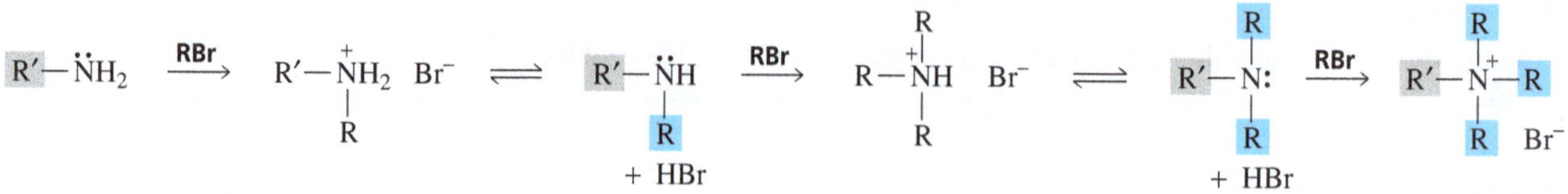

   b. Em reações de acilação:

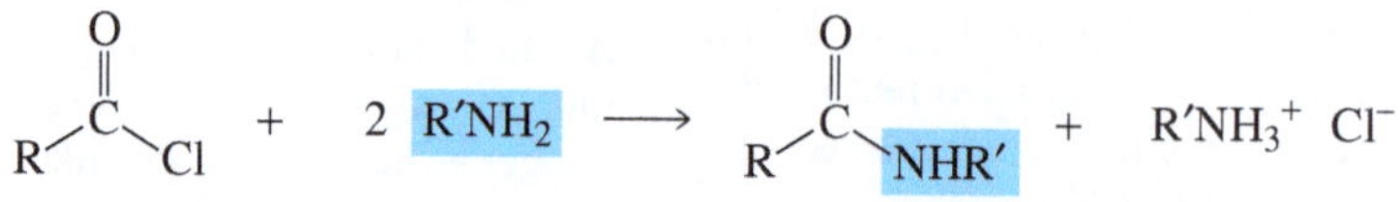

   c. Em reações nucleofílicas de adição–eliminação:

   i Reação de uma amina primária com um aldeído ou uma cetona para formar uma imina:

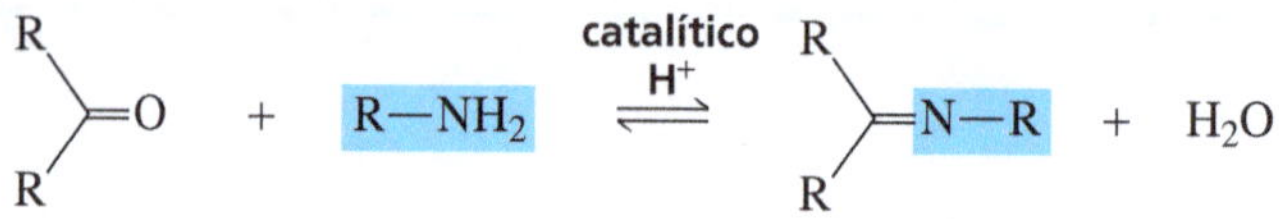

   ii Reação de uma amina secundária com um aldeído ou uma cetona para formar enamina:

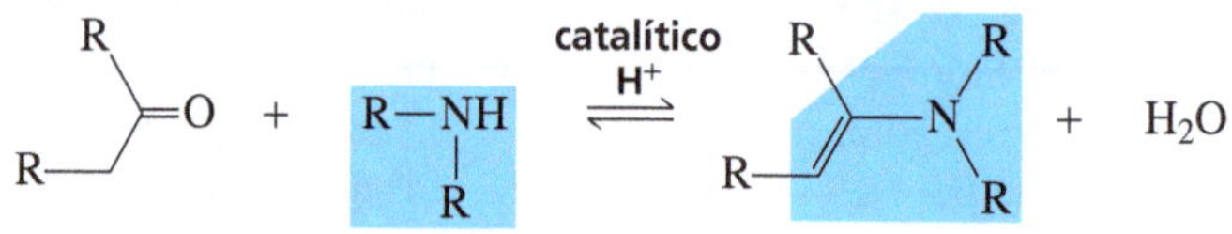

   d. Em reações de adição conjugada:

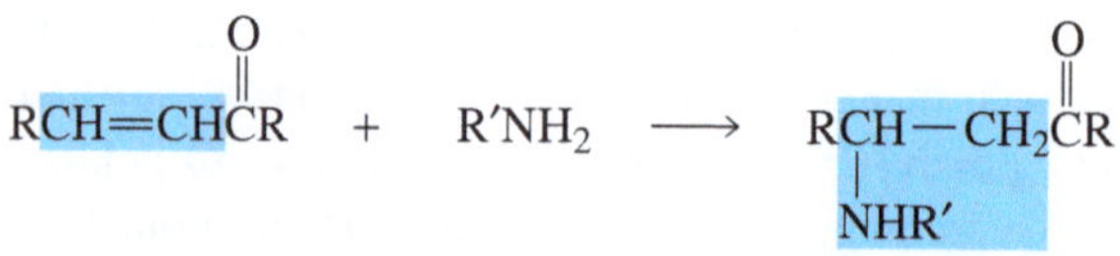

2. As arilaminas primárias reagem com ácido nitroso para formar sais de arenodiazônio estáveis (Seção 21.4).

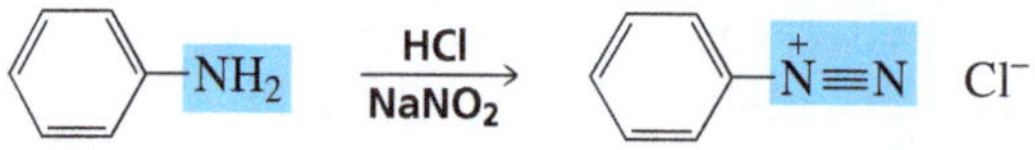

3. Oxidação de aminas: as aminas primárias são oxidadas a substâncias nitro, as aminas secundárias a hidroxilaminas, e as aminas terciárias a óxidos de amina (Seção 21.7).

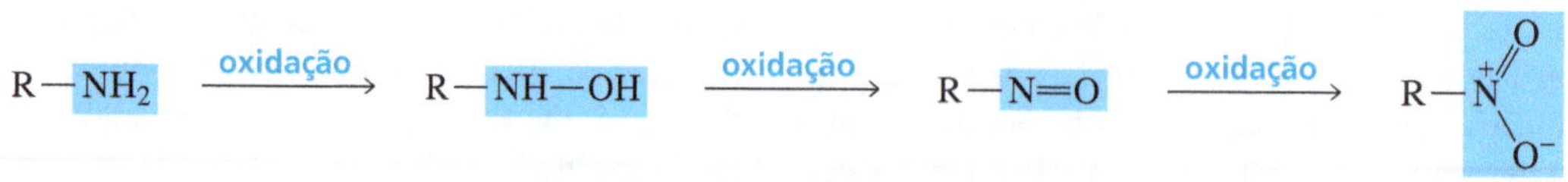

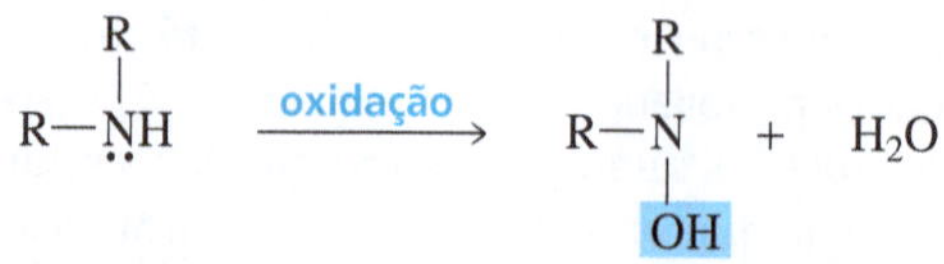

amina secundária **hidroxilamina secundária**

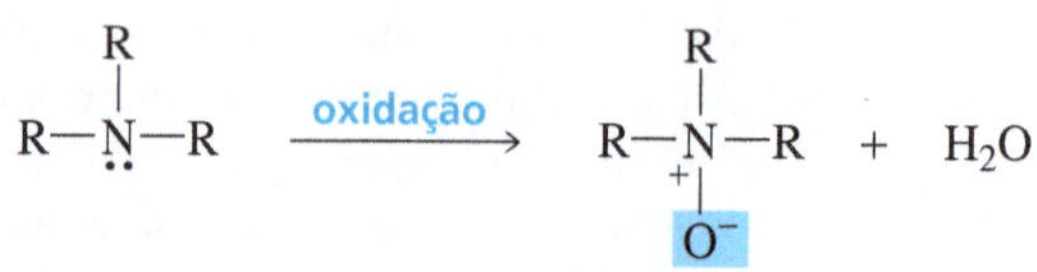

amina terciária **óxido de amina terciária**

4. Reações de eliminação de hidróxidos *de amônio quaternário ou óxidos de aminas terciárias* (Seções 21.5 e 21.7).

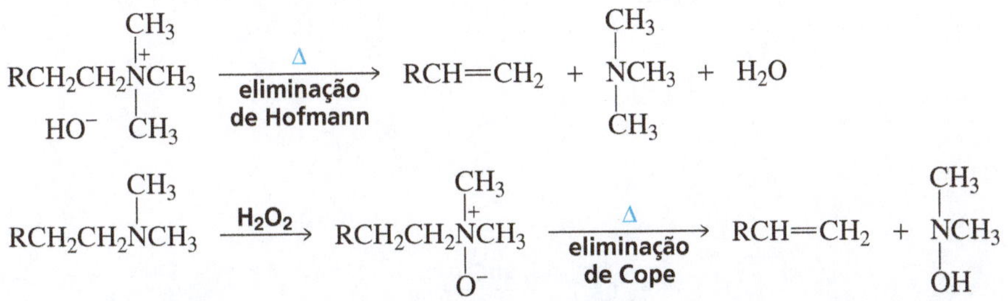

em ambas as eliminações, o próton é removido do carbono β ligado ao carbono com maior número de hidrogênios

5. Síntese de aminas (Seção 21.8).

   a. Síntese de Gabriel de aminas primárias:

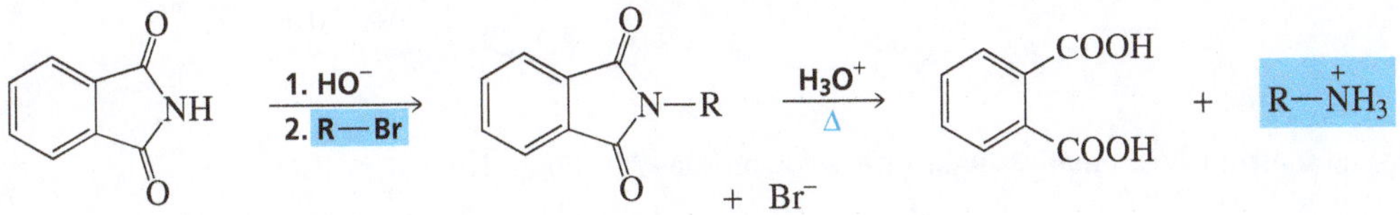

   b. Redução de uma alquilazida ou nitrila:

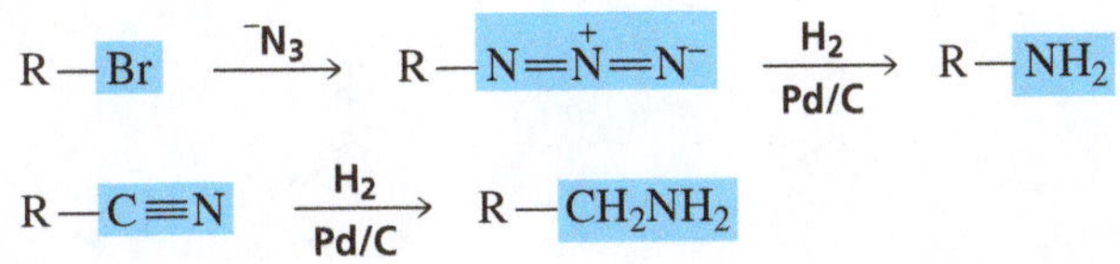

   c. redução de um nitroalcano ou nitrobenzeno:

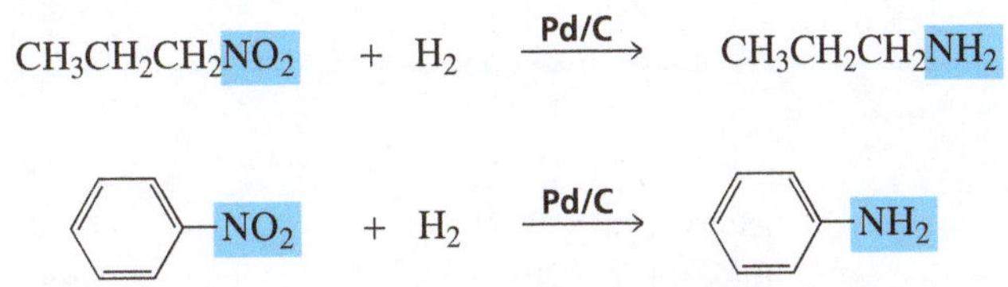

   d. Aldeídos e cetonas reagem (1) com excesso de *amônia* mais H_2/catalisador de metal para formar aminas primárias; (2) com *aminas primárias*, seguido da redução com triacetoxiboroidreto de sódio para formar aminas secundárias; e (3) com *aminas secundárias*, seguido de redução com triacetoxiboroidreto de sódio para formar aminas terciárias:

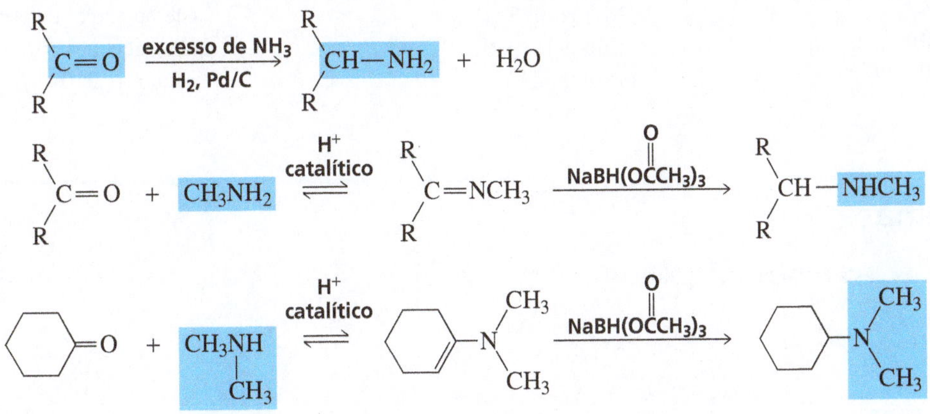

6. Reações de substituição aromática eletrofílica.

   a. Pirrol, furano e tiofeno (Seção 21.9):

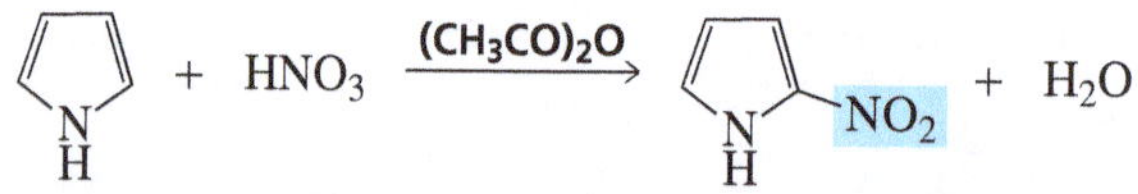

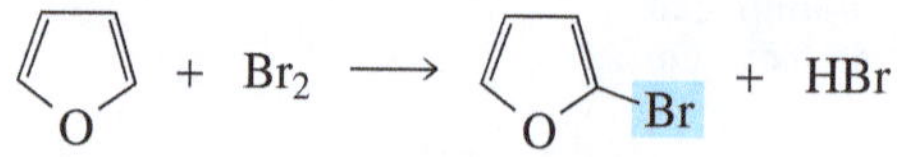

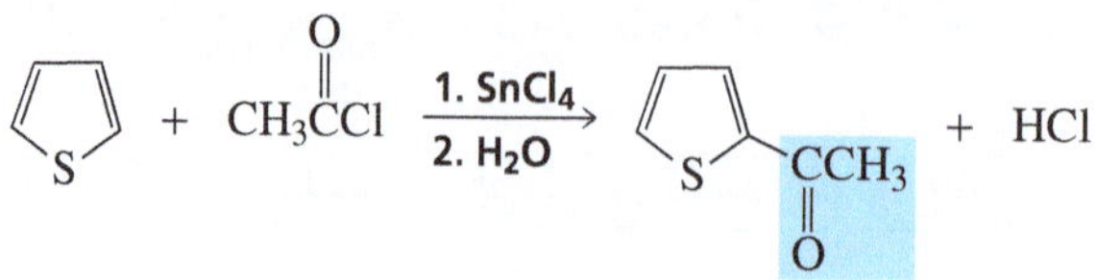

b. Piridina (Seção 21.10):

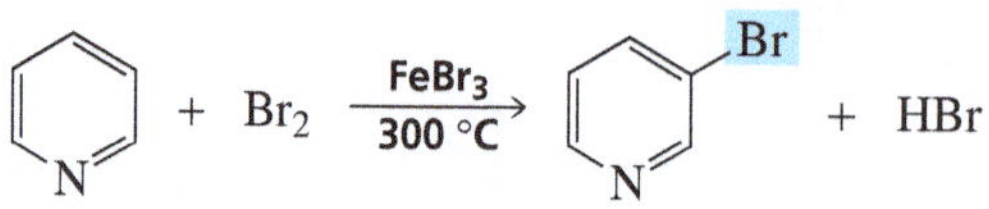

7. Reações de substituição aromáticas nucleofílicas da piridina (Seção 21.10).

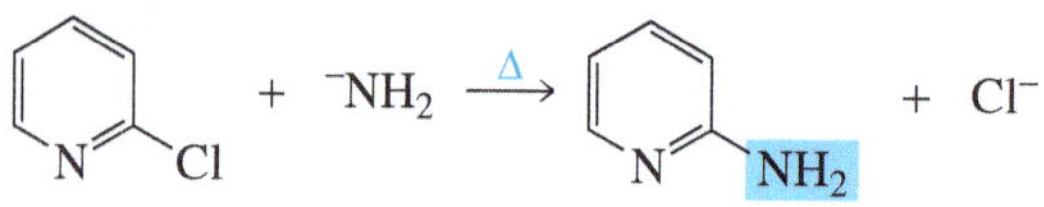

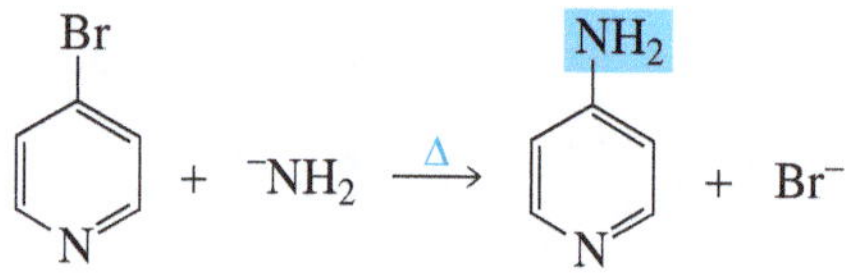

Palavras-chave

alcalóide (p. 298)
aminação redutiva (p. 309)
aminas (p. 297)
catalisador de transferência de fase (p. 306)
catálise de transferência de fase (p. 306)
furano (p. 310)
heteroátomo (p. 297)
heterociclo (p. 297)
imidazol (p. 320)
inversão de amina (p. 299)
íon de amônio quaternário (p. 302)
ligação (p. 322)
metilação exaustiva (p. 305)
piridina (p. 314)
pirimidina (p. 322)
pirrol (p. 310)
produto natural (p. 298)
protoporfirina IX (p. 322)
purina (p. 322)
reação de eliminação de Cope (p. 307)
reação de eliminação de Hofmann (p. 302)
sistema anelar da porfirina (p. 322)
substância heterocíclica (p. 297)
tiofeno (p. 310)

Problemas

28. Dê os nomes das substâncias a seguir:

a. 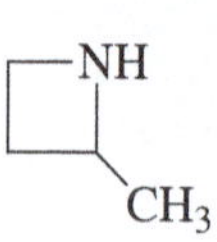

b. 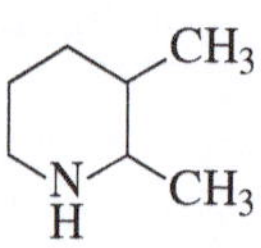

c. 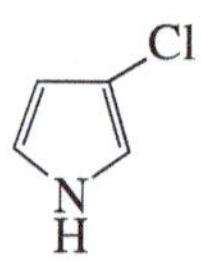

d. 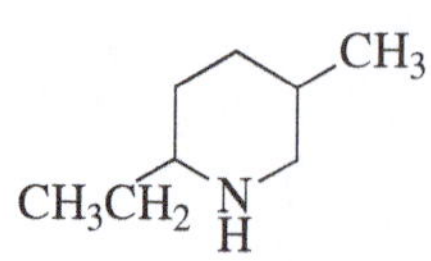

29. Dê os produtos de cada uma das seguintes reações:

a.
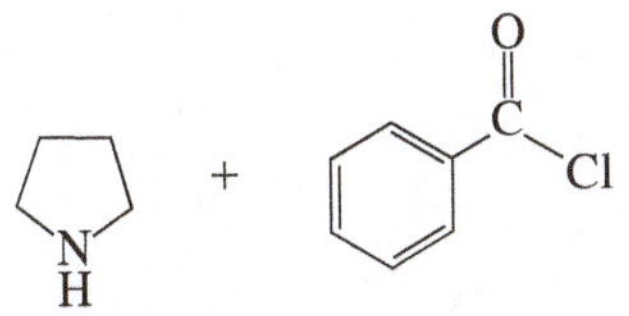

b.
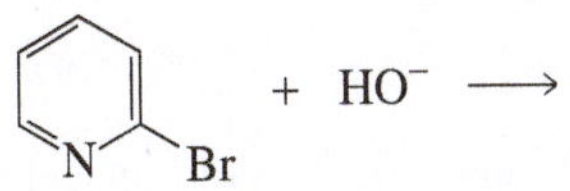

c. $CH_3CH_2CH_2CH_2Br \xrightarrow[2.\ H_2/Pd]{1.\ \bar{C}\equiv N}$

d.
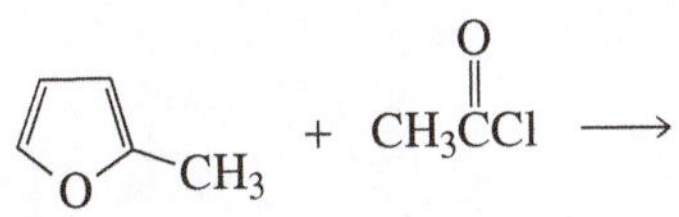

e.
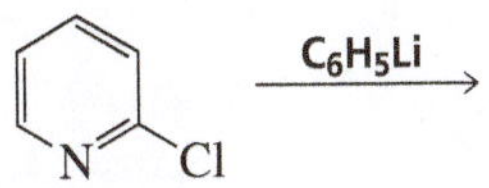

f.
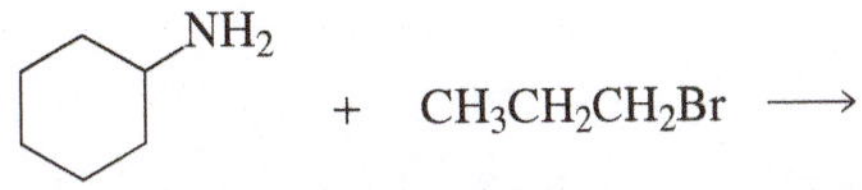

g.
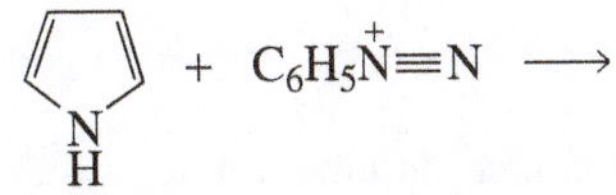

h.
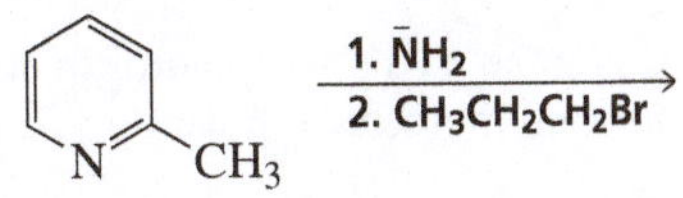

i.
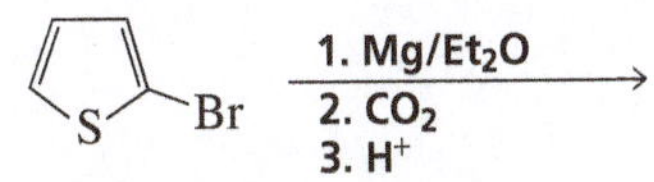

30. Coloque em ordem decrescente de acidez as substâncias a seguir:

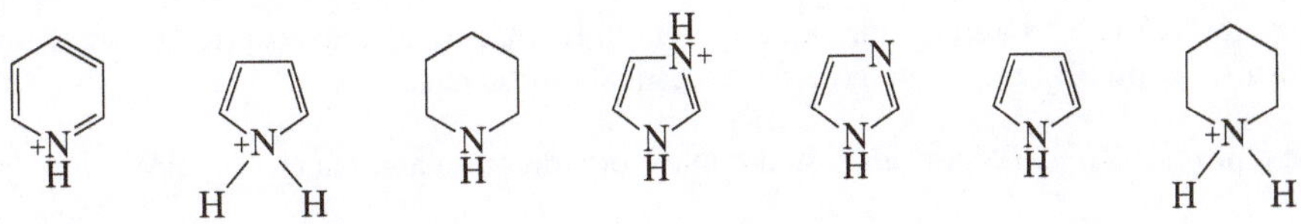

31. Qual destas substâncias é mais fácil de descarboxilar?

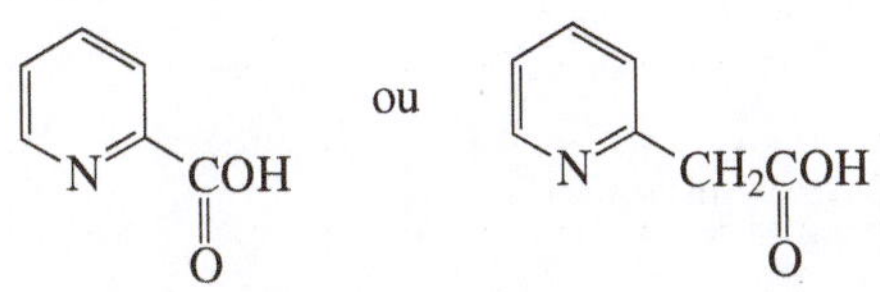

32. Coloque as substâncias abaixo em ordem decrescente de reatividade em reações de substituição aromática eletrofílica:

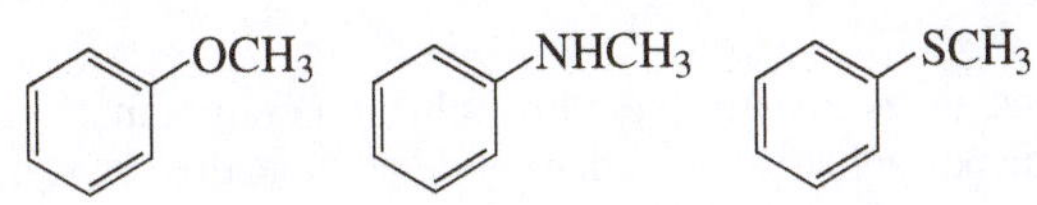

33. Uma das substâncias a seguir sofre substituição aromática eletrofílica predominantemente no C-3, e a outra sofre substituição aromática eletrofílica predominantemente no C-4. Identifique-as corretamente.

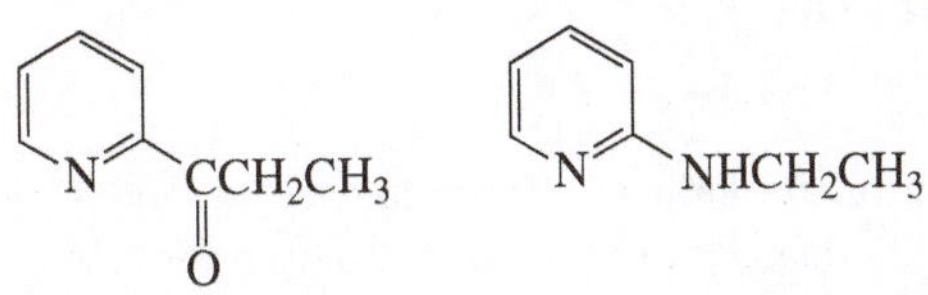

34. O benzeno sofre reações de substituição aromática eletrofílica com aziridinas na presença de ácidos de Lewis como o $AlCl_3$.
   a. Quais são os produtos majoritários e minoritários da reação mostrada a seguir?

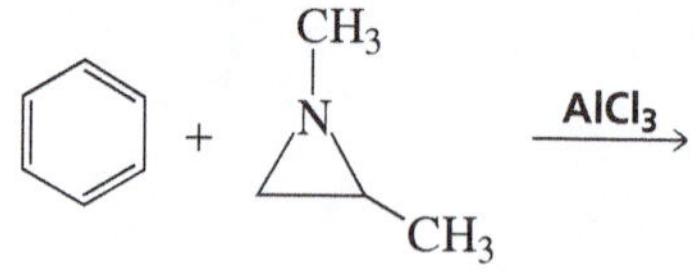

   b. Você esperaria que os epóxidos sofressem reações similares?

35. Uma degradação de Hofmann de uma amina primária forma um alceno que fornece butanal e 2-metilpropanal quando sofre ozonólise em condições redutoras de tratamento. Identifique a amina.

36. O momento dipolar do furano e o do tetra-hidrofurano estão na mesma direção. Uma substância tem um momento dipolar de 0,70 D, e a outra tem um momento dipolar de 1,73 D. Relacione cada substância ao respectivo momento.

37. Demonstre como a vitamina niacina pode ser sintetizada a partir da nicotina.

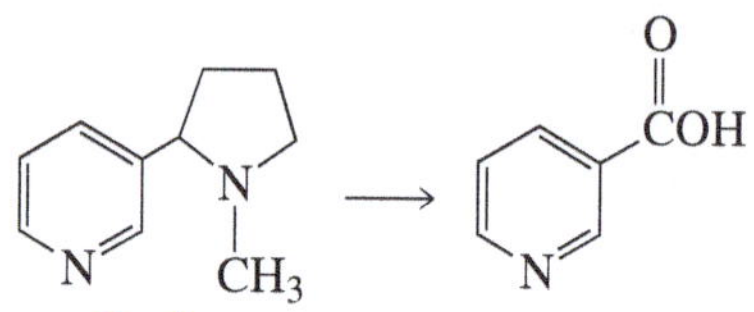

nicotina   niacina

38. O deslocamento químico dos hidrogênios C-2 no espectro de RMN de ^1H do pirrol, da piridina e da pirrolidina são δ2,82, δ6,42 e δ8,50. Correlacione cada deslocamento químico com o seu heterociclo correspondente.

39. Explique por que a protonação da anilina apresenta um efeito dramático no espectro de UV, enquanto a protonação da piridina apresenta apenas um pequeno efeito no espectro daquela substância.

40. Explique por que o pirrol (pK_a ~17) é um ácido muito mais forte do que a amônia (pK_a = 36).

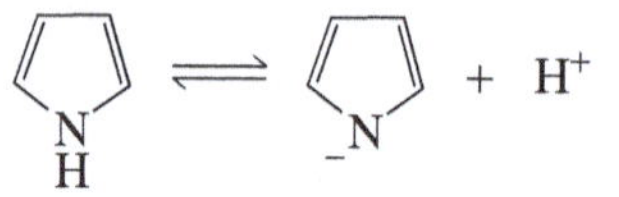

pK_a = ~17

$$NH_3 \rightleftharpoons {}^-NH_2 + H^+$$

pK_a = 36

41. Proponha um mecanismo para a reação a seguir:

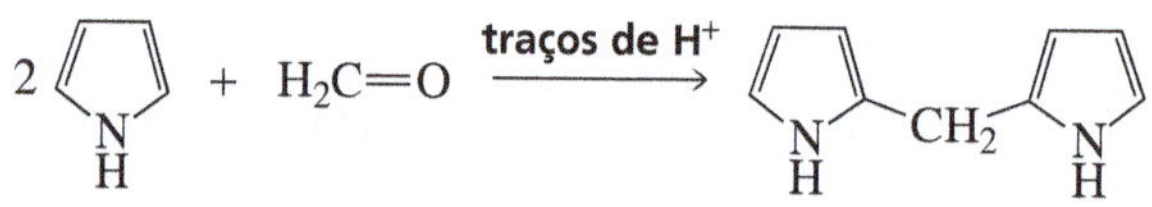

42. Geralmente as quinolinas são sintetizadas por um método conhecido como síntese de Skraup, que envolve a reação de uma anilina com glicerol em condições ácidas. O nitrobenzeno é adicionado à mistura reacional para servir como agente oxidante. A primeira etapa da síntese é a desidratação do glicerol a propenal.

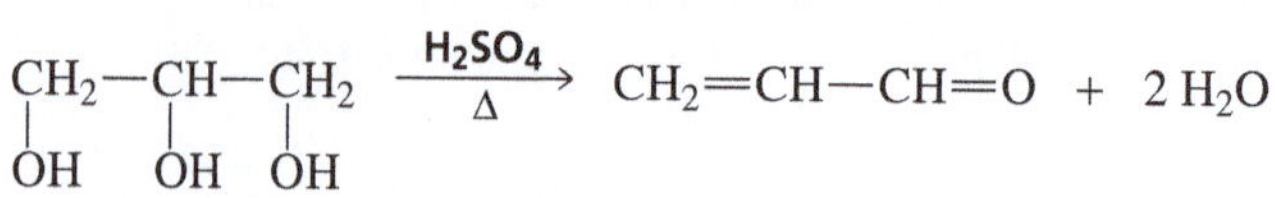

glicerol

   a. Qual seria o produto obtido se em vez de anilina fosse usada *para*-etilamina?
   b. Qual produto seria obtido se em vez de glicerol fosse usada 3-hexen-2-ona?
   c. Que materiais de partida são necessários para a síntese do 2,7-dietil-3-metilquinolina?

43. Proponha um mecanismo para cada uma das reações abaixo:

a. 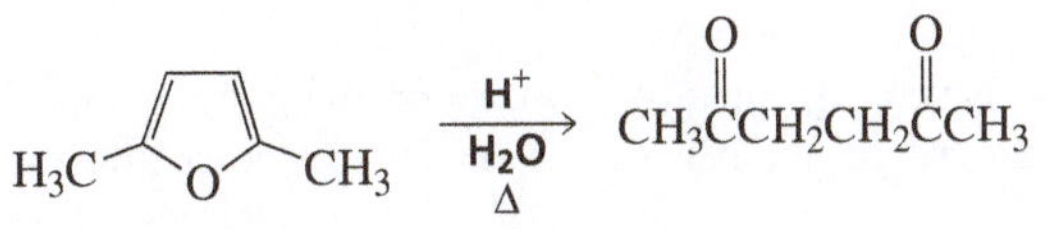

b. 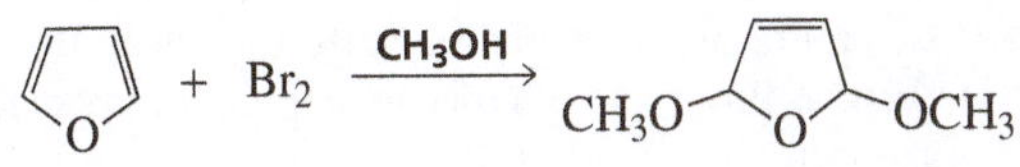

44. Dê os produtos majoritários de cada uma das reações a seguir:

a. 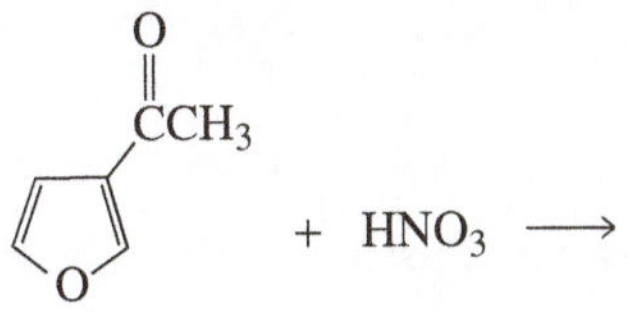

d. 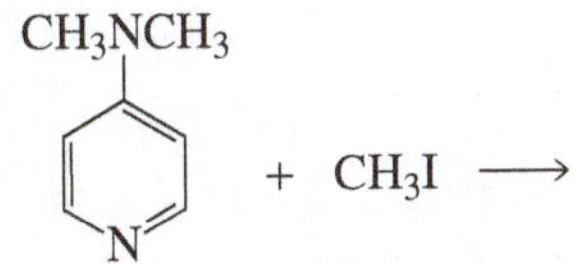

g. 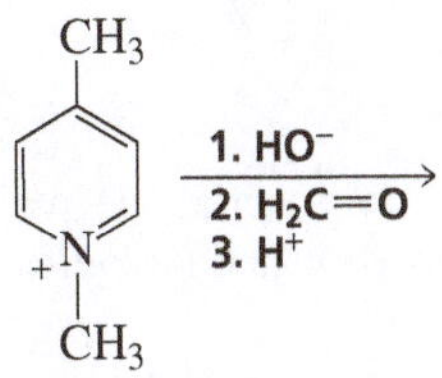

b. 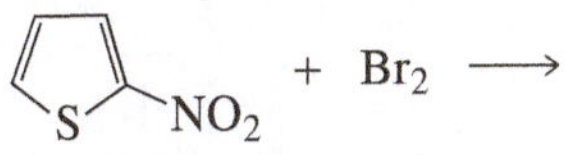

e. 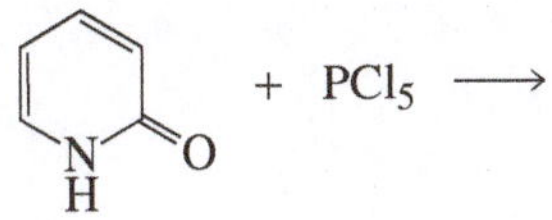

h. 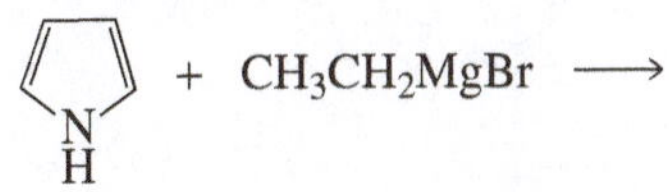

c. 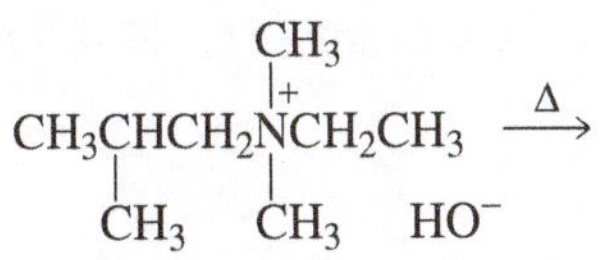

f. 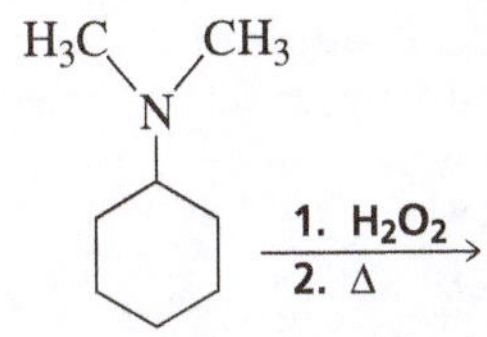

i. 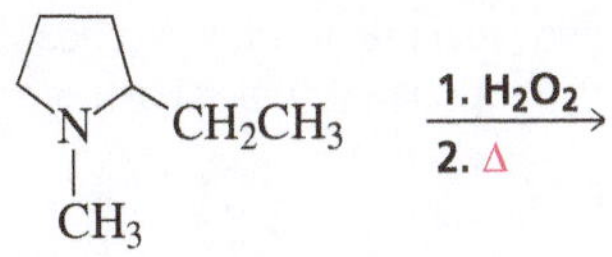

45. Quando a piperidina sofre a série de reações indicada, o 1,4-pentadieno é obtido como produto final. Quando as quatro metilpiperidinas substituídas sofrem a mesma série de reações, cada uma forma um dieno diferente: 1,5-hexadieno, 1,4-pentadieno, 2-metil-1,4-pentadieno e 3-metil-1,4-pentadieno. Relacione cada metilpiridina ao seu respectivo dieno.

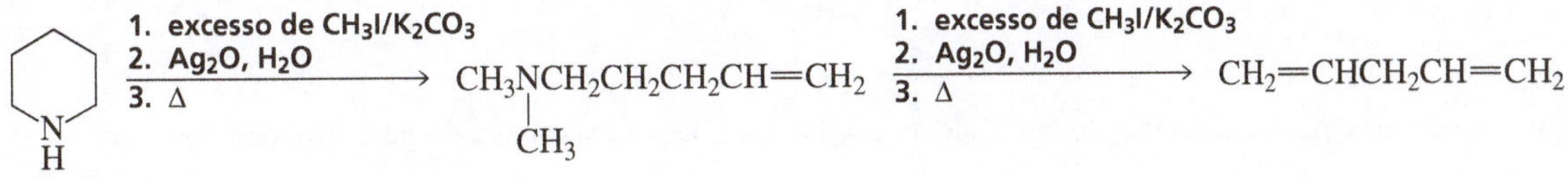

piperidina

46. a. Desenhe os contribuintes de ressonância para demonstrar por que a piridina-*N*-óxido é mais reativa do que a piridina diante da substituição aromática eletrofílica.
b. Em qual posição a *N*-oxidopiridina sofre uma substituição aromática nucleofílica?

47. Proponha um mecanismo para a reação seguinte:

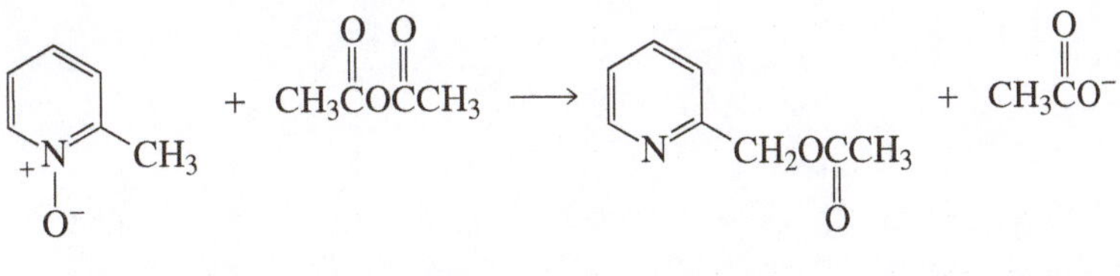

48. Explique por que o íon aziridínio apresenta pK_a (8,0) consideravelmente mais baixo do que um íon de amônio secundário típico (~11). (*Dica*: lembre que, quanto maior for o ângulo de ligação, maior será o caráter *s*; quanto maior for o caráter *s*, mais eletronegativo será o átomo.)

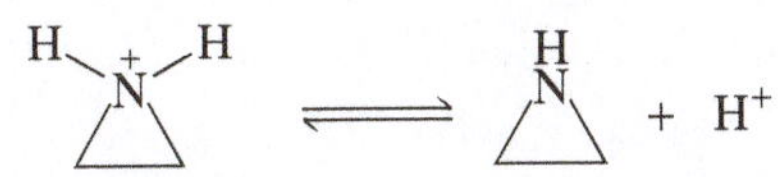

íon aziridínio
pK_a = 8,04

49. O pirrol reage com excesso de *para*-(*N*,*N*-dimetilamino)benzaldeído para formar uma substância altamente colorida. Desenhe a estrutura dessa substância.

50. O 2-fenilindol é preparado a partir da reação da acetofenona e da fenilidrazina, método conhecido como síntese indólica de Fisher. Proponha um mecanismo para essa reação. (*Dica:* as espécies reativas são os tautômeros da enamina da fenilidrazona.)

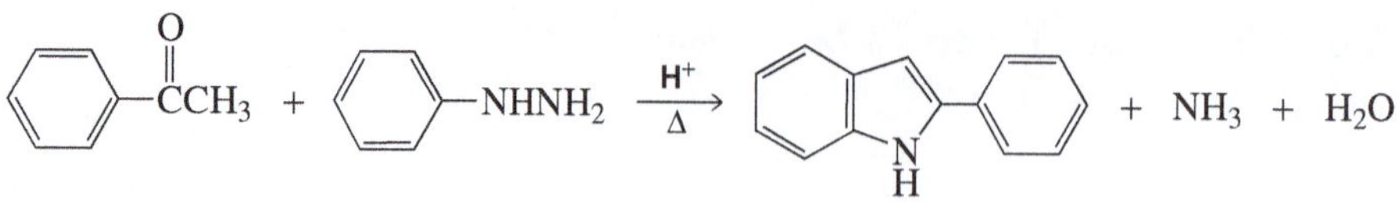

51. Quais são os materiais de partida necessários para a síntese das substâncias seguintes, usando a síntese indólica de Fisher? (*Dica:* veja o Problema 50.)

a. 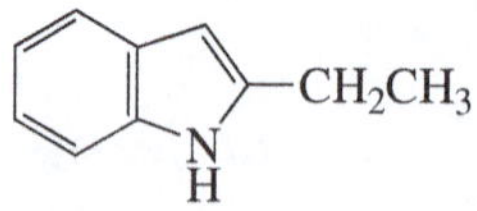

b. 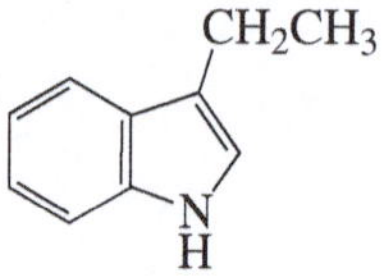

c. 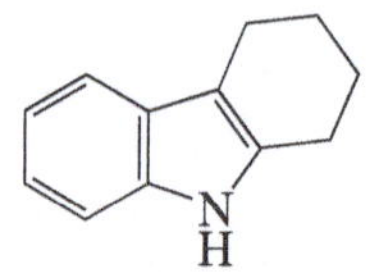

52. Os químicos orgânicos trabalham mais com tetrafenilporfirinas do que com porfirinas porque as tetrafenilporfirinas são muito mais resistentes à oxidação pelo ar. A tetrafenilporfirina pode ser preparada pela reação do benzaldeído com o pirrol. Proponha um mecanismo para a formação do sistema anelar mostrado aqui:

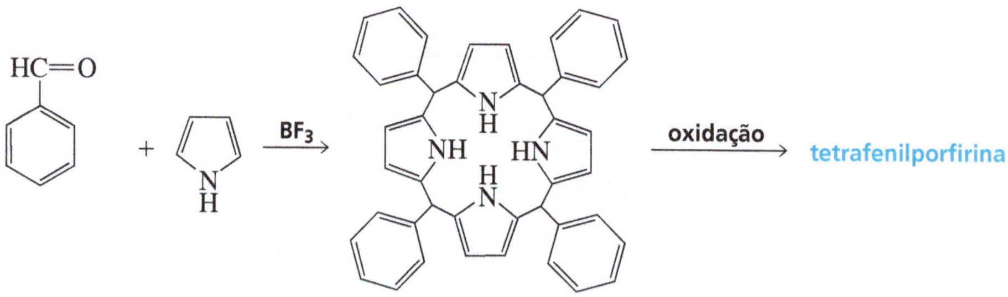

53. Proponha um mecanismo diferente do mostrado na Seção 21.11 para a biossíntese do porfobilinogênio.

PARTE SETE

Substâncias Bioorgânicas

Os **Capítulos 22 a 27** discutem a química de substâncias orgânicas encontradas em sistemas biológicos. Muitas dessas substâncias são maiores que as substâncias orgânicas vistas até aqui. Elas podem ter mais de um grupo funcional, mas os princípios que regem sua estrutura e reatividade são essencialmente os mesmos que aqueles que regem a estrutura e a reatividade das substâncias que estamos estudando. Esses capítulos, portanto, lhe darão oportunidade de rever muito da química orgânica aprendida bem como aplicar o conhecimento de reações orgânicas a substâncias encontradas no mundo biológico.

O **Capítulo 22** é uma introdução à química de carboidratos, a classe de substâncias mais abundantes no mundo biológico. Inicialmente, estudaremos as estruturas e reações de monossacarídeos. Então, veremos como eles se ligam para formar dissacarídeos e polissacarídeos. Uma ampla variedade de carboidratos encontrados na natureza será discutida.

O **Capítulo 23** começa com uma análise das propriedades físicas de aminoácidos. Então, veremos como os aminoácidos se ligam para formar peptídeos e proteínas. Veremos também como as proteínas são sintetizadas em laboratório, e, ao ler o Capítulo 27, você será capaz de comparar esse processo com o encontrado na natureza. A estrutura das proteínas será examinada com a finalidade de prepará-lo para compreender como as enzimas catalisam reações químicas, assunto que será visto no Capítulo 24.

O **Capítulo 24** descreve inicialmente os vários modos pelos quais as reações orgânicas são catalisadas e mostra como as enzimas empregam os mesmos princípios para catalisar reações que ocorrem em sistemas biológicos.

O **Capítulo 25** descreve a química das coenzimas — substâncias orgânicas de que algumas enzimas necessitam para catalisar reações biológicas. As coenzimas desempenham uma variedade de papéis químicos: algumas atuam como agentes oxidantes e redutores, algumas permitem que elétrons sejam deslocalizados, algumas ativam grupos para reação posterior e há aquelas que fornecem bons nucleófilos ou bases fortes necessários às reações. Uma vez que coenzimas são derivadas de vitaminas, veremos porque vitaminas são necessárias a muitas reações orgânicas que ocorrem em sistemas biológicos.

O **Capítulo 26** discute a química de lipídios. Os lipídios são substâncias insolúveis em água encontradas em animais e plantas. Estudaremos primeiro a estrutura e a função de diferentes tipos de lipídios. Você será então capaz de compreender coisas como, por exemplo, o que faz a manteiga se tornar rançosa e como a aspirina impede a inflamação. Veremos também como o colesterol e outros terpenos são sintetizados na natureza.

O **Capítulo 27** trata da química e das estruturas de nucleosídeos, nucleotídeos e ácidos nucléicos (RNA e DNA). Veremos, mecanisticamente, por que o ATP é o transportador universal de energia química, como os nucleotídeos são ligados para formar ácidos nucleicos, porque o DNA contém timina em vez de uracila e como as mensagens genéticas codificadas no DNA são transcritas no RNAm e então traduzidas em proteínas. Também serão explicados como é determinada a seqüência de bases no DNA e como DNA com seqüências de bases específicas pode ser sintetizado.

22 Carboidratos

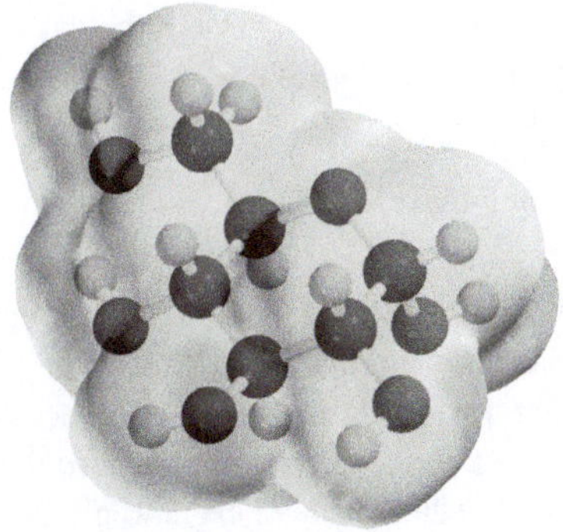

α-D-glicose

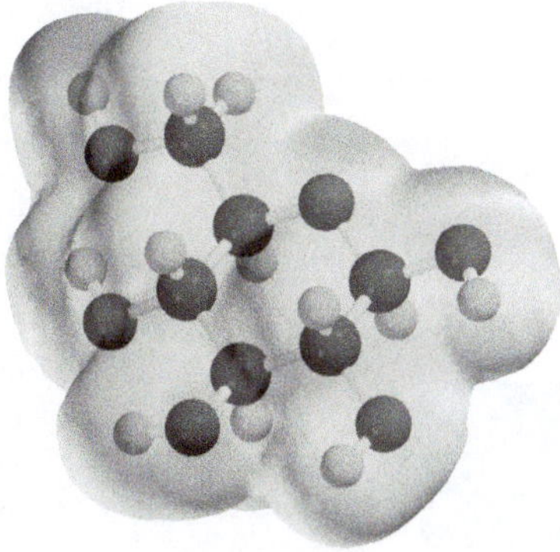

β-D-glicose

Substâncias bioorgânicas são substâncias orgânicas encontradas em sistemas biológicos. Essas substâncias seguem os mesmos princípios de estrutura e reatividade que as moléculas orgânicas que vimos anteriormente. Há grande similaridade entre as reações orgânicas que os químicos induzem em laboratório e as realizadas pela natureza dentro de uma célula viva. Em outras palavras, as reações bioorgânicas podem ser consideradas reações orgânicas que ocorrem em pequenos "frascos" denominados células.

A maioria das substâncias bioorgânicas apresenta estruturas mais complexas do que as substâncias orgânicas mais comuns, mas isso não quer dizer que apresentem química igualmente complexa. Uma das razões de as estruturas das substâncias bioorgânicas serem mais complexas é que elas precisam ser capazes de reconhecer umas às outras, função denominada **reconhecimento molecular**.

O primeiro grupo de substâncias bioorgânicas que estudaremos são os carboidratos — a classe de substâncias mais abundante no mundo biológico, que perfaz mais de 50% do peso seco da biomassa da Terra. Os carboidratos são constituintes importantes de todos os organismos vivos e têm várias funções. Alguns deles são componentes estruturais essenciais das células; outros atuam como sítios de reconhecimento na superfície da célula. Por exemplo, o primeiro grande evento de nossas vidas foi o reconhecimento de um carboidrato na superfície da parede de um óvulo por um espermatozóide. Outros carboidratos servem de principal fonte de energia metabólica. Folhas, frutos, sementes, troncos e raízes de vegetais contêm carboidratos que as plantas usam para suas próprias necessidades metabólicas e que, então, servem às necessidades metabólicas dos animais que se alimentam delas.

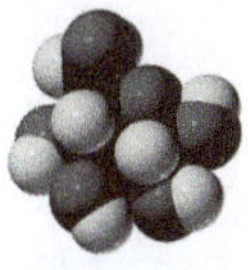

D-glicose

D-frutose

Os primeiros químicos observaram que os carboidratos têm fórmulas moleculares que os fazem parecer hidratos de carbono, $C_n(H_2O)_n$ — daí o nome. Mais tarde, estudos estruturais revelaram que essas substâncias *não* eram hidratos, porque não continham moléculas de água intactas, mas o termo carboidrato persiste. Carboidratos são poli-hidroxialdeídos como a D-glicose, poli-hidroxicetonas como a D-frutose e outras substâncias como a sacarose, que podem ser hidrolisadas a poli-hidroxialdeídos ou poli-hidroxicetonas (Seção 22.17). As estruturas químicas dos carboidratos são comumente representadas por estruturas em cunha e traço ou por projeções de Fischer. Note que tanto a D-glicose quanto a D-frutose têm a fórmula molecular $C_6H_{12}O_6$, que condiz com a fórmula geral $C_6(H_2O)_6$, o que fez os químicos inicialmente pensarem que essas substâncias eram hidratos de carbono.

Lembre que nas projeções de Fischer as ligações horizontais se aproximam do observador e as ligações verticais se afastam dele (Seção 5.4, volume 1).

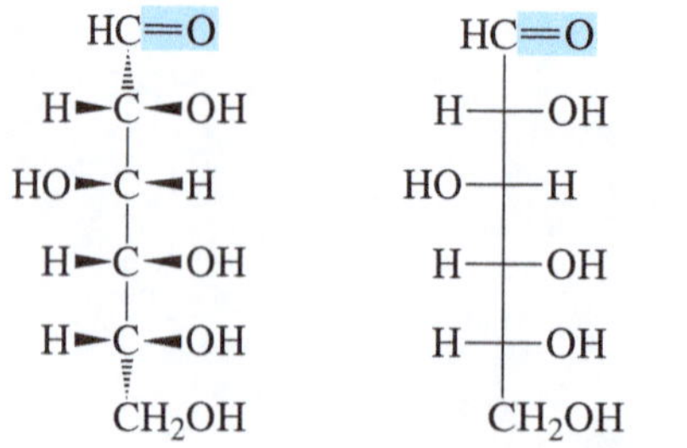

estrutura em cunha e traço — projeção de Fischer

D-glicose
poli-hidroxialdeído

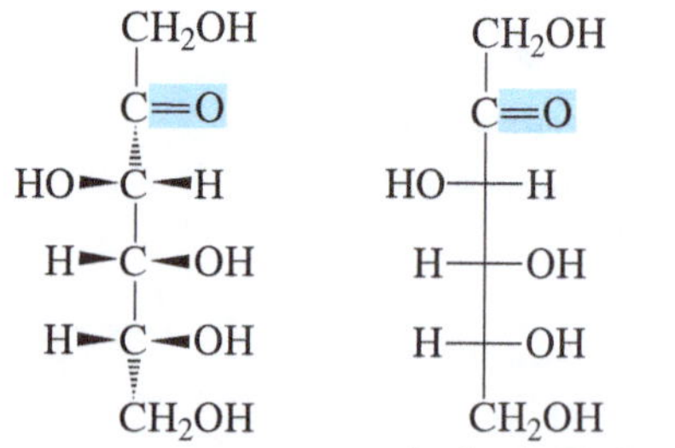

estrutura em cunha e traço — projeção de Fischer

D-frutose
poli-hidroxicetona

Molecule Gallery: D-Glicose; D-Frutose

WWW

O carboidrato mais abundante na natureza é a D-glicose. Células vivas oxidam a D-glicose no primeiro processo de uma série que lhes fornece energia. Quando os animais têm mais D-glicose do que necessitam para obter energia, eles convertem o excesso de D-glicose em um polímero denominado glicogênio (Seção 22.18). Quando um animal necessita de energia, o glicogênio é quebrado em moléculas individuais de D-glicose. As plantas convertem o excesso de D-glicose em um polímero denominado amido. A celulose — principal componente estrutural das plantas — é outro polímero de D-glicose. A quitina, carboidrato semelhante à celulose, forma o exoesqueleto de crustáceos, insetos e outros artrópodes, e é também o material estrutural dos fungos.

Os animais obtêm glicose de alimentos que a contêm — como as plantas, por exemplo. Elas produzem glicose pela *fotossíntese*. Durante a fotossíntese, absorvem água através de suas raízes e usam o dióxido de carbono do ar para sintetizar glicose e oxigênio. Como a fotossíntese é o processo inverso ao utilizado pelos organismos para obter energia — a oxidação da glicose a dióxido de carbono e água —, para realizá-la as plantas requerem energia, e a obtêm da luz solar, que é capturada pelas moléculas de clorofila existentes em plantas verdes. A fotossíntese usa o CO_2 que os animais exalam como resíduo e gera o O_2 que eles inalam para se manterem vivos. Quase todo o oxigênio presente na atmosfera é liberado através de processos fotossintéticos.

$$\underset{\text{glicose}}{C_6H_{12}O_6} + 6\,O_2 \underset{\text{fotossíntese}}{\overset{\text{oxidação}}{\rightleftharpoons}} 6\,CO_2 + 6\,H_2O + \text{energia}$$

22.1 Classificação dos carboidratos

Os termos 'carboidrato', 'sacarídeo' e 'açúcar' podem ser freqüentemente usados como sinônimos. 'Sacarídeo' vem do termo que designa "açúcar" em várias línguas antigas (*sarkara* em sânscrito, *sakcharon* em grego e *saccharum* em latim).

Há duas classes de carboidratos: os carboidratos simples e os carboidratos complexos. Os **carboidratos simples** são **monossacarídeos** (açúcares simples), já os **carboidratos complexos** contêm duas ou mais unidades de açúcar interligadas. Os **dissacarídeos** têm duas subunidades de açúcar interligadas, os **oligossacarídeos** têm de 3 a 10 subunidades de açúcar interligadas (*oligos* significa 'pouco' em português) e os **polissacarídeos** têm mais de 10 subunidades de açúcar interligadas. Dissacarídeos, oligossacarídeos e polissacarídeos podem ser quebrados em subunidades de monossacarídeos através de hidrólise.

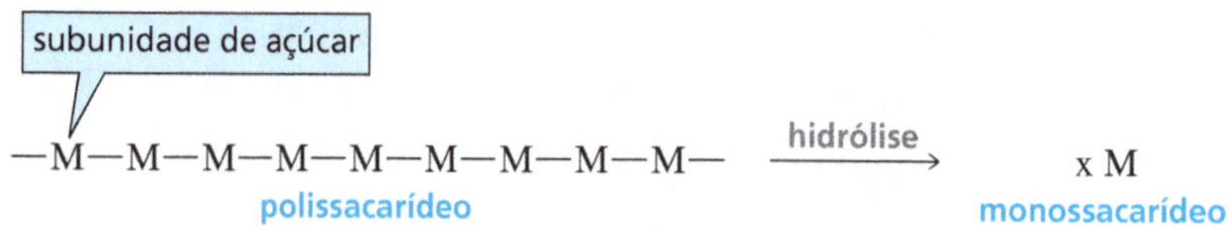

Um *monossacarídeo* pode ser um poli-hidroxialdeído, como a D-glicose, ou uma poli-hidroxicetona, como a D-frutose. Os poli-hidroxialdeídos são denominados **aldoses** ('ald' é para o aldeído; 'ose' é o sufixo para um açúcar), ao passo que as poli-hidroxicetonas são denominadas **cetoses**. Os monossacarídeos também são classificados de acordo com o número de carbonos que contêm: monossacarídeos com três carbonos são **trioses**; com quatro carbonos são **tetroses**; com cinco carbonos são **pentoses**, e aqueles com seis e sete carbonos são **hexoses** e **heptoses**, respectivamente. Um poli-hidroxialdeído com seis carbonos, como a D-glicose, é uma aldo-hexose, enquanto uma poli-hidroxicetona com seis carbonos, como a D-frutose, é uma ceto-hexose.

PROBLEMA 1◆

Classifique os monossacarídeos a seguir:

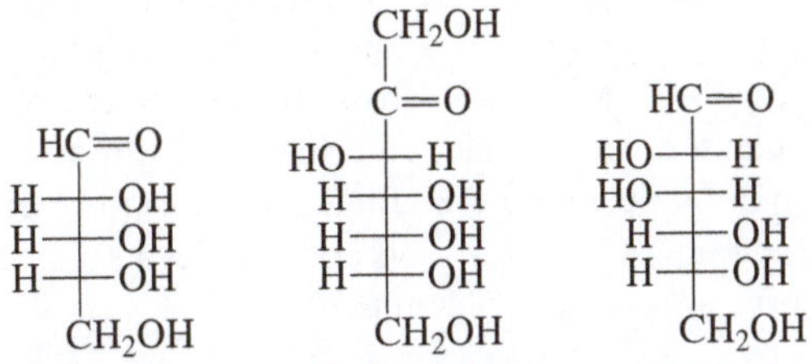

D-ribose D-sedo-heptulose D-manose

22.2 As notações D e L

A menor aldose, a única cujo nome não termina em 'ose', é o gliceraldeído, uma aldotriose.

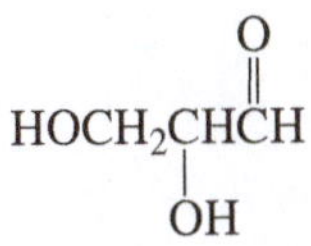

gliceraldeído

Carbono assimétrico é um carbono que está ligado a quatro grupos diferentes.

Como o gliceraldeído tem um carbono assimétrico, ele pode ser um par de enantiômeros.

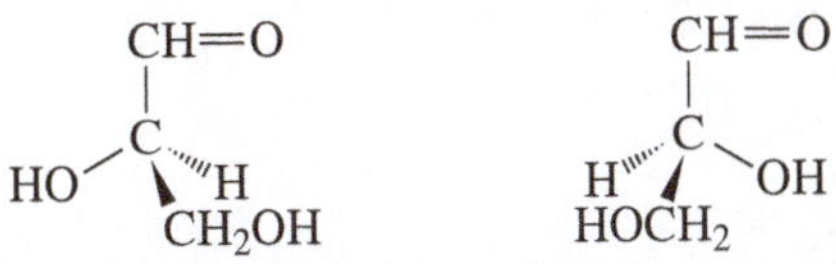

(*R*)-(+)-gliceraldeído (*S*)-(−)-gliceraldeído

fórmulas em perspectiva

(*R*)-(+)-gliceraldeído (*S*)-(−)-gliceraldeído

projeções de Fischer

Emil Fischer e colegas. estudaram os carboidratos no final do século XIX, quando ainda não havia técnicas disponíveis para determinar as configurações das substâncias. Fischer atribuiu arbitrariamente a configuração *R* ao isômero dextrorrotatório do gliceraldeído, conhecido como D-gliceraldeído. Mais tarde verificou-se que ele estava correto: o D-gliceraldeído é o (*R*)-(+)-gliceraldeído, e o L-gliceraldeído é o (*S*)-(−)-gliceraldeído (Seção 5.13, volume 1).

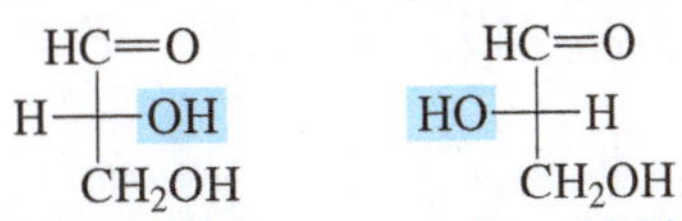

D-gliceraldeído L-gliceraldeído

As notações D e L são usadas para descrever as configurações de carboidratos e aminoácidos (Seção 23.2), por isso é importante aprender o que significam. Nas projeções de Fischer de monossacarídeos, o grupo carbonila é sempre colocado no topo (no caso de aldoses) ou o mais próximo do topo possível (no caso das cetoses). Por meio de sua estrutura podemos ver que a galactose tem quatro carbonos assimétricos (C-2, C-3, C-4 e C-5). *Se o grupo OH ligado ao carbono assimétrico mais abaixo (carbono que é o segundo de baixo para cima) estiver à direita, a substância é um açúcar da série D. Se o grupo OH estiver à esquerda, então a substância é um açúcar da série L.* Quase todos os açúcares encontrados na natureza são da série D. Note que a imagem especular de um açúcar D é um açúcar L.

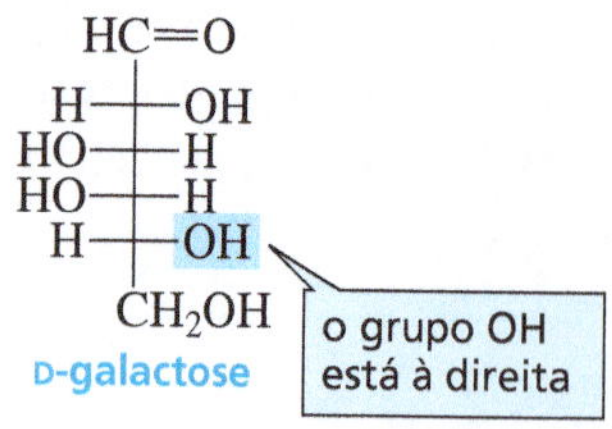

D-galactose

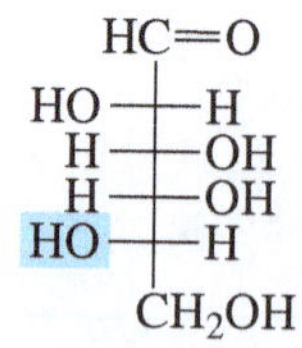

L-galactose
imagem especular da D-galactose

Tutorial Gallery: Notações D e L
WWW

Como *R* e *S*, D e L indicam a configuração de um carbono assimétrico, mas não informam se a substância gira a luz polarizada para a direita (+) ou para a esquerda (−) (Seção 5.7, volume 1). Por exemplo, o D-gliceraldeído é dextrógiro, enquanto o ácido D-láctico é levógiro. Em outras palavras, a rotação óptica, como os pontos de fusão e ebulição, é uma propriedade física de uma substância, ao passo que '*R*, *S*, D e L' são convenções usadas pelos cientistas para indicar a configuração de uma molécula.

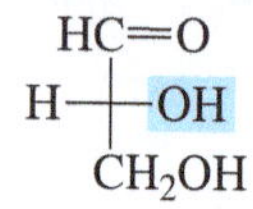

D-(+)-gliceraldeído

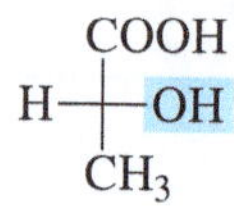

ácido D-(-)-láctico

O nome comum do monossacarídeo, acrescido da designação D ou L, define completamente sua estrutura, porque as configurações relativas de todos os carbonos assimétricos estão implícitas no nome comum.

PROBLEMA 2

Desenhe projeções de Fischer de L-glicose e L-frutose.

PROBLEMA 3◆

Indique se cada uma das moléculas seguintes é D-gliceraldeído ou L-gliceraldeído, pressupondo que as ligações horizontais se aproximem de você e que as ligações verticais se afastem (Seção 5.6, volume 1):

a. 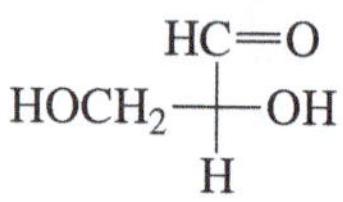

b. 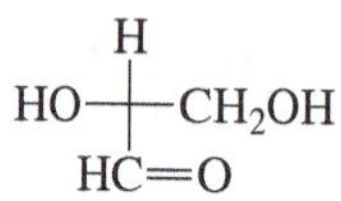

c. 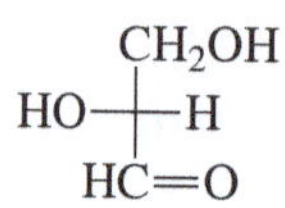

22.3 Configurações de aldoses

Aldotetroses têm dois carbonos assimétricos e, portanto, quatro estereoisômeros. Dois dos estereoisômeros são açúcares D e dois são açúcares L. Os nomes das aldotetroses — eritrose e treose — foram usados para designar os pares de enantiômeros eritro e treo descritos na Seção 5.9, volume 1.

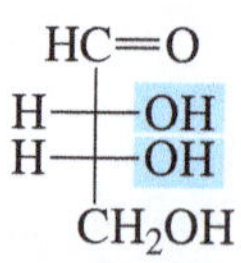

D-eritrose

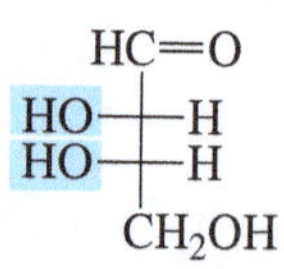

L-eritrose

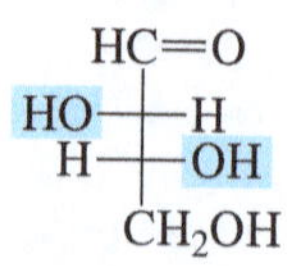

D-treose

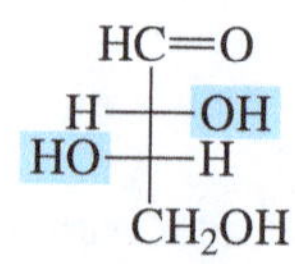

L-treose

As aldopentoses têm três carbonos assimétricos e, portanto, oito estereoisômeros (quatro pares de enantiômeros), enquanto as aldo-hexoses têm quatro carbonos assimétricos e 16 estereoisômeros (oito pares de enantiômeros). As quatro D-aldopentoses e as oito D-aldo-hexoses são mostradas na Tabela 22.1.

TABELA 22.1 Configurações das D-aldoses

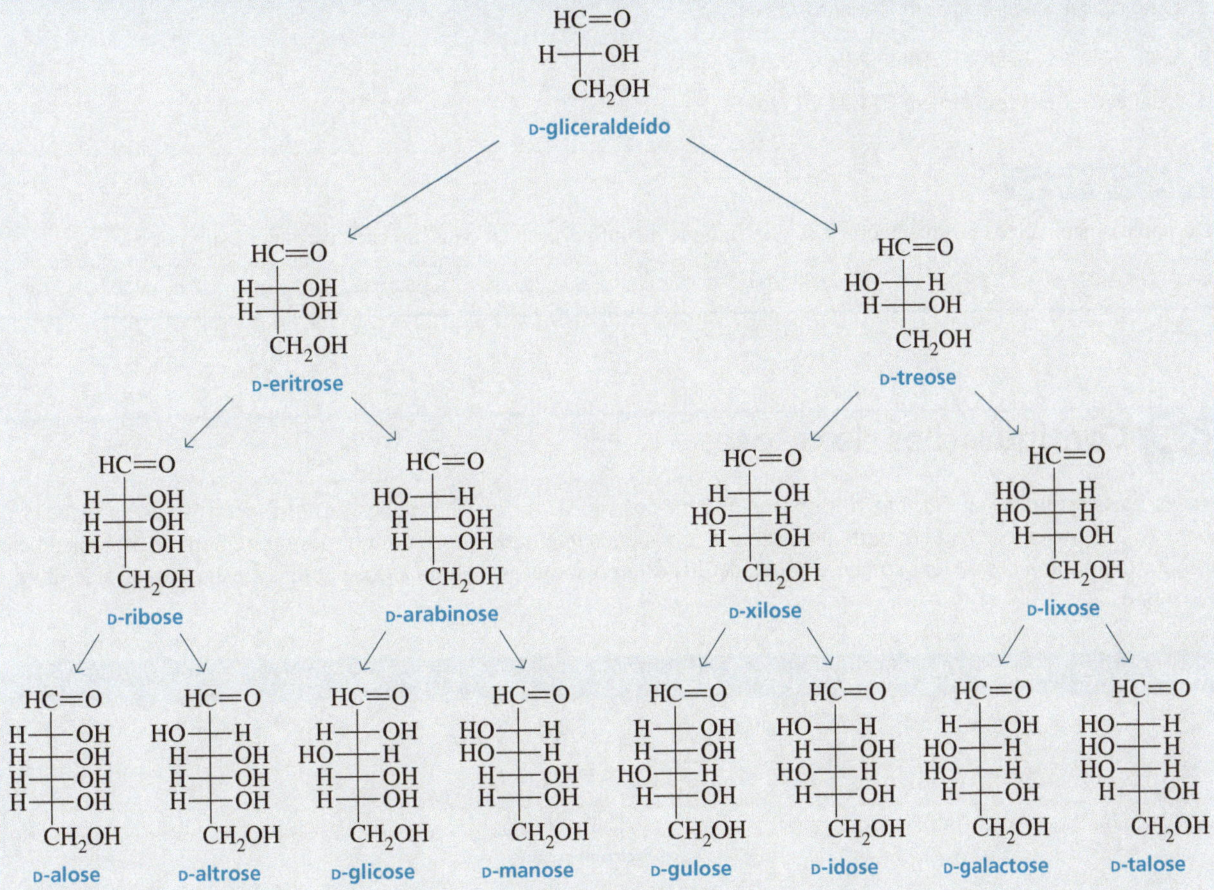

Diastereoisômeros que diferem na configuração de somente um carbono assimétrico são denominados epímeros. Por exemplo, a D-ribose e a D-arabinose são epímeros em C-2 (elas diferem somente na configuração de C-2), e a D-idose e a D-talose são epímeros em C-3.

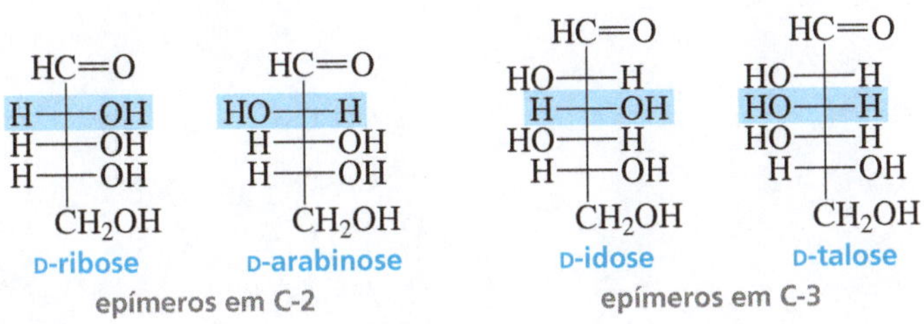

A D-glicose, a D-manose e a D-galactose são as aldo-hexoses mais comuns em sistemas biológicos. Um modo fácil de aprender suas estruturas é memorizar a estrutura da D-glicose e, então, lembrar que a D-manose é o epímero em C-2 da D-glicose, e que a D-galactose é o epímero em C-4 da D-glicose. Açúcares como a D-glicose e a D-galactose também são diastereoisômeros, porque são estereoisômeros que não são enantiômeros (Seção 5.9, volume 1). Um epímero é um tipo particular de diastereoisômero.

D-manose é o epímero em C-2 da D-glicose.

D-galactose é o epímero em C-4 da D-glicose.

Diastereoisômeros são isômeros configuracionais que não são enantiômeros.

PROBLEMA 4◆

a. A D-eritrose e a L-eritrose são enantiômeros ou diastereoisômeros?

b. A L-eritrose e a L-treose são enantiômeros ou diastereoisômeros?

PROBLEMA 5◆

a. Qual açúcar é o epímero em C-3 da D-xilose?

b. Qual açúcar é o epímero em C-5 da D-alose?

c. Qual açúcar é o epímero em C-4 da L-gulose?

PROBLEMA 6◆

Dê nomes sistemáticos às substâncias a seguir. Indique a configuração (*R* ou *S*) de cada carbono assimétrico.

a. D-glicose b. L-glicose c. D-galactose

22.4 Configurações de cetoses

Cetoses de ocorrência natural têm o grupo cetona na posição 2. As configurações das D-2-cetoses são mostradas na Tabela 22.2. Uma cetose tem um carbono assimétrico a menos que uma aldose com o mesmo número de átomos de carbono. Portanto, uma cetose tem somente a metade dos estereoisômeros de uma aldose com o mesmo número de átomos de carbono.

TABELA 22.2 Configurações das D-cetoses

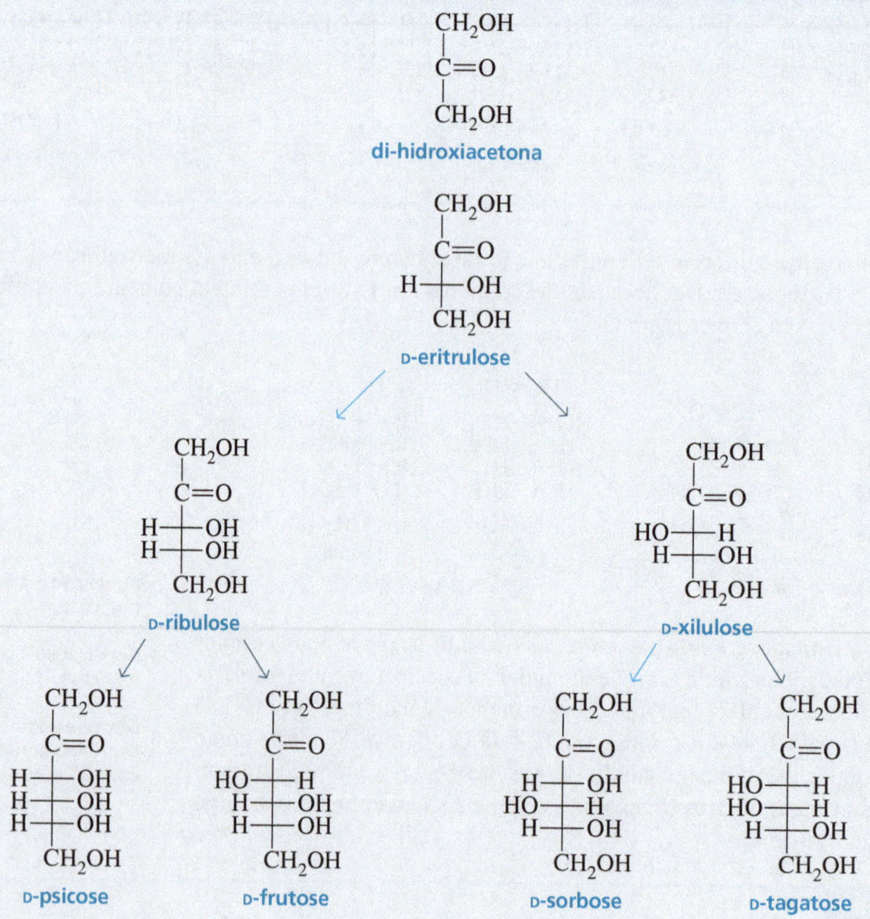

PROBLEMA 7◆

Qual açúcar é o epímero em C-3 da D-frutose?

PROBLEMA 8◆

Quantos estereoisômeros são possíveis para

a. uma 2-ceto-heptose? b. uma aldo-heptose? c. uma cetotriose?

22.5 Reações redox de monossacarídeos

Como os monossacarídeos contêm grupos funcionais *álcool* e grupos funcionais *aldeído* ou *cetona*, as reações de monossacarídeos são uma extensão do que aprendemos sobre reações de alcoóis, aldeídos e cetonas. Um grupo aldeído em um monossacarídeo, por exemplo, pode ser oxidado ou reduzido e reagir com nucleófilos para formar iminas, hemi-acetais e acetais. Quando chegarmos às seções que tratam das reações de monossacarídeos, encontraremos remissões às seções nas quais é discutida a mesma reatividade para substâncias orgânicas simples. Ao estudar, retome essas seções; elas tornarão o aprendizado sobre carboidratos muito mais fácil e lhe apresentarão uma boa revisão sobre a parte da química já aprendida.

Redução

O grupo carbonila de aldoses e cetoses pode ser reduzido por agentes redutores usuais do grupo carbonila (como o NaBH4; Seção 20.1). O produto da redução é um poliálcool, conhecido como **alditol**. A redução de uma aldose forma um alditol. A redução de uma cetose forma dois alditóis, porque a reação cria um novo carbono assimétrico no produto. O D-manitol, alditol formado da redução de D-manose, é encontrado em mariscos, azeitonas e cebolas. A redução da D-frutose forma o D-manitol e o sorbitol, epímero em C-2 do D-manitol. O sorbitol — também denominado D-glicitol — é cerca de 60% mais doce que a sacarose. Ele é encontrado em ameixas, peras, cerejas e frutas silvestres, como amoras, morangos etc., e é usado como substituto do açúcar na produção de balas.

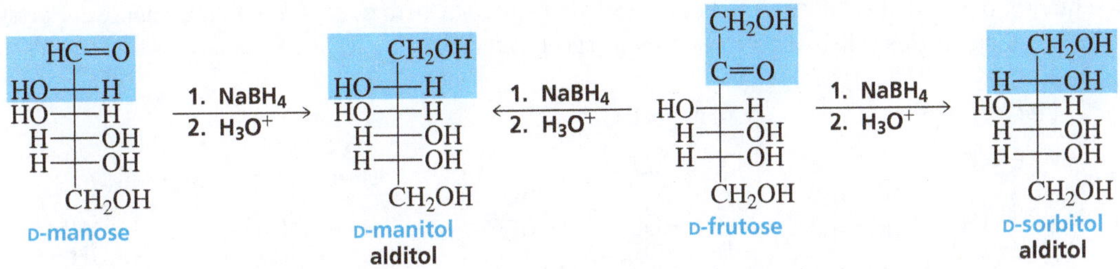

O sorbitol também é obtido tanto da redução da D-glicose quanto da L-gulose.

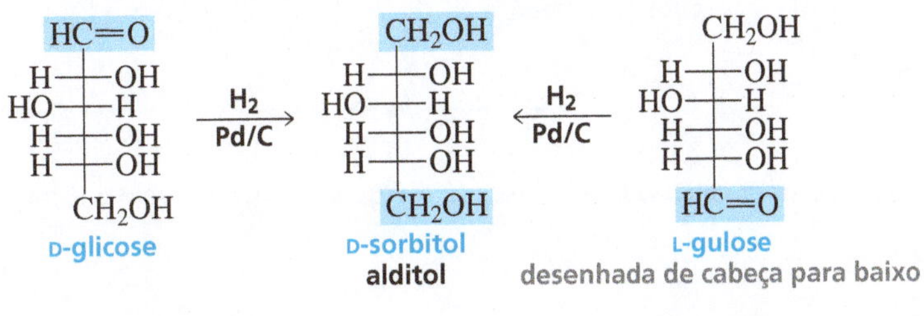

O D-xilitol — obtido da redução da D-xilose — é usado como edulcorante em cereais e chiclete (goma de mascar) 'sem açúcar'.

PROBLEMA 9◆

Quais produtos são obtidos da redução de

a. D-idose? b. D-sorbose?

PROBLEMA 10◆

a. Que outro monossacarídeo é reduzido somente a alditol, obtido da redução de

1. D-talose? 2. D-galactose?

b. Que monossacarídeo é reduzido a dois alditóis, um dos quais é o alditol obtido da redução de

1. D-talose? 2. D-manose?

Oxidação

As aldoses podem ser diferenciadas das cetoses observando-se o que acontece com a cor de uma solução aquosa de bromo quando ela é adicionada ao açúcar. O Br_2 é um agente oxidante brando e oxida facilmente o grupo aldeído, mas não pode oxidar cetonas ou alcoóis. Conseqüentemente, se uma pequena quantidade de solução aquosa de Br_2 é adicionada a um monossacarídeo desconhecido, a cor castanho-avermelhada do Br_2 desaparece se o monossacarídeo for uma aldose, mas persiste se o monossacarídeo for uma cetose. O produto da reação de oxidação é um ácido aldônico.

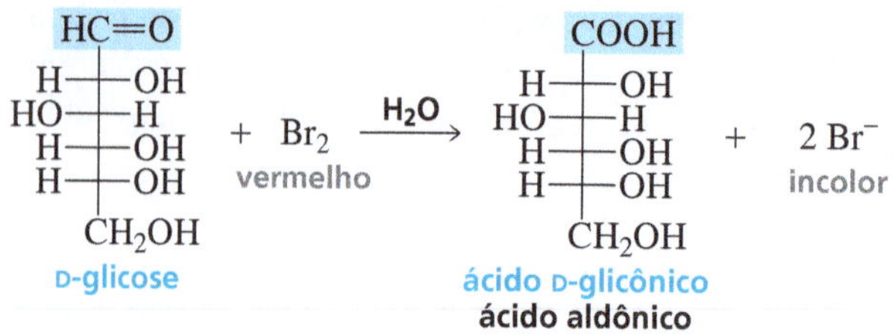

Aldoses e cetoses são oxidadas a ácidos aldônicos pelo reagente de Tollens (Ag^+, NH_3, HO), de modo que o reagente não pode ser usado para diferenciar aldoses de cetoses. Lembre-se, no entanto, de que o reagente de Tollens oxida aldeídos, mas não faz o mesmo com cetonas (Seção 20.3). Por que, então, as cetoses são oxidadas pelo reagente de Tollens, e as cetonas não? Porque a reação é realizada sob condições básicas, e em uma solução básica, cetoses são convertidas a aldoses por enolização (Seção 19.2). Suponha, por exemplo, que a cetose D-frutose esteja em equilíbrio com seu enol. No entanto, o enol da D-frutose é também o enol da D-glicose, bem como o enol da D-manose. Portanto, quando o enol volta à cetona, as três substâncias carboniladas são formadas.

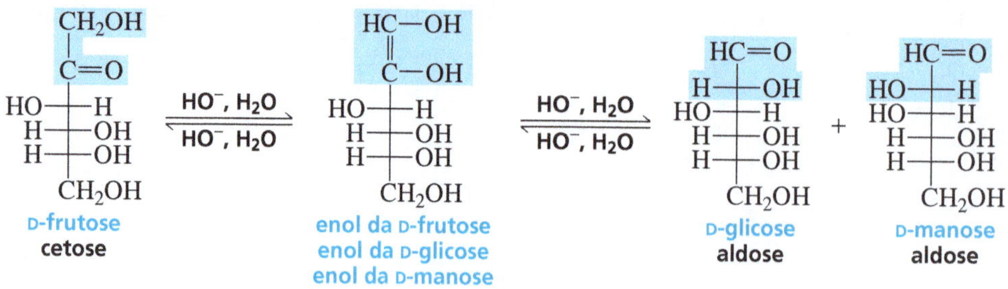

PROBLEMA 11

Escreva o mecanismo para a conversão, catalisada por base, de D-frutose em D-glicose e em D-manose.

PROBLEMA 12◆

Quando a D-tagatose é adicionada a uma solução aquosa básica, obtém-se uma mistura em equilíbrio de três monossacarídeos. Que monossacarídeos são esses?

Se um agente oxidante mais forte que o mencionado anteriormente for usado (como HNO_3), além do grupo aldeído, um ou mais grupos álcool poderão ser oxidados. O álcool primário é o mais facilmente oxidado. O **ácido aldárico** é o produto obtido a partir da oxidação tanto do grupo aldeído quanto do grupo álcool primário de uma aldose. (Em um ácido aldônico, uma extremidade está oxidada; em um ácido aldárico, isso ocorre com as duas extremidades.)

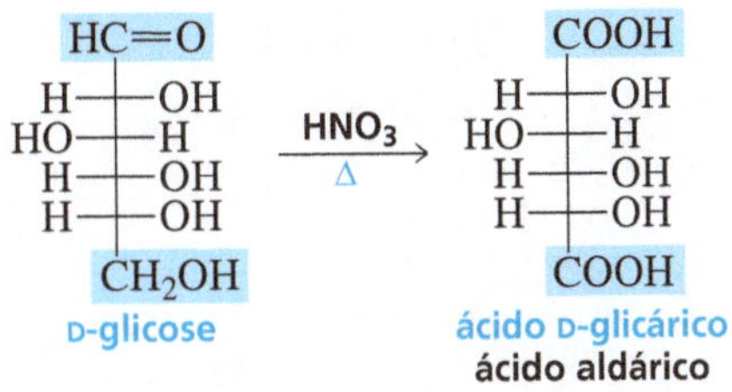

PROBLEMA 13◆

a. Cite uma aldo-hexose, que não a D-glicose, que é oxidada a ácido D-glicárico pelo ácido nítrico.

b. Que outro nome tem o ácido D-glicárico?

c. Cite outro par de aldo-hexoses oxidado a ácido aldárico idêntico.

22.6 Formação de osazonas

A tendência de monossacarídeos a formar xaropes que não cristalizam dificultava seu isolamento e sua purificação. Emil Fischer descobriu que, quando a fenil-hidrazina é adicionada a uma aldose ou a uma cetose, forma-se um sólido amarelo cristalino insolúvel em água. Ele chamou esse derivado de **osazona** ('ose' para açúcar; 'azona' para hidrazona). As osazonas são facilmente isoladas e purificadas e já foram muito utilizadas para identificar monossacarídeos.

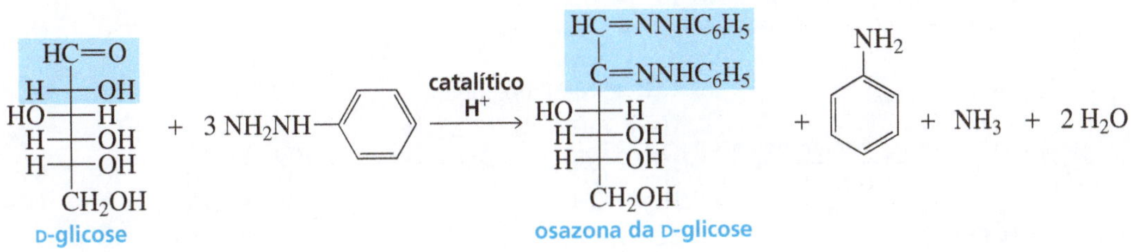

Aldeídos e cetonas reagem com um equivalente de fenil-hidrazina, formando fenil-hidrazonas (Seção 18.6). Aldoses e cetoses, ao contrário, reagem com três equivalentes de fenil-hidrazina, formando osazonas. Um equivalente funciona como agente oxidante e é reduzido a anilina e a amônia. Dois equivalentes formam iminas com grupos carbonila. A reação pára nesse ponto, independentemente da quantidade de fenil-hidrazina que esteja presente. (Lembre-se de que o pH no qual ocorre a formação de imina deve ser cuidadosamente controlado; Seção 18.6.)

Como a configuração do carbono 2 é perdida durante a formação da osazona, epímeros em C-2 formam osazonas idênticas. A D-idose e a D-gulose, epímeros em C-2, formam a mesma osazona.

Epímeros em C-2 formam osazonas idênticas.

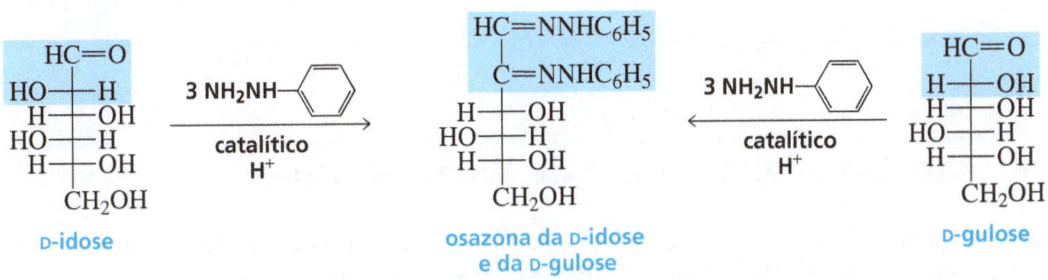

Os carbonos 1 e 2 de cetoses também reagem com fenil-hidrazina. Conseqüentemente, a D-frutose, a D-glicose e a D-manose formam a mesma osazona.

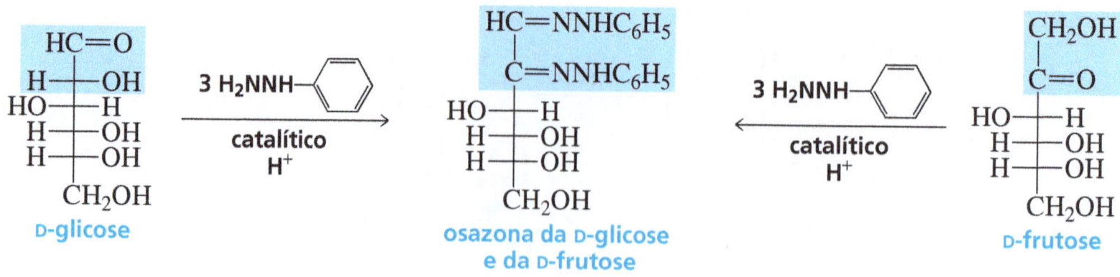

PROBLEMA 14◆

Cite uma cetose e uma aldose que formam a mesma osazona que:

a. D-ribose.
b. D-altrose.
c. L-idose.
d. D-galactose.

PROBLEMA 15◆

Quais monossacarídeos formam a mesma osazona que a D-sorbose?

Medindo os níveis de glicose sangüínea de diabéticos

A glicose reage com um grupo NH_2 da hemoglobina, formando uma imina (Seção 18.6), que, por sua vez, sofre um rearranjo irreversível a uma α-aminocetona mais estável, conhecida como hemoglobina-A_{Ic}.

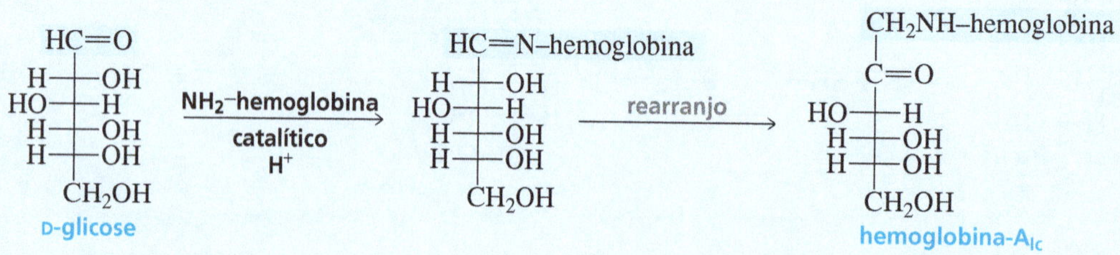

O diabetes ocorre quando o corpo não produz insulina suficiente ou quando a insulina que produz não estimula adequadamente suas células-alvo. Os diabéticos têm níveis elevados de glicose sangüínea, já que a insulina é o hormônio que mantém o nível adequado de glicose no sangue. A quantidade de hemoglobina-A_{Ic} formada é proporcional à concentração de glicose no sangue, de modo que diabéticos têm uma concentração mais alta de hemoglobina-A_{Ic} que os não-diabéticos. Assim, medir o nível de hemoglobina-A_{Ic} é um modo de determinar se o nível de glicose sanguínea de um diabético está sendo controlado.

A catarata, complicação freqüente no diabetes, é causada pela reação da glicose com o grupo NH_2 de proteínas na parte do olho denominada cristalino. Acredita-se que a rigidez arterial, comum em idosos, pode ser atribuída a uma reação similar da glicose com o grupo NH_2 de proteínas.

22.7 Aumento de cadeia: síntese de Kiliani–Fischer

Em uma **síntese de Kiliani–Fischer**, a cadeia de carbonos de uma aldose pode ser aumentada por um carbono. Em outras palavras, tetroses podem ser convertidas a pentoses, e pentoses podem ser convertidas a hexoses

Na primeira etapa da síntese (a porção Kiliani), a aldose é tratada com cianeto de sódio e HCl (Seção 18.4). A adição de íon cianeto ao grupo carbonila cria um novo carbono assimétrico. Conseqüentemente, duas cianoidrinas são formadas, diferindo somente na configuração em C-2. As configurações dos outros carbonos assimétricos não mudam, porque nenhuma ligação com qualquer um dos carbonos assimétricos é rompida durante o curso da reação (Seção 5.12, volume 1). Kiliani decidiu hidrolisar cianoidrinas a ácidos aldônicos (Seção 17.18), e Fischer já tinha desenvolvido um método para converter ácidos aldônicos a aldoses. Essa seqüência de reação foi usada por muitos anos, mas o método empregado atualmente para converter cianoidrinas a aldoses foi desenvolvido em 1979 por Serianni e Barker, sendo considerado uma modificação da síntese de Kiliani–Fischer. Serianni e Barker reduziram cianoidrinas a iminas usando um catalisador de paládio parcialmente desativado (em sulfato de bário), de modo que as iminas não seriam posteriormente reduzidas a aminas. As iminas poderiam então ser hidrolisadas a aldoses (Seção 18.6).

Heinrich Kiliani (1855–1945) *nasceu na Alemanha. Tornou-se PhD pela Universidade de Munique, sob a orientação do Professor Emil Erlenmeyer. Kiliani foi professor de química na Universidade de Freiburg.*

a síntese de Kiliani–Fischer modificada

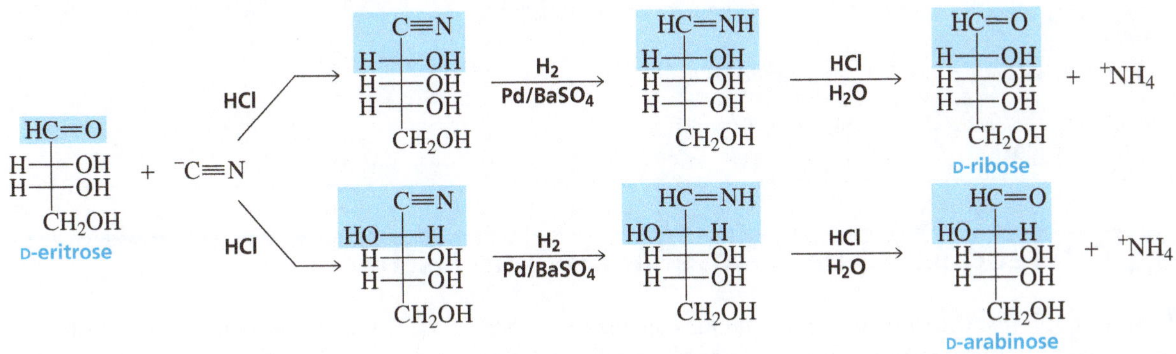

Note que a síntese conduz a um par de epímeros em C-2 porque a primeira etapa da reação converte um carbono carbonílico do material de partida a um carbono assimétrico. Portanto, o OH ligado a C-2 no produto pode estar à direita ou à esquerda na projeção de Fischer. No entanto, os dois epímeros não são obtidos em quantidades iguais, porque a primeira etapa da reação produz um par de diastereoisômeros, e em geral os diastereoisômeros são formados em proporções diferentes (Seção 5.19, volume 1).

A síntese de Kiliani–Fischer leva a um par de epímeros em C-2.

PROBLEMA 16

Quais monossacarídeos seriam formados numa síntese de Kiliani–Fischer utilizando-se como material de partida:

a. D-xilose b. L-treose

22.8 Redução do tamanho da cadeia: a degradação de Ruff

A *degradação de Ruff* é o oposto da síntese de Kiliani–Fischer. Assim, a **degradação de Ruff** diminui a cadeia de uma aldose em um carbono: as hexoses são convertidas em pentoses, e as pentoses são convertidas em tetroses. Na degradação de Ruff, o sal de cálcio de um ácido aldônico é oxidado com peróxido de hidrogênio. O íon férrico catalisa a reação de oxidação, quebrando a ligação entre C-1 e C-2 para formar CO_2 e um aldeído. Sabe-se que a reação envolve a formação de radicais, mas o mecanismo exato não é bem compreendido.

Otto Ruff (1871–1939) *nasceu na Alemanha. Tornou-se PhD pela Universidade de Berlim. Foi professor de química na Universidade de Danzig e, posteriormente, na Universidade de Breslau.*

a degradação de Ruff

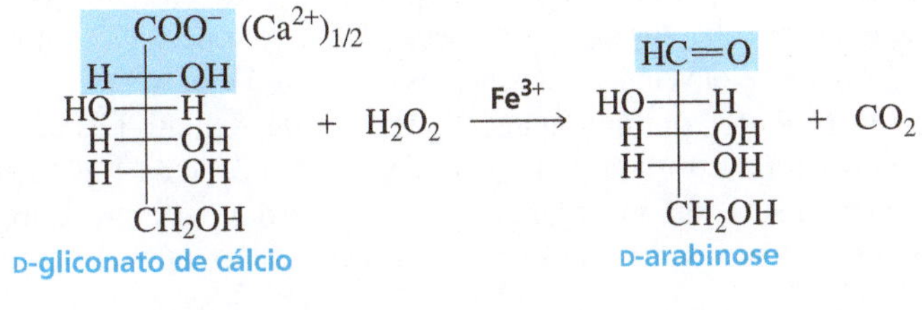

O sal de cálcio do ácido aldônico, necessário para a degradação de Ruff, é facilmente obtido pela oxidação de uma aldose com uma solução aquosa de bromo e a adição de hidróxido de cálcio à mistura reacional.

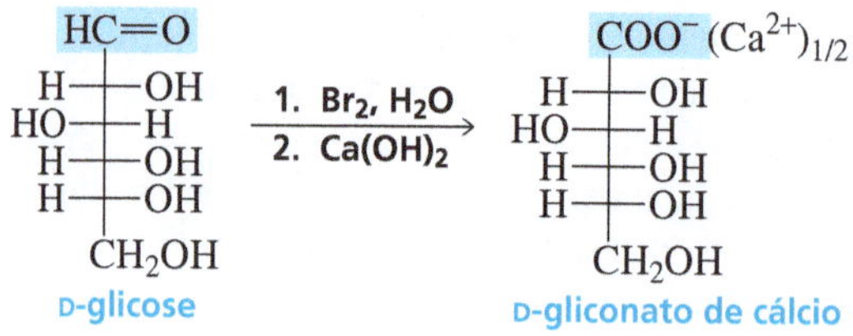

PROBLEMA 17◆

Que dois monossacarídeos podem ser degradados a

a. D-arabinose?
b. D-gliceraldeído?
c. L-ribose?

22.9 Estereoquímica da glicose: a prova de Fischer

Em 1891, Emil Fischer determinou a estereoquímica da glicose usando um dos exemplos de dedução mais brilhantes da história da química. Ele escolheu a (+)-glicose para seu estudo por ser o monossacarídeo mais comum na natureza.

Fischer sabia que a (+)-glicose era uma aldo-hexose, mas 16 estruturas diferentes podem ser escritas para uma aldo-hexose. Qual delas representa a estrutura da (+)-glicose? Os 16 estereoisômeros das aldo-hexoses são, na verdade, oito pares de enantiômeros, de modo que, se conhecermos as estruturas de um conjunto, automaticamente conheceremos as estruturas do outro. Portanto, Fischer precisava considerar apenas um conjunto de oito. Ele considerou os oito estereoisômeros que tinham o grupo OH em C-5 à direita na projeção de Fischer (os estereoisômeros mostrados abaixo, que agora denominamos açúcares da série D). Um deles seria um enantiômero da glicose, e sua imagem especular seria o outro enantiômero. Até 1951, não foi possível determinar se (+)-glicose era D-glicose ou L-glicose (Seção 5.13, volume 1). Fischer usou a informação a seguir para determinar a estereoquímica da glicose, ou seja, determinar a configuração de cada um de seus carbonos assimétricos.

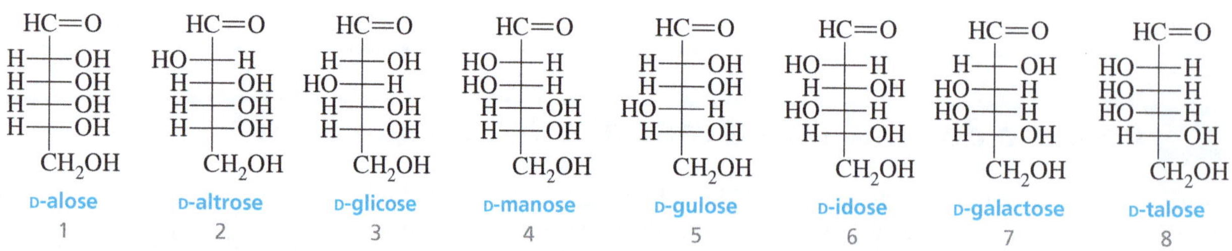

1. Quando a síntese de Kiliani–Fischer é realizada no açúcar conhecido como (−)-arabinose, obtêm-se os dois açúcares conhecidos como (+)-glicose e (+)-manose. Isso significa que (+)-glicose e (+)-manose são epímeros em C-2. Em outras palavras, eles têm a mesma configuração em C-3, C-4 e C-5. Conseqüentemente, (+)-glicose e (+)-manose têm de ser um dos seguintes pares: açúcares 1 e 2; 3 e 4; 5 e 6; ou 7 e 8.

2. (+)-glicose e (+)-manose são oxidadas pelo ácido nítrico a ácidos aldáricos opticamente ativos. Os ácidos aldáricos dos açúcares 1 e 7 não seriam opticamente ativos, porque eles têm um plano de simetria. (Uma substância com um plano de simetria é aquiral — tem uma imagem especular sobreponível; Seção 5.10, volume 1.) Excluindo-se os açúcares 1 e 7, isso significa que (+)-glicose e (+)-manose devem ser os açúcares 3 e 4 ou 5 e 6.

3. Como (+)-glicose e (+)-manose são produtos obtidos quando a síntese de Kiliani–Fischer é realizada em (−)-arabinose, há somente duas possibilidades para a estrutura da (−)-arabinose. Isto é, se (+)-glicose e (+)-manose são os açúcares 3 e 4, então a (−)-arabinose tem a estrutura mostrada abaixo à esquerda; por outro lado, se (+)-glicose e (+)-manose são os açúcares 5 e 6, então a (−)-arabinose tem a estrutura mostrada à direita:

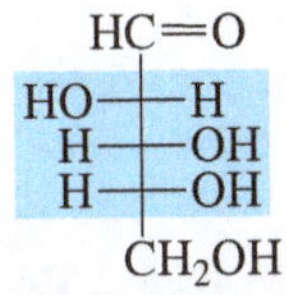

A estrutura da (–)-arabinose se (+)-glicose e (+)-manose são os açúcares 3 e 4.

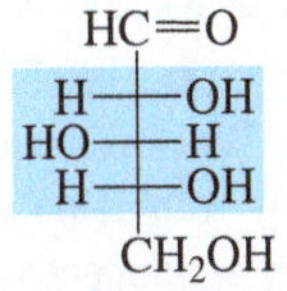

a estrutura da (–)-arabinose se (+)-glicose e (+)-manose são os açúcares 5 e 6

Quando a (−)-arabinose é oxidada pelo ácido nítrico, o ácido aldárico obtido é opticamente ativo. Isso significa que o ácido aldárico *não* tem um plano de simetria. Portanto, a (−)-arabinose deve ter a estrutura mostrada à esquerda porque o ácido aldárico do açúcar à direita tem um plano de simetria. Portanto, (+)-glicose e (+)-manose são representadas pelos açúcares 3 e 4.

4. A última etapa na prova de Fischer foi determinar se a (+)-glicose é o açúcar 3 ou o açúcar 4. Para responder a essa questão, Fischer teve de desenvolver um método químico que trocasse os grupos aldeído e álcool primário de uma aldo-hexose. Quando ele trocou quimicamente os grupos aldeído e álcool primário do açúcar conhecido como (+)-glicose, obteve uma aldo-hexose que era diferente da (+)-glicose. Quando trocou quimicamente os grupos aldeído e álcool primário da (+)-manose, ainda tinha (+)-manose. Portanto, ele concluiu que a (+)-glicose é o açúcar 3, porque, invertendo-se os grupos aldeído e álcool do açúcar 3, obtém-se um açúcar diferente (L-gulose).

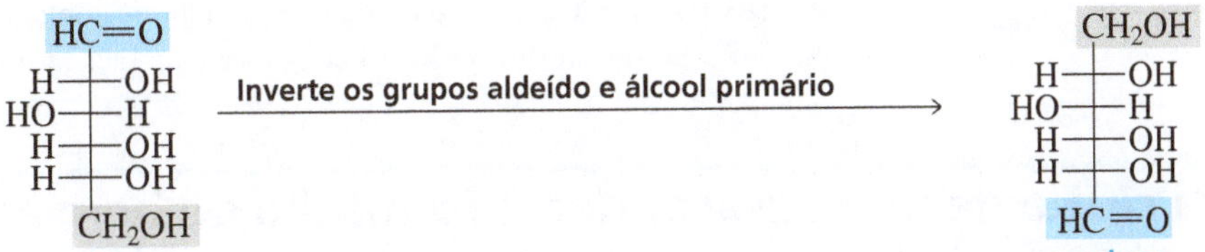

D-glicose

L-gulose
desenhada de cabeça para baixo

Se a (+)-glicose é o açúcar 3, a (+)-manose deve ser o açúcar 4. Como previsto, quando os grupos aldeído e álcool primário do açúcar 4 são invertidos, o mesmo açúcar é obtido.

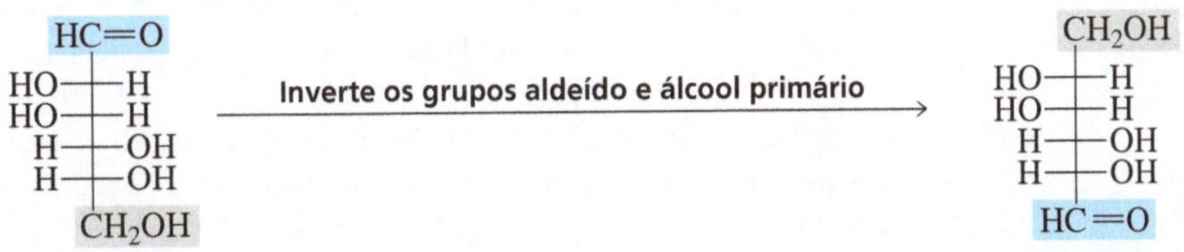

D-manose

D-manose
desenhada de cabeça para baixo

Usando um raciocínio semelhante, Fischer buscou determinar a estereoquímica de 14 das 16 aldo-hexoses. Por seu sucesso, recebeu, em 1902, o Prêmio Nobel de química. Posteriormente, sua suposição inicial de que (+)-glicose é um açúcar da série D mostrou-se correta, assim todas as estruturas estavam corretas (Seção 5.13, volume 1). Se Fischer estivesse errado e a (+)-glicose fosse um açúcar da série L, sua contribuição para a estereoquímica de aldoses ainda teria a mesma importância, mas todas as suas designações estereoquímicas estariam invertidas.

Glicose/dextrose

André Dumas foi o primeiro a usar o termo "glicose", em 1938, ao se referir à substância doce que vem do mel e das uvas. Mais tarde, Kekulé (Seção 7.1, volume 1) decidiu que ela deveria ser chamada dextrose, por ser dextrógira. Quando Fischer estudou o açúcar, chamou-o de glicose, e os químicos assim o denominam desde então, embora o nome dextrose seja freqüentemente encontrado em rótulos de alimentos.

Jean-Baptiste-André Dumas (1800–1884) *nasceu na França. Iniciou seus estudos em farmácia, carreira que abandonou para estudar química na Suíça. Lecionou química na Universidade de Paris e no Collège de France. Foi o primeiro químico francês a ministrar cursos de laboratório. Em 1848, trocou a ciência pela carreira política. Tornou-se senador, mestre da Casa da Moeda francesa e prefeito de Paris.*

PROBLEMA 18 RESOLVIDO

As aldo-hexoses A e B formam a mesma osazona. A aldo-hexose A é oxidada pelo ácido nítrico a um ácido aldárico opticamente ativo; a aldo-hexose B é oxidada a um ácido aldárico opticamente inativo. A degradação de Ruff de A e de B forma a aldopentose C, que é oxidada pelo ácido nítrico a um ácido aldário opticamente ativo. A degradação de Ruff de C forma D, que é oxidada pelo ácido nítrico a um ácido aldárico opticamente ativo. A degradação de Ruff de D forma o (+)-gliceraldeído. Identifique A, B, C e D.

RESOLUÇÃO Este é o tipo de problema que deveria ser resolvido de trás para a frente. O carbono assimétrico mais inferior em D deve ter o grupo OH à direita, uma vez que D é degradado ao (+)-gliceraldeído. D deve ser D-treose, uma vez que D é oxidada a um ácido aldárico opticamente ativo. Os dois carbonos assimétricos mais inferiores em C e D têm a mesma configuração, já que C é degradado formando D. C deve ser a D-lixose, uma vez que esta é oxidada a um ácido aldárico opticamente ativo. A e B, portanto, devem ser D-galactose e D-talose. Uma vez que A é oxidada a um ácido aldárico opticamente ativo, ela deve ser a D-talose e B deve ser a D-galactose.

PROBLEMA 19◆

Identifique A, B, C e D do problema anterior, se D é oxidado a um ácido aldárico opticamente inativo, A, B e C são oxidados a ácidos aldáricos opticamente ativos, e o intercâmbio dos grupos aldeído e álcool de A leva a um açúcar diferente.

22.10 Estrutura cíclica de monossacarídeos: formação de hemiacetal

A D-glicose existe nas três formas: a forma de cadeia aberta de D-glicose, que já discutimos, e duas formas cíclicas — α-D-glicose e β-D-glicose. Sabemos que as duas formas cíclicas são diferentes porque têm diferentes propriedades físicas: α-D-glicose funde-se a 146 °C, enquanto a β-D-glicose funde-se a 150 °C; a α-D-glicose tem uma rotação específica de +112,2°, ao passo que a β-D-glicose tem uma rotação específica de +18,7°.

Como a D-glicose pode existir numa forma cíclica? Na Seção 18.7 vimos que um aldeído reage com o equivalente de um álcool, formando um hemiacetal. Um monossacarídeo como a D-glicose tem um grupo aldeído e vários grupos álcool. O grupo álcool ligado em C-5 da D-glicose reage intramolecularmente com o grupo aldeído, formando um anel hemiacetal de seis membros. Por que há duas formas cíclicas diferentes? Dois hemiacetais diferentes são formados porque o carbono carbonílico do açúcar de cadeia aberta torna-se um novo carbono assimétrico no hemiacetal. Se o grupo OH ligado ao novo carbono assimétrico está à direita, o hemiacetal é a α-D-glicose. Se o grupo OH está à esquerda, o hemiacetal é a β-D-glicose. O mecanismo de formação do hemiacetal cíclico é o mesmo da formação de hemiacetal entre duas moléculas que contêm respectivamente aldeído e álcool (Seção 18.7).

Animation Gallery: Ciclização de um monossacarídeo
WWW

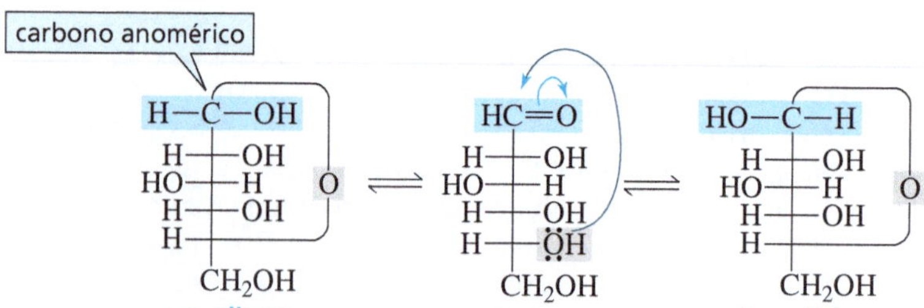

α-D-glicose 36% — 0,02% — β-D-glicose 64%

A α-D-glicose e a β-D-glicose são denominadas anômeros. **Anômeros** são dois açúcares que diferem somente na configuração do carbono, que foi o carbono carbonílico na forma de cadeia aberta. Esse carbono é denominado **carbono anomérico**. *Ano* vem do grego 'superior'; assim, anômeros diferem na configuração do carbono assimétrico mais superior. O carbono anomérico é o único carbono na molécula que está ligado a dois oxigênios. Os prefixos α e β denotam a configuração do carbono anomérico. Anômeros, como os epímeros, diferem na configuração de somente um átomo de carbono. Anômeros são um tipo particular de diastereoisômeros.

Em uma solução aquosa, a substância de cadeia aberta está em equilíbrio com os dois hemiacetais cíclicos. A formação dos hemiacetais cíclicos aproxima-se de sua conclusão (diferente da formação de hemiacetais acíclicos), de modo que muito pouca glicose existe na forma de cadeia aberta (cerca de 0,02%). No equilíbrio, há quase duas vezes mais β-D-glicose (64%) que α-D-glicose (36%). O açúcar ainda sofre as reações discutidas em seções anteriores (oxidação, redução e formação de osazonas), uma vez que os reagentes reagem com a pequena quantidade de aldeído de cadeia aberta que está presente. Quando o aldeído reage, o equilíbrio se desloca para formar mais aldeído de cadeia aberta, que pode, então, sofrer reação. Por fim, todas as moléculas de glicose reagem através do aldeído de cadeia aberta.

Quando cristais de α-D-glicose pura são dissolvidos em água, a rotação específica muda gradualmente de $+112{,}2°$ para $+52{,}7°$. Quando cristais de β-D-glicose pura são dissolvidos em água, a rotação específica muda gradualmente de $+18{,}7°$ para $+52{,}7°$. Essa mudança na rotação ocorre porque, em água, o hemiacetal se abre para formar o aldeído, e, quando o aldeído recicliza, tanto a α-D-glicose quanto a β-D-glicose podem ser formadas. Por fim, as três formas da glicose atingem concentrações de equilíbrio. A rotação específica da mistura em equilíbrio é $+52{,}7°$ — isso explica por que a mesma rotação específica é obtida se os cristais originalmente dissolvidos em água são α-D-glicose ou β-D-glicose. Uma mudança lenta na rotação óptica a um valor de equilíbrio é conhecida como **mutarrotação**.

Se uma aldose pode formar um anel de cinco ou seis membros, ela existirá em solução como um hemiacetal cíclico predominantemente. Se um anel de cinco ou seis membros será formado, isso vai depender de suas estabilidades relativas. Açúcares na forma de anéis de seis membros são chamados de **piranoses**, e açúcares na forma de anéis de cinco membros são chamados de **furanoses**. Esses nomes vêm de *furano* e *pirano*, os nomes dos éteres cíclicos de cinco e seis membros são mostrados ao lado. Conseqüentemenete, a α-D-glicose é também denominada α-D-glicopiranose. O prefixo α indica a configuração do carbono anomérico, e 'piranose' indica que o açúcar existe como um hemiacetal cíclico de seis membros.

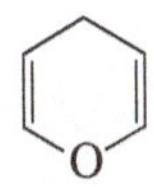

pirano

furano

As projeções de Fischer não são as melhores formas de mostrar a estrutura de um açúcar cíclico pelo modo como a ligação C—O—C é representada. Uma representação mais satisfatória é dada pela **projeção de Haworth**.

Na projeção de Haworth de uma D-piranose, o anel de seis membros é representado como uma superfície na horizontal. O oxigênio do anel é sempre colocado no canto direito da parte posterior do anel, com o carbono anomérico (C-1) no lado direito e o grupo álcool primário desenhado para *cima*, a partir do canto esquerdo da parte posterior do anel (C-5). Grupos à *direita* em uma projeção de Fischer estão para *baixo* em uma projeção de Haworth, enquanto grupos à *esquerda* em uma projeção de Fischer estão para *cima* em uma projeção de Haworth.

Grupos à *direita* em uma projeção de Fischer estão para baixo em uma projeção de Haworth.

Grupos à *esquerda* em uma projeção de Fischer estão para cima em uma projeção de Haworth.

A projeção de Haworth de uma D-furanose é como um plano horizontal, com o oxigênio do anel afastado do observador. O carbono anomérico está no lado direito da molécula, e o grupo álcool primário é desenhado para *cima*, a partir do canto esquerdo da parte posterior do anel.

α-D-glicopiranose | β-D-glicopiranose | α-D-ribofuranose | β-D-ribofuranose

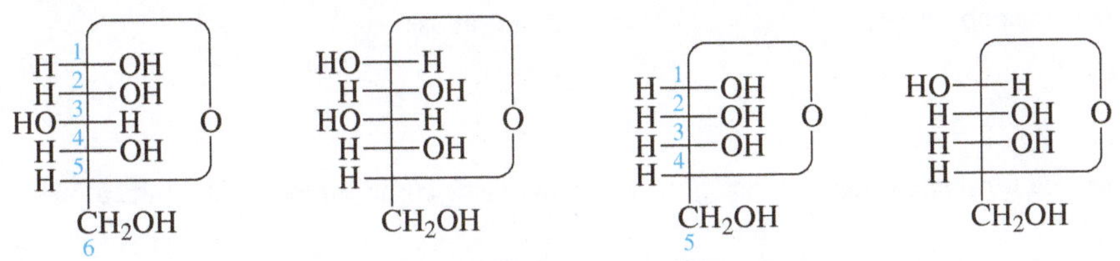

projeções de Fischer

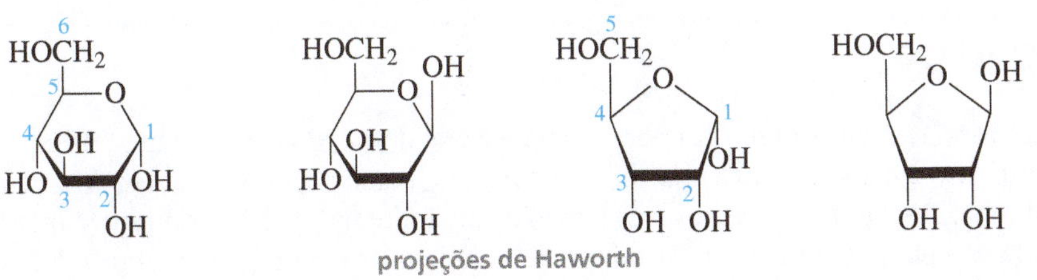

projeções de Haworth

Sir Walter Norman Haworth (1883–1950) *nasceu na Inglaterra. Tornou-se PhD pela Universidade de Göttingen, na Alemanha, e mais tarde lecionou química nas Universidades de Durham e Birmingham, na Grã-Bretanha. Foi o primeiro a sintetizar a vitamina C e a denominar de ácido ascórbico. Durante a Segunda Guerra Mundial, trabalhou no projeto da bomba atômica. Recebeu o Prêmio Nobel de química em 1937 e foi condecorado Cavaleiro da Rainha em 1947.*

Cetoses também existem predominantemente nas formas cíclicas. A D-frutose forma um anel hemicetal de cinco membros decorrente da reação do grupo OH em C-5 com o grupo carbonila da cetona (Seção 18.7). Se o novo carbono assimétrico tem o grupo OH à direita na projeção de Fischer, a substância é uma α-D-frutose. Se o grupo OH está à esquerda, a substância é uma β-D-frutose. Esses açúcares também podem ser chamados α-D-frutofuranose e β-D-frutofuranose. Note que na frutose o carbono anomérico é C-2, e não C-1, como em aldoses. A D-frutose pode também formar um anel de seis membros usando o grupo OH em C-6. A forma piranosídica predomina no monossacarídeo, enquanto a forma furanosídica predomina quando o açúcar é parte de um dissacarídeo. (Veja a estrutura da sacarose na Seção 22.17.)

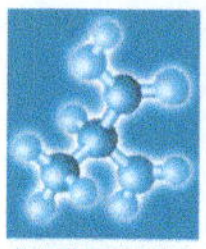

Molecule Gallery:
α-D-glicopiranose
β-D-glicopiranose
α-D-ribofuranose
β-D-ribofuranose
WWW

α-D-frutofuranose $\qquad$ β-D-frutofuranose $\qquad$ α-D-frutopiranosee $\qquad$ β-D-frutopiranose

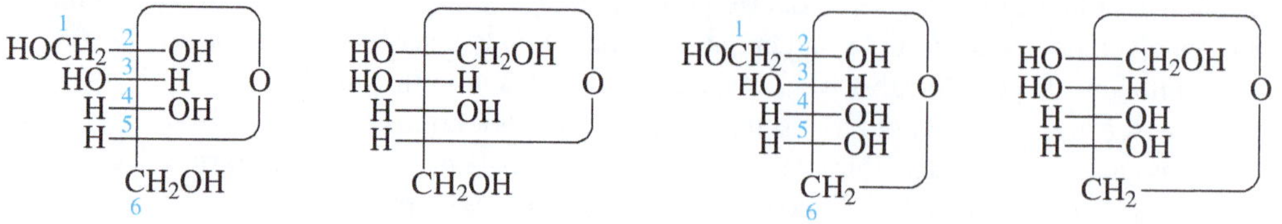

projeções de Fischer

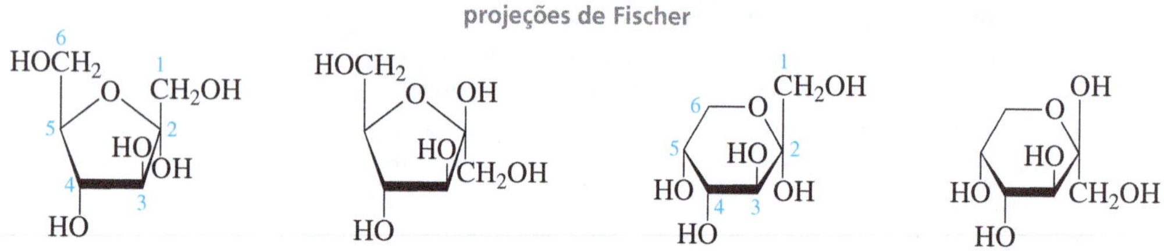

projeções de Haworth

As projeções de Haworth são úteis porque nos permitem ver facilmente se os grupos OH no anel são cis ou trans um ao outro. Como os anéis de cinco membros são quase planares, as furanoses são bem representadas pelas projeções de Haworth. No entanto, as projeções de Haworth são estruturalmente impróprias para piranoses, uma vez que um anel de seis membros não é plano, mas existe preferencialmente numa conformação cadeira (Seção 2.12, volume 1).

PROBLEMA 20

4-hidroxi-aldeído e 5-hidroxi-aldeído existem originalmente na forma de hemiacetal cíclico. Dê a estrutura de um hemiacetal formado pelas seguintes substâncias:

a. 4-hidroxibutanal
b. 5-hidroxipentanal
c. 4-hidroxipentanal
d. 4-hidroxi-heptanal

PROBLEMA 21

Desenhe os seguintes açúcares usando as projeções de Haworth:

a. β-D-galactopiranose
b. α-D-tagatopiranose
c. α-L-glicopiranose

PROBLEMA 22

A D-glicose existe com maior freqüência na forma de piranose, mas pode também existir como furanose. Desenhe a projeção de Haworth da α-D-glicofuranose.

22.11 Estabilidade da glicose

A representação da D-glicose na sua conformação cadeira mostra por que ela é a D-aldo-hexose mais comum na natureza. Para converter a projeção de Haworth da D-glicose em uma conformação cadeira, começaremos desenhando a cadeira com o espaldar à esquerda e o pé à direita. Depois, colocaremos o oxigênio do anel no canto posterior direito e o grupo álcool primário na posição equatorial. (Seria bastante útil construir um modelo molecular.) O grupo álcool primário é o maior de todos os substituintes, e substituintes grandes são mais estáveis na posição equatorial, porque há menos tensão estérica nessa posição. (Relembre a Seção 2.14, no volume 1, em que substituintes 1,2-diequatoriais são trans em relação um ao outro.) O grupo OH em C-3 está também na posição equatorial. Quando percorremos as linhas do anel, vemos que todos os substituintes OH na β-D-glicose estão nas posições equatoriais. As posições axiais estão todas ocupadas por hidrogênios, os quais requerem pouco espaço e, portanto, experimentam pouca tensão estérica. Nenhuma outra aldo-hexose existe em tal conformação livre de tensão. Isso significa que a β-D-glicose é a mais estável de todas as aldo-hexoses, por isso não surpreende que ela seja a aldo-hexose de maior predominância na natureza.

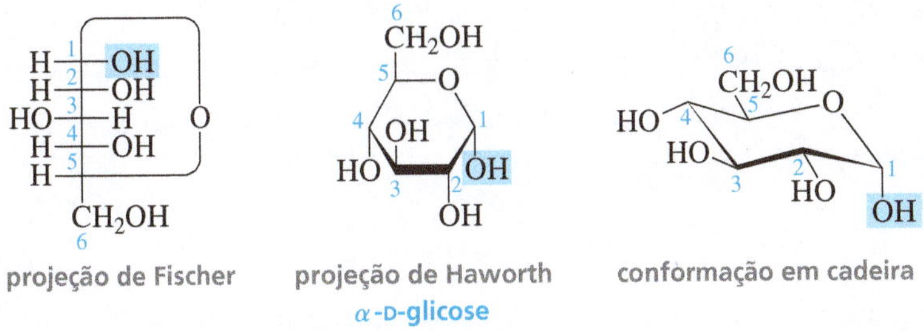

A posição α está à direita em uma projeção de Fischer, para baixo em uma projeção de Haworth e axial em uma conformação em cadeira.

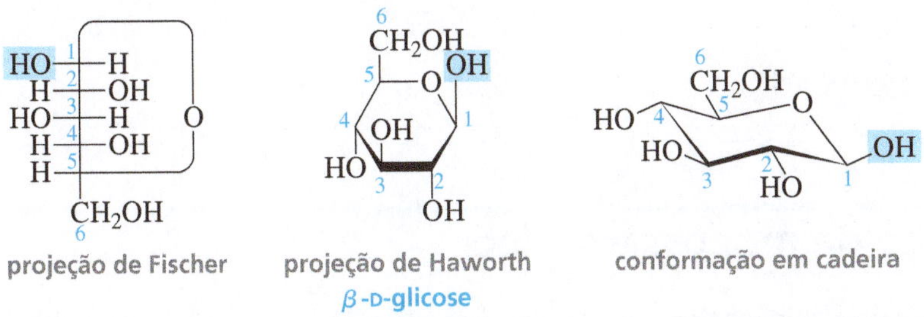

A posição β está à esquerda em uma projeção de Fischer, para cima em uma projeção de Haworth e equatorial em uma conformação em cadeira.

Por que há mais β-D-glicose que α-D-glicose numa solução aquosa em equilíbrio? O grupo OH ligado ao carbono anomérico está na posição equatorial na β-D-glicose, ao passo que ele está na posição axial na α-D-glicose. Portanto, a β-D-glicose é mais estável que a α-D-glicose. Assim, a β-D-glicose predomina numa solução aquosa em equilíbrio.

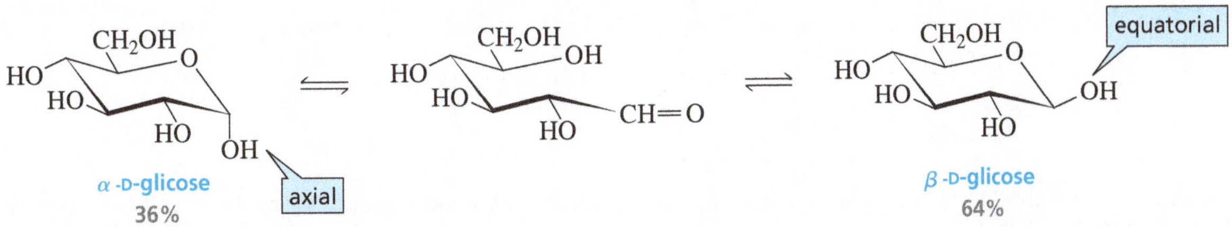

Se nos lembrarmos de que todos os grupos OH na β-D-glicose estão nas posições equatoriais, é fácil desenhar a conformação cadeira de qualquer outra piranose. Por exemplo, se quiséssemos desenhar a α-D-galactose, colocaríamos todos os grupos OH nas posições equatoriais, exceto os grupos OH em C-4 (uma vez que a galactose é um epímero em C-4 da glicose) e em C-1 (já que se trata do anômero α). Colocaríamos esses dois grupos OH em posições axiais.

Molecule Gallery:
α-D-Galactose
β-D-Gulose
β-L-Gulose
WWW

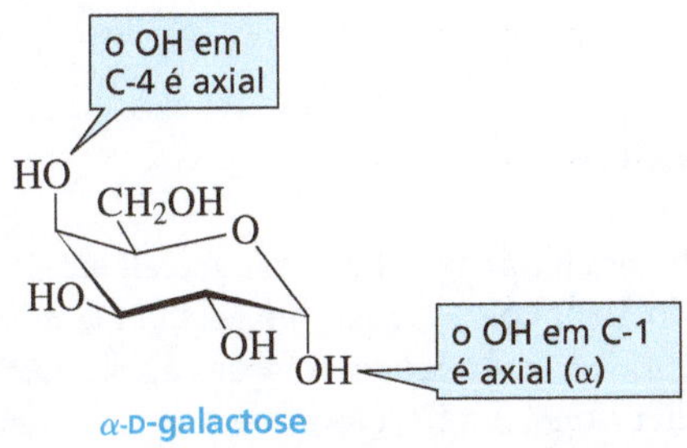

Para desenhar uma L-piranose, desenhamos primeiramente a D-piranose e, então, a sua imagem especular. Por exemplo, para desenhar a β-L-gulose, primeiro desenhamos a β-D-gulose. (A gulose difere da glicose em C-3 e C-4, de modo que os grupos OH nesses carbonos estão em posição axial.) Então desenhamos a imagem especular da β-D-gulose para obter a β-L-gulose.

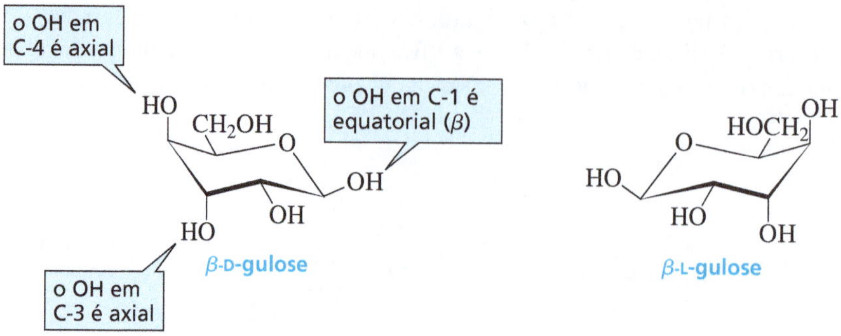

β-D-gulose β-L-gulose

PROBLEMA 23◆

Quais grupos OH estão na posição axial em

a. β-D-manopiranose?
b. β-D-idopiranose?
c. α-D-alopiranose?

22.12 Acilação e alquilação de monossacarídeos

Os grupos OH de monossacarídeos apresentam a química típica dos alcoóis. Por exemplo, eles reagem com o cloreto de acetila ou o anidrido acético, formando ésteres (Seções 17.8 e 17.9).

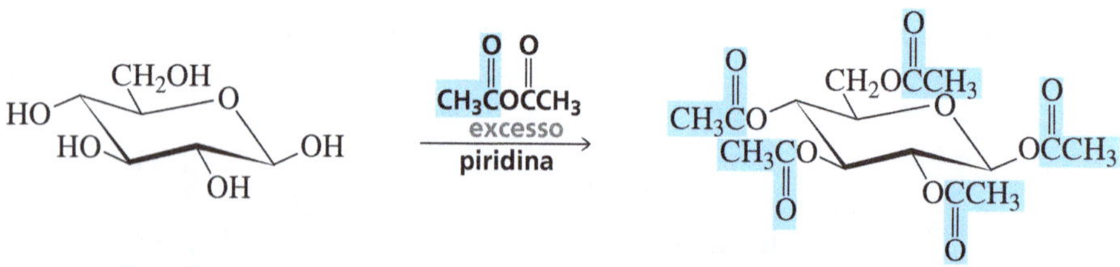

β-D-glicose penta-O-acetil-β-D-glicose

Os grupos OH também reagem com iodeto de metila/óxido de prata, formando éteres (Seção 10.4, volume 1). O grupo OH é um nucleófilo relativamente pobre, por isso o óxido de prata é usado para aumentar a tendência de saída do iodeto na reação S_N2.

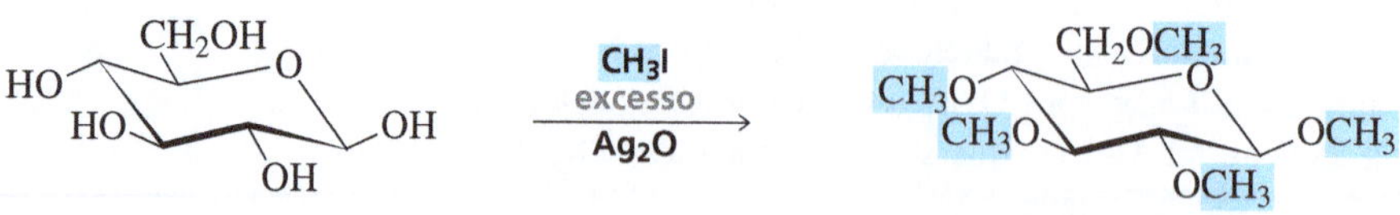

β-D-glicose metil-tetra-O-meti-β-D-glicosídeo

22.13 Formação de glicosídeos

Na Seção 18.7, vimos que depois que um aldeído reage com um equivalente de um álcool para formar um hemiacetal, este reage com um segundo equivalente do álcool para formar um acetal. De modo semelhante, o hemiacetal cíclico (ou o hemicetal), formado por um monossacarídeo, pode reagir com um álcool para formar um acetal (ou cetal). O acetal (ou cetal) de um açúcar é denominado **glicosídeo**, e a ligação entre o carbono anomérico e o oxigênio alcoxi é denominada **ligação glicosídica**. Os glicosídeos são denominados pela substituição da terminação 'e' do nome do açúcar pelo sufixo 'ídeo'. Assim, um glicosídeo da glicose é um glucosídeo, um glicosídeo da galactose é um galactosídeo etc. Quando o nome piranose ou furanose é usado, o acetal é chamado **piranosídeo** ou **furanosídeo**.

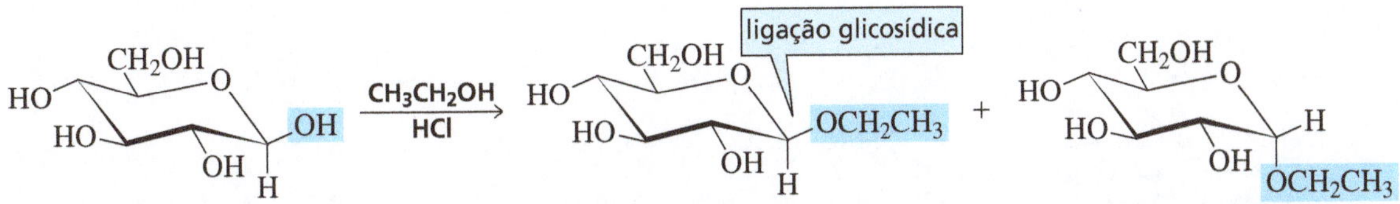

β-D-glicose
β-D-glicopiranose

etil β-D-glicosídeo
etil β-D-glicopiranosídeo

etil α-D-glicosídeo
etil α-D-glicopiranosídeo

Note que a reação de um único anômero com um álcool leva à formação tanto de α quanto de β-glicosídeos. O mecanismo da reação mostra por que ambos os glicosídeos são formados. Em uma solução ácida, o grupo OH ligado ao carbono anomérico torna-se protonado, e um par isolado do oxigênio do anel ajuda a eliminar uma molécula de água. O carbono anomérico no íon oxocarbênio resultante é hibridizado sp^2, por isso parte da molécula é planar. (O **íon oxocarbênio** tem uma carga positiva, que é compartilhada por um carbono e um oxigênio.) Quando o álcool entra por cima em relação ao plano da molécula, o β-glicosídeo é formado. Quando o álcool entra por baixo em relação ao plano da molécula, o α-glicosídeo é formado. Note que o mecanismo é o mesmo que aquele mostrado para a formação de acetal na Seção 18.7.

mecanismo de formação de glicosídeo

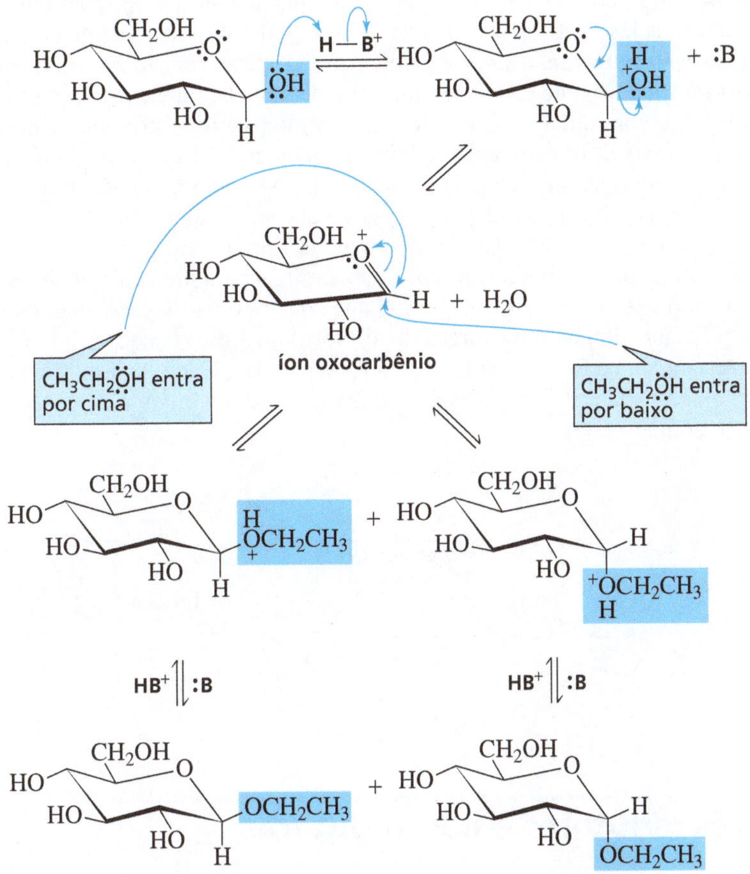

β-glicosídeo

α-glicosídeo
produto principal

Surpreendentemente, a D-glicose forma mais α-glicosídeo que β-glicosídeo. O motivo disso será explicado na próxima seção.

A reação de um monossacarídeo com um álcool é semelhante à reação de um monossacarídeo com uma amina na presença de uma quantidade traço de ácido. O produto da reação é um *N*-glicosídeo. Um ***N*-glicosídeo** tem um nitrogênio no lugar do oxigênio na ligação glicosídica. As subunidades de ADN e ARN são β-*N*-glicosídeos (Seção 27.1).

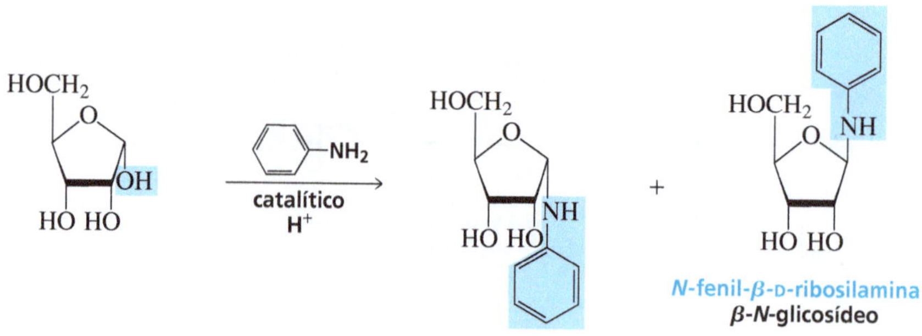

N-fenil-β-D-ribosilamina
β-N-glicosídeo

N-fenil-α-D-ribosilamina
α-N-glicosídeo

PROBLEMA 24◆

Por que é usada uma quantidade pequena de ácido na formação de um *N*-glicosídeo?

22.14 O efeito anomérico

Vimos que a β–D-glicose é mais estável que a α-D-glicose porque há mais espaço para um substituinte na posição equatorial. No entanto, as quantidades relativas de β-D-glicose e α-D-glicose são somente de 2 : 1, de modo que a preferência do grupo OH pela posição equatorial é surpreendentemente pequena (Seção 22.10). Compare isso com a preferência do grupo OH pela posição equatorial no ciclo-hexano, que é de 5,4 : 1 (Tabela 2.10, volume 1).

Quando a glicose reage com um álcool para formar um glicosídeo, o produto principal é o α-glicosídeo. Como a formação do acetal é reversível, o α-glicosídeo deve ser mais estável que o β-glicosídeo. A preferência de certos substituintes ligados ao carbono anomérico pela posição axial é denominada **efeito anomérico**.

O que é responsável pelo efeito anomérico? Uma pista é que substituintes que preferem a posição axial têm um par isolado no átomo (Z) ligado ao anel. A ligação C—Z tem um orbital σ* antiligante. Se um dos pares isolados do oxigênio do anel está em um orbital que é paralelo ao orbital σ* antiligante, a molécula pode ser estabilizada pela densidade eletrônica do oxigênio, indo para o orbital σ*. O orbital que contém o par isolado axial do oxigênio do anel só pode se sobrepor ao orbital σ* se o substituinte estiver axial. Se o substituinte estiver equatorial, nenhum dos orbitais que contiverem um par isolado estará alinhado corretamente para sobreposição. Como conseqüência da sobreposição entre o par isolado e o orbital σ*, a ligação C—Z é mais longa e mais fraca que o normal, e a ligação C—O dentro do anel é mais curta e mais forte que o normal.

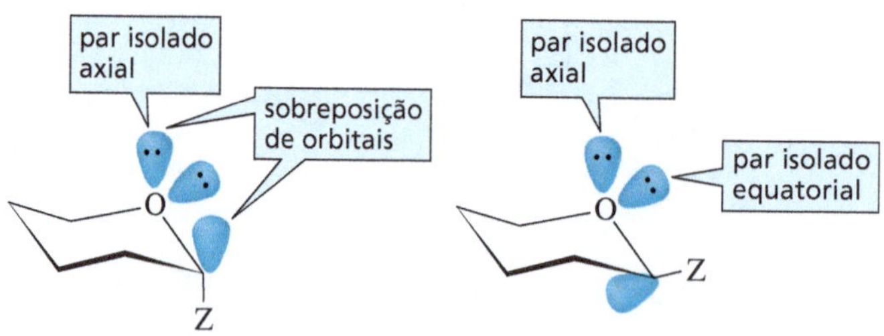

22.15 Açúcares redutores e não-redutores

Como os glicosídeos são acetais (ou cetais), eles não estão em equilíbrio com o aldeído (ou cetona) de cadeia aberta em soluções aquosas básicas ou neutras. Por não estarem em equilíbrio com uma substância que contém um grupo carbonila, não podem ser oxidados por reagentes como Ag^+ ou Br_2. Os glicosídeos, portanto, não são açúcares redutores — não podem ser reduzidos por Ag^+ ou Br_2 .

Um açúcar com um grupo aldeído, cetona, hemiacetal ou hemicetal é um açúcar redutor. Sem um desses grupos, ele é um açúcar não-redutor.

Os hemiacetais (ou hemicetais) estão em equilíbrio com os açúcares de cadeia aberta em solução aquosa. Assim, desde que tenha um grupo aldeído, cetona, hemiacetal ou hemicetal, um açúcar é capaz de reduzir um agente oxidante e, portanto, de ser classificado como açúcar redutor. Sem um desses grupos, ele é um açúcar não-redutor.

PROBLEMA 25 **RESOLVIDO**

Dê o nome das substâncias a seguir e indique se cada uma é um açúcar redutor ou um açúcar não-reduto:

a. 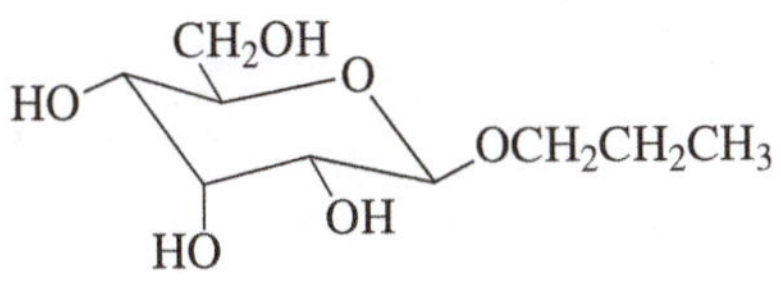

b. 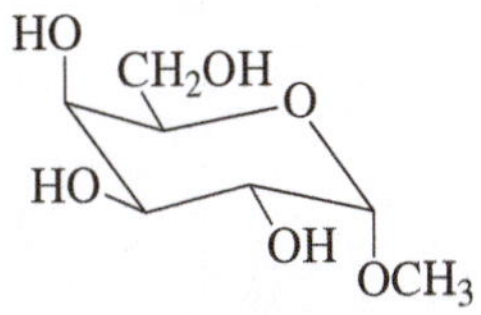

c. 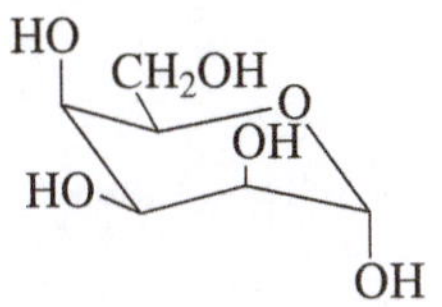

d. 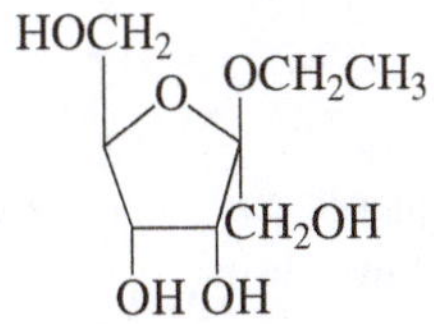

RESOLUÇÃO PARA 25a Em (a), o único grupo OH em posição axial é aquele ligado a C-3. Portanto, esse açúcar é o epímero em C-3 da D-glicose, que é a D-alose. O substituinte no carbono anomérico está em posição β. Assim, o nome do açúcar é β-D-alosídeo de propila ou propil-β-D-alopiranosídeo. Como o açúcar é um acetal, trata-se de um açúcar não-redutor.

22.16 Determinação do tamanho do anel

Dois procedimentos diferentes podem ser usados para determinar que tamanho de anel é formado por um monossacarídeo. No primeiro procedimento, o tratamento do monossacarídeo com excesso de iodeto de metila e óxido de prata converte todos os grupos OH em OCH_3 (Seção 22.12). A hidrólise de um acetal catalisada por ácido forma então um hemiacetal, que está em equilíbrio com a sua forma de cadeia aberta. O tamanho do anel pode ser determinado com base na estrutura de cadeia aberta, já que o único grupo OH é aquele que formou o hemiacetal cíclico.

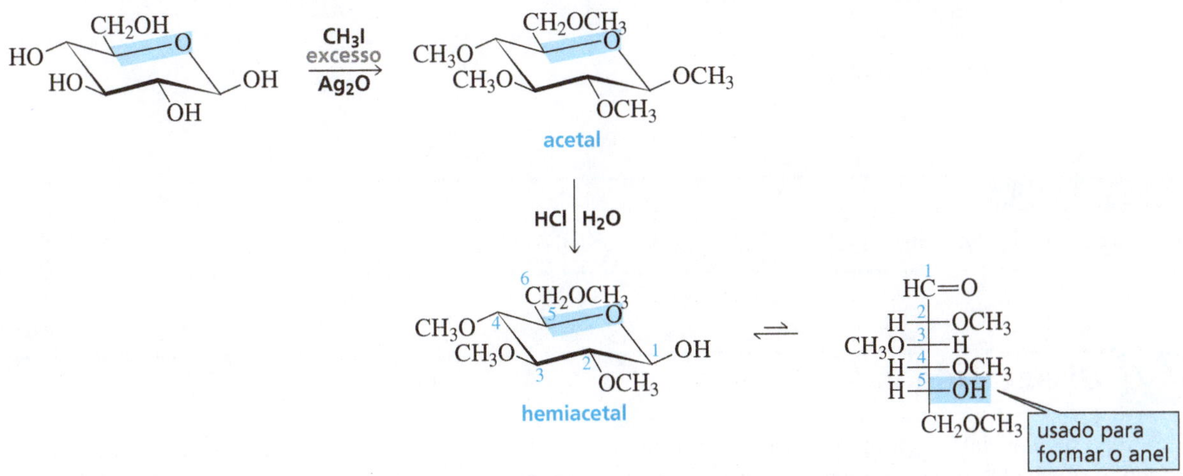

No segundo procedimento para determinar o tamanho do anel de um monossacarídeo, um acetal do monossacarídeo é oxidado com excesso de ácido periódico. (Veja a Seção 20.7 em que o ácido periódico quebra 1,2-dióis.)

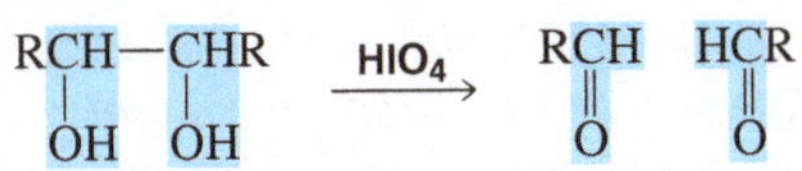

O α-hidroxialdeído formado quando o ácido periódico quebra um 1,2,3-triol é posteriormente oxidado a ácido fórmico e a outro aldeído.

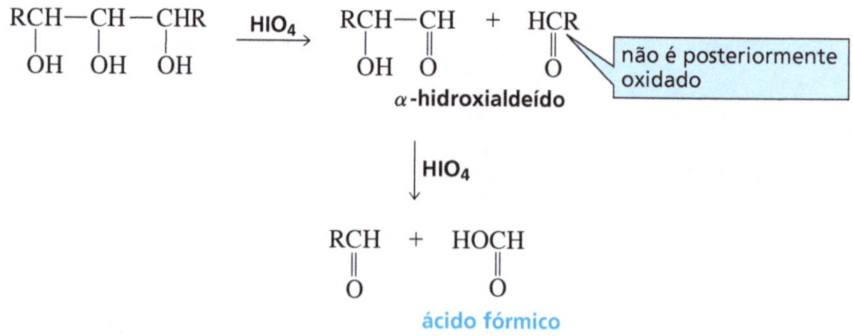

Os produtos obtidos da quebra com o periodato de um acetal de seis membros são diferentes daqueles obtidos da quebra de um acetal de cinco membros.

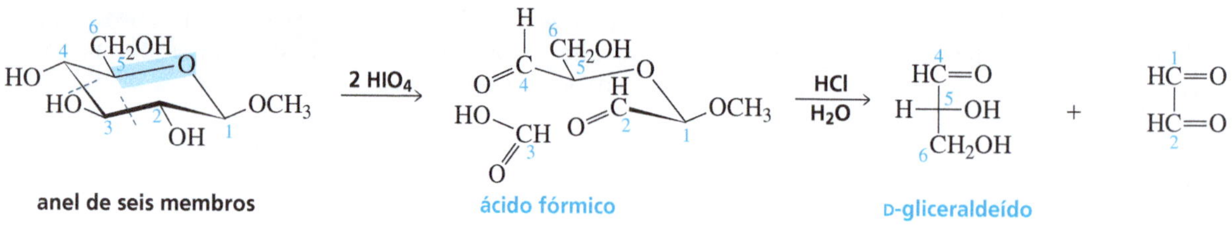

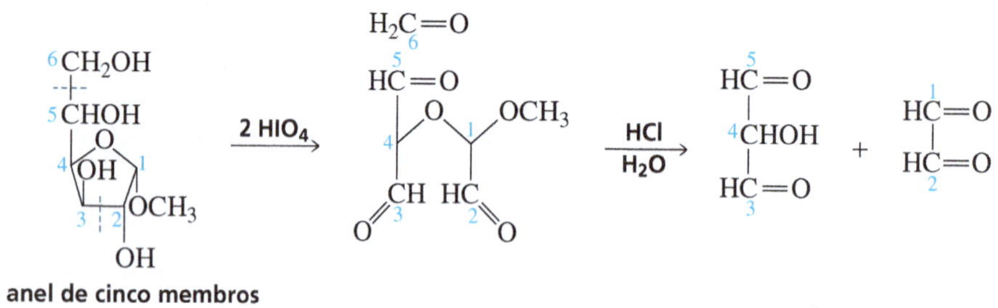

PROBLEMA 26

Que tipo de aldo-hexose forma o L-gliceraldeído quando o acetal é oxidado com ácido periódico?

22.17 Dissacarídeos

Se um grupo hemiacetal de um monossacarídeo forma um acetal pela reação com um grupo álcool de outro monossacarídeo, o glicosídeo formado é um dissacarídeo. **Dissacarídeos** são substâncias constituídas de duas subunidades de monossacarídeos unidas por uma ligação acetal. Por exemplo, a maltose é um dissacarídeo obtido da hidrólise do amido. Contém duas subunidades de glicose unidas por uma ligação acetal. Essa ligação acetal específica é denominada **ligação α-1,4′-glicosídica**. A ligação se dá entre C-1 de uma subunidade do açúcar e C-4 da outra. O apóstrofo indica que C-4 não está no mesmo anel que C-1. É uma ligação α-1,4′-glicosídica porque o átomo de oxigênio nela envolvido está em posição α. *Lembre-se de que a posição α é axial quando um açúcar é mostrado numa conformação em cadeira, e está para baixo quando o açúcar é mostrado numa projeção de Haworth. A posição β é equatorial quando um açúcar é mostrado numa conformação em cadeira, e está para cima quando o açúcar é mostrado numa projeção de Haworth.*

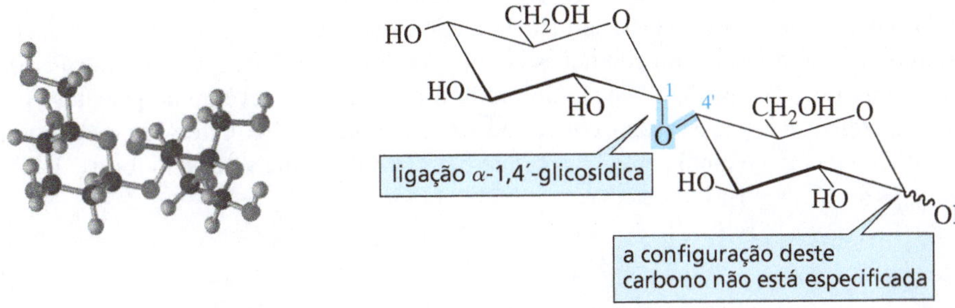

maltose

Molecule Gallery: Maltose; Celobiose; Lactose

WWW

Note que a estrutura da maltose é mostrada sem especificar a configuração do carbono anomérico que não é um acetal (o carbono anomérico da subunidade à direita marcado com um traço ondulado), já que a maltose pode existir tanto na forma α quanto na β. O grupo OH ligado ao carbono anomérico na α-maltose está na posição axial. Na β-maltose, o grupo OH está na posição equatorial. Como a maltose pode existir tanto na forma α quanto na β, a mutarrotação ocorre quando cristais de uma das formas são dissolvidos em um solvente. A maltose é um açúcar redutor porque a subunidade à direita é um hemiacetal; portanto, está em equilíbrio com um aldeído de cadeia aberta, que é facilmente oxidado.

A celobiose é um dissacarídeo obtido da hidrólise de celulose e também contém duas subunidades de D-glicose. A celobiose difere da maltose pelo fato de as duas subunidades de glicose serem unidas por uma **ligação β-1,4′-glicosídica**. Assim, a única diferença entre as estruturas da maltose e da celobiose é a configuração da ligação glicosídica. Como a maltose, a celobiose existe em ambas as formas, α e β, porque o grupo OH ligado ao carbono anomérico, não envolvido na formação do acetal, pode estar tanto na posição axial (α-celobiose) quanto na posição equatorial (β-celobiose). A celobiose é um açúcar redutor porque a subunidade à direita é um hemiacetal.

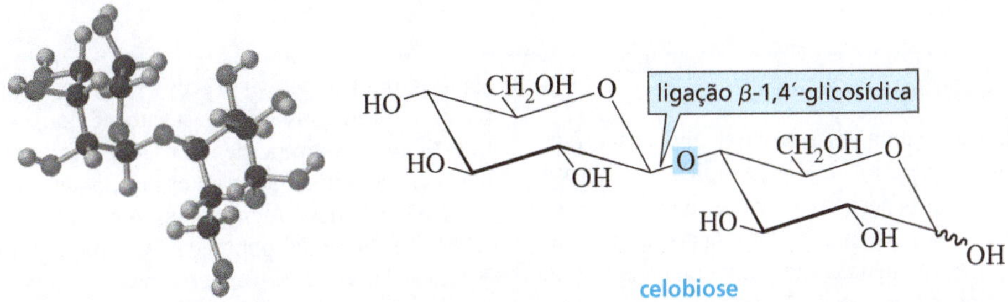

celobiose

A lactose é um dissacarídeo encontrado no leite. Constitui, em peso, 4,5% do leite de vaca e 6,5% do leite humano. Uma das subunidades da lactose é a D-galactose; a outra é a D-glicose. A subunidade de D-galactose é um acetal e a subunidade de D-glicose é um hemiacetal. As subunidades são unidas por uma ligação β-1,4′-glicosídica. Como uma das subunidades é um hemiacetal, a lactose é um açúcar redutor e sofre mutarrotação.

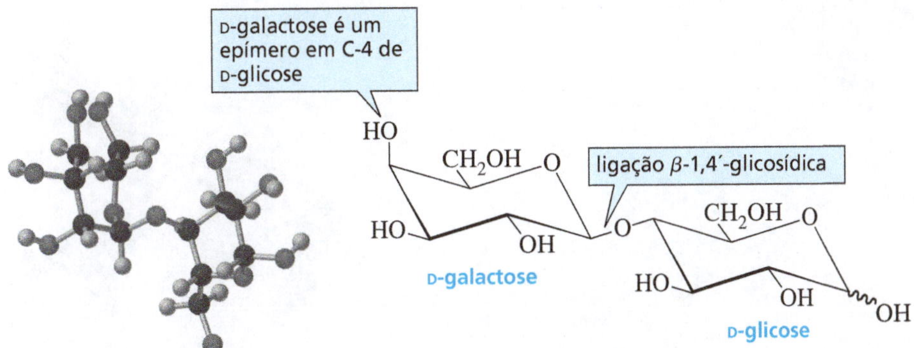

lactose

Um experimento simples pode provar que a ligação hemiacetal na lactose ocorre preferencialmente no resíduo de glicose em vez de no resíduo de galactose. O dissacarídeo é tratado com excesso de iodeto de metila na presença de Ag_2O (Seção 22.12), e o produto é hidrolisado sob condições ácidas. As duas ligações acetal são hidrolisadas, mas todas as ligações éter permanecem intocadas. A identificação do produto mostra que o resíduo de galactose continha a ligação acetal no dissacarídeo, porque foi capaz de reagir com o iodeto de metila em C-4. O resíduo de glicose, por outro lado, foi incapaz de reagir com o iodeto de metila em C-4, porque o grupo OH naquela posição foi usado para formar o acetal com a galactose.

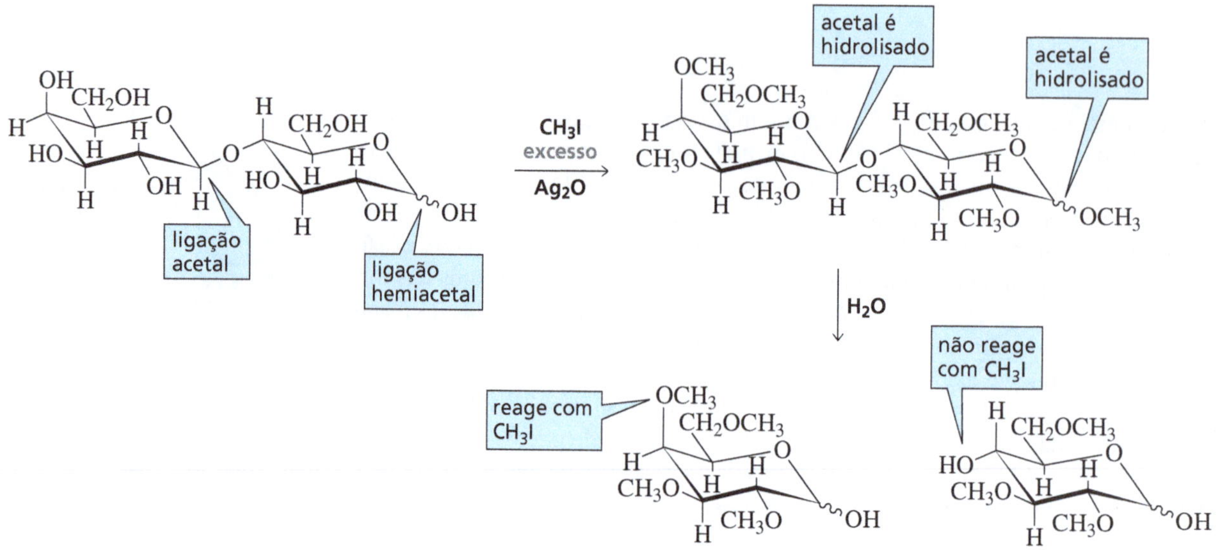

2,3,4,6-tetra-*O*-metil-galactose   2,3,6-tri-*O*-metil-glicose

Intolerância à lactose

A lactase é uma enzima que quebra especificamente ligações β-1,4′-glicosídicas de lactose. Cães e gatos perdem a lactase intestinal quando se tornam adultos, por isso não podem mais digerir a lactose. Conseqüentemente, quando são alimentados com leite ou derivados do leite, a lactose não degradada causa problemas digestivos, tais como inchaço, dor abdominal e diarréia. Esses problemas ocorrem porque somente monossacarídeos podem passar para a corrente sanguínea; assim, a lactose passa para o intestino grosso sem ser digerida. Quando os seres humanos têm gastrenterite ou outros distúrbios intestinais, podem perder sua lactase temporariamente, tornando-se, assim, intolerantes à lactose. Alguns perdem a lactase permanentemente quando crescem, o que ocorre em cerca de 10% da população de raça branca adulta dos Estados Unidos. A intolerância à lactose é muito mais comum em pessoas cujos ascendentes vieram de países que não produzem laticínios. Para dar um exemplo, apenas 3% dos dinamarqueses são intolerantes à lactose, mas isso ocorre com 97% dos tailandeses.

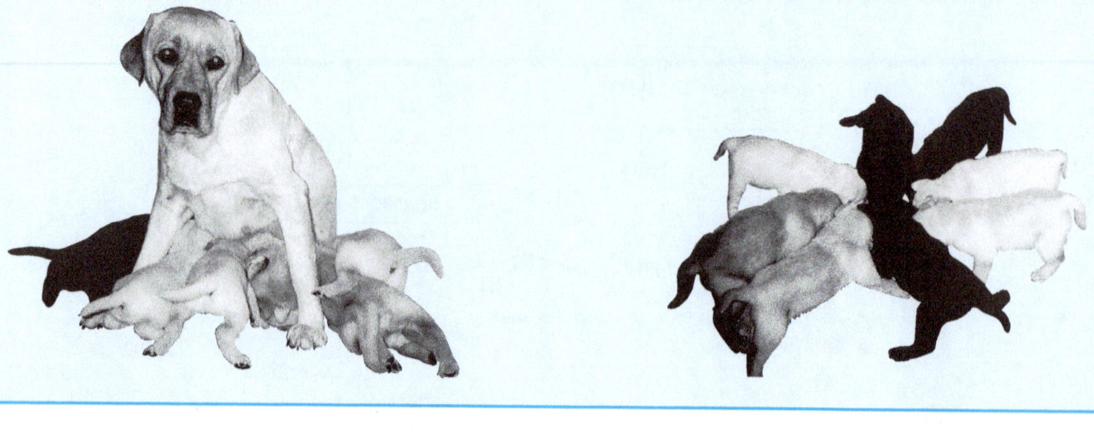

Galactosemia

Após a degradação da lactose em glicose e galactose, esta deve ser convertida em glicose para que possa ser usada pelas células. Indivíduos que não têm a enzima que converte a galactose em glicose sofrem de uma doença genética conhecida como galactosemia. Sem essa enzima, a galactose acumula-se na corrente sangüínea. Isso pode causar deficiência mental e até mesmo morte em crianças. A galactosemia é tratada excluindo-se a galactose da dieta.

O dissacarídeo mais comum é a sacarose (açúcar de mesa). A sacarose é obtida da cana-de-açúcar e da beterraba-açucareira. Cerca de 90 milhões de toneladas de sacarose são produzidas anualmente no mundo. A sacarose consiste de uma subunidade de D-glicose e de uma subunidade de D-frutose unidas por uma ligação glicosídica entre o C-1 da glicose (na posição α) e o C-2 da frutose (na posição β).

Ao contrário de outros dissacarídeos que foram estudados, a sacarose não é um açúcar redutor e não exibe mutarrotação, porque a ligação glicosídica se dá entre o carbono anomérico da glicose e o carbono anomérico da frutose. A sacarose, portanto, não tem um grupo hemiacetal ou hemicetal, de modo que não está em equilíbrio com a forma aldeído ou cetona, de cadeia aberta, oxidada em solução aquosa.

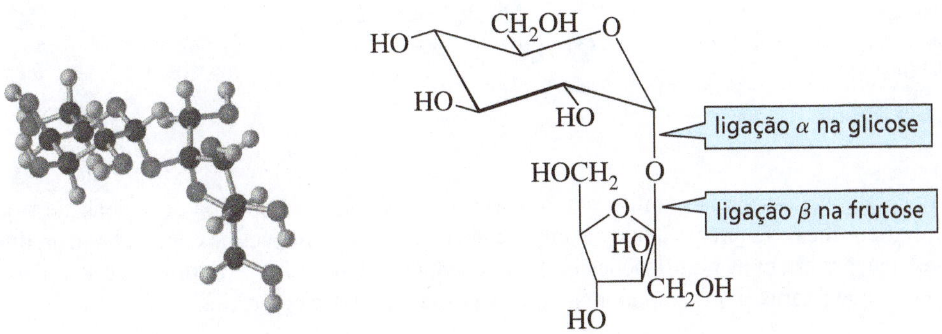

sucrose

A sacarose tem uma rotação específica de +66,5°. Quando é hidrolisada, a mistura equimolar resultante de glicose e frutose tem uma rotação específica de −22,0°. Como o sinal da rotação muda quando a sacarose é hidrolisada, uma mistura de 1:1 de glicose e frutose é denominada açúcar invertido. A enzima que catalisa a hidrólise da sacarose é denominada invertase. Abelhas melíferas têm invertase, por isso o mel que elas produzem é uma mistura de sacarose, glicose e frutose. Como a frutose é mais doce que a sacarose, o açúcar invertido também é mais doce que a sacarose. Alguns rótulos de alimentos trazem a informação de que contêm frutose em vez de sacarose isso significa que eles têm o mesmo poder adoçante com menor quantidade de açúcar.

Molecule Gallery: Sacarose
WWW

22.18 Polissacarídeos

Os polissacarídeos contêm no mínimo dez e até milhares de unidades de monossacarídeos unidos por ligações glicosídicas. O peso molecular das cadeias polissacarídicas individuais é variável. Os polissacarídeos mais comuns são o amido e a celulose.

O amido é o maior componente de batatas, ervilhas, feijões, arroz, milho e farinha. É uma mistura de dois polissacarídeos diferentes: amilose (cerca de 20%) e amilopectina (cerca de 80%). A amilose é constituída de cadeias não-ramificadas de unidades de D-glicose unidas por ligações α-1,4′-glicosídicas.

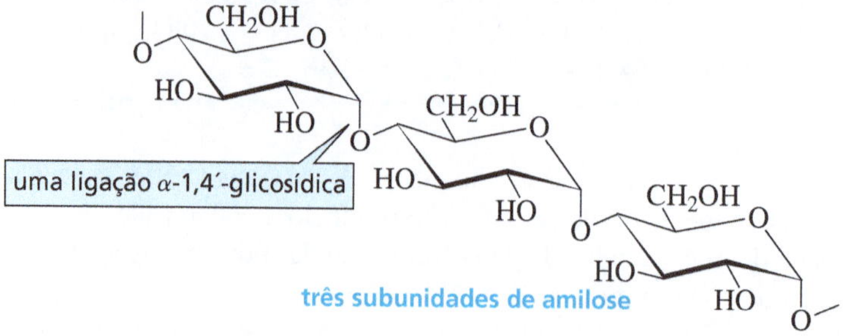

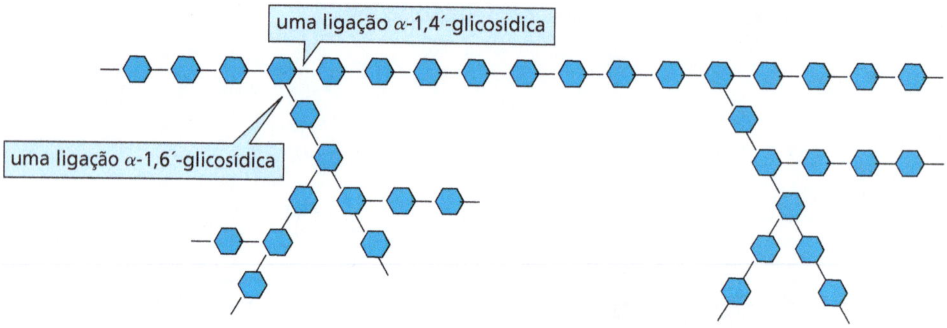

Figura 22.1 ▶ Ramificações na amilopectina. Os hexágonos representam unidades de glicose. Elas estão unidas por ligações α-1,4′-glicosídicas e ligações α-1,6′-glicosídicas.

A amilopectina é um polissacarídeo ramificado. Como a amilose, ela é constituída de cadeias de D-glicose unidas por ligações α-1,4′-glicosídicas. Diferentemente da amilose, no entanto, a amilopectina contém também **ligações α-1,6′-glicosídicas**. Essas ligações criam as ramificações no polissacarídeo (Figura 22.1). A amilopectina pode conter até 10^6 unidades de glicose, o que a torna uma das maiores moléculas encontradas na natureza.

Tutorial Gallery: Como identificar ligações glicosídicas e numerar anéis de piranose e furanose
WWW

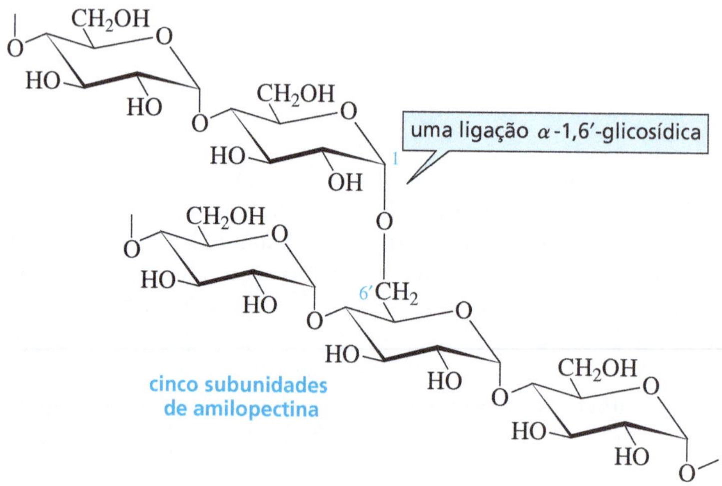

Os animais armazenam o excesso de glicose em um polissacarídeo conhecido como glicogênio. O glicogênio tem uma estrutura semelhante à da amilopectina, porém apresenta mais ramificações (Figura 22.2). Os pontos de ramificação no glicogênio ocorrem aproximadamente a cada 10 resíduos, enquanto os da amilopectina ocorrem aproximadamente a cada 25 resíduos. O alto grau de ramificação no glicogênio leva a efeitos fisiológicos importantes. Quando o corpo precisa de energia, várias unidades de glicose podem ser simultaneamente removidas das terminações de muitas ramificações.

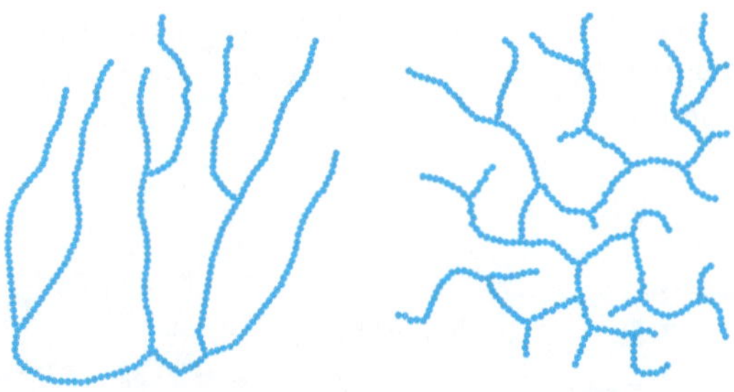

amilopectina glicogênio

◄ **Figura 22.2**
Comparação entre as ramificações na amilopectina e no glicogênio.

Por que o dentista tem razão

A bactéria encontrada na boca tem uma enzima que converte a sacarose em um polissacarídeo denominado dextrana. A dextrana é formada por unidades de glicose unidas principalmente porligações α-1,3′ e α-1,6′-glicosídicas. Cerca de 10% da placa dentária é composta de dextrana. É nesse fundamento químico que seu dentista se baseia quando lhe adverte para não comer balas.

A celulose é o material estrutural de plantas superiores. O algodão, por exemplo, é composto de cerca de 90% de celulose e a madeira contém aproximadamente 50% de celulose. Como a amilose, a celulose é constituída de cadeias não-ramificadas de unidades de D-glicose. Diferentemente da amilose, no entanto, as unidades de glicose na celulose são unidas por ligações β-1,4′-glicosídicas em vez de ligações α-1,4′-glicosídicas.

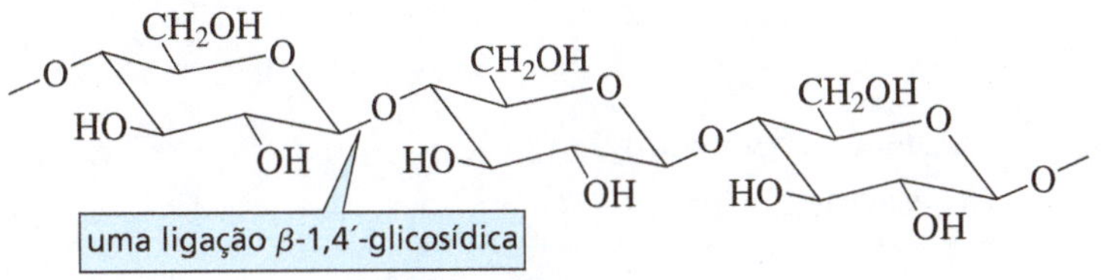

três subunidades de celulose

As ligações α-1,4′-glicosídicas são mais fáceis de hidrolisar do que as ligações β-1,4′-glicosídicas em razão do efeito anomérico, que enfraquece a ligação com o carbono anomérico (Seção 22.14). Todos os mamíferos têm a enzima (α-glicosidase) que hidrolisa as ligações α-1,4′-glicosídicas que unem as unidades de glicose, mas não têm a enzima (β-glicosidase) que hidrolisa as ligações β-1,4′-glicosídicas. Conseqüentemente, os mamíferos não conseguem obter a glicose de que necessitam ao comer celulose. No entanto, bactérias que possuem β-glicosidase habitam o trato digestivo de animais ruminantes, de modo que, para suprir suas necessidades nutricionais de glicose, os cavalos podem comer feno e as vacas podem comer capim. Os cupins também hospedam bactérias que degradam a celulose da madeira comida por eles.

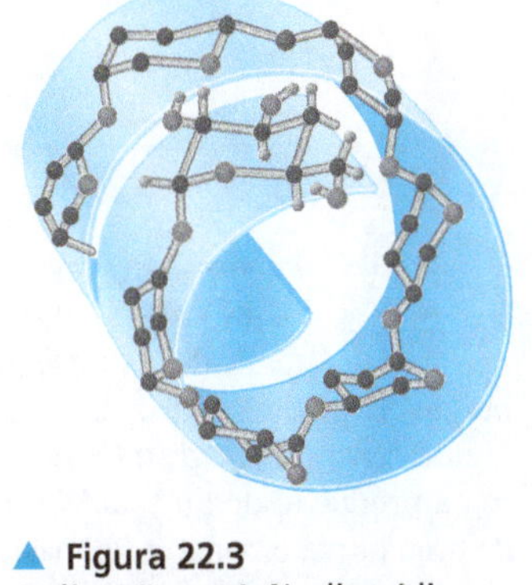

▲ **Figura 22.3**
As ligações α-1,4′-glicosídicas na amilose fazem com que ela forme uma hélice anti-horária. Muitos de seus grupos OH formam pontes de hidrogênio com moléculas de água.

As diferentes ligações glicosídicas no amido e na celulose dão a essas substâncias propriedades físicas muito diferentes. As ligações α no amido fazem a amilose formar uma hélice que promove pontes de hidrogênio de seus grupos OH com moléculas de água (Figura 22.3). Como conseqüência, o amido é solúvel em água.

Por outro lado, as ligações β na celulose promovem a formação de pontes de hidrogênio intramoleculares. Conseqüentemente, essas moléculas se dispõem em arranjos lineares (Figura 22.4), formando pontes de hidrogênio intermoleculares entre cadeias adjacentes. Esses grandes agregados tornam a celulose insolúvel em água. A força desses feixes de cadeias poliméricas fazem da celulose um material estrutural efetivo. A celulose processada também é usada para a produção de papel e celofane.

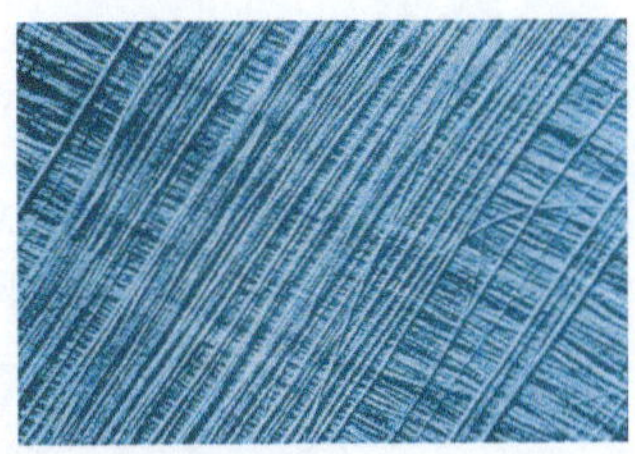

▲ Cadeias de celulose em uma fibra de planta

A quitina é um polissacarídeo estruturalmente semelhante à celulose. É o principal componente estrutural da casca dos crustáceos (lagostas, caranguejos e camarões) e do exoesqueleto dos insetos. Como a celulose, a quitina tem ligações

▲ Grande parte da casca deste caranguejo, proveniente da Austrália, é composta de quitina.

β-1,4′-glicosídicas. Ela difere da celulose por ter na posição C-2 um grupo *N*-acetilamino em vez de um grupo OH. As ligações β-1,4′-glicosídicas conferem à quitina sua rigidez estrutural.

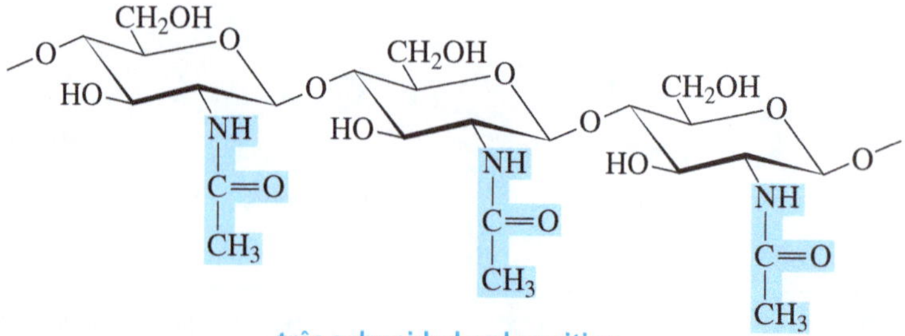

três subunidades de quitina

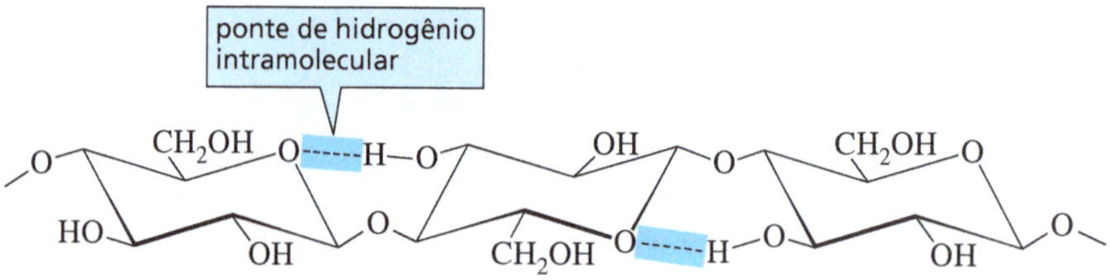

Figura 22.4 ▶ As ligações β-1,4′-glicosídicas na celulose formam pontes de hidrogênio intramoleculares, que fazem as moléculas se disporem em arranjos lineares.

PROBLEMA 27

Qual é a principal diferença estrutural entre

a. amilose e celulose?
b. amilose e amilopectina?
c. amilopectina e glicogênio?
d. celulose e quitina?

Controle de pulgas

Diversas drogas têm sido desenvolvidas para ajudar os donos de animais de estimação no controle de pulgas. Uma dessas drogas é a lufenurona, ingrediente ativo do Program®. A lufenurona interfere na produção de quitina. Como o exoesqueleto de uma pulga é constituído basicamente de quitina, ela não pode viver se não produzir esse polissacarídeo.

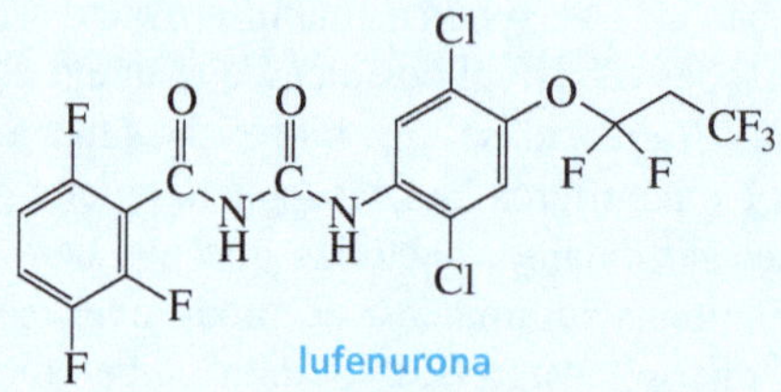

lufenurona

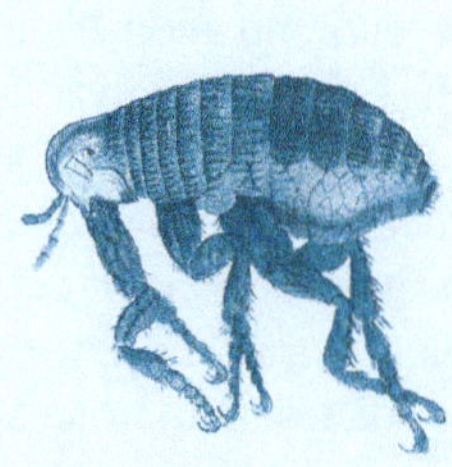

22.19 Alguns produtos de ocorrência natural derivados de carboidratos

Desoxiaçúcares são açúcares nos quais um dos grupos OH é substituído por um hidrogênio (*desoxi* significa 'sem oxigênio'). A 2-desoxirribose — em que falta o oxigênio na posição C-2 — é um exemplo importante de um desoxiaçúcar. A ribose é o açúcar constituinte do ácido ribonucléico (RNA), enquanto a 2-desoxirribose é o açúcar constituinte do ácido desoxirribonucléico (DNA). RNA e DNA são *N*-glicosídeos — suas subunidades consistem de uma amina ligada, em posição β, ao carbono anomérico da ribose ou da 2-desoxirribose. As subunidades estão ligadas por um grupo fosfato entre C-3 de um açúcar e C-5 do açúcar seguinte (Seção 27.1).[1]

[1] O açúcar encontrado no DNA é denominado 2-desoxirribose. Numerando o açúcar na molécula de DNA, ele é 2′-desoxirribose, porque os números sem apóstrofo se referem a posições nos componentes amino heterocíclicos.

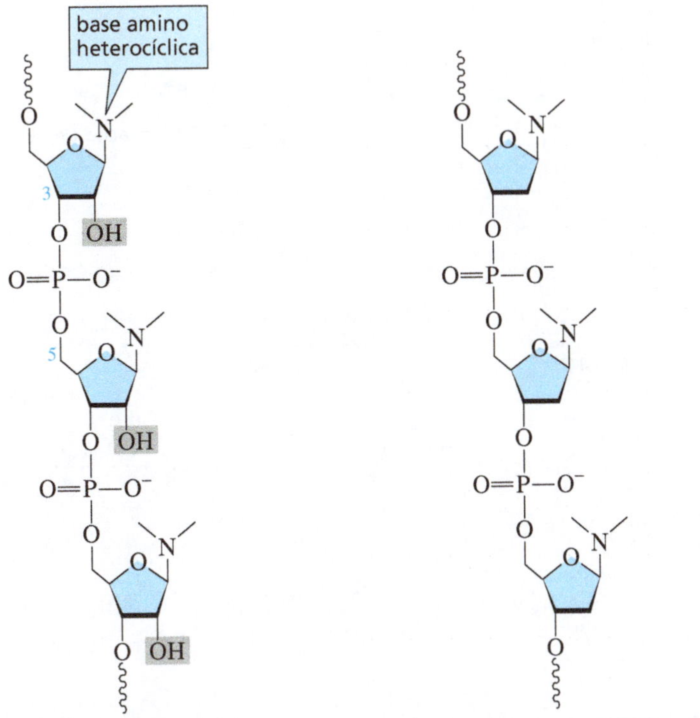

segmento curto de RNA
o açúcar constituinte da D-ribose

segmento curto de DNA
o açúcar constituinte da D-2′-desoxirribose

Em **amino-açúcares**, um dos grupos OH é substituído por um grupo amino. *N*-acetilglicosamina — a subunidade da quitina e uma das subunidades da parede de certas células bacterianas — é um exemplo de um amino-açúcar (Seções 22.18 e 24.9). Alguns antibióticos importantes contêm amino-açúcares. Por exemplo, as três subunidades do antibiótico gentamicina são desoxiamino-açúcares. Observe que na subunidade do meio da cadeia falta um oxigênio, de modo que, na verdade, essa molécula não é um açúcar.

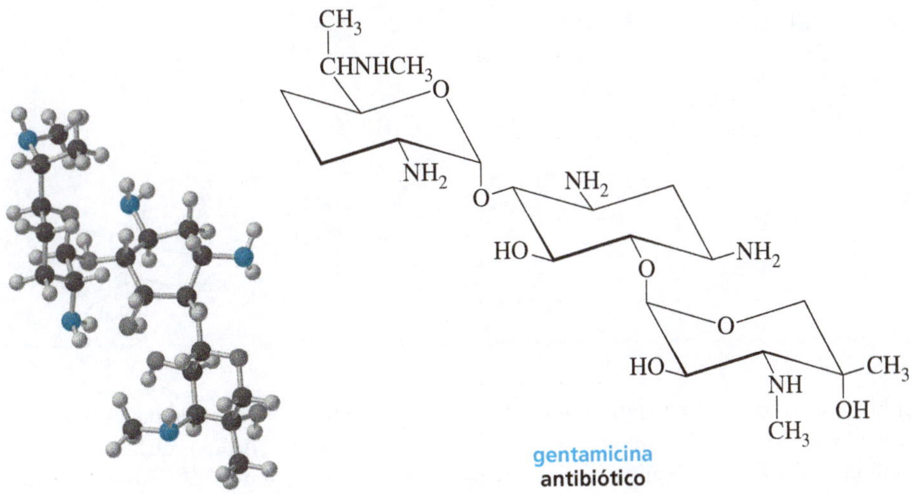

gentamicina
antibiótico

O ácido L-ascórbico (vitamina C) é sintetizado nas plantas e no fígado da maioria dos vertebrados. Seres humanos, macacos e porquinhos-da-índia não possuem as enzimas necessárias para a biossíntese da vitamina C, por isso precisam obtê-la por meio de sua dieta. A biossíntese da vitamina C envolve a conversão enzimática de D-glicose em ácido L-gulônico — remanescente da última etapa na prova de Fischer. O ácido L-gulônico é convertido em γ-lactona pela enzima lactonase; em seguida, outra enzima, a oxidase, forma ácido L-ascórbico pela oxidação da lactona. A configuração L do ácido ascórbico refere-se à configuração em C-5, que era C-2 na D-glicose.

a síntese do ácido L-ascórbico

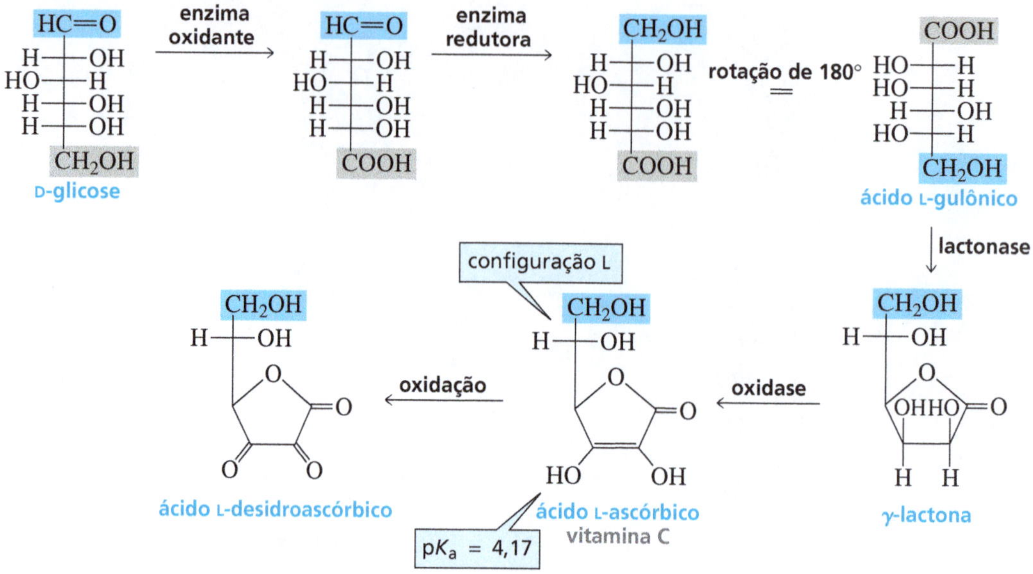

Heparina

A heparina é um anticoagulante liberado para impedir a formação excessiva de coágulo sangüíneo quando ocorre um ferimento. A heparina é um polissacarídeo formado por subunidades de glicosamina, ácido glicurônico e ácido idurônico. Os grupos OH em C-6 das subunidades de glicosamina e os grupos OH em C-2 das subunidades do ácido idurônico são sulfonadas. Alguns dos grupos amino são sulfonados e alguns são acetilados. Assim, a heparina é uma molécula bastante carregada negativamente, encontrada em especial nas células que recobrem as paredes arteriais. É muito usada clinicamente como anticoagulante.

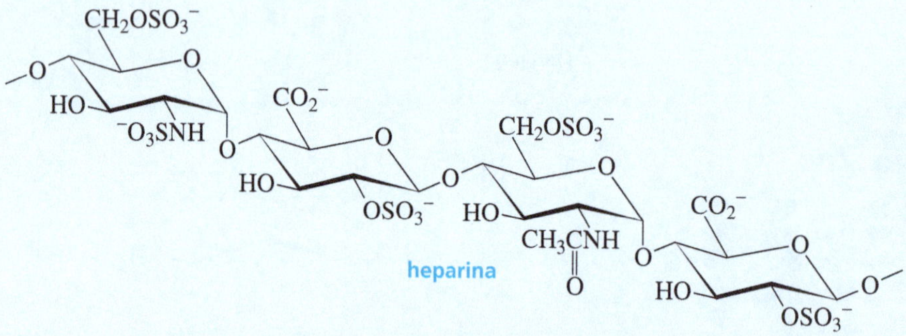

heparina

Embora o ácido L-ascórbico não tenha um grupo carboxila, ele é uma substância ácida, porque o pK_a do grupo OH em C-3 é 4,17. O ácido ascórbico é facilmente oxidado ao ácido L-desidroascórbico, que também é fisiologicamente ativo. Se o anel lactona é aberto por hidrólise, toda a atividade da vitamina C é perdida. Portanto, uma quantidade bem pequena de vitamina C permanece intacta nos alimentos muito cozidos. E o que é pior: se o alimento for cozido em água e esta for descartada, a vitamina solúvel vai embora pelo ralo!

PROBLEMA 28

Explique por que o grupo OH em C-3, na vitamina C, é mais ácido que o grupo OH em C-2.

Vitamina C

A vitamina C seqüestra radicais formados em ambientes aquosos (Seção 9.8, volume 1). Ela é um antioxidante, porque impede reações de oxidação por radicais. Nem todas as funções fisiológicas da vitamina C são conhecidas, mas sabe-se, no entanto, que ela é necessária para a síntese de colágeno, que é a proteína estrutural dos tendões, ossos, do tecido conectivo e da pele. Se a vitamina C, abundante em frutos cítricos e tomates, não estiver presente na dieta, aparecerão lesões na pele, sangramentos graves nas gengivas, nas articulações e sob a pele, e a cura de feridas será mais lenta. O escorbuto é a doença causada pela deficiência de vitamina C. Em meados do século XVIII, os navegadores britânicos que saíam ao mar precisavam tomar suco de limão para prevenir o escorbuto. Por isso, eles passaram a ser chamados de "limeys", gíria para "marinheiro inglês". O escorbuto foi a primeira doença a ser tratada pela correção da dieta. A palavra **escorbuto** vem do latim *scorbutus*. Ascórbico, portanto, significa 'sem escorbuto'.

22.20 Carboidratos na superfície celular

A superfície de muitas células contém cadeias curtas de polissacarídeos que permitem às células interagir umas com as outras, bem como interagir com vírus e bactérias invasores. Esses polissacarídeos estão ligados à superfície da célula pela reação de um grupo OH ou NH_2 de uma proteína com o carbono anomérico de um açúcar cíclico. Proteínas ligadas a polissacarídeos são denominadas **glicoproteínas**. A porcentagem de carboidratos em glicoproteínas é variável. Algumas glicoproteínas contêm pelo menos 1% (em peso) de carboidrato, enquanto outras chegam a conter até 80%.

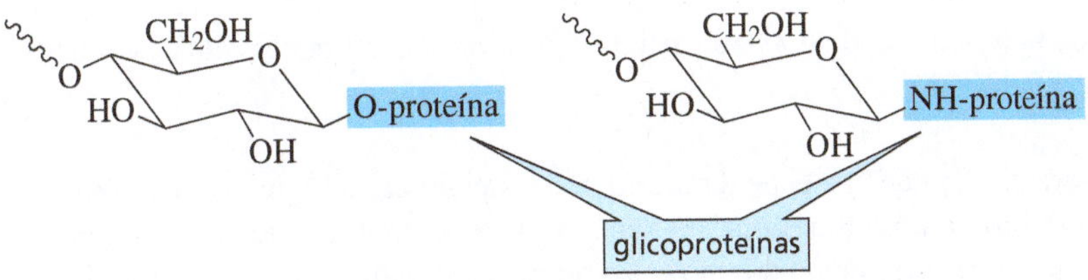

Muitos tipos diferentes de proteínas são glicoproteínas. As proteínas estruturais como o colágeno, as proteínas do plasma, as proteínas encontradas em secreções mucosas, o interferon (proteína antiviral), as imunoglobulinas, o hormônio folículo-estimulante e o hormônio estimulante da tireóide, por exemplo, são todos glicoproteínas. Uma das funções da cadeia polissacarídica é atuar como sítio receptor na superfície da célula, a fim de transmitir sinais de hormônios e outras moléculas através da membrana celular para dentro da célula. Os carboidratos na superfície das células também servem de pontos de ligação para outras células, vírus e toxinas.

Os carboidratos na superfície das células proporcionam um modo de as células reconhecerem umas às outras. Descobriu-se que a interação entre os carboidratos da superfície tem uma função em diversas atividades, tais como infecções, prevenção de infecções, fertilização, doenças inflamatórias, como a artrite reumatóide e o choque séptico, e a coagulação sangüínea. O objetivo das drogas inibidoras da protease do HIV, por exemplo, é impedir que o HIV reconheça e penetre nas células . O fato de vários antibióticos conterem amino-açúcares sugere que eles atuam no reconhecimento das células-alvo. Interações de carboidratos também estão envolvidas na regulação do crescimento celular, o que leva a crer que mudanças nas glicoproteínas da membrana estejam relacionadas a transformações malignas.

O tipo sangüíneo (A, B, AB ou O) é determinado pela natureza do açúcar ligado à proteína na superfície externa das células vermelhas do sangue. Cada tipo de sangue está associado com uma estrutura de carboidrato diferente (Figura 22.5). O sangue do tipo AB tem a estrutura de carboidrato dos tipos A e B.

Anticorpos são proteínas sintetizadas pelo corpo em resposta a uma substância estranha, chamada antígeno. A interação com o anticorpo faz o antígeno precipitar ou sinaliza sua destruição por células do sistema imunológico. É por isso que o sangue não pode ser doado de uma pessoa a outra, para menos que as estruturas de carboidrato do sangue de ambos, doador e receptor, sejam compatíveis. Do contrário, o sangue doado será considerado uma substância estranha.

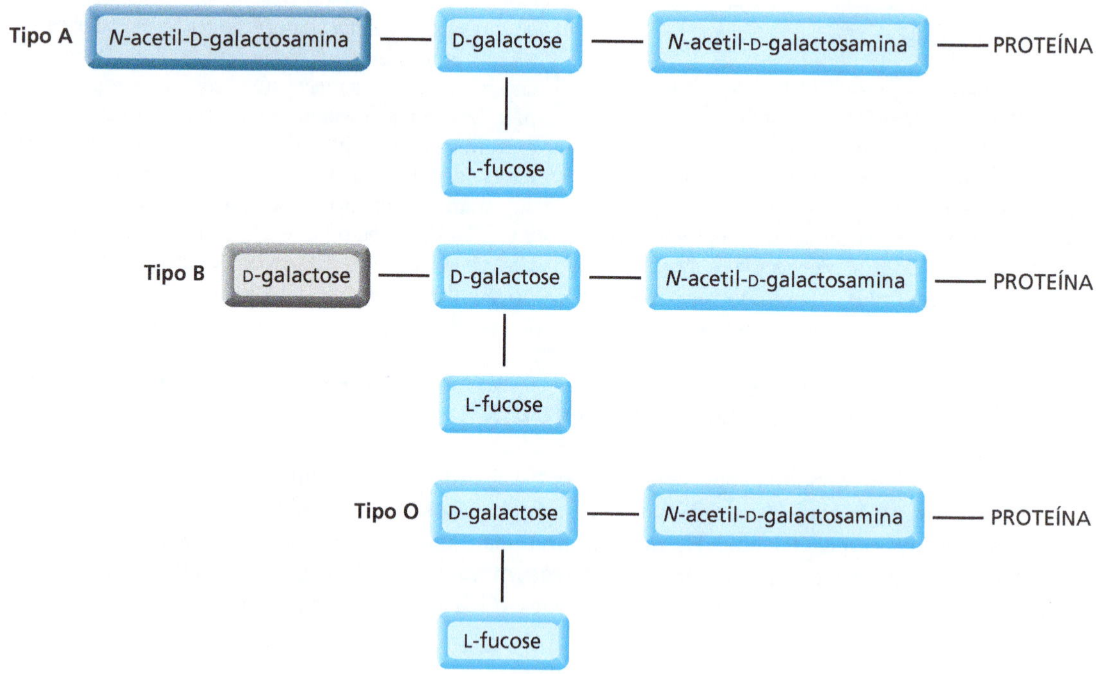

▲ **Figura 22.5**
O tipo sangüíneo é determinado pela natureza do açúcar na superfície das células vermelhas do sangue. Fucose é 6-desoxi-galactose.

Observando a Figura 22.5, podemos entender por que o sistema imunológico de uma pessoa com sangue do tipo A reconhece o sangue do tipo B como estranho e vice-versa. O sistema imunológico de pessoas com sangue do tipo A, B ou AB, no entanto, não reconhece o sangue do tipo O como estranho, uma vez que o carboidrato no sangue do tipo O é também um componente dos tipos sangüíneos A, B e AB. Por isso qualquer pessoa pode receber sangue do tipo O. Pessoas com sangue do tipo O são chamadas doadores universais. Indivíduos com sangue do tipo AB são considerados receptores universais, porque podem receber sangue dos tipos AB, A, B e O.

PROBLEMA 29◆

Com relação à natureza do carboidrato ligado às células vermelhas do sangue, responda às seguintes questões:

a. Pessoas com sangue do tipo O podem doar sangue a qualquer indivíduo, mas não podem receber sangue de todos os tipos. De quem eles não podem receber sangue?
b. Pessoas com sangue do tipo AB podem receber sangue de qualquer indivíduo, mas não podem doar sangue a todos. A quem eles não podem doar sangue?

22.21 Adoçantes sintéticos

Para uma molécula ter sabor doce, ela deve se ligar a um receptor numa célula da língua que está associada ao paladar. A ligação dessa molécula faz um impulso nervoso passar da papila gustativa ao cérebro, onde a molécula é interpretada como doce. Os açúcares diferem em grau de “doçura”: a doçura relativa da glicose é 1,00; a da sacarose é 1,45; e a da frutose, o mais doce de todos os açúcares, é 1,65. No desenvolvimento de adoçantes sintéticos devem ser considerados, além do sabor, fatores como toxicidade, estabilidade e custo.

A sacarina, o primeiro adoçante sintético, foi descoberta em 1878 por Ira Remsen e seu aluno Constantine Fahlberg na Universidade Johns Hopkins. Fahlberg estava estudando a oxidação de toluenos orto-substituídos no laboratório de Remsen quando descobriu que uma das substâncias recém-sintetizadas tinha sabor extremamente doce. (Por mais estranho que possa parecer atualmente, naquele tempo era comum os químicos provarem as substâncias para caracterizá-las.) Ele chamou essa substância de sacarina, que é cerca de 300 vezes mais doce que a glicose. Note que, apesar do nome, a sacarina não é um sacarídeo.

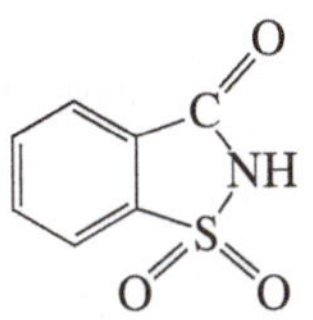

sacarina

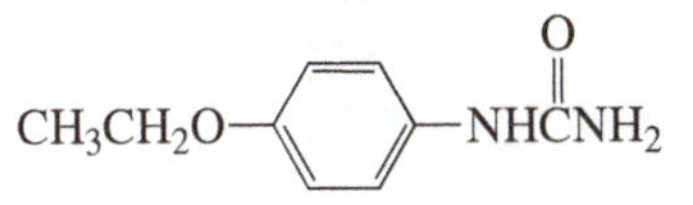

dulcina

ciclamato de sódio

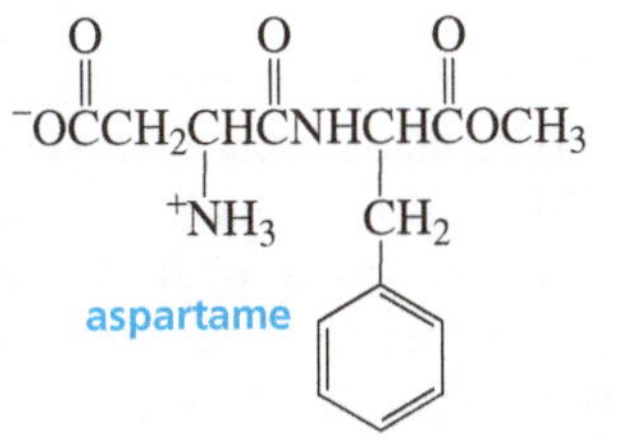

aspartame

Ira Remsen (1846–1927) *nasceu em Nova York. Após tornar-se MD pela Universidade de Colúmbia, decidiu ser químico. Tornou-se PhD na Alemanha e em 1872 retornou aos Estados Unidos para trabalhar na Faculdade do Williams College. Em 1876 começou a lecionar química na recém-criada Universidade Johns Hopkins, onde fundou o primeiro centro de pesquisas químicas dos Estados Unidos e da qual foi o segundo reitor.*

Por não ter valor calórico, quando se tornou comercialmente disponível em 1885, a sacarina tornou-se um importante substituto da sacarose. O principal problema no Ocidente era, e ainda é, o consumo excessivo de açúcar e suas conseqüências: cárie dentária, obesidade e doenças cardíacas. A sacarina também é importante para os diabéticos, que precisam limitar o consumo de sacarose e glicose. Embora a toxicidade da sacarina não tenha sido cuidadosamente estudada quando a substância se tornou disponível ao público (nossa preocupação com esse aspecto é relativamente recente), estudos intensivos têm mostrado que ela é um substituto seguro do açúcar. Em 1912, a sacarina foi temporariamente banida dos Estados Unidos, não por sua toxicidade, mas porque acreditou-se que ao usá-la as pessoas perderiam os benefícios nutricionais do açúcar.

A maravilha da descoberta

Ira Remsen fez o seguinte relato de por que se tornou cientista[2]: ele conta que estava trabalhando como médico quando, ao ler um livro de química, encontrou esta frase: "O ácido nítrico age sobre o cobre". Ele decidiu ver o que significava "agir sobre". Então derramou ácido nítrico em uma moeda que tinha colocado sobre a mesa. "Mas o que foi essa coisa maravilhosa que obtive?" A moeda tinha então sofrido uma mudança, mas não se tratava de uma transformação pequena. Um líquido azul-esverdeado espumou e esfumaçou-se sobre a moeda e sobre a mesa. O ar ao redor ficou vermelho-escuro. Uma grande nuvem colorida se levantou. Era desagradável e sufocante: "Como vou parar isso?". Tentei me livrar daquela bagunça toda, pegando aquilo e jogando pela janela, que eu já havia aberto. Aprendi então outro fato: o ácido nítrico não só agia sobre o cobre mas também sobre a pele. A dor nos dedos levou-me a outro experimento não planejado. Enfiei-os no bolso da calça e descobri que o ácido nítrico também agia sobre ela. Levando tudo isso em consideração, aquele foi o experimento mais impressionante e provavelmente o mais caro que já realizei. Ainda hoje falo disso com interesse. Foi uma revelação para mim, e acabou resultando no desejo de aprender mais sobre aquela notável ação. E o único modo de aprender plenamente sobre aquilo era ver os resultados, experimentar, trabalhar em um laboratório" .

[2] L. R. Summerlin, C. L. Bordford e J. B. Ealy, *Chemical demonstrations*, 2ª. ed. (Washington, DC: American Chemical Society, 1988.)

A Dulcina® foi o segundo adoçante sintético a ser descoberto, em 1884. Embora não deixasse um sabor amargo e metálico na boca, como a sacarina, nunca chegou a ter muita popularidade. A Dulcina® foi tirada do mercado em 1951, após questionamentos sobre sua toxicidade.

Molecule Gallery: Carboidratos: Termos comuns

WWW

O ciclamato de sódio tornou-se um adoçante não nutritivo amplamente usado nos anos de 1950, mas foi banido dos Estados Unidos cerca de 20 anos mais tarde, em conseqüência de dois estudos que pareciam demonstrar que grandes quantidades de ciclamato de sódio poderiam causar câncer de fígado em camundongos.

Em 1981, o aspartame foi aprovado pela FDA (Food and Drug Administration), a agência americana de controle de medicamentos e alimentos. Cerca de 200 vezes mais doce que a sacarose, o aspartame é vendido com o nome comercial de NutraSweet® (Seção 23.8). Por conter fenilalanina, não deve ser usado por pessoas que sofrem de fenilcetonúria (Seção 25.6).

O fato de esses quatro adoçantes sintéticos terem estruturas distintas, todas diferentes das estruturas dos monossacarídeos, indica que a sensação de doçura não é induzida por uma forma molecular única.

Resumo

Substâncias Bioorgânicas — substâncias orgânicas encontradas em sistemas biológicos — seguem os mesmos princípios de estrutura e reatividade das moléculas orgânicas pequenas. Grande parte da estrutura de substâncias bioorgânicas destina-se ao **reconhecimento molecular**.

Carboidratos compõem a classe mais abundante de substâncias no mundo biológico. São poli-hidrox-ialdeídos (**aldoses**) e poli-hidroxicetonas (**cetoses**), ou substâncias formadas pela ligação de aldoses e cetoses. As notações D e L descrevem a configuração do carbono assimétrico mais baixo de um **monossacarídeo**. As configurações dos outros carbonos estão implícitas no nome comum. A maioria dos açúcares de ocorrência natural é da série D. Cetoses de ocorrência natural têm o grupo cetona na posição 2. Epímeros diferem na configuração somente em um carbono assimétrico: a D-manose é o epímero em C-2 da D-glicose, e a D-galactose é o epímero em C-4 da D-glicose.

A redução de uma aldose forma um **alditol**. A redução de uma cetose forma dois alditóis. O Br_2 oxida aldoses, mas não cetoses; o reagente de Tollens oxida ambas. Aldoses são oxidadas a **ácidos aldônicos** ou **ácidos aldáridos**. Aldoses e cetoses reagem com três equivalentes de fenil-hidrazina, formando **osazonas**. Epímeros em C-2 formam osazonas idênticas. A **síntese de Kiliani–Fischer** aumenta, por um carbono, a cadeia carbônica de uma aldose formando epímeros em C-2. A **degradação de Ruff** reduz, por um carbono, o tamanho da cadeia carbonílica. Os grupos OH de monossacarídeos reagem com cloreto de acetila, formando ésteres, e com iodeto de metila/óxido de prata, formando éteres.

O grupo aldeído ou cetona de um **monossacarídeo** reage com um de seus grupos OH, formando hemiacetais ou hemicetais cíclicos: a glicose forma a α-D-glicose e a β-D-glicose. A posição α é axial quando o açúcar é mostrado em uma conformação em cadeira, e para baixo quando o açúcar é mostrado em uma projeção de Haworth; a posição β é equatorial quando o açúcar é mostrado em uma conformação em cadeira, e para cima quando o açúcar é mostrado em uma projeção de Haworth. No equilíbrio, há mais β-D-glicose que α-D-glicose. A α-D-glicose e a β-D-glicose são **anômeros** — elas diferem na configuração somente no carbono (**carbono anomérico**), que foi o carbono carbonílico na forma de cadeia aberta. Anômeros têm propriedades físicas diferentes. Açúcares sob a forma de anéis de seis membros são **piranoses**. Açúcares sob a forma de anéis de cinco membros são **furanoses**. O monossacarídeo mais abundante na natureza é a D-glicose. Todos os grupos OH na β-D-glicose estão em posições equatoriais. Uma lenta mudança na rotação óptica a um valor de equilíbrio é conhecida como **mutarrotação**.

O hemiacetal (ou hemicetal) cíclico pode reagir com um álcool formando um acetal (ou cetal) denominado **glicosídeo**. Se o nome "piranose" ou "furanose" é usado, o acetal é chamado de um **piranosídeo** ou **furanosídeo**. A ligação entre o carbono anomérico e o oxigênio alcoxi é denominada **ligação glicosídica**. A preferência de certos substituintes ligados ao carbono anomérico pela posição axial é denominada **efeito anomérico**. Se um açúcar tem um grupo aldeído, cetona, hemiacetal ou hemicetal, é um açúcar redutor.

Dissacarídeos consistem de duas subunidades de monossacarídeos unidas por uma ligação acetal. A maltose tem uma **ligação α-1,4'-glicosídica**. A celobiose tem uma **ligação β-1,4'-glicosídica**. O dissacarídeo mais comum é a sacarose, que consiste de uma subunidade de D-glicose e uma de subunidade de D-frutose ligadas por seus carbonos anoméricos.

Polissacarídeos contêm no mínimo dez e até milhares de unidades de monossacarídeos unidos por ligações glicosídicas. O amido é constituído de amilose e amilopectina. A amilose tem cadeias não ramificadas de D-glicose unidas por ligações α-1,4'-glicosídicas. A amilopectina tem também cadeias de D-glicose unidas por ligações α-1,4'-glicosídicas, e ainda ligações α-1,6'-glicosídicas que criam as ramificações. O glicogênio é semelhante à amilopectina, mas tem mais ramificações. A celulose tem cadeias não ramificadas de D-glicose unidas por ligações β-1,4'-glicosídicas. As ligações α fazem a amilose formar uma hélice. As ligações β permitem às moléculas de celulose formar ligações hidrogênio intramoleculares.

As superfícies de muitas células contêm cadeias curtas de polissacarídeos que permitem às células interagir umas com as outras. Esses polissacarídeos estão ligados à superfície da célula por grupos de proteínas. As proteínas ligadas a polissacarídeos são denominadas **glicoproteínas**.

Resumo das reações

1. Redução (Seção 22.5)

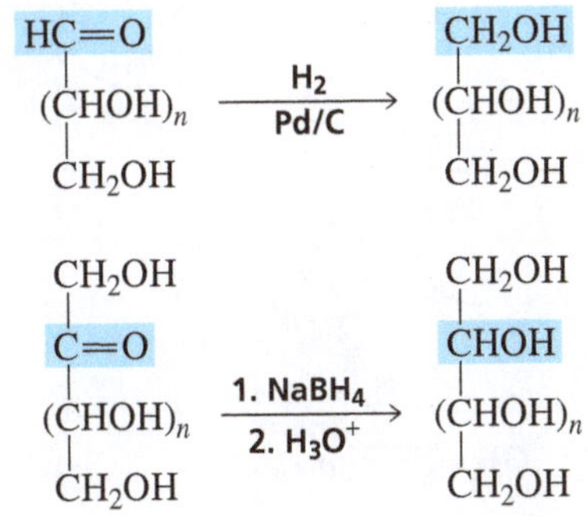

2. Oxidação (Seção 22.5)

a.

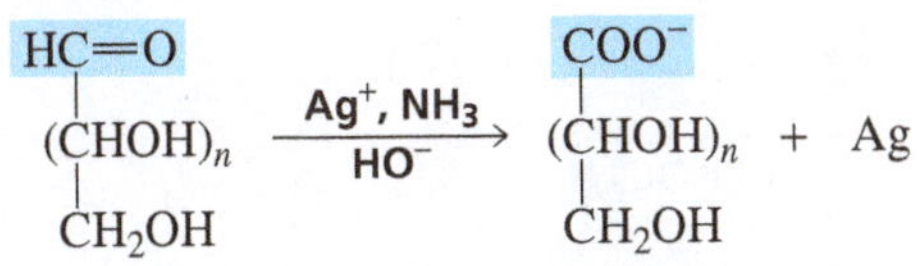

c.

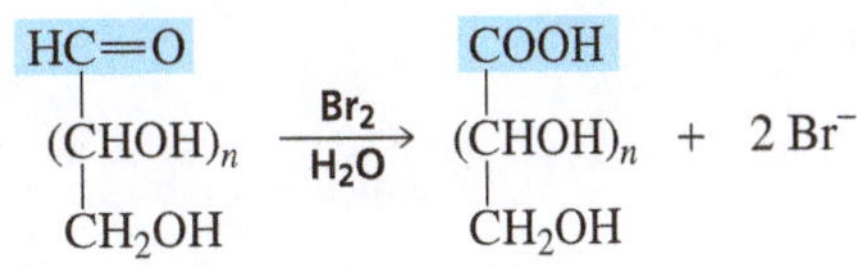

b.

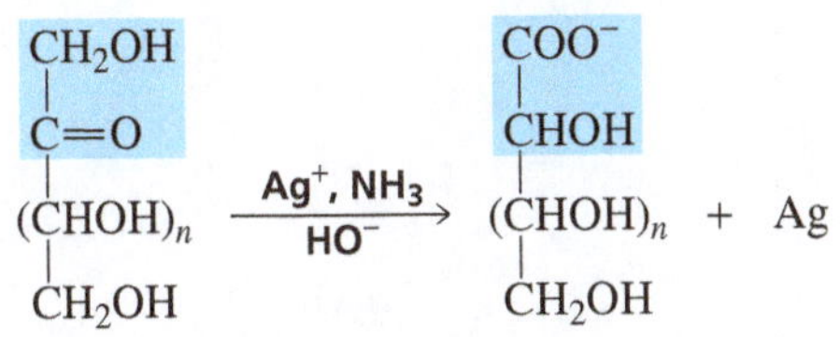

d.

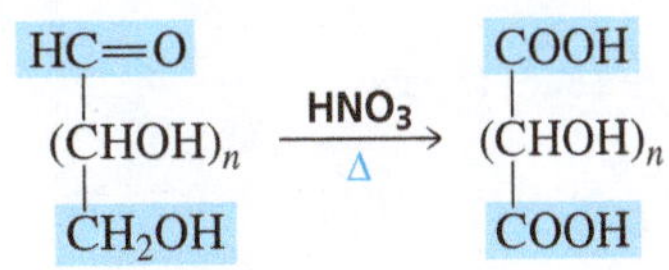

3. Enolização (Seção 22.5)

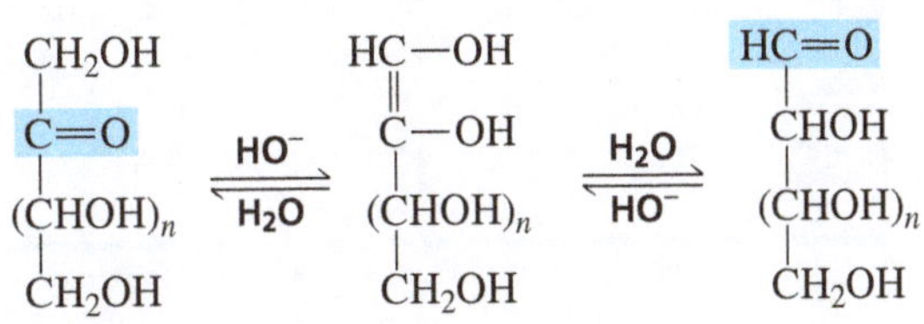

4. Formação de osazona (Seção 22.6)

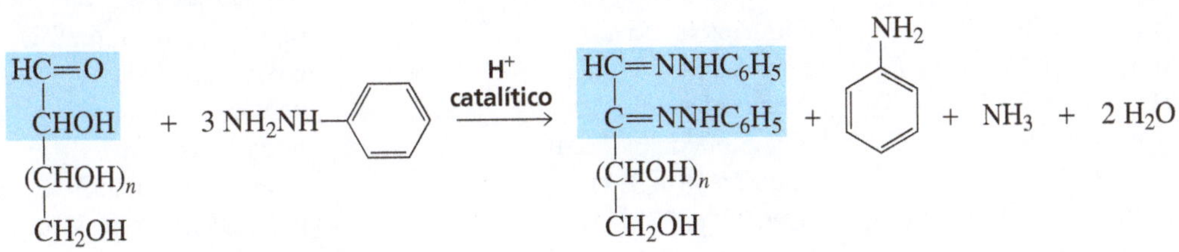

5. Alongamento de cadeia: a síntese de Kiliani–Fischer (Seção 22.7)

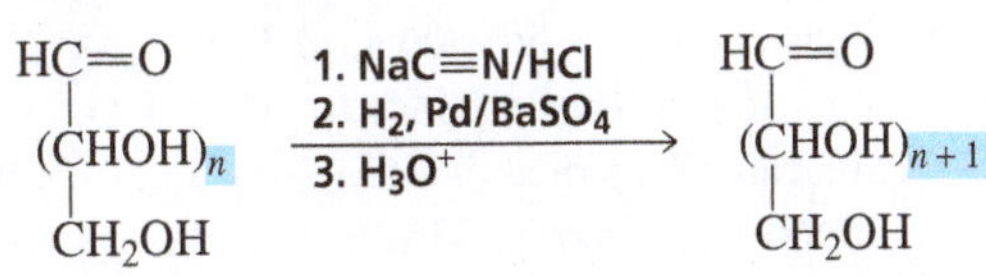

6. Redução do tamanho da cadeia: a degradação de Ruff (Seção 22.8)

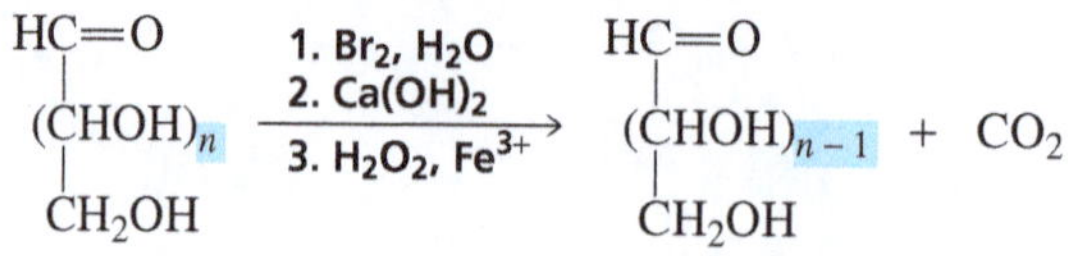

7. Acilação (Seção 22.12)

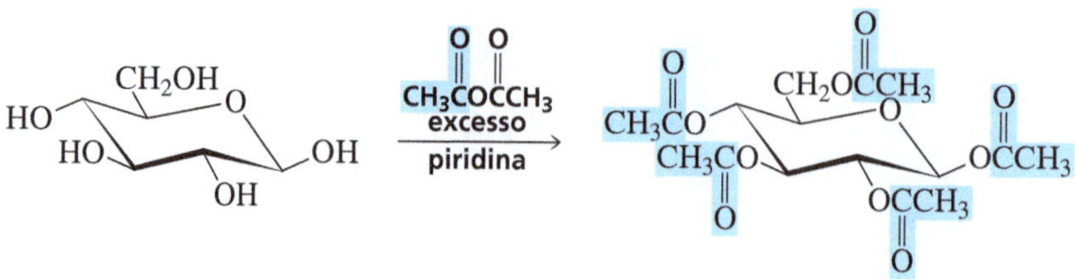

8. Alquilação (Seção 22.12)

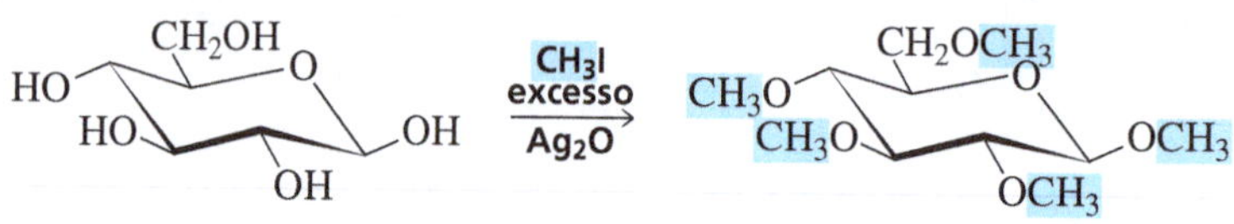

9. Formação de acetal (e cetal) (Seção 22.13)

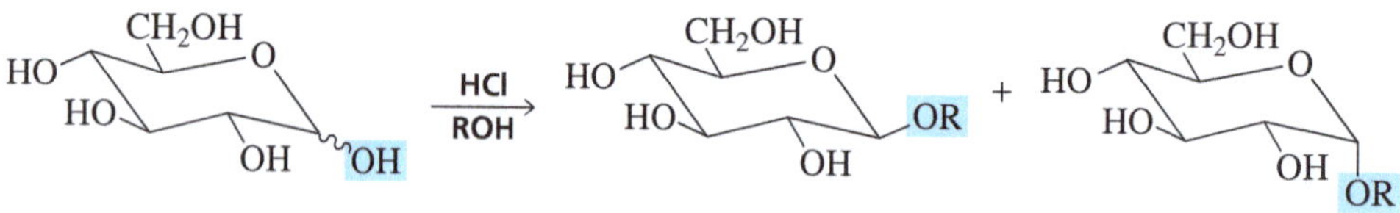

Palavras-chave

ácido aldárico (p. 342)
ácido aldônico (p. 342)
açúcar não-redutor (p. 554)
açúcar redutor (p. 354)
alditol (p. 341)
aldose (p. 336)
amino-açúcar (p. 363)
anômeros (p. 348)
carboidrato (p. 335)
carboidrato complexo (p. 336)
carboidrato simples (p. 336)
carbono anomérico (p. 348)
cetose (p. 336)
degradação de Ruff (p. 345)
desoxiaçúcar (p. 362)
dissacarídeo (p. 336)
efeito anomérico (p. 354)
epímeros (p. 339)
furanose (p. 349)
furanosídeo (p. 352)
glicoproteína (p. 365)
glicosídeo (p. 352)
heptose (p. 337)
hexose (p. 337)
íon oxocarbênio (p. 353)
ligação α-1,4´-glicosídica (p. 356)
ligação α-1,6´-glicosídica (p. 360)
ligação β-1,4´-glicosídica (p. 357)
ligação glicosídica (p. 352)
monossacarídeo (p. 336)
mutarrotação (p. 349)
N-glicosídeo (p. 353
oligossacarídeo (p. 922)
osazona (p.343)
pentose (p. 337)
piranose (p. 349)
piranosídeo (p. 352)
polissacarídeo (p. 336)
projeção de Haworth (p. 349)
reconhecimento molecular (p. 335)
síntese de Kiliani–Fischer (p. 344)
substância bioorgânica (p. 335)
tetrose (p. 337)
triose (p. 337)

Problemas

30. Dê o(s) produto(s) obtido(s) quando a D-galactose reage com:
    a. ácido nítrico
    b. reagente de Tollens
    c. $H_2/Pd/C$
    d. três equivalentes de fenil-hidrazina
    e. Br_2 em água
    f. etanol + HCl
    g. produto da reação "e" (acima) + $Ca(OH)_2$, Fe^{3+}, H_2O_2

31. Identifique os seguintes açúcares:
    a. Uma aldopentose que não é D-arabinose forma D-arabinitol quando reduzida com Na BH_4.
    b. Um açúcar forma com fenil-hidrazina a mesma osazona que D-galactose, mas não é oxidado por uma solução aquosa de Br_2.
    c. Um açúcar que não é D-altrose forma o ácido D-altárico quando reage com o ácido nítrico.
    d. Uma cetose, quando reduzida com H_2 + Pd/C, forma D-altritol e D-alitol.

32. Responda as questões a seguir acerca de oito aldopentoses:
    a. Quais são enantiômeros?
    b. Quais são osazonas idênticas?
    c. Quais formam uma substância opticamente ativa quando oxidadas com o ácido nítrico?

33. A reação da D-ribose com um equivalente de metanol mais HCl forma quatro produtos. Dê as estruturas dos produtos.

34. Determine a estrutura da D-galactose usando argumentos semelhantes àqueles empregados por Fischer para provar a estrutura da D-glicose.

35. O dr. Isent T. Sweet isolou um monossacarídeo e determinou que este tinha um peso molecular de 150. Ele verificou, surpreso, que a substância não era opticamente ativa. Qual é a estrutura do monossacarídeo?

36. O espectro de RMN de ^1H da D-glicose em D_2O exibe dois dubletes de alta freqüência (campo baixo). O que é responsável por esses dubletes?

37. O tratamento com boro-hidreto de sódio converte a aldose A em um alditol opticamente inativo. A degradação de Ruff de A forma B, cujo alditol é opticamente inativo. A degradação de Ruff de B forma o D-gliceraldeído. Identifique A e B.

38. O ácido D-glicurônico é amplamente encontrado em plantas e animais. Uma de suas funções é desintoxicar substâncias venenosas que contêm OH, reagindo com elas no fígado para formar glicuronídeos. Os glicuronídeos são solúveis em água e, portanto, facilmente excretados. Após a ingestão de um veneno, como a turpentina, a morfina ou o fenol, os glicuronídeos dessas substâncias são encontrados na urina. Dê a estrutura do glicuronídeo formado pela reação do ácido β-glicurônico com o fenol.

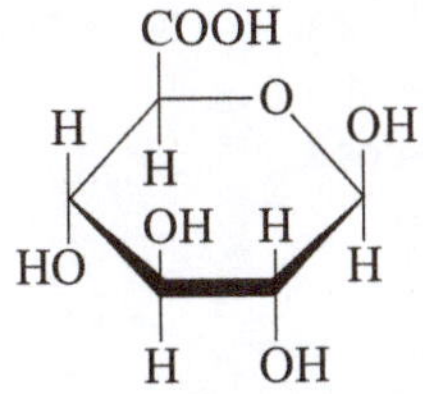

Ácido β-D-glicurônico

39. O ácido hialurônico, um componente do tecido conjuntivo, é o fluido que lubrifica as articulações. É um polímero alternado de *N*-acetil-D-glicosamina e ácido D-glicurônico unido por ligações β-1,3'-glicosídicas. Desenhe um pequeno segmento de ácido hialurônico.

40. Para sintetizar a D-galactose, a professora Amy Losse foi ao almoxarifado buscar um pouco de D-lixose para usar como material de partida. Ela viu, então, que os rótulos haviam caído dos frascos que continham D-lixose e D-xilose. Como Amy Losse pode identificar qual frasco continha a D-lixose?

41. Quando a D-frutose é dissolvida em D_2O e a solução é alcalinizada, a D-frutose recuperada da solução tem em média 1,7 átomo de deutério por molécula, ligado ao carbono. Mostre o mecanismo que explica a incorporação desses átomos de deutério na D-frutose.

42. Uma aldopentose é oxidada pelo ácido nítrico a um ácido aldárico opticamente ativo. A degradação de Ruff de uma aldopentose leva um monossacarídeo, que é oxidado pelo ácido nítrico, a um ácido aldárico opticamente inativo. Identifique a D-aldopentose.

43. Quantos ácidos aldáricos são obtidos das 16 aldo-hexoses?

44. Calcule as porcentagens de α-D-glicose e β-D-glicose presentes no equilíbrio a partir das rotações específicas da α-D-glicose, β-D-glicose e da mistura de equilíbrio. Compare seus valores com aqueles dados na Seção 22.10. (*Dica*: a rotação específica da mistura é igual à rotação específica da α-D-glicose $\times$ a fração de glicose presente na forma α + a rotação específica da β-D-glicose $\times$ a fração de glicose presente na forma β.)

45. Presuma se a D-altrose existe preferencialmente como piranose ou furanose. (*Dica*: o arranjo mais estável para um anel de cinco membros é quando todos os substituintes adjacentes estão trans.)

46. Proponha um mecanismo para o rearranjo que converte uma hidroxi-imina em uma α-aminocetona na presença de uma quantidade traço de ácido (Seção 22.6).

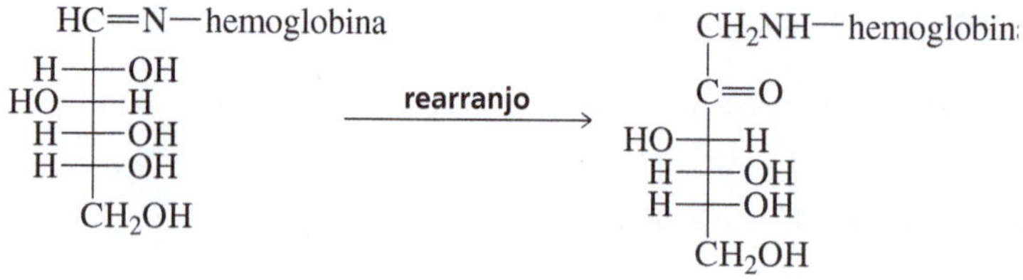

47. Um dissacarídeo forma um espelho de prata com o reagente de Tollens e é hidrolisado por uma α-glicosidase. Quando o dissacarídeo é tratado com excesso de iodeto de metila na presença de Ag_2O e então hidrolisado com água sob condições ácidas, a 2,3,4-tri-*O*-metil-manose e a 2,3,4,6-tetra-*O*-metil-galactose são formadas.
   a. Desenhe a estrutura do dissacarídeo.
   b. Qual é a função do Ag_2O?

48. Todas as unidades de glicose na dextrana têm anéis de seis membros. Quando uma amostra de dextrana é tratada com iodeto de metila e óxido de prata e o produto é hidrolisado sob condições ácidas, os produtos obtidos são a 2,3,4,6-tetra-*O*-metil-D-glicose, 2,4,6-tri-*O*-metil-D-glicose, 2,3,4-tri-*O*-metil-D-glicose e 2,4-di-*O*-metil-D-glicose. Desenhe um segmento curto de dextrana.

49. Quando uma piranose está na conformação em cadeira, na qual o grupo CH_2OH e o grupo OH em C-1 estão ambos em posição axial, os dois grupos podem reagir para formar um acetal. Isso é denominado forma anidro do açúcar (perdeu água). A forma anidro da D-idose é mostrada aqui. Em uma solução aquosa a 100 °C, cerca de 80% da D-idose existe na forma anidro. Sob as mesmas condições, somente cerca de 0,1% de D-glicose existe na forma anidro. Explique.

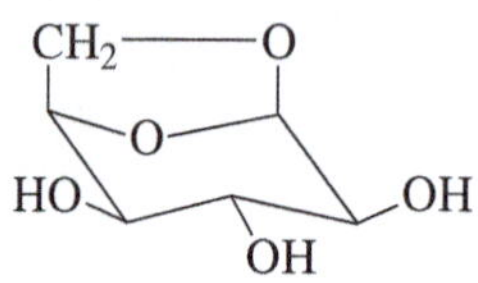

forma anidro da D-idose

50. Sugira um método que converta D-glicose em D-alose.

23 Aminoácidos, peptídeos e proteínas

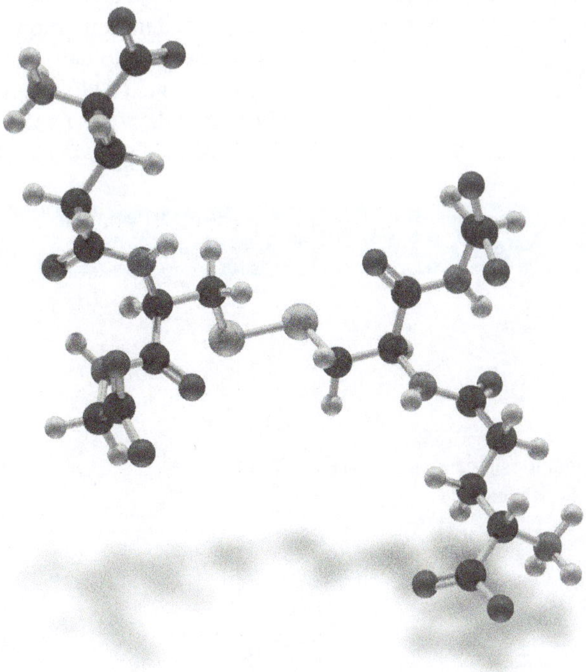

glutationa oxidada

Os ácidos nucléicos, as proteínas e os polissacarídeos são os três tipos de polímeros predominantes na natureza. Já estudamos os polissacarídeos, que são polímeros de ocorrência natural formados por subunidades de açúcar (Seção 22.18). Os ácidos nucléicos serão estudados no Capítulo 27. Veremos agora as proteínas e seus similares estruturais, porém mais curtos, os peptídeos. **Peptídeos e proteínas** são polímeros de aminoácidos unidos por ligações amida. As unidades que se repetem são denominadas **resíduos de aminoácidos**.

Os polímeros de aminoácidos podem ser compostos por qualquer número de monômeros. Um dipeptídeo contém dois resíduos de aminoácidos; um tripeptídeo contém três; um oligopeptídeo contém de três a dez; e um polipeptídeo contém muitos resíduos de aminoácidos. Proteínas são polipeptídeos de ocorrência natural formadas por mais de 40 até 4.000 resíduos de aminoácidos.

Observando a estrutura de um aminoácido, podemos constatar que essa designação não é muito precisa. As substâncias comumente chamadas de aminoácidos são mais precisamente denominadas ácidos α-aminocarboxílicos.

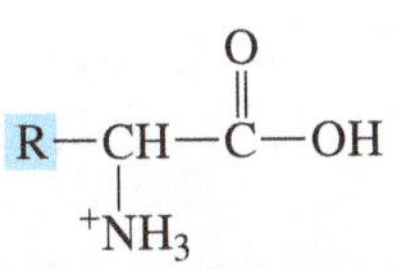

ácido α-aminocarboxílico
aminoácido

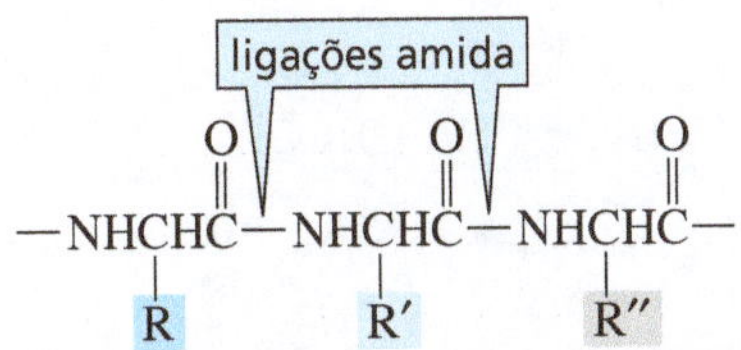

aminoácidos são unidos por ligações amida

As proteínas e os peptídeos têm muitas funções nos sistemas biológicos. Alguns protegem os organismos de seu ambiente ou fortalecem certas estruturas biológicas. Os pêlos, os cascos, os chifres, as penas, a pele e a camada grossa mais externa da pele são constituídos, em grande parte, por uma proteína estrutural denominada queratina. O colágeno, outra proteína estrutural, é o principal componente de ossos, músculos e tendões. Algumas proteínas têm outras funções protetoras. Os venenos de cobra e as toxinas das plantas, por exemplo, protegem seus portadores de outras espécies; as proteínas coaguladoras do sangue protegem o sistema vascular quando ele sofre uma lesão; e os anticorpos e os peptídeos antibióticos protegem-nos de doenças. Um grupo de proteínas denominadas **enzimas** catalisa as reações químicas que ocorrem nos sistemas vivos, e alguns dos hormônios que regulam essas reações são peptídeos. As proteínas também são responsáveis por várias funções fisiológicas, como o transporte e o armazenamento de oxigênio no corpo e a contração dos músculos.

23.1 Classificação e nomenclatura de aminoácidos

Molecule Gallery: Aminoácidos comuns de ocorrência natural

WWW

As estruturas dos vinte aminoácidos de ocorrência natural mais comuns e a freqüência com que cada um ocorre nas proteínas são apresentadas na Tabela 23.1. Outros aminoácidos ocorrem na natureza mais raramente. Todos os aminoácidos, exceto a prolina, contêm um grupo amino primário. A prolina contém um grupo amino secundário incorporado em um anel de cinco membros. Os aminoácidos diferem somente no substituinte (R) ligado ao carbono α. A ampla variação nesses substituintes (denominados cadeias laterais) é o que dá às proteínas sua grande diversidade estrutural e, conseqüentemente, sua grande diversidade funcional.

Tabela 23.1 Os aminoácidos mais comuns de ocorrência natural
Os aminoácidos são mostrados na forma que predominam no pH (7,3)

	Fórmula	Nome	Abreviações		Abundância média relativa em proteínas
Aminoácidos de cadeia lateral alifática	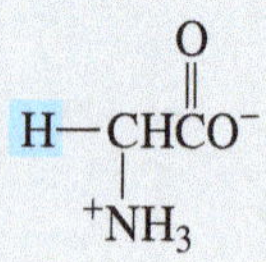	Glicina	Gli	G	7,5%
	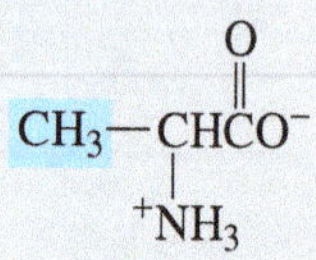	Alanina	Ala	A	9,0%
	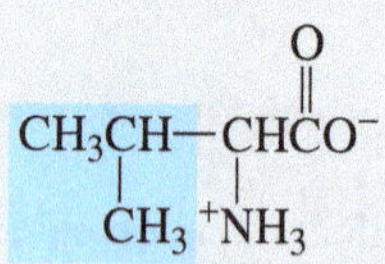	Valina*	Val	V	6,9%
	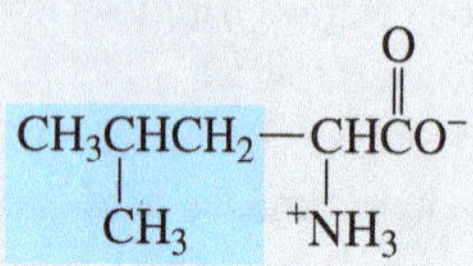	Leucina*	Leu	L	7,5%
	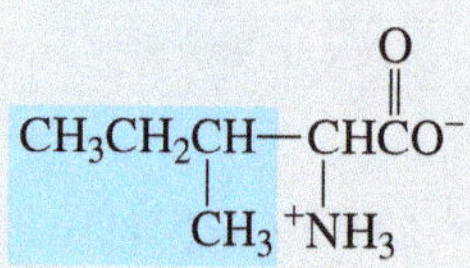	Isoleucina*	Ile	I	4,6%
Aminoácidos que contêm hidroxila	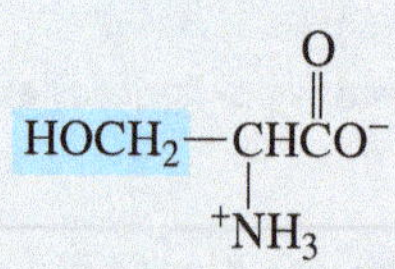	Serina	Ser	S	7,1%
	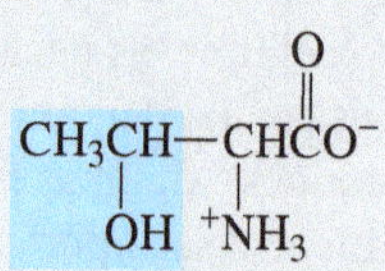	Treonina*	Thr	T	6,0%
Aminoácidos que contêm enxofre	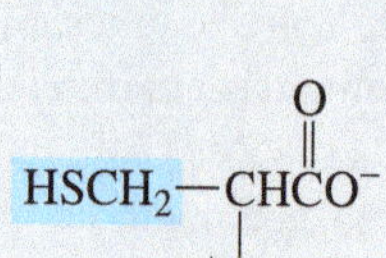	Cisteina	Cys	C	2,8%

* **Aminoácidos essenciais.**

Tabela 23.1 (Continuação)

	Fórmula	Nome	Abreviações		Abundância média relativa em proteínas
	$CH_3SCH_2CH_2-CH(^+NH_3)-C(=O)O^-$	Metionina*	Met	M	1,7%
Aminoácidos ácidos	$^-OC(=O)CH_2-CH(^+NH_3)-C(=O)O^-$	Aspartato (ácido aspártico)	Asp	D	5,5%
	$^-OC(=O)CH_2CH_2-CH(^+NH_3)-C(=O)O^-$	Glutamato (ácido glutâmico)	Glu	E	6,2%
Amidas de aminoácidos ácidos	$H_2NC(=O)CH_2-CH(^+NH_3)-C(=O)O^-$	Asparagina	Asn	N	4,4%
	$H_2NC(=O)CH_2CH_2-CH(^+NH_3)-C(=O)O^-$	Glutamina	Gln	Q	3,9%
Aminoácidos básicos	$H_3\overset{+}{N}CH_2CH_2CH_2CH_2-CH(^+NH_3)-C(=O)O^-$	Lisina*	Lys	K	7,0%
	$H_2NC(=\overset{+}{N}H_2)NHCH_2CH_2CH_2-CH(^+NH_3)-C(=O)O^-$	Arginina*	Arg	R	4,7%
Aminoácidos que contêm benzeno	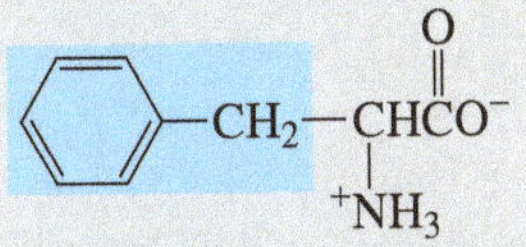	Fenilalanina*	Phe	F	3,5%
	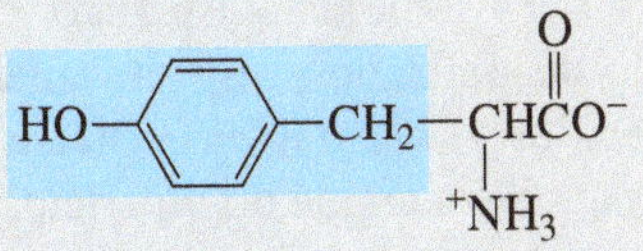	Tirosina	Tyr	Y	3,5%
Aminoácidos heterocíclicos	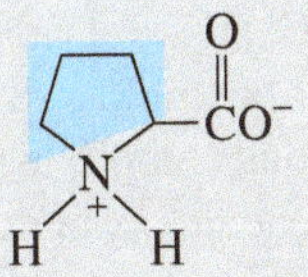	Prolina	Pro	P	4,6%

* Aminoácidos essenciais.

Tabela 23.1 (Continuação)

	Fórmula	Nome	Abreviações	Abundância média relativa em proteínas
Aminoácidos heterocíclicos (continuação)	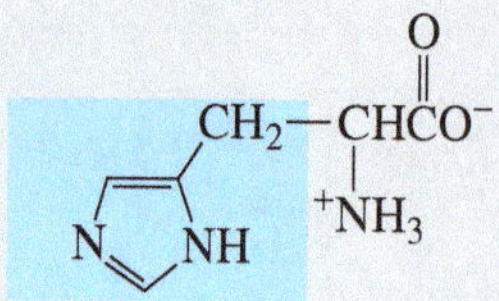	Histidina*	His H	2,1%
	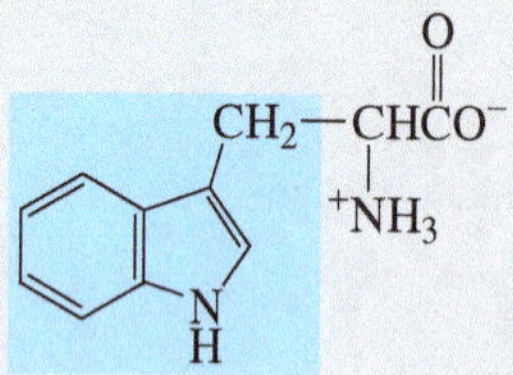	Triptofano*	Trp W	1,1%

* Aminoácidos essenciais.

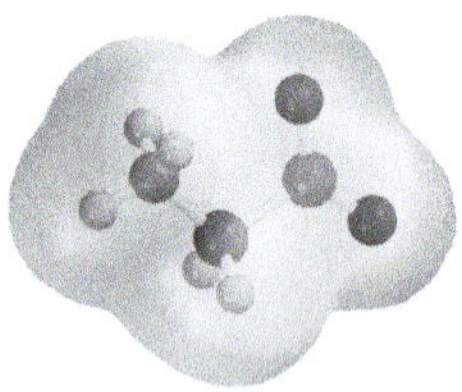

glicina

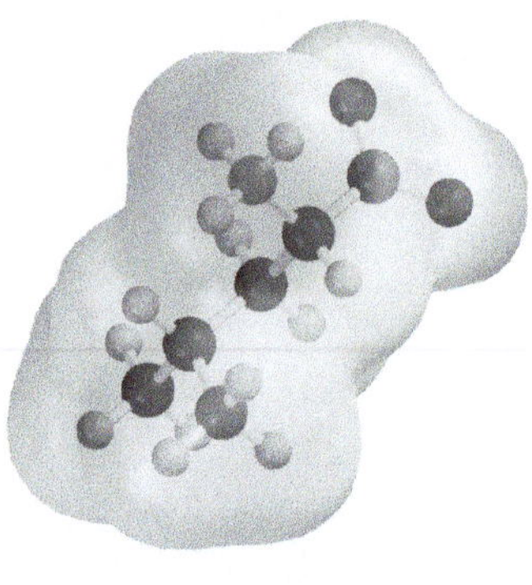

leucina

(Veja figuras em cores no caderno colorido.)

Os aminoácidos são quase sempre designados por seus nomes comuns. Muitas vezes, o nome do aminoácido nos informa algo a respeito dele. O nome da glicina, por exemplo, deve-se ao seu sabor doce (*glykos* significa 'açúcar' em português); a valina, assim como o ácido valérico, tem cinco átomos de carbono. A asparagina foi primeiramente encontrada no aspargo, e a tirosina foi isolada do queijo (*tyros* significa 'queijo' em grego).

Dividir os aminoácidos em classes é a maneira mais fácil de memorizá-los. Os aminoácidos de cadeia lateral alifática incluem a glicina, o aminoácido em que R=H e quatro aminoácidos com cadeia lateral alquílica. A alanina é o aminoácido com uma cadeia lateral metílica, e a valina tem uma cadeia lateral isopropílica. Você é capaz de adivinhar qual aminoácido — leucina ou isoleucina — tem uma cadeia lateral isobutílica? Se tiver optado pela resposta óbvia, errou. A isoleucina *não* tem um grupo 'iso'; é a leucina que possui um substituinte isobutila — a isoleucina tem um substituinte *sec*-butila. Cada um dos aminoácidos tem uma abreviação de três letras (em geral, as três primeiras letras de seu nome em inglês) e uma abreviação de uma única letra.

Duas cadeias laterais de aminoácidos — serina e treonina — contêm grupos álcool. A serina é uma alanina substituída com OH, e a treonina tem um substituinte etanol ramificado. Há também dois aminoácidos que contêm enxofre: a cisteína, que é uma alanina substituída com SH, e a metionina, que tem um substituinte 2-metil-tioetila.

Há dois aminoácidos ácidos (aminoácidos com dois grupos ácido carboxílico): o aspartato e o glutamato. O aspartato é a alanina carboxi-substituída, e o glutamato tem um grupo metileno a mais do que o aspartato. (Se os seus grupos carboxila estão protonados, eles são denominados, respectivamente, ácido aspártico e ácido glutâmico.) Dois aminoácidos — asparagina e glutamina — são amidas dos aminoácidos ácidos. A asparagina é a amida do aspartato, e a glutamina é a amida do glutamato. Obviamente, as abreviações de uma letra não podem ser usadas para esses quatro aminoácidos, porque A e G já são usadas para alanina e glicina. O ácido aspártico e o ácido glutâmico são abreviados, respectivamente, como D e E, e a asparagina e a glutamina são abreviadas como N e Q.

Há dois aminoácidos básicos (aminoácidos com dois grupos que contêm nitrogênios básicos): a lisina e a arginina. A lisina tem um grupo ϵ–amino e a arginina tem um grupo δ-guanidino. Em pH fisiológico, esses grupos estão protonados. As notações ϵ e δ podem dizer quantos grupos metilenos cada aminoácido possui.

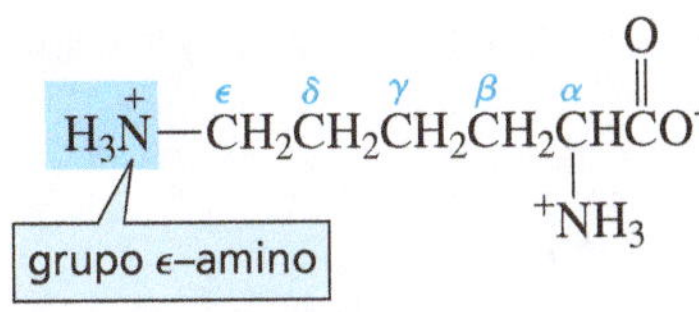

lisina

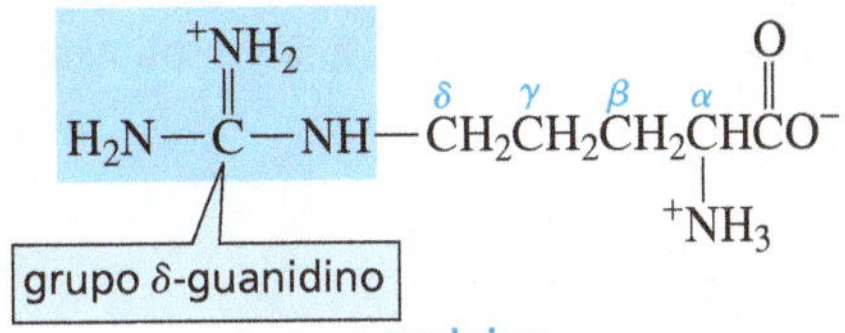

arginina

Dois aminoácidos — a fenil-alanina e a tirosina — contêm anéis benzênicos. Como o nome indica, a fenil-alanina é a alanina fenil-substituída. A tirosina é a fenil-alanina com um substituinte *para*-hidroxi.

A prolina, a histidina e o triptofano são aminoácidos heterocíclicos. A prolina tem seu nitrogênio incorporado em um anel de cinco membros — é o único aminoácido que contém um grupo amino secundário. A histidina é uma alanina substituída com imidazol. O imidazol é uma substância aromática, uma vez que é cíclico e planar e tem três pares de elétrons π deslocalizados (Seção 21.11). O pK_a de um anel imidazólico protonado é 6,0, de modo que o anel estará protonado em soluções ácidas e não-protonado em soluções básicas (Seção 23.3).

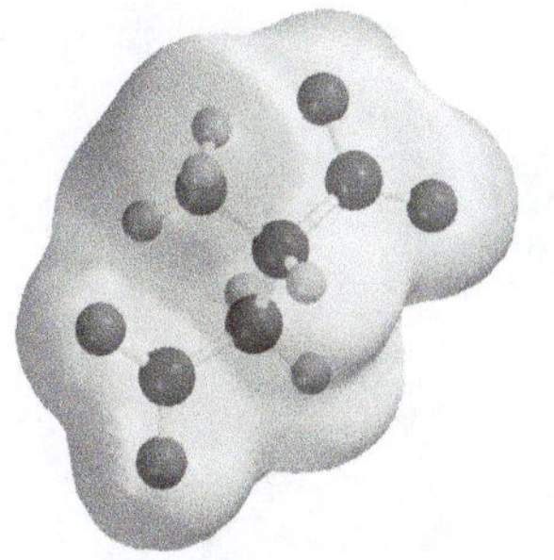
aspartato

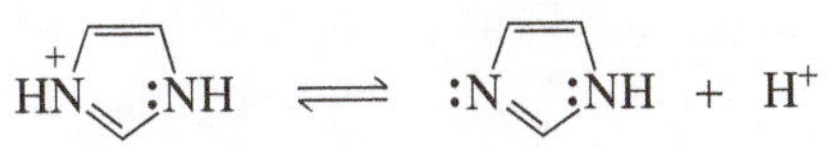
imidazol protonado — imidazol

O triptofano é uma alanina substituída com indol (Seção 21.11). Como o imidazol, o indol é uma substância aromática. O indol é uma base muito fraca, pois o par livre no átomo de nitrogênio é necessário para que a substância tenha aromaticidade. (O pK_a do indol protonado é $-2{,}4$.) Portanto, no triptofano o nitrogênio do anel nunca está protonado sob condições fisiológicas.

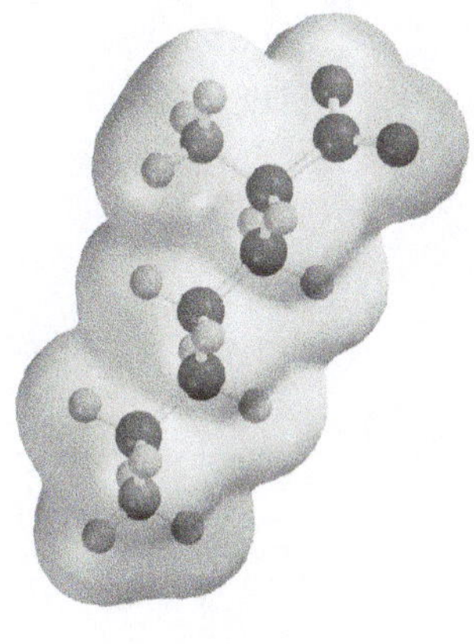
lisina

Dez aminoácidos são *aminoácidos essenciais*. Esses **aminoácidos essenciais** devem constar da nossa dieta, porque não podemos sintetizar todos eles, muito menos nas quantidades adequadas. Por exemplo, devemos ter uma fonte nutricional de fenil-alanina, pois não somos capazes de sintetizar anéis aromáticos. No entanto, não precisamos de tirosina em nossa dieta, já que podemos sintetizar as quantidades necessárias a partir da fenil-alanina. Os aminoácidos essenciais estão assinalados com um asterisco (*) na Tabela 23.1. Embora os seres humanos possam sintetizar arginina, para o seu crescimento são necessárias quantidades maiores do que as que podem ser sintetizadas pelo organismo. Assim, a arginina é um aminoácido essencial para crianças, mas um aminoácido não-essencial para adultos. As proteínas não contêm os mesmos aminoácidos. A proteína do feijão, por exemplo, é deficiente em metionina, e a proteína do trigo é deficiente em lisina. Elas são proteínas *incompletas*, isto é, contêm muito pouco de um ou mais aminoácidos essenciais para sustentar o crescimento. Portanto, uma dieta balanceada deve conter proteínas de diferentes fontes.

indol

A proteína da dieta é hidrolisada no corpo em aminoácidos individuais. Alguns desses aminoácidos são usados para sintetizar as proteínas de que o corpo necessita, outros são usados como materiais de partida para a síntese de substâncias não-protéicas necessárias ao corpo, como a adrenalina, a tiroxina e a melanina (Seção 25.6). (Veja figuras ao lado em cores no caderno colorido.)

PROBLEMA 1

a. Explique por que, quando o anel imidazólico da histidina é protonado, é o nitrogênio que tem ligação dupla que aceita o próton.

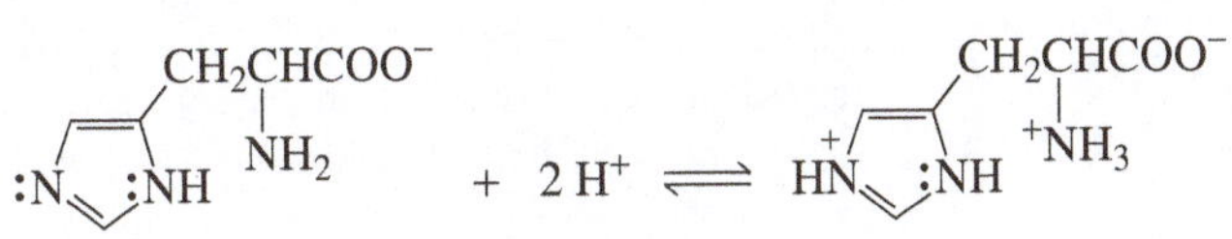

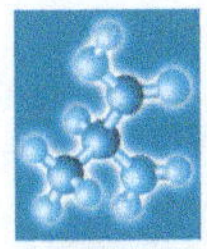

Tutorial Gallery: Nitrogênios básicos na histidina e na arginina

b. Explique por que, quando o grupo guanidino é protonado, o nitrogênio que tem ligação dupla é aquele que aceita o próton.

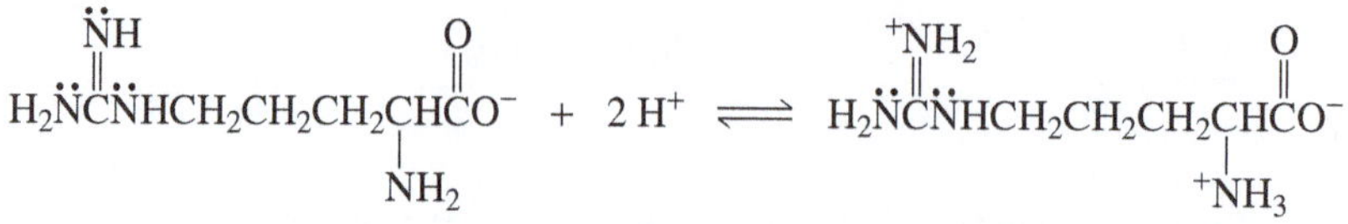

23.2 Configuração de aminoácidos

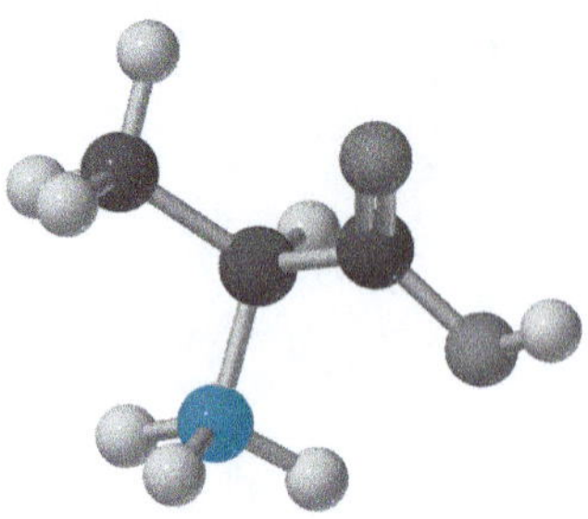

alanina
aminoácido

O carbono α de todos os aminoácidos de ocorrência natural, exceto da glicina, é um carbono assimétrico. Portanto, 19 dos 20 aminoácidos listados na Tabela 23.1 podem existir como enanciômeros. As notações D e L usadas para os monossacarídeos (Seção 22.2) também são empregadas para os aminoácidos. Os isômeros D e L dos monossacarídeos e dos aminoácidos são definidos do mesmo modo. Assim, um aminoácido desenhado na projeção de Fischer, com o grupo carboxila no topo e o grupo R na base do eixo vertical, é um D-aminoácido se o grupo amino estiver à direita do eixo, e um L-aminoácido se o grupo amino estiver à esquerda. Ao contrário dos monossacarídeos, em que o isômero D é aquele encontrado na natureza, a maioria dos aminoácidos de ocorrência natural tem a configuração L. Até o momento, resíduos de D-aminoácidos têm sido encontrados somente em alguns peptídeos antibióticos e em peptídeos pequenos ligados à parede celular de bactérias.

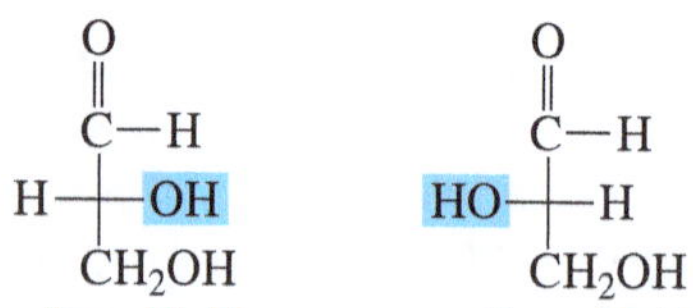

D-gliceraldeído L-gliceraldeído

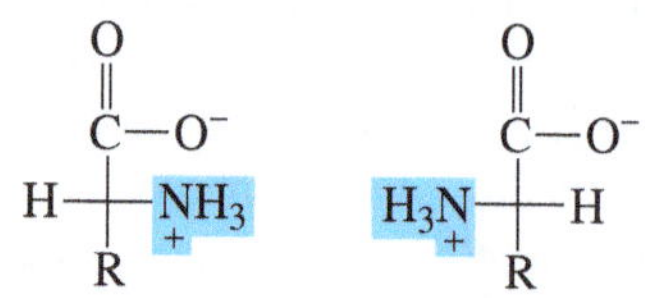

D-aminoácido L-aminoácido

Por que D-açúcares e L-aminoácidos? Mesmo que não faça diferença qual isômero a natureza 'selecionou' para ser sintetizado, é importante que o mesmo isômero seja sintetizado por todos os organismos. Por exemplo, se mamíferos acabaram tendo L-aminoácidos, então L-aminoácidos precisariam ser os isômeros sintetizados pelos organismos dos quais os mamíferos dependem para se alimentar.

Aminoácidos e doenças

O povo chamorro da ilha de Guam apresenta alta incidência de uma síndrome que se assemelha à esclerose lateral amiotrófica (ELA ou doença de Lou Gehrig), com características de mal de Parkinson e demência. Essa síndrome se desenvolveu durante a Segunda Guerra Mundial, em conseqüência da escassez de alimentos, quando a tribo teve de se alimentar com grandes quantidades de sementes de *Cycas circinalis*. Essas sementes contêm β-metilamino-L-alanina, aminoácido que se liga a receptores de glutamato. Quando macacos são alimentados com β-metilamino-L-alanina, eles desenvolvem algumas das características dessa síndrome. Espera-se que, com o estudo do mecanismo de ação da β-metilamino-L-alanina, seja possível compreender como a ELA e o mal de Parkinson se desenvolvem.

PROBLEMA 2◆

a. Qual isômero – (*R*)-alanina ou (*S*)-alanina – é a D-alanina?

b. Qual isômero – (*R*)-aspartato ou (*S*)-aspartato – é o D-aspartato?

c. Pode-se fazer uma afirmação geral relacionando *R* e *S* a D e L?

PROBLEMA 3◆

Quais aminoácidos listados na Tabela 23.1 têm mais de um carbono assimétrico?

23.3 Propriedades ácido-base de aminoácidos

Todo aminoácido tem um grupo carboxila e um grupo amino, e cada grupo pode existir nas formas ácida ou básica, dependendo do pH da solução em que o aminoácido estiver dissolvido. Os grupos carboxila dos aminoácidos têm valores de pK_a de aproximadamente 2. Os grupos amino protonados têm valores de pK_a próximos de 9 (Tabela 23.2). Portanto, em uma solução muito ácida, os dois grupos estarão em suas formas ácidas (pH ~ 0). Em pH = 7, o pH da solução é maior que o pK_a do grupo carboxila, porém menor que o pK_a do grupo amino protonado. Portanto, o grupo carbonila estará em sua forma básica e o grupo amino estará em sua forma ácida. Em uma solução fortemente básica (pH ~ 11), ambos estarão em suas formas básicas.

Relembre a equação de Henderson–Hasselbach (Seção 1.20, volume 1) que a forma ácida predomina quando o pH da solução é menor do que o pK_a da substância, enquanto a forma básica predomina quando o pH da solução é maior do que o pK_a da substância.

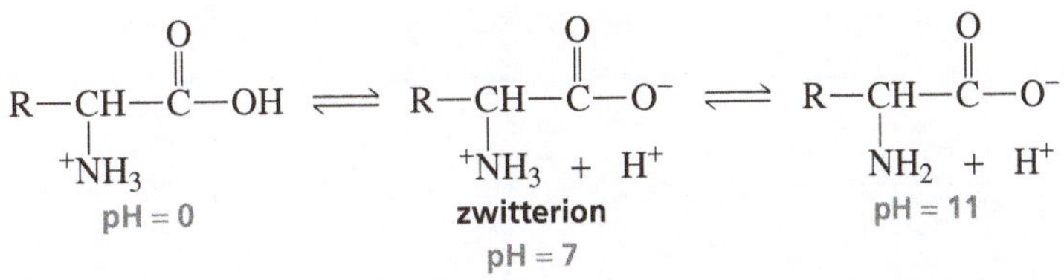

Observe que um aminoácido nunca pode existir como uma substância não-carregada, a despeito do pH da solução. Para estar sem carga, um aminoácido teria de perder um próton de um grupo $^+NH_3$ com um pK_a de aproximadamente 9, antes de perder um próton de um grupo COOH com um pK_a de aproximadamente 2. Isso é impossível: um ácido fraco não pode ser mais ácido que um ácido forte. Portanto, em pH fisiológico (7,3), um aminoácido existe como um íon dipolar denominado *zwitterion*. O **zwitterion** é uma substância que tem uma carga negativa em um átomo e uma carga positiva em um átomo não adjacente. (*Zwitter*, em português, significa 'hermafrodita' ou 'híbrido'.)

Alguns aminoácidos têm cadeias laterais com hidrogênios ionizáveis (Tabela 23.2). O imidazol protonado da cadeia lateral da histidina, por exemplo, tem um pK_a de 6,04. Portanto, a histidina pode existir em quatro formas diferentes e a forma predominante dependerá do pH da solução.

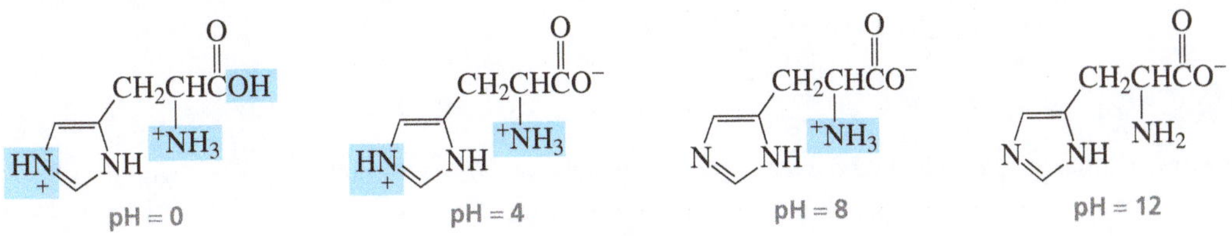

histidina

PROBLEMA 4◆

Por que os grupos ácido carboxílico dos aminoácidos são muito mais ácidos (pK_a ~ 2) do que um ácido carboxílico, como o ácido acético (pK_a = 4,76)?

Tabela 23.2 Valores de pK_a de aminoácidos

Aminoácido	pK_a α-COOH	pK_a α-NH_3^+	pK_a cadeia lateral
Alanina	2,34	9,69	—
Arginina	2,17	9,04	12,48
Asparagina	2,02	8,84	—
Ácido aspártico	2,09	9,82	3,86
Cisteína	1,92	10,46	8,35
Ácido glutâmico	2,19	9,67	4,25
Glutamina	2,17	9,13	—
Glicina	2,34	9,60	—
Histidina	1,82	9,17	6,04
Isoleucina	2,36	9,68	—
Leucina	2,36	9,60	—
Lisina	2,18	8,95	10,79
Metionina	2,28	9,21	—
Fenil-alanina	2,16	9,18	—
Prolina	1,99	10,60	—
Serina	2,21	9,15	—
Treonina	2,63	9,10	—
Triptofano	2,38	9,39	—
Tirosina	2,20	9,11	10,07
Valina	2,32	9,62	—

PROBLEMA 5 RESOLVIDO

Desenhe a forma na qual cada um dos aminoácidos a seguir existe predominantemente em pH fisiológico (7,3):

a. ácido aspártico
b. histidina
c. glutamina
d. lisina
e. arginina
f. tirosina

RESOLUÇÃO PARA 5a Ambos os grupos carboxila estão em suas formas básicas, uma vez que o pH é maior que seus valores de pK_a. O grupo amino protonado está na sua forma ácida, porque o pH é menor que seu pK_a.

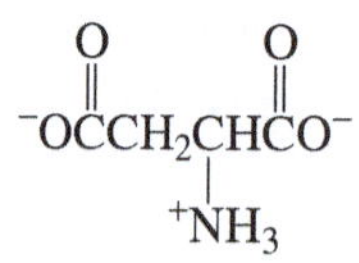

PROBLEMA 6◆

Desenhe a forma na qual o ácido glutâmico existe predominantemente em uma solução com os seguintes pH:

a. pH = 0
b. pH = 3
c. pH = 6
d. pH = 11

PROBLEMA 7

a. Por que o pK_a da cadeia lateral do ácido glutâmico é maior do que o pK_a da cadeia lateral do ácido aspártico?

b. Por que o pK_a da cadeia lateral da arginina é maior do que o pK_a da cadeia lateral da lisina?

23.4 O ponto isoelétrico

O ponto isoelétrico (pI) de um aminoácido é o valor de pH em que ele não tem carga líquida. Em outras palavras, é o pH no qual uma quantidade de cargas positivas em um aminoácido se equilibra exatamente com a quantidade de cargas negativas:

pI (ponto isoelétrico) = pH no qual não há carga líquida

O pI de um aminoácido que *não* tem uma cadeia lateral ionizável — como a alanina — terá um valor intermediário entre seus dois valores de pK_a. Isso ocorre porque em pH = 2,34 metade das moléculas tem um grupo carboxila carregado negativamente e metade delas tem grupo carboxila não carregado; e em pH = 9,69, metade das moléculas tem um grupo amino carregado positivamente e metade delas tem um grupo amino não carregado. Quando o pH é superior a 2,34, o grupo carboxila com mais moléculas torna-se negativamente carregado. Quando ele é inferior a 9,69, o grupo amino com mais moléculas torna-se positivamente carregado. Portanto, na média dos dois valores de pK_a, o número de grupos negativamente carregados se iguala ao número de grupos positivamente carregados.

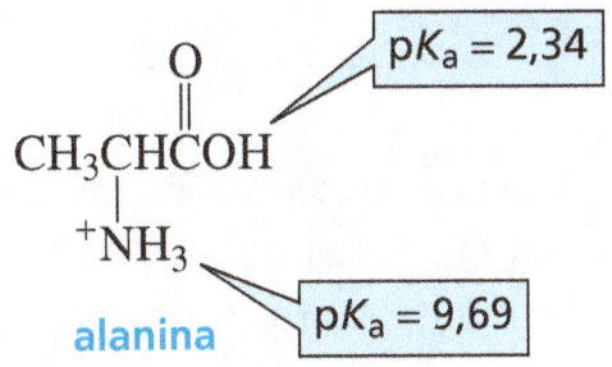

alanina

$$pI = \frac{2{,}34 + 9{,}69}{2} = \frac{12{,}03}{2} = 6{,}02$$

Lembre, no que diz respeito à equação de Henderson–Hasselbach, que, quando pH = pKa, metade dos grupos está na sua forma ácida e a outra metade está na sua forma básica (Seção 1.20, volume 1).

Um aminoácido estará positivamente carregado se o pH da solução for menor que o pI do aminoácido, e estará negativamente carregado se o pH da solução for maior que o pI do aminoácido.

O pI de um aminoácido que *tem* uma cadeia lateral ionizável é a média dos valores de pK_a dos grupos similarmente ionizantes (um grupo ionizante positivamente carregado passando a um grupo não carregado, ou um grupo ionizante não carregado passando a um grupo negativamente carregado). Por exemplo, o pI da lisina é a média dos valores de pK_a dos dois grupos que estão carregados positivamente em sua forma ácida e não estão carregados em sua forma básica. O pI do glutamato, por outro lado, é a média dos valores de pK_a dos dois grupos que não estão carregados em sua forma ácida e estão carregados negativamente em sua forma básica.

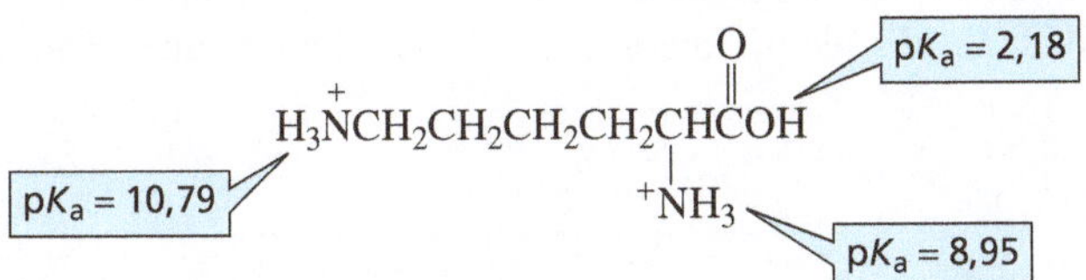

lisina

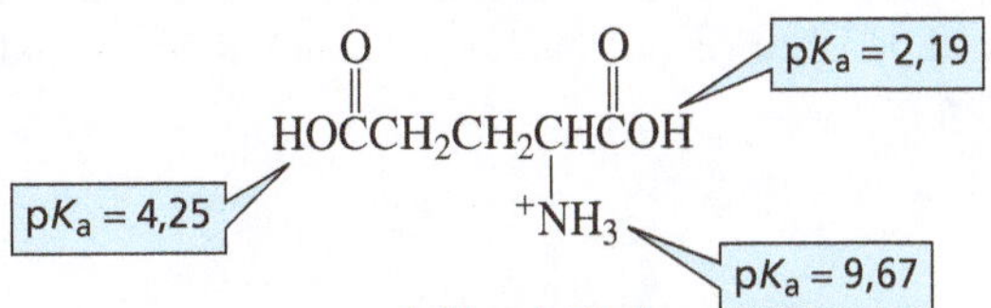

ácido glutâmico

$$pI = \frac{8{,}95 + 10{,}79}{2} = \frac{19{,}74}{2} = 9{,}87$$

$$pI = \frac{2{,}19 + 4{,}25}{2} = \frac{6{,}44}{2} = 3{,}22$$

PROBLEMA 8

Explique por que o pI da lisina é a média dos valores de pK_a de seus dois grupos amino protonados.

PROBLEMA 9◆

Calcule o pI de cada um dos seguintes aminoácidos:

a. asparagina b. arginina c. serina d. ácido aspártico

PROBLEMA 10◆

a. Qual aminoácido tem o valor de pI mais baixo?
b. Qual aminoácido tem o valor de pI mais alto?
c. Qual aminoácido tem a maior quantidade de carga negativa em pH = 6,20?
d. Qual aminoácido, glicina ou metionina, tem a maior carga negativa em pH = 6,20?

PROBLEMA 11

Explique por que os valores de pI de tirosina e cisteína não podem ser determinados pelo método descrito na Seção 23.4.

23.5 Separação de aminoácidos

Eletroforese

Uma mistura de aminoácidos pode ser separada por meio de várias técnicas diferentes. A **eletroforese** é uma técnica que separa aminoácidos com base em seus valores de pI. Algumas gotas de uma solução que contém uma mistura de aminoácidos são aplicadas no meio de uma tira de papel de filtro ou em um gel. Quando o papel ou o gel é colocado entre dois eletrodos em uma solução tamponada e um campo elétrico é aplicado o aminoácido com pI maior do que o pH da solução terá uma carga global positiva e migrará na direção do catodo (o eletrodo negativo). Quanto mais distante for o pI do aminoácido do pH do tampão, mais positivo estará o aminoácido e mais ele migrará na direção do catodo em um dado período de tempo. Um aminoácido com pI menor do que o pH do tampão terá uma carga global negativa e migrará em direção ao anodo (o eletrodo positivo). Se duas moléculas tiverem cargas iguais, a molécula maior se moverá mais lentamente durante a eletroforese porque a mesma carga terá de mover uma massa maior.

Tutorial Gallery: Eletroforese e pI
WWW

Considerando que os aminoácidos são incolores, como podemos detectá-los depois de separá-los? Quando os aminoácidos são aquecidos com ninhidrina, formam um produto colorido. Após sua separação eletroforética, o papel de filtro é borrifado com ninhidrina e secado em forno quente. A maioria dos aminoácidos forma um produto de cor púrpura. O número de tipos diferentes de aminoácidos na mistura é determinado pelo número de *spots* (pontos) coloridos no papel de filtro (Esquema 23.1). Os aminoácidos individuais são identificados pela sua posição no papel, comparado a um padrão.

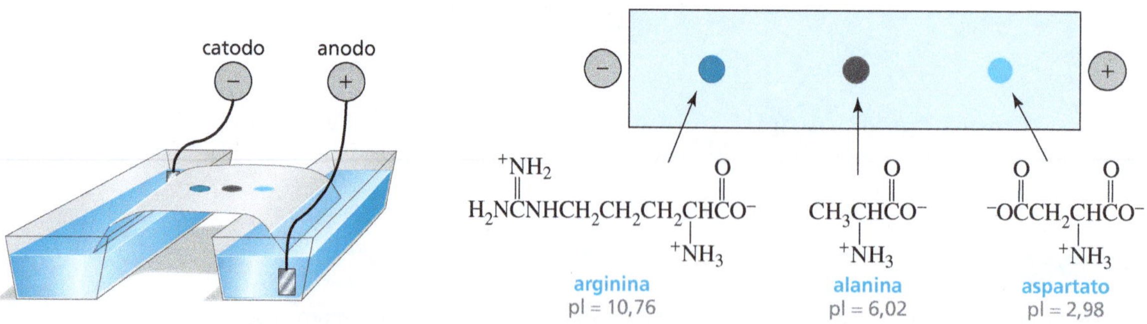

▲ **Figura 23.1**
Arginina, alanina e ácido aspártico separados por eletroforese em pH = 5.

O mecanismo da formação do produto colorido será mostrado a seguir, mas serão omitidos os mecanismos das etapas que envolvem desidratação, formação da imina e hidrólise da imina. (Esses mecanismos foram discutidos nas Seções 18.6 e 18.7.)

mecanismo para a reação de um aminoácido com ninhidrina formando um produto colorido

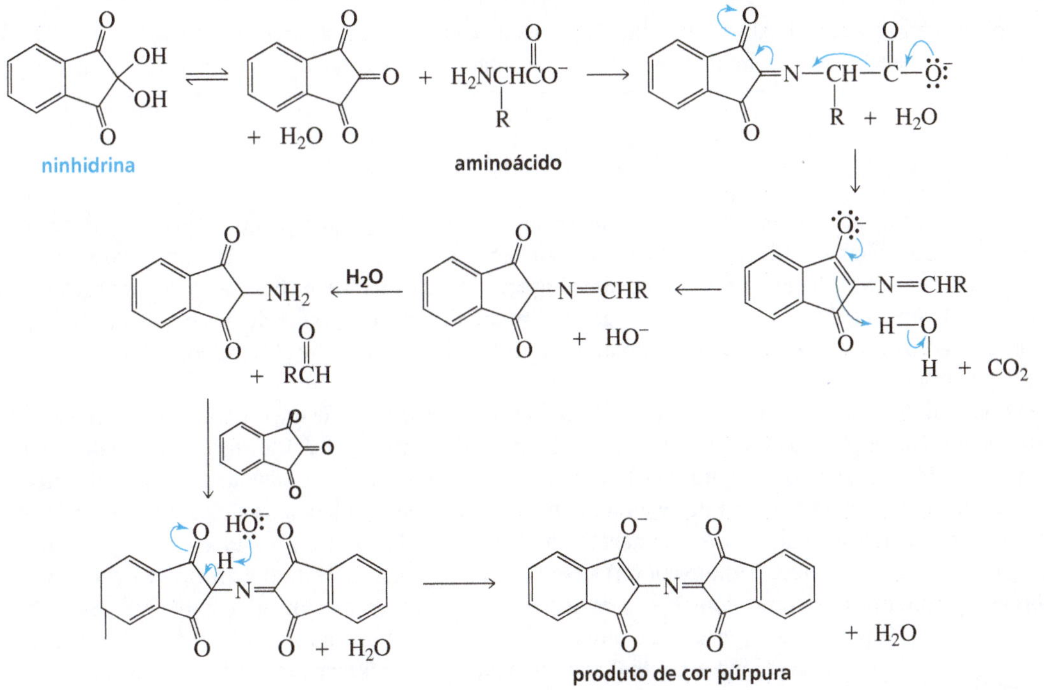

Cromatografia em papel e cromatografia em camada delgada

A cromatografia em papel teve grande importância na análise bioquímica por proporcionar um método para a separação de aminoácidos com o uso de equipamentos bastante simples. Embora atualmente sejam empregadas técnicas mais modernas, serão descritos aqui os princípios da cromatografia em papel, já que muitos deles se aplicam às técnicas de separação modernas.

A técnica da cromatografia em papel separa aminoácidos com base em sua polaridade. Algumas gotas de uma solução que contém uma mistura de aminoácidos são aplicadas na parte inferior de uma tira de papel de filtro. A borda do papel é então colocada em um solvente (em geral uma mistura de água, ácido acético e butanol). O solvente sobe pelo papel por ação de capilaridade, levando consigo os aminoácidos. Dependendo de suas polaridades, os aminoácidos têm diferentes afinidades pelas fases móvel (solvente) e estacionária (papel) e, por conseguinte, se deslocarão pelo papel com diferentes velocidades. Quanto mais polar for o aminoácido, mais fortemente ele será adsorvido no papel, que é relativamente polar. Os aminoácidos menos polares se deslocarão pelo papel mais rapidamente, pois têm uma afinidade maior pela fase móvel. Portanto, quando os aminoácidos no papel são revelados com ninhidrina, a mancha colorida mais próxima da origem é o aminoácido mais polar e a mancha mais distante da origem é o aminoácido menos polar (Esquema 23.2).

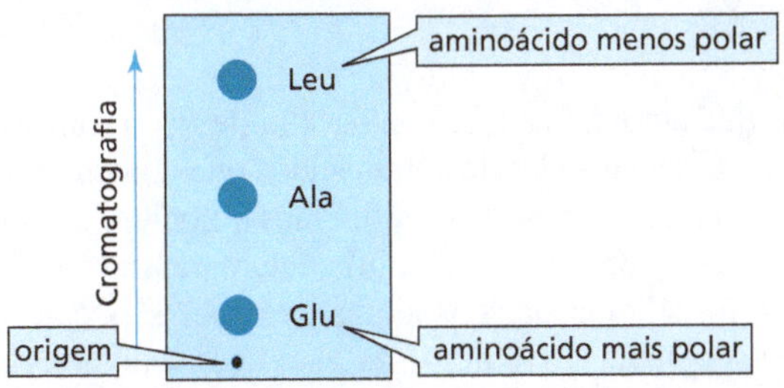

Figura 23.2
Separação de glutamato, alanina e leucina por cromatografia em papel

Os aminoácidos mais polares são aqueles com cadeias laterais carregadas, seguidos daqueles com cadeias laterais que podem formar ligações hidrogênio; e os menos polares são aqueles com cadeias laterais de hidrocarbonetos. Para aminoácidos com cadeias laterais de hidrocarbonetos, quanto maior o grupo alquila, menos polar é o aminoácido. Em outras palavras, a leucina é menos polar que a valina.

Animation Gallery: Cromatografia em coluna

WWW

A cromatografia em papel tem sido substituída pela **cromatografia em camada delgada (CCD)**. A CCD difere da cromatografia em papel porque usa uma placa coberta com material sólido em vez de papel de filtro. A propriedade física em que a separação está baseada depende do material sólido e do solvente escolhido para a fase móvel.

PROBLEMA 12◆

Uma mistura de sete aminoácidos (glicina, glutamato, leucina, lisina, alanina, isoleucina e aspartato) é separada por CCD. Explique por que somente seis manchas aparecem quando a placa cromatográfica é borrifada com ninhidrina e aquecida.

Cromatografia de troca iônica

A eletroforese e a cromatografia em camada delgada são separações analíticas — pequenas quantidades de aminoácidos são separadas por análise. A separação preparativa, em que quantidades maiores de aminoácidos são separadas para uso em processos subseqüentes, pode ser realizada através da **cromatografia de troca iônica**. Essa técnica emprega uma coluna empacotada com uma resina insolúvel. Uma solução que contém uma mistura de aminoácidos é aplicada no topo da coluna e eluída com um tampão. Os aminoácidos se separam porque fluem com diferentes velocidades através da coluna, como será explicado a seguir.

A resina é um material quimicamente inerte com cadeias laterais carregadas. Uma resina comumente empregada é um copolímero de estireno e divinil-benzeno (ver Capítulo 28, Problema 32) com grupos ácido sulfônico negativamente carregados em alguns dos anéis benzênicos (Figura 23.3). Se uma mistura de lisina e glutamato em uma solução de pH 6 fosse aplicada na coluna, o glutamato desceria por ela rapidamente, porque sua cadeia lateral negativamente carregada seria repelida pelos grupos ácido sulfônico da resina negativamente carregados. Por outro lado, a cadeia lateral da lisina, positivamente carregada, faria com que o aminoácido ficasse retido na coluna. Esse tipo de resina é denominado **resina de troca catiônica**, porque troca os contra-íons Na^+ dos grupos SO_3^- por espécies positivamente carregadas, as quais ficam presas na coluna. Além disso, a natureza relativamente apolar da coluna faz com que ela retenha aminoácidos apolares por mais tempo do que retém os aminoácidos polares. Resinas com grupos positivamente carregados são denominadas **resinas de troca aniônica**, pois impedem o fluxo de ânions ao trocar seus contra-íons negativamente carregados por espécies negativamente carregadas, que ficam presas na coluna. Dowex®[1], uma resina comum de troca aniônica, tem grupos $CH_2N^+(CH_3)_3Cl^-$ no lugar dos grupos $SO_3^-Na^+$ (Figura 23.3).

Cátions ligam-se mais fortemente a resinas de troca catiônica.

Ânions ligam-se mais fortemente a resinas de troca aniônica.

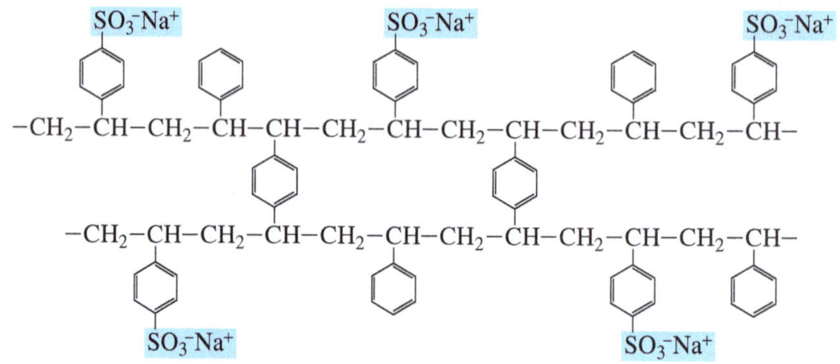

Figura 23.3 ▶ Um segmento de uma resina de troca catiônica. Essa resina é denominada Dowex® 50.

O **analisador de aminoácidos** é um instrumento que automatiza a cromatografia de troca iônica. Quando a solução de uma mistura de aminoácidos passa pela coluna de um analisador de aminoácidos que contém uma resina de troca catiônica, dependendo de sua carga global, os aminoácidos se movem com diferentes velocidades por essa coluna. O efluente (solução que sai da coluna) é coletado em frações e com freqüência suficiente para que em cada fração esteja um aminoácido diferente (Figura 23.4). Se a ninhidrina for adicionada a cada uma das frações, a concentração do aminoácido em cada fração poderá ser determinada pela absorvância a 570 nm — já que o derivado colorido formado pela

Amolecedores de água: exemplos de cromatografia de troca catiônica

Amolecedores de água são constituídos de uma coluna com uma resina de troca catiônica que foi lavada com cloreto de sódio concentrado. Na Seção 17.13, vimos que a presença de íons cálcio e magnésio torna a água 'dura'. Quando a água passa pela coluna, a resina retém os íons cálcio e magnésio mais fortemente que os íons sódio. Assim, o amolecedor de água remove os íons cálcio e magnésio da água, substituindo-os por íons sódio. A resina deve ser recarregada periodicamente pela passagem de uma solução de cloreto de sódio concentrado para substituir os íons cálcio e magnésio retidos por íons sódio.

reação de um aminoácido com ninhidrina tem λ_{max} de 570 (Seção 8.11, volume 1). Desse modo, a identidade e o teor relativo de cada aminoácido poderão ser determinados (Figura 23.5).

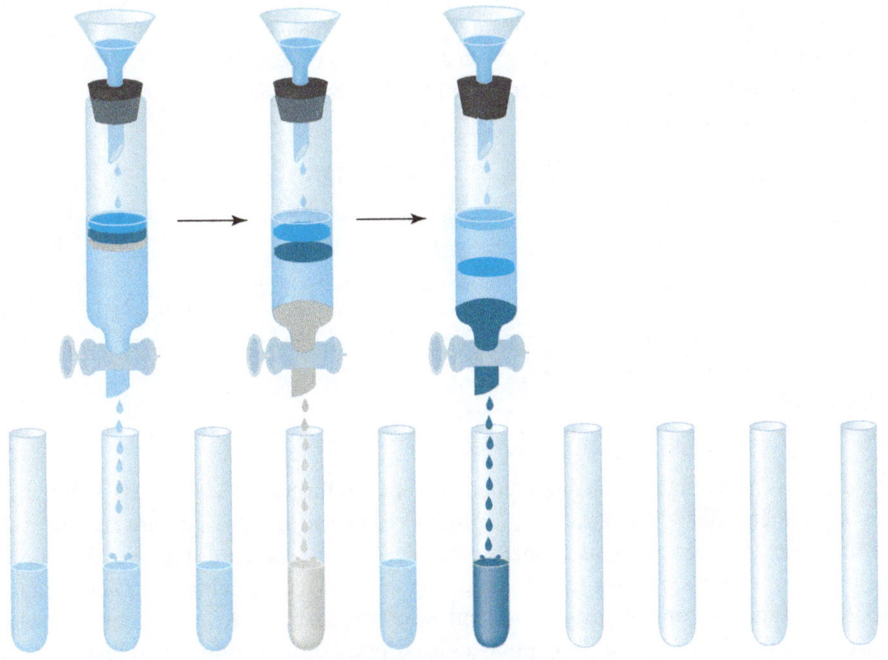

Figura 23.4 Separação de aminoácidos por cromatografia de troca iônica.

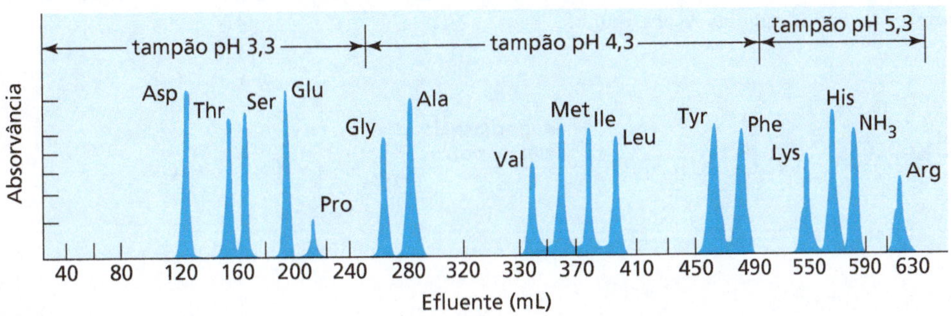

Figura 23.5 Cromatograma típico obtido a partir da separação de uma mistura de aminoácidos por meio de um analisador de aminoácidos automático.

PROBLEMA 13

Por que soluções tampão de pH crescente são usadas para eluir a coluna que gera o cromatograma mostrado na Figura 23.5?

PROBLEMA 14

Explique a ordem de eluição (com um tampão de pH 4) de cada um dos pares de aminoácidos a seguir em uma coluna empacotada com Dowex® 50 (Figura 23.3):

a. aspartato antes de serina
b. glicina antes de alanina
c. valina antes de leucina
d. tirosina antes de fenil-alanina

PROBLEMA 15◆

Com um tampão de pH 4, em que ordem os aminoácidos abaixo seriam eluídos de uma coluna que contém uma resina de troca aniônica (Dowex® 1)?

histidina, serina, aspartato, valina

23.6 Resolução de misturas racêmicas de aminoácidos

Os químicos não precisam necessariamente confiar a produção de aminoácidos à natureza. É possível sintetizá-los em laboratório usando uma grande variedade de métodos. Um dos métodos mais antigos consiste em substituir um hidrogênio α de um ácido carboxílico por um bromo em uma reação de Hell-Volhard-Zelinski (Seção 19.5). O ácido α-bromo-carboxílico resultante sofre uma reação S_N2 com amônia para formar o aminoácido (Seção 10.4, volume 1).

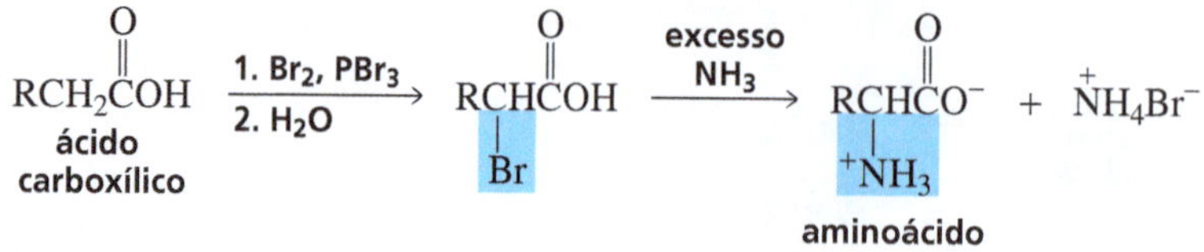

PROBLEMA 16

Por que na reação anterior foi usado excesso de amônia?

Quando os aminoácidos são sintetizados na natureza, somente o enanciômero L é formado (Seção 5.20, volume 1). No entanto, quando os aminoácidos são sintetizados em laboratório, o produto costuma ser uma mistura racêmica de enanciômeros D e L. Quando apenas um isômero é desejado, os enanciômeros devem ser separados, o que pode ser realizado por meio de uma reação catalisada por enzima. Por ser quiral, com cada um dos enanciômeros a enzima reagirá a uma velocidade diferente (Seção 5.20, volume 1). Por exemplo, a aminocilase do rim de porco é uma enzima que catalisa a hidrólise de *N*-acetil- L-aminoácidos, mas não de *N*-acetil-D-aminoácidos. Portanto, se o aminoácido racêmico for convertido em um par de *N*-acetil-aminoácidos e a mistura *N*-acetilada for hidrolisada com a aminocilase do rim de porco, os produtos serão o L -aminoácido e o *N*-acetil-D-aminoácido, que podem ser facilmente separados. Essa técnica é conhecida como **resolução cinética**, pois a resolução (separação) dos enanciômeros depende da diferença nas velocidades de reação da enzima com as duas substâncias *N*-acetiladas.

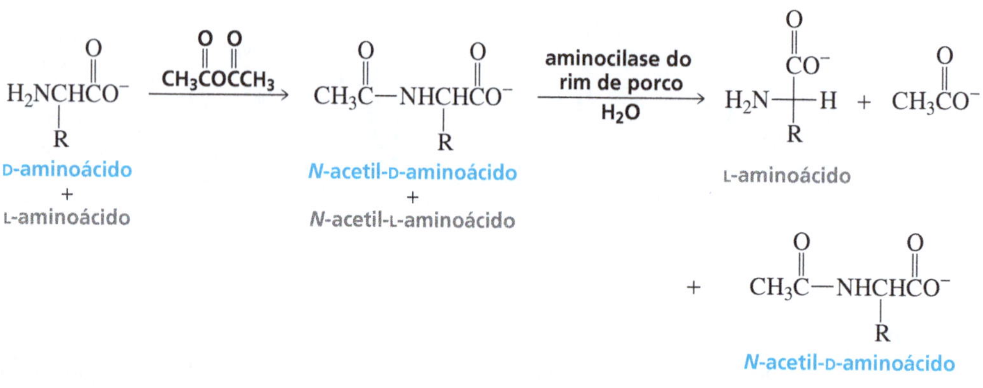

PROBLEMA 17

A esterase do fígado de porco é uma enzima que catalisa a hidrólise de ésteres, hidrolisando ésteres de L-aminoácidos mais rapidamente do que ésteres de D-aminoácidos. Como essa enzima pode ser usada para separar uma mistura racêmica de aminoácidos?

PROBLEMA 18◆

Os aminoácidos podem ser sintetizados pela aminação redutiva de α-cetoácidos (Seção 21.8).

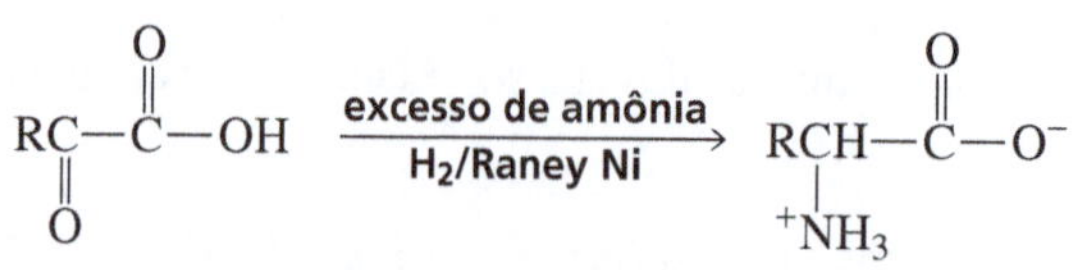

Sistemas biológicos também podem converter α-cetoácidos em aminoácidos, mas como H_2 e catalisadores metálicos não estão disponíveis na célula, a conversão é realizada por meio de um mecanismo diferente (Seção 25.6).

a. Que aminoácido é obtido da aminação redutiva de cada um dos intermediários metabólicos seguintes na célula?

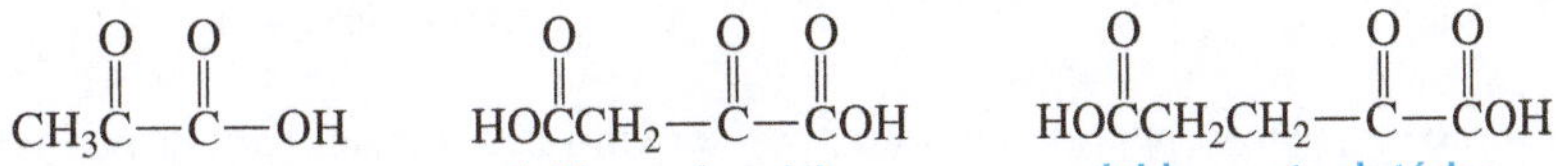

ácido pirúvico — ácido oxaloacético — ácido α-cetoglutárico

b. Que aminoácidos são obtidos dos mesmos intermediários metabólicos quando são sintetizados em laboratório?

23.7 Ligações peptídicas e ligações dissulfeto

Ligações peptídicas e ligações dissulfeto são as únicas ligações covalentes, em um peptídeo ou uma proteína, que mantêm os resíduos de aminoácidos unidos.

Ligações peptídicas

As ligações amida que unem resíduos de aminoácidos são denominadas **ligações peptídicas**. Por convenção, peptídeos e proteínas são escritos com o grupo amino livre (o **aminoácido N-terminal**) à esquerda e o grupo carboxila livre (o **aminoácido C-terminal**) à direita.

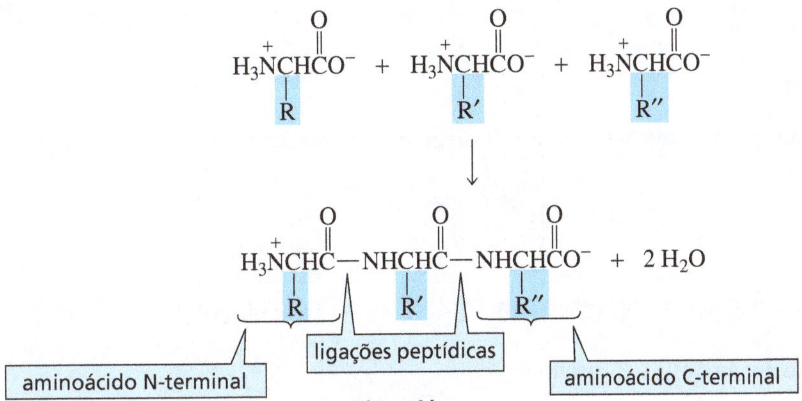

tripeptídeo

Quando se conhecem as identidades dos aminoácidos em um peptídeo, mas não a sua seqüência, os aminoácidos são escritos separados por vírgulas. Quando a seqüência de aminoácidos é conhecida, eles são escritos separados por hífens. No pentapeptídeo mostrado à direita, a valina é o aminoácido N-terminal e a histidina é o aminoácido C-terminal. Os aminoácidos são numerados a partir da extremidade N-terminal. O resíduo de glutamato é designado como Glu 4, já que é o quarto aminoácido a partir da extremidade N-terminal. Ao nomear o peptídeo, nomes adjetivos (terminados em ´il´) são usados para todos os aminoácidos, exceto para o aminoácido C-terminal. Assim, esse pentapeptídeo é denominado valil-cisteil-alanil-glutamil-histidina.

Glu, Cys, His, Val, Ala

o pentapeptídeo contém os aminoácidos indicados, mas sua seqüência não é conhecida

Val-Cys-Ala-Glu-His

os aminoácidos no pentapeptídeo têm a seqüência indicada

Uma ligação peptídica tem cerca de 40% de caráter de ligação dupla em virtude da deslocalização de elétrons (Seção 17.2). O impedimento estérico faz a configuração trans ser mais estável do que a configuração cis, de modo que os carbonos α dos aminoácidos adjacentes são trans uns aos outros (Seção 4.11, volume 1).

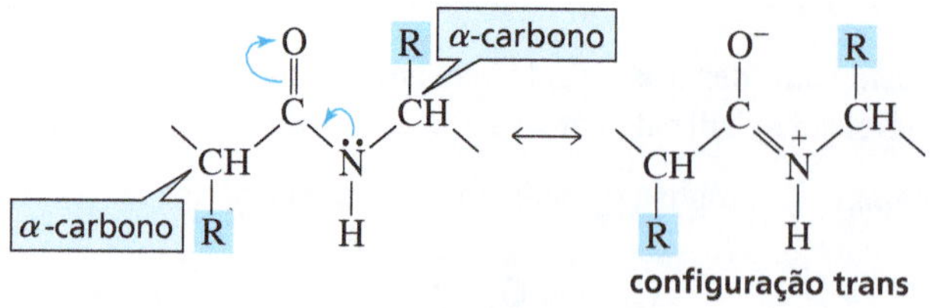

A rotação livre em torno da ligação peptídica não é possível em razão de seu caráter parcial de ligação dupla. Os átomos de carbono e nitrogênio da ligação peptídica e os dois átomos aos quais cada um está ligado são mantidos rigidamente em um plano (Figura 23.6). Essa planaridade regional afeta o modo como uma cadeia de aminoácidos pode se dobrar e, assim, tem implicações importantes para as formas tridimensionais de peptídeos e proteínas (Seção 23.13).

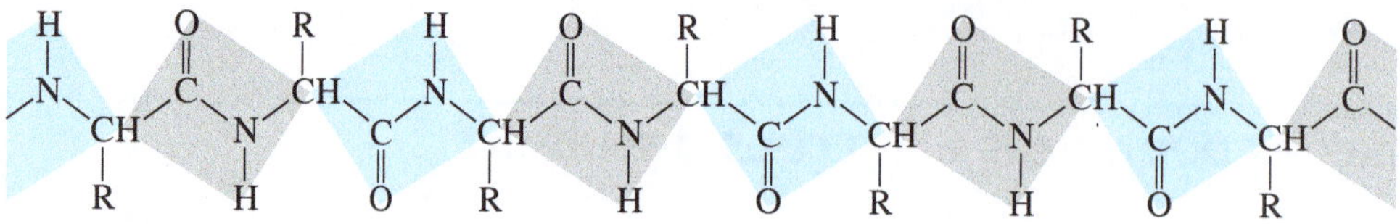

▲ **Figura 23.6**
Segmento de uma cadeia polipeptídica. O plano definido pelas ligações peptídicas é indicado. Note que os grupos R ligados aos carbonos α estão em lados alternados do esqueleto peptídico.

PROBLEMA 19

Desenhe uma ligação peptídica em uma configuração cis.

Ligações dissulfeto

Quando tióis são oxidados sob condições brandas, formam dissulfetos, que são substâncias com uma ligação S—S.

$$\underset{\textbf{tiol}}{2\,R{-}SH} \xrightarrow{\text{oxidação branda}} \underset{\textbf{dissulfeto}}{RS{-}SR}$$

O agente oxidante comumente empregado para essa reação é Br_2 (ou I_2) em uma solução básica.

Mecanismo de oxidação de um tiol a um dissulfeto

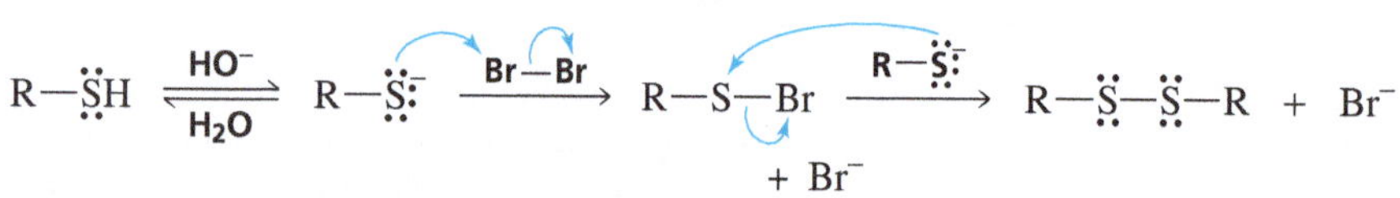

Como os tióis podem ser oxidados a dissulfetos, os dissulfetos podem ser reduzidos a tióis.

$$\underset{\textbf{dissulfeto}}{RS{-}SR} \xrightarrow{\text{redução}} \underset{\textbf{tiol}}{2\,R{-}SH}$$

A cisteína é um aminoácido que contém um grupo tiol. Duas moléculas de cisteína, portanto, podem ser oxidadas a um dissulfeto denominado cistina.

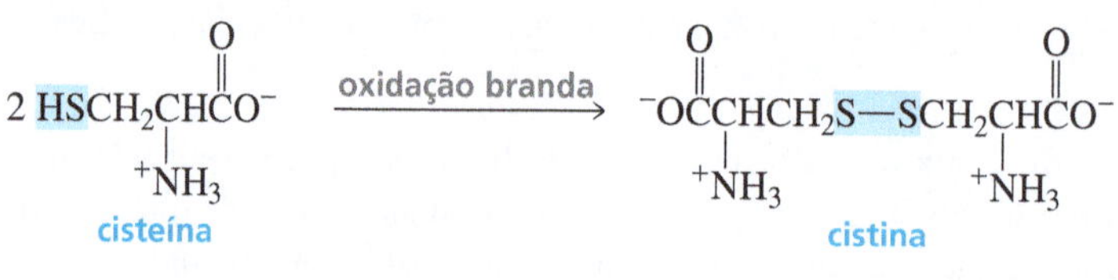

Dois resíduos de cisteína em uma proteína podem ser oxidados a um dissulfeto. Essa ligação é conhecida como **ligação dissulfeto**. As ligações dissulfeto são as únicas ligações covalentes encontradas entre aminoácidos não adjacentes em peptídeos e proteínas. Elas contribuem para a forma global de uma proteína por manterem os resíduos de cisteínas próximos entre si, como mostrado na Figura 23.7.

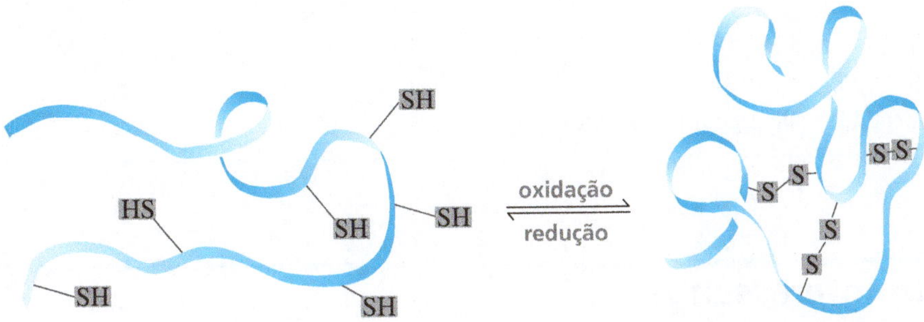

polipeptídeo

ligações dissulfeto fazem ligações cruzadas de porções de um peptídeo

◀ **Figura 23.7**
Ligações dissulfeto fazem ligações cruzadas de porções de um peptídeo.

A insulina, hormônio secretado pelo pâncreas, regula o metabolismo da glicose, controlando assim o seu nível no sangue. A insulina é um peptídeo constituído de duas cadeias peptídicas. A cadeia curta (cadeia A) contém 21 aminoácidos, e a cadeia longa (cadeia B) contém 30 aminoácidos. As duas cadeias são unidas por duas ligações dissulfeto, que são **ligações dissulfeto entre cadeias** (entre as cadeias A e B). A insulina tem também uma ligação dissulfeto intracadeia (dentro da cadeia A).

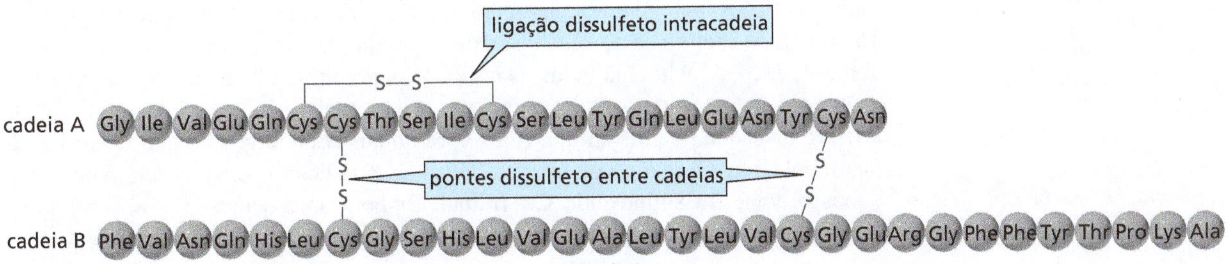

insulina

Cabelo: liso ou encaracolado?

O cabelo é feito de uma proteína conhecida como queratina. A queratina contém um número extraordinariamente grande de resíduos de cisteína (cerca de 8% dos aminoácidos), que fazem muitas ligações dissulfeto para manter a estrutura tridimensional da proteína. As pessoas podem alterar a estrutura de seu cabelo (se acham que ele é liso demais ou encaracolado demais) mudando a posição dessas ligações dissulfeto. Isso é realizado primeiramente por meio da aplicação de um agente redutor no cabelo para reduzir todas as pontes dissulfeto nas cadeias protéicas. Então é dada a forma desejada ao cabelo (usando frisadores para encaracolar ou escovando para alisar), e um agente oxidante é aplicado para formar novas ligações dissulfeto, as quais mantêm a nova forma do cabelo. Esse tratamento, quando aplicado a cabelos lisos, é chamado de '-permanente'; e quando aplicado a cabelos encaracolados é chamado de 'alisamento'.

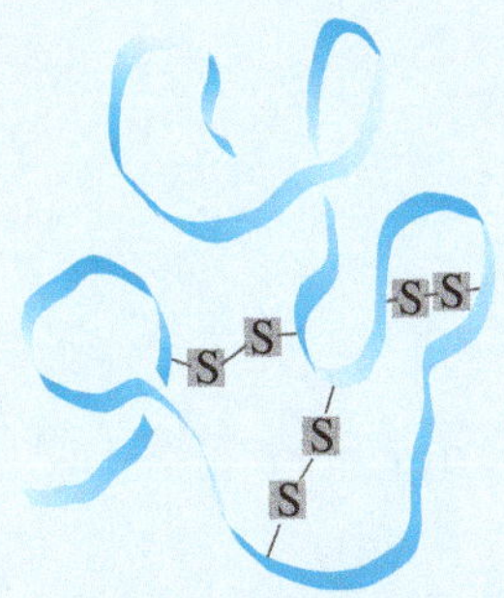

cabelo encaracolado

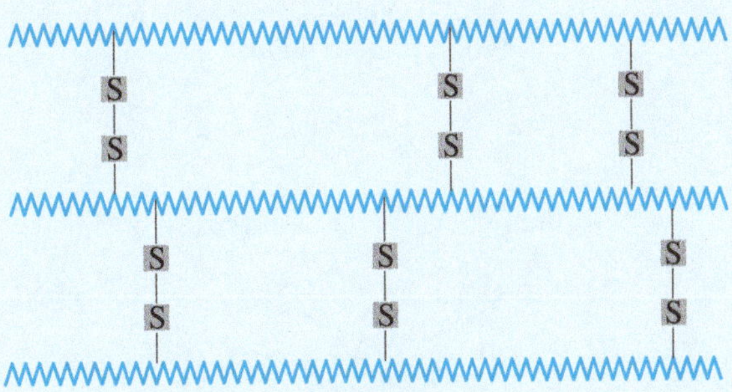

cabelo liso

PROBLEMA 20

a. Quantos octapeptídeos diferentes podem ser obtidos a partir dos vinte aminoácidos de ocorrência natural?

b. Quantas proteínas diferentes as quais contêm cem aminoácidos podem ser obtidas a partir dos vinte aminoácidos de ocorrência natural?

PROBLEMA 21◆

Quais ligações do esqueleto de um peptídeo podem girar livremente?

23.8 Alguns peptídeos interessantes

Encefalinas são pentapeptídeos sintetizados pelo corpo para controlar a dor. Elas se ligam aos receptores em certas células do cérebro para diminuir a sensibilidade do corpo à dor. Parte da estrutura tridimensional das encefalinas deve ser semelhante às de morfina e de analgésicos como o Demerol®, uma vez que eles podem se ligar aos mesmos receptores (Seções 30.3 e 30.6).

A ocitocina foi o primeiro peptídeo pequeno a ser sintetizado. Sua síntese foi realizada em 1953 por **Vincent du Vigneaud (1901–1978)**, *que posteriormente sintetizou a vasopressina. Du Vigneaud nasceu em Chicago e lecionou na George Washington University Medical School e, mais tarde, no Cornell University Medical College. Pela síntese desses nonapeptídeos, recebeu o Prêmio Nobel de química em 1955.*

Tyr-Gly-Gly-Phe-Leu	Tyr-Gly-Gly-Phe-Met
leucina-encefalina	metionina-encefalina

Bradicinina, vasopressina e ocitocina são hormônios peptídicos. São todos nonapeptídeos. A bradicinina inibe a inflamação de tecidos. A vasopressina controla a pressão sanguínea ao regular a contração da musculatura lisa, além de ser um antidiurético. A ocitocina induz as dores do parto em gestantes e estimula a produção de leite em lactantes. A vasopressina e a ocitocina têm uma ligação dissulfeto dentro da cadeia, e seus aminoácidos C-terminais contêm grupos amida em vez de carboxila. Note que o grupo amida C-terminal é indicado pelo acréscimo de 'NH_2' após o nome do aminoácido C-terminal. Embora apresentem efeitos fisiológicos distintos, a vasopressina e a ocitocina diferem apenas em dois aminoácidos.

bradicinina Arg-Pro-Pro-Gly-Phe-Ser-Pro-Phe-Arg

vasopressina Cys-Tyr-Phe-Gln-Asn-Cys-Pro-Arg-Gly-NH_2 (S—S entre as duas Cys)

ocitocina Cys-Tyr-Ile-Gln-Asn-Cys-Pro-Leu-Gly-NH_2 (S—S entre as duas Cys)

A gramicidina S é um antibiótico produzido por uma cepa bacteriana. É um decapeptídeo cíclico que contém os aminoácidos L-ornitina (L-Orn), D-ornitina (D-Orn) e D-fenil-alanina. A ornitina não está listada na Tabela 23.1 por ser raramente encontrada na natureza. Ela se assemelha à lisina, mas tem um grupo metileno a menos em sua cadeia lateral.

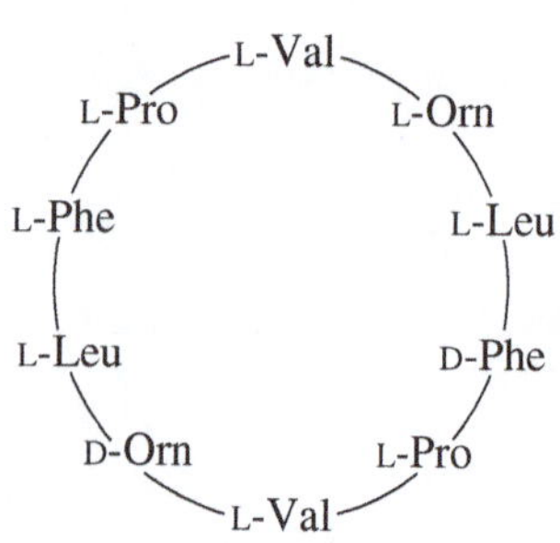

gramicidina S

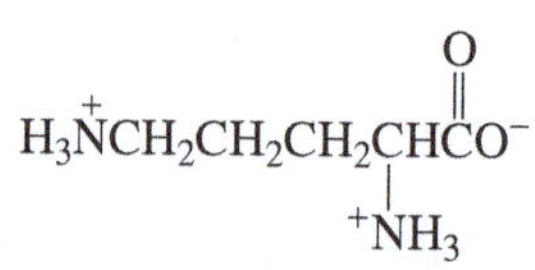

ornitina

O adoçante sintético aspartame, ou NutraSweet® (Seção 22.21), é o éster metílico de um dipeptídeo de L-aspartato e L-fenil-alanina. O aspartame é cerca de 200 vezes mais doce que a sacarose. O éster etílico do mesmo dipeptídeo não é doce. Se um D-aminoácido é substituído por um dos L-aminoácidos do L-aspartame, o dipeptídeo resultante é amargo em vez de doce.

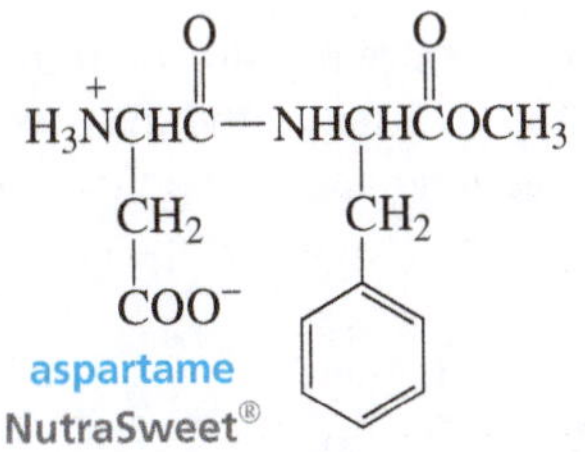

A glutationa é um tripeptídeo de glutamato, cisteína e glicina. Sua função é destruir agentes oxidantes prejudiciais ao corpo. Acredita-se que os agentes oxidantes sejam responsáveis por alguns dos efeitos do envelhecimento e que estejam associados ao câncer (Seção 9.8). A glutationa remove agentes oxidantes por meio da redução desses agentes. Conseqüentemente, a glutationa é oxidada, formando uma ligação dissulfeto entre duas moléculas de glutationa. Em seguida, uma enzima reduz a ligação dissulfeto, permitindo à glutationa reagir com mais agentes oxidantes.

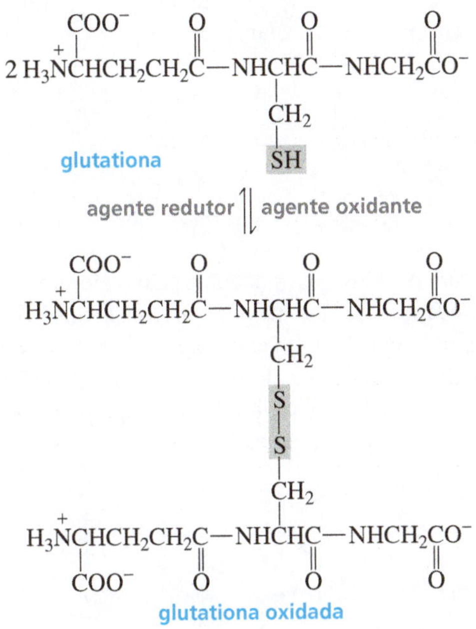

PROBLEMA 22

O que é incomum na estrutura da glutationa? (Se não souber responder a essa questão, desenhe a estrutura que você acredita que a glu-cys-gly tenha e compare a estrutura desenhada com a estrutura da glutationa.)

23.9 Estratégia de síntese de ligações peptídicas: N-proteção e C-ativação

Como os aminoácidos têm dois grupos funcionais, surge um problema quando se tenta fazer determinada ligação peptídica. Por exemplo, supondo-se que desejássemos fazer o dipeptídeo Gly-Ala: esse peptídeo é apenas um dos quatro dipeptídeos que podem ser formados a partir da alanina e da glicina.

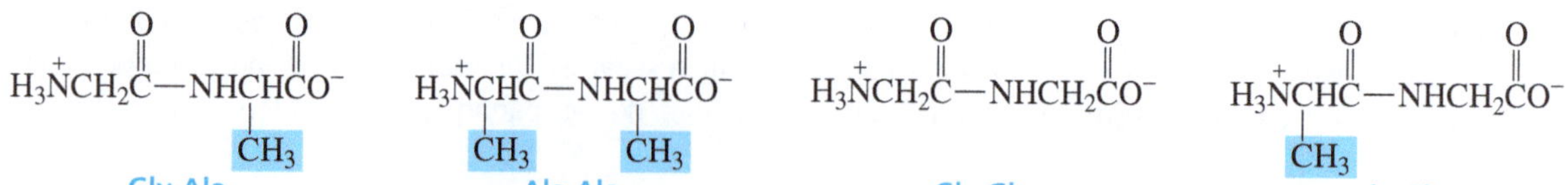

Gly-Ala Ala-Ala Gly-Gly Ala-Gly

Se o grupo amino do aminoácido que estiver na extremidade N-terminal (neste caso, Gly) for protegido, ele não estará disponível para formar uma ligação peptídica. Se o grupo carboxila desse mesmo aminoácido for ativado antes da ligação ao segundo aminoácido, o grupo amino do segundo aminoácido (nesse caso, alanina) reagirá preferencialmente com o grupo carboxila ativado da glicina, em vez de reagir com um grupo carboxila não ativado de outra molécula de alanina.

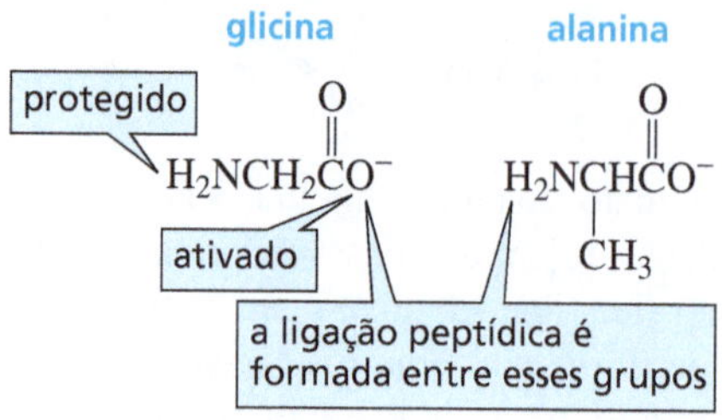

O reagente mais freqüentemente empregado para proteger o grupo amino de um aminoácido é o dicarbonato de di-*tert*-butila. Sua popularidade se deve à facilidade com que o grupo protetor pode ser removido quando a proteção não é mais necessária. O grupo protetor é conhecido pelo acrônimo* *t*-BOC.

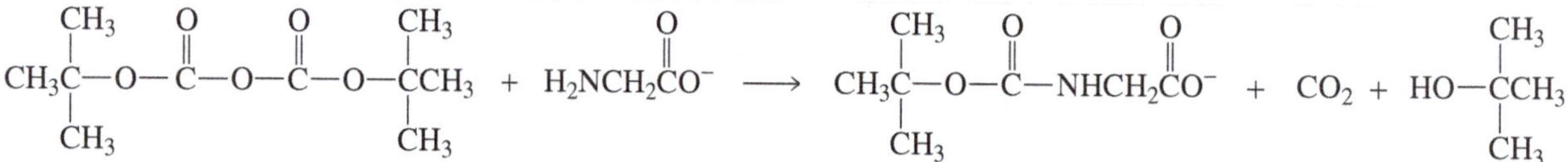

dicarbonato de di-*tert*-butila glicina glicina N-protegida

Em geral, os ácidos carboxílicos são ativados pela sua conversão a cloretos de acila (Seção 17.20). No entanto, os cloretos de acila são tão reativos que podem reagir facilmente com as cadeias laterais de alguns aminoácidos durante a síntese de peptídeos, gerando produtos indesejados. O método preferido para ativar o grupo carboxila de um aminoácido *N*-protegido é convertê-lo a um imidato usando diciclo-hexil-carbodiimida (DCC). (A essa altura, você já deve ter percebido que os bioquímicos gostam ainda mais de acrônimos que os químicos orgânicos.) A DCC ativa um grupo carboxila, colocando um bom grupo de saída no carbono da carbonila.

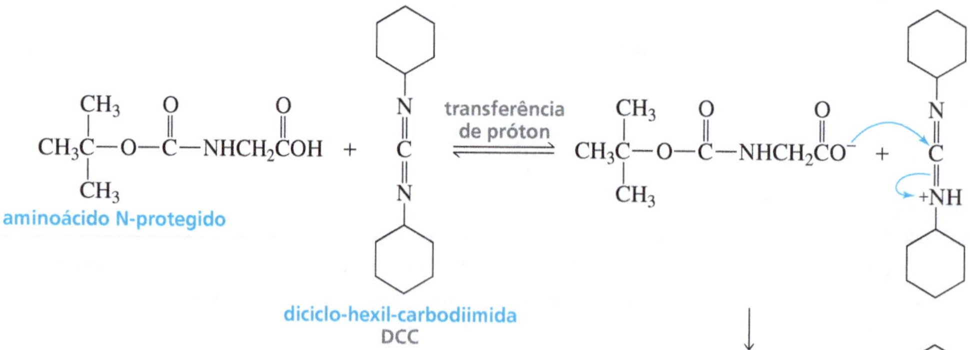

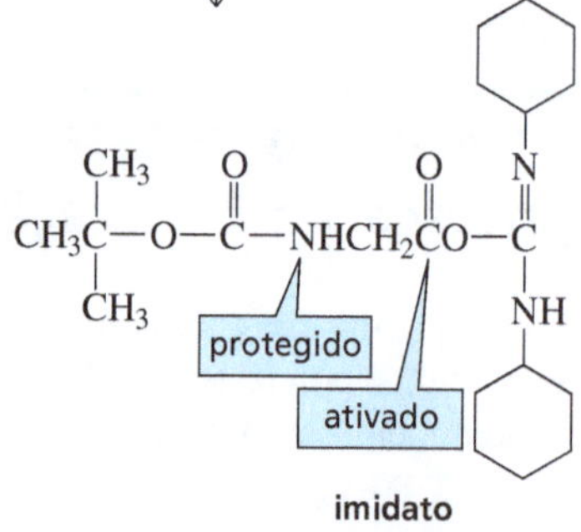

imidato

* Acrônimo: palavra formada pela inicial ou por mais de uma letra de cada um dos segmentos sucessivos de uma locução, ou pela maioria dessas partes. (N. do T.)

Depois que o aminoácido tem seu grupo *N*-terminal protegido e seu grupo C-terminal ativado, o segundo aminoácido é adicionado. O grupo amino não protegido do segundo aminoácido ataca o grupo carboxila ativado, formando um intermediário tetraédrico. A ligação C—O do intermediário tetraédrico é facilmente rompida, porque os elétrons ligantes estão deslocalizados, formando o diciclo-hexil-uréia, uma diamida estável. [Lembre-se de que quanto mais fraca (mais estável) for a base, melhor será como grupo de saída; ver Seção 17.5.]

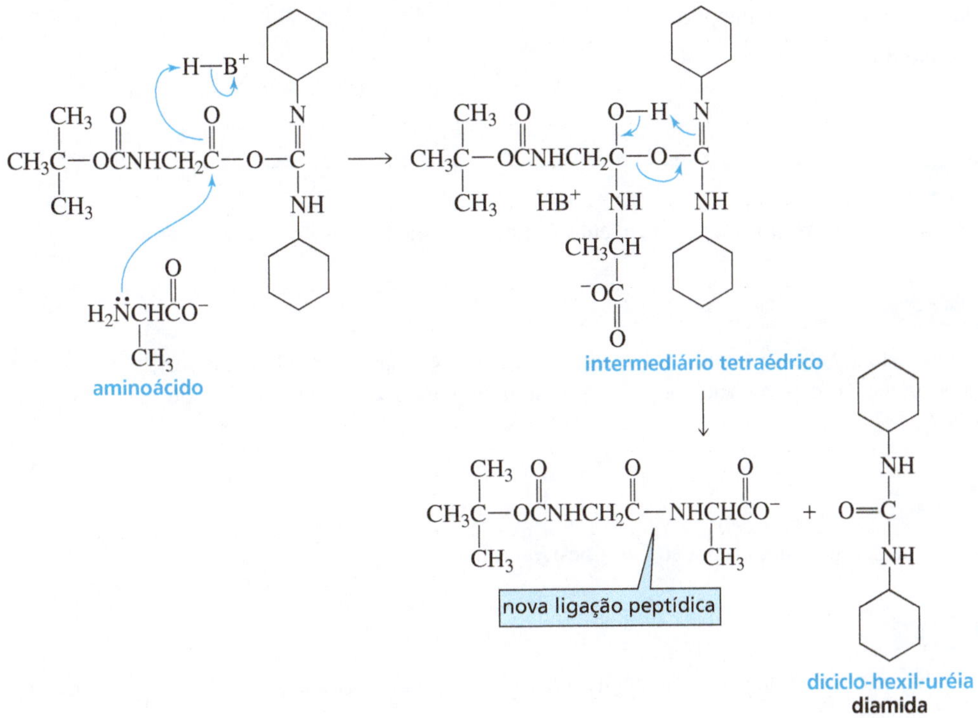

Aminoácidos podem ser adicionados à extremidade C-terminal crescente por meio da repetição dessas duas etapas: ativação do grupo carboxila do aminoácido C-terminal do peptídeo pelo tratamento com DCC e, então, adição de um novo aminoácido.

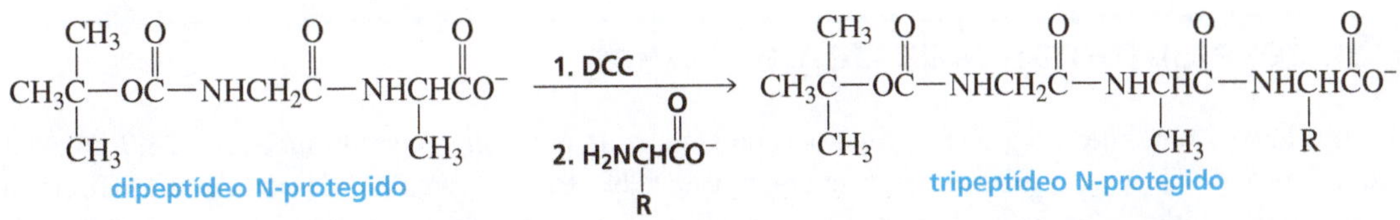

Quando o número desejado de aminoácidos tiver sido adicionado à cadeia, o grupo protetor no aminoácido N-terminal será removido. O *t*-BOC é um grupo protetor ideal, porque pode ser removido por meio do tratamento com ácido trifluoro-acético e cloreto de metileno, reagentes que não quebrarão quaisquer outras ligações covalentes. O grupo protetor é removido por uma reação de eliminação, formando isobutileno e dióxido de carbono. Como esses produtos são gases, eles se desprendem do meio reacional, e a reação se completa.

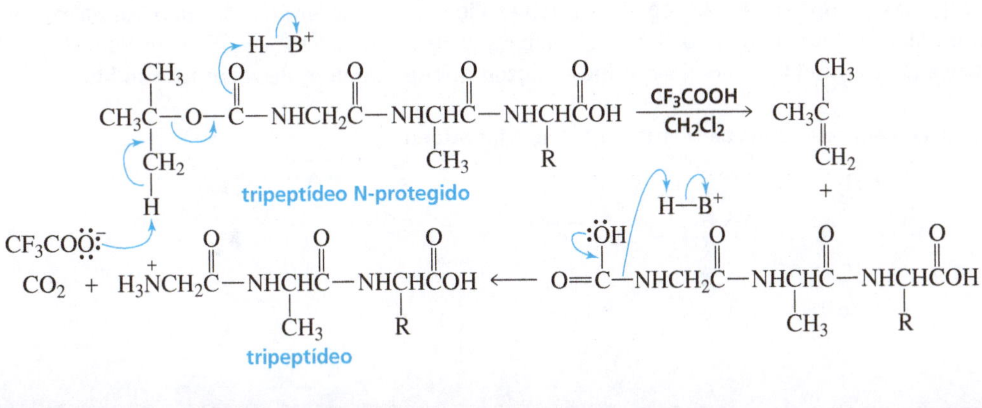

Teoricamente, essa técnica deveria possibilitar fazer uma cadeia peptídica tão longa quanto desejada. No entanto, as reações não dão 100% de rendimento, e os rendimentos vão decrescendo durante os processos de purificação. Após cada etapa da síntese, o peptídeo deve ser purificado para impedir reações subseqüentes indesejadas com reagentes restantes. Considerando que cada aminoácido pode ser adicionado à extremidade crescente da cadeia peptídica com um rendimento de 80% (rendimento relativamente alto, como você pode estimar a partir de sua experiência em laboratório), o rendimento global de um nonapeptídeo como a bradicinina seria de apenas 17%. Obviamente, peptídeos grandes nunca poderiam ser sintetizados por esse método.

Número de aminoácidos	**2**	**3**	**4**	**5**	**6**	**7**	**8**	**9**
Rendimento global	80%	64%	51%	41%	33%	26%	21%	17%

PROBLEMA 23

Quais dipeptídeos seriam formados pelo aquecimento de uma mistura de valina e leucina N-protegida?

PROBLEMA 24

Suponha que você esteja tentando sintetizar o dipeptídeo Val-Ser. Compare o produto que seria obtido se o grupo carboxila da valina N-protegida fosse ativado com o cloreto de tionila ao produto que seria obtido se o grupo carboxila fosse ativado com DCC.

PROBLEMA 25

Escreva as etapas da síntese do tetrapeptídeo Leu-Phe-Lys-Val.

PROBLEMA 26◆

a. Calcule o rendimento global da síntese de bradicinina se o rendimento para a adição de cada aminoácido à cadeia for de 70%.

b. Qual seria o rendimento global da síntese de um dipeptídeo que contém 15 resíduos de aminoácido se o rendimento para a incorporação de cada um fosse de 80%?

23.10 Síntese automatizada de peptídeos

Além de levar a baixos rendimentos globais, o método de síntese de peptídeos descrito na Seção 23.9 consome muito tempo, porque o produto deve ser purificado a cada etapa. Em 1969, Bruce Merrifield descreveu um método que revolucionou a síntese de peptídeos por constituir-se em um modo bem mais rápido de produzir peptídeos com rendimentos muito mais altos. Além disso, por ser automatizada, a síntese requer poucas horas de atenção direta. Por meio dessa técnica, a bradicinina foi sintetizada em 27 horas com 85% de rendimento. Refinamentos posteriores na técnica permitiram obter, em quatro dias, um rendimento razoável de um peptídeo que continha 100 aminoácidos.

No método de Merrifield, o aminoácido C-terminal é ligado covalentemente a um suporte sólido contido em uma coluna. Os aminoácidos N-terminais protegidos são adicionados um de cada vez, juntamente com os outros reagentes necessários à síntese, de modo que a proteína é sintetizada a partir da extremidade C-terminal para a extremidade N-terminal. Observe que isso se opõe ao modo como as proteínas são sintetizadas na natureza (a partir da extremidade N-terminal para a extremidade C-terminal; Seção 27.13). Como a síntese é automatizada e utiliza um suporte sólido, o método de síntese protéica de Merrifield é denominado **síntese automatizada de peptídeos em fase sólida**.

Síntese automatizada em fase sólida de Merrifield de um tripeptídeo

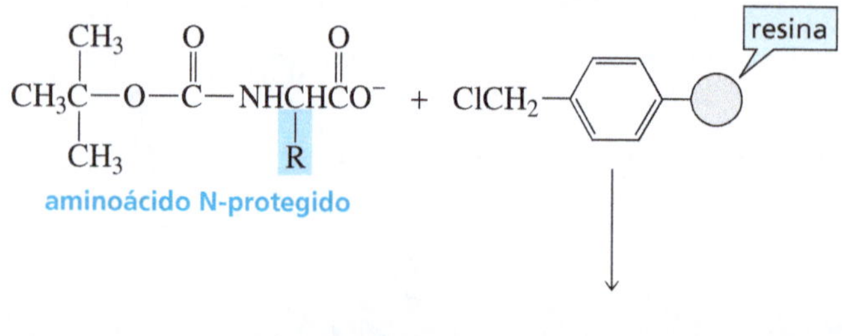

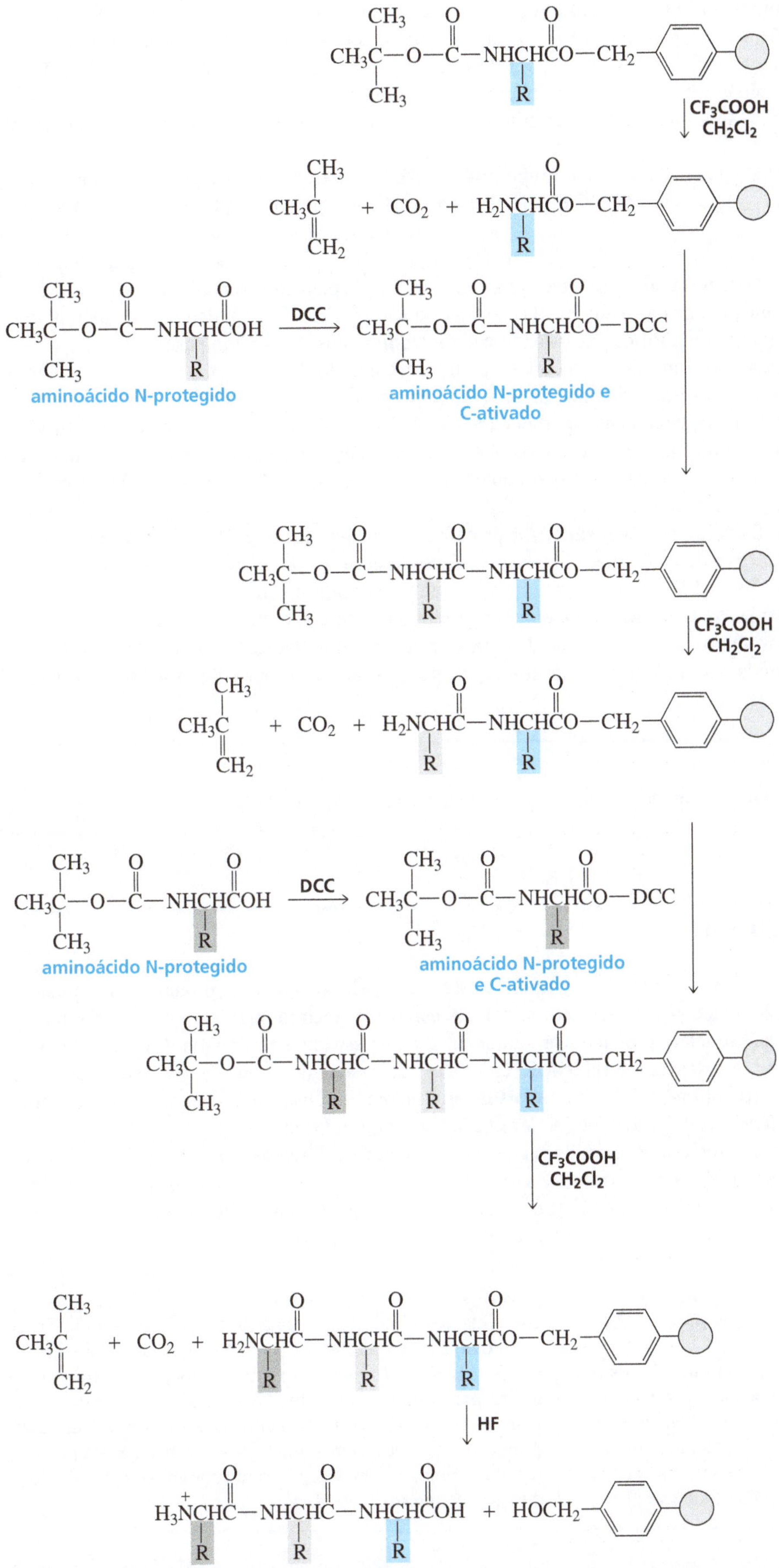

R. Bruce Merrifield *nasceu em 1921. Tornou-se bacharel e mais tarde PhD em ciências pela Universidade da Califórnia, em Los Angeles. Atualmente é professor de química na Universidade de Rockefeller. Merrifield recebeu, em 1984, o Prêmio Nobel de Química pelo desenvolvimento da síntese automatizada de peptídeos em fase sólida.*

Tutorial Gallery: Síntese automatizada de peptídeos em fase sólida de Merrifield

WWW

O suporte sólido ao qual o aminoácido C-terminal é ligado é uma resina semelhante à empregada na cromatografia de troca iônica (Seção 23.5), exceto pelo fato de os anéis benzênicos terem substituintes clorometila em vez de substituintes ácido sulfônico. Antes de o aminoácido C-terminal ser ligado à resina, seu grupo amino é protegido com *t*-BOC, para impedir a reação entre ambos. O aminoácido C-terminal é ligado à resina por meio de uma reação S_N2 — seu grupo carboxila liga-se a um carbono benzílico da resina, deslocando um íon cloreto (Seção 10.4, volume 1).

Após a ligação do aminoácido C-terminal à resina, o grupo protetor *t*-BOC é removido (Seção 23.9). O aminoácido seguinte, com seu grupo amino protegido com *t*-BOC e seu grupo carbonila ativado com DCC, é então adicionado à coluna.

Uma das grandes vantagens do método de Merrifield de síntese peptídica é que a cadeia crescente do peptídeo pode ser purificada por meio da lavagem da coluna com o solvente apropriado após cada etapa do procedimento. Desse modo, as impurezas são eliminadas da coluna, já que não estão ligadas ao suporte sólido. Como o peptídeo está covalentemente ligado à resina, não há perdas na etapa de purificação, levando a altos rendimentos do produto purificado.

Após a incorporação dos aminoácidos, um a um, o peptídeo pode ser removido da resina por meio do tratamento com HF sob condições brandas, para não causar a ruptura das ligações peptídicas.

A técnica de Merrifield está sendo constantemente aperfeiçoada, de modo que os peptídeos podem ser sintetizados mais rápida e eficientemente. Contudo, ainda não se pode comparar essa técnica à eficiência da natureza: uma célula bacteriana é capaz de sintetizar em segundos uma proteína que contém milhares de aminoácidos e pode sintetizar, sem falhas, milhares de proteínas diferentes simultaneamente.

Desde o início dos anos 1980 tem sido possível sintetizar proteínas utilizando técnicas de engenharia genética. Segmentos de ADN podem ser incorporados a células bacterianas, fazendo com que elas produzam grandes quantidades de determinada proteína (Seção 27.13). Por exemplo, grandes quantidades de insulina humana são produzidas por *E. coli* geneticamente modificada. As técnicas de engenharia genética também são úteis na síntese de proteínas que diferem da proteína natural por um ou alguns aminoácidos. Tais proteínas sintéticas têm sido usadas, por exemplo, para compreender como a mudança em um único aminoácido pode afetar as propriedades de uma proteína (Seção 24.9).

PROBLEMA 27

Mostre as etapas da síntese do peptídeo decrito no Problema 25 usando a técnica de Merrifield.

23.11 Estrutura de proteínas

As moléculas de proteínas apresentam vários níveis de estrutura. A **estrutura primária** de uma proteína é a seqüência de aminoácidos na cadeia e a posição de todas as ligações dissulfeto. A **estrutura secundária** descreve a conformação regular assumida pelos segmentos do esqueleto protéico. Em outras palavras, a estrutura secundária descreve como as regiões locais do esqueleto se dobram. A **estrutura terciária** descreve a estrutura tridimensional de todo o polipeptídeo. Se uma proteína tem mais de uma cadeia polipeptídica, tem **estrutura quaternária**. A estrutura quaternária de uma proteína é o modo como as cadeias individuais da proteína estão arranjadas umas em relação às outras.

As proteínas podem ser divididas, grosso modo, em duas classes. As **proteínas fibrosas** contêm cadeias longas de polipeptídeos que se agrupam formando feixes e são insolúveis em água. Todas as proteínas estruturais descritas no início deste capítulo, tais como a queratina e o colágeno, são proteínas fibrosas. As **proteínas globulares** são solúveis em água e tendem a ter formas esféricas. Essencialmente, todas as enzimas são proteínas globulares.

Estrutura primária e evolução

Quando examinamos as estruturas primárias de proteínas que desempenham a mesma função em diferentes organismos, podemos relacionar as diferenças entre as proteínas quanto ao número de aminoácidos às diferenças taxonômicas entre as espécies. Por exemplo, o citocromo *c*, proteína que transfere elétrons em oxidações biológicas, tem cerca de cem aminoácidos. O citocromo *c* de leveduras difere por 48 aminoácidos do citocromo *c* do cavalo, ao passo que o citocromo *c* do pato difere por somente dois aminoácidos do citocromo *c* da galinha. Galinhas e perus têm citocromos c com estruturas primárias idênticas. Seres humanos e chimpanzés também têm citocromos *c* idênticos, diferindo por um aminoácido do citocromo *c* do macaco *Rhesus*.

23.12 Determinação da estrutura primária de uma proteína

A primeira etapa na determinação da seqüência de aminoácidos em um peptídeo ou uma proteína consiste em reduzir quaisquer ligações dissulfeto em um ou em outro. Um agente redutor comumente empregado é o 2-mercaptoetanol, que é oxidado a um dissulfeto. A reação dos grupos tiol da proteína com o ácido iodo-acético impede que as ligações dissulfeto voltem a se formar como resultado da oxidação pelo O_2.

ruptura das ligações dissulfeto

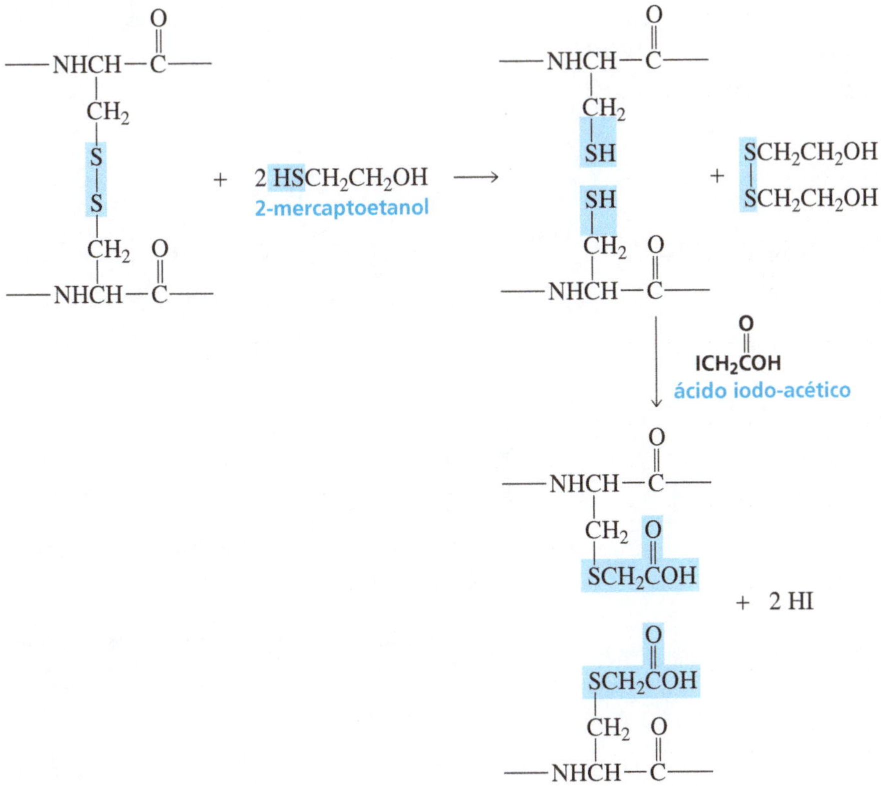

A insulina foi a primeira proteína a ter sua seqüência primária determinada. Esse trabalho foi realizado em 1953 por **Frederick Sanger**, *que recebeu o Prêmio Nobel de química em 1958. Sanger nasceu na Inglaterra em 1918 e tornou-se PhD pela Universidade de Cambridge, onde trabalhou durante toda a sua vida. Ele também partilhou o Prêmio Nobel de química de 1980 (ver Seção 27.15) por ter sido o primeiro a seqüenciar uma molécula de ADN (com 5375 pares de nucleotídeos).*

PROBLEMA 28

Escreva o mecanismo para a reação de um resíduo de cisteína com o ácido iodo-acético.

A próxima etapa é determinar o número e os tipos de aminoácidos no peptídeo ou na proteína. Para isso, uma amostra do peptídeo ou da proteína é dissolvida em HCl 6N e aquecida a 100 °C por 24 horas. Esse tratamento hidrolisa todas as ligações amida na proteína, incluindo as ligações amida de asparagina e glutamina.

$$\text{proteína} \xrightarrow[\substack{100\ °C \\ 24\ h}]{6\ N\ HCl} \text{aminoácidos}$$

A mistura de aminoácidos é então passada por um analisador de aminoácidos para que se possa determinar o número e o tipo de cada aminoácido no peptídeo ou na proteína (Seção 23.5).

Como todos os resíduos de asparagina e glutamina são hidrolisados a resíduos de aspartato e glutamato, o número de resíduos de aspartato e glutamato na mistura de aminoácidos corresponde ao número de asparagina mais aspartato ou de glutamina mais glutamato na proteína original. É preciso empregar outras técnicas para distinguir entre aspartato e asparagina ou entre glutamato e glutamina na proteína original.

As condições fortemente ácidas empregadas na hidrólise destroem todos os resíduos de triptofano, já que o anel indólico é instável em meio ácido (Seção 21.9). O teor de triptofano da proteína pode ser determinado pela hidrólise da proteína promovida pelo íon hidróxido. Este não é um método geral para a hidrólise das ligações peptídicas porque as condições fortemente básicas destroem vários outros resíduos de aminoácidos.

Há vários métodos de identificar o aminoácido N-terminal de um peptídeo ou uma proteína. Um dos mais empregados é tratar a proteína com isotiocianato de fenila (PITC), conhecido como **reagente de Edman**, que reage com o grupo amino N-terminal. O derivado tiazolinona resultante é separado da proteína sob condições fracamente ácidas. O derivado tiazolinona é extraído com um solvente orgânico e, na presença de ácido, rearranja-se a uma fenil-tio-hidantoína (PTH), mais estável.

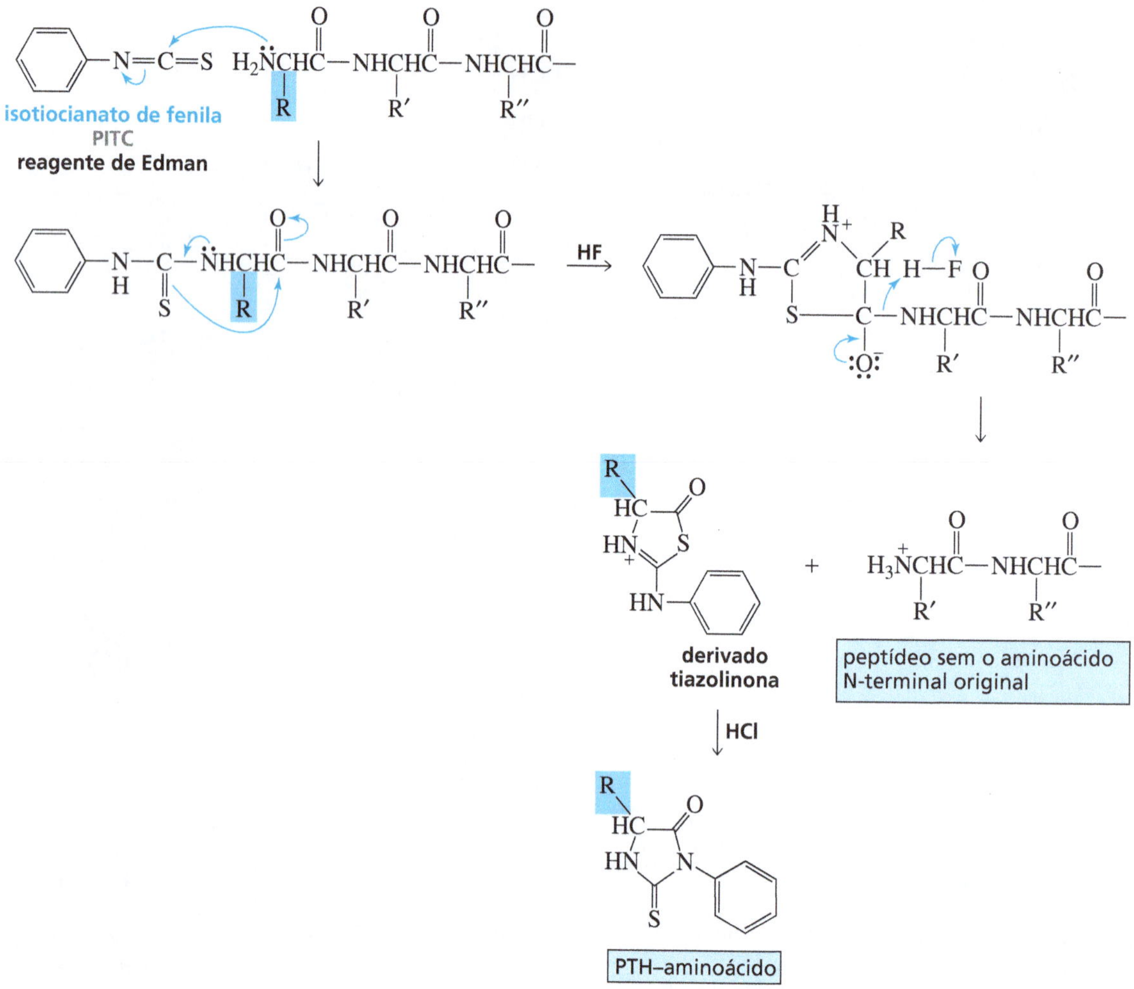

Como cada aminoácido tem um substituinte (R) diferente, eles formam derivados PTH-aminoácidos diferentes. O derivado em questão pode ser identificado por cromatografia usando-se padrões conhecidos. Degradações de Edman sucessivas podem ser efetuadas em uma proteína. No entanto, a seqüência primária completa não pode ser determinada desse modo, pois os produtos secundários acumulados interferem nos resultados. Um instrumento automatizado conhecido como *seqüenciador* permite que cerca de 50 degradações de Edman sucessivas sejam realizadas em uma proteína.

O aminoácido C-terminal do peptídeo ou da proteína pode ser identificado pelo tratamento da proteína com a carboxi-peptidase A, enzima que separa o aminoácido C-terminal, desde que *não* seja arginina ou lisina (Seção 24.9). Por outro lado, a carboxi-peptidase B separará o aminoácido C-terminal *somente* se ele for arginina ou lisina. Carboxi-peptidases são exopeptidases. A **exopeptidase** é uma enzima que catalisa a hidrólise de uma ligação peptídica na extremidade de uma cadeia peptídica.

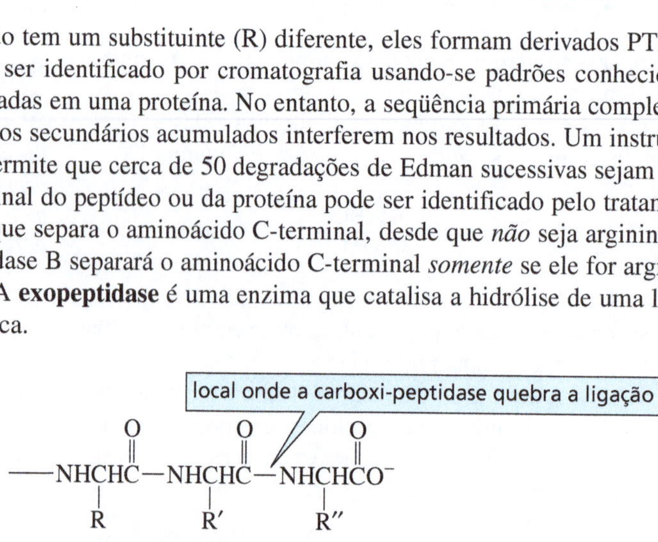

Depois que os aminoácidos N-terminal e C-terminal são identificados, uma amostra da proteína é hidrolisada com ácido diluído. Esse tratamento, denominado **hidrólise parcial**, quebra somente algumas ligações peptídicas. Os fragmentos resultantes são separados, e a composição de aminoácidos de cada fragmento é determinada. Os aminoácidos N-terminal e C-terminal de cada fragmento também podem ser identificados. A seqüência da proteína original pode ser determinada pelo alinhamento das cadeias peptídicas, procurando-se os pontos que se sobrepõem.

PROBLEMA — ESTRATÉGIA PARA RESOLUÇÃO

Um nonapeptídeo sofre hidrólise parcial e gera peptídeos cujas composições de aminoácidos são mostradas a seguir. A reação do nonapeptídeo intacto com o reagente de Edman libera PTH-Leu. Qual é a seqüência do nonapeptídeo?

a. Pro, Ser
b. Gly, Glu
c. Met, Ala, Leu
d. Gly, Ala
e. Glu, Ser, Val, Pro
f. Glu, Pro, Gly
g. Met, Leu
h. His, Val

Sabemos que o aminoácido N-terminal é a Leu. É preciso, portanto, procurar um fragmento que contenha Leu. O fragmento (g) nos mostra que a Met é próxima à Leu, e o fragmento (c) indica que a Ala é próxima à Met. Agora, procuremos um fragmento que contenha Ala. O fragmento (d) contém Ala e nos informa que a Gly está próxima à Ala. Do fragmento (b) sabemos que a Glu vem a seguir. Glu está em ambos os fragmentos, (e) e (f). O fragmento (e) tem três aminoácidos (Ser, Val, Pro) que precisamos alocar na cadeia peptídica, mas o fragmento (f) tem apenas um, de modo que do fragmento (f) sabemos que a Pro é o aminoácido seguinte. O fragmento (a) nos informa que o aminoácido subseqüente é a Ser. Agora podemos usar o fragmento (e). Esse fragmento nos mostra que o aminoácido seguinte é a Val, e o fragmento (h) nos informa que a His é o último aminoácido (C-terminal). Portanto, a seqüência de aminoácidos do nonapeptídeo é

Leu-Met-Ala-Gly-Glu-Pro-Ser-Val-His

Agora vá para o Problema 29.

PROBLEMA 29◆

Um decapeptídeo sofre hidrólise parcial, que resulta em peptídeos cujas composições de aminoácidos são apresentadas a seguir. A reação do decapeptídeo intacto com o reagente de Edman libera PTH-Gly. Qual é a seqüência do decapeptídeo?

a. Ala, Trp
b. Val, Pro, Asp
c. Pro, Val
d. Ala, Glu
e. Trp, Ala, Arg
f. Arg,Gly
g. Glu, Ala, Leu
h. Met, Pro, Leu, Glu

Um peptídeo, ou proteína, também pode ser parcialmente hidrolisado com o uso de endopeptidases. A **endopeptidase** é uma enzima que catalisa a hidrólise de uma ligação peptídica que não está na extremidade da cadeia peptídica. A tripsina, a quimotripsina e a elastase são endopeptidases que catalisam a hidrólise de certas ligações peptídicas específicas, listadas na Tabela 23.3. A tripsina, por exemplo, catalisa a hidrólise da ligação peptídica no lado C apenas de resíduos de arginina e lisina.

Molecule Gallery: Carboxi-peptidase A; Quimotripsina

WWW

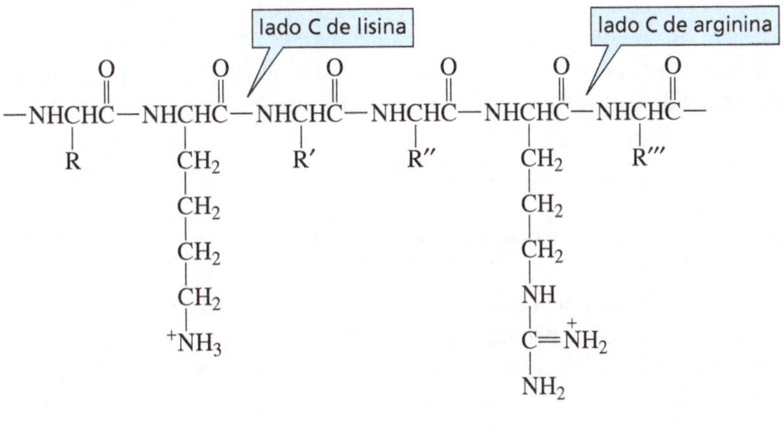

Tabela 23.3 Especificidade na quebra de peptídeo ou proteína

Reagente	Especificidade
Reagentes químicos	
Reagente de Edman	Remove o aminoácido N-terminal
Brometo de cianogênio	Hidrolisa no lado C de Met
Exopeptidases*	
Carboxi-peptidase A	Remove o aminoácido C-terminal (exceto Arg ou Lis)
Carboxi-peptidase B	Remove o aminoácido C-terminal (somente Arg ou Lis)
Endopeptidases*	
Tripsina	Hidrolisa no lado C de Arg e Lis
Quimotripsina	Hidrolisa no lado C de aminoácidos que contenham anéis aromáticos de seis membros (Fen, ir, Trp)
Elastase	Hidrolisa no lado C de aminoácidos pequenos (Gli e Ala)

*A quebra não ocorrerá se houver Pro em um dos lados da ligação a ser hidrolisada.

Assim, a tripsina catalisará a hidrólise de três ligações peptídicas no peptídeo seguinte, gerando um hexapeptídeo, um dipeptídeo e dois tripeptídeos.

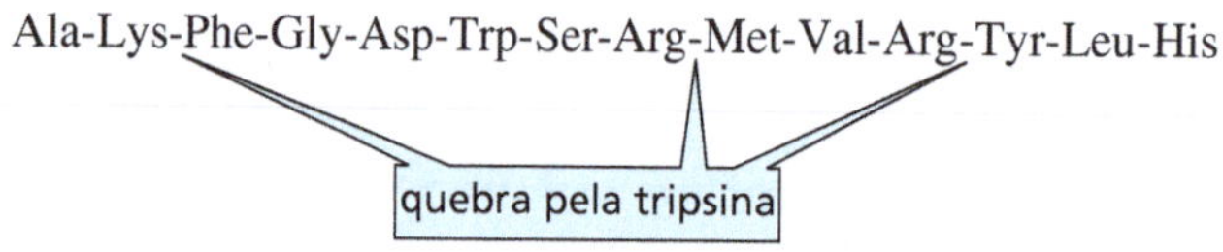

A quimotripsina catalisa a hidrólise da ligação peptídica no lado C de aminoácidos que contenham anéis aromáticos de seis membros (Phe, Tyr, Trp).

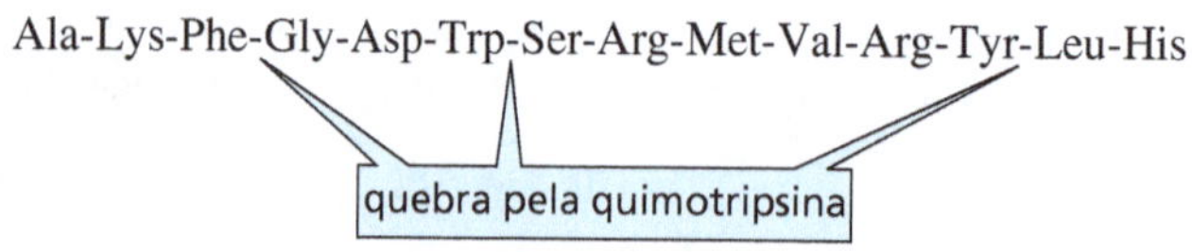

A elastase catalisa a hidrólise de ligações peptídicas no lado C dos dois aminoácidos menores (Gly, Ala). A quimotripsina e a elastase são muito menos específicas que a tripsina. (Uma explicação para a especificidade dessas enzimas é dada na Seção 24.9.)

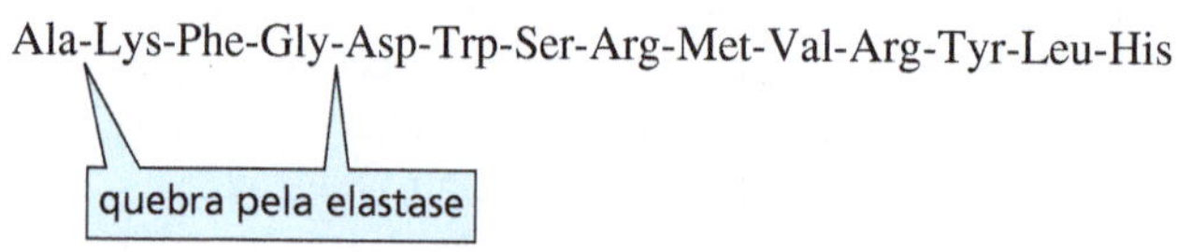

Nenhuma das exopeptidases ou endopeptidases que mencionamos catalisará a hidrólise de uma ligação amida se houver prolina no sítio de hidrólise. Essas enzimas reconhecem o sítio de hidrólise apropriado pela sua forma e carga, e a estrutura cíclica da prolina faz com que o sítio de hidrólise tenha uma forma tridimensional irreconhecível.

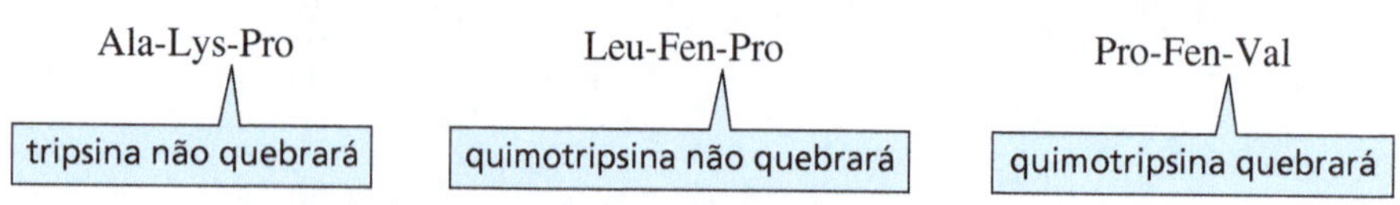

O brometo de cianogênio (BrC≡N) hidrolisa a ligação amida no lado C de um resíduo de metionina. O brometo de cianogênio é mais específico do que as endopeptidases em relação às ligações que ele quebra, fornecendo informações mais confiáveis acerca da estrutura primária (a seqüência de aminoácidos). Por não ser uma proteína e, portanto, não reconhecer o substrato pela sua forma, o brometo de cianogênio quebrará a ligação peptídica mesmo se houver prolina no sítio de hidrólise.

Ala-Lys-Phe-Gly-Asp-Trp-Ser-Arg-Met-Val-Arg-Tyr-Leu-His

quebra pelo brometo de cianogênio

A primeira etapa no mecanismo de quebra de uma ligação peptídica pelo brometo de cianogênio é o ataque do enxofre altamente nucleofílico da metionina ao brometo de cianogênio. A formação de um anel de cinco membros com a eliminação do grupo de saída é seguida da hidrólise catalisada por ácido, que quebra a proteína (Seção 18.6). Uma hidrólise posterior pode levar à abertura da lactona (um éster cíclico), formando um grupo carboxila e um grupo álcool (Seção 17.11).

mecanismo de quebra de uma ligação peptídica pelo brometo de cianogênio

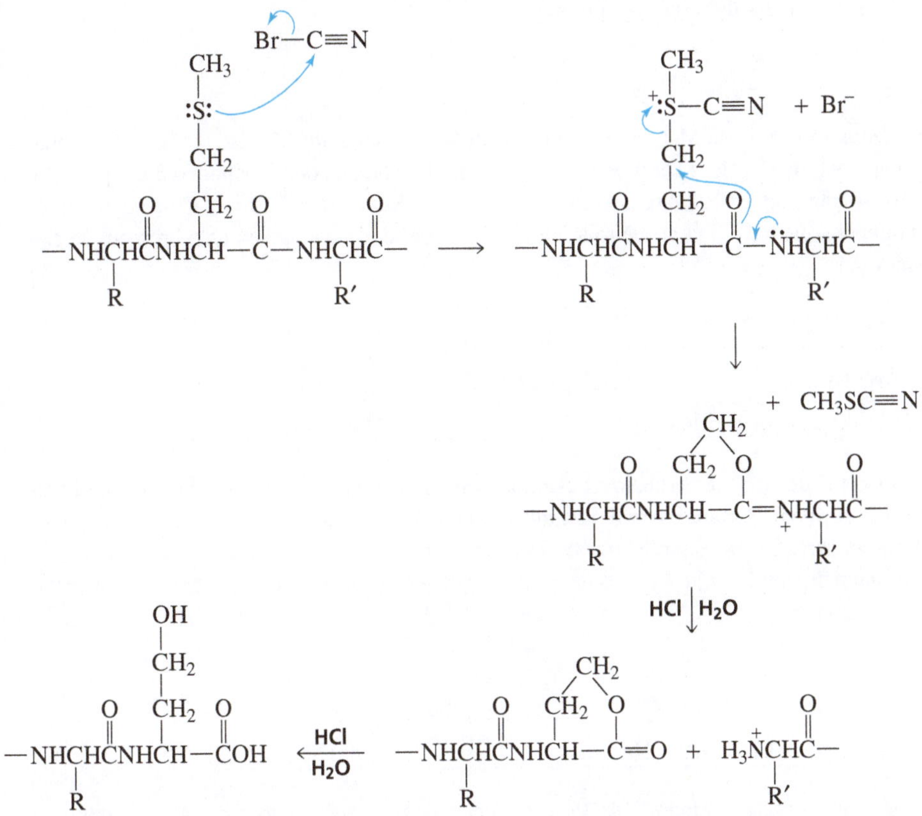

A última etapa na determinação da estrutura primária de uma proteína é localizar as ligações dissulfeto. A partir da determinação dos aminoácidos nos fragmentos que contêm cisteína, podem ser localizadas as ligações dissulfeto na proteína (Problema 47).

PROBLEMA 30

Por que o brometo de cianogênio não age sobre os resíduos de cisteína?

PROBLEMA 31◆

Na determinação da estrutura primária da insulina, o que o levaria a concluir que ela tem mais de uma cadeia polipeptídica?

PROBLEMA 32 RESOLVIDO

Determine a seqüência de aminoácidos de um polipeptídeo a partir dos seguintes resultados:

A hidrólise ácida fornece Ala, Arg, His, 2 Lys, Leu, 2 Met, Pro, 2 Ser, Treo, Val.

A caboxi-peptidase A libera a Val.

O reagente de Edman libera PTH-Leu.

A quebra com brometo de cianogênio fornece três peptídeos com as seguintes composições de aminoácidos:

1. His, Lys, Met, Pro, Ser
2. Tre, Val
3. Ala, Arg, Leu, Lys, Met, Ser

A hidrólise catalisada pela tripsina fornece três peptídeos e um único aminoácido:

1. Arg, Leu, Ser
2. Met, Pro, Ser, Thr, Val
3. Lys
4. Ala, His, Lys, Met

RESOLUÇÃO A hidrólise ácida mostra que o polipeptídeo tem 13 aminoácidos. O aminoácido N-terminal é Leu (reagente de Edman), e o aminoácido C-terminal é Val (carboxi-peptidase A).

Leu ___ ___ ___ ___ ___ ___ ___ ___ ___ ___ ___ Val

Como o brometo de cianogênio quebra no lado C de Met, em qualquer peptídeo que contiver Met ele será o seu aminoácido N-terminal. O peptídeo que não contém Met deve ser o peptídeo C-terminal. Sabemos que o peptídeo 3 é o peptídeo N-terminal porque contém Leu. Por se tratar de um hexapeptídeo, sabemos que o sexto aminoácido na cadeia peptídica de 13 aminoácidos é Met. Sabemos também que o décimo primeiro aminoácido é Met, porque a quebra pelo brometo de cianogênio fornece o dipeptídeo Thr, Val.

Ala, Arg, Lys, Ser (posições 2–5); His, Lys, Pro, Ser (posições 7–10)

Leu ___ ___ ___ ___ Met ___ ___ ___ ___ Met Thr Val

Uma vez que a tripsina quebra no lado C de Arg e Lys, qualquer peptídeo que contenha Arg ou Lys deve ter um desses aminoácidos como seu aminoácido C-terminal. Portanto, Arg é o aminoácido C-terminal do peptídeo 1, e sabemos que os três primeiros aminoácidos são Leu-Ser-Arg. Sabemos também que os dois seguintes são Lys-Ala, porque, se fossem Ala-Lys, a quebra pela tripsina forneceria um dipeptídeo Ala, Lys. Os dados obtidos com a tripsina também identificam as posições de His e Lys.

Pro, Ser (posições 9–10)

Leu Ser Arg Lys Ala Met His Lys ___ ___ Met Thr Val

Finalmente, como a tripsina quebra com sucesso no lado C de Lys, Pro não poderia estar adjacente a Lys. Portanto, a seqüência de aminoácidos do peptídeo é

Leu Ser Arg Lys Ala Met His Lys Ser Pro Met Thr Val

PROBLEMA 33◆

Determine a estrutura primária de um octapeptídeo a partir dos seguintes dados:

A hidrólise ácida fornece 2 Arg, Leu, Lys, Met, Phe, Ser,Tyr.

A carboxi-peptidase A libera Ser.

O reagente de Edman libera Leu.

O brometo de cianogênio forma dois peptídeos com a seguinte composição de aminoácidos:

1. Arg, Phe, Ser
2. Arg, Leu, Lys, Met, Tyr

A tripsina fornece os seguintes aminoácidos e peptídeos:

1. Arg
2. Ser
3. Arg, Met, Phe
4. Leu, Lys, Tyr

23.13 Estrutura secundária de proteínas

A estrutura secundária descreve a conformação dos segmentos do esqueleto da cadeia peptídica ou protéica. Para minimizar a energia, uma cadeia polipeptídica tende a se dobrar em uma estrutura geométrica repetitiva, como uma hélice α ou uma folha β pregueada. Três fatores determinam a escolha da estrutura secundária:

- A planaridade regional ao redor de cada ligação peptídica (como resultado do caráter parcial de ligação dupla da ligação amida), que limita as conformações possíveis da cadeia peptídica (Seção 23.7)
- A maximização do número de grupos peptídicos que participam da ligação hidrogênio (isto é, a ligação hidrogênio entre o oxigênio carbonílico de um aminoácido e o hidrogênio da amida de outro)
- A separação adequada entre grupos R muito próximos para evitar impedimento estérico e repulsão de cargas iguais.

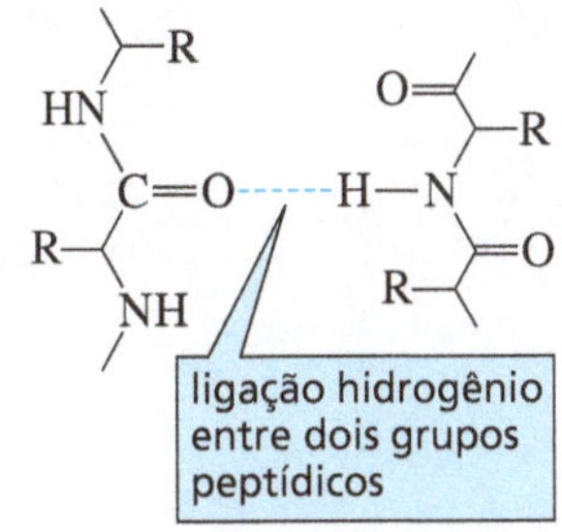

Hélice α

A hélice α é um tipo de estrutura secundária. Nela, o esqueleto do polipeptídeo enrola-se em torno do eixo longitudinal da molécula da proteína (Figura 23.8). A hélice é estabilizada por ligações hidrogênio: cada hidrogênio ligado a um nitrogênio de amida faz ligação hidrogênio com um oxigênio carbonílico de um aminoácido quatro resíduos adiante. Os substituintes nos carbonos α dos aminoácidos projetam-se para fora da hélice, minimizando o impedimento estérico. Como os aminoácidos têm a configuração L, a hélice α é uma hélice destra, ou seja, ela gira em sentido horário conforme vai espiralando para baixo. Cada volta da hélice contém 3,6 resíduos de aminoácidos, e a distância de repetição da hélice é 5,4Å. (Veja figura abaixo em cores no caderno colorido.)

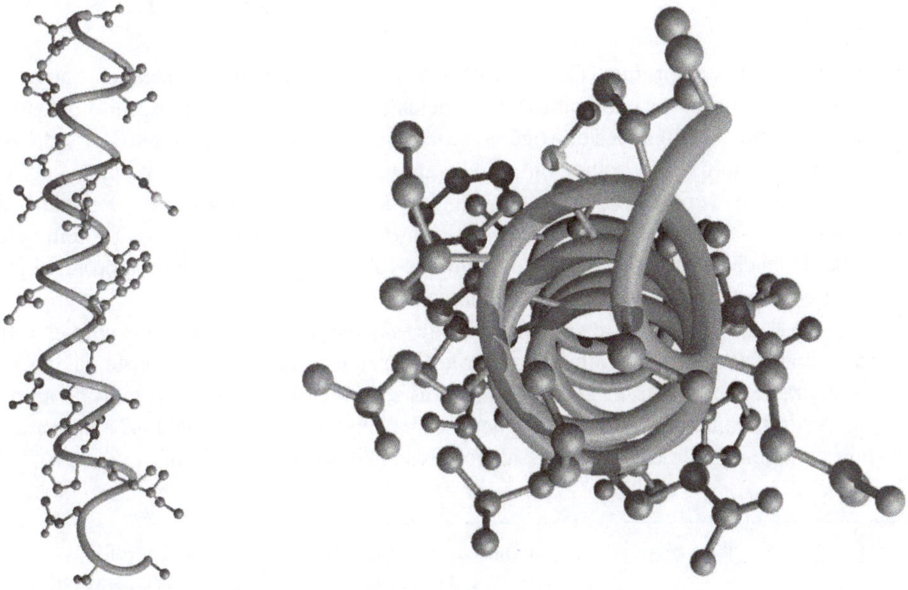

Figura 23.8
(a) segmento de proteína em hélice α.
(b) Observação de topo do eixo longitudinal de uma hélice α.

Nem todos os aminoácidos são capazes de se encaixar em uma hélice α. Um resíduo de prolina, por exemplo, força uma curva em uma hélice, porque a ligação entre o nitrogênio da prolina e o carbono α não pode girar para habilitá-la a se acomodar facilmente dentro da hélice. Do mesmo modo, dois aminoácidos adjacentes que têm mais de um substituinte em um carbono β (valina, isoleucina ou treonina) não podem se acomodar dentro da hélice devido ao impedimento estérico entre os grupos R. Finalmente, dois aminoácidos adjacentes com substituintes de mesma carga não podem se acomodar dentro da hélice devido à repulsão eletrostática entre os grupos R. A porcentagem de resíduos de aminoácidos enrolados dentro de uma hélice α varia de proteína para proteína, mas, em média, cerca de 25% dos resíduos em proteínas globulares estão sob a forma de uma hélices α.

Molecule Gallery: Uma hélice α
WWW

Folha pregueada β

O segundo tipo de estrutura secundária é a **folha pregueada β**. Nela, o esqueleto polipeptídico é estendido em uma estrutura em ziguezague, assemelhando-se a uma série de pregas. A folha pregueada β é quase totalmente estendida — a distância média de repetição de dois resíduos é 7 Å. A ligação hidrogênio em uma folha pregueada β ocorre entre as cadeias peptídicas vizinhas. As cadeias peptídicas adjacentes ligadas por ligações hidrogênio podem estender-se na mesma direção ou em direções opostas. Em uma **folha pregueada β paralela**, as cadeias adjacentes estendem-se na mesma direção. Em uma **folha pregueada β antiparalela**, as cadeias adjacentes estendem-se em direções opostas (Esquema 23.9).

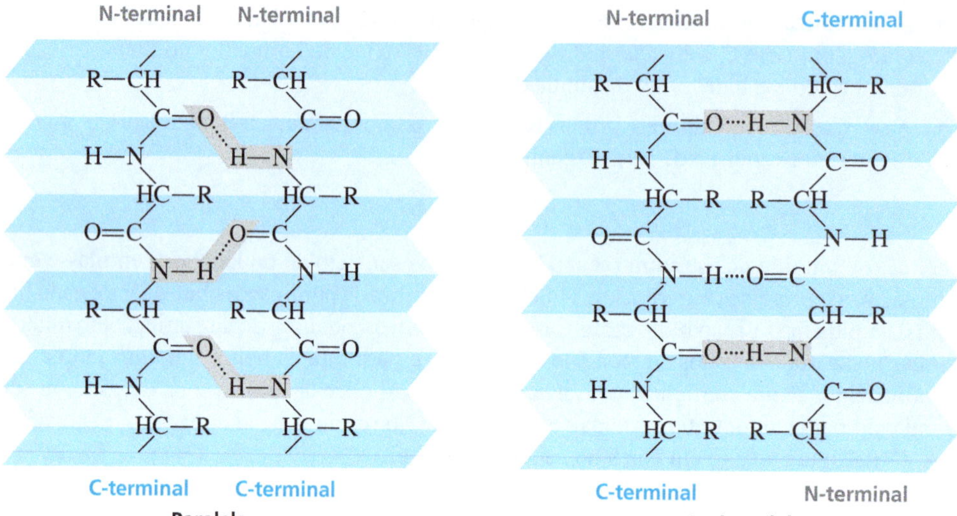

Figura 23.9 ▶ Segmento de uma folha pregueada β desenhada para ilustrar seu aspecto pregueado. Observe que a primeira é paralela e a segunda é antiparalela.

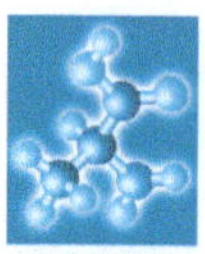

Molecule Gallery: folha pregueada β antiparalela

WWW

Como os substituintes (R) nos carbonos α dos aminoácidos nas cadeias adjacentes estão próximos uns aos outros, as cadeias só poderão se agrupar muito próximas para maximizar as ligações hidrogênio se os substituintes forem pequenos. A seda, por exemplo, proteína com grande número de aminoácidos relativamente pequenos (glicina e alanina), apresenta segmentos grandes de folhas pregueadas β. O número de cadeias lado a lado em uma folha pregueada β varia de 2 a 15 em uma proteína globular. Uma cadeia média em um segmento de folha pregueada β de uma proteína globular contém seis resíduos de aminoácidos.

A lã e as proteínas fibrosas do músculo são exemplos de proteínas com estruturas secundárias hélices α em sua maioria. Conseqüentemente, essas proteínas podem ser estiradas. Em contrapartida, as estruturas secundárias da seda e as teias de aranha são predominantemente folhas pregueadas β. Como a folha pregueada β é uma estrutura completamente estendida, essas proteínas não podem ser estiradas.

Peptídeos β: uma tentativa de melhorar a natureza

Os químicos têm estudado os peptídeos β, que são polímeros de β-aminoácidos. Esses peptídeos têm esqueletos com um carbono mais longo que os peptídeos que a natureza sintetiza usando α-aminoácidos. Portanto, cada resíduo de β-aminoácido tem dois carbonos aos quais cadeias laterais podem ser ligadas.

Como os α-polipeptídeos, os β-polipeptídeos dobram-se em conformações helicoidais e de folhas pregueadas relativamente estáveis, despertando a curiosidade dos cientistas quanto a uma possível atividade biológica. Recentemente, um peptídeo β com atividade biológica foi sintetizado — trata-se de um peptídeo que imita a atividade do hormônio somatostatina. Há esperança de que polipeptídeos β se constituam em uma fonte de novos fármacos e catalisadores. Curiosamente, as ligações peptídicas em polipeptídeos β são resistentes às enzimas que catalisam a hidrólise de ligações peptídicas em polipeptídeos α. Essa resistência à hidrólise significa que um fármaco β-polipeptídico tem um tempo de ação maior na corrente sanguínea.

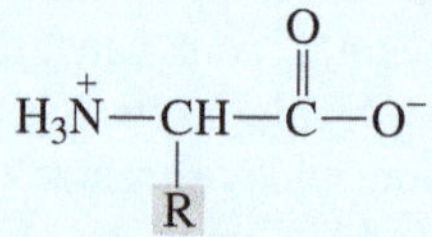

α-aminoácido

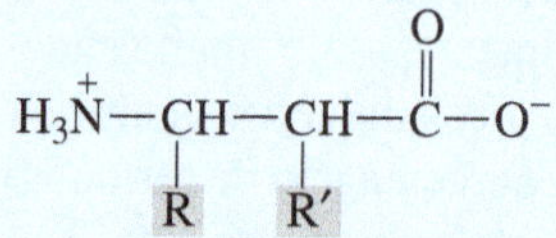

β-aminoácido

Conformação espiralada

Em geral, menos da metade de uma proteína globular está em uma hélice α ou uma folha pregueada β (Esquema 23.10). A maior parte do restante da proteína ainda está altamente ordenada, mas é difícil de descrever. Diz-se então que esses fragmentos polipeptídicos estão em uma **conformação espiralada** ou **conformação em laço**.

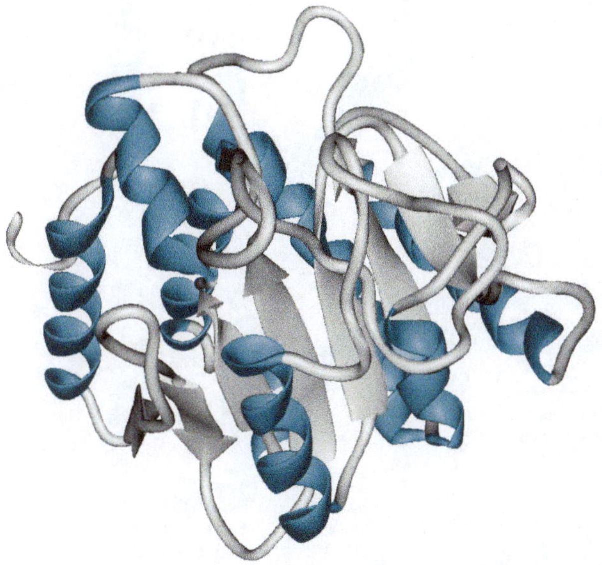

◀ **Figura 23.10**
O esqueleto estrutural da carboxi-peptidase A: Os segmentos em hélice α estão na cor azul; as folhas pregueadas β são indicadas por setas cinza que apontam no sentido N→C.

PROBLEMA 34◆

Qual o comprimento de uma hélice α que contém 74 aminoácidos? Compare o comprimento dessa hélice α com o comprimento de uma cadeia peptídica completamente estendida que contém o mesmo número de aminoácidos. (A distância entre aminoácidos consecutivos em um cadeia completamente estendida é de 3,5 Å.)

23.14 Estrutura terciária de proteínas

A estrutura terciária de uma proteína é o arranjo tridimensional de todos os átomos dessa proteína. As proteínas dobram-se espontaneamente em solução a fim de maximizar sua estabilidade. Toda vez que houver uma interação estabilizante entre dois átomos, energia livre será liberada. Quanto mais energia livre liberada (quanto mais negativo for o $\Delta G°$), mais estável será a proteína. Portanto, uma proteína tende a se dobrar de um modo que maximize o número de interações estabilizantes (Figura 23.11).

As interações estabilizantes incluem ligações dissulfeto, ligações hidrogênio, interações eletrostáticas (atrações entre cargas opostas) e interações hidrofóbicas (de Van der Waals). Essas interações podem ocorrer entre grupos peptídicos (átomos no esqueleto de uma proteína), entre grupos de cadeia lateral (α-substituintes) e entre peptídeos e grupos de cadeia lateral. Uma vez que os grupos de cadeia lateral ajudam a determinar como as proteínas se dobram, a estrutura terciária de uma proteína é determinada pela sua estrutura primária.

Ligações dissulfeto são as únicas ligações covalentes que podem se formar quando uma proteína se dobra. As outras interações ligantes que ocorrem quando há essa dobra são muito mais fracas, mas por existirem em grande quantidade (Figura 23.12), elas se tornam interações importantes na determinação de como as proteínas se dobram.

Max Ferdinand Perutz *e* **John Cowdery Kendrew** *foram os primeiros a determinar a estrutura terciária de uma proteína. Usando a difração de raios X, eles determinaram a estrutura terciária da mioglobina (1957) e da hemoglobina (1959). Por esse trabalho, partilharam o Prêmio Nobel de química de 1962.*

Max Perutz *nasceu na Áustria em 1914. Em 1936, devido à ascensão do nazismo, mudou-se para a Inglaterra. Tornou-se PhD pela Universidade de Cambridge, onde passou a lecionar. Trabalhou na estrutura tridimensional da hemoglobina e designou o trabalho com a mioglobina (uma proteína menor) a* **John Kendrew (1917–1997)**. *Kendrew nasceu na Inglaterra e se formou na Universidade de Cambridge.*

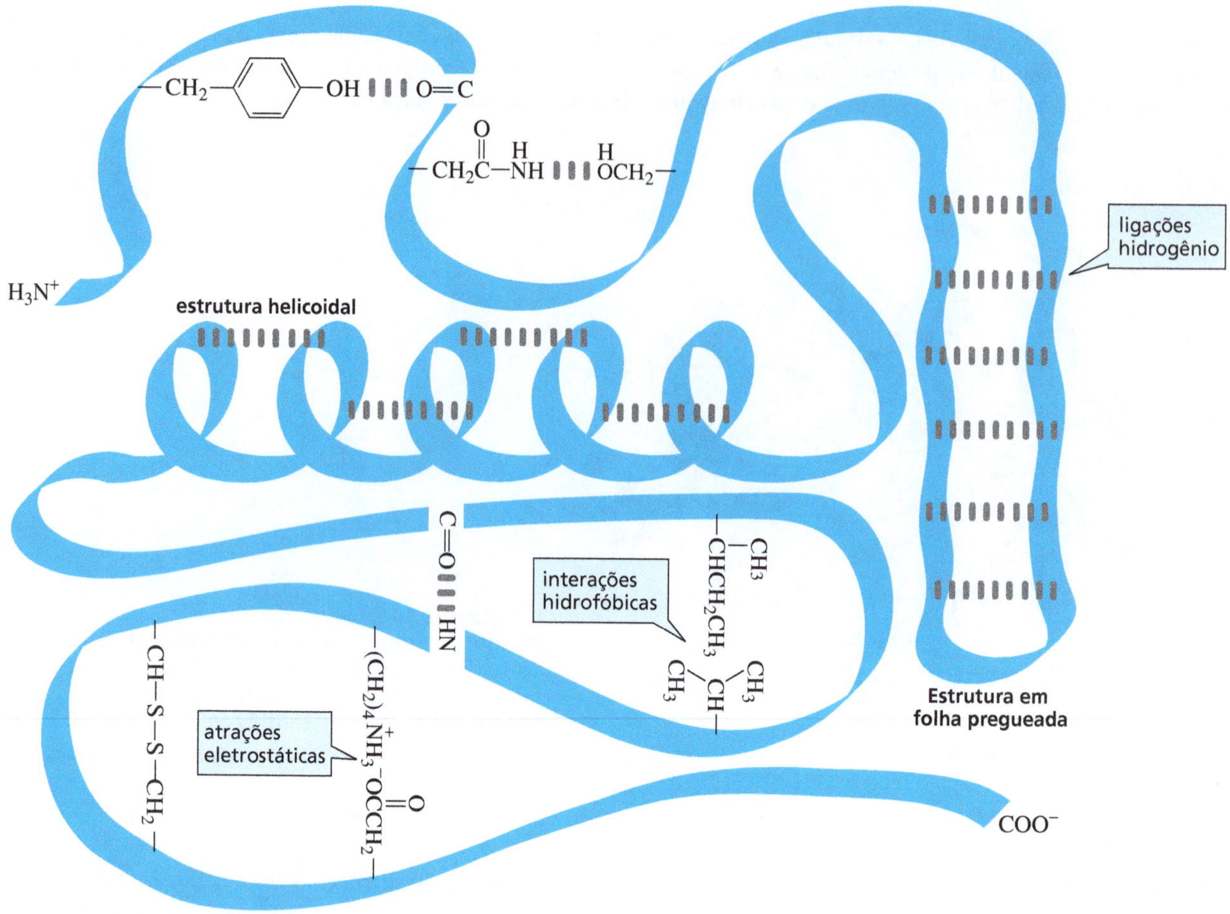

▲ **Figura 23.11**
Interações estabilizantes responsáveis pela estrutura terciária de uma proteína.

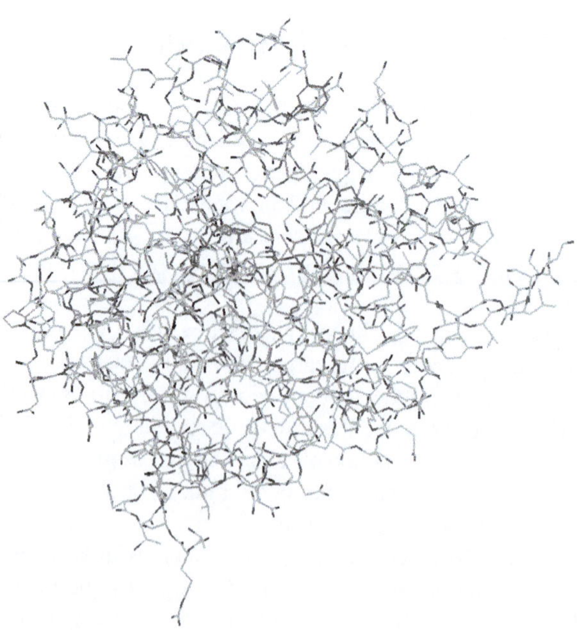

Figura 23.12 ▶
A estrutura tridimensional da carboxi-peptidase A.
(Veja figura em cores no caderno colorido.)

A maioria das proteínas existe em ambientes aquosos. Portanto, elas tendem a se dobrar de um modo que exponha ao meio aquoso o número máximo de grupos polares e esconda os grupos apolares no interior da proteína, longe da água.

As interações entre grupos apolares são conhecidas como interações hidrofóbicas. Elas aumentam a estabilidade de uma proteína pelo aumento da entropia das moléculas de água. As moléculas de água que circundam os grupos apolares são altamente estruturadas. Quando dois grupos apolares se juntam, a área de superfície em contato com a água diminui, reduzindo a quantidade de água estruturada. Diminuindo a estrutura, aumenta a entropia, que, por sua vez, diminui a energia livre, que aumenta a estabilidade da proteína. (Lembre-se de que $\Delta G^{\circ} = \Delta H^{\circ} - T\Delta S^{\circ}$.)

PROBLEMA 35◆

Como se dobraria uma proteína que reside no interior de uma membrana, se comparada com a proteína hidrossolúvel vista anteriormente? (*Dica:* ver Seção 26.4.)

23.15 Estrutura quaternária de proteínas

As proteínas que têm mais de uma cadeia peptídica são denominadas **oligômeros**. As cadeias individuais são denominadas **subunidades**. Uma proteína com uma única subunidade é denominada *monômero*; aquela com duas subunidades é denominada *dímero*; uma com três subunidades é denominada *trímero*; e aquela com quatro subunidades é denominada *tetrâmero*. A hemoglobina é um exemplo de tetrâmero. Ela tem dois tipos de subunidades e duas subunidades de cada tipo. A estrutura quaternária de uma proteína descreve o modo como as subunidades estão dispostas no espaço. Alguns dos possíveis arranjos das seis subunidades de um hexâmero são mostrados a seguir:

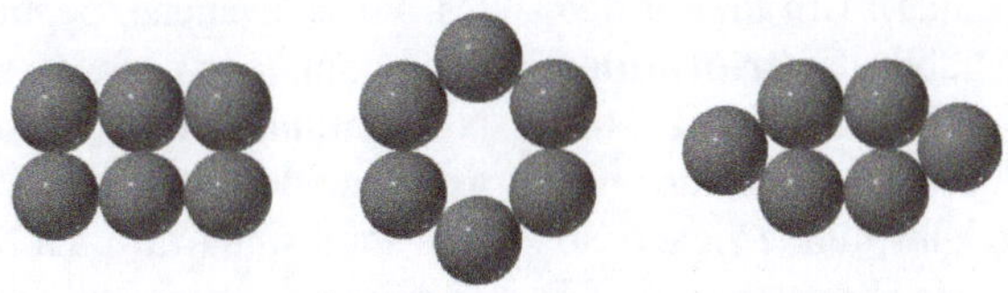

estruturas quaternárias possíveis para um hexâmero

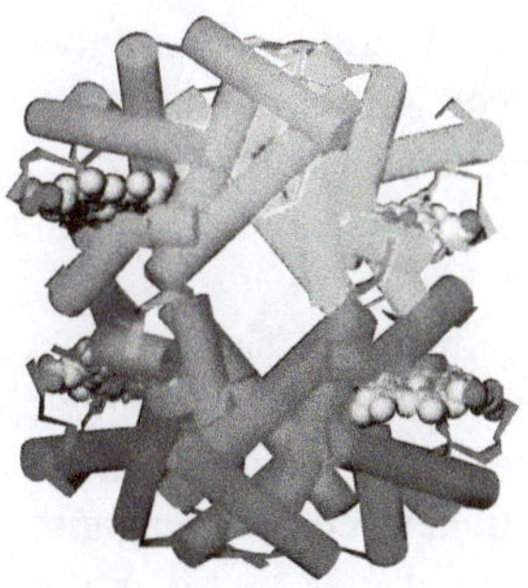

◀ **Figura 23.13**
Representação, por computação gráfica, da estrutura quaternária da hemoglobina. As subunidades nas cores laranja e rosa são idênticas, assim como as subunidades nas cores verde e púrpura. Os tubos cilíndricos representam as cadeias polipeptídicas, ao passo que os rosários representam os anéis porfirínicos que contêm ferro (Seção 21.11). (Veja figura em cores no caderno colorido.)

PROBLEMA 36◆

a. Qual das proteínas hidrossolúveis a seguir tem a maior porcentagem de aminoácidos polares: uma proteína esférica, uma proteína em forma de charuto ou uma subunidade de um hexâmero?

b. Qual delas tem a menor porcentagem de aminoácidos polares?

23.16 Desnaturação de proteínas

A destruição da estrutura terciária altamente organizada de uma proteína é denominada **desnaturação**. Qualquer coisa que quebre as ligações responsáveis pela manutenção da sua forma tridimensional fará a proteína desnaturar-se (desdobrar-se). Como essas ligações são fracas, as proteínas podem ser facilmente desnaturadas. A conformação totalmente aleatória de uma proteína desnaturada é denominada **espiral randômica**. Proteínas podem ser desnaturadas por um desses modos:

- A mudança do pH desnatura proteínas porque modifica as cargas em muitas das cadeias laterais. Isso interrompe as interações eletrostáticas e ligações hidrogênio.
- Certos reagentes, como a uréia e o hidrocloreto de guanidina, desnaturam proteínas ao formar ligações hidrogênio com os grupos da proteína, que são mais fortes que as ligações hidrogênio formadas entre os grupos da proteína.
- Detergentes como o dodecilssulfato de sódio desnaturam proteínas ao se associarem com grupos não-polares da proteína, interferindo nas interações hidrofóbicas normais.
- Solventes orgânicos desnaturam proteínas ao interromper as interações hidrofóbicas.
- As proteínas também podem ser desnaturadas pelo calor ou pela agitação, uma vez que levam ao aumento do movimento molecular, rompendo as forças de atração. Um exemplo bem conhecido é a mudança que ocorre com a clara do ovo quando ela é aquecida ou batida.

Resumo

Peptídeos e **proteínas** são polímeros de **aminoácidos** ligados por **ligações peptídicas** (amida). Um **dipeptídeo** contém dois resíduos de aminoácidos, um **tripeptídeo** contém três, um **oligopeptídeo** contém de três a dez e um **polipeptídeo** contém muitos resíduos de aminoácidos. Os **aminoácidos** diferem somente no substituinte ligado ao carbono α. A maioria dos aminoácidos encontrados na natureza tem a configuração L.

Os grupos carboxila dos aminoácidos têm valores de pK_a de ~2, e os grupos amino protonados têm valores de pK_a de ~9. Em pH fisiológico, um aminoácido existe sob a forma de um **zwitterion**. Alguns aminoácidos têm cadeias laterais com hidrogênios ionizáveis. O **ponto isoelétrico** (pI) de um aminoácido é o pH no qual o aminoácido não tem carga líquida. Uma mistura de aminoácidos pode ser separada com base em seus pIs por **eletroforese** ou com base em suas polaridades. Uma mistura de aminoácidos pode ser separada com base em seus *pIs* por **eletroforese** ou baseado em suas polaridades por **cromatografia em papel** ou **cromatografia em camada delgada**. Separação preparativa pode ser obtida usando-se **cromatografia de troca iônica** empregando uma **resina de troca catiônica**. Um **analisador de aminoácidos** é um instrumento que automatiza a cromatografia de troca iônica. Uma mistura racêmica de aminoácidos pode ser separada por **resolução cinética**.

As ligações amida que unem resíduos de aminoácidos são denominadas **ligações peptídicas**. Uma ligação peptídica tem cerca de 40% de caráter de ligação dupla. Dois resíduos de cisteína podem ser oxidados a uma **ligação dissulfeto**. Ligações dissulfeto são as únicas ligações covalentes que se formam entre aminoácidos não adjacentes. Por convenção, peptídeos e proteínas são representados com os grupos amino livres (o **aminoácido N-terminal**) à esquerda e os grupos carboxila livres (o **aminoácido C-terminal**) à direita.

Para sintetizar uma ligação peptídica, o grupo amino do primeiro aminoácido deve estar protegido (pelo *t*-BOC) e seu grupo carboxila, ativado (pelo DCC). O segundo aminoácido é adicionado para formar um dipeptídeo. Aminoácidos podem ser adicionados à extremidade C-terminal da cadeia peptídica crescente pela repetição dessas duas etapas: ativação do grupo carboxila do aminoácido C-terminal com DCC e adição de um novo aminoácido. A **síntese automatizada de peptídeos em fase sólida** permite que os peptídeos sejam sintetizados mais rapidamente e com altos rendimentos.

A **estrutura primária** de uma proteína é a seqüência de seus aminoácidos e a localização de todas as ligações dissulfeto. O aminoácido N-terminal de um peptídeo ou uma proteína pode ser determinado com o **reagente de Edman**. O aminoácido C-terminal pode ser identificado com carboxipeptidase. A **hidrólise parcial** hidrolisa apenas algumas das ligações peptídicas. Uma **exopeptidase** catalisa a hidrólise de uma ligação peptídica na extremidade de uma cadeia peptídica. Uma endopetidase catalisa a hidrólise de uma ligação peptídica.

A **estrutura secundária** de uma proteína descreve como os segmentos locais do esqueleto protéico se dobram. Uma proteína se dobra de modo a maximizar o número de interações estabilizantes: ligações dissulfeto, ligações hidrogênio, atrações eletrostáticas (atração entre cargas opostas) e **interações hidrofóbicas** (interações entre grupos apolares). Uma **hélice α**, uma **folha pregueada β** e uma **conformação espiralada** são tipos de estrutura secundária. A **estrutura terciária** de uma proteína é o arranjo tridimensional de todos os seus átomos. Proteínas com mais de uma cadeia peptídica são denominadas **oligômeros**. As cadeias individuais são denominadas **subunidades**. A **estrutura quaternária** de uma proteína descreve o modo como as **subunidades** estão dispostas umas em relação às outras no espaço.

Palavras-chave

Aminoácido (p. 374)
Aminoácido C-terminal (p. 387)
Aminoácido essencial (p. 377)
Aminoácido N-terminal (p. 387)
Analisador de aminoácidos (p. 384)
Conformação em laço (p. 405)
Conformação espiralada (p. 405)
Cromatografia de troca iônica (p. 384)
Cromatografia em camada delgada (p. 383)
Cromatografia em papel (p. 383)
D-aminoácido (p. 378)
Desnaturação (p. 408)
Dipeptídeo (p. 373)
Dissulfeto (p. 388)
Eletroforese (p. 382)
Endopeptidase (p. 399)
Enzima (p. 373)
Espiral randômica (p. 408)
Estrutura primária (p. 396)
Estrutura quaternária (p. 396)
Estrutura secundária (p. 396)
Estrutura terciária (p. 396)
Exopeptidase (p. 398)
Folha pregueada β (p. 404)
Folha pregueada β antiparalela (p. 404)
Folha pregueada β paralela (p. 404)
Hélice α (p. 403)
Hidrólise parcial (p. 399)
Interações hidrofóbicas (p. 407)
L-aminoácido (p. 378)
Ligação dissulfeto (p. 389)
Ligação dissulfeto entre cadeia (p. 389)
Ligação dissulfeto intracadeia (p. 389)
Ligação peptídica (p. 387)
Oligômero (p. 407)
Oligopeptídeo (p. 373)
Peptídeo (373)
Polipeptídeo (p. 373)
Ponto isoelétrico (p. 381)
Proteína (p. 373)
Proteína estrutural (p. 373)
Proteína fibrosa (p. 396)
Reagente de Edman (p. 398)
Resíduo de aminoácido (p. 373)
Resina de troca aniônica (p. 384)
Resina de troca catiônica (p. 384)
Resolução cinética (p. 386)
Síntese automatizada de peptídeos em fase sólida (p. 394)
Subunidade (p. 407)
Tripeptídeo (p. 373)

Problemas

37. Ao contrário da maioria das aminas e ácidos carboxílicos, os aminoácidos são insolúveis em éter dietílico. Explique.

38. Indique os peptídeos que resultariam da quebra de ligação pelos reagentes indicados:
   a. His-Lys-Leu-Val-Glu-Pro-Arg-Gly-Ala pela tripsina
   b. Leu-Gly-Ser-Met-Phe-Pro-Tyr-Gly-Val pela quimotripsina
   c. Val-Arg-Gly-Met-Arg-Ala-Ser pela carboxi-peptidase A
   d. Ser-Phe-Lys-Met-Pro-Ser-Ala-Asp pelo brometo de cianogênio
   e. Arg-Ser-Pro-Lys-Lys-Ser-Glu-Gly pela tripsina

39. O aspartame tem pI de 5,9. Desenhe a sua forma de maior predominância em pH fisiológico.

40. Desenhe a forma do ácido aspártico que predomina em
   a. pH = 10 b. pH = 2,6 c. pH = 6,0 d. pH = 11,0

41. A dra. Kim S. Tree estava preparando um texto para publicação no qual relatava que o pI do tripeptídeo Lys-Lys-Lys era 10,6. Um de seus alunos achou que devia haver algum erro nos cálculos, porque o pK_a do grupo ϵ-amino da lisina é 10,8, e o pI do tripeptídeo tem de ser maior do que quaisquer de seus valores individuais. O aluno estava correto?

42. Uma mistura de aminoácidos, que não se separa suficientemente quando uma única técnica é empregada, pode ser separada por meio de cromatografia bidimensional. Nessa técnica, a mistura de aminoácidos é aplicada em um pedaço de papel de filtro e separada por técnicas cromatográficas. Em seguida, o papel é girado em 90º, e posteriormente os aminoácidos são separados por eletroforese, produzindo um tipo de cromatografia denominado *fingerprint* (impressão digital). Identifique os *spots* no *fingerprint* obtido da mistura Ser, Glu, Leu, His, Met e Thr.

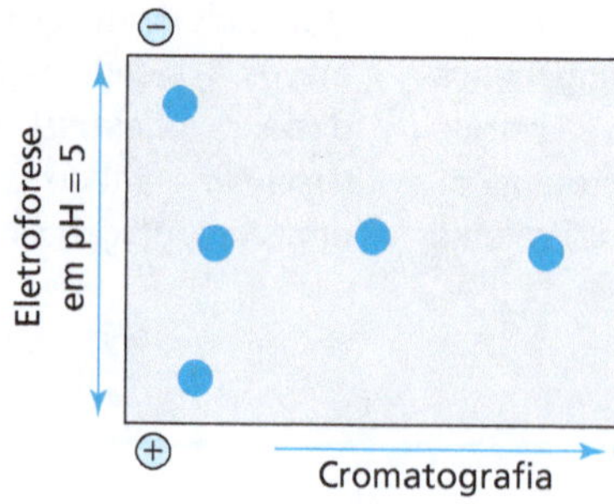

43. Explique a diferença nos valores de pK_a dos grupos carboxila de alanina, serina e cisteína.

44. Qual seria o tampão mais efetivo em pH fisiológico: uma solução de glicil-glicil-glicil-glicina 0,1 M ou uma solução de glicina 0,2 M?

45. Identifique a localização e o tipo de carga no hexapeptídeo Lys-Ser-Asp-Cys-His-Tyr em

a. pH = 7
b. pH = 5
c. pH = 9

46. O polipeptídeo seguinte foi tratado com 2-mercaptoetanol e depois com ácido iodo-acético. Após reagir com o anidrido maleico, o peptídeo foi hidrolizado pela tripsina. (O tratamento com anidrido maleico faz a tripsina quebrar um peptídeo somente nos resíduos de arginina.)

Gly-Ser-Asp-Ala-Leu-Pro-Gly-Ile-Thr-Ser-Arg-Asp-Val-Ser-Lys-Val-Glu-Tyr-Phe-Glu-Ala-Gly-Arg-Ser-Glu-Phe-Lys-Glu-Pro-Arg-Leu-Tyr-Met-Lys-Val-Glu-Gly-Arg-Pro-Val-Ser-Ala-Gly-Leu-Trp

a. Por que depois que um peptídeo é tratado com anidrido maleico a tripsina pára de quebrar nos resíduos de lisina?
b. Quantos fragmentos são obtidos do peptídeo?
c. Em que ordem os fragmentos seriam eluídos de uma coluna de troca aniônica usando-se um tampão de pH = 5?

47. O tratamento de um polipeptídeo com 2-mercaptoetanol fornece dois polipeptídeos com estas seqüências primárias:

Val-Met-Tyr-Ala-Cys-Ser-Phe-Ala-Glu-Ser

Ser-Cys-Phe-Lys-Cys-Trp-Lys-Tyr-Cys-Phe-Arg-Cys-Ser

O tratamento do peptídeo original intacto com quimotripsina fornece os seguintes peptídeos:

a. Ala, Glu, Ser
b. 2 Phe, 2 Cys, Ser
c. Tyr, Val, Met
d. Arg, Ser, Cys
e. Ser, Phe, 2 Cys, Lys, Ala, Trp
f. Tyr, Lys

Determine as posições das ligações dissulfeto no peptídeo original.

48. Demonstre como o aspartame pode ser sintetizado usando-se o DCC.

49. A reação de um polipeptídeo com carboxi-peptidase A libera Met. O polipeptídeo sofre hidrólise parcial, que fornece os peptídeos seguintes. Qual é a seqüência do polipeptídeo?

a. Ser, Lys, Trp
b. Gly, His, Ala
c. Glu, Val, Ser
d. Leu, Glu, Ser
e. Met, Ala, Gly
f. Ser, Lys, Val
g. Glu, His
h. Leu, Lys, Trp
i. Lys, Ser
j. Glu, His, Val
l. Trp, Leu, Glu
m. Ala, Met

50. A glicina tem valores de pK_a de 2,3 e 9,6. Na sua opinião, os valores de pK_a de glicilglicina deveriam ser mais altos ou mais baixos do que esses ?

51. Uma mistura de 15 aminoácidos forneceu o *fingerprint* mostrado abaixo (ver também o Problema 42). Identifique os *spots*. (*Dica 1*: Pro reage com ninhidrina, formando uma cor amarela — seu *spot* está indicado na cor azul-clara Phe e Tyr formam uma cor amarelo-esverdeada — seus *spots* estão indicados na cor cinza. *Dica 2*: conte o número de *spots* antes de começar.)

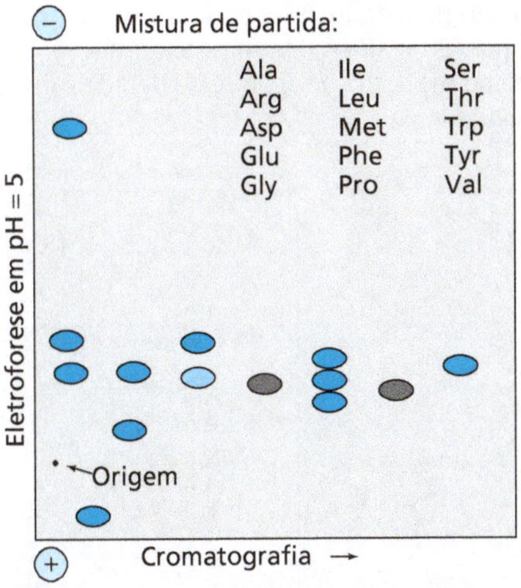

52. O ditiotreitol, assim como o 2-mercaptoetanol, reage com ligações dissulfeto. Com o ditiotreitol, contudo, o equilíbrio tende mais para a direita. Explique por quê.

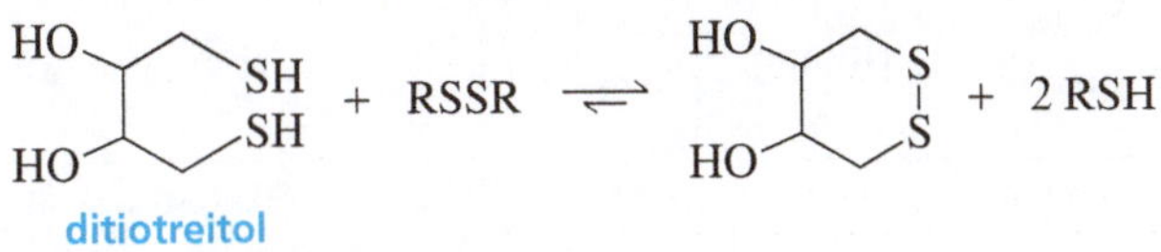

53. α-aminoácidos podem ser preparados por meio do tratamento de um aldeído com amônia e cianeto de hidrogênio, seguido de hidrólise catalisada por ácido.
   a. Dê as estruturas dos dois intermediários formados nessa reação.
   b. Qual aminoácido é formado quando o aldeído usado é o 3-metil-butanal?
   c. Qual aldeído seria necessário para preparar valina?

54. Os espectros de UV de triptofano, tirosina e fenil-alanina são mostrados a seguir. Cada espectro foi obtido a partir de uma solução 1×13^{-3} M do aminoácido, tamponada em pH = 6,0. Calcule a absortividade molar aproximada de cada um dos três aminoácidos a 280nm.

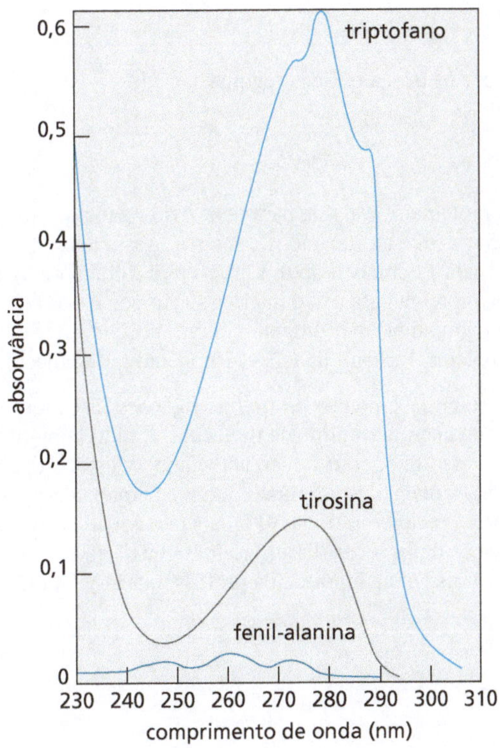

55. Um polipeptídeo normal e um mutante do polipeptídeo foram hidrolisados por uma endopeptidase sob as mesmas condições. O normal e o mutante diferem por um resíduo de aminoácido. Os *fingerprints* dos peptídeos obtidos a partir dos polipeptídeos normal e mutante são como mostrado a seguir. Que tipo de substituição é mais polar ou menos polar que o aminoácido original? Seu pI é mais baixo ou mais alto?

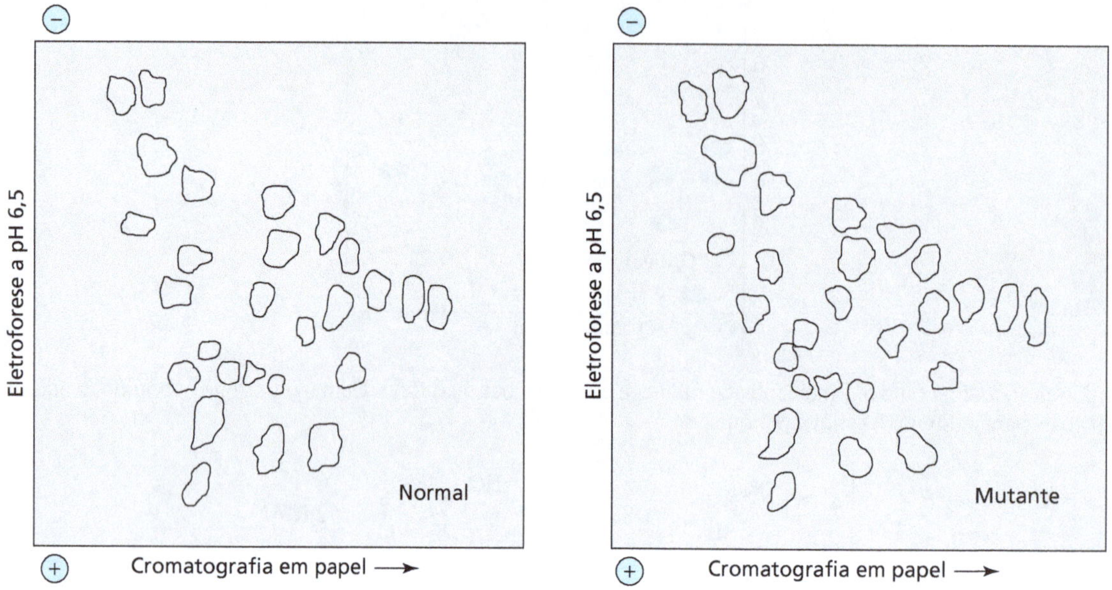

56. Determine a seqüência de aminoácidos de um polipeptídeo a partir dos seguintes resultados:
   a. A hidrólise completa do peptídeo fornece os seguintes aminoácidos: Ala, Arg, Gly, 2 Lys, Met, Phe, Pro, 2 Ser, Tyr, Val.
   b. O tratamento com o reagente de Edman fornece PTH-Val.
   c. A carboxi-peptidase A libera Ala.
   d. O tratamento com o brometo de cianogênio fornece os dois peptídeos seguintes:
      1. Ala, 2 Lys, Phe, Pro, Ser, Tyr
      2. Arg, Gly, Met, Ser, Val
   e. O tratamento com quimotripsina fornece os três peptídeos seguintes:
      1. 2 Lys, Phe, Pro
      2. Arg, Gly, Met, Ser, Tyr, Val
      3. Ala, Ser
   f. O tratamento com tripsina fornece os três peptídeos seguintes:
      1. Gly, Lys, Met, Tyr
      2. Ala, Lys, Phe, Pro, Ser
      3. Arg, Ser, Val

57. A extremidade C-terminal de uma proteína se estende para dentro do meio aquoso que circunda a proteína. Os aminoácidos C-terminais são Gln, Asp, 2 Ser e três aminoácidos apolares. Assumindo que o ΔG^o de formação de uma ligação hidrogênio é –3 kcal/mol e o ΔG^o para a remoção de um grupo hidrofóbico da água é −4kcal/mol, calcule o ΔG^o para dobrar a extremidade C-terminal da proteína para o seu interior sob as seguintes condições:
   a. Todos os grupos polares formam uma ligação hidrogênio intramolecular.
   b. Todos, exceto dois dos grupos polares, formam ligações hidrogênio intramoleculares.

58. A professora Mary Gold queria testar sua hipótese de que as ligações dissulfeto que se formam em muitas proteínas assim o fazem após a conformação de energia mínima da molécula ter sido atingida. Ela tratou uma amostra de lisozima, enzima que contém quatro ligações dissulfeto, com 2-mercaptoetanol e, então, adicionou uréia para desnaturar a enzima. Em seguida, removeu lentamente esses reagentes, de modo que a enzima poderia voltar a se dobrar e formar as ligações dissulfeto. A lisozima que a professora recuperou tinha 80% da sua atividade original. Qual seria o percentual de atividade na enzima recuperada se a formação de ligações dissulfeto fosse inteiramente aleatória em vez de ser determinada pela estrutura terciária? Esse experimento sustenta a hipótese da professora Mary Gold?

24 Catálise

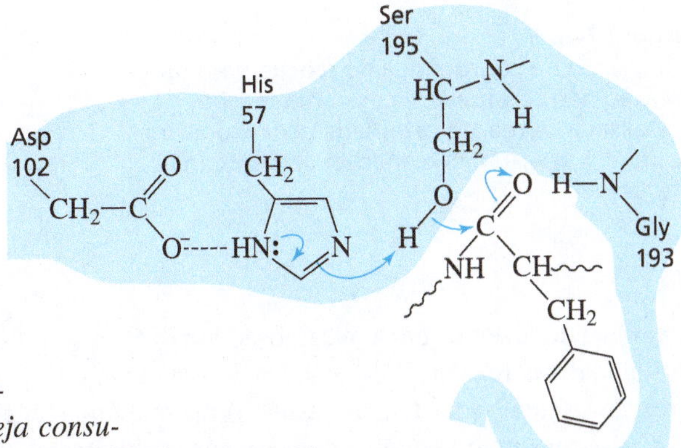

O catalisador é uma substância que *aumenta a velocidade de uma reação química sem que ela própria seja consumida ou modificada nessa reação.* Estudamos que a velocidade de uma reação química depende da barreira energética que deve ser vencida no processo de conversão dos reagentes em produtos (Seção 3.7, volume 1). A altura do 'topo de energia' é indicada como a energia livre de ativação ($\Delta G^\ddagger$). O catalisador aumenta a velocidade de uma reação química fornecendo um caminho com uma $\Delta G^\ddagger$ mais baixa.

Um catalisador pode diminuir $\Delta G^\ddagger$ de três modos:

1. As reações catalisadas e as não catalisadas podem seguir mecanismos diferentes, mas semelhantes, com o catalisador fornecendo um modo de converter o reagente em uma *espécie menos estável.*
2. As reações catalisadas e as não catalisadas podem seguir mecanismos diferentes, mas semelhantes, com o catalisador fornecendo um modo de tornar o *estado de transição mais estável* (Figura 24.1b).

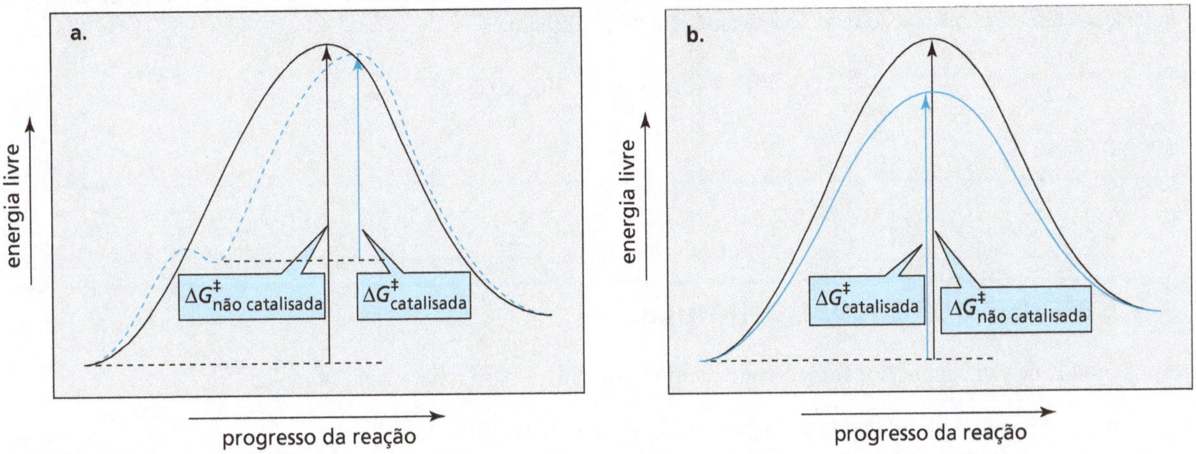

▲ **Figura 24.1**
Diagramas de coordenadas de reação para uma reação não catalisada e para uma reação catalisada. (a) O catalisador converte o reagente em uma espécie menos estável. (b) O catalisador estabiliza o estado de transição.

3. O catalisador pode *mudar o mecanismo* de reação completamente, fornecendo um caminho alternativo com $\Delta G^\ddagger$ menor que aquela da reação não catalisada (Figura 24.2).

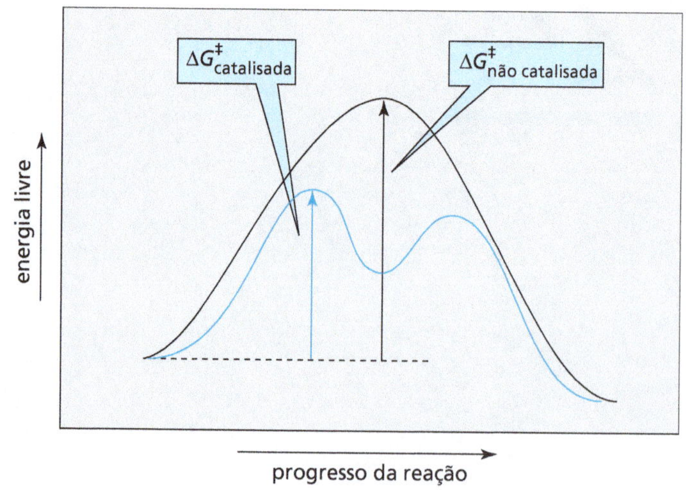

Figura 24.2 ▶
Diagrama da coordenada de reação para uma reação não catalisada e para uma reação catalisada. A reação catalisada ocorre por um caminho alternativo e energeticamente mais favorável.

Quando dizemos que um catalisador não é consumido ou modificado por uma reação, isso não significa que ele não participe dessa reação. O catalisador *deve* participar da reação, já que a faz acelerar. O que queremos dizer é que, após a reação, o catalisador tem a mesma forma que tinha antes dela. Como o catalisador não é consumido durante a reação — se for consumido em uma de suas etapas, deverá ser regenerado em uma etapa subseqüente —, é necessária apenas uma pequena quantidade de catalisador. Portanto, um catalisador é adicionado a uma mistura reacional em pequenas quantidades *catalíticas*, muito menores que o número de moles do reagente.

Observe que a estabilidade dos reagentes originais e produtos finais é a mesma tanto na reação catalisada quanto na reação não catalisada. Em outras palavras, o catalisador não muda a constante de equilíbrio da reação. (Observe que $\Delta G°$ é o mesmo para as reações catalisadas e não catalisadas nas Figuras 24.1a, 24.1b e 24.2.) Como o catalisador não muda a constante de equilíbrio, não modifica a *quantidade* de produto formado durante a reação; modifica somente a *velocidade* na qual o produto é formado.

PROBLEMA 1◆

Qual(is) dos seguintes parâmetros seria(m) diferente(s) para uma reação conduzida na presença de um catalisador, em comparação com a mesma reação realizada na ausência de catalisador?

$$\Delta G°,\ \Delta H^{\ddagger},\ E_a,\ \Delta S^{\ddagger},\ \Delta H°,\ K_{eq},\ \Delta G^{\ddagger},\ \Delta S°,\ k_{rate}$$

(*Dica:* ver Seção 3.7)

24.1 Catálise de reações orgânicas

Há vários modos de um catalisador fornecer um caminho favorável para uma reação orgânica:

- Aumentando a suscetibilidade de um eletrófilo ao ataque nucleofílico.
- Aumentando a reatividade de um nucleófilo.
- Aumentando a habilidade de saída de um grupo por meio de sua conversão a uma base fraca.

Neste capítulo veremos alguns dos catalisadores mais comuns — nucleofílicos, ácidos, básicos, íons metálicos — e as diversas maneiras como fornecem um caminho energeticamente mais favorável para uma reação orgânica. Veremos, então, como as mesmas formas de catálise são usadas em reações catalisadas por enzimas.

O Prêmio Nobel

Ao longo deste livro, existem quadros biográficos que contêm informações sobre os homens e as mulheres que criaram a ciência que estamos estudando. Vimos que muitas dessas pessoas ganharam o Prêmio Nobel, considerado o maior prêmio que um cientista pode conquistar. Criados por **Alfred Bernhard Nobel (1833–1896)**, os prêmios começaram a ser dados a partir de 1901. Nobel nasceu em Estocolmo, Suécia. Quando tinha nove anos de idade, mudou-se com os pais para São Petersburgo, onde seu pai fabricava, para o governo russo, torpedos e minas submarinas que havia inventado. Quando jovem, Alfred fez pesquisas envolvendo explosivos em uma fábrica de seu pai próxima a Estocolmo. Em 1864, uma explosão na fábrica matou seu irmão mais jovem, fazendo com que ele buscasse maneiras de facilitar o manuseio e o transporte dos explosivos. O governo sueco não queria permitir que a fábrica fosse reconstruída, em razão dos muitos acidentes ocorridos no local. Por isso, Nobel abriu uma fábrica de explosivos na Alemanha, onde, em 1867, descobriu que, se a nitroglicerina fosse misturada com terra diatomácea, a mistura poderia ser moldada em bastões, os quais não poderiam explodir sem um tampão detonante: Nobel havia acabado de inventar a dinamite! Além disso, inventou a gelatina explosiva e a pólvora sem fumaça.

Embora Nobel inventasse explosivos usados para fins militares, ele sempre apoiou fortemente os movimentos em favor da paz. As 355 patentes que detinha o tornaram um homem rico. Como nunca se casou, antes de morrer deixou estipulado como seu último desejo que sua fortuna (cerca de US$ 9.200.000) deveria ser usada para premiar todos aqueles "que prestassem grandes benefícios à humanidade". Ele instruiu que o dinheiro aplicado e os juros provenientes desse investimento fossem divididos em cinco partes iguais, que deveriam ser "entregues às pessoas que tivessem feito as contribuições mais significativas nas áreas de química, física, fisiologia, medicina ou literatura, assim como à pessoa que tivesse feito o melhor ou o mais importante trabalho de promoção da fraternidade entre as nações, cuidando da abolição de exércitos permanentes e da manutenção e promoção de congressos sobre a paz". Nobel também estipulou que, por ocasião da atribuição dos prêmios, não importasse a nacionalidade do candidato; além disso, cada prêmio devia ser partilhado por no máximo três pessoas, e nenhum prêmio deveria ser concedido postumamente.

Nobel deu instruções específicas para que os prêmios de química e física fossem concedidos pela Academia Real Sueca de Ciências; o de fisiologia ou medicina, pelo Instituto Karolinska, em Estocolmo; o de literatura, pela Academia Sueca; e o da paz, por um comitê de cinco pessoas eleito pelo Parlamento norueguês.

As deliberações sobre os ganhadores do prêmio são secretas, e não se pode recorrer das decisões. Em 1969, o Banco Central Sueco criou um prêmio para a área de economia, em homenagem a Nobel. O candidato agraciado por esse prêmio é escolhido pela Academia Real Sueca de Ciências. As premiações são realizadas em Estocolmo a 10 de dezembro — aniversário da morte de Nobel —, exceto o prêmio da paz, que é concedido em Oslo.

Alfred Bernhard Nobel

24.2 Catálise nucleofílica

Um **catalisador nucleofílico** aumenta a velocidade de uma reação atuando como um nucleófilo. Ele gera um intermediário por meio da formação de uma ligação covalente com um dos reagentes. A **catálise nuclofílica**, portanto, é também denominada **catálise covalente**. Um catalisador nucleofílico aumenta a velocidade de reação modificando completamente o mecanismo da reação.

Um catalisador nucleofílico gera um intermediário por meio da formação de uma ligação covalente com um reagente.

Na reação seguinte, o íon iodeto aumenta a velocidade de conversão do cloreto de etila em álcool etílio agindo como catalisador nucleofílico:

um catalisador nucleofílico

$$CH_3CH_2Cl + HO^- \xrightarrow[H_2O]{I^-} CH_3CH_2OH + Cl^-$$

Para compreender como o íon iodeto catalisa essa reação, precisamos olhar o mecanismo da reação com e sem o catalisador. Na ausência do íon iodeto, o cloreto de etila é convertido a álcool etílico em uma reação S_N2 de uma etapa.

O Prêmio Nobel de química de 2001 foi concedido a **K. Barry Sharpless, William S. Knowles e Royji Noyroi** *por seu trabalho na área de catálise.*

William S. Knowles *nasceu em 1917. Tornou-se PhD pela Universidade de Columbia em 1942 e trabalha como cientista na Companhia Monsanto, em St. Louis, Missouri.*

Royji Noyroi *nasceu em 1938, em Kobe, Japão. Tornou-se PhD pela Universidade de Kyoto e é professor de ciência dos materiais na Universidade de Nayoga, no Japão. Knowles e Noyroi foram indicados ao Prêmio Nobel por seu trabalho em hidrogenação catalisada quiralmente.*

K. Barry Sharpless *foi indicado ao Prêmio Nobel por seu trabalho em reações de oxidação com catálise assimétrica (Seção 20.5).*

mecanismo da reação não catalisada

$$HO^- + CH_3CH_2{-}Cl \longrightarrow CH_3CH_2OH + Cl^-$$

Se o íon iodeto está presente na mistura reacional, a reação ocorre por meio de duas reações S_N2 sucessivas.

mecanismo da reação catalisada pelo íon iodeto

$$I^- + CH_3CH_2{-}Cl \longrightarrow CH_3CH_2I + Cl^-$$
$$HO^- + CH_3CH_2{-}I \longrightarrow CH_3CH_2OH + I^-$$

A primeira reação S_N2 na reação catalisada é mais rápida que na reação não catalisada, porque em um solvente prótico o íon iodeto é melhor nucleófilo que o íon hidróxido, que é o nucleófilo da reação não catalisada (Seção 10.3). A segunda reação S_N2 na reação catalisada também é mais rápida que a reação não catalisada, porque o íon iodeto é uma base mais fraca e, portanto, um melhor grupo de saída que o íon cloreto, o grupo de saída na reação não catalisada. Assim, o íon iodeto aumenta a velocidade de formação de etanol por meio da transformação de uma reação de uma única etapa, relativamente lenta, em uma reação de duas etapas relativamente rápidas (Figura 24.2).

O íon iodeto é um catalisador nucleofílico porque reage como um nucleófilo, formando uma ligação covalente com o reagente. O íon iodeto consumido na primeira reação é regenerado na segunda, saindo da reação inalterado.

Outra reação em que um catalisador nucleófilo fornece um caminho mais favorável, por meio da modificação do mecanismo da reação, é a hidrólise de um éster catalisada pelo imidazol.

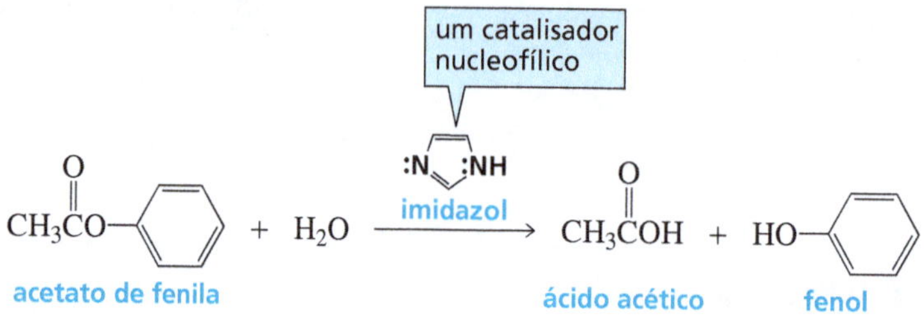

O imidazol é um nucleófilo melhor do que a água, reagindo mais rapidamente com o éster do que a água. O acil-imidazol formado é particularmente reativo, porque o nitrogênio carregado positivamente torna o imidazol um grupo de saída muito bom. Assim, ele é hidrolisado muito mais rapidamente do que o éster. Como a formação do acil-imidazol e sua hidrólise subseqüente são mais rápidas que a hidrólise do éster, o imidazol aumenta a velocidade de hidrólise do éster.

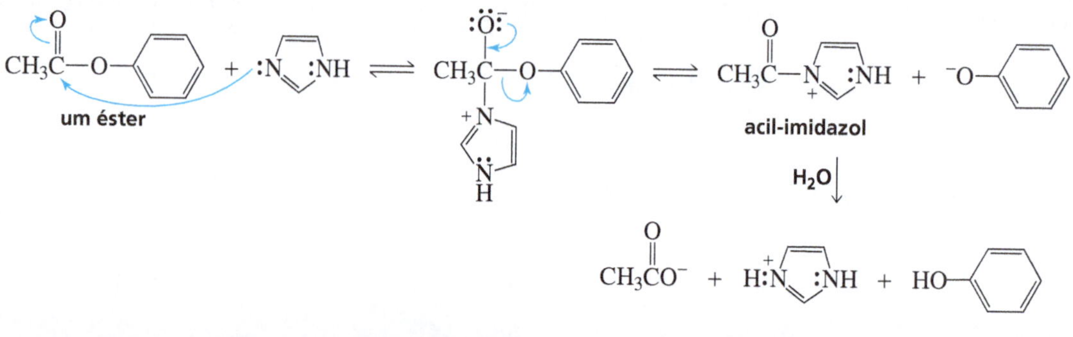

24.3 Catálise ácida

Um **catalisador ácido** aumenta a velocidade de uma reação por meio da doação de um próton a um reagente. Por exemplo, a velocidade de hidrólise de um éster é significativamente aumentada por um catalisador ácido (HB^+).

Um próton é doado ao reagente em uma reação catalisada por ácido.

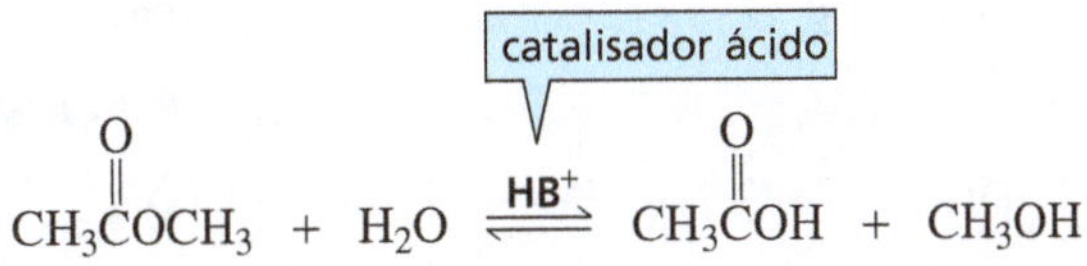

Podemos entender como um ácido catalisa a hidrólise de um éster ao examinar o mecanismo da reação catalisada pelo ácido. A doação de um próton a um átomo eletronegativo, como o oxigênio, e a remoção de um próton de um átomo eletronegativo são etapas rápidas. Portanto, a reação tem duas etapas lentas: a formação do intermediário tetraédrico e o colapso do intermediário tetraédrico. Um catalisador deve aumentar a velocidade de uma etapa lenta, já que, ao aumentar a velocidade de uma etapa rápida, não aumentará a velocidade da reação global.

Um catalisador deve aumentar a velocidade de uma etapa lenta. Aumentando a velocidade de uma etapa rápida, não aumentará a velocidade da reação global.

mecanismo da hidrólise de éster catalisada por ácido

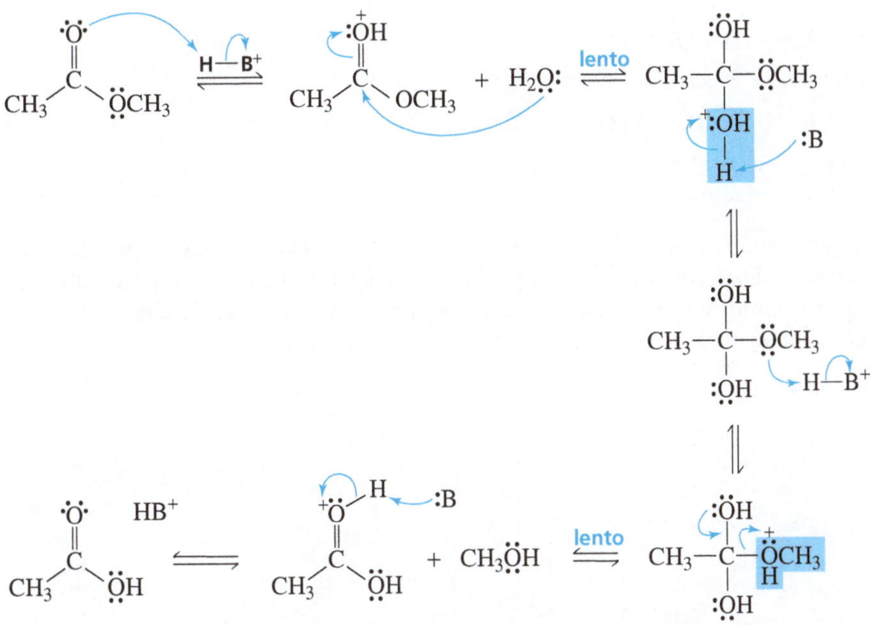

O ácido aumenta a velocidade das duas etapas lentas dessa reação. Além disso, aumenta a velocidade de formação do intermediário tetraédrico por meio da protonação do oxigênio carbonílico, aumentando, assim, a reatividade do grupo carbonila. Vimos que um grupo carbonila protonado é mais suscetível ao ataque nucleofílico do que um grupo carbonila não protonado, já que o primeiro é mais eletrofílico. Em outras palavras, o grupo carbonila protonado é mais suscetível ao ataque nucleofílico (Seção 17.11). Aumentar a reatividade do grupo carbonila por meio de sua protonação é um exemplo de como se pode proporcionar um meio de converter o reagente em uma espécie menos estável (mais reativa) (Figura 24.1a).

primeira etapa lenta catalisada por ácido

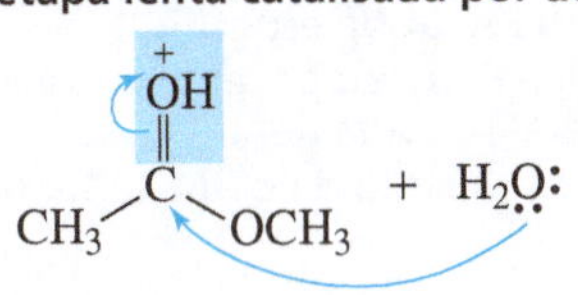

primeira etapa lenta não catalisada

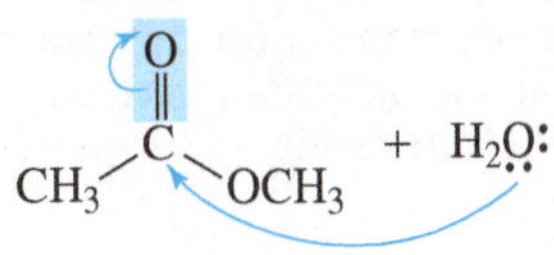

O ácido aumenta a velocidade da segunda etapa lenta mudando a basicidade do grupo que é eliminado quando o intermediário tetraédrico colapsa. Na presença de um ácido, o metanol (pK_a de $CH_3\overset{+}{O}H_2$ = −2,5) é eliminado; na ausência de um ácido, o íon metóxido (pK_a de CH_3OH = 15,7) é eliminado. O metanol é uma base mais fraca que o íon metóxido, por isso é eliminado mais facilmente.

segunda etapa lenta catalisada por ácido

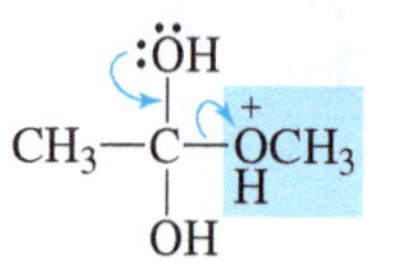

segunda etapa lenta não catalisada

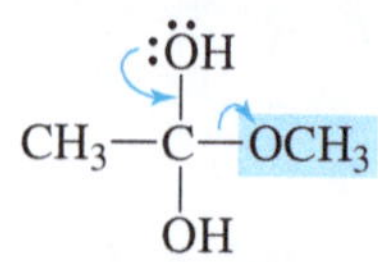

O mecanismo da hidrólise de um éster catalisada por ácido mostra que a reação pode ser dividida em duas fases distintas: a formação de um intermediário tetraédrico e o colapso de um intermediário tetraédrico. Há três etapas em cada fase: a primeira etapa é de protonação rápida; a segunda é uma etapa lenta catalisada que envolve a quebra de uma ligação π ou a formação de uma ligação π; e a última é uma etapa rápida de desprotonação (para regenerar o catalisador).

PROBLEMA 2

Compare cada um dos mecanismos a seguir com o mecanismo de cada fase da hidrólise de um éster catalisada por ácido, indicando:

a. semelhanças b. diferenças

1. formação de um hidrato catalisada por ácido (Seção 18.7)
2. conversão de um aldeído a um hemiacetal catalisada por ácido (Seção 18.7)
3. conversão de um hemiacetal a um acetal catalisada por ácido (Seção 18.7)
4. hidrólise de uma amida catalisada por ácido (Seção 17.16)

Há dois tipos de catálise ácida: *catálise ácida específica* e *catálise ácida geral.* Na **catálise ácida específica**, o próton é completamente transferido ao reagente *antes* do início da etapa lenta da reação (Figura 24.3a). Na **catálise ácida geral**, o próton é transferido ao reagente *durante* a etapa lenta da reação (Figura 24.3b). O mecanismo da hidrólise catalisada por ácido na p. 417 mostra que as etapas lentas da reação sofrem catálise específica.

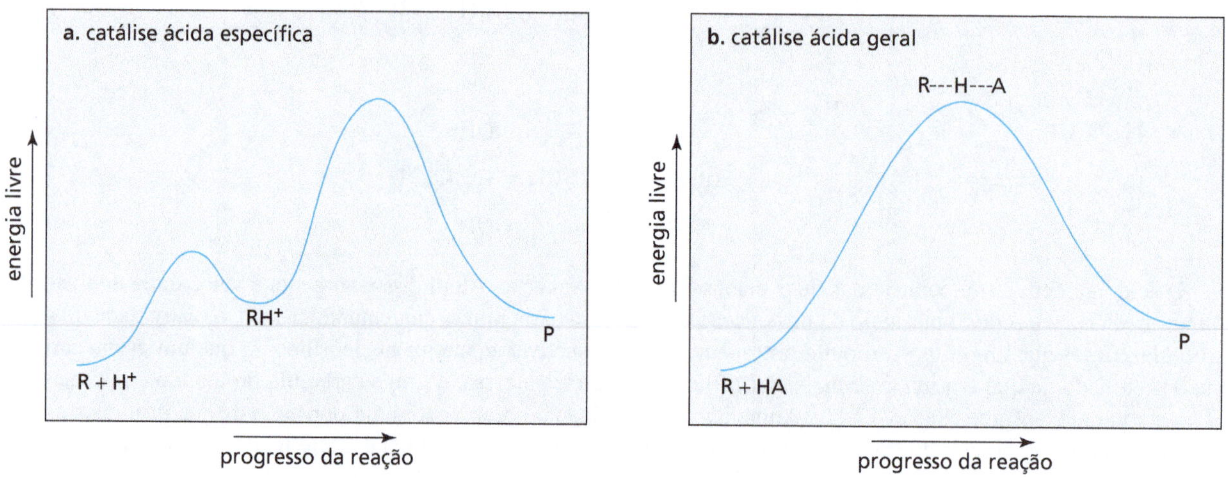

▲ **Figura 24.3**
(a) Diagrama da coordenada de reação para uma reação de catálise ácida específica.
(O próton é completamente transferido ao reagente antes do início da etapa lenta da reação.)
(b) Diagrama da coordenada de reação para uma reação de catálise ácida geral.
(O próton é parcialmente transferido ao reagente no estado de transição da etapa lenta da reação.)

Catalisadores ácidos gerais e específicos aceleram uma reação do mesmo modo — por meio da doação de um próton para fazer a ligação se formar e se quebrar mais facilmente. Os dois tipos de catálise ácida diferem somente na medida em que o próton é transferido no estado de transição da etapa lenta da reação. Em uma reação de catálise ácida específica, o estado de transição tem um próton completamente transferido, enquanto em uma reação de catálise ácida geral o estado de transição tem um próton parcialmente transferido (Figura 24.3).

Nos exemplos a seguir, observe a diferença na extensão da transferência de próton que ocorre quando o nucleófilo ataca o reagente. No ataque pela água a um grupo carbonila, com catálise ácida específica, o nucleófilo ataca um grupo carbonila completamente protonado. No ataque pela água a um grupo carbonila, com catálise ácida geral, o grupo carbonila torna-se protonado quando o nucleófilo o ataca.

ataque pela água, com catálise ácida específica

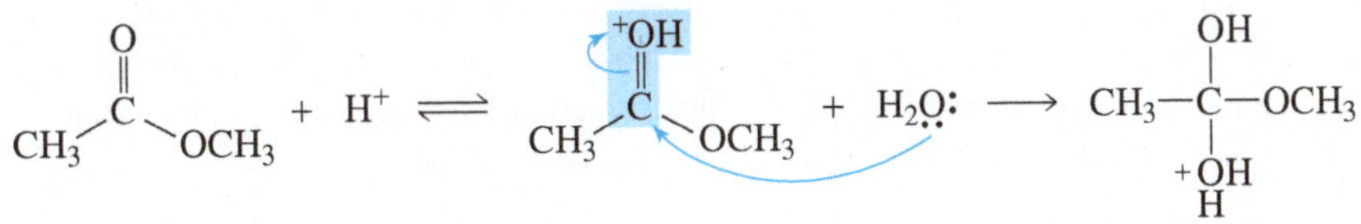

ataque pela água, com catálise ácida geral

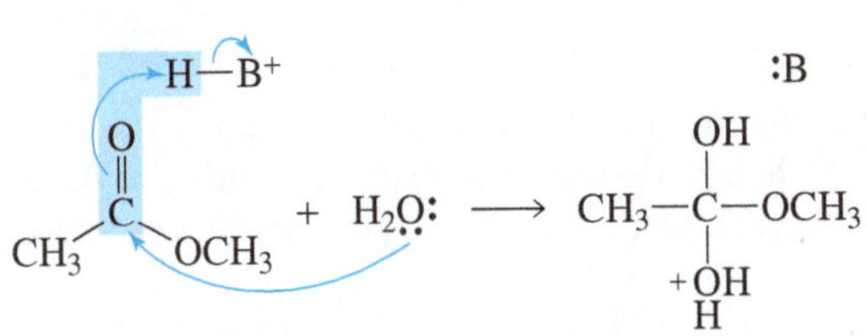

No colapso de um intermediário tetraédrico por catálise ácida específica, um grupo de saída completamente protonado é eliminado, enquanto no colapso de um intermediário tetraédrico, por catálise ácida geral, o grupo de saída abstrai um próton quando o grupo é eliminado.

catálise ácida específica na eliminação do grupo de saída

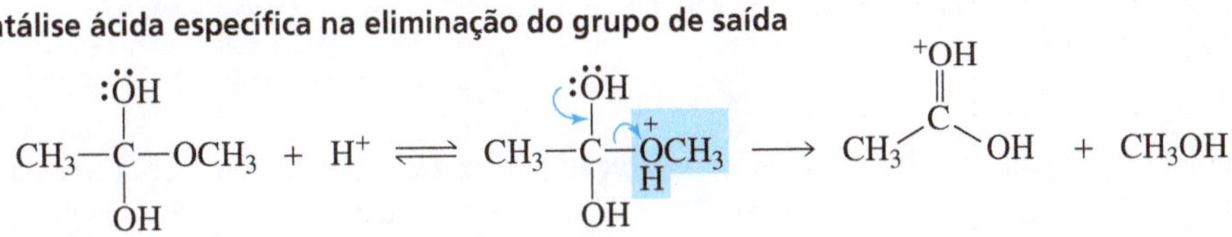

catálise ácida geral na eliminação do grupo de saída

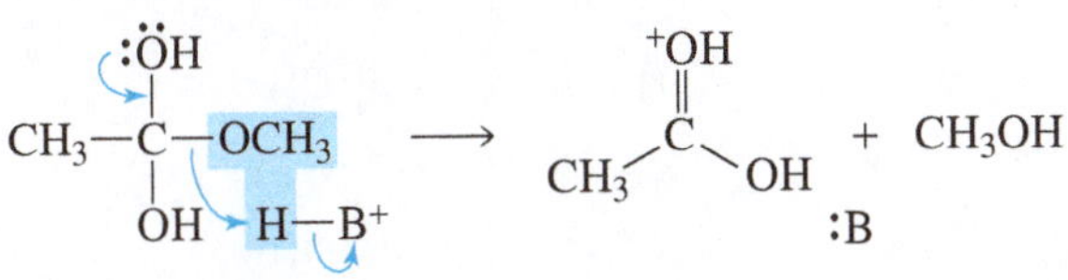

Um catalisador ácido específico deve ser um ácido forte o suficiente para protonar o reagente completamente antes do início da etapa lenta. Um catalisador ácido geral pode ser um ácido fraco, visto que ele transfere apenas parcialmente um próton no estado de transição da etapa lenta.

PROBLEMA 3

A reação a seguir ocorre por um mecanismo com catálise ácida geral:

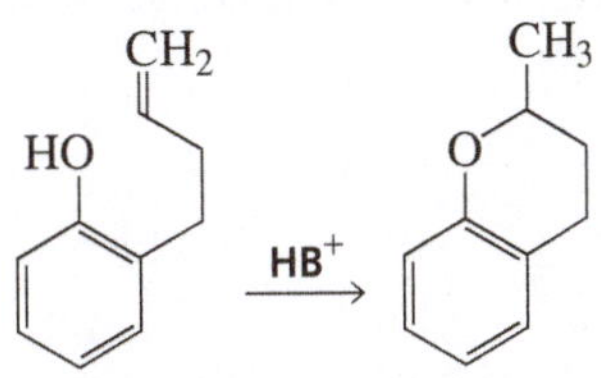

Proponha um mecanismo para essa reação.

PROBLEMA 4 RESOLVIDO

Um álcool não reagirá com a aziridina, a menos que um ácido esteja presente. Por que o ácido é necessário?

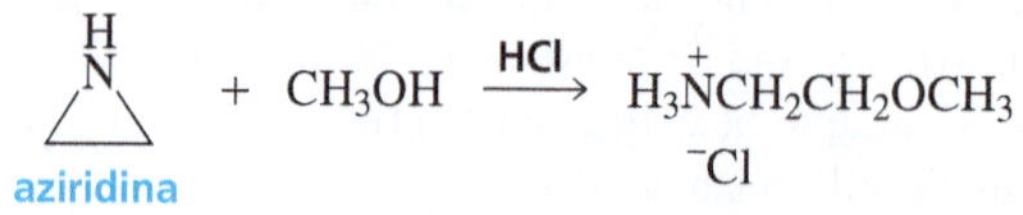

RESOLUÇÃO Embora o alívio da tensão anelar seja motivo suficiente para fazer um epóxido sofrer uma reação de abertura de anel (Seção 12.7, volume 1), não é suficiente para fazer o mesmo com uma aziridina. Um nitrogênio carregado negativamente é uma base forte e, por conseguinte, um grupo de saída mais pobre do que um oxigênio carregado negativamente. Portanto, é necessário um ácido para protonar o nitrogênio do anel, tornando-o um grupo de saída melhor.

24.4 Catálise básica

Um **catalisador básico** aumenta a velocidade de uma reação pela remoção de um próton do reagente. Por exemplo, a desidratação de um hidrato na presença de um íon hidróxido é uma reação catalisada por base. O íon hidróxido (a base) aumenta a velocidade da reação por meio da abstração de um próton do hidrato neutro.

Um próton é removido do reagente em uma reação catalisada por base.

desidratação por catálise básica específica

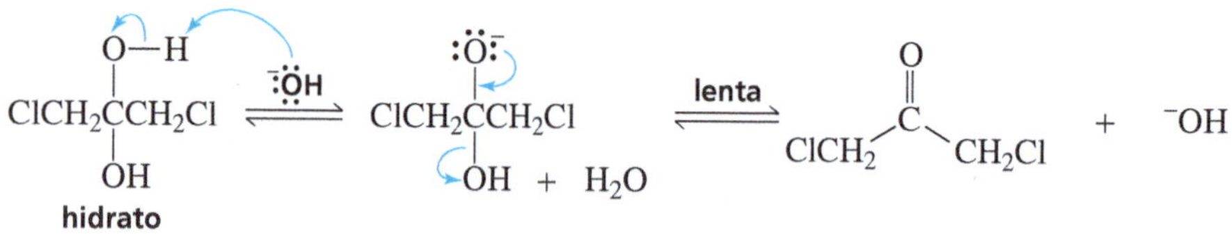

A remoção de um próton do hidrato aumenta a velocidade de desidratação por fornecer um caminho com um estado de transição mais estável. O estado de transição para eliminação de $^{-}$OH de um intermediário tetraédrico negativamente carregado é mais estável, porque uma carga positiva não se desenvolve no átomo de oxigênio eletronegativo, como acontece no estado de transição para eliminação de $^{-}$OH de um intermediário tetraédrico neutro.

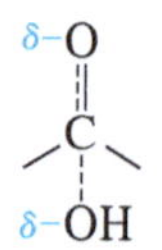

estado de transição para eliminação de $^{-}$OH de um intermediário tetraédrico carregado negativamente

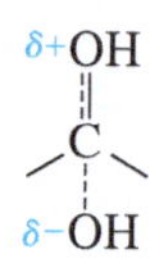

estado de transição para eliminação de $^{-}$OH de um intermediário tetraédrico neutro

A desidratação de um hidrato catalisada por base, apresentada anteriormente, é um exemplo de catálise básica específica. Na **catálise básica específica**, o próton é completamente removido do reagente *antes* do início da etapa lenta da reação. Na **catálise básica geral**, por outro lado, o próton é removido do reagente *durante* a etapa lenta da reação. Compare a extensão da transferência de próton na etapa lenta da desidratação por catálise básica específica, já estudada, com a extensão da transferência de próton na etapa lenta da desidratação por catálise básica geral, apresentada a seguir:

desidratação por catálise básica geral

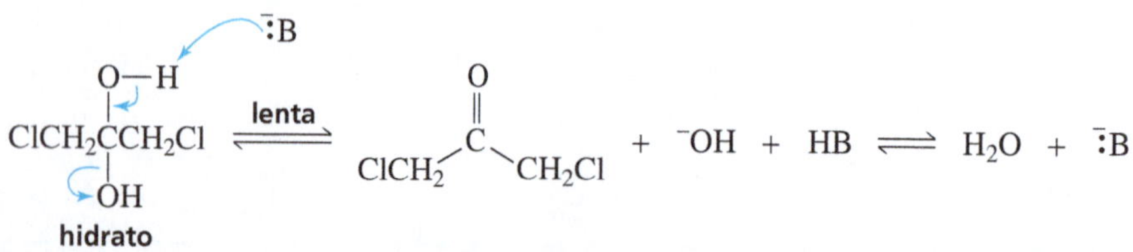

Na catálise básica específica, a base tem de ser forte o suficiente para remover o próton do reagente completamente antes do início da etapa lenta. Na catálise básica geral, a base pode ser mais fraca, porque o próton é apenas parcialmente transferido para a base no estado de transição da etapa lenta. Veremos que as enzimas catalisam reações usando grupos catalíticos para catálise ácida geral e catálise básica geral, porque em pH fisiológico (7,3), há disponível uma concentração muito pequena de H^+($\sim 1 \times 10^{-7}$ M) para a catálise ácida específica ou de HO^- para a catálise básica específica.

PROBLEMA 5◆

O mecanismo para a hidrólise de éster promovida pelo íon hidróxido é mostrada na Seção 17.12. Que papel catalítico o íon hidróxido desempenha nesse mecanismo?

PROBLEMA 6

A reação seguinte ocorre por meio de um mecanismo que envolve a catálise básica geral:

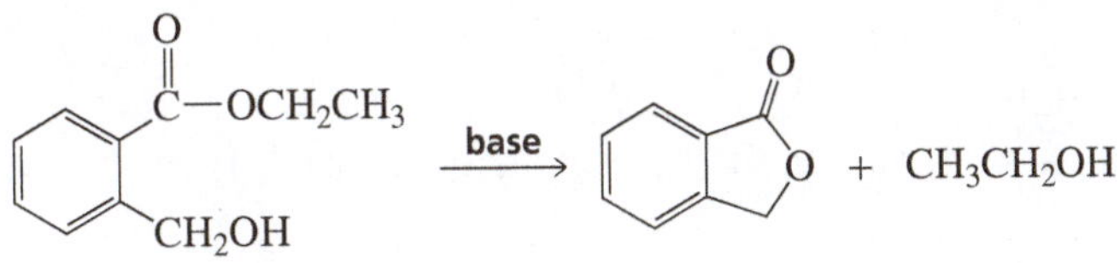

Tutorial Gallery: Classificação de caminhos catalíticos
WWW

Proponha um mecanismo para essa reação.

24.5 Catálise por íon metálico

Os íons metálicos exercem seu efeito catalítico por coordenação (isto é, por complexação) com átomos que têm pares de elétrons livres. Em outras palavras, os íons metálicos são ácidos de Lewis (Seção 1.21, volume 1). Um *íon metálico* pode aumentar de vários modos a velocidade de uma reação:

- Pode tornar um centro de reação mais suscetível a receber elétrons, como em A, no seguinte diagrama:

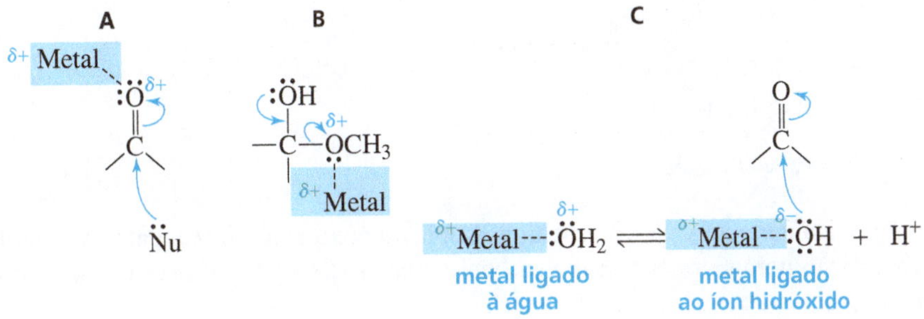

- Pode transformar um grupo de saída em uma base mais fraca e, por isso, em um grupo de saída melhor, como em B.
- Pode aumentar a velocidade de uma reação de hidrólise pelo aumento da nucleofilicidade da água, como em C.

Nos casos A e B, o íon metálico exerce o mesmo tipo de efeito catalítico que o próton. Em uma reação em que isso ocorre (aumentando a eletrofilicidade de um centro reacional ou diminuindo a basicidade de um grupo de saída), o íon metálico é denominado **catalisador eletrofílico**.

No caso C, a complexação da água com um íon metálico aumenta sua nucleofilicidade pela conversão a íon hidróxido ligado a metal. O pK_a da água é 15,7. Quando um íon metálico complexa com a água, ele aumenta sua tendência a perder um próton. O pK_a da água ligada a metal depende do átomo do metal (Tabela 24.1). Quando a água ligada a um metal perde um próton, um íon hidróxido ligado a metal é formado, o qual, embora não seja um nucleófilo tão bom quanto o íon hidróxido, é melhor do que a água.

Tabela 24.1 Valores de pK_a de água ligada a metal

M^{2+}	pK_a	M^{2+}	pK_a
Ca^{2+}	12,7	Co^{2+}	8,9
Mg^{2+}	11,8	Zn^{2+}	8,7
Cd^{2+}	11,6	Fe^{2+}	7,2
Mn^{2+}	10,6	Cu^{2+}	6,8
Ni^{2+}	9,4	Be^{2+}	5,7

Veremos agora alguns exemplos de reações catalisadas por íons metálicos. O Co^{2+} catalisa a condensação de duas moléculas do éster etílico de glicina, formando o éster etílico de glicil-glicina. O verdadeiro catalisador é um complexo de cobalto, $[Co(etileno\text{-}diamina)_2]^{2+}$.

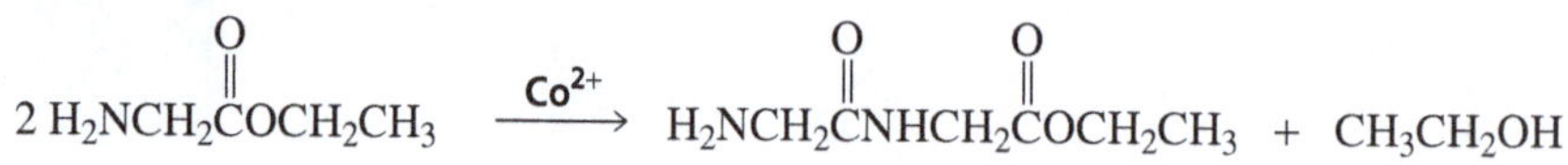

A coordenação do íon metálico com o oxigênio carbonílico torna o grupo carbonila mais suscetível ao ataque nucleofílico em decorrência da estabilização da carga negativa que se desenvolve no oxigênio no estado de transição.

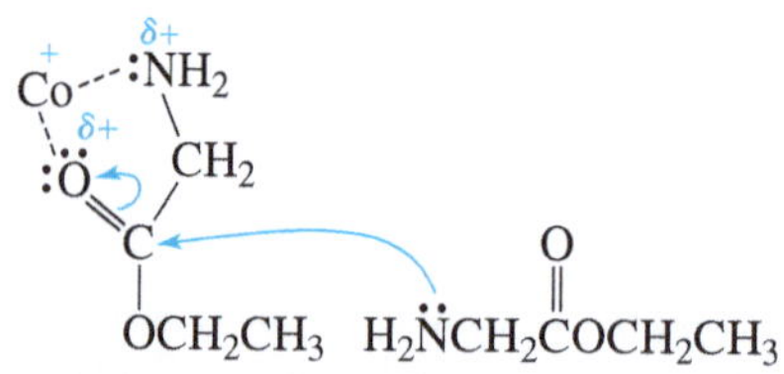

A descarboxilação do dimetil-oxalo-acetato pode ser catalisada pelo Cu^{2+} ou pelo Al^{3+}.

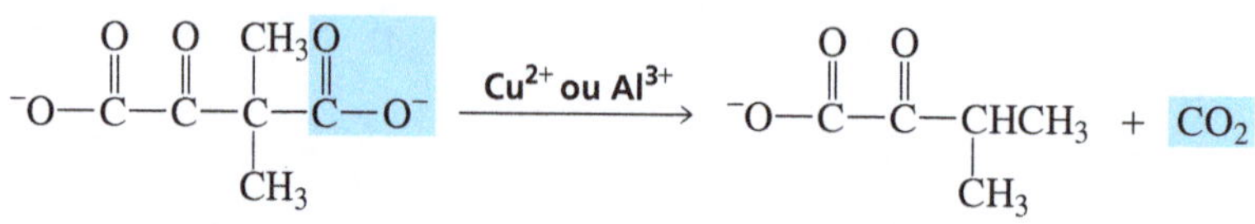

dimetil-oxalo-acetato

Nessa reação, o íon metálico complexa com os dois átomos de oxigênio do reagente. A complexação aumenta a velocidade de descarboxilação porque torna o grupo carbonila mais suscetível a receber os elétrons deixados para trás quando o CO_2 é eliminado.

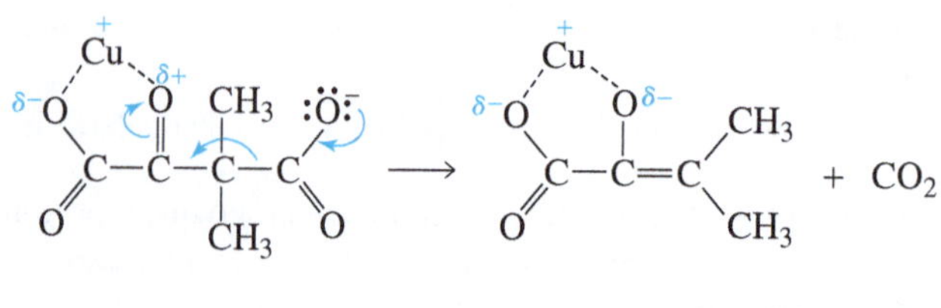

A hidrólise do trifluoro-acetato de metila tem duas etapas lentas. O Zn^{2+} aumenta a velocidade da primeira etapa lenta ao fornecer íon hidróxido ligado a metal, nucleófilo melhor do que a água. O Zn^{2+} aumenta a velocidade da segunda etapa lenta por meio da redução da basicidade do grupo eliminado a partir do intermediário tetraédrico.

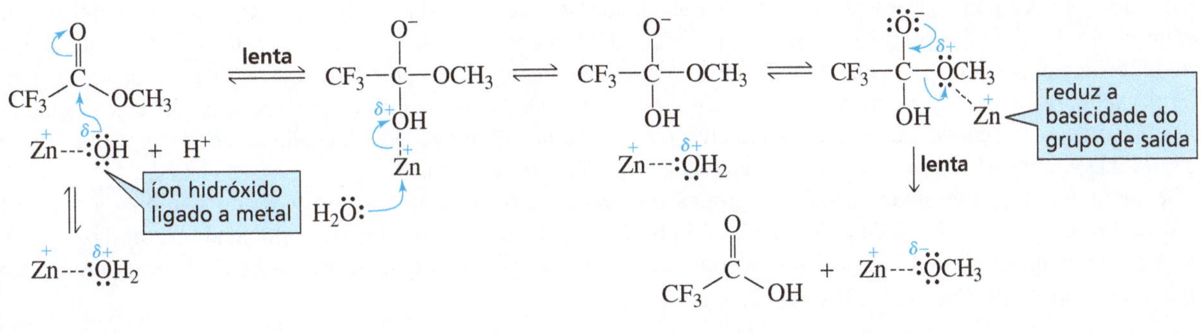

PROBLEMA 7◆

A constante de velocidade para a reação não catalisada de duas moléculas do éster etílico de glicina, formando o éster etílico de glicil-glicina, é 0,6 $s^{-1}M^{-1}$. Na presença de $[Co(\text{etileno-diamina})_2]^{2+}$, a constante de velocidade é $1{,}5 \times 10^6\ s^{-1}M^{-1}$. Qual o aumento de velocidade proporcionado pelo catalisador?

PROBLEMA 8

Embora os íons metálicos aumentem a velocidade de descarboxilação do dimetil-oxalo-acetato, eles não têm efeito na velocidade de descarboxilação do éster monoetílico de dimetil-oxalo-acetato ou do aceto-acetato. Explique por que isso ocorre.

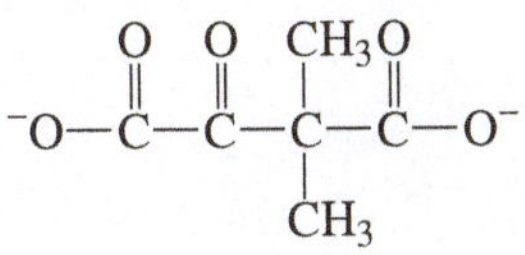
dimetil-oxalo-acetato

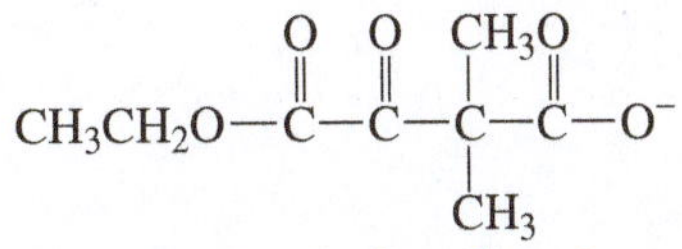
éster monoetílico de dimetil-oxalo-acetato

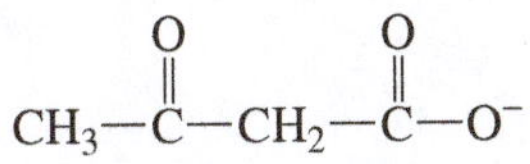
aceto-acetato

PROBLEMA 9

A hidrólise de glicinamida é catalisada pela $[Co(\text{etileno-diamina})_2]^{2+}$. Proponha um mecanismo para essa reação.

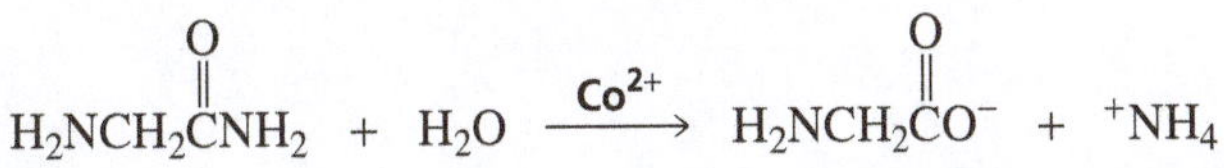

24.6 Reações intramoleculares

A velocidade de uma reação química é determinada pelo número de colisões moleculares com energia suficiente *e* somada à orientação apropriada em determinado período de tempo (Seção 3.7):

$$\textbf{velocidadede reação} = \frac{\textbf{número de colisões}}{\textbf{unidade de tempo}} \times \frac{\textbf{fração com}}{\textbf{energia suficiente}} \times \frac{\textbf{fração com}}{\textbf{orientação apropriada}}$$

Como o catalisador diminui a barreira energética de uma reação, aumenta a velocidade da reação por meio do aumento do número de colisões que ocorrem com energia suficiente para transpor a barreira.

A velocidade de uma reação pode também ser acelerada pelo aumento da freqüência *e* do número de colisões que ocorrem com a orientação apropriada. Vimos que uma reação intramolecular que resulta na formação de um anel de cinco ou seis membros ocorre mais facilmente que a reação análoga intermolecular. Isso ocorre porque uma reação intramolecular tem a vantagem de os grupos que reagem serem mantidos juntos na mesma molécula, o que dá a eles melhor chance de se encontrarem do que se estivessem em duas moléculas diferentes de uma solução de mesma concentração (Seção 11.11, volume 1). Como resultado, a freqüência das colisões aumenta.

Se, além de estar na mesma molécula, os grupos que reagem estiverem justapostos de modo a ampliar a probabilidade de colidirem com a orientação apropriada, será possível verificar um acréscimo na velocidade da reação. As velocidades relativas mostradas na Tabela 24.2 demonstram o enorme aumento que ocorre na velocidade de uma reação quando os grupos reagentes estão adequadamente justapostos.

Tabela 24.2 Velocidades relativas de uma reação intermolecular e de cinco reações intramoleculares

	Reação	Velocidade relativa de reação
A	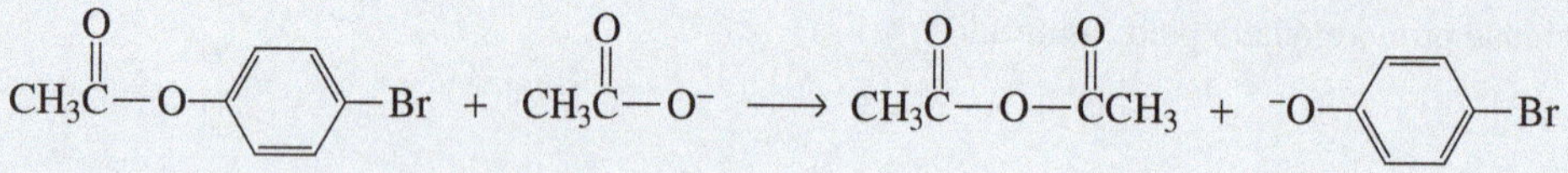	1,0
B	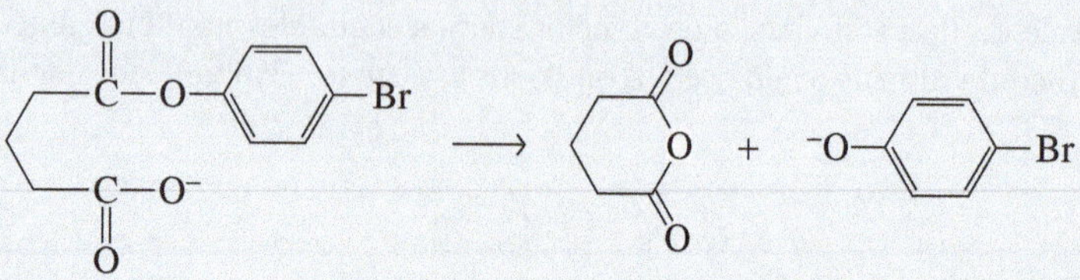	1×10^3 M
C	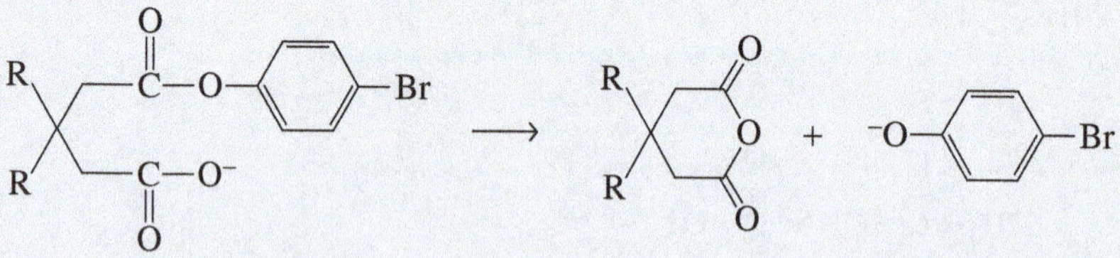	2.3×10^4 M R = CH_3 $1,3 \times 10^6$ M R = *iso*-C_3H_7
D	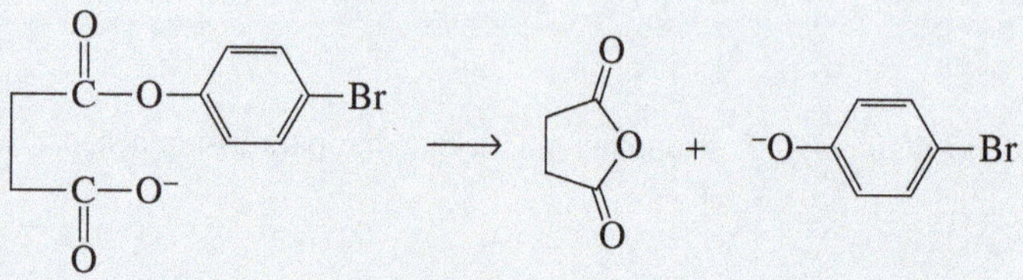	$2,2 \times 10^5$ M
E	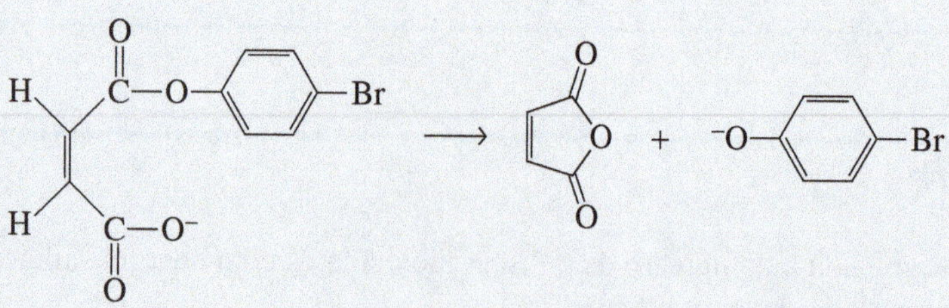	1×10^7 M
F	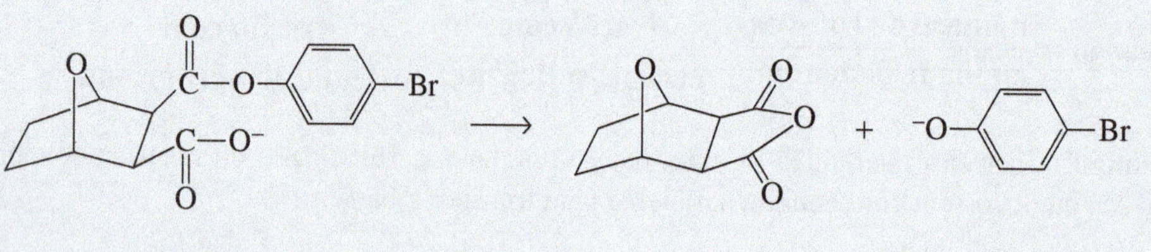	5×10^7 M

As constantes de velocidade para uma série de reações costumam ser comparadas em termos de velocidades relativas, que nos permitem ver imediatamente quão mais rápida uma reação é em relação a outra. As **velocidades relativas** são obtidas pela divisão da constante de velocidade para cada reação pela constante de velocidade da reação mais lenta da série. Como a reação intramolecular é uma reação de primeira ordem (ela tem unidades de tempo^{-1}) e a reação intermolecular é uma reação de segunda ordem (ela tem unidades de tempo^{-1} M^{-1}), as velocidades relativas na Tabela 24.2 têm unidades de molaridade (M) (Seção 3.7, volume 1).

$$\textbf{velocidade relativa} = \frac{\textbf{constante de velocidade de primeira ordem}}{\textbf{constante de velocidade de segunda ordem}} = \frac{\textbf{tempo}^{-1}}{\textbf{tempo}^{-1}\,\textbf{M}^{-1}} = \textbf{M}$$

As velocidades relativas mostradas na Tabela 24.2 são também denominadas *molaridades efetivas*. A **molaridade efetiva** é a concentração de reagente necessária em uma reação *intermolecular* para que ela tenha a mesma velocidade que a reação *intramolecular*. Em outras palavras, a molaridade efetiva é a vantagem dada a uma reação por ter os grupos reagentes na mesma molécula. Em alguns casos, a justaposição dos grupos reagentes proporciona um aumento tão grande na velocidade que a molaridade efetiva é maior que a concentração do reagente em seu estado sólido!

A primeira reação mostrada na Tabela 24.2 (A) é uma reação intermolecular entre um éster e um íon carboxilato. A segunda reação (B) tem os mesmos grupos reagentes em uma única molécula. A velocidade da reação intramolecular é mil vezes mais rápida que a velocidade da reação intermolecular.

O reagente em B tem quatro ligações C—C que são livres para girar, enquanto o reagente em D tem apenas três dessas ligações. Confôrmeros nos quais os grupos grandes estão livres para afastarem-se uns dos outros, por rotação, são mais estáveis. Entretanto, quando estes grupos estão apontados para longe um do outro, eles estão em uma conformação desfavorável para a reação. Como o reagente em D tem poucas ligações livres para girar, os grupos terão menos tendência a ficar em uma conformação desfavorável para uma reação. Portanto, a reação D é mais rápida que a reação B. As constantes de velocidade relativas para as reações mostradas na Tabela 24.2 estão quantitativamente relacionadas à probabilidade calculada de gerar uma conformação em que o íon carboxilato esteja em posição de ataque ao carbono carbonílico.

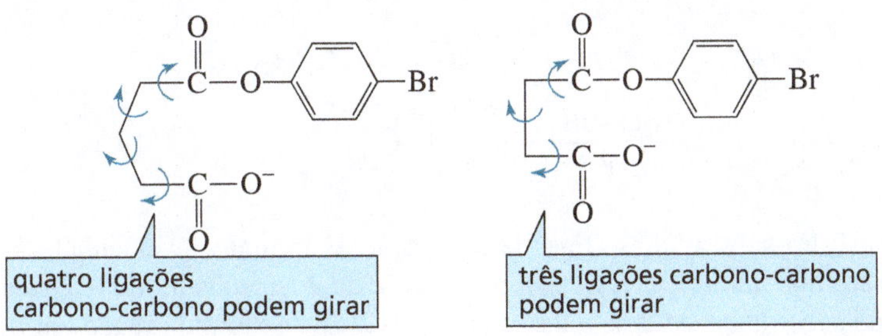

A reação C é mais rápida que a reação B, porque os substituintes alquila do reagente em C reduzem o volume disponível para rotação dos grupos reativos, afastando-os uns dos outros. Assim, há uma probabilidade maior de que a molécula esteja em conformação com os grupos reagentes posicionados para o fechamento do anel. Isso é denominado *efeito de grupos dialquilas geminais* (efeito gem-dialquilas ou efeito Thorpe–Ingold), porque os dois substituintes alquila estão ligados ao mesmo carbono (geminal). Comparando a velocidade nos casos em que os substituintes são grupos metila com a velocidade nos casos em que os substituintes são grupos isopropila, verificamos que há um acréscimo na velocidade quando o tamanho dos grupos alquila aumenta.

O aumento de velocidade na reação E se deve à ligação dupla, que impede os grupos reagentes de girarem e se afastarem uns dos outros. A substância bicíclica em F reage ainda mais rapidamente, porque os grupos reagentes estão presos na orientação apropriada para a reação.

PROBLEMA 10◆

A velocidade relativa de reação do alceno cis (E) á dada na Tabela 24.2. Qual a velocidade relativa de reação que você esperaria para o isômero trans?

24.7 Catálise intramolecular

Assim como colocar dois grupos reagentes na mesma molécula aumenta a velocidade de uma reação, considerando-se o fato de ter os grupos em moléculas separadas, colocar um *grupo reagente* e um *catalisador* na mesma molécula aumenta a velocidade de uma reação, considerando-se o fato de tê-los em moléculas separadas. Quando um catalisador é parte da molécula reagente, a catálise é denominada **catálise intramolecular**. Podem ocorrer: catálise nucleofílica intramolecular, catálise ácido-básica geral intramolecular e catálise intramolecular por íon metálico. A catálise intramolecular também é conhecida como *assistência anquimérica* (*anquimérico*, do grego, significa "partes adjacentes"). Vejamos agora alguns exemplos de catálise intramolecular.

A reação de enolização a seguir, catálise básica geral intramolecular, é considerada mais rápida do que a reação análoga (catálise básica geral intermolecular).

catálise básica geral intramolecular

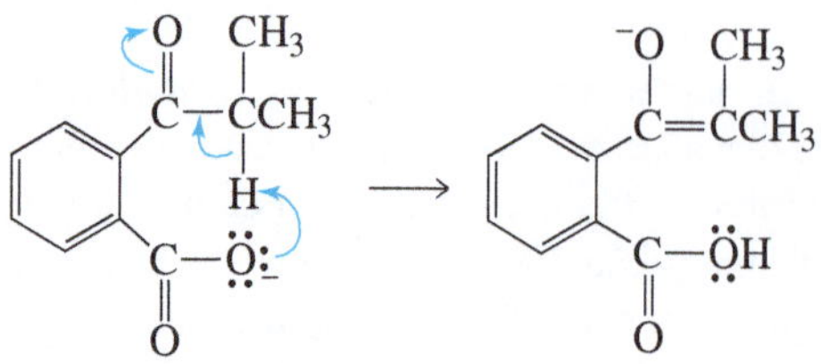

catálise básica geral intermolecular

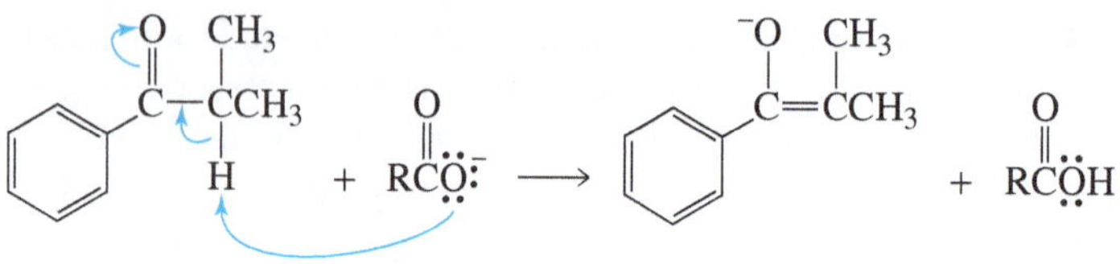

Quando o cloro-ciclo-hexano reage com uma solução aquosa de etanol, são formados um álcool e um éter. Formam-se dois produtos porque há dois nucleófilos (H_2O e CH_3CH_2OH) na solução.

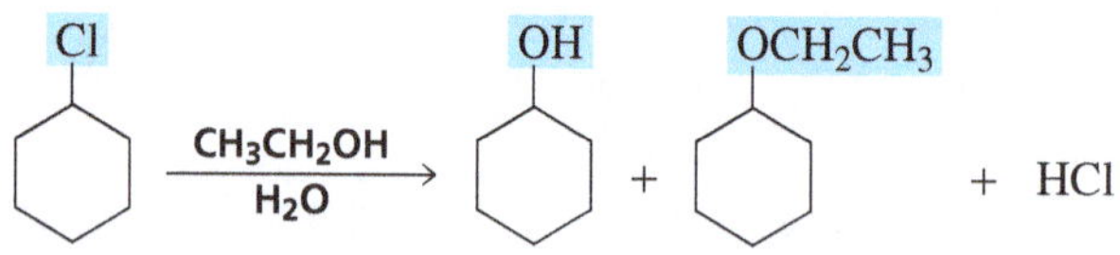

Um cloro-ciclo-hexano 2-tio-substituído sofre a mesma reação. Entretanto, a velocidade da reação depende do substituinte tio ser cis ou trans ao substituinte cloro. Se é trans, o derivado 2-tio-substituído reage cerca de 70 mil vezes mais rápido que a substância não substituída. Mas se é cis, o derivado 2-tio-substituído reage um pouco mais lentamente do que a substância não substituída.

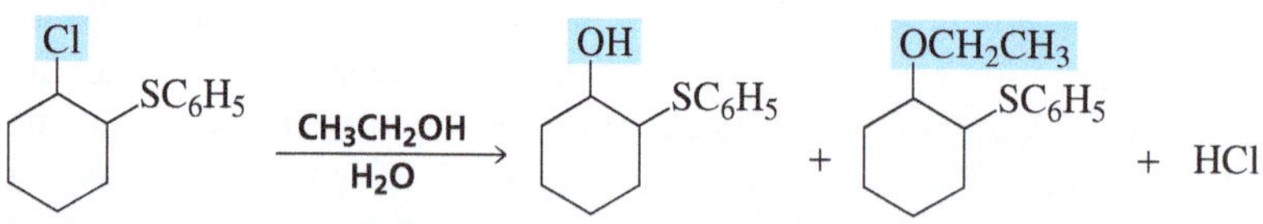

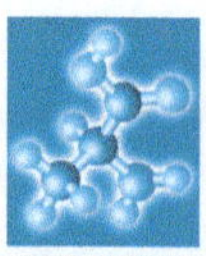

Molecule Gallery: ***cis*-2-tio-fenil-cloro-ciclo-hexano; *trans*-2-tio-fenil-cloro-ciclo-hexano**

WWW

A que se deve a reação muito mais rápida do derivado trans-substituído? Nessa reação, o susbtituinte tio é um catalisador nucleofílico intramolecular. Ele desloca o substituinte cloro atacando por trás do carbono ao qual o substituinte cloro está ligado. Esse tipo de ataque requer que ambos os substituintes estejam em posições axiais (Seção 2.14, volume 1). O ataque subseqüente da água ou do etanol ao íon sulfônio é rápido, porque o enxofre carregado positivamente é um excelente grupo de saída, e a quebra do anel de três membros libera a tensão.

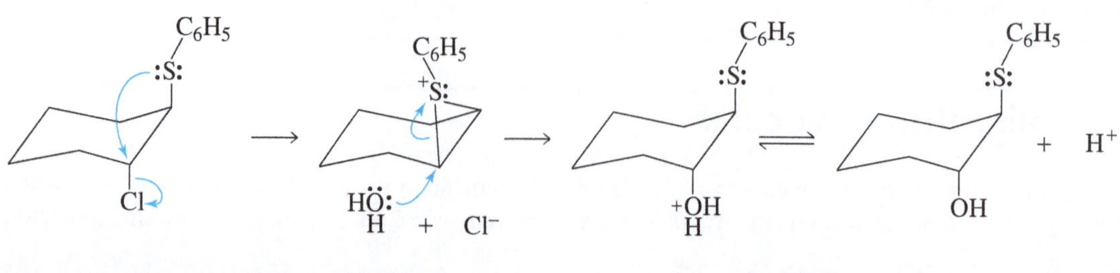

PROBLEMA 11◆

Mostre todos os produtos e suas configurações que poderiam ser obtidos da solvólise da substância trans-substituída ilustrada no diagrama anterior.

Em pH neutro a velocidade de hidrólise do acetato de fenila é aumentada cerca de 150 vezes em decorrência da presença de um íon carboxilato na posição orto. O éster *orto*-carboxil-substituído é comumente conhecido como aspirina (Seção 19.9). Nas reações seguintes, os reagentes e produtos são mostrados na forma que predomina em pH fisiológico (7,3).

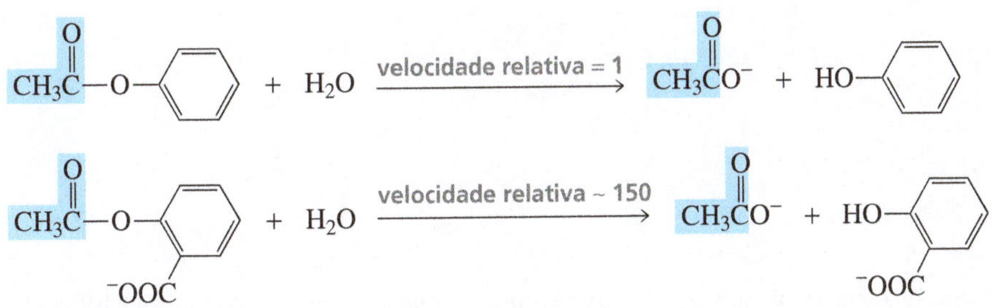

O grupo *orto*-carboxilato é um catalisador básico geral intramolecular que aumenta a nucleofilicidade da água e, em conseqüência, a velocidade de formação do intermediário tetraédrico.

Molecule Gallery: Aspirina

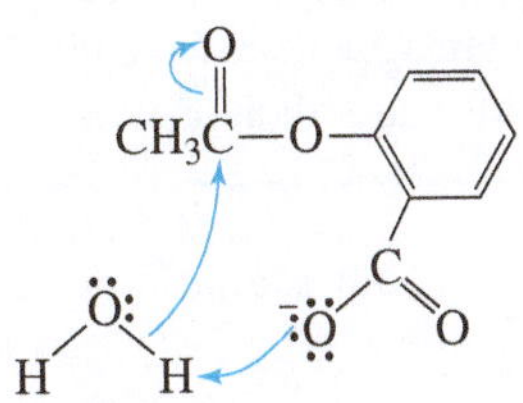

Se grupos nitro são colocados no anel benzênico, o substituinte *orto*-carboxila atua como um *catalisador nucleofílico* intramolecular, em vez de atuar como um *catalisador básico geral* intramolecular. Ele aumenta a velocidade da reação de hidrólise por meio da conversão do éster a um anidrido, e um anidrido é mais rapidamente hidrolisado do que um éster.

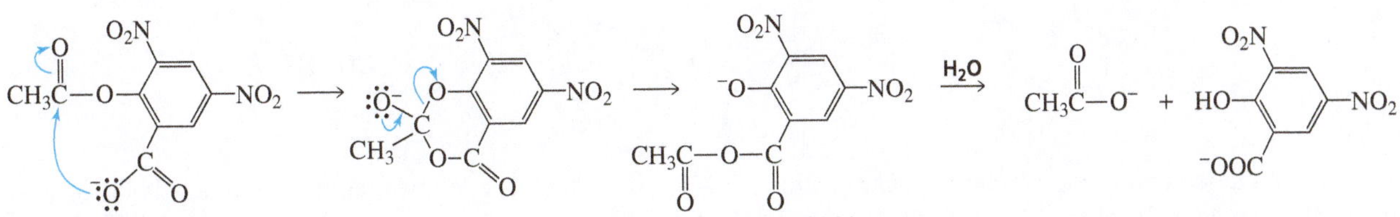

PROBLEMA 12 RESOLVIDO

O que faz o método de catálise passar de básica geral a nucleofílica na hidrólise de um acetato de fenila *orto*-carboxil-substituído?

RESOLUÇÃO O substituinte *orto*-carboxila está em posição para formar um intermediário tetraédrico. Se o grupo carboxila no intermediário tetraédrico for um grupo de saída melhor que o grupo fenoxi, ele será eliminado preferencialmente do intermediário, o qual voltará a formar o material de partida, que, por sua vez, será hidrolisado por um mecanismo de catálise básica geral (etapa A). Entretanto, se o grupo fenoxi for um grupo de saída melhor do que o grupo carboxila, o grupo fenoxi será eliminado, formando assim o anidrido, e a reação terá ocorrido por um mecanismo envolvendo a catálise nucleofílica (etapa B).

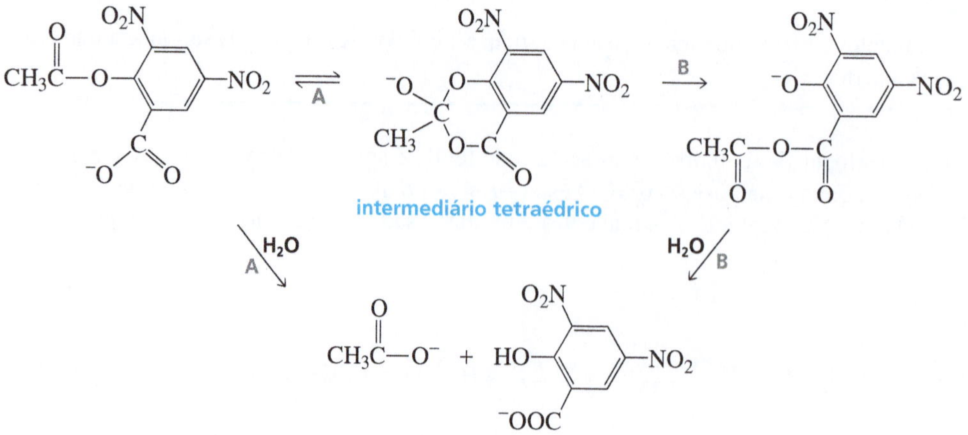

PROBLEMA 13◆

Por que os grupos nitro modificam as tendências de saída relativas dos grupos fenila e carboxila no intermediário tetraédrico do Problema 12?

PROBLEMA 14

Se o substituinte *orto*-carboxila atuar como um catalisador básico geral intramolecular ou como um catalisador nucleofílico, poderá ser determinado pela realização da hidrólise da aspirina com água marcada com ^{18}O, e determinar se o ^{18}O será incorporado ao fenol *orto*-carboxil-substituído. Explique os resultados que seriam obtidos com os dois tipos de catálise.

A reação seguinte, em que Ni^{2+} catalisa a hidrólise do éster, é um exemplo de catálise intramolecular por íon metálico:

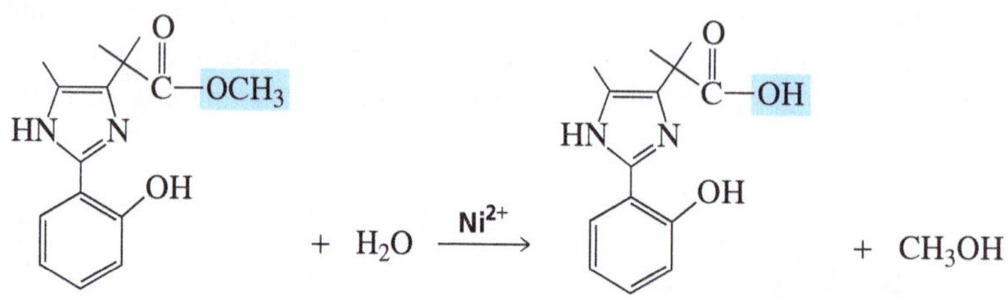

O íon metálico complexa com um oxigênio e um nitrogênio do reagente, e também com uma molécula de água. O íon metálico aumenta a velocidade da reação, posicionando a molécula de água e aumentando sua nucleofilicidade pela conversão a hidróxido ligado a metal.

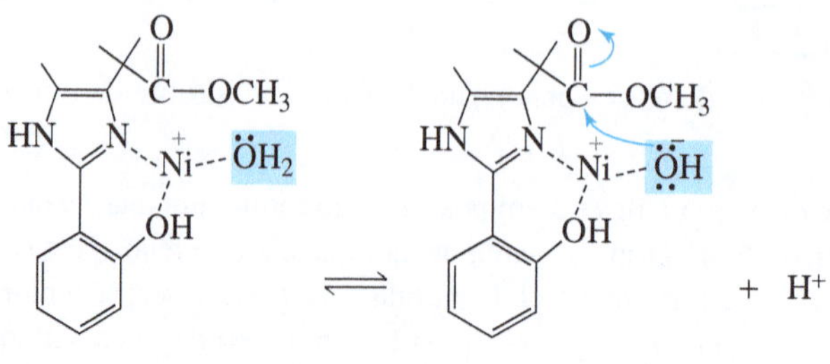

24.8 Catálise em reações biológicas

Quase todas as reações orgânicas ocorridas em sistemas biológicos requerem um catalisador. A maioria dos catalisadores biológicos é de **enzimas**, que são proteínas globulares (Seção 23.11). Cada reação biológica é catalisada por uma enzima diferente. Enzimas são catalisadores muito bons — elas podem aumentar a velocidade de uma reação intermolecular em até 10^6. Por outro lado, o aumento de velocidade obtido por meio de catalisadores não-biológicos em reações intermoleculares raramente é superior a 10^4 vezes.

O reagente de uma reação catalisada por enzima é denominado **substrato**. A enzima tem um bolso, ou uma abertura, conhecido como sítio ativo. O subtrato se encaixa e se liga especificamente ao **sítio ativo**, e todas as etapas de quebra e formação de ligações ocorrem enquanto o substrato está nessa condição. As enzimas diferem dos catalisadores não-biológicos pelo fato de serem específicas para o reagente cuja reação elas catalisam (Seção 5.20, volume 1). Nem todas as enzimas têm o mesmo grau de especificidade. Algumas são específicas para uma única substância e não permitem a mínima variação na estrutura, ao passo que algumas catalisam a reação de toda uma família de substâncias com estruturas relacionadas. A especificidade de uma enzima por seu substrato é um exemplo do fenômeno conhecido como **reconhecimento molecular** — a habilidade de uma molécula em reconhecer outra.

A especificidade de uma enzima resulta de sua conformação e das cadeias laterais de aminoácidos específicas que compõem o sítio ativo. Por exemplo, uma cadeia lateral de um aminoácido carregada negativamente no sítio ativo de uma enzima pode se associar com um grupo carregado positivamente no substrato; um doador de ligação hidrogênio na enzima pode se associar com um aceptor de ligação hidrogênio no substrato; e grupos hidrofóbicos na enzima se associam com grupos hidrofóbicos no substrato. A especificidade de uma enzima por seu substrato é descrita pelo modelo chave-fechadura. No **modelo chave-fechadura** considera-se que o substrato se encaixa na enzima exatamente como uma chave se encaixa numa fechadura.

A energia liberada como resultado da ligação do substrato à enzima pode ser usada para induzir uma mudança na conformação dessa enzima, levando a uma união mais precisa entre o substrato e o sítio ativo. Essa mudança na conformação da enzima é conhecida como encaixe induzido. No **modelo de encaixe induzido**, a forma do sítio ativo não é totalmente complementar à forma do substrato até que a enzima tenha se ligado ao substrato.

a. b.

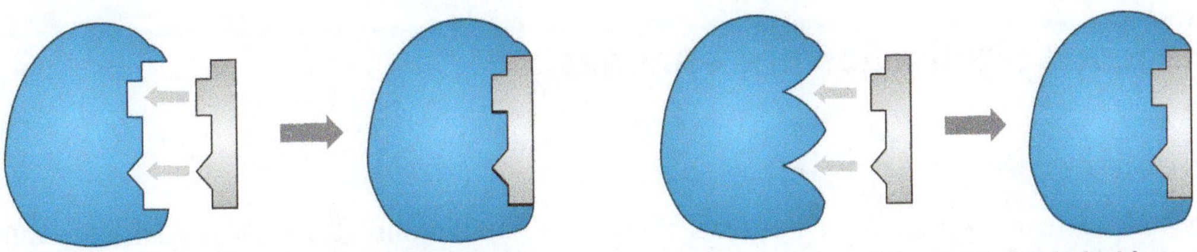

modelo chave-fechadura — modelo de encaixe induzido

Um exemplo de encaixe induzido é mostrado na Figura 24.4. A estrutura tridimensional da enzima hexoquinase é mostrada antes e depois de se ligar à glicose, que é o seu substrato. Observe a mudança na conformação ocorrida após a ligação do substrato.

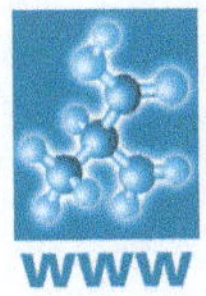

Molecule Gallery: Hexoquinase; Hexoquinase ligada a seu substrato

Os fatores a seguir são alguns dos quais mais contribuem para a notável habilidade catalítica das enzimas:

- Grupos reagentes se encontram no sítio ativo na orientação apropriada para a reação. Isso é análogo, portanto, ao modo como o posicionamento apropriado de grupos reagentes aumenta a velocidade das reações intramoleculares (Seção 24.6).
- Algumas das cadeias laterais de aminoácidos da enzima servem de grupos catalíticos, e muitas enzimas têm, em seu sítio ativo, íons metálicos que atuam como catalisadores. Essas espécies estão posicionadas em orientações relativas ao substrato que são necessárias à catálise. Isso é análogo aos acréscimos de velocidade observados para a catálise intramolecular por ácidos, bases e íons metálicos (Seção 24.7).
- Grupos na enzima podem estabilizar estados de transição e intermediários por meio de interações de Van der Waals, de interações eletrostáticas e de ligações de hidrogênio (Figura 24.1b).

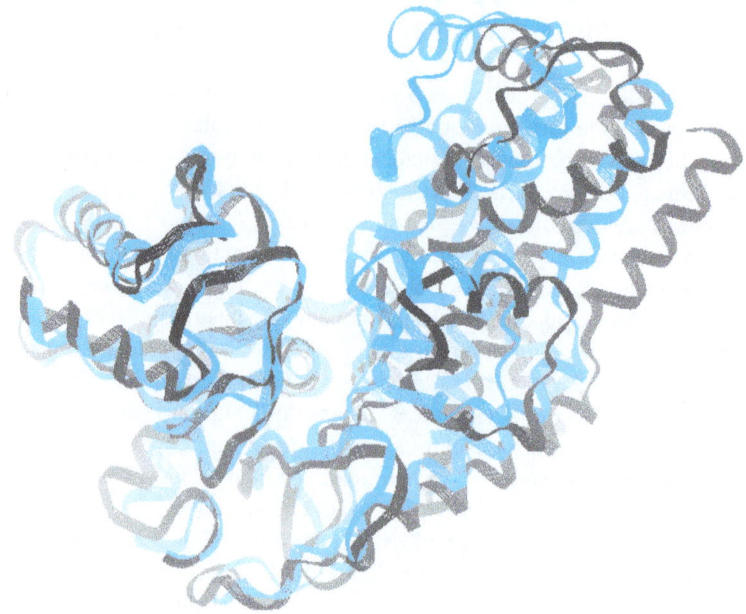

Figura 24.4 ▶
A estrutura da hexoquinase antes de se ligar ao seu substrato é mostrada em vermelho. A estrutura da hexoquinase após se ligar ao seu substrato é mostrada em verde. (Veja figura em cores no caderno colorido.)

Quando examinamos alguns exemplos de reações catalisadas por enzimas, observamos que os grupos funcionais nas cadeias laterais da enzima são os mesmos grupos funcionais que costumamos ver em substâncias orgânicas simples, e os métodos de catálise usados por enzimas são os mesmos métodos de catálise usados em reações orgânicas. A notável habilidade catalítica de enzimas provém, em parte, da sua capacidade de usar vários métodos de catálise na mesma reação. Outros fatores, além dos mencionados, podem contribuir para o aumento da velocidade das reações catalisadas por enzimas, mas nem todos os fatores são empregados por todas as enzimas. Consideraremos alguns desses fatores quando discutirmos enzimas singulares. Veremos agora o mecanismo para cinco reações catalisadas por enzimas.

24.9 Reações catalisadas por enzimas

Mecanismo para carboxi-peptidase A

A carboxi-peptidase A é uma *exopeptidase* —— enzima que catalisa a hidrólise da ligação peptídica C-terminal em peptídeos e proteínas, liberando o aminoácido C-terminal (Seção 23.12).

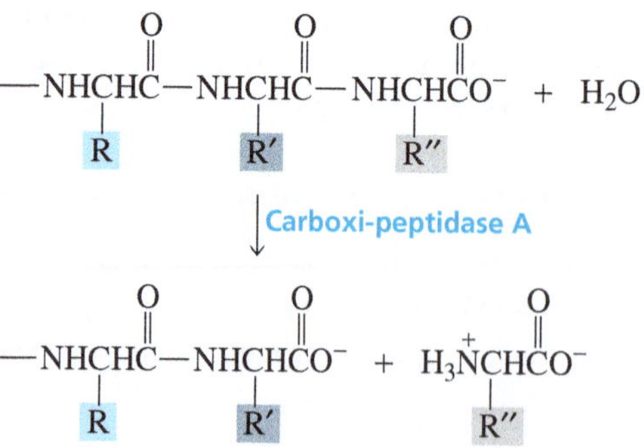

Molecule Gallery: Carboxi-peptidase A
www

A carboxi-peptidase A é uma *metaloenzima* — enzima que contém um íon metálico fortemente ligado. O íon metálico na carboxi-peptidase A é o Zn^{2+}. A carboxi-peptidase A é uma entre centenas de enzimas conhecidas por conterem zinco. Na carboxi-peptidase A pancreática bovina, o Zn^{2+} está ligado à enzima em seu sítio ativo, formando um complexo com Glu 72, His 196 e His 69, e também com uma molécula de água (Figura 24.5). (A fonte da enzima é especificada porque, embora as carboxi-peptidases A de diferentes origens sigam o mesmo mecanismo, elas têm estruturas primárias ligeiramente diferentes.)

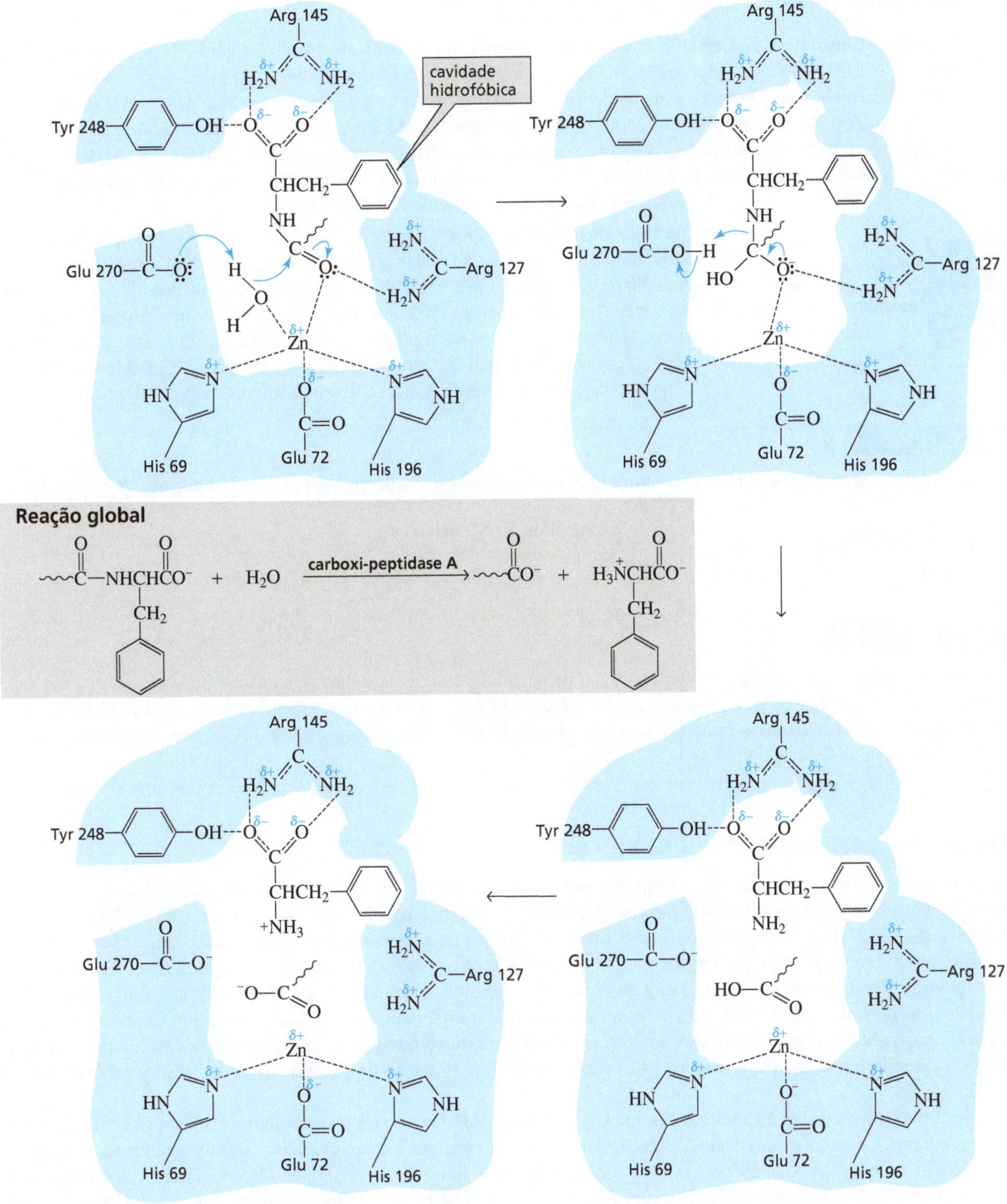

▲ **Figura 24.5**
Mecanismo proposto para a hidrólise de uma ligação peptídica catalisada pela carboxi-peptidase A.

Vários grupos no sítio ativo da carboxi-peptidase A participam da ligação do substrato na posição ótima para reação (Figura 24.5). Arg 145 forma duas ligações de hidrogênio, e Tir 248 forma uma ligação de hidrogênio com o grupo carboxila C-terminal do substrato. A cadeia lateral do aminoácido C-terminal é posicionada em uma cavidade hidrofóbica, o que explica por que a carboxi-peptidase A não é ativa quando o aminoácido C-terminal é arginina ou lisina.

Aparentemente, as cadeias laterais longas e carregadas positivamente desses resíduos de aminoácidos (Tabela 23.1) não podem se encaixar na cavidade apolar. A reação procede como segue:

- Quando o substrato se liga ao sítio ativo, o Zn^{2+} complexa parcialmente com o oxigênio do grupo carbonila da amida que será hidrolisada (Figura 24.5). O Zn^{2+} polariza a ligação dupla carbono-oxigênio, tornando o carbono carbonílico mais suscetível ao ataque nucleofílico e estabilizando a carga negativa que se desenvolve no átomo de oxigênio no estado de transição que conduz ao intermediário tetraédrico. Arg 127 também aumenta a eletrofilicidade do grupo carbonila e estabiliza a carga negativa que se desenvolve no átomo de oxigênio no estado de transição. O Zn^{2+} também complexa com a água, tornando-a um nucleófilo melhor. Glu 270 atua como um catalisador básico geral, além de aumentar a nucleofilicidade da água.
- Na segunda etapa da reação, Glu 270 atua como um catalisador ácido geral, aumentando a tendência de saída do grupo amino. Quando a reação termina, o aminoácido (fenil-alanina, neste exemplo) e o peptídeo, com um resíduo de aminoácido a menos, se dissociam da enzima, e outra molécula de substrato se liga ao sítio ativo. Tem sido sugerido que a interação eletrostática desfavorável entre o grupo carboxila carregado negativamente do peptídeo, após a reação, e o resíduo de Glu 270 carregado negativamente facilita a liberação do produto da enzima.

Tutorial Gallery: Carboxi-peptidase A mecanismo

WWW

PROBLEMA 15◆

Qual das seguintes ligações peptídicas C-terminais seria rompida mais facilmente pela carboxi-peptidase A?

Ser-Ala-Phe ou Ser-Ala-Asp

Explique.

PROBLEMA 16

A carboxi-peptidase A tem ação de esterase e ação de peptidase. Em outras palavras, a enzima pode hidrolisar ligações éster e ligações peptídicas. Quando a carboxi-peptidase A hidrolisa ligações éster, Glu 270 atua como um catalisador nucleofílico, e não como um catalisador básico geral. Proponha um mecanismo para a hidrólise de uma ligação éster catalisada pela carboxi-peptidase A.

Mecanismo para as proteases de serina

Tripsina, quimotripsina e elastase são membros de um grande grupo de *endopeptidases* conhecidas coletivamente como proteases de serina. Lembre-se de que uma endopeptidase quebra uma ligação peptídica que não está no final da cadeia peptídica (Seção 23.12). Elas são denominadas *proteases* porque catalisam a hidrólise de ligações peptídicas de proteínas. São denominadas *proteases de serina* porque têm no sítio ativo um resíduo de serina que participa da catálise.

As várias proteases de serina têm estruturas primárias similares, o que sugere que são evolutivamente relacionadas. Todas têm os mesmos três resíduos catalíticos no sítio ativo: um aspartato, uma histidina e uma serina, mas apresentam uma diferença importante — a composição da cavidade do sítio ativo que liga a cadeia lateral do resíduo de aminoácido que está sofrendo a hidrólise (Figura 24.6). Essa cavidade é o que dá às proteases de serina suas especificidades (Seção 23.12).

A cavidade na tripsina é estreita e tem uma serina e um grupo carboxila de aspartato carregado negativamente ao fundo. A forma e a carga da cavidade de ligação fazem com ela se ligue a longas cadeias laterais de aminoácidos carregadas positivamente (Lis e Arg). Isso explica por que a tripsina hidrolisa ligações peptídicas no lado C de resíduos de arginina e lisina. A cavidade na quimotripsina é estreita e está coberta com aminoácidos apolares, de modo que a quimotripsina quebra no lado C de aminoácidos com cadeias laterais planas e polares (Phe, Tyr e Trp). Na elastase, dois resíduos de glicina nos lados da cavidade na tripsina e quimotripsina são substituídos por resíduos volumosos de valina e treonina. Conseqüentemente, somente aminoácidos pequenos podem se encaixar dentro da cavidade. A elastase, portanto, hidrolisa ligações peptídicas no lado C de aminoácidos pequenos (Gly e Ala).

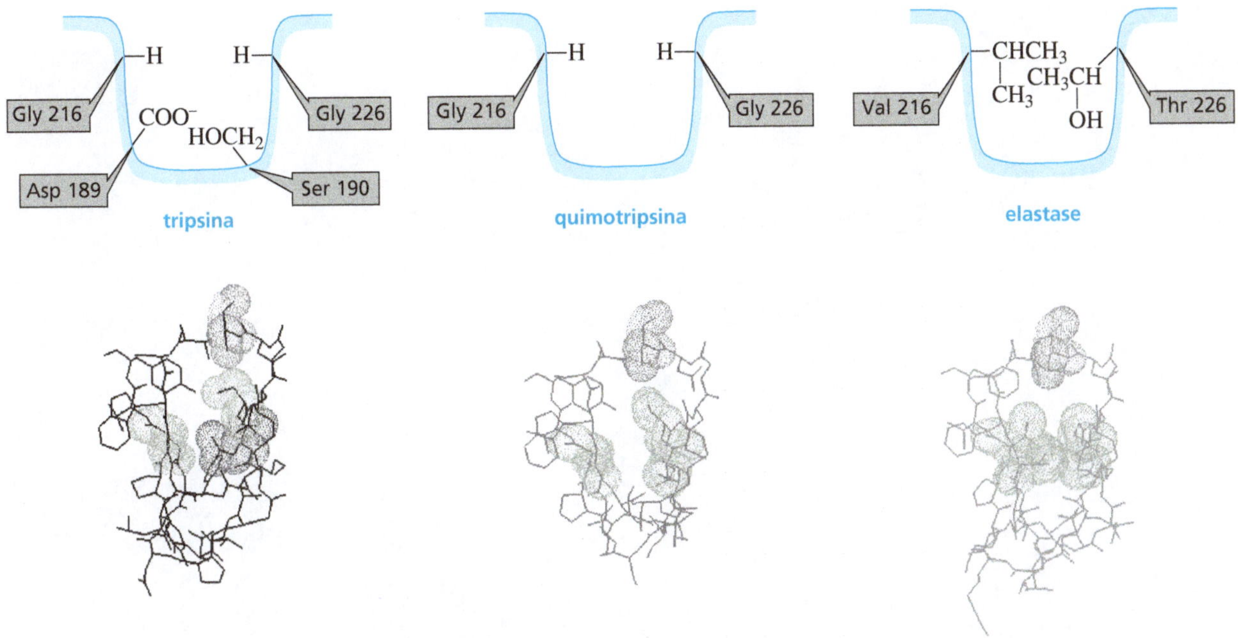

▲ **Figura 24.6**
As cavidades de ligação na tripsina, na quimotripsina e na elastase. O aspartato carregado negativamente é mostrado em vermelho, e os aminoácidos relativamente apolares são mostrados em verde. As estruturas das cavidades de ligação explicam por que a tripsina se liga a aminoácidos de cadeia longa carregada positivamente; a quimotripsina se liga a aminoácidos planos e apolares; e a elastase se liga apenas a aminoácidos pequenos. (Veja figura em cores no caderno colorido.)

O mecanismo para hidrólise de uma ligação peptídica catalisada por quimotripsina bovina é mostrado na Figura 24.7. As outras proteases de serina seguem o mesmo mecanismo. A reação procede como segue:

- Por se ligar à cadeia lateral plana e apolar na cavidade, a ligação amida a ser hidrolisada é posicionada muito próxima à Ser 195. His 57 atua como um catalisador básico geral, aumentando a nucleofilicidade da serina, que ataca o grupo carbonila. Esse processo é auxiliado por Asp 102, que usa sua carga negativa para estabilizar a carga positiva resultante em His 57 e para posicionar o anel de cinco membros de modo que seu átomo de N básico esteja próximo ao OH da serina. A estabilização de uma carga por uma carga oposta é denominada **catálise eletrostática**. A formação do intermediário tetraédrico causa uma ligeira mudança na conformação da proteína, permitindo que o oxigênio carregado negativamente escape para dentro de uma área previamente desocupada do sítio ativo conhecida como cavidade de oxiânion. Uma vez na cavidade de oxiânion, o oxigênio carregado negativamente pode formar ligações de hidrogênio com dois grupos peptídicos (Gly 193 e Ser 195), estabilizando o intermediário tetraédrico.
- Na etapa seguinte, o intermediário tetraédrico colapsa, expulsando o grupo amino, grupo fortemente básico que não pode ser expulso sem a participação da His 57, que atua como um catalisador ácido geral. O produto da segunda etapa é um **intermediário acil-enzima**, porque o grupo serina da enzima foi acilado. (Um grupo acila foi colocado nele.)

Tutorial Gallery: Mecanismo da protease de serina
WWW

- A terceira etapa é exatamente como a primeira, exceto pelo fato de que a água, em vez da serina, é o nucleófilo. A água ataca o grupo acila do intermediário acil-enzima, e His 57 atua como um catalisador básico geral, para aumentar a nucleofilicidade da água, e Asp 102 estabiliza o resíduo de histidina carregado positivamente.
- Na etapa final da reação, o intermediário tetraédrico colapsa, expulsando a serina. His 57 atua como um catalisador ácido geral nessa etapa, aumentando a tendência de saída da serina.

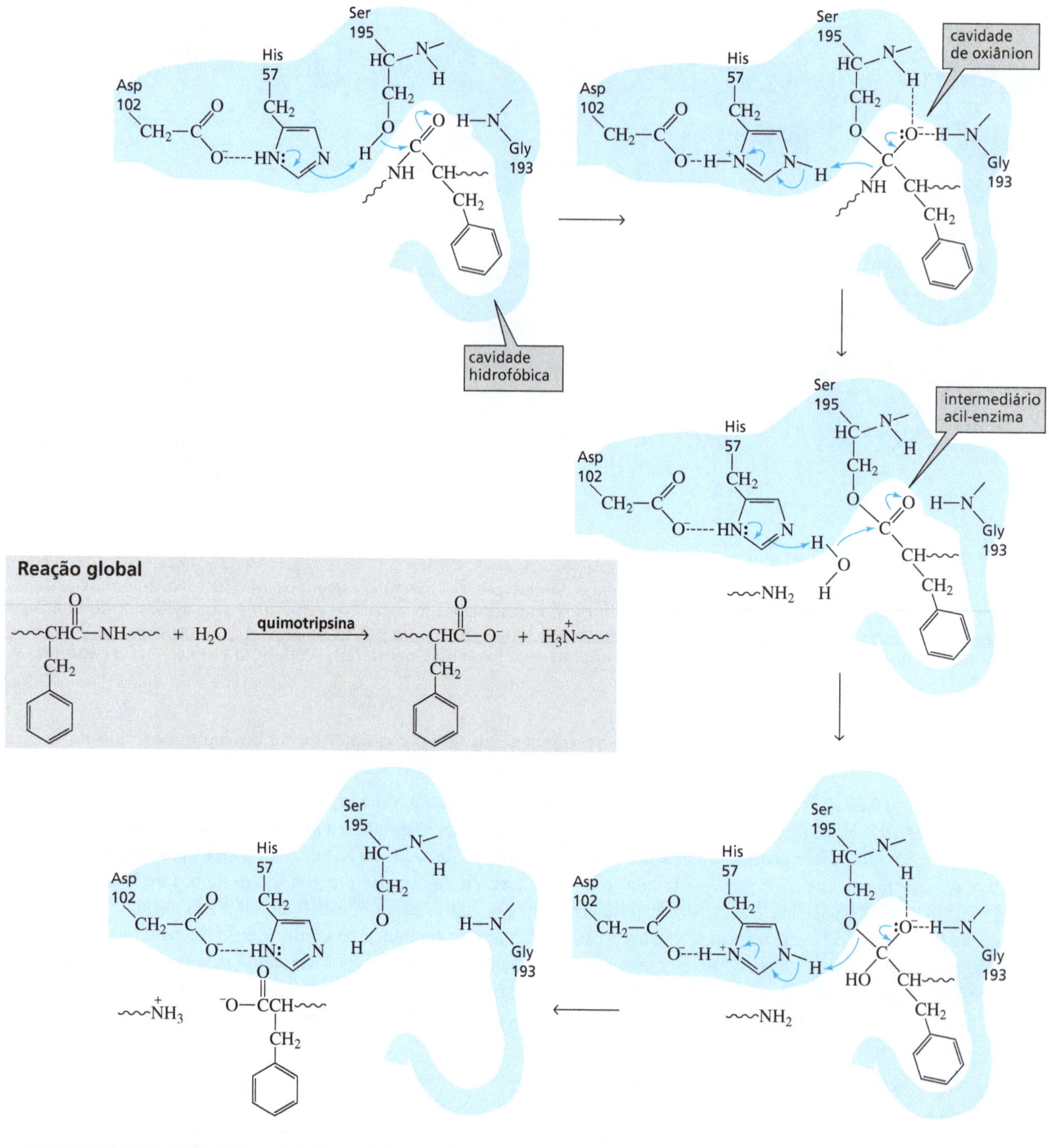

▲ **Figura 24.7**
Mecanismo proposto para a hidrólise de uma ligação peptídica catalisada pela quimotripsina.

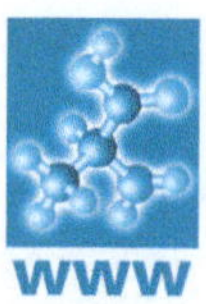

Molecule Gallery: Quimotripsina com inibidor ligado

O mecanismo de hidrólise catalisada pela quimotripsina mostra a importância da histidina como um grupo catalítico. Como o pK_a do anel imidazólico da histidina é próximo da neutralidade (pK_a = 6,0), a histidina pode atuar em pH fisiológico tanto como um catalisador ácido geral quanto como um catalisador básico geral.

Muita informação acerca da relação entre a estrutura de uma proteína e sua função tem sido determinada por meio da **mutagênese sítio-específica**, técnica que substitui o aminoácido de uma proteína por outro. Por exemplo, quando Asp 102 de quimotripsina é substituído por Asn 102, a habilidade da enzima de se ligar ao substrato não é modificada, mas sua habilidade de catalisar a reação diminui para menos de 0,05% do valor para a enzima nativa. Obviamente, Asp 102 deve estar envolvido no processo catalítico. Vimos que seu papel é posicionar a histidina e usar sua carga negativa para estabilizar a carga positiva da histidina.

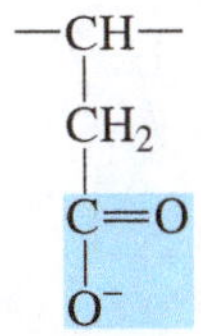

cadeia lateral de um resíduo de aspartato (Asp)

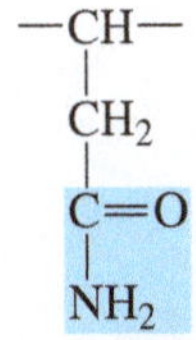

cadeia lateral de um resíduo de asparagina (Asn)

PROBLEMA 17◆

As cadeias laterais de arginina e lisina encaixam-se dentro da cavidade de ligação da tripsina. Uma dessas cadeias laterais forma uma ponte de hidrogênio direta com a serina e uma ligação de hidrogênio indireta (mediada por uma molécula de água) com o aspartato. A outra cadeia lateral forma ligações de hidrogênio diretas com serina e aspartato. Qual é qual?

PROBLEMA 18

Proteases de serina não catalisam a hidrólise se o aminoácido no sítio de hidrólise é um D-aminoácido. A tripsina, por exemplo, quebra no lado C de L-Arg e L-Lys, mas não no lado C de D-Arg e D-Lis. Explique.

Mecanismo para lisozima

A lisozima é uma enzima que destrói paredes de células bacterianas. Essas paredes celulares são compostas de unidades alternadas de ácido *N*-acetil-murâmico (NAM) e *N*-acetil-glicosamina (NAG). A lisozima destrói a parede celular ao catalisar a hidrólise da ligação NAM-NAG.

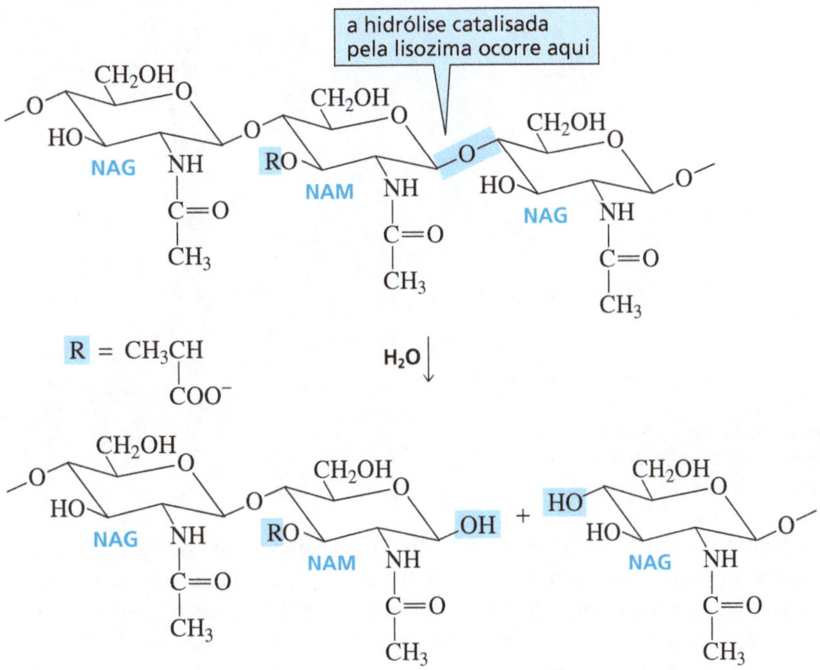

O sítio ativo da lisozima da clara de ovo de galinha se liga a seis resíduos de açúcar do substrato. Os vários resíduos de aminoácidos envolvidos na ligação com o substrato, na posição correta no sítio ativo, são mostrados na Figura 24.8. Os seis resíduos de açúcar estão marcados como A, B, C, D, E e F. O substituinte ácido carboxílico de NAM não pode se encaixar dentro do sítio de ligação para C ou E. Isso significa que as unidades de NAM devem estar nos sítios para B, D e F. A hidrólise ocorre entre D e E.

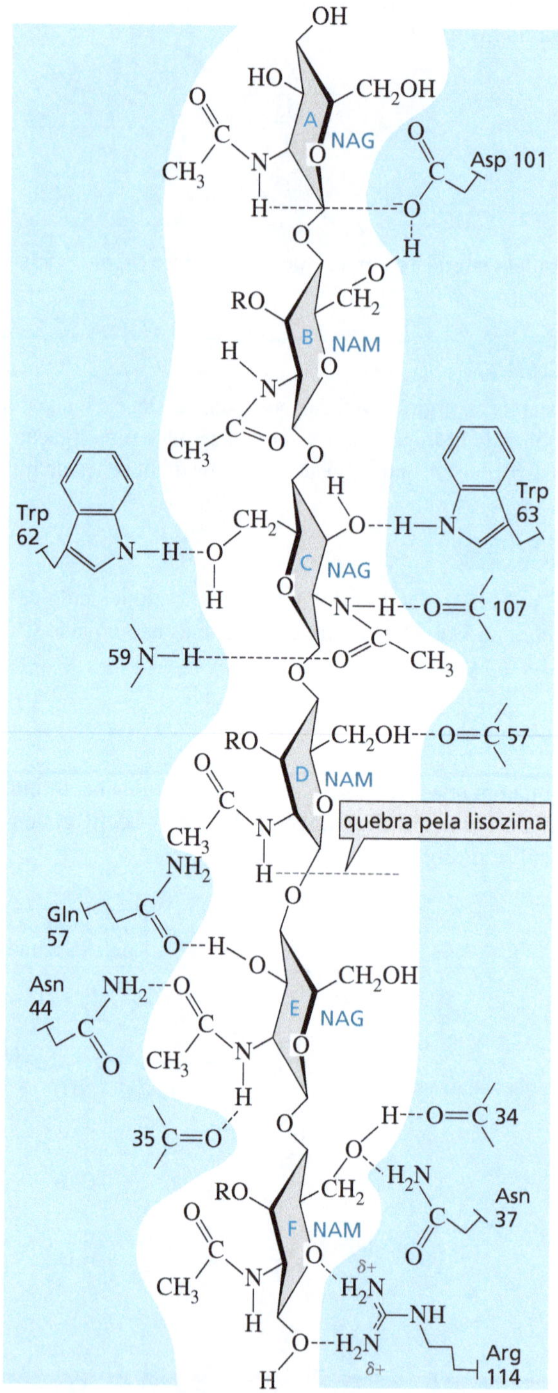

Figura 24.8 ▶ Os aminoácidos no sítio ativo da lisozima que estão envolvidos na ligação com o substrato.

A lisozima tem dois grupos catalíticos no sítio ativo: Glu 35 e Asp 52 (Figura 24.9). Como foi determinado que a reação catalisada pela enzima ocorre com retenção de configuração no carbono anomérico, seria possível concluir que ela não pode ser uma reação S_N2 de uma etapa. A reação deve envolver duas reações seqüenciais z2 ou uma reação S_N1 com a enzima bloqueando do ataque nucleofílico uma face do íon oxocarbênio intermediário. Embora a lisozima tenha sido a primeira enzima a ter seu mecanismo estudado (ele foi intensamente estudado por quase 40 anos!) apenas recentemente foram obtidos dados que sustentam o mecanismo que envolve as duas reações S_N2 seqüenciais mostradas na Figura 24.9:

- Na primeira etapa da reação, Asp 52 atua como um catalisador nucleofílico e ataca C-1 do resíduo de NAM, deslocando o grupo de saída. Glu 35 atua como um catalisador ácido geral, protonando o grupo de saída, tornando-o assim uma base mais fraca e um grupo de saída melhor. O par isolado no oxigênio do anel pode ajudar a deslocar o grupo de saída. Estudos de mutagênese sítio-específica mostram que, quando Glu 35 é substituída por Asp, a enzima tem apenas uma atividade fraca. Aparentemente, Asp não tem o ângulo e a distância ótima do átomo de oxigênio que precisa ser protonado. Quando Glu 35 é substituído por Ala, um aminoácido que não pode atuar como catalisador ácido, e a atividade da enzima é completamente perdida.

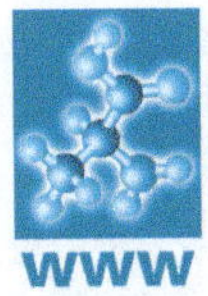

Molecule Gallery: Lisozima com NAG4 ligado

- Na segunda etapa da reação, Glu 35 atua como um catalisador básico geral para aumentar a nucleofilicidade da água.

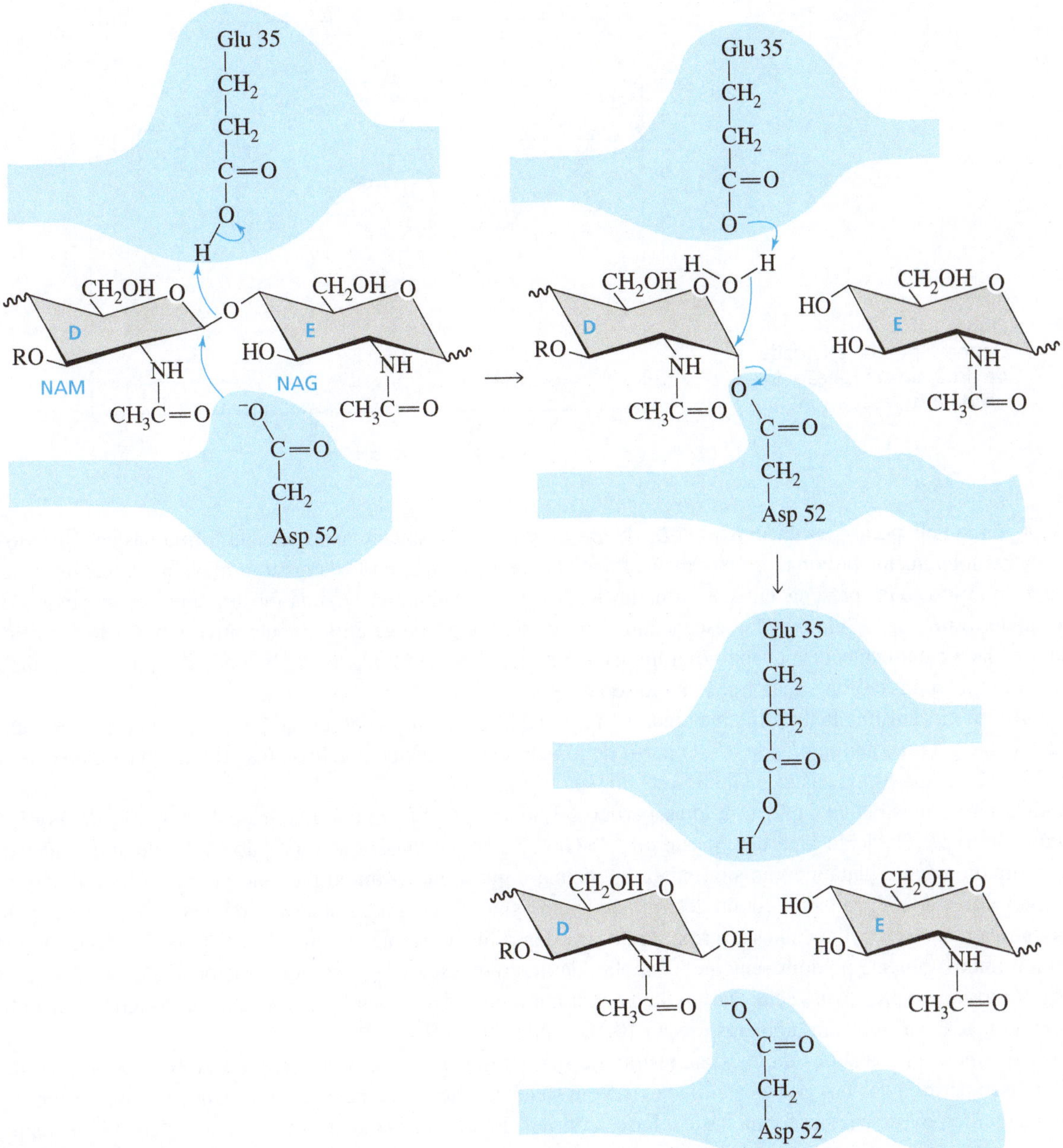

▲ **Figura 24.9**
Mecanismo proposto para a hidrólise de uma parede celular catalisada pela lisozima.

PROBLEMA 19◆

Se H_2O^{18} foi usada para hidrolisar lisozima, qual anel conteria o marcador, NAM ou NAG?

O gráfico da atividade de uma enzima como uma função do pH da mistura reacional é denominado **perfil pH-atividade** ou **perfil pH-velocidade** (Seção 18.6). O perfil pH-atividade para a lisozima, mostrado na Figura 24.10, é uma curva sinusoidal com o máximo de velocidade ocorrendo aproximadamente em pH 5,3. O pH em que a enzima é 50% ativa é 3,8 na porção ascendente da curva e 6,7 na porção descendente. Esses valores de pH correspondem aos valores de pK_a dos grupos catalíticos da enzima. (Isso vale para todos os perfis de pH-velocidade sinusoidais, desde que os valores de pK_a sejam pelo menos duas unidades de pK_a à parte. Se a diferença entre eles for menor que duas unidades de pK_a, os valores precisos de pK_a dos grupos catalíticos deverão ser determinados de outras maneiras.)

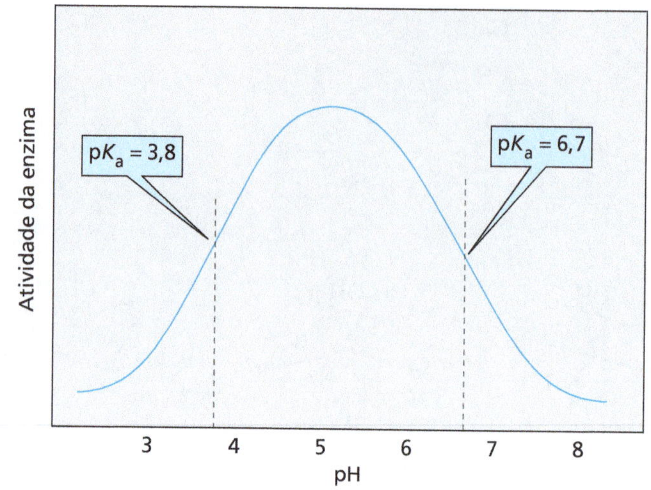

Figura 24.10 ▶ Dependência da atividade da lisozima em função do pH da mistura reacional.

O pK_a dado pela porção ascendente é o pK_a de um grupo cataliticamente ativo em sua forma básica. Quando esse grupo está completamente protonado, a enzima não é ativa. À medida que o pH da mistura reacional aumenta, uma fração maior do grupo se faz presente em sua forma básica, e, como resultado, a enzima mostra aumento de atividade. Do mesmo modo, o pK_a dado pela porção descendente é o pK_a de um grupo cataliticamente ativo em sua forma ácida. O pico da atividade catalítica ocorre quando o grupo está completamente protonado. A atividade diminui com o aumento do pH, porque falta um próton a uma fração maior do grupo.

A partir do mecanismo da lisozima mostrado na Figura 24.9, podemos concluir que Asp 52 é o grupo com um pK_a de 3,8 e Glu é o grupo com um pK_a de 6,7. O perfil de pH-atividade indica que a lisozima tem atividade máxima quando Asp 52 está em sua forma básica e Glu 35 está em sua forma ácida.

A Tabela 23.2 mostra que o pK_a do ácido aspártico é 3,86, e o pK_a do ácido glutâmico é 4,25. O pK_a de Asp 52 está de acordo com o pK_a do ácido aspártico, mas o pK_a de Glu 35 é muito maior que o pK_a do ácido glutâmico. Por que o pK_a do resíduo de ácido glutâmico no sítio ativo da enzima é muito maior que o pK_a dado para o ácido glutâmico na tabela? Os valores de pK_a na tabela foram determinados em água. Na enzima, Asp está circundado por grupos polares, o que significa que seu pK_a deveria estar próximo do pK_a determinado em água, um solvente polar. Glu 35, entretanto, está em um microambiente predominantemente apolar, de modo que seu pK_a deveria ser maior que o pK_a determinado em água. Vimos que o pK_a de um ácido carboxílico é maior em um solvente apolar porque há menos tendência a formar espécies carregadas em solventes apolares (Seção 10.10, volume 1).

Parte da eficiência catalítica da lisozima resulta de sua habilidade em prover diferentes ambientes de solvente no sítio ativo. Isso permite que um grupo catalítico exista em sua forma ácida no mesmo pH circundante em que um segundo grupo catalítico existe em sua forma básica. Essa propriedade é exclusiva de enzimas; os químicos não podem prover diferentes ambientes de solvente a diferentes partes de sistemas não enzimáticos.

PROBLEMA 20◆

Quando maçãs cortadas são expostas ao oxigênio, uma reação catalisada por enzima faz com elas adquiram coloração marrom. Esse processo pode ser evitado se as maçãs forem regadas com suco de limão (pH ~ 3,5). Explique por que isso acontece.

Mecanismo para glicose-6-fosfato-isomerase

Glicólise é o nome dado a uma série de reações catalisadas por enzimas responsáveis pela conversão de D-glicose em duas moléculas de piruvato (Seções 19.21 e 25.1). A segunda reação na glicólise é uma reação de isomerização, que converte 6-fosfato de D-glicose em 6-fosfato de D-frutose. Lembre-se de que a forma de cadeia aberta da glicose é uma aldo-hexose, enquanto a forma de cadeia aberta da frutose é um ceto-hexose. Portanto, a enzima que catalisa essa reação — glicose-6-fosfato-isomerase — converte uma aldose em uma cetose (Seção 22.1). Como em solução os açúcares existem predominantemente em suas formas cíclicas, a enzima deve abrir o anel de seis membros do açúcar e convertê-lo a um anel de cinco membros. A glicose 6-fosfato-isomerase é conhecida por ter pelo menos três grupos catalíticos em seu sítio ativo, um atuando como ácido geral e dois como bases gerais (Figura 24.11). A reação procede como segue:

- A primeira etapa é uma reação de abertura de anel. Uma base geral (provavelmente um resíduo de histidina) ajuda a remover um próton, e um ácido geral (supostamente um resíduo de lisina) auxilia na eliminação do grupo de saída. (Seção 18.7).

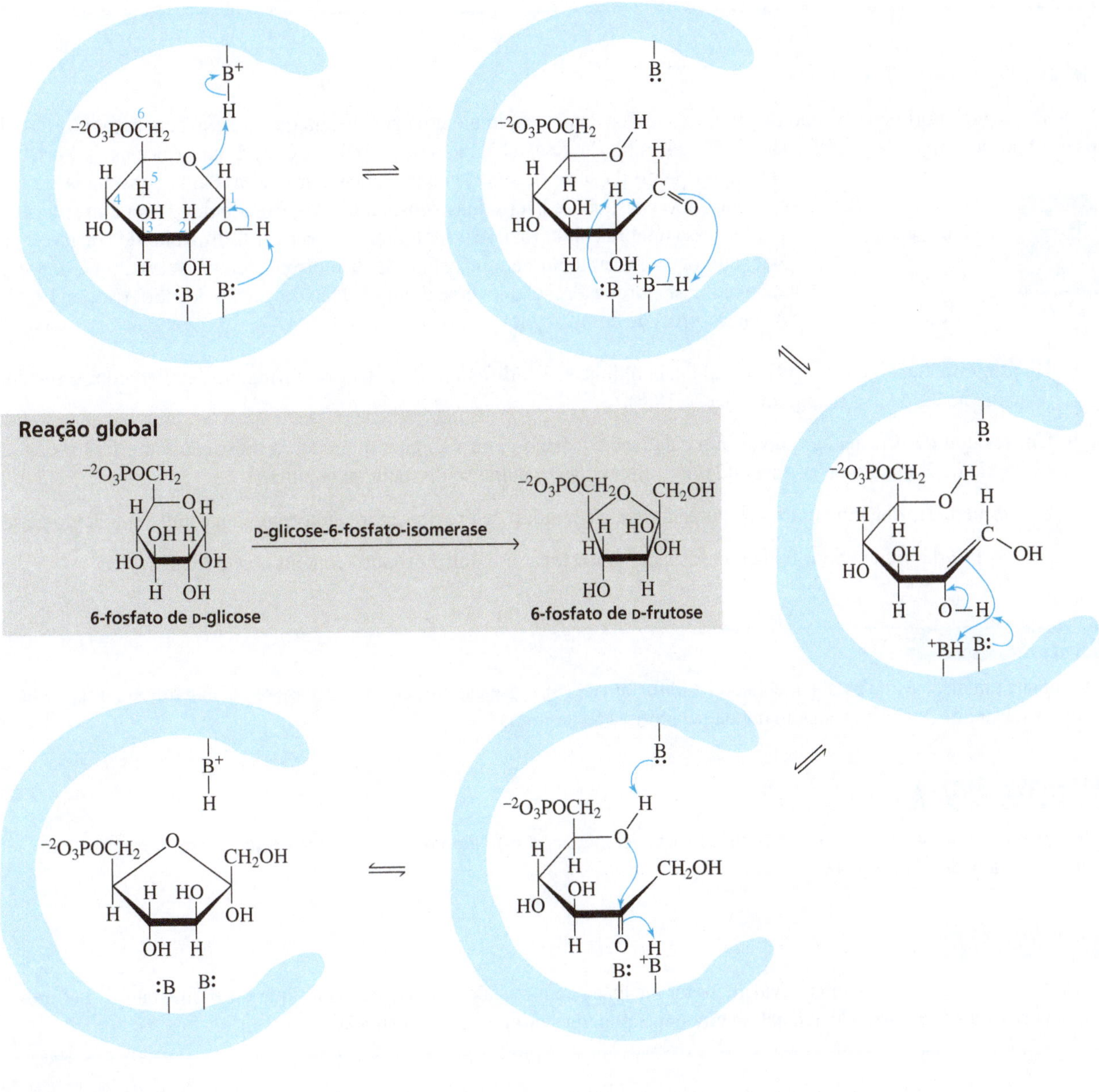

▲ **Figura 24.11**
Mecanismo proposto para a isomerização de 6-fosfato de D-glicose a 6-fosfato de D-frutose.

- Na segunda etapa da reação, uma base (aparentemente um resíduo de glutamato) remove um próton do carbono α do aldeído. Lembre-se de que os hidrogênios α são relativamente ácidos (Seção 19.1).
- Na próxima etapa, o enol é convertido a uma cetona (Seção 19.2).
- Na etapa final da reação, a base conjugada do ácido geral empregado na primeira etapa catalisa o fechamento do anel.

PROBLEMA 21

Quando a D-glicose sofre isomerização na ausência da enzima, três produtos se formam: D-glicose, D-frutose e D-manose (Seção 22.5). Por que a D-manose não é formada na reação catalisada por enzima?

PROBLEMA 22◆

A porção descendente do perfil de pH-velocidade para a glicose-6-fosfato-isomerase indica que uma das cadeias laterais de aminoácido no sítio ativo da enzima tem um valor de pK_a de 9,3. Identifique a cadeia lateral de aminoácido.

Mecanismo para aldolase

O substrato para a primeira reação da glicólise catalisada por enzima é uma substância que contém seis carbonos (D-glicose). O produto final da glicólise são duas moléculas de uma substância que contém três carbonos (piruvato). Portanto, em algum ponto da série de reações catalisadas por enzima, uma substância de seis carbonos deve ser quebrada em duas substâncias de três carbonos. A enzima aldolase catalisa essa quebra (Figura 24.12). A aldolase converte 1,6-difosfato de D-frutose em 3-fosfato de D-gliceraldeído e em fosfato de di-hidróxi-acetona. A enzima é denominada aldolase porque a reação inversa é uma reação de adição de aldol (Seção 19.13). A reação procede como segue:

Molecule Gallery: Aldose

WWW

- Na primeira etapa da reação catalisada pela aldolase, 1,6-difosfato de D-frutose forma uma imina, com o resíduo de lisina no sítio ativo da enzima (Seção 18.6).
- Um resíduo de tirosina atua como um catalisador básico geral na etapa que quebra a ligação entre C-3 e C-4. A molécula de 3-fosfato de D-gliceraldeído formada nessa etapa se dissocia da enzima.
- O intermediário enamina rearranja a uma imina, e o resíduo de tirosina agora atua como um catalisador ácido geral.
- A hidrólise da imina libera fosfato de di-hidroxi-acetona, e o outro produto contém três carbonos.

PROBLEMA 23

Proponha um mecanismo para a quebra de 1,6-difosfato de D-frutose catalisada pela aldolase se ela não formou uma imina com o substrato. Qual é a vantagem obtida pela formação da imina?

PROBLEMA 24

Na glicólise, por que a 6-fosfato de D-glicose deve isomerizar a 6-fosfato de D-frutose antes que ocorra a reação de quebra com a aldolase? (Ver p. 450.)

PROBLEMA 25◆

A aldolase não mostra nenhuma atividade se for incubada com o ácido iodo-acético antes que a 1,6-difosfato de D-frutose seja adicionada à mistura reacional. Sugira o que poderia causar a perda da atividade.

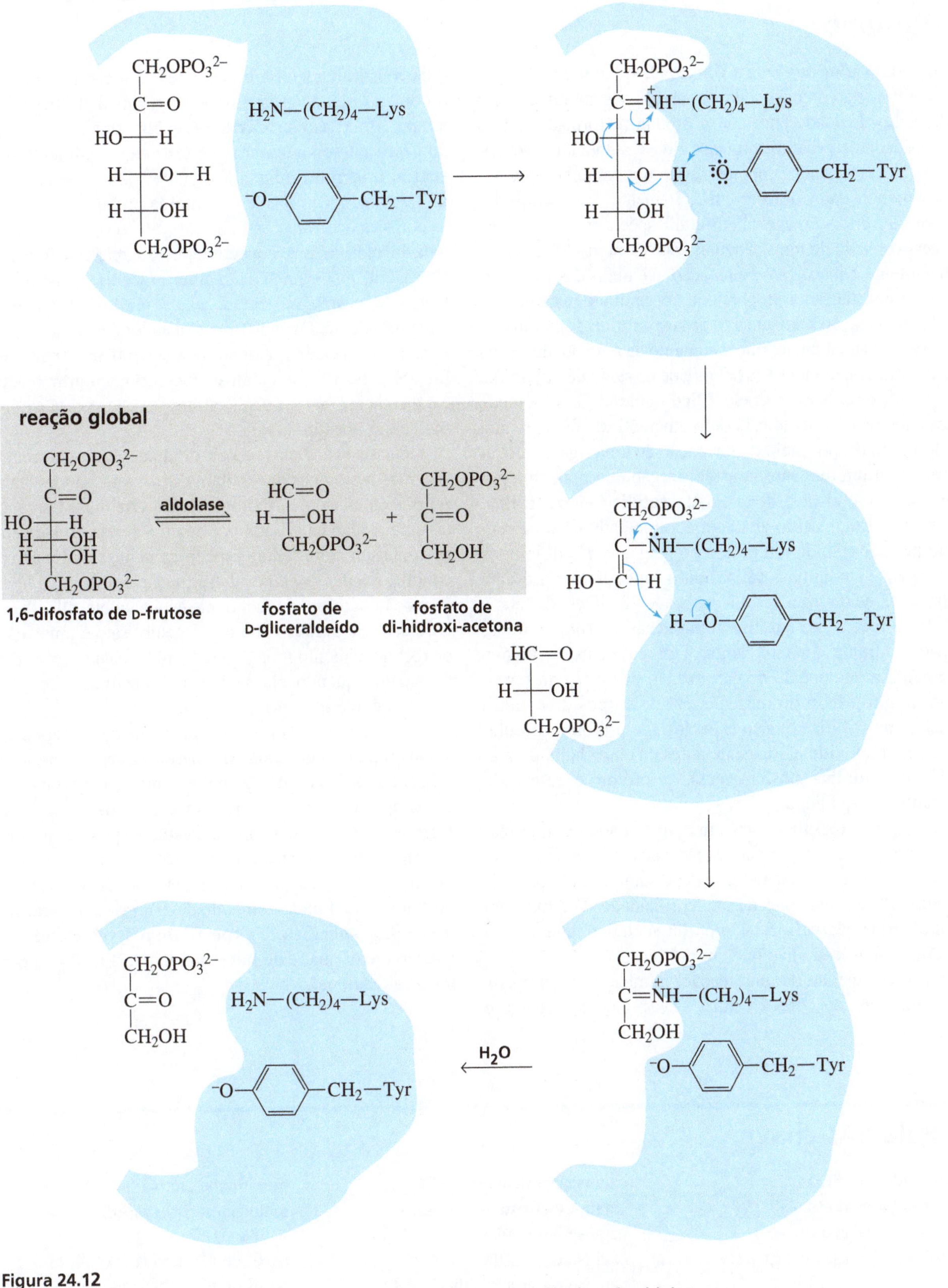

▲ **Figura 24.12**
Mecanismo proposto para a quebra de 1,6-difosfato de D-frutose catalisada pela aldolase.

Resumo

Um **catalisador** aumenta a velocidade de uma reação química, mas não é consumido ou modificado na reação. Ele altera a velocidade com que o produto é formado, não a quantidade de produto formado, e deve aumentar a velocidade da etapa lenta, proporcionando um caminho com um $\Delta G^{\ddagger}$ menor. Para fornecer um $\Delta G^{\ddagger}$ menor, um catalisador pode converter o reagente em uma espécie menos estável, tornar o estado de transição mais estável ou modificar completamente o mecanismo da reação. Algumas das maneiras como um catalisador proporciona um caminho mais favorável para a reação são: aumento da suscetibilidade de um eletrófilo ao ataque nucleofílico; aumento da reatividade de um nucleófilo; ou aumento da habilidade de saída de um grupo.

Um **catalisador nucleofílico** aumenta a velocidade de uma reação ao atuar como nucleófilo: ele gera um intermediário por meio da formação de uma ligação covalente com um reagente. A estabilização de uma carga por uma carga oposta é denominada **catálise eletrostática**. Um catalisador ácido aumenta a velocidade de uma reação pela doação de um próton ao reagente. Há dois tipos de catálise ácida: na **catálise ácida específica**, o próton é completamente transferido ao reagente antes da etapa lenta da reação; na **catálise ácida geral**, o próton é transferido durante a etapa lenta. Um **catalisador básico** aumenta a velocidade de uma reação por meio da remoção de um próton do reagente. Há dois tipos de catálise básica: na **catálise básica específica**, o próton é completamente removido ao reagente antes da etapa lenta da reação; na **catálise básica geral**, o próton é removido durante a etapa lenta.

Um **íon metálico** aumenta a velocidade de uma reação ao tornar um centro de reação mais suscetível a receber elétrons, ao tornar um grupo de saída uma base mais fraca, ou pelo aumento da nucleofilicidade da água. Um **catalisador eletrofílico** é um íon metálico que tem o mesmo efeito catalítico que um próton.

A velocidade de uma reação química é determinada pelo número de colisões entre duas moléculas ou entre dois constituintes intramoleculares com energia suficiente e com a orientação apropriada em um dado período de tempo. Uma **reação intramolecular** que forma um anel de cinco ou seis membros ocorre mais facilmente que a **reação intermolecular** análoga, devido ao aumento tanto da freqüência de colisões quanto da probabilidade de que as colisões ocorram com a orientação apropriada. A **molaridade efetiva** é a concentração do reagente que seria necessária em uma reação intermolecular para que ela tivesse a mesma velocidade que a reação intramolecular correspondente. Quando um catalisador é parte da molécula reagente, a catálise é denominada **catálise intramolecular**. São possíveis: catálise nucleofílica intramolecular, catálise ácido-básica geral intramolecular e catálise intramolecular por íon metálico.

Quase todas as reações orgânicas que ocorrem em sistemas biológicos necessitam de um catalisador. A maioria dos catalisadores biológicos são **enzimas**. O reagente de uma reação catalisada por enzima é denominado **substrato**. O substrato se liga especificamente ao **sítio ativo** da enzima, e todas as etapas de formação e quebra de ligação na reação ocorrem enquanto ele está naquele sítio. A especificidade de uma enzima por seu substrato é um exemplo de reconhecimento molecular. A mudança na conformação da enzima quando ela se liga ao substrato é conhecida como **encaixe induzido**.

Dois fatores importantes que contribuem para a notável habilidade catalítica de enzimas são que os grupos reagentes são mantidos próximos no sítio ativo na orientação apropriada para a reação e as cadeias laterais de aminoácidos e um íon metálico estão na posição apropriada em relação ao substrato necessária para a catálise. A informação acerca da relação entre a estrutura de uma proteína e sua função tem sido determinada pela **mutagênese sítio-específica**. Um **perfil de pH-velocidade** é um gráfico da atividade de uma enzima em função do pH da mistura reacional.

Palavras-chave

Problemas

26. Qual das duas substâncias seguintes eliminaria HBr mais rapidamente em soluções básicas?

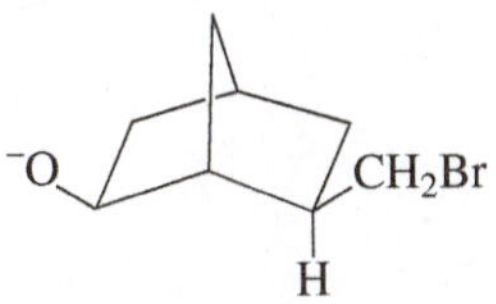 ou 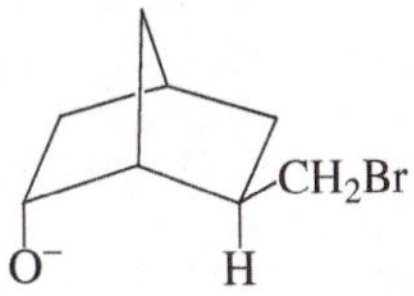

27. Qual substância formaria uma lactona mais rapidamente?

a. 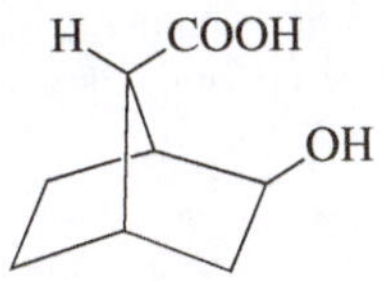 ou 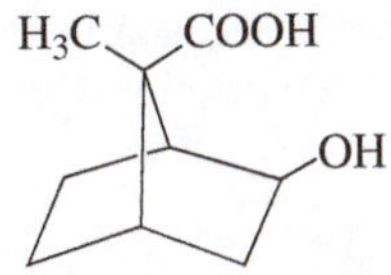

b. 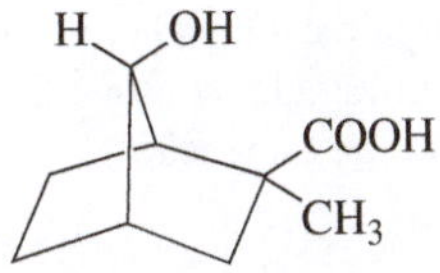 ou 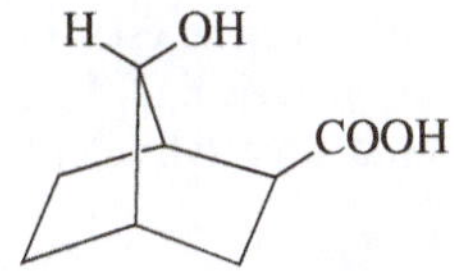

28. Qual substância formaria um anidrido mais rapidamente?

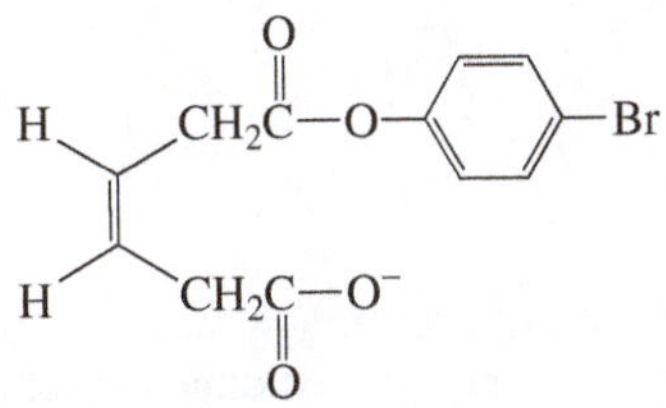 ou 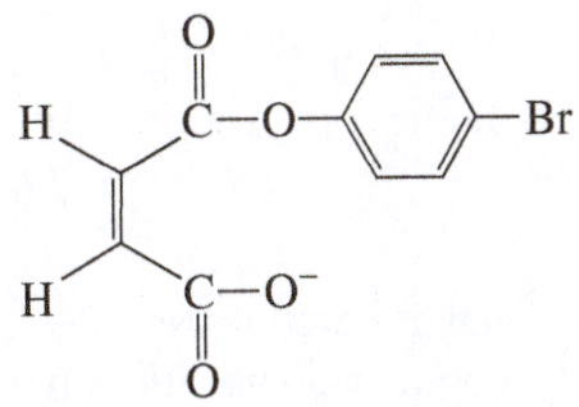

29. Qual substância tem a maior velocidade de hidrólise: benzamida, *o*-carboxi-benzamida, *o*-formil-benzamida ou *o*-hidroxi-benzamida?

30. Indique o tipo de catálise que está ocorrendo na etapa lenta em cada uma das seqüências abaixo:

a. 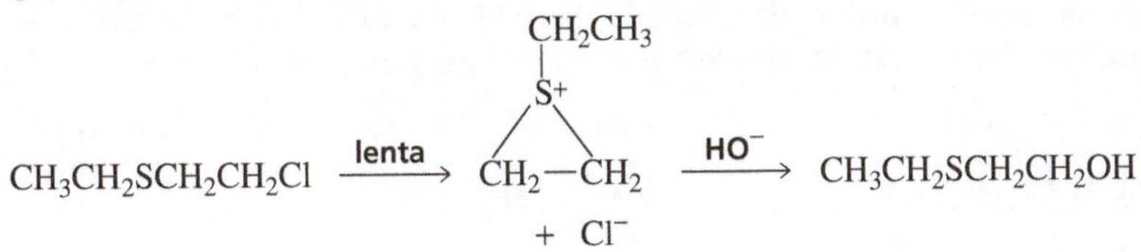

b. 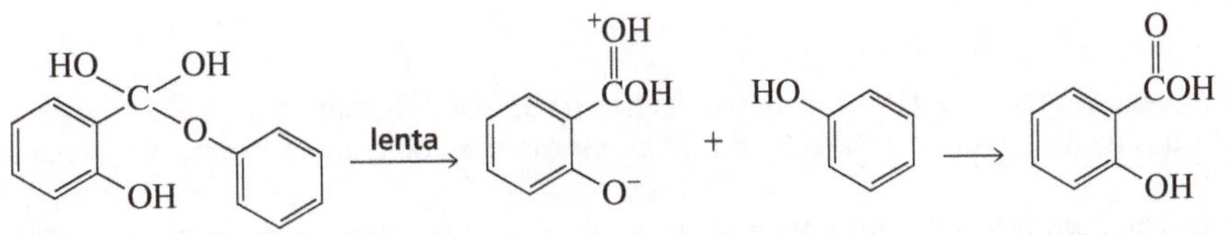

31. O efeito isotópico cinético de deutério (k_{H2O}/k_{D2O}) para a hidrólise de aspirina é de 2,2. O que isso diz acerca do tipo de catálise exercida pelo substituinte carboxila em *orto*? (*Dica*: é mais fácil romper uma ligação O—H do que uma ligação O—D.)

32. Desenhe o perfil de pH-atividade para uma enzima com um grupo catalítico no sítio ativo. O grupo catalítico é um catalisador ácido geral com um pK_a de 5,6.

33. Um complexo Co^{2+} catalisa a hidrólise da lactama mostrada a seguir:

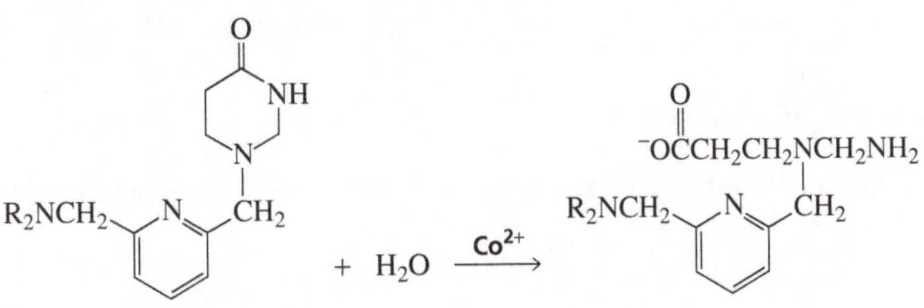

Proponha um mecanismo para a reação catalisada pelo íon metálico.

34. Há dois tipos de aldolases. As aldolases da classe I são encontradas em animais e plantas; as aldolases da classe II têm um íon metálico (Zn^{2+}) no sítio ativo. O mecanismo para catálise por aldolases da classe I foi mostrado na Seção 24.9. Proponha um mecanismo para a catálise por aldolases da classe II.

35. Proponha um mecanismo para a reação seguinte. (*Dica*: a velocidade da reação é muito mais lenta quando o átomo de nitrogênio é substituído por CH.)

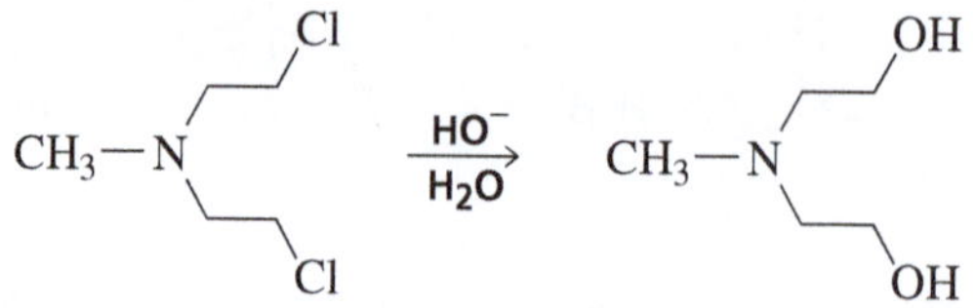

36. A hidrólise do éster mostrada aqui é catalisada por morfolina, uma amina secundária. Proponha um mecanismo para essa reação. (*Dica*: o pK_a do ácido conjugado de morfolina é 9,3; portanto, a morfolina é uma base fraca demais para atuar como um catalisador básico geral nessa reação.)

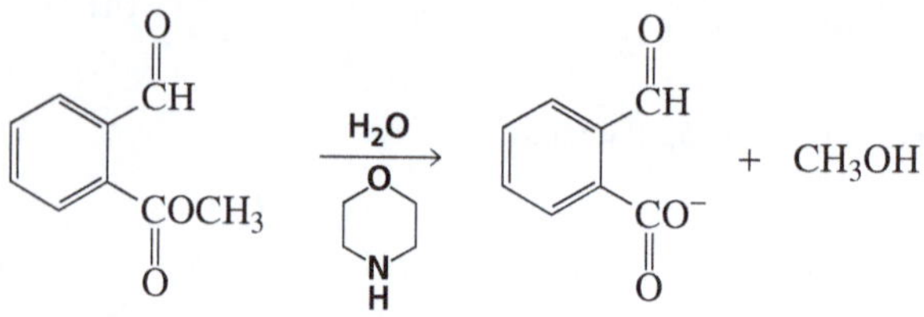

morfolina

37. A enzima anidrase carbônica catalisa a conversão de dióxido de carbono em íon bicarbonato (Seção 1.20, volume 1). É uma metaloenzima com Zn^{2+} coordenado no sítio ativo por três resíduos de histidina. Proponha um mecanismo para essa reação.

$$CO_2 + H_2O \xrightarrow{\text{anidrase carbônica}} HCO_3^- + H^+$$

38. Em pH = 12, a velocidade de hidrólise do éster A é maior que a velocidade de hidrólise do éster B. Em pH = 8, as velocidades relativas invertem (hidrólise do éster B mais rápida que a do éster A). Explique essas observações.

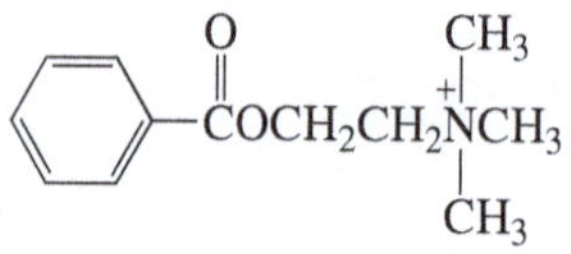

A

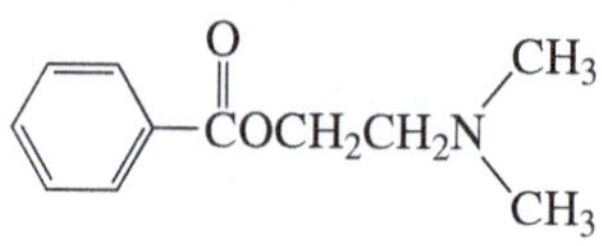

B

39. 2-Acetoxi-ciclo-hexil-tosilato reage com íon acetato formando diacetato de 1,2-ciclo-hexanodiol. A reação é estereoespecífica; os estereoisômeros obtidos como produtos dependem do estereoisômero usado como reagente. Explique as observações a seguir:

a. Ambos os reagentes cis formam um produto trans opticamente ativo, mas cada reagente cis forma um produto trans diferente.
b. Ambos os reagentes trans formam a mesma mistura racêmica.
c. Um reagente trans é mais reativo que um reagente cis.

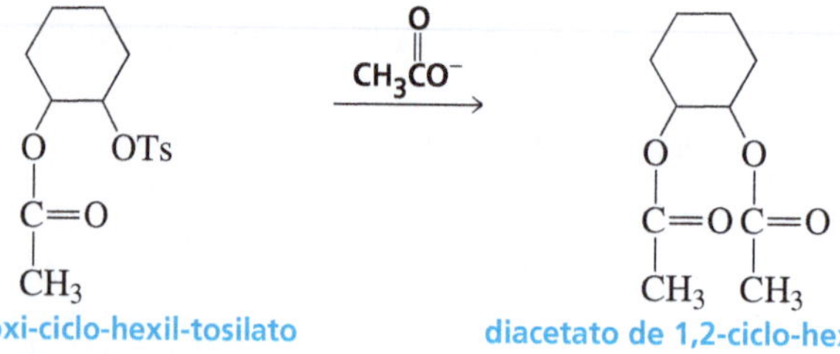

2-acetoxi-ciclo-hexil-tosilato — diacetato de 1,2-ciclo-hexanodiol

40. *Staphylococcus*-nuclease é uma enzima que catalisa a hidrólise de DNA. A reação global de hidrólise é como segue:

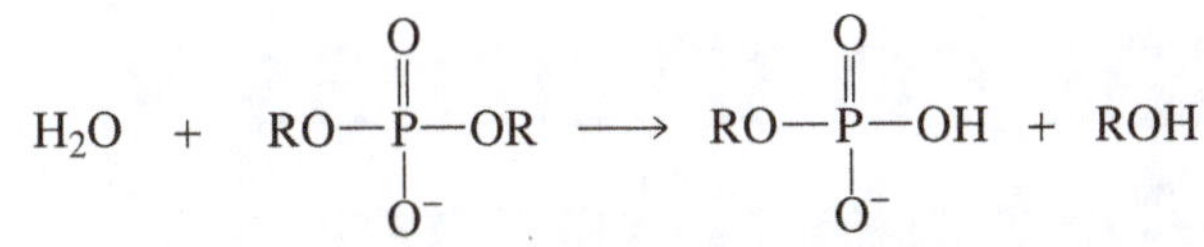

Lembre-se de que os nucleotídeos no DNA têm ligações fosfodiéster. A reação é catalisada por Ca^{2+}, Glu 43 e Arg 87. Proponha um mecanismo para essa reação.

41. A comprovação de que uma imina foi formada entre aldolase e seu substrato foi obtido com o uso do 1,6-difosfato de D-frutose, marcada na posição 2 com ^{14}C como substrato. $NaBH_4$ foi adicionado ao meio reacional. Um produto radioativo foi isolado da mistura reacional e hidrolisado em uma solução ácida. Desenhe a estrutura do produto radioativo obtido da solução ácida. (*Dica*: $NaBH_4$ reduz uma ligação imina.)

42. O 3-amino-2-oxindol catalisa a descarboxilação de α-cetoácidos.
   a. Proponha um mecanismo para a reação catalisada.
   b. O 3-aminoindol seria igualmente efetivo como catalisador?

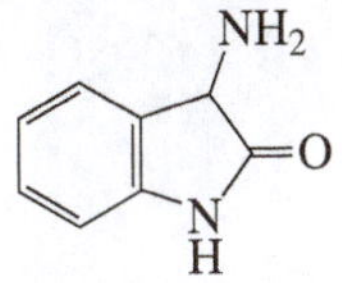

3-amino-2-oxindol

43. a. Explique por que o haleto de alquila mostrado aqui reage muito mais rapidamente com resíduos de guanidina do que os haletos de alquila primários, tais como cloreto de butila e cloreto de pentila.

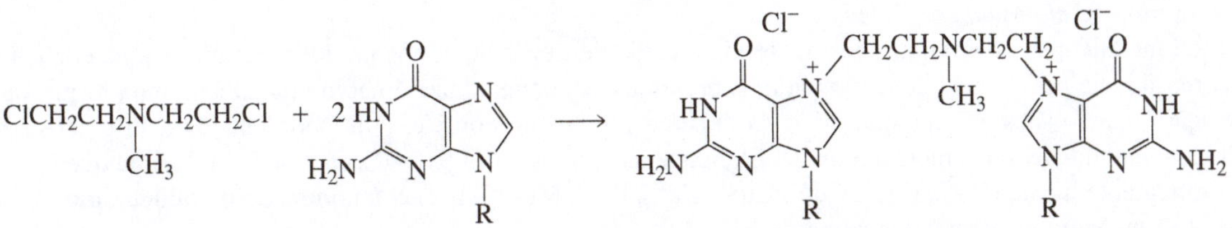

   b. O haleto de alquila pode reagir com dois resíduos de guanina em duas cadeias diferentes, efetuando dessa forma ligações cruzadas entre as cadeias. Proponha um mecanismo para essa reação.

44. Triosefosfato-isomerase catalisa a conversão de fosfato de di-hidroxi-acetona a 3-fosfato de gliceraldeído. Os grupos catalíticos da enzima são Glu 165 e His 95. Na primeira etapa da reação, esses grupos catalíticos atuam, respectivamente, como um catalisador básico geral e um catalisador ácido geral. Proponha um mecanismo para a reação.

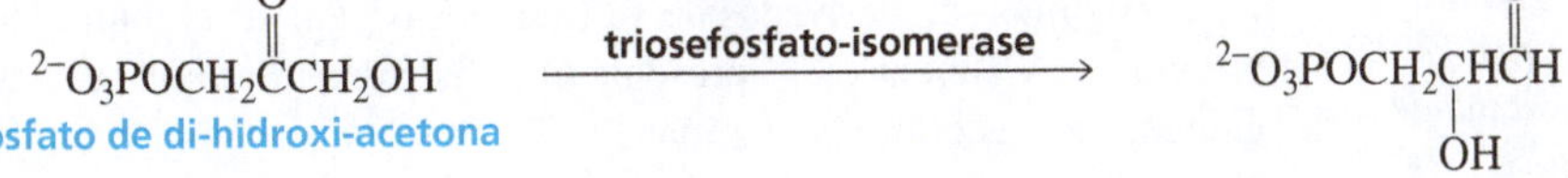

fosfato de di-hidroxi-acetona

3-fosfato de gliceraldeído

25 Os mecanismos orgânicos das coenzimas • Metabolismo

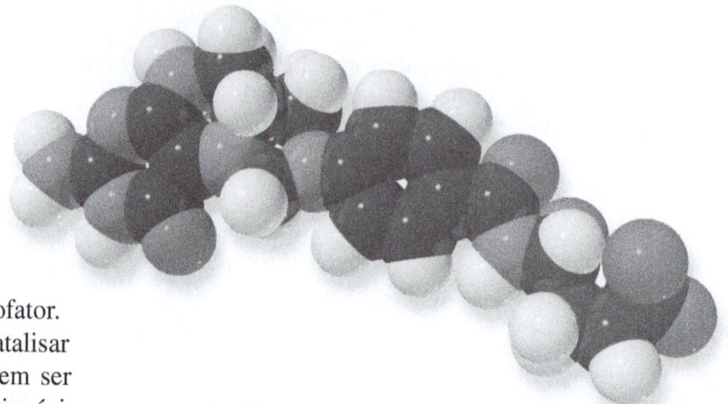

N^5,N^{10}-metileno-tetraidrofolato

Muitas enzimas não conseguem catalisar uma reação sem a ajuda de um cofator. Os **cofatores** auxiliam as enzimas a catalisar uma grande variedade de reações que não podem ser catalisadas somente pelas cadeias laterais de aminoácidos da proteína. Alguns cofatores são *íons metálicos*, ao passo que outros são *moléculas orgânicas*.

Um íon metálico, como cofator, pode atuar como ácido de Lewis de vários modos para ajudar uma enzima a catalisar uma reação: ele pode aliar-se a certos grupos presentes na enzima, fazendo com que adotem uma forma vantajosa para a reação; ligar o substrato ao sítio ativo da enzima; formar um complexo de coordenação com o substrato para aumentar sua reatividade; ou aumentar a nucleofilicidade da água no sítio ativo (Seção 24.5). A enzima que tem um íon metálico fortemente ligado (Co^{2+}, Cu^{2+}, Cu^{2+}, Cu^{2+}, Cu^{2+}, Fe^{2+}, Mo^{2+}, Zn^{2+}) é denominada **metaloenzima**. A carboxi-peptidase A é um exemplo de metaloenzima (Seção 24.9).

PROBLEMA 1◆

Como o íon metálico aumenta a atividade catalítica da carboxi-peptidase A?

Casimir Funk (1884–1967) *nasceu na Polônia. Formou-se em medicina pela Universidade de Berna e naturalizou-se cidadão americano em 1920. Em 1923 retornou à Polônia para dirigir o Instituto Nacional de Higiene. Voltou definitivamente para os Estados Unidos quando eclodiu a Segunda Guerra Mundial.*

Moléculas orgânicas que atuam como cofatores são denominadas **coenzimas**. As coenzimas são derivadas de substâncias orgânicas comumente conhecidas como *vitaminas*. A Tabela 25.1 apresenta uma lista das vitaminas e suas formas bioquimicamente ativas como coenzimas.

As **vitaminas** são substâncias que o organismo não consegue sintetizar e que lhe são necessárias em pequenas quantidades para que seu funcionamento seja normal. Sir Frederick Hopkins foi o primeiro a sugerir que doenças como o escorbuto e o raquitismo poderiam ser resultantes da ausência dessas substâncias na dieta. Como a primeira dessas substâncias a ser reconhecida como essencial na dieta foi uma amina, Casimir Funk concluiu, erroneamente, que todas elas eram iguais e denominou-as vitaminas ('aminas da vida').

Vimos que as enzimas catalisam reações seguindo os princípios da química orgânica (Seção 24.9). As coenzimas usam o mesmos princípios. Veremos que as coenzimas desempenham vários papéis químicos que não podem ser desempenhados pelas cadeias laterais de aminoácidos. Algumas coenzimas atuam como agentes oxidantes e redutores; outras permitem a deslocalização de elétrons; algumas ativam grupos para posterior reação, e outras fornecem bons nucleófilos ou bases fortes necessárias à reação. As coenzimas são recicladas, pois usar uma substância uma única vez e descartá-la seria altamente ineficiente para o organismo. Assim, veremos que qualquer coenzima modificada no curso de uma reação será subseqüentemente reconvertida à sua forma original.

Tabela 25.1 As vitaminas, suas coenzimas e suas funções químicas

Vitamina	Coenzima	Reação catalisada	Doença humana de deficiência
Vitaminas hidrossolúveis			
Niacina (niacinato)	NAD^+, $NADP^+$	Oxidação	Pelagra
	NADH, NADPH	Redução	
Riboflavina (vitamina B_2)	FAD, FMN	Oxidação	Inflamação da pele
$FADH_2$, $FMNH_2$	Redução		
Tiamina (vitamina B_1)	Pirofosfato de tiamina (TPP)	Transferência de dois carbonos	Beribéri
Ácido lipóico (lipoato)	Lipoato	Oxidação	—
	Diidrolipoato	Redução	
Ácido pantotênico (pantotenato)	Coenzima A (CoASH)	Transferência de acila	—
Biotina (vitamina H)	Biotina	Carboxilação	—
Piridoxina (vitamina B_6)	Fosfato de piridoxal (PLP)	Descarboxilação	Anemia
		Transaminação	
		Racemização	
		Ruptura de ligação C_α—C_β	
		α,β-Eliminação	
		α,β-Substituição	
Vitamina B_{12}	Coenzima B_{12}	Isomerização	Anemia perniciosa
Ácido fólico (folato)	Tetraidrofolato (THF)	Transferência de um carbono	Anemia megaloblástica
Ácido ascórbico (vitamina C)	—	—	Escorbuto
Vitaminas insolúveis em água (lipossolúveis)			
Vitamina A	—	—	—
Vitamina D	—	—	Raquitismo
Vitamina E	—	—	—
Vitamina K	Vitamina KH_2	Carboxilação	—

Uma enzima mais o cofator de que ela necessita para catalisar uma reação é denominada **holoenzima**. Uma enzima que teve seu cofator removido é denominada **apoenzima**. Holoenzimas são cataliticamente ativas, enquanto as apoenzimas são cataliticamente inativas, porque perderam seus cofatores.

Os primeiros estudos nutricionais dividiam as vitaminas em duas classes: solúveis em água e insolúveis em água (Tabela 25.1). As vitaminas A, D, E e K são insolúveis em água. A vitamina K é a única vitamina insolúvel em água comumente conhecida por atuar como coenzima. A vitamina A é necessária à visão normal; a vitamina D regula o metabolismo de cálcio e fosfato; e a vitamina E é um antioxidante. Como não atuam como coenzimas, as vitaminas A, D e E não serão abordadas neste capítulo. As vitaminas A e E serão vistas nas Seções 9.8 e 26.7, e a vitamina D será discutida na Seção 29.6.

Todas as vitaminas hidrossolúveis (solúveis em água), exceto a vitamina C, atuam como coenzimas. Apesar do seu nome, na verdade a vitamina C não é uma vitamina, porque o organismo necessita dela em quantidades relativamente altas, e a maioria dos mamíferos é capaz de sintetizá-la (Seção 22.19). Entretanto, nem os

Sir Frederick G. Hopkins (1861–1947) *nasceu na Inglaterra. Sua descoberta de que uma amostra de uma proteína mantinha a vida e outra não levou-o a concluir que a primeira continha uma quantidade traço de uma substância essencial à vida. Mais tarde sua hipótese tornou-se conhecida como 'conceito de vitamina', pela qual partilhou o Prêmio Nobel de 1929 de fisiologia/medicina. Hopkins também criou o conceito de aminoácidos essenciais.*

seres humanos, nem as cobaias conseguem sintetizar a vitamina C, por isso ela precisa ser incluída em suas dietas. Vimos que a vitamina C e a vitamina E são inibidores de radicais e, portanto, antioxidantes. A vitamina C seqüestra radicais formados em ambientes aquosos, ao passo que a vitamina E seqüestra radicais formados em ambientes apolares (Seção 9.8, volume 1).

É impossível haver superdosagem de vitaminas hidrossolúveis, porque o organismo consegue eliminar facilmente qualquer excesso. Entretanto, pode ocorrer superdosagem de vitaminas insolúveis em água, porque elas não são facilmente eliminadas pelo organismo e podem se acumular em membranas celulares e outros componentes apolares. Por exemplo, o excesso de vitamina D causa a calcificação dos tecidos moles. Os rins são particularmente suscetíveis à calcificação, que pode levar à falência renal. A vitamina D é formada na pele como resultado de uma reação fotoquímica causada pelos raios ultravioleta do sol (Seção 29.6).

A vitamina B_1

Christiaan Eijkman (1858–1930) foi membro de uma equipe médica enviada às Índias Orientais em 1886 para estudar o beribéri. Naquela época, acreditava-se que todas as enfermidades eram causadas por microorganismos. Como o microorganismo causador do beribéri não foi encontrado, a equipe deixou as Índias Orientais. Eijkman permaneceu no local e tornou-se diretor de um novo laboratório bacteriológico. Em 1896, descobriu acidentalmente a causa do beribéri ao notar que os frangos usados no laboratório tinham desenvolvido os sintomas característicos da doença. Ele constatou ainda que os sintomas se desenvolveram na medida em que um cozinheiro passou a alimentar os frangos com o arroz destinado aos pacientes do hospital. Os sintomas desapareceram quando um novo cozinheiro passou a alimentá-los com ração. Mais tarde verificou-se que a tiamina (vitamina B_1) está presente na casca do arroz, mas não no arroz polido. Por esse trabalho, Eijkman partilhou com Frederick Hopkins o Prêmio Nobel de fisiologia/medicina em 1929.

Christiaan Eijkman

Sir Frederick Hopkins

25.1 Visão geral de metabolismo

O conjunto das reações que os organismos vivos realizam para obter energia e para sintetizar as substâncias de que necessitam é conhecido como **metabolismo**. O processo metabólico pode ser dividido em duas partes: **catabolismo** e **anabolismo**. As *reações catabólicas* degradam moléculas nutrientes complexas para fornecer energia e moléculas precursoras simples aos processos sintéticos. As *reações anabólicas* requerem energia e resultam na síntese de biomoléculas complexas a partir de moléculas precursoras simples.

catabolismo: moléculas complexas ⟶ moléculas simples + energia

anabolismo: moléculas simples + energia ⟶ moléculas complexas

É importante recordar que praticamente toda reação ocorrida em um sistema vivo é catalisada por uma enzima. A enzima mantém os reagentes e outros cofatores necessários no lugar, de modo que os grupos funcionais reagentes e os grupos catalíticos são orientados de tal maneira que causarão uma reação química específica bem definida (Seção 24.8). Em alguns casos, pode ser útil ver onde uma reação particular catalisada por enzima, discutida neste capítulo, se encaixa no esquema metabólico global; portanto, iniciaremos por uma visão geral do metabolismo.

O catabolismo pode ser dividido em quatro estágios. *O primeiro estágio de catabolismo* é denominado digestão. Os reagentes necessários a todos os processos vitais vêm basicamente da nossa dieta. Nesse sentido, realmente somos o que comemos. Nesse primeiro estágio, gorduras, carboidratos e proteínas são hidrolisadas, respectivamente, em ácidos graxos, monossacarídeos e aminoácidos (Figura 25.1).

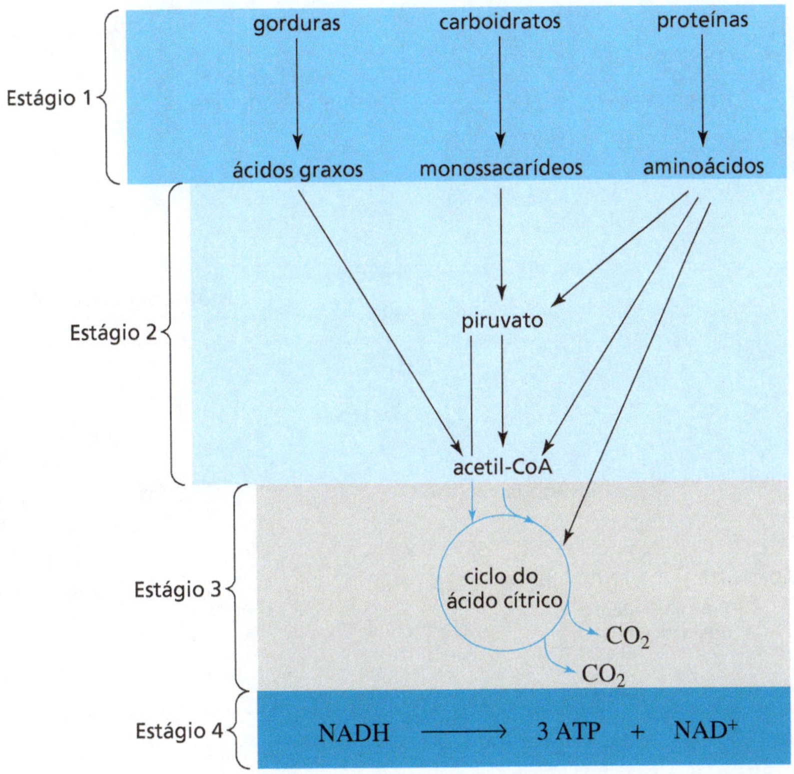

▲ **Figura 25.1**
Os quatro estágios de catabolismo:
1. digestão (hidrólise de polímeros a monômeros)
2. conversão de monômeros a substâncias que podem entrar no ciclo do ácido cítrico
3. ciclo do ácido cítrico
4. fosforilação oxidativa

No *segundo estágio de catabolismo*, esses produtos de hidrólise — ácidos graxos, monossacarídeos e aminoácidos — são convertidos em substâncias que podem entrar no ciclo do ácido cítrico. Para fazer isso, uma substância deve ser uma das que compõem o ciclo (denominada intermediário do ciclo) acetil-CoA ou piruvato. Acetil-CoA é o único não-intermediário do ciclo do ácido cítrico que pode entrar no ciclo (Seção 17.20); o piruvato pode entrar no ciclo do ácido cítrico somente porque pode ser convertido em acetil-CoA ou em oxalato, um intermediário do ciclo do ácido cítrico (Seções 25.4 e 25.5). Ácidos graxos são convertidos em acetil-CoA; monossacarídeos são convertidos em piruvato através da glicólise (Figura 25.2); e aminoácidos são convertidos em acetil-CoA, piruvato e/ou intermediários do ciclo do ácido cítrico, dependendo do aminoácido.

O *terceiro estágio de catabolismo* é o ciclo do ácido cítrico (também conhecido como ciclo de Krebs ou ciclo do ácido tricarboxílico (TCA); (Figura 25.3). Para cada acetil-CoA que entra no ciclo, duas moléculas de CO_2 são formadas.

A energia metabólica é medida em termos de trifosfato de adenosina (ATP). O modo como o organismo usa o ATP está descrito nas Seções 27.2 e 27.3. Bem pouco ATP é formado nos primeiros três estágios de catabolismo. Entretanto, no *quarto estágio de catabolismo*, todo NADH (ver Seção 25.2) formado por meio de reações oxidativas nos primeiros estágios é convertido em três ATPs num processo conhecido como *fosforilação oxidativa*. Assim, a carga de energia fornecida por gorduras, carboidratos e proteínas é obtida nesse quarto estágio.

O *anabolismo* pode ser visto como uma reserva de catabolismo. No anabolismo, acetil-CoA, piruvato e intermediários do ciclo do ácido cítrico são os materiais de partida para a síntese de ácidos graxos, monossacarídeos e aminoácidos. Essas substâncias são então usadas para formar gorduras, carboidratos e proteínas. Os mecanismos utilizados pelos sistemas biológicos para sintetizar gorduras e proteínas são discutidos nas Seções 19.21 e 27.13.

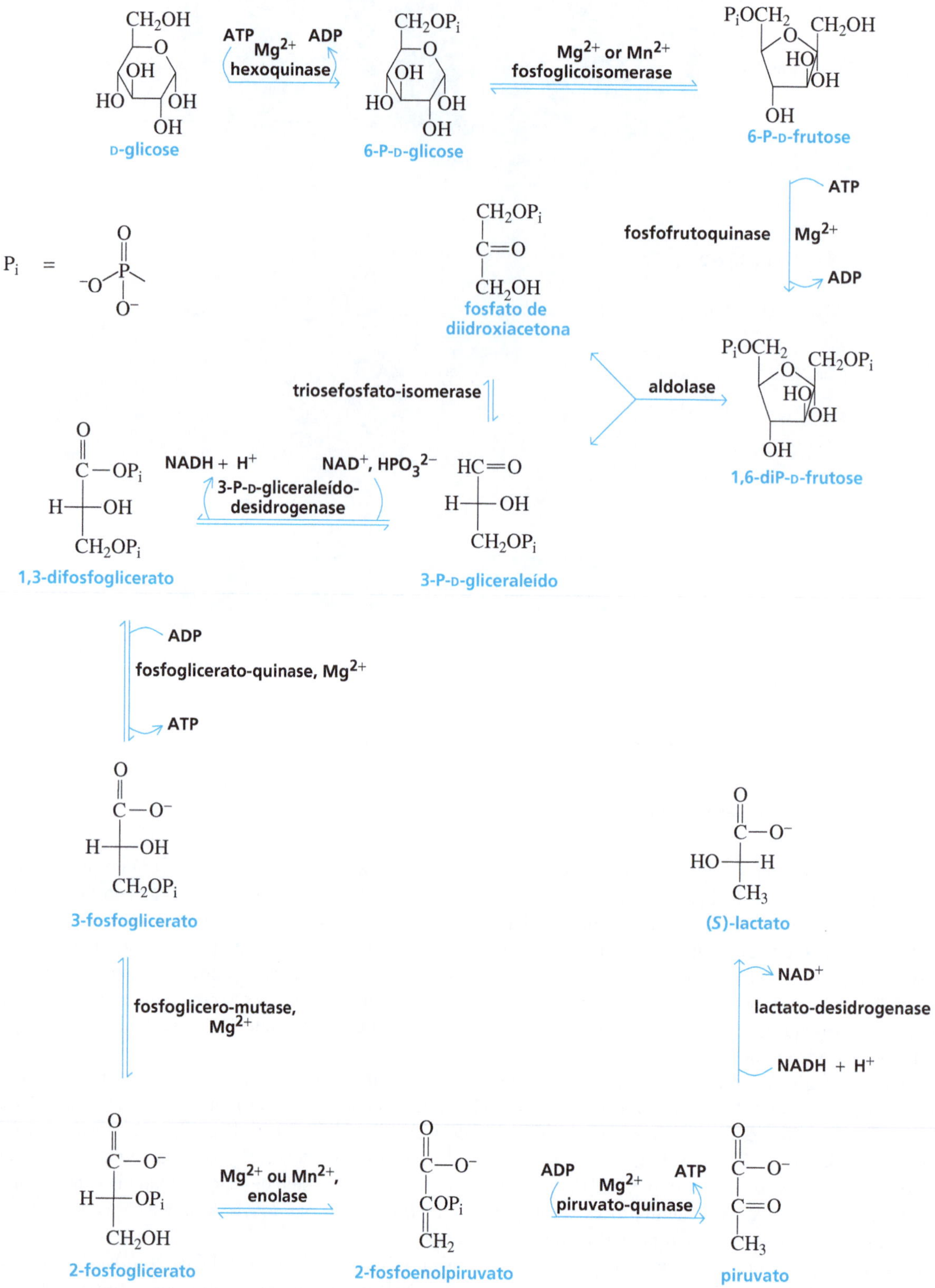

▲ **Figura 25.2**
Glicólise — a série de reações catalisadas por enzimas responsável pela conversão de 1 mol de D-glicose em 2 moles de piruvato.

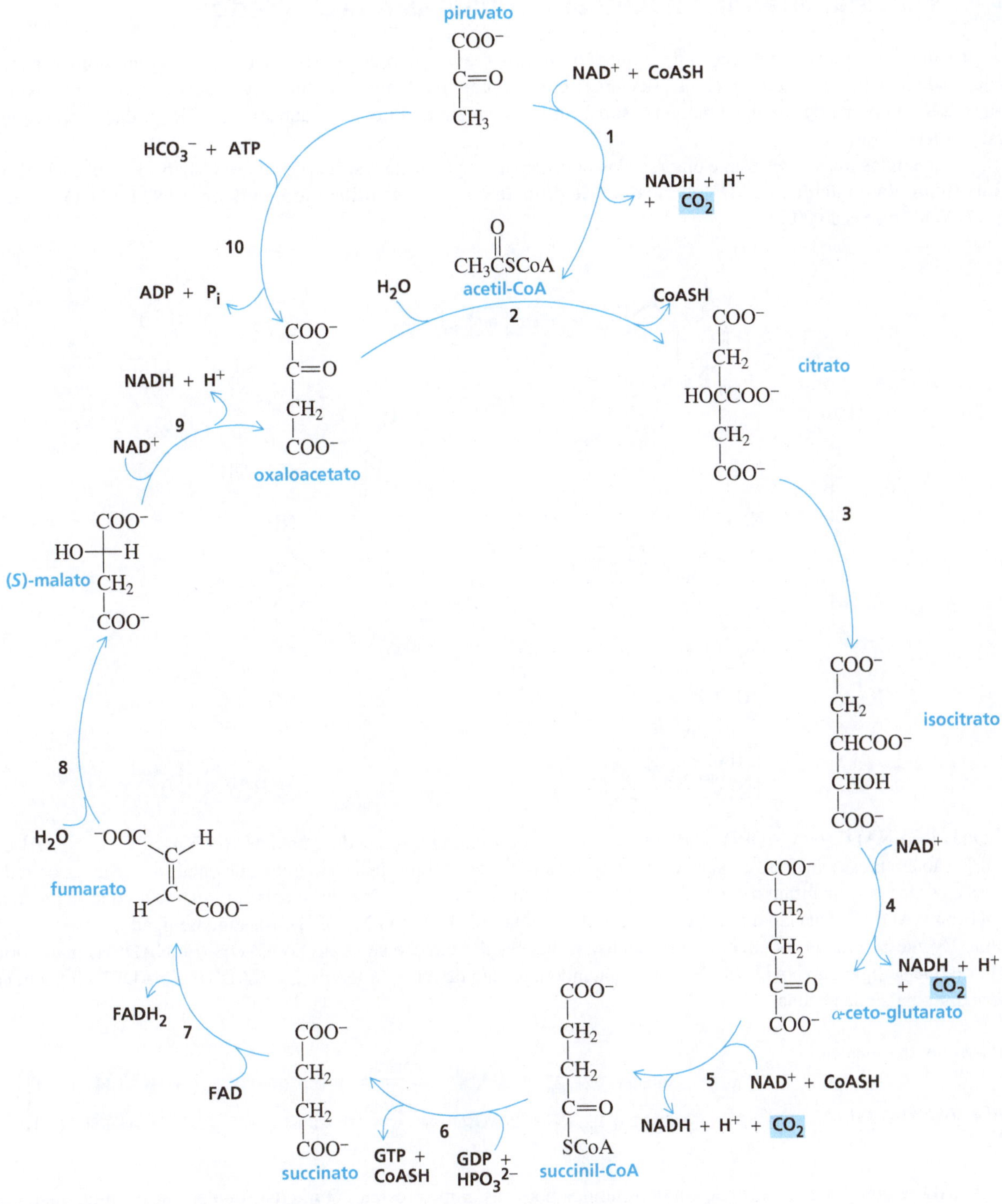

▲ **Figura 25.3**
Ciclo do ácido cítrico (também conhecido como ciclo de Krebs ou ciclo do ácido tricarboxílico (TCA)) — série de reações catalisadas por enzimas responsável pela oxidação de acetil-CoA a CO_2 e pela entrada de piruvato e acetil-CoA no ciclo.

1 piruvato-desidrogenase
2 citrato-sintase
3 aconitase
4 isocitrato-desidrogenase
5 α-ceto-glutarato-desidrogenase
6 succinil-CoA-sintase
7 succinato-desidrogenase
8 fumarase
9 malato-desidrogenase
10 piruvato-carboxilase

25.2 Niacina: vitamina necessária a muitas reações redox

Uma enzima que catalisa uma reação de oxidação ou uma reação de redução requer uma coenzima, porque nenhuma das cadeias laterais de aminoácidos pode atuar como agente oxidante ou redutor. A coenzima é o agente oxidante ou redutor. O papel da enzima é manter o substrato e a coenzima juntos para que a reação de oxidação ou redução possa ocorrer.

As coenzimas mais comumente empregadas pelas enzimas para catalisar reações de oxidação são o **dinucleotídeo de nicotinamida e adenina** (**NAD^+**) e o **fosfato de dinucleotídeo de nicotinamida e adenina** (**$NADP^+$**). (Você estudou o $NADP^+$ na Seção 20.11).

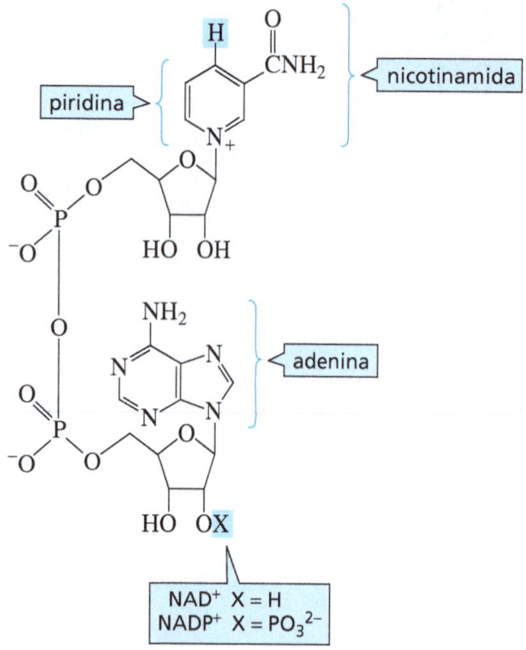

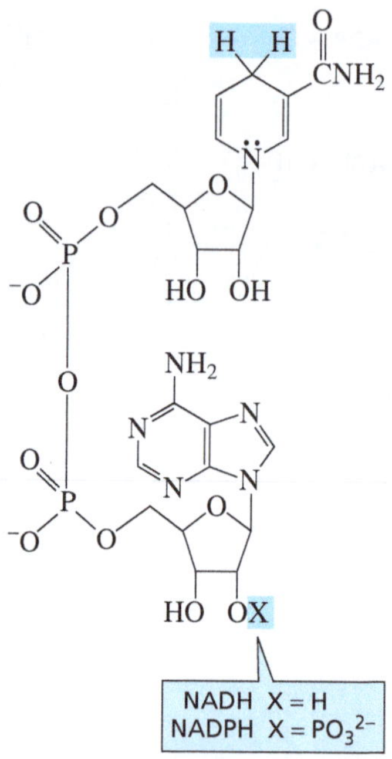

Quando o NAD^+ (ou $NADP^+$) oxida um substrato, a coenzima é reduzida a NADH (ou NADPH). O NADH e o NADPH são agentes redutores, ou seja, eles são usados como coenzimas pelas enzimas que catalisam reações de redução. As enzimas que catalisam reações de oxidação se ligam ao NAD^+ (ou $NADP^+$) mais fortemente do que se ligam ao NADH (ou NADPH). Quando a reação de oxidação termina, o NADH (ou NADPH), fracamente ligado, dissocia-se da enzima. Do mesmo modo, as enzimas que catalisam reações de redução se ligam ao NADH (ou NADPH) mais fortemente do que se ligam ao NAD^+ (ou $NADP^+$). Quando a reação de redução termina, o NAD^+ (ou $NADP^+$), fracamente ligado, dissocia-se da enzima.

NAD^+ e $NADP^+$ são agentes oxidantes

NADH e NADPH são agentes redutores

$$\text{substrato}_{\text{reduzido}} + NAD^+ \overset{\text{enzima}}{\rightleftharpoons} \text{substrato}_{\text{oxidado}} + NADH + H^+$$

$$\text{substrato}_{\text{oxidado}} + NADP^+ \overset{\text{enzima}}{\rightleftharpoons} \text{substrato}_{\text{oxidado}} + NADPH + H^+$$

O NAD^+ é composto de dois nucleotídeos unidos por seus grupos fosfato. O **nucleotídeo** consiste em um heterociclo ligado, em uma configuração β, ao C-1 da ribose fosforilada (Seção 27.1). O **heterociclo** é uma substância cíclica em que um ou mais átomos do anel é diferente de carbono (ver p. 298).

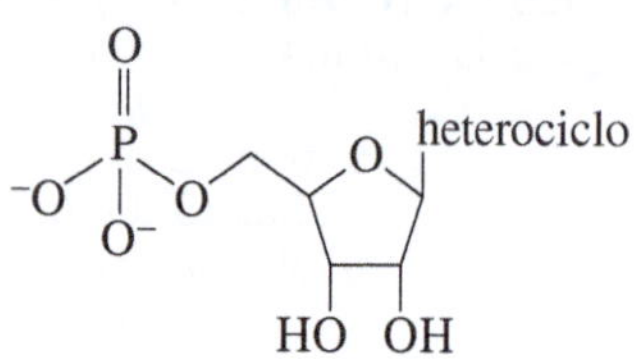

nucleotídeo

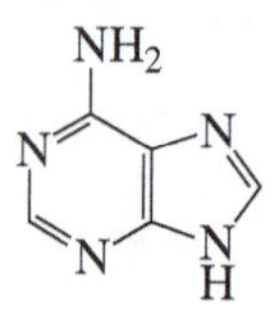

adenina

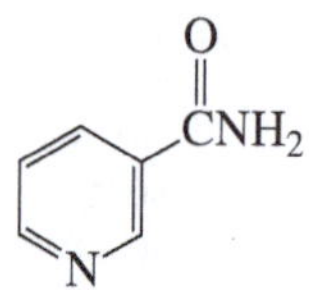

niacinamida
nicotinamida

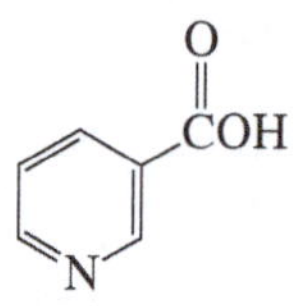

niacina
ácido nicotínico

O componente heterocíclico de um dos nucleotídeos do NAD^+ é a nicotinamida, e o componente heterocíclico do outro é a adenina. Isso contribui para o nome da coenzima (***n****icotinamide* ***a****denine* ***d****inucleotide*, em inglês). A carga positiva na abreviação NAD^+ indica o nitrogênio positivamente carregado do anel piridínico substituído.

Molecule Gallery: Niacina; Nicotinamida; Forma reduzida da nicotinamida
WWW

A única diferença estrutural entre o $NADP^+$ e o NAD^+ é o grupo fosfato ligado ao grupo 2′-OH da ribose do nucleotídeo de adenina, o que explica a adição do 'P' (*phosphate*, em inglês) ao nome. O NAD^+ e o NADH costumam ser usados como coenzimas em reações catabólicas; o $NADP^+$ e o NADPH são usados como coenzimas em reações anabólicas.

O nucleotídeo de adenina para as coenzimas é fornecido pelo ATP. O nucleotídeo de nicotinamida é derivado da vitamina conhecida como niacina. Os seres humanos podem sintetizar uma pequena quantidade de niacina a partir do aminoácido triptofano, mas não em quantidade suficiente para atender às necessidades metabólicas do organismo.

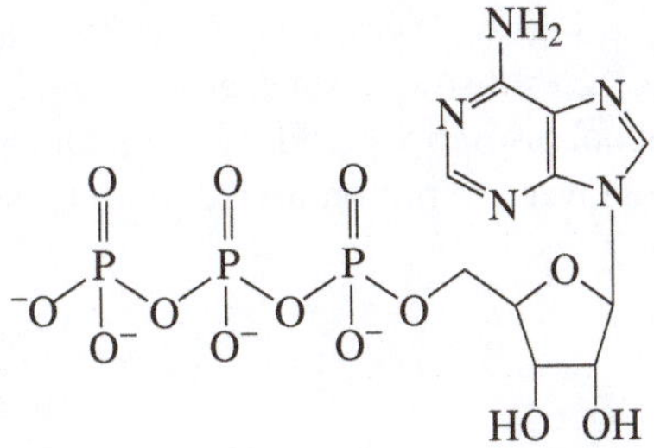

trifosfato de adenosina
ATP

Deficiência de niacina

A deficiência de niacina na alimentação causa pelagra, uma doença que começa com dermatite e, por fim, causa insanidade e morte. Em 1927, mais de 120 mil casos de pelagra foram relatados nos Estados Unidos, principalmente entre a população carente, cuja dieta era pouco variada. Sabia-se que algum constituinte presente nas preparações de vitamina B previnia a pelagra, mas só em 1937 ele foi identificado como ácido nicotínico.

Quando as panificadoras passaram a adicionar ácido nicotínico aos pães, insistiram em mudar seu nome para niacina, porque acreditavam que ácido nicotínico soava muito semelhante a nicotina e não queriam que seus pães enriquecidos com vitaminas fossem associados a uma substância nociva. A niacinamida é uma forma nutricionalmente equivalente de niacina.

A oxidação do *grupo álcool secundário* do malato a *um grupo cetona* é uma das reações do ciclo do ácido cítrico (Figura 25.2), cujo reagente oxidante é o NAD^+. Muitas enzimas que catalisam reações de oxidação são denominadas **desidrogenases**. Lembre-se de que o número de ligações C—H diminui numa reação de oxidação (Seção 20.0). Em outras palavras, as desidrogenases removem hidrogênios.

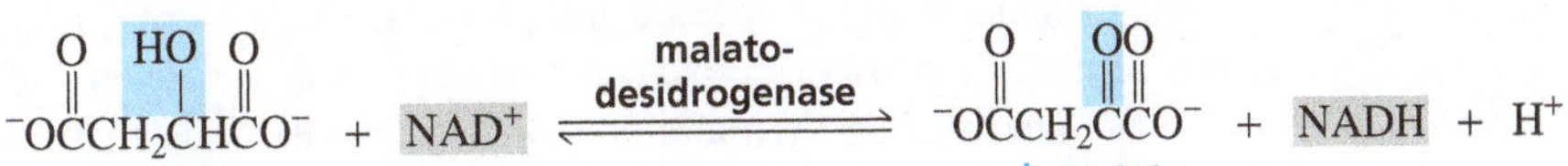

malato   oxaloacetato

O *β*-aspartato-semialdeído é reduzido a homosserina em um processo anabólico, com NADPH como agente redutor.

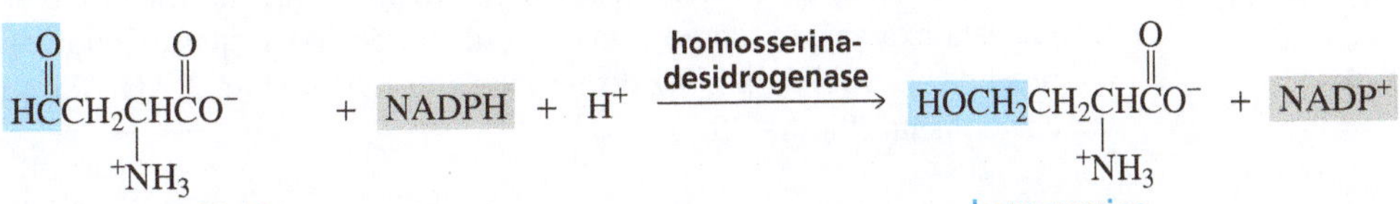

β-aspartato-semialdeído   homosserina

A diferenciação entre as coenzimas usadas no catabolismo e as usadas no anabolismo é mantida, porque as enzimas que catalisam essas reações de oxidação-redução exibem forte especificidade para determinada coenzima. Por exemplo, uma enzima que catalisa uma reação de oxidação pode rapidamente diferenciar entre NAD^+ e $NADP^+$; se a enzima estiver em uma via catabólica, ela se ligará ao NAD^+, mas não ao $NADP^+$. Além disso, as concentrações relativas das coenzimas na célula estimulam a ligação com a coenzima apropriada. Por exemplo, como NAD^+ e NADH são coenzimas catabólicas, e as reações catabólicas são as reações de oxidação mais freqüentes, a concentração de NAD^+ na célula é muito maior do que a concentração de NADH. (A célula mantém a sua razão $[NAD^+]/[NADH]$ próxima de 1000.) Como $NADP^+$ e NADPH são coenzimas anabólicas, e processos anabólicos são predominantemente reações de redução, a concentração de NADPH na célula é maior do que a concentração de $NADP^+$. (A razão $[NADP^+]/[NADPH]$ é mantida em torno de 0,01.)

Mecanismos para nucleotídeos de piridina como coenzimas

Como ocorrem essas reações de oxidação-redução? Toda a química dos nucleotídeos de piridina (coenzimas NAD^+, $NADP^+$, NADH e NADPH) ocorre na posição 4 do anel piridínico. O restante da molécula é importante para ligar a coenzima ao sítio apropriado na enzima. Quando um substrato está sendo *oxidado*, ele doa um íon hidreto (H^-) à posição 4 do anel piridínico. Na reação seguinte, o álcool primário é oxidado a um aldeído. Uma cadeia lateral básica de aminoácido da enzima pode auxiliar a reação ao remover um próton do oxigênio no substrato.

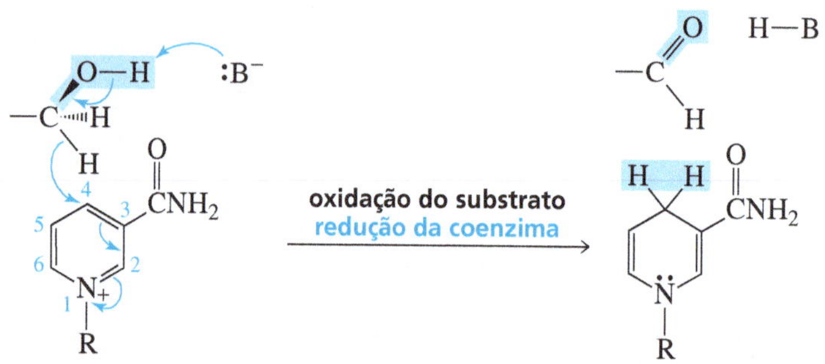

A gliceraldeído-3-fosfato-desidrogenase é um exemplo de uma enzima que usa NAD^+ como coenzima oxidante. A enzima catalisa a oxidação do grupo aldeído do 3-fosfato de gliceraldeído (GAP) a um anidrido de um ácido carboxílico e ácido fosfórico. Essa é uma reação que ocorre na glicólise (Figura 25.3).

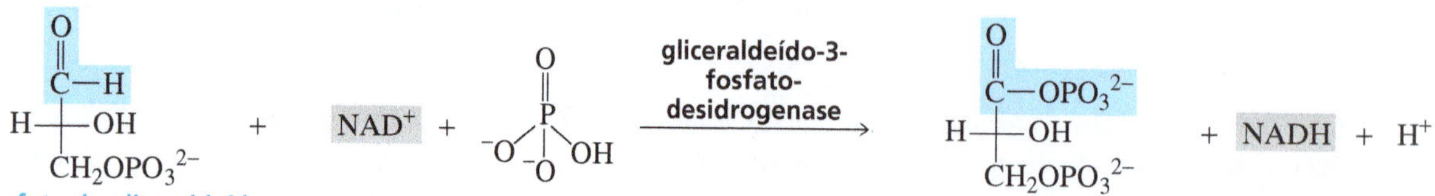

D-3-fosfato de gliceraldeído D-1,3-difosfoglicerato

Tutorial Gallery: Mecanismos de reações NAD^+ e NADH-dependentes
WWW

Na primeira etapa do mecanismo para essa reação, um grupo SH de uma cadeia lateral de cisteína no sítio ativo da enzima reage com o 3-fosfato de gliceraldeído, formando um intermediário tetraédrico. Uma cadeia lateral da enzima aumenta a nucleofilicidade da cisteína atuando como catalisador básico geral. O intermediário tetraédrico expulsa um íon hidreto, transferindo-o à posição 4 do anel piridínico de um NAD^+ que, por sua vez, está ligado à enzima em um sítio adjacente. O NADH se dissocia da enzima, e a enzima se liga a um novo NAD^+. O fosfato reage com o tioéster, formando anidrido e liberando cisteína. Observe que, ao final da reação, a holoenzima está exatamente como estava no início, de modo que o ciclo catalítico pode ser repetido. O NADH produzido na reação é reoxidado a NAD^+ no quarto estágio de catabolismo (Figura 25.1).

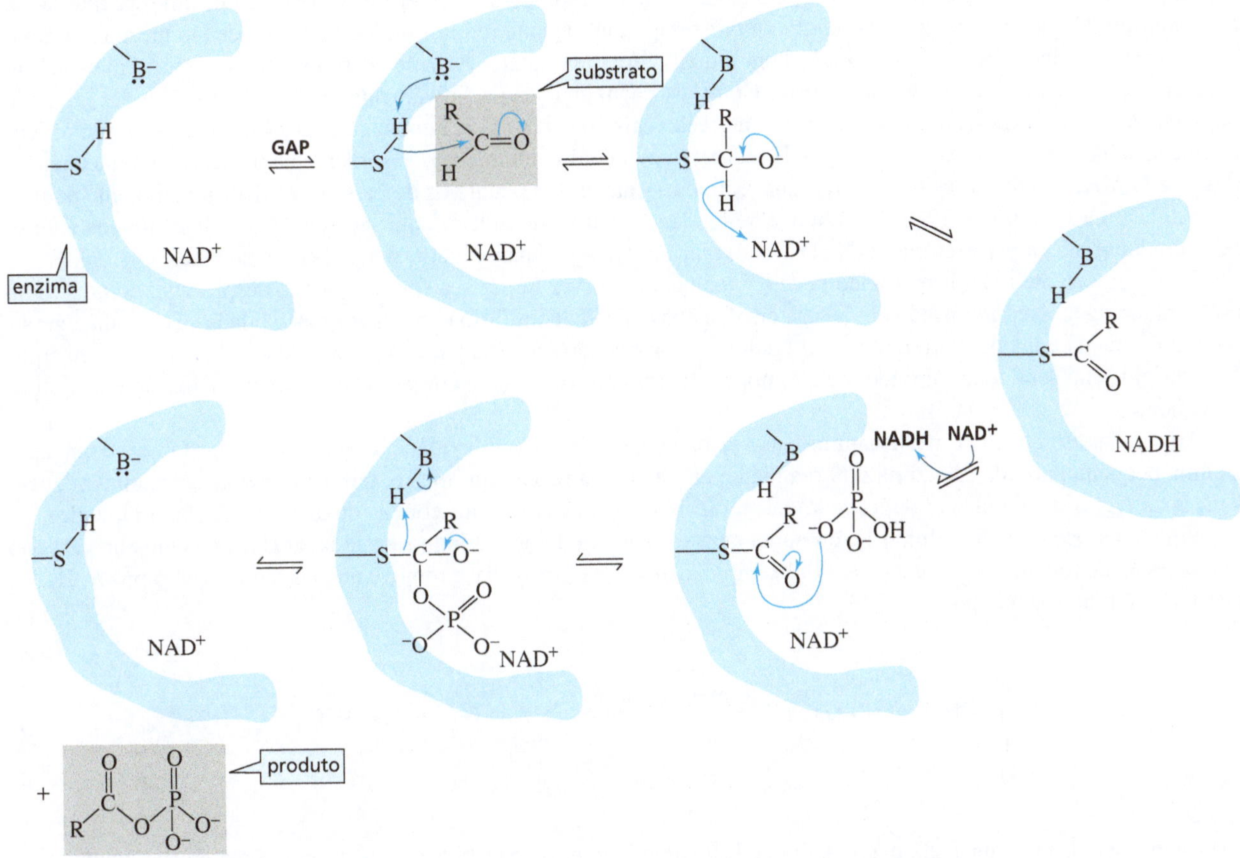

O mecanismo para redução pelo NADH (ou pelo NADPH) é o inverso do mecanismo de oxidação pelo NAD^+ (ou pelo $NADP^+$). Se um substrato está sendo *reduzido*, o anel di-hidropiridínico doa um íon hidreto de sua posição 4 ao substrato. Uma cadeia lateral ácida da enzima auxilia na reação doando um próton ao substrato.

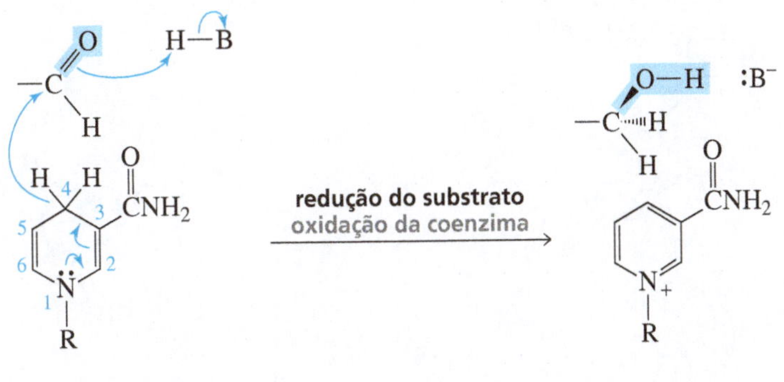

Como o NADH e o NADPH reduzem substâncias pela doação de um íon hidreto, eles podem ser considerados os equivalentes biológicos de $NaBH_4$ ou $LiAlH_4$ — doadores de hidreto empregados como agentes redutores em reações não-biológicas (Seção 20.1).

Por que as estruturas de reagentes redox (redutores e oxidantes) biológicos são muito mais complexas do que as estruturas dos reagentes redox utilizados para efetuar as mesmas reações no laboratório? O NADH é certamente mais complexo que o $LiAlH_4$, embora ambos reduzam substâncias pela doação de um íon hidreto. Muito da complexidade estrutural de uma coenzima se destina ao reconhecimento molecular — para permitir que a molécula seja reconhecida pela enzima. O *reconhecimento molecular* permite à enzima se ligar ao substrato e à coenzima na orientação apropriada para a reação.

Além disso, um reagente redox encontrado em um sistema biológico deve ser menos reativo que um reagente redox de laboratório, já que precisa ser mais seletivo. Por exemplo, um agente redutor biológico não pode simplesmente reduzir qualquer substância passível de redução com a qual entra em contato. As reações biológicas são muito mais cuidadosamente controladas que as de laboratório. Como as coenzimas são relativamente inertes (pouco reativas) quando comparadas com agentes redox não-biológicos, a reação entre o substrato e a coenzima não ocorre ou se dá muito lentamente sem a enzima. Por exemplo, o NADH reduzirá um aldeído ou uma cetona somente na presença de uma enzima. $NaBH_4$ e $LiAlH_4$ são doadores de hidreto mais reativos — na verdade, reativos demais para existir no ambiente aquoso da célula. Do mesmo modo, o NAD^+ é um agente oxidante muito mais seletivo que os agentes oxidantes típicos empregados em laboratório; por exemplo, o NAD^+ irá oxidar um álcool somente na presença de uma enzima.

Como um agente redutor biológico deve ser reciclado (em vez de ter sua forma oxidada desprezada, como seria o caso para um agente redutor usado em laboratório), a constante de equilíbrio entre as formas oxidada e reduzida é geralmente próxima da unidade. Portanto, reações redox biológicas não são altamente exergônicas; elas são reações em equilíbrio dirigidas no sentido apropriado, pela remoção de produtos de reação, como resultado de participação em reações subseqüentes.

Ao estudar as coenzimas neste capítulo, não se preocupe com a complexidade de suas estruturas. Observe que apenas uma pequena parte da coenzima está realmente envolvida na reação química e, também, que as coenzimas seguem as mesmas regras de química orgânica, como as moléculas orgânicas simples com as quais você está familiarizado.

Vimos, na Seção 5.16 (volume 1), que uma enzima oxidante pode distinguir entre os dois hidrogênios no carbono cuja remoção de íon hidreto ela catalisa. Por exemplo, a álcool-desidrogenase remove apenas o hidrogênio pro-*R*, H_a, do etanol. (H_b é o hidrogênio pro-*S*.)

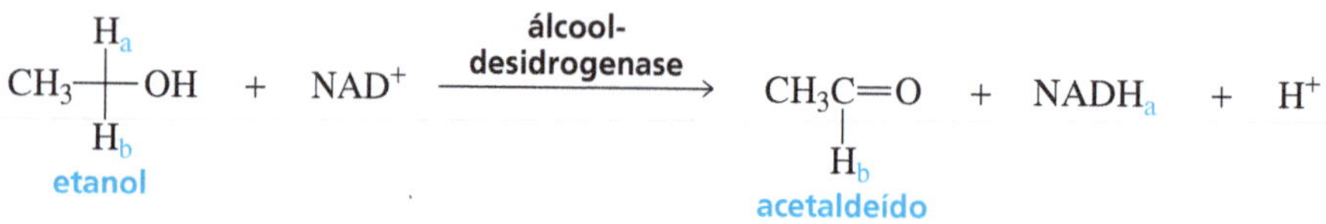

Da mesma maneira, uma enzima redutora pode distinguir entre os dois hidrogênios na posição 4 do anel nicotinamida de NADH. Uma enzima tem um sítio de ligação específico para a coenzima, e, quando ela se liga à coenzima, bloqueia um de seus lados. Se a enzima bloquear o lado B do NADH, o substrato se ligará ao lado A, e o íon hidreto H_a será transferido ao substrato. Se a enzima bloquear o lado A da coenzima, o substrato se ligará ao lado B, e o íon hidreto H_b será transferido. Atualmente, 156 desidrogenases são conhecidas por transferir H_a, e 121 são conhecidas por transferir H_b.

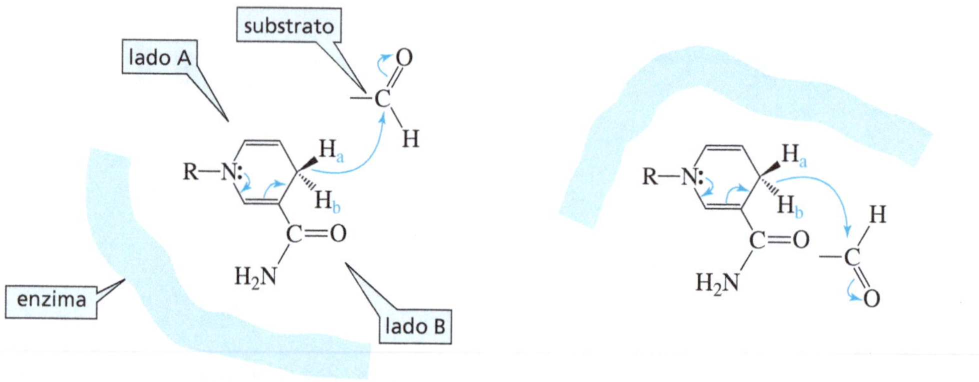

A enzima bloqueia o lado B da coenzima, de modo que o substrato se liga ao lado A.

A enzima bloqueia o lado A da coenzima, de modo que o substrato se liga ao lado B.

25.3 Dinucleotídeo de flavina e adenina e mononucleotídeo de flavina: vitamina B_2

A *flavoproteína* é uma enzima cuja coenzima é o **dinucleotídeo de flavina e adenina** (**FAD**) ou o **mononucleotídeo de flavina** (**FMN**). O FAD e o FMN, como o NAD^+ e o $NADP^+$, são coenzimas empregadas em reações de oxidação. Como seu nome indica, o FAD é um dinucleotídeo no qual um dos componentes heterocíclicos é a flavina e o outro é a adenina. O FMN contém flavina, mas não adenina — é um mononucleotídeo. (A flavina é uma substância de cor amarelo-brilhante; *flavus* significa "amarelo" em português.) Note que, em vez da ribose, o nucleotídeo de flavina tem um grupo ribitol (uma ribose reduzida). A união de flavina e ribitol é denominada *riboflavina*. A riboflavina é conhecida como vitamina B_2, cuja deficiência causa inflamação na pele.

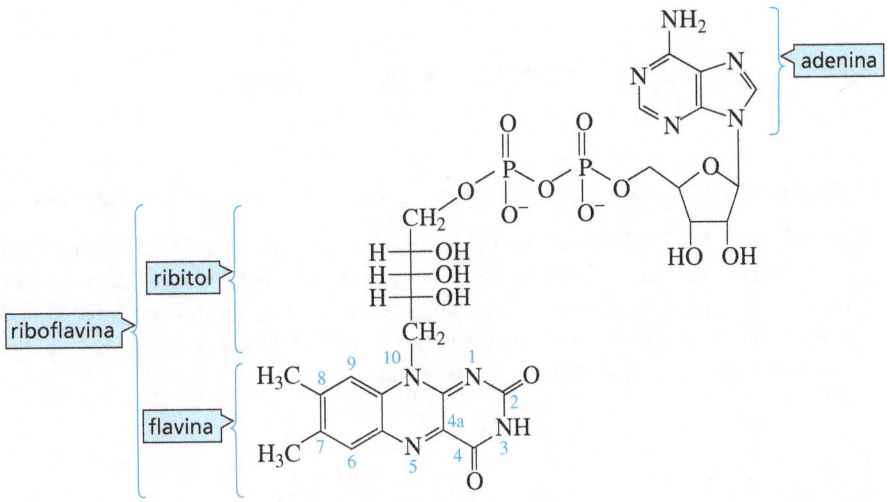

FAD

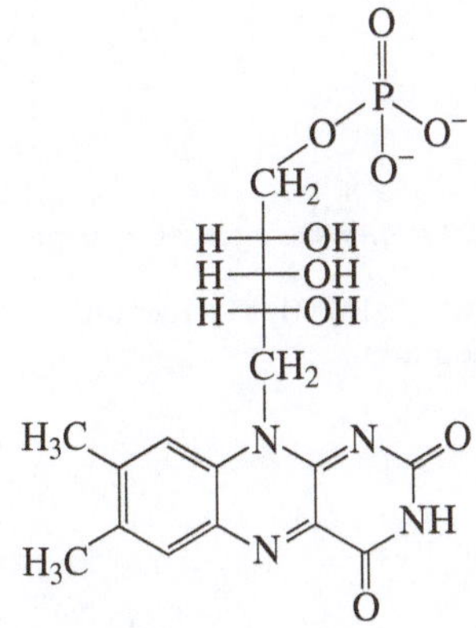

FMN

Na maioria das flavoproteínas, FAD (ou FMN) está fortemente ligado. Ligações fortes permitem à enzima controlar o potencial de oxidação da coenzima. (Quanto mais positivo for o potencial de oxidação, mais forte será o agente oxidante.) Conseqüentemente, algumas flavoproteínas são agentes oxidantes mais fortes do que outras.

Molecule Gallery: Dinucleotídeo de flavina e adenina (FAD); Mononucleotídeo de flavina (FMN)

WWW

PROBLEMA 2◆

O FAD é obtido por uma reação catalisada por enzima que usa FMN e ATP como substratos. Qual é o outro produto dessa reação?

Como podemos dizer quais enzimas usam FAD (ou FMN) em vez de NAD^+ (ou $NADP^+$) como coenzima oxidante? Uma indicação aproximada é que NAD^+ e $NADP^+$ são as coenzimas usadas em reações de oxidação catalisadas por enzimas que envolvem substâncias carboniladas (alcoóis oxidados a cetonas, aldeídos ou ácidos carboxílicos), enquanto FAD e FMN são as coenzimas usadas em outros tipos de oxidação. Por exemplo, nas reações seguintes, FAD oxida um ditiol a um dissulfeto, uma amina a uma imina e um grupo alquila saturado a um alceno insaturado, e FMN oxida NADH a NAD^+. (Entretanto, essa é apenas uma indicação aproximada, já que FAD participa de algumas oxidações que envolvem substâncias carboniladas, e NAD^+ e $NADP^+$ participam de algumas oxidações que não envolvem substâncias carboniladas.)

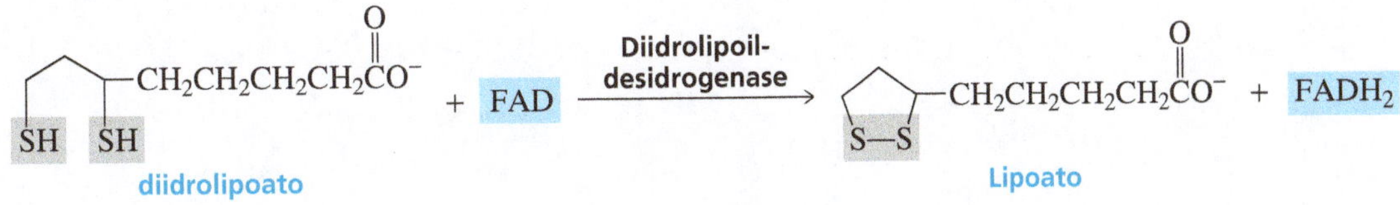

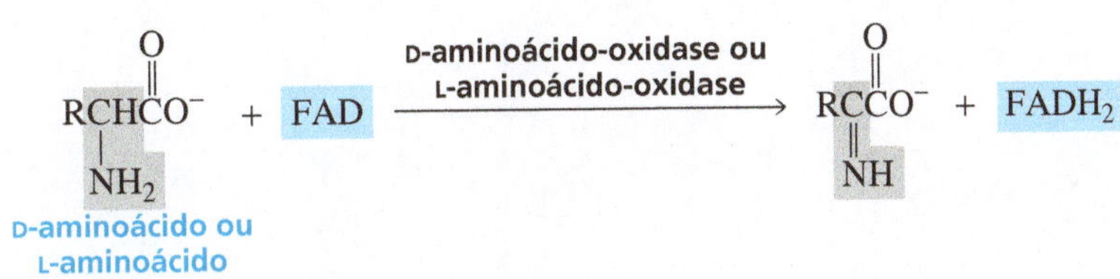

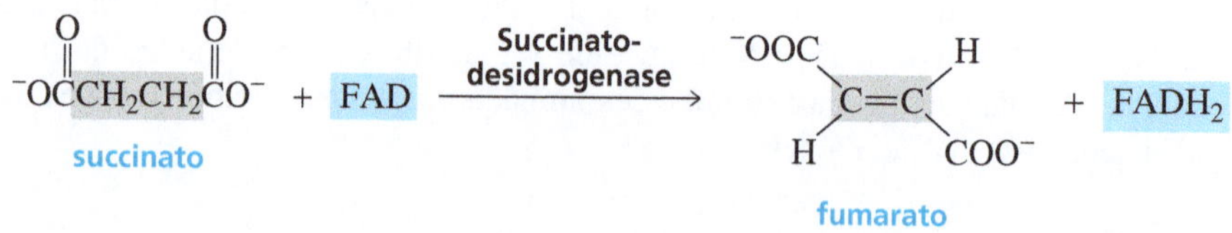

$$\text{NADH} + \text{H}^+ + \text{FMN} \xrightarrow{\text{NADH-desidrogenase}} \text{NAD}^+ + \text{FMNH}_2$$

Mecanismos para nucleotídeos de flavina como coenzimas

FAD e FMN são agentes oxidantes.

$FADH_2$ e $FMNH_2$ são agentes redutores.

Quando FAD (ou FMN) oxidam um substrato (S), a coenzima é reduzida a $FADH_2$ (ou $FMNH_2$). $FADH_2$ e $FMNH_2$, assim como NADH e NADPH, são agentes redutores. Toda a química de oxidação-redução ocorre no anel da flavina. A redução do anel flavínico interrompe o sistema conjugado, e, portanto, as coenzimas reduzidas são menos coloridas que suas formas oxidadas.

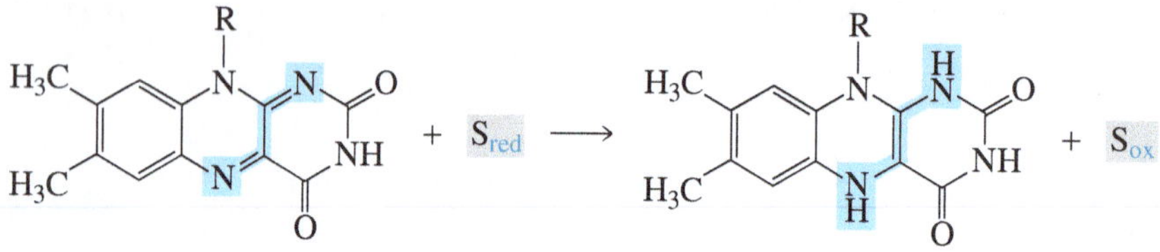

FAD
FMN

$FADH_2$
$FMNH_2$

PROBLEMA 3◆

Quantas ligações duplas conjugadas há em

a. FAD? b. $FADH_2$?

Na primeira etapa do mecanismo de oxidação de diidrolipoato a lipoato, catalisada por FAD, o íon tiolato ataca a posição C-4a do anel flavínico. Essa reação se dá por catálise ácida geral — quando o íon tiolato ataca o anel, um próton é doado ao nitrogênio N-5. Um segundo ataque nucleofílico por um íon tiolato, dessa vez no enxofre que está covalentemente ligado à coenzima, gera o produto oxidado e $FADH_2$. A Seção 25.4 discute onde essa reação catalisada por FAD se encaixa no metabolismo.

mecanismo para diidrolipoil-desidrogenase

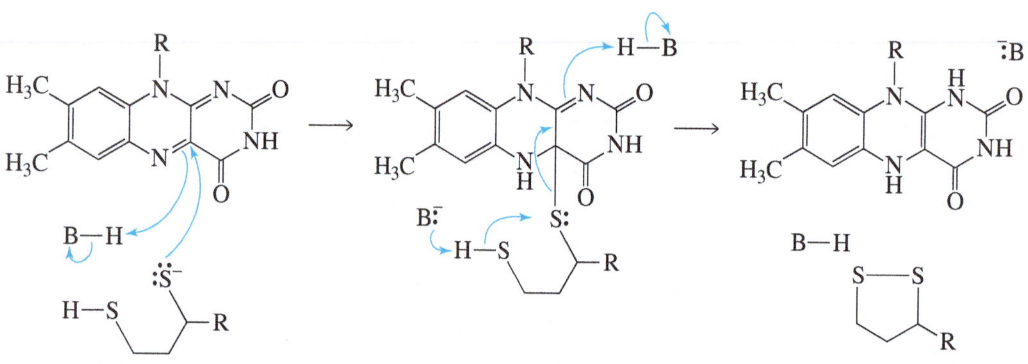

diidrolipoato

lipoato

Na primeira etapa da oxidação de um aminoácido a um iminoácido, catalisada por flavina, uma cadeia lateral básica no sítio ativo da enzima remove um próton do carbono α do aminoácido. O carbânion formado ataca a posição N-5 do anel da flavina. O colapso do intermediário tetraédrico resultante leva ao aminoácido oxidado (iminoácido) e à coenzima reduzida ($FADH_2$).

mecanismo para a D- ou L-aminoácido-oxidase

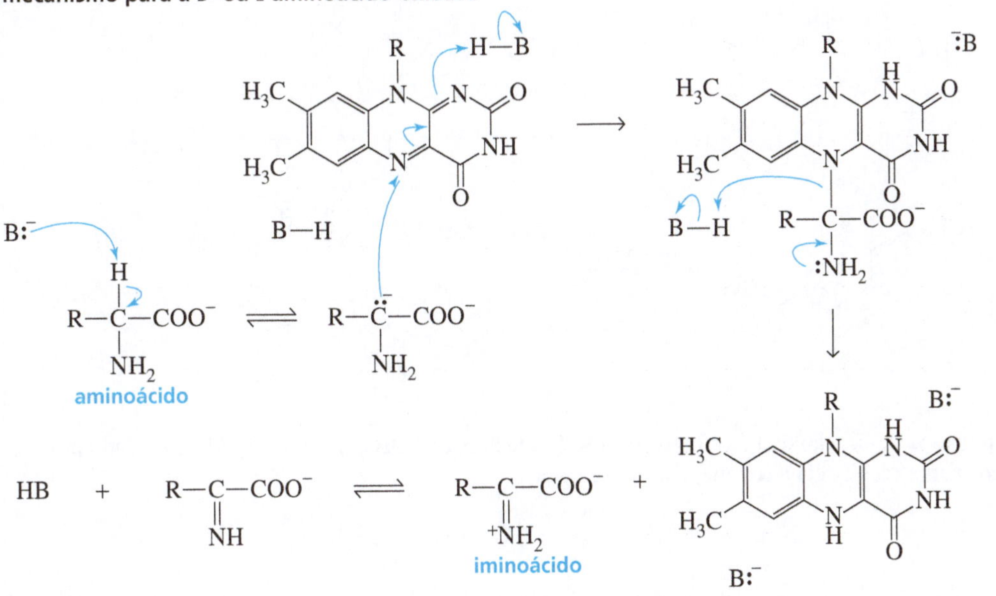

Note que FAD é uma coenzima mais versátil do que NAD^+. Diferentemente de NAD^+, que sempre usa o mesmo mecanismo, as coenzimas de flavina podem usar vários mecanismos diferentes para efetuar uma oxidação. Por exemplo, vimos há pouco que, quando FAD oxida di-hidrolipoato, o ataque nucleofílico ocorre na posição C-4 do anel flavínico, mas, quando oxida um aminoácido, o ataque nucleofílico ocorre na posição N-5.

As células contêm concentrações muito baixas de FAD e concentrações muito altas de NAD^+. Essa diferença na concentração é responsável por uma diferença significativa entre as enzimas (**E**) que usam NAD^+ como agente oxidante e as que usam FAD. Geralmente, FAD está covalentemente ligado a sua enzima e permanece ligado após ser reduzido a $FADH_2$. Diferentemente de NADH, $FADH_2$ não se dissocia da enzima. Portanto, deve ser reoxidado a FAD antes que a enzima possa iniciar novo ciclo de catálise.

O agente oxidante usado para essa reação é NAD^+ ou O_2. Portanto, uma enzima que usa uma coenzima oxidante que não seja NAD^+ pode ainda requerer NAD^+ para reoxidar a coenzima reduzida. Por essa razão, NAD^+ tem sido denominado "moeda comum" de reações de oxidação-redução biológicas.

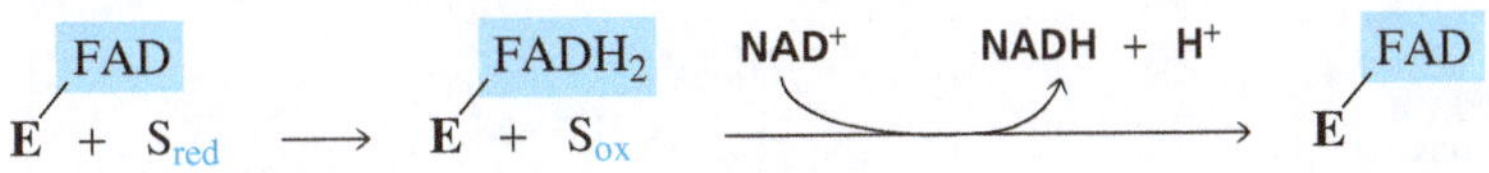

PROBLEMA 4

Proponha um mecanismo para a redução de lipoato por $FADH_2$.

PROBLEMA 5 **RESOLVIDO**

Um modo comum de o FAD se tornar covalentemente ligado à sua enzima é ter um próton removido do grupo metila em C-8 e um próton doado a N-1. Então uma cadeia lateral de cisteína, ou outra cadeia lateral nucleofílica da enzima, ataca o carbono metilênico em C-8 enquanto um próton é doado a N-5. Descreva mecanisticamente esses acontecimentos.

RESOLUÇÃO

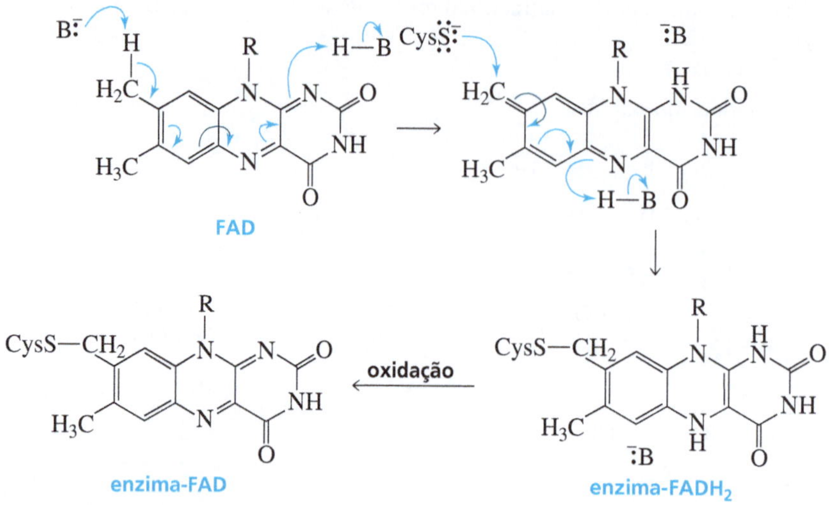

Observe que, durante o processo de ligação do FAD à enzima, ele é reduzido a $FADH_2$, que em seguida é oxidado novamente a FAD. Como a coenzima está ligada à enzima, ela não se solta.

PROBLEMA 6

Explique por que os hidrogênios do grupo metila ligado à flavina em C-8 são mais ácidos que aqueles do grupo metila ligado em C-7.

25.4 Pirofosfato de tiamina: vitamina B_1

Por ter sido a primeira das vitaminas B a ser identificada, a tiamina ficou conhecida como vitamina B_1. A ausência de tiamina na dieta causa uma doença denominada beribéri, que ataca o coração e enfraquece os reflexos nervosos. Em casos extremos, causa paralisia. Uma das fontes mais ricas em vitamina B_1 é a casca dos grãos de arroz (p. 448). Portanto, é mais provável ocorrer deficiência quando o arroz polido é o principal componente da dieta. Essa deficiência também é observada em alcoólicos gravemente desnutridos.

A forma ativa da vitamina B_1, como coenzima, é o **pirofosfato de tiamina** (**TPP**). O TPP é a coenzima requerida por enzimas que catalisam a transferência de um fragmento de dois carbonos de uma espécie a outra.

O pirofosfato de tiamina (TPP) é a coenzima requerida por enzimas que catalisam a transferência de um fragmento de dois carbonos de uma espécie a outra.

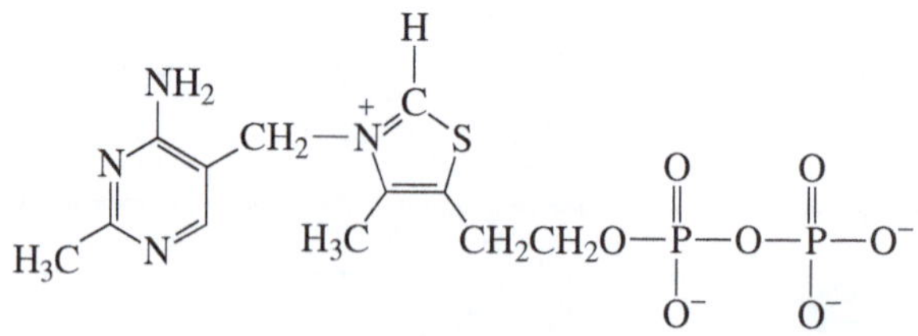

pirofosfato de tiamina
TPP

Piruvato-descarboxilase é uma enzima que requer pirofosfato de tiamina; catalisa a descarboxilação de piruvato e transfere o fragmento de dois carbonos resultante a um próton, levando à formação de acetaldeído.

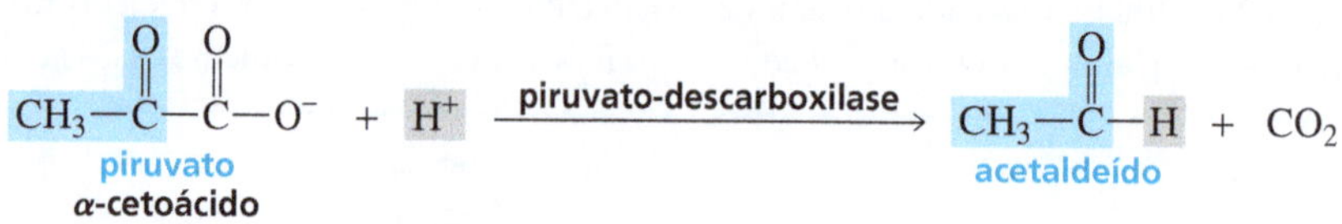

Você pode se perguntar por que um α-cetoácido, como o piruvato, pode ser descarboxilado, se os elétrons deixados para trás quando o CO_2 é removido não podem ser deslocalizados em direção ao oxigênio carbonílico. Veremos que o anel tiazólico da coenzima fornece um sítio para a deslocalização dos elétrons. O sítio ao qual os elétrons podem ser deslocalizados é denominado **dreno de elétrons**.

Mecanismo para piruvato-descarboxilase

O hidrogênio ligado ao carbono imínico do TPP é relativamente ácido (pK_a = 12,7), porque o carbânion ilídeo, formado quando o próton é removido, é estabilizado pelo nitrogênio adjacente carregado positivamente. O carbânion ilídeo é um bom nucleófilo.

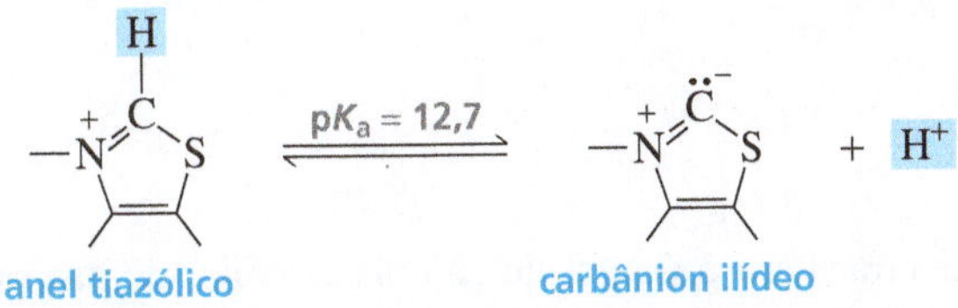

Na primeira etapa do mecanismo da piruvato-descarboxilase, o carbânion nucleofílico ataca o grupo cetona eletrofílico do α-cetoácido. O intermediário resultante pode facilmente sofrer descarboxilação, porque os elétrons que ficam quando o CO_2 é removido podem ser deslocalizados em direção ao nitrogênio carregado positivamente. O nitrogênio positivamente carregado do TPP é um dreno de elétrons mais efetivo do que o grupo β-ceto de um β-cetoácido, uma classe de substâncias bastante descarboxiladas (Seção 19.17). O produto de descarboxilação é estabilizado pela deslocalização de elétrons. Uma das formas de ressonância é neutra e a outra tem cargas separadas — a qual denominaremos *carbânion estabilizado por ressonância*. A protonação do carbânion estabilizado por ressonância e uma reação de eliminação subseqüente formam acetaldeído e regeneram a coenzima.

Tutorial Gallery: mecanismo para piruvato-descarboxilase WWW

mecanismo para piruvato-descarboxilase

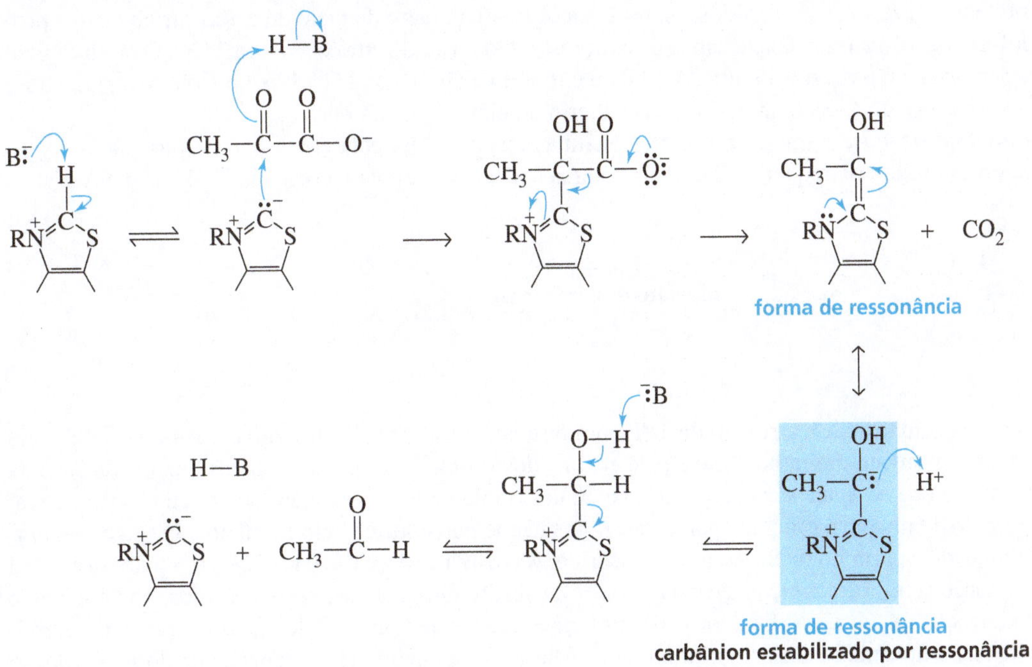

PROBLEMA 7

Desenhe estruturas que mostrem a similaridade entre a descarboxilação do intermediário piruvato-TPP e a descarboxilação de um β-cetoácido.

PROBLEMA 8

A acetolactato-sintase é outra enzima que requer TPP. Ela também catalisa a descarboxilação de piruvato, mas transfere o fragmento de dois carbonos resultante a outra molécula de piruvato, formando acetolactato. Essa é a primeira etapa da biossíntese dos aminoácidos valina e leucina. Proponha um mecanismo para a acetolactato-sintase.

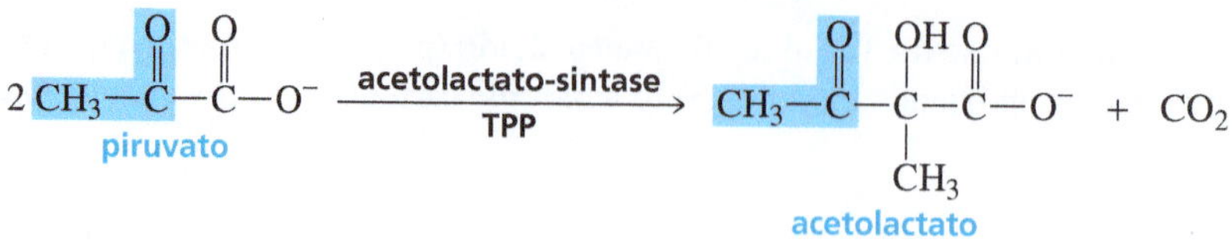

PROBLEMA 9

A acetolactato-sintase pode também transferir o fragmento de dois carbonos do piruvato ao α-cetobutirato, formando α-aceto-α-hidroxibutirato. Essa é a primeira etapa na formação de isoleucina. Proponha um mecanismo para essa reação.

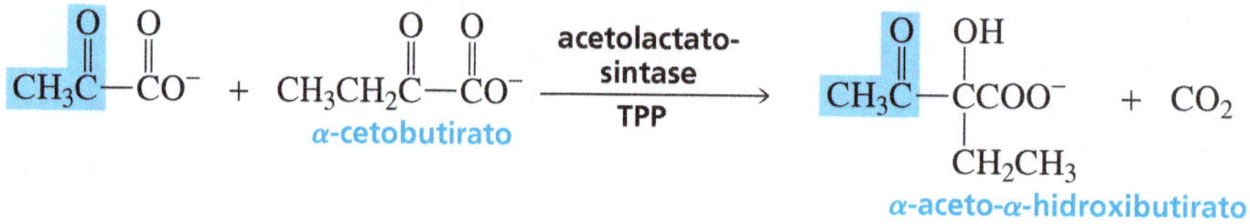

Mecanismo para o sistema piruvato-desidrogenase

Uma substância precisa entrar no ciclo do ácido cítrico para ser completamente metabolizada (Figura 25.1). Assim, gorduras, carboidratos e proteínas devem ser convertidos a substâncias que sejam parte do ciclo do ácido cítrico ou que possam entrar nele. A acetil-CoA é a única substância capaz de entrar no ciclo do ácido cítrico (Figura 25.3). O produto final do metabolismo de carboidratos é o piruvato (Figura 25.2). Para entrar no ciclo do ácido carboxílico, o piruvato deve ser convertido a acetil-CoA ou a oxalato (Seção 25.5) — intermediário do ciclo do ácido cítrico.

O *sistema piruvato-desidrogenase* é um grupo de três enzimas responsáveis pela conversão de piruvato a acetil-CoA. O sistema piruvato-desidrogenase requer TPP e quatro outras coenzimas: lipoato, coenzima A, FAD e NAD^+.

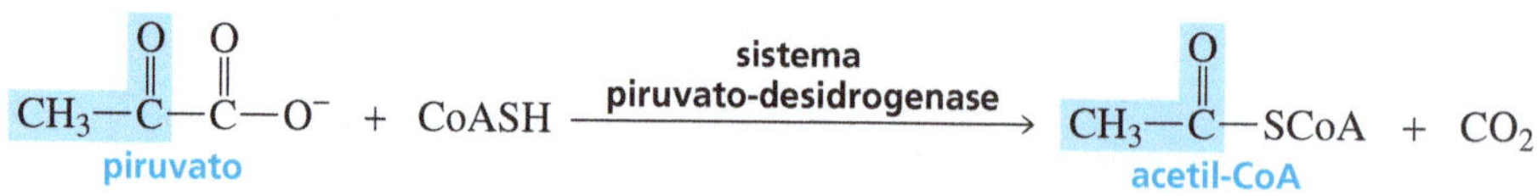

A primeira enzima do sistema catalisa a reação de TPP com piruvato para formar o mesmo carbânion estabilizado por ressonância formado pela piruvato-descarboxilase e pela enzima dos Problemas 8 e 9. A segunda enzima do sistema (**E_2**) requer **lipoato**, coenzima que se liga à sua enzima formando uma amida com o grupo amino de uma cadeia lateral de lisina. A ligação dissulfeto do lipoato é rompida quando ele sofre ataque nucleofílico pelo carbânion. Na etapa seguinte, o carbânion TPP é eliminado a partir do intermediário tetraédrico. A **coenzima A (CoASH)** reage com o tioéster numa reação de transtioesterificação (um tioéster é convertido em outro), substituindo a coenzima A por diidrolipoato. Nesse ponto, o produto final da reação (acetil-CoA) está formado. Entretanto, antes que outro ciclo catalítico possa ocorrer, o diidrolipoato deve ser oxidado novamente a lipoato. Isso é feito pela terceira enzima (**E_3**), dependente do FAD (Seção 25.3). A oxidação de diidrolipoato pelo FAD forma o $FADH_2$ ligado à enzima. O NAD^+ então oxida o $FADH_2$ novamente a FAD.

mecanismo para o sistema piruvato-desidrogenase

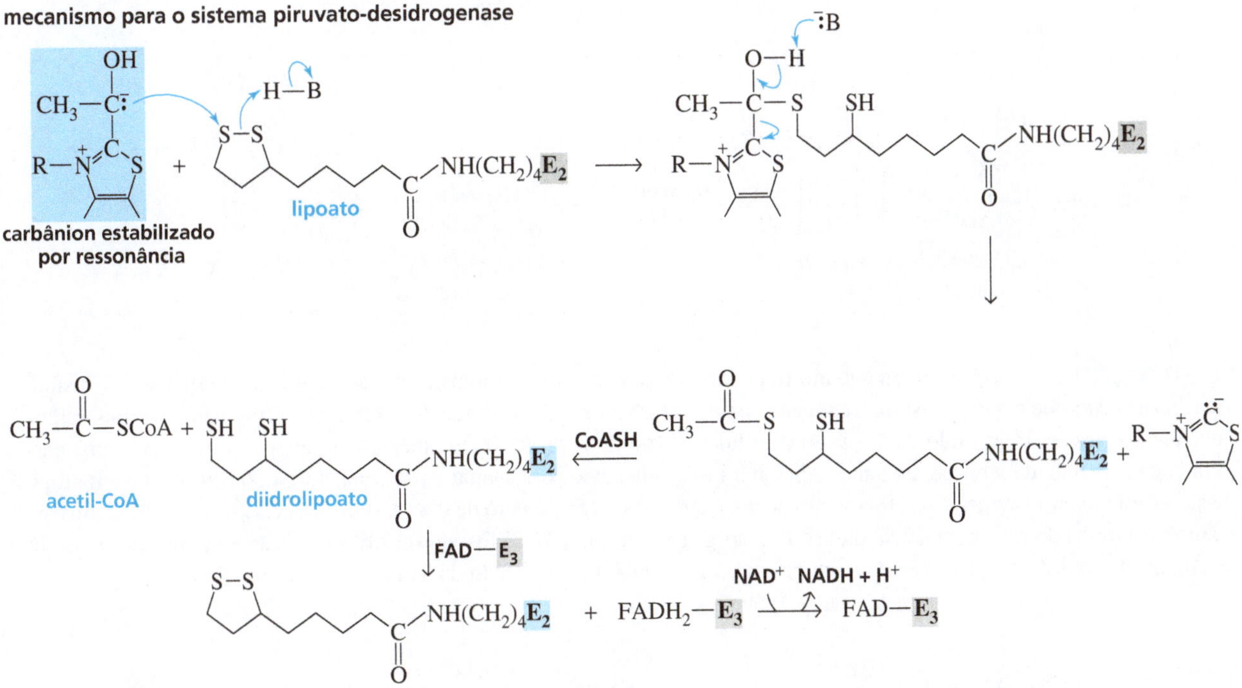

A vitamina precursora de CoASH é o pantotenato. Vimos que CoASH é usada em sistemas biológicos para ativar ácidos carboxílicos por meio de sua conversão a tioésteres, que, em reações de substituição nucleofílicas de acila, são muito mais reativos do que os ácidos carboxílicos (Seção 17.20). Em pH fisiológico (7,3), um ácido carboxílico estaria presente na sua forma básica negativamente carregada, que não poderia ser atacada por um nucleófilo.

Molecule Gallery: Coenzima A

WWW

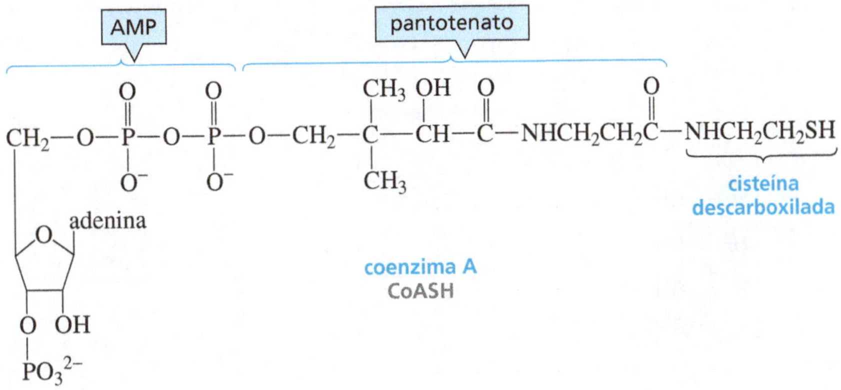

coenzima A
CoASH

PROBLEMA 10 RESOLVIDO

TPP é uma coenzima para a transcetolase, enzima que catalisa a conversão de uma cetopentose (5-fosfato de xilulose) e de uma aldopentose (5-fosfato de ribose) a uma aldotriose (3-fosfato de gliceraldeído) e a uma ceto-heptose (7-fosfato de sedo-heptulose). Note que o número total de átomos de carbonos reagentes e produtos não muda (5 + 5 = 3 + 7). Proponha um mecanismo para essa reação.

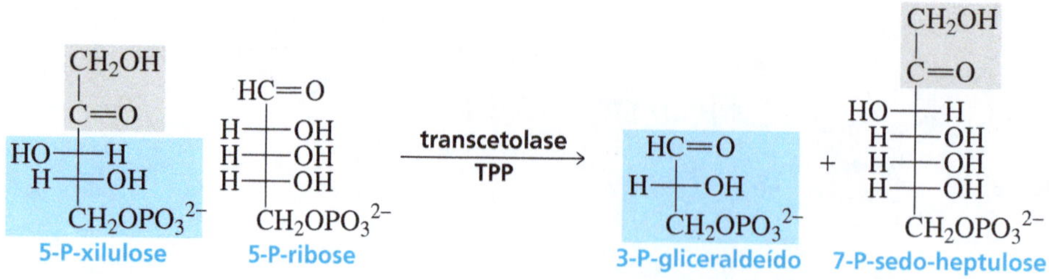

RESOLUÇÃO A reação mostra que um fragmento de dois carbonos é transferido da 5-fosfato de xilulose à 5-fosfato de ribose. Visto que o TPP transfere fragmentos de dois carbonos, sabemos que deve remover o fragmento de dois carbonos que precisa ser transferido da 5-fosfato de xilulose. Assim, a reação deve começar pelo ataque do TPP ao grupo carbonila de 5-fosfato de xilulose. Podemos adicionar um grupo ácido para aceitar os elétrons do grupo carbonila e um grupo básico para ajudar na remoção do fragmento de dois carbonos. O fragmento de dois carbonos que se liga ao TPP é um carbânion estabilizado por ressonância que se liga ao grupo carbonila da 5-fosfato de ribose. Novamente, um grupo ácido aceita os elétrons do grupo carbonila e um grupo básico ajuda na eliminação do TPP.

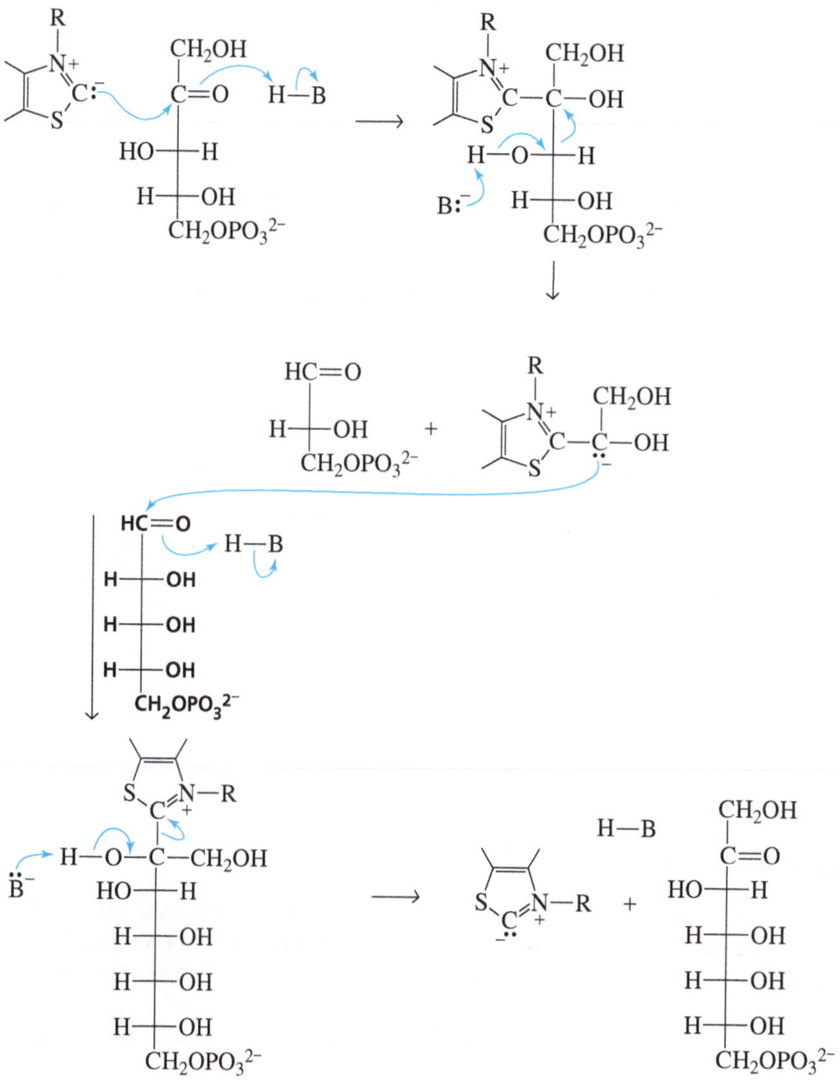

Observe a atuação semelhante do TPP em todas as enzimas dependentes dele. Em cada reação, a coenzima nucleofílica ataca um grupo carbonila do substrato e favorece nele uma quebra de ligação, uma vez que os elétrons que ficam podem ser deslocalizados no anel tiazólico. O fragmento de dois carbonos resultante é então transferido — a um próton, no caso da piruvato descarboxilase; à coenzima A (via lipoato), no sistema piruvato-desidrogenase; e a um grupo carbonila, nos Problemas 8, 9 e 10.

PROBLEMA 11

Um dos efeitos mais desagradáveis decorrentes da ingestão excessiva de álcool — a ressaca — é atribuído ao acetaldeído formado quando o etanol é oxidado. Há evidências de que a vitamina B_1 pode curar a ressaca. Como ela poderia fazer isso?

25.5 Biotina: vitamina H

A **biotina** (vitamina H) é uma vitamina incomum, porque pode ser sintetizada pelas bactérias que vivem no intestino. Conseqüentemente, não precisa ser incluída em nossa dieta e os casos de deficiência decorrentes de sua ausência são raros. Entretanto, a deficiência de biotina pode ser constatada em pessoas que mantêm uma dieta rica em ovos crus. A clara do ovo contém uma proteína (avidina) que se liga fortemente à biotina, impedindo-a de atuar como coenzima. Quando os ovos são cozidos, a avidina é desnaturada, e a proteína desnaturada não se liga à biotina. A biotina é unida à sua enzima pela formação de uma amida com o grupo amino de uma cadeia lateral de lisina.

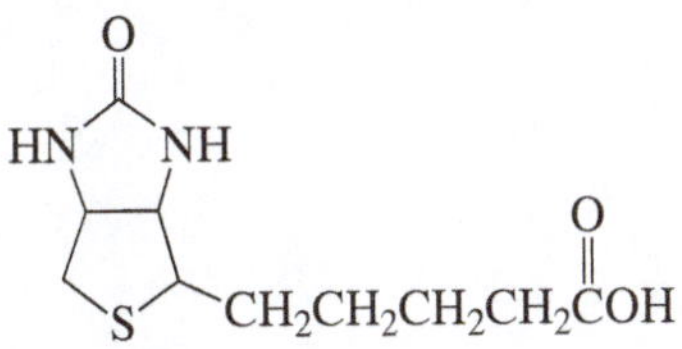

biotina

biotina ligada à enzima

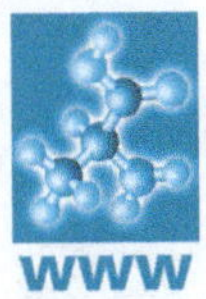

Molecule Gallery: Biotina

A biotina é a coenzima requerida por enzimas que catalisam a carboxilação de um carbono adjacente a um grupo carbonila. Por exemplo, piruvato-carboxilase converte piruvato — o produto final do metabolismo de carboidratos — a oxaloacetato, um intermediário do ciclo do ácido cítrico (Figura 25.2). Acetil-CoA-carboxilase converte acetil-CoA em malonil-CoA, uma das reações presentes no processo anabólico que converte acetil-CoA em ácidos graxos (Seção 19.21). Enzimas dependentes de biotina usam bicarbonato (HCO_3^-) como fonte de grupo carboxila que se liga ao substrato.

A biotina é requerida por enzimas que catalisam a carboxilação de um carbono adjacente a um grupo carbonila.

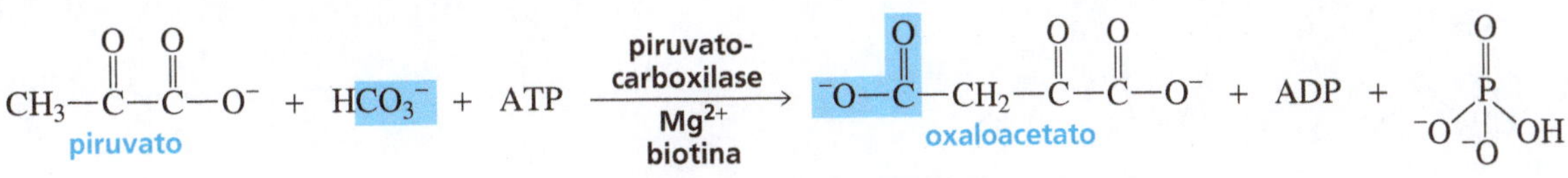

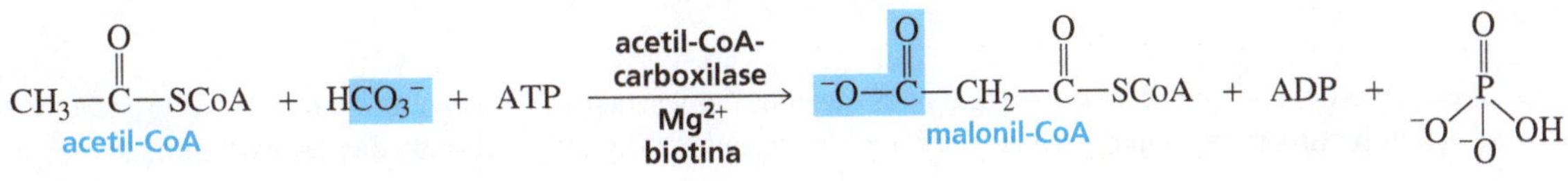

Mecanismo para biotina

Além de bicarbonato, as enzimas dependentes de biotina requerem Mg^{2+} e ATP. A função do Mg^{2+} é reduzir a carga global negativa no ATP pela complexação com dois de seus oxigênios negativamente carregados (Seção 27.5). A menos que sua carga negativa seja reduzida, o ATP não pode ser atacado por um nucleófilo. A função do ATP é aumentar a reatividade de bicarbonato pela sua conversão a 'bicarbonato ativado', uma substância com um bom grupo de saída (Seção 27.2). Note que o 'bicarbonato ativado' é um anidrido misto de ácido carbônico e ácido fosfórico (Seção 17.1).

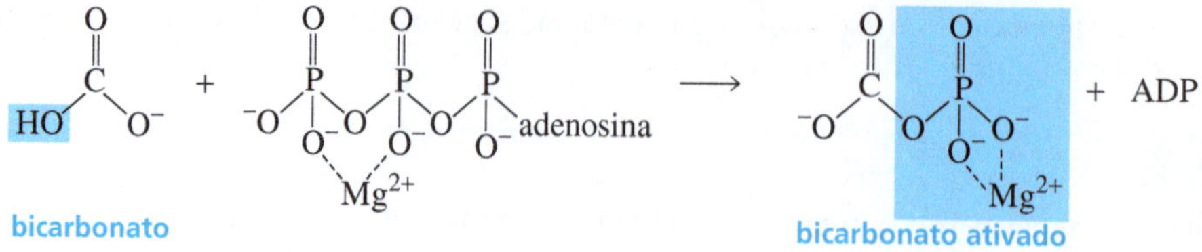

O ataque nucleofílico pela biotina no bicarbonato ativado forma carboxibiotina. Como o nitrogênio de uma amida não é nucleofílico, é provável que a forma ativa da biotina tenha uma estrutura semelhante à de um enolato. O ataque nucleofílico pelo substrato (nesse caso, a forma enolato de acetil-CoA) na carboxibiotina transfere o grupo carboxila da biotina ao substrato.

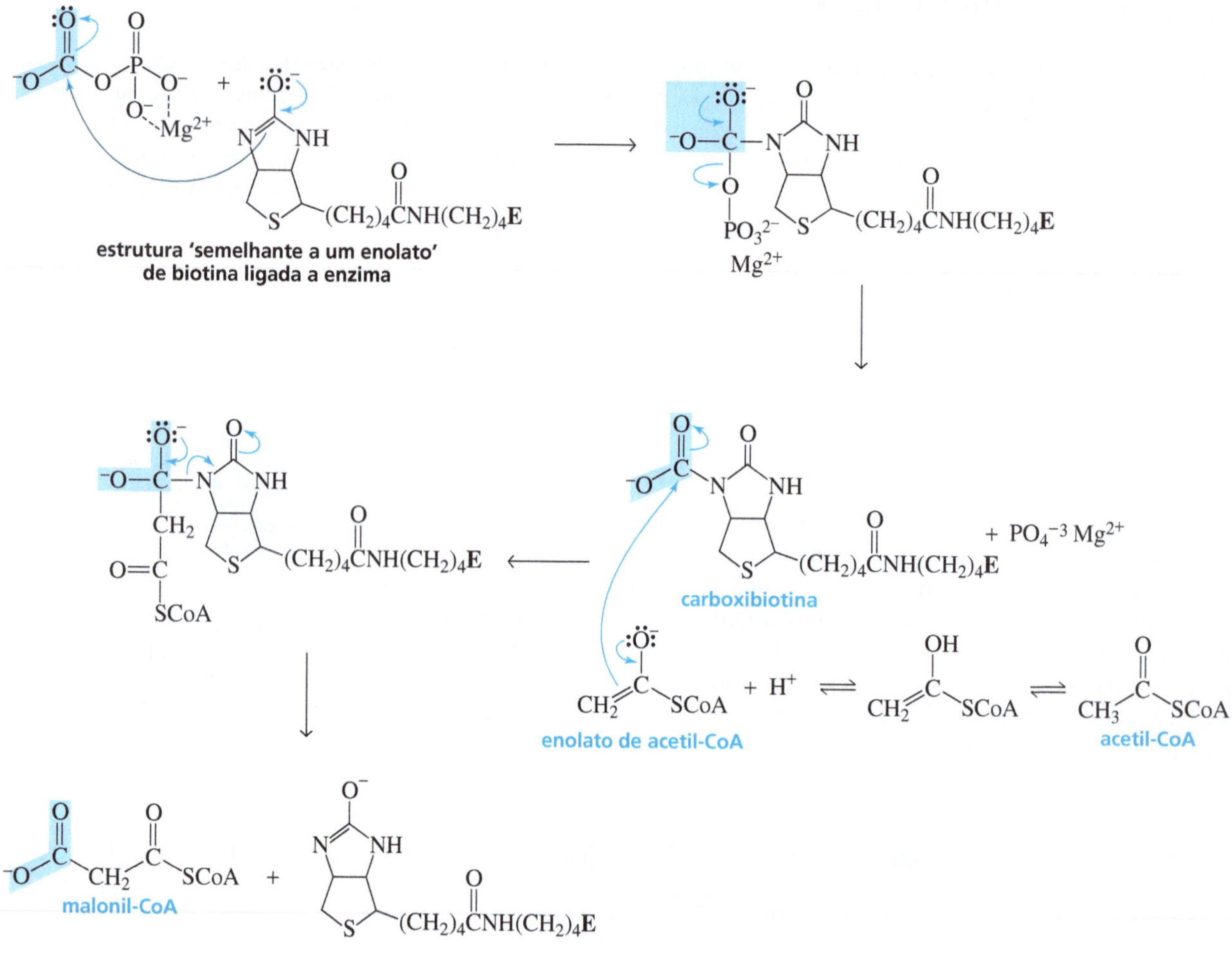

Todas as enzimas dependentes de biotina seguem as mesmas etapas: ativação de bicarbonato pelo ATP, reação de bicarbonato ativado com biotina para formar carboxibiotina e transferência do grupo carboxila da carboxibiotina ao substrato.

25.6 Fosfato de piridoxal: vitamina B_6

Fosfato de piridoxal (**PLP**) é uma coenzima requerida por enzimas que catalisam certas transformações de aminoácidos. A coenzima é derivada da piridoxina, vitamina conhecida como vitamina B_6. O nome 'piridoxal' indica que a coenzima é um aldeído da piridina. A deficiência de vitamina B_6 causa anemia; deficiências graves podem causar ataque de epilepsia e morte.

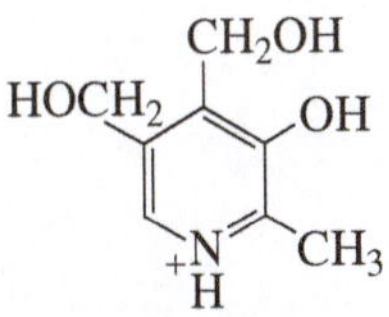

piridoxina
vitamina B_6

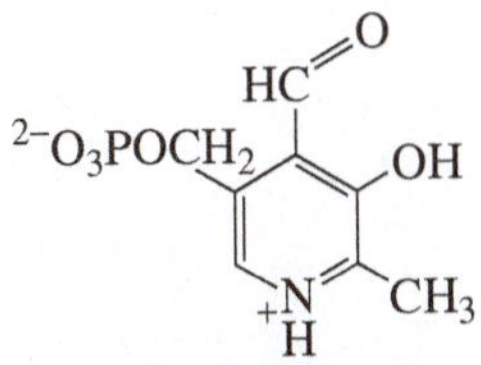

fosfato de piridoxal
PLP

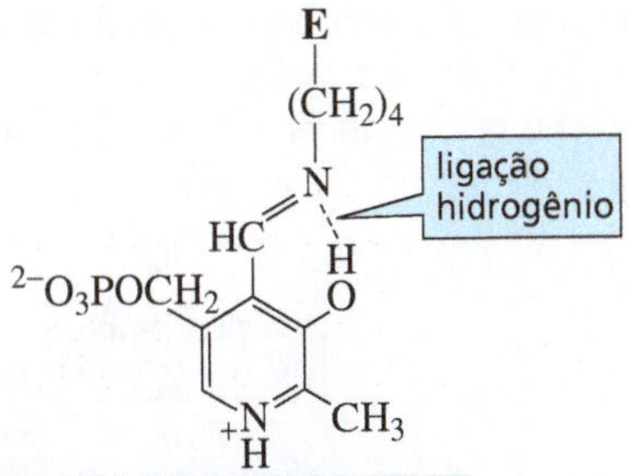

esta coenzima está ligada à enzima por meio de uma ligação imina com um resíduo de lisina

Vários tipos diferentes de transformações de aminoácidos são catalisados por enzimas dependentes de PLP. As mais comuns são descarboxilação, transaminação, racemização (a interconversão de L e D-aminoácidos), ruptura de ligação C_α-C_β e α,β-eliminação.

O fosfato de piridoxal (PLP) é requerido por enzimas que catalisam certas transformações de aminoácidos.

Molecule Gallery: Fosfato de piridoxal (PLP)
WWW

descarboxilação

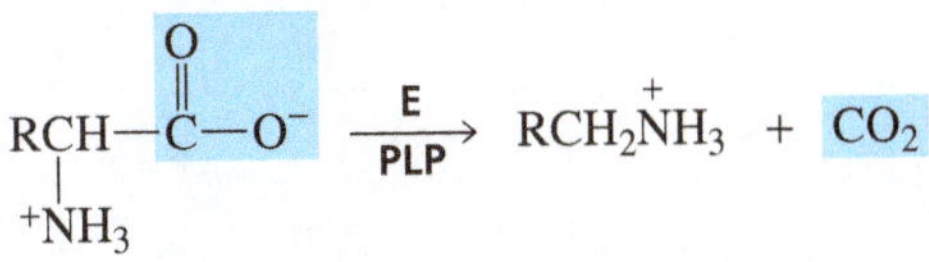

transaminação

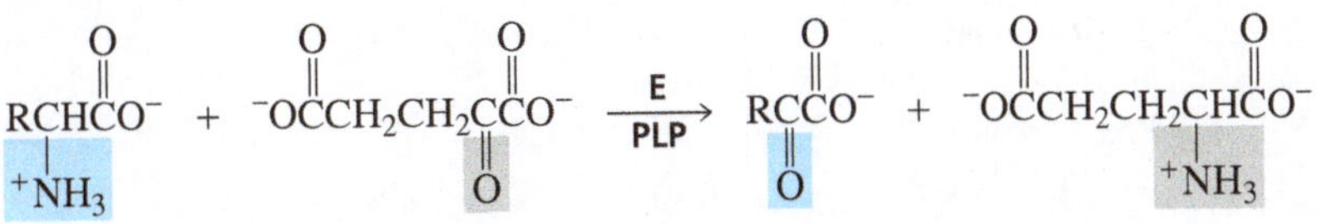

α-cetoglutarato glutamato

racemização

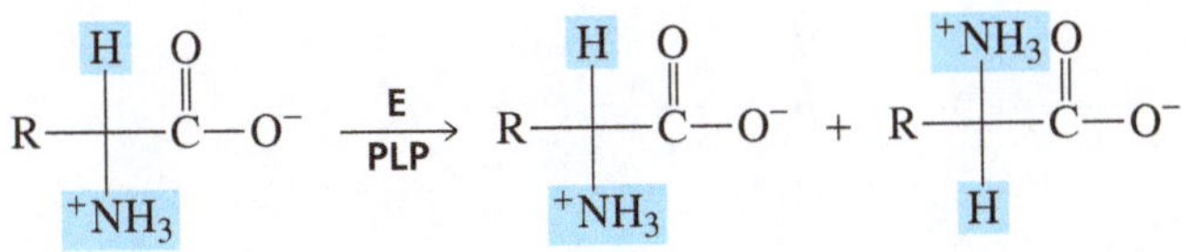

L-aminoácido L-aminoácido D-aminoácido

quebra de ligação C_α—C_β

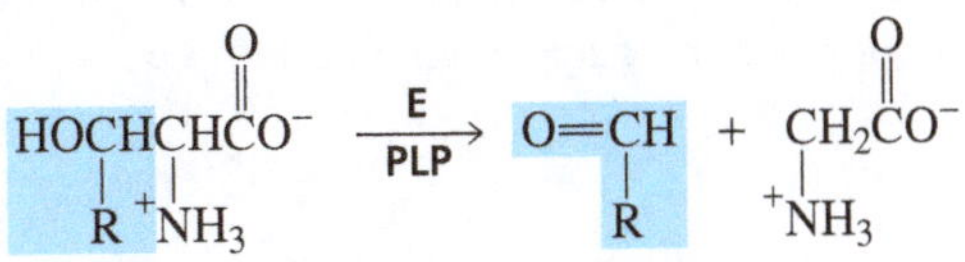

α,β-eliminação

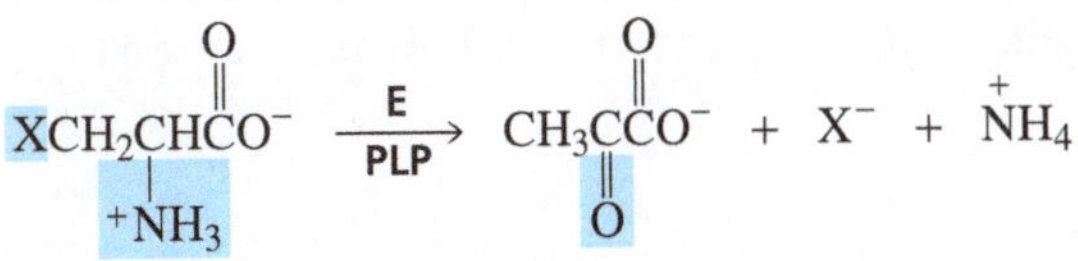

Em cada uma dessas transformações, uma das ligações ao carbono α do substrato aminoácido é quebrada na primeira etapa da reação. A descarboxilação quebra a ligação que une o grupo carboxila ao carbono α; a transaminação, racemização e α,β-eliminação quebram a ligação que une o hidrogênio ao carbono α; e a quebra de ligação C_α—C_β rompe a ligação que une o grupo R ao carbono α.

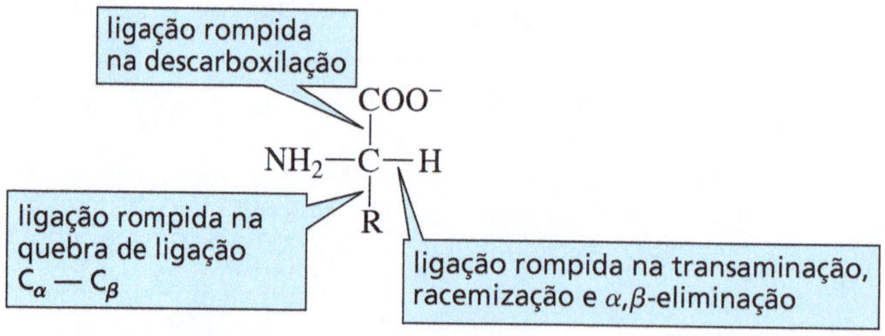

O PLP se liga à sua enzima pela formação de uma imina com o grupo amino de uma cadeia lateral de lisina. A primeira etapa para todas as enzimas dependentes de PLP é de **transiminação**, reação na qual uma imina é convertida em outra. Na reação de transiminação, o substrato aminoácido reage com a imina formada pelo *PLP e a enzima*, constituindo um intermediário tetraédrico. O grupo lisina da enzima é expulso, formando uma nova imina entre *PLP e o aminoácido*.

transiminação

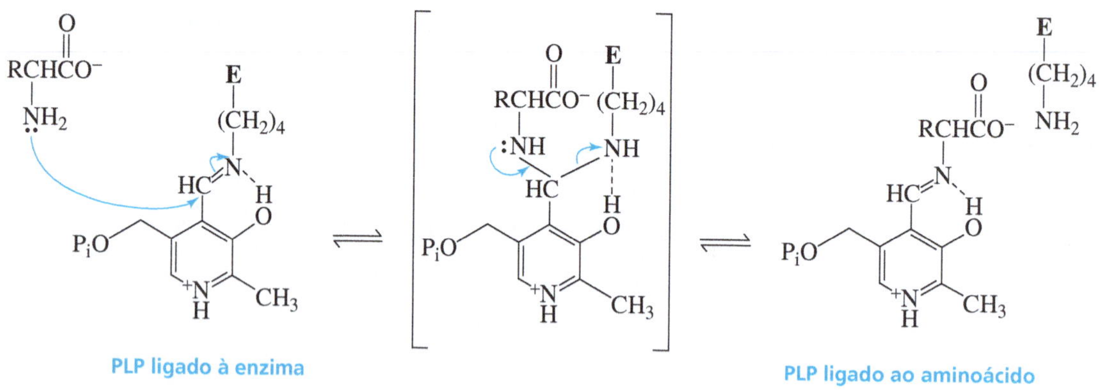

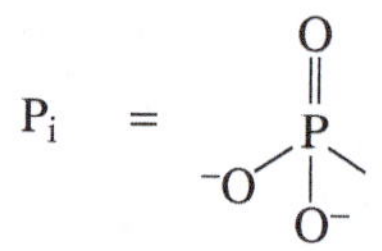

Uma vez formada a imina entre o aminoácido e PLP, uma ligação com o carbono α pode ser rompida, porque os elétrons que restam quando a ligação se quebra podem ser deslocalizados em direção ao nitrogênio protonado positivamente carregado do anel piridínico. Em outras palavras, o nitrogênio protonado do anel piridínico é um dreno de elétrons. Quando o grupo OH é removido do anel piridínico, o cofator perde grande parte de sua atividade. Aparentemente, a ligação hidrogênio formada pelo grupo OH ajuda a enfraquecer a ligação com o carbono α.

Mecanismo para descarboxilação

Se a reação catalisada pelo PLP é uma descarboxilação, o grupo carboxila é removido do carbono α do aminoácido. O rearranjo de elétrons e a protonação do carbono α do intermediário descarboxilado por um grupo amino protonado de uma cadeia lateral de lisina ou algum outro grupo ácido restabelecem a aromaticidade do anel piridínico. A última etapa para todas as enzimas dependentes de PLP é uma reação de transaminação com uma cadeia lateral de lisina, cujas finalidades são liberar o produto da reação catalisada pela enzima e regenerar o PLP ligado à enzima.

mecanismo para descarboxilação de um aminoácido catalisada por PLP

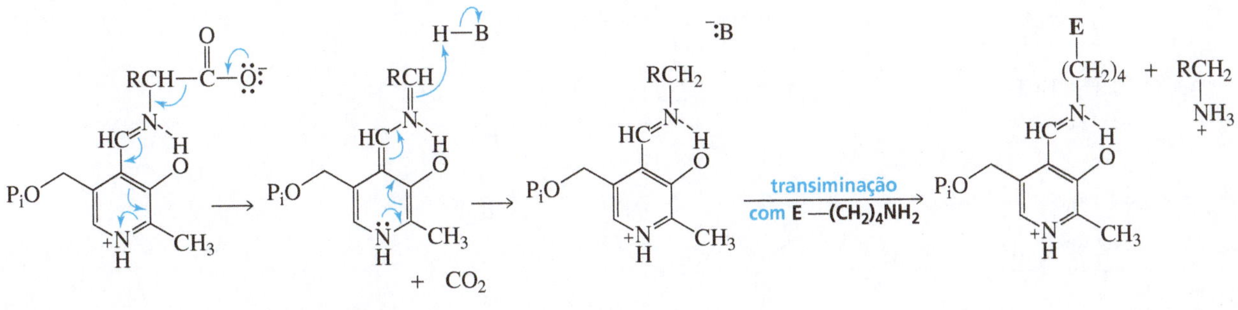

Mecanismo para transaminação

A primeira reação do catabolismo da maioria dos aminoácidos é a substituição do grupo amino do aminoácido por um grupo cetona. Essa reação é denominada reação de **transaminação**, porque o grupo amino removido do aminoácido não se perde, mas é *transferido* ao grupo cetona de α-cetoglutarato, formando glutamato. As enzimas que catalisam as reações de transaminação são denominadas *aminotransferases*. A transaminação permite aos grupos amino de vários aminoácidos serem coletados em um único aminoácido (glutamato), de modo que o nitrogênio excedente pode ser facilmente excretado. (Não confunda *transaminação* com *transiminação*, discutida anteriormente).

Na primeira etapa da transaminação, um próton é removido do carbono α do aminoácido ligado ao PLP. O rearranjo dos elétrons e a protonação do carbono ligado ao anel piridínico, seguidos de hidrólise da imina, formam o α-cetoácido e piridoxamina. Nesse ponto, o grupo amino já foi removido do aminoácido, mas a piridoxamina tem de ser reconvertida a PLP ligado à enzima, antes que outro ciclo de catálise possa ocorrer. A piridoxamina forma uma imina com α-cetoglutarato, o segundo substrato da reação. A remoção de um próton do carbono ligado ao anel piridínico, seguida do rearranjo dos elétrons e da doação de um próton ao carbono α do substrato, forma uma imina que, quando transiminada com uma cadeia lateral de lisina, libera glutamato e regenera o PLP ligado à enzima.

Observe que as etapas de transferência de próton são invertidas em duas fases da reação. A transferência do grupo amino do aminoácido ao piridoxal requer a remoção de um próton do carbono α e doação de um próton ao carbono ligado ao anel piridínico. A transferência do grupo amino de piridoxamina a α-cetoglutarato requer a remoção do próton do carbono ligado ao anel piridínico e a doação de um próton ao carbono α.

mecanismo para transaminação de um aminoácido catalisada por PLP

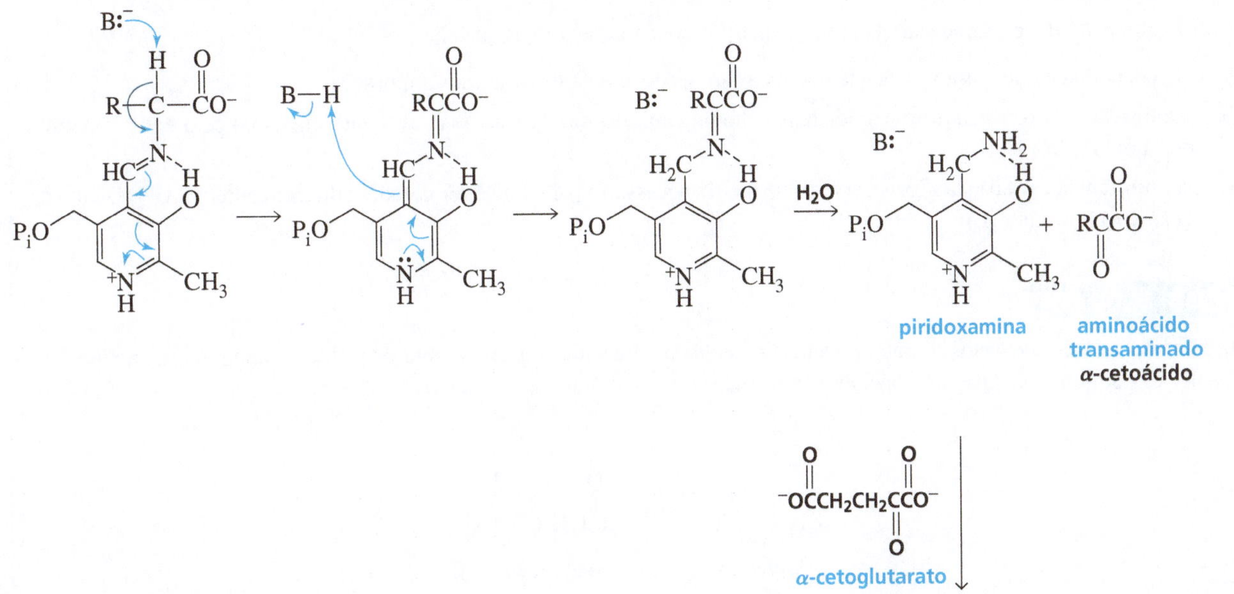

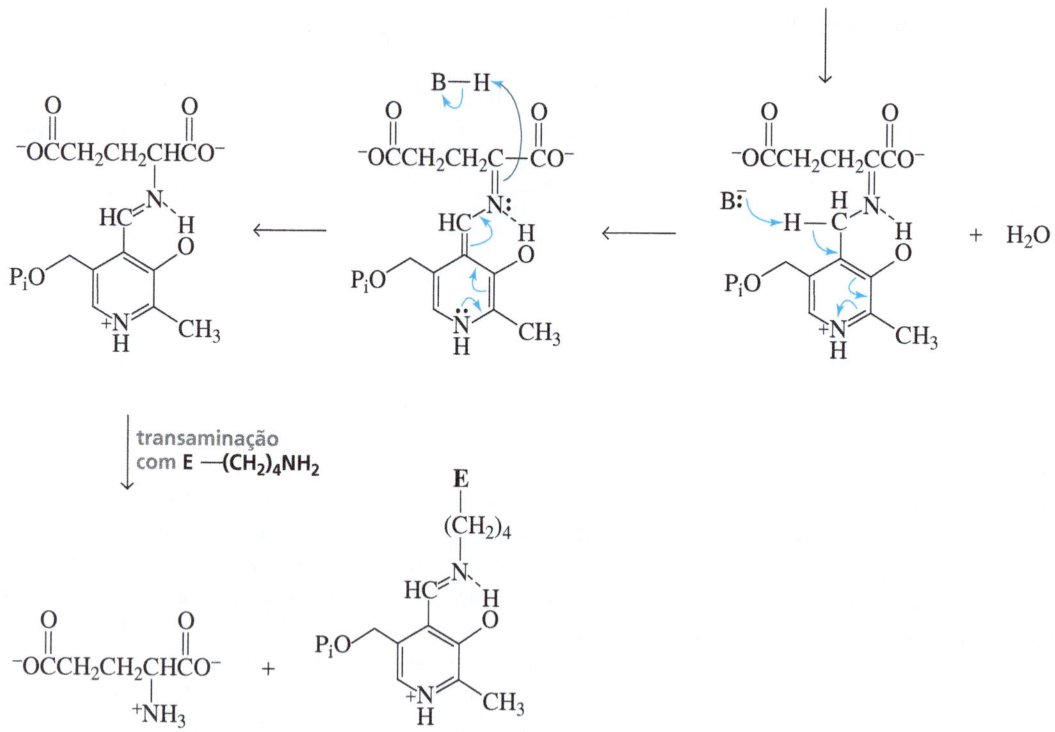

Ataques cardíacos: avaliando os danos

Os danos ao músculo cardíaco após um infarto do miocárdio (ataque cardíaco) permitem a aminotransferases e a outras enzimas escapar das células lesadas para a corrente sanguínea. Após o ataque cardíaco, a gravidade desses danos pode ser determinada a partir das concentrações de alanina-aminotransferase e aspartato-aminotransferase no sangue.

PROBLEMA 12◆

Considerando a via de degradação da fenil-alanina, responda às seguintes questões:

a. Que coenzima e que outra substância orgânica são necessárias à tirosina-transaminase?

b. Que ligação no homogentisato é oxidada pela homogentisato-dioxigenase? (Dica: o tautomerismo ceto-enólico ocorre após a oxidação.)

c. Que substância é usada para fornecer o grupo metila necessário para converter noradrenalina em adrenalina? (Dica: ver Seção 10.11, volume 1.)

PROBLEMA 13◆

α-cetoácidos, exceto α-cetoglutarato, podem ser usados para aceitar o grupo amino de piridoxamina em transaminações catalisadas por enzima. Que aminoácidos são formados dos seguintes α-cetoácidos?

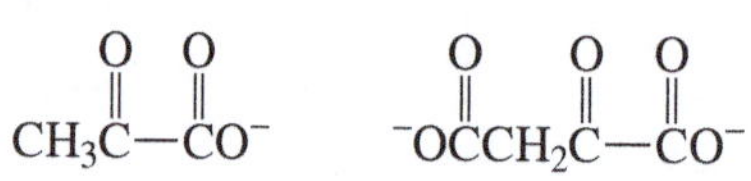

piruvato   oxaloacetato

Fenilcetonúria: uma falha de metabolismo congênita

A tirosina é um aminoácido não-essencial, porque o organismo pode produzi-la por meio da hidroxilação da fenil-alanina. Entretanto, aproximadamente um em cada 20 mil bebês nasce sem a fenil-alanina-hidroxilase, enzima que converte fenil-alanina em tirosina. Essa doença genética é denominada fenilcetonúria (PKU).

Sem a fenil-alanina-hidroxilase, o nível de fenil-alanina aumenta e, quando atinge alta concentração, ela é transaminada a fenil-piruvato. O nome da doença se deve ao alto nível de fenil-piruvato encontrado na urina.

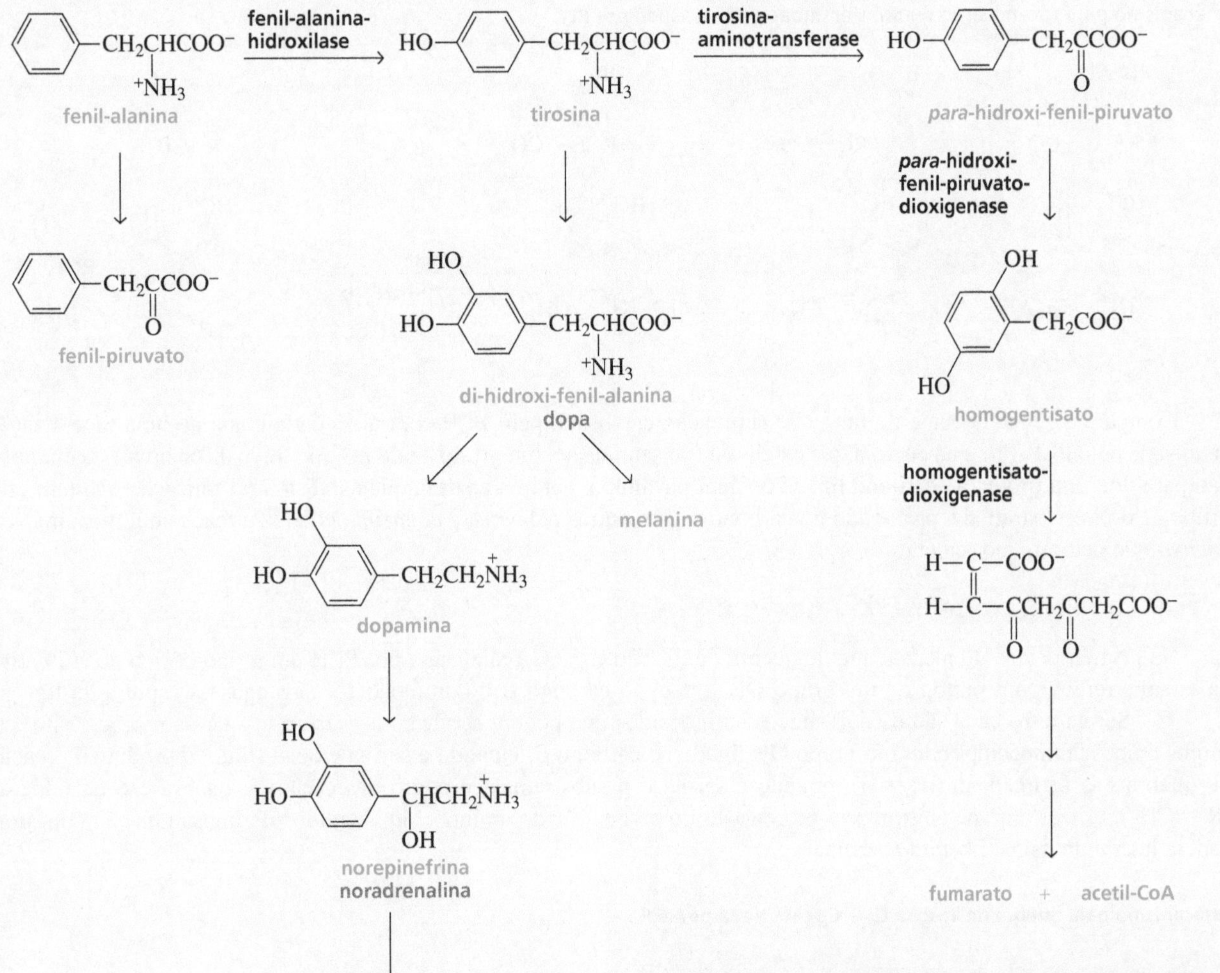

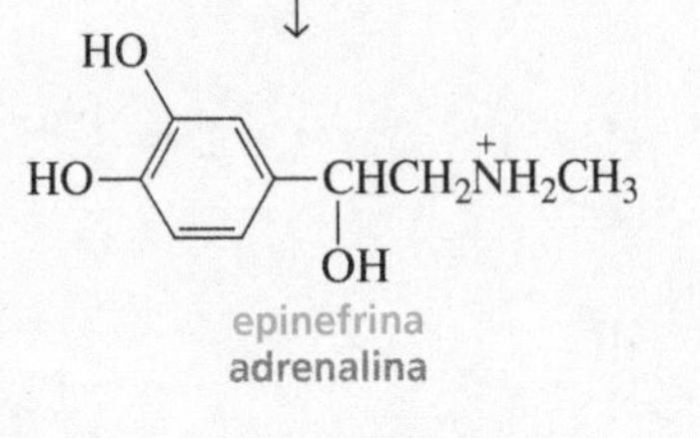

Cerca de três dias após o início do aleitamento, todos os bebês nascidos nos Estados Unidos são testados para avaliar se há níveis altos de fenil-alanina no soro, o que indicaria acúmulo de fenil-alanina. Quando se detecta a ausência de fenil-alanina-hidroxilase em um bebê, imediatamente se administra a ele uma dieta pobre em fenil-alanina e rica em tirosina. Desde que o nível de fenil-alanina seja mantido sob controle rigoroso nos primeiros cinco a dez anos de vida, a criança não experimentará nenhum efeito adverso.

Entretanto, se a dieta não for controlada, o bebê sofrerá retardamento mental grave com poucos meses de idade. Crianças não tratadas têm a pele mais pálida e os cabelos mais claros do que os outros membros de sua família, porque não sintetizam melanina, isto é, seus níveis de melanina são baixos. A melanina é o precursor da substância responsável pela pigmentação da pele. Ela é formada a partir da dopa, que, por sua vez, é formada a partir da transaminação de tirosina. Cerca de 50% dos fenilcetonúricos não tratados morrem aos 20 anos de idade. Quando uma mulher com PKU engravida, precisa retomar a dieta pobre em fenil-alanina da infância, porque o alto nível de fenil-alanina pode causar o desenvolvimento anormal do feto.

Outra doença genética que resulta da deficiência de uma enzima, na via de degradação de fenil-alanina, é a alcaptonúria, causada pela ausência de homogentisato-dioxigenase. O único efeito patológico dessa deficiência enzimática é a urina negra, decorrente da oxidação imediata do homogentisato ao ar.

Mecanismo para racemização

A primeira etapa da racemização de um L-aminoácido, catalisada por PLP, é igual à primeira etapa da transaminação de um L-aminoácido, catalisada por PLP — remoção de um próton do carbono α do aminoácido ligado ao PLP. Na segunda etapa da racemização, a reprotonação ocorre no carbono α. O próton pode ser doado ao carbono α hibridizado sp^2 a partir de ambos os lados do plano definido pela ligação dupla. Conseqüentemente, D e L-aminoácidos são formados. Em outras palavras, o L-aminoácido é racemizado.

mecanismo para racemização de um L-aminoácido catalisada por PLP

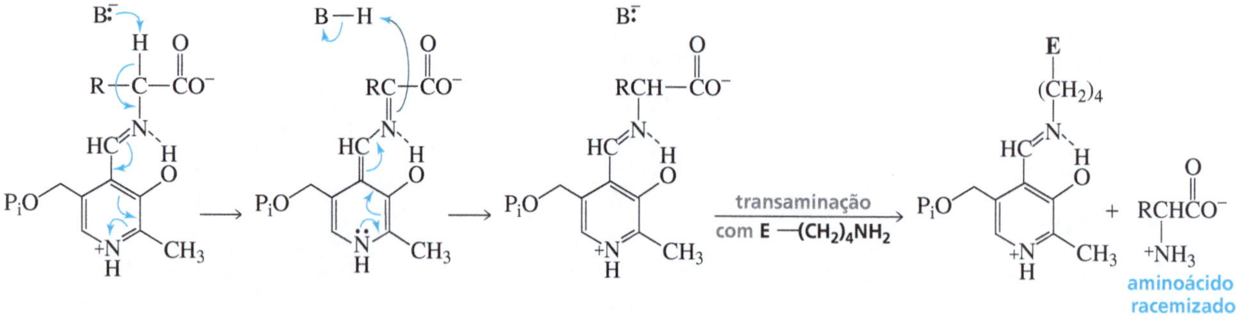

Compare a segunda etapa de uma transaminação catalisada pelo PLP com a segunda etapa de uma racemização catalisada pelo PLP. Em uma enzima que catalisa a transaminação, um grupo ácido no sítio ativo da enzima está em posição para doar um próton ao carbono ligado ao anel piridínico. como a enzima que catalisa a racemização não tem esse grupo ácido, o substrato é reprotonado no carbono α. Em outras palavras, a *coenzima* conduz a reação química, mas é a *enzima* que determina o seu curso.

Mecanismo para quebra de ligação C_α—C_β

Na primeira etapa do mecanismo de quebra de ligação C_α—C_β catalisada por PLP, um grupo básico no sítio ativo da enzima remove um próton de um grupo OH ligado ao carbono β do aminoácido. Isso causa a ruptura da ligação C_α—C_β. Serina e treonina são os dois únicos aminoácidos que podem servir como substratos para a reação, visto que são os únicos aminoácidos com um grupo OH ligado ao carbono β. Quando a serina é o substrato, o produto da reação de quebra é o formaldeído (R═H); quando a serina é o substrato, o produto da reação de quebra é o acetaldeído (R═CH_3). O rearranjo de elétrons e a protonação do carbono α do aminoácido, seguidos da transaminação com uma cadeia lateral de lisina, liberam a glicina.

mecanismo para quebra de ligação C_α— C_β catalisada por PLP

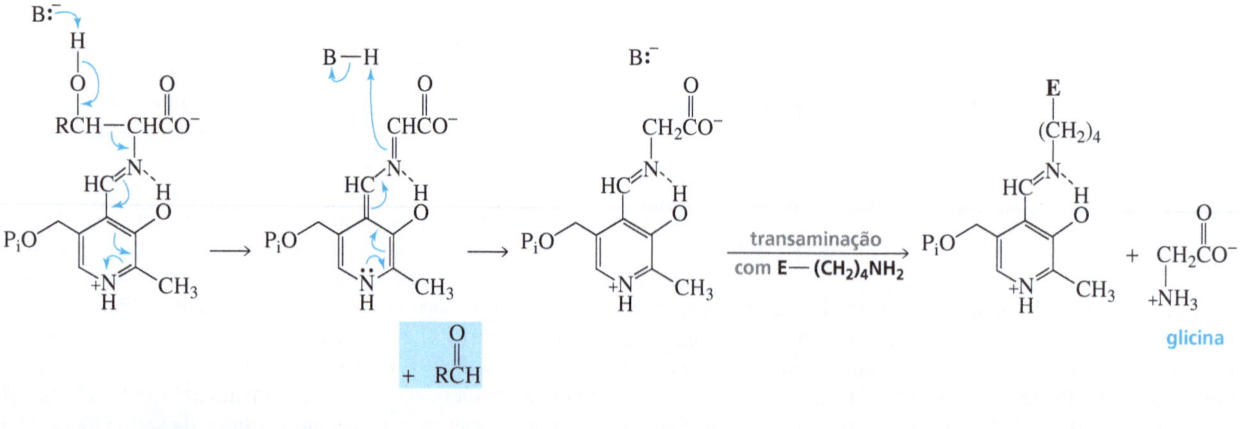

O formaldeído produzido quando a serina sofre quebra de ligação C_α—C_β nunca deixa o sítio ativo da enzima; ele é imediatamente transferido ao tetraidrofolato (Seção 25.8).

PROBLEMA 14

Proponha um mecanismo para a α, β-eliminação catalisada por PLP.

Escolha da ligação a ser rompida

Se todas as enzimas dependentes de PLP começam com o mesmo substrato — um aminoácido ligado ao fosfato de piridoxal por uma ligação imina —, como três ligações diferentes podem ser rompidas na primeira etapa da reação? A ligação rompida na primeira etapa depende da conformação do aminoácido que se liga à enzima. Há rotação livre em torno da ligação C_α—N do aminoácido, e uma enzima pode se ligar em qualquer das conformações possíveis para essa ligação. A enzima se ligará à conformação na qual os orbitais de sobreposição da ligação a ser rompida, na primeira etapa da reação, permanecerem paralelos aos orbitais *p* do sistema conjugado. Dessa maneira, o orbital que contém os elétrons que restam quando a ligação é rompida pode se sobrepor aos orbitais do sistema conjugado. Se tal sobreposição não puder ocorrer, os elétrons não poderão ser deslocalizados no sistema conjugado, e o carbânion intermediário não poderá ser estabilizado.

Tutorial Gallery: Mecanismo de reações dependentes de PLP
WWW

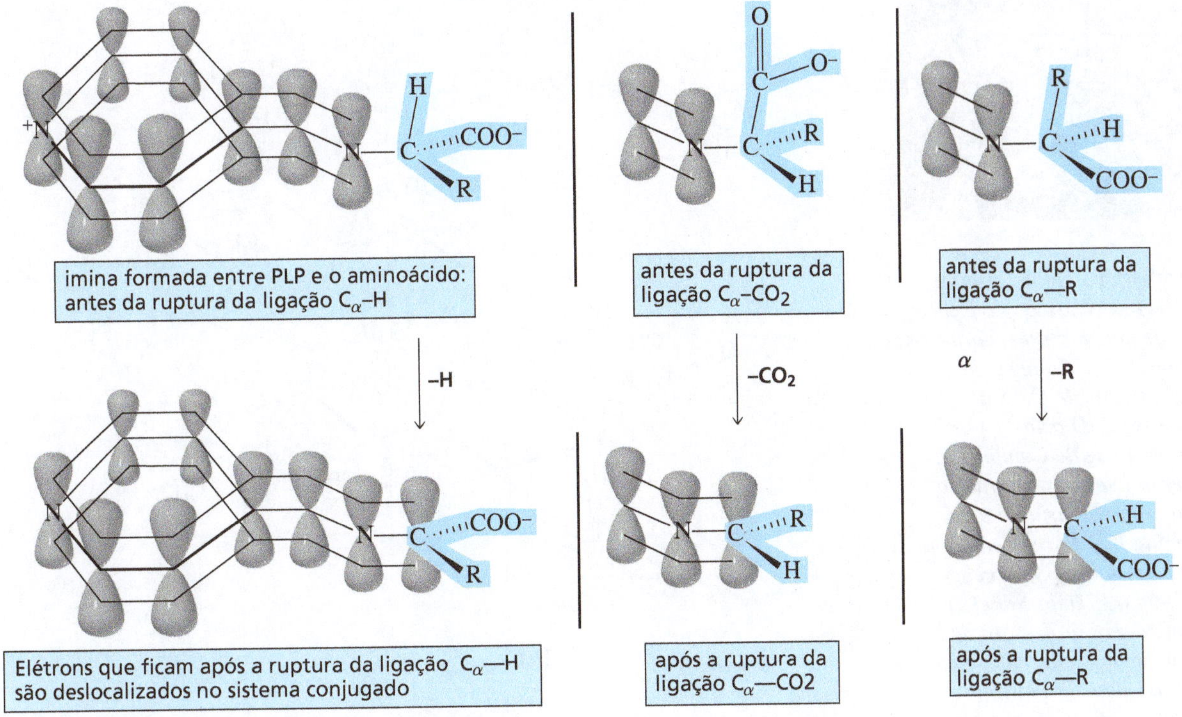

PROBLEMA 15

Qual das substâncias a seguir é mais fácil de ser descarboxilada?

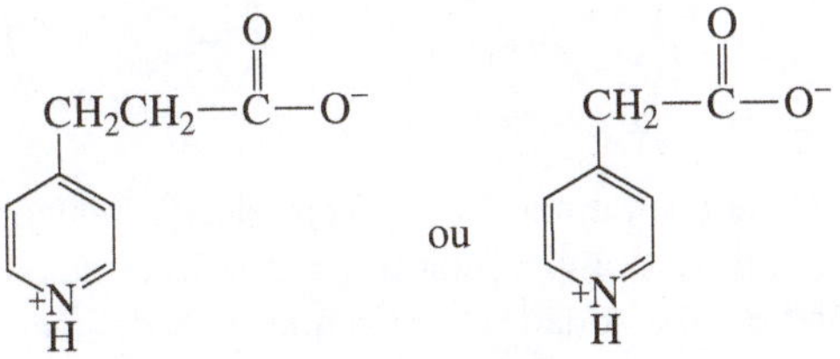

PROBLEMA 16

Explique por que a habilidade de PLP para catalisar a transformação de um aminoácido é reduzida em grande parte quando uma reação enzimática dependente de PLP é conduzida em um pH no qual o nitrogênio piridínico não é protonado.

PROBLEMA 17

Explique por que a habilidade de PLP para catalisar a transformação de um aminoácido é reduzida em grande parte quando o substituinte OH do fosfato de piridoxal é substituído por OCH_3.

25.7 Coenzima B_{12}: vitamina B_{12}

Enzimas que catalisam certas reações de rearranjo requerem a **coenzima B_{12}**, derivada da vitamina B_{12}. A estrutura da vitamina B_{12} foi determinada por Dorothy Crowfoot Hodgkin, por meio de cristalografia de raios X. A vitamina tem um grupo ciano (ou HO^- ou H_2O) coordenado com cobalto (Seção 21.11). Na coenzima B_{12}, o grupo ciano é substituído por um grupo 5′-desoxiadenosila.

Dorothy Crowfoot Hodgkin (1910–1994) *nasceu no Egito, filha de pais ingleses. Formou-se no Somerville College, da Universidade de Oxford, e tornou-se PhD pela Universidade de Cambridge. Determinou as estruturas da penicilina, da insulina e da vitamina B_{12}. Por seu trabalho com a vitamina B_{12}, recebeu em 1964 o Prêmio Nobel de Química. Foi professora de Química em Somerville, e uma de suas alunas foi Margaret Thatcher, ex- primeira-ministra da Inglaterra . Hodgkin foi membro fundador da Pugwash, organização cujo propósito era promover a comunicação entre cientistas em ambos os lados da Cortina de Ferro.*

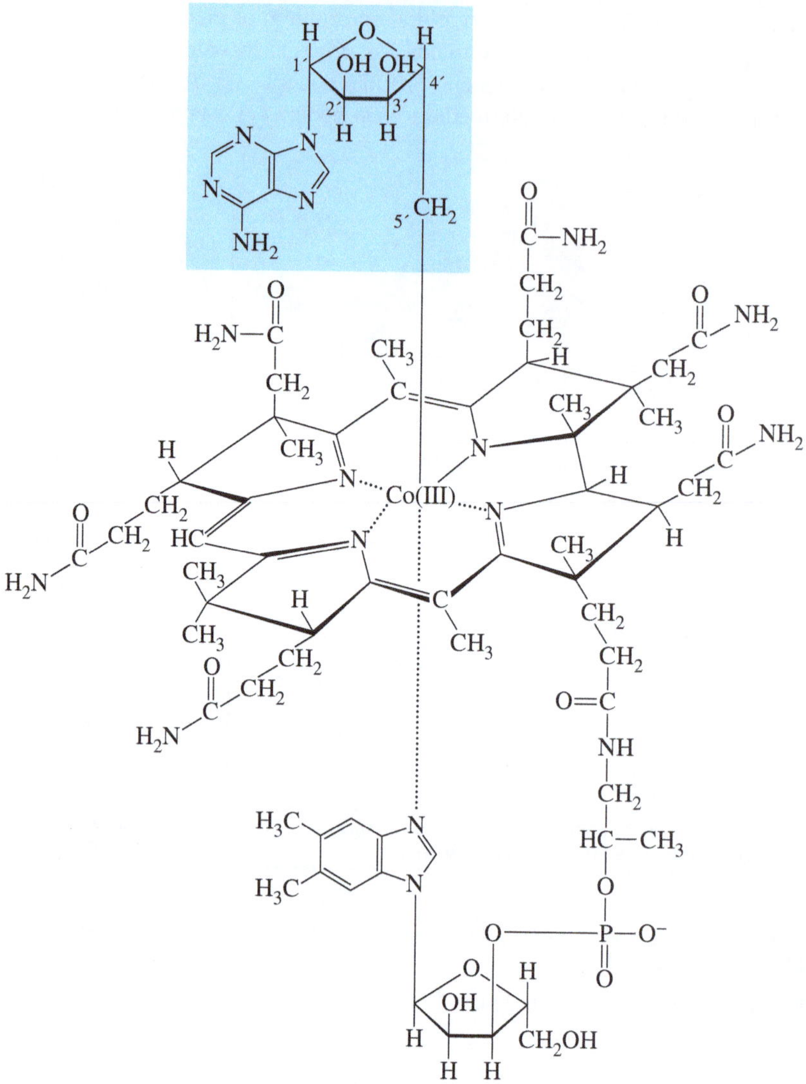

coenzima B_{12}

Animais e plantas não podem sintetizar a vitamina B_{12}. Na verdade, são poucos os microorganismos capazes de sintetizá-la. Os seres humanos precisam extrair toda a vitamina B_{12} necessária a sua dieta dos alimentos, especialmente da carne. Como a vitamina B_{12} é necessária em quantidades bem pequenas, a deficiência causada pelo consumo de quantidades insuficientes é rara, mas tem sido constatada em vegetarianos que não comem produtos de origem animal. Essa deficiência costuma ser causada pela inabilidade de absorver a vitamina no intestino e causa anemia perniciosa. A seguir são mostrados alguns exemplos de reações catalisadas por enzimas que requerem a coenzima B_{12}.

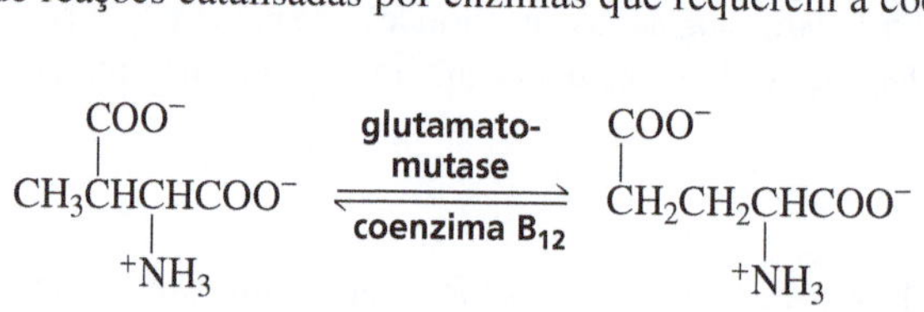

β-metil-aspartato   glutamato

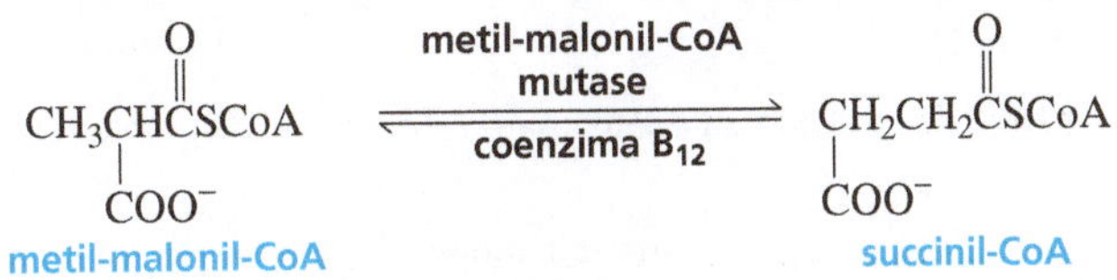

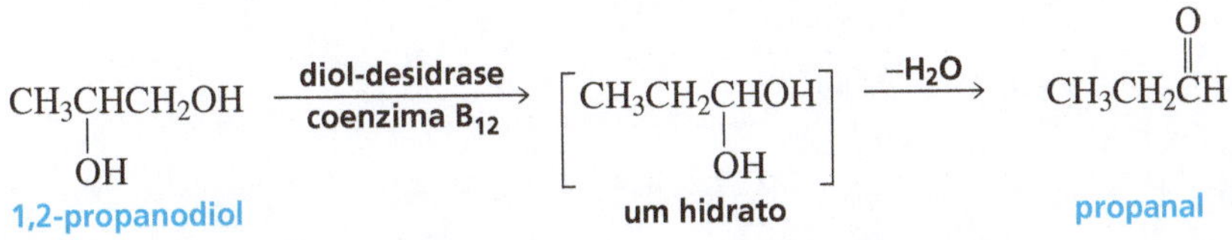

Em cada uma dessas reações dependentes da coenzima B_{12}, um grupo (Y) ligado a um carbono troca de lugar com um hidrogênio ligado a um carbono adjacente.

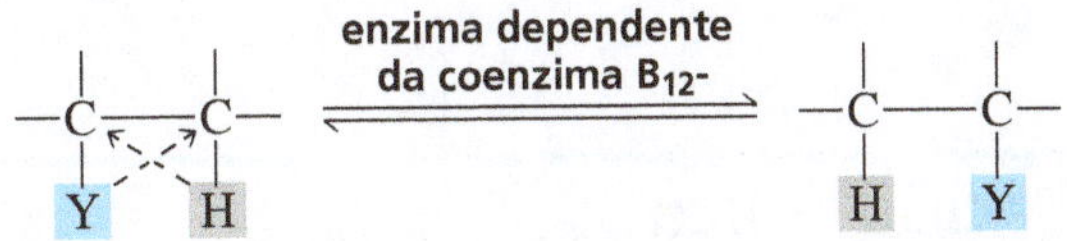

Tanto a glutamato-mutase quanto a metil-malonil-CoA-mutase catalisam uma reação em que o grupo COO^- ligado a um carbono troca de lugar com um hidrogênio de um grupo metila adjacente. Na reação catalisada pela diol-desidrase, um grupo OH troca de lugar com um hidrogênio metilênico. O produto resultante é um hidrato, que perde água formando propanal.

Mecanismo para a coenzima B_{12}

A química da coenzima B_{12} ocorre na ligação que une o cobalto e o grupo 5′-desoxiadenosila. O mecanismo em geral aceito para a diol-desidrase envolve uma ruptura homolítica inicial dessa ligação extraordinariamente fraca (26 kcal/mol ou 109 kJ/mol, comparados com 99 kcal/mol ou 414 kJ/mol para uma ligação C—H). A ruptura da ligação forma um radical 5′-desoxiadenosila e reduz Co(III) a Co(II). O radical 5′-desoxiadenosila abstrai um átomo de hidrogênio do carbono C-1 do substrato, formando assim 5′-desoxiadenosina. Um radical hidroxila (·OH) migra de C-2 para C-1, criando um radical em C-2. Esse radical abstrai um átomo de hidrogênio da 5′-desoxiadenosina, formando o produto rearranjado e regenerando o radical 5′-desoxiadenosila, que se recombina com Co(II) para regenerar a coenzima. O complexo enzima-coenzima está pronto para outro ciclo catalítico. O produto inicial é um hidrato, que perde água para formar propanal, produto final da reação.

o papel da 5′-desoxi-adenosil-cobalamina em uma reação catalisada por enzima dependente de vitamina B_{12}

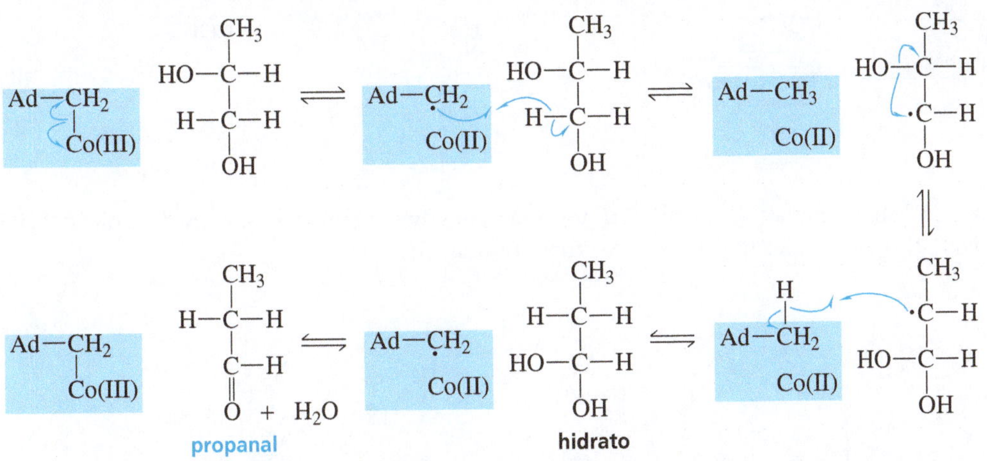

É provável que todas as enzimas dependentes da coenzima B_{12} catalisem reações através do mesmo mecanismo geral. O papel da coenzima é fornecer um meio de remover um átomo de hidrogênio do substrato. Uma vez removido esse átomo de hidrogênio, um grupo adjacente pode migrar para ocupar seu lugar. A coenzima então devolve o átomo de hidrogênio, transferindo-o ao carbono que perdeu o grupo migrante.

PROBLEMA 18

A etanolamina-amônia-liase, enzima dependente da coenzima B_{12}, catalisa a seguinte reação:

$$HOCH_2CH_2NH_2 \xrightarrow{\text{etanolamina-amônia-liase}} CH_3\overset{O}{\overset{\|}{C}}H + NH_3$$

Proponha um mecanismo para essa reação.

PROBLEMA 19◆

Um ácido graxo com número par de átomos de carbono é metabolizado a acetil-CoA e a um equivalente de propionil-CoA. Duas enzimas dependentes de coenzima são necessárias para converter propionil-CoA em succinil-CoA, intermediário do ciclo do ácido cítrico. Escreva duas reações catalisadas por enzimas e indique as coenzimas requeridas.

25.8 Tetraidrofolato: ácido fólico

Tetraidrofolato (THF) é a coenzima requerida pelas enzimas que catalisam a transferência de um grupo que contém um único carbono a seus substratos.

Tetraidrofolato (THF) é a coenzima requerida pelas enzimas que catalisam transferência de um grupo que contém um único carbono a seus substratos. O grupo com um carbono pode ser um grupo metila (CH_3), um grupo metileno (CH_2) ou um grupo formila (HC=O). O tetraidrofolato resulta da redução de duas ligações duplas do ácido fólico (folato), a vitamina precursora. As bactérias sintetizam folato, mas os mamíferos não.

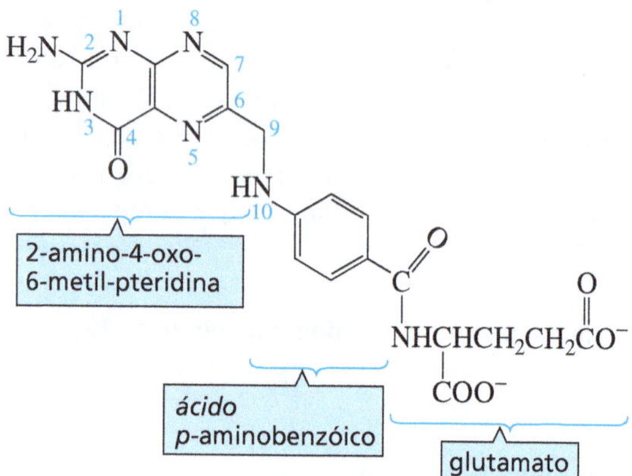

ácido fólico (folato)

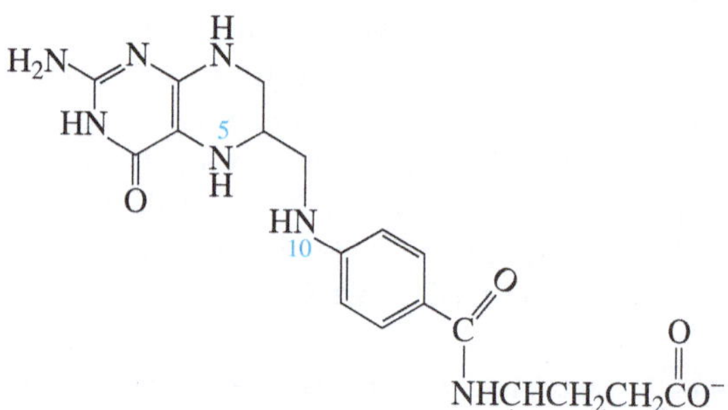
tetraidrofolato
THF

Existem seis coenzimas de THF diferentes. N^5-Metil-THF transfere um grupo metila (CH_3), N^5,N^{10}-metileno-THF transfere um grupo metileno (CH_2), e as outras transferem um grupo formila (HC=O).

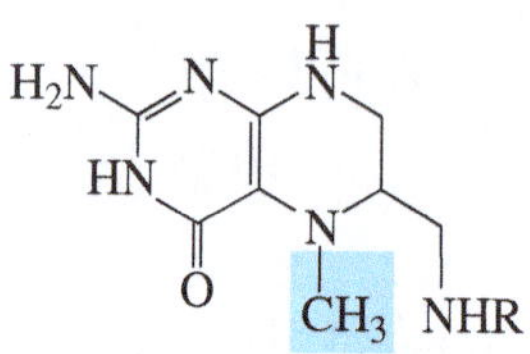
N^5-metil-THF

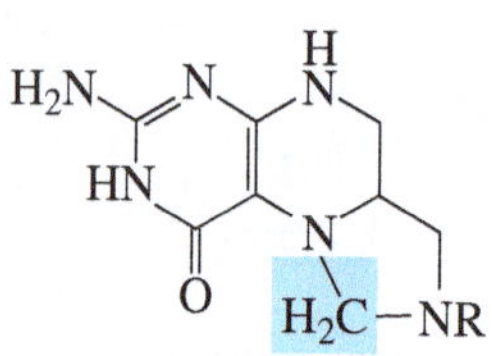
N^5,N^{10}-metileno-THF

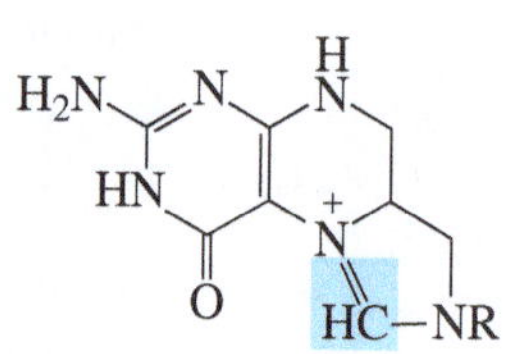
N^5,N^{10}-metenil-THF

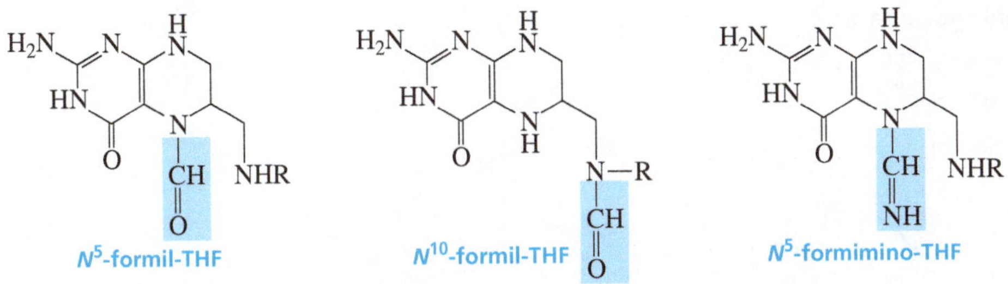

N^5-formil-THF N^{10}-formil-THF N^5-formimino-THF

Molecule Gallery: Tetraidrofolato (THF)

www

A homocisteína-metil-transferase e a glicinamida-ribonucleotídeo-transformilase (GAR) são exemplos de enzimas que requerem coenzimas de THF.

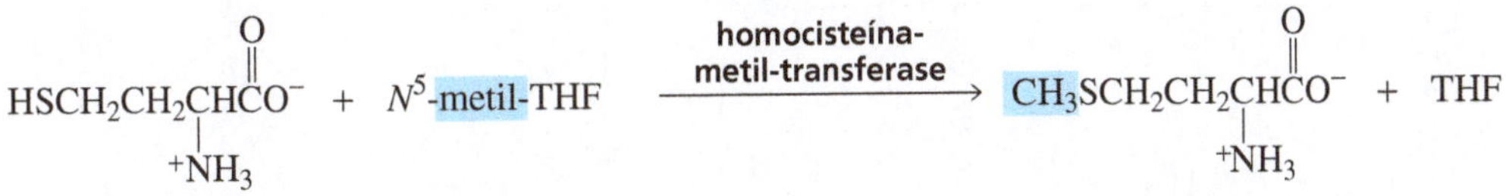

homocisteína metionina

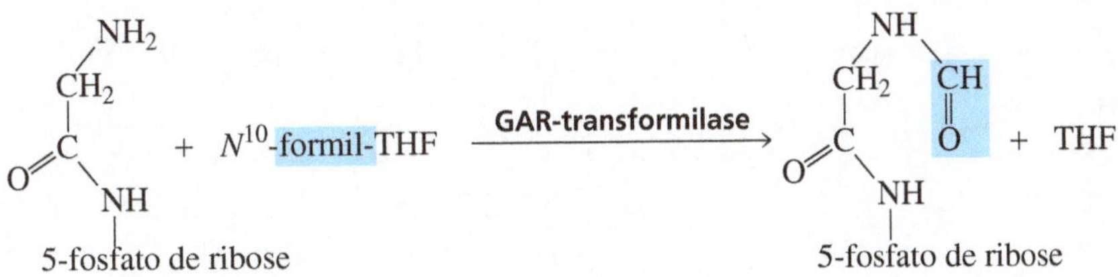

Timidilato-sintase: a enzima que converte U em T

As bases heterocíclicas no RNA são adenina, guanina, citosina e uracila (A, G, C e U); as bases heterocíclicas no DNA são adenina, guanina, citosina e timina (A, G, C e T). Em outras palavras, as bases heterocíclicas no RNA e no DNA são as mesmas, exceto pelo fato de que o RNA contém U, enquanto o DNA contém T (Seções 27.1 e 27.14). As T usadas para a biossíntese de DNA são sintetizadas a partir de U pela timidilato-sintase, uma enzima que requer N^5,N^{10}-metileno-THF como coenzima. Embora a única diferença estrutural entre uma U e uma T seja um grupo metila e, além disso, a síntese de T seja a partir de U, o primeiro passo dessa síntese é a transferência de um grupo *metileno* (e não de uma metila).

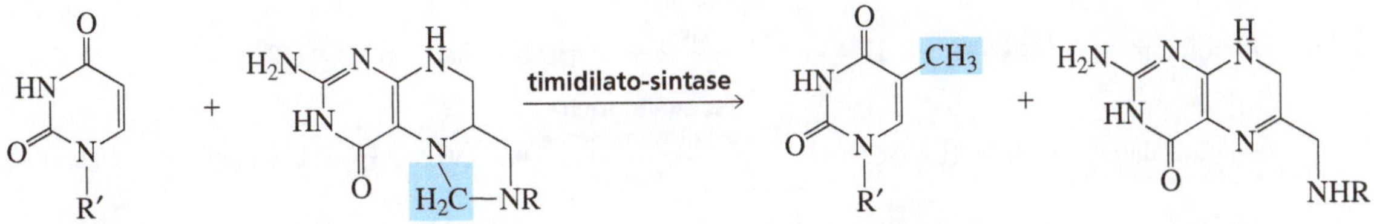

5′-monofosfato de 2′-desoxiuridina
dUMP

N^5,N^{10}-metileno-THF

5′-monofosfato de 2′-desoxitimidina
dTMP

diidrofolato
DHF

R′ = 5-fosfato de 2′-desoxirribose

Na primeira etapa da reação catalisada pela timidilato-sintase, um grupo cisteína nucleofílico ataca o carbono β da uridina no sítio ativo da enzima. (Esse é um exemplo de adição conjugada; ver Seção 18.13.) Um ataque nucleofílico subseqüente pelo carbono α da uridina ao grupo metileno de N^5,N^{10}-metileno-THF forma uma ligação covalente entre a uridina e a coenzima. Um próton no carbono α da uridina é removido com a ajuda de um grupo básico no sítio ativo da enzima, eliminando a coenzima. A transferência de um íon hidreto da coenzima para a uridina e a eliminação da enzima formam timidina e diidrofolato (DHF).

mecanismo para catálise por timidilato-sintase

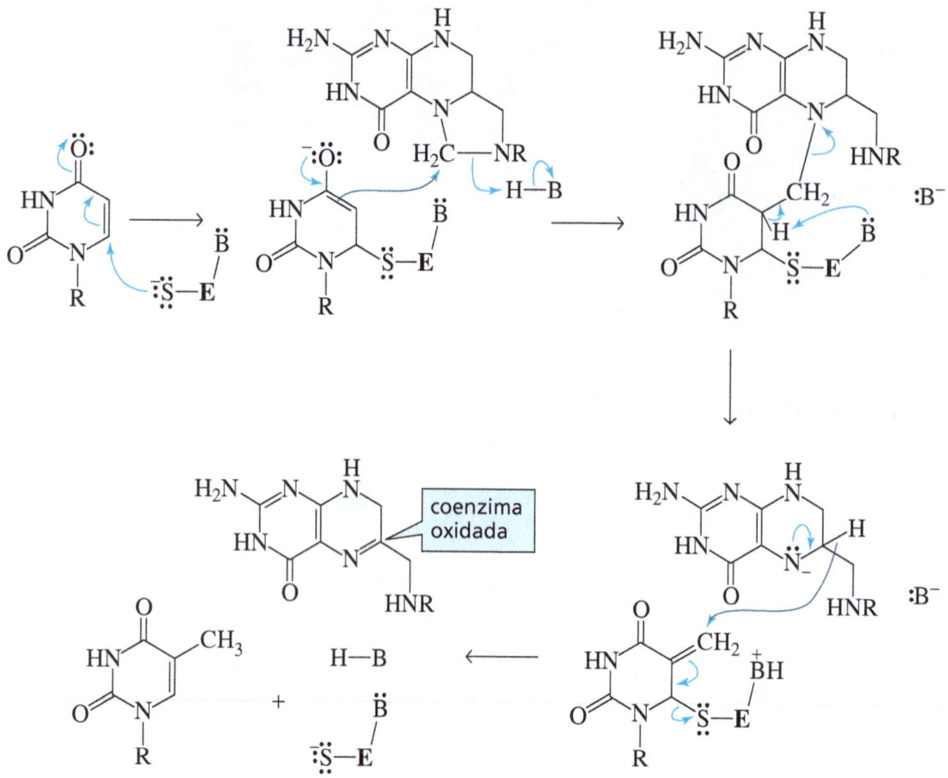

Observe que inicialmente a coenzima transfere um grupo metileno ao substrato. O grupo metileno é subseqüentemente reduzido a um grupo metila. Uma vez que a coenzima é o agente redutor, ela é simultaneamente oxidada. A coenzima oxidada é diidrofolato.

Tutorial Gallery: Mecanismo para catálise por timidilato-sintase
WWW

Quando a reação termina, o diidrofolato deve ser reconvertido a N^5,N^{10}-metileno-THF, de modo que a coenzima possa sofrer outro ciclo catalítico. O diidrofolato é primeiro reduzido a tetraidrofolato. Então a serina-hidrox-metil-transferase — a enzima dependente de PLP que rompe a ligação C_α—C_β da serina para formar glicina e formaldeído — transfere formaldeído para a coenzima (Seção 25.6). Em outras palavras, o formaldeído eliminado da serina é imediatamente transferido ao THF, formando N^5,N^{10}-metileno-THF, o que é favorável, já que o formaldeído é citotóxico (mata células).

$$\text{diidrofolato} + \text{NADPH} + H^+ \xrightarrow{\textbf{diidrofolato-redutase}} \text{tetraidrofolato} + \text{NADP}^+$$

$$\text{tetraidrofolato} + \underset{\textbf{serina}}{\underset{|\,{}^+NH_3}{HOCH_2CHCOO^-}} \xrightarrow[\textbf{PLP}]{\textbf{serina-hidroxi-metil-transferase}} N^5,N^{10}\text{-metileno-THF} + \underset{\textbf{glicina}}{\underset{|\,{}^+NH_3}{CH_2COO^-}}$$

Quimioterapia do câncer

O câncer está associado ao crescimento e à proliferação celular rápidos. Como as células não podem se multiplicar se não sintetizarem DNA, vários agentes quimioterápicos do câncer foram desenvolvidos para inibir a timidilato-sintase e a diidrofolato-redutase. Se uma célula não pode produzir timidina, não pode sintetizar ADN. A inibição da diidrofolato-redutase também impede a síntese de timidina, já que as células têm uma quantidade limitada de tetraidrofolato. Se elas não podem reconverter diidrofolato a tetraidrofolato, não podem continuar sintetizando timidina.

Uma droga contra o câncer comum que inibe a timidilato-sintase é a 5-fluoroacila. A 5-fluoroacila e a uracila reagem com a timidilato-sintase do mesmo modo. Entretanto, o flúor na posição 5 não pode ser removido pela base na terceira etapa da reação, porque é eletronegativo demais para sair como F^+. Como o flúor não pode ser removido, a reação pára nesse ponto, deixando a enzima ligada permanentemente ao substrato. O sítio ativo da enzima é agora bloqueado com 5-fluoroacila e ela não pode se ligar à uracila, o que significa que a timidina não pode mais ser sintetizada. Conseqüentemente, a síntese de DNA também é interrompida. Infelizmente, a maioria das drogas contra o câncer é incapaz de discriminar entre células normais e cancerosas. Como resultado, a quimioterapia é acompanhada de efeitos colaterais terríveis. Entretanto, as células cancerosas sofrem uma divisão celular descontrolada e, por se dividirem mais rapidamente do que as células normais, são mais intensamente atacadas pelos quimioterápicos.

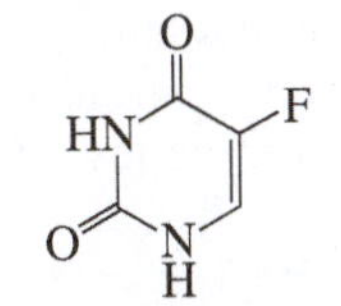
5-fluoroacila
5-FU

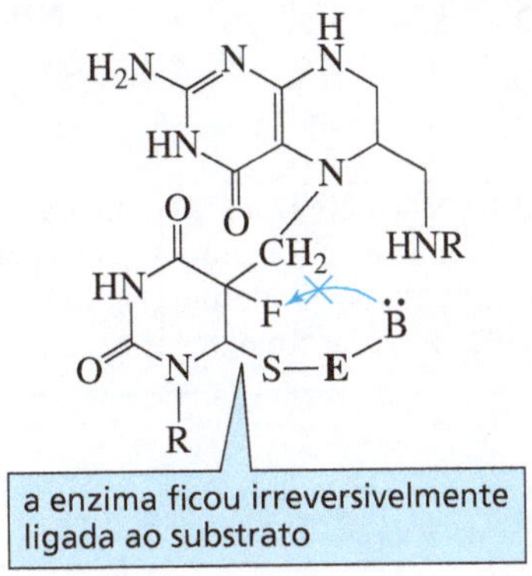

O 5-fluoroacila é um **inibidor fundamentado no mecanismo** — inativa a enzima ao participar do ciclo catalítico normal. Também é denominado **inibidor suicida**, já que, ao reagir com ele, a enzima 'comete suicídio'. O uso de 5-fluoroacila ilustra a importância de se conhecer o mecanismo de uma reação catalisada por enzima, com o que torna-se possível planejar um inibidor que paralise a reação em determinada etapa.

A aminopterina e o metotrexato são drogas contra o câncer inibidoras de diidrofolato-redutase. Como suas estruturas são semelhantes à do diidrofolato, competem com ele para se ligarem ao sítio ativo da enzima. Por se ligarem mil vezes mais fortemente à enzima do que o diidrofolato, inibem a enzima. Essas duas substâncias são exemplos de **inibidores competitivos**.

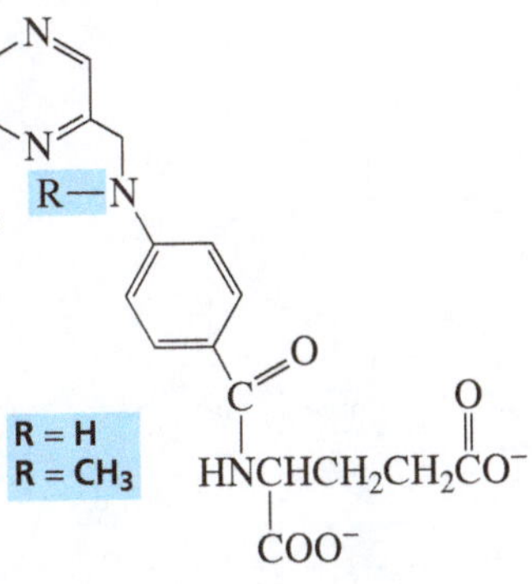
aminopterina R = H
metotrexato R = CH_3

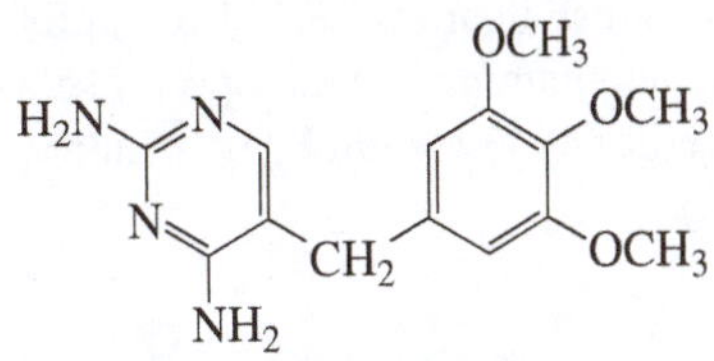
trimetoprima

Como a aminopterina e o metotrexato inibem a síntese de THF, interferem na síntese de qualquer substância que requeira uma coenzima de THF em uma das etapas dessa síntese. Portanto, não apenas impedem a síntese de timidina, como inibem a síntese de adenina e de guanina — outras substâncias heterocíclicas necessárias à síntese de DNA —, já que essa síntese também requer uma coenzima de THF. Uma técnica clínica usada na quimioterapia para combater o câncer é ministrar ao paciente uma dose letal de metotrexato e então salvá-lo por meio da administração de N^5-formil-THF.

A trimetoprima é usada como antibiótico, porque se liga à diidrofolato-redutase bacteriana muito mais fortemente do que à diidrofolato-redutase de mamíferos.

Donald D. Woods (1912–1964) *nasceu em Ipswich, Inglaterra. Tornou-se bacharel e PhD pela Universidade de Cambridge. Trabalhou no laboratório de Paul Flores, no London Hospital Medical College.*

As primeiras drogas antibacterianas

As sulfonamidas — comumente conhecidas como sulfas — foram introduzidas clinicamente, em 1934, como as primeiras drogas antibacterianas efetivas (Seção 30.4). O bacteriologista britânico Donald Woods observou que a sulfanilamida, de início a sulfonamida mais empregada, era estruturalmente similar ao ácido *p*-amino-benzóico, substância necessária ao crescimento bacteriano. Ele sugeriu, então, que as propriedades antibacterianas da sulfanilamida deviam-se à sua capacidade de impedir a utilização normal de ácido *p*-amino-benzóico.

Woods e Paul Flores sugeriram que a sulfanilamida atua inibindo a enzima que incorpora ácido p-amino-benzóico ao ácido fólico, e que as duas substâncias competem pelo sítio ativo da enzima. Os seres humanos não são gravemente afetados pela droga porque não sintetizam folato — eles obtêm todo o folato a partir dos alimentos.

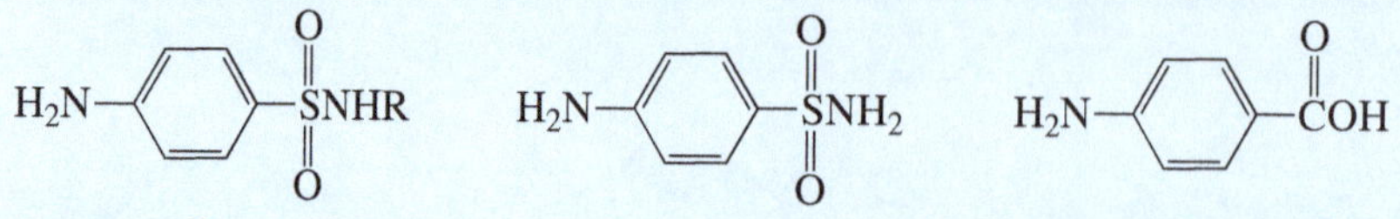

Paul B. Flores (1882–1971) *nasceu em Londres. Transferiu seu laboratório para o Middlesex Hospital Medical School quando uma unidade de química bacteriana foi instalada no local.*

PROBLEMA 20◆

Qual é a origem do grupo metila na timidina?

25.9 Vitamina KH_2: vitamina K

A vitamina K é necessária à coagulação normal do sangue. A letra K vem de *koagulation* ('coagulação', em português). A coagulação do sangue envolve uma série de reações que empregam seis proteínas. Para o sangue coagular, as proteínas coagulantes devem se ligar ao Ca^{2+}. A vitamina K é necessária para que haja uma ligação apropriada do sangue ao Ca^{2+}. A deficiência de vitamina K é rara, porque ela é sintetizada por uma bactéria intestinal, além de ser encontrada nas folhas de plantas verdes. A **vitamina KH_2** (a hidroquinona de vitamina K) é a forma da vitamina K que atua como coenzima (Seção 20.12).

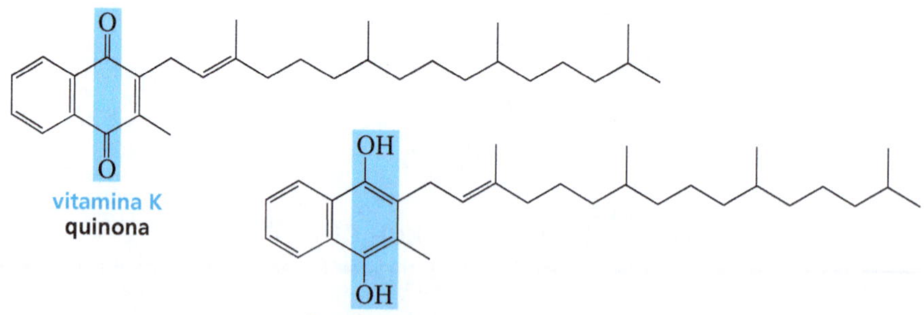

Molecule Gallery: vitamina K

www

A vitamina KH_2 é necessária à enzima que catalisa a carboxilação do carbono γ de uma cadeia lateral de glutamato em uma proteína.

A vitamina KH_2 é a coenzima da enzima que catalisa a carboxilação do carbono γ das cadeias laterais de glutamato em proteínas, formando γ-carboxiglutamatos. Os γ-carboxiglutamatos complexam com Ca^{2+} muito mais efetivamente do que o glutamato. As proteínas envolvidas na coagulação do sangue têm vários glutamatos próximo às suas extremidades N-terminal. Por exemplo, a protrombina tem glutamato nas posições 7, 8, 15, 17 20, 21, 26, 27, 30 e 33.

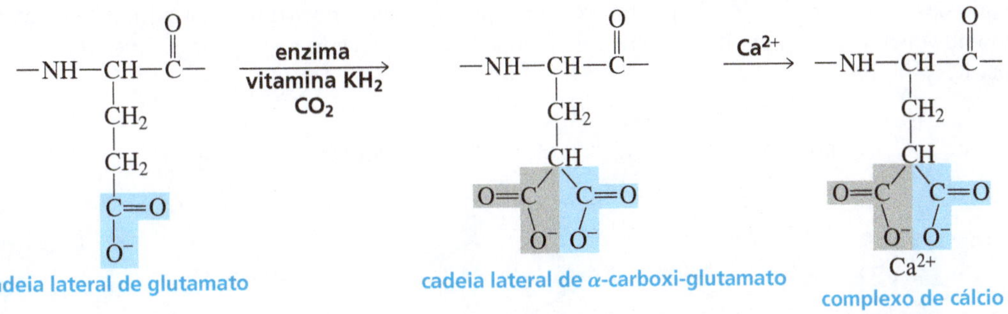

O mecanismo da carboxilação de glutamato catalisada pela vitamina KH_2 era um enigma para os químicos, porque o próton γ que deve ser removido do glutamato antes de ele atacar o CO_2 não é muito ácido. O mecanismo, portanto, precisa envolver a formação de uma base forte. Paul Dowd propôs o seguinte mecanismo: a vitamina perde um próton de um grupo OH fenólico, e a base assim formada ataca o oxigênio molecular. Forma-se um dioxetano que então colapsa, gerando uma base de vitamina K forte o suficiente para remover um próton do carbono γ de glutamato. O carbânion glutamato ataca o CO_2 para formar γ-carboxi-glutamato, e a base de vitamina K protonada (um hidrato) perde água, formando o epóxido da vitamina K.

Paul Dowd (1936-1996) *nasceu em Brockton, Massachusetts. Graduou-se pela Universidade de Harvard e tornou-se PhD pela Universidade de Columbia. Lecionou química na Universidade de Harvard e, de 1970 a 1996, foi professor de química na Universidade de Pittsburgh.*

mecanismo da carboxilação de glutamato dependente da vitamina KH_2

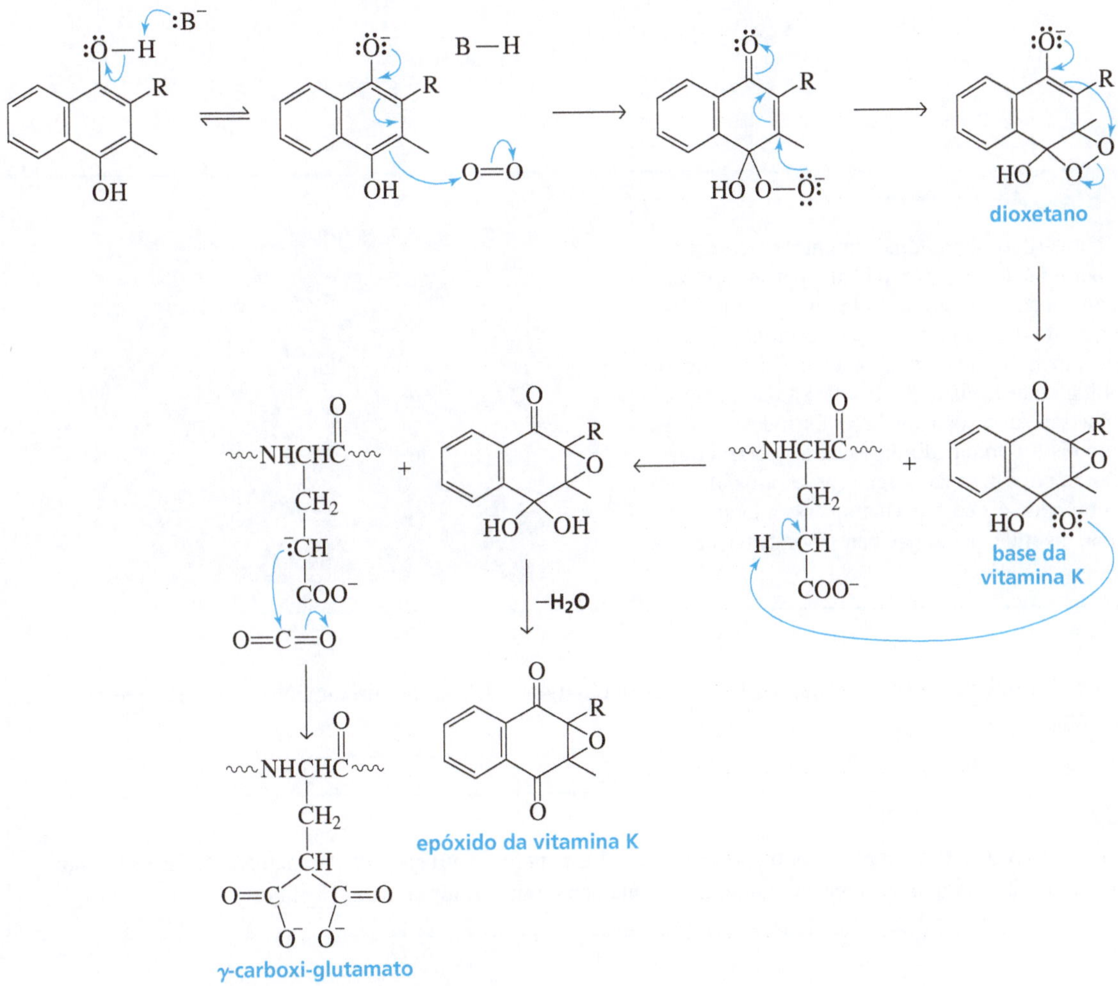

O epóxido da vitamina K é reduzido por uma enzima que emprega a coenzima diidroxilipoato como agente redutor, formando novamente a vitamina KH_2. O epóxido é inicialmente reduzido a vitamina K, que, por sua vez, é reduzida a vitamina KH_2.

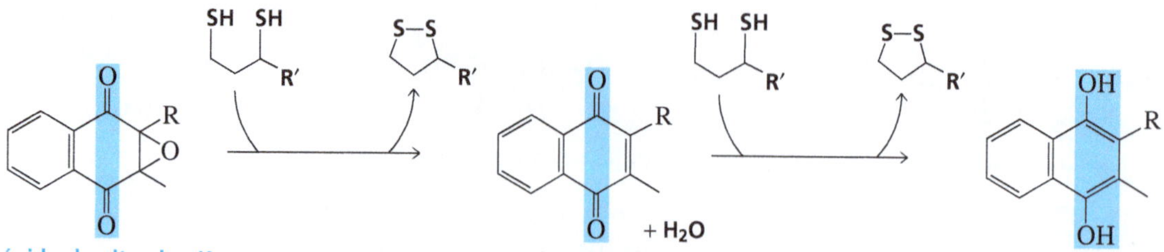

epóxido da vitamina K — vitamina K — vitamina KH_2

A warfarina e o dicumarol são usados clinicamente como anticoagulantes. A warfarina é também um conhecido veneno contra ratos e pode levar à morte por hemorragia interna. Essas substâncias impedem a coagulação ao inibirem a enzima que reduz o epóxido da vitamina K a vitamina KH_2, impedindo dessa forma a carboxilação de glutamato. A enzima não pode distinguir entre o epóxido da vitamina K e essas duas substâncias, que atuam como *inibidores competitivos*.

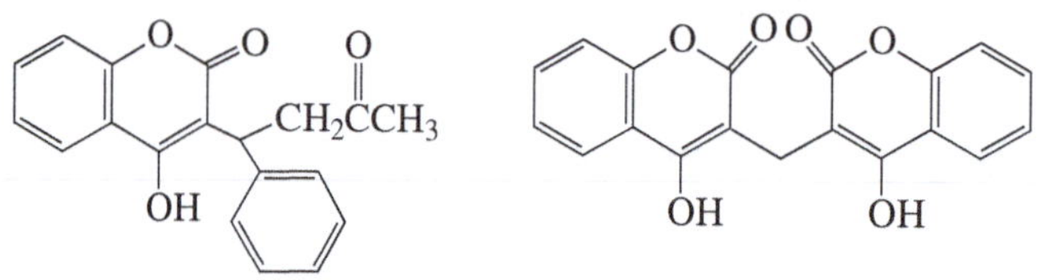

warfarina — dicumarol

Brócolis demais

Um artigo sobre duas mulheres acometidas por uma doença caracterizada pela coagulação anormal do sangue relatou que elas não melhoravam quando lhes era ministrada warfarina. Quando questionada a respeito de sua dieta, uma delas disse ingerir pelo menos 450g de brócolis todos os dias; a outra respondeu que comia salada e sopa de brócolis todos os dias. Quando o brócolis foi eliminado da dieta, a warfarina passou a ser eficaz na prevenção da coagulação anormal do sangue. Como o brócolis é rico em vitamina K, a quantidade dessa vitamina ingerida pelas pacientes competia com a droga, tornando-a ineficaz.

Descobriu-se recentemente que a vitamina E é um anticoagulante. Ela inibe diretamente a enzima que carboxila resíduos de glutamato.

PROBLEMA 21

Os tióis, assim como o etanotiol e o propanotiol, podem ser usados para reduzir o epóxido da vitamina K, formando novamente a vitamina KH2. Contudo, eles reagem muito mais lentamente que o diidrolipoato. Explique.

Resumo

Os **cofatores** auxiliam as enzimas na catálise de várias reações que não podem ser catalisadas somente pelas cadeias laterais de seus aminoácidos. Os cofatores podem ser íons metálicos ou moléculas orgânicas. Uma enzima com íon metálico fortemente ligado é denominada **metaloenzima**. Moléculas orgânicas que atuam como cofatores são denominadas **coenzimas** e são derivadas de **vitaminas**. A vitamina é uma substância necessária, em pequenas quantidades, ao funcionamento normal do organismo, que não consegue sintetizá-la por si só. Todas as vitaminas hidrossolúveis, exceto a vitamina C, atuam como coenzimas. A vitamina K é a única vitamina insolúvel em água que atua como coenzima conhecida até então.

As coenzimas desempenham uma grande variedade de papéis químicos que as cadeias laterais de aminoácidos das enzimas não podem desempenhar: algumas atuam como agentes oxidantes e redutores; outras permitem que os elétrons sejam deslocados; algumas ativam grupos para reações posteriores; e algumas fornecem bons nucleófilos ou bases fortes necessárias a uma reação. O **reconhecimento molecular** permite que a enzima se ligue ao substrato e à coenzima na orientação apropriada para a reação. Coenzimas são recicladas. Uma enzima mais seu cofator é denominada **holoenzima**. **Apoenzima** é uma enzima que teve seu cofator removido.

O **metabolismo** — conjunto de reações realizadas pelos organismos vivos para obter energia e sintetizar as substâncias de que necessitam — pode ser dividido em **catabolismo** e **anabolismo**. **Reações catabólicas** degradam moléculas complexas para fornecer energia e moléculas simples. **Reações anabólicas** necessitam de energia e levam à síntese de biomoléculas complexas.

As coenzimas empregadas por enzimas para catalisar reações de oxidação são **NAD$^+$**, **NADP$^+$**, **FAD** e **FMN**; aquelas utilizadas para catalisar reações de redução são **NADH**, **NADPH**, **FADH$_2$** e **FMNH$_2$**. Muitas enzimas que catalisam reações de oxidação são denominadas **desidrogenases**. Toda a química redox das coenzimas que são **nucleotídeos de piridina** ocorrem na posição 4 do anel piridínico. Toda a química redox das coenzimas que são **flavinas** ocorre no anel flavínico.

O **pirofosfato de tiamina (TPP)** é a coenzima requerida por enzimas que catalisam a transferência de um fragmento que contém dois carbonos. A **biotina** é a coenzima requerida por enzimas que catalisam a carboxilação de um carbono adjacente a um grupo carbonila. O **fosfato de piridoxal (PLP)** é a coenzima requerida por enzimas que catalisam certas transformações de aminoácidos: descarboxilação, transaminação, racemização, ruptura de ligação C_α—C_β e eliminação α,β. Em uma **reação de transiminação**, uma imina é convertida em outra imina; em uma **reação de transaminação**, o grupo amino é removido de um substrato e transferido a outra molécula.

Em uma reação dependente de **coenzima B$_{12}$** um grupo ligado a um carbono troca de lugar com um hidrogênio ligado a um carbono adjacente. **Tetraidrofolato (THF)** é a coenzima empregada por enzimas que catalisam reações que transferem um grupo contendo um único carbono — metila, metileno ou formila — a seus substratos. A **vitamina KH$_2$** é a coenzima para a enzima que catalisa a carboxilação do carbono γ de cadeias laterais de glutamatos — uma reação necessária à coagulação sanguínea. Um **inibidor suicida** inativa uma enzima ao participar de seu ciclo catalítico normal. **Inibidores competitivos** competem com o substrato para se ligar ao sítio ativo da enzima.

Palavras-chave

anabolismo (p. 448)
apoenzima (p. 447)
biotina (p. 465)
catabolismo (p. 448)
coenzima (p. 452)
coenzima A (CoASH) (p. 463)
coenzima B$_{12}$ (p. 474)
cofator (p. 447)
desidrogenase (p. 453)
dreno de elétrons (p. 461)
dinucleotídeo de flavina e adenina (FAD) (p. 456)
mononucleotídeo de flavina (FMN) (p. 456)
heterociclo (p. 452)
holoenzima (p. 447)
lipoato (p. 457)
inibidor fundamentado no mecanismo (p. 479)
metabolismo (p. 483)
metaloenzima (p. 446)
dinucleotídeo de nicotinamida e adenina (NAD$^+$) (p. 452)
nucleotídeo (p. 452)
fosfato de piridoxal (p. 466)
inibidor suicida (p. 479)
tetraidrofolato (THF) (p. 472)
pirofosfato de tiamina (TPP) (p. 460)
transaminação (p. 467)
transiminação (p. 468)
vitamina (p. 447)
vitamina KH$_2$ (p. 480)

Problemas

22. Responda às seguintes questões:
    a. Quais os seis cofatores que atuam como agentes oxidantes?
    b. Quais são os cofatores que doam grupos que contêm um carbono?
    c. Quais os três grupos que contêm um carbono e que são tetraidrofolatos capazes de doar ao substrato?
    d. Qual é a função do FAD no complexo piruvato-desidrogenase?
    e. Qual é a função do NAD^+ no complexo piruvato-desidrogenase?
    f. Qual é a reação necessária à coagulação correta do sangue catalisada pela vitamina KH_2?
    g. Que coenzimas são usadas para reações de descarboxilação?
    h. Que tipos de substrato fazem as coenzimas de descarboxilação trabalharem?
    i. Que coenzimas são usadas para reações de carboxilação?
    j. Que tipos de substrato fazem as coenzimas de carboxilação trabalharem?

23. Cite as coenzimas que
    a. permitem que elétrons sejam deslocalizados
    b. ativam grupos para reação posterior
    c. fornecem um bom nucleófilo
    d. fornecem uma base forte

24. Cite, para cada uma das reações a seguir, a enzima que catalisa a reação, assim como a sua coenzima.

a. 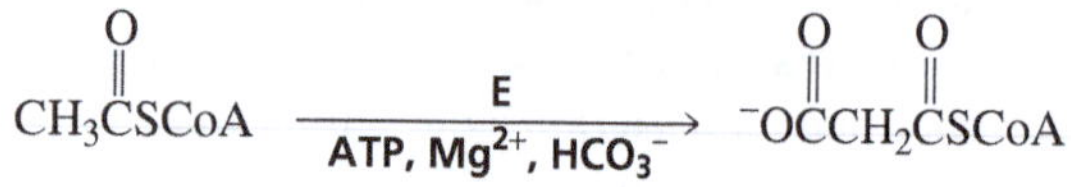

b. 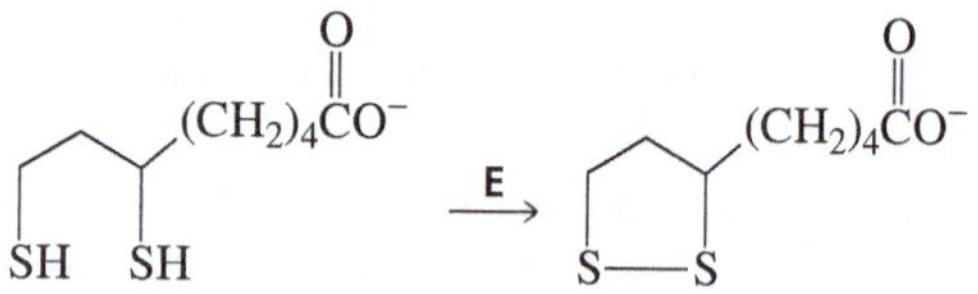

c. 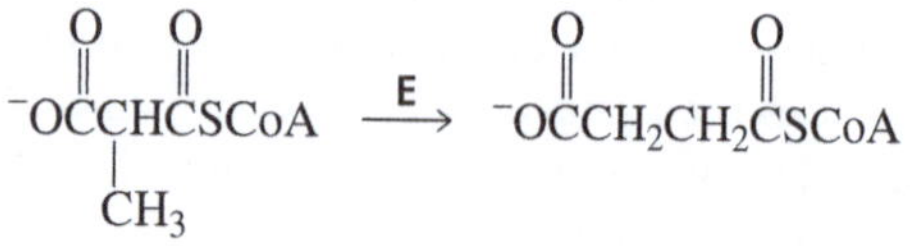

d. 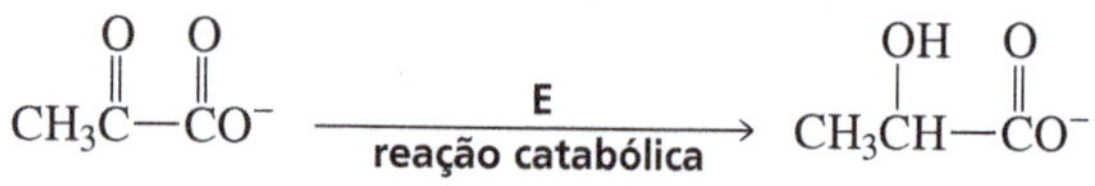

e. 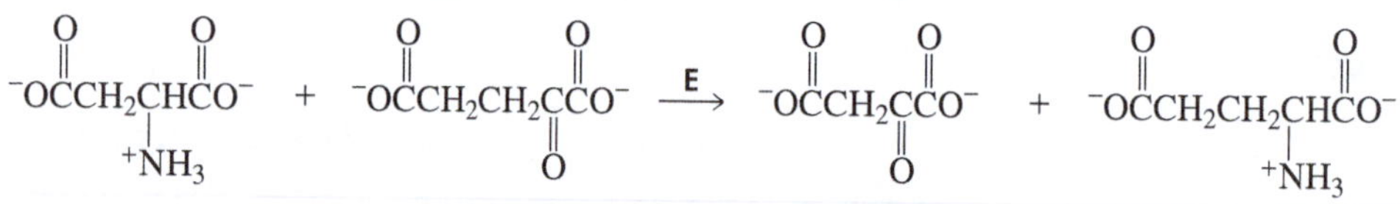

f. 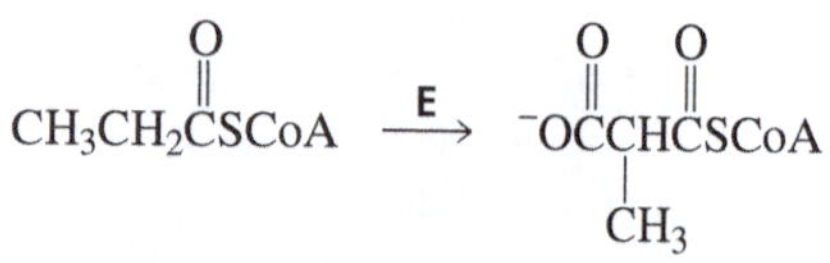

25. A *S*-adenosilmetionina (SAM) é formada a partir da reação entre ATP (Seção 10.11) e metionina. O outro produto da reação é o trifosfato. Proponha um mecanismo para essa reação.

26. Cinco coenzimas são requeridas pela α-cetoglutarato-desidrogenase, a enzima presente no ciclo do ácido cítrico que converte α-cetoglutarato a succinil-CoA.
    a. Identifique as coenzimas.

b. Proponha um mecanismo para esta reação.

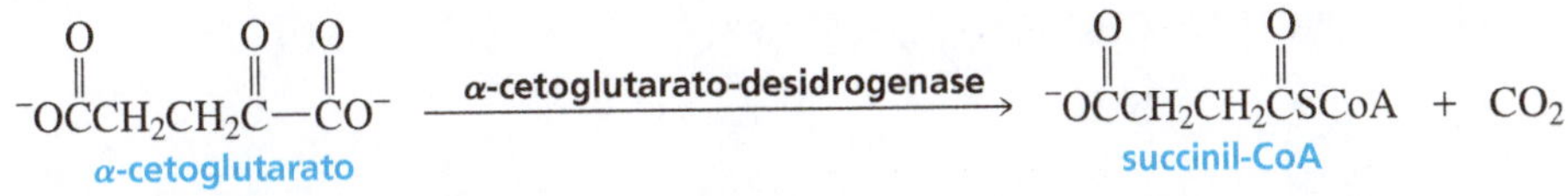

27. Dê os produtos da seguinte reação, onde T é trítio:

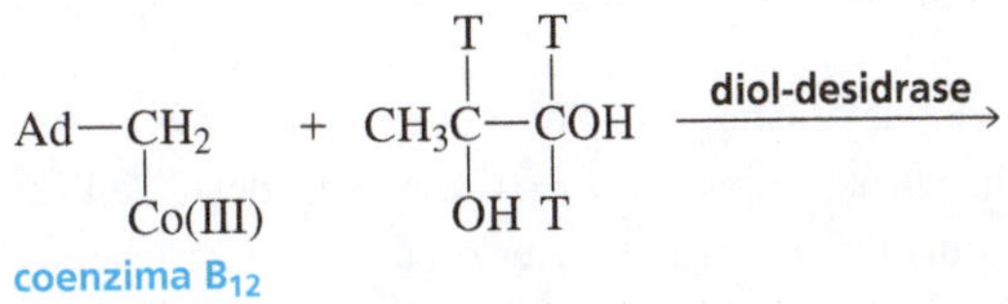

(*Dica*: o trítio é um átomo de hidrogênio com dois nêutrons. Embora a ligação C—T quebre quatro vezes mais lentamente que a ligação C—H, é a primeira ligação no substrato a quebrar.)

28. Proponha um mecanismo para metil-malonil-CoA-mutase, enzima que converte metil-malonil-CoA em succinil-CoA.

29. Quando transaminados, os três aminoácidos de cadeia ramificada (valina, leucina e isoleucina) formam substâncias que têm o odor característico de xarope de bordo . Uma enzima conhecida como α-cetoácido-desidrogenase de cadeia ramificada converte essas substâncias em ésteres de coenzima A. Pessoas que não têm essa enzima sofrem de uma doença genética conhecida como 'doença do xarope de bordo', — assim denominada porque a urina fica com cheiro semelhante ao do xarope de bordo.
   a. Dê as estruturas das substâncias que têm cheiro semelhante ao do xarope de bordo.
   b. Dê as estruturas dos ésteres de CoA.
   c. A α-cetoácido-desidrogenase de cadeia ramificada tem cinco coenzimas. Identifique-as.
   d. Sugira um meio de tratar a doença do xarope de bordo.

30. Quando UMP é dissolvida em T_2O (T = trítio; ver o Problema 27), a troca de T por H ocorre na posição 5. Proponha um mecanismo para essa troca.

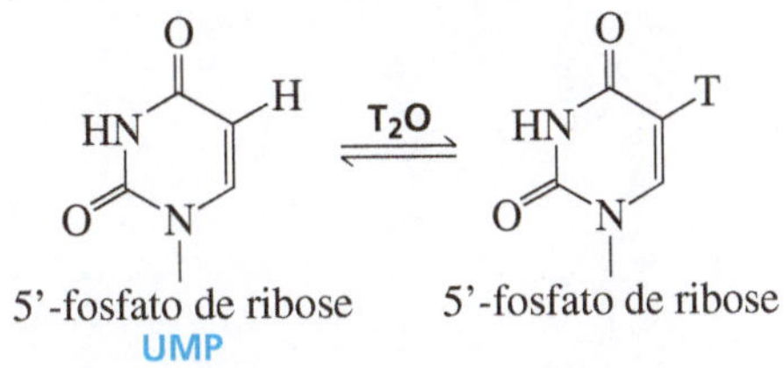

31. A desidratase é uma enzima dependente de piridoxal que catalisa uma reação de α,β-eliminação. Proponha um mecanismo para essa reação.

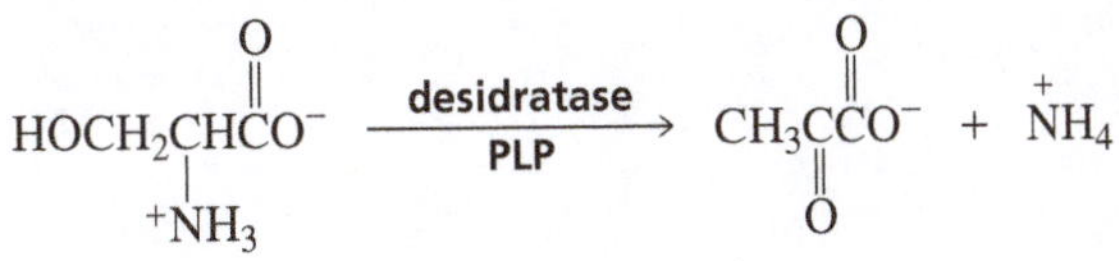

32. Além das reações mencionadas na Seção 25.6, o PLP pode catalisar reações de β-substituição. Proponha um mecanismo para a reação de β-substituição catalisada por PLP a seguir:

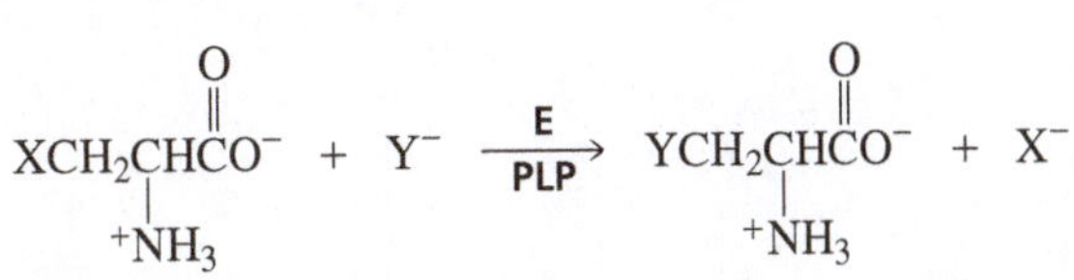

33. O PLP pode catalisar tanto reações de α,β-eliminação quanto reações de β,γ-eliminação. Proponha um mecanismo para a seguinte β,γ-eliminação catalisada por PLP:

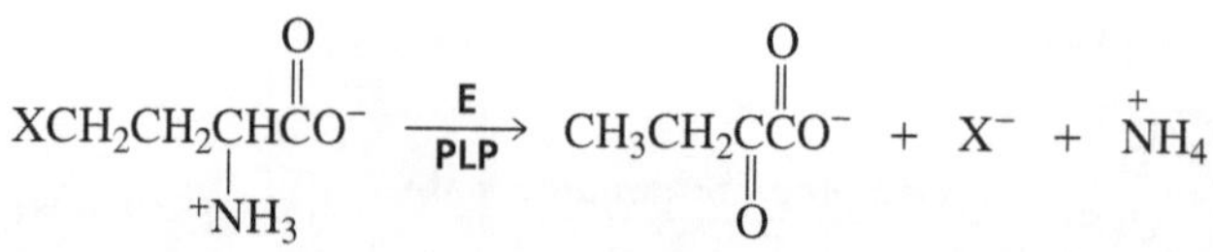

34. O sistema de ruptura de glicina é um grupo de quatro enzimas que, juntas, catalisam a seguinte reação:

$$\text{glicina} + \text{THF} \xrightarrow{\textbf{sistema de ruptura de glicina}} N^5,N^{10}\text{-metilino-THF} + CO_2$$

Baseie-se na informação a seguir para determinar a seqüência de reações envolvidas no sistema de ruptura de glicina:

a. A primeira enzima envolvida na reação é uma descarboxilase dependente de PLP.
b. A segunda enzima é uma aminometiltransferase. Essa enzima tem uma coenzima lipoato.
c. A terceira é uma enzima sintetizadora de N^5,N^{10}-metilino-THF. Catalisa uma reação que forma $^+NH_4$ como um dos produtos.
d. A quarta é uma enzima dependente de FAD.
e. O sistema de ruptura também requer NAD^+.

35. O FAD ligado a nonaenzima é um agente oxidante mais forte que o NAD^+. Como, então, o NAD^+ pode oxidar a flavoenzima reduzida no sistema piruvato-desidrogenase?

36. O $FADH_2$ reduz tioésteres α,β-insaturados a tioésteres saturados. Acredita-se que a reação ocorra por um mecanismo que envolve radicais. Proponha um mecanismo para essa reação.

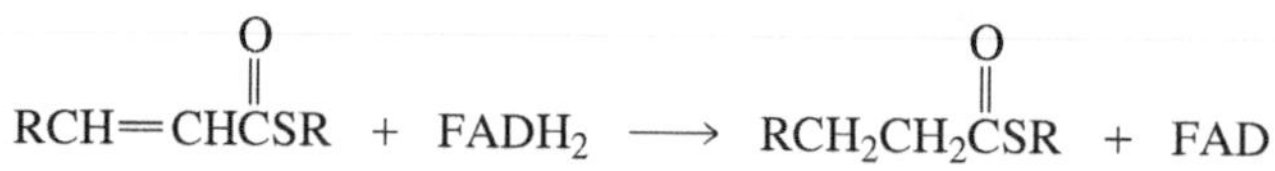

26 Lipídios

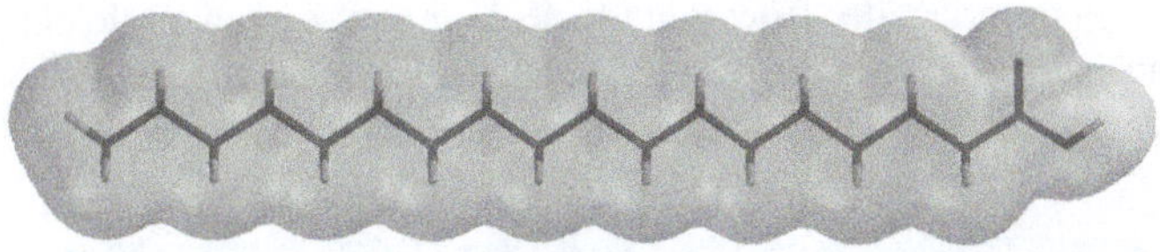

ácido esteárico

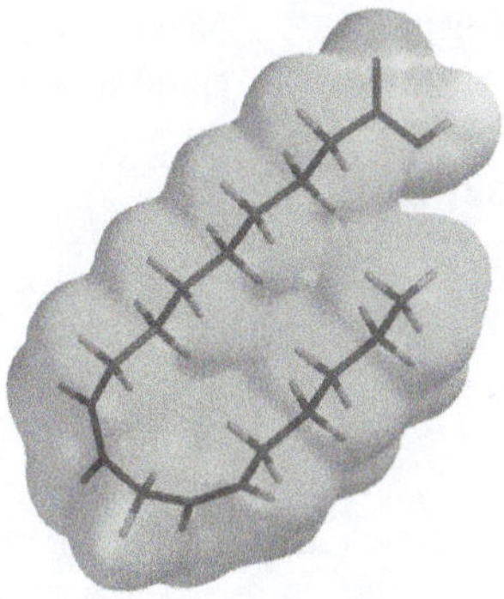

ácido linoleico

Os **lipídios** são substâncias orgânicas solúveis em solventes orgânicos não polares, encontradas em organismos vivos. Tais substâncias são classificadas como lípidios em virtude de terem como base uma propriedade física (a solubilidade em solventes orgânicos) e não como resultado de sua estrutura e, por essa razão, os lipídios apresentam uma variedade de estruturas e funções, como ilustrada nos seguintes exemplos:

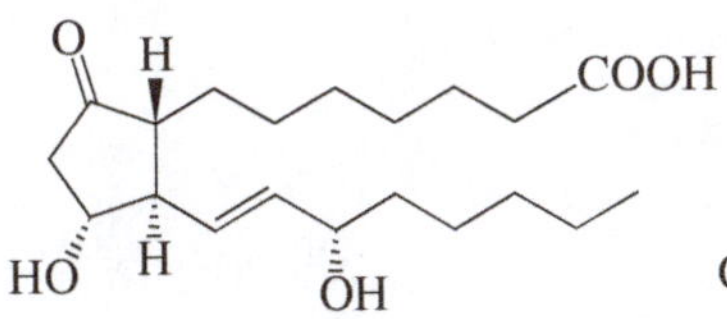

PGE_1
vasodilatador

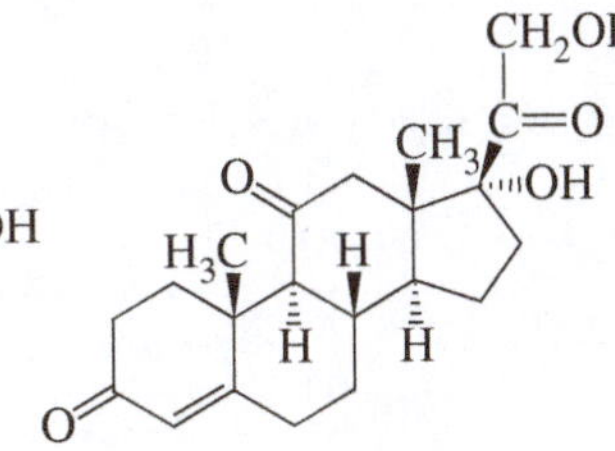

cortisona
hormônio

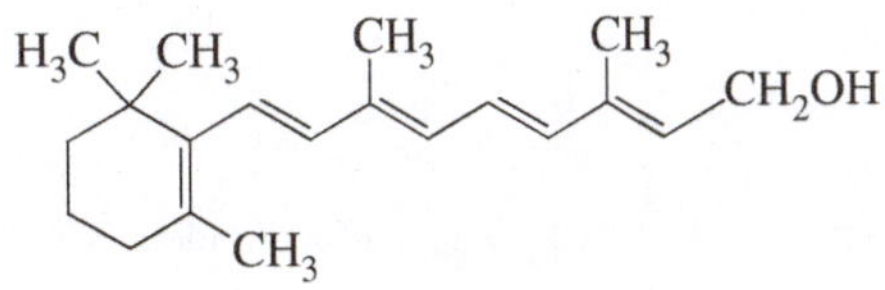

vitamina A
vitamina

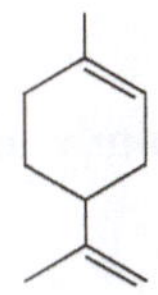

limoneno
em óleos de laranja e limão

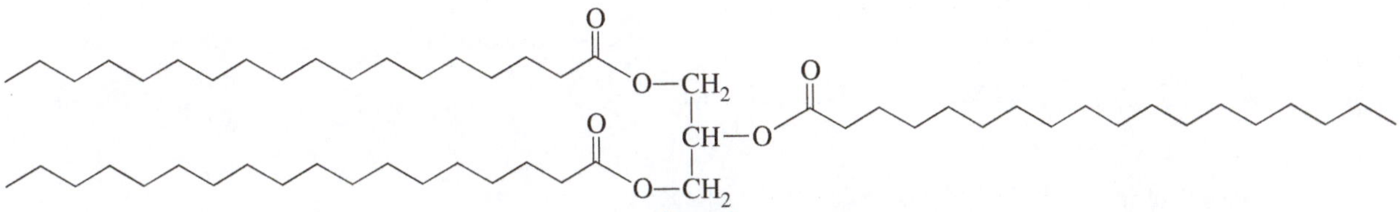

tristearina
gordura

A solubilidade dos lipídios em solventes orgânicos não polares resulta do seu componente hidrocarboneto expressivo. A parte hidrocarbônica da substância é responsável por sua propriedade oleosa ou gordurosa. A palavra *lipídio* vem do grego *lipos*, que significa 'gordura'. (Veja figuras em cores no caderno colorido.)

26.1 Ácidos graxos

Ácidos graxos são ácidos carboxílicos com longas cadeias hidrocarbônicas. Os ácidos graxos mais freqüentemente encontrados na natureza são mostrados na Tabela 26.1. A maioria dos ácidos graxos de ocorrência natural não são ramificados e contêm um número par de átomos de carbono uma vez que são sintetizados a partir do acetato, substância com dois átomos de carbono. O mecanismo para a biossíntese dos ácidos graxos é discutido na Seção 19.21. Ácidos graxos podem ser saturados com hidrogênio (caso não apresentem ligações duplas carbono–carbono) ou insaturados (se apresentarem ligações duplas carbono–carbono). Ácidos graxos com mais de uma ligação dupla são chamados **ácidos graxos poliinsaturados**. As ligações duplas presentes nos ácidos graxos de ocorrência natural nunca são conjugadas, são sempre separadas por um grupo metileno.

As propriedades físicas de um ácido graxo dependem do comprimento da cadeia hidrocarbônica e do grau de insaturação. Como esperado, os pontos de fusão dos ácidos graxos saturados aumentam de acordo com o aumento das respectivas massas moleculares devido às interações de Van der Waals aumentadas entre as moléculas (Seção 2.9, volume 1).

Tabela 26.1 Ácidos graxos comuns de ocorrência natural

Número de carbonos	Nome comum	Nome sistemático	Estrutura	Ponto de fusão °C
Saturado				
12	ácido láurico	ácido dodecanóico		44
14	ácido mirístico	ácido tetradecanóico		58
16	ácido palmítico	ácido hexadecanóico	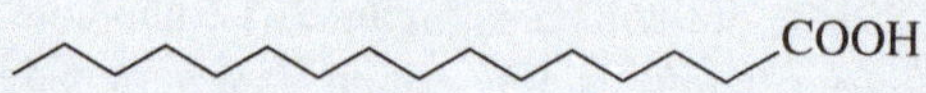	63
18	ácido esteárico	ácido octadecanóico		69
20	ácido araquídico	ácido eicosanóico		77
Insaturado				
16	ácido palmitoleico	(9Z)-ácido hexadecenóico	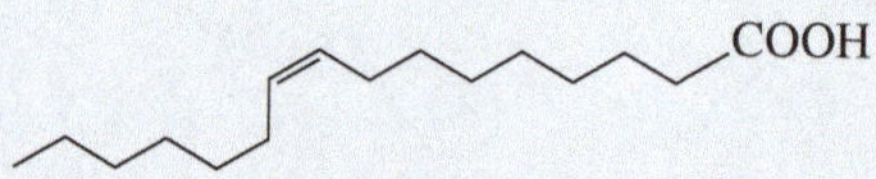	0
18	ácido oleico	(9Z)-ácido octadecenóico	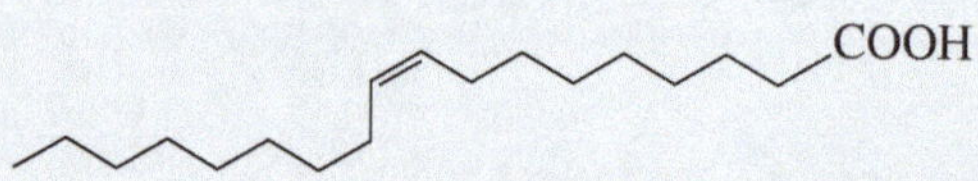	13
18	ácido linoleico	(9Z,12Z)-ácido octadecadienóico	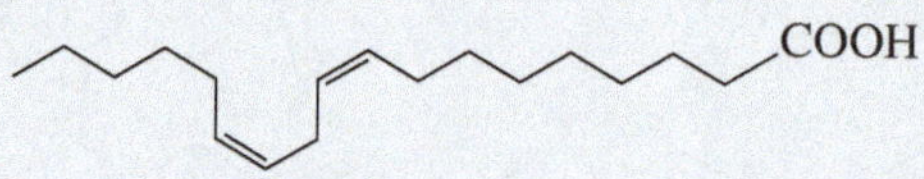	−5
18	ácido linolênico	(9Z,12Z,15Z)-ácido octadecatrienóico	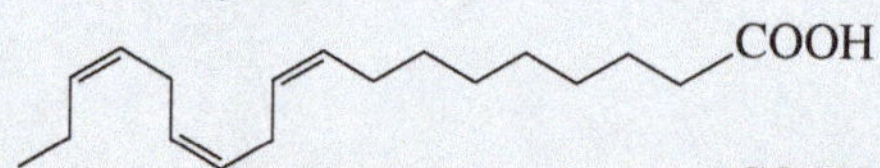	−11
20	ácido araquidônico	(5Z,8Z,11Z,14Z)-ácido eicosatetraenóico	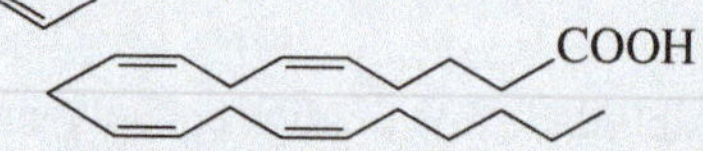	−50
20	EPA	(5Z,8Z,11Z,14Z,17Z)-ácido eicosapentaenóico	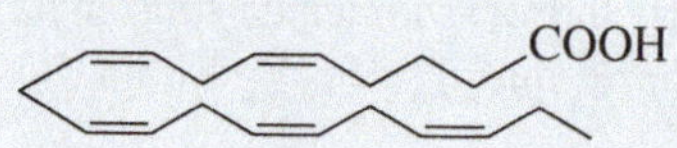	−50

As ligações duplas dos ácidos graxos insaturados em geral têm configuração cis. Essa configuração normalmente produz uma dobra nas moléculas, o que evita o seu empacotamento, como ocorre com os ácidos graxos completamente saturados. Portanto, os ácidos graxos insaturados têm menos interações intermoleculares e, em decorrência, menores pontos de ebulição que os ácidos graxos saturados de massas moleculares comparáveis (Tabela 26.1). Os pontos de fusão dos ácidos graxos insaturados diminuem de acordo com o aumento do número de ligações duplas. Por exemplo, um ácido graxo que contém 18 carbonos funde a 69 °C se for saturado, a 13 °C se tiver uma ligação dupla, a 5 °C se tiver duas ligações duplas e a −11 °C se tiver três ligações duplas.

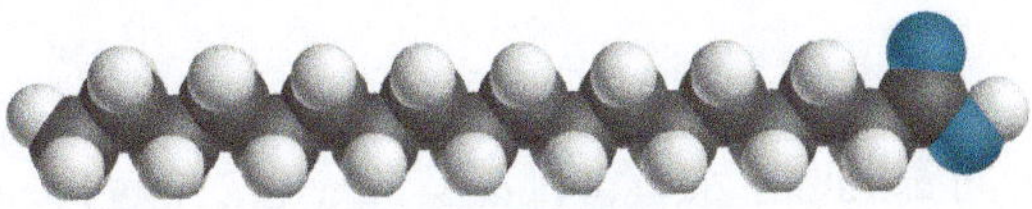

ácido esteárico

ácido graxo de 18 carbonos sem ligação dupla

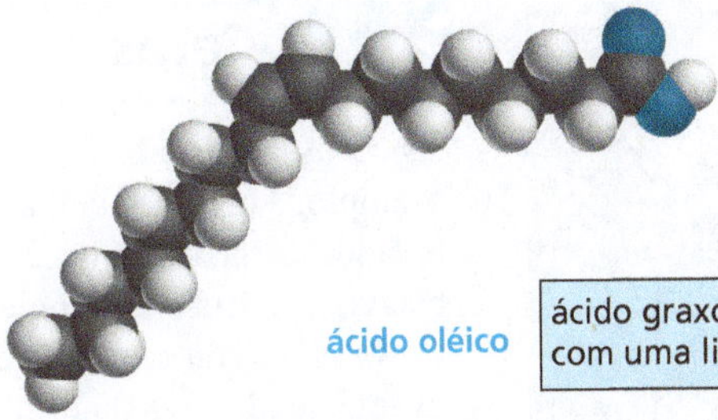

ácido oléico

ácido graxo de 18 carbonos com uma ligação dupla

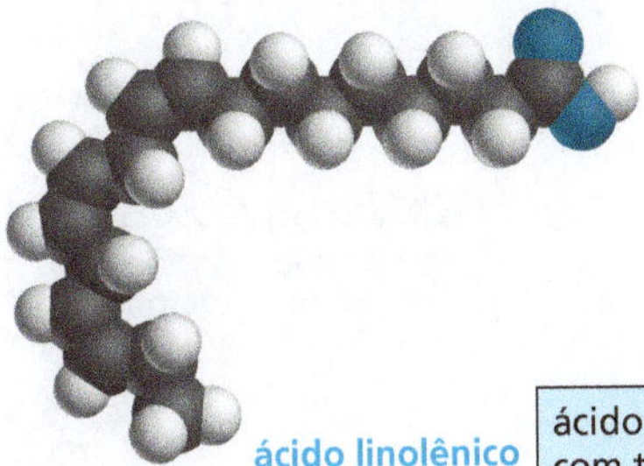

ácido linolênico

ácido graxo de 18 carbonos com três ligações duplas

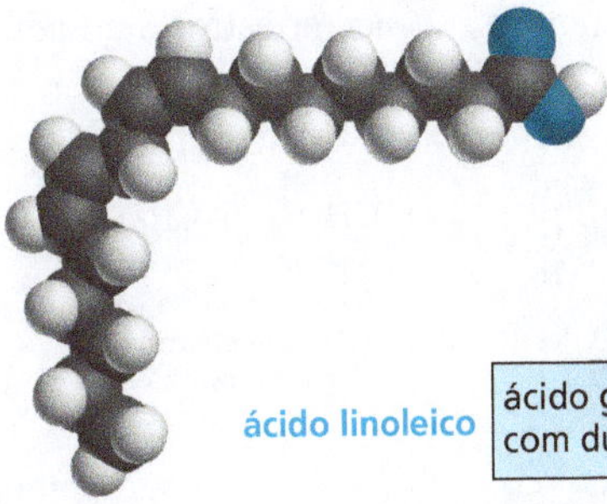

ácido linoleico

ácido graxo de 18 carbonos com duas ligações duplas

PROBLEMA 1

Explique a diferença entre os pontos de fusão dos seguintes ácidos graxos:

a. ácido palmítico e ácido esteárico

b. ácido palmítico e ácido palmitoleico

c. ácido oleico e ácido linoleico

PROBLEMA 2◆

Que produtos são formados quando o ácido araquidônico reage com excesso de ozônio, seguido pelo tratamento com H_2O_2? (*Dica:* veja a Seção 20.8).

Ácidos graxos ômega

Ômega é um termo usado para indicar a posição da primeira ligação dupla, a partir da terminação metila, de um ácido graxo insaturado. Por exemplo, o ácido linoleico é chamado ácido graxo ômega-6 porque sua primeira ligação dupla está após o sexto carbono, e o ácido linolênico é chamado ácido graxo ômega-3, pois sua primeira ligação dupla está após o terceiro carbono. Os mamíferos não possuem a enzima que introduz a ligação dupla depois de C-9 (o carbono carboxílico é C-1). Os ácidos linoleico e linolênico, que são essenciais para os mamíferos, devem ser incluídos na dieta, pois, apesar de não poderem ser sintetizados, são necessários para o funcionamento normal do corpo.

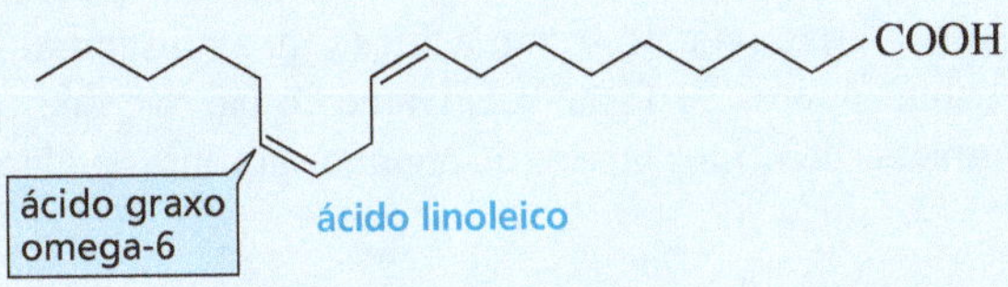

ácido linoleico

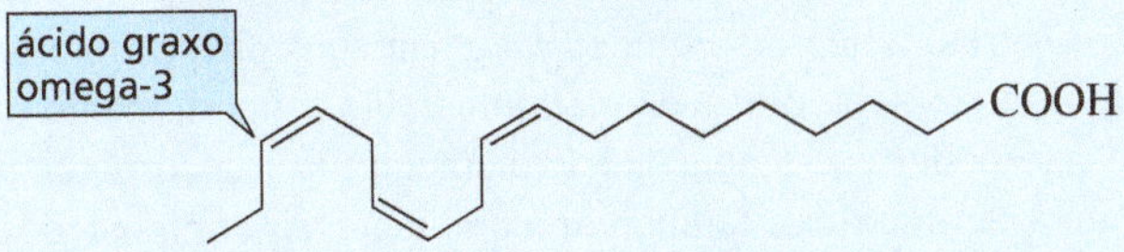

ácido linoleico

▲ Camadas de favos em uma colméia

26.2 Ceras

As **ceras** são ésteres formados por ácidos carboxílicos e alcoóis de cadeia longa. Por exemplo, a cera de abelha — material estrutural das colméias — tem um componente ácido carboxílico de 26 carbonos e outro componente álcool de 30 carbonos. A palavra cera (*wax* em inglês) vem do inglês arcaico *weax*, que significa 'material do favo'. A cera de carnaúba é particularmente dura por causa da massa molecular relativamente alta, resultado de um componente ácido carboxílico de 32 carbonos e de um componente álcool de 34 carbonos. A cera de carnaúba é bastante usada para encerar carros e no polimento de pisos.

$$CH_3(CH_2)_{24}\overset{O}{\overset{\|}{C}}O(CH_2)_{29}CH_3$$

componente principal da cera de abelha
material estrutural das colméias

$$CH_3(CH_2)_{30}\overset{O}{\overset{\|}{C}}O(CH_2)_{33}CH_3$$

componente principal da cera de carnaúba
cobertura das folhas da palmeira brasileira

$$CH_3(CH_2)_{14}\overset{O}{\overset{\|}{C}}O(CH_2)_{15}CH_3$$

componente principal da cera espermicida
a partir do sêmen de baleias

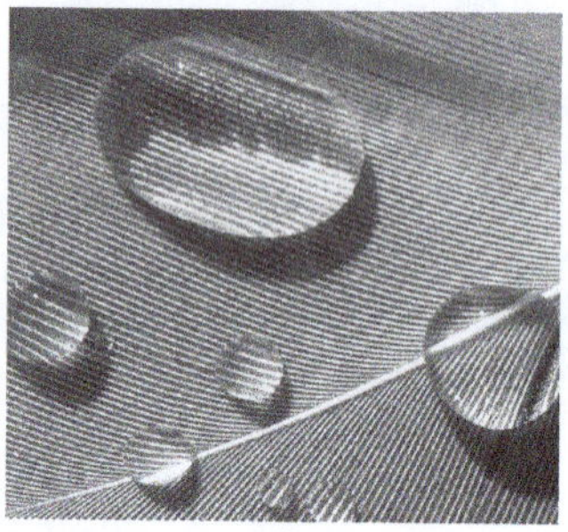

▲ Gotas de chuva em uma pena

As ceras são comuns em organismos vivos. As penas dos pássaros são cobertas com ceras que as tornam impermeáveis. Alguns vertebrados secretam cera para manter a pele lubrificada e impermeável. Os insetos secretam uma camada de cera à prova de água do lado externo de seu exoesqueleto. Ceras também são encontradas nas superfícies de certas folhas e frutos, onde servem como proteção contra parasitas, além de minizar a evaporação de água.

26.3 Gorduras e óleos

Os triacilgliceróis, também chamados triglicerídeos, são substâncias nas quais os três grupos hidroxila de glicerol são esterificados com ácidos graxos. Se os três componentes ácidos graxos de um triacilglicerol forem os mesmos, a substância é chamada **triacilglicerol simples**. **Triacilgliceróis misturados**, por outro lado, contêm dois ou três componentes ácidos graxos diferentes e são mais comuns que os triacilgliceróis simples. Nem todas as moléculas de triacilglicerol de uma única fonte são necessariamente idênticas; substâncias como banha e azeite, por exemplo, são misturas de diferentes triacilgliceróis (Tabela 26.2).

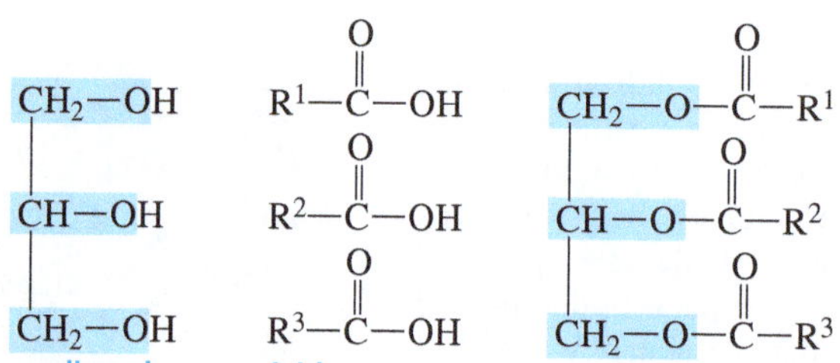

glicerol — ácidos graxos — triacilglicerol
gordura ou óleo

Os triacilgliceróis sólidos ou semi-sólidos à temperatura ambiente são chamados **gorduras**. As gorduras são normalmente obtidas de animais e em geral compostas de triacilgliceróis com ácidos graxos saturados ou ácidos graxos com apenas uma ligação dupla. As cadeias saturadas dos ácidos graxos se empacotam melhor, fazendo com que os triacilgliceróis apresentem pontos de fusão relativamente altos, o que os leva a se apresentarem sólidos à temperatura ambiente.

Os triacilgliceróis líquidos são chamados **óleos**. De modo geral, os óleos são obtidos dos produtos vegetais, como, milho, feijão-soja, olivas e amendoins. São primariamente compostos de triacilgliceróis com ácidos graxos insaturados que não podem se empacotar firmemente. Em decorrência, apresentam pontos de fusão relativamente baixos, que os levam a ser líquidos à temperatura ambiente. As composições aproximadas de ácidos graxos de algumas gorduras e óleos comuns são mostradas na Tabela 26.2.

Tabela 26.2 Porcentagem aproximada de ácidos graxos em algumas gorduras e óleos comuns

		Ácidos graxos saturados				Ácidos graxos insaturados		
	mp (°C)	láurico C_{12}	mirístico C_{14}	palmítico C_{16}	esteárico C_{18}	oleico C_{18}	linoleico C_{18}	linolênico C_{18}
Gordura animal								
Manteiga	32	2	11	29	9	27	4	—
Banha	30	—	1	28	12	48	6	—
Gordura humana	15	1	3	25	8	46	10	—
Gordura de baleia	24	—	8	12	3	35	10	—
Óleos de planta								
Milho	20	—	1	10	3	50	34	—
Semente de algodão	−1	—	1	23	1	23	48	—
Semente de linhaça	−24	—	—	6	3	19	24	47
Oliva	−6	—	—	7	2	84	5	—
Amendoim	3	—	—	8	3	56	26	—
Falso-açafrão	−15	—	—	3	3	19	70	3
Sésamo	−6	—	—	10	4	45	40	—
Feijão-soja	−16	—	—	10	2	29	51	7

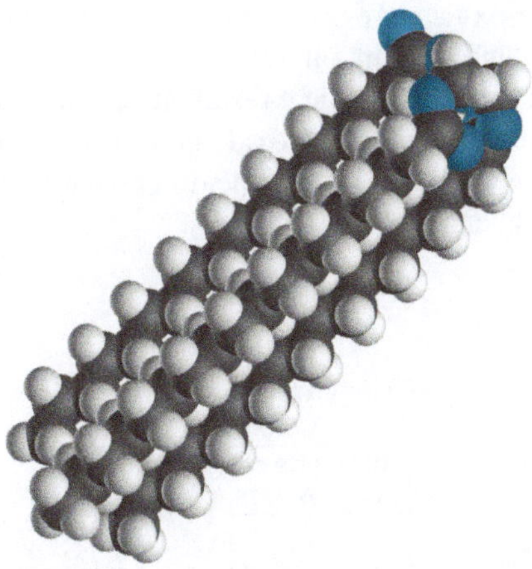
gordura

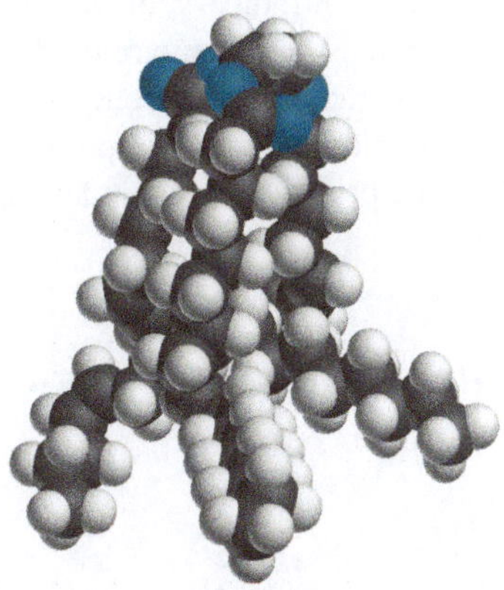
óleo

Algumas ou todas as ligações duplas dos óleos poliinsaturados podem ser reduzidas por hidrogenação catalítica (Seção 4.11, volume 1). Margarinas e óleos vegetais são preparados por meio da hidrogenação de óleos vegetais como o óleo de feijão-soja e o óleo de falso-açafrão, até que apresentem a consistência desejada. Esse processo é chamado ' 'endurecimento de óleos'. Porém, a reação de hidrogenação deve ser cuidadosamente controlada, pois se houver redução de todas as ligações duplas carbono–carbono ocorrerá a produção de gordura dura com a consistência da gordura animal.

$$\text{RCH}{=}\text{CHCH}_2\text{CH}{=}\text{CHCH}_2\text{CH}{=}\text{CH}{-} \xrightarrow[\text{Pt}]{\text{H}_2} \text{RCH}_2\text{CH}_2\text{CH}_2\text{CH}{=}\text{CHCH}_2\text{CH}_2\text{CH}_2{-}$$

Os óleos de vegetais tornaram-se popular na preparação de alimentos, pois alguns estudos têm associado o consumo de gorduras saturadas às doenças do coração. Estudos recentes mostram que as gorduras insaturadas podem também ser responsáveis pelas doenças do coração. No entanto, acredita-se que um ácido graxo insaturado — ácido graxo de 20 carbonos com cinco ligações duplas, conhecido como EPA e encontrado em altas concentrações em óleos de peixe — possa reduzir as possibilidades de desenvolvimento de certos tipos de doenças do coração. Uma vez consumida, a gordura alimentar é hidrolisada no intestino, regenerando o glicerol e os ácidos graxos. Vimos que a hidrólise de gorduras

▲ A dieta deste pingüim é rica em óleo de peixe.

Molecule Gallery: Olestra
WWW

em condições básicas forma glicerol e sais de ácidos graxos, que são comumente conhecidos como *sabão* (Seção 17.13).

PROBLEMA 3◆

Todos os triacilgliceróis têm o mesmo número de carbonos assimétricos?

PROBLEMA 4◆

Que éster apresentaria o ponto de fusão mais alto: tripalmitoleato de glicerila ou tripalmitato de glicerila?

Os organismos armazenam energia na forma de triacilgliceróis. Uma gordura fornece cerca de seis vezes mais energia metabólica que uma quantidade igual de glicogênio hidratado, pois as gorduras são menos oxidadas que os carboidratos e, em virtude de as gorduras serem apolares, elas não se ligam à água. Em contrapartida, dois terços da quantidade de glicogênio armazenado é água (Seção 22.18).

Os animais têm uma camada subcutânea de células de gordura que funciona tanto como fonte de energia quanto como isolante. O conteúdo médio de gordura do homem é cerca de 21%, ao passo que o da mulher é cerca de 25%. Os seres humanos podem armazenar gordura suficiente para suprir as necessidades metabólicas do corpo durante dois ou três meses, mas podem armazenar carboidratos suficientes somente para suprir as necessidades metabólicas durante menos de 24 horas. Em decorrência, os carboidratos são usados primariamente como fonte de energia rápida e em curto prazo.

As gorduras poliinsaturadas e os óleos são facilmente oxidados pelo O_2 por meio de uma reação radicalar em cadeia. Na etapa de iniciação, um radical remove um hidrogênio do grupo metileno que está cercado por duas ligações duplas. Esse hidrogênio é o mais facilmente removível, uma vez que o radical resultante é estabilizado por ressonância pelas duas ligações duplas. O radical reage com O_2, formando um radical peróxido com ligações duplas conjugadas. O radical peróxido remove um hidrogênio do grupo metileno de outra molécula de ácido graxo e forma um hidroperóxido de alquila. As duas etapas de propagação são repetidas continuamente.

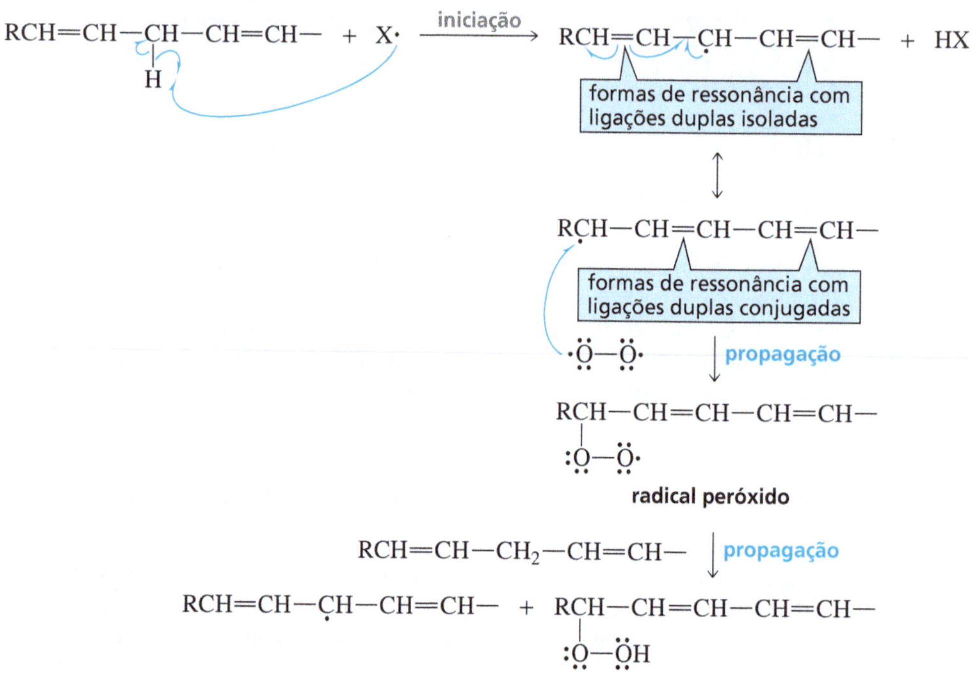

Olestra: sem gordura e com sabor

Os químicos têm pesquisado diferentes maneiras de reduzir o conteúdo calórico dos alimentos sem reduzir o sabor. Muitas pessoas que acreditam que 'sem gordura' é sinônimo de 'sem sabor' entendem esse problema. O FDA (Seção 30.13) aprovou o uso limitado do olestra como substituto para a gordura alimentar em comidas leves. A Companhia Procter & Gamble levou 30 anos e mais de 2 bilhões de dólares para desenvolver essa substância. A aprovação dependeu do resultado de mais de 150 estudos.

O olestra é uma substância semi-sintética, ou seja, não existe na natureza, mas seus componentes sim. O desenvolvimento de uma substância que pode ser feita a partir de unidades que fazem parte da nossa dieta diminui os efeitos potencialmente tóxicos da nova substância. O olestra é obtido por esterificação de todos os grupos OH da sucrose com ácidos graxos obtidos dos óleos de semente de algodão e de feijão-soja. Em decorrência, suas partes componentes são o açúcar de mesa e o óleo vegetal. O olestra funciona como substituto da gordura porque suas junções ésteres são impedidas de serem hidrolisadas por enzimas digestivas. Como resultado, o olestra tem o mesmo gosto da gordura, embora não apresente valor calórico, pois não pode ser digerido.

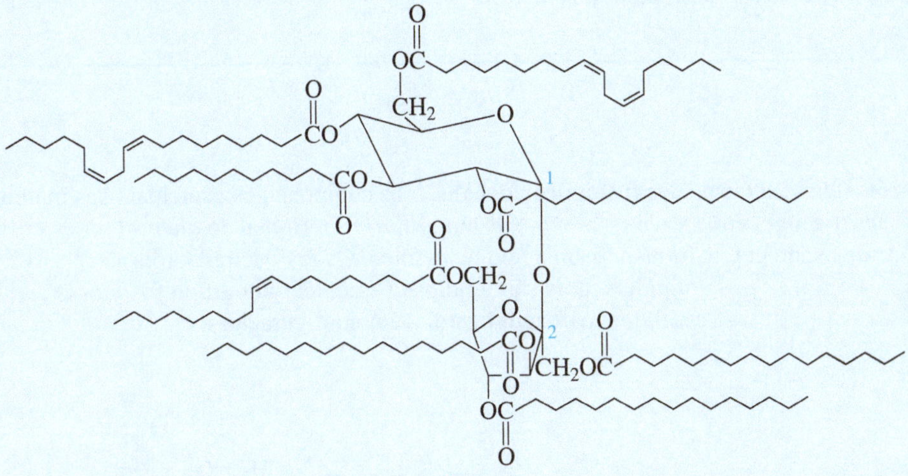

Olestra

A reação de ácidos graxos com O_2 os torna rançosos. O gosto e odor desagradáveis associados ao ranço são resultados de uma oxidação posterior do hidroperóxido de alquila, formando um ácido carboxílico com cadeia menor, tal como o ácido butírico, que apresenta odor forte. O mesmo processo contribui para o odor associado ao leite azedo.

PROBLEMA 5

Desenhe as formas de ressonância para o radical formado quando um átomo de hidrogênio é removido de C-10 do ácido araquidônico.

26.4 Membranas

Para que os sistemas biológicos funcionem, algumas partes dos organismos devem ser separadas de outras. Em nível celular, a parte externa da célula deve ser separada da parte interna. As **membranas** lipídicas 'graxas' servem como barreira. Além do isolamento do conteúdo celular, essas membranas permitem o transporte seletivo de íons e moléculas orgânicas para dentro e para fora da célula.

Baleias e ecolocação

As baleias têm uma cabeça enorme, responsável por 33% de seu peso total. Elas apresentam grandes depósitos de gordura na cabeça e na mandíbula inferior. Essa gordura é muito diferente da gordura corporal e daquela proveniente da dieta das baleias. Devido ao fato de modificações anatômicas significativas terem sido necessárias para acomodar a gordura, é provável que ela tenha alguma função importante para o animal. Acredita-se que a gordura é usada para a ecolocação — emissão de sons em pulsos e obtenção de informação pela análise do eco que retorna. A gordura da cabeça da baleia focaliza as ondas sonoras emitidas em um raio direcional e os ecos são recebidos pelo órgão adiposo presente na mandíbula inferior. Esse órgão transmite o som ao cérebro para que se processe e seja interpretado, fornecendo à baleia informações sobre profundidade da água, mudanças no fundo do mar e posição da linha costeira. Então, o depósito de gordura da cabeça e da mandíbula da baleia fornece ao animal um sistema sensorial acústico único, além de permitir a competição bem-sucedida pela sobrevivência com o tubarão, que também tem senso de direção sonora bem desenvolvido.

Baleia corcunda no Alasca

Fosfolipídios

Os **fosfoacilgliceróis** (também chamados **fosfoglicerídeos**) são os componentes principais das membranas celulares. Eles são similares aos triacilgliceróis, exceto pelo fato de um grupo OH terminal do glicerol ser esterificado com ácido fosfórico em vez de um ácido graxo, formando um ácido fosfatídico. Os fosfoacilgliceróis são classificados como fosfolipídios, pois são lipídios que contêm um grupo fosfato. O carbono C-2 do glicerol dos fosfoacilgliceróis têm configuração *R*.

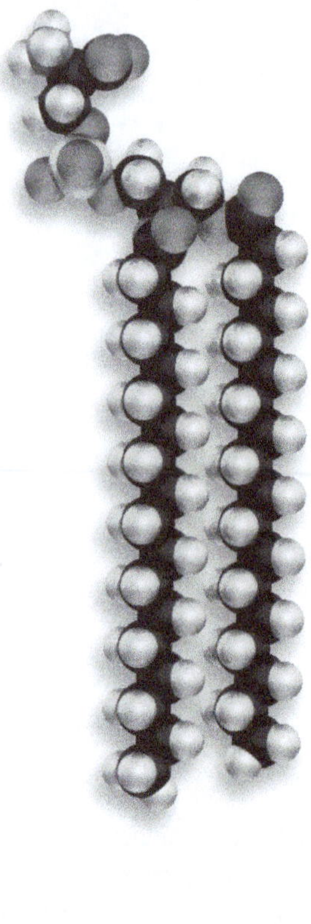

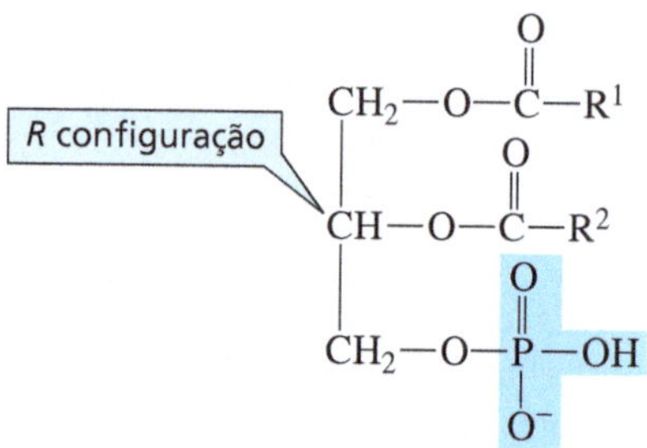

ácido fosfatídico

Os ácidos fosfatídicos são os fosfoacilgliceróis mais simples e estão presentes somente em pequenas quantidades nas membranas. Os fosfoacilgliceróis mais comuns nas membranas têm uma segunda junção éster de fosfato. Os alcoóis mais comumente usados para formar esse segundo grupo éster são a etanolamina, a colina e a serina. As fosfatidiletanolaminas são também chamadas *cefalinas*, e as fosfatidilcolinas são chamadas *lecitinas*. Usadas como agente emulsificante, as lecitinas são adicionadas a alimentos como a maionese, por exemplo, a fim de evitar a separação dos componentes aquoso e lipídico.

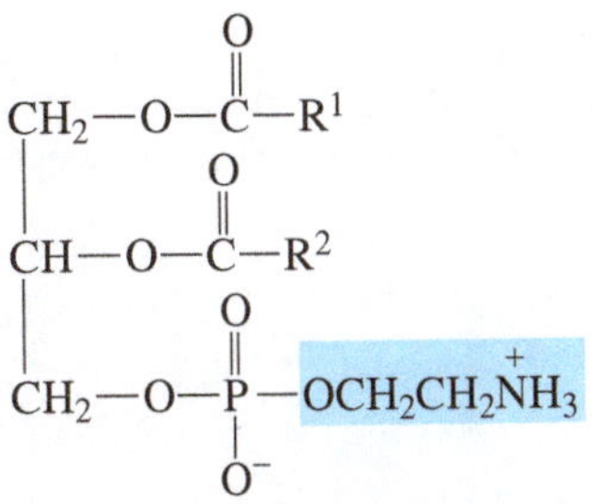

fosfatidiletanolamina
cefalina

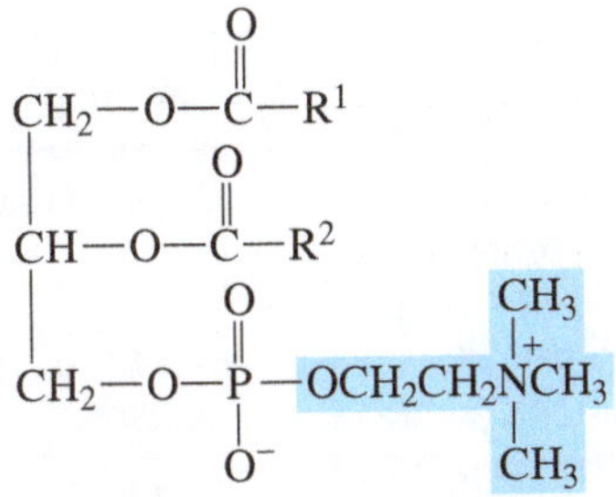

fosfatidilcolina
lecitina

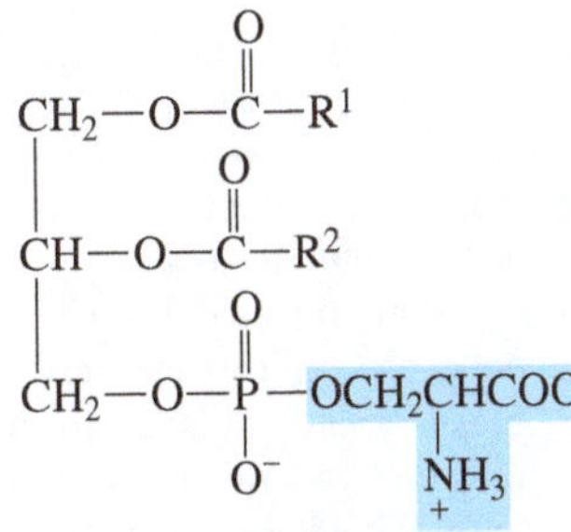

fosfatidilserina

Os fosfoacilgliceróis das membranas se arranjam em uma camada dupla lipídica. As cabeças polares dos fosfoacilgliceróis estão do lado exterior da camada dupla, e as cadeias de ácidos graxos, no interior da camada dupla. O colesterol — lipídio de membrana discutido na Seção 26.9 — é também encontrado no interior da camada dupla (Figura 26.1). Uma camada dupla típica apresenta espessura de cerca de 50 Å. (Compare a camada dupla com as micelas formadas pelo sabão em solução aquosa; Seção 17.13.)

Molecule Gallery: Ácido fosfatídico
WWW

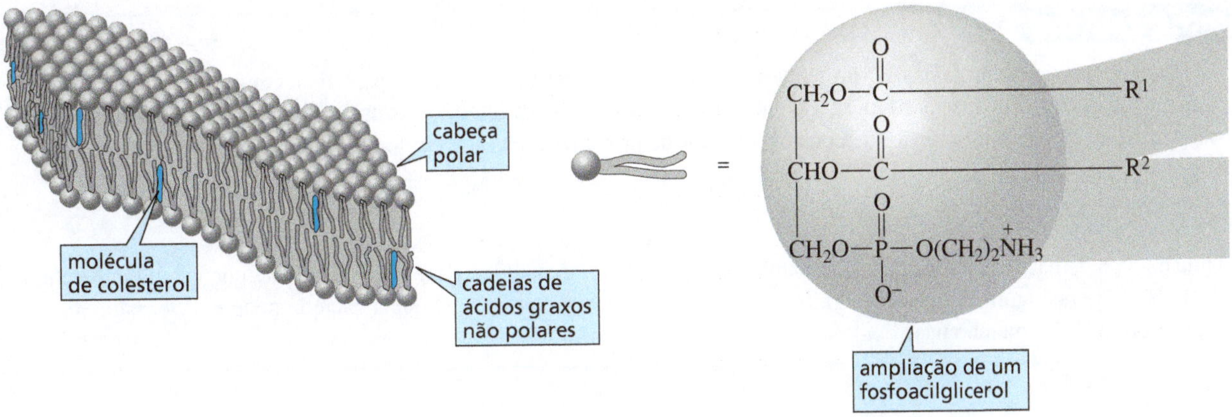

▲ **Figura 26.1**
Camada lipídica dupla.

A fluidez da membrana é controlada pelos componentes ácidos graxos dos fosfoacilgliceróis. Os ácidos graxos saturados diminuem a fluidez da membrana, pois suas cadeias hidrocarbônicas podem se empacotar melhor. Contrariamente, os ácidos graxos insaturados aumentam a fluidez, pois não se empacotam tão bem. O colesterol também diminui a fluidez (Seção 26.9). Somente as membranas animais contêm o colesterol, por isso são mais rígidas que as membranas vegetais.

As cadeias de ácidos graxos insaturados dos fosfolipídios são suscetíveis à reação com O_2, de modo semelhante à reação descrita na p. 490 para gorduras e óleos. A oxidação dos fosfoacilgliceróis pode levar à degradação das membranas. A vitamina E é um oxidante importante na proteção das cadeias de ácidos graxos da degradação via oxidação. A vitamina E, também chamada α-tocoferol, é classificada como lipídio, pois é solúvel em solventes orgânicos não polares. Devido ao fato de a vitamina reagir mais rapidamente com o oxigênio que os triacilgliceróis, ela evita que membranas biológicas reajam com o oxigênio (Seção 9.8, volume 1). Algumas pessoas acreditam que a vitamina E torna mais lento o processo de envelhecimento. A vitamina E é adicionada a vários alimentos para prevenir o estrago, pois é capaz de reagir com o oxigênio de modo ainda mais rápido que as gorduras.

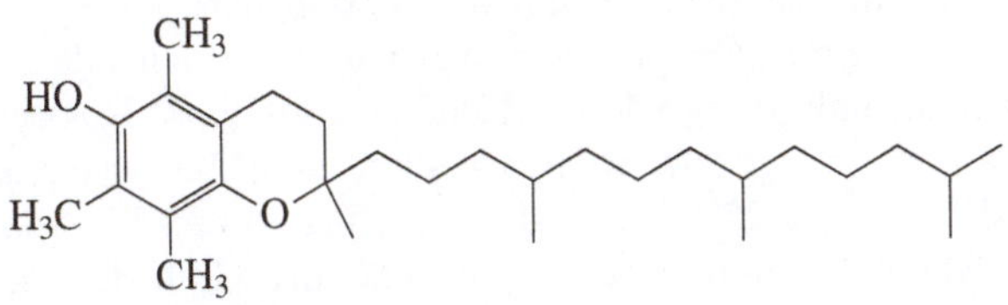

α-tocoferol
vitamina E

Molecule Gallery: vitamina E
WWW

Chocolate é um alimento saudável?

Sempre ouvimos falar que nossa dieta deve incluir muitas frutas e legumes, porque eles são boa fonte de antioxidantes. Os antioxidantes nos protegem contra doenças cardiovasculares, câncer, catarata, e, imagina-se, eles tornam mais lento o efeito da idade. Estudos recentes mostram que o chocolate apresenta elevados níveis de antioxidantes – misturas complexas de substâncias fenólicas (Seção 9.8, volume 1). Tomando por base o peso, a concentração de antioxidantes no chocolate é mais alta que no vinho tinto ou no chá-verde, e 20 vezes mais alta que nos tomates. O chocolate amargo contém mais que o dobro da quantidade de antioxidante que o chocolate ao leite. Infelizmente, o chocolate branco não contém antioxidantes. Outra boa novidade é que o ácido esteárico, o principal ácido graxo do chocolate, parece não aumentar os níveis de colesterol sangüíneo da mesma maneira que outros ácidos graxos saturados o fazem.

PROBLEMA 6◆

As membranas contêm proteínas. As proteínas integrais das membranas se estendem parcial ou completamente pela membrana, enquanto as proteínas periféricas são encontradas nas superfícies interna e externa da membrana. Qual a diferença mais razoável entre a composição total de aminoácidos de proteínas integral e periférica das membranas?

PROBLEMA 7◆

Uma colônia de bactéria acostumada a um ambiente de 25 ºC foi transferida para um ambiente idêntico com temperatura de 35 ºC. A temperatura alta aumentou a fluidez das membranas bacterianas. O que a bactéria poderia fazer para obter a fluidez original das membranas?

Esfingolipídios

Os **esfingolipídios** são também encontrados nas membranas. Eles são os principais componentes das bainhas de mielina das fibras nervosas. Os esfingolipídios contêm esfingosina em vez de glicerol. O grupo amino dos esfingolipídios está ligado ao grupo acil de um ácido graxo. Ambos os carbonos assimétricos dos esfingolipídios têm configuração *S*.

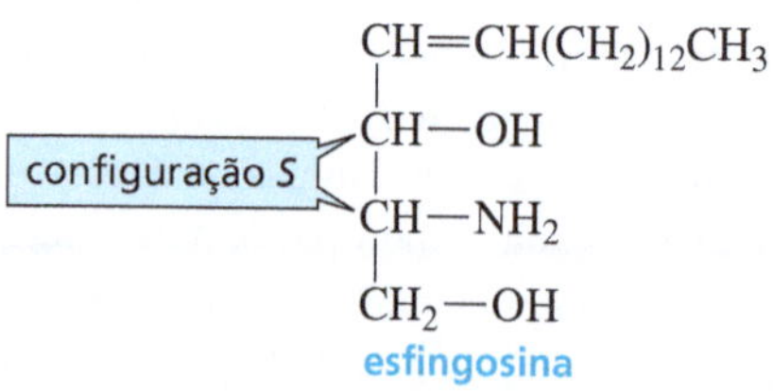

esfingosina

Molecule Gallery: Esfingosina

www

Dois dos esfingolipídios mais comuns são as *esfingomielinas* e os *cerebrosídeos*. Nas esfingomielinas, o grupo OH primário da esfingosina está ligado à fosfocolina ou à fosfoetanolamina, similar à ligação nas lecitinas e cefalinas. Nos cerebrosídeos, o grupo OH primário da esfingosina está ligado a um resíduo de açúcar através de uma junção β-glicosídica (Seção 22.13). As esfingomielinas são fosfolipídios porque contêm um grupo fosfato. Os cerebrosídeos, no entanto, não são fosfolipídios.

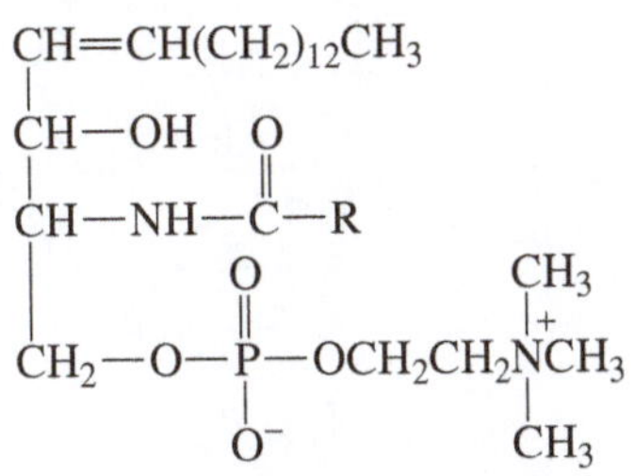

esfingomielina

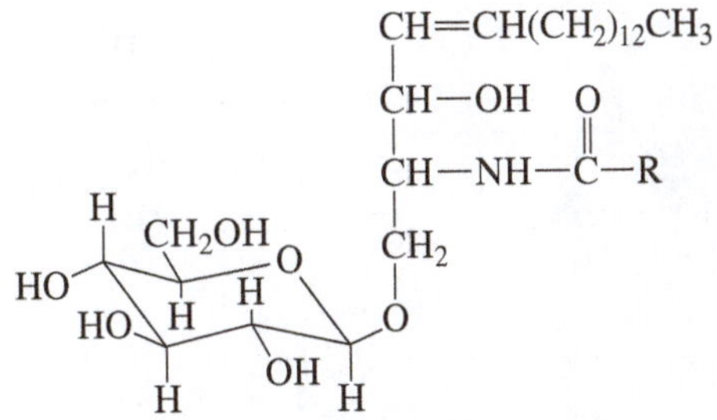

glicocerebrosídeos

Esclerose múltipla e bainha de mielina

A bainha de mielina é um material rico em lipídios que está envolvida em torno dos axônios das células nervosas. Composta largamente de esfingo mielinas e cerebrosídeos, a bainha tem como função aumentar a velocidade dos impulsos nervosos. A esclerose múltipla é uma doença caracterizada pela perda da bainha de mielina, com conseqüente redução dos impulsos nervosos e eventual paralisia.

PROBLEMA 8

a. Desenhe a estrutura de três diferentes esfingomielinas.

b. Desenhe a estrutura de um galactocerebrosídeo.

PROBLEMA 9

A membrana fosfolipídica dos animais como cervos e alces apresenta um grau mais elevado de insaturação nas células mais próximas das patas do que nas células próximas ao corpo. Explique como essa característica pode ser importante para a sobrevivência.

26.5 Prostaglandinas

As **prostaglandinas** são encontradas em todos os tecidos do corpo e são responsáveis pela regulação de uma variedade de respostas fisiológicas, como inflamação, pressão sangüínea, coagulação sangüínea, febre, dor, indução da atividade física e o ciclo sono–vigília. Todas as prostaglandinas têm um anel de cinco membros com sete átomos de carbono e uma função ácido carboxílico no final e outra cadeia hidrocarbônica de oito átomos. Os dois substituintes apresentam uma configuração trans.

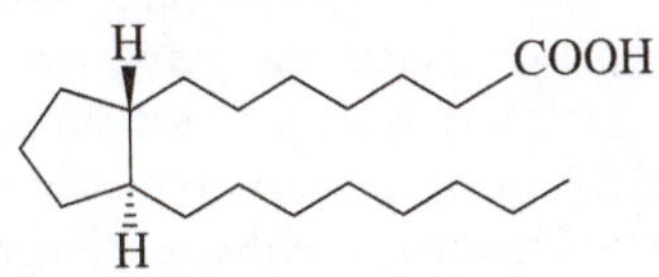

esqueleto da prostaglandina

As prostaglandinas são nomeadas de acordo com o formato PGX, onde X designa os grupos funcionais do anel de cinco membros. As PGAs, PGBs e PGCs contêm um grupo carbonila e uma ligação dupla no anel de cinco membros. A posição da ligação dupla determina se a prostaglandina é PGA, PGB ou PGC. As PGDs e PGEs são β-hidroxicetonas e as PGFs são 1,3-dióis. Os números subscritos indicam o total de ligações duplas nas cadeias laterais, e o 'α' e 'β' indicam a configuração dos dois grupos OH na PGF: 'α' indica um diol cis e 'β' indica um diol trans.

Ulf Svante von Euler (1905–1983) *foi o primeiro a identificar as prostaglandinas, a partir do sêmen, no início da década de 1930. Ele as nomeou segundo sua origem, a glândula próstata. Com o passar do tempo, descobriu-se que todas as células, exceto as células vermelhas sangüíneas, sintetizavam as prostaglandinas, mas seu nome já era de uso comum. Von Euler nasceu em Estocolmo e tornou-se MD pelo Instituto de Karolinska, onde permaneceu como membro do corpo docente. Descobriu a noradrenalina e identificou sua função de intermediário químico na transmissão nervosa. Por seu trabalho, dividiu o Prêmio Nobel de fisiologia ou medicina com Julius Axelrod e Sir Bernard Katz em 1970.*

Pelo trabalho sobre prostaglandinas, **Sune Bergström, Bengt Ingemar Samuelsson e John Robert Vane** *dividiram o Prêmio Nobel de fisiologia ou medicina em 1982. Bergström e Samuelsson nasceram na Suécia — Bergström em 1916 e Samuelsson em 1934. Eles trabalham no Instituto da Karolinska. Vane nasceu na Inglaterra, em 1927, e está na Fundação Wellcome em Beckenham, Inglaterra.*

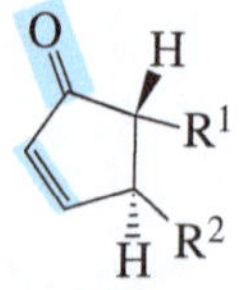

PGAs

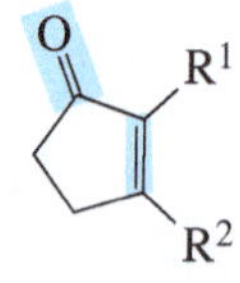

PGBs

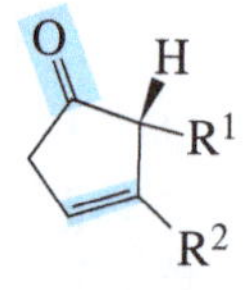

PGCs

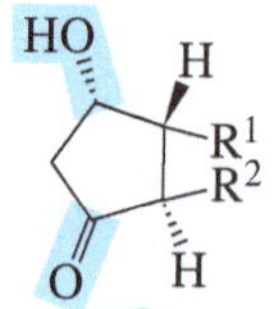

PGDs

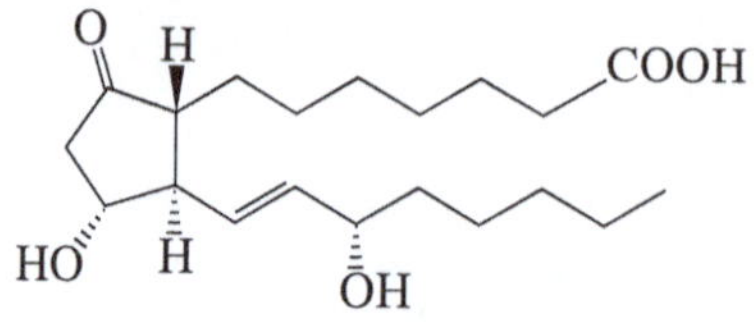

PGE_1

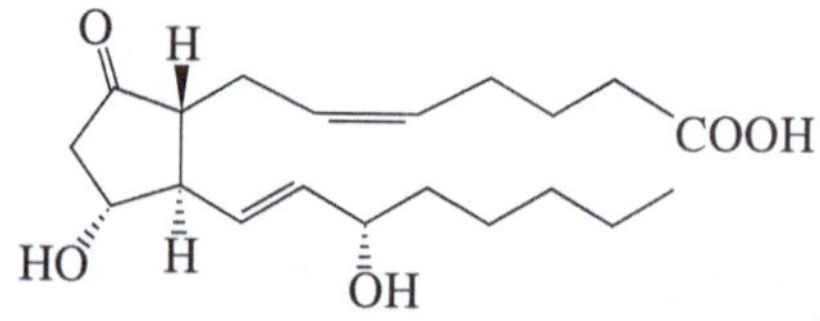

PGE_2

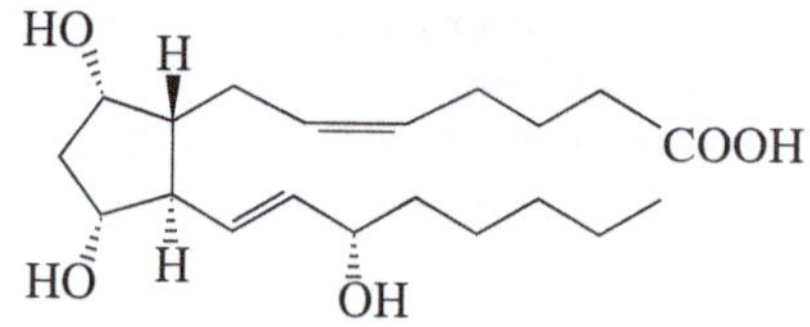

$PGF_{2\alpha}$

As prostaglandinas são sintetizadas a partir do ácido araquidônico, um ácido graxo com 20 átomos de carbono e quatro ligações duplas cis. Na célula, o ácido araquidônico é encontrado esterificado na posição 2 do glicerol em muitos fosfolipídios. O ácido araquidônico é sintetizado a partir do ácido linoleico. O ácido linoleico deve ser incluído na dieta, pois não pode ser sintetizado pelos mamíferos.

Uma enzima chamada prostaglandina endoperóxido sintase catalisa a conversão do ácido araquidônico em PGH_2, o precursor de todas as prostaglandinas. Essa enzima existe de duas formas: uma delas realiza a produção fisiológica normal de prostaglandina e a outra sintetiza prostagladina adicional em resposta à inflamação. A enzima possui duas atividades: a atividade cicloxigenase e a atividade hidroperoxidase. Sua atividade cicloxigenase é usada para formar o anel de cinco membros. Na primeira etapa dessa transformação, um átomo de hidrogênio é removido de um carbono cercado por duas ligações duplas. Esse hidrogênio é removido com relativa facilidade, uma vez que o radical resultante é estabilizado por deslocalização eletrônica. O radical reage com o oxigênio para formar um radical peroxi. Note que essas duas etapas são iguais às duas primeiras etapas de reação que leva as gorduras a se tornarem rançosas (Seção 26.3). O radical peroxi se rearranja e reage com uma segunda molécula de oxigênio. A enzima então usa a atividade hidroperoxidase para converter o grupo OOH em um grupo OH, formando a PGH_2, a qual se rearranja para formar PGE_2, uma prostaglandina.

Além de servir como precursor para a síntese de prostaglandinas, PGH_2 é um precursor para a síntese das *tromboxanas* e *prostaciclinas*. As tromboxanas constringem os vasos sangüíneos e estimulam a agregação plaquetária, o primeiro passo na coagulação sangüínea. As prostaciclinas têm efeito oposto: causam a dilatação dos vasos sangüíneos e inibição da agregação plaquetária. Os níveis dessas duas substâncias devem ser cuidadosamente controlados para que se mantenha o balanço adequado no sangue.

A aspirina (ácido acetilsalicílico) inibe a atividade ciclooxigenase da prostaglandina endoperóxido sintase. Isso é feito por meio da transferência de um grupo acetila para um grupo hidroxiserina da enzima (Seção 17.10). A aspirina, conseqüentemente, inibe a síntese de prostaglandinas, diminuindo assim a inflamação produzida por essas substâncias. A aspirina também inibe a síntese de tromboxanas e prostaciclinas. De maneira geral, isso causa leve decréscimo na velocidade de coagulação sangüínea, por isso alguns médicos recomendam um comprimido de aspirina em dias alternados para reduzir a possibilidade de um ataque do coração ou infarto causado pela coagulação nos vasos sangüíneos.

biossíntese de prostaglandinas, tromboxanas e prostaciclinas

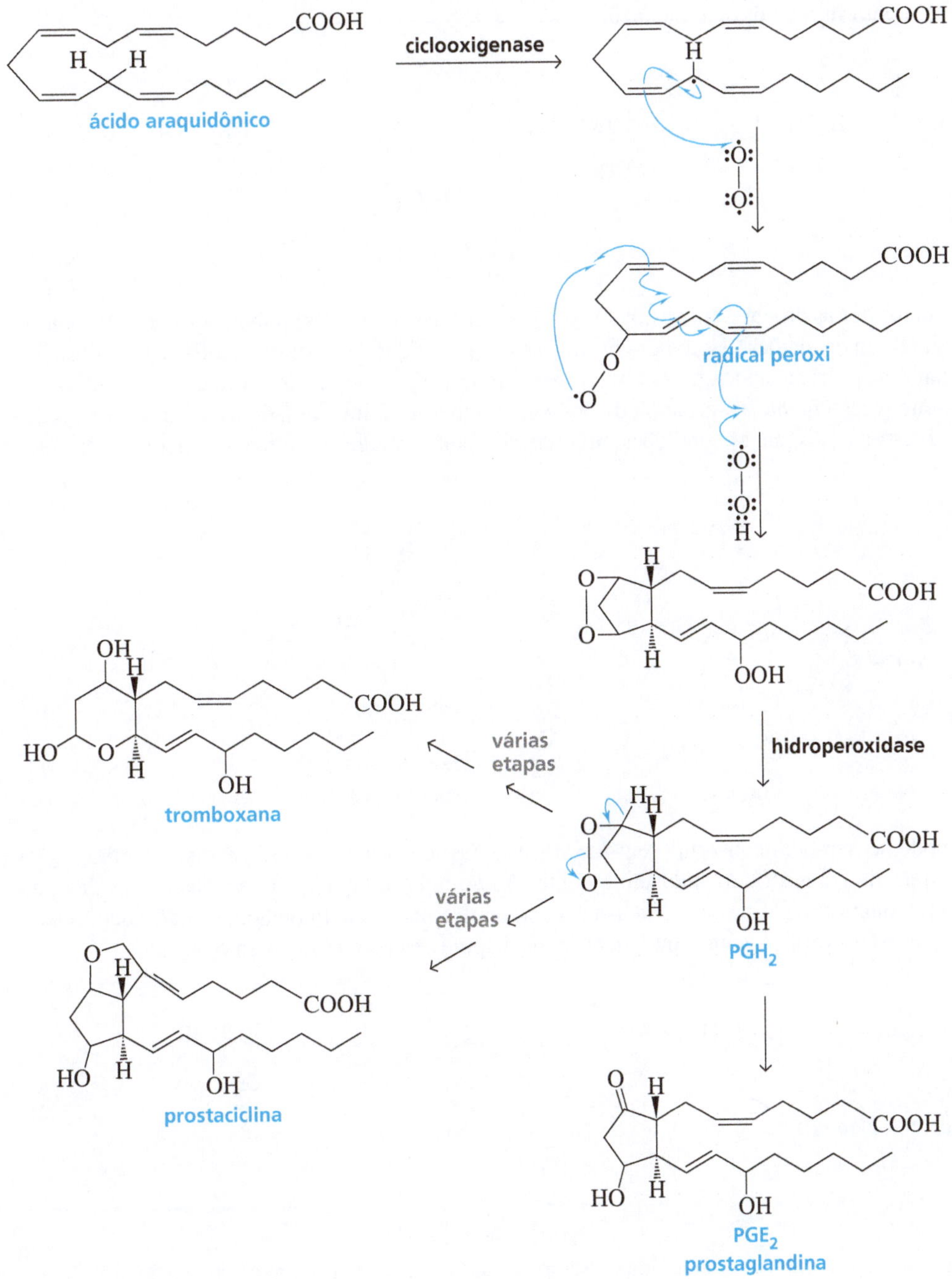

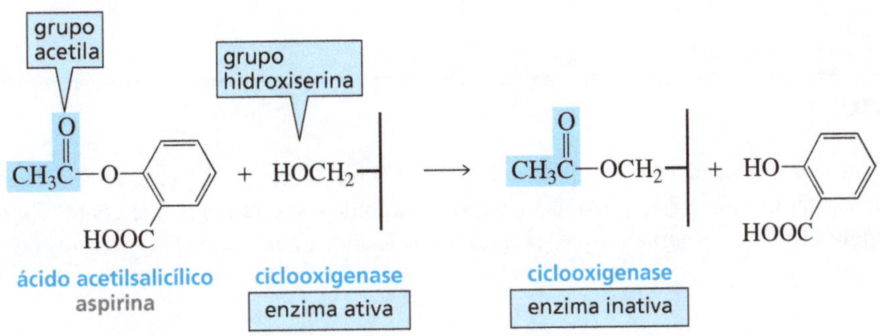

Outras drogas antiinflamatórias, como o ibuprofeno (princípio ativo do Advil®, Motrin® e Nuprin®) e o naproxeno (princípio ativo do Aleve®), também inibem a síntese de prostaglandinas. Elas competem tanto com o ácido araquidônico quanto com o radical peroxi pelo sítio de ligação da enzima.

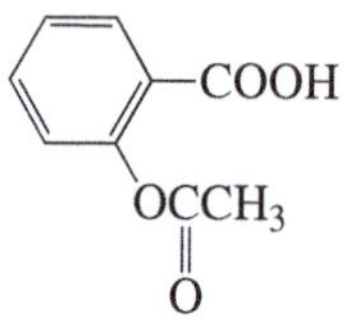

aspirina

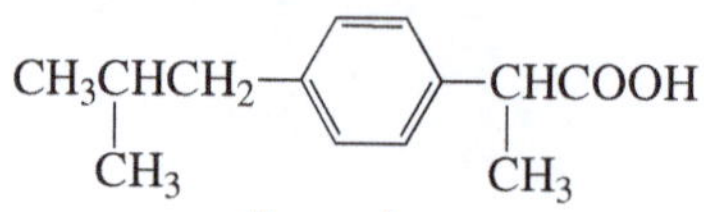

ibuprofeno

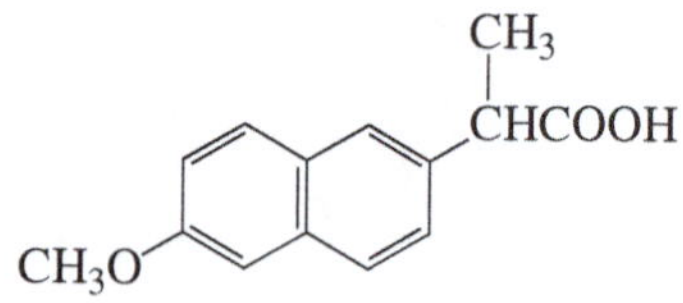

naproxeno

Tanto a aspirina quanto essas outras drogas antiinflamatórias não esteroidais (NSAIDs) inibem a síntese de todas as prostaglandinas — as produzidas em condições fisiológicas normais e as produzidas em resposta à inflamação. Portanto, quando a síntese de prostaglandinas pára, a acidez do estômago pode atingir níveis acima do normal. Novas drogas — o Celebrex® e o Vioxx® —, que recentemente se tornaram disponíveis no mercado, inibem tão-só a enzima que produz prostaglandina em resposta ao estresse. Assim, as condições inflamatórias podem agora ser tratadas sem alguns dos efeitos colaterais prejudiciais.

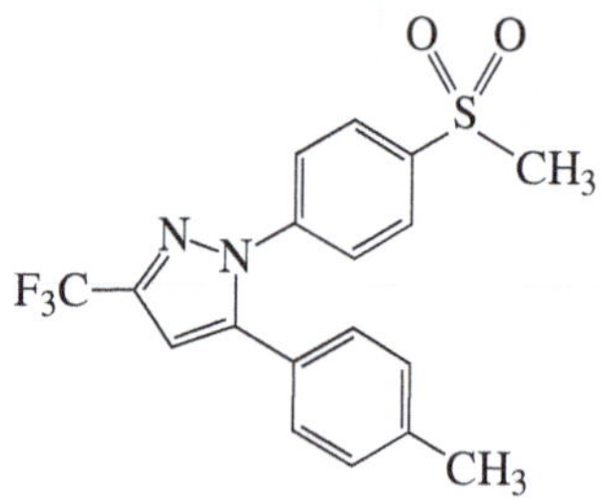

Celebrex®

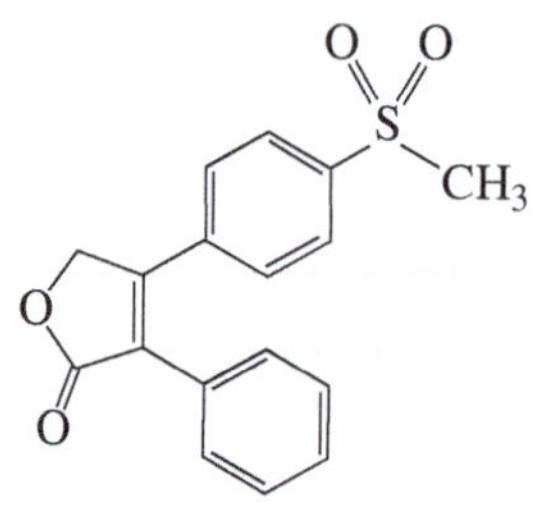

Vioxx®

O ácido araquidônico pode ser também convertido em *leucotrieno*. Os leucotrienos estão envolvidos em reações alérgicas, inflamatórias e ataques do coração, pois induzem à contração do músculo que cobre as vias aéreas dos pulmões. Os leucotrienos também conduzem aos sintomas da asma e estão relacionados com o choque anafilático, reação alérgica potencialmente fatal. Existem vários agentes antileucotrienos disponíveis para o tratamento da asma.

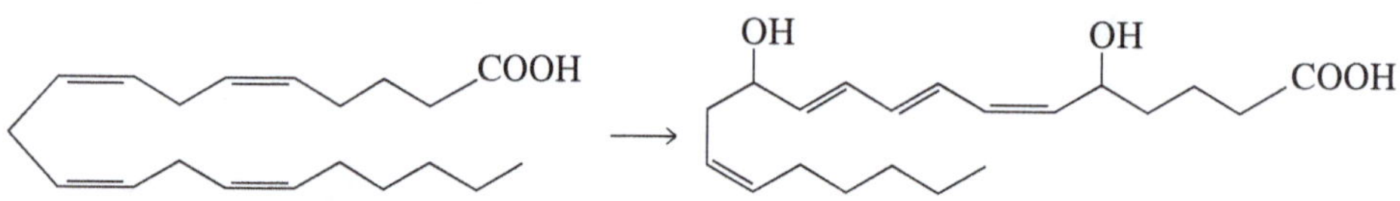

ácido araquidônico leucotrieno

PROBLEMA 10

Tratando a PGA_2 com uma base forte, como o terc-butóxido de sódio, seguido pela adição de um ácido, ela é convertida na PGC_2. Proponha um mecanismo para essa reação.

26.6 Terpenos

Os **terpenos** compõem uma classe diversa de lipídios. Mais de 20 mil terpenos são conhecidos. Eles podem ser hidrocarbonetos ou podem conter oxigênio e ser alcoóis, cetonas ou aldeídos. Os terpenos que contêm oxigênio são algumas vezes chamados **terpenóides**. Certos terpenos e terpenóides são usados como temperos, perfumes e remédios há centenas de anos.

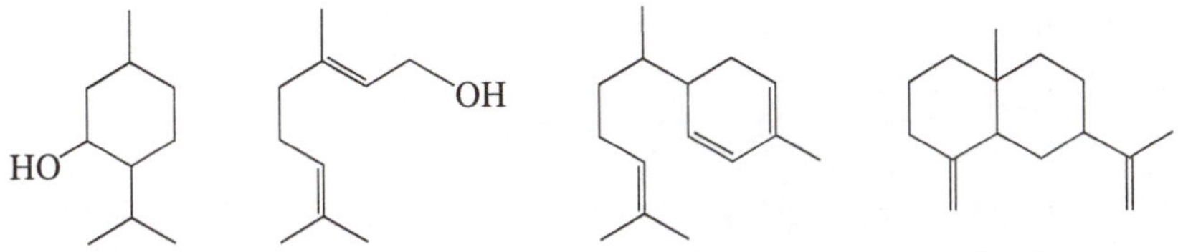

mentol
óleo de hortelã

geraniol
óleo de gerânio

zingibereno
óleo de gengibre

β-selineno
óleo de aipo

Leopold Stephen Ružička (1887–1976) *foi o primeiro a reconhecer que muitas substâncias orgânicas continham um número de carbonos múltiplo de cinco. O croata Ružička foi para um colégio na Suíça e tornou-se cidadão suíço em 1917. Foi professor de química da Universidade de Utrecht na Holanda e depois do Instituto Federal de Tecnologia em Zurique. Por seu trabalho sobre terpenos, dividiu o Prêmio Nobel de química com Adolph Butenandt em 1939.*

Após a análise de um grande número de terpenos, os químicos orgânicos perceberam que eles continham átomos de carbono em um número múltiplo de 5. Essas substâncias de ocorrência natural contêm 10, 15, 20, 25, 30 e 40 átomos de carbono, o que sugere que há uma substância com cinco átomos de carbono que serve como unidade estrutural básica. Investigações posteriores mostraram que suas estruturas são consistentes com a suposição de que foram feitas pela junção de unidades de isopreno, usualmente de forma cabeça–cauda (a terminação ramificada do isopreno é chamada cabeça e a terminação não ramificada é chamada cauda). Isopreno é o nome comum do 2-metil-1,3-butadieno, substância que contém cinco átomos de carbono.

A junção das unidades de isopreno de forma cabeça–cauda para formar os terpenos é conhecida como **regra do isopreno**.

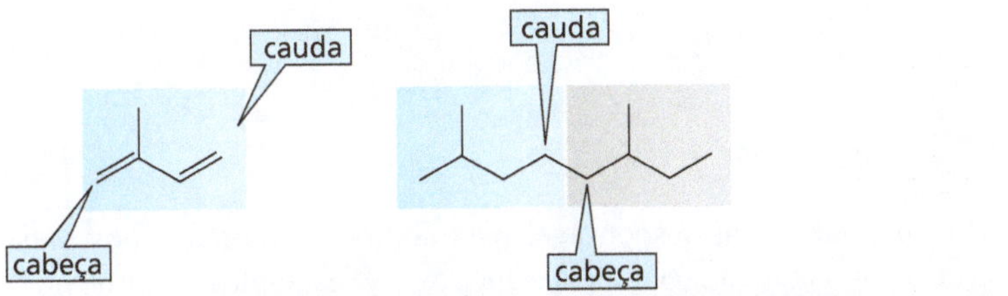

esqueleto de carbono de duas unidades de isopreno com uma ligação entre a cauda de uma e a cabeça da outra unidade

No caso de substâncias cíclicas, a junção da cabeça de uma unidade de isopreno à cauda de outra unidade é seguida por uma junção adicional para formar o anel. A segunda junção não é necessariamente cabeça–cauda, mas algo que possibilite formar um anel estável de cinco ou seis membros.

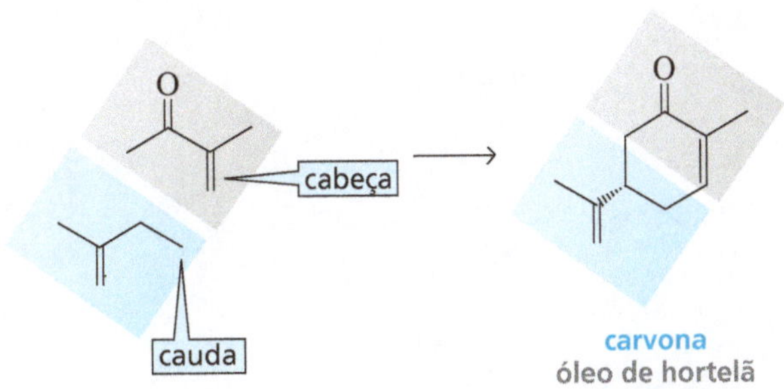

carvona
óleo de hortelã
monoterpeno

Na Seção 26.8, veremos que a substância usada na biossíntese de terpenos na verdade não é o isopreno, mas o pirofosfato de isopentenila, substância que tem o mesmo esqueleto carbônico que o isopreno. Veremos, também, o mecanismo pelo qual as unidades de pirofosfato de isopentenila se unem e formam uma cabeça–cauda.

Os terpenos são classificados de acordo com o número de carbonos que contêm (Tabela 26.3). Os **monoterpenos** são formados por duas unidades de isopreno, tendo, portanto, dez carbonos. Os **sesquiterpenos**, com 15 carbonos, são formados por três unidades de isopreno. Muitas fragrâncias e sabores encontrados em plantas são monoterpenos e sesquiterpenos. Essas substâncias são conhecidas como *óleos essenciais*.

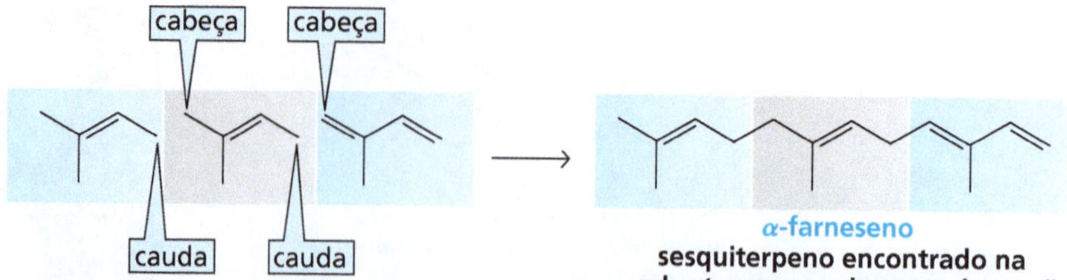

α-farneseno
sesquiterpeno encontrado na cobertura graxa da casca da maçã

Tabela 26.3 Classificação de Terpenos

Átomos de carbono	Classificação	Átomos de carbono	Classificação
10	monoterpenos	25	sesterterpenos
15	sesquiterpenos	30	triterpenos
20	diterpenos	40	tetraterpenos

Os **triterpenos** (seis unidades de isopreno) e os **tetraterpenos** (oito unidades de isopreno) apresentam importantes funções biológicas. Por exemplo, o **esqualeno**, um triterpeno, é o precursor de moléculas de esteróides (Seção 26.9).

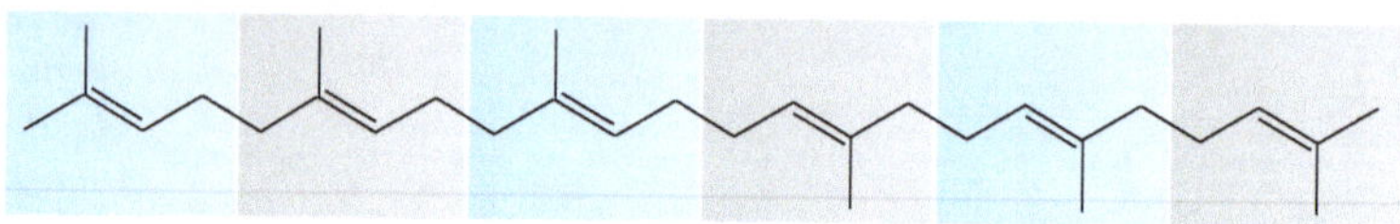

esqualeno

Os **carotenóides** são tetraterpenos. O licopeno, substância responsável pela coloração vermelha dos tomates e melancias, e o β-caroteno, substância que fornece a cor laranja das cenouras e abricós, são exemplos de carotenóides. O β-caroteno é também o agente responsável pela coloração das margarinas. O β-caroteno e outras substâncias coloridas são encontradas nas folhas das árvores, mas suas cores características são geralmente obscurecidas pela cor verde da clorofila. No outono, quando a clorofila se degrada, as cores tornam-se aparentes. As diversas ligações duplas conjugadas do licopeno e do β-caroteno tornam essas substâncias coloridas (Seção 8.13, volume 1).

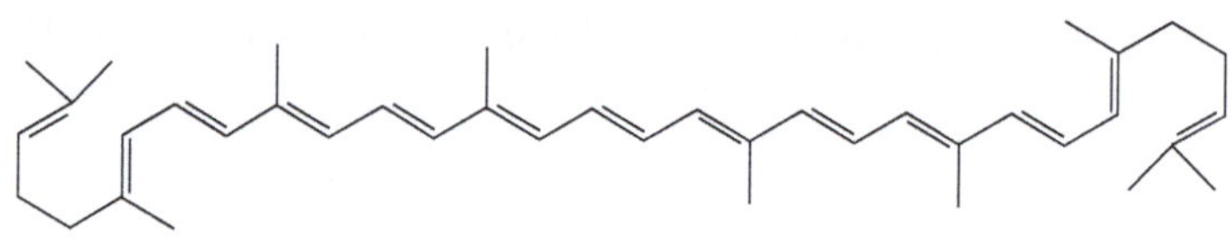

licopeno

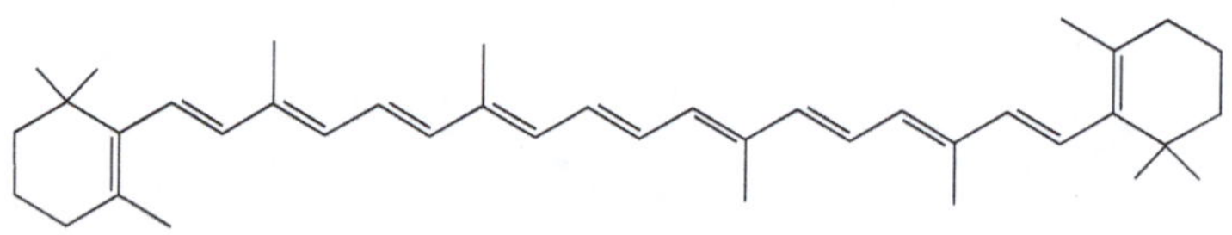

β-caroteno

PROBLEMA 11 RESOLVIDO

Indique as unidades de isopreno no mentol, zingibereno, β-selineno e esqualeno.

RESOLUÇÃO Para o zingibereno, temos

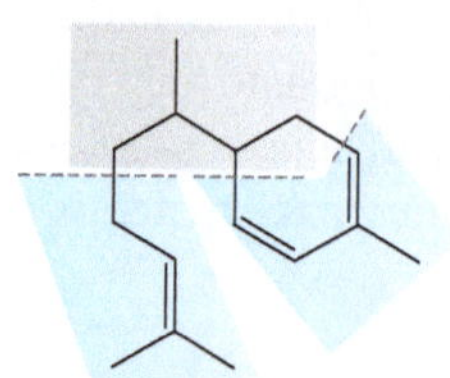

PROBLEMA 12◆

Uma das junções no esqualeno é do tipo cauda–cauda, e não cabeça–cauda. O que isso sugere sobre como o esqualeno é sintetizado na natureza? (*Dica*: localize a posição da junção cauda–cauda).

PROBLEMA 13

Indique as unidades de isopreno no licopeno e no β-caroteno. Você pode detectar a semelhança no modo com que o esqualeno, o licopeno e o β-caroteno são sintetizados?

26.7 Vitamina A

As vitaminas A, D, E e K são lipídios (seções 25.9 e 29.6). A vitamina A é a única vitamina insolúvel em água que ainda não foi discutida. O β-caroteno, que é clivado a fim de formar duas moléculas de vitamina A, é a principal fonte da vitamina. Também chamada de retinol, a vitamina A tem importante função na visão.

A retina do olho contém células cônicas e células bastonetes. As células cônicas são responsáveis pela visão das cores e da luz. As células bastonetes são responsáveis pela visão da luz fraca. Nas células bastonetes, a vitamina A é oxidada, formando um aldeído, e a ligação dupla trans de C-11 é isomerizada em uma ligação dupla cis. O mecanismo para a interconversão enzima-catalisada das ligações cis e trans é discutido na Seção 18.15. A proteína *opsina* usa uma cadeia lateral de lisina (Lis 216) para formar uma imina com o (11*Z*)-retinal, que resulta em um complexo conhecido como *rodopsina*. Quando a rodopsina absorve luz visível, ela se isomeriza ao isômero trans. Essa mudança na geometria molecular leva a um envio do sinal elétrico ao cérebro, onde ele é percebido como imagem visível. O isômero trans da rodopsina não é estável; ele é hidrolisado, formando o (11*E*)-retinal e a opsina em uma reação conhecida como clareamento do pigmento visível. O (11*E*)-retinal é em seguida reconvertido em (11*Z*)-retinal para completar o ciclo da visão.

química da visão

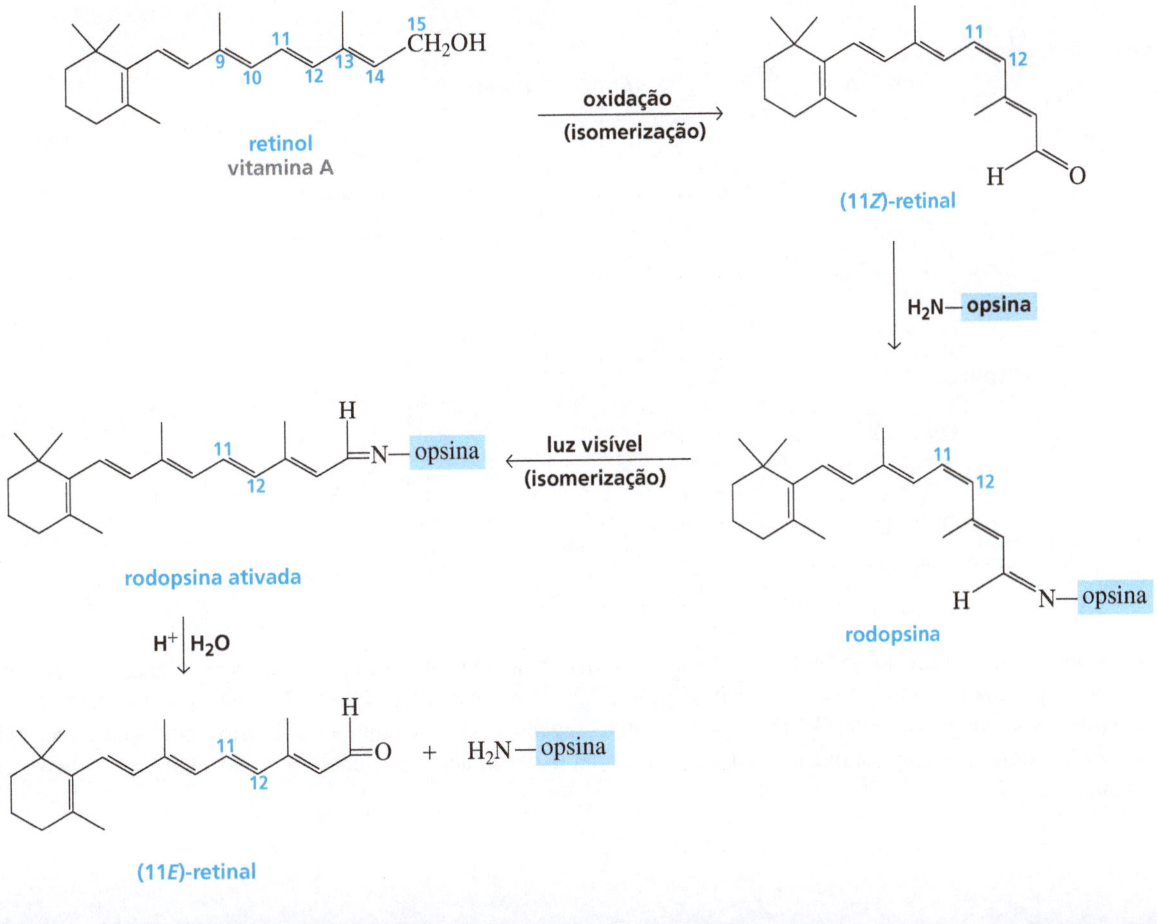

Os detalhes de como a seqüência precedente de reações cria uma imagem visual não estão claros. O fato de uma simples mudança na configuração poder ser responsável pelo início de um processo tão complicado quanto o da visão ainda é incrível.

26.8 Biossíntese de terpenos

Biossíntese do pirofosfato de isopentenila

A substância de cinco carbonos usada na biossíntese de terpenos é o 3-metil-3-butenilpirofosfato, denominada incorretamente pelos bioquímicos de pirofosfato de isopentenila. Cada etapa em sua biossíntese é catalisada por uma enzima diferente. A primeira etapa é a mesma condensação de Claisen que ocorre na primeira etapa da biossíntese de ácidos graxos, exceto pelo fato de os grupos acetil e malonil permanecerem ligados à coenzima em vez de serem transferidos para a proteína transportadora de acil (Seção 19.20). A condensação de Claisen é seguida por uma adição aldólica com uma segunda molécula de malonil-CoA. O tioéster resultante é reduzido com dois equivalentes de NADPH para formar o ácido mevalônico (Seção 25.2). Um grupo pirofosfato é adicionado por meio de duas fosforilações sucessivas com ATP. Descarboxilação e perda de um grupo OH resultam no pirofosfato de isopentenila.

biossíntese do pirofosfato de isopentenila

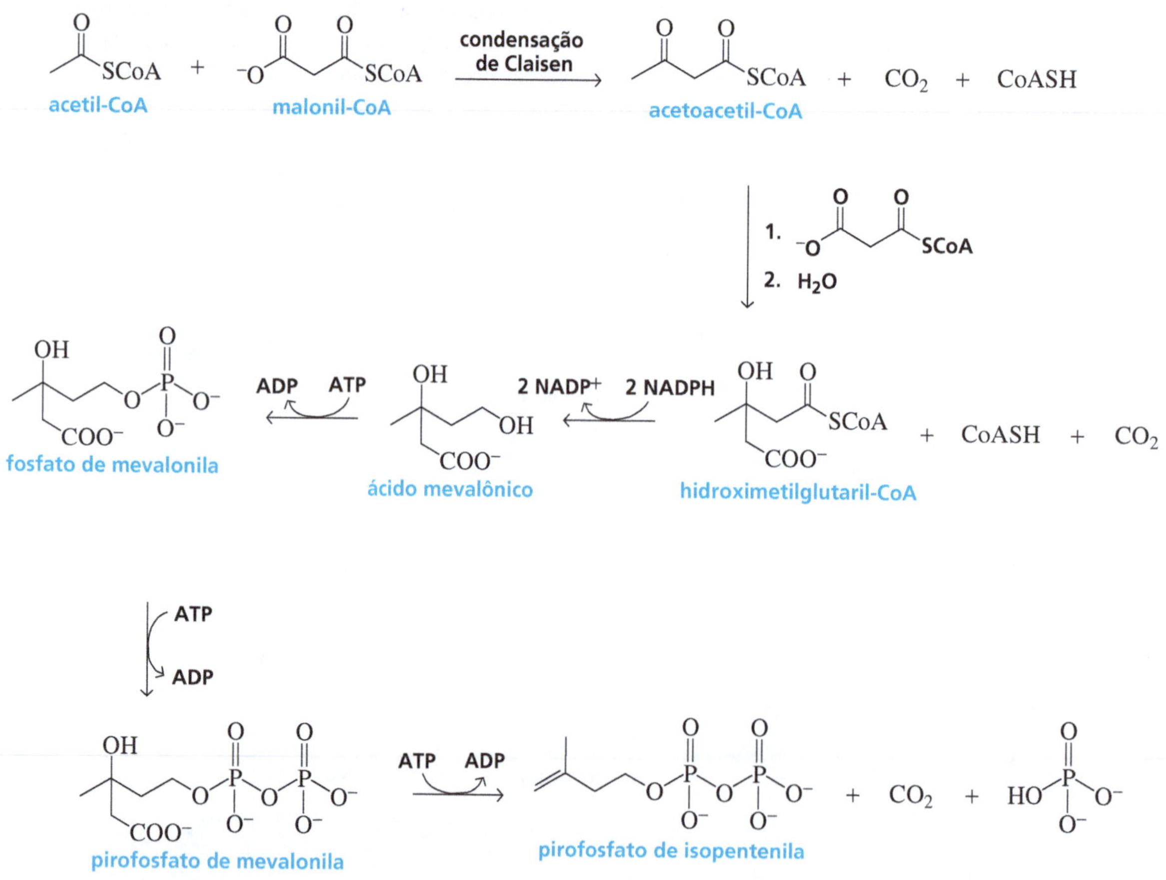

O mecanismo de conversão do ácido mevalônico em fosfato de mevalonila é essencialmente uma reação S_N2 tendo como grupo de partida o pirofosfato de adenosila (Seção 27.3). Uma segunda reação S_N2 transforma o fosfato de mevalonila em pirofosfato de mevalonila. O ATP é um excelente reagente fosforilante para nucleófilos, pois suas ligações fosfoanidrido são quebradas com facilidade. A razão pela qual essas ligações fosfoanidrido são facilmente quebradas é discutida na Seção 27.4.

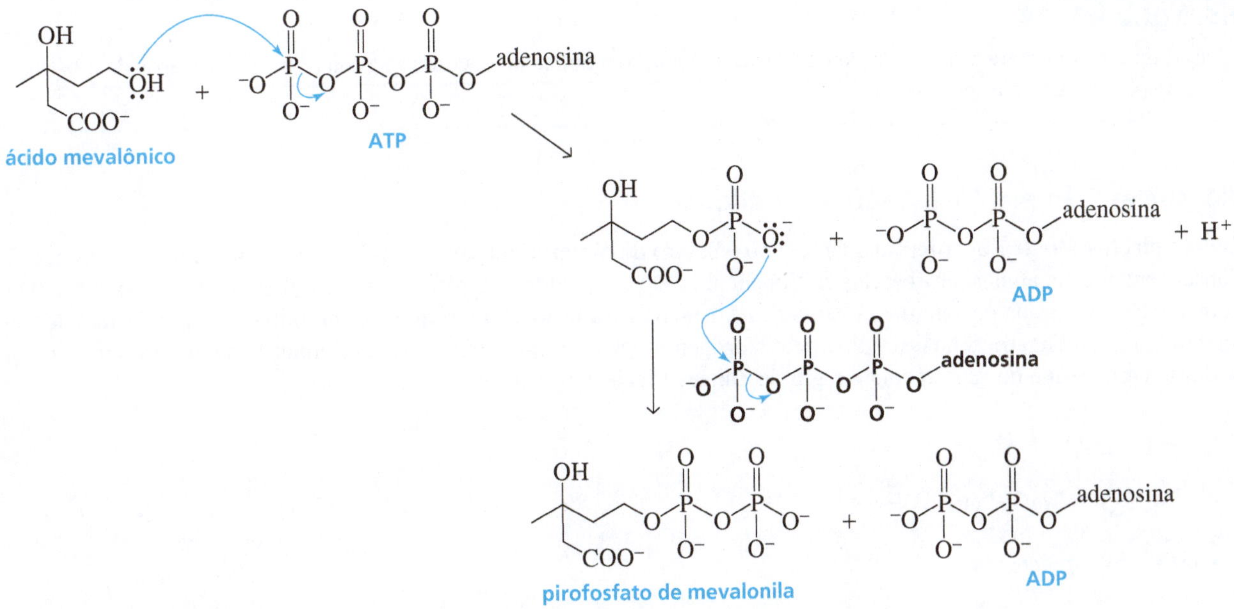

PROBLEMA 14 RESOLVIDO

Dê o mecanismo para a última etapa da biossíntese do pirofosfato de isopentenila, mostrando por que o ATP é necessário.

RESOLUÇÃO Na última etapa da biossíntese do pirofosfato de isopentenila, a eliminação de CO_2 é acompanhada pela eliminação de um grupo ^{-}OH, que é uma base forte e, em decorrência, um grupo pobre de partida. O ATP é usado para converter o grupo OH em um grupo fosfato, o qual é facilmente eliminado uma vez que é uma base fraca.

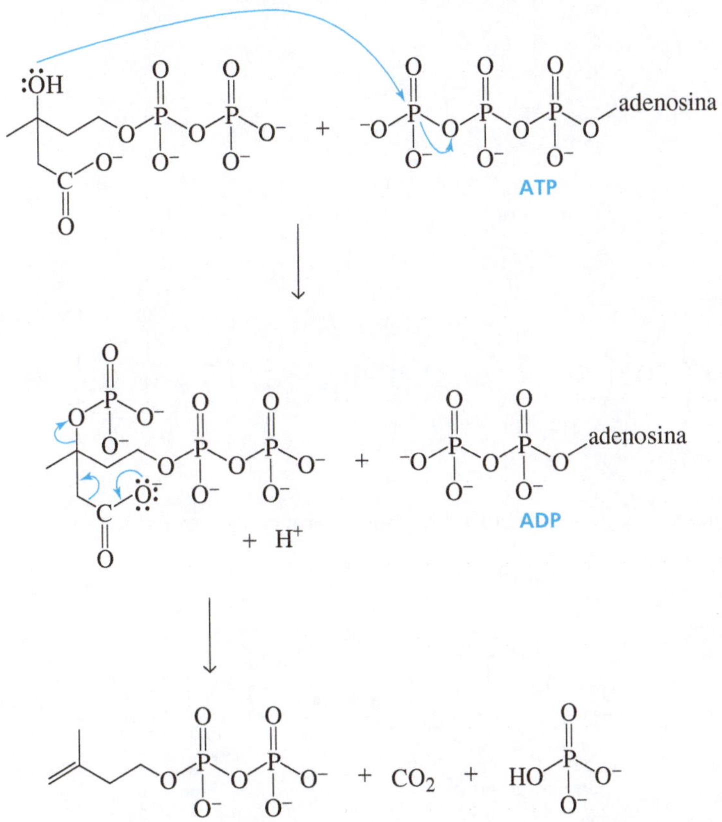

PROBLEMA 15

Dê os mecanismos para a condensação de Claisen e a adição aldólica que ocorrem nas duas primeiras etapas da biossíntese do pirofosfato de isopentenila.

Biossíntese do pirofosfato de dimetilalila

Tanto o **pirofosfato de isopentenila** quanto o **pirofosfato de dimetilalila** são necessários para a biossíntese de terpenos. Conseqüentemente, alguns pirofosfatos de isopentenila são convertidos em pirofosfato de dimetilalila por uma reação de isomerização catalisada por enzima. A isomerização envolve a adição de um próton ao carbono sp^2 do pirofosfato de isopentenila que está ligado ao maior número de hidrogênios (Seção 4.4, volume 1) e a eliminação de um próton do intermediário carbocátion de acordo com a regra de Zaitsev (Seção 11.2, volume 1).

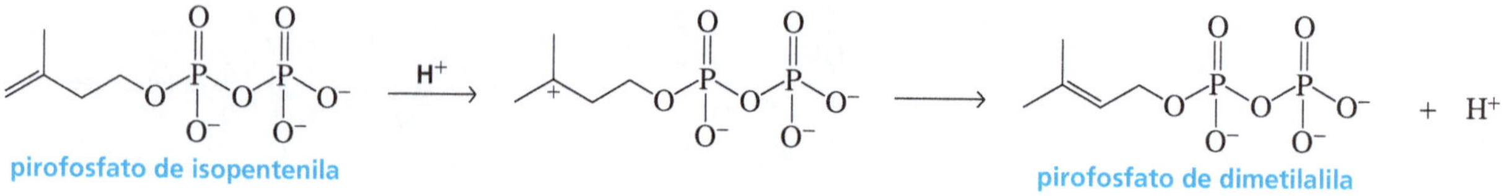

Biossíntese de terpenos

A reação do pirofosfato de dimetilalila com o pirofosfato de isopentenila forma o pirofosfato de geranila, substância com dez carbonos. Na primeira etapa de reação, o pirofosfato de isopentenila age como um nucleófilo e desloca um grupo pirofosfato do pirofosfato de dimetilalila. O pirofosfato é um excelente grupo de partida: seus quatro grupos OH têm valores de pK_a iguais a 0,9, 2,0, 6,6 e 9,4. Em conseqüência, três dos quatro grupos estarão primariamente em suas formas básicas em pH fisiológico (pH = 7,3). Um próton é removido na próxima etapa, resultando na formação do pirofosfato de geranila.

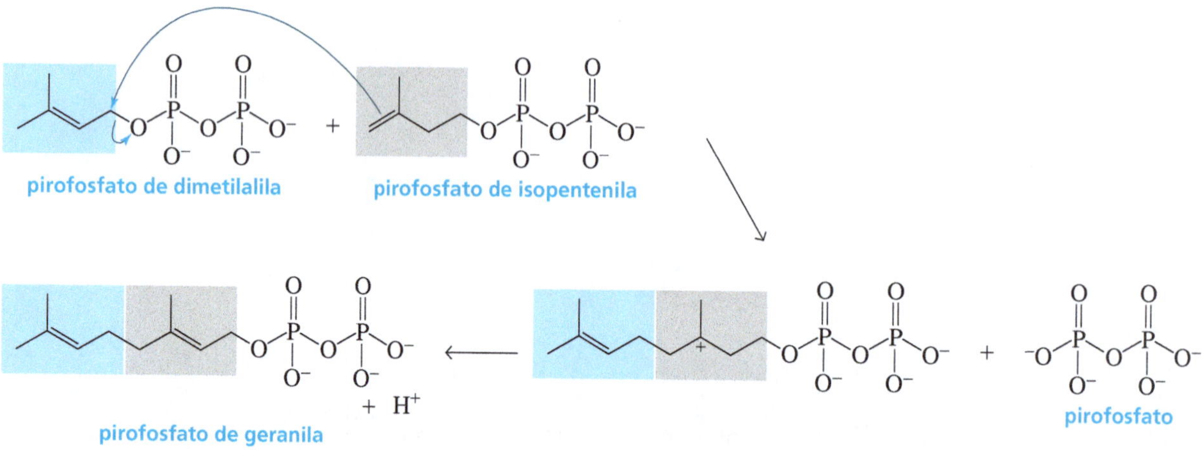

O esquema seguinte mostra como alguns dos muitos monoterpenos poderiam ser sintetizados a partir do pirofosfato de geranila.

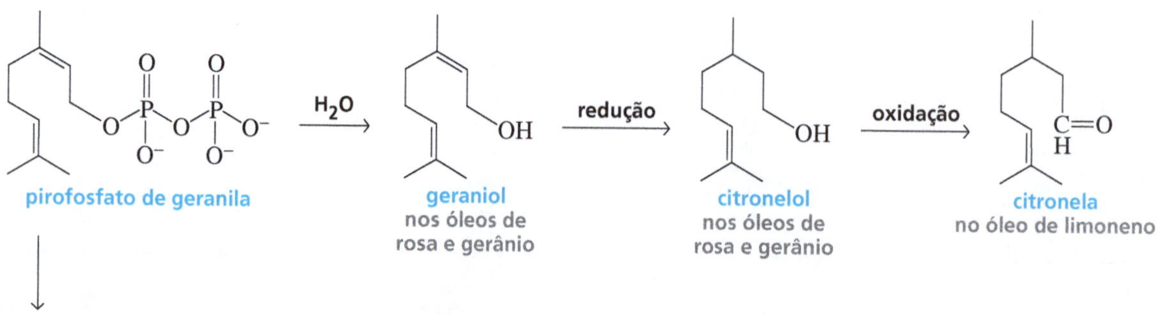

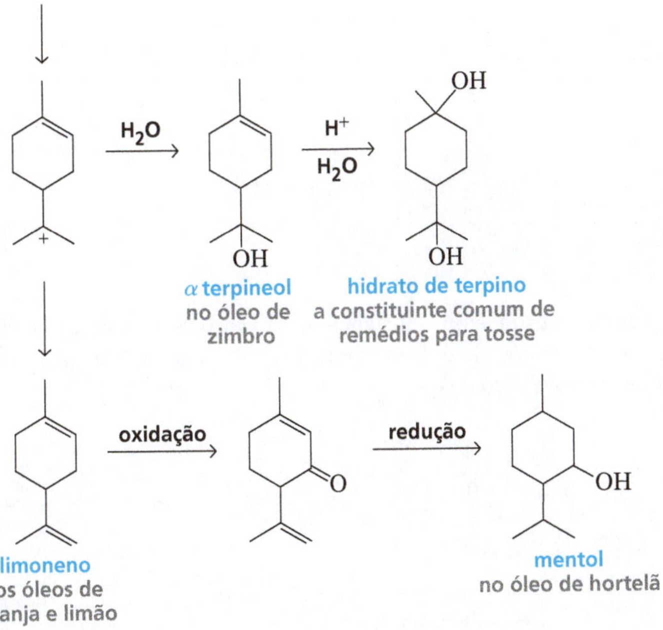

PROBLEMA 16

Proponha um mecanismo para a conversão do isômero *E* do pirofosfato de geranila em isômero *Z*.

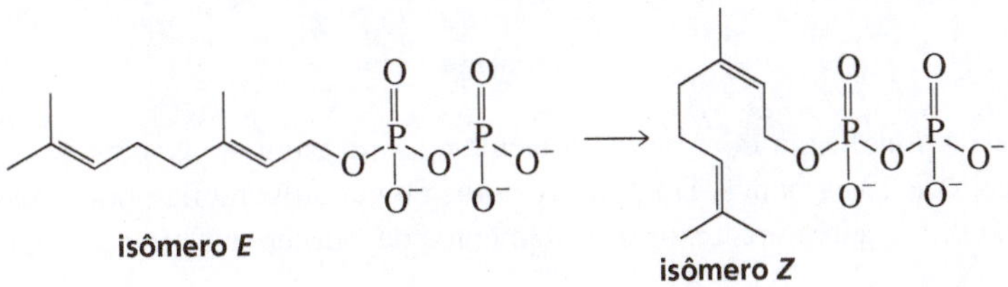

PROBLEMA 17

Proponha mecanismos para a formação do α-terpineol e do limoneno a partir do pirofosfato de geranila.

O pirofosfato de geranila pode reagir com outra molécula de pirofosfato de isopentenila para formar o pirofosfato de farnesila, substância com 15 carbonos.

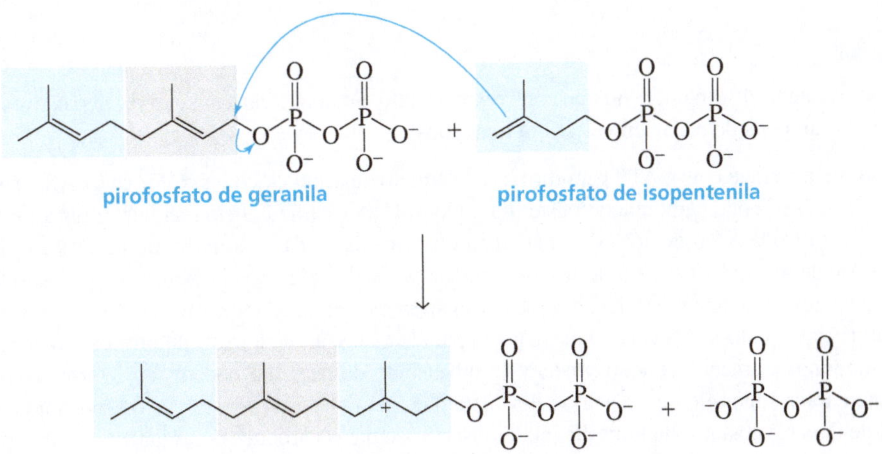

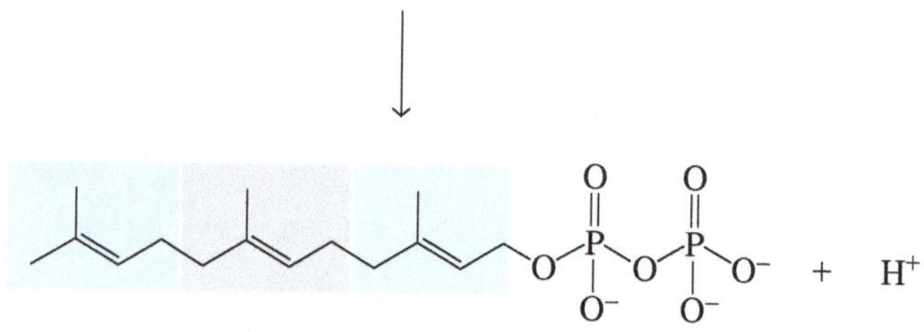

pirofosfato de farnesila

Duas moléculas de pirofosfato de farnesila formam o esqualeno, substância de 30 carbonos. A reação é catalisada pela enzima esqualeno sintase, a qual une as duas moléculas por meio de uma junção cauda–cauda. O esqualeno é o precursor do colesterol e este é o precursor de todos os outros esteróides.

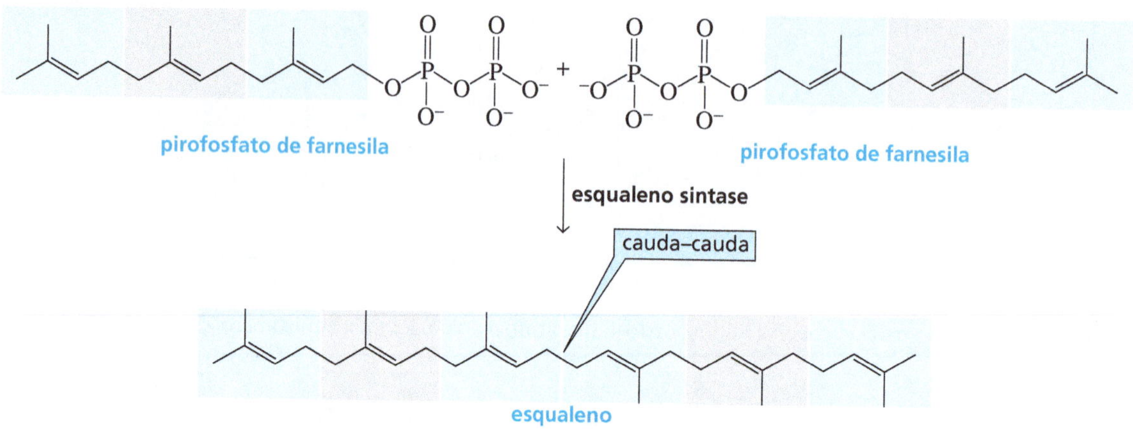

O pirofosfato de farnesila pode reagir com outra molécula de pirofosfato de isopentenila para formar o pirofosfato de geranilgeranila, substância de 20 carbonos. Dois pirofosfatos de geranilgeranila podem se unir formando o fitoeno, substância de 40 carbonos. O fitoeno é o precursor dos pigmentos de carotenóides (tetraterpeno) das plantas.

PROBLEMA 18

Em solução aquosa ácida, o pirofosfato de farnesila forma o seguinte sesquiterpeno:

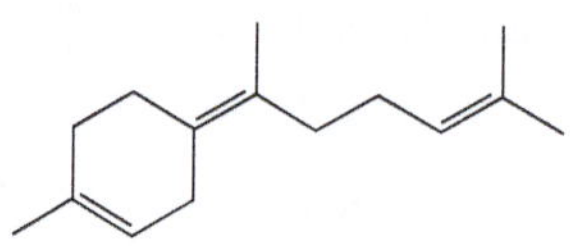

Proponha um mecanismo para essa reação.

PROBLEMA 19 **RESOLVIDO**

Se o esqualeno fosse sintetizado em um meio que contivesse acetato, no qual o carbono carbonílico estivesse marcado com ^{14}C radioativo, quais carbonos do esqualeno estariam marcados?

RESOLUÇÃO O acetato reage com o ATP para formar o adenilato de acetila, que reage com a CoASH para formar a acetil-CoA (Seção 17.20). O carbono carbonílico tioéster da malonil-CoA estará também marcado, pois a malonil-CoA é preparada a partir da acetil-CoA. A observação de cada etapa do mecanismo da biossíntese do pirofosfato de isopentenila a partir da acetil-CoA e da malonil-CoA permite-nos determinar as localizações dos carbonos marcados radioativamente do pirofosfato de isopentenila. Igualmente, as localizações dos carbonos marcados radioativamente do pirofosfato de geranila podem ser determinadas levando-se em conta o mecanismo para sua biossíntese a partir do pirofosfato de isopentenila. E as localizações dos carbonos marcados radioativamente do pirofosfato de farnesila podem ser determinadas levando-se em conta o mecanismo para sua biossíntese a partir do pirofosfato de geranila. Sabendo-se que o esqualeno é obtido pela junção cauda–cauda de dois pirofosfatos de farnesila, pode observar-se quais carbonos do esqualeno estarão marcados.

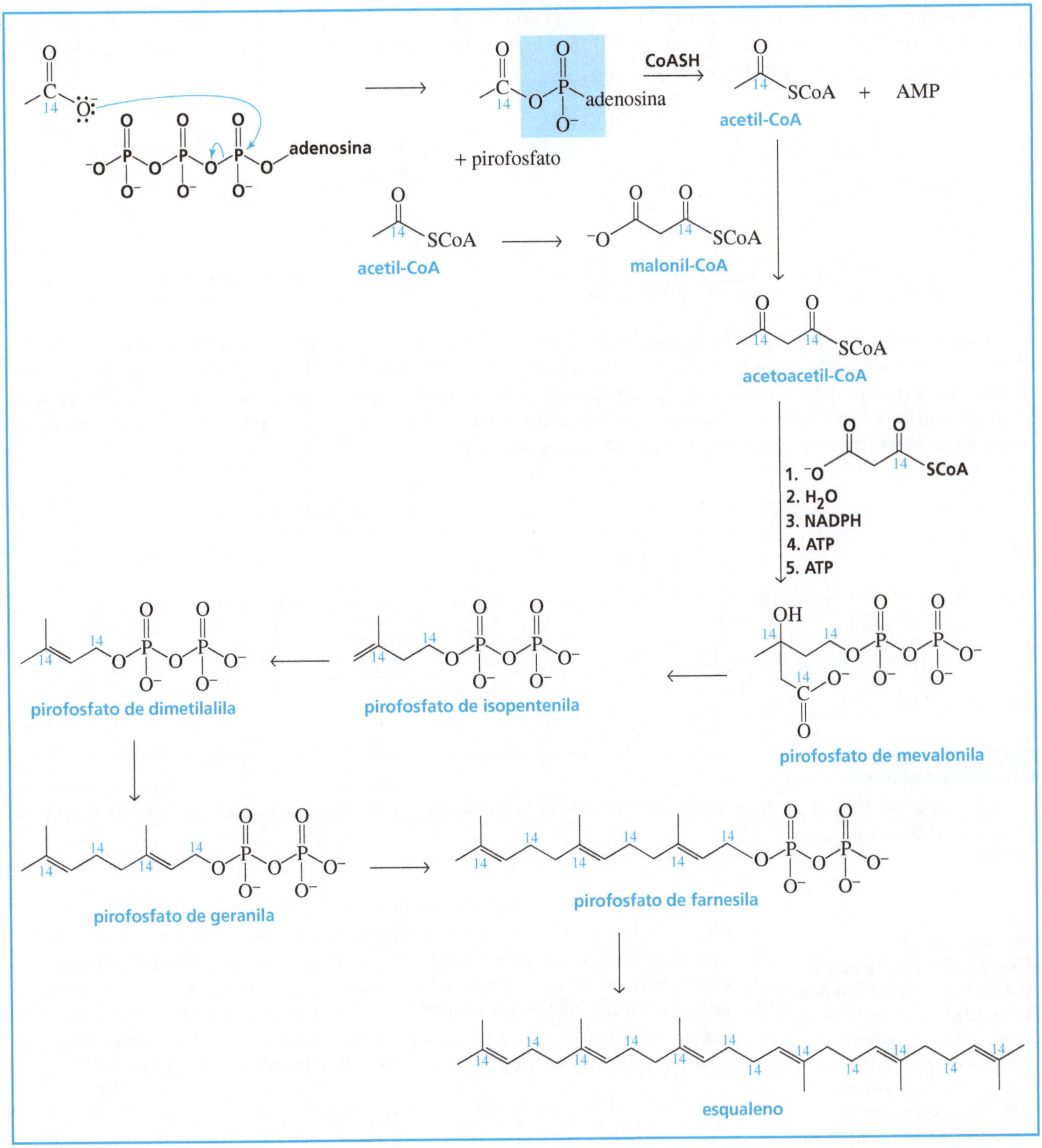

26.9 Esteróides

Os hormônios são mensageiros químicos — substâncias orgânicas sintetizadas em glândulas e liberadas pela corrente sangüínea nos tecidos-alvo para estimular ou inibir algum processo. Muitos hormônios são **esteróides**. Os esteróides são lipídios porque são substâncias apolares. Seu caráter apolar lhes permite atravessar membranas celulares, podendo deixar as células nas quais são sintetizados e entrar nas células-alvo.

Todos os esteróides contêm um sistema de anel tetracíclico. Os quatro anéis são denominados A, B, C e D. A, B e C são anéis de seis membros e D é um anel de cinco membros. Os carbonos do sistema de anel dos esteróides são numerados como mostrado a seguir.

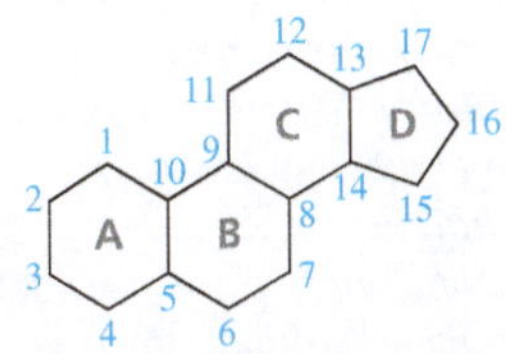

sistema de anéis dos esteróides

Vimos que os anéis podem ser fundidos de maneira **trans** ou **cis** e que os anéis fundidos em trans são mais estáveis (Seção 2.15, volume 1). Nos esteróides, os anéis B, C e D são todos fundidos em trans. Na maioria dos esteróides de ocorrência natural, os anéis A e B são também trans.

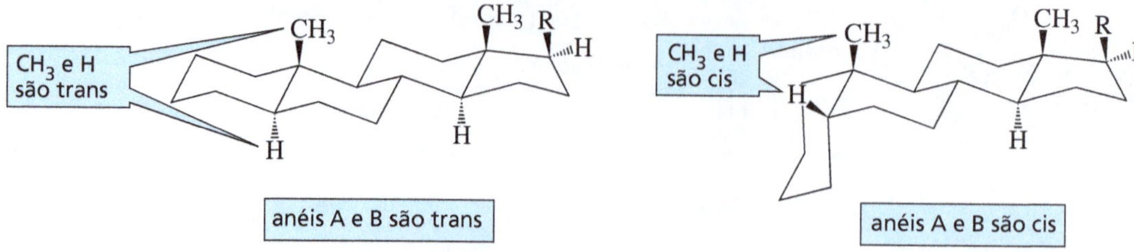

Muitos esteróides têm grupos metila nas posições 10 e 13. Eles são chamados **grupos metila angular**. Quando os esteróides são desenhados, ambos os grupos metila angular são mostrados para cima do plano do sistema de anéis. Substituintes presentes no mesmo lado do sistema de anéis dos esteróides, como os grupos metila angular, são chamados **β-substituintes** (indicados por uma cunha sólida). Substituintes em lados opostos do plano do sistema de anéis são chamados **α-substituintes** (indicados por uma cunha tracejada).

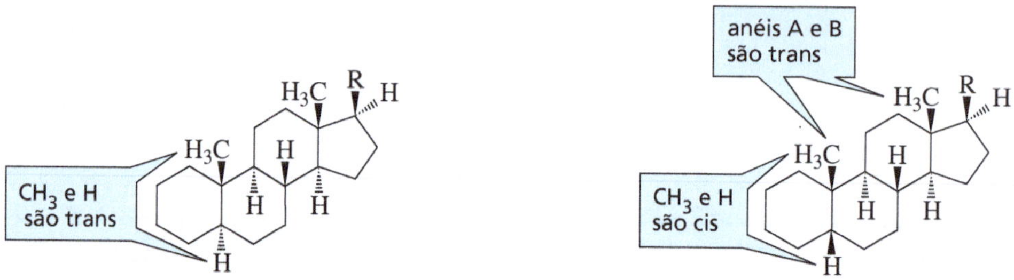

PROBLEMA 20◆

Um β-hidrogênio em C-5 significa que os anéis A e B são fundidos em ______; um a-hidrogênio em C-5 significa que eles são fundidos em ______.

Dois químicos alemães, **Heinrich Otto Wieland (1877–1957) e Adolf Windaus (1876–1959)**, *receberam o Premio Nobel de química (Wieland em 1927 e Windaus em 1928) pelos respectivos trabalhos, que levaram à determinação da estrutura do colesterol.*

Filho de um químico, **Heinrich Wieland** *foi professor da Universidade de Munique, onde mostrou que os ácidos da bile eram esteróides e determinou a estrutura individual deles. Durante a Segunda Guerra Mundial, permaneceu na Alemanha, embora se mostrasse abertamente antinazista.*

O membro mais abundante da família dos esteróides nos animais é o colesterol, precursor de todos os outros esteróides. O colesterol é biossintetizado a partir do esqualeno, um triterpeno (Seção 26.6). O colesterol é componente importante das membranas celulares (Figura 26.1). A estrutura do seu anel o torna mais rígido do que os outros lipídios das membranas. Devido ao fato de o colesterol ter oito carbonos assimétricos, 256 estereoisômeros são possíveis de serem formados, mas somente um existe na natureza (Capítulo 5, Problema 20, volume 1).

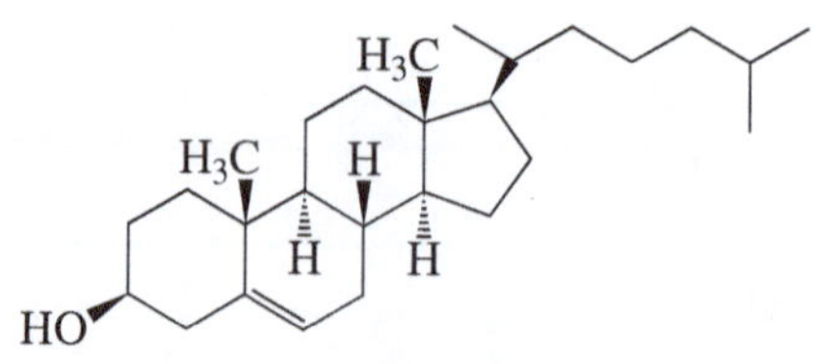

colesterol

Os hormônios esteroidais podem ser divididos em cinco classes: glicocorticóides, mineralocorticóides, androgênios, estrogênios e progesteronas. Os glicocorticóides e os mineralocorticóides são sintetizados no córtex adrenal e são coletivamente conhecidos como *esteróides adrenocorticais*. Todos os corticóides adrenocorticais têm oxigênio em C-11.

Os glicocorticóides, como o nome sugere, estão envolvidos no metabolismo da glicose, bem como no metabolismo de proteínas e ácidos graxos. A cortisona é um exemplo de glicocorticóide. Devido ao efeito antiinflamatório, eles são usados clinicamente no tratamento da artrite e outras condições inflamatórias.

Adolf Windaus *queria a princípio ser médico, mas a experiência de trabalhar com Emil Fisher por um ano o fez mudar de idéia. Ele descobriu que a vitamina D era um esteróide e foi o primeiro a reconhecer que a vitamina B continha enxofre.*

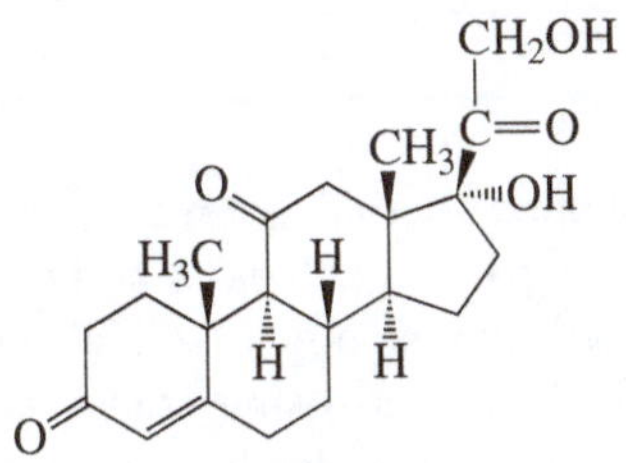
cortisona

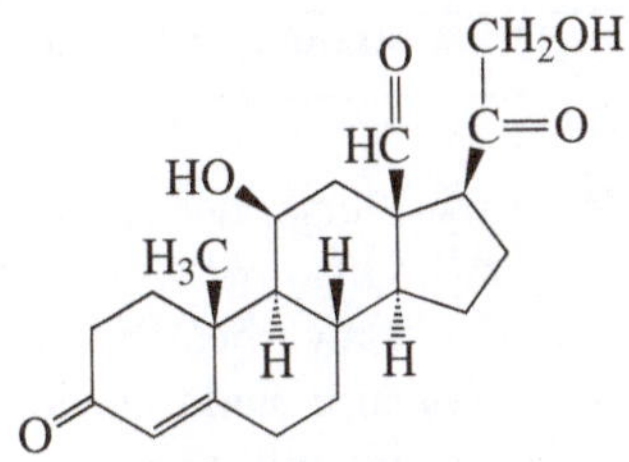
aldosterona

Os mineralocorticóides causam aumento na reabsorção de Na^+, Cl^- e HCO_3^- pelos rins, levando a um aumento na pressão sangüínea. A aldosterona é um exemplo de mineralocorticóide.

PROBLEMA 21◆

O substituinte OH do anel A do colesterol é α-substituinte ou β-substituinte?

PROBLEMA 22

A aldosterona está em equilíbrio com o hemiacetal cíclico. Desenhe a forma hemiacetal da aldosterona.

Os hormônios sexuais masculinos, conhecidos como *androgênios*, são secretados pelos testículos. Eles são responsáveis pelo desenvolvimento das características sexuais secundárias masculinas durante a puberdade. Também promovem o crescimento muscular. A testosterona e a 5α-di-hidrotestosterona são androgênios.

Adolf Friedrich Johann Butenandt (1903–1995) *nasceu na Alemanha. Dividiu o Prêmio Nobel de química, em 1939 (com Ružička), pelo isolamento e determinação das estruturas da estrona, androsterona e progesterona. Forçado pelo governo nazista a recusar o prêmio, ele o aceitou depois da Segunda Guerra Mundial. Foi diretor do Instituto Kaiser Wilhelm em Berlim e lecionou depois na Universidade de Tübingen e na Universidade de Munique.*

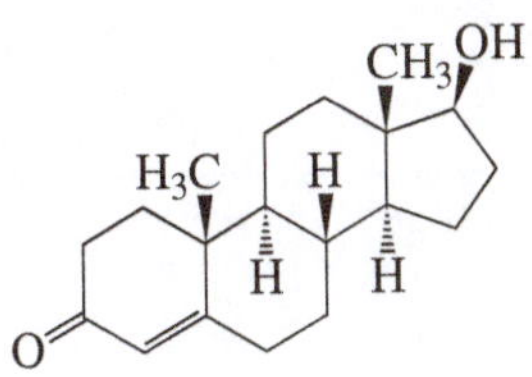
testosterona

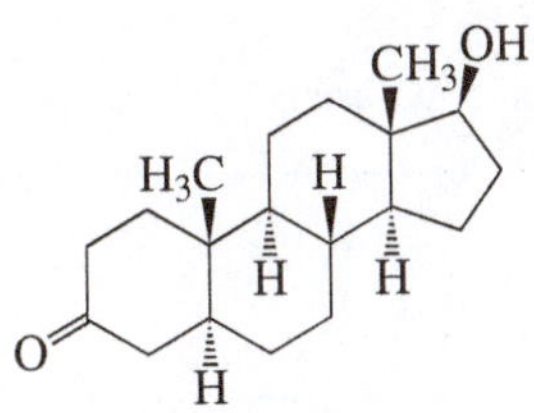
5 α-di-hidrotestosterona

O estradiol e a estrona são hormônios sexuais femininos conhecidos como *estrogênios*. São secretados pelos ovários e responsáveis pelo desenvolvimento das características sexuais secundárias femininas. Também regulam o ciclo menstrual. A progesterona é o hormônio que prepara as paredes do útero para a implantação do ovo e é essencial para a manutenção da gravidez. Previne também a ovulação durante a gravidez.

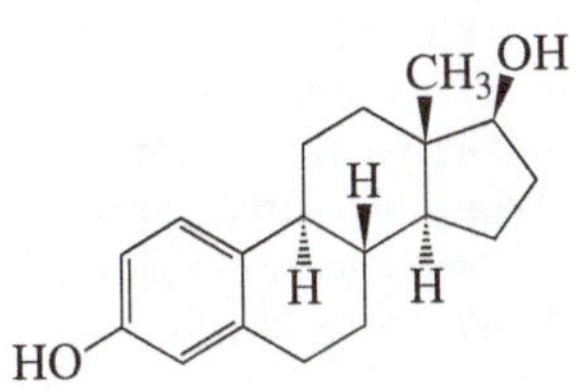
estradiol

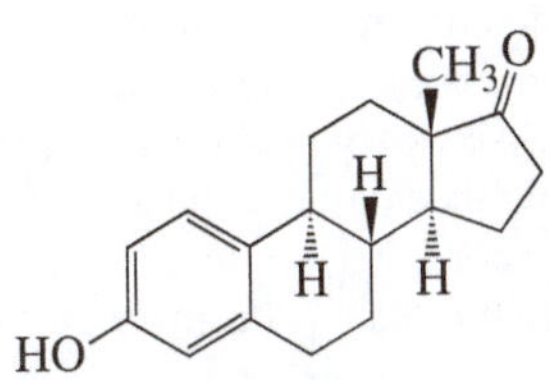
estrona

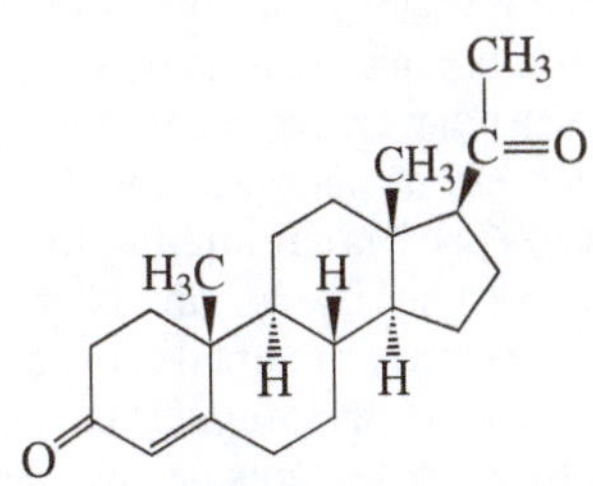
progesterona

Apesar dos vários hormônios esteroidais apresentarem efeitos fisiológicos acentuadamente diferentes, as respectivas estruturas são bem similares. Por exemplo, a única diferença entre a testosterona e a progesterona é o substituinte em C-17, e a única diferença entre a 5α-di-hidrotestosterona e o estradiol são seis hidrogênios e um carbono. No entanto, essas substâncias fazem a diferença entre machos e fêmeas. Os exemplos ilustram a extrema especificidade das reações bioquímicas.

Michael S. Brown e Joseph Leonard Goldstein *dividiram o Prêmio Nobel de fisiologia ou medicina, em 1985, pelos trabalhos sobre a regulação do metabolismo do colesterol e tratamento de doenças causadas por elevados níveis de colesterol no sangue. Brown nasceu em Nova York, em 1941; Goldstein, na Carolina do Sul, em 1940. Ambos são professores de medicina da University of Texas Southwestern Medical Center.*

PROBLEMA 23

O componente ácido do éster de colesterol é um ácido graxo, tal como o ácido linoleico. Desenhe a estrutura do éster de colesterol.

Além de ser o precursor de todos os hormônios esteroidais em animais, o colesterol é o precursor dos *ácidos biliares*. De fato, a palavra *colesterol* deriva das palavras gregas *chole*, que significa 'bile', e *stereos*, que significa 'sólido'. Os ácidos biliares — ácido cólico e ácido quenodesoxicólico — são sintetizados no fígado, armazenados na vesícula biliar e secretados no intestino delgado, onde agem como agentes emulsificantes. Dessa maneira,gorduras e óleos podem ser digeridos por enzimas digestivas solúveis em água. O colesterol é também o precursor da vitamina D (Seção 29.6).

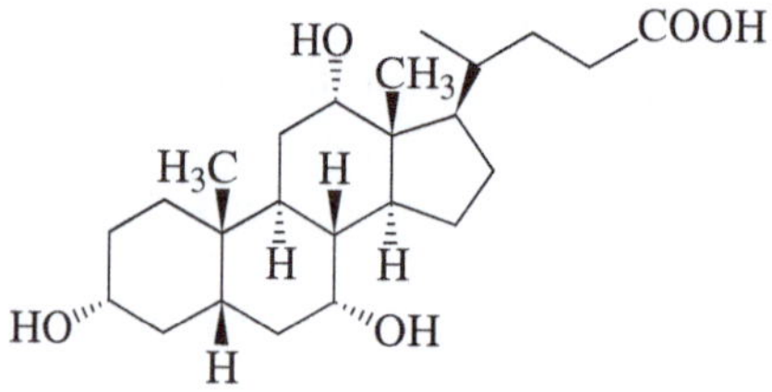

ácido cólico

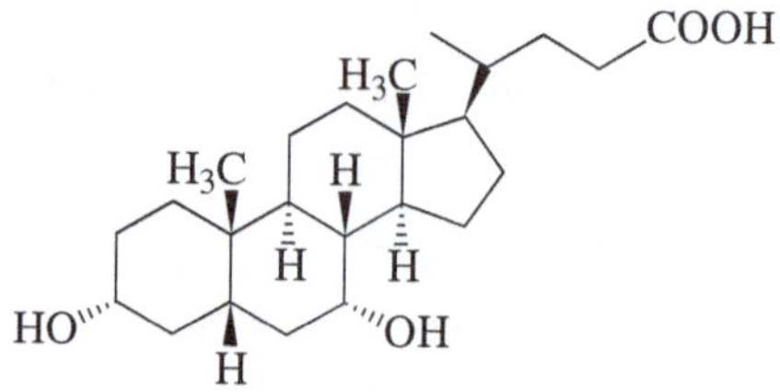

ácido quenodesoxicólico

PROBLEMA 24◆

Os três grupos OH do ácido cólico são axiais ou equatoriais?

O colesterol e as doenças do coração

O colesterol é provavelmente o lipídio mais conhecido em virtude da relação entre os níveis de colesterol no sangue e as doenças do coração. O colesterol é sintetizado no fígado mas também é encontrado em quase todos os tecidos do corpo. É encontrado em muitos alimentos, embora não precisemos extraí-lo de nossa dieta, uma vez que o organismo pode sintetizá-lo na quantidade necessária. Uma dieta rica em colesterol pode aumentar o nível de colesterol na corrente sangüínea e o excesso pode se acumular nas paredes das artérias, limitando o fluxo de sangue. Essa doença do sistema circulatório é conhecida como *aterosclerose* e causa primária de doenças do coração. O colesterol viaja pela corrente sangüínea revestido por partículas que também contêm ésteres de colesterol, fosfolipídios e proteínas. As partículas são classificadas de acordo com sua densidade.

As partículas de LDL (do inglês *low-density lipoprotein*) transportam o colesterol do fígado para outros tecidos. Os receptores das superfícies das células se ligam às partículas de LDL, permitindo sua entrada nas células para que o colesterol possa ser utilizado. O HDL (*high-density lipoprotein*) é um captador de colesterol; ele o remove das superfícies das membranas e o libera de volta para o fígado, onde é convertido em ácidos biliares. O LDL é o colesterol 'bom'. Quanto mais colesterol ingerirmos, menos o corpo sintetiza. Mas isso não significa que a presença de colesterol na dieta não tem efeito sobre a quantidade total de colesterol na corrente sangüínea, pois o colesterol da dieta também inibe a síntese dos receptores de LDL. Portanto, quanto mais colesterol ingerirmos, menos o organismo vai sintetizar, e, em conseqüência, menos o corpo vai poder se desfazer dele pelo transporte às células-alvo.

Tratamento clínico do colesterol alto

A mais nova classe de drogas que reduzem o colesterol é chamada estatina. As estatinas reduzem os níveis séricos de colesterol pela inibição da enzima que catalisa a redução da hidroximetilglutaril-CoA para formar o ácido mevalônico (Seção 26.8). Com a diminuição da concentração de ácido mevalônico, diminui-se a concentração de pirofosfato de isopentenila, então a biossíntese de todos os terpenos, incluindo o colesterol, é diminuída. Como conseqüência da redução da síntese do colesterol no fígado, este envia mais receptores LDL æ os receptores que ajudam a eliminar o LDL da corrente sangüínea. Estudos mostram que para cada 10% de redução do colesterol, as mortes de doenças coronarianas são reduzidas em 15% e o risco total de mortes é reduzido em 11%.

A compactina e a lovastatina são estatinas naturais usadas clinicamente sob os nomes comerciais de Zocor® e Mevacor®. A atorvastatina (Lipitor®), uma estatina sintética, no momento é a estatina mais popular. O Lipitor® tem potência e meia-vida maiores do que as estatinas naturais, pois seus metabólitos são tão ativos quanto a droga original na redução dos níveis de colesterol. Assim, doses menores da droga podem ser administradas. A dose necessária é posteriormente reduzida, pois o Lipitor® é comercializado como um único enantiômero. Além disso, ele é mais lipofílico que a compactina e a lovastatina, e tende a permanecer no retículo endoplasmático das células hepáticas, onde ele é necessário.

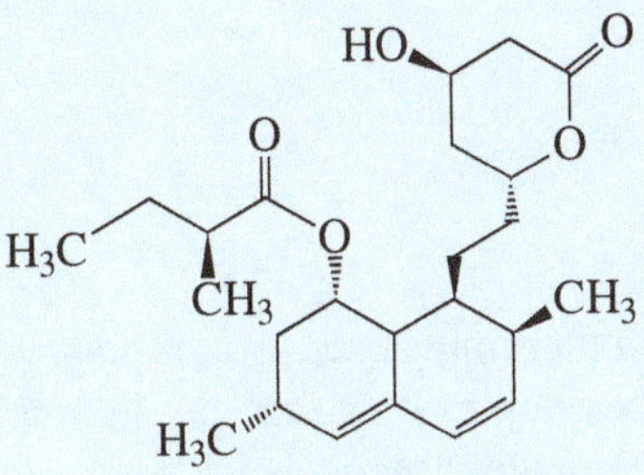

lovastatina
Mevacor®

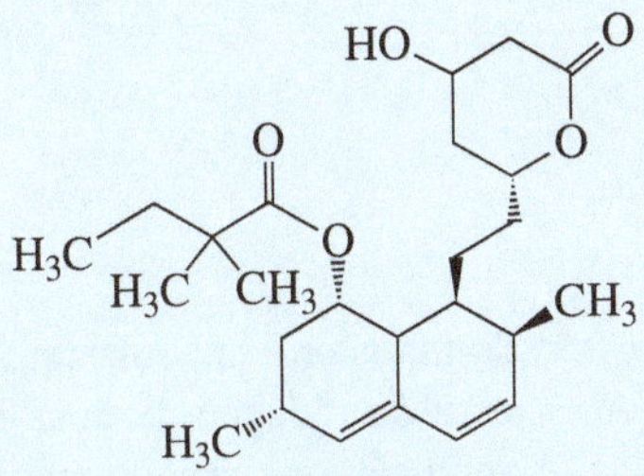

sinvastatina
Zocor®

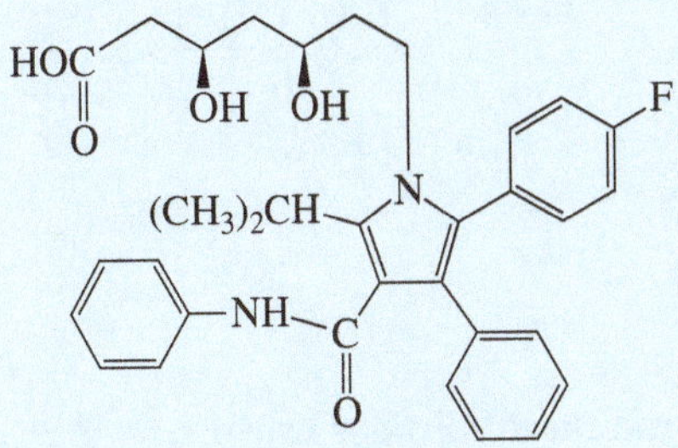

atorvastatina
Lipitor®

26.10 Biossíntese de colesterol

Como o colesterol, o precursor de todos os hormônios esteroidais, é biossintetizado? O material de partida para a biossíntese é o triterpeno esqualeno, o qual deve, primeiro, ser convertido em lanosterol. O lanosterol é convertido em colesterol por meio de uma série de 19 etapas.

A primeira etapa na conversão do esqualeno em lanosterol é a epoxidação da ligação dupla 2,3 do esqualeno. A abertura do epóxido catalisada por ácido inicia uma série de ciclizações que resultam no cátion protosterol. A eliminação de um próton em C-9 no cátion inicia uma série de trocas 1,2 de hidreto e 1,2 de metila, resultando no lanosterol.

biossíntese do lanosterol e do colesterol

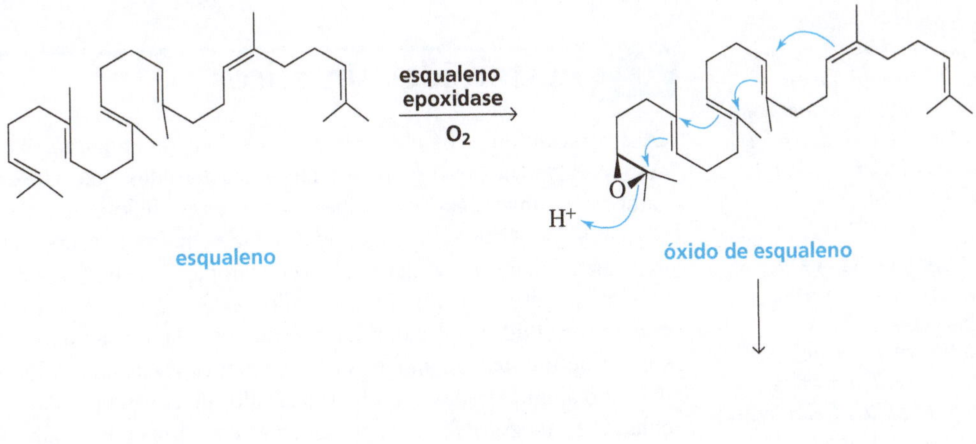

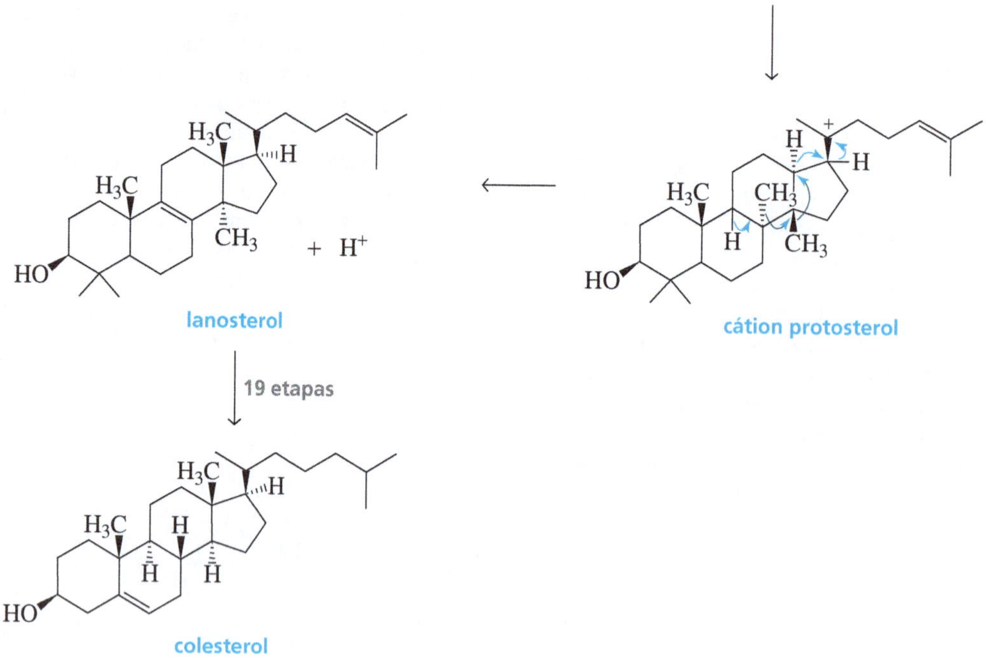

A conversão do lanosterol em colesterol requer a remoção de três grupos metila do lanosterol (além da redução de duas ligações duplas e criação de uma nova ligação dupla). A remoção dos grupos metila a partir de átomos de carbono não é fácil. Muitas enzimas diferentes são necessárias para realizar as 19 etapas. Então, por que a natureza se preocupa? Por que não usar o lanosterol em vez do colesterol? Konrad Bloch respondeu a essa pergunta quando descobriu que membranas que continham lanosterol no lugar de colesterol eram muito mais permeáveis. As moléculas pequenas eram capazes de passar facilmente através das membranas que continham lanosterol. A cada grupo metila removido do lanosterol, a membrana torna-se menos e menos permeável.

Konrad Bloch *e* **Feodor Lynen** *dividiram o Prêmio Nobel de fisiologia ou medicina em 1964. Bloch mostrou como os ácidos graxos e o colesterol são biossintetizados a partir do acetato. Lynen mostrou que o acetato, com duas unidades de carbono, é na verdade a acetil-CoA, e determinou a estrutura da coenzima A.*

Konrad Emil Bloch (1912–2000) *nasceu na Silésia do Norte (até então era parte da Alemanha) e trocou a Alemanha nazista pela Suíça, em 1934. Foi para os Estados Unidos em 1936, tornando-se cidadão americano em 1944. Tornou-se PhD pela Universidade de Columbia em 1938, lecionou na Universidade de Chicago e foi professor de bioquímica em Harvard, em 1954.*

Feodor Lynen (1911–1979) *nasceu na Alemanha, tornou-se PhD sob a orientação de Heinrich Wieland e casou-se com a filha dele. Foi chefe do Instituto de Química Celular da Universidade de Munique.*

PROBLEMA 25

Desenhe as trocas 1,2 de hidreto e 1,2 de metila individualmente responsáveis pela conversão do cátion protosterol em lanosterol. Quantas trocas de hidreto e de metila estão envolvidas?

26.11 Esteróides sintéticos

Os potentes efeitos fisiológicos dos esteróides conduziram os cientistas, em suas pesquisas por novas drogas, a sintetizar esteróides que não estão disponíveis na natureza e investigar os respectivos efeitos fisiológicos. O estanozolol e o Dianabol® são drogas desenvolvidas dessa maneira. Elas apresentam o mesmo efeito de crescimento muscular que a testosterona. Os esteróides que ajudam no desenvolvimento do músculo são chamados *esteróides anabolizantes*. Tais drogas só podem ser obtidas por meio de prescrição médica e são aplicadas em pessoas que sofrem de traumas acompanhados de deteriorização muscular. As mesmas drogas têm sido administradas em atletas e cavalos de corrida para aumentar a massa muscular. O estanozolol foi a droga detectada em vários atletas nas Olimpíadas de 1988. Os esteróides anabolizantes, quando tomados em doses relativamente altas, podem causar tumores no fígado, distúrbios de personalidade e atrofia testicular.

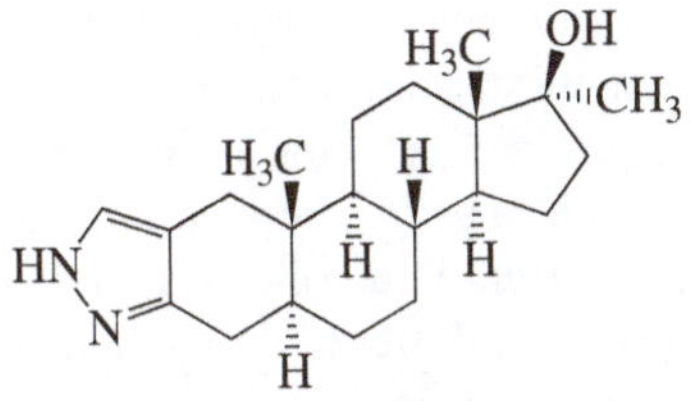

estanozolol

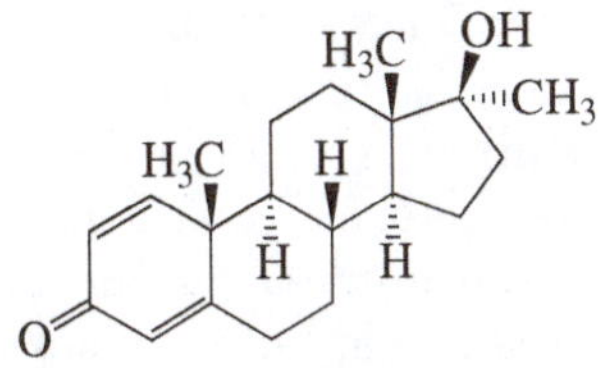

Dianabol®

Muitos esteróides sintéticos demonstraram maior potência que os esteróides naturais. A noretindrona, por exemplo, é melhor que a progesterona na suspensão da ovulação. Outro esteróide sintético, o RU 486, se administrado com as prostaglandinas, interrompe a gravidez nas primeiras nove semanas de gestação. Note que esses contraceptivos orais têm estruturas similares às da progesterona.

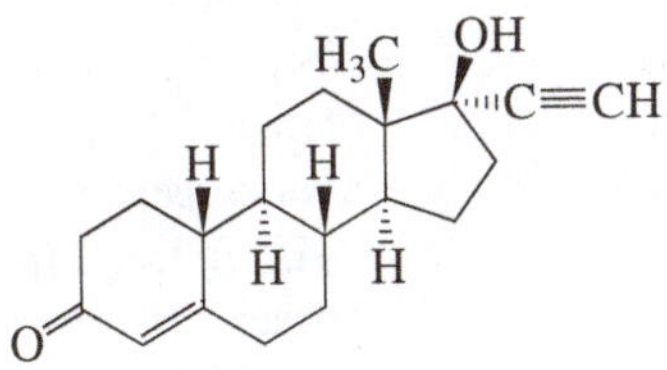

noretindrona

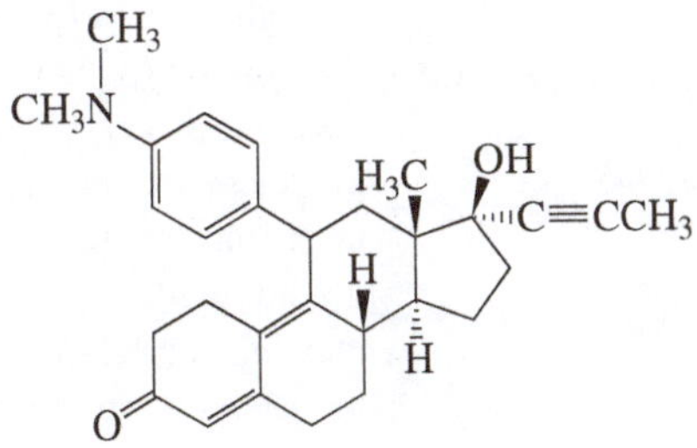

RU 486

Resumo

Os **lipídios** são substâncias orgânicas encontradas em organismos vivos, solúveis em solventes orgânicos apolares. Os **ácidos graxos** são ácidos carboxílicos com longas cadeias hidrocarbônicas. As ligações duplas dos ácidos graxos têm configuração cis. Os ácidos graxos com mais de uma ligação dupla são chamados **ácidos graxos poliinsaturados**. As ligações duplas dos ácidos graxos insaturados de ocorrência natural são separadas por um grupo metileno. As **ceras** são ésteres formados a partir de ácidos carboxílicos de cadeia longa e alcoóis de cadeia longa. As **prostaglandinas** são sintetizadas a partir do ácido araquidônico e são responsáveis pela regulação de uma variedade de respostas fisiológicas.

Os **triacilgliceróis** (triglicerídeos) são substâncias nas quais os três grupos OH do glicerol estão esterificados com ácidos graxos. Os triacilgliceróis que são sólidos ou semi-sólidos à temperatura ambiente são chamados **gorduras**. Os triacilgliceróis líquidos são chamados **óleos**. Algumas ou todas as ligações duplas dos óleos poliinsaturados podem ser reduzidas por hidrogenação catalítica. Os **fosfoacilgliceróis** diferem dos triacilgliceróis no grupo OH terminal do glicerol, que é esterificado com ácido fosfórico em vez de ácido graxo. Os fosfoacilgliceróis formam membranas por se rearranjarem em uma **camada dupla lipídica**. Os **fosfolipídios** são lipídios que contêm um grupo fosfato. Os **esfingolipídios**, também encontrados em membranas, contêm esfingosina em vez de glicerol.

Os **terpenos** contêm átomos de carbono em múltiplos de 5. Eles são obtidos pela junção de unidades de isopreno de cinco carbonos, normalmente de forma cabeça–cauda — a **regra do isopreno**.

Os **monoterpenos** — terpenos com duas unidades de isopreno — têm 10 carbonos; os **sesquiterpenos** têm 15. O **esqualeno**, um **triterpeno** (um terpeno com seis unidades de isopreno), é precursor das moléculas de esteróides. O licopeno e o β-caroteno são **tetraterpenos** chamados **carotenóides**. O β-caroteno é clivado para formar duas moléculas de vitamina A.

A substância de cinco carbonos usada para a síntese dos terpenos é o pirofosfato de isopentenila. A reação do **pirofosfato de dimetilalila** (formado a partir do pirofosfato de isopentenila) com o **pirofosfato de isopentenila** forma o pirofosfato de geranila, substância de dez carbonos. O pirofosfato de geranila pode reagir com outra molécula de pirofosfato de isopentenila, formando o pirofosfato de farnesila, substância de 15 carbonos. Duas moléculas de pirofosfato de farnesila formam o **esqualeno**, substância de 30 carbonos. O esqualeno é precursor do **colesterol**. O pirofosfato de farnesila pode reagir com outra molécula de pirofosfato de isopentenila para formar o pirofosfato de geranilgeranila, substância de 20 carbonos. Duas moléculas de pirofosfato de geranilageranila se unem para formar o fitoeno, substância de 40 carbonos. O fitoeno é precursor dos **carotenóides**.

Os **hormônios** são os mensageiros químicos. Muitos hormônios são esteróides. Todos os esteróides contêm um sistema de anel tetracíclico. Os anéis B, C e D são **fundidos em trans**. Na maioria dos esteróides de ocorrência natural, os anéis A e B também são trans. Os grupos metila em C-10 e C-13 são chamados **grupos metila angular**. Os **β-substituintes** estão no mesmo lado do sistema de anéis do esteróide, assim como os grupos metila angular; os **α-substituintes** estão em lados opostos. Esteróides sintéticos são os não encontrados na natureza.

O membro mais abundante da família dos esteróides em animais é o **colesterol**, o precursor de todos os outros esteróides. O colesterol é componente importante das membranas celulares; a estrutura de seu anel o leva a ser mais rígido que outros lipídios de membrana. Na biossíntese do colesterol, o esqualeno é convertido em lanosterol, que é convertido em colesterol.

Palavras-chave

ácido fosfatídico (p. 494)
ácido graxo (p. 488)
α-substituinte (p. 510)
β-substituinte (p. 510)
camada dupla lipídica (p. 495)
carotenóide (p. 502)
cera (p. 490)
colesterol (p. 495)
esfingolipídio (p. 496)
esqualeno (p. 502)
esteróide (p. 509)
fosfoacilglicerol (p. 495)
fosfoglicerídeos (p. 494)
fosfolipídio (p. 495)
gordura (p. 487)
grupos metila angular (p. 510)
hormônio (p. 509)
lipídio (p. 487)
membrana (p. 493)
monoterpeno (p. 501)
óleo (p. 490)
pirofosfato de dimetilalila (p. 506)
pirofosfato de isopentenila (p. 501)
prostaglandina (p. 497)
regra do isopreno (p. 501)
sesquiterpeno (p. 501)
terpeno (p. 500)
terpenóide (p. 500)
tetraterpeno (p. 502)
triacilglicerol (p. 490)
triacilglicerol misturado (p. 490)
triacilglicerol simples (p. 490)
triterpeno (p. 502)

Problemas

26. Uma molécula de gordura oticamente ativa, quando completamente hidrolisada, fornece duas vezes ácido esteárico e ácido palmítico. Desenhe a estrutura dessa molécula.

27. a. Quantos triacilgliceróis diferentes existem nos quais um dos componentes ácidos graxos é o ácido láurico e dois são o ácido mirístico?
    b. Quantos triacilgliceróis diferentes existem nos quais um dos componentes ácidos graxos é o ácido láurico, o outro é o ácido mirístico e um outro é o ácido palmítico?

28. As cardiolipinas são encontradas nos músculos do coração. Dê o produto formado quando uma cardiolipina sofre completa hidrólise catalisada por ácido.

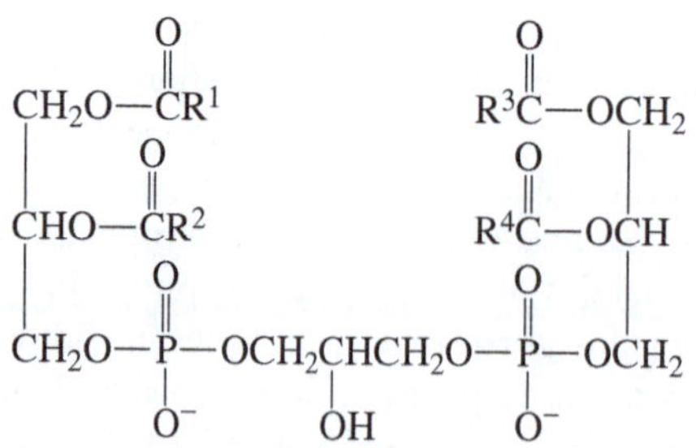

cardiolipina

29. O nutmeg contém um triacilglicerol simples e completamente saturado com massa molecular igual a 722. Desenhe a sua estrutura.

30. Dê o produto que poderia ser obtido a partir da reação do colesterol com cada um dos seguintes reagentes: (*Dica*: devido ao impedimento estérico causado pelos grupos metila angular, a face α é mais suscetível ao ataque pelos reagentes do que a face β.)
    a. H_2O, H^+
    b. BH_3 em THF, seguido de $H_2O_2 + HO^-$
    c. H_2, Pd/C

d. $Br_2 + H_2O$
e. ácido peroxiacético
f. produto da parte e + CH_3O^-

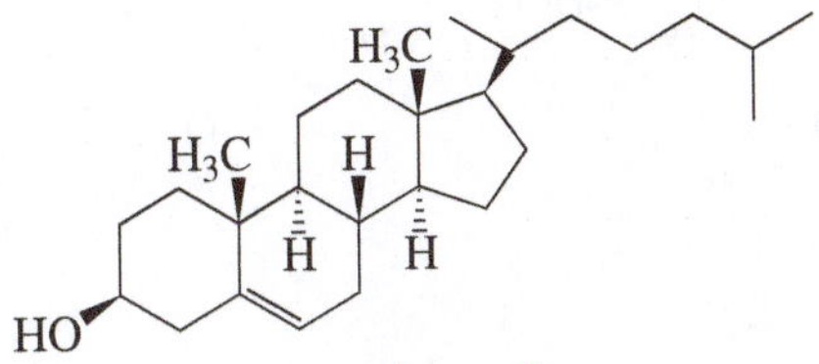

colesterol

31. O Dr. Cole S. Terol sintetizou as seguintes amostras de ácido mevalônico e as forneceu a um grupo de limoeiros:

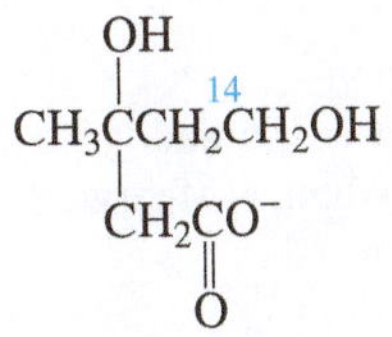

amostra A

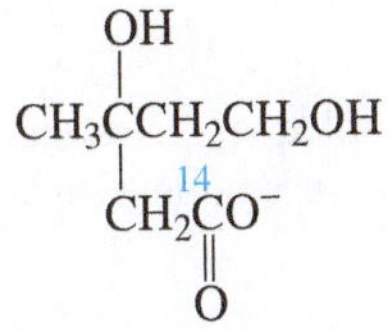

amostra B

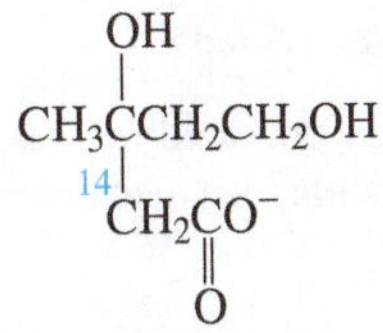

amostra C

Quais carbonos do citronelal, que é isolado do óleo dos limoeiros, estarão marcados nas árvores que obtiveram as seguintes amostras?

a. amostra A
b. amostra B
c. amostra C

32. Um monoterpeno oticamente ativo (substância A), cuja fórmula molecular é igual a $C_{10}H_{18}O$, sofre hidrogenação catalítica para formar uma substância oticamente inativa, com fórmula molecular igual a $C_{10}H_{20}O$ (substância B). Quando a substância B é aquecida com ácido, seguido pela reação com O_3 e tratado sob condições redutoras (Zn, H_2O), um dos produtos obtidos é o 4-metilciclo-hexanona. Dê as possíveis estruturas para a substância A.

33. Se os zimbros pudessem crescer em um meio que contivesse acetato no qual o carbono metílico estivesse marcado com ^{14}C, quais carbonos estariam marcados no α-terpineol?

34. a. Proponha um mecanismo para a seguinte reação:

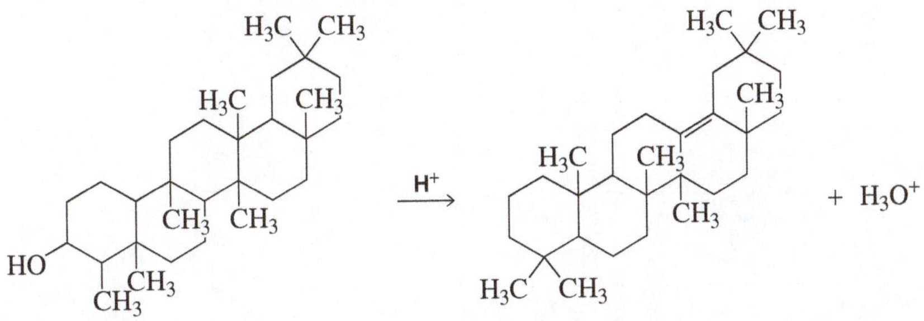

b. O material de partida pertence a que classe de terpenos? Identifique as unidades de isopreno no material de partida.

35. A 5-androsteno-3,17-diona é isomerizada formando a 4-androsteno-3,17-diona pelo íon hidróxido. Proponha um mecanismo para essa reação.

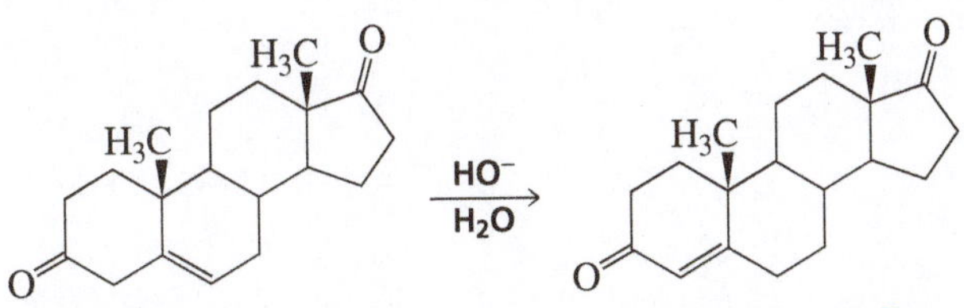

5-androsteno-3,17-diona 4-androsteno-3,17-diona

36. Os dois grupos OH de um dos seguintes esteróides dióis reage com excesso de cloroformiato de etila, mas somente um grupo OH do outro esteróide diol reage sob as mesmas condições:

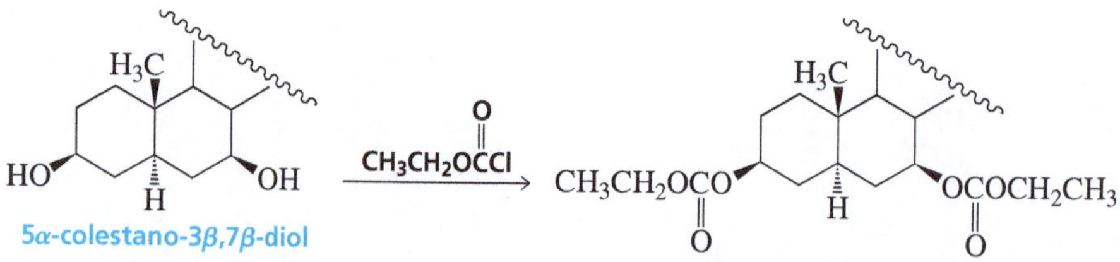

5α-colestano-3β,7β-diol

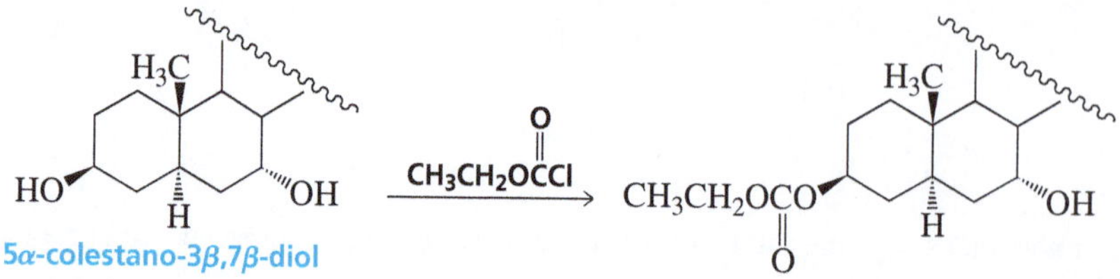

5α-colestano-3β,7β-diol

Explique a diferença de reatividade.

37. A desidratação catalisada por ácido de um álcool que forma um alceno rearranjado é conhecida como rearranjo de Wagner–Meerwein. Proponha um mecanismo para o seguinte rearranjo de Wagner–Meerwein.

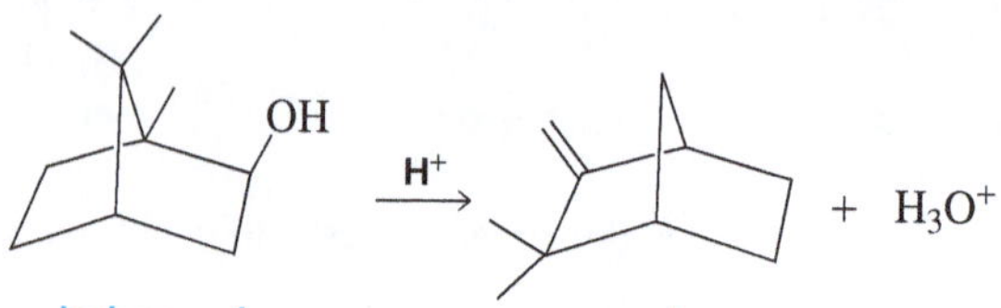

isoborneol canfeno

38. O dietil-estil-bestrol (DES) foi dado a mulheres grávidas para evitar o aborto até se reconhecer que a droga causava câncer nas mães e nas crianças do sexo feminino. O DES tem atividade estradiol e se pensou que ele não fosse um esteróide. Desenhe o DES de modo a mostrar que ele é estruturalmente semelhante ao estradiol.

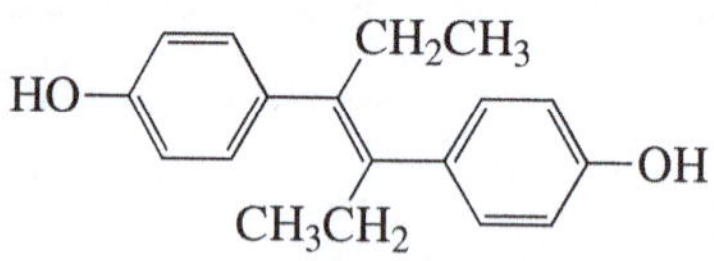

dietil-estil-bestrol
DES

27 Nucleosídeos, nucleotídeos e ácidos nucléicos

catalisador RNA

Nos capítulos anteriores, estudamos dois dos três principais tipos de biopolímeros — os polissacarídeos e as proteínas. Agora veremos o terceiro — os ácidos nucléicos. Existem dois tipos de ácidos nucléicos: o **ácido desoxirribonucléico** (**DNA**) e o **ácido ribonucléico** (**RNA**). O DNA codifica a informação hereditária de um organismo completo e controla o crescimento e a divisão das células. Na maioria dos organismos, a informação genética estocada no DNA é transcrita para o RNA. Essa informação pode, então, ser traduzida para a síntese de todas as proteínas necessárias para a estrutura e função celulares.

O DNA foi isolado primeiro em 1869 a partir dos núcleos das células brancas do sangue. Devido ao fato de esse material ter sido encontrado no núcleo, e ser acidífero, foi chamado *ácido nucléico*. Eventualmente os cientistas descobriram que os núcleos de todas as células continham DNA, mas somente após 1944 eles se deram conta de que os ácidos nucléicos eram os carreadores da informação genética. Em 1953, James Watson e Francis Crick descreveram a estrutura tridimensional do DNA — a famosa dupla hélice.

Os estudos que determinaram as estruturas dos ácidos nucleicos e pavimentaram a via para a descoberta da dupla hélice do DNA foram realizados por **Phoebus Levene** *e elaborados por* **Sir Alexander Todd**.

Phoebus Aaron Theodor Levene (1869–1940) *nasceu na Rússia. Ao imigrar para os Estados Unidos com sua família, em 1891, seu nome russo Fishel foi mudado para Phoebus. Devido a sua educação na Escola Médica ter sido interrompida, ele retornou à Rússia para completar seus estudos. Quando voltou aos Estados Unidos, fez alguns cursos de química na Universidade de Columbia. Decidido a trocar a medicina pela carreira em química, foi para a Alemanha a fim de estudar sob a orientação de Emil Fisher, tornando-se professor de química do Instituto Rockefeller (hoje Universidade Rockefeller).*

27.1 Nucleosídeos e nucleotídeos

Os **ácidos nucléicos** são cadeias de açúcares com anéis de cinco membros unidos por grupos fosfato (Figura 27.1). O carbono anomérico de cada açúcar está ligado a um nitrogênio de uma substância heterocíclica por meio de uma junção β-glicosídica. (Lembre-se da Seção 22.10 que uma junção β-glicosídica é aquela na qual os substituintes em C-1 e C-4 estão do mesmo lado do anel furanose). Devido ao fato de as substâncias heterocíclicas serem aminas, são comumente chamadas de **bases**. No RNA, o açúcar com um anel de cinco membros é a D-ribose. No DNA, é a 2-desoxi-D-ribose (D-ribose sem um grupo OH na posição 2).

O ácido fosfórico une os açúcares no RNA e no DNA. O ácido tem três grupos OH dissociáveis com valores de pK_a iguais a 1,9, 6,7 e 12,4. Cada grupo OH pode reagir com um álcool para formar um *fosfomonoéster*, um *fosfodiéster* ou um *fosfotriéster*. Nos ácidos nucléicos, o grupo fosfato é um **fosfodiéster**.

Estrutura do DNA: Watson, Crick, Franklin e Wilkins

James D. Watson nasceu em Chicago em 1928. Ele se graduou na Universidade de Chicago com 19 anos e tornou-se PhD três anos depois pela Universidade de Indiana. Em 1951, em um pós-doutorado na Universidade de Cambridge, Watson trabalhou na determinação da estrutura tridimensional do DNA.

Francis H. C. Crick nasceu em Northampton, Inglaterra, em 1916. Originalmente treinado como físico, Crick foi envolvido na pesquisa de radares durante a Segunda Guerra Mundial. Depois da guerra, ele entrou para a Universidade de Cambridge e tornou-se PhD em química em 1953. Era estudante de pós-graduação quando realizou sua parte no trabalho do qual surgiu a proposta da estrutura de dupla hélice do DNA.

Rosalind Franklin nasceu em Londres, em 1920. Graduada pela Universidade de Cambridge, em 1942 abandonou a pós-graduação para aceitar uma posição de pesquisadora na British Coal Utilisation Research Association. Depois da guerra, estudou técnicas de difração de raios X em Paris. Em 1951, retornou para a Inglaterra aceitando uma proposta para desenvolver uma unidade de difração de raios X no departamento de biofísica do King's College. Seus estudos em raios X mostraram que o DNA era uma hélice com grupos fosfato na parte exterior da molécula. Franklin morreu em 1958 sem saber a importância que seu trabalho teve na determinação da estrutura do DNA.

Watson e Crick dividiram o Prêmio Nobel de medicina ou fisiologia em 1962 com Maurice Wilkins, pela determinação da estrutura de dupla hélice do DNA. Wilkins contribuiu com os estudos de raios X, que confirmaram a estrutura de dupla hélice. Ele nasceu na Nova Zelândia em 1916 e se mudou para a Inglaterra seis anos depois com seus pais. Durante a Segunda Guerra Mundial, juntou-se aos outros cientistas britânicos que estavam trabalhando com cientistas americanos no desenvolvimento da bomba atômica.

Francis Crick (à esquerda) e James Watson (à direita)

Rosalind Franklin

Cortesia da National Portrait Gallery, Londres

Alexander R. Todd (1907–1997) *nasceu na Escócia. Tornou-se PhD duas vezes, uma pela Universidade de Johann Wolfgand Goethe (1931) e outra pela Universidade de Oxford (1933). Foi professor de química na Universidade de Edimburgo, na Universidade de Manchester e, de 1944 a 1971, na Universidade de Cambridge. Foi nomeado cavaleiro em 1954 e tornou-se barão em 1962 (Barão Todd de Trumpington). Por seu trabalho em nucleotídeos, recebeu o Prêmio Nobel de química em 1957.*

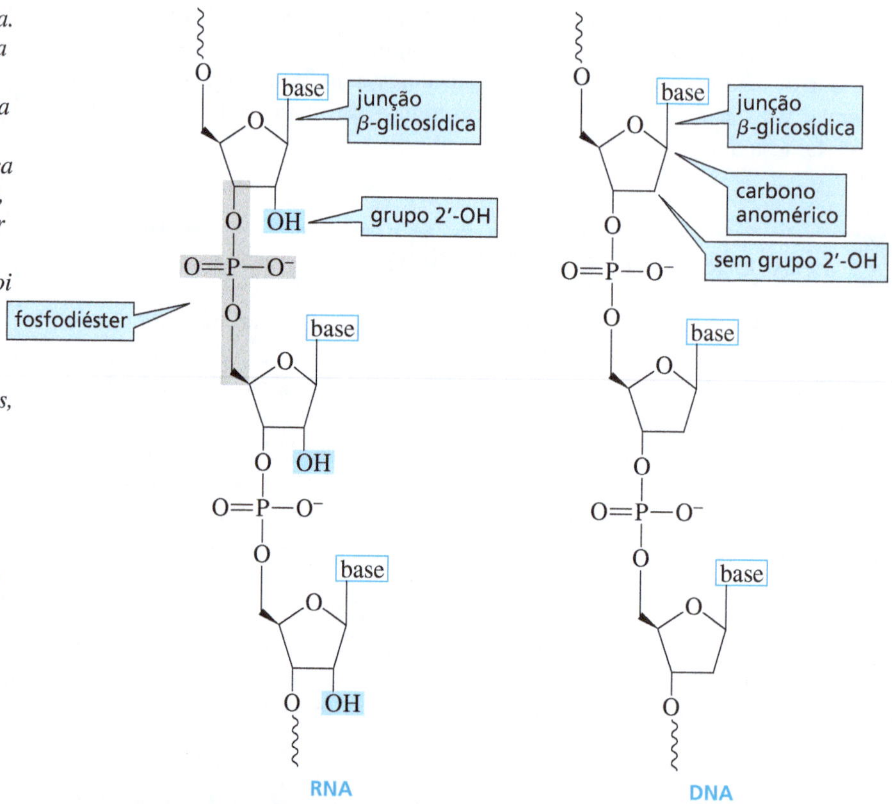

Figura 27.1 Os ácidos nucléicos consistem em uma cadeia de açúcares com anéis de cinco membros unidos por grupos fosfato. Cada açúcar (D-ribose no RNA, 2'-desoxi-D-ribose no DNA) está ligado a uma amina heterocíclica por uma junção β-glicosídica.

ácido fosfórico — fosfomonoéster — fosfodiéster — fosfotriéster

As grandes diferenças em hereditariedade entre as espécies e entre membros da mesma espécie são determinadas pela seqüência das bases no DNA. Surpreendentemente, existem somente quatro bases no DNA: duas são purinas substituídas (adenina e guanina) e duas são pirimidinas substituídas (citosina e timina).

purina — pirimidina

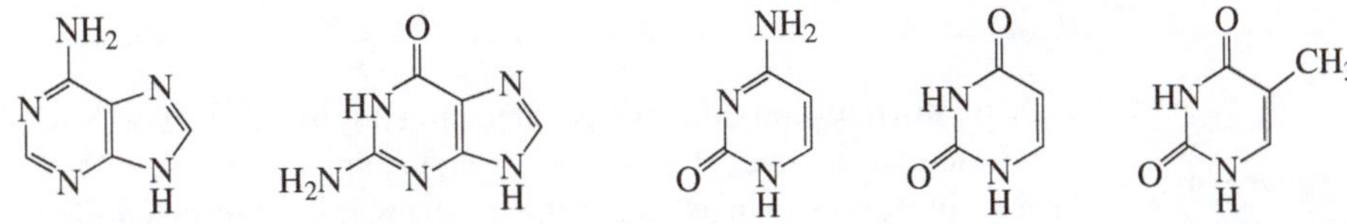

adenina — guanina — citosina — uracila — timina

O RNA também contém somente quatros bases. Três (adenina, guanina e citosina) são as mesmas do DNA, mas a quarta base do RNA é a uracila em vez da timina. Note que a timina e a uracila diferem somente por um grupo metila — a timina é a 5-metiluracila. A razão pela qual o DNA contém timina e não uracila é explicada na Seção 27.14.

nucleosídeo = base + açúcar

As purinas e pirimidinas estão ligadas ao carbono anomérico do anel furanose — purinas no N-9 e pirimidinas no N-1 — por uma junção β-glicosídica. Uma substância que contenha uma base ligada à D-ribose ou à 2-desoxi-D-ribose é chamada **nucleosídeo**. Em um nucleosídeo, as posições no anel do açúcar são indicadas por números 'linha' para distingui-los das posições no anel da base. Por isso, o componente açúcar do DNA é referido como a 2'-desóxi-D-ribose. Note a diferença no nome das bases e nos nomes dos nucleosídeos correspondentes na Tabela 27.1. Por exemplo, a adenina é a base, ao passo que a adenosina é o nucleosídeo. Similarmente, a citosina é a base, na qual a citidina é o nucleosídeo, e assim sucessivamente. Devido à uracila ser encontrada somente no RNA, ela é mostrada apenas ligada à D-ribose, mas nunca à 2-desóxi-D-ribose; devido à timina ser encontrada só no DNA, ela se mostra apenas ligada à 2-desoxi-D-ribose, e nunca à D-ribose.

nucleosídeos

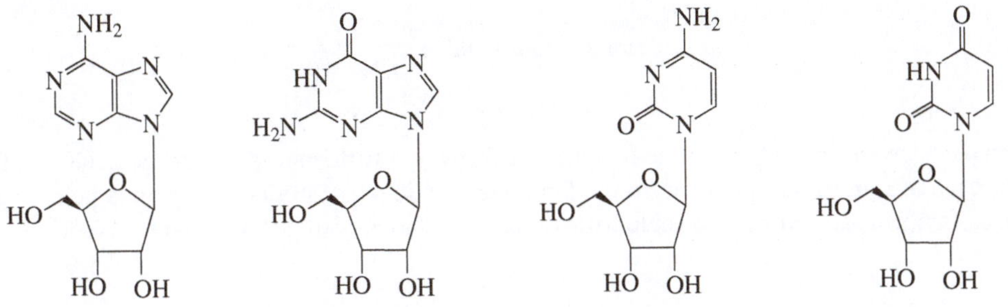

adenosina — guanosina — citidina — uridina

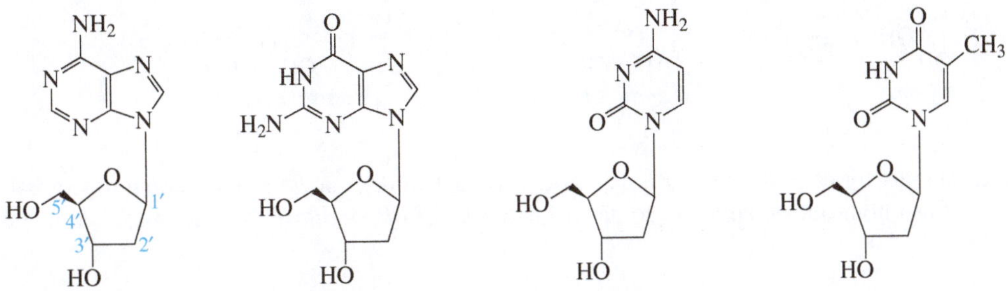

2'-desoxiadenosina — 2'-desoxiguanosina — 2'-desoxicitidina — timidina

Tabela 27.1 Nomes das bases, nucleosídeos e nucleotídeos

Base		Nucleosídeo	Ribonucleotídeo	Desoxirribonucleotídeo
Adenina	Adenosina	2′-desoxiadenosina	Adenosina 5′-fosfato	2′-desoxiadenosina 5′-fosfato
Guanina	Guanosina	2′-desoxiguanosina	Guanosina 5′-fosfato	2′-desoxiguanosina 5′-fosfato
Citosina	Citidina	2′-desoxicitidina	Citidina 5′-fosfato	2′-desoxicitidina 5′-fosfato
Timina	—	Timidina	—	timidina 5′-fosfato
Uracila	Uridina	—	Uridina 5′-fosfato	

PROBLEMA 1

Em soluções ácidas, os nucleosídeos são hidrolisados formando um açúcar e uma base heterocíclica. Proponha um mecanismo para essa reação.

nucleotídeo = base + açúcar + fosfato

O **nucleotídeo** é um nucleosídeo com o grupo 5'-OH ou 3'-OH ligado ao ácido fosfórico por meio de uma junção éster. Os nucleotídeos de RNA — onde o açúcar é a D-ribose — são mais precisamente chamados **ribonucleotídeos**, ao passo que os nucleotídeos de DNA — onde o açúcar é a 2-desóxi-D-ribose — são chamados **desoxirribonucleotídeos**.

nucleotídeos

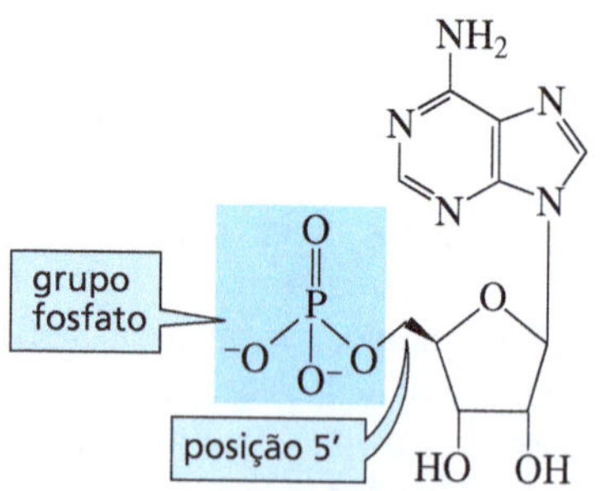

adenosina 5′-monofosfato
ribonucleotídeo

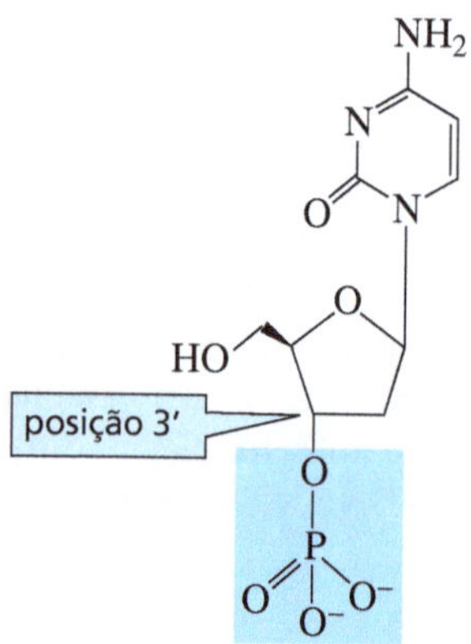

2′-desoxicitidina 3′-monofosfato
desoxirribonucleotídeo

Quando o ácido fosfórico é aquecido com P_2O_5, perde-se água e se forma um fosfoanidrido chamado ácido pirofosfórico. Seu nome vem de *pyr*, palavra grega que significa 'fogo'. Portanto o ácido pirofosfórico é preparado pelo "fogo" — ou seja, pelo aquecimento. Também são formados o ácido trifosfórico e os ácidos polifosfóricos mais elevados.

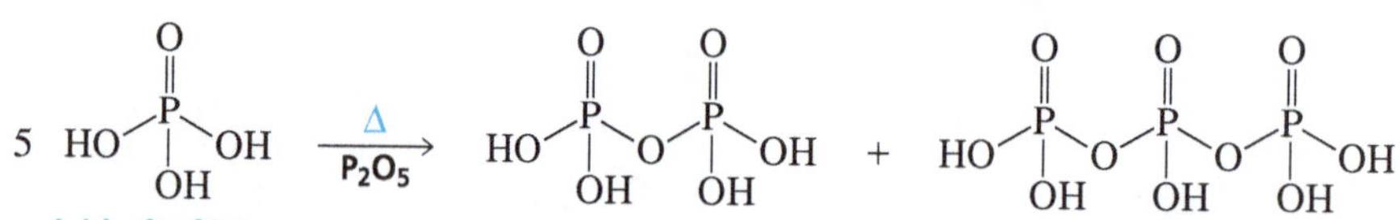

ácido fosfórico — ácido pirofosfórico — ácido trifosfórico

Devido ao fato de o ácido fosfórico poder formar um anidrido, os nucleotídeos podem existir como monofosfatos, difosfatos e trifosfatos. Eles são nomeados com a adição das palavras *monofosfato*, *difosfato* ou *trifosfato* ao nome do nucleosídeo.

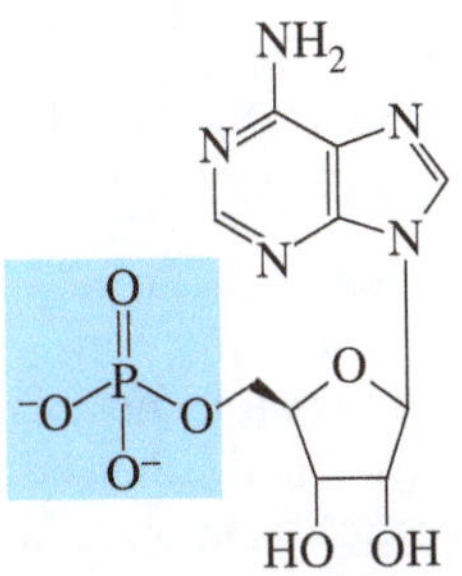

adenosina
5'-monofosfato
AMP

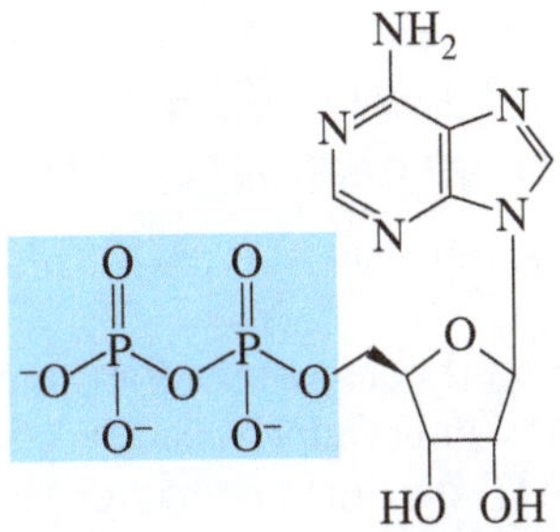

adenosina
5'-difosfato
ADP

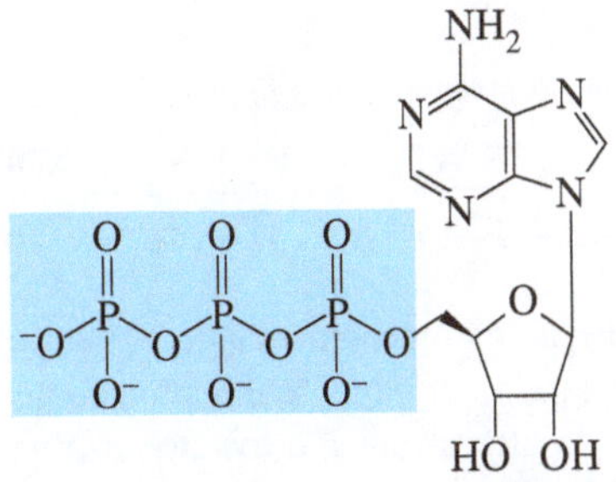

adenosina
5'-trifosfato
ATP

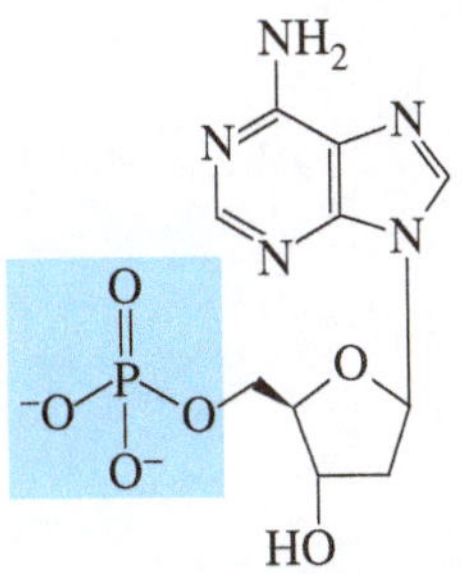

2'-desoxiadenosina
5'-monofosfato
dAMP

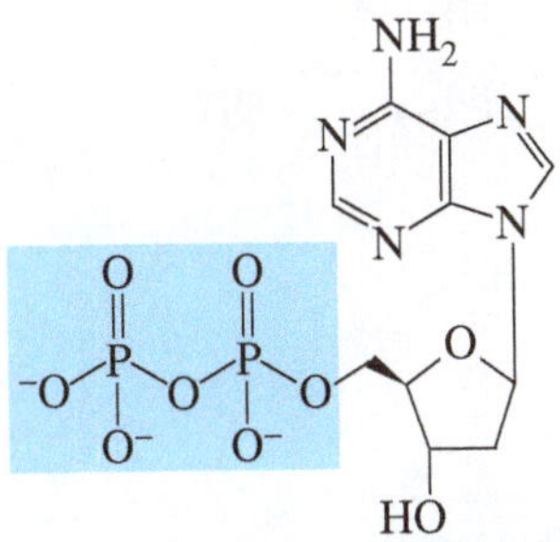

2'-desoxiadenosina
5'-difosfato
dADP

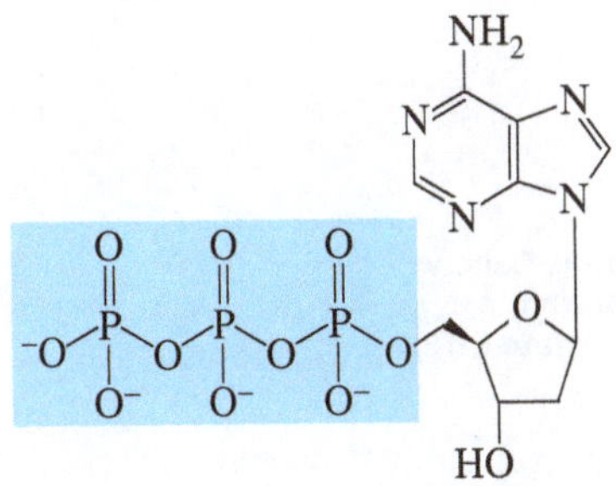

2'-desoxiadenosina
5'-trifosfato
dATP

PROBLEMA 2

Desenhe a estrutura de cada um dos seguintes itens:

a. dCDP
b. dTTP
c. dUMP
d. UDP
e. guanosina 5'-trifosfato
f. adenosina 3'-monofosfato

27.2 ATP: o transportador de energia química

Todas as células necessitam de energia para garantir sua sobrevivência e reprodução. Elas obtêm a energia necessária pela conversão dos nutrientes em uma forma de energia quimicamente útil. A forma mais importante de energia química é a **adenosina 5'-trifosfato (ATP)**. A importância do ATP para as reações biológicas é mostrada pela sua velocidade de utilização nos humanos — a cada dia, uma pessoa usa uma quantidade de ATP equivalente ao seu peso corporal. O ATP é conhecido como transportador universal de energia química porque, como é comumente estabelecido, "a energia da hidrólise do ATP converte reações endergônicas em reações exergônicas".

Em outras palavras, a capacidade do ATP de evitar a ocorrência de reações desfavoráveis é atribuída à grande quantidade de energia liberada quando o ATP é hidrolisado, a qual pode ser usada para conduzir uma reação endergônica. Por exemplo, a reação da D-glicose com o fosfato de hidrogênio para formar a D-glicose-6-fosfato é endergônica ($\Delta G^{\circ\prime}$ = +3,3 kcal/mol ou +13,8 kJ/mol).[1] A hidrólise do ATP, por outro lado, é altamente exergônica ($\Delta G^{\circ\prime}$ = −7,3 kcal/mol ou −30,5 kJ/mol). Quando as duas reações são colocadas juntas (as espécies presentes em ambos os lados da seta da reação são canceladas), a reação líquida resultante é exergônica ($\Delta G^{\circ\prime}$ = −4,0 kcal/mol ou −16,7 kJ/mol). Assim, a energia liberada da hidrólise do ATP é mais do que suficiente para conduzir a fosforilação da D-glicose. Duas reações nas quais a energia de uma é usada para conduzir a outra são conhecidas como *reações acopladas*.

[1] A linha em $\Delta G^{\circ\prime}$ indica que dois parâmetros adicionais foram adicionados ao ΔG° definido na Seção 3.7 do volume 1; a reação ocorre em solução aquosa com pH = 7 e a concentração da água é conhecida como constante.

		$\Delta G°'$		
D-glicose + fosfato ~~de~~ hidrogênio ⟶ D-glicose-6-fosfato + ~~H_2O~~		+ 3,3 kcal/mol	ou	+ 13,8 kJ/mol
ATP + ~~H_2O~~ ⟶ ADP + fosfato ~~de~~ hidrogênio		− 7,3 kcal/mol	ou	− 30,5 kJ/mol
D-glicose + ATP ⟶ D-glicose-6-fosfato + ADP		− 4,0 kcal/mol	ou	− 16,7 kJ/mol

Essa descrição não mecanística do poder do ATP o faz parecer uma fonte mágica de energia. Vamos olhar o mecanismo da reação para ver o que realmente acontece. Ela é uma simples reação de substituição nucleofílica de uma etapa. O grupo 6-OH da glicose ataca o fosfato terminal do ATP, quebrando uma **ligação de fosfoanidrido** sem a formação de um intermediário. É uma reação essencialmente S_N2, tendo um pirofosfato de adenosina como grupo de saída.

Molecule Gallery: Adenosina 5'-trifosfato (ATP)
WWW

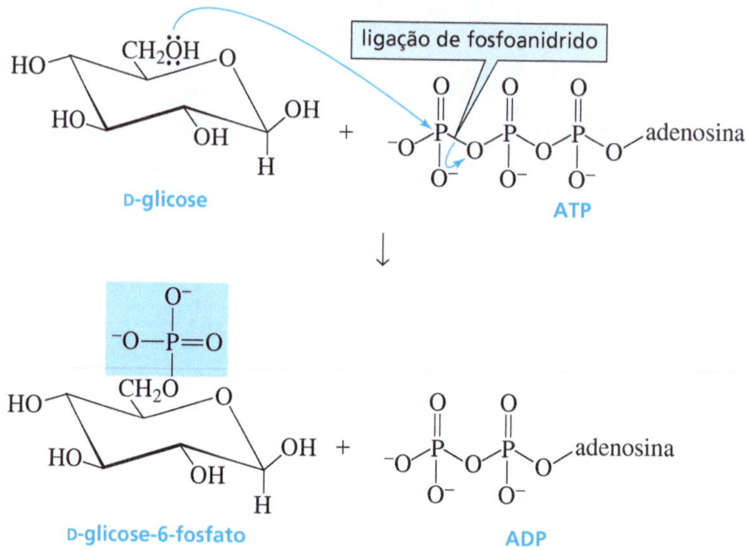

Agora temos um entendimento químico do porquê de a fosforilação da glicose requerer o ATP. Sem ATP, o grupo 6-OH da D-glicose teria que deslocar um grupo ^{-}OH muito básico do fosfato de hidrogênio. Com ATP, o grupo 6-OH da D-glicose desloca o ADP fracamente básico.

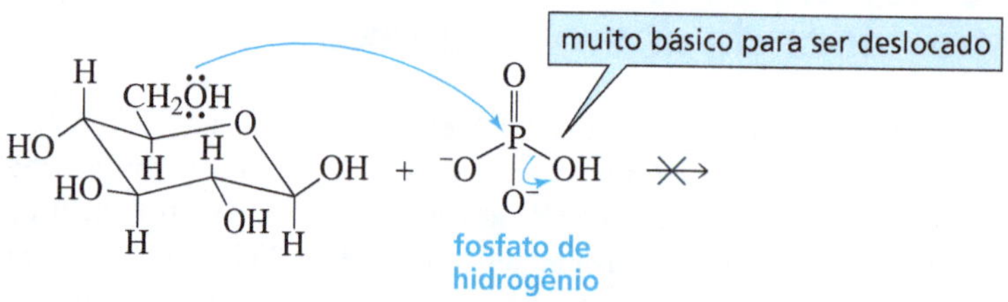

Embora a fosforilação da glicose seja descrita como conduzida pela 'hidrólise' do ATP, podemos ver pelo mecanismo que a glicose não reage com o fosfato de hidrogênio e que o ATP não é hidrolisado, pois não reage com a água. Em outras palavras, nenhuma das reações acopladas ocorre na verdade. No lugar, o grupo fosfato do ATP é transferido diretamente para a D-glicose.

O ATP fornece uma via de reação que envolve um bom grupo de saída para uma reação que não pode ocorrer devido ao grupo de saída pobre.

A transferência de um grupo fosfato do ATP para a D-glicose é um exemplo de **reação de transferência de fosforila**. Existem muitas reações de transferência de fosforila nos sistemas biológicos. Em todas essas reações, o grupo fosfato eletrofílico é transferido para um nucleófilo como resultado da quebra de uma ligação de anidrido. Esse exemplo de uma reação de transferência de fosforila demonstra a verdadeira função química do ATP — *fornece uma via de reação que envolve um bom grupo de saída para uma reação que não pode ocorrer (ou que ocorreria muito lentamente) devido ao grupo de saída pobre.*

PROBLEMA 3 RESOLVIDO

A hidrólise do fosfoenolpiruvato é tão exergônica ($\Delta G^{\circ\prime} = -14{,}8$ kcal/mol ou $-61{,}9$ kJ/mol) que pode ser usada para 'conduzir a formação' do ATP a partir do ADP e do fosfato de hidrogênio ($\Delta G^{\circ\prime} = +7{,}3$ kcal/mol ou $+30{,}5$ kJ/mol). Proponha um mecanismo para essa reação.

RESOLUÇÃO Como vimos no exemplo com o ATP, nenhuma das reações acopladas realmente ocorre: o fosfoenolpiruvato não reage com água e o ADP não reage com fosfato de hidrogênio. O ATP 'conduz a formação' da glicose-6-fosfato pelo fornecimento de fosfato, que tem um bom grupo de saída (ADP), à glicose (um nucleófilo). Do mesmo modo, o fosfoenolpiruvato 'conduz a formação' do ATP pelo fornecimento de um fosfato, que tem um bom grupo de saída (piruvato), ao ADP (um nucleófilo).

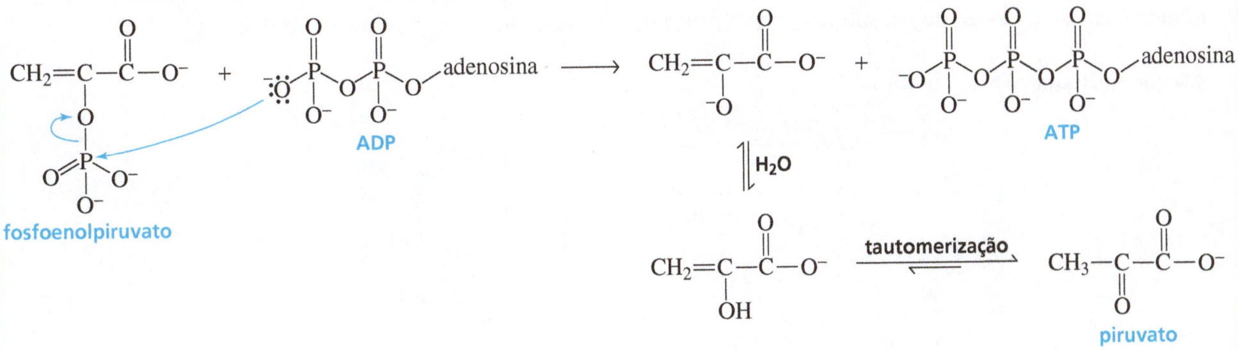

PROBLEMA 4◆

Por que o piruvato é um bom grupo de saída?

PROBLEMA 5◆

Várias biomoléculas importantes, bem como os valores de $\Delta G^{\circ\prime}$ de suas respectivas hidrólises, estão listadas aqui. Qual delas 'hidrolisa' com energia suficiente para 'conduzir a formação' do ATP?

glicerol-1-fosfato:
$-2{,}2$ kcal/mol ($-9{,}2$ kJ/mol)

frutose-6-fosfato:
$-3{,}8$ kcal/mol ($-15{,}9$ kJ/mol)

fosfocreatina:
$-11{,}8$ kcal/mol ($-49{,}4$ kJ/mol)

glicose-6-fosfato:
$-3{,}3$ kcal/mol ($-13{,}8$ kJ/mol)

27.3 Três mecanismos para reações de transferência de fosforila

Existem três mecanismos possíveis para uma reação de transferência de fosforila. Elas serão ilustradas com a utilização da seguinte reação de substituição nucleofílica de acila.

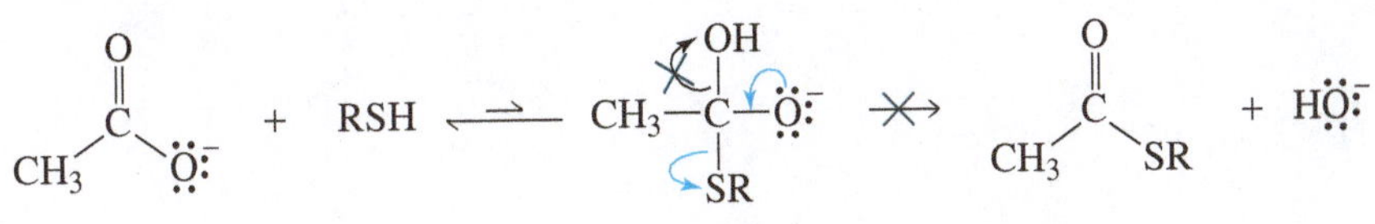

Essa reação não ocorre sem ATP, pois o íon carboxilato negativamente carregado resiste ao ataque nucleofílico e, se o intermediário tetraédrico pudesse ser formado, o nucleófilo de chegada seria uma base mais fraca do que a base que teria sido expulsa do intermediário tetraédrico para formar o tioéster. Em outras palavras, o tiol seria expulso do intermediário tetraédrico, formando de novo o íon carboxilato (Seção 17.5).

Se o ATP for adicionado à mistura reacional, a reação se processa. O íon carboxilato ataca um dos grupos fosfato do ATP, quebrando a ligação de fosfoanidrido. Isso coloca um grupo de saída sobre o grupo carboxila, que pode ser des-

Tutorial Gallery: Reações de transferência de fosforila
www

locado pelo tiol. Existem três mecanismos possíveis para a reação de um nucleófilo com o ATP, pois cada um dos três átomos de fósforo do ATP pode sofrer um ataque nucleofílico. Cada mecanismo coloca um grupo de saída fosfato diferente sobre o nucleófilo.

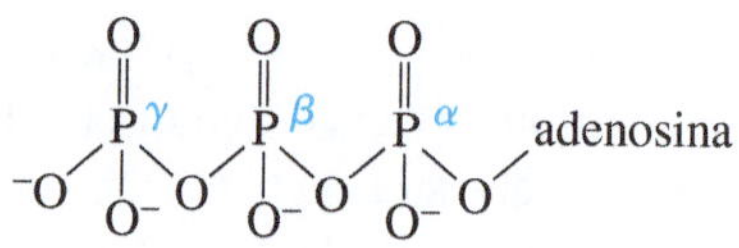

ATP

Se o íon carboxilato atacar o γ-fósforo do ATP, é formado um **fosfato de acila**. O fosfato de acila reage, portanto, com um tiol em uma reação de substituição nucleofílica de acila (Seção 17.5) para formar o tioéster.

ataque nucleofílico no γ-fósforo

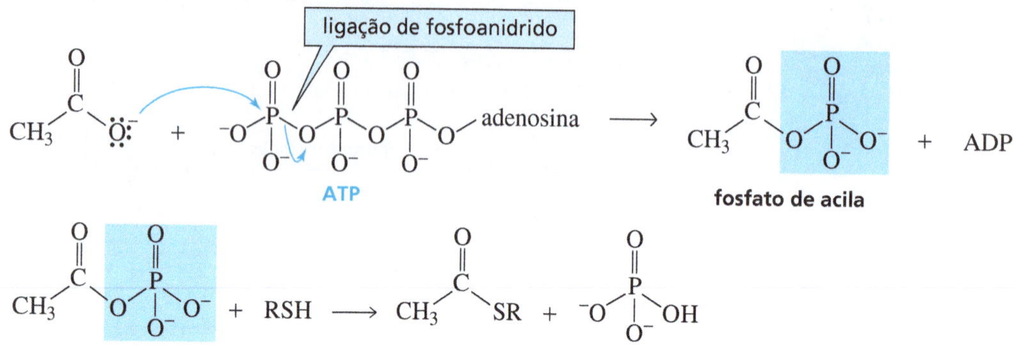

reação global

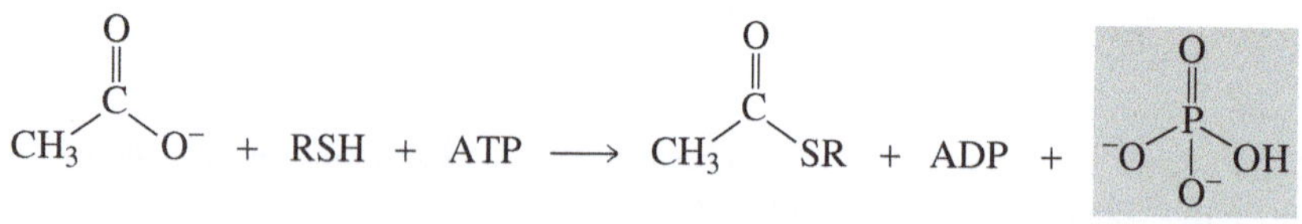

Se o íon carboxilato ataca o β-fósforo do ATP, é formado um **pirofosfato de acila**. O fosfato de acila então reage com o tiol em uma reação de substituição nucleofílica de acila para formar o tioéster.

ataque nucleofílico no β-fósforo

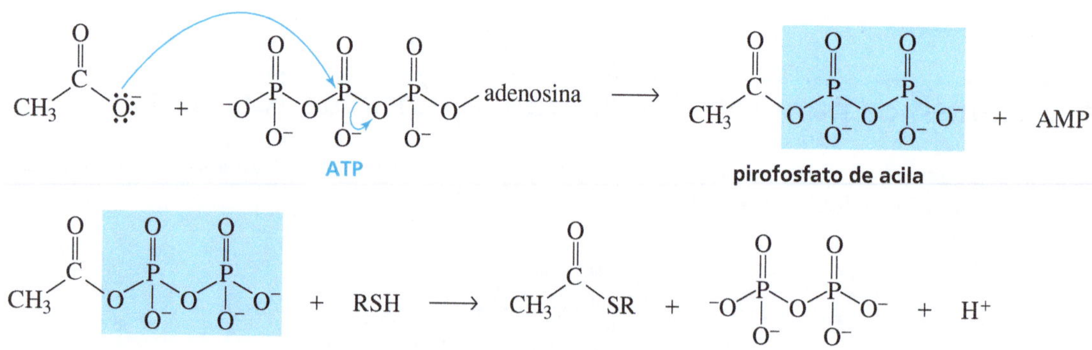

reação global

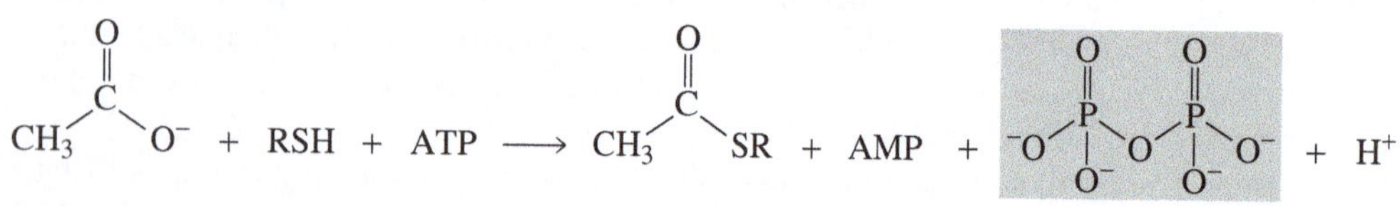

No terceiro mecanismo possível, o íon carboxilato ataca o α-fósforo do ATP, formando um **adenilato de acila**. O fosfato de acila depois reage com o tiol em uma reação de substituição nucleofílica de acila para formar o tioéster.

ataque nucleofílico no α-fósforo

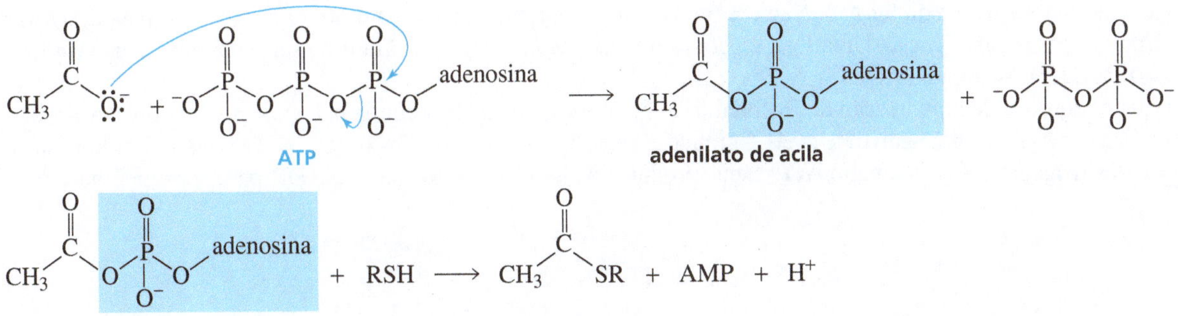

reação global

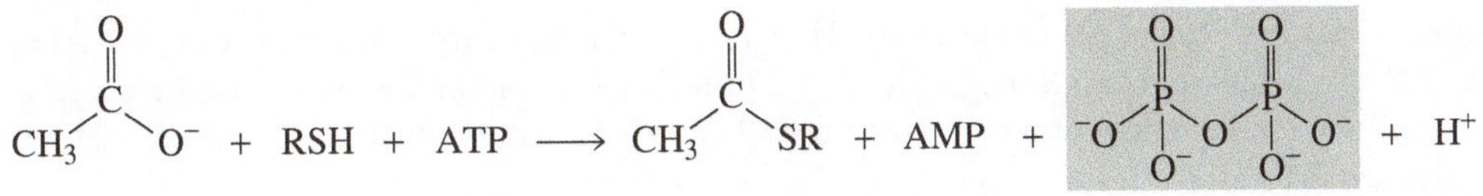

Na Seção 17.20 vimos que os ácidos carboxílicos, nos sistemas biológicos, podem ser ativados pela conversão em fosfatos de acila, pirofosfatos de acila e adenilatos de acila. Cada um desses três mecanismos coloca um grupo de saída sobre o ácido carboxílico, podendo ser facilmente deslocado por um nucleófilo. A única diferença nos três mecanismos é o fosfato, que é atacado pelo nucleófilo, e a natureza do intermediário que é formado.

Muitos nucleófilos diferentes reagem com o ATP nos sistemas biológicos. Se o ataque nucleofílico vai ocorrer no α, β, ou γ-fósforo, em determinada reação, vai depender da enzima que catalisa a reação (Seção 27.5). Os mecanismos que envolvem o ataque nucleofílico no γ-fósforo formam o ADP e o fosfato como produtos secundários, ao passo que os mecanismos que envolvem o ataque nucleofílico no α ou β-fósforo formam o AMP e o pirofosfato como produtos secundários.

Quando o pirofosfato é um dos produtos secundários, ele é hidrolisado subseqüentemente em dois equivalentes de fosfato. Em conseqüência, em reações nas quais o pirofosfato é formado como produto, a posterior hidrólise conduz a reação para a direita, assegurando sua irreversibilidade.

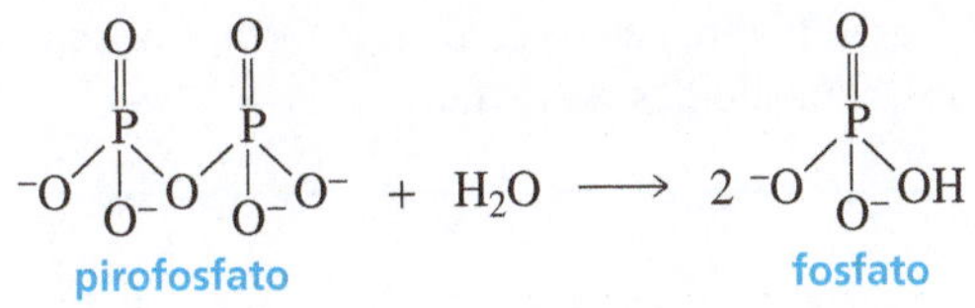

Assim, reações catalisadas por enzimas nas quais a irreversibilidade é importante se realizam por um dos mecanismos que formam o pirofosfato como produto (ataque no α ou β-fósforo do ATP). Por exemplo, ambas as reações que juntam as subunidades nucleotídicas que formam os ácidos nucléicos (Seção 27.7) e a reação que liga um aminoácido ao tRNA (a primeira etapa na tradução do RNA em uma proteína; Seção 27.12) envolvem um ataque nucleofílico no α-fósforo do ATP.

PROBLEMA 6

O β-fósforo do ATP tem duas junções de fosfoanidrido, mas somente a que liga o β-fósforo ao α-fósforo é quebrada em uma reação de transferência de fosforila. Explique por que a junção que liga o β-fósforo ao γ-fósforo nunca é quebrada.

27.4 O caráter de 'alta energia' das ligações de fosfoanidrido

Devido à hidrólise de uma ligação de fosfoanidrido ser uma reação altamente exergônica, essas ligações são chamadas **'ligações de alta energia'.** O termo 'alta energia' nesse contexto significa que muita energia é liberada quando uma reação ocorre, causando a quebra da ligação. Não confunda com 'energia de ligação', termo químico usado para descrever como é difícil quebrar uma ligação. Uma ligação com *alta energia de ligação* é difícil de ser quebrada, e uma *ligação de alta energia* quebra-se rapidamente.

Por que a hidrólise de uma ligação de fosfoanidrido é tão exergônica? Em outras palavras, por que o valor de $\Delta G°$ para sua hidrólise é grande e negativo? Um $\Delta G°$ grande e negativo significa que os produtos da reação são muito mais estáveis que os reagentes. Vamos olhar o ATP e seus produtos de hidrólise, o fosfato e o ADP, para ver o porquê.

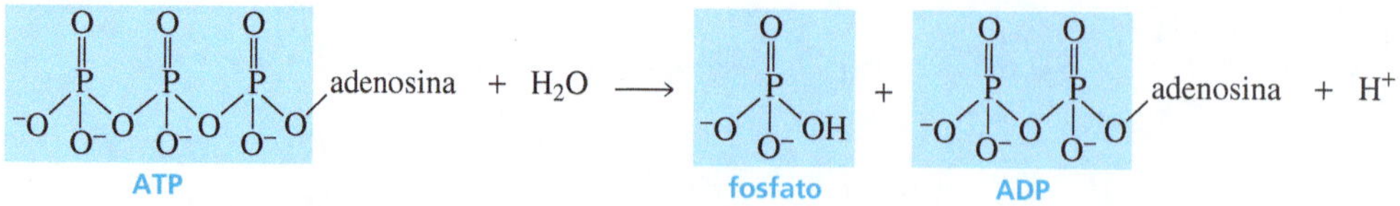

Três fatores contribuem para a maior estabilidade do ADP e do fosfato comparado ao ATP:

1. **Melhor repulsão eletrostática no ATP.** Em pH fisiológico (pH = 7,3), o ATP tem cargas negativas de 3,3, o ADP tem cargas negativas de 2,8 e o fosfato tem cargas negativas de 1,1 (Seção 1.20, volume 1). Devido à carga negativa maior do ATP, maior repulsão eletrostática estará presente no ATP que no ADP ou no fosfato. Repulsões eletrostáticas desestabilizam a molécula.
2. **Maior solvatação nos produtos.** Íons negativamente carregados são estabilizados em uma solução aquosa por solvatação. Devido ao reagente ter cargas negativas de 3,3, enquanto a soma das cargas negativas dos produtos é 3,9 (2,8 + 1,1), ocorre maior solvatação nos produtos do que no reagente.
3. **Maior estabilização por ressonância nos produtos.** A deslocalização de um par de elétrons livre no oxigênio que une os dois átomos de fósforo não é muito eficaz, pois coloca a carga positiva sobre um oxigênio que está próximo a um átomo de fósforo positivamente carregado. Quando a ligação de fosfoanidrido se quebra, um par de elétrons livre adicional pode ser eficazmente deslocalizado.

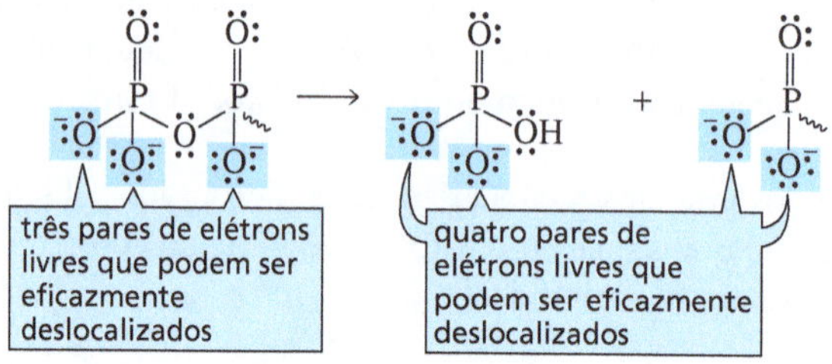

Fatores similares explicam o $\Delta G°$ grande e negativo se o ATP for hidrolisado e formar AMP e pirofosfato, e se o pirofosfato for hidrolisado e formar dois equivalentes de fosfato.

PROBLEMA 7 RESOLVIDO

O ATP tem valores de pK_a iguais a 0,9, 1,5, 2,3 e 7,7; o ADP tem valores de pK_a iguais a 0,9, 2,8 e 6,8; e o ácido fosfórico tem valores de pK_a iguais a 1,9, 6,7 e 12,4.

Faça os cálculos mostrando que em pH = 7,3:

a. a carga no ATP é −3,3
b. a carga no ADP é −2,8
c. a carga no fosfato é −1,1

RESOLUÇÃO DE 7a Devido ao pH de 7,3 ser muito mais básico que os valores de pK_a das primeiras três ionizações do ATP, sabemos que esses três grupos estarão inteiramente nas suas formas básicas nesse pH, formando três cargas negativas no ATP. Precisamos determinar que fração do grupo com pK_a de 7,7 estará na sua forma básica em pH de 7,3.

$$\frac{\text{concentração na forma básica}}{\text{concentração total}} = \frac{[A^-]}{[A^-] + [HA]}$$

$$[A^-] = \text{concentração da forma básica}$$

$$[HA] = \text{concentração da forma ácida}$$

Devido a essas equações terem duas incógnitas, uma delas deve ser expressa em termos da outra desconhecida. Usando a definição da constante de dissociação ácida (K_a), podemos definir [HA] em termos de $[A^-]$, K_a e $[H^+]$.

$$K_a = \frac{[A^-][H^+]}{[HA]}$$

$$[HA] = \frac{[A^-][H^+]}{K_a}$$

$$\frac{[A^-]}{[A^-] + [HA]} = \frac{[A^-]}{[A^-] + \dfrac{[A^-][H^+]}{K_a}} = \frac{K_a}{K_a + [H^+]}$$

Agora podemos calcular a fração do grupo com pK_a de 7,7 que estará na forma básica.

$$\frac{K_a}{K_a + [H^+]} = \frac{2{,}0 \times 10^{-8}}{2{,}0 \times 10^{-8} + 5{,}0 \times 10^{-8}} = 0{,}3$$

$$\text{carga total negativa no ATP} = 3{,}0 + 0{,}3 = 3{,}3$$

27.5 Estabilidade cinética do ATP na célula

Apesar de o ATP reagir rapidamente em reações catalisadas por enzimas, ele reage de modo lento na ausência de uma enzima. Por exemplo, anidridos de ácidos carboxílicos se hidrolisam em questão de minutos, mas o ATP leva várias semanas para se hidrolisar. A velocidade lenta de hidrólise do ATP é importante, pois lhe permite existir dentro da célula até que seja necessário para uma reação catalisada por enzima.

As cargas negativas no ATP são responsáveis pela sua relativa falta de reatividade. Essas cargas negativas repelem a aproximação de nucleófilos. Quando o ATP está ligado ao sítio ativo de uma enzima, ele se complexa com o magnésio (Mg^{2+}), diminuindo a carga negativa total sobre ele. (Por isso as enzimas que requerem ATP também necessitam de íons metálicos; Seção 25.5.) As outras duas cargas negativas podem ser estabilizadas por grupos positivamente carregados, tal como resíduos de arginina ou lisina do sítio ativo, como mostrado na Figura 27.2. Dessa maneira, os nucleófilos se aproximam imediatamente do ATP, que reage rapidamente em uma reação catalisada por enzima, embora isso vá ocorrer de maneira lenta na ausência da enzima.

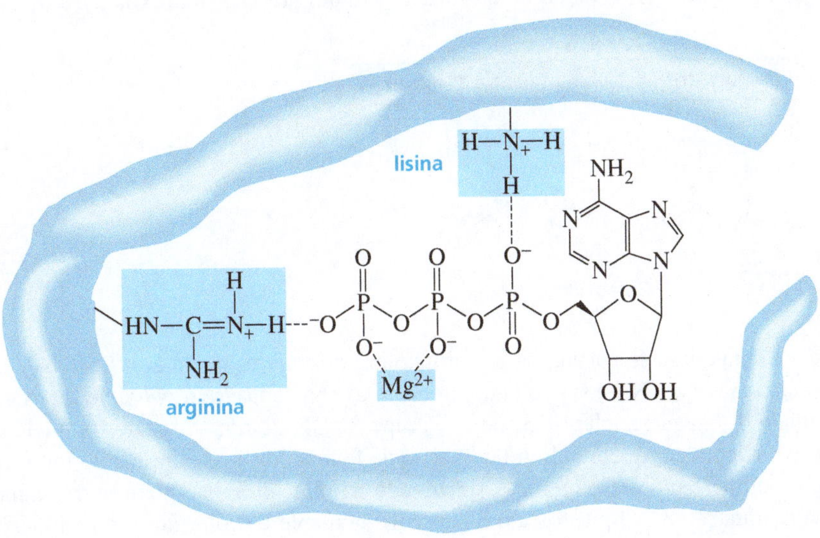

Figura 27.2 Interações entre o ATP, o Mg^{2+} e os resíduos de arginina e de lisina no sítio ativo de uma enzima.

27.6 Outros nucleotídeos importantes

O ATP não é o único nucleotídeo biologicamente importante. A guanosina 5'-trifosfato (GTP) é usada no lugar do ATP em algumas reações de transferência de fosforila. Vimos também nas seções 25.2 e 25.3 que os dinucleotídeos são usados como agentes oxidantes (NAD^+, $NADP^+$, FAD, FMN) e agentes redutores (NADH, NADPH, $FADH_2$, $FMNH_2$).

Outro nucleotídeo importante é a adenosina 3',5'-monofosfato, mais conhecida como AMP cíclico. O AMP cíclico é chamado 'segundo mensageiro', pois serve como ponte entre vários hormônios (os primeiros mensageiros) e certas enzimas que regulam as funções celulares. A secreção de certos hormônios, tal como a adrenalina, ativa a adenilato ciclase, enzima responsável pela síntese do AMP cíclico a partir do ATP. O AMP cíclico, em seguida, ativa uma enzima, em geral pela sua fosforilação. Os nucleotídeos cíclicos são tão importantes na regulação de reações celulares que um jornal científico inteiro é devotado a esses processos.

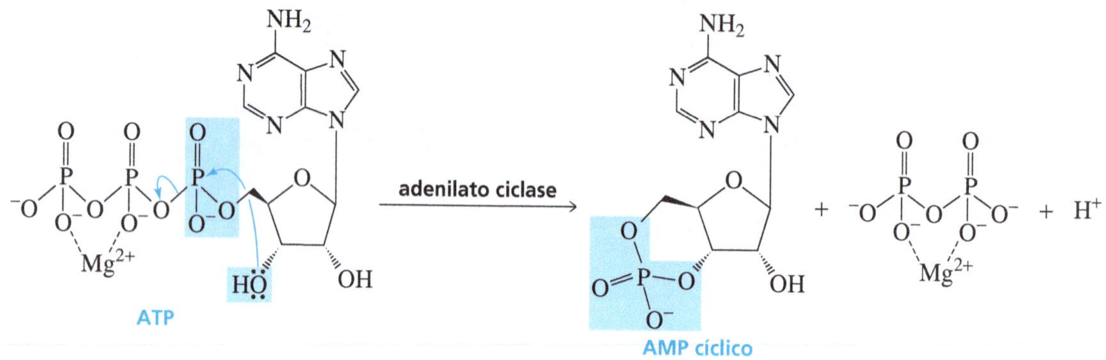

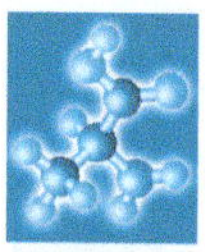

Molecule Gallery: AMP cíclico

www

PROBLEMA 8

Que produtos seriam obtidos da hidrólise do AMP cíclico?

27.7 Ácidos nucléicos

Os **ácidos nucléicos** são constituídos de longas cadeias de subunidades nucleotídicas unidas por ligações fosfodiéster. Essas junções unem o grupo 3'-OH de um nucleotídeo ao grupo 5'-OH do próximo nucleotídeo (Figura 27.1). Um **dinucleotídeo** contém duas subunidades de nucleotídeo, um **oligonucleotídeo** contém de três a dez subunidades e um **polinucleotídeo** contém muitas subunidades. O DNA e o RNA são polinucleotídeos. Note que o nucleotídeo de uma das terminações da cadeia tem um grupo 5'-trifosfato livre e o nucleotídeo da outra terminação tem um grupo 3'-hidroxila livre.

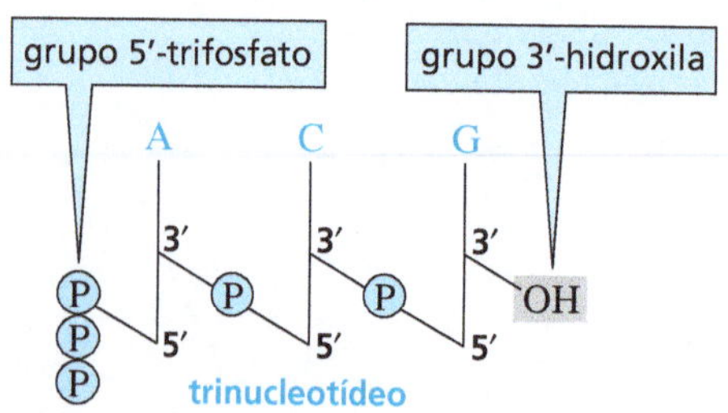

Os trifosfatos de nucleotídeos são os materiais de partida para a biossíntese dos ácidos nucléicos. O DNA é sintetizado por enzimas chamadas *DNA polimerases* e o RNA é sintetizado por enzimas chamadas *RNA polimerases*. A cadeia de nucleotídeo é formada como resultado do ataque nucleofílico de um grupo 3'-OH de um trifosfato de nucleotídeo sobre o α-fósforo de outro trifosfato de nucleotídeo, quebrando uma ligação de fosfoanidrido e eliminando um pirofosfato (Figura 27.3). Isso significa que o polímero em crescimento é sintetizado na direção 5'→ 3'; em outras palavras, novos nucleotídeos são adicionados à terminação 3'. O pirofosfato é subseqüentemente hidrolisado, tornando a reação irreversível (Seção 27.3). As cadeias de RNA são biossintetizadas da mesma maneira, usando ribonucleotídeos no lugar de 2′-desoxirribonucleotídeos. A **estrutura primária** de um ácido nucléico é a seqüência de bases na cadeia.

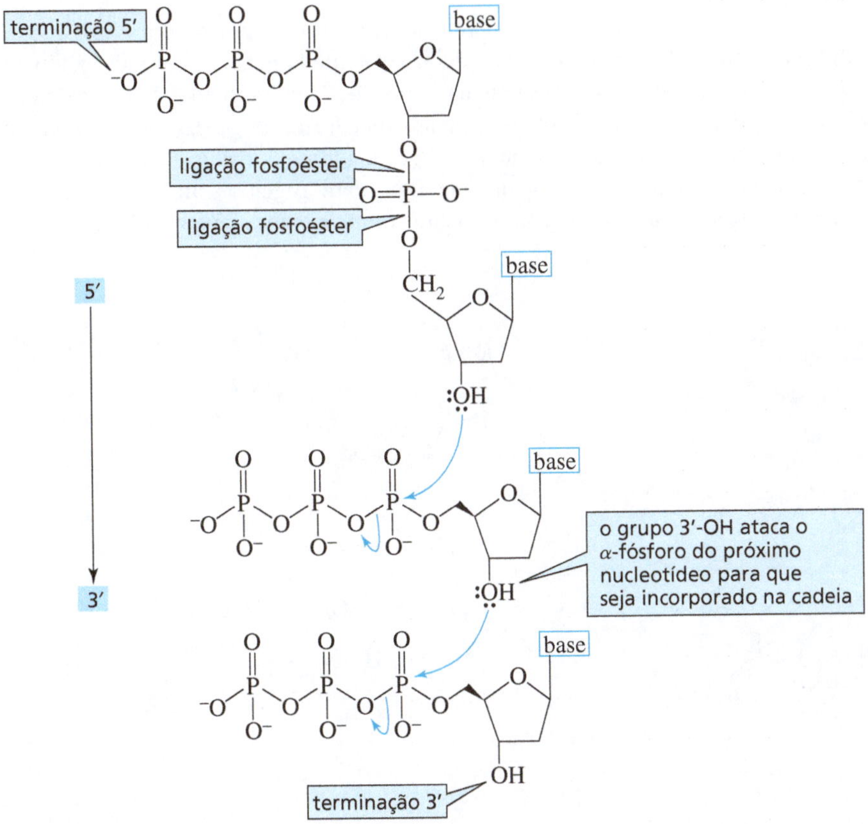

▲ **Figura 27.3**
Adição de nucleotídeos a uma cadeia de DNA em crescimento. A biossíntese ocorre na direção 5′→ 3′.

Erwin Chargaff (1905–2002) *nasceu na Áustria e tornou-se PhD pela Universidade de Viena. Para escapar de Hitler, foi para os Estados Unidos em 1935, tornando-se professor da Columbia University College of Physicians and Surgeons. Ele modificou a cromatografia de papel — técnica desenvolvida para identificar aminoácidos (Seção 23.5) — a fim de que pudesse ser usada para quantificar as diferentes bases em uma amostra de DNA.*

Watson e Crick concluíram que o DNA consiste em duas cadeias de ácidos nucléicos, com o esqueleto açúcar–fosfato na parte externa e as bases na parte interna. As cadeias são unidas por ligações hidrogênio entre as bases de uma cadeia e as bases da outra cadeia (Figura 27.4). A largura da molécula de cadeia dupla é relativamente constante para que uma purina possa se emparelhar com uma pirimidina. Se purinas maiores se emparelham, a cadeia pode inchar; se pirimidinas menores se emparelham, as cadeias teriam que se contrair para que as pirimidinas ficassem próximas o suficiente para formar ligações hidrogênio.

Os experimentos realizados por Erwin Chargaff foram críticos para a proposta de Watson e Crick sobre a estrutura secundária do DNA. Esses experimentos mostraram que o número de adeninas no DNA é igual ao número de timinas, e que o número de guaninas é igual ao número de citosinas. Chargaff notou também que o número de adeninas e timinas relativo ao número de guaninas e citosinas é característico de uma dada espécie, mas varia de espécie para espécie. No DNA humano, por exemplo, 60,4% das bases são adeninas e timinas, enquanto 74,2% delas são adeninas e timinas no DNA da bactéria *Sarcina lutea*.

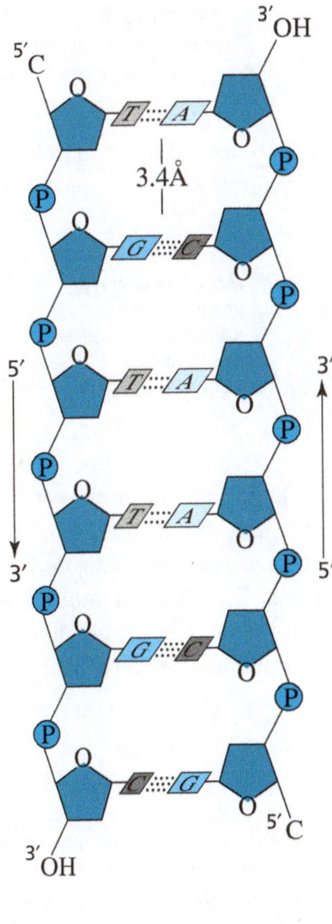

Figura 27.4 ▶
Emparelhamento de bases complementares no DNA. A adenina (uma purina) sempre se emparelha com a timina (uma pirimidina); a guanina (uma purina) sempre se emparelha com uma a citosina (uma pirimidina).

Os dados de Chargaff que mostram [adenina] = [timina] e [guanina] = [citosina] poderiam ser explicados se a adenina (A) sempre se emparelhasse com a timina (T) e a guanina (G) sempre se emparelhasse com a citosina (C). Isso significa que as duas cadeias são complementares — onde há um A em uma cadeia, há um T na cadeia oposta, e onde há um G em uma cadeia, há um C na outra (Figura 27.4). Portanto, se você conhece a seqüência de bases de uma cadeia, poderá descobrir a seqüência de bases da outra cadeia.

[A] = [T]
[G] = [C]

O que leva a adenina a se emparelhar com a timina e não com a citosina (a outra pirimidina)? O emparelhamento de bases é ditado pela ligação hidrogênio. O fato de saber que as bases existem na forma cetônica (Seção 19.2) permitiu a Watson explicar o emparelhamento.[2] A adenina forma duas ligações hidrogênio com a timina, mas formaria somente uma ligação hidrogênio com a citosina. A guanina forma três ligações hidrogênio com a citosina, mas formaria somente uma ligação hidrogênio com a timina (Figura 27.5). As ligações N—H---N e N—H---O, que seguram as bases, apresentam comprimentos similares (2,9 ± 0,1 Å).

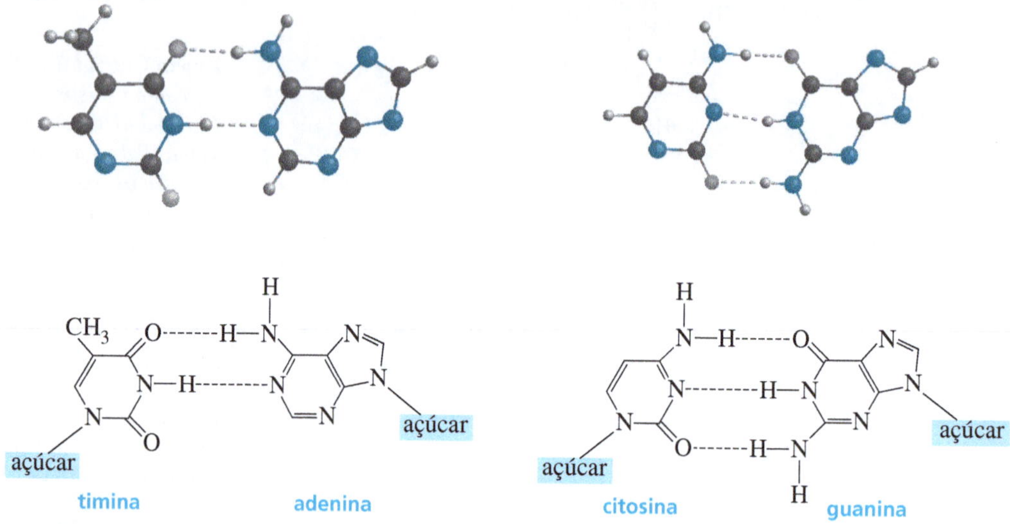

▲ **Figura 27.5**
Emparelhamento de bases no DNA: a adenina e a timina formam duas ligações hidrogênio; a citosina e a guanina formam três ligações hidrogênio.

As duas cadeias de DNA são antiparalelas — elas correm em direções opostas, com o esqueleto açúcar–fosfato na parte externa e as bases na parte interna (figuras 27.4 e 27.6). Por convenção, a seqüência de bases em um polinucleotídeo é escrita na direção 5′ → 3′ (a terminação 5′ está na esquerda).

Molecule Gallery: Par de bases adenina–timina; par de bases guanina–citosina
WWW

ATGAGCCATGTAGCCTAATCGGC

terminação 5′ — terminação 3′

As cadeias de DNA não são lineares, mas sim enroladas dentro de um hélice em torno de um eixo comum (ver Figura 27.7a). Os pares de bases são planares e paralelos um em relação ao outro na parte interna da hélice (Figura 27.7b e c). A estrutura secundária é portanto conhecida como **dupla hélice**. A dupla hélice lembra uma escada (os pares de bases são os degraus) enrolada em torno de um eixo que desce por seus degraus (figuras 27.4 e 27.7c). O esqueleto açúcar–fosfato está empacotado em torno das bases. O grupo OH do fosfato tem um pK_a de aproximadamente 2, estando em sua forma básica (carregada negativamente) em pH fisiológico. O esqueleto carregado negativamente repele os nucleófilos, prevenindo, assim, a clivagem das ligações fosfodiésteres.

[2] Watson estava tendo dificuldades em entender o emparelhamento das bases no DNA, pois ele pensava que as bases existissem na forma enólica (veja o Problema 10). Quando Jerry Donohue, cristalógrafo americano, informou-o de que as bases muito provavelmente existissem em uma forma cetônica, os dados de Chargaff podiam ser facilmente explicados por ligações hidrogênio entre a adenina e a timina, e entre a guanina e a citosina.

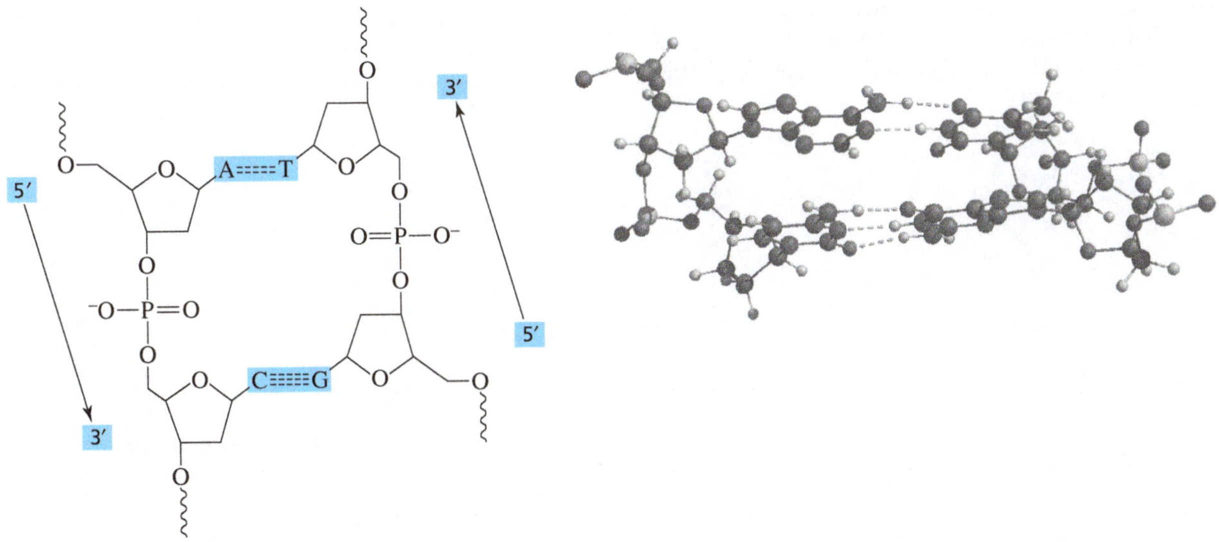

▲ **Figura 27.6**
O esqueleto açúcar–fosfato do DNA está na parte externa e as bases estão na parte interna, com as A emparelhadas com as T e as G emparelhadas com as C. As duas cadeias são antiparalelas, ou seja, correm em direções opostas.

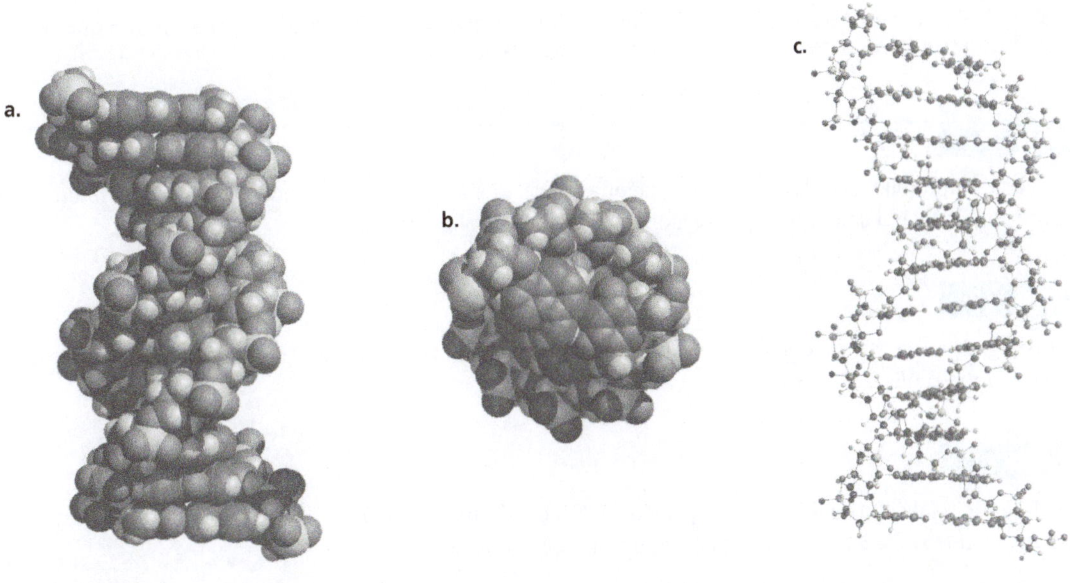

▲ **Figura 27.7**
(a) Dupla hélice do DNA. (b) Vista de baixo do longo eixo da hélice. (c) As bases são planares e paralelas na parte interna da hélice. (Veja figuras em cores no caderno colorido.)

Diferentemente do DNA, o RNA é facilmente clivado, pois o grupo 2′-OH da ribose pode agir como um nucleófilo que cliva a cadeia (Figura 27.8). Isso explica por que o grupo 2′-OH está ausente no DNA. Para preservar a informação genética, o DNA deve permanecer intacto durante o ciclo de vida de uma célula. A clivagem do DNA teria conseqüências desastrosas para a célula e para a própria vida. Em contraste, o RNA é sintetizado quando necessário e é degradado uma vez que serviu para sua finalidade.

A ligação hidrogênio entre os pares de bases é somente um das forças que une as duas cadeias da dupla hélice do DNA. As bases são moléculas aromáticas planares que estão empilhadas umas em cima das outras. Cada par gira levemente em relação ao próximo par, como uma mão de jogo com cartas abertas. Existem interações de Van der Waals entre os dipolos, mutuamente induzidos, de pares adjacentes das bases. Essas interações, conhecidas como **interações de empilhamento**, são forças atrativas fracas, mas quando reunidas podem contribuir significantemente para a

Molecule Gallery: Dupla hélice do DNA
WWW

estabilidade da dupla hélice. As interações de empilhamento são mais fortes entre duas purinas e mais fracas entre duas pirimidinas. O confinamento das bases na parte interna da hélice tem efeito estabilizante adicional — reduz a área de superfície dos resíduos relativamente apolares expostos à água. Isso aumenta a entropia das moléculas de água da vizinhança (Seção 23.14).

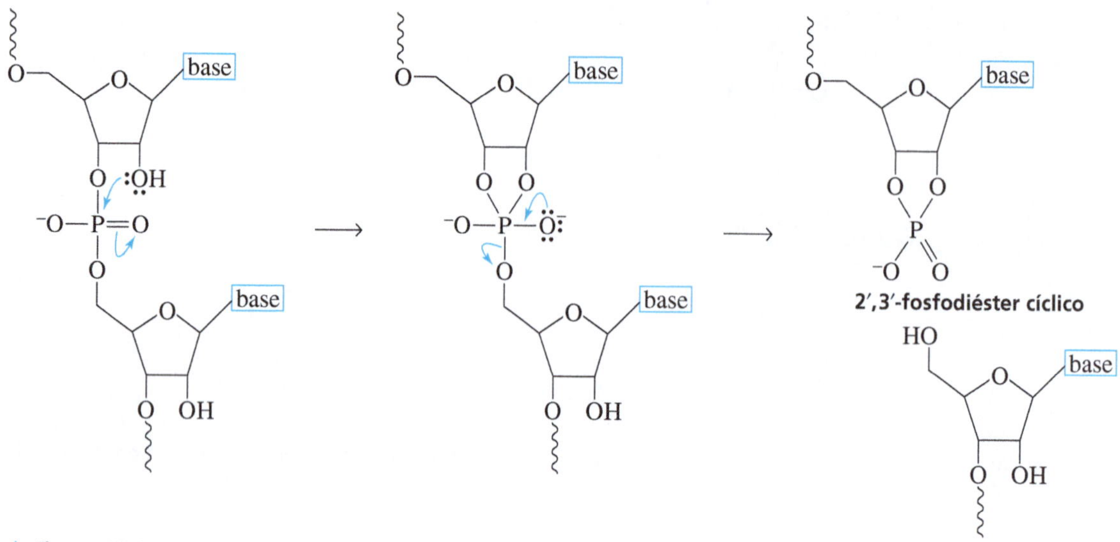

▲ **Figura 27.8**
Hidrólise do RNA. O grupo 2′-OH age como catalisador nucleofílico intramolecular. Foi estimado que o RNA é hidrolisado três bilhões de vezes mais rápido que o DNA.

PROBLEMA 9

Indique se cada grupo funcional das cinco bases heterocíclicas dos ácidos nucléicos pode funcionar com um aceptor de ligação hidrogênio (A), um doador de ligação hidrogênio (D), ou ambos (D/A).

PROBLEMA 10

Usando as designações D, A e D/A do Problema 9, explique como o emparelhamento das bases seria afetado caso as bases existissem na forma enólica.

PROBLEMA 11

O 2′,3′-fosfodiéster cíclico, o qual é formado quando o RNA é hidrolisado (Figura 27.8), reage com a água, formando uma mistura de nucleotídeos 2′e 3′-fosfatos. Proponha um mecanismo para essa reação.

PROBLEMA 12◆

Se uma das cadeias do DNA tiver a seguinte seqüência de bases que vão na direção 5′⟶ 3′,

5′—G—G—A—C—A—A—T—C—T—G—C—3′

a. Qual a seqüência de bases da cadeia complementar?

b. Que base está mais próxima da terminação 5′na cadeia complementar?

27.8 Formas helicoidais do DNA

O DNA de ocorrência natural pode existir em três formas helicoidais diferentes mostradas na Figura 27.9. Ambas as hélices, B e A, giram para a direita. A hélice B é a forma predominante em solução aquosa, enquanto a hélice A é a forma predominante em solventes apolares. Aproximadamente todos os DNAs dos organismos vivos têm hélice do tipo B.

A hélice Z gira para a esquerda. Ocorre em regiões onde há grande conteúdo de pares de bases G—C. A hélice A é mais curta (para um dado número de pares de bases) e cerca de 3% mais larga do que a hélice B, a qual é mais curta e mais larga do que a hélice Z.

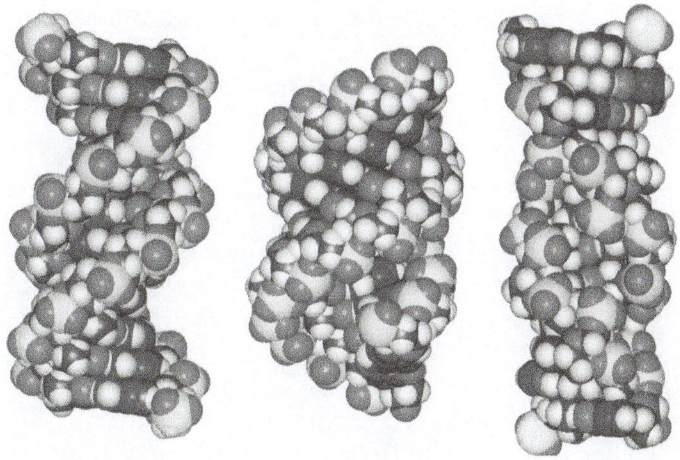

Figura 27.9
Três formas helicoidais do DNA.

Molecule Gallery: Hélice B; hélice A; hélice Z

WWW

As hélices são caracterizadas pelo número de bases por volta de 360º e pela distância (elevação) entre pares de bases adjacentes. Um DNA-A tem 11 pares de bases por volta e uma elevação de 2,3 Å; um DNA-B tem 11 pares de bases por volta e uma elevação de 3,4 Å; e um DNA-Z tem 12 pares de bases por volta e uma elevação de 3,8 Å.

Se você examinar a Figura 27.9, verá que existem dois tipos de sulcos alternados no DNA. No DNA-B o **sulco principal** é maior que o **sulco secundário**. Uma seção transversal da dupla hélice mostra que um lado de cada par de bases está de frente para o sulco principal, e o outro lado está de frente para o sulco secundário (Figura 27.10).

As proteínas e outras moléculas podem se ligar aos sulcos. A propriedade de ligação hidrogênio dos grupos funcionais de frente para cada sulco determina que tipos de moléculas se ligarão ao sulco. A mitomicina é uma substância de ocorrência natural que apresenta atividades antibacteriana e anticâncer. Ela atua pela ligação com o sulco secundário do DNA. Liga-se em regiões ricas em A e T (Seção 30.10).

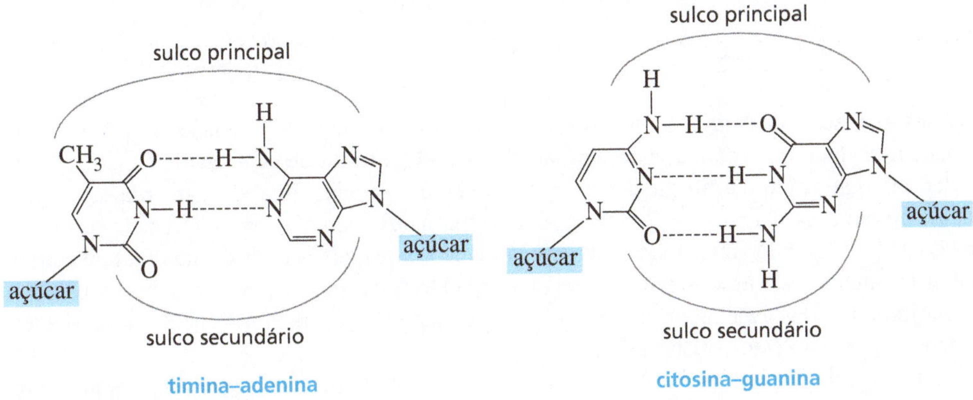

Figura 27.10
Um lado de cada par de bases está de frente para o sulco principal e o outro lado está de frente para o sulco secundário.

PROBLEMA 13

Calcule o comprimento de uma volta no:

a. DNA-A

b. DNA-B

c. DNA-Z

27.9 Biossíntese do DNA: replicação

A proposta de Watson e Crick para a estrutura do DNA foi uma revelação excitante, pois a estrutura sugeriu imediatamente como o DNA é capaz de passar a informação genética para gerações posteriores. Devido ao fato de as duas cadeias serem complementares, ambas carregam a mesma informação genética. As duas cadeias servem como moldes para a síntese de novas cadeias complementares (Figura 27.11). As novas moléculas (filhas) de DNA são idênticas à molécula original (pais) — elas contêm toda a informação genética original. A síntese de cópias idênticas de DNA é chamada **replicação**.

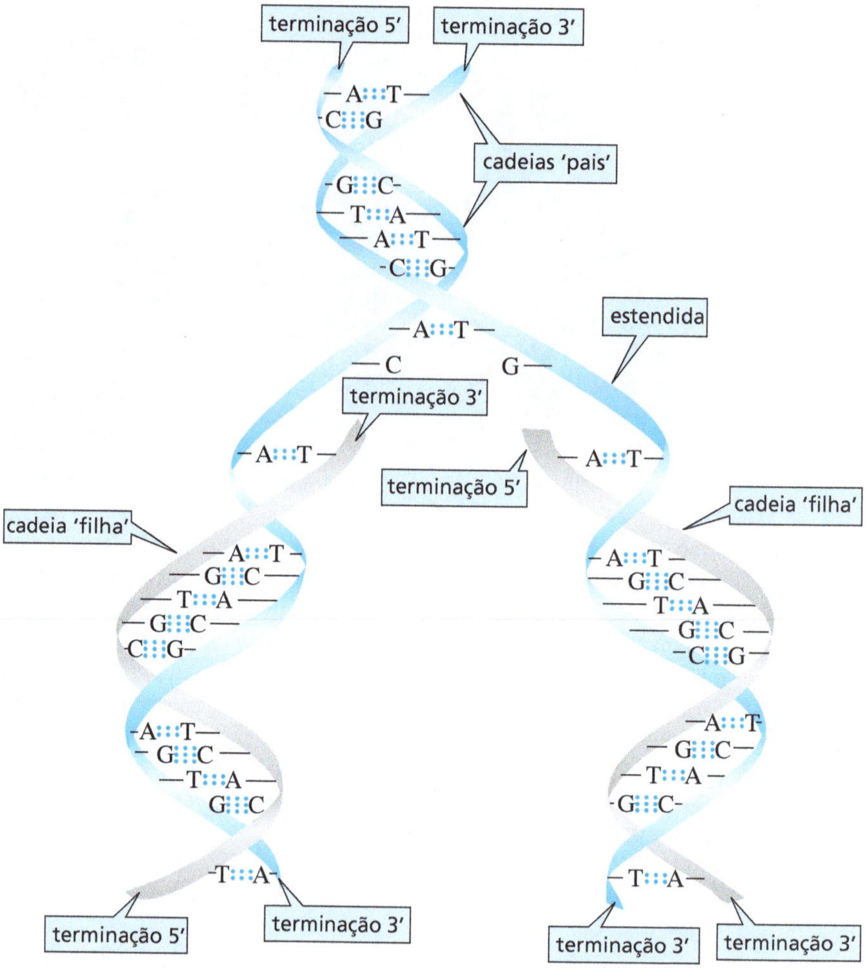

Figura 27.11 ▶ Replicação do DNA. A cadeia 'filha' da esquerda é sintetizada continuamente na direção 5′ ⟶ 3′; a cadeia 'filha' da direita é sintetizada descontinuamente na direção 5′ ⟶ 3′.

Todas as reações envolvidas na síntese de ácidos nucléicos são catalisadas por enzimas. A síntese do DNA ocorre em uma região da molécula onde as cadeias começam a se desenrolar, chamada **forquilha de replicação**. Devido ao fato de um ácido nucléico só poder ser sintetizado na direção 5′ ⟶ 3′, somente a cadeia 'filha' da esquerda, na Figura 27.11, é sintetizada continuamente em uma única parte (porque é sintetizada na direção 5′ ⟶ 3′). A outra cadeia '-filha' precisa crescer na direção 3′ → 5′, sendo sintetizada descontinuamente em pequenas partes. Cada parte é sintetizada na direção 5′ ⟶ 3′, e os fragmentos são unidos pela enzima chamada DNA ligase. Cada uma das duas moléculas 'filhas' de DNA resultantes contêm uma das cadeias originais (cadeia azul) mais uma cadeia nova sintetizada (cadeia cinza). Esse processo é chamado **replicação semiconservativa**.

A informação genética de uma célula humana está contida em 23 pares de cromossomos. Cada cromossomo é composto de diversos milhares de **genes** (segmentos de DNA). O DNA total de uma célula humana — o **genoma humano** — contém 3,1 bilhões de pares de bases.

PROBLEMA 14

Usando uma linha escura para o DNA 'pai' e linhas onduladas para o DNA sintetizado a partir do DNA 'pai', mostre como seria a população de moléculas de DNA na quarta geração.

PROBLEMA 15◆

Assumindo que o genoma humano, com seus 3,1 bilhões de pares de bases, está inteiramente em uma hélice B, qual o comprimento do DNA em uma célula humana?

PROBLEMA 16

Por que o DNA não se desenrola completamente antes do início da replicação?

27.10 Biossíntese do RNA: transcrição

A seqüência de bases do DNA fornece o modelo para a síntese do RNA. A síntese do RNA a partir de um DNA modelo, chamada **transcrição**, ocorre no núcleo da célula. O RNA inicial é o precursor de todo RNA: RNA mensageiro, RNA ribossômico e RNA transportador. O novo RNA sintetizado deixa o núcleo, carregando a informação genética para o citoplasma (o material celular fora do núcleo), onde ocorre a tradução dessa informação em proteínas (Figura 27.17).

O DNA contém seqüências de bases conhecidas como *sítios promotores*. Os **sítios promotores** marcam o início dos genes. Uma enzima reconhece um sítio promotor e se liga a ele, iniciando a síntese do RNA. O DNA, no sítio promotor, se desenrola formando duas cadeias simples e expondo as bases. Uma das cadeias é chamada **fita codificadora** ou **fita interpretadora**. A cadeia complementar é chamada **fita molde** ou **fita não interpretadora**. A fita molde é lida na direção 3′ ⟶ 5′ para que o DNA possa ser sintetizado na direção 5′ ⟶ 3′ (Figura 27.12). As bases da fita molde especificam as bases que precisam ser incorporadas ao RNA, seguindo o mesmo emparelhamento de bases encontrado no DNA. Por exemplo, cada guanina da cadeia molde especifica a incorporação de uma citosina no RNA e cada adenina especifica a incorporação de uma uracila no RNA. (Lembre-se de que, no RNA, a uracila é usada no lugar da timina.) Tanto a fita codificadora quanto o RNA são complementares à fita molde, tendo portanto a mesma seqüência de bases, exceto que o RNA tem uma uracila onde a cadeia sensor tem uma timina. Assim como há sítios promotores que sinalizam os lugares para começar a síntese do RNA, há também sítios no DNA que sinalizam que mais nenhuma base deve ser adicionada à cadeia em crescimento do RNA; nesse ponto a síntese pára.

Severo Ochoa *foi o primeiro a preparar cadeias sintéticas de RNA pela incubação de nucleotídeos na presença de enzimas que estão envolvidas na biossíntese do RNA.* **Arthur Kornberg** *preparou cadeias sintéticas de DNA de maneira similar. Por esse trabalho, eles dividiram o Prêmio Nobel de fisiologia ou medicina em 1959.*

Severo Ochoa (1905–1993) *nasceu na Espanha. Ele se graduou na Universidade de Málaga em 1921 e tornou-se mestre pela Universidade de Madrid. Passou os quatro anos seguintes estudando na Alemanha e Inglaterra e entrou para o corpo docente da Universidade de Medicina de Nova York. Tornou-se cidadão americano em 1956.*

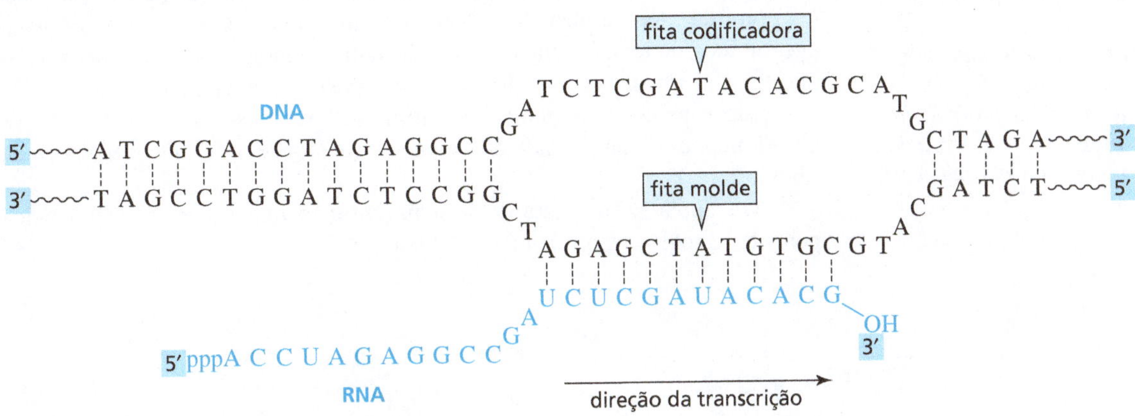

Figura 27.12
Transcrição: usando o DNA como modelo para o RNA.

Surpreendentemente, um gene não é necessariamente uma seqüência contínua de bases. Em geral, as bases de um gene são interrompidas por bases que parecem não ter conteúdo informacional. O comprimento de bases que representa uma porção de um gene é chamado **éxon**, enquanto o comprimento de bases que não contém informação genética é chamado **íntron**. O RNA que é sintetizado é complementar a toda a seqüência de bases do DNA — exons e introns. Então, depois da síntese do RNA, mas antes de este deixar o núcleo, as chamadas bases não interpretadoras (codificadas pelos introns) são cortadas e os fragmentos informacio-

Arthur Kornberg *nasceu em Nova York em 1918. Graduou-se no College of the City of New York e tornou-se mestre pela Universidade de Rochester. Ele é membro do corpo docente do departamento de bioquímica da Universidade de Standford.*

nais são unidos, resultando em uma molécula de RNA muito menor. Essa etapa de processamento do RNA é conhecida como **remoção de introns**. Os cientistas descobriram que cerca de 2% do DNA contém informação genética, enquanto 98% consiste em introns.

Foi sugerido que a finalidade dos introns é fazer o RNA mais versátil. A longa cadeia de RNA, originalmente sintetizada, pode ser combinada de diferentes formas para criar uma variedade de RNAs menores.

PROBLEMA 17

Por que ambas, a timina e a uracila, especificam a incorporação da adenina?

27.11 RNA ribossômico

Sidney Altman *e* **Thomas R. Cech** *receberam o Prêmio Nobel de química em 1989, pela descoberta das propriedades catalíticas do RNA.*

Sidney Altman *nasceu em Montreal, em 1939. Tornou-se bacharel pelo MIT e PhD pela Universidade do Colorado, em Boulder. Ele foi estudante de pós-doutorado do laboratório de Francis Crick na Universidade de Cambridge. É professor de biologia da Universidade de Yale.*

Thomas Cech *nasceu em Chicago, em 1947. Tornou-se bacharel pelo Grinnell College e PhD pela Universidade da Califórnia, em Berkeley. Foi estudante de pós-doutorado do MIT. É professor de química da Universidade do Colorado, em Boulder.*

O RNA é muito menor que o DNA e, geralmente, possui uma só cadeia. Apesar de as moléculas de DNA poderem ter bilhões de pares de bases, as moléculas de RNA raramente têm mais 10 mil nucleotídeos. Existem três tipos de RNA: o **RNA mensageiro (mRNA),** no qual a seqüência de bases determina a seqüência de aminoácidos na proteína; o **RNA ribossomal (rRNA)**, componente estrutural dos ribossomos, e o **RNA transportador (tRNA)**, carreador de aminoácidos para a síntese protéica.

A biossíntese de proteínas ocorre em unidades chamadas **ribossomos**. Um ribossomo é composto de cerca de 40% de proteínas e 60% de rRNA. Há uma evidência crescente de que a síntese de proteínas seja catalisada por moléculas de rRNA, e não por enzimas. Moléculas de RNA — encontradas nos ribossomos — que agem como catalisadores são conhecidas como **ribozimas**. As moléculas de proteínas no ribossomo aumentam a funcionalização das moléculas de rRNA.

Os ribossomos são construídos de duas subunidades. O tamanho das subunidades depende de onde elas são encontradas, em organismos procarióticos ou organismos eucarióticos. **Organismos procarióticos** (*pro* vem do grego e quer dizer 'antes'; *carion*, também do grego, e significa 'caroço' ou 'noz') foram os primeiros organismos. Eles são unicelulares e não têm núcleo. Um **organismo eucariótico** (*eu*, vem do grego e quer dizer 'bem') é muito mais complicado. Os organismos eucarióticos podem ser unicelulares ou multicelulares, e suas células apresentam núcleo. Um ribossomo procariótico é composto de uma subunidade 50S e outra subunidade menor 30S; juntas elas formam um ribossomo 70S. Um ribossomo eucariótico tem uma unidade 60S e outra subunidade 40S; juntas elas formam um ribossomo 80S.

'OS' apóia-se na **constante de sedimentação**, que designa onde um dado componente se sedimenta durante a centrifugação.[3]

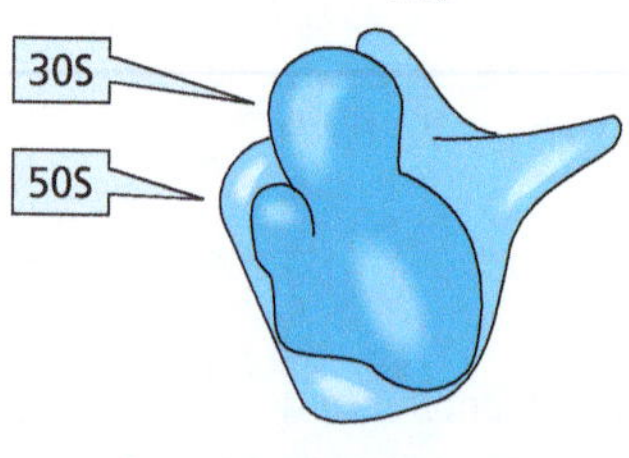

ribossoma procariótico
PM 2.500.000

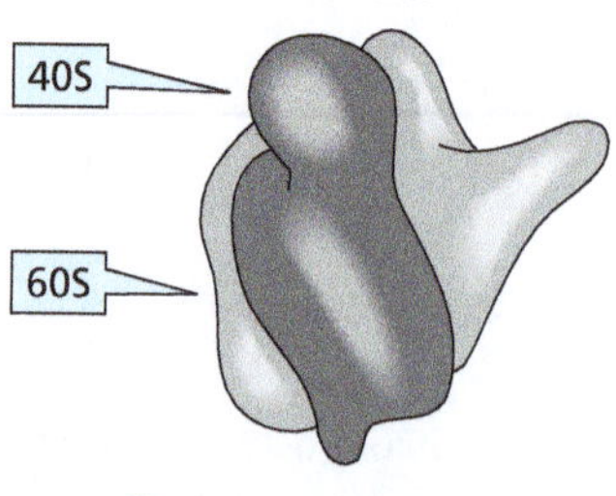

ribossoma eucariótico
PM 4.200.000

[3] Constantes de sendimentação não são aditivas, por isso uma 50S e uma 30S podem se combinar formando uma 70S.

27.12 RNA transportador

O RNA transportador (tRNA) é muito menor do que o mRNA ou o rRNA. Contém somente de 70 a 90 nucleotídeos. A cadeia simples do tRNA é dobrada em uma estrutura característica do tipo trevo, amarrada com três laços e uma pequena saliência próximo ao laço do lado direito (Figura 27.13a). Existem, no mínimo, quatro regiões com bases complementares emparelhadas. Todos os tRNAs têm uma seqüência CCA na terminação 3′. As três bases da parte inferior do laço diretamente oposto às terminações 5′e 3′são chamadas **anticódon** (figuras 27.13a e b).

Molecule Gallery: tRNA

WWW

Cada tRNA pode transportar um aminoácido ligado ao seu grupo 3′-OH terminal por meio de uma ligação éster. O aminoácido será inserido na proteína durante sua biossíntese. Cada tRNA pode transportar somente um determinado aminoácido. Um tRNA que transporta a alanina é designado de $tRNA^{ala}$.

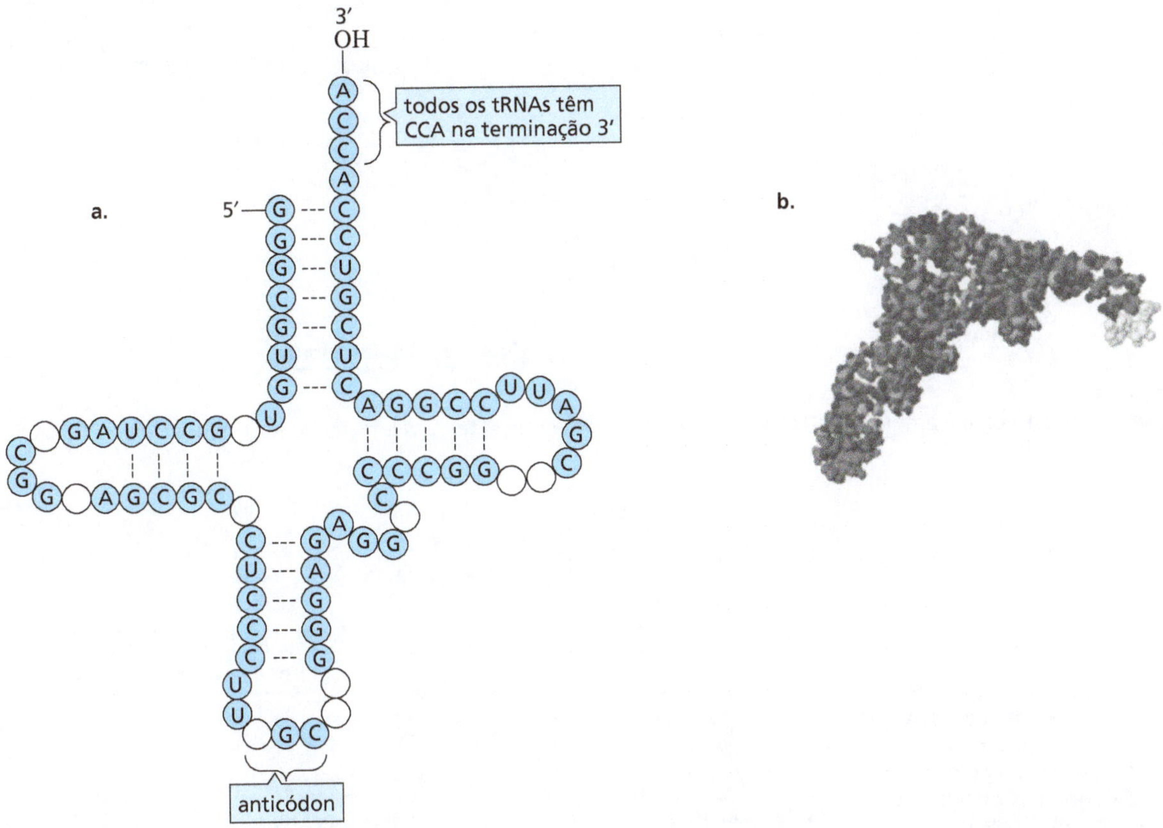

▲ **Figura 27.13**
(a) $tRNA^{Ala}$, RNA transportador de alanina. Comparado com outros RNAs, o tRNA contém alta porcentagem de bases incomuns (mostradas pelos círculos vazios). Essas bases resultam da modificação enzimática das quatro bases normais. (b) $tRNA^{Ser}$: o anticódon é mostrado em vermelho; o sítio de ligação da serina é mostrado em amarelo. (Veja figura em cores no caderno colorido.)

Como um aminoácido se liga ao tRNA? A ligação de um aminoácido é catalisada por uma enzima chamada aminoacil-tRNA sintetase. Na primeira etapa de reação enzima-catalisada (Figura 27.14), o grupo carboxila do aminoácido ataca o α-fósforo do ATP, ativando o grupo carboxilato pela formação de um adenilato de acila. O pirofosfato que é expelido é subseqüentemente hidrolisado, assegurando a irreversibilidade da reação de transferência de fosforila (Seção 27.3). Então, uma reação de substituição de acila ocorre — o grupo 3′-OH do tRNA ataca o carbono carbonílico do adenilato de acila formando um intermediário tetraédrico. Todas as etapas ocorrem no sítio ativo da enzima. Cada aminoácido tem sua própria aminoa-

Elizabeth Keller (1918–1997) *foi a primeira a reconhecer que o tRNA tinha um estrutura em forma de trevo. Ela se tornou bacharel pela Universidade de Chicago em 1940 e PhD pela Cornell University Medical College, em 1948. Trabalhou no Laboratório Huntington Memorial do Hospital Geral de Massachusetts e no Serviço de Saúde Pública dos Estados Unidos. Posteriormente, tornou-se professora do MIT e depois da Universidade de Cornell.*

cil-tRNA sintetase. Cada sintetase tem dois sítios de ligação específicos, um para o aminoácido e outro para o tRNA que transporta aquele aminoácido (Figura 27.15).

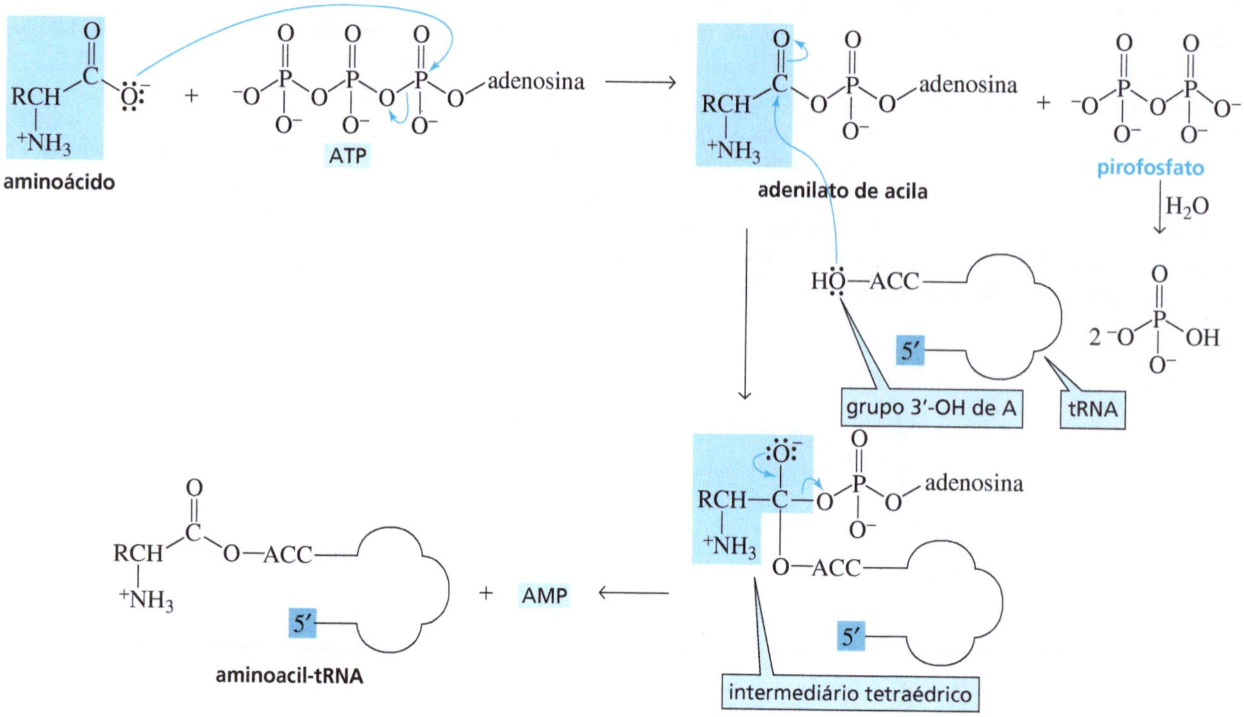

▲ **Figura 27.14**
O mecanismo proposto para a aminoacil-tRNA sintetase — a enzima que catalisa a ligação de um aminoácido ao tRNA.

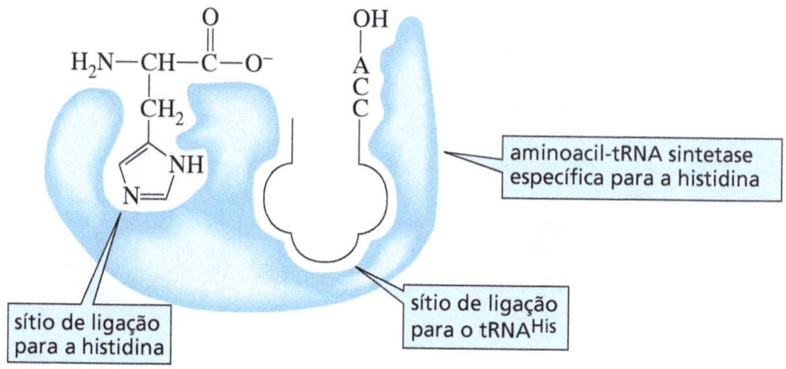

Figura 27.15 ▶
A aminoacil-tRNA sintetase tem um sítio de ligação para o tRNA e outro sítio de ligação para o aminoácido que será ligado ao tRNA. A histidina é o aminoácido e o $tRNA^{His}$ é a molécula de tRNA neste exemplo.

É necessário que o aminoácido correto seja ligado ao tRNA. De outra maneira, a proteína correta não será sintetizada. Felizmente, as sintetases corrigem seus próprios erros. Por exemplo, a valina e a treonina são aproximadamente do mesmo tamanho — a treonina tem um grupo OH no lugar de um grupo CH_3 da valina. Ambos os aminoácidos, portanto, podem se ligar ao sítio de ligação de aminoácidos da aminoacil-tRNA sintetase para a valina, podendo ambos ser ativados pela reação com ATP para formar um adenilato de acila. A aminoacil-tRNA sintetase para a valina tem dois sítios catalíticos adjacentes, um para a ligação do adenilato de acila com o tRNA e o outro para a hidrólise do adenilato de acila. O sítio de acilação é hidrofóbico, preferindo a valina em vez da treonina para a reação de acilação com tRNA. O sítio hidrolítico é polar, tendo preferência pela treonina em vez da valina para a reação de hidrólise. Então, se a treonina é ativada pela aminoacil-tRNA sintetase para a valina, ela será preferencialmente hidrolisada, e não transferida para o tRNA.

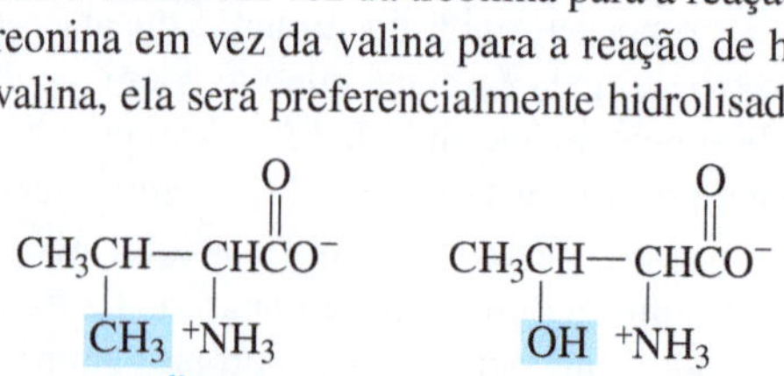

valina treonina

27.13 Biossíntese de proteínas: tradução

A proteína é sintetizada a partir da terminação N em direção à terminação C pela leitura das bases ao longo da cadeia de mRNA na direção $5' \rightarrow 3'$. Uma seqüência de três bases, chamada **códon**, especifica determinado aminoácido, que será incorporado na proteína. As bases são lidas consecutivamente, e nunca são puladas. O códon é escrito com o nucleotídeo 5′ na esquerda. Cada aminoácido é especificado por uma seqüência de três bases conhecida como **código genético** (Tabela 27.2). Por exemplo, a seqüência UCA no mRNA codifica o aminoácido serina, enquanto a seqüência CAG codifica a glutamina.

O código genético foi resolvido independentemente por **Marshall Nirenberg** *e* **Har Gobind Khorana**, *que dividiram o Prêmio Nobel de fisiologia ou medicina em 1968. Robert Holly, que trabalhou com a estrutura de moléculas de tRNA , também dividiu o prêmio nesse ano.*

Marshall Nirenberg *nasceu em Nova York em 1927. Tornou-se bacharel pela Universidade da Flórida e PhD pela Univerisidade de Michigan. É cientista do NIH (National Institutes of Health).*

Tabela 27.2 O código genético

Posição 5′	Posição do meio				Posição 3′
	U	C	A	G	
U	Phe	Ser	Tyr	Cys	U
	Phe	Ser	Tyr	Cys	C
	Leu	Ser	Parada	Parada	A
	Leu	Ser	Parada	Trp	G
C	Leu	Pro	His	Arg	U
	Leu	Pro	His	Arg	C
	Leu	Pro	Gln	Arg	A
	Leu	Pro	Gln	Arg	G
A	Ile	Thr	Asn	Ser	U
	Ile	Thr	Asn	Ser	C
	Ile	Thr	Lys	Arg	A
	Met	Thr	Lys	Arg	G
G	Val	Ala	Asp	Gly	U
	Val	Ala	Asp	Gly	C
	Val	Ala	Glu	Gly	A
	Val	Ala	Glu	Gly	G

Har Gobind Khorana *nasceu na Índia em 1922. Tornou-se bacharel e mestre pela Universidade de Punjab e PhD pela Universidade de Liverpool. Em 1960, entrou para o corpo docente da Universidade de Wisconsin; mais tarde tornou-se professor do MIT.*

É possível a formação de 64 códons diferentes, pois há quatro bases e os códons são formados por três bases, portanto $4^3 = 64$. Isso é muito mais que o necessário para especificar os 20 aminoácidos diferentes; por isso, todos os aminoácidos — exceto a metionina e o triptofano — têm mais de um códon. Não é nenhuma surpresa, assim, o fato de a metionina e de o triptofano serem os aminoácidos menos abundantes nas proteínas. Na verdade, 61 códons especificam aminoácidos e 3 trincas de bases são códons de parada (*stop codons*). Os **códons de parada** dizem para a célula: "pare a síntese da proteína aqui".

A **tradução** é o processo pelo qual a mensagem genética do DNA, que foi passada para o mRNA, é decodificada e usada para construir as proteínas. Cada proteína, entre as aproximadamente 100 mil proteínas do corpo humano, é sintetizada a partir de um mRNA diferente. Não confunda transcrição e tradução — essas palavras são usadas de modo semelhante ao da língua inglesa. A transcrição (do DNA para o RNA) é a cópia *com a mesma linguagem de nucleotídeos*. A tradução (do RNA para a proteína) é *a mudança para uma outra linguagem* — a linguagem de aminoácidos.

A maneira como a informação é traduzida do mRNA para o polipeptídeo é mostrada na Figura 27.16. Nessa Figura, a serina foi o último aminoácido incorporado na cadeia polipeptídica em crescimento. A serina foi especificada pelo códon AGC, pois o anticódon do tRNA que carrega a serina é GUC (3′-UCG-5′). (Lembre-se de que uma seqüência de bases é lida na direção $5' \longrightarrow 3'$, portanto a seqüência de bases em um anticódon deve ser lida da direita para a esquerda.) O

Transcrição: DNA ⟶ RNA

Tradução: mRNA ⟶ proteína

próximo códon é CUU, sinalizando para um tRNA com um anticódon de AAG (3′-GAA-5′). Esse determinado tRNA transporta a leucina. O grupo amino da leucina reage, por meio de uma reação de substituição nucleofílica de acila catalisada por enzima, com o éster de um tRNA adjacente, deslocando o tRNA. O próximo códon (GCC) trazido pelo tRNA carrega a alanina. O grupo amino da alanina desloca o tRNA que foi trazido na leucina. Os aminoácidos subseqüentes são trazidos um de cada vez da mesma maneira, sendo que o códon no mRNA especifica o aminoácido que será incorporado por pares de bases complementares com o anticódon do tRNA que carrega o aminoácido.

Tutorial Gallery: Tradução

www

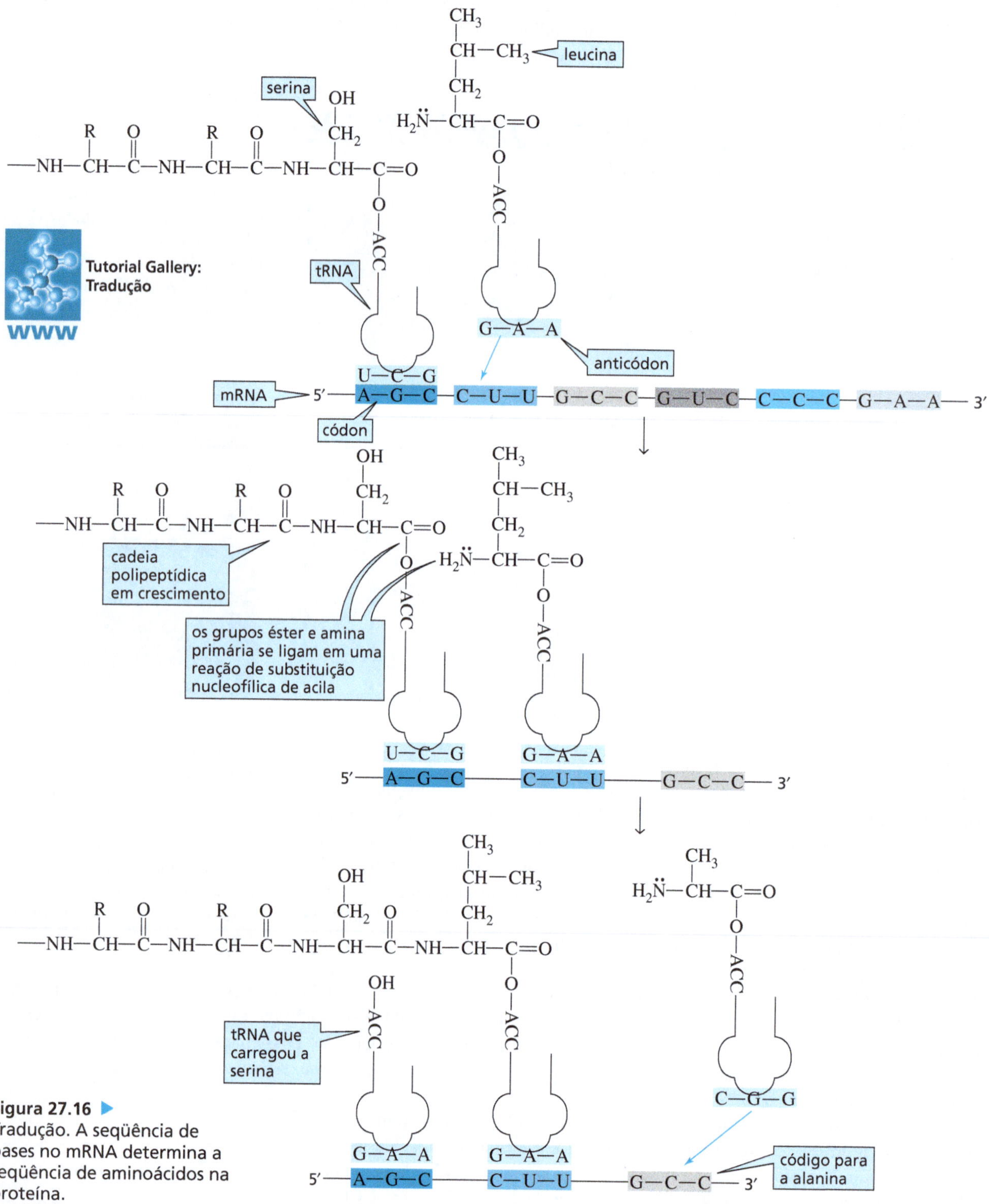

Figura 27.16 ▶
Tradução. A seqüência de bases no mRNA determina a seqüência de aminoácidos na proteína.

A síntese de proteínas ocorre nos ribossomas (Figura 27.17). A unidade menor do ribossoma (30S em células procarióticas) tem três sítios de ligação para as moléculas de RNA. Esses sítios ligam-se ao mRNA, do qual a seqüência de bases será lida, ao tRNA, que carrega a cadeia peptídica em crescimento, e ao tRNA, que carrega o próximo aminoácido que será incorporado na proteína. A subunidade maior do ribossoma (50S em células procarióticas) catalisa a formação da ligação peptídica.

Figura 27.17 ▶

1. **A transcrição do DNA ocorre no núcleo. O RNA transcrito inicialmente é o precursor de todos os RNAs: tRNA, rRNA e mRNA.**
2. **O RNA inicialmente formado em geral deve ser modificado quimicamente antes de adquirir a atividade biológica. A modificação pode requerer remoção de segmentos de nucleotídeos, adição de nucleotídeos às terminações 5′ ou 3′ ou, ainda, alteração química de certos nucleotídeos.**
3. **As proteínas são adicionadas ao rRNA para formar subunidades ribossômicas. O tRNA, o mRNA e as subunidades ribossômicas deixam o núcleo.**
4. **Cada tRNA se liga ao aminoácido apropriado.**
5. **O tRNA, o mRNA e o ribossoma trabalham juntos para traduzir a informação do mRNA em uma proteína.**

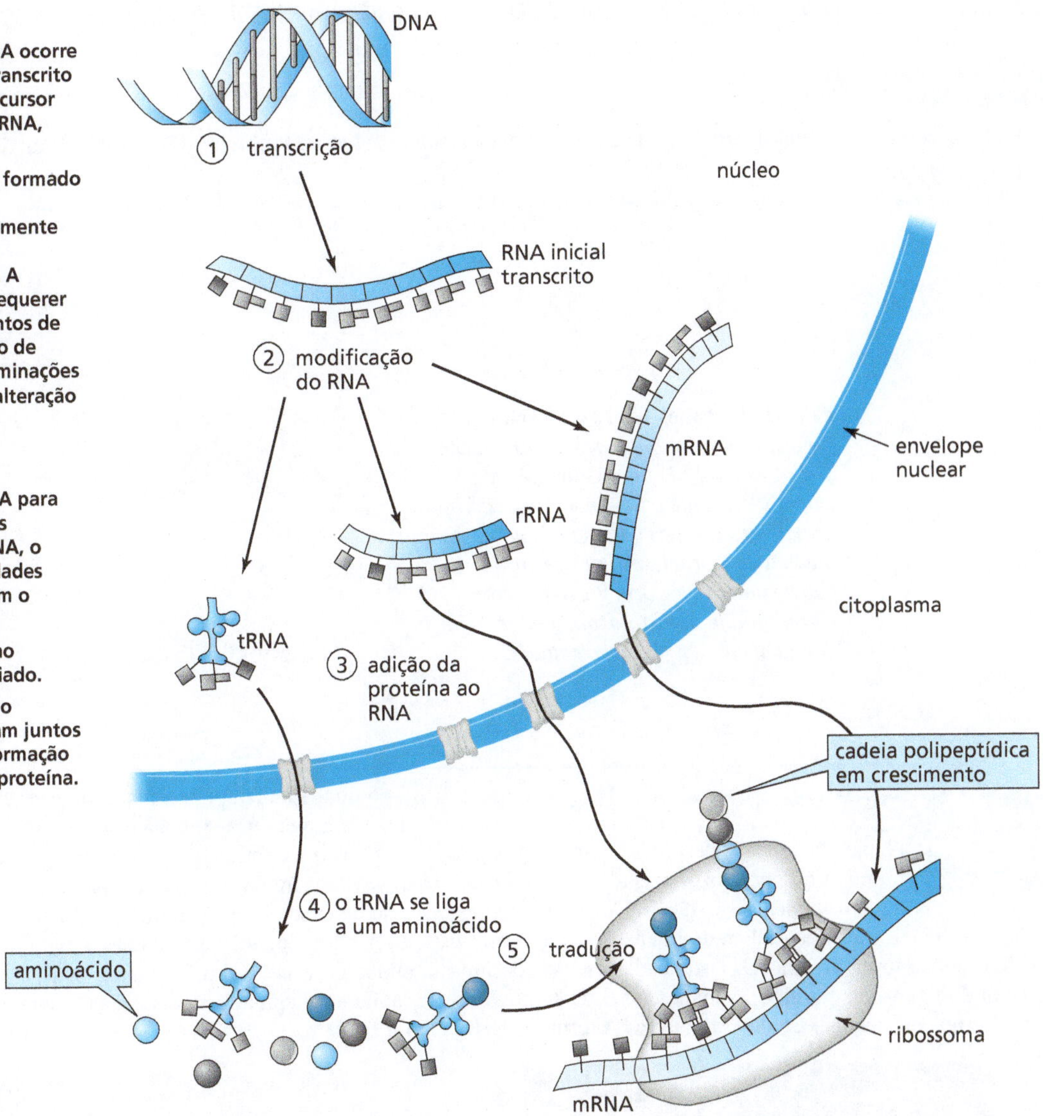

PROBLEMA 18◆

Se a metionina é o primeiro aminoácido incorporado em um heptapeptídeo, qual é a seqüência de aminoácidos codificada pela seguinte cadeia de mRNA?

5′—G—C—A—U—G—G—A—C—C—C—C—G—U—U—A—U—U—A—A—A—C—A—C—3′

PROBLEMA 19◆

Quatro C's aparecem em determinada seqüência do segmento de mRNA do Problema 18. Que polipeptídeo seria formado a partir do mRNA se uma das quatro C's fosse cortada da cadeia?

Molecule Gallery: Cloranfenicol complexado com acetil-transferase; tetraciclina

WWW

PROBLEMA 20

UAA é um códon de parada. Por que a seqüência UAA no mRNA do Problema 18 não pára a síntese da proteína?

PROBLEMA 21◆

Escreva a seqüência de bases da cadeia sensor do DNA que resulta no mRNA do Problema 18.

PROBLEMA 22

Liste os possíveis codons do mRNA que especificam cada aminoácido do Problema 18, e o anticódon do tRNA que transporta o aminoácido.

Robert W. Holley (1922–1993) *nasceu em Ilinois, tornou-se bacharel pela Universidade de Ilinois e o PhD pela Universidade de Cornell. Durante a Segunda Guerra Mundial, trabalhou na síntese da penicilina na Escola Médica de Cornell. Foi professor da Universidade de Cornell e depois da Universidade da Califórnia, em San Diego. Foi, também, um escultor notável.*

Anemia celular falciforme

A anemia celular falciforme é um exemplo de prejuízo que pode ser causado pela mudança de uma única base do DNA (Problema 55, Capítulo 23). É uma doença hereditária causada por um trio GAG que se torna um trio GTG na cadeia sensor de uma seção do DNA que codifica a subunidade β da hemoglobina. Como conseqüência, o códon do mRNA torna-se GUG — o qual sinaliza para a incorporação de valina — em vez de GAG, que teria sinalizado para a incorporação do ácido glutâmico. A mudança de um ácido glutâmico polar para uma valina apolar é suficiente para mudar a forma da molécula de desoxi-hemoglobina e induzir a agregação, causando sua precipitação em células sangüíneas vermelhas. Isso endurece a célula, dificultando sua passagem através dos capilares. Capilares bloqueados causam dor severa e podem ser fatais.

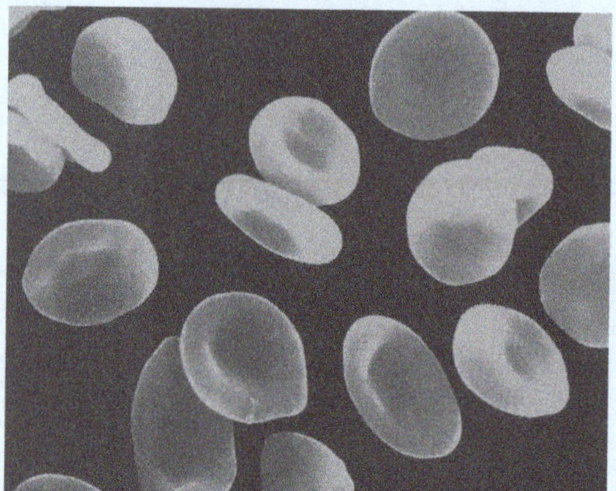

Células sangüíneas vermelhas normais

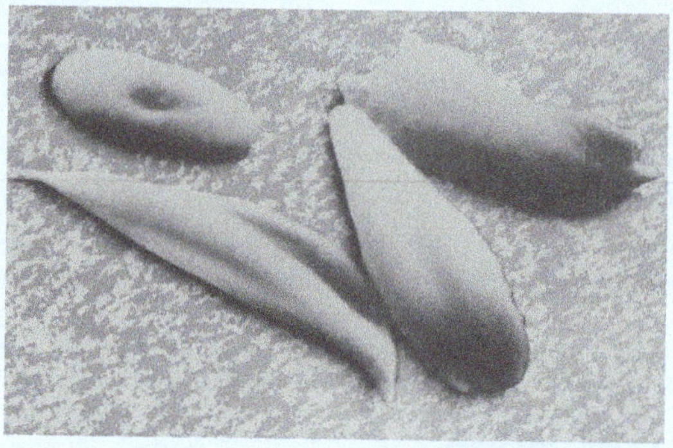

Células sangüíneas vermelhas falciformes

Antibióticos que agem pela inibição da tradução

A puromicina é um antibiótico de ocorrência natural. É um dos diversos antibióticos que agem pela inibição da tradução. A puromicina mimetiza a porção 3′-CCA-aminoacila de um tRNA. Se, durante a tradução, a enzima se enganar e transferir a cadeia peptídica em crescimento para o grupo amino da puromicina em vez de transferir para o grupo amino da 3′-CCA-aminoacila do tRNA, a síntese da proteína pára. A puromicina bloqueia a síntese protéica tanto em eucariontes quanto em procariontes; sendo assim, é considerada um veneno para os humanos, não sendo um antibiótico útil do ponto de vista clínico. Para ser clinicamente útil, o antibiótico deve afetar a síntese protéica somente em células procarióticas.

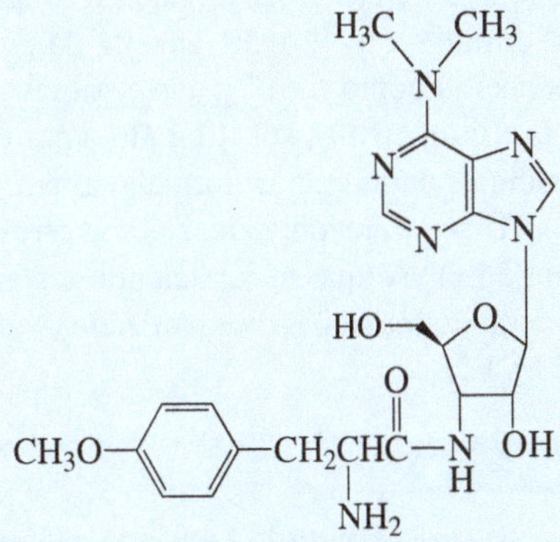

puromicina

Antibióticos úteis clinicamente	Modo de ação
Tetraciclina	Evita a ligação do tRNA-aminoacila com o ribossoma
Eritromicina	Evita a incorporação de novos aminoácidos nas proteínas
Estreptomicina	Inibe a iniciação da síntese protéica
Cloranfenicol	Evita a formação da nova ligação peptídica

27.14 Por que o DNA contém timina, e não uracila

Na Seção 25.8, vimos que o dTMP é formado quando o dUMP é metilado, tendo a co-enzima N^5,N^{10}-metilenotetraidrofolato como fornecedora do grupo metila. Devido ao fato de a incorporação do grupo metila na uracila oxidar o tetraidrofolato formando o diidrofolato, esta deve ser reduzida novamente a tetraidrofolato para preparar o co-fator para outro ciclo catalítico. O agente redutor é o NADPH. Cada NADPH formado em um organismo biológico conduz à formação de três ATPs; portanto, ao usar um NADPH a fim de reduzir o diidrofolato, gasta-se ATP. Isso significa que a síntese da timina é energeticamente cara, sendo uma boa razão para o DNA conter timina, e não uracila.

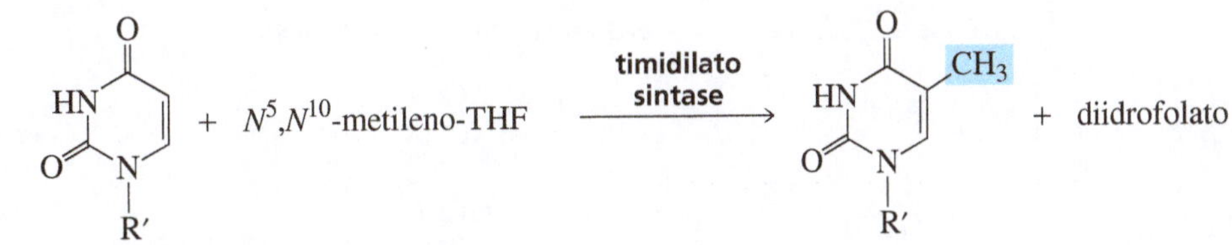

dUMP dTMP

R′ = 2′-desoxirribose-5-P

$$\text{diidrofolato} + \text{NADPH} + \text{H}^+ \xrightarrow{\text{diidrofolato redutase}} \text{tetraidrofolato} + \text{NADP}^+$$

A presença de uma timina no lugar de uma uracila no DNA previne mutações potencialmente letais. A citosina pode se tautomerizar formando uma imina, a qual pode ser hidrolisada a uma uracila (Seção 18.6). A reação total é chamada **desaminação**, pois remove um grupo amino.

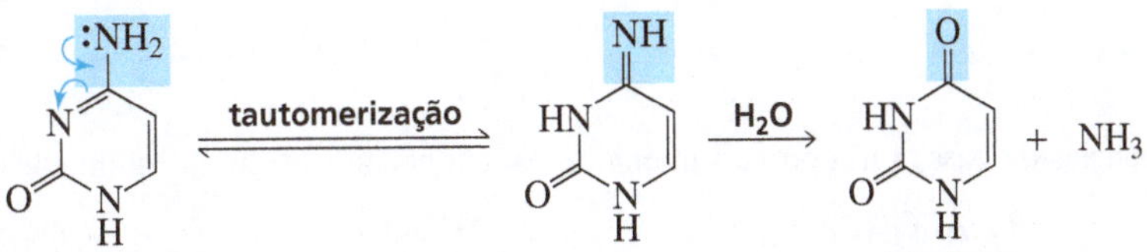

citosina uracila

Se a citosina do DNA é desaminada formando uma uracila, esta vai especificar a incorporação de uma adenina na cadeia 'filha' durante a replicação, em vez da guanina, que teria sido especificada pela citosina. Felizmente, uma U do DNA é reconhecida como 'erro' pelas enzimas celulares, antes que uma base incorreta seja inserida na cadeia 'filha'. Essas enzimas eliminam a U, substituindo-a por uma C. Se U fossem encontradas normalmente no DNA, as enzimas não poderiam distinguir entre uma U normal e uma U formada por desaminação da citosina. Tendo T no lugar de U no DNA, permite que as U sejam reconhecidas como erros.

Diferente do DNA, que se replica por si só, qualquer erro no RNA não sobreviveria muito, pois o RNA está constantemente sendo degradado e ressintetizado a partir do DNA molde. Portanto, não vale a pena gastar energia extra para incorporar T no RNA.

PROBLEMA 23◆

A adenina pode ser desaminada formando a hipoxantina, e a guanina também pode ser desaminada formando a xantina. Desenhe as estruturas da hipoxantina e da xantina.

PROBLEMA 24

Explique por que a timina não pode ser desaminada.

27.15 Determinação da seqüência de bases do DNA

Em junho de 2000, duas equipes de cientistas (um grupo de uma companhia privada de biotecnologia e o outro do Projeto Genoma Humano fundado publicamente) anunciaram que haviam completado o primeiro rascunho da seqüência de 3,1 bilhões de pares de bases do DNA humano. Isso é um enorme feito. Por exemplo, se a seqüência de 1 milhão de pares de bases fosse determinada a cada dia, levaria mais de dez anos para completar a seqüência do genoma humano.

As moléculas de DNA são muito grandes para serem seqüenciadas em unidades, de modo que o DNA é clivado primeiro em seqüências de bases específicas e os fragmentos resultantes são seqüenciados. As enzimas que clivam o DNA em seqüências de bases específicas são chamadas **endonucleases de restrição**, e os fragmentos de DNA formados são chamados de **fragmentos de restrição**. Centenas de enzimas de restrição são conhecidas. Alguns poucos exemplos de enzimas de restrição, a seqüência de bases que cada uma reconhece e o ponto de clivagem nessa seqüência de bases são mostrados aqui.

enzimas de restrição	seqüência de reconhecimento
*Alu*I	AGCT TCGA
*Fnu*DI	GGCC CCGG
*Pst*I	CTGCAG GACGTC

A seqüência de bases que a maioria das enzimas de restrição reconhece são chamadas *palíndromos*. Um palíndromo é uma palavra ou uma frase que pode ser lida da mesma maneira em um sentido ou no sentido inverso. As palavras 'osso' e 'radar' são exemplos de palíndromos. Uma enzima de restrição reconhece um pedaço do DNA no qual a fita molde é um palíndromo da fita codificadora. Em outras palavras, a seqüência de bases em uma fita molde (lendo da direita para a esquerda) é idêntica à seqüência de bases em uma fita codificadora (lendo da esquerda para a direita).

PROBLEMA 25◆

Qual das seguintes seqüências de bases seria provavelmente mais reconhecida por uma endonuclease de restrição?

a. ACGCGT
b. ACGGGT
c. ACGGCA
d. ACACGT
e. ACATCGT
f. CCAACC

Os fragmentos de restrição podem ser seqüenciados usando um processo de terminação de cadeia, desenvolvido por Frederick Sanger, conhecido como **método didesóxi**. Esse método envolve a geração de fragmentos, em que seus comprimentos dependem da última base adicionada ao fragmento. Devido à simplicidade, esse método superou métodos alternativos.

No método didesóxi, um pedaço pequeno de DNA chamado *primer*, marcado na terminação 5′ com ^{32}P, é adicionado ao fragmento de restrição no qual a seqüência será determinada. Depois, os quatro 2′-desoxirribonucleosídeos trifosfatos são adicionados, assim como a DNA polimerase, enzima que adiciona os nucleosídeos a uma cadeia de DNA. Adicionalmente, pequena quantidade de 2′,3′-didesoxinucleosídeo trifosfato de uma das bases é adicionado à mistura reacional. O 2′,3′-didesoxinucleosídeo trifosfato não tem grupos OH nas posições 2′ e 3′.

Frederick Sanger *(Seção 23.12) e* **Walter Gilbert** *dividiram metade do Prêmio Nobel de química em 1980 por seus trabalhos sobre o seqüenciamento do DNA. A outra metade foi para* **Paul Berg**, *o qual desenvolveu um método de corte de ácidos nucléicos em sítios específicos e recombinação desses fragmentos de novas formas, técnica conhecida como tecnologia do DNA recombinante.*

Walter Gilbert *nasceu em Boston em 1932. Ele se tornou mestre em física pela Universidade de Harvard e PhD em matemática pela Universidade de Cambridge. Em 1958, entrou para o corpo docente de Harvard, onde se interessou por biologia molecular.*

Paul Berg *nasceu em Nova York em 1926. Ele se tornou PhD pela Universidade de Western Reserve (agora chamada Universidade de Case Western Reserve). Entrou para o corpo docente da Universidade de Washington em St. Louis em 1955 e tornou-se professor de bioquímica em Stanford em 1959.*

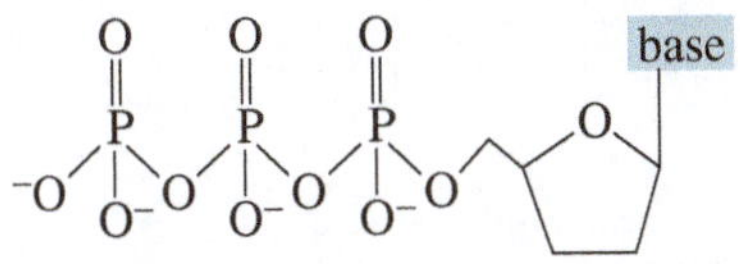

2′,3′-didesoxinucleosídeo trifosfato

Os nucleosídeos serão adicionados ao *primer* pelo emparelhamento da base com o fragmento de restrição. A síntese pára se o análogo 2′,3′-didesóxi do dATP for adicionado em vez do dATP, pois o análogo 2′,3′-didesóxi não tem grupo OH em 3′ no qual nucleosídeos adicionais possam se adicionar. Assim, três diferentes terminadores de cadeia serão obtidos a partir do fragmento de restrição do DNA mostrado aqui.

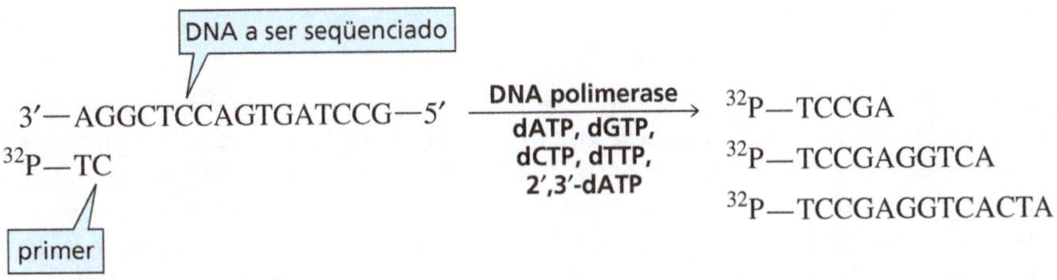

O processo é repetido mais três vezes usando um análogo 2′,3′-didesóxi do dGTP, um análogo 2′,3′-didesóxi do dCTP e um análogo 2′,3′-didesóxi do dTTP.

PROBLEMA 26

Que fragmentos marcados seriam obtidos a partir do segmento de DNA mostrado anteriormente se um análogo 2′,3′-didesóxi do dGTP tivesse sido adicionado à mistura reacional em vez de um análogo 2′,3′-didesóxi do dATP?

Os fragmentos de cadeia terminais obtidos a partir de cada um dos quatro experimentos são carregados em linhas separadas de um gel de poliacrilamida tamponado — os fragmentos obtidos do uso de um análogo 2′,3′-didesóxi do dATP são carregados em uma linha, os fragmentos obtidos do uso de um análogo 2′,3′-didesóxi do dGTP em outra linha, e assim sucessivamente. Um campo elétrico é aplicado cruzando as terminações do gel, levando os fragmentos negativamente carregados a se deslocar em direção ao eletrodo carregado positivamente (o anodo). Os fragmentos menores se encaixam nos espaços do gel com maior facilidade, deslocando-se, dessa maneira, mais rapidamente através do gel. Por outro lado, os fragmentos maiores passam pelo gel mais lentamente.

Depois de os fragmentos terem sido separados, o gel é colocado em contato com uma placa fotográfica. A radiação do ^{32}P forma uma mancha escura que aparece na placa oposta ao local de cada fragmento marcado no gel. Essa técnica é chamada auto-radiográfica e a placa fotográfica exposta é conhecida como **auto-radiografia** (Figura 27.18).

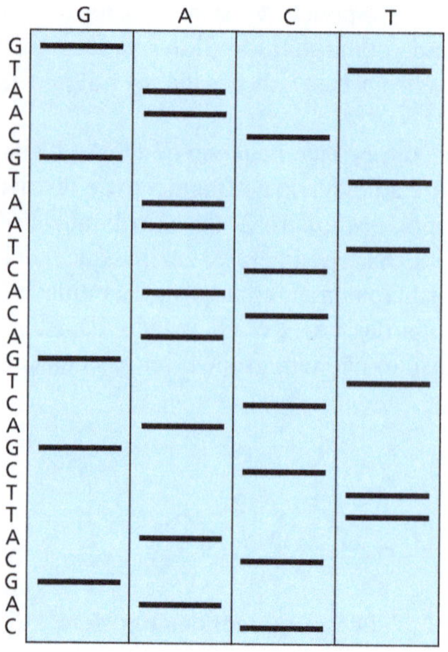

Figura 27.18 ▶
Auto-radiografia.

A seqüência de bases no fragmento de restrição original pode ser lida diretamente da auto-radiografia. A identidade de cada base é determinada com a anotação da coluna onde cada mancha escura sucessiva (parte grande do fragmento marcado) aparece, partindo da origem do gel para identificar a base da terminação 5′. A seqüência do fragmento de DNA responsável pela auto-radiografia na Figura 27.18 é mostrada do lado esquerdo da figura.

Uma vez que a seqüência de bases de um fragmento de restrição é determinada, o resultado pode ser checado pela determinação da seqüência de bases da cadeia complementar. A seqüência de bases da parte original do DNA pode ser determinada pela repetição de todo o processo com uma endonuclease de restrição diferente e com observação dos fragmentos sobrepostos.

A impressão digital do DNA

A seqüência de bases do genoma humano varia de indivíduo para indivíduo; em geral pela mudança de uma única base podem-se alterar cem mil pares de bases. Devido a algumas dessas mudanças ocorrerem em seqüências de bases reconhecidas por endonucleases de restrição, os fragmentos formados quando o DNA humano reage com uma endonuclease particular variam de tamanho dependendo do indivíduo. É essa variação que forma a base da impressão digital do DNA (também chamado perfil do DNA ou tipos do DNA). Essa técnica é usada por químicos forenses para comparar amostras de DNA coletadas na cena do crime com o DNA do criminoso suspeito. A técnica mais poderosa para identificação de DNA analisa a extensão do polimorfismo dos fragmentos de restrição (RFLPs, sigla em inglês), obtida de regiões do DNA onde são mais comuns as variações individuais. Essa técnica leva de quatro a seis semanas e necessita de uma mancha de sangue aproximadamente do tamanho de uma moeda de dez centavos. A chance de se obterem resultados idênticos para duas pessoas diferentes é de uma em um milhão. O segundo tipo de determinação do perfil do DNA usa uma reação em cadeia pela polimerase (RCP), a qual amplifica uma região específica do DNA e compara as diferenças nesse sítio entre indivíduos. Essa técnica pode ser feita em menos de uma semana e necessita de somente 1% da quantidade necessária para a RFLP, mas não discrimina tão bem entre indivíduos. A chance de resultados idênticos de duas pessoas diferentes é de um em 500 a um em 2 mil pessoas. A impressão digital do DNA é também usada para estabelecer a paternidade, justificando cerca de 100 mil perfis de DNA por ano.

27.16 Síntese laboratorial de cadeias de DNA

Há um grande interesse na síntese de oligonucleotídeos com seqüências de bases específicas. Isso permitiria aos cientistas sintetizar genes que poderiam ser inseridos no DNA de microorganismos, levando-os a sintetizar determinada proteína. Alternativamente, um gene sintético poderia ser inserido no DNA de um organismo defeituoso naquele gene — processo conhecido como **terapia de gene**.

Sintetizar um oligonucleotídeo com determinada seqüência de bases é ainda um desafio maior do que sintetizar um polipeptídeo com uma seqüência de aminoácidos específica, pois cada nucleotídeo tem diversos grupos que devem ser protegidos e desprotegidos em tempos apropriados. A estratégia realizada foi o desenvolvimento de um método automatizado similar à síntese de peptídeos automatizada (Seção 23.10). O nucleotídeo em crescimento é ligado a um suporte sólido para que possa ser purificado pela lavagem do recipiente reacional com solvente apropriado. Portanto, nenhum dos produtos sintetizados será perdido durante a purificação.

Monômeros de fosforamidito

Molecule Gallery: Fosforamidito
WWW

Um método atual de síntese de oligonucleotídeos utiliza-se de monômeros de fosforamidito. O grupo 5′-OH de cada monômero de fosforamidito é ligado a um grupo protetor chamado de *para*-dimetoxitritila (DMTr). O grupo (Pr) usado para proteger a base depende da estrutura da base.

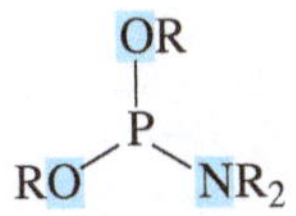

fosforamidito

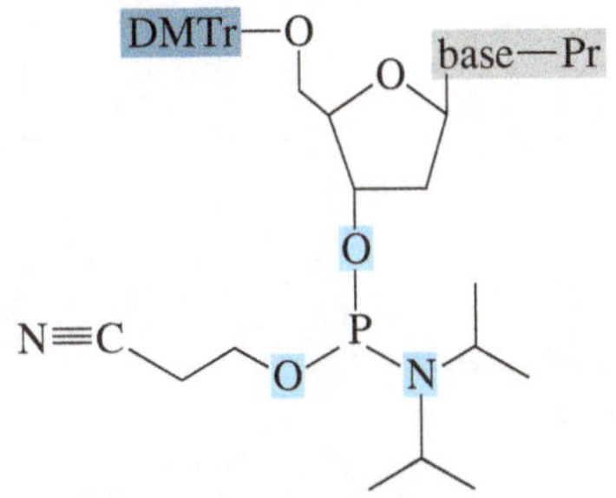

monômero de fosforamidito usado para a síntese de oligonucleotídeos

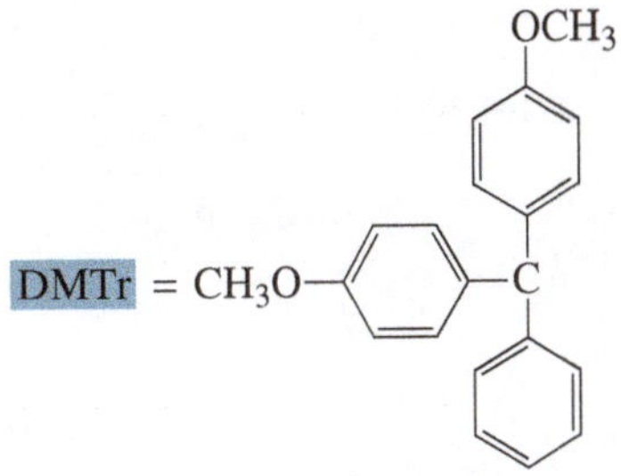

O 3′-nucleosídeo do oligonucleosídeo a ser sintetizado é ligado a um suporte sólido denominado ‘vidro de poros controlados’ e o oligonucleosídeo é sintetizado a partir da terminação 3′. Quando um monômero é adicionado ao nucleosídeo ligado ao suporte sólido, o único nucleófilo na mistura reacional é o grupo 5′-OH do açúcar ligado ao suporte sólido. Esse nucleófilo ataca o fósforo do fosforamidito, deslocando a amina e formando um fosfito. A amina é uma base muito forte para ser expelida sem protonação prévia. O tetrazol protonado é o ácido usado para a protonação, pois é forte o suficiente para protonar o grupo de saída diisopropilamina, embora não seja forte o suficiente para remover o grupo protetor DMTr. O fosfito é oxidado a um fosfato usando I_2 ou o *terc*-hidroperóxido de butila. O grupo protetor DMTr da extremidade 5′ do dinucleotídeo é removido com um ácido fraco. As etapas (1) adição do monômero, (2) oxidação, (3) desproteção com ácido são repetidas sucessivamente, até ser obtido um polímero com comprimento e seqüência desejados. Note que o polímero de DNA é sintetizado na direção 3′ → 5′, a qual é oposta à direção (5′ → 3′) na qual o DNA é naturalmente sintetizado.

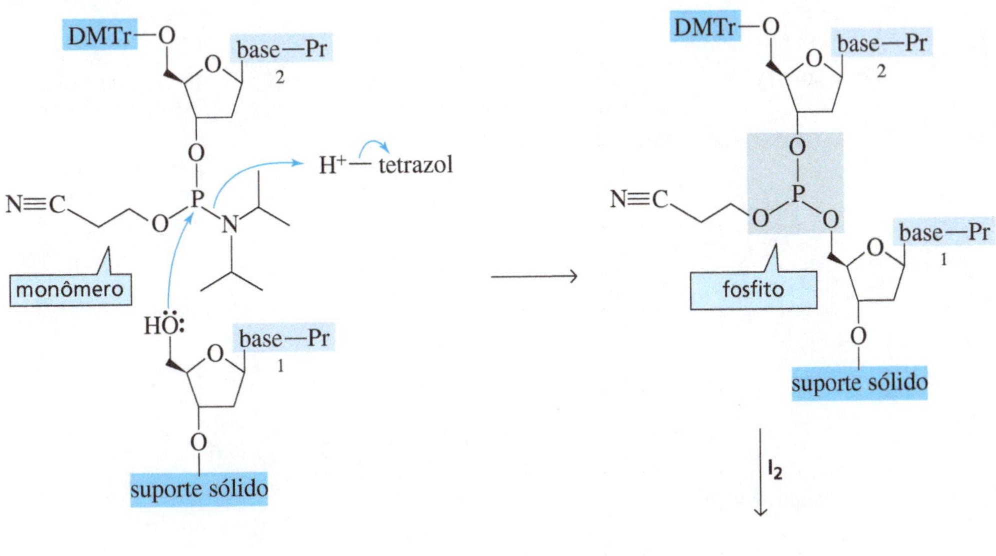

Tutorial Gallery: Síntese de oligonucleotídeos com fosforamiditos

WWW

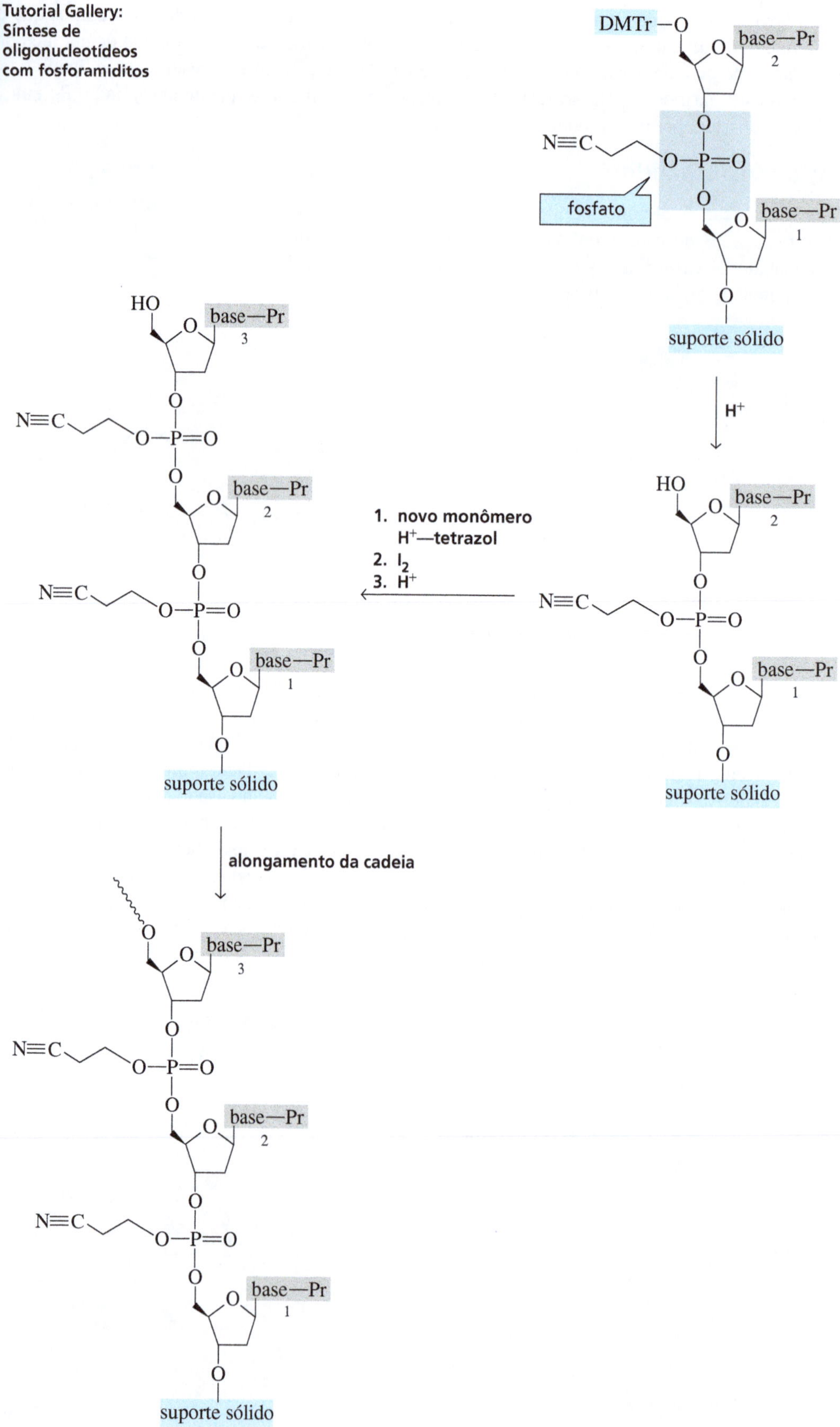

Os grupos NH_2 dà citosina, adenina e guanina são nucleófilos e devem, portanto, ser protegidos para evitar a reação com um monômero adicionado. Os grupos NH_2 da citosina e adenina são protegidos como benzamidas, e o grupo NH_2 da guanina é protegido como butanamida. A timina não contém nenhum grupo nucleofílico, por isso não precisa ser protegida.

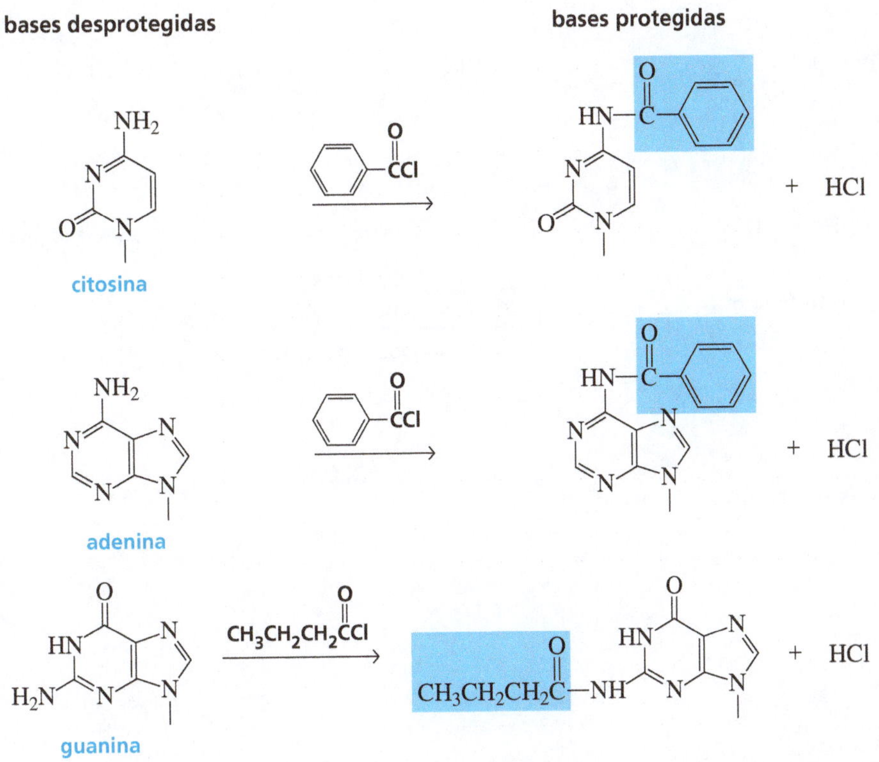

Depois da síntese do oligonucleotídeo, os grupos protetores dos fosfatos e das bases devem ser removidos, e o oligonucleotídeo deve ser desligado do suporte sólido. Isso tudo pode ser feito em uma única etapa com a utilização de amônia aquosa. Devido ao hidrogênio ligado a um carbono adjacente a um grupo ciano ser relativamente ácido (Seção 19.1), a amônia pode ser usada como base na reação de eliminação que remove o grupo protetor do fosfato.

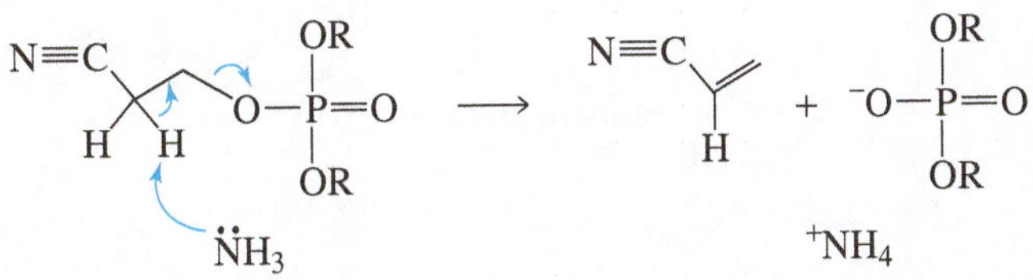

Atualmente, sintetizadores automáticos de DNA podem sintetizar ácidos nucléicos que contêm até 130 nucleotídeos em rendimentos aceitáveis, adicionando um nucleotídeo a cada dois a três minutos. Ácidos nucléicos maiores podem ser preparados pela união de duas ou mais cadeias preparadas individualmente. Para assegurar o bom rendimento total do oligonucleotídeo, a adição de cada monômero deve ocorrer em altos rendimentos ($> 98\%$). Isso pode ser obtido pelo uso de um grande excesso de monômero. Entretanto, isso faz a síntese de oligonucleotídeo tornar-se muito cara, pois os monômeros que não reagiram serão descartados.

Monômeros de H-fosfonato

Um segundo método para a síntese de oligonucleotídeos com seqüência de bases específica usando monômeros de H-fosfonato tem uma vantagem sobre o método de fosforamiditos, pois os monômeros são mais facilmente manuseados e não há necessidade do uso de grupos protetores de fosfato. Entretanto, os rendimentos não são tão bons. Os monômeros de H-fosfonato são ativados por reação com um cloreto de acila, que os converte em fosfoanidridos. O grupo 5′-OH do nucleosídeo ligado ao suporte sólido reage com o fosfoanidrido, formando um dímero. O grupo protetor DMTr é removido com ácido em condições brandas, e um segundo monômero ativado é adicionado. Os monômeros são adicionados um de cada vez até que a cadeia esteja completa. A oxidação com I_2 (ou *terc*-hidroperóxido de butila) converte os grupos H-fosfonato em grupos fosfato. Os grupos protetores das bases são removidos por amônia aquosa, como no método do fosforamidito.

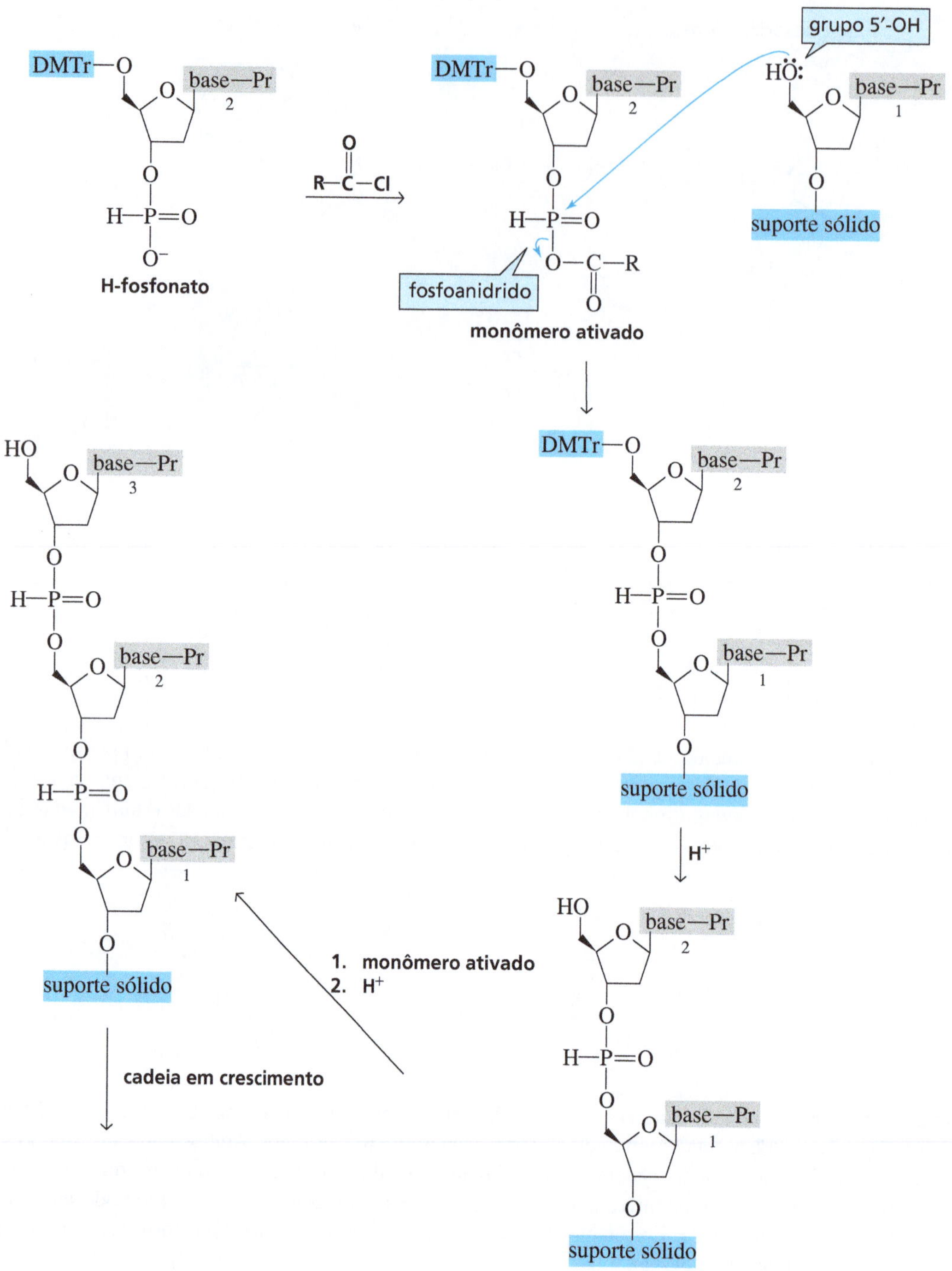

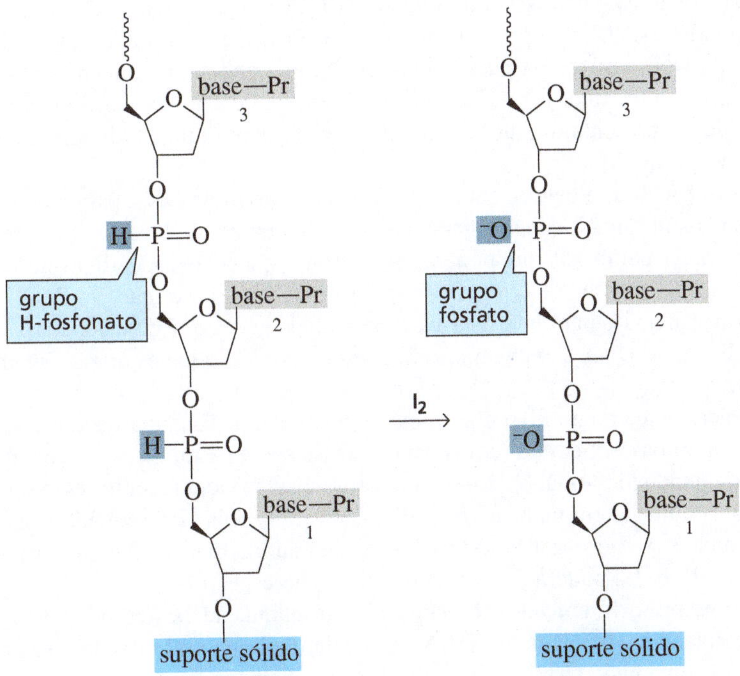

Note que no método do fosforamidito uma oxidação é feita a cada vez que um monômero é adicionado, enquanto no método do H-fosfonato uma única oxidação é realizada depois que a cadeia completa foi sintetizada.

PROBLEMA 27

Proponha um mecanismo para a remoção do grupo protetor DMTr pelo tratamento com ácido.

27.17 Planejamento racional de drogas

Certas doenças, como a síndrome da imunodeficiência adquirida (Aids) e herpes, são causadas por **retrovírus**. A informação genética de um retrovírus está contida no seu RNA. O retrovírus usa a seqüência de bases do RNA como molde para sintetizar o DNA. Ele é chamado retrovírus porque sua informação genética passa do RNA para o DNA em vez de passar do DNA para o RNA, o que é mais comum.

Drogas que interferem na síntese do DNA pelo retrovírus têm sido planejadas e desenvolvidas. Se o retrovírus não puder sintetizar o DNA, ele não poderá fazer funcionar a maquinaria genética da célula para produzir mais RNA retroviral, bem como proteínas retrovirais. O planejamento de drogas, com estruturas particulares, para alcançar propostas específicas é chamado **planejamento racional de drogas**. O AZT é talvez a droga planejada que interfere na síntese de DNA retroviral mais conhecida. O AZT é levado pelos linfócitos T, células que são particularmente suscetíveis ao vírus da imunodeficiência humana (HIV), o retrovírus que causa a Aids. Uma vez dentro da célula, o AZT é convertido em AZT-trifosfato. A enzima retroviral (transcriptase reversa), que catalisa a formação do DNA a partir do

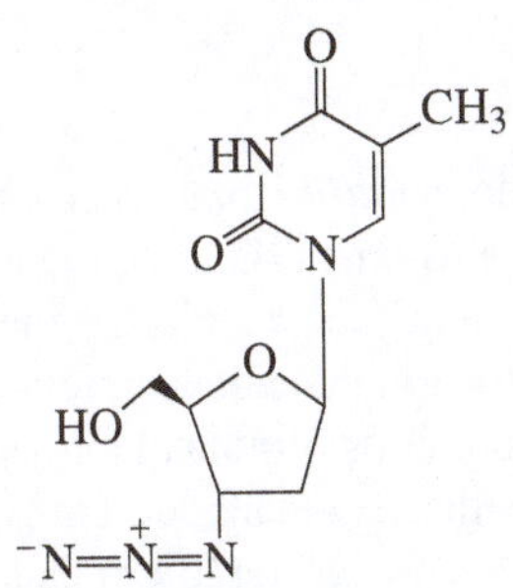

3′-azido-2′-deoxitimidina
AZT

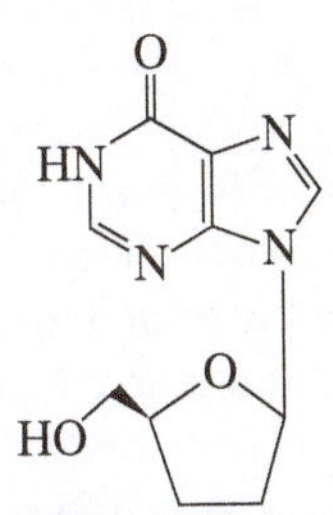

2′,3′-dideoxinosina
ddI

Molecule Gallery: AZT
www

RNA, se liga mais fortemente ao AZT-trifosfato do que ao dTTP. Então, o AZT, e não a T, é adicionado à cadeia de DNA em crescimento. Devido ao AZT não possuir um grupo 3′-OH, nenhum nucleotídeo adicional pode ser adicionado à cadeia e a síntese do DNA sofre uma parada inesperada. Felizmente, a concentração de AZT necessária para afetar a transcrição reversa é muito baixa para afetar a maioria da replicação celular do DNA. Uma droga mais nova, a 2′-3′-didesoxi-inosina (ddI), apresenta um mecanismo de ação similar. O planejamento racional de drogas será discutido posteriormente no Capítulo 30.

Devido ao fato de vírus, bactérias e células cancerígenas necessitarem do DNA para crescer e se reproduzir, os químicos estão tentando planejar substâncias que se ligarão ao DNA do organismo invasor e interferirão na sua reprodução. Também estão tentando planejar polímeros que poderão se ligar a seqüências específicas do DNA humano. Tais substâncias poderiam interromper a expressão de um gene (interferir com sua transcrição em RNA). Por exemplo, espera-se que substâncias possam ser planejadas para interferir na expressão de genes que contribuem para o desenvolvimento do câncer. Polímeros que se ligam ao DNA são chamados *agentes antigenes*; aqueles que se ligam ao mRNA são chamados agentes *anti-sensores*.

Para que uma substância tenha como alvo determinado gene, essa substância deve ser capaz de reconhecer uma seqüência específica de 15 a 20 bases. Se uma seqüência ocorresse somente uma vez no genoma humano, a substância seria específica para determinado sítio no DNA. Em contraste, se a substância reconhecesse uma seqüência de somente seis bases, afetaria o genoma humano em mais de um milhão de locais, pois essa seqüência ocorreria uma vez em cada 2 mil bases. Porém, se somente 10% dos genes são expressos na maioria das células, uma substância que reconhece a seqüência específica de 10 a 12 bases poderá conferir um efeito gene-específico.

Uma estratégia para o **reconhecimento do sítio específico** usa uma cadeia sintética de oligonucleotídeos. Quando uma cadeia de oligonucleotídeos é adicionada ao DNA de cadeia dupla natural, a cadeia se enrola em torno do sulco principal do DNA, formando uma hélice tripla (Figura 27.19). A esperança é que se a seqüência do DNA de um gene particular for conhecida, um desoxirribonucleotídeo que se ligará a esse gene poderá ser sintetizado.

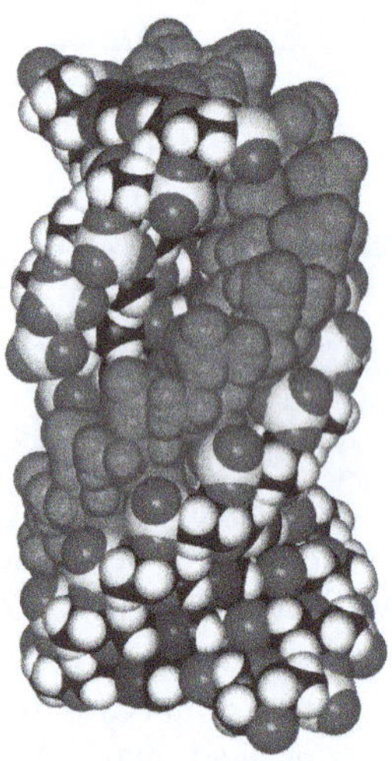

▲ **Figura 27.19**
Hélice tripla. Uma cadeia sintética de oligonucleotídeos é enrolada em torno do sulco principal do DNA de cadeia dupla. (Veja figura em cores no caderno colorido.)

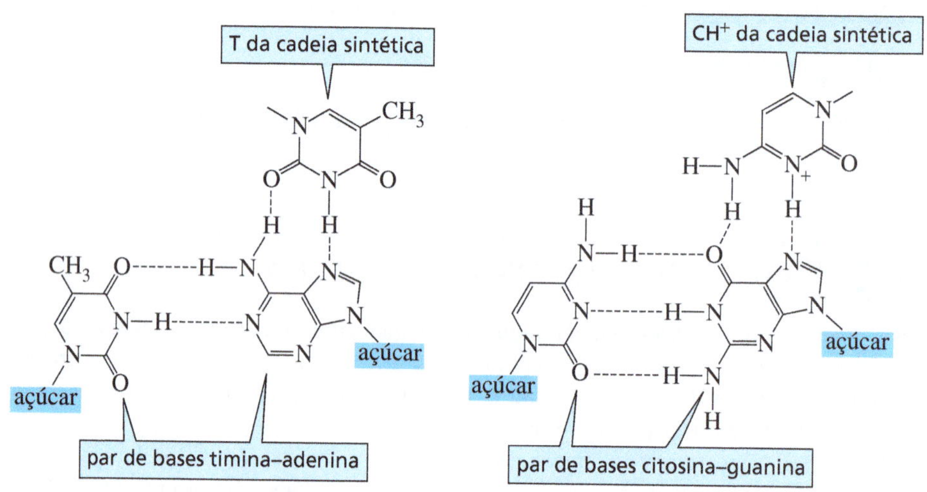

▲ **Figura 27.20**
Emparelhamento de bases de Hoogsteen: uma T da cadeia sintética dos oligonucleotídeos se liga a uma A de um par de bases A-T do DNA de cadeia dupla; uma C protonada ($^{+}$CH) da cadeia sintética se liga a uma G de um par de bases G—C do DNA.

Molecule Gallery: Hélice tripla
WWW

Uma hélice tripla é formada por meio do *emparelhamento de bases de Hoogsteen* entre os pares de bases existentes no DNA e as bases da terceira cadeia sintética. No **emparelhamento de bases de Hoogsteen**, uma T da cadeia sintética se liga a uma A de um par de bases AT, e uma citosina protonada da cadeia sintética se liga a uma G de um par de bases GC (Figura 27.20). Portanto, os oligonucleotídeos podem ser preparados com seqüências que irão se emparelhar aos pares de bases da cadeia sensor do DNA no local desejado. Diversos métodos que cortarão um pedaço do DNA-alvo depois que a cadeia sintética se ligar à hélice dupla estão sendo investigados.

Um problema no uso de oligonucleotídeos sintéticos tendo como alvo o DNA é que as cadeias sintéticas são suscetíveis a enzimas, como endonucleases de restrição, que catalisa a hidrólise do DNA. Conseqüentemente, outros polímeros estão sendo planejados para reconhecerem seqüências específicas do DNA sem serem enzimaticamente hidrolisados. Uma substância que tem se mostrado promissora é o polímero de fosforotioato. O polímero difere do DNA, pois o oxigênio negativamente carregado ligado ao fósforo é substituído por um enxofre negativamente carregado (Figura 27.21). O polímero se liga ao DNA e ao RNA com pares de bases complementares. Os oligonucleotídeos fosforotioatos, consistindo de vários comprimentos de resíduos de desoxicitidina, têm sido descritos recentemente como eficazes na proteção das células T por infecção com HIV.

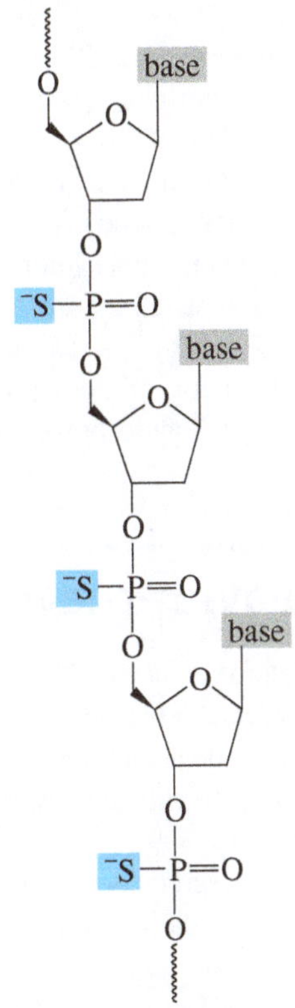

▲ **Figura 27.21** Oligonucleotídeo sintético com enxofres negativamente carregados em vez de oxigênios negativamente carregados.

PROBLEMA 28

A 5-bromouracila, substância altamente mutagênica, é usada na quimioterapia do câncer. Quando administrada ao paciente, é convertida em trifosfato e incorporada ao DNA no lugar da timina, a qual é estericamente semelhante. Por que isso causa mutações? (*Dica*: o substituinte bromo aumenta a estabilidade do tautômero enólico).

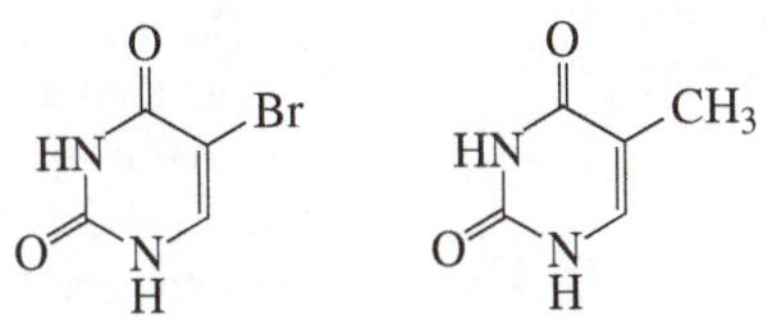

5-bromouracila timina

Resumo

Existem dois tipos de ácidos nucléicos — o **ácido desoxirribonucléico** (DNA) e o **ácido ribonucléico (RNA)**. O DNA codifica a informação hereditária de um organismo e controla o crescimento e a divisão das células. Na maioria dos organismos a informação genética estocada no DNA é **transcrita** para o RNA. Essa informação pode, então, ser **traduzida** para a síntese de todas as proteínas necessárias para a estrutura e função celulares.

O ATP é a fonte de energia química mais importante para as células; o ATP fornece uma via de reação que envolve um bom grupo de saída para a reação que não ocorreria devido à presença de um grupo de saída pobre. Isso ocorre por intermédio de uma **reação de transferência de fosforila**, na qual um grupo do ATP que contém fosfato é transferido para um nucleófilo, como resultado da quebra de uma **ligação de fosfoanidrido**. A reação envolve um dos três intermediários — um **fosfato de acila**, um **pirofosfato de acila** ou um **adenilato de acila**. A clivagem de uma ligação de fosfoanidrido é altamente exergônica, devido às repulsões eletrostáticas, solvatação e deslocalização de elétrons.

Um **nucleosídeo** contém uma base ligada à D-ribose ou à 2-desoxi-D-ribose. Um **nucleotídeo** é um nucleosídeo com o grupo 5′-OH ou 3′-OH ligado ao ácido fosfórico por uma junção éster. Os **ácidos nucléicos** são formados por longas cadeias de subunidades nucleotídicas unidas por ligações fosfodiéster. Essas junções unem o grupo 3′-OH de um nucleotídeo ao grupo 5′-OH do próximo nucleotídeo. Um **dinucleotídeo** contém duas subunidades nucleotídicas, um **oligonucleotídeo** contém de três a dez subunidades e um **polinucleotídeo** contém muitas subunidades. O DNA contém a 2′-desoxi-D-ribose enquanto o RNA contém a D-ribose. A diferença nos açúcares leva o DNA a ser estável e o RNA a ser clivado facilmente.

A **estrutura primária** de um ácido nucléico é a seqüência de bases em sua cadeia. O DNA contém **A**, **G**, **C** e **T**; o RNA contém **A**, **G**, **C** e **U**. O DNA contém timina em vez de uracila para evitar mutações causadas pela hidrólise da imina da C que forma U. O DNA é formado por uma hélice de cadeia dupla com um sulco principal e outro secundário; as cadeias correm em direções opostas e estão enroladas em uma hélice. As bases estão confinadas na parte interior da hélice e os grupos açúcar e fosfato estão na parte exterior. As cadeias estão unidas por ligações hidrogênio entre bases de cadeias opostas bem como por **interações de empilhamento** — atrações de Van der Waals entre bases adjacentes da mesma cadeia. As duas cadeias — uma é chamada **fita codificadora** e a outra, **fita molde** — são complementares: **A** emparelha com **T** e **G** emparelha com **C**. O DNA é sintetizado na direção 5′ → 3′ por um processo chamado **replicação semiconservativa**.

A seqüência de bases fornece o modelo para a síntese (**transcrição**) do RNA. O RNA é sintetizado na direção 5′ → 3′ pela transcrição da fita molde do DNA na direção 3′ → 5′. Há três tipos de RNA: O RNA mensageiro, o RNA ribossômico e o RNA transportador. A síntese de proteínas (**tradução**) ocorre a partir da terminação N para a terminação C pela leitura das bases ao longo da cadeia de mRNA na direção 5′ → 3′. Cada seqüência de três bases — **códon** — especifica determinado aminoácido que será incorporado à proteína. Um tRNA transporta o aminoácido ligado por uma ligação éster em sua posição 3′ terminal. Os códons e os aminoácidos que eles especificam são conhecidos como **código genético**.

As **endonucleases de restrição** clivam o DNA nos palíndromos específicos formando **fragmentos de restrição**. O **método didesoxi** é o método preferido para determinar a seqüência de bases nos fragmentos de restrição. Os oligonucleotídeos com seqüências de bases específicas podem ser sintetizados com a utilização de monômeros de fosforamidito ou monômeros de H-fosfonato. Polímeros que se ligam ao DNA são chamados agentes antigenes; os que se ligam ao RNA são chamados agentes anti-sensores.

Palavras-chave

adenilato de acila (p. 527)
fosfato de acila (p. 526)
pirofosfato de acila (p. 526)
adenosina 59-trifosfato (ATP) (p. 523)
anticódon (p. 539)
fita não interpretadora (p. 537)
auto-radiografia (p. 547)
base (p. 519)
códon (p. 541)
desaminação (p. 545)
ácido desoxirribonucléico (DNA) (p. 519)
desoxirribonucleotídeo (p. 522)
método didesóxi (p. 547)
dinucleotídeo (p. 530)
hélice dupla (p. 532)
organismo eucariótico (p. 538)
éxon (p. 537)
gene (p. 536)
terapia de gene (p. 548)
código genético (p. 541)
ligação de alta energia (p. 528)
emparelhamento de bases de Hoogsteen (p. 556)
genoma humano (p. 536)
fita interpretadora (p. 537)
íntron (p. 537)
sulco principal (p. xxx)
RNA mensageiro (mRNA) (p. 538)
sulco secundário (p. 535)
ácido nucléico (p. 519)
nucleosídeo (p. 521)
nucleotídeo, (p. 522)
oligonucleotídeo (p. 530)
ligação de fosfoanidrido (p. 524)
fosfodiéster (p. 519)
reação de transferência de fosforila (p. 524)
polinucleotídeo (p. 530)
estrutura primária (p. 531)
organismo procariótico (p. 538)
sítio promotor (p. 537)
planejamento racional de drogas (p. 553)
replicação (p. 536)
forquilha de replicação (p. 536)
endonuclease de restrição (p. 546)
fragmento de restrição (p. 546)
retrovírus (p. 553)
ácido ribonucléico (RNA) (p. 519)
ribonucleotídeo (p. 522)
RNA ribossômico (rRNA) (p. 538)
ribossoma (p. 538)
ribozima (p. 538)
RNA splicing (p. 538)
constante de sedimentação (p. 538)
replicação semiconservativa (p. 536)
fita codificadora (p. 537)
reconhecimento do sítio específico (p. 554)
interações de empilhamento (p. 533)
códon de parada (p. 541)
fita molde (p. 537)
transcrição (p. 537)
RNA transportador (tRNA) (p. 538)
tradução (p. 541)

Problemas

29. Nomeie as seguintes substâncias:

a.
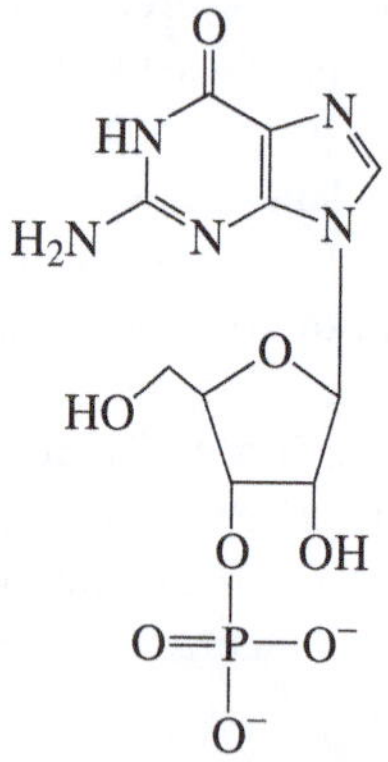

b.
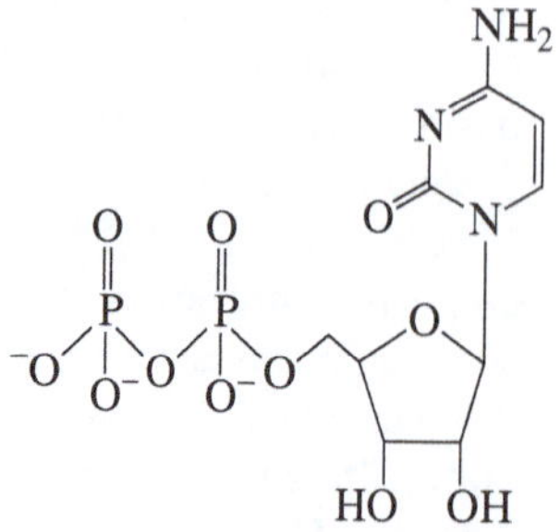

c.
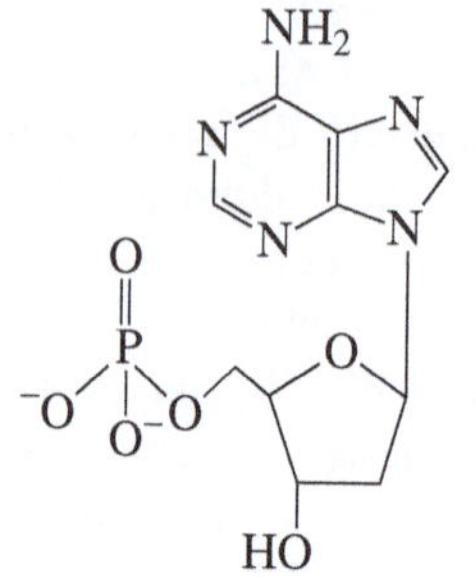

d.
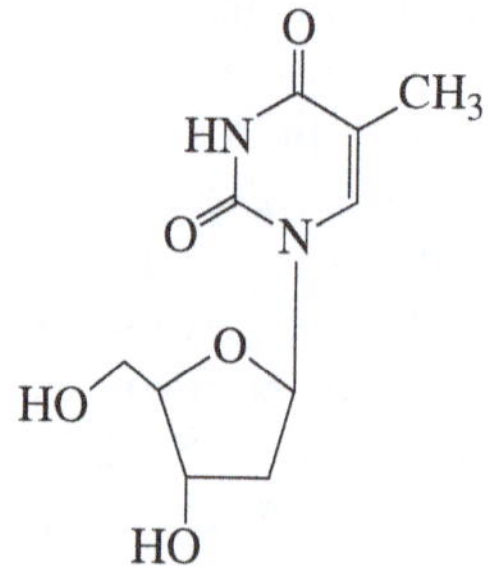

30. Que nonapeptídeo é codificado pelo seguinte segmento de mRNA?

5′—AAA—GUU—GGC—UAC—CCC—GGA—AUG—GUG—GUC—3′

31. Qual seria a seqüência de bases do segmento de DNA que é responsável pela biossíntese do seguinte hexapeptídeo?

Gly-Ser-Arg-Val-His-Glu

32. Proponha um mecanismo para a seguinte reação:

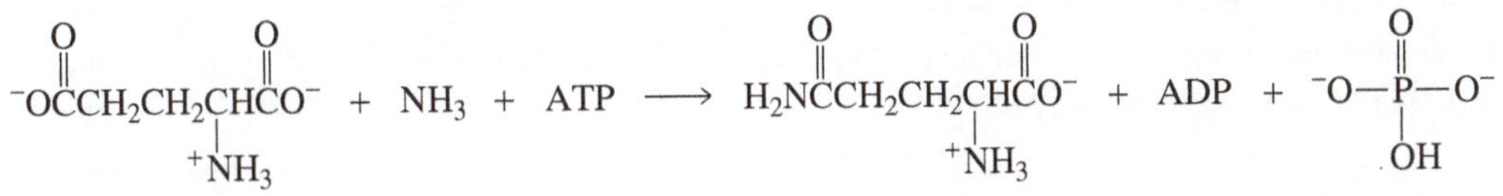

33. Correlacione o códon ao anticódon correspondente:

Códon	Anticódon
AAA	ACC
GCA	CCU
CUU	UUU
AGG	AGG
CCU	UGA
GGU	AAG
UCA	GUC
GAC	UGC

34. Usando a abreviação de uma única letra para aminoácidos, mostrada na Tabela 23.1, escreva a seqüência de aminoácidos do tetrapeptídeo representado pelas quatro primeiras letras de seu primeiro nome. Não use nenhuma letra duas vezes. (Nem todas as letras são assinaladas para aminoácidos, então você terá de usar uma ou duas letras em seu primeiro nome.) Escreva a seqüência de bases do mRNA que resultaria na síntese daquele polipeptídeo. Escreva a seqüência de bases do DNA que resultaria na formação do mRNA apropriado.

35. Quais dos seguintes pares de dinucleotídeos estão presentes em quantidades iguais no DNA?
   a. CC e GG
   b. CG e GT
   c. CA e TG
   d. CG e AT
   e. GT e CA
   f. TA e AT

36. Por que o códon é um trio, e não uma dupla ou um quarteto de bases?

37. A RNAase, enzima que catalisa a hidrólise do RNA, possui dois resíduos de histidina cataliticamente ativos em seu sítio ativo. Um dos resíduos de histidina é cataliticamente ativo em sua forma ácida e o outro resíduo é cataliticamente ativo em sua forma básica. Proponha um mecanismo para a RNAase.

38. As seqüências de aminoácidos de fragmentos peptídicos obtidos de uma proteína normal e de uma proteína sintetizada por um gene defeituoso foram comparadas. Elas diferiram somente em um fragmento peptídico. As seqüências primárias dos fragmentos são mostradas aqui.

Nomal: Gln-Tyr-Gli-Thr-Arg-Tyr-Val

Mutante: Gln-Ser-Glu-Pro-Gly-Thr

   a. Qual o defeito no DNA?
   b. Mais tarde foi determinado que o fragmento peptídico normal era um octapeptídeo com uma Val-Leu C-terminal. Qual o é o aminoácido C-terminal do peptídeo mutante?

39. O mecanismo requerido para a ativação de um íon carboxilato pelo ATP, que envolve o ataque de um íon carboxilato sobre o α-fósforo ou sobre o β-fósforo do ATP, não pode ser determinado a partir dos produtos de reação, pois o AMP e o pirofosfato são obtidos como produtos em ambos os mecanismos. Os mecanismos, porém, podem ser distinguidos por um experimento de marcação, no qual a enzima, o íon carboxilato, o ATP e o pirofosfato marcados radioativamente são incubados e o ATP é isolado. Se o ATP isolado for radioativo, o mecanismo envolve o ataque sobre o α-fósforo. Se não for radioativo, o mecanismo envolve o ataque sobre o β-fósforo. Explique essas conclusões.

40. Quais seriam os resultados do experimento do Problema 39 se o AMP radioativo fosse adicionado à mistura incubada em vez do pirofosfato radioativo?

41. Que citosina, na seguinte fita codificadora de DNA, causaria o maior prejuízo ao organismo se fosse desaminada?

$$5'-A-T-G-T-C-G-C-T-A-A-T-C-3'$$

42. O nitrito de sódio, conservante alimentar comum, é capaz de causar mutações em um ambiente ácido pela conversão de citosinas em uracilas. Explique como isso ocorre.

43. O primeiro aminoácido incorporado em uma cadeia polipeptídica, durante sua biossíntese em procariotas, é a N-formil-metionina. Explique o propósito do grupo formil.

PARTE OITO

Tópicos especiais em química orgânica

Nos capítulos anteriores foram discutidos os polímeros sintetizados por sistemas biológicos–proteínas, carboidratos e ácidos nucléicos.

O Capítulo 28 discute os polímeros sintetizados por químicos. Esses polímeros sintéticos apresentam certas propriedades físicas que os fazem úteis no dia-a-dia em aplicações tais como: tecidos, garrafas, embalagem de produtos alimentícios, partes de automóveis e discos compactos.

O Capítulo 29 discute as reações pericíclicas–reações que resultam da reorganização cíclica dos elétrons. Nesse capítulo, você aprenderá como a conservação da teoria do orbital molecular explica a relação entre substrato, produto e condições de reação em uma reação pericíclica.

O Capítulo 30 fala sobre química medicinal. Nele, você verá quantas de nossas drogas de uso comum foram descobertas e aprenderá algumas das técnicas usadas para desenvolver novas drogas.

28 Polímeros sintéticos

supercola

Provavelmente nenhum grupo de substâncias sintéticas é mais importante para a vida moderna que os polímeros sintéticos. O **polímero** é uma molécula grande feita pela junção de unidades repetidas de moléculas pequenas chamadas **monômeros**. O processo de junção dessas unidades é chamado **polimerização**.

$$\underset{\text{monômero}}{n\text{M}} \xrightarrow{\text{polimerização}} \underset{\text{polímero}}{\text{—M—M—M—M—M—M—M—M—M—}}$$

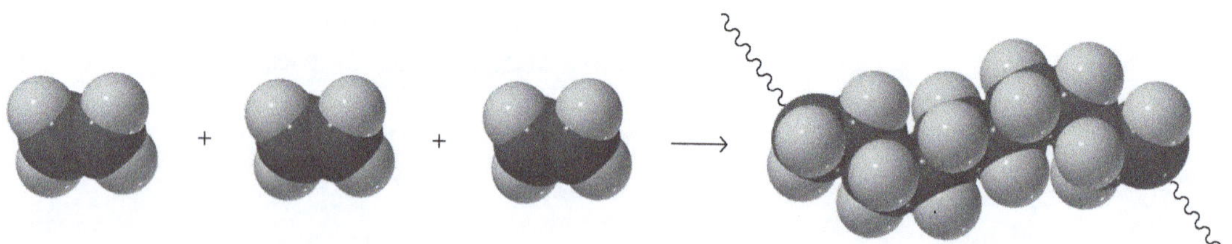

Diferentemente das moléculas pequenas, as quais são de interesse, devido às propriedades *químicas*, as moléculas gigantes são interessantes pelas propriedades *físicas*, que as fazem úteis no dia-a-dia. Alguns polímeros sintéticos parecem substâncias naturais, mas a maioria é bem diferente dos encontrados na natureza. Diversos itens como filme fotográfico, discos compactos, tapetes, embalagem de produtos alimentícios, juntas artificiais, o adesivo chamado 'supercola', brinquedos, acessórios de automóveis, solas de sapatos e preservativos são feitos de polímeros sintéticos.

Os polímeros podem ser divididos em dois grandes grupos: **polímeros sintéticos** e **biopolímeros** (polímeros naturais). Polímeros sintéticos são sintetizados por cientistas, enquanto os biopolímeros são sintetizados pelos organismos. Exemplos de biopolímeros são: o DNA, a molécula que guarda a informação genética — a molécula que determina se um ovo fertilizado vai se tornar um humano ou uma abelha; RNA e proteínas, moléculas que induzem a transformações bioquímicas; e polissacarídeos. As estruturas e propriedades das moléculas são apresentadas em outros capítulos. Neste capítulo, exploraremos os polímeros sintéticos.

O primeiro uso de polímeros naturais por humanos foi em roupas, quando começaram a vestir-se com couro de animais. Mais tarde, aprenderam a transformar fibras naturais em fios, e estes em vestimentas. Hoje, muitas de nossas roupas são feitas de *polímeros sintéticos* (por exemplo: náilon, poliéster, poliacrilonitrila). Muitas pessoas preferem roupas feitas de polímeros naturais (por exemplo: algodão, lã, seda), mas estimou-se que se polímeros sintéticos não estivessem disponíveis, toda a terra produtiva nos Estados Unidos teria de ser usada para a produção de algodão e lã para roupas.

O primeiro **plástico** — polímero capaz de ser moldado — foi a celulóide. Inventada em 1856, por Alexander Parke, era formada por uma mistura de nitrocelulose e cânfora. A celulóide foi usada na manufatura de bolas de bilhar e teclas de piano, substituindo o escasso marfim. A invenção da celulóide proporcionou a diminuição à caça de elefantes, mas causou certo temor em salas de bilhar pois a nitrocelulose é inflamável e explosiva. A celulóide foi usada em fitas de filme até ser substituída por acetato de celulose, polímero menos perigoso.

A primeira fibra sintética foi o raiom. Em 1865, a indústria de seda francesa foi ameaçada por uma epidemia que matou muitos bichos-da-seda, enfatizando a necessidade de uma seda artificial substituta. Louis Chardonnet descobriu acidentalmente o material de partida para uma fibra sintética enquanto secava a nitrocelulose que fora derramada em uma mesa; percebeu longas fitas semelhantes às da seda se aderindo à toalha e à mesa. 'A seda de Chardonnet' foi apresentada na Exposição de Paris em 1891. Foi chamada de *raiom* porque era tão brilhante que parecia emitir raios de luz.

A primeira borracha sintética foi obtida por químicos alemães, em 1917. Seus esforços foram uma resposta à severa escassez de matérias-primas, como resultado do bloqueio durante a Primeira Guerra Mundial.

Hermann Staudinger foi o primeiro a reconhecer que os vários polímeros produzidos não eram simplesmente aglomerados desordenados de monômeros; eram feitos de cadeias de monômeros interligados. Hoje, a síntese de polímeros cresceu, passou de um processo feito com pouco entendimento químico para uma ciência sofisticada, na qual moléculas são planejadas com especificações predeterminadas para a produção de novos materiais feitos para se encaixar nas necessidades humanas. Exemplos recentes de novos polímeros, que estão sendo constantemente planejados, incluem a Lycra®, tecido com propriedades elásticas, e a Dyneema®, o mais forte tecido disponível comercialmente.

A **química de polímeros** é parte de uma disciplina maior chamada **ciência de materiais**, que envolve a criação de novos materiais para substituir metais, vidros, cerâmicas, tecidos, madeira, papelão e papel. A química de polímeros pertence a uma indústria multibilionária. Atualmente, existem 30 mil polímeros patenteados nos Estados Unidos. Mais de $2{,}5 \times 10^{13}$ quilogramas de polímeros sintéticos são produzidos nos Estados Unidos a cada ano e podemos esperar muitos outros novos materiais que serão desenvolvidos por cientistas nos próximos anos.

Alexander Parke (1813–1890) *nasceu em Birmingham, Inglaterra. Ele chamou o polímero que inventou de 'piroxilina', porém não foi capaz de comercializá-lo.*

O inventor **John Wesley Hyatt (1837–1920)** *nasceu em Nova York. Quando uma empresa de Nova York ofereceu um prêmio de 10 mil dólares por um substituto para as bolas de bilhar de marfim, Hyatt melhorou a síntese da 'piroxilina'. Ele mudou o nome para 'celulóide' e patenteou um método para fazer bolas de bilhar. Contudo, não ganhou o prêmio.*

Louis-Marie-Hilaire Bernigaud, conde de Chardonnet (1839–1924), nasceu na França. *Ele foi assistente de Louis Pasteur no início de sua carreira. O raiom que ele inicialmente produziu a partir de nitrocelulose era perigosamente inflamável. Eventualmente, os químicos aprenderam a retirar alguns grupos nitro depois de a fibra ter sido formada, o que a tornou muito menos inflamável, mas não tão forte quanto antes.*

Hermann Staudinger (1881–1965), *filho de um professor, nasceu na Alemanha. Tornou-se professor do Instituto Técnico de Karlsruhe e da Universidade de Freiburg. Recebeu o Prêmio Nobel de química em 1953 por suas contribuições para a química de polímeros.*

28.1 Classes gerais de polímeros sintéticos

Polímeros sintéticos podem ser divididos em duas classes principais, dependendo do seu método de preparação. **Polímeros de crescimento de cadeia**, também conhecidos como **polímeros de adição**, são feitos por reações em cadeia — a adição de monômeros no final de uma cadeia em crescimento. O final da cadeia é reativo porque é um radical, um cátion ou um ânion. O poliestireno — usado em recipientes descartáveis de comida, isolamento, escovas de dente, entre outras coisas — é um exemplo de polímero de crescimento de cadeia. O poliestireno é bombeado com ar para produzir o material conhecido como Styrofoam®.

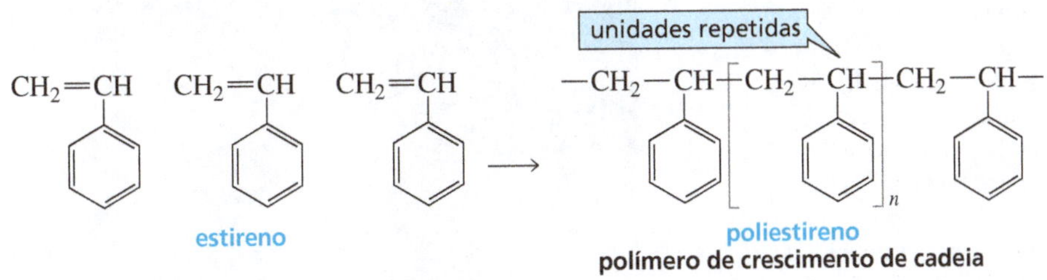

Polímeros de crescimento de cadeia são também chamados polímeros de adição.

Polímeros de crescimento são feitos por reações em cadeia.

Polímeros de crescimento por etapas, também chamados **polímeros de condensação**, são feitos pela combinação de duas moléculas e, na maioria dos casos, remove-se uma pequena molécula, geralmente água ou um álcool. As moléculas que reagem têm grupos funcionais reativos em cada terminação. Diferente dos polímeros

Molecule Gallery: Estireno; poliestireno

WWW

Polímeros de crescimento por etapas são também chamados polímeros de condensação.

de crescimento de cadeia, que exigem moléculas individuais que se adicionam ao final de uma cadeia em crescimento, a polimerização de crescimento por etapas permite a combinação de duas moléculas reativas. O Dacron® é um exemplo de polímero de crescimento por etapas.

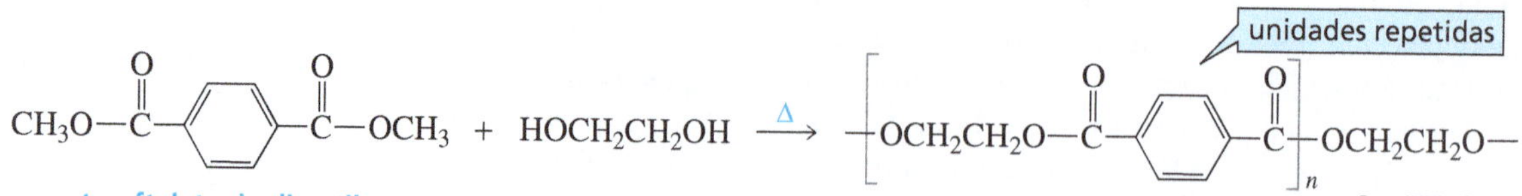

tereftalato de dimetila — 1,2-etanodiol — poli(tereftalato de etileno) Dacron® **polímero de crescimento por etapas** + $2n$ CH_3OH

O Dacron® é o mais comum do grupo de polímeros conhecido como **poliésteres** — polímeros com muitos grupos ésteres. Os poliésteres são usados em roupas e são responsáveis pelo comportamento resistente às dobras de muitos tecidos. Ele é também usado para fazer o filme plástico chamado Mylar®, utilizado na manufatura de fita magnética de gravação. Esse filme é resistente a rompimentos e, quando processado, possui força tensora quase tão grande quanto a do aço. Para fazer o satélite Echo foi usado Mylar® aluminizado, que foi colocado em órbita em torno da Terra como um refletor gigante. O polímero usado para fazer garrafas de refrigerantes é também um poliéster.

28.2 Polímeros de crescimento de cadeia

Os monômeros mais comumente usados em polimerização de crescimento de cadeia são o etileno (eteno) e etilenos substituídos. Na indústria química, etilenos monossubstituídos são conhecidos como *olefinas alfa*. Polímeros formados a partir do etileno ou etilenos substituídos são chamados **polímeros vinílicos**. Alguns polímeros vinílicos sintetizados por polimerização de crescimento de cadeia são listados na Tabela 28.1.

A polimerização de crescimento de cadeia se processa por um dos três mecanismos: **polimerização radicalar**, **polimerização catiônica** ou **polimerização aniônica**. Cada mecanismo tem três fases distintas: uma *etapa de iniciação*, que inicia a polimerização, *etapas de propagação*, que permitem o crescimento da cadeia, e *etapas de terminação*, que finalizam o crescimento da cadeia. Veremos que a escolha do mecanismo depende da estrutura do monômero *e* do iniciador usado para ativá-lo.

Símbolos de reciclagem

Os vários tipos de plásticos devem ser separados um do outro quando forem reciclados. Para ajudar na separação, há países que requerem dos fabricantes a inclusão de um símbolo de reciclagem nos produtos para indicar o tipo de plástico. Esses símbolos são encontrados no fundo de recipientes plásticos e são formados por três setas em torno de um número (de um a sete) e uma abreviação abaixo do símbolo, que indica o tipo de polímero a partir do qual o recipiente é feito. Quanto menor o número no centro do símbolo, maior é a facilidade de reciclagem do material: 1 (PET) é usado para poli(tereftalato de etileno), 2 (HDPE) para polietileno de alta densidade, 3 (V) para poli(cloreto de vinila), 4 (LDPE) para polietileno de baixa densidade, 5 (PP) para polipropileno, 6 (PS) para poliestireno e 7 para todos os outros plásticos.

Rótulos de reciclagem

Tabela 28.1 Alguns polímeros de crescimento de cadeia importantes e suas aplicações

Monômero	Unidade repetida	Nome do polímero	Aplicações
$CH_2{=}CH_2$	$-CH_2-CH_2-$	polietileno	filmes, brinquedos, garrafas, sacos plásticos
$CH_2{=}CH(Cl)$	$-CH_2-CH(Cl)-$	poli(cloreto de vinila)	bisnagas, canos
$CH_2{=}CH-CH_3$	$-CH_2-CH(CH_3)-$	polipropileno	capacetes, potes de margarina, estofamento, material para carpetes
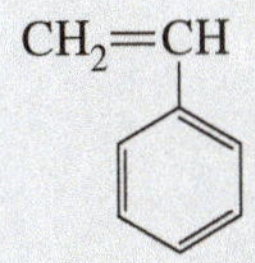	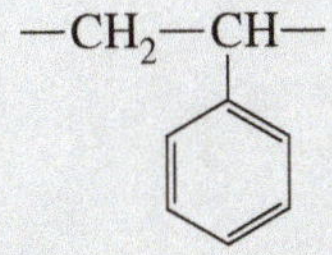	poliestireno	embalagens, brinquedos, copos descartáveis, caixas de ovos
$CF_2{=}CF_2$	$-CF_2-CF_2-$	poli(tetrafluoroetileno) Teflon®	superfícies não aderentes, revestimentos, isolamento de fios
$CH_2{=}CH(C{\equiv}N)$	$-CH_2-CH(C{\equiv}N)-$	poli(acrilonitrila) Orlon®, Acrilan®	tapetes, cobertores, fios de lã sintética, peles sintéticas
$CH_2{=}C(CH_3)-C(=O)OCH_3$	$-CH_2-C(CH_3)(C(=O)OCH_3)-$	poli(metacrilato de metila) Plexiglas®, Lucite®	placas de sinalização, painéis solares, clarabóias
$CH_2{=}CH-OC(=O)CH_3$	$-CH_2-CH(OC(=O)CH_3)-$	poli(acetato de vinila)	tintas de látex, adesivos

Polimerização radicalar

Para ocorrer a polimerização de crescimento de cadeia por um mecanismo radicalar, um radical iniciador deve ser adicionado ao monômero para converter algumas moléculas em radicais. O iniciador se quebra homoliticamente em radicais e cada radical se liga a um monômero alceno, convertendo-o em um radical. Esse radical reage com outro monômero, adicionando uma nova subunidade, que propaga a cadeia. O sítio radicalar está agora no fim da unidade que acabou de ser adicionada ao final da cadeia. Ele é chamado **sítio de propagação**.

etapas de iniciação da cadeia

$$RO{-}OR \xrightarrow{\Delta} 2\,RO\cdot$$

radical iniciador → radicais

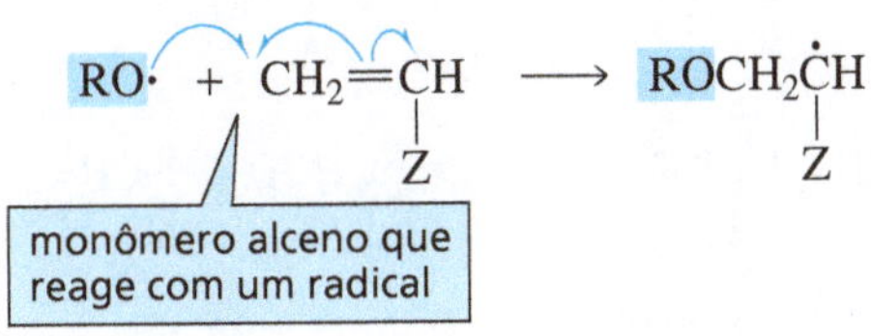

três formas de terminação da cadeia

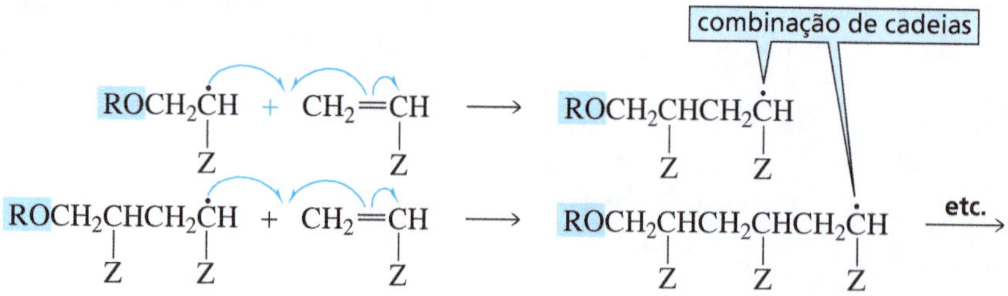

Esse processo é repetido várias vezes. Centenas, ou mesmo milhares, de monômeros alceno podem se ligar, um de cada vez, à cadeia em crescimento. Eventualmente, a reação em cadeia é interrompida porque os sítios de propagação são destruídos. Essa destruição ocorre quando duas cadeias se combinam por meio desses sítios de propagação; quando duas cadeias sofrem *desproporcionamento*, com uma cadeia que é oxidada a um alceno e a outra reduzida a um alcano; ou quando uma cadeia reage com uma impureza que consome o radical.

três formas de terminação da cadeia

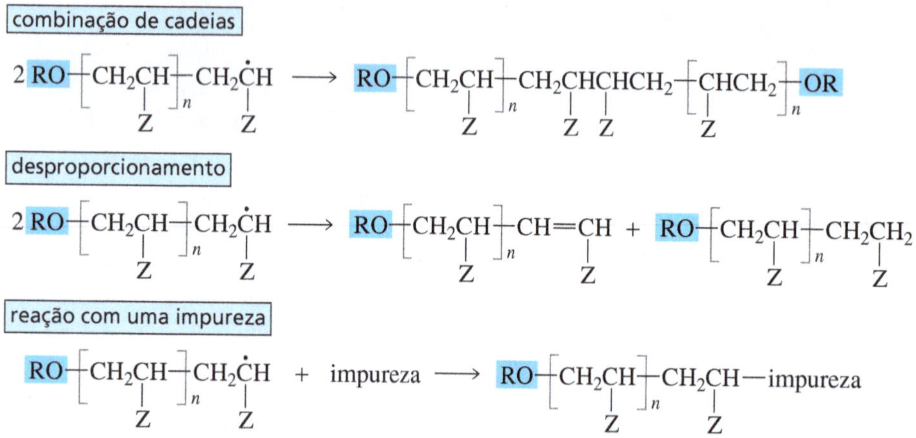

Assim, as *polimerizações radicalares* apresentam etapas de iniciação, propagação e terminação da cadeia, similares às etapas que ocorrem nas reações de radicais discutidas nas seções 4.10 e 9.2 do volume 1.

Em polímeros com alta massa molecular, os grupos presentes nas terminações da cadeia são relativamente insignificantes na determinação de suas propriedades físicas e nem sempre são especificados; é o restante da molécula que determina as propriedades do polímero.

A massa molecular do polímero pode ser controlada por um processo conhecido como **transferência de cadeia**. Nesse processo, a cadeia em crescimento reage com uma molécula XY de maneira que permita a terminação da cadeia por X·, deixando para trás Y· para iniciar uma nova cadeia. XY pode ser um solvente, um radical iniciador ou qualquer molécula com uma ligação que possa ser clivada homoliticamente.

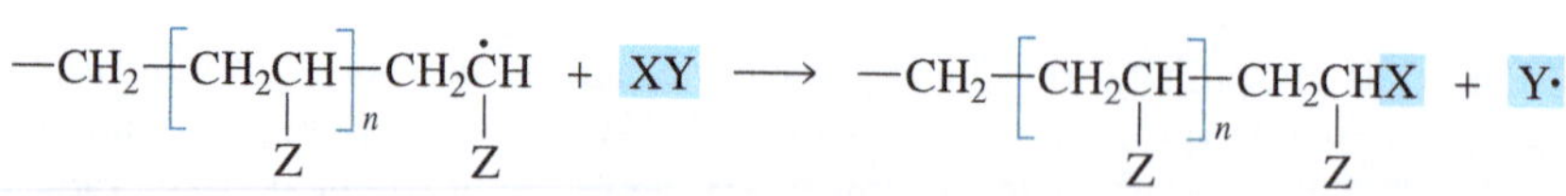

A polimerização de crescimento de cadeia de etilenos monossubstituídos exibe uma preferência pela **adição cabeça-cauda,** em que a cabeça de um monômero está ligada à cauda do outro.

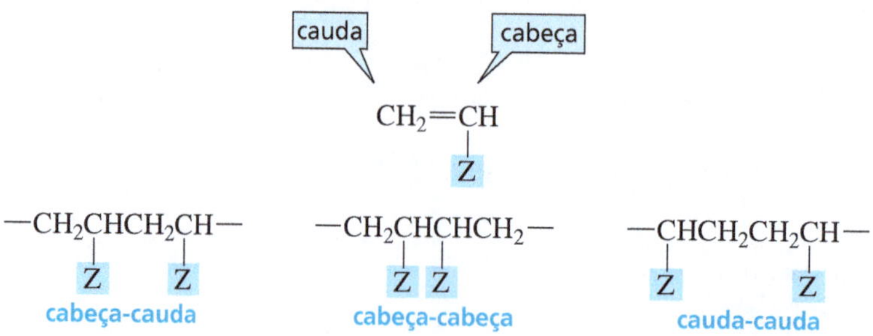

A adição cabeça-cauda de um etileno substituído resulta em um polímero no qual todos os outros carbonos têm um substituinte.

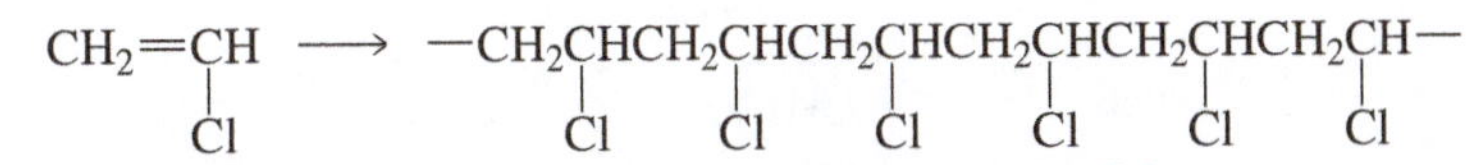

cloreto de vinila — poli(cloreto de vinila)

Molecule Gallery: Cloreto de vinila; poli(cloreto de vinila)

WWW

A adição cabeça-cauda é favorecida por razões estéricas, pois o sítio de propagação ataca preferencialmente o carbono sp^2 não substituído de um alceno menos impedido estericamente. Grupos que estabilizam radicais também favorecem a adição cabeça-cauda. Por exemplo, quando Z é um substituinte fenila, o anel do benzeno estabiliza o radical por deslocalização de elétrons, desse modo o sítio de propagação é o carbono que contém o substituinte fenila.

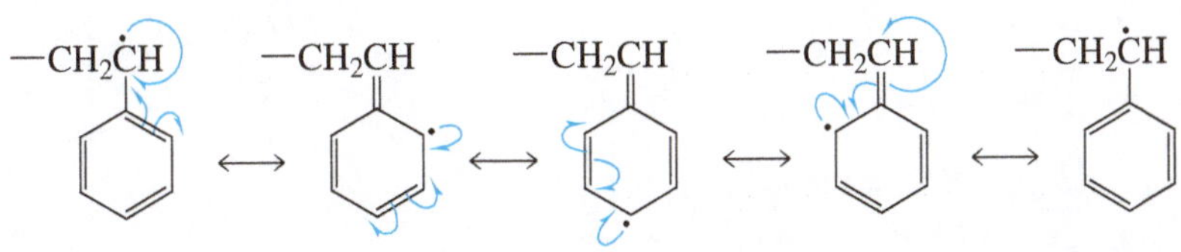

Em casos em que Z é um grupo pequeno — o qual torna as considerações estéricas menos importantes — e é menos capaz de estabilizar o final da cadeia em crescimento por deslocalização de elétrons, algumas adições cabeça-cabeça e cauda-cauda também ocorrem. Isso é observado primariamente em situações em que Z é um flúor. A adição excepcional, porém, nunca constituiu mais que 10% da cadeia total.

Os monômeros que sofrem mais rapidamente a polimerização de crescimento de cadeia, por mecanismo radicalar, são aqueles nos quais o substituinte Z é capaz de estabilizar a espécie radicalar em crescimento por deslocalização de elétrons. Exemplos de monômeros que sofrem polimerização radicalar são mostrados na Tabela 28.2.

Tabela 28.2 Exemplos de alcenos que sofrem polimerização radicalar

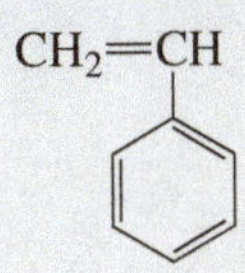 estireno	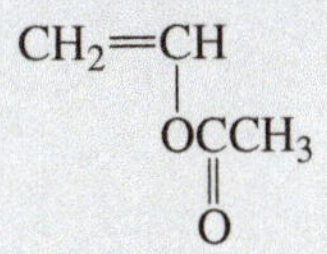 acetato de vinila	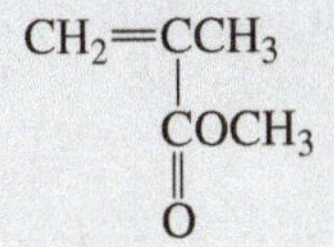 metacrilato de metila
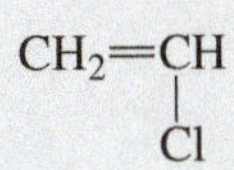 cloreto de vinila	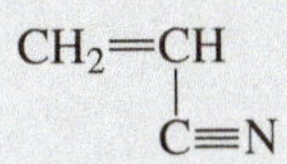 acrilonitrila	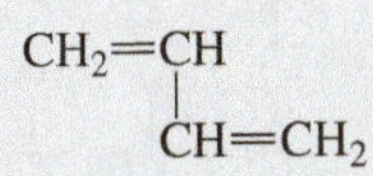 1,3-butadieno

Qualquer composto que rapidamente sofre uma clivagem homolítica, formando radicais suficientemente energéticos para converter um alceno em um radical, pode servir como iniciador para a polimerização radicalar. Diversos iniciadores radicalares são mostrados na Tabela 28.3.

Uma característica comum de todos os iniciadores radicalares é a presença de uma ligação relativamente fraca que de maneira rápida sofre clivagem homolítica. Em quase todos os iniciadores radicalares mostrados na Tabela 28.3, a ligação fraca é a oxigênio–oxigênio. Dois fatores são considerados na escolha do iniciador radicalar para determinada polimerização de crescimento de cadeia. O primeiro é a solubilidade desejada do iniciador. Por exemplo, se este precisa ser solúvel em água usa-se freqüentemente o persulfato de potássio, ao passo que se o iniciador precisa ser solúvel em um solvente não polar, utiliza-se uma substância com vários carbonos. O segundo fator é a temperatura na qual a reação de polimerização será realizada. Por exemplo, um radical *terc*-butoxi é relativamente estável, portanto um iniciador que forma esse tipo de radical é usado em polimerizações realizadas em temperaturas relativamente altas.

Tabela 28.3 Alguns iniciadores radicalares

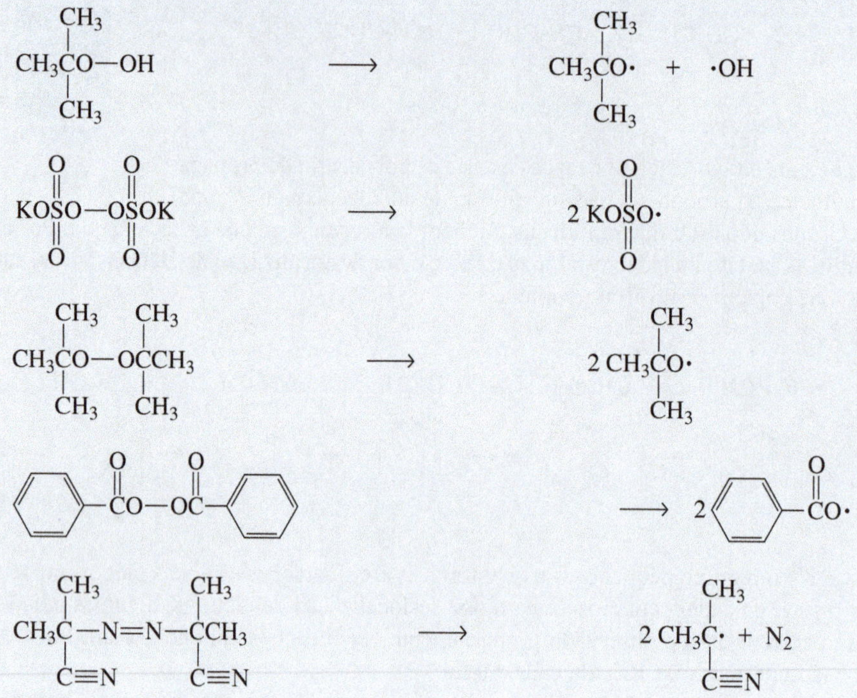

PROBLEMA 1◆

Que monômeros você usaria para formar cada um dos seguintes polímeros?

a. 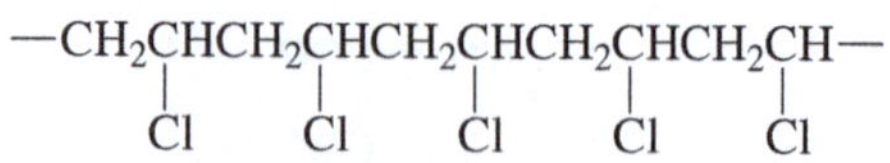

b. 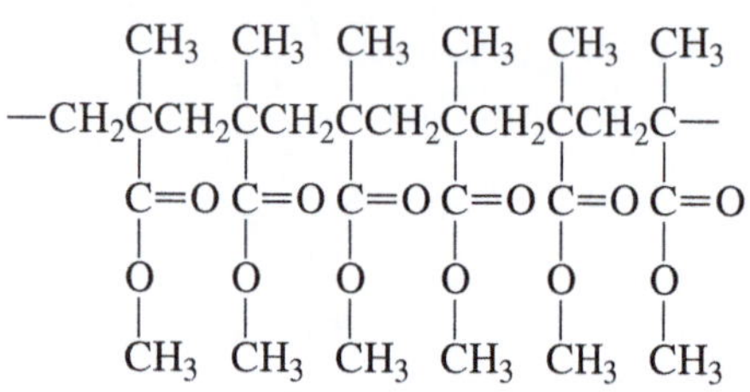

c. $-CF_2CF_2CF_2CF_2CF_2CF_2CF_2CF_2CF_2CF_2-$

PROBLEMA 2◆

Qual polímero poderia conter junções cabeça-cabeça anormais: poli(cloreto de vinila) ou poliestireno?

PROBLEMA 3

Desenhe um segmento de poliestireno que contenha junções anormais cabeça-cabeça e cauda-cauda.

PROBLEMA 4

Mostre o mecanismo para a formação de um segmento de poli(cloreto de vinila) que contenha três unidades de cloreto de vinila e seja iniciado por peróxido de hidrogênio.

Ramificação da cadeia polimérica

Se o sítio de propagação abstrai um átomo de hidrogênio da cadeia, uma ramificação pode se desenvolver nesse ponto.

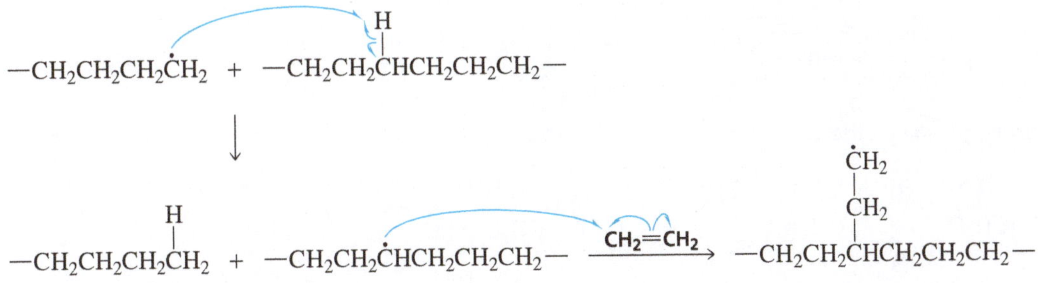

A abstração de um átomo de hidrogênio de um carbono próximo ao final de uma cadeia leva à formação de ramificações curtas, ao passo que a abstração de um átomo de hidrogênio de um carbono próximo ao centro de uma cadeia resulta em ramificações longas. As ramificações curtas são mais facilmente formadas do que as longas uma vez que as terminações da cadeia são mais acessíveis.

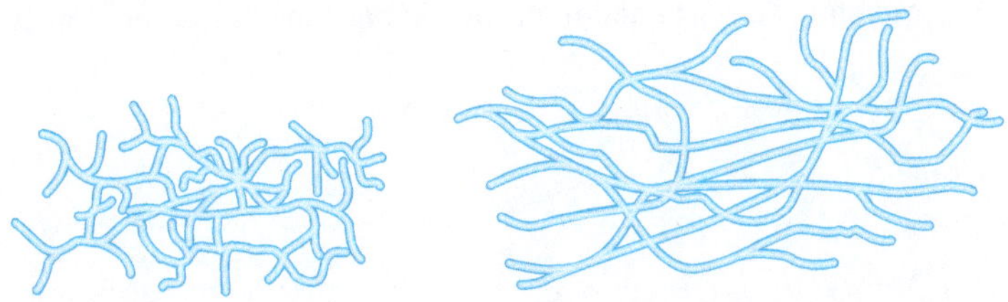

cadeias com ramificações curtas **cadeias com ramificações longas**

Ramificações afetam muito as propriedades do polímero. Cadeias lineares podem se empacotar melhor do que cadeias ramificadas. Conseqüentemente, o polietileno linear (conhecido como polietileno de alta densidade) é um plástico relativamente duro, usado para produção de artefatos como juntas artificiais, enquanto o polietileno ramificado (polietileno de baixa densidade) é um polímero muito mais flexível, usado em sacos de lixo e sacos de lavagem a seco.

Polímeros ramificados são mais flexíveis.

PROBLEMA 5◆

O polietileno pode ser usado na produção de cadeiras de praia e bolas de praia. Qual desses itens é feito do polietileno mais ramificado?

PROBLEMA 6

Desenhe um pequeno segmento de poliestireno ramificado que mostre a junção no ponto da ramificação.

Polimerização catiônica

Na polimerização catiônica, o iniciador é um eletrófilo que se liga ao alceno transformando-o em cátion. O iniciador usado mais freqüentemente em polimerização catiônica é um ácido de Lewis como BF_3 ou $AlCl_3$. A vantagem desse iniciador é que ele não tem um nucleófilo que poderia agir como terminador de cadeia, como seria o caso de um ácido doador de próton como o HCl. O cátion formado na etapa de iniciação reage com um segundo monômero, formando um novo cátion, que reage com um terceiro monômero. Como cada monômero subseqüente se liga à cadeia, o sítio de propagação carregado positivamente sempre termina na última unidade adicionada.

etapa de iniciação da cadeia

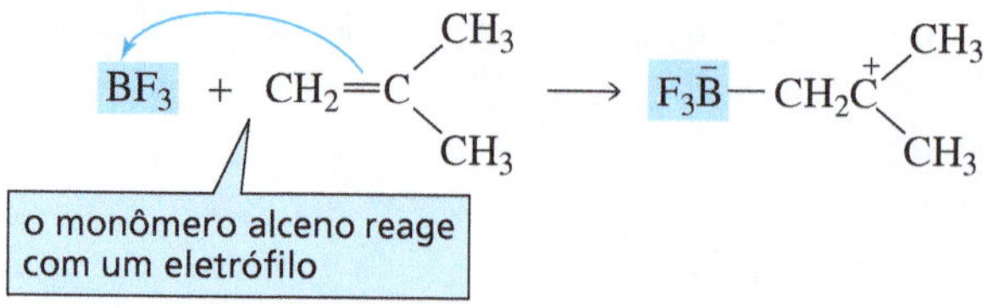

etapas de propagação da cadeia

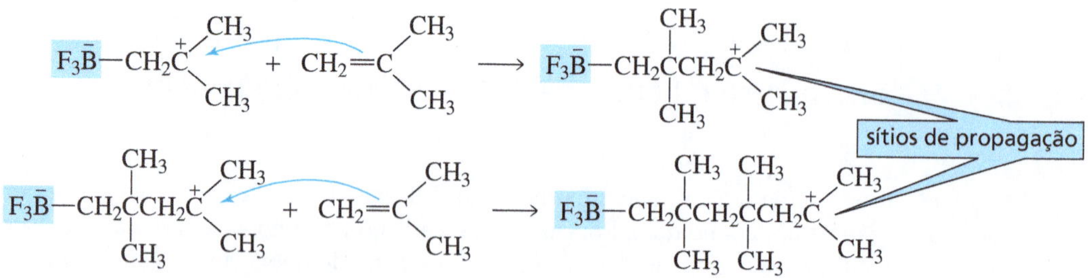

A polimerização catiônica pode ser terminada pela perda de um próton ou por adição de um nucleófilo que reage com o sítio de propagação. A cadeia pode ser também terminada por uma reação de transferência de cadeia com o solvente (XY).

três formas de terminar a cadeia

perda de um próton

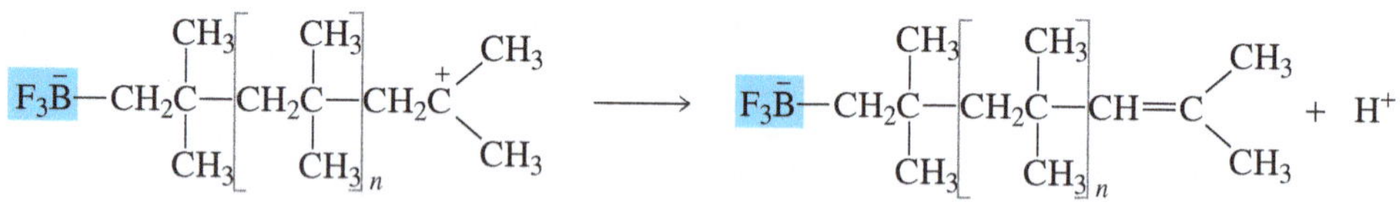

reação com um nucleófilo

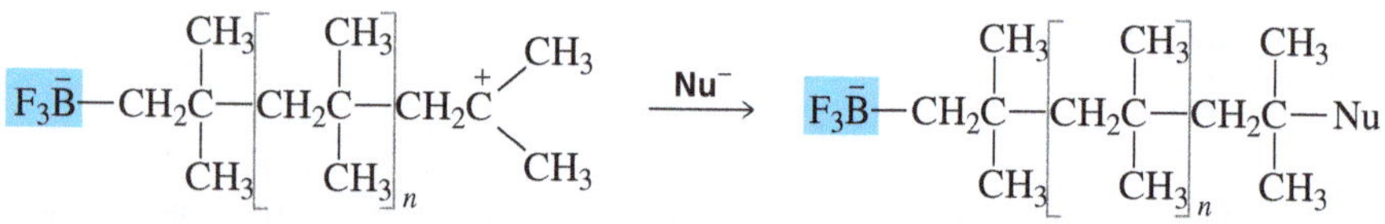

reação de transferência de cadeia com o solvente

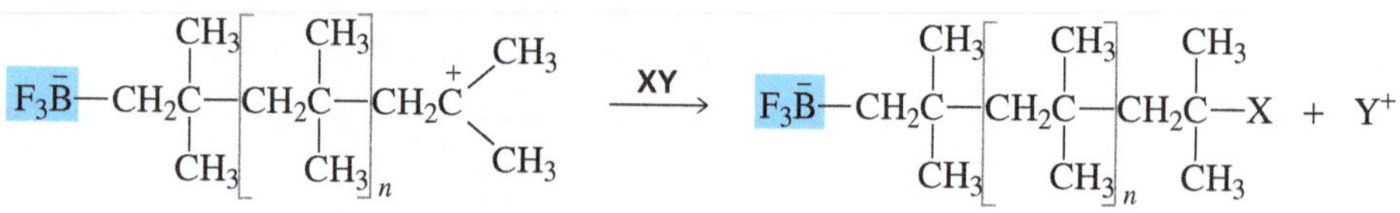

Os intermediários carbocátions formados durante a polimerização catiônica, como qualquer outro carbocátion, podem sofrer rearranjo por uma troca 1,2 de um hidreto ou uma troca 1,2 de uma metila se o rearranjo conduzir a um carbocátion mais estável (Seção 4.6, volume 1). Por exemplo, o polímero formado na polimerização catiônica do 3-metil-1-buteno contém tanto unidades rearranjadas quanto não rearranjadas. O sítio de propagação que não sofreu rearranjo é um carbocátion secundário, ao passo que o sítio de propagação que sofreu rearranjo — obtido por uma troca 1,2 de um hidreto — é um carbocátion terciário mais estável. A extensão do rearranjo depende da temperatura reacional.

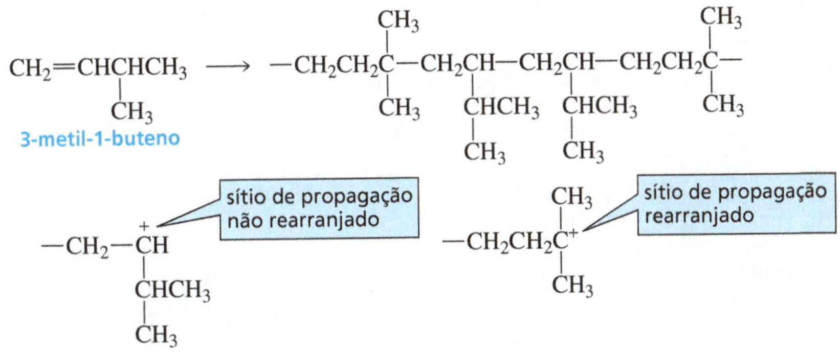

Os monômeros com substituintes, que estabilizam a carga positiva do sítio de propagação por efeito indutivo de doação de elétrons ou por ressonância, são os que sofrem polimerização mais facilmente por um mecanismo catiônico. Exemplos de monômeros que sofrem polimerização catiônica são dados na Tabela 28.4.

Tabela 28.4 Exemplos de alcenos que sofrem polimerização catiônica

propileno — isobutileno — acetato de vinila — estireno

PROBLEMA 7◆

Coloque os seguintes grupos de monômeros em ordem decrescente quanto à capacidade de sofrerem polimerização catiônica:

a. 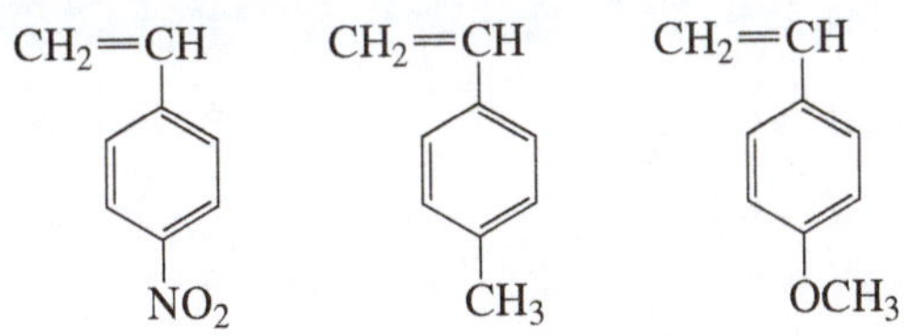

b. 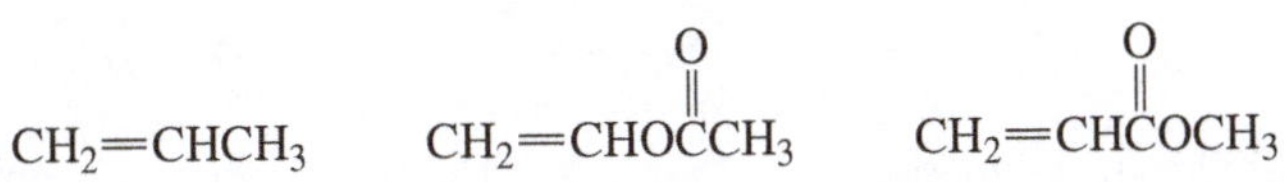

c. 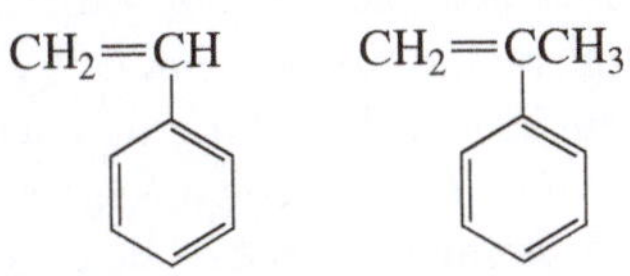

Polimerização aniônica

Na polimerização aniônica, o iniciador é um nucleófilo que reage com o alceno para formar um sítio de propagação, que é um ânion. O ataque nucleofílico em um alceno não ocorre rapidamente, pois este é rico em elétrons. Portanto, o iniciador deve ser um nucleófilo muito bom, como o amideto de sódio ou o butil-lítio, e o alceno deve conter um substituinte retirador de elétrons para diminuir a densidade eletrônica. Alguns alcenos que sofrem polimerização por um mecanismo aniônico são mostrados na Tabela 28.5.

etapa de iniciação da cadeia

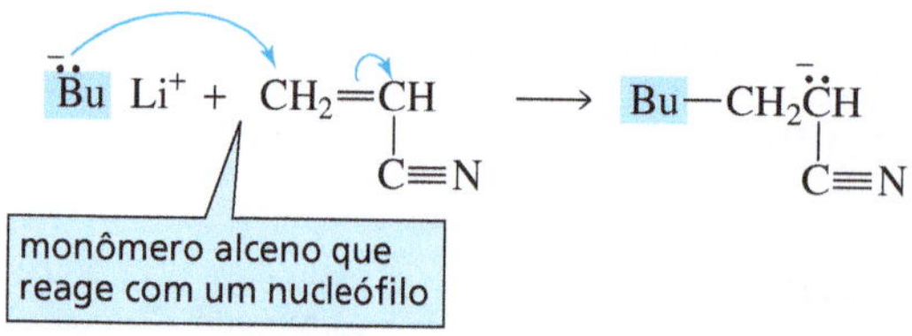

etapas de propagação da cadeia

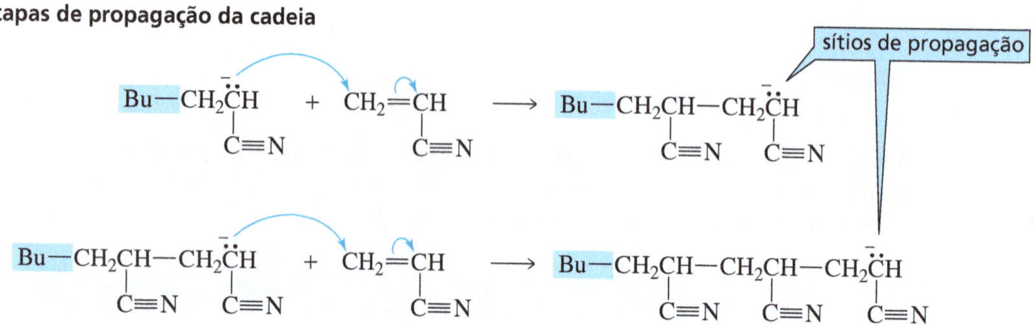

A cadeia pode ser terminada por uma reação de transferência de cadeia com o solvente ou por reação com uma impureza na mistura reacional. Se o solvente não puder doar um próton para terminar a cadeia, e se todas as impurezas que puderem reagir com um carbânion forem rigorosamente excluídas, a propagação da cadeia continuará até que todo o monômero seja consumido. Nesse ponto, o sítio de propagação ainda estará ativo, de modo que a reação de polimerização continuará se outros monômeros forem adicionados ao sistema. Tais cadeias não terminadas são chamadas **polímeros vivos,** pois permanecem ativas até que sejam 'mortas'. Os polímeros vivos normalmente resultam da polimerização aniônica, pois as cadeias não podem ser terminadas pela perda de um próton do polímero, como acontece na polimerização catiônica, ou por desproporcionamento ou recombinação de radicais, como acontece na polimerização radicalar.

Tabela 28.5 Exemplos de alcenos que sofrem polimerização aniônica

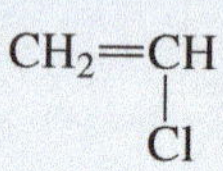
cloreto de vinila

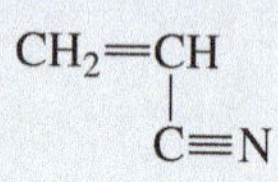
acrilonitrila

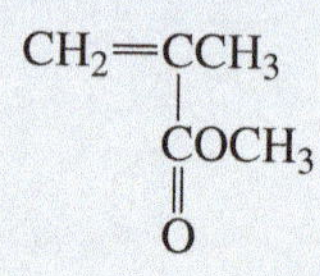
metacrilato de metila

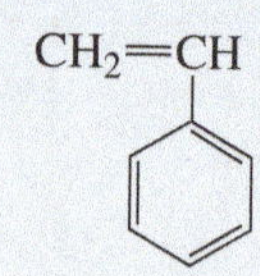
estireno

O adesivo conhecido como 'supercola' é um polímero de α-cianoacrilato de metila. O monômero requer somente um nucleófilo moderadamente bom para iniciar a polimerização aniônica, pelo fato de aquele possuir dois grupos retiradores de elétrons. Um grupo OH da celulose ou um grupo nucleofílico de uma proteína pode agir como iniciador. Você deve ter experimentado essa reação caso tenha deixado cair uma gota de 'supercola' em seus dedos. Um grupo nucleofílico da proteína na superfície da pele inicia a reação de polimerização, o que resulta em dois dedos colados firmemente. A capacidade de formar ligações covalentes com grupos nas superfícies de objetos a serem colados é o que explica a força surpreendente da 'supercola'. Polímeros similares à 'supercola' (são eles: ésteres de butila, isobutila ou octila) são usados por cirurgiões para fechar ferimentos.

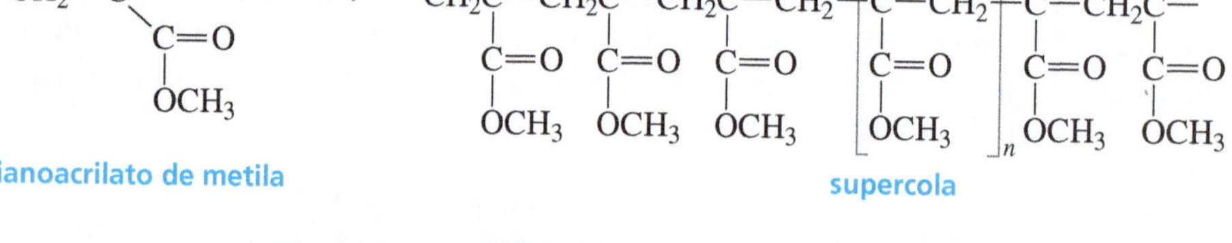
α-cianoacrilato de metila — supercola

PROBLEMA 8◆

Coloque os seguintes grupos de monômeros em ordem decrescente quanto à capacidade de sofrerem polimerização aniônica:

a. 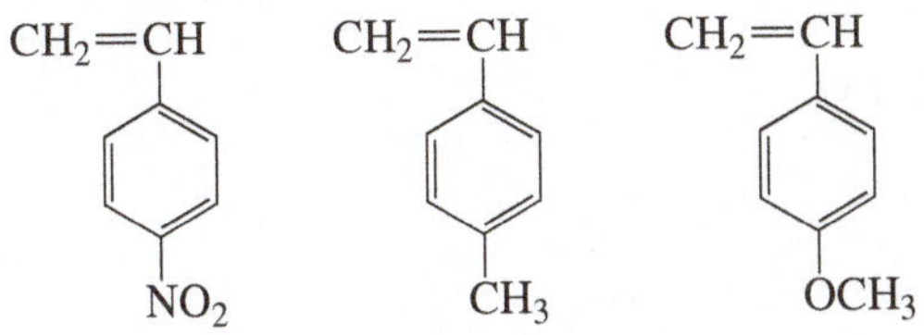

b. $CH_2{=}CHCH_3$ $CH_2{=}CHCl$ $CH_2{=}CHC{\equiv}N$

O que determina o mecanismo?

Vimos que o substituinte do alceno determina o melhor mecanismo para a polimerização de crescimento de cadeia. Os alcenos com substituintes que estabilizam radicais podem sofrer rapidamente polimerização radicalar. Alcenos com substituintes doadores de elétrons, que podem estabilizar cátions, sofrem polimerização catiônica, e alcenos com substituintes retiradores de elétrons, que estabilizam ânions, sofrem polimerizações aniônicas.

Alguns alcenos sofrem polimerização por mais de um mecanismo. Por exemplo, o estireno pode sofrer polimerização por mecanismos radicalar, catiônico e aniônico, pois o grupo fenila pode estabilizar radicais benzílicos, cátions benzílicos e ânions benzílicos. O mecanismo para a polimerização do estireno depende da natureza do iniciador escolhido para começar a reação.

Polimerizações de abertura de anel

Apesar de o etileno e os etilenos substituídos serem os monômeros mais comumente usados em reação de polimerização de crescimento de cadeia, outras substâncias também podem se polimerizar. Por exemplo, os epóxidos sofrem reações de polimerização de crescimento de cadeia. Se o iniciador é um nucleófilo, como HO^- ou RO^-, a polimerização ocorre por um mecanismo aniônico.

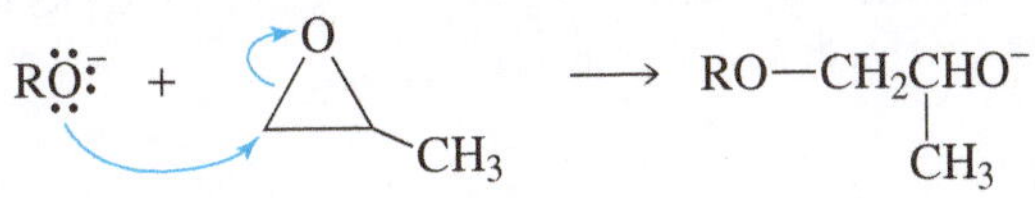

óxido de propileno

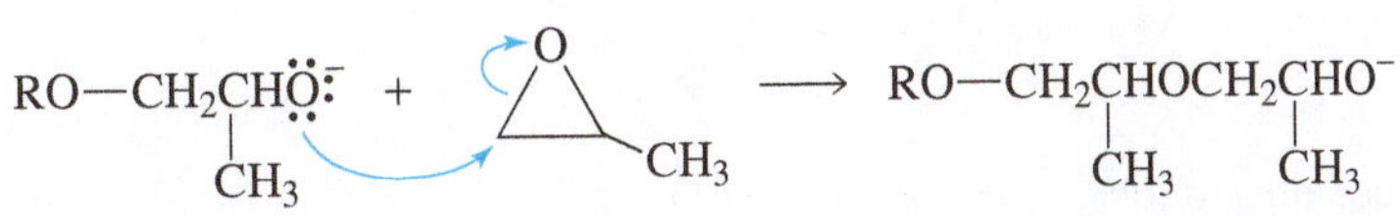

Se o iniciador é um ácido de Lewis ou um ácido doador de próton, os epóxidos são polimerizados por um mecanismo catiônico. As reações de polimerização que envolvem abertura de anéis, tal como a polimerização do óxido de propileno, são chamadas **polimerizações de abertura de anel**.

PROBLEMA 9

Explique por que quando o óxido de propileno sofre polimerização aniônica, o ataque nucleofílico ocorre no carbono menos substituído do epóxido, mas quando sofre polimerização catiônica, o ataque nucleofílico ocorre no carbono mais substituído.

PROBLEMA 10

Descreva a polimerização do 2,2-dimetiloxirano:

a. por um mecanismo aniônico

b. por um mecanismo catiônico

PROBLEMA 11◆

Que monômero e que tipo de iniciador você usaria para sintetizar cada um dos seguintes polímeros?

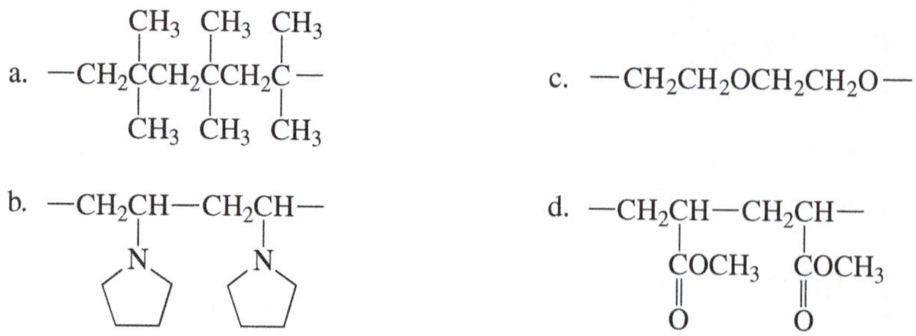

PROBLEMA 12◆

Desenhe um segmento pequeno do polímero formado pela polimerização catiônica do 3,3-dimetiloxaciclobutano.

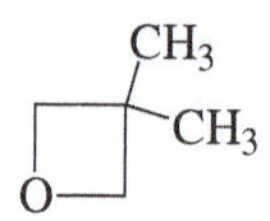

3,3-dimetiloxaciclobutano

28.3 Estereoquímica da polimerização • Catalisador de Ziegler–Natta

Os polímeros formados a partir de etilenos monossubstituídos podem existir em três configurações: isotática, sindiotática e atática. Um **polímero isotático** apresenta todos os seus substituintes do mesmo lado da cadeia completamente estendida. (*Iso* e *taxis* vêm do grego e significam 'o mesmo' e 'ordem', respectivamente.) Em um **polímero sindiotático** (*sindio* significa 'alternados'), os substituintes se alternam regularmente entre os dois lados da cadeia carbônica. Os substituintes em um **polímero atático** são orientados randomicamente.

configuração isotática (mesmo lado)

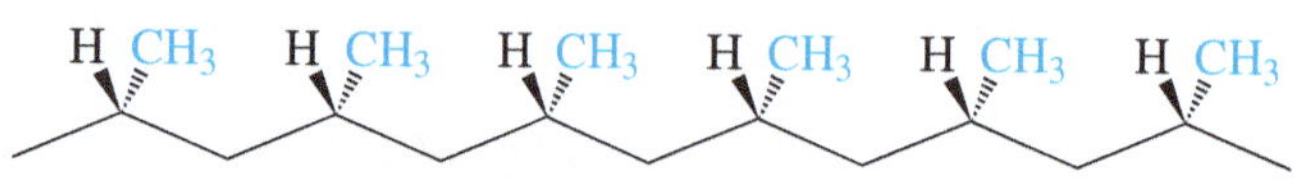

configuração sindiotática (dos dois lados)

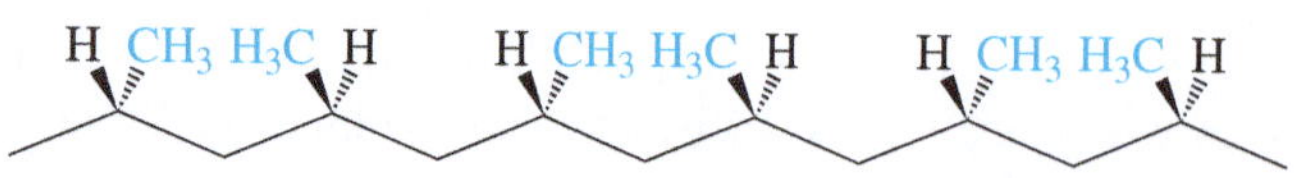

A configuração do polímero afeta suas propriedades físicas. Os polímeros nas configurações isotática ou sindiotática têm maior probabilidade de serem sólidos cristalinos, pois posicionando os substituintes de maneira regular haverá um rearranjo de acondicionamento mais regular. Os polímeros na configuração atática são mais desordenados e não podem se acondicionar tão bem, portanto são menos rígidos e, em decorrência, mais macios.

A configuração do polímero depende do mecanismo pelo qual ocorre a polimerização. Em geral, a polimerização radicalar forma, primariamente, polímeros ramificados em uma configuração atática. A polimerização catiônica produz polímeros com uma fração considerável das cadeias em uma configuração isotática ou sindiotática. A polimerização aniônica leva à formação de polímeros com maior estereorregularidade. A porcentagem de cadeias nas configurações isotática ou sindiotática aumenta de acordo com a diminuição da temperatura de polimerização.

Karl Ziegler (1898–1973), *filho de um ministro, nasceu na Alemanha. Foi professor da Universidade de Frankfurt e depois da Universidade de Heidelberg.*

Karl Ziegler *e* **Giulio Natta** *não trabalharam juntos; cada um desenvolveu independentemente o sistema de catalisador usado em polimerização. Em 1963, eles dividiram o Prêmio Nobel de química.*

Em 1953, Karl Ziegler e Giulio Natta descobriram que a estrutura de um polímero podia ser controlada se o final da cadeia em crescimento e o monômero a ser adicionado fossem coordenados com um iniciador de alumínio e titânio. Esses iniciadores são chamados hoje **catalisadores de Ziegler–Natta**. Os polímeros longos e não ramificados com as configurações isotática ou sindiotática podem ser preparados com a utilização dos catalisadores de Ziegler–Natta. Dependendo do catalisador usado, a cadeia pode ser isotática ou sindiotática. Esses catalisadores revolucionaram a química de polímeros pois permitiram a síntese de polímeros mais fortes e firmes com maior resistência a quebras e ao calor. O polietileno de alta densidade é preparado com o uso do processo de Ziegler–Natta.

Giulio Natta (1903–1979) *era filho de um juiz italiano. Foi professor do Instituto Politécnico de Milão, onde tornou-se diretor de um Centro de Pesquisa de Química Industrial.*

O mecanismo da polimerização Ziegler–Natta-catalisada de um etileno substituído é mostrado na Figura 28.1. O monômero forma um complexo π (Seção 3.5, volume 1) com o titânio em um sítio de coordenação aberto (por exemplo: um sítio disponível para aceitar elétrons), e o alceno coordenado é inserido entre o titânio e o polímero em crescimento, com isso estendendo a cadeia polimérica. Devido à abertura de um novo sítio de coordenação durante a inserção do monômero, o processo pode ser repetido sucessivamente.

O poliacetileno é um outro polímero preparado pelo processo de Ziegler–Natta. É um **polímero condutor** porque as ligações duplas conjugadas do poliacetileno o fazem conduzir a eletricidade ao longo da sua estrutura, após a adição ou remoção de vários elétrons.

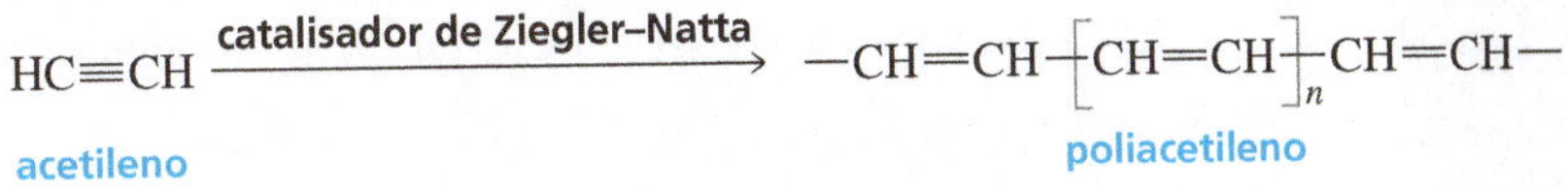

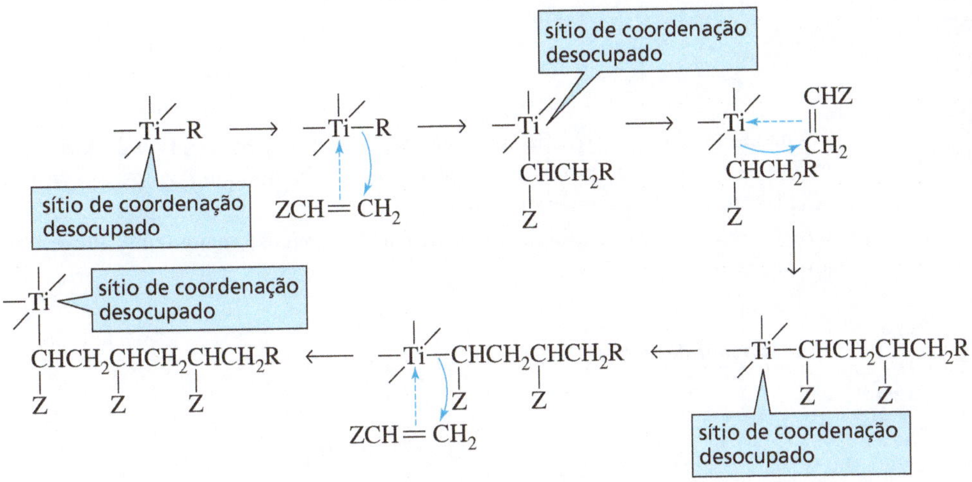

Figura 28.1 Mecanismo da polimerização catalisada Ziegler–Natta de um etileno substituído. Um monômero forma um complexo π com um sítio de coordenação aberto do titânio e depois é inserido entre o titânio e o polímero em crescimento.

28.4 Polimerização de dienos • Manufatura da borracha

Quando a casca de uma seringueira é cortada, um líquido branco pegajoso escorre. Este é o mesmo líquido encontrado dentro do caule do dente-de-leão. O material pegajoso é o *látex*, uma suspensão de partículas de borracha em água. O látex protege a árvore após o corte, cobrindo-o como uma atadura.

Molecule Gallery: Isopreno; borracha natural WWW

A borracha natural é um polímero do 2-metil-1,3-butadieno (isopreno; Seção 26.6). Em média, uma molécula de borracha contém cinco mil unidades de isopreno. Todas as ligações duplas da borracha natural são *cis*. A borracha é um material à prova d'água, pois consiste em um emaranhado de cadeias hidrocarbônicas que não têm afinidade pela água. O escocês Charles Macintosh foi o primeiro a usar a borracha como cobertura à prova d'água para capas de chuva.

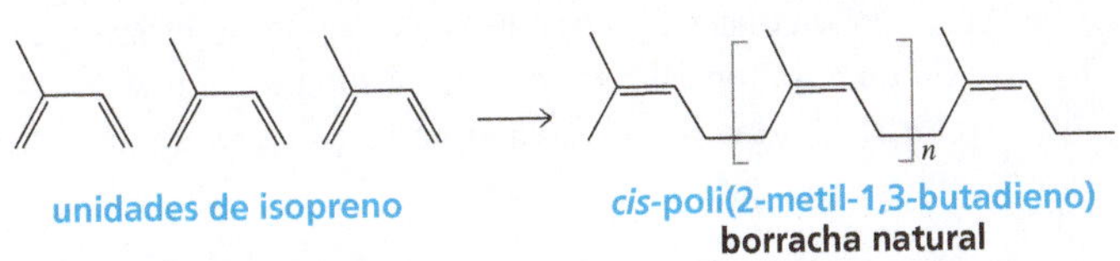

Gutta-percha (das palavras malásias *getah*, que significa 'cola', e *percha*, que significa 'árvore') é um isômero de ocorrência natural da borracha, no qual todas as ligações duplas são *trans*. Assim como a borracha, a gutta-percha é produzida por certas árvores, sendo, porém, menos comum. Ela é também mais dura e mais quebradiça que a borracha. A gutta-percha é o material usado por dentistas em tratamento de canal e é também utilizado em caixas que servem para guardar bolas de golfe.

PROBLEMA 13

Desenhe um pequeno segmento da gutta-percha.

▲ Látex sendo coletado de uma seringueira.

Imitando a natureza, os cientistas aprenderam a fazer borrachas sintéticas com propriedades feitas sob medida para as necessidades humanas. Esses materiais têm algumas das propriedades da borracha natural, como, por exemplo, ser à prova d'água e elástico, mas têm algumas propriedades aprimoradas — são mais fortes, flexíveis e mais duráveis que a borracha natural.

As borrachas sintéticas também são feitas por outros dienos, além do isopreno. Uma borraha sintética é um polímero do 1,3-butadieno, no qual todas as ligações duplas são cis. A polimerização é realizada na presença de um catalisador de Ziegler–Natta para que a configuração das ligações duplas possa ser controlada.

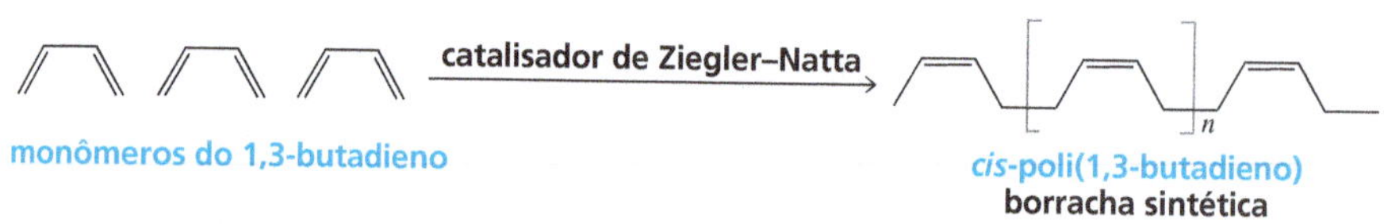

O neopreno é uma borracha sintética feita pela polimerização do 2-cloro-1,3-butadieno na presença de um catalisador de Ziegler–Natta, que faz com que todas as ligações duplas do polímero tenham configuração *trans*. O neopreno é usado para fazer roupas de mergulho, solas de sapato, pneus, mangueiras e tecidos emborrachados.

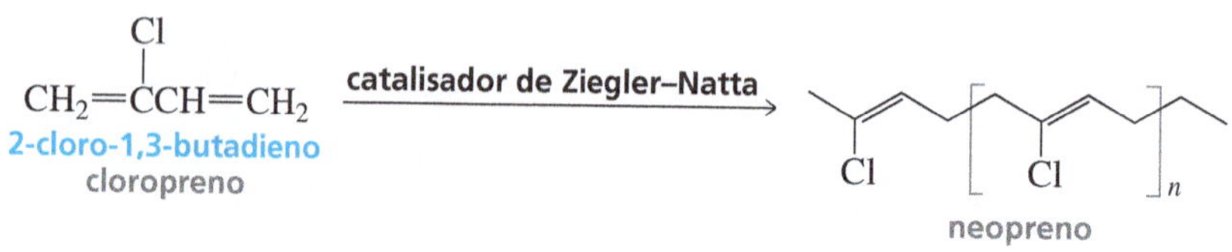

Charles Goodyear (1800–1860), *filho de um inventor de ferramentas usadas em fazendas, nasceu em Connecticut. Patenteou o processo de vulcanização em 1844. O processo era tão simples que podia ser facilmente copiado, o que fez com que ele gastasse muitos anos contestando as infrações em relação a sua patente. Em 1852, tendo Daniel Webster como seu advogado, obteve o direito à patente.*

Um problema comum das borrachas naturais e da maioria das borrachas sintéticas é que os polímeros são muito macios e pegajosos. Eles podem ser endurecidos por um processo conhecido como *vulcanização*. Charles Goodyear descobriu esse processo enquanto tentava melhorar as propriedades da borracha. Ele derramou acidentalmente uma mistura de borracha e enxofre em um fogão quente. Para sua surpresa, a mistura tornou-se consistente, embora flexível. Ele chamou o aquecimento da borracha com o enxofre de **vulcanização**, em homenagem a Vulcano, Deus romano do fogo.

O aquecimento da borracha com o enxofre leva à formação de **ligações cruzadas** das cadeias separadas poliméricas por meio de ligações dissulfeto (Figura 28.2). Em vez de cadeias individuais se embaraçarem, as cadeias vulcanizadas são ligadas covalentemente, formando uma molécula gigante. Como o polímero tem ligações duplas, as cadeias têm dobras e torções que lhes evitam formar um polímero cristalino fortemente empacotado. Quando a borracha é esticada, as cadeias se esticam na direção em que está sendo puxada. A ligação cruzada evita que o polímero seja partido quando for estirado e fornece uma estrutura de referência para que o material retorne à forma inicial, quando a força de estiramento for removida.

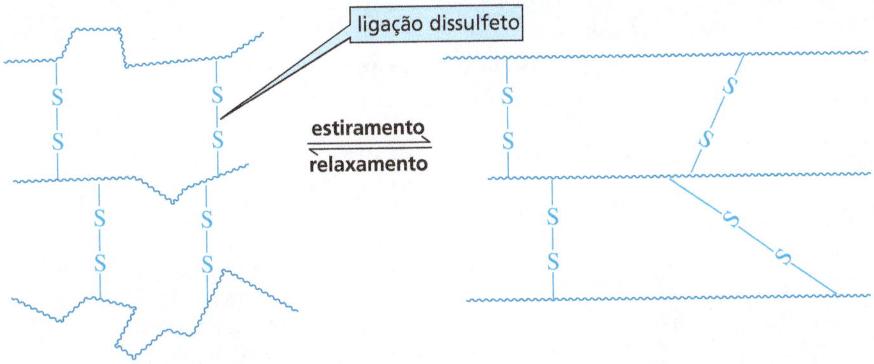

◀ **Figura 28.2**
A rigidez da borracha aumenta pela formação de ligações cruzadas das cadeias poliméricas por meio de ligações dissulfeto. Quando a borracha é estendida, as cadeias enroladas aleatoriamente se esticam e se orientam ao longo da direção do estiramento.

As propriedades físicas da borracha podem ser controladas pela regulação da quantidade de enxofre usada no processo de vulcanização. A borracha feita com 1%–3% de enxofre é macia e flexível, sendo usada para fazer tiras de borracha. A borracha feita com 3%–10% de enxofre é mais rígida e é usada na manufatura de pneus. O nome Goodyear pode ser encontrado em muitos pneus vendidos hoje em dia. A história da borracha é um exemplo de um cientista que utiliza o material natural e encontra formas de melhorar suas propriedades úteis.

Quanto maior o grau de formação de ligações cruzadas, mais rígido é o polímero.

PROBLEMA 14

O polímero formado a partir de um dieno, como o 1,3-butadieno, contém ramificações vinila. Proponha um mecanismo de polimerização aniônica para explicar a formação dessas ramificações.

$$CH_2{=}CHCH{=}CH_2 \longrightarrow -CH_2CH{=}CHCH_2\underset{\displaystyle |\atop \displaystyle CH{=}CH_2}{CH}CH_2CH_2CH{=}CHCH_2-$$

28.5 Copolímeros

Os polímeros que nós discutimos até agora são formados somente por um tipo de monômero e são chamados **homopolímeros**. Freqüentemente, dois ou mais monômeros diferentes são usados para formar um polímero. O produto resultante é chamado **copolímero**. Aumentando-se o número de monômeros diferentes usados para formar um copolímero, aumenta-se drasticamente o número de copolímeros diferentes que podem ser formados. Mesmo que sejam usados somente dois tipos de monômeros, copolímeros com propriedades diferentes podem ser preparados variando a quantidade de cada monômero. Tanto polímeros de crescimento de cadeia quanto polímeros de crescimento por etapas podem ser copolímeros. Muitos dos polímeros sintéticos usados atualmente são copolímeros. A Tabela 28.6 mostra alguns copolímeros comuns e os monômeros a partir dos quais foram sintetizados.

Existem quatro tipos de copolímeros. Em um **copolímero alternado**, os dois monômeros se alternam. Em um **copolímero em bloco**, existem blocos de cada tipo de monômero. Em um **copolímero randômico**, a distribuição dos monômeros é randômica. Um **copolímero enxertado** contém ramificações derivadas de um monômero, enxertado em uma estrutura derivada de um outro monômero. Essas diferenças estruturais aumentam a faixa de propriedades físico-químicas disponíveis para o cientista no planejamento de um copolímero.

copolímero alternado ABABABABABABABABABABABA

copolímero em bloco AAAAABBBBBAAAAABBBBBAAA

copolímero randômico AABABABBABAABBABABBAAAB

copolímero enxertado AAAAAAAAAAAAAAAAAAAAAAA

```
   B      B      B
   B      B      B
   B      B      B
   B      B      B
   B      B      B
   B      B      B
```

Tabela 28.6 Alguns exemplos de copolímeros e suas aplicações

Monômero	Nome do copolímero	Aplicações
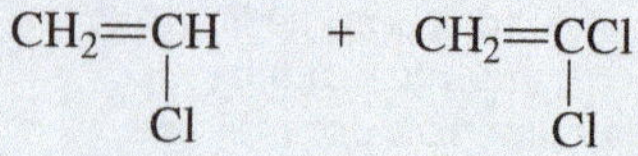 cloreto de vinila, cloreto de vinilideno	Saran	embalagens de produtos alimentícios
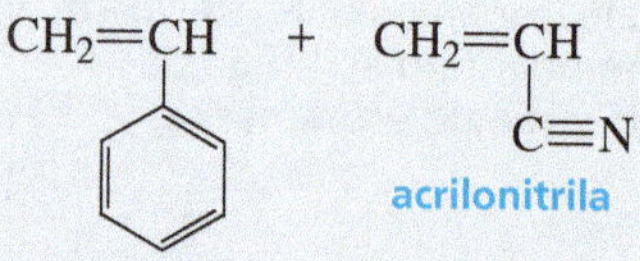 estireno, acrilonitrila	SAN	objetos de lavadoras de prato, peças de um aspirador de pó
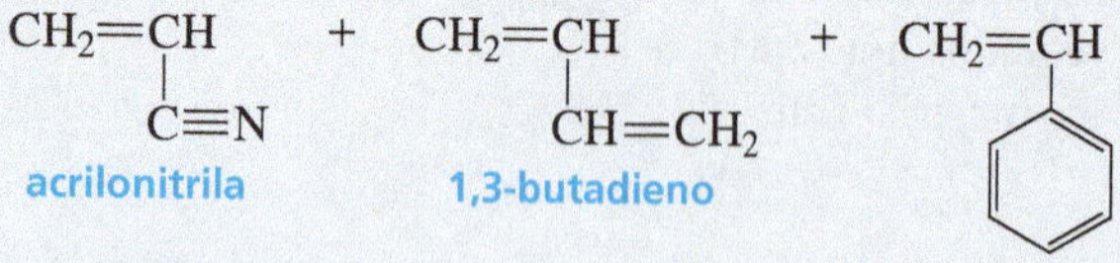 acrilonitrila, 1,3-butadieno, estireno	ABS	pará-choques, capacete de segurança, telefones, malas
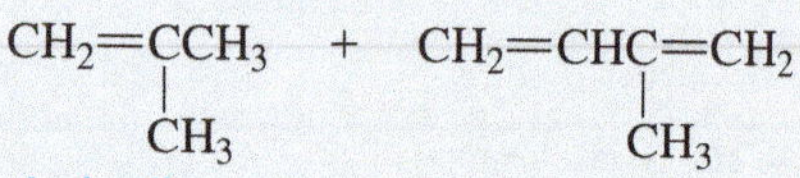 isobutileno, isopreno	borracha de butila	tubos, bolas, materiais esportivos

28.6 Polímeros de crescimento por etapas

Os *polímeros de crescimento por etapas* são formados pela reação intermolecular de moléculas bifuncionais (moléculas com dois grupos funcionais). Quando os grupos funcionais reagem, na maioria dos casos, uma molécula pequena como H_2O, álcool ou HCl fica perdida. Por isso, esses polímeros são também chamados *polímeros de condensação.*

Existem dois tipos de polímeros de crescimento por etapas. Um tipo é formado pela reação de um monômero único que possui dois diferentes grupos funcionais, A e B. O grupo funcional A de um monômero reage com o grupo funcional B do outro monômero.

Polímeros de crescimento por etapas são feitos pela combinação de moléculas com grupos reativos em suas terminações.

A—B A—B ⟶ A—X—B

O outro tipo de polímero de crescimento por etapas é formado pela reação de dois monômeros bifuncionais diferentes. Um monômero contém dois grupos funcionais A e o outro monômero contém dois grupos funcionais B.

A—A B—B ⟶ A—X—B

A formação de polímeros de crescimento por etapas, diferentemente da formação de polímeros de crescimento de cadeia, não envolve reações em cadeia. Dois monômeros quaisquer (ou cadeias curtas) podem reagir. O progresso de uma polimerização de crescimento por etapas típica é mostrada esquematicamente na Figura 28.3. Quando a reação está 50% completa (12 ligações foram formadas entre 25 monômeros), os produtos de reação são primariamente dímeros e trímeros. Mesmo quando a reação está 75% completa, nenhuma cadeia longa é formada. Isso significa que se a polimerização de crescimento por etapas for para formar polímeros de cadeia longa, deverão ser alcançados altos rendimentos.

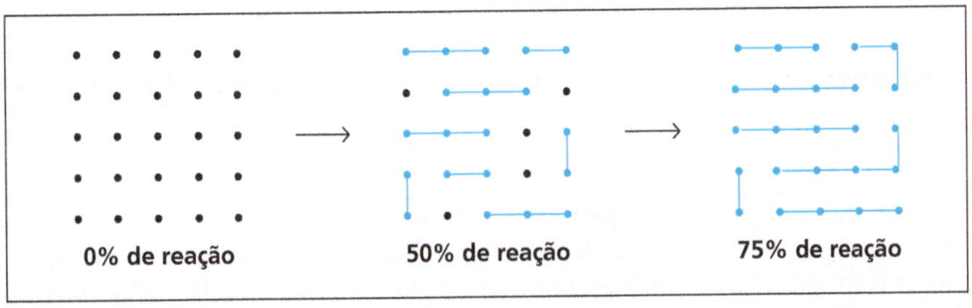

◀ **Figura 28.3**
Progresso de polimerização de crescimento por etapas.

Poliamidas

Náilon é o nome comum de uma **poliamida** sintética. O náilon 6 é um exemplo de polímero de crescimento por etapas formado por um monômero com dois grupos funcionais diferentes. O grupo ácido carboxílico de um monômero reage com o grupo amino do outro monômero, resultando na formação de um grupo amida. Estruturalmente, a reação é similar à polimerização de α-aminoácidos formando proteínas (Seção 23.7). Esse náilon particular é chamado náilon 6 porque é formado a partir da polimerização do ácido 6-amino-hexanóico, substância que contém seis carbonos.

O náilon foi sintetizado primeiro em 1931 por **Wallace Carothers (1896–1937)**, *que nasceu em Iowa e tornou-se PhD pela Universidade de Illinois, onde foi professor. Também lecionou em Harvard antes de ser contratado pela DuPont para liderar o programa de ciência básica. O náilon foi apresentado ao público em 1939, mas seu uso foi difundido somente depois da Segunda Guerra Mundial porque todo o náilon produzido durante a guerra foi usado pelos militares. Carothers morreu sem conhecer a era das fibras sintéticas que apareceu depois da guerra.*

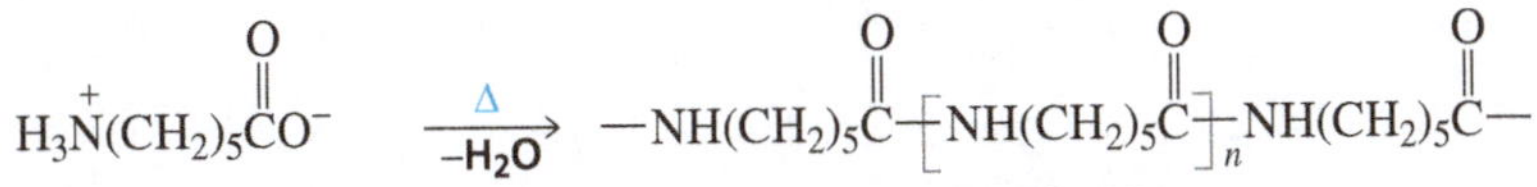

ácido 6-amino-hexanóico

náilon 6
poliamida

O produto de partida para obtenção do náilon é a ϵ-caprolactama, a qual é aberta por hidrólise.

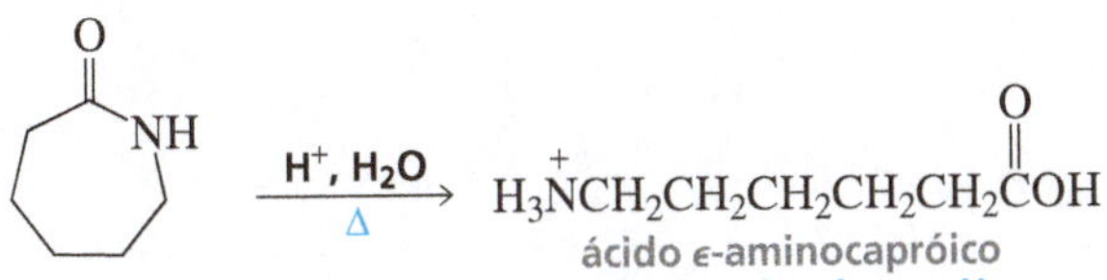

ϵ-caprolactama

ácido ϵ-aminocapróico
ácido 6-amino-hexanóico

Molecule Gallery: ϵ-caprolactama; náilon 6; náilon 66
WWW

O náilon 66 é um exemplo de polímero de crescimento por etapas formado por dois monômeros bifuncionais diferentes: o ácido adípico e a 1,6-hexanodiamina. É chamado náilon 66 porque é uma poliamida formada a partir de um diácido de seis carbonos e de uma diamina de seis carbonos.

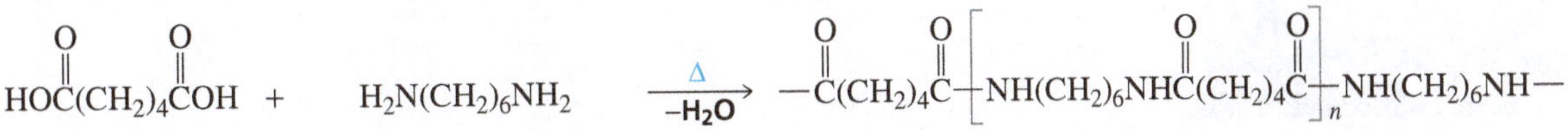

ácido adípico — 1,6-hexanodiamina — náilon 66

O náilon encontrou primeiro grande aplicação em tecidos e tapetes. Devido a sua resistência à tensão, tem sido usado em outras aplicações, como cabos para montanhismo, cabos de pneu e linhas de pesca, e como substituto para o metal em superfícies e engrenagens. A extensa utilização do náilon precipitou a pesquisa de novas 'superfibras', que são fortes e altamente resistentes ao aquecimento.

PROBLEMA 15◆

a. Desenhe um segmento curto de náilon 4.
b. O náilon 4 é sintetizado a partir de que lactama?
c. Desenhe um segmento curto de náilon 44.

PROBLEMA 16

Escreva uma equação que explique o que acontecerá se um cientista, trabalhando em seu laboratório, derramar ácido sulfúrico na mangueira de náilon 66.

Kevlar® é uma superfibra, um polímero do ácido 1,4-benzenodicarboxílico e 1,4-diaminobenzeno. A incorporação de anéis aromáticos em polímeros resultou em produtos com grande resistência física. Poliamidas aromáticas são chamadas **aramidas**. Kevlar® é uma aramida com resistência à pressão maior que a do aço. Os capacetes militares são feitos de Kevlar®, que é usado também em coletes à prova de balas e esquis. Devido a sua estabilidade em temperaturas muito altas, é usado em roupas de proteção de bombeiros.

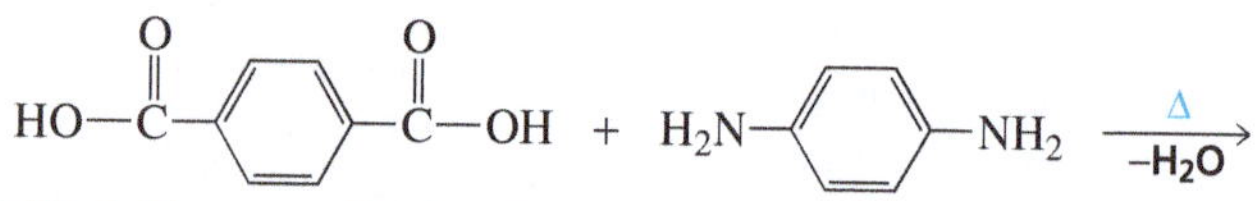

ácido 1,4-benzenodicarboxílico   1,4-diaminobenzeno

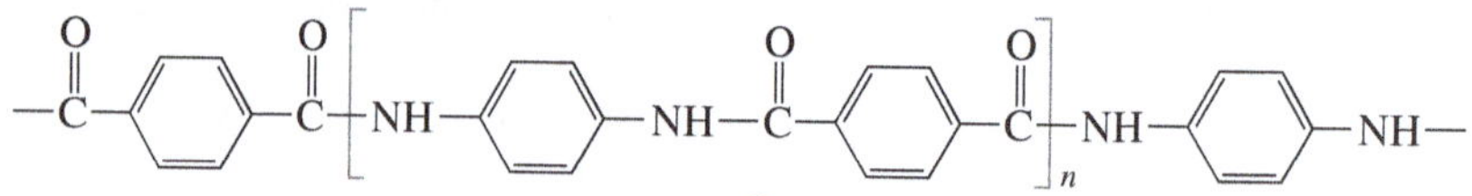

Kevlar®
aramida

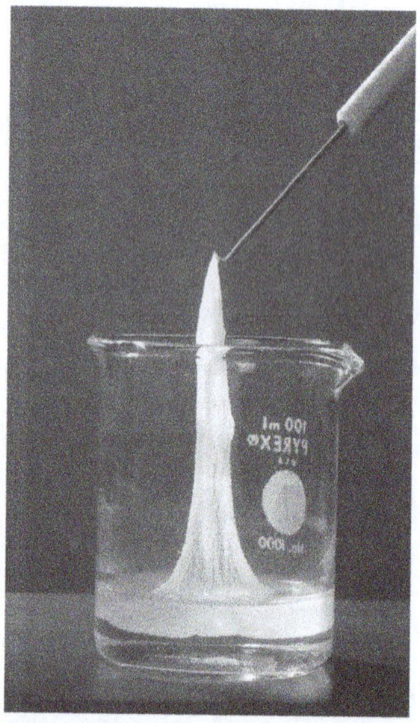

▲ O náilon é removido de um béquer com cloreto de adipoíla e 1,6-hexanodiamina.

Kevlar® deve sua força à maneira com que as cadeias dos polímeros individuais interagem umas com as outras. Existem ligações hidrogênio entre as cadeias, formando uma estrutura em forma de folha.

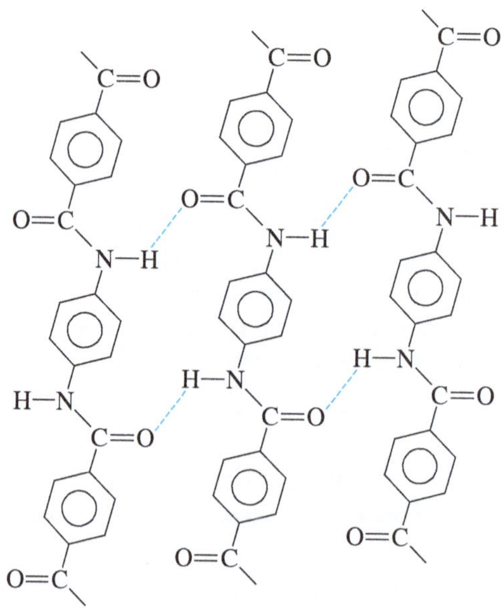

Poliésteres

Os **poliésteres** são polímeros de crescimento por etapas, nos quais as unidades de monômeros são unidas por grupos ésteres. Eles têm grande aplicação comercial como fibras, plásticos e revestimentos. O poliéster mais comum é conhecido pelo nome comercial de Dacron® e é obtido pela transesterificação do tereftalato de dimetila (Seção 17.10) com etilenoglicol. Grande elasticidade, durabilidade e resistência à umidade são propriedades desses polímeros que contribuem para suas características 'lave e use'.

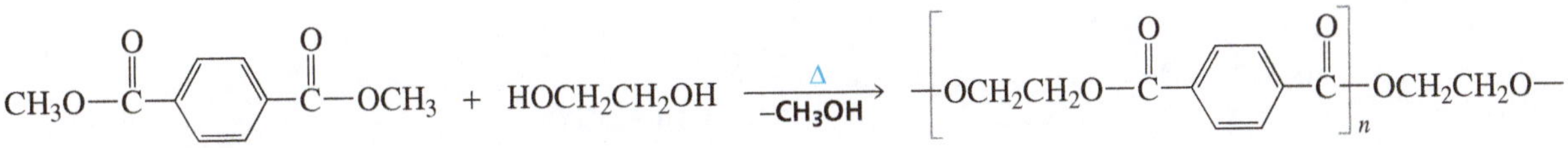

tereftalato de dimetila — 1,2-etanodiol etilenoglicol — poli(tereftalato de etileno) Dacron® poliéster

O poliéster Kodel® é formado pela transesterificação do tereftalato de dimetila com 1,4-di(hidroximetil)ciclo-hexano. A cadeia poliéster dura faz com que a fibra tenha impressão áspera, que pode ser amaciada pela mistura de lã ou algodão.

tereftalato de dimetila — 1,4-di(hidroximetil)-ciclo-hexano

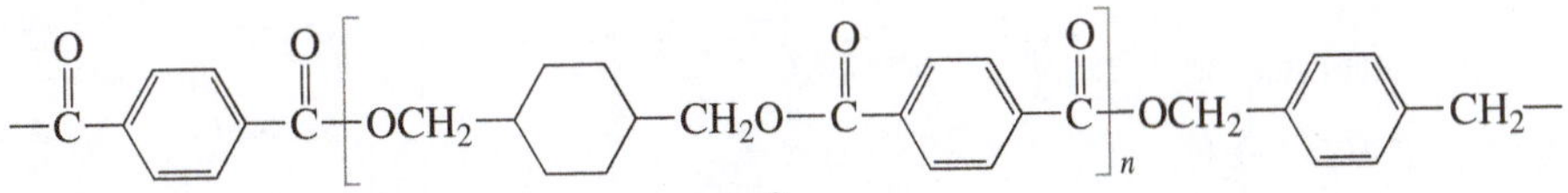

Kodel®

PROBLEMA 17

O que aconteceria com uma calça de poliéster se NaOH aquoso fosse derramado sobre ela?

Os poliésteres com dois grupos ésteres ligados ao mesmo carbono são conhecidos como **policarbonatos**. O Lexan®, produzido pela reação do fosgênio com bisfenol A, é um polímero forte e transparente usado em janelas à prova de balas e lentes de sinais de trânsito. Nos últimos anos, os policarbonatos tornaram-se polímeros importantes na indústria automobilística, bem como na manufatura de discos compactos.

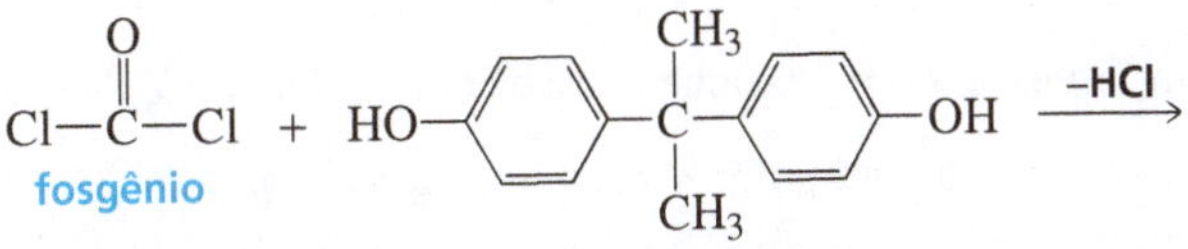

fosgênio — bisfenol A

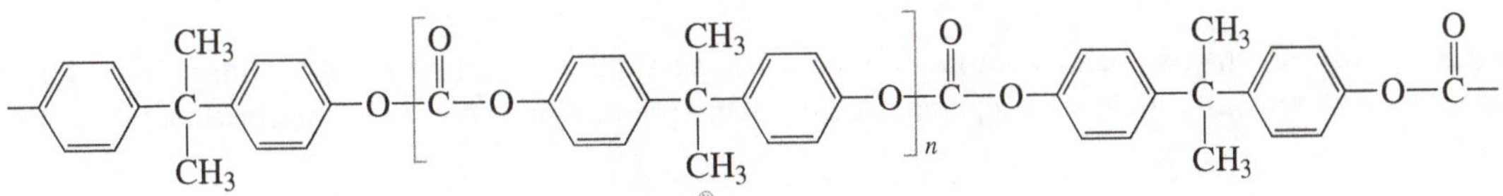

Lexan®
policarbonato

Resinas epóxi

As **resinas epóxi** são os mais fortes adesivos conhecidos, podendo aderir a quase todo tipo de superfície, além de ser resistentes a solventes e extremos de temperatura. Quando uma cola epóxi é usada, um *pré-polímero* de baixa massa molecular (o mais comum é um polímero de bisfenol A e epicloridrina) é misturado com um *endurecedor* — substância que reagirá com o pré-polímero para formar um polímero com ligações cruzadas.

Tutorial Gallery: Unidades repetidas em polímeros de crescimento por etapas
WWW

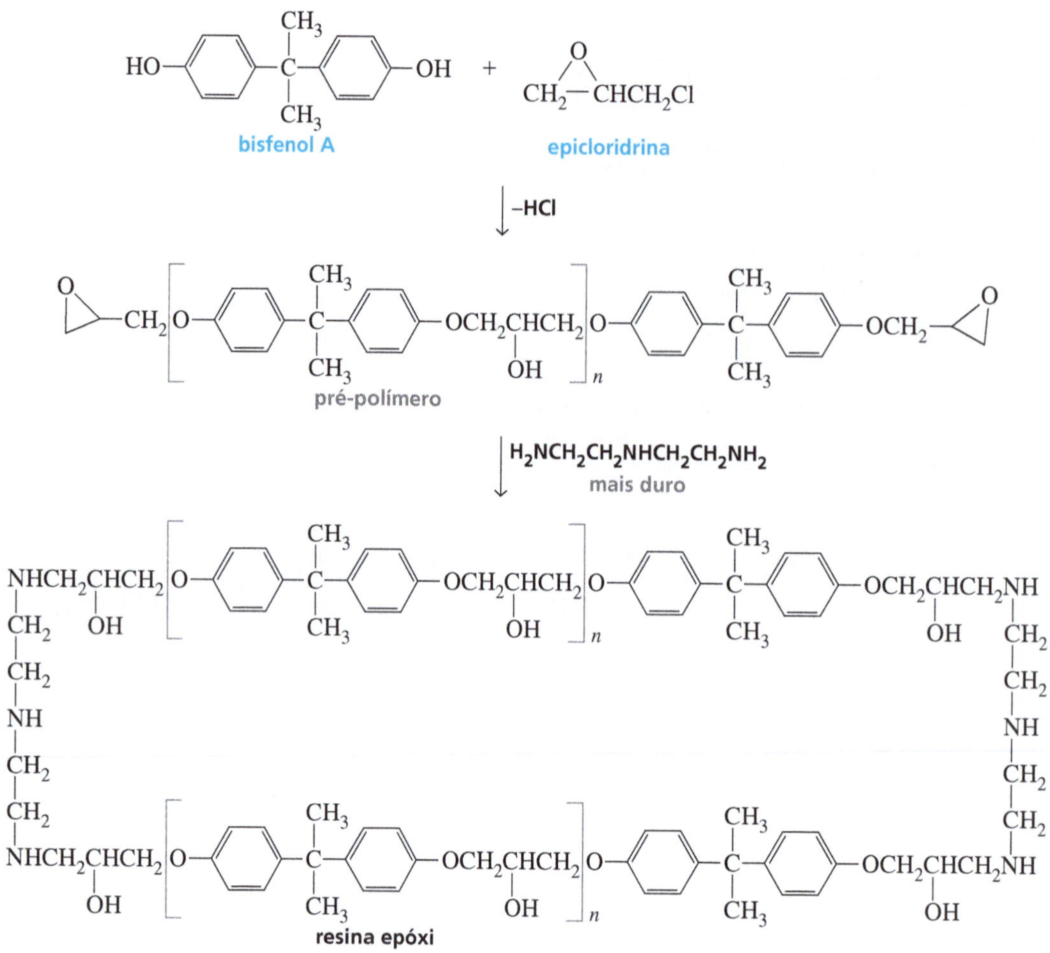

PROBLEMA 18

a. Proponha um mecanismo para formação do pré-polímero a partir do bisfenol A e da epicloridrina.

b. Proponha um mecanismo para a reação do pré-polímero com o endurecedor.

Poliuretanas

Uma **uretana** — também chamada carbamato — é uma substância que tem um grupo OR e um grupo NHR ligados à mesma carbonila. As uretanas podem ser preparadas pelo tratamento de um isocianato com um álcool.

$$\underset{\text{isocianato}}{RN{=}C{=}O} + \underset{\text{álcool}}{ROH} \longrightarrow \underset{\text{uretana}}{RNH{-}\overset{\overset{\displaystyle O}{\|}}{C}{-}OR}$$

As **poliuretanas** são polímeros que contêm grupamentos uretana. Uma das mais comuns poliuretanas é preparada pela polimerização do tolueno-2,6-diisocianato e do etilenoglicol. Se a reação for realizada na presença de um agente espumante, o produto será uma espuma de poliuretana. Os agentes espumantes são gases, como nitrogênio ou dióxido de carbono. Em determinada época, clorofluorocarbonos — líquidos de baixo ponto de ebulição que evaporam sob aquecimento — eram usados, mas foram banidos por razões ambientais (Seção 9.9, volume 1). As espumas de poliuretanas são usadas em peças de móveis, forração de tapetes e isolamentos. Note que as poliuretanas preparadas a partir de diisocianatos e dióis são os únicos polímeros de crescimento por etapas que vimos em que uma molécula pequena *não* é perdida durante a polimerização.

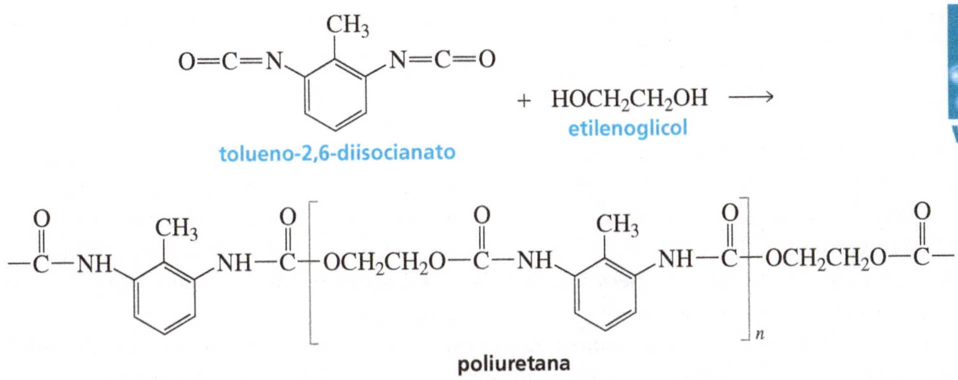

Molecule Gallery: tolueno-2,6-diisocianato; etilenoglicol
WWW

Uma das mais importantes aplicações das poliuretanas é em tecidos com propriedades elásticas, como o spandex (Lycra®). Esses materiais são copolímeros em blocos nos quais alguns dos segmentos são poliuretanas; outros, poliésteres ou poliamidas. Os blocos de poliuretana são segmentos macios e amorfos que se tornam cristalinos sob pressão (Seção 28.7). Quando a pressão é relaxada, eles retornam ao estado amorfo.

PROBLEMA 19

Se uma pequena quantidade de glicerol é adicionada à mistura reacional de tolueno-2,6-diisocianato e etilenoglicol durante a síntese da espuma de poliuretana, uma espuma mais dura é obtida. Explique.

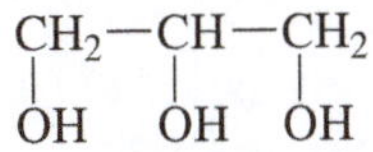

glicerol

28.7 Propriedades físicas de polímeros

As cadeias individuais de um polímero, como o polietileno, são mantidas juntas por meio de forças de Van der Waals. Como essas forças operam somente em pequenas distâncias, elas são mais fortes se as cadeias poliméricas puderem se alinhar em um arranjo organizado e bem empacotado. As regiões do polímero onde as cadeias são altamente ordenadas são chamadas **cristalitos** (Figura 28.4). As regiões entre os cristalitos são amorfas e não cristalinas, nas quais as cadeias são orientadas randomicamente. Quanto mais cristalino, mais ordenado é o polímero, além de ser mais denso, mais duro e mais resistente ao aquecimento (Tabela 28.7). Se as cadeias poliméricas possuírem substituintes (como, por exemplo, no poli[metilmetacrilato]) ou ramificações que as empeçam de estar firmemente unidas, a densidade do polímero é reduzida.

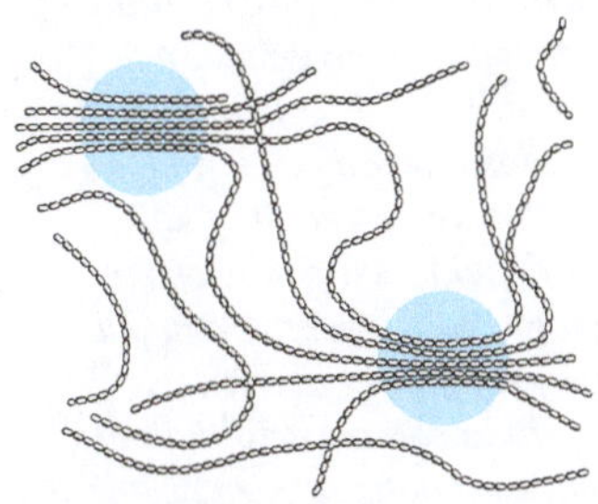

▲ **Figura 28.4**
Nas regiões marcadas com um círculo, chamadas cristalitos, as cadeias poliméricas são altamente ordenadas, como as encontradas nos cristais. Entre os círculos estão as regiões não cristalinas, onde as cadeias de polímeros são orientadas randomicamente.

Tabela 28.7 Propriedades do polietileno em função da cristalinidade

Cristalinidade (%)	55	62	70	77	85
Densidade (g/cm³)	0,92	0,93	0,94	0,95	0,96
Ponto de fusão (°C)	109	116	125	130	133

Polímeros termoplásticos

Os plásticos podem ser classificados de acordo com suas propriedades físicas, concedidas pela maneira como as suas cadeias individuais são arranjadas. Os **polímeros termoplásticos** possuem regiões cristalinas ordenadas e regiões não cristalinas amorfas. São duros à temperatura ambiente e macios o suficiente para serem moldados quando aquecidos, pois as cadeias individuais podem deslizar umas sobre as outras em elevadas temperaturas. Os polímeros termoplásticos são os plásticos que encontramos com freqüência no dia-a-dia — em pentes, brinquedos, aparelhos de telefone, por exemplo. São os plásticos que se quebram mais facilmente.

Polímeros termorrígidos

Materiais muito fortes e rígidos podem ser obtidos se as cadeias poliméricas apresentarem ligações cruzadas. Quanto maior o grau de formação de ligações cruzadas, mais rígido é o polímero. Esses polímeros são chamados **polímeros termorrígidos**. Após serem endurecidos, eles não podem ser fundidos novamente por aquecimento, pois as ligações cruzadas são ligações covalentes, e não forças de Van der Waals intermoleculares. As ligações cruzadas reduzem a mobilidade das cadeias poliméricas fazendo com que os polímeros sejam relativamente porosos. Os polímeros termorrígidos são menos usados pois não apresentam as mesmas propriedades dos polímeros termoplásticos.

Melmac®, um polímero termorrígido formado pela melanina e pelo formaldeído, é um material duro e resistente à umidade. Apresenta-se incolor, por isso pode ser transformado em materiais com cores claras. É usado na fabricação de pratos e superfícies de balcão.

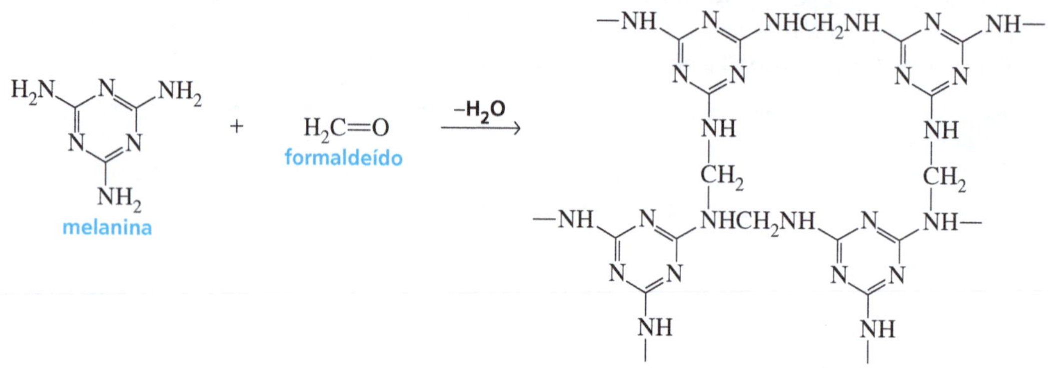

Melmac®

PROBLEMA 20

Proponha um mecanismo para a formação do Melmac®.

PROBLEMA 21

O baquelite foi o primeiro polímero termorrígido. É um polímero que possui muitas ligações cruzadas, formado pela polimerização catalisada por ácido do fenol e formaldeído. A faixa de cores dos produtos feitos de baquelite é limitada, pois é um polímero muito mais escuro que o Melmac®.

Leo Hendrik Baekeland (1863–1944) *descobriu o polímero chamado baquelite enquanto procurava um substituto para o verniz. Nasceu na Bélgica e foi professor de química da Universidade de Ghent. Em 1889, uma bolsa de estudos o levou aos Estados Unidos, onde decidiu fixar residência. Seu hobby era a fotografia e inventou o papel fotográfico que podia ser revelado sob luz artificial. Ele vendeu a patente para a Eastman-Kodak.*

Elastômeros

Um **elastômero** é um polímero que se alonga e depois retorna ao seu formato original. É um polímero amorfo orientado randomicamente, mas deve conter algumas ligações cruzadas para que as cadeias não deslizem umas sobre as outras. Quando os elastômeros são alongados, as cadeias randômicas são estendidas. As forças de Van der Waals não são fortes o suficiente para mantê-los nesse arranjo; então, quando a força de alongamento é removida, as cadeias voltam a sua forma randômica. A borracha é um exemplo de um elastômero.

Polímeros orientados

Os polímeros que são mais fortes do que o aço ou que conduzem eletricidade quase tão bem quanto o cobre podem ser feitos com a utilização das cadeias obtidas por polimerização convencional, alongando-as e colocando-as juntas de modo paralelo (Figura 28.5). Tais polímeros são chamados **polímeros orientados**. A conversão de polímeros convencionais em polímeros orientados é comparada a um espaguete 'não cozido'. O polímero convencional seria o espaguete cozido desordenado, enquanto o polímero orientado seria o espaguete cru orientado.

Planejando um polímero

Um polímero usado para fazer moldes dentais deve ser inicialmente macio o suficiente para ser moldado em torno do dente, mas depois deve tornar-se duro o suficiente para manter uma forma fixa. O polímero normalmente usado em impressões dentais contém anéis aziridina de três membros que reagem para formar as ligações cruzadas das cadeias. Essas ligações ocorrem lentamente, pois os anéis aziridina não são muito reativos, portanto o endurecimento do polímero não ocorre até que este seja removido da boca do paciente.

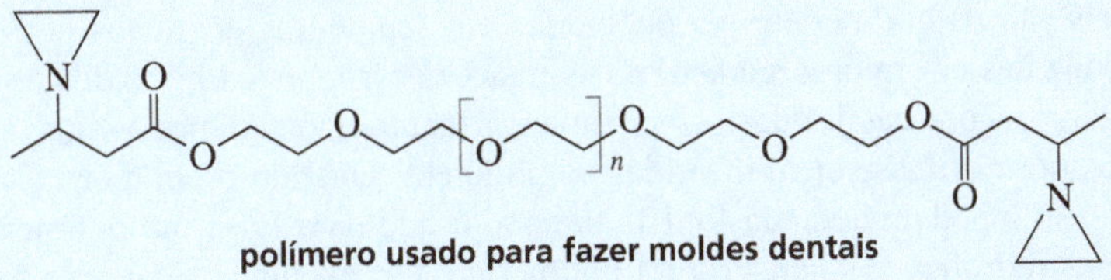

polímero usado para fazer moldes dentais

Um polímero usado para fazer lentes de contato deve ser suficientemente hidrofílico para permitir a lubrificação do olho. Esse polímero, então, tem muitos grupos OH.

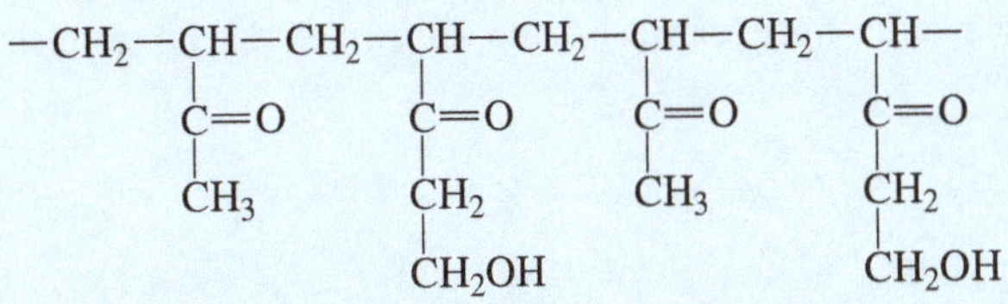

polímero usado para fazer lentes de contato

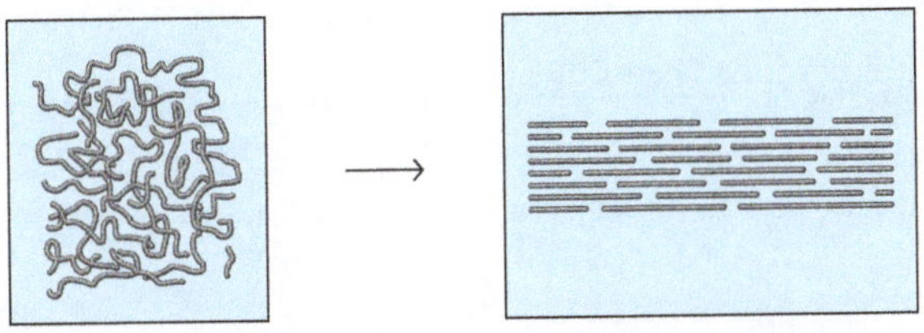

polímero convencional **polímero orientado**

Figura 28.5 Criação de um polímero orientado.

Dyneema®, tecido mais forte disponível comercialmente, é um polímero de polietileno orientado. Sua massa molecular é cem vezes maior que o do polietileno de alta densidade. É mais claro que o Kevlar® e, no mínimo, 40% mais forte. Um cabo feito de Dyneema® pode levantar quase 54 quilos, enquanto um cabo de aço de tamanho similar se rompe antes que o peso chegue a seis quilos! É surpreendente que uma cadeia de átomos de carbono possa ser alongada e orientada para produzir um material mais forte do que o aço. Dyneema® é usado para fazer capacetes de proteção, roupas para esgrima e asas-deltas.

Plastificantes

Um plastificante pode ser adicionado ao polímero tornando-o mais flexível. O **plastificante** é um composto orgânico que se dissolve no polímero, diminuindo as atrações entre as cadeias poliméricas, o que permite o deslizamento de umas sobre as outras. O ftalato de dibutila é um plastificante comumente usado. É adicionado ao poli(cloreto de vinila) — polímero normalmente frágil — para fazer produtos como capas de chuva, cortinas de banheiro e mangueiras de jardim.

Molecule Gallery: ftalato de dibutila

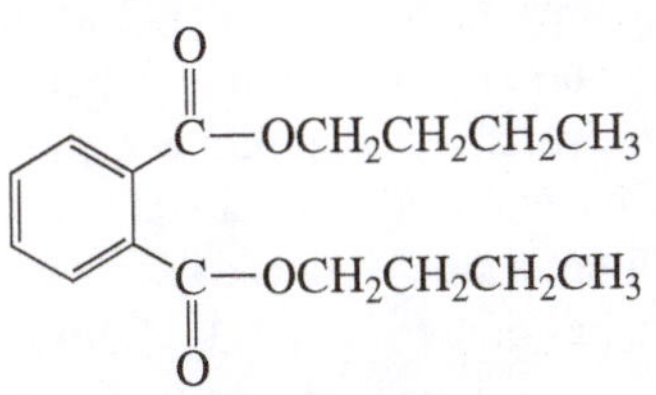

ftalato de dibutila
plastificante

Um importante critério na escolha de um plastificante é a sua permanência — o quanto o produto permanece no polímero. O 'cheiro de carro novo' apreciado pelos compradores é o odor do plastificante que evaporou do estofado de vinil. Quando uma quantidade significativa de plastificante evapora, o estofado torna-se frágil e racha. Os ftalatos de massas moleculares altas e baixas pressões de vapor comparados ao ftalato de dibutila são comumente usados hoje em dia em interiores de carros.

Polímeros biodegradáveis

Os **polímeros biodegradáveis** são os que podem ser quebrados em segmentos pequenos por reações catalisadas por enzimas. As enzimas são produzidas por microorganismos. As ligações carbono–carbono dos polímeros de crescimento de cadeia são inertes diante das reações catalisadas por enzimas, portanto não são biodegradáveis, a menos que unidades que possam ser quebradas por enzimas sejam inseridas no polímero. Quando o polímero é enterrado como lixo, os microorganismos presentes no solo podem degradá-lo. Um método usado para fazer um polímero biodegradável envolve a inserção de grupos ésteres hidrolisáveis na estrutura polimérica. Por exemplo, quando o grupo acetal mostrado a seguir é adicionado a um alceno em uma reação de polimerização radicalar, grupos ésteres são inseridos no polímero, formando 'ligações fracas' que são suscetíveis a hidrólise catalisada por enzimas.

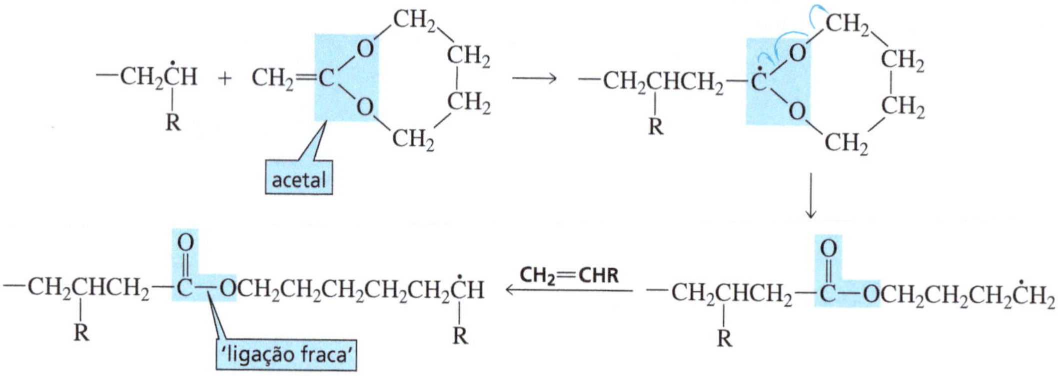

Resumo

Um **polímero** é uma molécula grande formada pela junção de moléculas pequenas chamadas **monômeros**. O processo de junção é chamado **polimerização**. A **química de polímeros** é parte de uma disciplina maior chamada **ciência de materiais**. Os polímeros podem ser divididos em dois grupos: **polímeros sintéticos**, que são sintetizados por cientistas, e **biopolímeros**, que são sintetizados pelo organismo. Os polímeros sintéticos podem ser divididos em duas classes, dependendo de seu método de preparação: **polímeros de crescimento de cadeia** (também chamados **polímeros de adição**) e **polímeros de crescimento por etapas** (também conhecidos como **polímeros de condensação**).

Os polímeros de crescimento de cadeia são feitos por **reações em cadeia** — pela adição de monômeros ao final de uma cadeia em crescimento. Essas reações apresentam um dos três mecanismos: **polimerização radicalar**, **polimerização catiônica** ou **polimerização aniônica**. Cada mecanismo tem uma etapa de iniciação que dá início à polimerização, etapas de propagação que permitem o crescimento da cadeia no **sítio de propagação** e etapas de terminação que finalizam o crescimento da cadeia. A escolha do mecanismo depende da estrutura do **monômero** e do iniciador usado para ativá-lo. Na polimerização radicalar, o iniciador é um radical; na polimerização catiônica, ele é um eletrófilo, e na polimerização aniônica, é um nucleófilo. As cadeias de polímeros não terminados são chamadas **polímeros vivos**.

A polimerização de crescimento de cadeia exibe preferência para a **adição do tipo cabeça-cauda**. As ramificações afetam as propriedades físicas do polímero, pois cadeias lineares não ramificadas podem se empacotar melhor do que cadeias ramificadas. Os substituintes estão do mesmo lado da cadeia carbônica em um **polímero isotático**; eles estão alternados em ambos os lados da cadeia em um **polímero sindiotático** e estão randomicamente orientados em um **polímero atático**. A estrutura de um polímero pode ser controlada com **catalisadores de Ziegler–Natta**. A borracha natural é um polímero do 2-metil-1,3-butadieno. As borrachas sintéticas são feitas pela polimerização de dienos diferentes do isopreno. O aquecimento da borracha com o enxofre, fazendo ligações cruzadas das cadeias, é chamado **vulcanização**.

Os **homopolímeros** são feitos de um tipo de monômero, enquanto os **copolímeros** são feitos por mais de um tipo. Em um **copolímero alternado**, os dois monômeros se alternam. Em um **copolímero em bloco**, existem blocos de cada tipo de monômero. Em um **copolímero randômico**, a distribuição dos monômeros é randômica. Um copolímero enxertado contém ramificações derivadas de um monômero enxertado na estrutura derivada de outro monômero.

Os **polímeros de crescimento por etapas** são feitos pela combinação de duas moléculas com grupos funcionais reativos em suas terminações. Existem dois tipos de polímeros de crescimento por etapas. Um tipo é formado pelo uso de um único monômero com dois grupos funcionais diferentes, A e B. O outro tipo é formado com a utilização de dois monômeros bifuncionais diferentes, um que contém dois grupos funcionais A e outro que contém dois grupos funcionais B. A formação de polímeros de crescimento por etapas não envolve reações em cadeia.

O náilon é uma **poliamida**. As poliamidas aromáticas são chamadas **aramidas**. O Dracon® é um poliéster. Os **policarbonatos** são poliésteres com dois grupos ésteres ligados ao mesmo carbono. A **uretana** é uma substância que possui grupos éster e amida ligados ao mesmo carbono.

Os **cristalitos** são regiões altamente ordenadas de um polímero. Quanto mais cristalino é o polímero, mais denso, duro e resistente ao aquecimento ele se torna. Os **polímeros termoplásticos** têm regiões cristalinas e não cristalinas. Os **polímeros termorrígidos** apresentam cadeias com ligações cruzadas. Quanto maior o grau de formação de ligações cruzadas, mais rígido é o polímero. O **elastômero** é um plástico que se alonga e retorna a sua forma original. O **plastificante** é uma substância orgânica que se dissolve no polímero e permite o deslizamento das cadeias. Os **polímeros biodegradáveis** podem ser quebrados em segmentos pequenos por reações catalisadas por enzimas.

Palavras-chave

adição cabeça-cauda (p. 564)
aramida (p. 578)
biopolímero (p. 560)
catalisador de Ziegler–Natta (p. 573)
ciência de materiais (p. 561)
copolímero (p. 575)
copolímero alternado (p. 575)
copolímero em bloco (p. 575)
copolímero enxertado (p. 575)
copolímero randômico (p. 575)
cristalitos (p. 581)
elastômero (p. 582)
homopolímero (p. 575)
ligação cruzada (p. 574)
monômero (p. 560)
plástico (p. 560)
plastificante (p. 583)
poliamida (p. 1163)
policarbonato (p. 579)
poliéster (p. 578)
polimerização (p. 560)
polimerização aniônica (p. 562)
polimerização catiônica (p. 562)
polimerização de abertura de anel (p. 571)
polimerização radicalar (p. 562)
polímero (p. 560)
polímero atático (p. 572)
polímero biodegradável (p. 584)
polímero condutor (p. 573)
polímero de condensação (p. xxx)
polímero de crescimento de cadeia (p. 561)
polímero de crescimento por etapas (p. 561)
polímero isotático (p. 572)
polímero orientado (p. 582)
polímero sindiotático (p. 572)
polímero sintético (p. 560)
polímero termoplástico (p. 581)
polímero termorrígido (p. 582)
polímero vinílico (p. 562)
polímero vivo (p. 570)
polímeros de adição (p. 561)
poliuretana (p. 580)
química de polímeros (p. 561)
reação em cadeia (p. 561)
resina epóxi (p. 579)
sítio de propagação (p. 563)
transferência de cadeia (p. 564)
uretana (p. 580)
vulcanização (p. 574)

Problemas

22. Desenhe segmentos pequenos de polímeros obtidos a partir dos seguintes monômeros:

a. $CH_2{=}CHF$

b. $CH_2{=}CHCO_2H$

c. $HO(CH_2)_5\overset{O}{\overset{\|}{C}}OH$

d. $Cl\overset{O}{\overset{\|}{C}}(CH_2)_5\overset{O}{\overset{\|}{C}}Cl$ + $H_2N(CH_2)_5NH_2$

e. 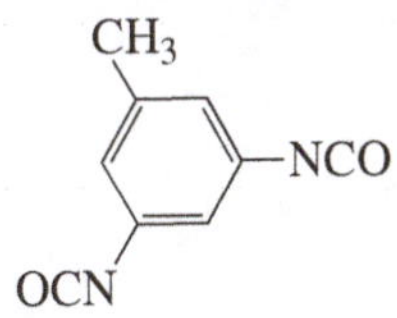

\+ $HOCH_2CH_2OH$

Para cada polímero, indique se a polimerização é de crescimento de cadeia ou de crescimento por etapas.

23. Desenhe a unidade repetida do polímero de crescimento por etapas que será formado a partir de cada uma das seguintes reações:

a. 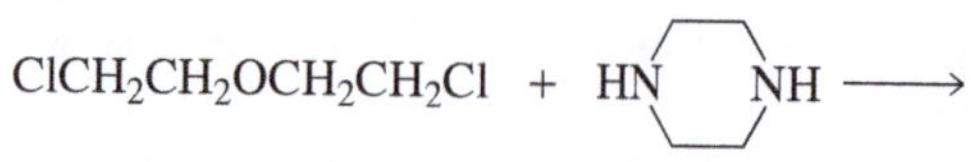

b. 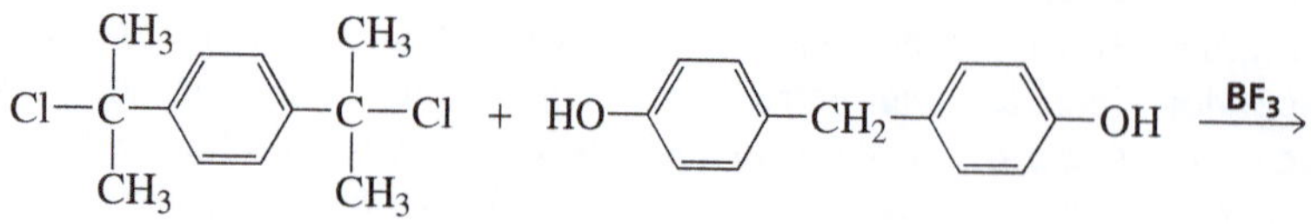

c. 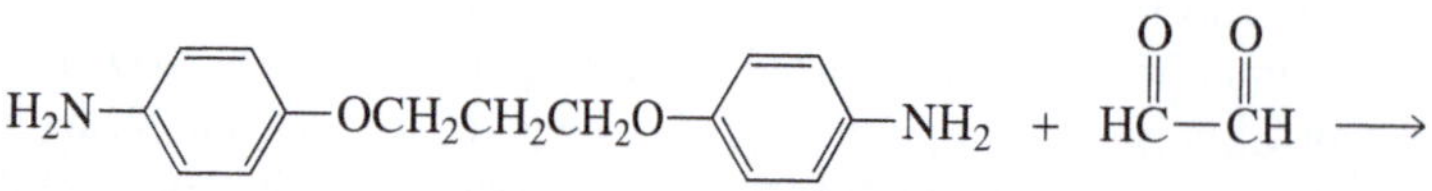

d. 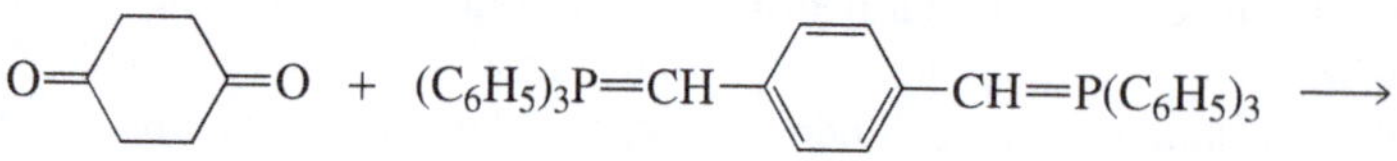

24. Desenhe a estrutura do(s) monômero(s) usado(s) para sintetizar os seguintes polímeros:

a. $-CH_2CH(CH_2CH_3)-$

b. $-CH_2CH(CH_3)O-$

c. 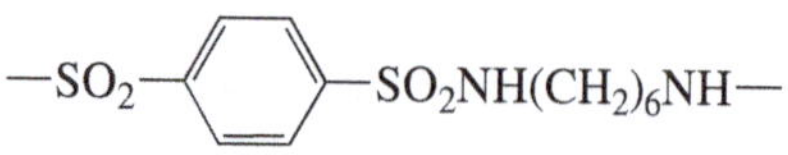

d. 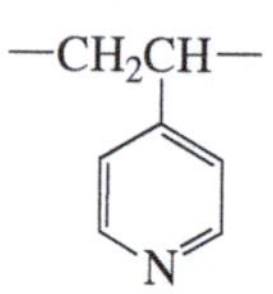

e. $-CH_2C(CH_3){=}CHCH_2-$

f. $-CH_2CH_2CH_2CH_2C(=O)O-$

g. 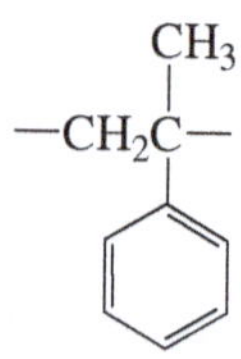

h. 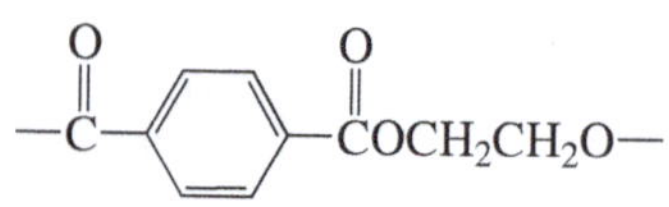

Para cada polímero, indique se ele é um polímero de crescimento de cadeia ou de crescimento por etapas.

25. Explique por que a configuração de um polímero do isobutileno não é isotática, sindiotática ou atática.

26. Desenhe segmentos pequenos de polímeros obtidos a partir das seguintes substâncias nas condições reacionais dadas:

a. 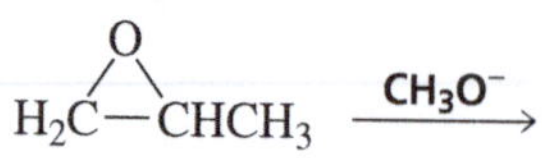

b. $CH_2{=}CHCl \xrightarrow{CH_3CH_2CH_2CH_2Li}$

c. 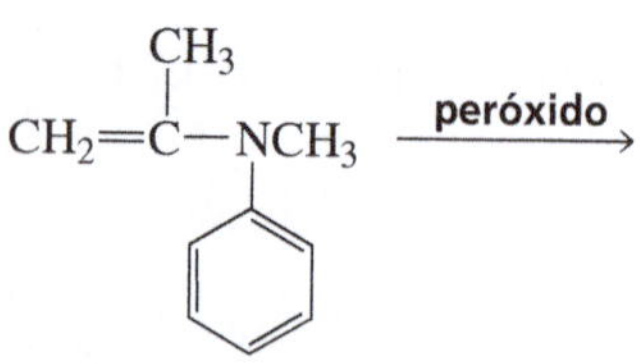

d. 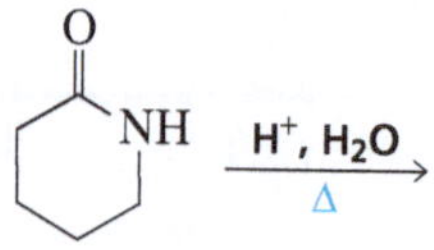

e. $CH_2{=}C(CH_3)-C(CH_3){=}CH_2 \xrightarrow{\text{catalisador de Ziegler–Natta}}$

f. $CH_2{=}CHCH_2CH_2CH_3 \xrightarrow{BF_3}$

27. A Quiana® é um tecido sintético que se parece muito com a seda.
   a. A Quiana® é um náilon ou um poliéster?
   b. Que monômeros são usados para sintetizar a Quiana®?

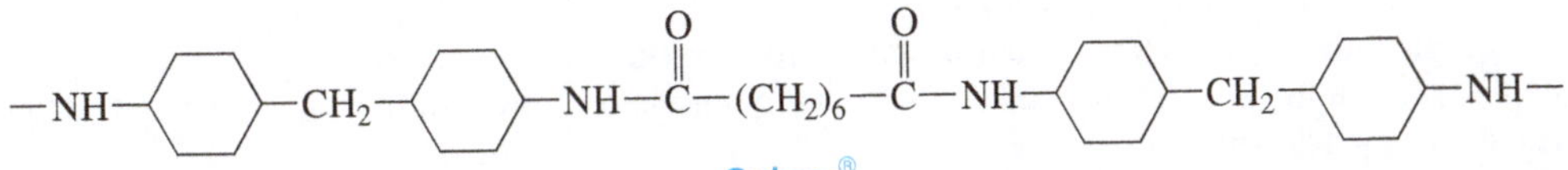

Quiana®

28. Explique por que um copolímero randômico é obtido quando o 3,3-dimetil-1-buteno sofre polimerização catiônica.

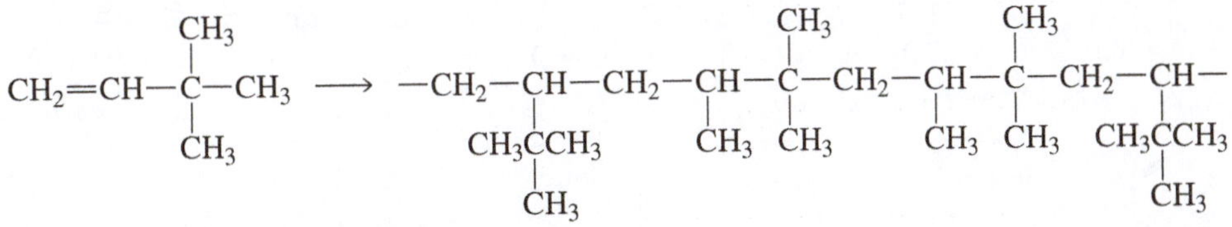

29. Um químico fez duas reações de polimerização. Um frasco contém um monômero que se polimeriza por um mecanismo de crescimento de cadeia e o outro frasco contém um monômero que se polimeriza por um mecanismo de crescimento por etapas. Quando as reações são finalizadas e os conteúdos dos frascos analisados, observa-se que um frasco contém um polímero de alta massa molecular e alguns monômeros, porém muito pouco material de peso molecular intermediário. O outro frasco contém principalmente material de massa molecular intermediária e poucos monômeros ou material de alta massa molecular. Qual frasco contém qual produto? Explique.

30. Poli(álcool vinílico) é um polímero utilizado para fazer fibras e adesivos. É sintetizado pela hidrólise ou alcoólise do polímero obtido da polimerização do acetato de vinila.
   a. Por que o poli(álcool vinílico) não é preparado pela polimerização do álcool vinílico?
   b. O poli(acetato de vinila) é um poliéster?

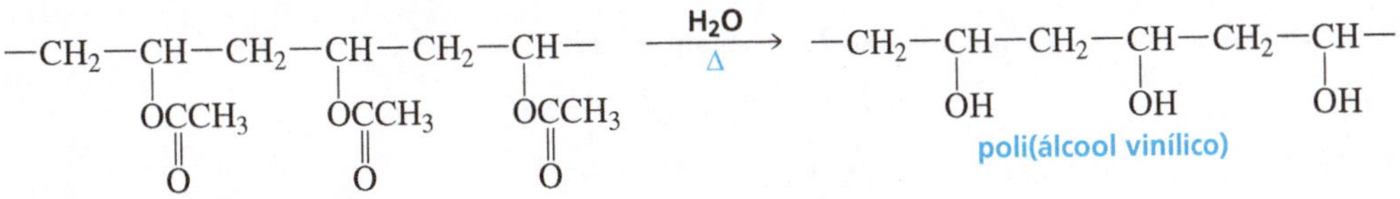

poli(acetato de vinila) poli(álcool vinílico)

31. Cinco diferentes unidades repetidas são encontradas no polímero obtido pela polimerização catiônica do 4-metil-1-penteno. Identifique essas unidades repetidas.

32. Se um peróxido for adicionado ao estireno, o polímero conhecido como poliestireno será formado. Se uma pequena quantidade de 1,4-divinilbenzeno for adicionada à mistura reacional, um polímero mais forte e mais rígido será formado. Desenhe uma pequena parte desse polímero mais rígido.

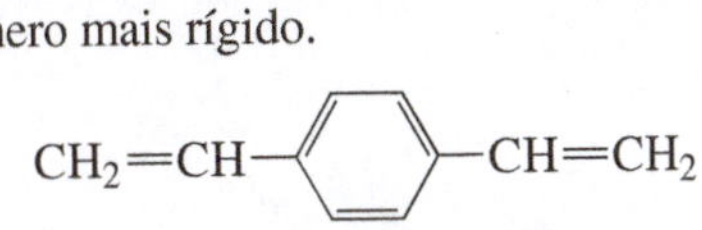

1,4-divinilbenzeno

33. Um poliéster particularmente forte e rígido, usado em peças eletrônicas, é comercializado com o nome de Glyptal®. É um polímero do ácido tereftálico e do glicerol. Desenhe um segmento do polímero e explique por que ele é tão forte.

34. Desenhe uma pequena parte do polímero obtido pela polimerização aniônica da β-propiolactona.

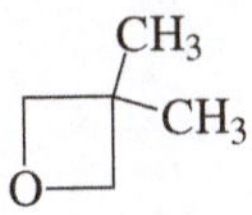

3,3-dimetiloxaciclobutano

35. Qual monômero forneceria melhor rendimento para o polímero: o ácido 5-hidroxipentanóico ou o ácido 6-hidroxi-hexanóico? Explique sua escolha.

36. Quando bolas de borracha e outros objetos feitos de borracha natural são expostos ao ar por longos períodos, tornam-se frágeis e quebradiços. Isso não acontece com objetos feitos de polietileno. Explique.

37. Por que capas de chuva de vinila tornam-se quebradiças quando envelhecem, mesmo se não forem expostas ao ar ou a algum outro poluente?

38. O polímero mostrado a seguir é sintetizado pela hidrólise promovida pelo íon hidróxido de um copolímero alternado formado a partir do metacrilato de *para*-nitrofenila e do acrilato.
   a. Proponha um mecanismo para a formação do copolímero alternado.
   b. Explique por que a hidrólise do copolímero para formar o polímero ocorre muito mais rapidamente do que a hidrólise do acetato de *para*-nitrofenila.

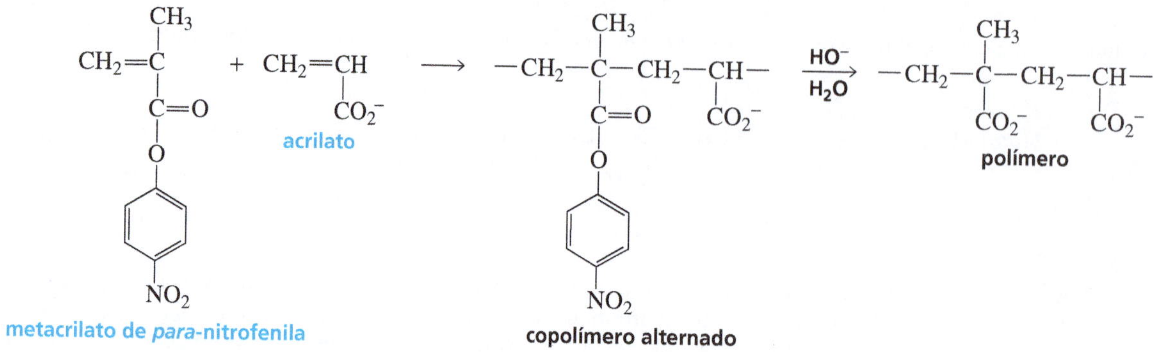

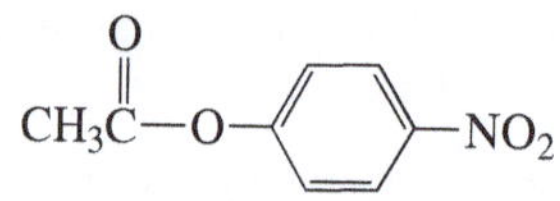

acetato de *para*-nitrofenila

39. Um copolímero alternado do estireno e do acetato de vinila pode ser transformado em um polímero enxertado pela hidrólise, seguida da adição de óxido de etileno. Desenhe a estrutura do copolímero enxertado.

40. Como o poli(brometo de vinila) cabeça-cabeça poderia ser sintetizado?

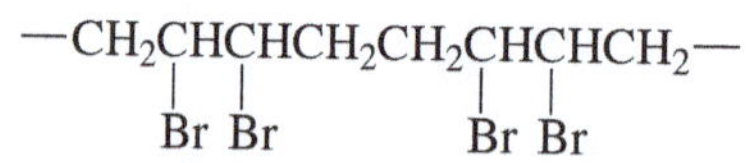

poli(brometo de vinila) cabeça-cabeça

41. O Delrin® (polioximetileno) é um polímero duro, autolubrificante, usado em rodas de engrenagem. É feito pela polimerização do formaldeído na presença de um catalisador ácido.
   a. Proponha um mecanismo para formação de um segmento do polímero.
   b. O Delrin® é um polímero de crescimento de cadeia ou um polímero de crescimento por etapas?

29 Reações pericíclicas

Vitamina D

As reações de substâncias orgânicas podem ser divididas em três classes: reações polares, reações radicalares e reações pericíclicas. A mais comum e mais familiar para você são as reações polares. Uma reação polar é aquela na qual um nucleófilo reage com um eletrófilo. Ambos os elétrons da nova ligação vêm do nucleófilo.

reação polar

$$H\ddot{\underset{\cdot\cdot}{O}}{:}^{-} + \overset{\delta+}{C}H_3{-}\overset{\delta-}{Br} \longrightarrow CH_3OH + Br^-$$

Uma **reação radicalar** é aquela na qual uma nova ligação é formada com a utilização de um elétron de cada substrato.

reação radicalar

$$CH_3\dot{C}H_2 + Cl{-}Cl \longrightarrow CH_3CH_2Cl + \cdot Cl$$

Uma **reação pericíclica** ocorre como resultado da reorganização dos elétrons no(s) substrato(s). Neste capítulo veremos os três tipos mais comuns de reações pericíclicas — reações eletrocíclicas, reações de cicloadição e rearranjos sigmatrópicos.

29.1 Três tipos de reações pericíclicas

Uma **reação eletrocíclica** é uma reação intramolecular na qual uma nova ligação σ (sigma) é formada entre as extremidades de um sistema π (pi) conjugado. Essa reação é fácil de se reconhecer — o produto é uma substância cíclica que possui um anel a mais e uma ligação π a menos que o substrato.

reação eletrocíclica

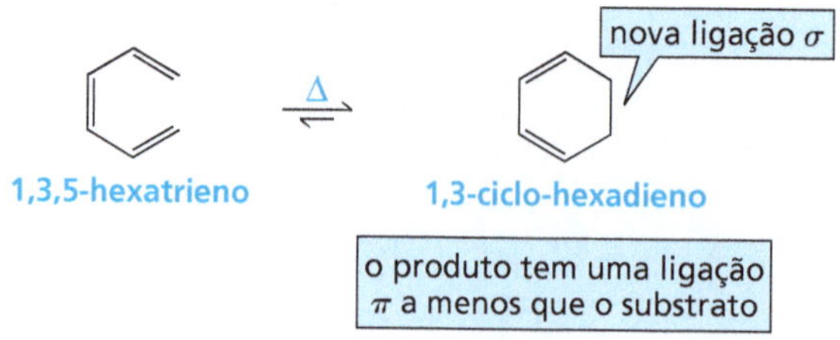

As reações eletrocíclicas são reversíveis. Na direção oposta, uma reação eletrocíclica é aquela na qual uma ligação σ de um substrato cíclico se quebra, formando um sistema π conjugado que possui uma ligação π a *mais* que o substrato cíclico.

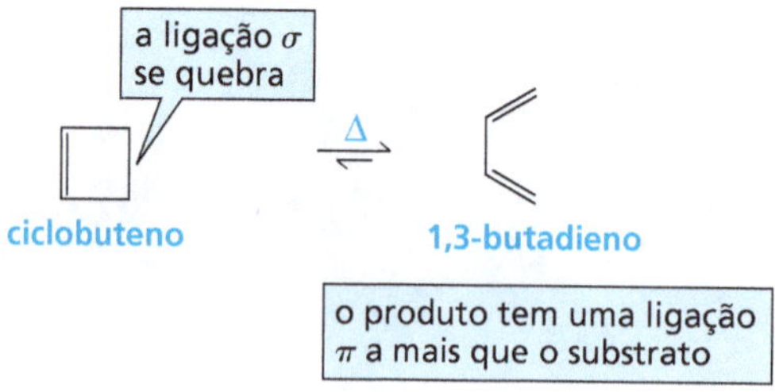

Em uma **reação de cicloadição**, duas substâncias diferentes que contêm ligações π reagem para formar uma substância cíclica. Cada um dos substratos perde uma ligação π e o produto cíclico resultante tem duas novas ligações σ. A reação de Diels–Alder é um exemplo familiar de uma reação de cicloadição (Seção 8.8, volume 1).

reação de cicloadição

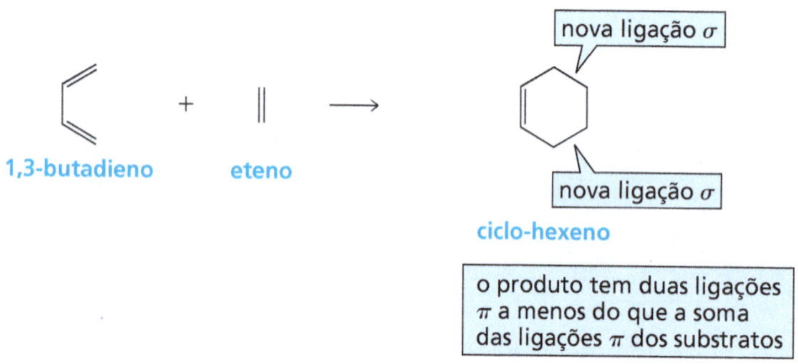

Em um **rearranjo sigmatrópico**, uma ligação σ do substrato é quebrada, uma nova ligação σ é formada no produto e as ligações π se rearranjam. O número de ligações π não se altera (o substrato e o produto têm o mesmo número de ligações π). A ligação σ que é quebrada pode estar no meio ou no fim de um sistema π, que consiste em carbonos com ligações duplas e carbonos adjacentes.

rearranjos sigmatrópicos

Molecule Gallery: 1,3,5-hexatrieno; 1,3-butadieno; 3-metil-1,5-hexadieno

WWW

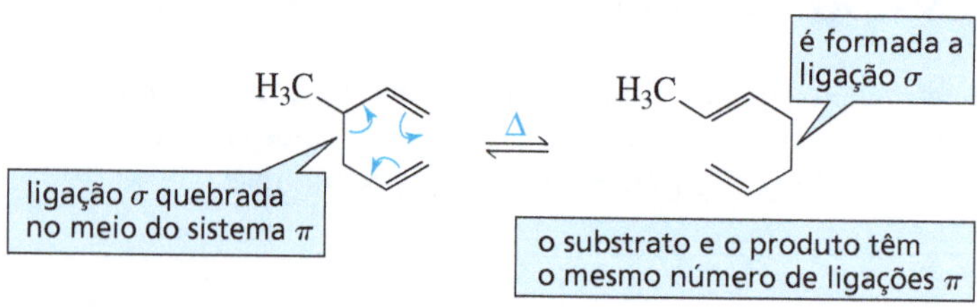

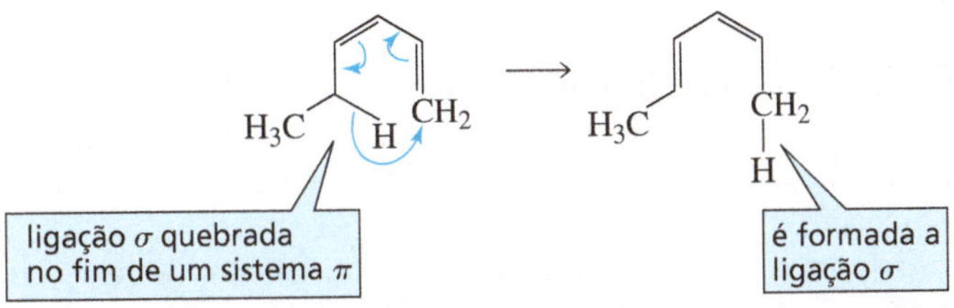

Roald Hoffmann e Kenichi Fukui *dividiram o Prêmio Nobel de química em 1981 pela teoria da conservação da simetria dos orbitais e a teoria dos orbitais de fronteira.* **R. B. Woodward** *não recebeu o prêmio porque morreu dois anos antes da premiação e Alfred Nobel determinou que o prêmio não poderia ser póstumo. Woodward, porém, tinha recebido, em 1965, o Prêmio Nobel de química pelo seu trabalho em síntese orgânica.*

Note que as reações eletrocíclicas e os rearranjos sigmatrópicos ocorrem dentro de um sistema π simples, portanto são reações *intra*moleculares. Diferentemente, as reações de cicloadição envolvem a interação de dois sistemas π diferentes, por isso são normalmente reações *inter*moleculares. Os três tipos de reações pericíclicas apresentam as seguintes características em comum:

- Todas são reações concertadas. Isso significa que toda a organização dos elétrons ocorre em uma única etapa. Por isso, há um estado de transição e nenhum intermediário.
- Por serem reações concertadas, são altamente estereosseletivas.
- Geralmente, as reações não são afetadas por catalisadores.

Veremos que a configuração de um produto formado em uma reação pericíclica depende:

- da configuração do substrato
- do número de ligações duplas conjugadas ou pares de elétrons do sistema reacional
- se é uma reação térmica ou fotoquímica

Uma **reação fotoquímica** é a que se realiza quando um substrato absorve luz. Uma **reação térmica** ocorre *sem* a absorção de luz. Apesar do nome, uma reação térmica não necessariamente requer mais aquecimento do que o obtido pela temperatura ambiente. Algumas reações térmicas necessitam de aquecimento adicional para se realizar em uma velocidade razoável, ao passo que outras ocorrem rapidamente à temperatura ambiente, ou mesmo abaixo dela.

Por muitos anos, as reações pericíclicas confundiram os químicos. Por que algumas reações pericíclicas se realizavam somente em condições térmicas, enquanto outras ocorriam apenas em condições fotoquímicas? Por que outras reações, ainda, eram obtidas com sucesso pelo uso de ambas as condições, térmica e fotoquímica? Outro aspecto intrigante das reações pericíclicas eram as configurações dos produtos formados. Depois de muitas reações pericíclicas terem sido investigadas, tornou-se claro que se uma reação pudesse ocorrer nas condições térmica e fotoquímica, a configuração do produto formado em determinada condição era diferente de sua configuração obtida em outra condição. Por exemplo, se o isômero cis fosse obtido em condições térmicas, o isômero trans seria formado nas condições fotoquímicas, e vice-versa.

Dois químicos talentosos, cada um com a própria experiência, explicaram o comportamento intrigante das reações pericíclicas. Em 1965, R. B. Woodward, experimentalista, e Roald Hoffmann, teórico, desenvolveram a **teoria da conservação da simetria dos orbitais** para explicar a relação entre a estrutura e a configuração dos substratos, as condições (térmicas e/ou fotoquímicas) nas quais ocorrem as reações e a configuração do produto. Não é surpreendente que tudo sobre o comportamento das reações pericíclicas possa ser explicado por uma teoria simples, pois o comportamento dessas reações é muito preciso. A parte difícil tinha sido ter a idéia de chegar à teoria.

Roald Hoffmann *nasceu na Polônia, em 1937, e foi para os Estados Unidos quando tinha 12 anos. Tornou-se bacharel pela Universidade de Columbia e PhD pela Harvard. Quando a teoria da conservação da simetria dos orbitais foi proposta, ele e Woodward estavam em Harvard. Hoffmann é, atualmente, professor da Universidade de Cornell.*

Kenichi Fukui (1918–1998) *nasceu no Japão. Foi professor da Universidade de Kioto até 1982, quando se tornou presidente do Instituto de Tecnologia de Kioto. Foi o primeiro japonês a receber o Prêmio Nobel de química.*

Robert B. Woodward (1917–1979) *nasceu em Boston e, primeiro, familiarizou-se com a química em seu laboratório doméstico. Ingressou no Instituto Tecnológico de Massachussets (MIT) aos 16 anos. Tornou-se PhD no mesmo ano em que os colegas que ingressaram com ele no MIT tornaram-se bacharéis. Foi para a Universidade de Harvard a fim de cursar o pós-doutorado e permaneceu lá durante toda a sua carreira. O colesterol, a cortisona, a estriquinina, a reserpina (primeira droga tranqüilizante), a clorofila, a tetraciclina e a vitamina B12 são apenas algumas das complicadas moléculas orgânicas que Woodward sintetizou. Ele recebeu o Prêmio Nobel de química em 1965.*

A teoria da conservação da simetria dos orbitais afirma que *orbitais de mesma fase se sobrepõem durante o curso de uma reação pericíclica*. Essa teoria foi baseada na **teoria dos orbitais de fronteira** desenvolvida por Kenichi Fukui, em 1954. Apesar de a teoria de Fukui, na época, ter mais de dez anos, foi reavaliada várias vezes em virtude de sua complexidade matemática e pela incapacidade de Fukui em aplicá-la em reações estereosseletivas.

De acordo com a teoria da conservação da simetria dos orbitais, vai depender da simetria dos orbitais moleculares se uma substância sofrerá uma reação pericíclica em determinadas condições *e* que produtos serão formados. Em conseqüência, para entender as reações pericíclicas, devemos revisar a teoria do orbital molecular. Então seremos capazes de entender como a simetria de um orbital molecular controla as condições nas quais uma reação pericíclica ocorre e a configuração do produto formado.

PROBLEMA 1◆

Examine as seguintes reações pericíclicas. Para cada reação, indique se é uma reação eletrocíclica, uma reação de cicloadição ou um rearranjo sigmatrópico.

a. 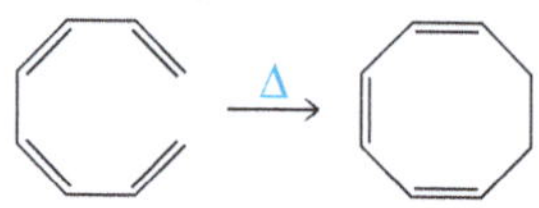

b. 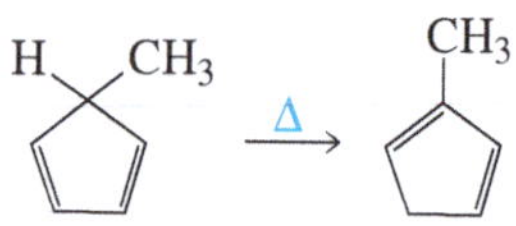

c. 

d. 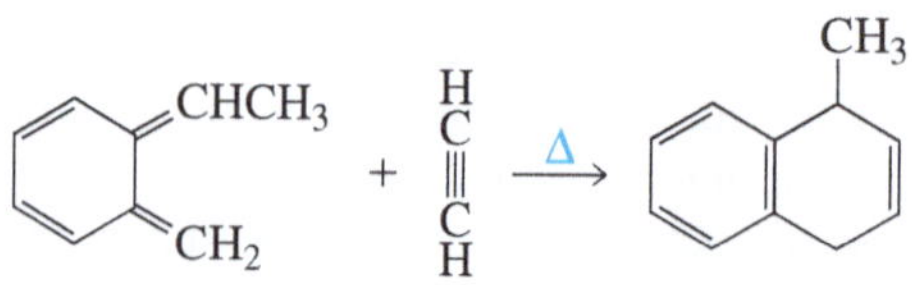

29.2 Orbitais moleculares e simetria dos orbitais

A sobreposição de orbitais atômicos *p* para formar orbitais moleculares π pode ser descrita, matematicamente, com o emprego da mecânica quântica. O resultado dos cálculos matemáticos pode ser simplesmente descrito, em termos não matemáticos, pela **teoria do orbital molecular (OM)**. Você conheceu a teoria do orbital molecular nas seções 1.6 e 7.11 no volume 1. Dedique um pouco de tempo para revisar os seguintes pontos-chave enfatizados nessas seções.

- Os dois lobos de um orbital *p* têm fases opostas. Quando dois orbitais atômicos de mesma fase interagem, é formada uma ligação covalente. Quando dois orbitais atômicos de fase oposta interagem, um nodo é criado entre os dois núcleos.
- Os elétrons preenchem os orbitais moleculares de acordo com as mesmas regras — o princípio de Aufbau, o princípio da exclusão de Pauli e a regra de Hund — que governam o preenchimento dos orbitais atômicos: um elétron vai para um orbital molecular disponível de mais baixa energia e somente dois elétrons podem ocupar determinado orbital molecular (Seção 1.2, volume 1).

- Devido ao fato de a parte de uma molécula que contém as ligações π ser perpendicular ao plano das ligações σ, as ligações π podem ser tratadas independentemente. Cada átomo de carbono que forma uma ligação π tem um orbital p, e esses orbitais p se combinam para produzir um orbital molecular π. Portanto, um orbital molecular pode ser descrito pela **combinação linear dos orbitais atômicos (CLOA)**. Em um orbital molecular π, cada elétron que previamente ocupava um orbital atômico p em torno de um único núcleo de carbono agora cerca toda a parte da molécula que está incluída nos orbitais p interativos.

Uma descrição dos orbitais moleculares do eteno é mostrada na Figura 29.1. (Para mostrar as diferentes fases dos dois lobos de um orbital p, uma fase é representada por um lobo azul e a outra fase, por um lobo cinza.)[1] O eteno tem dois orbitais atômicos p que se combinam para produzir dois orbitais moleculares π, pois tem somente uma ligação π. As interações de mesma fase dos dois orbitais atômicos p resultam em um **orbital molecular π ligante**, designado por ψ_1 (ψ é a letra grega psi). O orbital molecular ligante tem energia menor que os orbitais atômicos p isolados. Os dois orbitais atômicos p do eteno podem também apresentar uma interação de fase oposta. Esse tipo de interação resulta em um **orbital molecular π^* antiligante**, ψ_2, que tem uma energia maior que os orbitais atômicos p. O orbital molecular ligante resulta da interação aditiva dos orbitais atômicos, ao passo que o orbital molecular antiligante resulta da interação de subtração, ou seja, a interação de orbitais de mesma fase coloca os átomos juntos, enquanto a interação de orbitais de fase oposta separa os átomos. Os dois elétrons π do eteno estão no orbital molecular π ligante, pois sabe-se que elétrons residem em orbitais moleculares disponíveis de mais baixa energia e dois elétrons podem ocupar um orbital molecular. Essa figura dos orbitais moleculares descreve todas as moléculas com uma ligação dupla carbono–carbono.

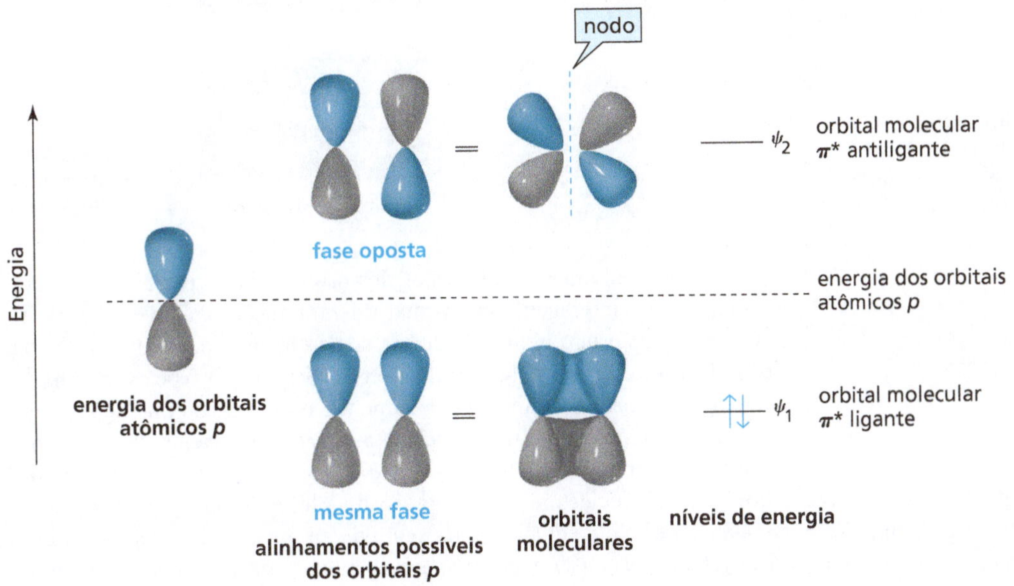

▲ **Figura 29.1**
A interação de orbitais atômicos de mesma fase fornece um orbital molecular π ligante que tem energia menor que os orbitais atômicos p. A interação de orbitais atômicos de fase oposta resulta em um orbital molecular π^* antiligante que tem energia maior que os orbitais atômicos p.

O 1,3-butadieno tem duas ligações π conjugadas, portanto tem quatro orbitais atômicos p (Figura 29.2). Quatro orbitais atômicos podem combinar-se linearmente de quatro formas diferentes. Conseqüentemente, existem quatro orbitais moleculares π: ψ_1, ψ_2, ψ_3 e ψ_4. Note que os orbitais são conservados: quatro orbitais atômicos se combinam para formar quatro orbitais moleculares. Metade são orbitais moleculares ligantes (ψ_1 e ψ_2) e a outra metade são orbitais moleculares antiligantes (ψ_3 e ψ_4). Note também que os OMs ligantes têm energia menor e os OMs antiligantes têm energia maior que os orbitais atômicos p. Dois elétrons estão em ψ_1 e dois estão em ψ_2, pois os quatro elétrons residem em orbitais moleculares disponíveis de mais baixa energia. Lembre-se de que apesar dos orbitais moleculares terem

Os orbitais são conservados — dois orbitais atômicos se combinam para formar dois orbitais moleculares, quatro orbitais atômicos se combinam para formar quatro orbitais moleculares, seis orbitais atômicos se combinam para formar seis orbitais moleculares etc.

[1] Alguns químicos representam as diferentes fases por (+) e (−), porque as diferentes fases do orbital p resultam de diferentes sinais matemáticos (+ e −) da função de onda do elétron.

energias diferentes, eles coexistem. Essa figura dos orbitais moleculares descreve todas as moléculas com duas ligações duplas carbono–carbono conjugadas.

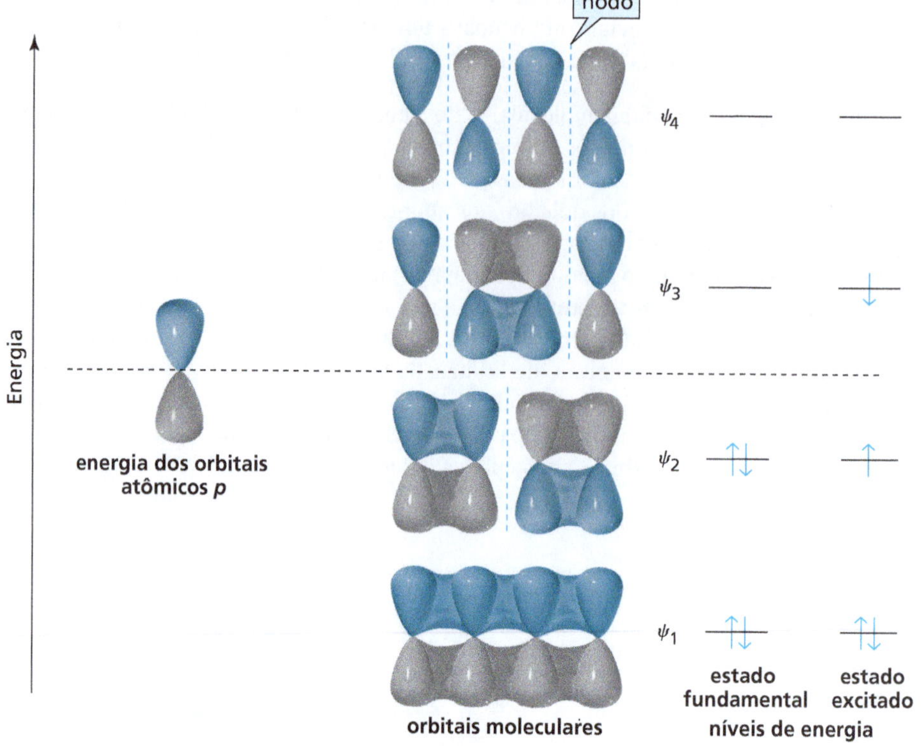

Figura 29.2 ▶ Quatro orbitais atômicos *p* se combinam para formar quatro orbitais moleculares π do 1,3-butadieno.

Tutorial Gallery: Orbitais moleculares π

WWW

Se você examinar as interações dos orbitais da Figura 29.2, verá que os orbitais de mesma fase interagem para formar uma interação ligante e orbitais de fase oposta interagem para criar um nodo. Lembre-se de que um nodo é um lugar no qual há probabilidade zero de se encontrar um elétron (Seção 1.5). Você verá também que como a energia dos orbitais moleculares aumenta, o número de interações ligantes diminui e o número de nodos entre os núcleos aumenta. Por exemplo, ψ_1 tem três interações ligantes e nenhum nodo entre os núcleos; ψ_2 tem um nodo entre os núcleos e duas interações ligantes; ψ_3 tem dois nodos entre os núcleos e uma interação ligante; ψ_4 tem três nodos entre os núcleos e nenhuma interação ligante. *Note que um orbital molecular é ligante se o número de interações ligantes for maior que o número de nodos entre os núcleos. Um orbital molecular é antiligante se o número de interações ligantes for menor que o número de nodos entre os núcleos.*

A configuração normal de uma molécula é conhecida como seu **estado fundamental**. No estado fundamental do 1,3-butadieno, o *orbital molecular ocupado com maior energia (HOMO)* é o ψ_2, e o *orbital molecular desocupado com menor energia (LUMO)* é o ψ_3. Se uma molécula absorve luz de um comprimento apropriado de onda, a radiação irá promover um elétron do seu estado fundamental HOMO para o seu LUMO (de ψ_2 para ψ_3). A molécula, então, está no seu **estado excitado**. No estado excitado o HOMO é ψ_3 e o LUMO é ψ_4. *Em uma reação térmica, o substrato está em seu estado fundamental; em uma reação fotoquímica, o substrato está em seu estado excitado.*

O estado fundamental HOMO e o estado excitado HOMO têm simetrias opostas.

Alguns orbitais moleculares são *simétricos* e outros são *assimétricos* (também chamado de *dissimétrico*). Eles são fáceis de se distinguir. Se os orbitais *p* são de mesma fase (ambos que têm os lobos azuis para cima e os lobos cinza para baixo), o orbital molecular é simétrico. Se os dois orbitais *p* são de fase oposta, o orbital molecular é assimétrico. Na Figura 29.2, ψ_1 e ψ_3 são **orbitais moleculares simétricos**, e ψ_2 e ψ_4 são **orbitais moleculares assimétricos**. Note que como os orbitais moleculares aumentam em energia, eles se alternam entre simétrico e assimétrico. Conseqüentemente, *o estado fundamental HOMO e o estado excitado HOMO sempre têm simetrias opostas — um é simétrico e o outro é assimétrico.* A descrição dos orbitais moleculares do 1,3,5-hexatrieno, substância com três ligações duplas conjugadas, é mostrada na Figura 29.3. Como revisão, examine a figura e note:

- a distribuição dos elétrons nos estados fundamental e excitado
- que o número de interações ligantes diminui e o número de nodos aumenta quando os orbitais moleculares aumentam em energia
- que os orbitais moleculares se alternam entre simétrico e assimétrico quando os orbitais moleculares aumentam em energia.

Apesar da química de uma substância ser determinada por todos os seus orbitais moleculares, podemos aprender muito ao olhar apenas para o **orbital molecular ocupado (HOMO)** e para o **orbital molecular desocupado de menor energia (LUMO).** Esses dois orbitais moleculares são conhecidos como **orbitais de fronteira**. Veremos então que simplesmente pela avaliação de um dos orbitais de fronteira do(s) substrato(s), em uma reação pericíclica, poderemos prever as condições nas quais a reação ocorrerá (condição térmica ou fotoquímica, ou ambas) e os produtos que serão formados.

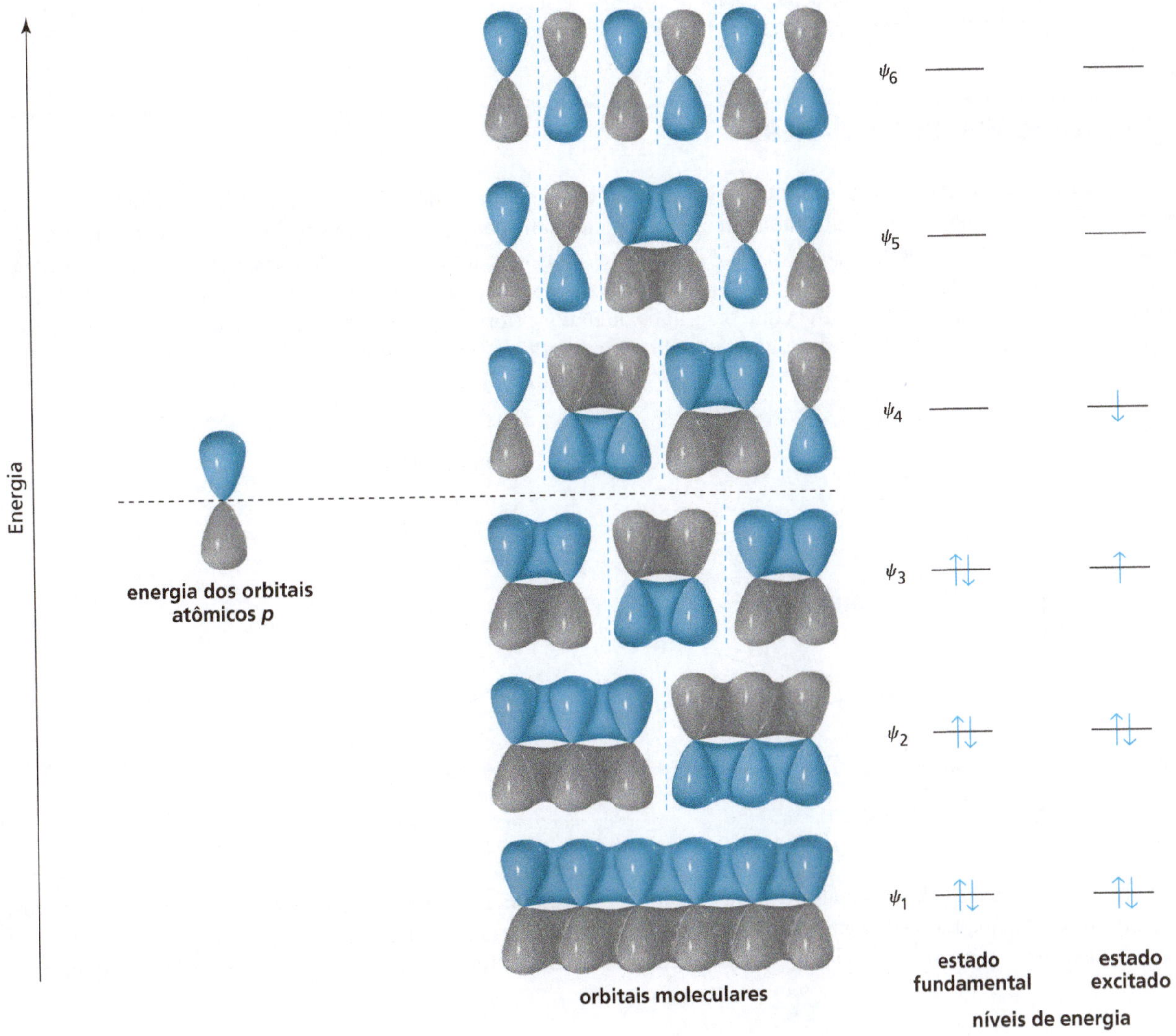

▲ **Figura 29.3**
Seis orbitais atômicos *p* interagem para formar seis orbitais moleculares π do 1,3,5-hexatrieno.

PROBLEMA 2◆

Responda às seguintes questões sobre os orbitais moleculares π do 1,3,5-hexatrieno:

a. Quais são os orbitais ligantes e quais são os antiligantes?
b. Quais são os orbitais HOMO e LUMO no estado fundamental?
c. Quais são os orbitais HOMO e LUMO no estado excitado?
d. Quais são os orbitais simétricos e assimétricos?
e. Qual a relação entre os orbitais HOMO e LUMO e entre os orbitais simétrico e assimétrico?

PROBLEMA 3◆

a. Quantos orbitais moleculares π o 1,3,5-hexatrieno tem?

b. Qual é a designação do seu HOMO (ψ_1, ψ_2 etc.)?

c. Quantos nodos o seu orbital molecular π de mais alta energia tem entre os núcleos?

PROBLEMA 4

Dê uma descrição do orbital molecular para cada uma das seguintes substâncias:

a. 1,3-pentadieno

b. 1,4-pentadieno

c. 1,3,5-heptatrieno

d. 1,3,5,8-nonatetraeno

29.3 Reações eletrocíclicas

Uma *reação eletrocíclica* é uma reação intramolecular na qual o rearranjo de elétrons π leva a um produto cíclico que tem uma ligação π a menos que o substrato. Uma reação eletrocíclica é completamente estereosseletiva — forma preferencialmente um estereoisômero. Quando o (2*E*,4*Z*,6*E*)-octatrieno sofre uma reação eletrocíclica em condições térmicas, somente o produto cis é formado; quando o (2*E*,4*Z*,6*Z*)-octatrieno sofre o mesmo tipo de reação, somente o produto trans é formado. Lembre-se de que *E* significa que os grupos de maior prioridade estão em lados opostos da ligação dupla e *Z* significa que os grupos de maior prioridade estão do mesmo lado da ligação dupla (Seção 3.5, volume 1).

(2*E*,4*Z*,6*E*)-octatrieno — *cis*-5,6-dimetil-1,3-ciclo-hexadieno

(2*E*,4*Z*,6*Z*)-octatrieno — *trans*-5,6-dimetil-1,3-ciclo-hexadieno

Porém, quando as reações são realizadas em condições fotoquímicas, os produtos apresentam configurações opostas: a mesma substância que forma o isômero cis em condições térmicas forma o isômero trans em condições fotoquímicas, e a mesma substância que forma o isômero trans em condições térmicas, forma o isômero cis em condições fotoquímicas.

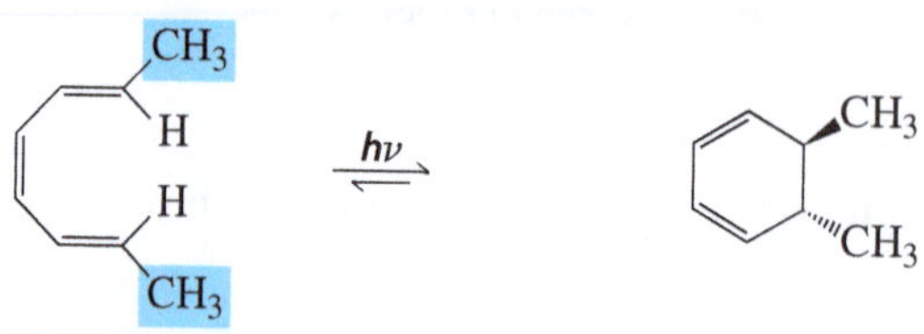

(2*E*,4*Z*,6*E*)-octatrieno — *trans*-5,6-dimetil-1,3-ciclo-hexadieno

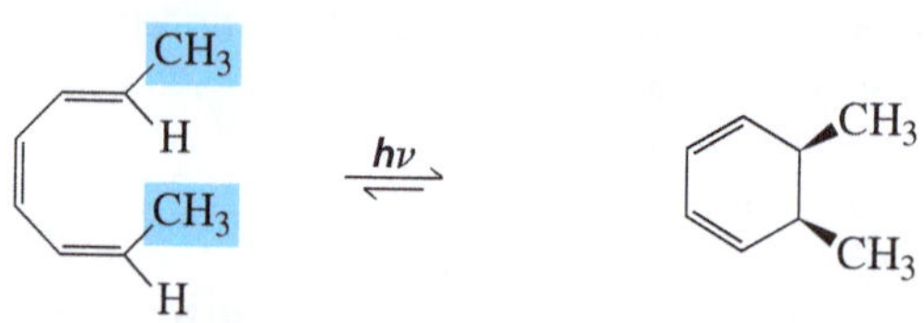

(2*E*,4*Z*,6*Z*)-octatrieno — *cis*-5,6-dimetil-1,3-ciclo-hexadieno

Em condições térmicas, o (2*E*,4*Z*)-hexadieno se cicliza formando o *cis*-3,4-dimetilciclobuteno e o (2*E*,4*E*)-hexadieno se cicliza formando o *trans*-3,4-dimetilciclobuteno.

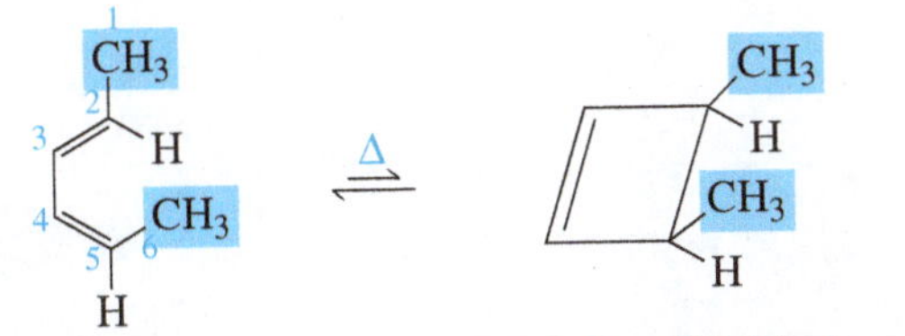

(2*E*,4*Z*)-hexadieno   *cis*-3,4-dimetilciclobuteno

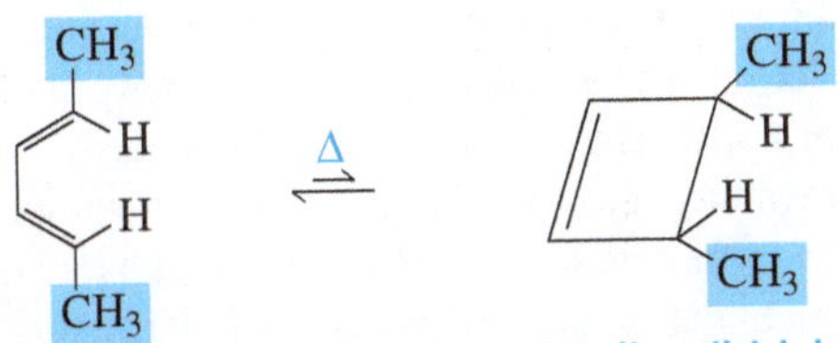

(2*E*,4*E*)-hexadieno   *trans*-3,4-dimetilciclobuteno

Como foi visto com os octatrienos, a configuração do produto muda se as reações forem realizadas em condições fotoquímicas: o isômero trans é obtido a partir do (2*E*,4*Z*)-hexadieno em vez do isômero cis; o isômero cis é obtido a partir do (2*E*,4*E*)-hexadieno em vez do isômero trans.

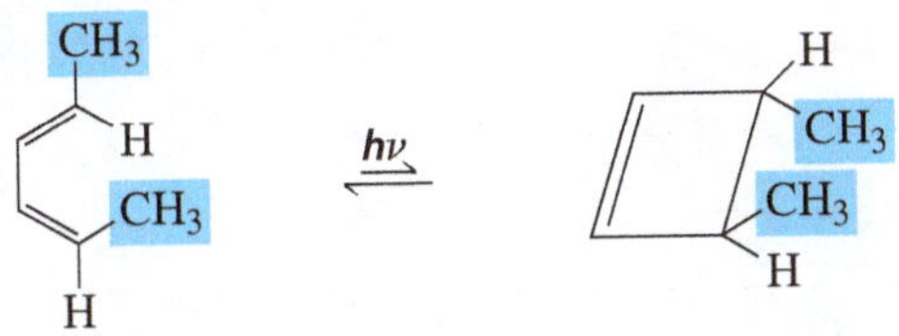

(2*E*,4*Z*)-hexadieno   *trans*-3,4-dimetilciclobuteno

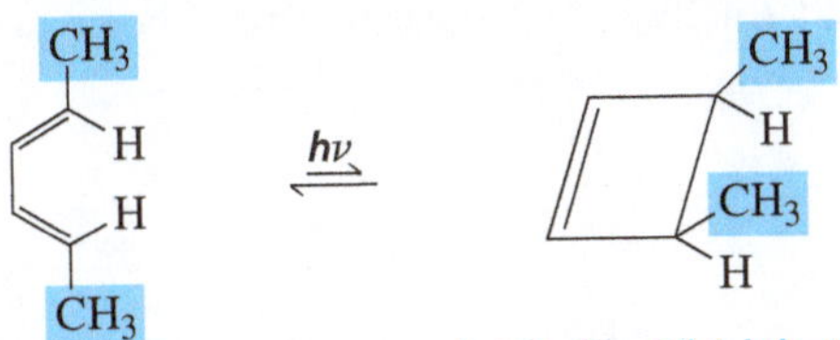

(2*E*,4*E*)-hexadieno   *cis*-3,4-dimetilciclobuteno

As reações eletrocíclicas são reversíveis. A formação da substância cíclica é favorecida em reações eletrocíclicas que formam anéis de seis membros, ao passo que a formação da substância de cadeia aberta é favorecida em reações que formam anéis de quatro membros, devido às tensões angular e torsional associadas a anéis de quatro membros (Seção 2.11, volume 1).

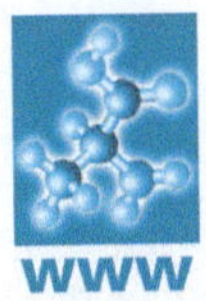

Tutorial Gallery: Reações eletrocíclicas

WWW

Agora usaremos o que foi aprendido sobre orbitais moleculares para explicar a configuração dos produtos das reações anteriores. Dessa maneira, seremos capazes de prever a configuração do produto de qualquer outra reação eletrocíclica.

O produto de uma reação eletrocíclica resulta da formação de uma nova ligação σ. Para que essa ligação se forme, os orbitais *p* do sistema conjugado devem sofrer uma rotação a fim de que possam se sobrepor na forma cabeça-cabeça (e se reibridizar em sp^3). A rotação pode ocorrer de dois modos diferentes. Se os dois orbitais giram na mesma direção (ambos no sentido horário ou anti-horário), o fechamento do anel é **conrotatório**.

Se os orbitais giram em direções opostas (um no sentido horário e o outro no sentido anti-horário), o fechamento do anel é **disrotatório**.

A forma de fechamento do anel depende da simetria do orbital HOMO da substância que sofre tal fechamento. Somente a simetria do HOMO é importante na determinação do curso da reação, pois é onde estão localizados os elétrons de mais alta energia. Estes são os elétrons mais livres e por isso os mais facilmente movidos durante a reação.

Para formar a nova ligação σ, os orbitais devem girar para que os orbitais p de mesma fase se sobreponham, pois a sobreposição de mesma fase é uma interação ligante. A sobreposição em fase oposta poderia ser uma interação antiligante. Se o HOMO é simétrico (os orbitais terminais são idênticos), a rotação terá que ser disrotatória para alcançar uma sobreposição de mesma fase. Em outras palavras, o fechamento de anel disrotatório é de simetria permitida, enquanto o fechamento de anel conrotatório é de simetria proibida.

HOMO é simétrico

Se o HOMO é assimétrico, a rotação terá que ser conrotatória para que haja uma sobreposição de mesma fase. Em outras palavras, o fechamento de anel conrotatório é de simetria permitida, enquanto o fechamento de anel disrotatório é de simetria proibida.

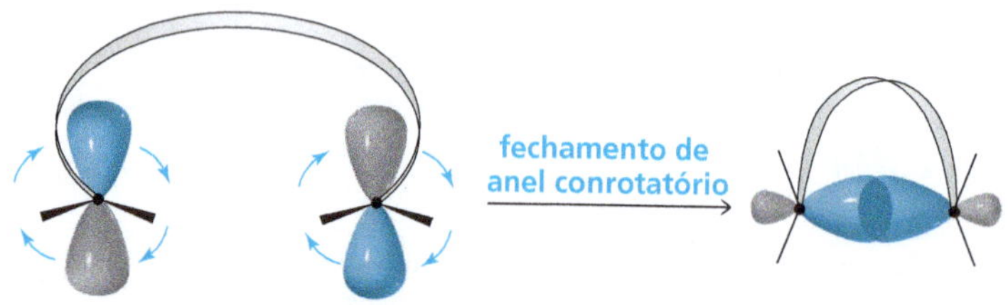

HOMO é assimétrico

Uma via de simetria permitida requer sobreposição de orbitais de mesma fase.

Note que uma **via de simetria permitida** é aquela na qual os orbitais de mesma fase se sobrepõem; uma **via de simetria proibida** é aquela na qual os orbitais de fase oposta se sobrepõem. Uma reação de simetria permitida pode se realizar em condições relativamente brandas. Se uma reação é de simetria proibida, não pode se realizar por um mecanismo concertado. Se uma reação de simetria proibida acontecer, deve se realizar por um mecanismo não concertado.

Agora aprenderemos por que as reações eletrocíclicas discutidas no início desta seção formam os produtos indicados e por que a configuração do produto muda se a reação for realizada em condições fotoquímicas.

O estado fundamental HOMO (ψ_3) de um composto com três ligações π conjugadas, tal como o (2*E*,4*Z*,6*E*)-octatrieno, é simétrico (Figura 29.3). Isso significa que o fechamento do anel em *condições térmicas* é disrotatório. No fechamento do anel disrotatório do (2*E*,4*Z*,6*E*)-octatrieno, os grupos metila são empurrados para cima (ou para baixo), o que resulta na formação do produto cis.

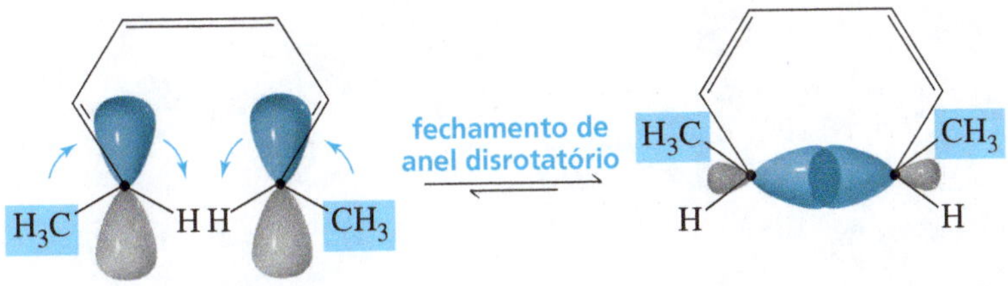

(2*E*,4*Z*,6*E*)-octatrieno — *cis*-5,6-dimetil-1,3-ciclo-hexadieno

No fechamento do anel disrotatório do (2*E*,4*Z*,6*Z*)-octatrieno, um grupo metila é empurrado para cima e o outro para baixo, o que resulta na formação do produto trans.

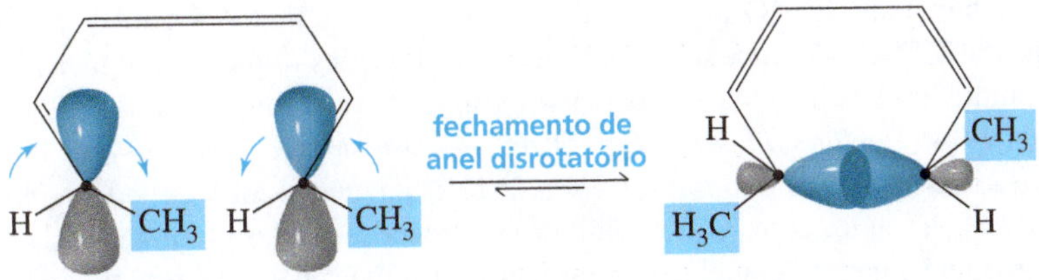

(2*E*,4*Z*,6*Z*)-octatrieno — *trans*-5,6-dimetil-1,3-ciclo-hexadieno

Se a reação ocorre em *condições fotoquímicas*, deve se considerar o estado excitado HOMO em vez do estado fundamental HOMO. O estado excitado HOMO (ψ_4) de uma substância com três ligações π é assimétrico (Figura 29.3). Porém, em condições fotoquímicas, o (2*E*,4*Z*,6*Z*)-octatrieno sofre um fechamento de anel conrotatório, de modo que os grupamentos metila são empurrados para baixo (ou para cima) e o produto cis é formado.

A simetria do HOMO de uma substância que sofre fechamento de anel controla o resultado estereoquímico de uma reação eletrocíclica.

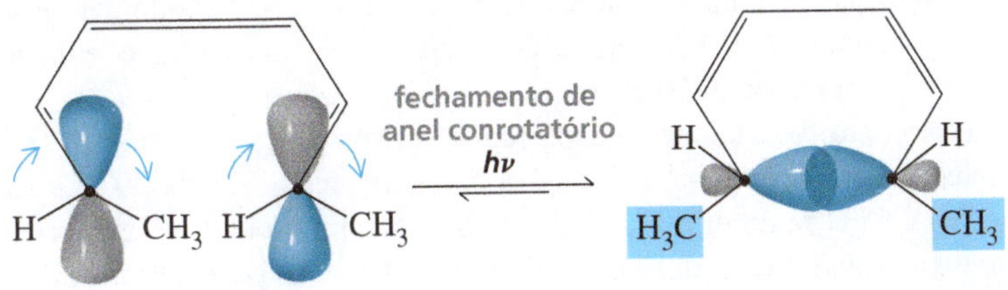

(2*E*,4*Z*,6*Z*)-octatrieno — *cis*-5,6-dimetil-1,3-ciclo-hexadieno

Acabamos de ver por que a configuração do produto formado em condições fotoquímicas é oposta àquela do produto formado em condições térmicas: o estado fundamental HOMO é simétrico — ocorre o fechamento de anel disrotatório, enquanto o estado excitado HOMO é assimétrico — ocorre o fechamento de anel conrotatório. Então, o resultado estereoquímico de uma reação eletrocíclica depende da simetria do HOMO da substância, que sofre fechamento de anel.

Agora veremos por que o fechamento do anel do (2*E*,4*Z*)-hexadieno forma o *cis*-3,4-dimetilciclobuteno. A substância que sofre o fechamento do anel tem duas ligações π conjugadas. O estado fundamental HOMO de uma substância com duas ligações π conjugadas é assimétrico (Figura 29.2), de maneira que o fechamento do anel é conrotatório, levando à formação do produto cis.

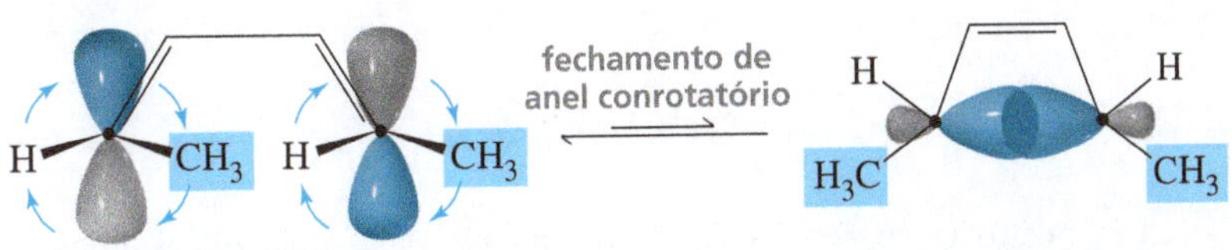

(2*E*,4*Z*)-hexadieno — *cis*-3,4-dimetilciclobutenoe

Similarmente, o fechamento do anel conrotatório do (2*E*,4*E*)-hexadieno conduz ao produto trans.

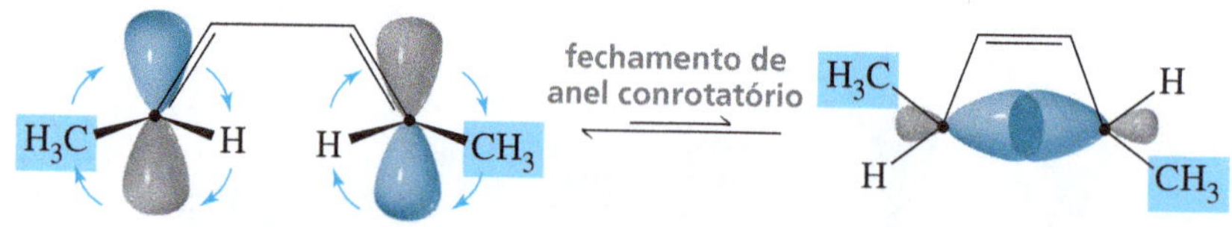

(2*E*,4*E*)-hexadieno

trans-3,4-dimetilciclobuteno

Porém, se a reação é realizada em condições fotoquímicas, o estado excitado HOMO de uma substância com duas ligações π conjugadas é simétrico. (Lembre-se de que o estado fundamental HOMO e o estado excitado HOMO têm simetrias opostas.) O (2*E*,4*Z*)-hexadieno sofrerá fechamento de anel disrotatório, resultando em um produto trans, enquanto o (2*E*,4*E*)-hexadieno sofrerá fechamento de anel disrotatório e formará o produto cis.

Vimos que o estado fundamental HOMO de uma substância com duas ligações duplas conjugadas é assimétrico, enquanto o estado fundamental HOMO de uma substância com três ligações duplas conjugadas é simétrico. Se examinarmos os diagramas de orbitais moleculares para substâncias com quatro, cinco, seis e mais ligações duplas conjugadas, podemos concluir que *o estado fundamental HOMO de uma substância com número par de ligações duplas conjugadas é assimétrico, ao passo que o estado fundamental HOMO de uma substância com número ímpar de ligações duplas conjugadas é simétrico.* Portanto, com base no número de ligações duplas conjugadas de uma substância podemos imediatamente dizer se o fechamento do anel será conrotatório (número par de ligações duplas conjugadas) ou disrotatório (número ímpar de ligações duplas conjugadas) em condições térmicas. Se a reação ocorrer em condições fotoquímicas, entretanto, tudo será invertido, pois o estado fundamental e o estado excitado HOMO apresentam simetrias opostas; se o estado fundamental HOMO for simétrico, o estado excitado HOMO será assimétrico, e vice-versa.

O estado fundamental HOMO de uma substância com número par de ligações duplas conjugadas é assimétrico.

O estado fundamental HOMO de uma substância com número ímpar de ligações duplas conjugadas é simétrico.

Vimos que a estereoquímica de uma reação eletrocíclica depende do tipo de fechamento do anel, e este depende do número de ligações π conjugadas do substrato *e* da condição (térmica ou fotoquímica) em que a reação será realizada. Tudo que aprendemos sobre reações eletrocíclicas pode ser resumido pelas **regras de seleção** listadas na Tabela 29.1. Elas também são conhecidas como **regras de Woodward–Hoffmann** para reações eletrocíclicas.

As regras da Tabela 29.1 são para determinar se dada reação eletrocíclica é 'permitida pela simetria do orbital'. Existem também regras de seleção para determinar se reações de cicloadição (Tabela 29.3) e rearranjos sigmatrópicos (Tabela 29.4) são 'permitidas pela simetria do orbital'. Pode ser bastante problemático memorizar essas regras (e muito preocupante esquecê-las durante a prova), mas todas elas podem ser resumidas pelas letras 'TP-AC'. O uso dessas letras será explicado na Seção 29.7.

Tabela 29.1 Regras de Woodward–Hoffmann para reações eletrocíclicas

Número de ligações π conjugadas	Condições de reação	Modo permitido de fechamento de anel
Número par	Térmica	Conrotatório
	Fotoquímica	Disrotatório
Número ímpar	Térmica	Disrotatório
	Fotoquímica	Conrotatório

PROBLEMA 5

a. Para sistemas com dois, três, quatro, cinco, seis e sete ligações π conjugadas, construa os orbitais moleculares (somente desenhe os orbitais *p* terminais do sistema conjugado como são mostrados nas páginas 597 e 598) para mostrar se o HOMO é simétrico ou assimétrico.

b. Usando esses desenhos, certifique-se de que as regras de Woodward–Hoffmann da Tabela 29.1 são válidas.

c. Usando esses desenhos, certifique-se de que o método 'TP-AC' para aprender a informação da Tabela 29.1 é válido (ver a Seção 29.7).

PROBLEMA 6◆

a. Em condições térmicas, o fechamento do anel do (2*E*,4*Z*,6*Z*,8*E*)-decatetraeno será conrotatório ou disrotatório?

b. O produto terá uma configuração cis ou trans?

c. Em condições fotoquímicas, o fechamento do anel será conrotatório ou disrotatório?

d. O produto terá uma configuração cis ou trans?

A série de reações da Figura 29.4 ilustra a facilidade para se determinar o tipo de fechamento de anel e, conseqüentemente, o produto de uma reação eletrocíclica. O substrato da primeira reação possui três ligações duplas conjugadas e sofre fechamento de anel em condições térmicas. Logo, o mecanismo é disrotatório (Tabela 29.1). Esse tipo de fechamento leva à formação do produto cíclico com os hidrogênios em posição cis. Para determinar a posição relativa dos hidrogênios, desenhe-os no substrato e, depois, desenhe as setas mostrando o fechamento de anel disrotatório (Figura 29.4a).

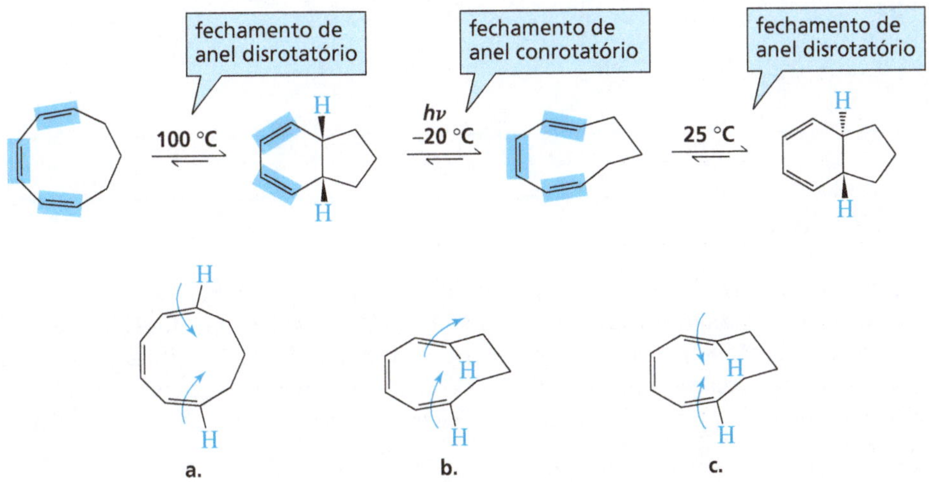

◀ **Figura 29.4** Determinação da estereoquímica do produto de uma reação eletrocíclica.

A segunda etapa é uma reação eletrocíclica de abertura de anel que ocorre em condições fotoquímicas. Devido ao princípio da reversibilidade microscópica (Seção 15.12), a regra de simetria dos orbitais usada para uma reação de fechamento de anel também é aplicada à reação inversa de abertura de anel. A substância que sofre o fechamento de anel reversível possui três ligações duplas conjugadas. A abertura do anel (e o fechamento) é conrotatória, pois a reação ocorre em condições fotoquímicas. (Note que o número de ligações duplas conjugadas usado para determinar o tipo de abertura/fechamento, em reações eletrocíclicas reversíveis, é o número da substância que sofre o fechamento de anel.) Se a rotação conrotatória resulta em um produto com os hidrogênios na posição cis, os hidrogênios do composto que sofre o fechamento devem estar apontados na mesma direção (Figura 29.4b).

A terceira etapa consiste em uma reação de fechamento de anel térmica de uma substância com três ligações duplas conjugadas, assim o fechamento é disrotatório. Desenhando os hidrogênios e as setas (Figura 29.4c), podemos determinar as posições relativas dos hidrogênios do produto cíclico.

Note que em todas essas reações eletrocíclicas, se os substituintes (no caso, os hidrogênios) estiverem ligados em *direções opostas* no substrato (como na Figura 29.4a), eles estarão em posição cis no produto se o fechamento de anel for disrotatório, ou em posição trans se for conrotatório. Por outro lado, se os substituintes estiverem ligados na mesma direção (como nas figuras 29.4b e 29.4c), eles estarão em posição trans no produto se o fechamento de anel for disrotatório, ou em posição cis se for conrotatório (Tabela 29.2).

Tabela 29.2 Configuração do produto de uma reação eletrocíclica

Substituintes no substrato	Tipo de fechamento de anel	Configuração do produto
Apontados em direções opostas	Disrotatório	cis
	Conrotatório	trans
Apontados na mesma direção	Disrotatório	trans
	Conrotatório	cis

PROBLEMA 7◆

Quais das seguintes afirmações estão corretas? Corrija as afirmações incorretas.

a. Um dieno conjugado com um número par de ligações duplas sofre um fechamento de anel conrotatório, em condições térmicas.

b. Um dieno conjugado com um orbital HOMO assimétrico sofre um fechamento de anel conrotatório, em condições térmicas.

c. Um dieno conjugado com um número ímpar de ligações duplas tem um orbital HOMO simétrico.

PROBLEMA 8◆

a. Identifique o tipo de fechamento de anel para cada uma das seguintes reações eletrocíclicas.

b. Os hidrogênios indicados são cis ou trans?

1. 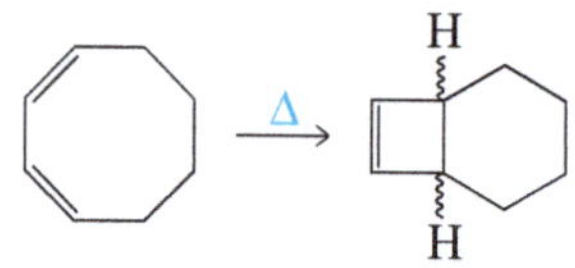

2. 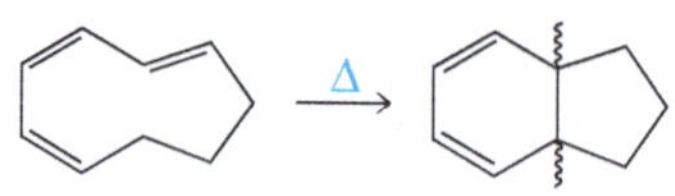

29.4 Reações de cicloadição

Em uma *reação de cicloadição*, duas moléculas diferentes, que contêm ligações π, reagem formando uma molécula cíclica pelo rearranjo dos elétrons π, além de duas novas ligações σ. A reação de Diels–Alder é um dos exemplos mais conhecidos de uma reação de cicloadição (Seção 8.8, volume 1). As reações de cicloadição são classificadas de acordo com o número de elétrons π que interagem na reação. A reação de Diels–Alder é uma reação de cicloadição [4 + 2], pois um substrato tem quatro elétrons π que interagem e o outro tem dois elétrons π. São contados somente os elétrons π que participam do rearranjo eletrônico.

cicloadição [4 + 2] (reação de Diels–Alder)

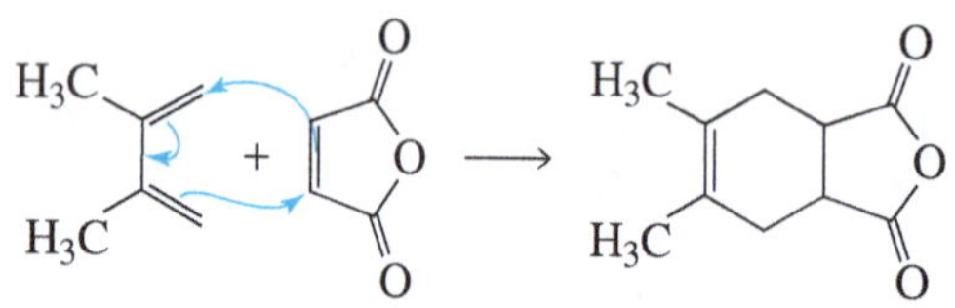

cicloadição [2 + 2]

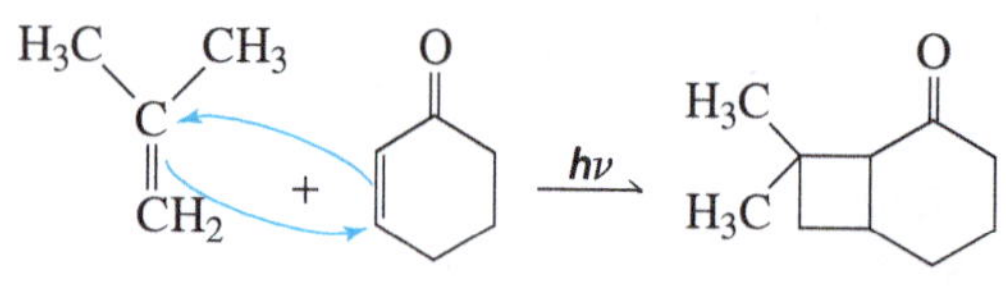

cicloadição [8 + 2]

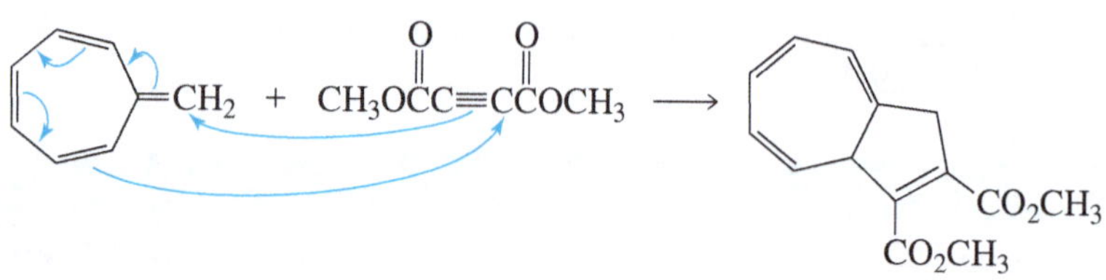

Em uma reação de cicloadição, os orbitais de uma molécula devem se sobrepor aos orbitais da segunda molécula. Portanto, os orbitais moleculares de fronteira de ambos os substratos devem ser avaliados para determinar o resultado da reação. Devido ao fato das novas ligações σ do produto serem formadas pela doação da densidade eletrônica de um substrato para o outro, deve-se considerar o HOMO de uma das moléculas e o LUMO da outra, pois somente um orbital vazio pode aceitar elétrons. Não importa qual orbital HOMO da molécula reagente é usado. É necessário somente que usemos o HOMO de uma e o LUMO da outra.

Existem dois tipos de sobreposição de orbitais para a formação simultânea de duas ligações σ — *suprafacial* e *antarafacial*. A formação é chamada **suprafacial** se ambas as ligações σ se formam do mesmo lado do sistema π. A formação é chamada **antarafacial** se ambas as ligações σ se formam em lados opostos do sistema π. A formação de ligação suprafacial é similar à adição sin, enquanto a formação de ligação antarafacial se parece com a adição anti (Seção 5.19, volume 1).

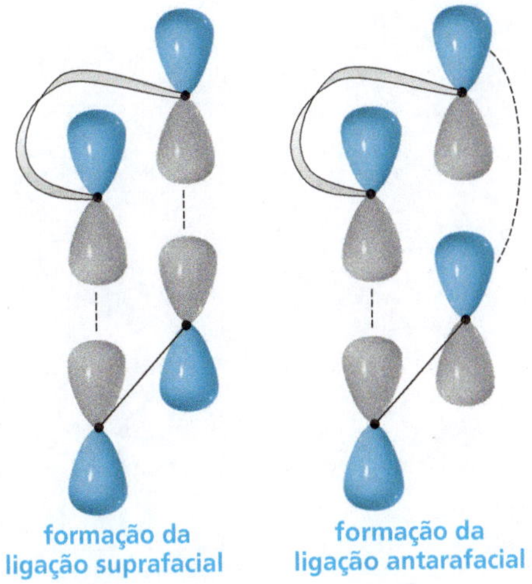

Uma reação de cicloadição que forma anéis de quatro, cinco ou seis membros envolve a formação de ligação suprafacial. A tensão geométrica desses anéis pequenos faz com que a aproximação antarafacial seja desfavorável, mesmo se houver uma simetria permitida. (Lembre-se de que simetria permitida significa que os orbitais sobrepostos são de mesma fase.) A formação de ligação antarafacial é mais favorável em reações de cicloadição que formam anéis maiores.

A **análise dos orbitais de fronteira** de uma cicloadição [4 + 2] mostra que a sobreposição de orbitais de mesma fase, para formar as duas novas ligações σ, requer uma sobreposição suprafacial dos orbitais (Figura 29.5). Isso é verdade se usarmos o LUMO do dienófilo (sistema com uma ligação π; Figura 29.1) e o HOMO do dieno (um sistema com duas ligações π conjugadas; Figura 29.2); ou o HOMO do dienófilo e o LUMO do dieno. Agora podemos entender por que as reações de Diels–Alder ocorrem com relativa facilidade (Seção 8.8, volume 1).

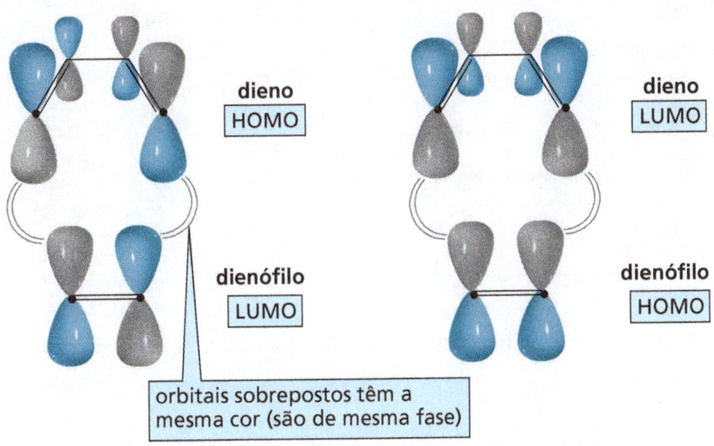

Figura 29.5
Análise dos orbitais de fronteira de uma reação de cicloadição [4 + 2]. O HOMO de qualquer um dos substratos pode ser usado com o LUMO do outro. Ambas as situações requerem uma sobreposição suprafacial para a formação da ligação.

Uma reação de cicloadição [2 + 2] não ocorre em condições térmicas, somente em condições fotoquímicas.

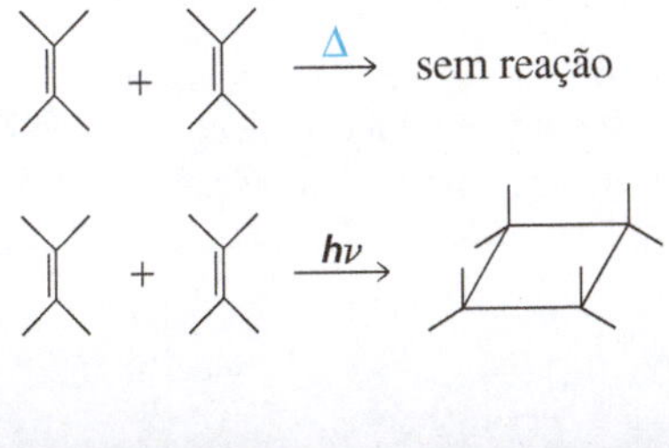

Tutorial Gallery: Reações de cicloadição
WWW

Os orbitais moleculares de fronteira da Figura 29.6 mostram por que isso acontece. Em condições térmicas, a sobreposição suprafacial não tem uma simetria permitida (os orbitais sobrepostos são de fase oposta). Uma sobreposição antarafacial tem simetria permitida mas não é possível devido ao tamanho pequeno do anel. Em condições fotoquímicas, porém, a reação pode ocorrer, pois a simetria do estado excitado HOMO é oposta à do estado fundamental HOMO. Em decorrência, a sobreposição de um estado excitado HOMO de um alceno com o LUMO do segundo alceno envolve a formação de ligação suprafacial de simetria permitida.

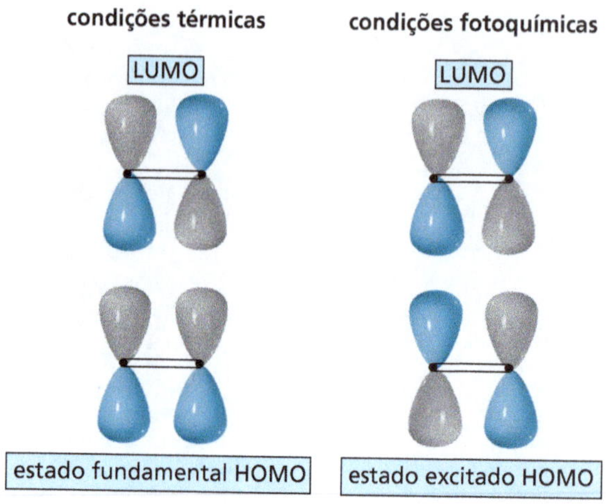

Figura 29.6 ▶ Análise dos orbitais moleculares de fronteira de uma reação de cicloadição [2 + 2] em condições térmica e fotoquímica.

Note que na reação fotoquímica somente um dos substratos está em estado excitado. Devido ao curto tempo de vida dos estados excitados, é improvável que dois substratos, em seus estados excitados, se encontrem para interagir. As regras de seleção para as reações de cicloadição estão resumidas na Tabela 29.3.

Tabela 29.3 Regras de Woodward–Hoffmann para reações de cicloadição

Soma do número de ligações π de ambos os substratos	Condições reacionais	Tipo de fechamento de anel permitido
Número par	Térmica	Antarafacial[a]
	Fotoquímica	Suprafacial
Número ímpar	Térmica	Suprafacial
	Fotoquímica	Antarafacial[a]

[a] Apesar de o fechamento de anel antarafacial ter uma simetria permitida, ocorre somente com anéis grandes.

PROBLEMA 9

Explique por que o anidrido maleico reage rapidamente com o 1,3-butadieno, mas não reage com o eteno, em condições térmicas.

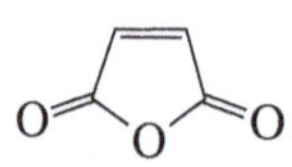

anidrido maleico

PROBLEMA 10 **RESOLVIDO**

Compare a reação da 2,4,6-ciclo-heptatrienona com o ciclopentadieno à reação da 2,4,6-ciclo-heptatrienona com o eteno. Por que a 2,4,6-ciclo-heptatrienona usa dois elétrons π em uma reação e quatro elétrons π na outra?

▶

a. 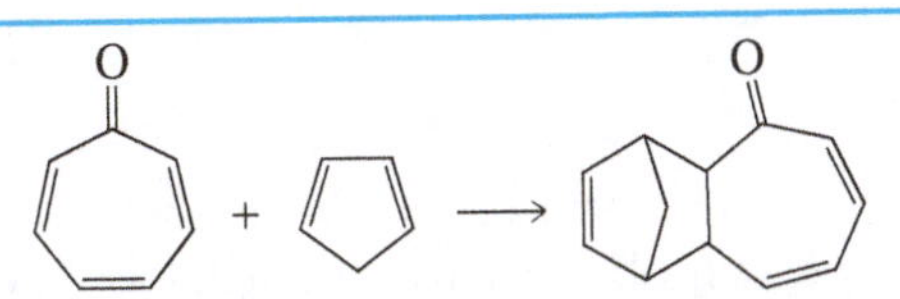

b. 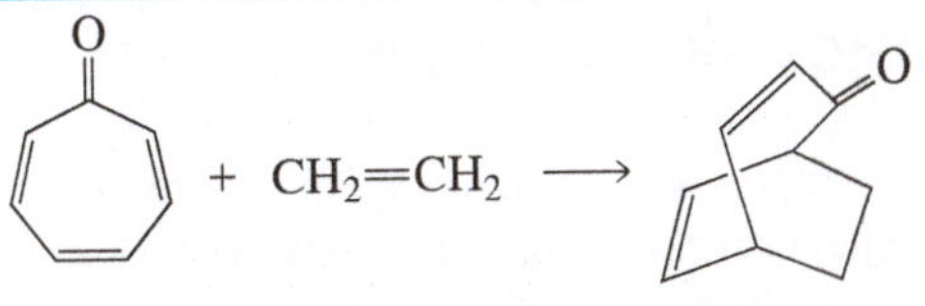

RESOLUÇÃO As duas reações são de cicloadição [4 + 2]. Quando a 2,4,6-ciclo-heptatrienona reage com o ciclopentadieno, usa dois elétrons π porque o ciclopentadieno é o substrato de quatro elétrons π. Quando a 2,4,6-ciclo-heptatrienona reage com o eteno, usa seus quatro elétrons π pois o eteno é o substrato de dois elétrons π.

a. 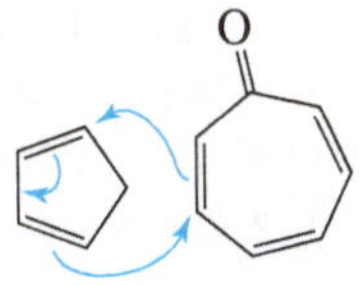

b. 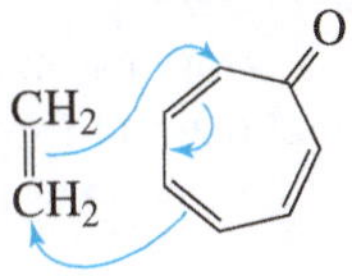

PROBLEMA 11◆

Uma reação concertada entre o 1,3-butadieno e a 2-ciclo-hexenona se realizará na presença de luz ultravioleta?

Luz fria

Uma reação de cicloadição [2 + 2] inversa é responsável pela luz fria emitida pelos postes de luz. Um poste de luz contém um tubo de vidro fino, que carrega uma mistura de hidróxido de sódio e peróxido de hidrogênio suspensos em uma solução de difeniloxalato e corantes. Quando o tubo se quebra, duas reações de substituição nucleofílica ocorrem formando uma substância com um anel instável de quatro membros. Lembre-se de que o íon fenóxido é um grupo de partida relativamente bom (Seção 17.10).

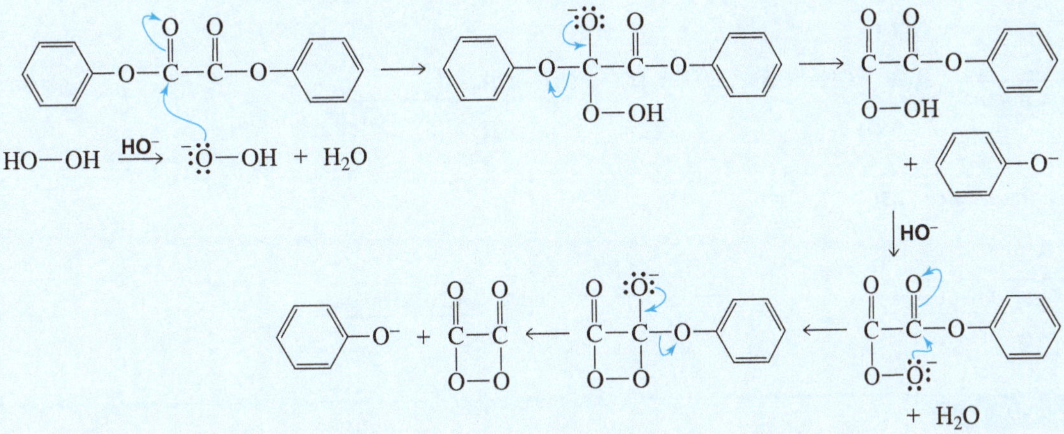

Uma sobreposição suprafacial, para formar um anel de quatro membros, pode ocorrer somente em condições fotoquímicas, portanto um dos substratos deve estar em seu estado excitado. Em conseqüência, uma das duas moléculas de dióxido de carbono, formadas quando o anel de quatro membros se abre, está em seu estado excitado (indicado por um asterisco). Quando o elétron no estado excitado cai para o estado fundamental, um fóton de luz ultravioleta é liberado — o qual *não* é visível ao olho humano. Porém, na presença de um corante, a molécula de dióxido de carbono excitada pode transferir um pouco da sua energia para a molécula de corante, o que leva a uma promoção do elétron ao estado excitado. Quando o elétron do corante cai para o estado fundamental, um fóton de luz visível é liberado — o qual *é* visível ao olho humano. Na Seção 29.6, veremos que uma reação similar é responsável pela luz emitida pelos vaga-lumes.

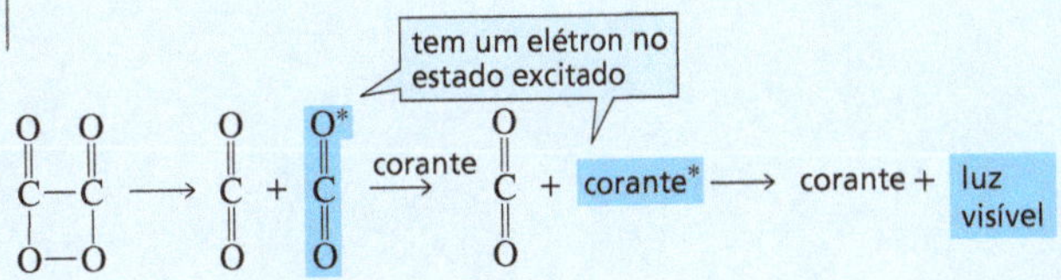

29.5 Rearranjos sigmatrópicos

A última classe de reações pericíclicas concertadas que iremos considerar é o grupo de reações conhecido como *rearranjos sigmatrópicos*. Em um **rearranjo sigmatrópico**, uma ligação σ do substrato é quebrada, uma nova ligação σ é formada e os elétrons π se rearranjam. A ligação σ que se quebra é a com um carbono alílico. Pode ser uma ligação σ entre um carbono e um hidrogênio, entre dois carbonos ou entre um carbono e um oxigênio, nitrogênio ou enxofre. O termo 'sigmatrópico' vem da palavra grega *tropos*, que significa 'troca', portanto sigmatrópico quer dizer 'troca de sigma'.

O sistema de numeração usado para descrever um rearranjo sigmatrópico é diferente de qualquer outro sistema de numeração visto anteriormente. Primeiro, mentalmente, quebre a ligação σ do substrato e dê o número 1 a ambos os átomos que estavam ligados por essa ligação. Depois, olhe a nova ligação σ do produto. Conte o número de átomos em cada um dos fragmentos que conectam a ligação σ quebrada e a nova ligação σ. Os dois números são colocados entre colchetes, com o menor deles primeiro. Por exemplo, no seguinte rearranjo sigmatrópico [2,3], dois átomos (N, N) conectam a ligação σ que foi quebrada e a nova em um fragmento, e três átomos (C, C, C) conectam a ligação σ que foi quebrada e a nova no outro fragmento.

rearranjo sigmatrópico [2,3]

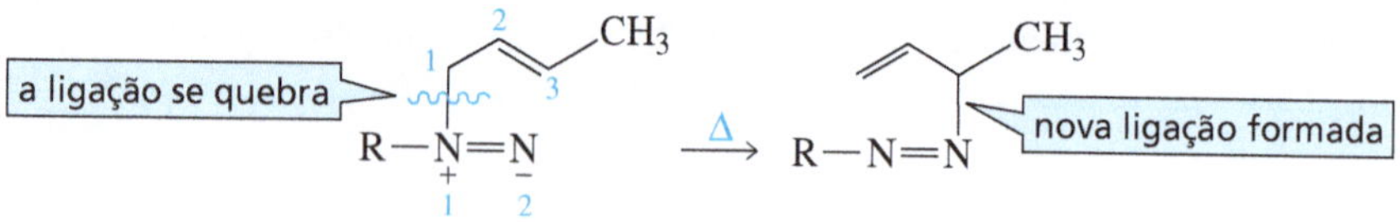

rearranjo sigmatrópico [1,5]

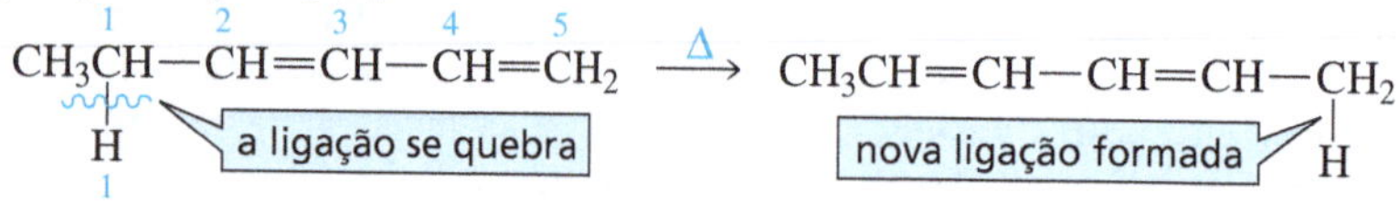

rearranjo sigmatrópico [1,3]

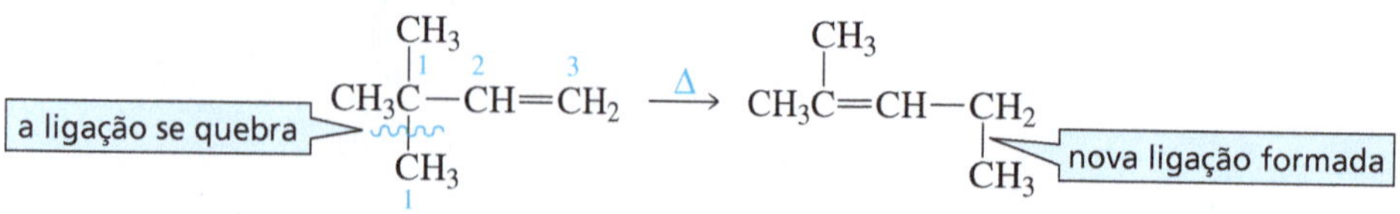

rearranjo sigmatrópico [3,3]

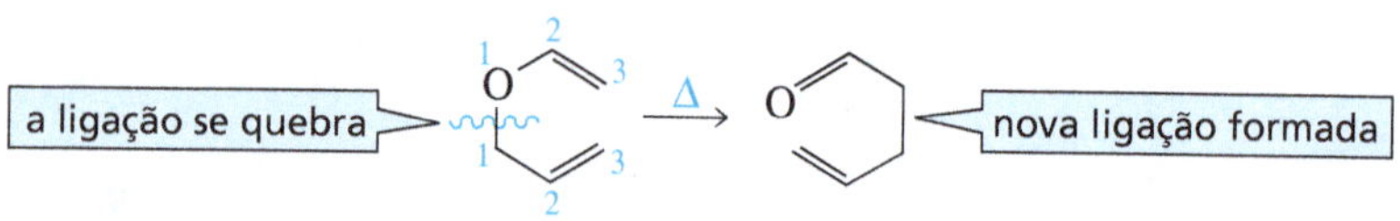

PROBLEMA 12

a. Nomeie o tipo de rearranjo sigmatrópico que ocorre em cada uma das seguintes reações.

b. Usando setas, mostre o rearranjo de elétrons que ocorre em cada uma das seguintes reações.

1. 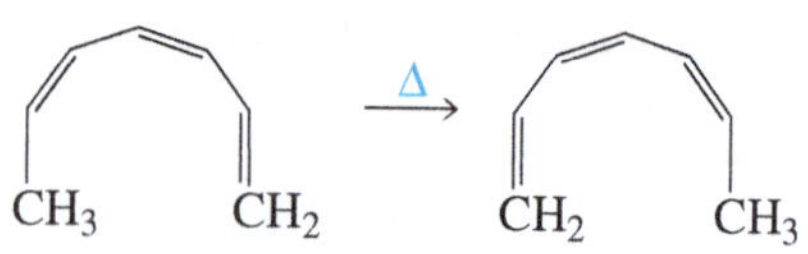

3. 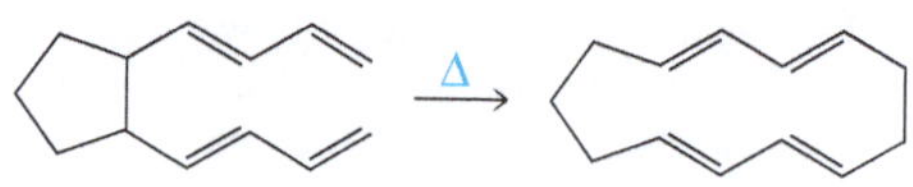

2. 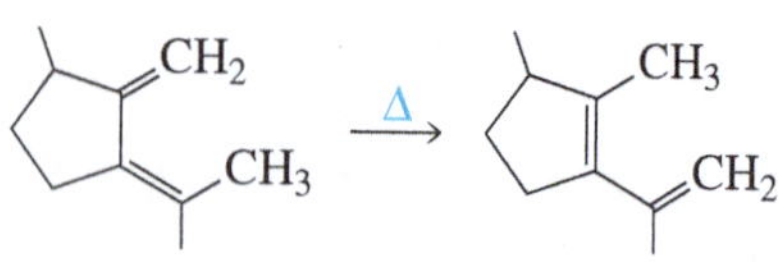

4. 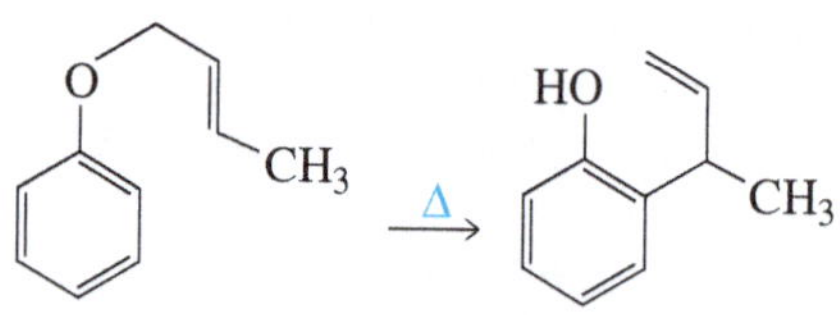

No estado de transição de um rearranjo sigmatrópico, o grupo que migra está parcialmente ligado à origem da migração e parcialmente ligado ao final da migração. Existem dois tipos possíveis de rearranjo. Se o grupo migrante permanece do mesmo lado do sistema π, o rearranjo é **suprafacial**. Se o grupo migrante se move para o lado oposto ao do sistema π, o rearranjo é **antarafacial**.

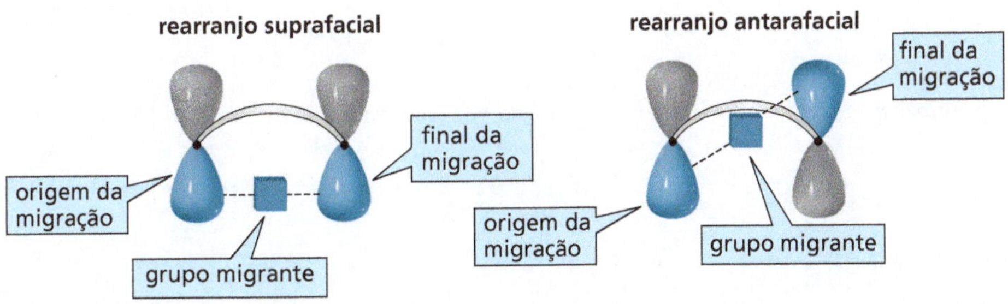

Os rearranjos sigmatrópicos têm estados de transição cíclicos. Se o estado de transição tem seis ou menos átomos no anel, o rearranjo deve ser suprafacial devido a tensão geométrica dos anéis pequenos.

Um rearranjo sigmatrópico [1,3] envolve uma ligação π e um par de elétrons σ, ou pode se dizer que envolve dois pares de elétrons. Um rearranjo sigmatrópico [1,5] envolve duas ligações π e um par de elétrons σ (três pares de elétrons), e um rearranjo sigmatrópico [1,7] envolve quatro pares de elétrons. As regras de simetria para os rearranjos sigmatrópicos são aproximadamente as mesmas que aquelas para as reações de cicloadição. A única diferença é que contamos o número de pares de elétrons em vez do número de ligações π. (Compare as tabelas 29.3 e 29.4.) *Lembre-se de que o estado fundamental HOMO de uma substância com um número par de ligações duplas conjugadas é assimétrico, enquanto o estado fundamental HOMO de uma substância com um número ímpar de ligações duplas conjugadas é simétrico.*

Tabela 29.4 Regras de Woodward–Hoffmann para rearranjos sigmatrópicos

Número de pares de elétrons do sistema reacional	Condições de reação	Tipo permitido de fechamento de anel
Número par	Térmica	Antarafacial[a]
	Fotoquímica	Suprafacial
Número ímpar	Térmica	Suprafacial
	Fotoquímica	Antarafacial[a]

[a] Apesar de o fechamento de anel antarafacial ter simetria permitida, ocorre somente com anéis grandes.

Um **rearranjo de Cope**[2] é um rearranjo sigmatrópico [3,3] do 1,5-dieno. Um **rearranjo de Claisen**[3] é um rearranjo sigmatrópico [3,3] de um alil-vinil-éter. Ambos os rearranjos formam estados de transição com um anel de seis membros. As reações, então, devem ser capazes de ocorrer por uma via suprafacial. Se uma via suprafacial é de simetria permitida ou não depende do número de pares de elétrons envolvidos no rearranjo (Tabela 29.4). Devido ao fato de os rearranjos sigmatrópicos [3,3] envolverem três pares de elétrons, eles ocorrem por um via suprafacial em condições térmicas. Portanto, os rearranjos de Cope e Claisen rapidamente ocorrem em condições térmicas.

Tutorial Gallery: Rearranjos sigmatrópicos
WWW

rearranjo de Cope

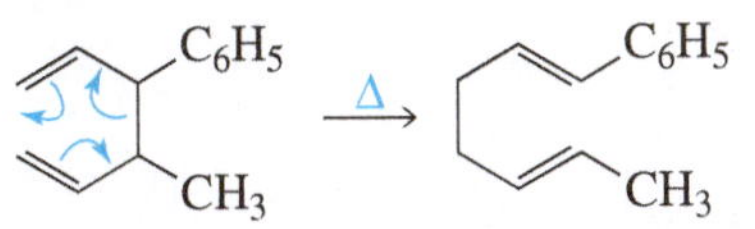

rearranjo de Claisen

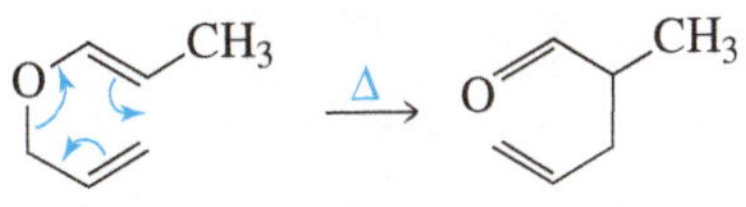

[2] Cope descobriu também a eliminação de Cope.

[3] Claisen descobriu também a condensação de Claisen.

PROBLEMA 13◆

a. Dê o produto da seguinte reação:

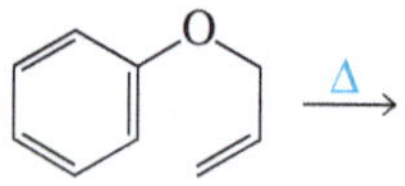

b. Se o carbono terminal sp^2 do substituinte ligado ao anel do benzeno estiver marcado com ^{14}C, onde estará a marcação no produto?

Migração do hidrogênio

Quando um hidrogênio migra em um rearranjo sigmatrópico, o orbital *s* do hidrogênio está parcialmente ligado tanto à origem da migração quanto ao final da migração no estado de transição. Logo, a migração sigmatrópica [1,3] do hidrogênio envolve um estado de transição de quatro membros. O HOMO é assimétrico, pois dois pares de elétrons estão envolvidos. As regras de seleção, portanto, requerem rearranjo antarafacial para uma troca 1,3 de hidrogênio em condições térmicas (Tabela 29.4). Conseqüentemente, trocas 1,3 de hidrogênio não ocorrem em condições térmicas porque o estado de transição de quatro membros não permite o rearranjo antarafacial necessário.

migração do hidrogênio

As trocas 1,3 de hidrogênio ocorrem se a reação for realizada em condições fotoquímicas, pois o HOMO é simétrico nessas condições, o que significa que o hidrogênio pode migrar por uma via suprafacial (Tabela 29.4).

migração 1,3 do hidrogênio

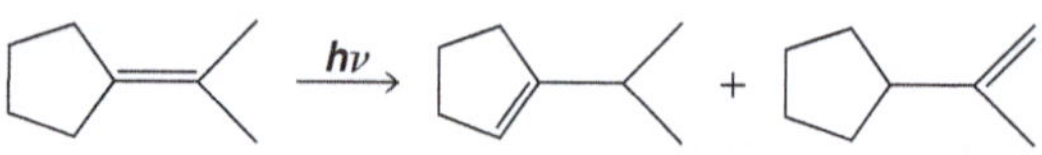

Dois produtos são obtidos na reação anterior porque dois hidrogênios alílicos diferentes podem sofrer uma migração 1,3 de hidrogênio.

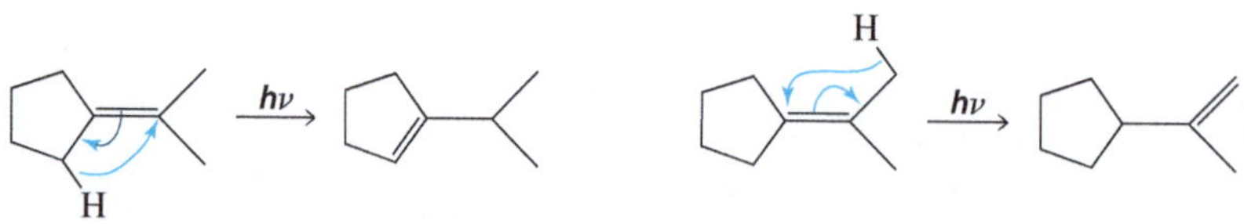

Migrações sigmatrópicas [1,5] de hidrogênio são bem conhecidas. Elas envolvem três pares de elétrons, portanto ocorrem por uma via suprafacial em condições térmicas.

migração 1,5 do hidrogênio

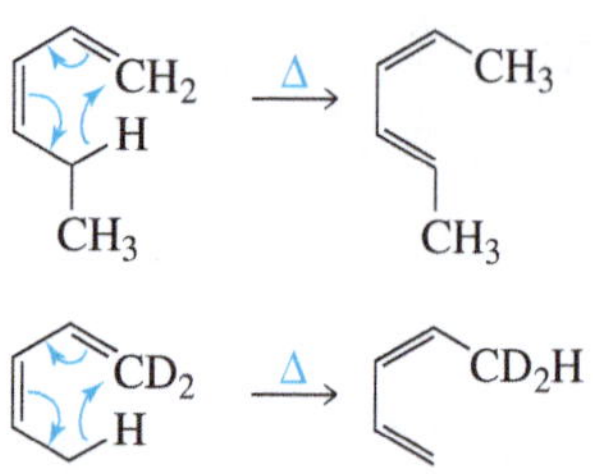

PROBLEMA 14

Por que uma substância deuterada foi usada no exemplo precedente?

PROBLEMA 15

Justifique a diferença entre os produtos obtidos em condições térmica e fotoquímica.

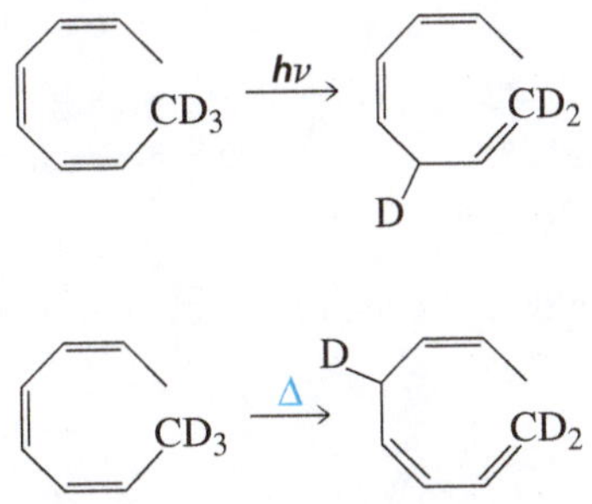

As migrações sigmatrópicas [1,7] de hidrogênio envolvem quatro pares de elétrons. Elas ocorrem em condições térmicas porque o estado de transição de oito membros permite o rearranjo antarafacial necessário.

migração 1,7 do hidrogênio

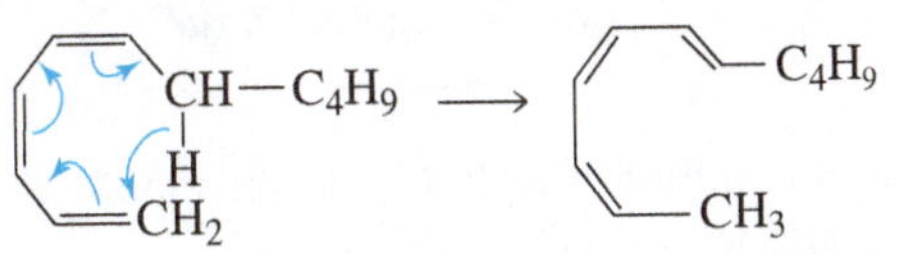

PROBLEMA 16 RESOLVIDO

O 5-metil-1,3-ciclopentadieno sofre rearranjo fornecendo uma mistura de 5-metil-1,3-ciclopentadieno, 1-metil-1,3-ciclopentadieno e 2-metil-1,3-ciclopentadieno. Mostre como esses produtos são formados.

RESOLUÇÃO Note que ambos os equilíbrios envolvem rearranjos sigmatrópicos [1,5]. Apesar de um hidreto se mover de um carbono para outro carbono adjacente, os rearranjos não são chamados migração 1,2 porque isso não valeria para todos os átomos envolvidos no sistema de elétrons p rearranjado.

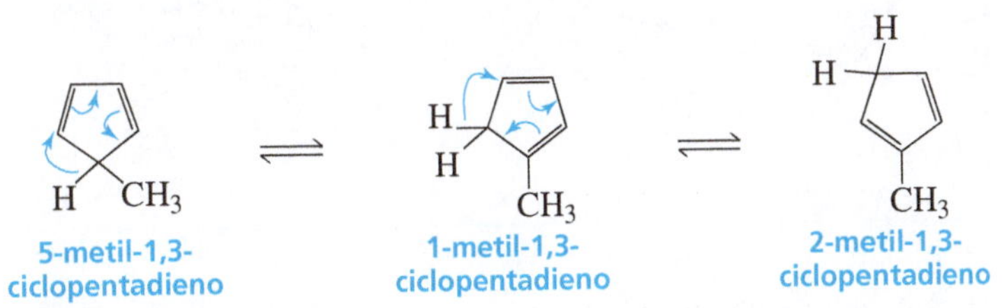

Migração do carbono

Diferente do hidrogênio, que só pode migrar de uma forma por causa do seu orbital *s* esférico, o carbono apresenta duas formas de migração, pois tem um orbital *p* com dois lobos. O carbono pode interagir, simultaneamente, com a origem da migração e o final da migração usando um de seus lobos.

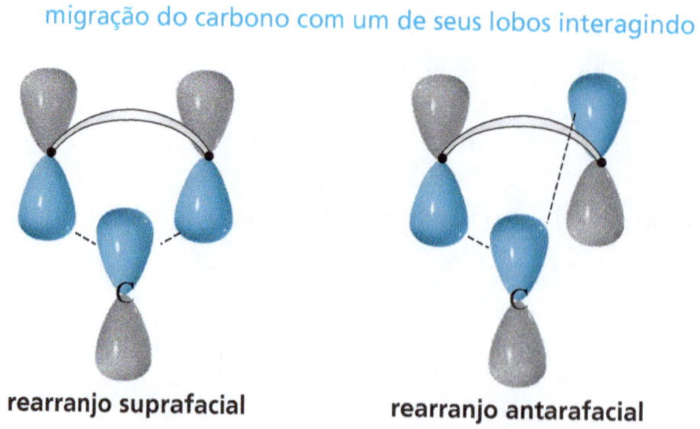

O carbono pode também interagir, simultaneamente, com a origem da migração e o final da migração usando os dois lobos do seu orbital *p*.

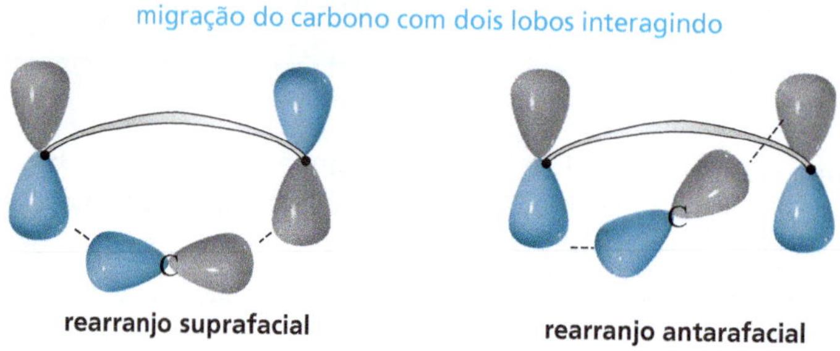

Se a reação requer um rearranjo suprafacial, o carbono migrará usando um de seus lobos se o HOMO for simétrico e sofrerá uma migração usando os dois lobos se o HOMO for assimétrico.

Quando o carbono migra pela interação de somente um de seus lobos *p* com a origem e o final da migração, o grupo migrante retém sua configuração, pois a ligação é sempre com o mesmo lobo. Quando o carbono migra pela interação dos dois lobos *p*, a ligação no substrato e a ligação no produto envolvem lobos diferentes. Logo, a migração ocorre com inversão de configuração.

O seguinte rearranjo sigmatrópico [1,3] apresenta um estado de transição de quatro membros, que requer via suprafacial. O sistema reacional tem dois pares de elétrons, portanto seu HOMO é assimétrico. O carbono migrante interage com a origem e o final da migração usando seus dois lobos, além de sofrer inversão de configuração.

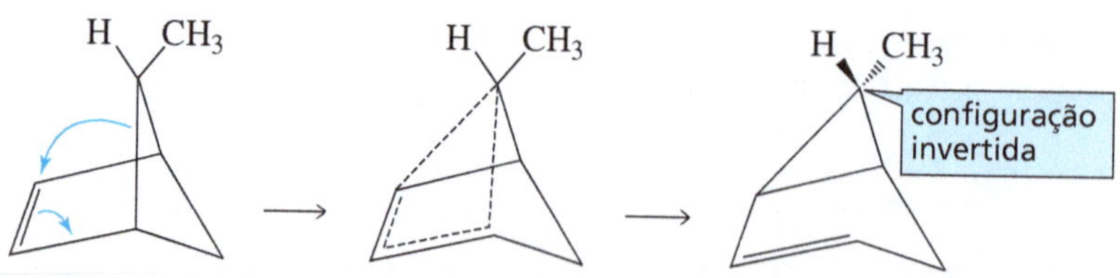

PROBLEMA 17

Migrações sigmatrópicas [1,3] de hidrogênio não podem ocorrer em condições térmicas, mas migrações sigmatrópicas [1,3] de carbono ocorrem nessas condições. Explique.

PROBLEMA 18◆

a. Migrações térmicas 1,3 de carbono ocorrem com retenção ou inversão de configuração?

b. Migrações térmicas 1,5 de carbono ocorrem com retenção ou inversão de configuração?

29.6 Reações pericíclicas em sistemas biológicos

Reações de cicloadição biológicas

A exposição à luz ultravioleta pode causar câncer de pele. Essa é uma das razões pelas quais muitos cientistas estão preocupados com a perda da camada de ozônio. A camada de ozônio absorve a radiação ultravioleta no alto da atmosfera, protegendo os organismos da superfície da Terra (Seção 9.9, volume 1). Uma das causas do câncer de pele é a formação de *dímeros de timina*. Em qualquer ponto do DNA, onde houver dois resíduos de timina adjacentes (Seção 27.1), uma reação de cicloadição [2 + 2] pode ocorrer, resultando na formação de um dímero de timina. Reações de cicloadição [2 + 2] ocorrem somente em condições fotoquímicas, portanto a reação somente ocorrerá em presença de luz ultravioleta.

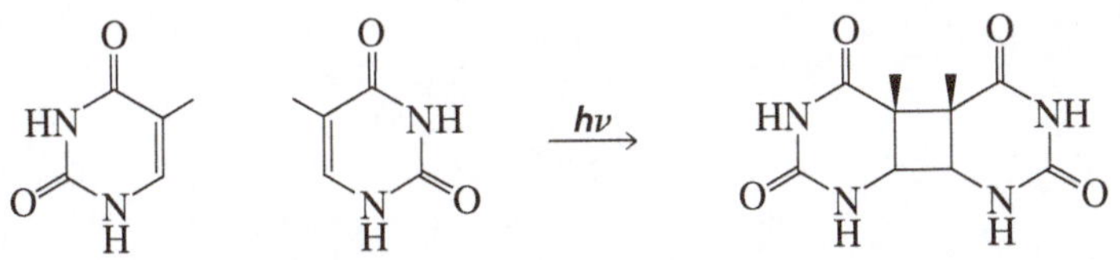

dois resíduos de timina adjacentes do DNA — dímero de timina formado por mutação

Molecule Gallery: Dímero de timina; DNA fotoliase
WWW

Os dímeros de timina podem causar câncer, pois interferem na integridade estrutural do DNA. Qualquer modificação da estrutura do DNA pode levar a mutações e, possivelmente, ao câncer.

Felizmente, existem enzimas que reparam o DNA danificado. Quando uma enzima reparadora reconhece um dímero de timina, ocorre uma inversão da reação de cicloadição [2 + 2], que regenera a seqüência original T–T. As enzimas reparadoras, porém, não são perfeitas, e alguns danos sempre permanecem sem reparação. As pessoas que não possuem essas enzimas reparadoras (chamadas DNA foliase), que eliminam os dímeros de tiamina, raramente vivem acima dos 20 anos de idade. Felizmente, esse defeito genético é raro.

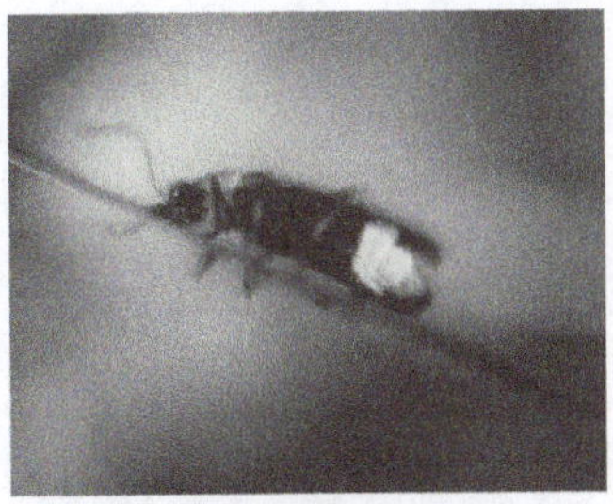

▲ Vaga-lume com seu estômago brilhante

Os vaga-lumes são uma das várias espécies que emitem luz como resultado de uma retrorreação (reação inversa) de cicloadição [2 + 2], similar a reação que produz a luz fria em postes de luz (Seção 29.4). Os vagalumes têm uma enzima (luciferase) que catalisa a reação entre a luciferina, o ATP e o oxigênio molecular, formando uma substância com um anel instável de quatro membros. Quando esse anel se quebra, um elétron da oxiferina é promovido a um estado excitado, pois a sobreposição suprafacial pode ocorrer somente em condições fotoquímicas. Quando o elétron no estado excitado cai para o estado fundamental, um fóton de luz é liberado. Nesse caso, a molécula de luciferina age tanto como fonte do anel de quatro membros instável quanto como uma molécula de corante que tinha de ser adicionada à reação da luz fria.

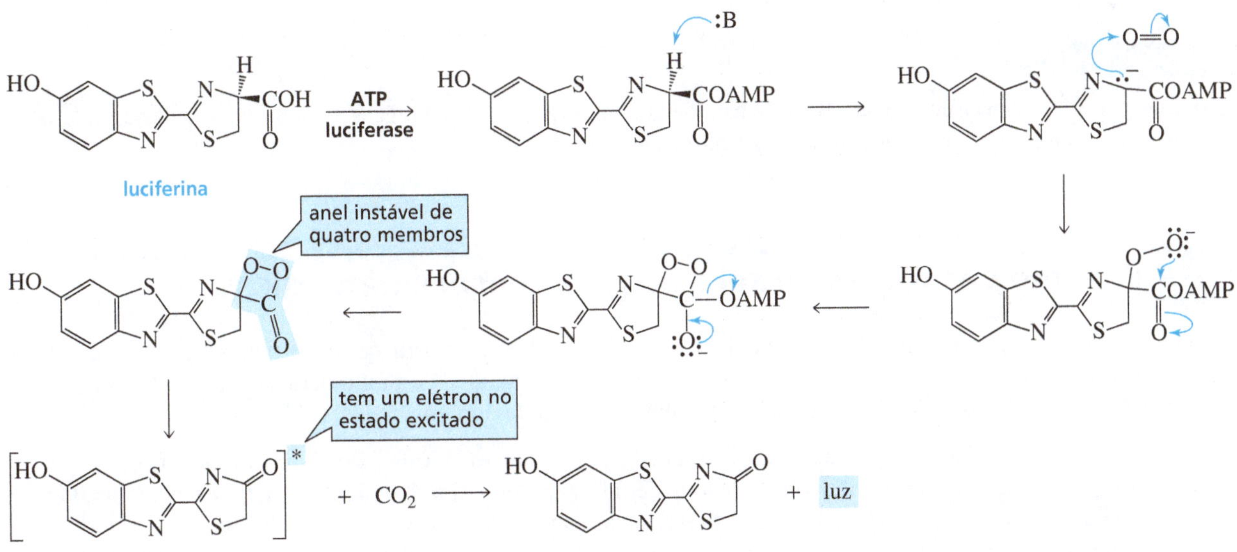

Reação biológica que envolve reação eletrocíclica e rearranjo sigmatrópico

O 7-desidrocolesterol, esteróide encontrado na pele, é convertido em vitamina D_3 por meio de duas reações pericíclicas. A primeira é uma reação eletrocíclica, na qual ocorre a abertura de um dos anéis de seis membros do produto de partida, formando a pró-vitamina D_3. Essa reação ocorre em condições fotoquímicas. A pró-vitamina D_3 sofre, assim, um rearranjo sigmatrópico [1,7] para formar a vitamina D_3. O rearranjo ocorre em condições térmicas e mais lentamente que em uma reação eletrocíclica; portanto, a vitamina D_3 continua a ser sintetizada por vários dias depois da exposição à luz solar. A vitamina D_3 não é a forma ativa da vitamina. Esta requer duas hidroxilações sucessivas da vitamina D_3 — a primeira ocorre no fígado e a segunda nos rins.

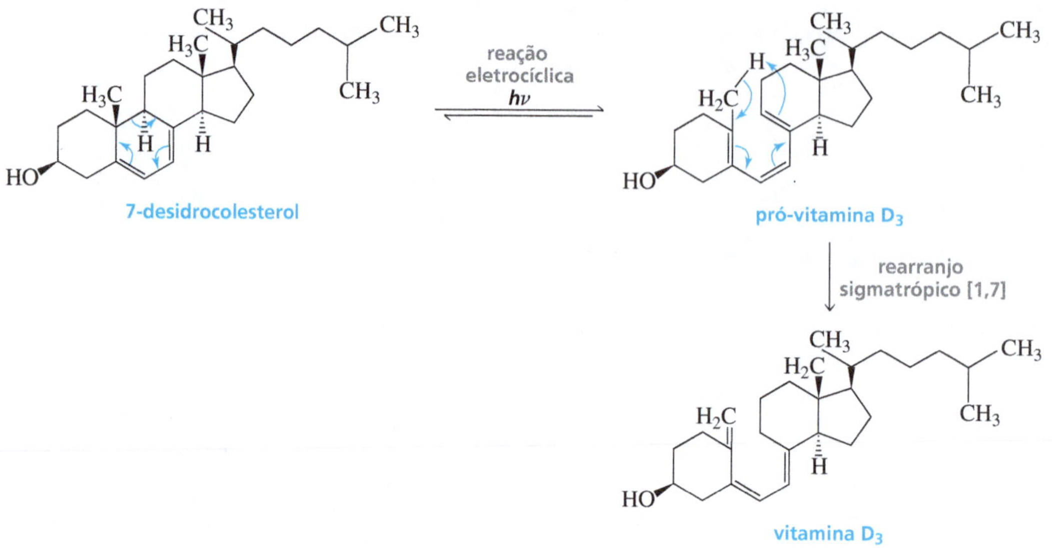

Uma deficiência em vitamina D, que pode ser prevenida por meio da exposição ao sol, causa uma doença conhecida como raquitismo. Essa doença é caracterizada pela deformação dos ossos e crescimento atrofiado. O excesso de vitamina D também é perigoso, pois causa a calcificação de tecidos moles. Acredita-se que a pigmentação da pele está envolvida na sua proteção contra raios ultravioleta solares para prevenir a síntese de excesso de vitamina D_3. Isso está de acordo com a observação de que pessoas provenientes de países próximos à linha do equador apresentarem maior pigmentação da pele.

PROBLEMA 19◆

O rearranjo sigmatrópico [1,7] que transforma a pró-vitamina D_3 em vitamina D_3 envolve um rearranjo suprafacial ou antarafacial?

PROBLEMA 20

Explique por que o fechamento do anel da pró-vitamina D_3, em condições fotoquímicas, para formar o 7-desidrocolesterol, resulta na configuração trans dos substituintes hidrogênio e metila.

29.7 Resumo das regras de seleção para reações pericíclicas

As regras de seleção que determinam o resultado de reações eletrocíclicas, cicloadições e rearranjos sigmatrópicos estão resumidas nas tabelas 29.1, 29.3 e 29.4, respectivamente. Mesmo assim, ainda é muito para se lembrar. Felizmente, as regras de seleção para todas as reações pericíclicas podem ser resumidas em uma palavra: **'TP-AC'.**

- Se **TP** (**T**érmica/**P**ar) descreve a reação, o resultado *é dado* por **AC** (**A**ntarafacial ou **C**onrotatório).
- Se uma das letras de **TP** está incorreta (não é **T**érmica/**P**ar, mas sim **T**érmica/**Í**mpar ou **F**otoquímica/**P**ar), o resultado *não é dado* por **AC** (o resultado é **S**uprafacial ou **D**isrotatório).
- Se ambas as letras de **TP** estão incorretas (**F**otoquímica/**Í**mpar), o resultado *é dado* por **AC** (**A**ntarafacial ou **C**onrotatório) — "duas negativas fazem uma positiva".

Resumo

Uma **reação pericíclica** ocorre quando os elétrons do(s) substrato(s) são reorganizados de maneira cíclica. As reações pericíclicas são concertadas, altamente estereosseletivas e, geralmente, não são afetadas por catalisadores ou por uma mudança do solvente. Os três tipos mais comuns de reações pericíclicas são: *reações eletrocíclicas, reações de cicloadição* e *rearranjos sigmatrópicos*. A configuração do produto de uma reação pericíclica depende da configuração do substrato, do número de ligações duplas conjugadas ou de pares de elétrons do sistema reacional, e de se a reação é **térmica** ou **fotoquímica**. O resultado das reações pericíclicas é dado por um grupo de **regras de seleção**, o qual pode ser resumido pelas letras **TP-AC**.

Os dois lobos de um orbital *p* têm fases opostas. Quando dois orbitais atômicos de mesma fase interagem, uma ligação covalente é formada; dois orbitais de fase oposta interagem para criar um nodo. A teoria da conservação da simetria dos orbitais diz que orbitais de mesma fase se sobrepõem durante o curso de uma reação pericíclica; uma **via de simetria permitida** é aquela na qual orbitais de mesma fase se sobrepõem. Se os orbitais *p* são de mesma fase, o orbital molecular é **simétrico**. Se os dois orbitais *p* terminais são de fase oposta, o orbital molecular é **assimétrico**.

O estado fundamental **HOMO** de uma substância com um número par de ligações duplas conjugadas ou de pares de elétrons é **assimétrico**. O estado fundamental HOMO de uma substância com um número ímpar de ligações duplas conjugadas ou de pares de elétrons é **simétrico**. O **estado fundamental** HOMO e o **estado excitado** HOMO apresentam simetrias opostas.

Uma **reação eletrocíclica** é uma reação intramolecular na qual uma nova ligação σ (sigma) é formada entre as extremidades de um sistema π (pi) conjugado. Para formar essa nova ligação σ, os orbitais *p* das extremidades do sistema conjugado sofrem rotação a fim de que possam interagir em uma sobreposição de mesma fase. Se os dois orbitais giram na mesma direção, o fechamento do anel é **conrotatório**; se eles giram em direções opostas, é **disrotatório**. Se o HOMO for assimétrico, ocorre um fechamento do anel conrotatório; se o HOMO for simétrico, o fechamento será disrotatório.

Em uma **reação de cicloadição**, duas moléculas diferentes que contêm ligações π reagem para formar uma substância cíclica pelo rearranjo dos elétrons π e pela formação de duas novas ligações σ. Devido ao fato de as reações de cicloadição envolverem duas moléculas, o HOMO de uma molécula e o LUMO da outra devem ser considerados. A formação da ligação será **suprafacial** se as duas ligações σ se formarem do mesmo lado do sistema π; enquanto se as mesmas ligações se formarem em lados opostos, serão **antarafaciais**. A formação de anéis pequenos ocorre somente por sobreposição suprafacial.

Em um **rearranjo sigmatrópico**, uma ligação σ do substrato é quebrada, uma nova ligação σ é formada no produto e as ligações π se rearranjam. Se os grupos migrantes permanecem do mesmo lado do sistema π, o rearranjo é **suprafacial**; se eles se deslocam para lados opostos, o rearranjo é **antarafacial**.

Palavras-chave

Problemas

21. Dê o produto de cada uma das seguintes reações:

a. 2 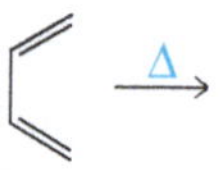

d. 2 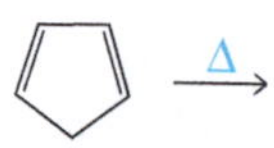

g. 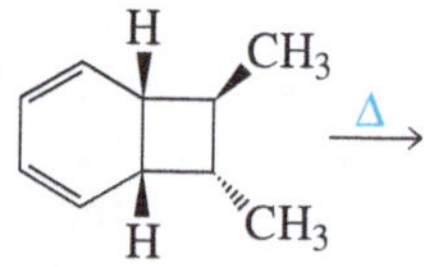

b. 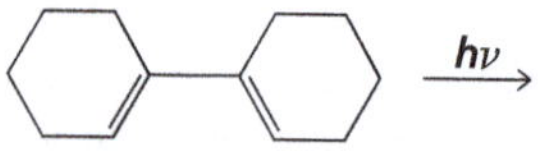

e. 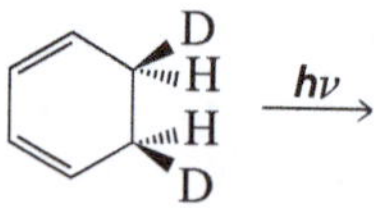

h. 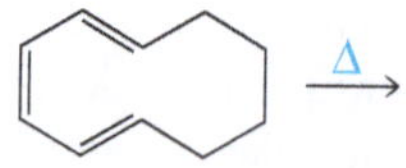

c. 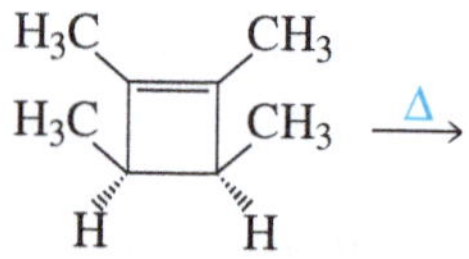

f. 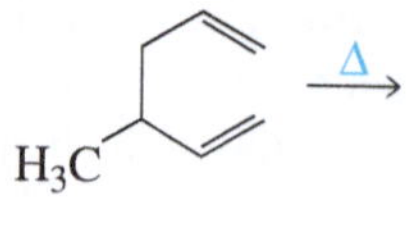

22. Dê o produto de cada uma das seguintes reações:

a. 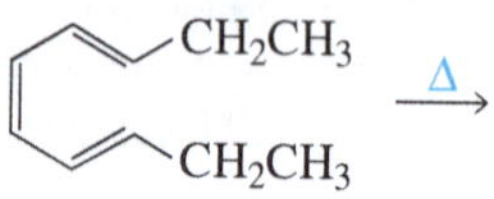

c. 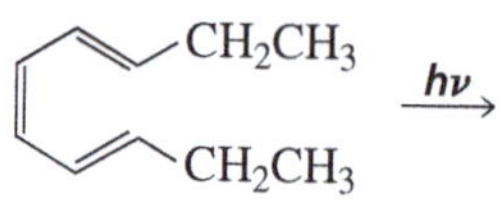

b. 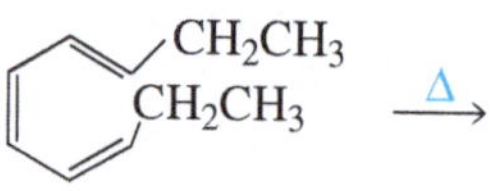

d. 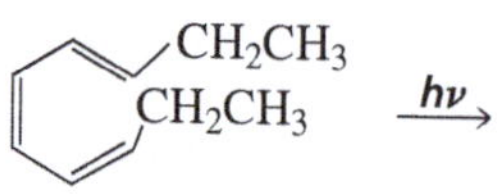

23. Corismato mutase é uma enzima que promove uma reação pericíclica, forçando o substrato a assumir a conformação necessária para a reação. O produto de reação pericíclica é o prefenato, o qual é, subseqüentemente, convertido nos aminácidos fenilalanina e tirosina. Que tipo de reação pericíclica a corismato mutase catalisa?

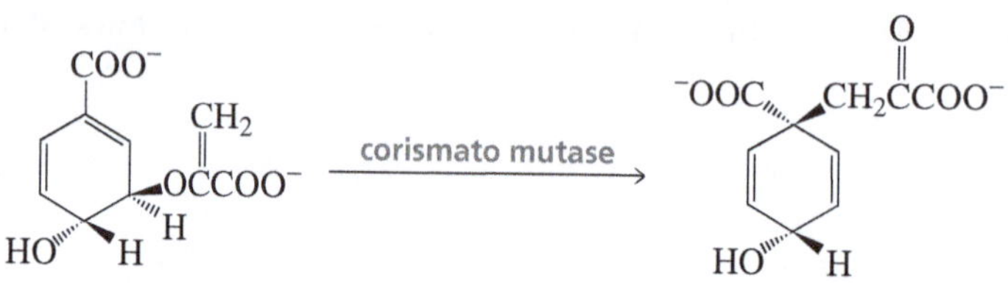

corismato prefenato

24. Explique os diferentes produtos das seguintes reações:

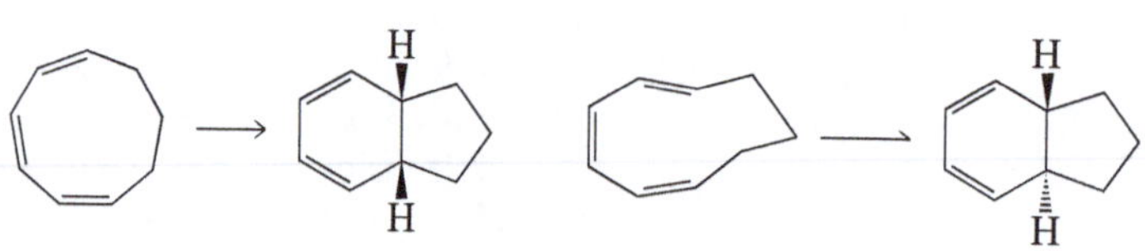

25. Mostre como o norbornano pode ser obtido a partir do ciclopentadieno.

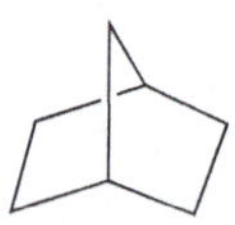

norbornano

26. Dê o produto formado quando cada uma das seguintes substâncias sofre uma reação eletrolítica:
   a. sob condições térmicas
   b. sob condições fotoquímicas

1. 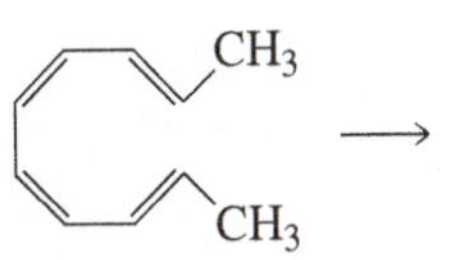

2. 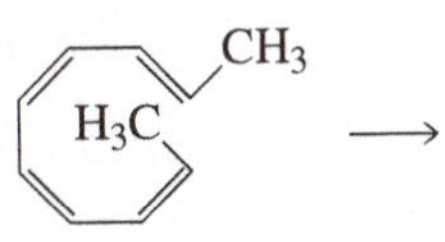

27. Dê o produto de cada uma das seguintes reações:

a. 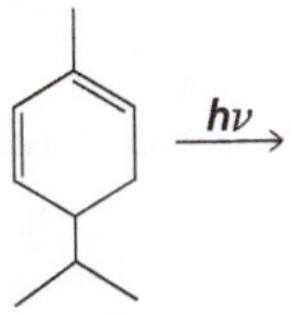

b. 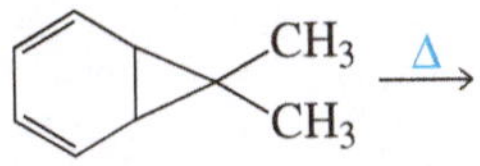

c. 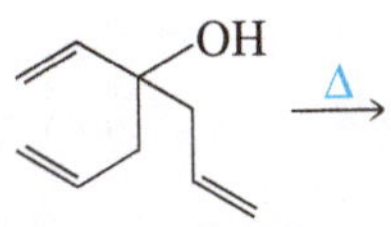

d. 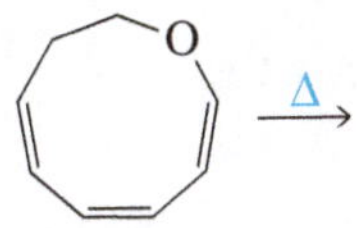

e. 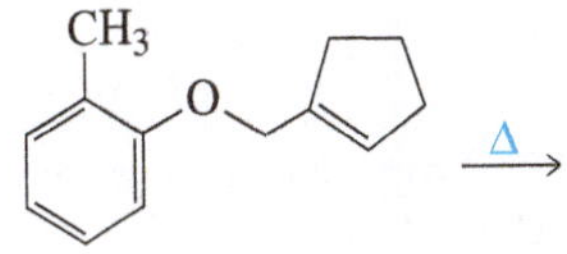

28. Qual é o produto do seguinte rearranjo sigmatrópico [1,3], A ou B?

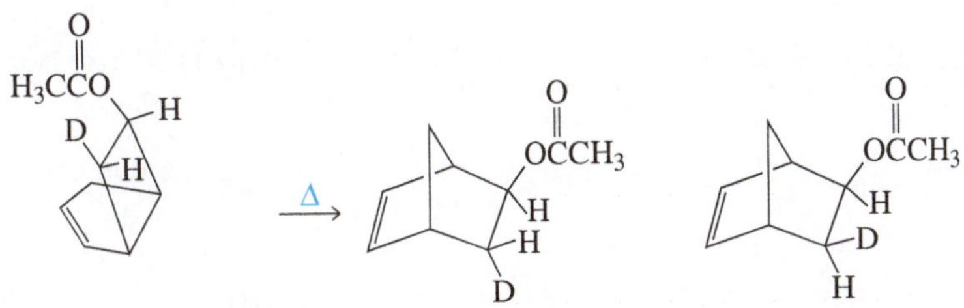

A B

29. O benzeno de Dewar é um isômero do benzeno altamente tensionado. Apesar de sua instabilidade termodinâmica, é muito estável cineticamente. Ele sofrerá rearranjo formando o benzeno, mas somente se aquecido a altas temperaturas. Por que ele é cineticamente estável?

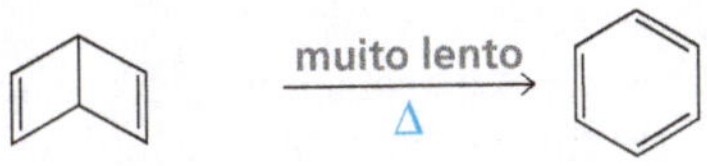

benzeno de Dewar

30. Se as seguintes substâncias forem aquecidas, uma delas formará um produto por intermédio de um rearranjo sigmatrópico [1,3] e a outra formará dois produtos por meio de dois diferentes rearranjos sigmatrópicos [1,3]. Dê os produtos de reações.

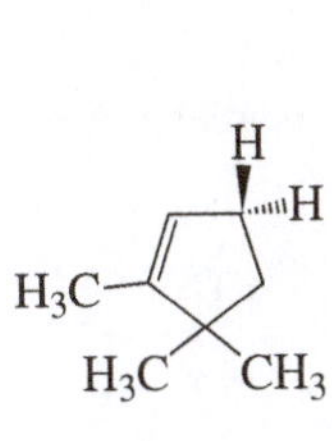

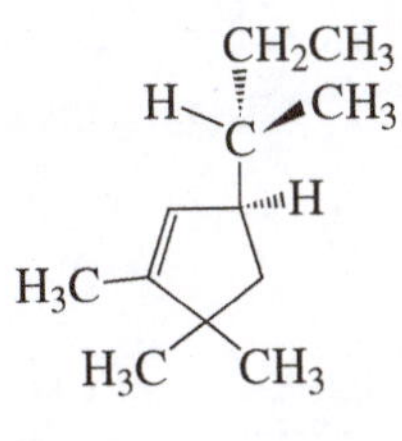

31. Quando a seguinte substância for aquecida, um produto será formado, e este apresentará banda de absorção no infravermelho em 1,715 cm^{-1}. Desenhe a estrutura do produto.

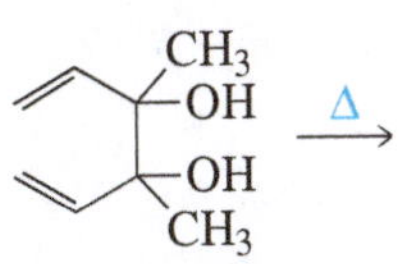

32. Dois produtos são formados no seguinte rearranjo sigmatrópico [1,7]. Um deles é obtido devido à migração do hidrogênio, e o outro, devido à migração do deutério. Mostre a configuração dos produtos pela substituição de A e B com o substituinte apropriado (H ou D).

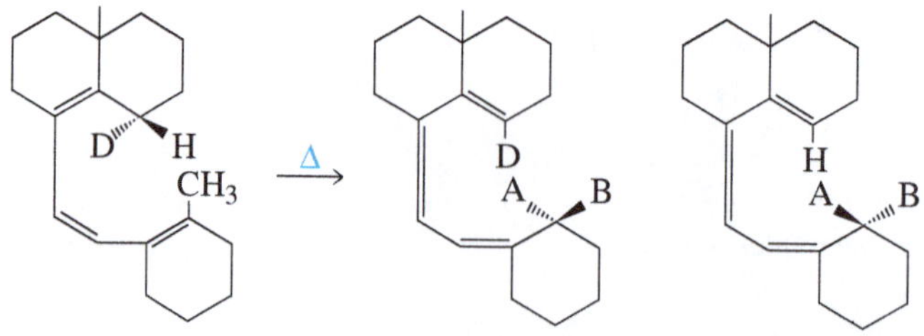

33. a. Proponha um mecanismo para a seguinte reação. (*Dica*: uma reação eletrocíclica é seguida por uma reação de Diels–Alder.)
    b. Qual seria o produto de reação se o *trans*-2-buteno fosse usado no lugar do eteno?

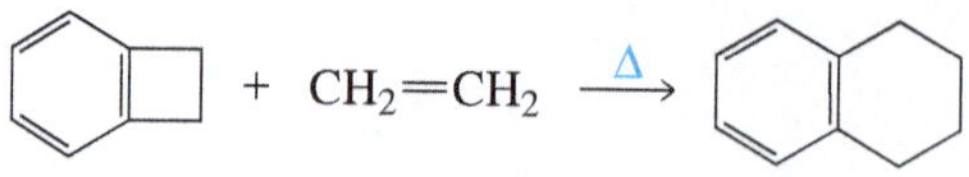

34. Explique por que dois produtos diferentes são formados pelo fechamento do anel disrotatório do (2*E*,4*Z*,6*Z*)-octatrieno, mas somente um produto é formado pelo fechamento do anel disrotatório do (2*E*,4*Z*,6*E*)-octatrieno.

35. Dê o produto de cada um dos seguintes rearranjos sigmatrópicos:

a. 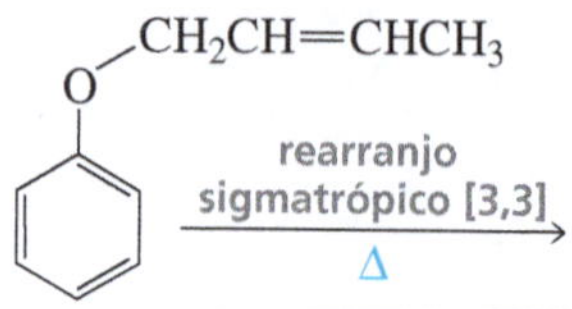

c. 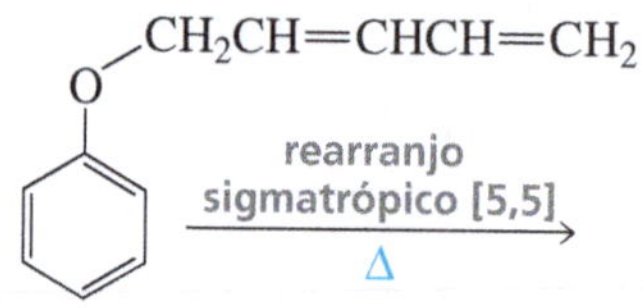

b. 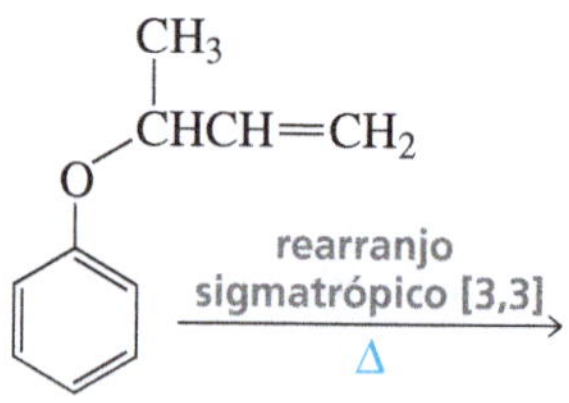

d. 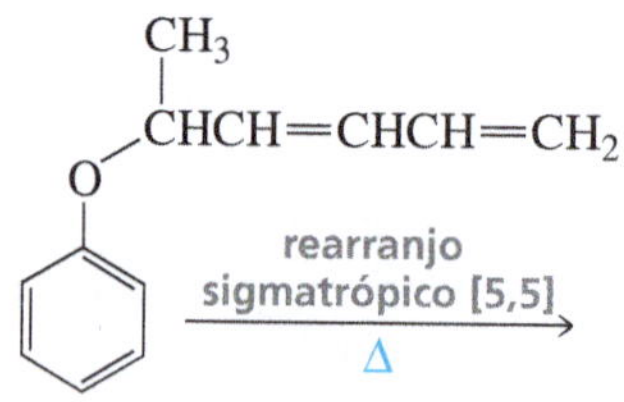

36. O *cis*-3,4-dimetilciclobuteno sofre uma abertura de anel térmica formando os dois produtos mostrados. Um dos produtos é formado em 99% de rendimento e o outro em 1%. Diga qual é qual.

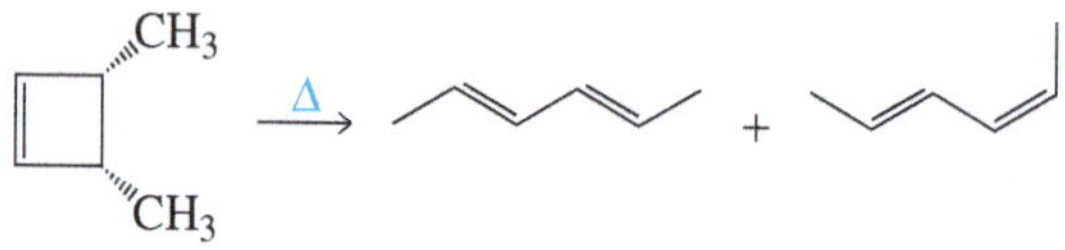

37. Se o isômero A for aquecido a cerca de 100 °C, uma mistura de isômeros A e B é formada. Explique por que não há traços de C ou D.

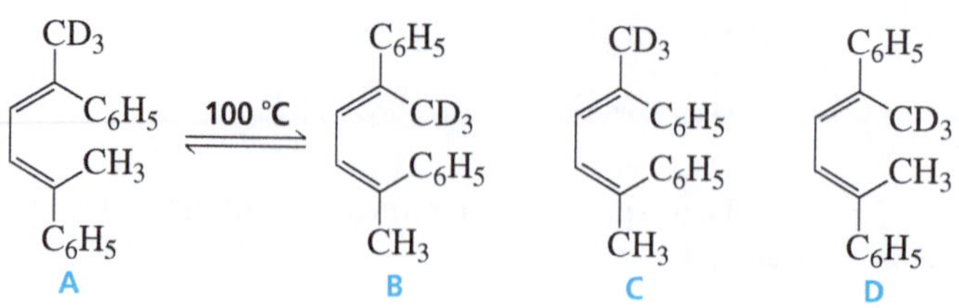

38. Proponha um mecanismo para a seguinte reação:

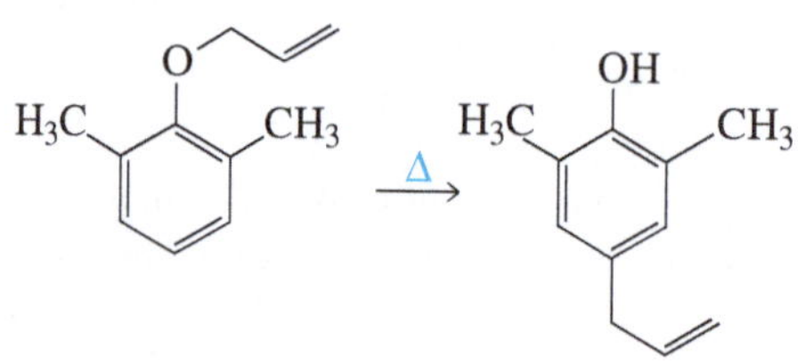

39. A substância A não sofrerá uma reação de abertura de anel em condições térmicas, mas a substância B sim. Explique.

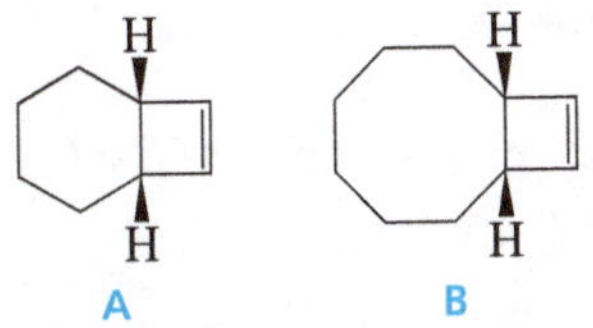

40. O professor Perry C. Click descobriu que aquecendo qualquer um dos seguintes isômeros haveria uma troca do deutério para todas as posições do anel de cinco membros. Proponha um mecanismo para explicar essa observação.

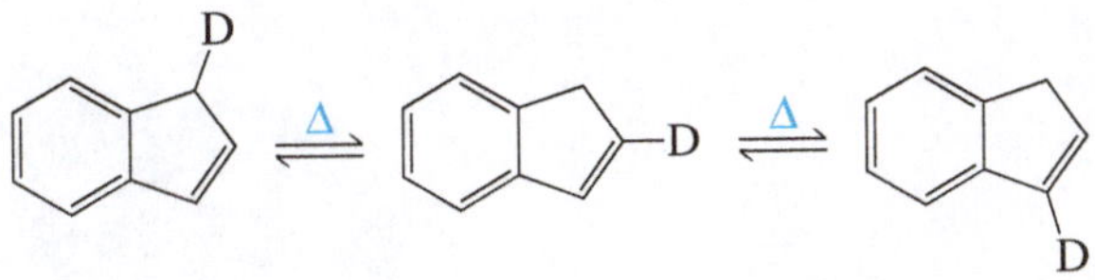

41. Como a seguinte transformação poderia ser realizada usando somente aquecimento ou luz?

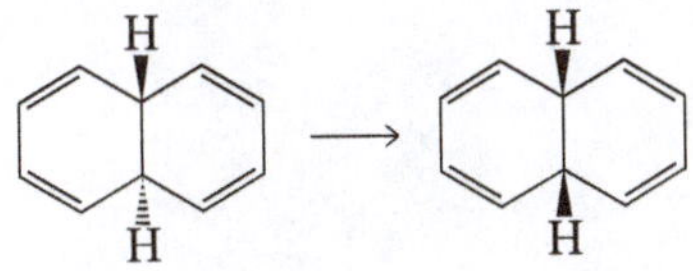

42. Mostre as etapas envolvidas na seguinte reação:

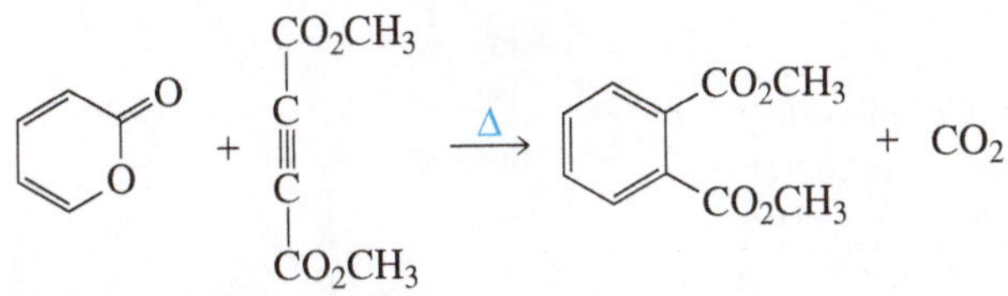

43. Proponha um mecanismo para a seguinte reação:

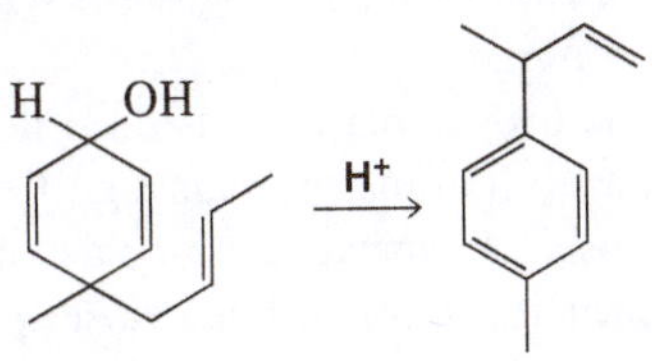

30 Química orgânica das drogas

Descoberta e planejamento

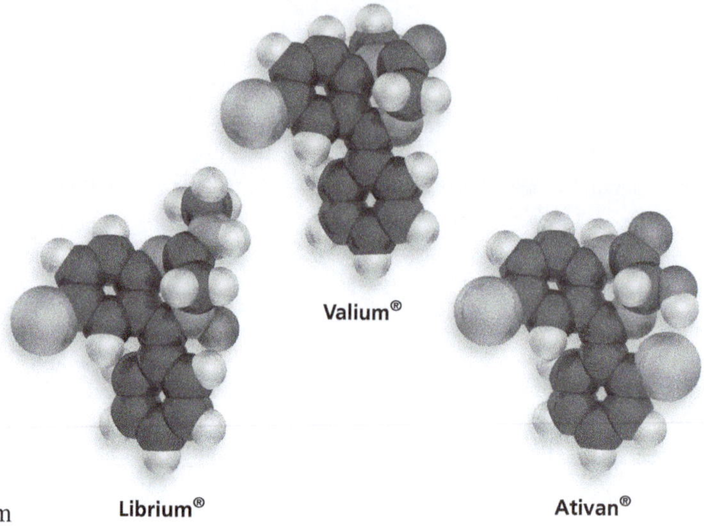

Droga é qualquer substância absorvida que altera determinada função física ou fisiológica no corpo humano. Ela pode ser um gás, um líquido ou um sólido, e pode apresentar uma estrutura simples ou complicada. As drogas têm sido usadas pelos seres humanos há mais de mil anos para aliviar a dor e tratar doenças. Por intermédio de tentativas-e-erros, as pessoas aprenderam quais ervas, raízes e cascas poderiam ser usadas para propostas medicinais. O conhecimento sobre os remédios naturais foi passado de geração para geração, sem nenhum entendimento de como as drogas realmente atuavam. Aqueles que prescreviam as drogas — médicos, pajés e feiticeiros — foram membros importantes de cada civilização. Porém, as drogas que lhes eram disponíveis significam somente uma pequena fração das que estão disponíveis hoje em dia.

Mesmo no início do século XX, não havia drogas para várias desordens funcionais, degenerativas, neurológicas e psiquiátricas; não existiam terapias hormonais, vitaminas e, mais significativo ainda, não havia nenhuma droga efetiva para a cura de nenhuma doença infecciosa. Os anestésicos locais tinham acabado de ser descobertos e havia somente dois analgésicos para o alívio das principais dores. Uma razão para que as famílias tivessem muitos filhos era porque várias crianças morriam de doenças infantis. O tempo de vida era geralmente curto. Em 1900, por exemplo, a expectativa média de vida nos Estados Unidos era de 46 anos para o homem e 48 anos para a mulher. Em 1920, cerca de 80 em cada 100 mil crianças morriam antes de completar os 15 anos de idade, a maioria como resultado de doenças infecciosas no seu primeiro ano de vida. Atualmente existem drogas para o tratamento de quase todas as doenças, e isso é refletido pela expectativa de vida atual: 74 anos para o homem e 79 anos para a mulher. Agora, somente quatro de cada 100 mil crianças morrem antes dos 15 anos — principalmente de câncer, acidentes e doenças hereditárias.

As prateleiras de uma farmácia moderna típica estão repletas com quase duas mil preparações, a maioria contém um único componente ativo, normalmente uma substância orgânica. Esses remédios podem ser engolidos, injetados, inalados ou absorvidos pela pele. Em 2001, mais de 3,1 bilhões de prescrições médicas foram dispensadas nos Estados Unidos. As drogas mais amplamente prescritas estão listadas na Tabela 30.1 em ordem do número de prescrições escritas.

Tabela 30.1 Drogas mais extensivamente prescritas nos Estados Unidos

Nome comercial	Nome genérico	Estrutura	Aplicação
Hidrocodona com APAP	Hidrocodona com APAP	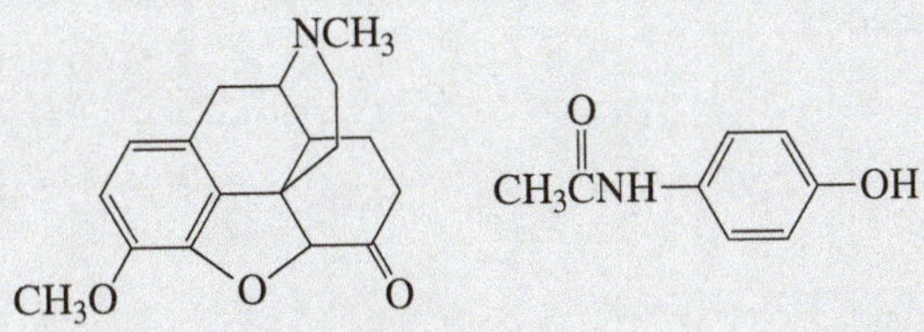	Analgésico
Lipitor®	Atorvastatina	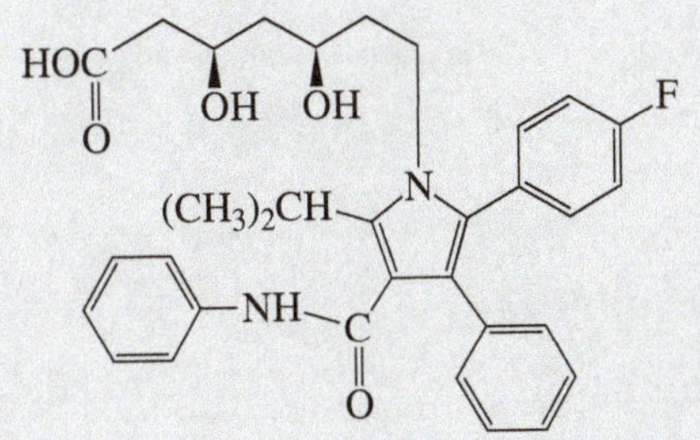	Estatina (droga redutora do colesterol)
Premarin®	Estrogênios conjugados	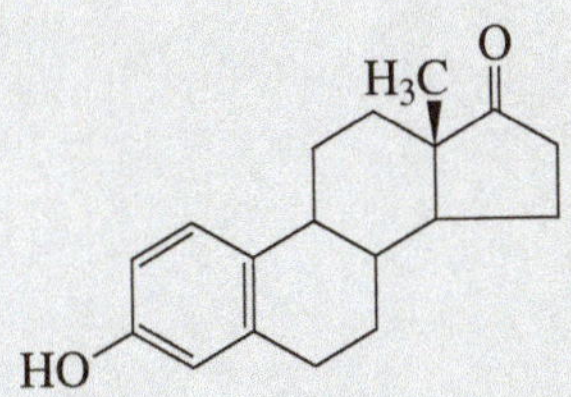	Terapia de reposição hormonal
Tenormin®	Atenolol	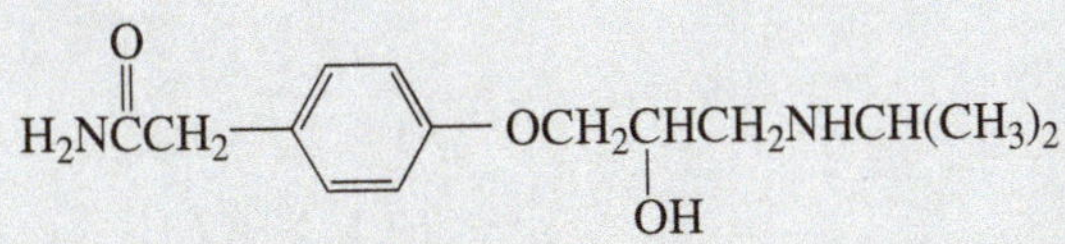	Agente bloqueador β-adrenérgico (antiarrítmico e anti-hipertensivo)
Synthroid®	Levotiroxina	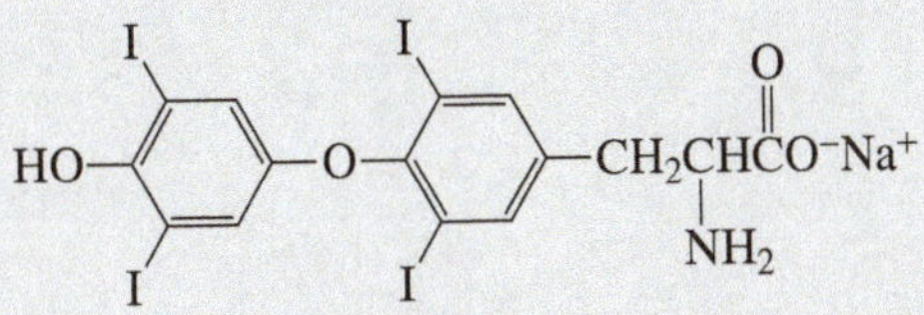	Tratamento do hipotireoidismo
Zithromax®	Azitromicina	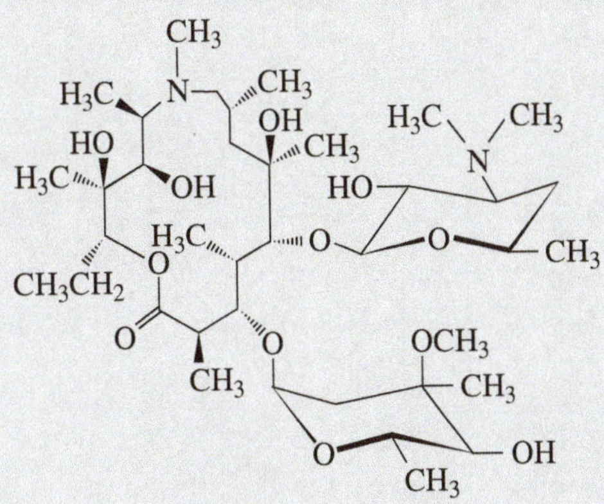	Antibiótico
Lasix®	Furosemida	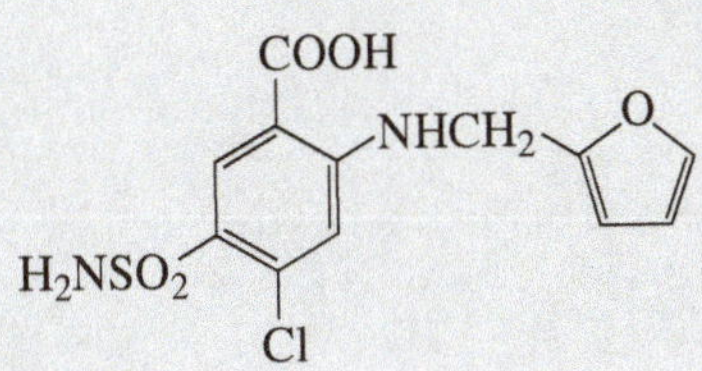	Diurético

Tabela 30.1 (Continuação)

Nome comercial	Nome genérico	Estrutura	Aplicação
Trimox®	Amoxicilina	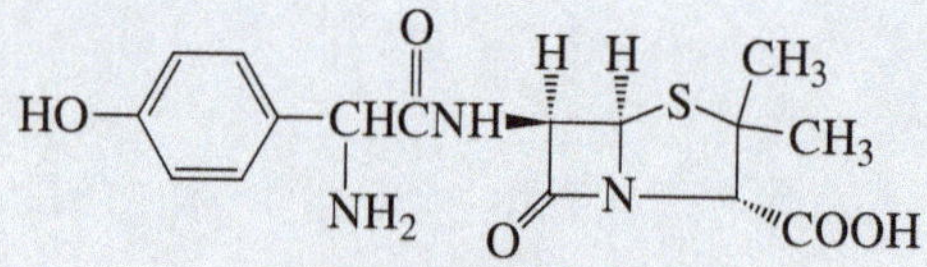	Antibiótico
Norvasc®	Anlodipina	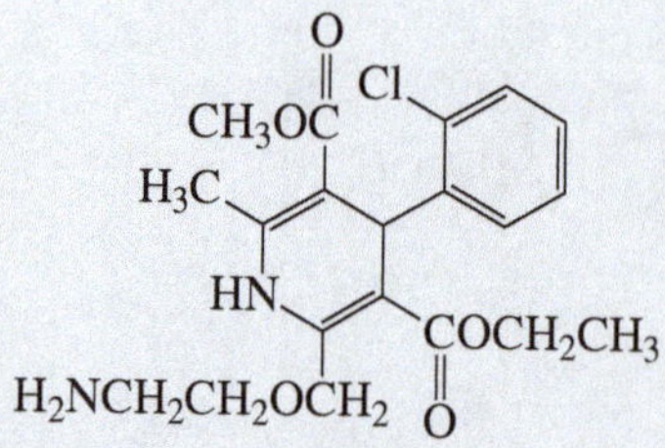	Bloqueador de canais de cálcio (anti-hipertensivo)
Xanax®	Alprazolam	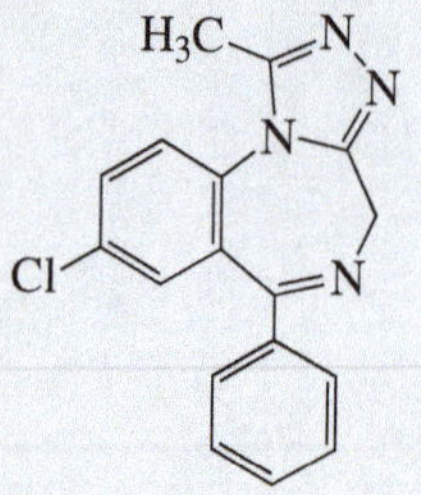	Tranqüilizante
Albuterol®	Albuterol	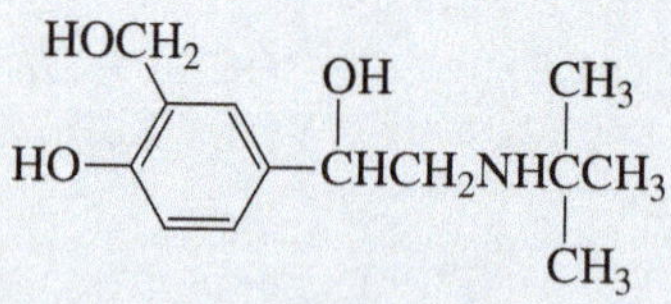	Broncodilatador
Claritin®	Loratadina	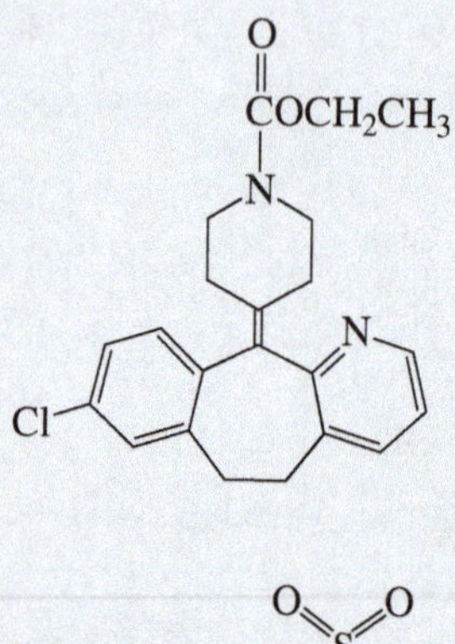	Anti-histamínico
Hidrodiuril®	Hidroclorotiazida (HCTZ)	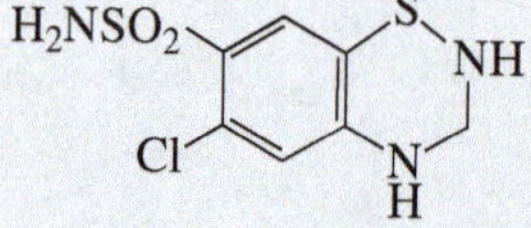	Diurético
Prilosec®	Omeprazol	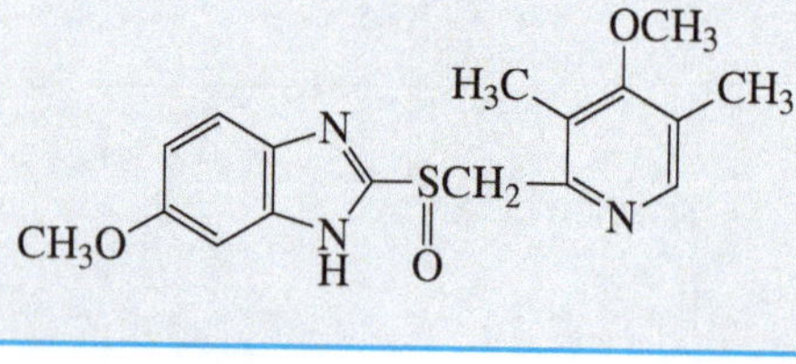	Tratamento do refluxo ácido do estômago

Em geral, os antibióticos são as drogas mais prescritas. No mundo desenvolvido, as drogas para o coração são as mais receitadas, em parte porque elas são comumente ingeridas pelo resto da vida do paciente. Nos últimos anos, as prescrições de drogas psicotrópicas têm diminuído, pois os médicos estão mais cientes dos problemas associados à dependência. As prescrições para asma têm aumentado, refletindo a maior incidência (ou falta de ciência) da doença. O mercado americano responsabiliza-se por 50% das vendas da indústria farmacêutica. A população americana da terceira idade (em 2005, aproximadamente 30% da população terá mais de 50 anos) conduzirá à demanda aumentada para o tratamento de condições, como altos níveis de colesterol, hipertensão, diabetes, osteoartrite e sintomas da menopausa.

Neste livro encontramos muitas drogas, vitaminas e hormônios e, em muitos casos, discutimos o mecanismo pelo qual cada substância produz seu efeito biológico. A Tabela 30.2 mostra algumas dessas substâncias, suas aplicações e onde são discutidas no texto. Agora veremos como as drogas são descobertas e como são nomeadas; examinaremos, ainda, algumas das técnicas usadas atualmente por cientistas em suas pesquisas por novas drogas.

Tabela 30.2 Drogas, hormônios e vitaminas discutidas em capítulos anteriores

Droga, hormônio ou vitamina	Observação	Seção ou capítulo
Sulfas	Os primeiros antibióticos	Seção 25.8
Tetraciclina	Antibiótico de largo espectro de ação	Seção 5.8
Puromicina	Antibiótico de largo espectro de ação	Seção 27.13
Nonactina	Antibiótico ionóforo	Seção 12.9
Penicilina	Antibiótico	Seção 17.4 e 17.16
Gentamicina	Antibiótico	Seção 22.19
Gramicidina S	Antibiótico	Seção 23.8
Aspirina	Analgésico, agente antiinflamatório	Seção 19.9 e 26.5
Encefalinas	Analgésicos	Seção 23.8
Dietil-éter	Anestésico	Seção 12.6
Pentotal sódico	Sedativo hipnótico	Seção 12.6
5-fluorouracila	Agente anticâncer	Seção 25.8
Metotrexato	Agente anticâncer	Seção 25.8
Taxol®	Agente anticâncer	Seção 18.12
Talidomida	Sedativo com efeitos colaterais teratogênicos	Seção 5.15
AZT*	Agente contra-Aids	Seção 27.17
Varfarina	Anticoagulante	Seção 25.9
Epinefrina	Vasoconstritor, broncodilatador	Seção 10.11
Vitaminas		Capítulos 25, seções 9.8, 18.11, 21.11, 22.19, 26.4, e 26.7
Hormônios		Seções 23.8 e 26.9 a 26.11

* 3′-azido-2′-desoxitimidina

30.1 Nomeação das drogas

Os nomes das drogas mais exatos são os nomes químicos que definem suas estruturas. Porém, esses nomes são longos e complicados para agradar os médicos e o público em geral. A indústria farmacêutica pode escolher o nome comercial da droga que desenvolveu. O **nome de propriedade** (**nome comercial** ou **marca comercial**) identifica um produto comercial e o distingue de outros produtos. Um nome de propriedade pode ser usado somente pelo proprietário da **marca registrada**, a qual pode ser um nome, um símbolo ou um desenho. É de interesse da indústria escolher um nome que seja fácil de lembrar e de pronunciar, para que, quando a patente expirar, o público continue a solicitar a droga pelo seu nome comercial.

Cada droga tem também um **nome genérico** que a indústria farmacêutica pode usar para identificar o produto. A indústria que desenvolve a droga escolhe um nome genérico de uma lista de dez nomes fornecida por um grupo independente. É interessante para a indústria escolher um nome genérico difícil de pronunciar e de ser lembrado para que os médicos e consumidores continuem a usar o nome de propriedade familiar. Os nomes de propriedades devem começar com letra maiúscula, enquanto os nomes genéricos não.

Os fabricantes de drogas podem patentear e obter os direitos exclusivos das drogas que desenvolvem. Uma patente é válida por 20 anos. Uma vez expirada, outra empresa pode comercializar a droga sob nome genérico ou sob sua própria marca registrada, à qual se dá o nome de genérico registrado. Por exemplo, o antibiótico ampicilina é vendido como Penbritin® pela companhia que detém a patente original. Agora que a patente expirou, a droga é vendida por outras companhias com outros nomes, como, por exemplo, Ampicin, Ampilar, Amplital, Binotal, Nuvapen, Pentrex, Ultrabion, Viccillin e outros 30 nomes genéricos registrados.

As drogas de venda livre nas farmácias estão disponíveis sem a necessidade de uma prescrição médica. Elas em geral são misturas que contêm um ou mais princípios ativos (drogas genéricas ou comerciais), adoçantes e outros componentes inertes. Por exemplo, as preparações chamadas Advil® (Whitehall Laboratories), Motrin® (Upjohn) e Nuprin® (Bristol-Meyers Squibb), todas contêm ibuprofeno, analgésico leve e antiinflamatório. O ibuprofeno foi patenteado na Inglaterra, em 1964, pela Boots Inc., e o FDA (Food and Drug Administration) aprovou seu uso sem prescrição, em 1984.

30.2 Substâncias protótipos

▲ Dedaleira

O objetivo dos químicos medicinais é encontrar substâncias que apresentem efeitos potentes sobre determinadas doenças, com efeitos colaterais mínimos. Em outras palavras, uma droga deve reagir seletivamente com o seu alvo e ter efeitos negativos mínimos. Uma droga deve atingir o local certo no corpo humano, na concentração e no tempo certos. Em decorrência, a droga deve ter solubilidade apropriada a fim de permitir o seu transporte para a célula-alvo. Se a droga for administrada por via oral, deve ser insensível às condições ácidas do estômago e também deve ser resistente à degradação enzimática pelo fígado antes de atingir o alvo. Finalmente, a droga deve ser eliminada intacta ou ser degradada a substâncias inofensivas que possam também ser eliminadas.

Agentes medicinais usados pelo homem, desde os tempos antigos, forneceram o ponto de partida para o desenvolvimento do arsenal de drogas atual. Os componentes ativos foram isolados de ervas, frutos, raízes e cascas usadas na medicina tradicional. A dedaleira, por exemplo, forneceu a digitoxina, um estimulante cardíaco. A casca da árvore chamada cinchona produziu a quinina, usada contra a malária. As cascas do salgueiro contêm os salicilatos usados no controle da febre e dor. O suco pegajoso da papoula do ópio oriental forneceu a morfina, usada em dores severas, e a codeína para o controle da tosse. Em 1882, mais de 50 ervas diferentes eram usadas para fazer remédios. Muitas dessas ervas eram cultivadas nos jardins dos estabelecimentos religiosos e usadas no tratamento de doenças.

Os cientistas ainda pesquisam novas plantas e bagas, além da flora e da fauna, que podem produzir novas substâncias medicinais. O Taxol®, substância isolada da casca da árvore teixo do Pacífico, é um agente anticâncer reconhecido recentemente (Seção 18.12).

Uma vez que uma droga de ocorrência natural é isolada e sua estrutura determinada, ela pode servir como um protótipo na pesquisa por outras substâncias biologicamente ativas. Uma **substância protótipo** é aquela que tem a função de servir de base para uma pesquisa. Análogos de uma substância protótipo são sintetizados na tentativa de se encontrar um que possa apresentar propriedades terapêuticas melhoradas ou menores efeitos colaterais. O análogo pode ter um substituinte diferente da substância protótipo, uma cadeia ramificada em vez de uma cadeia linear ou um sistema de anel diferente. A modificação da estrutura da substância protótipo é chamada **modificação molecular**.

30.3 Modificação molecular

Um exemplo clássico de modificação molecular foi o desenvolvimento dos anestésicos locais sintéticos a partir da cocaína. Ela é obtida das folhas da *Erythroxylon coca*, arbusto nativo dos Andes na América do Sul. A cocaína é um anestésico local altamente eficaz, mas produz distúrbios no sistema nervoso central (SNC) que vão desde uma euforia inicial a uma depressão severa. Analisando etapa por etapa a molécula da cocaína — com a remoção do grupo metoxicarbonila e a clivagem do anel de sete membros —, os cientistas identificaram a parte da molécula responsável pela atividade anestésica local, sem prejuízos para o SNC. Esse conhecimento levou a uma substância protótipo melhorada — um éster do ácido benzóico que apresenta uma cadeia carbônica com um grupo amino terciário terminal.

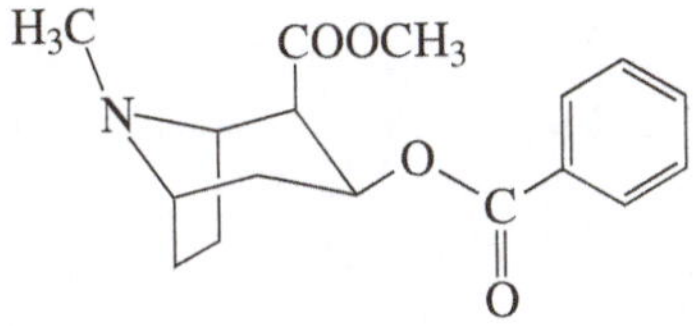

Cocaína
substância protótipo

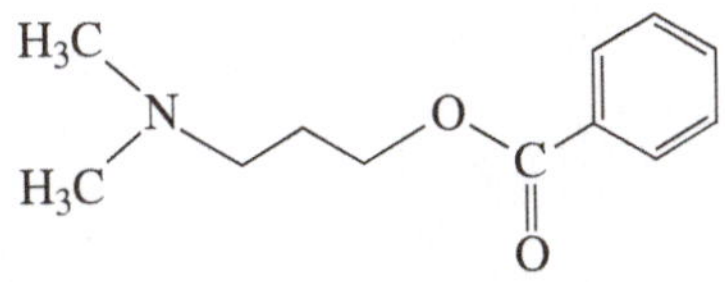

substância protótipo melhorada

▲ Folhas de coca

Centenas de ésteres foram sintetizados, resultando em análogos com substituintes no anel aromático, com grupos alquila ligados ao nitrogênio e ésteres com o comprimento da cadeia alquílica modificado. Os anestésicos obtidos com sucesso por meio da modificação molecular foram a benzocaína, anestésico tópico, e a procaína, comumente conhecida pelo nome comercial de Novocaína®.

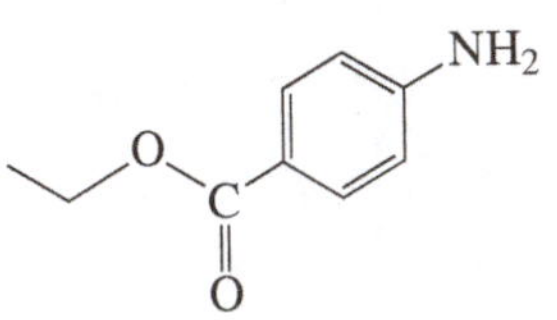

Benzocaína®

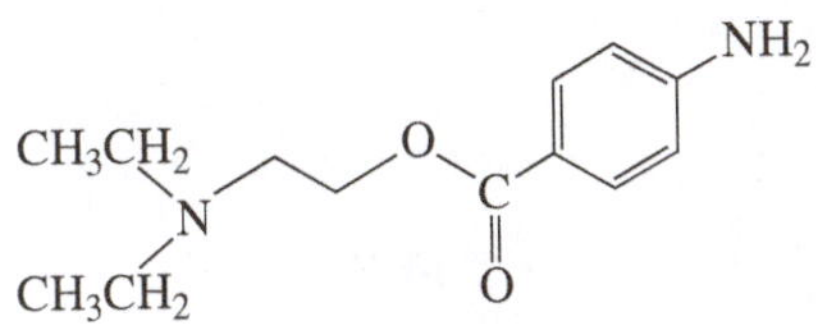

procaína
Novocaína®

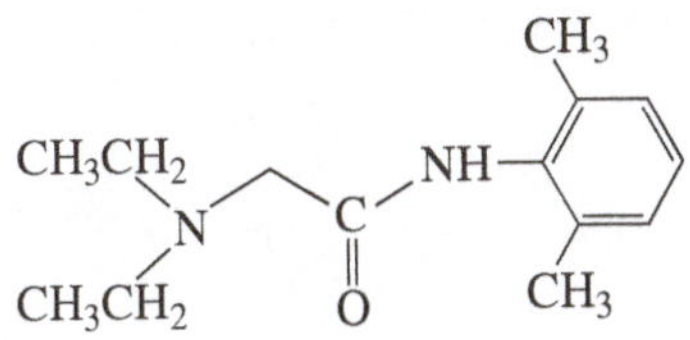

lidocaína
Xilocaína®

Devido ao fato de o grupo éster da procaína ser rapidamente hidrolisado por esterases séricas (enzimas que catalisam a hidrólise de ésteres), a procaína tem um curto tempo de meia-vida. Em conseqüência, substâncias com grupos amida que são menos facilmente hidrolisáveis foram sintetizadas (Seção 17.6). Dessa maneira, a lidocaína, um dos anestésicos injetáveis mais amplamente usados, foi descoberta. A velocidade com que a lidocaína é hidrolisada diminui com a presença de seus dois substituintes metila na posição *orto*, que fornecem um impedimento estérico ao grupo carbonila vulnerável.

Mais tarde, os médicos reconheceram que a ação de um anestésico administrado *in vivo* (em organismos vivos) poderia ser consideravelmente prolongada se fosse administrada junto com a epinefrina. A epinefrina é um vasoconstritor, portanto reduz o fornecimento de sangue e permite que a droga permaneça em seu sítio-alvo por período maior.

Testando substâncias estruturalmente modificadas em ensaios biológicos, os cientistas descobriram que a substituição da junção éster da procaína por um grupo amida conduziu a uma substância — o hidrocloridrato de procainamida — que age como depressor cardíaco e apresentou também uma atividade anestésica local. O hidrocloridrato de procainamida é atualmente usado como antiarrítmico.

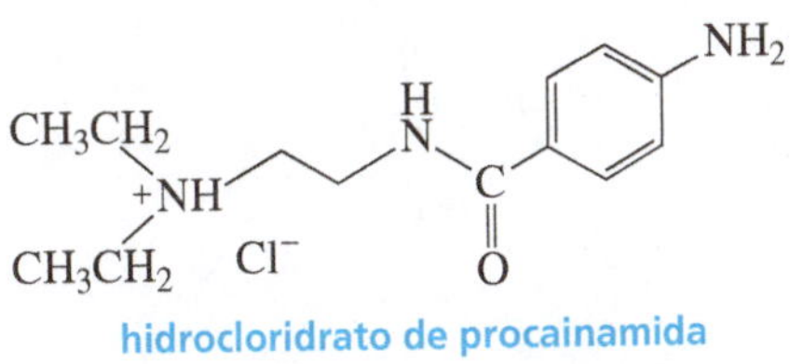

hidrocloridrato de procainamida

A morfina, analgésico mais usado em dores severas, é o padrão pelo qual outros medicamentos analgésicos são medidos. Apesar de os cientistas terem aprendido como sintetizar a morfina, todo o produto comercial é obtido do ópio, suco de uma espécie de papoula. A morfina está presente no ópio em 10%. A metilação de um dos grupos OH da morfina produz a codeína, que apresenta um décimo da atividade analgésica da morfina. A codeína inibe profundamente o reflexo da tosse. Ela está presente no ópio em 3%, mas obtém-se a maior parte da codeína comercial pela metilação da morfina. A esterificação de um dos grupos OH da morfina produz uma substância com potência reduzida similar. A acetilação de ambos os grupos OH forma a heroína, que é muito mais potente que a morfina. A heroína é menos polar que a morfina, de maneira que cruza a barreira hematoencefática mais rapidamente, resultando em uma 'onda' rápida. A heroína foi banida em muitos países devido ao grande abuso. Ela é sintetizada com o uso do anidrido acético para acetilar a morfina. Em decorrência, heroína e ácido acético são formados como produtos. Agências de repressão às drogas usam cães treinados para reconhecer o odor característico do ácido acético.

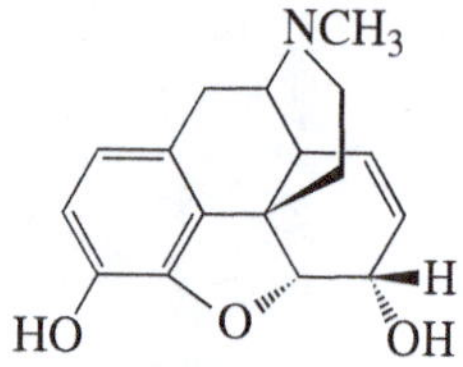
morfina

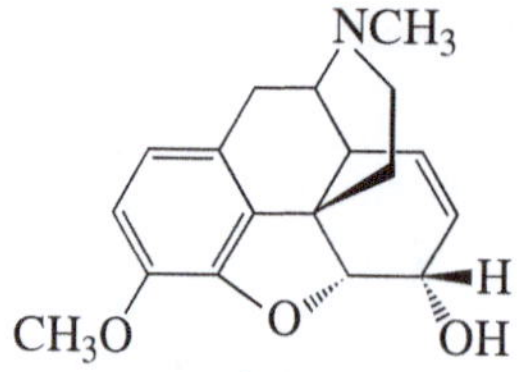
codeína

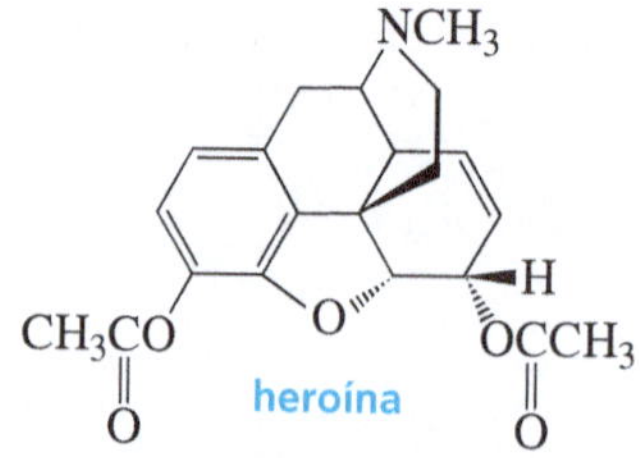
heroína

A modificação molecular da codeína levou ao dextrometorfano, componente ativo de muitos remédios para a tosse. A etorfina foi sintetizada quando os cientistas se deram conta de que a potência analgésica estava relacionada à capacidade de a droga se ligar, hidrofobicamente, ao receptor opiáceo (Seção 30.6). A etorfina é cerca de duas mil vezes mais potente que a morfina, mas não é segura o suficiente para ser usada em seres humanos. Ela é usada como tranqüilizante em elefantes e em outros animais de grande porte. A pentazocina é útil na obstetrícia, pois reduz a dor do parto sem deprimir a respiração da criança, como faz a morfina.

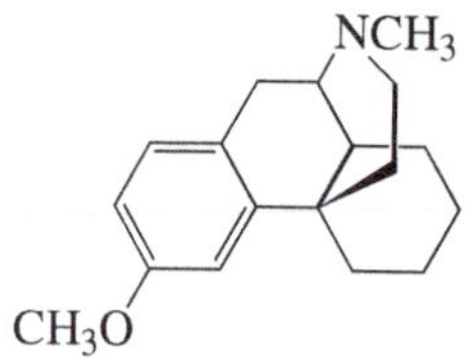
dextrometorfano

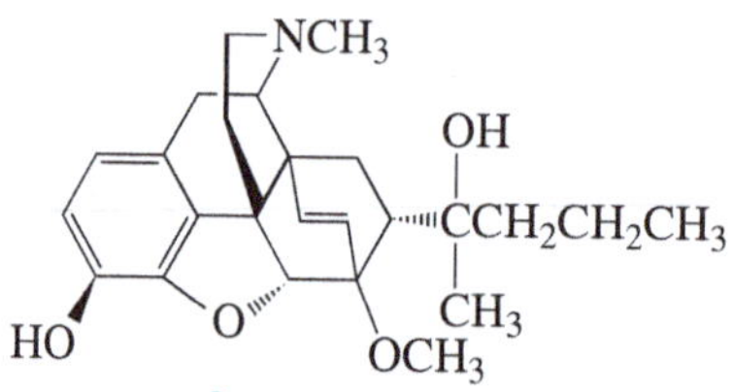
etorfina

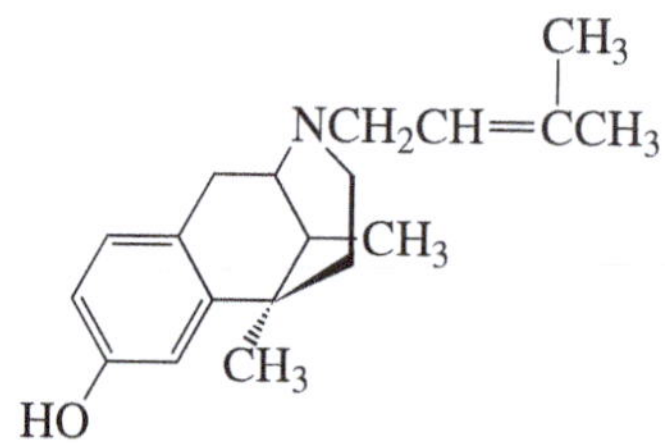
pentazocina

A metadona foi sintetizada por cientistas alemães, em 1944, na tentativa de se encontrar uma droga para tratar os espasmos musculares. (Foi originalmente chamada 'Adolfina' em homenagem a Adolph Hitler.) Só dez anos mais tarde foi reconhecido — depois da construção de modelos moleculares — que a metadona e a morfina tinham formas parecidas. Diferente da morfina, ela pode ser administrada via oral e apresenta um tempo de meia-vida consideravelmente maior (24 a 26 horas) que a morfina (2 a 4 horas). São observados efeitos cumulativos no caso de doses repetidas de metadona; entretanto, o uso de doses menores em maiores intervalos de tempo é possível. É usada, por isso, para tratar dores crônicas e sintomas de abstinência do vício da heroína. A redução e posterior acetilação do grupo carbonila da metadona leva à formação do α-acetilmetadol. O isômero levo $(-)$ dessa substância pode suprimir os sintomas de abstinência por 72 horas (Seção 5.13, volume 1). Quando o Darvon® (isometadona) foi descoberto, pensou-se que era o analgésico ideal e que não causaria dependência; contudo, mais tarde descobriu-se que ele não tinha vantagens terapêuticas sobre outros analgésicos eficazes e menos tóxicos.

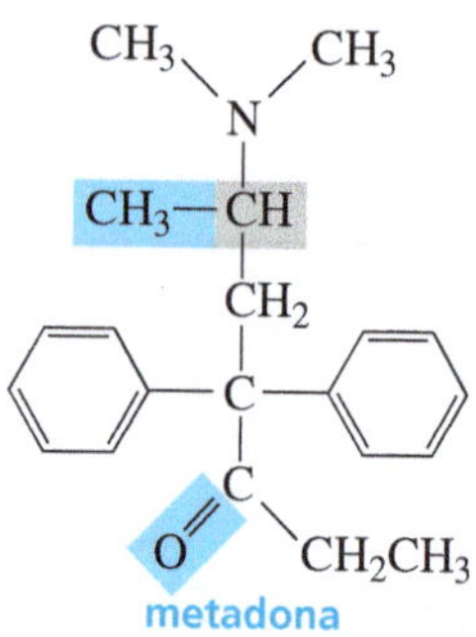
metadona

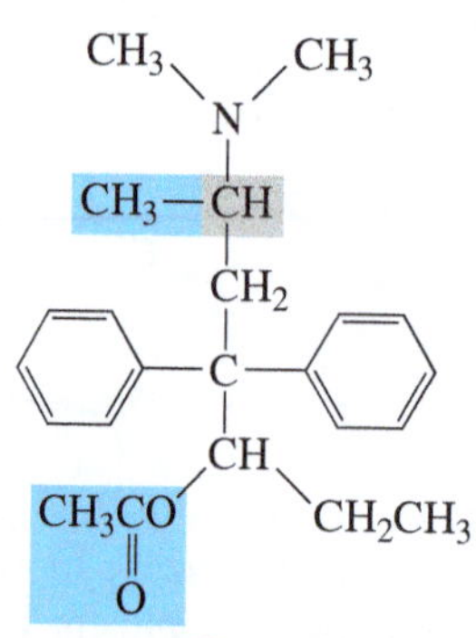
α-acetilmetadol

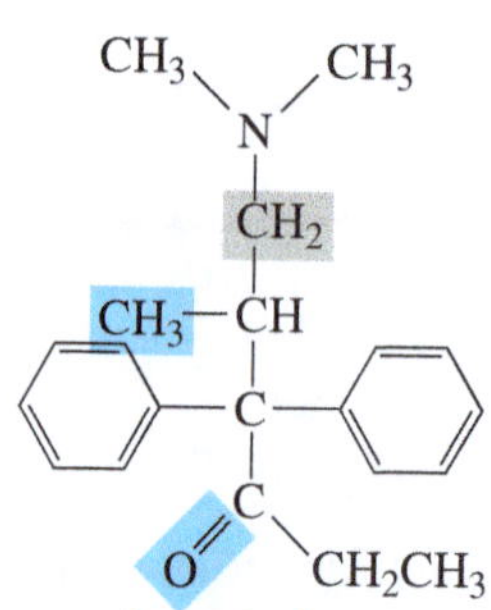
isometadona
Darvon®

Note que a morfina e todas as substâncias preparadas pela sua modificação molecular têm uma característica em comum: um anel aromático ligado a um carbono quaternário que está ligado, por intermédio de dois carbonos, a uma amina terciária.

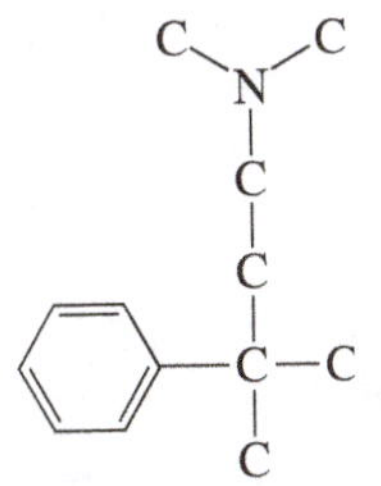

30.4 *Screening* randômico

A substância protótipo usada para o desenvolvimento de muitas drogas é descoberta pelo *screening* de milhares de substâncias randomicamente. Um ***screening* randômico**, também conhecido como ***screening* cego**, consiste na busca por uma substância farmacologicamente ativa, sem nenhum conhecimento prévio de que estruturas químicas podem apresentar atividade. O primeiro *screening* randômico foi realizado por Paul Ehrlich, que procurava por uma 'bala mágica' contra tripanossomas — microorganismos que causam a doença do sono africana. Após testar mais de 900 substâncias contra tripanossomas, Ehrlich testou algumas em outras bactérias. A substância de número 606 (salvarsan) mostrou-se altamente eficaz contra os microorganismos (espiroquetas) que causam a sífilis.

Uma parte importante do *screening* randômico é o reconhecimento de uma substância ativa. Isso requer o desenvolvimento de um teste para a atividade biológica desejada. Alguns testes podem ser feitos *in vitro* — por exemplo, na pesquisa de uma substância que irá inibir determinada enzima. Outros são feitos *in vivo* — por exemplo, na pesquisa de uma substância que salvará um rato de uma dose letal de um vírus. Um problema relacionado aos testes *in vivo* é que as drogas podem ser metabolizadas de maneiras distintas por animais diferentes. Portanto, uma droga ativa em um rato pode ser menos ativa, ou mesmo sem atividade, no homem. Outro problema envolve a regulação da dosagem do vírus e da droga. Se a dose do vírus for muito alta poderá levar o rato à morte, apesar da presença da substância biologicamente ativa, que poderia salvar o animal. Por outro lado, se a dose da droga potencial for muito alta, esta poderá matar o animal, enquanto uma dose menor poderia tê-lo salvo.

A observação de que corantes azos efetivamente colorem fibras de lã (proteína animal) deu aos cientistas a idéia de que tais corantes poderiam, seletivamente, ligar-se também a proteínas bacterianas. Mais de 10 mil corantes foram testados, *in vitro*, em testes antibacterianos, mas nenhum apresentou atividade antibiótica. Alguns cientistas argumentaram que os corantes deveriam ser testados *in vivo*, pois os médicos precisavam, realmente, de agentes antibacterianas que curassem infecções em humanos e animais, e não em tubos de ensaios.

Estudos *in vivo* foram feitos em camundongos infectados com uma cultura de bactérias. Nesse momento, a sorte dos investigadores aumentou. Diversos corantes neutralizaram infecções gram-positivas. O menos tóxico deles, o Prontosil (corante vermelho-claro), tornou-se a primeira droga usada no tratamento de infecções bacterianas.

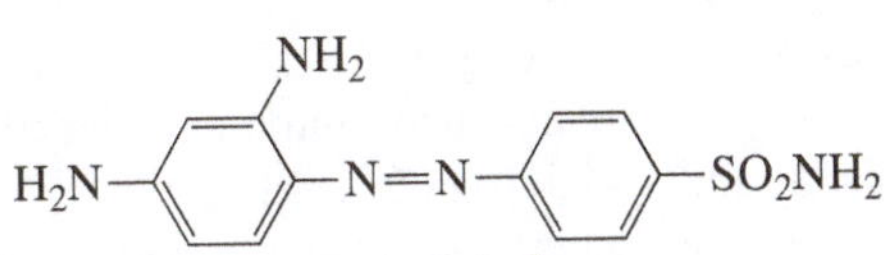

Prontosil®

Paul Ehrlich (1854–1915) *foi um bacteriologista alemão. Tornou-se médico pela Universidade de Leipzig e foi professor da Universidade de Berlim. Em 1892, ele desenvolveu uma antitoxina ativa contra a difteria. Em 1908, pelo seu trabalho em imunidade, recebeu o Prêmio Nobel de fisiologia ou medicina com Ilya Ilich Mechnikov.*

Ilya Ilich Mechnikov (1845–1916), *conhecido como Elié Metchnikoff, nasceu na Ucrânia. Foi o primeiro cientista a reconhecer a importância das células brancas do sangue na resistência à infecção. Metchnikoff sucedeu Pasteur como diretor do Instituto Pasteur.*

Bactérias gram-negativas têm uma membrana externa que cobre sua parede celular; bactérias gram-positivas não possuem essa membrana externa, mas geralmente apresentam uma parede celular mais espessa e rígida. Os dois tipos podem ser distinguidos por um método de coloração inventado por Hans Christian Gram, que coloria de rosa as bactérias gram-negativas e de vinho as bactérias gram-positivas.

Gerhard Domagk (1895–1964) *foi um cientista pesquisador da I. G. Farbenindustrie, fábrica alemã de corantes e outros produtos químicos. Ele realizou estudos que mostraram que o Prontosil era um agente antibacteriano eficaz. Sua filha, que estava morrendo de infecção por estreptococo, resultado de um corte no dedo, foi a primeira paciente a receber a droga e ser curada. O Prontosil ficou famoso quando foi usado para salvar a vida de Franklin D. Roosevelt Jr., filho do presidente dos Estados Unidos. Domagk recebeu o Prêmio Nobel de fisiologia ou medicina em 1939, mas Hitler não permitia que alemães aceitassem o Prêmio Nobel, uma vez que Carl von Ossietsky, alemão que estivera em um campo de concentração, ganhara o Prêmio Nobel da paz em 1935. Domagk aceitou o prêmio em 1947.*

O fato de o Prontosil ter sido inativo *in vitro* e ativo *in vivo* deveria ter indicado aos bacteriologistas que o corante tinha sido transformado em uma substância ativa pelo organismo mamífero, mas isso não ocorreu. Mais tarde, quando os cientistas do Instituto Pasteur investigaram o Prontosil, notaram que os camundongos aos quais a droga tinha sido administrada não eliminavam uma substância vermelha. A análise da urina mostrou que os camundongos eliminavam a *para*-acetamidobenzenossulfonamida, substância incolor. Os químicos sabiam que as anilinas eram acetiladas *in vivo*, portanto prepararam a substância não acetilada (sulfanilamida). Quando a sulfanilamida foi testada em camundongos infectados com estreptococo, todos eles foram curados, enquanto os animais-controle não tratados com a droga morreram. A sulfanilamida foi a primeira droga do tipo sulfa.

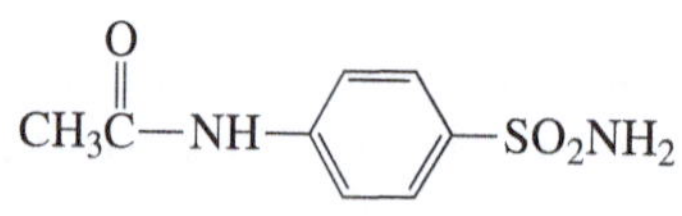

para-acetamidobenzenossulfonamida

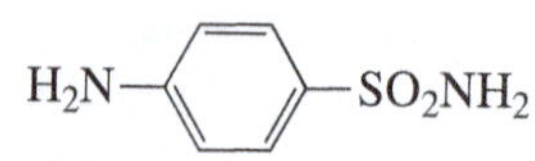

para-aminobenzenossulfonamida
sulfanilamida

Vimos que a sulfanilamida age inibindo a enzima bacteriana que transforma o ácido *para*-aminobenzóico em ácido fólico (Seção 25.8). Assim, a sulfanilamida é uma droga *bacteriostática*, e não uma droga *bactericida*. Uma **droga bacteriostática** inibe o crescimento da bactéria, enquanto uma **droga bactericida** mata a bactéria. A sulfanilamida inibe a enzima porque os grupos sulfonamida e ácido carboxílico têm tamanhos similares. Muitas drogas foram planejadas com a utilização de substituições isostéricas similares (seções 25.8 e 25.9).

30.5 Acaso no desenvolvimento de drogas

Muitas drogas foram descobertas acidentalmente. A nitroglicerina, droga usada no alívio dos sintomas da angina (dor no coração), foi descoberta quando os trabalhadores que a manuseavam, na indústria de explosivos, sentiram fortes dores de cabeça. A investigação revelou que essas dores eram causadas pela capacidade da nitroglicerina de produzir dilatação dos vasos sangüíneos. A dor associada a um ataque de angina resulta da incapacidade dos vasos sangüíneos em suprir o coração com a quantidade de sangue necessária. A nitroglicerina alivia a dor pela dilatação dos vasos sangüíneos cardíacos.

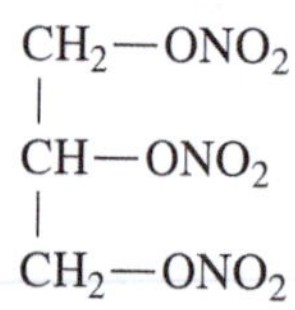

nitroglicerina

O tranqüilizante Librium® também foi descoberto acidentalmente. Leo Sternbach sintetizou uma série de 3-óxido de quinazolinas, mas nenhuma das substâncias mostrou-se farmacologicamente ativa. Uma das substâncias não foi submetida ao teste, pois não era a 3-óxido de quinazolina planejada para ser sintetizada. Dois anos depois de o projeto ter sido abandonado, um funcionário do laboratório encontrou essa substância enquanto fazia a limpeza do local e Sternbach decidiu que deveria submetê-la ao teste antes de ser jogada fora. A substância apresentou propriedades tranqüilizantes e, ao ter sua estrutura investigada, descobriu-se que se tratava de uma 4-óxido de benzodiazepina. A metilamina, em vez de deslocar o cloro para formar uma 3-óxido de quinazolina diferente, adicionou-se ao grupo imina do anel de seis membros, levando a abertura e o fechamento desse anel como um anel de sete membros. Foi dado à substância o nome comercial de Librium®; ela começou a ser utilizada em 1960.

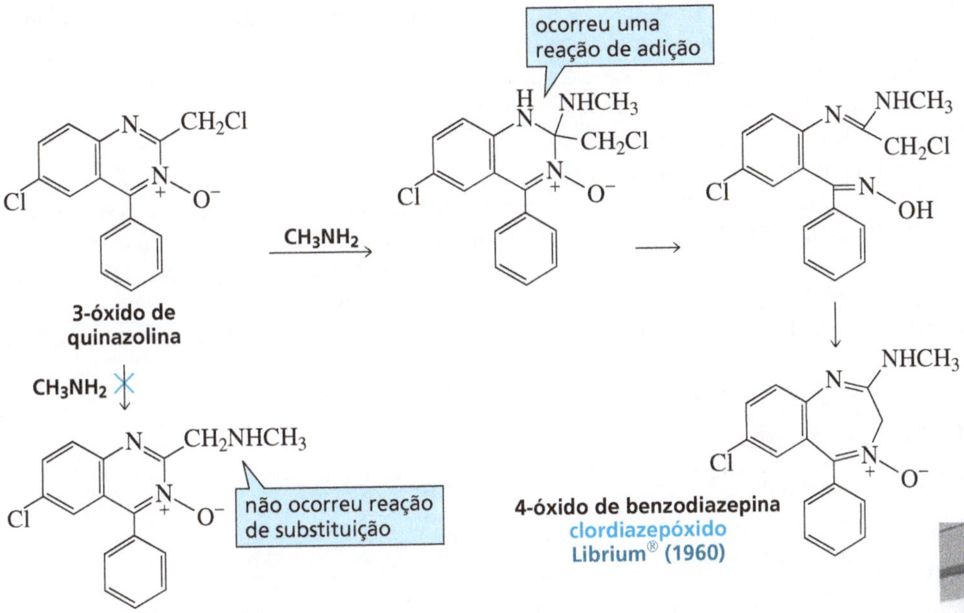

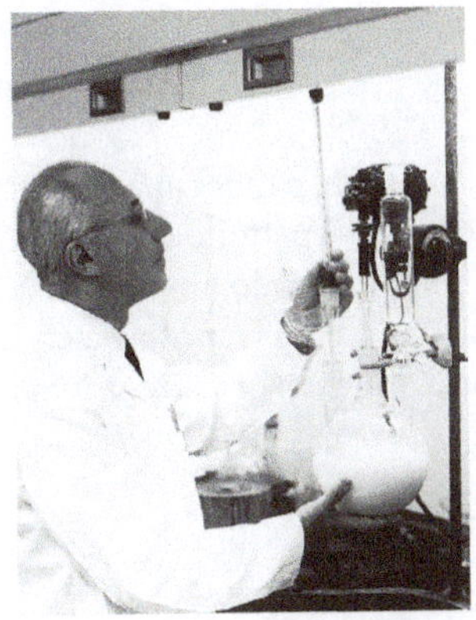

Leo H. Sternbach *nasceu na Áustria, em 1908. Em 1918, depois da Primeira Guerra Mundial e da dissolução do Império austro-húngaro, seu pai se mudou para Cracóvia, na recém-criada Polônia, obtendo a concessão para abrir uma farmácia. Sternbach foi aceito na Escola de Farmácia da Universidade de Jagiellonian, onde se tornou mestre em farmácia e PhD em química. Com a discriminação que crescia contra cientistas judeus no Leste Europeu, em 1937 Sternbach se mudou para a Suíça a fim de trabalhar com Ružička (p. 1088) no Instituto Federal Suíço de Tecnologia (ETH). Em 1941, a Hoffmann—LaRoche trouxe Sternbach e outros cientistas para os Estados Unidos. Ele se tornou químico pesquisador da companhia LaRoche em Nutley, Nova Jersey, onde passou a exercer a função de diretor de química medicinal.*

O Librium® foi modificado estruturalmente na tentativa de encontrar outros tranqüilizantes. Uma modificação bem-sucedida produziu o Valium®, droga quase dez vezes mais potente que o Librium®. Atualmente, existem oito benzodiazepínicos em uso clínico como tranqüilizante nos Estados Unidos e outros 15 no exterior. O Xanax® é um dos medicamentos mais prescritos; o Rohypnol®, dentre outras, é conhecido como 'droga do estupro'.

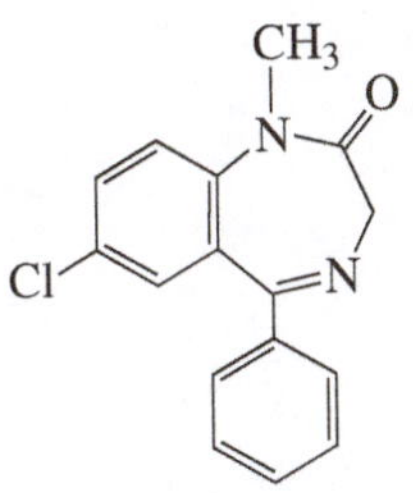

diazepam
Valium® (1963)

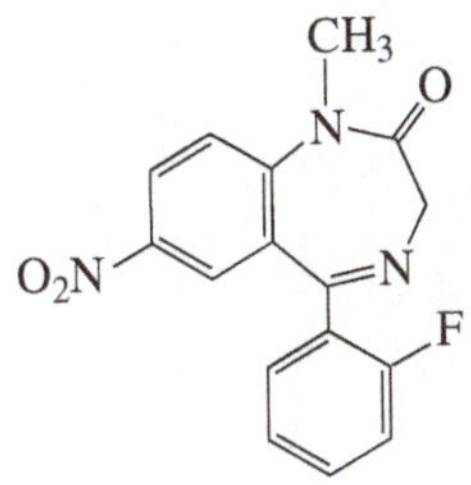

flunitrazepam
Rohypnol® (1963)

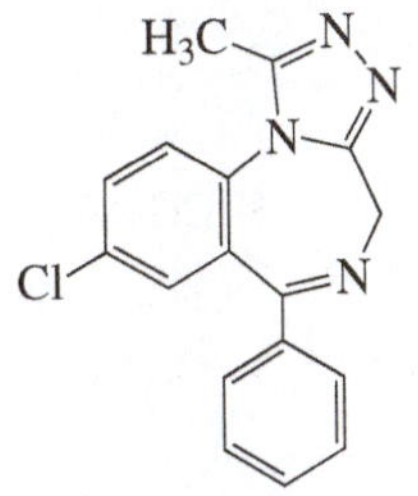

alprazolam
Xanax® (1970)

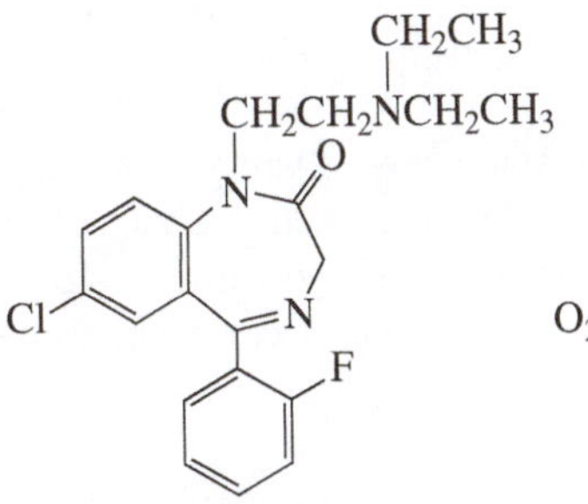

flurazepam
Dalmane® (1970)

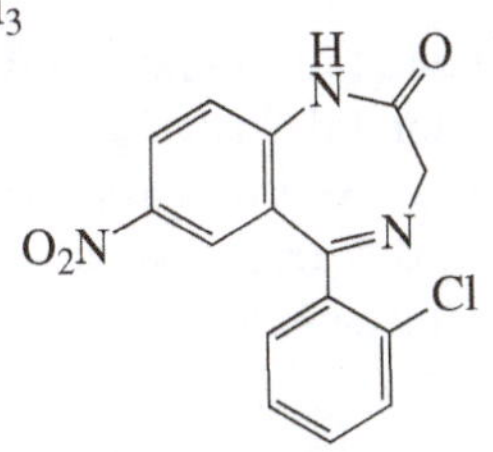

clonazepam
Klonopin® (1975)

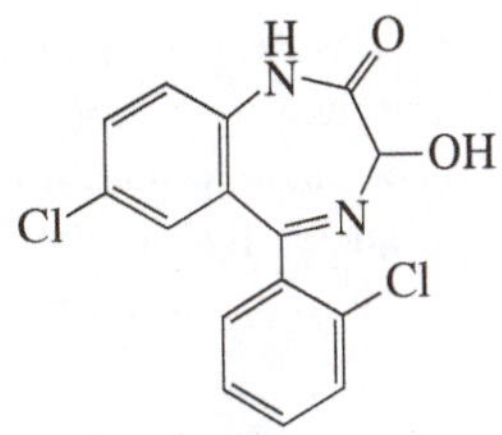

lorazepam
Ativan® (1977)

30.6 Receptores

Muitas drogas exercem efeito fisiológico pela interação com um sítio ligante específico na célula chamado **receptor**. Esse é o motivo pelo qual uma pequena quantidade de droga pode causar efeitos mensuráveis. Os receptores das drogas são em geral glicoproteínas ou lipoproteínas, o que explica o fato de enantiômeros diferentes de uma droga apresentarem efeitos distintos (Seção 5.15, volume 1). Alguns receptores são partes de membranas celulares, enquanto outros são encontrados no citoplasma — material de fora do núcleo. As células normalmente não apresentam os mesmos receptores, por isso as drogas têm considerável especificidade. Por exemplo, a epinefrina possui efeitos intensos sobre o músculo cardíaco, mas quase nenhum efeito sobre os músculos de outras partes do corpo. Os ácidos nucleicos — particularmente o DNA — também agem como receptores para certos tipos de drogas.

Uma droga interage com seu receptor por intermédio dos mesmos tipos de interações ligantes — ligação de hidrogênio, atrações eletrostáticas e interações de Van der Waals — que encontramos em outros exemplos de reconhecimento molecular (Seção 24.8). O fator mais importante da interação droga–receptor é o encaixe perfeito: quanto maior a afinidade da droga pelo seu sítio ligante, maior será sua atividade biológica potencial. Duas drogas que têm o DNA como receptor são a cloroquina (antimalarial) e a 3,6-diaminoacridina (antibacteriana). Essas substâncias cíclicas planas podem deslizar para dentro da hélice dupla do DNA, entre os pares de bases, interferindo na replicação normal do DNA.

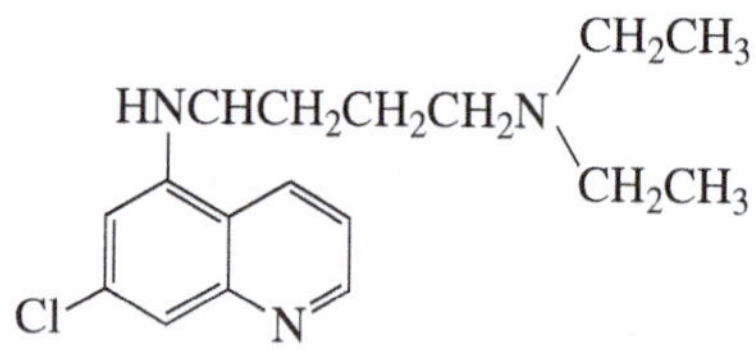
cloroquina

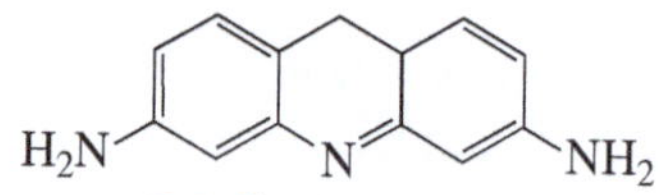
3,6-diaminoacridina

Algum conhecimento sobre as bases moleculares da ação das drogas — tal como a interação de uma droga com seu receptor — permite o planejamento e a síntese de novas substâncias que poderão ter a atividade biológica desejada. Por exemplo, quando um excesso de histamina é produzido pelo corpo, ocorre o aparecimento de sintomas associados à gripe comum e com respostas alérgicas. Isso é o resultado da interação do grupo etilamino protonado da histamina com uma parte do receptor carregado negativamente.

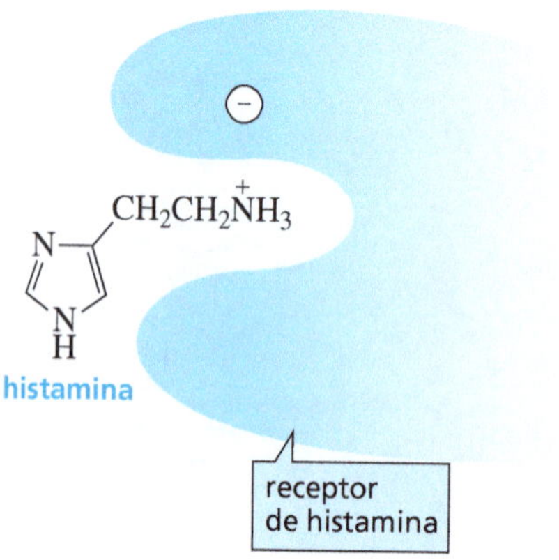

Molecule Gallery: Histamina; difenidramina; prometazina; promazina
WWW

As drogas que interferem na ação natural da histamina — chamados anti-histamínicos — ligam-se aos receptores da histamina, mas não desencadeiam a mesma resposta. Assim como a histamina, essas drogas possuem um grupo amino protonado que se liga ao receptor, além dos grupos volumosos que impedem a aproximação do receptor da molécula da histamina.

anti-histamínicos

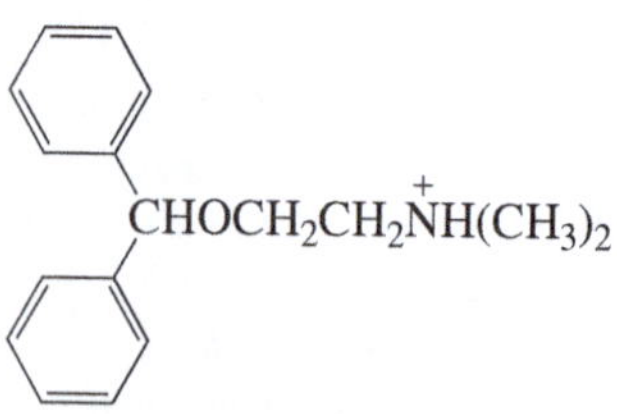
difenidramina
Benadryl®

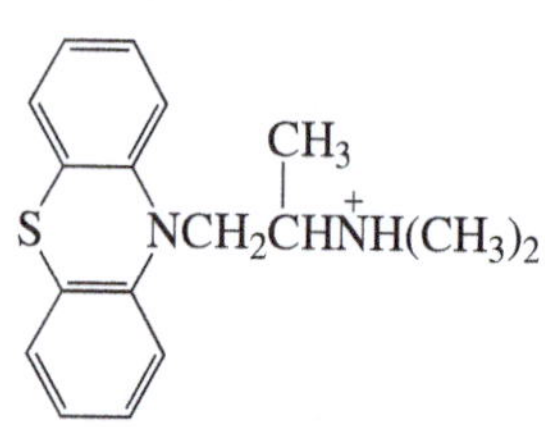
prometazina
Promina®

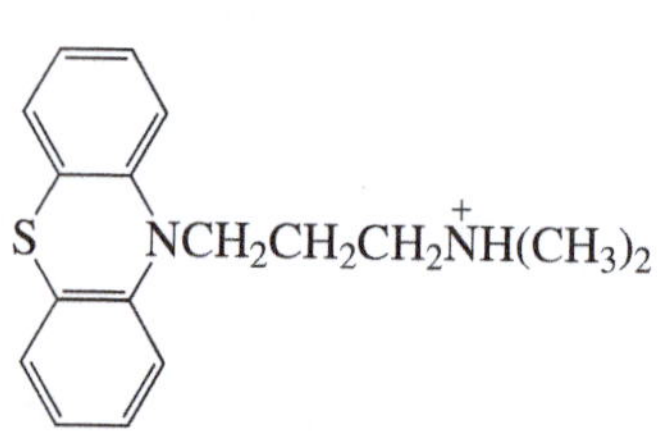
promazina
Talofen®

A acetilcolina é um neuro-hormônio que aumenta o peristaltismo, a insônia e a memória, além de ser essencial para a transmissão nervosa. Uma deficiência de receptores de acetilcolina nas células do cérebro — receptores colinérgicos — contribui para a perda de memória característica da doença de Alzheimer. Os receptores colinérgicos são estruturalmente similares aos receptores histamínicos. Em decorrência, os agentes anti-histamínicos e colinérgicos apresentam atividades duplicadas, como, por exemplo, o anti-histamínico difenidramina, que é usado no tratamento da insônia e no combate a doenças do movimento.

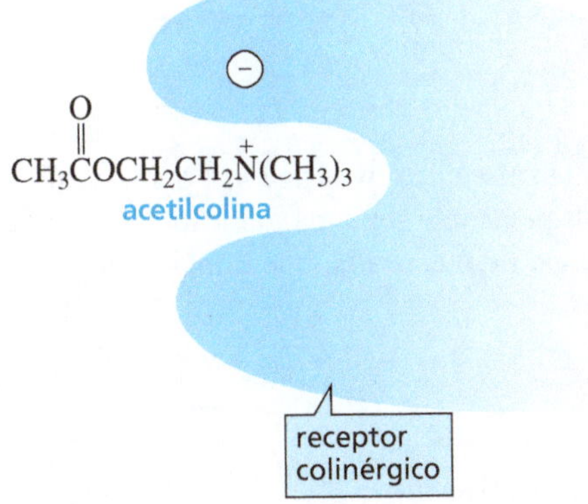

O excesso na produção de histamina pelo corpo também causa hipersecreção dos ácidos gástricos pelas células da parede do estômago, levando ao desenvolvimento de úlceras. Os anti-histamínicos que bloqueiam os receptores histamínicos — prevenindo, assim, as respostas alérgicas associadas ao excesso na produção da histamina — não têm nenhum efeito sobre a produção de HCl. Esse fato levou os cientistas à conclusão de que um segundo tipo de receptor histamínico desencadeia a liberação do ácido no estômago.

A 4-metil-histamina foi usada como substância protótipo porque apresentou fraca inibição da secreção de HCl. Cerca de 500 modificações moleculares foram feitas em um período de dez anos, antes da descoberta de quatro agentes antiúlcera clinicamente úteis. Dois deles são o Tagamet® e o Zantac®. Note que o bloqueio estérico do sítio receptor não é fator importante dessas substâncias. As drogas antiúlcera, comparadas aos anti-histamínicos, possuem anéis mais polares e cadeias laterais mais longas.

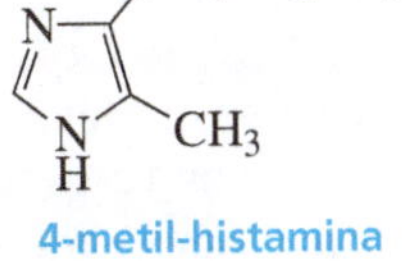
4-metil-histamina

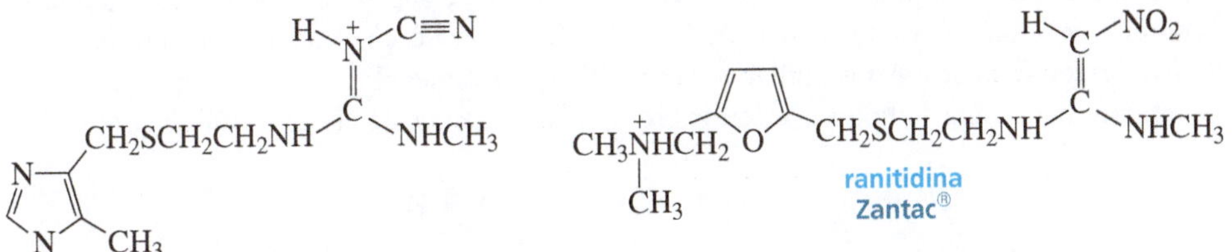
cimetidina
Tagamet®

ranitidina
Zantac®

O Tagamet® tem o mesmo anel imidazol que a 4-metil-histidina, além de apresentar um átomo de enxofre e um grupo funcional do tipo guanidina (Seção 23.1). O Zantac® possui um anel heterocíclico diferente e, apesar de a cadeia lateral ser similar àquela do Tagamet®, não contém um grupo guanidina.

As observações de que a serotonina estava envolvida na geração de ataques de enxaqueca conduziram ao desenvolvimento de drogas capazes de se ligar aos receptores de serotonina. O sumatriptano, introduzido em 1991, não aliviou

Tutorial Gallery: Similaridades estruturais das classes das drogas
WWW

somente a dor associada às enxaquecas, mas também outros sintomas da doença, como a sensibilidade a luz e sons e a náusea.

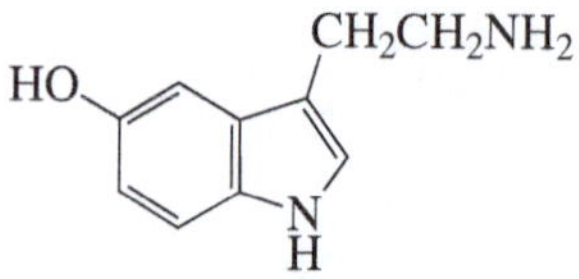

serotonina

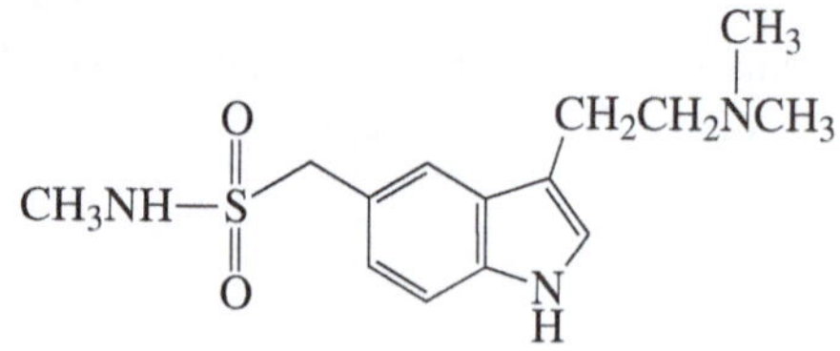

sumatriptano
Imitrex®

O sucesso do sumatriptano impulsionou a busca de novos agentes por modificação molecular e três novos triptanos foram introduzidos em 1997 e 1998. Esses triptanos de segunda geração estão, em deteminados aspectos, melhores do que o sumatriptano — especialmente no tempo de meia-vida, que é maior, nos efeitos colaterais cardíacos reduzidos e na melhor penetração no SNC.

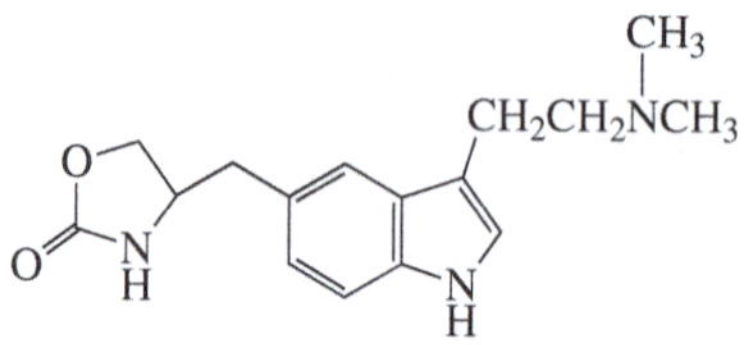

zolmitriptano
Zomig®

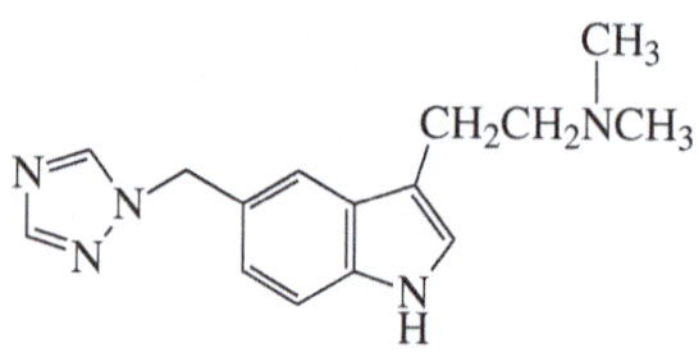

rizatriptano
Maxalt®

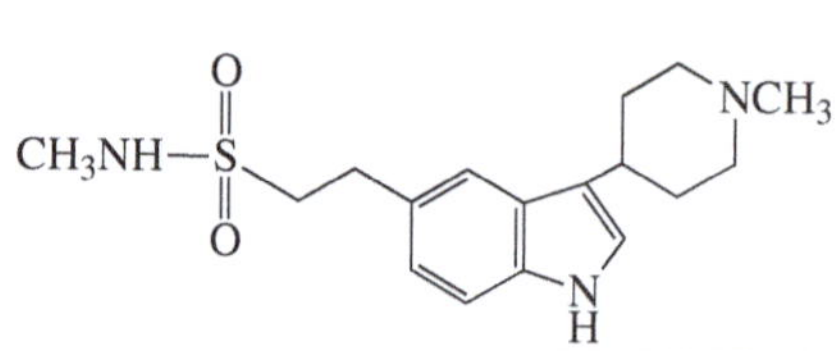

naratriptano
Amerge®

Nos testes de substâncias modificadas, é comum encontrar uma substância cuja atividade farmacológica seja completamente diferente se comparada à substância protótipo. Por exemplo, a modificação molecular do antibiótico sulfonamida levou à tolbutamida, droga de atividade hipoglicemiante (Seção 25.8).

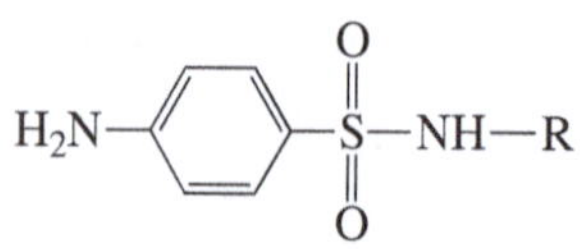

sulfonamida

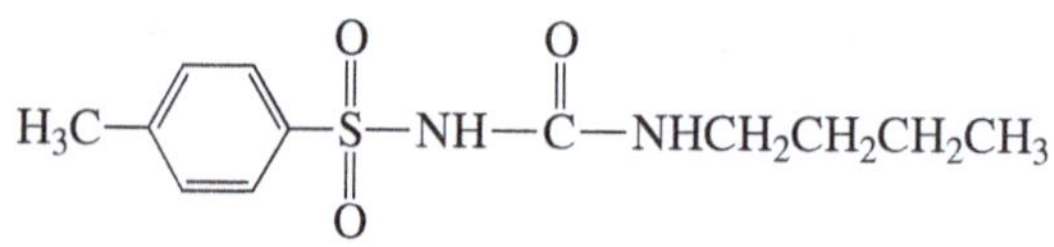

tolbutamida

A modificação molecular da prometazina, um anti-histamínico, levou à clorpromazina, droga que, apesar de não apresentar atividade anti-histamínica, é capaz de baixar a temperatura corporal. Essa droga era usada na cirurgia de tórax, procedimento antes do qual tornava necessário envolver os pacientes em lençóis frios e molhados, para baixar a temperatura corporal. Esse era um método antigo de acalmar pacientes psicóticos; um psiquiatra francês usou essa droga em alguns de seus pacientes. Ele descobriu que a clorpromazina era capaz de suprimir os sintomas psicóticos a ponto de os pacientes apresentarem características comportamentais quase normais. Porém, eles desenvolviam rapidamente movimentos involuntários descoordenados. Após milhares de modificações moleculares, descobriu-se que a tioridazina apresentava efeitos calmantes com menos efeitos colaterais problemáticos. Ela está em uso clínico como antipsicótico.

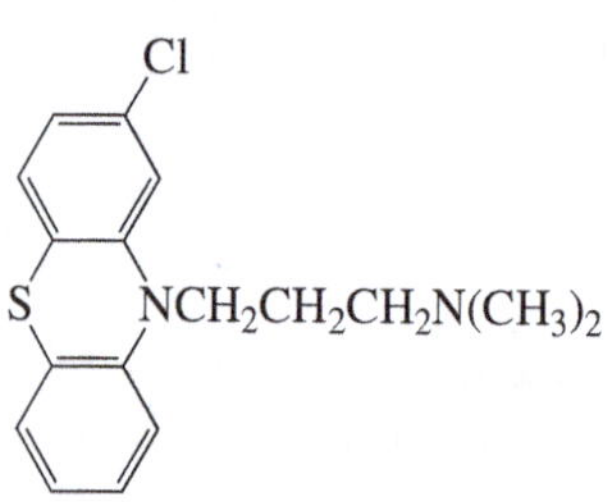

clorpromazina
Torazina®

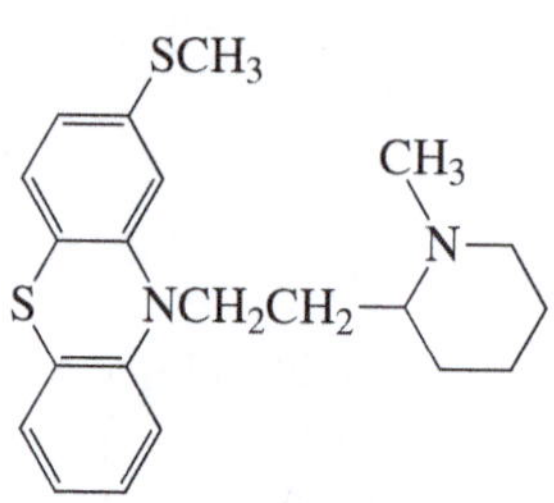

tioridazina
Mellaril®

Algumas vezes, uma droga é desenvolvida para determinada proposta e, mais tarde, descobre-se que ela tem propriedades que a tornam mais eficaz em outro tipo de doença. Os betabloqueadores, por exemplo, foram originalmente desenvolvidos para aliviar a dor associada à angina pela redução do trabalho feito pelo coração. Mais tarde, apresentaram propriedades anti-hipertensivas e agora são usados, principalmente, no controle da hipertensão, doença que prevalece no mundo ocidental.

30.7 Drogas como inibidores enzimáticos

Nos capítulos anteriores, discutimos sobre diversas drogas que agem pela inibição de enzimas (seções 25.8 e 25.9). A penicilina, por exemplo, destrói as bactérias pela inibição da enzima que sintetiza a parede celular desses microorganismos (Seção 17.15).

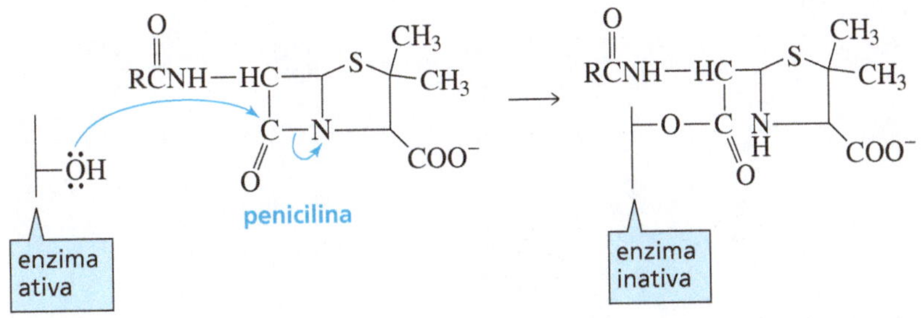

A bactéria desenvolve resistência à penicilina pela secreção da penicilinase, enzima que destrói a penicilina por intermédio da hidrólise do seu anel β-lactâmico antes que a droga possa interferir com a síntese da parede celular da bactéria.

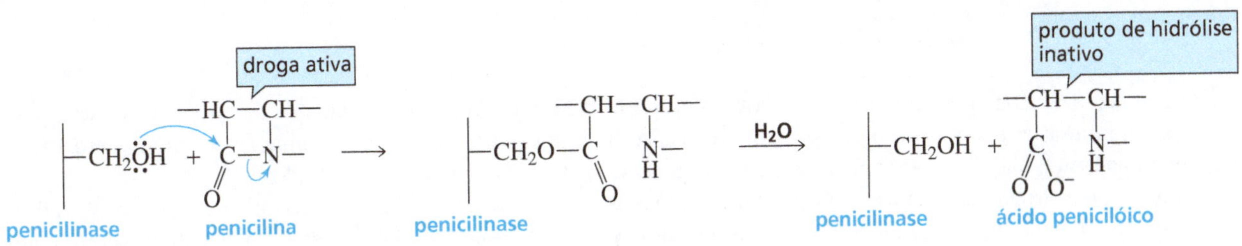

Os químicos desenvolveram drogas que inibem a penicilinase. Se tal droga é administrada ao paciente com a penicilina, o antibiótico não é destruído. Isso é um exemplo de uma droga que, em si, não tem efeito terapêutico, mas age protegendo uma droga terapêutica.

O inibidor da penicilinase é a sulfona, que é facilmente preparada a partir da penicilina pela oxidação do átomo de enxofre com a utilização de um peroxiácido (Seção 20.4).

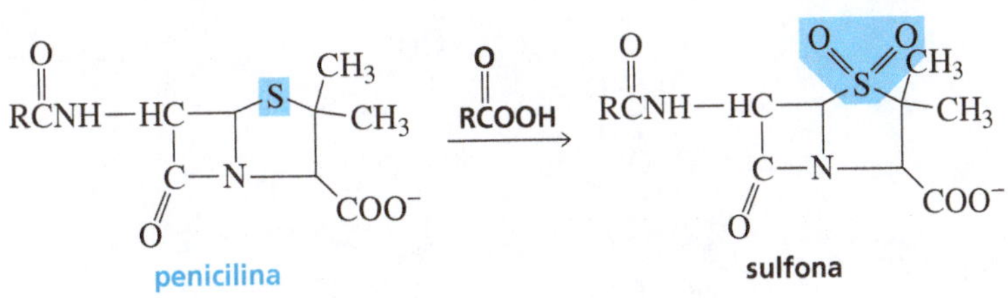

Como a sulfona se parece com o antibiótico original, a penicilinase a utiliza como substrato, formando um éster, como faz com a penicilina. Se o éster for hidrolisado, a penicilinase será liberada e, então, estará livre para reagir com a penicilina. Porém, a sulfona retiradora de elétrons fornece uma via alternativa à hidrólise, que leva à formação de uma imina estável. Devido ao fato de iminas serem suscetíveis ao ataque nucleofílico, um grupo amino do sítio ativo da penicilinase reage com a imina, formando uma segunda ligação covalente entre a enzima e o inibidor. O grupo ligado covalentemente inativa a penicilinase, acabando dessa maneira com a resistência a essa enzima. A sulfona é um outro exemplo de **inibidor suicida** baseado no mecanismo (Seção 25.8).

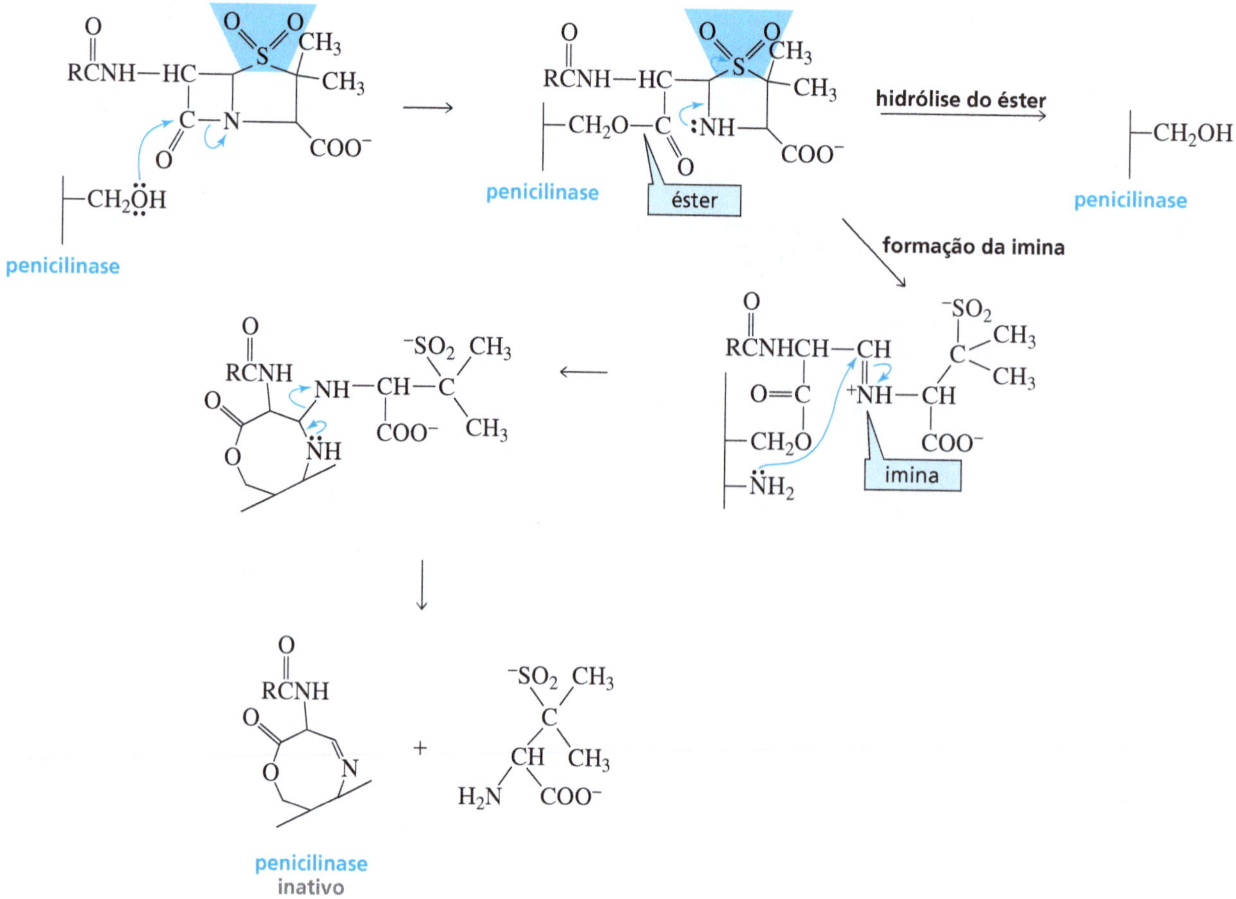

O que faz da sulfona um inibidor eficaz é que o grupo imina reativo não aparece até que a sulfona tenha se ligado à enzima. Em outras palavras, o inibidor tem um alvo específico. Por outro lado, se uma imina fosse administrada diretamente ao paciente, não seria específica, podendo reagir com qualquer nucleófilo encontrado.

Quando duas drogas são administradas simultaneamente a um paciente, seus efeitos combinados podem ser aditivo, antagônico ou sinergístico. O efeito de duas drogas usadas em combinação pode ser igual, menor ou tão bom quanto a soma dos efeitos obtidos quando as drogas são administradas individualmente. A administração da penicilina e da sulfona juntas resulta em um sinergismo de drogas: a sulfona inibe a penicilinase, portanto a penicilina não pode ser destruída, sendo capaz de inibir a enzima que sintetiza a parede celular da bactéria.

Uma outra razão para se administrar duas drogas em combinação é o fato de que se algumas bactérias forem resistentes a uma das drogas, a segunda minimizará a chance de proliferação das cepas resistentes. Por exemplo, dois agentes antimicrobianos, isoniazida e rifampicina, são administrados em combinação no tratamento da tuberculose.

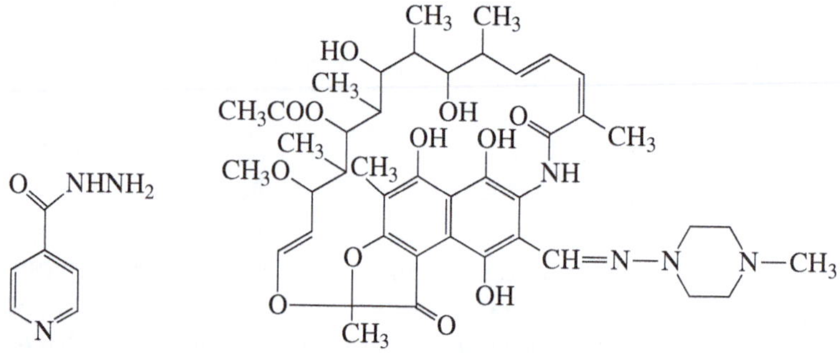

isoniazida
Nydrazid®

rifampicina
Rifadin®

Normalmente, leva-se de 15 a 20 anos para um grupo de bactérias tornar-se resistente aos antibióticos. As fluoroquinolonas foram a última classe de antibióticos a ser descoberta mais de 30 anos atrás, portanto a **resistência a drogas** tornou-se um problema cada vez mais importante na química medicinal. Mais e mais bactérias estão se tornando resistentes a todos os antibióticos — até mesmo a vancomicina, que até recentemente era o antibiótico de última escolha.

A atividade antibiótica das fluoroquinolonas resulta da sua capacidade em inibir a DNA girase, enzima utilizada na transcrição (Seção 27.10). Felizmente, essas enzimas dos mamíferos e das bactérias são diferentes o suficiente, sendo que as fluoroquinolonas inibem somente a enzima bacteriana.

Molecule Gallery: Rifampicina; isoniazidabenzotiofeno
WWW

Existem diferentes fluoroquinolonas. Todas têm substituinte flúor, o qual aumenta a lipofilicidade da droga, permitindo sua penetração em tecidos e células. Se o grupo carboxila ou a ligação dupla do anel da 4-piridinona forem removidos, toda a atividade será perdida. A troca dos substituintes do anel da piperazina causa uma mudança na excreção da droga do fígado para os rins, o que é útil para pacientes cuja função hepática é prejudicada. Os substituintes do anel da piperazina também afetam o tempo de meia-vida da droga.

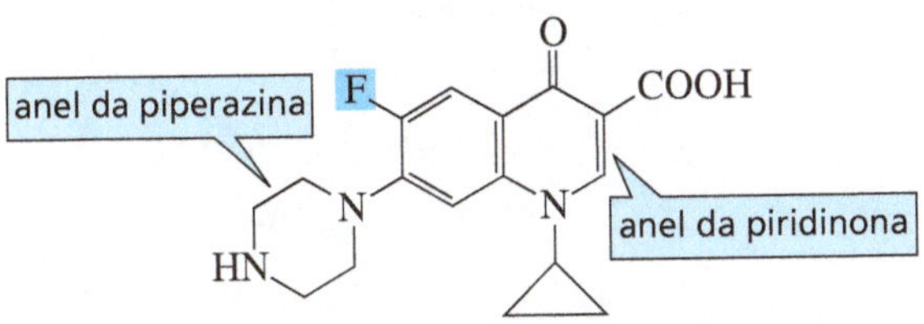

ciprofloxacina
Cipro®
ativo contra bactéria gram-negativa

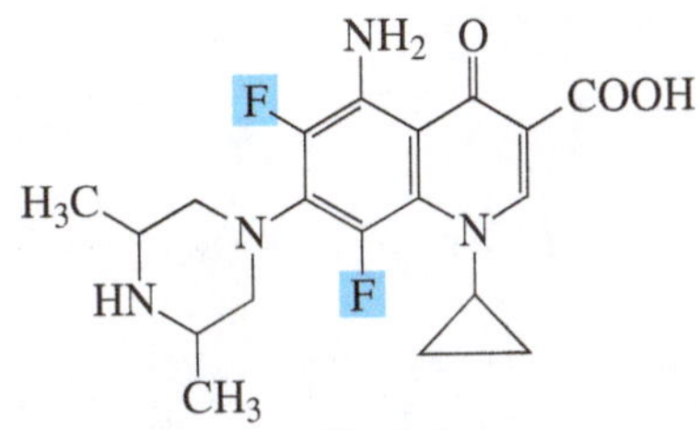

esparfloxacina
Zagam®
ativo contra bactérias gram-positiva e gram-negativa

A aprovação do Zyvox® pelo FDA, em abril de 2000, foi recebida com certo alívio pela comunidade médica. Essa droga é a primeira de uma nova família de antibióticos: as oxazolidinonas. Em testes clínicos, o Zyvox® mostrou uma cura de 75% dos pacientes infectados com uma bactéria que se tornou resistente a todos os outros antibióticos.

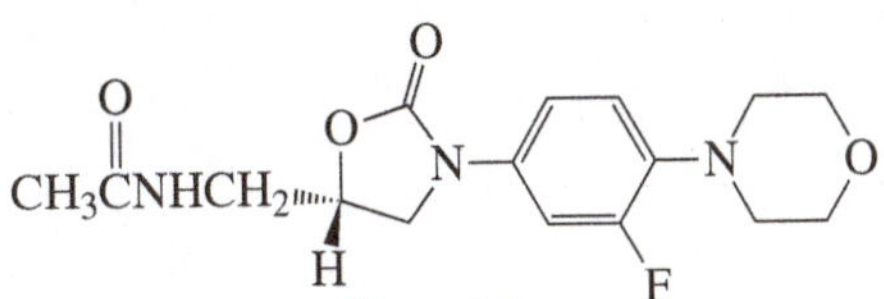

linezolida
Zyvox®

O Zyvox® é uma substância sintética planejada por cientistas para inibir o crescimento bacteriano em um ponto diferente dos quais os outros antibióticos exercem seus efeitos. Ele inibe a iniciação da síntese proteica pela inibição da formação do complexo entre o tRNA que carrega o primeiro aminoácido, o mRNA e o ribossoma 30S (Seção 27.13). Devido ao novo tipo de atividade dessa droga, espera-se que a resistência não se desenvolva ou que o faça muito lentamente.

30.8 Planejamento de um substrato suicida

É importante que uma droga apresente o mínimo possível de efeitos colaterais indesejáveis. Ela deve ser administrada em quantidade suficiente para atingir o efeito terapêutico; porém, uma grande quantidade de droga pode ser letal. O índice terapêutico de uma droga é a razão entre a dose letal e a dose terapêutica. Quanto maior for o **índice terapêutico**, maior será a margem de segurança da droga.

A penicilina é um antibiótico eficaz que tem alto índice terapêutico porque interfere na síntese da parede celular — células bacterianas têm parede celular, diferente das células humanas. Que outras características das paredes celulares poderiam levar ao planejamento de um antibiótico? Sabemos que as enzimas e outras proteínas são polímeros de L-aminoácidos. As paredes celulares, porém, contêm tanto L quanto D-aminoácidos. Conseqüentemente, se a racemização dos L-aminoácidos de ocorrência natural, que leva à formação de misturas de L e D-aminácidos, pudesse ser evitada, os D-aminoácidos não estariam disponíveis para incorporação nas paredes celulares, o que levaria ao término da síntese das paredes.

Vimos que a racemização de aminoácidos é catalisada por uma enzima que requer o piridoxal fosfato como uma co-enzima (Seção 25.6). Necessita-se, portanto, de uma substância que iniba essa enzima. Um análogo de aminoácido seria um bom inibidor, pois o substrato natural da enzima é um aminoácido.

A primeira etapa da racemização é a remoção do α-hidrogênio do aminoácido. Se o inibidor tiver um grupo de partida no carbono β, este pode ser deslocado pelos elétrons que ficaram da remoção do próton, em vez de esses elétrons serem deslocalizados para o anel piridínico. (Compare o mecanismo mostrado aqui àquele mostrado para a racemização na Seção 25.6.) Transiminação com a enzima leva à formação de um aminoácido α-β-insaturado que reage, irreversivelmente, com a imina formada pela enzima e a coenzima. Como a enzima agora está ligada à coenzima por meio de uma junção amina, preferencialmente a uma junção imina, ela não pode mais sofrer uma reação de transiminação com seu substrato aminoácido. Dessa maneira, a enzima foi inativada irreversivelmente. Esse é um outro exemplo de inibidor que não se torna quimicamente ativo até que esteja no sítio ativo da enzima-alvo.

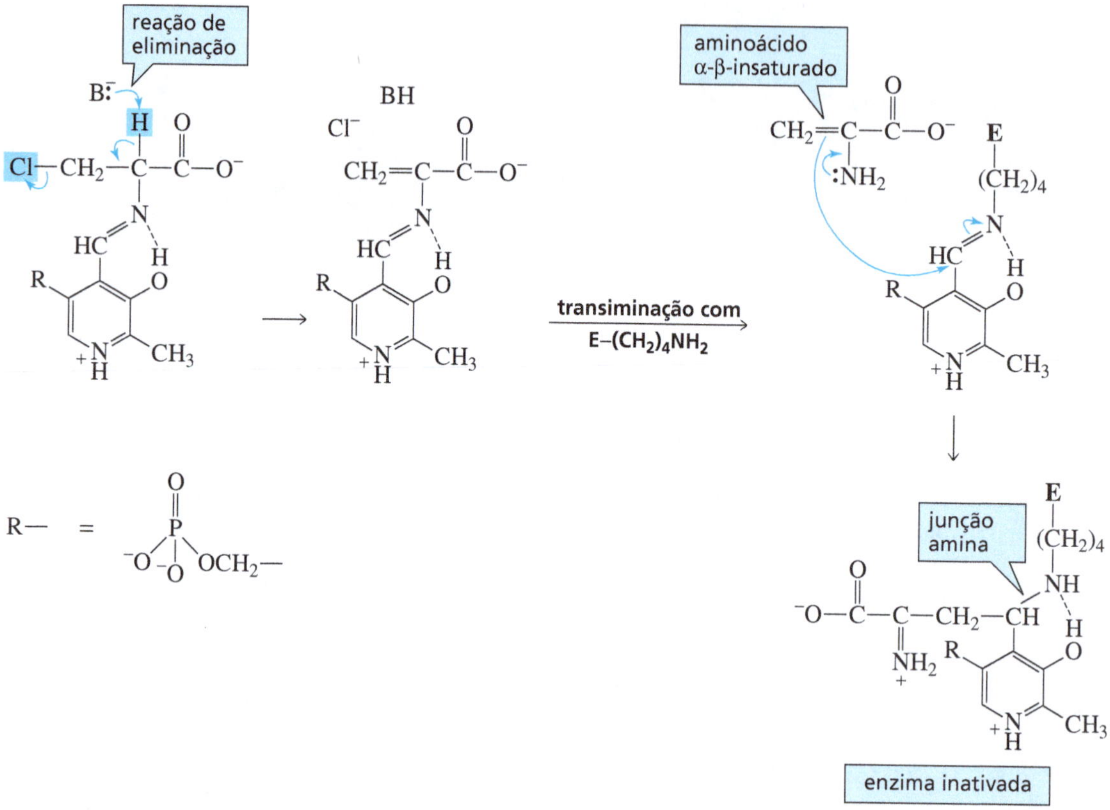

30.9 Relação estrutura–atividade quantitativa (QSAR)

O enorme custo que envolve a síntese e o teste farmacológico de milhares de substâncias modificadas, na tentativa de encontrar uma droga ativa, levou os cientistas a desenvolver uma estratégia mais racional — chamada **planejamento racional de drogas** — para planejar moléculas biologicamente ativas. Eles se deram conta de que se uma propriedade física ou química de uma série de substâncias pudesse ser correlacionada à atividade biológica, eles poderiam saber qual propriedade da droga estaria relacionada a determinada atividade. Com esse conhecimento, os cientistas puderam planejar substâncias que poderiam ter boa chance de exibir a atividade desejada. Essa estratégia foi um grande avanço em relação à estratégia randômica de modificação molecular, que era tradicionalmente utilizada.

O primeiro indício de que a propriedade física de uma droga poderia estar relacionada à sua atividade biológica apareceu há quase cem anos, quando cientistas reconheceram que o clorofórmio ($CHCl_3$), o dietil-éter, o ciclopropano e o óxido nitroso (N_2O) eram úteis como anestésicos gerais. Obviamente, as diferentes estruturas químicas dessas substâncias não poderiam explicar os seus efeitos farmacológicos similares. Assim, alguma propriedade física deveria justificar a similaridade de suas atividades biológicas.

No início dos anos 1960, Corwin Hansch postulou que a **atividade biológica** de uma droga dependia de dois processos. O primeiro é a *distribuição*: uma droga deve ser capaz de ir do ponto onde entra no corpo até o receptor, onde exerce seu efeito. Por exemplo, um anestésico deve cruzar o meio aquoso (sangue) e penetrar na barreira lipídica das membranas celulares nervosas. O segundo processo é a *ligação*: quando uma droga atinge o seu receptor, ela deve interagir adequadamente com ele.

Corwin H. Hansch *nasceu em Dakota do Norte, nos Estados Unidos, em 1918. Tornou-se bacharel pela Universidade de Illinois e PhD pela Universidade de Nova York. É professor de química da Faculdade de Pomona desde 1946.*

O clorofórmio, o dietil-éter, o ciclopropano e o óxido nitroso foram colocados, separadamente, em uma mistura de 1-octanol e água. O 1-octanol foi escolhido como solvente apolar, pois com sua longa cadeia e sua cabeça polar ele é um bom modelo para a membrana biológica. Quando a quantidade da droga dissolvida em cada uma das fases foi medida, descobriu-se que todas apresentavam um **coeficiente de distribuição** similar (a razão entre a quantidade dissolvida no 1-octanol e a quantidade dissolvida na água). Em outras palavras, o coeficiente de distribuição poderia estar relacionado à atividade biológica. As substâncias com menores coeficientes de distribuição — mais polares — não podiam penetrar na membrana celular apolar; as substâncias com maiores coeficientes de distribuição — mais apolares — não podiam cruzar a fase aquosa. Isso significava que o coeficiente de distribuição de uma substância podia ser usado para determinar se ela deveria ser testada *in vivo*. A técnica usada para relacionar uma propriedade de uma série de substâncias com a atividade biológica é conhecida como **relação estrutura–atividade quantitativa (QSAR)**[1].

A determinação da propriedade física de uma droga não pode substituir o teste *in vivo*, pois o comportamento da droga, uma vez atingido o receptor adequado, não poderá ser previsto pelo coeficiente de distribuição apenas. Entretanto, a análise de QSAR proporciona um modo de guiar os químicos a estruturas com maior probabilidade de possuir a atividade biológica desejada. Dessa maneira, a modificação molecular, que levaria a substâncias sem a atividade desejada, pode ser evitada.

No exemplo seguinte, QSAR foi útil não somente na determinação da estrutura de uma droga potencialmente ativa, mas também na determinação de algo sobre a estrutura do sítio receptor. Uma série de 2,4-diaminopirimidinas substituídas, usada como inibidor de diidrofolato redutase (Seção 25.8), foi investigada.

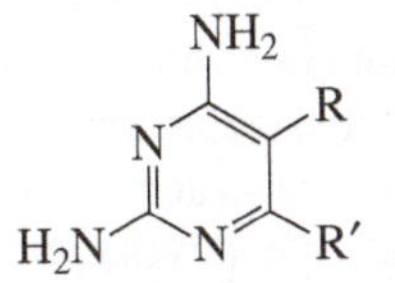

2,4-diaminopirimidina

A potência dos inibidores pode ser descrita pela equação

$$\text{potência} = 0{,}80\pi - 7{,}34\,\sigma - 8{,}14$$

onde os parâmetros σ e π são parâmetros dos substituintes.

Tutorial Gallery: Relação estrutura–atividade quantitativa (QSAR)
WWW

O parâmetro σ é a medida da capacidade de doar ou retirar elétrons dos substituintes R e R′. O coeficiente negativo de σ indica que a potência é aumentada pela doação de elétrons (Capítulo 17, Problema 75). O fato de o aumento da basicidade da droga aumentar a sua potência sugere que a droga protonada é mais ativa que a droga não protonada.

O parâmetro π é a medida do caráter hidrofóbico dos substituintes. A potência foi mais bem relacionada ao π quando o valor do mais hidrofóbico entre dois substituintes foi usado, em vez da soma dos valores de π de ambos os substituintes. Isso sugere que o receptor tem uma bolsa hidrofóbica que pode acomodar um, mas não dois substituintes.

Na busca por um novo analgésico, a potência da droga foi descrita pela seguinte equação, onde *HA* indica se R é um aceptor de ligação hidrogênio e se *B* é um fator estérico:

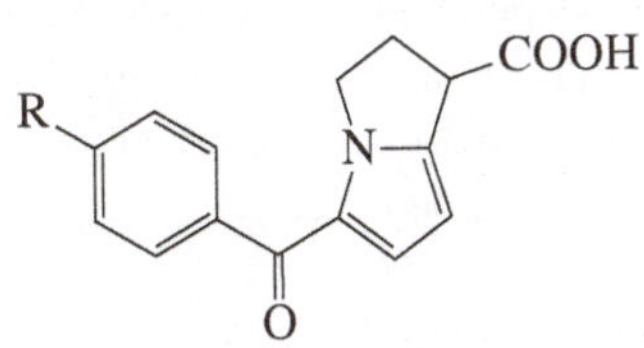

potência = – 4,45 – 0,73*HA* + 6,5*B* – 1,55(*B*)^2

---

1 A sigla QSAR vem do inglês "Quantitative Structure–Activity Relationship". (N. do T.)

Na pesquisa de uma droga para ser usada no tratamento da leucemia, uma análise de QSAR mostrou que a atividade antileucêmica de uma série de triazinas substituídas estava relacionada à capacidade de doação de elétrons do substituinte. Quando, porém, outra análise de QSAR mostrou que a toxicidade dessas substâncias estava também relacionada à capacidade de doação de elétrons do substituinte, foi decidido que seria infrutífero continuar sintetizando e testando essa classe de substâncias.

Além da solubilidade e dos parâmetros dos substituintes, algumas das propriedades que têm sido correlacionadas à atividade biológica são: o potencial de oxidação–redução, o tamanho molecular, a distância interatômica de grupos funcionais, o grau de ionização e a configuração.

30.10 Modelagem molecular

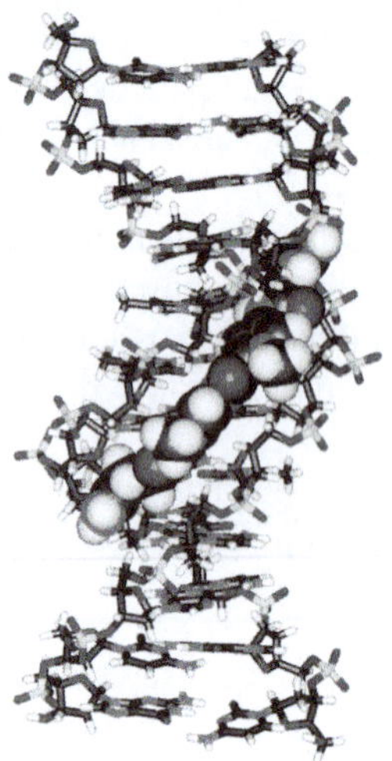

▲ Antibiótico netropsina ligado a uma fenda pequena do DNA.

As substâncias com atividades biológicas similares geralmente têm estruturas parecidas, pois a forma de uma molécula determina se esta será reconhecida por um receptor e se apresentará, então, atividade biológica. Devido ao fato de os computadores poderem desenhar modelos moleculares das substâncias no vídeo e movê-los para assumir conformações diferentes, a **modelagem molecular** computadorizada permite um planejamento mais racional das drogas. Existem programas de computador que ajudam os químicos a procurar coleções de milhares de substâncias existentes para achar aquelas com propriedades estruturais e conformacionais apropriadas.

Qualquer substância que se mostrar promissora pode ser desenhada no computador com a imagem tridimensional de um sítio receptor. Por exemplo, a ligação da netropsina, antibiótico com ampla faixa de atividade antimicrobiana, a uma fenda pequena do DNA é mostrada na Figura 30.1.

O encaixe entre a substância e o receptor sugere modificações que podem ser feitas na substância a fim de resultar em uma ligação mais favorável. Desse modo, a seleção das substâncias a serem sintetizadas, para posterior teste de atividade biológica, pode ser mais racional, permitindo a descoberta mais rápida de substâncias farmacologicamente ativas. A técnica se tornará mais útil quando os cientistas aprenderem mais sobre os sítios receptores.

30.11 Síntese orgânica combinatória

A necessidade de grandes coleções de substâncias que possam ser testadas farmacologicamente, na pesquisa constante por novas drogas, tem levado os químicos orgânicos ao desenvolvimento de uma estratégia sintética que utiliza a produção em massa. Essa estratégia, chamada **síntese orgânica combinatória**, envolve a síntese de um grande grupo de substâncias relacionadas — conhecido como biblioteca — pela ligação covalente de grupos de unidades estruturais diferentes. Por exemplo, se uma substância pode ser sintetizada pela conexão de três unidades estruturais diferentes, e se cada grupo de unidades estruturais contém 10 substâncias interconversíveis, então 1.000 ($10 \times 10 \times 10$) substâncias diferentes podem ser preparadas. Essa estratégia mimetiza claramente a natureza, a qual usa os aminoácidos e os ácidos nucleicos como unidades estruturais para a síntese de um número enorme de proteínas diferentes e ácidos nucleicos.

A primeira exigência da síntese combinatória é a disponibilidade de uma variedade de pequenas moléculas reativas para serem usadas como unidades estruturais. Devido à pronta disponibilidade de aminoácidos, a síntese combinatória se iniciou pela criação de bibliotecas peptídicas. Os peptídeos, porém, têm uso limitado como agente terapêutico porque geralmente não podem ser administrados por via oral, além de ser metabolizados rapidamente. Atualmente, os químicos orgânicos criam bibliotecas de moléculas orgânicas pequenas para o uso em síntese combinatória de *substâncias protótipos* modificadas ou como um complemento para o *planejamento racional de drogas*.

Um exemplo da estratégia usada em síntese combinatória é a criação de uma biblioteca de benzodiazepinas. Essas substâncias podem se originar de três diferentes grupos de unidades estruturais: a 2-aminobenzofenona, o aminoácido e o agente alquilante.

A 2-aminobenzofenona está ligada a um suporte sólido de maneira que permita sua rápida remoção por hidrólise ácida (Figura 30.2). O aminoácido — *N*-protegido e ativado pela conversão em um fluoreto de acila — é então adicionado. Após a formação da amida, o grupo protetor é removido e o anel de sete membros é criado como resultado da formação da imina. Uma base é adicionada para remover o hidrogênio da amida, formando um nucleófilo que reage com o agente alquilante adicionado. O produto final é depois removido do suporte sólido.

Para sintetizar uma biblioteca dessas substâncias, o suporte sólido que contém a 2-aminobenzofenona pode ser dividido em diversas partes, e o aminoácido diferente pode, então, ser adicionado a cada parte. Os produtos cíclicos também podem ser divididos em diversas partes e um agente alquilante diferente pode ser adicionado a cada parte. Dessa maneira, podem ser preparadas muitas benzodiazepinas diferentes. A síntese combinatória não deve apresentar necessariamente um substrato preso a um suporte sólido, mas a presença desse suporte aumenta o rendimento da reação, pois nenhum produto se perde durante a etapa de purificação.

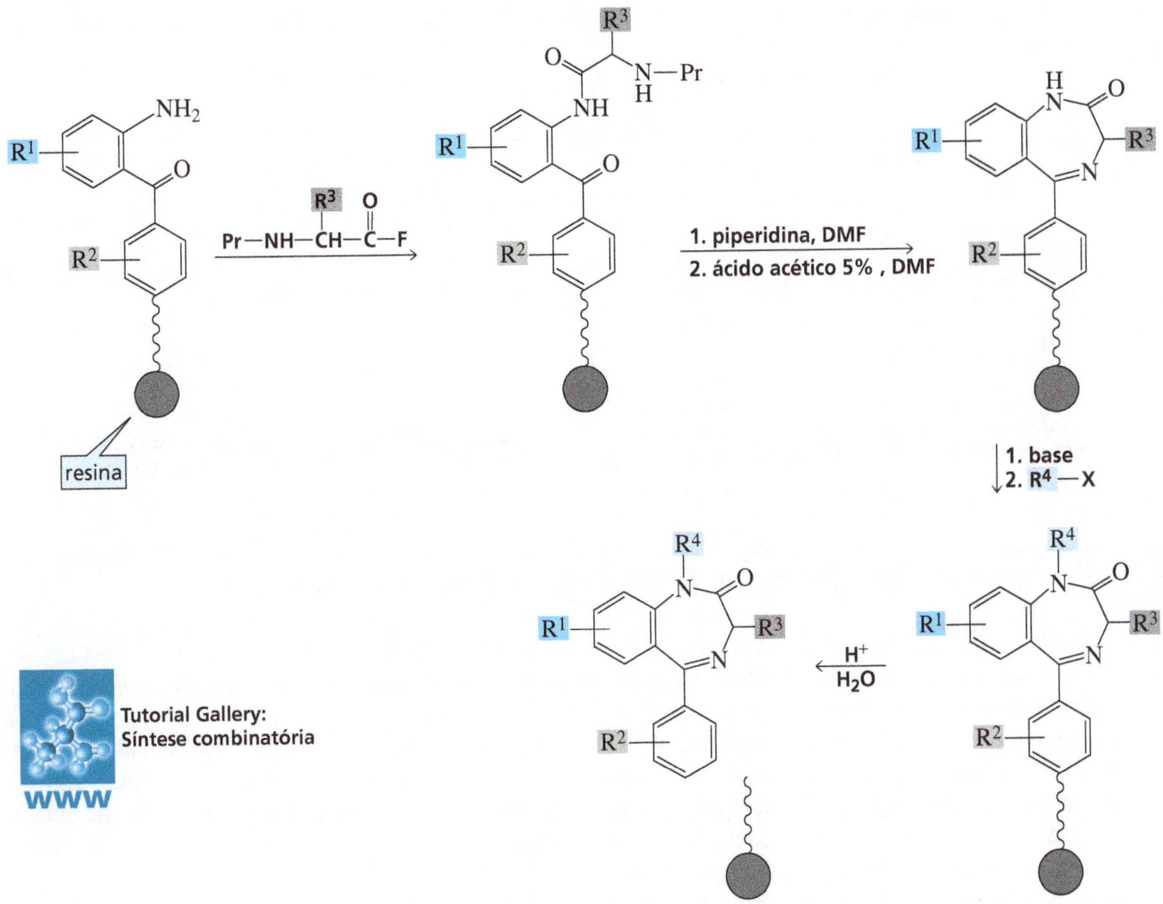

Tutorial Gallery: Síntese combinatória
WWW

▲ **Figura 30.2**
Síntese orgânica combinatória de benzodiazepinas.

30.12 Drogas antivirais

Uma pequena quantidade de drogas úteis clinicamente tem sido desenvolvida para infecções virais. Esse progresso lento é devido à natureza dos vírus e a forma com que eles se multiplicam. Os vírus são menores do que as bactérias. Um vírus é constituído de um ácido nucleico — DNA ou RNA — envolvido por uma camada de proteína. Ele penetra na célula hospedeira ou simplesmente injeta o seu ácido nucleico dentro da célula. Nos dois casos, o ácido nucleico é transcrito e integrado ao genoma do hospedeiro.

As **drogas antivirais** são análogos de nucleosídeos, interferindo com a síntese do DNA ou do RNA. Dessa maneira, impedem a replicação viral. Por exemplo, o aciclovir, droga usada contra o vírus do herpes, tem forma tridimensional similar à guanina, podendo, portanto, enganar o vírus pela sua incorporação ao DNA viral no lugar da guanina. Uma vez que isso acontece, a cadeia do DNA não pode mais crescer, pois o aciclovir carece de um grupo 3′-OH. O DNA interrompido se liga à DNA polimerase, que o inativa irreversivelmente (Seção 27.7).

A citarabina, empregada contra a leucemia mielocítica aguda, compete com a citosina pela incorporação ao DNA viral. Essa droga contém uma arabinose no lugar de uma ribose (Tabela 22.1). O grupo 2′-OH na posição β impede que as bases do DNA se emparelhem apropriadamente (Seção 27.7).

A ribavirina é um agente antiviral de largo espectro que inibe a síntese do mRNA (Seção 27.10). Uma etapa na via metabólica responsável pela síntese da guanosina trifosfato (GTP) consiste na conversão da inosina monofosfato (IMP) em xantosina monofosfato (XMP). A ribavirina é um inibidor competitivo da enzima que catalisa essa etapa; portanto, interfere com a síntese do GTP e, em decorrência, com a síntese de todos os ácidos nucleicos.

A idoxuridina foi aprovada nos Estados Unidos somente para o tratamento tópico de infecções oculares, apesar de ser usada para herpes em outros países. Essa substância tem um grupo iodo no lugar do grupo metila da timina e pode ser incorporada ao DNA no lugar da timina. O crescimento da cadeia pode continuar porque a idoxuridina tem um grupo 3′-OH. O DNA que incorporou a idoxuridina, porém, é mais facilmente quebrado e também não é transcrito adequadamente.

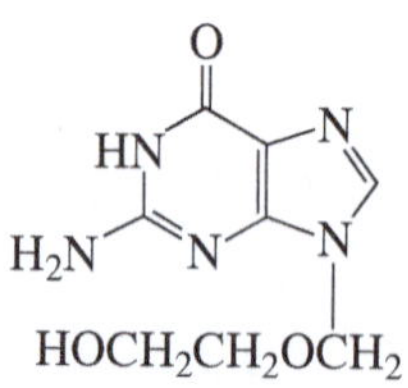

aciclovir
Aclovir®
usado em infecções por *Herpes simplex*

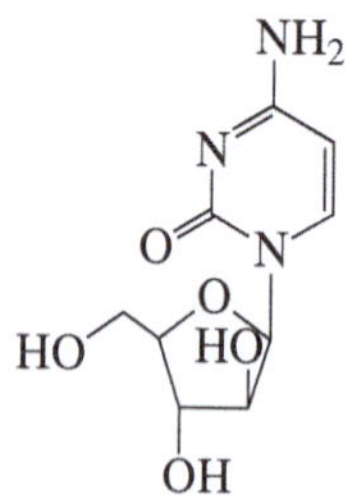

citarabina
Cytosar®
usado contra a leucemia mielocítica aguda

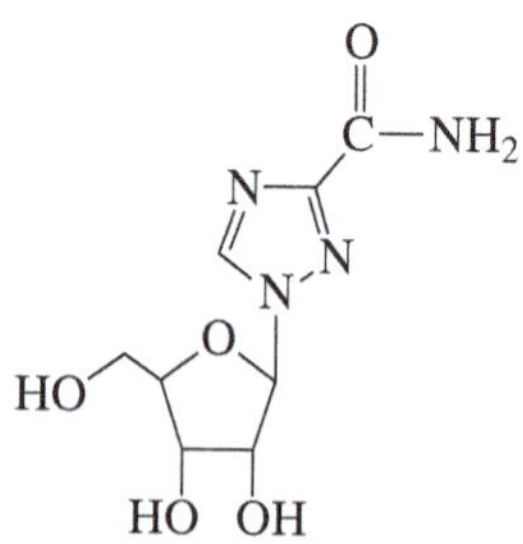

ribavirina
Viramid®
agente antiviral de largo espectro

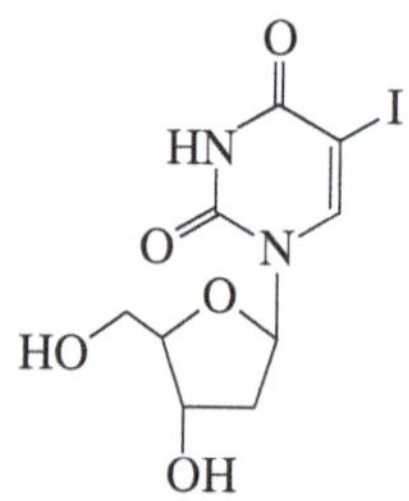

idoxuridina
Herplex®
aprovado para uso oftálmico tópico

30.13 Economia das drogas • Regulações governamentais

O custo médio do lançamento de uma nova droga no mercado é de 100 a 500 milhões de dólares. Esse custo tem de ser amortizado rapidamente pelo fabricante, pois a data inicial de uma patente é a data em que a droga é descoberta primeiro. Uma patente dura em média 20 anos, contados a partir da data de sua aplicação. Leva-se em média 12 anos para uma droga chegar ao mercado, após a sua descoberta inicial, portanto a patente protege a droga por somente oito anos. É apenas durante os oito anos da proteção da patente que o mercado da droga pode fornecer lucro suficiente para que os custos sejam ressarcidos e o lucro possa ser gerado para realização de novas pesquisas. O tempo de vida médio de uma droga é de somente 15 a 20 anos; após esse tempo, ela é em geral substituída por uma mais nova e aprimorada. Cerca de apenas uma entre três drogas fornece lucro para a companhia.

Por que custa tanto para se desenvolver uma nova droga? Primeiro, o FDA tem padrões altíssimos que devem ser seguidos antes da aprovação de uma droga para determinado uso. Antes de o governo americano se envolver com a regulamentação das drogas, era comum se observarem charlatões que utilizavam placebos ou até mesmo medicamentos prejudiciais. Com início em 1906, o Congresso aprovou leis que administravam a fabricação, a distribuição e o uso das drogas. Essas leis são atualizadas de tempos em tempos como reflexo das mudanças ocorridas. A lei atual requer que todas as drogas novas sejam completamente testadas em sua eficácia e segurança, antes que sejam usadas pelos médicos.

Um fator importante que contribui para o alto preço de muitas drogas é a pequena taxa de êxito no avanço do conceito inicial até o produto aprovado: somente uma ou duas em cada cem substâncias testadas tornam-se uma substância protótipo; em mais de cem modificações estruturais de uma substância protótipo, apenas uma é levada a estudos posteriores e somente 10% dessas substâncias tornam-se drogas comerciais.

Medicamentos órfãos

Devido ao custo elevado associado ao desenvolvimento de uma droga, as empresas farmacêuticas estão relutantes na realização de pesquisas sobre novas drogas para doenças raras. Mesmo se uma empresa descobrisse uma droga, não haveria como recuperar os seus gastos, devido à demanda limitada. Em 1983, o Congresso norte-americano aprovou o Decreto dos Medicamentos Órfãos. Esse decreto cria subsídios públicos para financiar a pesquisa e fornece créditos para mais de 50% dos custos do desenvolvimento e comercialização de medicamentos — chamados **medicamentos órfãos** — para doenças ou condições que afetam cerca de 200 mil pessoas. A empresa que desenvolve a droga tem ainda quatro anos de direitos comerciais exclusivos se a droga não for patenteável. Nos dez anos anteriores à aprovação desse decreto, menos de dez medicamentos órfãos foram desenvolvidos. Hoje existem mais de cem e outros 600 estão em desenvolvimento.

Drogas originalmente desenvolvidas como medicamentos órfãos incluem o AZT (para o tratamento da Aids), o Taxol® (para o tratamento do câncer de ovário), o Exosurf Neonatal® (para o tratamento da síndrome da aflição respiratória em crianças) e o Opticrom® (para o tratamento da dilatação da córnea).

Resumo

A **droga** é uma substância que interage com uma molécula biológica, provocando uma resposta fisiológica. Cada droga tem um **nome comercial** que só pode ser usado pelo proprietário da patente, a qual é válida por 20 anos. Uma vez expirado o prazo da patente, outras empresas podem comercializar a droga sob um **nome genérico**, que pode ser usado por qualquer empresa farmacêutica. Drogas pouco pesquisadas, uma vez que seriam usadas em condições que afetam menos de 200 mil pessoas, são os denominados **medicamentos órfãos**. O FDA tem altos padrões que devem ser respeitados antes da aprovação de uma droga para determinado uso. O custo médio para se lançar uma droga no mercado é de 230 milhões.

O protótipo para uma nova droga é chamado **substância protótipo**. A mudança estrutural em uma substância protótipo é chamada **modificação molecular**. Um ***screening* randômico** (ou ***screening* cego**) é a pesquisa por uma substância protótipo farmacologicamente ativa, sem nenhuma informação prévia sobre que estruturas poderiam apresentar determinada atividade. A técnica que relaciona uma propriedade de uma série de substâncias a sua atividade biológica é conhecida como **relação estrutura–atividade quantitativa (QSAR)**.

Muitas drogas exercem efeitos fisiológicos pela ligação com um sítio ligante específico nas células chamado **receptor**. Algumas drogas agem pela **inibição de enzimas** ou pela ligação com o ácido nucleico. A maioria das **drogas antivirais** são semelhantes aos nucleosídeos: interferem na síntese do DNA ou RNA e, em decorrência, inibem a replicação viral.

Uma **droga bacteriostática** inibe o crescimento da bactéria; uma **droga bactericida** mata a bactéria. Nos últimos anos, muitas bactérias têm se tornado resistentes a todos os antibióticos, e essa **resistência** tem sido um problema importante em química medicinal.

O índice terapêutico de uma droga é a razão entre a dose letal e a dose terapêutica. Quanto maior o **índice terapêutico**, maior é a margem de segurança da droga. O efeito de duas drogas usadas em combinação é chamado **sinergismo das drogas**.

Grandes coleções de substâncias que podem ser testadas são preparadas por **síntese orgânica combinatória** — síntese de um grupo de substâncias relacionadas por meio de unidades estruturais conectadas covalentemente.

Palavras-chave

atividade biológica (p. 635)
coeficiente de distribuição (p. 635)
droga (p. 618)
droga antiviral (p. 638)
droga bactericida (p. 626)
droga bacteriostática (p. 626)
índice terapêutico (p. 633)
inibidor suicida (p. 631)
marca registrada (p. 621)
medicamento órfão (p. 639)
modelagem molecular (p. 636)
modificação molecular (p. 622)
nome comercial (p. 621)
nome comercial (p. 621)
nome de propriedade (p. 621)

nome genérico (p. 622)
planejamento racional de drogas (p. 634)
receptor (p. 627)
relação estrutura–atividade quantitativa (QSAR) (p. 635)
resistência às drogas (p. 632)
screening cego (p. 625)
screening randômico (p. 625)
sinergismo de drogas (p. 632)
síntese orgânica combinatória (p. 636)
substância protótipo (p. 622)

Problemas

1. Qual é o nome químico das seguintes drogas?
   a. benzocaína
   b. procaína

2. Com base na substância protótipo para o desenvolvimento da procaína e lidocaína, proponha estruturas para outras substâncias que você gostaria que fossem testadas como anestésicos.

3. Qual das seguintes substâncias poderia exibir melhor atividade tranqüilizante?

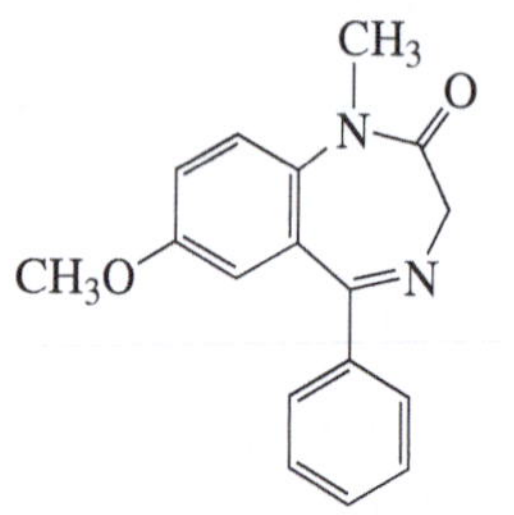

ou

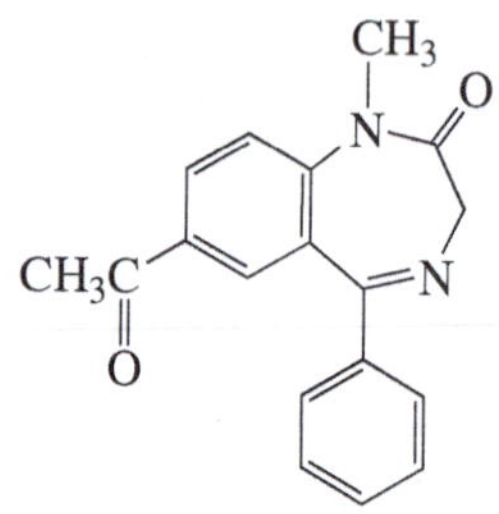

4. Qual das seguintes substâncias seria melhor anestésico?

$CH_3CH_2CH_2OH$ ou $CH_3OCH_2CH_3$

5. O que explica a facilidade de formação da imina entre a penicilinase e o antibiótico sulfona que combate a resistência à penicilina?

6. Para cada um dos seguintes pares de substâncias, indique a substância que você espera ser o inibidor mais potente da diidrofolato redutase:

a.

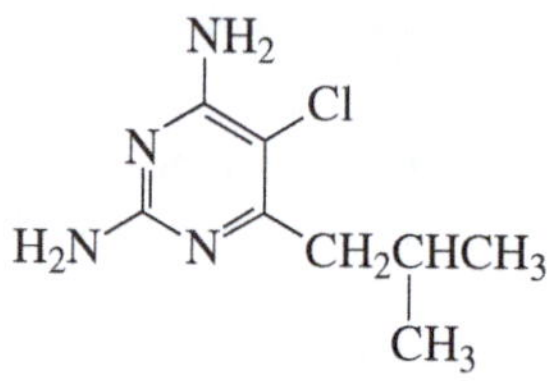

ou

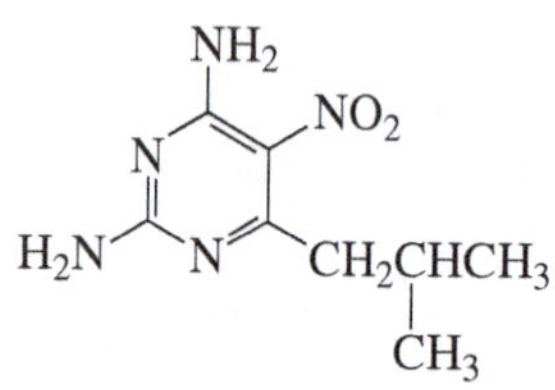

b.

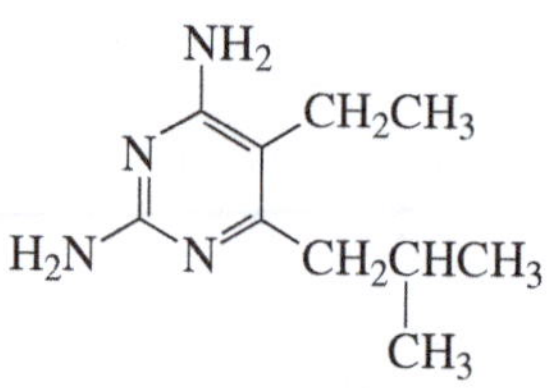

ou

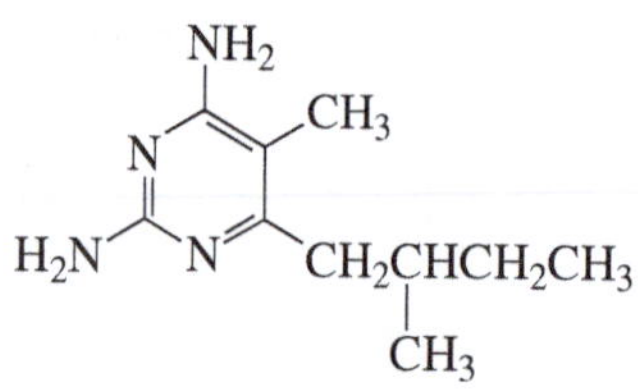

7. A dose letal do tetraidrocanabinol em camundongos é de 2g/kg, e a dose terapêutica é de 20 mg/kg. A dose letal do pentotal sódico em camundongos é de 100 mg/kg, e a dose terapêutica é de 30 mg/kg. Qual é a droga mais segura?

8. A seguinte substância é um inibidor suicida da enzima que catalisa a racemização de aminoácidos:

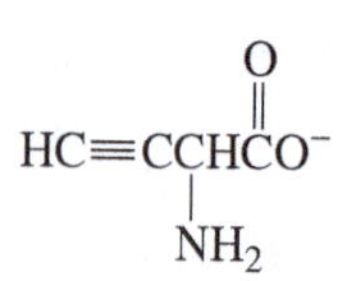

Proponha um mecanismo que explique como essa substância inativa irreversivelmente a enzima.

9. Explique como cada uma das drogas antivirais mostradas na Seção 30.12 diferem do nucleosídeo de ocorrência natural mais semelhante.

10. Mostre um mecanismo para a formação de um 4-óxido de benzodiazepina a partir da reação de um 3-óxido de quinazolina com a metilamina.

11. Mostre como o Valium® poderia ser sintetizado a partir do cloreto de benzoíla, da *para*-cloroanilina, do iodeto de metila e do éster etílico da glicina.

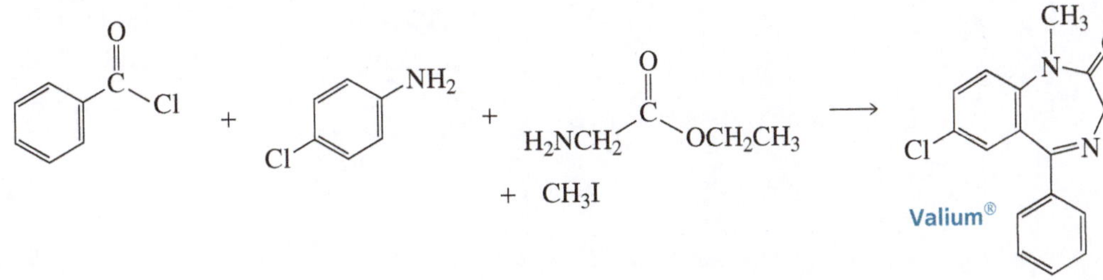

12. Mostre como o Tagamet® poderia ser sintetizado a partir dos materiais de partida indicados a seguir.

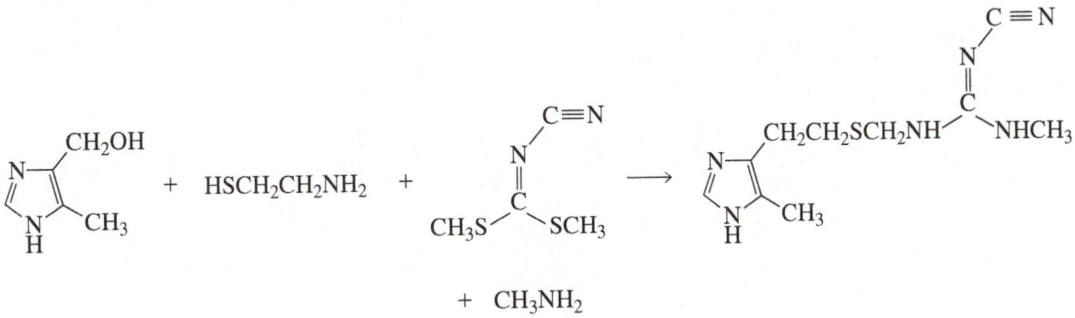

Respostas dos problemas solucionados

CAPÍTULO 15

15-1. a. 4 **b.** Será aromático se for cíclico, se for planar e se cada carbono do anel tiver um orbital *p*. **15-2.** b, c, e, g **15-5.** quinolina = sp^2; indol = *p*; imidazol = 1 é sp^2 e 1 é *p*; purina = 3 são sp^2 e 1 é *p*; pirimidina = ambos são sp^2 **15-7.** Ciclopentadieno tem o pK_a menor. **15-10. a.** Ciclopropano tem o menor pK_a **b.** 3-bromo-ciclopropeno **15-11.** a **15-12.** um ligante, dois anti-ligantes, um anti-ligante; dois elétrons π no OM ligante e um em cada um dos OMs anti-ligantes **15-13.** não

15-15. a. 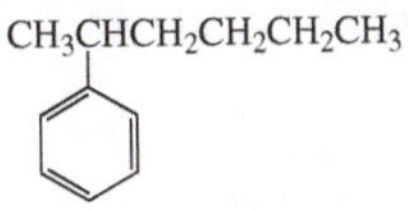 **c.** 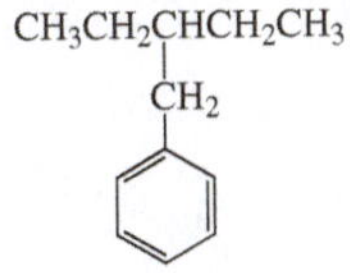

b. 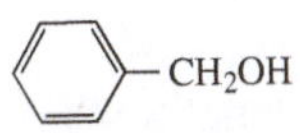 **d.** 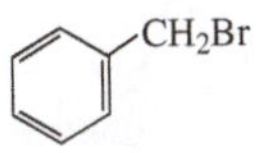

15-17. ambos reagirão aproximadamente na mesma velocidade
15-23. a. etilbenzeno **b.** isopropilbenzeno **c.** *sec*-butilbenzeno **d.** *tert*-pentilbenzeno **e.** *tert*-butilbenzeno **f.** 3-fenilpropeno

CAPÍTULO 16

16-1. a. *orto*-etilfenol **b.** *meta*-bromo-clorobenzeno **c.** *meta*-bromo-benzaldeído **d.** *orto*-etiltolueno

a. 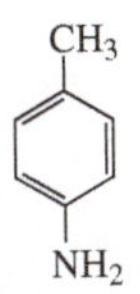 **b.** 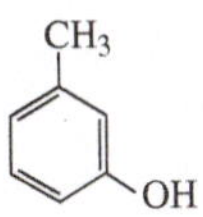 **c.**  **d.** 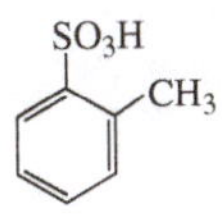

16-3.

a. 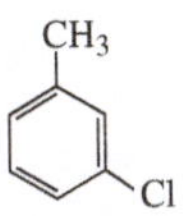 **b.** 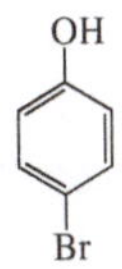 **c.** 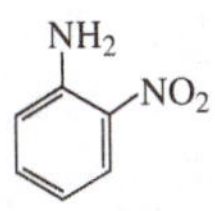 **d.** 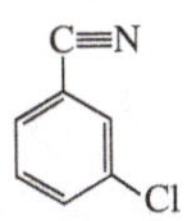

e. 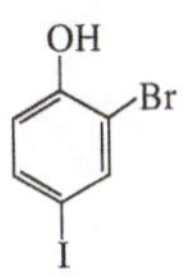 **f.** 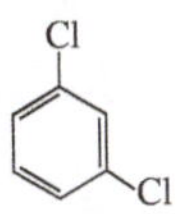 **g.** 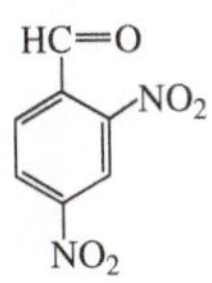 **h.** 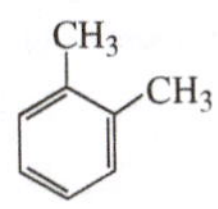

16-4. a. 1,3,5-tribromobenzeno **b.** 3-nitrofenol **c.** p-bromotolueno **d.** 1,2-diclorobenzeno

16-5. a. 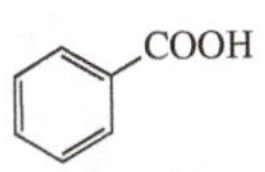 **b.** 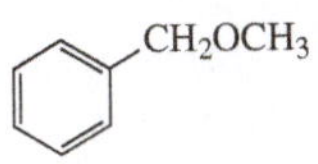

c. 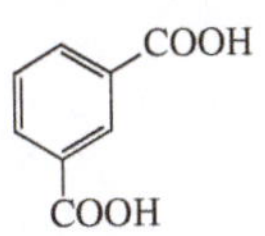 **d.** 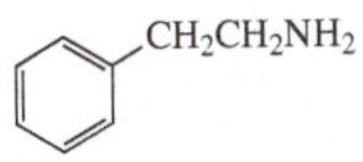

16-7. a. doa elétrons por ressonância e retira elétrons indutivamente **b.** doa elétrons indutivamente **c.** retira elétrons por ressonância e retira elétrons indutivamente **d.** doa elétrons por ressonância e retira elétrons indutivamente **e.** doa elétrons por ressonância e retira elétrons indutivamente **f.** retira elétrons indutivamente

16-8. a. fenol > tolueno > benzeno > bromobenzeno > nitrobenzeno **b.** tolueno > clorometilbenzeno > diclorometilbenzeno > difluorometilbenzeno

16-11. a. 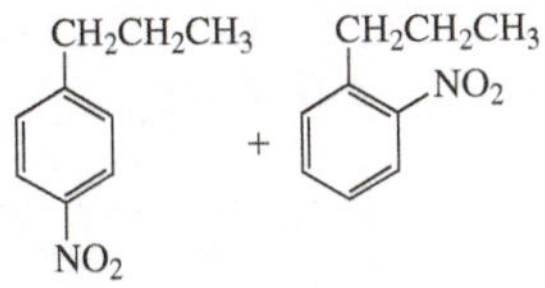 **d.** 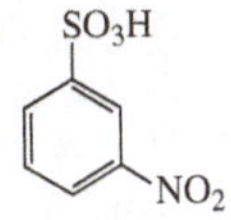

b. 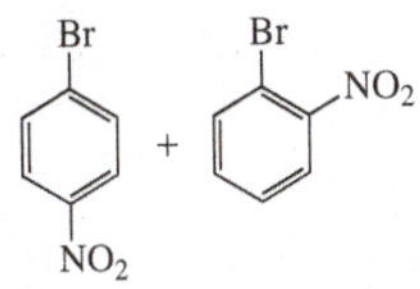 **e.** 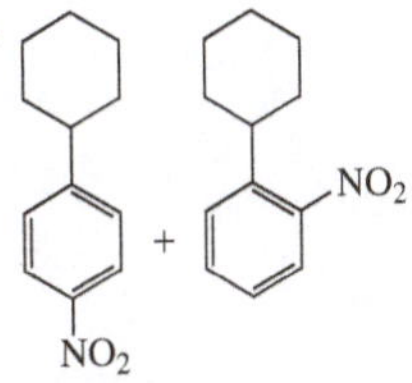

c. 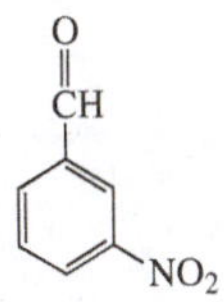 **f.** 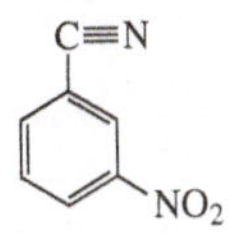

16-12. São todos orientadores meta.

16-13. a. $ClCH_2\overset{O}{\overset{\|}{C}}OH$ **e.** $HO\overset{O}{\overset{\|}{C}}CH_2\overset{O}{\overset{\|}{C}}OH$

b. $O_2NCH_2\overset{O}{\overset{\|}{C}}OH$ **f.** $H\overset{O}{\overset{\|}{C}}OH$

c. $H_3\overset{+}{N}CH_2\overset{O}{\overset{\|}{C}}OH$ **g.** $FCH_2\overset{O}{\overset{\|}{C}}OH$

d. 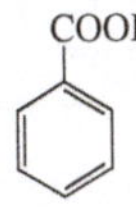 **h.** 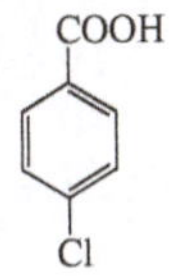

16-15. a. não houve reação **c.** não houve reação

b. 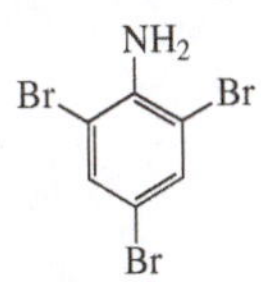 **d.** 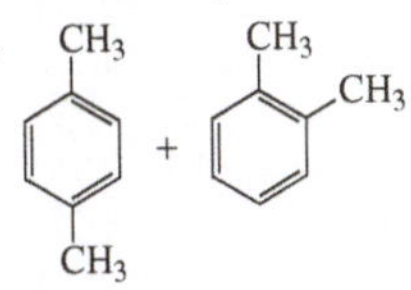

16-18. a. 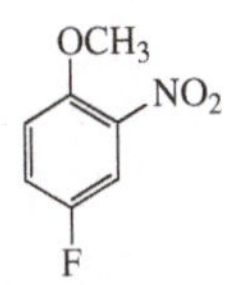 **b.** 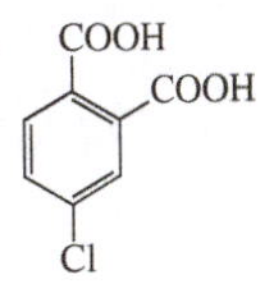 **c.** 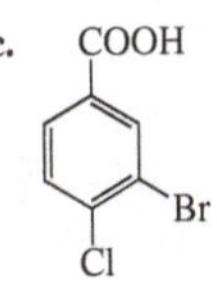

16-26. $CH_3CH(Cl)CH_3$ + $CH_3CH(OH)CH_3$ + $CH_3CH{=}CH_2$ + N_2

16-29. a. 1-cloro-2,4-dinitrobenzeno > *p*-cloro-nitrobenzeno > clorobenzeno **b.** clorobenzeno > *p*-cloro-nitrobenzeno > 1-cloro-2,4-dinitro-clorobenzeno

CAPÍTULO 17

17-2. a. butanonitrila, cianeto de propila **b.** anidrido etanóico propanóico, anidrido acético propiônico **c.** butanoato de potássio; butirato de potássio **d.** cloreto de pentanoíla, cloreto de valerila **e.** butanoato de isobutila, butirato de isobutila **f.** *N,N*-dimetil-hexanamida **g.** γ-butirolactama **h.** ácido ciclopentano-carboxílico **i.** β-metil-valerolactona **17-4.** ligação C–O em um álcool: sem carácter de dupla ligação **17-5.** A ligação mais curta tem a freqüência maior.

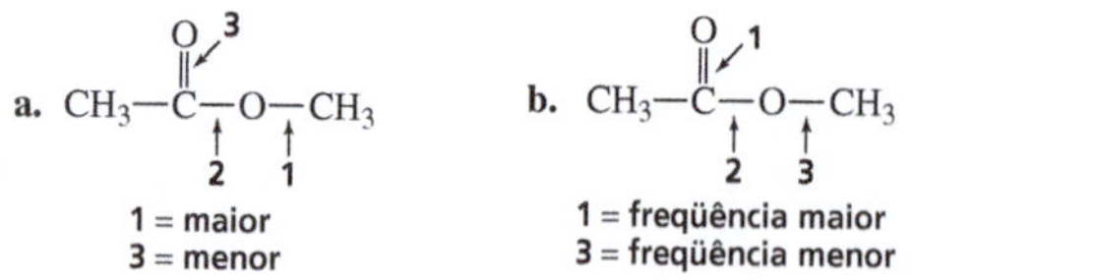

17-7. a. não houve reação **b.** $CH_3\overset{O}{\overset{\|}{C}}OH$ **c.** $CH_3{-}\overset{O}{\overset{\|}{C}}{-}O{-}\overset{O}{\overset{\|}{C}}{-}CH_3$ **d.** não houve reação

17-8. verdadeiro

17-9. a. novo **b.** não houve reação **c.** mistura de dois

17-13. a. $CH_3CH_2CH_2OH$ **c.** $(CH_3)_2NH$ **e.** $CH_3\overset{O}{\overset{\|}{C}}O^-$

b. $CH_3CH_2NH_2$ **d.** H_2O **f.** 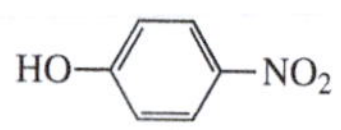

17-17. a. o grupo carbonila do éster é relativamente pouco reativo, nucleófilo é relativamente pouco reativo, grupo de partida é uma base forte **b.** aminólises

17-19. a. ácido carboxílico protonado, intermediário tetraédrico I, intermediário tetraédrico III, H_3O^+, CH_3OH^+ **b.** Cl^-, ácido carboxílico, intermediário tetraédrico II, H_2O, CH_3OH **c.** H_3O^+ **d.** H_3O^+ se for usado excesso de água; $CH_3OH_2{}^+$ caso contrário. **17-22. a.** $CH_3CH_2CH_2O^-$ **b.** H^+ tornaria a amina não reativa pela sua protonação. HO^- formaria o produto de hidrólise. RO^- formaria um éster. **17-23.** butanoato de metila e metanol

17-24. a. o álcool **b.** o ácido carboxílico

17-31.

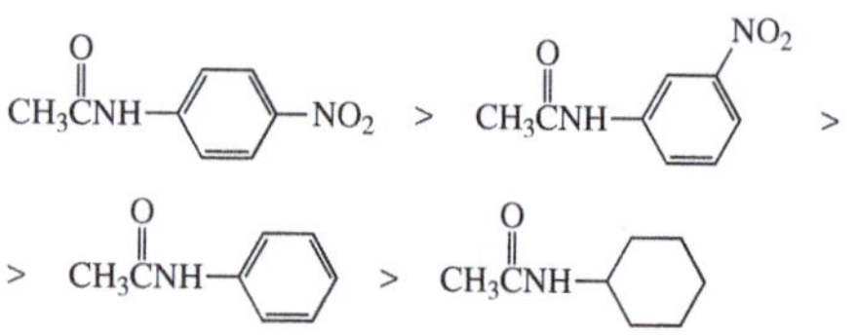

17-32. a. brometo de pentila **b.** brometo de isoexila **c.** brometo de benzila **d.** brometo de cicloexila

17-34. a. $CH_3CH_2CH_2Br$ **b.** $CH_3CH(CH_3)CH_2Br$ **c.** 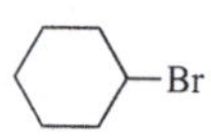

17-37. a. $(CH_3CH_2)_2N\overset{O}{\overset{\|}{C}}N(CH_2CH_3)_2$

b. $CH_3\overset{O}{\overset{\|}{C}}O\overset{O}{\overset{\|}{C}}CH_2\overset{O}{\overset{\|}{C}}O\overset{O}{\overset{\|}{C}}CH_3$

c. $H_2N\overset{O}{\overset{\|}{C}}NHCH_3$ **d.** não houve reação

e. $HO\overset{O}{\overset{\|}{C}}OH + {}^+NH_4 \rightleftharpoons CO_2 + H_2O$ **f.** 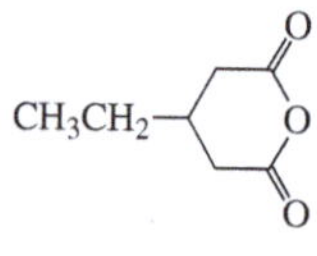

CAPÍTULO 18

18-2. a. 3-metil-pentanal, β-metil-valeraldeído **b.** 4-heptanona, dipropil cetona **c.** 2-metil-4-heptanona, isobutil propil cetona **d.** 4-fenil-butanal, γ-fenil-butiraldeído **e.** 4-etil-hexanal, γ-etil-caproaldeído **f.** 1-hepten-3-ona, butil vinil cetona **18-3. a.** 6-hidroxi-3-heptanona **b.** 2-oxociclo-hexil-metanonitrila **c.** 3-formil-pentanamida **18-4. a.** 2-heptanona **b.** *para*-nitro-acetofenona **18-5. a.** dois; (*R*)-3-metil-3-hexanol e (*S*)-3-metil-3-hexanol **b.** um; 2-metil-2-pentanol

18-6.

$CH_3\overset{O}{\overset{\|}{C}}CH_2CH_3$ + $CH_3CH_2CH_2MgBr$

$CH_3CH_2\overset{O}{\overset{\|}{C}}CH_2CH_2CH_3$ + CH_3MgBr

18-7. íon carboxilato + alcano

18-9. 2-propanol e 3-pentanol

18-14. a. $CH_3CH(CH_3)CH_2OH$ **c.** 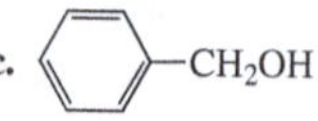

b. 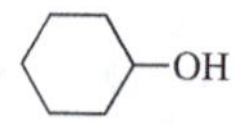 **d.** 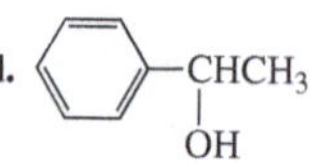

18-15. a. 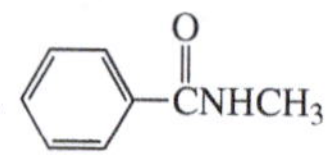 **c.** $CH_3\overset{O}{\overset{\|}{C}}NHCH_2CH_3$

b. $CH_3\overset{O}{\overset{\|}{C}}NH_2$ **d.** $CH_3\overset{O}{\overset{\|}{C}}N(CH_2CH_3)_2$

18-17. a. 1×10^{-12} **b.** 1×10^{-9} **c.** 3.1×10^{-3}

18-20. a. 

b. 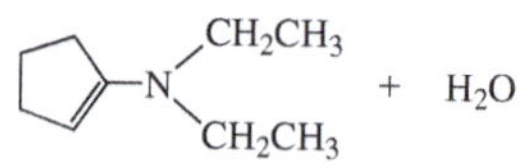

c. 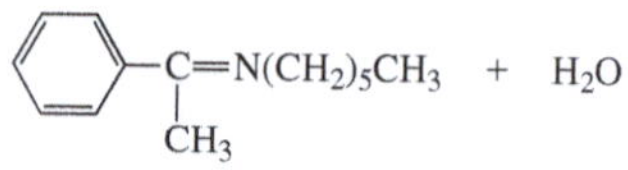

d. 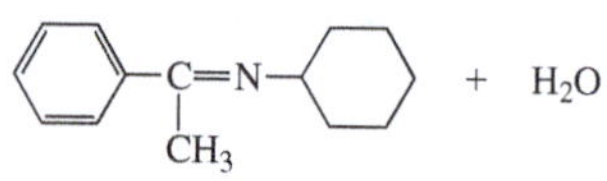

18-25. a cetona com os substituintes nitro

18-28. a. 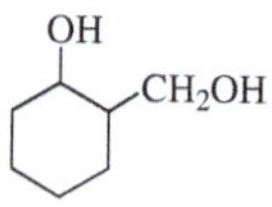 **b.** $NaBH_4$

18-31. a. 26% **b.** 17%

18-34.

a. 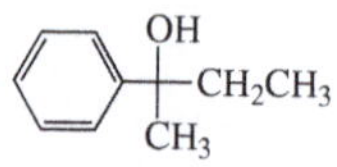

S

b. 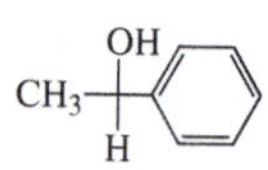

R

c. $CH_3C(OH)(CH_3)CH_2CH_2CH_3$

substância não tem um carbono assimétrico

d. $CH_3CH_2CH_2-\underset{CH_3}{\overset{OH}{\overset{|}{\underset{|}{C}}}}-CH_2CH_3$
S

18-37. cetona não estericamente impedida

CAPÍTULO 19

19-2. a. $CH_3\overset{O}{\overset{\|}{C}}CH_2C{\equiv}N$
uma β-ceto nitrila

b. $CH_3O\overset{O}{\overset{\|}{C}}CH_2\overset{O}{\overset{\|}{C}}OCH_3$
um β-ceto éster

19-3. a. $CH_3\overset{O}{\overset{\|}{C}}H > HC{\equiv}CH > CH_2{=}CH_2 > CH_3CH_3$

b. $CH_3\overset{O}{\overset{\|}{C}}CH_2\overset{O}{\overset{\|}{C}}CH_3 > CH_3\overset{O}{\overset{\|}{C}}CH_2\overset{O}{\overset{\|}{C}}OCH_3 > CH_3O\overset{O}{\overset{\|}{C}}CH_2\overset{O}{\overset{\|}{C}}OCH_3 > CH_3\overset{O}{\overset{\|}{C}}CH_3$

c. 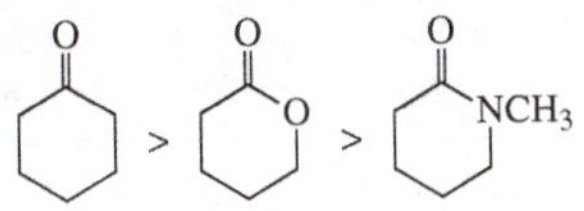

19-5. a. $CH_3CH{=}\overset{OH}{\overset{|}{C}}CH_2CH_3$ **b.** **c.** 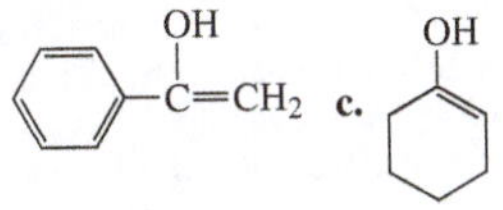

d. 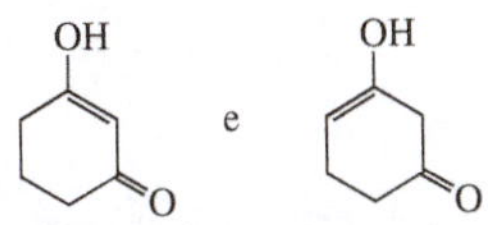
mais estável

e. $CH_3CH_2\overset{OH}{\overset{|}{C}}{=}CH\overset{O}{\overset{\|}{C}}CH_2CH_3$ e $CH_3CH{=}\overset{OH}{\overset{|}{C}}CH_2\overset{O}{\overset{\|}{C}}CH_2CH_3$
mais estável

f. 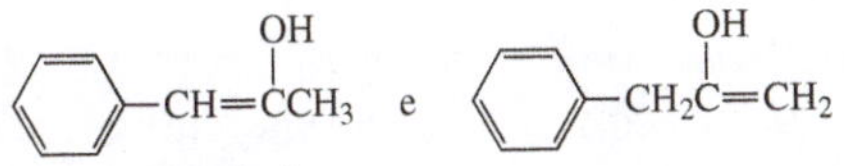
mais estável

19-8. A etapa determinante da velocidade deve ser a remoção do próton do α-carbono da cetona.

19-12.
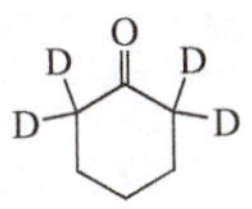

19-16. a. 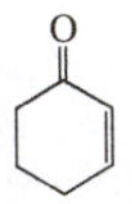 $CH_3\overset{O}{\overset{\|}{C}}CH_2\overset{O}{\overset{\|}{C}}CH_3$ HO^-

b. $CH_3\overset{O}{\overset{\|}{C}}CH{=}CH_2$ $CH_3CH_2O\overset{O}{\overset{\|}{C}}CH_2\overset{O}{\overset{\|}{C}}OCH_2CH_3$ $CH_3CH_2O^-$

19-18. a. $CH_3CH_2CH_2\overset{O}{\overset{\|}{C}}H$ **c.** 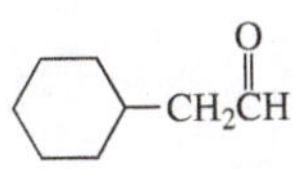

b. $CH_3\overset{O}{\overset{\|}{C}}CH_3$ **d.** $CH_3CH_2\overset{O}{\overset{\|}{C}}CH_2CH_3$

19-24. a. $CH_3CH_2CH_2\overset{O}{\overset{\|}{C}}\underset{\underset{CH_3}{\underset{|}{CH_2}}}{\underset{|}{C}H}\overset{O}{\overset{\|}{C}}OCH_3$ **b.** $CH_3\underset{CH_3}{\underset{|}{C}H}CH_2\overset{O}{\overset{\|}{C}}\underset{\underset{CH_3}{\underset{|}{CHCH_3}}}{\underset{|}{C}H}\overset{O}{\overset{\|}{C}}OCH_2CH_3$

19-29. a. 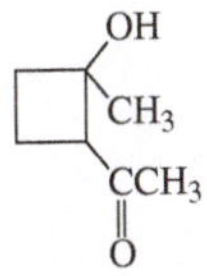 **b.** 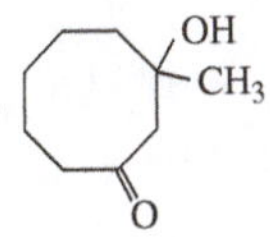

19-32. a. 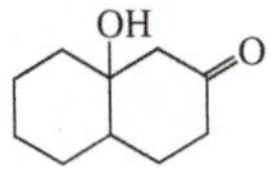 **c.** 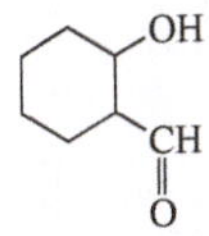

b. 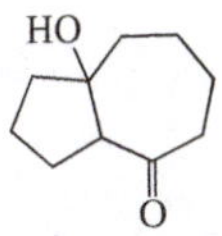 **d.** 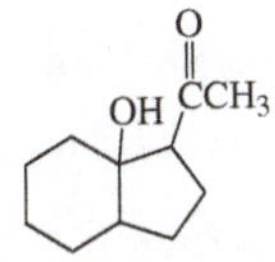

19-34. **a** e **d**; **b** não tem um grupo carboxílico **19-35. a.** brometo de metila **b.** bronude de metila (duas vezes) **c.** brometo de benzila **d.** brometo de isobutila **19-38. a.** brometo de etila **b.** brometo de pentila **c.** brometo de benzila **19-41.** 7 **19-42. a.** 3 **b.** 7

CAPÍTULO 20

20-1. a. redução **b.** nenhum **c.** oxidação **d.** oxidação **e.** redução **f.** nenhum

20-2. a. $CH_3CH_2CH_2CH_2CH_2OH$ **e.** não houve reação
b. $CH_3CH_2CH_2CH_2NH_2$ **f.** CH_3CH_2OH

c. $\underset{H}{\overset{CH_3CH_2CH_2}{}}C{=}C\underset{H}{\overset{CH_3}{}}$ **g.** $CH_3\overset{O}{\overset{\|}{C}}H$

d. 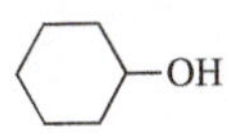 **h.** 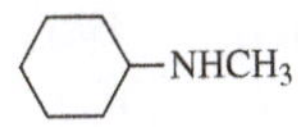

20-4. a. 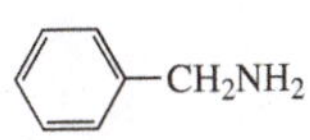 **d.** 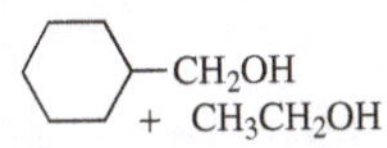

b. 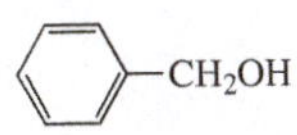 **e.** $CH_2CH_2CH_2NHCH_2CH_3$

c. $CH_3CH_2\overset{OH}{\overset{|}{C}}HCH_2CH_3$ **f.** $CH_3CH_2CH_2CH_2OH$

20-8. a.
1. $CH_3CH_2\overset{O}{\overset{\|}{C}}CH_2CH_3$
2. $CH_3CH_2CH_2CH_2\overset{O}{\overset{\|}{C}}OH$
3. não houve reação
4. $CH_3\overset{O}{\overset{\|}{C}}CH_2\overset{O}{\overset{\|}{C}}CH_2CH_3$
5. 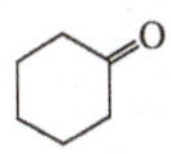
6. $HO\overset{O}{\overset{\|}{C}}CH_2CH_2\overset{O}{\overset{\|}{C}}OH$

b.
1. $CH_3CH_2\overset{O}{\overset{\|}{C}}CH_2CH_3$
2. $CH_3CH_2CH_2CH_2\overset{O}{\overset{\|}{C}}H$
3. não houve reação
4. $CH_3\overset{O}{\overset{\|}{C}}CH_2\overset{O}{\overset{\|}{C}}CH_2CH_3$

5. 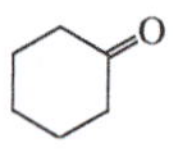   6. 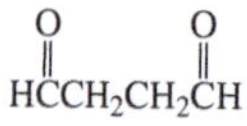

20-12. **a.** cicloexeno **b.** 1-buteno **c.** *trans*-2-penteno **d.** *cis*-2-penteno
20-17. É estereosseletiva e estereoespecífica, mas não enantiosseletiva.

20-18. **a.** 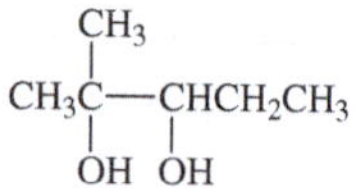 **b.** 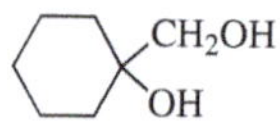

20-20. 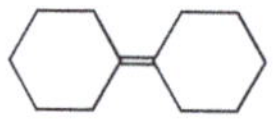

20-21. **a.** 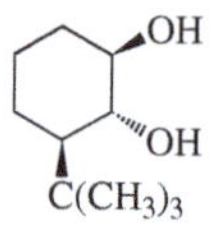 **b.** 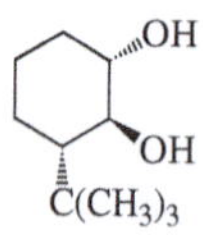

20-24. **a.** 2,3-dimetil-2-buteno **b.** *cis*-4-octeno e *trans*-4-octeno

20-26. se o alceno tiver a configuração cis ou trans

20-29. **a.** 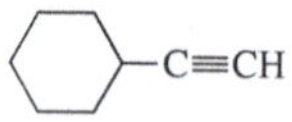

b. $CH_3CH_2C{\equiv}CCH_2CH_2CH_2C{\equiv}CCH_2CH_3$

CAPÍTULO 21

21-1. **a.** 2,2-dimetil-aziridina **b.** 4-etil-piperidina **c.** 3-metil-aza-ciclobutano **d.** 2-metil-tio-ciclopropano **e.** 2,3-dimetil-tetraidrofurano **f.** 2-etil-oxa-ciclobutano **21-2.** O oxigênio retirador de elétrons estabiliza a base conjugada.

21-3. **a.** 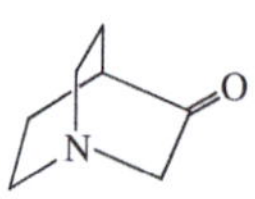 **b.** $pK_a \sim 8$ **c.** 3-cloro-quinuclidina

21-7. 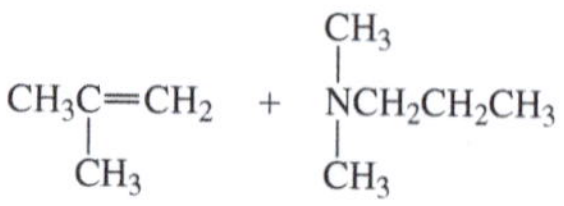

21-8. **a.** 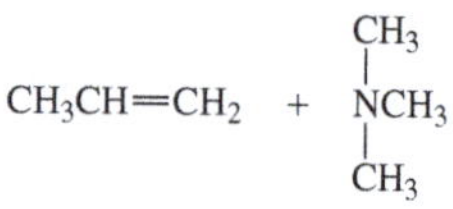 **c.** 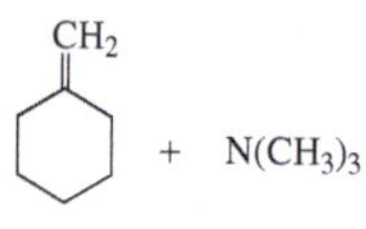

b. 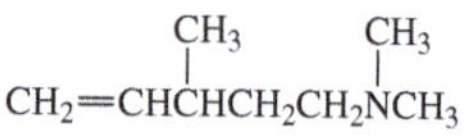 **d.** 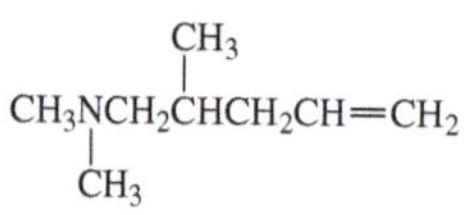

21-11. tipo carbânion

21-12. **a.** 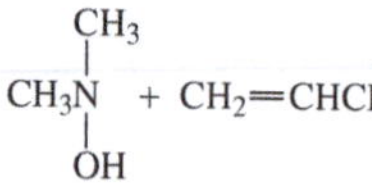 **c.** 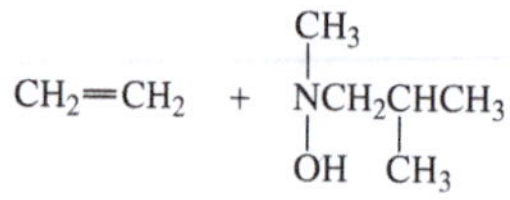

b. 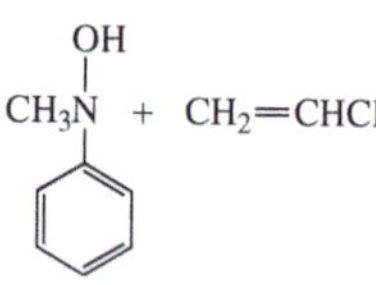 **d.** 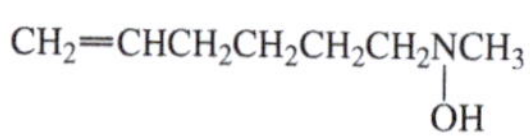

21-13. uma amina secundária e uma amina terciária

21-21. 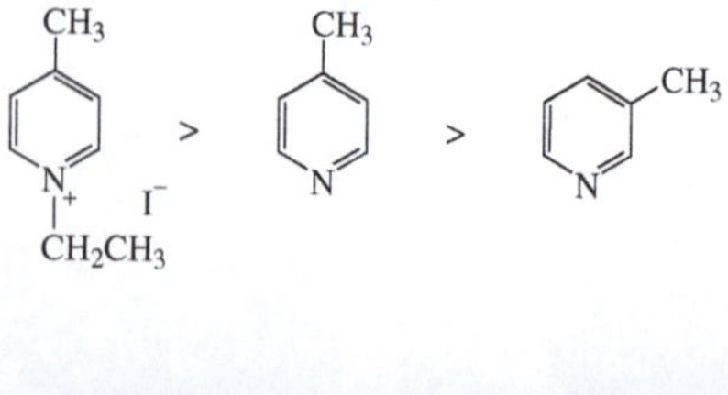

21-22. 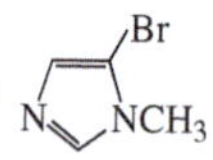

21-23. 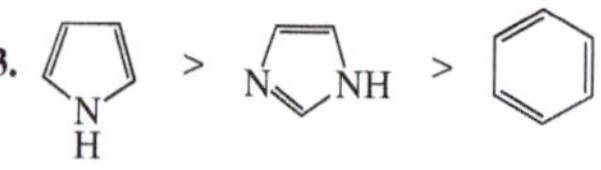

21-24. O imidazol forma ligações hidrogênio intramolecular e o *N*-metil-imidazol não forma. **21-25.** 24% **21-26.** sim

CAPÍTULO 22

22-1. D-Ribose é uma aldopentose. D-Sedoeptulose é uma cetoeptose. D-Manose é uma aldoexose. **22-3.** **a.** L-gliceraldeído **b.** L-gliceraldeído **c.** D-gliceraldeído **22-4.** **a.** enantiômeros **b.** diastereoisômeros **22-5.** **a.** D-ribose **b.** L-talose **c.** L-alose **22-6.** **a.** (2*R*,3*S*,4*R*,5*R*)-2,3,4,5,6-pentaidroxi-hexanal **b.** (2*S*,3*R*,4*S*,5*S*)-2,3,4,5,6-pentaidroxi-hexanal **22-7.** D-psicose **22-8.** **a.** Uma cetoeptose tem quatro carbonos assimétricos ($2^4 = 16$ estereoisômeros). **b.** Uma aldoeptose tem cinco carbonos assimétricos ($2^5 = 32$ estereoisômeros). **c.** Uma cetotriose não tem carbonos assimétricos; então, não tem estereoisômeros. **22-9.** **a.** D-iditiol **b.** D-iditiol e D-gulitol **22-10.** **a.** **1.** D-altrose **2.** L-galactose **b.** **1.** D-tagatose **2.** D-frutose **22-12.** D-tagatose, D-galactose e D-talose **22-13.** **a.** L-gulose **b.** L-ácido gulárico **c.** D-alose e L-alose, D-altrose e D-talose, L-altrose e L-talose, D-galactose e L-galactose **22-14.** **a.** D-arabinose e D-ribulose **b.** D-alose e D-psicose **c.** L-gulose e L-sorbose **d.** D-talose e D-tagatose **22-15.** D-gulose e D-idose **22-16.** **a.** D-gulose e D-idose **b.** L-xilose e L-lixose **22-17.** **a.** D-glicose e D-manose **b.** D-eritrose e D-treose **c.** L-alose e L-altrose **22-19.** **A** = D-glicose **B** = D-manose **C** = D-arabinose **D** = D-eritrose **22-23.** **a.** o grupo OH em C-2 **b.** o grupo OH em C-2, C-3 e C-4 **c.** o grupo OH em C-3 e C-1 **22-24.** Uma amina protonada não é um nucleófilo. **22-26.** uma L-aldoexose **22-29.** **a.** Eles não podem receber sangue do tipo A, B ou AB, pois estes tem componentes açúcar que o sangue do tipo O não tem. **b.** Eles não podem doar sangue para aqueles com sangue do tipo A, B ou O, pois o sangue AB tem componentes açúcar que esses outros tipos de sangue não tem.

CAPÍTULO 23

23-2. **a.** (*R*)-alanina **b.** (*R*)-aspartato **c.** O carbono α de todos os D-aminoácidos, exceto a cisteína que tem a configuração *R*. **23-3.** Ile, Tir
23-4. por causa do grupo amônia elétron-retirador
23-6.

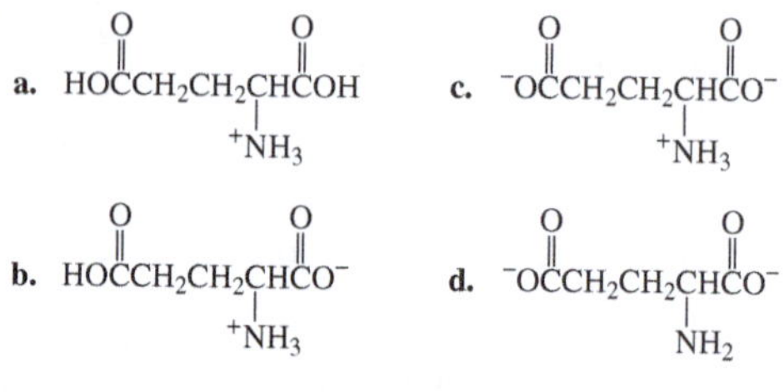

23-9. **a.** 5.43 **b.** 10.76 **c.** 5.68 **d.** 2.98 **23-10.** **a.** Asp **b.** Arg **c.** Asp **d.** Met **23-12.** Leucina e isoleucina têm polaridades similares e valores de pI, então elas aparecem como uma mancha. **23-15.** His > Val > Ser > Asp **23-18.** **a.** L-Ala, L-Asp, L-Glu **b.** L-Ala e D-Ala, L-Asp e D-Asp, L-Glu e D-Glu **23-20.** **a.** $20^8 = 25{,}600{,}000{,}000$ **b.** 20^{100} **23-21.** as ligações dos dois lados do α-carbono **23-26.** **a.** 5,8% **b.** 4,4% **23-29.** Gli-Arg-Trp-Ala-Glu-Leu-Met-Pro-Val-Asp. **23-31.** O reagente de Edman poderia liberar dois aminoácidos em quantidades aproximadamente iguais. **23-33.** Leu-Tir-Lis-Arg-Met-Fen-Arg-Ser **23-34.** 110 Å em uma α-hélice e 260 Å em uma cadeia reta. **23-35.** grupos não-polares do lado de fora e grupos polares do lado de dentro. **23-36.** **a.** proteína em forma de charuto **b.** subunidade de um hexâmero.

CAPÍTULO 24

24-1. $\Delta H^{\dagger}, E_a, \Delta S^{\dagger}, \Delta G^{\dagger}, k_{rate}$ **24-5.** O íon hidróxido age como um nucleófilo. **24-7.** $2{,}5 \times 10^6$ **24-10.** perto de um
24-11.

24-13. Os grupos nitro levam o íon fenóxido a serem melhores grupos de partida do que o íon carboxilato. **24-15.** Ser-Ala-Fen **24-17.** A arginina forma uma ligação hidrogênio direta, a lisina forma uma ligação hidrogênio indireta. **24-19.** NAM **24-20.** O ácido desnatura a enzima. **24-22.** lisina **24-25.** Colocando um substituinte na cisteína poderia interferir com a ligação ou com a catálise do substrato.

CAPÍTULO 25

25-1. Aumenta a suscetibilidade do carbono carbonílico diante do ataque nucleofílico, aumenta a nucleofilicidade da água e estabiliza a carga negativa no estado de transição. **25-2.** pirofosfato **25-3. a.** 7 **b.** 3 isolados a partir de dois outros **25-12. a.** piridoxal fosfato e α-cetoglutarato

b.

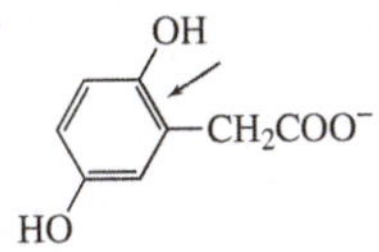

c. *S*-adenosilmetionina

25-13. alanina e aspartato

25-19.

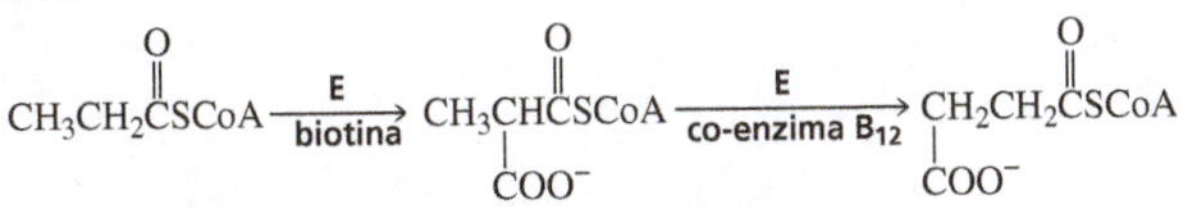

25-20. o grupo metileno do N^5,N^{10}-metileno-THF

CAPÍTULO 26

26-2. ácido hexanóico, 3 ácido malônico e ácido glutárico **26-3.** não **26-4.** tripalmitato de glicerila **26-6.** Proteínas integrais terão uma maior percentagem de aminoácidos não-polares. **26-7.** A bactéria poderia sintetizar fosfoacilgliceróis com mais ácidos graxos saturados. **26-12.** As duas metades são sintetizadas da forma cabeça-cauda e então unidas por uma junção cauda-cauda. **26-20.** fundido em cis; fundido em trans **26-21.** um β-substituinte **26-24.** Dois são substituintes axiais e um é substituinte equatorial.

CAPÍTULO 27

27-4. É uma base estável. **27-5.** fosfocreatina
27-12. a. 3′—C—C—T—G—T—T—A—G—A—C—G—5′
b. guanina **27-13. a.** 25 Å **b.** 34 Å **c.** 46 Å **27-15.** 10^{10} Å
27-18. Met-Asp-Pro-Val-Ile-Lys-His **27-19.** Met-Asp-Pro-Leu-Leu-Asn
27-21. 5′—G-C-A-T-G-G-A-C-C-C-C-G-T-T-A-T-T-A-A-A-C-A-C—3′
27-23.

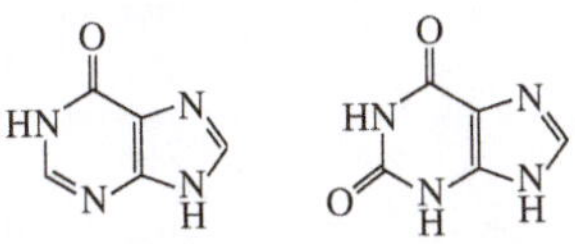

hipoxantina xantina

27-25. a

CAPÍTULO 28

28-1. a. $CH_2{=}CHCl$ **b.**

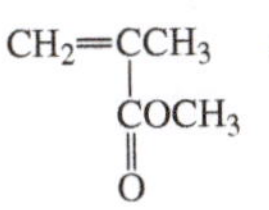

c. $CF_2{=}CF_2$

28-2. poli(cloreto de vinila) **28-5.** bolas de praia

28-7. a.

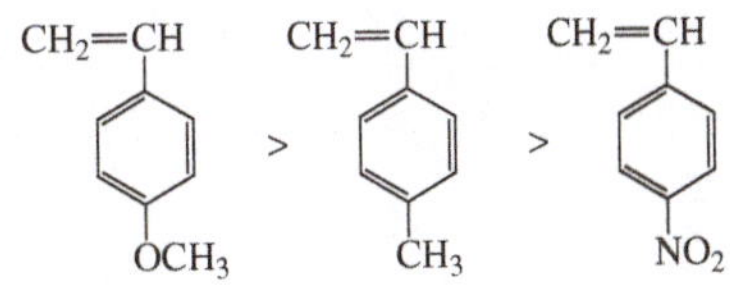

b.

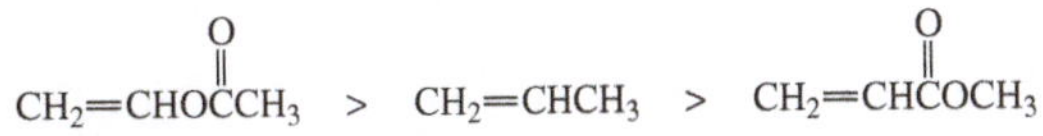

c.

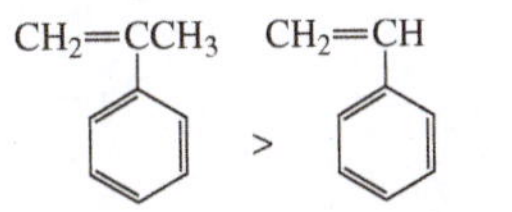

28-8. a.

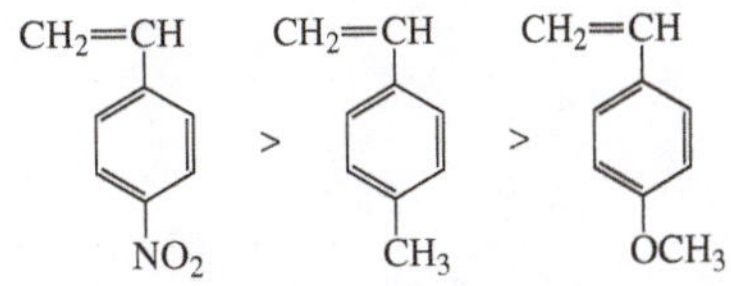

b. $CH_2{=}CHC{\equiv}N > CH_2{=}CHCl > CH_2{=}CHCH_3$

28-11. a.

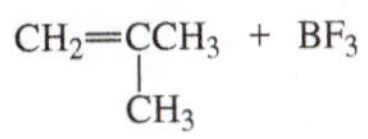

c.

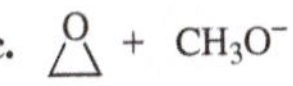

b.

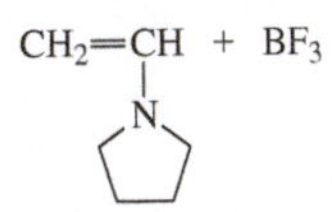

d.

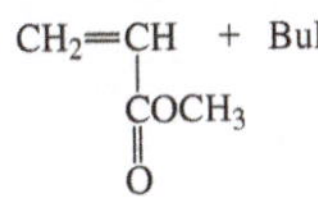

28-12.

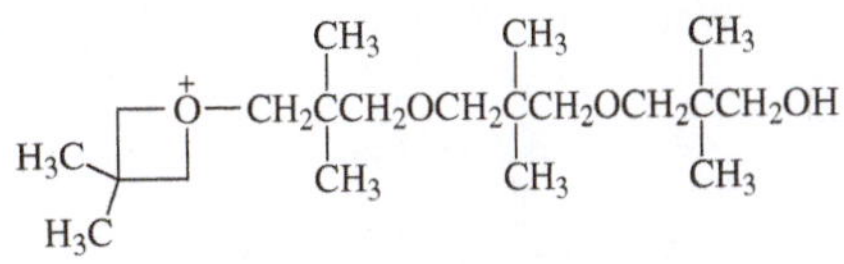

28-15. a.

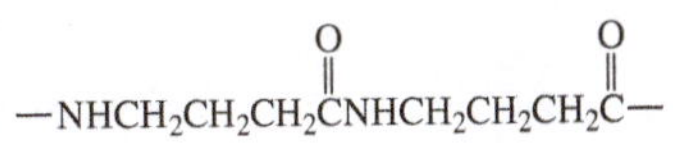

b.

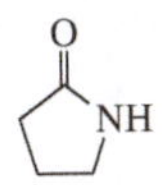

c.

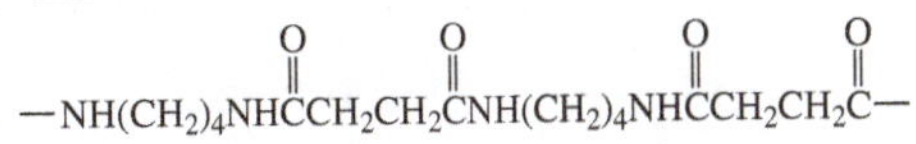

CAPÍTULO 29

29-1. a. reação eletrocíclica **b.** rearranjo sigmatrópico **c.** reação de ciclo-adição **d.** reação de ciclo-adição **29-2. a.** orbitais ligantes = ψ_1, ψ_2, ψ_3; orbitais anti-ligantes = ψ_4, ψ_5, ψ_6; **b.** estado fundamental HOMO = ψ_3; estado fundamental LUMO = ψ_4 **c.** estado excitado HOMO = ψ_4; estado excitado LUMO = ψ_5 **d.** orbitais simétricos = ψ_1, ψ_3, ψ_5; orbitais assimétricos = ψ_2, ψ_4, ψ_6 **e.** O HOMO e o LUMO têm simetrias opostas. **29-3. a.** 8 **b.** ψ_4 **c.** 8 **29-6. a.** conrrotatório **b.** trans **c.** disrrotatório **d.** cis **29-7. a.** correto **b.** correto **c.** correto **29-8. 1. a.** conrrotatório **b.** trans **2. a.** disrrotatório **b.** cis **29-11.** sim

29-13.

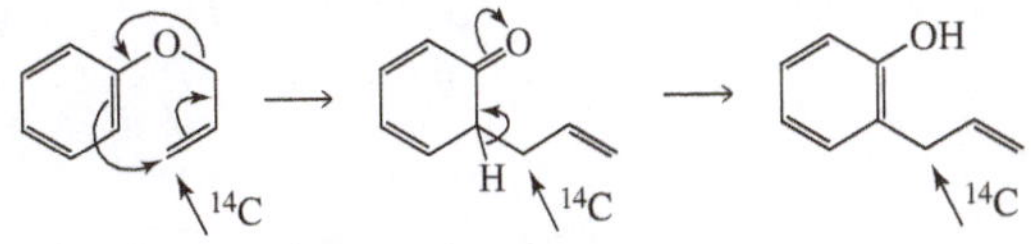

29-18. a. inversão **b.** retenção **29-19.** antarafacial

Crédito das fotos

▶ **CAPÍTULO 15** p. 5 (*à esquerda*) Gunter Marx/Corbis p. 5 (*à direita*) Ken Eward/Science Source/Photo Researchers, Inc. p. 20 (*em cima*) Edgar Fahs Smith Collection/University of Pennsylvania Van Pelt Library p. 20 (*embaixo*) Edgar Fahs Smith Collection/University of Pennsylvania Van Pelt Library.

▶ **CAPÍTULO 17** p. 92 Kathleen Campbell/Getty Images, Inc-Liaison p. 112 (*centro, à direita*) Corbis.

▶ **CAPÍTULO 18** p. 173 (*à direita*) Fotoatelier Tita Binz p. 176 (*à esquerda*) Grant Heilman Photography, Inc.

▶ **CAPÍTULO 19** p. 218 Gilbert Stork.

▶ **CAPÍTULO 20** p. 266 German Information Center.

▶ **CAPÍTULO 21** p. 303 Edgar Fahs Smith Collection/University of Pennsylvania Van Pelt Library p. 324 John Gerlach/DRK Photo.

▶ **CAPÍTULO 22** p. 358 (*à esquerda*) dra. Paula Bruice p. 358 (*à direita*) dra. Paula Bruice p. 362 Stanley Breeden/DRK Photo p. 361 Visuals Unlimited p. 362 (*embaixo, à direita*) dr. Jeremy Burgess/Science Photo Library/Photo Researchers, Inc. p. 367 Science Photo Library/Photo Researchers, Inc.

▶ **CAPÍTULO 23** p. 395 (*em cima, à direita*) D. Goldberg/Corbis/Sygma. p. 397 AP/Wide World Photos.

▶ **CAPÍTULO 24** p. 415 Corbis Fig. 24.8, p. 436 Copyright de Irving Géis.

▶ **CAPÍTULO 25** p. 448 (*à esquerda*) Corbis p. 448 (*à direita*) Edgar Fahs Smith Collection, University of Pennsylvania Van Pelt Library p. 474 (*sup. esq.*) UPI/Corbis-Bettman/Corbis p. 482 Eric L. Heyer/Grant Heilman Photography, Inc.

▶ **CAPÍTULO 26** p. 489 (*embaixo, à esquerda*) dra. Paula Bruice p. 490 (*em cima, à esquerda*) David Cavagnaro p. 490 (*centro*) Scott Camazine/Photo Researchers, Inc. p. 492 Tom Tietz/Getty Images Inc./Stone Allstock p. 494 (*em cima*) Kim Heacox/Getty Images Inc./Stone Allstock p. 496 (*em cima*) Mary Teresa Giancoli p. 498 (*em cima*) Getty Images Inc./Hulton Archive Photos p. 501 Corbis p. 512 The University of Texas Southwestern Medical Center at Dallas.

▶ **CAPÍTULO 27** p. 520 (*em cima*) Photo Researchers, Inc. p. 520 (*embaixo*) Science Photo Library/Photo Researchers, Inc. p. 541 (*centro*) AP/Wide World Photos p. 544 (*embaixo*) dr. Gopal Murti/Science Photo Library/Custom Medical Stock Photo, Inc. p. 544 (*centro*) dra. Paula Bruice p. 540 (*embaixo, à direita*) Photo Researchers, Inc.

▶ **CAPÍTULO 28** p. 562 (*embaixo*) Richard Megna, Fundamental Photographs p. 574 (*à esquerda*) Billy Hustace/Getty Images Inc./Stone Allstock p. 578 (*à esquerda*) Stephen Frisch, Stock Boston.

▶ **CAPÍTULO 29** p. 591 Roald Hoffmann/Foto de Vivian Torrence p. 592 Cortesia de Harvard University Archives p. 611 Gregory K. Scott/Photo Researchers, Inc.

▶ **CAPÍTULO 30** p. 622 Bill Ivy, Getty Images Inc./Stone Allstock p. 623 Gregory G. Dimijian/Photo Researchers, Inc. p. 625 AP/Wide World Photos p. 627 Hoffmann-La Roche, Inc.

Índice remissivo

A

D

E

M

Q

R

S

T

Sobre a autora

Paula Bruice e Zeus

Paula Yurkanis Bruice foi criada em Massachusetts, na Alemanha e na Suíça, e se graduou na Girls' Latin School em Boston. É bacharel pelo Mount Holyoke College e PhD em química pela Universidade da Virgínia. Recebeu bolsa de estudo para pós-doutorado do National Institutes of Health (NIH) para estudar bioquímica na Escola de Medicina da Universidade da Virgínia e fez pós-doutorado no Departamento de Farmacologia da Escola de Medicina de Yale.

É membro do corpo docente da Universidade da Califórnia, Santa Bárbara, onde obteve o prêmio Associated Students Teacher of the Year, o prêmio Academic Senate Distinguished Teaching e dois prêmios Mortar Board Professor of the Year. Sua área de interesse em pesquisa refere-se ao mecanismo e catálise de reações orgânicas, particularmente aquelas de importância biológica. Paula tem uma filha e um filho médicos e um filho advogado. Seus principais hobbies são ler romances de mistério/suspense e cuidar de seus animais de estimação (três cães, dois gatos e um papagaio).